中華古籍保護計劃

ZHONG HUA GU JI BAO HU JI HUA CHENG GUO

·成果·

復旦大學圖書館古籍普查登記目録

（上）

全國古籍普查登記目録

國家圖書館出版社
National Library of China Publishing House

圖書在版編目(CIP)數據

復旦大學圖書館古籍普查登記目録:全三冊/《復旦大學圖書館古籍普查登記目録》編委會編. --北京:國家圖書館出版社,2017.3
(全國古籍普查登記目録)
ISBN 978-7-5013-6030-7

Ⅰ.①復… Ⅱ.①復… Ⅲ.①院校圖書館—古籍—圖書館目録—上海 Ⅳ.①Z838

中國版本圖書館 CIP 數據核字(2017)第 008381 號

書　　名 復旦大學圖書館古籍普查登記目録(全三冊)
著　　者 《復旦大學圖書館古籍普查登記目録》編委會　編
責任編輯 趙　嫄

出　　版 國家圖書館出版社(100034　北京市西城區文津街 7 號)
(原書目文獻出版社　北京圖書館出版社)
發　　行 010-66114536　66126153　66151313　66175620
66121706(傳真)　66126156(門市部)
E-mail nlcpress@nlc.cn(郵購)
Website www.nlcpress.com→投稿中心
經　　銷 新華書店
印　　裝 河北三河弘翰印務有限公司
版　　次 2017 年 3 月第 1 版　2017 年 3 月第 1 次印刷

開　　本 787×1092(毫米)　1/16
印　　張 83
字　　數 1600 千字

書　　號 ISBN 978-7-5013-6030-7
定　　價 760.00 圓

《全國古籍普查登記目録》

工作委員會

主　任： 周和平

副主任： 張永新　詹福瑞　劉小琴　李致忠　張志清

委　員（按姓氏筆畫排序）：

于立仁　王水喬　王　沛　王紅蕾　王筱雯
方自今　尹壽松　包菊香　任　競　全　勤
李西寧　李　彤　李忠昊　李春來　李　培
李曉秋　吴建中　宋志英　努　木　林世田
易向軍　周建文　洪　琰　倪曉建　徐欣禄
徐　蜀　高文華　郭向東　陳荔京　陳紅彦
張　勇　湯旭巖　楊　揚　賈貴榮　趙　嫄
鄭智明　劉洪輝　歷　力　鮑盛華　韓　彬
魏存慶　鍾海珍　謝冬榮　謝　林　應長興

《全國古籍普查登記目録》

序　言

全國古籍普查登記工作是“中華古籍保護計劃”的首要任務，是全面開展古籍搶救、保護和利用工作的基礎，也是有史以來第一次由政府組織、參加收藏單位最多的全國性古籍普查登記工作。

2007年國務院辦公廳發佈《關於進一步加强古籍保護工作的意見》（國辦發［2007］6號），明確了古籍保護工作的首要任務是對全國公共圖書館、博物館和教育、宗教、民族、文物等系統的古籍收藏和保護狀况進行全面普查，建立中華古籍聯合目録和古籍數字資源庫。2011年12月，文化部下發《文化部辦公廳關於加快推進全國古籍普查登記工作的通知》（文辦發［2011］518號），進一步落實了全國古籍普查登記工作。根據文化部2011年518號文件精神，國家古籍保護中心擬訂了《全國古籍普查登記工作方案》，進一步規範了古籍普查登記工作的範圍、内容、原則、步驟、辦法、成果和經費。目前進行的全國古籍普查登記工作的中心任務是通過每部古籍的身份證——“古籍普查登記編號”和相關信息，建立古籍總臺賬，全面瞭解全國古籍存藏情况，開展全國古籍保護的基礎性工作，加强各級政府對古籍的管理、保護和利用。

《全國古籍普查登記工作方案》規定了全國古籍普查登記工作的三個主要步驟：一、開展古籍普查登記工作；二、在古籍普查登記基礎上，編纂出版館藏古籍普查登記目録，形成《全國古籍普查登記目録》；三、在古籍普查登記工作基本完成的前提下，由省級古籍保護中心負責編纂出版本省古籍分類聯合目録《中華古籍總目》分省卷，由國家古籍保護中心負責編纂出版《中華古籍總目》統編卷。

在黨和政府領導下，在各地區、各有關部門和全社會共同努力下，古籍普查登記工作得以扎實推進。古籍普查已在除臺、港、澳之外的全國各省級行政區域開展，普查内容除漢文古籍外，還包括各少數民族文字古籍，特别是於2010年分别啓動了新疆古籍保護和西藏古籍保護專項，因地制宜，開展古籍普查登記工作；國家古籍保護中心研製的“全國古籍普查登記平臺”已覆蓋到全國各省級古籍保護中心，並進一步研發了“中華古籍索引庫”，爲及時展現古籍普查成果提供有力支持；截至目前，已有11375部古籍進入《國家珍貴古籍名録》，浙江、江蘇、山東、河北等省公佈了省級《珍貴古籍名録》,古籍分級保護機制初步形成。

《全國古籍普查登記目録》是古籍普查工作的階段性成果,旨在摸清家底,揭示館藏,反映古籍的基本信息。原則上每申報單位獨立成冊,館藏量少不能獨立成冊者,則在本省範圍内幾個館目合併成冊。無論獨立成冊還是合併成冊,均編製獨立的書名筆畫索引附於書後。著録的必填基本項目有:古籍普查登記編號、索書號、題名卷數、著者(含著作方式)、版本、冊數及存缺卷數。其他擴展項目有:分類、批校題跋、版式、裝幀形式、叢書子目、書影、破損狀況等。有條件的收藏單位多著録的一些擴展項目,也反映在《全國古籍普查登記目録》上。目録編排按古籍普查登記編號排序,内在順序給予各古籍收藏單位較大自由度,可按分類排列古籍普查登記編號,也可按排架號、按同書名等排列古籍普查登記編號,以反映各館特色。

此次全國古籍普查登記工作,克服了古籍數量多、普查人員少、普查難度大等各種困難,也得到了全國古籍保護工作者的極大支持。在古籍普查登記過程中,國家古籍保護中心、各省古籍保護中心爲此舉辦了多期古籍普查、古籍鑒定、古籍普查目録審校等培訓班,全國共1600餘家單位參加了培訓,爲古籍普查登記工作培養了大量人才。同時在古籍普查登記工作中,也鍛煉了普查員的實踐能力,爲將來古籍保護事業發展奠定了良好的基礎。

《全國古籍普查登記目録》的出版,將摸清我國古籍家底,爲古籍保護和利用工作提供依據,也將是古籍保護長期工作的一個里程碑。

國家古籍保護中心
2013年10月

#《全國古籍普查登記目録》

編纂凡例

一、收録範圍爲我國境内各收藏機構或個人所藏，產生於 1912 年以前，具有文物價值、學術價值和藝術價值的文獻典籍，包括漢文古籍和少數民族文字古籍以及甲骨、簡帛、敦煌遺書、碑帖拓本、古地圖等文獻。其中，部分文獻的收録年限適當延伸。

二、以各收藏機構爲分册依據，篇幅較小者，適當合併出版。

三、一部古籍一條款目，複本亦單獨著録。

四、著録基本要求爲客觀登記、規範描述。

五、著録款目包括古籍普查登記編號、索書號、題名卷數、著者、版本、册數、存缺卷等。古籍普查登記編號的組成方式是：省級行政區劃代碼—單位代碼—古籍普查登記順序號。

六、以古籍普查登記編號順序排序。

七、編製各館藏目録書名筆畫索引附於書後，以便檢索。

《復旦大學圖書館古籍普查登記目録》

編委會

主　編： 陳思和

副主編： 楊光輝　吴　格

編　委（按姓氏筆畫排序）：

沈達偉　秦　穎　眭　駿　潘繼安

樂　怡　龍向洋

《復旦大學圖書館古籍普查登記目録》

前　言

一

復旦大學創立於1905年。建校初期，規模未宏。1918年，戊午級學生集議捐款購置圖書，成立戊午閱書社，出現圖書館雛形。至1920年，學校接收戊午閱書社，正式稱圖書館，自此遂有圖書館建制。未久，校董聶雲臺捐贈《四部叢刊》一部，此爲館藏古籍之始。

篳路藍縷，以啓山林。經逐年添購並接受捐贈，本館藏書逐漸增加。至1936年底，館藏古籍已近4萬册，除《四部叢刊》正續編、《四庫全書珍本初集》《古今圖書集成》等影印古籍外，已入藏明萬曆刻《重刊併音連聲韻學集成》《證治準繩》等，此爲館藏善本之始。

1937年，日本侵華戰争爆發，復旦大學内遷，圖書館先遷江西廬山，後輾轉入川，至重慶北碚黄桷鎮新校址開館。在川期間，曾徵集蜀地各縣方志數十種，略增館藏。抗戰勝利，館藏古籍隨圖書館搬運回滬。往返數千里，歷盡艱辛。返滬後，圖書館曾購置明刻本《修辭指南》《三才圖會》、朝鮮舊抄本《高麗史》等書。

1949年9月，同濟大學文學院等併入復旦大學，該校1946年購入之吴興龐氏百櫃樓藏書（1350種28000册）及抗戰後“駐滬圖書儀器接運清理處”配撥之“澤存書庫”藏書，隨之入藏本館。1951年，本館又接受華東教育部調入之原“中國國際圖書館”所藏古籍3080册。自以上圖書併入，館藏古籍要籍粗備，善本盈橱，初具大學圖書館規模。

1952年，隨高校院系調整，原震旦大學、滬江大學所藏古籍移藏本館，内以震旦大學圖書館“李氏文庫”（李鴻章後人藏書）、“丁氏文庫”（丁福保藏書）爲要。震旦兩“文庫”以外，又有胡道静所贈其先人胡懷琛先生舊藏蒙學書多種。同年冬，“上海停辦高校辦事處”又將曾藏暨南大學圖書館之原“澤存書庫”遺書一批，撥交本館。

1953年至1957年間，本館藏書又獲大幅度增長：（一）接受高一涵氏贈書若干，以碑帖爲主。（二）經中文系王欣夫教授介紹，先後四次收購吴興劉承幹嘉業堂藏書:1. 1953 年冬,獲嘉業堂所藏清人詩文集 2000 餘種;2. 1954 年,獲嘉業堂滬寓所存清刻本 2000 餘種;3. 1956 年,獲嘉業堂所存舊抄本及民國初自北京國史館抄得之《國史稿》《清實録》等巨帙;4. 1957 年,獲嘉業堂滬寓所存元明刻本之半。嘉業堂爲 20 世紀前半期重要私家藏書樓,其收藏始於清末,匯聚清代盧氏抱經樓、莫氏影山草堂、朱氏結一廬、丁氏持静齋、繆氏東倉書庫等諸家藏書,縹緗充棟,淵源有自。劉氏藏書自 20 世紀 40 年代開始流出,至 50 年代,滬寓存書除零星售予京滬書業外,絶大部分歸於本館。(三)1956 年春,獲上元宗惟恭癖泉書室舊藏古錢幣書兩批 150 餘種。(四)1956 年,獲金山高燮吹萬樓藏《詩經》類圖書 750 種(約 3000 册)。(五)1957 年,獲近代學人王同愈栩栩盦藏書數十箱。經高校院系調整撥入各校古籍,及 50 年代之專項購置,至 1958 年,館藏古籍總量已達 30 萬册。在此基礎上,開始選提善本,設立善本書庫。1958 年後,本館雖陸續從上海古籍書店及外地舊書店零星購入古籍,但無大宗入藏。

20 世紀 70 年代以來,本館藏書又獲增長機會。1973 年 6 月,已故中文系教授王欣夫先生蛾術軒篋存遺書 4180 册,低價讓售本館。蛾術軒藏書中之批校本、傳抄稿本,此後大部分選爲善本。1975 年 3 月,本館從上海古籍書店購得該店自譚正璧先生處收購之彈詞唱本一批,都 1608 册。1977 年,已故中文系教授劉大杰先生家屬,將劉氏遺書一批捐贈本館,内有部分綫裝古籍。1979 年,陳望道校長逝世,家屬遵遺囑將陳氏遺書全部捐贈本館,内有部分綫裝古籍。1986 年,已故中文系教授趙景深先生家屬,將趙氏遺書全部捐贈本館,其中綫裝古籍約 2000 種。内多戲曲、曲藝及明清小説,有不少屬罕見珍本。

1982 年,本館以館藏《清實録》(僞滿本)之複本,同上海古籍書店進行圖書交换,换得該店所藏清丁顯稿本數種、嘉業堂主人劉承幹身後遺稿數種,及不同版本之《淮南子》十餘部。1986 年底至 1989 年,本館利用館藏古籍複本,與北京中國書店進行三次圖書交换,共换得缺藏古籍 936 種 2054 册。其中方志 100 餘種、清代及民國初詩文集約 500 種,又其他有裨實用之書約 300 種,乃屬净增長。

20 世紀 90 年代以後,古籍采購渠道日漸萎縮,上海、蘇州、杭州、揚州古籍書店存書減少,本館古籍采購受到影響。自 2000 年以來,本館每年仍從蘇州文學山房古籍書店及其他渠道,購入少量綫裝古籍,以增補館藏品種。

綜上所述,成長於 20 世紀之復旦大學圖書館,自建館以來,涓滴以求,至於江海,百年積纍,終成規模。目前,館藏綫裝古籍約 4 萬種 40 萬册。其内容匯合各家藏書精華,具有諸多特色。

二

館藏40萬冊古籍中，現有善本7000餘部6萬餘冊，集龐氏百櫃樓、丁氏疇隱廬、高氏吹萬樓、劉氏嘉業堂、王氏蛾術軒等諸家藏書精華，堪稱傳統文化之瑰寶。

館藏古籍善本，以版刻時代分，宋元刻本近40部，明刻本約1000部，清刻本約3000部，明清以來稿抄本2000餘部。以版本形態分，有以下各類：一爲刻本（清嘉道以上具學術資料性、歷史文物性或藝術代表性而又流傳較少者），二爲清代以來學人之校訂、評點、批注或題跋本，三爲清代以來學人之稿抄本（約2000餘部，細別之又可分爲：1. 稿本，2. 明抄本，3. 清抄本，4. 晚近藏書家傳抄稿本或稀見本），四爲域外古籍（高麗刻本70餘部，和刻本85部），五爲石刻舊拓本（約160部/件，含石經、碑銘、墓誌、造像及法帖等），六爲特種資料（約100餘部/件，含輿圖、魚鱗冊、明代鬮書及明清人書畫卷冊等）。以上7000餘部善本書，據上海圖書館編《上海市入選善本書統計表》記載，入録《中國古籍善本書目》者爲2969部，於全國高校圖書館中位居第二。

由於吸收諸家藏書精華，館藏古籍現具有以下内容特色：（一）《詩經》類圖書收藏甚富，歷代各家評注及其各種版本，叢書本以外單行者計有720種，其中230餘種珍貴稀見者已入館藏善本。《詩經》類書大多得自高氏吹萬樓，是高吹萬先生竭畢生精力辛勤收集之成果。（二）清人詩文集藏量可觀，計有3000餘種。此類詩文集大多得自劉氏嘉業堂，部分得自北京中國書店（濟寧孫氏蘭枝館舊藏），多爲清乾嘉以上稿本、舊抄本及精刻本，有近900種列入館藏善本。（三）各地方志約2000種，列入館藏善本者約170種，多來自劉氏嘉業堂舊藏。其中有宋志4種，元志2種，明志11種。清代方志中［乾隆］《房山縣志》等十種爲海内孤本。（四）清史史料相當豐富。如《大清穆宗毅皇帝本紀》五十四卷、清國史館《國史稿》抄本、清實録館大紅綾本《實録》傳抄本等，均爲規模巨大之清史史料淵藪。（五）館藏彈詞有400餘種，若計入同版本則數量可達500餘種。此類書多半係譚正璧、趙景深二氏舊藏，除江南蘇錫地區彈詞外，還有廣西、雲貴、四川、廣東等地彈詞，内多胡士瑩《彈詞寶卷書目》未載者。（六）古錢幣書約150種，其中53種列入館藏善本。此類書絶大部分係上元宗惟恭癖泉書室舊藏，内含清馮登府稿本《馮氏錢譜》等海内孤本。（七）《淮南子》版本齊備，各家校注本有40餘種，其中列入館藏善本者23種。以上所述，僅復旦館藏古籍特色之犖犖大者，擁有諸多專藏，堪稱難能可貴。

三

本館古籍編目，原由編目部承擔，隨古籍入藏而隨時編目，基本無積壓。1986年以後，古籍部獨立建制，館藏古籍之庋藏利用、編目整理，均歸古籍部承擔。秉持精益求精之理念，並堅持以編目實踐爲古籍館員培養手段，迄未停止館藏古籍目録之校核修訂。自 20 世紀 50 年代以降，已有三代編目人員先後接力，從事館藏古籍書目編纂。目前，館藏古籍書、目基本相符，公務目録及讀者目録（卡片式）齊備，近年來，已據館藏目録建立電子檢索系統。

早在 20 世紀 50 年代，本館即已據卡片目録，編成《復旦大學圖書館古籍簡目初稿》六冊（1956—1959）。1960 年，增編《復旦大學圖書館古籍簡目初稿補編》一冊。至 1966 年 3 月，又編成《復旦大學圖書館古籍簡目續稿》二冊（覆蓋此前所編《初稿補編》）。兩目相加，大致反映 20 世紀 60 年代以前館藏古籍面貌。普通古籍以外，1959 年已編成《復旦大學圖書館善本書目》一冊，著録館藏善本 3804 部（收書至 1958 年止）。以上諸種書目，均爲打字油印本，用於讀者服務及同行交流，當年印數不多，現已鮮有留存。

20 世紀 60 年代以來，本館先後參與《中國叢書綜録》《中國地方志聯合目録》《中國古籍善本書目》《中國古籍總目》《CALIS 高校古籍聯合目録》等大型聯合目録編纂，與海内外同行多所合作，於古籍著録、鑒定、分類及編排等，積纍經驗，形成隊伍。本館古籍藏書信息，及依據藏書信息編製之專題古籍數據庫，雖已提供網上檢索服務，並大多匯入全國性古籍聯合目録，但館藏目録，仍有單獨編纂之必要。

自 2008 年"全國古籍保護計劃"實施以來，本館參與全國古籍普查工作，經清點核查、規範著録、修訂謬誤、重新排次，編成《復旦大學圖書館古籍普查登記目録》，依據"古籍普查"收書範圍（版本截止於 1911 年），入録者近 2.1 萬餘部 19 萬冊，雖非館藏綫裝書之全部，管窺一豹，復旦圖書館之古籍收藏大致可見。

館藏目録之編製成型，時間跨度，將近百年，參與人手，難以備述。其中既有復旦圖書館歷任編目人員，亦有各時期臨時加入支援編目之專家學者，還包含併入復旦圖書館以前各校（如同濟、滬江、震旦等）圖書館之前輩。一目之成，經歷百年，反復磨勘，凝聚衆力。因此之故，本書目在合於普查著録規範同時，仍保留本館古籍著録之原有特色。本目合成階段，本館數據庫專家及出版社責任編輯，運用計算機技術，聚合數據、檢測修訂、彌補缺失，尤著勞績。然而書囊無底，識見有限，著録精準，訖無止境，書目中瑕疵尤未掃盡，深盼同行及讀者不吝指正，俾便繼續修訂。

復旦大學圖書館

2017 年 3 月

目　　録

上冊

中冊

下冊

310000－0241－0000001　300002
監本易經全文四卷　清靈蘭堂刻本　五册

310000－0241－0000002　300003
易經十卷首一卷末一卷　(宋)朱熹本義　清光緒十九年(1893)江南書局刻本　二册

310000－0241－0000003　300004
周易不分卷　清坊刻本　一册

310000－0241－0000004　300005
易經音訓不分卷　(清)楊國楨撰　清道光十年(1830)大梁書院刻本　二册

310000－0241－0000005　300005(2)
易經音訓不分卷　(清)楊國楨撰　清光緒十年(1884)湖北崇文書局刻本　二册

310000－0241－0000006　300007
漢魏二十一家易注三十三卷　(清)孫堂輯　清嘉慶四年(1799)平湖孫氏映雪草堂刻本　五册

310000－0241－0000007　300010
周易四卷首一卷　(宋)朱熹本義　清宣統二年(1910)上海廣益書局石印本　二册

310000－0241－0000008　300011
易經通注九卷　(清)傅以漸撰　清光緒十二年(1886)雎園校刻本　八册

310000－0241－0000009　300014
易經精華六卷末一卷　(清)薛嘉穎撰　清道光元年(1821)光韙堂刻本　四册

310000－0241－0000010　300015
易經旁訓三卷周易精義三卷　(□)□□撰　清光緒九年(1883)魏氏古香閣刻本　二册

310000－0241－0000011　300016
易經解注傳義辯正四十四卷首二卷末一卷　(清)彭申甫輯　清光緒十二年(1886)刻本　二十四册

310000－0241－0000012　300017
易經恒解五卷首一卷　(清)劉沅注釋　清同治十一年(1872)刻宣統元年(1909)重修本　四册

310000－0241－0000013　300018
易翼述信十二卷　(清)王又樸撰　清乾隆十六年(1751)詩禮堂刻本　十二册

310000－0241－0000014　300019
易憲四卷　(明)沈泓撰　清乾隆初許王猷、張仕遇校刻本　四册

310000－0241－0000015　300020
水村易鏡一卷　(宋)林光世撰　清康熙十九年(1680)通志堂刻本　一册

310000－0241－0000016　300020∶2
水村易鏡一卷　(宋)林光世撰　清康熙十九年(1680)通志堂刻本　一册

310000－0241－0000017　300021
易漢學八卷　(清)惠棟撰　清坊刻本　二册

310000－0241－0000018　300021∶2
易漢學八卷　(清)惠棟撰　清坊刻本　二册

310000－0241－0000019　300028
丙子學易編一卷　(宋)李心傳撰　清康熙十九年(1680)通志堂刻本　一册

310000－0241－0000020　300030
易學啓蒙小傳一卷古經傳一卷　(宋)稅與權撰　清康熙十九年(1680)通志堂刻本　二册

310000－0241－0000021　300031
周易發明啓蒙翼傳三卷外編一卷　(元)胡一桂撰　清康熙十九年(1680)通志堂刻本　三册

310000－0241－0000022　300034
易酌十四卷首一卷　(清)刁包撰　清道光二十三年(1843)祁陽刁氏刻本　十四册

310000－0241－0000023　300035
周易鏡十二卷圖說一卷學易管窺二卷　(清)何毓福撰　清光緒二十年(1894)何氏刻本　十三册

310000－0241－0000024　300035∶2
周易鏡十二卷圖說一卷學易管窺二卷　(清)何毓福撰　清光緒二十年(1894)何氏刻本　十一册

310000－0241－0000025　300036
易傳十七卷周易音義一卷　(唐)李鼎祚撰　(唐)陸德明音義　清乾隆二十一年(1756)盧氏雅雨堂刻本　六冊

310000－0241－0000026　300039
周易集解十七卷畧例一卷　(唐)李鼎祚撰　明末虞山毛氏汲古閣刻本　五冊

310000－0241－0000027　300040
周易集解十七卷　(唐)李鼎祚撰　清嘉慶二十三年(1818)木瀆周氏刻本　六冊

310000－0241－0000028　300040(2)
周易集解十七卷　(唐)李鼎祚撰　清同治十二年(1873)百齋重刻木瀆周氏本　二冊

310000－0241－0000029　300042
周易觀象十二卷　(清)李光地撰　清乾隆初李氏刻本　六冊

310000－0241－0000030　300043
周易觀象十二卷大指二卷　(清)李光地撰　清道光九年(1829)李維迪等刻本　五冊

310000－0241－0000031　300048
御纂周易折中二十二卷首一卷　(清)李光地等纂　清康熙武英殿刻本　二十冊

310000－0241－0000032　300048(2)
御纂周易折中二十二卷首一卷　(清)李光地等纂　清同治六年(1867)重刻康熙末武英殿刻本　十冊

310000－0241－0000033　300049
周易述二十三卷　(清)惠棟撰　清翻刻乾隆盧氏雅雨堂本　八冊

310000－0241－0000034　300049:2
周易述二十三卷　(清)惠棟撰　清翻刻乾隆盧氏雅雨堂本　六冊

310000－0241－0000035　300052
經言拾遺十四卷　(清)徐文靖撰　清乾隆二十年(1755)當塗徐氏志寧堂刻本　二冊

310000－0241－0000036　300053
周易通論四卷　(清)李光地撰　清道光九年(1829)李維迪等刻本　二冊

310000－0241－0000037　300054
周易通義二十二卷首一卷　(清)蘇秉國撰　清嘉慶二十一年(1816)南清河蘇氏刻本　六冊

310000－0241－0000038　300056
周易函書約存十八卷約注十八卷別集十六卷卜法詳考四卷　(清)胡煦撰　清乾隆末胡氏葆璞堂刻本　二十六冊

310000－0241－0000039　300061
周易鄭荀義三卷虞氏易禮二卷易義別錄十四卷　(清)張惠言撰　清光緒九年(1883)重刻道光元年(1821)康氏刻本　四冊

310000－0241－0000040　300064
周易鄭注十二卷　(漢)鄭玄注　(宋)王應麟輯　清嘉慶二十四年(1819)陳氏湖海樓刻光緒八年(1882)印本　一冊

310000－0241－0000041　300066
周易義傳合訂十五卷首一卷　(清)張道緒音釋　清嘉慶十六年(1811)人境軒刻本　八冊

310000－0241－0000042　300068
周易(傳義音訓)八卷首一卷　(宋)程頤傳　**易學啓蒙一卷**　(宋)朱熹本義　清光緒十五年(1889)戶部江南書局刻本　八冊

310000－0241－0000043　300069
周易廓二十四卷　(清)陳世鎔撰　清咸豐元年(1851)獨秀山莊刻本　六冊

310000－0241－0000044　300070
周易臆解四卷圖說二卷　(清)楊以迥撰　清光緒十年(1884)楊氏刻本　五冊

310000－0241－0000045　300076
周易洗心十卷　(清)任啓運撰　清光緒八年(1882)任氏一本堂重刻清芬堂本　六冊

310000－0241－0000046　300076:2
周易洗心十卷　(清)任啓運撰　清光緒八年(1882)任氏一本堂重刻清芬堂本　六冊

310000－0241－0000047　300080

周易辨畫四十卷　(清)連斗山撰　清乾隆四十年(1775)連氏刻本　二十册

310000－0241－0000048　300082
增訂周易去疑十一卷首一卷末一卷　(明)舒弘諤撰　(清)李龍吟增訂　清光緒八年(1882)養雲書屋刻本　十二册

310000－0241－0000049　300083
慎獨齋周易省心錄不分卷　(清)楊長年撰　清光緒八年(1882)滬上敬業院刻本　四册

310000－0241－0000050　300092
周易本義集成十二卷首一卷　(元)熊良輔撰　清康熙十九年(1680)通志堂刻本　一册

310000－0241－0000051　300093
御纂周易述義十卷　(清)傅恒等撰　清乾隆二十年(1755)内府刻本　四册

310000－0241－0000052　300094
周易六卷晦庵先生校正周易繫辭精義二卷　(宋)程頤傳　(宋)吕祖謙編　清光緒三十一年(1905)涪州小學堂校刻本　四册

310000－0241－0000053　300095
周易學統九卷末一卷　(清)汪宗沂撰　清光緒汪氏刻本　八册

310000－0241－0000054　300100
周易易知不分卷　(清)□□撰　清稿本　一册

310000－0241－0000055　300106
周易詮疑八卷　(清)夏應銓撰　清道光十年(1830)夏氏刻本　四册

310000－0241－0000056　300108
壽山堂易說不分卷　(唐)無極吕子撰　清光緒十七年(1891)蘇州瑪瑙經房刻本　六册

310000－0241－0000057　300109
虞氏消息圖說初稿不分卷　(清)胡祥麟撰　清同治十一年(1872)吳縣潘氏京師刻本　一册

310000－0241－0000058　300110
周易虞氏義九卷虞氏消息二卷　(清)張惠言撰　清嘉慶八年(1803)揚州阮氏琅嬛仙館刻本　四册

310000－0241－0000059　300110(2)
周易虞氏義九卷虞氏消息二卷　(清)張惠言撰　清末翻刻嘉慶八年(1803)揚州阮氏琅嬛仙館本　四册

310000－0241－0000060　300111
說易十二卷　(明)喬中和撰　明崇禎刻本　五册

310000－0241－0000061　300112
求自得之室周易說十四卷　(清)吳嘉賓撰　清同治元年(1862)吳氏刻本　六册

310000－0241－0000062　300114
周易集傳八卷　(元)龍仁夫撰　清道光海昌蔣氏校刻本　四册

310000－0241－0000063　300116
伊川易傳四卷附錄一卷　(宋)程頤傳　清末刻本　四册

310000－0241－0000064　300117
槎溪學易三卷　(清)陳甗撰　清同治十三年(1874)保定蓮華池刻本　二册

310000－0241－0000065　300118
學易管窺二卷　(清)何毓福撰　清光緒十年(1884)何氏刻本　二册

310000－0241－0000066　300119
先天易貫三卷首一卷　(清)劉元龍撰　清康熙浣易齋刻本　三册

310000－0241－0000067　300121
河上易註八卷圖說二卷　(清)黎世序撰　清道光元年(1821)謙豫齋刻本　六册

310000－0241－0000068　300122
讀易隨筆三卷讀書隨筆一卷　(清)吳大廷撰　清同治十二年(1873)刻本　四册

310000－0241－0000069　300124
凝園讀易管見十卷　(清)羅典撰　清乾隆三十一年(1766)羅氏明德堂刻本　五册

310000－0241－0000070　300126

大易闡微錄十二卷　(清)劉琯撰　清乾隆二十三年(1758)刻同治十二年(1873)補刻本　二册

310000－0241－0000071　300128

乾坤兩卦解不分卷　(清)湯斌撰　清同治九年(1870)蘇廷魁刻本　一册

310000－0241－0000072　300133

古易音訓二卷　(宋)吕祖謙撰　(清)宋咸熙輯　清嘉慶七年(1802)刻本　一册

310000－0241－0000073　300135

周易圖説述四卷首一卷　(清)王弘撰撰　清乾隆四十四年(1779)先先堂重刻康熙刻本　四册

310000－0241－0000074　300138

新刻來瞿唐先生易註十五卷圖象一卷首一卷末一卷　(明)來知德撰　清末上海江東茂記書局石印本　八册

310000－0241－0000075　300139

易守三十二卷易卦總論一卷　(清)葉佩蓀撰　清嘉慶十五年(1810)慎餘齋刻本　八册

310000－0241－0000076　300140

碩松堂讀易記十六卷　(清)邱仰文撰　清乾隆四十九年(1784)刻本　六册

310000－0241－0000077　300143

觀象居易傳箋十二卷　(清)汪師韓撰　清光緒十二年(1886)錢唐汪氏長沙刻本　四册

310000－0241－0000078　300144

易經(旁訓)三卷首一卷　(清)徐立綱撰　清末南京狀元境李光明莊刻本　二册

310000－0241－0000079　300145

周易通義十六卷　(清)莊忠棫撰　清光緒六年(1880)冶城山館刻本　二册

310000－0241－0000080　300147

學易記九卷首一卷　(元)李簡撰　清康熙十九年(1680)通志堂刻本　三册

310000－0241－0000081　300148

易解不分卷　(清)南錢子撰　清稿本　一册

310000－0241－0000082　310001

監本書經全文五卷　清靈蘭堂刻本　四册

310000－0241－0000083　310005

書經六卷　(宋)蔡沈集傳　清同治七年(1868)湖北崇文書局刻本　四册

310000－0241－0000084　310006

書(白文)不分卷　(漢)伏生傳　清光緒二十九年(1903)問經精舍校刻本　二册

310000－0241－0000085　310011

書經六卷首一卷末一卷　(宋)蔡沈集傳　清光緒七年(1881)金陵書局刻本　四册

310000－0241－0000086　310012

古文尚書十卷尚書逸文二卷　(漢)馬融注　(宋)王應麟撰集　清乾隆六十年(1795)蘭陵孫氏刻嘉慶七年(1802)補刻本　一册

310000－0241－0000087　310012∶2

古文尚書十卷尚書逸文二卷　(漢)馬融注　(宋)王應麟撰集　清乾隆六十年(1795)蘭陵孫氏刻嘉慶七年(1802)補刻本　四册

310000－0241－0000088　310013

尚書十三卷　(漢)孔安國傳　清重刻乾隆覆宋相臺岳氏家塾刻本　四册

310000－0241－0000089　310015

尚書今古文注疏三十卷　(清)孫星衍撰　清嘉慶二十年(1815)冶城山館刻本　六册

310000－0241－0000090　310016

寫定尚書不分卷　(清)吳汝綸寫　清光緒十八年(1892)桐城吳氏家塾影印本　一册

310000－0241－0000091　310017

書經六卷　(宋)蔡沈集傳　清慎詒堂刻本　四册

310000－0241－0000092　310018

尚書集註述疏三十二卷首一卷末二卷附讀書堂答問一卷　(清)簡朝亮撰　清光緒三十三年(1907)讀書堂刻本　十八册

310000－0241－0000093　310018：2
尚書集註述疏三十二卷首一卷末二卷附讀書堂答問一卷　(清)簡朝亮撰　清光緒三十三年(1907)讀書堂刻本　十八册

310000－0241－0000094　310018：3
尚書集註述疏三十二卷首一卷末二卷附讀書堂答問一卷　(清)簡朝亮撰　清光緒三十三年(1907)讀書堂刻本　二十四册

310000－0241－0000095　310019
尚書考異六卷　(明)梅鷟撰　清嘉慶十九年(1814)蘭陵孫氏校刻本　二册

310000－0241－0000096　310020
書經(約注)四卷末一卷　(清)任啓運約注　清光緒十二年(1886)任氏刻本　二册

310000－0241－0000097　310020：2
書經(約注)四卷末一卷　(清)任啓運約注　清光緒十二年(1886)任氏刻本　二册

310000－0241－0000098　310021
尚書後案三十卷尚書後辨一卷　(清)王鳴盛撰　清乾隆四十五年(1780)禮堂刻本　六册

310000－0241－0000099　310021：2
尚書後案三十卷尚書後辨一卷　(清)王鳴盛撰　清乾隆四十五年(1780)禮堂刻本　八册

310000－0241－0000100　310023
尚書孔傳參正三十六卷　王先謙撰　清光緒三十年(1904)虚受堂刻本　六册

310000－0241－0000101　310023：2
尚書孔傳參正三十六卷　王先謙撰　清光緒三十年(1904)虚受堂刻本　六册

310000－0241－0000102　310023：3
尚書孔傳參正三十六卷　王先謙撰　清光緒三十年(1904)虚受堂刻本　六册

310000－0241－0000103　310024
尚書補疏二卷　(清)焦循撰　清道光六年(1826)半九書塾刻本　一册

310000－0241－0000104　310025
尚書講義一卷　(清)黄以周口授　(清)黄家辰述　清光緒二十一年(1895)江蘇南菁講舍刻本　一册

310000－0241－0000105　310028
尚書大傳四卷考異一卷補遺一卷續補遺一卷　(漢)伏勝撰　(漢)鄭玄注　清嘉慶十七年(1812)山淵堂刻本　二册

310000－0241－0000106　310028(2)
尚書大傳四卷考異一卷補遺一卷續補遺一卷　(漢)伏勝撰　(漢)鄭玄注　清光緒三年(1877)湖北崇文書局刻本　一册

310000－0241－0000107　310030
尚書大傳三卷備考一卷源委一卷補遺一卷附録一卷　(漢)伏勝撰　(漢)鄭玄注　清乾隆刻本　一册

310000－0241－0000108　310031
尚書古文疏證八卷朱子古文書疑一卷　(清)閻若璩撰　(清)閻詠輯　清乾隆十年(1745)眷西堂刻本　七册

310000－0241－0000109　310032
尚書古文疏證辨正一卷　(清)皮錫瑞撰　清末思賢講舍刻本　一册

310000－0241－0000110　310037
尚書詳解二十六卷首一卷　(宋)夏僎撰　清光緒二十年(1894)福建增刻本　十六册

310000－0241－0000111　310039
尚書七篇解義二卷　(清)李光地撰　清道光初李維迪刻本　一册

310000－0241－0000112　310040
禹貢班義述三卷漢糜水入尚龍谿考一卷　(清)成蓉鏡撰　清光緒十四年(1888)廣雅書局刻本　一册

310000－0241－0000113　310040(2)
禹貢班義述三卷漢糜水入尚龍谿考一卷　(清)成蓉鏡撰　清光緒十一年(1885)刻本　一册

310000－0241－0000114　310040：2
禹貢班義述三卷漢糜水入尚龍谿考一卷

（清）成蓉鏡撰　清光緒十四年（1888）廣雅書局刻本　一册

310000－0241－0000115　310040：3
禹貢班義述三卷漢糜水入尚龍谿考一卷（清）成蓉鏡撰　清光緒十四年（1888）廣雅書局刻本　一册

310000－0241－0000116　310041
尚書伸孔篇一卷（清）焦廷琥撰　清光緒十四年（1888）廣雅書局刻本　一册

310000－0241－0000117　310041：2
尚書伸孔篇一卷（清）焦廷琥撰　清光緒十四年（1888）廣雅書局刻本　一册

310000－0241－0000118　310044
書經六卷（宋）蔡沈集傳　清嘉慶十四年（1809）杭州涵古堂刻本　一册

310000－0241－0000119　310046
欽定書經傳説彙纂二十一卷首二卷書序一卷（清）王頊齡等撰　清同治七年（1868）摹刻雍正間内府本　十二册

310000－0241－0000120　310047
尚書集注音疏十二卷末一卷外編一卷（清）江聲撰　清乾隆末近市居篆字刻本　八册

310000－0241－0000121　310049
書經精義旁訓四卷（宋）蔡沈集傳　清光緒十一年（1885）魏氏古香閣刻本　二册

310000－0241－0000122　310050
尚書離句六卷（清）錢在培輯解　清光緒四年（1878）越城聚奎堂刻本　一册

310000－0241－0000123　310053
書經（音訓）不分卷（清）楊國楨撰　清道光十年（1830）大梁書院刻本　一册

310000－0241－0000124　310054
書經詮義十二卷首二卷（清）汪烜集撰　清光緒七年（1881）紫陽書院刻本　十三册

310000－0241－0000125　310055
書經旁訓辨體合訂四卷（清）徐立綱輯　清三益堂刻本　二册

310000－0241－0000126　310056
書經精華六卷（清）薛嘉穎撰　清嘉慶二十四年（1819）薛氏光韙堂刻本　三册

310000－0241－0000127　310056：2
書經精華六卷（清）薛嘉穎撰　清嘉慶二十四年（1819）薛氏光韙堂刻本　六册

310000－0241－0000128　310057
尚書離句六卷（清）錢在培輯解　（清）劉元燮鑒定　清英德堂刻本　三册

310000－0241－0000129　310058
書古微十二卷首一卷（清）魏源撰　清光緒四年（1878）淮南書局刻本　四册

310000－0241－0000130　310060
書經恒解六卷凡例一卷（清）劉沅輯注　清同治十一年（1872）刻宣統元年（1909）重印本　六册

310000－0241－0000131　310062
書經體注約解二卷（宋）蔡沈集傳　（明）洪輔聖等約解　清道光二十六年（1846）教忠堂刻本　四册

310000－0241－0000132　310063
書經增訂旁訓四卷（清）徐立綱撰　清末南京狀元境李光明莊刻本　二册

310000－0241－0000133　310064
欽定書經圖説五十卷（清）孫家鼐等撰　清光緒三十一年（1905）石印本　十六册

310000－0241－0000134　310064：2
欽定書經圖説五十卷（清）孫家鼐等撰　清光緒三十一年（1905）石印本　十六册

310000－0241－0000135　310066
書經述六卷（清）許祖京撰　清同治十三年（1874）孫氏重刻嘉慶十七年（1812）陔華堂本　二册

310000－0241－0000136　310067
書經精義四卷首一卷末一卷古尚書序一卷（清）黄淦撰　清嘉慶九年（1804）刻本　一册

310000－0241－0000137　310068

桐城吳氏尚書讀本二卷　(清)吳汝綸勘　清光緒三十四年(1908)保陽書局排印本　二冊

310000－0241－0000138　310069
日講書經解義十三卷　(清)庫勒納等撰　清康熙十九年(1680)内府刻本　十二冊

310000－0241－0000139　310069:2
日講書經解義十三卷　(清)庫勒納等撰　清康熙十九年(1680)内府刻本　十三冊

310000－0241－0000140　310072
禹貢圖一卷　(清)胡渭撰　清抄本　一冊

310000－0241－0000141　310075
書序答問一卷　(清)王詠霓撰　清光緒刻本　一冊

310000－0241－0000142　310077
洪範説二卷　(清)李光地撰　清道光初李維迪刻本　一冊

310000－0241－0000143　310079
洪範正論五卷　(清)胡渭撰　清乾隆四年(1739)胡紹芬校刻本　三冊

310000－0241－0000144　310082
禹貢會箋十二卷圖一卷　(清)徐文靖箋　(清)趙弁訂　清同治十三年(1874)慈谿何氏刻本　四冊

310000－0241－0000145　310082:2
禹貢會箋十二卷圖一卷　(清)徐文靖箋　(清)趙弁訂　清同治十三年(1874)慈谿何氏刻本　四冊

310000－0241－0000146　310085
禹貢錐指二十卷畧例一卷圖一卷　(清)胡渭撰　清康熙漱六軒刻本　八冊

310000－0241－0000147　310085:2
禹貢錐指二十卷畧例一卷圖一卷　(清)胡渭撰　清康熙漱六軒刻本　十二冊

310000－0241－0000148　310085:3
禹貢錐指二十卷畧例一卷圖一卷　(清)胡渭撰　清康熙漱六軒刻本　八冊

310000－0241－0000149　310089
禹貢圖説一卷禹貢註節讀一卷　(清)馬俊良撰　清乾隆五十四年(1789)端溪書院刻本　一冊

310000－0241－0000150　310089:2
禹貢圖説一卷禹貢註節讀一卷　(清)馬俊良撰　清乾隆五十四年(1789)端溪書院刻本　一冊

310000－0241－0000151　310091
禹貢錐指節要一卷　(清)胡渭撰　(清)汪獻玗節要　清咸豐三年(1853)恩暉堂刻本　一冊

310000－0241－0000152　310093
融堂書解二十卷　(宋)錢時撰　清乾隆三十九年(1774)武英殿木活字印本　三冊

310000－0241－0000153　310097
今文尚書經説考三十二卷敘錄一卷首一卷　(清)陳喬樅撰　清同治元年(1862)刻本　十八冊

310000－0241－0000154　310097:2
今文尚書經説考三十二卷敘錄一卷首一卷　(清)陳喬樅撰　清同治元年(1862)刻本　八冊

310000－0241－0000155　310105
禹貢鄭註釋二卷　(清)焦循撰　清道光八年(1828)半九書塾刻本　一冊

310000－0241－0000156　310106
禹貢圖註彙纂不分卷　(清)鄭言紹輯　清光緒二十一年(1895)刻本　一冊

310000－0241－0000157　310106:2
禹貢圖註彙纂不分卷　(清)鄭言紹輯　清光緒二十一年(1895)刻本　一冊

310000－0241－0000158　310106:3
禹貢圖註彙纂不分卷　(清)鄭言紹輯　清光緒二十一年(1895)刻本　一冊

310000－0241－0000159　310109
禹貢今釋二卷　(清)芮日松纂　清道光八年

(1828)求是齋校刻本　二册

310000－0241－0000160　310110
書傳補商十七卷　(清)戴鈞衡撰　清道光、咸豐間刻本　六册

310000－0241－0000161　310111
古文尚書正辭三十三卷　(清)吴光耀撰　清光緒十九年(1893)刻本　十八册

310000－0241－0000162　310112
尚書箋三十卷　王闓運集注並箋　清光緒二十九年(1903)東洲重校刻本　四册

310000－0241－0000163　310113
書説五卷　(清)吴嘉賓撰　清咸豐十一年(1861)木活字印本　三册

310000－0241－0000164　310114
召誥日名考一卷　(清)李鋭撰　清末思賢講舍刻本　一册

310000－0241－0000165　310115
禹貢新圖説二卷敘録一卷　(清)楊懋建撰　清同治六年(1867)碧瓏瓏館刻本　二册

310000－0241－0000166　310116
禹貢正詮四卷　(清)姚彦渠彙輯　清光緒十一年(1885)姚丙吉校刻本　一册

310000－0241－0000167　310117
禹貢(白文)　(清)□□輯　清抄本　一册

310000－0241－0000168　310118
禹貢彙覽四卷總論一卷凡例一卷　(清)夏之芳撰　清乾隆十二年(1747)刻本　四册

310000－0241－0000169　310119
禹貢釋詁不分卷文集摘刻一卷　(清)孫喬年輯　清道光五年(1825)孫仝嚴校刻本　一册

310000－0241－0000170　310120
禹貢精義新參二卷　(清)張鉞撰　清道光十九年(1839)刻本　一册

310000－0241－0000171　310121
禹貢今註一卷　(清)閻寶森撰　清宣統三年(1911)京師琉璃廠宣元閣排印本　一册

310000－0241－0000172　310122
禹貢要註一卷　(明)鄭曉撰　清光緒十年(1884)古虞朱氏校刻本　一册

310000－0241－0000173　310123
禹貢易知編十二卷　(清)李慎儒輯　(清)李壽等校　清光緒二十五年(1899)丹徒李氏刻本　四册

310000－0241－0000174　310124
禹貢集解二卷　(宋)傅寅撰　(清)胡鳳丹校　清同治八年(1869)永康胡氏退補齋刻本　二册

310000－0241－0000175　310126
禹貢讀本二卷　(清)陳士翹撰　(清)顧嘉玉等校　清末刻本　一册

310000－0241－0000176　310127
禹貢正解一卷圖表一卷　(清)朱鎮撰　清光緒三十年(1904)刻宣統三年(1911)松江文墨齋印本　一册

310000－0241－0000177　310128
禹貢水道考異南條五卷北條五卷首一卷　(清)方堃撰　清光緒三年(1877)刻本　一册

310000－0241－0000178　310130
禹貢便蒙二卷　(清)張鉞彙纂　清道光十四年(1834)荆花書屋刻本　一册

310000－0241－0000179　310132
禹貢説二卷　(清)魏源撰　清同治六年(1867)廣州富文齋刻本　一册

310000－0241－0000180　310136
禹貢因一卷　(清)沈練集註　清光緒十八年(1892)溧陽沈氏刻本　一册

310000－0241－0000181　310138
杏溪傅氏禹貢集解二卷　(宋)傅寅撰　清康熙十九年(1680)通志堂刻本　四册

310000－0241－0000182　310140
禹貢譜二卷　(清)王澍考定　(清)莊濬等校訂　清抄本　一册

310000－0241－0000183　310143

今文尚書考證　(清)皮錫瑞撰　清光緒二十三年(1897)長沙皮氏師伏堂刻本　六冊

310000－0241－0000184　321000
監本詩經全文五卷　清靈蘭堂刻本　六冊

310000－0241－0000185　321001
詩經(音訓)不分卷　(清)楊國楨撰　清道光十年(1830)大梁書院刻本　二冊

310000－0241－0000186　321002
詩經(旁訓)四卷　(清)徐立綱撰　清匠門書屋刻咸豐七年(1857)小庸成館修版印本　四冊

310000－0241－0000187　321005
詩經彙解不分卷　(清)□□錄　清末抄本　三冊

310000－0241－0000188　321006
詩經考異一卷　(清)王夫之撰　清同治四年(1865)湘鄉曾國荃金陵節署刻本　一冊

310000－0241－0000189　321008
詩經疑問七卷附編一卷　(元)朱倬編　清康熙十九年(1680)通志堂刻本　一冊

310000－0241－0000190　321012
毛詩訂詁八卷附錄二卷　(清)顧棟高撰　清光緒二十二年(1896)江蘇書局刻本　四冊

310000－0241－0000191　321012:2
毛詩訂詁八卷附錄二卷　(清)顧棟高撰　清光緒二十二年(1896)江蘇書局刻本　四冊

310000－0241－0000192　321012:3
毛詩訂詁八卷附錄二卷　(清)顧棟高撰　清光緒二十二年(1896)江蘇書局刻本　四冊

310000－0241－0000193　321013
學詩正詁五卷　(清)顧廣譽撰　清光緒三年(1877)顧鴻昇刻本　一冊

310000－0241－0000194　321013:2
學詩正詁五卷　(清)顧廣譽撰　清光緒三年(1877)顧鴻昇刻本　一冊

310000－0241－0000195　321013:3
學詩正詁五卷　(清)顧廣譽撰　清光緒三年(1877)顧鴻昇刻本　一冊

310000－0241－0000196　321015
詩經精華十卷　(清)薛嘉穎撰　清道光五年(1825)光韙堂刻本　五冊

310000－0241－0000197　321015(2)
詩經精華十卷首一卷　(清)薛嘉穎撰　(清)魏朝俊增輯　清光緒十一年(1885)魏氏古香閣刻本　五冊

310000－0241－0000198　321016
詩經旁訓辨體合訂四卷　(清)徐立綱輯　清末懋德堂刻本　四冊

310000－0241－0000199　321016(2)
詩經旁訓辨體合訂四卷　(清)徐立綱輯　清末三益堂刻本　二冊

310000－0241－0000200　321017
毛詩證讀五卷讀詩或問一卷　(清)戚學標撰　清嘉慶涉縣署刻本　四冊

310000－0241－0000201　321018
詩經(白文)不分卷　清刻本　一冊

310000－0241－0000202　321019
詩經八卷載詠樓增訂詩經衍義正彙名解八卷　(宋)朱熹集傳　(清)沈李龍增訂　清康熙載詠樓刻本　一冊

310000－0241－0000203　321020
詩經八卷　(宋)朱熹集傳　清光緒三年(1877)永康胡氏退補齋刻本　四冊

310000－0241－0000204　321021
詩經八卷　(宋)朱熹集傳　清光緒十九年(1893)浙江書局刻本　四冊

310000－0241－0000205　321021:2
詩經八卷　(宋)朱熹集傳　清光緒十九年(1893)浙江書局刻本　四冊

310000－0241－0000206　321022
詩經八卷　(宋)朱熹集傳　清宣統二年(1910)廣益書局石印本　四冊

310000－0241－0000207　321023
詩經八卷　（宋）朱熹集傳　清宣統三年（1911）上海章福記石印本　一册

310000－0241－0000208　321024
詩經八卷　（宋）朱熹集傳　清末上海校經山房石印本　四册

310000－0241－0000209　321024：2
詩經八卷　（宋）朱熹集傳　清末上海校經山房石印本　四册

310000－0241－0000210　321028
詩小學三十卷補卷一卷　（清）吴樹聲撰　清同治七年（1868）壽光官廨刻本　十二册

310000－0241－0000211　321028：2
詩小學三十卷補卷一卷　（清）吴樹聲撰　清同治七年（1868）壽光官廨刻本　十三册

310000－0241－0000212　321029
詩八卷　（宋）朱熹集傳　清光緒十八年（1892）湖北官書處刻本　四册

310000－0241－0000213　321030
詩瀋二十卷　（清）范家相撰　清乾隆三十九年（1774）古趣亭刻光緒墨潤堂修印本　四册

310000－0241－0000214　321030：2
詩瀋二十卷　（清）范家相撰　清乾隆三十九年（1774）古趣亭刻光緒墨潤堂修印本　四册

310000－0241－0000215　321031
詩所八卷　（清）李光地撰　清道光李氏刻本　五册

310000－0241－0000216　321032
詩經旁訓不分卷　（清）徐立綱撰　清抄本　四册

310000－0241－0000217　321033
詩經增訂旁訓四卷　（清）徐立綱撰　清匠門書屋刻墨潤堂聚秀堂補版印本　四册

310000－0241－0000218　321034
毛詩註二十卷詩譜一卷　（漢）毛萇傳　（漢）鄭玄箋　清同治十二年（1873）稽古樓刻本　四册

310000－0241－0000219　321035
毛詩二十卷　（漢）毛亨傳　（漢）鄭玄箋　清拓唐開成石經本　二十册

310000－0241－0000220　321038
毛詩三十卷鄭氏詩譜一卷毛詩音義三卷　（漢）毛亨傳　（漢）鄭玄箋　清嘉慶二十一年（1816）木瀆周氏枕經樓刻本　四册

310000－0241－0000221　321040
詩本音十卷　（清）顧炎武撰　清康熙六年（1667）山陽張弨符山堂刻本　一册

310000－0241－0000222　321041
詩解頤四卷　（明）朱善撰　清康熙十九年（1680）通志堂刻本　二册

310000－0241－0000223　321042
詩說考畧十二卷　（清）成僎撰　（清）成儁等校　清道光十年（1830）王氏信芳閣木活字印本　六册

310000－0241－0000224　321042：2
詩說考畧十二卷　（清）成僎撰　（清）成儁等校　清道光十年（1830）王氏信芳閣木活字印本　六册

310000－0241－0000225　321042：3
詩說考畧十二卷　（清）成僎撰　（清）成儁等校　清道光十年（1830）王氏信芳閣木活字印本　六册

310000－0241－0000226　321043
毛詩注疏考證三十卷毛詩譜一卷毛詩注疏原目一卷毛詩注解傳述人一卷　（漢）毛亨傳　（漢）鄭玄箋　清乾隆四年（1739）武英殿刻本　十二册

310000－0241－0000227　321044
詩（集傳）二十卷　（宋）朱熹集傳　清光緒七年（1881）江蘇書局刻本　一册

310000－0241－0000228　321047
詩經集傳八卷詩序辨說一卷　（宋）朱熹撰　清同治五年（1866）金陵書局刻本　五册

310000－0241－0000229　321049

詩毛鄭異同辨二卷 (清)曾釗撰 清道光南海曾氏面城樓刻本 一冊

310000－0241－0000230 321050
詩毛氏傳疏三十卷釋毛詩音四卷毛詩說一卷毛詩傳義類一卷鄭氏箋考徵一卷 (清)陳奐撰 清道光二十七年至咸豐九年(1847－1859)吳門南園陳氏掃葉山莊刻本 十二冊

310000－0241－0000231 321050(2)
詩毛氏傳疏三十卷釋毛詩音四卷毛詩說一卷毛詩傳義類一卷鄭氏箋考徵一卷 (清)陳奐撰 清光緒九年(1883)吳門陳氏校經山房成記刻本 十二冊

310000－0241－0000232 321050(2):2
詩毛氏傳疏三十卷釋毛詩音四卷毛詩說一卷毛詩傳義類一卷鄭氏箋考徵一卷 (清)陳奐撰 清光緒九年(1883)吳門陳氏校經山房成記刻本 十六冊

310000－0241－0000233 321050(2):3
詩毛氏傳疏三十卷釋毛詩音四卷毛詩說一卷毛詩傳義類一卷鄭氏箋考徵一卷 (清)陳奐撰 清光緒九年(1883)吳門陳氏校經山房成記刻本 十冊

310000－0241－0000234 321053
毛詩二十卷 (漢)毛亨傳 (漢)鄭玄箋 清乾隆四十八年(1783)覆宋相臺岳氏家塾刻本 十冊

310000－0241－0000235 321053(2)
毛詩二十卷 (漢)毛亨傳 (漢)鄭玄箋 清重刻乾隆覆宋相臺岳氏家塾刻本 六冊

310000－0241－0000236 321058
詩經八卷 (宋)朱熹集傳 清嘉慶十年(1805)王芑孫校字刻本 四冊

310000－0241－0000237 321059
詩經八卷 (宋)朱熹集傳 清光緒十一年(1885)融經館刻八杉齋校本 四冊

310000－0241－0000238 321060
務本堂新鐫七行音韻詩經八卷 清末雲南務本堂刻大字本 四冊

310000－0241－0000239 321062
詩緝三十六卷 (宋)嚴粲撰 清覆刻明趙府味經堂本 十二冊

310000－0241－0000240 321062(2)
詩緝三十六卷 (宋)嚴粲撰 清嘉慶十五年(1810)谿上聽彝堂覆明味經堂刻本 十二冊

310000－0241－0000241 321063
毛詩名物圖說九卷 (清)徐鼎輯 清乾隆三十六年(1771)徐氏遺經書屋刻本 四冊

310000－0241－0000242 321063:2
毛詩名物圖說九卷 (清)徐鼎輯 清乾隆三十六年(1771)徐氏遺經書屋刻本 四冊

310000－0241－0000243 321063:3
毛詩名物圖說九卷 (清)徐鼎輯 清乾隆三十六年(1771)徐氏遺經書屋刻本 二冊

310000－0241－0000244 321066
毛詩品物圖考七卷 (日本)岡元鳳輯 清光緒十二年(1886)上海積山書局石印本 二冊

310000－0241－0000245 321067
詩傳注疏三卷 (宋)謝枋得撰 清乾隆五十一年(1786)長塘鮑氏校刻本 一冊

310000－0241－0000246 321069
毛詩要義二十卷毛詩序譜一卷 (宋)魏了翁撰 清光緒八年(1882)獨山莫氏覆宋刻本 二十冊

310000－0241－0000247 321069:2
毛詩要義二十卷毛詩序譜一卷 (宋)魏了翁撰 清光緒八年(1882)獨山莫氏覆宋刻本 十五冊

310000－0241－0000248 321070
毛詩本義十六卷 (宋)歐陽修撰 (清)歐陽傑等校 清道光十四年(1834)進賢梅明古齋刻本 四冊

310000－0241－0000249 321071
毛詩指說一卷 (唐)成伯璵撰 清康熙十九年(1680)通志堂刻本 一冊

310000－0241－0000250　321072
昌武段氏詩義指南一卷　（宋）段昌武撰　清乾隆五十二年（1787）長塘鮑氏刻本　一册

310000－0241－0000251　321074
詩本義十五卷鄭氏詩譜補亡一卷　（宋）歐陽修撰　清康熙十九年（1680）通志堂刻本　二册

310000－0241－0000252　321075
詩總聞二十卷　（宋）王質撰　清乾隆四十二年（1777）福建刻本　八册

310000－0241－0000253　321077
詩譜一卷絜齋毛詩經筵講義　（漢）鄭玄撰　（清）李光廷輯　清同治真州張氏廣東刻本　一册

310000－0241－0000254　321078
詩補傳三十卷篇目一卷　（宋）范處義撰　清康熙十九年（1680）通志堂刻本　八册

310000－0241－0000255　321079
毛詩補疏五卷　（清）焦循撰　清嘉慶江都焦氏雕菰樓刻本　一册

310000－0241－0000256　321079：2
毛詩補疏五卷　（清）焦循撰　清嘉慶江都焦氏雕菰樓刻本　二册

310000－0241－0000257　321080
毛詩通考三十卷　（清）林伯桐撰　清同治二年（1863）南海伍氏粤雅堂校刻本　一册

310000－0241－0000258　321081
毛鄭詩斠議一卷　羅振玉撰　清末國學萃編社排印本　一册

310000－0241－0000259　321081：2
毛鄭詩斠議一卷　羅振玉撰　清末國學萃編社排印本　一册

310000－0241－0000260　321081：3
毛鄭詩斠議一卷　羅振玉撰　清末國學萃編社排印本　一册

310000－0241－0000261　321082
詩傳旁通十五卷　（元）梁益撰　清光緒二十三年（1897）武進盛氏刻本　三册

310000－0241－0000262　321083
詩傳大全二十卷圖一卷綱領一卷詩經考異一卷　（明）胡廣等纂修　明崇禎吴郡顧凝遠詩瘦閣刻本　十二册

310000－0241－0000263　321084
毛詩傳箋三十卷　（漢）鄭玄箋　清同治十一年（1872）山陽丁氏五雲堂刻本　四册

310000－0241－0000264　321085
詩經世本古義二十八卷首一卷末一卷　（明）何楷撰　（明）何燾注　清嘉慶十八年（1813）嘉興周氏書三味齋刻本　十六册

310000－0241－0000265　321085（2）
詩經世本古義二十八卷首一卷末一卷　（明）何楷撰　（明）何燾注　清嘉慶二十四年（1819）溪邑謝氏文林堂刻本　十四册

310000－0241－0000266　321086
毛詩論韻不分卷　（清）張雲錦撰　清嘉慶刻本　一册

310000－0241－0000267　321086（2）
毛詩論韻一卷　（清）張雲錦撰　葛昌楣校　清末平湖葛氏嘏華館刻本　一册

310000－0241－0000268　321086（2）：2
毛詩論韻一卷　（清）張雲錦撰　葛昌楣校　清末平湖葛氏嘏華館刻本　一册

310000－0241－0000269　321094
難孫氏毛詩評一卷　（晉）陳統撰　（清）馬國翰輯　清光緒刻本　一册

310000－0241－0000270　321095
毛詩異同評三卷　（晉）孫毓撰　（清）馬國翰輯　清光緒十一年（1885）刻本　一册

310000－0241－0000271　321097
枕葄齋詩經問答十四卷　（清）胡嗣運撰　清光緒三十四年（1908）胡氏鵬南書屋木活字印本　二册

310000－0241－0000272　321097：2
枕葄齋詩經問答十四卷　（清）胡嗣運撰　清

光緒三十四年(1908)胡氏鵬南書屋木活字印本　二册

310000－0241－0000273　321098
朱子詩義補正八卷　(清)方苞撰　(清)單作哲編　清光緒三年(1877)南海馮氏刻本　四册

310000－0241－0000274　321098:2
朱子詩義補正八卷　(清)方苞撰　(清)單作哲編　清光緒三年(1877)南海馮氏刻本　四册

310000－0241－0000275　321099
三家詩拾遺十卷　(清)范家相撰　清嘉慶十五年(1810)古趣亭刻光緒墨潤堂修印本　二册

310000－0241－0000276　321100
採輯名家批評詩經刪補四卷首一卷　(明)徐奮鵬撰　(明)楊居廣編　清末廣州天祿閣刻本　四册

310000－0241－0000277　321101
邶風説二卷　(清)龔景瀚撰　清道光六年(1826)恩錫堂刻本　二册

310000－0241－0000278　321102
齊詩翼氏學疏證二卷敘錄一卷　(清)陳喬樅撰　清道光刻本　一册

310000－0241－0000279　321102:2
齊詩翼氏學疏證二卷敘錄一卷　(清)陳喬樅撰　清道光刻本　一册

310000－0241－0000280　321103
詩經稗疏四卷　(清)王夫之撰　清同治四年(1865)湘鄉曾氏金陵刻本　三册

310000－0241－0000281　321105
詩廣傳五卷詩經叶韻辨一卷　(清)王夫之撰　清同治四年(1865)湘鄉曾氏金陵刻本　三册

310000－0241－0000282　321106
詩觸六卷　(清)賀貽孫撰　清咸豐二年(1852)敕書樓刻本　六册

310000－0241－0000283　321109
御纂詩義折中二十卷　(清)傅恒等撰　清末浙江書局重刻乾隆内府本　六册

310000－0241－0000284　321110
詩義折中補十四卷　(清)吳良秀注　清嘉慶七年(1802)刻本　八册

310000－0241－0000285　321111
詩經融詩大全體要八卷　(宋)朱熹集傳　(清)沈世楷輯　清刻本　四册

310000－0241－0000286　321112
毛詩故訓傳定本三十卷　(清)段玉裁撰　清道光四年(1824)安徽文會堂章氏重刻嘉慶二十一年(1816)七葉衍祥堂刻本　六册

310000－0241－0000287　321112:2
毛詩故訓傳定本三十卷　(清)段玉裁撰　清道光四年(1824)安徽文會堂章氏重刻嘉慶二十一年(1816)七葉衍祥堂刻本　四册

310000－0241－0000288　321114
鄭氏詩箋禮注異義考一卷毛詩釋地六卷　(清)桂文燦撰　清光緒二十二年(1896)廣州富文齋刻本　一册

310000－0241－0000289　321116
酌雅齋詩經遵註合講八卷圖解一卷　(清)翁復編　清乾隆四十三年(1778)墨香堂刻本　十二册

310000－0241－0000290　321118
續吕氏家塾讀詩記三卷　(宋)戴溪撰　清乾隆武英殿木活字印本　一册

310000－0241－0000291　321118(2)
續吕氏家塾讀詩記三卷　(宋)戴溪撰　清嘉慶十四年(1809)海虞張海鵬校刻本　三册

310000－0241－0000292　321118(3)
續吕氏家塾讀詩記三卷　(宋)戴溪撰　清乾隆四十二年(1777)福建刻本　二册

310000－0241－0000293　321119
詩經傳註八卷　(清)李塨撰　清道光二十四年(1844)蠡吾劉化南等校刻本　四册

310000－0241－0000294　321120
謝疊山先生詩傳注疏三卷　(宋)謝枋得撰　(清)江澍昀校　清光緒九年(1883)刻本　一冊

310000－0241－0000295　321121
毛詩後箋三十卷別傳一卷　(清)胡承珙撰　(清)陳奐補　清光緒七年(1881)蛟川方氏重刻道光十七年(1837)刻本　二十冊

310000－0241－0000296　321121(2)
毛詩後箋三十卷　(清)胡承珙撰　(清)陳奐補　清光緒十六年(1890)廣雅書局刻本　十三冊

310000－0241－0000297　321123
詩傳考六卷　(清)陳孚編　清嘉慶九年(1804)堯山刻本　六冊

310000－0241－0000298　321124
嚴氏詩緝補義八卷　(清)劉燦撰　清嘉慶鎮海劉氏墨莊刻本　四冊

310000－0241－0000299　321125
詩義旁通十二卷　(清)李允升輯　清咸豐二年(1852)李氏易簡堂刻本　六冊

310000－0241－0000300　321126
毛詩紬義二十四卷　(清)李黼平撰　清道光七年(1827)箸華庵刻本　七冊

310000－0241－0000301　321128
詩經通義十二卷　(清)朱鶴齡撰　傳抄清雍正三年(1725)朱士玉刻本　四冊

310000－0241－0000302　321129
詩經申義十卷　(清)吳士模撰　清光緒十六年(1890)武陽劉念暉校刻本　四冊

310000－0241－0000303　321131
詩經詮義十二卷首一卷末二卷　(清)汪紱撰　清道光二十二年(1842)延川金氏世德堂刻本　十五冊

310000－0241－0000304　321131:2
詩經詮義十二卷首一卷末二卷　(清)汪紱撰　清道光二十二年(1842)延川金氏世德堂刻本　十五冊

310000－0241－0000305　321133
詩說一卷　(宋)張耒撰　清康熙十九年(1680)通志堂刻本　一冊

310000－0241－0000306　321135
毛詩日箋六卷　(清)秦松齡撰　清康熙三十九年(1700)秦氏挺秀堂刻尊賢堂印本　二冊

310000－0241－0000307　321139
詩集傳附釋一卷　(清)丁晏撰　(清)黄士陵等校　清光緒二十年(1894)廣雅書局刻本　一冊

310000－0241－0000308　321140
杲溪詩經補注二卷　(清)戴震撰　清乾隆四十二年(1777)微波榭刻本　一冊

310000－0241－0000309　321143
釋毛詩音四卷毛詩說一卷　(清)陳奐撰　清光緒九年(1883)吳門陳氏校經山房成記刻本　一冊

310000－0241－0000310　321144
詩毛氏傳疏三十卷　(清)陳奐撰　清光緒九年(1883)吳門陳氏校經山房成記刻本　十冊

310000－0241－0000311　321145
毛詩傳義類一卷　(清)陳奐撰　清光緒九年(1883)吳門陳氏校經山房成記刻本　一冊

310000－0241－0000312　321146
鄭氏箋考徵一卷　(清)陳奐撰　清光緒九年(1883)吳門陳氏校經山房成記刻本　一冊

310000－0241－0000313　321150
毛詩周頌口義三卷　(清)莊述祖撰　(清)莊又朔校　清道光十五年(1835)武進莊氏脊令舫刻本　六冊

310000－0241－0000314　321152
毛詩傳箋通釋三十二卷　(清)馬瑞辰撰　清光緒十四年(1888)廣雅書局刻本　十二冊

310000－0241－0000315　321154
詩義擇從四卷　(清)易佩紳撰　清光緒十四年(1888)刻本　二冊

310000－0241－0000316　321155
參校詩傳説　(清)倪紹經等輯　(清)孫渠田鑒定　清光緒十五年(1889)守經堂刻本　一册　存二卷

310000－0241－0000317　321159
詩傳補義三卷　(清)方宗誠撰　清光緒元年(1875)桐城方氏刻本　一册

310000－0241－0000318　321160
詩義序説合鈔四卷首一卷　(清)游閎輯　清道光二十三年(1843)樂安游氏家刻本　四册

310000－0241－0000319　321161(2)
古郊詩箋一卷　(清)許宗寅撰　清同治六年(1867)許蕙孫刻本　一册

310000－0241－0000320　321162
詩本誼一卷　(清)龔橙撰　清光緒十五年(1889)仁和譚氏刻本　一册

310000－0241－0000321　321166
詩經補義二十卷　(漢)鄭玄箋　王闓運補箋　清光緒三十二年(1906)衡陽東洲刻本　八册

310000－0241－0000322　321166(2)
毛詩補箋二十卷　(漢)鄭玄箋　王闓運補箋　清光緒三十二年(1906)江西官書局木活字印本　八册

310000－0241－0000323　321168
詩義鈔八卷　(清)張學尹撰　清同治九年(1870)張崇澍師白山房刻本　四册

310000－0241－0000324　321169
詩經精義四卷首一卷末一卷　(清)黄淦撰　清末翻刻嘉慶七年(1802)尊德堂本　一册

310000－0241－0000325　321170
詩經精義彙鈔四卷首一卷　(清)陸錫璞撰　清道光二十年(1840)刻本　十二册

310000－0241－0000326　321171
詩序廣義二十四卷總論一卷　(清)姜炳璋輯　清嘉慶二十年(1815)尊行堂刻本　八册

310000－0241－0000327　321171：2
詩序廣義二十四卷總論一卷　(清)姜炳璋輯　清嘉慶二十年(1815)尊行堂刻本　十册

310000－0241－0000328　321175
詩學識要五卷　(清)楊登訓纂述　清道光元年(1821)袖雲山房刻本　一册

310000－0241－0000329　321178
詩經精義集抄四卷　(清)梁中孚輯　(清)汪汝式參訂　清道光七年(1827)寧國刻本　四册

310000－0241－0000330　321182
毛詩補禮六卷　(清)朱濂撰　清道光十九年(1839)刻光緒三年(1877)吴玉輝補刻印本　二册

310000－0241－0000331　321182：2
毛詩補禮六卷　(清)朱濂撰　清道光十九年(1839)刻光緒三年(1877)吴玉輝補刻印本　二册

310000－0241－0000332　321183
詩經發明八卷　(清)陳九齡撰　清乾隆三十八年(1773)二物堂刻本　二册

310000－0241－0000333　321187
詩經串義五卷　(清)康國熺纂注　清同治五年(1866)南海康氏瑞圃書室刻本　一册

310000－0241－0000334　321207
詩序一卷　(宋)朱熹辨説　明崇禎虞山毛氏汲古閣刻本　一册

310000－0241－0000335　321208
詩序辨一卷　(宋)朱熹辨説　清康熙天蓋樓刻本　一册

310000－0241－0000336　321215
詩疑二卷　(宋)王柏撰　清康熙十九年(1680)通志堂刻本　一册

310000－0241－0000337　321232
詩傳説駁義五卷　(清)毛奇齡撰　清康熙刻本　二册

310000－0241－0000338　321233
讀詩商二十八卷　(清)陳保真述　清光緒二

十三年(1897)張天榮永興捕署校刻本　十二冊

310000－0241－0000339　321242
詩問七卷　(清)王照圓撰　清光緒八年(1882)東路廳署刻本　六冊

310000－0241－0000340　321245
詩序辨正八卷首一卷　(清)汪大任撰　清光緒十二年(1886)錢唐汪氏長沙刻本　二冊

310000－0241－0000341　321245:2
詩序辨正八卷首一卷　(清)汪大任撰　清光緒十二年(1886)錢唐汪氏長沙刻本　一冊

310000－0241－0000342　321261
毛詩注疏校勘札記二十卷　(清)劉光蕡撰　清光緒十九年(1893)陝甘味經書院重校本　四冊

310000－0241－0000343　321301
涇野先生毛詩說序六卷　(明)吕柟撰　(清)李錫齡校　清光緒二十二年(1896)長沙刻本　二冊

310000－0241－0000344　321323
詩貫十四卷　(清)張敘撰　清乾隆刻本　五冊

310000－0241－0000345　321328
詩傳述藴四卷　(宋)朱熹集傳　(清)姜兆錫述　清乾隆刻本　二冊

310000－0241－0000346　321331
詩古微十九卷首一卷　(清)魏源撰　清光緒十一年(1885)飛青閣楊氏黄岡學署刻本　八冊

310000－0241－0000347　321331(2)
詩古微十九卷首一卷　(清)魏源撰　清光緒十一年(1885)飛青閣楊氏黄岡學署刻梁谿浦氏重印本　八冊

310000－0241－0000348　321335
毛詩稽古編三十卷附考一卷　(清)陳啓源撰　(清)龐佑清校　清嘉慶十八年(1813)龐氏校刻本　六冊

310000－0241－0000349　321335(2)
毛詩稽古編三十卷　(清)陳啓源撰　清道光九年(1829)廣東學海堂刻本　八冊

310000－0241－0000350　321341
詩序闡真八卷　(清)楊有慶纂輯　清嘉慶十一年(1806)刻本　四冊

310000－0241－0000351　321348
詩經恒解六卷　(清)劉沅輯註　清咸豐十一年(1861)刻本　六冊

310000－0241－0000352　321351
詩經襯解十卷　(清)何容德輯　清乾隆五十一年(1786)有恒堂刻本　三冊

310000－0241－0000353　321352
遵註義釋詩經離句襯解八卷　(清)朱榛編訂　(清)周棫參閲　清末同文堂刻本　四冊

310000－0241－0000354　321355
學詩堂經解二十卷　(清)李宗棠撰　清宣統三年(1911)排印本　八冊

310000－0241－0000355　321356
毛詩集解訓蒙一卷　(清)鄭曉如集　清同治八年(1869)廣州華文堂刻本　一冊

310000－0241－0000356　321356:2
毛詩集解訓蒙一卷　(清)鄭曉如集　清同治八年(1869)廣州華文堂刻本　一冊

310000－0241－0000357　321367
毛詩說四卷　(清)莊存與撰　清道光七年(1827)莊綬甲寶研堂刻本　二冊

310000－0241－0000358　321370
御案七經要說詩一卷　(清)李元春編　清道光十五年(1835)朝邑劉際清等刻本　一冊

310000－0241－0000359　321375
珍埶宧文鈔七卷　(清)莊述祖撰　清道光武進莊氏脊令舫刻本　一冊

310000－0241－0000360　321376
求自得之室詩說四卷　(清)吳嘉賓撰　清同治元年(1862)南豐吳氏家刻本　二冊

310000－0241－0000361　321376:2
求自得之室詩説四卷　(清)吴嘉賓撰　清同治元年(1862)南豐吴氏家刻本　一册

310000－0241－0000362　321378
詩説三卷附録一卷　(清)惠周惕撰　(清)吴志忠校　清嘉慶十七年(1812)璜川吴氏真意堂刻本　一册

310000－0241－0000363　321378(2)
詩説三卷附録一卷　(清)惠周惕撰　(清)金衍福校　清嘉慶十七年(1812)秀水金氏校刻本　一册

310000－0241－0000364　321383
詩經詳説九十四卷　(清)冉覲祖撰　清光緒七年(1881)大梁書局刻本　六十册

310000－0241－0000365　321384
學詩詳説三十卷　(清)顧廣譽撰　清光緒三年(1877)顧鴻昇刻本　九册

310000－0241－0000366　321384:2
學詩詳説三十卷　(清)顧廣譽撰　清光緒三年(1877)顧鴻昇刻本　九册

310000－0241－0000367　321409
毛詩鄭箋改字説四卷　(清)陳喬樅撰　清道光十年(1830)刻本　一册

310000－0241－0000368　321417
詩經通論一卷　(清)皮錫瑞撰　清光緒三十三年(1907)思賢書局刻本　一册

310000－0241－0000369　321419
毛詩蒙求窾啓十卷　(清)薛韶光撰　清嘉慶五年(1800)上海薛氏家刻本　四册

310000－0241－0000370　321422
毛詩識小三十卷　(清)林伯桐撰　清同治二年(1863)南海伍氏粤雅堂校刻本　二册

310000－0241－0000371　321425
讀詩一得不分卷　(清)吴棠撰　清同治三年(1864)刻本　一册

310000－0241－0000372　321436
毛詩國風繹一卷　(清)陳遷鶴撰　清同治十三年(1874)晉江黄氏梅石山房木活字印本　一册

310000－0241－0000373　321444
羣經引詩大旨六卷　(清)黄雲鵠撰　清光緒刻本　一册

310000－0241－0000374　321489
毛詩補正二十五卷首一卷　(清)龍起濤撰　清光緒二十五年(1899)刻本　十二册

310000－0241－0000375　321498
毛詩傳箋異義解十六卷　(清)沈鎬撰　清咸豐六年(1856)棣鄂堂刻本　四册

310000－0241－0000376　321505
詩經拾遺一卷　(清)郝懿行撰　清光緒八年(1882)東路廳署刻本　一册

310000－0241－0000377　321509
詩章句考一卷詩樂存亡譜一卷詩經集傳校勘記一卷　(清)夏炘撰　清咸豐三年(1853)刻本　一册

310000－0241－0000378　321525
吕氏家塾讀詩記三十二卷　(宋)吕祖謙撰　清嘉慶十六年(1811)谿上聽彝堂重刻明萬曆間刻本　十二册

310000－0241－0000379　321525:2
吕氏家塾讀詩記三十二卷　(宋)吕祖謙撰　清嘉慶十六年(1811)谿上聽彝堂重刻明萬曆間刻本　四册

310000－0241－0000380　321525:3
吕氏家塾讀詩記三十二卷　(宋)吕祖謙撰　清嘉慶十六年(1811)谿上聽彝堂重刻明萬曆間刻本　十册

310000－0241－0000381　321546
毛詩復古録十二卷首一卷　(清)吴懋清撰　清光緒二十年(1894)廣州學使者署刻本　六册

310000－0241－0000382　321548
讀詩日録十三卷　(清)劉士毅撰　清光緒六年(1880)桐城方氏刻本　四册

310000－0241－0000383　321553
讀詩鈔說四卷統論一卷　(清)張澍撰　清光緒十三年(1887)蓉城刻本　二册

310000－0241－0000384　321553:2
讀詩鈔說四卷統論一卷　(清)張澍撰　清光緒十三年(1887)蓉城刻本　二册

310000－0241－0000385　321554
詩志八卷　(清)牛運震撰　清嘉慶二十三年(1818)空山堂刻本　十册

310000－0241－0000386　321554(2)
重訂空山堂詩志八卷讀法一卷　(清)牛運震撰　清道光田氏刻本　五册

310000－0241－0000387　321557
山中學詩記五卷　(清)徐時棟撰　清光緒四年(1878)葉氏西河別墅刻本　二册

310000－0241－0000388　321557:2
山中學詩記五卷　(清)徐時棟撰　清光緒四年(1878)葉氏西河別墅刻本　二册

310000－0241－0000389　321580
讀詩經四卷讀易經一卷　(清)趙良霨纂　(清)趙如圭校　清道光十二年(1832)涇縣趙氏古墨齋刻本　二册

310000－0241－0000390　321581
毛詩讀三十卷　(清)王劼撰　清咸豐五年(1855)成都刻本　十册

310000－0241－0000391　321600
詩經讀鈔三十一卷首一卷　(清)李宗淇輯　(清)李宗澳等校　清道光五年(1825)李氏忠信堂刻本　十四册

310000－0241－0000392　321603
七月漫錄二卷　(清)郭柏蒼撰　清光緒十三年(1887)刻本　一册

310000－0241－0000393　321609
毛詩音義三卷　(唐)陸德明撰　清嘉慶二十一年(1816)木瀆周氏刻本　三册

310000－0241－0000394　321609(2)
毛詩音義三卷　(唐)陸德明撰　清刻經典釋文本　二册

310000－0241－0000395　321612
詩集傳音釋二十卷詩圖一卷詩傳綱領一卷詩序一卷校刻詩集傳音釋札記一卷　(宋)朱熹集傳　(元)許謙音釋　清咸豐五年(1855)海昌蔣氏衍芬草堂刻本　六册

310000－0241－0000396　321616
毛詩古音考四卷讀詩拙言一卷　(明)陳第編輯　(明)焦竑訂正　清光緒六年(1880)武昌張氏校刻乾隆中濰川徐氏本　四册

310000－0241－0000397　321617
詩音辨畧二卷　(明)楊貞一撰　(清)李調元校　清乾隆綿州李氏萬卷樓刻本　一册

310000－0241－0000398　321617(2)
詩音辨畧二卷　(明)楊貞一撰　(清)李調元校　清光緒八年(1882)廣漢鍾登甲樂道齋刻本　一册

310000－0241－0000399　321617:2
詩音辨畧二卷　(明)楊貞一撰　(清)李調元校　清乾隆綿州李氏萬卷樓刻本　一册

310000－0241－0000400　321622
審定風雅遺音二卷　(清)史榮撰　(清)紀昀審定　清乾隆鏡煙堂刻本　二册

310000－0241－0000401　321622(2)
審定風雅遺音二卷　(清)史榮撰　(清)紀昀審定　清光緒五年(1879)定州王氏謙德堂刻本　一册

310000－0241－0000402　321625
欽定詩經樂譜全書三十卷樂律正俗一卷　(清)鄒奕孝等纂　清光緒二十五年(1899)廣雅書局刻本　二十四册

310000－0241－0000403　321626
毛詩古音參義五卷首一卷　(清)潘相撰　清嘉慶五年(1800)撝謙堂刻本　四册

310000－0241－0000404　321628
毛詩昀訂十卷　(清)苗夔撰　清咸豐元年(1851)漢專亭刻本　四册

310000－0241－0000405　321628:2

毛詩吻訂十卷　(清)苗夔撰　清咸豐元年(1851)漢專亭刻本　一册

310000－0241－0000406　321630

詩古音繹一卷　(清)胡錫燕編　清光緒長沙胡氏刻本　一册

310000－0241－0000407　321634

詩經音韻譜五卷首一卷章句觸解一卷　(清)甄士林撰　清道光初種松書屋刻本　四册

310000－0241－0000408　321636

詩聲衍一卷　(清)劉逢禄撰　清光緒思賢講舍刻本　一册

310000－0241－0000409　321637

詩韻字聲通證七卷毛詩韻表一卷　(清)李次山撰　清光緒十九年(1893)百果山房刻本　四册

310000－0241－0000410　321639

詩聲類十二卷詩聲分例一卷　(清)孔廣森撰　清乾隆五十七年(1792)孔廣廉謙益堂刻本　四册

310000－0241－0000411　321649

詩誦五卷　(清)陳僅撰　清光緒十一年(1885)四明文則樓木活字印本　四册

310000－0241－0000412　321652

毛詩辨韻五卷　(清)趙似祖撰　(清)趙星海訂　清道光二十二年(1842)聽雲山館刻本　四册

310000－0241－0000413　321653

毛詩均譜八卷校勘記一卷　(清)郭師古撰　清光緒十年(1884)玉屏山房刻本　六册

310000－0241－0000414　321654

毛詩重言一卷毛詩雙聲疊韻説一卷　(清)王筠撰　清道光刻本　一册

310000－0241－0000415　321658

詩經音訓不分卷輯説一卷　(清)楊國楨撰　清光緒三年(1877)湖北崇文書局刻本　二册

310000－0241－0000416　321668

毛詩草木鳥獸蟲魚疏二卷　(三國吳)陸璣撰　(清)丁晏校正　清咸豐七年(1857)刻本　一册

310000－0241－0000417　321668(2)

毛詩草木鳥獸蟲魚疏二卷　(三國吳)陸璣撰　(清)丁晏校正　清光緒十二年(1886)寒梅館刻本　一册

310000－0241－0000418　321670

毛詩草木鳥獸蟲魚疏二卷　(三國吳)陸璣撰　羅振玉校正　清末國學萃編社排印本　一册

310000－0241－0000419　321671

毛氏詩陸疏廣要四卷　(三國吳)陸璣撰　(明)毛晉註　清道光朝邑劉學峻刻本　二册

310000－0241－0000420　321674

詩地理考六卷　(宋)王應麟撰　清嘉慶十年(1805)虞山張氏照曠閣刻本　二册

310000－0241－0000421　321674(2)

詩地理考六卷　(宋)王應麟撰　清道光朝邑劉際清刻本　二册

310000－0241－0000422　321674(3)

詩地理考六卷　(宋)王應麟撰　清光緒九年(1883)浙江書局刻本　一册

310000－0241－0000423　321674(4)

詩地理考六卷　(宋)王應麟撰　明崇禎虞山毛氏汲古閣刻本　六册

310000－0241－0000424　321677

毛詩名物解二十卷　(宋)蔡卞撰　清康熙十九年(1680)通志堂刻本　一册

310000－0241－0000425　321678

詩集傳名物鈔八卷　(元)許謙撰　清康熙十九年(1680)通志堂刻本　四册

310000－0241－0000426　321678(2)

詩集傳名物鈔八卷　(元)許謙撰　清同治八年(1869)永康胡氏退補齋刻本　八册

310000－0241－0000427　321681

毛詩草木鳥獸蟲魚疏廣要四卷　(三國吳)陸

璣撰　(明)毛晉參　明崇禎虞山毛氏汲古閣刻本　四册

310000－0241－0000428　321689
毛詩名物畧四卷　(清)朱桓撰　清嘉慶七年(1802)朱麟徵蔚齋校刻本　四册

310000－0241－0000429　321690
黄維章先生詩經嫏嬛體註　(明)黄文焕輯著　清末至民國初石印本　三册

310000－0241－0000430　321692
陸氏草木鳥獸蟲魚疏疏二卷　(清)焦循考訂　清光緒十四年(1888)江陰南菁書院刻本　一册

310000－0241－0000431　321694
毛詩草木鳥獸蟲魚疏廣要二卷　(清)趙佑撰　劉世珩校　清光緒二十年(1894)貴池劉氏刻本　一册

310000－0241－0000432　321699
毛詩天文考一卷　(清)洪亮吉撰　清光緒十七年(1891)廣雅書局刻本　一册

310000－0241－0000433　321699:2
毛詩天文考一卷　(清)洪亮吉撰　清光緒十七年(1891)廣雅書局刻本　一册

310000－0241－0000434　321700
詩地理考畧二卷圖一卷　(清)尹繼美撰　清同治三年(1864)鼎吉堂刻本　二册

310000－0241－0000435　321705
詩傳名物集覽十二卷　(清)陳大章撰　清光緒十七年(1891)三餘草堂刻本　十二册

310000－0241－0000436　321707
詩名物考畧二卷　(清)尹繼美編纂　清光緒六年(1880)鄢縣尹作鴻校刻本　一册

310000－0241－0000437　321708
詩識名解十五卷　(清)姚炳撰　清康熙姚氏刻嘉慶二十二年(1817)校修本　四册

310000－0241－0000438　321708:2
詩識名解十五卷　(清)姚炳撰　清康熙姚氏刻嘉慶二十二年(1817)校修本　四册

310000－0241－0000439　321711
毛詩草木今名釋一卷　王仁俊撰　清光緒三十四年(1908)江蘇存古學堂排印本　一册

310000－0241－0000440　321712
讀詩釋物二十一卷　(清)方瑍撰　清道光四年(1824)方瀚吉安府刻本　六册

310000－0241－0000441　321719
詩氏族考六卷　(清)李超孫輯　清道光海昌蔣氏別下齋校刻本　四册

310000－0241－0000442　321719(2)
詩氏族考六卷　(清)李超孫輯　清光緒羊城馮氏刻本　三册

310000－0241－0000443　321722
詩緒餘録八卷　(清)黄位清輯　清道光十九年(1839)南海葉氏刻本　八册

310000－0241－0000444　321750
詩譜講義一卷　(清)□□撰　清光緒江蘇存古學堂排印本　一册

310000－0241－0000445　321758
讀風臆補十五卷　(明)戴君恩撰　(清)陳繼揆補輯　清光緒六年(1880)拜經館刻本　二册

310000－0241－0000446　321762
增訂詩經輯評四卷首一卷　(清)徐與喬輯評　(清)于光華增訂　清乾隆四十年(1775)友於堂刻本　二册

310000－0241－0000447　321765
詩經蠹簡四卷　(清)李詒經撰　清道光單偉志慎思堂校刻本　四册

310000－0241－0000448　321766
詩經繹參四卷　(清)鄧翔撰　(清)孔廣陶等校訂　清同治六年(1867)孔氏刻本　四册

310000－0241－0000449　321767
葩經一得不分卷　(清)張夢瀛撰　清道光三十年(1850)何氏夢約軒校刻本　二册

310000－0241－0000450　321771
詩經不分卷　(清)吴汝綸録評　清末都門印

書局排印本　二册

310000－0241－0000451　321772
讀詩知柄二卷　(清)蔣紹宗撰　清嘉慶十一年(1806)刻本　二册

310000－0241－0000452　321787(2)
詩説不分卷　(漢)申培撰　(清)魏宇光校　清乾隆五十六年(1791)金谿王氏刻本　一册

310000－0241－0000453　321787(3)
詩説不分卷　(漢)申培撰　(清)吳兆棠閱　清嘉慶九年(1804)吳氏刻本　一册

310000－0241－0000454　321804(2)
韓詩外傳十卷校注拾遺一卷補逸一卷　(漢)韓嬰撰　(清)周廷寀校　清光緒元年(1875)望三益齋刻本　二册

310000－0241－0000455　321804(2):2
韓詩外傳十卷校注拾遺一卷補逸一卷　(漢)韓嬰撰　(清)周廷寀校　清光緒元年(1875)望三益齋刻本　二册

310000－0241－0000456　321804(3)
韓詩外傳十卷　(漢)韓嬰撰　(清)黄錫禝校　清乾隆五十六年(1791)金谿王氏刻本　二册

310000－0241－0000457　321806
韓詩外傳十卷　(漢)韓嬰撰　清光緒三年(1877)湖北崇文書局刻本　一册

310000－0241－0000458　321806:2
韓詩外傳十卷　(漢)韓嬰撰　清光緒三年(1877)湖北崇文書局刻本　二册

310000－0241－0000459　321835
韓詩遺説二卷　(清)臧庸撰　清光緒會稽趙氏刻本　一册

310000－0241－0000460　321836
韓詩訂譌一卷　(清)臧庸撰　清光緒會稽趙氏刻本　一册

310000－0241－0000461　321837
韓詩遺説續考四卷　顧震福撰　清光緒十九年(1893)刻本　一册

310000－0241－0000462　321839(2)
韓詩故二卷　(清)沈清瑞撰　清道光刻本　二册

310000－0241－0000463　321839(2):2
韓詩故二卷　(清)沈清瑞撰　清道光刻本　二册

310000－0241－0000464　321856
詩考異補二卷　(清)嚴蔚撰　清乾隆四十九年(1784)二酉齋刻本　一册

310000－0241－0000465　321857
詩小序一卷　(周)卜商撰　(清)吳兆棠閱　清嘉慶九年(1804)吳氏刻本　一册

310000－0241－0000466　321859
詩傳孔氏傳一卷　(周)端木賜撰　明崇禎虞山毛氏汲古閣刻本　一册

310000－0241－0000467　321862
詩經八卷　(清)翰林院譯　清乾隆三十三年(1768)武英殿刻滿漢文本　四册

310000－0241－0000468　321866
葩經聯句二卷　(清)蘇學謙輯　清光緒二十一年(1895)刻本　一册

310000－0241－0000469　321867
詩經類句對一卷詩書類句對一卷詩易類句對一卷　(清)何國鎮輯　清咸豐八年(1858)簣覆山房刻本　一册

310000－0241－0000470　321895
毛詩原解三十六卷　(明)郝敬撰　清光緒十七年(1891)三餘草堂刻本　十二册

310000－0241－0000471　321899
毛詩正本二十卷讀詩一卷　(清)陳梓撰　清乾隆九年(1744)深柳讀書堂刻本　八册

310000－0241－0000472　321900
鄭莆田淫奔詩辨二卷　(清)王益齋輯　清道光二十四年(1844)松勁書屋刻本　一册

310000－0241－0000473　321909
詩義求經二十卷　(清)艾暢撰　(清)艾堃校　清道光可添齋刻本　八册

310000 - 0241 - 0000474　321910
毛詩異同四卷附錄一卷　(清)蕭光遠撰　清同治刻本　二册

310000 - 0241 - 0000475　321911
尚詩徵名二卷　(清)王蔭祜撰　清光緒三十四年(1908)王氏刻本　一册

310000 - 0241 - 0000476　321915
詩經白話註四卷　(清)錢榮國撰　清光緒三十四年(1908)江陰禮延學堂刻本　六册

310000 - 0241 - 0000477　321916
毛詩闡微(目錄)　(清)楊文傑撰　清光緒錢塘丁氏嘉惠堂抄本　一册

310000 - 0241 - 0000478　321917
詩經解不分卷　(清)王錫萬撰　王氏清稿本　八册

310000 - 0241 - 0000479　321929
詩序議四卷　(清)呂調陽述　清光緒十四年(1888)葉長高刻本　四册

310000 - 0241 - 0000480　321931
毛詩傳箋二十卷鄭氏詩譜一卷　(漢)毛亨傳　(漢)鄭玄箋　清同治十一年(1872)江南書局刻本　四册

310000 - 0241 - 0000481　321934
毛詩述正二十八卷首一卷　(清)張其煥述　清光緒五年(1879)張氏重校刻本　八册

310000 - 0241 - 0000482　321934:2
毛詩述正二十八卷首一卷　(清)張其煥述　清光緒五年(1879)張氏重校刻本　十册

310000 - 0241 - 0000483　321935
詩管見七卷首一卷　(清)尹繼美撰　清咸豐十一年(1861)鼎吉堂木活字印本　二册

310000 - 0241 - 0000484　321936
詩經說鈴十二卷　(清)潘克溥撰　(清)潘滋椿等校　清同治元年(1862)書業德記刻本　六册

310000 - 0241 - 0000485　321938
詩經貫解四卷　(清)徐壽基集註　清光緒武進徐氏酌雅堂刻本　六册

310000 - 0241 - 0000486　321939
詩傳遺說六卷　(宋)朱鑑撰　清康熙十九年(1680)通志堂刻本　二册

310000 - 0241 - 0000487　321941
毛詩蒙求彙瑸二卷　(清)薛韶光述　清嘉慶上海薛氏家刻本　一册

310000 - 0241 - 0000488　321941:2
毛詩蒙求彙瑸二卷　(清)薛韶光述　清嘉慶上海薛氏家刻本　一册

310000 - 0241 - 0000489　321943
詩經簡要不分卷　(清)汪本厚撰　清光緒末六安州中學堂木活字印本　一册

310000 - 0241 - 0000490　321945
毛鄭詩考正四卷首一卷　(清)戴震撰　清乾隆曲阜孔氏微波榭刻本　四册

310000 - 0241 - 0000491　321946
讀風偶識四卷　(清)崔述撰　(清)陳履和校　清光緒元年(1875)木活字印本　四册

310000 - 0241 - 0000492　321947
葩經韻編一卷　(清)筆耕軒主人撰　清光緒二年(1876)刻本　一册

310000 - 0241 - 0000493　321948
詩解節錄一卷　(清)楊文秋錄　清末楊氏稿本　一册

310000 - 0241 - 0000494　321957
鄭氏詩譜考正一卷　(漢)鄭玄撰　(宋)歐陽修補　清光緒九年(1883)清湖張氏花雨樓校刻本　一册

310000 - 0241 - 0000495　321957(2)
鄭氏詩譜考正一卷　(漢)鄭玄撰　(宋)歐陽修補　清光緒邵武徐氏刻本　一册

310000 - 0241 - 0000496　321961
許氏詩譜鈔一卷　(元)許衡撰　(清)吳騫校訂　清嘉慶十一年(1806)海昌吳氏刻本　一册

310000－0241－0000497　321962
詩辨説一卷　(宋)趙悳編　清光緒十三年(1887)吴縣朱氏家塾刻本　一册

310000－0241－0000498　321964
三家詩補遺三卷　(清)阮元撰　清光緒二十四年(1898)長沙葉氏郎園刻本　二册

310000－0241－0000499　321969
鄭氏詩譜一卷　(漢)鄭玄撰　清刻本　一册

310000－0241－0000500　321970
詩説三卷詩説一卷　(清)惠周惕撰　清嘉慶虞山張氏刻本　一册

310000－0241－0000501　321972
欽定詩經傳説彙纂二十一卷首二卷詩序二卷　(清)王鴻緒等修　清雍正五年(1727)内府刻本　二十八册

310000－0241－0000502　321972(2)
欽定詩經傳説彙纂二十一卷首二卷詩序二卷　(清)王鴻緒等修　清同治七年(1868)浙江書局重刻雍正間内府刻本　十六册

310000－0241－0000503　321972(2):2
欽定詩經傳説彙纂二十一卷首二卷詩序二卷　(清)王鴻緒等修　清同治七年(1868)浙江書局重刻雍正間内府刻本　十五册

310000－0241－0000504　321972(2):3
欽定詩經傳説彙纂二十一卷首二卷詩序二卷　(清)王鴻緒等修　清同治七年(1868)浙江書局重刻雍正間内府刻本　十六册

310000－0241－0000505　321972(3)
欽定詩經傳説彙纂二十一卷首二卷詩序二卷　(清)王鴻緒等修　清同治十一年(1872)江西書局重刻雍正間内府刻本　二十册

310000－0241－0000506　321972(4)
欽定詩經傳説彙纂二十一卷首二卷詩序二卷　(清)王鴻緒等修　清覆刻雍正内府本　八册

310000－0241－0000507　321975
釋蟲小記一卷　(清)程瑤田撰　清道光九年(1829)廣東學海堂刻本　一册

310000－0241－0000508　321977
詩附記四卷　(清)翁方綱撰　清光緒五年(1879)定州王氏謙德堂刻本　二册

310000－0241－0000509　321978
詩説二卷詩經拾遺一卷　(清)王照圓撰　(清)郝聯薇等校　清光緒八年(1882)東路廳署刻棲霞曬書堂本　二册

310000－0241－0000510　321978:2
詩説二卷詩經拾遺一卷　(清)王照圓撰　(清)郝聯薇等校　清光緒八年(1882)東路廳署刻棲霞曬書堂本　二册

310000－0241－0000511　321979
詩傳蒙求分韻不分卷　(清)黄中輯　清咸豐九年(1859)尚友齋刻本　二册

310000－0241－0000512　321981
詩經審鵠要解六卷　(清)林錫齡輯　清乾隆刻本　二册

310000－0241－0000513　321982
國風省篇一卷毛詩寫官記四卷詩札二卷白鷺洲主客説詩一卷續詩傳鳥名三卷　(清)毛奇齡撰　清康熙李塨等刻乾隆三十五年(1770)陸體元修補重印本　二册

310000－0241－0000514　321986
李迂仲黄實夫毛詩集解四十二卷首一卷　(宋)李樗講義　(宋)吕祖謙釋音　清康熙十九年(1680)通志堂刻本　十八册

310000－0241－0000515　321987
詩經擬題不分卷　(清)□□錄　清末抄本　一册

310000－0241－0000516　321988
三家詩七種十二卷　(清)馬國翰輯　清末影印本　一册

310000－0241－0000517　321989
留雲賓月館詩解不分卷　(清)楊文傑撰　清末楊氏稿本　一册

310000－0241－0000518　321990

詩褋解一卷詩解摘備一卷　(清)楊文傑撰　清末楊氏稿本　一冊

310000－0241－0000519　321999
詩經揭要四卷　(清)許寶善撰　清乾隆書坊刻本　二冊

310000－0241－0000520　330003
周禮六卷　(漢)鄭玄注　(唐)陸德明音義　清光緒二十年(1894)金陵書局刻本　六冊

310000－0241－0000521　330004
周禮註疏刪翼三十卷　(明)葉培恕定　(明)王志長輯　清嘉慶十年(1805)醉墨齋刻本　十四冊

310000－0241－0000522　330006
周禮精華六卷　(清)陳龍標編輯　清道光八年(1828)泉州光韙堂刻靈蘭堂印本　六冊

310000－0241－0000523　330006(2)
周禮精華六卷　(清)陳龍標編輯　清咸豐十年(1860)漁古山房刻本　六冊

310000－0241－0000524　330007
周禮節訓六卷　(清)黄叔琳原本　(清)姚培謙重訂　清乾隆刻本　二冊

310000－0241－0000525　330011
考工記車制圖解二卷　(清)阮元撰　清乾隆五十七年(1792)七錄書館刻本　二冊

310000－0241－0000526　330012
周禮正義八十六卷　(清)孫詒讓撰　清光緒三十年(1904)排印本　四冊

310000－0241－0000527　330013
周禮釋注二卷續錄一卷　(清)丁晏撰　清咸豐二年(1852)聊城楊以增海源閣刻本　一冊

310000－0241－0000528　330015
周禮政要二卷　(清)孫詒讓撰　清光緒二十八年(1902)萃新書社排印本　一冊

310000－0241－0000529　330016
周禮纂訓二十一卷　(清)李鍾倫纂輯　清道光李師洛刻本　六冊

310000－0241－0000530　330017
周禮注疏小箋五卷　(清)曾釗撰　清光緒十二年(1886)刻本　二冊

310000－0241－0000531　330018
周官參證二卷　(清)王寶仁撰　清同治十三年(1874)舊香居刻本　一冊

310000－0241－0000532　330020(2)
欽定周官義疏四十八卷首一卷　(清)鄂爾泰等撰　清同治六年(1867)浙江書局刻本　二十四冊

310000－0241－0000533　330021
周官精義十二卷　(清)連斗山編次　清乾隆四十一年(1776)刻本　六冊

310000－0241－0000534　330023
舒恬軒周禮讀本六卷　(清)龐佑清訂　清道光二十八年(1848)刻同治八年(1869)補刻本　二冊

310000－0241－0000535　330024
周禮音訓不分卷　(清)楊國楨撰　清道光十年(1830)大梁書院刻本　二冊

310000－0241－0000536　330024:2
周禮音訓不分卷　(清)楊國楨撰　清道光十年(1830)大梁書院刻本　二冊

310000－0241－0000537　330025
周禮漢讀考六卷　(清)段玉裁撰　清嘉慶三年(1798)經韻樓刻本　二冊

310000－0241－0000538　330027
周官故書考四卷　(清)徐養原撰　清光緒湖城義塾刻本　二冊

310000－0241－0000539　330028
周禮六卷　清舊抄本　三冊

310000－0241－0000540　330029
九旗古義述一卷　(清)孫詒讓撰　清光緒二十八年(1902)籀廎刻本　一冊

310000－0241－0000541　331001
儀禮十七卷附鄭氏注校錄一卷續校一卷　(漢)鄭玄注　清同治九年(1870)楚北崇文書

局刻本　二冊

310000－0241－0000542　331002
儀禮音訓不分卷附輯說一卷　(清)楊國楨輯　清道光十年(1830)大梁書院刻本　二冊

310000－0241－0000543　331003
儀禮圖六卷校錄一卷　(清)張惠言述　清同治九年(1870)湖北崇文書局刻本　三冊

310000－0241－0000544　331003:2
儀禮圖六卷校錄一卷　(清)張惠言述　清同治九年(1870)湖北崇文書局刻本　三冊

310000－0241－0000545　331003:3
儀禮圖六卷校錄一卷　(清)張惠言述　清同治九年(1870)湖北崇文書局刻本　三冊

310000－0241－0000546　331004
儀禮集釋三十卷　(宋)李如圭撰　清乾隆四十二年(1777)福建刻道光二十七年(1847)增修本　十四冊

310000－0241－0000547　331005
儀禮章句十七卷　(清)吳廷華章句　清乾隆二十二年(1757)東壁書莊刻本　二冊

310000－0241－0000548　331005(2)
儀禮章句十七卷　(清)吳廷華章句　清道光九年(1829)經國堂刻本　四冊

310000－0241－0000549　331007
儀禮鄭注句讀十七卷附監本正誤石經正誤二卷　(清)張爾岐句讀　清同治七年(1868)金陵書局刻本　五冊

310000－0241－0000550　331007(2)
儀禮鄭注句讀十七卷附監本正誤石經正誤二卷　(清)張爾岐句讀　清同治十三年(1874)湖南書局刻本　六冊

310000－0241－0000551　331007:2
儀禮鄭注句讀十七卷附監本正誤石經正誤二卷　(清)張爾岐句讀　清同治七年(1868)金陵書局刻本　四冊

310000－0241－0000552　331007:3
儀禮鄭注句讀十七卷附監本正誤石經正誤二卷　(清)張爾岐句讀　清同治七年(1868)金陵書局刻本　四冊

310000－0241－0000553　331009
儀禮註疏十七卷　(漢)鄭玄註　(唐)陸德明音義　明萬曆二十一年(1593)北京國子監刻清康熙二十五年(1686)重修本　十冊

310000－0241－0000554　331010
欽定儀禮義疏四十八卷首二卷　(清)允祿等譔　清同治六年(1867)浙江書局刻本　二十八冊

310000－0241－0000555　331011
儀禮釋官九卷首一卷　(清)胡匡衷撰　清同治八年(1869)胡氏研六閣刻本　四冊

310000－0241－0000556　331011:2
儀禮釋官九卷首一卷　(清)胡匡衷撰　清同治八年(1869)胡氏研六閣刻本　四冊

310000－0241－0000557　331014
儀禮經傳通解集傳集註三十七卷儀禮經傳通解續二十九卷　(宋)朱熹撰　(宋)黃榦續撰　清初禦兒呂氏寶誥堂刻本　十四冊

310000－0241－0000558　331014:2
儀禮經傳通解集傳集註三十七卷儀禮經傳通解續二十九卷　(宋)朱熹撰　(宋)黃榦續撰　清初禦兒呂氏寶誥堂刻本　十六冊

310000－0241－0000559　331015
儀禮私箋八卷　(清)鄭珍撰　清同治五年(1866)成山唐氏刻本　二冊

310000－0241－0000560　331015(2)
儀禮私箋八卷　(清)鄭珍撰　清光緒十七年(1891)廣雅書局刻本　二冊

310000－0241－0000561　331017
儀禮正義四十卷　(清)胡培翬撰　(清)楊大堉補　清咸豐二年(1852)湯晉苑局刻同治七年(1868)補修本　二十四冊

310000－0241－0000562　331018
儀禮易讀十七卷圖一卷　(清)馬駉輯　(清)魯國瑞等參校　清乾隆二十年(1755)悅六齋

刻三十八年(1773)重印本　六册

310000－0241－0000563　331021
儀禮經傳内編二十三卷外編五卷首一卷　(清)姜兆錫註疏參義　清乾隆元年(1736)丹陽姜氏寅清樓刻本　十四册

310000－0241－0000564　331022
儀禮韻言二卷　(清)檀萃纂　清光緒八年(1882)掃葉山房刻本　一册

310000－0241－0000565　331022:2
儀禮韻言二卷　(清)檀萃纂　清光緒八年(1882)掃葉山房刻本　二册

310000－0241－0000566　331024
禮經校釋二十二卷禮經纂疏序一卷　曹元弼撰　清光緒十八年(1892)刻本　十二册

310000－0241－0000567　331025
宋葉文康公禮經會元四卷　(宋)葉時撰　(清)陸奎勳評定　清雍正金閶刻乾隆十三年(1748)重校修印本　四册

310000－0241－0000568　331026
禮經宫室答問二卷　(清)洪頤煊撰　清光緒十年(1884)臨海馬氏師竹山房刻本　一册

310000－0241－0000569　331028
禮經箋十七卷　王闓運箋　清光緒十一年(1885)成都尊經書局刻本　六册

310000－0241－0000570　331029
讀禮通考一百二十卷　(清)徐乾學撰　清光緒七年(1881)江蘇書局刻本　三十二册

310000－0241－0000571　331029:2
讀禮通考一百二十卷　(清)徐乾學撰　清光緒七年(1881)江蘇書局刻本　三十二册

310000－0241－0000572　331030
儀禮音訓不分卷　(清)楊國楨撰　清道光十年(1830)大梁書院刻本　二册

310000－0241－0000573　331032
衰說考誤一卷　(清)夏震武撰　清光緒十三年(1887)刻本　一册

310000－0241－0000574　331034
儀禮纂錄二卷　(清)李清植纂　(清)陳喬樅恭校　清道光十年(1830)李維迪校刻本　二册

310000－0241－0000575　331035
儀禮喪服文足徵記七卷　(清)程瑤田撰　清嘉慶八年(1803)刻本　二册

310000－0241－0000576　331036
儀禮十七卷　(清)□□節錄　清抄本　一册

310000－0241－0000577　331037
喪服會通說四卷　(清)吳嘉賓撰　清咸豐元年(1851)刻本　四册

310000－0241－0000578　331039
儀禮古今文異同五卷　(清)徐養原撰　清光緒湖城義塾刻本　一册

310000－0241－0000579　332001
禮說十四卷大學說一卷　(清)惠士奇撰　清嘉慶三年(1798)上海彭氏校刻本　六册

310000－0241－0000580　332002
禮記二十卷考證一卷　(漢)鄭玄註　(唐)陸德明音義　清乾隆四十八年(1783)武英殿仿宋本　十册

310000－0241－0000581　332002(2)
禮記二十卷　(漢)鄭玄註　清同治九年(1870)湖北崇文書局刻本　八册

310000－0241－0000582　332011
漱芳軒合纂禮記體註四卷　(清)范翔輯　清康熙五十二年(1713)刻本　四册

310000－0241－0000583　332011(2)
漱芳軒合纂禮記體註四卷　(清)范翔輯　清嘉慶二十二年(1817)文奎堂刻本　四册

310000－0241－0000584　332012
禮記訓纂四十九卷　(清)朱彬輯　清咸豐六年(1856)寶應朱氏宜祿堂補刻本　十册

310000－0241－0000585　332012:2
禮記訓纂四十九卷　(清)朱彬輯　清咸豐六年(1856)寶應朱氏宜祿堂補刻本　十册

310000－0241－0000586　332012：3
禮記訓纂四十九卷　(清)朱彬輯　清咸豐六年(1856)寶應朱氏宜祿堂補刻本　八册

310000－0241－0000587　332013
禮記纂言三十六卷　(元)吴澄撰　(清)朱軾校　清乾隆刻本　十册

310000－0241－0000588　332014
禮記釋注四卷　(清)丁晏撰　清咸豐二年(1852)楊以增刻本　一册

310000－0241－0000589　332016
禮記十卷　(元)陳澔集說　清康熙十六年(1677)朱氏崇道堂刻本　十册

310000－0241－0000590　332016(2)
禮記十卷　(元)陳澔集說　清乾隆七年(1742)怡府明善堂刻本　九册

310000－0241－0000591　332016(3)
禮記十卷　(元)陳澔集說　清同治七年(1868)湖北崇文書局刻本　十册

310000－0241－0000592　332016(4)
禮記十卷　(元)陳澔集說　清同治十三年(1874)湖南書局刻本　十册

310000－0241－0000593　332016(5)
禮記十卷　(元)陳澔集說　清康熙三十七年(1698)刻光緒二年(1876)掃葉山房重修印本　七册

310000－0241－0000594　332016(6)
禮記十卷　(元)陳澔集說　清光緒善成堂刻本　十册

310000－0241－0000595　332016(7)
禮記十卷　(元)陳澔集說　清蜀東善成堂刻本　二册

310000－0241－0000596　332016(8)
禮記十卷　(元)陳澔集說　清末南京狀元境李光明莊刻本　十册

310000－0241－0000597　332022
禮記十卷　(元)陳澔集說　清恕堂刻本　十册

310000－0241－0000598　332022(2)
禮記十卷　(元)陳澔集說　清明善堂刻本　十册

310000－0241－0000599　332024
續禮記集說一百卷　(清)杭世駿撰　清光緒二十一年至三十年(1895－1904)浙江書局刻本　四十册

310000－0241－0000600　332031
禮記要義三十三卷　(宋)魏了翁撰　清光緒十二年(1886)江蘇書局校刻本　八册

310000－0241－0000601　332032
欽定禮記義疏八十二卷首一卷　(清)允祿等纂　清末翻刻乾隆内府刻本　三十二册

310000－0241－0000602　332033
欽定禮記義疏八十二卷首一卷　(清)鄂爾泰等撰　清乾隆十三年至十九年(1748－1754)内府刻本　四十册

310000－0241－0000603　332034
禮記疏意二十三卷　(明)秦繼宗集　(明)袁黄删定　清道光十九年(1839)藴輝堂刻本　十六册

310000－0241　0000604　332035
禮記補疏三卷　(清)焦循撰　清道光六年(1826)半九書塾刻本　一册

310000－0241－0000605　332036
禮記旁訓辨體合訂六卷　(清)徐立綱輯　清三益堂刻本　六册

310000－0241－0000606　332036：2
禮記旁訓辨體合訂六卷　(清)徐立綱輯　清三益堂刻本　六册

310000－0241－0000607　332036：3
禮記旁訓辨體合訂六卷　(清)徐立綱輯　清三益堂刻本　六册

310000－0241－0000608　332037
禮記音訓不分卷　(清)楊國楨撰　清道光十年(1830)大梁書院刻本　四册

310000－0241－0000609　332037：2

禮記音訓不分卷　(清)楊國楨撰　清道光十年(1830)大梁書院刻本　四冊

310000－0241－0000610　332039
大戴禮記十三卷序錄一卷　(清)孔廣森撰　清乾隆五十九年(1794)孔廣廉校刻本　二冊

310000－0241－0000611　332039(2)
大戴禮記十三卷序錄一卷　(清)孔廣森撰　清同治十三年(1874)淮南書局刻本　四冊

310000－0241－0000612　332039(3)
大戴禮記十三卷序錄一卷　(清)孔廣森撰　清光緒九年(1883)謙德堂重校本　二冊

310000－0241－0000613　332040
檀弓辨誣三卷　(清)夏炘撰　清同治六年(1867)安徽重印同治間刻景紫堂全書本　一冊

310000－0241－0000614　332042
謝疊山先生批點檀弓解一卷　(宋)謝枋得批點　清光緒八年(1882)京都豫章別業刻本　一冊

310000－0241－0000615　332046
深衣釋例三卷　(清)任大椿撰　清乾隆刻本　二冊

310000－0241－0000616　332047
大戴禮記解詁十三卷　(清)王聘珍撰　清光緒十九年(1893)東鄉艾氏校刻本　四冊

310000－0241－0000617　332048
夏小正戴氏傳訓解四卷考異一卷通論一卷　(清)王寶仁撰　清同治十三年(1874)舊香居刻本　一冊

310000－0241－0000618　332048：2
夏小正戴氏傳訓解四卷考異一卷通論一卷　(清)王寶仁撰　清同治十三年(1874)舊香居刻本　一冊

310000－0241－0000619　332051
王制里畝算法解一卷井田算法解一卷　(清)談泰撰　清光緒二十六年(1900)晦齋刻本　一冊

310000－0241－0000620　332054
參讀禮志疑二卷　(清)汪紱撰　清乾隆三十六年(1771)棲碧山房刻本　二冊

310000－0241－0000621　332056
朱柏廬先生大學講義一卷中庸講義二卷　(清)朱用純撰　清光緒二年(1876)江蘇書局刻本　三冊

310000－0241－0000622　332059
大學章句質疑一卷中庸章句質疑一卷　(清)郭嵩燾撰　清光緒十六年(1890)思賢講舍刻本　二冊

310000－0241－0000623　332071
大學闡要一卷中庸闡要一卷　(清)張恩霨撰　清光緒九年(1883)刻本　一冊

310000－0241－0000624　332072
大學古本說一卷中庸章段一卷　(清)李光地撰　清道光九年(1829)李維迪刻本　一冊

310000－0241－0000625　332074
大學臆說二卷　(清)蘇源生撰　清咸豐十一年(1861)明德堂刻本　一冊

310000－0241－0000626　332075
大學分條證史五十八卷首一卷　(清)戴鏊編輯　清光緒七年(1881)聽鸝山館刻本　十四冊

310000－0241－0000627　332078
中庸衍義十七卷　(明)夏良勝撰　清同治十年(1871)刻本　八冊

310000－0241－0000628　332080
中庸參證二卷　(清)沈輝宗撰　清光緒四年(1878)致遠堂刻本　一冊

310000－0241－0000629　332081
中庸本解二卷提要一卷　(清)楊亶驊撰　清光緒十八年(1892)王灝刻本　一冊

310000－0241－0000630　332082
大學章句一卷中庸章句一卷　(宋)朱熹集註　清至善堂刻本　一冊

310000－0241－0000631　332082(2)

大學章句一卷中庸章句一卷　(宋)朱熹集註　清同治十二年(1873)金陵書局刻本　一册

310000－0241－0000632　332082(3)
大學章句一卷中庸章句一卷　(宋)朱熹集註　清至善堂刻本　一册

310000－0241－0000633　332084
四書集注十九卷　(宋)朱熹集註　(清)翰林院譯　清乾隆武英殿刻滿漢文本　十三册

310000－0241－0000634　332087
學庸思辨録大學五卷中庸九卷　(清)朱鼎謙輯　清乾隆十四年(1749)玉山講堂刻本　六册

310000－0241－0000635　332088
大學大意一卷中庸大意一卷論語解一卷孟子解一卷　(清)董懋策撰　清光緒三十二年(1906)會稽董氏取斯家塾刻本　一册

310000－0241－0000636　332089
大學指掌一卷中庸指掌二卷　(清)汪□撰　(清)周際華增訂　清道光二十一年(1841)家塾校刻本　三册

310000－0241－0000637　332091
大戴禮記十三卷　(漢)戴德撰　(北周)盧辯注　清乾隆二十五年(1760)雅雨堂刻本　四册

310000－0241－0000638　332096
大學古本旁註一卷附録一卷　(漢)戴聖撰　(明)王守仁註　清光緒八年(1882)廣漢鍾登甲樂道齋刻本　一册

310000－0241－0000639　332501
夏小正輯註四卷　(清)范家相輯　清嘉慶十五年(1810)古趣亭刻本　一册

310000－0241－0000640　332501:2
夏小正輯註四卷　(清)范家相輯　清嘉慶十五年(1810)古趣亭刻本　一册

310000－0241－0000641　332502
夏時明堂陰陽經一卷夏時説義二卷夏小正等例文句音義六卷夏小正等例一卷　(清)莊述祖撰　清光緒九年(1883)劉翊宸校刻本　四册

310000－0241－0000642　332502:2
夏時明堂陰陽經一卷夏時説義二卷夏小正等例文句音義六卷夏小正等例一卷　(清)莊述祖撰　清光緒九年(1883)劉翊宸校刻本　四册

310000－0241－0000643　332503
夏小正通釋一卷　(清)梁章鉅輯　清光緒十三年(1887)浙江書局刻本　一册

310000－0241－0000644　332504
夏小正小箋四卷　(清)王貞撰　清同治十一年(1872)百本書齋刻本　一册

310000－0241－0000645　332505
夏小正正義一卷　(清)王筠撰　清光緒五年(1879)福山王氏刻本　一册

310000－0241－0000646　332917
禮記揭要　(清)許寶善撰　清刻本　一册　存二卷(五至六)

310000－0241－0000647　333000
三禮陳數求義三十卷　(清)林喬蔭撰　清嘉慶八年(1803)誦芬堂刻本　十四册

310000－0241－0000648　333002
三禮通釋二百八十卷目録四卷　(清)林昌彝撰　清同治三年(1864)廣州刻本　四十四册

310000－0241－0000649　333003
禮經通論一卷　(清)邵懿辰撰　清宣統三年(1911)國學扶輪社排印本　一册

310000－0241－0000650　333004
欽定三禮義疏三種　(清)允祿等撰　清同治七年(1868)浙江書局刻本　四十册

310000－0241－0000651　333005
三禮述註七十一卷　(清)李光坡撰　清乾隆八年至三十二年(1743－1767)刻本　二十六册

310000－0241－0000652　333006
三禮義證十二卷　(清)武億撰　清道光二十

三年(1843)偃師武氏刻本　四冊

310000－0241－0000653　333007
新定三禮圖二十卷　(宋)聶崇義集注　清康熙十九年(1680)通志堂刻本　四冊

310000－0241－0000654　334001
禮書一百五十卷　(宋)陳祥道撰　清光緒二年(1876)廣州刻本　十四冊

310000－0241－0000655　334002
禮書附錄十二卷　(清)陳寶泉輯　清嘉慶二十五年(1820)馬氏含暈閣校刻本　五冊

310000－0241－0000656　334005
五禮通考二百六十二卷首四卷讀禮通考一百二十卷　(清)秦蕙田撰　清乾隆二十八年(1763)味經窩刻本　一百六十冊

310000－0241－0000657　334005:2
五禮通考二百六十二卷首四卷讀禮通考一百二十卷　(清)秦蕙田撰　清乾隆二十八年(1763)味經窩刻本　一百冊

310000－0241－0000658　334006
禮書通故五十卷　(清)黃以周述　清光緒十九年(1893)黃氏試館刻本　三十二冊

310000－0241－0000659　334006:2
禮書通故五十卷　(清)黃以周述　清光緒十九年(1893)黃氏試館刻本　三十二冊

310000－0241－0000660　334007
禮書綱目八十五卷首三卷　(清)江永編　清嘉慶十五年(1810)鏤恩堂刻本　二十四冊

310000－0241－0000661　335001
司馬氏書儀十卷　(宋)司馬光撰　清覆刻雍正元年(1723)汪氏本　一冊

310000－0241－0000662　335001:2
司馬氏書儀十卷　(宋)司馬光撰　清覆刻雍正元年(1723)汪氏本　四冊

310000－0241－0000663　335002
家禮拾遺五卷附錄一卷　(清)李文炤撰　清善化李氏四爲堂刻本　二冊

310000－0241－0000664　335003
吉服章制不分卷　(清)□□撰　清末石印本　一冊

310000－0241－0000665　335004
軍禮司馬法考徵二卷　(清)黃以周撰　清光緒十八年(1892)黃氏試館刻本　一冊

310000－0241－0000666　335005
喪服表一卷附殤服表一卷　(清)孔繼汾輯　清光緒三十年(1904)江陰季氏刻本　一冊

310000－0241－0000667　335006
制服表一卷制服成誦編一卷喪禮通釋一卷　(清)周保珪撰　清光緒十三年(1887)武林紅蝠山房刻本　一冊

310000－0241－0000668　335007
家禮拾遺五卷圖一卷附錄二卷　(清)李文炤拾遺　清光緒四爲堂刻本　二冊

310000－0241－0000669　335008
四禮初稿四卷　(明)宋纁輯　**四禮約言四卷**　(明)呂維祺撰　清康熙四十一年(1702)紫陽書院刻本　二冊

310000－0241－0000670　335009
四禮翼八卷　(明)呂坤撰　清同治二年(1863)品蓮書屋刻本　一冊

310000－0241－0000671　335009(2)
四禮翼八卷　(明)呂坤撰　清同治九年(1870)務本堂刻本　一冊

310000－0241－0000672　335009:2
四禮翼八卷　(明)呂坤撰　清同治二年(1863)品蓮書屋刻本　一冊

310000－0241－0000673　335010
朱子家禮五卷　(宋)朱熹撰　清雍正十年(1732)壽昌講堂刻本　二冊

310000－0241－0000674　335010(2)
家禮五卷附錄一卷　(宋)朱熹撰　清同治四年(1865)盱眙吳氏望三益齋刻本　二冊

310000－0241－0000675　335010(2):2
家禮五卷附錄一卷　(宋)朱熹撰　清同治四

年(1865)盱眙吴氏望三益齋刻本　二册

310000－0241－0000676　335014
朱子家禮八卷首一卷　(明)丘濬輯　清康熙四十一年(1702)紫陽書院重刻明萬曆本　六册

310000－0241－0000677　335015
大明令喪服一卷　(明)禮部訂　清末曹元忠抄本　一册

310000－0241－0000678　335016
稱謂録三十二卷　(清)梁章鉅撰　清光緒元年(1875)校刻本　八册

310000－0241－0000679　335016:2
稱謂録三十二卷　(清)梁章鉅撰　清光緒元年(1875)校刻本　八册

310000－0241－0000680　335016:3
稱謂録三十二卷　(清)梁章鉅撰　清光緒元年(1875)校刻本　八册

310000－0241－0000681　335017
弟子職集解一卷附考證一卷　(清)莊述祖輯　清光緒十四年(1888)江蘇書局校刻本　一册

310000－0241－0000682　335019
典禮質疑六卷　(清)杜貴墀撰　清光緒刻本　一册

310000－0241－0000683　335020
雅歌投壺圖説一卷　(清)駱鈁編　清光緒二十三年(1897)二酉齋刻本　一册

310000－0241－0000684　335021
婚禮帖式不分卷　(清)□□輯　清末抄本　二册

310000－0241－0000685　340002
樂經或問三卷　(清)汪紱撰　清光緒二十二年(1896)刻本　三册

310000－0241－0000686　340003
樂書二百卷　(宋)陳暘撰　清光緒二年(1876)廣州菊坡精舍刻本　十八册

310000－0241－0000687　340004
古樂經傳五卷　(清)李光地註　清道光九年(1829)李維迪刻本　三册

310000－0241－0000688　340006
聲律啓蒙撮要二卷　(清)車萬育撰　(清)夏大觀箋　清光緒二十五年(1899)精宏局刻本　一册

310000－0241－0000689　340009
聲律通考十卷　(清)陳澧撰　清咸豐十年(1860)刻本　二册

310000－0241－0000690　340009:2
聲律通考十卷　(清)陳澧撰　清咸豐十年(1860)刻本　二册

310000－0241－0000691　340012(2)
御製律呂正義後編　(清)允祿　(清)張照等奉敕撰　清翻刻乾隆十一年(1746)武英殿本　一册　存一卷

310000－0241－0000692　340015
樂縣考二卷　(清)江藩撰　清咸豐四年(1854)刻本　一册

310000－0241－0000693　350001
春秋左傳五十卷　(晉)杜預註　(唐)陸德明音義　清芥子園刻本　二十四册

310000－0241－0000694　350004
春秋左氏古經十二卷五十凡一卷　(清)段玉裁撰　清道光元年(1821)經韻樓刻本　二册

310000－0241－0000695　350005
左繡三十卷首一卷　(清)馮李驊　(清)陸浩評輯　清康熙五十九年(1720)華川書屋刻本　十六册

310000－0241－0000696　350005(2)
左繡三十卷首一卷　(清)馮李驊　(清)陸浩評輯　清寶章書屋翻刻康熙末華川書屋本　十六册

310000－0241－0000697　350005(3)
左繡三十卷首一卷　(清)馮李驊　(清)陸浩評輯　清光緒十四年(1888)文瑞樓刻本　十

六冊

310000－0241－0000698　350005(4)
左繡三十卷首一卷　(清)馮李驊　(清)陸浩評輯　清宣統三年(1911)上海會文堂石印本　十冊

310000－0241－0000699　350005(5)
左繡三十卷首一卷　(清)馮李驊　(清)陸浩評輯　清末上海會文堂石印本　十冊

310000－0241－0000700　350011
春秋左傳杜注三十卷首一卷　(晉)杜預注　(清)姚培謙補輯　清光緒九年(1883)江南書局刻本　十冊

310000－0241－0000701　350013
春秋左傳五十卷首一卷　(晉)杜預註　(唐)陸德明音義　清光緒七年(1881)萬軸山房校刻本　十六冊

310000－0241－0000702　350015
春秋左傳三十卷首一卷　(晉)杜預注　(宋)林堯叟附註　清同治七年(1868)湖北崇文書局刻本　十二冊

310000－0241－0000703　350015:2
春秋左傳三十卷首一卷　(晉)杜預注　(宋)林堯叟附註　清同治七年(1868)湖北崇文書局刻本　十一冊

310000－0241－0000704　350016
評點春秋綱目左傳句解彙雋六卷　(清)韓菼重訂　清同治四年(1865)輔仁堂刻本　六冊

310000－0241－0000705　350016(2)
評點春秋綱目左傳句解彙雋六卷　(清)韓菼重訂　清同治、光緒間愛日堂刻本　六冊

310000－0241－0000706　350016(2):2
評點春秋綱目左傳句解彙雋六卷　(清)韓菼重訂　清同治、光緒間愛日堂刻本　六冊

310000－0241－0000707　350018
春秋左傳音訓不分卷　(清)楊國楨撰　清道光十年(1830)大梁書院刻本　八冊

310000－0241－0000708　350018:2
春秋左傳音訓不分卷　(清)楊國楨撰　清道光十年(1830)大梁書院刻本　八冊

310000－0241－0000709　350023
左傳通釋十二卷　(清)李惇撰　清道光九年(1829)李培紫刻本　二冊

310000－0241－0000710　350024
左通補釋三十二卷　(清)梁履繩撰　清道光九年(1829)錢塘汪氏振綺堂刻光緒元年(1875)汪曾唯重修本　十冊

310000－0241－0000711　350031
春秋左傳古義凡例一卷　廖平撰　清光緒十二年(1886)西平蕭藩成都刻本　一冊

310000－0241－0000712　350032
左傳鈔六卷　(清)高嵣集評　清乾隆五十三年(1788)廣郡永邑培元堂楊氏刻本　八冊

310000－0241－0000713　350038
左傳事緯十二卷字釋一卷　(清)馬驌撰　清乾隆四十九年(1784)黃暹懷澄堂刻本　十二冊

310000－0241－0000714　350038(2)
左傳事緯十二卷字釋一卷　(清)馬驌撰　(清)潘霨校訂　清光緒四年(1878)敏德堂校刻本　十二冊

310000－0241－0000715　350038(2):2
左傳事緯十二卷字釋一卷　(清)馬驌撰　(清)潘霨校訂　清光緒四年(1878)敏德堂校刻本　十冊

310000－0241－0000716　350038(3)
左傳事緯十二卷字釋一卷　(清)馬驌撰　(清)潘霨校訂　清光緒三十四年(1908)上海文瑞樓石印本　六冊

310000－0241－0000717　350038:2
左傳事緯十二卷字釋一卷　(清)馬驌撰　清乾隆四十九年(1784)黃暹懷澄堂刻本　十二冊

310000－0241－0000718　350038:3
左傳事緯十二卷字釋一卷　(清)馬驌撰　清

乾隆四十九年(1784)黄暹懷澄堂刻本　五册

310000－0241－0000719　350039
附釋音春秋左傳注疏六十卷附校勘記六十卷　(晉)杜預注　(唐)陸德明音義　清嘉慶二十年(1815)南昌府學刻本　十八册

310000－0241－0000720　350041
讀左補義五十卷首二卷　(清)姜炳璋輯　(清)毛昇增參　清光緒二十八年(1902)同文堂重校刻本　十四册

310000－0241－0000721　350043
左氏條貫十八卷　(清)曹基編次　(清)張兼等參訂　清康熙致和堂刻後印本　六册

310000－0241－0000722　350044(2)
東萊先生左氏博議二十五卷　(宋)呂祖謙撰　**增補虛字註釋六卷**　(清)張文炳點定　清光緒十四年(1888)雲陽義秀書局刻本　六册

310000－0241－0000723　350044(2):2
東萊先生左氏博議二十五卷　(宋)呂祖謙撰　**增補虛字註釋六卷**　(清)張文炳點定　清光緒十四年(1888)雲陽義秀書局刻本　六册

310000－0241－0000724　350044(3)
東萊先生左氏博議二十五卷增補虛字註釋一卷　(宋)呂祖謙撰　清光緒二十四年(1898)上海著易堂石印本　四册

310000－0241－0000725　350044(4)
東萊博議四卷增補虛字註釋一卷　(宋)呂祖謙撰　清末崇明馮泰松刻本　二册

310000－0241－0000726　350044(7)
東萊先生左氏博議二十五卷　(宋)呂祖謙撰　清同治七年(1868)退補齋刻本　六册

310000－0241－0000727　350045
春秋經傳集解三十卷年表一卷春秋名號歸一圖二卷　(晉)杜預撰　(唐)陸德明音義　清同治八年(1869)湖北崇文書局刻本　十二册

310000－0241－0000728　350047
春秋左傳杜注校勘記一卷　(清)黎庶昌錄　清光緒二十年(1894)貴陽陳氏刻本　一册

310000－0241－0000729　350048
春秋左傳詁二十卷　(清)洪亮吉撰　清光緒四年(1878)洪用勤授經堂刻本　十册

310000－0241－0000730　350049
春秋左傳補疏五卷　(清)焦循撰　清嘉慶二十三年(1818)焦氏雕菰樓刻本　二册

310000－0241－0000731　350051
春秋左傳五十卷首一卷　(晉)杜預註釋　(唐)陸德明音義　清末校經山房書局石印本　十六册

310000－0241－0000732　350052
春秋左氏傳賈服註輯述二十卷　(清)李貽德撰　清同治五年(1866)刻本　十册

310000－0241－0000733　350053
增批評點春秋綱目左傳句解彙雋六卷　(清)韓菼訂　清末上海昌文書局石印本　四册

310000－0241－0000734　350054
春秋左傳釋人十二卷世系一卷年表一卷附錄一卷　(清)范照藜撰　清嘉慶八年(1803)如不及齋刻本　四册

310000－0241－0000735　350054:2
春秋左傳釋人十二卷世系一卷年表一卷附錄一卷　(清)范照藜撰　清嘉慶八年(1803)如不及齋刻本　二册

310000－0241－0000736　350056
春秋地名一卷　(晉)杜預撰　清乾隆曲阜孔氏微波榭刻本　一册

310000－0241－0000737　350057
春秋釋地韻編五卷首一卷　(清)徐壽基撰　清光緒十二年(1886)武進徐氏桓臺刻本　四册

310000－0241－0000738　350058
左傳文法讀本十卷　劉培基撰　清宣統元年(1909)排印本　五册

310000－0241－0000739　350067
春秋國邑釋今二卷　(清)孫大呂輯　(清)孫邦榮增校　清末抄本　二册

310000－0241－0000740　350068
于埜左氏錄二卷　(清)盛大謨撰　清同治五年(1866)課花別館刻本　二册

310000－0241－0000741　350072
箴膏肓評一卷發墨守評一卷　(清)劉逢禄撰　清咸豐十年(1860)補刻本　一册

310000－0241－0000742　350073
左氏春秋考證二卷　(清)劉逢禄撰　清咸豐十年(1860)補刻皇清經解本　一册

310000－0241－0000743　351001
春秋公羊經傳解詁十二卷　(漢)何休撰　清道光四年(1824)揚州汪氏問禮堂影刻宋紹熙余仁仲本　二册

310000－0241－0000744　351003
公羊箋十一卷　(漢)何休撰　王闓運箋　清光緒十一年(1885)成都尊經書局校刻本　六册

310000－0241－0000745　351003(2)
春秋公羊傳箋十一卷　(漢)何休撰　王闓運箋　清光緒三十四年(1908)廖㠯文重校刻本　六册

310000－0241－0000746　351003:2
公羊箋十一卷　(漢)何休撰　王闓運箋　清光緒十一年(1885)成都尊經書局校刻本　四册

310000－0241－0000747　351005
公羊穀梁春秋合編附註疏纂十二卷　(漢)何休撰　(晉)范甯集解　清乾隆五十八年(1793)大文堂刻本　四册

310000－0241－0000748　351007
公羊傳鈔一卷　(清)高嵣集評　清乾隆五十三年(1788)廣郡永邑培元堂楊氏刻本　一册

310000－0241－0000749　351012
春秋繁露十七卷　(漢)董仲舒撰　清光緒元年(1875)湖北崇文書局刻本　二册

310000－0241－0000750　351012(2)
春秋繁露十七卷附錄一卷　(漢)董仲舒撰　清光緒二年(1876)重校刻盧氏抱經堂本　一册

310000－0241－0000751　351012(2):2
春秋繁露十七卷附錄一卷　(漢)董仲舒撰　清光緒二年(1876)重校刻盧氏抱經堂本　一册

310000－0241－0000752　351012(3)
春秋繁露十七卷附錄一卷校勘記二卷　(漢)董仲舒撰　清光緒二十年(1894)福建書局增刻本　三册

310000－0241－0000753　351013
何氏公羊春秋十論一卷　廖平撰　清宣統三年(1911)國學扶輪社排印本　一册

310000－0241－0000754　351018
春秋公羊傳音訓不分卷　(清)楊國楨撰　清道光十年(1830)大梁書院刻本　一册

310000－0241－0000755　351018:2
春秋公羊傳音訓不分卷　(清)楊國楨撰　清道光十年(1830)大梁書院刻本　二册

310000－0241－0000756　351019
春秋繁露義證十七卷考證一卷年表一卷　(漢)董仲舒撰　(清)蘇輿義證　清宣統二年(1910)長沙刻本　四册

310000－0241－0000757　351021
春秋公羊經傳通義十一卷敘一卷　(漢)何休解詁　(清)孔廣森案　清嘉慶十七年(1812)曲阜孔廣廉刻本　三册

310000－0241－0000758　351022
公羊問答二卷　(清)淩曙撰　清道光元年(1821)蜚雲閣刻本　二册

310000－0241－0000759　351023
公羊春秋何氏解詁箋一卷　(清)劉逢禄撰　清咸豐十年(1860)補刻本　一册

310000－0241－0000760　351024
春秋公羊經何氏釋例十卷　(清)劉逢禄撰　清咸豐十年(1860)補刻本　三册

310000－0241－0000761　352001

春秋穀梁傳十二卷　(晉)范甯集解　清同治七年(1868)金陵書局刻本　二册

310000－0241－0000762　352001(2)
春秋穀梁傳十二卷校勘記一卷　(晉)范甯集解　(唐)陸德明音義　清光緒八年(1882)錦江書局影刻山東尚志堂本　四册

310000－0241－0000763　352001(3)
春秋穀梁傳十二卷札記一卷　(晉)范甯集解　清光緒九年(1883)遵義黎氏影刻宋紹熙余仁仲本　二册

310000－0241－0000764　352001(3):2
春秋穀梁傳十二卷札記一卷　(晉)范甯集解　清光緒九年(1883)遵義黎氏影刻宋紹熙余仁仲本　二册

310000－0241－0000765　352002
春秋穀梁傳音訓不分卷　(清)楊國楨撰　清道光十年(1830)大梁書院刻本　二册

310000－0241－0000766　352002:2
春秋穀梁傳音訓不分卷　(清)楊國楨撰　清道光十年(1830)大梁書院刻本　二册

310000－0241－0000767　352003
穀梁補注二十四卷　(清)鍾文烝撰　清光緒十四年(1888)南菁書院刻本　六册

310000－0241－0000768　352003(2)
春秋穀梁經傳補註二十四卷首一卷末一卷　(清)鍾文烝補註　清光緒二年(1876)鍾氏信美室刻本　八册

310000－0241－0000769　352003(2):2
春秋穀梁經傳補註二十四卷首一卷末一卷　(清)鍾文烝補註　清光緒二年(1876)鍾氏信美室刻本　八册

310000－0241－0000770　352003(2):3
春秋穀梁經傳補註二十四卷首一卷末一卷　(清)鍾文烝補註　清光緒二年(1876)鍾氏信美室刻本　八册

310000－0241－0000771　352006
穀梁傳鈔一卷　(清)高塘集評　清乾隆五十三年(1788)廣郡永邑培元堂楊氏刻本　一册

310000－0241－0000772　352010
穀梁大義述不分卷　(清)柳興恩撰　清光緒八年(1882)李氏木犀軒刻本　一册

310000－0241－0000773　352010:2
穀梁大義述不分卷　(清)柳興恩撰　清光緒八年(1882)李氏木犀軒刻本　一册

310000－0241－0000774　352013
穀梁范注闕地釋二卷　(清)彭夢日撰　清光緒二十九年(1903)技雲山房刻本　二册

310000－0241－0000775　352016
穀梁廢疾申何二卷　(清)劉逢祿撰　清咸豐十年(1860)補刻本　二册

310000－0241－0000776　353000
春秋金鎖匙一卷　(元)趙汸撰　清乾隆曲阜孔氏紅櫚書屋翻刻元至正三年(1343)日新堂本　一册

310000－0241－0000777　353001
春秋傳經集解附考證春秋年表一卷春秋名號歸一圖二卷附考證　(晉)杜預撰　(唐)陸德明音義　清乾隆四十八年(1783)武英殿刻本　三十二册

310000－0241－0000778　353001(2)
春秋傳經集解三十卷春秋名號歸一圖一卷　(晉)杜預撰　(唐)陸德明音義　清光緒二年(1876)江南書局刻本　十二册

310000－0241－0000779　353003
春秋單合撮要二卷　(清)□□撰　清抄本　二册

310000－0241－0000780　353007
御纂春秋直解十二卷　(清)傅恒等纂修　清覆刻乾隆二十三年(1758)武英殿本　八册

310000－0241－0000781　353008
御纂春秋直解十二卷　(清)傅恒等纂修　清乾隆翻刻乾隆二十三年(1758)武英殿本　八册

310000－0241－0000782　353009

春秋經傳敬繹六卷　(清)曹珍貴注　清同治六年(1867)大雅堂刻本　六冊

310000－0241－0000783　353010
春秋律身錄二十二卷　(清)楊長年撰　清光緒十九年(1893)刻本　八冊

310000－0241－0000784　353011
春秋條貫二卷　(清)郭斌撰　清光緒二十五年(1899)夢鄴書屋木活字印本　二冊

310000－0241－0000785　353011:2
春秋條貫二卷　(清)郭斌撰　清光緒二十五年(1899)夢鄴書屋木活字印本　二冊

310000－0241－0000786　353013
春秋經傳類求十二卷　(清)孫從添纂輯　(清)吳禧祖校定　清乾隆二十四年(1759)舊名堂刻本　十二冊

310000－0241－0000787　353015
春秋屬辭辨例編六十卷首二卷　(清)張應昌撰　清同治十二年(1873)江蘇書局刻本　三十二冊

310000－0241－0000788　353015:2
春秋屬辭辨例編六十卷首二卷　(清)張應昌撰　清同治十二年(1873)江蘇書局刻本　三十二冊

310000－0241－0000789　353017
春秋董氏學八卷附傳一卷　康有爲撰　清光緒上海大同譯書局刻本　四冊

310000－0241－0000790　353017:2
春秋董氏學八卷附傳一卷　康有爲撰　清光緒上海大同譯書局刻本　一冊

310000－0241－0000791　353019
春秋比事參義一卷　(清)潘相撰　清嘉慶潘氏刻本　二冊

310000－0241－0000792　353020
春秋比事參義十六卷　(清)桂含章輯　清光緒八年(1882)石埭桂氏務本堂刻本　十六冊

310000－0241－0000793　353023
春秋雜案十卷　(清)趙佑撰　清乾隆五十二年(1787)刻本　四冊

310000－0241－0000794　353025
春秋集古傳註二十卷首一卷　(清)郜坦撰　清同治郜雲鵠刻本　六冊

310000－0241－0000795　353026
春秋集義十二卷　(清)方宗誠述　清光緒八年(1882)桐城方氏刻本　八冊

310000－0241－0000796　353028
欽定春秋傳說彙纂三十八卷首二卷　(清)王掞等纂　清同治九年(1870)浙江書局刻本　二十冊

310000－0241－0000797　353028:2
欽定春秋傳說彙纂三十八卷首二卷　(清)王掞等纂　清同治九年(1870)浙江書局刻本　二十冊

310000－0241－0000798　353031
春秋釋例十五卷首一卷春秋傳說例一卷　(晉)杜預撰　清乾隆四十二年(1777)福建刻道光十年(1830)重修印本　十冊

310000－0241－0000799　353031(2)
春秋釋例十五卷首一卷　(晉)杜預撰　清光緒二十五年(1899)傅氏集文堂刻本　八冊

310000－0241－0000800　353032
春秋增訂旁訓四卷　(清)□□撰　清末李氏狀元閣刻本　二冊

310000－0241－0000801　353032(2)
春秋增訂旁訓四卷　(清)□□撰　清吳郡張氏重校刻本　二冊

310000－0241－0000802　353033
春秋燬餘四卷　(清)李光地撰　(清)李清植編輯　清道光二年(1822)李維迪刻本　四冊

310000－0241－0000803　353034
春秋内外傳篚辭考證三卷　(清)章耒撰　清光緒九年(1883)刻本　三冊

310000－0241－0000804　353036
春秋世族輯畧二卷春秋列國輯畧一卷　(清)王文源撰　清道光二十五年(1845)紹林陳世

珍敏求軒刻本　二册

310000－0241－0000805　353038

春秋或問六卷　(清)郜坦撰　清光緒二年(1876)淮南書局刻本　二册

310000－0241－0000806　353041

春秋三子傳六卷首一卷　(清)毛士述　清同治十年(1871)深澤王氏刻本　七册

310000－0241－0000807　353042

春秋三傳十六卷首一卷　(清)□□輯　清光緒二年(1876)衡陽魏氏刻本　十四册

310000－0241－0000808　353042:2

春秋三傳十六卷首一卷　(清)□□輯　清光緒二年(1876)衡陽魏氏刻本　一册

310000－0241－0000809　353044

春秋稗疏二卷　(清)王夫之撰　清同治四年(1865)曾國荃金陵節署刻本　一册

310000－0241－0000810　353045

春秋諸家解十二卷總論一卷　(清)毛士述　清同治十一年(1872)深澤王氏校刻本　八册

310000－0241－0000811　353046

春秋應舉輯要十二卷　(清)潘相編輯　清嘉慶四年(1799)歙縣胡士範校刻本　四册

310000－0241－0000812　353047

春秋旁訓辨體合訂四卷春秋提要一卷讀春秋一卷　(清)徐立綱編輯　清三益堂刻本　二册

310000－0241－0000813　353048

春秋經傳比事二十二卷　(清)林春溥撰　清咸豐元年(1851)刻本　二十册

310000－0241－0000814　353055

春秋長曆一卷　(晉)杜預撰　清乾隆曲阜孔氏微波榭刻本　一册

310000－0241－0000815　353056

春秋經傳闕疑四十五卷　(元)鄭玉撰　清康熙五十年(1711)歙縣鄭肇新校刻滋樹堂印本　十册

310000－0241－0000816　353059

春秋尊孟一卷　(清)潘相撰　清乾隆四十三年(1778)汲古閣刻本　二册

310000－0241－0000817　353061

春秋屬辭十五卷　(元)趙汸撰　清康熙十九年(1680)通志堂刻本　一册

310000－0241－0000818　353062

春秋世族譜二卷　(清)陳厚耀撰　清光緒二十五年(1899)兩湖書院正學堂刻本　一册

310000－0241－0000819　353062:2

春秋世族譜二卷　(清)陳厚耀撰　清光緒二十五年(1899)兩湖書院正學堂刻本　一册

310000－0241－0000820　360001

論語二卷　(清)吳大澂書　清光緒十一年(1885)上海同文書局石印本　二册

310000－0241－0000821　360002

論語十卷　(宋)朱熹集註　清刻本　二册

310000－0241－0000822　360003

論語十卷　(宋)朱熹集註　清至善堂刻本　二册

310000－0241－0000823　360004(2)

論語十卷首一卷　(宋)朱熹集註　清刻本　一册

310000－0241－0000824　360004(3)

論語十卷首一卷　(宋)朱熹集註　清刻本　一册

310000－0241－0000825　360006

論語十卷首一卷　(宋)朱熹集注　清至誠堂刻本　二册

310000－0241－0000826　360010

論語注疏解經十卷　(三國魏)何晏集解　(宋)邢昺疏　清光緒三十三年(1907)貴池劉氏玉海堂影元元貞本　二册

310000－0241－0000827　360010:2

論語注疏解經十卷　(三國魏)何晏集解　(宋)邢昺疏　清光緒三十三年(1907)貴池劉氏玉海堂影元元貞本　二册

310000－0241－0000828　360012
論語章數字數表二卷　(清)謝崧岱著　清光緒十四年(1888)湘鄉孿經榭刻本　二册

310000－0241－0000829　360013
論語類考二十卷　(明)陳士元撰　清嘉慶二十四年(1819)湖海樓刻本　四册

310000－0241－0000830　360014
論語補疏三卷周易補疏二卷　(清)焦循撰　清嘉慶、道光間江都焦氏雕菰樓刻本　一册

310000－0241－0000831　360016
論語正義二十四卷　(清)劉寶楠撰　(清)劉恭冕續　清同治五年(1866)寶應劉氏刻本　六册

310000－0241－0000832　360016:2
論語正義二十四卷　(清)劉寶楠撰　(清)劉恭冕續　清同治五年(1866)寶應劉氏刻本　五册

310000－0241－0000833　360018
天文本單經論語校勘記一卷　葉德輝撰　**孟子章句一卷**　(漢)劉熙注　清光緒二十八年(1902)長沙葉氏刻本　一册

310000－0241－0000834　360019
論語話解十卷　(清)陳濬撰　清光緒五年(1879)刻本　五册

310000－0241－0000835　360020
論語古訓十卷　(清)陳鱣撰　清光緒九年(1883)浙江書局刻本　二册

310000－0241－0000836　360020:2
論語古訓十卷　(清)陳鱣撰　清光緒九年(1883)浙江書局刻本　二册

310000－0241－0000837　360022
論語聞一卷蠶墨一卷象居錄一卷　(清)盛大謨撰　清同治五年(1866)盛氏刻本　一册

310000－0241－0000838　360026
論語後案二十卷　(清)黄式三撰　清同治、光緒間魯枝峯刻本　四册

310000－0241－0000839　360026(2)
論語後案二十卷　(清)黄式三撰　清光緒九年(1883)浙江書局刻本　十册

310000－0241－0000840　360026(2):2
論語後案二十卷　(清)黄式三撰　清光緒九年(1883)浙江書局刻本　十册

310000－0241－0000841　360028
論語魯讀考一卷　(清)徐養原撰　清光緒湖城義塾刻本　一册

310000－0241－0000842　360029
論語孔注辨僞二卷　(清)沈濤撰　清光緒吳縣潘氏刻本　一册

310000－0241－0000843　360029(2)
論語孔注辨僞二卷　(清)沈濤撰　清光緒十三年(1887)吳縣朱氏槐廬家塾刻本　一册

310000－0241－0000844　360030
讀論語劄記二卷　(清)李光地撰　清道光五年(1825)李維迪刻本　一册

310000－0241－0000845　360032
論語發隱一卷　(清)楊文會撰　清末金陵刻本　一册

310000－0241－0000846　360036
鄉黨圖考十卷　(清)江永撰　清乾隆末坊刻本　四册

310000－0241－0000847　360036(2)
鄉黨圖考十卷　(清)江永撰　清乾隆五十八年(1793)金閶書業堂刻本　四册

310000－0241－0000848　360036(2):2
鄉黨圖考十卷　(清)江永撰　清乾隆五十八年(1793)金閶書業堂刻本　六册

310000－0241－0000849　360036(3)
鄉黨圖考十卷　(清)江永撰　清金閶緣蔭堂刻本　六册

310000－0241－0000850　360038
朱子論語集注訓詁考二卷　(清)潘衍桐輯　清光緒十七年(1891)浙江書局刻本　一册

310000－0241－0000851　360038:2

朱子論語集注訓詁考二卷　(清)潘衍桐輯　清光緒十七年(1891)浙江書局刻本　一册

310000－0241－0000852　360039
論語古注集箋十卷　(清)潘維城撰　清光緒七年(1881)江蘇書局刻本　六册

310000－0241－0000853　360040
論語集注十卷　(宋)朱熹集注　清光緒三十四年(1908)埽葉山房石印本　一册

310000－0241－0000854　360044
論語述何一卷　(清)劉逢禄撰　清咸豐十年(1860)補刻皇清經解本　一册

310000－0241－0000855　360045
論語集注補正述疏十卷首一卷附答問一卷　(清)簡朝亮撰　清末簡氏門弟子校刻本　二十一册

310000－0241－0000856　361001
增補蘇批孟子二卷首年譜一卷　(宋)蘇洵撰　(清)趙大浣增補　清末著易堂書局石印本　二册

310000－0241－0000857　361001(2)
增補蘇批孟子二卷首年譜一卷　(宋)蘇洵撰　(清)趙大浣增補　清末埽葉山房石印本　二册

310000－0241－0000858　361002
孟子七卷　(宋)朱熹集注　清末積善堂刻本　四册

310000－0241－0000859　361002(2)
孟子七卷　(宋)朱熹集注　清末至誠堂刻本　二册

310000－0241－0000860　361002(3)
孟子七卷　(宋)朱熹集注　清刻本　一册

310000－0241－0000861　361003
孟子七卷　(宋)朱熹集注　清刻本　三册

310000－0241－0000862　361004
孟子七卷　(宋)朱熹集注　清光緒三十四年(1908)埽葉山房石印本　一册

310000－0241－0000863　361005
孟子七卷　(宋)朱熹集注　清末埽葉山房刻本　一册

310000－0241－0000864　361006
孟子發隱一卷　(清)楊文會撰　清末金陵刻本　一册

310000－0241－0000865　361008
孟子七卷　(宋)朱熹集注　清程聚文堂刻本　二册

310000－0241－0000866　361013
讀孟子劄記二卷　(清)李光地撰　清道光五年(1825)李維迪刻本　一册

310000－0241－0000867　361016
孟子趙氏注十四卷音義二卷　(漢)趙岐注　(宋)孫奭音義　清乾隆四十六年(1781)周嘉猷、韓岱雲等刻本　四册

310000－0241－0000868　361017
孟子趙注補正六卷　(清)宋翔鳳撰　清光緒十七年(1891)廣雅書局刻本　一册

310000－0241－0000869　361018
孟子要畧五卷首一卷　(宋)朱熹撰　(清)劉傳瑩輯　清同治十三年(1874)傳忠書局刻本　一册

310000－0241－0000870　361018(2)
朱子原編孟子要畧五卷首一卷　(宋)朱熹撰　(清)劉光庭輯注　清光緒二十九年(1903)雲南官書局刻本　四册

310000－0241－0000871　362001
四子書不分卷　(宋)朱熹集註　清末江南製造總局刻本　二册

310000－0241－0000872　362002
論語發隱一卷孟子發隱一卷　(清)楊文會撰　清末金陵刻本　一册

310000－0241－0000873　362003
新刻批點四書集註十九卷　(宋)朱熹集注　清末粤東羊城藝芳齋重刻道光高氏家塾朱墨套印本　六册

310000－0241－0000874　362005
蘭邑慎言堂四書正文不分卷　清末慎言堂刻本　五冊

310000－0241－0000875　362009
四書集註十九卷　(宋)朱熹集註　清光緒三十二年(1906)上海商務印書館排印本　六冊

310000－0241－0000876　362009(2)
四書集註二十一卷　(宋)朱熹集註　清康熙刻本　十四冊

310000－0241－0000877　362010
四書集註十九卷　(宋)朱熹集註　清末江南城狀元閣重校刻慎詒堂本　六冊

310000－0241－0000878　362013
四書集註二十一卷　(宋)朱熹集註　(清)儲欣批　清乾隆臨桂謝氏毓蘭書屋刻本　六冊

310000－0241－0000879　362015
四書纂箋二十八卷　(元)詹道傳撰　清康熙十九年(1680)通志堂刻本　六冊

310000－0241－0000880　362016
國朝諸老先生論語精義十四卷綱領一卷　(宋)朱熹撰　清同治十三年(1874)金陵公善堂仿石門呂氏刻本　八冊

310000－0241－0000881　362017
讀四書叢說八卷　(元)許謙撰　清同治十年(1871)永康胡鳳丹退補齋校刻本　四冊

310000－0241－0000882　362019
四書近語六卷　(明)孫應鼇撰　清宣統二年(1910)國學扶輪社排印本　一冊

310000－0241－0000883　362020
四書釋地補一卷續補一卷又續補一卷三續補一卷　(清)閻若璩撰　(清)樊廷枚續補　清嘉慶二十一年(1816)梅陽海涵堂刻本　八冊

310000－0241－0000884　362020:2
四書釋地補一卷續補一卷又續補一卷三續補一卷　(清)閻若璩撰　(清)樊廷枚續補　清嘉慶二十一年(1816)梅陽海涵堂刻本　六冊

310000－0241－0000885　362021
四書典故覈八卷　(清)淩曙撰　清嘉慶十三年(1808)蜚雲閣刻本　四冊

310000－0241－0000886　362022
四書會要錄三十卷　(清)黄瑞輯　清同治九年(1870)寶文書局刻本　二十四冊

310000－0241－0000887　362023
四書考異七十二卷　(清)翟灝撰　清乾隆三十四年(1769)翟氏無不宜齋刻武陵竹簡齋印本　十二冊

310000－0241－0000888　362024
論孟書法二卷附讀四書四卷　(清)張瑛撰　清光緒十年(1884)江蘇臬署刻本　一冊

310000－0241－0000889　362028
四書反身錄六卷續錄二卷　(清)李顒撰　清康熙三十一年(1692)李彦瑁刻康熙四十一年(1702)賈綿芳、程伊藻續刻本　四冊

310000－0241－0000890　362028(2)
四書反身錄八卷首一卷　(清)李顒撰　清咸豐元年(1851)蔣氏小嫏嬛山館重校刻本　四冊

310000－0241－0000891　362028(2):2
四書反身錄八卷首一卷　(清)李顒撰　清咸豐元年(1851)蔣氏小嫏嬛山館重校刻本　二冊

310000－0241－0000892　362028(3)
四書反身錄八卷二曲先生讀四書說一卷　(清)李顒撰　清光緒浙江書局刻本　四冊

310000－0241－0000893　362028(4)
四書反身錄八卷二曲先生讀四書說一卷　(清)李顒撰　清光緒二十九年(1903)浙江書局校刻本　四冊

310000－0241－0000894　362029
四書備備考十七卷　(清)潘克溥撰　清道光二十一年(1841)刻本　六冊

310000－0241－0000895　362030
新訂四書補註備旨十卷　(明)鄧林撰　清末李光明莊刻本　六冊

310000－0241－0000896　362030(2)
新訂四書補註備旨十卷　(明)鄧林撰　清光緒七年(1881)壽春棣蕚堂刻本　六册

310000－0241－0000897　362032
四書集編二十九卷　(宋)真德秀撰　清嘉慶祝氏留香室刻本　十六册

310000－0241－0000898　362034
四書小參一卷四書問答一卷　(明)朱斯行撰　清光緒三年(1877)姑蘇刻經處刻本　一册

310000－0241－0000899　362035
四書翼註論文十二卷　(清)鄭獻甫撰　清光緒五年(1879)黔南節署刻本　十二册

310000－0241－0000900　362036
四書約旨十九卷　(清)任啓運撰　清光緒九年(1883)任氏一本堂仿刻清芬堂原本　十册

310000－0241－0000901　362037
四書經註集證十九卷孔子弟子考一卷　(清)吳昌宗撰　清嘉慶三年(1798)江都汪氏刻本　十六册

310000－0241－0000902　362037:2
四書經註集證十九卷孔子弟子考一卷　(清)吳昌宗撰　清嘉慶三年(1798)江都汪氏刻本　十二册

310000－0241－0000903　362038
四書經註集證十九卷　(清)吳昌宗撰　清嘉慶三年(1798)江都汪氏刻本　十六册

310000－0241－0000904　362041
四書或問三十九卷　(宋)朱熹撰　清同治十二年(1873)霍山劉氏五忠堂校刻本　六册

310000－0241－0000905　362041(2)
四書或問四十一卷　(宋)朱熹撰　清越盛堂刻本　八册

310000－0241－0000906　362042
四書恒解十一卷　(清)劉沅撰　清咸豐五年(1855)刻本　七册

310000－0241－0000907　362043
求自得之室讀四書説六卷　(清)吳嘉賓撰　清咸豐二年(1852)刻本　六册

310000－0241－0000908　362045
四書味根録三十七卷　(清)金澂撰　清光緒十八年(1892)鴻寶齋重印本　八册

310000－0241－0000909　362045(2)
四書味根録三十六卷　(清)金澂撰　清光緒十二年(1886)上海同文書局石印本　四册

310000－0241－0000910　362045(3)
四書味根録三十七卷　(清)金澂撰　清光緒石印本　六册

310000－0241－0000911　362045(4)
四書味根録　(清)金澂撰　清光緒三十三年(1907)石印本　二册　存十卷

310000－0241－0000912　362048
四書典林三十卷　(清)江永編　(清)汪基參定　清末石印本　一册

310000－0241－0000913　362048(2)
四書典林三十卷四書古人典林十二卷　(清)江永編　(清)汪基參定　清光緒十八年(1892)鴻寶齋石印本　四册

310000－0241－0000914　362049
四書體註十九卷　(清)范翔撰　清康熙三十一年(1692)善成堂刻本　五册

310000－0241－0000915　362049:2
四書體註十九卷　(清)范翔撰　清康熙三十一年(1692)善成堂刻本　一册

310000－0241－0000916　362051
四書圖考十三卷　(清)杜炳撰　清道光七年(1827)刻本　十二册

310000－0241－0000917　362053
四書合講十九卷　(清)翁復編次　清光緒四年(1878)永康胡氏退補齋刻本　六册

310000－0241－0000918　362053(2)
四書合講十九卷附圖説一卷　(清)翁復編次　清雍正酌雅齋刻本　三册

310000－0241－0000919　362053(3)

四書合講十九卷　(清)翁復編次　清道光八年(1828)閩漳文瑞堂刻本　五冊

310000－0241－0000920　362055
四書箋解十一卷　(清)王夫之撰　清光緒二十年(1894)鄂藩官廨刻本　四冊

310000－0241－0000921　362056
四書釋地一卷續一卷又續一卷三續一卷孟子生卒年月考一卷　(清)閻若璩撰　清乾隆五十二年(1787)東浯王氏眷西堂刻本　四冊

310000－0241－0000922　362057
監本四書十九卷四書字辨一卷　(宋)朱熹集註　清同治七年(1868)丹陽藝林堂刻本　一冊

310000－0241－0000923　362058
四書章句附考四卷四書章句集注定本辨一卷　(清)吳志忠輯　清光緒二十年(1894)上海點石齋書局石印本　一冊

310000－0241－0000924　362059
四書二十一卷　(宋)朱熹集注　清光緒三年(1877)江蘇書局刻本　六冊

310000－0241－0000925　362060
四書字詁七十八卷檢字一卷　(清)段謂廷撰　(清)黄本驥編訂　清道光二十九年(1849)黔陽楊氏刻本　二十冊

310000－0241－0000926　362060：2
四書字詁七十八卷檢字一卷　(清)段謂廷撰　(清)黄本驥編訂　清道光二十九年(1849)黔陽楊氏刻本　十八冊

310000－0241－0000927　362060：3
四書字詁七十八卷檢字一卷　(清)段謂廷撰　(清)黄本驥編訂　清道光二十九年(1849)黔陽楊氏刻本　十九冊

310000－0241－0000928　362062
三訂四書辨疑七十卷　(清)張江輯　清光緒十三年(1887)大文書局排印本　八冊

310000－0241－0000929　362063
四書說約三十三卷　(明)鹿善繼撰　清道光二十八年(1848)鹿丕宗刻本　四冊

310000－0241－0000930　362064
四書評本十九卷　(清)俞廷鑣撰　(清)俞樾寫定　清同治十一年(1872)刻本　六冊

310000－0241－0000931　362066
四書讀註提耳十八卷　(清)耿埰撰　清乾隆元年(1736)屏山堂刻同治九年(1870)耿捷補刻印本　十冊

310000－0241－0000932　362068
四書精義補十九卷四書講義辨正一卷　(清)彭天埰撰　清光緒十四年(1888)雲邑尊經堂刻本　六冊

310000－0241－0000933　362069
新訂四書補注備旨　(明)鄧林撰　清末坊刻本　七冊　存九卷

310000－0241－0000934　362070
新訂四書補註備旨十卷　(明)鄧林撰　清末江南城李光明莊刻本　六冊

310000－0241－0000935　362071
四書古註羣義彙解九種九十四卷　(清)□□輯　清光緒十九年(1893)上海同文書局石印本　八冊

310000－0241－0000936　362071(2)
四書古註羣義彙解九種九十四卷　(清)□□輯　清光緒十六年(1890)珍藝書局石印本　八冊

310000－0241－0000937　362071：2
四書古註羣義彙解九種九十四卷　(清)□□輯　清光緒十九年(1893)上海同文書局石印本　一冊

310000－0241－0000938　362074
增訂四書集注大全三十六卷　(明)胡廣等輯　(清)汪份增訂　清翻刻康熙四十二年(1703)遄喜齋本　十八冊

310000－0241－0000939　362075
三魚堂四書大全四十卷　(清)陸隴其手輯　清康熙刻本　二十四冊

310000－0241－0000940　362076

松陽講義十二卷　（清）陸隴其撰　（清）侯銓等編次　清同治十三年(1874)湖南省城書局刻本　五册

310000－0241－0000941　362078

日講四書解義二十六卷　（清）喇沙里等撰　清康熙十六年(1677)内府刻本　十四册

310000－0241－0000942　362080

讀四書偶筆八卷　（清）郭斌撰　清道光二十五年(1845)郭氏尚志堂刻本　六册

310000－0241－0000943　362084

果齋一隙記四卷　劉爾炘撰　清宣統二年(1910)隴右樂善書局校刻本　二册

310000－0241－0000944　362085

四書釋地辨證二卷　（清）宋翔鳳撰　清嘉慶二十五年(1820)刻本　一册

310000－0241－0000945　362087

國學講義二卷　（清）王蘭生撰　（清）劉紹攽校訂　清道光十六年(1836)王松大足刻本　一册

310000－0241－0000946　362088

校正便蒙大學中庸三卷　（清）□□輯　清末石印本　三册

310000－0241－0000947　370005

孝經傳說圖解四卷首一卷　（清）金汝榦編　清嘉慶十六年(1811)雲豫堂刻本　四册

310000－0241－0000948　370008

孝經全注一卷　（清）李光地撰　清道光九年(1829)李維迪刻本　一册

310000－0241－0000949　370009

孝經述注一卷　（清）丁晏撰　清同治元年(1862)山陽丁氏六藝堂刻本　一册

310000－0241－0000950　370010

孝經講義三卷附一卷　潘任撰　清光緒江南高等學堂經學講義本　一册

310000－0241－0000951　370012

孝經注疏三卷　（唐）玄宗李隆基注　（宋）邢昺疏　清嘉慶二十年(1815)江西南昌府學刻本　一册

310000－0241－0000952　370016

孝經集義三卷　（清）曾世儀輯注　清同治十一年(1872)三省堂讀本　二册

310000－0241－0000953　370017

孝經一卷　（唐）玄宗李隆基集注　清末南京秦狀元巷李光明莊刻本　一册

310000－0241－0000954　370019

孝經一卷序說一卷附弟子職一卷　（清）任兆麟集注　清末埽葉山房刻本　一册

310000－0241－0000955　370019(2)

孝經一卷序說一卷附弟子職一卷　（清）任兆麟集注　清光緒十六年(1890)常郡宛委山莊刻本　一册

310000－0241－0000956　370021

孝經問業合參輯注大全三卷首一卷　（明）呂維祺原著　（清）傅謙牧參問　清光緒二年(1876)尊聞堂印杭州聚文堂本　一册

310000－0241－0000957　370022

孝經一卷　清文華堂刻本　一册

310000－0241－0000958　370023

孝經音訓一卷爾雅音訓一卷　（清）楊國楨撰　清道光十年(1830)大梁書院刻本　一册

310000－0241－0000959　370023:2

孝經音訓一卷爾雅音訓一卷　（清）楊國楨撰　清道光十年(1830)大梁書院刻本　一册

310000－0241－0000960　370025

黃忠端公孝經辯義一卷孝經述一卷　（明）黃道周撰　（清）賀長齡輯注　清同治二年(1863)大梁郁文齋刻本　一册

310000－0241－0000961　370028

讀書堂答問一卷　（清）簡朝亮撰　清末刻本　一册

310000－0241－0000962　380101

爾雅三卷　（晉）郭璞注　清光緒八年(1882)巴陵方氏碧琳琅館刻本　一册

310000－0241－0000963　380103
爾雅三卷　(晉)郭璞注　清嘉慶六年(1801)藝學軒影宋繪圖本　三冊

310000－0241－0000964　380103(2)
爾雅三卷　(晉)郭璞注　清嘉慶六年(1801)藝學軒影宋刻光緒三年(1877)古歙宋琪重印本　三冊

310000－0241－0000965　380103(5)
爾雅三卷　(晉)郭璞注　清末影印嘉慶六年(1801)藝學軒影宋刻本　一冊

310000－0241－0000966　380105
爾雅疏十卷　(宋)邢昺疏　清光緒四年(1878)吳興陸氏十萬卷樓重刻北宋本　二冊

310000－0241－0000967　380105:2
爾雅疏十卷　(宋)邢昺疏　清光緒四年(1878)吳興陸氏十萬卷樓重刻北宋本　二冊

310000－0241－0000968　380107
爾雅音訓不分卷　(清)楊國楨撰　清道光十年(1830)大梁書院刻本　一冊

310000－0241－0000969　380109
爾雅郭注義疏二十卷　(晉)郭璞注　(清)郝懿行義疏　清光緒十四年(1888)湖北官書處覆刻同治四年(1865)郝氏刻本　八冊

310000－0241－0000970　380109:2
爾雅郭注義疏二十卷　(晉)郭璞注　(清)郝懿行義疏　清光緒十四年(1888)湖北官書處覆刻同治四年(1865)郝氏刻本　八冊

310000－0241－0000971　380110
爾雅郭注義疏二十卷　(晉)郭璞注　(清)郝懿行義疏　清同治四年(1865)郝聯薇、郝聯蓀濟南刻本　八冊

310000－0241－0000972　380111
爾雅郭注義疏二十卷　(晉)郭璞注　(清)郝懿行義疏　清光緒十年(1884)榮縣蜀南閣覆刻同治四年(1865)郝氏刻本　十冊

310000－0241－0000973　380112
釋穀四卷　(清)劉寶楠撰　清光緒十四年(1888)廣雅書局刻本　一冊

310000－0241－0000974　380112:2
釋穀四卷　(清)劉寶楠撰　清光緒十四年(1888)廣雅書局刻本　一冊

310000－0241－0000975　380113
爾雅註疏十一卷　(晉)郭璞註　(宋)邢昺疏　清嘉慶元年(1796)振賢堂刻本　八冊

310000－0241－0000976　380115
親屬記　(清)鄭珍撰　清光緒十八年(1892)刻本　一冊

310000－0241－0000977　380116
爾雅直音二卷　(清)孫偘輯　清乾隆六十年(1795)高郵孫氏刻本　二冊

310000－0241－0000978　380117
爾雅小箋三卷鄭氏六藝論一卷　(清)江藩釋　(清)臧琳輯　清光緒十九年(1893)南林徐氏刻本　一冊

310000－0241－0000979　380119
爾雅古注斠三卷附蘭如詩鈔一卷　(清)葉蕙心撰　清光緒二年(1876)江都李氏半畝園刻本　二冊

310000－0241－0000980　380119:2
爾雅古注斠三卷附蘭如詩鈔一卷　(清)葉蕙心撰　清光緒二年(1876)江都李氏半畝園刻本　二冊

310000－0241－0000981　380122
爾雅補郭二卷　(清)翟灝撰　清光緒刻本　一冊

310000－0241－0000982　380124
爾雅正郭三卷　(清)潘衍桐撰　清光緒十七年(1891)刻本　一冊

310000－0241－0000983　380124:2
爾雅正郭三卷　(清)潘衍桐撰　清光緒十七年(1891)刻本　一冊

310000－0241－0000984　380125
爾雅補注殘本一卷　(清)劉玉麐撰　清光緒十二年(1886)刻本　一冊

310000－0241－0000985　380126
爾雅鄭注三卷　（宋）鄭樵註　清嘉慶十年(1805)虞山張氏照曠閣刻本　一册

310000－0241－0000986　380127
爾雅匡名二十卷　（清）嚴元照撰　清光緒十一年(1885)寧先閣刻本　四册

310000－0241－0000987　380130
爾雅圖贊一卷山海經圖贊二卷　（晉）郭璞撰　（清）嚴可均輯　清光緒二十一年(1895)長沙葉氏郎園刻本　一册

310000－0241－0000988　380131
爾雅正義二十卷　（清）邵晉涵撰　清乾隆五十三年(1788)邵氏面水曾軒刻本　一册

310000－0241－0000989　380132
爾雅補注殘本一卷　（清）劉玉麐撰　清光緒吴縣潘氏刻本　一册

310000－0241－0000990　380201
小爾雅疏八卷　（清）王煦撰　清光緒十一年(1885)邵武徐氏刻本　二册

310000－0241－0000991　380201(2)
小爾雅疏八卷　（清）王煦撰　清光緒十一年(1885)邵武徐氏刻本　二册

310000－0241－0000992　380204
埤雅二十卷　（宋）陸佃撰　清康熙虞山顧氏如月樓刻本　六册

310000－0241－0000993　380208
駢雅訓纂七卷首一卷　（明）朱謀㙔撰　（清）魏茂林訓纂　清同治十一年(1872)經綸書室刻本　八册

310000－0241－0000994　380208(2)
駢雅訓纂七卷首一卷　（明）朱謀㙔撰　（清）魏茂林訓纂　清道光二十五年(1845)有不爲齋刻本　八册

310000－0241－0000995　380208：2
駢雅訓纂七卷首一卷　（明）朱謀㙔撰　（清）魏茂林訓纂　清同治十一年(1872)經綸書室刻本　十册

310000－0241－0000996　380209
選雅二十卷　程先甲述　清光緒二十八年(1902)千一齋刻本　八册

310000－0241－0000997　380209：2
選雅二十卷　程先甲述　清光緒二十八年(1902)千一齋刻本　八册

310000－0241－0000998　380209：4
選雅二十卷　程先甲述　清光緒二十八年(1902)千一齋刻本　八册

310000－0241－0000999　380211
疊雅十三卷　（清）史夢蘭撰　清同治四年(1865)刻本　四册

310000－0241－0001000　380211：2
疊雅十三卷　（清）史夢蘭撰　清同治四年(1865)刻本　四册

310000－0241－0001001　380213
拾雅二十卷　（清）夏味堂述　清嘉慶二十五年(1820)刻本　十册

310000－0241－0001002　380214
廣雅疏證十卷坿博雅音十卷　（清）王念孫撰　清光緒五年(1879)淮南書局刻本　八册

310000－0241－0001003　380214(2)
廣雅疏證十卷坿博雅音十卷　（清）王念孫撰　清嘉慶元年(1796)高郵王氏刻本　十二册

310000－0241－0001004　380214(2)：2
廣雅疏證十卷坿博雅音十卷　（清）王念孫撰　清嘉慶元年(1796)高郵王氏刻本　二十册

310000－0241－0001005　380215
釋名疏證補八卷附續釋名一卷釋名補遺一卷　王先謙撰集　清光緒二十二年(1896)刻本　三册

310000－0241－0001006　380215：2
釋名疏證補八卷附續釋名一卷釋名補遺一卷　王先謙撰集　清光緒二十二年(1896)刻本　三册

310000－0241－0001007　380216
小演雅不分卷續錄一卷別錄一卷附錄一卷

（清）楊浚編　清光緒四年（1878）冠悔堂刻本　四冊

310000－0241－0001008　380218

支雅二卷　（清）劉燦編　（清）王堃訂　清道光六年（1826）刻本　一冊

310000－0241－0001009　380220

廣雅疏證補正一卷　（清）王念孫撰　（清）黄海長編　清光緒二十六年（1900）黄氏借竹宧校刻本　一冊

310000－0241－0001010　380223

別雅類五卷　（清）何其傑撰　清光緒十一年（1885）刻本　一冊

310000－0241－0001011　380224

和名類聚鈔十卷　（日本）源順撰　清光緒二十三年（1897）攸縣龍氏刻本　八冊

310000－0241－0001012　380226

閩腔官話書不分卷　（清）王玉撰　清光緒十二年（1886）王氏刻本　四冊

310000－0241－0001013　380304

輶軒使者絶代語釋別國方言十三卷　（漢）揚雄撰　（晉）郭璞注　清乾隆四十四年（1779）武英殿木活字印本　四冊

310000－0241－0001014　380305

續方言又補二卷　徐乃昌撰集　清末南陵徐氏刻本　一冊

310000－0241－0001015　380307

恒言録六卷　（清）錢大昕纂　清光緒二十八年（1902）烏程張熙排印本　二冊

310000－0241－0001016　380308

輶軒使者絶代語釋別國方言箋疏十三卷　（清）錢繹撰集　（清）王文韶校刊　清光緒十六年（1890）紅蝠山房刻本　六冊

310000－0241－0001017　380308（2）

輶軒使者絶代語釋別國方言箋疏　（清）錢繹撰集　清光緒南陵徐氏積學齋刻本　四冊

310000－0241－0001018　380308：2

輶軒使者絶代語釋別國方言箋疏十三卷　（清）錢繹撰集　（清）王文韶校刊　清光緒十六年（1890）紅蝠山房刻本　六冊

310000－0241－0001019　380308：3

輶軒使者絶代語釋別國方言箋疏十三卷　（清）錢繹撰集　（清）王文韶校刊　清光緒十六年（1890）紅蝠山房刻本　六冊

310000－0241－0001020　380308：4

輶軒使者絶代語釋別國方言箋疏十三卷　（清）錢繹撰集　（清）王文韶校刊　清光緒十六年（1890）紅蝠山房刻本　六冊

310000－0241－0001021　380309

方言藻二卷粵風四卷　（清）李調元撰　清乾隆綿州李氏萬卷樓刻本　一冊

310000－0241－0001022　380310（3）

新方言十一卷附嶺外三州語一卷　章炳麟撰　清宣統三年（1911）文學會社石印本　二冊

310000－0241－0001023　380312

越諺三卷附越諺賸語二卷　（清）范寅輯　清光緒四年（1878）谷應山房刻本　三冊

310000－0241－0001024　380312：2

越諺三卷附越諺賸語二卷　（清）范寅輯　清光緒四年（1878）谷應山房刻本　三冊

310000－0241－0001025　380314

越言釋二卷　（清）茹敦和撰　清光緒四年（1878）葛氏嘯園刻本　二冊

310000－0241－0001026　380315

五大部直音三卷　（清）□□撰　清末刻本　一冊

310000－0241－0001027　380328

説文閩音通一卷附録一卷　（清）謝章鋌撰　清光緒三十年（1904）陳寶璐刻本　二冊

310000－0241－0001028　380331

廣續方言四卷　程先甲輯　清光緒二十三年（1897）木活字印本　二冊

310000－0241－0001029　380331：2

廣續方言四卷　程先甲輯　清光緒二十三年（1897）木活字印本　二冊

310000－0241－0001030　380342
續方言二卷　(清)杭世駿纂　清嘉慶南匯吳氏聽彝堂刻本　一冊

310000－0241－0001031　380343
續方言補正二卷　(清)程際盛纂　清嘉慶南匯吳氏聽彝堂刻本　一冊

310000－0241－0001032　380347
鄉音正訛不分卷　(清)張汝南撰　清光緒十二年(1886)刻本　一冊

310000－0241－0001033　380401
字詁一卷　(清)黄生撰　(清)黄承吉述　清道光江州黎氏重修印本　一冊

310000－0241－0001034　380402
羣經字詁七十二卷　(清)段諤廷原稿　(清)黄本驥編訂　清道光二十九年(1849)黔陽楊氏刻本　二十冊

310000－0241－0001035　380402:2
羣經字詁七十二卷　(清)段諤廷原稿　(清)黄本驥編訂　清道光二十九年(1849)黔陽楊氏刻本　十八冊

310000－0241－0001036　380402:3
羣經字詁七十二卷　(清)段諤廷原稿　(清)黄本驥編訂　清道光二十九年(1849)黔陽楊氏刻本　二十冊

310000－0241－0001037　380402:4
羣經字詁七十二卷　(清)段諤廷原稿　(清)黄本驥編訂　清道光二十九年(1849)黔陽楊氏刻本　十四冊

310000－0241－0001038　380402:5
羣經字詁七十二卷　(清)段諤廷原稿　(清)黄本驥編訂　清道光二十九年(1849)黔陽楊氏刻本　十八冊

310000－0241－0001039　380408
經籍纂詁並補遺一百六卷首一卷　(清)阮元撰集　清嘉慶十七年(1812)揚州阮氏琅嬛僊館刻本　二十四冊

310000－0241－0001040　380408:2
經籍纂詁並補遺一百六卷首一卷　(清)阮元撰集　清嘉慶十七年(1812)揚州阮氏琅嬛僊館刻本　一百十冊

310000－0241－0001041　380408:3
經籍纂詁並補遺一百六卷首一卷　(清)阮元撰集　清嘉慶十七年(1812)揚州阮氏琅嬛僊館刻本　一冊

310000－0241－0001042　380409
經籍纂詁附補遺一百六卷首一卷　(清)阮元撰集　清光緒十四年(1888)鴻文書局石印本　一冊

310000－0241－0001043　380410
經籍纂詁附補遺殘卷　(清)阮元撰集　清光緒十四年(1888)鴻文書局石印本　二冊

310000－0241－0001044　380411
經籍纂詁附補遺一百六卷首一卷　(清)阮元撰集　清光緒六年(1880)淮南書局補刻本　四十八冊

310000－0241－0001045　380412
經籍纂詁一百六卷首一卷　(清)阮元撰集　清嘉慶初阮氏琅嬛僊館刻本　四十八冊

310000－0241－0001046　380413
經籍纂詁一百六卷首一卷　(清)阮元撰集　清光緒九年(1883)點石齋石印本　五冊

310000－0241－0001047　380418
金壺字考二集二十卷補錄一卷補注一卷　(清)田朝恒續編　清乾隆二十七年(1762)貽安堂刻本　四冊

310000－0241－0001048　380421
助字辨畧五卷　(清)劉淇撰　清咸豐五年(1855)楊氏海源閣刻本　五冊

310000－0241－0001049　380424
增訂金壺字考三卷　(清)郝在田輯　清同治十三年(1874)刻本　一冊

310000－0241－0001050　380425
增訂金壺字考十九卷　(宋)釋適之原編　(清)田朝恒增訂　清乾隆二十七年(1762)貽

安堂刻本　四冊

310000－0241－0001051　380426
刊謬正俗八卷　（唐）顔師古撰　清光緒三年（1877）湖北崇文書局刻本　一冊

310000－0241－0001052　380428
音韻同異辨八卷　（清）單可琪輯　清嘉慶八年（1803）師古堂刻本　六冊

310000－0241－0001053　380429
字義聲韻辨異五卷首一卷　（清）楊維增編次並注　清光緒二十一年（1895）壽州刻本　四冊

310000－0241－0001054　380431
辨字通俗編一卷三橋春遊曲唱和集一卷丹陽集一卷　（清）宗廷輔撰　（唐）殷璠輯　清光緒刻本　一冊

310000－0241－0001055　380434
四書虛字講義一卷　（清）丁守存撰　清同治十年（1871）楚北糧署刻本　一冊

310000－0241－0001056　380435
班馬字類二卷　（宋）婁機撰　清光緒九年（1883）常熟鮑氏後知不足齋刻本　二冊

310000－0241－0001057　380510
滿漢六部成語六卷　（清）□□撰　清末官刻本　四冊

310000－0241－0001058　380514
滿漢事類集要二卷　（清）□□撰　清康熙刻本　一冊

310000－0241－0001059　380519
英語集全六卷　（清）唐廷樞撰　清同治元年（1862）緯經堂石印本　六冊

310000－0241－0001060　380520
滿漢字清文啓蒙四卷　（清）舞格撰　清三槐堂刻本　四冊

310000－0241－0001061　381000（2）
説文解字十五卷　（漢）許慎撰　（宋）徐鉉等校定　清嘉慶十二年（1807）藤花榭仿刻北宋小字本　六冊

310000－0241－0001062　381001
説文校定本十五卷　（清）朱士端撰　清同治元年（1862）寶應朱氏刻本　一冊

310000－0241－0001063　381003
説文解字十二卷　（漢）許慎撰　（宋）李燾重編　明萬曆二十六年（1598）陳大科白狼書社刻本　一冊

310000－0241－0001064　381004
説文五翼八卷　（清）王煦撰　清嘉慶十三年（1808）王氏芮鞠山莊刻本　一冊

310000－0241－0001065　381004（2）
説文五翼八卷　（清）王煦撰　清光緒八年（1882）上虞觀海樓刻本　二冊

310000－0241－0001066　381006
説文提要一卷　（清）陳建侯撰　清同治十二年（1873）湖北崇文書局刻本　一冊

310000－0241－0001067　381009
説文楬原二卷　（清）張行孚綴　（清）余澍校　清光緒十年（1884）後知不足齋刻本　二冊

310000－0241－0001068　381009（2）
説文楬原二卷　（清）張行孚綴　（清）余澍校　清光緒十年（1884）揚州刻本　二冊

310000－0241－0001069　381009（2）:2
説文楬原二卷　（清）張行孚綴　（清）余澍校　清光緒十年（1884）揚州刻本　一冊

310000－0241－0001070　381009:2
説文楬原二卷　（清）張行孚綴　（清）余澍校　清光緒十年（1884）後知不足齋刻本　二冊

310000－0241－0001071　381017
説文釋例二十卷　（清）王筠撰　清道光十七年（1837）王氏家刻同治四年（1865）印本　二十冊

310000－0241－0001072　381017（2）
説文釋例二十卷釋例補正二十卷説文繫傳校錄三十卷　（清）王筠撰　清同治四年（1865）刻本　十四冊

310000－0241－0001073　381017（3）

說文釋例二十卷 （清）王筠撰　清光緒九年（1883）成都御風樓刻本　二冊

310000－0241－0001074　381018

說文答問疏證六卷孝經疑問一卷 （清）薛傳均撰　清光緒九年（1883）歸安姚氏刻本　一冊

310000－0241－0001075　381018:2

說文答問疏證六卷孝經疑問一卷 （清）薛傳均撰　清光緒九年（1883）歸安姚氏刻本　二冊

310000－0241－0001076　381020

說文外編十五卷補遺一卷 （清）雷浚撰　**劉氏碎金一卷** （清）劉禧延撰　清光緒二年（1876）古吳胥門内謝文翰齋刻本　四冊

310000－0241－0001077　381020:2

說文外編十五卷補遺一卷附劉氏碎金一卷今本詩韻宜香纂說一卷 （清）雷浚撰　清光緒二年（1876）古吳胥門内謝文翰齋刻本　六冊

310000－0241－0001078　381020:3

說文外編十五卷補遺一卷附劉氏碎金一卷今本詩韻宜香纂說一卷 （清）雷浚撰　清光緒二年（1876）古吳胥門内謝文翰齋刻本　四冊

310000－0241－0001079　381023

說文解字三十二卷附汲古閣說文訂一卷 （漢）許慎撰　（清）段玉裁注　清同治十一年（1872）湖北崇文書局刻本　十八冊

310000－0241－0001080　381025

說文解字三十二卷 （漢）許慎撰　（清）段玉裁注　清嘉慶段氏經韻樓刻同治六年（1867）蘇州保息局補刻本　十六冊

310000－0241－0001081　381025:2

說文解字三十二卷 （漢）許慎撰　（清）段玉裁注　清嘉慶段氏經韻樓刻同治六年（1867）蘇州保息局補刻本　十六冊

310000－0241－0001082　381025:3

說文解字三十二卷 （漢）許慎撰　（清）段玉裁注　清嘉慶段氏經韻樓刻同治六年（1867）蘇州保息局補刻本　七冊

310000－0241－0001083　381025:4

說文解字三十二卷 （漢）許慎撰　（清）段玉裁注　清嘉慶段氏經韻樓刻同治六年（1867）蘇州保息局補刻本　十五冊

310000－0241－0001084　381027

段氏說文注訂八卷 （清）鈕樹玉撰　清同治十三年（1874）湖北崇文書局刻本　二冊

310000－0241－0001085　381027:2

段氏說文注訂八卷 （清）鈕樹玉撰　清同治十三年（1874）湖北崇文書局刻本　二冊

310000－0241－0001086　381030

說文佚字考四卷 （清）張鳴珂撰　清光緒十三年（1887）嘉興張氏刻本　一冊

310000－0241－0001087　381030:2

說文佚字考四卷 （清）張鳴珂撰　清光緒十三年（1887）嘉興張氏刻本　一冊

310000－0241－0001088　381033

說文解字繫傳四十卷 （宋）徐鍇傳釋　（宋）朱翺反切　清光緒九年（1883）江蘇書局刻本　八冊

310000－0241－0001089　381034

說文解字十五卷 （漢）許慎撰　（宋）徐鉉等校定　清初虞山毛氏汲古閣仿北宋刻本　六冊

310000－0241－0001090　381037

說文解字三十二卷附汲古閣說文訂一卷 （漢）許慎撰　（清）段玉裁注　清光緒十六年（1890）石印本　二冊

310000－0241－0001091　381038

說文解字十五卷 （漢）許慎記　（宋）徐鉉等校定　清光緒七年（1881）重校刻汲古閣本　四冊

310000－0241－0001092　381039

說文解字十五卷 （漢）許慎記　（宋）徐鉉等校定　清光緒七年（1881）淮南書局翻刻汲古閣本　六冊

310000－0241－0001093　381039（2）

說文解字十五卷　(漢)許慎記　(宋)徐鉉等校定　清乾隆三十八年(1773)朱筠椒華吟舫刻本　一册

310000－0241－0001094　381043
說文解字十五卷附說文通檢十四卷首一卷末一卷　(漢)許慎撰　(宋)徐鉉校定　清同治十二年(1873)陳昌治刻本　十册

310000－0241－0001095　381044
說文解字十五卷　(漢)許慎記　(宋)徐鉉等校定　清嘉慶九年(1804)蘭陵孫氏刻本　四册

310000－0241－0001096　381044(2)
說文解字十五卷　(漢)許慎記　(宋)徐鉉等校定　清同治十三年(1874)蘇城陶升甫覆嘉慶間蘭陵孫氏刻本　三册

310000－0241－0001097　381046
說文解字三十二卷　(漢)許慎撰　(清)段玉裁注　清嘉慶段氏經韻樓刻同治六年(1867)蘇州保息局補刻本　十六册

310000－0241－0001098　381046(2)
說文解字三十二卷　(漢)許慎撰　(清)段玉裁注　清嘉慶段氏經韻樓刻同治十一年(1872)吳宗麟補刻印本　十六册

310000－0241－0001099　381049
說文解字部目一卷　(清)胡澍書　清光緒三十年(1904)江陰李氏栩園刻本　一册

310000－0241－0001100　381051
說文解字句讀三十卷　(漢)許慎記　(清)王筠撰集　清光緒八年(1882)四川尊經書局刻本　十五册

310000－0241－0001101　381052
說文解字句讀三十卷句讀補正三十卷　(清)王筠撰　清咸豐王彥侗刻本　十六册

310000－0241－0001102　381052:2
說文解字句讀三十卷句讀補正三十卷　(清)王筠撰　清咸豐王彥侗刻本　十八册

310000－0241－0001103　381053
說文解字注箋二十八卷附檢字三卷重文檢字篇一卷疑難檢字篇一卷今文檢字篇一卷　(清)段玉裁注　(清)徐灝箋　清光緒二十年(1894)刻本　二十二册

310000－0241－0001104　381054
說文解字注匡謬六卷　(清)徐承慶撰　清光緒歸安姚氏刻本　三册

310000－0241－0001105　381055
說文聲讀表七卷　(清)苗夔纂　清道光二十二年(1842)壽陽祁氏漢專亭刻本　三册

310000－0241－0001106　381055(2)
說文聲讀表七卷　(清)苗夔纂　清同治、光緒間福山王氏刻本　二册

310000－0241－0001107　381055:2
說文聲讀表七卷　(清)苗夔纂　清道光二十二年(1842)壽陽祁氏漢專亭刻本　一册

310000－0241－0001108　381056
說文解字韻譜十卷　(南唐)徐鍇撰　清同治三年(1864)吳縣馮桂芬縮摹篆文刻本　一册

310000－0241－0001109　381056:2
說文解字韻譜十卷　(南唐)徐鍇撰　清同治三年(1864)吳縣馮桂芬縮摹篆文刻本　四册

310000－0241－0001110　381057
說文雙聲二卷　(清)劉熙載輯　清光緒四年(1878)刻本　一册

310000－0241－0001111　381060(2)
許氏說文解字雙聲疊韻譜一卷　(清)鄧廷楨撰　清光緒七年(1881)常州鮑氏後知不足齋校刻本　一册

310000－0241－0001112　381060(2):2
許氏說文解字雙聲疊韻譜一卷　(清)鄧廷楨撰　清光緒七年(1881)常州鮑氏後知不足齋校刻本　二册

310000－0241－0001113　381060(3)
許氏說文解字雙聲疊韻譜不分卷　(清)鄧廷楨撰　清光緒九年(1883)同文書局石印本　一册

310000－0241－0001114　381062

說文聲訂二十八卷　(清)苗夔撰　清道光二十一年(1841)壽陽祁氏刻本　二冊

310000－0241－0001115　381064

說文字原集注十六卷說文字原表說一卷說文字原表一卷　(清)蔣和撰　清乾隆五十三年(1788)蔣和寫刻本　四冊

310000－0241－0001116　381065

說文字原韻表二卷　(清)胡重撰　(清)金孝伯訂　清嘉慶十六年(1811)秀水金氏月香書屋刻本　一冊

310000－0241－0001117　381065:2

說文字原韻表二卷　(清)胡重撰　(清)金孝伯訂　清嘉慶十六年(1811)秀水金氏月香書屋刻本　一冊

310000－0241－0001118　381066

說文字韻易知錄五卷說文重文標目五卷　(清)許巽行撰　清光緒五年(1879)松江府許氏葆素堂刻本　十冊

310000－0241－0001119　381066:2

說文字韻易知錄五卷說文重文標目五卷　(清)許巽行撰　清光緒五年(1879)松江府許氏葆素堂刻本　十冊

310000－0241－0001120　381079

說文解字義證五十卷　(清)桂馥學　清同治九年(1870)湖北崇文書局刻本　三十二冊

310000－0241－0001121　381079:2

說文解字義證五十卷　(清)桂馥學　清同治九年(1870)湖北崇文書局刻本　三十二冊

310000－0241－0001122　381080

說文解字義證五十卷　(清)桂馥學　清同治九年(1870)湖北崇文書局刻本　四十八冊

310000－0241－0001123　381081(2)

說文解字斠詮十四卷　(清)錢坫撰　清光緒九年(1883)淮南書局刻本　二冊

310000－0241－0001124　381082

說文解字木部箋異一卷　(清)莫友芝撰　清同治三年(1864)刻本　一冊

310000－0241－0001125　381083

說文解字木部箋異一卷　(清)莫友芝撰　清同治三年(1864)刻本　二冊

310000－0241－0001126　381086

說文解字繫傳四十卷　(宋)徐鍇傳釋　清乾隆四十七年(1782)刻本　十六冊

310000－0241－0001127　381086:2

說文解字繫傳四十卷　(宋)徐鍇傳釋　清乾隆四十七年(1782)刻本　十冊

310000－0241－0001128　381087

說文解字繫傳四十卷附校勘記三卷　(宋)徐鍇傳釋　清道光十九年(1839)覆刻影宋抄本　十二冊

310000－0241－0001129　381087:2

說文解字繫傳四十卷附校勘記三卷　(宋)徐鍇傳釋　清道光十九年(1839)覆刻影宋抄本　八冊

310000－0241－0001130　381088

說文繫傳考異四卷附錄一卷　(清)汪憲撰　清嘉慶十年(1805)八杉齋校刻本　一冊

310000－0241－0001131　381094

說文通訓定聲十八卷分部檢韻一卷說雅一卷古今韻準一卷　(清)朱駿聲紀錄　(清)朱鏡蓉參訂　清道光二十八年(1848)刻本　二十四冊

310000－0241－0001132　381095

說文通訓定聲十八卷柬韻一卷　(清)朱駿聲編　(清)朱鏡蓉訂　清咸豐安徽刻本(黟縣衙藏版)　二十四冊

310000－0241－0001133　381095:2

說文通訓定聲十八卷柬韻一卷　(清)朱駿聲編　(清)朱鏡蓉訂　清咸豐安徽刻本(黟縣衙藏版)　一冊

310000－0241－0001134　381095:3

說文通訓定聲十八卷柬韻一卷　(清)朱駿聲編　(清)朱鏡蓉訂　清咸豐安徽刻本(黟縣

衙藏版）　二十四冊

310000－0241－0001135　381107
說文建首字讀　（清）苗夔點定　清咸豐元年(1851)刻本　一冊

310000－0241－0001136　381110
說文引經考　（清）吳玉搢著　清乾隆元年(1736)刻本　二冊

310000－0241－0001137　381110(2)
說文引經考二卷　（清）吳玉搢著　清末刻咫進齋叢書本　二冊

310000－0241－0001138　381110:2
說文引經考　（清）吳玉搢著　清乾隆元年(1736)刻本　二冊

310000－0241－0001139　381113
說文引經考證八卷　（清）陳瑑撰　清同治十三年(1874)湖北崇文書局刻本　一冊

310000－0241－0001140　381113:2
說文引經考證八卷　（清）陳瑑撰　清同治十三年(1874)湖北崇文書局刻本　二冊

310000－0241－0001141　381113:3
說文引經考證八卷　（清）陳瑑撰　清同治十三年(1874)湖北崇文書局刻本　二冊

310000－0241－0001142　381113:4
說文引經考證八卷　（清）陳瑑撰　清同治十三年(1874)湖北崇文書局刻本　二冊

310000－0241－0001143　381115
說文引經考異十六卷　（清）柳榮宗撰　清同治六年(1867)刻本　二冊

310000－0241－0001144　381115:2
說文引經考異十六卷　（清）柳榮宗撰　清同治六年(1867)刻本　四冊

310000－0241－0001145　381116
說文解字羣經正字二十八卷　（清）邵瑛著　清嘉慶十七年(1812)桂隱書屋刻本　十二冊

310000－0241－0001146　381116:2
說文解字羣經正字二十八卷　（清）邵瑛著　清嘉慶十七年(1812)桂隱書屋刻本　十冊

310000－0241－0001147　381125
說文校議　（清）嚴可均輯　清咸豐二年(1852)刻本　九冊

310000－0241－0001148　381133
說文繫傳校錄三十卷說文釋例二十卷釋例補正一卷　（清）王筠撰　清咸豐刻本　十四冊

310000－0241－0001149　381139
說文廣義三卷　（清）王夫之撰　清同治四年(1865)船山遺書本　三冊

310000－0241－0001150　381139:2
說文廣義三卷　（清）王夫之撰　清同治四年(1865)船山遺書本　三冊

310000－0241－0001151　381140
說文辨疑不分卷　（清）顧廣圻著　清光緒三年(1877)湖北崇文書局刻本　一冊

310000－0241－0001152　381140:2
說文辨疑不分卷　（清）顧廣圻著　清光緒三年(1877)湖北崇文書局刻本　一冊

310000－0241－0001153　381140:3
說文辨疑不分卷　（清）顧廣圻著　清光緒三年(1877)湖北崇文書局刻本　一冊

310000－0241－0001154　381144
說文新附考證六卷續考一卷　（清）鈕樹玉撰　清嘉慶六年(1801)非石居刻同治七年(1868)碧螺山館補刻本　二冊

310000－0241－0001155　381144(2)
說文新附考證六卷續考一卷　（清）鈕樹玉撰　清同治十三年(1874)湖北崇文書局刻本　一冊

310000－0241－0001156　381144(2):2
說文新附考證六卷續考一卷　（清）鈕樹玉撰　清同治十三年(1874)湖北崇文書局刻本　二冊

310000－0241－0001157　381144:2
說文新附考證六卷續考一卷　（清）鈕樹玉撰　清嘉慶六年(1801)非石居刻同治七年

(1868)碧螺山館補刻本　二册

310000－0241－0001158　381146
說文新坿考六卷　(清)鄭珍撰　清光緒七年(1881)刻本　三册

310000－0241－0001159　381147
段氏說文注訂八卷　(清)鈕樹玉撰　清同治湖北崇文書局刻本　二册

310000－0241－0001160　381153
說文句讀三十卷　(清)王筠撰　清同治四年(1865)刻本　十六册

310000－0241－0001161　381159
文字蒙求四卷　(清)王筠著　清光緒十三年(1887)刻本　一册

310000－0241－0001162　381159:2
文字蒙求四卷　(清)王筠著　清光緒十三年(1887)刻本　一册

310000－0241－0001163　381159:3
文字蒙求四卷　(清)王筠著　清光緒十三年(1887)刻本　一册

310000－0241－0001164　381161
文字蒙求廣義四卷　(清)王筠撰　清光緒二十七年(1901)江楚書局刻本　五册

310000－0241－0001165　381163
六書轉注錄十卷　(清)洪亮吉撰　清光緒四年(1878)刻本　四册

310000－0241－0001166　381165
六書故　(宋)戴侗著　清乾隆四十九年(1784)師竹齋刻本　十六册

310000－0241－0001167　381165:2
六書故　(宋)戴侗著　清乾隆四十九年(1784)師竹齋刻本　三十二册

310000－0241－0001168　381167
六書管見二十卷　(清)況祥麟撰　清光緒二年(1876)登善堂刻本　十六册

310000－0241－0001169　381173
說文解字正俗八卷　(清)李富孫撰　清嘉慶二年(1797)校經廎刻本　四册

310000－0241－0001170　381173(2)
說文解字正俗八卷　(清)李富孫撰　清同治九年(1870)校經廎刻本　二册

310000－0241－0001171　381174
說文字原韻表二卷　(清)胡重撰　(清)金孝柏訂　清嘉慶十六年(1811)刻本　一册

310000－0241－0001172　381175
說文引經考證八卷　(清)陳瑑撰　清同治十三年(1874)湖北崇文書局刻本　二册

310000－0241－0001173　381176
說文字原　(元)周伯琦編注　(元)周宗義校正　清乾隆四十五年(1780)刻本　一册

310000－0241－0001174　381176:2
說文字原　(元)周伯琦編注　(元)周宗義校正　清乾隆四十五年(1780)刻本　一册

310000－0241－0001175　381177
說文蠡箋十四卷　(清)潘奕雋述　清同治十三年(1874)刻本　二册

310000－0241－0001176　381179
說文逸字二卷附錄一卷　(清)鄭珍記　清同治、光緒間福山王氏刻天壤閣叢書本　一册

310000－0241－0001177　381179(2)
說文逸字二卷附錄一卷　(清)鄭珍記　清咸豐八年(1858)望山堂刻本　一册

310000－0241－0001178　381180
六書類纂九卷　(清)吳錦章撰　清光緒二十三年(1897)崇雅精舍刻本　五册

310000－0241－0001179　381183
說文經斠十三卷補遺一卷說文正俗一卷　(清)楊廷瑞撰　清光緒十七年(1891)善化楊氏刻本　二册

310000－0241－0001180　381188
轉注古義考一卷　(清)曹仁虎纂　清光緒四年(1878)宏達堂刻本　一册

310000－0241－0001181　381190

讀說文雜識一卷　(清)許棫撰　清光緒七年(1881)刻本　一册

310000－0241－0001182　381190:2
讀說文雜識一卷　(清)許棫撰　清光緒七年(1881)刻本　一册

310000－0241－0001183　381191
重文二卷　(清)丁午輯　清刻本　一册

310000－0241－0001184　381192
字意類集一卷　(英國)瓊斯編纂　清光緒二十九年(1903)刻本　一册

310000－0241－0001185　381197
說文疊韻二卷首一卷末一卷　(清)劉熙載輯　清光緒刻本　二册

310000－0241－0001186　381197:2
說文疊韻二卷首一卷末一卷　(清)劉熙載輯　清光緒刻本　一册

310000－0241－0001187　381201
說文徐氏新補新附考證不分卷　(清)錢大昭撰　清光緒十六年(1890)徐乃昌校刻本　一册

310000－0241－0001188　381203
六書假借經四卷　(清)朱駿聲紀錄　清光緒十八年(1892)刻本　三册

310000－0241－0001189　381204
說文發疑六卷　(清)張行孚述　清光緒刻本　一册

310000－0241－0001190　381205
說文繫傳校錄三十卷　(清)王筠撰　清咸豐七年(1857)王彥侗刻本　四册

310000－0241－0001191　381206
說文韻譜校五卷　(清)王筠撰　清光緒九年(1883)歸安姚氏咫進齋刻杭州朱氏抱經堂印本　四册

310000－0241－0001192　381206(2)
說文韻譜校五卷　(清)王筠撰　清光緒十六年(1890)濰縣劉氏刻本　二册

310000－0241－0001193　381207
古今文字通釋十四卷　(清)呂世宜述　清光緒五年(1879)林維源刻本　七册

310000－0241－0001194　381212
說文統釋自序一卷坿音同義異辨一卷　(清)錢大昭撰　清光緒八年(1882)郭氏金峨山館刻本　一册

310000－0241－0001195　381215
重文本部考一卷　(清)曾紀澤撰　清同治八年(1869)刻本　一册

310000－0241－0001196　381218
說文管見三卷　(清)胡秉虔撰　清同治十二年(1873)世澤樓刻本　一册

310000－0241－0001197　381222
說文拈字七卷補遺三卷　(清)王玉樹撰　清光緒十九年(1893)石印本　三册

310000－0241－0001198　381302
名原二卷　(清)孫詒讓記　清光緒三十一年(1905)刻本　一册

310000－0241－0001199　381302:2
名原二卷　(清)孫詒讓記　清光緒三十一年(1905)刻本　一册

310000－0241－0001200　381320
古文審　(清)劉心源撰　清光緒十七年(1891)嘉魚劉氏刻本　八册

310000－0241－0001201　381324
鐘鼎字源五卷　(清)汪立名摹輯　清光緒二年(1876)洞庭秦氏麟慶堂重刻汪氏原本　三册

310000－0241－0001202　381328
字說一卷　(清)吳大澂撰　清刻本　一册

310000－0241－0001203　381328:2
字說一卷　(清)吳大澂撰　清刻本　一册

310000－0241－0001204　381328:3
字說一卷　(清)吳大澂撰　清刻本　一册

310000－0241－0001205　381330

古文原始 (清)曹金籀撰 清同治十二年(1873)靈蘭室刻本 一冊

310000－0241－0001206 381404
康熙字典 (清)張玉書等奉敕撰 清光緒十三年(1887)同文書局石印本 六冊

310000－0241－0001207 381404(2)
康熙字典不分卷 (清)張玉書等奉敕撰 清光緒十一年(1885)同文書局石印本 六冊

310000－0241－0001208 381404:2
康熙字典 (清)張玉書等奉敕撰 清光緒十三年(1887)同文書局石印本 四冊

310000－0241－0001209 381405
康熙字典十二集附補遺備考等韻 (清)陳邦彥等奉敕編 清道光七年(1827)刻本 三十二冊

310000－0241－0001210 381405:2
康熙字典十二集附補遺備考等韻 (清)陳邦彥等奉敕編 清道光七年(1827)刻本 四十冊

310000－0241－0001211 381407
康熙字典 (清)張玉書等奉敕撰 清光緒十六年(1890)鴻文書局石印本 六冊

310000－0241－0001212 381407:2
康熙字典 (清)張玉書等奉敕撰 清光緒十六年(1890)鴻文書局石印本 十八冊

310000－0241－0001213 381407:3
康熙字典 (清)張玉書等奉敕撰 清光緒十六年(1890)鴻文書局石印本 六冊

310000－0241－0001214 381408
康熙字典不分卷 (清)張玉書等奉敕撰 清光緒二十年(1894)點石齋石印本 六冊

310000－0241－0001215 381410
康熙字典不分卷 (清)張玉書等奉敕撰 清光緒元年(1875)湖北崇文書局刻本 四十冊

310000－0241－0001216 381411
康熙字典提要不分卷 (英國)湛約翰編 (清)王揚安述釋 清光緒四年(1878)廣東倫敦教會刻本 三冊

310000－0241－0001217 381412
字典考證十二集 (清)穆彰阿等奉敕 清光緒二年(1876)湖北崇文書局刻本 六冊

310000－0241－0001218 381412:2
字典考證十二集 (清)穆彰阿等奉敕 清光緒二年(1876)湖北崇文書局刻本 六冊

310000－0241－0001219 381413
字林考逸 (清)任大椿撰 清乾隆四十七年(1782)刻本 四冊

310000－0241－0001220 381413(2)
字林考逸八卷附錄一卷字林考逸補本一卷補附錄一卷 (清)任大椿撰 (清)陶方琦補 清光緒十六年(1890)江蘇書局刻本 四冊

310000－0241－0001221 381413:2
字林考逸 (清)任大椿撰 清乾隆四十七年(1782)刻本 四冊

310000－0241－0001222 381415(2)
類篇四十五卷 (宋)司馬光等修纂 清康熙揚州詩局刻本 十四冊

310000－0241－0001223 381415(3)
類篇四十五卷 (宋)司馬光等修纂 清光緒二年(1876)姚覲元川東官舍影刻楝亭刻本 四冊

310000－0241－0001224 381415(3):2
類篇四十五卷 (宋)司馬光等修纂 清光緒二年(1876)姚覲元川東官舍影刻楝亭刻本 十四冊

310000－0241－0001225 381418
華英字典 (清)點石齋主人編 清末上海點石齋石印本 一冊

310000－0241－0001226 381420
集古名人草字彙 (清)石梁輯 清存古齋石印本 六冊

310000－0241－0001227 381427
字彙十二卷首一卷 (明)梅膺祚音釋 清同治七年(1868)刻本 十四冊

310000－0241－0001228　381430
字彙不分卷首一卷末一卷　(明)梅膺祚音釋　清書林經國堂刻本　十四册

310000－0241－0001229　381431
埶文備覽十二集一百二十卷補詳字義十四篇　(清)沙木集注　清嘉慶刻本　三十九册

310000－0241－0001230　381433
增註字類標韻六卷　(清)華綱撰　(清)范多珏重訂　清光緒四年(1878)雲陽馬氏刻本　二册

310000－0241－0001231　381433(2)
增註字類標韻六卷　(清)華綱撰　(清)范多珏重訂　清光緒十九年(1893)煥文書局排印本　二册

310000－0241－0001232　381436
辨字摘要四卷　(清)饒應召撰　(清)盧紹麒編訂　清兩儀堂刻本　三册

310000－0241－0001233　381504
漢隸字源五卷碑目一卷　(宋)婁機撰　清光緒三年(1877)歸安姚氏咫進齋刻本　十二册

310000－0241－0001234　381506
隸韻十卷碑目考證一卷翁方綱隸韻考證二卷　(宋)劉球纂　清嘉慶十四年(1809)江都秦氏刻本　八册

310000－0241－0001235　381508
繆篆分韻　(清)桂馥著　清光緒歸安姚氏咫進齋刻本　二册

310000－0241－0001236　381509
字鑑五卷　(元)李文仲編　清康熙張士俊澤存堂刻本　三册

310000－0241－0001237　381509：2
字鑑五卷　(元)李文仲編　清康熙張士俊澤存堂刻本　五册

310000－0241－0001238　381510
隸篇十五卷續十五卷再續十五卷　(清)翟云升撰　清道光十八年(1838)許槤刻本　十册

310000－0241－0001239　381510：2
隸篇十五卷續十五卷再續十五卷　(清)翟云升撰　清道光十八年(1838)許槤刻本　十册

310000－0241－0001240　381513
隸書正訛　(明)吳元滿撰　清刻本　二册

310000－0241－0001241　381514
隸釋二十七卷隸續二十一卷　(宋)洪适撰　**汪本隸釋刊誤一卷**　(清)黄丕烈撰　清同治十一年(1872)皖南洪氏晦木齋摹刻本　八册

310000－0241－0001242　381515
隸釋二十七卷隸續二十一卷　(宋)洪适撰　清乾隆汪氏樓松書屋刻本　二十册

310000－0241－0001243　381517
隸辨八卷　(清)顧藹吉撰　清乾隆刻本　八册

310000－0241－0001244　381519
隸辨八卷　(清)顧藹吉撰　清乾隆八年(1743)喻義堂刻本　八册

310000－0241－0001245　381520
隸法彙纂十卷　(清)項懷述編　清乾隆五十一年(1786)小酉山房精刻本　四册

310000－0241－0001246　381520：2
隸法彙纂十卷　(清)項懷述編　清乾隆五十一年(1786)小酉山房精刻本　二册

310000－0241－0001247　381523
漢隸分韻七卷　(清)□□撰　清乾隆九年(1744)刻本　四册

310000－0241－0001248　381526
復古編二卷校正一卷附錄一卷　(宋)張有撰　清乾隆四十六年(1781)安邑葛鳴陽刻本　二册

310000－0241－0001249　381526(2)
復古編二卷校正一卷附錄一卷　(宋)張有撰　清光緒八年(1882)淮南書局重刻乾隆葛鳴陽刻本　三册

310000－0241－0001250　381526(2)：2
復古編二卷校正一卷附錄一卷　(宋)張有撰　清光緒八年(1882)淮南書局重刻乾隆葛鳴

陽刻本　三冊

310000－0241－0001251　381526:2
復古編二卷校正一卷附錄一卷　(宋)張有撰　清乾隆四十六年(1781)安邑葛鳴陽刻本　二冊

310000－0241－0001252　381527
續復古編　(元)曹本著　清光緒十三年(1887)思進齋刻本　四冊

310000－0241－0001253　381527:3
續復古編　(元)曹本著　清光緒十三年(1887)思進齋刻本　四冊

310000－0241－0001254　381533
汗簡箋正　(清)鄭珍著　清光緒十五年(1889)廣雅書局刻本　四冊

310000－0241－0001255　381533:2
汗簡箋正　(清)鄭珍著　清光緒十五年(1889)廣雅書局刻本　四冊

310000－0241－0001256　381535
六書通十卷　(明)閔齊伋撰　清乾隆六十年(1795)刻本　十二冊

310000－0241－0001257　381535:2
六書通十卷　(明)閔齊伋撰　清乾隆六十年(1795)刻本　六冊

310000－0241－0001258　381535:3
六書通十卷　(明)閔齊伋撰　清乾隆六十年(1795)刻本　八冊

310000－0241－0001259　381535:4
六書通十卷　(明)閔齊伋撰　清乾隆六十年(1795)刻本　六冊

310000－0241－0001260　381536
六書通　(明)閔齊伋撰　(清)畢弘述篆訂　清光緒四年(1878)刻本　五冊　存九卷(二至十)

310000－0241－0001261　381537
六書通　(明)閔齊伋撰　(清)畢弘述篆訂　清光緒四年(1878)留耕堂刻本　一冊

310000－0241－0001262　381539
六書通　(明)閔齊伋撰　(清)畢弘述篆訂　清光緒四年(1878)留耕堂刻本　五冊

310000－0241－0001263　381541
六書分類十二卷首一卷　(清)傅世垚撰　清乾隆五十四年(1789)聽松閣刻本　十三冊

310000－0241－0001264　381542
六書分類　(清)傅世垚輯纂　清嘉慶元年(1796)聽松閣刻本　十四冊

310000－0241－0001265　381544
六書正譌　(元)周伯琦注　清咸豐五年(1855)惜古齋原版刻本　四冊

310000－0241－0001266　381551
廣金石韻府　(清)朱時望纂　清咸豐七年(1857)刻本　六冊

310000－0241－0001267　381556
草字彙不分卷　(清)石梁撰集　清乾隆五十二年(1787)刻本　六冊

310000－0241－0001268　381559
楷法溯源十四卷目錄一卷　(清)潘存輯　(清)楊守敬編　清光緒四年(1878)刻本　十五冊

310000－0241－0001269　381559:2
楷法溯源十四卷目錄一卷　(清)潘存輯　(清)楊守敬編　清光緒四年(1878)刻本　十四冊

310000－0241－0001270　381560
隸通二卷　(清)錢慶曾撰　清光緒二十六年(1900)南陵徐乃昌校刻武進費氏傳抄本　二冊

310000－0241－0001271　381561
楷法溯源十四卷目錄一卷　(清)潘存輯　(清)楊守敬編　清光緒四年(1878)刻本　十五冊

310000－0241－0001272　381563
隸有六卷拾遺一卷隸通一卷　(清)趙曈編輯　清末石印本　一冊

310000－0241－0001273　381567

芸香館重刊正字畧一卷補編一卷　(清)王筠撰　(清)李鍾文校定並書楷　清道光二十九年(1849)芸香館刻本　二册

310000－0241－0001274　381569

韜廬隸譜一卷坿急就章草一卷　(清)汪宗沂撰　清光緒刻本　一册

310000－0241－0001275　381571

字學舉隅不分卷　(清)龍啓瑞輯　清同治十年(1871)刻本　一册

310000－0241－0001276　381571(2)

字學舉隅不分卷　(清)龍啓瑞輯　清同治十三年(1874)湖北崇文書局刻本　一册

310000－0241－0001277　381571(3)

字學舉隅不分卷　(清)龍啓瑞輯　清光緒二十年(1894)京師松竹齋刻本　一册

310000－0241－0001278　381571(4)

字學舉隅不分卷　(清)龍啓瑞輯　清光緒琉璃廠秀文齋刻本　一册

310000－0241－0001279　381572

字學學隅辨音一卷字學舉隅不分卷　(清)龍啓瑞輯　清光緒二年(1876)懿文齋刻本　一册

310000－0241－0001280　381600

釋字百韻一卷　(清)陳勱撰　清光緒十六年(1890)吳下刻本　一册

310000－0241－0001281　381603

倉頡篇三卷續一卷補二卷　(秦)李斯等撰　(清)孫星衍等輯　清光緒十六年(1890)江蘇書局校刻本　二册

310000－0241－0001282　381603:2

倉頡篇三卷續一卷補二卷　(秦)李斯等撰　(清)孫星衍等輯　清光緒十六年(1890)江蘇書局校刻本　二册

310000－0241－0001283　381604

重文二卷　(清)丁午輯　清光緒八年(1882)刻本　一册

310000－0241－0001284　381607

增訂合聲簡字譜一卷　(清)勞乃宣撰　清光緒刻本　一册

310000－0241－0001285　381607:2

增訂合聲簡字譜一卷　(清)勞乃宣撰　清光緒刻本　四册

310000－0241－0001286　381607:3

增訂合聲簡字譜一卷　(清)勞乃宣撰　清光緒刻本　五册

310000－0241－0001287　381638(2)

藤花小舫字學藏本不分卷　(清)王維珍編訂　清光緒六年(1880)刻本　二册

310000－0241－0001288　381638(3)

字學匯海不分卷　(清)翰林院繕輯　清光緒十五年(1889)秀文齋刻本　四册

310000－0241－0001289　381638(4)

臨文便覽不分卷　(清)張敔泰輯　清同治十三年(1874)松竹齋刻本　二册

310000－0241－0001290　381644

文字發凡四卷　龍志澤編輯　清光緒三十一年(1905)廣智書局排印本　二册

310000－0241－0001291　381645

字學七種二卷　(清)李□(祕園)撰　清光緒十年(1884)松竹齋刻本　三册

310000－0241－0001292　381645:2

字學七種二卷　(清)李□(祕園)撰　清光緒十年(1884)松竹齋刻本　一册

310000－0241－0001293　381657

六書辨異二卷補遺一卷　(清)湯容煟輯　清嘉慶四明滋德堂刻本　一册

310000－0241－0001294　381660

新安鄉音字義考正不分卷　(清)詹逢光輯　清光緒二十五年(1899)石印本　二册

310000－0241－0001295　381800

倉頡篇校證三卷倉頡篇補遺一卷　(清)梁章鉅撰　清光緒刻本　二册

310000－0241－0001296　381801
急就篇四卷附正文一卷　（漢）史游撰　（唐）顏師古注　明末虞山毛氏汲古閣刻本　二冊

310000－0241－0001297　381802
急就篇四卷附正文一卷　（漢）史游撰　（唐）顏師古注　清光緒九年（1883）浙江書局刻本　二冊

310000－0241－0001298　381807
訓蒙千字文　（清）何丹谿著　清光緒九年（1883）刻本　一冊

310000－0241－0001299　381808
新譯蒙漢千字文不分卷　（清）□□編　清光緒三十三年（1907）北京振北石印館石印本　一冊

310000－0241－0001300　381809
［滿漢對照］千字文　（清）□□輯　清光緒七年（1881）北京聚珍堂刻本　一冊

310000－0241－0001301　381811
急就章考異一卷　（清）莊世驥撰　清光緒十七年（1891）廣雅書局刻本　一冊

310000－0241－0001302　381813
千字文滿漢合璧　（清）裕彰譯　清光緒十四年（1888）北京三槐堂刻本　一冊

310000－0241－0001303　381814
注釋增廣千字文類　（清）朱炳南著　清同治八年（1869）浙省聚賢堂刻本　四冊

310000－0241－0001304　381816
千字文注釋　（南朝梁）周興嗣次韻　（清）汪嘯尹釋義　清歙西徐士業校刻本　一冊

310000－0241－0001305　381816：2
千字文注釋　（南朝梁）周興嗣次韻　（清）汪嘯尹釋義　清歙西徐士業校刻本　一冊

310000－0241－0001306　381816：3
千字文注釋　（南朝梁）周興嗣次韻　（清）汪嘯尹釋義　清歙西徐士業校刻本　一冊

310000－0241－0001307　381817
三續千字文注　（宋）葛剛正著　清光緒二十三年（1897）武進盛氏刻本　一冊

310000－0241－0001308　381822
集字避複一卷　（清）□□撰　清光緒二十九年（1903）刻本　一冊

310000－0241－0001309　381823
增訂三字鑑註釋一卷　（清）藕舲註釋　清光緒二十七年（1901）粵東明道堂刻本　一冊

310000－0241－0001310　381824
婦孺釋詞　（清）陳榮袞編　清光緒二十八年（1902）蒙學書塾印本　一冊

310000－0241－0001311　381825
釋字百韻　（清）陳勱著　清光緒十六年（1890）吳門刻本　一冊

310000－0241－0001312　381826
四言便讀二卷　（清）張雲舉校正　清咸豐二年（1852）刻本　二冊

310000－0241－0001313　381828
小學千家詩二卷　（清）心齋氏著　（清）曉星樵人校刊　清光緒十六年（1890）南京李光明莊刻本　一冊

310000－0241－0001314　381829
千字文彙纂音義四卷　（清）魏瑞斗輯　清光緒五年（1879）松旭堂刻本　四冊

310000－0241－0001315　381830
廣三字經　（清）蔣敘倫著　（清）王晉之重訂　清光緒九年（1883）津河廣仁堂刻本　一冊

310000－0241－0001316　381831
音註圖解新學三字經初編不分卷附增補體操演說圖　（清）俞樾鑒定　清光緒三十一年（1905）上海藻文書局石印本　一冊

310000－0241－0001317　381832
百家姓考畧　（清）王相纂　（清）徐建勳校　清大魁堂刻本　一冊

310000－0241－0001318　381832（2）
百家姓考畧一卷　（清）王相撰　清光緒二十三年（1897）詞源閣書莊刻本　一冊

310000－0241－0001319　381832:2

百家姓考畧　(清)王相纂　(清)徐建勳校　清大魁堂刻本　一册

310000－0241－0001320　381833

華英合編三字經圖說　(清)曹謙譯　清光緒三十二年(1906)上海南洋官書局印本　一册

310000－0241－0001321　381836

童歌養正　(清)歸繼先輯　清光緒九年(1883)武昌書局刻本　一册

310000－0241－0001322　381838

童蒙必讀千家詩　(清)蘇作選　清光緒十一年(1885)友竹山房蘇氏塾本　二册

310000－0241－0001323　381840

三千字文　(清)補拙居士編　清光緒六年(1880)桂林俞氏刻本　一册

310000－0241－0001324　381841

三千字音釋　(清)補拙居士著　(清)潘純甫注　清光緒二十七年(1901)鎮江善化堂本　二册

310000－0241－0001325　381842

唐氏蒙求三卷　(清)唐仲冕著　清嘉慶九年(1804)邗上官刻本　三册

310000－0241－0001326　381843

龍文鞭影　(明)蕭良有纂　清光緒十一年(1885)刻本　四册

310000－0241－0001327　381844

龍文鞭影[校補]四卷　(明)蕭良有纂輯　(明)楊臣諍增訂　清光緒十一年(1885)南京李光明莊刻本　四册

310000－0241－0001328　381846

小學紺珠十卷　(宋)王應麟撰　清嘉慶江寧藩署刻本　六册

310000－0241－0001329　381847

百家姓三編　(清)丁晏著　清咸豐五年(1855)頤志齋刻本　一册

310000－0241－0001330　381849

類字蒙求一卷　(清)齊□□(掌衡)撰　清光緒元年(1875)刻本　二册

310000－0241－0001331　381850

對類引端三卷　(清)黄堃撰　清光緒六年(1880)佛山翰文堂刻本　一册

310000－0241－0001332　381853

讀我有用書齋啓蒙二千字一卷　(清)陳之澍編　清光緒二十四年(1898)洞青陳氏刻本　一册

310000－0241－0001333　381855

風雅蒙求　(清)阮葵生輯　清光緒十四年(1888)羅氏刻本　一册

310000－0241－0001334　381856

點勘記二卷　(清)歐陽泉撰　清光緒九年(1883)寳硯堂校刻本　二册

310000－0241－0001335　381856:2

點勘記二卷　(清)歐陽泉撰　清光緒九年(1883)寳硯堂校刻本　二册

310000－0241－0001336　381857

鑑畧四字書　(清)王仕雲著　清末南京李光明莊刻本　一册

310000－0241－0001337　381857:2

鑑畧四字書　(清)王仕雲著　清末南京李光明莊刻本　一册

310000－0241－0001338　381863

毘陵左氏識字書不分卷　(清)左鎮著　清光緒十年(1884)刻本　一册

310000－0241－0001339　381864

聲律啓蒙撮要三卷　(清)車萬育撰　(清)夏大觀删補　清光緒十九年(1893)文運書局刻本　一册

310000－0241－0001340　381869

字音會集不分卷　(清)江學海撰　清末石印本　一册

310000－0241－0001341　381870

註釋繪圖五千字文不分卷　(清)宋鶴齡增補　清末石印本　一册

310000－0241－0001342　381871

新輯繪圖洋務日用雜字　(清)□□輯　清末石印本　一册

310000－0241－0001343　381872

增補蒙□全書二卷　(清)王觀煥纂輯　(清)陸岳祥校正　清同治元年(1862)上洋寶賢堂書坊刻本　二册

310000－0241－0001344　382004(2)

增廣詩韻全璧五卷　(清)惜陰主人增定　清末錦章書局石印本　六册

310000－0241－0001345　382007

詩韻瑤林　(清)程伊園撰　清乾隆五十二年(1787)尋樂齋刻本　八册

310000－0241－0001346　382010

韻史二卷韻史補一卷　(清)許遯翁著　(清)朱玉岑補　清咸豐十一年(1861)十年讀書之廬刻本　一册

310000－0241－0001347　382011

韻史二卷韻史補一卷　(清)許遯翁著　(清)朱玉岑補　清光緒二十年(1894)同文書局石印本　一册

310000－0241－0001348　382012

古今韻畧五卷　(清)邵長蘅纂　清康熙三十五年(1696)刻本　五册

310000－0241－0001349　382014

古今韻會舉要三十卷　(元)熊忠舉要　清光緒十二年(1886)淮南書局刻本　十册

310000－0241－0001350　382018(2)

集韻十卷　(宋)丁度等撰　(清)顧廣圻校補　清康熙間楝亭刻嘉慶十九年(1814)補刻本　十册

310000－0241－0001351　382018(3)

集韻十卷　(宋)丁度等撰　(清)顧廣圻校補　清光緒二年(1876)姚觀元川東官舍重刻嘉慶本　十册

310000－0241－0001352　382018(3):2

集韻十卷　(宋)丁度等撰　(清)顧廣圻校補　清光緒二年(1876)姚觀元川東官舍重刻嘉慶本　三册

310000－0241－0001353　382018(4)

集韻十卷　(宋)丁度等撰　清同治十三年(1874)浙寧簡香齋補刻本　十册

310000－0241－0001354　382027

集韻考正十卷　(清)方成珪撰　清光緒五年(1879)刻本　十册

310000－0241－0001355　382028

五方元音二卷　(清)樊騰鳳撰　(清)年希堯增補　清同治五年(1866)五雲樓刻本　二册

310000－0241－0001356　382028(2)

五方元音二卷　(清)樊騰鳳撰　(清)年希堯增補　清同治五年(1866)上洋文玉堂刻本　二册

310000－0241－0001357　382028(3)

五方元音二卷　(清)樊騰鳳撰　(清)年希堯增補　清光緒九年(1883)校經山房刻本　四册

310000－0241－0001358　382029

識字一隅十卷　(清)胡鳳丹輯　清光緒十年(1884)胡氏退補齋刻本　册

310000－0241－0001359　382030

韻歧五卷　(清)江昱輯　清光緒七年(1881)刻本　二册

310000－0241－0001360　382030:2

韻歧五卷　(清)江昱輯　清光緒七年(1881)刻本　二册

310000－0241－0001361　382031

韻畧滙通二卷　(明)蘭芳編次　(明)畢拱辰更定　清光緒十四年(1888)成文堂刻本　一册

310000－0241－0001362　382033

古音譜　(清)姚文田輯　清道光刻本　四册

310000－0241－0001363　382034

重刻淳熙隸韻十卷考證二卷附碑目一卷考證一卷　(宋)劉球纂　清嘉慶十五年(1810)刻

本　六册

310000－0241－0001364　382036
沈氏四聲考二卷　(清)紀昀撰　清乾隆嵩山書院刻本　二册

310000－0241－0001365　382038
四音定切四卷首一卷　(清)劉熙載撰　清光緒四年(1878)刻本　二册

310000－0241－0001366　382039
詩韻析　(清)汪烜輯　清光緒婺源刻本　一册　存二卷

310000－0241－0001367　382040
古今韻考四卷附一卷　(清)李固篤撰　清咸豐七年(1857)刻咫進齋叢書本　一册

310000－0241－0001368　382042
古韻發明(八類)不分卷　(清)張畊撰　清道光六年(1826)芸心堂刻本　十册

310000－0241－0001369　382042：2
古韻發明(八類)不分卷　(清)張畊撰　清道光六年(1826)芸心堂刻本　四册

310000－0241－0001370　382042：3
古韻發明(八類)不分卷　(清)張畊撰　清道光六年(1826)芸心堂刻本　四册

310000－0241－0001371　382044
經韻集字析解　(清)彭良敞集注　清道光十年(1830)灤源書院刻本　四册

310000－0241－0001372　382044：2
經韻集字析解　(清)彭良敞集注　清道光十年(1830)灤源書院刻本　四册

310000－0241－0001373　382045
六書十二聲傳十二卷　(清)吕吴述　清光緒十四年(1888)刻觀象廬叢書本　八册

310000－0241－0001374　382046
佩文韻篆六卷　(清)張家慶集　清嘉慶二年(1797)澤經堂刻本　三册

310000－0241－0001375　382047
華英千字文音韻檢本　(清)史子彬牧師譯　清光緒二十八年(1902)上海美華書館印本　一册

310000－0241－0001376　382048
五音韻譜正字二卷　(清)曾紀澤録　清刻本　一册

310000－0241－0001377　382050
諧聲譜二卷　(清)丁顯撰　清光緒三十年(1904)刻本　二册

310000－0241－0001378　382051
增注字類標韻　(清)范多玨重訂　清光緒二年(1876)排印本　二册

310000－0241－0001379　382052
四音辨要四卷　駱成驤撰　清光緒、宣統間銅邑文華堂刻本　四册

310000－0241－0001380　382054
説文審音十六卷　(清)張行孚撰　清光緒二十四年(1898)芳郭里通隱堂刻本　四册

310000－0241－0001381　382056
詩韻辨字增注五卷　(清)張澐卿增注　清光緒七年(1881)張澐卿刻本　一册

310000－0241－0001382　382057
歧疑韻辨五卷口音辨訛一卷韻字旁通一卷轉音撮要一卷字形彙考一卷　(清)杜蕙撰　清道光二十年(1840)敬義堂刻本　八册

310000－0241－0001383　382058
音韻闡微十八卷　(清)王蘭生奉敕編纂　清光緒七年(1881)淮南書局刻本　五册

310000－0241－0001384　382058：2
音韻闡微十八卷　(清)王蘭生奉敕編纂　清光緒七年(1881)淮南書局刻本　六册

310000－0241－0001385　382067
翻切簡可篇　(清)張燮承述　清同治十一年(1872)刻本　一册

310000－0241－0001386　382069
古文四聲韻五卷　(宋)夏竦撰　清乾隆四十四年(1779)刻本　四册

310000－0241－0001387　382070
小學韻語　(清)羅澤南著　清光緒八年(1882)刻本　一冊

310000－0241－0001388　382071
小學韻語　(清)羅澤南著　清咸豐六年(1856)序刻本　一冊

310000－0241－0001389　382075
禮部韻畧五卷附釋文互註　(清)□□撰　清光緒二年(1876)刻本　一冊

310000－0241－0001390　382078
選韻二卷　(清)□□撰　清督學使者王氏刻本　一冊

310000－0241－0001391　382078:2
選韻二卷　(清)□□撰　清督學使者王氏刻本　一冊

310000－0241－0001392　382079
續古篆韻六卷　(元)吾丘衍撰　清道光刻本　一冊

310000－0241－0001393　382080
大藏字母切韻要法一卷　(清)釋阿摩利諦撰　清雍正刻本　一冊

310000－0241－0001394　382090
空谷傳聲　(清)汪鎏訂　(清)汪伯塤校　清光緒八年(1882)李光明莊刻本　一冊

310000－0241－0001395　382090:2
空谷傳聲　(清)汪鎏訂　(清)汪伯塤校　清光緒八年(1882)李光明莊刻本　一冊

310000－0241－0001396　382090:3
空谷傳聲　(清)汪鎏訂　(清)汪伯塤校　清光緒八年(1882)李光明莊刻本　一冊

310000－0241－0001397　382097
音韻正訛四卷　(明)孫耀輯　(明)吳思本訂　清乾隆五十四年(1789)金閶書業堂刻本　二冊

310000－0241－0001398　382098
紹興重雕大藏音三卷　(宋)釋處觀集　清刻本　一冊

310000－0241－0001399　382100
兼韻音義四卷　(清)殷秉鏞撰　清道光二十三年(1843)成都繆景宣刻本　八冊

310000－0241－0001400　382101
韻彙五卷　(清)沈道寬編次　清同治十三年(1874)盛德堂刻本　四冊

310000－0241－0001401　382103
韻辨附文五卷　(清)沈兆霖撰　清同治十二年(1873)刻本　五冊

310000－0241－0001402　382105
韻學驪珠二卷　(清)沈乘麐輯　清光緒十八年(1892)顧文善齋刻本　二冊

310000－0241－0001403　382301
四聲易知錄　(清)姚文田輯　清道光十年(1830)芸香堂刻本　二冊

310000－0241－0001404　382303
李氏音鑑六卷　(清)李汝珍撰　清嘉慶十六年(1811)寶善堂刻同治七年(1868)木樨山房修版印本　四冊

310000－0241－0001405　382303:2
李氏音鑑六卷　(清)李汝珍撰　清嘉慶十六年(1811)寶善堂刻同治七年(1868)木樨山房修版印本　四冊

310000－0241－0001406　382303:4
李氏音鑑六卷　(清)李汝珍撰　清嘉慶十六年(1811)寶善堂刻同治七年(1868)木樨山房修版印本　一冊

310000－0241－0001407　382304
聲說　(清)時庸勱學　清光緒十八年(1892)刻聽古廬聲學十書本　二冊

310000－0241－0001408　382305
聲譜　(清)時庸勱撰　清光緒十九年(1893)聽古草廬刻本　二冊

310000－0241－0001409　382308
聲韻考四卷　(清)戴震撰　**附石刻鋪敘二卷**　(宋)曾宏父撰　清乾隆益都李文藻刻本　一冊

310000－0241－0001410　382308:2
聲韻考四卷　(清)戴震撰　**附石刻鋪敘二卷**　(宋)曾宏父撰　清乾隆益都李文藻刻本　二冊

310000－0241－0001411　382314(2)
切韻考六卷　(清)陳澧撰　清番禺陳氏刻鍾山別業叢書本　二冊

310000－0241－0001412　382319
四聲等子一卷附銷燬抽燬書目　(清)□□撰　清光緒九年(1883)歸安姚氏刻咫進齋叢書本　一冊

310000－0241－0001413　382320
漢魏音四卷　(清)洪亮吉學　清乾隆西安刻本　一冊

310000－0241－0001414　382320:2
漢魏音四卷　(清)洪亮吉學　清乾隆西安刻本　一冊

310000－0241－0001415　382321
六書音均表五卷　(清)段玉裁撰　清乾隆四十一年(1776)刻本　一冊

310000－0241－0001416　382321:2
六書音均表五卷　(清)段玉裁撰　清乾隆四十一年(1776)刻本　一冊

310000－0241－0001417　382325
古音諧八卷　(清)姚文田撰　清道光刻本　四冊

310000－0241－0001418　382326
古音類表九卷　(清)傅壽彤撰　清光緒二年(1876)長沙刻本　四冊

310000－0241－0001419　382326:2
古音類表九卷　(清)傅壽彤撰　清光緒二年(1876)長沙刻本　四冊

310000－0241－0001420　382330
音切譜二十卷　(清)李元撰　清嘉慶刻本　十冊

310000－0241－0001421　382334
切音捷訣一卷坿幼學切音便讀一卷　(清)鄺珩伯輯　清光緒六年(1880)摭古堂刻本　一冊

310000－0241－0001422　382334:2
切音捷訣一卷坿幼學切音便讀一卷　(清)鄺珩伯輯　清光緒六年(1880)摭古堂刻本　一冊

310000－0241－0001423　382336
韻法横圖一卷直圖一卷　(清)李世澤撰　清刻本　一冊

310000－0241－0001424　382337
正音新纂二卷　(清)馬鳴鶴撰　清光緒二十八年(1902)宜春閣木活字印本　二冊

310000－0241－0001425　382339
初學審音二卷　(清)葉庭鑾輯　清光緒三年(1877)武林刻本　一冊

310000－0241－0001426　382340
音學辨微不分卷　(清)江永撰　清宣統二年(1910)國學保存會影印江氏自寫本　一冊

310000－0241－0001427　382340:2
音學辨微不分卷　(清)江永撰　清宣統二年(1910)國學保存會影印江氏自寫本　一冊

310000－0241－0001428　382342
古韻論三卷　(清)胡秉虔撰　清同治十三年(1874)滂喜齋刻本　一冊

310000－0241－0001429　382342(2)
古韻論三卷　(清)胡秉虔撰　清光緒二年(1876)世澤樓刻本　一冊

310000－0241－0001430　382342(3)
古韻論三卷　(清)胡秉虔撰　清光緒二十二年(1896)企虛堂抄本　一冊

310000－0241－0001431　382345
正音咀華三卷續編一卷　(清)莎彝尊撰　清咸豐三年(1853)刻本　二冊

310000－0241－0001432　382345:2
正音咀華三卷續編一卷　(清)莎彝尊撰　清咸豐三年(1853)刻本　二冊

310000－0241－0001433　382348

射聲小譜一卷　(清)程定謨編　清道光十九年(1839)詒陶閣刻光緒四年(1878)補刻本　一册

310000－0241－0001434　382349

二十三母土音表一卷　(清)吳善述編　清光緒四年(1878)四明黃氏補不足齋刻本　一册

310000－0241－0001435　382350

韻學蠡言舉要　(清)丁顯撰　清光緒二十六年(1900)刻本　一册　存三卷

310000－0241－0001436　382355

正音通俗表不分卷　(清)潘逢禧輯　清同治九年(1870)逸香齋刻本　二册

310000－0241－0001437　382356(2)

形聲類篇二卷　(清)丁履恒撰　清光緒二十二年(1896)侅漢齋刻本　二册

310000－0241－0001438　382356(2):2

形聲類篇二卷　(清)丁履恒撰　清光緒二十二年(1896)侅漢齋刻本　二册

310000－0241－0001439　382357

初學檢韻袖珍十二卷坿佩文詩韻一卷　(清)姚文登輯　清嘉慶七年(1802)遜齋刻本　四册

310000－0241－0001440　382361

聲類四卷　(清)錢大昕述　清道光江寧陳氏刻本　四册

310000－0241－0001441　382362

等韻一得内篇一卷外篇一卷　(清)勞乃宣撰　清光緒二十四年(1898)刻本　二册

310000－0241－0001442　382366

戚林八音合訂八卷　(清)□□編　清聚星堂刻本　一册

310000－0241－0001443　382368

增補彙音六卷　(清)壺麓主人校訂補正　清宣統三年(1911)廈門會文堂書局石印本　六册

310000－0241－0001444　382369

問奇集不分卷　(明)張位撰　(清)杜立德增續　清嘉慶十六年(1811)刻本　一册

310000－0241－0001445　390003

石經補考　(清)馮登府撰　清道光八年(1828)刻本　一册　存一卷

310000－0241－0001446　390011

漢石經殘字考　(清)翁方綱撰　清光緒九年(1883)後知不足齋刻本　一册

310000－0241－0001447　390013

石經彙函十種四十五卷　王秉恩輯　清光緒十六年(1890)四川尊經書局刻本　十六册

310000－0241－0001448　390020

闕里石刻孝經一卷論語二十卷大學一卷中庸一卷　(清)錢泳書　清嘉慶七年至十九年(1802－1814)刻石同治十三年(1874)補刻精拓本　二十三册

310000－0241－0001449　390022

石經考三篇　(清)劉傳瑩著　清光緒十二年(1886)沌城黃氏試館寫刻本　一册

310000－0241－0001450　391001

白虎通疏證　(清)陳立撰　清光緒元年(1875)淮南書局刻本　四册

310000－0241－0001451　391001(2)

白虎通疏證十二卷　(清)陳立撰　清光緒十四年(1888)南菁書院刻本　四册

310000－0241－0001452　391004

經考五卷　(清)戴震撰　清光緒二十六年(1900)南陵徐氏刻本　二册

310000－0241－0001453　391004:2

經考五卷　(清)戴震撰　清光緒二十六年(1900)南陵徐氏刻本　二册

310000－0241－0001454　391005

九經古義　(清)惠棟撰　清皇清經解本　二册

310000－0241－0001455　391006

九經三傳沿革例　(宋)岳珂撰　清光緒三年(1877)湖北崇文書局刻本　一册

310000－0241－0001456　391007
九經補注八種八十八卷　(清)姜兆錫撰　清雍正元年至乾隆四年(1723－1739)寅清樓刻本　三十六册

310000－0241－0001457　391008
浙士解經録　(清)阮元訂　清再到亭刻本　一册

310000－0241－0001458　391009
娱親雅言六卷　(清)嚴元照撰　清宣統元年(1909)彊園王氏刻本　四册

310000－0241－0001459　391009∶2
娱親雅言六卷　(清)嚴元照撰　清宣統元年(1909)彊園王氏刻本　四册

310000－0241－0001460　391010
古經解鉤沈三十卷　(清)余蕭客撰　(清)柳榮宗校補　清道光二十年(1840)京江魯氏補刻乾隆六十年(1795)本　六册

310000－0241－0001461　391011
古經解鉤沈三十卷　(清)余蕭客撰　清光緒二十一年(1895)竹簡齋石印本　十二册

310000－0241－0001462　391011∶2
古經解鉤沈三十卷　(清)余蕭客撰　清光緒二十一年(1895)竹簡齋石印本　十二册

310000－0241－0001463　391013
十三經客難　(清)龔元玠撰　清道光二十六年(1846)西城龔氏刻本　二十三册　存五十卷

310000－0241－0001464　391014
十三經分類政要十卷　(清)周世樟編　清光緒二十八年(1902)教育世界社石印本　八册

310000－0241－0001465　391015
十三經札記二十二卷　(清)朱亦棟學　清光緒四年(1878)武林竹簡齋刻本　六册

310000－0241－0001466　391015∶2
十三經札記二十二卷　(清)朱亦棟學　清光緒四年(1878)武林竹簡齋刻本　八册

310000－0241－0001467　391016
易堂問目四卷　(清)吴鼎輯　清乾隆近輝閣刻本　一册

310000－0241－0001468　391017
易堂問目四卷　(清)吴鼎輯　清刻本　二册

310000－0241－0001469　391018
易堂問目四卷　(清)吴鼎輯　清乾隆三十七年(1772)刻本　四册

310000－0241－0001470　391018∶2
易堂問目四卷　(清)吴鼎輯　清乾隆三十七年(1772)刻本　二册

310000－0241－0001471　391018∶3
易堂問目四卷　(清)吴鼎輯　清乾隆三十七年(1772)刻本　四册

310000－0241－0001472　391027
篤志齋經解五卷　(清)張應譽撰　清同治十年(1871)刻本　二册

310000－0241－0001473　391028
素行室經説　(清)楊譽龍撰　清光緒二十三年(1897)刻本　一册

310000－0241－0001474　391029
實事求是之齋經義　(清)朱大韶著　清光緒九年(1883)刻本　二册

310000－0241－0001475　391029∶2
實事求是之齋經義　(清)朱大韶著　清光緒九年(1883)刻本　四册

310000－0241－0001476　391030
西夏經義　(清)何志高撰　清光緒刻本　十三册

310000－0241－0001477　391032
羣經補義五卷　(清)江永撰　清乾隆書業堂刻本　四册

310000－0241－0001478　391033
經傳繹義五十卷　(清)陳煒撰　清嘉慶九年(1804)校字齋刻本　二十册

310000－0241－0001479　391034
經學講義一卷　黄鎔撰　清末四川刻本

一册

310000－0241－0001480　391035

經傳繹義五十卷　（清）陳煒撰　清嘉慶九年(1804)校字齋刻本　二十册

310000－0241－0001481　391036

伊川經說　（宋）程頤撰　清刻本　二册

310000－0241－0001482　391037

羣經平議三十五卷　（清）俞樾撰　清光緒刻本　十册

310000－0241－0001483　391037：2

羣經平議三十五卷　（清）俞樾撰　清光緒刻本　四册

310000－0241－0001484　391037：3

羣經平議三十五卷　（清）俞樾撰　清光緒刻本　十二册

310000－0241－0001485　391038

西崖經說四卷　（清）顧成章撰　清光緒十八年(1892)木活字印本　一册

310000－0241－0001486　391039

經義述聞三十二卷　（清）王引之撰　清道光七年(1827)京師壽藤書屋刻本　二十九册

310000－0241－0001487　391039(2)

經義述聞三十二卷　（清）王引之撰　清末排印本　二册

310000－0241－0001488　391039：2

經義述聞三十二卷　（清）王引之撰　清道光七年(1827)京師壽藤書屋刻本　十六册

310000－0241－0001489　391040

經義雜記　（清）臧庸編　清刻本　七册　存二十六卷敘錄一卷

310000－0241－0001490　391041

五經備旨五種四十五卷　（清）鄒聖脈纂輯　清光緒十二年(1886)點石齋石印本　十二册

310000－0241－0001491　391042

經學輯要　（清）吳潁炎輯　清光緒十四年(1888)點石齋石印本　二十三册　存二十二卷

310000－0241－0001492　391043

羣經識小　（清）李惇著　清道光六年(1826)刻本　四册

310000－0241－0001493　391043：2

羣經識小　（清）李惇著　清道光六年(1826)刻本　二册

310000－0241－0001494　391044

六藝綱目二卷　（元）舒天民撰　（元）舒恭注　清道光八年(1828)東武劉氏刻本　二册

310000－0241－0001495　391045

讀書偶識　（清）鄒漢勳撰　清光緒刻本　五册

310000－0241－0001496　391048

漢書引經異文錄證六卷　（清）繆祐孫撰　清光緒刻本　二册

310000－0241－0001497　391048：2

漢書引經異文錄證六卷　（清）繆祐孫撰　清光緒刻本　二册

310000－0241－0001498　391049

漢書引經異文錄證六卷　（清）繆祐孫撰　清光緒十一年(1885)刻本　二册

310000－0241－0001499　391050

傳經表一卷　（清）畢沅撰　清光緒五年(1879)宏達堂刻本　一册

310000－0241－0001500　391051

一鐙精舍甲部稿五卷　（清）何秋濤撰　清光緒五年(1879)淮南書局刻本　一册

310000－0241－0001501　391053

稽古日鈔　（清）郁文等輯　（清）彭芝庭鑒定　清乾隆二十九年(1764)秋曉山房刻本　三册　存五卷

310000－0241－0001502　391054

今古學考二卷附殘明紀事一卷　廖平撰　清宣統三年(1911)上海國學扶輪社排印本　一册

310000－0241－0001503　391055
今古學考二卷　廖平撰　清刻本　一冊

310000－0241－0001504　391059
經學文鈔二卷　梁鼎芬撰集　曹元弼校補　清光緒末江蘇存古學堂排印本　二冊

310000－0241－0001505　391060
鄭志證八卷鄭記考證一卷附答臨孝存周禮難　(清)皮錫瑞著　清光緒刻本　二冊

310000－0241－0001506　391060:2
鄭志證八卷鄭記考證一卷附答臨孝存周禮難　(清)皮錫瑞著　清光緒刻本　三冊

310000－0241－0001507　391061
五經彙解二百七十卷　(清)抉經心室主人輯　清光緒十四年(1888)鴻文書局石印本　三十二冊

310000－0241－0001508　391063
經義述聞三十二卷　(清)王引之撰　清嘉慶刻本　十六冊

310000－0241－0001509　391064
求志居經說二十四卷　(清)陳世鎔學　清同治脈望齋刻本　六冊

310000－0241－0001510　391065
經傳考證八卷　(清)朱彬撰　清道光十六年(1836)宜祿堂刻本　二冊

310000－0241－0001511　391065(2)
經傳考證八卷　(清)朱彬撰　清道光二年(1822)遊道堂刻本　二冊

310000－0241－0001512　391065:2
經傳考證八卷　(清)朱彬撰　清道光十六年(1836)宜祿堂刻本　二冊

310000－0241－0001513　391066
稽古日抄八卷　(清)張方湛輯　清乾隆二十九年(1764)秋曉山房刻本　四冊

310000－0241－0001514　391066:2
稽古日抄八卷　(清)張方湛輯　清乾隆二十九年(1764)秋曉山房刻本　二冊

310000－0241－0001515　391067
茶香室經說　(清)俞樾撰　清光緒刻本　八冊

310000－0241－0001516　391067(2)
經課續編八卷　(清)俞樾撰　清光緒二十年(1894)吳下刻本　四冊

310000－0241－0001517　391067:2
茶香室經說　(清)俞樾撰　清光緒刻本　六冊

310000－0241－0001518　391068
五經翼　(清)孫承澤輯　清康熙二年(1663)孫氏家刻本　一冊　存二卷

310000－0241－0001519　391070
十四經通考　(清)式楹日撰　清嘉慶、道光間刻本　六冊　存十一卷

310000－0241－0001520　391071
斁經筆記一卷　(清)陳倬撰　清光緒十二年(1886)吳縣朱氏槐廬校刻本　一冊

310000－0241－0001521　391071:2
斁經筆記一卷　(清)陳倬撰　清光緒十二年(1886)吳縣朱氏槐廬校刻本　一冊

310000－0241－0001522　391072
有竹石軒經句說十四卷　(清)吳英撰　清嘉慶二十年(1815)刻本　十四冊

310000－0241－0001523　391073
經窺十六卷　(清)蔡啓盛撰　清光緒十七年(1891)刻本　四冊

310000－0241－0001524　391074
通德遺書所見錄七十二卷　(清)孔廣林輯　清光緒十六年(1890)刻本　四冊

310000－0241－0001525　391076
隸經雜著甲編二卷　顧震福撰　清光緒十八年(1892)刻本　一冊

310000－0241－0001526　391077
經學提要十五卷　(清)蔡孔炘編　清道光五年(1825)刻本　六冊

310000－0241－0001527　391079
香草校書四十二卷　(清)于鬯撰　清光緒刻本　十四冊

310000－0241－0001528　391080
皇朝五經彙解二百七十卷　(清)抉經心室主人輯　清光緒十九年(1893)同文書局石印本　三十二冊

310000－0241－0001529　391083
左海經辨二卷　(清)陳壽祺撰　清道光三年(1823)陳氏刻本　八冊

310000－0241－0001530　391084
韋菴經說一卷　(清)周象明撰　清同治十三年(1874)虞山顧氏刻小石山房叢書本　一冊

310000－0241－0001531　391088
南菁書院經學課卷一百十二卷　胡玉縉輯　清光緒十二年至二十三年(1886－1897)原課卷集訂本　七冊

310000－0241－0001532　391090
十三經述要六卷　(清)姚永樸撰　清光緒十五年(1889)錦記書局刻本　一冊

310000－0241－0001533　391091
遠春樓讀經筆存二卷　(清)汪科爵撰　清光緒十二年(1886)錢唐汪氏長沙刻本　一冊

310000－0241－0001534　391093
周東山先生五經解五種十卷　(清)周封魯採輯　清道光二十七年(1847)刻本　二十四冊

310000－0241－0001535　392001
五經旁訓增訂精義二十一卷　(清)□□撰　清光緒二十年(1894)四明毓秀艸堂竺氏刻本　八冊

310000－0241－0001536　392002
六經全圖不分卷　(清)牟欽元輯　清道光致用堂刻本　依鵝湖書院石本校定　一冊

310000－0241－0001537　392003
六經圖二十卷　(清)鄭之僑輯　清乾隆九年(1744)述堂刻本　十冊

310000－0241－0001538　392004
六經全圖不分卷　(清)牟欽元輯　清道光慕古堂刻本　一冊

310000－0241－0001539　392004:2
六經全圖不分卷　(清)牟欽元輯　清道光慕古堂刻本　一冊

310000－0241－0001540　392005
六經圖二十四卷　(清)鄭之僑輯　清乾隆九年(1744)述堂刻本　十二冊

310000－0241－0001541　392006
六經圖定本六卷　(宋)楊甲撰　清乾隆五年(1740)六安王皜輯錄向山堂校刻本　六冊

310000－0241－0001542　392007
六經圖考六卷　(宋)楊甲撰　清康熙六十一年(1722)潘寀鼎禮耕堂刻本　六冊

310000－0241－0001543　392007:2
六經圖考六卷　(宋)楊甲撰　清康熙六十一年(1722)潘寀鼎禮耕堂刻本　二冊

310000－0241－0001544　392009
經義圖說十六卷　(清)吳寶謨輯　清嘉慶裛露軒刻本　十六冊

310000－0241－0001545　392010
羣經宮室圖二卷　(清)焦循學　清道光半九書塾刻本　二冊

310000－0241－0001546　393001
七經孟子考文補遺二百卷　(日本)山井鼎撰　(日本)物觀補遺　清嘉慶二年(1797)儀徵阮氏小琅嬛仙館刻本　十六冊

310000－0241－0001547　393004
十三經注疏校勘記識語　(清)汪文臺撰　清光緒三年(1877)江西書局刻本　二冊

310000－0241－0001548　393005
十三經音畧十二卷附錄一卷　(清)周春撰　清嘉慶七年(1802)刻本　三冊

310000－0241－0001549　393006
漢碑徵經一卷　(清)朱百度著　清光緒十五年(1889)廣雅書局刻本　一冊

310000－0241－0001550　393006：2

漢碑徵經一卷　（清）朱百度著　清光緒十五年（1889）廣雅書局刻本　一冊

310000－0241－0001551　393007

經傳釋詞十卷附補一卷再補一卷　（清）王引之撰　（清）孫經世補　清同治四年（1865）成都書局刻本　四冊

310000－0241－0001552　393008

經傳釋詞十卷　（清）王引之撰　清皇清經解本　二冊

310000－0241－0001553　393008：2

經傳釋詞十卷　（清）王引之撰　清皇清經解本　四冊

310000－0241－0001554　393011

經傳釋詞十卷　（清）王引之撰　清嘉慶二十四年（1819）刻本　四冊

310000－0241－0001555　393015

十一經音訓不分卷　（清）楊國楨等輯　清道光十一年（1831）刻本　二十六冊

310000－0241－0001556　393016

十一經音訓二十六卷　（清）楊國楨等輯　清光緒十六年（1890）開封知府吳氏刻本　二十六冊

310000－0241－0001557　393019

經典釋文　（唐）陸德明撰　清同治八年（1869）湖北崇文書局刻本　三冊　存二十八卷附考證

310000－0241－0001558　393019：2

經典釋文存二十八卷附考證　（唐）陸德明撰　清同治八年（1869）湖北崇文書局刻本　十二冊

310000－0241－0001559　393019：3

經典釋文存二十八卷附考證　（唐）陸德明撰　清同治八年（1869）湖北崇文書局刻本　六冊

310000－0241－0001560　393020

經典釋文三十卷附考證　（唐）陸德明撰　清光緒十五年（1889）湘南書局刻本　三冊

310000－0241－0001561　393020：2

經典釋文三十卷附考證　（唐）陸德明撰　清光緒十五年（1889）湘南書局刻本　三冊

310000－0241－0001562　393021

五經文字三卷附九經字樣一卷五經文字疑一卷　（唐）張參撰　清道光刻青照堂叢書本　一冊

310000－0241－0001563　393022（2）

五經文字三卷　（唐）張參撰　**九經字樣一卷**　（唐）唐玄度撰　清馬氏叢書樓刻本　三冊

310000－0241－0001564　393028

經字辨體八卷首一卷　（清）邱家煒撰　清光緒十一年（1885）蒲圻但氏刻本　二冊

310000－0241－0001565　393029（2）

經詞衍釋十卷補遺一卷　（清）吳昌瑩撰　清末成都書局刻本　四冊

310000－0241－0001566　393030

經書音韻合注　（清）鄒岳編　清同治七年（1868）刻本　二冊

310000－0241－0001567　393032

許鄭經文異同詁九卷　（清）桑宣撰　清光緒三十年（1904）排印鐵研齋叢書本　二冊

310000－0241－0001568　393033

經字異同四十八卷　（清）張維屏輯　清光緒五年（1879）清泉精舍刻本　六冊

310000－0241－0001569　393034

十三經集字音釋四卷　（清）黃蕙田撰　清同治九年（1870）蔣存誠刻本　六冊

310000－0241－0001570　393035

肄雅釋詞二卷　（清）楊瓊撰　清光緒二十三年（1897）檪榆沈氏刻本　一冊

310000－0241－0001571　393038

增補通考雜字二卷　（清）徐三省原輯　（清）戴啓達增訂　清末南京李光明莊刻本　二冊

310000－0241－0001572　393039

漢書引經異文錄證　(清)繆祐孫撰　清光緒十一年(1885)刻本　二冊

310000－0241－0001573　393040(2)
經傳釋詞補一卷　(清)孫經世撰　清光緒十四年(1888)長洲蔣氏刻本　一冊

310000－0241－0001574　393043
四書五經字辨五卷　(清)陳鶴齡撰　清雍正十二年(1734)崇川存誠堂刻本　五冊

310000－0241－0001575　393044
點勘記二卷坿有堂筆記一卷　(清)歐陽泉撰　清光緒九年(1883)實硯齋刻本　二冊

310000－0241－0001576　393045
五經不二字音韻釋文不分卷　(清)莊繽澍等撰　清光緒四年(1878)宏文堂刻本　二冊

310000－0241－0001577　393046
經書字音辨要九卷　(清)楊名颺編輯　清道光二十七年(1847)令德堂刻本　二冊

310000－0241－0001578　393048
新加九經字校一卷　(唐)唐玄度撰　清乾隆趙信刻本　一冊

310000－0241－0001579　393049
五經文字三卷附九經字樣一卷五經文字疑一卷九經字樣疑一卷　(唐)張參撰　清乾隆三十三年(1768)孔氏紅櫚書屋刻本　一冊

310000－0241－0001580　394002
傳經表通經表四卷　(清)洪亮吉撰　清光緒五年(1879)授經堂刻本　二冊

310000－0241－0001581　394004
古學考不分卷　廖平撰　清光緒二十三年(1897)尊經書局刻本　一冊

310000－0241－0001582　395001
小學考五十卷　(清)謝啓昆撰　清光緒十四年(1888)浙江書局刻本　二十冊

310000－0241－0001583　395001(2)
小學考五十卷　(清)謝啓昆撰　清光緒十四年(1888)浙江書局刻本　六冊

310000－0241－0001584　395001:2
小學考五十卷　(清)謝啓昆撰　清光緒十四年(1888)浙江書局刻本　二十冊

310000－0241－0001585　395002
國朝經師經義目錄一卷　(清)江藩撰　清咸豐四年(1854)南海伍氏刻粤雅堂叢書本　一冊

310000－0241－0001586　395003
經義考　(清)朱彝尊編　清刻本　十冊　存五十七卷

310000－0241－0001587　395004
經義考　(清)朱彝尊撰　清乾隆刻本　十一冊　存二百七十一卷(一至一百四十四、一百七十二至二百九十八)

310000－0241－0001588　395005
經義考三百卷　(清)朱彝尊撰　清乾隆刻本　四十八冊

310000－0241－0001589　395005:2
經義考三百卷　(清)朱彝尊撰　清乾隆刻本　四十八冊

310000－0241－0001590　395008
皇清經解敬修堂編目十六卷　陶治元輯　清光緒十二年(1886)刻本　四冊

310000－0241－0001591　395008(2)
皇清經縮版編目十六卷　陶治元輯　清光緒十七年(1891)上海鴻寶齋石印本　一冊

310000－0241－0001592　395009
皇清經解編目　(清)淩忠照編輯　清光緒十八年(1892)上海古香閣石印本　四冊

310000－0241－0001593　395009:2
皇清經解編目　(清)淩忠照編輯　清光緒十八年(1892)上海古香閣石印本　四冊

310000－0241－0001594　395012
通經表一卷　(清)畢沅撰　清光緒五年(1879)宏遠堂刻本　一冊

310000－0241－0001595　395012(2)
傳經表補正十三卷附建立博士表一卷　(清)

汪大鈞撰　清光緒十九年(1893)刻本　一册

310000－0241－0001596　395013
經義考補正十二卷　(清)翁方綱撰　清乾隆五十七年(1792)刻本　四册

310000－0241－0001597　396001
古微書三十六卷　(明)孫瑴編　清光緒二十一年(1895)鴻文書局石印本　四册

310000－0241－0001598　396002
易緯八種十二卷　(漢)鄭玄注　清乾隆三十八年(1773)刻本　二册

310000－0241－0001599　396003
古微書三十六卷　(明)孫瑴編　清嘉慶對山問月樓刻本　四册

310000－0241－0001600　396004
緯攟十四卷　(清)喬松年輯　清光緒四年(1878)強恕堂刻本　八册

310000－0241－0001601　400001
欽定史記一百三十卷　(漢)司馬遷撰　(清)弘晝奉敕校　清光緒二十年(1894)上海同文書局石印本　二十六册

310000－0241－0001602　400001:2
欽定史記一百三十卷　(漢)司馬遷撰　(清)弘晝奉敕校　清光緒二十年(1894)上海同文書局石印本　二十册

310000－0241－0001603　400002
史記一百三十卷　(漢)司馬遷撰　(清)弘晝奉敕校　清光緒十四年(1888)上海蜚英館石印本　十二册

310000－0241－0001604　400003
史記一百三十卷　(漢)司馬遷撰　(南朝宋)裴駰集解　清同治十一年(1872)成都書局刻本　二十六册

310000－0241－0001605　400004
史記　(漢)司馬遷撰　(南朝宋)裴駰集解　明萬曆二十四年至二十六年(1596－1598)北監刻清順治修補印本　七册　存十七卷(二至六、十三至二十二、二十七至二十八)

310000－0241－0001606　400007
史記一百三十卷　(漢)司馬遷撰　(南朝宋)裴駰集解　清光緒八年(1882)上海點石齋石印本　四册

310000－0241－0001607　400008
史記一百三十卷　(漢)司馬遷撰　(南朝宋)裴駰集解　清同治九年(1870)金陵書局刻本　二十册

310000－0241－0001608　400012(2)
史記一百三十卷　(漢)司馬遷撰　(南朝宋)裴駰集解　清光緒四年(1878)金陵書局刻本　四册

310000－0241－0001609　400017
史記一百三十卷　(漢)司馬遷撰　(明)歸有光評點　清光緒二年(1876)武昌張氏校刻本　十九册

310000－0241－0001610　400018
史記一百三十卷司馬貞補三皇本紀一卷　(漢)司馬遷撰　(南朝宋)裴駰集解　清同治九年(1870)湖北崇文書局重刻明震澤王氏本　二十四册

310000－0241－0001611　400020
史記一百三十卷坿考證八卷　(漢)司馬遷撰　(南朝宋)裴駰集解　清光緒三十一年(1905)上海久敬齋石印本　八册

310000－0241－0001612　400023
古香齋鑒賞袖珍史記一百三十卷　(漢)司馬遷撰　(南朝宋)裴駰集解　清光緒八年(1882)重刻古香齋本　二十四册

310000－0241－0001613　400026
史記一百三十卷　(漢)司馬遷撰　(明)歸有光評點　清光緒二年(1876)武昌張氏校刻本　二十册

310000－0241－0001614　400028
史記一百三十卷　(漢)司馬遷撰　(南朝宋)裴駰集解　清同治五年(1866)金陵書局刻本　二十册

310000－0241－0001615　400028：2
史記一百三十卷　(漢)司馬遷撰　(南朝宋)裴駰集解　清同治五年(1866)金陵書局刻本　二十册

310000－0241－0001616　400030
史記一百三十卷　(漢)司馬遷撰　(南朝宋)裴駰集解　清光緒二十六年(1900)煥文書局石印本　八册

310000－0241－0001617　400032
校刊史記集解索隱正義札記五卷　(清)張文虎撰　清同治十一年(1872)金陵書局刻本　二册

310000－0241－0001618　400032：2
校刊史記集解索隱正義札記五卷　(清)張文虎撰　清同治十一年(1872)金陵書局刻本　二册

310000－0241－0001619　400032：3
校刊史記集解索隱正義札記五卷　(清)張文虎撰　清同治十一年(1872)金陵書局刻本　二册

310000－0241－0001620　400032：5
校刊史記集解索隱正義札記五卷　(清)張文虎撰　清同治十一年(1872)金陵書局刻本　二册

310000－0241－0001621　400033
史記志疑三十六卷　(清)梁玉繩撰　清乾隆刻本　十六册

310000－0241－0001622　400033：2
史記志疑三十六卷　(清)梁玉繩撰　清乾隆刻本　十四册

310000－0241－0001623　400034
空山堂史記評註　(清)牛運震撰　清乾隆五十八年(1793)濟寧刻本　七册　存十一卷

310000－0241－0001624　400035
史記索隱　(唐)司馬貞撰　清末廣雅書局刻本　二册

310000－0241－0001625　400043
史記評林一百三十卷　(明)淩稚隆輯校　清光緒二十七年(1901)上海天章書局石印本　十二册

310000－0241－0001626　400046
史表功比說一卷　(清)張錫瑜撰　清光緒廣雅書局刻本　一册

310000－0241－0001627　400047
歸方評點史記合筆六卷　(清)王拯纂　清光緒元年(1875)望三益齋刻本　四册

310000－0241－0001628　400048
史記短長説　(明)淩稚隆訂正　清道光二十七年(1847)刻海山仙館叢書本　一册

310000－0241－0001629　400050
史記探源八卷　(清)崔適撰　清宣統二年(1910)刻本　四册

310000－0241－0001630　400050：2
史記探源八卷　(清)崔適撰　清宣統二年(1910)刻本　二册

310000－0241－0001631　400050：3
史記探源八卷　(清)崔適撰　清宣統二年(1910)刻本　四册

310000－0241－0001632　400055
史記正譌三卷　(清)王元啓撰　清光緒十六年(1890)廣雅書局刻本　一册

310000－0241－0001633　400059
漢書一百二十卷　(漢)班固撰　(唐)顔師古注　清同治八年(1869)金陵書局刻本　二十四册

310000－0241－0001634　400064
漢書注校補五十六卷附五代史記纂誤補續　(清)周壽昌撰　清光緒十年(1884)刻本　十五册

310000－0241－0001635　400066
漢書補注　王先謙補注　清光緒末長沙王氏刻本　二十八册　存九十五卷

310000－0241－0001636　400067
漢書辨疑二十二卷　(清)錢大昭撰　清光緒

十二年(1886)廣雅書局刻本　四册

310000－0241－0001637　400067:2
漢書辨疑二十二卷　(清)錢大昭撰　清光緒十二年(1886)廣雅書局刻本　五册

310000－0241－0001638　400067:3
漢書辨疑二十二卷　(清)錢大昭撰　清光緒十二年(1886)廣雅書局刻本　五册

310000－0241－0001639　400067:4
漢書辨疑二十二卷　(清)錢大昭撰　清光緒十二年(1886)廣雅書局刻本　五册

310000－0241－0001640　400068
漢書辨疑二十二卷　(清)錢大昭撰　清道光檇李沈氏銅熨斗齋刻本　四册

310000－0241－0001641　400069
續漢書辨疑九卷　(清)錢大昭撰　清光緒十四年(1888)廣雅書局刻本　一册

310000－0241－0001642　400069:2
續漢書辨疑九卷　(清)錢大昭撰　清光緒十四年(1888)廣雅書局刻本　一册

310000－0241－0001643　400069:3
續漢書辨疑九卷　(清)錢大昭撰　清光緒十四年(1888)廣雅書局刻本　一册

310000－0241－0001644　400070
續漢書辨疑九卷　(清)錢大昭撰　清道光檇李沈氏銅熨斗齋刻本　二册

310000－0241－0001645　400071
漢書注校補五十六卷　(清)周壽昌撰　清光緒十七年(1891)廣雅書局刻本　十册

310000－0241－0001646　400072
兩漢刊誤補遺十卷　(宋)吳仁傑撰　清同治七年(1868)金陵書局刻本　二册

310000－0241－0001647　400073
兩漢刊誤補遺十卷　(宋)吳仁傑撰　清同治七年(1868)金陵書局刻本　四册

310000－0241－0001648　400074
兩漢刊誤補遺十卷　(宋)吳仁傑撰　清同治四年(1865)金陵書局刻本　二册

310000－0241－0001649　400074(2)
兩漢刊誤補遺十卷附錄一卷　(宋)吳仁傑撰　清石印知不足齋叢書本　二册

310000－0241－0001650　400075
漢書評林　(明)淩稚隆撰　清光緒二十七年(1901)天章書局石印本　十二册

310000－0241－0001651　400076
漢書引經異文錄證六卷　(清)繆祐孫撰　清光緒十一年(1885)刻本　二册

310000－0241－0001652　400077
漢書八表八卷　(清)夏燮撰　清光緒十六年(1890)江城公所刻本　六册

310000－0241－0001653　400078
漢書地理志校本二卷　(清)汪遠孫校　清同治退補齋刻本　一册

310000－0241－0001654　400078:2
漢書地理志校本二卷　(清)汪遠孫校　清同治退補齋刻本　二册

310000－0241－0001655　400079
漢書地理志校注二卷　(清)王紹蘭著　(清)陳光淞校刊　清光緒二十二年(1896)遺經樓校刻本　一册

310000－0241－0001656　400079:2
漢書地理志校注二卷　(清)王紹蘭著　(清)陳光淞校刊　清光緒二十二年(1896)遺經樓校刻本　二册

310000－0241－0001657　400079:3
漢書地理志校注二卷　(清)王紹蘭著　(清)陳光淞校刊　清光緒二十二年(1896)遺經樓校刻本　二册

310000－0241－0001658　400080
漢書地理志水道圖說七卷附考正德清胡氏禹貢圖　(清)陳澧撰　清同治十一年(1872)廣州富文齋刻本　二册

310000－0241－0001659　400080:2
漢書地理志水道圖說七卷附考正德清胡氏禹

貢圖　(清)陳澧撰　清同治十一年(1872)廣州富文齋刻本　二冊

310000－0241－0001660　400081
漢書地理志水道圖說七卷坿考正德清胡氏禹貢圖一卷　(清)陳澧撰　清同治番禺陳氏刻本　二冊

310000－0241－0001661　400082(2)
漢志水道疏證四卷　(清)洪頤煊撰　清光緒十三年(1887)蔣氏心矩齋刻本　二冊

310000－0241－0001662　400083
漢書西域傳補注二卷　(清)徐松撰　清光緒二十年(1894)廣雅書局刻本　一冊

310000－0241－0001663　400084
漢書西域傳補注二卷坿新疆賦一卷　(清)徐松撰　清道光九年(1829)陽湖張琦刻本　三冊

310000－0241－0001664　400085
漢西域圖考　(清)李光廷撰　清石印本　四冊

310000－0241－0001665　400086
漢西域圖考七卷　(清)李光廷撰　清刻本　四冊

310000－0241－0001666　400087
漢西域圖考　(清)李光廷撰　清光緒八年(1882)陽湖趙氏壽謖草堂木活字印本　三冊　存六卷

310000－0241－0001667　400088
漢西域圖考七卷　(清)李光廷撰　清石印本　四冊

310000－0241－0001668　400089
楚漢諸侯疆域志三卷　(清)劉文淇撰　(清)劉顯曾等校刊　清光緒二年(1876)金陵書局刻本　一冊

310000－0241－0001669　400090
新斠注地理志集釋十六卷　(清)錢坫著　(清)徐松集釋　清同治會稽章氏校刻本　八冊

310000－0241－0001670　400090:2
新斠注地理志集釋十六卷　(清)錢坫著　(清)徐松集釋　清同治會稽章氏校刻本　八冊

310000－0241－0001671　400090:3
新斠注地理志集釋十六卷　(清)錢坫著　(清)徐松集釋　清同治會稽章氏校刻本　八冊

310000－0241－0001672　400091
校正古今人表　(漢)班固撰　(唐)顔師古注　清刻本　一冊

310000－0241－0001673　400095
兩漢韻珠十卷　(清)吳章灃輯　清光緒刻本　十冊

310000－0241－0001674　400098
續漢志三十卷　(晉)司馬彪注補　清末金陵書局刻本　一冊

310000－0241－0001675　400099
前漢書一百二十卷　(漢)班固撰　(唐)顔師古注　清光緒十四年(1888)上海蜚英館石印本　十六冊

310000－0241－0001676　400101
欽定前漢書一百二十卷　(漢)班固撰　(唐)顔師古注　清光緒二十年(1894)上海同文書局石印本　三十二冊

310000－0241－0001677　400102
前漢書一百二十卷　(漢)班固撰　(唐)顔師古注　清同治八年(1869)金陵書局刻本　十六冊

310000－0241－0001678　400102:2
前漢書一百二十卷　(漢)班固撰　(唐)顔師古注　清同治八年(1869)金陵書局刻本　十五冊

310000－0241－0001679　400104
前漢書一百卷　(漢)班固撰　清同治十二年(1873)嶺東使署刻本　十六冊

310000－0241－0001680　400107

前漢書一百二十卷　(漢)班固撰　清光緒金陵書局刻本　六冊

310000－0241－0001681　400109
前漢書一百二十卷　(漢)班固撰　(唐)顔師古注　清光緒二十八年(1902)竹簡齋二次石印本　八冊

310000－0241－0001682　400109(2)
前漢書一百卷　(漢)班固撰　(唐)顔師古注　清光緒五年(1879)同文書局影印武英殿刻本　三冊

310000－0241－0001683　400110
前漢書一百二十卷　(漢)班固撰　(唐)顔師古注　清光緒十四年(1888)蜚英館石印本　十六冊

310000－0241－0001684　400111
前漢書一百二十卷　(漢)班固撰　(唐)顔師古注　清同治十年(1871)成都書局刻本　三十二冊

310000－0241－0001685　400112
前漢書一百二十卷　(漢)班固撰　(唐)顔師古注　清同治十年(1871)成都書局刻本　三十二冊

310000－0241－0001686　400112:2
前漢書一百二十卷　(漢)班固撰　(唐)顔師古注　清同治十年(1871)成都書局刻本　三十二冊

310000－0241－0001687　400113
前後漢書注考證二卷附海陀華館文集一卷　(清)何若瑤撰　清末廣東刻本　一冊

310000－0241－0001688　400114
漢書補注七卷　(清)王榮商撰　清光緒刻本　二冊

310000－0241－0001689　400115
前漢書補注一百卷　王先謙撰　清光緒二十六年(1900)長沙王氏校刻本　八冊

310000－0241－0001690　400116
欽定後漢書一百二十卷　(南朝宋)范曄撰　(唐)李賢注　清光緒二十年(1894)上海同文書局石印本　二十八冊

310000－0241－0001691　400117
後漢書九十卷附續漢志三十卷　(南朝宋)范曄撰　(唐)李賢註　清同治八年(1869)金陵書局校刻本　十六冊

310000－0241－0001692　400118
後漢書一百二十卷　(南朝宋)范曄撰　(南朝梁)劉昭補志　清光緒十四年(1888)上海蜚英館石印本　十二冊

310000－0241－0001693　400119
後漢書九十卷附續漢志三十卷　(南朝宋)范曄撰　(唐)李賢注　明嘉靖七年(1528)南京國子監刻明清遞修本　十四冊

310000－0241－0001694　400120
後漢書一百二十卷　(南朝宋)范曄撰　(唐)李賢注　清同治十年(1871)成都書局刻本　二十八冊

310000－0241－0001695　400123
後漢書一百二十卷　(南朝宋)范曄撰　(唐)李賢注　清同治十年(1871)成都書局刻本　二十六冊

310000－0241－0001696　400124
後漢書一百二十卷　(南朝宋)范曄撰　(唐)李賢注　清光緒十四年(1888)蜚英館石印本　十二冊

310000－0241－0001697　400124:2
後漢書一百二十卷　(南朝宋)范曄撰　(唐)李賢注　清光緒十四年(1888)蜚英館石印本　十六冊

310000－0241－0001698　400126
後漢書一百卷附續漢志三十卷　(南朝宋)范曄撰　(晉)司馬彪注　清末韓江書局仿刻汲古閣本　十六冊

310000－0241－0001699　400127
後漢書一百二十卷　(南朝宋)范曄撰　(唐)李賢注　明萬曆二十四年(1596)北監刻本

六冊　存二十二卷（十至二十一、六十三至七十二）

310000－0241－0001700　400131
續後漢書四十二卷音義四卷札記四卷　（宋）蕭常撰　清道光二十一年（1841）刻宜稼堂叢書本　八冊

310000－0241－0001701　400131：2
續後漢書四十二卷音義四卷札記四卷　（宋）蕭常撰　清道光二十一年（1841）刻宜稼堂叢書本　三冊

310000－0241－0001702　400132
後漢郡國令長考一卷　（清）錢大昭撰　清光緒廣雅書局刻本　一冊

310000－0241－0001703　400133
後漢書注又補　（清）沈銘彝撰　清光緒十三年（1887）廣雅書局刻本　一冊

310000－0241－0001704　400133：2
後漢書注又補　（清）沈銘彝撰　清光緒十三年（1887）廣雅書局刻本　一冊

310000－0241－0001705　400134
後漢書注又補　（清）沈銘彝撰　清同治八年（1869）刻本　一冊

310000－0241－0001706　400135
後漢書補注續一卷　（清）侯康撰　清光緒十七年（1891）廣雅書局刻本　一冊

310000－0241－0001707　400136
後漢書疏證　（清）沈欽韓撰　清光緒二十六年（1900）浙江書局刻本　十六冊

310000－0241－0001708　400136：2
後漢書疏證　（清）沈欽韓撰　清光緒二十六年（1900）浙江書局刻本　十六冊

310000－0241－0001709　400142
後漢書辨疑十一卷　（清）錢大昭撰　清光緒十四年（1888）廣雅書局刻本　二冊

310000－0241－0001710　400142：2
後漢書辨疑十一卷　（清）錢大昭撰　清光緒十四年（1888）廣雅書局刻本　二冊

310000－0241－0001711　400142：3
後漢書辨疑十一卷　（清）錢大昭撰　清光緒十四年（1888）廣雅書局刻本　二冊

310000－0241－0001712　400143
後漢書辨疑十一卷　（清）錢大昭撰　清道光檇李沈氏銅熨斗齋刻本　二冊

310000－0241－0001713　400145
後漢書補注二十四卷　（清）惠棟撰　清光緒十七年（1891）廣雅書局刻本　八冊

310000－0241－0001714　400145：2
後漢書補注二十四卷　（清）惠棟撰　清光緒十七年（1891）廣雅書局刻本　四冊

310000－0241－0001715　400149
欽定三國志六十五卷　（晉）陳壽撰　（南朝宋）裴松之注　清光緒二十年（1894）上海同文書局石印本　十四冊

310000－0241－0001716　400150
三國志六十五卷　（晉）陳壽撰　清同治十年（1871）成都書局刻本　十六冊

310000－0241－0001717　400152
三國志　（晉）陳壽撰　（南朝宋）裴松之注　清光緒江南書局刻本　二冊　存三十七卷

310000－0241－0001718　400155
三國志六十五卷　（晉）陳壽撰　清同治十年（1871）成都書局刻本　十四冊

310000－0241－0001719　400155：2
三國志六十五卷　（晉）陳壽撰　清同治十年（1871）成都書局刻本　十四冊

310000－0241－0001720　400155：3
三國志六十五卷　（晉）陳壽撰　清同治十年（1871）成都書局刻本　四冊

310000－0241－0001721　400162
三國志裴注述二卷　（清）林國贊撰　清光緒十六年（1890）學海堂刻本　一冊

310000－0241－0001722　400163
三國志證聞三卷　（清）錢儀吉撰　清刻本　二冊

310000－0241－0001723　400163：2

三國志證聞三卷　(清)錢儀吉撰　清刻本　二册

310000－0241－0001724　400163：3

三國志證聞三卷　(清)錢儀吉撰　清刻本　二册

310000－0241－0001725　400164

三國志證聞三卷　(清)錢儀吉撰　清刻本　四册

310000－0241－0001726　400165

三國職官表　(清)洪飴孫撰　清光緒十七年(1891)廣雅書局刻本　三册

310000－0241－0001727　400166

三國志考證八卷　(清)潘眉撰　清嘉慶十五年(1810)小遂初堂刻本　二册

310000－0241－0001728　400167

三國志辨誤　(清)□□撰　清光緒十九年(1893)刻本　一册

310000－0241－0001729　400171

三國志質疑六卷　(清)徐紹楨學　清光緒十二年(1886)刻本　二册

310000－0241－0001730　400172

晉書一百三十卷　(唐)房玄齡等撰　清光緒二十八年(1902)史學會社石印本　八册

310000－0241－0001731　400172：2

晉書一百三十卷　(唐)房玄齡等撰　清光緒二十八年(1902)史學會社石印本　八册

310000－0241－0001732　400173

晉書　(唐)太宗李世民撰　明萬曆北監刻本　十五册　存五十四卷(一至三十六、八十三至一百)

310000－0241－0001733　400176

晉書一百三十卷　(唐)房玄齡等撰　清同治十年(1871)金陵書局刻本　二十册

310000－0241－0001734　400179

晉書校文五卷　丁國鈞校　清光緒二十年(1894)常熟丁氏叢書本　二册

310000－0241－0001735　400181

晉書校勘記五卷　(清)周家祿撰　清光緒廣雅書局刻本　一册

310000－0241－0001736　400181：2

晉書校勘記五卷　(清)周家祿撰　清光緒廣雅書局刻本　一册

310000－0241－0001737　400181：3

晉書校勘記五卷　(清)周家祿撰　清光緒廣雅書局刻本　一册

310000－0241－0001738　400182

晉書地理志新補正　(清)畢沅撰　清光緒廣雅書局刻本　一册

310000－0241－0001739　400184

東晉疆域志四卷坿補晉兵志一卷　(清)洪亮吉撰　清光緒十七年(1891)廣雅書局刻本　二册

310000－0241－0001740　400186

宋書一百卷　(南朝梁)沈約撰　清光緒二十八年(1902)史學社石印本　六册

310000－0241－0001741　400187

宋書一百卷　(南朝梁)沈約撰　明萬曆二十二年(1594)刻本　二十册　存八十卷

310000－0241－0001742　400187：2

宋書一百卷　(南朝梁)沈約撰　明萬曆二十二年(1594)刻本　八册　存三十八卷

310000－0241－0001743　400190

宋書一百卷　(南朝梁)沈約撰　清同治十一年(1872)金陵書局刻本　十六册

310000－0241－0001744　400191

南齊書五十九卷　(南朝梁)蕭子顯撰　清光緒二十八年(1902)武林竹簡齋石印本　二册

310000－0241－0001745　400191：2

南齊書五十九卷　(南朝梁)蕭子顯撰　清光緒二十八年(1902)武林竹簡齋石印本　二册

310000－0241－0001746　400191：3

南齊書五十九卷　(南朝梁)蕭子顯撰　清光緒二十八年(1902)武林竹簡齋石印本　二册

310000－0241－0001747　400191：4
南齊書五十九卷　(南朝梁)蕭子顯撰　清光緒二十八年(1902)武林竹簡齋石印本　六冊

310000－0241－0001748　400192
梁書五十六卷　(唐)姚思廉撰　清光緒二十八年(1902)武林竹簡齋石印本　二冊

310000－0241－0001749　400192(2)
梁書五十六卷　(唐)姚思廉撰　清光緒二十八年(1902)史學會社石印本　二冊

310000－0241－0001750　400193
梁書五十六卷　(唐)姚思廉撰　清乾隆四年(1739)武英殿刻本　八冊

310000－0241－0001751　400195
梁書五十六卷　(唐)姚思廉撰　清同治十三年(1874)金陵書局刻後印本　六冊

310000－0241－0001752　400195(2)
梁書五十六卷　(唐)姚思廉撰　清同治十三年(1874)金陵書局刻本　六冊

310000－0241－0001753　400198
補梁疆域志四卷　(清)洪齮孫撰　清光緒十七年(1891)廣雅書局刻本　二冊

310000－0241－0001754　400199
陳書三十六卷　(唐)姚思廉撰　清光緒二十八年(1902)武林竹簡齋石印本　一冊

310000－0241－0001755　400201
陳書三十六卷　(唐)姚思廉撰　清乾隆四年(1739)武英殿刻桃花紙印本　六冊

310000－0241－0001756　400203
陳書三十六卷　(唐)姚思廉撰　清光緒二十八年(1902)史學會石印本　一冊

310000－0241－0001757　400206
陳書三十六卷　(唐)姚思廉撰　清同治十一年(1872)金陵書局刻本　四冊

310000－0241－0001758　400208
魏書一百十四卷　(北齊)魏收撰　明萬曆二十四年(1596)北監刻本　十六冊　存七十四卷(四十一至一百十四)

310000－0241－0001759　400209
魏書一百十四卷　(北齊)魏收撰　清同治十一年(1872)金陵書局刻本　二十冊

310000－0241－0001760　400210
魏書一百十四卷　(北齊)魏收撰　清同治十一年(1872)金陵書局刻本　十冊　存六十五卷

310000－0241－0001761　400211
魏書一百十四卷　(北齊)魏收撰　清光緒竹簡齋石印本　八冊

310000－0241－0001762　400216
北齊書五十卷　(唐)李百藥撰　清光緒二十八年(1902)史學會社石印本　二冊

310000－0241－0001763　400217
北齊書五十卷　(唐)李百藥撰　清光緒二十八年(1902)武林竹簡齋石印本　二冊

310000－0241－0001764　400219
北齊書五十卷　(唐)李百藥撰　清同治十三年(1874)金陵書局刻本　四冊

310000－0241－0001765　400223
北齊書五十卷　(唐)李百藥撰　清乾隆武英殿刻本　八冊

310000－0241－0001766　400231
周書　(唐)令狐德棻撰　明萬曆十六年(1588)南監刻清初補刻印本　一冊　存八卷(一至八)

310000－0241－0001767　400232
周書五十卷　(唐)令狐德棻撰　清乾隆四年(1739)武英殿刻本　八冊

310000－0241－0001768　400233
周書五十卷　(唐)令狐德棻撰　清光緒二十八年(1902)武林竹簡齋石印本　二冊

310000－0241－0001769　400234
周書五十卷　(唐)令狐德棻撰　清同治十三年(1874)金陵書局刻本　四冊

310000－0241－0001770　400235
周書五十卷　(唐)令狐德棻撰　清光緒二十

八年(1902)史學會石印本　二册

310000－0241－0001771　400239
十六國疆域志十六卷　(清)洪亮吉撰　清光緒十七年(1891)廣雅書局校刻本　四册

310000－0241－0001772　400240
隋書　(唐)魏徵等撰　明萬曆二十二年至二十三年(1594－1595)南監刻清順治補刻印本　六册　存十九卷(志一至十六、二十一至二十三)

310000－0241－0001773　400241
隋書八十五卷　(唐)魏徵等撰　清乾隆四年(1739)武英殿刻本　四十八册

310000－0241－0001774　400242
隋書八十五卷　(唐)長孫無忌等撰　清同治七年(1868)淮南書局刻本　十六册

310000－0241－0001775　400243
隋書八十五卷　(唐)長孫無忌等撰　清光緒史學會社石印本　六册

310000－0241－0001776　400243:2
隋書八十五卷　(唐)長孫無忌等撰　清光緒史學會社石印本　六册

310000－0241－0001777　400247
南史八十卷　(唐)李延壽撰　清光緒二十八年(1902)史學會社石印本　六册

310000－0241－0001778　400248
南史八十卷　(唐)李延壽撰　清乾隆四年(1739)武英殿刻本　二十册

310000－0241－0001779　400249
南史八十卷　(唐)李延壽撰　清光緒二十八年(1902)武林竹簡齋石印本　六册

310000－0241－0001780　400249:2
南史八十卷　(唐)李延壽撰　清光緒二十八年(1902)武林竹簡齋石印本　六册

310000－0241－0001781　400251
南史八十卷　(唐)李延壽撰　清同治十一年(1872)金陵書局刻本　十二册

310000－0241－0001782　400252
南史　(唐)李延壽撰　明萬曆十六年至十九年(1588－1591)南監刻明崇禎、清順治補刻本　九册　存三十六卷(四十一至五十四、五十九至八十)

310000－0241－0001783　400255
北史一百卷　(唐)李延壽撰　清乾隆四年(1739)武英殿刻本　二十六册

310000－0241－0001784　400256
北史一百卷　(唐)李延壽撰　清光緒二十八年(1902)武林竹簡齋石印本　八册

310000－0241－0001785　400257
北史一百卷　(唐)李延壽撰　清光緒二十八年(1902)史學會社石印本　八册

310000－0241－0001786　400259
北史一百卷　(唐)李延壽撰　清同治十一年(1872)金陵書局刻本　二十册

310000－0241－0001787　400260
北史一百卷　(唐)李延壽撰　清同治十一年(1872)金陵書局刻本　二十册

310000－0241－0001788　400261
北史一百卷附考證　(唐)李延壽撰　清光緒十八年(1892)武林竹簡齋影印武英殿刻本　八册

310000－0241－0001789　400264
南北史補志十四卷　(清)汪士鐸撰　清光緒四年(1878)淮南書局刻本　八册

310000－0241－0001790　400264:2
南北史補志十四卷　(清)汪士鐸撰　清光緒四年(1878)淮南書局刻本　六册

310000－0241－0001791　400265
唐書二百二十五卷　(宋)歐陽修等撰　明南京國子監刻明清遞修本　十一册

310000－0241－0001792　400266
舊唐書二百卷　(後晉)劉昫等撰　清光緒二十九年(1903)五洲同文局石印本　四十八册

310000－0241－0001793　400268

唐書二百二十五卷　(宋)歐陽修等撰　明末虞山毛氏汲古閣刻本　二十七册

310000－0241－0001794　400269

舊唐書二百卷　(後晉)劉昫撰　清光緒二十八年(1902)史學會社石印本　十六册

310000－0241－0001795　400269:2

舊唐書二百卷　(後晉)劉昫撰　清光緒二十八年(1902)史學會社石印本　十六册

310000－0241－0001796　400272

舊唐書二百卷　(後晉)劉昫等撰　清同治十一年(1872)浙江書局刻本　四十册

310000－0241－0001797　400273

舊唐書逸文十二卷　(清)岑建功輯　清同治十一年(1872)定遠方氏懼盈齋刻本　四册

310000－0241－0001798　400274

舊唐書校勘記六十六卷　(清)岑建功撰　清同治十一年(1872)定遠方氏懼盈齋刻本　二十七册

310000－0241－0001799　400275

唐書西域傳注不分卷　(清)沈惟賢述　清光緒二十四年(1898)刻本　一册

310000－0241－0001800　400277

新唐書二百二十五卷坿唐書釋音二十五卷　(宋)歐陽修撰　清光緒二十八年(1902)史學會社石印本　十六册

310000－0241－0001801　400277:2

新唐書二百二十五卷坿唐書釋音二十五卷　(宋)歐陽修撰　清光緒二十八年(1902)史學會社石印本　十六册

310000－0241－0001802　400278

唐書二百二十五卷　(宋)歐陽修等撰　清光緒三十四年(1908)上海集成圖書公司排印本　十五册

310000－0241－0001803　400281

唐書西域傳注　(清)沈惟賢撰　清光緒二十四年(1898)刻本　一册

310000－0241－0001804　400282

舊五代史一百五十卷　(宋)薛居正等撰　清光緒二十八年(1902)武林竹簡齋石印本　六册

310000－0241－0001805　400283

舊五代史一百五十卷　(宋)薛居正等撰　清光緒二十八年(1902)史學會社石印本　六册

310000－0241－0001806　400284

五代史　(宋)歐陽修撰　清末湖北崇文書局刻本　一册　存三十一卷

310000－0241－0001807　400285

舊五代史一百五十卷　(宋)薛居正等撰　清同治十一年(1872)湖北崇文書局刻本　十六册

310000－0241－0001808　400292

五代史七十四卷　(宋)歐陽修撰　(宋)徐無黨注　清宣統元年至三年(1909－1911)貴池劉氏玉海堂影刻宋本　十二册

310000－0241－0001809　400293

新五代史七十四卷　(宋)歐陽修撰　(宋)徐無黨注　清光緒二十八年(1902)武林竹簡齋石印本　二册

310000－0241－0001810　400294

五代史七十四卷　(宋)歐陽修撰　(宋)徐無黨注　清同治十一年(1872)湖北崇文書局刻本　八册

310000－0241－0001811　400295

新五代史七十四卷　(宋)歐陽修撰　(宋)徐無黨注　清光緒二十八年(1902)史學會社石印本　二册

310000－0241－0001812　400297

五代史補五卷附五代史闕文一卷五代春秋二卷　(宋)陶岳撰　清乾隆秀水陳氏依宋本刻本　三册

310000－0241－0001813　400298

五代史記七十四卷　(宋)歐陽修撰　(宋)徐無黨注　清同治十三年(1874)刻本　四十册

310000－0241－0001814　400298:2

五代史記七十四卷　(宋)歐陽修撰　(宋)徐無黨注　清同治十三年(1874)刻本　四十册

310000－0241－0001815　400299
五代史記七十四卷　(宋)歐陽修撰　清乾隆四年(1739)武英殿刻本　十册

310000－0241－0001816　400300
五代史記纂誤續補六卷　(清)吳光耀撰　清光緒十四年(1888)江夏吳氏刻本　六册

310000－0241－0001817　400301
五代史記注七十四卷　(宋)歐陽修撰　(宋)徐無黨注　清嘉慶二十年(1815)雲牲書屋序刻本　四十册

310000－0241－0001818　400302
五代史記七十四卷　(宋)歐陽修撰　(宋)徐無黨注　清嘉慶二十年(1815)雲牲書屋刻本　四十册

310000－0241－0001819　400303
宋史四百九十六卷　(元)脱脱等撰　清乾隆四年(1739)武英殿刻本　一百册

310000－0241－0001820　400304
宋史四百九十六卷　(元)脱脱等撰　清光緒二十八年(1902)史學會社石印本　三十二册

310000－0241－0001821　400306
宋史四百九十六卷　(元)脱脱等撰　清光緒元年(1875)浙江書局刻本　一百册

310000－0241－0001822　400311
遼史一百十六卷　(元)脱脱等撰　清光緒二十八年(1902)武林竹簡齋石印本　三册

310000－0241－0001823　400312
遼史一百十六卷　(元)脱脱等撰　清同治十二年(1873)江蘇書局刻本　十二册

310000－0241－0001824　400313
遼史一百十六卷　(元)脱脱等撰　清光緒二十八年(1902)史學會社石印本　三册

310000－0241－0001825　400316
遼史地理志考五卷　(清)李慎儒撰　清光緒二十八年(1902)丹徒李氏刻本　二册

310000－0241－0001826　400317
遼史拾遺二十四卷　(清)厲鶚撰　清光緒元年(1875)江蘇書局刻本　八册

310000－0241－0001827　400317:2
遼史拾遺二十四卷　(清)厲鶚撰　清光緒元年(1875)江蘇書局刻本　二册

310000－0241－0001828　400320
欽定遼史語解十卷　(清)國史館撰　清光緒四年(1878)江蘇書局刻本　二册

310000－0241－0001829　400320:2
欽定遼史語解十卷　(清)國史館撰　清光緒四年(1878)江蘇書局刻本　二册

310000－0241－0001830　400321
金史一百三十五卷　(元)脱脱等撰　清光緒二十八年(1902)史學會社石印本　八册

310000－0241－0001831　400322
金史一百三十五卷　(元)脱脱等撰　清光緒二十八年(1902)武林竹簡齋石印本　八册

310000－0241－0001832　400323
金史一百三十五卷　(元)脱脱等撰　清乾隆四年(1739)武英殿刻本　二十四册

310000－0241－0001833　400325
金史一百三十五卷　(元)脱脱等撰　清同治十三年(1874)江蘇書局刻本　二十册

310000－0241－0001834　400327
金史　(元)脱脱等撰　明嘉靖八年(1529)南監刻清順治補刻印本　十册　存六十七卷(六十三至八十七、九十四至一百三十五)

310000－0241－0001835　400329
欽定金史語解十二卷　(清)國史館撰　清光緒四年(1878)江蘇書局刻本　二册

310000－0241－0001836　400329:2
欽定金史語解十二卷　(清)國史館撰　清光緒四年(1878)江蘇書局刻本　二册

310000－0241－0001837　400331
元史二百十卷　(明)宋濂等撰　清光緒二十八年(1902)武林竹簡齋石印本　十四册

310000－0241－0001838　400332

元史二百十卷　(明)宋濂等撰　清乾隆四年(1739)武英殿刻本　五十册

310000－0241－0001839　400335

元史二百十卷　(明)宋濂等撰　清同治十三年(1874)江蘇書局刻本　四十册

310000－0241－0001840　400336

元史　(明)宋濂等撰　明南監刻明萬曆、天啓、崇禎、清順治遞修本　二十七册　存一百五十卷(五至十三、十九至二十六、七十八至二百十)

310000－0241－0001841　400337

元史新編　(清)魏源撰　清光緒刻本　二十八册　存八十一卷

310000－0241－0001842　400339

欽定元史語解二十四卷　(清)國史館撰　清光緒四年(1878)江蘇書局刻本　六册

310000－0241－0001843　400339:2

欽定元史語解二十四卷　(清)國史館撰　清光緒四年(1878)江蘇書局刻本　六册

310000－0241－0001844　400340

元史譯文證補三十卷　(清)洪鈞撰　清光緒二十三年(1897)陸潤庠刻本　四册

310000－0241－0001845　400340:2

元史譯文證補三十卷　(清)洪鈞撰　清光緒二十三年(1897)陸潤庠刻本　四册

310000－0241－0001846　400341

元史譯文證補三十卷　(清)洪鈞撰　清光緒二十三年(1897)石印本　四册

310000－0241－0001847　400343

元史考訂四卷　曾廉撰　清宣統三年(1911)層漪堂刻本　一册

310000－0241－0001848　400344

明史三百三十二卷　(清)張廷玉撰　清光緒三年(1877)湖北崇文書局刻本　二十册

310000－0241－0001849　400346

明史三百三十二卷　(清)張廷玉撰　清光緒三年(1877)湖北崇文書局刻本　八十册

310000－0241－0001850　400347

明史三百三十二卷　(清)張廷玉撰　清光緒三年(1877)湖北崇文書局刻本　八十册

310000－0241－0001851　400373

史記一百三十卷　(漢)司馬遷撰　(明)徐孚遠測義　清敬書堂刻本　三十一册

310000－0241－0001852　400373:2

史記一百三十卷　(漢)司馬遷撰　(明)徐孚遠測義　清敬書堂刻本　三十二册

310000－0241－0001853　400374

三國志辨疑三卷　(清)錢大昭撰　清光緒十五年(1889)廣雅書局刻本　一册

310000－0241－0001854　410001

竹書紀年統箋十二卷附前篇一卷雜述一卷　(南朝梁)沈約注　(清)徐文靖箋　清光緒三年(1877)浙江書局校刻丹徒徐氏本　四册

310000－0241－0001855　410001:2

竹書紀年統箋十二卷附前篇一卷雜述一卷　(南朝梁)沈約注　(清)徐文靖箋　清光緒三年(1877)浙江書局校刻丹徒徐氏本　四册

310000－0241－0001856　410001:3

竹書紀年統箋十二卷附前篇一卷雜述一卷　(南朝梁)沈約注　(清)徐文靖箋　清光緒三年(1877)浙江書局校刻丹徒徐氏本　四册

310000－0241－0001857　410003

竹書紀年統箋十二卷附前篇一卷雜述一卷　(南朝梁)沈約注　(清)徐文靖箋　清光緒三年(1877)浙江書局刻本　四册

310000－0241－0001858　410004

竹書紀年統箋十二卷附前篇一卷雜述一卷　(南朝梁)沈約注　(清)徐文靖箋　清乾隆十五年(1750)刻本　四册

310000－0241－0001859　410005

竹書統箋十二卷附前篇一卷雜述一卷　(南朝梁)沈約注　(清)徐文靖撰　清光緒三年(1877)浙江書局刻本　一册

310000－0241－0001860　410006
竹書統箋十二卷附前篇一卷雜述一卷　(南朝梁)沈約注　(清)徐文靖撰　清光緒三年(1877)浙江書局刻本　四册

310000－0241－0001861　410008
周季編畧九卷　(清)黄式三纂　清同治十二年(1873)浙江書局刻本　四册

310000－0241－0001862　410008:2
周季編畧九卷　(清)黄式三纂　清同治十二年(1873)浙江書局刻本　四册

310000－0241－0001863　410008:3
周季編畧九卷　(清)黄式三纂　清同治十二年(1873)浙江書局刻本　四册

310000－0241－0001864　410008:4
周季編畧九卷　(清)黄式三纂　清同治十二年(1873)浙江書局刻本　四册

310000－0241－0001865　410008:5
周季編畧九卷　(清)黄式三纂　清同治十二年(1873)浙江書局刻本　四册

310000－0241－0001866　410009
司馬溫公稽古録二十卷　(宋)司馬光撰　清同治十一年(1872)湖北崇文書局刻本　四册

310000－0241－0001867　410009(2)
司馬溫公稽古録二十卷附校勘記一卷　(宋)司馬光撰　清光緒五年(1879)江蘇書局刻本　一册

310000－0241－0001868　410010
資治通鑑二百九十四卷附釋文辨誤十二卷　(宋)司馬光撰　(元)胡三省音注　清同治八年(1869)江蘇書局刻本　一百十册

310000－0241－0001869　410011
資治通鑑二百九十四卷附釋文辨誤十二卷　(宋)司馬光撰　(元)胡三省音注　清同治十年(1871)江蘇書局刻本　一百册

310000－0241－0001870　410013
資治通鑑二百九十四卷　(宋)司馬光撰　(元)胡三省音注　清光緒十四年(1888)上海蜚英館石印本　九册

310000－0241－0001871　410013:2
資治通鑑二百九十四卷　(宋)司馬光撰　(元)胡三省音注　清光緒十四年(1888)上海蜚英館石印本　二册

310000－0241－0001872　410015
資治通鑑二百九十四卷附釋文辨誤十二卷　(宋)司馬光撰　(元)胡三省音注　清嘉慶二十一年(1816)鄱陽胡氏刻本　一百册

310000－0241－0001873　410015:2
資治通鑑二百九十四卷附釋文辨誤十二卷　(宋)司馬光撰　(元)胡三省音注　清嘉慶二十一年(1816)鄱陽胡氏刻本　一百册

310000－0241－0001874　410016
資治通鑑二百九十四卷　(宋)司馬光撰　(元)胡三省音注　清光緒二年(1876)盛氏思補樓木活字印本　八十册

310000－0241－0001875　410016:2
資治通鑑二百九十四卷　(宋)司馬光撰　(元)胡三省音注　清光緒二年(1876)盛氏思補樓木活字印本　五十册

310000－0241－0001876　410017
資治通鑑外紀十卷外鑑目録五卷　(宋)劉恕編集　清同治十年(1871)江蘇書局刻本　十册

310000－0241－0001877　410017(2)
資治通鑑外紀十卷外鑑目録五卷　(宋)劉恕編集　清刻本　五册

310000－0241－0001878　410017:2
資治通鑑外紀十卷外鑑目録五卷　(宋)劉恕編集　清同治十年(1871)江蘇書局刻本　十册

310000－0241－0001879　410018
資治通鑑目録三十卷　(宋)司馬光撰　清同治八年(1869)江蘇書局仿宋刻本　十册

310000－0241－0001880　410018:2
資治通鑑目録三十卷　(宋)司馬光撰　清同

治八年(1869)江蘇書局仿宋刻本　十冊

310000－0241－0001881　410019
資治通鑑考異三十卷　(宋)司馬光撰　清光緒十九年(1893)廣雅書局刻本　八冊

310000－0241－0001882　410019(2)
資治通鑑考異三十卷　(宋)司馬光撰　清光緒十四年(1888)長沙楊氏仿刻明萬曆刻本　十冊

310000－0241－0001883　410020
資治通鑑釋文三十卷　(宋)史炤釋文　清光緒五年(1879)吳興陸氏十萬卷樓刻本　四冊

310000－0241－0001884　410020(2)
資治通鑑釋文三十卷資治通鑑釋例一卷資治通鑑問疑一卷　(宋)史炤撰　清光緒十四年至十五年(1888－1889)長沙楊氏刻本　六冊

310000－0241－0001885　410021
資治通鑑補正二百九十四卷首一卷　(宋)司馬光編輯　(元)胡三省音注　清光緒二十八年(1902)上海益智書局石印本　十六冊

310000－0241－0001886　410022
御撰資治通鑑綱目三編測義二十卷　(清)胡定撰　清乾隆二十八年(1763)刻本　六冊

310000－0241－0001887　410023
通鑑宋本校勘記五卷通鑑元本校勘記二卷　(清)張瑛撰　清光緒八年(1882)江蘇書局刻本　二冊

310000－0241－0001888　410024
資治通鑑綱目四編合刻二百三十六卷　(清)丁寶楨編輯　清光緒山東書局刻本　一百四十一冊

310000－0241－0001889　410025
御批資治通鑑綱目一百二十四卷　(清)聖祖玄燁敕撰　清光緒二十八年(1902)上海光裕書屋校石印本　六冊

310000－0241－0001890　410026
通鑑注辯正二卷　(清)錢大昕撰　清光緒十年(1884)長沙龍氏家塾刻本　一冊

310000－0241－0001891　410029
御撰資治通鑑綱目三編二十卷　(清)張廷玉奉敕撰　清乾隆刻本　四冊

310000－0241－0001892　410029(2)
御撰資治通鑑綱目三編二十卷　(清)張廷玉奉敕撰　清刻本　六冊

310000－0241－0001893　410030
資治通鑑刊本識誤三卷　(清)張敦仁校　清光緒十二年(1886)陽城趙氏刻本　三冊

310000－0241－0001894　410033
續資治通鑑長編拾補六十卷　(清)秦緗業輯　清光緒九年(1883)浙江書局刻本　十六冊

310000－0241－0001895　410033:2
續資治通鑑長編拾補六十卷　(清)秦緗業輯　清光緒九年(1883)浙江書局刻本　十六冊

310000－0241－0001896　410033:3
續資治通鑑長編拾補六十卷　(清)秦緗業輯　清光緒九年(1883)浙江書局刻本　十六冊

310000－0241－0001897　410034
續資治通鑑二百二十卷　(清)畢沅編集　清乾隆畢氏刻嘉慶六年(1801)馮集梧補刻本　四十八冊

310000－0241－0001898　410034(3)
續資治通鑑二百二十卷　(清)畢沅編集　清光緒十四年(1888)上海蜚英館石印本　七冊

310000－0241－0001899　410034(4)
續資治通鑑二百二十卷　(清)畢沅編集　清光緒七年(1881)番禺任氏寄螺齋刻本　八十五冊

310000－0241－0001900　410036
續資治通鑑長編五百二十卷目錄二卷　(宋)李燾撰　清光緒七年(1881)浙江書局刻本　一百二十冊

310000－0241－0001901　410036:2
續資治通鑑長編五百二十卷目錄二卷　(宋)李燾撰　清光緒七年(1881)浙江書局刻本　一百二十冊

310000－0241－0001902　410037
資治通鑑後編一百八十四卷　(清)徐乾學撰　清光緒富陽夏氏刻本　四十八册

310000－0241－0001903　410038
資治通鑑後編校勘記十五卷　(清)夏震武撰　清光緒富陽夏氏刻本　四册

310000－0241－0001904　410040
通鑑綱目正編五十九卷續編二十七卷三編二十卷附補編一卷　(宋)朱熹著　(明)陳仁錫評定　清宏道堂刻本　一百四十八册

310000－0241－0001905　410041:2
御批通鑑綱目五十九卷前編十六卷外紀一卷舉要三卷續編二十七卷　(宋)朱熹撰　(元)金履祥撰前編　清康熙内府刻本　五十册

310000－0241－0001906　410042
資治通鑑綱目前編二十五卷　(明)南軒撰　清嘉慶八年(1803)宏道堂刻本　十二册

310000－0241－0001907　410043
康熙御批資治通鑑綱目前編十八卷正編五十九卷續編二十七卷　(清)聖祖玄燁批　清光緒十三年(1887)上海同文書局石印本　二十四册

310000－0241－0001908　410044
御批歷代通鑑輯覽　(清)高宗弘曆敕撰　清光緒三十年(1904)上海通元書局石印本　二十三册　存一百十五卷

310000－0241－0001909　410045(2)
御批歷代通鑑輯覽一百二十卷　(清)高宗弘曆敕撰　清光緒二十四年(1898)湖北書局刻本　六十册

310000－0241－0001910　410046
御批歷代通鑑輯覽　(清)高宗弘曆敕撰　清光緒二十年(1894)上海書局石印本　六册　存三十卷

310000－0241－0001911　410047
御批歷代通鑑輯覽　(清)高宗弘曆敕撰　清光緒上海書局石印本　十九册　存一百十五卷

310000－0241－0001912　410047:2
御批歷代通鑑輯覽一百二十卷　(清)高宗弘曆敕撰　清光緒上海書局石印本　二十册

310000－0241－0001913　410047:3
御批歷代通鑑輯覽一百二十卷　(清)高宗弘曆敕撰　清光緒上海書局石印本　二十册

310000－0241－0001914　410053
御批歷代通鑑輯覽　(清)高宗弘曆敕撰　清光緒三十年(1904)上海通元書局石印本　十二册　存五十七卷

310000－0241－0001915　410055
御批歷代通鑑輯覽一百二十卷　(清)高宗弘曆敕撰　清光緒二十九年(1903)廣益書室石印本　二十四册

310000－0241－0001916　410056
御批歷代通鑑輯覽　(清)高宗弘曆敕撰　清光緒三十四年(1908)排印本　四十册

310000－0241－0001917　410057
御批歷代通鑑輯覽一百二十卷　(清)高宗弘曆敕撰　清光緒二十八年(1902)上海文林書局石印本　十册

310000－0241－0001918　410057(2)
御批歷代通鑑輯覽一百二十卷　(清)高宗弘曆敕撰　清末石印本　六册

310000－0241－0001919　410058
御批歷代通鑑輯覽一百二十卷　(清)高宗弘曆敕撰　清光緒三十年(1904)美華書館排印本　六册

310000－0241－0001920　410059
通鑑地理通釋十四卷　(宋)王應麟撰　清順治刻本　八册

310000－0241－0001921　410060
通鑑綱目釋地糾謬六卷釋地補注六卷　(清)張庚撰　(清)杭世駿參訂　清乾隆刻本　四册

310000－0241－0001922　410061

通鑑擥要三十七卷 (清)姚培謙纂 清乾隆飛鴻堂刻本 三十三册

310000－0241－0001923 410062
通鑑韻書三十二卷 (清)沈尚仁編 清康熙四十四年(1705)玉極堂刻本 十六册

310000－0241－0001924 410063
綱目議一卷綱目續議一卷 (清)朱直著 清同治十年(1871)胡承志堂刻本 二册

310000－0241－0001925 410064
綱目訂誤四卷 (清)陳景雲撰 清乾隆寫刻本 二册

310000－0241－0001926 410065
綱目四鑑録三十二卷 (清)尹會一輯 清乾隆刻本 十六册

310000－0241－0001927 410066
綱鑑正史約三十六卷 (明)顧錫疇原編 (清)陳宏謀增訂 清同治八年(1869)浙江書局刻本 十九册

310000－0241－0001928 410066:2
綱鑑正史約三十六卷 (明)顧錫疇原編 (清)陳宏謀增訂 清同治八年(1869)浙江書局刻本 二十册

310000－0241－0001929 410066:3
綱鑑正史約三十六卷 (明)顧錫疇原編 (清)陳宏謀增訂 清同治八年(1869)浙江書局刻本 二十册

310000－0241－0001930 410067
綱鑑正史約三十六卷 (明)顧錫疇原編 (清)陳宏謀增訂 清乾隆二年(1737)培遠堂刻本 二十册

310000－0241－0001931 410068
袁王綱鑑合編三十九卷附御撰明紀綱目二十七卷 (明)袁黃 (明)王世貞編 清光緒三十年(1904)上海商務印書館排印本 十六册

310000－0241－0001932 410069
袁王綱鑑合編三十九卷附御撰明紀綱目二十七卷 (明)袁黃 (明)王世貞編 清光緒三十年(1904)上海商務印書館排印本 十六册

310000－0241－0001933 410070
綱鑑易知錄 (清)吳乘權等輯 清經綸堂刻本 二十三册 存四十八卷

310000－0241－0001934 410070(2)
尺木堂綱鑑易知錄一百七卷 (清)吳乘權等撰 清山陰吳氏尺木堂刻本 四十二册

310000－0241－0001935 410072
尺木堂綱鑑易知錄八十六卷明鑑易知錄十五卷 (清)吳乘權等輯 清光緒十四年(1888)廣百宋齋排印本 十五册

310000－0241－0001936 410074
尺木堂綱鑑易知錄九十二卷明鑑易知錄十五卷 (清)吳乘權等輯 清光緒十四年(1888)廣百宋齋排印本 四册

310000－0241－0001937 410074:2
尺木堂綱鑑易知錄九十二卷明鑑易知錄十五卷 (清)吳乘權等輯 清光緒十四年(1888)廣百宋齋排印本 四册

310000－0241－0001938 410077
綱鑑會纂三十九卷坿御撰資治通鑑綱目三編二十卷 (明)王世貞纂 清光緒二十八年(1902)煥文書局石印本 二册

310000－0241－0001939 410078
重訂綱鑑會纂六十九卷 (明)王世貞纂 (明)陳仁錫訂 清光緒十三年(1887)大同書局石印本 三册

310000－0241－0001940 410081
朱子綱目輯畧 (清)周宗濂著 清嘉慶十八年(1813)刻本 二册

310000－0241－0001941 410084
通鑑外紀十卷目録五卷 (宋)劉恕撰 清同治江蘇書局刻本 十册

310000－0241－0001942 410085
通鑑地理通釋十四卷 (宋)王應麟撰 清道光刻本 五册

310000－0241－0001943 410088

通鑑釋文辯誤十二卷　(元)胡三省撰　清同治刻本　二册

310000－0241－0001944　410089
通鑑釋文辯誤十二卷　(元)胡三省撰　清嘉慶刻本　四册

310000－0241－0001945　410089:2
通鑑釋文辯誤十二卷　(元)胡三省撰　清嘉慶刻本　四册

310000－0241－0001946　410090
通鑑釋文辯誤十二卷　(元)胡三省撰　清同治十年(1871)湖北崇文書局刻本　四册

310000－0241－0001947　410090:2
通鑑釋文辯誤十二卷　(元)胡三省撰　清同治十年(1871)湖北崇文書局刻本　三册

310000－0241－0001948　410094
通鑑目録　(宋)司馬光編　清光緒十四年(1888)蜚英館石印本　一册　存二十二卷

310000－0241－0001949　410095
通鑑目録三十卷　(宋)司馬光編　清同治刻本　十五册

310000－0241－0001950　410096
通鑑類纂　(清)松椿纂　清光緒二十四年(1898)謙受益齋刻本　四十册

310000－0241－0001951　410097
通鑑地理今釋十六卷　(清)吴熙載撰　清光緒八年(1882)江蘇書局刻本　三册

310000－0241－0001952　410099
鑑史輯要圖説不分卷　(清)萬卓志繪　清光緒三十三年(1907)彩印本　一册

310000－0241－0001953　410099:2
鑑史輯要圖説不分卷　(清)萬卓志繪　清光緒三十三年(1907)彩印本　一册

310000－0241－0001954　410099:3
鑑史輯要圖説不分卷　(清)萬卓志繪　清光緒三十三年(1907)彩印本　一册

310000－0241－0001955　410099:4
鑑史輯要圖説不分卷　(清)萬卓志繪　清光緒三十三年(1907)彩印本　一册

310000－0241－0001956　410100
前漢紀三十卷　(漢)荀悦撰　清光緒二年(1876)嶺南學海堂刻本　六册

310000－0241－0001957　410103
前漢紀三十卷　(漢)荀悦撰　**後漢紀**　(晉)袁宏撰　清康熙三十五年(1696)襄平蔣氏樂三堂寫刻振鷺堂印本　十二册

310000－0241－0001958　410104
後漢紀三十卷　(晉)袁宏撰　(清)陳璞校　清光緒二年(1876)嶺南學海堂刻本　八册

310000－0241－0001959　410105
大唐創業起居注三卷　(唐)溫大雅撰　明末虞山毛氏汲古閣刻津逮秘書本　一册

310000－0241－0001960　410106
唐鑑二十四卷　(宋)范祖禹撰　(宋)吕祖謙注　清同治十年(1871)退補齋刻本　一册

310000－0241－0001961　410108
唐鑑二十四卷　(宋)范祖禹撰　(宋)吕祖謙注　清光緒十八年(1892)浙江書局刻本　四册

310000－0241－0001962　410114
中興别記六十一卷　(清)李濱撰　清宣統二年(1910)排印本　十二册

310000－0241－0001963　410115
大事記十二卷通釋三卷解題十二卷　(宋)吕祖謙編　清武英殿聚珍版書本　二十册

310000－0241－0001964　410117
建炎以來繫年要録二百卷　(宋)李心傳撰　清光緒八年(1882)仁壽蕭氏校刻本　六十册

310000－0241－0001965　410117:2
建炎以來繫年要録二百卷　(宋)李心傳撰　清光緒八年(1882)仁壽蕭氏校刻本　三十册

310000－0241－0001966　410119
皇宋十朝綱要二十五卷　(宋)李埴編　清末排印本　六册

310000－0241－0001967　410123
明紀六十卷　(清)陳鶴纂　(清)陳克家參訂　清同治十年(1871)江蘇書局刻本　十六册

310000－0241－0001968　410124
明紀六十卷　(清)陳鶴纂　(清)陳克家參訂　清同治十年(1871)江蘇書局刻本　二十册

310000－0241－0001969　410125
資治通鑑綱目三編四十卷　(清)朱珪等奉敕撰　清乾隆武英殿刻本　二十册

310000－0241－0001970　410126
明通鑑一百卷　(清)夏燮輯　清同治十二年(1873)宜黄官廨刻本　四十册

310000－0241－0001971　410127
欽定明鑑二十四卷　(清)胡敬等纂　清同治九年(1870)湖北崇文書局刻本　十册

310000－0241－0001972　410128
欽定明鑑二十四卷　(清)胡敬等纂　清同治九年(1870)湖北崇文書局刻本　十册

310000－0241－0001973　410129
明鑑前紀二卷　(清)齊召南編　清光緒十五年(1889)金峩山館藏板刻本　一册

310000－0241－0001974　410130
尺木堂明鑑易知録　(清)吴國標等輯　清尺木堂刻本　一册　存四卷(四至七)

310000－0241－0001975　410132
明史擥要八卷　(清)姚培謙録　清乾隆二十四年(1759)刻本　六册

310000－0241－0001976　410134
明紀六十卷　(清)陳鶴纂　(清)陳克家參訂　清同治十年(1871)江蘇書局刻本　二十册

310000－0241－0001977　410143
崇禎朝記事四卷　(清)李遜之撰　清光緒二十三年(1897)盛宣懷刻本　二册

310000－0241－0001978　410145
東華録一百九十五卷　王先謙編　清光緒十四年(1888)刻本　四十四册

310000－0241－0001979　410145:2
東華録一百九十五卷　王先謙編　清光緒十四年(1888)刻本　六十四册

310000－0241－0001980　410146
東華續録四百三十卷(乾隆朝至同治朝)　王先謙編　清光緒十四年(1888)刻本　二百册

310000－0241－0001981　410147
東華續録一百二十卷(乾隆朝)　王先謙編　清光緒十四年(1888)長沙王氏原刻本　四十八册

310000－0241－0001982　410149
東華續録(光緒朝)　(清)朱壽朋編　清宣統元年(1909)上海集成圖書公司排印本　六十四册

310000－0241－0001983　410149:2
東華續録(光緒朝)　(清)朱壽朋編　清宣統元年(1909)上海集成圖書公司排印本　五十三册

310000－0241－0001984　410149:3
東華續録(光緒朝)　(清)朱壽朋編　清宣統元年(1909)上海集成圖書公司排印本　九十四册

310000－0241－0001985　410149:4
東華續録(光緒朝)　(清)朱壽朋編　清宣統元年(1909)上海集成圖書公司排印本　二册

310000－0241－0001986　410150
東華録十六卷　(清)蔣良騏撰　清同治十一年(1872)聚錦堂刻本　十二册

310000－0241－0001987　410150:2
東華録十六卷　(清)蔣良騏撰　清同治十一年(1872)聚錦堂刻本　十六册

310000－0241－0001988　410151
東華録誠意節二十四卷　(清)鄒樹庭編　清光緒二十六年(1900)上海東文學堂石印本　十六册

310000－0241－0001989　410151:2
東華録誠意節二十四卷　(清)鄒樹庭編　清

光緒二十六年(1900)上海東文學堂石印本　一冊

310000－0241－0001990　410163
皇朝政典綮要八卷　(日本)增田貢撰　(清)毛淦補編　清光緒二十七年(1901)知新書局石印本　四冊

310000－0241－0001991　410163:2
皇朝政典綮要八卷　(日本)增田貢撰　(清)毛淦補編　清光緒二十七年(1901)知新書局石印本　四冊

310000－0241－0001992　410165
國朝掌故輯要　(清)林熙春編　清光緒二十九年(1903)湖南官報局排印本　二冊　存十六卷

310000－0241－0001993　410166
最近支那史二卷　(日本)河野通之編　清光緒上海振東室學社排印本　四冊

310000－0241－0001994　410168
實錄畫一書法　(清)實錄館訂　清末京師京華印書局排印本　一冊

310000－0241－0001995　420001
繹史一百六十卷　(清)馬驌撰　清光緒十五年(1889)金匱浦氏刻本　三十二冊

310000－0241－0001996　420002
繹史一百六十卷　(清)馬驌撰　清光緒二十三年(1897)武林高友齋石印本　六冊

310000－0241－0001997　420002:2
繹史一百六十卷　(清)馬驌撰　清光緒二十三年(1897)武林高友齋石印本　二十四冊

310000－0241－0001998　420002:3
繹史一百六十卷　(清)馬驌撰　清光緒二十三年(1897)武林高友齋石印本　二十四冊

310000－0241－0001999　420005
繹史一百六十卷　(清)馬驌撰　清康熙初刻本　四十冊

310000－0241－0002000　420005:2
繹史一百六十卷　(清)馬驌撰　清康熙初刻本　四十八冊

310000－0241－0002001　420005:3
繹史一百六十卷　(清)馬驌撰　清康熙初刻本　四十冊

310000－0241－0002002　420006
繹史一百六十卷　(清)馬驌撰　清光緒十五年(1889)刻本　三十二冊

310000－0241－0002003　420006:2
繹史一百六十卷　(清)馬驌撰　清光緒十五年(1889)刻本　三十二冊

310000－0241－0002004　420007
繹史一百六十卷　(清)馬驌撰　清光緒十年(1884)金匱浦氏刻本　三十二冊

310000－0241－0002005　420008
左傳紀事本末五十三卷　(清)高士奇輯　清同治十二年(1873)江西書局刻本　十二冊

310000－0241－0002006　420008:2
左傳紀事本末五十三卷　(清)高士奇輯　清同治十二年(1873)江西書局刻本　十二冊

310000－0241－0002007　420009
左傳紀事本末五十三卷　(清)高士奇輯　清同治十二年(1873)江西書局刻本　十二冊

310000－0241－0002008　420010
左傳紀事本末五十三卷　(清)高士奇輯　清同治十二年(1873)江西書局刻本　六冊　存二十四卷

310000－0241－0002009　420011
左氏春秋紀事本末十四卷　(清)熊爲霖撰　清心松書屋刻本　十冊

310000－0241－0002010　420012
九朝紀事本末九種六百五十八卷　(清)丁立鈞編　清末上海玉麟書局石印本　五十四冊

310000－0241－0002011　420014
九朝紀事本末九種六百五十八卷　(宋)袁樞等編　清宣統上海文盛書局石印本　四十冊

310000－0241－0002012　420016

五朝紀事本末五種五百六卷　(清)□□編　清同治十二年(1873)江西書局刻本　一百三十六册

310000－0241－0002013　420017
通鑑紀事本末二百三十九卷　(宋)袁樞編輯　(明)張溥論正　清同治十二年(1873)江西書局刻本　八十册

310000－0241－0002014　420017:2
通鑑紀事本末二百三十九卷　(宋)袁樞編輯　(明)張溥論正　清同治十二年(1873)江西書局刻本　六十四册

310000－0241－0002015　420019
通鑑紀事本末　(宋)袁樞編　(明)張溥論正　清同治江西書局刻本　五十六册　存一百六十二卷

310000－0241－0002016　420020
通鑑紀事本末　(宋)袁樞編　明刻本　三十册　存三十卷

310000－0241－0002017　420021
通鑑紀事本末二百三十九卷　(宋)袁樞輯　(明)張溥論　清同治十二年(1873)江西書局刻本　八十册

310000－0241－0002018　420022
續通鑑紀事本末　(清)李銘漢編　清光緒二十九年(1903)武威李氏刻本　八册　存三十五卷

310000－0241－0002019　420023
皇宋通鑑長編紀事本末　(宋)楊仲良撰　清光緒廣雅書局刻本　三十二册

310000－0241－0002020　420023:2
皇宋通鑑長編紀事本末　(宋)楊仲良撰　清光緒廣雅書局刻本　二十四册

310000－0241－0002021　420024
宋史紀事本末一百九卷　(明)馮琦原編　(明)陳邦瞻增訂　清同治十三年(1874)江西書局刻本　二十册

310000－0241－0002022　420025
宋史紀事本末　(明)馮琦編　明刻本　八册　存八卷

310000－0241－0002023　420026
宋史紀事本末一百九卷　(明)馮琦原編　(明)陳邦瞻增訂　清同治十三年(1874)江西書局刻本　二十册　存八十二卷(一至四十四、七十二至一百九)

310000－0241－0002024　420026:2
宋史紀事本末一百九卷　(明)馮琦原編　(明)陳邦瞻增訂　清同治十三年(1874)江西書局刻本　二十册

310000－0241－0002025　420027
宋史紀事本末一百九卷　(明)馮琦原編　(明)陳邦瞻增訂　清同治十三年(1874)江西書局刻本　二十册

310000－0241－0002026　420028
元史紀事本末二十七卷　(明)陳邦瞻編輯　(明)張溥論正　清光緒二十四年(1898)湖南思賢書局刻本　四册

310000－0241－0002027　420029
元史紀事本末二十七卷　(明)陳邦瞻編輯　(明)張溥論正　清同治十三年(1874)江西書局刻本　四册

310000－0241－0002028　420029:2
元史紀事本末二十七卷　(明)陳邦瞻編輯　(明)張溥論正　清同治十三年(1874)江西書局刻本　四册

310000－0241－0002029　420029:3
元史紀事本末二十七卷　(明)陳邦瞻編輯　(明)張溥論正　清同治十三年(1874)江西書局刻本　四册

310000－0241－0002030　420029:4
元史紀事本末二十七卷　(明)陳邦瞻編輯　(明)張溥論正　清同治十三年(1874)江西書局刻本　四册

310000－0241－0002031　420033
三朝北盟會編二百五十卷附校勘記二卷補遺

一卷　(宋)徐夢莘編　清光緒四年(1878)排印本　四十冊

310000－0241－0002032　420034
三朝北盟會編二百五十卷　(宋)徐夢莘編　清光緒四年(1878)排印本　四十冊

310000－0241－0002033　420038
明史紀事本末八十卷　(清)谷應泰輯　清同治十三年(1874)江西書局刻本　二十冊

310000－0241－0002034　420039:2
明朝紀事本末八十卷　(清)谷應泰編著　清朝宗書室木活字印本　二十冊

310000－0241－0002035　420040
明史紀事本末八十卷　(清)谷應泰輯　清同治十三年(1874)江西書局刻本　二十冊

310000－0241－0002036　420040(2)
續明史紀事本末十八卷　(清)倪在田撰　清光緒二十九年(1903)育英學社排印本　二冊

310000－0241－0002037　420044
綏冠紀畧十二卷補遺三卷　(清)吳偉業撰　清張海鵬照曠閣刻本　八冊

310000－0241－0002038　420046
皇清開國方畧三十二卷　(清)高宗弘曆敕撰　清光緒十三年(1887)廣百宋齋排印本　六冊

310000－0241－0002039　420047
皇清開國方畧三十二卷　(清)阿桂等纂　清乾隆武英殿刻本　十六冊

310000－0241－0002040　420047(2)
皇清開國方畧三十二卷　(清)高宗弘曆敕撰　清光緒廣百宋齋排印本　六冊

310000－0241－0002041　420048
皇清開國方畧三十二卷　(清)阿桂等輯　清光緒十三年(1887)廣百宋齋排印本　六冊

310000－0241－0002042　420049
三河創業記五卷　(清)范壽金輯　清光緒石印本　二冊

310000－0241－0002043　420050
三藩紀事本末四卷　(清)楊陸榮撰　清康熙五十六年(1717)刻本　二冊

310000－0241－0002044　420050:2
三藩紀事本末四卷　(清)楊陸榮撰　清康熙五十六年(1717)刻本　二冊

310000－0241－0002045　420051
三藩紀事本末四卷　(清)楊陸榮撰　清康熙刻本　二冊

310000－0241－0002046　420052
平浙紀畧十六卷　(清)秦緗業纂輯　清同治十二年(1873)浙江書局刻本　四冊

310000－0241－0002047　420053
中國歷史戰爭形勢圖說附論二卷　盧彤撰　清宣統二年(1910)武昌同倫學社排印本　一冊

310000－0241－0002048　420054
西夏紀事本末三十六卷　(清)張鑑撰　清光緒十年(1884)江蘇書局刻本　一冊

310000－0241－0002049　420054:2
西夏紀事本末三十六卷　(清)張鑑撰　清光緒十年(1884)江蘇書局刻本　四冊

310000－0241－0002050　420054:3
西夏紀事本末三十六卷　(清)張鑑撰　清光緒十年(1884)江蘇書局刻本　四冊

310000－0241－0002051　420055
聖武記十四卷　(清)魏源撰　清道光二十二年(1842)古微堂刻本　六冊

310000－0241－0002052　420056
聖武記　(清)魏源撰　清光緒七年(1881)刻本　十二冊

310000－0241－0002053　420057
聖武記十四卷　(清)魏源撰　清光緒二十九年(1903)蜚英館石印本　六冊

310000－0241－0002054　420057:2
聖武記十四卷　(清)魏源撰　清光緒二十九年(1903)蜚英館石印本　十三冊

310000－0241－0002055　420057:3

聖武記十四卷　(清)魏源撰　清光緒二十九年(1903)蜚英館石印本　六册

310000－0241－0002056　420059

皇朝武功紀盛四卷　(清)趙翼撰　清道光壽謏草堂刻本　二册

310000－0241－0002057　420059:2

皇朝武功紀盛四卷　(清)趙翼撰　清道光壽謏草堂刻本　二册

310000－0241－0002058　420059:3

皇朝武功紀盛四卷　(清)趙翼撰　清道光壽謏草堂刻本　二册

310000－0241－0002059　420060

皇朝武功紀盛四卷　(清)趙翼撰　清壽考堂刻本　一册

310000－0241－0002060　420061

國朝柔遠記十八卷附編二卷　(清)王之春編　清光緒十七年(1891)廣雅書局刻本　六册

310000－0241－0002061　420061:2

國朝柔遠記十八卷附編二卷　(清)王之春編　清光緒十七年(1891)廣雅書局刻本　六册

310000－0241－0002062　420062

平定猺匪述畧二卷　(清)周存義撰　清道光十四年(1834)刻本　一册

310000－0241－0002063　420063

平定羅刹方畧附西清筆記二卷半氊齋題跋四卷　(清)沈初撰　清同治刻本　一册

310000－0241－0002064　420064

中西紀事二十四卷　(清)夏燮撰　清同治四年(1865)刻本　八册

310000－0241－0002065　420064:2

中西紀事二十四卷　(清)夏燮撰　清同治四年(1865)刻本　八册

310000－0241－0002066　420064:3

中西紀事二十四卷　(清)夏燮撰　清同治四年(1865)刻本　六册

310000－0241－0002067　420065

中西紀事二十四卷　(清)夏燮撰　清光緒二十四年(1898)藜照書屋刻本　八册

310000－0241－0002068　420066

中西紀事二十四卷　(清)夏燮撰　清同治四年(1865)刻本　六册

310000－0241－0002069　420067

拳匪紀事六卷　(日本)佐原篤介輯　清光緒末排印本　六册

310000－0241－0002070　420068

平定粵匪紀畧十八卷附記四卷　(清)杜文瀾等纂輯　清同治八年(1869)羣玉齋刻本　十册

310000－0241－0002071　420069:2

平定粵匪紀畧十八卷附記四卷　(清)杜文瀾等纂輯　清光緒七年(1881)仿洋板刻本　六册

310000－0241－0002072　420069:3

平定粵匪紀畧十八卷附記四卷　(清)杜文瀾等纂輯　清末上海申報館排印本　六册

310000－0241－0002073　420069:4

平定粵匪紀畧十八卷附記四卷　(清)杜文瀾等纂輯　清光緒七年(1881)仿洋板刻本　十册

310000－0241－0002074　420070

湘軍志十六卷　王闓運撰　清光緒刻本　四册

310000－0241－0002075　420070:2

湘軍志十六卷　王闓運撰　清光緒刻本　三册

310000－0241－0002076　420071

湘軍志十六卷　王闓運撰　清同治刻本　四册

310000－0241－0002077　420072

湘軍水陸戰紀十六卷　王闓運撰　清光緒十一年(1885)京都同文堂石印本　二册

310000－0241－0002078　420072:2

湘軍水陸戰紀十六卷　王闓運撰　清光緒十一年(1885)京都同文堂石印本　二冊

310000－0241－0002079　420073
湘軍記二十卷　(清)王定安撰　清光緒十五年(1889)江南書局刻本　六冊

310000－0241－0002080　420073:2
湘軍記二十卷　(清)王定安撰　清光緒十五年(1889)江南書局刻本　八冊

310000－0241－0002081　420073:3
湘軍記二十卷　(清)王定安撰　清光緒十五年(1889)江南書局刻本　十二冊

310000－0241－0002082　420074
豫軍紀畧十二卷　(清)尹耕雲等纂　清同治十一年(1872)刻本　十二冊

310000－0241－0002083　420075
淮軍平捻記十卷附紀軍制二卷　(清)周世澄輯撰　清光緒三年(1877)申報館倣聚珍版印本　四冊

310000－0241－0002084　420075:2
淮軍平捻記十卷附紀軍制二卷　(清)周世澄輯撰　清光緒三年(1877)申報館倣聚珍版印本　四冊

310000－0241－0002085　420076:2
淮軍平捻記十二卷　(清)周世澄輯　清光緒刻本　六冊

310000－0241－0002086　420080
平定關隴紀畧十三卷　(清)易孔昭撰　清光緒十三年(1887)刻本　八冊

310000－0241－0002087　420081
續通鑑紀事本末一百十卷　(清)李銘漢撰輯　清光緒三十二年(1906)刻本　十六冊

310000－0241－0002088　420082
軍興本末紀畧四卷　(清)謝蘭生撰　清同治刻本　二冊

310000－0241－0002089　420082(2)
欽定勦平粵匪方畧　(清)朱學勤等纂修　清同治排印本　二百五十八冊　存二百七十八卷

310000－0241－0002090　420082(2):2
欽定勦平粵匪方畧　(清)朱學勤等纂修　清同治排印本　六冊　存十七卷(三十九至四十一、一百四十五至一百四十八、一百六十一、一百八十一至一百八十六、二百五十五至二百五十七)

310000－0241－0002091　420084
江南北大營紀事本末二卷　(清)杜文瀾編　清同治八年(1869)上海木活字印本　一冊

310000－0241－0002092　420085
蕩平髮逆圖記二十二卷　(清)杜文瀾纂　清光緒十四年(1888)上海漱六山莊石印本　四冊

310000－0241－0002093　420085(2)
蕩平髮逆圖記二十二卷　(清)杜文瀾纂　清光緒十七年(1891)上海書局石印本　四冊

310000－0241－0002094　420085:2
蕩平髮逆圖記二十二卷　(清)杜文瀾纂　清光緒十四年(1888)上海漱六山莊石印本　四冊

310000－0241－0002095　420086
左傳分國紀事本末十六卷　(明)張向達輯　清康熙二十六年(1687)刻本　八冊

310000－0241－0002096　420087
秦隴回務紀畧八卷　(清)余澍疇撰　清光緒六年(1880)刻本　二冊

310000－0241－0002097　420088
國朝事畧八卷　(清)江楚編譯官書局編　清光緒三十二年(1906)石印本　四冊

310000－0241－0002098　420091
軍興本末紀畧四卷　(清)謝蘭生撰　清同治十一年(1872)木活字印本　二冊

310000－0241－0002099　420091:2
軍興本末紀畧四卷　(清)謝蘭生撰　清同治十一年(1872)木活字印本　二冊

310000－0241－0002100　420092

粵氛紀事十三卷　(清)謝山居士輯　清同治八年(1869)刻本　八冊

310000－0241－0002101　420093
平苗紀畧一卷　(清)方顯撰　清同治七年(1868)刻本　一冊

310000－0241－0002102　420094
平臺紀畧一卷　(清)藍鼎元撰　清刻龍威秘書本　一冊

310000－0241－0002103　420095
山東軍興紀畧二十二卷　(清)張曜撰　清光緒上海申報館排印本　十冊

310000－0241－0002104　420096
平猺日紀二卷　(清)張錫謙撰　清道光刻本　二冊

310000－0241－0002105　420099
六十年交涉記畧不分卷　(清)□□撰　清末排印本　一冊

310000－0241－0002106　420106
五千年中外交涉史　(清)屯廬主人輯　清光緒二十九年(1903)蜚英書局排印本　十九冊　存九十五卷

310000－0241－0002107　420108
霆軍紀畧　(清)陳昌編輯　清光緒八年(1882)申報館排印本　五冊　存十卷(一至二、九至十六)

310000－0241－0002108　420111
欽定勦平捻匪方畧　(清)朱學勤等纂修　清同治排印本　二百五十四冊　存二百八十三卷

310000－0241－0002109　420111:2
欽定勦平捻匪方畧　(清)朱學勤等纂修　清同治排印本　三冊　存十三卷(八十五至八十八、九十三至一百一)

310000－0241－0002110　430001
世本輯補十卷　(清)秦嘉謨輯補　清嘉慶二十三年(1818)琳琅仙館刻本　六冊

310000－0241－0002111　430002
路史十六卷　(宋)羅泌撰　(明)吳弘基訂　清光緒二十年(1894)石印宋本　二冊

310000－0241－0002112　430004
路史四十七卷　(宋)羅泌著　清嘉慶十二年(1807)刻本　二十冊

310000－0241－0002113　430004:2
路史四十七卷　(宋)羅泌著　清嘉慶十二年(1807)刻本　二十冊

310000－0241－0002114　430006
路史十六卷　(宋)羅泌撰　(明)吳弘基訂　清光緒二十年(1894)石印本　六冊

310000－0241－0002115　430008
通志二百卷　(宋)鄭樵撰　清乾隆武英殿刻本　一百十八冊

310000－0241－0002116　430009
通志二百卷考證三卷　(宋)鄭樵撰　清光緒浙江書局刻本　一百九十八冊　存一百九十七卷

310000－0241－0002117　430009:2
通志二百卷考證三卷　(宋)鄭樵撰　清光緒上海鴻寶書局石印本　四十冊

310000－0241－0002118　430012
鄭氏通志二百卷附考證三卷　(宋)鄭樵撰　清光緒末圖書集成局排印本　四十冊　存一百四十六卷

310000－0241－0002119　430013
通志二百卷　(宋)鄭樵撰　清咸豐九年(1859)崇仁謝氏仿武英殿刻本　一百六十冊

310000－0241－0002120　430014
通志畧五十一卷　(宋)鄭樵撰　清乾隆十三年(1748)汪啓淑飛鴻堂刻本　二十四冊

310000－0241－0002121　430014(2)
通志畧五十一卷　(宋)鄭樵撰　清嘉慶十一年(1806)長洲彭氏刻本　十五冊

310000－0241－0002122　430014:2
通志畧五十一卷　(宋)鄭樵撰　清乾隆十三年(1748)汪啓淑飛鴻堂刻本　二十四冊

310000－0241－0002123　430015

欽定續通志　(清)嵇璜等奉敕撰　清光緒二十七年(1901)上海圖書集成局排印本　六十册

310000－0241－0002124　430016

欽定續通志　(清)嵇璜等奉敕撰　清光緒二十七年(1901)上海圖書集成局印本　六十册

310000－0241－0002125　430018

欽定續通志六百四十卷　(清)嵇璜等奉敕撰　清光緒十二年(1886)浙江書局刻本　二百册

310000－0241－0002126　430019

欽定續通志六百四十卷　(清)嵇璜等奉敕撰　清光緒十二年(1886)浙江書局刻本　一百九十六册　存六百二十三卷

310000－0241－0002127　430019:2

欽定續通志六百四十卷　(清)嵇璜等奉敕撰　清光緒二十七年(1901)上海圖書集成局印本　四十册

310000－0241－0002128　430020

皇朝通志一百二十六卷　(清)嵇璜等奉敕撰　清光緒圖書集成局排印本　十二册

310000－0241－0002129　430021

皇朝通志一百二十六卷　(清)嵇璜等奉敕撰　清光緒圖書集成局排印本　十二册

310000－0241－0002130　430022

皇朝通志一百二十六卷　(清)嵇璜等奉敕撰　清光緒八年(1882)浙江書局刻本　四十册

310000－0241－0002131　430022:2

皇朝通志　(清)嵇璜等奉敕撰　清光緒二十八年(1902)上海鴻寶書局石印本　三册　存四十五卷

310000－0241－0002132　430025

欽定通志考證三卷　(清)□□撰　清光緒二十年(1894)浙江書局刻本　二册

310000－0241－0002133　430026

歷代帝王紀要　(清)王大燀編　清光緒七年(1881)刻本　二册

310000－0241－0002134　430027

弘簡錄二百五十四卷附續錄(元史類編)四十二卷　(明)邵經邦輯　(清)邵遠平校　清康熙四十五年(1706)刻本　一百册

310000－0241－0002135　430028

弘簡錄二百五十四卷　(明)邵經邦輯　清康熙繼善堂刻本　五十二册

310000－0241－0002136　430029

續弘簡錄四十二卷　(清)邵遠平輯　清康熙繼善堂刻本　十二册

310000－0241－0002137　430030

尚史七十二卷　(清)李鍇撰　清嘉慶十九年(1814)晚香艸堂刻本　二十四册

310000－0241－0002138　430031

尚史七十二卷　(清)李鍇撰　清乾隆悅道樓刻本　二十八册

310000－0241－0002139　430034

逸周書集訓校釋十一卷　(清)朱右曾校譯　清光緒三年(1877)湖北崇文書局刻本　一册

310000－0241－0002140　430037

王會篇箋釋三卷　(清)何秋濤撰　清光緒江蘇書局刻本　三册

310000－0241－0002141　430038

王會篇箋釋三卷　(清)何秋濤撰　清光緒十七年(1891)江蘇書局校刻本　三册

310000－0241－0002142　430039

周書王會補注一卷　(宋)王應麟撰　清刻玉海本　一册

310000－0241－0002143　430042(2)

七家後漢書七種二十卷附失氏名後漢書一卷　(清)汪文臺輯　清光緒二十八年(1902)黟縣孫氏古香閣刻本　六册

310000－0241－0002144　430043

續後漢書九十卷　(元)郝經撰　**續後漢書札記二卷**　(清)郁松年撰　清道光刻宜稼堂叢書本　二十四册

310000－0241－0002145　430043:2
續後漢書九十卷　(元)郝經撰　**續後漢書札記二卷**　(清)郁松年撰　清道光刻宜稼堂叢書本　二十四册

310000－0241－0002146　430043:3
續後漢書九十卷　(元)郝經撰　**續後漢書札記二卷**　(清)郁松年撰　清道光刻宜稼堂叢書本　二十四册

310000－0241－0002147　430043:4
重刻續後漢書札記一卷　(清)郁松年撰　清道光二十一年(1841)刻宜稼堂叢書本　一册

310000－0241－0002148　430046
東觀漢記二十四卷　(漢)劉珍等撰　清掃葉山房刻本　二册

310000－0241－0002149　430048
南宋書六十八卷　(明)錢士升撰　(清)許重熙贊　清嘉慶二年(1797)席氏掃葉山房刻本　十册

310000－0241－0002150　430049
宋史翼四十卷　(清)陸心源輯　清光緒三十二年(1906)刻朱印本　十册

310000－0241－0002151　430050
南漢叢錄　(清)梁廷枏撰　清道光刻本　七册

310000－0241－0002152　430051
逸周書管箋十卷附疏證一卷提要一卷集說一卷摭訂三卷　(晉)孔晁注　(清)丁宗洛箋　清道光十年(1830)海康丁氏迂園刻本　十册

310000－0241－0002153　430053
東都事畧　(宋)王偁撰　清光緒掃葉山房刻本　十二册

310000－0241－0002154　430055
大金國志四十卷　(宋)宇文懋昭撰　清掃葉山房刻本　二册

310000－0241－0002155　430056
蒙古史二卷　(日本)河野元三撰　(清)歐陽瑞驊譯　清宣統三年(1911)江南圖書館排印本　二册

310000－0241－0002156　430056:2
蒙古史二卷　(日本)河野元三撰　(清)歐陽瑞驊譯　清宣統三年(1911)江南圖書館排印本　二册

310000－0241－0002157　430056:3
蒙古史二卷　(日本)河野元三撰　(清)歐陽瑞驊譯　清宣統三年(1911)江南圖書館排印本　二册

310000－0241－0002158　430059
元朝秘史注十五卷　(清)李文田注　清光緒二十二年(1896)通隱堂刻本　四册

310000－0241－0002159　430059(2)
元朝秘史十五卷　(清)李文田注　清光緒二十九年(1903)文瑞樓石印本　四册

310000－0241－0002160　430059:2
元朝秘史注十五卷　(清)李文田注　清光緒二十二年(1896)通隱堂刻本　一册

310000－0241－0002161　430059:3
元朝秘史注十五卷　(清)李文田注　清光緒二十二年(1896)通隱堂刻本　四册

310000－0241－0002162　430059:4
元朝秘史注十五卷　(清)李文田注　清光緒二十二年(1896)通隱堂刻本　四册

310000－0241－0002163　430061
元朝秘史注十五卷　(清)李文田注　清光緒文瑞樓石印本　四册

310000－0241－0002164　430063
元祕史山川地名考十二卷　(清)施世傑撰　清光緒二十三年(1897)鄦鄭學廬刻本　二册

310000－0241－0002165　430064
元史類編四十二卷　(清)邵遠平學　清乾隆二十四年(1759)掃葉山房刻本　十六册

310000－0241－0002166　430064:2
元史類編四十二卷　(清)邵遠平學　清乾隆二十四年(1759)掃葉山房刻本　二十四册

310000－0241－0002167　430064：3

元史類編四十二卷　(清)邵遠平學　清乾隆二十四年(1759)掃葉山房刻本　十二册

310000－0241－0002168　430065

元書一百二卷　曾廉撰　清宣統三年(1911)層漪堂刻本　二十册

310000－0241－0002169　430066

蒙兀兒史記　屠寄纂　清光緒刻本　十册

310000－0241－0002170　430070

橫雲山人明史稿三百十卷　(清)王鴻緒撰　清康熙三十六年(1697)敬慎堂刻本　八十册

310000－0241－0002171　430072

橫雲山人明史稿三百十卷　(清)王鴻緒撰　清康熙三十六年(1697)敬慎堂刻本　八十册

310000－0241－0002172　430073

橫雲山人明史稿三百十卷　(清)王鴻緒撰　清康熙、雍正間敬慎堂刻本　一百册

310000－0241－0002173　430074

潛庵先生擬明史稿　(清)尤侗撰　清康熙刻本　四册　存六卷

310000－0241－0002174　430075

橫雲山人明史稿三百十卷　(清)王鴻緒撰　清康熙、乾隆間敬慎堂刻本　八十册

310000－0241－0002175　430076

潛庵先生擬明史稿二十卷　(清)湯斌撰　清道光七年(1827)刻本　八册

310000－0241－0002176　430076：2

潛庵先生擬明史稿二十卷　(清)湯斌撰　清道光七年(1827)刻本　九册

310000－0241－0002177　430081

康熙政要二十四卷　(清)章梫輯　清宣統二年(1910)排印本　十二册

310000－0241－0002178　430082

光緒政要三十四卷　(清)沈桐生輯　清宣統元年(1909)石印本　三十册

310000－0241－0002179　430082：2

光緒政要三十四卷　(清)沈桐生輯　清宣統元年(1909)石印本　十册

310000－0241－0002180　430083

光緒政要　(清)沈桐生輯　清宣統元年(1909)上海崇義堂石印本　三十册

310000－0241－0002181　430087

東洋史要二卷　(日本)桑原隲藏著　樊炳清譯　清光緒二十五年(1899)東文學社排印本　四册

310000－0241－0002182　430090

國朝事畧　繆荃孫撰　清末江楚書局石印本　一册　存三卷

310000－0241－0002183　430094

續後漢書四十二卷音義四卷　(宋)蕭常撰　清道光二十一年(1841)刻宜稼堂叢書本　七册

310000－0241－0002184　430095

元史新編九十五卷　(清)魏源撰　清光緒三十一年(1905)邵陽魏慎微堂刻本　三十二册

310000－0241－0002185　430096

隆平集二十卷　(宋)曾鞏撰　清康熙四十年(1701)刻本　八册

310000－0241－0002186　430096：2

隆平集二十卷　(宋)曾鞏撰　清康熙四十年(1701)刻本　五册

310000－0241－0002187　430097

古史六十卷　(宋)蘇轍著　清嘉慶元年(1796)掃葉山房刻本　六册

310000－0241－0002188　430099

晉畧五十七卷　(清)周濟撰　清光緒三年(1877)味雋齋刻本　十册

310000－0241－0002189　430100

南天痕二十六卷附錄一卷　(清)凌雪撰　清宣統二年(1910)復古社排印本　六册

310000－0241－0002190　440002

國語二十一卷附札記一卷考異四卷　(三國吳)韋昭解　(清)黃丕烈撰　(清)汪遠孫撰

考異　清同治湖北崇文書局刻本　四册

310000－0241－0002191　440004
國語二十一卷附札記一卷考異四卷　（三國吳）韋昭解　（清）黄丕烈撰札記　（清）汪遠孫撰考異　清同治湖北崇文書局刻本　五册

310000－0241－0002192　440005(3)
國語二十一卷附札記一卷　（三國吳）韋昭解　（清）黄丕烈撰札記　清光緒十三年(1887)蜚英館影印士禮居黄氏叢書本　三册

310000－0241－0002193　440007
國語二十一卷附札記一卷考異四卷　（三國吳）韋昭解　（清）黄丕烈撰札記　（清）汪遠孫撰考異　清同治八年(1869)湖北崇文書局刻本　五册

310000－0241－0002194　440008
國語二十一卷附札記一卷　（三國吳）韋昭解　（清）黄丕烈撰札記　清同治湖北崇文書局刻本　四册

310000－0241－0002195　440009
國語校注本三種二十九卷　（清）汪遠孫注　清道光二十六年(1846)振綺堂汪氏刻本　八册

310000－0241－0002196　440009:2
國語校注本三種二十九卷　（清）汪遠孫注　清道光二十六年(1846)振綺堂汪氏刻本　六册

310000－0241－0002197　440009:3
國語校注本三種二十九卷　（清）汪遠孫注　清道光二十六年(1846)振綺堂汪氏刻本　五册

310000－0241－0002198　440009:4
國語校注本三種二十九卷　（清）汪遠孫注　清道光二十六年(1846)振綺堂汪氏刻本　十册

310000－0241－0002199　440011
國語翼解　（清）陳瑑撰　清光緒十八年(1892)廣雅書局刻本　一册

310000－0241－0002200　440012
國語鈔　（清）高嵣集評　清乾隆五十三年(1788)刻本　二册

310000－0241－0002201　440013
國語正義二十一卷　（清）董增齡撰　清光緒六年(1880)會稽章壽康式訓堂刻本　八册

310000－0241－0002202　440016
國語明道本考異四卷　（清）汪遠孫撰　清道光二十六年(1846)刻本　一册

310000－0241－0002203　440022
戰國策三十三篇附札記三卷　（漢）高誘注　清同治五年(1866)湖北崇文書局刻本　五册

310000－0241－0002204　440022:2
戰國策三十三篇附札記三卷　（漢）高誘注　清同治五年(1866)湖北崇文書局刻本　五册

310000－0241－0002205　440023
戰國策三十三卷附札記三卷　（漢）高誘注　清光緒二年(1876)尊經書院刻本　五册

310000－0241－0002206　440025(2)
戰國策三十三卷附札記三卷　（漢）高誘注　（清）黄丕烈撰札記　清光緒十三年(1887)蜚英館影印士禮居黄氏叢書本　四册

310000－0241－0002207　440027
戰國策全注十卷　（宋）鮑彪校注　（元）吳師道撰　清翻刻明萬曆張氏刻本　六册

310000－0241－0002208　440028
戰國策釋地　（清）張琦撰　清光緒十一年(1885)新陽趙氏刻本　一册

310000－0241－0002209　440028:2
戰國策釋地　（清）張琦撰　清光緒十一年(1885)新陽趙氏刻本　一册

310000－0241－0002210　440032
國策地名考二十卷首一卷　（清）程恩澤纂　（清）狄子奇箋　清道光二十年(1840)安雅堂刻本　六册

310000－0241－0002211　440039
史闕　（明）張岱撰　清道光刻本　四册　存

九卷(一至三、七至十二)

310000－0241－0002212　440042

保越錄一卷　(元)徐勉之撰　清同治六年(1867)大興傅以禮校刻八年(1869)孫子九校補本　一册

310000－0241－0002213　440044

靖康傳信錄　(宋)李綱撰　清道光二十六年(1846)刻海山仙館叢書本　一册

310000－0241－0002214　440045

錢唐遺事十卷　(元)劉一清撰　清嘉慶席氏掃葉山房刻本　一册

310000－0241－0002215　440045(2)

錢塘遺事十卷　(元)劉一清撰　清光緒十三年(1887)錢塘丁氏八千卷樓刻本　一册

310000－0241－0002216　440045：2

錢唐遺事十卷　(元)劉一清撰　清嘉慶席氏掃葉山房刻本　一册

310000－0241－0002217　440046

欽定蒙古源流八卷　(清)小徹辰薩囊台吉撰　清刻本　四册

310000－0241－0002218　440049

皇元聖武親征錄一卷　(元)□□撰　(清)何秋濤校正　清光緒小漚巢刻本　一册

310000－0241－0002219　440050

元聖武親征錄一卷　(清)何秋濤校正　清光緒二十年(1894)小漚巢刻本　一册

310000－0241－0002220　440051

元聖武親征錄　(清)何秋濤校正　清光緒二十年(1894)小漚巢刻本　一册

310000－0241－0002221　440051：2

元聖武親征錄　(清)何秋濤校正　清光緒二十年(1894)小漚巢刻本　一册

310000－0241－0002222　440056

史餘二十卷補錄一卷補注一卷　(清)陳堯松撰　清同治三年(1864)竹平安齋藏版刻本　六册

310000－0241－0002223　440057

仁廟聖政記二卷　(明)□□撰　清宣統元年(1909)番禺沈氏刻本　一册

310000－0241－0002224　440058

二申野錄一卷　(清)孫之騄輯　清同治六年(1867)吟香館刻本　二册

310000－0241－0002225　440059

青燐屑二卷附耿尚孔吴四王合傳揚州十日記一卷　(明)應廷吉撰　清嘉慶刻本　一册

310000－0241－0002226　440060

蜀碧四卷　(清)彭遵泗編　清乾隆二十八年(1763)刻本　一册

310000－0241－0002227　440063

聖安皇帝本紀　(清)顧炎武撰　明末稗史彙編本　二册

310000－0241－0002228　440064

明季南畧十八卷明季北畧二十四卷　(清)計六奇編輯　清光緒十三年(1887)圖書集成局排印本　九册　明季北畧殘存十九卷

310000－0241－0002229　440065

明季北畧二十四卷　(清)計六奇編　清都城琉璃廠刻本　十二册

310000－0241－0002230　440066

明季北畧二十四卷　(清)計六奇編　清康熙刻本　十册

310000－0241－0002231　440068

荒書一卷坿札記一卷　(清)費密撰　(清)費錫琮校補　清光緒三十四年(1908)大關唐氏怡蘭堂刻本　一册

310000－0241－0002232　440069

考史拾遺十卷　(清)錢大昕撰　清嘉慶十二年(1807)刻本　一册

310000－0241－0002233　440072

小腆紀年附考二十卷　(清)徐鼒撰　清咸豐十一年(1861)刻本　十二册

310000－0241－0002234　440073

小腆紀年附考二十卷　(清)徐鼒撰　清光緒

十二年(1886)扶桑使廨排印本　十二冊

310000－0241－0002235　440075
酌中志二十四卷　(明)劉若愚撰　清道光二十五年(1845)刻海山仙館叢書本　四冊

310000－0241－0002236　440077
滇事總録二卷　(清)莊士敏撰　清光緒刻本　一冊

310000－0241－0002237　440078
弇山堂别集一百卷　(明)王世貞撰　清末廣雅書局刻本　三十一冊

310000－0241－0002238　440081
洪武聖政記二卷　(明)宋濂撰　清同治八年(1869)永康胡氏退補齋刻本　一冊

310000－0241－0002239　440083
殘明紀事　(清)羅謙録　清宣統三年(1911)上海國學扶輪社排印本　一冊

310000－0241－0002240　440083:2
殘明紀事　(清)羅謙録　清宣統三年(1911)上海國學扶輪社排印本　一冊

310000－0241－0002241　440088
欽定滿洲源流考二十卷　(清)阿桂等撰　清仿刻武英殿本　八冊

310000－0241－0002242　440089
欽定滿洲源流考二十卷　(清)阿桂等撰　清光緒十九年(1893)杭州便益書局石印本　四冊

310000－0241－0002243　440090
欽定滿洲源流考二十卷　(清)阿桂等撰　清光緒十九年(1893)杭州便益書局石印本　四冊

310000－0241－0002244　440091
滿洲老檔秘録二卷　金梁輯　清末排印本　二冊

310000－0241－0002245　440092
滿漢事類備考　(清)陳可臣編　清康熙三十八年(1699)聽松樓刻本　二冊

310000－0241－0002246　440093
戡定新疆記　(清)魏光燾撰　清光緒二十五年(1899)木活字印本　三冊　存六卷

310000－0241－0002247　440098
皇朝掌故彙編　(清)張壽鏞編　清光緒求實書社排印本　五十九冊

310000－0241－0002248　440099
皇朝掌故彙編　(清)張壽鏞編　清光緒求實書社排印本　六十冊

310000－0241－0002249　440100
皇朝掌故彙編　(清)張壽鏞編　清光緒求實書社排印本　三冊

310000－0241－0002250　440101
金陵省難紀畧不分卷　(清)張汝南述　清光緒十六年(1890)著易堂排印本　一冊

310000－0241－0002251　440108
劫火紀焚不分卷　(清)何桂笙撰　清光緒茇珍齋重印本　一冊

310000－0241－0002252　440109
庚申噩夢記二卷　(清)潘鍾瑞撰　清光緒九年(1883)香禪精舍刻本　一冊

310000－0241－0002253　440110
六合紀事　(清)周長森撰　清同治七年(1868)刻本　一冊

310000－0241－0002254　440111
吴中平寇記八卷　(清)錢勖撰　清光緒元年(1875)申報館排印本　二冊

310000－0241－0002255　440112
貽案始末記不分卷　(清)天涯恨恨生　清宣統三年(1911)排印本　一冊

310000－0241－0002256　440116
嘉應平寇紀畧　(清)謝國珍撰　清光緒五年(1879)刻本　一冊

310000－0241－0002257　440117
靖逆記六卷　(清)盛大士撰　清道光二年(1822)刻本　二冊

310000－0241－0002258　440118
中日戰輯　(清)王炳耀輯　清光緒二十一年(1895)香江文裕堂排印本　一冊　存一卷

310000－0241－0002259　440120
中東戰紀本末八卷附續編四卷　(美國)林樂知撰　(清)蔡爾康纂輯　清光緒二十三年(1897)圖書集局排印本　十二冊

310000－0241－0002260　440121
中東戰紀本末八卷附續編四卷文學興國策二卷　(美國)林樂知撰　(清)蔡爾康纂輯　清光緒二十三年(1897)圖書集成局排印本　十四冊

310000－0241－0002261　440122
中東戰紀本末八卷附續編四卷文學興國策二卷　(美國)林樂知撰　(清)蔡爾康纂輯　清光緒二十三年(1897)圖書集成局排印本　十三冊

310000－0241－0002262　440123
中東戰紀本末八卷坿續編四卷　(美國)林樂知撰　(清)蔡爾康纂輯　清光緒二十三年(1897)圖書集成局排印本　十一冊

310000－0241－0002263　440123:2
中東戰紀本末八卷坿續編四卷　(美國)林樂知撰　(清)蔡爾康纂輯　清光緒二十三年(1897)圖書集成局排印本　一冊

310000－0241－0002264　440124
庚子北京事變紀畧不分卷　(清)鹿完天撰　清光緒二十七年(1901)刻本　一冊

310000－0241－0002265　440133
東牟守城紀畧不分卷　(清)戴燮元撰　清同治八年(1869)廣州刻本　一冊

310000－0241－0002266　440134
三湘從事錄一卷　(明)蒙正發撰　清光緒三十四年(1908)北新書局排印本　一冊

310000－0241－0002267　440135
金鄉紀事　(清)吳堦錄　清道光刻本　一冊

310000－0241－0002268　440136
蘇台麋鹿記二卷　(清)潘鍾瑞撰　清光緒九年(1883)香禪精舍刻本　一冊

310000－0241－0002269　440137
撫東政畧二卷　(清)宋小濂編輯　清末排印本　一冊

310000－0241－0002270　440139
西寧軍務節畧不分卷　(清)奎順輯　清光緒石印本　一冊

310000－0241－0002271　440140
出圍城記一卷鎮城竹枝詞一卷　(清)楊棨撰　清光緒三十四年(1908)丹徒陶氏刻本　一冊

310000－0241－0002272　440148
廿四史提綱歌訣二卷　(清)李兆洛編　清光緒二十八年(1902)智新書局石印本　二冊

310000－0241－0002273　440151
普通新歷史不分卷　(清)普通學書室新編　清光緒二十八年(1902)排印本　三冊

310000－0241－0002274　440154
中國歷史問答不分卷　(清)邵羲仲輯　清光緒二十八年(1902)上海商務印書館排印本　一冊

310000－0241－0002275　440156
續支那通史二卷　(日本)山峯畯臺著　(清)中國漢陽青年編　清光緒三十二年(1906)會文堂書局石印本　二冊

310000－0241－0002276　440162
守城善後記畧　(清)鄒鍾泉著　清咸豐元年(1851)世忠堂文集本　一冊

310000－0241－0002277　440164
中東戰紀不分卷　(清)洪棄義纂　清光緒排印本　一冊

310000－0241－0002278　440165
靖海紀事二卷　(清)施琅撰　(清)施世驃編　清光緒元年(1875)施葆修重修康熙刻本　二冊

310000－0241－0002279　440165:2

靖海紀事二卷 （清）施琅撰 （清）施世驃編 清光緒元年（1875）施葆修重修康熙刻本 二册

310000－0241－0002280 440169

復社紀畧四卷 （清）陸世儀撰 清光緒三十四年（1908）國學保存會排印本 一册

310000－0241－0002281 440172

義和拳教門源流考不分卷 （清）勞乃宣撰 清光緒二十五年（1899）刻本 一册

310000－0241－0002282 440174

拳匪紀畧八卷前編二卷後編二卷 （清）粵東僑析生輯 清光緒二十九年（1903）上洋書局石印本 六册

310000－0241－0002283 440176

中日戰輯圖考 （清）王炳耀輯 清光緒二十二年（1896）石印本 四册

310000－0241－0002284 440177

英人強賣鴉片記八卷 （清）湯叡譯 清光緒二十四年（1898）上海大同譯書局印本 二册

310000－0241－0002285 440178

思痛記二卷 （清）李圭撰 清光緒六年（1880）刻本 一册

310000－0241－0002286 440180

嘯雲軒避寇記畧不分卷 （清）程畹撰 清同治八年（1869）刻本 一册

310000－0241－0002287 440182

西巡回鑾始末記六卷 （清）□□撰 清光緒二十八年（1902）石印本 六册

310000－0241－0002288 440185

中日戰輯六卷 （清）王炳耀編 清光緒二十一年（1895）香江文裕堂排印本 三册

310000－0241－0002289 440186

勦逆圖説全考二卷 （清）白下劫餘生著 清光緒二十年（1894）上海書局石印本 二册

310000－0241－0002290 440189

西巡回鑾始末記六卷 （清）□□撰 清光緒二十八年（1902）石印本 六册

310000－0241－0002291 440190

中安法和戰曲直記不分卷 （清）有心時事人編次 清光緒十年（1884）上海王氏刻本 三册

310000－0241－0002292 440190：2

中安法和戰曲直記不分卷 （清）有心時事人編次 清光緒十年（1884）上海王氏刻本 二册

310000－0241－0002293 440191

繪圖越法戰書不分卷 （清）□□撰 清光緒十年（1884）上海王氏刻本 四册

310000－0241－0002294 440194

東南紀事十二卷 （清）邵廷采撰 清光緒刻邵武徐氏叢書本 二册

310000－0241－0002295 440195

西南紀事十二卷 （清）邵廷采撰 清光緒刻邵武徐氏叢書本 二册

310000－0241－0002296 440199

中國六十年戰史不分卷 （英國）愛特華斯著 （清）程履祥譯 清光緒二十九年（1903）上海美華書館排印本 六册

310000－0241－0002297 440199：2

中國六十年戰史不分卷 （英國）愛特華斯著 （清）程履祥譯 清光緒二十九年（1903）上海美華書館排印本 六册

310000－0241－0002298 440200

皇朝紀畧不分卷 （清）紹興北鄉義塾編 清光緒二十七年（1901）上海商務印書館排印本 一册

310000－0241－0002299 440201

滿清宫廷穢史二卷附錄一卷 題有嬀血胤著 清光緒三十年（1904）石印本 二册

310000－0241－0002300 440204

建康雜錄二十卷 （唐）許嵩撰 清光緒二十八年（1902）甘氏刻本 六册

310000－0241－0002301 440205

所知錄六卷 （清）錢秉鐙著 （清）江鏡清校

錄　清宣統三年(1911)新學會社排印本　二册

310000－0241－0002302　440205：2
所知錄六卷　(清)錢秉鐙著　(清)江鏡清校錄　清宣統三年(1911)新學會社排印本　一册

310000－0241－0002303　440208
守汴日志一卷　(明)李光壂編　清道光刻本　一册

310000－0241－0002304　440209
東林本末三卷　(明)吳應箕纂　清同治三年(1864)刻本　一册

310000－0241－0002305　440216
中國文明小史十五章　(日本)田口卯吉撰　(清)劉陶譯　清光緒二十八年(1902)上海廣智書局排印本　一册

310000－0241－0002306　440216：2
中國文明小史十五章　(日本)田口卯吉撰　(清)劉陶譯　清光緒二十八年(1902)上海廣智書局排印本　一册

310000－0241－0002307　440217
兩淮戡亂記一卷　(清)張瑞墀撰　清宣統元年(1909)國學萃編社排印本　一册

310000－0241－0002308　440218
庚子教會華人流血史六卷　(清)柴蓮馥編輯　清宣統三年(1911)上海中國聖教書會排印本　一册

310000－0241－0002309　440220
清宮舊事五卷補遺一卷　(唐)余知古撰　清光緒十年(1884)刻本　一册

310000－0241－0002310　440221(2)
李秀成親供四卷　(清)李秀成撰　清刻本　一册

310000－0241－0002311　440221(3)
李秀成供二卷　(清)李秀成撰　清末刻本　一册

310000－0241－0002312　440228
金壇守城日記一卷　(清)李淮撰　清光緒十年(1884)刻本　一册

310000－0241－0002313　440229
劫餘雜談一卷　(清)李光霽撰　清光緒十年(1884)石印本　一册

310000－0241－0002314　440230
逆黨禍蜀記不分卷　(清)汪堃輯　清同治五年(1866)不慎無悶齋刻本　一册

310000－0241－0002315　440241
揚州歷史易知編　(清)湯寅臣輯　清光緒三十二年(1906)刻本　一册　存一卷

310000－0241－0002316　440242
臨安旬制記三卷附全浙詩話刊誤一卷　(清)張道撰　清光緒六年(1880)刻本　一册

310000－0241－0002317　440246
拳案三種五卷　(清)勞乃宣撰　清末排印本　一册

310000－0241－0002318　440247
滿清二百年來失地記　陳沂撰　清末排印本　一册　存一卷(上)

310000－0241－0002319　440249
新譯萬國垂涎中華近事三卷　(法國)畢龍撰　(清)劉翹翰譯　清光緒二十八年(1902)中華編譯印書館排印本　二册

310000－0241－0002320　440256
徵信錄二卷　(清)汪箴撰　清光緒十年(1884)錢塘汪氏刻本　一册

310000－0241－0002321　440272
庚辛泣杭錄十六卷　(清)丁丙輯　清光緒二十一年(1895)錢塘丁氏嘉惠堂刻本　六册

310000－0241－0002322　440278
明朝國初事蹟不分卷　(明)劉辰撰　清同治八年(1869)胡氏退補齋刻金華叢書本　一册

310000－0241－0002323　440278：2
明朝國初事蹟不分卷　(明)劉辰撰　清同治八年(1869)胡氏退補齋刻金華叢書本　一册

310000－0241－0002324　440279
嶺上紀行二卷　(清)彭孫貽撰　清光緒三十二年(1906)國學保存會排印本　一册

310000－0241－0002325　440280
公車上書記一卷　(清)滬上哀時老人未還氏撰　清光緒二十一年(1895)上海石印書局石印本　一册

310000－0241－0002326　440280:2
公車上書記一卷　(清)滬上哀時老人未還氏撰　清光緒二十一年(1895)上海石印書局石印本　一册

310000－0241－0002327　440287
辟邪實錄不分卷　(清)第一傷心人撰　清同治刻本　一册

310000－0241－0002328　440289
汰存錄一卷　(清)黄宗羲撰　清宣統二年(1910)時中書局排印梨洲遺著彙刻本　一册

310000－0241－0002329　440290
滇考一卷　(清)黄宗羲撰　清宣統二年(1910)時中書局排印梨洲遺著彙刻本　一册

310000－0241－0002330　440291
賜姓始末一卷　(清)黄宗羲撰　清宣統二年(1910)時中書局排印梨洲遺著彙刻本　一册

310000－0241－0002331　440292
行朝錄十卷　(清)黄宗羲撰　清宣統二年(1910)時中書局排印梨洲遺著彙刻本　三册

310000－0241－0002332　440298
歷代畧一卷　(清)李兆洛編　清道光二十三年(1843)嘉定徐氏壽祺堂校刻本　一册

310000－0241－0002333　440299
清秘史二卷　(清)陳範撰　清光緒三十年(1904)排印本　二册

310000－0241－0002334　440303(2)
新出皖案徐錫麟遺事不分卷　(清)□□撰　清末石印本　一册

310000－0241－0002335　440307
國史初級教科書二卷　商務印書館編輯　清光緒二十九年(1903)排印本　二册

310000－0241－0002336　450010
中國文學史不分卷　黄人(摩西)編纂　清末國學扶輪社排印本　二十九册

310000－0241－0002337　450013
十九世紀外交史十七章　(日本)平田久撰　(清)張相譯　清光緒二十八年(1902)杭州史學齋刻本　四册

310000－0241－0002338　450028
支那文明史論十章　(日本)中西牛郎撰　(清)普通學書室譯　清光緒二十八年(1902)普通學書室排印本　一册

310000－0241－0002339　460001
讀史鏡古編　(清)潘世恩輯　清同治飛霞閣刻本　五册　存二十七卷

310000－0241－0002340　460002
讀史鏡古編三十二卷　(清)潘世恩輯　清同治十三年(1874)冶城飛霞閣刻本　六册

310000－0241－0002341　460003
讀史鏡古編三十二卷　(清)潘世恩輯　清同治飛霞閣刻本　十二册

310000－0241－0002342　460004
史學驪珠四卷　(清)周贇撰　清光緒七年(1881)刻本　四册

310000－0241－0002343　460005
史鑑節要便讀六卷　(清)鮑東里輯　清同治七年(1868)李光明莊刻本　二册

310000－0241－0002344　460006
讀史備忘八卷　(明)范理撰　清雍正九年(1731)繼志堂刻本　四册

310000－0241－0002345　460007
柏堂讀書筆記　(清)方宗誠述　清末方柏堂刻本　一册　存三卷(七至九)

310000－0241－0002346　460008
二十二史纂畧六卷　(清)郭衷恒輯　清源汾堂刻本　二册

310000－0241－0002347　460012
廿一史約編　（清）鄭元慶述　清康熙十三年（1674）魚計亭刻本　四册

310000－0241－0002348　460012：2
廿一史約編　（清）鄭元慶述　清康熙十三年（1674）魚計亭刻本　一册

310000－0241－0002349　460013
皇朝瑣屑錄　（清）鍾琦輯　清光緒二十三年（1897）嘉州鍾氏刻本　十册

310000－0241－0002350　460017
十七史蒙求十六卷坿李氏蒙求補注六卷　（宋）王令撰　清道光二十八年（1848）大文堂刻本　六册

310000－0241－0002351　460018
十七史蒙求十六卷　（宋）王令撰　清康熙刻本　六册

310000－0241－0002352　460018：2
十七史蒙求十六卷　（宋）王令撰　清康熙刻本　一册

310000－0241－0002353　460020
史緯三百三十卷　（清）陳允錫刪修　清康熙三十三年（1694）湖海樓刻本　六十四册

310000－0241－0002354　460021
史緯（二十一史緯）三百三十卷　（清）陳允錫刪修　清同治九年（1870）刻補溫陵輔仁堂刻本　一百二十册

310000－0241－0002355　460022
古史輯要　（清）□□撰　清道光二十五年（1845）刻海山仙館叢書本　三册

310000－0241－0002356　460023
通鑑擥要前編二卷正編十九卷續編八卷明史擥要八卷　（清）姚培謙錄　清乾隆飛鴻堂刻本　二十四册

310000－0241－0002357　460027
史記菁華錄六卷　（清）苧田氏編　清道光四年（1824）姚氏扶荔山房刻本　六册

310000－0241－0002358　460028
兩漢策要　（清）趙子昂輯　清光緒十三年（1887）同文書局石印趙文敏寫刻本　八册

310000－0241－0002359　460030
前漢書鈔　（清）高嵣撰　清乾隆五十三年（1788）刻本　四册

310000－0241－0002360　460033
後漢書纂　（南朝宋）范曄撰　（明）淩濛初纂　明稽古齋刻本　十册

310000－0241－0002361　460034
後漢書鈔　（清）高嵣撰　清乾隆五十三年（1788）刻本　二册

310000－0241－0002362　460035
南史識小錄十四卷北史識小錄十四卷　（清）沈名蓀輯　清同治七年（1868）武林吳氏清來堂校刻本　六册

310000－0241－0002363　460035：2
南史識小錄十四卷北史識小錄十四卷　（清）沈名蓀輯　清同治七年（1868）武林吳氏清來堂校刻本　十二册

310000－0241－0002364　460036
南北史識小錄　（清）沈名蓀輯　（清）張應昌補正　清同治十年（1871）武林吳氏清來堂校刻本　十册　存十五卷

310000－0241－0002365　460038
唐書合鈔二百六十卷唐書宰相世系表訂譌十二卷唐書合鈔補正六卷　（清）沈炳震編輯　（清）丁子復補正　清嘉慶十八年（1813）吳門靜學齋刻本　八十册

310000－0241－0002366　460042
五代史記纂誤續補六卷　（清）吳光耀撰　清光緒十四年（1888）吳氏刻本　六册

310000－0241－0002367　460043
古今史畧　（清）李漁輯　清光緒十四年（1888）刻本　六册

310000－0241－0002368　460045
史畧　（宋）高似孫編　清光緒九年（1883）虞山鮑氏刻本　四册

310000－0241－0002369　460045：2
史畧　(宋)高似孫編　清光緒九年(1883)虞山鮑氏刻本　二册

310000－0241－0002370　460046
史畧八十七卷　(清)朱堃輯　清同治五年(1866)鄂城冷文秀堂刻本　二十册

310000－0241－0002371　460047
讀通鑑綱目條記　(清)李述來撰　清光緒刻本　六册

310000－0241－0002372　460048
讀通鑑綱目條記二十卷　(清)李述來撰　清光緒羣玉山房刻本　六册

310000－0241－0002373　460049
讀通鑑綱目條記二十卷　(清)李述來撰　清光緒刻本　六册

310000－0241－0002374　460050
歷代史纂左編存二卷目録一卷　(明)唐順之編　明嘉靖刻本　二册

310000－0241－0002375　460053
讀史提要録十二卷　(清)夏之蓉撰　清乾隆四十七年(1782)刻本　四册

310000－0241－0002376　460053：2
讀史提要録十二卷　(清)夏之蓉撰　清乾隆四十七年(1782)刻本　六册

310000－0241－0002377　460056
兩漢韻珠十卷　(清)吳章灃輯　清光緒十八年(1892)刻本　十册

310000－0241－0002378　460060
于文定公讀史漫録二十卷　(明)于慎行撰　(清)黄恩彤參訂　清道光二十六年(1846)存素齋刻本　十册

310000－0241－0002379　460061
讀史志畧四卷明史志畧二卷　(清)王逢源述　清咸豐刻本　六册

310000－0241－0002380　460065
遠春樓四史筆存四卷　(清)汪科爵輯　清光緒十二年(1886)錢塘汪氏刻本　二册

310000－0241－0002381　460066
古品節録六卷　(清)松筠撰　清宣統二年(1910)守政書局重印本　六册

310000－0241－0002382　460067
鑑撮四卷　(清)曠敏本撰　清乾隆四十年(1775)澄滓山房刻本　四册

310000－0241－0002383　470001
五千年大事一覽表不分卷　(清)□□編　清光緒武林印刷所排印本　二册

310000－0241－0002384　470005
歷代帝王年表十四卷　(清)齊召南編　(清)阮福續編　**帝王廟謚年諱譜一卷**　(清)陸費墀撰　清道光八年(1828)小琅嬛僊館刻本　四册

310000－0241－0002385　470006
歷代史表五十九卷　(清)萬斯同撰　清光緒十五年(1889)廣雅書局刻本　五册

310000－0241－0002386　470007
歷代帝王年表附紀元同異考畧　(清)黄大華編　清光緒二十六年(1900)夢紅豆邨刻本　一册

310000－0241－0002387　470008
歷代帝王年表　(清)齊召南編　清光緒勸學書舍刻本　四册

310000－0241－0002388　470009
歷代帝王年表不分卷　(清)齊召南編　**帝王廟謚年諱譜一卷**　(清)陸費墀撰　清道光四年(1824)小琅嬛僊館刻本　三册

310000－0241－0002389　470010
歷代帝王年表　(清)齊召南編　清光緒十二年(1886)掃葉山房刻本　三册

310000－0241－0002390　470011
續補史表六卷　(清)萬斯同撰　清抄本　一册

310000－0241－0002391　470012
歷代史表五十九卷　(清)萬斯同撰　清光緒十五年(1889)廣雅書局刻本　十二册

310000－0241－0002392　470013
春秋列國表不分卷　（清）馬驌撰　清光緒二十八年(1902)刻本　一册

310000－0241－0002393　470014
紀元編三卷　（清）李兆洛撰　清金陵書局刻本　三册

310000－0241－0002394　470015
紀元要畧二卷　（清）陳景雲撰　清康熙寫刻本　二册

310000－0241－0002395　470016
歷代年號記畧不分卷　（清）□□撰　清同治十年(1871)亦園刻本　一册

310000－0241－0002396　470017
歷代統紀表沿革表疆域表　（清）段長基編述　清嘉慶二十二年(1817)小西山房刻本　二十八册

310000－0241－0002397　470018
歷代政要表　（清）胡子清編　清光緒二十九年(1903)刻本　二册

310000－0241－0002398　470023
史鑑年表彙編十四卷　（清）蕭承笏輯　清光緒十年(1884)養雲書屋刻本　八册

310000－0241－0002399　470025
春秋大事表　（清）顧棟高編　清光緒十四年(1888)陝西求友齋刻本　二十四册

310000－0241－0002400　470026
春秋大事表　（清）顧棟高編　清同治十二年(1873)山東尚志堂重刻原本　二十册

310000－0241－0002401　470026(2)
春秋大事表五十卷　（清）顧棟高撰　清乾隆十三年(1748)萬卷樓刻本　二十四册

310000－0241－0002402　470027
前漢匈奴表三卷附錄一卷　（清）沈惟賢撰　清末排印本　二册

310000－0241－0002403　470027：2
前漢匈奴表三卷附錄一卷　（清）沈惟賢撰　清末排印本　一册

310000－0241－0002404　470028
前漢匈奴表三卷附錄一卷　（清）沈惟賢撰　清末排印本　二册

310000－0241－0002405　470029
補後漢書年表十卷附錄一卷　（宋）熊方撰　清乾隆四十七年(1782)刻本　五册

310000－0241－0002406　470030
後漢書補表八卷　（清）錢大昭撰　清咸豐琳琅僊館刻本　四册

310000－0241－0002407　470031
後漢書補表八卷　（清）錢大昭撰　清光緒十七年(1891)廣雅書局刻本　二册

310000－0241－0002408　470031：2
後漢書補表八卷　（清）錢大昭撰　清光緒十七年(1891)廣雅書局刻本　三册

310000－0241－0002409　470032
後漢書補表八卷　（清）錢大昭撰　清光緒八年(1882)後知不足齋刻本　四册

310000－0241－0002410　470036
北宋經撫年表二卷　吴廷燮撰　清末民國初排印本　二册

310000－0241－0002411　470037
紀元通考十二卷　（清）葉維庚撰　清道光八年(1828)鍾秀山房刻本　四册

310000－0241－0002412　470038
元史氏族表三卷　（清）錢大昕撰　清末江蘇書局刻本　二册

310000－0241－0002413　470038：2
元史氏族表三卷　（清）錢大昕撰　清末江蘇書局刻本　二册

310000－0241－0002414　470038：3
元史氏族表三卷　（清）錢大昕撰　清末江蘇書局刻本　一册

310000－0241－0002415　470039
元史氏族表三卷　（清）錢大昕撰　清光緒二十年(1894)廣雅書局刻本　二册

310000－0241－0002416　470048
太歲超辰表三卷疑年表一卷　(清)汪曰楨纂　清道光刻本　二冊

310000－0241－0002417　470049
中外大事彙記二十九卷　倚劍生編　清光緒二十四年(1898)廣智報局排印本　十四冊

310000－0241－0002418　470050
光緒建元以來督撫年表不分卷　(清)陳淑輯　清光緒三十四年(1908)排印本　一冊

310000－0241－0002419　470051
月日紀古十二卷　(清)蕭智漢輯　清乾隆五十九年(1794)刻本　十二冊

310000－0241－0002420　480001
晏子春秋七卷　(戰國)晏嬰撰　清光緒十八年(1892)思賢講舍刻本　二冊

310000－0241－0002421　480002
晏子春秋七卷音義二卷校勘記二卷　(清)孫星衍撰　清光緒元年(1875)浙江書局刻本　四冊

310000－0241－0002422　480003
晏子春秋七卷音義二卷校勘記二卷　(清)孫星衍撰　清光緒浙江書局刻本　一冊

310000－0241－0002423　480005
諸葛忠武誌十卷　(清)張鵬翮輯　清嘉慶刻本　六冊

310000－0241－0002424　480005(2)
漢丞相諸葛忠武侯傳不分卷坿刻一卷　(宋)張栻撰　清同治二年(1863)長沙余氏明辨齋刻本　二冊

310000－0241－0002425　480005(3)
諸葛忠武書十卷　(明)楊時偉編　清同治六年(1867)長沙余氏明辨齋刻本　四冊

310000－0241－0002426　480005:2
諸葛忠武誌十卷　(清)張鵬翮輯　清嘉慶刻本　四冊

310000－0241－0002427　480006
安祿山事跡　(唐)姚汝能纂　清光緒三十年(1904)江陰繆氏刻本　一冊

310000－0241－0002428　480007
韓魏公言行錄不分卷　(清)崔廷璋編　清光緒十三年(1887)刻本　一冊

310000－0241－0002429　480008
鄭學錄四卷　(清)鄭珍撰　清同治刻本　二冊

310000－0241－0002430　480009
東坡事類二十二卷　(清)梁廷枏纂　清道光十年(1830)刻本　八冊

310000－0241－0002431　480010
范文正公言行錄　(清)崔廷璋編　清光緒十三年(1887)刻本　一冊

310000－0241－0002432　480011
焚椒錄一卷　(遼)王鼎撰　(明)姚士粦校　明萬曆繡水沈氏刻本　一冊

310000－0241－0002433　480012
朱子年譜四卷考異四卷附錄二卷　(清)王懋竑纂訂　清光緒九年(1883)武昌書局刻本　一冊

310000－0241－0002434　480013
[恭輯]朱子文公傳道經世言行錄八卷首一卷　(清)舒敬亭輯　清乾隆五年(1740)舒氏彊恕堂刻本　四冊

310000－0241－0002435　480018
韓五泉墓誌銘一卷附韓邦靖傳一卷　(明)王九思撰　清刻本　一冊

310000－0241－0002436　480019
趙子言行錄二卷　(清)陳廷鈞纂注　清同治九年(1870)湖北崇文書局刻本　二冊

310000－0241－0002437　480020
趙子言行錄二卷　(清)陳廷鈞纂注　清同治九年(1870)湖北崇文書局刻本　二冊

310000－0241－0002438　480021
雷塘盦主弟子記　(清)張鑑錄　清光緒七年(1881)刻本　二冊

310000－0241－0002439　480022

雷塘盦主弟子記八卷　(清)張鑑録　清道光刻本　一册

310000－0241－0002440　480023

雷塘盦主弟子記八卷　(清)張鑑録　清道光刻本　二册

310000－0241－0002441　480029

金匱秦門雙烈傳不分卷　(清)秦耀奎編　清光緒十年(1884)寄暢園刻本　一册

310000－0241－0002442　480042

陸清獻公蒞嘉遺蹟　(清)黄維玉編輯　清同治六年(1867)刻本　一册

310000－0241－0002443　480042(2)

景陸粹編八卷　(清)許仁沐纂録　清光緒十五年(1889)刻本　六册

310000－0241－0002444　480042(2):2

景陸粹編八卷　(清)許仁沐纂録　清光緒十五年(1889)刻本　六册

310000－0241－0002445　480043

劉秉璋行狀　(清)□□撰　清光緒刻本　一册

310000－0241－0002446　480043:2

劉秉璋行狀　(清)□□撰　清光緒刻本　一册

310000－0241－0002447　480046

誥授光祿大夫太子太保兵部尚書雲貴總督贈太子太傅予謚襄勤顯考岑府君行狀一卷　(清)岑春榮等述　清光緒刻本　一册

310000－0241－0002448　480047

趙禹門六十自述不分卷　(清)趙文龍著　清光緒七年(1881)刻本　一册

310000－0241－0002449　480048

姚布政傳一卷　(清)嚴允肇撰　清道光元年(1821)刻本　一册

310000－0241－0002450　480048:2

姚布政傳一卷　(清)嚴允肇撰　清道光元年(1821)刻本　一册

310000－0241－0002451　480050

鸓堂府君[李桓]事畧一卷　(清)李輔燿述　清光緒刻本　一册

310000－0241－0002452　480052

循良録　(清)黄彭年編　清同治六年(1867)刻本　一册

310000－0241－0002453　480058

祝爽亭觀察事畧不分卷　(清)祝塏撰　清光緒刻本　一册

310000－0241－0002454　480059

繪圖李蓮英一卷　(清)梁紀佩撰　清宣統元年(1909)石印本　一册

310000－0241－0002455　480061

求闕齋弟子記三十二卷　(清)王定安編　清光緒二年(1876)都門琉璃廠刻本　十六册

310000－0241－0002456　480061(2)

求闕齋弟子記三十二卷　(清)王定安編　清末蛟川張氏秋樹根齋刻本　十六册

310000－0241－0002457　480063

曾文正公榮哀録　(清)□□輯　清同治刻本　一册

310000－0241－0002458　480064

曾相六十壽文二卷　(清)李鴻章輯　清光緒二年(1876)醉六堂刻本　一册

310000－0241－0002459　480067

青峯餘韻一卷　(清)錢衡銓等編　清光緒刻本　一册

310000－0241－0002460　480068

吳縣吳公[思樹]傳一卷　(清)羅惇衍撰　清抄本　一册

310000－0241－0002461　480069

沈文節公事實一卷　(清)沈守廉輯　清光緒八年(1882)沈守廉北京刻本　一册

310000－0241－0002462　480070

敖公紀述二卷　(清)陳翼亮纂　清光緒二十一年(1895)刻本　二册

310000－0241－0002463　480075
李文襄公別錄　(清)李鍾麟編次　清康熙二十六年(1687)刻本　四冊

310000－0241－0002464　480077
求可堂自記不分卷　(清)廖冀亨撰　清咸豐二年(1852)刻本　一冊

310000－0241－0002465　480078
黑旗劉大將軍事實不分卷　(清)管斯駿錄　清光緒二十一年(1895)管可壽齋刻本　一冊

310000－0241－0002466　480080
劉貞烈婦事狀二卷輓詩二卷海帆仙女降神詩記一卷　(清)彭申甫輯　清同治十年(1871)刻本　四冊

310000－0241－0002467　480085
惠列公錄六卷　(清)惠宗益撰　清光緒十八年(1892)刻本　四冊

310000－0241－0002468　480087
諸葛忠武志　(清)張鵬翮撰　清康熙四十五年(1706)冰雪堂刻本　八冊

310000－0241－0002469　480091
陸清獻公蒞嘉遺蹟　(清)黃維玉編輯　清同治六年(1867)刻本　一冊

310000－0241－0002470　480093:2
秋雨秋風一卷　(清)黃民編纂　清光緒三十三年(1907)競存書局排印本　一冊

310000－0241－0002471　480093:3
鑑湖女俠(秋瑾女士傳)一卷　吳芝瑛編著　清光緒石印本　一冊

310000－0241－0002472　480094
李鴻章(中國四十年來大事記)　梁啓超撰　清光緒二十七年(1901)排印本　一冊

310000－0241－0002473　480094(2)
李鴻章不分卷　梁啓超撰　清末石印本　一冊　存八章(一至八)

310000－0241－0002474　480094(3)
李鴻章不分卷　梁啓超撰　清末石印本　一冊

310000－0241－0002475　480094:2
李鴻章(中國四十年來大事記)　梁啓超撰　清光緒二十七年(1901)排印本　一冊

310000－0241－0002476　480094:3
李鴻章(中國四十年來大事記)　梁啓超撰　清光緒二十七年(1901)排印本　一冊

310000－0241－0002477　480094:4
李鴻章(中國四十年來大事記)　梁啓超撰　清光緒二十七年(1901)排印本　一冊

310000－0241－0002478　480094:5
李鴻章(中國四十年來大事記)　梁啓超撰　清光緒二十七年(1901)排印本　一冊

310000－0241－0002479　480103
西太后二十章　(日本)中喜久信周著　(清)知非書會譯　清末知非書會排印本　一冊

310000－0241－0002480　480109
顏札景廉行狀一卷　(清)顏札氏撰　清光緒刻本　一冊

310000－0241－0002481　480111
江忠烈公[忠源]行狀一卷　(清)左宗棠撰　清同治刻本　一冊

310000－0241－0002482　480115
金學士[福曾]國史循吏傳稿三卷　(清)朱錦等輯　清思貽堂刻本　一冊

310000－0241－0002483　480115:2
金學士[福曾]國史循吏傳稿三卷　(清)朱錦等輯　清思貽堂刻本　一冊

310000－0241－0002484　480118
薇孫府君行狀一卷　(清)栗烜述　清道光刻本　一冊

310000－0241－0002485　480124
海城李公[秉衡]勤王紀畧不分卷　(清)朱祖懋述　清光緒排印本　一冊

310000－0241－0002486　480125
國史羅閣學公列傳　(清)國史館撰　清光緒刻本　一冊

310000－0241－0002487　480127

劉忠誠公坤一事畧一卷　(清)□□撰　清光緒二十九年(1903)排印本　一册

310000－0241－0002488　480128

太常袁公行畧不分卷　(清)袁允橚等撰輯　清光緒三十一年(1905)上海商務印書館石印本　一册

310000－0241－0002489　480132

王仁堪傳　(清)費念慈録　清石印本　一册

310000－0241－0002490　480157

宜堂類編二十五卷　(清)丁立中輯録　清光緒二十六年(1900)錢塘丁氏嘉惠堂刻本　十册

310000－0241－0002491　480160

庸間老人自敘一卷　(清)陳其元撰　清光緒初陳氏刻本　一册

310000－0241－0002492　480160:2

庸間老人自敘一卷　(清)陳其元撰　清光緒初陳氏刻本　一册

310000－0241－0002493　480167

先舫府君[吴鍾駿]行述一卷　(清)吴清彦述　清咸豐三年(1853)文寶齋刻本　一册

310000－0241－0002494　480169

王少保[德榜]事蹟奏稿附墓誌銘一卷　(清)□□撰　清刻本　一册

310000－0241－0002495　480171

魚山先生[馮敏昌]傳一卷　(清)謝蘭生撰　清嘉慶十六年(1811)刻本　一册

310000－0241－0002496　480188

張中丞事實集録三卷首一卷　(清)王德茂編　清光緒九年(1883)刻本　二册

310000－0241－0002497　480190

新出張文襄公事畧一卷　(清)□□撰　清末石印本　一册

310000－0241－0002498　480190(2)

抱冰堂弟子記一卷　(清)□□記　清末排印本　一册

310000－0241－0002499　480191

皇清誥贈光禄大夫清溪縣知縣陳公[炘煜]墓誌銘一卷　(清)俞樾撰　(清)王塎書　清末石印本　一册

310000－0241－0002500　480203

張元箸先生事畧一卷　(清)黄宗羲撰　清宣統二年(1910)時中書局排印梨洲遺箸彙刻本　一册

310000－0241－0002501　480204

先府君事畧一卷　(清)焦廷琥撰　清道光焦氏雕菰樓刻本　一册

310000－0241－0002502　480205

欠愁集一卷　(清)史震林撰　清光緒二十六年(1900)番禺沈氏刻本　一册

310000－0241－0002503　480206

鄭成功傳一卷　(清)黄宗羲撰　清宣統二年(1910)時中書局排印梨洲遺箸彙刻本　一册

310000－0241－0002504　480215

[啓秀事畧]不分卷　(清)顔杞述　清末刻本　一册

310000－0241－0002505　480216

[完顔麟慶]行述不分卷　(清)完顔崇實述　清末刻本　一册

310000－0241－0002506　481002:2

疑年録四卷續録四卷三續十三卷補四卷賡録二卷　(清)錢大昕編　(清)陸心源等續　清光緒二十四年(1898)刻本　七册

310000－0241－0002507　481003

疑年賡録　(清)張鳴珂編　清光緒二十四年(1898)刻本　一册

310000－0241－0002508　481004

疑年賡録二卷　(清)張鳴珂編　清光緒二十四年(1898)刻本　一册

310000－0241－0002509　481005

三續疑年録十卷　(清)陸心源撰　清光緒五年(1879)刻本　三册

310000－0241－0002510　481007

補疑年錄四卷　(清)錢椒編　清道光十八年(1838)刻本　一册

310000－0241－0002511　481009

十五家年譜叢書十五種二十二卷　(清)楊希閔編　清光緒刻清末民國初書林陳履□補刻本　十六册

310000－0241－0002512　481009:2

十五家年譜叢書十五種二十二卷　(清)楊希閔編　清光緒刻清末民國初書林陳履□補刻本　十六册

310000－0241－0002513　481009:3

十五家年譜叢書十五種二十二卷　(清)楊希閔編　清光緒刻清末民國初書林陳履□補刻本　十六册

310000－0241－0002514　481010

周公年表一卷附篔齋傳古錄　(清)陳介祺撰　清光緒五年(1879)福山王氏刻本　一册

310000－0241－0002515　481010(2)

周公年表一卷　(清)牟庭撰　清同治十年(1871)刻本　一册

310000－0241－0002516　481016

先聖生卒年月日考　(清)孔廣牧述　清光緒十五年(1889)廣雅書局刻本　一册

310000－0241－0002517　481017

先聖生卒年月日考二卷　(清)孔廣牧述　清光緒十九年(1893)浙江書局刻本　一册

310000－0241－0002518　481020

陶靖節先生年譜　(宋)吳仁傑編　清光緒二十一年(1895)刻靈峯草堂叢書本　一册

310000－0241－0002519　481023

顔魯公[真卿]年譜　(宋)留元剛撰　清道光刻本　一册

310000－0241－0002520　481033

朱子年譜四卷考異四卷附錄二卷　(清)王懋竑纂訂　清同治九年(1870)武昌書局刻本　一册

310000－0241－0002521　481033:2

朱子年譜四卷考異四卷附錄二卷　(清)王懋竑纂訂　清同治九年(1870)武昌書局刻本　三册

310000－0241－0002522　481033:3

朱子年譜四卷考異四卷附錄二卷　(清)王懋竑纂訂　清同治九年(1870)武昌書局刻本　四册

310000－0241－0002523　481033:4

朱子年譜四卷考異四卷附錄二卷　(清)王懋竑纂訂　清同治九年(1870)武昌書局刻本　三册

310000－0241－0002524　481034

朱子年譜存二卷附錄存二卷　(清)王懋竑纂　清同治九年(1870)武昌書局刻本　二册

310000－0241－0002525　481035

朱子年譜附考異四卷附錄二卷校勘記二卷　(清)王懋竑纂　清乾隆十七年(1752)高郵王氏白田草堂刻本　四册

310000－0241－0002526　481036

朱子年譜二卷前錄二卷後錄二卷　(宋)李公晦撰　(清)鄭士範增輯　清乾隆三年(1738)刻本　二册

310000－0241－0002527　481037

朱子朱譜考異四卷年譜三卷四卷　(清)王懋竑纂　清乾隆十七年(1752)高郵王氏白田草堂刻本　二册

310000－0241－0002528　481038

黃梨洲先生[宗羲]年譜三卷　(清)黃炳垕編　清同治十二年(1873)刻光緒初補刻本　一册

310000－0241－0002529　481038(3)

黃梨洲先生[宗羲]年譜三卷　(清)黃炳垕編　清宣統二年(1910)時中書局排印本　一册

310000－0241－0002530　481038:2

黃梨洲先生[宗羲]年譜三卷　(清)黃炳垕編　清同治十二年(1873)刻光緒初補刻本　一册

310000－0241－0002531　481040
戚少保年譜十二卷　(明)戚祚國等纂　清道光二十七年(1847)仙游王氏刻光緒四年(1878)補刻本　十二册

310000－0241－0002532　481041
顧亭林先生[炎武]年譜　(清)吳映奎輯　清光緒四年(1878)刻本　一册

310000－0241－0002533　481048
施愚山先生年譜四卷　(清)施念曾編　清末木活字印本　一册

310000－0241－0002534　481050
陸稼書[隴其]先生年譜　(清)吳光酎重輯　清雍正四年(1726)刻本　二册

310000－0241－0002535　481051
閻潛丘先生[若璩]年譜一卷　(清)張穆撰　清道光二十七年(1847)壽陽祁氏刻本　一册

310000－0241－0002536　481052
澄懷主人自訂年譜六卷　(清)張廷玉撰　清光緒六年(1880)張紹文刻本　二册

310000－0241－0002537　481053
是仲明先生年譜不分卷　(清)張敬立撰　清光緒十二年(1886)刻本　一册

310000－0241－0002538　481054
是仲明先生年譜不分卷　(清)張敬立撰　清光緒十二年(1886)刻本　二册

310000－0241－0002539　481055
阿文成公[桂]年譜三十四卷　(清)那彦成撰　清嘉慶十八年(1813)師古軒刻本　十六册

310000－0241－0002540　481058
黃蕘圃先生[丕烈]年譜　(清)江標輯　清光緒二十三年(1897)刻本　二册

310000－0241－0002541　481061
武進李申耆先生年譜三卷小德錄一卷　(清)蔣彤編　清光緒十三年(1887)嘉興吳灡木活字印本　二册

310000－0241－0002542　481061:2
武進李申耆先生年譜三卷小德錄一卷　(清)蔣彤編　清光緒十三年(1887)嘉興吳灡木活字印本　二册

310000－0241－0002543　481062
皇清誥授榮祿大夫工部左侍郎兼署錢法堂事務加一級顧考鼎甫府君年譜一卷　(清)沈宗涵撰　清道光三十年(1850)刻本　一册

310000－0241－0002544　481063
知所止齋自訂年譜不分卷　(清)何汝霖撰　清咸豐江寧何氏刻本　一册

310000－0241－0002545　481064
中議公自訂年譜八卷吹蘆小草一卷　(清)楊炳堃撰　清光緒十一年(1885)刻本　八册

310000－0241－0002546　481065
丹魁堂自訂年譜一卷感遇錄一卷附遺愛錄一卷　(清)季芝昌撰　清同治三年(1864)江陰季念詒刻本　二册

310000－0241－0002547　481065:2
丹魁堂自訂年譜一卷感遇錄一卷附遺愛錄一卷　(清)季芝昌撰　清同治三年(1864)江陰季念詒刻本　一册

310000－0241－0002548　481066
皇清誥授光祿大夫太子保兵部尚書都察院右都御史湖廣總督考文節府君年譜不分卷　(清)吳養原撰　清咸豐刻本　一册

310000－0241－0002549　481067
倪高士年譜二卷　(清)胡公壽手錄　高邕刻　清宣統元年(1909)仁和高氏刻本　一册

310000－0241－0002550　481068
遂翁自訂年譜一卷　(清)趙昀撰　清光緒刻本　一册

310000－0241－0002551　481068:3
遂翁自訂年譜一卷　(清)趙昀撰　清光緒刻本　一册

310000－0241－0002552　481069
王船山先生[夫之]年譜二卷　(清)劉毓崧編　清光緒十二年(1886)江南書局刻本　二册

310000－0241－0002553　481069:2

王船山先生[夫之]年譜二卷 (清)劉毓崧編 清光緒十二年(1886)江南書局刻本 二册

310000－0241－0002554 481072
黄忠端公[尊素]年譜二卷 (清)黄炳垕編 清光緒二十五年(1899)餘姚黄氏留書種閣刻本 一册

310000－0241－0002555 481072:2
黄忠端公[尊素]年譜二卷 (清)黄炳垕編 清光緒二十五年(1899)餘姚黄氏留書種閣刻本 一册

310000－0241－0002556 481072:3
黄忠端公[尊素]年譜二卷 (清)黄炳垕編 清光緒二十五年(1899)餘姚黄氏留書種閣刻本 一册

310000－0241－0002557 481077
顧亭林先生[炎武]年譜一卷閻潛丘先生[若璩]年譜一卷 (清)張穆撰 清道光二十四年(1844)、二十七年(1847)壽陽祁氏刻本 二册

310000－0241－0002558 481077:2
顧亭林先生[炎武]年譜一卷閻潛丘先生[若璩]年譜一卷 (清)張穆撰 清道光二十四年(1844)、二十七年(1847)壽陽祁氏刻本 二册

310000－0241－0002559 481078
羅壯勇公年譜二卷 (清)天鵬老人撰 清光緒三十四年(1908)武昌肇杏書屋刻本 二册

310000－0241－0002560 481080
繩其武齋自纂年譜一卷 (清)黄贊湯撰 (清)黄祖絡續 清同治刻本 一册

310000－0241－0002561 481086
天山自敘年譜一卷 (明)鄭鄤撰 清宣統二年(1910)盛氏刻本 一册

310000－0241－0002562 481087
光禄大夫予告大學士大庾戴可亭相國夫子年譜一卷 (清)湯金釗等編 清道光刻本 一册

310000－0241－0002563 481088
太常公年譜一卷 (清)錢泰吉輯 清光緒三十年(1904)錢志澄刻本 一册

310000－0241－0002564 481089
栗恭勤公[毓美]年譜二卷 (清)張壬林編 清光緒十六年(1890)刻本 二册

310000－0241－0002565 481090
先府君年譜一卷 (清)孫弓安編 清康熙刻道光三十年(1850)孫慶科補版印本 一册

310000－0241－0002566 481091
高陽太傅孫文正公[承宗]年譜五卷 (明)孫銓編 清乾隆孫氏師儉堂刻本 四册

310000－0241－0002567 481095
頤壽老人年譜二卷 (清)錢寶琛編 (清)錢鼎銘等續編 清同治刻本 一册

310000－0241－0002568 481097
鹿忠節公[善繼]年譜二卷 (清)陳鋐編 清尋樂堂刻本 二册

310000－0241－0002569 481099
皇清誥授光禄大夫太子太傅兵部尚書都察院右都御史陝甘總督管巡撫事予謚莊毅顯考東巖府君年譜一卷 (清)長啓等編 清同治九年(1870)廣州刻本 二册

310000－0241－0002570 481100
汪雙池先生[紱]年譜 (清)余龍光編 清同治五年(1866)刻本 二册

310000－0241－0002571 481103
李文襄公[之芳]年譜一卷 (清)程光裋編纂 清康熙刻本 一册

310000－0241－0002572 481105
露桐先生[李殿圖]年譜前編四卷續編二卷 (清)錢景星編 (清)李轍通續編 清嘉慶李氏刻本 六册

310000－0241－0002573 481106
陽明先生[王守仁]年譜二卷 (明)李贄撰 清道光刻本 二册

310000－0241－0002574 481109

吴竹如先生[廷棟]年譜一卷 (清)方宗誠編 清光緒四年(1878)畿輔志局刻本 一册

310000－0241－0002575 481110
張制軍[亮基]年譜二卷 (清)林紹年輯 清光緒三十一年(1905)張祖祐刻本 四册

310000－0241－0002576 481112
德壯果公[德楞泰]年譜三十二卷 (清)花沙納纂 清咸豐六年(1856)致遠堂刻本 十六册

310000－0241－0002577 481114
羅忠節公年譜二卷 (清)□□撰 清同治二年(1863)刻本 一册

310000－0241－0002578 481115
薛文清公[瑄]年譜一卷 (明)楊鶴編 清康熙五十二年(1713)薛氏刻本 一册

310000－0241－0002579 481117
頤志齋四譜四卷 (清)丁晏編 清道光二十三年(1843)山陽丁氏六藝堂刻本 一册

310000－0241－0002580 481117:2
頤志齋四譜四卷 (清)丁晏編 清道光二十三年(1843)山陽丁氏六藝堂刻本 一册

310000－0241－0002581 481121
建文年譜四卷 (清)趙士喆撰 清咸豐四年(1854)古豳唐氏習勤堂刻本 四册

310000－0241－0002582 481122
張度西先生年譜一卷 (清)張家榗編 清同治六年(1867)刻本 一册

310000－0241－0002583 481123
湯文正公年譜定本一卷 (清)楊椿重輯 清道光十九年(1839)湯巡等重刻乾隆八年(1743)本 一册

310000－0241－0002584 481124
陸清獻公[隴奇]年譜一卷 (清)吳光酉編 清同治七年(1868)武林薇署刻本 一册

310000－0241－0002585 481126
劉忠宣公[大夏]年譜 (清)劉世節編 清光緒刻本 一册

310000－0241－0002586 481134
章午峯先生[邦元]年譜一卷日記一卷 (清)章家祚編 清光緒十八年(1892)刻本 一册

310000－0241－0002587 481135
啖蔗軒自訂年譜一卷東歸日記一卷 (清)方士淦撰 清同治十一年(1872)兩淮運署刻本 一册

310000－0241－0002588 481136
惕龕年譜 (清)崇實撰 清光緒三年(1877)刻本 一册

310000－0241－0002589 481138
二妙[成己、克己]年譜 孫德謙編 清宣統元年(1909)求恕齋刻本 一册

310000－0241－0002590 481140
陳安道先生年譜 (清)陳溥述 清光緒十九年(1893)刻本 一册

310000－0241－0002591 481141
長文襄公自定年譜四卷 (清)長齡撰 清道光二十一年(1841)桂叢堂刻本 四册

310000－0241－0002592 481142
程竹溪先生[仁恩]年譜一卷 (清)嚴寶枝撰 清光緒三年(1877)刻本 一册

310000－0241－0002593 481142:2
程竹溪先生[仁恩]年譜一卷 (清)嚴寶枝撰 清光緒三年(1877)刻本 一册

310000－0241－0002594 481144
四洪年譜四卷 (清)洪汝奎編 清宣統三年(1911)晦木齋刻本 四册

310000－0241－0002595 481145
朱九江先生年譜 (清)簡朝亮纂 清光緒二十三年(1897)刻本 一册

310000－0241－0002596 481146
錢泰吉年譜一卷 (清)錢炳森撰 清光緒七年(1881)刻本 一册

310000－0241－0002597 481148
左文襄公[宗棠]年譜十卷 (清)羅正鈞編 清光緒二十三年(1897)湘陰左氏校刻本

十冊

310000－0241－0002598　481148：2
左文襄公［宗棠］年譜十卷　（清）羅正鈞編　清光緒二十三年（1897）湘陰左氏校刻本　十冊

310000－0241－0002599　481149
太常袁公行畧不分卷　（清）袁允橚等撰輯　清光緒三十一年（1905）上海商務印書館石印本　一冊

310000－0241－0002600　481158
文端公［錢陳羣］年譜三卷　（清）錢儀吉編　（清）錢志澄增訂　清光緒二十年（1894）刻本　三冊

310000－0241－0002601　481158：2
文端公［錢陳羣］年譜三卷　（清）錢儀吉編　（清）錢志澄增訂　清光緒二十年（1894）刻本　三冊

310000－0241－0002602　481158：3
文端公［錢陳羣］年譜三卷　（清）錢儀吉編　（清）錢志澄增訂　清光緒二十年（1894）刻本　三冊

310000－0241－0002603　481161
張楊園［履祥］年譜一卷附錄一卷　（清）蘇惇元重編　清同治三年（1864）刻本　一冊

310000－0241－0002604　481162
王先謙自定年譜三卷　王先謙撰　清光緒三十四年（1908）長沙王氏刻本　三冊

310000－0241－0002605　481163
病榻夢痕錄二卷夢痕錄餘一卷　（清）汪輝祖撰　清同治十一年（1872）刻本　三冊

310000－0241－0002606　481170
徵君孫先生［奇逢］年譜二卷　（清）湯斌等編　清乾隆刻本　二冊

310000－0241－0002607　481171
李恕谷先生［塨］年譜五卷　（清）馮辰纂　（清）劉調贊續纂　清道光十五年（1835）刻本　三冊

310000－0241－0002608　481179
竹塍府君［齊清阿］年譜一卷　（清）納喇常恩編述　清咸豐刻本　一冊

310000－0241－0002609　481186
姚惜抱先生［鼐］年譜一卷　（清）鄭福照輯　清同治七年（1868）桐城鄭氏金陵刻本　一冊

310000－0241－0002610　481187
孔門師弟年表孟子時事年表合刻四卷　（清）林春溥撰　清嘉慶二十一年（1816）竹柏山房刻本　一冊

310000－0241－0002611　481188
孟子編年四卷　（清）狄子奇撰　清光緒十三年（1887）浙江書局刻本　一冊

310000－0241－0002612　481189
右軍［王羲之］年譜一卷叢談一卷　（清）魯一同撰　清咸豐五年（1855）刻本　一冊

310000－0241－0002613　481190
韓柳年譜四種八卷　（清）馬曰琯彙刻　清光緒元年（1875）隸釋齋摹刻本　一冊

310000－0241－0002614　481193
蘇潁濱［轍］年表一卷　（宋）孫汝聽撰　清宣統元年（1909）刻本　一冊

310000－0241－0002615　481196
徵君孫先生［奇逢］年譜二卷　（清）湯斌等編　清光緒十三年（1887）高氏繼善堂刻本　二冊

310000－0241－0002616　481199
洪北江先生年譜一卷附碑傳一卷　（清）呂培等編　清光緒三年（1877）洪氏授經堂刻本　一冊

310000－0241－0002617　481201
駱公年譜不分卷坿奏疏三通　（清）駱秉章自著　清同治六年（1867）刻本　二冊

310000－0241－0002618　481202
吴太夫人［董金鑑母］年譜三卷　（清）董金鑑編　清光緒刻本　一冊

310000－0241－0002619　481205

潘文勤公[祖蔭]年譜一卷 (清)潘祖年撰 清光緒刻本 一冊

310000－0241－0002620 481207
顏習齋先生[元]年譜二卷 (清)李塨纂 (清)王源訂 清光緒五年(1879)謙德堂刻本 二冊

310000－0241－0002621 481208
楊蓉裳先生年譜一卷 (清)楊芳燦撰 清光緒五年(1879)余一鼇刻本 一冊

310000－0241－0002622 481209
吳竹如先生[廷棟]年譜一卷 (清)方宗誠編 清光緒四年(1878)畿輔志局刻本 一冊

310000－0241－0002623 481210
皇清誥授建威將軍雲南提督署四川提督唐公年譜一卷 (清)唐鴻學述 清光緒三十四年(1908)石印本 一冊

310000－0241－0002624 481214
弇山畢公[沅]年譜一卷 (清)史善長撰次 清同治十一年(1872)畢長慶刻本 一冊

310000－0241－0002625 481216
梅溪先生年譜一卷 (清)胡源編 清道光末錢氏刻本 一冊

310000－0241－0002626 481217
時庵自撰年譜一卷 (清)蔣元益編 清乾隆末蔣氏刻本 一冊

310000－0241－0002627 481228
慈谿裘蔗邨太史[璉]年譜一卷 (清)裘姚崇編 清道光十九年(1839)裘氏奚疑齋木活字印本 一冊

310000－0241－0002628 481229
豫章先賢九家年譜九種十五卷 (清)楊希閔撰 清光緒四年(1878)刻本 三冊

310000－0241－0002629 481232
杜工部草堂詩年譜二卷 (宋)魯訔撰 清山陰杜氏知聖教齋抄本 一冊

310000－0241－0002630 482003
洪廬江祀典徵實二卷 (清)章世溶等編 清同治八年(1869)涇縣刻本 一冊

310000－0241－0002631 482007
[朱氏]崇祀錄一卷 (清)朱之榛編 清光緒平湖朱氏刻本 一冊

310000－0241－0002632 482008
孤忠錄二卷 (清)袁祖志編輯 清光緒新聞報館排印本 二冊

310000－0241－0002633 482009
忠孝錄不分卷 (清)王庭楨輯 清同治七年(1868)漢陽官廨刻本 二冊

310000－0241－0002634 482009:2
忠孝錄不分卷 (清)王庭楨輯 清同治七年(1868)漢陽官廨刻本 二冊

310000－0241－0002635 482010
江表忠畧二十卷 陳澹然撰 清光緒二十六年(1900)長沙刻本 四冊

310000－0241－0002636 482011
左文襄公誄詞 (清)□□撰 清光緒十二年(1886)刻本 一冊

310000－0241－0002637 482012
三遷志十二卷 (清)孟廣均編 (清)王特選增纂 清雍正刻本 四冊

310000－0241－0002638 482028
闕里廣志二十卷 (清)宋慶長修 清同治九年(1870)刻本 十二冊

310000－0241－0002639 482041
褒芳錄不分卷 (清)高熊舉撰 清同治十三年(1874)刻本 二冊

310000－0241－0002640 482041:2
褒芳錄不分卷 (清)高熊舉撰 清同治十三年(1874)刻本 一冊

310000－0241－0002641 482043
世篤忠貞錄不分卷 (清)榮祿等輯 清光緒刻本 二冊

310000－0241－0002642 482045
楊公善政前後彙錄不分卷 (清)楊金龍撰

清光緒三十一年(1905)刻本　一册

310000－0241－0002643　482048
任學士功績錄不分卷　(清)方策彙錄　清光緒刻本　二册

310000－0241－0002644　482048:2
任學士功績錄不分卷　(清)方策彙錄　清光緒刻本　一册

310000－0241－0002645　482052
張文襄公榮哀錄十卷　(清)□□輯　清宣統二年(1910)排印本　四册

310000－0241－0002646　482053
皇清處士明功授知縣欽賜拔貢郡庠生員李公崇祀錄二卷　(清)李爲淦編次　清道光刻本　二册

310000－0241－0002647　482055
殉節錄不分卷　(清)祝沾恩編錄　清光緒三十一年(1905)木活字印本　一册

310000－0241－0002648　482057
李剛烈公碧血錄二卷　(清)李鎮衡編　清同治十二年(1873)刻本　一册

310000－0241－0002649　482058
忠武誌八卷　(清)張鵬翮輯　清同治八年(1869)刻本　八册

310000－0241－0002650　482064
石林遺事三卷　葉德輝撰　清宣統三年(1911)刻本　二册

310000－0241－0002651　482067
多忠勇公勤勞錄四卷　(清)雷正綰纂輯　(清)劉寶國編次　清光緒元年(1875)周原提署刻本　四册

310000－0241－0002652　482071
黃文貞公忠節紀畧四卷首一卷　(清)柯自遂輯　(清)劉瑞芬重編　清光緒元年(1875)皖上刻本　二册

310000－0241－0002653　482075
祝賡颺先生崇祀鄉賢錄一卷　(清)□□撰　清光緒木活字印本　一册

310000－0241－0002654　482077(2)
疏香閣遺錄四卷不分卷　(明)葉紹袁輯　清光緒二十二年(1896)葉氏秋夢盦刻本　一册

310000－0241－0002655　482081
希賢錄二卷　(清)彭玉麟輯　清光緒九年(1883)精刻本　一册

310000－0241－0002656　482093
枕干紀錄一卷　(清)冒沅輯　清光緒五年(1879)冒氏水繪園刻本　一册

310000－0241－0002657　482096
吴柳堂先生誄文一卷　(清)卓壽山等撰　(清)傅巖霖編　清光緒六年(1880)石印本　二册

310000－0241－0002658　482096:2
吴柳堂先生誄文一卷　(清)卓壽山等撰　(清)傅巖霖編　清光緒六年(1880)石印本　一册

310000－0241－0002659　482098
會稽王烈婦孫宜人哀辭一卷　(清)王繼香徵詞　(清)孫道乾編　清光緒刻本　一册

310000－0241－0002660　482099
韜厂蹈海錄二卷　(清)陸鍾琦輯　清宣統二年(1910)蘇州老毛上珍排印本　一册

310000－0241－0002661　482101
李文忠公榮哀錄不分卷　(清)吳汝綸等編　清光緒末刻本　一册

310000－0241－0002662　482102
詒煒集三卷　(清)許振褘等撰　清光緒十八年(1892)東河節署刻本　一册

310000－0241－0002663　482103
詒煒集五卷侍香集一卷　(清)許振褘等撰　清光緒二十三年(1897)廣州節署刻本　二册

310000－0241－0002664　483001
古聖賢像傳畧十六卷　(清)顧沅輯　清道光十年(1830)刻本　六册

310000－0241－0002665　483005
聖賢像贊三卷　(明)冠洋子輯　清光緒四年

(1878)刻本　四冊

310000－0241－0002666　483005:2

聖賢像贊三卷　(明)冠洋子輯　清光緒四年(1878)刻本　四冊

310000－0241－0002667　483006

吳郡名賢圖傳贊十六卷　(清)顧沅輯　清道光七年(1827)刻本　八冊

310000－0241－0002668　483007

岑襄勤公勳德介福圖　(清)趙蒲等編繪　清光緒十六年(1890)石印本　一冊

310000－0241－0002669　483007:2

岑襄勤公勳德介福圖　(清)趙蒲等編繪　清光緒十六年(1890)石印本　一冊

310000－0241－0002670　483008

於越先賢像傳贊　(清)王齡撰　清咸豐七年(1857)刻本　四冊

310000－0241－0002671　483009

練川名人畫象　(清)程祖慶編　清道光二十八年(1848)刻本　二冊

310000－0241－0002672　483009:2

練川名人畫象　(清)程祖慶編　清道光二十八年(1848)刻本　二冊

310000－0241－0002673　483009:3

練川名人畫象　(清)程祖慶編　清道光二十八年(1848)刻本　二冊

310000－0241－0002674　483010

歷代名媛圖說　(清)點石齋輯　清光緒五年(1879)上海點石齋石印本　二冊

310000－0241－0002675　483011

千齡會圖傳附詩不分卷　(清)楊葆光撰　清光緒三十四年(1908)上海時中書局石印本　一冊

310000－0241－0002676　483014

紫光閣功臣小像並湘軍平定粵匪戰圖不分卷　(清)彭鴻年編著　清光緒末點石齋石印本　一冊

310000－0241－0002677　483016

晚笑堂畫傳不分卷附明太祖功臣圖　(清)上官周作　清乾隆八年(1743)刻本　四冊

310000－0241－0002678　483017

玉峯寄隱圖詩文錄三卷首一卷　(清)管柏編　清光緒四年(1878)白雲居刻本　一冊

310000－0241－0002679　483024

任阜長精繪歷代名將圖二卷　(清)任薰繪　(清)筆花館主人編　清光緒石印本　二冊

310000－0241－0002680　484005

西山日記二卷　(明)丁元薦撰　清康熙二十八年(1689)先醒齋刻本　二冊

310000－0241－0002681　484007(2)

味水軒日記八卷　(明)李日華撰　清光緒五年(1879)仁和葛氏刻本　二冊

310000－0241－0002682　484008

丙寅北行日譜不分卷　(明)朱祖文撰　清嘉慶刻本　一冊

310000－0241－0002683　484009

孫徵君日譜　(清)孫奇逢撰　清光緒十九年(1893)兼山堂刻本　三十冊　存三十六卷

310000－0241－0002684　484012

曾文正公手書日記不分卷　(清)曾國藩撰並書　清宣統元年(1909)中國圖書公司石印本　四十冊

310000－0241－0002685　484013

曾文正公手書日記不分卷　(清)曾國藩撰並書　清宣統元年(1909)中國圖書公司石印本　三十八冊　缺二冊(四、二十七)

310000－0241－0002686　484014

求闕齋日記類鈔不分卷　(清)曾國藩撰　(清)王啓原編　清光緒十三年(1887)申報館排印本　一冊

310000－0241－0002687　484015

求闕齋日記類鈔二卷　(清)曾國藩撰　清光緒二年(1876)傳忠書局刻本　二冊

310000－0241－0002688　484015:2

求闕齋日記類鈔二卷　(清)曾國藩撰　清光緒二年(1876)傳忠書局刻本　二册

310000－0241－0002689　484016(2)

越縵堂日記不分卷　(清)李慈銘撰　剪貼清宣統二年至三年(1910－1911)紹興公報本　二册　存二册(清宣統二年十一月至三年三月)

310000－0241－0002690　484027

請纓日記十卷　(清)唐景崧撰　清光緒十九年(1893)臺灣刻本　四册

310000－0241－0002691　484028

三洲日記八卷　(清)張蔭桓撰　清光緒二十二年(1896)刻本　八册

310000－0241－0002692　484029

客杭日記　(元)郭畀撰　清光緒七年(1881)錢唐丁氏刻本　一册

310000－0241－0002693　484030

客杭日記一卷　(元)郭畀撰　清知不足齋刻本　一册

310000－0241－0002694　484031

回颿日記一卷　(清)陳春瀛撰　清光緒排印本　一册

310000－0241－0002695　484033

三魚堂日記十卷　(清)陸隴其撰　清同治浙江書局刻本　四册

310000－0241－0002696　484033:2

三魚堂日記十卷　(清)陸隴其撰　清同治浙江書局刻本　四册

310000－0241－0002697　484034

伊犁日記附天山客話外家紀聞　(清)洪亮吉著　清光緒三年(1877)刻本　一册

310000－0241－0002698　484035

道西齋日記二卷　(清)王詠霓撰　清光緒十八年(1892)上海鴻寶齋石印本　一册

310000－0241－0002699　484042

甦餘日記　(清)蔣階著　清道光刻本　一册

310000－0241－0002700　484044

元穆文鈔不分卷日記三卷　(清)杜俞撰　清光緒十四年(1888)成都刻本　二册

310000－0241－0002701　484045

紫泥日記不分卷　(清)黄彭年撰　清光緒十五年(1889)刻本　一册

310000－0241－0002702　484048

出使日記續刻十卷　(清)薛福成撰　清光緒二十七年(1901)石印本　十册

310000－0241－0002703　484048:2

出使日記續刻十卷　(清)薛福成撰　清光緒二十七年(1901)石印本　十册

310000－0241－0002704　484049

出使英法義比四國日記六卷　(清)薛福成撰　清光緒刻本　六册

310000－0241－0002705　484050

考察政治日記不分卷　(清)載澤著　清宣統元年(1909)上海商務印書館排印本　一册

310000－0241－0002706　484050:2

考察政治日記不分卷　(清)載澤著　清宣統元年(1909)上海商務印書館排印本　一册

310000－0241－0002707　484051

虎口日記一卷　(清)魯叔容著　清光緒二十二年(1896)福州刻本　一册

310000－0241－0002708　484053

陽谷殉難事實一卷附輓章遺詩家傳　(清)文達綸摘錄　清光緒十九年(1893)刻本　一册

310000－0241－0002709　484054

北征日記二卷　(清)景澄清著　清咸豐九年(1859)刻本　一册

310000－0241－0002710　484055

乙巳考察印錫茶土日記不分卷　(清)鄭世璜撰　清光緒三十一年(1905)木活字印本　一册

310000－0241－0002711　484064

東陵日記一卷　(清)潘祖蔭撰　清末刻本　一册

310000－0241－0002712　484065
西陵日記一卷　(清)潘祖蔭撰　清末刻本　一册

310000－0241－0002713　484066
秦輶日記一卷　(清)潘祖蔭撰　清末刻本　一册

310000－0241－0002714　484068
使俄草八卷　(清)王之春撰　清光緒二十一年(1895)上海石印本　四册

310000－0241－0002715　484073
有正味齋日記三種六卷　(清)吳錫麒撰　清光緒上海申報館排印本　二册

310000－0241－0002716　484102
北行日記一卷　(清)薛寶田撰　清光緒如皋薛氏刻本　一册

310000－0241－0002717　484102：2
北行日記一卷　(清)薛寶田撰　清光緒如皋薛氏刻本　一册

310000－0241－0002718　484104
寓杭日記不分卷　(清)□□撰　清末民國初紅格抄本　一册

310000－0241－0002719　484105
瀋陽紀程一卷　(清)潘祖蔭撰　清末刻本　一册

310000－0241－0002720　484108
黎陽見聞錄不分卷　(清)趙如椿撰　清刻本　一册

310000－0241－0002721　484110
日記錄要不分卷　(清)子山撰　清光緒二十六年(1900)北京木活字印本　一册

310000－0241－0002722　485001
西林岑氏族譜十卷首一卷　(清)岑毓英纂修　清光緒十四年(1888)岑氏滇黔節署刻本　十册

310000－0241－0002723　485001：2
西林岑氏族譜十卷首一卷　(清)岑毓英纂修　清光緒十四年(1888)岑氏滇黔節署刻本　一册

310000－0241－0002724　485006
新陽趙氏清芬錄三卷　趙詒琛編　清宣統元年(1909)趙氏峭帆樓刻本　一册

310000－0241－0002725　485006：2
新陽趙氏清芬錄三卷　趙詒琛編　清宣統元年(1909)趙氏峭帆樓刻本　一册

310000－0241－0002726　485008
息園舊德錄一卷　(清)胡念修撰輯　清光緒二十六年(1900)胡氏刻鵠齋刻本　一册

310000－0241－0002727　485008：2
息園舊德錄一卷　(清)胡念修撰輯　清光緒二十六年(1900)胡氏刻鵠齋刻本　一册

310000－0241－0002728　485010
祁陽陳氏清芬錄二卷陳文肅公遺集一卷陳文肅公年譜一卷　(清)陳大受等撰　(清)陳文騄輯　清光緒十六年(1890)陳氏涪湘求志書屋排印本　四册

310000－0241－0002729　485011
澄江范氏宗譜十六卷　(清)范用賓等續纂　清光緒三十一年(1905)范氏後樂堂木活字印本　十九册

310000－0241－0002730　485012
南海學正黃氏家譜節本不分卷　(清)黃任恒續編　清宣統三年(1911)黃氏保粹堂刻本　二册

310000－0241－0002731　485013
閶江吳氏宗譜十八卷　(清)吳超然續修　清光緒三十二年(1906)吳氏經遠堂木活字印本　二十四册

310000－0241－0002732　485015
皋廡吳氏家乘十卷　(清)吳大根等續修　清光緒七年(1881)吳氏太史第刻本　十一册

310000－0241－0002733　485016
[武陵楊氏]瑞芝室家傳不分卷　(清)楊琪光撰　清光緒刻本　一册

310000－0241－0002734　485017

吴縣范氏家乘二十四卷首一卷　(清)范安瑤修　(清)范興本等纂　清乾隆十一年(1746)范氏刻本　二十册

310000－0241－0002735　485021

楊氏宗祠義產事畧不分卷吴興楊氏家乘四卷　(清)楊炳堃輯　清咸豐八年(1858)湖州楊氏寶儉堂刻本　一册

310000－0241－0002736　485023

永康應氏先型録六卷　(清)應正祿編輯　(清)應寶時重修　清同治五年(1866)應氏上海道署重刻嘉慶刻本　一册

310000－0241－0002737　485024

上海曾氏瑞芝義莊全案二卷　(清)曾鑄編　清光緒二十六年(1900)曾氏義莊刻本　二册

310000－0241－0002738　485024:2

上海曾氏瑞芝義莊全案二卷　(清)曾鑄編　清光緒二十六年(1900)曾氏義莊刻本　二册

310000－0241－0002739　485029

豐潤谷氏族譜六卷首一卷　(清)谷廷珍續修　清乾隆五十七年(1792)谷氏燕喜堂刻本　六册

310000－0241－0002740　485043

蕭山來氏家譜四十四卷首一卷末一卷　(清)來秉奎續修　清光緒二十六年(1900)來氏會宗堂木活字印本　五十四册

310000－0241－0002741　485065

定興鹿氏二續譜十五卷　(清)鹿傳霖輯　清光緒二十三年(1897)鹿氏刻本　十册

310000－0241－0002742　485067

鵝湖華氏宗譜十二卷首一卷末一卷　(清)華學烈等輯　清同治十一年(1872)華氏詒穀堂刻本　十册

310000－0241－0002743　485071

上虞西華顧氏九修宗譜三十二卷徵信録一卷　(清)顧乃眷等纂修　清宣統三年(1911)上虞西華顧氏格思堂木活字印本　三十三册

310000－0241－0002744　485072

涇縣張香都朱氏續修支譜三十六卷首一卷末一卷　(清)朱琣等纂修　(清)朱彝等續纂修　清光緒三十三年(1907)刻本　十册

310000－0241－0002745　485076

竹橋黄氏世德傳贊一卷附竹橋黄氏誥敕一卷新建竹橋黄氏忠獻義塾記一卷　(清)黄炳垕撰輯　清光緒十六年(1890)餘姚黄氏留書種閣刻本　一册

310000－0241－0002746　485082

夫椒嶂青吴氏宗譜四卷　(清)吴祥海修　清同治十三年(1874)武進吴氏至德堂木活字印本　五册

310000－0241－0002747　485083

長泰陳氏宗譜六卷　(清)陳雲祥等修　清宣統元年(1909)陳氏德星堂木活字印本　六册

310000－0241－0002748　486001

歷代名臣言行録　(清)朱桓輯　清光緒十一年(1885)楚南刻本　三十六册

310000－0241－0002749　486002

歷代名臣言行録二十四卷　(清)朱桓輯　清同治寶仁堂刻本　八册

310000－0241－0002750　486003

歷代名臣言行録二十四卷　(清)朱桓輯　清嘉慶十二年(1807)蔚齋刻本　三十六册

310000－0241－0002751　486003:2

歷代名臣言行録二十四卷　(清)朱桓輯　清嘉慶十二年(1807)蔚齋刻本　三册

310000－0241－0002752　486005

漢名臣言行録十二卷　(清)夏之芳輯　清乾隆積翠軒刻本　六册

310000－0241－0002753　486006

宋名臣言行録前集十卷後集十四卷續集八卷別集二十六卷外集十七卷　(宋)朱熹撰　清道光元年(1821)歙縣績學堂洪氏刻本　二十四册

310000－0241－0002754　486006:2

宋名臣言行録前集十卷後集十四卷續集八卷

別集二十六卷外集十七卷　(宋)朱熹撰　清道光元年(1821)歙縣績學堂洪氏刻本　二十四册

310000－0241－0002755　486006:3
宋名臣言行錄前集十卷後集十四卷續集八卷別集二十六卷外集十七卷　(宋)朱熹撰　清道光元年(1821)歙縣績學堂洪氏刻本　六册

310000－0241－0002756　486007
宋名臣言行錄七十五卷前集十卷後集十四卷續集八卷別集二十六卷外集十七卷　(宋)朱熹纂集　清道光二十二年(1842)丹徒包氏刻本　二十四册

310000－0241－0002757　486008
宋名臣言行錄七十五卷前集十卷後集十四卷續集八卷別集二十六卷外集十七卷　(宋)朱熹纂集　清同治臨川桂氏刻本　六册

310000－0241－0002758　486009
宋名臣言行錄七十五卷前集十卷後集十四卷續集八卷別集二十六卷外集十七卷　(宋)朱熹纂集　清同治臨川桂氏刻本　十二册

310000－0241－0002759　486011
明名臣言行錄九十五卷　(清)徐開任編輯　清康熙初徐氏刻本　二十册

310000－0241－0002760　486012
金陵先正言行錄六卷　陳作霖述　清光緒、宣統間南京江楚書局刻本　一册

310000－0241－0002761　486013
國朝名人言行錄三十卷　(清)董壽慈纂輯　清光緒二十九年(1903)順成書局石印本　八册

310000－0241－0002762　486015
碑傳集一百六十卷首二卷末二卷　(清)錢儀吉撰錄　清光緒二十年(1894)江蘇書局刻本　三十册

310000－0241－0002763　486016
碑傳集一百六十卷首二卷末二卷　(清)錢儀吉撰錄　清光緒二十年(1894)江蘇書局刻本　十五册

310000－0241－0002764　486018
碑傳集一百六十卷首二卷末二卷續集八十六卷　(清)錢儀吉撰錄　繆荃孫纂錄　清光緒江蘇書局刻本　九十册

310000－0241－0002765　486020
碑傳集一百六十卷首二卷末二卷　(清)錢儀吉撰錄　清光緒二十年(1894)江蘇書局刻本　六十册

310000－0241－0002766　486020:2
碑傳集一百六十卷首二卷末二卷　(清)錢儀吉撰錄　清光緒二十年(1894)江蘇書局刻本　六十册

310000－0241－0002767　486020:3
碑傳集一百六十卷首二卷末二卷　(清)錢儀吉撰錄　清光緒二十年(1894)江蘇書局刻本　六十册

310000－0241－0002768　486021
續碑傳集八十六卷首二卷　繆荃孫纂錄　清宣統二年(1910)江楚編譯書局刻本　二十四册

310000－0241－0002769　486021:2
續碑傳集八十六卷首二卷　繆荃孫纂錄　清宣統二年(1910)江楚編譯書局刻本　二十四册

310000－0241－0002770　486022
續碑傳集　繆荃孫纂錄　清宣統二年(1910)江楚編譯書局刻本　一册　存十二卷

310000－0241－0002771　486023
續碑傳集八十六卷首二卷　繆荃孫纂錄　清宣統二年(1910)江楚編譯書局刻本　二十四册

310000－0241－0002772　486029
國朝耆獻類徵初編　(清)李桓編　清光緒十六年(1890)湘陰李氏刻本　三百册　存七百二十一卷

310000－0241－0002773　486030

國朝耆獻類徵　(清)李桓編　清光緒十六年(1890)湘陰李氏刻本　二百九十八册　存七百二十六卷

310000－0241－0002774　486031
文獻徵存録十卷　(清)錢林輯　(清)王藻編　清咸豐八年(1858)有嘉樹軒刻本　十二册

310000－0241－0002775　486037
國朝先正事畧六十卷　(清)李元度纂　清同治五年(1866)循陔草堂刻本　二十四册

310000－0241－0002776　486037:2
國朝先正事畧六十卷　(清)李元度纂　清同治五年(1866)循陔草堂刻本　二十四册

310000－0241－0002777　486037:3
國朝先正事畧六十卷　(清)李元度纂　清同治五年(1866)循陔草堂刻本　十六册

310000－0241－0002778　486038
國朝先正事畧六十卷　(清)李元度纂　清光緒二十五年(1899)圖書集成局排印本　八册

310000－0241－0002779　486038:2
國朝先正事畧六十卷　(清)李元度纂　清光緒二十五年(1899)圖書集成局排印本　八册

310000－0241－0002780　486039
國朝先正事畧　(清)李元度纂　清同治五年(1866)循陔草堂刻本　十二册　存二十二卷

310000－0241－0002781　486042
國朝先正事畧六十卷　(清)李元度纂　清光緒廣百宋齋排印本　十册

310000－0241－0002782　486043
蘇州府學明堂扁額志不分卷　(清)潘世湉輯　清同治八年(1869)刻本　二册

310000－0241－0002783　486044
敏求軒述記　(清)陳世箴輯　清道光三十年(1850)刻本　十六册

310000－0241－0002784　486045
敏求軒述記十六卷　(清)陳世箴輯　清道光三十年(1850)刻本　二册

310000－0241－0002785　486047
姑蘇名賢小紀　(明)文震孟編　清光緒九年(1883)心榘齋刻本　一册

310000－0241－0002786　486049
桑梓潛德録正録五卷續録四卷三録六卷　(清)劉芳纂　清光緒六年(1880)木活字印本　六册

310000－0241－0002787　486050
桐城耆舊傳十二卷　馬其昶撰　清宣統三年(1911)刻本　六册

310000－0241－0002788　486053
湖北節義録十二卷補遺一卷　(清)黄昌輔編　(清)陳瑞珍彙纂　清同治九年(1870)湖北崇文書局刻本　十三册

310000－0241－0002789　486054
熙朝宰輔録不分卷　(清)潘世恩輯　清光緒三年(1877)刻本　一册

310000－0241－0002790　486055
熙朝宰輔録　(清)潘世恩輯　清道光十八年(1838)思補軒刻本　一册

310000－0241－0002791　486056
錢塘先賢傳贊不分卷附古杭雜記不分卷古杭雜記詩集四卷　(宋)袁韶撰　清光緒四年(1878)刻本　一册

310000－0241－0002792　486057
兩浙名賢録六十二卷　(明)徐象梅撰　清光緒浙江書局刻本　六十二册

310000－0241－0002793　486058
桐城耆舊傳十二卷　馬其昶撰　清宣統三年(1911)刻本　六册

310000－0241－0002794　486063
楚寶四十卷外篇五卷　(明)周聖楷輯纂　清道光九年(1829)刻本　三十册

310000－0241－0002795　486064
唐市徵獻録原編二卷續編二卷　(清)倪賜輯　(清)張璐編　清光緒二十五年(1899)刻本　四册

310000－0241－0002796　486066
歷代名臣傳附續編五卷　(清)朱軾纂　清光緒刻本　十六册

310000－0241－0002797　486067
歷代名臣傳　(清)朱軾纂　清雍正七年(1729)刻本　十五册

310000－0241－0002798　486068
歷代名臣傳節錄三十卷　(清)蕭培元錄訂　(清)崇厚增輯　清同治九年(1870)序雲蔭堂刻本　十册

310000－0241－0002799　486069
元朝名臣事畧十五卷　(元)蘇天爵撰　清光緒定州王氏刻畿輔叢書二編本　四册

310000－0241－0002800　486070
海岱史畧一百四十卷　(清)王馭超編　清光緒刻本　二十四册

310000－0241－0002801　486073
歷代奸庸殷鑑錄三十二卷　(清)李□漱等編　清光緒上海開智書局石印本　八册

310000－0241－0002802　486079
安徽紳民忠義表前編十三卷後編六十卷　(清)裕祿主纂　清光緒四年(1878)木活字印本　二十八册

310000－0241－0002803　486080
安徽紳民節烈表前編十三卷後編六十卷　(清)裕祿主纂　清光緒四年(1878)木活字印本　二十二册

310000－0241－0002804　486081
安徽節孝待旌錄六十卷　(清)裕祿主纂　清光緒四年(1878)木活字印本　二十册

310000－0241－0002805　486082
兩江忠義傳四十卷　(清)劉坤一主編　(清)陳濬然輯　清光緒十九年(1893)刻本　十四册

310000－0241－0002806　486083
浙江忠義錄十卷表六卷　(清)楊昌濬纂　清同治六年(1867)浙江忠義書局刻本　十册

310000－0241－0002807　486084
浙江忠義錄十卷　(清)楊昌濬纂　清同治六年(1867)浙江忠義書局刻本　四册

310000－0241－0002808　486085
江西忠義錄十二卷首一卷　(清)何應祺等纂修　清同治刻本　四册

310000－0241－0002809　486088
述舊六卷　(清)李福祚編　(清)桑梓述　清咸豐七年(1857)刻本　六册

310000－0241－0002810　486088:2
述舊六卷　(清)李福祚編　(清)桑梓述　清咸豐七年(1857)刻本　六册

310000－0241－0002811　486094
滿漢名臣傳八十卷　(清)國史館纂修　清北京榮錦書坊刻本　八十册

310000－0241－0002812　486095
咸豐以來功臣別傳三十卷　朱孔彰撰　清光緒二十四年(1898)漸學廬石印本　六册

310000－0241－0002813　486099
全史吏鑑十卷　(明)徐元太輯　(清)張祥雲補輯　清嘉慶八年(1803)張氏刻本　四册

310000－0241－0002814　486106
金陵通傳四十五卷補遺四卷　陳作霖纂述　清光緒三十年(1904)瑞華館刻本　十册

310000－0241－0002815　486109
國朝天台耆舊傳八卷　(清)金文田輯　清木活字印本　二册

310000－0241－0002816　486110
餘師錄後集十卷　(清)楊希閔纂　清光緒四年(1878)福州刻本　五册

310000－0241－0002817　486112
錫金四哲事實匯存一卷　(清)楊模輯　清宣統二年(1910)排印本　一册

310000－0241－0002818　486112:2
錫金四哲事實匯存一卷　(清)楊模輯　清宣統二年(1910)排印本　一册

310000－0241－0002819　486114

四史疑年錄七卷　(清)劉文如輯　清宣統元年(1909)刻本　二册

310000－0241－0002820　486115

楚疆三文忠傳三卷　(清)李元度撰　清同治刻本　一册

310000－0241－0002821　486116

中興將帥别傳　朱孔彰撰　清光緒刻本　一册　存一卷

310000－0241－0002822　486118

碧血錄五卷　(清)莊仲方撰　(清)夏鸞翔繪圖　清末石印本　十册

310000－0241－0002823　486118∶2

碧血錄五卷　(清)莊仲方撰　(清)夏鸞翔繪圖　清末石印本　五册

310000－0241－0002824　486118∶3

碧血錄五卷　(清)莊仲方撰　(清)夏鸞翔繪圖　清末石印本　十册

310000－0241－0002825　486127

邗江鍾毓不分卷　(清)詹坦編　清光緒二十九年(1903)金陵狀元境宜春閣木活字印本　一册

310000－0241－0002826　486128

思舊錄一卷　(清)黄宗羲撰　清宣統二年(1910)時中書局排印梨洲遺箸彙刻本　一册

310000－0241－0002827　487001

儒林宗派十六卷　(清)萬斯同撰　清乾隆辨志堂刻本　二册

310000－0241－0002828　487002

儒林宗派十六卷　(清)萬斯同撰　清宣統三年(1911)國學扶輪社排印本　一册　存九卷(一至九)

310000－0241－0002829　487005

聖門名字纂詁二卷　(清)洪恩波撰　清光緒二十三年(1897)刻本　二册

310000－0241－0002830　487005∶2

聖門名字纂詁二卷　(清)洪恩波撰　清光緒二十三年(1897)刻本　二册

310000－0241－0002831　487006

道統錄二卷附錄一卷　(清)張伯行著　清同治五年(1866)福州正誼書院刻本　二册

310000－0241－0002832　487007

歷代名儒傳八卷　(清)朱軾訂　清光緒江蘇書局刻本　四册

310000－0241－0002833　487009

宋元學案一百卷　(清)黄宗羲撰　(清)黄百家輯　清光緒五年(1879)長沙刻本　四十册

310000－0241－0002834　487010

宋元學案一百卷　(清)黄宗羲撰　(清)黄百家輯　清光緒五年(1879)長沙刻本　九册　存九十卷(十一至一百)

310000－0241－0002835　487011

宋元學案一百卷　(清)黄宗羲撰　(清)黄百家輯　清光緒五年(1879)長沙刻本　四十册

310000－0241－0002836　487012

宋元學案一百卷　(清)黄宗羲撰　(清)黄百家輯　清光緒五年(1879)長沙刻本　二十四册　存五十三卷

310000－0241－0002837　487013

宋元學案一百卷　(清)黄宗羲撰　(清)黄百家輯　清光緒五年(1879)長沙刻本　十二册

310000－0241－0002838　487015

宋元學案一百卷　(清)黄宗羲撰　(清)黄百家輯　清光緒五年(1879)長沙刻本　四十八册

310000－0241－0002839　487017

宋元學案一百卷　(清)黄宗羲撰　(清)黄百家輯　清光緒五年(1879)長沙刻本　二十四册　存三十八卷

310000－0241－0002840　487019

明儒學案六十二卷　(清)黄宗羲撰　清光緒八年(1882)二老閣刻本　二十册

310000－0241－0002841　487019∶2

明儒學案六十二卷　(清)黄宗羲撰　清光緒

八年(1882)二老閣刻本　二十冊

310000－0241－0002842　487019:3
明儒學案六十二卷　(清)黄宗羲撰　清光緒八年(1882)二老閣刻本　二十四冊

310000－0241－0002843　487019:4
明儒學案六十二卷　(清)黄宗羲撰　清光緒八年(1882)二老閣刻本　二十冊

310000－0241－0002844　487020
明儒學案六十二卷　(清)黄宗羲撰　清光緒十四年(1888)刻本　二十四冊

310000－0241－0002845　487021
明儒學案六十二卷　(清)黄宗羲撰　清光緒十四年(1888)刻本　八冊

310000－0241－0002846　487025
明儒學案六十二卷　(清)黄宗羲撰　清光緒十三年(1887)刻本　二十四冊

310000－0241－0002847　487030
學案小識十四卷首一卷末一卷　(清)唐鑑撰　清光緒十年(1884)重刻四砭齋本　十二冊

310000－0241－0002848　487030:2
學案小識十四卷首一卷末一卷　(清)唐鑑撰　清光緒十年(1884)重刻四砭齋本　十二冊

310000－0241－0002849　487030:3
學案小識十四卷首一卷末一卷　(清)唐鑑撰　清光緒十年(1884)重刻四砭齋本　十二冊

310000－0241－0002850　487031
國朝學案小識十四卷　(清)唐鑑輯　清光緒十四年(1888)重刻四砭齋本　十二冊

310000－0241－0002851　487032
國朝學案小識十四卷　(清)唐鑑輯　清光緒十年(1884)重刻四砭齋本　三冊

310000－0241－0002852　487033
國朝學案小識十四卷　(清)唐鑑輯　清光緒十年(1884)重刻四砭齋本　十二冊

310000－0241－0002853　487035
洛學編四卷　(清)湯斌輯　清康熙愛日堂刻本　四冊

310000－0241－0002854　487036
洛學編五卷　(清)湯斌輯　清同治九年(1870)刻本　一冊

310000－0241－0002855　487038
學統五十六卷　(清)熊賜履編　清康熙下學堂刻本　十六冊　存五十三卷

310000－0241－0002856　487038:2
學統五十六卷　(清)熊賜履編　清康熙下學堂刻本　四冊　存五十三卷

310000－0241－0002857　487039
雒閩源流録十九卷　(清)張夏纂　清康熙彝敘堂刻本　六冊

310000－0241－0002858　487041
蜀學編　高賡恩覆輯　清光緒十四年(1888)尊經書局刻本　二冊

310000－0241－0002859　487042
北學編四卷　(清)魏一鰲輯　(清)尹會一訂　清同治七年(1868)保定蓮池書院刻本　二冊

310000－0241－0002860　487043
北學編　(清)魏一鰲輯　(清)尹會一訂　清同治七年(1868)保定蓮池書院刻本　二冊

310000－0241－0002861　487044
國朝理學備考二十七卷　(清)范鄗鼎彙編　清康熙五經堂刻本　十二冊

310000－0241－0002862　487045
國朝理學備考　(清)范鄗鼎彙編　清道光五年(1825)五經堂刻本　十一冊　存二十六卷

310000－0241－0002863　487046
清賢記　(清)尤鏜輯　清宣統三年(1911)國學扶輪社排印本　一冊

310000－0241－0002864　487047
清賢記六卷　(清)萬長鏜輯　清宣統三年(1911)國學扶輪社排印本　一冊

310000－0241－0002865　487049

詞科掌錄十七卷 (清)杭世駿輯 清乾隆道古堂刻本 一冊

310000－0241－0002866 487051

國朝漢學師承記八卷坿國朝經師經義目錄一卷 (清)江藩纂 清末刻粵雅堂叢書本 三冊

310000－0241－0002867 487051(2)

國朝漢學師承記八卷 (清)江藩纂 清咸豐四年(1854)刻本 三冊

310000－0241－0002868 487051:2

國朝漢學師承記八卷坿國朝經師經義目錄一卷 (清)江藩纂 清末刻粵雅堂叢書本 六冊

310000－0241－0002869 487052

國朝漢學師承記八卷附國朝經師經義目錄一卷 (清)江藩纂 清嘉慶十七年(1812)刻本 一冊

310000－0241－0002870 487056

史外八卷 (清)汪有典撰 清光緒三年(1877)刻本 八冊

310000－0241－0002871 487057

史外 (清)汪有典輯 清同治三年(1864)尋樂山房刻本 四冊

310000－0241－0002872 487058

史外八卷 (清)汪有典撰 清光緒三年(1877)刻本 八冊

310000－0241－0002873 487062

宋東莞遺民錄二卷 (清)陳伯陶輯 清光緒刻本 二冊

310000－0241－0002874 487070

國朝詩人徵畧初編六十卷二編六十四卷 (清)張維屏輯 清道光十年(1830)、二十二年(1842)張氏刻本 十六冊

310000－0241－0002875 487071

國朝詩人徵畧六十卷 (清)張維屏撰 清道光十年(1830)刻本 十冊

310000－0241－0002876 487072(2)

新編錄鬼簿二卷 (元)鍾嗣成撰 清宣統元年(1909)貴池劉氏暖紅室刻本 一冊

310000－0241－0002877 487072(3)

新編錄鬼簿二卷 (元)鍾嗣成撰 清刻本 一冊

310000－0241－0002878 487076

昭代名人尺牘小傳 (清)吳修輯 清光緒亦鹵齋刻本 一冊

310000－0241－0002879 487077

昭代名人尺牘小傳二十四卷 (清)吳修編 清光緒七年(1881)刻本 一冊

310000－0241－0002880 487077:2

昭代名人尺牘小傳二十四卷 (清)吳修編 清光緒七年(1881)刻本 二冊

310000－0241－0002881 487080

古今楹聯彙刻小傳不分卷 (清)吳隱輯 清光緒三十二年(1906)西泠印社刻本 一冊 存七集

310000－0241－0002882 487082

國朝書人輯畧十卷首一卷 震鈞撰 清光緒三十四年(1908)金陵刻本 八冊

310000－0241－0002883 487082:2

國朝書人輯畧十卷首一卷 震鈞撰 清光緒三十四年(1908)金陵刻本 八冊

310000－0241－0002884 487082:3

國朝書人輯畧十卷首一卷 震鈞撰 清光緒三十四年(1908)金陵刻本 八冊

310000－0241－0002885 487085

國朝畫識十七卷 (清)馮金伯纂輯 (清)吳晉等參訂 清道光十一年(1831)雲間文萃堂刻本 六冊

310000－0241－0002886 487090

疇人傳四十六卷續傳六卷 (清)阮元撰 (清)羅士琳續纂 清光緒八年(1882)常惺齋刻本 十二冊

310000－0241－0002887 487090:2

疇人傳四十六卷續傳六卷 (清)阮元撰

(清)羅士琳續纂　清光緒八年(1882)常惺齋刻本　十二冊

310000－0241－0002888　487091
印人傳三卷附續印人傳八卷再續印人小傳三卷補遺一卷　(清)汪啓淑撰　葉銘撰　清宣統二年(1910)西泠印社排印本　八冊

310000－0241－0002889　487098
勝朝殉揚錄　(清)劉寶楠輯　清同治十年(1871)刻本　二冊

310000－0241－0002890　487099
廣名將傳二十卷　(明)黃道周輯　清道光二十七年(1847)刻海山仙館叢書本　六冊

310000－0241－0002891　487100
歷代循吏傳　(清)張福昶纂　清雍正七年(1729)刻本　四冊

310000－0241－0002892　487101
歷代都江堰功小傳二卷　(清)王人文撰　清宣統二年(1910)四川刻本　一冊

310000－0241－0002893　487102
歷代都江堰功小傳二卷　(清)王人文撰　清宣統二年(1910)四川刻本　一冊

310000－0241－0002894　487103
東林列傳二十四卷末二卷　(清)陳鼎編　清康熙鐵肩書屋刻本　八冊

310000－0241－0002895　487104
元祐黨人傳十卷　(清)陸心源撰　清光緒十五年(1889)潛園總集本　二冊

310000－0241－0002896　487105
元祐黨人傳十卷　(清)陸心源撰　清光緒十五年(1889)潛園總集本　三冊

310000－0241－0002897　487109
表忠錄　(清)金運同輯　清光緒粟香室刻本　一冊

310000－0241－0002898　487112
昭忠錄(湘淮軍)九十卷補遺三十卷前編六卷　(清)李鴻章修　(清)丁日昌督修　清同治十一年(1872)江蘇省忠義局刻本　五十八冊

310000－0241－0002899　487119
貳臣傳　(清)蔣千之編輯　清光緒刻本　十冊

310000－0241－0002900　487125
神仙傳十卷　(晉)葛洪撰　清刻本　二冊

310000－0241－0002901　487125(2)
神仙傳十卷　(晉)葛洪撰　明末刻本　四冊

310000－0241－0002902　487127
掃葉山房新鐫繡像列仙傳四卷　(明)還初道人輯　清光緒十三年(1887)掃葉山房刻本　四冊

310000－0241－0002903　487127:2
掃葉山房新鐫繡像列仙傳四卷　(明)還初道人輯　清光緒十三年(1887)掃葉山房刻本　一冊

310000－0241－0002904　487127:3
掃葉山房新鐫繡像列仙傳四卷　(明)還初道人輯　清光緒十三年(1887)掃葉山房刻本　四冊

310000－0241－0002905　487130
列仙傳校正本附夢書列仙傳讚　(清)王照圓撰　清嘉慶十七年(1812)刻本　一冊

310000－0241－0002906　487131
海山仙蹟七卷　(清)火西月編　清嘉慶刻本　一冊

310000－0241－0002907　487132
列代仙史八卷　(清)王建章輯　清光緒七年(1881)常熟抱芳閣刻本　六冊

310000－0241－0002908　487134
道傳錄二十卷附諸賢錄三卷　(清)張恒編　清康熙四十年(1701)廣智堂刻本　十冊

310000－0241－0002909　487139
高僧傳初集十五卷三集三十卷四集六卷　(南朝梁)釋慧皎撰　清光緒十年至十八年(1884－1892)江北刻經處刻本　二十四冊

310000－0241－0002910　487141
高僧傳初集十五卷首一卷　(南朝梁)釋慧皎

撰　清光緒十年(1884)金陵刻經處刻本　四册

310000－0241－0002911　487141:2
高僧傳初集十五卷首一卷　(南朝梁)釋慧皎撰　清光緒十年(1884)金陵刻經處刻本　四册

310000－0241－0002912　487142
高僧傳二集　(唐)釋道宣撰　清光緒刻本　九册　存三十六卷

310000－0241－0002913　487143
高僧傳三集三十卷　(宋)釋贊寧撰　清光緒十八年(1892)金陵刻經處刻本　九册

310000－0241－0002914　487144
高僧傳四集　(明)釋如惺撰　清光緒十八年(1892)江北刻經處刻本　二册

310000－0241－0002915　487144:2
高僧傳四集　(明)釋如惺撰　清光緒十八年(1892)江北刻經處刻本　二册

310000－0241－0002916　487145
郴陽仙傳一卷佛傳一卷神傳一卷　(宋)崔巖撰　清同治刻本　二册

310000－0241－0002917　487147
比丘尼傳四卷　(晉)釋寶唱撰　清光緒十一年(1885)金陵刻經處刻本　一册

310000－0241－0002918　487147:2
比丘尼傳四卷　(晉)釋寶唱撰　清光緒十一年(1885)金陵刻經處刻本　一册

310000－0241－0002919　487149
列女傳集注八卷補遺一卷附録一卷　(漢)劉向撰　(清)蕭道管集注　清光緒三十四年(1908)刻本　二册

310000－0241－0002920　487150
新刊古列女傳七卷續列女傳一卷　(漢)劉向撰　(晉)顧愷之繪　清道光五年(1825)揚州阮氏文選樓覆刻宋建安余氏萬卷堂本　四册

310000－0241－0002921　487150:2
新刊古列女傳七卷續列女傳一卷　(漢)劉向撰　(晉)顧愷之繪　清道光五年(1825)揚州阮氏文選樓覆刻宋建安余氏萬卷堂本　四册

310000－0241－0002922　487152
古列女傳七卷續列女傳一卷　(漢)劉向撰　(明)黄魯曾贊　清光緒三年(1877)湖北崇文書局刻本　四册

310000－0241－0002923　487153(2)
列女傳二卷　(漢)劉向撰　(明)劉書增輯　清光緒十二年(1886)同文書局石印本　四册

310000－0241－0002924　487156
列女傳補注八卷敘録一卷校正一卷　(漢)劉向撰　(清)王照圓補注　清嘉慶十七年(1812)棲霞郝氏曬書堂刻本　六册

310000－0241－0002925　487156:2
列女傳補注八卷敘録一卷校正一卷　(漢)劉向撰　(清)王照圓補注　清嘉慶十七年(1812)棲霞郝氏曬書堂刻本　四册

310000－0241－0002926　487157
廣列女傳　(清)劉開纂　清光緒十年(1884)刻本　六册

310000－0241－0002927　487158
廣列女傳二十卷　(清)劉開纂　清道光二十六年(1846)刻本　八册

310000－0241－0002928　487159
繡像古今賢女傳　(清)魏息園編　清光緒三十四年(1908)點石齋石印本　八册

310000－0241－0002929　487160
婦人集一卷　(清)陳維崧撰　清末刻冒氏叢書本　一册

310000－0241－0002930　487162
節婦傳十三卷　(清)楊錫紱撰　清乾隆二十六年(1761)刻本　四册

310000－0241－0002931　487163
賢母録一卷　(清)黄彭年輯　清同治二年(1863)刻本　一册

310000－0241－0002932　487166
俎豆集三十卷　(清)潘承焯撰　清乾隆四十

三年(1778)刻本　八册

310000－0241－0002933　487168
鶴徵録八卷　(清)李集撰　清嘉慶二年(1797)漾葭老屋刻本　二册

310000－0241－0002934　487168:2
鶴徵録八卷　(清)李集撰　清嘉慶二年(1797)漾葭老屋刻本　八册

310000－0241－0002935　487169
鶴徵後録十二卷　(清)李富孫撰　清嘉慶二年(1797)刻本　四册

310000－0241－0002936　487169:2
鶴徵後録十二卷　(清)李富孫撰　清嘉慶二年(1797)刻本　四册

310000－0241－0002937　487170
海上墨林四卷　(清)楊逸編輯　清刻本　二册

310000－0241－0002938　487171
上海闡幽釐正編　(清)倪福穰撰　清光緒刻本　二册　存三卷(二至四)

310000－0241－0002939　487172
涵芬樓古今文鈔小傳四卷　商務印書館編　清宣統三年(1911)排印本　一册

310000－0241－0002940　487173
桐彝正三卷續三卷　(明)方學漸著　清光緒九年(1883)排印本　一册

310000－0241－0002941　487177
欽定續纂外藩蒙古回部王公傳十二卷　(清)彭藴章等奉敕纂　清道光二十三年(1843)刻本　十二册

310000－0241－0002942　487178
欽定續纂外藩蒙古回部王公傳十二卷附表十二卷　(清)彭藴章等奉敕纂　清道光二十三年(1843)刻本　二十四册

310000－0241－0002943　487179
涇川文載小傳一卷　(清)鄭相如編　清道光十七年(1837)刻本　一册

310000－0241－0002944　487182
宫閨小名録六卷　(清)尤侗纂　清康熙二十九年(1690)刻本　四册

310000－0241－0002945　487185
金華徵獻畧二十卷　(清)王崇炳撰録　(清)金律編　清雍正刻本　十二册

310000－0241－0002946　487185:2
金華徵獻畧二十卷　(清)王崇炳撰録　(清)金律編　清雍正刻本　六册

310000－0241－0002947　487187
滄城殉難録四卷　(清)王國均纂修　清光緒八年(1882)刻本　四册

310000－0241－0002948　487189
湖北詩徵傳畧四十卷　(清)丁宿章輯　清光緒九年(1883)刻本　二十册

310000－0241－0002949　487191
貧士傳二卷　(明)黄姬水撰　明刻本　一册

310000－0241－0002950　487194
幼幼集四卷　(清)胡文炳輯　清光緒十三年(1887)申報館排印本　四册

310000－0241－0002951　487195
正氣集十卷　王式輯　清宣統三年(1911)不讀非道書齋排印本　四册

310000－0241－0002952　487195:2
正氣集十卷　王式輯　清宣統三年(1911)不讀非道書齋排印本　二册

310000－0241－0002953　487195:3
正氣集十卷　王式輯　清宣統三年(1911)不讀非道書齋排印本　四册

310000－0241－0002954　487201
甌鉢羅室書畫過目考四卷附卷一卷　(清)李玉棻編輯　清光緒二十三年(1897)京都琉璃廠興盛齋刻本　二册

310000－0241－0002955　487202
欽定勝朝殉節諸臣録十在卷首一卷　(清)舒赫德等奉敕輯　清嘉慶二年(1797)謝啓昆刻本　五册

310000－0241－0002956　487204
國朝書畫家筆錄四卷　（清）竇鎮撰　清宣統三年（1911）文學山房木活字印本　二册

310000－0241－0002957　487210（2）
台學源流七卷　（明）金賁亨撰　清同治八年（1869）同善會修補金文焯刻本　一册

310000－0241－0002958　487210（3）
台學源流七卷　（明）金賁亨撰　清光緒八年（1882）陳樹桐修補金文焯刻本　一册

310000－0241－0002959　487213
關學編五卷首一卷　（明）馮從吾纂次　（清）李元春續編　清乾隆二十一年（1756）趙蒲刻同治四年（1865）劉映菁補刻本　四册

310000－0241－0002960　487217
股匪總錄三卷　（清）蘇鳳文撰　清光緒十五年（1889）刻本　一册

310000－0241－0002961　487224
明僮小錄一卷續錄一卷　（清）餘不釣徒撰　（清）殿春生續　清同治六年（1867）擷芝館刻本　一册

310000－0241－0002962　487224：2
明僮小錄一卷續錄一卷　（清）餘不釣徒撰　（清）殿春生續　清同治六年（1867）擷芝館刻本　一册

310000－0241－0002963　487229
菊部羣英一卷　（清）邗江小遊仙客撰　清同治十二年（1873）琉璃廠富文齋刻本　二册

310000－0241－0002964　487230
青樓集一卷　（元）雪蓑漁隱撰　清末長沙葉氏郎園刻本　一册

310000－0241－0002965　487231
燕蘭小譜五卷　（清）安樂山樵撰　清末長沙葉氏郎園刻本　一册

310000－0241－0002966　487233
東軒吟社畫像一卷記一卷小傳一卷題詞一卷跋語一卷　（清）費丹旭繪　（清）黃士珣記　清光緒二年（1876）汪氏振綺堂刻本　一册

310000－0241－0002967　487234
墨緣小錄一卷　（清）潘曾瑩撰　清咸豐吳縣潘氏刻本　一册

310000－0241－0002968　487236
[鄞縣節孝彙鈔]不分卷　（清）□□抄　清末抄本　一册

310000－0241－0002969　487237
永康胡氏八烈合傳不分卷　（清）胡鳳丹輯　清同治四年（1865）退補齋刻本　一册

310000－0241－0002970　487238
居士傳五十六卷　（清）彭紹升撰　清乾隆四十年（1775）長洲彭氏刻本　十册

310000－0241－0002971　487243
崇禎五十宰相傳一卷　（清）曹溶撰　清宣統三年（1911）上海國學扶輪社排印本　一册

310000－0241－0002972　487244
祖國女界文豪譜一卷附圖　（清）咀雪子編著　（清）林蔭湘繪圖　清宣統二年（1910）北京京華印書局排印本　一册

310000－0241－0002973　487247
日本七十三義俠傳三卷　（清）韓曇首撰　清光緒二十四年（1898）神戶東亞書局排印本　二册

310000－0241－0002974　488001
紹興十八年同年小錄一卷　（宋）□□輯　清南陵徐氏刻本　一册

310000－0241－0002975　488002
寶祐四年登科錄　（宋）□□輯　清南陵徐氏刻本　二册

310000－0241－0002976　488005
明清貢舉考畧五卷　（清）黃崇蘭輯　清道光十四年（1834）清雲齋刻本　四册

310000－0241－0002977　488007
内閣漢票簽中書舍人題名　（清）孔憲彝輯　清同治六年（1867）直房刻本　一册

310000－0241－0002978　488008
國朝兩浙科名錄　（清）黃安綬輯　清咸豐七

年(1857)龍文齋刻本　四册

310000－0241－0002979　488009
明清進士題名碑錄不分卷　(清)錢維城等編　清光緒刻本　十四册

310000－0241－0002980　488010
甘肅鄉試題名錄　(清)□□輯　清光緒刻本　一册

310000－0241－0002981　488011
雲南鄉試錄　(清)□□輯　清光緒刻本　一册

310000－0241－0002982　488012
湖南鄉試錄　(清)□□輯　清光緒刻本　一册

310000－0241－0002983　488013
江南鄉試錄　(清)□□輯　清光緒刻本　一册

310000－0241－0002984　488014
浙江鄉試錄　(清)□□輯　清同治十二年(1873)刻本　一册

310000－0241－0002985　488016
全淛同官錄不分卷　(清)□□撰　清光緒十一年(1885)刻本　二册

310000－0241－0002986　488018
道光己酉科鄉貢錄　(清)蔣彬蔚等編　清同治十一年至十二年(1872－1873)京都刻本　八册

310000－0241－0002987　488027
爵秩全覽不分卷　(清)□□輯　清宣統元年(1909)刻本　四册

310000－0241－0002988　488027：2
爵秩全覽不分卷　(清)□□輯　清宣統元年(1909)刻本　六册

310000－0241－0002989　488028
明狀元圖考三卷附三元喜讌詩二卷　(明)顧鼎臣彙編　(明)黄應澄繪圖　清咸豐六年(1856)重鐫本　四册

310000－0241－0002990　488029
大清搢紳全書不分卷　(清)榮錄堂編　清光緒二十四年(1898)榮錄堂鐫本　四册

310000－0241－0002991　488029：2
大清搢紳全書不分卷　(清)榮錄堂編　清光緒二十四年(1898)榮錄堂鐫本　四册

310000－0241－0002992　488030
大清搢紳全書不分卷　(清)榮錄堂編　清光緒二十一年(1895)榮錄堂刻本　四册

310000－0241－0002993　488031
大清搢紳全書不分卷　(清)榮錄堂編　清光緒三十三年(1907)榮錄堂刻本　四册

310000－0241－0002994　488031：2
大清搢紳全書不分卷　(清)榮錄堂編　清光緒三十三年(1907)榮錄堂刻本　四册

310000－0241－0002995　488032
皇朝文職官錄不分卷　(清)點石齋輯　清光緒十五年(1889)上海點石齋刻本　四册

310000－0241－0002996　488033
光緒癸卯恩科鄉試十八省同年全錄不分卷　(清)□□撰　清光緒二十九年(1903)刻本　二册

310000－0241－0002997　488034
大清中樞備覽二卷　(清)榮錄堂編　清光緒二十一年(1895)榮錄堂刻本　二册

310000－0241－0002998　488035
大清中樞備覽二卷　(清)榮錄堂編　清光緒二十四年(1898)榮錄堂刻本　二册

310000－0241－0002999　488036
大清中樞備覽二卷　(清)榮錄堂編　清光緒三十二年(1906)榮錄堂刻本　二册

310000－0241－0003000　488037
吴興科第表不分卷　(清)戴璐輯　(清)蔡賡颺續輯　清同治十一年(1872)刻本　二册

310000－0241－0003001　488040
武陽庚申殉難忠義貞烈錄不分卷　(清)湯成烈編　清同治十二年(1873)刻本　二册

310000－0241－0003002　488042
光緒癸巳恩科浙江鄉試同年齒錄不分卷　(清)□□輯　清光緒刻本　四册

310000－0241－0003003　488043
明清進士題名碑錄不分卷　(清)李周望等編　清康熙至光緒間遞刻本　十四册

310000－0241－0003004　488046
顧先生[炎武]祠會祭題第一卷子一卷　(清)□□輯　清光緒石印本　一册

310000－0241－0003005　488047
青浦入泮錄不分卷　(清)徐公修編校　清光緒二十五年(1899)求志居徐氏刻本　二册

310000－0241－0003006　488049
清季科舉題名錄不分卷　(清)□□撰　清光緒抄本　一册

310000－0241－0003007　488050
人表考九卷　(清)梁玉繩撰　清嘉慶刻本　一册

310000－0241－0003008　488052
安徽袖珍同官錄四卷　(清)安徽藩經歷司校編　清宣統二年(1910)安徽藩經歷司排印本　四册

310000－0241－0003009　488053
内閣漢票簽中書舍人題名不分卷　(清)鮑康編纂　清咸豐十一年(1861)刻本　一册

310000－0241－0003010　488054
錫金科第考附年表六卷　(清)高鏻泉輯　清宣統二年(1910)木活字印本　二册

310000－0241－0003011　488055
光緒二十八年補行庚子辛丑恩正並科浙江鄉試題名錄一卷　(清)□□輯　清光緒刻本　一册

310000－0241－0003012　488057
安徽選拔貢卷　(清)□□輯　清宣統元年(1909)石印本　一册

310000－0241－0003013　488058
科試世系編　(清)□□輯　清刻本　六册

310000－0241－0003014　488059
咸豐五年乙卯科福建鄉試題名錄不分卷　(清)□□撰　清刻本　一册

310000－0241－0003015　488060
咸豐己未恩科十八省鄉同年錄不分卷　(清)□□撰　清咸豐九年(1859)刻本　一册

310000－0241－0003016　488061
光緒甲午科江南鄉試題名錄一卷　(清)□□輯　清光緒刻本　一册

310000－0241－0003017　488062
同治癸酉科選拔明經通譜不分卷　(清)□□編　清同治十三年(1874)刻本　四册

310000－0241－0003018　488064
舉貢世系編不分卷　(清)□□編　清光緒刻本　六册

310000－0241－0003019　488065
光緒壬午科同年齒錄不分卷　(清)□□輯　清光緒八年(1882)刻本　二册

310000－0241－0003020　488066
光緒十二年丙戌科會試同年齒錄不分卷　(清)□□輯　清光緒十年(1884)北京文奎齋會文齋聚魁齋合刻本　四册

310000－0241－0003021　488068
大清搢紳全書不分卷中樞備覽二卷　(清)吏部刊列　清同治十年(1871)斌陞堂刻本　六册

310000－0241－0003022　488069
大清搢紳全書不分卷　(清)吏部刊列　清光緒三年(1877)榮錄堂刻本　四册

310000－0241－0003023　488070
大清搢紳全書不分卷　(清)吏部刊列　清光緒十二年(1886)榮錄堂刻本　四册

310000－0241－0003024　488071
大清搢紳全書不分卷中樞備覽二卷　(清)吏部刊列　清光緒十八年(1892)榮錄堂刻本　六册

310000－0241－0003025　488071(2)

大清搢紳全書不分卷 (清)吏部刊列 清光緒十八年(1892)榮錄堂刻本 六册

310000－0241－0003026 488072
大清搢紳全書不分卷 (清)吏部刊列 清光緒十八年(1892)榮錄堂刻本 四册

310000－0241－0003027 488073
大清搢紳全書不分卷 (清)吏部刊列 清光緒二十年(1894)松竹齋榮寶齋合刻本 四册

310000－0241－0003028 488074
大清搢紳全書不分卷中樞備覽二卷 (清)吏部刊列 清光緒二十二年(1896)榮錄堂刻本 六册

310000－0241－0003029 488075
新增爵秩全覽不分卷 (清)光緒朝增訂 清光緒二十五年(1899)刻本 六册

310000－0241－0003030 488076
大清最新百官錄不分卷大清直省同寅錄一卷坿出山指南 (清)彭汝疇編 清光緒三十二年(1906)福潤堂書店刻本 五册

310000－0241－0003031 488077
大清搢紳全書不分卷 (清)吏部刊列 清光緒三十一年(1905)榮錄堂刻本 四册

310000－0241－0003032 488078
大清搢紳全書不分卷 (清)吏部刊列 清宣統元年(1909)榮錄堂刻本 四册

310000－0241－0003033 488079
大清搢紳全書不分卷中樞備覽二卷新增直省候補同官錄一卷 (清)吏部刊列 清宣統二年(1910)榮寶齋刻本 七册

310000－0241－0003034 488080
大清搢紳全書不分卷 (清)吏部刊列 清宣統三年(1911)榮祿堂刻本 五册

310000－0241－0003035 488082
大清搢紳全書不分卷 (清)吏部刊列 清光緒九年(1883)松竹齋刻本 四册

310000－0241－0003036 488083
大清搢紳全書不分卷 (清)吏部刊列 清光緒十七年(1891)榮祿堂刻本 四册

310000－0241－0003037 488084
大清搢紳全書不分卷中樞備覽二卷 (清)吏部刊列 清光緒十九年(1893)文蔚堂刻本 六册

310000－0241－0003038 488085
大清搢紳全書不分卷中樞備覽二卷 (清)吏部刊列 清光緒二十八年(1902)榮錄堂刻本 六册

310000－0241－0003039 488086
大清搢紳全書不分卷 (清)吏部刊列 清光緒三十年(1904)榮錄堂刻本 四册

310000－0241－0003040 488087
增補貢舉考署五卷首二卷 (清)黄崇蘭輯 (清)趙學曾續編 清道光二十四年(1844)涇邑雙桂齋刻本 五册

310000－0241－0003041 488094
國朝帝后萬壽忌辰表一卷 (清)□□輯 清光緒稿本 一册

310000－0241－0003042 488098
國朝館選錄(國朝歷科館選錄)不分卷 (清)沈廷芳輯 (清)陸費墀重訂 清乾隆、嘉慶、道光、咸豐、同治、光緒遞刻本 二册

310000－0241－0003043 488098:2
國朝館選錄(國朝歷科館選錄)不分卷 (清)沈廷芳輯 (清)陸費墀重訂 清乾隆、嘉慶、道光、咸豐、同治、光緒遞刻本 二册

310000－0241－0003044 488100
内閣漢票簽中書舍人題名續編不分卷 (清)鮑康等輯 清同治、光緒間續刻本 一册

310000－0241－0003045 488102
宗室貢舉備考不分卷 (清)瑞聯編 清光緒十三年(1887)清蔭堂刻本 二册

310000－0241－0003046 488103
靜庠題名錄二卷首一卷 (清)崔靈驥等輯 (清)成廷案續輯 清光緒末石印本 二册

310000－0241－0003047 488104

淮山肄雅錄二卷　(清)曹鑣輯　(清)阮鍾瑗輯　清嘉慶二年(1797)刻同治十二年(1873)續刻本　一册

310000－0241－0003048　488105
通庠題名錄四卷首一卷末一卷　(清)顧鴻輯　(清)顧金楠續輯　清同治四年(1865)顧氏刻本　二册

310000－0241－0003049　488105(2)
通庠題名錄四卷首一卷末一卷　(清)顧鴻輯　(清)顧金楠續輯　清同治四年(1865)顧氏刻光緒間續修本　二册

310000－0241－0003050　488106
國朝虞陽科名錄四卷首一卷　(清)王元鐘等編　清道光三十年(1850)清暉書屋刻咸豐、同治、光緒間遞修本　四册

310000－0241－0003051　488107
國朝虞陽科名錄四卷首一卷　(清)王元鐘等編　清道光三十年(1850)清暉書屋刻咸豐、同治、光緒間遞修本　四册

310000－0241－0003052　488108
光緒十七年舉行辛卯正科浙江鄉試錄一卷　(清)李端遇等錄　清光緒刻本　一册

310000－0241－0003053　488109
光緒十七年辛卯科江南鄉試[錄]　(清)□□輯　清光緒刻本　一册

310000－0241－0003054　488110
京師譯學館同學錄不分卷　(清)□□輯　清宣統三年(1911)排印本　一册

310000－0241－0003055　488111
[郵傳部住址單]不分卷　(清)□□輯　清末排印本　一册

310000－0241－0003056　488112
[光緒]畿輔同官錄不分卷　(清)□□輯　清末排印本　一册

310000－0241－0003057　488113
[光緒丁未科]會考第四房同門姓氏不分卷附[光緒丁未科張鼎彝]會考墨卷　(清)□□輯　清末刻兩截板本　一册

310000－0241－0003058　488114
道光三十年庚戌會試齒錄不分卷　(清)□□編　清道光三十年(1850)刻補抄本　十册

310000－0241－0003059　488115
同官便覽不分卷　(清)□□撰　清末石竹齋紅格抄本　一册

310000－0241－0003060　488116
國朝六科漢給事中題名錄不分卷　(清)戴璐原輯　(清)王家相重訂　清同治刻本　一册

310000－0241－0003061　488117
光緒甲午恩科會試錄一卷　(清)□□輯　清末刻本　一册

310000－0241－0003062　488118
嘉慶戊寅鄉試題名錄不分卷齒錄不分卷　(清)□□編　清道光、咸豐間刻本　四册

310000－0241－0003063　488119
同治十三年甲戌會試同年錄不分卷附同治戊辰科洪鈞殿試策一卷　(清)□□輯　附錄　(清)洪鈞撰　清末刻本　一册

310000－0241－0003064　488120
光緒十五年雲南同官錄不分卷　(清)□□編　清光緒刻本　四册

310000－0241－0003065　488121
光緒乙未科會試錄不分卷　(清)□□輯　清末刻本　一册

310000－0241－0003066　489001
宦遊紀畧二卷　(清)高廷瑤述　清光緒二十六年(1900)高氏刻本　一册

310000－0241－0003067　489002
趨庭記述二卷　(清)經元善輯　清光緒二十三年(1897)上虞經氏刻本　二册

310000－0241－0003068　489007
眉山詩案廣證六卷　(清)張鑑撰　清光緒十年(1884)江蘇書局刻本　二册

310000－0241－0003069　489008

畿南濟變紀畧不分卷　（清）劉春堂撰　清光緒二十七年（1901）排印本　一册

310000－0241－0003070　489010
龍井顯應胡公墓録一卷　（清）丁午輯　清光緒七年（1881）刻本　一册

310000－0241－0003071　489014
小螺盦病榻憶語一卷　（清）孫道乾撰　清同治十三年（1874）刻本　一册

310000－0241－0003072　489069
從戎紀畧一卷　（清）朱洪章撰　清光緒十九年（1893）紫陽堂刻本　一册

310000－0241－0003073　489073
東牟攀轅録一卷　（清）王啓曾等輯　清咸豐二年（1852）刻本　一册

310000－0241－0003074　489087
桂陰課子圖記一卷　（清）單鎮撰　清光緒三十三年（1907）排印本　一册

310000－0241－0003075　489090
南海詹京卿五十壽言一卷　（清）徐榮書匯録　清宣統二年（1910）排印本　一册

310000－0241－0003076　489091
歸籍記一卷　（清）張謇撰　清宣統元年（1909）排印本　一册

310000－0241－0003077　489092
舊雨集三卷　（清）鄭士範撰　清光緒二十一年（1895）周正誼堂刻本　一册

310000－0241－0003078　489093
絢華室詩記一卷　（清）俞陛雲撰　清光緒二十年（1894）石印本　一册

310000－0241－0003079　489096
幽光録二卷　（清）文慶等撰　清同治、光緒間淩氏刻本　二册

310000－0241－0003080　489103
羅壯節公表忠録二卷首一卷末一卷　（清）胡鳳丹等撰　清光緒元年（1875）宿松羅氏刻本　一册

310000－0241－0003081　489104
退思編一卷晢心編一卷　（清）沈祖燕撰　清宣統元年（1909）刻本　一册

310000－0241－0003082　489105
施氏家風述畧一卷續編一卷　（清）施閏章輯　清乾隆施氏刻本　一册

310000－0241－0003083　489107
[雜記]不分卷　（清）□□記　清末紅格抄本　一册

310000－0241－0003084　489109
儒林瑣記三卷附記一卷　（清）朱克敬著　清光緒五年（1879）長沙刻本　二册

310000－0241－0003085　489111
磨盾餘談二卷　（清）張炳撰　清咸豐四年（1854）杭州西湖街藏珍閣刻本　一册

310000－0241－0003086　490000
楚史檮杌一卷　（清）□□撰　清康熙七年（1668）汪士漢編印祕書二十一種本　一册

310000－0241－0003087　490001
吳越春秋十卷札記一卷逸文一卷　（漢）趙曄撰　清光緒三十二年（1906）南陵徐乃昌校刻本　二册

310000－0241－0003088　490001：2
吳越春秋十卷札記一卷逸文一卷　（漢）趙曄撰　清光緒三十二年（1906）南陵徐乃昌校刻本　二册

310000－0241－0003089　490007
華陽國志校勘記　（清）顧觀光學　清光緒刻本　一册

310000－0241－0003090　490009
吳越春秋校勘記一卷附華陽國志校勘記一卷　（清）顧觀光撰　清光緒刻本　一册

310000－0241－0003091　490010
十六國春秋一百卷　（北魏）崔鴻撰　清乾隆四十一年（1776）欣託山房刻本　三十四册

310000－0241－0003092　490010：2
十六國春秋一百卷　（北魏）崔鴻撰　清乾隆

四十一年(1776)欣記山房刻本　十二册

310000－0241－0003093　490010:3
十六國春秋一百卷　(北魏)崔鴻撰　清乾隆四十一年(1776)欣記山房刻本　二十册

310000－0241－0003094　490011
十六國春秋一百卷　(北魏)崔鴻撰　清乾隆欣記山房刻本　二册　存十二卷

310000－0241－0003095　490011:2
十六國春秋一百卷　(北魏)崔鴻撰　清乾隆欣記山房刻本　一册　存七卷

310000－0241－0003096　490012
十六國春秋纂錄校正附纂錄校勘記　(清)湯球輯　清光緒二十年(1894)廣雅書局刻本　二册

310000－0241－0003097　490013
十國春秋　(清)吴任臣撰　清乾隆五十三年(1788)此宜閣刻本　二十册

310000－0241－0003098　490014
十國春秋一百十六卷　(清)吴任臣撰　清乾隆昭文周氏此宜閣刻本　二十册

310000－0241－0003099　490015
十國春秋一百十六卷　(清)吴任臣撰　清光緒十二年(1886)刻本　二十四册

310000－0241－0003100　490016
九國志十二卷　(宋)路振撰　清道光二十七年(1847)刻海山仙館叢書本　二册

310000－0241－0003101　490024
南漢書十八卷考異十八卷叢録二卷文字畧四卷　(清)梁廷枏撰　清道光九年(1829)刻本　五册

310000－0241－0003102　490025
南唐書合刻三種四十九卷　(清)蔣國祥合刻　清同治十三年(1874)盱南蔣學蘇三餘書屋刻本　八册

310000－0241－0003103　490025:2
南唐書合刻三種四十九卷　(清)蔣國祥合刻　清同治十三年(1874)盱南蔣學蘇三餘書屋刻本　二册

310000－0241－0003104　490029
渤海國志四卷　唐晏纂　清光緒求恕齋刻本　一册

310000－0241－0003105　490030
蠻書十卷　(唐)樊綽撰　清漸西村舍刻本　一册

310000－0241－0003106　490031
增訂南詔野史二卷　(明)楊慎編輯　(清)胡蔚訂正　清光緒六年(1880)雲南書局刻本　二册

310000－0241－0003107　490031(2)
增訂南詔野史二卷　(明)楊慎編輯　(清)胡蔚訂正　清光緒六年(1880)雲南書局刻雲南圖書館印本　二册

310000－0241－0003108　490031:2
增訂南詔野史二卷　(明)楊慎編輯　(清)胡蔚訂正　清光緒六年(1880)雲南書局刻本　二册

310000－0241－0003109　490034
明氏實錄不分卷　(明)楊學可編　清光緒刻本　一册

310000－0241－0003110　490035
臺灣鄭氏始末六卷　(清)沈雲撰　(清)沈堯注　清道光傳經堂刻本　一册

310000－0241－0003111　490037
契丹國志二十七卷　(宋)葉隆禮輯　清掃葉山房刻本　一册　存四卷

310000－0241－0003112　490037:2
契丹國志二十七卷　(宋)葉隆禮輯　清掃葉山房刻本　二册

310000－0241－0003113　490037:3
契丹國志二十七卷　(宋)葉隆禮輯　清乾隆五十八年(1793)承恩堂刻本　六册

310000－0241－0003114　490039
西魏書二十四卷附錄一卷　(清)謝啓昆撰　清乾隆六十年(1795)樹經堂刻本　四册

310000－0241－0003115　490039(2)
西魏書二十四卷附錄一卷　(清)謝啓昆撰　清乾隆六十年(1795)樹經堂刻光緒十八年(1892)溧陽繆氏小山館重修本　六冊

310000－0241－0003116　490039:2
西魏書二十四卷附錄一卷　(清)謝啓昆撰　清乾隆六十年(1795)樹經堂刻本　一冊

310000－0241－0003117　490041
西藏宗教源流考不分卷　(清)張其勤編輯　清宣統二年(1910)排印本　一冊

310000－0241－0003118　490044
滇事總錄二卷　(清)莊士敏撰　清光緒十六年(1890)湖北崇文書局刻本　一冊

310000－0241－0003119　490046
釣磯立談一卷　(宋)史□撰　清康熙四十五年(1706)曹氏揚州刻本　一冊

310000－0241－0003120　500002(2)
水經注　(北魏)酈道元注　王先謙校勘　清光緒二十年(1894)寶善書局石印本　十九冊　存三十八卷

310000－0241－0003121　500003
水經注殘本不分卷　(北魏)酈道元注　(清)戴震校訂　清乾隆休寧戴氏刻本　九冊

310000－0241－0003122　500005
水經注四十卷　(北魏)酈道元注　(清)戴震校訂　清翻武英殿聚珍本　十六冊

310000－0241－0003123　500006
讀水經注小識四卷　(清)龐鴻書訂　清光緒三十年(1904)石印本　二冊

310000－0241－0003124　500007
水經注匯校四十卷首一卷坿水經注釋附二卷　(清)楊希閔撰　清光緒七年(1881)福州刻本　十六冊

310000－0241－0003125　500008
全校水經注四十卷附錄二卷補遺一卷　(北魏)酈道元注　(清)全祖望校　清光緒崇實書院刻本　三冊

310000－0241－0003126　500009
水經注四十卷　(北魏)酈道元注　清槐蔭草堂刻本　十冊　存十八卷

310000－0241－0003127　500009:2
水經注四十卷　(北魏)酈道元注　清康熙五十三年至五十四年(1714－1715)項氏羣玉書堂刻本　十六冊

310000－0241－0003128　500010
水經注四十卷　(北魏)酈道元注　清光緒三年(1877)湖北崇文書局刻本　十二冊

310000－0241－0003129　500011
水經注四十卷　(北魏)酈道元注　清光緒三年(1877)湖北崇文書局刻本　十三冊

310000－0241－0003130　500012
水經注釋　(清)趙一清錄　清光緒六年(1880)刻本　二十冊

310000－0241－0003131　500013
水經注釋　(清)趙一清錄　清乾隆五十一年(1786)刻本　三十一冊　存三十七卷

310000－0241－0003132　500014
水經注釋四十卷目錄一卷附錄二卷水經注箋刊誤十二卷　(清)趙一清注釋　清乾隆五十一年(1786)刻本　二十冊

310000－0241－0003133　500015
水經注釋四十卷附錄二卷刊誤十二卷　(清)趙一清注釋　清光緒六年(1880)花雨樓刻本　二十冊

310000－0241－0003134　500016
水經注釋四十卷附錄二卷刊誤十二卷　(清)趙一清注釋　清光緒花雨樓刻本　二十四冊

310000－0241－0003135　500018
水經注圖四十卷補一卷　(清)楊守敬撰　清光緒三十一年(1905)觀海堂刻本　七冊

310000－0241－0003136　500019:2
水經注釋地補遺二卷　(清)張匡學輯　清嘉慶二年(1797)刻本　二冊

310000－0241－0003137　500019:3

水經注釋地補遺二卷　(清)張匡學輯　清嘉慶二年(1797)刻本　十六册

310000－0241－0003138　500021
合校水經注四十卷附錄二卷　(北魏)酈道元注　王先謙校勘　清光緒長沙王氏刻本　十五册

310000－0241－0003139　500023
水經注圖並附錄二卷　(清)汪士鐸學　清咸豐十一年(1861)刻本　一册

310000－0241－0003140　500024
水經注圖一卷附錄一卷　(清)汪士鐸學　清咸豐十一年(1861)刻本　一册

310000－0241－0003141　500025
水經注圖一卷附錄一卷　(清)汪士鐸學　清咸豐十一年(1861)刻本　一册

310000－0241－0003142　500025:2
水經注圖一卷附錄一卷　(清)汪士鐸學　清咸豐十一年(1861)刻本　二册

310000－0241－0003143　500026
水經注圖說殘稿四卷　(清)董祐誠撰　清董方立遺書本　一册

310000－0241－0003144　500026:2
水經注圖說殘稿四卷　(清)董祐誠撰　清董方立遺書本　一册

310000－0241－0003145　500027
今水經不分卷　(清)黄宗羲學　清光緒三年(1877)湖北書局刻本　一册

310000－0241－0003146　500028
行水金鑑一百七十五卷首一卷　(清)傅澤洪撰　清雍正三年(1725)淮揚道署刻本　四十五册

310000－0241－0003147　500028:2
行水金鑑一百七十五卷首一卷　(清)傅澤洪撰　清雍正三年(1725)淮揚道署刻本　三十六册

310000－0241－0003148　500028:3
行水金鑑一百七十五卷首一卷　(清)傅澤洪撰　清雍正三年(1725)淮揚道署刻本　三十六册

310000－0241－0003149　500028:4
行水金鑑一百七十五卷首一卷　(清)傅澤洪撰　清雍正三年(1725)淮揚道署刻本　四十册

310000－0241－0003150　500028:5
行水金鑑一百七十五卷首一卷　(清)傅澤洪撰　清雍正三年(1725)淮揚道署刻本　二十册

310000－0241－0003151　500032
續行水金鑑一百五十六卷圖一卷　(清)黎世序撰　清道光十一年(1831)刻本　六十册

310000－0241－0003152　500033
續行水金鑑一百五十七卷　(清)黎世序撰　清道光十二年(1832)刻本　四十八册

310000－0241－0003153　500034
水道提綱二十八卷　(清)齊召南編錄　清光緒四年(1878)霞城精舍刻本　八册

310000－0241－0003154　500034:2
水道提綱二十八卷　(清)齊召南編錄　清光緒四年(1878)霞城精舍刻本　八册

310000－0241－0003155　500034:3
水道提綱二十八卷　(清)齊召南編錄　清光緒四年(1878)霞城精舍刻本　八册

310000－0241－0003156　500036
水道提綱二十八卷　(清)齊召南編錄　清光緒七年(1881)文瑞樓排印本　二册

310000－0241－0003157　500036:2
水道提綱二十八卷　(清)齊召南編錄　清光緒七年(1881)文瑞樓排印本　八册

310000－0241－0003158　500037
水道提綱二十八卷　(清)齊召南編錄　清光緒四年(1878)霞城精舍刻本　八册

310000－0241－0003159　500038
五省溝洫圖說一卷　(清)沈夢蘭撰　清光緒六年(1880)江蘇書局刻本　一册

310000－0241－0003160　500042
河工策要四卷　（清）□□撰　清光緒蜚英館石印本　一冊

310000－0241－0003161　500046
漢志水道疏證四卷　（清）洪頤煊撰　清光緒十四年（1888）心矩齋刻本　二冊

310000－0241－0003162　500047
皇朝輿地水道源流五卷　（清）胡宣慶編纂　清光緒十七年（1891）長沙胡氏刻本　一冊

310000－0241－0003163　500101
歷代河防類要六卷　（清）徐璈輯　清道光臥雲書屋刻本　四冊

310000－0241－0003164　500102
河防志十二卷　（清）張希良輯　清雍正三年（1725）刻本　十二冊

310000－0241－0003165　500103
河防志十二卷　（清）張希良輯　清雍正三年（1725）刻本　二十冊

310000－0241－0003166　500104
治河方畧十卷　（清）靳輔撰　清乾隆三十二年（1767）聽泉齋刻本　八冊

310000－0241－0003167　500105
治河方畧十卷　（清）靳輔撰　清嘉慶四年（1799）安瀾堂刻本　八冊

310000－0241－0003168　500106
治河方畧十卷　（清）靳輔撰　清嘉慶四年（1799）安瀾堂刻本　十冊

310000－0241－0003169　500109
河防疏畧二十卷　（清）朱之錫撰　清康熙寒香館刻本　四冊

310000－0241－0003170　500112
南河宣防錄二卷　（清）白鍾山撰　清乾隆刻本　二冊

310000－0241－0003171　500113
歷代黃河變遷圖考四卷　（清）劉鶚著　清光緒十九年（1893）袖海山房石印本　二冊

310000－0241－0003172　500113：2
歷代黃河變遷圖考四卷　（清）劉鶚著　清光緒十九年（1893）袖海山房石印本　二冊

310000－0241－0003173　500117
古今治河要策四卷　（清）三友堂輯　清光緒十四年（1888）嗜古山房刻本　二冊

310000－0241－0003174　500119
濬河事例一卷　（清）盛沅纂輯　清光緒十九年（1893）刻本　一冊

310000－0241－0003175　500202
海道圖說十五卷附長江圖說一卷　（清）王德均筆述　清光緒刻本　十冊

310000－0241－0003176　500203
海道圖說十五卷附長江圖說一卷　（清）王德均筆述　清光緒刻本　十冊

310000－0241－0003177　500204
華亭海塘全案十卷　（清）陶澍纂　清道光十七年（1837）刻本　十八冊

310000－0241－0003178　500205
海塘新志六卷　（清）琅玕修纂　清嘉慶刻本　四冊

310000－0241－0003179　500206
續海塘新志四卷　（清）戶部彙編　清道光刻本　四冊

310000－0241－0003180　500207
勅修兩浙海塘通志二十卷　（清）查祥等修　清乾隆十六年（1751）刻本　六冊

310000－0241－0003181　500207：2
勅修兩浙海塘通志二十卷　（清）查祥等修　清乾隆十六年（1751）刻本　一冊

310000－0241－0003182　500208
測海蠡言一卷　（清）馮道立著　清同治五年（1866）刻本　一冊

310000－0241－0003183　500209
海塘輯要十卷　（清）趙元益筆述　清光緒刻本　二冊

310000－0241－0003184　500210
海塘輯要十卷　(清)趙元益筆述　清光緒刻本　二册

310000－0241－0003185　500210:2
海塘輯要十卷　(清)趙元益筆述　清光緒刻本　二册

310000－0241－0003186　500210:3
海塘輯要十卷　(清)趙元益筆述　清光緒刻本　二册

310000－0241－0003187　500212
淮揚水利圖説不分卷　(清)馮道立著　清道光十九年(1839)西園刻本　一册

310000－0241－0003188　500212:2
淮揚水利圖説不分卷　(清)馮道立著　清道光十九年(1839)西園刻本　一册

310000－0241－0003189　500217
海寧念汛大口門二限三限石塘圖説不分卷　(清)李輔燿輯　清光緒七年(1881)刻本　一册

310000－0241－0003190　500219
中國沿海潮汛圖三十二幀　(清)黄維煊繪　清光緒七年(1881)上海點石齋石印本　一册

310000－0241－0003191　500220
揚子江四編　(日本)林安繁撰　清光緒二十八年(1902)上海商務印書館排印本　一册

310000－0241－0003192　500222
最近揚子江之大勢不分卷　(日本)國府犀東撰　(清)趙必振譯　清光緒二十八年(1902)排印本　一册

310000－0241－0003193　500226
請復淮水故道圖説一卷　(清)丁顯撰　清同治八年(1869)集韻書屋刻本　一册

310000－0241－0003194　500300
直隸河渠志一卷　(清)陳儀撰　清道光刻畿輔河道水利叢書本　一册

310000－0241－0003195　500301
山東運河備覽十二卷　(清)陸燿撰　清乾隆四十年(1775)切問齋刻本　六册

310000－0241－0003196　500302
南湖水利圖考二卷事畧一卷　(明)陳善撰　清浙江書局刻本　一册

310000－0241－0003197　500303
太湖備考十六卷　(清)金友理撰　清乾隆藝蘭圃刻本　十二册

310000－0241－0003198　500303:2
太湖備考十六卷　(清)金友理撰　清乾隆藝蘭圃刻本　八册

310000－0241－0003199　500303:3
太湖備考十六卷　(清)金友理撰　清乾隆藝蘭圃刻本　八册

310000－0241－0003200　500304
太湖備考十六卷　(清)金友理撰　清乾隆藝蘭圃刻本　八册

310000－0241－0003201　500305
太湖備考十六卷續四卷　(清)金友理撰　(清)鄭言紹輯　清光緒二十九年(1903)刻本　十二册

310000－0241－0003202　500306
甬上水利志六卷　(清)周道遵考述　清道光木活字印本　四册

310000－0241－0003203　500307
吴江水考增輯五卷附編二卷　(明)沈啓原著　(清)黄象曦增輯　清光緒二十年(1894)刻本　四册

310000－0241－0003204　500308
蜀水考四卷　(清)陳登龍輯　清光緒二十二年(1896)成都書局刻本　四册

310000－0241－0003205　500309
上虞塘工紀畧四卷　(清)連仲愚撰　清光緒四年(1878)上虞敬睦堂刻本　一册

310000－0241－0003206　500309:2
上虞塘工紀畧四卷　(清)連仲愚撰　清光緒四年(1878)上虞敬睦堂刻本　一册

310000－0241－0003207　500310
畿輔河道水利叢書九種十四卷　(清)吳邦慶輯　清道光四年(1824)刻本　十冊

310000－0241－0003208　500311
西域水道記五卷　(清)徐松撰　清道光三年(1823)刻本　五冊

310000－0241－0003209　500311:2
西域水道記五卷　(清)徐松撰　清道光三年(1823)刻本　一冊

310000－0241－0003210　500311:3
西域水道記五卷　(清)徐松撰　清道光三年(1823)刻本　四冊

310000－0241－0003211　500313
三江水利紀畧四卷　(清)蘇爾德主編　清乾隆刻本　四冊

310000－0241－0003212　500314
肇慶府屬基圍圖不分卷　(清)羅照滄等編繪　清光緒二十九年(1903)刻本　一冊

310000－0241－0003213　500314:2
肇慶府屬基圍圖不分卷　(清)羅照滄等編繪　清光緒二十九年(1903)刻本　一冊

310000－0241－0003214　500316
楚北水利隄防紀要二卷　(清)俞昌烈撰　清同治四年(1865)湖北藩署刻本　一冊

310000－0241－0003215　500317
永安河河簿　(清)□□輯　清光緒木活字印本　一冊

310000－0241－0003216　500318
上虞縣五鄉水利本末二卷續水利本末一卷　(元)陳恬撰　(清)連蘅續輯　清光緒九年(1883)枕湖樓連氏刻本　三冊

310000－0241－0003217　500318:2
上虞縣五鄉水利本末二卷續水利本末一卷　(元)陳恬撰　(清)連蘅續輯　清光緒九年(1883)枕湖樓連氏刻本　一冊

310000－0241－0003218　500323
東南水利論三卷　(清)張崇傃撰　(清)高善源參訂　清光緒七年(1881)刻本　一冊

310000－0241－0003219　500324
西徼水道不分卷　(清)黃楙材撰　清得一齋刻本　一冊

310000－0241－0003220　500326
續浚南湖圖志不分卷　(清)□□撰輯　清光緒浙江官書局刻本　一冊

310000－0241－0003221　500328
揚州水道記四卷　(清)劉文淇撰　清欲寡過齋翻刻淮南書局補刻本　二冊

310000－0241－0003222　500328:2
揚州水道記四卷　(清)劉文淇撰　清欲寡過齋翻刻淮南書局補刻本　四冊

310000－0241－0003223　500329
江蘇水利圖說一卷　(清)李慶雲編　清光緒刻本　一冊

310000－0241－0003224　500332
郡[淮郡]城文渠志二卷　(清)吉元等輯　清同治刻本　一冊

310000－0241－0003225　500401
安瀾紀要二卷　(清)徐端撰　清光緒刻本　一冊

310000－0241－0003226　500401:2
安瀾紀要二卷　(清)徐端撰　清光緒刻本　二冊

310000－0241－0003227　500402
迴瀾紀要二卷　(清)徐端撰　清道光二十二年(1842)刻本　一冊

310000－0241－0003228　500402:2
迴瀾紀要二卷　(清)徐端撰　清道光二十二年(1842)刻本　二冊

310000－0241－0003229　500404
河上語不分卷　(清)蔣楷錄　清光緒二十三年(1897)刻本　一冊

310000－0241－0003230　500407
水學一卷　(清)錢泳輯　清道光刻本　一冊

310000－0241－0003231　501000
天下名山圖詠四卷　(清)沈錫齡輯並繪　清光緒二十一年(1895)滬中沈氏石印本　四冊

310000－0241－0003232　501002
萬山綱目二十一卷　(清)李誠纂　清光緒二十六年(1900)長沙刻本　十冊

310000－0241－0003233　501004
盋山志八卷　(清)顧雲編　清光緒九年(1883)金陵盋山精舍刻本　三冊

310000－0241－0003234　501005
寶華山志十五卷　(清)劉名芳纂修　清乾隆初刻道光、咸豐間印本　四冊

310000－0241－0003235　501005(2)
寶華山志十五卷　(清)劉名芳纂修　清末釋性宗增補重刻乾隆本　四冊

310000－0241－0003236　501005(2):2
寶華山志十五卷　(清)劉名芳纂修　清末釋性宗增補重刻乾隆本　三冊

310000－0241－0003237　501007
焦山志二十六卷首一卷　(清)吳雲輯　清同治刻本　八冊

310000－0241－0003238　501007(2)
焦山志十二卷圖一卷　(清)盧見曾撰　清乾隆雅雨堂刻本　二冊

310000－0241－0003239　501007:2
焦山志二十六卷首一卷　(清)吳雲輯　清同治刻本　八冊

310000－0241－0003240　501007:3
焦山志二十六卷首一卷　(清)吳雲輯　清同治刻本　八冊

310000－0241－0003241　501008
焦山續志八卷　(清)陳任暘輯　清光緒三十一年(1905)刻本　二冊

310000－0241－0003242　501008:2
焦山續志八卷　(清)陳任暘輯　清光緒三十一年(1905)刻本　二冊

310000－0241－0003243　501008:3
焦山續志八卷　(清)陳任暘輯　清光緒三十一年(1905)刻本　二冊

310000－0241－0003244　501012
招隱山志十二卷　(清)繆潛纂輯　清宣統三年(1911)昭明讀書臺刻本　四冊

310000－0241－0003245　501015
南通州五山全志二十卷　(清)劉名芳纂修　清光緒三年(1877)重修乾隆十六年(1751)刻本　五冊

310000－0241－0003246　501018
攝山志八卷首一卷　(清)陳毅輯　清乾隆五十五年(1790)刻本　四冊

310000－0241－0003247　501018:2
攝山志八卷首一卷　(清)陳毅輯　清乾隆五十五年(1790)刻本　四冊

310000－0241－0003248　501019
南海普陀山志十五卷首一卷　(清)朱謹輯　(清)陳璿等增輯　清雍正刻本　四冊

310000－0241－0003249　501019:2
重修南海普陀山志二十卷首一卷　(清)許琰編輯　清乾隆五年(1740)刻本　四冊

310000－0241－0003250　501020
重修南海普陀山志二十卷首一卷　(清)許琰編輯　清乾隆五年(1740)刻同治八年(1869)補版本　四冊

310000－0241－0003251　501022
明州阿育王山志十卷續志六卷　(明)郭子章撰　(清)釋畹荃續輯　清乾隆增修明萬曆四十五年(1617)本　六冊

310000－0241－0003252　501022:2
明州阿育王山志十卷續志六卷　(明)郭子章撰　(清)釋畹荃續輯　清乾隆增修明萬曆四十五年(1617)本　六冊

310000－0241－0003253　501022:3
明州阿育王山志十卷續志六卷　(明)郭子章撰　(清)釋畹荃續輯　清乾隆增修明萬曆四

十五年(1617)本　六冊

310000－0241－0003254　501023
四明山志　(清)黄宗羲輯　(清)黄炳等仝校　清康熙刻本　一冊　缺四卷(二至五)

310000－0241－0003255　501025
天台山方外志三十卷　(明)釋傳燈撰　清光緒二十年(1894)刻本　八冊

310000－0241－0003256　501025:2
天台山方外志三十卷　(明)釋傳燈撰　清光緒二十年(1894)刻本　八冊

310000－0241－0003257　501027
赤松山志一卷　(宋)倪守約撰　清光緒十八年(1892)知服齋刻本　一冊

310000－0241－0003258　501028
廣雁蕩山志二十八卷首一卷末一卷　(清)曾唯撰　清同治八年(1869)嘉依緑園刻本　八冊

310000－0241－0003259　501029
廣雁蕩山志二十八卷首一卷末一卷　(清)曾唯撰　清同治八年(1869)嘉依緑園刻本　八冊

310000－0241－0003260　501030
南雁蕩山志十三卷　(清)周喟編　清光緒刻本　四冊

310000－0241－0003261　501030:2
南雁蕩山志十三卷　(清)周喟編　清光緒刻本　四冊

310000－0241－0003262　501032
泰山志二十卷　(清)全棨輯　清嘉慶十三年(1808)刻本　十冊

310000－0241－0003263　501034
龍虎山志十六卷　(清)婁近垣輯　清道光棲碧堂刻本　六冊

310000－0241－0003264　501034:2
龍虎山志十六卷　(清)婁近垣輯　清道光棲碧堂刻本　六冊

310000－0241－0003265　501036
廬山志十五卷　(清)毛德琦重訂　清康熙五十九年(1720)順德堂刻同治十年(1871)重修本　十六冊

310000－0241－0003266　501042
黄鵠山志十二卷　(清)胡鳳丹纂　清同治退補齋刻本　六冊

310000－0241－0003267　501043
南嶽志　(清)高自位編　清乾隆十八年(1753)開雲樓刻本　六冊

310000－0241－0003268　501044
南嶽志八卷　(清)高自位編　清乾隆十八年(1753)開雲樓刻本　八冊

310000－0241－0003269　501045
南嶽志二十六卷　(清)李元度重修　清光緒九年(1883)洞天精舍刻本　十二冊

310000－0241－0003270　501046
南嶽小録一卷　(唐)李沖昭撰　清光緒十八年(1892)順德龍氏知服齋刻本　一冊

310000－0241－0003271　501047
九疑山志　(清)樊在廷纂輯　清光緒九年(1883)退思齋刻本　二冊

310000－0241－0003272　501051
泰山道里記一卷　(清)聶鈫撰　清乾隆四十年(1775)雨山堂刻本　二冊

310000－0241－0003273　501052
泰山道里記一卷　(清)聶鈫撰　清乾隆四十年(1775)雨山堂刻本　一冊

310000－0241－0003274　501053
金蓋山志四卷首一卷　(清)李宗蓮編　清光緒二十二年(1896)古書隱樓刻本　二冊

310000－0241－0003275　501053:2
金蓋山志四卷首一卷　(清)李宗蓮編　清光緒二十二年(1896)古書隱樓刻本　二冊

310000－0241－0003276　501054
説嵩三十二卷　(清)景日眕撰　清康熙六十年(1721)嶽生堂刻本　十冊

310000－0241－0003277　501054:2

說嵩三十二卷　(清)景日昣撰　清康熙六十年(1721)嶽生堂刻本　十册

310000－0241－0003278　501056(2)

清涼山志十卷　(明)釋鎮澄修　(清)釋聚用校訂　清乾隆二十年(1755)釋聚用刻光緒十三年(1887)比邱大文等增刻本　四册

310000－0241－0003279　501059

重鐫鵝湖峯頂志五卷　(明)王祚昌編纂　(清)張時泰重輯　清道光十七年(1837)刻本　二册

310000－0241－0003280　501061

武夷山志二十四卷首一卷　(清)董天工編　清道光二十七年(1847)羅氏五夫尺木軒刻本　十册

310000－0241－0003281　501061:2

武夷山志二十四卷首一卷　(清)董天工編　清道光二十七年(1847)羅氏五夫尺木軒刻本　二十册

310000－0241－0003282　501062

武夷山志二十四卷　(清)董天工編　清同治十一年(1872)刻本　八册

310000－0241－0003283　501063

武夷山志二十四卷　(清)董天工編　清道光二十七年(1847)羅氏五夫尺木軒刻本　十册

310000－0241－0003284　501064

浮山志五卷　(清)陳銘珪撰　清光緒七年(1881)荔莊刻本　五册

310000－0241－0003285　501066

京口山水志十八卷首一卷末一卷　(清)楊棨撰　清道光鎮江善化書局刻本　六册

310000－0241－0003286　501066(2)

京口山水志十八卷首一卷末一卷勘誤表一卷　(清)楊棨撰　清宣統三年(1911)排印本　四册

310000－0241－0003287　501067

京口三山志十卷　(明)張萊輯　(明)顧清訂正　清宣統三年(1911)丹徒陳氏横山草堂刻本　二册

310000－0241－0003288　501068

鼎湖山慶雲寺志八卷　(清)釋成鷲纂　清康熙五十六年(1717)刻本　四册

310000－0241－0003289　501068:2

鼎湖山慶雲寺志八卷　(清)釋成鷲纂　清康熙五十六年(1717)刻本　四册

310000－0241－0003290　501069

鼎湖山慶雲寺志八卷　(清)釋成鷲纂　清康熙五十六年(1717)刻本　八册

310000－0241－0003291　501070

禺峽志四卷　(清)孫繩祖纂　清光緒十年(1884)刻本　四册

310000－0241－0003292　501074

龍潭山志七卷首一卷末一卷　(清)康阜撰　清光緒九年(1883)龍潭山刻本　八册

310000－0241－0003293　501075

慧山記四卷續編三卷首一卷　(明)邵寶手定　(明)釋圓顯輯　清同治四年(1865)二泉書院刻本　六册

310000－0241－0003294　501077

爛柯山志十三卷　(清)鄭永禧輯　清光緒十三年(1887)不其山館刻本　四册

310000－0241－0003295　501078

金山志十卷續志二卷　(清)盧見曾撰　清光緒二十六年(1900)雅雨堂刻本　六册

310000－0241－0003296　501078:2

金山志十卷續志二卷　(清)盧見曾撰　清光緒二十六年(1900)雅雨堂刻本　六册

310000－0241－0003297　501081

九華山志十卷　(清)周贇編　清光緒二十六年(1900)刻本　八册

310000－0241－0003298　501082

九華山志七卷首一卷末一卷　(清)周贇編　清光緒二十六年(1900)刻本　八册

310000－0241－0003299　501082：2

九華山志七卷首一卷末一卷　(清)周贇編　清光緒二十六年(1900)刻本　二冊

310000－0241－0003300　501084

西天目祖山志八卷　(明)釋廣賓輯　清光緒刻本　四冊

310000－0241－0003301　501085

茅山全志十四卷　(清)笪蟾光編　清光緒元年(1875)刻本　八冊

310000－0241－0003302　501093

金鼓洞志八卷　(清)朱文藻撰　清嘉慶十二年(1807)刻本　六冊

310000－0241－0003303　501097：2

華嶽志八卷　(清)李榕纂輯　清光緒九年(1883)華陰縣補刻本　四冊

310000－0241－0003304　501100

恒山志不分卷續志一卷　(清)桂敬順纂修　清光緒五年(1879)渾源州署刻本　六冊

310000－0241－0003305　501103

白岳舊聞四卷　(清)徐卓撰　清嘉慶二十一年(1816)刻本　四冊

310000－0241－0003306　501105

長白山錄一卷補遺一卷　(清)王士禛撰　清康熙刻本　一冊

310000－0241－0003307　501107

黃山導十四卷　(清)汪堪輯　清乾隆二十六年(1761)一歐草堂刻本　八冊

310000－0241－0003308　501108

盤山志十卷補遺四卷　(清)釋智樸纂輯　清康熙五十年(1711)刻本　四冊

310000－0241－0003309　501114

大嶽太和山紀畧八卷　(清)王槩纂　清乾隆九年(1744)刻本　八冊

310000－0241－0003310　501116

鼓山志　(清)黃任撰　清乾隆二十六年(1761)刻本　三冊　存八卷

310000－0241－0003311　501121

蓮峯志五卷　(清)王夫之撰　清同治四年(1865)刻本　一冊

310000－0241－0003312　501122

崆峒山志二卷　(清)張伯魁纂修　清同治十一年(1872)刻本　一冊

310000－0241－0003313　501124

重刻麻姑山志十二卷首一卷　(清)黃家駒編訂　清同治五年(1866)洞天書屋刻本　六冊

310000－0241－0003314　501124：2

重刻麻姑山志十二卷首一卷　(清)黃家駒編訂　清同治五年(1866)洞天書屋刻本　六冊

310000－0241－0003315　501125

石鐘山志十六卷首一卷　(清)李成謀輯　(清)丁義方蒐輯　清光緒九年(1883)刻本　八冊

310000－0241－0003316　501125：2

石鐘山志十六卷首一卷　(清)李成謀輯　(清)丁義方蒐輯　清光緒九年(1883)刻本　八冊

310000－0241－0003317　501126

雲台山新志十八卷首一卷末一卷　(清)謝元淮修纂　清道光十七年(1837)刻本　八冊

310000－0241－0003318　501127

孤嶼志八卷首一卷　(清)陳舜諮訂修　清嘉慶十四年(1809)含和堂刻本　五冊

310000－0241－0003319　501130

北固山志十四卷首一卷　(清)周伯義編　(清)陳仁暘訂　清光緒三十年(1904)刻本　六冊

310000－0241－0003320　501132

臥龍崗志二卷　(清)羅景纂輯　清康熙刻本　二冊

310000－0241－0003321　501135

齊山巖洞志二十六卷首一卷　(清)陳蔚輯　清光緒二十七年(1901)玩月樓刻本　八冊

310000－0241－0003322　501502

曹娥江志八卷首一卷　(清)胡鳳丹編輯　清光緒三年(1877)永康胡氏退補齋刻本　二冊

310000－0241－0003323　501503
永定河志三十二卷附治河摘要二卷續志十六卷首一卷　(清)李逢亨編　(清)朱其詒續編　清光緒刻本　二十八冊

310000－0241－0003324　501504
山東運河備覽十二卷　(清)陸燿撰　清乾隆四十年(1775)切問齋刻本　六冊

310000－0241－0003325　501505
峽江圖考一卷　(清)□□撰　清同治刻本　一冊

310000－0241－0003326　501506
莫愁湖志六卷　(清)馬士圖撰　清光緒八年(1882)刻本　二冊

310000－0241－0003327　501506:2
莫愁湖志六卷　(清)馬士圖撰　清光緒八年(1882)刻本　一冊

310000－0241－0003328　501506:3
莫愁湖志六卷　(清)馬士圖撰　清光緒八年(1882)刻木　一冊

310000－0241－0003329　501507
莫愁湖志六卷　(清)馬士圖撰　清光緒八年(1882)刻本　二冊

310000－0241－0003330　501508
莫愁湖志六卷　(清)馬士圖撰　清光緒八年(1882)刻本　二冊

310000－0241－0003331　501509
西湖志四十八卷　(清)傅王露纂修　清光緒四年(1878)浙江書局刻本　二十冊

310000－0241－0003332　501510
西湖志四十八卷　(清)傅王露纂修　清光緒四年(1878)浙江書局刻本　二十冊

310000－0241－0003333　501510:2
西湖志四十八卷　(清)傅王露纂修　清光緒四年(1878)浙江書局刻本　二十冊

310000－0241－0003334　501510:3
西湖志四十八卷　(清)傅王露纂修　清光緒四年(1878)浙江書局刻本　四十冊

310000－0241－0003335　501510:4
西湖志四十八卷　(清)傅王露纂修　清光緒四年(1878)浙江書局刻本　二十冊

310000－0241－0003336　501511
湖壖雜記一卷　(清)陸次雲撰　清光緒七年(1881)錢塘丁氏刻本　一冊

310000－0241－0003337　501514
西湖志纂十五卷　(清)沈德潛輯　清乾隆十六年(1751)賜經堂刻本　十二冊

310000－0241－0003338　501515
西湖遊覽志二十四卷遊覽志餘二十六卷　(明)田汝成撰　清光緒二十二年(1896)嘉惠堂刻本　十二冊

310000－0241－0003339　501521
金陵後湖志不分卷　(清)錢福臻輯　清宣統二年(1910)排印本　一冊

310000－0241－0003340　501522
牟山湖志不分卷　(清)劉福升著　清光緒二十五年(1899)刻本　一冊

310000－0241－0003341　501527
西子湖拾翠餘談三卷附杭志三詁三誤辨一卷　(明)汪砢玉撰　清光緒十九年(1893)武林丁氏刻本　一冊

310000－0241－0003342　501529
北湖小志六卷首一卷　(清)焦循纂　清嘉慶十三年(1808)揚州阮氏刻本　二冊

310000－0241－0003343　501534
和朱竹垞太史鴛鴦湖櫂歌一百首用原韻一卷　(清)程龍光撰　清同治十二年(1873)紫薇館刻本　一冊

310000－0241－0003344　502001
三輔黄圖一卷三輔黄圖新校正序　(漢)□□撰　(清)孫星衍校定　清嘉慶十九年(1814)刻本　一冊

310000－0241－0003345　502002
逍遙山萬壽宮通志二十二卷　(清)金桂馨纂輯　清光緒四年(1878)江右鐵柱宮刻本　十冊

310000－0241－0003346　502105
金陵瑣志五種　陳作霖編　清光緒二十六年(1900)刻本　一冊　存四種

310000－0241－0003347　502105(3)
金陵瑣志三種　陳作霖編　清光緒二十五年(1899)可園刻本　一冊

310000－0241－0003348　502105(4)
金陵瑣志五種續志二種　陳作霖編　清光緒十一年(1885)冶麓山房刻本　五冊

310000－0241－0003349　502106
運瀆橋道小志不分卷　陳作霖編　清光緒十一年(1885)冶麓山房刻本　一冊

310000－0241－0003350　502107
羊城古鈔八卷首一卷　(清)仇池石輯　清嘉慶大賚堂刻本　五冊

310000－0241－0003351　502108
如夢錄不分卷　(明)□□撰　清咸豐二年(1852)刻本　一冊

310000－0241－0003352　502111
江城名蹟記二卷補江城名蹟記三卷江城名蹟詩一卷補江城名蹟詩二卷　(清)陳弘緒著　清光緒九年(1883)楊慎知堂家塾刻本　六冊

310000－0241－0003353　502112
宋東京考二十卷　(清)周城輯　清乾隆二十七年(1762)重刻六有堂藏本　四冊

310000－0241－0003354　502113
長安志三卷　(宋)宋敏求撰　清刻拜經樓叢書本　一冊

310000－0241－0003355　502114
南宋古蹟考二卷　(清)朱彭輯　清光緒七年(1881)武林丁氏刻本　一冊

310000－0241－0003356　502115
東原考古錄不分卷　(清)蔣作錦撰　清光緒十八年(1892)濟寧孫聚奎堂刻本　一冊

310000－0241－0003357　502116
蜀中名勝記三十卷　(明)曹學佺撰　清道光四川官印刷局刻本　八冊

310000－0241－0003358　502116:2
蜀中名勝記三十卷　(明)曹學佺撰　清成都茹古書局刻本　六冊

310000－0241－0003359　502118
越中名勝賦一卷　(清)李壽朋撰　清乾隆刻本　二冊

310000－0241－0003360　502118:2
越中名勝賦一卷　(清)李壽朋撰　清乾隆刻本　一冊

310000－0241－0003361　502119
高忠憲公水居志六卷　(清)廖綸養輯　(清)楊殿奎編纂　清宣統元年(1909)木活字印本　一冊

310000－0241－0003362　502129
元河南志四卷　(元)□□撰　清光緒三十年至三十四年(1904－1908)江陰繆氏藕香簃刻本　二冊

310000－0241－0003363　502131
桃花源志畧十二卷　(清)唐開韶輯　(清)胡焯編　清光緒十七年(1891)刻本　四冊

310000－0241－0003364　502133
鸚鵡洲小志四卷首一卷　(清)胡鳳丹編纂　清同治十三年(1874)退補齋刻本　二冊

310000－0241－0003365　502137
杭州西溪法華塢志四卷　(清)徐映璞撰　清咸豐八年(1858)刻本　一冊

310000－0241－0003366　502144
日下尊聞錄五卷　(清)□□撰　清咸豐二年(1852)安和軒刻本　二冊

310000－0241－0003367　502204
南朝佛寺志　(清)孫文川葺述　陳作霖編纂　清光緒刻本　一冊　存一卷

310000－0241－0003368　502207
少林寺志不分卷　(清)張學林撰　(清)施奕簪等續輯　清乾隆十三年(1748)刻本　四冊

310000－0241－0003369　502208
寒山寺志三卷　葉昌熾輯　清宣統三年(1911)刻本　二冊

310000－0241－0003370　502208：2
寒山寺志三卷　葉昌熾輯　清宣統三年(1911)刻本　二冊

310000－0241－0003371　502209
寒山寺志三卷　葉昌熾輯　清宣統三年(1911)刻本　二冊

310000－0241－0003372　502211
西溪梵隱志四卷　(清)吳本泰輯　清光緒七年(1881)刻本　二冊

310000－0241－0003373　502212
孝慈庵集不分卷　(清)周芷筠撰　清光緒九年(1883)刻本　一冊

310000－0241－0003374　502213
龍興祥符戒壇三寺志十二卷　(清)張大昌輯　清光緒二十年(1894)嘉惠堂刻本　四冊

310000－0241－0003375　502218
洛陽伽藍記　(北魏)楊衒之撰　清嘉慶十六年(1811)璜川吳氏真意堂木活字印本　一冊

310000－0241－0003376　502223
淨慈寺志二十八卷首一卷末一卷　(清)釋際祥纂輯　清光緒十四年(1888)嘉惠堂刻本　一冊　存一卷

310000－0241－0003377　502223：2
淨慈寺志二十八卷首一卷末一卷　(清)釋際祥纂輯　清光緒十四年(1888)嘉惠堂刻本　八冊

310000－0241－0003378　502230
杭州上天竺講寺志十五卷　(明)釋廣賓撰　清光緒二十三年(1897)刻本　四冊

310000－0241－0003379　502234
大昭慶律寺志六卷　(清)吳樹虛纂　清乾隆刻本　六冊

310000－0241－0003380　502236
靈谷禪林志十五卷首一卷　(清)謝元福增訂　清光緒十三年(1887)刻本　二冊

310000－0241－0003381　502237
棲霞寺志二卷　(清)釋渾融輯　(清)趙炯編訂　清光緒八年(1882)刻本　二冊

310000－0241－0003382　502238
忍草庵志四卷　(清)劉繼增著　清光緒十三年(1887)錫山尤氏遂初堂木活字印本　一冊

310000－0241－0003383　502239
鶴林寺志一卷　(明)釋明賢纂輯　(明)賀烺訂正　清宣統元年(1909)刻本　一冊

310000－0241－0003384　502245
孝慈庵集一卷　(清)釋瑛等撰　清光緒七年(1881)錢唐丁氏刻本　一冊

310000－0241－0003385　502304
巢湖中廟志一卷　(清)袁六順編　清光緒十五年(1889)木活字印本　一冊

310000－0241－0003386　502305
吳山伍公廟志六卷首一卷　(清)金文淳纂輯　清光緒二年(1876)刻本　一冊

310000－0241－0003387　502306
越中先賢詞目一卷　(清)李慈銘撰　清光緒十一年(1885)石印本　一冊

310000－0241－0003388　502307
關聖陵廟紀畧四卷　(清)魏勷纂　清康熙三十九年(1700)刻咸豐三年(1853)補刻本　四冊

310000－0241－0003389　502308
唐張中丞專祠錄五卷首一卷末一卷　(清)侯慶勛纂輯　清光緒四年(1878)寶岳齋刻本　三冊

310000－0241－0003390　502313(2)
岳廟志畧十卷首一卷　(清)馮培編輯　清光緒五年(1879)浙江書局刻本　四冊

310000－0241－0003391　502315
忠武祠墓誌　(清)李復心輯　清刻本　四册

310000－0241－0003392　502401
歷代陵寢備考五十卷歷代宗廟附考八卷　(清)朱孔陽編　清末上海申報館排印本　十册　存四十二卷

310000－0241－0003393　502401:2
歷代陵寢備考五十卷歷代宗廟附考八卷　(清)朱孔陽編　清末上海申報館排印本　十四册

310000－0241－0003394　502404
恒農冢墓遺文一卷　羅振玉編　清宣統永慕園石印本　一册

310000－0241－0003395　502406
江南名勝圖第一册明孝陵一卷　(清)闕伊繪　清宣統二年(1910)鴻文石印書局石印本　一册

310000－0241－0003396　502502
平山堂圖志十卷　(清)趙之壁編纂　清光緒九年(1883)刻本　四册

310000－0241－0003397　502502:2
平山堂圖志十卷　(清)趙之壁編纂　清光緒九年(1883)刻本　四册

310000－0241－0003398　502503
平山堂圖志十卷首一卷　(清)趙之壁纂　清光緒十四年(1888)同文書局石印本　四册

310000－0241－0003399　502504
平山堂圖志十卷首一卷　(清)趙之壁編纂　清光緒九年(1883)歐陽氏刻本　四册

310000－0241－0003400　502506
大觀亭志六卷　李國模纂輯　清宣統三年(1911)慎餘堂排印本　四册

310000－0241－0003401　502508
御製圓明園詩二卷　(清)高宗弘曆撰　清光緒十三年(1887)天津石印書屋二色石印本　二册

310000－0241－0003402　502508:2
御製圓明園詩二卷　(清)高宗弘曆撰　清光緒十三年(1887)天津石印書屋二色石印本　二册

310000－0241－0003403　502510
約園志不分卷　(清)徐樹銘輯　(清)許貞幹等編校　清光緒二十三年(1897)刻本　一册

310000－0241－0003404　502511
五畝園小志一卷附桃隖百詠一卷五畝園題詠一卷　(清)謝家福輯　清光緒十六年(1890)望炊樓刻本　一册

310000－0241－0003405　502601
欽定國子監志八十二卷首二卷　(清)文慶等續修　清道光十四年(1834)刻本　三十二册

310000－0241－0003406　502603
東林書院志二十二卷　(清)高廷等增輯　清光緒刻本　八册

310000－0241－0003407　502605
白鹿書院志十九卷　(清)毛德琦原訂　(清)周兆蘭重修　清康熙五十七年(1718)順德堂刻同治十年(1871)補刻本　八册

310000－0241－0003408　502607
嶽麓書院志八卷　(清)趙寧纂修　清咸豐刻本　六册

310000－0241－0003409　502608
嶽麓書院續志四卷首一卷末一卷補編一卷　(清)丁善慶撰　清同治六年(1867)半學齋刻本　四册

310000－0241－0003410　502609
白鷺洲書院志八卷　(清)劉繹著　清光緒四年(1878)刻本　四册

310000－0241－0003411　502610
寶晉書院志十一卷　(清)趙佑宸續修　清光緒六年(1880)刻本　二册

310000－0241－0003412　502701
捍海塘志不分卷　(清)錢泰階輯　清嘉慶刻本　一册

310000－0241－0003413　502702

新建安徽會館記不分卷 (清)李鴻章撰　清同治十一年(1872)刻本　一册

310000－0241－0003414　502707
文昌橋志八卷續修文昌橋志三卷文昌橋志畧四卷 (清)秦沅撰　清光緒八年(1882)刻本　五册

310000－0241－0003415　502707:2
文昌橋志八卷續修文昌橋志三卷文昌橋志畧四卷 (清)秦沅撰　清光緒八年(1882)刻本　一册

310000－0241－0003416　502710
浙江藏書樓志畧不分卷 (清)張亨嘉輯　清光緒三十三年(1907)杭州華豐書局排印本　一册

310000－0241－0003417　503000
示我周行三卷 (清)碧溪鶴和堂輯定　清乾隆文光堂書坊刻本　二册

310000－0241－0003418　503001
日下舊聞四十二卷 (清)朱彝尊撰　清康熙二十七年(1688)刻本　二十册

310000－0241－0003419　503001:2
日下舊聞四十二卷 (清)朱彝尊撰　清康熙二十七年(1688)刻本　十二册

310000－0241－0003420　503002
日下舊聞四十二卷 (清)朱彝尊撰　清康熙二十七年(1688)刻本　十六册

310000－0241－0003421　503003
日下舊聞 (清)朱彝尊撰　清康熙二十七年(1688)刻本　十八册　存三十卷

310000－0241－0003422　503004
日下舊聞四十二卷 (清)朱彝尊撰　清康熙二十七年(1688)刻本　四十册

310000－0241－0003423　503005
欽定日下舊聞考一百六十卷 (清)英廉等撰　清乾隆武英殿刻本　四十八册

310000－0241－0003424　503006
日下舊聞考一百六十卷 (清)英廉等撰　清乾隆武英殿刻本　四十八册

310000－0241－0003425　503008
白下瑣言十卷 (清)甘熙著　清光緒十六年(1890)築野堂刻本　四册

310000－0241－0003426　503010
中吴紀聞六卷 (宋)龔明之撰　清宣統元年(1909)刻本　二册

310000－0241－0003427　503010:2
中吴紀聞六卷 (宋)龔明之撰　清宣統元年(1909)刻本　二册

310000－0241－0003428　503010:3
中吴紀聞六卷 (宋)龔明之撰　清宣統元年(1909)刻本　一册

310000－0241－0003429　503012
武林舊事十卷 (宋)周密輯　清光緒三年(1877)正修堂刻本　一册

310000－0241－0003430　503013
北隅掌録二卷 (清)黄士珣述　清道光振綺堂刻本　一册

310000－0241－0003431　503014
越中百詠不分卷 (清)周晉鑅著　清道光小寄廬刻本　二册

310000－0241－0003432　503015
甌江小記不分卷 (清)郭鍾岳著　清光緒四年(1878)刻本　一册

310000－0241－0003433　503018
東槎紀畧五卷 (清)姚瑩撰　清光緒上海申報館排印本　一册

310000－0241－0003434　503019
吴中舊事一卷平江記事一卷爐餘録一卷 (元)陸友仁等撰　清光緒謝氏刻本　二册

310000－0241－0003435　503021
湖山便覽十二卷 (清)翟灝輯　清光緒元年(1875)槐蔭堂刻本　六册

310000－0241－0003436　503021:2
湖山便覽十二卷 (清)翟灝輯　清光緒元年

(1875)槐蔭堂刻本　六册

310000－0241－0003437　503022
浙程備覽一卷　(清)于敏中編輯　清光緒十五年(1889)觀自得齋刻本　二册

310000－0241－0003438　503023
浙程備覽一卷　(清)于敏中編輯　清光緒十四年(1888)觀自得齋刻本　一册

310000－0241－0003439　503026
清波小志二卷附補一卷　(清)徐逢吉輯　清光緒二年(1876)刻本　一册

310000－0241－0003440　503026(2)
清波小志二卷　(清)徐逢吉輯　清光緒七年(1881)丁氏竹書堂刻本　一册

310000－0241－0003441　503027
粵西筆述一卷　(清)張祥河輯　清道光二十五年(1845)刻本　一册

310000－0241－0003442　503028
北隅綴錄二卷附續錄二卷　(清)丁丙述　清光緒二十五年(1899)刻本　四册

310000－0241－0003443　503030
黔語二卷　(清)吴振棫纂　清咸豐四年(1854)刻本　一册

310000－0241－0003444　503035
春江燈市錄二卷　(清)瀟湘館侍者編著　清光緒十年(1884)二石軒刻本　二册

310000－0241－0003445　503043
太平歡樂圖不分卷　(清)金德輿繪　清光緒十四年(1888)積山書局石印本　一册

310000－0241－0003446　503044
皇朝直省地名四字韻語不分卷　(清)海陵學社重編　清光緒二十八年(1902)海陵學社刻本　一册

310000－0241－0003447　503045
京華百二竹枝詞不分卷　(清)蘭陵憂患生著　清宣統二年(1910)排印本　一册

310000－0241－0003448　503047
顔山雜記四卷　(清)孫廷銓纂　清康熙四年(1665)刻本　六册

310000－0241－0003449　503048
歷代宅京記二十卷　(清)顧炎武撰　清嘉慶十三年(1808)顧氏來賢堂刻本　二册

310000－0241－0003450　503049
拱宸橋竹枝詞二卷　(清)陳蝀仙撰　清光緒刻本　一册

310000－0241－0003451　503053
夢粱錄二十卷　(宋)吴自牧撰　清光緒十六年(1890)刻掌故叢書本　四册

310000－0241－0003452　503054
沮江隨筆二卷　(清)朱錫綬撰　清光緒十六年(1890)刻本　一册

310000－0241－0003453　503055
錢塘懷古詩一卷　(清)王德璘著　清光緒八千卷樓刻本　一册

310000－0241－0003454　503056
西泠懷古集十卷　(清)陳文述著　清道光刻本　四册

310000－0241－0003455　503059
瀛壖雜誌六卷　(清)王韜撰　清光緒二年(1876)刻本　二册

310000－0241－0003456　503059:2
瀛壖雜誌六卷　(清)王韜撰　清光緒二年(1876)刻本　二册

310000－0241－0003457　503060
蜀典十二卷　(清)張澍編輯　清光緒四川刻本　一册　存四卷

310000－0241－0003458　503060:2
蜀典十二卷　(清)張澍編輯　清光緒四川刻本　四册

310000－0241－0003459　503060:3
蜀典十二卷　(清)張澍編輯　清光緒四川刻本　四册

310000－0241－0003460　503062

雲南風土紀事詩一卷　(清)彭崧毓撰並自注　清同治刻本　一册

310000－0241－0003461　503064
杭俗遺風一卷　(清)范祖述著　清同治六年(1867)刻本　二册

310000－0241－0003462　503066
朝市叢載七卷附鞠臺集秀錄一卷　(清)李虹若編　清光緒十年(1884)刻本　八册

310000－0241－0003463　503066:2
朝市叢載七卷附鞠臺集秀錄一卷　(清)李虹若編　清光緒十年(1884)刻本　八册

310000－0241－0003464　503066:3
朝市叢載七卷附鞠臺集秀錄一卷　(清)李虹若編　清光緒十年(1884)刻本　八册

310000－0241－0003465　503066:4
朝市叢載七卷附鞠臺集秀錄一卷　(清)李虹若編　清光緒十年(1884)刻本　七册

310000－0241－0003466　503068
山東考古錄一卷續錄三十二卷　(清)顧炎武撰　(清)葉圭綬續編　清光緒八年(1882)山東書局刻本　七册

310000－0241－0003467　503068:2
山東考古錄一卷續錄三十二卷　(清)顧炎武撰　(清)葉圭綬續編　清光緒八年(1882)山東書局刻本　七册

310000－0241－0003468　503069
苗疆聞見錄不分卷　(清)徐家幹述　清光緒四年(1878)刻本　一册

310000－0241－0003469　503070(2)
新輯上海彝場景致四卷　(清)藜牀舊主重編　清光緒二十三年(1897)理文軒書莊石印本　四册

310000－0241－0003470　503077(2)
續刻上海竹枝詞不分卷　(清)□□撰　清光緒六年(1880)刻本　一册

310000－0241－0003471　503079
揚州畫舫錄十八卷　(清)李斗撰　清嘉慶自然盦刻同治後印本　六册

310000－0241－0003472　503079:2
揚州畫舫錄十八卷　(清)李斗撰　清嘉慶自然盦刻同治後印本　六册

310000－0241－0003473　503080
圖開勝蹟　(清)劉厚基撰　清光緒元年(1875)刻本　五册　存五卷

310000－0241－0003474　503085
西域考古錄十八卷　(清)俞浩撰　清道光刻本　十二册

310000－0241－0003475　503087
南陵縣建置沿革表一卷　徐乃昌撰　清光緒十八年(1892)積學齋刻本　一册

310000－0241－0003476　503088
錫金鄉土地理二卷　侯鴻鑑編　清光緒末無錫文苑閣木活字印本　一册

310000－0241－0003477　503092
臺灣雜詠合刻不分卷　(清)何澂撰　清光緒七年(1881)刻本　一册

310000－0241－0003478　503094
啓東錄六卷　(清)林壽圖撰　清光緒二十九年(1903)歐齋刻本　二册

310000－0241－0003479　503095
廣西全省輿圖道里初集一卷二集一卷　(清)嚴正圻撰　清咸豐刻本　二册

310000－0241－0003480　503096
新安景物約編　(清)江忠儁纂　清道光十年(1830)青雲堂刻本　一册　存四卷(上聲、去聲、入聲、補遺)

310000－0241－0003481　503097
閩產錄異六卷　(清)郭柏蒼輯　清光緒十二年(1886)新印本　五册

310000－0241－0003482　503099
繪圖上海雜記十卷　(清)藜牀臥讀生輯　清光緒石印本　四册

310000－0241－0003483　503100

滬城備考六卷　(清)褚華撰　清光緒上海申報館排印本　一册

310000－0241－0003484　503101

西石城風俗志不分卷　陳慶年撰　清光緒三十四年(1908)刻本　一册

310000－0241－0003485　503102

金陵通紀十卷國朝金陵通紀四卷　陳作霖編輯　清光緒三十三年(1907)瑞華館刻本　六册

310000－0241－0003486　503104

赤雅三卷　(明)鄺露撰　清道光五年(1825)鄺瑞刻本　一册

310000－0241－0003487　503107

聞川綴舊詩二卷　(清)唐佩金撰　清宣統三年(1911)小桃花庵排印本　一册

310000－0241－0003488　503108

常州賦一卷　(清)褚邦慶編註　清光緒刻本　一册

310000－0241－0003489　503109

金陵歷代建置表一卷　(清)傅春官纂　清光緒二十三年(1897)晦齋刻本　一册

310000－0241－0003490　503111

南海百詠續編四卷　(清)樊封撰　清光緒十三年(1887)刻本　二册

310000－0241－0003491　503112

南越遊記三卷　(清)陳徽言撰　清咸豐七年(1857)章門刻本　一册

310000－0241－0003492　503113

藤陰雜記十二卷　(清)戴璐撰　清光緒三年(1877)吳興會館刻本　二册

310000－0241－0003493　503114

東畬雜記坿幽湖百詠一卷　(清)沈廷瑞撰　清光緒十三年(1887)刻本　一册

310000－0241－0003494　503115

都門彙纂九卷　(清)楊靜亭編輯　(清)李靜山增補　清光緒五年(1879)刻本　八册

310000－0241－0003495　503115(2)

都門彙纂五卷菊部羣英一卷　(清)楊靜亭編輯　(清)李靜山增補　清同治十二年(1873)刻本　六册

310000－0241－0003496　503116

永嘉聞見錄二卷　(清)孫同元撰　清光緒十四年(1888)刻本　二册

310000－0241－0003497　503118

斜塘竹枝詞一卷　(清)倪以埴撰　清光緒刻本　一册

310000－0241－0003498　503123

粵省各州縣至各驛里數册　(清)廣東糧驛道造報　清刻本　一册　存一卷

310000－0241－0003499　503125

石亭記事一卷續編一卷　(清)丁晏撰　清道光二十八年(1848)刻本　一册

310000－0241－0003500　503126

新疆賦一卷　(清)徐松撰　清光緒八年(1882)元尚居刻本　一册

310000－0241－0003501　503127

且甌歌一卷附錄楠溪竹枝詞一卷問壺述懷詩一卷　(清)石方洛撰　清光緒刻本　一册

310000－0241－0003502　503127:2

且甌歌一卷附錄楠溪竹枝詞一卷問壺述懷詩一卷　(清)石方洛撰　清光緒刻本　一册

310000－0241－0003503　503130

甌江竹枝詞一卷　(清)郭鍾岳撰　清同治十一年(1872)溫州和天倪齋刻本　一册

310000－0241－0003504　503130:2

甌江竹枝詞一卷　(清)郭鍾岳撰　清同治十一年(1872)溫州和天倪齋刻本　一册

310000－0241－0003505　503133

揚子江流域現勢論不分卷　(日本)林繁撰　(清)汪國屏譯　清光緒二十八年(1902)排印本　一册

310000－0241－0003506　503134

山東省保存古蹟事項統計表一卷　高裕瑞編

輯　劉作霖核定　清宣統二年(1910)石印本　一册

310000－0241－0003507　503145
芙蓉湖櫂歌一百首一卷坿惠山竹枝詞一卷　(清)楊掄撰　清光緒十年(1884)萱蔭堂刻本　一册

310000－0241－0003508　503145:2
芙蓉湖櫂歌一百首一卷坿惠山竹枝詞一卷　(清)楊掄撰　清光緒十年(1884)萱蔭堂刻本　一册

310000－0241－0003509　503150(2)
東京夢華録十卷　(宋)孟元老撰　清刻本　二册

310000－0241－0003510　503152
甌海軼聞五十八卷　(清)孫衣言撰　清末瑞安孫氏刻本　二十册

310000－0241－0003511　503156
吴歈百絶一卷　(清)蔡雲撰　(清)姚孟起書　清光緒石印本　一册

310000－0241－0003512　503157
勝溪竹枝詞一卷　(清)柳樹芳撰　清道光四年(1824)養餘齋全集本　一册

310000－0241－0003513　503158
泖水鄉歌一卷　(清)俞金鼎撰　清宣統三年(1911)華雲閣排印本　一册

310000－0241－0003514　503165
惠山竹枝詞一卷　(清)劉繼增撰　清光緒十年(1884)萱蔭堂刻本　一册

310000－0241－0003515　503166
都門紀畧初集一卷二卷一卷三集一卷四集一卷　(清)楊士安等編　(清)張琴等增補　清同治十三年(1874)琉璃廠榮錄堂刻本　四册

310000－0241－0003516　503167
都門竹枝詞不分卷　(清)□□撰　清光緒三年(1877)刻本　一册

310000－0241－0003517　503167:2
都門竹枝詞不分卷　(清)□□撰　清光緒三年(1877)刻本　一册

310000－0241－0003518　503168
甌江竹枝詞一卷　(清)戴文儁撰　清光緒六年(1880)溫州府學刻本　一册

310000－0241－0003519　503169
溫州竹枝詞一卷　(清)方鼎銳輯　清同治十一年(1872)宛綠軒刻本　一册

310000－0241－0003520　503171
真州竹枝詞不分卷　(清)惕齋主人撰　清咸豐十年(1860)刻本　一册

310000－0241－0003521　503174
西湖櫂歌一卷鑑湖櫂歌一卷　(清)陳祖昭撰　清光緒刻本　一册

310000－0241－0003522　503174:2
西湖櫂歌一卷鑑湖櫂歌一卷　(清)陳祖昭撰　清光緒刻本　一册

310000－0241－0003523　503176
甌江逸志一卷　(清)勞大與撰　清道光五年(1825)聚秀堂刻說鈴本　一册

310000－0241－0003524　503177
嶺南雜記二卷　(清)吳震方撰　清道光五年(1825)聚秀堂刻說鈴本　一册

310000－0241－0003525　503178
清波三志三卷　(清)陳景鐘彙輯　(清)莫栻續訂　清光緒二十二年(1896)錢塘丁氏嘉惠堂刻本　三册

310000－0241－0003526　503179
七述一卷　(宋)晁補之述　清光緒七年(1881)丁氏竹書堂刻本　一册

310000－0241－0003527　503180
都城紀勝一卷　(宋)灌圃耐得翁撰　清光緒四年(1878)泉唐丁氏刻本　一册

310000－0241－0003528　503181
古杭雜記一卷　(元)李有撰　清光緒七年(1881)泉唐丁氏刻本　一册

310000－0241－0003529　503185

瓊州雜事詩一卷　(清)程秉釗撰　清光緒十四年(1888)刻本　一册

310000－0241－0003530　503187
西疆雜述詩四卷　(清)蕭雄撰　清光緒十八年(1892)排印本　四册

310000－0241－0003531　503190
灤京雜詠二卷　(元)楊允孚撰　清嘉慶鮑氏刻知不足齋叢書本　一册

310000－0241－0003532　503191
六朝事跡編類十四卷　(宋)張敦頤撰　清光緒上元李濱重刻宋紹興建康府學本　四册

310000－0241－0003533　503192
三吴舊語不分卷　(清)顧苓撰　清光緒九年(1883)刻本　一册

310000－0241－0003534　503197
湖北鄉土歷史教科書第一册　(清)陳慶林編　清光緒三十三年(1907)國學保存會排印本　一册

310000－0241－0003535　503198
直隸鄉土歷史教科書第一册　(清)陳慶林編　清光緒三十三年(1907)國學保存會排印本　一册

310000－0241－0003536　503200
西湖雜詠一卷　(清)陳若蓮撰　清光緒錢塘丁氏刻本　一册

310000－0241－0003537　503203
江漢叢談二卷　(明)陳士元纂　清嘉慶南匯吴氏刻藝海珠塵本　一册

310000－0241－0003538　503204
天馬山房詩别錄雲間百詠一卷　(清)汪巽東撰　清咸豐二年(1852)刻本　一册

310000－0241－0003539　503208
張家口至烏里雅蘇臺竹枝詞一卷　(清)志銳撰　清宣統二年(1910)徐乃昌刻本　一册

310000－0241－0003540　503214
南海百詠一卷　(宋)方信孺撰　清道光刻本　一册

310000－0241－0003541　503215
西俗雜誌一卷　(清)袁祖志撰　清光緒十年(1884)刻本　一册

310000－0241－0003542　503216
江南好詞一百首一卷　(清)張汝南撰　清光緒二十四年(1898)上海著易堂排印本　一册

310000－0241－0003543　503221
續東河櫂歌一卷　(清)丁丙撰　清光緒二十一年(1895)錢塘丁氏嘉惠堂刻本　一册

310000－0241－0003544　503223
南湖百詠一卷　(清)吴萃恩撰　清同治五年(1866)吴氏小匏庵刻本　一册

310000－0241－0003545　503224
太湖竹枝詞二卷　(清)葉承桂撰　清咸豐三年(1853)葉氏石林園刻本　一册

310000－0241－0003546　503225
東郊土物詩一卷　(清)朱點輯　清光緒八年(1882)西泠丁氏重校本　一册

310000－0241－0003547　503227
南鎮竹枝詞不分卷　(清)胡聯奎撰　清道光元年(1821)胡氏自怡居刻本　一册

310000－0241－0003548　503229
羊城竹枝詞二卷附紅樓夢竹枝詞一卷　(清)吟香閣主人選輯　(清)盧先駱撰附　清光緒三年(1877)刻本　四册

310000－0241－0003549　505001
河朔訪古記三卷　(元)納新撰　清嘉慶璜川吴氏木活字印本　一册

310000－0241－0003550　505002
驂鸞錄一卷續驂鸞錄一卷驂鸞吟稿一卷　(宋)范成大撰　(清)張祥河撰　清道光華亭張氏刻本　二册

310000－0241－0003551　505002:2
驂鸞錄一卷續驂鸞錄一卷驂鸞吟稿一卷　(宋)范成大撰　(清)張祥河撰　清道光華亭張氏刻本　一册

310000－0241－0003552　505003

入蜀記六卷　(宋)陸游撰　清知不足齋刻本　一冊

310000－0241－0003553　505007

徐霞客遊記十二卷外編補編不分卷　(明)徐宏祖著　清乾隆四十一年(1776)徐鎮孩浦莊刻本　七冊

310000－0241－0003554　505010

遊志續編一卷　(明)陶宗儀輯　清光緒十二年(1886)新陽趙氏刻本　一冊

310000－0241－0003555　505010∶2

遊志續編一卷　(明)陶宗儀輯　清光緒十二年(1886)新陽趙氏刻本　一冊

310000－0241－0003556　505101

滬遊雜記四卷　(清)葛元煦撰　清光緒葛氏嘯園刻本　四冊

310000－0241－0003557　505101∶3

滬遊雜記四卷　(清)葛元煦撰　清光緒葛氏嘯園刻本　四冊

310000－0241－0003558　505102

南遊記一卷　(清)孫嘉淦撰　清光緒二十二年(1896)刻本　一冊

310000－0241－0003559　505103

念昔齋寤言圖纂不分卷　(清)黄雲鵠纂　清光緒十三年(1887)刻本　二冊

310000－0241－0003560　505104

鴻雪因緣圖記一集二卷二集二卷三集二卷　(清)麟慶著　清光緒五年(1879)上海點石齋石印本　六冊

310000－0241－0003561　505104∶2

鴻雪因緣圖記二卷　(清)麟慶著　清光緒五年(1879)上海點石齋石印本　三冊

310000－0241－0003562　505105

鴻雪因緣圖記二卷　(清)麟慶著　清光緒二十二年(1896)點石齋石印本　六冊

310000－0241－0003563　505106

鴻雪因緣圖記二卷　(清)麟慶著　清光緒六年(1880)點石齋石印本　六冊

310000－0241－0003564　505106∶2

鴻雪因緣圖記二卷　(清)麟慶著　清光緒六年(1880)點石齋二次石印本　六冊

310000－0241－0003565　505107

鴻雪因緣圖記一集二卷二集二卷三集二卷　(清)麟慶著　清道光二十九年(1849)刻本　六冊

310000－0241－0003566　505109

河海崑崙錄四卷　裴景福撰　清光緒三十二年(1906)上海文明書局排印本　四冊

310000－0241－0003567　505110

河海崑崙錄四卷　裴景福撰　清光緒三十二年(1906)上海文明書局排印本　四冊

310000－0241－0003568　505111

使蜀日記五卷　(清)孟超然撰　清嘉慶二十年(1815)刻本　三冊

310000－0241－0003569　505112

使蜀日記不分卷　(清)郭尚先撰　清道光八年(1828)刻本　一冊

310000－0241－0003570　505113

蜀輶日記四卷　(清)陶澍撰　清道光七年(1827)刻本　四冊

310000－0241－0003571　505114

蜀輶日記四卷　(清)陶澍撰　清道光七年(1827)刻本　二冊

310000－0241－0003572　505119

洞庭遊記一卷遊草三卷　(清)王之佐等撰　清道光刻本　一冊

310000－0241－0003573　505121

康輶紀行十六卷　(清)姚瑩撰　清同治六年(1867)刻本　八冊

310000－0241－0003574　505122

遊明聖湖日記一卷附客越志畧一卷清波小志存一卷　(明)浦祊著　清光緒七年(1881)刻本　一冊

310000－0241－0003575　505123

峨眉紀遊不分卷附峨眉山全圖　(清)樓藜然

著　清宣統元年(1909)成都刻本　一册

310000-0241-0003576　505125
滇軺紀程一卷荷戈紀程一卷　(清)林則徐撰　清光緒三年(1877)北京三山林氏刻本　一册

310000-0241-0003577　505126
漢江紀程　(清)王鳳生撰　清道光刻本　一册

310000-0241-0003578　505129
榆塞紀行錄四卷　(清)李雲生撰　清光緒十二年(1886)李氏代耕堂刻本　一册

310000-0241-0003579　505130
蜀遊日記一卷　(清)黄勤業撰　清咸豐元年(1851)姑蘇毛麗川刻本　一册

310000-0241-0003580　505131
魯歸紀程不分卷　(清)沈嘉澍撰　清光緒十七年(1891)刻本　一册

310000-0241-0003581　505133
湖遊小識一卷　(清)潘履祥撰　清光緒三十二年(1906)排印本　一册

310000-0241-0003582　505136
海客日譚六卷首一卷　(清)王芝撰　清光緒二年(1876)刻本　四册

310000-0241-0003583　505136:2
海客日譚六卷首一卷　(清)王芝撰　清光緒二年(1876)刻本　一册

310000-0241-0003584　505137
丁亥入都紀程二卷　(清)黎庶昌撰　清光緒二十年(1894)川東道署刻本　一册

310000-0241-0003585　505139
入都日記不分卷　(清)周星譽撰　清光緒十三年(1887)刻本　一册

310000-0241-0003586　505140:2
辛卯侍行記六卷　(清)陶保廉撰　清光緒二十三年(1897)養樹山房刻本　六册

310000-0241-0003587　505141
西征紀程四卷　(清)鄒代鈞撰　清光緒十七年(1891)排印本　二册

310000-0241-0003588　505141:2
西征紀程四卷　(清)鄒代鈞撰　清光緒十七年(1891)排印本　二册

310000-0241-0003589　505142
奉使紀勝一卷　(清)陳階平撰　清道光九年(1829)刻本　一册

310000-0241-0003590　505145
金軺籌筆四卷　(清)□□撰　清光緒上海文成堂石印本　一册

310000-0241-0003591　505146
朝天錄一卷蜀程小紀一卷　(清)方濬頤撰　清光緒四年(1878)刻本　一册

310000-0241-0003592　505152
鳳臺祇謁筆記一卷永寧祇謁筆記一卷　(清)董恂撰　清同治十一年(1872)刻本　二册

310000-0241-0003593　505153
鴻泥目錄八卷續錄四卷　(清)王定柱著　清道光刻本　四册

310000-0241-0003594　505154
黔軺紀行集不分卷　(清)蔣攸銛撰　清嘉慶刻本　一册

310000-0241-0003595　505155
度隴記四卷　(清)董醇撰　清咸豐刻本　四册

310000-0241-0003596　505157
雲棧紀程八卷　(清)張邦伸編　清道光刻本　四册

310000-0241-0003597　505159
使滇紀程不分卷　(清)晏端書撰　清光緒十三年(1887)刻本　一册

310000-0241-0003598　505163
漫遊隨錄圖記　(清)王韜撰　清光緒十三年(1887)石印本　一册　存三卷

310000-0241-0003599　505166

行脚山東記一卷　（清）釋無辨撰　清末石印本　一冊

310000－0241－0003600　505167
北遊日記四卷　（清）王初桐撰　清嘉慶嘉定王氏刻本　二冊

310000－0241－0003601　505168
南征日記一卷　（清）謝綸撰　清光緒八年（1882）刻本　一冊

310000－0241－0003602　505169
萍蓬類稿三種四卷　（清）陳克劬撰　清光緒十九年（1893）丹徒陳氏刻本　一冊

310000－0241－0003603　505170
遊滬筆記四卷　（清）瘦鶴詞人撰　清光緒十四年（1888）詠哦齋刻本　四冊

310000－0241－0003604　505170：3
遊滬筆記四卷　（清）瘦鶴詞人撰　清光緒十四年（1888）詠哦齋刻本　一冊

310000－0241－0003605　505171
三雁紀遊四卷　（清）郭鍾岳等撰　清光緒十四年（1888）刻本　一冊

310000－0241－0003606　505202
漫遊紀畧四卷　（清）王澐著　清光緒上海申報館排印本　一冊

310000－0241－0003607　505301
環遊地球新錄四卷　（清）李圭撰　清光緒四年（1878）排印本　四冊

310000－0241－0003608　505302
東遊紀畧二卷　（清）李湛陽撰　清光緒三十一年（1905）排印本　二冊

310000－0241－0003609　505303
歐遊隨筆二卷　（清）錢德培撰　清光緒三年（1877）木活字印本　二冊

310000－0241－0003610　505303：2
歐遊隨筆二卷　（清）錢德培撰　清光緒三年（1877）木活字印本　二冊

310000－0241－0003611　505304
三洲遊記不分卷　（清）□□撰　清光緒二十五年（1899）通學齋排印本　二冊

310000－0241－0003612　505305
歐遊雜錄二卷　（清）徐建寅著　清光緒五年（1879）刻本　二冊

310000－0241－0003613　505306
歐遊雜錄二卷　（清）徐建寅著　清光緒五年（1879）刻本　二冊

310000－0241－0003614　505307
歐遊雜錄二卷　（清）徐建寅著　清光緒五年（1879）刻本　二冊

310000－0241－0003615　505309
出使英法義比四國日記六卷　（清）薛福成撰　清光緒二十年（1894）孫谿校經堂校刻本　六冊

310000－0241－0003616　505310
出使日記續刻　（清）薛福成撰　清光緒二十七年（1901）石印本　七冊　存七卷

310000－0241－0003617　505311
英軺日記十二卷　載振撰　清光緒二十九年（1903）文明書局排印本　四冊

310000－0241－0003618　505311：2
英軺日記十二卷　載振撰　清光緒二十九年（1903）文明書局排印本　四冊

310000－0241－0003619　505312
俄遊彙編十二卷　（清）繆祐孫撰　清光緒十五年（1889）上海秀文書局石印本　四冊

310000－0241－0003620　505313
俄遊彙編十二卷　（清）繆祐孫撰　清光緒十五年（1889）上海秀文書局石印本　四冊

310000－0241－0003621　505314
中亞洲俄屬遊記二卷　（英國）蘭士德撰　（清）莫鎮藩譯　清光緒二十年（1894）排印本　二冊

310000－0241－0003622　505315
中亞洲俄屬遊記二卷　（英國）蘭士德撰　（清）莫鎮藩　楊樞譯　清末上海時務報館石

印本　二册

310000－0241－0003623　505316
出使美日秘國日記　(清)崔國因撰　清光緒十九年(1893)排印本　十二册

310000－0241－0003624　505322
丙午扶桑遊記三卷　(清)吳蔭培撰　清末刻本　一册

310000－0241－0003625　505323
東遊日記不分卷　(清)蔣黼撰　清光緒刻本　一册

310000－0241－0003626　505323:3
東遊日記不分卷　(清)蔣黼撰　清光緒刻本　一册

310000－0241－0003627　505324
東遊日記一卷　(清)黄慶澄撰　清光緒二十年(1894)東甌詠古齋刻本　一册

310000－0241－0003628　505324:2
東遊日記一卷　(清)黄慶澄撰　清光緒二十年(1894)東甌詠古齋刻本　一册

310000－0241－0003629　505325
日遊瑣識不分卷　(清)李寶淦撰　清光緒三十二年(1906)排印本　一册

310000－0241－0003630　505328
日遊彙編四卷　繆荃孫輯　清光緒二十九年(1903)高等學堂刻本　一册

310000－0241－0003631　505328:2
日遊彙編四卷　繆荃孫輯　清光緒二十九年(1903)高等學堂刻本　一册

310000－0241－0003632　505329
扶桑兩月記不分卷　羅振玉撰　清光緒二十八年(1902)教育世界社石印本　一册

310000－0241－0003633　505332
使琉球記六卷　(清)李鼎元撰　清光緒上海申報館排印本　二册

310000－0241－0003634　505336
乘查筆記二卷　(清)斌椿纂　清同治醉文堂刻本　一册

310000－0241－0003635　505337
四述奇十六卷　(清)張德彝隨筆　(清)貴榮校閲　清光緒九年(1883)同文館排印本　八册

310000－0241－0003636　505339
隨軺筆記四卷　吳宗濂撰　清光緒二十八年(1902)排印本　四册

310000－0241－0003637　505341
丙午日本遊記不分卷　(清)程清撰　清光緒三十二年(1906)木活字印本　一册

310000－0241－0003638　505342
適可齋記行六卷　(清)馬建忠撰　清光緒二十二年(1896)刻本　二册

310000－0241－0003639　505342:3
適可齋記行六卷　(清)馬建忠撰　清光緒二十二年(1896)刻本　二册

310000－0241－0003640　505343
乘查筆記不分卷　(清)斌椿撰　清同治八年(1869)刻本　一册

310000－0241－0003641　505344
四十日萬八千里之遊記不分卷　(清)管鳳龢撰　清宣統二年(1910)排印本　一册

310000－0241－0003642　505345
遊歐摘要錄二卷　(蒙古)巴禹特氏鳳淩著　清光緒三十年(1904)排印本　一册

310000－0241－0003643　505348
篇盦東遊日記一卷　(清)淩文淵撰　清光緒三十年(1904)南京江南商務總局排印本　一册

310000－0241－0003644　505348:2
篇盦東遊日記一卷　(清)淩文淵撰　清光緒三十年(1904)南京江南商務總局排印本　一册

310000－0241－0003645　505350
西輶日記四卷附遊歷芻言一卷印度劄記二卷西徼水道考一卷　(清)黄楙材撰　清光緒二

十三年(1897)成都志古堂刻本　四冊

310000－0241－0003646　505350:2

西輶日記四卷附遊歷芻言一卷印度劄記二卷西徼水道考一卷　(清)黄楙材撰　清光緒二十三年(1897)成都志古堂刻本　四冊

310000－0241－0003647　505352

乙巳東瀛遊記不分卷　(清)周錫璋撰　清光緒三十一年(1905)排印本　一冊

310000－0241－0003648　505352:2

乙巳東瀛遊記不分卷　(清)周錫璋撰　清光緒三十一年(1905)排印本　一冊

310000－0241－0003649　505353

越南遊歷記不分卷　(清)嚴璩撰　清光緒排印本　一冊

310000－0241－0003650　505354

海外見聞錄二卷　(清)桃谿漁隱輯　清光緒二十四年(1898)上海刻本　三冊

310000－0241－0003651　505405

斐洲遊記四卷　(英國)施登萊撰　清光緒二十六年(1900)中西書室排印本　二冊

310000－0241－0003652　505406

中亞洲俄屬遊記二卷　(英國)蘭士德撰　(清)莫鎮藩　楊樞譯　清末上海時務報館石印本　二冊

310000－0241－0003653　505407

柬埔治以北探路記　(法國)□□撰　清末排印本　十四冊　存十四卷

310000－0241－0003654　505408

李傅相歷聘歐美記二卷　(美國)林樂知彙譯　(清)蔡爾康纂輯　清光緒二十四年(1898)排印本　一冊

310000－0241－0003655　505501

舟車所至十八種　(清)鄭光祖輯　清道光二十三年(1843)鄭氏青玉山房刻本　十二冊

310000－0241－0003656　506004

三省邊防備覽十四卷　(清)嚴如熤輯　清道光二年(1822)刻本　六冊

310000－0241－0003657　506005

三省邊防備覽十四卷　(清)嚴如熤輯　清道光二年(1822)刻本　八冊

310000－0241－0003658　506006

三省邊防備覽十四卷　(清)嚴如熤輯　清道光二年(1822)刻本　六冊

310000－0241－0003659　506009

邊疆簡覽三卷　(清)李慎儒撰　清光緒二十八年(1902)退思軒石印本　三冊

310000－0241－0003660　506011

聽黃鸝館外篇一卷　(清)魏邦翰撰　清光緒十年(1884)刻本　一冊

310000－0241－0003661　506102:2

皇朝藩部要畧十八卷附表四卷　(清)祁韻士纂　(清)毛嶽生編　清光緒十年(1884)浙江書局刻本　八冊

310000－0241－0003662　506102:3

皇朝藩部要畧十八卷附表四卷　(清)祁韻士纂　(清)毛嶽生編　清光緒十年(1884)浙江書局刻本　八冊

310000－0241－0003663　506103

朔方備乘六十八卷首十二卷　(清)何秋濤纂　清末石印本　八冊

310000－0241－0003664　506103:2

朔方備乘六十八卷首十二卷　(清)何秋濤纂　清末石印本　八冊

310000－0241－0003665　506103:3

朔方備乘六十八卷首十二卷　(清)何秋濤纂　清末石印本　八冊

310000－0241－0003666　506103:4

朔方備乘六十八卷首十二卷　(清)何秋濤纂　清末石印本　八冊

310000－0241－0003667　506104

朔方備乘八十卷附目錄一卷　(清)何秋濤編　清光緒三年(1877)畿輔通志局刻本　二十四冊

310000－0241－0003668　506106

朔方備乘八十卷附目錄一卷　(清)何秋濤纂　清同治元年(1862)刻本　二十五册

310000－0241－0003669　506106:2
朔方備乘八十卷附目錄一卷　(清)何秋濤纂　清同治元年(1862)刻本　二十五册

310000－0241－0003670　506109
朔方備乘　(清)何秋濤纂　清光緒三年(1877)畿輔通志局刻本　三册　存八卷

310000－0241－0003671　506110
延吉邊務報告不分卷　(清)周維楨編　清光緒三十四年(1908)奉天學務公所印刷處排印本　四册

310000－0241－0003672　506112
蒙古遊牧記十六卷　(清)張穆撰　(清)何秋濤校　清同治六年(1867)壽陽祁氏刻本　四册

310000－0241－0003673　506112:2
蒙古遊牧記十六卷　(清)張穆撰　(清)何秋濤校　清同治六年(1867)壽陽祁氏刻本　四册

310000－0241－0003674　506113
蒙古遊牧記十六卷　(清)張穆撰　(清)何秋濤校　清同治六年(1867)壽陽祁氏刻本　四册

310000－0241－0003675　506114
蒙古遊牧記十六卷　(清)張穆撰　(清)何秋濤校　清同治六年(1867)壽陽祁氏刻本　一册

310000－0241－0003676　506115
蒙古遊牧記十六卷　(清)張穆撰　(清)何秋濤校　清同治六年(1867)壽陽祁氏刻本　四册

310000－0241－0003677　506119
東陲紀行一卷　(清)劉文鳳撰　清末刻本　一册

310000－0241－0003678　506202
防海紀畧二卷　(清)王之春撰　清光緒六年(1880)上洋文藝齋刻本　二册

310000－0241－0003679　506203
防海備覽十卷　(清)薛傳源纂　清乾隆五十八年(1793)刻本　四册

310000－0241－0003680　506204
防海新論十八卷　(英國)傅蘭雅撰　(清)華蘅芳筆述　清同治十二年(1873)江南製造局刻本　六册

310000－0241－0003681　506205
防海新論十八卷　(英國)傅蘭雅撰　(清)華蘅芳筆述　清同治十二年(1873)江南製造局刻本　六册

310000－0241－0003682　506206
防海新論十八卷　(英國)傅蘭雅撰　(清)華蘅芳筆述　清同治十二年(1873)江南製造局刻本　六册

310000－0241－0003683　506207
江蘇沿海圖說不分卷附海島表　(清)朱正元撰　清光緒二十五年(1899)上海排印本　一册

310000－0241－0003684　506208
江蘇沿海圖說不分卷附海島表　(清)朱正元撰　清光緒二十五年(1899)上海排印本　一册

310000－0241－0003685　506209
江蘇沿海圖說不分卷附海島表　(清)朱正元撰　清光緒二十五年(1899)上海排印本　一册

310000－0241－0003686　506210
浙江沿海圖說不分卷附海島表　(清)朱正元撰　清光緒二十五年(1899)上海排印本　一册

310000－0241－0003687　506216
定海廳洋面島嶼表一卷　(清)錢增勳編　清光緒三十三年(1907)排印本　一册

310000－0241－0003688　506217
海防錄要二卷　蔣德鈞纂　清末刻本　二册

310000－0241－0003689　506302
苗防備要二十二卷　(清)嚴如熤撰　清道光紹義堂刻本　六冊

310000－0241－0003690　506309
蠻司合志　(清)毛奇齡撰　清刻毛西河合集本　二冊　存十卷

310000－0241－0003691　506310
雲南勘界籌邊記二卷　姚文棟撰　清末刻本　二冊

310000－0241－0003692　506311
雲南初勘緬界記一卷　姚文棟撰　清光緒十八年(1892)刻本　一冊

310000－0241－0003693　506315
偵探記二卷　(清)張德馨撰　清光緒刻本　一冊

310000－0241－0003694　506401:2
西陲要略四卷　(清)祁韻士輯　清道光十七年(1837)筠淥山房刻本　一冊

310000－0241－0003695　506401:3
西陲要略四卷　(清)祁韻士輯　清道光十七年(1837)筠淥山房刻本　二冊

310000－0241－0003696　506403
光緒勘定西北邊界俄文譯漢圖例言一卷西北邊界圖地名譯漢考證二卷　(清)許景澄撰　清光緒二十二年(1896)刻本　三冊

310000－0241－0003697　506403:2
光緒勘定西北邊界俄文譯漢圖例言一卷西北邊界圖地名譯漢考證二卷　(清)許景澄撰　清光緒二十二年(1896)刻本　三冊

310000－0241－0003698　506403:3
光緒勘定西北邊界俄文譯漢圖例言一卷西北邊界圖地名譯漢考證二卷　(清)許景澄撰　清光緒二十二年(1896)刻本　三冊

310000－0241－0003699　506403:4
光緒勘定西北邊界俄文譯漢圖例言一卷西北邊界圖地名譯漢考證二卷　(清)許景澄撰　清光緒二十二年(1896)刻本　一冊

310000－0241－0003700　506408
三省入藏程站紀一卷　(清)范壽金撰　清光緒三十年(1904)石印本　一冊

310000－0241－0003701　506413
新疆要略四卷　(清)祁韻士輯　清光緒二十一年(1895)鴻寶書局石印本　二冊

310000－0241－0003702　507002
大唐西域記十二卷　(唐)釋辨機撰　清宣統元年(1909)常州天寧寺刻本　四冊

310000－0241－0003703　507004
[乾隆]欽定皇輿西域圖志　(清)傅恒等奉敕纂　清光緒排印本　二十三冊　存五十卷(一至二、五至五十二)

310000－0241－0003704　507005
[乾隆]欽定皇輿西域圖志　(清)傅恒等奉敕纂　清光緒杭州便益書局石印本　十冊　存四十四卷(一至十五、二十至四十三、四十九至五十三)

310000－0241－0003705　507007
[乾隆]欽定皇輿西域圖志　(清)傅恒等奉敕纂　清光緒杭州便益書局石印本　十二冊

310000－0241－0003706　507008
[乾隆]皇輿西域圖志　(清)傅恒等纂　清光緒排印本　六冊　存九卷

310000－0241－0003707　507010
諸蕃志二卷　(宋)趙汝适撰　清綿州李氏校刻本　一冊

310000－0241－0003708　507016
朝鮮地理小志不分卷　(朝鮮)青華山人撰　(清)江景桂譯纂　清光緒十一年(1885)排印本　一冊

310000－0241－0003709　507017
瀛海論三卷　(清)張自牧撰　清刻本　一冊

310000－0241－0003710　507018
瀛環志略十卷　(清)徐繼畬撰　清同治五年(1866)掞雲樓刻本　六冊

310000－0241－0003711　507018(2)

瀛環志畧十卷續集四卷續集卷末一卷續集補遺一卷 (清)徐繼畬撰 (清)陳慶偕校訂 清光緒二十四年(1898)掃葉山房石印本 八冊

310000－0241－0003712 507019
海國圖志一百卷 (清)魏源撰 清光緒二年(1876)平慶涇固道署刻本 二十四冊

310000－0241－0003713 507019:2
海國圖志一百卷 (清)魏源撰 清光緒二年(1876)平慶涇固道署刻本 二十四冊

310000－0241－0003714 507020
海國圖志一百卷 (清)魏源撰 清咸豐二年(1852)古微堂刻本 二十四冊

310000－0241－0003715 507022
海國圖志一百卷 (清)魏源撰 清同治七年(1868)柳州陳氏刻本 二十四冊

310000－0241－0003716 507024
海國圖志六十卷 (清)魏源撰 清道光二十七年(1847)古微堂刻本 二十四冊

310000－0241－0003717 507029
五洲地理志畧三十六卷 王先謙撰 清宣統二年(1910)湖南學務公所刻本 十二冊

310000－0241－0003718 507031
法國新志四卷 (英國)陔勒低輯 清末江南製造局刻本 二冊

310000－0241－0003719 507034
日本地理兵要十卷 姚文棟著 清光緒同文館排印本 八冊

310000－0241－0003720 507036
談瀛錄三卷 (清)王之春撰 清光緒六年(1880)上洋文藝齋刻本 二冊

310000－0241－0003721 507036:2
談瀛錄三卷 (清)王之春撰 清光緒六年(1880)上洋文藝齋刻本 二冊

310000－0241－0003722 507037
琉球國志畧十六卷 (清)周煌輯 清翻刻武英殿聚珍版書本 六冊

310000－0241－0003723 507038
琉球地理小志一卷附琉球說畧一卷 (清)姚子樑譯 清光緒九年(1883)刻本 一冊

310000－0241－0003724 507039
西比利亞志坿新志 (清)學部編譯圖書局編 清光緒三十四年(1908)學部編譯圖書局排印本 一冊

310000－0241－0003725 507040
全地五大洲女俗通考二十二卷 (美國)林樂知輯譯 (清)任保羅譯述 清光緒二十九年(1903)華美書局排印本 二十一冊

310000－0241－0003726 507040:2
全地五大洲女俗通考二十二卷 (美國)林樂知輯譯 (清)任保羅譯述 清光緒二十九年(1903)華美書局排印本 一冊

310000－0241－0003727 507040:3
全地五大洲女俗通考二十二卷 (美國)林樂知輯譯 (清)任保羅譯述 清光緒二十九年(1903)華美書局排印本 一冊

310000－0241－0003728 507040:4
全地五大洲女俗通考二十二卷 (美國)林樂知輯譯 (清)任保羅譯述 清光緒二十九年(1903)華美書局排印本 二十一冊

310000－0241－0003729 507041
阿富汗土耳其斯坦志一卷阿富汗斯坦志一卷附新志一卷 (清)學部編譯圖書局編 清光緒二十三年(1897)學部編譯圖書局排印本 一冊

310000－0241－0003730 507042
阿富汗土耳其斯坦志一卷阿富汗斯坦志一卷附新志一卷土耳其斯坦志一卷東土耳基斯坦志一卷 (清)學部編譯圖書局編 清光緒三十三年(1907)學部編譯圖書局排印本 一冊

310000－0241－0003731 507042:2
阿富汗土耳其斯坦志一卷阿富汗斯坦志一卷附新志一卷土耳其斯坦志一卷東土耳基斯坦志一卷 (清)學部編譯圖書局編 清光緒三十三年(1907)學部編譯圖書局排印本 一冊

310000－0241－0003732　507046
越南地輿圖說　(清)盛慶紱纂　清光緒九年(1883)求忠堂刻本　二册　存四卷

310000－0241－0003733　507048
續瀛環志畧初編不分卷　(清)薛福成鑒定　(清)瞿昂來譯　清光緒二十八年(1902)傳經樓石印本　四册

310000－0241－0003734　507048:2
續瀛環志畧初編不分卷　(清)薛福成鑒定　(清)瞿昂來譯　清光緒二十八年(1902)傳經樓石印本　四册

310000－0241－0003735　507052
新撰亞細亞洲大地誌七章　(日本)山上萬次郎編　(清)葉瀚譯　清光緒二十七年(1901)上海正記書局石印本　四册

310000－0241－0003736　507054
西洋雜志　(清)黎庶昌撰　清光緒刻本　三册　存六卷(三至八)

310000－0241－0003737　507055
俄國西伯利東偏紀要不分卷　(清)曹廷傑撰　清光緒汪氏振綺堂刻本　一册

310000－0241－0003738　507056
西事類編十六卷　(清)沈純輯　清光緒十年(1884)申報館仿聚珍版印本　四册

310000－0241－0003739　507058
遊歷秘魯圖經四卷　(清)傅雲龍撰　清光緒二十八年(1902)石印本　二册

310000－0241－0003740　507058:2
遊歷秘魯圖經四卷　(清)傅雲龍撰　清光緒二十八年(1902)石印本　二册

310000－0241－0003741　507059
遊歷加納大圖經八卷　(清)傅雲龍撰　清光緒二十八年(1902)石印本　二册

310000－0241－0003742　507059:2
遊歷加納大圖經八卷　(清)傅雲龍撰　清光緒二十八年(1902)石印本　二册

310000－0241－0003743　507060
遊歷巴西圖經十卷　(清)傅雲龍撰　清光緒二十八年(1902)石印本　二册

310000－0241－0003744　507062
地理畧說　(美國)戴集撰　清光緒二十四年(1898)上海美華書館排印本　一册

310000－0241－0003745　507063
萬國輿圖一卷　(清)陳兆桐編繪　清光緒同文書局石印本　一册

310000－0241－0003746　507064
倭都景物志　(清)譚祖綸編　清光緒二十四年(1898)南海譚氏排印本　一册

310000－0241－0003747　507065
安南小志二卷　姚文棟編譯　清光緒十年(1884)排印本　一册

310000－0241－0003748　507066
英法俄德四國志畧四卷　沈敦和撰　清光緒十八年(1892)排印本　一册

310000－0241－0003749　507067
緬甸國志一卷英領緬甸志一卷緬甸新志一卷暹羅國志一卷布哈爾雜志一卷　(清)學部編譯圖書局編纂　清光緒三十三年(1907)學部編譯圖書局排印本　一册

310000－0241－0003750　507068
俾路芝志一卷馬留士股志一卷紐吉尼亞島志一卷西里伯島志一卷西里伯島新志一卷　(清)學部編譯圖書局編纂　清光緒三十三年(1907)學部編譯圖書局排印本　一册

310000－0241－0003751　507069
波斯志一卷　(清)學部編譯圖書局編纂　清光緒三十三年(1907)學部編譯圖書局排印本　一册

310000－0241－0003752　507070
小亞細亞志一卷小亞細亞新志一卷　(清)學部編譯圖書局編纂　清光緒三十三年(1907)學部編譯圖書局排印本　一册

310000－0241－0003753　507071
土耳基志一卷土耳基新志一卷　(清)學部編

譯圖書局編纂　清光緒三十三年(1907)學部編譯圖書局排印本　一冊

310000－0241－0003754　507072
英領開浦殖民地志附新志　(清)學部編譯圖書局編纂　清光緒三十四年(1908)學部編譯圖書局排印本　一冊

310000－0241－0003755　508001
寰宇分合志八卷增輯一卷　(明)徐樞編輯　清光緒二十八年(1902)刻本　八冊

310000－0241－0003756　508002:2
七國地理考七卷　(清)顧觀光著　清光緒五年(1879)刻本　二冊

310000－0241－0003757　508003
天下山河兩戒考十四卷　(清)徐文靖注　清雍正元年(1723)刻本　八冊

310000－0241－0003758　508004
天下山河兩戒考十四卷　(清)徐文靖注　清光緒二年(1876)當皇縣衙刻本　五冊

310000－0241－0003759　508005
楚漢諸侯疆域志三卷　(清)劉文淇撰　清末廣雅書局刻本　一冊

310000－0241－0003760　508006
歷代沿革輿圖　(清)厲雲官訂　清同治九年(1870)無錫周氏刻本　一冊

310000－0241－0003761　508007
古今地理述十八卷首三卷　(清)王子音述　清嘉慶十二年(1807)刻本　二十冊

310000－0241－0003762　508008
補三國疆域志二卷　(清)洪亮吉撰　清末廣雅書局刻本　一冊

310000－0241－0003763　508010
歷代地理沿革圖不分卷　(清)李兆洛編著　清同治十年(1871)刻本　一冊

310000－0241－0003764　508010:2
歷代地理沿革圖不分卷　(清)李兆洛編著　清同治十年(1871)刻本　一冊

310000－0241－0003765　508011
歷代地理沿革表四十七卷　(清)陳芳績撰　清光緒二十一年(1895)廣雅書局刻本　十八冊　存四十一卷(一至三、七至四十四)

310000－0241－0003766　508011:2
歷代地理沿革表四十七卷　(清)陳芳績撰　清光緒二十一年(1895)廣雅書局刻本　二十四冊

310000－0241－0003767　508012
大明一統志　(明)李賢等纂修　明萬壽堂刻本　一冊　存一卷

310000－0241－0003768　508013
天下郡國利病書一百二十卷　(清)顧炎武編　清木活字印本　七十四冊

310000－0241－0003769　508014
天下郡國利病書一百二十卷　(清)顧炎武編　清道光十年(1830)敷文閣木活字印本　四十七冊　存一百二卷(一至一百二)

310000－0241－0003770　508016
天下郡國利病書一百二十卷　(清)顧炎武編　清道光十年(1830)敷文閣木活字印本　九十九冊　存一百十九卷

310000－0241－0003771　508017
天下郡國利病書一百二十卷　(清)顧炎武編　清光緒二十七年(1901)圖書集成局排印本　二十六冊

310000－0241－0003772　508018
天下郡國利病書一百二十卷　(清)顧炎武編　清光緒二十九年(1903)益吾齋石印本　二十四冊　存一百十九卷

310000－0241－0003773　508019
天下郡國利病書一百二十卷　(清)顧炎武編　清光緒二十七年(1901)圖書集成局排印本　二十八冊

310000－0241－0003774　508020
三國郡縣表八卷　(清)吳增僅撰　清光緒二十二年(1896)木活字印本　四冊

310000－0241－0003775　508021

讀史方輿紀要摘鈔十卷　(清)顧祖禹撰　清道光刻本　十冊

310000－0241－0003776　508022

讀史方輿紀要一百三十卷附方輿全圖總説五卷　(清)顧祖禹編著　清光緒二十七年(1901)圖書集成局排印本　三十二冊

310000－0241－0003777　508023

讀史方輿紀要一百三十卷附方輿全圖總説五卷　(清)顧祖禹輯著　清光緒二十九年(1903)益吾齋石印本　二十四冊

310000－0241－0003778　508024

讀史方輿紀要　(清)顧祖禹撰　清光緒二十七年(1901)圖書集成局排印本　二十七冊　存一百二十四卷

310000－0241－0003779　508025

讀史方輿紀要一百三十卷圖四卷　(清)顧祖禹撰　清道光十年(1830)甘肅龍氏敷文閣木活字印本　八十八冊

310000－0241－0003780　508026

讀史方輿紀要一百三十卷圖四卷　(清)顧祖禹撰　清光緒二十七年(1901)圖書集成局排印本　三十二冊

310000－0241－0003781　508027

讀史方輿紀要一百三十卷圖四卷　(清)顧祖禹撰　清道光十年(1830)敷文閣木活字印本　九十九冊

310000－0241－0003782　508028

讀史方輿紀要　(清)顧祖禹撰　清光緒石印本　十二冊　存三十八卷

310000－0241－0003783　508030

讀史方輿紀要　(清)顧祖禹撰　清宏道堂刻本　六十冊　存一百九卷

310000－0241－0003784　508031

方輿紀要簡覽三十四卷　(清)潘鐸輯　清咸豐八年(1858)紅杏書屋刻本　十六冊

310000－0241－0003785　508033：2

太平寰宇記二百卷　(宋)樂史撰　清光緒八年(1882)金陵書局刻本　三十六冊

310000－0241－0003786　508034

太平寰宇記二百卷　(宋)樂史撰　清嘉慶八年(1803)刻本　三十冊　存一百九十卷

310000－0241－0003787　508035

太平寰宇記二百卷　(宋)樂史撰　清光緒八年(1882)金陵書局刻本　三十六冊

310000－0241－0003788　508038

乾隆府廳州縣圖志　(清)洪亮吉撰　清光緒五年(1879)授經堂刻本　二十冊

310000－0241－0003789　508039：2

乾隆府廳州縣圖志　(清)洪亮吉撰　清嘉慶八年(1803)刻本　十冊

310000－0241－0003790　508039：3

乾隆府廳州縣圖志　(清)洪亮吉撰　清嘉慶八年(1803)刻本　十二冊

310000－0241－0003791　508040

乾隆府廳州縣圖志五十卷　(清)洪亮吉撰　清光緒二十三年(1897)新化三味堂刻本　十六冊

310000－0241－0003792　508045

大清一統志輯要五十卷　(清)洪亮吉撰　清光緒山左輿圖局石印本　十二冊

310000－0241－0003793　508047

大清一統志五百卷　(清)和珅等撰　清光緒寶善齋石印本　六十冊

310000－0241－0003794　508048

大清一統志四百二十四卷　(清)和珅等撰　清光緒寶善齋石印本　六十冊

310000－0241－0003795　508048：2

大清一統志四百二十四卷　(清)和珅等撰　清光緒寶善齋石印本　六十冊

310000－0241－0003796　508049

大清一統志表不分卷　(清)徐午撰　清乾隆刻本　六冊

310000－0241－0003797　508049:2
大清一統志表不分卷　(清)徐午撰　清乾隆刻本　九册

310000－0241－0003798　508050
大清一統志表不分卷　(清)徐午撰　清光緒刻本　七册　存七册

310000－0241－0003799　508054
輿地紀勝二百卷　(宋)王象之編撰　清咸豐五年(1855)南海伍氏粤雅堂刻本　二十四册

310000－0241－0003800　508055
輿地紀勝二百卷附校勘記　(宋)王象之編撰　清道光二十九年(1849)懼盈齋刻本　六十四册

310000－0241－0003801　508056
廣輿記二十四卷　(清)蔡方炳增訂　清康熙刻本　二十册

310000－0241－0003802　508057
增訂廣輿記二十四卷　(清)蔡方炳增訂　清康熙聚文堂刻本　十二册

310000－0241－0003803　508061
地球韻言四卷　(清)張士瀛撰　清光緒二十五年(1899)蘄水學舍刻本　二册

310000－0241－0003804　508063
漢書地理志校本二卷　(清)汪遠孫校　清道光二十七年(1847)刻本　一册

310000－0241－0003805　508065
地理全志不分卷　(英國)慕維廉纂　清光緒二十五年(1899)上海美華書館排印本　一册

310000－0241－0003806　508066
地理志畧不分卷　(清)學部編譯圖書局纂　清光緒三十四年(1908)武昌刻本　二册

310000－0241－0003807　508067
地理人文關係論不分卷　(清)□□撰　清光緒三十二年(1906)江楚編譯局石印本　一册

310000－0241－0003808　508069
輿地學課程不分卷　(清)姚炳奎撰　清光緒二十九年(1903)經心書院刻本　八册

310000－0241－0003809　508071
歷代地理志韻編今釋二十卷皇朝輿地韻編二卷　(清)李兆洛撰　清同治九年(1870)刻本　八册

310000－0241－0003810　508072:2
輿地廣記三十八卷附札記二卷　(宋)歐陽忞撰　清光緒六年(1880)金陵書局刻本　四册

310000－0241－0003811　508072:3
輿地廣記三十八卷附札記二卷　(宋)歐陽忞撰　清光緒六年(1880)金陵書局刻本　四册

310000－0241－0003812　508073
輿地廣記三十八卷　(宋)歐陽忞撰　清翻刻武英殿聚珍版書本　八册

310000－0241－0003813　508074
歷代輿地圖　(清)楊守敬編　清光緒三十二年至宣統二年(1906－1910)觀海堂楊氏刻本　三十四册

310000－0241－0003814　508074:2
歷代輿地圖　(清)楊守敬編　清光緒三十二年至宣統二年(1906－1910)觀海堂楊氏刻本　三十四册

310000－0241－0003815　508074:3
歷代輿地圖　(清)楊守敬編　清光緒三十二年至宣統二年(1906－1910)觀海堂楊氏刻本　三十四册

310000－0241－0003816　508075
元豐九域志　(宋)王存等撰　清光緒八年(1882)金陵書局刻本　四册

310000－0241－0003817　508075:2
元豐九域志　(宋)王存等撰　清光緒八年(1882)金陵書局刻本　四册

310000－0241－0003818　508076
元豐九域志十卷　(宋)王存等撰　清光緒八年(1882)金陵書局刻本　四册

310000－0241－0003819　508077
元豐九域志十卷　(宋)王存等撰　清光緒八年(1882)金陵書局刻本　四册

310000－0241－0003820　508078
元和郡縣圖志四十卷補志九卷　(唐)李吉甫撰　(清)嚴觀補　清光緒六年(1880)金陵書局刻本　八册

310000－0241－0003821　508078(2)
補元和郡縣圖志四十七鎮圖說一卷　(清)龐鴻書訂　清光緒三十一年(1905)貴州調查局排印本　一册

310000－0241－0003822　508078(3)
元和郡縣志四十卷　(唐)李吉甫撰　清翻刻武英殿聚珍版書本　十二册

310000－0241－0003823　508078(4)
元和郡縣志四十卷　(唐)李吉甫撰　清翻刻武英殿聚珍版書本　十六册

310000－0241－0003824　508078:2
元和郡縣圖志四十卷補志九卷　(唐)李吉甫撰　(清)嚴觀補　清光緒六年(1880)金陵書局刻本　十二册

310000－0241－0003825　508078:3
元和郡縣圖志四十卷補志九卷　(唐)李吉甫撰　(清)嚴觀補　清光緒六年(1880)金陵書局刻本　十册

310000－0241－0003826　508078:4
元和郡縣圖志四十卷補志九卷　(唐)李吉甫撰　(清)嚴觀補　清光緒六年(1880)金陵書局刻本　八册

310000－0241－0003827　508078:5
元和郡縣圖志四十卷補志九卷　(唐)李吉甫撰　(清)嚴觀補　清光緒六年(1880)金陵書局刻本　十六册

310000－0241－0003828　508078:6
元和郡縣圖志四十卷補志九卷　(唐)李吉甫撰　(清)嚴觀補　清光緒六年(1880)金陵書局刻本　八册

310000－0241－0003829　508079
皇朝輿地通考二十三卷　(清)□□撰　清光緒石印本　三十九册

310000－0241－0003830　508081
皇朝輿地畧一卷附韻編一卷　(清)六承如撰　清道光十一年(1831)辨志書塾刻本　一册

310000－0241－0003831　508081(2)
皇朝輿地畧一卷附韻編一卷　(清)六承如撰　清光緒十年(1884)湖北省官書處刻本　二册

310000－0241－0003832　508081(3)
皇朝輿地畧一卷附韻編一卷　(清)六承如撰　清崇仁謝氏重刻江陰□氏摹本　一册

310000－0241－0003833　508081:2
皇朝輿地畧一卷附韻編一卷　(清)六承如撰　清道光十一年(1831)辨志書塾刻本　三册

310000－0241－0003834　508082
輿地沿革表四十卷　(清)楊丕復著　清光緒十四年(1888)刻本　二十四册

310000－0241－0003835　508083
皇朝直省府廳州縣歌括不分卷　(清)蔣升撰　清光緒二十四年(1898)慈母堂印書局木活字印本　一册

310000－0241－0003836　508084
支那疆域沿革畧說不分卷　(日本)重野安繹撰　(清)中國輿地學會譯　清末輿地學會刻本　一册

310000－0241－0003837　508084(2)
校譯支那疆域沿革圖一册　(日本)重野安繹撰　(清)中國輿地學會譯　清光緒三十四年(1908)中國輿地學會石印本　一册

310000－0241－0003838　508084:2
支那疆域沿革畧說不分卷　(日本)重野安繹撰　(清)中國輿地學會譯　清末輿地學會刻本　一册

310000－0241－0003839　508085
歷代輿地沿革險要圖說不分卷　(清)楊守敬撰　(清)王尚德重繪　清光緒二十四年(1898)文賢閣石印本　一册

310000－0241－0003840　508085:2

歷代輿地沿革險要圖說不分卷　(清)楊守敬撰　(清)王尚德重繪　清光緒二十四年(1898)文賢閣石印本　一冊

310000－0241－0003841　508088
五洲圖考六卷　(清)龔柴撰　(清)許彬續撰　清光緒二十八年(1902)徐家匯印書館排印本　四冊

310000－0241－0003842　508089
皇朝輿地沿革考不分卷　(清)遁天著　清光緒二十八年(1902)上海廣智書局排印本　一冊

310000－0241－0003843　508090
輿圖總論注釋二卷　(清)謝蘭生輯注　清嘉慶毘陵謝氏刻本　一冊

310000－0241－0003844　508094
方輿類纂二十八卷首二卷　(清)顧祖禹原撰　(清)□□改纂　清嘉慶十三年(1808)文畬堂刻本　二十四冊

310000－0241－0003845　508101(1)
[光緒]順天府志一百三十卷　(清)李鴻章纂　清光緒十一年(1885)刻本　六十四冊

310000－0241－0003846　508101(3)
宸垣識畧十六卷　(清)吳長元輯　清光緒二年(1876)刻本　八冊

310000－0241－0003847　508102(2):2
天津縣志二十四卷　(清)張志奇纂修　清乾隆四年(1739)刻本　八冊

310000－0241－0003848　508102(3)
續天津縣志二十卷首一卷　(清)吳惠元總修　(清)蔣玉虹編輯　清同治九年(1870)刻本　八冊

310000－0241－0003849　508102(7)
[光緒]重修天津府志五十四卷首一卷末一卷　沈家本等修　徐宗亮等纂　清光緒二十五年(1899)刻本　二十八冊

310000－0241－0003850　508103(4)
[同治]上海縣志三十二卷圖說一卷敘錄一卷　(清)應寶時編纂　清同治七年(1868)吳門臬署刻本　十六冊

310000－0241－0003851　508103(4):3
[同治]上海縣志三十二卷圖說一卷敘錄一卷　(清)應寶時編纂　清同治七年(1868)吳門臬署刻本　十六冊

310000－0241－0003852　508103(4):4
[同治]上海縣志三十二卷圖說一卷敘錄一卷　(清)應寶時編纂　清同治七年(1868)吳門臬署刻本　四冊

310000－0241－0003853　508103(5)
[同治]上海縣志札記六卷　(清)秦榮光撰　清光緒二十八年(1902)松江振華印書館排印本　六冊

310000－0241－0003854　508103(8):2
上海鄉土志　(清)李維清編　清光緒三十三年(1907)勸學所排印本　一冊

310000－0241－0003855　508104(1)
[雍正]畿輔通志一百二十卷　(清)唐執玉纂修　清雍正十三年(1735)刻本　四十八冊

310000－0241－0003856　508104(1):2
[雍正]畿輔通志一百二十卷　(清)唐執玉纂修　清雍正十三年(1735)刻本　四十八冊

310000－0241－0003857　508104(2)
[同治]畿輔通志三百卷　(清)李鴻章纂修　清光緒十年(1884)古蓮華池刻本　二百四十冊

310000－0241－0003858　508104(2):2
[同治]畿輔通志三百卷　(清)李鴻章纂修　清光緒十年(1884)古蓮華池刻本　二百四十冊

310000－0241－0003859　508105
[光緒]山西通志一百八十四卷　(清)曾國荃纂　清光緒十八年(1892)刻本　九十六冊

310000－0241－0003860　508105(3)
[雍正]山西通志二百三十卷　(清)覺羅石麟主修　清雍正十二年(1734)刻嘉慶十六年

(1811)增修本　一百冊

310000－0241－0003861　508106(4):2
[乾隆]盛京通志四十八卷　(清)呂耀曾編纂　清咸豐二年(1852)刻本　二十冊

310000－0241－0003862　508106(5)
滿洲地誌不分卷　(日本)參謀部編　商務印書館譯　清光緒三十年(1904)上海商務印書館排印本　一冊

310000－0241－0003863　508107(1)
[光緒]吉林通志一百二十三卷　(清)長順等纂　清光緒十七年(1891)刻本　四十九冊

310000－0241－0003864　508107(1):2
[光緒]吉林通志一百二十三卷　(清)長順等纂　清光緒十七年(1891)刻本　四十九冊

310000－0241－0003865　508107(2)
吉林外記十卷　(清)薩英額撰　清光緒二十一年(1895)漸西村舍刻本　四冊

310000－0241－0003866　508107(2):2
吉林外記十卷　(清)薩英額撰　清光緒二十一年(1895)漸西村舍刻本　四冊

310000－0241－0003867　508107(2):3
吉林外記十卷　(清)薩英額撰　清光緒二十一年(1895)漸西村舍刻本　四冊

310000－0241－0003868　508107(2):4
吉林外記十卷　(清)薩英額撰　清光緒二十一年(1895)漸西村舍刻本　二冊

310000－0241－0003869　508107(2):5
吉林外記十卷　(清)薩英額撰　清光緒二十一年(1895)漸西村舍刻本　二冊

310000－0241－0003870　508107(3)
吉林紀事詩四卷首一卷末一卷　(清)沈鈞平撰註　清宣統三年(1911)金陵湯明林排印本　二冊

310000－0241－0003871　508107(3):2
吉林紀事詩四卷首一卷末一卷　(清)沈鈞平撰註　清宣統三年(1911)金陵湯明林排印本　一冊

310000－0241－0003872　508108(2)
黑龍江述畧六卷　(清)徐宗亮著　清光緒十七年(1891)石埭徐氏觀自得齋刻本　二冊

310000－0241－0003873　508108(3)
黑龍江外記八卷　(清)西清撰　清光緒二十年(1894)漸西村舍刻本　二冊

310000－0241－0003874　508108(3):2
黑龍江外記八卷　(清)西清撰　清光緒二十年(1894)漸西村舍刻本　二冊

310000－0241－0003875　508108(3):3
黑龍江外記八卷　(清)西清撰　清光緒二十年(1894)漸西村舍刻本　二冊

310000－0241－0003876　508108(3):4
黑龍江外記八卷　(清)西清撰　清光緒二十年(1894)漸西村舍刻本　二冊

310000－0241－0003877　508108(3):5
黑龍江外記八卷　(清)西清撰　清光緒二十年(1894)漸西村舍刻本　二冊

310000－0241－0003878　508108(3):6
黑龍江外記八卷　(清)西清撰　清光緒二十年(1894)漸西村舍刻本　二冊

310000－0241－0003879　508109(1)
[雍正]陝西通志一百卷　(清)劉於義等纂　清雍正十三年(1735)刻本　九十九冊

310000－0241－0003880　508109(1):2
[雍正]陝西通志一百卷　(清)劉於義等纂　清雍正十三年(1735)刻本　一冊

310000－0241－0003881　508109(2)
[道光]陝西志輯要六卷秦疆治畧一卷關中漢唐存碑考跋一卷　(清)王志沂輯　清道光七年(1827)刻本　八冊

310000－0241－0003882　508109(5)
三志合編七卷　(清)黃本驥編　清道光刻本　二冊

310000－0241－0003883　508110(4)
[宣統]甘肅新通志一百卷首五卷　(清)昇允等修　(清)安維峻纂　清宣統元年(1909)刻

本(配複印本)　九十九册

310000-0241-0003884　508111(1)
[雍正]山東通志三十六卷　(清)岳濬等修　清乾隆元年(1736)刻本　四十册

310000-0241-0003885　508111(1):2
[雍正]山東通志三十六卷　(清)岳濬等修　清乾隆元年(1736)刻本　四十二册

310000-0241-0003886　508111(3):2
齊乘六卷　(元)于欽纂　清乾隆四十六年(1781)刻本　四册

310000-0241-0003887　508112(1)
吴地記一卷附後集　(唐)陸廣微撰　清同治十二年(1873)江蘇書局刻本　一册

310000-0241-0003888　508112(2):2
[乾隆]江南通志二百卷　(清)尹繼善等纂　清乾隆元年(1736)刻本　一百六十册

310000-0241-0003889　508112(5)
江蘇全省輿地圖説不分卷　(清)江寧輿圖局編繪　清同治刻本　六册

310000-0241-0003890　508113(1):2
[光緒]安徽通志三百五十卷附補遺十卷　(清)沈葆楨修　清光緒四年(1878)刻本　一百二十册

310000-0241-0003891　508113(3)
[道光]安徽通志二百六十卷首六卷　(清)鄧廷楨等修　清道光刻本　一百册

310000-0241-0003892　508113(4)
皖志便覽六卷　(清)李慶珏著　清光緒安省鏤雲閣刻本　四册

310000-0241-0003893　508114(1)
[雍正]浙江通志二百八十卷　(清)嵇曾筠等修　清乾隆元年(1736)刻本　一百册

310000-0241-0003894　508114(1):2
[雍正]浙江通志二百八十卷　(清)嵇曾筠等修　清乾隆元年(1736)刻本　一百二十册

310000-0241-0003895　508114(3)
浙志便覽十卷　(清)李應玨著　清光緒刻本　四册

310000-0241-0003896　508114(5)
談浙四卷　(清)許瑤光纂輯　清光緒十四年(1888)刻本　二册

310000-0241-0003897　508116(2)
東瀛識畧八卷　(清)丁紹儀纂　清同治刻本　二册

310000-0241-0003898　508116(3)
臺灣小志一卷　(清)虛白主人撰　清光緒十年(1884)管可壽齋刻本　一册

310000-0241-0003899　508118(1):2
湖北輿地圖記二十四卷　湖北輿地局纂　清光緒二十年(1894)刻本　十二册

310000-0241-0003900　508118(1):3
湖北輿地圖記二十四卷　湖北輿地局纂　清光緒二十年(1894)刻本　二十四册

310000-0241-0003901　508118(3)
湖北通志商例　(清)楊承禧等纂　清宣統三年(1911)刻本　一册

310000-0241-0003902　508118(5)
湖北下荆南通志二十八卷　(清)魯之裕纂修　清乾隆五年(1740)刻本　二十四册

310000-0241-0003903　508118(7)
章實齋先生遺書六卷附錄一卷　(清)章學誠撰　清宣統二年(1910)排印本　四册

310000-0241-0003904　508119
[光緒]湖南通志二百八十八卷首八卷末十九卷　(清)李瀚章等纂修　清光緒十一年(1885)尊經閣刻本　一百六十八册

310000-0241-0003905　508119(2)
[乾隆]湖南通志一百七十四卷首一卷　(清)范咸纂修　清乾隆二十二年(1757)刻本　六十二册

310000-0241-0003906　508120(1)
[光緒]江西通志一百八十卷　(清)曾國藩等纂　清光緒六年(1880)刻本　一百二十册

310000－0241－0003907　508120(1):2
[光緒]江西通志一百八十卷　(清)曾國藩等纂　清光緒六年(1880)刻本　一百二十册

310000－0241－0003908　508121(1)
[道光]廣東通志三百三十四卷　(清)阮元等修　清同治三年(1864)刻本　一百六十册

310000－0241－0003909　508121(2)
廣東圖説九十二卷　(清)毛鴻賓等編　清同治五年(1866)刻本　十八册

310000－0241－0003910　508121(2):2
廣東圖説九十二卷　(清)毛鴻賓等編　清同治五年(1866)刻本　二十一册

310000－0241－0003911　508121(3):2
廣東考古輯要四十六卷　(清)周廣等輯　清光緒十九年(1893)還讀書屋刻本　四册

310000－0241－0003912　508122(1)
廣西通志二百七十九卷首一卷　(清)胡虔等纂　清嘉慶六年(1801)刻同治四年(1865)補版本　八十册

310000－0241－0003913　508122(2)
廣西全省地輿圖説不分卷　(清)蘇鳳文撰　清同治五年(1866)刻本　四册

310000－0241－0003914　508123(1)
[嘉慶]四川通志二百四卷　(清)常明等纂　清嘉慶二十一年(1816)刻本　一百五十八册

310000－0241－0003915　508123(1):2
[嘉慶]四川通志二百四卷　(清)常明等纂　清嘉慶二十一年(1816)刻本　一百六十册

310000－0241－0003916　508123(3)
蜀故二十七卷　(清)彭遵泗纂輯　清光緒二年(1876)讀書堂刻本　六册

310000－0241－0003917　508123(3):2
蜀故二十七卷　(清)彭遵泗纂輯　清光緒二年(1876)讀書堂刻本　六册

310000－0241－0003918　508124(1)
[乾隆]貴州通志四十六卷　(清)張廣泗等纂　清乾隆六年(1741)刻本　四十八册

310000－0241－0003919　508124(2)
黔南識畧三十二卷　(清)愛必達撰　清道光二十七年(1847)刻本　十册

310000－0241－0003920　508124(2):2
黔南識畧三十二卷　(清)愛必達撰　清道光二十七年(1847)刻本　四册

310000－0241－0003921　508124(4):2
黔史二卷　(清)田雯編　清光緒二十三年(1897)貴陽書局刻本　一册

310000－0241－0003922　508125(1)
[乾隆]雲南通志三十卷　(清)鄂爾泰　(清)尹繼善修　(清)靖道謨纂　清乾隆元年(1736)刻本　三十二册

310000－0241－0003923　508125(3)
[光緒]續雲南通志稿二百卷　(清)王文韶等纂　清光緒二十七年(1901)刻本　一百册

310000－0241－0003924　508125(4)
滇繫　(清)師範纂輯　清光緒十三年(1887)雲南通志局刻本　四十册

310000－0241－0003925　508125(7):2
滇考二卷　(清)馮甦撰　清道光元年(1821)刻十四年(1834)重校印本　二册

310000－0241－0003926　508127(10)
衛藏圖識五卷　(清)馬揭輯著　清刻本　四册

310000－0241－0003927　508127(13)
西招圖畧一卷圖説一卷乍了圖説一卷附前藏至西寧路程一卷成都府至後藏路程一卷　(清)松筠撰　(清)陸爲柄校訂　清道光二十七年(1847)王師道刻本　二册

310000－0241－0003928　508127(2)
西招五種六卷　(清)松筠撰　清道光三年(1823)刻本　四册

310000－0241－0003929　508127(4):2
西藏通覽二編　(日本)山縣初男編　(清)吳季昌等譯　清光緒三十四年(1908)四川排印本　一册

310000－0241－0003930　508127(4):3
西藏通覽二編　(日本)山縣初男編　(清)吳季昌等譯　清光緒三十四年(1908)四川排印本　一册

310000－0241－0003931　508127(5)
西藏紀述不分卷章谷屯志畧不分卷　(清)張海撰　清同治十三年(1874)刻振綺堂叢書本　一册

310000－0241－0003932　508127(5):2
西藏紀述不分卷章谷屯志畧不分卷　(清)張海撰　清同治十三年(1874)刻振綺堂叢書本　一册

310000－0241－0003933　508127(6)
西藏賦一卷　(清)和寧著　清嘉慶二年(1797)刻本　一册

310000－0241－0003934　508127(8)
西藏圖說一卷　(清)松筠撰　清道光三年(1823)刻本　一册

310000－0241－0003935　508128(2)
欽定新疆識畧十二卷首一卷　(清)汪廷珍等纂　清道光元年(1821)刻本　十册

310000－0241－0003936　508130(1)
[光緒]望都縣鄉土圖說不分卷　(清)陸是奎編　清光緒三十一年(1905)排印本　一册

310000－0241－0003937　508139(1)
[乾隆]涿州志二十二卷首一卷[同治]涿州續志十八卷　(清)吳山鳳纂修　(清)石衡續修　清乾隆三十年(1765)刻光緒元年(1875)增刻本　六册

310000－0241－0003938　508140(1)
[康熙]新城縣志十四卷首一卷　(清)崔懋纂修　清康熙刻本　五册

310000－0241－0003939　508140(2)
[康熙]新城縣續志二卷　(清)孫元衡修　(清)王啓涑編　清康熙刻本　二册

310000－0241－0003940　508144(1)
[雍正]高陽縣志六卷　(清)嚴宗嘉重修　(清)李其旋纂修　清雍正八年(1730)刻本　六册

310000－0241－0003941　508145(1)
[道光]直隸定州志二十二卷首一卷　(清)寶琳纂修　清道光三十年(1850)刻本　十二册

310000－0241－0003942　508147
[光緒]蠡縣志十卷　(清)韓志超等纂修　(清)張瑲等協修　清光緒刻本　十册

310000－0241－0003943　508150
[乾隆]祁州志八卷　(清)張萬銓等纂　清乾隆二十一年(1756)刻本　四册

310000－0241－0003944　508159(1)
[道光]薊州志十卷首一卷　(清)沈鋭纂修　清咸豐二年(1852)補刻道光本　五册

310000－0241－0003945　508163
[乾隆]口北三廳志十六卷首一卷　(清)黄可潤纂修　清乾隆二十三年(1758)刻本　六册

310000－0241－0003946　508164(1):2
[道光]萬全縣志十卷　(清)施彦士等纂修　清道光十四年(1834)重修刻本　四册

310000－0241－0003947　508172(1)
[康熙]龍門縣志十六卷　(清)章焞纂輯　清康熙五十一年(1712)刻清末印本　四册

310000－0241－0003948　508176
[光緒]蔚州志二十卷首一卷　(清)慶之金纂輯　清光緒刻本　八册

310000－0241－0003949　508178(2)
[光緒]懷安縣志八卷首一卷末一卷　(清)蔭祿續修　清光緒二年(1876)續修刻本　四册

310000－0241－0003950　508179(2)
[乾隆]宣化府志四十二卷首一卷　(清)張志奇修　(清)黄可潤纂　清乾隆二十二年(1757)就乾隆八年(1743)舊志書版增刻本　十六册

310000－0241－0003951　508181(1)
[光緒]樂亭縣志十五卷首一卷末一卷　(清)游智開等修　(清)史夢蘭纂　清光緒三年

(1877)刻本　六册

310000－0241－0003952　508187(1)
[同治]遷安縣志十八卷首一卷末一卷　(清)韓耀先纂　清同治十二年(1873)刻本　六册

310000－0241－0003953　508190(3)
[光緒]臨榆縣志二十四卷首一卷　(清)趙允祜修　(清)高錫疇纂　清光緒四年(1878)刻本　十册

310000－0241－0003954　508193(1)
[光緒]大城縣志十二卷首一卷　(清)趙炳文等修　(清)劉鍾英等纂　清光緒二十三年(1897)刻本　十二册

310000－0241－0003955　508194
[乾隆]任邱縣志十二卷　(清)劉統等纂　清乾隆二十七年(1762)刻本　十册

310000－0241－0003956　508197
[乾隆]永清縣志二十五卷　(清)周震榮主修　(清)章學誠纂修　清乾隆刻嘉慶十八年(1813)補刻本　八册

310000－0241－0003957　508197(2)
[光緒]續永清縣志十四卷　(清)李秉鈞等修　(清)魏邦翰纂　清光緒元年(1875)刻本　四册

310000－0241－0003958　508199
[乾隆]武清縣志十四卷　(清)吴翀等纂修　清乾隆七年(1742)刻本　八册

310000－0241－0003959　508200(1)
[乾隆]寶坻縣志十八卷　(清)洪肇楙纂修　清乾隆十年(1745)刻本　八册

310000－0241－0003960　508201
[乾隆]寧河縣志十六卷　(清)關廷牧等纂　清乾隆四十四年(1779)刻本　六册

310000－0241－0003961　508202(1)
[乾隆]滄州志十六卷　(清)徐時作等重訂　(清)胡淦總修　清乾隆刻本　十二册

310000－0241－0003962　508205(1)
[同治]鹽山縣志十六卷首一卷末一卷　(清)潘震乙總修　(清)王福謙倡修　清同治七年(1868)刻本　八册

310000－0241－0003963　508206(2)
[光緒]南皮縣志十五卷首一卷末一卷　(清)殷樹森修　(清)汪寶樹纂　清光緒十四年(1888)刻本　八册

310000－0241－0003964　508207
[光緒]東光縣志十二卷　(清)吴潯源纂輯　清光緒十四年(1888)重修本　八册

310000－0241－0003965　508209
[光緒]吴橋縣志十二卷　(清)倪昌燮等續修　(清)施崇禮等編輯　清光緒元年(1875)刻本　八册

310000－0241－0003966　508211(1)
[乾隆]景州志六卷　(清)屈成霖等纂　清乾隆十年(1745)刻本　八册

310000－0241－0003967　508215(2)
[乾隆]河間縣志六卷　(清)吴山鳳等纂　清乾隆二十五年(1760)刻本　十二册

310000－0241－0003968　508216
[乾隆]肅寧縣志十卷　(清)伊侃等纂　清乾隆二十一年(1756)刻本　六冊

310000－0241－0003969　508219(1)
[乾隆]獲鹿縣志十二卷　(清)韓國瓚等修　清乾隆元年(1736)刻本　四册

310000－0241－0003970　508219(2)
[光緒]獲鹿縣志十四卷首一卷末一卷　(清)曹鑠纂　清光緒七年(1881)刻本　六册

310000－0241－0003971　508220(2)
[光緒]正定縣志四十六卷　(清)趙文濂等纂　清光緒元年(1875)刻本　十三册

310000－0241－0003972　508221(1)
[康熙]藁城縣志十二卷　(清)閻堯熙纂修　清康熙三十七年(1698)刻五十九年(1720)增刻本　四册

310000－0241－0003973　508221(2)
[光緒]藁城縣志續補十一卷　(清)汪度等纂

清光緒七年(1881)刻本　一册

310000－0241－0003974　508227(2)
[同治]棗強縣志補正五卷　(清)方宗誠纂　清同治十三年(1874)刻本　二册

310000－0241－0003975　508229(2)
[光緒]趙州屬邑志八卷　(清)孫傳栻纂修　清光緒二十三年(1897)刻本　四册

310000－0241－0003976　508230
[同治]欒城縣志十四卷首一卷末一卷　(清)張惇德纂輯　(清)陳詠修　清同治十一年(1872)刻本　六册

310000－0241－0003977　508232(1)
[雍正]井陘縣志八卷　(清)鍾文英等纂修　清雍正八年(1730)刻本　四册

310000－0241－0003978　508232(1):2
[雍正]井陘縣志八卷　(清)鍾文英等纂修　清雍正八年(1730)刻本　三册

310000－0241－0003979　508232(2)
[光緒]續修井陘縣志三十六卷　(清)常善修　(清)趙文濂纂　清光緒刻本　二册

310000－0241－0003980　508235
[康熙]靈壽縣志十卷　(清)陸隴其等纂　清康熙二十四年(1685)刻本　四册

310000－0241－0003981　508239
[乾隆]無極縣志十一卷末一卷　(清)黃可潤纂　清乾隆二十二年(1757)無極縣刻本　四册

310000－0241－0003982　508241
[乾隆]行唐縣志十六卷　(清)吳高增等纂　清乾隆二十八年(1763)刻本　八册

310000－0241－0003983　508243
[乾隆]贊皇縣志十卷首一卷末一卷　(清)黃岡竹等纂　清乾隆十六年(1751)刻本　四册

310000－0241－0003984　508244(1)
[嘉慶]邢臺縣志十卷首一卷　(清)竇景燕纂修　(清)沈蓮生續修　清同治十一年(1872)重印道光七年(1827)刻本　三册

310000－0241－0003985　508245
[道光]内邱縣志四卷　(清)牟瑞徵修　(清)施彥士等續修　清道光十二年(1832)刻本　四册

310000－0241－0003986　508246
[康熙]臨城縣志八卷　(清)楊寬監修　(清)喬巳百等纂　清康熙三十年(1691)刻本　二册

310000－0241－0003987　508247
[乾隆]柏鄉縣志十卷　(清)鍾賡華等纂　清乾隆三十二年(1767)刻本　六册

310000－0241－0003988　508251(3)
[道光]南宮縣志十六卷　(清)周栻修　(清)陳柱纂　清道光十一年(1831)刻本　八册

310000－0241－0003989　508260(1)
[乾隆]邯鄲縣志十二卷首一卷　(清)王炯纂修　清乾隆刻本　六册

310000－0241－0003990　508260(2)
[乾隆]邯鄲縣志　(清)王炯等纂修　清乾隆刻本　四册　存十卷

310000－0241－0003991　508261
[光緒]廣平府志六十三卷首一卷　(清)吳中彥總修　(清)胡景桂總纂　清光緒二十年(1894)刻本　二十四册

310000－0241－0003992　508261(2)
[光緒]永年縣志四十卷　(清)夏詒鈺纂修　清光緒刻本　八册

310000－0241－0003993　508271(1):2
[康熙]磁州志十八卷　(清)蔣擢等修　清康熙四十二年(1703)刻本　六册

310000－0241－0003994　508272(1)
[嘉慶]涉縣志八卷　(清)戚學標纂修　清嘉慶四年(1799)刻本　四册

310000－0241－0003995　508272(1):3
[嘉慶]涉縣志八卷　(清)戚學標纂修　清嘉慶四年(1799)刻本　四册

310000－0241－0003996　508274(2)
[宣統]承德縣志不分卷　(清)李巨源等原編　清宣統石印本　二册

310000－0241－0003997　508282(1)
[道光]陽曲縣志十六卷　(清)閻士驤等纂輯　(清)張廷銓編次　清道光刻本　十册

310000－0241－0003998　508282(2)
[道光]太原縣志十八卷　(清)楊國泰纂修　(清)王省三等協修　清道光刻本　六册

310000－0241－0003999　508282(3)
[光緒]續太原縣志二卷　(清)薛元釗總裁　(清)王效尊纂修　清光緒八年(1882)刻本　二册

310000－0241－0004000　508283
[道光]直隸忻州志四十二卷　(清)方戊昌總修　(清)方淵如纂修　清光緒刻本　八册

310000－0241－0004001　508285(2)
[乾隆]直隸代州志六卷　(清)吳重光纂修　清乾隆四十九年(1784)刻本　八册

310000－0241－0004002　508285∶2
[光緒]代州志十二卷首一卷　(清)俞廉三纂修　(清)蔣模編次　清光緒刻本　六册

310000－0241－0004003　508286(1)
[道光]繁峙縣志六卷　(清)吳其均纂修　清道光十六年(1836)刻本　六册

310000－0241－0004004　508286(2)
[光緒]繁峙縣志四卷首一卷　(清)何才價修　(清)楊篤纂　清光緒七年(1881)刻本　四册

310000－0241－0004005　508299(2)
[光緒]懷仁縣新志十二卷首一卷續刻一卷　(清)李長華修　(清)姜利仁纂　清光緒九年(1883)刻三十二年(1906)續刻本　四册

310000－0241－0004006　508301(1)
[光緒]天鎮縣志四卷首一卷　(清)洪汝霖等修　(清)楊篤纂　清光緒十六年(1890)刻本　四册

310000－0241－0004007　508302
[乾隆]廣靈縣志十卷首一卷末一卷　(清)郭磊纂修　清乾隆十九年(1754)刻本　六册

310000－0241－0004008　508304(2)
[乾隆]渾源州續志十卷　(清)賀澍恩纂修　清光緒六年(1880)刻本　六册

310000－0241－0004009　508313(1)
[乾隆]盂縣志十卷首一卷末一卷　(清)馬廷俊等總輯　(清)吳森纂　清乾隆四十九年(1784)刻本　八册

310000－0241－0004010　508313(2)
[光緒]盂縣志二十二卷首一卷末一卷　(清)張嵐奇等修　(清)武纘緒等纂　清光緒七年(1881)刻本　十一册

310000－0241－0004011　508319(2)
[咸豐]太谷縣志八卷首一卷末一卷　(清)章嗣衡纂修　清咸豐刻本　八册

310000－0241－0004012　508319(3)
[光緒]太谷縣志八卷首一卷末一卷　(清)王效尊等纂修　(清)車永譽等協修　清光緒十二年(1886)鳳山書院刻本　八册

310000－0241－0004013　508320
[光緒]清源鄉志十八卷首一卷　(清)王勳祥總纂　(清)王效尊總修　清光緒刻本　六册

310000－0241－0004014　508322(1)
[光緒]平遙縣志十二卷　(清)恩端纂修　清光緒刻本　八册

310000－0241－0004015　508323
[嘉慶]介休縣志十四卷　(清)徐品山等纂修　(清)王廷幹分輯　清嘉慶刻本　八册

310000－0241－0004016　508323(2)
[乾隆]介休縣志十四卷　(清)王謀文纂修　清乾隆三十五年(1770)刻本　八册

310000－0241－0004017　508324(2)
[康熙]靈石縣志四卷　(清)侯榮圭纂修　清康熙刻本　一册

310000－0241－0004018　508325(1)

[乾隆]孝義縣志二十卷 (清)鄧必安修 (清)鄧常纂 清乾隆三十五年(1770)刻本 八冊

310000－0241－0004019 508326(2)
[乾隆]汾陽縣志十四卷首一卷 (清)李文起纂修 清乾隆刻本 十二冊

310000－0241－0004020 508326(3)
[道光]汾陽縣志十四卷首一卷 (清)周貽纓修 (清)曹樹穀纂 清咸豐元年(1851)刻本 八冊

310000－0241－0004021 508332(1)
[光緒]潞城縣志四卷 (清)崔曉然等監修 (清)楊篤纂 清光緒十一年(1885)刻本 四冊

310000－0241－0004022 508335(1)
[道光]壺關縣志十卷 (清)馬紹援修 (清)茹金纂 清道光十四年(1834)刻本 六冊

310000－0241－0004023 508339(1)
[乾隆]陽城縣志十六卷 (清)楊善慶總修 (清)田懋彙輯 清乾隆刻本 八冊

310000－0241－0004024 508341(1)
[嘉慶]長子縣志二十一卷首一卷 (清)劉樾等修 清嘉慶二十一年(1816)刻本 八冊

310000－0241－0004025 508347(1)
[乾隆]解州安邑縣志十六卷首二卷 (清)言如泗總修 (清)呂瀶等纂修 清乾隆刻本 四冊

310000－0241－0004026 508347(1):2
[乾隆]解州安邑縣志十六卷首二卷 (清)言如泗總修 (清)呂瀶等纂修 清乾隆刻本 四冊

310000－0241－0004027 508347(3)
[乾隆]解州安邑縣運城志十六卷首一卷 (清)陳克鋐總修 (清)熊名相等纂修 清乾隆刻本 四冊

310000－0241－0004028 508347(4)
[光緒]安邑縣續志六卷 (清)趙輔堂總修 (清)張承熊纂輯 清光緒刻本 二冊

310000－0241－0004029 508347(5)
[乾隆]平陽府志三十六卷 (清)章廷珪纂修 清乾隆刻本 十八冊

310000－0241－0004030 508350(1)
[光緒]直隸絳州志二十卷首一卷 (清)李煥揚總修 (清)張于鑄纂修 清光緒五年(1879)刻本 十冊

310000－0241－0004031 508350(2)
[光緒]絳縣志二十一卷 (清)胡延撰 清光緒刻本 四冊

310000－0241－0004032 508354(2)
[乾隆]解州夏縣志十六卷首一卷 (清)言如泗修 (清)李遵唐等纂 清乾隆二十九年(1764)刻解州全志本 四冊

310000－0241－0004033 508359(1)
[乾隆]臨晉縣志八卷 (清)王正茂纂著 清乾隆刻本 四冊

310000－0241－0004034 508359(4)
[光緒]續猗氏縣志二卷 (清)徐浩修 (清)潘夢龍纂 清光緒六年(1880)刻本 二冊

310000－0241－0004035 508361
[乾隆]臨汾縣志十卷首一卷末一卷 (清)高塘等修 (清)呂淙等纂 清乾隆四十四年(1779)刻本 七冊

310000－0241－0004036 508366(1)
[乾隆]翼城縣志二十八卷 (清)許崇楷纂修 清乾隆刻本 八冊

310000－0241－0004037 508367
[道光]新修曲沃縣志十二卷 (清)張兆衡纂修 (清)黃廷範協修 清道光刻本 六冊

310000－0241－0004038 508368(2)
[光緒]太平縣志十四卷首一卷 (清)勞文慶等修 (清)樓道南纂 清光緒八年(1882)刻本 十冊

310000－0241－0004039　508380
［宣統］撫順縣志畧不分卷　（清）黎鏡蓉纂　清宣統三年（1911）石印本　一册　存一册

310000－0241－0004040　508395（2）
遼陽鄉土志不分卷　（清）白永貞編　清光緒三十四年（1908）排印本　一册

310000－0241－0004041　508404（1）
［宣統］新民府志不分卷　（清）管鳳龢編纂　清宣統元年（1909）排印本　一册

310000－0241－0004042　508421
［宣統］西安縣志畧十三卷　（清）雷飛鵬修　（清）段盛梓纂　清宣統三年（1911）石印本　二册

310000－0241－0004043　508423（1）
［光緒］奉化縣志十四卷補遺一卷　（清）錢開震等纂　清光緒十一年（1885）刻本　四册

310000－0241－0004044　508453
寧古塔紀畧一卷　（清）吳振臣撰　清光緒十八年（1892）刻知服齋叢書本　一册

310000－0241－0004045　508453（2）
寧古塔紀畧一卷　（清）吳振臣撰　清光緒漸西村舍刻本　一册

310000－0241－0004046　508477（2）
［嘉慶］長安縣志三十六卷　（清）張聰賢總纂　（清）董曾臣編輯　清嘉慶刻本　六册

310000－0241－0004047　508477（2）：2
［嘉慶］長安縣志三十六卷　（清）張聰賢總纂　（清）董曾臣編輯　清嘉慶刻本　六册

310000－0241－0004048　508477（2）：3
［嘉慶］長安縣志三十六卷　（清）張聰賢總纂　（清）董曾臣編輯　清嘉慶刻本　六册

310000－0241－0004049　508477（2）：4
［嘉慶］長安縣志三十六卷　（清）張聰賢總纂　（清）董曾臣編輯　清嘉慶刻本　六册

310000－0241－0004050　508477（3）
［嘉慶］咸寧縣志二十六卷首一卷　（清）高廷法等總纂　（清）陸耀遹等編輯　清嘉慶二十三年（1818）刻本　八册

310000－0241－0004051　508477（3）：2
［嘉慶］咸寧縣志二十六卷首一卷　（清）高廷法等總纂　（清）陸耀遹等編輯　清嘉慶二十三年（1818）刻本　八册

310000－0241－0004052　508477（3）：3
［嘉慶］咸寧縣志二十六卷首一卷　（清）高廷法等總纂　（清）陸耀遹等編輯　清嘉慶二十三年（1818）刻本　八册

310000－0241－0004053　508493
［光緒］米脂縣志十二卷　（清）高照煦編纂　（清）強汝南協修　清光緒三十三年（1907）排印本　四册

310000－0241－0004054　508503
［光緒］靖邊縣志四卷　（清）丁錫奎纂修　清光緒二十五年（1899）刻本　四册

310000－0241－0004055　508507
［乾隆］臨潼縣志九卷　（清）史傳遠輯　清乾隆刻本　六册

310000－0241－0004056　508508
［乾隆］蒲城縣志十五卷　（清）張心鏡修　（清）吳竹嶼纂　清乾隆刻本　六册

310000－0241－0004057　508510（2）
［光緒］富平縣志稿十卷首一卷　（清）譚麐編輯　清光緒十七年（1891）刻本　十册

310000－0241－0004058　508511
［乾隆］續耀州志十一卷　（清）汪灝修　（清）鍾研齋纂　清乾隆刻本　四册

310000－0241－0004059　508512（1）
［嘉靖］呂涇野先生高陵縣志七卷坿續傳一卷　（明）呂柟纂　清光緒十年（1884）刻本　二册

310000－0241－0004060　508512（2）
［光緒］高陵縣續志八卷　（清）程維雍修　（清）白遇道纂　清光緒十年（1884）刻本　二册

310000－0241－0004061　508513

[光緒]三原縣新志八卷　(清)焦雲龍重修　(清)賀瑞麟編纂　清光緒刻本　四冊

310000－0241－0004062　508513(2)
[乾隆]三原縣志　(清)劉紹攽纂修　清乾隆四十八年(1783)刻本　三冊　存九卷

310000－0241－0004063　508514
[宣統]涇陽縣志十六卷首一卷末一卷　(清)宋伯魯總纂　(清)周斯億編纂　清宣統三年(1911)排印本　四冊

310000－0241－0004064　508515(1)
[順治]澄城縣志二卷　(清)石道立原纂　(清)姚欽明續修　清咸豐元年(1851)刻本　一冊

310000－0241－0004065　508515(2)
[乾隆]澄城縣志二十卷　(清)洪亮吉等撰　清乾隆四十九年(1784)刻本　四冊

310000－0241－0004066　508515(3)
[咸豐]澄城縣志三十卷　(清)金玉麟修　(清)韓亞熊纂　清咸豐元年(1851)刻本　七冊

310000－0241－0004067　508516(1)
[乾隆]韓城縣志十六卷首一卷　(清)傅應奎纂輯　(清)錢坫等編次　清乾隆四十九年(1784)刻本　六冊

310000－0241－0004068　508516(2)
[嘉慶]韓城縣續志五卷　(清)冀蘭泰纂修　(清)陸耀遹編次　清嘉慶刻本　一冊

310000－0241－0004069　508517
[乾隆]郃陽縣全志四卷　(清)席奉乾編纂　(清)孫景烈撰次　清乾隆刻本　五冊

310000－0241－0004070　508518(1)
[正德]朝邑縣志二卷　(明)韓邦靖纂　清康熙五十一年(1712)刻本　一冊

310000－0241－0004071　508518(2)
[乾隆]朝邑志十一卷　(清)金嘉琰等修　(清)錢坫纂　清乾隆刻本　四冊

310000－0241－0004072　508518(3):2
[萬曆]續朝邑縣志八卷　(明)王學謨纂　清康熙五十一年(1712)刻本　二冊

310000－0241－0004073　508518(4)
[康熙]朝邑縣後志八卷　(清)王兆鰲纂修　(清)王鵬翼編次　清康熙刻本　三冊

310000－0241－0004074　508519
[道光]大荔縣志十六卷首一卷足徵四卷　(清)熊兆麟纂修　清道光刻本　六冊

310000－0241－0004075　508520(1)
[康熙]續華州志四卷　(清)馮昌奕裁正　(清)劉遇奇編次　清光緒八年(1882)刻本　四冊

310000－0241－0004076　508520(2)
[乾隆]華州志十二卷　(清)史蓴編次　清光緒八年(1882)刻本　二冊

310000－0241－0004077　508537
[嘉慶]漢陰廳志十卷首一卷　(清)錢鶴年修　(清)董詔纂　清嘉慶二十三年(1818)刻本　六冊

310000－0241－0004078　508542
[光緒]寧羌州志五卷　(清)馬毓華編輯　(清)鄭書香纂述　清光緒十四年(1888)刻本　五冊

310000－0241－0004079　508543(2)
[道光]重修略陽縣志四卷　(清)譚瑀纂修　清光緒三十年(1904)刻本　四冊

310000－0241－0004080　508543(3)
[光緒]新續略陽縣志一卷　(清)桂超纂修　清光緒三十年(1904)刻本　一冊

310000－0241－0004081　508544
[光緒]沔縣志四卷　(清)孫銘鐘等編輯　(清)彭齡纂述　清光緒九年(1883)刻本　四冊

310000－0241－0004082　508545
[光緒]鳳縣志十卷首一卷　(清)朱子春纂修　(清)段澍霖協修　清光緒十八年(1892)刻本　四冊

310000－0241－0004083　508551(1)
[光緒]定遠廳志二十六卷首一卷　(清)余修鳳纂修　清光緒刻本　六冊

310000－0241－0004084　508554
[康熙]隴州志八卷首一卷　(清)羅彰彝纂修　(清)黄士璟等同修　清康熙刻本　四冊

310000－0241－0004085　508554(2)
[乾隆]隴州續志八卷首一卷末一卷　(清)吴炳纂輯　清乾隆三十一年(1766)刻本　四冊

310000－0241－0004086　508556
[乾隆]鳳翔縣志八卷首一卷　(清)羅鰲主修　(清)周方炯等編輯　清乾隆刻本　八冊

310000－0241－0004087　508557
[光緒]岐山縣志八卷　(清)胡昇猷修　(清)張殿元編次　清光緒十年(1884)刻本　四冊

310000－0241－0004088　508557(2)
[乾隆]岐山縣志八卷　(清)平世增等重修　(清)蔣兆甲編次　清乾隆四十四年(1779)刻本　四冊

310000－0241－0004089　508558
[光緒]麟遊縣新志草十卷首一卷　(清)彭洵纂修　清光緒刻本　四冊

310000－0241－0004090　508562(2)
乾州志稿補正一卷　(清)周銘旂撰　清光緒十一年(1885)刻本　一冊

310000－0241－0004091　508563(1)
[正德]武功縣志三卷　(明)康海纂修　清雍正十二年(1734)刻本　一冊

310000－0241－0004092　508563(2)
[正德]武功縣志四卷　(明)康海撰　清光緒二十年(1894)刻本　一冊

310000－0241－0004093　508563(2):2
[正德]武功縣志四卷　(明)康海撰　清光緒二十年(1894)刻本　一冊

310000－0241－0004094　508563(2):3
[正德]武功縣志四卷　(明)康海撰　清光緒二十年(1894)刻本　一冊

310000－0241－0004095　508563(2):4
[正德]武功縣志四卷　(明)康海撰　清光緒二十年(1894)刻本　一冊

310000－0241－0004096　508563(2):5
[正德]武功縣志四卷　(明)康海撰　清光緒二十年(1894)刻本　一冊

310000－0241－0004097　508563(3)
[正德]武功縣志三卷首一卷　(明)康海撰　清光緒十三年(1887)刻本　一冊

310000－0241－0004098　508563(4)
[正德]武功縣志三卷附録一卷勘證一卷　(明)康海纂　(清)方楷勘證　[正德]朝邑縣志二卷　(明)王道修　(明)韓邦靖纂　清同治十三年(1874)彭城刻本　二冊

310000－0241－0004099　508564
[嘉慶]扶風縣志十八卷首一卷　(清)宋世犖總纂　(清)吴鵬翱等編輯　清嘉慶二十三年(1818)刻本　四冊

310000－0241－0004100　508565
[乾隆]郿縣志十八卷首一卷　(清)李帶雙修　(清)張若纂　清乾隆四十三年(1778)刻本　四冊

310000－0241－0004101　508567(1)
[乾隆]醴泉縣志十四卷　(清)蔣騏昌纂修　清乾隆四十八年(1783)刻本　四冊

310000－0241－0004102　508570
[乾隆]興平縣志二十五卷　(清)顧聲雷修　(清)張塤纂　清光緒二年(1876)增刻乾隆本　七冊

310000－0241－0004103　508576(1)
[宣統]狄道州續志十二卷首一卷　(清)聯瑛續修　清宣統刻本(配複印本)　九冊

310000－0241－0004104　508600(3)
[乾隆]直隷秦州新志十二卷首一卷末一卷　(清)費廷珍纂修　(清)胡釴編次　清乾隆刻本　十六冊

310000－0241－0004105　508602

［嘉慶］徽縣志八卷　(清)張伯魁纂修　清嘉慶刻本　四冊

310000－0241－0004106　508603

［乾隆］伏羌縣志十四卷　(清)周詵纂修　清乾隆三十五年(1770)刻本　四冊

310000－0241－0004107　508606(1)

［道光］秦安縣志十四卷　(清)嚴長宧修　(清)劉德熙纂　清道光十八年(1838)刻本　四冊

310000－0241－0004108　508607

［乾隆］清水縣志十六卷　(清)朱超纂修　清乾隆刻本　四冊

310000－0241－0004109　508637

［道光］敦煌縣志七卷首一卷　(清)曾誠纂輯　清道光十一年(1831)刻本　四冊

310000－0241－0004110　508653(1)

［宣統］固原直隸州志十二卷　(清)王學伊總纂　清宣統元年(1909)排印本　十二冊

310000－0241－0004111　508659(1)

［光緒］海城縣志十卷　(清)楊金庚纂修　清光緒三十四年(1908)官報局排印本　二冊

310000－0241－0004112　508666(1)

［乾隆］歷城縣志五十卷　(清)胡德琳編纂　清乾隆三十八年(1773)刻本　十六冊

310000－0241－0004113　508667(3)

［道光］泰安縣志十二卷首一卷末一卷　(清)徐宗幹裁定　(清)蔣大慶等編纂　清道光刻本　十冊

310000－0241－0004114　508669(1)

［乾隆］新泰縣志二十卷　(清)江乾達纂　清乾隆五十年(1785)刻本　六冊

310000－0241－0004115　508669(1):2

［乾隆］新泰縣志二十卷　(清)江乾達纂　清乾隆五十年(1785)刻本　六冊

310000－0241－0004116　508674

［道光］長清縣志十六卷首四卷末二卷　(清)舒化民總修　(清)徐德城纂輯　清道光十五年(1835)刻本　八冊

310000－0241－0004117　508676(2)

［咸豐］武定府志三十八卷首一卷　(清)李熙齡纂修　清咸豐刻本　二十四冊

310000－0241－0004118　508685(2)

［康熙］新城縣志十四卷首一卷　(清)崔懋纂修　清康熙刻本　六冊

310000－0241－0004119　508686(1)

［嘉慶］長山縣志十六卷首一卷　(清)倪企望修　(清)鍾廷瑛纂　清嘉慶刻本　十冊

310000－0241－0004120　508687

［乾隆］樂陵縣志八卷　(清)王謙益等纂　清乾隆二十七年(1762)刻本　八冊

310000－0241－0004121　508690(1)

［乾隆］濟陽縣志十四卷　(清)胡德霖等纂　清乾隆三十年(1765)刻本　八冊

310000－0241－0004122　508691

［光緒］德平縣志十二卷首一卷　(清)淩錫祺總纂　(清)李敬照編次　清光緒十九年(1893)刻本　六冊

310000－0241－0004123　508691:2

［光緒］德平縣志十二卷首一卷　(清)淩錫祺總纂　(清)李敬照編次　清光緒十九年(1893)刻本　六冊

310000－0241－0004124　508692(2)

［乾隆］濰縣志六卷首一卷末一卷　(清)張耀璧修　(清)王誦芬編纂　清乾隆刻本　六冊

310000－0241－0004125　508694

［乾隆］昌邑縣志八卷　(清)周成郜等纂　清乾隆七年(1742)刻本　四冊

310000－0241－0004126　508696(1)

［光緒］臨朐縣志十六卷　(清)姚延福主纂　(清)鄧嘉緝分纂　清光緒十一年(1885)刻本　六冊

310000－0241－0004127　508697

［嘉慶］昌樂縣志三十二卷首一卷　(清)魏禮

焯等修　(清)閻學夏等分纂　清嘉慶十四年(1809)刻本　六册

310000－0241－0004128　508697:2
[嘉慶]昌樂縣志三十二卷首一卷　(清)魏禮焯等修　(清)閻學夏等分纂　清嘉慶十四年(1809)刻本　六册

310000－0241－0004129　508698
[康熙]益都縣志十四卷　(清)陳食花等纂　清康熙十二年(1673)刻本　六册

310000－0241－0004130　508698(3)
[光緒]益都縣圖志五十四卷　(清)張承燮等修　(清)法偉堂等纂　清光緒三十三年(1907)刻本　十六册

310000－0241－0004131　508698(4)
[咸豐]青州府志六十四卷　(清)毛永柏等修　(清)李圖等纂　清咸豐九年(1859)刻本　二十七册

310000－0241－0004132　508701(1)
[道光]重修平度州志二十七卷　(清)鄒崇孟修　(清)李圖總纂　清道光二十九年(1849)刻本　八册

310000－0241－0004133　508704
[乾隆]諸城縣志四十六卷　(清)李文藻等纂　清乾隆二十九年(1764)刻本　八册

310000－0241－0004134　508707(2)
[乾隆]掖縣志八卷　(清)張思勉等纂　清乾隆二十三年(1758)刻本　十二册

310000－0241－0004135　508707(4)
[光緒]掖縣志四卷首一卷　(清)魏起鵬輯　(清)王續藩等纂修　清光緒十九年(1893)刻本　四册

310000－0241－0004136　508709(1)
[同治]黄縣志十四卷首一卷　(清)尹繼美纂修　清同治十年(1871)刻本　四册

310000－0241－0004137　508712
[道光]文登縣志十卷　(清)歐文等纂　清道光十九年(1839)刻本　四册

310000－0241－0004138　508713
[道光]榮成縣志十卷　(清)李天騭纂修　(清)李長齡等協修　清道光刻本　四册

310000－0241－0004139　508715
[乾隆]海陽縣舊志八卷　(清)包桂纂修　清乾隆刻本　四册

310000－0241－0004140　508718
[同治]即墨縣志十二卷　(清)林溥總輯　(清)周翕鐄分輯　清同治十二年(1873)刻本　八册

310000－0241－0004141　508720(1)
[康熙]沂州志八卷　(清)邵士等纂　清康熙十三年(1674)刻本　八册

310000－0241－0004142　508722(1)
[嘉慶]續修郯城縣志十卷　(清)吳堦主修　(清)陸繼輅撰　清嘉慶十五年(1810)刻本　四册

310000－0241－0004143　508724
[康熙]費縣志十卷　(清)黄學勤等纂　清康熙二十八年(1689)刻本　四册

310000－0241－0004144　508725
[道光]沂水縣志十卷　(清)張燮總修　(清)劉承謙等編訂　清道光七年(1827)刻本　四册

310000－0241－0004145　508731(1)
[光緒]日照縣志十二卷首一卷　(清)陳懋修　(清)丁庭陔原輯　清光緒十二年(1886)刻本　四册

310000－0241－0004146　508732(3)
滕縣鄉土志不分卷　(清)高熙喆編　清光緒三十三年(1907)石印本　一册

310000－0241－0004147　508738(1)
[乾隆]曲阜縣志一百卷　(清)潘相纂修　清乾隆三十九年(1774)刻本　十二册

310000－0241－0004148　508739
[康熙]鄒縣志三卷　(清)婁一均修　(清)周翼纂　清康熙五十五年(1716)刻本　四册

310000－0241－0004149　508739(2)
［康熙］郯縣志三卷　(清)婁一均修　(清)周翼纂　清康熙五十五年(1716)刻本　四冊

310000－0241－0004150　508739(3)
［光緒］郯縣續志十二卷首一卷　(清)吳若灝修　(清)錢檯纂　清光緒十八年(1892)刻本　四冊

310000－0241－0004151　508748(1)
［乾隆］定陶縣志十卷首一卷　(清)雷宏宇總裁　(清)劉珠等纂　清乾隆刻光緒修補本　四冊

310000－0241－0004152　508755
［康熙］茌平縣志五卷　(清)王世臣等纂　清康熙四十九年(1710)刻本　五冊

310000－0241－0004153　508763(2)
［乾隆］臨清直隸州志十一卷首一卷　(清)張度等總纂　清乾隆刻本　十一冊

310000－0241－0004154　508764
［乾隆］夏津縣志十卷　(清)方學成等纂　清乾隆六年(1741)刻本　六冊

310000－0241－0004155　508764:2
［乾隆］夏津縣志十卷　(清)方學成等纂　清乾隆六年(1741)刻本　六冊

310000－0241－0004156　508766(4)
［道光］陵縣志二十二卷首一卷　(清)沈淮總纂　(清)李圖等分纂　清道光二十六年(1846)刻本　八冊

310000－0241－0004157　508767
［乾隆］青城縣志十二卷　(清)方鳳等纂　清道光二十六年(1846)刻本　四冊

310000－0241－0004158　508767(2)
［乾隆］高苑縣志十卷　(清)張耀璧纂修　清乾隆二十三年(1758)刻本　三冊

310000－0241－0004159　508773(1)
［雍正］齊河縣志十卷　(清)上官有儀等纂　清乾隆二年(1737)刻本　五冊

310000－0241－0004160　508774(1)
［乾隆］平原縣志十卷　(清)黃懷祖等纂　清乾隆十四年(1749)刻本　四冊

310000－0241－0004161　508774(10)
［雍正］恩縣續志五卷　(清)韓天篤等纂　清雍正元年(1723)刻本　一冊

310000－0241－0004162　508775(2)
［光緒］丹徒縣志六十卷首一卷　(清)呂耀斗總纂　(清)楊履泰等分纂　清光緒五年(1879)刻本　三十二冊

310000－0241－0004163　508775(2):2
［光緒］丹徒縣志六十卷首一卷　(清)呂耀斗總纂　(清)楊履泰等分纂　清光緒五年(1879)刻本　三十二冊

310000－0241－0004164　508775(3)
［光緒］丹徒縣志摭餘二十一卷　(清)李恩綬編纂　(清)李丙榮續輯　清光緒刻本　十二冊

310000－0241－0004165　508775(4)
［嘉慶］丹徒縣志四十七卷首四卷　(清)貴中孚修　(清)蔣宗海等纂　清嘉慶十年(1805)刻本　十六冊

310000－0241－0004166　508775(6)
［嘉定］鎮江志二十二卷首一卷附錄一卷校勘記二卷　(宋)盧憲纂　(清)劉文淇等校　清宣統二年(1910)金陵刻本　八冊

310000－0241－0004167　508776(1)
［光緒］丹陽縣志三十六卷首一卷　(清)淩焯等修　(清)徐錫麟等纂　清光緒十一年(1885)刻本　十六冊

310000－0241－0004168　508776(1):2
［光緒］丹陽縣志三十六卷首一卷　(清)淩焯等修　(清)徐錫麟等纂　清光緒十一年(1885)刻本　十六冊

310000－0241－0004169　508778(2)
［光緒］溧陽縣續志十六卷續補一卷　(清)朱畯等修　馮煦等纂　清光緒二十五年(1899)木活字印本　八冊

310000－0241－0004170　508779(1)
[光緒]高淳縣志二十八卷首一卷　(清)張裕釗等總纂　(清)吳清標等協修　清光緒七年(1881)刻本　十册

310000－0241－0004171　508780
[光緒]溧水縣志二十二卷首一卷　(清)傅觀光等修　(清)丁維誠等纂　清光緒八年(1882)刻本　十二册

310000－0241－0004172　508781(2)
[光緒]續纂句容縣志二十卷首一卷末一卷　(清)張紹棠主修　(清)蕭穆總纂　清光緒三十年(1904)刻本　二十册

310000－0241－0004173　508782(1)
景定建康志五十卷　(宋)周應合纂修　清嘉慶六年(1801)刻本　十二册

310000－0241－0004174　508782(2)
[嘉慶]重刊江寧府志五十六卷　(清)呂燕昭修　(清)姚鼐纂　清光緒六年(1880)刻本　十二册

310000－0241－0004175　508782(3)
[光緒]續纂江寧府志十五卷首一卷　(清)蔣啓勛　(清)趙佑宸修　清光緒六年(1880)刻本　十册

310000－0241－0004176　508782(3):2
[光緒]續纂江寧府志十五卷首一卷　(清)蔣啓勛　(清)趙佑宸修　清光緒六年(1880)刻本　十册

310000－0241－0004177　508782(5)
江寧府七縣地形考畧一卷　(清)□□撰　清末江楚書局刻本　一册

310000－0241－0004178　508782(6)
[同治]上江兩縣志二十九卷首一卷　(清)莫祥芝纂修　清同治十三年(1874)刻本　十二册

310000－0241－0004179　508782(6):2
[同治]上江兩縣志二十九卷首一卷　(清)莫祥芝纂修　清同治十三年(1874)刻本　十二册

310000－0241－0004180　508782(6):3
[同治]上江兩縣志二十九卷首一卷　(清)莫祥芝纂修　清同治十三年(1874)刻本　十二册

310000－0241－0004181　508782(7)
上元江寧鄉土合志六卷　陳作霖編　清宣統二年(1910)江楚編譯書局刻本　一册

310000－0241－0004182　508786(1)
[嘉慶]增修宜興縣舊志十卷首一卷末一卷　(清)李先榮原本　(清)阮升基增修　清嘉慶二年(1797)宜興刻本　十册

310000－0241－0004183　508786(2)
[嘉慶]新修宜興縣志四卷首一卷　(清)阮升基修　(清)寧楷等纂　清嘉慶二年(1797)刻本　二册

310000－0241－0004184　508786(2):2
[嘉慶]新修宜興縣志四卷首一卷　(清)阮升基修　(清)寧楷等纂　清嘉慶二年(1797)刻本　四册

310000－0241－0004185　508786(3)
[嘉慶]新修荆溪縣志四卷首一卷　(清)唐仲冕修　(清)寧楷等纂　清嘉慶二年(1797)刻本　二册

310000－0241－0004186　508786(3):2
[嘉慶]新修荆溪縣志四卷首一卷　(清)唐仲冕修　(清)寧楷等纂　清嘉慶二年(1797)刻本　四册

310000－0241－0004187　508786(4)
[道光]續纂宜興荆溪縣志十卷　(清)顧名等修　(清)吳德旋等纂　清同治八年(1869)木活字印本　四册

310000－0241－0004188　508787(1)
廣陵事畧七卷　(清)姚文田輯　清嘉慶十七年(1812)開封節院刻本　四册

310000－0241－0004189　508787(11)
[咸豐]甘棠小志四卷　(清)董醇醞著　清咸

豐五年(1855)刻本　四册

310000－0241－0004190　508787(12)
廣陵通典十卷　(清)汪中撰　清同治八年(1869)揚州書局刻本　二册

310000－0241－0004191　508787(12):2
廣陵通典十卷　(清)汪中撰　清同治八年(1869)揚州書局刻本　二册

310000－0241－0004192　508787(17)
[雍正]揚州府志四卷　(清)尹會一纂修　清雍正刻本(内抄配一卷)　十二册

310000－0241－0004193　508787(2)
[嘉慶]揚州府志七十二卷　(清)阿克當阿等修　(清)姚文田等修　清嘉慶十五年(1810)廣陵公署刻本　四十八册

310000－0241－0004194　508787(4)
[乾隆]江都縣志三十二卷　(清)五格等纂修　(清)程夢星等分纂　清乾隆八年(1743)修光緒七年(1881)刻本　十六册

310000－0241－0004195　508787(5)
[嘉慶]江都縣續志十二卷首一卷　(清)王逢源輯　清嘉慶十六年(1811)修光緒七年(1881)刻本　四册

310000－0241－0004196　508787(7)
[光緒]甘泉縣志二十四卷　(清)洪汝奎纂修　清光緒三十三年(1907)刻本　二十册

310000－0241－0004197　508789(1)
[嘉慶]高郵州志十二卷首一卷　(清)馮馨主修　(清)師兆龍等同修　清道光二十五年(1845)刻本　二十册

310000－0241－0004198　508789(1):2
[嘉慶]高郵州志十二卷首一卷　(清)馮馨主修　(清)師兆龍等同修　清道光二十五年(1845)刻本　十六册

310000－0241－0004199　508789(2)
[道光]續增高郵州志六卷　(清)張用熙等總纂　(清)宋茂初等同纂　清道光刻本　六册

310000－0241－0004200　508789(2):2
[道光]續增高郵州志六卷　(清)張用熙等總纂　(清)宋茂初等同纂　清道光刻本　六册

310000－0241－0004201　508789(3)
[光緒]再續高郵州志八卷首一卷　(清)龔定瀛總修　清光緒刻本　八册

310000－0241－0004202　508790(1):2
[道光]寶慶縣志二十八卷　(清)孟毓蘭修　(清)喬載繇等分纂　清道光二十一年(1841)刻本　十册

310000－0241－0004203　508790(2)
[道光]重修寶應縣志二十八卷　(清)孟毓蘭修　清道光二十一年(1841)刻本　十册

310000－0241－0004204　508790(5)
寶應圖經六卷首二卷　(清)劉寶楠撰　清光緒九年(1883)淮南書局刻本　四册

310000－0241－0004205　508791(1):2
[咸豐]興化縣志十卷　(清)梁園棣總修　(清)薛樹聲纂　清咸豐二年(1852)刻本　八册

310000－0241－0004206　508792(1)
[道光]泰州志三十六卷首一卷　(清)王有慶等修　(清)陳世鎔等纂　清道光七年(1827)刻本　十二册

310000－0241－0004207　508793
[光緒]泰興縣志二十六卷圖一卷志餘一卷　(清)楊激雲主修　(清)顧曾烜總纂　清光緒刻本　十册

310000－0241－0004208　508797(1)
[乾隆]重修桃源縣志十卷首一卷　(清)眭文焕纂輯　清乾隆刻抄配本　十册

310000－0241－0004209　508798
[同治]宿遷縣志十九卷　(清)李德溥修　清同治十三年(1874)刻本　六册

310000－0241－0004210　508799(1)
[康熙]沭陽縣志四卷　(清)張奇抱纂修　清康熙十三年(1674)刻本　四册

310000－0241－0004211　508801(1):2

[光緒]安東縣志十五卷首一卷 (清)吳昆田等總纂 清光緒元年(1875)刻本 四冊

310000-0241-0004212 508802(2)
[同治]山陽縣志二十一卷圖一卷 (清)張兆棟修 (清)何紹基纂 清同治十二年(1873)淮安書局刻本 八冊

310000-0241-0004213 508802(2):2
[同治]山陽縣志二十一卷圖一卷 (清)張兆棟修 (清)何紹基纂 清同治十二年(1873)淮安書局刻本 八冊

310000-0241-0004214 508802(2):3
[同治]山陽縣志二十一卷圖一卷 (清)張兆棟修 (清)何紹基纂 清同治十二年(1873)淮安書局刻本 八冊

310000-0241-0004215 508804(1)
[同治]盱眙縣志六卷 (清)傅紹曾修 (清)崔秀春編纂 清同治十二年(1873)刻本 四冊

310000-0241-0004216 508805(10)
銅山縣鄉土志不分卷 (清)袁國鈞總校 (清)楊世禎等編次 清光緒刻本 一冊

310000-0241-0004217 508805(2)
[道光]銅山縣志二十四卷首一卷 (清)崔志元纂修 (清)劉彥儒等分纂 清道光十一年(1831)刻本 十二冊

310000-0241-0004218 508806
[咸豐]邳州志二十卷首一卷 (清)魯一同纂修 清咸豐元年(1851)刻本 八冊

310000-0241-0004219 508807
[光緒]贛榆縣志十八卷 (清)王文炳等修 清光緒十四年(1888)刻本 四冊

310000-0241-0004220 508808
[嘉慶]海州直隸州志三十二卷首一卷 (清)唐仲冕等總修 (清)汪梅鼎等編輯 清嘉慶刻本 十二冊

310000-0241-0004221 508809
[光緒]豐縣志十六卷首一卷 (清)姚鴻傑重輯 (清)李運昌協修 清光緒刻本 八冊

310000-0241-0004222 508812(2)
[光緒]睢寧縣志稿十八卷 (清)丁顯輯 清光緒十二年(1886)刻本 六冊

310000-0241-0004223 508813
[光緒]鹽城縣志十七卷首一卷 (清)龍繼棟等總纂 (清)萬人傑等分纂 清光緒二十一年(1895)刻本 八冊

310000-0241-0004224 508819(1)
[嘉慶]東臺縣志四十卷 (清)周右等修 清嘉慶二十二年(1817)刻本 十冊

310000-0241-0004225 508819(1):2
[嘉慶]東臺縣志四十卷 (清)周右等修 清嘉慶二十二年(1817)刻本 十冊

310000-0241-0004226 508820(1)
[乾隆]真隸通州志二十二卷 (清)王繼祖主修 (清)夏之蓉編纂 清乾隆刻本 十六冊

310000-0241-0004227 508821(1)
[嘉慶]如皋縣志二十四卷附錄一卷 (清)楊受廷等主修 (清)馬汝舟等纂修 清嘉慶刻本 十冊

310000-0241-0004228 508821(1):2
[嘉慶]如皋縣志二十四卷附錄一卷 (清)楊受廷等主修 (清)馬汝舟等纂修 清嘉慶刻本 十冊

310000-0241-0004229 508821(2)
[道光]如皋縣續志十二卷 (清)范義主修 清道光刻本 二冊

310000-0241-0004230 508821(2):2
[道光]如皋縣續志十二卷 (清)范義主修 清道光刻本 二冊

310000-0241-0004231 508821(3)
[同治]如皋縣續志十六卷 (清)周際霖等主修 (清)周頊等纂修 清同治刻本 六冊

310000-0241-0004232 508826(3)
[光緒]崇明縣志十八卷 (清)陶清安修 (清)李聯琇纂 清光緒七年(1881)刻本 十

二册

310000－0241－0004233　508827(1)
[嘉慶]松江府志八十四卷　(清)宋如林修　(清)孫星衍纂　清嘉慶二十四年(1819)府學明倫堂刻本　三十九册

310000－0241－0004234　508827(2)
[光緒]松江府續志四十卷　(清)博潤等纂修　清光緒十年(1884)松江郡齋刻本　二十四册

310000－0241－0004235　508827(4)
[光緒]華亭縣志二十四卷　(清)姚光發等纂修　清光緒五年(1879)刻本　十册

310000－0241－0004236　508827(5)
[乾隆]婁縣志三十卷首二卷　(清)謝庭薰修　清乾隆五十三年(1788)刻本　六册

310000－0241－0004237　508827(6)
[光緒]婁縣續志二十卷　(清)程其珏修　(清)張雲望纂　清光緒五年(1879)刻本　六册

310000－0241－0004238　508827(6):2
[光緒]婁縣續志二十卷　(清)程其珏修　(清)張雲望纂　清光緒五年(1879)刻本　六册

310000－0241－0004239　508829(1)
[光緒]川沙廳志十四卷首一卷末一卷　(清)陳方瀛修　清光緒五年(1879)刻本　六册

310000－0241－0004240　508831
[光緒]奉賢縣志二十卷首一卷末一卷　(清)韓壽圖修　(清)張文虎總纂　清光緒四年(1878)志書局刻本　六册

310000－0241－0004241　508832(12)
干巷志六卷　(清)朱棟撰　清嘉慶刻本　二册

310000－0241－0004242　508833
[光緒]青浦縣志三十卷首一卷末一卷　(清)汪祖綬等修　(清)熊其英纂　清光緒五年(1879)青浦尊經閣刻本　十二册

310000－0241－0004243　508835(1):2
[光緒]寶山縣志十四卷首一卷　(清)梁蒲貴等主修　(清)朱延射等纂修　清光緒八年(1882)刻本　八册

310000－0241－0004244　508836(1)
[乾隆]蘇州府志八十卷首一卷　(清)習寯等纂修　(清)程鍾等協修　清乾隆刻本　四十册

310000－0241－0004245　508836(2)
[道光]蘇州府志一百五十卷首十卷　(清)石韞玉總纂　(清)潘世璜分纂　清道光刻本　三十四册

310000－0241－0004246　508836(3):2
[同治]蘇州府志一百五十卷首三卷　(清)馮桂芬等纂　清光緒九年(1883)江蘇書局刻本　八十册

310000－0241－0004247　508836(6)
吳郡地理誌要一卷　(清)崇辨蒙塾編輯　清末刻本　一册

310000－0241－0004248　508837(3)
琴川三志補記十卷續八卷　(清)黃廷鑑補輯　清光緒二十四年(1898)木活字印本　四册

310000－0241－0004249　508837(8)
[乾隆]常昭合志十二卷首一卷　(清)王錦等修　(清)言如泗等纂　清光緒二十四年(1898)木活字印本　十四册

310000－0241－0004250　508837(9)
常昭各鄉都圖一卷　(清)□□撰　清末刻本　一册

310000－0241－0004251　508838(1)
[淳祐]玉峯志三卷　(宋)淩萬頃編　**[咸淳]玉峯續志一卷**　(宋)謝公應修　(宋)邊實纂　清光緒二十八年(1902)刻本　二册

310000－0241－0004252　508838(4)
壬癸志稿二十八卷　(清)錢寶琛輯　清光緒六年(1880)存素堂刻本　四册

310000－0241－0004253　508839(1)

[至正]**崑山郡志六卷**　(元)楊譓纂　清光緒二十八年(1902)刻本　一册

310000－0241－0004254　508839(3)
[光緒]崑新兩縣續修合志五十二卷首一卷末一卷　(清)金吳瀾修　(清)汪堃纂　清光緒七年(1881)刻本　二十四册

310000－0241－0004255　508839(5)
[道光]崑新兩縣志四十卷首一卷末一卷　(清)石韞玉總裁　(清)王學譜等纂修　清道光六年(1826)朱大松刻本　十六册

310000－0241－0004256　508840(11)
[嘉慶]黎里志十六卷首一卷　(清)徐達源纂輯　清嘉慶刻本　四册

310000－0241－0004257　508840(12)
[光緒]黎里續志十六卷首一卷　(清)蔡丙圻纂輯　清光緒刻本　六册

310000－0241－0004258　508840(15)
[道光]平望志十八卷首一卷　(清)翁廣平纂輯　清光緒十二年(1886)重刻道光二十年(1840)本　六册

310000－0241－0004259　508840(16)
[光緒]平望續志十二卷首一卷　(清)黃兆檉纂　清光緒十三年(1887)蘇州吳江黃氏刻本　二册

310000－0241－0004260　508840(2)
[光緒]吳江縣續志四十卷　(清)熊其英纂修　清光緒刻本　八册

310000－0241－0004261　508841(2)
[光緒]武進陽湖縣志三十卷　(清)張球　(清)吳康壽修　(清)湯成烈纂　清光緒五年(1879)刻本　二十册

310000－0241－0004262　508841(3)
[光緒]武陽志餘十二卷首一卷　(清)莊毓鋐等編輯　清光緒十四年(1888)木活字印本　十六册

310000－0241－0004263　508841(3):2
[光緒]武陽志餘十二卷首一卷　(清)莊毓鋐等編輯　清光緒十四年(1888)木活字印本　十五册

310000－0241－0004264　508842(1)
[光緒]無錫金匱縣志四十卷首一卷附編　(清)秦緗業總纂　(清)秦賡彤等分纂　清光緒七年(1881)刻本　二十册

310000－0241－0004265　508842(12)
錫金識小錄十二卷　(清)黃印輯　清光緒二十二年(1896)木活字印本　六册

310000－0241－0004266　508842(12):2
錫金識小錄十二卷　(清)黃印輯　清光緒二十二年(1896)木活字印本　六册

310000－0241－0004267　508842(14)
梅里志四卷　(清)吳存禮編　清道光四年(1824)華乾刻本　四册

310000－0241－0004268　508842(4)
[嘉慶]無錫金匱縣志四十卷首一卷　(清)莊有恭修　(清)秦瀛纂　清嘉慶刻本　十六册

310000－0241－0004269　508843(1)
[道光]江陰縣志二十八卷首一卷　(清)陳延恩主修　(清)李兆洛等總纂　清道光二十年(1840)刻本　十六册

310000－0241－0004270　508843(2)
[光緒]江陰縣志三十卷首一卷　(清)盧思誠等主修　(清)季念詒等總纂　清光緒四年(1878)刻本　二十册

310000－0241－0004271　508844(1)
[乾隆]震澤縣志三十八卷首一卷　(清)陳和志等修　清光緒十九年(1893)刻本　八册

310000－0241－0004272　508846(1)
[光緒]廬州府志一百卷　(清)林之望等纂　清光緒十一年(1885)刻本　四十八册

310000－0241－0004273　508846(1):2
[光緒]廬州府志一百卷　(清)林之望等纂　清光緒十一年(1885)刻本　四十五册

310000－0241－0004274　508847
[同治]六安州志六十卷首一卷　(清)李蔚總

修　(清)吳康霖總纂　清同治十一年(1872)學宫刻本　二十八册

310000－0241－0004275　508848(1)
[同治]霍邱縣志十六卷首一卷　(清)陸鼎斅纂　清同治八年(1869)木活字印本(配複印本)　十六册

310000－0241－0004276　508853
[乾隆]潁州府志十卷　(清)王斂福纂輯　(清)潘遇莘編次　清乾隆刻本　十二册

310000－0241－0004277　508855
[光緒]亳州志二十卷首一卷　(清)鍾泰等纂修　(清)袁登庸協修　清光緒二十年(1894)木活字印本　十四册

310000－0241－0004278　508858(1)
[光緒]鳳臺縣志二十五卷首一卷　(清)李師沆修　清光緒十八年(1892)木活字印本　十册

310000－0241－0004279　508859
[同治]潁上縣志十二卷首一卷　(清)都寵錫等主修　(清)劉毓楠纂修　清同治刻本　十二册

310000－0241－0004280　508866
[光緒]五河縣志　(清)賴同晏修　(清)俞宗誠纂　清光緒二十年(1894)刻本　一册　存二卷(一至二)

310000－0241－0004281　508869
[嘉慶]蕭縣志十八卷首一卷　(清)潘鎔等修　清嘉慶二十年(1815)刻本　十册

310000－0241－0004282　508869(1)
[同治]續蕭縣志十八卷首一卷　(清)顧景濂等纂　(清)朱光第等編輯　清光緒元年(1875)刻本　六册

310000－0241－0004283　508870(1):2
[乾隆]碭山縣志十四卷　(清)劉王瑷纂修　清乾隆三十二年(1767)刻本　五册

310000－0241－0004284　508877(1)
[光緒]鳳陽府志二十一卷　馮煦總修　魏家驊等纂輯　清光緒三十四年(1908)木活字印本　二十四册

310000－0241－0004285　508880(1)
歷陽典錄三十四卷補編六卷　(清)陳延桂纂輯　清同治六年(1867)刻本　十二册

310000－0241－0004286　508884(2)
宛陵郡志備要四卷　(清)謝庭氏輯　清光緒二年(1876)寧郡清華齋刻本　四册

310000－0241－0004287　508888
[光緒]廬江縣志十六卷　(清)盧鈺等纂　清光緒十一年(1885)木活字印本　十六册

310000－0241－0004288　508891(1)
[道光]徽州府志十六卷首一卷　(清)馬步蟾纂修　(清)燕庇等協修　清道光刻本　三十册

310000－0241－0004289　508891(3)
[乾隆]歙縣志二十卷首一卷　(清)劉大櫆纂修　(清)張佩芳掌修　清乾隆刻本　十二册

310000－0241－0004290　508891(4)
[道光]歙縣志十卷首一卷　(清)勞逢源主修　(清)沈伯棠總修　清道光八年(1828)尊經閣刻本　十二册

310000－0241－0004291　508891(6)
[淳熙]新安志十卷　(宋)羅願撰　清光緒十四年(1888)黟邑李氏刻本　四册

310000－0241－0004292　508892
[道光]休寧縣志二十四卷　(清)何應松等修　清道光五年(1825)刻本　十二册

310000－0241－0004293　508892(2)
[嘉慶]休寧縣志二十四卷　(清)何應松纂修　清嘉慶刻本　十二册

310000－0241－0004294　508893(1)
[嘉慶]黟縣志十六卷首一卷續志五卷　(清)吳甸華修　(清)呂子鈺續修　清嘉慶刻道光五年(1825)續刻本　十八册

310000－0241－0004295　508893(1):2
[嘉慶]黟縣志十六卷首一卷續志五卷　(清)

吴甸華修　(清)呂子鈺續修　清嘉慶刻道光五年(1825)續刻本　八冊

310000－0241－0004296　508893(2)
[同治]黟縣三志十六卷首一卷末一卷　(清)謝永泰總修　(清)程鴻詔等纂　清同治九年(1870)刻本　二十四冊

310000－0241－0004297　508893(2):2
[同治]黟縣三志十六卷首一卷末一卷　(清)謝永泰總修　(清)程鴻詔等纂　清同治九年(1870)刻本　八冊

310000－0241－0004298　508894(1)
[道光]祁門縣志三十六卷首一卷　(清)王讓修　(清)桂超萬纂　清道光七年(1827)刻本　八冊

310000－0241－0004299　508904
[光緒]青陽縣志十二卷　(清)周贇總纂　(清)龍鳳梧協纂　清光緒木活字印本　十二冊

310000－0241－0004300　508905(3)
貴池縣沿革表一卷　劉世珩撰　清光緒二十八年(1902)貴池劉氏刻本　一冊

310000－0241－0004301　508910
[同治]太湖縣志四十六卷首一卷末一卷　(清)符兆鵬主修　(清)趙繼元纂修　清同治熙湖書院刻本　十二冊

310000－0241－0004302　508914(1)
[乾道]臨安志三卷　(宋)周淙纂　清光緒二十年(1894)孫氏壽松堂重刻宋乾道間本　一冊

310000－0241－0004303　508914(10)
[光緒]唐棲志二十卷　(清)王同輯　清光緒十六年(1890)刻本　八冊

310000－0241－0004304　508914(11)
湖墅小志四卷　(清)高鵬年輯　清光緒二十二年(1896)石印本　二冊

310000－0241－0004305　508914(2)
咸淳臨安志一百卷補一卷校刊咸淳臨安志札記三卷　(宋)潛說友撰　(清)黃士珣札記　清道光十年(1830)錢唐振綺堂汪氏刻本　二十四冊

310000－0241－0004306　508914(2):2
咸淳臨安志一百卷補一卷校刊咸淳臨安志札記三卷　(宋)潛說友撰　(清)黃士珣札記　清道光十年(1830)錢唐振綺堂汪氏刻本　二十四冊

310000－0241－0004307　508914(3)
[乾隆]杭州府志一百十卷首六卷　(清)邵齊然修　(清)鄭澐續修　清乾隆四十九年(1784)刻本　四十冊

310000－0241－0004308　508914(5)
[嘉靖]仁和縣志十四卷　(明)沈朝宣撰　清光緒十九年(1893)武林丁氏嘉惠堂刻本　六冊

310000－0241－0004309　508916(2)
[宣統]臨安縣志八卷首一卷末一卷　(清)彭循堯修　(清)胡仁壽等纂　清宣統二年(1910)木活字印本　六冊

310000－0241－0004310　508917(1)
[同治]孝豐縣志十卷首一卷　(清)劉濬等修　(清)潘宅仁等纂　清光緒五年(1879)刻本　十冊

310000－0241－0004311　508917(1):2
[同治]孝豐縣志十卷首一卷　(清)劉濬等修　(清)潘宅仁等纂　清光緒五年(1879)刻本　十冊

310000－0241－0004312　508919(2)
[光緒]餘杭志稿不分卷　(清)褚成博纂　清光緒三十二年(1906)刻本　一冊

310000－0241－0004313　508921(1)
[嘉慶]嘉興府志八十卷首三卷　(清)伊湯安等修　(清)馮應榴等纂　清嘉慶六年(1801)刻本　四十冊

310000－0241－0004314　508921(10)
梅里備志八卷　(清)徐霖輯　清宣統三年

(1911)閱滄樓刻本　三册

310000－0241－0004315　508921(2)
[光緒]嘉興府志八十八卷首二卷　(清)許瑤光等修　(清)吳仰賢等纂　清光緒四年(1878)鴛湖書院刻本　四十八册

310000－0241－0004316　508921(3)
[光緒]嘉興縣志三十七卷首二卷末一卷　(清)趙惟崳修　(清)石中玉纂　清光緒三十四年(1908)刻本　二十四册

310000－0241－0004317　508921(5)
[康熙]秀水縣志十卷　(清)任之鼎等修　清康熙二十四年(1685)刻本　八册

310000－0241－0004318　508922
[光緒]重修嘉善縣志三十六卷首一卷　(清)江峯青總修　(清)顧福仁總纂　清光緒刻本　十六册

310000－0241－0004319　508922(10)
[宣統]續修楓涇小志十卷首一卷　(清)程兼善纂　清宣統排印本　四册

310000－0241－0004320　508922(2)
[嘉慶]重修嘉善縣志二十卷首一卷　(清)萬相賓修　清嘉慶五年(1800)刻本　十册

310000－0241－0004321　508923(1)
[光緒]平湖縣志二十五卷首一卷末一卷坿殉難錄　(清)彭潤章總修　(清)葉廉鍔總纂　清光緒十二年(1886)刻本　十三册

310000－0241－0004322　508923(1):2
[光緒]平湖縣志二十五卷首一卷末一卷坿殉難錄　(清)彭潤章總修　(清)葉廉鍔總纂　清光緒十二年(1886)刻本　十三册

310000－0241－0004323　508925(1):2
[嘉靖]海寧縣志九卷首一卷　(明)蔡完等修　清光緒二十四年(1898)刻本　二册

310000－0241－0004324　508925(3):2
[道光]海昌備志五十二卷附錄二卷　(清)錢泰吉等纂修　清道光二十七年(1847)刻本　四册

310000－0241－0004325　508927
[康熙]德清縣志十卷　(清)侯元棐等修　清康熙十二年(1673)刻本　四册

310000－0241－0004326　508928(1)
[光緒]桐鄉縣志二十四卷首四卷附楊園淵源錄四卷　(清)嚴辰重輯　清光緒十三年(1887)刻本　二十四册

310000－0241－0004327　508929(10)
南潯鎮志十卷　(清)范來庚撰　清道光二十一年(1841)刻本　四册

310000－0241－0004328　508929(13)
菱湖鎮志四十四卷　(清)孫志熊撰　清光緒十九年(1893)刻本　六册

310000－0241－0004329　508929(15)
南潯鎮志四十卷　(清)汪曰楨纂　清同治刻本　十册

310000－0241－0004330　508929(2)
[同治]湖州府志九十六卷　(清)宗源翰修　(清)周學濬纂　清同治十三年(1874)刻光緒九年(1883)重校印本　四十册

310000－0241－0004331　508929(4)
[光緒]歸安縣志五十二卷　(清)李昱修　(清)陸心源纂　清光緒八年(1882)刻本　十六册

310000－0241－0004332　508929(4):2
[光緒]歸安縣志五十二卷　(清)李昱修　(清)陸心源纂　清光緒八年(1882)刻本　十册

310000－0241－0004333　508929(6)
[康熙]歸安縣志十卷　(清)姚時亮修　(清)嚴經世纂　清康熙十二年(1673)刻本　五册

310000－0241－0004334　508930(1)
[同治]長興縣志三十二卷　(清)趙定邦等主修　清光緒元年(1875)刻本　十六册

310000－0241－0004335　508930(1):2
[同治]長興縣志三十二卷　(清)趙定邦等主

修　清光緒元年(1875)刻本　十六册

310000－0241－0004336　508931(1)
宋元四明六志八種九十六卷　(清)徐時棟輯　清咸豐四年(1854)甬上徐氏煙嶼樓刻本　四十册

310000－0241－0004337　508931(2)
明州繫年録七卷　(清)董沛撰　清光緒四年(1878)鄞縣蔡鴻鑑刻本　二册

310000－0241－0004338　508931(3)
[雍正]寧波府志三十六卷首一卷　(清)曹秉仁主修　(清)萬經纂修　清道光二十五年(1845)刻本　十六册

310000－0241－0004339　508931(5)
[乾隆]鄞縣志　(清)錢維喬等纂　(清)錢大昕等撰　清乾隆五十三年(1788)刻本　十五册　存二十八卷

310000－0241－0004340　508931(6)
[咸豐]鄞縣志三十二卷首一卷　(清)周道遵等修輯　清咸豐六年(1856)刻本　十六册

310000－0241－0004341　508931(7)
[同治]鄞縣志七十五卷　(清)戴枚修　(清)董沛纂　清光緒三年(1877)刻本　三十四册

310000－0241－0004342　508932(1)
[乾隆]鎮海縣志八卷　(清)王夢弼等修　清乾隆十七年(1752)刻本　十四册

310000－0241－0004343　508932(1):2
[乾隆]鎮海縣志八卷　(清)王夢弼等修　清乾隆十七年(1752)刻本　六册

310000－0241－0004344　508932(2)
[光緒]鎮海縣志四十卷　(清)俞樾等纂　清光緒五年(1879)刻本　十六册

310000－0241－0004345　508932(2):2
[光緒]鎮海縣志四十卷　(清)俞樾等纂　清光緒五年(1879)刻本　十六册

310000－0241－0004346　508934
[光緒]奉化縣志四十卷首一卷　(清)李前泮主修　(清)張美翊總修　清光緒刻本　十二册

310000－0241－0004347　508934(3)
[乾隆]奉化縣志十四卷首一卷　(清)曹膏等主修　(清)陳琦編纂　清乾隆三十八年(1773)刻本　十二册

310000－0241－0004348　508936(1)
[同治]嵊縣志二十六卷首一卷末一卷　(清)嚴思忠等纂修　(清)蔡以常總纂　清同治刻本　十二册

310000－0241－0004349　508936(11)
剡録十卷　(宋)高似孫著　清道光八年(1828)刻本　二册

310000－0241－0004350　508937
上虞縣志校續五十卷首一卷末一卷　(清)徐致靖等撰　清光緒刻本　二十册

310000－0241－0004351　508937(2)
[嘉慶]上虞縣志十四卷首一卷　(清)李方湛總修　清嘉慶十六年(1811)刻本　十册

310000－0241－0004352　508938(2)
[光緒]餘姚志二十七卷首一卷末一卷　(清)周炳麟修　清光緒二十五年(1899)刻本　十六册

310000－0241－0004353　508939(1)
[雍正]慈谿縣志十六卷　(清)楊正筍修　(清)馮鴻模纂　清雍正八年(1730)刻乾隆印本　八册

310000－0241－0004354　508940(4)
[嘉慶]山陰縣志三十卷首一卷　(清)徐元梅修　(清)朱文翰編輯　清嘉慶刻本　十二册

310000－0241－0004355　508941(3)
台州外書二十卷　(清)戚學標輯　清嘉慶四年(1799)刻本　八册

310000－0241－0004356　508941(4)
[康熙]臨海縣志十五卷首一卷　(清)洪若臯修　清康熙刻本　八册

310000－0241－0004357　508941(7)

[嘉定]**赤城志四十卷** （宋）黄□纂修 清嘉慶二十三年(1818)臨海宋氏刻台州叢書本 六冊

310000－0241－0004358 508942
[康熙]**天台縣志十五卷** （清）李德燿纂修 清咸豐六年(1856)補刻本 六冊

310000－0241－0004359 508944(1)
[乾隆]**溫州府志三十卷首一卷** （清）閔昌祚編輯 （清）齊召南等纂修 清同治五年(1866)刻本 二十冊

310000－0241－0004360 508944(2)
[光緒]**永嘉縣志三十八卷首一卷** （清）張寶琳修 清光緒八年(1882)刻本 十六冊

310000－0241－0004361 508944(4)
永嘉郡記一卷 （清）鄭緝之撰 （清）孫詒讓校 清光緒四年(1878)經微室刻本 一冊

310000－0241－0004362 508945(3)
[光緒]**樂清縣志十六卷首一卷** （清）李登雲主修 （清）陳坤總纂 清光緒二十七年(1901)刻本 十六冊

310000－0241－0004363 508947
[嘉慶]**瑞安縣志十卷** （清）王殿金等修 清嘉慶十四年(1809)刻本 八冊

310000－0241－0004364 508948(1)
[乾隆]**平陽縣志二十卷** （清）杭世駿撰 清乾隆二十五年(1760)刻本 八冊

310000－0241－0004365 508951(1)
[同治]**景寧縣志十四卷首一卷末一卷** （清）周傑纂修 清同治十二年(1873)刻本 八冊

310000－0241－0004366 508951(1):2
[同治]**景寧縣志十四卷首一卷末一卷** （清）周傑纂修 清同治十二年(1873)刻本 八冊

310000－0241－0004367 508952(1)
[光緒]**慶元縣志十二卷首一卷** （清）林步瀛等修 （清）史恩緒等纂 清光緒三年(1877)刻本 十冊

310000－0241－0004368 508953
[光緒]**龍泉縣志十二卷首一卷** （清）顧國詔等總修 （清）程炳藻等分修 清光緒刻本 六冊

310000－0241－0004369 508954(1)
[同治]**雲和縣志十六卷首一卷** （清）伍承志纂修 清同治三年(1864)刻本 六冊

310000－0241－0004370 508954(1):2
[同治]**雲和縣志十六卷首一卷** （清）伍承志纂修 清同治三年(1864)刻本 八冊

310000－0241－0004371 508955(1)
[光緒]**處州府志三十卷首一卷末一卷** （清）潘紹詒主修 （清）周榮春總纂 清光緒三年(1877)刻本 二十八冊

310000－0241－0004372 508955(1):2
[光緒]**處州府志三十卷首一卷末一卷** （清）潘紹詒主修 （清）周榮春總纂 清光緒三年(1877)刻本 二十八冊

310000－0241－0004373 508955(2):2
[同治]**麗水縣志十五卷** （清）彭潤章纂修 清同治十三年(1874)刻本 八冊

310000－0241－0004374 508956(1)
[光緒]**青田縣志十八卷首一卷** （清）雷鐃修 清光緒二年(1876)刻本 十二冊

310000－0241－0004375 508958(1)
[光緒]**黄巖縣志四十卷首一卷** （清）陳鍾英等主修 （清）王詠霓總纂 清光緒刻本 十六冊

310000－0241－0004376 508960(2)
[光緒]**僊居縣志二十四卷附僊居集二十四卷** （清）王壽頤等纂 清光緒二十年(1894)擺版本 十八冊

310000－0241－0004377 508962(1)
[康熙]**金華府志三十卷** （清）沈麟趾纂輯 清宣統石印本 十二冊

310000－0241－0004378 508964(1)
[光緒]**諸暨縣志六十一卷** （清）陳遹聲纂修 清光緒二十九年至宣統二年(1903－1910)

刻本　十八册

310000－0241－0004379　508968
[光緒]縉雲縣志十六卷首一卷末一卷　(清)何乃容等總纂　(清)喻坤等協修　清光緒二年(1876)刻本　十二册

310000－0241－0004380　508971
[光緒]蘭谿縣志八卷首一卷　(清)秦簧等主修　(清)唐壬森總纂　清光緒刻本　十册

310000－0241－0004381　508972
[光緒]浦江縣志十五卷首一卷附殉難錄二卷　(清)善廣修　(清)張景青纂　清光緒三十一年(1905)木活字印本　十四册

310000－0241－0004382　508973(1)
[康熙]衢州府志四十卷首一卷　(清)楊廷望重修　清光緒八年(1882)刻本　十二册

310000－0241－0004383　508973(1):2
[康熙]衢州府志四十卷首一卷　(清)楊廷望重修　清光緒八年(1882)刻本　十二册

310000－0241－0004384　508974(2)
[康熙]龍游縣志十二卷　(清)盧燦重修　(清)余恂纂輯　清光緒刻本　六册

310000－0241－0004385　508975
[光緒]宣平縣志二十卷首一卷　(清)皮樹棠修　清光緒四年(1878)刻本　八册

310000－0241－0004386　508978(1)
[同治]江山縣志十二卷首一卷末一卷　(清)王彬等修　清同治十二年(1873)刻本　八册

310000－0241－0004387　508978(1):2
[同治]江山縣志十二卷首一卷末一卷　(清)王彬等修　清同治十二年(1873)刻本　八册

310000－0241－0004388　508979
[光緒]常山縣志六十八卷首一卷末一卷　(清)李瑞鍾主修　(清)邱瑞龍協修　清光緒刻本　十二册

310000－0241－0004389　508980(1)
[光緒]定海直隸廳志三十卷　(清)史致馴等纂　清光緒二十八年(1902)刻本　十册

310000－0241－0004390　508983(3)
[乾隆]象山縣志十二卷　(清)史鳴臯修　(清)姜炳璋纂　清乾隆二十三年(1758)刻本　六册

310000－0241－0004391　508983(3):2
[乾隆]象山縣志十二卷　(清)史鳴臯修　(清)姜炳璋纂　清乾隆二十三年(1758)刻本　六册

310000－0241－0004392　508985(1)
[光緒]嚴州府志三十八卷首一卷　(清)吳士進原本　(清)吳世榮續修　清光緒八年至九年(1882－1883)刻本　二十八册

310000－0241－0004393　508985(4)
嚴州圖經八卷　(宋)黃弇纂　(宋)劉文富纂修　清光緒二十二年(1896)漸西邨舍刻本　二册

310000－0241－0004394　508985(5)
[光緒]建德縣志二十一卷　(清)吳俊等主修　(清)俞觀旭等總纂　清光緒刻本　十册

310000－0241－0004395　508985(6)
[宣統]建德縣志二十卷首一卷　(清)周學銘總修　清宣統二年(1910)排印本　十册

310000－0241－0004396　508986
[光緒]淳安縣志十六卷　(清)李詩等修　清光緒十年(1884)刻本　八册

310000－0241－0004397　508988(1)
[光緒]分水縣志十卷末一卷　(清)陳常鏵主修　(清)臧承宣等纂修　清光緒三十二年(1906)刻本　六册

310000－0241－0004398　508991(1)
[嘉慶]於潛縣志十六卷首一卷末一卷　(清)蔣光弼等修　(清)張燮等纂　清嘉慶十七年(1812)於潛縣署木活字印本　十册

310000－0241－0004399　508994(1)
[光緒]富陽縣志二十四卷首一卷　(清)汪文炳等修　清光緒三十二年(1906)刻本　十六册

310000－0241－0004400　508994(1):2
[光緒]富陽縣志二十四卷首一卷　(清)汪文炳等修　清光緒三十二年(1906)刻本　十六冊

310000－0241－0004401　508997
[道光]廈門志十六卷　(清)周凱等纂　清道光十九年(1839)玉屏書院刻本　十二冊

310000－0241－0004402　508998(3)
閩都記三十三卷　(清)王應山纂輯　清道光十一年(1831)刻本　六冊

310000－0241－0004403　509003
[乾隆]福清縣志二十卷　(清)饒安鼎等主修　(清)林昂等纂修　清同治六年(1867)刻本　十二冊

310000－0241－0004404　509008
[乾隆]僊遊縣志五十三卷首一卷　(清)李奮等分修　清同治十二年(1873)刻本　十六冊

310000－0241－0004405　509009
[弘治]興化府志五十四卷　(明)周瑛編纂　(明)黄仲昭同著　清同治十年(1871)刻本　二十四冊

310000－0241－0004406　509013(1)
[乾隆]安溪縣志十二卷首一卷　(清)莊成重輯　清乾隆二十二年(1757)刻本　八冊

310000－0241－0004407　509014
[乾隆]永春州志十六卷首一卷　(清)鄭一崧總纂　(清)顔璹等編纂　清乾隆五十二年(1787)刻本　十二冊

310000－0241－0004408　509019
[乾隆]海澄縣志　(清)陳鍈等主修　(清)鄧來祚等纂修　清乾隆二十七年(1762)刻本　五冊　存十四卷

310000－0241－0004409　509022(1)
[康熙]詔安縣志十二卷　(清)秦炯纂修　清同治十三年(1874)刻本(抄配本)　十二冊

310000－0241－0004410　509027(1)
[道光]漳平縣志十卷首一卷　(清)蔡世鈸主修　(清)林得震合纂　清道光刻本　六冊

310000－0241－0004411　509031
[乾隆]汀州府志四十五卷首一卷　(清)曾曰瑛等主修　(清)李紱等總纂　清同治刻本　二十冊

310000－0241－0004412　509031(2)
[光緒]長汀縣志三十三卷首一卷末一卷　(清)劉國光總修　(清)謝昌霖協修　清光緒五年(1879)刻本　十四冊

310000－0241－0004413　509038(1)
[康熙]寧化縣志七卷　(清)李世熊纂修　清同治八年(1869)刻本　八冊

310000－0241－0004414　509038(1):2
[康熙]寧化縣志七卷　(清)李世熊纂修　清同治八年(1869)刻本　八冊

310000－0241－0004415　509040(1)
[嘉慶]南平縣志　(清)楊桂森纂修　清嘉慶十三年(1808)刻本　一冊　存一卷

310000－0241－0004416　509053(1)
[光緒]續修浦城縣志四十二卷首一卷　(清)翁天祜主修　(清)翁昭泰纂修　清光緒二十六年(1900)刻本　二十冊

310000－0241－0004417　509061(2)
[乾隆]福寧府志　(清)李拔等纂修　清光緒元年(1875)刻本　十七冊　存四十二卷

310000－0241－0004418　509065(1)
[乾隆]臺灣府志二十六卷首一卷　(清)余文儀等修　清乾隆三十九年(1774)刻本　二十四冊

310000－0241－0004419　509065(2)
[乾隆]續修臺灣府志二十六卷首一卷　(清)余文儀等修　清乾隆刻同治八年(1869)補刻本　十三冊

310000－0241－0004420　509065(3)
[乾隆]臺灣府志二十六卷　(清)余文儀等修　清光緒十四年(1888)刻本　十二冊

310000－0241－0004421　509066

[同治]淡水廳志十六卷　(清)陳培桂等纂　清同治十年(1871)刻本　八冊

310000－0241－0004422　509070
[光緒]澎湖廳志十五卷首一卷　(清)林豪總輯　清光緒抄本　十六冊

310000－0241－0004423　509073(5)
[光緒]祥符縣志二十卷　(清)沈傳義等修　(清)黄舒昺纂　清光緒二十四年(1898)刻本　十二冊

310000－0241－0004424　509079
[乾隆]杞縣志二十四卷　(清)周璣修　(清)朱璿纂　清乾隆五十三年(1788)刻本　三十冊

310000－0241－0004425　509084
[乾隆]登封縣志三十二卷　(清)陸繼萼修　(清)洪亮吉纂　清乾隆五十二年(1787)刻本　八冊

310000－0241－0004426　509085(1):2
[乾隆]鞏縣志二十卷首一卷　(清)李述武修　(清)張紫峴纂　清乾隆五十四年(1789)刻本　六冊

310000－0241－0004427　509088(1)
[道光]修武縣志十卷首一卷　(清)馮繼照修　(清)金臯纂　清道光十九年至二十年(1839－1840)刻本　十冊

310000－0241－0004428　509090(1)
[乾隆]汲縣志十四卷首一卷末一卷　(清)徐汝瓚修　(清)杜崑纂　清乾隆二十年(1755)刻本　六冊

310000－0241－0004429　509092(1)
[乾隆]原武縣志十卷　(清)吴文炘修　(清)何遠纂　清乾隆十三年(1748)刻本　五冊

310000－0241－0004430　509092(2)
[乾隆]陽武縣志十二卷　(清)談諟曾修　(清)楊仲震纂　清乾隆十三年(1748)刻本　六冊

310000－0241－0004431　509093
[乾隆]獲嘉縣志十六卷首　(清)吴喬齡修　(清)李棟纂　清乾隆二十一年(1756)刻本　六冊

310000－0241－0004432　509094
[道光]武陟縣志三十六卷　(清)王榮陛修　(清)方履籛纂　清道光九年(1829)刻本　八冊

310000－0241－0004433　509097(2)
[道光]河内縣志三十六卷　(清)袁通修　(清)方履籛纂　清道光五年(1825)刻本　十冊

310000－0241－0004434　509098
[乾隆]濟源縣志十六卷首一卷末一卷　(清)蕭應植修　(清)沈樗莊纂　**[嘉慶]續濟源縣志十二卷**　(清)何荇芳續修　清乾隆二十六年(1761)刻嘉慶十八年(1813)續刻本　十冊

310000－0241－0004435　509105
[康熙]南樂縣志十五卷　(清)王培宗修　(清)丘性善纂　清康熙五十年(1711)刻後印本　四冊

310000－0241－0004436　509119(3)
[光緒]鹿邑縣志十六卷首一卷　(清)于滄瀾等主纂　清光緒二十二年(1896)刻本　六冊

310000－0241－0004437　509122
[乾隆]信陽州志十二卷　(清)張鉞等修　清乾隆十四年(1749)刻本　八冊

310000－0241－0004438　509126(1)
[康熙]上蔡縣志十五卷　(清)楊廷望修　(清)張沐纂　清康熙二十九年(1690)刻本　八冊

310000－0241－0004439　509140(2)
[道光]鄢陵縣志十八卷　(清)何鄂聯修　(清)洪符孫纂　清道光十三年(1833)刻本　八冊

310000－0241－0004440　509142(1)
[乾隆]郾城縣志十八卷　(清)傅豫纂修　清

乾隆十九年(1754)刻本　六册

310000－0241－0004441　509142(2)
[乾隆]偃師縣志三十卷首一卷　(清)湯敏倬修　(清)孫星衍等纂　清乾隆五十四年(1789)刻本　十六册

310000－0241－0004442　509151(1)
[乾隆]商水縣志十卷首一卷　(清)張崇樸修　(清)郭熙纂　清乾隆四十八年(1783)增刻本　八册

310000－0241－0004443　509153
[光緒]南陽縣志十二卷　(清)潘守廉等修　清光緒三十年(1904)刻本　八册

310000－0241－0004444　509159
[乾隆]鄧州志二十四卷　(清)蔣光祖等纂修　清乾隆二十年(1755)刻本　十册

310000－0241－0004445　509164(1)
[乾隆]南召縣志四卷　(清)陳之焆纂修　清乾隆十一年(1746)刻本　四册

310000－0241－0004446　509165(2)
[乾隆]河南府志一百十六卷首一卷　(清)施誠纂修　清乾隆四十四年(1779)刻本　二十册

310000－0241－0004447　509178(1)
[淳熙]新安志十卷　(宋)羅願撰　清刻本　四册

310000－0241－0004448　509178(2)
[淳熙]新安志十卷　(宋)羅願撰　清光緒十四年(1888)刻本　八册

310000－0241－0004449　509181(1)
[光緒]漢陽縣識十卷首一卷　(清)濮文昶修　(清)張行簡纂　清光緒十年至二十五年(1884－1899)刻本　六册

310000－0241－0004450　509182
[同治]江夏縣志十三卷　(清)王庭楨修　(清)彭崧毓纂　清同治八年(1869)刻光緒七年(1881)印本　九册

310000－0241－0004451　509186
[同治]黄陂縣志十六卷　(清)劉昌緒重修　(清)徐瀛總輯　清同治刻本　十二册

310000－0241－0004452　509187(1)
[光緒]續輯咸寧縣志八卷首一卷　(清)陳樹楠等修　(清)錢光奎等纂　清光緒八年(1882)刻本　九册

310000－0241－0004453　509195
[光緒]應城志十四卷首一卷　(清)羅緗修　(清)王承禧纂　清光緒八年(1882)刻本　八册

310000－0241－0004454　509197(1)
[光緒]黄州府志四十卷首一卷　(清)英啓纂輯　(清)鄧琛等修　清光緒十年(1884)刻本　四十册

310000－0241－0004455　509197(2)
[光緒]黄岡縣志二十四卷　(清)戴昌言等纂　清光緒八年(1882)黄岡縣署刻本　二十四册

310000－0241－0004456　509204(1)
[光緒]蘇州志三十卷　(清)封蔚礽修　(清)陳廷揚纂　清光緒刻本　十七册

310000－0241－0004457　509204(2)
[光緒]蘄水縣志二十二卷首一卷末一卷　(清)王鴻舉等修　清光緒六年(1880)刻本　二十册

310000－0241－0004458　509210
[光緒]荆州府志八十卷首一卷　(清)倪文蔚等主修　(清)顧嘉蘅等總纂　清光緒六年(1880)刻本　三十二册

310000－0241－0004459　509210(2)
[光緒]江陵縣志六十五卷首一卷　(清)劉長謙纂　清光緒刻本　二十四册

310000－0241－0004460　509212(1)
[同治]鍾祥縣志二十卷　(清)孫福海纂　清同治六年(1867)刻本(配複印本)　十四册

310000－0241－0004461　509217(1)
[同治]枝江縣志二十卷首一卷　(清)查子庚

主修 (清)熊文瀾纂修 清同治五年(1866)刻本 十册

310000－0241－0004462 509217(1):2
[同治]枝江縣志二十卷首一卷 (清)查子庚主修 (清)熊文瀾纂修 清同治五年(1866)刻本 八册

310000－0241－0004463 509222(2)
[同治]續修東湖縣志三十卷 (清)金大鏞等修 清同治三年(1864)刻本 十六册

310000－0241－0004464 509224
[同治]當陽縣志十八卷首一卷末一卷 (清)阮恩光主修 (清)王柏心總纂 清同治五年(1866)刻本 十册

310000－0241－0004465 509225
[同治]宜都縣志四卷首一卷末一卷 (清)龔紹仁纂修 清同治刻本 四册

310000－0241－0004466 509228(2)
[光緒]歸州志十卷首一卷 (清)沈雲駿監定 (清)劉玉森總纂 清光緒八年(1882)刻本 六册

310000－0241－0004467 509229
[光緒]奥山縣志二十二卷 (清)黄世崇修 清光緒十一年(1885)刻本 四册

310000－0241－0004468 509230
[光緒]施南府志續編十卷 (清)雷春沼等編輯 清光緒十一年(1885)刻本 四册

310000－0241－0004469 509232
[同治]巴東縣志十六卷首一卷 (清)廖恩樹主修 (清)蕭佩聲編纂 清同治五年(1866)刻本 六册

310000－0241－0004470 509237
[同治]利川縣志十卷 (清)何蕙馨等修 清同治四年(1865)刻本 四册

310000－0241－0004471 509238(2)
[光緒]襄陽府志二十六卷志餘一卷忠義錄一卷 (清)恩聯修 清光緒十一年(1885)刻本 十六册

310000－0241－0004472 509238(3):2
襄陽縣地理志七卷首一卷 (清)楊宗時主修 (清)崔淦纂修 清同治刻本 八册

310000－0241－0004473 509249
[光緒]續輯均州志十六卷首一卷 (清)馬雲龍修 (清)賈洪詒纂 清光緒十年(1884)刻本 七册

310000－0241－0004474 509249:2
[光緒]續輯均州志十六卷首一卷 (清)馬雲龍修 (清)賈洪詒纂 清光緒十年(1884)刻本 八册

310000－0241－0004475 509250
[同治]穀城縣志八卷 (清)承印纂修 (清)蔣海澄等協修 清同治六年(1867)刻本 八册

310000－0241－0004476 509253(1)
[嘉慶]湘潭縣志四十卷 (清)張雲璈總纂 (清)周系英總輯 清嘉慶二十二年(1817)刻本 十八册

310000－0241－0004477 509254(2)
[同治]寧鄉縣志四十四卷首一卷 (清)郭慶颺修 (清)童秀春纂 清同治六年(1867)刻本 十八册

310000－0241－0004478 509256(1)
[乾隆]長沙府志五十卷首一卷 (清)呂肅高纂修 (清)張雄圖等編撰 清乾隆刻本 八册

310000－0241－0004479 509256(2)
[光緒]善化縣志三十四卷首一卷 (清)吳兆熙等主修 (清)陳運亨等協修 清光緒刻本 二十册

310000－0241－0004480 509256(3)
[同治]長沙縣志三十六卷首一卷 (清)劉采邦主修 (清)張延珂等纂修 清同治九年至十年(1870－1871)刻本 二十六册

310000－0241－0004481 509258
[光緒]巴陵縣志八十卷 (清)姚詩德等主修

(清)杜貴墀編纂　清光緒十七年(1891)刻本　十六册

310000－0241－0004482　509258(3)
[同治]巴陵縣志三十卷首一卷　(清)嚴鳴琦等修　(清)吳敏樹等纂　清同治十一年(1872)刻本　十册

310000－0241－0004483　509259
[同治]臨湘縣志十三卷末一卷首一卷　(清)盛慶黻等主修　清光緒十八年(1892)刻本　五册

310000－0241－0004484　509260
[同治]平江縣志五十五卷附卷首一卷末一卷　(清)李元度纂修　清同治十三年至光緒元年(1874－1875)刻本　十六册

310000－0241－0004485　509261
[同治]瀏陽縣志二十四卷　(清)王汝星等修　(清)鄒焌傑等纂　清同治十二年(1873)刻本　十二册

310000－0241－0004486　509262(2)
[同治]醴陵縣志十四卷首一卷末一卷　(清)徐淦等修　(清)江普光等纂　清同治九年(1870)刻本　六册

310000－0241－0004487　509264(2)
[同治]茶陵州志二十四卷　(清)福昌等纂　(清)譚鍾麟等纂　清同治十年(1871)刻本　八册

310000－0241－0004488　509265(2)
[同治]武陵縣志三十二卷詩文徵四卷附移芝室詩文集四卷　(清)楊丕復輯　(清)楊彝珍續纂　清同治七年(1868)朗江書院刻本　十四册

310000－0241－0004489　509265(4)
[同治]武陵縣志四十八卷　(清)惲世臨等修　(清)陳啓邁纂　清同治二年(1863)刻本　十四册

310000－0241－0004490　509272(1)
[同治]益陽縣志二十五卷首一卷　(清)姚念楊等修　(清)趙裴哲纂　清同治十三年(1874)刻本　十六册

310000－0241－0004491　509275(1)
[同治]安化縣志三十四卷首五卷末一卷　(清)邱育泉等修　(清)何才煥等纂　清同治十年(1871)刻本　二十册

310000－0241－0004492　509278
[光緒]石門縣志十一卷首一卷　(清)余麗元總纂　(清)譚逢仕分纂　清光緒刻本　十二册

310000－0241－0004493　509278:2
[光緒]石門縣志十一卷首一卷　(清)余麗元總纂　(清)譚逢仕分纂　清光緒刻本　十二册

310000－0241－0004494　509283
[同治]湘鄉縣志二十三卷首一卷末一卷　(清)黄楷盛總纂　清同治刻本　二十四册

310000－0241－0004495　509283(2)
[嘉慶]湘鄉縣志十卷首一卷　(清)翟聲煥等修　(清)朱祖恪等纂　清嘉慶二十二年(1817)刻本　十册

310000－0241－0004496　509286
[同治]城步縣志十卷　(清)盛鎰源主修　(清)戴聯璧等纂修　清同治木活字印本　十册

310000－0241－0004497　509294
[同治]沅陵縣志五十卷首一卷　(清)守忠等總修　(清)許光曙纂　清同治十二年(1873)刻本　十册

310000－0241－0004498　509297(1)
靖州鄉土志四卷　金蓉鏡編　清光緒三十四年(1908)刻本　二册

310000－0241－0004499　509300(1)
[道光]晃州廳志四十四卷首一卷末一卷　(清)俞克振總纂　(清)梅嶧編輯　清道光五年(1825)刻本　四册

310000－0241－0004500　509301(1)

[同治]新修麻陽縣志十四卷首一卷 (清)姜鍾琇修 (清)劉士先等纂 清同治十二年(1873)刻本 八册

310000－0241－0004501 509303(2)
[同治]衡陽縣志十一篇 (清)羅慶薌修纂 清同治十三年(1874)刻本 八册

310000－0241－0004502 509303(2):2
[同治]衡陽縣志十一篇 (清)羅慶薌修纂 清同治十三年(1874)刻本 七册

310000－0241－0004503 509303(3)
[同治]清泉縣志十卷首一卷末一卷 (清)張修府纂 清同治刻本 四册

310000－0241－0004504 509303(6)
[乾隆]清泉縣志三十六卷首一卷 (清)江恂修 (清)江昱纂 清乾隆二十八年(1763)刻本 十册

310000－0241－0004505 509307(1)
[光緒]零陵縣志十五卷 (清)嵇有慶修 清光緒二年(1876)刻本 八册

310000－0241－0004506 509307(2)
[道光]永州府志十八卷首一卷 (清)宗稷辰纂修 清道光刻本 三十二册

310000－0241－0004507 509309
[同治]祁陽縣志二十四卷首一卷 (清)陳玉祥主修 (清)劉希關等編修 清同治九年(1870)刻本 十六册

310000－0241－0004508 509313
[光緒]道州志十二卷 (清)李鏡蓉等主修 (清)許清源等纂修 清光緒刻本 八册

310000－0241－0004509 509325(1)
[光緒]興寧縣志十八卷首一卷末一卷 (清)郭樹馨原修 (清)劉錫九纂修 清光緒元年(1875)刻本 十二册

310000－0241－0004510 509327
[同治]酃縣志二十卷首一卷 (清)唐榮邦主修 (清)楊嶽方等主纂 清同治十二年(1873)刻本 八册

310000－0241－0004511 509328
[光緒]耒陽縣志八卷首一卷 (清)于學琴等主修 (清)宋世煦纂修 清光緒十一年(1885)刻本 十册

310000－0241－0004512 509340(1)
[乾隆]南昌府志七十六卷首一卷末一卷 (清)謝啓昆總修 (清)林樹芳等協修 清乾隆刻本 四十册

310000－0241－0004513 509340(2)
[同治]南昌府志六十六卷首一卷末一卷 (清)許應鑅等主修 (清)曾伯舟等總纂 清同治十二年(1873)刻本 四十册

310000－0241－0004514 509340(3)
[同治]南昌縣志三十六卷首一卷末一卷 (清)陳紀麟等主修 (清)劉於潯總纂 清同治九年(1870)刻本 三十四册

310000－0241－0004515 509342
[同治]豐城縣志二十八卷首一卷 (清)王家傑等主修 (清)周文鳳等纂修 清同治刻本 十六册

310000－0241－0004516 509343
[同治]清江縣志十卷首一卷 (清)潘懿修 (清)朱孫詒等纂 清同治九年(1870)刻本 十册

310000－0241－0004517 509343(3)
[同治]臨江府志三十二卷首一卷 (清)德馨修 清同治十年(1871)臨江府刻本 六册

310000－0241－0004518 509349(1)
[同治]萬載縣志三十卷首一卷 (清)金第纂修 清同治十一年(1872)刻本 十二册

310000－0241－0004519 509352
[同治]瑞州府志二十四卷首一卷 (清)黄廷金總修 (清)蕭浚蘭等纂修 清同治十二年(1873)刻本 十四册

310000－0241－0004520 509355
[同治]安義縣志十六卷首一卷末一卷 (清)杜林修 (清)彭斗山等纂修 清同治十年

(1871)木活字印本　八冊

310000－0241－0004521　509358(1)
[同治]湖口縣志十卷　(清)殷禮修　(清)周謨纂　清同治十三年(1874)刻本　十二冊

310000－0241－0004522　509361
[同治]南康府志二十四卷首一卷　(清)盛元纂修　清同治十一年(1872)刻本　十八冊

310000－0241－0004523　509367
[同治]廣信府志十二卷首一卷　(清)蔣繼洙總纂　(清)馬梁等協修　清同治十二年(1873)刻本　三十冊

310000－0241－0004524　509368(1)
[同治]玉山縣志十卷首一卷　(清)黄壽祺等主修　(清)任廷槐總修　清同治刻本　十冊

310000－0241－0004525　509372(1)
[同治]弋陽縣志十四卷首一卷　(清)俞致中主修　(清)汪炳熊等纂　清同治十年(1871)刻本　十冊

310000－0241－0004526　509373
[同治]貴溪縣志十卷首一卷　(清)沈鎔經等總修　(清)謝希楨等協修　清同治刻本　十四冊

310000－0241－0004527　509381
[光緒]婺源縣志六十四卷　(清)吳鶚纂　清光緒九年(1883)刻本　二十四冊

310000－0241－0004528　509381(2)
[道光]婺源縣志十三卷首一卷　(清)黄應昀　(清)朱元理纂修　清道光六年(1826)刻本　六冊

310000－0241－0004529　509383(1)
[光緒]撫州府志八十六卷首一卷　(清)許應鑅等修　清光緒二年(1876)刻本　三十六冊

310000－0241－0004530　509383(2)
[同治]臨川縣志五十四卷首一卷末一卷　(清)童範儼等修　清同治九年(1870)刻本　二十四冊

310000－0241－0004531　509387:2
江西新城保甲圖冊三卷附刻一卷　(明)趙日崇原本　(明)楊希閔校刊　清道光二十二年(1842)遐憩山房刻本　八冊

310000－0241－0004532　509388(1)
[同治]南豐縣志四十六卷首一卷末一卷　(清)柏春總輯　(清)魯琪光總纂　清同治十年(1871)刻本　二十八冊

310000－0241－0004533　509389
[同治]樂安縣志十二卷首一卷　(清)朱奎章修　清同治十年(1871)刻本　七冊

310000－0241－0004534　509389:2
[同治]樂安縣志十二卷首一卷　(清)朱奎章修　清同治十年(1871)刻本　二冊

310000－0241－0004535　509390
[同治]宜黄縣志五十卷首一卷　(清)張奧言修　清同治十年(1871)刻本　二十四冊

310000－0241－0004536　509391
[同治]崇仁縣志十卷首一卷末一卷　(清)盛銓修　清同治十二年(1873)刻本　二十二冊

310000－0241－0004537　509392
[同治]廬陵縣志五十六卷首一卷補編一卷　(清)陳汝楨主修　(清)匡汝諧纂　清同治刻本　三十三冊

310000－0241－0004538　509392(2)
[光緒]吉安府志五十三卷首一卷　(清)鍾珂修　(清)劉繹纂　清光緒元年(1875)刻本　四十冊

310000－0241－0004539　509394(1)
[同治]新淦縣志十卷首一卷　(清)王肇賜修　清同治九年(1870)木活字印本　十六冊

310000－0241－0004540　509397(1)
[同治]泰和縣志三十卷首一卷　(清)宋瑛修　(清)彭啓瑞等纂　清光緒四年(1878)刻本　十六冊

310000－0241－0004541　509403
[同治]安福縣志十八卷首一卷末一卷　(清)周立瀛等總纂　(清)李元沆等協修　清同治

十一年(1872)重修本　十册

310000－0241－0004542　509403(2)
[乾隆]安福縣志二十二卷首一卷　(清)張繡中等修　(清)王基等纂　清乾隆四十七年(1782)刻本　八册

310000－0241－0004543　509404(1)
[道光]贛州府志七十八卷　(清)李本仁等修　(清)陳觀酉纂　清道光二十八年(1848)刻本　二十四册

310000－0241－0004544　509404(2)
[同治]贛州府志七十八卷首一卷　(清)魯琪光總修　(清)鍾音鴻等總纂　清同治十二年(1873)刻本　四十册

310000－0241－0004545　509404(3)
[同治]贛縣志五十四卷首一卷　(清)黄德溥主修　(清)褚景昕纂修　清同治十一年(1872)刻本　十八册

310000－0241－0004546　509404(3):2
[同治]贛縣志五十四卷首一卷　(清)黄德溥主修　(清)褚景昕纂修　清同治十一年(1872)刻本　十八册

310000－0241－0004547　509414
[光緒]龍南縣志八卷首一卷　(清)孫瑞徵等主修　(清)鍾益馭等纂修　清光緒刻本　四册

310000－0241－0004548　509423
[乾隆]潮州府志四十二卷首一卷末一卷　(清)周碩勳纂修　清光緒十九年(1893)重刻乾隆四十年(1775)康基田修補本　二十五册

310000－0241－0004549　509423(3)
[光緒]海陽縣志四十六卷首一卷　(清)盧蔚猷修　(清)吴道鎔纂　清光緒二十六年(1900)潮城謝存文館刻本　十二册

310000－0241－0004550　509424
[嘉慶]澄海縣志二十六卷　(清)李書吉纂修　清嘉慶二十年(1815)刻本　八册

310000－0241－0004551　509446
[同治]海豐縣志續編二卷　(清)蔡逢恩修　(清)林光斐纂　清同治刻本　三册

310000－0241－0004552　509446(2)
[乾隆]海豐縣志十卷　(清)于卜熊總裁　(清)史本等編纂　清乾隆十五年(1750)刻本　九册

310000－0241－0004553　509451(10)
澳門紀畧二卷首一卷末一卷　(清)印光任撰　清嘉慶五年(1800)刻本　二册

310000－0241－0004554　509452(1)
[道光]南海縣志四十四卷首一卷　(清)潘尚楫主修　(清)鄧士憲等總纂　清同治八年(1869)刻本　三十二册

310000－0241－0004555　509452(2)
[同治]續修南海縣志二十六卷　(清)梁紹獻等纂修　清同治十一年(1872)刻本　四册

310000－0241－0004556　509452(3)
[宣統]南海縣志二十六卷附卷末　(清)鄭榮等主修　(清)桂坫等總纂　清宣統刻本　十五册

310000－0241－0004557　509454
[咸豐]順德縣志三十二卷附圖四十九卷　(清)馮奉初等纂　清咸豐三年(1853)刻本　十六册

310000－0241－0004558　509458
[道光]恩平縣志十八卷首一卷末一卷　(清)石臺總修　清道光五年(1825)刻本　六册

310000－0241－0004559　509460(1)
[康熙]花縣志四卷　(清)王永名創輯　(清)裘孔文仝訂　清同治五年(1866)刻本　四册

310000－0241－0004560　509464(1)
[光緒]曲江縣志十六卷　(清)張希京總修　(清)歐樾華纂修　清光緒元年(1875)刻本　五册

310000－0241－0004561　509464(1):2
[光緒]曲江縣志十六卷　(清)張希京總修

（清）歐樾華纂修　清光緒元年（1875）刻本　八冊

310000－0241－0004562　509471（1）
［道光］南雄州志三十四卷首一卷　（清）余保純重修　（清）黃其勤編纂　清道光四年（1824）刻本　十六冊

310000－0241－0004563　509471（1）：2
［道光］南雄州志三十四卷首一卷　（清）余保純重修　（清）黃其勤編纂　清道光四年（1824）刻本　十六冊

310000－0241－0004564　509471（2）
［道光］直隸南雄州志三十四卷首一卷　（清）余保純等重修　（清）黃其勤編纂　清道光四年（1824）刻本　十六冊

310000－0241－0004565　509477
［光緒］清遠縣志十六卷首一卷　（清）李文烜等修　清光緒六年（1880）刻本　八冊

310000－0241－0004566　509480（2）
［道光］肇慶府志二十三卷　（清）屠英主修　（清）江藩等纂修　清光緒二年（1876）重刻道光本　二十二冊

310000－0241－0004567　509496
［光緒］化州志十二卷序一卷　（清）彭貽蓀總纂　（清）彭步瀛纂修　清光緒十四年（1888）高城聯經號刻本　七冊

310000－0241－0004568　509498
［道光］電白縣志二十卷　（清）章鴻等主修　（清）邵詠等纂修　清道光五年（1825）刻本　六冊

310000－0241－0004569　509499
［道光］陽江縣志八卷　（清）李沄等纂　清道光二年（1822）刻本　五冊

310000－0241－0004570　509502
［道光］高州府志十六卷首一卷　（清）黃安濤等總修　（清）崔炘等分修　清道光七年（1827）登雲樓刻本　十六冊

310000－0241－0004571　509503
［道光］廉州府志二十六卷首一卷　（清）張堉春總纂　（清）陳治昌纂修　清道光刻本　十八冊

310000－0241－0004572　509508（2）
［道光］瓊州府志　（清）張岳崧纂　清道光二十一年（1841）刻本　五冊　存七卷

310000－0241－0004573　509516（1）
［光緒］臨高縣志　（清）聶緝慶纂修　清光緒刻本　一冊　存二卷（二十一至二十二）

310000－0241－0004574　509527（2）
［嘉慶］臨桂縣志　（清）蔡呈韶修　（清）胡虔纂　清嘉慶七年（1802）刻本　七冊　存十四卷（十七至二十、二十三至三十二）

310000－0241－0004575　509533（1）
［光緒］永寧州志十六卷　（清）劉登瀛原纂　（清）李重發等續纂　清光緒十一年（1885）桂林刻本　六冊

310000－0241－0004576　509550
［光緒］鬱林州志二十卷首一卷　（清）胡紹瑗等纂　清光緒二十年（1894）刻本　十冊

310000－0241－0004577　509597
［同治］象州志二卷　（清）鄭猷甫等纂　清同治九年（1870）刻本　二冊

310000－0241－0004578　509598（2）
［同治］成都縣志十六卷首一卷　（清）衷興鑑纂　清同治十二年（1873）刻本　十六冊

310000－0241－0004579　509601（1）
［同治］郫縣志四十四卷　（清）陳慶熙修　（清）高升之等纂　清同治刻本　八冊

310000－0241－0004580　509604（2）
新繁縣鄉土志十卷　（清）余慎總纂　清光緒三十三年（1907）排印本　二冊

310000－0241－0004581　509607：2
［光緒］雙流縣志二卷　（清）彭琬修　清光緒二十年（1894）刻本　四冊

310000－0241－0004582　509610（2）
［乾隆］灌縣志十二卷首一卷　（清）孫天寧纂

清乾隆五十一年(1786)刻本　四冊

310000－0241－0004583　509610(3)

[光緒]增修灌縣志十四卷首一卷　(清)莊思恒主修　(清)鄭琋山等纂　清光緒刻本　十冊

310000－0241－0004584　509610(4)

灌縣鄉土志二卷　(清)徐昱纂輯　清光緒三十二年(1906)刻本　一冊

310000－0241－0004585　509612(1)

[道光]新津縣志四十卷首一卷　(清)陳霽學纂修　清道光九年(1829)刻本　六冊

310000－0241－0004586　509614(1)

[嘉慶]漢州志四十卷首一卷末一卷　(清)劉長庚總理　(清)侯肇元等纂輯　清同治刻本　十二冊

310000－0241－0004587　509616(1)

[嘉慶]什邡縣志　(清)紀大奎總修　(清)雷思格等協修　清嘉慶二十二年(1817)刻本　八冊　存四十七卷

310000－0241－0004588　509616(2)

[同治]續增什邡縣志五十四卷　(清)傅華桂總修　(清)王壐尊等編次　清同治四年(1865)刻本　八冊

310000－0241－0004589　509619

[咸豐]梓潼縣志六卷　(清)張香海總理　清咸豐八年(1858)刻本　六冊

310000－0241－0004590　509620

[嘉慶]羅江縣志三十六卷　(清)李桂林總纂　(清)鄧林等纂修　清同治四年(1865)刻本　六冊

310000－0241－0004591　509620(2)

[同治]羅江縣志二十四卷　(清)馬傳業總纂　清同治四年(1865)刻本　二冊

310000－0241－0004592　509620(3)

[嘉慶]羅江縣志十卷　(清)李調元纂　清嘉慶七年(1802)刻本　二冊

310000－0241－0004593　509620:2

[嘉慶]羅江縣志三十六卷　(清)李桂林總纂　(清)鄧林等纂修　清同治四年(1865)刻本　四冊

310000－0241－0004594　509621(2)

[道光]德陽縣新志十三卷首一卷　(清)劉碩輔纂　清道光十七年(1837)刻本　六冊

310000－0241－0004595　509625(1)

[道光]昭化縣志四十八卷　(清)張紹齡纂修　清同治三年(1864)修補道光二十五年(1845)刻本　六冊

310000－0241－0004596　509632(2)

[乾隆]遂寧縣志十二卷　(清)李培峘主修　(清)寇賚言編輯　清乾隆刻本(第卷一抄配)　十六冊

310000－0241－0004597　509633(2)

[光緒]蓬溪縣續志　(清)周學銘纂　清光緒二十五年(1899)刻本　四冊　存四卷(一至四)

310000－0241－0004598　509635(1)

[道光]安岳縣志十六卷首一卷　(清)周國頤總纂　(清)鄒紹京等編纂　清道光十六年(1836)刻本　八冊

310000－0241－0004599　509635(2)

[光緒]續修安岳縣志四卷　(清)鄒宗垣總纂　(清)謝世珍編纂　清光緒二十三年(1897)增修刻本　四冊

310000－0241－0004600　509636(1)

[道光]樂至縣志十六卷　(清)裴顯忠等纂　清道光二十年(1840)刻本　四冊

310000－0241－0004601　509636(2)

[光緒]樂至縣志續志四卷　(清)胡書雲修　清光緒九年(1883)刻本　四冊

310000－0241－0004602　509638(2)

[光緒]潼川府志三十卷　(清)阿麟纂　清光緒二十三年(1897)刻本　十六冊

310000－0241－0004603　509644

[光緒]西充縣志十四卷　(清)劉藻纂修

(清)劉國瑜等協修　清光緒刻本　六册

310000－0241－0004604　509646(2)
[光緒]蓬州志十五卷　(清)張禮傑纂修　清光緒二十三年(1897)刻本　三册

310000－0241－0004605　509650
公餘紀事一卷　(清)黎學錦撰　清道光元年(1821)成都懷慶堂刻本　一册

310000－0241－0004606　509659(1)
[同治]新寧縣志八卷　(清)復成修纂　清同治八年(1869)刻本　八册

310000－0241－0004607　509663(1)
[同治]萬縣志三十六卷附典禮備考八卷　(清)范泰衡纂　清同治五年(1866)刻本　八册

310000－0241－0004608　509664
[咸豐]開縣志二十七卷　(清)李肇奎等纂　清咸豐三年(1853)刻本　六册

310000－0241－0004609　509667(1)
[光緒]大寧縣志八卷首一卷　(清)魏遠猷纂　清光緒刻本　八册

310000－0241－0004610　509669
[光緒]奉節縣志三十六卷　(清)曾秀翹修　(清)楊德坤纂　清光緒十九年(1893)刻本　八册

310000－0241－0004611　509671(1)
[光緒]梁山縣志十卷首一卷　(清)朱言詩續修　清光緒二十年(1894)刻本　十二册

310000－0241－0004612　509678
[光緒]秀山縣志十四卷首一卷　(清)王壽松纂修　清光緒十七年(1891)刻本　四册

310000－0241－0004613　509678:2
[光緒]秀山縣志十四卷首一卷　(清)王壽松纂修　清光緒十七年(1891)刻本　四册

310000－0241－0004614　509686(2)
[嘉慶]大足縣志八卷　(清)張澍纂修　清道光十六年(1836)刻本　四册

310000－0241－0004615　509694(1)
[光緒]富順縣志五卷首一卷　(清)李芝纂修　清光緒八年(1882)刻本　五册

310000－0241－0004616　509701(2)
[光緒]敘州府志四十三卷首一卷末一卷　(清)王麟祥纂修　清光緒二十一年(1895)刻本　二十八册

310000－0241－0004617　509703(1)
[道光]江安縣志二卷　(清)高學濂纂修　清道光九年(1829)刻本　二册

310000－0241－0004618　509705
[咸豐]長寧縣志四卷首一卷末一卷　(清)尚義祠公局纂輯　清咸豐六年(1856)掇錦齋刻本　十二册

310000－0241－0004619　509711(1)
[嘉慶]夾江縣志　(清)王佐纂修　(清)涂崧編輯　清嘉慶刻本　四册　存十卷(二至十一)

310000－0241－0004620　509712
[光緒]青神縣志五十四卷　(清)郭世棻撰　清光緒三年(1877)刻本　六册

310000－0241－0004621　509715(2)
[光緒]洪雅縣續志十二卷首一卷　(清)郭世棻纂修　清光緒十年(1884)刻本　五册

310000－0241－0004622　509717
[光緒]井研志四十卷坿紀年二卷　(清)高承瀛等修編　(清)吳嘉謨纂輯　清光緒二十六年(1900)刻本　十二册

310000－0241－0004623　509721(1)
[嘉慶]峨眉縣志十卷首一卷　(清)王燮纂修　清嘉慶十八年(1813)刻本　四册

310000－0241－0004624　509721(2)
[宣統]峨眉縣續志十卷圖一卷　(清)李錦成修　(清)朱榮邦纂修　清宣統三年(1911)刻本　五册

310000－0241－0004625　509723
[乾隆]威遠縣志八卷首一卷　(清)李南暉纂

修　[嘉慶]威遠縣志六卷　(清)陳汝秋續修　[光緒]威遠縣志三編四卷　(清)吳曾輝修　(清)吳容等纂　清乾隆四十年(1775)刻本　十八册

310000－0241－0004626　509723(2)
[嘉慶]威遠縣志六卷　(清)陳汝秋纂修　清嘉慶十八年(1813)刻本　六册

310000－0241－0004627　509723(3)
[光緒]威遠縣志三編四卷　(清)吳容編纂　清光緒三年(1877)刻本　四册

310000－0241－0004628　509723:2
[乾隆]威遠縣志八卷首一卷　(清)李南暉修　(清)張翼儒纂　[嘉慶]威遠縣志六卷　(清)陳汝秋纂修　清乾隆四十年(1775)刻本　八册

310000－0241－0004629　509725
[道光]仁壽縣新志八卷　(清)馬百齡纂修　(清)魏崧等編輯　清道光十七年(1837)刻本　八册

310000－0241－0004630　509744(1)
[咸豐]冕寧縣志十二卷　(清)李昭纂修　(清)林駿元續纂　清咸豐七年(1857)刻光緒十七年(1891)林駿元增刻本　四册

310000－0241－0004631　509749(4)
[道光]茂州志四卷首一卷　(清)劉輔廷纂　清道光十一年(1831)刻本　四册

310000－0241－0004632　509750(7)
四川新設鑪霍屯志畧一卷附登開辦鑪霍屯務公牘一卷　(清)李之珂撰述　清光緒三十二年(1906)成都排印本　一册

310000－0241－0004633　509750(9)
章谷屯志畧一卷　(清)吳德煦纂　清光緒二十年(1894)振綺堂刻本　一册

310000－0241－0004634　509750(9):2
章谷屯志畧一卷　(清)吳德煦纂　清光緒二十年(1894)振綺堂刻本　一册

310000－0241－0004635　509753
[道光]貴陽府志八十八卷餘篇二十卷　(清)周作楫等纂　清咸豐二年(1852)刻本　四十册

310000－0241－0004636　509764
[道光]遵義府志四十八卷　(清)黄樂之等纂　清道光二十一年(1841)刻本　二十册

310000－0241－0004637　509801(1)
[光緒]黎平府志　(清)余渭修　(清)陳瑜纂　清光緒十八年(1892)刻本　二册　存二卷(二下、八)

310000－0241－0004638　509834(1)
[道光]昆明縣志十卷　(清)戴絅孫纂輯　清光緒二十七年(1901)刻本　六册

310000－0241－0004639　509834(1):2
[道光]昆明縣志十卷　(清)戴絅孫纂輯　清光緒二十七年(1901)刻本　六册

310000－0241－0004640　509880(1)
[光緒]呈貢縣志八卷　(清)李明鋆纂修　清光緒十一年(1885)刻本　八册

310000－0241－0004641　509906(1)
[乾隆]雲南騰越州志十三卷　(清)屠述濂修　清道光刻本　八册

310000－0241－0004642　509911(1)
[光緒]雲南縣志十二卷　(清)黄炳堃纂修　清光緒十六年(1890)九峯書院刻本　五册

310000－0241－0004643　509938(1)
[光緒]姚州志十一卷首一卷　(清)甘雨纂修　清光緒十一年(1885)刻本　十二册

310000－0241－0004644　509952(2)
土默特旗志十卷　(清)貽穀修　高賡恩纂　清光緒三十四年(1908)刻本　二册

310000－0241－0004645　509952(4)
[咸豐]和林格爾廳志四卷　(清)伊長修　(清)□明纂　清咸豐木活字印本　三册

310000－0241－0004646　509955
皇朝一統輿地圖　(清)李兆洛編　清光緒二十三年(1897)鄰蘇園刻本　一册

310000－0241－0004647　509956(1)
皇朝中外一統輿圖三十二卷　(清)嚴樹森撰　清同治二年(1863)刻本　三十一册

310000－0241－0004648　509956(1):2
皇朝中外一統輿圖三十二卷　(清)嚴樹森撰　清同治二年(1863)刻本　三十五册

310000－0241－0004649　509956(1):3
皇朝中外一統輿圖三十二卷　(清)嚴樹森撰　清同治二年(1863)刻本　三十二册

310000－0241－0004650　509957(1)
皇朝一統直省府廳州縣全圖十八卷　(清)□□輯　清道光二十九年(1849)陽湖薛氏刻本　四册

310000－0241－0004651　509957(2)
皇朝一統輿地圖表十八卷　(清)陳悳華修　清道光二十九年(1849)陽湖薛氏刻本　十二册

310000－0241－0004652　509957(3)
皇朝直省府廳州縣全圖　湖北輿圖局編　清同治刻本　二十六册

310000－0241－0004653　509957(3):2
皇朝直省府廳州縣全圖　湖北輿圖局編　清同治刻本　一册

310000－0241－0004654　509957(3):3
皇朝直省府廳州縣全圖　湖北輿圖局編　清同治刻本　一册

310000－0241－0004655　509957(4)
皇朝直省府廳州縣全圖　(清)□□繪　清刻本　一册

310000－0241－0004656　509957(5)
皇朝分省府輿圖一卷　(清)□□輯　清刻本　一册

310000－0241－0004657　509958
皇朝一統輿地全圖　(清)欸乃軒主人增輯　清光緒二十年(1894)鴻寶齋石印本　二册

310000－0241－0004658　509958:2
皇朝一統輿地全圖　(清)欸乃軒主人增輯　清光緒二十年(1894)鴻寶齋石印本　二册

310000－0241－0004659　509959
大清一統輿地全圖(裱本)不分卷　(清)□□編繪　清刻本　十六册

310000－0241－0004660　509960(2)
直隸全圖　(清)□□輯　清末刻本　一册

310000－0241－0004661　509961(1)
江蘇全省輿圖　(清)諸遲鞠測繪　清光緒二十一年(1895)江蘇書局刻本　三册

310000－0241－0004662　509961(1):2
江蘇全省輿圖　(清)諸遲鞠測繪　清光緒二十一年(1895)江蘇書局刻本　三册

310000－0241－0004663　509961(2)
蘇松常太鎮太五里方輿圖　(清)蘇省輿圖局測繪　清同治刻本(配複印本)　二册

310000－0241－0004664　509962(1)
浙江全省輿圖並水陸道里記不分卷　(清)宗源瀚編　清光緒二十年(1894)石印本　二十册

310000－0241－0004665　509963(3)
光緒湖北輿圖四卷　(清)營務處展拓　清光緒二十七年(1901)石印本　五册

310000－0241－0004666　509964(2)
湖南全省輿圖　(清)彭清瑋摹繪　清光緒二十三年(1897)刻本　一册

310000－0241－0004667　509964(3)
湖南全省輿圖說不分卷　(清)□□輯　清光緒二十三年(1897)刻本　二册

310000－0241－0004668　509965(1):2
江西全省輿圖十四卷　(清)顧長齡彙修　清同治七年(1868)刻本　十五册

310000－0241－0004669　509965(3)
九江府輿圖一卷　(清)□□撰　清末石印本　一册

310000－0241－0004670　509966(1)
廣東圖二十三卷　(清)□□編繪　清同治五

年(1866)刻本　四冊

310000－0241－0004671　509966(1):2

廣東圖二十三卷　(清)□□編繪　清同治五年(1866)刻本　三冊

310000－0241－0004672　509966(3)

廣東輿地全圖不分卷　(清)張人駿重編　清光緒二十三年(1897)廣州石經堂石印本　二冊

310000－0241－0004673　509972(2)

廣西輿地全圖二卷　(清)北洋機器總局圖算學堂重繪　清光緒二十四年(1898)石印本　二冊

310000－0241－0004674　509977:2

三省黃河全圖不分卷　易順鼎總纂　顧潮測繪　清光緒十六年(1890)鴻文書局石印本　五冊

310000－0241－0004675　509980

金匱縣輿地全圖不分卷附斗則簡明冊二卷　(清)華子屏撰　清光緒三十四年(1908)石印本　六冊

310000－0241－0004676　509981

修訂浙江全省輿圖並水陸道里記不分卷　(清)宗源瀚等原輯　(清)徐則恂修訂　清杭州武林印書館石印本　十五冊

310000－0241－0004677　509982

萬國輿圖不分卷　(清)陳兆桐繪　清末上海同文書局石印本　一冊

310000－0241－0004678　509982:2

萬國輿圖不分卷　(清)陳兆桐繪　清末上海同文書局石印本　一冊

310000－0241－0004679　509984

皇輿全圖不分卷　(清)鄒伯奇繪　清同治十三年(1874)刻本　一冊

310000－0241－0004680　509984:2

皇輿全圖不分卷　(清)鄒伯奇繪　清同治十三年(1874)刻本　一冊

310000－0241－0004681　509985

吴縣腹里啚圖三百四十二圖　(清)金德鴻等訂　清同治、光緒間刻本　六冊

310000－0241－0004682　509986

上海縣志租界全圖一卷　(清)許雨蒼繪　(清)點石齋主人訂正　清光緒六年(1880)上海點石齋刻本　一冊

310000－0241－0004683　509987(2)

福建全省輿圖　(清)傅以禮等纂輯　(清)姚文倬等校正　清光緒三十一年(1905)石印本　二冊

310000－0241－0004684　509996

皇朝直省府廳州縣全圖不分卷　(清)漢鎮輿圖局原編　(清)點石齋縮印　清光緒十五年(1889)上海點石齋石印本　一冊

310000－0241－0004685　509996:2

皇朝直省府廳州縣全圖不分卷　(清)漢鎮輿圖局原編　(清)點石齋縮印　清光緒十五年(1889)上海點石齋石印本　一冊

310000－0241－0004686　509997

中國近世輿地圖說二十三卷　(清)羅汝楠編纂　清宣統元年(1909)教忠學堂石印本　八冊

310000－0241－0004687　509999(5)

安徽輿圖表說十卷　(清)劉籌等纂　清光緒二十二年(1896)點石齋石印本　三冊

310000－0241－0004688　509999(6)

江南安徽全圖七十四圖　(清)方賓穆等繪　清光緒二十二年(1896)點石齋石印本　一冊

310000－0241－0004689　509999(6):2

江南安徽全圖七十四圖　(清)方賓穆等繪　清光緒二十二年(1896)點石齋石印本　一冊

310000－0241－0004690　510005

逆黨禍蜀記不分卷　(清)汪堃匯錄　清同治五年(1866)不懼無悶齋刻本　二冊

310000－0241－0004691　510008

血書第三集一卷　題漢俠手錄　□奮編訂　清宣統三年(1911)石印本　一冊

310000－0241－0004692　510022
普天忠憤全集十四卷首一卷　題(清)魯陽生孔氏編定　清光緒二十四年(1898)經濟書莊石印本　十冊

310000－0241－0004693　510047
翼王太平歌一卷　(清)□□撰　清同治刻本　一冊

310000－0241－0004694　510052
中倭戰守始末記四卷　(清)□□彙輯　清光緒石印本　三冊

310000－0241－0004695　510052:2
中倭戰守始末記四卷　(清)□□彙輯　清光緒石印本　二冊

310000－0241－0004696　510053
鄂江潮一卷　(清)憤時子編述　清宣統三年(1911)石印本　一冊

310000－0241－0004697　510056
兩宮大行記一卷　(清)□□撰　清光緒三十四年(1908)石印本　一冊

310000－0241－0004698　520001
世界近世史五編十九章　(日本)松平康國撰　(清)梁啓勳譯　清光緒二十九年(1903)上海廣智書局排印本　二冊

310000－0241－0004699　520003
萬國史前編　(英國)李思倫白約翰輯譯　蔡爾康筆述　清光緒二十九年(1903)廣學會排印本　十冊

310000－0241－0004700　520004
萬國通史前編　(英國)李思倫白輯　(清)蔡爾康筆述　清光緒二十九年(1903)廣學會排印本　十冊

310000－0241－0004701　520005
萬國通史續編　(清)曹曾涵纂述　(英國)李思倫白約翰輯譯　清光緒三十年(1904)廣學會排印本　十冊

310000－0241－0004702　520005:2
萬國通史續編　(清)曹曾涵纂述　(英國)李思倫白約翰輯譯　清光緒三十年(1904)廣學會排印本　十冊

310000－0241－0004703　520006
萬國通史三編　(清)曹曾涵纂述　(英國)李思倫白約翰輯譯　清光緒三十一年(1905)廣學會排印本　十冊

310000－0241－0004704　520006:2
萬國通史三編　(清)曹曾涵纂述　(英國)李思倫白約翰輯譯　清光緒三十一年(1905)廣學會排印本　十冊

310000－0241－0004705　520007
歐羅巴通史四部　(日本)箕作元八等撰　(清)胡景伊等譯　清光緒二十六年(1900)東亞譯書會排印本　四冊

310000－0241－0004706　520007:2
歐羅巴通史四部　(日本)箕作元八等撰　(清)胡景伊等譯　清光緒二十六年(1900)東亞譯書會排印本　四冊

310000－0241－0004707　520008
蒙學外國歷史教科書(西洋之部)四篇附錄外國歷史大事年表　(清)秦瑞玠撰　清光緒二十九年(1903)上海文明書局刻三十二年(1906)排印本　二冊

310000－0241－0004708　520009
俄史輯譯四卷　(清)徐景羅譯　清光緒十二年(1886)排印本　四冊

310000－0241－0004709　520012
日本國志四十卷　(清)黃遵憲編纂　清光緒二十四年(1898)浙江書局刻本　十冊

310000－0241－0004710　520012(2)
日本國志序一卷　(清)□□輯　清光緒二十三年(1897)紹郡中西學堂刻本　一冊

310000－0241－0004711　520012(2):2
日本國志序一卷　(清)□□輯　清光緒二十三年(1897)紹郡中西學堂刻本　一冊

310000－0241－0004712　520012:2
日本國志四十卷　(清)黃遵憲編纂　清光緒

二十四年(1898)浙江書局刻本　十册

310000－0241－0004713　520013
日本國志四十卷　(清)黄遵憲編纂　清光緒二十四年(1898)圖書集成局排印本　十册

310000－0241－0004714　520013:2
日本國志四十卷　(清)黄遵憲編纂　清光緒二十四年(1898)圖書集成局排印本　十册

310000－0241－0004715　520014
日本國志四十卷　(清)黄遵憲編纂　清光緒二十四年(1898)浙江書局刻本　八册

310000－0241－0004716　520015
[中等教育]日本歷史二卷　(日本)青木武助編　(清)張枬譯　清光緒末江楚編譯局石印本　二册

310000－0241－0004717　520016(2)
日本外史二十二卷　(日本)賴襄撰　清光緒十五年(1889)上海讀史堂刻本　十册

310000－0241－0004718　520018
日本維新三十年史十二編　(日本)東京博文館編　(清)上海廣智書局譯　清光緒二十八年(1902)上海廣智書局排印本　六册

310000－0241－0004719　520018:2
日本維新三十年史十二編　(日本)東京博文館編　(清)上海廣智書局譯　清光緒二十八年(1902)上海廣智書局排印本　六册

310000－0241－0004720　520018:3
日本維新三十年史十二編　(日本)東京博文館編　(清)上海廣智書局譯　清光緒二十八年(1902)上海廣智書局排印本　六册

310000－0241－0004721　520018:4
日本維新三十年史十二編　(日本)東京博文館編　(清)上海廣智書局譯　清光緒二十八年(1902)上海廣智書局排印本　五册

310000－0241－0004722　520020
日本源流考二十二卷　王先謙撰集　清光緒二十八年(1902)刻本　十册

310000－0241－0004723　520020:2
日本源流考二十二卷　王先謙撰集　清光緒二十八年(1902)刻本　十册

310000－0241－0004724　520022
日本新史攬要七卷　(日本)石村貞一編　清光緒二十五年(1899)石印本　七册

310000－0241－0004725　520023
日本學校源流不分卷　(美國)路義思撰　(清)范熙庸筆述　清光緒二十年(1894)江南製造局刻本　一册

310000－0241－0004726　520027
日俄戰紀不分卷　(清)□□撰　清末新民叢報排印本　一册

310000－0241－0004727　520028
日本雜事詩二卷　(清)黄遵憲著　清光緒二十四年(1898)長沙富文堂刻本　二册

310000－0241－0004728　520029
印度志不分卷　(清)□□撰　清光緒三十三年(1907)學部編譯圖書局排印本　一册

310000－0241－0004729　520030
印度新志不分卷　(清)□□撰　清光緒三十三年(1907)學部編譯圖書局排印本　一册

310000－0241－0004730　520031
印度新志不分卷　(清)□□撰　清光緒三十三年(1907)刻本　一册

310000－0241－0004731　520033
大東紀年　(清)□□撰　清光緒排印本　五册　殘

310000－0241－0004732　520037
朝鮮近世史二卷　(日本)林泰輔編　劉世珩譯　清光緒二十九年(1903)鴻寶書局石印本　一册

310000－0241－0004733　520037:2
朝鮮近世史二卷　(日本)林泰輔編　劉世珩譯　清光緒二十九年(1903)鴻寶書局石印本　二册

310000－0241－0004734　520041
韓國沿革史二卷　(日本)西村豐撰　(清)王

履康編譯　清光緒二十八年(1902)排印本　二册

310000－0241－0004735　520042
東藩紀要十二卷補錄一卷　(清)薛培榕撰　清光緒八年(1882)排印本　四册

310000－0241－0004736　520042:2
東藩紀要十二卷補錄一卷　(清)薛培榕撰　清光緒八年(1882)排印本　四册

310000－0241－0004737　520042:3
東藩紀要十二卷補錄一卷　(清)薛培榕撰　清光緒八年(1882)排印本　一册

310000－0241－0004738　520043
東藩紀要十二卷　(清)薛培榕編　(清)吳承裕校　清光緒八年(1882)刻本　四册

310000－0241－0004739　520045
越南輯畧　(清)徐延旭編　清光緒三年(1877)梧州郡署刻本　一册

310000－0241－0004740　520046
越南輯畧二卷　(清)徐延旭編　清光緒三年(1877)梧州郡署刻本　二册

310000－0241－0004741　520047
越南輯畧二卷　(清)徐延旭編　清光緒三年(1877)梧州郡署刻本　二册

310000－0241－0004742　520049
波斯志不分卷　(清)學部編譯圖書局編纂　清光緒三十三年(1907)學部編譯圖書局排印本　一册

310000－0241－0004743　520050
埃及近事考　(清)劉鑑譯　清光緒三十三年(1907)江楚編輯局石印本　一册

310000－0241－0004744　520051
大英國志八卷續刻一卷　(英國)慕維廉譯　清咸豐六年(1856)墨海書院刻本　二册

310000－0241－0004745　520051(2)
大英國志八卷續刻一卷　(英國)慕維廉譯　清咸豐六年(1856)墨海書院刻本　四册

310000－0241－0004746　520052
普法戰紀十四卷　(清)張宗良口譯　(清)王韜輯撰　清同治十二年(1873)中華印務總局排印本　八册

310000－0241－0004747　520053
德國合盟紀事本末不分卷　(清)徐建寅譯述　清光緒刻本　一册

310000－0241－0004748　520053:2
德國合盟紀事本末不分卷　(清)徐建寅譯述　清光緒刻本　一册

310000－0241－0004749　520054
新輯俄羅斯交涉事考四卷　(清)張之洞撰　清光緒二十三年(1897)上海書局石印本　二册

310000－0241－0004750　520055
萬國通鑑附地圖四卷　(美國)謝衛樓撰　清光緒八年(1882)刻本　六册

310000－0241－0004751　520056
列國歲計政要十二卷　(英國)麥丁富得力編　(美國)林樂知譯　清同治十二年(1873)江南製造局刻本　六册

310000－0241－0004752　520057
列國歲計政要十二卷　(英國)麥丁富得力編　(美國)林樂知譯　清同治十二年(1873)江南製造局刻本　六册

310000－0241－0004753　520058
外國師船圖表十二卷　(清)許景澄著　清光緒十二年(1886)石印本　四册

310000－0241－0004754　520062
外國列女傳八卷　(清)薛紹徽編　(清)陳壽彭譯　清光緒三十二年(1906)江楚書局石印本　二册

310000－0241－0004755　520064
四裔編年表四卷　(清)李鳳苞彙編　(美國)林樂知譯　清末江南製造局刻本　四册

310000－0241－0004756　520064:2
四裔編年表四卷　(清)李鳳苞彙編　(美國)

林樂知譯　清末江南製造局刻本　四册

310000－0241－0004757　520064：3
四裔編年表四卷　（清）李鳳苞彙編　（美國）林樂知譯　清末江南製造局刻本　四册

310000－0241－0004758　520064：4
四裔編年表四卷　（清）李鳳苞彙編　（美國）林樂知譯　清末江南製造局刻本　四册

310000－0241－0004759　520064：5
四裔編年表四卷　（清）李鳳苞彙編　（美國）林樂知譯　清末江南製造局刻本　二册

310000－0241－0004760　520068
西美戰史　（法國）勃利德氏著　（清）李景鎬譯　清光緒三十年（1904）江南機器製造局排印本　二册

310000－0241－0004761　520069
列國政要一百三十二卷　（清）戴鴻慈　（清）端方等編　清光緒三十三年（1907）商務印書館石印本　三十二册

310000－0241－0004762　520070
列國政要一百三十二卷　（清）戴鴻慈　（清）端方等編　清光緒三十三年（1907）商務印書館石印本　三十二册

310000－0241－0004763　520071
外國師船圖表十六卷　（清）許景澄著　清光緒十一年（1885）石印本　八册

310000－0241－0004764　520072
英國文明史　（英國）勃克魯原本　（清）南洋公學譯　清光緒二十九年（1903）南洋公學排印本　五册

310000－0241－0004765　520073
美史紀事本末八卷首一卷末一卷　（美國）姜寧氏著　（清）章宗元輯譯　清光緒二十九年（1903）刻本　二册

310000－0241－0004766　520074
十九世紀列國政治文編十四卷　邵義選輯　清光緒二十九年（1903）教育世界社排印本　十二册

310000－0241－0004767　520075
東洋分國史二卷　（清）秦衡江編譯　清光緒二十八年（1902）上海文明書局排印本　二册

310000－0241－0004768　520076
西洋史要不分卷　（日本）小川銀次郎撰　樊炳清等譯　清光緒二十七年（1901）陝西大成書局排印本　二册

310000－0241－0004769　520078
羅馬史二卷十一編　（日本）占部百大郎撰　（清）陳時夏等輯　清光緒二十九年（1903）上海商務印書館排印本　二册

310000－0241－0004770　520079
泰西歷代名人傳　（清）徐心鏡增訂　清光緒二十九年（1903）鴻寶齋石印本　四册

310000－0241－0004771　520080
泰西新史攬要八卷　（英國）李提摩太譯本　周慶雲節錄　清光緒二十一年（1895）夢坡室刻本　二册

310000－0241－0004772　520080：2
泰西新史攬要八卷　（英國）李提摩太譯本　周慶雲節錄　清光緒二十一年（1895）夢坡室刻本　二册

310000－0241－0004773　520081
歐美政治要義二部　（清）戴鴻慈等編　清光緒三十四年（1908）商務印書館石印本　四册

310000－0241－0004774　520081：2
歐美政治要義二部　（清）戴鴻慈等編　清光緒三十四年（1908）商務印書館石印本　四册

310000－0241－0004775　520081：3
歐美政治要義二部　（清）戴鴻慈等編　清光緒三十四年（1908）商務印書館石印本　四册

310000－0241－0004776　520082
萬國近政考畧十六卷　（清）鄒弢編輯　清光緒二十二年（1896）排印本　四册

310000－0241－0004777　520088
各國鐵路圖考四卷　（清）劉啓彤譯述　清光緒二十二年（1896）倉山書局石印本　八册

310000－0241－0004778　520089
西學三通　(清)袁宗濂編輯　清光緒二十八年(1902)文盛堂石印本　一百二十册

310000－0241－0004779　520091
華盛頓全傳八卷　(清)黎汝謙譯　清光緒十二年(1886)排印本　八册

310000－0241－0004780　520092
尼羅海戰史不分卷　(美國)耶特瓦德斯邊原著　(日本)越山平三郎譯述　清光緒二十九年(1903)商務印書館排印本　一册

310000－0241－0004781　520093
埏紘外乘二十五卷附續編補遺　(美國)林樂知同譯　清光緒二十七年(1901)江南製造局刻本　八册

310000－0241－0004782　520094
外史論要　(清)鄭傳笈著　清光緒三十年(1904)競化書局排印本　一册

310000－0241－0004783　520094:2
外史論要　(清)鄭傳笈著　清光緒三十年(1904)競化書局排印本　一册

310000－0241－0004784　520098
日本全史二十二卷　(日本)中村正直撰　清末教育世界社石印本　十六册

310000－0241－0004785　520099
英國文明史甲乙丙丁　(英國)勃克魯撰　(清)南洋公學譯　清光緒二十九年(1903)排印本　四册

310000－0241－0004786　520104
西洋歷史教科書　(清)出洋學生編輯所編　清光緒二十八年(1902)商務印書館排印本　一册　存一卷(二)

310000－0241－0004787　520105
列國變通興盛記　(英國)李提摩泰撰　清光緒二十四年(1898)廣學會印本　一册

310000－0241－0004788　520106
英俄印度交涉書一卷續編一卷　(英國)馬文撰　(英國)羅亨利譯　清光緒八年(1882)江南製造局刻本　一册

310000－0241－0004789　520106:2
英俄印度交涉書一卷續編一卷　(英國)馬文撰　(英國)羅亨利譯　清光緒八年(1882)江南製造局刻本　一册

310000－0241－0004790　520107
日本變法第類考初二三集不分卷　(清)程恩培集案　(清)程堯章譯述　清光緒二十八年(1902)排印本　十二册

310000－0241－0004791　520109
俄羅斯史二卷　(日本)山本利喜雄撰　(清)麥鼎華譯　清光緒二十九年(1903)上海廣智書局排印本　二册

310000－0241－0004792　520109:2
俄羅斯史二卷　(日本)山本利喜雄撰　(清)麥鼎華譯　清光緒二十九年(1903)上海廣智書局排印本　二册

310000－0241－0004793　520109:3
俄羅斯史二卷　(日本)山本利喜雄撰　(清)麥鼎華譯　清光緒二十九年(1903)上海廣智書局排印本　二册

310000－0241－0004794　520110
英吉利史二卷　(日本)須永金三郎著　(清)廣智書局譯　清光緒二十九年(1903)上海廣智書局排印本　二册

310000－0241－0004795　520111
日本維新慷慨史二卷　(日本)西村三郎編　趙必振譯　清光緒二十八年(1902)上海廣智書局排印本　二册

310000－0241－0004796　520112
世界百傑畧傳一卷　(日本)谷口政德編　黄炎培譯　清光緒二十八年(1902)科學儀器館排印本　一册

310000－0241－0004797　520114
安南志畧二十卷　(越南)黎崱編　清光緒十年(1884)上海樂善堂木活字印本　四册

310000－0241－0004798　520117

吉田松陰不分卷　（日本）德富豬一郎著　（清）王鈍譯　清光緒二十九年（1903）上海商務印書館排印本　一册

310000－0241－0004799　520120
土耳機史不分卷　（日本）北村三郎編述　（清）趙必振譯　清光緒二十八年（1902）廣智書局排印本　一册

310000－0241－0004800　520121
明治政黨小史不分卷　（清）出洋學生編輯所編　清光緒二十八年（1902）上海商務印書館排印本　一册

310000－0241－0004801　520124
萬國歷史彙編一百卷　（清）江子雲等輯　清光緒二十九年（1903）上海官書館石印本　十六册

310000－0241－0004802　520127
大日本中興先覺志二卷　（日本）岡本監輔撰　清光緒二十七年（1901）開導社刻本　二册

310000－0241－0004803　520128
西史彙函四種　（清）□□輯　清光緒二十一年至二十三年（1895－1897）湖南新學書局刻本　十六册　存二十卷

310000－0241－0004804　520129
西史彙函續編五種三十九卷　（清）□□輯　清光緒二十一年至二十三年（1895－1897）湖南新學書局刻本　八册

310000－0241－0004805　520131
猶太史　（日本）北村三郎編著　（清）趙必振譯　清光緒二十九年（1903）上海廣智書局排印本　一册

310000－0241－0004806　520132
南阿新建國史　（日本）福本誠撰　（清）賀廷謨譯　清末排印本　一册　存二篇（一至二）

310000－0241－0004807　520134
日本變法由遊俠義憤考不分卷　康同薇纂　清光緒二十四年（1898）上海大同譯書局刻本　一册

310000－0241－0004808　520135
社會黨不分卷　（日本）西川光次郎撰　（清）周子高譯　清光緒二十九年（1903）廣智書局排印本　一册

310000－0241－0004809　520137
新撰歐羅巴政治史四卷　（日本）幸田成友撰　（清）中國新是謀者譯　清光緒二十八年（1902）泰東時務譯印局排印本　四册

310000－0241－0004810　520138
希臘獨立史不分卷　（日本）柳井絅齋撰　（清）秦嗣宗譯　清光緒二十八年（1902）廣智書局排印本　一册

310000－0241－0004811　520141
增注東洋詩史二卷　（清）濯足扶桑客撰　清光緒二十九年（1903）江陰中西實學書館木活字印本　一册

310000－0241－0004812　520142
埃及碑釋一卷　（清）陳其鑣譯録　清光緒二十年（1894）錢塘汪氏刻本　一册

310000－0241－0004813　530001
月令粹編　（清）秦嘉謨編　清嘉慶十七年（1812）琳琅仙館刻本　八册

310000－0241－0004814　530001:2
月令粹編　（清）秦嘉謨編　清嘉慶十七年（1812）琳琅仙館刻本　六册

310000－0241－0004815　530002
月令粹編二十四卷　（清）秦嘉謨編　清嘉慶十七年（1812）琳琅仙館刻本　八册

310000－0241－0004816　530004
月令輯要二十四卷　（清）李光地等編　清康熙五十五年（1716）刻本　十六册

310000－0241－0004817　530005
月令輯要二十四卷　（清）李光地等編　清康熙五十五年（1716）刻本　三十七册

310000－0241－0004818　530006
夏時考訓蒙一卷　（清）鄭曉如録集　清末刻本　一册

310000－0241－0004819　530007
清嘉錄　(清)顧祿撰　清道光十年(1830)刻本　二册

310000－0241－0004820　530008
日涉編十二卷　(清)陳堦編輯　清乾隆三十四年(1769)清晨堂刻本　十二册

310000－0241－0004821　530011
日吟小草四卷　(清)王吉人撰　清光緒十四年(1888)寧海主一堂刻本　二册

310000－0241－0004822　530013
七十二候考一卷　(清)曹仁虎撰　清嘉慶刻本　一册

310000－0241－0004823　540000
九通分類總纂二百四十卷　(清)汪鍾霖編　清光緒二十八年(1902)文瀾書局石印本　六十七册

310000－0241－0004824　540001
二十四史九通政典類要合編　(清)黄書霖輯　清光緒二十八年(1902)石印本　一百二十册

310000－0241－0004825　540001:2
二十四史九通政典類要合編　(清)黄書霖輯　清光緒二十八年(1902)石印本　三十八册

310000－0241－0004826　540002
二十四史九通政典類要合編　(清)黄書霖輯　清光緒二十八年(1902)石印本　六十册

310000－0241－0004827　540003
二十四史九通政典類要合編　(清)黄書霖輯　清光緒二十八年(1902)石印本　五十六册

310000－0241－0004828　540004
二十四史九通政典類要合編　(清)黄書霖輯　清光緒二十八年(1902)石印本　六册

310000－0241－0004829　540005
文獻通考　(元)馬端臨著　清光緒十一年(1885)點石齋石印本　二十册

310000－0241－0004830　540005:2
文獻通考　(元)馬端臨著　清光緒十一年(1885)點石齋石印本　十八册

310000－0241－0004831　540006
文獻通考　(元)馬端臨著　清咸豐九年(1859)崇仁謝氏刻本　一百二十册

310000－0241－0004832　540007
文獻通考三百五十一卷　(元)馬端臨著　清光緒十二年(1886)浙江書局刻本　一百四十四册

310000－0241－0004833　540008
三通考輯要　湯壽潛輯　清光緒二十七年(1901)圖書集成局排印本　三册

310000－0241－0004834　540009
文獻通考三百四十八卷　(元)馬端臨撰　清光緒二十八年(1902)鴻寶齋石印本　三十二册

310000－0241－0004835　540010
文獻通考紀要二卷　(清)□□撰　清刻本　二册

310000－0241－0004836　540012
文獻通考輯要　湯壽潛輯　清光緒二十八年(1902)新化三味書局刻本　十册

310000－0241－0004837　540014
文獻通考詳節　(清)嚴虞惇輯　清光緒二十五年(1899)著易堂書局排印本　十二册

310000－0241－0004838　540015
文獻通考三百四十八卷　(元)馬端臨撰　清乾隆十二年(1747)刻本　八十八册

310000－0241－0004839　540017
歷代文獻論畧二十四卷　(清)嚴杏林編　清光緒二十八年(1902)排印本　四册

310000－0241－0004840　540019
續文獻通考二百五十卷　(清)永瑢等纂　清光緒石印本　二十四册

310000－0241－0004841　540019:2
續文獻通考二百五十卷　(清)永瑢等纂　清光緒石印本　二十六册

310000－0241－0004842　540020
續文獻通考二百五十卷　(清)永瑢等纂　清光緒十五年(1889)浙江書局刻本　一百十九册

310000－0241－0004843　540021
續文獻通考二百五十卷　(清)永瑢等纂　清光緒十三年(1887)浙江書局刻本　一百二十册

310000－0241－0004844　540022
欽定續文獻通考輯要　湯壽潛輯　清光緒二十八年(1902)三味書局刻本　十二册

310000－0241－0004845　540023
文獻通考正續合纂四十四卷　(清)邱星等撰　清康熙三年(1664)刻本　二十册

310000－0241－0004846　540024
皇朝文獻通考三百卷　(清)永瑢等纂　清光緒二十七年(1901)排印本　四十八册

310000－0241－0004847　540025
皇朝文獻通考三百卷　(清)永瑢等纂　清光緒二十七年(1901)上海圖書集成局排印本　四十八册

310000－0241－0004848　540026
皇朝續文獻通考四百卷　(清)劉錦藻撰　清光緒三十一年(1905)烏程劉氏堅匏盦排印重編定稿初次校樣本　四册

310000－0241－0004849　540027
皇朝文獻通考三百卷　(清)永瑢等纂　清光緒二十七年(1901)圖書集成局排印本　二十二册

310000－0241－0004850　540028
皇朝文獻通考三百卷　(清)永瑢等纂　清光緒八年(1882)浙江書局刻本　一百六十册

310000－0241－0004851　540028:2
皇朝文獻通考三百卷　(清)永瑢等纂　清光緒八年(1882)浙江書局刻本　六十四册

310000－0241－0004852　540029
皇朝文獻通考詳節　(清)□□撰　清光緒二十五年(1899)著易堂書局排印本　八册

310000－0241－0004853　540030
皇朝文獻通考輯要　湯壽潛輯　清光緒二十八年(1902)三味書局刻本　十册

310000－0241－0004854　540031
通典二百卷　(唐)杜佑纂　清乾隆十二年(1747)武英殿本　三十六册

310000－0241－0004855　540032
通典二百卷　(唐)杜佑纂　清咸豐九年(1859)崇仁謝氏刻本　四十册

310000－0241－0004856　540033
通典二百卷　(唐)杜佑纂　清光緒二十二年(1896)浙江書局刻本　四十八册

310000－0241－0004857　540033:2
通典二百卷　(唐)杜佑纂　清光緒二十二年(1896)浙江書局刻本　十二册

310000－0241－0004858　540035
欽定續通典一百五十卷　(清)紀昀等纂　清光緒十二年(1886)浙江書局刻本　四十册

310000－0241－0004859　540036
欽定續通典　(清)紀昀等纂　清光緒元年(1875)學海堂刻本　四十册

310000－0241－0004860　540037
欽定續通典一百五十卷　(清)紀昀等纂　清光緒十二年(1886)浙江書局刻本　四十册

310000－0241－0004861　540037:2
欽定續通典一百五十卷　(清)紀昀等纂　清光緒十二年(1886)浙江書局刻本　八册

310000－0241－0004862　540039
續通典一百卷　(清)永瑢等纂　清光緒八年(1882)浙江書局刻本　三十九册

310000－0241－0004863　540039:2
續通典一百卷　(清)永瑢等纂　清光緒八年(1882)浙江書局刻本　六册

310000－0241－0004864　540040
皇朝通典一百卷　(清)永瑢等纂　清光緒二

十七年(1901)上海圖書集成局排印本　十二冊

310000－0241－0004865　540041
皇朝通典一百卷　(清)永瑢等纂　清光緒二十七年(1901)上海圖書集成局排印本　十二冊

310000－0241－0004866　540042
皇朝通典一百卷　(清)永瑢等纂　清光緒二十八年(1902)鴻寶書局石印本　八冊

310000－0241－0004867　540043
通典考正　(清)□□撰　清末浙江書局刻本　一冊

310000－0241－0004868　540043：2
通典考正　(清)□□撰　清末浙江書局刻本　一冊

310000－0241－0004869　540045
秦會要二十六卷　(清)孫楷撰　清光緒三十一年(1905)刻本　四冊

310000－0241－0004870　540046
西漢會要七十卷　(宋)徐天麟撰　清光緒十年(1884)江蘇書局刻本　十冊

310000－0241－0004871　540047
西漢會要七十卷　(宋)徐天麟撰　清光緒二十年(1894)江蘇書局刻本　十二冊

310000－0241－0004872　540048
西漢會要七十卷　(宋)徐天麟撰　清光緒五年(1879)學海堂刻本　十冊

310000－0241－0004873　540049
東漢會要四十卷　(宋)徐天麟撰　清光緒五年(1879)江蘇書局刻本　八冊

310000－0241－0004874　540049：2
東漢會要四十卷　(宋)徐天麟撰　清光緒五年(1879)江蘇書局刻本　八冊

310000－0241－0004875　540050
東漢會要四十卷　(宋)徐天麟撰　清光緒刻本　八冊

310000－0241－0004876　540051
東漢會要四十卷　(宋)徐天麟撰　清光緒五年(1879)學海堂刻本　八冊

310000－0241－0004877　540051：2
東漢會要四十卷　(宋)徐天麟撰　清光緒五年(1879)學海堂刻本　八冊

310000－0241－0004878　540052
三國會要二十二卷首一卷　(清)楊晨撰　清光緒二十六年(1900)江蘇書局刻本　六冊

310000－0241－0004879　540054
唐會要　(宋)王溥撰　清光緒二十年(1894)刻本　三十二冊

310000－0241－0004880　540055
五代會要　(宋)王溥撰　清光緒仿聚珍版鉛印本　六冊

310000－0241－0004881　540056
五代會要　(宋)王溥撰　清光緒十七年(1891)秀州王氏百花萬卷草堂木活字印本　四冊

310000－0241－0004882　540061
建炎以來朝野雜記四十卷附校勘記五卷　(宋)李心傳撰　清光緒二十五年(1899)廣雅書局刻本　十一冊

310000－0241－0004883　540076
會典簡明錄一卷　(清)張祥河訂　清光緒二十三年(1897)刻本　一冊

310000－0241－0004884　540076：2
會典簡明錄一卷　(清)張祥河訂　清光緒二十三年(1897)刻本　四冊

310000－0241－0004885　540077
欽定大清會典一百卷　(清)崑岡等奉敕編　清宣統元年(1909)上海商務印書館石印本　十冊

310000－0241－0004886　540077：2
欽定大清會典一百卷　(清)崑岡等奉敕編　清宣統元年(1909)上海商務印書館石印本　十冊

310000－0241－0004887　540078
欽定大清會典　(清)崑岡等編纂　清光緒二十五年(1899)商務印書館石印本　三十六册

310000－0241－0004888　540079
欽定大清會典　(清)崑岡等編纂　清宣統三年(1911)上海商務印書館石印本　二册

310000－0241－0004889　540080
欽定大清會典一百卷　(清)崑岡等編纂　清刻本　二十册

310000－0241－0004890　540081
欽定大清會典一百卷　(清)崑岡等編纂　清光緒三十四年(1908)上海商務印書館石印本　五百五十册

310000－0241－0004891　540081:2
欽定大清會典一百卷　(清)崑岡等編纂　清光緒三十四年(1908)上海商務印書館石印本　十册

310000－0241－0004892　540082
大清會典四卷　(清)□□撰　清同治十一年(1872)湖北書局刻本　四册

310000－0241－0004893　540085
大清會典四卷　(清)□□撰　清同治十一年(1872)湖北書局刻本　四册

310000－0241－0004894　540086
大清會典一百卷　(清)崑岡等編纂　清光緒二十五年(1899)京師官書局石印本　二十四册

310000－0241－0004895　540086:2
大清會典一百卷　(清)崑岡等編纂　清光緒二十五年(1899)京師官書局石印本　十册

310000－0241－0004896　540086:3
大清會典一百卷　(清)崑岡等編纂　清光緒二十五年(1899)京師官書局石印本　六册

310000－0241－0004897　540087
大清會典事例一千二百二十卷　(清)崑岡等編纂　清光緒十二年(1886)石印本　三百八十四册

310000－0241－0004898　540087:2
大清會典事例一千二百二十卷　(清)崑岡等編纂　清光緒十二年(1886)石印本　一百五十册

310000－0241－0004899　540087:3
大清會典事例一千二百二十卷　(清)崑岡等編纂　清光緒十二年(1886)石印本　一百五十册

310000－0241－0004900　540087:4
大清會典事例一千二百二十卷　(清)崑岡等編纂　清光緒十二年(1886)石印本　一百五十册

310000－0241－0004901　540088
欽定大清會典圖二百七十卷　(清)崑岡等編纂　清光緒二十五年(1899)石印本　七十四册

310000－0241－0004902　540089
欽定大清會典圖　(清)崑岡等編纂　清光緒二十五年(1899)石印本　七十三册

310000－0241－0004903　540090
皇朝政典類纂五百卷　(清)席裕福撰　清光緒二十九年(1903)圖書集成局排印本　五十册

310000－0241－0004904　540091
歷代經濟文統三十二卷　(清)顧炎武原纂　(清)王緯校訂　清光緒二十七年(1901)會文堂石印本　十六册

310000－0241－0004905　540094
吾學録初編二十四卷　(清)吳榮光述　清同治九年(1870)江蘇書局刻本　二册

310000－0241－0004906　540095
吾學録初編二十四卷　(清)吳榮光述　清道光十五年(1835)陟燕居刻本　八册

310000－0241－0004907　540096
吾學録初編二十四卷　(清)吳榮光述　清同治七年(1868)金陵書局聚珍版印本　八册

310000－0241－0004908　540097

吾學錄　(清)吳榮光述　清同治十三年(1874)刻本　六册

310000－0241－0004909　540098
建炎以來繫年要錄二百卷　(宋)李心傳撰　清光緒八年(1882)仁壽蕭氏刻本　四十册

310000－0241－0004910　540099
熙朝紀政六卷　(清)王慶雲述　清光緒二十七年(1901)天章書局石印本　六册

310000－0241－0004911　540100
熙朝紀政四卷　(清)王慶雲編　清光緒二十四年(1898)刻本　四册

310000－0241－0004912　540101
熙朝紀政八卷　(清)王慶雲述　清光緒二十八年(1902)石印本　四册

310000－0241－0004913　540102
熙朝紀政六卷　(清)王慶雲述　清光緒二十四年(1898)石印本　六册

310000－0241－0004914　540104
欽定中樞政考　(清)□□等撰　清武英殿刻本　十册

310000－0241－0004915　540105
欽定中樞政考續纂　(清)景善等編修　清道光十二年(1832)刻本　四册

310000－0241－0004916　540109
古今法制表十六卷　(清)孫榮編　清光緒三十二年(1906)四川刻本　十册

310000－0241－0004917　540109:2
古今法制表十六卷　(清)孫榮編　清光緒三十二年(1906)四川刻本　十册

310000－0241－0004918　540111
皇朝通志一百二十六卷　(清)戴衢亨等撰　清光緒二十八年(1902)鴻寶書局石印本　八册

310000－0241－0004919　540112
廣治平畧三十六卷　(清)蔡方炳撰　清末刻本　三册

310000－0241－0004920　540112:2
廣治平畧三十六卷　(清)蔡方炳撰　清末刻本　七册

310000－0241－0004921　540113
明會要八十卷　(清)龍文彬撰　清光緒十三年(1887)永懷堂刻本　二十册

310000－0241－0004922　540117
日本皇室典範義解一卷　(日本)伊藤博文纂　(清)沈紘譯　清光緒二十七年(1901)金粟齋排印本　一册

310000－0241－0004923　540118
豫備立憲意見書前編二卷　(清)康繼祖編　清光緒教育品物公司排印本　二册

310000－0241－0004924　540120
三通考輯要七十六卷　湯壽潛編輯　清光緒二十五年(1899)圖書集成局排印本　三十册

310000－0241－0004925　540122
日本帝國憲法義解不分卷　(日本)伊藤博文纂　(清)沈紘譯　清光緒二十七年(1901)金粟齋排印本　一册

310000－0241－0004926　540122:2
日本帝國憲法義解不分卷　(日本)伊藤博文纂　(清)沈紘譯　清光緒二十七年(1901)金粟齋排印本　一册

310000－0241－0004927　540123
漢制考四卷　(宋)王應麟撰　清刻本　二册

310000－0241－0004928　540124
歐美政體通覽一卷　(日本)上野貞吉撰　(清)出洋學生編輯所譯　清光緒二十八年(1902)上海商務印書館排印本　一册

310000－0241－0004929　541001
大唐開元禮一百五十卷　(唐)蕭嵩等奉敕撰　清光緒十二年(1886)公善堂刻本　十六册

310000－0241－0004930　541002
大金集禮四十卷附識語一卷校勘記一卷　繆荃孫撰　清光緒二十一年(1895)廣雅書局刻本　六册

310000－0241－0004931　541004
大清通禮五十卷　(清)來保纂修　清乾隆二十一年(1756)刻本　八冊

310000－0241－0004932　541005
大清通禮五十四卷　(清)穆克登額等續纂　清道光四年(1824)刻本　十六冊

310000－0241－0004933　541006
大清通禮五十四卷　(清)穆克登額等續纂　清光緒九年(1883)江蘇書局刻本　二冊

310000－0241－0004934　541007
宦鄉要則　(清)味蘭室主人編　清光緒十年(1884)申報館排印本　一冊

310000－0241－0004935　541008
盛京典制備考八卷　(清)崇厚編　清光緒四年(1878)刻本　六冊

310000－0241－0004936　541008:2
盛京典制備考八卷　(清)崇厚編　清光緒四年(1878)刻本　六冊

310000－0241－0004937　541009
聖門樂誌不分卷　(清)孔尚任原纂　(清)孔憲毅敬錄　清光緒十三年(1887)刻本　一冊

310000－0241－0004938　541009:2
聖門樂誌不分卷　(清)孔尚任原纂　(清)孔憲毅敬錄　清光緒十三年(1887)刻本　二冊

310000－0241－0004939　541010
聖域述聞　(清)黄本驥撰　清同治五年(1866)刻本　六冊

310000－0241－0004940　541011
文廟通考　(清)牛樹梅撰　清同治十一年(1872)浙江書局刻本　二冊

310000－0241－0004941　541011:2
文廟通考　(清)牛樹梅撰　清同治十一年(1872)浙江書局刻本　二冊

310000－0241－0004942　541012
文廟通考六卷　(清)牛樹梅撰　清同治十一年(1872)浙江書局刻本　二冊

310000－0241－0004943　541012:2
文廟通考六卷　(清)牛樹梅撰　清同治十一年(1872)浙江書局刻本　二冊

310000－0241－0004944　541015
文廟丁祭譜　(清)江蘇書局編　清同治七年(1868)江蘇書局刻本　一冊

310000－0241－0004945　541016
文廟丁祭譜十卷　(清)藍鍾瑞等撰　清同治七年(1868)刻本　十冊

310000－0241－0004946　541017
文廟彙考十卷　(清)蔣乙經輯　清道光七年(1827)刻本　六冊

310000－0241－0004947　541018
文廟祀典　(清)周石匏撰　清乾隆十三年(1748)六有堂刻本　四冊

310000－0241－0004948　541019
文廟祀典考五十卷　(清)龐鍾璐編輯　清光緒四年(1878)刻本　八冊

310000－0241－0004949　541019:2
文廟祀典考五十卷　(清)龐鍾璐編輯　清光緒四年(1878)刻本　八冊

310000－0241－0004950　541020
文廟祀典考五十卷　(清)龐鍾璐編輯　清光緒四年(1878)家刻本　八冊

310000－0241－0004951　541021
文廟思源錄　(清)張西山輯　清同治九年(1870)刻本　一冊

310000－0241－0004952　541022
文廟叢祀錄三卷　(清)譚錫朋撰　清同治二年(1863)刻本　三冊

310000－0241－0004953　541023
直省釋奠禮樂記六卷首一卷　(清)應寶時等編輯　清同治刻本　四冊

310000－0241－0004954　541024
南巡盛典一百二十卷　(清)高晉等纂輯　清光緒八年(1882)點石齋印本　八冊

310000－0241－0004955　541025

幸魯盛典四十卷　(清)孔毓圻等纂輯　清康熙五十年(1711)刻本　十二册

310000－0241－0004956　541030

帝王廟謚年諱譜　(清)陸費墀撰　清刻本　一册

310000－0241－0004957　541031

皇朝謚法考五卷補續編一卷　(清)鮑康輯　清同治三年(1864)刻本　一册

310000－0241－0004958　541031:2

皇朝謚法考五卷補續編一卷　(清)鮑康輯　清同治三年(1864)刻本　一册

310000－0241－0004959　541032

紀元編三卷　(清)李兆洛撰　清同治十年(1871)合肥李氏刻本　三册

310000－0241－0004960　541035

貢舉考畧五卷　(清)黄崇蘭輯　清道光元年(1821)涇邑刻本　二册

310000－0241－0004961　541038

江南貢院全圖　(清)□□編繪　清同治十二年(1873)石印本　一册

310000－0241－0004962　541040

歷代服制考原一卷　(清)蔡子嘉著　清光緒十四年(1888)西山草堂石印本　二册

310000－0241－0004963　541041

欽定禮部則例　(清)禮部纂　清武英殿刻本　八册　存九十一卷(一百十二至二百二)

310000－0241－0004964　541043

續增科場條例不分卷　(清)□□輯　清咸豐刻本　一册

310000－0241－0004965　541044

闕里祭儀錄三卷附勛儀糾謬集三卷　(清)孔繼汾撰　清乾隆三十四年(1769)刻本　六册

310000－0241－0004966　541045

中祀合編二卷　(清)□□輯　清咸豐刻本　一册

310000－0241－0004967　541049

皇朝祭器樂舞錄二卷　(清)徐暢達輯　清同治十年(1871)湖北崇文書局刻本　二册

310000－0241－0004968　541052

學宫譜六卷　(清)孫錫疇著　清同治元年(1862)刻本　四册

310000－0241－0004969　541053

甲子紀元集成九卷　(清)吴晉德編錄　清道光十四年(1834)刻本　四册

310000－0241－0004970　541056

大清光緒三十四年歲次戊申曆書　(清)□□編　清光緒三十三年(1907)掃葉山房石印本　一册

310000－0241－0004971　541058

謹擬御用服色一卷謹擬王公百官服色一卷　(清)□□撰　清末浙江官書局刻本　一册

310000－0241－0004972　541061

長興邑廟全圖　(清)長興縣署編繪　清長興縣署墨繪本　一册

310000－0241－0004973　541064

皇朝謚彙考五卷　(清)劉長華增輯　清光緒元年(1875)槐雲閣刻本　二册

310000－0241－0004974　541067

普天同慶錄一卷　(清)□□輯　清光緒三十四年(1908)石印本　一册

310000－0241－0004975　541069

歷代甲子考一卷　(清)黄宗羲撰　清宣統二年(1910)時中書局排印梨洲遺著彙刻本　一册

310000－0241－0004976　541071

大雲山房十二章圖説二卷　(清)惲敬撰　清光緒九年(1883)歸安姚氏刻本　一册

310000－0241－0004977　541072

欽定學政全書八十六卷首一卷　(清)恭阿拉等編纂　清翻刻嘉慶十七年(1812)武英殿本　二十册

310000－0241－0004978　541074

禮文備錄十二卷 (清)管窺居士輯 清光緒六年(1880)刻本 十六册

310000－0241－0004979 542001
漢官七種十一卷 (清)孫星衍輯 清末尊經書局重刻平津館本 二册

310000－0241－0004980 542002(2)
大唐六典三十卷 (唐)玄宗李隆基撰 (唐)李林甫等注 清嘉慶五年(1800)掃葉山房刻本 十六册

310000－0241－0004981 542003
歷代職官表七十二卷 (清)四庫館撰 清光緒二十二年(1896)廣雅書局刻本 二十四册

310000－0241－0004982 542003:2
歷代職官表七十二卷 (清)四庫館撰 清光緒二十二年(1896)廣雅書局刻本 三十二册

310000－0241－0004983 542003:3
歷代職官表七十二卷 (清)四庫館撰 清光緒二十二年(1896)廣雅書局刻本 二十四册

310000－0241－0004984 542007
皇朝詞林典故六十四卷 (清)朱珪等撰 清嘉慶十年(1805)武英殿刻本 三十四册

310000－0241－0004985 542008
樞垣紀畧二十八卷 (清)梁章鉅撰 (清)朱智等續輯 清光緒元年(1875)刻本 六册

310000－0241－0004986 542008:2
樞垣紀畧二十八卷 (清)梁章鉅撰 (清)朱智等續輯 清光緒元年(1875)刻本 六册

310000－0241－0004987 542009
星軺指掌四卷 (清)聯芳譯 清光緒二年(1876)刻本 四册

310000－0241－0004988 542010:2
國朝翰詹源流編年三卷 (清)吴鼎雯撰 清乾隆刻本 一册

310000－0241－0004989 542011
鄉守外編輯要十卷附救命書 (明)吕坤著 清咸豐五年(1855)刻本 二册

310000－0241－0004990 542012
南省公餘錄八卷 (清)梁章鉅撰 清道光十六年(1836)刻本 四册

310000－0241－0004991 542012:2
南省公餘錄八卷 (清)梁章鉅撰 清道光十六年(1836)刻本 四册

310000－0241－0004992 542013
清秘述聞十卷 (清)法式善編 清嘉慶四年(1799)刻本 六册

310000－0241－0004993 542017
都察院釐訂官制章程不分卷 (清)都察院輯 清光緒排印本 一册

310000－0241－0004994 542019
擬議郵傳部職掌章程一卷 (清)奕劻等擬議 清光緒刻本 一册

310000－0241－0004995 542020
直省勸業道職掌任用章程一卷坿考核各省勸業道官制並分科辦事細則一卷 (清)農工商部 (清)郵傳部擬訂 清光緒刻本 一册

310000－0241－0004996 542021
歷代刑官考二卷 沈家本撰 清宣統修訂法律館排印本 一册

310000－0241－0004997 542021:2
歷代刑官考二卷 沈家本撰 清宣統修訂法律館排印本 一册

310000－0241－0004998 542022
酌增常例不分卷 (清)□□輯 清刻本 一册

310000－0241－0004999 542023
漢員爵秩官俸不分卷 (清)吏部編 清末刻本 一册

310000－0241－0005000 542501
州縣提綱四卷 (宋)陳襄撰 清綿州李氏刻本 一册

310000－0241－0005001 542503
爲政忠告三種三卷 (元)張養浩著 清道光二十一年(1841)碧鮮齋刻本 二册

310000－0241－0005002　542504
欽定臺規四十卷　(清)松筠等纂　清道光七年(1827)刻本　十册

310000－0241－0005003　542505
欽定臺規四十卷　(清)松筠等纂　清道光七年(1827)刻本　十三册

310000－0241－0005004　542506
福惠全書三十二卷　(清)黄六鴻撰　清光緒十九年(1893)刻本　十二册

310000－0241－0005005　542507
莅政摘要二卷　(清)陸隴其輯　清同治九年(1870)海州吳世裕刻本　二册

310000－0241－0005006　542508
圖民録四卷　(清)袁守定著　清同治十一年(1872)江西書局刻本　二册

310000－0241－0005007　542508:2
圖民録四卷　(清)袁守定著　清同治十一年(1872)江西書局刻本　二册

310000－0241－0005008　542509
學治臆説　(清)汪輝祖纂　清嘉慶五年(1800)刻本　一册

310000－0241－0005009　542510
學治臆説二卷附續一卷　(清)汪輝祖纂　清同治五年(1866)刻本　一册

310000－0241－0005010　542511
佐治藥言一卷續一卷　(清)汪輝祖纂　清同治五年(1866)刻本　一册

310000－0241－0005011　542512
學仕遺規四卷　(清)陳宏謀輯　清光緒十九年(1893)刻本　八册

310000－0241－0005012　542513
學仕遺規補編四卷　(清)陳宏謀輯　清光緒十九年(1893)刻本　二册

310000－0241－0005013　542514
學仕録十六卷　(清)戴肇辰輯　清同治六年(1867)刻本　八册

310000－0241－0005014　542516
守令垂範十四卷　(清)屈天成訂　清乾隆二十二年(1757)刻本　十册

310000－0241－0005015　542517
明刑弼教録　(清)王祖源撰輯　清光緒六年(1880)刻天壤閣叢書本　一册

310000－0241－0005016　542519
治臺必告録八卷　(清)徐樹人原編　(清)丁曰健輯　清同治六年(1867)知足知止園刻本　八册

310000－0241－0005017　542520
讀律心得三卷蜀僚問答二卷　(清)劉衡纂輯　清道光十六年(1836)刻本　一册

310000－0241－0005018　542522
實政録七卷　(明)吕坤撰　清光緒十五年(1889)寧陵縣刻本　十册

310000－0241－0005019　542522(2)
實政録七卷　(明)吕坤撰　清同治十一年(1872)浙江書局刻本　六册

310000－0241－0005020　542522(4)
實政録七卷　(明)吕坤撰　清抄本　九册

310000－0241－0005021　542524
明慎録　(清)宋邦僡編　清同治四年(1865)刻本　一册

310000－0241－0005022　542525
人臣儆心録一卷　(清)世祖福臨撰　清順治十二年(1655)刻本　一册

310000－0241－0005023　542526
治説彙纂　(清)汪輝祖纂　清道光二年(1822)刻本　一册

310000－0241－0005024　542527
浠川政譜二卷　(清)龔鼎孳撰　清光緒十年(1884)刻本　一册

310000－0241－0005025　542529
求治管見　(清)戴肇辰撰　清咸豐二年(1852)刻本　一册

310000－0241－0005026　542531

從公録不分卷續録三卷三録不分卷　(清)戴肇辰撰　清同治二年(1863)刻本　一册

310000－0241－0005027　542532

貫垣紀事詩坿提牢瑣記　(清)李文安撰　清光緒二年(1876)刻本　一册

310000－0241－0005028　542534

平平言四卷　(清)方大湜著　清光緒十六年(1890)鄂省藩署排印本　四册

310000－0241－0005029　542534:2

平平言四卷　(清)方大湜著　清光緒十六年(1890)鄂省藩署排印本　四册

310000－0241－0005030　542535

察吏六條不分卷　(清)丁日昌撰　清同治刻本　一册

310000－0241－0005031　543005

理財新義三卷附各國幣制表　(法國)戈利著　清光緒三十三年(1907)上海商務印書館排印本　一册

310000－0241－0005032　543006

會計學要論不分卷　(清)錢應清編著　清宣統三年(1911)浙江官報印刷局排印本　一册

310000－0241－0005033　543009

井田圖考二卷　(清)朱克己撰　清光緒十六年(1890)山東書局刻本　二册

310000－0241－0005034　543010

井田圖考二卷　(清)朱克己撰　清光緒十六年(1890)山東書局刻本　二册

310000－0241－0005035　543011

富國策三卷附續四卷　(美國)丁韙良編　清光緒二十四年(1898)排印本　七册

310000－0241－0005036　543012

江蘇省減賦全案八卷　(清)劉郇膏等纂輯　清同治五年(1866)刻本　八册

310000－0241－0005037　543013

江蘇省減賦全案八卷　(清)劉郇膏等纂輯　清同治五年(1866)刻本　八册

310000－0241－0005038　543014

浙江海運漕糧全案重編原編八卷續編四卷新編八卷　(清)馬新貽等纂　清同治六年(1867)刻本　十二册

310000－0241－0005039　543015

江蘇海運全案　(清)賀長齡纂輯　清道光六年(1826)刻本　十一册

310000－0241－0005040　543015:2

江蘇海運全案　(清)賀長齡纂輯　清道光六年(1826)刻本　二十册

310000－0241－0005041　543015:3

江蘇海運全案　(清)賀長齡纂輯　清道光六年(1826)刻本　八册

310000－0241－0005042　543016

欽定戶部漕運全書　(清)戶部編　清咸豐十年(1860)刻本　十册　存二十卷(二十九至三十二、四十三至四十六、四十九至六十)

310000－0241－0005043　543017

江北運程四十卷首一卷　(清)董恂撰　清咸豐十年(1860)刻本　四十一册

310000－0241－0005044　543019

浙西減漕記畧一卷　(清)戴槃著　清同治六年(1867)刻本　一册

310000－0241－0005045　543020

浙西減漕記畧　(清)戴槃撰　清同治七年(1868)刻本　四册

310000－0241－0005046　543031

淮鹺備要十卷　(清)李澄輯　清道光三年(1823)刻本　八册

310000－0241－0005047　543031:2

淮鹺備要十卷　(清)李澄輯　清道光三年(1823)刻本　四册

310000－0241－0005048　543032

淮北票鹽志畧十五卷續畧十二卷　(清)童濂編　清同治七年(1868)刻本　十册

310000－0241－0005049　543033

淮南鹽法紀畧十卷　(清)龐際雲編　清同治

十二年(1873)淮南書局刻本　六册

310000－0241－0005050　543033:2
淮南鹽法紀畧十卷　(清)龐際雲編　清同治十二年(1873)淮南書局刻本　六册

310000－0241－0005051　543034
淮南鹽法紀畧十卷　(清)龐際雲編　清同治十二年(1873)淮南書局刻本　六册

310000－0241－0005052　543035
淮北票鹽志畧十五卷　(清)童濂編　清同治七年(1868)刻本　三册

310000－0241－0005053　543036
淮北票鹽志畧十五卷　(清)童濂編　清同治七年(1868)刻本　六册

310000－0241－0005054　543037
兩淮鹽法撰要二卷　陳慶年著　清光緒十八年(1892)益智社排印本　一册

310000－0241－0005055　543037:2
兩淮鹽法撰要二卷　陳慶年著　清光緒十八年(1892)益智社排印本　一册

310000－0241－0005056　543038
淮北三場池圩圖不分卷　(清)毓昌編　清末石印本　一册

310000－0241－0005057　543039
兩淮鹽法志五十六卷總目四卷　(清)佶山等輯　清同治九年(1870)揚州書局刻本　二十册

310000－0241－0005058　543040
兩淮鹽法志五十六卷總目四卷　(清)佶山等輯　清同治九年(1870)揚州書局刻本　三十二册

310000－0241－0005059　543041
淮北票鹽續畧十二卷　(清)許寶書編　清同治九年(1870)刻本　四册

310000－0241－0005060　543042
淮鹺備要十卷　(清)李澄輯　清道光三年(1823)刻本　二册

310000－0241－0005061　543044
山東鹽法志三十二卷附編十卷　(清)吉綸等纂　清嘉慶十四年(1809)刻本　二十三册

310000－0241－0005062　543045
山東鹽法續增備考六卷　(清)□□撰　清道光六年(1826)刻本　九册

310000－0241－0005063　543047
勑修河東鹽法志十二卷　(清)石麟總裁　(清)朱一鳳等纂輯　清雍正五年(1727)刻本　九册

310000－0241－0005064　543048
長蘆鹽法志三十卷　(清)珠隆阿等纂　清嘉慶十年(1805)刻本　二十四册

310000－0241－0005065　543051
河東鹽法志備覽十二卷　(清)蔣兆奎編輯　清乾隆五十四年(1789)刻本　八册

310000－0241－0005066　543052
兩浙鹽法志三十卷　(清)阮元編纂　清嘉慶六年(1801)刻本　二十四册

310000－0241－0005067　543053
欽定重修兩浙鹽法志三十卷首一卷　(清)馮培等總纂　清嘉慶七年(1802)刻本　十六册

310000－0241－0005068　543054
欽定重修兩浙鹽法志三十卷　(清)阮元等纂　清嘉慶六年(1801)刻本　二十四册

310000－0241－0005069　543055
欽定重修兩浙鹽法志三十卷　(清)阮元等纂　清同治十三年(1874)刻本　二十四册

310000－0241－0005070　543057
續纂兩浙鹽法備考　(清)廖壽豐等纂　清光緒二十五年(1899)刻本　八册

310000－0241－0005071　543058
兩浙鹽法續纂備考十二卷　(清)楊昌濬等纂　清同治十三年(1874)刻本　十二册

310000－0241－0005072　543060
重修兩浙鹺志二十四卷　(明)楊鶴修訂　(明)胡繼升續訂　清康熙五十一年(1712)呂

猶龍刻本　十冊

310000－0241－0005073　543061

溫處鹽務紀要不分卷　(清)趙舒翹編纂　清光緒十九年(1893)刻本　二冊

310000－0241－0005074　543062

南鹺志要　(清)冰壺外史(改琦)輯　清光緒刻本　一冊

310000－0241－0005075　543063

四川官運鹽案類編二十八卷　(清)唐炯輯　清光緒七年(1881)成都總局刻本　十冊

310000－0241－0005076　543065

四川鹽法志四十卷　(清)丁寶楨編纂　清光緒八年(1882)刻本　二十冊

310000－0241－0005077　543066

兩廣鹽法志三十五卷　(清)阮元等纂　清道光十六年(1836)刻本　二十冊

310000－0241－0005078　543067

兩廣鹽法外志六卷　(清)李侍堯等編輯　清乾隆二十八年(1763)刻本　二冊

310000－0241－0005079　543068

福建票鹽志畧　(清)吳大廷撰　清同治十三年(1874)刻本　二冊

310000－0241－0005080　543068：2

福建票鹽志畧　(清)吳大廷撰　清同治十三年(1874)刻本　二冊

310000－0241－0005081　543068：3

福建票鹽志畧　(清)吳大廷撰　清同治十三年(1874)刻本　二冊

310000－0241－0005082　543068：4

福建票鹽志畧　(清)吳大廷撰　清同治十三年(1874)刻本　二冊

310000－0241－0005083　543068：5

福建票鹽志畧　(清)吳大廷撰　清同治十三年(1874)刻本　二冊

310000－0241－0005084　543068：6

福建票鹽志畧　(清)吳大廷撰　清同治十三年(1874)刻本　二冊

310000－0241－0005085　543073

中國度支考不分卷　(英國)哲美森編　(美國)林樂知譯　清光緒二十三年(1897)圖書集成局排印本　一冊

310000－0241－0005086　543073：2

中國度支考不分卷　(英國)哲美森編　(美國)林樂知譯　清光緒二十三年(1897)圖書集成局排印本　一冊

310000－0241－0005087　543075

捕蝗要說一卷附除蝻八要一卷　(清)□□撰　清同治八年(1869)湖北崇文書局刻本　一冊

310000－0241－0005088　543076

康濟錄四卷　(清)□□撰　清同治八年(1869)湖北崇文書局刻本　四冊

310000－0241－0005089　543076：2

康濟錄四卷　(清)□□撰　清同治八年(1869)湖北崇文書局刻本　三冊

310000－0241－0005090　543077

欽定康濟錄合訂四卷　(清)□□撰　清同治三年(1864)浙江撫署刻本　一冊

310000－0241－0005091　543078

救荒活民書附拾遺一卷　(宋)董煟撰　清同治刻本　二冊

310000－0241－0005092　543079

救荒補遺書　(明)朱熊編　清同治八年(1869)湖北崇文書局刻本　二冊

310000－0241－0005093　543079：2

救荒補遺書　(明)朱熊編　清同治八年(1869)湖北崇文書局刻本　二冊

310000－0241－0005094　543080

荒政輯要九卷首一卷　(清)汪志伊纂　清道光二十一年(1841)刻本　二冊

310000－0241－0005095　543081

荒政輯要九卷首一卷　(清)汪志伊纂　清道光五年(1825)刻本　二冊

310000－0241－0005096　543082
荒政輯要九卷首一卷　(清)汪志伊纂　清道光二十一年(1841)刻本　二册

310000－0241－0005097　543083
荒政輯要九卷首一卷　(清)汪志伊纂　清道光二十一年(1841)刻本　二册

310000－0241－0005098　543084
理財考鏡　(清)孫德全著　清宣統二年(1910)排印本　二册

310000－0241－0005099　543084：2
理財考鏡　(清)孫德全著　清宣統二年(1910)排印本　一册

310000－0241－0005100　543085
理財考鏡五卷　(清)孫德全著　清宣統二年(1910)排印本　二册

310000－0241－0005101　543086
光緒會計録三卷　(清)李希聖纂　清光緒二十二年(1896)上海時務報館石印本　二册

310000－0241－0005102　543086：2
光緒會計録三卷　(清)李希聖纂　清光緒二十二年(1896)上海時務報館石印本　二册

310000－0241－0005103　543087
中國財政紀畧不分卷　(日本)東邦協會纂　(清)吴銘譯　清光緒二十八年(1902)廣智書局排印本　一册

310000－0241－0005104　543088
石渠餘記六卷　(清)王慶雲撰　清光緒十六年(1890)龍氏校刻本　六册

310000－0241－0005105　543089
龍州雜俎三卷　易順鼎撰　清光緒二十九年(1903)排印本　一册

310000－0241－0005106　543090
籌濟編　(清)楊景仁編　清光緒四年(1878)刻本　六册

310000－0241－0005107　543091
農曹案彙　(清)劉嶽雲輯　清光緒二十九年(1903)刻本　一册

310000－0241－0005108　543091：2
農曹案彙　(清)劉嶽雲輯　清光緒二十九年(1903)刻本　二册

310000－0241－0005109　543092
鐵路政見録不分卷　(清)徐原烈撰　清宣統二年(1910)大成印刷公司排印本　一册

310000－0241－0005110　543094
度支部通阜司奏案輯要六卷　(清)度支部校輯　清光緒京師京華書局排印本　六册

310000－0241－0005111　543096
條議中國新圜法覺書不分卷　(美國)精琪撰　清光緒三十三年(1907)都城京報館排印本　一册

310000－0241－0005112　543096(2)
錫價駁議不分卷　劉世珩撰　清光緒三十年(1904)南洋官報總局排印本　一册

310000－0241－0005113　543098
浙志田賦畧附浙西各縣科則銀米表　(清)浙江通志館編纂　清光緒排印本　一册

310000－0241－0005114　543099
自強學齋治平十議　(清)陳熾等撰　清光緒十九年至二十三年(1893－1897)上海文瑞樓石印本　十二册

310000－0241－0005115　543101
清理蘇松常鎮太田賦案牘　(清)□□輯　清光緒二十五年(1899)刻本　一册

310000－0241－0005116　543102
江西釐金章程不分卷　(清)□□輯　清末刻本　一册

310000－0241－0005117　543104
安徽財政沿革利弊説明書　(清)安徽財政局編　清宣統二年(1910)安徽官紙印刷局排印本　二册

310000－0241－0005118　543104：2
安徽財政沿革利弊説明書　(清)安徽財政局編　清宣統二年(1910)安徽官紙印刷局排印本　二册

310000－0241－0005119　543105

考察南洋勸業會紀畧　韓葆忠紀　清宣統二年(1910)排印本　一册

310000－0241－0005120　543110

通商各關華洋貿易總册(光緒二十六年及三十二年)附郵政事務通報(光緒三十一年)　(清)上海通商海關造册處譯　清光緒二十三年(1897)上海通商海關造册處排印本　二册

310000－0241－0005121　543111

欽定物料價值則例江蘇省八卷山西省十六卷　(清)快亮等奉敕纂修　清乾隆三十四年(1769)刻本　十六册

310000－0241－0005122　543112

陝西釐税總局擬定畫一章程　(清)陝西釐税總局擬定　清同治刻本　一册

310000－0241－0005123　543114

遷民圖説不分卷　(清)黄璣編　清光緒二十二年(1896)點石齋石印本　二册

310000－0241－0005124　543116

浙江財政説明書下編不分卷　(清)浙江清理財政局造　清宣統石印本　六册

310000－0241－0005125　543118

工業與國政相關論　(□□)司旦離遮風司撰　(清)王汝駠譯　清光緒二十六年(1900)江南製造局刻本　二册

310000－0241－0005126　543121

光緒通商列表不分卷　(清)楊楷輯　清光緒十二年(1886)刻本　一册

310000－0241－0005127　543122

杭嘉湖三府減漕記畧不分卷坿奏稿　(清)戴槃撰　清同治五年(1866)刻本　四册

310000－0241－0005128　543124

淮關統志十四卷　(明)馬麟原撰　(清)李如枚重修　清光緒三十二年(1906)刻本　六册

310000－0241－0005129　543124(2)

[嘉慶]續纂淮關統志十四卷　(清)李如枚纂修　清乾隆四十三年(1778)刻嘉慶十一年(1806)增刻本　六册

310000－0241－0005130　543127

山東全省財政説明書不分卷　(清)山東清理財政局編訂　清宣統二年(1910)排印本　十七册

310000－0241－0005131　543132

黑龍江財政沿革利弊説明書三卷附劃分税項意見書一卷附錄一卷　(清)黑龍江清理財政局編　清宣統二年(1910)排印本　四册

310000－0241－0005132　543132：2

黑龍江財政沿革利弊説明書三卷附劃分税項意見書一卷附錄一卷　(清)黑龍江清理財政局編　清宣統二年(1910)排印本　四册

310000－0241－0005133　543134

山西全省財政各種説明書八種不分卷　(清)山西清理財政局編輯　清宣統二年(1910)山西清理財政局排印本　十一册

310000－0241－0005134　543140

度支部奏通用銀錢票暫行章程一卷　(清)度支部訂　清宣統排印本　一册

310000－0241－0005135　543141

江西各項財政説明書不分卷　(清)江西清理財政局編輯　清末排印本　四册

310000－0241－0005136　543142

蘇屬財政説明書四種不分卷　(清)江蘇省蘇屬清理財政局編訂　清宣統三年(1911)江蘇省蘇屬清理財政局排印本　十册

310000－0241－0005137　543143

雲南清理財政局調查全省財政説明書初稿不分卷　(清)雲南清理財政局編　清宣統二年(1910)雲南清理財政局排印本　八册

310000－0241－0005138　543144

奉天財政沿革利弊説明書六卷規戒律附劃分國家地方兩税説明書及税額表　(清)奉天省清理財政局輯　清宣統三年(1911)排印本　八册

310000－0241－0005139　543146

廣西財政沿革利弊説明書十三卷　(清)廣西財政清理局編　清宣統二年(1910)廣西官書局排印本　十四册

310000－0241－0005140　543147
廣東財政説明書十六卷　(清)廣東清理財政局編訂　清宣統二年(1910)財政局排印本　十六册

310000－0241－0005141　543148
陝西省財政説明書不分卷　(清)陝西清理財政局編輯　清宣統元年(1909)排印本　六册

310000－0241－0005142　543149
清理財政奏牘章程條款規則彙編不分卷　(清)江蘇省蘇屬清理財政局輯　清宣統江蘇省蘇屬清理財政局排印本　二册

310000－0241－0005143　543151
直隸清理財政局説明書不分卷　(清)直隸清理財政局編輯　清宣統排印本　四册

310000－0241－0005144　543153
貴州省財政沿革利弊説明書不分卷　(清)貴州清理財政局編輯　清宣統三年(1911)排印本　六册

310000－0241－0005145　543154
湖南財政款目説明書二十卷附湖南海常各關財政款目説明書四卷　(清)湖南清理財政局編　清宣統三年(1911)排印本　六册

310000－0241－0005146　543155
吉林行省財政各種説明書不分卷　(清)吉林行省清理財政局編　清宣統二年(1910)排印本　二册

310000－0241－0005147　543157
增修籌餉事例不分卷　(清)戶部奏定　清同治七年(1868)刻本　四册

310000－0241－0005148　543158
[丹徒縣]寶興經費徵信錄一卷續錄一卷　(清)支清雋等撰　清光緒二十三年(1897)趙徵禾等校刻本　一册

310000－0241－0005149　543161
錢穀備要十卷　(清)王又槐編輯　清嘉慶十九年(1814)刻本　八册

310000－0241－0005150　543167
重訂蘇滬釐卡委員比較新章不分卷　(清)□□編　清光緒刻本　一册

310000－0241－0005151　543173
現行常例不分卷　(清)戶部等奏定　清道光刻本　一册

310000－0241－0005152　543178
推廣捐復新章一卷　(清)戶部等擬定　清末刻本　一册

310000－0241－0005153　543180
增修籌餉事例條款不分卷籌餉事例不分卷增修現行常例不分卷　(清)戶部奏定　清同治刻本　四册

310000－0241－0005154　543180：2
增修籌餉事例條款不分卷籌餉事例不分卷增修現行常例不分卷　(清)戶部奏定　清同治刻本　二册

310000－0241－0005155　543181
鄭工新例過班章程暨仿照海防事例並檢查舊案及例有未備酌增各條款不分卷　(清)戶部等奏定　(清)□□撰　清光緒刻本　一册

310000－0241－0005156　543182
同治八年六月戶部奏定大八成選補班次章程不分卷　(清)戶部奏定　(清)□□撰　清同治刻本　一册

310000－0241－0005157　543185
印度調查鹽法記一卷　(清)范紹森撰　清光緒三十四年(1908)排印本　一册

310000－0241－0005158　543186
浙省繭捐章程一卷　(清)浙江釐捐總局釐定　清光緒刻本　一册

310000－0241－0005159　543187
浙江通省牙帖章程一卷　(清)浙江布政使司　(清)浙江釐捐總局擬定　清光緒刻本　一册

310000－0241－0005160　543189

酌定杭所鹽務變通章程一卷紹所鹽務變通章程一卷嘉松鹽務變通章程一卷　(清)□□輯　清同治刻本　一册

310000－0241－0005161　543190

鈔幣芻言不分卷　(清)王鎏撰　清道光十一年(1831)埶舟園刻本　二册

310000－0241－0005162　543192

甘肅清理財政説明書初編二卷次編二卷三編二卷四編二卷　(清)傅秉鑒撰　清宣統石印本　九册

310000－0241－0005163　543196

閩省新一税釐局卡額徵比較章程一卷　(清)福建全省清理財政局擬定　清宣統二年(1910)刻本　一册

310000－0241－0005164　543197

廣東各廠上下水貨物抽厘例則一卷　(清)廣東釐務總局訂　清同治五年(1866)刻本　一册

310000－0241－0005165　543198

江蘇省松江府青浦縣光緒十九年徵收地漕等項民欠徵信册一卷　(清)□□撰　清光緒木活字印本　一册

310000－0241－0005166　543204

北京商税徵收局現行税則不分卷　(清)□□輯　清光緒、宣統間刻本　一册

310000－0241－0005167　543205

百貨捐釐改定章程並上下水起驗處所一卷酌定百貨起驗捐數一卷　(清)浙江通省捐輸牙釐總局酌定　清同治刻本　一册

310000－0241－0005168　543206

酌定絲觔先捐後售歸行收繳章程一卷　(清)浙江通省牙釐總局酌定　清同治三年(1864)刻本　一册

310000－0241－0005169　543208

鄭工新例減成收捐並過班章程一卷　(清)戶部等奏定　清光緒刻本　一册

310000－0241－0005170　543209

新訂金陵旱卡劃一捐章不分卷　(清)金陵釐捐總局訂　清光緒三十四年(1908)木活字印本　一册

310000－0241－0005171　543210

寧屬淮河各局捐例表一卷　(清)□□輯　清光緒、宣統間排印本　一册

310000－0241－0005172　543215

英國印花税章程一卷坿條二卷　英國政府撰　(清)沈鑑譯　清光緒二十五年(1899)上海印書公會石印本　一册

310000－0241－0005173　543216

咸豐戊午通商税則不分卷　(清)咸豐八年訂　清宣統二年(1910)駐滬海關造册處排印本　一册

310000－0241－0005174　543216:2

咸豐戊午通商税則不分卷　(清)咸豐八年訂　清宣統二年(1910)駐滬海關造册處排印本　一册

310000－0241－0005175　543217

通商進口税則不分卷坿善後章程一卷　(清)駐滬通商海關造册處譯印　清光緒排印本　一册

310000－0241－0005176　543218

中國之金融不分卷　潘承諤編譯　清光緒三十四年(1908)中國圖書公司排印本　二册

310000－0241－0005177　543220

鎮江關發給三聯報單如何繳回暫行章程一卷　(清)□□輯　清光緒油印本　一册

310000－0241－0005178　543221

漢口三聯報單暫行章程一卷　(清)□□輯　清光緒油印本　一册

310000－0241－0005179　543224

嘉定縣倉案彙編七卷末一卷　(清)楊恒福輯　清光緒八年(1882)刻本　三册

310000－0241－0005180　543226

財政條議不分卷　劉世珩呈　清光緒三十四

年(1908)上海商務印書館刻本　一册

310000－0241－0005181　543231

奏請推廣中央銀行先齊幣制折片清單一卷　盛宣懷奏　清宣統元年(1909)排印本　一册

310000－0241－0005182　543232

度支部幣制奏案輯要不分卷　(清)度支部輯　清宣統二年(1910)排印本　一册

310000－0241－0005183　543235

治蝗全法四卷附録一卷　(清)顧彦輯　清光緒十四年(1888)猶白雪齋刻本　一册

310000－0241－0005184　543244

周廬井觀一卷　(清)孫德全撰　清末排印本　一册

310000－0241－0005185　543249

錢穀視成二卷　(清)謝鳴篁撰　清咸豐四年(1854)養雲主人抄本　四册

310000－0241－0005186　543250

佃地田簿不分卷　(清)德滋堂立　清末抄本　一册

310000－0241－0005187　543251

[買地契約集]不分卷　(清)□□輯　清抄本　一册

310000－0241－0005188　543252

[道光二十三年至光緒十四年捌甲實徵録]不分卷　(清)□□輯　清道光二十三年至光緒十四年(1843－1888)抄本　一册

310000－0241－0005189　543253

開平煤炭礦帳畧一卷　(清)唐廷樞撰　清光緒上海同文書局石印本　一册

310000－0241－0005190　543256

謹擬虞鄉縣光緒五年減免差徭章程不分卷　(清)郭從矩奏　清光緒五年(1879)刻本　一册

310000－0241－0005191　544001

各國立約始末記三十卷首二卷　(清)陸元鼎編　清光緒三十二年(1906)上海商務印書館排印本　二十二册

310000－0241－0005192　544001:2

各國立約始末記三十卷首二卷　(清)陸元鼎編　清光緒三十二年(1906)上海商務印書館排印本　二十二册

310000－0241－0005193　544001:3

各國立約始末記三十卷首二卷　(清)陸元鼎編　清光緒三十二年(1906)上海商務印書館排印本　二十二册

310000－0241－0005194　544015

光緒乙巳年交涉要覽五卷　(清)北洋洋務局纂輯　清光緒三十一年(1905)北洋官報局排印本　五册

310000－0241－0005195　544016

光緒乙巳年交涉要覽五卷　(清)北洋洋務局纂輯　清光緒三十一年(1905)北洋官報局排印本　五册

310000－0241－0005196　544034

歐洲東方交涉記十二卷　(英國)麥高爾撰　(美國)林樂知譯　清光緒六年(1880)刻本　二册

310000－0241－0005197　544034:2

歐洲東方交涉記十二卷　(英國)麥高爾撰　(美國)林樂知譯　清光緒六年(1880)刻本　二册

310000－0241－0005198　544034:3

歐洲東方交涉記十二卷　(英國)麥高爾撰　(美國)林樂知譯　清光緒六年(1880)刻本　二册

310000－0241－0005199　544034:4

歐洲東方交涉記十二卷　(英國)麥高爾撰　(美國)林樂知譯　清光緒六年(1880)刻本　二册

310000－0241－0005200　544035

通商約章類纂三十五卷　(清)李鴻章等撰　清光緒十二年(1886)天津官書局刻本　二十册

310000－0241－0005201　544036

通商各國條約類編二十卷首一卷　(清)□□撰　清光緒三年(1877)畿輔通志局刻本　六冊

310000－0241－0005202　544037
約章分類輯要三十八卷　(清)蔡乃煌編纂　清光緒二十六年(1900)湖南商務局刻本　六冊

310000－0241－0005203　544038
約章分類輯要　(清)蔡乃煌編纂　清光緒二十六年(1900)湖南商務局刻本　三十冊

310000－0241－0005204　544039
約章分類輯要三十八卷　(清)蔡乃煌編纂　清光緒二十六年(1900)湖南商務局刻本　二十九冊

310000－0241－0005205　544040
約章分類輯要三十八卷　(清)蔡乃煌編纂　清光緒二十六年(1900)湖南商務局刻本　三十冊

310000－0241－0005206　544041
通商稅則善後條約　(清)□□編　清同治二年(1863)刻本　十一冊

310000－0241－0005207　544042
通商章程成案彙編三十卷　(清)李鴻章輯　清光緒十二年(1886)廣百宋齋排印本　十二冊

310000－0241－0005208　544043
通商章程成案彙編三十卷　(清)李鴻章輯　清光緒十二年(1886)廣百宋齋排印本　十一冊

310000－0241－0005209　544044
通商章程成案彙編三十卷　(清)李鴻章輯　清光緒十二年(1886)廣百宋齋排印本　十二冊

310000－0241－0005210　544045
通商章程成案彙編三十卷　(清)李鴻章輯　清光緒十二年(1886)廣百宋齋排印本　十二冊

310000－0241－0005211　544046
約章成案匯覽甲乙編　(清)北洋洋務局纂輯　清光緒三十一年(1905)點石齋石印本　九冊

310000－0241－0005212　544047
約章成案匯覽　(清)北洋洋務局纂輯　清光緒三十一年(1905)點石齋石印本　四十五冊

310000－0241－0005213　544048
約章成案匯覽　(清)北洋洋務局纂輯　清光緒三十一年(1905)點石齋石印本　四十六冊

310000－0241－0005214　544049
約章成案匯覽甲編　(清)北洋洋務局纂輯　清光緒三十一年(1905)點石齋石印本　二十冊

310000－0241－0005215　544050
約章成案匯覽乙編　(清)北洋洋務局纂輯　清光緒三十一年(1905)上海點石齋石印本　三十六冊

310000－0241－0005216　544051
約章成案匯覽乙編四十二卷　(清)北洋洋務局纂輯　清光緒三十一年(1905)上海點石齋石印本　三十六冊

310000－0241－0005217　544052
約章大全　(清)□□輯　清宣統元年(1909)崇義堂排印本　三十二冊　存五十七卷

310000－0241－0005218　544053
中外約章纂新　(清)□□輯　清光緒二十七年(1901)排印本　四冊　存四卷(三、五至六、八)

310000－0241－0005219　544063
葡萄牙新約一卷　(清)□□撰　清光緒二十八年(1902)抄本　一冊

310000－0241－0005220　544065
中俄國際約注五卷　(清)施紹常編注　清光緒三十一年(1905)上海商務印書館排印本　二冊

310000－0241－0005221　544067

增訂教案彙編八卷首一卷　(清)程宗裕輯　清光緒二十八年(1902)寔學書社排印本　六冊

310000－0241－0005222　544068
直省洋教成案　(清)内閣編　清光緒二年(1876)刻本　一冊

310000－0241－0005223　544070
會議滇粵邊界陸路通商章程　(清)□□輯　清光緒刻本　一冊

310000－0241－0005224　544071
和會條約譯詮　董鴻禕撰　清光緒三十三年(1907)排印本　二冊

310000－0241－0005225　544082
中英通商條約税則章程不分卷　(清)□□輯　清刻本　二冊

310000－0241－0005226　544083
大清國大日本國條規章程附大清國海關税則　(清)□□輯　清同治刻本　一冊

310000－0241－0005227　544085
大嗹嗹國哪喊國條約　(清)□□輯　清道光刻本　一冊

310000－0241－0005228　544086
丹國通商條約税則章程　(清)□□輯　清同治刻本　一冊

310000－0241－0005229　544087
荷蘭國通商和約章程　(清)□□輯　清同治刻本　一冊

310000－0241－0005230　544088
奥斯馬加國條款税則章程　(清)□□輯　清同治刻本　一冊

310000－0241－0005231　544090
丁未和會類要四卷　(清)外務部編　清末排印本　三冊

310000－0241－0005232　544090：2
丁未和會類要四卷　(清)外務部編　清末排印本　三冊

310000－0241－0005233　544091
中日會議東三省事宜條約　(清)外務部編　清末排印本　一冊

310000－0241－0005234　544093
外交贅言　(清)陳彦彬述　清宣統二年(1910)排印本　一冊

310000－0241－0005235　544096
歐洲東方交涉記十二卷　(英國)麥高爾撰　(美國)林樂知譯　清末刻本　二冊

310000－0241－0005236　544097
國朝通商始末記　(清)王之春撰　清光緒二十八年(1902)上海書局石印本　五冊

310000－0241－0005237　544097：2
國朝通商始末記　(清)王之春撰　清光緒二十八年(1902)上海書局石印本　六冊

310000－0241－0005238　544097：3
國朝通商始末記　(清)王之春撰　清光緒二十八年(1902)上海書局石印本　四冊

310000－0241－0005239　544098
庚子海外紀事四卷　吕海寰編次　清末排印本　四冊

310000－0241－0005240　544100
各國約章纂要七卷附録一卷　(清)勞乃宣等輯　清光緒十七年(1891)刻本　四冊

310000－0241－0005241　544100：2
各國約章纂要七卷附録一卷　(清)勞乃宣等輯　清光緒十七年(1891)刻本　四冊

310000－0241－0005242　544102
通商志一卷　(清)□□撰　清光緒六年(1880)長沙刻本　一冊

310000－0241－0005243　544103
秘國條約一卷　(清)□□撰　清光緒元年(1875)徐兆麟校刻本　一冊

310000－0241－0005244　544103：2
秘國條約一卷　(清)□□撰　清光緒元年(1875)徐兆麟校刻本　一冊

310000－0241－0005245　544104
英國條款一卷法國條款一卷美國條款一卷俄國條款一卷　(清)□□編　清刻本　一册

310000－0241－0005246　544104:2
英國條款一卷法國條款一卷美國條款一卷俄國條款一卷　(清)□□編　清刻本　一册

310000－0241－0005247　544105
法國條款一卷法國續增條款一卷　(清)□□撰　清刻本　一册　存一卷

310000－0241－0005248　544106
中法會訂越南新約一卷　(清)□□輯　清光緒排印本　一册

310000－0241－0005249　544107
中法會議越南邊界通商章程一卷　(清)□□輯　清光緒排印本　一册

310000－0241－0005250　544108
中法新約續議界務條款商務條款並附章不分卷　(清)□□輯　清光緒排印本　一册

310000－0241－0005251　544109
中法會議越南邊界章程一卷　(清)□□輯　清刻本　一册

310000－0241－0005252　544110
中法會訂廣州灣租界約章一卷　(清)□□輯　清刻本　一册

310000－0241－0005253　544112
德租膠州灣條約一卷　(清)□□輯　清刻本　一册

310000－0241－0005254　544113
比利時國通商條約一卷附通商各口進出口貨物新定税則一卷　(清)□□輯　清刻本　一册

310000－0241－0005255　544113:2
比利時國通商條約一卷附通商各口進出口貨物新定税則一卷　(清)□□輯　清刻本　一册

310000－0241－0005256　544115
古巴華工條款一卷　(清)□□撰　清刻本　一册

310000－0241－0005257　544118
光緒丙午年交涉要覽七卷　(清)北洋洋務局纂輯　清光緒三十四年(1908)北洋官報局排印本　六册

310000－0241－0005258　544119
光緒丁未年交涉要覽五卷　(清)北洋洋務局纂輯　清宣統二年(1910)北洋官報局排印本　五册

310000－0241－0005259　544121
金軺籌筆四卷附和約一卷陸路通商章程一卷卡倫單一卷奏摺一卷　(清)曾紀澤等錄　清光緒十三年(1887)刻本　四册

310000－0241－0005260　544123
華英通商事畧不分卷　(清)王韜著　清光緒十六年(1890)排印本　一册

310000－0241－0005261　544126
教務紀畧四卷首一卷　(清)李剛己撰　清光緒三十年(1904)山東印書局排印本　五册

310000－0241－0005262　544126:2
教務紀畧四卷首一卷　(清)李剛己撰　清光緒三十年(1904)山東印書局排印本　二册

310000－0241－0005263　544126:3
教務紀畧四卷首一卷　(清)李剛己撰　清光緒三十年(1904)山東印書局排印本　五册

310000－0241－0005264　544126:4
教務紀畧四卷首一卷　(清)李剛己撰　清光緒三十年(1904)山東印書局排印本　五册

310000－0241－0005265　544126:5
教務紀畧四卷首一卷　(清)李剛己撰　清光緒三十年(1904)山東印書局排印本　五册

310000－0241－0005266　544126:6
教務紀畧四卷首一卷　(清)李剛己撰　清光緒三十年(1904)山東印書局排印本　五册

310000－0241－0005267　544129
江浙人民血淚一卷　(清)□□撰　清光緒三十三年(1907)排印本　一册

310000－0241－0005268　544130
升恭勤公藏印邊務錄二卷　(清)升泰編著　清光緒排印本　二冊

310000－0241－0005269　544133
交涉要覽類編初集四卷　(清)鄭貞來譯　清光緒二十八年(1902)排印本　四冊

310000－0241－0005270　544136
辛丑各國和約一卷附件一卷　(清)□□輯　清末刻本　一冊

310000－0241－0005271　544136:2
辛丑各國和約一卷附件一卷　(清)□□輯　清末刻本　一冊

310000－0241－0005272　544136:3
辛丑各國和約一卷附件一卷　(清)□□輯　清末刻本　一冊

310000－0241－0005273　544137
中美中日新訂商約文件彙編不分卷　(清)上海新昌書局校輯　清光緒二十九年(1903)新昌書局排印本　一冊

310000－0241－0005274　544139
常州府辦理何福記油棧文牘一卷　(清)□□輯　清光緒三十三年(1907)木活字印本　一冊

310000－0241－0005275　544144
中外條約易檢錄不分卷　(清)張荃纂輯　清光緒排印本　三冊

310000－0241－0005276　544145
中外交涉類要表四卷光緒通商綜覈表十六卷　(清)錢學嘉撰　清光緒歸安錢氏刻本　二冊

310000－0241－0005277　544145:2
中外交涉類要表四卷光緒通商綜覈表十六卷　(清)錢學嘉撰　清光緒歸安錢氏刻本　一冊

310000－0241－0005278　544146
亞東各國約章一卷　(清)陳肇章譯　清光緒二十九年(1903)湖北洋務譯書局刻本　一冊

310000－0241－0005279　544147
滇緬劃界圖說一卷　(清)薛福成撰　清光緒二十八年(1902)無錫傳經樓石印本　一冊

310000－0241－0005280　544149
會訊章程一卷　(清)□□輯　清末抄本　一冊

310000－0241－0005281　544150
奏準各國條款約章不分卷　(清)□□輯　清官刻本　十一冊

310000－0241－0005282　544151
五次問答不分卷　(清)□□撰　清末石印本　一冊

310000－0241－0005283　544155
中俄界約斠注七卷　(清)洪鈞撰　清光緒二十年(1894)刻本　二冊

310000－0241－0005284　544156
遷移蠶池口教堂函稿二卷　(清)吳汝綸輯　清光緒二十八年(1902)蓮池書社排印本　一冊

310000－0241－0005285　544158
保華全書四卷續編一卷　(英國)貝思福撰　(美國)林樂知等譯　清光緒二十八年(1902)廣學會排印本　四冊

310000－0241－0005286　544159
說帖一卷　(清)□□撰　清末上海山東會館排印本　一冊

310000－0241－0005287　544161
美國續增條約一卷　(清)□□輯　清同治刻本　一冊

310000－0241－0005288　544163
輶軒抗議二卷　(清)余乾耀撰　清光緒刻本　二冊

310000－0241－0005289　544166
禁煙條件十條　(清)中國·英國政府訂　清宣統三年(1911)排印本　一冊

310000－0241－0005290　544170
案事編一卷　(清)沈祖燕撰　清光緒三十三

年(1907)沈氏刻本　一冊

310000－0241－0005291　544171

道光二十二年英華來往各照會公文簿三卷　(清)□□抄　清末民國初抄本　一冊

310000－0241－0005292　544172

日本通商行船條約不分卷　(清)總理各國事務衙門編　清光緒二十八年(1902)浙江官書局刻本　一冊

310000－0241－0005293　544173

大清國大英國會議條款不分卷　(清)□□輯　清光緒刻本　一冊

310000－0241－0005294　545001

東溟校伍錄二卷　(清)陳錦輯　清光緒二年(1876)橘蔭軒刻本　一冊

310000－0241－0005295　545004

長江水師全案　(清)曾國藩撰　清同治七年(1868)刻本　一冊　存二卷

310000－0241－0005296　545005

[陽明先生]思田書不分卷　(明)王守仁撰　清刻本　一冊

310000－0241－0005297　545006

駐粵八旗志二十四卷　(清)長善等纂　清光緒五年(1879)刻本　十六冊

310000－0241－0005298　545007

皇朝兵制考畧六卷　(清)翁同爵撰　清光緒元年(1875)武昌節署套印本　一冊

310000－0241－0005299　545007:2

皇朝兵制考畧六卷　(清)翁同爵撰　清光緒元年(1875)武昌節署套印本　一冊

310000－0241－0005300　545008

丙午考察東瀛警務筆記　舒鴻儀撰　清光緒三十二年(1906)圖書編輯局石印本　一冊

310000－0241－0005301　545009

水師操練十八卷附錄一卷　(英國)傅蘭雅口譯　(清)徐建寅筆述　清末江南製造局刻本　三冊

310000－0241－0005302　545011

江南製造局記十卷　(清)魏允恭編　清光緒三十一年(1905)文寶書局石印本　十冊

310000－0241－0005303　545012

水師章程十四卷　(清)鄭昌棪筆述　(美國)林樂知口譯　清末江南製造局刻本　十二冊

310000－0241－0005304　545013

水師章程續編六卷　(清)鄭昌棪筆述　(美國)林樂知口譯　清末江南製造局刻本　四冊

310000－0241－0005305　545015

長江水師全案　(清)曾國藩撰　清同治七年(1868)刻本　一冊　存二卷

310000－0241－0005306　545019

西學軍政全書十二種三十五卷　(清)□□編　清末石印本　八冊

310000－0241－0005307　545020

俄國水師考一卷法國水師考一卷　(英國)百拉西撰　(清)李嶽蘅譯　清光緒江南製造局排印本　二冊

310000－0241－0005308　545021

奏訂練兵處辦事簡要章程摺　(清)奕劻撰　清光緒二十九年(1903)刻本　一冊

310000－0241－0005309　545025

廣東陸軍警察營隊暫行章程一卷　(清)□□輯　清末排印本　一冊

310000－0241－0005310　545026

十家牌法一卷　(清)胡啓文訂立　清咸豐七年(1857)刻本　一冊

310000－0241－0005311　545027

浙東籌防錄四卷　(清)薛福成纂輯　清光緒十三年(1887)浙江刻本　四冊

310000－0241－0005312　545028

江口巡船章程一卷水師説畧一卷附苦口藥一卷　(清)黄陵道人撰　清光緒刻本　一冊

310000－0241－0005313　546001

漢律類纂不分卷　張鵬一纂　清光緒三十二

年(1906)排印本　一冊

310000－0241－0005314　546003

中國古今法制表十六卷　(清)孫榮編著　清光緒三十二年(1906)刻本　二冊

310000－0241－0005315　546006

重刻唐律疏議三十卷釋文　(唐)長孫無忌奉敕撰　(元)王元亮釋文　清光緒十六年(1890)京師刻本　十二冊

310000－0241－0005316　546006：2

重刻唐律疏議三十卷釋文　(唐)長孫無忌奉敕撰　(元)王元亮釋文　清光緒十六年(1890)京師刻本　十二冊

310000－0241－0005317　546006：3

重刻唐律疏議三十卷釋文　(唐)長孫無忌奉敕撰　(元)王元亮釋文　清光緒十六年(1890)京師刻本　八冊

310000－0241－0005318　546006：4

重刻唐律疏議三十卷釋文　(唐)長孫無忌奉敕撰　(元)王元亮釋文　清光緒十六年(1890)京師刻本　八冊

310000－0241－0005319　546006：5

重刻唐律疏議三十卷釋文　(唐)長孫無忌奉敕撰　(元)王元亮釋文　清光緒十六年(1890)京師刻本　十二冊

310000－0241－0005320　546007

故唐律疏議三十卷附宋提刑洗冤集錄一卷　(唐)長孫無忌等撰　清嘉慶蘭陵孫氏翻刻元余氏勤有堂本　八冊

310000－0241－0005321　546009

唐律疏議三十卷　(唐)長孫無忌撰　清光緒十七年(1891)刻本　十二冊

310000－0241－0005322　546012

大明律集解附例三十卷附一卷　(明)刑部修　清光緒三十四年(1908)修訂法律館重刻明萬曆三十八年(1610)刻本　十冊

310000－0241－0005323　546012：2

大明律集解附例三十卷附一卷　(明)刑部修　清光緒三十四年(1908)修訂法律館重刻明萬曆三十八年(1610)刻本　七冊

310000－0241－0005324　546013

大清律例四十七卷　(清)唐紹祖等奉敕纂修　清乾隆江蘇按察司衙門刻本　二十四冊

310000－0241－0005325　546013：2

大清律例四十七卷　(清)唐紹祖等奉敕纂修　清乾隆江蘇按察司衙門刻本　十冊

310000－0241－0005326　546013：3

大清律例四十七卷　(清)唐紹祖等奉敕纂修　清乾隆江蘇按察司衙門刻本　二十六冊

310000－0241－0005327　546013：4

大清律例四十七卷　(清)唐紹祖等奉敕纂修　清乾隆江蘇按察司衙門刻本　十六冊

310000－0241－0005328　546014

大清律例彙輯便覽四十卷附一卷　(清)湖北讞局輯　清同治十一年(1872)湖北讞局刻本　三十三冊

310000－0241－0005329　546015

欽定五軍道里表十八卷　(清)常泰等編纂　清嘉慶十四年(1809)刻本　十八冊

310000－0241－0005330　546016

大清法規大全二十三卷　(清)□□撰　清宣統二年(1910)政學社石印本　五十六冊

310000－0241－0005331　546017

增修大清律例統纂集成　(清)陶駿增修　清光緒九年(1883)刻本　二十三冊

310000－0241－0005332　546017：2

增修大清律例統纂集成　(清)陶駿增修　清光緒九年(1883)刻本　二十四冊

310000－0241－0005333　546017：3

增修大清律例統纂集成　(清)陶駿增修　清光緒九年(1883)刻本　二十四冊

310000－0241－0005334　546018

大清律例講義三卷　吉同鈞撰　清光緒三十四年(1908)擷華書局排印本　一冊

310000－0241－0005335　546019
大清現行刑律案語　(清)□□輯　清宣統元年(1909)法律館排印本　二十三册

310000－0241－0005336　546019：2
大清現行刑律案語　(清)□□輯　清宣統元年(1909)法律館排印本　二十三册

310000－0241－0005337　546019：3
大清現行刑律案語　(清)□□輯　清宣統元年(1909)法律館排印本　二十册

310000－0241－0005338　546020
律例便覽八卷附處分則例圖要六卷　(清)蔡嵩年輯　清同治九年(1870)江蘇書局刻本　一册

310000－0241－0005339　546021
律例便覽八卷附處分則例圖要六卷　(清)蔡嵩年輯　清同治九年(1870)江蘇書局刻本　六册

310000－0241－0005340　546022
律例便覽八卷附處分則例圖要六卷　(清)蔡嵩年輯　清同治四年(1865)刻本　六册

310000－0241－0005341　546022：2
律例便覽八卷附處分則例圖要六卷　(清)蔡嵩年輯　清同治四年(1865)刻本　六册

310000－0241－0005342　546024
粤東省例新纂八卷　(清)寧立悌等撰　清道光二十六年(1846)刻本　四册

310000－0241－0005343　546024：2
粤東省例新纂八卷　(清)寧立悌等撰　清道光二十六年(1846)刻本　二册

310000－0241－0005344　546024：3
粤東省例新纂八卷　(清)寧立悌等撰　清道光二十六年(1846)刻本　一册

310000－0241－0005345　546024：4
粤東省例新纂八卷　(清)寧立悌等撰　清道光二十六年(1846)刻本　三十四册

310000－0241－0005346　546025
大清現行刑律三十六卷首一卷附禁煙條例一卷秋審條款一卷　(清)奕劻核訂　(清)沈家本等修訂　清宣統二年(1910)排印本　十二册

310000－0241－0005347　546026：2
大清律例總類不分卷　(清)朱軾等編纂　清光緒十五年(1889)江蘇書局刻本　四册

310000－0241－0005348　546027
駁案新編三十二卷續編七卷　(清)全士潮編纂　清嘉慶二十一年(1816)刻本　二十四册

310000－0241－0005349　546028
大清光緒新法令不分卷　商務印書館編輯所編　清宣統二年(1910)上海商務印書館排印本　五册

310000－0241－0005350　546029
大清光緒新法令　商務印書館編輯所編　清宣統二年(1910)上海商務印書館排印本　六册

310000－0241－0005351　546029：2
大清光緒新法令　商務印書館編輯所編　清宣統二年(1910)上海商務印書館排印本　十六册

310000－0241－0005352　546030
大清宣統新法令不分卷　商務印書館編輯所編　清宣統元年(1909)上海商務印書館排印本　二册

310000－0241－0005353　546030：2
大清宣統新法令不分卷　商務印書館編輯所編　清宣統元年至三年(1909－1911)上海商務印書館排印本　三十二册

310000－0241－0005354　546030：3
大清宣統新法令不分卷　商務印書館編輯所編　清宣統元年(1909)上海商務印書館排印本　八册

310000－0241－0005355　546044
讀例存疑五十四卷　(清)薛允升著　清光緒二十九年(1903)翰茂齋刻本　四十册

310000－0241－0005356　546046

新例成案彙編二十六卷 （清）覺羅雅爾哈善纂輯 清乾隆十一年(1746)刻本 四十册

310000－0241－0005357 546047

律表三十八卷附洗冤録表四卷 （清）曾恒德編次 清刻本 六册

310000－0241－0005358 546048

新刑律修正案彙録不分卷 （清）□□輯 清宣統二年(1910)排印本 一册

310000－0241－0005359 546051

京師高等以下各級審判廳試辦章程不分卷 （清）法部等衙門擬議 清光緒三十二年(1906)京華印書局排印本 一册

310000－0241－0005360 546068

各國交涉公法論初集四卷二集四卷三集八卷 （英國）費利摩羅巴德撰 （清）俞世爵譯 清光緒二十二年(1896)慎記書莊石印本 一册 存八卷(三集八卷)

310000－0241－0005361 546068：2

各國交涉公法論初集四卷二集四卷三集八卷 （英國）費利摩羅巴德撰 （清）俞世爵譯 清光緒二十二年(1896)慎記書莊石印本 八册

310000－0241－0005362 546071

俄羅斯刑法十二卷 （清）薩蔭圖譯 清光緒三十一年(1905)官書局排印本 二册

310000－0241－0005363 546071：2

俄羅斯刑法十二卷 （清）薩蔭圖譯 清光緒三十一年(1905)官書局排印本 二册

310000－0241－0005364 546074

日本刑法不分卷 章宗祥譯 清光緒三十一年(1905)中外法制調查局排印本 一册

310000－0241－0005365 546075

日本改正刑法草案不分卷 （日本）西田龍太譯 清光緒三十三年(1907)排印本 一册

310000－0241－0005366 546078

法蘭西刑法不分卷 （清）□□輯 清光緒三十三年(1907)法律館排印本 一册

310000－0241－0005367 546082

德意志刑法論七十八章 （德國）里斯脱撰 （清）何蔚譯 清宣統三年(1911)北京豐源印書館排印本 四册

310000－0241－0005368 546083

德意志治罪法不分卷 （德國）威廉姆撰 （清）□□譯 清光緒三十四年(1908)排印本 一册

310000－0241－0005369 546083：2

德意志治罪法不分卷 （德國）威廉姆撰 （清）□□譯 清光緒三十四年(1908)排印本 一册

310000－0241－0005370 546086

瑞士刑法典案不分卷 （清）□□輯 清光緒三十三年(1907)法律館排印本 一册

310000－0241－0005371 546086：2

瑞士刑法典案不分卷 （清）□□輯 清光緒三十三年(1907)法律館排印本 一册

310000－0241－0005372 546087

和蘭刑法不分卷 （清）□□輯 清光緒三十三年(1907)法律館排印本 一册

310000－0241－0005373 546097

美國憲法纂釋二十一卷 （美國）海麗生著 （清）舒高第譯 清光緒三十三年(1907)江南製造局刻本 二册

310000－0241－0005374 546098

各國交涉公法論十六卷附校勘記一卷 （英國）費利摩羅巴德撰 （清）俞世爵譯 清光緒二十年(1894)江南製造局刻本 十六册

310000－0241－0005375 546099

各國交涉公法論三集十六卷校勘記一卷 （英國）費利摩羅巴德撰 （清）俞世爵譯 清光緒二十一年(1895)江南製造局排印本 一册

310000－0241－0005376 546100

新譯日本法規大全不分卷 （清）劉崇傑等譯 清光緒三十三年(1907)上海商務印書館排

印本　八十一册

310000－0241－0005377　546101

印度刑律注二卷　（英國）嘉托瑪撰　清光緒二十九年(1903)廣學會排印本　一册

310000－0241－0005378　546116

刑案匯覽六十卷首一卷末一卷附拾遺備考一卷續增十六卷新增十六卷　（清）祝慶祺輯　（清）潘文舫續輯　清光緒十二年(1886)圖書集成局排印本　四十册

310000－0241－0005379　546116(2)

刑案匯覽存四十二卷末一卷拾遺備考一卷續增刑案匯覽十六卷　（清）祝慶祺輯　清道光二十年(1840)棠樾慎思堂刻本　七十二册

310000－0241－0005380　546116:2

刑案匯覽六十卷首一卷末一卷附拾遺備考一卷續增十六卷新增十六卷　（清）祝慶祺輯　（清）潘文舫續輯　清光緒十二年(1886)圖書集成局排印本　三十二册

310000－0241－0005381　546119

審看擬式四卷首一卷末一卷　（清）剛毅撰　清光緒十三年(1887)刻本　二册

310000－0241－0005382　546124

駁案新編三十二卷續編七卷比較彙案二卷　（清）全士潮等纂修　（清）朱梅臣彙訂　清光緒九年(1883)圖書集成局排印本　十二册

310000－0241－0005383　546124:2

駁案新編三十二卷續編七卷比較彙案二卷　（清）全士潮等纂修　（清）朱梅臣彙訂　清光緒九年(1883)圖書集成局排印本　十六册

310000－0241－0005384　546127

爽鳩要錄二卷　（清）蔣超伯輯　清同治五年(1866)刻本　一册

310000－0241－0005385　546129

秋審實緩比較成案二十四卷　（清）林恩綬編輯　清光緒二年(1876)刻本　十二册

310000－0241－0005386　546130

遵議滿漢通刑律不分卷　沈家本等議定　清光緒三十四年(1908)浙江官書局刻本　一册

310000－0241－0005387　546132

大清律例刑案彙纂集成四十卷附督捕則例二卷　（清）姚雨薌纂輯　（清）胡仙山增修　清咸豐七年(1857)刻本　二十四册

310000－0241－0005388　546134

讀律一得歌四卷附明刑管見錄一卷　（清）宗繼增撰　清光緒十六年(1890)江蘇書局刻本　三册

310000－0241－0005389　546135

秋審朝審内死罪人犯父祖子孫陣亡者分别情罪重輕酌議章程一卷　（清）刑部擬奏　清光緒刻本　一册

310000－0241－0005390　546136

法部通行瘋病殺人寬免緣坐專條一卷　（清）法部行文　清末刻本　一册

310000－0241－0005391　546137

光緒三十年恩詔條款一卷　（清）刑部擬定　清末刻本　一册

310000－0241－0005392　546139

清訟事宜一卷酌定清訟功過章程一卷　（清）曾國藩撰　清光緒刻本　一册

310000－0241－0005393　546141

奏定結社集會律一卷　（清）憲政編查館主編　清光緒中國圖書公司排印本　一册

310000－0241－0005394　546142

華英讞案定章一卷　（英國）哲美森撰　（英國）李提摩太譯　清光緒二十三年(1897)上海廣學會排印本　一册

310000－0241－0005395　546144

續輯明刑圖説一卷　（清）□□輯　清光緒十三年(1887)貴州撫署刻本　一册

310000－0241－0005396　546153

[刑案程式摘鈔]不分卷　（清）□□録　清末抄本　一册

310000－0241－0005397　546154

刺字集四卷　沈家本編　清光緒十二年

(1886)京師刻本　一冊

310000－0241－0005398　546156
江蘇省例三編六卷　(清)江蘇撫院輯　清光緒九年(1883)江蘇書局刻本　一冊

310000－0241－0005399　546160
山東省不符冊不分卷　(清)□□輯　清末刻本　一冊

310000－0241－0005400　546162
閱過律例校閱簽註各門各條分析錄不分卷　(清)胡金鏜撰　清抄本　一冊

310000－0241－0005401　547002:2
五朝聖訓　(清)□□編　清乾隆武英殿刻本　八冊　存八十二卷

310000－0241－0005402　547003
上諭內閣八十九卷　(清)允祿等輯　清雍正九年(1731)內府刻本　三十五冊

310000－0241－0005403　547004
硃批諭旨　(清)世宗胤禛撰　清刻本　一百十冊　存三百五十四卷

310000－0241－0005404　547005
[雍正]硃批諭旨一百八卷　(清)世宗胤禛撰　清木活字印本　一百十二冊

310000－0241－0005405　547006
[雍正]硃批諭旨一百八卷　(清)世宗胤禛撰　清木活字印本　一百十二冊

310000－0241－0005406　547007
硃批諭旨　(清)世宗胤禛撰　清雍正十年(1732)刻本　二十九冊　存二十九冊(一至二十九)

310000－0241－0005407　547008
十朝聖訓　(清)太祖努爾哈赤等述　清末石印本　二十四冊　存八百八十二卷

310000－0241－0005408　547013
內閣撰擬文字二卷附二編二卷　(清)鮑康　(清)徐士鑾編　清同治七年(1868)刻本　四冊

310000－0241－0005409　547014
大義覺迷錄四卷　(清)世宗胤禛撰　清雍正刻本　三冊

310000－0241－0005410　547016
九朝聖訓七百六十二卷　(清)太祖努爾哈赤等述　清光緒五年(1879)排印本　四百四十八冊

310000－0241－0005411　547018
光緒二十七年彙印電傳邸鈔不分卷　(清)江寧電報商局編印　清末木活字印本　一冊

310000－0241－0005412　547019
諭摺彙存　(清)□□輯　清光緒十八年至十九年(1892－1893)排印本　一冊

310000－0241－0005413　548002
欽定六部處分則例五十二卷　(清)文孚等編纂　清光緒十三年(1887)圖書集成局排印本　八冊

310000－0241－0005414　548002(2)
欽定六部處分則例五十二卷　(清)文孚等編纂　清光緒二十一年(1895)紫英山房刻本　六冊

310000－0241－0005415　548003
欽定內務府現行則例四卷　(清)裕誠等編纂　清咸豐二年(1852)刻本　八冊

310000－0241－0005416　548004
欽定兵部續纂處分則例四卷　(清)長齡等編纂　清道光九年(1829)刻本　四冊

310000－0241－0005417　548005
工程做法八十卷附簡明做法城垣做法冊式二卷　(清)允禮等編纂　清雍正十二年(1734)刻本　三十冊

310000－0241－0005418　548006
編纂鹽務立案緝私章程不分卷　(清)□□編　清光緒二年(1876)刻本　一冊

310000－0241－0005419　548007
欽定吏部處分則例四十七卷　(清)吏部編　清乾隆三十三年(1768)刻本　二十冊

310000－0241－0005420　548008
通行條例不分卷　(清)□□編　清光緒十四年(1888)江蘇書局刻本　四册

310000－0241－0005421　548009
欽定兵部處分則例七十六卷　(清)道光敕編　清道光三年(1823)刻本　三十二册

310000－0241－0005422　548010
戶部則例一百卷　(清)惠祥等纂　清同治十三年(1874)刻本　六十册

310000－0241－0005423　548010:2
戶部則例一百卷　(清)惠祥等纂　清同治十三年(1874)刻本　二册

310000－0241－0005424　548011
吏部奏定章程不分卷　(清)□□纂　清道光十九年至咸豐九年(1839－1859)抄本　十册

310000－0241－0005425　548013
欽定吏部章程七十三卷　(清)吏部纂　清同治十二年(1873)刻本　二十一册

310000－0241－0005426　548014
水師章程十四卷續編六卷　(清)鄭昌棪筆述　(美國)林樂知口譯　清末江南製造局刻本　十六册

310000－0241－0005427　548015
江西萍宜萬三縣清鄉善後章程　(清)□□輯　清光緒三十二年(1906)木活字印本　一册

310000－0241－0005428　548017
大清鑛務章程一卷　(清)農工商部擬定　清光緒刻本　一册

310000－0241－0005429　548017(2)
大清鑛務章程一卷　(清)農工商部擬定　清光緒刻本　一册

310000－0241－0005430　548018
法部奏定官犯發遣改發巴藏章程不分卷　(清)法部奏定　清宣統三年(1911)石印本　一册

310000－0241－0005431　548019
法部奏定法官考試任用暫行章程施行細則　(清)法部奏定　清宣統二年(1910)排印本　一册

310000－0241－0005432　548020
法官考試應用法律章程彙編不分卷　(清)俞紀琦編纂　(清)齊耀琳鑒定　清宣統二年(1910)京華書局排印本　一册

310000－0241－0005433　548022
法部奏定司法彙報規程不分卷　(清)法部奏定　清宣統三年(1911)石印本　一册

310000－0241－0005434　548025
教育法令錄要不分卷　(清)上海勸學所編　清宣統三年(1911)排印本　一册

310000－0241－0005435　548030
契券彙式一卷　(清)綠斐齋主人輯　清光緒八年(1882)上海慈母堂排印本　一册

310000－0241－0005436　548031
欽定軍需則例十五卷　(清)阿桂等纂　清乾隆五十三年(1788)刻本　四册

310000－0241－0005437　548031:2
欽定軍需則例十五卷　(清)阿桂等纂　清乾隆五十三年(1788)刻本　一册

310000－0241－0005438　548032
督捕則例二卷　(清)徐本等纂　清乾隆八年(1743)刻本　二册

310000－0241－0005439　548038
德國議院章程不分卷　(清)徐建寅編譯　清光緒十六年(1890)刻本　一册

310000－0241－0005440　548038:2
德國議院章程不分卷　(清)徐建寅編譯　清光緒十六年(1890)刻本　一册

310000－0241－0005441　548051
處分則例刪減條款一卷酌改增添條款一卷刪改減則例一卷增改條款一卷附錄八種　(清)嘉慶十九年奏定　清嘉慶刻本　一册

310000－0241－0005442　548052
奏定學堂章程不分卷　(清)張之洞等奏定　清光緒三十年(1904)兩廣學務處排印本

五册

310000－0241－0005443　548062

會同擬定州縣改選章程一卷　（清）吏部等擬定　清末刻本　一册

310000－0241－0005444　548063

變通秋審緩決人犯辦法章程一卷　（清）法部等奏定　清末刻本　一册

310000－0241－0005445　548064

京師習藝所試辦章程一卷　（清）巡警部擬訂　清末刻本　一册

310000－0241－0005446　548067

學部奏定各學堂考試章程一卷　（清）學部奏定　清末刻本　一册

310000－0241－0005447　548068

奏定巡警部章程一卷　（清）巡警部奏定　清光緒刻本　一册

310000－0241－0005448　548069

直省勸業道職掌任用章程一卷　（清）農工商部等奏定　清末浙江官書局刻本　一册

310000－0241－0005449　548070

刑部奏辦捐贖章程一卷　（清）刑部奏定　清末刻本　一册

310000－0241－0005450　548071

棍徒監禁章程一卷　（清）刑部議奏　清光緒刻本　一册

310000－0241－0005451　548072

酌擬功過章程一卷　（清）江蘇按察使司酌擬　清光緒刻本　一册

310000－0241－0005452　548073

辦理保甲章程一卷　（清）德壽等訂　清光緒刻本　一册

310000－0241－0005453　548074

蘇省保甲巡查章程一卷　（清）江蘇省保甲總局釐定　清光緒刻本　一册

310000－0241－0005454　548075

整頓保甲巡防章程一卷　（清）江蘇按察使司訂　清光緒二十四年（1898）刻本　一册

310000－0241－0005455　548075：2

整頓保甲巡防章程一卷　（清）江蘇按察使司訂　清光緒二十四年（1898）刻本　一册

310000－0241－0005456　548077

審辦盜案緝捕功過章程一卷　（清）浙江等處提刑按察使司詳定　清末刻本　一册

310000－0241－0005457　548078

詳定各屬命盜案及一切新政事宜記功罰金章程一卷　（清）浙江等處提刑按察使司詳定　清末刻本　一册

310000－0241－0005458　548079

開闢香洲埠章程不分卷附香山縣全圖　（清）王詵等擬訂　清宣統元年（1909）嶺南書局石印本　一册

310000－0241－0005459　548080

欽定回疆則例八卷　（清）肇麟等纂修　清道光二十二年（1842）刻本　五册

310000－0241－0005460　548081

清查保甲章程不分卷　榮錫勳輯錄　清光緒刻本　二册

310000－0241－0005461　548082

奏辦貴池墾務有限公司集股章程一卷附案畧　劉世珩等訂　清光緒三十一年（1905）木活字印本　一册

310000－0241－0005462　548084

蘇屬府廳州縣積案清冊册式不分卷　（清）德壽擬定　清光緒刻本　一册

310000－0241－0005463　548085

奏定禁煙稽核章程一卷　（清）民政部等擬訂　清末浙江官書局刻本　一册

310000－0241－0005464　548086

禁煙大臣奏定禁煙查驗章程不分卷　（清）鹿傳霖等擬定　清末浙江官書局刻本　一册

310000－0241－0005465　548088

兵部奏準通行竊毀電線武職議處章程一卷　（清）兵部奏定　清末刻本　一册

310000－0241－0005466　548091

欽定理藩院則例六十三卷附通例二卷　(清)富珠隆阿等奉敕纂修　清道光二十七年(1847)刻本　四十七册

310000－0241－0005467　548093

變通科舉章程一卷　(清)禮部政務處會奏　清光緒刻本　一册

310000－0241－0005468　548096

奏定各省諮議局及議員選舉章程一卷　(清)憲政編查館奏定　清光緒三十四年(1908)中國圖書公司排印本　一册

310000－0241－0005469　548097

奏定城鎮鄉地方自治並選舉章程一卷　(清)民政部奏定　清宣統中國圖書公司排印本　一册

310000－0241－0005470　548098

奏定農會簡明章程一卷　(清)農工商部奏定　清光緒中國圖書公司排印本　一册

310000－0241－0005471　548098(2)

奏定農會簡明章程一卷　(清)農工商部奏定　清光緒刻本　一册

310000－0241－0005472　548099

奏定商會簡明章程一卷　(清)農工商部奏定　清光緒中國圖書公司刻本　一册

310000－0241－0005473　548100

奏定商船公會簡明章程一卷　(清)商部奏定　清光緒三十三年(1907)刻本　一册

310000－0241－0005474　548101

華洋小輪行駛内港章程一卷　(清)總税務司擬定　清光緒刻本　一册

310000－0241－0005475　548101:2

華洋小輪行駛内港章程一卷　(清)總税務司擬定　清光緒刻本　一册

310000－0241－0005476　548102

奏定酌改陸軍測繪學堂章程並增訂課程一卷　(清)陸軍部奏定　清宣統元年(1909)排印本　一册

310000－0241－0005477　548103

陸軍部奏定改訂陸軍小學堂章程一卷　(清)陸軍部奏定　清宣統二年(1910)排印本　一册

310000－0241－0005478　548107

擬訂各省諮議局章程及案語一卷諮議局議員選舉章程一卷　(清)憲政編查館擬訂　清光緒三十四年(1908)排印本　一册

310000－0241－0005479　548108

四川通飭章程二卷　(清)鍾慶熙輯　清光緒二十七年(1901)四川讞局刻本　二册

310000－0241－0005480　548109

光緒三十二年江西清鄉章程十二條善後章程六條　(清)□□輯　清光緒三十二年(1906)木活字印本　一册

310000－0241－0005481　548112

商部奏定商律各種章程頒行路礦綜計考察表不分卷　(清)商部奏定　清光緒排印本　二册

310000－0241－0005482　548113

總署諮海關募用外人幫辦税務章程文一卷附録海關募用外人幫辦税務章程一卷　(清)總理各國事務衙門撰　清末油印本　一册

310000－0241－0005483　548120

正途截取同知補缺章程一卷　(清)吏部等擬定　清末抄本　一册

310000－0241－0005484　548122

運輸規則草案三章　(清)□□抄　清宣統二年(1910)紅格抄本　一册

310000－0241－0005485　548123

直隸賑捐請獎章程不分卷　(清)戶部撰　清光緒刻本　一册

310000－0241－0005486　548125

商標局法規草案不分卷　(清)商標局編　(清)□□校改　清光緒末排印本　一册

310000－0241－0005487　549001

歷代名臣奏議三百二十卷　(明)張溥刪正

(清)張永錫重校　明崇禎八年(1635)刻清聚英堂重修補刻印本　六十四冊

310000－0241－0005488　549003
御選明臣奏議四十卷　(清)蔡新等輯　清乾隆四十七年(1782)武英殿聚珍本　十六冊

310000－0241－0005489　549004
重刊至正本陸宣公奏議十五卷附制誥十卷別集一卷年譜一卷　(清)江榕輯　清光緒十一年(1885)淮南書局刻本　四冊

310000－0241－0005490　549005
注陸宣公奏議十五卷制誥十卷附錄一卷　(唐)陸贄撰　清光緒十二年(1886)淮南書局刻本　一冊

310000－0241－0005491　549005(2)
注陸宣公奏議十五卷　(唐)陸贄撰　(宋)郎曄注　清末尚善堂翻宋本　八冊

310000－0241－0005492　549005:2
注陸宣公奏議十五卷制誥十卷附錄一卷　(唐)陸贄撰　清光緒十二年(1886)淮南書局刻本　四冊

310000－0241－0005493　549006
陸宣公奏議讀本四卷　(清)汪銘謙編輯　清光緒二十六年(1900)會稽馬氏石印本　一冊

310000－0241－0005494　549007
陸宣公奏議讀本四卷　(清)汪銘謙編輯　清光緒二十六年(1900)會稽馬氏石印本　二冊

310000－0241－0005495　549008
魏鄭公諫錄五卷　(唐)王方慶集　清康熙秀野草堂刻本　一冊

310000－0241－0005496　549009
李忠定公奏議十五卷首四卷　(宋)李綱撰　(明)左光先等編　清修補明崇禎十二年(1639)刻本　十二冊

310000－0241－0005497　549010
孝肅包公奏議十卷　(清)張純修輯　清康熙五十九年(1720)中天樓刻本　四冊

310000－0241－0005498　549012
明大司馬盧公奏議十卷　(明)盧象昇著　清道光九年(1829)刻本　八冊

310000－0241－0005499　549014
兵垣奏議不分卷　(明)陳子龍著　清光緒二十三年(1897)刻本　二冊

310000－0241－0005500　549014:2
兵垣奏議不分卷　(明)陳子龍著　清光緒二十三年(1897)刻本　二冊

310000－0241－0005501　549017
語冰閣奏議八卷中趙勘界往來電稿八卷　(清)鄧承修著　清宣統元年(1909)排印本　六冊

310000－0241－0005502　549020
聖朝名公奏議八卷　(清)陳弢輯錄　清光緒元年(1875)上海中西書局石印本　六冊

310000－0241－0005503　549020:2
聖朝名公奏議八卷　(清)陳弢輯錄　清光緒元年(1875)上海中西書局石印本　六冊

310000－0241－0005504　549021
林文忠公政書三十七卷　(清)林則徐撰　清林氏刻本　十六冊

310000－0241－0005505　549022
林文忠公政書三十七卷　(清)林則徐撰　清林氏刻本　十六冊

310000－0241－0005506　549022:2
林文忠公政書三十七卷　(清)林則徐撰　清林氏刻本　十四冊

310000－0241－0005507　549023
裘文達公奏議不分卷　(清)裘曰修撰　清嘉慶刻本　一冊

310000－0241－0005508　549024
劉中丞奏議二十卷　(清)劉蓉撰　清光緒十一年(1885)思賢講舍刻本　十冊

310000－0241－0005509　549025
錢敏肅公奏疏七卷　(清)錢鼎銘撰　清光緒六年(1880)存素堂刻本　四冊

310000－0241－0005510　549026

李文忠公奏議二十卷　(清)李鴻章撰　(清)吳汝綸等編　清末蓮池書院石印本　二十册

310000－0241－0005511　549027

那文毅公奏議八十卷　(清)那彦成撰　(清)那容安輯　清道光十三年(1833)刻本　四十八册

310000－0241－0005512　549028

程中丞奏稿十九卷附録一卷　(清)宋小濂等編　清宣統二年(1910)排印本　十册

310000－0241－0005513　549029

李文襄公奏議　(清)李鍾麟編次　清康熙二十六年(1687)刻本　一册

310000－0241－0005514　549030

龔端毅公奏疏八卷附一卷　(清)龔鼎孳著　清光緒十年(1884)刻本　五册

310000－0241－0005515　549033

石林奏議十五卷　(宋)葉夢得著　清光緒十一年(1885)陸心源刻本　四册

310000－0241－0005516　549035

曾文正公奏議十卷　(清)曾國藩撰　(清)薛福成編次　清同治十二年(1873)刻本　十册

310000－0241－0005517　549040

堅正堂摺稿二卷　(清)褚成博撰　清光緒三十一年(1905)刻本　二册

310000－0241－0005518　549042

戊戌奏稿不分卷　康有爲撰　麥仲華編　清宣統三年(1911)排印本　一册

310000－0241－0005519　549043

李文襄公奏疏　(清)李鍾麟編次　清康熙二十六年(1687)刻本　四册

310000－0241－0005520　549044

呂文節公奏疏不分卷　(清)呂賢基撰　清宣統元年(1909)惇福堂刻本　二册

310000－0241－0005521　549045

呂文節公奏疏不分卷　(清)呂賢基撰　清宣統元年(1909)惇福堂刻本　二册

310000－0241－0005522　549046

胡瑞敏公奏議十卷附校勘記十卷　(清)胡世寧撰　清光緒十九年(1893)浙江書局刻本　四册

310000－0241－0005523　549047

庸盦尚書奏議十六卷　陳夔龍著　清宣統三年(1911)排印本　八册

310000－0241－0005524　549048

左文襄公奏疏初編三十八卷續編七十六卷　(清)左宗棠著　清光緒十六年(1890)圖書集成局排印本　十九册

310000－0241－0005525　549050

船政奏議四十二卷　(清)□□輯　清光緒八年(1882)刻本　十六册

310000－0241－0005526　549051

克復金陵中堂奏稿並上諭一卷附李秀成供一卷　(清)文藝齋輯刊　清同治三年(1864)文藝齋刻本　一册

310000－0241－0005527　549051(2)

曾國藩克復金陵奏稿不分卷　(清)曾國藩撰　清末刻本　一册

310000－0241－0005528　549053

董司寇疏草十五卷　(明)董裕纂　清雍正十三年(1735)刻本　八册

310000－0241－0005529　549055

關中奏議全集十八卷　(明)楊一清撰　清宣統二年(1910)雲南圖書館刻本　十八册

310000－0241－0005530　549057

方勤襄公奏議六卷　(清)方維甸撰　清咸豐元年(1851)刻本　六册

310000－0241－0005531　549060

劉壯肅公奏議十卷首一卷　(清)劉銘傳撰　清光緒三十二年(1906)排印本　六册

310000－0241－0005532　549063

李勤恪公政書十卷　(清)李經畬等輯　清光緒三十二年(1906)石印本　十册

310000－0241－0005533　549063：2

李勤恪公政書十卷 （清）李經畬等輯 清光緒三十二年（1906）石印本 十册

310000－0241－0005534 549064

劉武慎公全集三十卷 （清）劉長佑撰 清光緒十五年（1889）刻本 二十四册

310000－0241－0005535 549066

孫文定公奏疏十二卷附南遊記一卷 （清）孫嘉淦撰 清乾隆十八年（1753）刻本 十三册

310000－0241－0005536 549068

椒生奏議五卷 （清）王之春撰 清光緒三十年（1904）星沙通俗報館刻本 五册

310000－0241－0005537 549069

袁太常戊戌條陳一卷 （清）袁昶撰 清光緒二十八年（1902）平原村舍排印本 一册

310000－0241－0005538 549072

沈文肅公政書七卷首一卷 （清）沈葆楨撰 清光緒六年（1880）吳門節署刻本 八册

310000－0241－0005539 549072∶2

沈文肅公政書七卷首一卷 （清）沈葆楨撰 清光緒六年（1880）吳門節署刻本 十一册

310000－0241－0005540 549072∶3

沈文肅公政書七卷首一卷 （清）沈葆楨撰 清光緒六年（1880）吳門節署刻本 十二册

310000－0241－0005541 549072∶4

沈文肅公政書七卷首一卷 （清）沈葆楨撰 清光緒六年（1880）吳門節署刻本 十二册

310000－0241－0005542 549075

駱文忠公奏稿十卷 （清）左宗棠編 清光緒十七年（1891）刻本 十册

310000－0241－0005543 549076

彭剛直公奏稿八卷 （清）彭玉麟撰 （清）俞樾編 清光緒十七年（1891）排印本 四册

310000－0241－0005544 549076（2）

彭剛直公奏稿八卷 （清）彭玉麟撰 清光緒十七年（1891）刻本 十册

310000－0241－0005545 549077

彭剛直公奏稿八卷 （清）彭玉麟撰 （清）俞樾編 清光緒十七年（1891）排印本 四册

310000－0241－0005546 549078

劉中丞奏議二十卷 （清）劉蓉撰 清光緒十一年（1885）思賢講舍刻本 十册

310000－0241－0005547 549081

開縣李尚書政書八卷 （清）李宗羲撰 清光緒十一年（1885）刻本 五册

310000－0241－0005548 549082

魏鄭公諫錄校注五卷續錄二卷坿魏文貞故事拾遺三卷年譜一卷新舊唐書合注一卷 （清）王先恭校注 清光緒九年（1883）刻本 六册

310000－0241－0005549 549083

洪文襄公奏對二卷附饒崧生先生摺譜 （清）洪承疇撰 清光緒十九年（1893）榮錄堂刻本 二册

310000－0241－0005550 549086

丁文誠公洋務奏稿二卷 （清）丁寶楨著 清光緒二十七年（1901）松江麗澤學會石印本 一册

310000－0241－0005551 549086∶2

丁文誠公洋務奏稿二卷 （清）丁寶楨著 清光緒二十七年（1901）松江麗澤學會石印本 二十七册

310000－0241－0005552 549087

嘉定先生奏議二卷 （清）徐致祥撰 清宣統二年（1910）排印本 一册

310000－0241－0005553 549090

奏疏錄要二卷 （清）友竹齋主人編 清光緒二十一年（1895）上海書局石印本 二册

310000－0241－0005554 549091

考察各國政治條陳摺稿 （清）□□輯 清末排印本 一册

310000－0241－0005555 549092

戶部陝西司會議奏稿四卷 （清）□□輯 清光緒排印本 四册

310000－0241－0005556 549093

戶部廣西司奏案輯要四卷 (清)□□輯 清光緒三十一年(1905)京師官書局排印本 四册

310000－0241－0005557 549094
南皮張宫保政書 (清)張之洞撰 (清)仰止廬主輯 清光緒二十七年(1901)上海圖書集成印書局排印本 六册 存奏議初編十二卷

310000－0241－0005558 549095
張靖達公奏議八卷首一卷 (清)張樹聲撰 清光緒二十五年(1899)刻本 四册

310000－0241－0005559 549096
光緒二十九年五月諭摺彙存不分卷 (清)□□輯 清末排印本 十二册

310000－0241－0005560 549097
光緒二十九年五月諭摺彙存不分卷 (清)□□輯 清末排印本 四册

310000－0241－0005561 549098
王文敏公奏疏一卷 (清)王懿榮撰 清宣統三年(1911)江寧印刷廠排印本 一册

310000－0241－0005562 549101
奏定私鑄僞造治罪專條摺一卷 (清)刑部奏定 清末刻本 一册

310000－0241－0005563 549102
兩河奏疏不分卷 (清)嚴烺撰 清道光滄浪書屋刻本 十册

310000－0241－0005564 549103
刑部酌擬變通竊盗條款摺一卷 (清)刑部酌擬 清光緒刻本 一册

310000－0241－0005565 549104
奏定女犯收贖變通畫一摺一卷 (清)刑部奏定 清光緒刻本 一册

310000－0241－0005566 549105
刑部都察院議奏虚擬死罪分别改爲流徒摺一卷 (清)刑部 (清)都察院議奏 清末刻本 一册

310000－0241－0005567 549106
刑部奏辦罪犯習藝所章程摺一卷 (清)刑部議奏 清末刻本 一册

310000－0241－0005568 549107
考訂法律請先將律例内重刑變通酌改摺一卷附録一卷刑部奏變通酌改重律摺 (清)伍廷芳等奏 清光緒刻本 一册

310000－0241－0005569 549108
法部議奏禁革官媒名目申 (清)法部議奏 清末刻本 一册

310000－0241－0005570 549109
法部秋審案内可矜各項人犯分别改爲流徒摺一卷 (清)法部具奏 清末刻本 一册

310000－0241－0005571 549110
法部奏定販賣嗎啡並藥針治罪專條摺一卷 (清)法部議奏 清末浙江官書局刻本 一册

310000－0241－0005572 549111
法部議奏枷號人犯比照笞杖贖金折罰摺一卷 (清)法部議奏 清末刻本 一册

310000－0241－0005573 549112
奏請尋常勞績不準保獎摺一卷 (清)吏部具奏 清末刻本 一册

310000－0241－0005574 549113
覆議通籌本計一卷 (清)政務處議定 清末刻本 一册

310000－0241－0005575 549114(2)
江楚會奏變法第一摺一卷第二摺一卷第三摺一卷 (清)劉坤一 (清)張之洞合撰 清光緒排印本 一册

310000－0241－0005576 549114(3)
江鄂兩督覆陳變法三摺三卷 (清)劉坤一 (清)張之洞合撰 清光緒排印本 一册

310000－0241－0005577 549119
郵傳部奏議類編五卷 (清)郵傳部參議廳編纂科輯 清宣統排印本 六册

310000－0241－0005578 549120
政務處議復河南提學使孔祥霖奏考設視學官摺例册一卷 (清)會議政務處主稿 清光緒三十四年(1908)廣東學務公所排印本 一册

310000－0241－0005579　549121

學部議復御史黃瑞麟奏請飭設立女子師範學堂原摺例冊一卷　(清)學部議奏　清光緒三十四年(1908)廣東學務公所排印本　一冊

310000－0241－0005580　549122

憲政編查館奏遵辦民政財政統計編訂表式酌舉例要摺一卷統計表總例一卷民政統計表式解說二卷財政統計表式要一卷解說二卷　(清)憲政編查館擬奏　清宣統元年(1909)排印本　一冊

310000－0241－0005581　549123

憲政編查館奏議復考察憲政大臣于式枚奏陳諮議局章程權限摺一卷附原摺一卷　(清)憲政編查館議奏　清宣統排印本　一冊

310000－0241－0005582　549124

署兩廣總督袁奏中央集權應先有責任政府摺一卷　(清)袁樹勳奏　清宣統二年(1910)廣東法政學堂排印本　一冊

310000－0241－0005583　549125

陸文慎公奏議一卷　(清)陸寶忠撰　清末排印本　一冊

310000－0241－0005584　549125：2

陸文慎公奏議一卷　(清)陸寶忠撰　清末排印本　一冊

310000－0241－0005585　549126

許竹篔先生奏疏錄　(清)許景澄撰　清光緒排印本　一冊　存二卷

310000－0241－0005586　549127

許尚書文御史奏摺一卷　(清)許應騤　(清)文悌奏　清光緒二十四年(1898)西湖書院正學堂合刻本　一冊

310000－0241－0005587　549128

法部議覆江蘇巡撫奏請定販賣嗎啡及製造施打嗎啡針治罪專條　(清)法部議奏　清光緒刻本　一冊

310000－0241－0005588　549129

御史石長信俾壽條奏禁煙各奏稿一卷　(清)石長信撰　清光緒刻本　一冊

310000－0241－0005589　549130

楊勇慤公奏議十六卷　(清)楊載福撰　清光緒二十一年(1895)問竹軒刻本　十六冊

310000－0241－0005590　549131

同治中興京外奏議約編八卷　(清)陳弢輯錄　清光緒元年(1875)篋劍囊琴之室刻本　八冊

310000－0241－0005591　549132

臺垣疏稿一卷　(清)丁壽昌撰　清同治四年(1865)刻本　一冊

310000－0241－0005592　549133

諫止中東和議奏疏四卷　(清)□□纂輯　清光緒二十一年(1895)香港書局石印本　四冊

310000－0241－0005593　549135

郵傳部會奏接管郵政摺　(清)奕劻等撰　清宣統三年(1911)排印本　一冊

310000－0241－0005594　549139

上今皇帝書一卷　(清)唐啓虞撰　清宣統元年(1909)京華印書局排印本　一冊

310000－0241－0005595　549141

申報謝恩摺選　(清)□□輯　清光緒二十年至二十三年(1894－1897)申報剪貼本　一冊

310000－0241－0005596　549142

晚清各報奏摺選不分卷　(清)□□輯　清光緒二十年至三十一年(1894－1905)各報剪貼本　二冊

310000－0241－0005597　549143

晚清諭摺選一卷　(清)□□輯　清光緒三十年至三十一年(1904－1905)各報剪貼本　一冊

310000－0241－0005598　549145

李忠武公奏疏不分卷　(清)李續賓撰　清光緒刻本　一冊

310000－0241－0005599　549145：3

李忠武公奏疏不分卷　(清)李續賓撰　清光緒刻本　一冊

310000－0241－0005600　549150
擬請試辦遞減科舉注重學堂摺一卷　(清)張百熙奏　清光緒排印本　一冊

310000－0241－0005601　549159
怡親王疏鈔不分卷　(清)怡親王等撰　(清)吳邦慶輯　清道光刻本　一冊

310000－0241－0005602　549161
南海先生戊戌奏稿不分卷　康有爲撰　麥仲華編　清宣統三年(1911)排印本　一冊

310000－0241－0005603　549164(2)
御授攝政王洪大經畧奏對日鈔筆記二卷　(清)洪承疇撰　清光緒十九年(1893)京都榮錄堂刻本　一冊

310000－0241－0005604　549165
恭壽堂奏議十二卷　(清)韓文綺撰　(清)魏源編次　清道光寫刻本　一冊

310000－0241－0005605　549166
欽旌建坊錄二卷　(清)□□輯　清光緒八年(1882)刻本　一冊

310000－0241－0005606　549167
[道光三十年條陳日講事宜]不分卷　(清)曾國藩奏　(清)禮部翰林院會奏　(清)□□輯　清末抄本　一冊

310000－0241－0005607　549169
欽旌義莊錄不分卷　(清)□□輯　清道光湯晉苑局刻本　一冊

310000－0241－0005608　549170
[程氏義莊文案規條田畝]不分卷　(清)程學洙輯　清道光十七年(1837)嘉善程氏刻本　二冊

310000－0241－0005609　549171
蔣琦齡陳十二策一卷　(清)蔣琦齡撰　清同治刻本　一冊

310000－0241－0005610　549172
預備立憲意見書二卷　(清)康繼祖纂　清光緒三十二年(1906)北京教育品物公司排印本　一冊

310000－0241－0005611　550009
浙江諮議局議決案一卷　(清)浙江諮議局議決　清宣統二年(1910)排印本　一冊

310000－0241－0005612　550010
浙江諮議局第一屆常年會議事錄　(清)浙江諮議局輯　清宣統排印本　一冊　存第一冊二卷

310000－0241－0005613　550013
廣西諮議局第三次報告書丁編不分卷　(清)廣西諮議局編　清宣統二年(1910)排印本　一冊

310000－0241－0005614　550014
廣西諮議局第四次報告不分卷　(清)廣西諮議局編　清宣統三年(1911)排印本　一冊

310000－0241－0005615　550506
治平通議八卷　(清)陳虬撰　清光緒十九年(1893)歐雅堂刻本　四冊

310000－0241－0005616　550506:2
治平通議八卷　(清)陳虬撰　清光緒十九年(1893)歐雅堂刻本　一冊

310000－0241－0005617　550506:3
治平通議八卷　(清)陳虬撰　清光緒十九年(1893)歐雅堂刻本　一冊

310000－0241－0005618　550509
蒭變篇十四卷　(清)尹彦鉌撰　清光緒二十六年(1900)刻本　一冊

310000－0241－0005619　550512
張季直殿撰變法平議不分卷　(清)張謇撰　清光緒二十七年(1901)石印本　一冊

310000－0241－0005620　550514
東亞將來大勢論不分卷　(日本)持地六三郎撰　(清)趙必振譯　清光緒二十八年(1902)上海廣智書局排印本　一冊

310000－0241－0005621　550515
籌洋芻議不分卷　(清)薛福成撰　清光緒十三年(1887)醉六堂刻本　一冊

310000－0241－0005622　550516

薪膽芻言一卷　(清)□□撰　清光緒刻本　一冊

310000-0241-0005623　550518
新廣東一卷　題(清)太平洋客著　清末刻本　一冊

310000-0241-0005624　550523
鄭齋芻論一卷　(清)孫雄撰　清光緒三十二年(1906)石印本　一冊

310000-0241-0005625　550524
變法平議酌一卷　(清)李應玨撰　清光緒刻本　一冊

310000-0241-0005626　550525
覆瓿叢談二卷　(清)吳曾英撰　清光緒十二年(1886)刻本　一冊

310000-0241-0005627　550526
自彊芻議不分卷　(清)□□撰　清光緒二十七年(1901)刻本　二冊

310000-0241-0005628　550527:2
續富國策四卷　(清)瑤林館主撰　清光緒十七年(1891)善成堂刻本　四冊

310000-0241-0005629　550528
中西關係畧論四卷續編一卷　(美國)林樂知撰　清光緒十八年(1892)上海格致書室排印本　一冊

310000-0241-0005630　550528:2
中西關係畧論四卷續編一卷　(美國)林樂知撰　清光緒十八年(1892)上海格致書室排印本　一冊

310000-0241-0005631　550533
湖上答問一卷　(清)黃慶澄撰　清光緒二十一年(1895)東甌詠古齋刻本　一冊

310000-0241-0005632　550534
征倭四宜三益說一卷　(清)曾之撰　清光緒二十年(1894)刻本　一冊

310000-0241-0005633　550535
國朝洋務新論二卷　(清)王之春撰　清光緒十二年(1886)寄月軒主刻本　二冊

310000-0241-0005634　550536
東方時局論畧一卷　(清)鄧鏗撰　清光緒排印本　一冊

310000-0241-0005635　550537
時事新論十二卷圖說一卷　(英國)李提摩太撰　清光緒二十年(1894)上海廣學會排印本　三冊

310000-0241-0005636　550538
籌華芻言不分卷　(美國)李佳白撰　清光緒三十二年(1906)上海商務印書館排印本　一冊

310000-0241-0005637　550538:2
籌華芻言不分卷　(美國)李佳白撰　清光緒三十二年(1906)上海商務印書館排印本　一冊

310000-0241-0005638　550540
富國自強畧論一卷　(清)陳鏸勳撰　清光緒二十年(1894)香港文裕堂排印本　一冊

310000-0241-0005639　550541
中國宜改革新政論議一卷附書中國先睡後醒論後一卷　(清)胡禮垣撰　清光緒二十一年(1895)香港文裕堂二次排印本　一冊

310000-0241-0005640　550546
夢盦報論不分卷　(清)夢盦撰　清光緒三十四年(1908)紹興公報剪貼本　一冊

310000-0241-0005641　550547
中西四大政一卷　(英國)李提摩太撰　清光緒二十一年(1895)上海廣學會第四次印本　一冊

310000-0241-0005642　550549
采風記五卷紀程感事詩一卷時務論一卷　(清)宋育仁撰　清光緒二十一年(1895)袖海山房石印本　四冊

310000-0241-0005643　550552
覺迷要錄四卷　葉德輝輯　清光緒三十一年(1905)長沙葉氏刻本　二冊

310000-0241-0005644　550552:2

覺迷要錄四卷　葉德輝輯　清光緒三十一年(1905)長沙葉氏刻本　二冊

310000－0241－0005645　551001

九卿議定物料價值八卷　(清)邁柱等奏定　清乾隆元年(1736)武英殿刻本　六冊

310000－0241－0005646　551002

國政貿易相關書二卷　(英國)法拉著　(清)徐家寶筆述　清光緒九年(1883)江南製造局刻本　二冊

310000－0241－0005647　551009

開平礦務創辦章程案據彙編不分卷　(清)唐廷樞編　清光緒十四年(1888)廣百宋齋排印本　一冊

310000－0241－0005648　551010

黑龍江礦務招商章程不分卷　(清)金鏞訂　清光緒刻本　一冊

310000－0241－0005649　551014

開平礦務招商章程一卷　(清)唐廷樞撰　清光緒三年(1877)刻本　一冊

310000－0241－0005650　551023

奏定礦務暫行章程一卷　(清)郵傳部擬定　清末刻本　一冊

310000－0241－0005651　551027

萍鑛土法煉焦詳說不分卷　(清)俞燮堃撰　清光緒三十三年(1907)刻本　一冊

310000－0241－0005652　551030

戊子年開平礦務局第五結帳一卷　(清)開平礦務局造　清光緒十五年(1889)排印本　一冊

310000－0241－0005653　551031

中國商務志不分卷　(日本)織田一撰　(清)蔣簋方譯　清光緒二十八年(1902)廣智書局排印本　一冊

310000－0241－0005654　551032

光緒朝海關大宗進出貨價表一卷　(清)張庸編　清宣統三年(1911)通州翰墨林書局排印本　一冊

310000－0241－0005655　551033

商務研究會報告第二期一卷　(清)上海商業研究會編　清宣統二年(1910)排印本　一冊

310000－0241－0005656　551034

福建農桑總局第一次報告二卷　(清)福建農桑總局造　清光緒排印本　一冊

310000－0241－0005657　551035

謹擬獎勵棉業章程一卷　(清)農工商部遵擬　清宣統三年(1911)排印本　一冊

310000－0241－0005658　551036

閩省勸辦森林簡明章程一卷　(清)福建農桑總局訂　清末刻本　一冊

310000－0241－0005659　551037

礦政輯畧十二卷首一卷　(清)劉嶽雲輯　清光緒二十九年(1903)教育世界社石印本　八冊

310000－0241－0005660　551040

晉化墾務公司經營事業方針書一卷經營農場設計書一卷　(清)范耘劬口授　(清)陳慶霞筆述　清末排印本　一冊

310000－0241－0005661　551042

通州興辦實業章程不分卷　(清)□□輯　清光緒三十一年(1905)翰墨林書局排印本　一冊

310000－0241－0005662　551044

中國礦產志畧一卷坿鐵路簡明表一卷　(清)瞢□室輯　清末排印本　一冊

310000－0241－0005663　551045

漁業歷史一卷　(清)沈同芳撰　清宣統三年(1911)上海圖書公司排印本　一冊

310000－0241－0005664　551048

奏辦宿遷縣耀徐玻璃有限公司集股章程一卷　(清)張謇等擬訂　清光緒排印本　一冊

310000－0241－0005665　551049

海州贛豐機器餅油有限公司公牘章程不分卷　(清)贛豐餅油公司編訂　清光緒排印本　一冊

310000－0241－0005666　551050
寶應長湖墾殖公司計劃説明書一卷附招股簡章及創辦簡章　(清)熊希齡編　清宣統二年(1910)排印本　一冊

310000－0241－0005667　551051
商辦江蘇瓷業有限公司招股簡章一卷　羅飴等擬訂　清末排印本　一冊

310000－0241－0005668　551056
信成銀行公牘章程規條不分卷　(清)信成銀行輯　清光緒排印本　一冊

310000－0241－0005669　551060
通海墾牧公司集股章程啓一卷　(清)張謇等撰　清光緒二十七年(1901)排印本　一冊

310000－0241－0005670　551060:2
通海墾牧公司集股章程啓一卷　(清)張謇等撰　清光緒二十七年(1901)排印本　一冊

310000－0241－0005671　551060:3
通海墾牧公司集股章程啓一卷　(清)張謇等撰　清光緒二十七年(1901)排印本　一冊

310000－0241－0005672　552001
行船免撞章程不分卷　(英國)傅蘭雅譯　清光緒二十一年(1895)江南製造局排印本　一冊

310000－0241－0005673　552002
峽江救生船志不分卷附行川必要　(清)傅廷臣編　清光緒三十二年(1906)刻本　二冊

310000－0241－0005674　552003
航海簡法四卷　(英國)那麗撰　(美國)金楷理口譯　(清)王德均筆述　清末江南製造局印本　二冊

310000－0241－0005675　552005
水運不分卷　(清)楊志洵譯述　清宣統二年(1910)郵傳部圖書通譯局排印本　一冊

310000－0241－0005676　552010
宣統二年分商辦全浙鐵路有限公司第五屆收支帳畧不分卷　(清)商辦全浙鐵路有限公司編　清宣統三年(1911)上海商務印書館排印本　一冊

310000－0241－0005677　552010:2
宣統二年分商辦全浙鐵路有限公司第五屆收支帳畧不分卷　(清)商辦全浙鐵路有限公司編　清宣統三年(1911)上海商務印書館排印本　一冊

310000－0241－0005678　552012
郵傳部奏定籌辦贖路公債奏稿章程一卷　(清)郵傳部奏定　清光緒刻本　一冊

310000－0241－0005679　552013
東省與韓俄交界道路表不分卷　(清)聶士成編　清末石印本　一冊

310000－0241－0005680　552036
星軺考轍四卷　(清)劉啓彤譯述　清光緒十五年(1889)同文書局石印本　八冊

310000－0241－0005681　552036:2
星軺考轍四卷　(清)劉啓彤譯述　清光緒十五年(1889)同文書局石印本　四冊

310000－0241－0005682　552036:3
星軺考轍四卷　(清)劉啓彤譯述　清光緒十五年(1889)同文書局石印本　四冊

310000－0241－0005683　552036:4
星軺考轍四卷　(清)劉啓彤譯述　清光緒十五年(1889)同文書局石印本　四冊

310000－0241－0005684　552038
上郵傳部徐尚書郵政意見書一卷　(清)胡光智撰　清宣統元年(1909)排印本　一冊

310000－0241－0005685　552040
萬國電報通例二卷　(清)萬國電報公會修正　(清)上海電政局譯　清宣統元年(1909)排印本　一冊

310000－0241－0005686　552041
通信行政概要四編　(日本)渡部信講　(清)潤璋編　清末排印本　一冊

310000－0241－0005687　552042
英國鐵路章程二卷　(清)鄧廷鏗翻譯　(清)楊葆寅纂輯　清光緒二十二年(1896)上海六

先書局石印本　二冊

310000－0241－0005688　552043

關築浦東北洋涇路工交涉案卷一卷　（清）浦東塘工善後局輯　清宣統三年（1911）排印本　一冊

310000－0241－0005689　552047

商務浙江全省鐵路有限公司股東會第一次議事錄一卷　（清）商辦浙江全省鐵路有限公司編　清光緒三十二年（1906）排印本　一冊

310000－0241－0005690　552048

蘇杭甬鐵路始末記一卷　（清）陳毅撰　清宣統二年（1910）郵傳部圖書通譯局排印本　一冊

310000－0241－0005691　553002

續定經心書院日程規條不分卷　（清）□□撰　清光緒十四年（1888）刻本　一冊

310000－0241－0005692　553006

改訂簡易識字學塾章程及授課表一卷　（清）□□輯　清末抄本　一冊

310000－0241－0005693　553012

欽定學堂章程不分卷　（清）張之洞編　清光緒三十三年（1907）排印本　五冊

310000－0241－0005694　553016

考察日本學校記八卷　（清）李宗棠編譯　清光緒二十八年（1902）石印本　八冊

310000－0241－0005695　553031

江蘇師範學堂一斑一卷　（清）周寶圭輯　清光緒三十三年（1907）胡玉縉抄本　一冊

310000－0241－0005696　553032

籌辦湖北各學堂摺不分卷　（清）張之洞著　清光緒二十八年（1902）排印本　一冊

310000－0241－0005697　553032：2

籌辦湖北各學堂摺不分卷　（清）張之洞著　清光緒二十八年（1902）排印本　一冊

310000－0241－0005698　553041

山東試辦大學堂暫行章程摺稿一卷　袁世凱撰　清末刻本　一冊

310000－0241－0005699　553043

暫定各學堂應用書目一卷　（清）學部定　清光緒二十八年（1902）京師大學堂刻本　一冊

310000－0241－0005700　553044

奏請宣示教育宗旨摺一卷　（清）榮慶奏　清光緒排印本　一冊

310000－0241－0005701　553046

學務新章輯要二編不分卷　（清）□□輯　清宣統排印本　一冊

310000－0241－0005702　553049

張督部陳撫部請變科舉奏一卷　（清）張之洞會奏　清光緒刻本　一冊

310000－0241－0005703　553049：2

張督部陳撫部請變科舉奏一卷　（清）張之洞會奏　清光緒刻本　一冊

310000－0241－0005704　553049：3

張督部陳撫部請變科舉奏一卷　（清）張之洞會奏　清光緒刻本　一冊

310000－0241－0005705　553049：4

張督部陳撫部請變科舉奏一卷　（清）張之洞會奏　清光緒刻本　一冊

310000－0241－0005706　553049：5

張督部陳撫部請變科舉奏一卷　（清）張之洞會奏　清光緒刻本　一冊

310000－0241－0005707　553049：6

張督部陳撫部請變科舉奏一卷　（清）張之洞會奏　清光緒刻本　一冊

310000－0241－0005708　553049：7

張督部陳撫部請變科舉奏一卷　（清）張之洞會奏　清光緒刻本　一冊

310000－0241－0005709　553050

擬訂小學堂章程一卷　（清）□□輯　清宣統油印本　一冊

310000－0241－0005710　553051

重訂東遊叢錄四卷　（清）吳汝綸撰　清光緒石印本　四冊

310000－0241－0005711　553053
劉欽辰等爲勢豪踞吞學產環叩親勘稟一卷　（清）劉欽辰等稟　清光緒二十八年（1902）繕呈本　一册

310000－0241－0005712　553055
廷試遊學畢業生錄用章程一卷　（清）學部奏定　清宣統元年（1909）抄本　一册

310000－0241－0005713　553057
學規舉隅二卷首一卷　（清）尹銘綬述　清光緒二十七年（1901）濟南使院刻本　三册

310000－0241－0005714　553058
靖江學務箸議一卷　侯鴻鑑撰　清光緒三十三年（1907）排印本　一册

310000－0241－0005715　554202
湘報類纂甲乙丙丁戊己六集不分卷　（清）覺睡齋主人編　清光緒二十八年（1902）上海中華編譯印書館排印本　八册

310000－0241－0005716　554202：2
湘報類纂甲乙丙丁戊己六集不分卷　（清）覺睡齋主人編　清光緒二十八年（1902）上海中華編譯印書館排印本　四册

310000－0241－0005717　554207
時事報圖畫雜俎不分卷　（清）時事報館編　清光緒三十四年至宣統元年（1908－1909）時事報館石印本　三册

310000－0241－0005718　554424
國聞報彙編二卷　（清）愛穎編輯　清光緒二十九年（1903）競化書局排印本　二册

310000－0241－0005719　554425
國聞報彙編　（清）愛穎編輯　清光緒二十九年（1903）競化書局排印本　一册　存一卷

310000－0241－0005720　554440
湘學新報　（清）江標主編　清光緒二十三年至二十四年（1897－1898）刻本　十九册　存十九册

310000－0241－0005721　554441
湘學報類編（西政叢鈔六種）不分卷　（清）湘學報館編　清光緒二十八年（1902）石印本　六册

310000－0241－0005722　554441：2
湘學報類編（西政叢鈔六種）不分卷　（清）湘學報館編　清光緒二十八年（1902）石印本　十二册

310000－0241－0005723　554471
申報漢報文選不分卷　（清）□□輯　清光緒二十年至二十四年（1894－1898）申報漢報剪貼本　二册

310000－0241－0005724　554472
申報論說選不分卷　（清）□□輯　清光緒二十年至二十四年（1894－1898）申報漢報剪貼本　四册

310000－0241－0005725　554473
申報論說選不分卷　（清）□□輯　清光緒二十年至二十五年（1894－1899）申報剪貼本　四册

310000－0241－0005726　554474
申報經世文選不分卷　（清）□□輯　清光緒二十四年至二十五年（1898－1899）申報剪貼本　二册

310000－0241－0005727　554475
申報經世文選不分卷　（清）□□輯　清光緒三十三年至三十四年（1907－1908）申報剪貼本　三册

310000－0241－0005728　554476
新申兩報論說選不分卷　（清）□□輯　清光緒二十六年至二十七年（1900－1901）新申兩報剪貼本　二册

310000－0241－0005729　554477
新申兩報雜著選不分卷　（清）□□輯　清光緒二十五年至二十七年（1899－1901）新申兩報剪貼本　二册

310000－0241－0005730　554478
晚清各報雜文選不分卷　（清）□□輯　清光緒二十五年至三十年（1899－1904）各報剪貼

本　一冊

310000－0241－0005731　554487
譯書公會報分類彙訂本不分卷　(清)譯書公會編　清光緒二十三年(1897)排印本　六冊

310000－0241－0005732　556001
心師竹齋章牘存稿三卷附錄一卷　(清)程楙采撰　清光緒三年(1877)京都奎光齋刻本　二冊

310000－0241－0005733　556003
卞制軍政書四卷　(清)卞寶第撰　清刻本　四冊

310000－0241－0005734　556004
時務通考三十一卷　(清)杞廬主人編　清光緒二十三年(1897)點石齋石印本　二十四冊

310000－0241－0005735　556005
時務通考　(清)杞廬主人編　清光緒二十三年(1897)點石齋石印本　十六冊　存二十四卷

310000－0241－0005736　556006
問心齋學治雜錄二卷續錄四卷　(清)張聯桂撰　清光緒十一年(1885)刻本　六冊

310000－0241－0005737　556007
實學文導二卷　(清)傅雲龍撰　清光緒二十一年(1895)石印本　二冊

310000－0241－0005738　556008
學治偶存八卷　(清)陸維祺撰　清光緒十九年(1893)刻本　四冊

310000－0241－0005739　556009
北洋公牘類纂二十五卷　(清)甘厚慈輯　清光緒三十三年(1907)京城益森印刷有限公司排印本　二十冊

310000－0241－0005740　556009:2
北洋公牘類纂二十五卷　(清)甘厚慈輯　清光緒三十三年(1907)京城益森印刷有限公司排印本　一冊

310000－0241－0005741　556009:3
北洋公牘類纂二十五卷　(清)甘厚慈輯　清光緒三十三年(1907)京城益森印刷有限公司排印本　二十冊

310000－0241－0005742　556010
樊山公牘三卷　樊增祥撰　清光緒二十年(1894)刻本　二冊

310000－0241－0005743　556010(2)
樊山政書二十卷　樊增祥撰　清宣統二年(1910)湯明林聚珍書局排印本　十冊

310000－0241－0005744　556010:2
樊山公牘三卷　樊增祥撰　清光緒二十年(1894)刻本　三冊

310000－0241－0005745　556012
樊山批判十四卷　樊增祥撰　清光緒二十三年(1897)刻本　五冊

310000－0241－0005746　556012:2
樊山批判十四卷　樊增祥撰　清光緒二十三年(1897)刻本　七冊

310000－0241－0005747　556014
撫吴公牘五十卷　(清)丁日昌原本　(清)林達泉校刊　清光緒三年(1877)刻本　十冊

310000－0241－0005748　556014:2
撫吴公牘五十卷　(清)丁日昌原本　(清)林達泉校刊　清光緒三年(1877)刻本　十冊

310000－0241－0005749　556014:3
撫吴公牘五十卷　(清)丁日昌原本　(清)林達泉校刊　清光緒三年(1877)刻本　十四冊

310000－0241－0005750　556014:4
撫吴公牘五十卷　(清)丁日昌原本　(清)林達泉校刊　清光緒三年(1877)刻本　六冊

310000－0241－0005751　556024
長元吴豐備義倉全案續編六卷　(清)吳大根編　清光緒二十五年(1899)刻本　八冊

310000－0241－0005752　556025
地方自治淺說不分卷　孟森編纂　清宣統三年(1911)上海商務印書館排印本　一冊

310000－0241－0005753　556026

南海四上書記不分卷　康有爲撰　清光緒二十一年(1895)時務報館石印本　一册

310000－0241－0005754　556026:2
南海四上書記不分卷　康有爲撰　清光緒二十一年(1895)時務報館石印本　一册

310000－0241－0005755　556026:3
南海四上書記不分卷　康有爲撰　清光緒二十一年(1895)時務報館石印本　二册

310000－0241－0005756　556027
冒侯吏牘六種八卷　(清)冒澄等著　清光緒五年(1879)水繪園刻本　九册

310000－0241－0005757　556030
程中丞庚子函牘鈔畧不分卷　(清)李遜編　清宣統元年(1909)排印本　一册

310000－0241－0005758　556039
皇朝經世文編一百二十卷　(清)賀長齡輯　清光緒十三年(1887)上海廣百宋齋石印本　二十四册

310000－0241－0005759　556046:2
適可齋記言四卷　(清)馬建忠撰　清光緒二十二年(1896)刻本　二册

310000－0241－0005760　556046:4
適可齋記言四卷　(清)馬建忠撰　清光緒二十二年(1896)刻本　二册

310000－0241－0005761　556047
諭辦廬陵義圖各稟呈批稿一卷查辦吉安府廬陵縣義圖局規章程一卷　(清)□□輯　清光緒寫本　一册

310000－0241－0005762　556048
皇朝蓄艾文編八十卷　(清)于寶軒輯　清光緒二十九年(1903)上海官書局排印本　四十册

310000－0241－0005763　556049
皇朝蓄艾文編八十卷　(清)于寶軒輯　清光緒二十九年(1903)上海官書局排印本　三十五册　缺一册(序目)

310000－0241－0005764　556050
皇朝蓄艾文編八十卷　(清)于寶軒輯　清光緒二十九年(1903)上海官書局排印本　五十八册

310000－0241－0005765　556050:2
皇朝蓄艾文編八十卷　(清)于寶軒輯　清光緒二十九年(1903)上海官書局排印本　三十三册

310000－0241－0005766　556051
皇朝文典七十四卷　(清)李兆洛輯　清嘉慶二十年(1815)刻本　十六册

310000－0241－0005767　556052
窺豹褋存一卷　(清)西國夏時居士輯　清光緒七年(1881)刻本　一册

310000－0241－0005768　556053
皇朝經世文編　(清)賀長齡輯　清同治十二年(1873)雙峯書屋刻本　八十册

310000－0241－0005769　556054
皇朝經世文編一百二十卷續編一百二十卷　(清)賀長齡輯　清光緒二十八年(1902)寶善書局石印本　四十册

310000－0241－0005770　556055
皇朝經世文編一百二十卷　(清)賀長齡輯　清光緒十三年(1887)廣百宋齋排印本　二十四册

310000－0241－0005771　556056
皇朝經世文編　(清)賀長齡輯　清光緒二十二年(1896)掃葉山房排印本　二十三册　存一百十六卷

310000－0241－0005772　556057
皇朝經世文編一百二十卷　(清)賀長齡輯　清光緒二十二年(1896)掃葉山房排印本　二十四册

310000－0241－0005773　556058
皇朝經世文編一百二十卷　(清)賀長齡輯　清刻本　六十册　存九十二卷

310000－0241－0005774　556058:2
皇朝經世文編一百二十卷　(清)賀長齡輯

清刻本　六十册

310000－0241－0005775　556059
皇朝經世文編一百二十卷　(清)賀長齡輯　清光緒十二年(1886)思補樓重校石印本　二十册

310000－0241－0005776　556059:2
皇朝經世文編一百二十卷　(清)賀長齡輯　清光緒十二年(1886)思補樓重校石印本　二十四册

310000－0241－0005777　556059:3
皇朝經世文編一百二十卷　(清)賀長齡輯　清光緒十二年(1886)思補樓重校石印本　六十册

310000－0241－0005778　556059:4
皇朝經世文編一百二十卷　(清)賀長齡輯　清光緒十二年(1886)思補樓重校石印本　二十四册

310000－0241－0005779　556060
經世文續編一百二十卷　(清)葛士濬輯　清光緒十七年(1891)廣百宋齋排印本　二十四册

310000－0241－0005780　556060(2)
皇朝經世文續編一百二十卷　(清)盛康輯　盛宣懷編次　清光緒二十三年(1897)盛氏思補樓刻本　六十册

310000－0241－0005781　556061
皇朝經世文續編一百二十卷　(清)葛士濬輯　清光緒二十四年(1898)上海書局石印本　二十册

310000－0241－0005782　556062
皇朝經世文續編一百二十卷　(清)葛士濬輯　清光緒二十四年(1898)宏文閣石印本　六册

310000－0241－0005783　556063
皇朝經世文續編一百二十卷　(清)葛士濬輯　清光緒十四年(1888)圖書集成局排印本　三十二册

310000－0241－0005784　556063:2
皇朝經世文續編一百二十卷　(清)葛士濬輯　清光緒十四年(1888)圖書集成局排印本　二十九册

310000－0241－0005785　556063:3
皇朝經世文續編一百二十卷　(清)葛士濬輯　清光緒十四年(1888)圖書集成局排印本　二十四册

310000－0241－0005786　556063:4
皇朝經世文續編一百二十卷　(清)葛士濬輯　清光緒十四年(1888)圖書集成局排印本　八册

310000－0241－0005787　556063:5
皇朝經世文續編一百二十卷　(清)葛士濬輯　清光緒十四年(1888)圖書集成局排印本　三十二册

310000－0241－0005788　556064
皇朝經世文三編八十卷　(清)陳忠倚輯　清光緒二十四年(1898)石印本　十六册

310000－0241－0005789　556065
經世文新編二十一卷　麥仲華輯　清光緒二十四年(1898)上海譯成書局石印本　二十四册

310000－0241－0005790　556066
皇朝經世文新編二十一卷　麥仲華輯　清光緒二十四年(1898)上海大同譯書局石印本　十五册　存十四卷

310000－0241－0005791　556066:2
皇朝經世文新編二十一卷　麥仲華輯　清光緒二十四年(1898)上海大同譯書局石印本　二十四册

310000－0241－0005792　556067
鹿洲公案　(清)藍鼎元著　清雍正七年(1729)刻本　二册

310000－0241－0005793　556067(2)
鹿洲公案　(清)藍鼎元著　清同治刻本　二册

310000－0241－0005794　556067(3)
鹿洲公案二卷　(清)藍鼎元著　(清)曠敏本評　清光緒十七年(1891)石印本　一册

310000－0241－0005795　556071
柳州文牘二卷　(清)楊道霖撰　清宣統二年(1910)排印本　一册

310000－0241－0005796　556071:2
柳州文牘二卷　(清)楊道霖撰　清宣統二年(1910)排印本　一册

310000－0241－0005797　556074
華氏義田事畧不分卷　(清)華進思撰　清同治四年(1865)刻本　二册

310000－0241－0005798　556080
勤餘文牘六卷　(清)陳鍋撰　清光緒五年(1879)橘蔭軒刻本　七册

310000－0241－0005799　556085
開縣李尚書政書八卷　(清)李宗羲撰　清光緒十一年(1885)刻本　五册

310000－0241－0005800　556095
東三省蒙務公牘彙編　朱啓鈐主編　清光緒三十三年(1907)排印本　一册　存二卷

310000－0241－0005801　556098
徐雨峯中丞勘語四卷　(清)徐士林撰　清光緒三十二年(1906)李氏聖譯樓刻本　四册

310000－0241－0005802　556098:2
徐雨峯中丞勘語四卷　(清)徐士林撰　清光緒三十二年(1906)李氏聖譯樓刻本　四册

310000－0241－0005803　556100
東槎紀畧五卷　(清)姚瑩撰　清道光十一年(1831)刻本　四册

310000－0241－0005804　556109
東三省政畧十二卷附圖七十二幀　徐世昌編　清宣統三年(1911)排印本　四十册

310000－0241－0005805　556110
撫豫宣化録四卷　(清)田文鏡彙集　清雍正五年(1727)刻本　八册

310000－0241－0005806　556116
陶甓公牘十二卷　(清)劉汝驥撰　清宣統三年(1911)安徽印刷局排印本　四册

310000－0241－0005807　556131
拳教析疑説不分卷附義和拳教門源流考書後一卷　(清)勞乃宣輯　清光緒二十六年(1900)木活字印本　一册

310000－0241－0005808　556132
宦滇紀事四卷　(清)胡秀山著　(清)王樹之編　清光緒十六年(1890)刻本　八册

310000－0241－0005809　556133
晉政輯要四十卷　(清)安頤等編纂　清光緒十三年(1887)刻本　三十二册

310000－0241－0005810　556141
金鷄談薈十四卷首一卷　(清)歐陽利見輯　清光緒排印本　八册

310000－0241－0005811　556145
公民必讀初編不分卷　(清)孟昭常撰　清光緒三十四年(1908)預備立憲公會排印本　一册

310000－0241－0005812　556145:2
公民必讀初編不分卷　(清)孟昭常撰　清光緒三十四年(1908)預備立憲公會排印本　一册

310000－0241－0005813　556147
唤醒集甲乙丙丁四篇不分卷　(清)澄清主人編輯　清宣統元年(1909)排印本　一册

310000－0241－0005814　556149
汝東判語六卷附吴平贅言八卷　(清)董沛撰　清光緒九年(1883)刻本　四册

310000－0241－0005815　556153
資治新書初二集三十四卷首一卷　(清)李漁蒐輯　(清)沈心友訂　清光緒二十年(1894)圖書集成局排印本　十二册

310000－0241－0005816　556155
刑錢必覽十卷錢穀備要十卷　(清)王又槐編輯　清光緒十二年(1886)浙紹墨潤堂刻本

六冊

310000－0241－0005817　556158

洞庭山禁革現總案不分卷　(清)□□輯　清乾隆刻本　二冊

310000－0241－0005818　556160

教案簡明要覽不分卷　(清)□□撰　清末刻本　一冊

310000－0241－0005819　556162

龍筋鳳髓判四卷　(唐)張鷟撰　(明)劉允鵬注　清嘉慶十六年(1811)蕭山陳氏湖海樓刻本　二冊

310000－0241－0005820　556163

奏摺條件輯覽四卷　(清)張守誠撰　清光緒十六年(1890)皖江節署刻本　一冊

310000－0241－0005821　556166

常勝軍案畧一卷　(清)謝元壽編輯　清光緒二十一年(1895)木活字印本　一冊

310000－0241－0005822　556167

皇朝經世文四編五十二卷　(清)何良棟編　清光緒二十八年(1902)鴻寶書局石印本　十二冊

310000－0241－0005823　556168

農安縣丁未年報告書不分卷　(清)李澍恩編著　清光緒三十四年(1908)吉林官書刷印局排印本　一冊

310000－0241－0005824　556169

瘀氣集存二卷　金蓉鏡撰　清光緒三十四年(1908)刻本　一冊　存二卷

310000－0241－0005825　556179

舌擊編五卷　(清)沈儲撰　清咸豐刻本　五冊

310000－0241－0005826　556180

借箸雜俎四卷　(清)沈清旭著　清光緒十二年(1886)刻本　四冊

310000－0241－0005827　556183

度量衡圖說不分卷擬定度量權衡劃一制度總表擬定推行　(清)傅頲等擬定　清光緒刻本　一冊

310000－0241－0005828　556187

圭山存牘不分卷　(清)李鍾玨撰　清光緒二十一年(1895)寧陽刻本　一冊

310000－0241－0005829　556190

天津府自治局文件錄要初編不分卷　(清)天津府自治局編　清光緒排印本　一冊

310000－0241－0005830　556191

各主務官廳議復諮議局議案說帖一卷　(清)廣東省諮議局輯　清宣統元年(1909)排印本　一冊

310000－0241－0005831　556196

國會期成會意見書一卷　(清)□□撰　清末排印本　一冊

310000－0241－0005832　556198

雲間全節堂徵信錄不分卷　(清)耿蒼齡等輯　清同治十年(1871)刻本　一冊

310000－0241－0005833　556201

衛鄉要畧二卷　(清)吳履剛輯　(清)盧道昌編　清光緒十年(1884)刻本　二冊

310000－0241－0005834　556203

石封官書二卷　(清)汪□□撰　清宣統排印本　二冊

310000－0241－0005835　556204

黃巖盧氏售田找契　(清)盧元現等立　清乾隆四十年(1775)盧運選手書本　一冊

310000－0241－0005836　556205

閫政領要三卷　(清)□□撰　清刻本　一冊

310000－0241－0005837　556210

燕鴻爪印三卷　(清)程龢撰　清宣統二年(1910)排印本　一冊

310000－0241－0005838　556211

吏皖存牘三卷　姚錫光撰　清光緒三十四年(1908)排印本　三冊

310000－0241－0005839　556215

吳平贅言八卷　(清)董沛撰　清光緒刻本

二冊

310000－0241－0005840　556217
敬慎堂公牘六卷　(清)沈秉堃撰　清光緒二十五年(1899)江陽官署刻本　六冊

310000－0241－0005841　556221
蠡測狂言不分卷　(清)李泗撰　清光緒刻本　二冊

310000－0241－0005842　556222
時務目論不分卷　(清)泔濱漁者撰　清光緒二十七年(1901)普通學書室排印本　二冊

310000－0241－0005843　556228
解州丈清地糧里甲圖說不分卷　(清)馬丕瑤纂輯　清光緒七年(1881)解州李修德刻本　一冊

310000－0241－0005844　556235
潘方伯公遺稿六卷　(清)潘學祖編　清光緒二十二年(1896)刻本　六冊

310000－0241－0005845　556235:2
潘方伯公遺稿六卷　(清)潘學祖編　清光緒二十二年(1896)刻本　六冊

310000－0241－0005846　556236
漢洲公牘稿不分卷　(清)龔樹撰　清光緒二十三年至二十五年(1897－1899)稿本　一冊

310000－0241－0005847　556236:2
漢洲公牘稿不分卷　(清)龔樹撰　清光緒二十三年至二十五年(1897－1899)稿本　一冊

310000－0241－0005848　556241
時務叢編不分卷　(清)□□編選　清光緒二十九年(1903)申報剪貼本　一冊

310000－0241－0005849　556249
稟啓彙存二卷　(清)馮焌光撰　清末刻本　二冊

310000－0241－0005850　556251
江蘇督學部院李爲經濟科改期換給諮文札　(清)李殿林發　清光緒二十九年(1903)繕發原本　一冊

310000－0241－0005851　556253
署理漕運總督部堂陸爲查徽劉德厚亟飭知照札　(清)陸元鼎發　清光緒三十年(1904)繕發原本　一冊

310000－0241－0005852　556254
嚴陵記署一卷　(清)戴槃撰　清同治七年(1868)刻本　一冊

310000－0241－0005853　556257
呈商撫憲稟稿不分卷附申復商憲文稿不分卷　(清)□□撰　清末民國初抄本　一冊

310000－0241－0005854　556258
撫臺批牘不分卷　(清)□□撰　清末紅格稿本　四冊

310000－0241－0005855　560004
四庫全書總目二百卷　(清)紀昀等纂　清乾隆武英殿刻本　八十冊　存一百五十二卷

310000－0241－0005856　560007
四庫全書總目二百卷　(清)紀昀等纂　清同治七年(1868)廣東書局刻本　一百二十冊

310000－0241－0005857　560007:2
四庫全書總目二百卷　(清)紀昀等纂　清同治七年(1868)廣東書局刻本　一百十九冊

310000－0241－0005858　560007:3
四庫全書總目二百卷　(清)紀昀等纂　清同治七年(1868)廣東書局刻本　一百八冊

310000－0241－0005859　560007:4
四庫全書總目二百卷　(清)紀昀等纂　清同治七年(1868)廣東書局刻本　一百冊

310000－0241－0005860　560010
四庫全書簡明目錄二十卷　(清)紀昀等纂　清光緒五年(1879)墨潤堂排印本　六冊

310000－0241－0005861　560011
四庫全書簡明目錄二十二卷首一卷　(清)紀昀等纂　清刻本　八冊

310000－0241－0005862　560012
四庫全書簡明目錄二十卷首一卷　(清)紀昀等纂　清刻本　十二冊

310000－0241－0005863　560012：2
四庫全書簡明目録二十卷首一卷　（清）紀昀等纂　清刻本　十二册

310000－0241－0005864　560013
四庫全書簡明目録二十卷首一卷　（清）紀昀等纂　清同治七年（1868）廣東書局刻本　十册

310000－0241－0005865　560015
四庫全書簡明目録二十卷　（清）紀昀等纂　清刻本　十二册

310000－0241－0005866　560017
欽定四庫全書簡明目録二十卷　（清）紀昀等纂　清刻本　十二册

310000－0241－0005867　560017：2
欽定四庫全書簡明目録二十卷　（清）紀昀等纂　清刻本　十六册

310000－0241－0005868　560017：3
欽定四庫全書簡明目録二十卷　（清）紀昀等纂　清刻本　九册

310000－0241－0005869　560017：4
欽定四庫全書簡明目録二十卷　（清）紀昀等纂　清刻本　二十册

310000－0241－0005870　560022
古今僞書考一卷　（清）姚際恒撰　清末排印本　二册

310000－0241－0005871　560023
四庫簡明目録標注二十卷附録一卷　（清）邵懿辰撰　清宣統三年（1911）仁和邵氏半巖廬刻本　六册

310000－0241－0005872　560023：2
四庫簡明目録標注二十卷附録一卷　（清）邵懿辰撰　清宣統三年（1911）仁和邵氏半巖廬刻本　六册

310000－0241－0005873　560024
四庫簡明目録標注二十卷附録一卷　（清）邵懿辰撰　清宣統三年（1911）仁和邵氏半巖廬刻本　六册

310000－0241－0005874　560026
四庫全書提要二百卷首一卷　（清）紀昀等纂　清同治七年（1868）廣東書局刻本　一百二十册

310000－0241－0005875　560034
四庫序不分卷　（清）□□輯　清光緒二十八年（1902）不舍齋刻本　一册

310000－0241－0005876　560035
四庫全書表文箋釋四卷附補訂　（清）紀昀撰　（清）林鶴年纂釋　清宣統元年（1909）劉氏求恕齋刻本　四册

310000－0241－0005877　560039
浙江採集遺書總録十集　（清）鍾音等修　（清）沈初編　清乾隆三十九年（1774）刻本　十册

310000－0241－0005878　560040
浙江採集遺書總録十集　（清）鍾音等修　（清）沈初編　清乾隆三十九年（1774）刻本　十册

310000－0241－0005879　560041
浙江採集遺書總録十集　（清）鍾音等修　（清）沈初編　清乾隆三十九年（1774）刻本　十四册

310000－0241－0005880　560042
昭德先生郡齋讀書志二十卷附志二卷　（宋）晁公武撰　清光緒十年（1884）長沙王氏校刻本　十册

310000－0241－0005881　560043
開有益齋讀書志六卷續志一卷　（清）朱緒曾撰　清光緒六年（1880）金陵翁氏茹古閣校刻本　五册

310000－0241－0005882　560044
開有益齋讀書志六卷續志一卷　（清）朱緒曾撰　清光緒六年（1880）金陵翁氏茹古閣校刻本　五册

310000－0241－0005883　560045
華延年室題跋二卷殘明大統曆宰輔表一卷

(清)傅以禮撰　清宣統元年(1909)排印本　三冊

310000－0241－0005884　560045:2
華延年室題跋二卷殘明大統曆宰輔表一卷　(清)傅以禮撰　清宣統元年(1909)排印本　二冊

310000－0241－0005885　560046
春在堂全書錄要不分卷　(清)俞樾編　清光緒五年(1879)刻本　一冊

310000－0241－0005886　560050
直齋書錄解題二十二卷　(宋)陳振孫撰　清光緒九年(1883)江蘇書局刻本　六冊

310000－0241－0005887　560050:2
直齋書錄解題二十二卷　(宋)陳振孫撰　清光緒九年(1883)江蘇書局刻本　十冊

310000－0241－0005888　560051
直齋書錄解題二十二卷　(宋)陳振孫撰　清光緒九年(1883)江蘇書局刻本　六冊

310000－0241－0005889　560054
皇清經解提要二卷續編一卷　(清)沈豫編　清道光二十七年(1847)刻本　一冊

310000－0241－0005890　560059
掔經室經進書錄四卷　(清)傅以禮重編　清光緒八年(1882)刻本　二冊

310000－0241－0005891　560063
永樂大典目錄六十卷　(明)姚廣孝等編　清道光二十八年(1848)靈石揚氏刻本　二十冊

310000－0241－0005892　560064
經籍舉要一卷附錄一卷　(清)龍啓瑞撰　清光緒十九年(1893)中江講院刻本　一冊

310000－0241－0005893　560067
南廱志經籍考二卷　(明)梅鷟撰　清光緒二十八年(1902)葉氏校刻本　一冊

310000－0241－0005894　560070
惜抱軒書錄四卷　(清)姚鼐撰　清光緒五年(1879)桐城徐宗亮刻本　一冊

310000－0241－0005895　561004
漢藝文志考證十卷　(宋)王應麟撰　清光緒九年(1883)浙江書局刻本　二冊

310000－0241－0005896　561005
漢藝文志考證十卷　(宋)王應麟撰　清光緒九年(1883)浙江書局刻本　二冊

310000－0241－0005897　561008
補後漢書藝文志四卷　(清)侯康撰　清光緒十七年(1891)廣雅書局刻本　一冊

310000－0241－0005898　561009
補後漢書藝文志四卷補續漢書藝文志一卷　(清)侯康撰　清光緒十四年(1888)、十七年(1891)廣雅書局刻本　一冊

310000－0241－0005899　561010
補續漢書藝文志一卷　(清)錢大昭撰　清光緒十四年(1888)廣雅書局刻本　一冊

310000－0241－0005900　561010:2
補續漢書藝文志一卷　(清)錢大昭撰　清光緒十四年(1888)廣雅書局刻本　一冊

310000－0241－0005901　561010:3
補續漢書藝文志一卷　(清)錢大昭撰　清光緒十四年(1888)廣雅書局刻本　一冊

310000－0241－0005902　561010:4
補續漢書藝文志一卷　(清)錢大昭撰　清光緒十四年(1888)廣雅書局刻本　一冊

310000－0241－0005903　561011
補晉書藝文志六卷　(清)文廷式纂撰　清宣統元年(1909)長沙排印本　六冊

310000－0241－0005904　561011:2
補晉書藝文志六卷　(清)文廷式纂撰　清宣統元年(1909)長沙排印本　六冊

310000－0241－0005905　561016
補晉書經籍志四卷　(清)吳士鑑纂　清光緒二十一年(1895)刻本　二冊

310000－0241－0005906　561017
補晉書經籍志四卷　(清)吳士鑑纂　清光緒二十一年(1895)刻本　一冊

310000－0241－0005907　561018
補晉書藝文志四卷附録一卷　丁國鈞撰　丁辰注　清光緒常熟丁氏木活字印本　二册

310000－0241－0005908　561019:2
隋書經籍志考證十三卷　(清)章宗源撰　清光緒三年(1877)湖北崇文書局刻本　四册

310000－0241－0005909　561021
補五代史藝文志一卷　(清)顧櫰三撰　清光緒會稽趙氏刻本　一册

310000－0241－0005910　561022
補五代史藝文志一卷　(清)顧櫰三撰　清光緒十七年(1891)刻廣雅書局本　一册

310000－0241－0005911　561023
南廱志經籍考二卷　(明)梅鷟撰　清光緒二十八年(1902)刻本　一册

310000－0241－0005912　561024
補遼金元藝文志一卷　(清)倪燦撰　清光緒十七年(1891)廣雅書局刻本　一册

310000－0241－0005913　561030
宋史藝文志補一卷　(清)倪燦撰　清光緒十七年(1891)廣雅書局刻本　一册

310000－0241－0005914　561031
補元史藝文志四卷　(清)錢大昕撰　清光緒十九年(1893)廣雅書局刻本　一册

310000－0241－0005915　561033
皇朝經籍志六卷　(清)黄本驥撰　清道光二十五年(1845)三長物齋刻本　二册

310000－0241－0005916　561034
補三國藝文志四卷　(清)侯康撰　清光緒十三年(1887)廣雅書局刻本　一册

310000－0241－0005917　561036
元史藝文志四卷　(清)錢大昕補　清嘉慶十一年(1806)黄丕烈校刻本　一册

310000－0241－0005918　561036(2)
元史藝文志四卷　(清)錢大昕補　清末江蘇書局刻本　一册

310000－0241－0005919　562007
海虞藝文志六卷　(清)姚福均輯　清光緒二十三年(1897)姚氏刻本　二册

310000－0241－0005920　562008
海虞藝文志六卷　(清)姚福均輯　清光緒二十三年(1897)姚氏刻本　二册

310000－0241－0005921　562014
金華文萃書目提要　(清)胡鳳丹編　清同治八年(1869)退補齋刻本　二册

310000－0241－0005922　562016
常郡八邑藝文志十二卷　(清)盧文弨編　(清)莊翊昆補　清光緒十六年(1890)莊毓鋐刻本　十六册

310000－0241－0005923　562017
[光緒]杭州府藝文志十卷　(清)吳慶坻編　清光緒三十四年(1908)長沙刻本　四册

310000－0241－0005924　562017:2
[光緒]杭州府藝文志十卷　(清)吳慶坻編　清光緒三十四年(1908)長沙刻本　四册

310000－0241－0005925　562020
錫金歷朝書目考十二卷雜録一卷　(清)高鑅泉編　清光緒二十八年(1902)木活字印本　四册

310000－0241－0005926　563001
袁氏藝文志一卷文録一卷詩録一卷金石録一卷附録一卷　(清)袁渭漁等撰　(清)袁昶輯　清光緒桐廬袁氏刻本　一册

310000－0241－0005927　564002
金石學録補四卷　(清)陸心源撰輯　清光緒十二年(1886)刻本　一册

310000－0241－0005928　564003
金石學録補　(清)陸心源編　清光緒五年(1879)刻本　一册

310000－0241－0005929　564003:2
金石學録補　(清)陸心源編　清光緒五年(1879)刻本　一册

310000－0241－0005930　564031

道藏目錄詳注四卷 （清）李傑詳注 清道光二十五年（1845）刻本 四册

310000－0241－0005931 564047
西學書目表三卷附一卷 梁啓超撰 清光緒二十二年（1896）質學會刻本 一册

310000－0241－0005932 564047（2）
西學書目表三卷附一卷 梁啓超撰 清光緒二十二年（1896）刻本 一册

310000－0241－0005933 564048
農務要書簡明目錄不分卷 （英國）傅蘭雅口譯 （清）王樹善筆述 清光緒二十七年（1901）上海製造局刻本 一册

310000－0241－0005934 564048：2
農務要書簡明目錄不分卷 （英國）傅蘭雅口譯 （清）王樹善筆述 清光緒二十七年（1901）上海製造局刻本 一册

310000－0241－0005935 564048：3
農務要書簡明目錄不分卷 （英國）傅蘭雅口譯 （清）王樹善筆述 清光緒二十七年（1901）上海製造局刻本 一册

310000－0241－0005936 564050
古越藏書樓書目二十卷 （清）徐樹蘭藏並編 清光緒三十年（1904）崇實書局石印徐氏寫本 八册

310000－0241－0005937 564063
郘亭知見傳本書目十六卷 （清）莫友芝撰 清宣統元年（1909）排印本 八册

310000－0241－0005938 564084
全上古三代秦漢三國晉南北朝文編 （清）蔣壑編 清光緒五年（1879）刻本 五册 存二十七卷

310000－0241－0005939 564087
古今算學書錄 （清）劉鐸編 清光緒二十四年（1898）算學書局石印本 四册

310000－0241－0005940 564088
東西學書錄二卷附錄一卷 （清）徐以愻編 清光緒二十五年（1899）石印本 三册

310000－0241－0005941 564105
泰西著述考一卷 （清）王韜輯撰 清光緒淞隱廬排印本 一册

310000－0241－0005942 564118
曲錄六卷戲曲考原一卷 王國維撰 清宣統元年（1909）番禺沈氏晨風閣刻本 四册

310000－0241－0005943 564139
楊鐵崖先生古樂府考一卷 （清）竹書堂主人輯 清末竹書堂抄本 一册

310000－0241－0005944 564141
藏逸經書不分卷 （明）道開撰 清末仁和吳氏雙照樓刻朱印本 一册

310000－0241－0005945 565002
拜經樓藏書題跋記五卷附錄一卷 （清）吳壽暘纂 清道光海昌蔣氏别下齋刻本 二册

310000－0241－0005946 565010
天禄琳琅書目十卷續編二十卷 （清）于敏中等撰 （清）彭元瑞等續編 清光緒十年（1884）長沙王氏刻本 十册

310000－0241－0005947 565010：2
天禄琳琅書目十卷續編二十卷 （清）于敏中等撰 （清）彭元瑞等續編 清光緒十年（1884）長沙王氏刻本 十册

310000－0241－0005948 565011
天禄琳琅書目十卷續編二十卷 （清）于敏中等撰 （清）彭元瑞等續編 清光緒三十年（1904）長沙王氏刻本 十册

310000－0241－0005949 565011：2
天禄琳琅書目十卷續編二十卷 （清）于敏中等奉敕編 清光緒三十年（1904）長沙王氏刻本 十册

310000－0241－0005950 565011：3
天禄琳琅書目十卷續編二十卷 （清）于敏中等奉敕編 清光緒三十年（1904）長沙王氏刻本 十册

310000－0241－0005951 565013
天禄琳琅書目後編 （清）于敏中等奉敕編

清光緒三十年(1904)長沙王氏刻本　四册　存十七卷(四至二十)

310000－0241－0005952　565014
讀書敏求記四卷　(清)錢曾撰　清雍正四年(1726)吳興趙孟升松雪齋刻乾隆六十年(1795)槜李沈炎耆英堂遞修本　一册

310000－0241－0005953　565017
儀顧堂題跋十六卷續跋十六卷　(清)陸心源撰　清光緒十八年(1892)刻本　十二册

310000－0241－0005954　565018
士禮居藏書題跋記　(清)黃丕烈撰　清光緒十年(1884)滂喜齋刻本　五册

310000－0241－0005955　565020
士禮居藏書題跋記六卷續二卷　(清)黃丕烈撰　清光緒十年(1884)滂喜齋刻本　十二册

310000－0241－0005956　565023
經籍跋文不分卷　(清)陳鱣撰　清光緒四年(1878)葉氏龍眠山房成都夫容書院刻本　一册

310000－0241－0005957　565023:2
經籍跋文不分卷　(清)陳鱣撰　清光緒四年(1878)葉氏龍眠山房成都夫容書院刻本　一册

310000－0241－0005958　565024
愛日精廬藏書志三十六卷續四卷　(清)張金吾編　清光緒木活字印本　十册

310000－0241－0005959　565026
愛日精廬藏書志三十六卷續四卷　(清)張金吾編　清道光六年(1826)愛日精廬刻本　十册

310000－0241－0005960　565030
曝書雜記三卷　(清)錢泰吉撰　清同治七年(1868)江蘇刻本　一册

310000－0241－0005961　565030:2
曝書雜記三卷　(清)錢泰吉撰　清同治七年(1868)江蘇刻本　一册

310000－0241－0005962　565031
皕宋樓藏書志一百二十卷續四卷　(清)陸心源編　清光緒八年(1882)十萬卷樓刻本　四十册

310000－0241－0005963　565032
皕宋樓藏書源流考一卷　(日本)島田翰撰　清光緒三十三年(1907)刻本　一册

310000－0241－0005964　565032:2
皕宋樓藏書源流考一卷　(日本)島田翰撰　清光緒三十三年(1907)刻本　一册

310000－0241－0005965　565032:3
皕宋樓藏書源流考一卷　(日本)島田翰撰　清光緒三十三年(1907)刻本　一册

310000－0241－0005966　565033
鐵琴銅劍樓藏書目録二十四卷　(清)瞿鏞編　清光緒二十四年(1898)常熟瞿氏刻本　十册

310000－0241－0005967　565033(2)
鐵琴銅劍樓藏書目録二十四卷　(清)瞿鏞編　清光緒二十三年(1897)武進董氏誦芬室刻本　十册

310000－0241－0005968　565033:2
鐵琴銅劍樓藏書目録二十四卷　(清)瞿鏞編　清光緒二十四年(1898)常熟瞿氏刻本　十册

310000－0241－0005969　565033:3
鐵琴銅劍樓藏書目録二十四卷　(清)瞿鏞編　清光緒二十四年(1898)常熟瞿氏刻本　十册

310000－0241－0005970　565033:4
鐵琴銅劍樓藏書目録二十四卷　(清)瞿鏞編　清光緒二十四年(1898)常熟瞿氏刻本　十册

310000－0241－0005971　565033:5
鐵琴銅劍樓藏書目録二十四卷　(清)瞿鏞編　清光緒二十四年(1898)常熟瞿氏刻本　十册

310000－0241－0005972　565033:6

鐵琴銅劍樓藏書目錄二十四卷　（清）瞿鏞編　清光緒二十四年（1898）常熟瞿氏刻本　五册

310000－0241－0005973　565034
儀顧堂題跋十六卷續跋十六卷　（清）陸心源撰　清光緒十六年至十八年（1890－1892）歸安陸氏刻本　八册

310000－0241－0005974　565035
善本書室藏書志四十卷附錄一卷　（清）丁丙輯　清光緒二十七年（1901）錢唐丁氏刻本　二十六册

310000－0241－0005975　565035：2
善本書室藏書志四十卷附錄一卷　（清）丁丙輯　清光緒二十七年（1901）錢唐丁氏刻本　十四册

310000－0241－0005976　565035：3
善本書室藏書志四十卷附錄一卷　（清）丁丙輯　清光緒二十七年（1901）錢唐丁氏刻本　十六册

310000－0241－0005977　565041
宋元舊本書經眼錄三卷附錄二卷　（清）莫友芝撰　清同治十二年（1873）莫繩孫金陵刻本　四册

310000－0241－0005978　565041：2
宋元舊本書經眼錄三卷附錄二卷　（清）莫友芝撰　清同治十二年（1873）莫繩孫金陵刻本　二册

310000－0241－0005979　565041：3
宋元舊本書經眼錄三卷附錄二卷　（清）莫友芝撰　清同治十二年（1873）莫繩孫金陵刻本　一册

310000－0241－0005980　565049
績語堂題跋一卷詩存一卷文存一卷　（清）魏錫曾撰　清光緒九年（1883）羊城刻本　二册

310000－0241－0005981　565058
東湖叢記六卷　（清）蔣光煦撰　清光緒九年（1883）江陰繆氏刻本　一册

310000－0241－0005982　565058：2
東湖叢記六卷　（清）蔣光煦撰　清光緒九年（1883）江陰繆氏刻本　三册

310000－0241－0005983　565062
知聖道齋讀書跋二卷　（清）彭元瑞撰　清光緒會稽章氏刻式訓堂叢書本　一册

310000－0241－0005984　565069
日本訪書志十六卷　（清）楊守敬撰　清光緒二十三年（1897）刻本　八册

310000－0241－0005985　565086
花近樓叢書序跋記二卷　（清）管庭芬撰　清宣統三年（1911）上海國學扶輪社排印本　一册

310000－0241－0005986　565087
百宋一廛書錄一卷　（清）黄丕烈撰　（清）姚振宗編　清末抄本　二册

310000－0241－0005987　566002（2）
汲古閣校刻書目一卷補遺一卷　（清）鄭德懋輯　清道光二十二年（1842）海虞顧氏刻本　一册

310000－0241－0005988　566004
天一閣書目四卷補遺一卷　（清）阮元撰　碑目一卷　（清）錢大昕等編　清嘉慶十三年（1808）文選樓刻本　十册

310000－0241－0005989　566005
天一閣見存書目四卷　（清）薛福成編　清光緒十五年（1889）刻本　四册

310000－0241－0005990　566014
孫氏祠堂書目内編四卷外編三卷　（清）孫星衍編　清光緒李氏刻木犀軒叢書本　二册

310000－0241－0005991　566017
羣碧樓書目初編九卷附書衣雜識一卷　鄧邦述編　清宣統三年（1911）排印本　四册

310000－0241－0005992　566043
式古堂目錄十七卷　（清）尤瑩編　清光緒十八年（1892）石印本　二册

310000－0241－0005993　566044

式古堂目錄十七卷　(清)尤瑩編　清光緒十八年(1892)石印本　二册

310000－0241－0005994　566046

菉竹堂書目　(明)葉盛撰　清光緒粵雅堂刻本　一册

310000－0241－0005995　566048

稽瑞樓書目四卷　(清)陳揆編　清末抄本　一册

310000－0241－0005996　566051

藝芸書舍宋元本書目二卷　(清)汪士鐘編　清末抄本　一册

310000－0241－0005997　566095

帶經堂書目四卷　陳樹杓編次　清宣統順德鄧氏排印本　三册

310000－0241－0005998　566096(2)

豐順丁氏持静齋書目四卷　(清)丁日昌撰　(清)江標編　清光緒二十一年(1895)江氏靈鶼閣刻本　一册

310000－0241－0005999　566097

五桂樓書目四卷　(清)黄澄量撰　清光緒二十一年(1895)刻本　二册

310000－0241－0006000　566502

江南圖書館善本書目　(清)江南圖書館編　清光緒江南圖書館排印本　一册

310000－0241－0006001　566502(2)

江南圖書館閱覽室檢查書目九卷　(清)江南圖書館編　清末排印本　八册

310000－0241－0006002　566525

浙江藏書樓甲乙編書目不分卷　(清)□□撰　清光緒三十三年(1907)華豐書局排印本　三册

310000－0241－0006003　566525(2)

杭州藏書樓書目不分卷　(清)邵章編　清光緒二十八年(1902)刻本　一册

310000－0241－0006004　566527

直隸運售各省官刻書籍總目不分卷　(清)畿輔通志局編　清光緒刻本　一册

310000－0241－0006005　566552:2

江南製造局譯書提要二卷　(清)江南製造局翻譯館編　清宣統元年(1909)排印本　二册

310000－0241－0006006　566553

上海格致書院藏書樓書目六卷　(清)□□輯　清光緒三十三年(1907)上海商務印書館排印本　一册

310000－0241－0006007　567002

禁書總目不分卷附違礙書目一卷　清光緒九年(1883)刻咫進齋叢書本　一册

310000－0241－0006008　567002:2

禁書總目不分卷附違礙書目一卷　清光緒九年(1883)刻咫進齋叢書本　一册

310000－0241－0006009　567009

經籍舉要坿七種　(清)□□撰　清光緒十九年(1893)中江書院刻本　一册

310000－0241－0006010　567009:2

經籍舉要坿七種　(清)□□撰　清光緒十九年(1893)中江書院刻本　一册

310000－0241－0006011　567012

江刻書目三種十卷　(清)江標輯　清光緒元和江氏刻蘇州振新書社印本　四册

310000－0241－0006012　567013

東西學書錄提要總敘　(清)沈桐生編　清光緒二十三年(1897)讀有用書齋刻本　一册

310000－0241－0006013　567013:2

東西學書錄提要總敘　(清)沈桐生編　清光緒二十三年(1897)讀有用書齋刻本　一册

310000－0241－0006014　567014

讀新學書法不分卷　(日本)矢野文雄著　(清)張枬譯　清光緒三十二年(1906)江楚書局石印本　一册

310000－0241－0006015　567025

書目答問四卷別錄一卷國朝著述諸家姓名畧一卷　(清)張之洞撰　清光緒十四年(1888)蜚英館石印本　二册

310000－0241－0006016　567026

書目答問四卷別録一卷國朝著述諸家姓名畧一卷 (清)張之洞撰 清光緒二年(1876)刻本 一冊

310000－0241－0006017 567026(2)
書目答問四卷別録一卷國朝著述諸家姓名畧一卷 (清)張之洞撰 清光緒刻本 二冊

310000－0241－0006018 567026(3)
書目答問四卷別録一卷國朝著述諸家姓名畧一卷 (清)張之洞撰 清光緒二十三年(1897)新化三味堂校刻本 三冊

310000－0241－0006019 567049
徵訪明季遺書目一卷 (清)劉世瑗撰 清宣統二年(1910)排印本 一冊

310000－0241－0006020 567062
崇正時務書目一卷 (清)張正名購助 清光緒二十二年(1896)刻本 一冊

310000－0241－0006021 568001
觀古堂書目叢刻 葉德輝輯 清光緒二十八年(1902)刻本 十八冊

310000－0241－0006022 568003
彙刻書目不分卷 (清)顧修編 清嘉慶四年(1799)刻本 十冊

310000－0241－0006023 568004
彙刻書目不分卷 (清)顧修編 (清)陳光煦增輯 清光緒元年(1875)長沙無夢園陳氏刻本 十二冊

310000－0241－0006024 568004:2
彙刻書目不分卷 (清)顧修編 (清)陳光煦增輯 清光緒元年(1875)長沙無夢園陳氏刻本 十四冊

310000－0241－0006025 568005
彙刻書目二十卷 (清)朱學勤編 清光緒十二年(1886)朱氏刻本 四冊

310000－0241－0006026 568006
彙刻書目初編不分卷 (清)顧修輯 清嘉慶四年(1799)刻本 十冊

310000－0241－0006027 568006:2
彙刻書目初編不分卷 (清)顧修輯 清嘉慶四年(1799)刻本 二十冊

310000－0241－0006028 568013
行素堂目睹書錄 (清)朱記榮輯訂 清光緒十年(1884)槐廬刻本 二冊

310000－0241－0006029 568014
行素堂目睹書錄 (清)朱記榮輯訂 清光緒十年(1884)槐廬刻本 十冊

310000－0241－0006030 568014:2
行素堂目睹書錄 (清)朱記榮輯訂 清光緒十年(1884)槐廬刻本 十冊

310000－0241－0006031 568015
行素堂目睹書錄不分卷 (清)朱記榮輯訂 清光緒十年(1884)槐廬刻本 十冊

310000－0241－0006032 568015:2
行素堂目睹書錄不分卷 (清)朱記榮輯訂 清光緒十年(1884)槐廬刻本 十冊

310000－0241－0006033 569000
金山錢氏家刻書目十卷 (清)錢培蓀彙錄 清光緒四年(1878)刻本 四冊

310000－0241－0006034 569008
申報館書目一卷 (清)尊聞閣主輯 清光緒三年(1877)申報館排印本 一冊

310000－0241－0006035 569008:2
申報館書目一卷 (清)尊聞閣主輯 清光緒三年(1877)申報館排印本 一冊

310000－0241－0006036 569008:3
申報館書目一卷 (清)尊聞閣主輯 清光緒三年(1877)申報館排印本 一冊

310000－0241－0006037 569009
古今書刻二卷 (明)周弘祖撰 清光緒三十二年(1906)長沙葉氏觀古堂仿明刻本 二冊

310000－0241－0006038 569011
古今書刻 (明)周弘祖撰 清光緒三十二年(1906)長沙葉氏觀古堂仿明刻本 一冊 存一卷

310000－0241－0006039　570024
留真譜　(清)楊守敬輯　清光緒二十七年(1901)刻本　六冊

310000－0241－0006040　570034
明刻書影白蘇齋類集十頁　(明)袁宗道撰　(明)袁宏道參校　明刻本　一冊

310000－0241－0006041　571001
史姓韻編二十四卷　(清)汪輝祖撰　清光緒二十九年(1903)文瀾書局石印本　八冊

310000－0241－0006042　571002
史姓韻編六十四卷　(清)汪輝祖述　清同治九年(1870)聚珍版重印金陵書局本　二十四冊

310000－0241－0006043　571003
史姓韻編　(清)汪輝祖輯　清光緒二十九年(1903)文瀾書局石印本　八冊

310000－0241－0006044　572001
藏書紀事詩七卷　葉昌熾撰　清宣統二年(1910)刻本　六冊

310000－0241－0006045　572001:2
藏書紀事詩七卷　葉昌熾撰　清宣統二年(1910)刻本　六冊

310000－0241－0006046　572001:3
藏書紀事詩七卷　葉昌熾撰　清宣統二年(1910)刻本　六冊

310000－0241－0006047　572007
武林藏書錄　(清)丁申撰　清光緒二十六年(1900)嘉惠堂刻本　二冊

310000－0241－0006048　572008
武林藏書錄三卷　(清)丁申撰　清光緒二十六年(1900)嘉惠堂刻本　二冊

310000－0241－0006049　572019
黄學使徵書札文一卷　(清)□□撰　清光緒九年(1883)刻本　二冊

310000－0241－0006050　572019:2
黄學使徵書札文一卷　(清)□□撰　清光緒九年(1883)刻本　一冊

310000－0241－0006051　573002
藏書紀要一卷　(清)孫從添撰　清光緒九年(1883)仿宋齋刻本　一冊

310000－0241－0006052　573003
正誼書院藏書樓章程一卷　(清)正誼書院訂　清末抄本　一冊

310000－0241－0006053　574008
校讐通義三卷　(清)章學誠撰　清道光十三年(1833)刻本　一冊

310000－0241－0006054　574008:2
校讐通義三卷　(清)章學誠撰　清道光十三年(1833)刻本　一冊

310000－0241－0006055　574022
讀西學書法　梁啓超撰　清光緒二十二年(1896)刻本　一冊

310000－0241－0006056　580000
來齋金石刻考畧三卷　(清)林侗纂輯　清道光二十一年(1841)上海徐氏刻春暉堂叢書本　三冊

310000－0241－0006057　580003
西清續鑑甲編二十卷附錄一卷　(清)王傑等輯　清宣統三年(1911)上海涵芬樓影印清寧壽宮寫本　四十二冊

310000－0241－0006058　580007
兩漢金石記二十二卷　(清)翁方綱撰　清乾隆五十四年(1789)刻本　六冊

310000－0241－0006059　580007:2
兩漢金石記二十二卷　(清)翁方綱撰　清乾隆五十四年(1789)刻本　八冊

310000－0241－0006060　580008
兩漢金石記二十二卷　(清)翁方綱撰　清乾隆五十四年(1789)刻本　十二冊

310000－0241－0006061　580009
兩漢金石記二十二卷　(清)翁方綱撰　清乾隆五十四年(1789)刻本　八冊

310000－0241－0006062　580010
觀妙齋藏金石文字考畧十六卷　(清)李光暎

纂　清雍正七年(1729)刻本　十二冊

310000－0241－0006063　580017

金石索十二卷首一卷　(清)馮雲鵬輯　清道光元年(1821)雙桐書屋刻本　十二冊

310000－0241－0006064　580017:2

金石索十二卷首一卷　(清)馮雲鵬輯　清道光元年(1821)雙桐書屋刻本　十二冊

310000－0241－0006065　580018

金石索十二卷　(清)馮雲鵬輯　清光緒十九年(1893)積山書局石印本　二十四冊

310000－0241－0006066　580019

金石索十二卷首一卷　(清)馮雲鵬輯　清道光雙桐書屋刻本　十二冊

310000－0241－0006067　580020

集古錄跋尾十卷坿集古錄目五卷　(宋)歐陽修撰　清光緒十三年(1887)德廬校刻本　四冊

310000－0241－0006068　580020:2

集古錄跋尾十卷坿集古錄目五卷　(宋)歐陽修撰　清光緒十三年(1887)德廬校刻本　四冊

310000－0241－0006069　580021

集古錄目　(宋)歐陽棐撰　清道光十五年(1835)刻本　四冊　存四卷

310000－0241－0006070　580022

金石錄三十卷　(宋)趙明誠撰　清刻本　六冊

310000－0241－0006071　580023

筠清館金石五卷　(清)吳榮光撰　清光緒二十二年(1896)南海吳氏刻本　五冊

310000－0241－0006072　580023:2

筠清館金石五卷　(清)吳榮光撰　清光緒二十二年(1896)南海吳氏刻本　六冊

310000－0241－0006073　580025

金石契不分卷　(清)張燕昌錄　清乾隆四十三年(1778)刻本　十二冊

310000－0241－0006074　580027:2

隨軒金石文字不分卷　(清)徐渭仁撰輯　清同治七年(1868)刻本　六冊

310000－0241－0006075　580028

金石錄三十卷附札記一卷　(宋)趙明誠撰　清光緒三十一年(1905)仁和朱氏重刻汲古閣本　四冊

310000－0241－0006076　580028:3

金石錄三十卷附札記一卷　(宋)趙明誠撰　清光緒三十一年(1905)仁和朱氏重刻汲古閣本　四冊

310000－0241－0006077　580028:4

金石錄三十卷附札記一卷　(宋)趙明誠撰　清光緒三十一年(1905)仁和朱氏重刻汲古閣本　六冊

310000－0241－0006078　580028:5

金石錄三十卷附札記一卷　(宋)趙明誠撰　清光緒三十一年(1905)仁和朱氏重刻汲古閣本　四冊

310000－0241－0006079　580029

金石錄三十卷附札記一卷　(宋)趙明誠撰　清光緒三十一年(1905)結一廬朱氏刻本　四冊

310000－0241－0006080　580029:2

金石錄三十卷附札記一卷　(宋)趙明誠撰　清光緒三十一年(1905)結一廬朱氏刻本　八冊

310000－0241－0006081　580030

金石錄補二十七卷　(清)葉奕苞著　清光緒二十四年(1898)別下齋刻本　六冊

310000－0241－0006082　580034

金石萃編一百六十卷　(清)王昶撰　清光緒十九年(1893)醉六堂石印本　十八冊

310000－0241－0006083　580036

金石萃編一百六十卷　(清)王昶撰　清嘉慶十年(1805)經訓堂刻本　六十四冊

310000－0241－0006084　580037

金石萃編正編一百六十卷續編二十卷補正四卷 (清)王昶撰 (清)陸紹聞續編 清光緒十九年(1893)上海寶善書局石印本 二十八册

310000－0241－0006085 580037:2
金石萃編正編一百六十卷續編二十卷補正四卷 (清)王昶撰 (清)陸紹聞續編 清光緒十九年(1893)上海寶善書局石印本 二十四册

310000－0241－0006086 580037:3
金石萃編正編一百六十卷續編二十卷補正四卷 (清)王昶撰 (清)陸紹聞續編 清光緒十九年(1893)上海寶善書局石印本 三十二册

310000－0241－0006087 580038
金石萃編 (清)王昶撰 清嘉慶十年(1805)經訓堂刻本 六十四册

310000－0241－0006088 580038:2
金石萃編 (清)王昶撰 清嘉慶十年(1805)經訓堂刻本 二十四册

310000－0241－0006089 580039
金石續編二十一卷 (清)陸耀遹編 (清)陸增祥校 清光緒十九年(1893)鴻寶齋石印本 五册 存十八卷

310000－0241－0006090 580039:2
金石續編二十一卷 (清)陸耀遹編 (清)陸增祥校 清光緒十九年(1893)醉六堂石印本 六册

310000－0241－0006091 580040
香南精舍金石契不分卷 (清)覺羅崇恩撰 清光緒二十六年(1900)影印本 二册

310000－0241－0006092 580042
潛研堂金石跋尾六卷續六卷又續六卷三續六卷潛研堂金石文字目錄 (清)錢大昕撰 清嘉慶十年(1805)瞿中溶等刻本 五册 存二卷(一至二)

310000－0241－0006093 580043
藝風堂金石文字十八卷 繆荃孫撰 清光緒三十二年(1906)刻本 八册

310000－0241－0006094 580044
潛研堂金石文字目錄四卷 (清)錢大昕撰 清光緒十年(1884)長沙龍氏刻本 一册

310000－0241－0006095 580045
金石文字記六卷坿石經考 (清)顧炎武輯 清刻本 三册

310000－0241－0006096 580048
張叔未解元所藏金石文字不分卷 (清)張廷濟考藏 清光緒十一年(1885)四會嚴氏鶴緣齋石印本 一册

310000－0241－0006097 580048:2
張叔未解元所藏金石文字不分卷 (清)張廷濟考藏 清光緒十一年(1885)四會嚴氏鶴緣齋石印本 一册

310000－0241－0006098 580050
望堂金石文字坿高麗好太王碑六卷匡喆刻經頌十二卷 (清)楊守敬編 清光緒三年(1877)飛青閣刻本 二十四册

310000－0241－0006099 580050:2
望堂金石文字坿高麗好太王碑六卷匡喆刻經頌十二卷 (清)楊守敬編 清光緒三年(1877)飛青閣刻本 八册

310000－0241－0006100 580051
金石綜例四卷 (清)馮登府纂 清光緒十三年(1887)槐廬校刻本 一册

310000－0241－0006101 580053
金石三例金石例十卷墓銘舉例四卷金石要例一卷 (元)潘昂霄著 清光緒四年(1878)讀有用書齋刻本 四册

310000－0241－0006102 580053:2
金石三例金石例十卷墓銘舉例四卷金石要例一卷 (元)潘昂霄著 清光緒四年(1878)讀有用書齋刻本 六册

310000－0241－0006103 580054
金石三例 (元)潘昂霄著 (清)盧見曾輯

清光緒四年(1878)讀有用書齋刻本　四册

310000－0241－0006104　580054(2)

金石要例一卷　(清)黄宗羲撰　清宣統二年(1910)時中書局排印梨洲遺著彙刻本　一册

310000－0241－0006105　580056

清儀閣金石題識四卷　(清)陳其榮編輯　清光緒二十年(1894)觀自得齋校刻本　四册

310000－0241－0006106　580057

金石聚十六卷　(清)張德容著録　清同治十一年(1872)二銘草堂刻本　十六册

310000－0241－0006107　580058

金石摘不分卷　(清)陳善墀輯　清同治十二年(1873)學之不求甚解齋刻本　八册

310000－0241－0006108　580066

小蓬萊閣金石文字　(清)黄易編輯　清嘉慶五年(1800)刻本　五册

310000－0241－0006109　580066∶2

小蓬萊閣金石文字　(清)黄易編輯　清嘉慶五年(1800)刻本　五册

310000－0241－0006110　580066∶3

小蓬萊閣金石文字　(清)黄易編輯　清嘉慶五年(1800)刻本　五册

310000－0241－0006111　580067

求古精舍金石圖四卷　(清)陳經輯　清嘉慶二十二年(1817)説劍樓刻本　三册

310000－0241－0006112　580067∶2

求古精舍金石圖四卷　(清)陳經輯　清嘉慶二十二年(1817)説劍樓刻本　六册

310000－0241－0006113　580068

金石圖説四卷　劉世珩編補　清光緒十九年(1893)劉氏聚學齋刻本　二册

310000－0241－0006114　580068∶2

金石圖説四卷　劉世珩編補　清光緒十九年(1893)劉氏聚學齋刻本　四册

310000－0241－0006115　580068∶3

金石圖説四卷　劉世珩編補　清光緒十九年(1893)劉氏聚學齋刻本　四册

310000－0241－0006116　580069

金石文字辨異十二卷　(清)邢澍輯　清徐氏刻本　四册

310000－0241－0006117　580070

金石文鈔八卷續鈔二卷　(清)趙紹祖輯　清光緒十二年(1886)刻本　十册

310000－0241－0006118　580070(2)

金石文鈔八卷續鈔二卷　(清)趙紹祖輯　清咸豐刻本　十册

310000－0241－0006119　580070∶2

金石文鈔八卷續鈔二卷　(清)趙紹祖輯　清光緒十二年(1886)刻本　八册

310000－0241－0006120　580073

古墨齋金石跋二卷　(清)趙紹祖輯　(清)趙國楨校　清嘉慶刻續涇川叢書本　一册　存二卷

310000－0241－0006121　580078

金石屑不分卷　(清)鮑昌熙纂　清光緒三年(1877)刻本　四册

310000－0241－0006122　580088

攈古録二十卷　(清)吴式芬撰　清宣統二年(1910)刻本　二十册

310000－0241－0006123　580088∶2

攈古録二十卷　(清)吴式芬撰　清宣統二年(1910)刻本　二十册

310000－0241－0006124　580088∶3

攈古録二十卷　(清)吴式芬撰　清宣統二年(1910)刻本　二十册

310000－0241－0006125　580089

寶鐵齋金石跋尾三卷　(清)韓崇撰　清光緒四年(1878)刻本　一册

310000－0241－0006126　580090

鐵橋金石跋四卷　(清)嚴可均著　清光緒三十一年(1905)刻本　一册

310000－0241－0006127　580091

荆南萃古編四卷　(清)周懋琦輯　清光緒二十年(1894)刻本　二冊

310000－0241－0006128　580097
竹崦庵金石目錄五卷　(清)趙魏集　清宣統元年(1909)錢塘吳氏長沙刻本　四冊

310000－0241－0006129　580106
淮陰金石僅存錄一卷附編一卷補遺一卷　羅振玉錄　清光緒十八年(1892)排印本　二冊

310000－0241－0006130　581018
恒軒所見所藏吉金錄不分卷　(清)吳大澂編　清光緒十一年(1885)刻本　二冊

310000－0241－0006131　581023
積古齋鐘鼎彝器款識十卷　(清)阮元編錄　清嘉慶九年(1804)揚州阮氏刻本　四冊

310000－0241－0006132　581023(2)
積古齋鐘鼎彝器款識十卷　(清)阮元編錄　清翻刻嘉慶九年(1804)阮氏本　四冊

310000－0241－0006133　581023(3)
積古齋鐘鼎彝器款識十卷　(清)阮元編錄　清光緒八年(1882)常熟抱芳閣刻本　四冊

310000－0241－0006134　581023(4)
積古齋鐘鼎彝器款識十卷　(清)阮元編錄　清光緒九年(1883)常熟鮑氏後知不足齋刻本　四冊

310000－0241－0006135　581023(5)
積古齋鐘鼎彝器款識十卷　(清)阮元編錄　清光緒十年(1884)廣州鑑古書局縮印本　四冊

310000－0241－0006136　581025
陶齋吉金錄八卷　(清)端方輯　清光緒三十四年(1908)有正書局石印本　八冊

310000－0241－0006137　581026
陶齋吉金錄　(清)端方輯　清光緒三十四年(1908)有正書局石印本　八冊

310000－0241－0006138　581027
陶齋吉金錄　(清)端方輯　清光緒三十四年(1908)有正書局石印本　八冊

310000－0241－0006139　581028
陶齋吉金錄八卷　(清)端方輯　清宣統元年(1909)金陵石印本　二冊

310000－0241－0006140　581029
奇觚室吉金文述二十卷　(清)劉心源撰　清光緒二十八年(1902)刻本　十冊

310000－0241－0006141　581039
金塗銅塔一卷　(清)錢泳錄　清乾隆刻本　一冊

310000－0241－0006142　581044
兩罍軒彝器圖釋十二卷　(清)吳雲輯　清同治十一年(1872)刻本　六冊

310000－0241－0006143　581047
長安獲古編二卷　(清)劉喜海藏並撰　清咸豐刻本　二冊

310000－0241－0006144　581047(2)
長安獲古編二卷補一卷　(清)劉喜海藏並撰　清咸豐刻光緒三十一年(1905)劉鶚補刻印本　二冊

310000－0241－0006145　581048
敬吾心室彝器款識不分卷　(清)朱善旂輯　清光緒三十四年(1908)石印本　二冊

310000－0241－0006146　581048:2
敬吾心室彝器款識不分卷　(清)朱善旂輯　清光緒三十四年(1908)石印本　二冊

310000－0241－0006147　581057
吉金所見錄十六卷首一卷末一卷　(清)楊尚齡輯　清嘉慶二十四年(1819)萊陽初氏古香書屋刻本　八冊

310000－0241－0006148　581058
吉金所見錄十六卷首一卷末一卷　(清)楊尚齡輯　清道光七年(1827)古香書屋刻本　四冊

310000－0241－0006149　581059
吉金所見錄　(清)楊尚齡輯　清道光七年(1827)古香書屋刻本　一冊　存五卷

310000－0241－0006150　581068

三古圖四十二卷　(清)黄晟輯　清乾隆十七年至二十八年(1752－1763)天都黄氏槐蔭草堂刻本　二十三册

310000－0241－0006151　581069
兩罍軒彝器圖釋十二卷　(清)吳雲輯　清同治十二年(1873)刻本　四册

310000－0241－0006152　581073
歷代鐘鼎彝器款識法帖二十卷　(宋)薛尚功撰　清翻刻嘉慶二年(1797)阮元本　四册

310000－0241－0006153　581073(2)
歷代鐘鼎彝器款識法帖二十卷　(宋)薛尚功撰　清翻刻嘉慶二年(1797)阮元本　六册

310000－0241－0006154　581073(2):2
歷代鐘鼎彝器款識法帖二十卷　(宋)薛尚功撰　清翻刻嘉慶二年(1797)阮元本　二册

310000－0241－0006155　581073(3)
歷代鐘鼎彝器款識法帖二十卷　(宋)薛尚功撰　清光緒二十九年至三十四年(1903－1908)貴池劉氏玉海堂刻本　四册

310000－0241－0006156　581073(3):2
歷代鐘鼎彝器款識法帖二十卷　(宋)薛尚功撰　清光緒二十九年至三十四年(1903－1908)貴池劉氏玉海堂刻本　四册

310000－0241－0006157　581074
攀古樓彝器款識不分卷　(清)潘祖蔭撰　清同治十一年(1872)滂喜齋刻本　三册

310000－0241－0006158　581077
焦山鼎銘考不分卷　(清)翁方綱編　清咸豐二年(1852)刻本　一册

310000－0241－0006159　581077:2
焦山鼎銘考不分卷　(清)翁方綱編　清咸豐二年(1852)刻本　一册

310000－0241－0006160　581078
奇觚室吉金文述二十卷　(清)劉心源撰　清光緒二十八年(1902)影印本　二册

310000－0241－0006161　581083
古金待問錄五卷　(清)朱楓輯　清乾隆三十四年(1769)刻本　二册

310000－0241－0006162　581093
敬吾心室識篆圖　(清)□□撰　清光緒三十四年(1908)石印本　一册

310000－0241－0006163　581093:2
敬吾心室識篆圖　(清)□□撰　清光緒三十四年(1908)石印本　一册

310000－0241－0006164　581098
攈古錄金文九卷　(清)吳式芬撰　清光緒二十一年(1895)刻本　九册

310000－0241－0006165　581098:2
攈古錄金文九卷　(清)吳式芬撰　清光緒二十一年(1895)刻本　九册

310000－0241－0006166　581101
兩罍軒彝器圖釋十二卷　(清)吳雲輯　清同治十二年(1873)刻本　六册

310000－0241－0006167　581106
從古堂款識學十六卷　(清)徐同柏撰　清光緒三十二年(1906)蒙學報館石印本　八册

310000－0241－0006168　581107
吉金志存四卷　(清)李光庭輯　清咸豐刻本　四册　存四卷

310000－0241－0006169　581107:2
吉金志存四卷　(清)李光庭輯　清咸豐刻本　四册　存四卷

310000－0241－0006170　581109
恒軒所見所藏吉金錄不分卷　(清)吳大澂編　清光緒十一年(1885)刻本　二册

310000－0241－0006171　581115:2
古籀餘論三卷　(清)孫詒讓記　(清)張揚校訂　清光緒籀經樓校刻本　二册

310000－0241－0006172　581142
漢建安弩機一卷　(清)吳承潞編輯　清光緒刻本　一册

310000－0241－0006173　581144
散氏鬲文一卷　(清)楊沂孫釋文　清末石印

本　一册

310000－0241－0006174　581321
石鼓文定本五種十六卷　(清)沈梧撰　清光緒十六年(1890)古華山館刻本　二册

310000－0241－0006175　581322
石鼓文定本五種十六卷　(清)沈梧撰　清光緒十六年(1890)古華山館刻本　八册

310000－0241－0006176　582001
泉布統誌九卷首一卷附一卷　(清)孟麟輯　清道光十三年(1833)刻本　十六册

310000－0241－0006177　582001∶2
泉布統誌九卷首一卷附一卷　(清)孟麟輯　清道光十三年(1833)刻本　三十二册

310000－0241－0006178　582002
泉布統誌九卷首一卷附一卷　(清)孟麟輯　清道光十三年(1833)刻本　十六册

310000－0241－0006179　582004
古今錢畧三十二卷首一卷末一卷　(清)倪模述　清光緒三年(1877)望江倪氏兩彊勉齋刻本　十六册

310000－0241－0006180　582011
養默山房雜著二種　(清)謝元淮撰　清道光刻本　一册

310000－0241－0006181　582012
古泉匯六十四卷續泉匯十四卷首集一卷補遺二卷　(清)李佐賢撰　清咸豐九年至光緒元年(1859－1875)刻本　二十册

310000－0241－0006182　582013
制錢通考四卷　(清)唐與崑纂輯　清咸豐三年(1853)紅葯山房唐氏刻本　二册

310000－0241－0006183　582015
錢譜不分卷　(清)□□撰　清道光十七年(1837)張炘刻本　二册

310000－0241－0006184　582023
錢神志七卷　(清)李世熊撰　清同治刻本　二十册

310000－0241－0006185　582027
談泉雜録五卷　(清)高煥文輯　清光緒九年(1883)石印本　二册

310000－0241－0006186　582029
錢志新編二十卷　(清)張崇懿校輯　清道光十年(1830)尹氏酌春堂刻本　四册

310000－0241－0006187　582032
古泉雜詠四卷　葉德輝撰並注　清光緒二十七年(1901)刻本　二册

310000－0241－0006188　582041(2)
癖談六卷　(清)蔡雲撰　清光緒十一年(1885)會稽章氏刻本　四册

310000－0241－0006189　582042
錢幣芻言一卷續刻一卷再續一卷鈔貫説一卷　(清)王瑬撰　清道光二十三年(1843)蘇州藝海堂刻本　四册

310000－0241－0006190　582042∶2
錢幣芻言一卷續刻一卷再續一卷鈔貫説一卷　(清)王瑬撰　清道光二十三年(1843)蘇州藝海堂刻本　一册

310000－0241－0006191　582044
增廣精參鷹洋要訣一卷　(清)□□撰　清末石印本　一册

310000－0241－0006192　582045
癖泉臆説六卷　(清)高煥文撰　清光緒三十四年(1908)高氏泉壽山房石印本　二册

310000－0241－0006193　582046
巽齋所藏錢録十二卷　(清)費錫申編輯　清光緒二十年(1894)刻本　六册

310000－0241－0006194　582047
古金待問録　(清)朱楓輯　清乾隆三十四年(1769)刻本　一册　存二卷

310000－0241－0006195　582063
便覽寶泉志一卷　(清)小謫仙手訂　(清)三十六峯女史校字　清道光十三年(1833)刻本　一册

310000－0241－0006196　582066

大錢圖録一卷　(清)鮑康撰　清光緒二年(1876)刻本　一册

310000－0241－0006197　582067

觀古閣叢稿三編二卷　(清)鮑康撰　清光緒二年(1876)觀古閣刻本　一册

310000－0241－0006198　582075

學看銀洋捷徑不分卷　(清)余惠人撰　清光緒三十年(1904)屯溪三元書局刻本　一册

310000－0241－0006199　582077

選青小箋十卷　(清)許元愷編釋　清道光二十四年(1844)翦雨樓刻本　四册

310000－0241－0006200　582081

錢譜一卷　(宋)董逌撰　清初宛委山堂刻説郛本　一册

310000－0241－0006201　582082

嘉蔭簃論泉截句二卷　(清)劉喜海撰　清道光十八年(1838)嘉蔭簃原刻本　一册

310000－0241－0006202　582083

觀古閣泉説一卷　(清)鮑康撰　清同治十二年(1873)歙縣鮑氏刻本　一册

310000－0241－0006203　582084

遺篋録八卷　秦寶瓚編　清光緒二十九年(1903)寫刻本　八册

310000－0241－0006204　582095

虞夏贖金釋文一卷　(清)劉師陸述　清同治十二年(1873)鮑氏觀古閣刻本　一册

310000－0241－0006205　583001

封泥考畧十卷　(清)吳式芬撰　(清)陳介祺輯　清光緒三十年(1904)石印本　十册

310000－0241－0006206　583001:2

封泥考畧十卷　(清)吳式芬撰　(清)陳介祺輯　清光緒三十年(1904)石印本　十册

310000－0241－0006207　583001:3

封泥考畧十卷　(清)吳式芬撰　(清)陳介祺輯　清光緒三十年(1904)石印本　六册

310000－0241－0006208　583005

集古官印考十七卷　(清)瞿中溶撰　清同治十二年(1873)瞿氏刻本　七册

310000－0241－0006209　583006

印典八卷　(清)朱象賢編　清雍正十一年(1733)刻本　六册

310000－0241－0006210　583006:2

印典八卷　(清)朱象賢編　清雍正十一年(1733)刻本　四册

310000－0241－0006211　583030

漢永平開通褒斜道石刻一卷　(清)李昌譽鉤臨　清末石印本　一册

310000－0241－0006212　583032(2)

魏中書博士盧公夫人李氏墓誌　(□)□□正書　清末僞刻本　一册

310000－0241－0006213　583070

隋故宫人歸義鄉君元氏墓誌　(隋)□□撰　清末刻本　一册

310000－0241－0006214　583085

宫人陳花樹墓誌　(清)□□撰　清末刻本　一册

310000－0241－0006215　584001

石鼓文釋一卷　(清)張燕昌述　清光緒二十八年(1902)刻本　一册

310000－0241－0006216　584005

寰宇訪碑録十二卷　(清)孫星衍撰　清光緒九年(1883)江蘇書局刻本　四册

310000－0241－0006217　584005:2

寰宇訪碑録十二卷　(清)孫星衍撰　清光緒九年(1883)江蘇書局刻本　二册

310000－0241－0006218　584006

補寰宇訪碑録　(清)趙之謙撰　清光緒二年(1876)槐廬叢書本　二册

310000－0241－0006219　584010

補寰宇訪碑録記　(清)趙之謙纂集　清光緒十二年(1886)槐廬叢書本　一册

310000－0241－0006220　584018

寶刻類編八卷 (宋)□□撰 清道光十八年(1838)刻粤雅堂叢書本 三册

310000－0241－0006221 584021
昭陵碑錄 羅振玉校錄 清光緒三十四年(1908)刻晨風閣叢書本 二册

310000－0241－0006222 584022
語石十卷 葉昌熾著 清宣統元年(1909)刻本 四册

310000－0241－0006223 584022:2
語石十卷 葉昌熾著 清宣統元年(1909)刻本 四册

310000－0241－0006224 584023
語石十卷 葉昌熾著 清宣統元年(1909)刻本 四册

310000－0241－0006225 584024
語石十卷 葉昌熾著 清宣統元年(1909)刻本 四册

310000－0241－0006226 584025
金石三例三種 (元)潘昂霄等撰 清光緒四年(1878)南海馮氏讀有用書齋刻朱墨套印本 四册

310000－0241－0006227 584028
常山貞石志二十四卷 (清)沈濤撰 清道光二十二年(1842)刻本 八册

310000－0241－0006228 584028:2
常山貞石志二十四卷 (清)沈濤撰 清道光二十二年(1842)刻本 八册

310000－0241－0006229 584034
秦篆殘石不分卷 (清)翁方綱撰 清光緒四年(1878)刻本 二册

310000－0241－0006230 584035
古誌石華 (清)黄本驥編 清道光二十七年(1847)三長物齋刻本 八册

310000－0241－0006231 584037
陶齋藏石記四十四卷附藏甎記二卷 (清)端方輯 清宣統元年(1909)石印本 十二册

310000－0241－0006232 584038
匋齋臧石記 (清)端方輯 清宣統元年(1909)商務印書館石印本 十二册

310000－0241－0006233 584042
唐昭陵石蹟考畧五卷 (清)林侗撰 清光緒十七年(1891)觀自得齋刻本 一册

310000－0241－0006234 584043
隸釋二十七卷 (宋)洪适撰 **汪本隸釋刊誤一卷** (清)黄丕烈撰 清同治十一年(1872)皖南洪氏晦木齋刻本 八册

310000－0241－0006235 584043(2)
隸釋二十七卷隸續二十一卷 (宋)洪适撰 清乾隆四十二年(1777)樓松書屋汪日秀刻本 十二册

310000－0241－0006236 584043:3
隸釋二十七卷 (宋)洪适撰 **汪本隸釋刊誤一卷** (清)黄丕烈撰 清同治十一年(1872)皖南洪氏晦木齋刻本 八册

310000－0241－0006237 584046
碑版文廣例十卷 (清)王芑孫撰 清道光二十一年(1841)刻本 四册

310000－0241－0006238 584046:2
碑版文廣例十卷 (清)王芑孫撰 清道光二十一年(1841)刻本 六册

310000－0241－0006239 584046:3
碑版文廣例十卷 (清)王芑孫撰 清道光二十一年(1841)刻本 六册

310000－0241－0006240 584058
瘞鶴銘考 (清)汪士鋐編 清同治元年(1862)漢陽葉氏補刻本 一册

310000－0241－0006241 584058:2
瘞鶴銘考 (清)汪士鋐編 清同治元年(1862)漢陽葉氏補刻本 一册

310000－0241－0006242 584065
高麗好太王碑六卷 (清)楊守敬輯 清宣統元年(1909)宜都楊氏觀海堂雙鉤刻本 六册

310000－0241－0006243 584071

翠微亭題名考一卷附錄一卷 (清)蔡名衡輯 清光緒十一年(1885)錢塘丁氏刻本 四册

310000－0241－0006244 584071:2

翠微亭題名考一卷附錄一卷 (清)蔡名衡輯 清光緒十一年(1885)錢塘丁氏刻本 一册

310000－0241－0006245 584609(8)

御製詣黑龍潭祈雨詩(京郊昌平) (清)高宗弘曆撰 清嘉慶元年(1796)刻石溫泉刻拓組拓本 四册

310000－0241－0006246 584763

秦漢銘刻六種不分卷 (清)李盛鐸集刊 清光緒德化李氏刻本 二册

310000－0241－0006247 584949(2)

普同塔記 (明)胡濙撰 明正統十年(1445)刻本 一册

310000－0241－0006248 584949(3)

重修普同塔記 (明)任源等撰並書 明嘉靖二十八年(1549)河北宛平鷲峯寺刻本 一册

310000－0241－0006249 585003

古玉圖考不分卷 (清)吳大澂撰 清光緒十五年(1889)上海同文書局石印本 二册

310000－0241－0006250 585003(2)

古玉圖考不分卷 (清)吳大澂撰 清末上海同文書局石印本 四册

310000－0241－0006251 585003(2):2

古玉圖考不分卷 (清)吳大澂撰 清末上海同文書局石印本 四册

310000－0241－0006252 585003(2):3

古玉圖考不分卷 (清)吳大澂撰 清末上海同文書局石印本 四册

310000－0241－0006253 585004

古玉圖譜一百卷 (宋)龍大淵編纂 清乾隆四十四年(1779)康山草堂刻本 三十二册

310000－0241－0006254 585004:2

古玉圖譜一百卷 (宋)龍大淵編纂 清乾隆四十四年(1779)康山草堂刻本 二十四册

310000－0241－0006255 586028

殷商貞卜文字考不分卷 羅振玉撰 清宣統二年(1910)石印本 一册

310000－0241－0006256 586028:2

殷商貞卜文字考不分卷 羅振玉撰 清宣統二年(1910)石印本 一册

310000－0241－0006257 587005

秦漢瓦當文字一卷續一卷 (清)程敦著錄 清乾隆五十九年(1794)橫渠書院刻本 三册

310000－0241－0006258 587005:2

秦漢瓦當文字一卷續一卷 (清)程敦著錄 清乾隆五十九年(1794)橫渠書院刻本 三册

310000－0241－0006259 587006

秦漢瓦當文字一卷續一卷 (清)程敦著錄 清乾隆五十九年(1794)橫渠書院刻本 三册

310000－0241－0006260 587007

溫州古甓記不分卷 (清)孫詒讓撰 清光緒六年(1880)排印本 一册

310000－0241－0006261 587008

溫州古甓記不分卷 (清)孫詒讓撰 清光緒六年(1880)排印本 一册

310000－0241－0006262 587010

千甓亭古塼圖釋二十卷 (清)陸心源輯 清光緒十七年(1891)吳興陸氏石印本 四册

310000－0241－0006263 587010:2

千甓亭古塼圖釋二十卷 (清)陸心源輯 清光緒十七年(1891)吳興陸氏石印本 四册

310000－0241－0006264 587012

鐵雲藏匋不分卷 (清)劉鶚輯 清光緒三十年(1904)抱殘守缺齋石印本 四册

310000－0241－0006265 587012:2

鐵雲藏匋不分卷 (清)劉鶚輯 清光緒三十年(1904)抱殘守缺齋石印本 四册

310000－0241－0006266 589001

京畿金石考二卷 (清)孫星衍撰 清光緒十三年(1887)抱芳閣刻本 一册

310000－0241－0006267　589001∶2
京畿金石考二卷　(清)孫星衍撰　清光緒十三年(1887)抱芳閣刻本　二册

310000－0241－0006268　589001∶3
京畿金石考二卷　(清)孫星衍撰　清光緒十三年(1887)抱芳閣刻本　二册

310000－0241－0006269　589002
輿地碑記目四卷　(宋)王象之撰　清道光十年(1830)刻本　二册

310000－0241－0006270　589008
中州金石目　(清)姚晏撰　清光緒歸安姚氏刻咫進齋叢書本　一册

310000－0241－0006271　589010
至聖林廟碑目六卷　(清)孔憲庚編　清光緒二十二年(1896)積學齋刻本　一册

310000－0241－0006272　589021
平津讀碑記　(清)洪頤煊撰　清嘉慶十六年(1811)刻本　三册

310000－0241－0006273　589021∶2
平津讀碑記　(清)洪頤煊撰　清嘉慶十六年(1811)刻本　八册

310000－0241－0006274　589026
吴興金石記十六卷　(清)陸心源撰　清光緒十六年(1890)刻本　四册

310000－0241－0006275　589027
墨妙亭碑目考二卷　(清)張鑑撰　清光緒十年(1884)江蘇書局刻本　二册

310000－0241－0006276　589028
墨妙亭碑目考二卷　(清)張鑑撰　清光緒十年(1884)江蘇書局刻本　二册

310000－0241－0006277　589029
湖北金石志十四卷　(清)□□撰　清光緒刻本　十四册

310000－0241－0006278　589029∶2
湖北金石志十四卷　(清)□□撰　清光緒刻本　十四册

310000－0241－0006279　589031
海東金石苑四卷　(清)劉喜海輯　清光緒七年(1881)張氏二銘草堂刻本　四册

310000－0241－0006280　589033
兩浙金石志十八卷補遺一卷　(清)阮元編錄　清光緒十六年(1890)浙江書局重刻道光四年(1824)本　十二册

310000－0241－0006281　589033(3)
兩浙金石志十八卷　(清)阮元編錄　清道光四年(1824)李澐等刻本　十八册

310000－0241－0006282　589033∶2
兩浙金石志十八卷補遺一卷　(清)阮元編錄　清光緒十六年(1890)浙江書局重刻道光四年(1824)本　十二册

310000－0241－0006283　589036
括蒼金石志十二卷續四卷　(清)李遇孫輯　(清)鄒伯森增補　清光緒元年(1875)浙江處州府署刻本　八册

310000－0241－0006284　589036∶2
括蒼金石志十二卷續四卷　(清)李遇孫輯　(清)鄒伯森增補　清光緒元年(1875)浙江處州府署刻本　八册

310000－0241－0006285　589044
越中金石記十卷金石目二卷　(清)杜春生編錄　清道光三年(1823)刻本　八册

310000－0241－0006286　589045
越中金石記十卷金石目二卷　(清)杜春生編錄　清道光九年(1829)刻本　十六册

310000－0241－0006287　589045∶2
越中金石記十卷金石目二卷　(清)杜春生編錄　清道光九年(1829)刻本　十六册

310000－0241－0006288　589046
越中金石記十卷金石目二卷　(清)杜春生編錄　清道光九年(1829)刻本　八册

310000－0241－0006289　589052
雍州金石記　(清)朱楓著　清道光二十年(1840)刻本　二册

310000－0241－0006290　589052:2

雍州金石記　（清）朱楓著　清道光二十年(1840)刻本　四册

310000－0241－0006291　589059

江寧金石記八卷附待訪目二卷　（清）嚴觀輯　清宣統二年(1910)江楚編譯書局刻本　二册

310000－0241－0006292　589065

山左金石志二十四卷　（清）畢沅撰　清嘉慶二年(1797)儀徵阮氏小琅嬛仙館刻本　二十四册

310000－0241－0006293　589067

山右石刻叢編四十卷　（清）胡聘之撰　清光緒二十七年(1901)刻本　二十册

310000－0241－0006294　589068

濟南金石志四卷　（清）馮雲鵷撰　清道光二十年(1840)刻本　四册

310000－0241－0006295　589069

滇南古金石錄不分卷　（清）阮福撰　清刻文選樓叢書本　二册

310000－0241－0006296　589070

湖南通志金石三十卷　（清）曾國荃等纂　清光緒刻本　四册

310000－0241－0006297　589071

關中金石記八卷目錄一卷附附記　（清）畢沅撰　清道光二十七年(1847)刻本　五册

310000－0241－0006298　589072

中州金石記五卷　（清）畢沅撰　清乾隆四十一年(1776)刻本　二册

310000－0241－0006299　589074

粵西得碑記不分卷　（清）楊翰撰　清光緒二年(1876)語上息園刻本　一册

310000－0241－0006300　589089

高陽龐家蕞齊氏墓碑記十一種　溫泉刻拓組輯　清康熙五年至光緒三十四年(1666－1908)刻石民國溫泉刻拓組拓本　十一册

310000－0241－0006301　589111

淮安北門城樓金天德年大鐘款識一卷附一卷　（清）丁晏輯　清同治元年(1862)山陽丁氏六藝堂刻本　一册

310000－0241－0006302　590003

史通削繁拾補一卷　（清）朱允中輯　清光緒十八年(1892)清稿本　二册

310000－0241－0006303　590004

史通削繁　（清）紀昀撰　清道光十三年(1833)翰墨園刻本　四册

310000－0241－0006304　590006

史通削繁四卷　（清）紀昀撰　清道光十三年(1833)翰墨園刻本　一册

310000－0241－0006305　590007

史通削繁四卷　（清）紀昀撰　清光緒元年(1875)湖北崇文書局刻本　四册

310000－0241－0006306　590008

史通削繁四卷　（清）紀昀撰　清道光十三年(1833)翰墨園刻本　四册

310000－0241－0006307　590010

史通通釋二十卷　（清）浦起龍釋　清光緒二十五年(1899)通時書局石印本　二册

310000－0241－0006308　590011

史通通釋二十卷　（清）浦起龍釋　清翰墨園汪氏刻本　二册

310000－0241－0006309　590012

文史通義内篇五卷外篇三卷　（清）章學誠撰　清道光十二年(1832)刻本　四册

310000－0241－0006310　590013

文史通義八卷　（清）章學誠撰　清咸豐元年(1851)刻粵雅堂叢書本　八册

310000－0241－0006311　590014

文史通義八卷　（清）章學誠撰　清宣統三年(1911)廣益書局排印本　二册

310000－0241－0006312　590015

文史通義八卷校讐通義三卷　（清）章學誠撰　清道光十二年(1832)刻本　五册

310000－0241－0006313　590017

文史通義八卷　(清)章學誠撰　清道光十二年(1832)刻本　四冊

310000－0241－0006314　590018

史目表二卷　(清)洪飴孫撰　清光緒啓秀山房刻本　一冊

310000－0241－0006315　591001

十七史商榷一百卷　(清)王鳴盛述　清乾隆五十二年(1787)洞涇草堂刻本　十六冊

310000－0241－0006316　591001:2

十七史商榷一百卷　(清)王鳴盛述　清乾隆五十二年(1787)洞涇草堂刻本　二十四冊

310000－0241－0006317　591001:3

十七史商榷一百卷　(清)王鳴盛述　清乾隆五十二年(1787)洞涇草堂刻本　十六冊

310000－0241－0006318　591002

十七史商榷一百卷　(清)王鳴盛述　清翻刻乾隆本　六冊

310000－0241－0006319　591002:2

十七史商榷一百卷　(清)王鳴盛述　清翻刻乾隆本　十六冊

310000－0241－0006320　591003

廿二史劄記三十六卷　(清)趙翼撰　清嘉慶五年(1800)湛貽堂刻本　八冊

310000－0241－0006321　591003(2)

廿二史劄記三十六卷補遺一卷　(清)趙翼撰　清末上海鴻章書局石印本　十二冊

310000－0241－0006322　591003(2):2

廿二史劄記三十六卷補遺一卷　(清)趙翼撰　清末上海鴻章書局石印本　十二冊

310000－0241－0006323　591003(3)

廿二史劄記三十六卷補遺一卷　(清)趙翼撰　清末翻刻嘉慶五年(1800)湛貽堂本　十冊

310000－0241－0006324　591003:2

廿二史劄記三十六卷　(清)趙翼撰　清嘉慶五年(1800)湛貽堂刻本　三冊

310000－0241－0006325　591003:3

廿二史劄記三十六卷　(清)趙翼撰　清嘉慶五年(1800)湛貽堂刻本　十冊

310000－0241－0006326　591004

廿二史考異一百卷　(清)錢大昕學　清乾隆四十五年(1780)刻本　二十四冊

310000－0241－0006327　591013

金源劄記二卷　(清)施國祁撰　清同治十年(1871)刻本　二冊

310000－0241－0006328　591014

讀史舉正八卷　(清)張熷撰　清光緒十七年(1891)廣雅書局刻本　二冊

310000－0241－0006329　591018

惜抱軒漢書評點一卷　(清)姚鼐評點　清經德堂刻本　一冊

310000－0241－0006330　591018(2)

姚惜抱先生前漢書評點一卷　(清)姚鼐評點　清光緒十六年(1890)吳汝綸天津石印本　一冊

310000－0241－0006331　591019

考史拾遺十卷　(清)錢大昕撰　清嘉慶十三年(1808)嘉定李氏稻香吟館刻本　四冊

310000－0241－0006332　591019:2

考史拾遺十卷　(清)錢大昕撰　清嘉慶十三年(1808)嘉定李氏稻香吟館刻本　一冊

310000－0241－0006333　591026

元史考訂四卷　曾廉撰　清宣統三年(1911)層漪堂刻本　二冊

310000－0241－0006334　591027

重訂隋書地理考證九卷　(清)楊守敬撰　清光緒二十二年(1896)刻二十三年(1897)重校本　六冊

310000－0241－0006335　591031

新舊唐書互證　(清)趙紹祖撰　清光緒十七年(1891)廣雅書局刻本　二冊　存十三卷

310000－0241－0006336　591032

諸史拾遺五卷　(清)錢大昕撰　清光緒十七

年(1891)廣雅書局刻本　一册

310000－0241－0006337　591033
質疑删存三卷　(清)張宗泰撰　清光緒聚學軒刻本　一册

310000－0241－0006338　592002
二十四史論贊　(清)陳闡撰　清光緒二十九年(1903)慎記書莊石印本　十一册

310000－0241－0006339　592003
史學綱領(歷朝捷録大成)四卷　(明)顧充撰　(清)蕭承煊增訂　清光緒十五年(1889)刻本　四册

310000－0241－0006340　592004
浙江四大家史論　(清)李蔭鑾編　清光緒二十八年(1902)刻本　二册

310000－0241－0006341　592005
讀史漫録十四卷　(明)于慎行著　明刻清印本　六册

310000－0241－0006342　592007
史論彙選丙編　(清)□□撰　清光緒二十七年(1901)刻本　四册

310000－0241－0006343　592008
歷史史論二十二卷　(明)張溥撰　清光緒五年(1879)刻本　八册

310000－0241－0006344　592008:2
歷史史論二十二卷　(明)張溥撰　清光緒五年(1879)刻本　四册

310000－0241－0006345　592009
讀史稗語十一卷　(清)徐枋著　清咸豐九年(1859)刻本　六册

310000－0241－0006346　592014
唐史論斷三卷　(宋)孫甫撰　清光緒二十年(1894)增刻本　二册

310000－0241－0006347　592015
明鑑輯論二卷　(清)侯紹瀛輯　清光緒十三年(1887)寥山草堂刻本　二册

310000－0241－0006348　592021
通鑑論三卷　(宋)司馬光撰　清光緒二十七年(1901)上海文淵山房石印本　一册

310000－0241－0006349　592023
初學史論合編不分卷　(清)杜文瀾輯　清光緒刻本曼陀羅華閣刻本　一册

310000－0241－0006350　592024
史翼　(清)王紹翰編輯　清光緒二十九年(1903)支那新書局石印本　八册

310000－0241－0006351　592025
明史論四卷　(清)谷應泰撰　清刻本　二册

310000－0241－0006352　592026
明史論畧六卷附易指事四卷　(清)彭焯南撰　清光緒二年(1876)古梅草廬刻本　四册

310000－0241－0006353　592033
讀史大畧六十卷首一卷附小沙子史畧一卷　(清)沙張白撰　清光緒二十七年(1901)刻本　十二册

310000－0241－0006354　592033(2)
讀史大畧六十卷首一卷附小沙子史畧一卷　(清)沙張白撰　清光緒二十七年(1901)上海祥記書莊石印本　六册

310000－0241－0006355　592033:2
讀史大畧六十卷首一卷附小沙子史畧一卷　(清)沙張白撰　清光緒二十七年(1901)刻本　十一册

310000－0241－0006356　592035
國朝儒林正論三卷　(清)汪正編　清道光二十年(1840)刻本　一册

310000－0241－0006357　592038
歷代邊事匯鈔十二卷　(清)朱克敬編輯　清光緒二十八年(1902)上海捷記書局刻本　四册

310000－0241－0006358　592038(2)
歷代邊事匯鈔十二卷續鈔八卷　(清)朱克敬編輯　(清)江孝棠參訂　清光緒六年(1880)刻本　十册

310000－0241－0006359　592039

讀史正氣錄十八卷 (清)姚德鈞編錄 清光緒十五年(1889)刻本 四冊

310000－0241－0006360 592040
論海 (清)蔡和鏘輯 清光緒二十八年(1902)石印本 三十二冊

310000－0241－0006361 592041
鑑古齋日記(讀史日記)四卷 (清)陳紹箕撰 清光緒二十八年(1902)刻本 四冊

310000－0241－0006362 592044
三國雜事二卷 (宋)唐庚撰 清綿州李調元校刻本 一冊

310000－0241－0006363 592045
王安石新法論三編 (日本)高橋作衛撰 (清)陳超譯 清光緒二十八年(1902)上海廣智書局排印本 一冊

310000－0241－0006364 592046
魯史榷二卷 (清)楊兆鋆撰 清光緒二十四年(1898)木活字印本 一冊

310000－0241－0006365 592050
無近名齋雜著二卷 (清)彭翊撰 清末刻本 一冊

310000－0241－0006366 592054
蟄叟 王樹枏撰 伯甲輯 清末刻本 一冊

310000－0241－0006367 592055
史論五種十一卷邁堂文畧一卷 (清)李祖陶撰 清同治十年(1871)敖陽李氏尚友樓刻本 六冊

310000－0241－0006368 593001
詠史詩鈔不分卷 (清)謝啓昆 (清)王廷紹 (清)鮑桂星撰 清光緒二十五年(1899)經世書局排印本 一冊

310000－0241－0006369 593003
榆囨讀史草不分卷 (清)李壽蓉撰 清光緒十年(1884)排印本 三冊

310000－0241－0006370 593004
全史詩二卷 (清)仁宗顒琰撰 清光緒二十九年(1903)文明書局校刻排印本 一冊

310000－0241－0006371 593006
樹經堂詠史詩八卷 (清)謝啓昆撰 清道光五年(1825)刻本 二冊

310000－0241－0006372 593007
詠史集八卷 (清)汪元慎纂 清光緒五年(1879)鑄錯軒刻本 四冊

310000－0241－0006373 593011
史學聯珠 (清)胡文炳輯 清光緒十三年(1887)著易堂排印本 九冊

310000－0241－0006374 593012
南宋襍事詩七卷 (清)沈嘉轍等撰 清雍正武林芹香齋刻本 二冊

310000－0241－0006375 593012(2)
南宋雜事詩七卷 (清)沈嘉轍等撰 清刻本 二冊

310000－0241－0006376 593014
十國雜事詩 (清)饒智元撰 清光緒十七年(1891)刻竹素齋叢書本 四冊

310000－0241－0006377 593015
明宮雜詠二十卷 (清)饒智元撰 清光緒刻湘淥館叢書本 六冊

310000－0241－0006378 593017
明季新樂府二卷 (清)胡介祉撰 清宣統元年(1909)排印龍潭室叢書本 一冊

310000－0241－0006379 593018
金源紀事詩八卷 (清)湯運泰撰 清同治十二年(1873)淮南書局刻本 四冊

310000－0241－0006380 593018:2
金源紀事詩八卷 (清)湯運泰撰 清同治十二年(1873)淮南書局刻本 四冊

310000－0241－0006381 593019
金源紀事詩八卷 (清)湯運泰撰 清同治十二年(1873)淮南書局刻本 四冊

310000－0241－0006382 593020
江南鐵淚圖新編不分卷 (清)寄雲山人編 清蘇城得見齋刻本 二冊

310000－0241－0006383　593021
庚子都門紀事詩六卷首一卷　（清）延清撰　清末排印本　二册

310000－0241－0006384　593021：2
庚子都門紀事詩六卷首一卷　（清）延清撰　清末排印本　二册

310000－0241－0006385　593022
念二史詠史詩注二卷　（清）孫殿雲撰　（清）吳蔭穀注　清道光蔡學海刻本　二册

310000－0241－0006386　593022：2
念二史詠史詩注二卷　（清）孫殿雲撰　（清）吳蔭穀注　清道光蔡學海刻本　二册

310000－0241－0006387　593023
十六國宫詞二卷　（清）周昇撰　清道光十四年（1834）刻本　二册

310000－0241－0006388　593024
新樂府詞一卷　（清）萬斯同撰　清同治八年（1869）刻本　一册

310000－0241－0006389　593024：2
新樂府詞一卷　（清）萬斯同撰　清同治八年（1869）刻本　一册

310000－0241－0006390　593032
都門紀變百詠一卷　題（清）瞟西復儂氏撰　清光緒二十六年（1900）石印本　一册

310000－0241－0006391　593033
亦有生齋集樂府二卷　（清）趙懷玉撰　清光緒十三年（1887）武進趙氏木活字印本　一册

310000－0241－0006392　593033：2
亦有生齋集樂府二卷　（清）趙懷玉撰　清光緒十三年（1887）武進趙氏木活字印本　一册

310000－0241－0006393　593043
長安宫詞一卷　（清）胡延撰　清光緒二十八年（1902）刻本　一册

310000－0241－0006394　593044
桐華舸明季詠史詩鈔一卷　（清）鮑瑞駿撰　清同治三年（1864）刻本　一册

310000－0241－0006395　593047
冬青館古宫詞三卷　（清）張鑑撰　清光緒刻本　一册

310000－0241－0006396　593048
覺生詠史詩鈔三卷　（清）鮑桂星撰　清抄本　一册

310000－0241－0006397　593049
話雲軒詠史詩二卷　（清）曹振鏞撰　清末翻刻嘉慶本　一册

310000－0241－0006398　593053
無雙詩合刻二卷　（清）陶然撰　清同治十一年（1872）亦吾廬刻本　一册

310000－0241－0006399　593054
今樂府不分卷　（清）陳菰緡撰　（清）鄭世元評點　清宣統二年（1910）石印手稿本　一册

310000－0241－0006400　593059
西湖遺事詩一卷　（清）朱彭撰　清光緒二十一年（1895）錢塘丁氏福州刻本　一册

310000－0241－0006401　600001（2）
孔氏家語十卷　（三國魏）王肅注　清乾隆四十五年（1780）錢塘李氏重刻汲古閣本　一册

310000－0241－0006402　600002
家語疏證六卷　（清）孫志祖撰　清光緒刻式訓堂叢書本　二册

310000－0241－0006403　600002（2）
家語證僞十一卷　（清）范家相撰　清光緒十五年（1889）徐氏鑄學齋刻本　三册

310000－0241－0006404　600002：2
家語疏證六卷　（清）孫志祖撰　清光緒刻式訓堂叢書本　二册

310000－0241－0006405　600003
孔子集語四卷　（清）孫星衍撰　清光緒刻本　一册

310000－0241－0006406　600003：2
孔子集語四卷　（清）孫星衍撰　清光緒刻本　四册

310000－0241－0006407　600006

荀子二十卷校勘補遺一卷　(戰國)荀況撰　(唐)楊倞注　清光緒二年(1876)浙江書局重刻乾隆嘉善謝氏本　六册

310000－0241－0006408　600006(2)

荀子二十卷校勘補遺一卷　(戰國)荀況撰　(唐)楊倞注　清光緒二年(1876)浙江書局重刻乾隆嘉善謝氏本　六册

310000－0241－0006409　600009

刪定荀子一卷　(戰國)荀況撰　(清)方苞刪定　清乾隆桐城方氏抗希堂刻本　一册

310000－0241－0006410　600016

荀子集解二十卷首一卷　(戰國)荀況撰　(唐)楊倞注　清光緒十七年(1891)思賢講舍刻本　六册

310000－0241－0006411　600017

荀子箋釋二十卷附校勘補遺一卷　(清)謝墉校釋　清嘉慶九年(1804)重鐫姑蘇聚文堂藏板本　四册

310000－0241－0006412　600017:2

荀子箋釋二十卷附校勘補遺一卷　(清)謝墉校釋　清嘉慶九年(1804)重鐫姑蘇聚文堂藏板本　四册

310000－0241－0006413　600017:3

荀子箋釋二十卷附校勘補遺一卷　(清)謝墉校釋　清嘉慶九年(1804)重鐫姑蘇聚文堂藏板本　三册

310000－0241－0006414　600022

孔叢子七卷　(宋)宋咸注　清光緒元年(1875)刻本　七册

310000－0241－0006415　600023

新書十卷　(漢)賈誼撰　清光緒元年(1875)浙江書局刻本　二册

310000－0241－0006416　600024

新書十卷　(漢)賈誼撰　清光緒元年(1875)浙江書局刻本　一册

310000－0241－0006417　600025

賈子次詁十六卷　(清)王耕心編　清光緒二十九年(1903)刻本　二册

310000－0241－0006418　600028(2)

說苑二十卷　(漢)劉向撰　清光緒元年(1875)湖北崇文書局刻本　四册

310000－0241－0006419　600030

揚子法言三卷附音義一卷　(漢)揚雄撰　清光緒三年(1877)浙江書局刻本　一册

310000－0241－0006420　600030:2

揚子法言三卷附音義一卷　(漢)揚雄撰　清光緒三年(1877)浙江書局刻本　一册

310000－0241－0006421　600030:3

揚子法言三卷附音義一卷　(漢)揚雄撰　清光緒三年(1877)浙江書局刻本　二册

310000－0241－0006422　600030:4

揚子法言三卷附音義一卷　(漢)揚雄撰　清光緒三年(1877)浙江書局刻本　二册

310000－0241－0006423　600030:5

揚子法言三卷附音義一卷　(漢)揚雄撰　清光緒三年(1877)浙江書局刻本　二册

310000－0241－0006424　600031

揚子法言十三卷附音義一卷　(漢)揚雄撰　清光緒三年(1877)浙江書局刻本　一册

310000－0241－0006425　600032

法言十卷　(漢)揚雄撰　清刻本　一册

310000－0241－0006426　600033

潛夫論十卷　(漢)王符撰　清刻本　二册

310000－0241－0006427　600033:2

潛夫論十卷　(漢)王符撰　清刻本　一册

310000－0241－0006428　600037

文中子中說十卷　(宋)阮逸注　清刻本　四册

310000－0241－0006429　600037:2

文中子中說十卷　(宋)阮逸注　清刻本　一册

310000－0241－0006430　600038

韓子粹言不分卷　(唐)韓愈著　(清)李光地輯　清康熙刻本　一冊

310000－0241－0006431　600040

切近編四卷　(清)桑調元編纂　(清)沈廷芳編纂　清同治五年(1866)錢塘丁氏刻本　一冊

310000－0241－0006432　601000(3)

張子全書十五卷　(宋)張載撰　清道光間張連科刻同治九年(1870)張述銘重修本　八冊

310000－0241－0006433　601001

河南程氏全書六種六十六卷　(宋)程顥撰　(宋)朱熹輯　清同治十年(1871)六安求我齋刻本　十六冊

310000－0241－0006434　601002

餘山先生遺書十卷附錄一卷　(清)勞史撰　(清)桑調元　(清)沈廷芳編　清乾隆二十九年(1764)桑調元須友堂刻本　四冊

310000－0241－0006435　601003

二程粹言二卷　(宋)楊時訂定　(宋)張栻編次　清刻本　二冊

310000－0241－0006436　601004

二程節錄四卷文集抄一卷　(明)高攀龍輯　清乾隆六年(1741)劍光閣藏版金匱華氏刻本　二冊

310000－0241－0006437　601006

朱子文選不分卷　(清)朱澤澐輯　清道光三年(1823)刻本　一冊

310000－0241－0006438　601008

安溪先生注解正蒙二卷　(宋)張載撰　(清)李光地注解　清初精刻本　二冊

310000－0241－0006439　601009

朱子語類一百四十卷　(宋)黎靖德編　清同治十一年(1872)應元書院刻本　四十冊

310000－0241－0006440　601009(2)

朱子語類輯畧八卷　(清)張伯行輯訂　清同治五年(1866)福州正誼書院刻本　二冊

310000－0241－0006441　601009:2

朱子語類一百四十卷　(宋)黎靖德編　清同治十一年(1872)應元書院刻本　四十冊

310000－0241－0006442　601010

朱子語類日鈔五卷　(宋)朱熹撰　(清)陳澧編　清咸豐十一年(1861)番禺陳氏刻本　一冊

310000－0241－0006443　601010(2)

朱子語類日鈔五卷　(宋)朱熹撰　(清)陳澧編　清咸豐十一年(1861)番禺陳氏刻本　一冊

310000－0241－0006444　601017

木鐘集十一卷　(宋)陳埴撰　清同治六年(1867)東甌郡壘刻本　四冊

310000－0241－0006445　601018

北溪字義二卷附嚴陵講義　(宋)陳淳著　清道光二十年(1840)刻本　二冊

310000－0241－0006446　601019

北溪字義二卷　(清)王雋集編　清光緒二十六年(1900)刻本　二冊

310000－0241－0006447　601020

呻吟語六卷　(明)呂坤撰　清同治七年(1868)江寧顧晴崖家刻本　六冊

310000－0241－0006448　601021

呻吟語六卷　(明)呂坤撰　清道光七年(1827)刻本　三冊

310000－0241－0006449　601022

呻吟語節錄六卷　(明)呂坤著　清同治八年(1869)刻本　二冊

310000－0241－0006450　601023

呂子節錄四卷補遺二卷　(明)呂坤著　清乾隆五十一年(1786)刻本　二冊

310000－0241－0006451　601024

呂子節錄補遺二卷　(明)呂坤著　清刻本　二冊

310000－0241－0006452　601025

呂語集粹四卷　(明)呂坤著　(清)尹會一輯　清光緒十三年(1887)刻本　二冊

310000－0241－0006453　601026
思辨録輯要前集二十二卷後集十三卷　(清)陸世儀撰　清光緒三年(1877)江蘇書局刻本　八册

310000－0241－0006454　601026：2
思辨録輯要前集二十二卷後集十三卷　(清)陸世儀撰　清光緒三年(1877)江蘇書局刻本　八册

310000－0241－0006455　601027
思辨録輯要前集二十二卷後集十三卷　(清)陸世儀撰　清道光十七年(1837)嘉興沈氏藏板刻本　八册

310000－0241－0006456　601028
思辨録疑義一卷　(清)劉蓉撰　清光緒三年(1877)刻本　一册

310000－0241－0006457　601028：2
思辨録疑義一卷　(清)劉蓉撰　清光緒三年(1877)刻本　一册

310000－0241－0006458　601028：3
思辨録疑義一卷　(清)劉蓉撰　清光緒三年(1877)刻本　一册

310000－0241－0006459　601029
思問録内外編不分卷　(清)王夫之撰　清同治四年(1865)刻本　一册

310000－0241－0006460　601030
俟解不分卷　(清)王夫之撰　清同治四年(1865)刻本　一册

310000－0241－0006461　601031
松陽鈔存二卷　(清)陸隴其撰　清同治三年(1864)刻本　一册

310000－0241－0006462　601032
松陽鈔存　(清)陸隴其撰　清同治十三年(1874)刻本　一册

310000－0241－0006463　601033
三魚堂賸言十二卷　(清)陳濟編　清乾隆八年(1743)刻本　四册

310000－0241－0006464　601034
榕村講授三編　(清)李光地編　清雍正刻本　三册

310000－0241－0006465　601034：2
榕村講授三編　(清)李光地編　清雍正刻本　六册

310000－0241－0006466　601035
小心齋劄記十八卷　(明)顧憲成撰　清光緒三年(1877)刻本　四册

310000－0241－0006467　601036
無欺録二卷　(清)朱用純著　清光緒二十六年(1900)刻本　二册

310000－0241－0006468　601037
無欺録二卷　(清)朱用純著　清光緒二十六年(1900)刻本　二册

310000－0241－0006469　601038
理學淵源正録六卷　(清)尹正中集録　清康熙五十五年(1716)刻本　二册

310000－0241－0006470　601040
溯流史學抄二十卷　(清)張沐著　清康熙三十四年(1695)刻本　八册

310000－0241－0006471　601041
志學録八卷　(清)方宗誠述　清光緒三年(1877)刻本　二册

310000－0241－0006472　601042
下學指南　(清)周思誠纂　清同治二年(1863)刻本　一册

310000－0241－0006473　601043
契元公論草十五編　(清)于玉瑞編　清光緒八年(1882)刻本　一册

310000－0241－0006474　601044
經正録五卷　(清)張履祥撰　清光緒元年(1875)刻本　一册

310000－0241－0006475　601045
俟命録十卷　(清)方宗誠撰　清光緒三年(1877)刻本　二册

310000－0241－0006476　601046

宋五子書 (清)李文炤撰 清雍正十二年(1734)四爲堂藏板刻本 六冊

310000－0241－0006477 601049
朱子經濟文衡前集十七卷後集二十五卷續集二十二卷 (宋)滕珙編 清乾隆四年(1739)刻本 十二冊

310000－0241－0006478 601050
汪子中詮六卷附續先卿行畧一卷 (明)汪應蛟撰 清刻本 六冊

310000－0241－0006479 601051
沈余遺書三種八卷 (清)沈近思撰 清光緒二十二年(1896)江蘇書局刻本 四冊

310000－0241－0006480 601052
居業録四卷 (明)胡居仁撰 (清)顔綸校訂 清康熙豳堂刻本 二冊

310000－0241－0006481 601053
敦艮齋遺書十七卷 (清)徐潤第撰 清道光二十八年(1848)徐繼畬刻本 五冊

310000－0241－0006482 601056
守己草廬日記五卷 (清)丁逢辰録記 清光緒三十三年(1907)柘湖丁氏刻本 三冊

310000－0241－0006483 601057
包軒遺編三卷 (清)張泰來撰 清光緒十五年(1889)濟南刻本 一冊

310000－0241－0006484 601058
持志塾言二卷 (清)劉熙載撰 清同治刻本 一冊

310000－0241－0006485 601059
讀書録條貫十三卷續録條貫十三卷 (清)戴楫撰 清光緒二十年至二十二年(1894－1896)刻本 三冊

310000－0241－0006486 601064
大學衍義四十三卷 (宋)真德秀撰 清同治十一年(1872)浙江書局刻本 十冊

310000－0241－0006487 601064(2)
大學衍義四十三卷 (宋)真德秀撰 清同治十三年(1874)夔州郭氏刻本 十冊

310000－0241－0006488 601064(3)
大學衍義四十三卷 (宋)真德秀撰 清同治十三年(1874)金陵書局刻本 八冊

310000－0241－0006489 601064:2
大學衍義四十三卷 (宋)真德秀撰 清同治十一年(1872)浙江書局刻本 十冊

310000－0241－0006490 601064:3
大學衍義四十三卷 (宋)真德秀撰 清同治十一年(1872)浙江書局刻本 二十冊

310000－0241－0006491 601065:2
大學衍義補一百六十卷首一卷 (明)丘濬撰 清同治十三年(1874)夔州郭氏刻本 四十四冊

310000－0241－0006492 601066
讀書録十一卷續録十二卷 (明)薛瑄撰 清乾隆刻本 四冊

310000－0241－0006493 601067
薛子讀書録彙纂二卷 (清)趙時可纂輯 清康熙十九年(1680)刻本 四冊

310000－0241－0006494 601068
讀讀書録二卷 (清)汪紱著 清光緒二十一年(1895)刻本 二冊

310000－0241－0006495 601070
衛道編二卷 (清)劉紹攽撰 清帶經堂刻劉傳經堂印本 二冊

310000－0241－0006496 601071
性理吟一卷後性理吟一卷 (宋)朱熹撰 (清)尤侗撰 清末翻刻康熙本 一冊

310000－0241－0006497 601101
王陽明先生全書三十八卷 (明)徐愛編 清刻本 二十四冊

310000－0241－0006498 601101:2
王陽明先生全書三十八卷 (明)徐愛編 清刻本 六冊

310000－0241－0006499 601102
王文成公全書三十八卷 (明)王守仁撰 清刻本 二十四冊

310000－0241－0006500　601103

王陽明先生全集十六卷　(明)王守仁撰　清道光六年(1826)柳廷方等刻本　十二册

310000－0241－0006501　601103(2)

陽明先生文集十六卷　(明)王守仁撰　(清)王貽樂輯　清康熙二十四年(1685)王貽樂刻本　十二册

310000－0241－0006502　601104

傳習錄三卷　(明)徐愛編　清宣統二年(1910)刻本　三册

310000－0241－0006503　601108

龍溪密諦一卷　(清)李衷燦輯　清光緒三年(1877)刻本　一册

310000－0241－0006504　601110

心法源流　(清)余寅止編　清咸豐十一年(1861)梧陰書屋藏版刻本　二册

310000－0241－0006505　601111

羅近溪先生語要一卷　(明)陶望齡輯　清刻本　一册

310000－0241－0006506　601113

萬西川先生擬學小記六卷續錄七卷附錄二卷　(明)尤時熙撰　清同治三年(1864)秦竹人刻本　四册

310000－0241－0006507　601204

小心齋劄記十八卷　(明)顧憲成撰　清康熙刻本　四册

310000－0241－0006508　601208(2):3

述學　(清)汪中撰　清同治八年(1869)揚州書局刻本　一册　存四卷(内篇、補遺)

310000－0241－0006509　601209

讀困知記三卷　(清)汪紱著　清光緒二十一年(1895)刻本　一册

310000－0241－0006510　601210

高子遺書十二卷附錄一卷年譜一卷　(明)高攀龍撰　清光緒二年(1876)刻本　八册

310000－0241－0006511　601211

高子遺書十二卷附錄一卷年譜一卷　(明)高攀龍撰　清光緒二年(1876)刻本　八册

310000－0241－0006512　601213

困知記二卷續二卷三續四續續補外編附錄　(明)羅欽順撰　清光緒五年(1879)排印本　四册

310000－0241－0006513　601214

臆言四卷　(清)朱顯祖撰　清康熙三十年(1691)刻本　二册

310000－0241－0006514　601215

居學錄二卷　(清)曹本榮著　清光緒十一年(1885)刻本　一册

310000－0241－0006515　601217

楊園先生備忘四卷錄遺一卷　(清)張履祥著　清刻本　六册

310000－0241－0006516　601218

志學錄六卷　(清)方宗誠述　清光緒三年(1877)刻本　一册

310000－0241－0006517　601219

志學錄一卷　(清)陸世儀撰　清道光十年(1830)刻本　一册

310000－0241－0006518　601220

陶庵語錄自監錄四卷吾師錄一卷　(清)陶應鯤編　清乾隆刻本　一册

310000－0241－0006519　601226

明辨錄　(清)陳法著　清乾隆三十五年(1770)務滋堂刻本　一册

310000－0241－0006520　601231

顔氏學記十卷　(清)戴望述　清光緒二十年(1894)刻本　四册

310000－0241－0006521　601302

近思錄四卷附朱子世家一卷　(清)江永集注　清同治八年(1869)江蘇書局刻本　一册

310000－0241－0006522　601305

近思錄集注十四卷　(宋)朱熹著　(清)江永集注　清同治八年(1869)江蘇書局刻本　四册

310000－0241－0006523　601305:2

近思錄集注十四卷　(宋)朱熹著　(清)江永集注　清同治八年(1869)江蘇書局刻本　四册

310000－0241－0006524　601306

近思錄集注十四卷　(宋)朱熹著　(清)江永集注　清同治四年(1865)刻本　四册

310000－0241－0006525　601307

近思錄十四卷　(宋)朱熹原編　(清)張伯行集解　清乾隆元年(1736)維揚安定書院刻十三年(1748)尹會一重修本　四册

310000－0241－0006526　601308

近思錄集解十四卷　(宋)葉采集解　(清)邵滄來重訂　清雍正三年(1725)吳郡邵氏尚義堂刻本　四册

310000－0241－0006527　601310

續近思錄十四卷　(清)張伯行集解　清康熙四十九年(1710)正誼堂刻本　四册

310000－0241－0006528　601311

續近思錄十四卷　(清)鮑桂星輯　清道光十四年(1834)刻本　二册

310000－0241－0006529　601312

廣近思錄十四卷　(清)張孝先編　清光緒二十年(1894)刻本　二册

310000－0241－0006530　601313

困學錄集粹八卷　(清)張伯行著　清雍正刻本　四册

310000－0241－0006531　601314

理學宗傳二十六卷　(清)孫奇逢輯　清光緒七年(1881)浙江書局刻本　十二册

310000－0241－0006532　601314:2

理學宗傳二十六卷　(清)孫奇逢輯　清光緒七年(1881)浙江書局刻本　十二册

310000－0241－0006533　601315

理學宗傳二十六卷　(清)孫奇逢輯　清光緒七年(1881)浙江書局刻本　十二册

310000－0241－0006534　601317

理學宗傳辨正十六卷　(清)劉廷詔輯　清同治十一年(1872)刻本　六册

310000－0241－0006535　601318

理學類編四卷　(清)傅彩輯　清康熙證道堂本　一册

310000－0241－0006536　601319

理學備考三十四卷　(清)范鄗鼎輯　清道光五年(1825)五經堂刻本　十二册

310000－0241－0006537　601320

廣理學備考　(清)范鄗鼎輯　清道光五年(1825)刻本　四十八册

310000－0241－0006538　601324:2

性理精義十二卷　(清)李光地奉敕撰　清康熙内府刻本　六册

310000－0241－0006539　601325

性理精義十二卷　(清)李光地奉敕撰　清康熙五十六年(1717)刻本　六册

310000－0241－0006540　601326

性理精義體注大全八卷　(宋)朱熹注　清咸豐二年(1852)刻本　四册

310000－0241－0006541　601328

性理三解不分卷　(明)韓邦奇撰　清乾隆十六年(1751)刻本　四册

310000－0241－0006542　601335

經訓比義三卷　(清)黄以周撰　清光緒二十二年(1896)顧鴻闓等刻本　三册

310000－0241－0006543　601335:2

經訓比義三卷　(清)黄以周撰　清光緒二十二年(1896)顧鴻闓等刻本　二册

310000－0241－0006544　601337

心經政經合編　(宋)真德秀撰　清江蘇書局刻本　一册

310000－0241－0006545　601338

真西山心經一卷　(宋)真德秀撰　清光緒二十二年(1896)武英殿影宋刻本　一册

310000－0241－0006546　601339

政經一卷　(宋)真德秀撰　清光緒二十二年(1896)武英殿影宋刻本　一冊

310000－0241－0006547　601340
正學編八卷　(清)潘世恩輯　清同治六年(1867)刻本　四冊

310000－0241－0006548　601341
[王魯齋]正學編二卷　(清)鄭遠參閱　清乾隆十年(1745)刻本　四冊

310000－0241－0006549　601343
道學源流六卷　(清)余丙捷編輯　清道光二十一年(1841)刻本　四冊

310000－0241－0006550　601345
朱止泉先生朱子聖學考畧十卷提要一卷正訛一卷　(清)朱澤澐撰　清乾隆十七年(1752)高斌、張師載刻本　十冊

310000－0241－0006551　601346
道統大成十一卷　(清)汪啓護輯　清光緒二十五年(1899)刻本　六冊

310000－0241－0006552　601347
斯文正統十二卷　(清)刁包輯　清同治三年(1864)祁陽惇德堂刻本　十二冊

310000－0241－0006553　601350
儒門語要六卷　(清)倪元坦撰　清道光十八年(1838)刻本　二冊

310000－0241－0006554　601351
儒門語要六卷　(清)倪元坦輯　清光緒三十四年(1908)排印本　一冊

310000－0241－0006555　601352
志學編二卷　(清)余寅止編　清光緒元年(1875)務本堂刻本　一冊

310000－0241－0006556　601353
儒門法語不分卷　(清)彭定求編　清光緒十六年(1890)元和刻本　一冊

310000－0241－0006557　601353:2
儒門法語不分卷　(清)彭定求編　清光緒十六年(1890)元和刻本　一冊

310000－0241－0006558　601354
儒門法語輯要不分卷　(清)倪元坦輯　清光緒十六年(1890)刻本　一冊

310000－0241－0006559　601356
李楊二先生集要十卷　(清)李顒撰　清光緒三年(1877)刻本　二冊

310000－0241－0006560　601357
陸陳二先生詩文鈔桴亭文鈔六卷續鈔一卷確庵文鈔六卷桴亭詩鈔八卷確庵詩鈔八卷　(清)陸世儀　(清)葉裕仁編　清同治九年(1870)太倉安道書院刻本　八冊

310000－0241－0006561　601359
省身要言不分卷　(清)周柱坤撰　清光緒三十年(1904)刻本　一冊

310000－0241－0006562　601360
弘道錄二十五卷　(明)邵經邦撰　清康熙四十年(1701)刻本　十二冊

310000－0241－0006563　601365
中學正宗不分卷　(清)周學熙輯　清光緒二十三年(1897)刻本　一冊

310000－0241－0006564　602001
弟子職注一卷　(清)孫同元撰　清光緒八年(1882)刻本　一冊

310000－0241－0006565　602002
弟子職集解一卷　(清)莊述祖輯　清光緒十四年(1888)刻本　一冊

310000－0241－0006566　602003
弟子職集解一卷　(清)莊述祖輯　清光緒十四年(1888)江蘇書局刻本　一冊

310000－0241－0006567　602004
弟子職集解一卷　(清)莊述祖輯　清光緒十四年(1888)江蘇書局刻本　一冊

310000－0241－0006568　602004:2
弟子職集解一卷　(清)莊述祖輯　清光緒十四年(1888)江蘇書局刻本　一冊

310000－0241－0006569　602005
女誡淺釋一卷　(漢)班昭撰　清光緒二十五

年(1899)刻本　一冊

310000－0241－0006570　602007
弟子職箋釋不分卷附史目表二卷　(清)洪亮吉撰　清光緒三年(1877)授經堂刻本　一冊

310000－0241－0006571　602007:2
弟子職箋釋不分卷附史目表二卷　(清)洪亮吉撰　清光緒三年(1877)授經堂刻本　一冊

310000－0241－0006572　602008
讀書分年日程三卷　(元)程端禮述　清同治八年(1869)江蘇書局刻本　一冊

310000－0241－0006573　602008:2
讀書分年日程三卷　(元)程端禮述　清同治八年(1869)江蘇書局刻本　一冊

310000－0241－0006574　602009
讀書分年日程三卷　(元)程端禮述　清同治七年(1868)刻本　二冊

310000－0241－0006575　602009:2
讀書分年日程三卷　(元)程端禮述　清同治七年(1868)刻本　二冊

310000－0241－0006576　602010
弟子箴言十六卷　(清)胡達源撰　清光緒二十一年(1895)湖南糧儲道署刻本　四冊

310000－0241－0006577　602011
父師善誘法二卷讀書作文譜十二卷　(清)唐彪輯撰　清同治四年(1865)聚錦堂重刻嘉慶本　四冊

310000－0241－0006578　602011(2)
父師善誘法二卷讀書作文譜十二卷　(清)唐彪輯撰　清康熙經國堂刻本　四冊

310000－0241－0006579　602011(3)
讀書作文譜十二卷　(清)唐彪撰　清嘉慶十九年(1814)重刻康熙本　二冊

310000－0241－0006580　602014
輶軒語六編　(清)張之洞撰　清光緒四年(1878)葛元煦刻本　二冊

310000－0241－0006581　602014(2)
輶軒語七卷　(清)張之洞撰　清光緒元年(1875)刻本　一冊

310000－0241－0006582　602015
輶軒語七編　(清)張之洞撰　清光緒二年(1876)退補齋刻本　一冊

310000－0241－0006583　602016
輶軒語七編　(清)張之洞撰　清光緒二十三年(1897)刻本　一冊

310000－0241－0006584　602016:2
輶軒語七編　(清)張之洞撰　清光緒二十三年(1897)刻本　一冊

310000－0241－0006585　602017
輶軒語六編　(清)張之洞撰　清光緒四年(1878)刻本　一冊

310000－0241－0006586　602018
輶軒語七編　(清)張之洞撰　清光緒四年(1878)振綺堂刻本　一冊

310000－0241－0006587　602020
勸學編二卷　(清)張之洞撰　清光緒二十四年(1898)兩湖書院刻本　一冊

310000－0241－0006588　602020(2)
勸學編二卷　(清)張之洞撰　清光緒二十四年(1898)山東書局刻本　一冊

310000－0241－0006589　602020:2
勸學編二卷　(清)張之洞撰　清光緒二十四年(1898)兩湖書院刻本　一冊

310000－0241－0006590　602021
棉陽學準五卷　(清)藍鼎元著　清雍正七年(1729)刻本　二冊

310000－0241－0006591　602023
女學六卷　(清)藍鼎元編　清光緒九年(1883)津河廣仁堂刻本　二冊

310000－0241－0006592　602024
四川尊經書院講義一卷　(清)劉嶽雲撰　清光緒二十二年(1896)刻本　一冊

310000－0241－0006593　602025

弟子規一卷　（清）李毓秀撰　（清）朱詒烈音釋　清光緒二十六年(1900)寶山朱敬和堂刻本　一册

310000－0241－0006594　602027
小兒語一卷續小兒語一卷　（明）吕律勝撰　（明）吕坤續　清末石印本　一册

310000－0241－0006595　602029
[吉安中學堂修身經學講義]二卷　（清）曾燦材撰　清光緒三十二年(1906)刻本　一册

310000－0241－0006596　602030
先正讀書訣不分卷　（清）周永年撰　清光緒四年(1878)四川刻本　一册

310000－0241－0006597　602032
朱九江先生講學記一卷　（清）簡朝亮纂　清光緒二十三年(1897)讀書草堂刻本　一册

310000－0241－0006598　602200
小學六卷　（宋）朱熹撰　清光緒二十年(1894)吳橋官廨刻本　二册

310000－0241－0006599　602201
小學集注六卷　（宋）朱熹撰　清同治六年(1867)金陵書局刻本　二册

310000－0241－0006600　602201:2
小學集注六卷　（宋）朱熹撰　清同治六年(1867)金陵書局刻本　二册

310000－0241－0006601　602201:3
小學集注六卷　（宋）朱熹撰　清同治六年(1867)金陵書局刻本　二册

310000－0241－0006602　602202
小學集注六卷　（宋）朱熹撰　清光緒十五年(1889)山東書局刻本　二册

310000－0241－0006603　602203
小學集解六卷　（宋）朱熹著　（清）張伯行注　清同治六年(1867)湖北崇文書局刻本　三册

310000－0241－0006604　602203:2
小學集解六卷　（宋）朱熹著　（清）張伯行注　清同治六年(1867)湖北崇文書局刻本　二册

310000－0241－0006605　602203:3
小學集解六卷　（宋）朱熹著　（清）張伯行注　清同治六年(1867)湖北崇文書局刻本　二册

310000－0241－0006606　602204
小學集解六卷　（清）張伯行輯注　清同治六年(1867)湖北崇文書局刻本　三册

310000－0241－0006607　602205
小學集解六卷　（清）張伯行集注　清同治十一年(1872)廣州郡署刻本　四册

310000－0241－0006608　602206
聖學入門四卷　（清）彭世昌輯注　清光緒四年(1878)刻本　二册

310000－0241－0006609　602209
先正遺規二卷　（清）汪正集錄　清同治十年(1871)刻本　二册

310000－0241－0006610　602209:2
先正遺規二卷　（清）汪正集錄　清同治十年(1871)刻本　一册

310000－0241－0006611　602209:3
先正遺規二卷　（清）汪正集錄　清同治十年(1871)刻本　二册

310000－0241－0006612　602209:4
先正遺規二卷　（清）汪正集錄　清同治十年(1871)刻本　二册

310000－0241－0006613　602210
國朝先正學規彙鈔不分卷　（清）黃舒昺編　清光緒十九年(1893)刻本　二册

310000－0241－0006614　602211
養正遺規二卷附補編一卷　（清）陳宏謀編　清光緒十九年(1893)刻本　二册

310000－0241－0006615　602211:2
養正遺規二卷附補編一卷　（清）陳宏謀編　清光緒十九年(1893)刻本　一册

310000－0241－0006616　602211:3

養正遺規二卷附補編一卷 （清）陳宏謀編 清光緒十九年(1893)刻本 一冊

310000－0241－0006617 602212
養正類編十三卷 （清）張伯行輯 清同治五年(1866)重印福州正誼書院刻本 二冊

310000－0241－0006618 602213
小學節訓二卷 （宋）朱熹撰 （清）歐陽錯刪節 清刻本 一冊

310000－0241－0006619 602217
正蒙會稿四卷 （明）劉璣著 清刻本 四冊

310000－0241－0006620 602220
讀書鐙不分卷 （清）鄒福保纂 清宣統元年(1909)江蘇存古學堂排印本 一冊

310000－0241－0006621 602226
鄉塾正誤二卷 （清）李江著 清光緒七年(1881)津河廣仁堂刻本 一冊

310000－0241－0006622 602228
讀書說約三卷 （清）謝鼎卿著 清刻本 一冊

310000－0241－0006623 602230
小學纂注二卷 （清）彭定求纂 清道光元年(1821)刻本 二冊

310000－0241－0006624 602231
小學纂注六卷朱子年譜不分卷 （清）高愈纂注 清同治八年(1869)江蘇書局刻本 二冊

310000－0241－0006625 602231(2)
小學纂註六卷朱子年譜不分卷 （清）高愈註 清同治十一年(1872)浙江書局刻本 二冊

310000－0241－0006626 603007
顏氏家訓七卷考證一卷 （北齊）顏之推撰 清湘西經濟書堂刻本 二冊

310000－0241－0006627 603008
項氏家說十卷附錄二卷 （宋）項安世撰 清乾隆武英殿聚珍版書本 二冊

310000－0241－0006628 603009
省心襍言一卷附三國雜事二卷 （宋）李邦獻撰 清綿州李氏校刻本 一冊

310000－0241－0006629 603009：2
省心襍言一卷附三國雜事二卷 （宋）李邦獻撰 清綿州李氏校刻本 一冊

310000－0241－0006630 603010
人譜三編類記增訂六編附子劉子行狀二卷 （明）劉宗周撰 清道光六年(1826)刻本 二冊

310000－0241－0006631 603011
人譜一卷類記二卷附本傳 （明）劉宗周撰 清同治八年(1869)刻本 二冊

310000－0241－0006632 603012
人譜一卷類記二卷 （清）洪正治編 清道光八年(1828)刻本 二冊

310000－0241－0006633 603013
人譜類記五卷 （明）劉宗周著 清光緒三年(1877)湖北崇文書局刻本 二冊

310000－0241－0006634 603014
見聞日錄不分卷 （明）鄭文兆撰 清刻本 二冊

310000－0241－0006635 603015
趙氏家規不分卷 （明）趙仲全撰 清光緒二年(1876)刻本 一冊

310000－0241－0006636 603017
四本堂座右編二集二十四卷 （清）朱潮遠輯 清康熙刻本 四冊

310000－0241－0006637 603018
四本堂座右編二十四卷 （清）朱潮遠輯 清康熙五年(1666)刻本 四冊

310000－0241－0006638 603019
傳家寶訓三卷 （清）石璿輯 清刻本 一冊 存三卷（八至十）

310000－0241－0006639 603020
詒穀堂家訓二卷 （清）王子堅著 清光緒十年(1884)刻本 一冊

310000－0241－0006640 603021

曾文正公家訓二卷　(清)曾國藩撰　清光緒五年(1879)傳忠書局刻本　二册

310000－0241－0006641　603022
曾文正公家訓二卷　(清)曾國藩撰　清光緒十二年(1886)排印本　二册

310000－0241－0006642　603023
曾子家語六卷　(清)曾國藩輯　清光緒十六年(1890)金陵刻本　二册

310000－0241－0006643　603024
潛書二編　(清)唐甄撰　清光緒九年(1883)中江李氏刻本　四册

310000－0241－0006644　603024:2
潛書二編　(清)唐甄撰　清光緒九年(1883)中江李氏刻本　一册

310000－0241－0006645　603025
蠹言四卷　(清)李詒經著　清嘉慶二十四年(1819)信芳閣木活字印本　二册

310000－0241－0006646　603026
存古約言六卷　(明)吕維祺撰　清乾隆四年(1739)慎獨堂刻本　二册

310000－0241－0006647　603027
治家格言繹義二卷附六事箴言一卷　(清)戴翊清著　清光緒二十八年(1902)刻本　一册

310000－0241－0006648　603029
勸善要言不分卷　(清)世祖福臨輯　清順治十二年(1655)刻本　一册

310000－0241－0006649　603032
曾氏家訓一卷　(清)冰如老人(左錫嘉)手輯　清光緒十七年(1891)曾光煦晉昌官署刻本　一册

310000－0241－0006650　603032:2
曾氏家訓一卷　(清)冰如老人(左錫嘉)手輯　清光緒十七年(1891)曾光煦晉昌官署刻本　一册

310000－0241－0006651　603034
百孝圖四卷　(清)俞葆真輯　清同治十年至十一年(1871－1872)刻本　二册

310000－0241－0006652　603035
庭訓格言不分卷　(清)世宗胤禛編　清同治、光緒間刻本　一册

310000－0241－0006653　603036
庭訓格言不分卷　(清)聖祖玄燁撰　清同治、光緒間刻本　一册

310000－0241－0006654　603037
聖諭廣訓衍不分卷　(清)聖祖玄燁諭　(清)世宗胤禛廣訓　清末刻本　二册

310000－0241－0006655　603038
聖諭廣訓直解不分卷　(清)聖祖玄燁諭　(清)世宗胤禛廣訓　清光緒二年(1876)安徽布政使紹諴刻本　二册

310000－0241－0006656　603038(2)
聖諭廣訓直解不分卷　(清)聖祖玄燁諭　(清)世宗胤禛廣訓　清末刻本　二册

310000－0241－0006657　603038(3)
聖諭廣訓直解不分卷　(清)聖祖玄燁諭　(清)世宗胤禛廣訓　清末刻本　二册

310000－0241－0006658　603038(4)
聖諭廣訓直解不分卷　(清)聖祖玄燁諭　(清)世宗胤禛廣訓　清末刻本　一册

310000－0241－0006659　603042
聖諭像解二十卷　(清)梁延年編輯　清光緒二十八年(1902)石印本　十册

310000－0241－0006660　603042:2
聖諭像解二十卷　(清)梁延年編輯　清光緒二十八年(1902)石印本　八册

310000－0241－0006661　603043
省言一卷　(清)劉友尚撰　清光緒刻本　一册

310000－0241－0006662　603044
日知薈説四卷　(清)高宗弘曆敕撰　清乾隆元年(1736)刻本　四册

310000－0241－0006663　603045
日知薈説四卷　(清)高宗弘曆敕撰　清乾隆元年(1736)刻本　四册

310000－0241－0006664　603046
庸言四卷　(清)余元遴撰　清光緒二十二年(1896)江蘇書局刻本　二冊

310000－0241－0006665　603047
澄懷園語四卷　(清)張廷玉撰　清光緒六年(1880)排印本　一冊

310000－0241－0006666　603047:2
澄懷園語四卷　(清)張廷玉撰　清光緒六年(1880)排印本　一冊

310000－0241－0006667　603047:3
澄懷園語四卷　(清)張廷玉撰　清光緒六年(1880)排印本　一冊

310000－0241－0006668　603047:4
澄懷園語四卷　(清)張廷玉撰　清光緒六年(1880)排印本　一冊

310000－0241－0006669　603047:5
澄懷園語四卷　(清)張廷玉撰　清光緒六年(1880)排印本　一冊

310000－0241－0006670　603047:6
澄懷園語四卷　(清)張廷玉撰　清光緒六年(1880)排印本　一冊

310000－0241－0006671　603048
篤素堂文集四卷　(清)張英著　清光緒六年(1880)刻本　一冊

310000－0241－0006672　603048:2
篤素堂文集四卷　(清)張英著　清光緒六年(1880)刻本　一冊

310000－0241－0006673　603048:6
篤素堂集鈔三卷　(清)張英著　清光緒十四年(1888)湘潭蔣氏求實齋龍安郡署刻本　一冊

310000－0241－0006674　603048:7
篤素堂集鈔三卷　(清)張英著　清光緒十四年(1888)湘潭蔣氏求實齋龍安郡署刻本　一冊

310000－0241－0006675　603049
日省錄二十卷　(清)徐嘉瑞輯　清咸豐四年(1854)刻本　八冊

310000－0241－0006676　603050
覲山日省錄四卷　(清)顧天郎編　清康熙刻本　四冊

310000－0241－0006677　603053
日知筆記一卷　(清)胡光琦著　清道光十五年(1835)刻本　一冊

310000－0241－0006678　603057
續嘐嘐言四卷　(清)郭柏蔭撰　清光緒九年(1883)刻本　一冊

310000－0241－0006679　603058
文莫書屋詹詹言二卷　(清)陳僅撰　清道光二十五年(1845)四明繼雅堂刻本　一冊

310000－0241－0006680　603058:2
文莫書屋詹詹言二卷　(清)陳僅撰　清道光二十五年(1845)四明繼雅堂刻本　一冊

310000－0241－0006681　603060
小兒語續小兒語小兒語補不分卷　(清)牛樹梅編　清光緒九年(1883)刻本　一冊

310000－0241－0006682　603062
翼教覺民二卷　(清)錫福壇編　清光緒二十九年(1903)刻本　二冊

310000－0241－0006683　603068
人道大義錄　(清)夏震武撰　清光緒二十六年(1900)刻本　一冊

310000－0241－0006684　603070
嘐嘐言六卷　(清)郭柏蔭撰　清刻本　一冊

310000－0241－0006685　603073
讀書做人譜一卷　(清)龍炳垣輯　清光緒二十七年(1901)内自亡公齋刻本　一冊

310000－0241－0006686　603074
冰言十卷冰言補錄十卷　(清)李惺撰　清光緒三十三年(1907)江蘇提學署刻本　二冊

310000－0241－0006687　603076
劍華堂救時要策萬言書二卷　(清)吳廣霈撰　清光緒二十四年(1898)排印本　二冊

310000－0241－0006688　603080
翠巖偶集三卷　(清)李雍熙撰　清嘉慶六年(1801)刻本　一册

310000－0241－0006689　603081
一仁廬蕘議不分卷　(清)又葛氏撰　清光緒二十七年(1901)刻本　一册

310000－0241－0006690　603082
荆園進語不分卷　(清)申涵光著　(清)冀如錫評　清康熙初刻後印本　一册

310000－0241－0006691　603203
帝鑑圖説不分卷　(明)張居正輯　清乾隆刻本　四册

310000－0241－0006692　603204
臣鑑録二十卷　(清)蔣伊編　清咸豐十年(1860)刻本　十册

310000－0241－0006693　603205
臣鑑録二十卷　(清)蔣伊編　清刻本　二十册

310000－0241－0006694　603206
最樂編二卷　(清)許寶善增訂　清同治十三年(1874)刻本　一册

310000－0241－0006695　603207
迪吉録八卷　(清)顔茂猷編輯　清光緒八年(1882)刻本　八册

310000－0241－0006696　603208
明賢蒙正録二卷　(清)彭定求纂輯　清同治九年(1870)刻本　一册

310000－0241－0006697　603209
權衡一書四十一卷　(清)王植輯録　清乾隆元年(1736)崇雅堂刻本　二十四册

310000－0241－0006698　603212
從政遺規四卷　(清)陳宏謀編　清光緒十九年(1893)刻本　二册

310000－0241－0006699　603212:2
從政遺規四卷　(清)陳宏謀編　清光緒十九年(1893)刻本　二册

310000－0241－0006700　603213
訓俗遺規四卷　(清)陳宏謀輯　清道光二年(1822)刻本　二册

310000－0241－0006701　603213:2
訓俗遺規四卷　(清)陳宏謀輯　清道光二年(1822)刻本　一册

310000－0241－0006702　603214
訓俗遺規四卷　(清)陳宏謀輯　清道光六年(1826)刻本　四册

310000－0241－0006703　603215
訓俗遺規補編二卷　(清)陳宏謀輯　清道光謝文藝刻本　一册

310000－0241－0006704　603216
教女遺規三卷　(清)陳宏謀輯　清道光二年(1822)謝文藝刻本　一册

310000－0241－0006705　603216:2
教女遺規三卷　(清)陳宏謀輯　清道光二年(1822)謝文藝刻本　一册

310000－0241－0006706　603216:3
教女遺規三卷　(清)陳宏謀輯　清道光二年(1822)謝文藝刻本　一册

310000－0241－0006707　603217
教女遺規三卷　(清)陳宏謀輯　清培遠堂刻本　一册

310000－0241－0006708　603218
訓誨輯要四卷　(清)石天基撰　清同治十二年(1873)刻本　一册

310000－0241－0006709　603219
證學編一卷　(清)潘世璜撰　清光緒八年(1882)刻本　一册

310000－0241－0006710　603220
倫風十六卷　(清)向廷賡著　清光緒二十六年(1900)補刻本　二册

310000－0241－0006711　603221
習是編二十六卷　(清)屈成霖編　清道光十四年(1834)味經堂刻本　四册

310000－0241－0006712　603221∶2
習是編二十六卷　(清)屈成霖編　清道光十四年(1834)味經堂刻本　三冊

310000－0241－0006713　603222
習是編二編二十六卷　(清)屈成霖編　清光緒二年(1876)刻本　四冊

310000－0241－0006714　603223(1)
願體集四卷　(清)李仲麟重輯　清同治十三年(1874)刻本　一冊

310000－0241－0006715　603223(2)
願體集四卷　(清)李仲麟重輯　清同治十三年(1874)刻本　一冊

310000－0241－0006716　603224
人範六卷　(清)蔣元輯　清咸豐九年(1859)排印本　一冊

310000－0241－0006717　603226
求己錄三卷　蘆涇遯士編　清光緒二十二年(1896)刻本　三冊

310000－0241－0006718　603236
六事箴言續錄不分卷　(清)伍孚尹輯　清咸豐二年(1852)刻本　一冊

310000－0241－0006719　603237
嘉懿集初鈔四卷附續鈔四卷　(清)高塘編　清乾隆五十四年(1789)刻本　八冊

310000－0241－0006720　603238
懿行編八卷　(清)汪燮元編　清乾隆二十三年(1758)刻本　四冊

310000－0241－0006721　603239
景行錄不分卷　(清)沈李楷編　清康熙五十九年(1720)刻本　二冊

310000－0241－0006722　603240
畜德錄二十卷　(清)席啓圖纂輯　清康熙二十五年(1686)刻本　十冊

310000－0241－0006723　603242
人倫道德講義　(清)王元穉撰　清光緒三十三年(1907)排印本　一冊

310000－0241－0006724　603243
惠迪書六卷　東垣大原氏著　清光緒十年(1884)刻本　二冊

310000－0241－0006725　603244
範家集畧二卷　(清)秦坊輯　清同治、光緒間刻本　二冊

310000－0241－0006726　603245
範家集畧六卷　(清)秦坊撰　清光緒二十六年(1900)刻本　四冊

310000－0241－0006727　603247
易行錄　(清)因覺生編　清光緒二十六年(1900)排印本　一冊

310000－0241－0006728　603248
克復要言不分卷　(清)張與齡選刻　(清)張益齡選刻　清同治七年(1868)刻本　一冊

310000－0241－0006729　603249
道齊正軌二十卷　(清)鄒鳴鶴纂述　(清)蘇源生編校　清道光三十年(1850)刻本　八冊

310000－0241－0006730　603255
仰止編三卷　(清)高驤雲編　清道光二十六年(1846)刻本　二冊

310000－0241－0006731　603256
二語摘讀附女小兒語不分卷　(清)馬丕瑤識　清光緒十六年(1890)刻本　三冊

310000－0241－0006732　603257
夜行燭　(明)曹端纂　清光緒七年(1881)刻本　一冊

310000－0241－0006733　603258
[重纂]三遷志十卷　(清)孟廣均原纂　(清)陳錦重纂　清光緒十三年(1887)山東書局刻本　六冊

310000－0241－0006734　603259
人生必讀書十二卷前一卷首一卷末一卷後一卷　(清)鄒祖堂輯　清道光二十九年(1849)初鐫同治十年(1871)刻本　十冊

310000－0241－0006735　603260
人生必讀書十二卷　(清)唐彪編　清咸豐五

年(1855)錢唐濮氏有定齋藏版本　六册

310000－0241－0006736　603261
庸行編八卷　(清)史典編　(清)牟允中參補　清咸豐七年(1857)南昌素行堂刻本　八册

310000－0241－0006737　603262
治平全書三十三卷　(清)朱健撰　清康熙三年(1664)刻本　十二册

310000－0241－0006738　603267
政蹟匯覽十四卷　(清)糜奇瑜纂輯　清道光十年(1830)毓德堂刻本　三册

310000－0241－0006739　603270
庸書内篇二卷外篇二卷　(清)陳熾撰　清光緒三十年(1904)濰縣實雅書局排印本　四册

310000－0241－0006740　603271
保真齋遺言初編二卷續編四卷補遺一卷　(清)王遠焌編輯　清光緒三十三年(1907)排印本　六册

310000－0241－0006741　603275
儒門慎言錄二卷　(清)汪正述　清光緒十二年(1886)刻本　一册

310000－0241－0006742　604001
風俗通義十卷　(漢)應劭撰　清光緒元年(1875)湖北崇文書局刻本　二册

310000－0241－0006743　604001:2
風俗通義十卷　(漢)應劭撰　清光緒元年(1875)湖北崇文書局刻本　一册

310000－0241－0006744　604003
白虎通四卷　(漢)班固撰輯　清乾隆抱經堂校刻本　二册

310000－0241－0006745　604003:2
白虎通四卷　(漢)班固撰輯　清乾隆抱經堂校刻本　一册

310000－0241－0006746　604005
夢溪筆談二十六卷首一卷末一卷補筆談三卷續筆談一卷　(宋)沈括撰　清光緒三十二年(1906)番禺陶氏愛廬刻本　四册

310000－0241－0006747　604005:2
夢溪筆談二十六卷首一卷末一卷補筆談三卷續筆談一卷　(宋)沈括撰　清光緒三十二年(1906)番禺陶氏愛廬刻本　四册

310000－0241－0006748　604006
雲谷雜記四卷首一卷末一卷　(宋)張淏撰　清乾隆三十九年(1774)刻武英殿聚珍版書本　一册

310000－0241－0006749　604007
雲谷雜記四卷首一卷末一卷　(宋)張淏撰　清道光二十九年(1849)刻本　一册

310000－0241－0006750　604008
雲谷雜記四卷首一卷末一卷　(宋)張淏撰　清乾隆三十九年(1774)刻武英殿聚珍版書本　二册

310000－0241－0006751　604010
學林十卷　(宋)王觀國撰　清嘉慶十四年(1809)湖海樓刻本　四册

310000－0241－0006752　604011
學林十卷　(宋)王觀國撰　清乾隆四十七年(1782)武英殿刻本　五册

310000－0241－0006753　604012
容齋隨筆十六卷續筆十六卷三筆十六卷四筆十六卷五筆十卷　(宋)洪邁撰　清光緒二十一年(1895)飛鴻閣石印本　六册

310000－0241－0006754　604013
容齋隨筆十六卷　(宋)洪邁撰　清同治十一年(1872)新豐洪氏刻本　十四册

310000－0241－0006755　604014
容齋隨筆十六卷續筆十六卷　(宋)洪邁撰　清光緒九年(1883)刻本　十三册

310000－0241－0006756　604015
容齋五筆七十四卷　(宋)洪邁撰　清同治十一年(1872)校刻光緒元年(1875)印本　十四册

310000－0241－0006757　604016
考古質疑六卷　(宋)葉大慶撰　清道光二十

九年(1849)刻本　一册

310000－0241－0006758　604018
困學紀聞二十卷　(宋)王應麟撰　清康熙三十七年(1698)刻本　四册

310000－0241－0006759　604018:2
困學紀聞二十卷　(宋)王應麟撰　清康熙三十七年(1698)刻本　四册

310000－0241－0006760　604019
困學紀聞二十卷　(宋)王應麟撰　清同治九年(1870)揚州書局刻本　六册

310000－0241－0006761　604020
困學紀聞注二十卷　(宋)王應麟撰　(清)翁元圻注　清道光六年(1826)刻本　三册

310000－0241－0006762　604020(2)
校訂困學紀聞集證二十卷　(清)萬希槐輯　清嘉慶十八年(1813)掃葉山房刻本　十二册

310000－0241－0006763　604020:2
困學紀聞注二十卷　(宋)王應麟撰　(清)翁元圻注　清道光六年(1826)刻本　十二册

310000－0241－0006764　604021
困學紀聞二十卷　(宋)王應麟撰　清同治九年(1870)刻本　二册

310000－0241－0006765　604022
困學紀聞　(宋)王應麟撰　清刻本　五册　存十卷

310000－0241－0006766　604023
困學紀聞五箋集證二十卷　(宋)王應麟撰　清嘉慶十二年(1807)山淵堂刻本　八册

310000－0241－0006767　604023(2)
困學紀聞三箋二十卷　(清)屠繼序集注　清嘉慶十二年(1807)金閶友益齋刻本　六册

310000－0241－0006768　604024
困學紀聞注二十卷　(宋)王應麟撰　(清)翁元圻輯注　清道光五年(1825)餘姚守福堂刻本　十四册

310000－0241－0006769　604024:2
困學紀聞注二十卷　(宋)王應麟撰　(清)翁元圻輯注　清道光五年(1825)餘姚守福堂刻本　十二册

310000－0241－0006770　604025
困學紀聞注二十卷　(宋)王應麟撰　(清)翁元圻輯注　清道光六年(1826)餘姚守福堂刻本　八册

310000－0241－0006771　604026
困學紀聞注二十卷　(宋)王應麟撰　(清)翁元圻輯注　清道光六年(1826)守福堂刻本　十四册

310000－0241－0006772　604026(3)
困學紀聞注二十卷首一卷　(清)翁元圻輯　清光緒十三年(1887)同文書局石印本　六册

310000－0241－0006773　604028
能改齋漫錄十八卷　(宋)吴曾撰　清武英殿聚珍版書本　八册

310000－0241－0006774　604028(2)
能改齋漫錄十八卷　(宋)吴曾撰　清木活字印本　十二册

310000－0241－0006775　604030
丹鉛總錄二十七卷　(明)楊慎撰　清乾隆三十年(1765)刻本　十册

310000－0241－0006776　604034
通雅五十二卷首三卷　(清)方以智撰　(清)姚文燮校訂　清翻刻康熙五年(1666)方氏浮山此藏軒本　十五册

310000－0241－0006777　604035
日知錄三十二卷　(清)顧炎武撰　清康熙刻本　十册

310000－0241－0006778　604035:3
日知錄三十二卷　(清)顧炎武撰　清康熙刻本　十二册

310000－0241－0006779　604037
日知錄集釋三十二卷附刊誤二卷續刊誤二卷　(清)顧炎武撰　清光緒十三年(1887)同文書局石印本　六册

310000－0241－0006780　604037:2

日知錄集釋三十二卷附刊誤二卷續刊誤二卷　(清)顧炎武撰　清光緒十三年(1887)同文書局石印本　四冊

310000－0241－0006781　604038

日知錄集釋三十二卷附刊誤二卷續刊誤二卷　(清)顧炎武撰　(清)黄汝成釋　清同治八年(1869)廣東刻本　四冊

310000－0241－0006782　604039

日知錄集釋存二十七卷刊誤二卷續刊誤二卷　(清)顧炎武撰　清同治十一年(1872)刻本　十四冊

310000－0241－0006783　604041

日知錄集釋三十二卷附刊誤二卷續刊誤二卷　(清)顧炎武著　清光緒二十五年(1899)北京琉璃廠刻本　十二冊

310000－0241－0006784　604042

日知錄集釋三十二卷附刊誤二卷續刊誤二卷　(清)顧炎武撰　清光緒元年(1875)湖北崇文書局刻本　十六冊

310000－0241－0006785　604043:2

日知錄集釋三十二卷附刊誤二卷續刊誤二卷　(清)顧炎武撰　清道光十四年(1834)刻本　十六冊

310000－0241－0006786　604044

日知錄集釋三十二卷附刊誤二卷續刊誤二卷　(清)顧炎武撰　(清)黄汝成集釋　清同治八年(1869)廣州述古堂刻本　四冊

310000－0241－0006787　604044:2

日知錄集釋三十二卷附刊誤二卷續刊誤二卷　(清)顧炎武撰　(清)黄汝成集釋　清同治八年(1869)廣州述古堂刻本　十四冊

310000－0241－0006788　604044:3

日知錄集釋三十二卷附刊誤二卷續刊誤二卷　(清)顧炎武撰　(清)黄汝成集釋　清同治八年(1869)廣州述古堂刻本　十六冊

310000－0241－0006789　604044:4

日知錄集釋三十二卷附刊誤二卷續刊誤二卷　(清)顧炎武撰　(清)黄汝成集釋　清同治八年(1869)廣州述古堂刻本　二十二冊

310000－0241－0006790　604045

日知錄之餘四卷　(清)顧炎武撰　清宣統二年(1910)刻本　一冊

310000－0241－0006791　604045:2

日知錄之餘四卷　(清)顧炎武撰　清宣統二年(1910)刻本　二冊

310000－0241－0006792　604046

日知錄之餘四卷　(清)顧炎武撰　清宣統二年(1910)刻本　二冊

310000－0241－0006793　604046:2

日知錄之餘四卷　(清)顧炎武撰　清宣統二年(1910)刻本　二冊

310000－0241－0006794　604048

菰中隨筆不分卷　(清)顧炎武撰　清道光十二年(1832)刻本　一冊

310000－0241－0006795　604050

管城碩記三十卷　(清)徐文靖著　清乾隆九年(1744)刻本　九冊

310000－0241－0006796　604051

訂譌雜錄十卷　(清)胡鳴玉撰　清乾隆二十三年(1758)刻本　四冊

310000－0241－0006797　604051:2

訂譌雜錄十卷　(清)胡鳴玉撰　清乾隆二十三年(1758)刻本　二冊

310000－0241－0006798　604052

義門讀書記　(清)何焯撰　清乾隆九年(1744)刻本　十二冊

310000－0241－0006799　604052:2

義門讀書記　(清)何焯撰　清乾隆九年(1744)刻本　十二冊

310000－0241－0006800　604053

義門讀書記五十八卷　(清)何焯撰　清乾隆二十六年(1761)刻光緒六年(1880)重修本　十六冊

310000－0241－0006801　604053：2

義門讀書記五十八卷　(清)何焯撰　清乾隆二十六年(1761)刻光緒六年(1880)重修本　十六册

310000－0241－0006802　604054

義門讀書記五十八卷　(清)何焯撰　清乾隆三十四年(1769)刻本　八册

310000－0241－0006803　604055

義門讀書記五十八卷　(清)何焯撰　清乾隆二十六年(1761)刻光緒六年(1880)修補本　十册

310000－0241－0006804　604056

援鶉堂筆記五十卷　(清)姚範撰　清道光十五年(1835)刻本　六册

310000－0241－0006805　604057

韓門綴學五卷附續編　(清)汪師韓撰　清光緒十二年(1886)刻叢睦汪氏遺書本　三册

310000－0241－0006806　604058

羣書拾補不分卷　(清)盧文弨撰　清乾隆五十二年(1787)刻本　四册

310000－0241－0006807　604059

羣書拾補不分卷　(清)盧文弨撰　清光緒十三年(1887)上海蜚英館石印本　八册

310000－0241－0006808　604060

羣書拾補　(清)盧文弨撰　清光緒十三年(1887)蜚英館石印本　五册　存五册

310000－0241－0006809　604061

羣書拾補八卷　(清)盧文弨撰　清光緒十三年(1887)上海蜚英館石印本　八册

310000－0241－0006810　604064

隨園隨筆二十八卷　(清)袁枚著　清光緒十八年(1892)排印本　四册

310000－0241－0006811　604068

欽定四庫全書考證一百卷　(清)王太岳等奉敕編　清光緒二十五年(1899)重刻武英殿聚珍版書本　七十册

310000－0241－0006812　604070

十駕齋養新錄二十卷餘錄三卷　(清)錢大昕撰　清光緒三年(1877)刻本　七册

310000－0241－0006813　604071

十駕齋養新錄二十卷餘錄三卷　(清)錢大昕撰　清光緒三年(1877)浙江書局刻本　八册

310000－0241－0006814　604071：2

十駕齋養新錄二十卷餘錄三卷　(清)錢大昕撰　清光緒三年(1877)浙江書局刻本　八册

310000－0241－0006815　604071：3

十駕齋養新錄二十卷餘錄三卷　(清)錢大昕撰　清光緒三年(1877)浙江書局刻本　八册

310000－0241－0006816　604071：4

十駕齋養新錄二十卷餘錄三卷　(清)錢大昕撰　清光緒三年(1877)浙江書局刻本　七册

310000－0241－0006817　604073

札樸十卷　(清)桂馥撰　清光緒九年(1883)心矩齋刻本　八册

310000－0241－0006818　604073：2

札樸十卷　(清)桂馥撰　清光緒九年(1883)心矩齋刻本　八册

310000－0241－0006819　604074

札樸十卷　(清)桂馥撰　清小李山房刻會稽徐氏補刻印本　六册

310000－0241－0006820　604074：2

札樸十卷　(清)桂馥撰　清小李山房刻會稽徐氏補刻印本　八册

310000－0241－0006821　604074：3

札樸十卷　(清)桂馥撰　清小李山房刻會稽徐氏補刻印本　四册

310000－0241－0006822　604075

慈溪黄氏日抄分類九十七卷古今紀要十九卷　(宋)黄震編輯　清乾隆三十二年(1767)新安汪氏刻本　十六册

310000－0241－0006823　604075：2

慈溪黄氏日抄分類九十七卷古今紀要十九卷　(宋)黄震編輯　清乾隆三十二年(1767)新安汪氏刻本　二十八册

310000－0241－0006824　604075：3
慈溪黄氏日抄分類九十七卷古今紀要十九卷　(宋)黄震編輯　清乾隆三十二年(1767)新安汪氏刻本　十六册

310000－0241－0006825　604075：4
慈溪黄氏日抄分類九十七卷古今紀要十九卷　(宋)黄震編輯　清乾隆三十二年(1767)新安汪氏刻本　二十册

310000－0241－0006826　604076
黄氏日抄分類古今紀要十九卷　(宋)黄震編輯　清乾隆三十二年(1767)新安汪氏刻本　八册

310000－0241－0006827　604077
讀書雜志八十二卷　(清)王念孫撰　清道光十一年(1831)王引之刻本　十一册

310000－0241－0006828　604078
讀書雜志八十二卷餘編二卷　(清)王念孫撰　清同治九年(1870)金陵書局刻本　六册

310000－0241－0006829　604078：2
讀書雜志八十二卷餘編二卷　(清)王念孫撰　清同治九年(1870)金陵書局刻本　四册

310000－0241－0006830　604078：3
讀書雜志八十二卷餘編二卷　(清)王念孫撰　清同治九年(1870)金陵書局刻本　二十四册

310000－0241－0006831　604078：4
讀書雜志八十二卷餘編二卷　(清)王念孫撰　清同治九年(1870)金陵書局刻本　二十四册

310000－0241－0006832　604078：5
讀書雜志八十二卷餘編二卷　(清)王念孫撰　清同治九年(1870)金陵書局刻本　二十四册

310000－0241－0006833　604078：6
讀書雜志八十二卷餘編二卷　(清)王念孫撰　清同治九年(1870)金陵書局刻本　二十一册

310000－0241－0006834　604078：7
讀書雜志八十二卷餘編二卷　(清)王念孫撰　清同治九年(1870)金陵書局刻本　二十四册

310000－0241－0006835　604082
蛾術編八十二卷　(清)王鳴盛撰　(清)迮鶴壽参校　清道光二十一年(1841)世楷堂刻本　十四册

310000－0241－0006836　604082：2
蛾術編八十二卷　(清)王鳴盛撰　(清)迮鶴壽参校　清道光二十一年(1841)世楷堂刻本　二十册

310000－0241－0006837　604084
曉讀書齋初録二卷二録二卷三録二卷四録二卷　(清)洪亮吉撰　清光緒三年(1877)授經堂刻本　二册

310000－0241－0006838　604084(2)
曉讀書齋初録二卷　(清)洪亮吉撰　清道光刻本　一册

310000－0241－0006839　604085
潘瀾筆記二卷　(清)彭兆蓀著　清光緒二十四年(1898)刻本　二册

310000－0241－0006840　604086
經史問答十卷　(清)全祖望撰　(清)史夢蛟校　清嘉慶杭州萬氏刻餘姚史氏重印本　二册

310000－0241－0006841　604087
羣書札記十六卷　(清)朱亦棟撰　清光緒四年(1878)竹簡齋刻本　六册

310000－0241－0006842　604087：2
羣書札記十六卷　(清)朱亦棟撰　清光緒四年(1878)竹簡齋刻本　八册

310000－0241－0006843　604087：3
羣書札記十六卷　(清)朱亦棟撰　清光緒四年(1878)竹簡齋刻本　六册

310000－0241－0006844　604089
讀書叢録二十四卷　(清)洪頤煊撰　清道光

刻本　六册

310000－0241－0006845　604090
讀書叢錄七卷　(清)洪頤煊撰　清末廣雅書局刻本　一册　存四卷

310000－0241－0006846　604090:2
讀書叢錄七卷　(清)洪頤煊撰　清末廣雅書局刻本　二册

310000－0241－0006847　604091
讀書叢錄二十四卷　(清)洪頤煊撰　清光緒十三年(1887)吴氏醉六堂刻本　八册

310000－0241－0006848　604094
目耕帖三十一卷　(清)馬國翰撰　清光緒九年(1883)刻本　二十册

310000－0241－0006849　604095
東塾讀書記十二卷又三卷　(清)陳澧撰　清光緒七年(1881)刻本　一册

310000－0241－0006850　604095:2
東塾讀書記十二卷又三卷　(清)陳澧撰　清光緒七年(1881)刻本　五册

310000－0241－0006851　604095:3
東塾讀書記十二卷又三卷　(清)陳澧撰　清光緒七年(1881)刻本　四册

310000－0241－0006852　604097
舒藝室隨筆六卷　(清)張文虎撰　清同治十三年(1874)金陵冶城賓館刻本　二册

310000－0241－0006853　604097:2
舒藝室隨筆六卷　(清)張文虎撰　清同治十三年(1874)金陵冶城賓館刻本　二册

310000－0241－0006854　604098
吹網錄六卷　(清)葉廷琯撰　清同治八年(1869)陳德銘刻本　三册

310000－0241－0006855　604099
讀書雜釋十四卷　(清)徐鼒撰　清咸豐十一年(1861)刻本　四册

310000－0241－0006856　604100
多識錄四卷　(清)練恕撰　清道光十九年(1839)刻本　二册

310000－0241－0006857　604102
南江札記四卷　(清)邵晉涵撰　清嘉慶八年(1803)面水層軒刻本　二册

310000－0241－0006858　604103
讀書偶筆二十卷　(清)董桂新撰　清同治五年(1866)賜硯堂刻本　四册

310000－0241－0006859　604105:2
二初齋讀書記十卷　(清)倪思寬撰　清嘉慶八年(1803)涵和堂刻本　一册

310000－0241－0006860　604107
諸子平議三十五卷　(清)俞樾撰　清同治、光緒間刻本　三册

310000－0241－0006861　604107:2
諸子平議三十五卷　(清)俞樾撰　清同治、光緒間刻本　二册

310000－0241－0006862　604108
諸子平議三十五卷　(清)俞樾撰　清同治十年(1871)刻本　八册

310000－0241－0006863　604108:2
諸子平議三十五卷　(清)俞樾撰　清同治十年(1871)刻本　六册

310000－0241－0006864　604110
讀書記疑十六卷　(清)王懋竑撰　清同治十一年(1872)福建撫署刻本　八册

310000－0241－0006865　604116
麗澞薈錄十四卷　(清)蔣超伯輯　清同治江都蔣氏刻本　六册

310000－0241－0006866　604116:2
麗澞薈錄十四卷　(清)蔣超伯輯　清同治江都蔣氏刻本　五册

310000－0241－0006867　604116:3
麗澞薈錄十四卷　(清)蔣超伯輯　清同治江都蔣氏刻本　六册

310000－0241－0006868　604117
吴門銷夏記三卷　江瀚述　清光緒二十一年

(1895)刻本　一冊

310000－0241－0006869　604118
無邪堂答問五卷　(清)朱一新撰　清光緒二十一年(1895)廣雅書局刻本　五冊

310000－0241－0006870　604118(2)
無邪堂答問五卷　(清)朱一新撰　清光緒二十一年(1895)葆真堂刻本　五冊

310000－0241－0006871　604119
惜抱軒筆記八卷　(清)姚鼐撰　清嘉慶二十五年(1820)金陵同善堂刻本　二冊

310000－0241－0006872　604120:2
學古堂日記　(清)雷浚選　清光緒學古堂刻本　二十六冊

310000－0241－0006873　604122
操羢齋遺書四卷　(清)管禮耕著　清光緒十四年(1888)南菁書院刻本　二冊

310000－0241－0006874　604123
漱六山房讀書記一卷　(清)吴昆田撰　清光緒十三年(1887)排印本　一冊

310000－0241－0006875　604128
求闕齋讀書錄十卷　(清)曾國藩撰　(清)王定安輯　清光緒二年(1876)北京刻本　六冊

310000－0241－0006876　604129
求闕齋讀書錄十卷　(清)曾國藩撰　(清)王啓文原輯　清光緒二年(1876)傳忠書局刻本　四冊

310000－0241－0006877　604129:2
求闕齋讀書錄十卷　(清)曾國藩撰　(清)王啓文原輯　清光緒二年(1876)傳忠書局刻本　四冊

310000－0241－0006878　604132
洨民叢稿一卷　(清)孫傳鳳撰　清光緒二十二年(1896)味經廬叢稿本　一冊

310000－0241－0006879　604133
破邪論一卷　(清)黄宗羲撰　清宣統二年(1910)時中書局排印梨洲遺箸彙刻本　一冊

310000－0241－0006880　604134
愈愚錄六卷　(清)劉寶楠撰　清光緒十四年(1888)廣雅書局刻本　二冊

310000－0241－0006881　604134(2)
愈愚錄六卷　(清)劉寶楠撰　清光緒十四年(1888)廣雅書局刻十五年(1889)印本　一冊

310000－0241－0006882　604134(2):2
愈愚錄六卷　(清)劉寶楠撰　清光緒十四年(1888)廣雅書局刻十五年(1889)印本　二冊

310000－0241－0006883　604134:2
愈愚錄六卷　(清)劉寶楠撰　清光緒十四年(1888)廣雅書局刻本　二冊

310000－0241－0006884　604135
讀書雜識十二卷　(清)勞格撰　清光緒四年(1878)苕溪丁氏刻本　四冊

310000－0241－0006885　604135:2
讀書雜識十二卷　(清)勞格撰　清光緒四年(1878)苕溪丁氏刻本　六冊

310000－0241－0006886　604136
愚一錄十二卷　(清)鄭獻甫著　清光緒二年(1876)刻本　一冊

310000－0241－0006887　604136:2
愚一錄十二卷　(清)鄭獻甫著　清光緒二年(1876)刻本　五冊

310000－0241－0006888　604137
義府二卷　(清)黄生撰　清道光二十二年(1842)刻本　二冊

310000－0241－0006889　604138
寤索三卷　(清)李元撰　清光緒八年(1882)傳經堂刻本　一冊

310000－0241－0006890　604140
猗覺寮雜記二卷　(宋)朱翌撰　清刻本　二冊

310000－0241－0006891　604144
漢學商兑四卷　(清)方東樹撰　清道光十一年(1831)刻本　二冊

310000－0241－0006892　604144(2)
漢學商兑四卷書林揚觶二卷　(清)方東樹撰　清同治十年(1871)望三益齋刻本　六册

310000－0241－0006893　604144(3)
漢學商兑四卷　(清)方東樹撰　清光緒八年(1882)四明花雨樓刻本　二册

310000－0241－0006894　604144(4)
漢學商兑四卷　(清)方東樹撰　清光緒十五年(1889)孫溪朱氏刻本　二册

310000－0241－0006895　604144(5)
漢學商兑四卷　(清)方東樹撰　清光緒十七年(1891)刻本　四册

310000－0241－0006896　604144(6)
漢學商兑四卷　(清)方東樹撰　清光緒二十六年(1900)浙江書局校刻本　二册

310000－0241－0006897　604144(6):2
漢學商兑四卷　(清)方東樹撰　清光緒二十六年(1900)浙江書局校刻本　二册

310000－0241－0006898　605002
經學通義開宗一卷　曹元弼撰　清光緒刻本　一册

310000－0241－0006899　605003
明辨録一卷　葉德輝著　清光緒二十四年(1898)刻本　一册

310000－0241－0006900　605006
漢儒通義七卷　(清)陳澧撰　清咸豐八年(1858)粤省富文齋刻本　二册

310000－0241－0006901　605008
經術公理學四卷　(清)宋育仁撰　清光緒三十年(1904)上海同文社排印本　二册

310000－0241－0006902　605009
宗孔編二卷　江瀚撰　清宣統元年(1909)京師京華書局排印本　一册

310000－0241－0006903　605011
説教　(清)彭光譽著　清光緒十九年(1893)金山華記報館排印本　一册

310000－0241－0006904　605012
新學商兑一卷　孫德謙辨正　張采田申義　清宣統木活字印本　一册

310000－0241－0006905　605013:2
翼教叢編六卷　(清)蘇輿輯　清光緒郎園刻本　四册

310000－0241－0006906　610000
太上十三經注四卷　(清)火西月注　清末朱道生刻本　四册

310000－0241－0006907　610009
道德真經注四卷　(元)吴澄述　清光緒元年(1875)湖北崇文書局刻本　一册

310000－0241－0006908　610009:2
道德真經注四卷　(元)吴澄述　清光緒元年(1875)湖北崇文書局刻本　一册

310000－0241－0006909　610009:3
道德真經注四卷　(元)吴澄述　清光緒元年(1875)湖北崇文書局刻本　一册

310000－0241－0006910　610011
道德真經集解四卷　(春秋)李耳撰　(金)趙秉文集解　清咸豐四年(1854)刻本　一册

310000－0241－0006911　610014
老子章義二篇　(清)姚鼐撰　清同治九年(1870)桐城吴氏邗上刻本　一册

310000－0241－0006912　610022
老子翼八卷　(明)焦竑輯　清光緒二十一年(1895)漸西村舍刻本　四册

310000－0241－0006913　610022:2
老子翼八卷　(明)焦竑輯　清光緒二十一年(1895)漸西村舍刻本　四册

310000－0241－0006914　610023
老子道德經解　(唐)吕純陽著　清末刻本　一册

310000－0241－0006915　610028
莊子十卷　(戰國)莊周撰　清光緒二年(1876)浙江書局重刻明世德堂本　一册

310000－0241－0006916　610028:2

莊子十卷　(戰國)莊周撰　清光緒二年(1876)浙江書局重刻明世德堂本　一册

310000－0241－0006917　610036

莊子集解八卷　王先謙撰　清宣統元年(1909)思賢書局刻本　四册

310000－0241－0006918　610049

莊子集釋十卷　(清)郭慶藩輯　清光緒末湘陰郭氏思賢講舍刻本　八册

310000－0241－0006919　610049:2

莊子集釋十卷　(清)郭慶藩輯　清光緒末湘陰郭氏思賢講舍刻本　七册

310000－0241－0006920　610049:3

莊子集釋十卷　(清)郭慶藩輯　清光緒末湘陰郭氏思賢講舍刻本　四册

310000－0241－0006921　610049:4

莊子集釋十卷　(清)郭慶藩輯　清光緒末湘陰郭氏思賢講舍刻本　八册

310000－0241－0006922　610052

南華發覆八卷　(明)釋性通注　(明)方應祥等校　清乾隆十四年(1749)雲林懷德堂刻本　八册

310000－0241－0006923　610053

南華真經解三卷　(清)宣穎著　清康熙六十年(1721)刻本　三册

310000－0241－0006924　610054

南華經解　(清)宣穎著　清康熙六十年(1721)啓元堂刻本　三册

310000－0241－0006925　610055

南華經解三十三卷　(清)宣穎校　(清)胡志章校　清同治五年(1866)吳坤修皖城藩署刻本　六册

310000－0241－0006926　610061

南華通七卷　(清)屈復撰　清道光刻青照堂叢書本　一册

310000－0241－0006927　610066

莊子因六卷　(清)林雲銘撰　清康熙刻本　四册

310000－0241－0006928　610071

沖虛至德真經八卷　(戰國)列禦寇撰　(晉)張湛注　清光緒二十八年(1902)影印光緒十年摹宋刻本　一册

310000－0241－0006929　610071(2)

沖虛至德真經八卷　(戰國)列禦寇撰　(晉)張湛注　清嘉慶九年(1804)寶慶經綸堂刻本　一册

310000－0241－0006930　610072

列子八卷　(晉)張湛注　清嘉慶十八年(1813)刻本　一册

310000－0241－0006931　610073

列子八卷　(晉)張湛注　清光緒二年(1876)浙江書局重刻明世德堂本　一册

310000－0241－0006932　610075

列子八卷　(晉)張湛注　清光緒二年(1876)浙江書局重刻明世德堂本　二册

310000－0241－0006933　610076

列子八卷　(唐)盧重元注　清嘉慶八年(1803)江都秦氏石研齋刻本　二册

310000－0241－0006934　610077

列子八卷　(晉)張湛注　清光緒三年(1877)浙江書局刻本　二册

310000－0241－0006935　610078

列子二卷　(戰國)列禦寇撰　清光緒元年(1875)湖北崇文書局刻本　一册

310000－0241－0006936　610080

列子八卷　(戰國)列禦寇撰　(晉)張湛注　清光緒二年(1876)浙江書局重刻明世德堂本　二册

310000－0241－0006937　610085

文子纘義十二卷　(宋)杜道堅撰　清光緒三年(1877)重刻武英殿聚珍版書本　一册

310000－0241－0006938　610086

文子纘義十二卷　(宋)杜道堅撰　清光緒三年(1877)浙江書局刻本　二册

310000－0241－0006939　610087
亢倉子　（戰國）庚桑楚撰　清光緒元年(1875)湖北崇文書局刻本　一冊

310000－0241－0006940　610089
黄石公素書解不分卷　程昌祺著　清光緒三十四年(1908)排印本　一冊

310000－0241－0006941　610089∶2
黄石公素書解不分卷　程昌祺著　清光緒三十四年(1908)排印本　一冊

310000－0241－0006942　610092
至遊子二卷　（明）姚汝循傳錄　清光緒元年(1875)湖北崇文書局刻本　一冊

310000－0241－0006943　610093
至遊子二卷　（明）姚汝循傳錄　清光緒元年(1875)湖北崇文書局刻本　一冊

310000－0241－0006944　610094
通玄真經十二卷　題（周）辛鈃著　清光緒九年(1883)影印宋本　二冊

310000－0241－0006945　610095
化書六卷　（南唐）譚景昇撰　清光緒六年(1880)刻本　一冊

310000－0241－0006946　610099
道德指歸論六卷　（漢）嚴遵撰　清張氏照曠閣刻本　一冊

310000－0241－0006947　610099∶2
道德指歸論六卷　（漢）嚴遵撰　清張氏照曠閣刻本　一冊

310000－0241－0006948　610100
天隱子一卷　（唐）司馬承禎撰　清光緒元年(1875)湖北崇文書局刻本　一冊

310000－0241－0006949　610101
无能子二卷　（唐）無名氏撰　清末湖北崇文書局刻本　一冊

310000－0241－0006950　610108
讀老札記二卷補遺一卷　易順鼎撰　清光緒刻本　一冊

310000－0241－0006951　612001
真誥　（南朝梁）陶宏景撰　清張氏照曠閣刻本　一冊　存四卷

310000－0241－0006952　612004
三丰全集不分卷　（明）張三丰撰　清道光二十七年(1847)刻本　十冊

310000－0241－0006953　612004(3)
張三丰真人無根樹詞一卷　（元）張通撰　清坊刻本　一冊

310000－0241－0006954　612004(4)
張三丰先生全集八卷　（元）張通撰　（清）李西月重編　清末朱道生刻本　八冊

310000－0241－0006955　612005
抱朴子内外篇七十卷附編八種　（晉）葛洪撰　清光緒十五年(1889)朱氏槐廬刻本　八冊

310000－0241－0006956　612006
抱朴子内篇四卷　（晉）葛洪撰　清光緒二十年(1894)刻本　四冊

310000－0241－0006957　612009
胎息經疏一卷　（明）王文祿撰　清光緒元年(1875)湖北崇文書局刻本　一冊

310000－0241－0006958　612020
玄關詩二十四首一卷　（清）□□撰　清末刻本　一冊

310000－0241－0006959　612021
靈寶畢法三卷　（漢）鍾離權撰　（唐）呂嵒傳　清末朱道生刻本　一冊

310000－0241－0006960　612022
張三丰祖師無根樹詞注解一卷　（清）劉一明注　（清）李西月增輯　清末朱道生刻本　一冊

310000－0241－0006961　612023
呂祖編年詩集九卷附刻呂氏詩鈔一卷　（唐）呂嵒撰　（清）火西月重編　清朱道生刻本　四冊

310000－0241－0006962　612025
金丹真傳不分卷規中指南不分卷悟真篇外集

不分卷　(明)孫汝忠著　(明)張崇烈注　清刻本　一册

310000－0241－0006963　614000
仙佛合宗語錄不分卷　(明)伍守陽撰　(明)伍守虛注　清宣統上海千頃書局石印本　四册

310000－0241－0006964　614001
柳真君勸孝俚歌不分卷　(清)劉謍德抄錄　清光緒八年(1882)直隸冀州南宮縣大召燕翼堂刻本　一册

310000－0241－0006965　614004
風雷集不分卷　(清)□□輯　清道光二十九年(1849)北京德安堂刻本　一册

310000－0241－0006966　614006
指玄篇不分卷　(唐)呂純陽撰　清屠蓮炳刻本　二册

310000－0241－0006967　616001
新刻黃掌綸先生評訂神仙鑑二十二卷　(明)徐道述　清康熙刻本　二十四册

310000－0241－0006968　616003
長春道教源流八卷　(清)陳教友撰　清光緒刻本　八册

310000－0241－0006969　616004
金蓋心燈八卷　(清)閔懶雲著　清嘉慶刻本　六册

310000－0241－0006970　616006
香案牘一卷　(明)陳繼儒撰　明刻本　一册

310000－0241－0006971　616007
呂祖年譜海山奇遇仙蹟七卷　(清)火西月述　清末朱道生刻本　四册

310000－0241－0006972　620000
刪定荀子管子二卷　(清)方苞刪定　清乾隆刻本　四册

310000－0241－0006973　620001
管子二十四卷　(唐)房玄齡注　(明)劉績補注　清光緒二年(1876)浙江書局刻本　六册

310000－0241－0006974　620001(2)
管子二十四卷　(唐)房玄齡注　清光緒五年(1879)影宋刻本　四册

310000－0241－0006975　620001:2
管子二十四卷　(唐)房玄齡注　(明)劉績補注　清光緒二年(1876)浙江書局刻本　六册

310000－0241－0006976　620001:3
管子二十四卷　(唐)房玄齡注　(明)劉績補注　清光緒二年(1876)浙江書局刻本　六册

310000－0241－0006977　620003
管子二十四卷　(唐)房玄齡注釋　(明)劉績增注　清翻刻明天啓花齋刻本　六册

310000－0241－0006978　620003:2
管子二十四卷　(唐)房玄齡注釋　(明)劉績增注　清翻刻明天啓花齋本　八册

310000－0241－0006979　620004
管子二十四卷　(春秋)管仲著　清光緒二年(1876)浙江書局重刻明吳郡趙氏本　二册

310000－0241－0006980　620005
管子二十四卷　(春秋)管仲著　清光緒二年(1876)浙江書局重刻明吳郡趙氏本　六册

310000－0241－0006981　620005(3)
管子義證八卷　(清)洪頤煊撰　清光緒南陵徐氏積學齋刻本　二册

310000－0241－0006982　620007
管子校正二十四卷　(清)戴望纂　清同治十一年(1872)刻本　六册

310000－0241－0006983　620007:2
管子校正二十四卷　(清)戴望纂　清同治十一年(1872)刻本　四册

310000－0241－0006984　620007:3
管子校正二十四卷　(清)戴望纂　清同治十一年(1872)刻本　四册

310000－0241－0006985　620008
管子地員篇注四卷　(清)王紹蘭著　清光緒十七年(1891)寄虹山館刻本　四册

310000－0241－0006986　620008:2

管子地員篇注四卷　(清)王紹蘭著　清光緒十七年(1891)寄虹山館刻本　四册

310000－0241－0006987　620009

管子地員篇注四卷　(清)王紹蘭撰　清光緒十七年(1891)刻本　四册

310000－0241－0006988　620013

韓非子二十卷　(戰國)韓非撰　清光緒元年(1875)浙江書局刻本　一册　存三卷

310000－0241－0006989　620013:2

韓非子二十卷識誤三卷　(戰國)韓非撰　清光緒十九年(1893)鴻文書局石印本　一册

310000－0241－0006990　620014

韓非子十卷附識誤三卷　(戰國)韓非撰　清光緒元年(1875)浙江書局影刻宋乾道本　一册

310000－0241－0006991　620014:2

韓非子十卷附識誤三卷　(戰國)韓非撰　清光緒元年(1875)浙江書局影刻宋乾道本　四册

310000－0241－0006992　620014:3

韓非子十卷附識誤三卷　(戰國)韓非撰　清光緒元年(1875)浙江書局影刻宋乾道本　四册

310000－0241－0006993　620014:4

韓非子十卷附識誤三卷　(戰國)韓非撰　清光緒元年(1875)浙江書局影刻宋乾道本　一册

310000－0241－0006994　620020

韓非子評注二十卷　(戰國)韓非撰　清嘉慶九年(1804)刻本　二册

310000－0241－0006995　620025

慎子一卷　(戰國)慎到撰　清光緒元年(1875)湖北崇文書局刻本　一册

310000－0241－0006996　620027

商君書五卷　(清)嚴可均校　清光緒二年(1876)刻本　一册

310000－0241－0006997　620030(2)

明夷待訪錄不分卷　(清)黄宗羲撰　清光緒二十八年(1902)正文齋刻本　一册

310000－0241－0006998　620030(2):2

明夷待訪錄不分卷　(清)黄宗羲撰　清光緒二十八年(1902)正文齋刻本　一册

310000－0241－0006999　620030(3)

明夷待訪錄一卷　(清)黄宗羲撰　清光緒二十四年(1898)上海著易堂石印本　一册

310000－0241－0007000　620032

明夷待訪錄糾謬　(清)李滋然撰　清宣統元年(1909)排印本　一册

310000－0241－0007001　620033(2)

校邠廬抗議二卷　(清)馮桂芬撰　清光緒二十三年(1897)弢園老民校印本　一册

310000－0241－0007002　620033(3)

校邠廬抗議二卷　(清)馮桂芬撰　清光緒八年(1882)刻本　一册

310000－0241－0007003　620033:2

校邠廬抗議二卷　(清)馮桂芬著　清光緒十八年(1892)刻本　二册

310000－0241－0007004　620035

盛世危言六卷二編四卷三編六卷　鄭觀應等著　清光緒二十四年(1898)圖書集成局排印本　六册

310000－0241－0007005　620035:2

盛世危言六卷二編四卷三編六卷　鄭觀應等著　清光緒二十四年(1898)圖書集成局排印本　十册

310000－0241－0007006　620036

盛世危言六卷二編四卷三編六卷　鄭觀應等著　清光緒二十四年(1898)圖書集成局排印本　一册

310000－0241－0007007　620038

法律學研究術删要三章　(日本)安西與四郎述　(清)黄壽衮删輯　清光緒三十四年(1908)河南官報局排印本　一册

310000－0241－0007008　620039

丙午新民叢報彙編不分卷　梁啓超撰　文會書社編　清光緒三十三年(1907)文會書社石印本　十二册

310000－0241－0007009　620056

萬國公法四卷　(美國)丁韙良等譯　清同治三年(1864)刻本　四册

310000－0241－0007010　620056:2

萬國公法四卷　(美國)丁韙良等譯　清同治三年(1864)刻本　三册

310000－0241－0007011　620058

日本裁判所構成法四章　(日本)齋藤十一郎述　董康輯譯　清宣統元年(1909)排印本　一册

310000－0241－0007012　620061

采真子衡論二卷　(清)畢華珍撰　清刻本　一册

310000－0241－0007013　620062

起黄質顧廣王五卷　(清)吳光耀撰　清宣統元年(1909)四川刻本　四册

310000－0241－0007014　620064

危言四卷　(清)湯震撰　清光緒排印本　二册

310000－0241－0007015　620064:2

危言四卷　(清)湯震撰　清光緒排印本　二册

310000－0241－0007016　620065

易言一卷　(清)慕雍山人撰　清末上海淞隱閣排印本　一册

310000－0241－0007017　620068(2)

夢溪筆談二十六卷　(宋)沈括撰　明末虞山毛氏汲古閣刻學津討原本　八册

310000－0241－0007018　620071

法律探原二卷　(清)馬建忠譯述　清光緒二十七年(1901)教育世界社石印本　一册

310000－0241－0007019　620073

公法會通十卷　(美國)丁韙良著　清光緒二十四年(1898)北洋書局排印本　五册

310000－0241－0007020　620074

公法便覽四卷續一卷　(美國)丁韙良著　清光緒北洋書局排印本　六册

310000－0241－0007021　620074:2

公法便覽四卷續一卷　(美國)丁韙良著　清光緒北洋書局排印本　一册

310000－0241－0007022　622001

棠陰比事不分卷　(宋)桂萬榮輯　清同治六年(1867)木樨山房排印本　一册

310000－0241－0007023　622001:2

棠陰比事不分卷　(宋)桂萬榮輯　清同治六年(1867)木樨山房排印本　二册

310000－0241－0007024　622002

棠陰比事不分卷　(宋)桂萬榮撰　清同治六年(1867)木樨山房木活字印本　一册

310000－0241－0007025　622002(2):2

棠陰比事不分卷　(宋)桂萬榮撰　清光緒三十年(1904)刻本　一册

310000－0241－0007026　622003

折獄龜鑑八卷首一卷　(宋)鄭克撰　清道光十五年(1835)刻本　二册

310000－0241－0007027　622003(2)

折獄龜鑑八卷首一卷　(宋)鄭克撰　清光緒八年(1882)重印道光刻本　二册

310000－0241－0007028　622003:2

折獄龜鑑八卷首一卷　(宋)鄭克撰　清道光十五年(1835)刻本　二册

310000－0241－0007029　622003:3

折獄龜鑑八卷首一卷　(宋)鄭克撰　清道光十五年(1835)刻本　一册

310000－0241－0007030　622004

重修名法指掌四卷　(清)徐灝撰　清同治九年(1870)湖北崇文書局刻本　四册

310000－0241－0007031　622005

讀法圖存四卷　(清)邵繩清編　清光緒七年

(1881)刻本　四冊

310000－0241－0007032　622006

明刑管見錄不分卷　(清)穆翰著　清光緒三十年(1904)浙江官書局刻本　一冊

310000－0241－0007033　622008

山谷老人刀筆二十卷　(宋)黄庭堅撰　清嘉慶十年(1805)刻本　六冊

310000－0241－0007034　622009

成案所見集殘存初編三十六卷二編十九卷三編二十一卷四編十八卷　(清)馬世璘等編　清嘉慶十年(1805)刻本　六十四冊

310000－0241－0007035　622017

新編日本簡明普通刑法四卷　(清)鄭世焯編　清光緒三十四年(1908)排印本　一冊

310000－0241－0007036　622020

版權考不分卷　(清)周儀君譯　清光緒二十九年(1903)上海商務印書館排印本　一冊

310000－0241－0007037　622023

恤囚編不分卷　周馥編　清光緒十七年(1891)刻本　一冊

310000－0241－0007038　624001

洗冤錄六卷　(清)王又槐輯　清光緒五年(1879)刻本　五冊

310000－0241－0007039　624002

洗冤錄詳義一卷摭遺二卷　(清)許槤編　清光緒二年(1876)刻本　四冊

310000－0241－0007040　624002(2)

洗冤錄詳義四卷首一卷摭遺二卷摭遺補一卷　(清)許槤編校　清光緒三年(1877)湖北藩署刻本　一冊

310000－0241－0007041　624002(2):2

洗冤錄詳義四卷首一卷摭遺二卷摭遺補一卷　(清)許槤編校　清光緒三年(1877)湖北藩署刻本　五冊

310000－0241－0007042　624003

補注洗冤錄集證六卷　(宋)宋慈撰　(清)王又槐增輯　清道光二十四年(1844)翰墨園刻本　五冊

310000－0241－0007043　624003:2

補注洗冤錄集證六卷　(宋)宋慈撰　(清)王又槐增輯　清道光二十四年(1844)翰墨園刻本　四冊

310000－0241－0007044　624004

洗冤錄外編二卷　(清)郎錦騏等纂輯　清同治六年(1867)刻本　一冊

310000－0241－0007045　624005

補注洗冤錄集證四卷坿作吏要言一卷　(宋)宋慈撰　(清)王又槐集證　清上元王鼎淳刻本　二冊

310000－0241－0007046　624005(2)

重刻補注洗冤錄集證六卷坿刊檢骨圖格一卷作吏要言一卷　(宋)宋慈撰　(清)王又槐集證　清光緒三年(1877)浙江書局刻本　六冊

310000－0241－0007047　624006

檢驗考證二卷　(清)王祖蔭輯　清光緒二十五年(1899)王氏刻藏本　二冊

310000－0241－0007048　624007

檢驗考證二卷　(清)王祖蔭輯　清光緒二十五年(1899)王氏刻藏本　二冊

310000－0241－0007049　624008

寶鑑編補注二卷　(清)升泰撰　清光緒六年(1880)刻本　二冊

310000－0241－0007050　624011

洗冤錄摭遺補不分卷　(清)潘霨編　清光緒三年(1877)湖北藩署刻本　一冊

310000－0241－0007051　630001

尹文子一卷　(周)尹文撰　清光緒元年(1875)湖北崇文書局刻本　一冊

310000－0241－0007052　630003

人物志三卷天元一術圖說一卷人倫大統賦二卷　(三國魏)劉劭撰　清光緒三年(1877)刻本　一冊

310000－0241－0007053　630004

人物志三卷　(三國魏)劉劭著　清乾隆十二

年(1747)刻本　一册

310000－0241－0007054　631004
穆勒名學不分卷　(英國)穆勒約翰著　嚴復譯　清光緒三十一年(1905)排印本　二册

310000－0241－0007055　631004:2
穆勒名學不分卷　(英國)穆勒約翰著　嚴復譯　清光緒三十一年(1905)排印本　一册

310000－0241－0007056　631004:3
穆勒名學不分卷　(英國)穆勒約翰著　嚴復譯　清光緒三十一年(1905)排印本　二册

310000－0241－0007057　631004:4
穆勒名學不分卷　(英國)穆勒約翰著　嚴復譯　清光緒三十一年(1905)排印本　二册

310000－0241－0007058　640001
墨子十六卷　(周)墨翟著　清光緒二年(1876)浙江書局刻本　一册

310000－0241－0007059　640002
墨子經説解二卷　(清)張惠言撰　清宣統元年(1909)上海國學保存會影印張氏手稿本　一册

310000－0241－0007060　640002:2
墨子經説解二卷　(清)張惠言撰　清宣統元年(1909)上海國學保存會影印張氏手稿本　二册

310000－0241－0007061　640003
墨子閒詁十五卷目録一卷附録一卷後語二卷　(清)孫詒讓撰　清宣統二年(1910)瑞安孫氏刻本　八册

310000－0241－0007062　640003:2
墨子閒詁十五卷目録一卷附録一卷後語二卷　(清)孫詒讓撰　清宣統二年(1910)瑞安孫氏刻本　八册

310000－0241－0007063　640003:3
墨子閒詁十五卷目録一卷附録一卷後語二卷　(清)孫詒讓撰　清宣統二年(1910)瑞安孫氏刻本　八册

310000－0241－0007064　640022
墨子後語二卷　(清)孫詒讓撰　清宣統二年(1910)刻本　一册

310000－0241－0007065　650002
鬼谷子一卷　清光緒元年(1875)湖北崇文書局刻本　一册

310000－0241－0007066　660001
尸子二卷存疑一卷　(清)汪繼培輯　清光緒三年(1877)浙江書局刻本　一册

310000－0241－0007067　660002
尸子二卷　(戰國)尸佼撰　清光緒十五年(1889)蔣氏求實齋刻本　一册

310000－0241－0007068　660003
尸子二卷存疑一卷尹文子一卷　(清)汪繼培輯校　清嘉慶十七年(1812)蕭山陳氏湖海樓刻本　一册

310000－0241－0007069　660004
子華子十卷　(春秋)程本撰　清雍正刻本　二册

310000－0241－0007070　660004:2
子華子十卷　(春秋)程本撰　清雍正刻本　二册

310000－0241－0007071　660004:3
子華子十卷　(春秋)程本撰　清雍正刻本　二册

310000－0241－0007072　660005
吕氏春秋二十六卷　(秦)吕不韋撰　(漢)高誘注　清乾隆五十三年(1788)畢氏靈巖山館刻本　二册

310000－0241－0007073　660005:2
吕氏春秋二十六卷　(秦)吕不韋撰　(漢)高誘注　清乾隆五十三年(1788)畢氏靈巖山館刻本　一册

310000－0241－0007074　660005:3
吕氏春秋二十六卷　(秦)吕不韋撰　(漢)高誘注　清乾隆五十三年(1788)畢氏靈巖山館刻本　二册

310000－0241－0007075　660005:4

呂氏春秋二十六卷　(秦)呂不韋撰　(漢)高誘注　清乾隆五十三年(1788)畢氏靈巖山館刻本　八册

310000－0241－0007076　660005:5
呂氏春秋二十六卷　(秦)呂不韋撰　(漢)高誘注　清乾隆五十三年(1788)畢氏靈巖山館刻本　五册

310000－0241－0007077　660008
淮南子二十一卷　(漢)劉安撰　(漢)高誘注　清光緒二年(1876)浙江書局刻本　六册

310000－0241－0007078　660008:2
淮南子二十一卷　(漢)劉安撰　(漢)高誘注　清光緒二年(1876)浙江書局刻本　六册

310000－0241－0007079　660008:3
淮南子二十一卷　(漢)劉安撰　(漢)高誘注　清光緒二年(1876)浙江書局刻本　六册

310000－0241－0007080　660008:4
淮南子二十一卷　(漢)劉安撰　(漢)高誘注　清光緒二年(1876)浙江書局刻本　二册

310000－0241－0007081　660009
淮南鴻烈解二十一卷　(漢)劉安撰　清光緒元年(1875)湖北崇文書局刻本　四册

310000－0241－0007082　660010
淮南子二十一卷　(漢)劉安撰　(漢)高誘注　清乾隆五十三年(1788)莊逵吉咸寧官署刻本　六册

310000－0241－0007083　660012
淮南子校勘記一卷　(清)汪文臺撰　清光緒十一年(1885)黄彭年刻本　一册

310000－0241－0007084　660013
淮南子二十一卷　(漢)劉安撰　(漢)高誘注　清嘉慶九年(1804)姑蘇聚文堂重刻汪氏本　四册

310000－0241－0007085　660019
淮南鴻烈解二十一卷首一卷　(漢)劉安撰　(漢)高誘注　清嘉慶刻本　五册

310000－0241－0007086　660022
淮南天文訓補注二卷　(清)錢塘撰　清光緒三年(1877)湖北崇文書局刻本　二册

310000－0241－0007087　660022:2
淮南天文訓補注二卷　(清)錢塘撰　清光緒三年(1877)湖北崇文書局刻本　二册

310000－0241－0007088　660022:3
淮南天文訓補注二卷　(清)錢塘撰　清光緒三年(1877)湖北崇文書局刻本　二册

310000－0241－0007089　660022:4
淮南天文訓補注二卷　(清)錢塘撰　清光緒三年(1877)湖北崇文書局刻本　二册

310000－0241－0007090　660022:5
淮南天文訓補注二卷　(清)錢塘撰　清光緒三年(1877)湖北崇文書局刻本　二册

310000－0241－0007091　660025
淮南許注異同詁四卷　(清)陶方琦述　清光緒七年至十年(1881－1884)刻彙印本　三册

310000－0241－0007092　660026
淮南許注異同詁四卷　(清)陶方琦撰　清光緒七年(1881)湘南使院刻本　二册

310000－0241－0007093　660028
淮南子畢萬術輯一卷　王仁俊述　清光緒三十三年(1907)存古學堂排印本　一册

310000－0241－0007094　660030
論衡三十卷　(漢)王充撰　清光緒元年(1875)湖北崇文書局刻本　六册

310000－0241－0007095　660031(3)
論衡三十卷　(漢)王充撰　明程榮刻漢魏叢書本　十六册

310000－0241－0007096　660033
鶡冠子三卷　(宋)陸佃解　(明)王宇評　清嘉慶九年(1804)姑蘇聚文堂刻本　一册

310000－0241－0007097　660034
隱居通議三十一卷　(元)劉壎著　清道光二十九年(1849)刻海山仙館叢書本　五册

310000－0241－0007098　660036

慮得集不分卷 (明)宗韡著 清同治十一年(1872)刻本 一册

310000-0241-0007099 660038
匏瓜錄十卷 (明)芮長恤述 清光緒十三年(1887)刻本 六册

310000-0241-0007100 660039
浮邱子十二卷 (清)湯鵬著 清宣統二年(1910)掃葉山房石印本 六册

310000-0241-0007101 660040
浮邱子十二卷 (清)湯鵬著 清同治四年(1865)刻本 六册

310000-0241-0007102 660042
郁離子一卷 (明)劉基撰 清光緒元年(1875)湖北崇文書局刻本 一册

310000-0241-0007103 660044
唾居隨錄四卷 (清)張貞生著 清康熙十八年(1679)講學山房刻本 四册

310000-0241-0007104 660045
繹志十九卷 (清)胡承諾撰 清同治十一年(1872)刻本 八册

310000-0241-0007105 660046
繹志十九卷 (清)胡承諾撰 清同治十一年(1872)浙江書局刻本 六册

310000-0241-0007106 660047
繹志十九卷 (清)胡承諾撰 清同治十一年(1872)浙江書局刻本 八册

310000-0241-0007107 660048
繹志十九卷 (清)胡承諾撰 清同治十一年(1872)浙江書局刻本 八册

310000-0241-0007108 660051
平平錄十卷 (清)楊芳著 清道光十三年(1833)刻本 四册

310000-0241-0007109 660052
天禄閣外史八卷 (漢)黄憲著 清刻本 二册

310000-0241-0007110 660052:2
天禄閣外史八卷 (漢)黄憲著 清刻本 一册

310000-0241-0007111 660053
齊民四術十二卷 (清)包世臣撰 清道光二十七年(1847)刻本 八册

310000-0241-0007112 660054
訄書不分卷 章炳麟撰 清刻本 一册

310000-0241-0007113 660054:2
訄書不分卷 章炳麟撰 清刻本 一册

310000-0241-0007114 660055
筆疇二卷 (明)王達撰 明萬曆刻寶顔堂秘笈本 一册

310000-0241-0007115 660056
警書三卷 (清)秦篤輝撰 清光緒十三年(1887)刻本 一册

310000-0241-0007116 660057
非石子一卷 (清)鈕樹玉撰 清光緒二十六年(1900)經香閣刻本 一册

310000-0241-0007117 660075
原人訂本三卷後編一卷 陳澹然著 清光緒三十二年(1906)刻本 三册

310000-0241-0007118 660082
力書一卷平等會公例一卷 (清)周善培撰 清光緒二十四年(1898)湖南刻本 一册

310000-0241-0007119 660084(3)
史微内篇八卷札記一卷 張采田撰 清光緒三十四年(1908)排印本 二册

310000-0241-0007120 660085
淮南許注鉤沈一卷 易順鼎撰 清光緒刻本 一册

310000-0241-0007121 660088
指測瑣言三卷 (清)瞿方梅撰 清光緒二十三年(1897)京師刻本 一册

310000-0241-0007122 661003
野客叢書三十卷附錄一卷 (宋)王楙撰 明萬曆刻清初李紱重修本 八册

310000－0241－0007123　661004
譚誤四卷　(明)馬樸撰　清刻青照堂叢書本　一册

310000－0241－0007124　661005
遺珠貫索八卷　(清)張純照編訂　清同治三年(1864)滬城琳琅閣刻本　四册

310000－0241－0007125　661007
槐廬載筆二十卷　(清)法式善編　清嘉慶四年(1799)刻本　四册

310000－0241－0007126　661007:2
槐廬載筆二十卷　(清)法式善編　清嘉慶四年(1799)刻本　六册

310000－0241－0007127　661011
孟廬札記八卷　(清)沈銘彝撰　清道光八年(1828)刻本　二册

310000－0241－0007128　661012
賨存一卷　(清)胡式鈺撰　清道光二十一年(1841)刻本　一册

310000－0241－0007129　661013
新義録　(清)孫璧文撰　清潄石山房刻本　十八册　存四十一卷

310000－0241－0007130　661015
陔餘叢考四十三卷　(清)趙翼撰　清末上海鴻章書局石印本　十六册

310000－0241－0007131　661015:2
陔餘叢考四十三卷　(清)趙翼撰　清末上海鴻章書局石印本　十六册

310000－0241－0007132　661016
蝶仙小史二卷附來蝶軒詩　(清)延清輯並撰　清光緒二十三年(1897)刻本　二册

310000－0241－0007133　661017
陔餘叢考四十三卷　(清)趙翼撰　清乾隆五十五年(1790)湛貽堂刻本　十册

310000－0241－0007134　661017(2)
陔餘叢考四十三卷　(清)趙翼撰　清末翻刻乾隆末湛貽堂本　三册

310000－0241－0007135　661017(2):2
陔餘叢考四十三卷　(清)趙翼撰　清末翻刻乾隆末湛貽堂本　十六册

310000－0241－0007136　661018
策問不分卷　(清)□□抄　清末抄本　一册

310000－0241－0007137　661019
蘿藦亭札記八卷　(清)喬松年撰　清同治十二年(1873)刻本　四册

310000－0241－0007138　661020
癸巳類稿十五卷　(清)俞正燮撰　清道光十三年(1833)求日益齋刻本　八册

310000－0241－0007139　661020:2
癸巳類稿十五卷　(清)俞正燮撰　清道光十三年(1833)求日益齋刻本　十二册

310000－0241－0007140　661020:3
癸巳類稿十五卷　(清)俞正燮撰　清道光十三年(1833)求日益齋刻本　二册

310000－0241－0007141　661020:4
癸巳類稿十五卷　(清)俞正燮撰　清道光十三年(1833)求日益齋刻本　八册

310000－0241－0007142　661021
儉德堂讀書隨筆二卷　(清)劉庠著　(清)劉孚京輯　清宣統二年(1910)蘇城毛上珍排印本　二册

310000－0241－0007143　661021:2
儉德堂讀書隨筆二卷　(清)劉庠著　(清)劉孚京輯　清宣統二年(1910)蘇城毛上珍排印本　一册

310000－0241－0007144　661023
九九銷夏録十四卷　(清)俞樾撰　清光緒十八年(1892)刻本　二册

310000－0241－0007145　661023:2
九九銷夏録十四卷　(清)俞樾撰　清光緒十八年(1892)刻本　四册

310000－0241－0007146　661024
益聞散録三卷　(清)李元春著　清道光十五年(1835)刻青照堂叢書本　二册

310000－0241－0007147　661026
西被考畧六卷　(清)金永森撰　清光緒二十九年(1903)武昌刻本　五冊

310000－0241－0007148　661029
懷小編二十卷　(清)沈濂撰　清咸豐四年(1854)刻本　六冊

310000－0241－0007149　661030
亦園脞牘四卷　(清)龍顯曾撰　清光緒七年(1881)刻本　二冊

310000－0241－0007150　661031
爻山筆話十四卷　(清)蘇時學撰　清同治三年(1864)羊城味經堂刻本　四冊

310000－0241－0007151　661032
爻山筆話十四卷　(清)蘇時學撰　清同治三年(1864)羊城味經堂刻本　五冊　存十二卷(一至三、六至十四)

310000－0241－0007152　661034
西雲札記四卷　(清)李枝青撰　清光緒刻本　二冊

310000－0241－0007153　661035
存拙齋札疏一卷　羅振玉撰　清光緒刻本　一冊

310000－0241－0007154　661036
潛邱劄記六卷　(清)閻若璩撰　**附左汾近稿一卷**　(清)閻詠撰　清乾隆眷西堂刻本　六冊

310000－0241－0007155　661043
灤源問答十二卷　(清)沈可培撰　清嘉慶二十年(1815)雪浪齋刻本　四冊

310000－0241－0007156　661046
癸巳存稿十五卷　(清)俞正燮撰　清光緒十年(1884)黟縣李氏刻本　十冊

310000－0241－0007157　661049
質疑一卷　(清)任泰撰　清刻本　一冊

310000－0241－0007158　661051
消暑錄一卷　(清)趙紹祖撰　清道光元年(1821)古墨齋刻本　一冊

310000－0241－0007159　661051(2)
消暑錄一卷　(清)趙紹祖撰　清光緒十三年(1887)小古墨齋南平官舍刻本　一冊

310000－0241－0007160　661053
寄傲軒讀書隨筆十卷　(清)沈赤然撰　清嘉慶十年(1805)刻本　一冊

310000－0241－0007161　661055
札迻十二卷　(清)孫詒讓撰　清光緒二十年(1894)瑞安孫氏籀廎刻本　四冊

310000－0241－0007162　661056
章實齋信摭一卷　(清)章學誠著　清宣統二年(1910)國光印刷所排印本　一冊

310000－0241－0007163　661056:2
章實齋信摭一卷　(清)章學誠著　清宣統二年(1910)國光印刷所排印本　一冊

310000－0241－0007164　661057
實齋劄記鈔三卷　(清)章學誠撰　清光緒十八年(1892)刻本　一冊

310000－0241－0007165　661058
談書錄一卷　(清)汪師韓撰　清光緒十二年(1886)刻本　一冊

310000－0241－0007166　661066
巵林十卷補遺一卷　(明)周嬰纂　清嘉慶二十年(1815)湖海樓刻本　八冊　存八卷、附補遺一卷

310000－0241－0007167　661073
世界諸國名義考五卷　(日本)秋鹿見二著　(清)沈誦清譯　清光緒二十九年(1903)廣智書局排印本　一冊

310000－0241－0007168　661074
考辨隨筆二卷　(清)黄定宜著　清道光二十七年(1847)刻本　二冊

310000－0241－0007169　661080
竹汀先生日記鈔三卷　(清)錢大昕撰　(清)何元錫編次　清刻本　一冊

310000－0241－0007170　661081
南漘楛語八卷　(清)蔣超伯輯　清同治十年

(1871)兩廬山房校刻本　二冊

310000－0241－0007171　661082
螺江日記八卷　(清)張文驀撰　清乾隆十六年(1751)蕭山陳氏二銘軒刻本　四冊

310000－0241－0007172　661083
新名詞徵古録一卷　孫嶷撰　清末民國初刻本　一冊

310000－0241－0007173　661084
黄學廬雜述三卷　(清)陳士芑撰　清宣統元年(1909)排印本　一冊

310000－0241－0007174　661085
蒼筤館隨筆不分卷　(清)□□撰　清末紅格稿本　一冊

310000－0241－0007175　662001
常談四卷　(清)劉玉書撰　(清)劉亨慶編　清光緒二十五年(1899)刻本　四冊

310000－0241－0007176　662003
師友雜志一卷　(宋)吕本中撰　清光緒三年(1877)萬卷樓刻本　一冊

310000－0241－0007177　662004
巖下放言三卷　(宋)葉夢得撰　清光緒三十年(1904)刻本　一冊

310000－0241－0007178　662007
螢雪叢説二卷　(宋)俞成撰　清同治八年(1869)刻本　一冊

310000－0241－0007179　662010
草木子四卷　(明)葉子奇著　清光緒九年(1883)刻本　二冊

310000－0241－0007180　662011
餘冬録　(明)何孟春輯　清同治三年(1864)刻本　十冊　存四十七卷

310000－0241－0007181　662012
俟後編六卷末一卷　(明)王敬臣撰　清光緒元年(1875)刻本　一冊

310000－0241－0007182　662012：2
俟後編六卷末一卷　(明)王敬臣撰　清光緒元年(1875)刻本　一冊

310000－0241－0007183　662012：3
俟後編六卷末一卷　(明)王敬臣撰　清光緒元年(1875)刻本　一冊

310000－0241－0007184　662012：4
俟後編六卷末一卷　(明)王敬臣撰　清光緒元年(1875)刻本　一冊

310000－0241－0007185　662012：5
俟後編六卷末一卷　(明)王敬臣撰　清光緒元年(1875)刻本　一冊

310000－0241－0007186　662012：6
俟後編六卷末一卷　(明)王敬臣撰　清光緒元年(1875)刻本　一冊

310000－0241－0007187　662012：7
俟後編六卷末一卷　(明)王敬臣撰　清光緒元年(1875)刻本　一冊

310000－0241－0007188　662012：8
俟後編六卷末一卷　(明)王敬臣撰　清光緒元年(1875)刻本　一冊

310000－0241－0007189　662012：9
俟後編六卷末一卷　(明)王敬臣撰　清光緒元年(1875)刻本　一冊

310000－0241－0007190　662013
清暑筆談一卷　(明)陸樹聲著　明刻本　一冊

310000－0241－0007191　662015
畫禪室隨筆四卷　(明)董明昌著　清宣統元年(1909)掃葉山房石印本　三冊

310000－0241－0007192　662016
畫禪室隨筆四卷　(明)董明昌著　清宣統三年(1911)掃葉山房石印本　三冊

310000－0241－0007193　662018
冥寥子遊二卷　(明)屠隆著　明刻本　一冊

310000－0241－0007194　662019
[熊鍾陵]無何集十四卷首一卷　(清)熊伯龍著　清乾隆五十九年(1794)刻本　六冊

310000－0241－0007195　662020

嗇庵隨筆六卷末一卷　（清）陸文衡撰　清光緒二十三年（1897）刻本　二册

310000－0241－0007196　662021

娑羅館清言二卷附逸稿二卷　（明）屠隆著　明萬曆刻寶顔堂秘笈本　一册

310000－0241－0007197　662023

餐芍華館隨筆二卷　（清）周騰虎撰　清光緒三十一年（1905）刻本　一册

310000－0241－0007198　662023：2

餐芍華館隨筆二卷　（清）周騰虎撰　清光緒三十一年（1905）刻本　一册

310000－0241－0007199　662024

眼學偶得一卷　羅振玉撰　清光緒十七年（1891）刻本　一册

310000－0241－0007200　662027

有不爲齋隨筆十卷　（清）光聰諧著　清光緒十四年（1888）刻本　二册

310000－0241－0007201　662033

水田居激書二卷　（清）賀貽孫撰　清咸豐三年（1853）敕書樓刻本　二册

310000－0241－0007202　662034

萍海墨雨四卷　（清）李匡濟撰　清光緒二年（1876）刻本　二册

310000－0241－0007203　662036

湛園札記四卷　（清）姜宸英著　清光緒七年（1881）刻本　二册

310000－0241－0007204　662037

易餘籥録録二十卷　（清）焦循撰　清光緒十二年（1886）德化李氏木犀軒刻本　二册

310000－0241－0007205　662038

寱言二卷　（清）趙曾望纂　清光緒十八年（1892）石印本　一册

310000－0241－0007206　662039

消暑隨筆四卷　（清）潘世恩撰　清宣統三年（1911）海左書局石印本　三册

310000－0241－0007207　662040

消暑隨筆四卷子目二卷　（清）潘世恩輯　清道光二十五年（1845）刻清頌堂叢書本　四册

310000－0241－0007208　662042

退思説畧　（清）吳協輯　清同治刻本　五册　存五卷

310000－0241－0007209　662046

鴻苞節錄十卷　（明）屠隆撰　清咸豐十年（1860）刻本　十册

310000－0241－0007210　662047

青巖叢錄一卷華川卮詞一卷　（明）王褘撰　清同治九年（1870）刻本　一册

310000－0241－0007211　662049

福澤諭吉談叢不分卷　（日本）福澤諭吉著　馮霈譯　清光緒二十九年（1903）廣智書局排印本　一册

310000－0241－0007212　662049：2

福澤諭吉談叢不分卷　（日本）福澤諭吉著　馮霈譯　清光緒二十九年（1903）廣智書局排印本　一册

310000－0241－0007213　662050

王志二卷　（清）王壬秋著　（清）陳兆奎編輯　清末成都昌福公司排印本　一册

310000－0241－0007214　662051

泖東草堂筆記二十卷　（清）沈鏡賢撰　清宣統二年（1910）排印本　四册

310000－0241－0007215　662052

容膝居雜錄六卷　（清）葛芝著　清末排印本　一册

310000－0241－0007216　662053

飲冰室自由書二卷　梁啓超撰　清光緒排印本　一册

310000－0241－0007217　662054

篋外錄一卷　（清）謝綸撰　清咸豐刻本　一册

310000－0241－0007218　662054（2）

篋外錄一卷　（清）謝綸撰　清光緒八年

(1882)京師刻本　一冊

310000－0241－0007219　662055
尖陽叢筆十卷　(清)吳騫撰　清宣統三年(1911)國學扶輪社排印本　二冊

310000－0241－0007220　662056
天則百話不分卷　(日本)加藤弘之述　清光緒二十八年(1902)廣智書局排印本　一冊

310000－0241－0007221　662057
遜志堂雜鈔甲集一卷乙集一卷丙集一卷丁集一卷戊集一卷己集一卷庚集一卷辛集一卷壬集一卷癸集一卷　(清)吳翌鳳撰　清光緒十三年(1887)朱記榮校刻本　四冊

310000－0241－0007222　662059
冷廬雜識八卷　(清)陸以湉撰　清咸豐六年(1856)刻本　八冊

310000－0241－0007223　662059(2)
冷廬雜識八卷　(清)陸以湉撰　清咸豐六年(1856)刻光緒十九年(1893)烏程龐氏重修本　八冊

310000－0241－0007224　662059(2):2
冷廬雜識八卷　(清)陸以湉撰　清咸豐六年(1856)刻光緒十九年(1893)烏程龐氏重修本　八冊

310000－0241－0007225　662060
聞見瓣香錄　(清)秦武域纂　清嘉慶八年(1803)郁文堂刻本　一冊　存二卷

310000－0241－0007226　662063
石菊隱廬筆識二卷　(清)譚嗣同撰　清光緒二十八年(1902)上海石印本　一冊

310000－0241－0007227　662066
談徵五卷　(清)外方山人輯　清道光三年(1823)上苑堂刻本　五冊

310000－0241－0007228　662067
雨韭盦筆記四卷　(清)汪鼎撰　清咸豐刻本　二冊

310000－0241－0007229　662068
求闕齋日記類鈔十卷　(清)曾國藩撰　(清)王啓原編　清光緒十三年(1887)排印本　二冊

310000－0241－0007230　662078
寒夜叢談三卷　(清)沈赤然撰　清嘉慶十四年(1809)刻本　一冊

310000－0241－0007231　662079
花笑廎雜筆六卷　(清)范鍇撰　清末石印道光刻本　三冊

310000－0241－0007232　662084
石船居雜鈔賸稿(櫃軒筆錄)不分卷　(清)李超瓊撰　清光緒二十二年(1896)木活字印本　一冊

310000－0241－0007233　662087
思益堂日札五卷　(清)周壽昌撰　清光緒上海申報館排印本　二冊

310000－0241－0007234　662091
懶雲居隨筆不分卷　(清)瑞琛輯　清抄稿本　一冊

310000－0241－0007235　662093
西圃叢辨三十二卷　(清)田同之纂集　清乾隆初德州田氏刻本　六冊

310000－0241－0007236　662094
大雲山房雜記二卷　(清)惲敬撰　清光緒九年(1883)歸安姚氏刻本　一冊

310000－0241－0007237　662095
卮辭一卷　(明)王禕撰　清光緒八年(1882)廣漢鍾登甲樂道齋刻本　一冊

310000－0241－0007238　662097
一斑錄五卷附編三卷雜述六卷　(清)鄭光祖撰　清道光二十三年(1843)青玉山房刻三十年(1850)校印本　十八冊

310000－0241－0007239　662098
定香亭筆談四卷　(清)阮元撰　清光緒二十五年(1899)浙江書局刻本　四冊

310000－0241－0007240　662098:2
定香亭筆談四卷　(清)阮元撰　清光緒二十五年(1899)浙江書局刻本　一冊

310000－0241－0007241　662098:3

定香亭筆談四卷　(清)阮元撰　清光緒二十五年(1899)浙江書局刻本　一冊

310000－0241－0007242　662100

禮耕堂叢說一卷史論五答一卷吉貝居暇唱一卷　(清)施國祁撰　清宣統三年(1911)上海國學扶輪社排印本　一冊

310000－0241－0007243　662102

左庵瑣語不分卷　(清)李佳繼昌撰　清光緒二十七年(1901)刻本　一冊

310000－0241－0007244　662103

薑露庵雜記六卷　(清)施山撰　尊聞閣主輯　清光緒上海申報館排印本　二冊

310000－0241－0007245　662106

陶庵語錄五卷　(明)黄淳耀著　清光緒二十五年(1899)番禺沈氏廣陵刻本　一冊

310000－0241－0007246　663002

封氏聞見記十卷　(唐)封演撰　清乾隆二十一年(1756)刻本　二冊

310000－0241－0007247　663003

避暑錄話二卷　(宋)葉夢得撰　明末虞山毛氏汲古閣刻本　四冊

310000－0241－0007248　663004

麈史三卷附全唐詩逸三卷　(宋)王得臣撰　清乾隆五十一年(1786)鮑氏刻知不足齋叢書本　二冊

310000－0241－0007249　663007

老學庵筆記十卷　(宋)陸游撰　清光緒三年(1877)湖北崇文書局刻本　一冊

310000－0241－0007250　663010

老學庵筆記二卷　(宋)陸游撰　清光緒三年(1877)湖北崇文書局刻本　二冊

310000－0241－0007251　663011

鶴林玉露十六卷　(宋)羅大經著　(明)商濬校　明萬曆會稽商氏刻稗海本　四冊

310000－0241－0007252　663011:2

鶴林玉露十六卷　(宋)羅大經著　(明)商濬校　明萬曆會稽商氏刻稗海本　一冊

310000－0241－0007253　663011:3

鶴林玉露十六卷　(宋)羅大經著　(明)商濬校　明萬曆會稽商氏刻稗海本　二冊

310000－0241－0007254　663012

七修類藁五十一卷續藁七卷　(明)郎瑛撰　清乾隆四十年(1775)耕煙草堂刻本　十六冊

310000－0241－0007255　663012(2)

七修類藁五十一卷續藁七卷　(明)郎瑛撰　清嘉慶、道光間覆乾隆刻本　十六冊

310000－0241－0007256　663012(2):2

七修類藁五十一卷續藁七卷　(明)郎瑛撰　清嘉慶、道光間覆乾隆刻本　二十冊

310000－0241－0007257　663012(2):3

七修類藁五十一卷續藁七卷　(明)郎瑛撰　清嘉慶、道光間覆乾隆刻本　十六冊

310000－0241－0007258　663012:2

七修類藁五十一卷續藁七卷　(明)郎瑛撰　清乾隆四十年(1775)耕煙草堂刻本　十六冊

310000－0241－0007259　663012:3

七修類藁五十一卷續藁七卷　(明)郎瑛撰　清乾隆四十年(1775)耕煙草堂刻本　三十二冊

310000－0241－0007260　663018

石林燕語十卷附燕語辨十卷燕語校一卷　(宋)葉夢得撰　清光緒三十四年(1908)長沙葉氏郎園刻本　三冊

310000－0241－0007261　663019

冷齋夜話十卷　(宋)釋惠洪輯　清康熙刻本　二冊

310000－0241－0007262　663022

書影十卷　(清)周亮工撰　清雍正三年(1725)刻本　四冊

310000－0241－0007263　663022(2)

因樹屋書影十卷　(清)周亮工撰　清翻刻雍正三年(1725)懷德堂重刻康熙賴古堂本　六冊

310000－0241－0007264　663022:2
書影十卷　(清)周亮工撰　清雍正三年(1725)刻本　六册

310000－0241－0007265　663024
居易錄三十四卷　(清)王士禛著　清康熙刻本　八册

310000－0241－0007266　663025
古夫于亭雜錄五卷　(清)王士禛撰　清俞兆晟補刻本　二册

310000－0241－0007267　663029
池北偶談二十六卷　(清)王士禛撰　清刻本　八册

310000－0241－0007268　663030
池北偶談二十六卷　(清)王士禛撰　清康熙刻本　八册

310000－0241－0007269　663031
池北偶談二十六卷　(清)王士禛撰　清自怡草堂刻本　十二册

310000－0241－0007270　663031:2
池北偶談二十六卷　(清)王士禛撰　清自怡草堂刻本　八册

310000－0241－0007271　663033
香祖筆記十二卷　(清)王士禛撰　清康熙四十四年(1705)刻本　六册

310000－0241－0007272　663034
香祖筆記十二卷　(清)王士禛撰　清康熙四十四年(1705)刻本　二册

310000－0241－0007273　663035
香祖筆記十二卷　(清)王士禛撰　清刻本　四册

310000－0241－0007274　663035:2
香祖筆記十二卷　(清)王士禛撰　清刻本　十二册

310000－0241－0007275　663036
分甘餘話四卷　(清)王士禛撰　清刻文粹堂印本　一册

310000－0241－0007276　663037
分甘餘話四卷　(清)王士禛撰　清康熙刻本　二册

310000－0241－0007277　663037:2
分甘餘話四卷　(清)王士禛撰　清康熙刻本　二册

310000－0241－0007278　663038
思補齋筆記　(清)潘世恩撰　清刻本　一册

310000－0241－0007279　663038:2
思補齋筆記　(清)潘世恩撰　清刻本　一册

310000－0241－0007280　663038:3
思補齋筆記　(清)潘世恩撰　清刻本　二册

310000－0241－0007281　663039:2
退庵隨筆二十二卷　(清)梁章鉅編　清道光十七年(1837)刻本　八册

310000－0241－0007282　663041
退庵隨筆二十二卷　(清)梁章鉅著　清道光十七年(1837)刻本　八册

310000－0241－0007283　663043
退庵隨筆二十二卷　(清)梁章鉅撰　清同治十一年(1872)梁氏刻本　八册

310000－0241－0007284　663044
歸田瑣記八卷　(清)梁章鉅撰　清道光二十五年(1845)北東園刻本　三册

310000－0241－0007285　663044(2)
歸田瑣記八卷　(清)梁章鉅撰　清末翻刻道光二十五年(1845)梁氏北東園本　四册

310000－0241－0007286　663044(2):2
歸田瑣記八卷　(清)梁章鉅撰　清末翻刻道光二十五年(1845)梁氏北東園本　一册

310000－0241－0007287　663048
蕉軒隨錄十二卷　(清)方濬師撰　清同治十一年(1872)退一步齋刻本　十二册

310000－0241－0007288　663048:2
蕉軒隨錄十二卷　(清)方濬師撰　清同治十一年(1872)退一步齋刻本　十二册

310000－0241－0007289　663048∶3
蕉軒隨錄十二卷　(清)方濬師撰　清同治十一年(1872)退一步齋刻本　十二册

310000－0241－0007290　663049
蕉軒續錄二卷　(清)方濬師撰　(清)吕景端校　清光緒十八年(1892)排印本　二册

310000－0241－0007291　663050
養吉齋叢錄二十六卷餘錄十卷　(清)吴振棫撰　清光緒二十二年(1896)刻本　八册

310000－0241－0007292　663050∶2
養吉齋叢錄二十六卷餘錄十卷　(清)吴振棫撰　清光緒二十二年(1896)刻本　八册

310000－0241－0007293　663051
瀚海披沙　(清)武文斌輯　清道光二十三年(1843)刻本　十册

310000－0241－0007294　663052
自怡軒卮言四卷　(清)李承銜著　清光緒十二年(1886)趙鴻儀刻本　二册

310000－0241－0007295　663053
郎潛紀聞十四卷燕下鄉脞錄十六卷　(清)陳康祺撰　清光緒十年(1884)琴川刻十一年(1885)暨陽刻本　二册

310000－0241－0007296　663053(2)
郎潛紀聞七卷二筆八卷三筆六卷　(清)陳康祺撰　清宣統二年(1910)掃葉山房石印本　二册

310000－0241－0007297　663053(2)∶2
郎潛紀聞七卷二筆八卷三筆六卷　(清)陳康祺撰　清宣統二年(1910)掃葉山房石印本　九册

310000－0241－0007298　663053∶2
郎潛紀聞十四卷燕下鄉脞錄十六卷　(清)陳康祺撰　清光緒十年(1884)琴川刻十一年(1885)暨陽刻本　十二册

310000－0241－0007299　663055
張文襄幕府紀聞二卷　漢濱讀易者(辜鴻銘)著　清宣統二年(1910)排印本　一册

310000－0241－0007300　663058
亦若是齋隨筆十二卷　(清)鄭敦曜著　清同治十一年(1872)刻本　六册

310000－0241－0007301　663062
棗林雜俎六集　(清)談遷撰　清宣統三年(1911)上海國學扶輪社排印本　六册

310000－0241－0007302　663070
寒秀草堂記四卷　(清)姚衡撰　清光緒四年(1878)刻咫進齋叢書本　一册

310000－0241－0007303　663073
天咫偶聞十卷　震鈞撰　清光緒三十三年(1907)甘棠轉舍刻本　八册

310000－0241－0007304　663073∶2
天咫偶聞十卷　震鈞撰　清光緒三十三年(1907)甘棠轉舍刻本　八册

310000－0241－0007305　663073∶3
天咫偶聞十卷　震鈞撰　清光緒三十三年(1907)甘棠轉舍刻本　八册

310000－0241－0007306　663074
蔗餘偶筆不分卷　(清)方士淦撰　清同治十一年(1872)刻本　一册

310000－0241－0007307　663075
雨山墨談十八卷　(明)陳霆著　清道光十九年(1839)惜陰軒刻本　四册

310000－0241－0007308　663076
我信錄二卷附花部艧譚一卷　(清)羅聘撰　清宣統元年(1909)刻本　一册

310000－0241－0007309　663077
粟香隨筆八卷二筆八卷三筆八卷四筆八卷五筆八卷　金武祥撰　清光緒七年至二十四年(1881－1898)刻本　二十册

310000－0241－0007310　663078
粟香三筆八卷　金武祥撰　清光緒十三年(1887)廣州刻本　四册

310000－0241－0007311　663079
粟香三筆八卷　金武祥撰　清光緒二十四年(1898)刻本　四册

310000－0241－0007312　663080
粟香二筆八卷　金武祥撰　清光緒九年(1883)廣州刻本　二冊

310000－0241－0007313　663099
賜福廔筆記一卷　(清)宋小濂撰　清光緒三十年(1904)排印本　一冊

310000－0241－0007314　663101
香東漫筆二卷　(清)況周頤記　清光緒刻本　一冊

310000－0241－0007315　663102
重論文齋筆錄　(清)王端履撰　清刻本　四冊

310000－0241－0007316　663102∶2
重論文齋筆錄　(清)王端履撰　清刻本　六冊

310000－0241－0007317　663104
食舊悳齋雜著不分卷　(清)劉嶽雲撰　清光緒二十二年(1896)尊經書院刻本　二冊

310000－0241－0007318　663107
霞外攟屑十卷　(清)平步青撰　清光緒八年(1882)刻本　十二冊

310000－0241－0007319　663113
合肥學舍札記十二卷　(清)陸繼輅著　清光緒四年(1878)刻本　四冊

310000－0241－0007320　663121
輯影述錄四卷　(清)袁自超撰　清光緒十二年(1886)刻本　二冊

310000－0241－0007321　663124
蒿盦隨筆四卷　馮煦撰　清光緒二十八年(1902)刻本　二冊

310000－0241－0007322　663129
冬心先生隨筆一卷雜著六卷　(清)金農撰　清光緒丁氏當歸草堂刻本　一冊

310000－0241－0007323　663132
巖下放言三卷　(宋)葉夢得撰　清光緒二十九年(1903)長沙葉氏刻本　一冊

310000－0241－0007324　664001
考槃餘事　(明)屠隆撰　明刻本　一冊　存二卷

310000－0241－0007325　664002
鐵網珊瑚二十卷　(明)都穆撰　清乾隆二十三年(1758)刻本　十二冊

310000－0241－0007326　664003
妮古錄　(明)陳繼儒著　明刻本　一冊　存二卷

310000－0241－0007327　665002
羣書治要鈔二卷　(唐)魏徵撰　清光緒間湘鄉蔣德鈞龍安郡署刻本　一冊

310000－0241－0007328　665003
意林五卷　(唐)馬總編　清光緒三年(1877)湖北崇文書局刻本　一冊

310000－0241－0007329　665003∶2
意林五卷　(唐)馬總編　清光緒三年(1877)湖北崇文書局刻本　二冊

310000－0241－0007330　665004
意林注五卷逸文一卷附編一卷　(清)周廣業注　清光緒貴池劉氏刻聚學軒叢書本　二冊

310000－0241－0007331　665005
二十二子摘錦三十卷　(清)孫灝輯　清光緒二十五年(1899)刻本　六冊

310000－0241－0007332　665014
諸子粹言二卷　(清)丁晏述　清刻本　一冊

310000－0241－0007333　665018
經世通考傳家寶二卷　劉靜陽編　清光緒六年(1880)金陵黃起東刻字店刻本　二冊

310000－0241－0007334　665020
廣日記故事詳注二卷　(清)王相增注　清末李光明刻本　二冊

310000－0241－0007335　665022
酬世錦囊初集八卷二集殘存三卷三集二卷四集二卷　(清)鄒景陽編　清光緒二十六年(1900)石印本　五冊

310000－0241－0007336　665024
明心寶鑑二卷　(清)余樂泉謹述　清光緒三十一年(1905)刻本　一册

310000－0241－0007337　665030
酬世鴻寶全集不分卷　(清)子穌氏錄　清抄本　一册

310000－0241－0007338　665031
庚戌年官商便覽不分卷　(清)□□編　清宣統二年(1910)石印本　三册

310000－0241－0007339　665301
誠齋襍記二卷　(元)林坤輯　明末虞山毛氏汲古閣刻本　一册

310000－0241－0007340　665302
臥遊錄一卷　(宋)吕祖謙撰　清同治九年(1870)退補齋刻本　一册

310000－0241－0007341　665303
瑯嬛記三卷　(元)伊世珍輯　明末清初虞山毛氏汲古閣刻本　三册

310000－0241－0007342　665304
女紅餘志二卷　(明)龍輔撰　清光緒三十一年(1905)油印本　一册

310000－0241－0007343　665306
玉芝堂談薈三十六卷　(明)徐應秋輯　清光緒元年(1875)刻本　三十二册

310000－0241－0007344　665307
玉芝堂談薈三十六卷　(明)徐應秋輯　清光緒元年(1875)刻本　三十四册

310000－0241－0007345　665307(2)
玉芝堂談薈三十六卷　(明)徐應秋輯　清蒨園刻本　十一册

310000－0241－0007346　665310
海南日鈔三十卷　(清)張眉大撰　清嘉慶刻本　八册

310000－0241－0007347　665312
增補一夕話六卷　(清)咄咄夫撰　清道光十二年(1832)經元堂刻本　四册

310000－0241－0007348　665312:2
增補一夕話六卷　(清)咄咄夫撰　清道光十二年(1832)經元堂刻本　三册

310000－0241－0007349　665313
陳眉公珍珠船四卷　(明)陳繼儒纂　明刻本　一册

310000－0241－0007350　665314:2
鑑語經世編二十七卷　(清)魏裔介輯　清康熙十四年(1675)兼濟堂刻本　二十册

310000－0241－0007351　665315
薈蕞編二十卷　(清)俞樾錄　清光緒七年(1881)申報館排印本　八册

310000－0241－0007352　665316
銷夏四卷　(明)陳繼儒撰　明刻本　四册

310000－0241－0007353　665317
三餘雜誌八卷　(清)張定鋆輯　清咸豐元年(1851)補拙山房刻本　二册

310000－0241－0007354　665327
瑣聞隨錄不分卷　(清)□□撰　清光緒稿本　一册

310000－0241－0007355　665501
新輯各國政治藝學策論二卷　(清)自省齋主人輯　(清)顧厚焜鑒定　清光緒二十八年(1902)上海書局石印本　六册

310000－0241－0007356　665502
策府統宗　(清)點石齋編校　清末石印本　二十册

310000－0241－0007357　665503
策學備纂　(清)吳潁炎輯　清光緒十九年(1893)點石齋石印本　四十八册

310000－0241－0007358　665504
策學備纂三十二卷　(清)吳潁炎輯　清光緒十九年(1893)點石齋石印本　四十六册

310000－0241－0007359　665505
策學備纂續集　(清)宋徵獻輯　清光緒二十年(1894)點石齋石印本　十二册

310000－0241－0007360　665506
錦繡策　(宋)楊萬里著　清乾隆五十九年(1794)刻本　一册

310000－0241－0007361　665508
策畧六卷　(清)汪紱撰　清光緒二十三年(1897)刻本　四册

310000－0241－0007362　665514
中外文獻策論匯海七十一卷　(清)鴻寶齋書局編　清光緒二十八年(1902)石印本　二十四册

310000－0241－0007363　665515
西學時務總纂大成九十卷　(清)求志齋主人纂輯　清光緒二十三年(1897)鴻文書局石印本　二十四册

310000－0241－0007364　665516
江蘇試牘六卷　(清)□□輯　清光緒刻本　二册

310000－0241－0007365　665703(2)
三字經訓詁一卷　(清)王相撰　(清)徐士業增補　清光緒十年(1884)徐士業校刻掃葉山房印本　一册

310000－0241－0007366　665703：2
三字經訓詁一卷　(清)王相訓詁　清京都聚文堂刻本　一册

310000－0241－0007367　665704
三字經注圖不分卷　(宋)王應麟原著　(清)尚兆魚節注　清末李光明刻本　一册

310000－0241－0007368　665705
三字經故實不分卷　(宋)王應麟著　(清)王琪輯　清道光十二年(1832)刻本　一册

310000－0241－0007369　665707
三字經不分卷　(清)□□撰　清末坊刻本　一册

310000－0241－0007370　665709(2)
三字經注解備要一卷　(宋)王應麟撰　(清)賀興思注解　清末著易堂排印本　一册

310000－0241－0007371　665709(5)
三字經注解備要不分卷　(宋)王應麟撰　(清)賀興思注解　清光緒二十五年(1899)掃葉山房排印本　一册

310000－0241－0007372　665713
續神童詩一卷　(清)□□撰　清光緒二年(1876)文政堂刻本　一册

310000－0241－0007373　665713：2
續神童詩一卷　(清)□□撰　清光緒二年(1876)文政堂刻本　一册

310000－0241－0007374　665715(2)
幼學求源三十三卷　(清)程登吉(程允升)撰　(清)鄒聖脈增　清末敦仁堂刻本　八册

310000－0241－0007375　665716(2)
幼學故事瓊林四卷　(清)程登吉(程允升)撰　(清)鄒聖脈增補　清末李光明莊刻本　四册

310000－0241－0007376　665718
幼學須知四卷　(清)程允升著　(清)唐良瑜集注　清光緒六年(1880)刻本　四册

310000－0241－0007377　665719
幼學中西門徑八卷　(清)□□輯　清光緒二十四年(1898)廣智學堂校刻本　三册

310000－0241－0007378　665720
六藝綱目二卷　(元)舒天民撰　清光緒七年(1881)籀書誃汪氏刻本　二册

310000－0241－0007379　665721
初學文引不分卷　(清)葉廉鍔編　清同治三餘堂刻本　一册

310000－0241－0007380　665723
性理字訓不分卷　(宋)程若庸增廣　清光緒八年(1882)刻本　一册

310000－0241－0007381　665724
純正蒙求三卷　(元)胡炳文撰　清光緒六年(1880)楚北黄留餘堂刻本　三册

310000－0241－0007382　665725
純正蒙求三卷　(元)胡雲峯著　清道光十五年(1835)刻本　三册

310000－0241－0007383　665726
家塾蒙求五卷　（清）康基淵纂輯　清同治七年（1868）刻本　二册

310000－0241－0007384　665727
家塾蒙求五卷　（清）康基淵纂輯　清同治十一年（1872）黔陽官署刻本　三册

310000－0241－0007385　665728
課蒙易曉一卷　（清）張官德著　清同治元年（1862）刻本　一册

310000－0241－0007386　665730
養蒙正軌一卷　（英國）秀耀春　汪振聲譯　清末排印本　一册

310000－0241－0007387　665731
養蒙針度五卷首一卷　（清）潘子聲手定　清光緒六年（1880）北京文和堂刻本　二册

310000－0241－0007388　665733
養正新編不分卷　（美國）劉樂義譯　（清）鄒佩笙述　清光緒三十三年（1907）上海商務印書館排印本　一册

310000－0241－0007389　665736
蒙學課本初編不分卷二編不分三編不分卷　（清）□□撰　清光緒二十八年（1902）排印本　三册

310000－0241－0007390　665738
養蒙初基九卷　（清）楊蔭廷編　清光緒十七年（1891）廣州文富齋刻本　八册

310000－0241－0007391　665739
提綱釋義一卷　（清）□□撰　清末李光明莊刻本　一册

310000－0241－0007392　665740
新增龍文鞭影全集四卷　（明）蕭良有纂輯　（明）楊臣諍增訂　清光緒元年（1875）刻本　四册

310000－0241－0007393　665740（2）
龍文鞭影二集四卷　（清）李暉吉輯　（清）徐瓚訂　清光緒二十年（1894）熙記書莊刻本　二册

310000－0241－0007394　665740（2）：2
龍文鞭影二集四卷　（清）李暉吉輯　（清）徐瓚訂　清光緒二十年（1894）熙記書莊刻本　二册

310000－0241－0007395　665740：2
新增龍文鞭影全集四卷　（明）蕭良有纂輯　（明）楊臣諍增訂　清光緒元年（1875）刻本　一册

310000－0241－0007396　665741
蒙筱一卷　（清）三素居士撰　**敬教勸學說一卷**　（清）訪安詒撰　清同治十年（1871）綠蔭山房刻本　一册

310000－0241－0007397　665744
經餘必讀　（清）雷琳等輯　清刻本　一册　存四卷

310000－0241－0007398　665749
對類便讀六卷首一卷　（清）程錫類編輯　（清）葉良儀刪訂　清歙黃子明刻小酉山房修補本　二册

310000－0241－0007399　665749（2）
對類便讀六卷首一卷　（清）程錫類編輯　（清）葉良儀刪訂　清末綠慎堂刻蘇州掃葉山房印本　四册

310000－0241－0007400　665750
嗣香館學堂訓一卷　（清）徐鼎彝撰　清刻本　一册

310000－0241－0007401　665751
詞林分類次韻便讀三字錦九卷末一卷　（清）趙暄編著　清光緒刻本　五册

310000－0241－0007402　665752
課童金鏡全集二卷　（清）鄭靜山著　（清）謝大成選評　清光緒二年（1876）禪山文林閣刻本　二册

310000－0241－0007403　665754
蒙養函書初編上函三十五種三十七卷　（清）張承燮輯　清光緒十六年至十七年（1890－1891）東聽雨堂刻本　十三册

310000－0241－0007404　665755
童蒙記誦編二卷　（清）周保璋編著　清光緒二十三年(1897)嘉定高漱芳齋刻本　二册

310000－0241－0007405　665757
訓蒙捷徑四卷　（清）黄慶澄撰　清光緒二十五年(1899)刻本　四册

310000－0241－0007406　665758
養蒙圖説不分卷　（清）涂時相纂著　清末漢皋刻本　一册

310000－0241－0007407　665759
百姓昭明一卷　（清）夏雲集編纂　清光緒十一年(1885)刻本　一册

310000－0241－0007408　665760
蒙學修身書六卷　（清）蔣黼編　清光緒二十八年(1902)刻本　一册

310000－0241－0007409　665761
步天歌一卷括地畧一卷輿地畧一卷　（清）□□撰　清末南京李光明莊刻本　一册

310000－0241－0007410　665762
敏求機要十六卷　（宋）劉實撰　（宋）劉茂實注　清光緒二十六年(1900)秦中官書局排印本　四册

310000－0241－0007411　665764
薑園課蒙草初編一卷二編一卷　（清）童琮編訂　清光緒二十九年(1903)邗上刻本　二册

310000－0241－0007412　666000
童蒙必讀書十四種十四卷　（清）涂宗瀛輯　清光緒九年(1883)武昌書局刻本　四册

310000－0241－0007413　666001
女四書四種四卷　（明）王相箋注　清光緒三十四年(1908)源德堂刻本　二册

310000－0241－0007414　666007
國學叢刊　羅振玉編　清宣統三年(1911)石印本　一册　存八卷

310000－0241－0007415　666007:2
國學叢刊　羅振玉編　清宣統三年(1911)石印本　二册

310000－0241－0007416　666014
克復學報一卷　（清）李瑞椿編　清宣統三年(1911)上海克復學報社排印本　一册

310000－0241－0007417　666016
四溟瑣記六卷　（清）尊聞閣主編　清光緒元年(1875)申報館排印本　二册

310000－0241－0007418　666019
廣益集望援集慎術集謝恩折稿等四種　題（清）來鶴山人輯　清末貼報本　十五册

310000－0241－0007419　666026
分類彙訂杭州白話報十七卷　（清）杭州白話報館編　清光緒二十七年至二十八年(1901－1902)杭州白話報館刻本　八册

310000－0241－0007420　666027
中國白話報四期　（清）中國白話報館編　清光緒三十年(1904)鏡今書局排印第二十一至二十四期本　一册

310000－0241－0007421　666028
風花雪月二卷　（清）酸友先生輯　清末刻本　一册

310000－0241－0007422　666029
敦煌石室真蹟錄三卷　王仁俊校輯　清宣統元年(1909)石印本　一册

310000－0241－0007423　666501
瓜棚避暑錄　（清）孟超然撰　清嘉慶二十年(1815)刻本　二册

310000－0241－0007424　666505
曲園雜纂五十卷　（清）俞樾撰　清光緒刻春在堂叢書本　六册

310000－0241－0007425　666506
曲園雜纂五十卷　（清）俞樾撰　清刻本　十册

310000－0241－0007426　666507
俞樓襍纂　（清）俞樾撰　清光緒刻春在堂叢書本　十册

310000－0241－0007427　666507:2
俞樓襍纂　（清）俞樾撰　清光緒刻春在堂叢

書本　六冊

310000－0241－0007428　667001

潛園集錄十六卷　(清)屠倬輯　清道光刻本　六冊

310000－0241－0007429　667002

袁了凡先生四訓　(明)袁黄撰　清光緒十九年(1893)刻本　一冊

310000－0241－0007430　667005

醒閨編　(清)廖免驕編　(清)廖名棟校　清末刻本　一冊

310000－0241－0007431　667007

續晨鐘集二十卷　(清)劉光泗等輯　清康熙四十四年(1705)刻本　十二冊

310000－0241－0007432　667007:2

續晨鐘集二十卷　(清)劉光泗等輯　清康熙四十四年(1705)刻本　六冊

310000－0241－0007433　667013

慾海回狂　(清)周安士著　清同治三年(1864)刻本　一冊

310000－0241－0007434　667014

二十二史感應錄　(清)彭希涑輯　清道光二十九年(1849)刻本　一冊

310000－0241－0007435　667019

羅狀元洪先祖師醒世詩　(明)羅洪先撰　清刻本　一冊

310000－0241－0007436　667021

百孝圖說四卷首一卷　(清)俞葆真編輯　清同治十年(1871)河間俞氏刻本　四冊

310000－0241－0007437　667021:2

百孝圖說四卷首一卷　(清)俞葆真編輯　清同治十年(1871)河間俞氏刻本　二冊

310000－0241－0007438　667023

大廣益會玉篇三十卷　(清)汪汲錄　清光緒五年(1879)龍城官廨刻本　二冊

310000－0241－0007439　667025

從善先資　(清)江皋輯　清刻本　一冊

310000－0241－0007440　667026

從善先資二卷　(清)江皋編　清道光二十六年(1846)刻本　二冊

310000－0241－0007441　667030

傳家寶　(清)石成金撰　清光緒二十一年(1895)石印本　十六冊

310000－0241－0007442　667030:2

傳家寶　(清)石成金撰　清光緒二十一年(1895)石印本　十六冊

310000－0241－0007443　667031

傳家寶四集三十二卷　(清)石成金撰　清乾隆刻本　三十二冊

310000－0241－0007444　667035

勉戒切要錄十二卷　(清)孫廷鍔編　清同治八年(1869)蘇州顧悅廷刻字店刻本　六冊

310000－0241－0007445　667036

暗室燈　(清)□□撰　清光緒元年(1875)刻本　一冊

310000－0241－0007446　667040

蕉窗必讀　(清)陳宗泗輯　清康熙檇李陳氏自刻本　一冊　存五卷

310000－0241－0007447　667041

全家寶一卷　(□)□□撰　清同治十三年(1874)彭同文堂刻本　一冊

310000－0241－0007448　667042

賢良祠一卷附古佛勸世文一卷　(清)□□輯　清坊刻本　一冊

310000－0241－0007449　667043

百八鐘十一卷　(□)□□撰　清刻本　一冊

310000－0241－0007450　667044

新本百八鐘四卷　(□)□□撰　清末佛山正同文堂刻本　一冊

310000－0241－0007451　667046

桂香鏡四卷首一卷　(清)劉鑑編　(清)四香居士續編　清道光十七年(1837)四香草堂刻本　二冊

310000－0241－0007452　667048

新刻敗子回頭一卷　(清)□□撰　清末上海堂刻本　一册

310000－0241－0007453　667050

醒人心不分卷　(清)□□撰　清刻本　一册

310000－0241－0007454　667051

勸戒洋煙一卷　(清)□□撰　清末杭州彙齋刻本　一册

310000－0241－0007455　667052

二十四孝一卷　(宋)朱熹原編　(清)□□删改　清光緒二十二年(1896)兩京堂刻本　一册

310000－0241－0007456　667053

勸孝詞曲三體三卷附勸婦女盡孝俗歌一卷　(清)王家楫輯　(清)王小川增訂　清光緒五年(1879)龍文齋刻本　一册

310000－0241－0007457　667054

醒心歌曲十六種十七卷　(清)□□輯　清同治八年(1869)刻本　一册

310000－0241－0007458　667055

新刻日記故事續集二卷　(清)寄雲齋學人編輯　清嘉慶、道光間刻本　一册

310000－0241－0007459　667057

媿林漫録不分卷　(明)瞿式耜纂　清光緒十六年(1890)江蘇書局刻本　二册

310000－0241－0007460　667057:2

媿林漫録不分卷　(明)瞿式耜纂　清光緒十六年(1890)江蘇書局刻本　二册

310000－0241－0007461　667060

古今勸世詩鈔一卷　(清)江皋居士輯　清道光二十七年(1847)刻本　一册

310000－0241－0007462　667062

芸臺戒詞一卷續編一卷補編一卷　(清)張肇熙撰　清光緒二十年(1894)問心堂木活字印本　一册

310000－0241－0007463　667064

楊椒山家訓一卷附寫本一卷　(明)楊繼盛撰　清道光十八年(1838)上海晚桂堂刻本　一册

310000－0241－0007464　667069

勸守身説一卷　(清)□□撰　清末北京琉璃廠擷華齋木活字印本　一册

310000－0241－0007465　667072

戒溺女圖説不分卷　(清)□□撰　清同治十二年(1873)歙縣耕心堂刻本　一册

310000－0241－0007466　668001

得一錄十六卷　(清)余治輯　清同治八年(1869)刻本　二册

310000－0241－0007467　668001(2)

得一錄八卷首一卷　(清)余治輯　清光緒十一年(1885)寶善堂刻本　八册

310000－0241－0007468　668004

玉曆至寶鈔不分卷　(□)□□編　清宣統元年(1909)刻本　一册

310000－0241－0007469　668006

敬信錄　(清)□□輯　清道光二十六年(1846)刻本　一册

310000－0241－0007470　668007

來格編四卷　(清)陳兆龍撰　(清)陳遵行輯　清咸豐九年(1859)上海邑廟園内翼化堂善書局刻本　一册

310000－0241－0007471　668008

好生救劫編不分卷　(清)姚瑩撰　清末刻本　一册

310000－0241－0007472　668009

善過格不分卷　(清)□□輯　清同治六年(1867)刻本　一册

310000－0241－0007473　668010

拯嬰彙編不分卷附錄二卷　(清)□□編　清同治四年(1865)張炳辰刻本　六册

310000－0241－0007474　668011

啓蒙入聖善過格全部總解三卷首一卷末一卷附從善捐貲姓氏　(清)唐彪輯　清同治十三年(1874)内江唐氏刻本　一册

310000－0241－0007475　680001
漢氾勝之遺書一卷　(清)宋葆淳輯　清刻本　一冊

310000－0241－0007476　680003
齊民要術十卷　(北魏)賈思勰撰　清光緒漸西村舍校刻本　四冊

310000－0241－0007477　680004
齊民要術十卷　(北魏)賈思勰撰　清光緒漸西村舍校刻本　四冊

310000－0241－0007478　680005
農桑輯要七卷　(元)司農司撰　清翻刻武英殿本　三冊

310000－0241－0007479　680006
農桑輯要七卷附蠶事要畧一卷　(元)司農司撰　清光緒漸西村舍刻本　二冊

310000－0241－0007480　680007
農桑輯要七卷附蠶事要畧一卷　(元)司農司撰　清光緒漸西村舍刻本　二冊

310000－0241－0007481　680008
農桑輯要七卷附蠶事要畧一卷　(元)司農司撰　清光緒漸西村舍刻本　二冊

310000－0241－0007482　680008:2
農桑輯要七卷附蠶事要畧一卷　(元)司農司撰　清光緒漸西村舍刻本　二冊

310000－0241－0007483　680009
農桑輯要七卷附蠶事要畧一卷　(元)司農司撰　清光緒漸西村舍刻本　二冊

310000－0241－0007484　680010
農政全書六十卷　(明)徐光啓纂輯　清道光二十三年(1843)上海王氏曙海樓刻本　三十二冊

310000－0241－0007485　680010:2
農政全書六十卷　(明)徐光啓纂輯　清道光二十三年(1843)上海王氏曙海樓刻本　二十四冊

310000－0241－0007486　680011
農政全書六十卷　(明)徐光啓纂輯　清道光二十三年(1843)上海王氏曙海樓刻本　二十四冊

310000－0241－0007487　680012
農政全書六十卷　(明)徐光啓纂輯　清光緒二十六年(1900)上海文海書局石印本　二冊

310000－0241－0007488　680013
農政全書　(明)徐光啓纂輯　清道光刻本　十五冊　存五十六卷

310000－0241－0007489　680014
農事私議二卷附墾荒裕國策一卷　羅振玉撰　清光緒二十六年(1900)刻本　一冊

310000－0241－0007490　680014:2
農事私議二卷附墾荒裕國策一卷　羅振玉撰　清光緒二十六年(1900)刻本　一冊

310000－0241－0007491　680014:3
農事私議二卷附墾荒裕國策一卷　羅振玉撰　清光緒二十六年(1900)刻本　一冊

310000－0241－0007492　680015
裨農最要三卷　(清)陳開沚撰　清光緒二十三年(1897)潼川文明堂刻本　一冊

310000－0241－0007493　680016
營田輯要内篇二卷外篇一卷首一卷　(清)黃輔辰撰　清同治三年(1864)成都刻本　一冊

310000－0241－0007494　680016:2
營田輯要内篇二卷外篇一卷首一卷　(清)黃輔辰撰　清同治三年(1864)成都刻本　一冊

310000－0241－0007495　680018
農學初級一卷　(英國)旦爾恒理著　(英國)秀耀春口譯　清光緒二十四年(1898)上海製造局刻本　一冊

310000－0241－0007496　680019
農學初級一卷　(英國)旦爾恒理著　(英國)秀耀春譯　清光緒二十四年(1898)上海製造局刻本　一冊

310000－0241－0007497　680020
農務土質論三卷　(美國)金福蘭格令希蘭撰　(美國)衛理口譯　清光緒二十六年(1900)

江南製造局刻本　三册

310000－0241－0007498　680023
農桑衣食撮要二卷　(元)魯明善撰　清光緒十五年(1889)清風室刻本　一册

310000－0241－0007499　680024
補農書二卷　(清)萬斛泉編次　清光緒二十三年(1897)然藜閣木活字印本　一册

310000－0241－0007500　680025
三農紀十卷　(清)張宗法撰　清三讓堂刻本　四册

310000－0241－0007501　680026
農學津梁一卷　(英國)恒理湯納耳著　(美國)衛理譯　清光緒二十八年(1902)江南製造局刻本　一册

310000－0241－0007502　680028
農學津梁一卷　(英國)恒理湯納耳著　(美國)衛理譯　清光緒二十八年(1902)江南製造局刻本　一册

310000－0241－0007503　680029
御製耕織圖不分卷　(清)聖祖玄燁撰　清光緒十二年(1886)點石齋石印本　二册

310000－0241－0007504　680033
豐豫莊本書六種八卷　(清)潘曾沂編著　清光緒八年(1882)津河廣仁堂刻本　一册

310000－0241－0007505　680036
農學報三百十五卷　(清)農學報館編　清光緒二十三年至三十一年(1897－1905)石印本　二十册

310000－0241－0007506　680036:2
農學報三百十五卷　(清)農學報館編　清光緒二十三年至三十一年(1897－1905)石印本　十册

310000－0241－0007507　680036:3
農學報三百十五卷　(清)農學報館編　清光緒二十三年至三十一年(1897－1905)石印本　三册

310000－0241－0007508　681003
欽定授時通考七十八卷　(清)高宗弘曆敕撰　清江西書局刻本　二十四册

310000－0241－0007509　681004
欽定授時通考七十八卷　(清)高宗弘曆敕撰　清江西書局刻本　二十四册

310000－0241－0007510　681005
欽定授時通考七十八卷　(清)高宗弘曆敕撰　清光緒二十八年(1902)石印本　六册

310000－0241－0007511　681006
欽定授時通考七十八卷　(清)高宗弘曆敕撰　清江西書局刻本　二十册

310000－0241－0007512　682007
續纂江蘇水利全案正編四十卷附編二十卷首一卷　(清)李慶雲總纂　(清)蔣師轍等編輯　清光緒十五年(1889)水利工程局木活字印本　二十三册

310000－0241－0007513　682007:2
續纂江蘇水利全案正編四十卷附編二十卷首一卷　(清)李慶雲總纂　(清)蔣師轍等編輯　清光緒十五年(1889)水利工程局木活字印本　二十二册

310000－0241－0007514　682010
浙西水利備考不分卷　(清)王鳳生主編　(清)胡德璐繪圖　清光緒四年(1878)浙江書局刻本　四册

310000－0241－0007515　682010:2
浙西水利備考不分卷　(清)王鳳生主編　(清)胡德璐繪圖　清光緒四年(1878)浙江書局刻本　一册

310000－0241－0007516　682011
浙西水利備考不分卷　(清)王鳳生主編　(清)胡德璐繪圖　清光緒四年(1878)浙江書局刻本　一册

310000－0241－0007517　682012
浙西水利備考不分卷　(清)王鳳生主編　(清)胡德璐繪圖　清光緒四年(1878)浙江書局刻本　四册

310000－0241－0007518　682013
橫橋堰水利記一卷附泖河案牘一卷　(清)徐用福編　清光緒排印本　一冊

310000－0241－0007519　682014
濬上南川都臺浦河工案牘不分卷　(清)謝源深編　清宣統元年(1909)排印本　二冊

310000－0241－0007520　682014：2
濬上南川都臺浦河工案牘不分卷　(清)謝源深編　清宣統元年(1909)排印本　一冊

310000－0241－0007521　682015：2
濬上南北馬家浜河工案牘不分卷　(清)謝源深編　(清)朱日宣編　清宣統元年(1909)排印本　一冊

310000－0241－0007522　682016
疏濬武陽南運河徵信錄一卷　(清)武陽五河總局輯　清光緒木活字印本　一冊

310000－0241－0007523　682017
疏濬武陽老孟河徵信錄一卷　(清)武陽五河總局編　清光緒木活字印本　一冊

310000－0241－0007524　682018
孟河北段節次開濬事畧不分卷　(清)武陽五河總局輯　清光緒木活字印本　一冊

310000－0241－0007525　682025
孫耕遠築圩圖說一卷　(清)孫峻撰　清末刻本　一冊

310000－0241－0007526　682026
六脈渠圖說一卷　(清)陳坤撰　清光緒刻本　一冊

310000－0241－0007527　683001
蠶桑說一卷　(清)沈練著　清光緒十六年(1890)刻本　一冊

310000－0241－0007528　683002
蠶桑說一卷　(清)沈練著　清光緒十六年(1890)刻本　一冊

310000－0241－0007529　683003
豳風廣義三卷　(清)楊屾編輯　清光緒八年(1882)刻本　三冊

310000－0241－0007530　683003：2
豳風廣義三卷　(清)楊屾編輯　清光緒八年(1882)刻本　二冊

310000－0241－0007531　683004
蠶桑輯要不分卷　(清)沈秉成輯　清光緒九年(1883)金陵書局刻本　一冊

310000－0241－0007532　683004：2
蠶桑輯要不分卷　(清)沈秉成輯　清光緒九年(1883)金陵書局刻本　一冊

310000－0241－0007533　683005
蠶桑輯要合編不分卷　(清)河南蠶桑局編　清光緒六年(1880)河南蠶桑局刻本　二冊

310000－0241－0007534　683005：2
蠶桑輯要合編不分卷　(清)河南蠶桑局編　清光緒六年(1880)河南蠶桑局刻本　一冊

310000－0241－0007535　683006
蠶桑萃編十五卷首一卷　(清)衛傑編　清光緒二十五年(1899)刻本　八冊

310000－0241－0007536　683006：2
蠶桑萃編十五卷首一卷　(清)衛傑編　清光緒二十五年(1899)刻本　八冊

310000－0241－0007537　683007
橡繭圖說二卷　(清)劉祖憲輯　清道光七年(1827)刻本　四冊

310000－0241－0007538　683008
意大利蠶書一卷　(意大利)丹吐魯著　(英國)傅蘭雅等譯　清末著易堂排印本　一冊

310000－0241－0007539　683009
意大利蠶書一卷　(意大利)丹吐魯著　(英國)傅蘭雅等譯　清光緒二十四年(1898)江南製造局刻本　一冊

310000－0241－0007540　683011
蠶桑實濟六卷　(清)陳光熙編輯　清同治十一年(1872)刻本　二冊

310000－0241－0007541　683012
樹桑養蠶要畧一卷　(清)□□輯　清光緒十四年(1888)刻本　一冊

310000－0241－0007542　683013
增刻蠶桑須知不分卷　(清)葉世倬撰　清同治十一年(1872)刻本　一册

310000－0241－0007543　683014
蠶桑合編不分卷　(清)沙石安輯　清同治八年(1869)刻本　一册

310000－0241－0007544　683015
樗繭譜一卷　(清)鄭珍纂　(清)莫友芝注　清光緒二十四年(1898)西安刻本　一册

310000－0241－0007545　683015(2)
樗繭譜一卷　(清)鄭珍纂　(清)莫友芝注　清光緒十三年(1887)湘南臬署刻本　一册

310000－0241－0007546　683016
蠶桑圖説提要一卷　(清)張壽宸輯　清同治十一年(1872)耐園精舍刻本　一册

310000－0241－0007547　683017
柞蠶彙誌一卷　(清)董元亮撰　清宣統二年(1910)浙江官紙局木活字印本　一册

310000－0241－0007548　684002
欽定授衣廣訓二卷　(清)仁宗顒琰敕撰　清刻本　二册

310000－0241－0007549　684003
重訂增補陶朱公致富全書四卷　(周)范蠡著　清末杭城聚文堂刻本　四册

310000－0241－0007550　684004
山居瑣言一卷　(清)王晉之撰　清光緒七年(1881)排印本　一册

310000－0241－0007551　684005
栽培浙桑淺説一卷附栽培粤菜淺説一卷　(清)□□撰　清光緒二十八年(1902)福建農桑總局刻本　一册

310000－0241－0007552　684007
棉業圖説八卷首一卷　(清)農工商部官纂　清宣統三年(1911)京師農工商部印刷科排印本　二册

310000－0241－0007553　684008
劉幼吾司馬署湖南桂陽州臨武縣勸民種植示一卷　(清)□□輯　清光緒二十七年(1901)胡玉縉抄本　一册

310000－0241－0007554　684010
金絲錄一卷　(清)汪師韓輯　清光緒十二年(1886)錢唐汪氏長沙刻本　一册

310000－0241－0007555　684011
救荒本草十四卷　(明)朱橚著　(清)張鵬飛梓　清咸豐六年(1856)來鹿堂刻本　十二册

310000－0241－0007556　690012
汽機新制八卷　(英國)白爾格撰　(英國)傅蘭雅口譯　清末江南製造局刻本　二册

310000－0241－0007557　690012:2
汽機新制八卷　(英國)白爾格撰　(英國)傅蘭雅口譯　清末江南製造局刻本　二册

310000－0241－0007558　690013
汽機發軔九卷　(英國)美以納撰　(英國)偉烈口譯　清末江南製造局刻本　四册

310000－0241－0007559　690013:2
汽機發軔九卷　(英國)美以納撰　(英國)偉烈口譯　清末江南製造局刻本　四册

310000－0241－0007560　690014
熱學揭要一卷　(美國)赫士口譯　(清)劉永貴筆述　清光緒二十五年(1899)美華書局石印本　一册

310000－0241－0007561　690015
火器真訣解證一卷　沈善蒸學　清光緒十八年(1892)刻本　一册

310000－0241－0007562　690016
鍊鋼要言一卷附錄試驗各法　(清)徐家寶譯述　清光緒二十年(1894)江南製造局刻本　一册

310000－0241－0007563　690016:2
鍊鋼要言一卷附錄試驗各法　(清)徐家寶譯述　清光緒二十年(1894)江南製造局刻本　一册

310000－0241－0007564　690017
冶金錄三卷　(美國)阿發滿撰　(清)趙元益

筆述　清末江南製造局刻本　二册

310000－0241－0007565　690017:2
冶金録三卷　（美國）阿發滿　（清）趙元益筆述　清末江南製造局刻本　二册

310000－0241－0007566　690018
鑛學心要新編三卷　（清）宋仔鳳著　清光緒二十八年（1902）蜀西廣石山房刻本　四册

310000－0241－0007567　690019
開礦器法圖説十卷　（美國）俺特累著　（英國）傅蘭雅口譯　清光緒二十五年（1899）刻本　六册

310000－0241－0007568　690019:2
開礦器法圖説十卷　（美國）俺特累著　（英國）傅蘭雅口譯　清光緒二十五年（1899）刻本　六册

310000－0241－0007569　690020
顔料編三卷　（日本）江守襄吉郎編　汪振聲重編　清末江南製造局刻本　二册

310000－0241－0007570　690021
航海簡法四卷　（英國）那麗撰　（美國）金楷理口譯　（清）王德均筆述　清末江南製造局刻本　二册

310000－0241－0007571　690022
航海簡法四卷　（英國）那麗撰　（美國）金楷理口譯　（清）王德均筆述　清末江南製造局刻本　二册

310000－0241－0007572　690023
航海簡法四卷　（英國）那麗撰　（美國）金楷理口譯　（清）王德均筆述　清末江南製造局刻本　二册

310000－0241－0007573　690024
大清光緒三十年歲次甲辰航海通書一卷　（清）江南製造局譯改　清末江南製造局刻本　一册

310000－0241－0007574　690026
船塢論畧一卷　（英國）傅蘭雅輯譯　（清）鍾天緯筆述　清末江南製造局刻本　一册

310000－0241－0007575　690027
工藝報存八卷　（清）奚□編印　清光緒二十六年至二十八年（1900－1902）南匯奚氏石印本　四册　存八卷（一至二、十一至十六）

310000－0241－0007576　690027:2
工藝報存三卷　（清）奚□編印　清光緒二十八年（1902）南匯奚氏石印本　三册　存三卷（十二、十四至十五）

310000－0241－0007577　690028
考工記要十七卷坿圖一卷　（英國）瑪體生著　（英國）傅蘭雅同譯　清末江南製造局刻本　八册

310000－0241－0007578　690028:2
考工記要十七卷坿圖一卷　（英國）瑪體生著　（英國）傅蘭雅同譯　清末江南製造局刻本　二册

310000－0241－0007579　690029
汽機必以十二卷首一卷附卷一卷　（英國）蒲而捺撰　（英國）傅蘭雅口譯　清末江南製造局刻本　六册

310000－0241－0007580　690029:2
汽機必以十二卷首一卷附卷一卷　（英國）蒲而捺撰　（英國）傅蘭雅口譯　清末江南製造局刻本　二册

310000－0241－0007581　690030
製機理法八卷附圖一卷　（英國）覺顯禄斯著　（英國）傅蘭雅口譯　清光緒二十五年（1899）江南製造局刻本　四册

310000－0241－0007582　690031
井礦工程三卷　（英國）白爾捺輯　（英國）傅蘭雅口譯　清末江南製造局刻本　二册

310000－0241－0007583　690032
開煤要法十二卷　（英國）士蜜德輯　（英國）傅蘭雅口譯　清末江南製造局刻本　二册

310000－0241－0007584　690032:2
開煤要法十二卷　（英國）士蜜德輯　（英國）傅蘭雅口譯　清末江南製造局刻本　一册

310000－0241－0007585　690033
考試司機　（英國）掭爾那著　（英國）傅蘭雅口譯　清末江南製造局刻本　一冊　存一卷

310000－0241－0007586　690035
鍊石編三卷圖一卷　（英國）亨利黎特撰　（清）舒高第校譯　清末排印本　二冊

310000－0241－0007587　690036
鑄錢工藝三卷　（英國）傅蘭雅　（清）鍾天緯譯　清末江南製造局排印本　二冊

310000－0241－0007588　690040
新鐫工師雕斲正式魯班木匠家鏡四卷首一卷　（明）午榮　（明）章嚴彙編　清宣統元年(1909)掃葉山房石印本　一冊

310000－0241－0007589　690041
東國鑿井法一卷　（清）胡璋述　清末石印本　一冊

310000－0241－0007590　690042
照相鏤板印圖法不分卷　（美國）貝列尼原本　（美國）衛理譯　清光緒二十六年(1900)江南製造局刻本　一冊

310000－0241－0007591　690043
銀礦指南一卷圖一卷　（美國）亞倫著　（英國）傅蘭雅口譯　（清）應祖錫筆述　清光緒十七年(1891)江南機器製造局刻本　二冊

310000－0241－0007592　720005
世說新語六卷　（南朝宋）劉義慶撰　（南朝梁）劉孝標注　清光緒三年(1877)湖北崇文書局刻本　四冊

310000－0241－0007593　720005：2
世說新語六卷　（南朝宋）劉義慶撰　（南朝梁）劉孝標注　清光緒三年(1877)湖北崇文書局刻本　四冊

310000－0241－0007594　720006
世說新語六卷　（南朝宋）劉義慶撰　（南朝梁）劉孝標注　清光緒三年(1877)湖北崇文書局刻本　二冊

310000－0241－0007595　720014
鑑誡錄十卷　（後蜀）何光遠編　清光緒三年(1877)湖北崇文書局刻本　二冊

310000－0241－0007596　720017
唐國史補三卷　（唐）李肇撰　清嘉慶十年(1805)照曠閣刻本　二冊

310000－0241－0007597　720018
唐摭言十五卷　（五代）王定保撰　清乾隆二十一年(1756)雅雨堂刻本　三冊

310000－0241－0007598　720018：2
唐摭言十五卷　（五代）王定保撰　清乾隆二十一年(1756)雅雨堂刻本　三冊

310000－0241－0007599　720019
桯史十五卷　（宋）岳珂撰　明刻康熙修補本　三冊

310000－0241－0007600　720019(2)
桯史十五卷附錄一卷　（宋）岳珂撰　明末虞山毛氏汲古閣刻津逮秘書本　五冊

310000－0241－0007601　720021
涑水記聞十六卷坿補遺一卷　（宋）司馬光撰　清光緒三年(1877)湖北崇文書局刻本　四冊

310000－0241－0007602　720021：2
涑水記聞十六卷坿補遺一卷　（宋）司馬光撰　清光緒三年(1877)湖北崇文書局刻本　四冊

310000－0241－0007603　720021：3
涑水記聞十六卷坿補遺一卷　（宋）司馬光撰　清光緒三年(1877)湖北崇文書局刻本　四冊

310000－0241－0007604　720021：4
涑水記聞十六卷坿補遺一卷　（宋）司馬光撰　清光緒三年(1877)湖北崇文書局刻本　四冊

310000－0241－0007605　720023
涑水記聞十六卷坿補遺一卷　（宋）司馬光撰　清光緒三年(1877)湖北崇文書局刻本　四冊

310000－0241－0007606　720023：2

涑水記聞十六卷坿補遺一卷　（宋）司馬光撰　清光緒三年（1877）湖北崇文書局刻本　四冊

310000－0241－0007607　720029

夷堅志十集二十卷　（宋）洪邁撰　清乾隆四十三年（1778）耕煙草堂刻本　十冊

310000－0241－0007608　720029（2）

重刻宋本夷堅志甲集二十卷乙集二十卷丙集二十卷丁集二十卷　（宋）洪邁編　清光緒五年（1879）歸安陸氏刻本　十二冊

310000－0241－0007609　720032

遂昌山人雜錄二卷　（元）鄭元祐撰　清光緒二年（1876）徐氏刻本　一冊

310000－0241－0007610　720033

孫公談圃三卷　（宋）劉延世錄　清道光刻本　一冊

310000－0241－0007611　720034

甲乙剩言一卷　（明）胡應麟著　明刻陳眉公訂正秘笈本　一冊

310000－0241－0007612　720035

眉公見聞錄八卷　（明）陳繼儒撰　明刻本　二冊

310000－0241－0007613　720036

澠水燕談錄十卷　（宋）王闢之撰　明刻稗海本　一冊

310000－0241－0007614　720037

茶餘客話十二卷　（清）阮葵生撰　清光緒五年（1879）上海千頃堂刻本　一冊

310000－0241－0007615　720037（3）

茶餘客話二十二卷　（清）阮葵生撰　清光緒十四年（1888）排印本　四冊

310000－0241－0007616　720038

耳食錄　（清）樂鈞撰　清同治十年（1871）刻本　八冊　存十六卷（初編十卷、二編六卷）

310000－0241－0007617　720039

嘯亭雜錄八卷續錄二卷　（清）昭槤輯　清光緒二十七年（1901）掃葉山房石印本　六冊

310000－0241－0007618　720039：2

嘯亭雜錄八卷續錄二卷　（清）昭槤輯　清光緒二十七年（1901）掃葉山房石印本　四冊

310000－0241－0007619　720041

邇訓二十卷　（明）方舉漸纂集　清光緒九年（1883）排印本　三冊

310000－0241－0007620　720043

澹餘筆記一卷　（清）曹申吉撰　清光緒、宣統間江陰繆氏刻本　一冊

310000－0241－0007621　720044

排悶錄十二卷　（清）孫洙輯　清乾隆、嘉慶間刻莆田書屋印本　六冊

310000－0241－0007622　720046

山房隨筆一卷補遺一卷　（元）蔣子正撰　清光緒、宣統間江陰繆氏刻本　一冊

310000－0241－0007623　720048

北夢瑣言二十卷　（宋）孫光憲纂集　清乾隆二十一年（1756）雅雨堂刻本　二冊

310000－0241－0007624　720049

富貴叢譚四卷　（清）邵紀棠輯　清同治十一年（1872）排印本　一冊

310000－0241－0007625　720053

泊宅編三卷　（宋）方勺撰　明刻本　一冊

310000－0241－0007626　720055

柳南隨筆六卷　（清）王應奎撰　清乾隆五年（1740）親仁堂刻本　二冊

310000－0241－0007627　720056

癸辛雜識前集一卷　（宋）周密撰　明商濬刻稗海本　一冊

310000－0241－0007628　720061

蕉軒摭錄十二卷　（清）俞夢蕉著　清咸豐二年（1852）雙桂樓刻本　六冊

310000－0241－0007629　720062

熙朝新語十六卷　（清）余金輯　清嘉慶二十三年（1818）刻本　六冊

310000－0241－0007630　720064
浪跡叢談十一卷續談八卷　(清)梁章鉅撰　清道光二十七年至二十八年(1847－1848)亦東園刻本　八册

310000－0241－0007631　720064(2)
浪跡叢談十一卷續談八卷　(清)梁章鉅撰　清末翻刻道光北東園本　八册

310000－0241－0007632　720064(3)
浪跡叢談八卷　(清)梁章鉅撰　清末排印本　二册

310000－0241－0007633　720065
履園叢話二十四卷　(清)錢泳輯　清同治九年(1870)重修本　八册

310000－0241－0007634　720065:2
履園叢話二十四卷　(清)錢泳輯　清同治九年(1870)重修本　八册

310000－0241－0007635　720069
庸閒齋筆記八卷　(清)陳其元撰　清同治十三年(1874)吳下刻本　四册

310000－0241－0007636　720069(2)
庸閒齋筆記十二卷　(清)陳其元撰　清光緒十五年(1889)上海檢古齋石印本　四册

310000－0241－0007637　720069(2):2
庸閒齋筆記十二卷　(清)陳其元撰　清光緒十五年(1889)上海檢古齋石印本　五册

310000－0241－0007638　720069(3)
庸閒齋筆記十二卷　(清)陳其元撰　清宣統三年(1911)上海掃葉山房石印本　四册

310000－0241－0007639　720069:2
庸閒齋筆記八卷　(清)陳其元撰　清同治十三年(1874)吳下刻本　六册

310000－0241－0007640　720070(2)
印雪軒隨筆四卷　(清)俞鴻漸撰　清道光二十七年(1847)刻本　四册

310000－0241－0007641　720073
椒生隨筆八卷　(清)王之春撰　清光緒七年(1881)上洋文藝齋刻本　四册

310000－0241－0007642　720075
友會談叢三卷　(宋)上官融撰　清光緒歸安陸氏刻十萬卷樓叢書本　一册

310000－0241－0007643　720075:2
友會談叢三卷　(宋)上官融撰　清光緒歸安陸氏刻十萬卷樓叢書本　一册

310000－0241－0007644　720077
野記四卷　(明)祝允明撰　清同治十三年(1874)刻本　二册

310000－0241－0007645　720080
覓燈因話二卷　(清)遙青閣纂　清乾隆五十六年(1791)刻剪燈叢話本　一册

310000－0241－0007646　720082
人海記二卷　(清)查慎行編輯　(清)張士寬校　清末小嫏嬛山館刻本　二册

310000－0241－0007647　720082(2)
人海記二卷　(清)查慎行輯　(清)張士寬校　清光緒七年(1881)刻本　二册

310000－0241－0007648　720082(3)
人海記二卷　(清)查慎行輯　(清)張士寬校　清宣統二年(1910)埽葉山房石印本　一册

310000－0241－0007649　720082(3):2
人海記二卷　(清)查慎行輯　(清)張士寬校　清宣統二年(1910)埽葉山房石印本　一册

310000－0241－0007650　720083
漁舟紀談二卷續談一卷　(清)彭崧毓述　清同治元年(1862)刻本　三册

310000－0241－0007651　720084
竹葉亭雜記八卷　(清)姚元之撰　清光緒十九年(1893)姚氏刻本　二册

310000－0241－0007652　720084(2)
竹葉亭雜記四卷　(清)姚元之撰　清宣統三年(1911)埽葉山房石印本　二册

310000－0241－0007653　720084:2
竹葉亭雜記八卷　(清)姚元之撰　清光緒十九年(1893)姚氏刻本　二册

310000－0241－0007654　720084:3
竹葉亭雜記八卷　(清)姚元之撰　清光緒十九年(1893)姚氏刻本　二册

310000－0241－0007655　720085
蕉軒摭錄十二卷　(清)俞夢蕉撰　清末上海申報館排印本　四册

310000－0241－0007656　720087
北東園筆錄初編六卷續編六卷三編六卷四編六卷　(清)梁恭辰撰　清同治五年(1866)刻本　八册

310000－0241－0007657　720089
鐵槎山房聞見錄十二卷　(清)于克襄編輯　清道光二十三年(1843)刻本　六册

310000－0241－0007658　720091
簷曝雜記六卷　(清)趙翼撰　清刻本　二册

310000－0241－0007659　720091:2
簷曝雜記六卷　(清)趙翼撰　清刻本　四册

310000－0241－0007660　720092
兩般秋雨盦隨筆八卷　(清)梁紹壬纂　清道光十七年(1837)錢塘汪氏振綺堂刻本　八册

310000－0241－0007661　720092:2
兩般秋雨盦隨筆八卷　(清)梁紹壬纂　清道光十七年(1837)錢塘汪氏振綺堂刻本　六册

310000－0241－0007662　720092:3
兩般秋雨盦隨筆八卷　(清)梁紹壬纂　清道光十七年(1837)錢塘汪氏振綺堂刻本　四册

310000－0241－0007663　720092:4
兩般秋雨盦隨筆八卷　(清)梁紹壬纂　清道光十七年(1837)錢塘汪氏振綺堂刻本　四册

310000－0241－0007664　720092:5
兩般秋雨盦隨筆八卷　(清)梁紹壬纂　清道光十七年(1837)錢塘汪氏振綺堂刻本　四册

310000－0241－0007665　720092:6
兩般秋雨盦隨筆八卷　(清)梁紹壬纂　清道光十七年(1837)錢塘汪氏振綺堂刻本　四册

310000－0241－0007666　720094
無事爲福齋隨筆二卷　(清)韓泰華撰　清光緒潘氏刻功順堂叢書本　一册

310000－0241－0007667　720095
州乘餘聞不分卷　(清)宋弼著　清光緒十四年(1888)養知堂刻本　一册

310000－0241－0007668　720096
雨窗消意錄甲部四卷　(清)牛應之編　清刻本　二册

310000－0241－0007669　720096:2
雨窗消意錄甲部四卷　(清)牛應之編　清刻本　二册

310000－0241－0007670　720114
三借廬贅譚十二卷　(清)鄒弢纂　清末上海申報館排印本　六册

310000－0241－0007671　720117
漁磯漫鈔十卷　(清)雷琳等輯　清同治十年(1871)刻本　六册

310000－0241－0007672　720117(2)
漁磯漫鈔十卷　(清)雷琳撰　清乾隆五十九年(1794)刻本　六册

310000－0241－0007673　720117:2
漁磯漫鈔十卷　(清)雷琳等輯　清同治十年(1871)刻本　四册

310000－0241－0007674　720118(2)
庸盦筆記六卷　(清)薛福成撰　清末遺經樓校刻本　二册　存二卷(三、五)

310000－0241－0007675　720119
廣陽雜記五卷　(清)劉獻廷撰　清光緒潘氏刻功順堂叢書本　三册

310000－0241－0007676　720121
宦遊紀事一卷　(清)唐汝明撰　清道光二十七年(1847)刻本　一册

310000－0241－0007677　720127
巾經纂　(清)宋宗元編　清乾隆十六年(1751)網師園刻本　四册　存十六卷

310000－0241－0007678　720127(2)

經世史鏡二十卷　(清)宋宗元撰　清光緒二十八年(1902)敬荄氏排印本　五冊

310000－0241－0007679　720129
吉祥花六卷　(清)邵紀棠輯　清光緒二十一年(1895)上海古香閣石印本　四冊

310000－0241－0007680　720130
椒生隨筆八卷　(清)王之春撰　清光緒七年(1881)上海文藝齋刻本　四冊

310000－0241－0007681　720135
野獲編三十卷補遺四卷　(明)沈德符著　(清)錢枋編輯　清道光七年(1827)錢塘姚氏刻本　二十冊

310000－0241－0007682　720143
夢園叢説内篇八卷　(清)方濬頤撰　清同治十三年(1874)刻本　二冊

310000－0241－0007683　720146
習苦齋筆記一卷　(清)戴熙撰　清同治刻本　一冊

310000－0241－0007684　720147
珊瑚舌雕談初筆八卷　(清)許起撰　清光緒十一年(1885)弢園王氏木活字印本　四冊

310000－0241－0007685　720148
見聞續筆二十四卷　(清)齊學裘撰　清光緒二年(1876)天空海闊之居刻本　八冊

310000－0241－0007686　720149
玉井山館筆記不分卷附舊遊日記一卷　(清)許宗衡撰　清同治刻滂喜齋叢書本　一冊

310000－0241－0007687　720150
靜娱亭筆記十二卷　(清)張培仁撰　清同治、光緒間刻本　八冊

310000－0241－0007688　720154
寄蝸殘贅十六卷　(清)汪堃纂　清同治、光緒間刻本　四冊

310000－0241－0007689　720159
俗話傾談四卷　(清)博陵紀棠氏輯　清末石印本　一冊

310000－0241－0007690　720160
豈有此理四卷　(清)□□撰　清嘉慶四年(1799)絳雪草廬刻本　四冊

310000－0241－0007691　720161
更豈有此理四卷　(清)□□撰　清嘉慶十九年(1814)醒目齋刻本　四冊

310000－0241－0007692　720162
四夢彙譚四種四卷　(清)吳紹箕撰　清光緒五年(1879)申報館排印本　四冊

310000－0241－0007693　720202(2)
燕丹子三卷　(清)孫星衍撰　清乾隆、嘉慶間蘭陵孫氏刻本　一冊

310000－0241－0007694　720204
劉大將軍臺戰實紀六卷平倭戰紀初集二卷二集不分卷　(清)□□輯　清末石印本　一冊

310000－0241－0007695　720204:2
劉大將軍臺戰實紀六卷平倭戰紀初集二卷二集不分卷　(清)□□輯　清末石印本　五冊

310000－0241－0007696　720205
新刊國聞新語録四卷　(清)東瀛野叟録　清光緒二十五年(1899)上海石印本　四冊

310000－0241－0007697　720301
笠翁偶集六卷　(清)李漁撰　(清)沈心友等訂　清翻刻雍正八年(1730)芥子園本　六冊

310000－0241－0007698　720500
青泥蓮花記十三卷　(明)梅鼎祚輯　清宣統二年(1910)自強書局石印本　四冊

310000－0241－0007699　720501
燕山外史注釋八卷　(清)陳球著　(清)永嘉若騤子輯注　清末石印本　一冊

310000－0241－0007700　720501(3)
燕山外史二卷　(清)陳球撰　清醇雅堂刻本　一冊

310000－0241－0007701　720501:2
燕山外史注釋八卷　(清)陳球著　(清)永嘉若騤子輯注　清末石印本　二冊

310000－0241－0007702　720501∶3

燕山外史注釋八卷　(清)陳球著　(清)永嘉若駿子輯注　清末石印本　四册

310000－0241－0007703　720501∶4

燕山外史注釋八卷　(清)陳球著　(清)永嘉若駿子輯注　清末石印本　一册

310000－0241－0007704　720502

七種才情傳十卷　(清)吳所敬編輯　清光緒上海晉記書莊排印本　四册

310000－0241－0007705　720503

女才子　(清)煙水散人撰　清光緒排印本　四册

310000－0241－0007706　720503(2)

女才子　(清)煙水散人撰　清光緒排印本　四册

310000－0241－0007707　720506

板橋雜記一卷附錄一卷　(清)余懷撰　沈宗畸補　清末石印本　一册

310000－0241－0007708　720506(2)

板橋雜記三卷　(清)余懷撰　沈宗畸補　清光緒三十四年(1908)葉氏郎園刻本　一册

310000－0241－0007709　720506(2)∶2

板橋雜記三卷　(清)余懷撰　沈宗畸補　清光緒三十四年(1908)葉氏郎園刻本　一册

310000－0241－0007710　720507

西青散記四卷　(清)史震林撰　清乾隆刻海陽汪氏三餘堂重印本　一册

310000－0241－0007711　720507∶2

西青散記四卷　(清)史震林撰　清乾隆刻海陽汪氏三餘堂重印本　一册

310000－0241－0007712　720508

重訂西青散記八卷　(清)史震林手定　(清)裴玠校梓　清嘉慶十年(1805)經鉏堂刻本　四册

310000－0241－0007713　720512

京塵雜錄四卷　(清)楊掌生撰　清光緒十二年(1886)同文書局石印本　二册

310000－0241－0007714　720512∶2

京塵雜錄四卷　(清)楊掌生撰　清光緒十二年(1886)同文書局石印本　二册

310000－0241－0007715　720516

秦淮八豔圖詠一卷　(清)張景祁等撰　(清)葉衍蘭繪圖　清光緒十八年(1892)越華講院刻本　一册

310000－0241－0007716　720520

蓉湖春色四卷　(清)安拙生撰　清光緒刻本　二册

310000－0241－0007717　720521(2)

豔史叢鈔十二種　(清)玉魫生輯　清光緒四年(1878)上海弢園木活字印本　十六册

310000－0241－0007718　720524

閨閣才子奇書十二卷　(清)鴛湖煙水散人撰　清光緒十九年(1893)石印本　四册

310000－0241－0007719　720525

情天寶鑑十八卷　(清)詹詹外史氏輯　清光緒二十年(1894)石印本　六册

310000－0241－0007720　720525∶2

情天寶鑑十八卷　(清)詹詹外史氏輯　清光緒二十年(1894)石印本　二册

310000－0241－0007721　720528

白門新柳記一卷補記一卷衰柳附記一卷秦淮豔品一卷　(清)許豫編　清光緒元年(1875)刻本　一册

310000－0241－0007722　720534

繪圖情天外史正册一卷續册一卷　(清)情天外史編　清光緒二十一年(1895)天津石印本　一册

310000－0241－0007723　720535

羣芳小集一卷續集一卷　(清)譚獻撰　清末刻本　一册

310000－0241－0007724　720536

秦淮畫舫錄二卷畫舫餘譚一卷　(清)捧花生撰　清嘉慶二十二年至二十三年(1817－1818)捧花樓刻本　一册

310000－0241－0007725　720537
海上青樓圖記四卷　(清)四明沁園主人繪　清光緒十八年(1892)華雨小築居石印本　四册

310000－0241－0007726　720539
海上遊戲圖説四卷　(清)滬上遊戲主人編　清光緒石印本　四册

310000－0241－0007727　720544
柔鄉韻史二卷　(清)詹塏撰　清光緒二十四年(1898)寓言報館排印本　一册

310000－0241－0007728　720547
鴻雪軒紀豔四種四卷　(清)藝蘭生輯　清同治十三年(1874)排印本　二册

310000－0241－0007729　720548
青樓小名録八卷　(清)趙慶楨輯　清宣統二年(1910)國學扶輪社排印本　四册

310000－0241－0007730　720549
上海品豔百花圖五卷　(清)司香舊尉評　(清)花下解人輯　清光緒十年(1884)上海王氏刻本　二册

310000－0241－0007731　720550
海上羣芳譜四卷　(清)顧曲詞人評　(清)懺情侍者輯　清光緒上海申報館排印本　一册

310000－0241－0007732　720551
海漚小譜一卷　(清)秋谷老人撰　清末長沙葉氏郎園刻本　一册

310000－0241－0007733　720552
吴門畫舫録一卷　(清)西溪山人編　清光緒三十四年(1908)葉氏郎園刻本　一册

310000－0241－0007734　720552:2
吴門畫舫録一卷　(清)西溪山人編　清光緒三十四年(1908)葉氏郎園刻本　一册

310000－0241－0007735　720553
蘭芷零香録三卷　(清)蓬道人撰　清光緒楊氏坦園刻本　一册

310000－0241－0007736　720900
西清筆記二卷　(清)沈初撰　清光緒葉昌熾校刻本　一册

310000－0241－0007737　720901
挑燈新録六卷　(清)吴荆園撰　清同治二年(1863)刻本　二册

310000－0241－0007738　720902
鐙窗瑣話八卷　(清)于源撰　清道光二十七年(1847)刻本　二册

310000－0241－0007739　720903
夜雨秋燈録初集四卷續集四卷三集四卷　(清)宣鼎著　清光緒三十二年(1906)鴻文書局石印本　六册

310000－0241－0007740　720903:2
夜雨秋燈録初集四卷續集四卷三集四卷　(清)宣鼎著　清光緒三十二年(1906)鴻文書局石印本　一册

310000－0241－0007741　720903:3
夜雨秋燈録初集四卷續集四卷三集四卷　(清)宣鼎著　清光緒三十二年(1906)鴻文書局石印本　一册

310000－0241－0007742　720904
鷗波漁話六卷　(清)葉廷琯撰　清同治八年至九年(1869－1870)蘇州謝文翰齋刻本　三册

310000－0241－0007743　720904(2)
鷗波漁話六卷　(清)葉廷琯撰　清末掃葉山房石印本　三册

310000－0241－0007744　720905
夢園叢説内篇八卷　(清)方濬頤撰　清同治十三年(1874)揚州刻本　四册

310000－0241－0007745　720906
夢園叢説内篇八卷外篇八卷　(清)方濬頤撰　清同治十三年(1874)揚州刻本　四册

310000－0241－0007746　720909
松濱瑣話十二卷　(清)王韜撰　清光緒十九年(1893)排印本　四册

310000－0241－0007747　720910
遯窟讕言十二卷　(清)王韜撰　清光緒元年

(1875)申報館排印本　四册

310000－0241－0007748　720916(2)

六合内外瑣言二十卷　(清)黍餘裔孫編　清宣統三年(1911)國學扶輪社石印本　六册

310000－0241－0007749　720917

巡城瑣記一卷　(清)陸毅撰　清光緒三十一年(1905)刻本　一册

310000－0241－0007750　720918

菊部羣英一卷　(清)邗江小遊仙客撰　清同治十二年(1873)北京琉璃廠西山堂刻本　一册

310000－0241－0007751　720921

里乘十卷　(清)許奉恩撰　清光緒五年(1879)常熟抱芳閣刻本　十册

310000－0241－0007752　720921(2)

里乘十卷　(清)許奉恩撰　清末翻刻常熟抱芳閣本　五册

310000－0241－0007753　720922

蛛隱瑣言二卷　(清)鄒弢撰　清末上海蘇報館排印本　一册

310000－0241－0007754　720923

莊諧選錄十二卷　(清)醒醉生編　清光緒三十年(1904)中外日報館排印本　四册

310000－0241－0007755　720923:3

莊諧選錄十二卷　(清)醒醉生編　清光緒三十年(1904)中外日報館排印本　六册

310000－0241－0007756　720923:4

莊諧選錄十二卷　(清)醒醉生編　清光緒三十年(1904)中外日報館排印本　一册

310000－0241－0007757　720924(2)

淞隱漫錄十二卷　(清)王韜撰　清末點石齋石印本　二册　存六卷(一至三、七至九)

310000－0241－0007758　720924(2):2

淞隱漫錄十二卷　(清)王韜撰　清末點石齋石印本　二册

310000－0241－0007759　720928

解醒語四卷　(清)鷗鄉老人撰　清末上海申報館排印本　一册

310000－0241－0007760　720930

夜雨秋燈續錄八卷　(清)宣鼎撰　清末上海申報館排印本　二册

310000－0241－0007761　720931

新刻古杭雜記詩集四卷　(元)□□撰　清光緒七年(1881)泉唐丁氏刻本　一册

310000－0241－0007762　721101

真真豈有此理八卷　(清)梁溪瀟湘館輯　清光緒二十年(1894)上海書局石印本　四册

310000－0241－0007763　721102

韻鶴軒雜著二卷筆談二卷　(清)□□撰　清光緒三年(1877)上海機器書局排印本　四册

310000－0241－0007764　721105

廣諧史　(明)陳邦俊輯　明萬曆刻本　一册　存二卷

310000－0241－0007765　721107

嶺南即事雜詠一集一卷二集一卷三集一卷四集一卷五集一卷六集一卷七集一卷八集一卷九集一卷十集一卷十一集一卷　題(清)諸名家老師戲墨　清光緒二十一年(1895)佛山文光樓刻本　三册

310000－0241－0007766　721110

夢筆生花初編八卷二編八卷三編八卷四編八卷　(清)繆艮輯　清光緒二十年(1894)積山書局石印本　六册

310000－0241－0007767　721111

天花亂墜八卷　(清)寅半生選輯　清光緒二十九年(1903)崇寔齋刻本　三册

310000－0241－0007768　721111(3)

天花亂墜三集八卷　(清)寅半生選輯　清光緒三十三年(1907)崇寔齋刻本　四册

310000－0241－0007769　721112

山中一夕話十二卷　(明)李贄編　(清)笑笑先生增訂　清光緒四年(1878)申報館排印本　四册

310000－0241－0007770　721114
笑史四卷　(清)陳庚撰　(清)沈泰評　清光緒上海申報館排印本　二册

310000－0241－0007771　721115
新刻笑林廣記四卷　(清)遊戲主人輯　清同治十三年(1874)一笑軒刻本　一册

310000－0241－0007772　721116
笑林擇雅四卷　(清)漚醒道人編　清末鴻文書局石印本　二册

310000－0241－0007773　721117
四淫齊四卷　(清)古崗嘯天氏輯　清末石印本　一册

310000－0241－0007774　721118
笑笑錄六卷　(清)獨逸窩退士編　清光緒五年(1879)申報館排印本　四册

310000－0241－0007775　721122
笑得好二卷　(清)指迷道人撰　清光緒七年(1881)刻本　二册

310000－0241－0007776　721123
東明曆不分卷　(□)□□編　清末民國初抄本　一册

310000－0241－0007777　721302
鐙謎新編二卷　(清)俞樾編著　清光緒二十年(1894)刻本　一册

310000－0241－0007778　721302(2)
鐙謎新編二卷　(清)俞樾編著　清光緒十二年(1886)梅花館刻本　二册

310000－0241－0007779　721303
新燈合璧三卷首一卷　(清)管禮昌撰　清光緒十四年(1888)刻本　三册

310000－0241－0007780　721303：2
新燈合璧三卷首一卷　(清)管禮昌撰　清光緒十四年(1888)刻本　三册

310000－0241－0007781　721304
八詠樓新編燈謎不分卷　題(清)空空居士編　清光緒十一年(1885)正音書屋刻本　一册

310000－0241－0007782　721308
江湖切要二卷　(清)卓亭子輯　清光緒十年(1884)吟杏山館刻本　一册

310000－0241－0007783　721309
寄傲山房隱語一卷補遺一卷　(清)冬芳氏撰　(清)彤芳氏選　清光緒八年(1882)西山堂刻本　二册

310000－0241－0007784　721500
五朝小説□□種□□卷　(明)桃源溪父輯　明末刻本　一册

310000－0241－0007785　721501
太平廣記五百卷　(宋)李昉等編　清乾隆二十年(1755)天都黄氏槐蔭草堂刻本　四十八册

310000－0241－0007786　721504：2
宋稗類鈔三十六卷　(清)潘永因編　清宣統三年(1911)上海藜光社石印本　十二册

310000－0241－0007787　721508
宋人小説類編四卷補鈔一卷　(清)秋仁晚翠軒餘叟編　清同治十年(1871)刻本　十册

310000－0241－0007788　721515
説鈴抄八卷　(清)華繼輯録　清乾隆十八年(1753)保元堂刻本　四册

310000－0241－0007789　721517
茶香室叢鈔二十三卷續鈔二十五卷三鈔二十九卷四鈔二十九卷　(清)俞樾撰　清光緒九年(1883)吴下春在堂刻本　二十五册

310000－0241－0007790　721517：2
茶香室叢鈔二十三卷續鈔二十五卷三鈔二十九卷四鈔二十九卷　(清)俞樾撰　清光緒九年(1883)吴下春在堂刻本　六册

310000－0241－0007791　721517：3
茶香室叢鈔二十三卷續鈔二十五卷三鈔二十九卷四鈔二十九卷　(清)俞樾撰　清光緒九年(1883)吴下春在堂刻本　二册

310000－0241－0007792　721518
茶香室三鈔二十九卷四鈔二十九卷　(清)俞

樾撰　清光緒吳下春在堂刻本　二十八冊

310000－0241－0007793　721522

南北史捃華八卷　（清）周嘉猷輯　清同治四年（1865）刻本　四冊

310000－0241－0007794　721522∶2

南北史捃華八卷　（清）周嘉猷輯　清同治四年（1865）刻本　四冊

310000－0241－0007795　721523

息影偶錄八卷　（清）張埏輯　清咸豐元年（1851）刻本　一冊

310000－0241－0007796　721530

繡像小說　（清）李寶嘉編　清光緒二十九年至三十年（1903－1904）上海商務印書館排印本　十六冊

310000－0241－0007797　721531

繡像小說選　（清）□□輯　清光緒上海商務印書館排印本　一冊　存五種

310000－0241－0007798　721533

瓊林霏屑八卷　（清）望海樓主人編輯　清光緒三十二年（1906）灌文書局石印本　八冊

310000－0241－0007799　722006

繡像今古奇觀十卷四十回　（明）姑蘇抱甕老人輯　清同治六年（1867）刻本　十冊

310000－0241－0007800　722006（3）

今古奇觀四十卷　（明）抱甕老人撰　清光緒十四年（1888）慎思草堂排印本　六冊

310000－0241－0007801　722006∶2

繡像今古奇觀十卷四十回　（明）姑蘇抱甕老人輯　清同治六年（1867）刻本　六冊

310000－0241－0007802　722006∶3

繡像今古奇觀十卷四十回　（明）姑蘇抱甕老人輯　清同治六年（1867）刻本　六冊

310000－0241－0007803　722008

古今奇聞二十二卷　（清）東壁山房主人編次　清光緒十七年（1891）排印本　四冊

310000－0241－0007804　722008∶2

古今奇聞二十二卷　（清）東壁山房主人編次　清光緒十七年（1891）排印本　四冊

310000－0241－0007805　722011

西湖佳話十六卷　（清）古吳墨浪子搜輯　清刻本　六冊

310000－0241－0007806　722011∶2

西湖佳話十六卷　（清）古吳墨浪子搜輯　清刻本　六冊

310000－0241－0007807　722013

最新今古奇觀四卷十六回　（清）玉山草亭老人編次　清光緒三十一年（1905）上海書局石印本　四冊

310000－0241－0007808　722017

新選今古奇聞二十二卷　（清）東壁山房主人編　（清）退思軒主人校訂　清光緒十三年（1887）上海東壁山房刻本　十二冊

310000－0241－0007809　722018

新編五代史平話殘本八卷　（□）□□撰　清宣統三年（1911）董氏誦芬室影宋刻本　一冊

310000－0241－0007810　722022

公冶長聽鳥語綱常一卷　（清）□□撰　清刻本　一冊

310000－0241－0007811　722023

西湖拾遺四十四卷附卷一卷　（清）錢塘梅溪氏輯　清光緒上海申報館排印本　十二冊

310000－0241－0007812　722101

閨閣才子奇書十二卷首一卷　（清）鴛湖煙水散人撰　清光緒十八年（1892）中和書局石印本　二冊

310000－0241－0007813　723001

精訂綱鑑二十四史通俗衍義二十六卷　（清）呂撫輯　清光緒十三年（1887）鴻寶齋石印本　六冊

310000－0241－0007814　723003（2）

新鐫重訂出像注釋通俗演義東西晉志傳八卷　（明）楊爾曾編　（明）陳氏尺蠖齋評釋　清道光九年（1829）萬全書屋刻本　十二冊

310000－0241－0007815　723003(2):2

新鐫重訂出像注釋通俗演義東西晉志傳八卷　(明)楊爾曾編　(明)陳氏尺蠖齋評釋　清道光九年(1829)萬全書屋刻本　一册

310000－0241－0007816　723008(3)

第五才子書十二卷一百二十六回　(元)施惠撰　(明)羅本編　清光緒五年(1879)大道堂刻本　六册

310000－0241－0007817　723013

水滸圖贊一卷　(明)杜堇補圖　清光緒羊城廣百宋齋石印本　一册

310000－0241－0007818　723013:2

水滸圖贊一卷　(明)杜堇補圖　清光緒羊城廣百宋齋石印本　一册

310000－0241－0007819　723014

齊省堂增訂儒林外史　(清)吳敬梓撰　清同治十三年(1874)刻本　十四册　存四十八回

310000－0241－0007820　723016

紅樓夢一百二十回　(清)曹霑撰　(清)高鶚續　清光緒三年(1877)芸居樓刻本　二十二册

310000－0241－0007821　723016:10

紅樓夢一百二十回　(清)曹霑撰　(清)高鶚續　清光緒三年(1877)芸居樓刻本　十六册

310000－0241－0007822　723016:2

紅樓夢一百二十回　(清)曹霑撰　(清)高鶚續　清光緒三年(1877)芸居樓刻本　二十册

310000－0241－0007823　723016:3

紅樓夢一百二十回　(清)曹霑撰　(清)高鶚續　清光緒三年(1877)芸居樓刻本　二十四册

310000－0241－0007824　723016:5

紅樓夢一百二十回　(清)曹霑撰　(清)高鶚續　清光緒三年(1877)芸居樓刻本　十六册

310000－0241－0007825　723016:6

紅樓夢一百二十回　(清)曹霑撰　(清)高鶚續　清光緒三年(1877)芸居樓刻本　二十四册

310000－0241－0007826　723016:7

紅樓夢一百二十回　(清)曹霑撰　(清)高鶚續　清光緒三年(1877)芸居樓刻本　二册

310000－0241－0007827　723016:8

紅樓夢一百二十回　(清)曹霑撰　(清)高鶚續　清光緒三年(1877)芸居樓刻本　十二册

310000－0241－0007828　723016:9

紅樓夢一百二十回　(清)曹霑撰　(清)高鶚續　清光緒三年(1877)芸居樓刻本　二十四册

310000－0241－0007829　723017

增評補圖石頭記一百二十回　(清)曹霑著　(清)高鶚續　清末排印本　十六册

310000－0241－0007830　723017:2

增評補圖石頭記一百二十回　(清)曹霑著　(清)高鶚續　清末排印本　十六册

310000－0241－0007831　723017:3

增評補圖石頭記一百二十回　(清)曹霑著　(清)高鶚續　清末排印本　十六册

310000－0241－0007832　723017:4

增評補圖石頭記一百二十回　(清)曹霑著　(清)高鶚續　清末排印本　八册

310000－0241－0007833　723017:5

增評補圖石頭記一百二十回　(清)曹霑著　(清)高鶚續　清末排印本　十二册

310000－0241－0007834　723018

紅樓夢評贊四卷附刻四種四卷　(清)王希廉輯　清光緒二年(1876)上海刻本　四册

310000－0241－0007835　723018(11)

菽園外集第一種紅樓夢絶句一卷　(清)邱煒萲撰　清光緒二十五年(1899)刻本　一册

310000－0241－0007836　723018(13)

癡説四種四卷　(清)尊聞閣主輯　清光緒上海申報館排印本　二册

310000－0241－0007837　723018(14)

紅樓夢竹枝詞一卷　(清)盧先駱撰　清末刻本　一册

310000－0241－0007838　723018(15)

讀紅樓夢雜民一卷　(清)願爲明鏡室主人撰　清末刻本　一册

310000－0241－0007839　723018(16)

夢癡說夢前編一卷後編一卷　(清)夢癡學人撰　清光緒十三年(1887)管可壽齋刻本　二册

310000－0241－0007840　723018(5)

紅樓夢後序一卷　(清)蔡保東撰　清光緒六年(1880)曬書浴研之室刻本　一册

310000－0241－0007841　723018(6)

紅樓夢賦一卷　(清)沈謙撰　清道光二十六年(1846)何書丹刻本　一册

310000－0241－0007842　723018(6):3

紅樓夢賦一卷　(清)沈謙撰　清道光二十六年(1846)何書丹刻本　一册

310000－0241－0007843　723018(8)

紅樓夢偶說二卷　(清)晶三蘆月草舍居士原著　(清)簣覆山房主人編　清光緒二年(1876)簣覆山房刻本　二册

310000－0241－0007844　723018(9)

瑤琈山房紅樓夢詞一卷　(清)何鏞撰　清光緒二十年(1894)瑤琈山房刻本　一册

310000－0241－0007845　723018:2

紅樓夢評贊四卷附刻四種四卷　(清)王希廉輯　清光緒二年(1876)上海刻本　二册

310000－0241－0007846　723018:3

紅樓夢評贊四卷附刻四種四卷　(清)王希廉輯　清光緒二年(1876)上海刻本　四册

310000－0241－0007847　723018:4

紅樓夢評贊四卷附刻四種四卷　(清)王希廉輯　清光緒二年(1876)上海刻本　五册

310000－0241－0007848　723019

紅樓夢圖詠不分卷附廣義二卷論贊一卷　(清)王墀繪圖　清光緒八年(1882)點石齋石印本　二册

310000－0241－0007849　723019:2

紅樓夢圖詠不分卷附廣義二卷論贊一卷　(清)王墀繪圖　清光緒八年(1882)點石齋石印本　四册

310000－0241－0007850　723019:3

紅樓夢圖詠不分卷附廣義二卷論贊一卷　(清)王墀繪圖　清光緒八年(1882)點石齋石印本　四册

310000－0241－0007851　723019:6

紅樓夢圖詠不分卷附廣義二卷論贊一卷　(清)王墀繪圖　清光緒八年(1882)點石齋石印本　四册

310000－0241－0007852　723019:7

紅樓夢圖詠不分卷附廣義二卷論贊一卷　(清)王墀繪圖　清光緒八年(1882)點石齋石印本　一册

310000－0241－0007853　723020

金玉緣一百二十回　(清)曹霑撰　(清)高鶚續　清光緒十六年(1890)鴻文書局石印本　十六册

310000－0241－0007854　723020:2

金玉緣一百二十回　(清)曹霑撰　(清)高鶚續　清光緒十六年(1890)鴻文書局石印本　十六册

310000－0241－0007855　723020:3

金玉緣一百二十回　(清)曹霑撰　(清)高鶚續　清光緒十六年(1890)鴻文書局石印本　十六册

310000－0241－0007856　723021

續紅樓夢三十卷　(清)秦子忱撰　清光緒八年(1882)抱甕軒刻本　十二册

310000－0241－0007857　723021(2)

續紅樓夢三十卷　(清)秦子忱撰　清嘉慶四年(1799)抱甕軒刻本　八册

310000－0241－0007858　723023

增像綠野仙蹤全傳八十回　(清)李百川撰

清末刻本　七冊

310000－0241－0007859　723023(4)
綠野仙蹤八十回　(清)李百川撰　清刻本　九冊

310000－0241－0007860　723023(5)
繡像綠野仙蹤全傳八十回　(清)李百川撰　清道光十年(1830)刻本　二十冊

310000－0241－0007861　723023(6)
繡像綠野仙蹤全傳八十回　(清)李百川撰　清道光十年(1830)刻本　十六冊

310000－0241－0007862　723032
青樓夢六十四回　(清)慕真山人(俞達)撰　(清)瀟湘館侍者評　清光緒上海申報館排印本　十冊

310000－0241－0007863　723032:2
青樓夢六十四回　(清)慕真山人(俞達)撰　(清)瀟湘館侍者評　清光緒上海申報館排印本　六冊

310000－0241－0007864　723032:3
青樓夢六十四回　(清)慕真山人(俞達)撰　(清)瀟湘館侍者評　清光緒上海申報館排印本　十冊

310000－0241－0007865　723032:5
青樓夢六十四回　(清)慕真山人(俞達)撰　(清)瀟湘館侍者評　清光緒上海申報館排印本　十冊

310000－0241－0007866　723033
繪芳錄八卷八十回　(清)西泠野樵著　清光緒上海申報館排印本　十六冊

310000－0241－0007867　723033:2
繪芳錄八卷八十回　(清)西泠野樵著　清光緒上海申報館排印本　八冊

310000－0241－0007868　723035
鏡花緣二十卷一百回繡像一卷　(清)李汝珍撰　(清)謝葉梅繪像　清道光十二年(1832)廣東刻本　二十四冊

310000－0241－0007869　723035:2
鏡花緣二十卷一百回繡像一卷　(清)李汝珍撰　(清)謝葉梅繪像　清道光十二年(1832)廣東刻本　六冊

310000－0241－0007870　723035:3
鏡花緣二十卷一百回繡像一卷　(清)李汝珍撰　(清)謝葉梅繪像　清道光十二年(1832)廣東刻本　二十一冊

310000－0241－0007871　723036
海上繁華夢初集六卷三十回二集六卷三十回　(清)孫家振撰　清光緒三十一年(1905)上海笑林報館排印本　十二冊

310000－0241－0007872　723036:2
海上繁華夢初集六卷三十回二集六卷三十回　(清)孫家振撰　清光緒三十一年(1905)上海笑林報館排印本　十二冊

310000－0241－0007873　723038
兒女英雄傳四十回緣起一回　(清)文康撰　清光緒十四年(1888)上海蜚英館石印本　十冊

310000－0241－0007874　723038:2
兒女英雄傳四十回緣起一回　(清)文康撰　清光緒十四年(1888)上海蜚英館石印本　十冊

310000－0241－0007875　723039
續兒女英雄傳三十二回　(清)無名氏撰　清光緒二十五年(1899)文賢閣石印本　八冊

310000－0241－0007876　723039(2)
繪圖再續兒女英雄全傳四卷四十回　(清)雲陽杭餘生撰　清宣統二年(1910)鍊石齋書局石印本　一冊

310000－0241－0007877　723040
鐵花仙史二十六回　(清)雲封山人撰　清光緒十七年(1891)排印本　四冊

310000－0241－0007878　723040(2)
繡像鐵花仙史二十六回　(清)雲封山人編　清光緒十八年(1892)春申浦石印本　四冊

310000－0241－0007879　723041(5)

封神演義一百回　(明)許仲琳撰　清光緒十六年(1890)珍藝書局排印本　十冊

310000－0241－0007880　723044(2)
第一奇書野叟曝言二十卷一百五十四回　(清)夏敬渠撰　清末排印本　十冊

310000－0241－0007881　723044(5)
第一奇書野叟曝言二十卷一百五十四回　(清)夏敬渠撰　清光緒七年(1881)彙珍樓木活字印本　二冊

310000－0241－0007882　723046
新鐫玉茗堂批點按鑑參補繡像北宋志楊家將傳六卷三十回　(明)研石山樵訂正　清刻本　三冊

310000－0241－0007883　723046(2)
新鐫玉茗堂批點按鑑參補楊家將傳十卷五十回　(明)秦淮墨客編　(明)研石山樵訂正　清小酉山房刻本　六冊

310000－0241－0007884　723046(3)
新鐫楊家府世代忠勇演義志傳八卷　(明)秦淮墨客校閱　(明)煙波釣叟參訂　清刻本　四冊

310000－0241－0007885　723046(4)
研鐫玉茗堂批點按鑑參補南宋志傳十卷五十回楊家將傳十卷五十回　(明)熊大木撰　(明)湯顯祖批　清經國堂刻本　十冊

310000－0241－0007886　723046(5)
新鐫玉茗堂批點按鑑參補南宋志傳十卷五十回楊家將傳十卷五十回　(明)熊大木撰　(明)湯顯祖批　清聚盛堂刻本　二冊

310000－0241－0007887　723046:2
新鐫玉茗堂批點按鑑參補繡像北宋志楊家將傳六卷三十回　(明)研石山樵訂正　清刻本　四冊

310000－0241－0007888　723048
西遊真詮八卷一百回　(清)陳士斌撰　清刻本　八冊

310000－0241－0007889　723048(5)
新編續西遊記一百回　(明)□□撰　(明)悟真子批評　清同治七年(1868)漁古山房刻本　一冊

310000－0241－0007890　723048:2
西遊真詮八卷一百回　(清)陳士斌撰　清刻本　二十冊

310000－0241－0007891　723049:2
新說西遊記圖像一百回　(清)張書紳撰　清光緒十四年(1888)石印本　八冊

310000－0241－0007892　723050
繡像京本雲合奇蹤玉茗英烈全傳十卷八十回　(明)徐渭編　清光緒十八年(1892)石印本　四冊

310000－0241－0007893　723050(2)
繡像京本雲合奇蹤玉茗英烈全傳十卷八十回　(明)徐渭撰　清日照齋刻本　六冊

310000－0241－0007894　723050:2
繡像京本雲合奇蹤玉茗英烈全傳十卷八十回　(明)徐渭編　清光緒十八年(1892)石印本　四冊

310000－0241－0007895　723052
繡像西漢演義八卷一百回　(明)甄偉撰　**東漢演義十卷一百二十六回**　(明)謝詔撰　清光緒十八年(1892)上海廣百宋齋排印本　六冊

310000－0241－0007896　723052(3)
新刻批評東漢演義八卷三十二回　(清)珊城清遠道人重編　清善成堂刻本　四冊

310000－0241－0007897　723052(4)
新刻劍嘯閣批評兩漢演義傳十八卷　(明)吳郡袁氏劍嘯閣輯評　清槐蔭山房刻本　十二冊

310000－0241－0007898　723055(3)
新鐫批評出相韓湘子三十回　(明)楊爾曾撰　(明)泰和仙客評　清嘉慶二十五年(1820)步月樓刻本　八冊

310000－0241－0007899　723058

繡像永慶昇平二十四卷九十七回　(清)姜振名演說　(清)郭廣瑞編錄　清光緒十八年(1892)寶文堂排印本　六册

310000－0241－0007900　723058:2
繡像永慶昇平二十四卷九十七回　(清)姜振名演說　(清)郭廣瑞編錄　清光緒十八年(1892)寶文堂排印本　六册

310000－0241－0007901　723059
七俠五義二十四卷一百二十回附小五義二十五卷一百二十四回續小五義六卷一百二十四回　(清)石玉崑撰　(清)俞樾重編　清光緒十六年(1890)廣百宋齋排印本　十二册

310000－0241－0007902　723059(2)
繡像七俠五義二十四卷一百二十回　(清)石玉崑述　(清)俞樾重編　清光緒十八年(1892)珍藝書局石印本　六册

310000－0241－0007903　723059(3)
忠烈俠義傳二十四卷一百二十回　(清)石玉崑述　清光緒十年(1884)寶興堂刻本　八册

310000－0241－0007904　723059:2
七俠五義二十四卷一百二十回附小五義二十五卷一百二十四回續小五義六卷一百二十四回　(清)石玉崑撰　(清)俞樾重編　清光緒十六年(1890)廣百宋齋排印本　六册

310000－0241－0007905　723060(2)
後續大宋楊家將文武曲星包公狄青萬花樓初傳八卷六十八回　(清)李雨堂撰　清光緒二十年(1894)上海書局石印本　八册

310000－0241－0007906　723061
蜃樓外史三十回　(清)雪溪八詠樓主人撰　(清)吳中夢花居士編　清光緒二十一年(1895)上海文海書局石印本　六册

310000－0241－0007907　723062:2
醉菩提(皆大歡喜)四卷二十回　(清)天花藏主人撰　清光緒二十年(1894)石印本　四册

310000－0241－0007908　723066
後列國志八卷六十回　(清)□□撰　清光緒十六年(1890)上海江南書局排印本　八册

310000－0241－0007909　723066(2)
繪圖增像後列國志八卷六十回　(清)□□撰　清光緒三十年(1904)文英書局石印本　八册

310000－0241－0007910　723067
征西説唐三傳(説唐征西全傳)十卷九十回　(清)中都逸叟編次　清光緒十九年(1893)古香閣石印本　四册

310000－0241－0007911　723067:2
征西説唐三傳(説唐征西全傳)十卷九十回　(清)中都逸叟編次　清光緒十九年(1893)古香閣石印本　六册

310000－0241－0007912　723071
施公案前傳四卷九十八回施公案後傳六卷一百回　(清)□□撰　清光緒二十九年(1903)上海書局石印本　八册

310000－0241－0007913　723071:2
施公案前傳四卷九十八回施公案後傳六卷一百回　(清)□□撰　清光緒二十九年(1903)上海書局石印本　八册

310000－0241－0007914　723071:3
施公案前傳四卷九十八回施公案後傳六卷一百回　(清)□□撰　清光緒二十九年(1903)上海書局石印本　六册

310000－0241－0007915　723071:4
施公案前傳四卷九十八回施公案後傳六卷一百回　(清)□□撰　清光緒二十九年(1903)上海書局石印本　六册

310000－0241－0007916　723072
九續施公案(清烈傳)四十回　(清)□□撰　清光緒二十八年(1902)文宜書局石印本　四册

310000－0241－0007917　723074
陰陽門異説傳奇四卷十六回　(清)□□撰　清光緒二十二年(1896)上洋書局石印本　二册

310000－0241－0007918　723075
繪圖繡像烈女驚魂傳四卷二十九回　（清）□□撰　清光緒江南書局石印本　四册

310000－0241－0007919　723077
昇仙傳演義八卷五十六回　（清）倚雲氏著　清光緒二十八年（1902）上海書局石印本　四册

310000－0241－0007920　723078
仙狐竊寶錄二十二回　（清）醉月山人著　清光緒十九年（1893）上海書局石印本　四册

310000－0241－0007921　723079
玉燕姻緣傳七十七回　（清）滬北俗子撰　清光緒二十一年（1895）上海書局石印本　六册

310000－0241－0007922　723080
才子奇緣四卷三十二回　（清）□□撰　清光緒二十五年（1899）上海書局石印本　四册

310000－0241－0007923　723082
左公平西全傳三十二回　（清）□□撰　清光緒二十七年（1901）元紀書莊石印本　四册

310000－0241－0007924　723083
案中奇緣第四奇書十二回　（清）□□撰　清光緒二十三年（1897）文宜書局石印本　二册

310000－0241－0007925　723085
鴛鴦夢四卷十六回　（清）□□撰　清光緒二十一年（1895）上海書局石印本　四册

310000－0241－0007926　723086：2
混元盒五毒全傳二十回　（清）□□撰　清光緒二十年（1894）上海書局石印本　二册

310000－0241－0007927　723087
繪圖銀瓶梅四卷二十三回　（清）□□撰　清光緒三十二年（1906）上海書局石印本　四册

310000－0241－0007928　723089
聖朝鼎盛十三回　（清）□□撰　清光緒十九年（1893）上海英商五彩公司石印本　四册

310000－0241－0007929　723091
説唐小英雄傳　（清）姑蘇如蓮居士編次　清刻本　六册　存一卷八回

310000－0241－0007930　723095
説岳全傳二十卷八十回　（清）錢彩撰　清光緒十七年（1891）上海文淵山房石印本　八册

310000－0241－0007931　723095：2
説岳全傳二十卷八十回　（清）錢彩撰　清光緒十七年（1891）上海文淵山房石印本　二十册

310000－0241－0007932　723096
射雕記四卷七十回　（清）□□撰　清光緒三十二年（1906）上海書局石印本　一册

310000－0241－0007933　723099
爭春園全傳四十八回　（清）□□撰　清道光十八年（1838）四海堂刻本　十册

310000－0241－0007934　723099（2）
爭春園全傳四十八回　（清）□□撰　清同治二年（1863）維揚集經堂刻本　十二册

310000－0241－0007935　723099（3）
爭春園全傳四十八回　（清）□□撰　清道光二十八年（1848）一也軒刻本　八册

310000－0241－0007936　723100
新鐫批評出像通俗奇俠禪真逸史八卷四十回　（明）方汝浩編次　清刻本　九册

310000－0241－0007937　723101
新鐫批評出像通俗演義禪真後史八卷五十三回　（明）方汝浩編次　清刻本　七册

310000－0241－0007938　723101：2
新鐫批評出像通俗演義禪真後史八卷五十三回　（明）方汝浩編次　清刻本　八册

310000－0241－0007939　723101：3
新鐫批評出像通俗演義禪真後史八卷五十三回　（明）方汝浩編次　清刻本　三册

310000－0241－0007940　723103
繡像明季英雄珍珠錦繡袍四卷四十回　（清）□□撰　清光緒二十六年（1900）文宜書局石印本　四册

310000－0241－0007941　723103：2
繡像明季英雄珍珠錦繡袍四卷四十回　（清）

□□撰　清光緒二十六年(1900)文宜書局石印本　四册

310000－0241－0007942　723105
海公小紅袍全傳四卷四十二回　(清)□□撰　清光緒二十五年(1899)寶箴軒石印本　四册

310000－0241－0007943　723108
楊文廣平南全傳四卷二十回　(清)□□撰　清光緒二十五年(1899)上海書局石印本　四册

310000－0241－0007944　723109
吴三桂演義(明清兩國志演義)四卷四十回　(清)□□撰　清宣統三年(1911)上海書局石印本　四册

310000－0241－0007945　723109:2
吴三桂演義(明清兩國志演義)四卷四十回　(清)□□撰　清宣統三年(1911)上海書局石印本　二册

310000－0241－0007946　723110
女子英雄傳(忠孝勇烈奇女傳)四卷三十二回　(清)□□撰　清光緒三十三年(1907)石印本　四册

310000－0241－0007947　723111
如意緣四卷十六回　(清)錦熹氏撰　清光緒二十九年(1903)石印本　二册

310000－0241－0007948　723117
二度梅四卷四十回　(清)惜陰堂主人編輯　清三讓堂刻本　四册

310000－0241－0007949　723118
海上繁華夢後集八卷四十回　(清)孫家振撰　清光緒三十二年(1906)笑林報館排印本　八册

310000－0241－0007950　723118:2
海上繁華夢後集八卷四十回　(清)孫家振撰　清光緒三十二年(1906)笑林報館排印本　十二册

310000－0241－0007951　723120
海上塵天影六十章　(清)梁溪司香舊尉編　清光緒三十年(1904)亞非爾丹石印本　十二册

310000－0241－0007952　723121
正德皇遊江南傳七卷四十五回　(清)何夢梅撰　清光緒十九年(1893)寶善書局石印本　四册

310000－0241－0007953　723121:2
正德皇遊江南傳七卷四十五回　(清)何夢梅撰　清光緒十九年(1893)寶善書局石印本　四册

310000－0241－0007954　723123
風月夢三十二回　(清)邗上蒙人撰　清光緒九年(1883)上海申報館仿聚珍版排印本　四册

310000－0241－0007955　723125
隋唐演義二十卷一百回　(清)褚人穫撰　清光緒二十二年(1896)賞奇齋影印四雪草堂原本　十册

310000－0241－0007956　723126
新編玉蟾記六卷五十三回　(清)通元子黄石撰　(清)餐霞外史訂　清坊刻本　六册

310000－0241－0007957　723126:2
新編玉蟾記六卷五十三回　(清)通元子黄石撰　(清)餐霞外史訂　清坊刻本　四册

310000－0241－0007958　723127
夢中五美緣十五回　(清)李修行撰　清光緒十九年(1893)石印本　四册

310000－0241－0007959　723127:2
夢中五美緣十五回　(清)李修行撰　清光緒十九年(1893)石印本　四册

310000－0241－0007960　723128
官場現形記六十卷　(清)李寶嘉撰　清光緒末上海世界繁華報館排印本　三十册

310000－0241－0007961　723128:2
官場現形記六十卷　(清)李寶嘉撰　清光緒末上海世界繁華報館排印本　十八册

310000－0241－0007962　723128:3

官場現形記六十卷　(清)李寶嘉撰　清光緒末上海世界繁華報館排印本　六冊

310000－0241－0007963　723129

七十二朝四書人物演義四十卷　題(明)李卓吾撰　清光緒二十三年(1897)上海十萬卷樓石印本　八冊

310000－0241－0007964　723131(2)

繪圖海公大紅袍全傳四卷六十回　(明)李春芳編　清光緒十九年(1893)上海書局石印本　四冊

310000－0241－0007965　723132

七劍十三俠初二三集一百八十回　(清)唐芸洲撰　清光緒二十三年(1897)上海書局石印本　十四冊

310000－0241－0007966　723133

海上花列傳六十四回　(清)韓邦慶撰　清光緒二十年(1894)石印本　十六冊

310000－0241－0007967　723133:2

海上花列傳六十四回　(清)韓邦慶撰　清光緒二十年(1894)石印本　八冊

310000－0241－0007968　723134:2

義勇四俠閨媛傳五十回　(清)甘泉伯良氏撰　清光緒二十六年(1900)石印本　六冊

310000－0241－0007969　723134:3

義勇四俠閨媛傳五十回　(清)甘泉伯良氏撰　清光緒二十六年(1900)石印本　一冊

310000－0241－0007970　723136

常言道四卷十六回　(清)落魄道人撰　清光緒元年(1875)得成堂藏板刻本　四冊

310000－0241－0007971　723137

嶺南逸史二十八回　(清)花溪逸士撰　(清)醉園狂客評點　清嘉慶廣東文道堂刻本　五冊

310000－0241－0007972　723138

南唐演義全傳(異説反唐演義傳)十卷一百回　(清)姑蘇如蓮居士撰　清道光二十六年(1846)刻本　十冊

310000－0241－0007973　723138:2

南唐演義全傳(異説反唐演義傳)十卷一百回　(清)姑蘇如蓮居士撰　清道光二十六年(1846)刻本　五冊

310000－0241－0007974　723139

鐵冠圖八卷五十回　(清)松排山人撰　清光緒宏文堂刻本　四冊

310000－0241－0007975　723140

睢陽忠毅録(錦香亭)四卷十六回　題(清)古吳素庵主人撰　清光緒二十四年(1898)上海書局石印本　四冊

310000－0241－0007976　723141

綱鑑通俗衍義(二十四史通俗演義)二十六卷四十四回　(清)呂撫撰　清光緒十三年(1887)廣百宋齋排印本　六冊

310000－0241－0007977　723141(2)

精訂綱鑑二十四史通俗衍義六卷四十四回　(清)呂撫輯　清光緒十五年(1889)廣百宋齋排印本　六冊

310000－0241－0007978　723143

三公奇案三種二十卷　(清)海上鳴松居士輯　清光緒十七年(1891)上海正誼書局排印本　六冊

310000－0241－0007979　723144

林蘭香八卷六十四回　(清)隨緣下士編輯　清光緒四年(1878)維新堂刻本　八冊

310000－0241－0007980　723145

繪圖增批麟兒報四卷十六回　(清)隨山樵者編　清光緒二十一年(1895)石印本　二冊

310000－0241－0007981　723145(2)

繪圖增批麟兒報四卷十六回　(清)□□撰　清光緒三十一年(1905)上海書店石印本　四冊

310000－0241－0007982　723145(3)

繡像批評麟兒報四卷十六回　(清)□□撰　清末上海文宜書局石印本　四冊

310000－0241－0007983　723146

品花寶鑑六十回　(清)陳森撰　清道光二十九年(1849)幻中了幻齋刻本　十二册

310000－0241－0007984　723148

熙朝快史十二回　題(清)飲霞居士撰　清光緒二十一年(1895)香港起新山莊石印本　四册

310000－0241－0007985　723152(2)

洪秀全演義續洪秀全演義二十九回　(清)禺山次郎撰　清末石印本　二册

310000－0241－0007986　723154

繪圖白蛇奇傳五卷十回　(清)玉山主人撰　清光緒排印本　二册

310000－0241－0007987　723155

五美緣全傳八十回　(清)寄生氏撰　清刻本　二十册

310000－0241－0007988　723159

人間樂四卷十八回　(清)天花藏主人著　清光緒十九年(1893)石印本　二册

310000－0241－0007989　723160

于少保萃忠全傳十卷四十傳　(明)孫高亮撰　清光緒三年(1877)上海機器書局排印本　五册

310000－0241－0007990　723160:2

于少保萃忠全傳十卷四十傳　(明)孫高亮撰　清光緒三年(1877)上海機器書局排印本　五册

310000－0241－0007991　723161

繡雲閣八卷一百四十三回　(清)魏文中編　清末虚明子重刻同治八年(1869)富順刻本　八册

310000－0241－0007992　723162

東周列國全志二十三卷一百八回　(清)蔡奡評點　清光緒十二年(1886)江左書林刻本　二十四册

310000－0241－0007993　723162(4)

東周列國志二十七卷一百八回　(清)蔡奡評點　清光緒十四年(1888)點石齋石印本　八册

310000－0241－0007994　723162(5)

東周列國全志二十三卷一百八回　(清)蔡奡評點　清光緒十三年(1887)東昌書業德刻本　十六册

310000－0241－0007995　723162(5):2

東周列國全志二十三卷一百八回　(清)蔡奡評點　清光緒十三年(1887)東昌書業德刻本　二十一册

310000－0241－0007996　723162:3

東周列國全志二十三卷一百八回　(清)蔡奡評點　清光緒十二年(1886)江左書林刻本　八册

310000－0241－0007997　723164

新西湖佳話十五回　(清)天生情種撰　清宣統二年(1910)石印本　一册

310000－0241－0007998　723165

新刻按鑑編纂開闢衍繹通俗志傳六卷八十回　(明)周遊撰　(明)王黌譯　清翻刻明崇禎本　六册

310000－0241－0007999　723165(2)

繪圖開闢演義四卷八十回　(明)周遊撰　(明)王黌譯　清光緒十九年(1893)珍藝書局排印本　一册

310000－0241－0008000　723167

繪圖改良仙人跳新小説十六回　(清)浣花主人撰　清宣統元年(1909)上海書局石印本　一册

310000－0241－0008001　723169

海上花列傳四十回　(清)韓邦慶撰　清光緒二十七年(1901)江南書局石印本　十册

310000－0241－0008002　723173(3)

第一才子書六十卷一百二十回　(明)羅本撰　(清)毛宗崗評　清光緒十四年(1888)點石齋石印本　八册

310000－0241－0008003　723173(8)

第一才子書六十卷一百二十回 (明)羅本撰 (清)毛宗崗評 清末增圖重刻咸豐三年(1853)本 十二冊

310000－0241－0008004 723173(8):2
第一才子書六十卷一百二十回 (明)羅本撰 (清)毛宗崗評 清末增圖重刻咸豐三年(1853)本 二十冊

310000－0241－0008005 723180
雲合奇蹤十卷八十回 (明)徐渭編 清刻本 十冊

310000－0241－0008006 723180(2)
繡像雲合奇蹤五卷八十回 (明)徐渭編 (明)玉茗堂評點 清坊刻本 一冊

310000－0241－0008007 723183
繡像載陽堂意外緣四卷十八回 (清)周竹安(秋齋)撰 清光緒二十五年(1899)上海書局石印本 四冊

310000－0241－0008008 723184
林公中西戰紀四卷二十五回 (清)□□撰 清光緒二十五年(1899)香港書局石印本 四冊

310000－0241－0008009 723184:2
林公中西戰紀四卷二十五回 (清)□□撰 清光緒二十五年(1899)香港書局石印本 四冊

310000－0241－0008010 723185
武則天四大奇案六卷六十四回 (清)□□撰 清光緒二十八年(1902)上海耕石書局石印本 四冊

310000－0241－0008011 723186
新輯查潘鬥勝香國綺談四卷三十回 (清)鐵盦隱士編次 清光緒二十七年(1901)上海書局石印本 四冊

310000－0241－0008012 723187
繪圖英雲三生夢傳八卷 (清)松雲撰 清光緒二十年(1894)上海觀瀾閣書局石印本 四冊

310000－0241－0008013 723187(2)
英雲夢傳十六回 (清)震澤九容樓主人松雲氏撰 清咸豐三年(1853)刻本 六冊

310000－0241－0008014 723188
新輯海公小紅袍全傳四卷四十二回 (清)□□撰 清光緒二十五年(1899)寶篋軒石印本 四冊

310000－0241－0008015 723189
野草閒花臭姻緣四卷四十回 (清)□□撰 清光緒二十七年(1901)石印本 四冊

310000－0241－0008016 723190
儒釋道三劍忠烈傳初集四卷十回二集四卷十一回三集四卷十一回 (清)天花才子編輯 清光緒二十七年(1901)石印本 十二冊

310000－0241－0008017 723191
新鐫繪圖花影奇情傳四卷二十二回續集四卷二十四回 (清)□□撰 清光緒二十五年(1899)上海書局石印本 八冊

310000－0241－0008018 723192
殘梁外史四十回 (清)心道人編次 清光緒二十二年(1896)上海書局石印本 八冊

310000－0241－0008019 723195
鴛鴦譜四卷 (明)天然癡叟著 清宣統元年(1909)石印本 一冊

310000－0241－0008020 723196
繡像仙俠五花劍六卷三十回 (清)海上劍癡撰 清光緒二十七年(1901)笑林報館排印本 六冊

310000－0241－0008021 723196(2)
繡像飛仙劍俠奇緣四卷三十回 (清)海上劍癡撰 清末石印本 一冊

310000－0241－0008022 723197
繪圖湘軍平逆傳十六回 (清)醴泉居士著 (清)慈谿麒麟詞人續編 清宣統元年(1909)簡青齋石印本 二冊

310000－0241－0008023 723197:2
繪圖湘軍平逆傳十六回 (清)醴泉居士著

(清)慈谿麒麟詞人續編　清宣統元年(1909)簡青齋石印本　四冊

310000－0241－0008024　723200
新出繪圖宦海風波第一編十二回　(清)葛惠儂撰　清光緒三十三年(1907)石印本　一冊

310000－0241－0008025　723206
西遊補十六回　(清)静味齋主人撰　清光緒元年(1875)申報館排印本　一冊

310000－0241－0008026　723210
順治過江四卷二十二回　(清)蓬蒿子編　清末刻本　二冊

310000－0241－0008027　723215
希夷夢四十卷四十回　(清)汪寄撰　清光緒二十七年(1901)翠筠房刻小本　二十四冊

310000－0241－0008028　723216
臺灣外記十卷　(清)江日昇撰　清康熙求無不獲齋刻本　十冊

310000－0241－0008029　723217
羊石園演義七回　(清)笑翁撰述　清光緒二十四年(1898)東華報館排印本　一冊

310000－0241－0008030　723218
新鐫玉茗堂批評按鑑參補南宋志傳十卷五十回楊家將傳(北宋志傳)十卷五十回　(明)熊大木撰　(明)研石山樵訂正　清重刻玉茗堂批點本　十冊

310000－0241－0008031　723232(3)
七真祖列仙傳不分卷　(清)□□撰　清光緒十九年(1893)刻本　一冊

310000－0241－0008032　723240
煲老鴨不分卷　(清)□□撰　清光緒二十年(1894)五桂堂刻本　一冊

310000－0241－0008033　723244
繡像第三奇書玉鴛鴦二卷十二回　(清)煙水散人編　清光緒二十一年(1895)海上石印本　一冊

310000－0241－0008034　723245
繡像康梁演義四卷四十回　(清)□□撰　清末書坊石印本　一冊

310000－0241－0008035　723246
仙俠平倭傳二卷十六回　(清)□□撰　清光緒二十四年(1898)石印本　二冊

310000－0241－0008036　723247
狐狸錄六卷二十二回　(清)醉月山人撰　清光緒十四年(1888)文酉堂刻本　六冊

310000－0241－0008037　723249
繪圖粵東繁華夢三卷四十回　(清)黄小配撰　清光緒三十四年(1908)上海書局石印本　一冊

310000－0241－0008038　723251
糊塗世界十二卷　(清)吳沃堯撰　清光緒三十二年(1906)世界繁華報館排印本　六冊

310000－0241－0008039　723252
轟天雷十四回　(清)藤谷古香撰　清光緒三十年(1904)海虞文社排印本　一冊

310000－0241－0008040　723253
繪圖中東大戰演義全集二十回　(清)補留生撰　清宣統二年(1910)石印本　一冊

310000－0241－0008041　723254
蝸觸蠻三國爭地記十六回　(清)活東撰　(清)蟲天逸史譯述　清光緒三十四年(1908)蠅鬚館排印本　一冊

310000－0241－0008042　723256
繡像奇書大觀十六卷　(清)李漁原本　(清)鐵華山人重輯　清光緒二十年(1894)文林書局代怡紅僊館石印本　二冊

310000－0241－0008043　723257
新刻繡像後唐奇書蓮子瓶演義傳四卷　(清)□□撰　清同治十年(1871)瀛海賢刻本　一冊

310000－0241－0008044　723261
繡像金臺全傳十二卷六十回　(清)□□撰　清光緒二十一年(1895)中西書局石印本　六冊

310000－0241－0008045　723263

醫界現形記四卷二十二回 (清)郁聞堯撰 (清)殷銘甫校訂 清光緒三十二年(1906)排印本 四册

310000－0241－0008046 723264

檮杌閒評五十卷 (□)□□撰 清道光、咸豐間坊刻本 二十四册

310000－0241－0008047 723265

一字不識之新黨三十三回 (清)虎林真小人撰 (清)泉唐布衣評 清光緒三十二年(1906)石印本 一册

310000－0241－0008048 723266

大隋志傳四卷四十六回 (明)鍾惺編 (明)李贄參訂 清書林文奎堂刻本 一册

310000－0241－0008049 723267

金石緣全傳八卷二十四回 (清)靜恬主人撰 清刻本 一册

310000－0241－0008050 723311

[偵探小說]幻夢奇冤四卷十六回 (清)田鑄編述 清宣統元年(1909)上海改良小說社石印再版本 二册

310000－0241－0008051 726001

巴黎茶花女遺事一卷 林紓譯 清光緒二十七年(1901)石印本 一册

310000－0241－0008052 726001(2)

巴黎茶花女遺事 (法國)小仲馬撰 林紓譯 清光緒二十五年(1899)素隱書屋排印本 一册

310000－0241－0008053 726001(3)

巴黎茶花女遺事不分卷 (法國)小仲馬撰 林紓譯 清光緒二十五年(1899)素隱書屋排印本 一册

310000－0241－0008054 726002

黑奴籲天錄四卷 林紓 魏易譯 清光緒二十七年(1901)武林魏氏刻本 四册

310000－0241－0008055 726005

十五小豪傑十八回 (清)焦士威爾奴撰 梁啓超譯 清末石印本 一册

310000－0241－0008056 726005:2

十五小豪傑十八回 (清)焦士威爾奴撰 梁啓超譯 清末石印本 一册

310000－0241－0008057 726006

昕夕閒談三月 (清)蠡勺居士譯 清末排印本 二册

310000－0241－0008058 726008

未來戰國志十九回不分卷 (日本)東洋奇人著 (清)南支那老驥氏輯譯 清光緒二十九年(1903)排印本 一册

310000－0241－0008059 726008:2

未來戰國志十九回不分卷 (日本)東洋奇人著 (清)南支那老驥氏輯譯 清光緒二十九年(1903)排印本 一册

310000－0241－0008060 726012

絕島漂流記 (英國)狄福撰 沈祖芬譯 清光緒二十八年(1902)上海開明書店排印本 一册

310000－0241－0008061 726015

伊索寓言不分卷 (希臘)伊索撰 林紓譯並評 清宣統三年(1911)上海商務印書館排印本 一册

310000－0241－0008062 726015:2

伊索寓言不分卷 (希臘)伊索撰 林紓譯並評 清宣統三年(1911)上海商務印書館排印本 一册

310000－0241－0008063 726018

[理想小說]極樂世界十二回 (日本)矢野文雄撰 (清)披雪洞主譯 清光緒二十九年(1903)廣智書局排印本 一册

310000－0241－0008064 726022

新譯包探案 (英國)達爾撰 (清)曾廣銓譯 清光緒二十五年(1899)素隱書屋排印本 一册

310000－0241－0008065 720700

山海經廣注十八卷讀山海經語一卷山海經雜述一卷山海經圖五卷 (清)吳任臣撰 清乾

隆五十一年(1786)金閶書業堂刻本　三冊

310000－0241－0008066　720701
山海經十八卷　(晉)郭璞傳　清康熙天都黃晟槐蔭草堂刻本　二冊

310000－0241－0008067　720702
山海經十八卷　(晉)郭璞傳　(清)畢沅校正　清光緒三年(1877)浙江書局刻本　三冊

310000－0241－0008068　720702∶2
山海經十八卷　(晉)郭璞傳　(清)畢沅校正　清光緒三年(1877)浙江書局刻本　三冊

310000－0241－0008069　720702∶3
山海經十八卷　(晉)郭璞傳　(清)畢沅校正　清光緒三年(1877)浙江書局刻本　一冊

310000－0241－0008070　720709
博物志十卷　(晉)張華著　清練江清述大山莊校刻本　二冊

310000－0241－0008071　720709(2)
博物志十卷　(晉)張華著　(宋)周日用注　清嘉慶九年(1804)新安汪氏刻本　一冊

310000－0241－0008072　720709(3)
續博物志十卷　(宋)李石撰　清嘉慶九年(1804)新安汪氏刻本　一冊

310000－0241－0008073　720709∶2
博物志十卷　(晉)張華著　清練江清述大山莊校刻本　一冊

310000－0241－0008074　720710
廣博物志五十卷　(明)董斯張纂輯　明萬曆高暉堂刻清乾隆修補本　三十二冊

310000－0241－0008075　720710∶2
廣博物志五十卷　(明)董斯張纂輯　明萬曆高暉堂刻清乾隆修補本　十冊

310000－0241－0008076　720712
述異記二卷　(南朝梁)任昉撰　清光緒元年(1875)湖北崇文書局刻本　一冊

310000－0241－0008077　720713
述異記二卷　(南朝梁)任昉撰　清南陵徐氏刻隨庵叢書本　一冊

310000－0241－0008078　720713∶2
述異記二卷　(南朝梁)任昉撰　清南陵徐氏刻隨庵叢書本　一冊

310000－0241－0008079　720715
酉陽雜俎二十卷續集十卷　(唐)段成式撰　清末上海文瑞樓石印本　五冊

310000－0241－0008080　720717
酉陽雜俎二十卷　(唐)段成式撰　清光緒三年(1877)湖北崇文書局刻本　二冊

310000－0241－0008081　720718
酉陽雜俎二十卷續集十卷　(唐)段成式撰　(明)毛晉訂　明末虞山毛氏汲古閣刻本　十二冊

310000－0241－0008082　720719
酉陽雜俎續集十卷　(唐)段成式節　清光緒三年(1877)湖北崇文書局刻本　六冊

310000－0241－0008083　720719∶2
酉陽雜俎續集十卷　(唐)段成式節　清光緒三年(1877)湖北崇文書局刻本　六冊

310000－0241－0008084　720720
闕史二卷　(唐)高彥休撰　清光緒三年(1877)湖北崇文書局刻本　一冊

310000－0241－0008085　720720∶2
闕史二卷　(唐)高彥休撰　清光緒三年(1877)湖北崇文書局刻本　一冊

310000－0241－0008086　720722
茅亭客話十卷　(宋)黃休復集　明末清初虞山毛氏汲古閣刻本　四冊

310000－0241－0008087　720722∶2
茅亭客話十卷　(宋)黃休復集　明末清初虞山毛氏汲古閣刻本　一冊

310000－0241－0008088　720723
劇談錄二卷　(唐)康駢述　清光緒三十年(1904)貴池劉氏刻本　一冊

310000－0241－0008089　720724

閑窗括異志不分卷 （宋）魯應龍撰 明刻本 一册

310000－0241－0008090 720725

繪圖歷代才鬼史八卷 （明）梅鼎祚輯 清宣統三年（1911）排印本 一册

310000－0241－0008091 720731

觚賸八卷續編四卷 （清）鈕琇撰 清康熙臨野堂刻本 八册

310000－0241－0008092 720733

五色線二卷 （明）毛晉訂 明末虞山毛氏汲古閣刻學津討原本 一册

310000－0241－0008093 720734（2）

聊齋志異新評十六卷 （清）蒲松齡撰 （清）王士禎評 清光緒三年（1877）廣順但氏刻本 十六册

310000－0241－0008094 720734（2）:2

聊齋志異新評十六卷 （清）蒲松齡撰 （清）王士禎評 清光緒三年（1877）廣順但氏刻本 十六册

310000－0241－0008095 720735

聊齋志異十六卷 （清）蒲松齡撰 清刻本 十六册

310000－0241－0008096 720735（7）

聊齋志異全圖十六卷 （清）同文書局輯 清光緒十二年（1886）同文書局抽印詳注聊齋異圖詠本 一册

310000－0241－0008097 720735:11

聊齋志異十六卷 （清）蒲松齡撰 清刻本 八册

310000－0241－0008098 720735:2

聊齋志異十六卷 （清）蒲松齡撰 清刻本 五册

310000－0241－0008099 720735:3

聊齋志異十六卷 （清）蒲松齡撰 清刻本 五册

310000－0241－0008100 720735:4

聊齋志異十六卷 （清）蒲松齡撰 清刻本 六册

310000－0241－0008101 720735:5

聊齋志異十六卷 （清）蒲松齡撰 清刻本 十六册

310000－0241－0008102 720738

閱微草堂筆記二十四卷 （清）紀昀撰 清刻本 十二册

310000－0241－0008103 720738:2

閱微草堂筆記二十四卷 （清）紀昀撰 清刻本 十册

310000－0241－0008104 720738:3

閱微草堂筆記二十四卷 （清）紀昀撰 清刻本 十册

310000－0241－0008105 720738:4

閱微草堂筆記二十四卷 （清）紀昀撰 清刻本 八册

310000－0241－0008106 720738:5

閱微草堂筆記二十四卷 （清）紀昀撰 清刻本 十册

310000－0241－0008107 720738:7

閱微草堂筆記二十四卷 （清）紀昀撰 清刻本 二十册

310000－0241－0008108 720738:8

閱微草堂筆記二十四卷 （清）紀昀撰 清刻本 十二册

310000－0241－0008109 720739

右台仙館筆記十六卷 （清）俞樾撰 清光緒春在堂刻本 八册

310000－0241－0008110 720740

談異四卷 （清）伊園主人著 清光緒十五年（1889）木活字印本 二册

310000－0241－0008111 720745

小豆棚十六卷 （清）曾衍東撰 清末上海申報館排印本 六册

310000－0241－0008112 720746

希奇古怪四卷 （清）李慶辰撰 清光緒二十

二年(1896)上海理文軒石印本　四冊

310000－0241－0008113　720747
外史志異八卷　(明)薛朝選撰　(清)袁枚重輯　清光緒二十六年(1900)德記書局石印本　二冊

310000－0241－0008114　720747:2
外史志異八卷　(明)薛朝選撰　(清)袁枚重輯　清光緒二十六年(1900)德記書局石印本　二冊

310000－0241－0008115　720749
澆愁集八卷　(清)鄒弢撰　清光緒四年(1878)申報館排印本　四冊

310000－0241－0008116　720753
國朝科場異聞錄　(清)呂相燮輯　清同治九年(1870)廣東省城味經堂刻本　三冊　存七卷

310000－0241－0008117　720756
繪圖騙術奇談四卷　(清)雷君曜編　清宣統元年(1909)掃葉山房石印本　四冊

310000－0241－0008118　720758
劍俠傳四卷圖一卷續劍俠傳四卷圖一卷　(唐)段成式撰　清光緒香山鄭官應校刻本　十冊

310000－0241－0008119　720758:2
劍俠傳四卷圖一卷續劍俠傳四卷圖一卷　(唐)段成式撰　清光緒香山鄭官應校刻本　三冊

310000－0241－0008120　720759
諧鐸十二卷　(清)沈起鳳撰　清光緒十五年(1889)廣百宋齋排印本　四冊

310000－0241－0008121　720763
咫聞錄十二卷　(清)慵訥居士著　(清)冶根山人定　清道光八年(1828)尚古堂刻本　十二冊

310000－0241－0008122　720768
小眼觀世不分卷　(清)土屋靜觀氏撰　(清)寄齋評　清末石印本　一冊

310000－0241－0008123　720771
豔異新編五卷　(清)俞宗駿輯　清光緒九年(1883)上海王氏刻本　四冊

310000－0241－0008124　720771:2
豔異新編五卷　(清)俞宗駿輯　清光緒九年(1883)上海王氏刻本　二冊

310000－0241－0008125　720772
蛣蜣雜記十二卷　(清)竹勿山石道人撰　清集賢堂刻本　十二冊

310000－0241－0008126　720774
三續聊齋志異十卷　(清)王韜撰　(清)吳嘉猷繪　清光緒二十年(1894)袖海山房石印本　六冊

310000－0241－0008127　720774(2)
淞濱瑣語十二卷　(清)王韜撰　清宣統二年(1910)著易堂石印本　六冊

310000－0241－0008128　720775
搜神記二十卷　(晉)干寶撰　清光緒元年(1875)湖北崇文書局刻本　二冊

310000－0241－0008129　720776
搜神後記十卷　(晉)陶潛撰　清光緒元年(1875)湖北崇文書局刻本　一冊

310000－0241－0008130　720778(1)
劍俠傳四卷　(唐)段成式撰　清康熙七年(1668)汪士漢編印秘書二十一種本　一冊

310000－0241－0008131　720778(2)
劍俠傳四卷　(唐)段成式撰　(清)任熊繪像　清咸豐八年(1858)王氏養和堂刻本　二冊

310000－0241－0008132　720778(3)
劍俠傳不分卷　(唐)段成式撰　(清)任熊繪圖　清光緒十二年(1886)同文書局石印本　一冊

310000－0241－0008133　720779
異聞總錄四卷　(宋)□□撰　明萬曆會稽商氏刻稗海本　二冊

310000－0241－0008134　720780
窈聞一卷續窈聞一卷　(明)葉紹袁撰　清光

緒二十二年(1896)葉氏秋夢盦刻本　一册

310000－0241－0008135　720781
松筠閣鈔異十二卷　(清)高承勳輯　清道光八年(1828)刻本　六册

310000－0241－0008136　720782
青氈夢記一卷　(清)焦承秀撰　清抄本　一册

310000－0241－0008137　720787
埋憂集十卷續集二卷　(清)朱翊清撰　清同治十二年(1873)刻本　六册

310000－0241－0008138　720788
醉茶誌怪四卷　(清)李慶辰撰　清光緒十八年(1892)津門刻本　四册

310000－0241－0008139　730001
太公兵法逸文不分卷　(清)汪宗沂輯　清光緒二十年(1894)避舍蓋公堂刻本　一册

310000－0241－0008140　730002
太公兵法逸文不分卷　(清)汪宗沂輯　清光緒二十年(1894)避舍蓋公堂刻本　一册

310000－0241－0008141　730002:2
太公兵法逸文不分卷　(清)汪宗沂輯　清光緒二十年(1894)避舍蓋公堂刻本　一册

310000－0241－0008142　730005
孫子十家注十三卷遺説一卷敘錄一卷　(宋)吉天保編集　清光緒三年(1877)浙江書局翻刻蘭陵孫氏本　六册

310000－0241－0008143　730006
孫子十家注十三卷　(宋)吉天保編集　清光緒三年(1877)浙江書局翻刻蘭陵孫氏本　一册

310000－0241－0008144　730015(2)
司馬法古注三卷附音義一卷　曹元忠集　清光緒二十年(1894)吳縣曹氏箋經室刻本　一册

310000－0241－0008145　730015(3)
孫吳司馬法三種八卷　(清)孫星衍輯　清嘉慶刻平津館叢書本　二册

310000－0241－0008146　730018
李衛公兵法三卷　(唐)李靖撰　(清)汪宗沂輯　清光緒刻本　一册

310000－0241－0008147　730018:2
李衛公兵法三卷　(唐)李靖撰　(清)汪宗沂輯　清光緒刻本　一册

310000－0241－0008148　730019
兵法史畧學八卷　陳慶年纂　清光緒二十九年(1903)明溥書局排印本　四册

310000－0241－0008149　730022
紀效新書十八卷　(明)戚繼光撰　清北京琉璃廠文貴堂刻本　四册

310000－0241－0008150　730024
登壇必究四十卷　(明)王鳴鶴編輯　清末翻印明萬曆本　八十册

310000－0241－0008151　730025
戊笈談兵十卷　(清)汪紱撰　清光緒二十年(1894)精刻本　十一册

310000－0241－0008152　730025:2
戊笈談兵十卷　(清)汪紱撰　清光緒二十年(1894)精刻本　十册

310000－0241－0008153　730026
洴澼百金方十四卷　題(清)惠麓酒民撰　清乾隆五十三年(1788)嘉魚堂刻本　十册

310000－0241－0008154　730027
洴澼百金方十四卷　題(清)惠麓酒民撰　清乾隆五十三年(1788)嘉魚堂刻本　十册

310000－0241－0008155　730028
洴澼百金方十四卷　題(清)惠麓酒民撰　清乾隆五十三年(1788)嘉魚堂刻本　十册

310000－0241－0008156　730029
武備輯要六卷續編十卷　(清)許學范輯　(清)許乃釗續輯　清道光十二年(1832)廣州刻本　四册

310000－0241－0008157　730030
武備志　(明)茅元儀輯　清木活字印本　六十三册　存二百三十五卷

310000－0241－0008158　730032
練勇芻言五卷　（清）王鑫撰　清光緒十三年(1887)義寧陳氏刻本　一册

310000－0241－0008159　730033
戰畧考三十一卷　（明）茅元儀輯　（清）潘鐸評　清咸豐十年(1860)刻本　六册

310000－0241－0008160　730037
金湯借箸十二籌十二卷　（明）李盤等輯　清末刻本　八册

310000－0241－0008161　730040
曾文正公水陸行軍練兵志四卷　（清）王定安纂　清光緒二十六年(1900)柏經正堂刻本　二册

310000－0241－0008162　730041
行軍要訣二卷　（明）王鳴鶴編訂　（明）何仲叔參輯　清光緒十年(1884)上海文藝齋刻本　一册

310000－0241－0008163　731001
練兵實紀九卷雜集六卷　（明）戚繼光撰　（清）許乃釗校　清道光刻本　四册

310000－0241－0008164　731002
練兵實紀存五卷雜集存四卷　（明）戚繼光撰　清吳之勷刻本　四册

310000－0241－0008165　731003
武備地刊四卷　（明）施樂圖撰　清刻本　八册

310000－0241－0008166　731004
湖北武學二十六種五十四卷　湖北武備學堂譯　清光緒湖北官書局刻本　三十二册

310000－0241－0008167　731005
臨陣管見九卷　（德國）斯拉弗司撰　（美國）金楷理口譯　清末江南製造局刻本　四册

310000－0241－0008168　731006
海軍調度要言三卷鐵甲叢譚五卷　（英國）拏核甫撰　（清）舒高第同譯　清末排印本　四册

310000－0241－0008169　731007
船陣圖説不分卷　（清）天津水師學堂繪譯　清光緒天津機器局排印本　二册

310000－0241－0008170　731008
車陣扣答全編四卷　（明）孫承宗撰　清同治八年(1869)高陽孫氏師儉堂刻本　四册

310000－0241－0008171　731009
萬勝車法一卷車營百八叩一卷車營百八答一卷車營百八叩説一卷泰西戰車礮法及車戰臆説一卷　（清）侯紹瀛輯　清光緒十三年(1887)寥山草堂刻本　二册

310000－0241－0008172　731010
輪船布陣十二卷　（英國）賈密倫著　（清）徐建寅筆述　清末江南製造局刻本　二册

310000－0241－0008173　731012
臨陣心法不分卷　（清）劉連捷著　清光緒刻本　一册

310000－0241－0008174　731015
營壘圖説一卷　（比利時）伯里牙芒撰　（清）李鳳苞譯　清末江南製造局刻本　一册

310000－0241－0008175　731016
陣紀四卷　（明）何良臣撰　清新昌莊肇麟校刻本　一册

310000－0241－0008176　732001
行軍測繪十卷　（英國）連提撰　（英國）傅蘭雅口譯　清末江南製造局刻本　二册

310000－0241－0008177　732003
克虜伯礮説八卷表一卷　（清）李鳳苞筆述　清末江南製造局刻本　二册

310000－0241－0008178　732004
礮準心法不分卷　（美國）金楷理口譯　（清）李鳳苞筆述　清末江南製造局刻本　一册

310000－0241－0008179　732005
礮瀍畫譜不分卷　（清）丁乃文撰　清光緒十四年(1888)排印本　一册

310000－0241－0008180　732006
火器命中十二卷　（清）梅定九撰　（清）熊方柏圖解　清光緒二十四年(1898)刻本　四册

310000－0241－0008181　732007
製火藥法三卷　(英國)利稼孫　(英國)華得斯輯　(清)丁樹棠譯　清末江南製造局刻本　一冊

310000－0241－0008182　732007:2
製火藥法三卷　(英國)利稼孫　(英國)華得斯輯　(清)丁樹棠譯　清末江南製造局刻本　一冊

310000－0241－0008183　732008
水雷必要五卷圖一卷　(英國)史理孟撰　(清)舒高第譯　清末江南製造局排印本　六冊

310000－0241－0008184　732009
兵船礮法六卷　(美國)水師書院原著　(清)朱恩錫譯　清末江南製造局刻本　三冊

310000－0241－0008185　732009:2
兵船礮法六卷　(美國)水師書院原著　(清)朱恩錫譯　清末江南製造局刻本　四冊

310000－0241－0008186　732010
克虜伯礮彈附圖不分卷餅藥造法不分卷　(德國)軍政局原著　(清)李鳳苞譯　清末江南製造局刻木　一冊

310000－0241－0008187　732011
兵船汽機六卷附卷一卷　(英國)息尼德撰　(英國)傅蘭雅口譯　清末江南製造局刻本　八冊

310000－0241－0008188　732012
克虜伯礮彈造法二卷　(德國)軍政局原著　(美國)金楷理口譯　清末江南製造局刻本　二冊

310000－0241－0008189　732014
火器畧說不分卷　(清)黃達權譯　(清)王弢編　清光緒七年(1881)排印本　二冊

310000－0241－0008190　733001
濠塹私議一卷　(清)劉光蕡撰　清末思過齋刻本樣本　一冊

310000－0241－0008191　733002
借箸籌防論畧一卷附礮概淺說一卷　(德國)來春石泰撰　(清)沈敦和譯　清光緒二十一年(1895)刻本　一冊

310000－0241－0008192　734001
百將圖傳二卷　(清)丁日昌輯　清同治九年(1870)江蘇書局刻本　二冊

310000－0241－0008193　734002
百將圖傳二卷　(清)丁日昌輯　清同治九年(1870)江蘇書局刻本　二冊

310000－0241－0008194　734005
讀史兵畧　(清)胡林翼纂　清咸豐十一年(1861)武昌刻本　十五冊　存四十三卷

310000－0241－0008195　734006
讀史兵畧四十六卷　(清)胡林翼纂　清咸豐十一年(1861)武昌刻本　十六冊

310000－0241－0008196　740001
五經算術二卷　(北周)甄鸞撰　清光緒七年(1881)萩林山房刻本　一冊

310000－0241－0008197　740002
五經算術二卷　(北周)甄鸞撰　清乾隆三十九年(1774)武英殿本　一冊

310000－0241－0008198　740003
天文算學纂要二十八卷　(清)陳松輯　清光緒十三年(1887)樹德堂刻本　二十四冊

310000－0241－0008199　740004
天原發微辨正五卷首一卷　(明)鮑寧撰　清乾隆刻本　八冊

310000－0241－0008200　741001
史記天官書補目一卷　(清)孫星衍撰　清光緒十三年(1887)廣雅書局刻本　一冊

310000－0241－0008201　741002
高厚蒙求不分卷　(清)徐朝俊撰　清嘉慶刻本　六冊　存六冊(初集二冊、三集二冊、四集二冊)

310000－0241－0008202　741003
高厚蒙求不分卷　(清)徐朝俊撰　清同治五年(1866)刻本　四冊

310000－0241－0008203　741004
六經天文編二卷　（宋）王應麟撰　清刻本　四册

310000－0241－0008204　741007
躔離引蒙不分卷　（清）賈步緯撰　清末排印本　一册

310000－0241－0008205　741009
談天十八卷附表一卷　（英國）侯失勒撰　（英國）偉烈亞力口譯　清咸豐九年(1859)墨海書館排印本　三册

310000－0241－0008206　741010
談天十八卷首一卷附表一卷　（英國）侯失勒撰　（英國）偉烈亞力口譯　清光緒七年(1881)江南製造局總局刻本　一册

310000－0241－0008207　741010:2
談天十八卷首一卷附表一卷　（英國）侯失勒撰　（英國）偉烈亞力口譯　清光緒七年(1881)江南製造局總局刻本　四册

310000－0241－0008208　741014
天文大象賦不分卷　（隋）李播撰　（清）苗爲清校　清咸豐刻本　二册

310000－0241－0008209　741015
天文步天歌不分卷　（清）□□撰　清末刻本　一册

310000－0241－0008210　741017
天文圖説四卷　（英國）柯雅各撰　（美國）摩嘉立譯　清光緒九年(1883)益智書會刻本　一册

310000－0241－0008211　741018
天文圖説四卷　（英國）柯雅各撰　（美國）摩嘉立譯　清光緒九年(1883)益智書會刻本　一册

310000－0241－0008212　741019
天文地球圖説五卷　（清）華蘅芳撰　（清）葉瀾校　清光緒二十四年(1898)文淵山房石印本　四册

310000－0241－0008213　741020
天文初階不分卷　（美國）赫士口譯　（清）劉永貴筆述　清光緒二十五年(1899)石印本　一册

310000－0241－0008214　741021
中星表不分卷　（清）馮桂芬撰　清咸豐六年(1856)刻本　一册

310000－0241－0008215　741023
星學發軔十六卷　（美國）羅密士撰　（英國）駱三畏口譯　清光緒排印本　十六册

310000－0241－0008216　741024
測候叢談　（美國）金楷理口譯　（清）華蘅芳筆述　清末江南製造局刻本　一册　存二卷

310000－0241－0008217　741025
測候叢談四卷　（美國）金楷理口譯　（清）華蘅芳筆述　清末江南製造局刻本　二册

310000－0241－0008218　741026
徐匯天文臺記不分卷　（法國）馬承華撰　清光緒三十二年(1906)排印本　一册

310000－0241－0008219　741027
天文揭要二卷　（清）登郡文會館撰　（清）周文源譯　清光緒二十二年(1896)排印本　二册

310000－0241－0008220　741028
談天條辨二卷　（清）周廣詢撰　清光緒二十九年(1903)周氏刻本　二册

310000－0241－0008221　741029
西國天學源流不分卷　（英國）偉烈亞力口譯　（清）王韜編著　清末刻本　一册

310000－0241－0008222　742002
欽定儀象考成三十卷首二卷　（清）高宗弘曆敕編　清刻本　十一册

310000－0241－0008223　742003
欽定儀象考成續編三十二卷　（清）敬徵等撰　清道光二十五年(1845)武英殿刻本　十二册

310000－0241－0008224　742005
翼梅八卷　（清）江永著　清光緒七年(1881)

刻本　四冊

310000－0241－0008225　742006
三統術衍三卷　(清)錢大昕撰　清乾隆刻本　二冊

310000－0241－0008226　742007
揣籥小錄一卷續錄三卷　(清)張作楠撰　清道光刻本　一冊

310000－0241－0008227　742008
五緯捷算四卷　(清)黄炳垕撰　(清)胡士培校　清光緒四年(1878)刻本　一冊

310000－0241－0008228　742008:2
五緯捷算四卷　(清)黄炳垕撰　(清)胡士培校　清光緒四年(1878)刻本　一冊

310000－0241－0008229　742010
御製律曆淵源一百七十二卷首二卷　(清)允祉等撰　清雍正内府刻乾隆、道光間增修本　九十冊

310000－0241－0008230　742012
顓頊曆考二卷　(清)鄒漢勳撰　清刻本　一冊

310000－0241－0008231　742019
大清光緒三十四年歲次戊申航海通書一卷　(清)賈文浩譯校　清光緒江南製造局排印本　一冊

310000－0241－0008232　742020
大清光緒二十五年便通書不分卷　(清)賈步緯等撰　清光緒二十五年(1899)則梅山房刻本　一冊

310000－0241－0008233　742041
[宣統二年曆書]不分卷　(清)□□編　清宣統二年(1910)刻本　一冊

310000－0241－0008234　742042
[大清光緒二十七年歲次辛丑通書]不分卷　(清)□□輯　清光緒二十七年(1901)刻本　一冊

310000－0241－0008235　742043
乾隆二十九年甲申曆書不分卷　(清)□□編　清乾隆二十九年(1764)刻本　一冊

310000－0241－0008236　743002
夏侯陽算經三卷　(隋)夏侯陽撰　清江西覆刻武英殿聚珍版書本　一冊

310000－0241－0008237　743006
九數存古九卷　(清)顧觀光撰　清光緒十八年(1892)江蘇書局刻本　四冊

310000－0241－0008238　743007
數書九章十八卷附詳解九章算法一卷　(宋)秦九韶撰　**數書九章札記四卷**　(清)宋景昌撰　清道光二十二年(1842)刻本　六冊

310000－0241－0008239　743007:2
數書九章十八卷附詳解九章算法一卷　(宋)秦九韶撰　**數書九章札記四卷**　(清)宋景昌撰　清道光二十二年(1842)刻本　六冊

310000－0241－0008240　743009
數書九章札記四卷　(清)宋景昌撰　清道光二十二年(1842)刻本　二冊

310000－0241－0008241　743011:2
詳解九章算法一卷纂類一卷附札記一卷　(宋)楊輝撰　清道光二十二年(1842)刻本　二冊

310000－0241－0008242　743014
九章算術細草圖説九卷海島算經細草圖説一卷　(三國魏)劉徽注　(唐)李淳風等注釋　清嘉慶二十五年(1820)語鴻堂刻本　八冊

310000－0241－0008243　743014:2
九章算術細草圖説九卷海島算經細草圖説一卷　(三國魏)劉徽注　(唐)李淳風等注釋　清嘉慶二十五年(1820)語鴻堂刻本　八冊

310000－0241－0008244　743017
九章算術九卷音義一卷海島算經一卷　(三國魏)劉徽注　(唐)李淳風等注釋　(宋)李籍音義　清乾隆四十一年(1776)豫簪堂刻本　二冊

310000－0241－0008245　743018
增刪算法統宗十一卷　(明)程大位編集

(清)梅瑴成增删　清刻本　四册

310000－0241－0008246　743019
增删算法統宗十一卷　(明)程大位編集　(清)梅瑴成增删　清末上海璣衡堂石印本　四册

310000－0241－0008247　743021
算法統宗大全十二卷　(明)程大位編　清同治三年(1864)文成堂刻本　六册

310000－0241－0008248　743022
四元玉鑑細草三卷　(元)朱世傑撰　清光緒十七年(1891)成都志古堂刻本　四册

310000－0241－0008249　743023
天代蒙泉細草一卷　(清)董毓琦撰　清光緒刻本　一册

310000－0241－0008250　743024
數度衍二十三卷首三卷　(清)方中通撰　清光緒四年(1878)刻本　八册

310000－0241－0008251　743025
數度衍二十三卷首三卷　(清)方中通撰　清光緒十六年(1890)太原王氏重校刻本　十册

310000－0241－0008252　743026
御製數理精蘊上編五卷下編四十卷　(清)允祉等編纂　清光緒八年(1882)江寧藩署重刻雍正武英殿刻本　四十册

310000－0241－0008253　743028
下學葊算術四種　(清)項名達撰　(清)徐鄂參校　清光緒十三年(1887)刻本　一册

310000－0241－0008254　743029
九數通考十一卷首一卷末一卷　(清)屈曾發撰　清同治刻本　六册

310000－0241－0008255　743030
董方立算學五種七卷　(清)董祐誠撰　清嘉慶二十四年(1819)刻本　一册

310000－0241－0008256　743031
董方立算學五種七卷　(清)董祐誠撰　清嘉慶刻本　一册

310000－0241－0008257　743032
求是齋算學四種四卷　(清)張楚鍾著　清同治十二年(1873)刻本　二册

310000－0241－0008258　743033
務民義齋算學五種九卷　(清)徐有壬撰　清光緒歸安姚氏刻本　一册

310000－0241－0008259　743034
務民義齋算學七種十一卷　(清)徐有壬著　清刻本　二册

310000－0241－0008260　743039
則古昔齋算學十三種二十四卷　(清)李善蘭撰　清同治六年(1867)金陵刻本　六册

310000－0241－0008261　743040
則古昔齋算學十三種二十四卷　(清)李善蘭撰　(清)莫友芝校　清同治六年(1867)刻本　六册

310000－0241－0008262　743041
則古昔齋算學十三種二十四卷　(清)李善蘭撰　(清)莫友芝校　清同治六年(1867)刻本　六册

310000－0241－0008263　743042
有不爲齋算學四卷　(清)傅九淵撰　清光緒刻本　一册

310000－0241－0008264　743043
六九軒算書五種七卷附一種　(清)劉衡撰　清道光三十年(1850)兩淮轉運署刻本　四册

310000－0241－0008265　743044
行素軒算稿　(清)華蘅芳撰　清光緒八年(1882)梁谿華氏刻本　七册　存五種

310000－0241－0008266　743045
行素軒算稿十二卷　(清)華蘅芳撰　清光緒石印本　一册

310000－0241－0008267　743046
梅氏叢書輯要六十二卷　(清)梅文鼎撰　清乾隆刻本　十册

310000－0241－0008268　743046:2
梅氏叢書輯要六十二卷　(清)梅文鼎撰　清

乾隆刻本　二十四册

310000－0241－0008269　743047

算草叢存二卷　(清)華蘅芳撰　清光緒二十二年(1896)石印本　一册

310000－0241－0008270　743049

筆算便覽五卷　(清)紀大畢編　清嘉慶刻本　一册

310000－0241－0008271　743051

古籌算考釋六卷　(清)勞乃宣撰　清光緒十三年(1887)刻本　六册

310000－0241－0008272　743051∶2

古籌算考釋六卷　(清)勞乃宣撰　清光緒十三年(1887)刻本　六册

310000－0241－0008273　743055

籌算淺說二卷　(清)勞乃宣撰　清末刻本　二册

310000－0241－0008274　743056

算式集要四卷　(英國)哈司韋輯　(英國)傅蘭雅譯　清末江南製造局刻本　二册

310000－0241－0008275　743058

算式集要四卷附三角數理十二卷　(英國)哈司韋輯　(英國)傅蘭雅口譯　清末江南製造局刻本　八册

310000－0241－0008276　743059

里堂學算記五種十六卷　(清)焦循撰　清嘉慶四年(1799)江都焦氏刻本　八册

310000－0241－0008277　743060

里堂學算記五種十六卷　(清)焦循撰　清嘉慶四年(1799)刻本　八册

310000－0241－0008278　743061

微積溯源八卷　(英國)華里司輯　(英國)傅蘭雅口譯　清末江南製造局刻本　六册

310000－0241－0008279　743062

衍元筆算今式二卷　(清)汪香祖學　清光緒刻本　二册

310000－0241－0008280　743063

算經十書　(清)孔繼涵輯　清光緒十六年(1890)上海刻本　九册　存十種二十八卷

310000－0241－0008281　743063∶2

算經十書　(清)孔繼涵輯　清乾隆微波榭刻本　八册

310000－0241－0008282　743064

楊輝算法六卷附札記一卷　(宋)楊輝撰　清道光郁氏刻宜稼堂叢書本　一册

310000－0241－0008283　743064∶2

楊輝算法六卷附札記一卷　(宋)楊輝撰　清道光郁氏刻宜稼堂叢書本　二册

310000－0241－0008284　743065

下學菴算書　(清)項名達撰　清同治七年(1868)廣州羊城書院刻本　一册

310000－0241－0008285　743066

陽湖沈氏算學初刻四卷　(清)沈保樞撰　清光緒二十七年(1901)刻本　四册

310000－0241－0008286　743067

算學課程三卷　(清)湯金鑄撰　清光緒二十六年(1900)西湖書院刻本　四册

310000－0241－0008287　743069

中西算學大成　(清)陳維祺纂　清光緒二十七年(1901)石印本　十七册　存九十三卷

310000－0241－0008288　743071

對數述三卷　(清)陳其晉撰　清光緒二十二年(1896)石印本　二册

310000－0241－0008289　743073

象數一原七卷　(清)項名達撰　清光緒十四年(1888)華蘅芳上海刻本　四册

310000－0241－0008290　743073∶2

象數一原七卷　(清)項名達撰　清光緒十四年(1888)華蘅芳上海刻本　四册

310000－0241－0008291　743074

算學課藝四卷　(清)席淦等編　清光緒六年(1880)同文館排印本　四册

310000－0241－0008292　743076

溉齋算學五種七卷　(清)江蘅述　清光緒十三年(1887)刻本　三冊

310000－0241－0008293　743078
海島算經一卷　(三國魏)劉徽撰　(唐)李淳風注　清光緒二十三年(1897)刻本　一冊

310000－0241－0008294　743079
竊悟軒算算初集不分卷　(清)張爔撰　(清)陳時夏等校　清光緒二十四年(1898)刻本　一冊

310000－0241－0008295　743081
最新全圖歸除算法課本不分卷附飛歸秘法總訣　(清)萬里鵬編輯　(清)許庚星繪圖　清宣統元年(1909)廣益書局石印本　二冊

310000－0241－0008296　743082
算學權輿不分卷　(清)王子乾撰　清光緒二十九年(1903)崇報學堂刻本　一冊

310000－0241－0008297　743101
學算筆談六卷　(清)華蘅芳撰　清光緒刻本　三冊

310000－0241－0008298　743103
學算筆談十二卷　(清)華蘅芳撰　清光緒二十二年(1896)石印本　三冊

310000－0241－0008299　743104
數學理十卷　(英國)棣麼甘撰　(清)趙元益譯　清光緒刻本　四冊

310000－0241－0008300　743105
數學理　(英國)棣麼甘撰　(清)趙元益譯　清光緒刻本　一冊　存三卷(七至九)

310000－0241－0008301　743106
算牖四卷　(清)許桂林撰　清道光刻本　二冊

310000－0241－0008302　743107
開方通釋一卷　(清)焦循學　清嘉慶刻本　一冊

310000－0241－0008303　743108
開方釋例四卷　(清)駱騰鳳撰　清嘉慶刻本　一冊

310000－0241－0008304　743109
藝遊錄二卷　(清)駱騰鳳撰　清道光二十三年(1843)刻本　一冊

310000－0241－0008305　743109:2
藝遊錄二卷　(清)駱騰鳳撰　清道光二十三年(1843)刻本　四冊

310000－0241－0008306　743110
數根術解一卷　(清)華蘅芳撰　清末刻本　一冊

310000－0241－0008307　743112
筆算數學不分卷　(美國)狄考文輯　(清)鄒立文譯述　清光緒三十二年(1906)排印本　一冊

310000－0241－0008308　743113
立方奇法一卷求一捷術一卷　(清)龔傑撰　清末刻漸學廬叢書本　一冊

310000－0241－0008309　743114
數根叢草一卷　(清)方士鑅著　清光緒二十三年(1897)刻本　二冊

310000－0241－0008310　743114:2
數根叢草一卷　(清)方士鑅著　清光緒二十三年(1897)刻本　一冊

310000－0241－0008311　743115
開方古義二卷　(清)華蘅芳撰　清光緒八年(1882)梁谿華氏刻本　一冊

310000－0241－0008312　743201
代數通藝錄十六卷　(清)方愷撰　清光緒刻本　五冊

310000－0241－0008313　743202
代數通藝錄十六卷　(清)方愷撰　清光緒刻本　五冊

310000－0241－0008314　743203
代數通藝錄十六卷　(清)方愷撰　清光緒刻本　五冊　存十三卷

310000－0241－0008315　743204
代微積拾級十八卷　(美國)羅密士撰　(英國)偉烈西加譯　清咸豐九年(1859)墨海刻

本　三册

310000－0241－0008316　743205

代數術二十五卷　（英國）華里司輯　（英國）傅蘭雅口譯　清同治十二年（1873）刻本　六册

310000－0241－0008317　743207

代數術二十五卷　（英國）華里司輯　（英國）傅蘭雅口譯　清同治十二年（1873）刻本　六册

310000－0241－0008318　743209

代數難題解法十六卷　（英國）倫德編輯（英國）傅蘭雅口譯　清光緒刻本　六册

310000－0241－0008319　743209:2

代數難題解法十六卷　（英國）倫德編輯（英國）傅蘭雅口譯　清光緒刻本　六册

310000－0241－0008320　743210

代數難題解法十六卷　（英國）倫德編輯（英國）傅蘭雅口譯　清光緒刻本　六册

310000－0241－0008321　743211

代數備旨不分卷　（美國）狄考文選譯　（清）鄒立文筆述　清光緒刻本　一册

310000－0241－0008322　743211:2

代數備旨不分卷　（美國）狄考文選譯　（清）鄒立文筆述　清光緒刻本　一册

310000－0241－0008323　743212

代數備旨全算不分卷　（美國）狄考文譯（清）鄒立文述　清光緒二十九年（1903）浙江石印本　六册

310000－0241－0008324　743213

代數備旨　（美國）狄考文譯　（清）鄒立文述　清光緒石印本　五册　存八章（六至十三）

310000－0241－0008325　743215

普通新代數六卷　（清）徐虎臣選譯　清末京師大學堂石印本　六册

310000－0241－0008326　743216

代數學十三卷首一卷　（英國）棣麽甘撰（清）李善蘭譯　清光緒二十四年（1898）刻本　八册

310000－0241－0008327　743216:2

代數學十三卷首一卷　（英國）棣麽甘撰（清）李善蘭譯　清光緒二十四年（1898）刻本　八册

310000－0241－0008328　743303

幾何原本十五卷　（意大利）利瑪竇口譯（明）徐光啓筆授　清同治四年（1865）金陵書局刻本　八册

310000－0241－0008329　743303:2

幾何原本十五卷　（意大利）利瑪竇口譯（明）徐光啓筆授　清同治四年（1865）金陵書局刻本　八册

310000－0241－0008330　743303:3

幾何原本十五卷　（意大利）利瑪竇口譯（明）徐光啓筆授　清同治四年（1865）金陵書局刻本　八册

310000－0241－0008331　743304

句股引蒙不分卷　（清）陳訏輯　清嘉慶二年（1797）刻本　二册

310000－0241－0008332　743305

句股圖解四卷　（清）焦騰鳳著　清咸豐刻本　三册

310000－0241－0008333　743306

句股客三事拾遺三卷　（清）羅士琳撰　清道光八年（1828）刻本　一册

310000－0241－0008334　743309

句股六術不分卷　（清）項名達撰　清道光刻本　一册

310000－0241－0008335　743310

勾股六術不分卷　（清）項名達撰　清道光刻本　一册

310000－0241－0008336　743311

勾股演代二卷　（清）江衡撰　清光緒二十六年（1900）一溉齋刻本　一册

310000－0241－0008337　743312

圜錐曲線説三卷　（英國）艾約瑟口譯　（清）

李善蘭筆述　清末江南製造局刻本　一冊

310000－0241－0008338　743313
器象顯真四卷　（英國）白力蓋輯　（清）徐建寅刪述　清末江南製造局刻本　二冊

310000－0241－0008339　743314
器象顯真四卷　（英國）白力蓋輯　（清）徐建寅刪述　清末江南製造局刻本　二冊

310000－0241－0008340　743316
代形合參解法三卷　（清）王世撰　清末排印本　二冊

310000－0241－0008341　743317
形學拾級九卷　（美國）腓禮普費世爾原著（清）劉光照編譯　清光緒三十二年（1906）排印本　二冊

310000－0241－0008342　743318
形學習題解證八卷　（清）徐樹勳選輯　清光緒刻本　二冊

310000－0241－0008343　743319
形學備旨十卷　（美國）狄考文選譯　（清）鄒立文筆述　清光緒二十九年（1903）排印本　二冊

310000－0241－0008344　743319：2
形學備旨十卷　（美國）狄考文選譯　（清）鄒立文筆述　清光緒二十九年（1903）排印本　二冊

310000－0241－0008345　743320
形學備旨習題詳草八卷　（清）徐樹勳輯　清光緒三十一年（1905）石印本　四冊

310000－0241－0008346　743321
運規約指三卷　（英國）白起德輯　（清）徐建寅譯　清末江南製造局刻本　一冊

310000－0241－0008347　743322
形學備旨習題詳草八卷　（清）徐樹勳輯　清光緒三十一年（1905）石印本　四冊

310000－0241－0008348　743323
校士算存六卷　（清）王同愈編校　清光緒二十六年（1900）刻本　四冊

310000－0241－0008349　743324
天元草五卷　王樹枏撰　清光緒十九年（1893）成都刻本　一冊

310000－0241－0008350　743401
弧三角平視法不分卷坿摹印述一卷　（清）陳澧撰　清咸豐刻本　一冊

310000－0241－0008351　743402
弧三角平視法不分卷坿摹印述一卷　（清）徐有壬學　清末刻咫進齋叢書本　一冊

310000－0241－0008352　743404
弧矢算術補不分卷　（清）羅士琳撰　清道光二十三年（1843）刻本　一冊

310000－0241－0008353　743405
弧矢算術細草圖解不分卷　（清）馮桂芬撰　清道光刻本　一冊

310000－0241－0008354　743406
割圜捷術不分卷　（清）項名達編　清道光二十三年（1843）刻本　一冊

310000－0241－0008355　743407
割圜密率捷法四卷　（清）明安圖撰　（清）陳際新等續撰　清道光十九年（1839）石梁岑氏校刻本　三冊

310000－0241－0008356　743408
割圜密率捷法四卷　（清）明安圖撰　（清）陳際新補　清道光二十三年（1843）刻本　三冊

310000－0241－0008357　743411
測地繪圖附卷一卷　（英國）富路瑪撰　（清）徐壽譯　清末江南製造局刻本　一冊

310000－0241－0008358　743411：2
測地繪圖附卷一卷　（英國）富路瑪撰　（清）徐壽譯　清末江南製造局刻本　一冊

310000－0241－0008359　743412
測地繪圖十一卷附卷一卷　（英國）富路瑪撰　（清）徐壽譯　清末江南製造局刻本　四冊

310000－0241－0008360　743412：2
測地繪圖十一卷附卷一卷　（英國）富路瑪撰　（清）徐壽譯　清末江南製造局刻本　四冊

310000－0241－0008361　743413
繪地法原不分卷　(清)王德均譯　清末江南製造局刻本　一册

310000－0241－0008362　743413:2
繪地法原不分卷　(清)王德均譯　清末江南製造局刻本　一册

310000－0241－0008363　743415
八線備旨四卷　(美國)羅密士原撰　(清)潘慎文選譯　清光緒刻本　一册

310000－0241－0008364　743416
八線詳草八卷　(清)劉鵬振撰　清光緒三十二年(1906)石印本　四册

310000－0241－0008365　743417
三角和較術不分卷　(清)項名達著　清光緒二十四年(1898)刻本　一册

310000－0241－0008366　743417:2
三角和較術不分卷　(清)項名達著　清光緒二十四年(1898)刻本　一册

310000－0241－0008367　743418
三角公式輯要　(清)湯金鑄輯　清末兩湖書院正學堂刻本　一册　存一卷

310000－0241－0008368　750004
四翼附編不分卷　(清)戴彭撰　清光緒二十一年(1895)刻本　一册

310000－0241－0008369　751002
譯古含奇三卷　(清)楊翼亮撰　清光緒十三年(1887)陽羨楊氏校刻本　六册

310000－0241－0008370　751005
丙丁龜鑑正續七卷　(宋)柴望輯　清刻本　二册

310000－0241－0008371　751007
皇極經世緒言九卷首二卷　(宋)邵雍撰　(清)劉斯組輯　清嘉慶善成堂刻後印本　十一册

310000－0241－0008372　752001
焦氏易林校畧十六卷　(清)翟云升撰　清道光二十八年(1848)刻本　六册

310000－0241－0008373　752002
易林釋文二卷　(清)丁晏撰　清光緒十六年(1890)廣雅書局刻本　一册

310000－0241－0008374　753002
雲氣占候二卷　(清)汪宗沂撰　清光緒桐廬袁氏刻本　一册

310000－0241－0008375　753003
相雨書一卷　(唐)黄子發撰　清光緒桐廬袁氏漸西村舍刻本　一册

310000－0241－0008376　753004
管窺輯要八十卷　(清)黄鼎撰　清順治刻本　四十八册

310000－0241－0008377　753006
管窺輯要八十卷　(清)黄鼎撰　清順治刻本　三十二册

310000－0241－0008378　754501
增補諸家選擇萬全玉匣記不分卷　(晉)許遜撰　(清)劉誠印增補　清光緒八年(1882)劉誠印本　一册

310000－0241－0008379　754502
選擇天鏡三卷　(清)任端書輯　清乾隆十三年(1748)梁溪文聚樓刻本　三册

310000－0241－0008380　755001
奇門遁甲大全三十卷　(明)劉伯溫校訂　清刻本　八册

310000－0241－0008381　755002
奇門指歸三十八卷　(清)朱浩文述　清光緒十九年(1893)刻本　十二册

310000－0241－0008382　756001
地理三字經二卷　(清)程思樂撰　清乾隆刻本　二册

310000－0241－0008383　756005
陽宅集成八卷　(清)姚廷鑾編　清乾隆刻本　八册

310000－0241－0008384　757004
爐傳斗首遡源正解八卷首一卷　(清)鄒焜國注釋　(清)邱禋參訂　清乾隆二十年(1755)

刻本　三冊

310000－0241－0008385　758004
神相證驗百條二卷　(清)劉學誠輯　清光緒藏修書屋刻本　一冊

310000－0241－0008386　759002
欽定協紀辨方書三十六卷　(清)允祿等修　(清)李廷耀等纂　清乾隆六年(1741)内府刻本　十五冊

310000－0241－0008387　759002:2
欽定協紀辨方書三十六卷　(清)允祿等修　(清)李廷耀等纂　清乾隆六年(1741)内府刻本　三十冊

310000－0241－0008388　760013
洞天清祿集不分卷　(宋)趙希鵠著　清刻海山仙館叢書本　一冊

310000－0241－0008389　761031
新鐫四體千家詩不分卷　(清)王傳深書　清光緒十九年(1893)南京李光明莊石印本　一冊

310000－0241－0008390　761047
列僊酒牌一卷　(清)任熊繪　清咸豐四年(1854)蕭山蔡照刻本　二冊

310000－0241－0008391　761100
翁覃溪楷書金剛經一卷　(清)翁方綱手書　清宣統三年(1911)神州國光社影印本　一冊

310000－0241－0008392　761132
畫譜采新不分卷　(清)慎思主人匯編　清光緒十一年至十二年(1885－1886)畲經堂石印本　二冊

310000－0241－0008393　761164(2):3
吳友如畫寶十二集二十四卷　(清)吳嘉猷繪　清宣統元年(1909)璧園會社石印本　十八冊

310000－0241－0008394　761195
茜牕水品不分卷　(□)□□撰　清末同文書局石印本　二冊

310000－0241－0008395　761227
蒙求字様不分卷　鄭孝胥書　清光緒三十四年(1908)上海商務印書館石印本　一冊

310000－0241－0008396　761228
詩中畫二卷　(清)馬濤編繪　清光緒十七年(1891)會文堂書局石印本　二冊

310000－0241－0008397　761228:2
詩中畫二卷　(清)馬濤編繪　清光緒十七年(1891)會文堂書局石印本　一冊

310000－0241－0008398　761238
清道人隸書二種　(清)李瑞清書　清光緒石印本　一冊

310000－0241－0008399　761251
點石齋畫報二十二集　(清)吳友如等繪　(清)尊聞閣主人輯　清光緒上海點石齋石印本　四十四冊

310000－0241－0008400　761251(2)
點石齋畫報二十二集　(清)吳友如等繪　(清)尊聞閣主人輯　清末民初上海東陸社石印本　四十四冊

310000－0241－0008401　761501
墨池編二十卷　(宋)朱長文纂　清雍正十一年(1733)就閒堂刻本　十四冊

310000－0241－0008402　761501:2
墨池編二十卷　(宋)朱長文纂　清雍正十一年(1733)就閒堂刻本　八冊

310000－0241－0008403　761501:3
墨池編二十卷　(宋)朱長文纂　清雍正十一年(1733)就閒堂刻本　十二冊

310000－0241－0008404　761503
墨林今話十八卷附續一卷　(清)蔣寶齡撰　清同治十一年(1872)映雪草廬山刻本　六冊

310000－0241－0008405　761507
衍極五卷　(元)鄭杓述　(清)劉有定釋　清光緒歸安陸氏刻十萬卷樓叢書本　三冊

310000－0241－0008406　761510
藝舟雙楫六卷　(清)包世臣撰　清咸豐十一年(1861)刻本　一冊

310000－0241－0008407　761511
佩文齋書畫譜一百卷　（清）孫岳頒等輯　清康熙刻本　六十冊

310000－0241－0008408　761513
佩文齋書畫譜一百卷　（清）孫岳頒等纂　清光緒九年(1883)上海同文書局石印本　三十二冊

310000－0241－0008409　761516
佩文齋書畫譜一百卷　（清）孫岳頒等纂　清康熙四十七年(1708)刻本　八十冊

310000－0241－0008410　761517
圖繪寶鑑八卷　（元）夏文彦撰　清刻本　四冊

310000－0241－0008411　761518
國朝畫徵錄五卷　（清）張庚撰　清乾隆刻本　二冊

310000－0241－0008412　761525
江邨銷夏錄三卷　（清）高士奇撰　清宣統二年(1910)順德鄧氏排印本　三冊

310000－0241－0008413　761528
書畫鑑影二十四卷　（清）李佐賢編　清同治十年(1871)利津李氏刻本　八冊

310000－0241－0008414　761530
歷代畫史彙傳七十二卷首一卷目錄三卷附錄二卷　（清）彭藴燦編　清光緒八年(1882)掃葉山房刻本　三十二冊

310000－0241－0008415　761530:2
歷代畫史彙傳七十二卷首一卷目錄三卷附錄二卷　（清）彭藴燦編　清光緒八年(1882)掃葉山房刻本　十九冊

310000－0241－0008416　761531
書畫所見錄三卷　（清）謝堃撰　清光緒六年(1880)刻春草堂三種本　四冊

310000－0241－0008417　761532
無聲詩史七卷　（清）姜紹書撰　清康熙觀妙齋刻本　一冊

310000－0241－0008418　761532(2)
無聲詩史七卷　（清）姜紹書撰　清宣統二年(1910)雲林閣石印本　六冊

310000－0241－0008419　761533
習苦齋畫絮十卷　（清）戴熙撰　（清）惠年編輯　清光緒十九年(1893)杭州刻本　四冊

310000－0241－0008420　761533:2
習苦齋畫絮十卷　（清）戴熙撰　（清）惠年編輯　清光緒十九年(1893)杭州刻本　四冊

310000－0241－0008421　761535
四銅鼓齋論畫集刻十二種十四卷　（清）張祥河輯　清宣統元年(1909)北京會文齋刻本　四冊

310000－0241－0008422　762001
書法正宗不分卷　（清）竇培編　清光緒三年(1877)無錫刻本　二冊

310000－0241－0008423　762002
書法正傳十卷　（清）馮武編　清世豸堂刻本　四冊

310000－0241－0008424　762002:2
書法正傳十卷　（清）馮武編　清世豸堂刻本　六冊

310000－0241－0008425　762003
漢溪書法通解八卷　（清）戈守智纂　清乾隆刻本　六冊

310000－0241－0008426　762003:2
漢溪書法通解八卷　（清）戈守智纂　清乾隆刻本　二冊

310000－0241－0008427　762004:2
漢溪書法通解八卷　（清）戈守智纂　清乾隆刻本　六冊

310000－0241－0008428　762006
書法離鉤十卷　（明）潘之淙著　清光緒刻惜陰軒叢書本　二冊

310000－0241－0008429　762008
學書一得不分卷　（清）邵洛著　清咸豐十年(1860)安拙堂刻本　一冊

310000－0241－0008430　762012
書法摘要善本三卷　(清)鄭虎文訂　清嘉慶五年(1800)刻本　一册

310000－0241－0008431　762014
書學心印八卷　(清)秦祖永評輯　清光緒四年(1878)無錫秦氏刻朱墨套印本　八册

310000－0241－0008432　762020
論畫集刻十二種十四卷　(清)張祥河編　清道光二十六年(1846)四銅鼓齋刻本　四册

310000－0241－0008433　762032
翰林要訣一卷　(清)祁世長撰　清光緒五年(1879)京都西山堂書坊刻本　一册

310000－0241－0008434　762044
繪事淺説二卷　上海土山灣書館編　清光緒三十三年(1907)土山灣書館排印本　二册

310000－0241－0008435　762048
草字編摘要二卷　(清)梁民憲撰　清咸豐九年(1859)竹深荷静齋刻本　三册

310000－0241－0008436　763002
書法彙鈔八卷　(清)范承宣輯　清刻本　四册

310000－0241－0008437　764001
雲煙過眼錄二卷　(宋)周密著　清光緒歸安陸氏刻十萬卷樓叢書本　一册

310000－0241－0008438　764004
過雲樓書畫記十卷　(清)顧文彬撰　清光緒八年(1882)顧氏刻本　四册

310000－0241－0008439　764004:2
過雲樓書畫記十卷　(清)顧文彬撰　清光緒八年(1882)顧氏刻本　四册

310000－0241－0008440　764005
辛丑銷夏記五卷　(清)吳榮光撰　(清)瞿樹辰等訂　清道光刻本　五册

310000－0241－0008441　764008
松壺畫贅二卷畫憶二卷　(清)錢杜撰　清光緒十四年(1888)榆園刻本　一册

310000－0241－0008442　764010
松壺畫贅二卷畫憶二卷　(清)錢杜撰　清光緒十四年(1888)榆園刻本　一册

310000－0241－0008443　764011
桐陰論畫二卷首一卷附錄一卷畫訣一卷續桐陰論畫一卷桐陰論畫二編二卷三編二卷　(清)秦祖永撰　清同治三年(1864)無錫秦氏刻光緒八年(1882)續刻朱墨套印本　八册

310000－0241－0008444　764011:2
桐陰論畫二卷首一卷附錄一卷畫訣一卷續桐陰論畫一卷桐陰論畫二編二卷三編二卷　(清)秦祖永撰　清同治三年(1864)無錫秦氏刻光緒八年(1882)續刻朱墨套印本　四册

310000－0241－0008445　764015
賜硯齋題畫偶錄不分卷　(清)戴熙撰　清同治九年(1870)上海徐氏刻春暉堂叢書本　一册

310000－0241－0008446　764015:2
賜硯齋題畫偶錄不分卷　(清)戴熙撰　清同治九年(1870)上海徐氏刻春暉堂叢書本　一册

310000－0241－0008447　764016
詩畫舫不分卷　(清)□□撰　清光緒三十年(1904)點石齋石印本　二册

310000－0241－0008448　764022
山谷題跋三卷　(宋)黃庭堅撰　清同治十一年(1872)刻本　三册

310000－0241－0008449　764023
南田畫跋不分卷　(清)惲格撰　清光緒刻本　一册

310000－0241－0008450　764027
歷代題畫詩類一百二十卷　(清)陳邦彦奉敕編　清康熙内府刻本　二十四册

310000－0241－0008451　764028
歷代題畫詩類　(清)陳邦彦奉敕編　清康熙内府刻本　三十八册　存九十六卷

310000－0241－0008452　764029

小鷗波館畫識三卷畫寄一卷 (清)潘曾瑩撰 清光緒十四年(1888)悦止齋木活字印本 一册

310000－0241－0008453 764031
待盦題畫詩存不分卷 (清)待盦老人撰 清木活字印本 一册

310000－0241－0008454 764042
寶鴨齋題跋三卷 (清)徐樹鈞撰 清宣統二年(1910)宏文社石印本 一册

310000－0241－0008455 764044
王奉常書畫題跋二卷 (清)王時敏撰 清宣統通州李氏甌鉢羅室刻本 二册

310000－0241－0008456 764046
竹懶畫媵一卷續畫媵一卷 (明)李日華撰 清光緒八年(1882)武林高氏刻本 一册

310000－0241－0008457 764049
學書捷訣不分卷 (清)梁民憲撰 清咸豐十年(1860)刻本 一册

310000－0241－0008458 765001
湘管齋寓賞編六卷 (清)陳焯撰 清乾隆四十七年(1782)鮑廷博等刻吴興陳氏聽香讀書樓重修本 三册

310000－0241－0008459 765002
清儀閣題跋不分卷 (清)張廷濟撰 清光緒刻本 四册

310000－0241－0008460 765002:2
清儀閣題跋不分卷 (清)張廷濟撰 清光緒刻本 四册

310000－0241－0008461 765004
南薰殿圖像考二卷 (清)胡敬撰 清道光二十三年(1843)崇雅堂刻本 一册

310000－0241－0008462 765005
畫耕偶錄四卷 (清)邵梅臣撰 清道光刻本 四册

310000－0241－0008463 765008
書畫跋跋三卷續三卷 (明)孫鑛撰 清乾隆刻本 二册

310000－0241－0008464 765010
清河書畫舫十二卷 (明)張丑撰 清乾隆池北草堂刻本 十二册

310000－0241－0008465 765011
東坡題跋二卷 (宋)蘇軾著 清同治十一年(1872)又賞齋刻本 二册

310000－0241－0008466 765012
吴越所見書畫錄六卷 (清)陸時化輯 清宣統二年(1910)排印本 六册

310000－0241－0008467 765014
紅豆樹館書畫記八卷 (清)陶樑輯 清光緒八年(1882)吴趨潘氏韡園刻本 六册

310000－0241－0008468 765014:2
紅豆樹館書畫記八卷 (清)陶樑輯 清光緒八年(1882)吴趨潘氏韡園刻本 六册

310000－0241－0008469 765016
夢園書畫錄二十五卷 (清)方濬頤輯 清光緒三年(1877)定遠方氏錦城刻本 十册

310000－0241－0008470 765020
放翁題跋六卷家訓一卷 (宋)陸游撰 清光緒仁和葛氏刻嘯園叢書本 二册

310000－0241－0008471 765021
顔書編年錄四卷 (清)黄本驥撰 清道光刻本 一册

310000－0241－0008472 765022
虚齋名畫錄十六卷續錄四卷 龐元濟撰 清宣統元年(1909)烏程龐氏刻本 二十册

310000－0241－0008473 765026
庚子銷夏記八卷附一卷 (清)孫承澤撰 清乾隆知不足齋刻本 四册

310000－0241－0008474 765026:2
庚子銷夏記八卷附一卷 (清)孫承澤撰 清乾隆知不足齋刻本 三册

310000－0241－0008475 765027
寓意錄四卷 (清)繆曰藻撰 (清)徐渭仁校 清道光二十年(1840)上海徐氏刻本 二册

310000－0241－0008476　765029

芳堅館題跋四卷　(清)郭尚先撰　清光緒十六年(1890)新會梁氏藏修書屋刻本　二册

310000－0241－0008477　765029(2)

芳堅館題跋三卷　(清)郭尚先撰　(清)郭籛齡輯　清刻本　三册

310000－0241－0008478　765031

止齋題跋二卷　(宋)陳傅良撰　明末虞山毛氏汲古閣刻津逮秘書本　一册

310000－0241－0008479　765032

穰梨館過眼錄四十卷續錄十六卷　(清)陸心源撰　清光緒十七年(1891)吳興陸氏刻本　十六册

310000－0241－0008480　765033

澄蘭室古緣萃錄十八卷　邵松年輯　清光緒三十年(1904)上海鴻文書局石印本　六册

310000－0241－0008481　765035

須靜齋雲煙過眼錄不分卷　(清)潘世璜撰　(清)潘遵祁錄　清宣統三年(1911)刻本　一册

310000－0241－0008482　765035：2

須靜齋雲煙過眼錄不分卷　(清)潘世璜撰　(清)潘遵祁錄　清宣統三年(1911)刻本　一册

310000－0241－0008483　765035：3

須靜齋雲煙過眼錄不分卷　(清)潘世璜撰　(清)潘遵祁錄　清宣統三年(1911)刻本　一册

310000－0241－0008484　765037

愛日吟廬書畫錄四卷補錄一卷續錄八卷別錄四卷　(清)葛金烺編纂　清宣統二年(1910)當湖葛氏刻本　六册

310000－0241－0008485　765039

似昇所收書畫錄不分卷　(清)周嵩堯撰　清宣統三年(1911)京華印書局排印本　一册

310000－0241－0008486　765043

天瓶齋書畫題跋二卷　(清)張照撰　清道光、咸豐間張祥河刻本　一册

310000－0241－0008487　765048

韻石齋筆談二卷　(清)姜紹書撰　清宣統武進盛氏刻朱印本　一册

310000－0241－0008488　765049

骨董考不分卷　(清)□□撰　清抄本　一册

310000－0241－0008489　765050

桐園臥遊錄不分卷　(清)金鳳清輯　清同治十一年(1872)刻本　一册

310000－0241－0008490　766001

南陵無雙譜一卷　(清)金史繪　清光緒十二年(1886)同文書局石印本　一册

310000－0241－0008491　766029

思古齋雙鉤漢碑篆額不分卷　(清)何澂輯　清光緒九年(1883)刻本　三册

310000－0241－0008492　766033

欽定重刻淳化閣帖釋文十卷　(清)于敏中等奉敕重訂　清乾隆三十九年(1774)刻武英殿聚珍版書本　五册

310000－0241－0008493　766033：2

欽定重刻淳化閣帖釋文十卷　(清)于敏中等奉敕重訂　清乾隆三十九年(1774)刻武英殿聚珍版書本　二册

310000－0241－0008494　766044

天香樓藏帖不分卷　(清)王望霖編集　清嘉慶上虞王氏天香樓摹刻本　八册

310000－0241－0008495　766045

天香樓藏帖續刻一卷　(清)王望霖編集　清嘉慶上虞王氏天香樓摹刻本　一册

310000－0241－0008496　766060(3)

宋拓十七帖一卷　(晉)王羲之書　清宣統元年(1909)南洋印刷廠照相石印本　一册

310000－0241－0008497　766064

蘇米齋蘭亭考八卷　(清)翁方綱撰　清刻本　四册

310000－0241－0008498　766065

蘇米齋蘭亭考八卷　(清)翁方綱撰　清末刻粵雅堂叢書本　一册

310000－0241－0008499　766130
冶梅蘭竹譜不分卷　(清)王寅作　清光緒八年(1882)吳縣榮氏東瀛刻本　三册

310000－0241－0008500　766133
書畫同珍二刻不分卷　(清)鄒聖脈輯　清乾隆寄傲山房刻本　四册

310000－0241－0008501　766136
李文忠公墨寶不分卷　(清)李鴻章書　清末石印本　一册

310000－0241－0008502　766271
鄭蘇戡書南唐集字一卷　鄭孝胥書　清宣統二年(1910)上海商務印書館石印本　一册

310000－0241－0008503　766273
國朝畫家書卷四卷荔香室石刻二卷　(清)蔡載福集　清宣統西泠印社石印本　七册

310000－0241－0008504　766277
樵古齋石刻二卷　(清)陳璚摹古並編次　清光緒二十二年(1896)刻石清末拓本　十一册

310000－0241　0008505　767003
琴譜諧聲六卷　(清)周顯撰　清道光木活字印本　六册

310000－0241－0008506　767005
德音堂琴譜　(清)吳之振鑒定　(清)郭師文校　清康熙新安汪氏刻本　四册　存六卷

310000－0241－0008507　767006
五知齋琴譜八卷　(清)周魯封纂　清乾隆刻本　四册

310000－0241－0008508　767009
琴學入門二卷　(清)張鶴輯　(清)吳嗣昭參訂　清同治十二年(1873)刻本　三册　上卷殘

310000－0241－0008509　767018
山門新語二卷　(清)周贇著　清光緒十九年(1893)六聲草堂刻本　二册

310000－0241－0008510　767019
樂典不分卷　(清)□□撰　清宣統元年(1909)學部圖書局石印本　一册

310000－0241－0008511　768002
篆學瑣著三十種　(清)顧湘輯　清道光二十年(1840)海虞顧氏刻本　八册

310000－0241－0008512　768002:2
篆學瑣著三十種　(清)顧湘輯　清道光二十年(1840)海虞顧氏刻本　八册

310000－0241－0008513　768002:3
篆學瑣著三十種　(清)顧湘輯　清道光二十年(1840)海虞顧氏刻本　八册

310000－0241－0008514　768003
摹印述不分卷　(清)陳澧撰　清光緒刻本　一册

310000－0241－0008515　768006(2)
小石山房印譜七卷　(清)顧湘編輯　清宣統三年(1911)影印道光海虞顧氏鈐印本　六册

310000－0241－0008516　768011
寶善堂印譜二集不分卷　(清)程得壽摹篆　清道光鈐印本　二册

310000－0241－0008517　768013
秋水園印譜二卷　(清)陳鍊篆　(清)張維霑校　清乾隆聽流軒鈐印本　二册

310000－0241－0008518　768014
吉祥草堂印譜不分卷　(清)王衡篆刻　清光緒二十五年(1899)鈐印本　四册

310000－0241－0008519　768015
勸善印譜不分卷　(清)伏景春鐫　清同治七年(1868)鈐印本　二册

310000－0241－0008520　768016
次閑印譜不分卷　(清)趙之琛篆刻　清光緒十一年(1885)百石齋鈐印本　二册

310000－0241－0008521　768017
觀自得齋印集不分卷　(清)徐士愷選集　清光緒十五年(1889)石埭徐氏刻本　十六册

310000－0241－0008522　768020
續齊魯古印攈十六卷　(清)陳介祺輯　清同治鈐印本　十六冊

310000－0241－0008523　768021
二百蘭亭齋古印考藏六卷　(清)吳雲輯　清同治三年(1864)刻本　二冊

310000－0241－0008524　768030
西泠印存不分卷　(清)丁丙原輯　(清)闕名續輯　清光緒鈐印本　八冊

310000－0241－0008525　768038
印香圖稿不分卷　(清)丁澐篆刻　清光緒刻本　一冊

310000－0241－0008526　768046
兩罍軒印考漫存九卷　(清)吳雲輯　清光緒七年(1881)鈐印本　四冊

310000－0241－0008527　769001
寄青霞館弈選八卷續八卷　(清)王存善輯　清光緒二十三年(1897)刻本　十六冊

310000－0241－0008528　769004
兼山堂奕譜不分卷　(清)徐星友著　(清)西湖散人校定　清刻本　一冊

310000－0241－0008529　769005
六家奕譜六卷　(清)王彥侗輯　清咸豐七年(1857)刻本　二冊

310000－0241－0008530　769006
奕理指歸圖三卷　(清)施邵闇撰　(清)錢長澤繪圖　清乾隆三十六年(1771)笙雅堂刻本　三冊

310000－0241－0008531　769006：2
奕理指歸圖三卷　(清)施邵闇撰　(清)錢長澤繪圖　清乾隆三十六年(1771)笙雅堂刻本　一冊

310000－0241－0008532　769008
奕萃不分卷奕萃官子不分卷　(清)卞立言輯　清嘉慶二十一年(1816)味書堂刻本　二冊

310000－0241－0008533　769009
奕妙一卷二編一卷　(清)吳峻輯　(清)吳駉輯　清乾隆二十九年(1764)崇雅堂刻本　一冊

310000－0241－0008534　769010
受子譜二卷　(清)李汝珍輯　清嘉慶刻本　二冊

310000－0241－0008535　769011
殘局類選二卷　(清)錢東匯輯　清乾隆刻本　一冊

310000－0241－0008536　769013(2)
益智圖二卷　(清)童葉庚撰　清光緒四年(1878)睫巢刻本　二冊

310000－0241－0008537　769020
長物志　(明)文震亨編　清有真意齋抄本　一冊　殘存一卷

310000－0241－0008538　769024
師竹齋饒子譜不分卷　(清)徐星友撰　(清)盛新甫增訂　清道光來清館刻本　一冊

310000－0241－0008539　769040
鵝幻彙編十二卷中東戲法一卷　(清)唐再豐著　清光緒十五年(1889)上海廣益書局石印本　四冊

310000－0241－0008540　769044
宣和譜牙牌彙集二卷　(清)琅槐河上漁人杏園輯　(清)博昌散人雲庵氏重訂　清光緒十四年(1888)刻本　二冊

310000－0241－0008541　769046
葉戲原起一卷　(清)汪師韓撰　清光緒十二年(1886)錢唐汪氏長沙刻本　一冊

310000－0241－0008542　769200
日下梨園百詠一卷　(清)醉薇居士撰　清光緒二十七年(1901)天津石印書屋石印本　一冊

310000－0241－0008543　770008
文房肆考圖說八卷　(清)唐秉鈞撰　清乾隆刻本　八冊

310000－0241－0008544　770014
漫堂墨品不分卷附雪堂墨品不分卷　(清)宋

犖箸　清光緒許增刻本　一冊

310000－0241－0008545　770016
端谿硯史三卷　(清)吳蘭修編　清道光三十年(1850)南海伍氏刻本　一冊

310000－0241－0008546　770017
端溪硯史三卷　(清)吳蘭修撰　清刻嶺南遺書本　二冊

310000－0241－0008547　770018
端溪硯志三卷首一卷　(清)吳繩年撰　清乾隆楚州王永熙刻本　二冊

310000－0241－0008548　770020
端石擬三卷　(清)陳齡撰　清同治十二年(1873)刻本　一冊

310000－0241－0008549　770022
景德鎮陶錄十卷　(清)藍浦撰　清嘉慶二十年(1815)刻本　四冊

310000－0241－0008550　770022(2)
景德鎮陶錄十卷　(清)藍浦著　(清)鄭廷桂補輯　清同治九年(1870)刻本　四冊

310000－0241－0008551　770022(2):2
景德鎮陶錄十卷　(清)藍浦著　(清)鄭廷桂補輯　清同治九年(1870)刻本　三冊

310000－0241－0008552　770023
景德鎮陶錄十卷　(清)藍浦著　(清)鄭廷桂補輯　清光緒十七年(1891)石印本　二冊

310000－0241－0008553　770032
湖船錄一卷附續錄一卷　(清)厲鶚輯　清光緒七年(1881)刻本　一冊

310000－0241－0008554　770038
陽羨名陶錄二卷坿錄三種三卷　(清)吳騫編　清光緒十年(1884)刻榆園叢刻本　一冊

310000－0241－0008555　770042
重訂唐說硯考二卷　(清)曾興仁編訂　清道光二十三年(1843)瓣香書屋刻本　二冊

310000－0241－0008556　770055
墨表四卷　(清)萬壽祺撰　清末石印本　一冊

310000－0241－0008557　770057
論墨絕句詩一卷　(清)謝崧岱撰　清光緒十九年(1893)湘鄉謝氏擘經榭刻本　一冊

310000－0241－0008558　770061
墨法集要不分卷　(明)沈繼孫撰　清光緒二十年(1894)湘鄉謝氏擘經榭重刻武英殿聚珍本　一冊

310000－0241－0008559　773001
酒令叢鈔四卷　(清)俞敦培輯　清光緒刻本　六冊

310000－0241－0008560　773003
隨園食單　(清)袁枚撰　清刻本　一冊　存一卷

310000－0241－0008561　773006
製茶新譜一卷後集一卷　(明)錢椿年編　清光緒二十五年(1899)海上書局石印本　一冊

310000－0241－0008562　773007
中饋錄二十節　(清)曾懿撰　清光緒三十三年(1907)長沙刻本　一冊

310000－0241－0008563　774003
羣芳譜三十卷　(明)王象晉纂輯　明末清初虞山毛氏汲古閣刻本　十九冊　存二十九卷

310000－0241－0008564　774003:2
羣芳譜三十卷　(明)王象晉纂輯　明末清初虞山毛氏汲古閣刻本　二十八冊

310000－0241－0008565　774006
佩文齋廣羣芳譜一百卷　(清)聖祖玄燁敕撰　清康熙刻本　四十八冊

310000－0241－0008566　774007
佩文齋廣羣芳譜一百卷　(清)聖祖玄燁敕撰　清康熙刻本　四十一冊

310000－0241－0008567　774007:2
佩文齋廣羣芳譜一百卷　(清)聖祖玄燁敕撰　清康熙刻本　二十四冊

310000－0241－0008568　774008

秘傳花鏡六卷　(清)陳淏撰　清同治八年(1869)掃葉山房刻本　六冊

310000－0241－0008569　774010
植物名實圖考三十八卷　(清)吳其濬撰　清道光二十八年(1848)陸應穀刻光緒六年(1880)山西濬文書局重修本　六十冊

310000－0241－0008570　774015
花鏡六卷　(清)陳淏輯　清坊刻本　六冊

310000－0241－0008571　774015:2
花鏡六卷　(清)陳淏輯　清坊刻本　六冊

310000－0241－0008572　774016
蔬香小圃菊志一卷　(清)何鼎撰　清光緒五年(1879)蔬香小圃刻本　一冊

310000－0241－0008573　774017
東籬中正一卷　(清)許兆熊撰　清光緒七年(1881)許玉瑑刻本　一冊

310000－0241－0008574　774025
月季花譜一卷　(清)評花館撰　清光緒十三年(1887)刻本　一冊

310000－0241－0008575　774029
撫郡農産考畧二卷　(清)何剛德編　清光緒二十九年(1903)排印本　二冊

310000－0241－0008576　774033
蘭言述畧四卷首一卷　(清)袁世俊撰　清光緒二年(1876)刻本　二冊

310000－0241－0008577　774034
藝菊志八卷　(清)陸廷燦輯　清康熙五十七年(1718)棣華書屋刻咸豐六年(1856)宜稼堂印本　八冊

310000－0241－0008578　776002
海錯百一錄五卷　(清)郭柏蒼輯　清光緒僊官郭氏刻新印本　三冊

310000－0241－0008579　776004
貓苑二卷　(清)黃漢輯　(清)丁傑訂　清咸豐刻本　二冊

310000－0241－0008580　776004:2
貓苑二卷　(清)黃漢輯　(清)丁傑訂　清咸豐刻本　一冊

310000－0241－0008581　777006
雉山小紀四卷　(清)胡思謙撰　清道光八年(1828)刻本　二冊

310000－0241－0008582　780002
黃帝内經素問二十四卷靈樞二十四卷　(唐)王冰注　清咸豐二年(1852)守山閣校刻本　十二冊

310000－0241－0008583　780006
素問懸解十三卷　(清)黃元御撰　清同治十一年(1872)刻本　七冊

310000－0241－0008584　780008
黃帝内經靈樞十二卷　(唐)王冰注　清刻本　二冊

310000－0241－0008585　780009
黃帝内經靈樞注證發微九卷　(明)馬蒔撰　清光緒刻本　八冊

310000－0241－0008586　780010
脈經十卷　(晉)王叔和著　(宋)林億等類次　清光緒九年(1883)影宋刻本　四冊

310000－0241－0008587　780501
華洋臟象約纂三卷　(清)朱沛文撰　清光緒十九年(1893)廣東刻本　四冊

310000－0241－0008588　780502
體學新編三卷　(清)劉功宇譯　清光緒三十年(1904)排印本　三冊

310000－0241－0008589　780503
全體通考十八卷圖二卷　(英國)德貞撰　清光緒十二年(1886)排印本　四冊

310000－0241－0008590　780504
全體通考十八卷圖二卷　(英國)德貞著　清光緒十年(1884)同文館排印本　十六冊

310000－0241－0008591　780505
全體闡微　(美國)柯爲良口譯　(清)林鼎文筆述　清光緒十五年(1889)排印本　一冊　存一卷

310000－0241－0008592　780506

全體闡微三卷　(美國)柯爲良口譯　(清)林鼎文筆述　清末石印本　三冊

310000－0241－0008593　780506：2

全體闡微三卷　(美國)柯爲良口譯　(清)林鼎文筆述　清末石印本　三冊

310000－0241－0008594　780507

全體闡微六卷　(美國)柯爲良口譯　(清)林鼎文筆述　清光緒七年(1881)排印本　六冊

310000－0241－0008595　780511

醫林改錯三卷　(清)王清任著　清光緒二十三年(1897)刻本　一冊

310000－0241－0008596　780511：2

醫林改錯三卷　(清)王清任著　清光緒二十三年(1897)刻本　一冊

310000－0241－0008597　780512

生理衛生學一卷　(日本)齋田功太郎著　田吳炤譯　清光緒劉氏刻本　一冊

310000－0241－0008598　781001

傷寒論十卷明理論四卷　(漢)張仲景述　(晉)王叔和撰次　清光緒二十二年(1896)刻本　六冊

310000－0241－0008599　781004

溫熱經緯五卷　(清)王士雄纂　清同治湖北崇文書局刻本　四冊

310000－0241－0008600　781010

傷寒雜病論集不分卷　(清)顧觀光撰　清刻本　一冊

310000－0241－0008601　781016

傷寒審症表一卷　(清)包誠纂輯　清同治十年(1871)刻本　一冊

310000－0241－0008602　781503

金匱心典三卷　(漢)張仲景著　(清)尤怡集注　清同治八年(1869)刻本　四冊

310000－0241－0008603　781504

血證論八卷附醫學一見能一卷　唐宗海撰　清光緒十六年(1890)唐氏刻本　五冊

310000－0241－0008604　781505

明醫雜著六卷　(明)王節齋集　(明)薛已注　明刻本　二冊

310000－0241－0008605　782501

瘍醫大全四十卷　(清)顧世澄輯　清同治九年(1870)敦仁堂刻本　四十冊

310000－0241－0008606　782503

外科證治全生不分卷　(清)王維德著　清咸豐十一年(1861)刻本　一冊

310000－0241－0008607　783002

女科良方三卷　(清)傅山撰　清光緒十八年(1892)掃葉山房刻本　三冊

310000－0241－0008608　783002：2

女科良方三卷　(清)傅山撰　清光緒十八年(1892)掃葉山房刻本　三冊

310000－0241－0008609　783502

幼科指掌五卷　(清)葉其蓁編輯　清乾隆刻本　八冊

310000－0241－0008610　783507

福幼編慢驚方一卷　(清)莊一夔撰　清高寶銓抄本　一冊

310000－0241－0008611　784002

本草綱目五十二卷　(明)李時珍撰　清順治刻本　三十二冊

310000－0241－0008612　784003

本草綱目五十二卷附本草綱目拾遺十卷本草萬方鍼線八卷　(明)李時珍撰　清宣統經香閣石印本　十二冊

310000－0241－0008613　784005

本草綱目五十二卷附本草綱目拾遺十卷本草萬方鍼線八卷　(明)李時珍撰　清光緒十九年(1893)鴻寶齋石印本　十六冊

310000－0241－0008614　784006

本草綱目五十二卷　(明)李時珍撰　清順治刻本　三十八冊

310000－0241－0008615　784011

增訂本草備要四卷　(清)汪昂輯　清末刻本

四冊

310000－0241－0008616　784013
本草萬方鍼線附藥品總目一卷　(清)蔡烈先輯　清康熙武林刻本　四冊

310000－0241－0008617　784013：2
本草萬方鍼線八卷附藥品總目一卷　(清)蔡烈先輯　清康熙武林刻本　四冊

310000－0241－0008618　784016
神農本草經四卷坿周髀算經校記一卷　(清)顧觀光校　清刻本　一冊

310000－0241－0008619　784501(3)
醫方集解二十三卷　(清)汪昂輯　清光緒十三年(1887)鴻文書局石印本　四冊

310000－0241－0008620　784502
史載之方　(宋)史堪撰　清光緒歸安陸氏刻十萬卷樓叢書本　一冊　存一卷

310000－0241－0008621　784503
史載之方二卷　(宋)史堪撰　清光緒歸安陸氏刻十萬卷樓叢書本　二冊

310000－0241－0008622　784504
絳雪園古方選注不分卷　(清)王子接輯　(清)葉天士(葉桂)校　清乾隆景介樓刻本　四冊

310000－0241－0008623　784505
千金寶要方不分卷　(唐)孫思邈撰　(宋)郭思輯　曹元忠節錄　清曹元忠節抄本　一冊

310000－0241－0008624　784510
類症普濟本事方小卷　(宋)許叔微撰　清刻本　二冊

310000－0241－0008625　784511
經驗方鈔四卷　(清)張心淵撰　清道光二十三年(1843)嘉善張氏刻本　四冊

310000－0241－0008626　784518
醫方經絡湯頭歌訣備要一卷　(清)汪昂撰　清刻本　一冊

310000－0241－0008627　785003
景岳全書六十四卷　(明)張介賓撰　清道光三十年(1850)同人堂刻本　十五冊

310000－0241－0008628　785004
聖濟經十卷　(宋)徽宗趙佶敕撰　(宋)吳禔注　清光緒刻本　四冊

310000－0241－0008629　785005
理瀹駢文摘要不分卷　(清)吳尚先著　清光緒元年(1875)江蘇書局刻本　二冊

310000－0241－0008630　785006
理瀹駢文摘要不分卷　(清)吳尚先著　清光緒三年(1877)吳縣潘敏德堂刻本　二冊

310000－0241－0008631　785008
醫宗備要三卷　(清)曾鼎輯　清同治八年(1869)刻本　一冊

310000－0241－0008632　785010
理瀹駢文一卷畧言一卷續增畧言三卷附膏藥方一卷　(清)吳師機(吳尚先)撰　清同治、光緒間刻本　四冊

310000－0241－0008633　785012
御纂醫宗金鑑九十卷首一卷　(清)高宗弘曆敕纂　清乾隆刻本　九十冊

310000－0241－0008634　785012：2
御纂醫宗金鑑九十卷首一卷　(清)高宗弘曆敕纂　清乾隆刻本　四十八冊

310000－0241－0008635　785013
邵氏醫書四種二十二卷　(清)邵登瀛輯　清光緒六年(1880)刻本　六冊

310000－0241－0008636　785014
甌蠱燃犀錄不分卷　題(清)燃犀道人著　清光緒十九年(1893)寶鏡山房刻本　一冊

310000－0241－0008637　785015
保金生命論不分卷　(英國)古蘭肥勒撰　(英國)秀耀春口譯　清光緒二十七年(1901)上海製造局刻本　一冊

310000－0241－0008638　785020
醫宗必讀　(明)李中梓撰　清光緒二十年(1894)掃葉山房刻本　三冊　存六卷

310000－0241－0008639　785027
診餘舉隅録二卷　(清)陳廷儒撰　清光緒二十四年(1898)排印本　四册

310000－0241－0008640　785035
禁吸鴉片煙芻議不分卷　(清)蔣履曾撰　清宣統二年(1910)排印本　一册

310000－0241－0008641　785036
重慶堂隨筆二卷　(清)王學權著　清光緒上海書局石印本　二册

310000－0241－0008642　785501
古今醫案案十卷　(清)俞震編纂　清光緒吳江李氏刻本　十册

310000－0241－0008643　785501:2
古今醫案案十卷　(清)俞震編纂　清光緒吳江李氏刻本　十册

310000－0241－0008644　785502
名醫類案十二卷　(明)江瓘撰　清乾隆知不足齋刻本　十二册

310000－0241－0008645　785502:2
名醫類案十二卷　(明)江瓘撰　清乾隆知不足齋刻本　十二册

310000－0241－0008646　785504
徐批葉天士先生方案真本不分卷　(清)葉桂録　(清)徐大椿批　清光緒十五年(1889)刻本　二册

310000－0241－0008647　786001
景宋本備急灸法一卷附鍼灸擇日編集一卷　(宋)聞人耆年著　清光緒十六年(1890)上杭羅氏景宋刻本　二册

310000－0241－0008648　786502
壽親養老新書四卷　(清)鄒鉉編次　(清)黄應紫點校　清同治九年(1870)開封朱聚文齋刻本　四册

310000－0241－0008649　786511
釐心按摩要術四卷附痧喉正義一卷　(清)張振鋆輯　清光緒刻本　五册

310000－0241－0008650　787503
儒門醫學三卷　(英國)海得蘭撰　(清)趙元益譯　清末江南製造局刻本　四册

310000－0241－0008651　787504
西醫内科全書六卷　(清)孔慶高譯　清光緒八年(1882)博濟醫局刻本　六册

310000－0241－0008652　787505
婦科不分卷　(美國)湯麥斯撰　(清)舒高第譯　清光緒二十六年(1900)江南製造局排印本　六册

310000－0241－0008653　787511
萬國藥方八卷　(美國)洪士提反譯　清光緒十六年(1890)排印本　八册

310000－0241－0008654　787512
濟急法不分卷　(英國)舍白辣撰　(清)趙元益筆述　清光緒二十九年(1903)江南製造局刻本　一册

310000－0241－0008655　787514
西藥大成十卷　(英國)來拉海得蘭撰　(英國)哈來增補　清末江南製造局刻本　十六册

310000－0241－0008656　790002
維摩詰所説經注八卷　(後秦)釋鳩摩羅什譯　(晉)釋僧肇注　清光緒十三年(1887)金陵刻經處刻本　二册

310000－0241－0008657　790008
觀音菩薩度十二圓覺真經不分卷　(清)涵穀撰　清光緒四年(1878)鼓山湧泉寺刻本　一册

310000－0241－0008658　790017
般若波羅蜜多心經淺釋不分卷　(唐)釋玄奘譯　(清)梅光羲釋　清宣統元年(1909)梅氏自刻本　一册

310000－0241－0008659　790029
指月録二十九卷　(明)瞿汝稷集　(明)嚴澂校　清乾隆、嘉慶間刻本　八册　存二十九卷

310000－0241－0008660　790029(2)

指月錄三十二卷 （明）瞿汝稷集 （明）嚴瀓校 清乾隆、嘉慶間刻本 二十册

310000－0241－0008661 790029(3)
指月錄三十二卷 （明）瞿汝稷集 （明）嚴瀓校 清同治十一年(1872)杭州昭慶寺刻本 十册

310000－0241－0008662 790034
五燈會元二十卷 （宋）釋慧明編 清光緒三十二年(1906)貴池劉氏影刻宋寶祐本 十二册

310000－0241－0008663 790035
五燈會元二十卷 （宋）釋慧明編 清光緒三十二年(1906)貴池劉氏影刻宋寶祐本 十二册

310000－0241－0008664 790036
五燈全書百二十卷目錄十六卷 （清）釋超永撰 清康熙刻本 四十八册

310000－0241－0008665 790037
大乘本生心地觀經八卷 （唐）三藏般若等譯 清乾隆刻本 二册

310000－0241－0008666 790037:2
大乘本生心地觀經八卷 （唐）三藏般若等譯 清乾隆刻本 十册

310000－0241－0008667 790048
佛教初學課本不分卷 （清）楊文會撰 清光緒三十二年(1906)金陵刻經處刻本 一册

310000－0241－0008668 790055
大乘止觀法門釋要六卷 （明）釋智旭撰 清光緒丹徒李培楨捐資刻本 二册

310000－0241－0008669 790058
大般涅槃經四十二卷 （北涼）釋曇無讖譯 清同治十三年(1874)杭州昭慶寺刻本 十一册

310000－0241－0008670 790067
金剛般若波羅蜜經二卷 （清）俞樾注 清光緒二十五年(1899)刻本 一册

310000－0241－0008671 790075
金剛般若波羅蜜經一卷 （後秦）釋鳩摩羅什譯 清光緒二十三年(1897)劉氏石印本 一册

310000－0241－0008672 790076
金剛般若波羅蜜經一卷 （後秦）釋鳩摩羅什譯 清雍正十三年(1735)揚州宛虹橋衆香庵經房刻本 一册

310000－0241－0008673 790081
成唯識論十卷 （天竺）護法等菩薩造 （唐）釋玄奘譯 清光緒二十二年(1896)金陵印經處刻本 二册

310000－0241－0008674 790081:2
成唯識論十卷 （天竺）護法等菩薩造 （唐）釋玄奘譯 清光緒二十二年(1896)金陵印經處刻本 二册

310000－0241－0008675 790081:3
成唯識論十卷 （天竺）護法等菩薩造 （唐）釋玄奘譯 清光緒二十二年(1896)金陵印經處刻本 二册

310000－0241－0008676 790084
正法華經十卷 （晉）釋竺法護釋 清宣統元年(1909)揚州刻本 四册

310000－0241－0008677 790085
法華大成注解九卷首一卷 （清）釋在義撰 清康熙刻本 十二册

310000－0241－0008678 790088
弘明集十四卷 （南朝梁）釋僧祐撰 清光緒二十二年(1896)金陵刻經處刻本 四册 首卷殘

310000－0241－0008679 790094
六祖大師法寶壇經不分卷 （唐）釋慧能講 （唐）法海錄 清同治十一年(1872)如皋刻經處刻本 一册

310000－0241－0008680 790097
觀無量壽佛經四帖疏四卷 （唐）釋善尊撰 清光緒二十年(1894)金陵刻經處刻本 二册

310000－0241－0008681 790102

禪林寶訓筆說三卷 （清）釋智祥撰　清康熙刻本　三冊

310000－0241－0008682　790111
寂光禪師語録六卷 （清）釋寂光撰　清康熙刻本　六冊

310000－0241－0008683　790112
天根本禪師語録九卷 （清）釋天根撰　（清）釋燈丘等録　清康熙刻本　三冊

310000－0241－0008684　790113
碩揆禪師語録十卷 （清）釋原志撰　清康熙刻本　三冊

310000－0241－0008685　790114
大方禪師語録六卷 （清）釋行海撰　清康熙刻本　六冊

310000－0241－0008686　790115
竹浪生禪師語録六卷 （清）釋徹生撰　清康熙刻本　二冊

310000－0241－0008687　790116
百癡禪師語録三十卷 （清）釋百癡撰　清康熙刻本　六冊

310000－0241－0008688　790118
御選雲棲蓮池袾宏大師語録 （清）世宗胤禛輯　清光緒四年(1878)南京金陵刻經處刻本　一冊　存一卷

310000－0241－0008689　790120
雲棲法彙三種八卷 （明）釋袾宏撰　清光緒二十五年(1899)金陵刻經處刻本　五冊

310000－0241－0008690　790120:2
雲棲法彙三種八卷 （明）釋袾宏撰　清光緒二十五年(1899)金陵刻經處刻本　一冊

310000－0241－0008691　790125
萬善同歸集三卷 （宋）釋延壽撰　清同治十一年(1872)金陵刻經處刻本　三冊

310000－0241－0008692　790128
淨土津梁十三種二十八卷 （清）釋了慰撰　清乾隆五十年(1785)刻本　十六冊

310000－0241－0008693　790131
淨土傳鐙歸元鏡二卷 （清）釋智達拈頌　清光緒二十三年(1897)揚州廣陵藏經禪院刻本　一冊

310000－0241－0008694　790131(2)
異方便淨土傳燈歸元鏡三祖實録二卷 （清）釋智達拈頌　清宣統二年(1910)杭州雲棲禪寺刻本　二冊

310000－0241－0008695　790131(5)
異方便淨土傳燈歸元鏡三祖實録二卷 （清）釋智達拈頌　清光緒三年(1877)抄本　二冊

310000－0241－0008696　790135
淨土生無生論親聞記二卷 （明）釋受教撰　清光緒二十七年(1901)揚州藏經院刻本　一冊

310000－0241－0008697　790136
淨土警語七期規式不分卷 （清）釋行策撰　清光緒六年(1880)常熟刻經處刻本　一冊

310000－0241－0008698　790140
宗鏡録一百卷 （宋）釋永明撰　清雍正刻本　二十冊

310000－0241－0008699　790142
御録宗鏡大綱二十卷 （清）世宗胤禛撰　清雍正刻本　四冊

310000－0241－0008700　790148
大佛頂首楞嚴經疏解蒙鈔 （清）錢謙益撰　清刻本　十四冊　存四十四卷

310000－0241－0008701　790149
楞嚴經指掌疏十卷事義一卷 （清）釋通理撰　清乾隆刻本　十一冊

310000－0241－0008702　790154
西方要決科注二卷 （唐）釋窺基撰　清刻本　一冊

310000－0241－0008703　790155
因明入正理論疏八卷首一卷 （唐）釋窺基撰　清光緒二十二年(1896)金陵刻經處刻本　二冊

310000－0241－0008704　790155:2

因明入正理論疏八卷首一卷　（唐）釋窺基撰　清光緒二十二年（1896）金陵刻經處刻本　二册

310000－0241－0008705　790155:3

因明入正理論疏八卷首一卷　（唐）釋窺基撰　清光緒二十二年（1896）金陵刻經處刻本　二册

310000－0241－0008706　790155:4

因明入正理論疏八卷首一卷　（唐）釋窺基撰　清光緒二十二年（1896）金陵刻經處刻本　二册

310000－0241－0008707　790163

大方廣佛華嚴經　（唐）實叉難陀譯　明杭州瑪瑙寺刻本　一册　存一卷（一）

310000－0241－0008708　790164

華嚴一乘教義分齊章　（唐）釋法藏述　清康熙二年（1663）刻本　一册　存四卷

310000－0241－0008709　790170

集古今佛道論衡實錄五卷　（唐）釋道宣撰　清刻本　二册

310000－0241－0008710　790170:2

集古今佛道論衡實錄五卷　（唐）釋道宣撰　清刻本　二册

310000－0241－0008711　790171

佛爾雅八卷　（清）周春撰　清宣統三年（1911）國學扶輪社排印本　二册

310000－0241－0008712　790172

佛爾雅八卷　（清）周春撰　清嘉慶二十一年（1816）陳鴻壽刻本　一册

310000－0241－0008713　790173

答順宗心要法門一卷附原人論一卷　（唐）釋澄觀撰　（唐）釋宗密注　清光緒二十三年（1897）金陵刻經處刻本　一册

310000－0241－0008714　790173:2

答順宗心要法門一卷附原人論一卷　（唐）釋澄觀撰　（唐）釋宗密注　清光緒二十三年（1897）金陵刻經處刻本　一册

310000－0241－0008715　790174

佛祖心燈一卷宗教律諸家演派一卷溯查西藏剌麻來源一卷　（清）釋守一編　清光緒十六年（1890）金陵刻經處刻本　一册

310000－0241－0008716　790182

佛本行經　（南朝宋）釋寶雲譯　清宣統三年（1911）江北磚橋刻經處刻本　一册　存三卷

310000－0241－0008717　790183

大方便佛報恩經七卷　（清）□□譯　清同治十一年（1872）金陵刻經處刻本　二册

310000－0241－0008718　790191

佛祖心髓十卷　（清）釋達如輯　清光緒刻本　四册

310000－0241－0008719　790198

二十八種佛經同函一百四十七卷　（清）□□輯　清雍正十三年（1735）内府刻本　三十二册

310000－0241－0008720　790199

金剛般若波羅密經不分卷　（後秦）釋鳩摩羅什譯　清刻本　一册

310000－0241－0008721　790202

錦江禪燈二十卷　（清）釋通醉撰　清康熙刻本　四册

310000－0241－0008722　790203

傳戒正範四卷　（明）釋見月撰　清乾隆刻本　四册

310000－0241－0008723　790209

徑中徑又徑四卷　（清）張師誠撰　清光緒二十九年（1903）揚州藏經院刻本　二册

310000－0241－0008724　790210

徑中徑又徑四卷　（清）張師誠撰　清光緒二十九年（1903）揚州藏經院刻本　二册

310000－0241－0008725　790211

徑中徑又徑徵義三卷　（清）張師誠撰　（清）徐槐廷注　清光緒蘇州刻本　一册

310000－0241－0008726　790218

海南一勺合編内函十卷外函三十二卷　(清)鶴洞子輯　清道光十五年(1835)四香草堂刻本　十册

310000－0241－0008727　790220

嘉興楞嚴寺藏經目錄不分卷　(清)□□撰　清順治刻雍正修本　一册

310000－0241－0008728　790222

龍藏彙記不分卷　(清)□□撰　清同治九年(1870)金陵刻經處刻本　一册

310000－0241－0008729　790223

閱藏知津四十四卷目錄四卷　(明)釋智旭彙輯　清乾隆刻本　十册

310000－0241－0008730　790224

閱藏知津四十四卷目錄四卷　(明)釋智旭彙輯　清乾隆刻本　二十四册

310000－0241－0008731　790226

佛祖正宗道影四卷　(清)釋守一撰　清光緒刻本　四册

310000－0241－0008732　790226：2

佛祖正宗道影四卷　(清)釋守一撰　清光緒刻本　三册

310000－0241－0008733　790227

釋迦譜十卷　(南朝梁)釋僧祐撰　清光緒三十四年(1908)武昌刻本　四册

310000－0241－0008734　790227：2

釋迦譜十卷　(南朝梁)釋僧祐撰　清光緒三十四年(1908)武昌刻本　四册

310000－0241－0008735　790233

揞黑豆集八卷　(清)心圓居士撰　清乾隆刻本　八册

310000－0241－0008736　790234

六道集五卷　(清)釋弘贊輯　清康熙刻本　二册

310000－0241－0008737　790235

佛果圜悟禪師碧岩集十卷　(宋)釋圜悟撰　清順治刻本　四册

310000－0241－0008738　790240

中論六卷　(天竺)龍樹菩薩造　(□)青目菩薩譯　清光緒三十三年(1907)揚州藏經院刻本　二册

310000－0241－0008739　790240：2

中論六卷　(天竺)龍樹菩薩造　(□)青目菩薩譯　清光緒三十三年(1907)揚州藏經院刻本　二册

310000－0241－0008740　790243

御錄經海一滴六卷　(清)世宗胤禛撰　清雍正刻本　十二册

310000－0241－0008741　790243：2

御錄經海一滴六卷　(清)世宗胤禛撰　清雍正刻本　六册

310000－0241－0008742　790244

宗統編年三十二卷　(清)釋紀蔭撰　清光緒常州天寧寺刻本　十册

310000－0241－0008743　790246

樂邦早課不分卷　(清)□□撰　清光緒十八年(1892)揚州刻本　一册

310000－0241－0008744　790247

教乘法數十二卷　(清)釋超海等撰　清光緒三十四年(1908)常州刻本　六册

310000－0241－0008745　790254

瑜珈餤口不分卷　(清)釋定庵述　清光緒刻本　一册

310000－0241－0008746　790256

傅大士集四卷　(南朝齊)傅翕撰　清末刻本　一册

310000－0241－0008747　790258

釋迦譜　(南朝梁)釋僧祐撰　清光緒三十四年(1908)武昌刻本　一册　存二卷

310000－0241－0008748　790260

心經注解不分卷　(清)朱珪撰　清刻本　一册

310000－0241－0008749　790266

靈峯蕅益大師梵室偶談一卷附徹悟禪師語錄

二卷 (明)釋蕅益撰 清同治十年(1871)金陵刻經處刻本 一册

310000－0241－0008750 790278(2):2

翻譯名義集二十卷 (宋)釋法雲編 清光緒四年(1878)金陵刻經處刻本 六册

310000－0241－0008751 790278(2):3

翻譯名義集二十卷 (宋)釋法雲編 清光緒四年(1878)金陵刻經處刻本 六册

310000－0241－0008752 790315

蟠龍集一卷月令蒙筆記事一卷蓮社以理舉古訓勉一卷社以事舉古訓勉一卷 (清)釋行景撰 清乾隆刻本 四册

310000－0241－0008753 790318

百論二卷 (□)提婆菩薩造 (□)婆藪開士釋 清光緒二十一年(1895)揚州衆香庵刻經流通處刻本 一册

310000－0241－0008754 790319

十二門論宗致義記三卷 (唐)釋法藏述 清光緒二十一年(1895)金陵刻經處刻本 一册

310000－0241－0008755 790325

大方廣佛華嚴經著述集要 (唐)釋澄觀等撰 清光緒二年(1876)長沙刻經處刻本 十二册

310000－0241－0008756 790334

閱藏隨筆二卷 (清)釋元度撰 (清)釋太穆節解 清光緒九年(1883)刻本 二册

310000－0241－0008757 790352

相宗八要解 (明)釋星昱輯 清光緒二十八年(1902)金陵刻經處刻本 一册 存二種二卷

310000－0241－0008758 790352:2

相宗八要解 (明)釋星昱輯 清光緒二十八年(1902)金陵刻經處刻本 一册 存四卷(一至四)

310000－0241－0008759 790357

大佛頂首楞嚴經寶鏡疏八卷 (清)釋溥畹述 清刻本 八册

310000－0241－0008760 790360

大華嚴經畧策一卷答順宗心要法門一卷三聖圓融觀門一卷 (唐)釋澄觀述 清光緒二十一年至二十三年(1895－1897)金陵刻經處刻本 一册

310000－0241－0008761 790360:2

大華嚴經畧策一卷答順宗心要法門一卷三聖圓融觀門一卷 (唐)釋澄觀述 清光緒二十一年至二十三年(1895－1897)金陵刻經處刻本 一册

310000－0241－0008762 790361

修習止觀坐禪法要二卷 (隋)釋智顗述 清光緒二十九年(1903)金陵刻經處刻本 一册

310000－0241－0008763 790362

佛説觀彌勒菩薩上生兜率陀天經一卷佛説彌勒下生經一卷佛説觀彌勒菩薩下生經一卷 (南朝宋)釋沮渠京聲譯 (後秦)釋鳩摩羅什譯 清光緒三年(1877)金陵刻經處刻本 一册

310000－0241－0008764 790364

十二門論一卷 (天竺)龍樹菩薩造 (後秦)釋鳩摩羅什譯 清光緒二十一年(1895)金陵刻經處刻本 一册

310000－0241－0008765 790366

解深密經五卷 (唐)釋玄奘譯 清同治十年(1871)金陵刻經處刻本 一册

310000－0241－0008766 790368

筠州黃蘗山斷際禪師傳心法要二卷 (唐)裴休集 清光緒十年(1884)金陵刻經處刻本 一册

310000－0241－0008767 790368:2

筠州黃蘗山斷際禪師傳心法要二卷 (唐)裴休集 清光緒十年(1884)金陵刻經處刻本 一册

310000－0241－0008768 790375

本事經七卷 (唐)釋玄奘譯 清宣統二年(1910)刻本 二册

310000－0241－0008769　790376
唯識二十論一卷唯識二十論述記四卷　（唐）釋玄奘譯　（唐）釋窺基撰　清宣統二年（1910）江西刻經處刻本　二册

310000－0241－0008770　790382
四分戒本一卷毗尼日用切要一卷　（後秦）釋佛陀耶舍　（後秦）釋竺佛念等譯　（清）釋讀體彙集　清光緒十八年（1892）金陵刻經處刻本　一册

310000－0241－0008771　790383
四分比丘尼戒本不分卷　（後秦）釋佛陀耶舍　（後秦）釋竺佛念等譯　清光緒二十一年（1895）金陵刻經處刻本　一册

310000－0241－0008772　790387
三聖圓融觀門一卷　（唐）釋澄觀述　清光緒二十三年（1897）楊文會施資金陵刻經處刻本　一册

310000－0241－0008773　790389
觀音十二圓覺不分卷　（清）□□撰　清末刻本　一册

310000－0241－0008774　790390
因果還報真經一卷　（清）誌公長老著　（清）默然長者傳述　清光緒三十年（1904）吳羽殿刻本　一册

310000－0241－0008775　790393
溈山警策句釋記二卷　（清）釋弘贊譯　（清）開詷記　清同治十年（1871）淨業弟子清蓮等募刻本　一册

310000－0241－0008776　790399
蓮花世界詩九卷續刻蓮花世界詩一卷　（清）釋廣貴輯　清乾隆四十九年（1784）京都阜城門外衍法寺比丘了慰刻本　二册

310000－0241－0008777　790402
無隱禪師畧錄一卷　（清）普願居士集校　清光緒十六年（1890）金陵刻經處刻本　一册

310000－0241－0008778　790498
修設瑜伽集要施食壇儀不分卷　（明）釋袾宏重訂　清光緒二十五年（1899）金陵刻經處刻本　一册

310000－0241－0008779　800001
太上感應篇注二卷　（清）惠棟注　清末刻粵雅堂叢書本　一册

310000－0241－0008780　800005
太上感應篇圖説不分卷　（清）許鶴沙圖說　清道光十二年（1832）槎溪周氏刻本　十六册

310000－0241－0008781　800006
太上感應篇注講證案彙編二卷　（清）□□撰　清同治九年（1870）刻本　二册

310000－0241－0008782　800007
太上感應篇注講證案彙編四卷　（清）□□撰　清光緒二十一年（1895）刻本　四册

310000－0241－0008783　800009
感應篇贅言不分卷　（清）于覺世撰　清同治五年（1866）刻本　一册

310000－0241－0008784　800010
陰隲文圖説不分卷　（清）黄正元圖說　清嘉慶十九年（1814）刻本　四册

310000－0241－0008785　800011
陰隲文圖證不分卷　（清）費丹旭繪圖　（清）許光清集證　清同治七年（1868）待鶴齋刻本　二册

310000－0241－0008786　800012
黄籙科儀十二卷　（清）婁近垣輯　清乾隆十五年（1750）刻本　八册

310000－0241－0008787　800014
文帝全書三十二卷附武帝彙編四卷附錄七種　（清）劉體恕輯　清光緒二年（1876）刻本　二十册

310000－0241－0008788　800015
文帝孝經不分卷　（清）劉體恕輯　清光緒蔭餘堂刻本　一册

310000－0241－0008789　800018
陰隲文圖注二卷　（清）顏正注釋　（清）黄正元圖說　清刻本　一册

310000－0241－0008790　800020

太乙數統宗大全六編四十卷　(清)李自明著　清乾隆六十年(1795)京都天師查星局署刻本　二十冊

310000－0241－0008791　800024

火流星四卷　(清)鍾慧敏彙纂　清宣統元年(1909)刻本　四冊

310000－0241－0008792　800028

靈徵錄不分卷　(清)劉毓奇編輯　清光緒二十年(1894)刻本　一冊

310000－0241－0008793　800029

含真仙蹟圖記不分卷　(清)陳筱石撰輯　清光緒排印本　一冊

310000－0241－0008794　800030

玉曆至寶鈔不分卷　(□)□□編　清光緒二十八年(1902)刻本　一冊

310000－0241－0008795　800030(2)

玉曆鈔傳警世不分卷　(清)澹癡道人授　(清)勿迷道人述　清同治五年(1866)刻本　一冊

310000－0241－0008796　800030(3)

慈恩玉曆彙錄三卷首一卷附錄一卷　(宋)澹癡尊者傳授　(清)俞大文重編　清咸豐七年(1857)太原王氏刻本　三冊

310000－0241－0008797　800031

會三歸一義集一卷　(清)守雲道人輯　清道光元年(1821)天祿堂刻本　一冊

310000－0241－0008798　800034

關帝桃園明聖經不分卷　(清)□□撰　清刻本　一冊

310000－0241－0008799　800042

心田妙選不分卷　(清)關暢英輯　清光緒刻本　一冊

310000－0241－0008800　800045

東廚司命灶君真經一卷　(清)□□撰　清光緒十四年(1888)徐秀貞抄本　一冊

310000－0241－0008801　800051

靈寶午朝進表全科錄不分卷　(清)晉昌氏重修　清光緒七年(1881)抄本　一冊

310000－0241－0008802　800052

敕水二職不分卷　(清)□□撰　清寶厚堂藏抄本　一冊

310000－0241－0008803　800053

元始天尊說三官消災滅罪懺三卷　(清)□□撰　清末積善堂抄本　一冊

310000－0241－0008804　800054

中皇天尊十二戒規慈悲聖母十二戒規不分卷　(清)□□撰　清末鄧學輝長沙刻本　一冊

310000－0241－0008805　800056

如意寶珠二卷　(清)吳海雲輯　清末朱道生刻本　二冊

310000－0241－0008806　800059

道書抔溪錄三卷　(清)傅金銓撰　清坊刻本　一冊

310000－0241－0008807　809000

天緣經偈畧解一卷結經分句畧解一卷　(清)楊明宗撰　(清)吳貢述　清光緒十一年(1885)刻本　一冊

310000－0241－0008808　810001

景教流行中國碑頌正詮不分卷　(葡萄牙)陽瑪諾注　清光緒四年(1878)上海慈母堂石印本　一冊

310000－0241－0008809　810002

重刊景教碑文紀事考正一卷　(清)楊榮鋕撰　清光緒二十七年(1901)思賢書局刻本　一冊

310000－0241－0008810　810003

舊約全書七卷新約全書二卷　(清)□□譯　清同治三年(1864)香港英華書院排印本　九冊

310000－0241－0008811　810004

天主實義二卷　(意大利)利瑪竇述　清同治七年(1868)上海慈母堂排印本　一冊

310000－0241－0008812　810007

主經體味八卷首一卷末一卷　(清)殷弘緒著述　清光緒七年(1881)上海慈母堂排印本　一册

310000-0241-0008813　810008
領聖體須知不分卷　(清)□□撰　清光緒十七年(1891)上海慈母堂排印本　一册

310000-0241-0008814　810009
真教自證不分卷　(意大利)晁德蒞撰　清同治十一年(1872)上海土山灣排印本　一册

310000-0241-0008815　810010
要經彙集不分卷　(清)□□撰　清光緒二十八年(1902)慈母堂排印本　一册

310000-0241-0008816　810012
慎思指南六卷　(清)□□撰　清同治四年(1865)刻本　四册

310000-0241-0008817　810012:2
慎思指南六卷　(清)□□撰　清同治四年(1865)刻本　四册

310000-0241-0008818　810013
慎之慎之不分卷　(清)李秀芳著　清同治五年(1866)刻本　一册

310000-0241-0008819　810015
顯靈聖牌約考二卷　(清)徐勱撰　清光緒十四年(1888)上海慈母堂排印本　一册

310000-0241-0008820　810015:2
顯靈聖牌約考二卷　(清)徐勱撰　清光緒十四年(1888)上海慈母堂排印本　一册

310000-0241-0008821　810015:3
顯靈聖牌約考二卷　(清)徐勱撰　清光緒十四年(1888)上海慈母堂排印本　一册

310000-0241-0008822　810016
闢誣編不分卷　(清)□□撰　清同治七年(1868)上海慈母堂排印本　一册

310000-0241-0008823　810019
道原精萃　(意大利)艾儒畧述　清光緒十三年(1887)排印本　五册　存四種十卷

310000-0241-0008824　810020
耶穌受難民畧不分卷　(清)□□撰　清光緒十五年至十九年(1889-1893)排印本　一册

310000-0241-0008825　810020:2
耶穌受難民畧不分卷　(清)□□撰　清光緒十五年至十九年(1889-1893)排印本　一册

310000-0241-0008826　810020:3
耶穌受難民畧不分卷　(清)□□撰　清光緒十五年至十九年(1889-1893)排印本　一册

310000-0241-0008827　810021
心箴不分卷　(清)李杕著　清光緒十九年(1893)上海慈母堂排印本　一册

310000-0241-0008828　810021:2
心箴不分卷　(清)李杕著　清光緒十九年(1893)上海慈母堂排印本　一册

310000-0241-0008829　810021:3
心箴不分卷　(清)李杕著　清光緒十九年(1893)上海慈母堂排印本　一册

310000-0241-0008830　810022
默思聖難錄不分卷　(清)李杕譯　清光緒十八年(1892)上海慈母堂排印本　一册

310000-0241-0008831　810023
德行譜四卷末一卷　(明)巴多明克安譯述　清同治八年(1869)刻本　一册

310000-0241-0008832　810024
德鏡二卷　(清)李杕撰　清光緒十五年(1889)慈母堂排印本　一册

310000-0241-0008833　810025
喻道要旨不分卷　(英國)李提摩太集譯　清光緒三十年(1904)排印本　一册

310000-0241-0008834　810026
崇修引　(清)蕭若瑟譯　清光緒十六年(1890)獻縣天主堂排印本　八册　存十八卷

310000-0241-0008835　810027
崇修精蘊十卷　(泰西)買達納奧原著　(清)林安多譯　清光緒十九年(1893)慈母堂排印本　二册

310000－0241－0008836　810028
師主吟四卷　(清)蔣升撰　清光緒二十四年(1898)上海慈母堂排印本　一冊

310000－0241－0008837　810029
師主吟四卷　(清)蔣升撰　清宣統三年(1911)慈母堂排印本　一冊

310000－0241－0008838　810030
方言備終錄不分卷　(清)苗仰山譯　清光緒三十二年(1906)慈母堂排印本　一冊

310000－0241－0008839　810031
中法文對照方言備終錄不分卷　(清)苗仰山譯　清光緒三十二年(1906)慈母堂排印本　一冊

310000－0241－0008840　810031:3
中法文對照方言備終錄不分卷　(清)苗仰山譯　清光緒三十二年(1906)慈母堂排印本　一冊

310000－0241－0008841　810032
高麗致命事畧不分卷　(清)沈則寬撰　清光緒二十六年(1900)上海慈母堂排印本　一冊

310000－0241－0008842　810033
求諸已式不分卷　(清)□□撰　清刻本　一冊

310000－0241－0008843　810033:2
求諸已式不分卷　(清)□□撰　清刻本　一冊

310000－0241－0008844　810034
會友袖珍不分卷　(清)□□撰　清光緒六年(1880)排印本　一冊

310000－0241－0008845　810035
前進畧說不分卷　(清)田文都纂輯　清光緒四年(1878)刻本　一冊

310000－0241－0008846　810035:2
前進畧說不分卷　(清)田文都纂輯　清光緒四年(1878)刻本　一冊

310000－0241－0008847　810035:3
前進畧說不分卷　(清)田文都纂輯　清光緒四年(1878)刻本　一冊

310000－0241－0008848　810035:4
前進畧說不分卷　(清)田文都纂輯　清光緒四年(1878)刻本　一冊

310000－0241－0008849　810036
集說詮真正續編不分卷附提要一卷　(清)黃伯祿輯　清光緒三十二年(1906)排印本　六冊

310000－0241－0008850　810039
修成正鵠上集八卷中集八卷下集八卷　(清)蔣升譯述　清光緒六年(1880)上海慈母堂排印本　六冊

310000－0241－0008851　810040
答客問不分卷　(清)朱宗元撰　清同治十年(1871)慈母堂刻本　一冊

310000－0241－0008852　810041
答問錄存不分卷　(清)李杕撰　清宣統元年(1909)土山灣排印本　一冊

310000－0241－0008853　810041:2
答問錄存不分卷　(清)李杕撰　清宣統元年(1909)土山灣排印本　一冊

310000－0241－0008854　810041:3
答問錄存不分卷　(清)李杕撰　清宣統元年(1909)土山灣排印本　一冊

310000－0241－0008855　810043
聖亞爾方騷勞特里垓傳三卷　(清)蔣升　(清)龔柴譯　清光緒二十一年(1895)上海慈母堂排印本　一冊

310000－0241－0008856　810050
經學不厭精　(德國)花之安撰　清光緒二十四年(1898)美華書館排印本　二冊　存一卷

310000－0241－0008857　810051
自西徂東五卷　(德國)花之安著　(清)袁真悟校訂　清光緒十九年(1893)上海美華書館排印本　五冊

310000－0241－0008858　810052
福女瑪加利大傳不分卷　(清)李杕譯　清光

緒二十一年(1895)慈母堂排印本　一冊

310000－0241－0008859　810055

中國大主保聖若瑟聖月不分卷　(清)李秀芳述　清同治元年(1862)刻本　一冊

310000－0241－0008860　810057

古史參箴四卷　(清)沈則寬撰　清光緒十一年(1885)排印本　四冊

310000－0241－0008861　810057:2

古史參箴四卷　(清)沈則寬撰　清光緒十一年(1885)排印本　四冊

310000－0241－0008862　810059

據理質證不分卷　(清)馬德新撰　清同治刻本　一冊

310000－0241－0008863　810060

客問條答不分卷　(清)倪懷綸撰　清宣統二年(1910)土山灣排印本　一冊

310000－0241－0008864　810063

聖人言行新編不分卷　(清)□□撰　清光緒二十九年(1903)香港納匝肋靜院排印本　一冊

310000－0241－0008865　810064

輕世金書便覽四卷　(葡萄牙)陽瑪諾譯述　(清)呂若翰注　清道光二十八年(1848)粵東天主堂刻本　六冊

310000－0241－0008866　810064:2

輕世金書便覽四卷　(葡萄牙)陽瑪諾譯述　(清)呂若翰注　清道光二十八年(1848)粵東天主堂刻本　六冊

310000－0241－0008867　810065

三山論學不分卷　(意大利)艾儒畧撰　清道光二十七年(1847)刻本　一冊

310000－0241－0008868　810066

近代教士列傳不分卷　(英國)李提摩太著　清光緒二十年(1894)英華書局排印本　一冊

310000－0241－0008869　810067

燕京開教畧三篇不分卷　(清)樊國樑著　清光緒三十一年(1905)救世堂排印本　三冊

310000－0241－0008870　810070

路得改教紀畧不分卷　(美國)林樂知譯　清光緒二十五年(1899)上海廣學會刻本　一冊

310000－0241－0008871　810072

理窟九卷　(清)李杕撰　清宣統元年(1909)上海土山灣印書館排印本　四冊

310000－0241－0008872　810073

教化議五卷　(德國)花之安撰　清光緒元年(1875)小書會真寶堂刻本　一冊

310000－0241－0008873　810074

盛世芻蕘　(法國)馮秉正著　清末排印本　一冊　存三卷

310000－0241－0008874　810076

長遠兩友相論一卷十一回　(清)□□撰　清光緒十二年(1886)漢口聖教書局刻本　一冊

310000－0241－0008875　810077

答客芻方一卷　(清)沈容齋編　清光緒七年(1881)上海慈母堂刻本　一冊

310000－0241－0008876　810078

煉獄畧說八篇　(清)李問漁著　(清)顧照林閱　清同治十年(1871)上海慈母堂刻本　二冊

310000－0241－0008877　810079

性理真詮十篇　(清)孫璋述　清光緒十五年(1889)上海慈母堂排印本　一冊

310000－0241－0008878　810081

辦忠篇二卷　(美國)林樂知著　清光緒二十一年(1895)上海廣學會排印本　一冊

310000－0241－0008879　820001

纂譯天方性理本經注釋五卷　(清)黑鳴鳳注譯　清光緒元年(1875)廣邑馬氏刻本　一冊

310000－0241－0008880　820001:2

纂譯天方性理本經注釋五卷　(清)黑鳴鳳注譯　清光緒元年(1875)廣邑馬氏刻本　一冊

310000－0241－0008881　820002

天方性理圖說五卷　(清)劉智撰　清同治刻本　六冊

310000－0241－0008882　820003
天方性理圖說五卷　(清)劉智撰　清同治刻本　六册

310000－0241－0008883　820004
正教真詮二卷　(清)真回老人著　清同治十二年(1873)成都刻本　五册

310000－0241－0008884　820005
天方典禮擇要解二十卷　(清)劉智撰　清同治十年(1871)寶真堂刻本　六册

310000－0241－0008885　820006
天方典禮擇要解二十卷　(清)劉智撰　清同治十年(1871)寶真堂刻本　六册

310000－0241－0008886　820006:2
天方典禮擇要解二十卷　(清)劉智撰　清同治十年(1871)寶真堂刻本　四册

310000－0241－0008887　820006:3
天方典禮擇要解二十卷　(清)劉智撰　清同治十年(1871)寶真堂刻本　一册

310000－0241－0008888　820007
大化總歸二卷　(清)馬開科著　清同治十年(1871)刻本　一册

310000－0241－0008889　820008
大化總歸二卷　(清)馬開科著　清同治十年(1871)刻本　一册

310000－0241－0008890　820009
清真指南十卷　(清)馬注著　清光緒十一年(1885)寶真堂刻本　十册

310000－0241－0008891　820010
清真指南十卷　(清)馬注著　清光緒十一年(1885)寶真堂刻本　十册

310000－0241－0008892　820011
清真釋疑補輯二卷　(清)金天柱著　清光緒十一年(1885)成都清真寺刻本　二册

310000－0241－0008893　820012
天方三字經注解淺說不分卷　(清)劉智著　(清)袁國祚注　清同治九年(1870)鎮江清真寺刻本　一册

310000－0241－0008894　820013
天方至聖實録年譜二十卷首一卷　(清)劉智著　清同治十一年(1872)寶真堂刻本　十册

310000－0241－0008895　820014
天方至聖實録年譜二十卷首一卷　(清)劉智著　清同治十一年(1872)寶真堂刻本　十册

310000－0241－0008896　820015
回教考不分卷　(清)白銘庵撰　清宣統三年(1911)上海清真寺排印本　一册

310000－0241－0008897　820016
天方詩經不分卷　(清)馬安禮著　清光緒十六年(1890)馬氏刻本　三册

310000－0241－0008898　820017
天方詩經不分卷　(清)馬安禮著　清光緒十六年(1890)馬氏刻本　三册

310000－0241－0008899　820018
經漢雜學擇要注解不分卷　(清)□□譯　清光緒十四年(1888)清真堂刻本　一册

310000－0241－0008900　820019
五功釋義一卷　(清)劉智撰　清咸豐元年(1851)刻本　一册

310000－0241－0008901　820020
教款捷要不分卷　(清)馬伯良著　清同治十年(1871)刻本　一册

310000－0241－0008902　820021
四篇要道補注便蒙淺說四卷　(清)張中譯解　清同治十一年(1872)成都刻本　一册

310000－0241－0008903　820021:2
四篇要道補注便蒙淺說四卷　(清)張中譯解　清同治十一年(1872)成都刻本　一册

310000－0241－0008904　830004
古教彙參三卷　(英國)韋廉臣著　(清)董樹堂筆述　清末刻本　三册

310000－0241－0008905　840003
天演論二卷　(英國)赫胥黎著　嚴復譯　清光緒二十七年(1901)刻本　二册

310000－0241－0008906　840003：2

天演論二卷　（英國）赫胥黎著　嚴復譯　清光緒二十七年（1901）刻本　一册

310000－0241－0008907　840003：3

天演論二卷　（英國）赫胥黎著　嚴復譯　清光緒二十七年（1901）刻本　一册

310000－0241－0008908　840003：4

天演論二卷　（英國）赫胥黎著　嚴復譯　清光緒二十七年（1901）刻本　二册

310000－0241－0008909　840004

天演論二卷　（英國）赫胥黎著　嚴復譯　清光緒二十四年（1898）石印本　一册

310000－0241－0008910　840004：2

天演論二卷　（英國）赫胥黎著　嚴復譯　清光緒二十四年（1898）石印本　一册

310000－0241－0008911　840005

天演論二卷　（英國）赫胥黎著　嚴復譯　清光緒二十四年（1898）石印本　一册

310000－0241－0008912　840007

天演論二卷　（英國）赫胥黎著　嚴復譯　清光緒二十九年（1903）排印本　一册

310000－0241－0008913　840008

天演論二卷　（英國）赫胥黎著　嚴復譯　清光緒二十四年（1898）刻本　二册

310000－0241－0008914　840009

天演論書後不分卷　（清）李春生輯　清光緒三十三年（1907）排印本　一册

310000－0241－0008915　840010

京師大學堂倫理學經學講義初編不分卷　（清）張鶴齡講述　清末排印本　一册

310000－0241－0008916　840011

倫理學原理不分卷　（德國）泡爾生著　（□）□□譯　清宣統二年（1910）排印本　一册

310000－0241－0008917　840022

理學鉤玄三卷　（日本）中江篤介著　（清）陳鵬譯　清光緒二十八年（1902）廣智書局排印本　二册

310000－0241－0008918　840023

哲學妖怪百談不分卷　（日本）井上圓了輯　（清）徐渭臣譯　清光緒二十九年（1903）文明書局排印本　一册

310000－0241－0008919　840029

哲學要領不分卷　（日本）井上圓了撰　（清）羅伯雅譯　清光緒二十九年（1903）上海廣智書局刻本　二册

310000－0241－0008920　840033

民約通義九章　（法國）盧騷撰　（清）□□譯　清末排印本　一册

310000－0241－0008921　850001

格致古微六卷　王仁俊述　清光緒二十二年（1896）王氏刻本　一册

310000－0241－0008922　850002

格致古微六卷　王仁俊述　清光緒二十二年（1896）王氏刻本　四册

310000－0241－0008923　850003

增訂格物入門七卷　（美國）丁韙良著　清光緒十五年（1889）排印本　七册

310000－0241－0008924　850004

格致啓蒙四卷　（英國）羅斯古著　（美國）林樂知譯　清末江南製造局刻本　四册

310000－0241－0008925　850005

格致小引一卷　（英國）赫施賚撰　（英國）羅亨利譯　清末江南製造局刻本　一册

310000－0241－0008926　850006

格物質學不分卷　（美國）史砥爾撰　（清）潘慎文譯　清光緒二十五年（1899）益智書會排印本　一册

310000－0241－0008927　850007

格致彙編不分卷　（英國）傅蘭雅輯　清光緒二年至十八年（1876－1892）格致彙編館排印本　二十册

310000－0241－0008928　850007：2

格致彙編不分卷　（英國）傅蘭雅輯　清光緒二年至十八年（1876－1892）格致彙編館排印

本　十四冊

310000－0241－0008929　850009
西學考畧二卷　（美國）丁韙良著　（清）貴榮譯　清光緒九年（1883）同文館排印本　二冊

310000－0241－0008930　850010
西學關鍵八卷　（清）上海徐匯報館譯　清光緒二十九年（1903）鴻寶齋石印本　四冊

310000－0241－0008931　850012
形性學要十卷　（清）李杕譯著　清光緒二十五年（1899）排印本　一冊

310000－0241－0008932　850014
南菁書院西學課卷一卷　胡玉縉撰　清光緒二十二年（1896）胡玉縉寫本　一冊

310000－0241－0008933　850015
格物探原六卷　（英國）韋廉臣撰　清光緒六年（1880）刻本　四冊

310000－0241－0008934　850016
千奇萬妙　（□）□□撰　清光緒二十九年（1903）慈母堂印書局排印本　一冊　存一冊（二）

310000－0241－0008935　851001
物理小識十二卷　（清）宓山愚者智集　（清）嵩崑書農校刊　清光緒十年（1884）寧靜堂重雕本　六冊

310000－0241－0008936　851002
物理小識十二卷　（清）宓山愚者智集　（清）嵩崑書農校刊　清光緒十年（1884）寧靜堂刻本　六冊

310000－0241－0008937　851003
物理推原不分卷　（清）李杕撰　清光緒二十二年（1896）石印本　一冊

310000－0241－0008938　851004
物理推原不分卷　（清）李杕撰　清光緒十八年（1892）石印本　一冊

310000－0241－0008939　851005
物理學上編四卷中編四卷下編四卷　（日本）飯盛挺造編纂　（清）王季烈重編　清光緒二十六年（1900）江南製造局刻本　八冊

310000－0241－0008940　851006
物理學　（日本）飯盛挺造編纂　（清）王季烈重編　清光緒二十六年（1900）江南製造局刻本　九冊　存八卷（上編四卷、中編四卷）

310000－0241－0008941　851007
聲學八卷　（英國）田大里著　（清）徐建寅筆述　清末江南製造局刻本　二冊

310000－0241－0008942　851007：2
聲學八卷　（英國）田大里著　（清）徐建寅筆述　清末江南製造局刻本　二冊

310000－0241－0008943　851008
聲學八卷　（英國）田大里著　（清）徐建寅筆述　清末江南製造局刻本　二冊

310000－0241－0008944　851009
聲學揭要不分卷　（美國）赫士口譯　（清）朱葆琛筆述　清光緒二十五年（1899）排印本　一冊

310000－0241－0008945　851010
光學二卷附一卷　（英國）田大里輯　（清）趙元益譯　清末江南製造局刻本　三冊

310000－0241－0008946　851011
光學二卷附一卷　（英國）田大里輯　（清）趙元益譯　清末江南製造局刻本　二冊

310000－0241－0008947　851011：2
光學二卷附一卷　（英國）田大里輯　（清）趙元益譯　清末江南製造局刻本　二冊

310000－0241－0008948　851011：3
光學二卷附一卷　（英國）田大里輯　（清）趙元益譯　清末江南製造局刻本　二冊

310000－0241－0008949　851011：4
光學二卷附一卷　（英國）田大里輯　（清）趙元益譯　清末江南製造局刻本　二冊

310000－0241－0008950　851012
光學二卷附一卷　（英國）田大里輯　（清）趙元益譯　清末江南製造局刻本　三冊

310000－0241－0008951　851013

光學揭要二卷　(美國)赫士口譯　(清)朱葆琛筆述　清光緒二十五年(1899)美華書局石印本　一册

310000－0241－0008952　851015

電學綱目三十九章　(英國)田大里輯　(英國)傅蘭雅口譯　清光緒江南製造局刻本　一册

310000－0241－0008953　851015:2

電學綱目三十九章　(英國)田大里輯　(英國)傅蘭雅口譯　清光緒江南製造局刻本　一册

310000－0241－0008954　851017

通物電光四卷　(美國)莫耳登撰　(英國)傅蘭雅譯　清光緒二十五年(1899)江南製造局刻本　一册

310000－0241－0008955　851018

重學二十卷附圜錐曲線說三卷　(英國)艾約瑟口譯　(清)李善蘭筆述　清末江南製造局刻本　六册

310000－0241－0008956　851018:2

重學二十卷附圜錐曲線說三卷　(英國)艾約瑟口譯　(清)李善蘭筆述　清末江南製造局刻本　六册

310000－0241－0008957　851018:3

重學二十卷附圜錐曲線說三卷　(英國)艾約瑟口譯　(清)李善蘭筆述　清末江南製造局刻本　六册

310000－0241－0008958　851019

重學二十卷　(英國)艾約瑟口譯　(清)李善蘭筆述　清末江南製造局刻本　四册

310000－0241－0008959　851020

重學二十卷　(英國)艾約瑟口譯　(清)李善蘭筆述　清末江南製造局刻本　五册

310000－0241－0008960　851021

重學二十卷附圜錐曲線說三卷　(英國)艾約瑟口譯　(清)李善蘭筆述　清末江南製造局刻本　六册

310000－0241－0008961　851022

電學十卷坿電學綱目一卷　(英國)瑙挨德撰　(清)徐建寅譯　清末江南製造局刻本　七册

310000－0241－0008962　851022:2

電學十卷坿電學綱目一卷　(英國)瑙挨德撰　(清)徐建寅譯　清末江南製造局刻本　一册

310000－0241－0008963　852001

化學鑑原六卷　(英國)韋而司撰　(清)徐壽譯　清末江南製造局刻本　四册

310000－0241－0008964　852001:2

化學鑑原六卷　(英國)韋而司撰　(清)徐壽譯　清末江南製造局刻本　六册

310000－0241－0008965　852002

化學鑑原六卷　(英國)韋而司撰　(清)徐壽譯　清末江南製造局刻本　一册

310000－0241－0008966　852003

化學鑑原六卷　(英國)韋而司撰　(清)徐壽譯　清末江南製造局刻本　四册

310000－0241－0008967　852004

化學鑑原補編六卷附一卷　(英國)韋而司撰　(清)徐壽筆述　清末江南製造局刻本　六册

310000－0241－0008968　852005

化學分原八卷　(英國)蒲陸山撰　(清)徐建寅譯　清末江南製造局刻本　二册

310000－0241－0008969　852005:2

化學分原八卷　(英國)蒲陸山撰　(清)徐建寅譯　清末江南製造局刻本　二册

310000－0241－0008970　852006

化學源流論四卷　(□)方尼司輯　(清)王汝騋譯　清末江南製造局刻本　二册

310000－0241－0008971　852007

格致新機不分卷　(英國)慕維廉著　清光緒二十三年(1897)刻本　一册

310000－0241－0008972　853002
觀物博異八卷　（法國）普謝撰　（清）李鼎星譯述　清光緒三十年（1904）上海廣學會排印本　一册

310000－0241－0008973　853003（2）
博物新編三集不分卷　（英國）合信著　清咸豐五年（1855）上海墨海書館刻本　一册

310000－0241－0008974　853005
動物學新編一卷　（清）潘雅麗撰　清光緒二十五年（1899）石印本　一册

310000－0241－0008975　853006
金石識别十二卷　（美國）代那撰　（清）華蘅芳譯　清末江南製造局刻本　一册　存二卷

310000－0241－0008976　853006：2
金石識别十二卷　（美國）代那撰　（清）華蘅芳譯　清末江南製造局刻本　六册

310000－0241－0008977　853006：3
金石識别十二卷　（美國）代那撰　（清）華蘅芳譯　清末江南製造局刻本　六册

310000－0241－0008978　853008
金石識别十二卷　（美國）代那撰　（清）華蘅芳譯　清末江南製造局刻本　六册

310000－0241－0008979　853009
金石識别十二卷　（美國）代那撰　（清）華蘅芳譯　清末江南製造局刻本　二册

310000－0241－0008980　853010
康熙幾暇格物編二卷　（清）聖祖玄燁撰　清末通學齋排印本　一册

310000－0241－0008981　853012
格致新教科書第一册　（清）魯篆笙編輯　（清）李培鍔訂正　清光緒三十二年（1906）上海樂羣圖書編譯局刻本　一册

310000－0241－0008982　854001
地學淺釋三十八卷　（英國）雷俠兒撰　（清）華蘅芳筆述　（美國）瑪高溫口譯　（清）華蘅芳譯　清末江南製造局刻本　八册

310000－0241－0008983　854002
地學淺釋三十八卷　（英國）雷俠兒撰　（清）華蘅芳筆述　（美國）瑪高溫口譯　（清）華蘅芳譯　清末江南製造局刻本　八册

310000－0241－0008984　854003
地學講義不分卷　（日本）志賀重昂述　清光緒二十七年（1901）排印本　一册

310000－0241－0008985　854004
地學指畧二卷　（英國）文教治口譯　（清）李慶軒筆述　清光緒二十五年（1899）石印本　一册

310000－0241－0008986　854005
地理質學啓蒙七卷　（清）□□撰　清光緒十二年（1886）刻本　一册

310000－0241－0008987　854006
御風要術三卷　（英國）白爾特撰　（清）華蘅芳譯　清末江南製造局刻本　二册

310000－0241－0008988　854007
御風要術三卷　（英國）白爾特撰　（清）華蘅芳譯　清末江南製造局刻本　二册

310000－0241－0008989　854009
地理初桄不分卷　（美國）卜舫濟撰　清光緒二十五年（1899）美華書館排印本　一册

310000－0241－0008990　854010
地學歌畧不分卷　葉瀚撰　清光緒二十七年（1901）自怡軒刻本　一册

310000－0241－0008991　854010：2
地學歌畧不分卷　葉瀚撰　清光緒二十七年（1901）自怡軒刻本　一册

310000－0241－0008992　854011
海潮輯說二卷　（清）俞思謙輯錄　清嘉慶南匯吴氏刻藝海珠塵本　一册

310000－0241－0008993　860001
羣學肄言不分卷　（英國）斯賓塞爾著　嚴復譯　清光緒二十九年（1903）文明編譯書局排印本　四册

310000－0241－0008994　860001：2
羣學肄言不分卷　（英國）斯賓塞爾著　嚴復

譯　清光緒二十九年(1903)文明編譯書局排印本　一册

310000－0241－0008995　860002
羣學肄言不分卷　(英國)斯賓塞爾著　嚴復譯　清光緒二十九年(1903)文明編譯書局排印本　二册

310000－0241－0008996　860002:2
羣學肄言不分卷　(英國)斯賓塞爾著　嚴復譯　清光緒二十九年(1903)文明編譯書局排印本　四册

310000－0241－0008997　860009
家政學二卷　(日本)下田歌子著　錢單士譯述　清光緒二十九年(1903)排印本　二册

310000－0241－0008998　860010
聶氏重編家政學二編　(日本)下田歌子原著　曾紀芬重編　清光緒三十年(1904)浙江官書局刻本　二册

310000－0241－0008999　860011
家政學二卷　(日本)下田歌子著　錢單士譯述　清光緒二十八年(1902)排印本　二册

310000－0241－0009000　860016
演說美辭法十章　(日本)澤田誠武撰　清末抄本　一册

310000－0241－0009001　860018
近世社會主義不分卷　(日本)福井準造著　(清)趙必振譯　清光緒二十九年(1903)上海廣智書局排印本　二册

310000－0241－0009002　860022
社會科學名著匯編　梁啓超等撰　清末石印本　十二册　存三十六種四十八卷

310000－0241－0009003　860024
肄業要覽不分卷　(英國)史本守著　(清)顔永京譯　清光緒二十一年(1895)上海格致書室排印本　一册

310000－0241－0009004　861005
二十世紀之怪物帝國主義不分卷　(日本)幸德秋水撰　(清)趙必振譯　清光緒二十八年(1902)上海廣智書局排印本　一册

310000－0241－0009005　861009
政治汎論二卷後編二卷　(美國)威爾遜撰　(清)麥鼎華譯　清光緒二十九年(1903)廣智書局排印本　一册

310000－0241－0009006　861010
王安石新法論不分卷　(日本)高橋作衛撰　(清)陳超譯　清光緒二十八年(1902)上海廣智書局排印本　一册

310000－0241－0009007　861011
政教進化論不分卷　(日本)加藤弘之撰　(清)楊廷棟譯　清光緒二十八年(1902)排印本　一册

310000－0241－0009008　862002
原富不分卷　(英國)斯密亞丹著　嚴復譯　清光緒二十八年(1902)排印本　八册

310000－0241－0009009　862003
原富不分卷　(英國)斯密亞丹著　嚴復譯　清光緒二十八年(1902)排印本　二册

310000－0241－0009010　862004
原富不分卷　(英國)斯密亞丹著　嚴復譯　清光緒二十八年(1902)排印本　八册

310000－0241－0009011　862005
原富不分卷　(英國)斯密亞丹著　嚴復譯　清光緒二十八年(1902)排印本　一册

310000－0241－0009012　862005:2
原富不分卷　(英國)斯密亞丹著　嚴復譯　清光緒二十八年(1902)排印本　一册

310000－0241－0009013　862005:3
原富不分卷　(英國)斯密亞丹著　嚴復譯　清光緒二十八年(1902)排印本　一册

310000－0241－0009014　862006
原富不分卷　(英國)斯密亞丹著　嚴復譯　清光緒二十七年(1901)排印本　六册

310000－0241－0009015　862008
足民策一卷　(英國)馬林撰　(清)李玉書譯　清光緒二十五年(1899)上海廣學會排印本

一册

310000－0241－0009016　862020
經濟教科書六編　（日本）和田垣謙三撰　清光緒二十八年（1902）上海廣智書局排印本　一册

310000－0241－0009017　862022
經濟通論五卷　（日本）持地六三郎撰　清光緒二十九年（1903）上海商務印書館排印本　一册

310000－0241－0009018　862024
調查各國銀行義例彙抄六卷　（日本）神津助太郎調查　（清）舒邦傑編述　清光緒三十二年（1906）上海商務總會排印本　六册

310000－0241－0009019　862027
紙幣論十章　（日本）杉榮三郎講　（清）唐宗愈録　清光緒十二年（1886）京師仕學館排印本　一册

310000－0241－0009020　865001
文學興國策二卷　（日本）森有禮編次　（清）廣學會譯　清光緒二十二年（1896）排印本　二册

310000－0241－0009021　865002
管理法講義一卷教育學講義一卷教育史講義一卷　（日本）大久保介壽等講　（清）華振録　清光緒三十年（1904）胡玉縉抄本　一册

310000－0241－0009022　865004
普通教育學要義二卷　（日本）中島半次郎著　田吳炤譯　清光緒二十九年（1903）刻本　二册

310000－0241－0009023　865006
甲班實習教授評案不分卷　（清）通州師範學校編輯　清光緒三十三年（1907）翰墨林書局排印本　一册

310000－0241－0009024　865010
理想之小學堂一卷　（清）徐烱輯　清宣統刻本　一册

310000－0241－0009025　865012
漢黄德道師學堂講義十六種　（清）王葆心等述　清末龔穀成抄本　十三册

310000－0241－0009026　870001
初學記二十卷　（唐）徐堅等撰　清光緒五年（1879）南海古香齋刻本　十二册

310000－0241－0009027　870002
初學記三十卷　（唐）徐堅等撰　清光緒十四年（1888）蘊石齋刻本　十六册

310000－0241－0009028　870004
太平御覽一千卷小引總目一卷目錄十五卷（宋）李昉等奉敕纂　清嘉慶二十三年（1818）鮑氏刻本　七十三册

310000－0241－0009029　870004：2
太平御覽一千卷小引總目一卷目錄十五卷（宋）李昉等奉敕纂　清嘉慶二十三年（1818）鮑氏刻本　一百二十册

310000－0241－0009030　870005
玉海二百卷附辭學指南四卷　（宋）王應麟編纂　清光緒九年（1883）浙江書局刻本　一百册

310000－0241－0009031　870006
玉海二百卷附辭學指南等十四種六十五卷（宋）王應麟編纂　清光緒九年（1883）浙江書局刻本　一百二十二册

310000－0241－0009032　870008
校補玉海瑣記二卷　（清）張大昌撰　清末浙江書局刻本　一册

310000－0241－0009033　870010
類書纂要三十三卷　（清）周魯輯　清康熙三年（1664）姑蘇三槐堂刻本　二十八册

310000－0241－0009034　870013
事類賦三十卷　（宋）吳淑撰　清乾隆五十九年（1794）無錫華氏劍光閣刻本　六册

310000－0241－0009035　870013（2）
事類賦三十卷　（宋）吳淑撰　清乾隆五十四年（1789）無錫華氏劍光閣修刻本　四册

310000－0241－0009036　870013（3）

事類賦三十卷　(宋)吳淑撰注　清乾隆二十九年(1764)無錫華氏劍光閣刻本　四册

310000－0241－0009037　870014
北堂書鈔一百六十卷　(唐)虞世南輯　清光緒孔氏三十有三萬卷堂刻本　二十册

310000－0241－0009038　870014:2
北堂書鈔一百六十卷　(唐)虞世南輯　清光緒孔氏三十有三萬卷堂刻本　一册

310000－0241－0009039　870014:3
北堂書鈔一百六十卷　(唐)虞世南輯　清光緒孔氏三十有三萬卷堂刻本　十九册

310000－0241－0009040　870019
册府元龜一千卷　(宋)王欽若等奉敕撰　明崇禎刻清康熙修補本　二百五十六册

310000－0241－0009041　870019:2
册府元龜一千卷　(宋)王欽若等奉敕撰　明崇禎刻清康熙修補本　四十册

310000－0241－0009042　870027
鴻書一百八卷　(明)劉仲達撰　(明)湯賓尹删正　明萬曆三十九年(1611)刻本　一册　存四卷(五十至五十三)

310000－0241－0009043　870028
天中記六十卷　(明)陳耀文撰　清光緒四年(1878)刻本　六十册

310000－0241－0009044　870031
古事比五十二卷　(清)方中德輯　清光緒十三年(1887)點石齋石印本　二册

310000－0241－0009045　870032
淵鑑類函四百五十卷　(清)張英等奉敕撰　清光緒十八年(1892)同文書局石印本　六十册

310000－0241－0009046　870034
淵鑑類函四百五十卷　(清)張英等撰　清康熙清吟堂刻本　一百三十五册　存四百三十二卷(一至九十二、一百十一至四百五十)

310000－0241－0009047　870034:2
淵鑑類函四百五十卷　(清)張英等撰　清康熙清吟堂刻本　一百四十册

310000－0241－0009048　870038:2
淵鑑類函四百五十卷　(清)張英等奉敕撰　清光緒十三年(1887)同文書局石印本　四十八册

310000－0241－0009049　870040
分類字錦六十四卷　(清)張廷玉等奉敕撰　清康熙刻本　四十册

310000－0241－0009050　870041
分類字錦　(清)張廷玉等奉敕撰　清康熙刻本　六十册　存六十二卷

310000－0241－0009051　870042
典制類林四卷　(清)唐式南編　清乾隆三十年(1765)刻本　二册

310000－0241－0009052　870043
典制類林四卷　(清)唐式南編　清乾隆三十年(1765)刻本　二册

310000－0241－0009053　870044
角山樓增補類腋六十七卷　(清)姚培謙編纂　(清)趙克宜增輯　清東都樂善堂銅版印本　八册

310000－0241－0009054　870045
角山樓增補類腋　(清)姚培謙集　(清)張卿雲同輯　清咸豐七年(1857)刻八年至十年(1858－1860)遞修本　二十三册　存六十四卷

310000－0241－0009055　870045(2)
角山樓增補類腋六十七卷　(清)姚培謙集　(清)張卿雲同輯　清光緒東都樂善堂銅版刻本　八册

310000－0241－0009056　870045(3)
角山樓增補類腋六十七卷　(清)姚培謙集　(清)張卿雲同輯　清光緒十二年(1886)上海同文書局石印本　六册

310000－0241－0009057　870045(3):2
角山樓增補類腋六十七卷　(清)姚培謙集　(清)張卿雲同輯　清光緒十二年(1886)上海

同文書局石印本　六冊

310000－0241－0009058　870046

角山樓增補類腋六十七卷　(清)姚培謙集　(清)趙克宜增輯　清光緒上海文瑞樓鴻章書局石印本　六冊

310000－0241－0009059　870048

角山樓增補類腋六十七卷　(清)姚培謙編纂　(清)趙克宜增輯　清光緒十二年(1886)同文書局石印本　六冊

310000－0241－0009060　870049

增補事類統編九十三卷首一卷　(清)黄葆真增輯　清光緒十四年(1888)積山書局石印本　十二冊

310000－0241－0009061　870049:2

增補事類統編九十三卷首一卷　(清)黄葆真增輯　清光緒十四年(1888)積山書局石印本　十二冊

310000－0241－0009062　870050

事類統編九十三卷首一卷　(清)林意誠彙刊　清道光十九年(1839)刻本　三十二冊

310000－0241－0009063　870051

新編古今事文類聚前集六十卷後集五十卷續集二十八卷別集三十二卷新集三十六卷外集十五卷遺集十五卷　(宋)祝穆編　清乾隆二十八年(1763)積秀堂刻本　八十冊

310000－0241－0009064　870052

初學行文語類三卷　(清)孫埏編輯　清乾隆三年(1738)刻本　四冊

310000－0241－0009065　870053

廣事類賦四十卷　(清)華希閔撰　(清)華希閔訂　清乾隆五十九年(1794)無錫華氏劍光閣修刻本　十冊

310000－0241－0009066　870053(2)

廣事類賦四十卷　(清)華希閔撰　(清)華希閔訂　清乾隆二十九年(1764)無錫華氏劍光閣修刻本　八冊

310000－0241－0009067　870053(3)

廣事類賦四十卷　(清)華希閔撰　(清)華希閔訂　清乾隆五十四年(1789)無錫華氏劍光閣修刻本　八冊

310000－0241－0009068　870058

記事珠十卷　(清)張以謙撰　(清)王剛重訂　清嘉慶刻本　十冊

310000－0241－0009069　870062

調燮類編四卷　(清)□□編　清刻海山仙館叢書本　一冊

310000－0241－0009070　870066

藝文備覽一百二十卷附補詳字義十四篇　(清)沙木集注　清嘉慶十一年(1806)粤東刻本　六十四冊

310000－0241－0009071　870068

編珠四卷續編珠二卷　(隋)杜公瞻撰　(清)高士奇增補並續撰　清康熙刻本　六冊

310000－0241－0009072　870069

琱玉集三卷　(唐)□□撰　清光緒遵義黎氏刻古逸叢書本　一冊

310000－0241－0009073　870077

叩鉢齋行廚集十八卷　(清)李之彤輯　清康熙刻本　十六冊

310000－0241－0009074　870078

時務通考三十一卷　(清)杞廬主人編　清光緒二十三年(1897)點石齋石印本　二十四冊

310000－0241－0009075　870078:2

時務通考三十一卷　(清)杞廬主人編　清光緒二十三年(1897)點石齋石印本　二十四冊

310000－0241－0009076　870079

普通百科全書不分卷　(清)李思慎等編輯　清光緒二十九年(1903)會文學社石印本　二十八冊

310000－0241－0009077　870080

欽定古今圖書集成一萬卷目錄三十二卷　(清)蔣廷錫等奉敕編　清光緒十年(1884)上海圖書集成局排印本　一千六百二十八冊

310000－0241－0009078　870080:2

欽定古今圖書集成一萬卷目録三十二卷　(清)蔣廷錫等奉敕編　清光緒十年(1884)上海圖書集成局排印本　三百五十册

310000－0241－0009079　870081
古今圖書集成　(清)蔣廷錫等奉敕編　清光緒石印本　三十册　存六十卷

310000－0241－0009080　870083
古今圖書集成家範典一百十六卷　(清)蔣廷錫等奉敕編　清光緒圖書集成局排印本　二十册

310000－0241－0009081　870084
古今圖書集成人事典一百十二卷　(清)蔣廷錫等奉敕編　清光緒圖書集成局排印本　二十册

310000－0241－0009082　870085
古今圖書集成交誼典一百二十卷　(清)蔣廷錫等奉敕編　清光緒圖書集成局排印本　二十册

310000－0241－0009083　870088
小知録八卷　(清)陸鳳藻輯　清同治十二年(1873)淮南書局刻本　四册

310000－0241－0009084　870088:2
小知録八卷　(清)陸鳳藻輯　清同治十二年(1873)淮南書局刻本　四册

310000－0241－0009085　870089
表異録二十卷　(明)王志堅輯　清光緒二年(1876)刻本　一册　存九卷

310000－0241－0009086　870089:2
表異録二十卷　(明)王志堅輯　清康熙潄六閣刻本　二册

310000－0241－0009087　870090
通俗編三十八卷　(清)翟灝撰　清乾隆武林竹簡齋刻本　三册

310000－0241－0009088　870090:2
通俗編三十八卷　(清)翟灝撰　清乾隆武林竹簡齋刻本　八册

310000－0241－0009089　870090:3
通俗編三十八卷　(清)翟灝撰　清乾隆武林竹簡齋刻本　六册

310000－0241－0009090　870090:4
通俗編三十八卷　(清)翟灝撰　清乾隆武林竹簡齋刻本　十册

310000－0241－0009091　870091
靈檀碎金六十八卷　(清)郎玉銘撰　清末上海申報館排印本　十册

310000－0241－0009092　870092
省軒考古類編十二卷　(清)柴紹炳纂　清雍正澹成堂刻本　六册

310000－0241－0009093　870092:2
省軒考古類編十二卷　(清)柴紹炳纂　清雍正澹成堂刻本　十二册

310000－0241－0009094　870092:3
省軒考古類編十二卷　(清)柴紹炳纂　清雍正澹成堂刻本　六册

310000－0241－0009095　870093
清異編珠四卷　(清)福申輯　清道光六年(1826)刻本　二册

310000－0241－0009096　870095
古學記問録十五卷　(清)吴蔚文編　清同治四年(1865)文瑞堂刻本　四册

310000－0241－0009097　870096
經濟實學考八卷　(清)江標撰　清末上海博濟書局石印本　十二册

310000－0241－0009098　870097
洋務經濟通考十六卷　應祖錫纂定　清光緒二十八年(1902)鴻寶齋四次石印本　十二册

310000－0241－0009099　870098
西學通考三十六卷　(清)胡兆鸞輯　清光緒二十四年(1898)上海石印本　十二册

310000－0241－0009100　870099
中外經世緒言　(清)余貽□編集　清光緒二十一年(1895)上海文盛堂石印本　七册　存十四卷

310000－0241－0009101　871001
五經類編二十八卷　(清)周世樟輯　清康熙穀詒堂刻本　八冊

310000－0241－0009102　871001(2)
五經類編鈔不分卷　(清)周世樟編　(清)□□抄　清抄本　二冊

310000－0241－0009103　871001:2
五經類編二十八卷　(清)周世樟輯　清康熙穀詒堂刻本　十二冊

310000－0241－0009104　871001:3
五經類編二十八卷　(清)周世樟輯　清康熙穀詒堂刻本　一冊

310000－0241－0009105　871002
二十四史人物類考四十六卷　(清)陳維周輯　清光緒二十九年(1903)上海緯文閣石印本　八冊

310000－0241－0009106　871003
子史精華一百六十卷　(清)聖祖玄燁敕撰　清雍正刻本　三十二冊

310000－0241－0009107　871004
子史精華一百六十卷　(清)聖祖玄燁敕撰　清宣統元年(1909)集成圖書公司石印本　二冊

310000－0241－0009108　871005
子史精華　(清)聖祖玄燁敕撰　清末朝記書莊石印本　三冊　存六十卷

310000－0241－0009109　871006
子史精華一百六十卷　(清)聖祖玄燁敕撰　清雍正刻本　四十冊

310000－0241－0009110　871008
子史輯要詩賦題解四卷續編四卷　(清)胡本淵編輯　清丹山堂刻本　四冊

310000－0241－0009111　871012
文選集腋六卷　(清)胥斌編　清嘉慶刻本　二冊

310000－0241－0009112　871013
文選集腋六卷　(清)胥斌編　(清)管斯駿校　清光緒十三年(1887)管可壽齋刻本　二冊

310000－0241－0009113　871018
御選唐詩題解類編　(清)黃承煦編輯　清光緒二年(1876)刻本　一冊　存一卷

310000－0241－0009114　871019
分類詩腋八卷　(清)李楨編　清嘉慶二十二年(1817)刻本　四冊

310000－0241－0009115　871020
藏拙編十卷　(清)徐賡雲輯　清嘉慶三年(1798)刻本　六冊

310000－0241－0009116　871022
歷朝詞林摘錦不分卷　(清)椒園主編　清光緒九年(1883)刻本　一冊

310000－0241－0009117　871024
文家稽古編十卷　(清)王乾撰　清乾隆刻本　六冊

310000－0241－0009118　871026
年華錄四卷　(清)全祖望輯　清刻本　一冊

310000－0241－0009119　871028
西學大成十二編不分卷　(清)盧雲鵬輯　清光緒十四年(1888)上海大同書局石印本　十二冊

310000－0241－0009120　871029
西學大成　(清)盧雲鵬　(清)王西清輯　清光緒十四年(1888)上海大同書局石印本　十一冊　存十一編

310000－0241－0009121　871030
續西學大成　(清)盧雲鵬輯　清光緒十四年(1888)上海大同書局石印本　九冊　存九冊

310000－0241－0009122　871033
新刻注釋故事白眉十卷　(明)許以忠纂集　清康熙刻本　四冊

310000－0241－0009123　871033:2
新刻注釋故事白眉十卷　(明)許以忠纂集　清康熙刻本　六冊

310000－0241－0009124　871036

唐詩金粉十卷　(清)沈炳震編　清雍正二年(1724)冬讀書齋刻本　六冊

310000－0241－0009125　871036:2
唐詩金粉十卷　(清)沈炳震編　清雍正二年(1724)冬讀書齋刻本　四冊

310000－0241－0009126　871037
憑山閣纂輯詩林切玉八卷　(清)陳枚選　清康熙五十年(1711)刻本　五冊

310000－0241－0009127　871038
精選黄眉故事十卷　(明)鄧百拙編　清經濟堂刻本　四冊

310000－0241－0009128　871039
西學畧述十卷　(英國)艾約瑟撰　清光緒二十二年(1896)上海著易堂書局刻本　一冊

310000－0241－0009129　871041
詩律武庫十五卷後集十五卷　(宋)呂祖謙撰　清同治、光緒間胡氏退補齋刻金華叢書本　四冊

310000－0241－0009130　871042
文料觸機二卷　(清)西圃主人輯　清同治十二年(1873)刻本　四冊

310000－0241－0009131　872002
韻府羣玉二十卷　(元)陰時夫編輯　清康熙二十一年(1682)金陵文樞堂刻本　十冊

310000－0241－0009132　872004
佩文韻府一百六卷　(清)張玉書等纂　**韻府拾遺一百六卷**　(清)汪灝拾遺　清光緒十八年(1892)同文書局石印本　六十冊

310000－0241－0009133　872005
佩文韻府　(清)張玉書等彙閲　清康熙五十年(1711)内府刻初印本　七十六冊　存九十卷(一至十九、二十二至九十二)

310000－0241－0009134　872006
佩文韻府一百六卷　(清)聖祖玄燁敕編　清道光嶺南潘氏刻本　一百七十九冊

310000－0241－0009135　872007
佩文韻府一百六卷　(清)聖祖玄燁敕編　清光緒十五年(1889)點石齋石印本　二十四冊

310000－0241－0009136　872007:2
佩文韻府一百六卷　(清)聖祖玄燁敕編　清光緒十五年(1889)點石齋石印本　六十冊

310000－0241－0009137　872007:3
佩文韻府一百六卷　(清)聖祖玄燁敕編　清光緒十五年(1889)點石齋石印本　七冊

310000－0241－0009138　872009
佩文韻府一百六卷　(清)聖祖玄燁敕編　清翻刻武英殿聚珍版書本　二十四冊

310000－0241－0009139　872011
韻府約編二十四卷　(清)鄧愷撰　清乾隆綰秀閣刻本　二十四冊

310000－0241－0009140　872016
新刊校正增補圓機詩韻活法全書十四卷　(明)王世貞增校　明刻本　六冊

310000－0241－0009141　872016:2
新刊校正增補圓機詩韻活法全書十四卷　(明)王世貞增校　明刻本　八冊

310000－0241－0009142　872017
韻圃羣芳八卷　(清)姚焜撰韻並輯注　清乾隆刻本　二冊

310000－0241－0009143　873001
駢字類編二百四十卷　(清)聖祖玄燁敕撰　清光緒十三年(1887)同文書局石印本　四十八冊

310000－0241－0009144　873002
駢字類編二百四十卷　(清)聖祖玄燁敕撰　清光緒十三年(1887)同文書局石印本　四十八冊

310000－0241－0009145　873003
增注字類標韻六卷　(清)華綱撰　(清)范多玨重訂　清光緒十九年(1893)石印本　二冊

310000－0241－0009146　873005
文科大辭典一至十二集不分卷　(清)國學扶輪社編輯　清宣統三年(1911)排印本　十二冊

310000－0241－0009147　873008

普通百科新大詞典不分卷　黃人（摩西）編輯　清宣統三年（1911）上海國學扶輪社石印本　十五冊

310000－0241－0009148　874001

省軒考古類編十二卷　（清）柴紹炳纂　清雍正澹成堂刻本　四冊

310000－0241－0009149　874002

省軒考古類編十二卷　（清）柴紹炳纂　清雍正澹成堂刻本　六冊

310000－0241－0009150　874002∶2

省軒考古類編十二卷　（清）柴紹炳纂　清雍正澹成堂刻本　三冊

310000－0241－0009151　874006

事物紀原補十卷目錄二卷　（清）納蘭永壽增補　清嘉慶十一年（1806）濟南刻本　十二冊

310000－0241－0009152　874007

事物異名錄四十卷　（清）厲荃輯　（清）關槐增纂　清乾隆五十三年（1788）粵東刻本　十冊

310000－0241－0009153　874008

泰西事物叢考八卷　（清）上海徐匯報館譯　清光緒二十九年（1903）鴻寶齋石印本　八冊

310000－0241－0009154　874009

讀書紀數畧五十四卷　（清）宮夢仁撰　清刻本　四冊

310000－0241－0009155　874012

格致鏡原一百卷　（清）陳元龍編　清雍正刻本　二十冊

310000－0241－0009156　874013∶2

格致鏡原一百卷　（清）陳元龍編　清雍正刻本　二十四冊

310000－0241－0009157　874016

格致精華錄四卷附德國議院章程一卷合盟紀事本末一卷　王仁俊述　清光緒二十二年（1896）石印本　四冊

310000－0241－0009158　874018

經濟類考約編二卷　（清）顧九錫輯著　清雍正九年（1731）刻本　四冊

310000－0241－0009159　874020

經濟類考約編二卷　（清）顧九錫輯著　清康熙七年（1668）刻本　六冊

310000－0241－0009160　874021

經濟類考約編二卷　（清）顧九錫輯著　清刻本　四冊

310000－0241－0009161　874024

歷代同姓名錄　（清）劉長華撰　清刻本　五冊　存二十卷

310000－0241－0009162　874026

九史同姓名畧七十二卷補遺四卷　（清）汪輝祖撰　清光緒二十三年（1897）廣雅書局刻本　十六冊

310000－0241－0009163　874027

九史同姓名畧七十二卷補遺四卷　（清）汪輝祖撰　清乾隆刻本　十六冊

310000－0241－0009164　874029

三史同姓名錄四十卷　（清）汪輝祖撰　清嘉慶刻本　四冊

310000－0241－0009165　874030

歷代名賢列女氏姓譜一百五十七卷　（清）蕭智漢撰　清嘉慶刻本　一百冊

310000－0241－0009166　874031

歷代名賢列女氏姓譜一百五十七卷　（清）蕭智漢撰　清嘉慶刻本　一百十九冊

310000－0241－0009167　874032

歷代名賢列女氏姓譜一百五十七卷　（清）蕭智漢纂輯　清乾隆五十七年（1792）聽濤山房刻本　一百冊

310000－0241－0009168　874033∶2

元和姓纂十卷　（唐）林寶撰　清光緒六年（1880）金陵書局刻本　四冊

310000－0241－0009169　874034

元和姓纂十卷　（唐）林寶撰　清光緒六年（1880）金陵書局刻本　四冊

310000－0241－0009170　874034∶2

元和姓纂十卷　(唐)林寶撰　清光緒六年(1880)金陵書局刻本　四冊

310000－0241－0009171　874037

姓氏急就篇二卷　(宋)王應麟撰　清末浙江書局刻本　一冊

310000－0241－0009172　874048

人壽金鑑二十二卷　(清)程得齡輯　清光緒元年(1875)湖北崇文書局刻本　六冊

310000－0241－0009173　874049

歷代名賢齒譜　(清)易宗涒輯　清雍正三年(1725)刻本　十六冊　存八卷

310000－0241－0009174　874050

歷代名賢齒譜　(清)易宗涒輯　清雍正三年(1725)刻本　十四冊　存八卷

310000－0241－0009175　874051

尚友錄　(明)廖用賢編纂　清光緒十二年(1886)排印本　五冊　存十九卷

310000－0241－0009176　874052

尚友錄二十二卷　(明)廖用賢撰　清光緒十四年(1888)石印本　四冊

310000－0241－0009177　874053

尚友錄二十二卷　(明)廖用賢編纂　清刻本　十一冊

310000－0241－0009178　874053∶2

尚友錄二十二卷　(明)廖用賢編纂　清刻本　十一冊

310000－0241－0009179　874056

尚友錄續集二十二卷　(清)潘遵祁撰　清光緒十四年(1888)石印本　四冊

310000－0241－0009180　874057

海國尚友錄八卷　(清)吳佐清撰　清光緒二十九年(1903)石印本　一冊

310000－0241－0009181　874058

養蒙金鑑二卷　(清)林之望編輯　(清)沈錫慶删訂　清光緒元年(1875)湖北藩署刻本　二冊

310000－0241－0009182　874059

建邑書林南陽郡鼎鐫會海對類二十卷　(明)吳望編校　清同治七年(1868)常郡宏文堂刻本　六冊

310000－0241－0009183　874061(2)

巧對錄八卷　(清)梁章鉅撰　清刻本　一冊

310000－0241－0009184　874064

自號錄不分卷　(宋)徐光溥編　清光緒六年(1880)刻本　一冊

310000－0241－0009185　874065

姓解辨誤一卷　段朝端撰　清光緒刻邵武徐氏叢書本　一冊

310000－0241－0009186　874066

四六纂組　(清)胡吉豫輯述　清康熙十八年(1679)刻本　八冊　存九卷

310000－0241－0009187　874070

壹是紀始二十二卷補遺一卷　(清)魏崧撰　清刻本　一冊

310000－0241－0009188　874071

文學典林六卷　(清)鄭文煥彙訂　清汀州龍文堂刻本　六冊

310000－0241－0009189　900001

屈原賦注七卷通釋二卷音義三卷　(戰國)屈原撰　(清)戴震注　清光緒十七年(1891)廣雅書局刻本　一冊

310000－0241－0009190　900001∶2

屈原賦注七卷通釋二卷音義三卷　(戰國)屈原撰　(清)戴震注　清光緒十七年(1891)廣雅書局刻本　一冊

310000－0241－0009191　900003

屈子雜文六卷　(戰國)屈原撰　(清)王邦采箋　清末廣雅書局刻本　一冊

310000－0241－0009192　900004

離騷集傳一卷　(戰國)屈原撰　(宋)錢杲之集傳　清光緒三年(1877)湖北崇文書局刻本　一冊

310000－0241－0009193　900004∶2

離騷集傳一卷 （戰國）屈原撰 （宋）錢杲之集傳 清光緒三年(1877)湖北崇文書局刻本 一册

310000－0241－0009194 900009
離騷草木疏四卷 （戰國）屈原撰 （宋）吳仁傑注 清光緒三年(1877)湖北崇文書局刻本 一册

310000－0241－0009195 900500
蔡中郎集一卷 （漢）蔡邕撰 （明）毛重倬點次 明末刻本 一册

310000－0241－0009196 900501
蔡中郎集六卷 （漢）蔡邕撰 清康熙刻本 四册

310000－0241－0009197 900502
蔡中郎集十卷外紀一卷外集四卷附列傳一卷年表一卷 （漢）蔡邕撰 清光緒十六年(1890)番禺陶氏愛廬校刻海源閣仿宋本 五册

310000－0241－0009198 900503
班蘭臺集一卷 （漢）班固撰 （明）毛重倬點次 明末刻本 一册

310000－0241－0009199 900504
揚侍郎集一卷 （漢）揚雄撰 （明）毛重倬點次 明末刻本 一册

310000－0241－0009200 900901
諸葛武侯集四卷 （三國蜀）諸葛亮撰 清同治七年(1868)楚醴景萊書室校刻本 一册

310000－0241－0009201 900902
諸葛武侯集四卷首一卷附錄七卷 （清）趙承恩編 （清）□□重訂 清同治、光緒間趙承恩刻武侯全書本 二册

310000－0241－0009202 900906
曹集銓評十卷逸文一卷年譜一卷附錄一卷 （三國魏）曹植撰 （清）丁晏評 清同治十一年(1872)金陵書局校刻本 二册

310000－0241－0009203 900906:2
曹集銓評十卷逸文一卷年譜一卷附錄一卷 （三國魏）曹植撰 （清）丁晏評 清同治十一年(1872)金陵書局校刻本 二册

310000－0241－0009204 900906:3
曹集銓評十卷逸文一卷年譜一卷附錄一卷 （三國魏）曹植撰 （清）丁晏評 清同治十一年(1872)金陵書局校刻本 一册

310000－0241－0009205 900909
魏武帝集不分卷 （三國魏）武帝曹操撰 （明）張溥評閱 清光緒三年(1877)滇南唐氏壽考堂刻本 二册

310000－0241－0009206 901001
陸士衡文集十卷 （晉）陸機撰 清光緒四年(1878)金山錢氏刻本 一册

310000－0241－0009207 901002
陸士衡集十卷 （晉）陸機撰 清宣統三年(1911)上海文明書局排印本 一册

310000－0241－0009208 901003
傅鶉觚集五卷補遺一卷校勘記一卷 （晉）傅玄撰 （清）方濬師輯 清光緒二年(1876)廣州書局刻本 二册

310000－0241－0009209 901005
支遁集二卷補遺一卷 （晉）釋支遁 （清）蔣清翌補遺 清光緒十年(1884)邵武徐氏刻本 一册

310000－0241－0009210 901501
陶詩集注四卷 （晉）陶潛撰 （清）詹夔錫集注 清康熙寶墨堂刻宛委堂印本 四册

310000－0241－0009211 901501(2)
陶詩集注四卷 （晉）陶潛撰 （清）詹夔錫集注 清佚名影抄康熙間寶墨堂刻本 五册

310000－0241－0009212 901502
陶淵明文集十卷 （晉）陶潛撰 清嘉慶十二年(1807)丹徒魯氏影刻汲古閣本 二册

310000－0241－0009213 901502(2)
陶淵明文集十卷 （晉）陶潛撰 清末影刻嘉慶丹徒魯氏本 二册

310000－0241－0009214 901503

陶靖節先生詩四卷補注一卷附錄一卷　(晉)陶潛撰　(宋)湯漢注　清末翻刻海昌吳氏刻本　一冊

310000－0241－0009215　901504
陶彭澤集六卷　(晉)陶潛撰　清同治九年(1870)永康胡氏退補齋刻本　一冊

310000－0241－0009216　901504:2
陶彭澤集六卷　(晉)陶潛撰　清同治九年(1870)永康胡氏退補齋刻本　一冊

310000－0241－0009217　901505
陶淵明集八卷首一卷末一卷　(晉)陶潛撰　清光緒五年(1879)廣州翰墨園刻朱墨套印本　二冊

310000－0241－0009218　901505:2
陶淵明集八卷首一卷末一卷　(晉)陶潛撰　清光緒五年(1879)廣州翰墨園刻朱墨套印本　一冊

310000－0241－0009219　901505:3
陶淵明集八卷首一卷末一卷　(晉)陶潛撰　清光緒五年(1879)廣州翰墨園刻朱墨套印本　四冊

310000－0241－0009220　901505:4
陶淵明集八卷首一卷末一卷　(晉)陶潛撰　清光緒五年(1879)廣州翰墨園刻朱墨套印本　二冊

310000－0241－0009221　901508
靖節先生集十卷首一卷年譜考異一卷　(晉)陶潛撰　(清)陶澍集注　清道光二十年(1840)金陵惜陰書舍刻本　四冊

310000－0241－0009222　901508(2)
靖節先生集十卷首一卷年譜考異一卷　(晉)陶潛撰　(清)陶澍集注　清光緒九年(1883)江蘇書局刻本　四冊

310000－0241－0009223　901508(2):2
靖節先生集十卷首一卷年譜考異一卷　(晉)陶潛撰　(清)陶澍集注　清光緒九年(1883)江蘇書局刻本　四冊

310000－0241－0009224　902012
醴陵集十卷　(南朝梁)江淹撰　(清)江昉校　清嘉慶初江士相重印乾隆二十年(1755)江昉校刻本　五冊

310000－0241－0009225　902013
江文通集八卷　(南朝梁)江淹撰　清宣統三年(1911)無錫丁氏排印本　一冊

310000－0241－0009226　902018
陶隱居集一卷　(南朝梁)陶弘景撰　明末婁東張氏刻本　一冊

310000－0241－0009227　902019
梁丘司空集一卷　(南朝梁)丘遲撰　明末婁東張氏刻本　一冊

310000－0241－0009228　902020
何水部集不分卷　(南朝梁)何遜撰　清嘉慶初江士相重印乾隆十九年(1754)江昉校刻本　一冊

310000－0241－0009229　902035
徐孝穆全集六卷備考一卷　(南朝陳)徐陵撰　(清)吳兆宜箋注　清揚州藝古堂刻本　四冊

310000－0241－0009230　902047
王司空集一卷　(北周)王褒撰　明末婁東張氏刻本　二冊

310000－0241－0009231　902050
庾子山集十六卷首一卷　(北周)庾信撰　(清)倪璠注釋　清大文堂刻本　十二冊

310000－0241－0009232　902101
隋煬帝集一卷　(隋)煬帝楊廣撰　明末婁東張氏刻本　四冊

310000－0241－0009233　903000
王無功集三卷補遺二卷　(唐)王勣撰　清光緒三十二年(1906)羅氏唐風樓刻本　一冊

310000－0241－0009234　903001
王子安集注二十卷首一卷末一卷　(唐)王勃撰　(清)蔣清翊注　清光緒九年(1883)吳縣蔣氏雙唐碑館刻本　六冊

310000－0241－0009235　903001∶2

王子安集注二十卷首一卷末一卷　(唐)王勃撰　(清)蔣清翊注　清光緒九年(1883)吳縣蔣氏雙唐碑館刻本　八册

310000－0241－0009236　903004

盧昇之集七卷　(唐)盧照鄰撰　清光緒五年(1879)定州王氏謙德堂刻本　一册

310000－0241－0009237　903005(2)

駱賓王文集十卷考異一卷　(唐)駱賓王撰　(清)顧廣圻考異　清嘉慶二十一年(1816)秦氏石研齋影刻宋蜀本　一册

310000－0241－0009238　903007

楊盈川集十卷　(唐)楊炯撰　清乾隆四十六年(1781)星渚項氏刻後印本　二册

310000－0241－0009239　903009

陳伯玉先生全集文集三卷詩集二卷附錄小傳　(唐)陳子昂撰　清道光二十二年(1842)刻本　四册

310000－0241－0009240　903011

呂衡州文集十卷　(唐)呂溫撰　清道光七年(1827)刻本　四册

310000－0241－0009241　903012

張說之文集二十五卷補遺五卷　(唐)張說撰　清光緒三十一年(1905)仁和朱氏朱印本　四册

310000－0241－0009242　903014

唐丞相曲江張文獻公集十二卷附錄一卷　(唐)張九齡撰　清光緒十八年(1892)刻本　五册

310000－0241－0009243　903015

張燕公集二十五卷　(唐)張說撰　清翻刻武英殿聚珍版書本　六册

310000－0241－0009244　903018

駱丞集四卷　(唐)駱賓王撰　清乾隆四十六年(1781)星渚項氏校刻本　二册

310000－0241－0009245　903018(2)

駱丞集四卷附辨譌考異二卷　(唐)駱賓王撰　(清)胡鳳丹輯　清同治八年(1869)退補齋刻本　二册

310000－0241－0009246　903018(3)

駱丞集四卷　(唐)駱賓王撰　清同治鄒氏叢雅居刻本　一册

310000－0241－0009247　903020

王摩詰集六卷　(唐)王維撰　清末尚友山房石印本　四册

310000－0241－0009248　903020(2)

王摩詰集六卷　(唐)王維撰　清末上海同文書局石印本　二册

310000－0241－0009249　903020(2)∶2

王摩詰集六卷　(唐)王維撰　清末上海同文書局石印本　二册

310000－0241－0009250　903020(2)∶3

王摩詰集六卷　(唐)王維撰　清末上海同文書局石印本　四册

310000－0241－0009251　903020∶2

王摩詰集六卷　(唐)王維撰　清末尚友山房石印本　四册

310000－0241－0009252　903022

王摩詰詩集七卷　(唐)王維撰　(宋)劉辰翁評　清光緒五年(1879)碧琳琅館刻朱墨套印本　二册

310000－0241－0009253　903023

王右丞集二十八卷首一卷末一卷　(唐)王維撰　(清)趙殿成箋注　清乾隆刻本　十册

310000－0241－0009254　903024

王右丞集二十八卷首一卷末一卷　(唐)王維撰　(清)趙殿成箋注　清乾隆趙氏刻本　八册

310000－0241－0009255　903024∶2

王右丞集二十八卷首一卷末一卷　(唐)王維撰　(清)趙殿成箋注　清乾隆趙氏刻本　十册

310000－0241－0009256　903026

王摩詰集六卷　(唐)王維撰　清光緒二十二

年(1896)上海古香閣石印本　二册

310000－0241－0009257　903027
孟浩然集四卷　(唐)孟浩然撰　清光緒二十二年(1896)上海古香閣石印本　二册

310000－0241－0009258　903028
孟浩然集四卷　(唐)孟浩然撰　清光緒十年(1884)上海同文書局石印本　二册

310000－0241－0009259　903028:2
孟浩然集四卷　(唐)孟浩然撰　清光緒十年(1884)上海同文書局石印本　二册

310000－0241－0009260　903034
高常侍集十卷　(唐)高適撰　清末上海同文書局石印本　二册

310000－0241－0009261　903034:2
高常侍集十卷　(唐)高適撰　清末上海同文書局石印本　二册

310000－0241－0009262　903035
高常侍集十卷　(唐)高適撰　清光緒二十二年(1896)上海古香閣石印本　二册

310000－0241－0009263　903037
岑嘉州集八卷　(唐)岑參撰　清末上海同文書局石印本　二册

310000－0241－0009264　903037:2
岑嘉州集八卷　(唐)岑參撰　清末上海同文書局石印本　二册

310000－0241－0009265　903038
岑嘉州集八卷　(唐)岑參撰　清光緒二十二年(1896)上海古香閣石印本　二册

310000－0241－0009266　903040
李翰林集三十卷　(唐)李白撰　清光緒三十二年(1906)吳隱影刻宋咸淳本　六册

310000－0241－0009267　903040:2
李翰林集三十卷　(唐)李白撰　清光緒三十二年(1906)吳隱影刻宋咸淳本　六册

310000－0241－0009268　903041
李太白文集三十卷　(唐)李白撰　清康熙五十六年(1717)吳門繆曰芑重刻宋臨川本　十二册

310000－0241－0009269　903041(2)
李太白文集三十卷　(唐)李白撰　清康熙五十六年(1717)吳門繆曰芑刻木瀆周氏重印本　八册

310000－0241－0009270　903041(3)
李太白文集三十卷　(唐)李白撰　清末江左書林影印清康熙五十六年(1717)吳門繆曰芑刻本　八册

310000－0241－0009271　903041(4)
李太白文集三十卷　(唐)李白撰　清光緒十四年(1888)湖北官書重刻康熙間吳門繆氏刻本　四册

310000－0241－0009272　903041:2
李太白文集三十卷　(唐)李白撰　清康熙五十六年(1717)吳門繆曰芑重刻宋臨川本　四册

310000－0241－0009273　903041:3
李太白文集三十卷　(唐)李白撰　清康熙五十六年(1717)吳門繆曰芑重刻宋臨川本　八册

310000－0241－0009274　903041:4
李太白文集三十卷　(唐)李白撰　清康熙五十六年(1717)吳門繆曰芑重刻宋臨川本　一册

310000－0241－0009275　903042
李翰林集三十卷札記一卷　(唐)李白撰　劉世珩校　清光緒三十四年(1908)貴池劉氏玉海堂影刻宋咸淳本　八册

310000－0241－0009276　903044
李太白文集三十二卷　(唐)李白撰　(清)王琦輯注　清乾隆二十四年(1759)寶笏樓刻本　十册

310000－0241－0009277　903044(2)
李太白文集三十六卷　(唐)李白撰　(清)王琦輯注　清聚錦堂重刻乾隆刻本　十八册

310000－0241－0009278　903044(2):2
李太白文集三十六卷　(唐)李白撰　(清)王琦輯注　清聚錦堂重刻乾隆刻本　八册

310000－0241－0009279　903044(2):3
李太白文集三十六卷　(唐)李白撰　(清)王琦輯注　清聚錦堂重刻乾隆刻本　十六册

310000－0241－0009280　903044(3)
李太白文集三十六卷　(唐)李白撰　(清)王琦輯注　清聚錦堂重刻乾隆刻本　四册

310000－0241－0009281　903062
杜工部集二十卷附録一卷　(唐)杜甫撰　(清)錢謙益箋注　清宣統二年(1910)上海寄青霞館排印本　四册

310000－0241－0009282　903065
讀杜小箋三卷讀杜二箋二卷　(清)錢謙益撰　清宣統三年(1911)國學扶輪社石印本　一册

310000－0241－0009283　903066
杜工部二十卷注杜詩畧例一卷附録一卷諸家詩話一卷唱酬題詠附録一卷少陵先生年譜一卷目録一卷　(唐)杜甫撰　(清)錢謙益箋注　清康熙六年(1667)季氏静思堂刻後印本　八册

310000－0241－0009284　903066(2)
杜工部集二十卷諸家詩話一卷唱酬題詠附録一卷少陵先生年譜一卷汪杜詩畧例一卷附録一卷目録一卷　(唐)杜甫撰　(清)錢謙益箋注　清翻刻康熙六年(1667)静思堂本　八册

310000－0241－0009285　903066(3)
杜工部集二十卷注杜詩畧例一卷附録一卷唱酬題詠附録一卷諸家詩話一卷少陵先生年譜一卷目録一卷　(唐)杜甫撰　(清)錢謙益箋注　清宣統三年(1911)上海時中書局石印本　八册

310000－0241－0009286　903066:2
杜工部集二十卷注杜詩畧例一卷附録一卷諸家詩話一卷唱酬題詠附録一卷少陵先生年譜一卷目録一卷　(唐)杜甫撰　(清)錢謙益箋注　清康熙六年(1667)季氏静思堂刻後印本　十四册

310000－0241－0009287　903068
杜工部集二十卷首一卷諸家詩話一卷唱酬題詠附録一卷　(唐)杜甫撰　(清)鄭澐校　清光緒十三年(1887)玉勾草堂刻本　三册

310000－0241－0009288　903070
杜詩詳注二十五卷首一卷附編二卷　(唐)杜甫撰　(清)仇兆鰲輯注　清康熙四十三年(1704)刻五十二年(1713)續刻本　十四册

310000－0241－0009289　903070(2)
杜詩詳注二十五卷首一卷附録二卷　(唐)杜甫撰　(清)仇兆鰲輯注　清道光大文堂刻本　二十八册

310000－0241－0009290　903070:2
杜詩詳注二十五卷首一卷附編二卷　(唐)杜甫撰　(清)仇兆鰲輯注　清康熙四十三年(1704)刻五十二年(1713)續刻本　十二册

310000－0241－0009291　903070:3
杜詩詳注二十五卷首一卷附編二卷　(唐)杜甫撰　(清)仇兆鰲輯注　清康熙四十三年(1704)刻五十二年(1713)續刻本　十四册

310000－0241－0009292　903073(3)
杜詩鏡銓二十卷年譜一卷附録一卷讀書堂杜工部文集注解二卷　(唐)杜甫撰　(清)楊倫編輯　清末翻刻同治十一年(1872)望三益齋本　十二册

310000－0241－0009293　903073(4)
杜詩鏡銓二十卷年譜一卷附録一卷讀書堂杜工部文集注解二卷　(唐)杜甫撰　(清)楊倫編輯　清同治十一年(1872)盱眙吳氏望三益齋刻本　十二册

310000－0241－0009294　903080
杜詩偶評四卷　(唐)杜甫撰　(清)沈德潛評　(清)潘承松校閲　清翻刻乾隆潘氏賦閑草堂本　二册

310000－0241－0009295　903081

杜詩注釋二十四卷首一卷　(唐)杜甫撰　(清)許寶善編輯　清嘉慶八年(1803)雲間許氏自怡軒刻光緒三年(1877)吳縣朱氏補刻本　八冊

310000－0241－0009296　903081:2
杜詩注釋二十四卷首一卷　(唐)杜甫撰　(清)許寶善編輯　清嘉慶八年(1803)雲間許氏自怡軒刻光緒三年(1877)吳縣朱氏補刻本　四冊

310000－0241－0009297　903082
杜詩集說二十卷目錄一卷年譜一卷末一卷　(清)江浩然纂輯　清翻刻乾隆四十三年(1778)刻補修印本　十六冊

310000－0241－0009298　903084
杜工部草堂詩箋二十二卷　(唐)杜甫撰　(宋)魯訔編　清光緒元年(1875)巴陵方氏碧琳琅館廣州刻本　四冊

310000－0241－0009299　903086
杜詩百篇二卷　(唐)杜甫撰　(清)張燮承集解　清咸豐九年(1859)古汲郡賀氏刻本　一冊

310000－0241－0009300　903087
杜工部集二十卷首一卷　(唐)杜甫撰　(明)王世貞評點　清道光十四年(1834)芸葉盦刻五色套印本　八冊

310000－0241－0009301　903087:2
杜工部集二十卷首一卷　(唐)杜甫撰　(明)王世貞評點　清道光十四年(1834)芸葉盦刻五色套印本　八冊

310000－0241－0009302　903087:3
杜工部集二十卷首一卷　(唐)杜甫撰　(明)王世貞評點　清道光十四年(1834)芸葉盦刻五色套印本　八冊

310000－0241－0009303　903092
柏蔭軒約選杜詩五律串解二卷　(唐)杜甫撰　(清)周作淵解　清乾隆五十四年(1789)周氏文鳥堂刻本　一冊

310000－0241－0009304　903093
讀杜心解六卷首二卷　(唐)杜甫撰　(清)浦起龍講解　清雍正二年至三年(1724－1725)錫山浦氏寧我齋刻本　八冊

310000－0241－0009305　903094
杜詩集評十五卷　(唐)杜甫撰　(清)劉濬輯　清嘉慶九年(1804)海寧劉氏藜照堂刻本　六冊

310000－0241－0009306　903094:2
杜詩集評十五卷　(唐)杜甫撰　(清)劉濬輯　清嘉慶九年(1804)海寧劉氏藜照堂刻本　六冊

310000－0241－0009307　903095
文忠集十六卷　(唐)顏真卿撰　清乾隆四十二年(1777)福建刻道光、同治遞修光緒二十一年(1895)增刻本　六冊

310000－0241－0009308　903096
顏魯公文集十五卷補遺一卷　(唐)顏真卿撰　(清)顏崇槼校　清嘉慶七年(1802)曲阜顏崇槼重刻明安國本　八冊

310000－0241－0009309　903096:2
顏魯公文集十五卷補遺一卷　(唐)顏真卿撰　(清)顏崇槼校　清嘉慶七年(1802)曲阜顏崇槼重刻明安國本　三冊

310000－0241－0009310　903102
昌黎先生集四十卷外集十卷遺文一卷　(唐)韓愈撰　(宋)廖瑩中輯注　清同治九年(1870)江蘇書局重刻徐氏東雅堂本　十一冊

310000－0241－0009311　903105
昌黎先生詩集注十一卷年譜一卷　(唐)韓愈撰　(清)顧嗣立刪補　清康熙三十八年(1699)長洲顧氏秀野草堂刻本　六冊

310000－0241－0009312　903105:2
昌黎先生詩集注十一卷年譜一卷　(唐)韓愈撰　(清)顧嗣立刪補　清康熙三十八年(1699)長洲顧氏秀野草堂刻本　四冊

310000－0241－0009313　903106

昌黎先生集四十卷外集十卷點勘四卷 (唐)韓愈撰 (唐)李漢編 清同治九年(1870)江蘇書局刻本 十一册

310000－0241－0009314 903110

韓集補注一卷 (清)沈欽韓撰 (清)胡承珙訂 清光緒十七年(1891)廣雅書局刻本 一册

310000－0241－0009315 903112

韓昌黎詩集編年箋注十二卷 (清)方世舉考訂 清翻刻乾隆二十三年(1758)德州盧氏雅雨堂本 四册

310000－0241－0009316 903112(2)

韓昌黎詩集編年箋注十二卷 (清)方世舉考訂 清宣統二年(1910)影印德州盧氏雅雨堂刻本 十二册

310000－0241－0009317 903116

昌黎先生詩增注證訛十一卷 (唐)韓愈撰 (清)顧嗣立删補 清道光二十八年(1848)二客軒刻本 四册

310000－0241－0009318 903116：2

昌黎先生詩增注證訛十一卷 (唐)韓愈撰 (清)顧嗣立删補 清道光二十八年(1848)二客軒刻本 四册

310000－0241－0009319 903117

昌黎先生詩增註證訛十一卷 (唐)韓愈撰 清刻本 四册

310000－0241－0009320 903118

韓文起十二卷 (唐)韓愈撰 (清)林雲銘評注 清康熙建陽刻本 四册

310000－0241－0009321 903120

韓文百篇編年三卷 (唐)韓愈撰 (清)劉成忠選評 清光緒二十六年(1900)食舊堂石印本 三册

310000－0241－0009322 903122

讀韓記疑十卷首一卷 (清)王元啓撰 清嘉慶五年(1800)王尚玨刻本 三册

310000－0241－0009323 903123

昌黎先生集考異十卷 (宋)朱熹撰 清光緒十一年(1885)新陽趙氏刻本 二册

310000－0241－0009324 903124(2)

柳文四十三卷別集二卷外集二卷附錄一卷 (唐)柳宗元撰 (唐)劉禹錫編 清同治七年(1868)補刻本 二册

310000－0241－0009325 903125

河東先生文集六卷 (唐)柳宗元撰 清宣統二年(1910)上海會文堂書局石印本 六册

310000－0241－0009326 903125：3

河東先生文集六卷 (唐)柳宗元撰 清宣統二年(1910)上海會文堂書局石印本 六册

310000－0241－0009327 903128

宋乾道永州本柳柳州外集一卷附錄一卷 (唐)柳宗元撰 清光緒四年(1878)合肥蒯氏覆宋乾道永州本精刻本 一册

310000－0241－0009328 903135

李衛公會昌一品集二十卷別集十卷外集四卷補遺一卷 (唐)李德裕撰 清光緒十三年(1887)定州王氏謙德堂刻本 六册

310000－0241－0009329 903135：2

李衛公會昌一品集二十卷別集十卷外集四卷補遺一卷 (唐)李德裕撰 清光緒十三年(1887)定州王氏謙德堂刻本 四册

310000－0241－0009330 903137

唐陸宣公集二十二卷 (唐)陸贄撰 清康熙六十一年(1722)年羹堯刻本 十二册

310000－0241－0009331 903137(2)

唐陸宣公集二十二卷 (唐)陸贄撰 清雍正元年(1723)年羹堯刻本 六册

310000－0241－0009332 903137(2)：2

唐陸宣公集二十二卷 (唐)陸贄撰 清雍正元年(1723)年羹堯刻本 四册

310000－0241－0009333 903137(2)：3

唐陸宣公集二十二卷 (唐)陸贄撰 清雍正元年(1723)年羹堯刻本 六册

310000－0241－0009334 903137(3)

唐陸宣公集二十二卷　(唐)陸贄撰　清翻刻年羹堯刻本　八冊

310000－0241－0009335　903137(4)
唐陸宣公集二十二卷　(唐)陸贄撰　清咸豐元年(1851)刻本　六冊

310000－0241－0009336　903137(5)
唐陸宣公集二十二卷　(唐)陸贄撰　清光緒十二年(1886)公善堂影宋刻本　一冊

310000－0241－0009337　903137(6)
唐陸宣公集二十二卷　(唐)陸贄撰　清道光刻本　一冊

310000－0241－0009338　903143
唐陸宣公翰苑集二十四卷　(唐)陸贄撰　(清)張佩芳注釋　清光緒九年(1883)重印乾隆希音堂刻本　八冊

310000－0241－0009339　903144
唐陸宣公奏議讀本四卷　(唐)陸贄撰　(清)張銘謙編輯　清末上海著易堂書局石印本　二冊

310000－0241－0009340　903146
新刊權載之文集五十卷補刻一卷　(唐)權德輿撰　清嘉慶十一年(1806)刻本　八冊

310000－0241－0009341　903148
劉賓客文集三十卷外集十卷　(唐)劉禹錫撰　清光緒三十一年(1905)仁和朱氏朱印本　五冊

310000－0241－0009342　903150
張司業詩集八卷拾遺一卷附錄一卷　(唐)張籍撰　(宋)張洎編　清康熙四十一年(1702)洞庭席氏琴川書屋刻本　四冊

310000－0241－0009343　903151
皇甫持正集六卷補遺一卷　(唐)皇甫湜撰　(清)馮焌光校　清光緒二年(1876)刻本　四冊

310000－0241－0009344　903151：2
皇甫持正集六卷補遺一卷　(唐)皇甫湜撰　(清)馮焌光校　清光緒二年(1876)刻本　一冊

310000－0241－0009345　903154
李元賓文集六卷　(唐)李觀撰　清嘉慶二十三年(1818)秦氏石研齋刻本　二冊

310000－0241－0009346　903155
李元賓文集六卷　(唐)李觀撰　清光緒五年(1879)定州王氏謙德堂刻本　一冊

310000－0241－0009347　903156
李長吉集四卷外集一卷　(唐)李賀撰　(明)黄淳耀評　清光緒十八年(1892)葉衍蘭寫刻本　一冊

310000－0241－0009348　903156：3
李長吉集四卷外集一卷　(唐)李賀撰　(明)黄淳耀評　清光緒十八年(1892)葉衍蘭寫刻本　二冊

310000－0241－0009349　903156：4
李長吉集四卷外集一卷　(唐)李賀撰　(明)黄淳耀評　清光緒十八年(1892)葉衍蘭寫刻本　一冊

310000－0241－0009350　903157
李長吉歌詩四卷外集一卷　(唐)李賀撰　(清)王琦彙解　清光緒四年(1878)宏達堂刻本　四冊

310000－0241－0009351　903157(2)
李長吉歌詩四卷外集一卷　(唐)李賀撰　(明)黄淳耀評點　清末中國詩畫會社影印漁書樓刻本　四冊

310000－0241－0009352　903157：2
李長吉歌詩四卷外集一卷　(唐)李賀撰　(清)王琦彙解　清光緒四年(1878)宏達堂刻本　四冊

310000－0241－0009353　903157：3
李長吉歌詩四卷外集一卷　(唐)李賀撰　(清)王琦彙解　清光緒四年(1878)宏達堂刻本　三冊

310000－0241－0009354　903158
唐李長吉詩集四卷外集一卷首一卷　(唐)李

賀撰　(明)徐渭批注　清光緒三十二年(1906)會稽董金鑑刻本　一冊

310000－0241－0009355　903162

李長吉歌詩四卷外集一卷首一卷　(唐)李賀撰　(清)王琦彙解　清宣統元年(1909)掃葉山房石印本　四冊

310000－0241－0009356　903165

白香山詩長慶集二十卷後集十七卷別集一卷補遺二卷　(唐)白居易撰　(清)汪立名編訂　清康熙一隅草堂刻本　十二冊

310000－0241－0009357　903173

樊川詩集四卷別集一卷外集一卷補遺一卷　(唐)杜牧撰　(清)馮集梧注　清嘉慶德裕堂刻本　十冊

310000－0241－0009358　903174

樊川詩集四卷補遺一卷別集一卷外集一卷　(唐)杜牧撰　(清)馮集梧注　清光緒十六年(1890)湘南書局刻本　四冊

310000－0241－0009359　903174:2

樊川詩集四卷補遺一卷別集一卷外集一卷　(唐)杜牧撰　(清)馮集梧注　清光緒十六年(1890)湘南書局刻本　六冊

310000－0241－0009360　903175

樊川文集二十卷外集一卷別集一卷　(唐)杜牧撰　清光緒二十二年(1896)影刻蘇園影宋本　四冊

310000－0241－0009361　903177

丁卯集箋注八卷　(唐)許渾撰　(清)許培榮箋　清乾隆二十一年(1756)許鍾德等刻本　四冊

310000－0241－0009362　903179

孫可之文集十卷　(唐)孫樵撰　清光緒二年(1876)南海馮氏刻本　四冊

310000－0241－0009363　903179:2

孫可之文集十卷　(唐)孫樵撰　清光緒二年(1876)南海馮氏刻本　一冊

310000－0241－0009364　903181

孫文志疑十卷　(唐)孫樵撰　(清)汪師韓箋注　清光緒十二年(1886)錢唐汪氏長沙刻本　一冊

310000－0241－0009365　903182

文泉子遺稿二卷　(唐)劉蛻撰　(清)郭蘭石輯　清道光十一年(1831)刻本　一冊

310000－0241－0009366　903185

重訂李義山詩集箋注三卷集外詩箋注一卷　(唐)李商隱撰　(清)朱鶴齡箋注　清乾隆八年(1743)東柯草堂校刻本　四冊

310000－0241－0009367　903185(2)

重訂李義山詩集箋注三卷集外詩箋注一卷　(唐)李商隱撰　(清)朱鶴齡箋注　清乾隆十一年(1746)東柯草堂刻本　四冊

310000－0241－0009368　903185(2):2

重訂李義山詩集箋注三卷集外詩箋注一卷　(唐)李商隱撰　(清)朱鶴齡箋注　清乾隆十一年(1746)東柯草堂刻本　四冊

310000－0241－0009369　903187

李商隱詩集三卷　(唐)李商隱撰　(清)錢謙益寫校　清宣統元年(1909)石印本　二冊

310000－0241－0009370　903187:2

李商隱詩集三卷　(唐)李商隱撰　(清)錢謙益寫校　清宣統元年(1909)石印本　二冊

310000－0241－0009371　903187:3

李商隱詩集三卷　(唐)李商隱撰　(清)錢謙益寫校　清宣統元年(1909)石印本　一冊

310000－0241－0009372　903187:4

李商隱詩集三卷　(唐)李商隱撰　(清)錢謙益寫校　清宣統元年(1909)石印本　一冊

310000－0241－0009373　903187:5

李商隱詩集三卷　(唐)李商隱撰　(清)錢謙益寫校　清宣統元年(1909)石印本　二冊

310000－0241－0009374　903190

李義山詩集三卷　(唐)李商隱撰　(清)朱鶴齡箋注　清同治九年(1870)廣州萃文堂三色套印本　四冊

310000－0241－0009375　903190：2

李義山詩集三卷　（唐）李商隱撰　（清）朱鶴齡箋注　清同治九年（1870）廣州萃文堂三色套印本　四册

310000－0241－0009376　903196

李義山詩集三卷　（唐）李商隱撰　（清）紀昀點論　清乾隆嵩山書院刻本　三册

310000－0241－0009377　903197

玉溪生詩意八卷　（清）屈復撰　（清）李鶴齡注　清乾隆揚州藝古堂刻本　六册

310000－0241－0009378　903199

玉谿生詩箋注三卷首一卷樊南文集箋注八卷　（唐）李商隱撰　（清）馮浩編訂　清乾隆四十五年（1780）德聚堂刻同治七年（1868）重修本　八册

310000－0241－0009379　903200

李義山文集十卷　（唐）李商隱撰　（清）徐樹穀箋　清康熙四十七年（1708）花谿草堂刻本　四册

310000－0241－0009380　903202

樊南文集箋注八卷　（唐）李商隱撰　（清）馮浩編訂　清乾隆四十五年（1780）德聚堂刻同治七年（1868）重修本　四册

310000－0241－0009381　903202（2）

樊南文集箋注八卷　（唐）李商隱撰　（清）馮浩編訂　清乾隆四十五年（1780）刻同治七年（1868）重修醉六堂印本　四册

310000－0241－0009382　903203

樊南文集補編十二卷首一卷　（唐）李商隱撰　（清）錢振倫箋　清同治五年（1866）吳氏望三益齋刻本　四册

310000－0241－0009383　903207

麟角集一卷　（唐）王棨撰　清光緒十年（1884）福山王氏天壤閣刻本　一册

310000－0241－0009384　903210（2）

重刊校正笠澤叢書四卷補遺一卷　（唐）陸龜蒙撰　清末東山草堂覆刻陸氏本　二册

310000－0241－0009385　903211

唐皮日休文藪十三卷　（唐）皮日休撰　清光緒三十一年（1905）合肥李氏蘭雪堂影印宋刻本　二册

310000－0241－0009386　903214

莆陽黃御史集二卷别録一卷附録一卷　（唐）黄滔撰　清光緒十年（1884）福山王氏天壤閣刻本　二册

310000－0241－0009387　903217

溫飛卿詩集七卷别集一卷集外詩一卷　（唐）溫庭筠撰　（明）曾益注　清康熙三十六年（1697）長洲顧氏秀野草堂刻本　四册

310000－0241－0009388　903217（2）

溫飛卿詩集七卷别集一卷集外詩一卷　（唐）溫庭筠撰　（明）曾益注　清翻刻康熙三十六年（1697）長洲顧氏秀野草堂本　四册

310000－0241－0009389　903217（3）

溫飛卿詩集七卷别集一卷集外詩一卷　（唐）溫庭筠撰　（明）曾益注　清翻刻康熙三十六年（1697）長洲顧氏秀野草堂本　二册

310000－0241－0009390　903218

溫飛卿詩集七卷别集一卷集外詩一卷　（唐）溫庭筠撰　（明）曾益注　清光緒八年（1882）重刻秀野草堂本　一册

310000－0241－0009391　903221

香籢集發微不分卷　（唐）韓偓撰　震鈞發微　清宣統三年（1911）刻本　一册

310000－0241－0009392　903221：2

香籢集發微一卷附韓承旨年譜一卷　震鈞撰　清宣統三年（1911）刻本　一册

310000－0241－0009393　903224

司空表聖文集十卷　（唐）司空圖撰　清光緒三十一年（1905）仁和朱氏刻本　二册

310000－0241－0009394　903225

羅昭諫集八卷　（唐）羅隱撰　（清）張瓚校訂　清康熙九年（1670）張瓚刻道光四年（1824）吳墉補刻本　四册

310000－0241－0009395　903228
唐女郎魚玄機詩一卷　(唐)魚玄機撰　清光緒二十三年(1897)劉肇隅刻本　一冊

310000－0241－0009396　903229
禪月集十二卷　(唐)釋貫休撰　(清)胡鳳丹校　清同治八年(1869)永康胡氏退補齋刻本　二冊

310000－0241－0009397　903231
習之先生文集二卷　(唐)李翺撰　清宣統三年(1911)會文堂書局石印本　二冊

310000－0241－0009398　903231:2
習之先生文集二卷　(唐)李翺撰　清宣統三年(1911)會文堂書局石印本　一冊

310000－0241－0009399　903233
唐歐陽四門集八卷附錄一卷　(唐)歐陽詹撰　清嘉慶十五年(1810)福鼎王氏麟後山房刻本　四冊

310000－0241－0009400　903234
王貞白詩一卷補遺一卷附錄一卷　(唐)王貞白撰　(清)邵啓賢輯　清宣統武昌陶氏刻本　一冊

310000－0241－0009401　903235(2)
御選妙覺普度和聖寒山大士詩一卷　(唐)釋寒山撰　(清)世宗胤禛選　清末金陵刻經處刻本　一冊

310000－0241－0009402　903243
李文公集十八卷補遺一卷附錄一卷　(唐)李翺撰　清光緒元年(1875)南海馮氏讀有用書齋刻本　四冊

310000－0241－0009403　904002
浣花集十卷　(五代)韋莊撰　清康熙刻本　二冊

310000－0241－0009404　904004
誠應武肅王集四卷末四卷　(五代)錢鏐撰　(清)錢瀛輯　清嘉慶十六年(1811)錫山錢氏刻本　六冊

310000－0241－0009405　905002
武夷新集二十卷楊文公逸詩文一卷　(宋)楊億撰　清嘉慶十六年(1811)祝氏留香室刻本　十冊

310000－0241－0009406　905003
穆參軍集三卷　(宋)穆修撰　清光緒六年(1880)東陵方功惠重校刻本　一冊

310000－0241－0009407　905006
安陽集五十卷別錄三卷遺事一卷家傳十卷　(宋)韓琦撰　清乾隆四年(1739)陳錫輅刻本　十冊

310000－0241－0009408　905007
孫明復小集三卷附錄一卷考異一卷　(宋)孫復撰　(清)孫葆田校訂　清光緒十五年(1889)問經精舍校刻本　一冊

310000－0241－0009409　905009
鉅鹿東觀集十卷附錄一卷　(宋)魏野撰　清宣統三年(1911)新陽趙氏峭帆樓刻本　一冊

310000－0241－0009410　905010
宋王黃州小畜集三十卷　(宋)王禹偁撰　清乾隆二十五年(1760)太平趙氏愛日堂刻本　十二冊

310000－0241－0009411　905011
元憲集三十六卷　(宋)宋庠撰　清光緒翻刻武英殿木活字印本　八冊

310000－0241－0009412　905012
景文集六十二卷　(宋)宋祁撰　清光緒翻刻武英殿木活字印本　十九冊

310000－0241－0009413　905012:2
景文集六十二卷　(宋)宋祁撰　清光緒翻刻武英殿木活字印本　四冊

310000－0241－0009414　905014
林和靖詩集四卷拾遺一卷　(宋)林逋撰　清同治十二年(1873)長洲朱氏依抱經堂校本刻本　二冊

310000－0241－0009415　905015
蘇長公小品不分卷　(宋)蘇軾撰　(明)王納諫評選　清康熙刻重修本　二冊

310000－0241－0009416　905017
寇忠愍公詩集三卷　(宋)寇準撰　清古香樓刻本　二冊

310000－0241－0009417　905018
寇忠愍公詩集三卷　(宋)寇準撰　清宣統三年(1911)中華圖書館石印本　二冊

310000－0241－0009418　905019
司馬文正公傳家集八十卷　(宋)司馬光撰　清光緒十二年(1886)解梁書院重刻乾隆陳氏本　十六冊

310000－0241－0009419　905020
司馬文正公集八十二卷首一卷　(宋)司馬光撰　清乾隆十年(1745)臨汾劉組曾刻本　二十冊

310000－0241－0009420　905021
司馬文正公傳家集八十卷　(宋)司馬光撰　清乾隆六年(1741)陳弘謀校刻本　十二冊

310000－0241－0009421　905021:2
司馬文正公傳家集八十卷　(宋)司馬光撰　清乾隆六年(1741)陳弘謀校刻本　十二冊

310000－0241－0009422　905022
司馬溫文公集八十二卷　(宋)司馬光撰　清同治四年(1865)戴儒珍重刻明天啓吳氏本　二十四冊

310000－0241－0009423　905022:2
司馬溫文公集八十二卷　(宋)司馬光撰　清康熙四十七年(1708)蔣起龍修補明天啓吳氏刻本　二十四冊

310000－0241－0009424　905023
司馬溫公文集十四卷　(宋)司馬光撰　清康熙四十八年(1709)正誼堂刻本　六冊

310000－0241－0009425　905023(2)
司馬溫公文集十四卷　(宋)司馬光撰　(清)張伯行重訂　清康熙四十八年(1709)正誼堂刻光緒七年(1881)鍾體志增葺本　二冊

310000－0241－0009426　905025
彭城集四十卷　(宋)劉攽撰　清乾隆至道光間福建翻刻武英殿木活字印本　八冊

310000－0241－0009427　905025:2
彭城集四十卷　(宋)劉攽撰　清乾隆至道光間福建翻刻武英殿木活字印本　九冊

310000－0241－0009428　905025:3
彭城集四十卷　(宋)劉攽撰　清乾隆至道光間福建翻刻武英殿木活字印本　六冊

310000－0241－0009429　905029
明道文集五卷　(宋)程顥撰　清刻本　一冊

310000－0241－0009430　905030
伊川文集八卷　(宋)程頤撰　清刻本　三冊

310000－0241－0009431　905032
宋邵康節先生伊川擊壤集十卷　(宋)邵雍撰　(明)吳瀚注　清康熙八年(1669)刻本　六冊

310000－0241－0009432　905032:3
宋邵康節先生伊川擊壤集十卷　(宋)邵雍撰　(明)吳瀚注　清康熙八年(1669)刻本　一冊

310000－0241－0009433　905036
歐陽文忠公全集一百五十三卷附錄五卷　(宋)歐陽修撰　清嘉慶二十四年(1819)重校本　二十四冊

310000－0241－0009434　905037
歐陽文忠公全集一百五十三卷附錄五卷　(宋)歐陽修撰　清乾隆五十七年(1792)惇敘堂刻本　三十二冊

310000－0241－0009435　905038
羅鄂州小集六卷　(宋)羅願撰　清光緒十九年(1893)黟縣李氏仿明洪武本刻本　二冊

310000－0241－0009436　905038:2
羅鄂州小集六卷　(宋)羅願撰　清光緒十九年(1893)黟縣李氏仿明洪武本刻本　二冊

310000－0241－0009437　905041
廬陵詩選一卷　(宋)歐陽修撰　(清)陳訏輯　清康熙三十二年(1693)刻本　二冊

310000－0241－0009438　905047

王臨川全集一百卷　（宋）王安石撰　清光緒九年（1883）聽香館刻本　十六册

310000－0241－0009439　905054

王荆文公詩五十卷　（宋）王安石撰　（宋）李壁箋注　清乾隆六年（1741）清綺齋重刻元刻本　十六册

310000－0241－0009440　905054：2

王荆文公詩五十卷　（宋）王安石撰　（宋）李壁箋注　清乾隆六年（1741）清綺齋重刻元刻本　十册

310000－0241－0009441　905054：3

王荆文公詩五十卷　（宋）王安石撰　（宋）李壁箋注　清乾隆六年（1741）清綺齋重刻元刻本　十六册

310000－0241－0009442　905054：5

王荆文公詩五十卷　（宋）王安石撰　（宋）李壁箋注　清乾隆六年（1741）清綺齋重刻元刻本　八册

310000－0241－0009443　905056

黄青社先生伐檀集二卷　（宋）黄庶撰　（清）胡慊德重編　清乾隆三十年（1765）緝香堂刻本　二册

310000－0241－0009444　905059

曾南豐文集四卷　（宋）曾鞏撰　清宣統二年（1910）會文堂石印本　二册

310000－0241－0009445　905060

元豐類稿五十卷　（宋）曾鞏撰　清光緒十六年（1890）慈利漁浦書院刻本　十二册

310000－0241－0009446　905061

黄青社先生伐檀集二卷　（宋）黄庶撰　清刻本　一册

310000－0241－0009447　905062

元豐類稿五十卷　（宋）曾鞏撰　清光緒十六年（1890）慈利漁浦書院刻本　十册

310000－0241－0009448　905063

元豐類藁　（宋）曾鞏撰　清光緒二十一年（1895）獨山莫氏傳抄明王抒本　一册　存六卷（十六至二十一）

310000－0241－0009449　905072

蘇文忠詩集五十卷　（宋）蘇軾撰　（清）紀昀評點　清同治八年（1869）翰墨園刻套印本　六册

310000－0241－0009450　905073

蘇文忠公詩合注五十卷　（宋）蘇軾撰　（清）馮應榴輯訂　清光緒九年（1883）眉山三蘇祠重刻踵息齋本　十六册

310000－0241－0009451　905075

蘇文忠公詩合注　（宋）蘇軾撰　（清）馮應榴輯訂　清乾隆五十八年（1793）刻本　二册　存四卷（十二至十五）

310000－0241－0009452　905076

蘇文忠公詩集五十卷　（宋）蘇軾撰　（清）紀昀評點　清道光十四年（1834）兩廣節署刻套印本　十二册

310000－0241－0009453　905078

蘇文忠詩集五十卷　（宋）蘇軾撰　（清）紀昀評點　清同治八年（1869）翰墨園刻套印本　十二册

310000－0241－0009454　905079

蘇文忠公詩編注集成四十六卷附總案四十五卷諸家雜綴酌存一卷蘇海識餘四卷　（清）王文誥輯訂　清光緒十四年（1888）浙江書局刻本　二十四册

310000－0241－0009455　905079：2

蘇文忠公詩編注集成四十六卷附總案四十五卷諸家雜綴酌存一卷蘇海識餘四卷　（清）王文誥輯訂　清光緒十四年（1888）浙江書局刻本　二十四册

310000－0241－0009456　905082

施注蘇詩四十二卷補遺二卷　（宋）蘇軾撰　（宋）施元之注　清康熙三十九年（1700）刻本　十六册

310000－0241－0009457　905082：2

施注蘇詩四十二卷補遺二卷　(宋)蘇軾撰　(宋)施元之注　清康熙三十九年(1700)刻本　十六册

310000－0241－0009458　905084

蘇詩補注八卷　(宋)蘇軾撰　(清)翁方綱補注　清乾隆四十七年(1782)刻本　四册

310000－0241－0009459　905085

東坡詩選二卷　(宋)蘇軾撰　(清)沈德潛選　清乾隆三十四年(1769)亦園刻本　一册

310000－0241－0009460　905088

蘇詩選評箋釋六卷　(宋)蘇軾撰　清光緒十二年(1886)汪氏刻本　三册

310000－0241－0009461　905102

山谷内集詩注二十卷外集詩注十七卷別集詩注二卷　(宋)黄庭堅撰　清光緒二十五年(1899)義寧陳氏仿宋刻本　二十册

310000－0241－0009462　905102:2

山谷内集詩注二十卷外集詩注十七卷別集詩注二卷　(宋)黄庭堅撰　清光緒二十五年(1899)義寧陳氏仿宋刻本　二十册

310000－0241－0009463　905102:3

山谷内集詩注二十卷外集詩注十七卷別集詩注二卷　(宋)黄庭堅撰　清光緒二十五年(1899)義寧陳氏仿宋刻本　二十册

310000－0241－0009464　905103

山谷内集詩注二十卷外集詩注十七卷別集詩注二卷外集補四卷年譜十四卷　(宋)黄庭堅撰　清乾隆五十三年(1788)樹經堂刻本　十六册

310000－0241－0009465　905104

山谷詩内集注二十卷外集注十七卷別集注二卷外集補四卷別集補一卷　(宋)黄庭堅撰　(宋)任淵注　清乾隆五十四年(1789)樹經堂刻本　十二册

310000－0241－0009466　905107

豫章先生遺文十二卷　(宋)黄庭堅撰　清乾隆汪氏刻同治元年(1862)如皋祝氏補刻本　六册

310000－0241－0009467　905109

山谷内集詩注二十卷外集詩注十七卷別集詩注二卷　(宋)黄庭堅撰　清翻刻武英殿聚珍版書本　十四册

310000－0241－0009468　905110

范文正公全集四十八卷　(宋)范仲淹撰　清康熙歲寒堂刻本　十册

310000－0241－0009469　905110:2

范文正公全集四十八卷　(宋)范仲淹撰　清康熙歲寒堂刻本　二册

310000－0241－0009470　905115

淮海集四十卷後集六卷長短句三卷　(宋)秦觀撰　(清)劉顯爵校　清康熙二十八年(1689)高郵學署刻乾隆三十二年(1767)、嘉慶十年(1805)補修印本　六册

310000－0241－0009471　905117(3)

後山詩十二卷　(宋)陳師道撰　(清)任淵注　清刻本　三册

310000－0241－0009472　905118

後山先生集二十四卷　(宋)陳師道撰　(清)王原校訂　清光緒十一年(1885)重刻雍正趙氏本　六册

310000－0241－0009473　905119

後山先生集二十四卷　(宋)陳師道撰　(清)王原校訂　清光緒十一年(1885)重刻雍正趙氏本　四册

310000－0241－0009474　905123

倚松老人詩集　(宋)饒節撰　清刻本　一册

310000－0241－0009475　905124

倚松老人文集二卷　(宋)饒節撰　清宣統二年(1910)沈氏仿宋刻本　一册

310000－0241－0009476　905125

晁具茨集十五卷　(宋)晁沖之著　清道光、咸豐間番禺陳氏刻海山仙館叢書本　一册

310000－0241－0009477　905128

學易集八卷　(宋)劉跂撰　(清)鄒炳泰編

清翻刻武英殿聚珍版書本　二册

310000－0241－0009478　905129
游定夫先生集八卷　(宋)游酢撰　清同治六年(1867)和州刻本　二册

310000－0241－0009479　905131
瀘溪文集五十卷　(宋)王庭珪撰　清乾隆五十一年(1786)愛敬堂刻本　十册

310000－0241－0009480　905132
西臺集二十卷　(宋)畢仲游撰　清翻刻武英殿聚珍版書本　六册

310000－0241－0009481　905135
浮沚集九卷　(宋)周行已撰　清翻刻武英殿聚珍版書本　三册

310000－0241－0009482　905136
周益國文忠公集二百卷　(宋)周必大撰　(清)歐陽棨校訂　清光緒二十五年(1899)周日新堂刻本　四十册

310000－0241－0009483　905137
劉給諫文集五卷　(宋)劉安上撰　清刻本　一册

310000－0241－0009484　905138
劉左史文集四卷　(宋)劉安節撰　清刻本　一册

310000－0241－0009485　905139
梁溪先生文集一百八十卷年譜一卷行狀三卷附錄一卷　(宋)李綱撰　清福建刻本　四十册

310000－0241－0009486　905141
宋李忠公文集選二十九卷　(宋)李綱撰　(明)左光先選　明崇禎十二年(1639)李又玄刻清康熙修補本　十六册

310000－0241－0009487　905143
宗忠簡文鈔二卷　(宋)宗澤撰　(日本)藤信成編　清光緒十一年(1885)上海福瀛書局刻本　一册

310000－0241－0009488　905144
忠簡公集七卷　(宋)宗澤撰　(清)胡鳳丹校　清同治八年(1869)退補齋刻本　二册

310000－0241－0009489　905145
岳忠武王文集八卷首一卷末一卷　(宋)岳飛撰　(清)黄邦寧編　清乾隆三十五年(1770)刻本　四册

310000－0241－0009490　905146
岳忠武王文集八卷首一卷末一卷　(宋)岳飛撰　(清)黄邦寧編　清光緒二年(1876)孫士達刻本　二册

310000－0241－0009491　905152
石林居士建康集八卷紀年一卷　(宋)葉夢得著　清咸豐六年(1856)刻本　二册

310000－0241－0009492　905152:2
石林居士建康集八卷紀年一卷　(宋)葉夢得著　清咸豐六年(1856)刻本　二册

310000－0241－0009493　905153
毘陵集十六卷　(宋)張守撰　清翻刻武英殿聚珍版書本　六册

310000－0241－0009494　905154
陵陽先生詩四卷　(宋)韓駒撰　清宣統二年(1910)沈氏仿宋刻本　一册

310000－0241－0009495　905154:2
陵陽先生詩四卷　(宋)韓駒撰　清宣統二年(1910)沈氏仿宋刻本　一册

310000－0241－0009496　905157
茶山集八卷　(宋)曾幾撰　清翻刻武英殿聚珍版書本　二册

310000－0241－0009497　905158
胡澹庵先生文集三十二卷　(宋)胡銓撰　(清)符乘龍編　清刻本　八册

310000－0241－0009498　905164
莆陽知稼翁集二卷　(宋)黄公度著　清道光九年(1829)重修本　二册

310000－0241－0009499　905165(2)
棠湖詩稿一卷　(宋)岳珂撰　清光緒九年(1883)刻思進齋叢書本　一册

310000－0241－0009500　905165(2):2
棠湖詩稿一卷　(宋)岳珂撰　清光緒九年(1883)刻咫進齋叢書本　一册

310000－0241－0009501　905166
乾道稿二卷淳熙稿二十卷章泉稿五卷　(宋)趙蕃撰　清翻刻武英殿聚珍版書本　九册

310000－0241－0009502　905170
止堂集十八卷　(宋)彭龜年撰　清翻刻武英殿聚珍版書本　四册

310000－0241－0009503　905171
止堂集十八卷　(宋)彭龜年撰　清翻刻武英殿聚珍版書本　四册

310000－0241－0009504　905172
絜齋集二十四卷　(宋)袁燮撰　清翻刻武英殿聚珍版書本　十册

310000－0241－0009505　905173
盤洲文集八十卷　(宋)洪适撰　清光緒十年(1884)晦木齋校刻本　十二册

310000－0241－0009506　905174
盤洲文集八十卷　(宋)洪适撰　清光緒十年(1884)晦木齋校刻本　十二册

310000－0241－0009507　905175
誠齋詩集十六卷　(宋)楊萬里撰　(清)徐達源輯校　清嘉慶七年(1802)刻本　六册

310000－0241－0009508　905177
誠齋文集四十二卷首一卷末一卷　(宋)楊萬里撰　(清)彭淑校訂　清乾隆六十年(1795)刻本　十二册

310000－0241－0009509　905177:2
誠齋文集四十二卷首一卷末一卷　(宋)楊萬里撰　(清)彭淑校訂　清乾隆六十年(1795)刻本　二十二册

310000－0241－0009510　905178
楊文節公文集四十三卷詩集四十二卷首一卷　(宋)楊萬里撰　清乾隆帶經軒刻本　四十八册

310000－0241－0009511　905180
范石湖詩集注三卷　(宋)范成大撰　(清)沈欽韓注　清光緒吴縣潘氏刻本　一册

310000－0241－0009512　905180:2
范石湖詩集注三卷　(宋)范成大撰　(清)沈欽韓注　清光緒吴縣潘氏刻本　一册

310000－0241－0009513　905181
范石湖詩集注三卷　(宋)范成大撰　(清)沈欽韓注　清光緒十九年(1893)廣雅書局刻本　一册

310000－0241－0009514　905181:2
范石湖詩集注三卷　(宋)范成大撰　(清)沈欽韓注　清光緒十九年(1893)廣雅書局刻本　一册

310000－0241－0009515　905184
范忠宣公集二十卷奏議二卷遺文一卷附錄一卷補編一卷　(宋)范純仁撰　(清)范能濬輯補　清康熙四十六年(1707)范氏歲寒堂刻本　六册

310000－0241－0009516　905184:2
范忠宣公集二十卷奏議二卷遺文一卷附錄一卷補編一卷　(宋)范純仁撰　(清)范能濬輯補　清康熙四十六年(1707)范氏歲寒堂刻本　六册

310000－0241－0009517　905187
簡齋集十六卷　(宋)陳與義撰　清翻刻武英殿聚珍版書本　四册

310000－0241－0009518　905187:2
簡齋集十六卷　(宋)陳與義撰　清翻刻武英殿聚珍版書本　一册

310000－0241－0009519　905188
南陽集六卷　(宋)趙湘撰　清翻刻武英殿聚珍版書本　二册

310000－0241－0009520　905189
南澗甲乙編二十三卷　(宋)韓元吉撰　清翻刻武英殿聚珍版書本　九册

310000－0241－0009521　905191
劍南詩稿八十五卷逸稿二卷南唐書十八卷

(宋)陸游撰　明末清初虞山毛氏汲古閣刻本　三十二册

310000－0241－0009522　905191:2
劍南詩稿八十五卷逸稿二卷南唐書十八卷　(宋)陸游撰　明末清初虞山毛氏汲古閣刻本　十二册

310000－0241－0009523　905192
陸放翁劍南詩選六卷　(宋)陸游撰　(清)朱陵選　清康熙二十五年(1686)刻本　六册

310000－0241－0009524　905194
鴻慶居士文集四十二卷　(宋)孫覿撰　盛宣懷編輯　清光緒二十一年(1895)盛氏較宋重刻朱印本　八册

310000－0241－0009525　905195
朱子大全一百十二卷　(宋)朱熹撰　清康熙寶翰樓依元本刻本　四十八册

310000－0241－0009526　905196
朱子文鈔不分卷　(宋)朱熹撰　(清)王寶仁抄　清道光十七年(1837)忠恕堂刻本　一册

310000－0241－0009527　905197
朱子古文讀本六卷　(清)周大璋輯　清道光二十八年(1848)長沙刻本　六册

310000－0241－0009528　905199
盱江先生全集四十二卷　(宋)李覯著　清雍正十一年(1733)刻本　六册

310000－0241－0009529　905200
文恭集四十卷　(宋)胡宿撰　清刻本　十册

310000－0241－0009530　905200(2)
文恭集四十卷　(宋)胡宿撰　清光緒二十一年(1895)盛氏刻朱印本　十册

310000－0241－0009531　905201
北山文集三十卷首一卷末一卷　(宋)鄭剛中撰　清同治十二年(1873)退補齋刻本　八册

310000－0241－0009532　905202
艮齋先生薛常州浪語集三十五卷　(宋)薛季宣撰　清同治十年(1871)金陵書局刻本　六册

310000－0241－0009533　905203
艮齋先生薛常州浪語集三十五卷　(宋)薛季宣撰　清同治十年(1871)金陵書局刻本　六册

310000－0241－0009534　905204
恥堂存稿八卷　(宋)高斯得撰　清翻刻武英殿聚珍版書本　三册

310000－0241－0009535　905207
南軒先生詩集八卷　(宋)張栻撰　(清)張啓禹編輯　清雍正十年(1732)冠英堂刻本　四册

310000－0241－0009536　905212
龍川文集三十卷　(宋)陳亮撰　清光緒元年(1875)湖北崇文書局刻本　十册

310000－0241－0009537　905213
龍川文集三十卷附錄四卷　(宋)陳亮撰　清同治七年(1868)退補齋刻本　八册

310000－0241－0009538　905216
姜堯章先生集　(宋)姜夔撰　清道光刻本　二册

310000－0241－0009539　905217
白石道人詩集二卷集外詩一卷附錄一卷白石道人詩説一卷白石道人歌曲四卷別集一卷白石詩詞評論一卷白石道人逸事一卷　(宋)姜夔撰　清乾隆、嘉慶間知不足齋寫刻本　四册

310000－0241－0009540　905217(2)
白石道人四種　(宋)姜夔撰　清同治十年(1871)桂林倪鴻刻本　一册

310000－0241－0009541　905217(2):2
白石道人四種　(宋)姜夔撰　清同治十年(1871)桂林倪鴻刻本　二册

310000－0241－0009542　905217(3)
白石道人詩詞合刻十五卷　(宋)姜夔撰　(清)許增輯　清光緒十年(1884)仁和許氏娱園刻本　二册

310000－0241－0009543　905218

白石道人詩集二卷集外詩一卷附録一卷附録補遺一卷詩説一卷 (宋)姜夔撰 清光緒十年(1884)仁和許氏增娱園刻本 一册

310000－0241－0009544 905218:2
白石道人詩集二卷集外詩一卷附録一卷附録補遺一卷詩説一卷 (宋)姜夔撰 清光緒十年(1884)仁和許氏增娱園刻本 一册

310000－0241－0009545 905218:3
白石道人詩集二卷集外詩一卷附録一卷附録補遺一卷詩説一卷 (宋)姜夔撰 清光緒十年(1884)仁和許氏增娱園刻本 一册

310000－0241－0009546 905218:4
白石道人詩集二卷集外詩一卷附録一卷附録補遺一卷詩説一卷 (宋)姜夔撰 清光緒十年(1884)仁和許氏增娱園刻本 一册

310000－0241－0009547 905222
黄勉齋先生文集八卷 (宋)黄榦撰 (清)張伯行編訂 清康熙四十八年(1709)榕城正誼堂刻本 八册

310000－0241－0009548 905223
平齋文集三十二卷 (宋)洪咨夔撰 清同治十一年(1872)刻本 四册

310000－0241－0009549 905224
平齋文集三十二卷 (宋)洪咨夔撰 清同治十一年(1872)刻本 四册

310000－0241－0009550 905225
蒙齋集二十卷附拾遺 (宋)袁甫撰 清翻刻武英殿聚珍版書本 七册

310000－0241－0009551 905226
翠微南征録十卷首一卷 (宋)華岳撰 (清)郎遂編 清光緒十五年(1889)文萃堂木活字印本 二册

310000－0241－0009552 905228
百正集二卷 (宋)連文鳳撰 清刻知不足齋叢書本 一册

310000－0241－0009553 905232
忠肅集二十卷 (宋)劉摯撰 清翻刻武英殿聚珍版書本 四册

310000－0241－0009554 905233
忠肅集二十卷 (宋)劉摯撰 清翻刻武英殿聚珍版書本 六册

310000－0241－0009555 905235
陳文節公詩集五卷文集十九卷首一卷末一卷 (宋)陳傅良撰 清道光十四年(1834)刻本 八册

310000－0241－0009556 905238
吕東萊先生文集四卷 (宋)吕祖謙撰 (清)張伯行訂 清道光二年(1822)刻本 二册

310000－0241－0009557 905238:2
吕東萊先生文集四卷 (宋)吕祖謙撰 (清)張伯行訂 清道光二年(1822)刻本 二册

310000－0241－0009558 905239
吕東萊先生文集二十卷 (宋)吕祖謙撰 (清)王崇炳編 清同治七年(1868)退補齋刻本 十册

310000－0241－0009559 905241
象山先生全集 (宋)陸九淵撰 (清)李紱評點 清宣統二年(1910)江左書林石印本 四册 存十二卷

310000－0241－0009560 905243
陸象山先生文集三十六卷 (宋)陸九淵撰 (清)李紱評點 清道光三年(1823)槐堂書堂刻本 十二册

310000－0241－0009561 905243:2
陸象山先生文集三十六卷 (宋)陸九淵撰 (清)李紱評點 清道光三年(1823)槐堂書堂刻本 十一册

310000－0241－0009562 905243:3
陸象山先生文集三十六卷 (宋)陸九淵撰 (清)李紱評點 清道光三年(1823)槐堂書堂刻本 十二册

310000－0241－0009563 905244
少隅集十卷 (宋)陳東撰 清光緒十八年(1892)順德龍氏知服齋刻本 二册

310000－0241－0009564　905245

西山先生真文忠公集　(宋)真德秀撰　清刻本　一百二册

310000－0241－0009565　905247

魏鶴山先生渠陽詩一卷　(宋)魏了翁撰　(清)王德文注　清光緒二十七年(1901)刻本　一册

310000－0241－0009566　905248

王忠文公集五十卷　(宋)王十朋撰　清雍正六年(1728)刻本　十六册

310000－0241－0009567　905253

水心文集二十九卷　(宋)葉適撰　清乾隆二十年(1755)刻本　十册

310000－0241－0009568　905256

楊文靖公集四十二卷　(宋)楊時撰　清康熙十六年(1677)刻本　十册

310000－0241－0009569　905257

楊龜山先生集四十二卷　(宋)楊時撰　清光緒五年(1879)刻本　十册

310000－0241－0009570　905260

張大家蘭雪集二卷　(宋)張玉孃著　清宜秋館刻本　一册

310000－0241－0009571　905260(2)

蘭雪集二卷　(宋)張玉孃撰　清道光二十六年(1846)刻光緒八年(1882)補刻本　一册

310000－0241－0009572　905260:2

張大家蘭雪集二卷　(宋)張玉孃著　清宜秋館刻本　一册

310000－0241－0009573　905261

止齋先生文集五十二卷　(宋)陳傅良撰　清光緒五年(1879)刻本　八册

310000－0241－0009574　905267

葦碧軒集一卷附清苑齋集一卷　(宋)翁卷撰　清木活字印本　一册

310000－0241－0009575　905274:2

伯牙琴一卷　(宋)鄧牧撰　清乾隆五十一年(1786)知不足齋刻本　一册

310000－0241－0009576　905275

楊太后宫詞一卷附綠窗遺稿一卷傅若金詩一卷　(宋)楊太后　(元)孫蕙蘭　(元)傅若金撰　(清)潛夫輯　清嘉慶二十四年(1819)嘯園沈氏覆刻宋抄本　一册

310000－0241－0009577　905275:2

楊太后宫詞一卷附綠窗遺稿一卷傅若金詩一卷　(宋)楊太后　(元)孫蕙蘭　(元)傅若金撰　(清)潛夫輯　清鐵琴銅劍樓影印重抄宋本　一册

310000－0241－0009578　905275:3

楊太后宫詞一卷附綠窗遺稿一卷傅若金詩一卷　(宋)楊太后　(元)孫蕙蘭　(元)傅若金撰　(清)潛夫輯　清鐵琴銅劍樓影印重抄宋本　一册

310000－0241－0009579　905282

三山鄭菊山先生清雋集　(宋)鄭起撰　清刻知不足齋叢書本　一册

310000－0241－0009580　905289

文信國公集二十卷　(宋)文天祥撰　清同治七年(1868)刻本　十八册

310000－0241－0009581　905289(2)

指南後錄三卷　(宋)文天祥撰　清光緒六年(1880)刻本　一册

310000－0241－0009582　905290

謝疊山先生文集五卷　(宋)謝枋得撰　清康熙刻本　四册

310000－0241－0009583　905295(2):2

心史五卷　(宋)鄭思肖撰　清光緒二十年(1894)種竹書屋刻本　四册

310000－0241－0009584　905296(2)

心史二卷　(宋)鄭思肖撰　清刻本　二册

310000－0241－0009585　905298

鄭所南先生文集不分卷附錄一卷　(宋)鄭思肖撰　清乾隆刻知不足齋叢書本　一册

310000－0241－0009586　905299

苕溪集五十五卷　(宋)劉一止撰　清宣統三

年(1911)刻本　四册

310000－0241－0009587　905301
宛陵先生文集六十卷　(宋)梅堯臣撰　清宣統二年(1910)石印本　十册

310000－0241－0009588　905303
廣平先生舒文靖公類稿四卷　(宋)舒璘撰　清雍正九年(1731)刻本　二册

310000－0241－0009589　905304
眉山詩集十四卷　(宋)唐庚撰　清宣統南陔草堂精刻本　六册

310000－0241－0009590　905308(2)
西臺慟哭記注一卷　(清)黄宗羲撰　清宣統二年(1910)時中書局排印梨洲遺箸彙刻本　一册

310000－0241－0009591　905308(3)
冬青樹引注一卷　(清)黄宗羲撰　清宣統二年(1910)時中書局排印梨洲遺箸彙刻本　一册

310000－0241－0009592　905312
方泉先生詩集三卷　(宋)周文璞撰　清宣統元年(1909)國光社影印清朱彝尊抄本　一册

310000－0241－0009593　905312:2
方泉先生詩集三卷　(宋)周文璞撰　清宣統元年(1909)國光社影印清朱彝尊抄本　一册

310000－0241－0009594　905312:3
方泉先生詩集三卷　(宋)周文璞撰　清宣統元年(1909)國光社影印清朱彝尊抄本　一册

310000－0241－0009595　905313
紫巖詩選三卷補遺一卷　(宋)于石撰　清光緒十五年(1889)栅川于氏留耕堂刻本　一册

310000－0241－0009596　905314
高東溪先生遺集三卷　(宋)高登撰　清光緒二十三年(1897)漳州素位堂重刻咸豐刻本　二册

310000－0241－0009597　906003
閑閑老人滏水文集二十卷補遺一卷附一卷　(金)趙秉文撰　清光緒五年(1879)定州王氏謙德堂刻本　四册

310000－0241－0009598　906004
遺山先生詩集二十卷　(金)元好問撰　明崇禎十一年(1638)虞山毛氏汲古閣刻本　六册

310000－0241－0009599　906004(2)
遺山先生詩集二十卷　(金)元好問撰　清翻刻明末汲古閣本　八册

310000－0241－0009600　906005
遺山先生文集四十卷　(金)元好問撰　(元)張德輝編　清康熙無錫華氏刻本　十册

310000－0241－0009601　906008(2)
元遺山詩集箋注十四卷附録一卷補載一卷　(金)元好問撰　(元)張德輝編　清末苕溪吴氏醉六堂重修道光刻本　六册

310000－0241－0009602　906008(2):2
元遺山詩集箋注十四卷附録一卷補載一卷　(金)元好問撰　(元)張德輝編　清末苕溪吴氏醉六堂重修道光刻本　六册

310000－0241－0009603　906008(2):3
元遺山詩集箋注十四卷附録一卷補載一卷　(金)元好問撰　(元)張德輝編　清末苕溪吴氏醉六堂重修道光刻木　六册

310000－0241－0009604　906011
滹南遺老集四十五卷詩集一卷續一卷　(金)王若虚撰　清光緒五年(1879)定州王氏謙德堂刻本　六册

310000－0241－0009605　906012
拙軒集六卷　(金)王寂撰　清乾隆武英殿木活字印本　二册

310000－0241－0009606　907001
湛然居士文集十四卷　(元)耶律楚材撰　清光緒二十一年(1895)桐廬袁氏刻本　四册

310000－0241－0009607　907001:2
湛然居士文集十四卷　(元)耶律楚材撰　清光緒二十一年(1895)桐廬袁氏刻本　四册

310000－0241－0009608　907001:3
湛然居士文集十四卷　(元)耶律楚材撰　清

光緒二十一年(1895)桐廬袁氏刻本　四册

310000－0241－0009609　907001:4
湛然居士文集十四卷　(元)耶律楚材撰　清光緒二十一年(1895)桐廬袁氏刻本　三册

310000－0241－0009610　907006
道園學古録五十卷　(元)虞集撰　(清)謝蘭馪訂　清崇仁謝氏刻本　十二册

310000－0241－0009611　907007
虞文靖公道園遺稿詩八卷　(元)虞集撰　清末覆刻道光十七年(1837)古棠書屋叢書本　二册

310000－0241－0009612　907009
剡源集三十卷札記一卷　(元)戴表元撰　(清)郁松年撰札記　清道光二十年(1840)上海郁氏刻本　八册

310000－0241－0009613　907009:2
剡源集三十集札記一卷　(元)戴表元撰　(清)郁松年撰札記　清道光二十年(1840)上海郁氏刻本　八册

310000－0241－0009614　907009:3
剡源集三十集札記一卷　(元)戴表元撰　(清)郁松年撰札記　清道光二十年(1840)上海郁氏刻本　七册

310000－0241－0009615　907011
梧溪集七卷補遺一卷附一卷　(元)王逢撰　清同治十三年(1874)思補樓木活字印本　八册

310000－0241－0009616　907014
江月松風集十二卷補遺一卷文録一卷附録一卷　(元)錢惟善撰　清光緒十五年(1889)錢唐丁氏刻本　二册

310000－0241－0009617　907016
趙文敏公松雪齋全集十卷外集一卷續集一卷　(元)趙孟頫撰　清康熙五十二年(1713)上海曹氏城書室刻本　四册

310000－0241－0009618　907016:2
趙文敏公松雪齋全集十卷外集一卷續集一卷　(元)趙孟頫撰　清康熙五十二年(1713)上海曹氏城書室刻本　六册

310000－0241－0009619　907018
雙溪醉隱集六卷　(元)耶律鑄撰　(清)李文田箋　清光緒十八年(1892)順德龍氏知服齋刻本　五册

310000－0241－0009620　907018:2
雙溪醉隱集六卷　(元)耶律鑄撰　(清)李文田箋　清光緒十八年(1892)順德龍氏知服齋刻本　五册

310000－0241－0009621　907023
清容居士集五十卷目録二卷札記一卷　(元)袁桷撰　(清)郁松年撰札記　清道光二十年(1840)上海郁氏刻本　十六册

310000－0241－0009622　907034
純白齋類稿二十卷附録二卷　(元)胡助撰　(清)胡鳳丹校梓　清同治十一年(1872)湖北永康胡氏退補齋刻本　四册

310000－0241－0009623　907035
栯堂山居詩一卷　(元)釋栯堂撰　清光緒十一年(1885)金陵刻經處刻本　一册

310000－0241－0009624　907039
青村遺稿一卷　(元)金涓撰　(清)胡鳳丹校梓　清光緒二年(1876)金華胡氏退補齋刻本　一册

310000－0241－0009625　907040
貞素齋集八卷附録二卷　(元)舒頔撰　清道光十八年(1838)舒氏刻本　一册

310000－0241－0009626　907042
清閟閣全集十二卷　(元)倪瓚撰　(清)曹培廉校　清康熙五十二年(1713)上海曹氏城書室刻本　四册

310000－0241－0009627　907042(2)
倪高士全集十二卷　(元)倪瓚撰　(清)胡公壽重校　清末仁和高邕翻刻康熙五十二年(1713)城書室刻朱印本　五册

310000－0241－0009628　907045

鐵崖樂府註十卷詠史註八卷逸編註八卷 (元)楊維楨撰 (清)樓卜瀍注 清乾隆三十九年(1774)諸暨樓氏刻光緒十四年(1888)崇德堂補刻本 十冊

310000－0241－0009629 907049
丹邱先生集五卷附錄一卷 (元)柯九思撰 清光緒三十四年(1908)息園刻本 一冊

310000－0241－0009630 907051
丁鶴年集四卷附錄校譌續校 (元)丁鶴年撰 (明)戴稷等編 清光緒十四年(1888)會稽董氏木活字印本 一冊

310000－0241－0009631 907060
郝文忠公陵川文集三十九卷首一卷附錄一卷 (元)郝經撰 (清)王鏐編訂 清乾隆三年(1738)王鏐刻本 十六冊

310000－0241－0009632 907062
棲碧先生黃楊集三卷補遺一卷附錄一卷 (元)華幼武撰 清嘉慶元年(1796)華氏刻同治重修本 一冊

310000－0241－0009633 907070
新喻梁石門先生集十卷 (元)梁寅撰 清光緒十五年(1889)鍾體志刻本 六冊

310000－0241－0009634 907071
歐陽文公圭齋集十六卷首一卷末一卷 (元)歐陽玄撰 (清)鄧顯鶴增訂 清道光二十六年(1846)新化鄧氏南邨草堂刻本 五冊

310000－0241－0009635 907072
松鄉先生文集十卷 (元)任士林撰 (元)鄒維璉校 明泰昌元年(1620)刻清光緒十六年(1890)補刻本 四冊

310000－0241－0009636 907072:2
松鄉先生文集十卷 (元)任士林撰 (元)鄒維璉校 明泰昌元年(1620)刻清光緒十六年(1890)補刻本 四冊

310000－0241－0009637 907073
楊仲宏[弘]集八卷 (元)楊載撰 (清)梁章鉅校刻 清嘉慶十五年(1810)浦城祝氏留香室刻本 四冊

310000－0241－0009638 907074
存悔齋稿一卷 (元)龔璛撰 清嘉慶元年(1796)望壺山房刻本 一冊

310000－0241－0009639 907080
趙待制遺稿一卷附錄王國器詞 (元)趙雍撰 (元)王國器撰附錄 清嘉慶長塘鮑氏刻本 一冊

310000－0241－0009640 908002
練中丞金川集二卷遺事錄一卷雜錄一卷末一卷 (明)練子寧撰 清道光刻本 二冊

310000－0241－0009641 908003
宋學士全集三十二卷附錄一卷 (明)宋濂撰 (清)彭始摶校 清康熙四十八年(1709)杭州刻本 十六冊

310000－0241－0009642 908005
竹齋詩集四卷附錄一卷 (明)王冕撰 清嘉慶四年(1799)王佩蘭校刻本 四冊

310000－0241－0009643 908010
危學士全集十四卷 (明)危素撰 (清)嚴紱璽等輯 清乾隆二十三年(1758)芳樹園刻本 四冊

310000－0241－0009644 908010:2
危學士全集十四卷 (明)危素撰 (清)嚴紱璽等輯 清乾隆二十三年(1758)芳樹園刻本 六冊

310000－0241－0009645 908011
胡仲子集十卷 (明)胡翰撰 清同治十二年(1873)胡氏退補齋刻本 四冊

310000－0241－0009646 908012
太師誠意伯劉文成公集二十卷 (明)劉基撰 清乾隆十一年(1746)南田印康熙四十六年(1707)劉元奇溫州刻雍正八年(1730)萬里補刻本 八冊

310000－0241－0009647 908012(2)
太師誠意伯劉文成公集二十卷 (明)劉基撰 清光緒二十六年(1900)浙江書局重刻康雍

溫州刻本　十册

310000－0241－0009648　908012(2):2
太師誠意伯劉文成公集二十卷　(明)劉基撰　清光緒二十六年(1900)浙江書局重刻康雍溫州刻本　十册

310000－0241－0009649　908013
書備吟一卷　(明)練子寧撰　(清)吴雙校　清末刻本　二册

310000－0241－0009650　908014
滄螺集六卷　(明)孫作撰　清光緒十五年(1889)刻本　一册

310000－0241－0009651　908016
王徵士集四卷附錄一卷　(明)王彝撰　(清)陸廷燦輯　清康熙陸廷燦刻本　四册

310000－0241－0009652　908017
巽隱程先生詩集二卷文集二卷　(明)程本立撰　(清)金檀編　清康熙五十八年(1719)燕翼堂刻本　四册

310000－0241－0009653　908017:2
巽隱程先生詩集二卷文集二卷　(明)程本立撰　(清)金檀編　清康熙五十八年(1719)燕翼堂刻本　二册

310000－0241－0009654　908018
容菴遺文鈔一卷存稿鈔一卷止谿文鈔一卷詩集鈔一卷　(明)許令瑜撰　清光緒十三年(1887)海昌羊氏傳卷樓粤東刻本　一册

310000－0241－0009655　908019
擔公遺詩一卷附錄一卷　(明)釋普荷撰　李根源錄　清宣統二年(1910)李氏排印本　一册

310000－0241－0009656　908021
王忠文公文集二十四卷附錄一卷　(明)王禕撰　(明)劉傑編　清康熙三十年(1691)刻本　二十四册

310000－0241－0009657　908022
王忠文公集二十卷　(明)王禕撰　清同治九年(1870)胡氏退補齋刻本　十册

310000－0241－0009658　908024
易齋劉先生遺集二卷　(明)劉璟撰　清光緒二十七年(1901)劉氏校刻本　二册

310000－0241－0009659　908025
史忠正公集四卷首一卷末一卷　(明)史可法撰　清光緒二十三年(1897)湘南書局刻本　二册

310000－0241－0009660　908026
文肅公文集三十四卷外集一卷　(明)何喬新撰　清康熙三十三年(1694)何源濬刻本　八册

310000－0241－0009661　908029
方正學先生遜志齋集二十四卷　(明)方孝孺撰　清同治八年(1869)松江方永祥刻本　十二册

310000－0241－0009662　908030
于肅愍公集八卷拾遺一卷附錄一卷　(明)于謙撰　清末錢塘丁氏重刻明大梁書院本　二册

310000－0241－0009663　908032
陶學士先生文集二十卷　(明)陶安撰　清同治六年(1867)永寧官廨刻本　六册

310000－0241－0009664　908033
十科策畧箋釋十卷　(明)劉定之撰　(清)劉作樑注釋　清雍正八年(1730)積秀堂刻本　十册

310000－0241－0009665　908034
邊華泉詩集七卷附錄一卷　(明)邊貢撰　清光緒二十一年(1895)長沙張氏湘雨樓刻本　四册

310000－0241－0009666　908035
解文毅公集十六卷附錄一卷　(明)解縉撰　清乾隆刻本　六册

310000－0241－0009667　908036
龔安節公野古集三卷　(明)龔詡撰　清光緒二十八年(1902)新陽趙氏刻本　一册

310000－0241－0009668　908036:4

龔安節公野古集三卷　(明)龔詡撰　清光緒二十八年(1902)新陽趙氏刻本　二册

310000－0241－0009669　908037
松雨軒集八卷補遺一卷附録一卷　(明)平顯撰　清光緒二十年(1894)錢塘丁氏嘉惠堂刻本　二册

310000－0241－0009670　908038
蒼谷全集十二卷附録一卷　(明)王尚絅撰　清乾隆二十三年(1758)密止堂刻本　十六册

310000－0241－0009671　908039
蒼谷全集十二卷　(明)王尚絅撰　清乾隆二十三年(1758)上堂刻本　六册

310000－0241－0009672　908040
重刻一峯先生集十卷補編一卷附編二卷　(明)羅倫撰　清道光二十九年(1849)羅氏刻本　七册

310000－0241－0009673　908041
天樂翁集一卷　(明)吳惠撰　清吳氏仁本堂刻本　一册

310000－0241－0009674　908044
東洲賸稿二卷附録一卷　(明)夏良勝撰　(清)夏雲驤輯　清光緒十三年(1887)南城縣刻本　一册

310000－0241－0009675　908046
張忠烈公采薇吟殘稿一卷附録一卷　(明)張煌言撰　清光緒十二年(1886)山陰平氏安越堂刻本　一册

310000－0241－0009676　908047
懷麓堂集詩前稿二十卷文前稿三十卷詩後稿十卷文後稿三十卷雜記十卷　(明)李東陽撰　(清)譚中模等校　清嘉慶九年(1804)二六書屋刻本　二十册

310000－0241－0009677　908048
胡敬齋先生文集三卷　(明)胡居仁撰　清同治九年(1870)傳經堂刻本　二册

310000－0241－0009678　908049
高季迪先生大全集十八卷　(明)高啓撰　清光緒十四年(1888)木活字印本　六册

310000－0241－0009679　908050
藍山集六卷　(明)藍仁撰　清光緒四年(1878)郭氏枕石草堂刻本　二册

310000－0241－0009680　908052
韓忠定公集四卷　(明)韓文撰　(明)喬因羽編　清乾隆三年(1738)韓宗蕃刻本　四册

310000－0241－0009681　908054
節菴集八卷續稿一卷　(明)高得暘撰　清光緒二十年(1894)四明刻本　一册

310000－0241－0009682　908056
桂軒先生全集卷　(明)顧恂撰　清雍正十年(1732)崑山顧氏桂雲堂刻本　十册

310000－0241－0009683　908057
花王閣賸藁一卷　(明)紀坤撰　清嘉慶四年(1799)紀氏閱微草堂刻本　一册

310000－0241－0009684　908058
新刻張太岳先生詩文集四十六卷附録一卷　(明)張居正撰　清翻刻明萬曆唐氏本　十六册

310000－0241－0009685　908058:2
新刻張太岳先生詩文集四十六卷附録一卷　(明)張居正撰　清翻刻明萬曆唐氏本　十六册

310000－0241－0009686　908059
明張文忠公全集四十八卷　(明)張居正撰　清光緒二十七年(1901)紅藤碧樹山館重刻道光陶澍刻本　十六册

310000－0241－0009687　908060
明張文忠公文集十一卷詩集六卷　(明)張居正撰　清宣統三年(1911)醉古堂石印本　四册

310000－0241－0009688　908061
鈐山堂集四十卷　(明)嚴嵩撰　清嘉慶十一年(1806)嚴氏刻本　十册

310000－0241－0009689　908062
寄菴詩存四卷　(明)韓洽撰　清道光二十年

(1840)韓崇刻本　三冊

310000－0241－0009690　908063
劉蕺山文粹二卷　(明)劉宗周撰　(日本)桑原忱有輯　清光緒二十一年(1895)重刻同治元年(1862)刻本　二冊

310000－0241－0009691　908065
白沙子全集六卷　(明)陳獻章撰　(清)何九疇重編　清康熙四十九年(1710)刻本　六冊

310000－0241－0009692　908066
白沙子全集十卷首一卷末一卷白沙子古詩教解二卷　(明)陳獻章撰　清乾隆三十六年(1771)廣東陳世澤刻本　十二冊

310000－0241－0009693　908067
康對山先生文集十卷　(明)康海撰　(清)孫景烈選　清乾隆二十六年(1761)武功縣瑪星阿刻本　六冊

310000－0241－0009694　908069(2)
鯤溟先生詩集四卷奏疏一卷　(明)郭諫臣撰　清康熙五十二年(1713)郭鶱刻嘉慶郭一臨重修本　四冊

310000－0241－0009695　908073
雪厓先生集内外篇不分卷　(明)蕭晅政校刊　(明)蕭敷教校刊　清末刻本　一冊

310000－0241－0009696　908075
忠敬堂彙錄八卷新編一卷　(明)胡煜撰　(清)胡嗣運補　清光緒十三年(1887)刻本　四冊

310000－0241－0009697　908081
四溟山人詩集十卷　(明)謝榛撰　(明)盛以進選　清宣統元年(1909)新昌胡氏排印本　三冊

310000－0241－0009698　908082
李滄溟集六卷　(明)李攀龍撰　(清)張汝瑚選　清康熙郢雪書林刻本　六冊

310000－0241－0009699　908083
滄溟先生集三十卷附錄一卷　(明)李攀龍撰　清道光二十七年(1847)李氏景福堂重刻明隆慶刻本　八冊

310000－0241－0009700　908085
滄溟先生集十四卷附錄一卷　(明)李攀龍撰　清光緒二十一年(1895)長沙張氏湘雨樓刻本　四冊

310000－0241－0009701　908087
楊椒山先生集三卷附錄一卷椒山先生自著年譜一卷　(明)楊繼盛撰　清同治五年(1866)張景賢覆刻康熙間胡氏刻本　二冊

310000－0241－0009702　908089
楊忠愍公全集三卷附錄一卷家寶全編二卷　(明)楊繼盛撰　(清)章鈺重訂　清末傳抄嘉慶刻本　六冊

310000－0241－0009703　908089(2)
楊忠愍公全集四卷　(明)楊繼盛撰　(清)毛大可鑒定　清道光八年(1828)于長鑑刻本　二冊

310000－0241－0009704　908092
龍谿先生全集二十卷大象義述一卷附錄一卷　(明)王畿撰　(明)丁賓編　清光緒八年(1882)重刻明丁賓刻本　十二冊

310000－0241－0009705　908094
寶制堂錄二卷　(明)劉節撰　(明)劉魯錄　清乾隆十四年(1749)劉斯來刻本　四冊

310000－0241－0009706　908098
茅鹿門集八卷　(明)茅坤撰　(清)張汝瑚選　清康熙郢雪書林刻本　六冊

310000－0241－0009707　908099
左忠毅公集三卷　(明)左光斗撰　清乾隆左氏重刻康熙元年(1662)刻本　二冊

310000－0241－0009708　908101
洨濱蔡先生文集十卷首一卷語錄二十卷　(明)蔡駿撰　清光緒四年(1878)夏子鎏校刻本　四冊

310000－0241－0009709　908101:2
洨濱蔡先生文集十卷首一卷語錄二十卷　(明)蔡駿撰　清光緒四年(1878)夏子鎏校刻

本　四册

310000－0241－0009710　908102
況太守集十六卷首一卷補遺一卷　（明）況鍾撰　（清）況廷秀輯　清光緒十年（1884）廣仁堂刻本　四册

310000－0241－0009711　908104
止止堂集五卷　（明）戚繼光撰　清光緒十四年（1888）山東書局刻本　四册

310000－0241－0009712　908104：2
止止堂集五卷　（明）戚繼光撰　清光緒十四年（1888）山東書局刻本　四册

310000－0241－0009713　908107
六如居士全集七卷補遺一卷外集六卷畫譜三卷制義一卷　（明）唐寅撰　（清）唐仲冕輯　清嘉慶六年（1801）長沙唐仲冕刻本　四册

310000－0241－0009714　908108
六如居士全集七卷補遺一卷　（明）唐寅撰　（清）高邕校　清末刻本　一册

310000－0241－0009715　908110
葛端肅公集十八卷識闕一卷家訓二卷　（明）葛守禮撰　清嘉慶七年（1802）樹滋堂刻本　八册

310000－0241－0009716　908111
徐迪功詩集四卷附錄一卷外集三卷談藝錄一卷　（明）徐禎卿撰　清光緒二十一年（1895）長沙張氏湘雨樓刻本　二册

310000－0241－0009717　908113
布衣陳先生遺集三卷附錄一卷　（明）陳真晟撰　（清）游光繹重訂　清道光六年（1826）龍溪郭基校刻本　一册

310000－0241－0009718　908114
青谿漫稿二十四卷補遺一卷附錄一卷　（明）倪岳撰　清光緒二十六年（1900）錢唐丁氏嘉惠堂刻本　六册

310000－0241－0009719　908117
炳燭齋文集初刻一卷續刻一卷　（明）顧大韶著　清宣統元年（1909）國學扶輪社排印本　二册

310000－0241－0009720　908119
海忠介公集六卷　（明）海瑞撰　（清）賈棠等選　清初賈棠刻同治印本　四册

310000－0241－0009721　908119：2
海忠介公集六卷　（明）海瑞撰　（清）賈棠等選　清初賈棠刻同治印本　四册

310000－0241－0009722　908120
碧筠館詩稿四卷補遺一卷附錄二卷　（明）淩立撰　清光緒二十二年（1896）錢塘丁氏嘉惠堂刻本　一册

310000－0241－0009723　908121
東軒集選一卷　（明）聶大年撰　清光緒二十三年（1897）錢塘丁氏嘉惠堂刻朱印本　一册

310000－0241－0009724　908123
甫田集三十五卷附錄一卷　（明）文徵明撰　清宣統三年（1911）上海千頃堂書莊排印本　十二册

310000－0241－0009725　908125
枝山文集四卷　（明）祝允明撰　（清）李文楷編　清同治十三年（1874）元和祝壽眉刻本　二册

310000－0241－0009726　908126
懷星堂全集三十卷　（明）祝允明撰　清宣統二年（1910）中國書畫會排印本　八册

310000－0241－0009727　908130
苑洛集二十二卷　（明）韓邦奇撰　清乾隆十六年（1751）刻嘉慶七年（1802）補刻本　十册

310000－0241－0009728　908131
張龍湖先生文集十五卷　（明）張治撰　清雍正四年（1726）茶陵彭思眷刻本　六册

310000－0241－0009729　908140
空同詩集三十四卷　（明）李夢陽撰　清光緒十五年（1889）渭南嚴氏刻本　十册

310000－0241－0009730　908142
李空同集六卷　（明）李夢陽撰　（清）張汝瑚選　清康熙郢雪書林刻本　四册

310000－0241－0009731　908143
李空同詩集三十三卷附録一卷　(明)李夢陽撰　清光緒二十一年(1895)長沙張氏湘雨樓刻本　六册

310000－0241－0009732　908144
何大復詩集二十六卷附録一卷　(明)何景明撰　清光緒二十一年(1895)長沙張氏湘雨樓刻本　四册

310000－0241－0009733　908146
王弇州集二十卷　(明)王世貞撰　(清)張汝瑚選　清康熙郢雪書林刻本　十二册

310000－0241－0009734　908147
讀書後八卷　(明)王世貞撰　(清)顧朝泰校　清乾隆二十七年(1762)重刻二十一年(1756)梁溪顧朝泰刻本　二册

310000－0241－0009735　908149
孫山甫督學文集四卷　(明)孫應鼇撰　清光緒十九年(1893)川東巡署刻本　二册

310000－0241－0009736　908155
汪南溟集八卷　(明)汪道昆撰　(清)張汝瑚選　清康熙郢雪書林刻本　六册

310000－0241－0009737　908159
唐荆川集六卷　(明)唐順之撰　(清)張汝瑚選　清康熙郢雪書林刻本　六册

310000－0241－0009738　908160
重刊校正唐荆川先生文集十二卷補遺五卷新刊外集三卷附録一卷　(明)唐順之撰　繆荃孫編　清光緒三十年(1904)江南書局刻本　十册

310000－0241－0009739　908160∶2
重刊校正唐荆川先生文集十二卷補遺五卷新刊外集三卷附録一卷　(明)唐順之撰　繆荃孫編　清光緒三十年(1904)江南書局刻本　十册

310000－0241－0009740　908160∶3
重刊校正唐荆川先生文集十二卷補遺五卷新刊外集三卷附録一卷　(明)唐順之撰　繆荃孫編　清光緒三十年(1904)江南書局刻本　九册

310000－0241－0009741　908166
祐山先生文集十卷　(明)馮汝弼撰　清乾隆十八年(1753)刻本　三册

310000－0241－0009742　908171
王陽明先生全集二十二卷首一卷　(明)王守仁撰　(清)俞嶙編　清康熙十二年(1673)刻本　二十三册

310000－0241－0009743　908173
節本王陽明集年譜一卷傳習録一卷文録四卷别録四卷外集二卷續編二卷　(明)王守仁撰　(清)彭紹升編　清光緒三十四年(1908)上海教育圖書館排印本　二册

310000－0241－0009744　908174
萬子迂談八卷附録一卷　(明)萬衣撰　清乾隆二十二年(1757)萬氏聽瀑軒重刻嘉慶六年(1801)印本　四册

310000－0241－0009745　908178
毅齋查先生闡道集十卷附録一卷　(明)查鐸撰　清乾隆二十五年(1760)刻本　五册

310000－0241－0009746　908179
毅齋查先生闡道集十卷末一卷　(明)查鐸撰　清光緒十六年(1890)涇川查氏濟陽家塾校刻本　四册

310000－0241－0009747　908186
太史升菴全集八十一卷　(明)楊慎撰　(明)楊有仁編　清乾隆六十年(1795)新都周參元刻本　二十册

310000－0241－0009748　908186∶2
太史升菴全集八十一卷　(明)楊慎撰　(明)楊有仁編　清乾隆六十年(1795)新都周參元刻本　二十册

310000－0241－0009749　908189
太史升菴遺集二十六卷　(明)楊慎撰　(明)楊金吾輯　清道光二十四年(1844)古桂山房影刻明萬曆三十四年(1606)本　四册

310000－0241－0009750　908190

總纂升菴合集二百四十卷　（明）楊慎撰　（清）鄭寶琛纂輯　清光緒八年（1882）新都王鴻文堂刻本　六十册

310000－0241－0009751　908192

震川先生集三十卷别集十卷附録一卷　（明）歸有光撰　（清）歸莊校　清康熙十年至十四年（1671－1675）崑山歸氏刻本　十册

310000－0241－0009752　908197

歸震川集十卷　（明）歸有光撰　（清）張汝瑚選　清康熙郢雪書林刻本　六册

310000－0241－0009753　908198

震川先生集三十卷别集十卷附録一卷　（明）歸有光撰　（清）歸莊校　清光緒元年（1875）常熟歸氏重刻康熙十年至十四年（1671－1675）崑山歸氏刻本　十六册

310000－0241－0009754　908198：2

震川先生集三十卷别集十卷附録一卷　（明）歸有光撰　（清）歸莊校　清光緒元年（1875）常熟歸氏重刻康熙十年至十四年（1671－1675）崑山歸氏刻本　十二册

310000－0241－0009755　908203

周忠介公燼餘集三卷　（明）周順昌撰　清光緒二十九年（1903）刻本　二册

310000－0241－0009756　908203（2）

忠介燼餘集三卷　（明）周順昌撰　清末抄本　一册

310000－0241－0009757　908203：2

周忠介公燼餘集三卷　（明）周順昌撰　清光緒二十九年（1903）刻本　二册

310000－0241－0009758　908203：3

周忠介公燼餘集三卷　（明）周順昌撰　清光緒二十九年（1903）刻本　三册

310000－0241－0009759　908205

黄吾野先生詩集五卷　（明）黄克晦撰　清乾隆二十五年（1760）黄隆恩增刻本　六册

310000－0241－0009760　908210

賜餘堂集十四卷　（明）吳中行撰　清乾隆五十八年（1793）吳珙立刻本　十六册

310000－0241－0009761　908213

慕蓼王先生樗全集八卷　（明）王畿撰　清乾隆二十四年（1759）王宗敏刻本　八册

310000－0241－0009762　908216

淩谿先生集十七卷附録一卷補遺一卷　（明）朱應登撰　清道光十五年（1835）宜禄堂刻本　四册

310000－0241－0009763　908220

重刊張愈光先生詩集六卷　（明）張含撰　（明）楊慎選　清道光十三年（1833）保山范仕義刻本　六册

310000－0241－0009764　908223

周恭節公集奏疏一卷文録十卷詩録九卷尺牘四卷雜録三卷　（明）周怡撰　（明）周恪輯　清光緒二十七年（1901）周勝弼燕翼堂木活字印本　十一册

310000－0241－0009765　908227

李氏焚書六卷　（明）李贄撰　清光緒三十四年（1908）國學保存會排印本　二册

310000　0241　0009766　908229

青藤書屋文集三十卷　（明）徐渭撰　（明）袁宏道編　清宣統三年（1911）石印本　八册

310000－0241－0009767　908232

瓶花齋集十卷　（明）袁宏道撰　清宣統三年（1911）抱殘守缺齋影印明萬曆間寫本　四册

310000－0241－0009768　908232：2

瓶花齋集十卷　（明）袁宏道撰　清宣統三年（1911）抱殘守缺齋影印明萬曆間寫本　一册

310000－0241－0009769　908237

紫柏老人集二十九卷圜中語録一卷　（明）釋真可撰　（明）釋憨山編　清末許靈虛等捐資刻本　十册

310000－0241－0009770　908243

眭東蓀先生集十五卷　（明）眭石撰　清光緒木活字印本　八册

310000－0241－0009771　908244
天傭子集八卷　（明）艾南英撰　（清）楊磊編　清乾隆十五年（1750）艾氏九儀堂刻本　八册

310000－0241－0009772　908245
重刻天傭子全集十卷首一卷末一卷　（明）艾南英撰　（清）艾爲珖等編　清光緒五年（1879）艾舟刻本　九册

310000－0241－0009773　908252
涇野先生文集三十八卷　（明）吕柟撰　清嘉慶宜平楊浚校刻本　六册

310000－0241－0009774　908258
劉練江先生集七卷附録一卷　（明）劉永澄撰（清）劉念臺輯　清乾隆劉穎刻本　四册

310000－0241－0009775　908264
趙忠毅公文集十種　（明）趙南星撰　明末刻清遞修補刻光緒十七年（1891）彙印本　十八册

310000－0241－0009776　908268
正志稿六卷　（明）林貴兆撰　清宣統二年（1910）太平陳乃文木活字印本　一册

310000－0241－0009777　908272
蘿石山房文鈔四卷梅花屋詩草一卷　（明）左懋第撰　清乾隆五年（1740）、十八年（1753）左光昺校刻五十八年（1793）左彤九續刻印本　九册

310000－0241－0009778　908274
石臼前集九卷後集七卷附年譜一卷　（明）邢昉著　清光緒十八年（1892）高淳縣刻本　六册

310000－0241－0009779　908281
樓山堂集二十六卷　（明）吳應箕撰　清光緒六年（1880）王用賓木活字印本　八册

310000－0241－0009780　908286
黄漳浦集五十卷年譜二卷首二卷　（明）黄道周撰　（清）陳壽祺編　清道光陳氏刻本　二十二册

310000－0241－0009781　908286：2
黄漳浦集五十卷年譜二卷首二卷　（明）黄道周撰　（清）陳壽祺編　清道光陳氏刻本　四册

310000－0241－0009782　908289
陶菴集二十二卷首一卷末一卷　（明）黄淳耀撰　清光緒十八年（1892）順德龍氏知服齋刻本　八册

310000－0241－0009783　908290
陶菴文集七卷詩集八卷吾師録一卷自監録四卷首一卷補遺三卷末一卷　（明）黄淳耀撰（清）陶應鯤輯補　清乾隆二十六年（1761）寶山學署刻本　十册

310000－0241－0009784　908293
陶菴集二十二卷首一卷末一卷　（明）黄淳耀撰　清光緒五年至七年（1879－1881）嘉定童式穀等刻本　八册

310000－0241－0009785　908294
陳忠裕全集三十卷首一卷末一卷年譜三卷（明）陳子龍撰　（清）王昶輯　清嘉慶八年（1803）簳山草堂刻本　十册

310000－0241－0009786　908294：2
陳忠裕全集三十卷首一卷末一卷年譜三卷（明）陳子龍撰　（清）王昶輯　清嘉慶八年（1803）簳山草堂刻本　十二册

310000－0241－0009787　908294：3
陳忠裕全集三十卷首一卷末一卷年譜三卷（明）陳子龍撰　（清）王昶輯　清嘉慶八年（1803）簳山草堂刻本　十册

310000－0241－0009788　908295
陳臥子先生安雅堂稿十五卷兵垣奏議二卷（明）陳子龍撰　清宣統二年（1910）上海時中書局排印本　八册

310000－0241－0009789　908295：2
陳臥子先生安雅堂稿十五卷兵垣奏議二卷（明）陳子龍撰　清宣統二年（1910）上海時中書局排印本　八册

310000－0241－0009790　908300

松圓浪淘集十八卷　(明)程嘉燧著　清宣統順德鄧氏排印本　四册

310000－0241－0009791　908301

吴歈小草十卷學古緒言二十五卷　(明)婁堅撰　明崇禎三年(1630)謝三賓刻清康熙三十三年(1694)陸廷燦重修本　十册

310000－0241－0009792　908302

續騷堂集一卷　(明)萬泰撰　清光緒二十年(1894)趙氏翰香居校刻本　一册

310000－0241－0009793　908302：2

續騷堂集一卷　(明)萬泰撰　清光緒二十年(1894)趙氏翰香居校刻本　一册

310000－0241－0009794　908303

清江楊忠節公遺集八卷　(明)楊廷麟撰　清光緒五年(1879)蕭江書院刻本　八册

310000－0241－0009795　908307

孫宗伯集十卷首一卷　(明)孫繼臯著　清光緒十八年(1892)無錫孫氏鼎元堂木活字印本　十二册

310000－0241－0009796　908309

小遊仙詩一卷　(明)黃毓祺撰　清道光刻本　一册

310000－0241－0009797　908311

夏節湣全集十卷首一卷末一卷補遺一卷續補遺一卷　(明)夏完淳撰　(清)莊師洛輯　清嘉慶十二年至十四年(1807－1809)陳均、何其偉刻同治八年(1869)陳履泰重修本　二册

310000－0241－0009798　908311：2

夏節愍全集十卷首一卷末一卷補遺一卷續補遺一卷　(明)夏完淳撰　(清)莊師洛輯　清嘉慶十二年至十四年(1807－1809)陳均、何其偉刻同治八年(1869)陳履泰重修本　六册

310000－0241－0009799　908316

疑雨集四卷　(明)王彦弘著　清騷餘館刻本　四册

310000－0241－0009800　908316：2

疑雨集四卷　(明)王彦弘著　清騷餘館刻本　四册

310000－0241－0009801　908322

張蒼水集二卷北征錄一卷　(明)張煌言撰　清光緒二十七年(1901)排印本　一册

310000－0241－0009802　908322：2

張蒼水集二卷北征錄一卷　(明)張煌言撰　清光緒二十七年(1901)排印本　二册

310000－0241－0009803　908323

溫恭毅公文集三十卷　(明)溫純撰　清乾隆三原溫氏刻本　二十册

310000－0241－0009804　908324

己吾集十四卷　(明)陳際泰撰　清順治白下李來泰刻本　六册

310000－0241－0009805　908325

瞿忠宣公集十卷　(明)瞿式耜撰　清光緒十三年(1887)瞿廷韶翻刻道光十五年(1835)李兆洛本　四册

310000－0241－0009806　908325：2

瞿忠宣公集十卷　(明)瞿式耜撰　清光緒十三年(1887)瞿廷韶翻刻道光十五年(1835)李兆洛本　一册

310000－0241－0009807　908326

法因集四卷續一卷　(明)王稺登撰　(清)釋少逸續　清同治八年(1869)刻本　一册

310000－0241－0009808　908333

鄭少谷先生全集二十四卷首一卷　(明)鄭善夫著　(清)鄭炳文校　清道光四年(1824)桑苧古園刻本　十册

310000－0241－0009809　908333：2

鄭少谷先生全集二十四卷首一卷　(明)鄭善夫著　(清)鄭炳文校　清道光四年(1824)桑苧古園刻本　十册

310000－0241－0009810　908334

重刻天遊集十卷　(明)王達著　(清)翟厚編　清木活字印本　四册

310000－0241－0009811　908335

天愚山人詩集十二卷文集十六卷附錄一卷 (明)謝泰宗著 (清)謝駿德校 清光緒六年(1880)謝氏靈蕤館刻本 八冊

310000－0241－0009812 908335:2
天愚山人詩集十二卷文集十六卷附錄一卷 (明)謝泰宗著 (清)謝駿德校 清光緒六年(1880)謝氏靈蕤館刻本 六冊

310000－0241－0009813 908337
雙崖文集四卷首一卷附錄一卷詩集六卷 (明)周忱撰 (清)周繼魁校 清光緒四年(1878)周氏山前崇恩堂刻本 八冊

310000－0241－0009814 908341
寶綸堂集十卷拾遺一卷 (明)陳洪綬撰 清光緒十四年(1888)會稽董氏取斯堂木活字印本 八冊

310000－0241－0009815 908341:2
寶綸堂集十卷拾遺一卷 (明)陳洪綬撰 清光緒十四年(1888)會稽董氏取斯堂木活字印本 八冊

310000－0241－0009816 908341:3
寶綸堂集十卷拾遺一卷 (明)陳洪綬撰 清光緒十四年(1888)會稽董氏取斯堂木活字印本 八冊

310000－0241－0009817 908342
吹劍集十二卷首一卷 (明)蘇葵撰 清光緒六年(1880)蘇種德堂刻本 五冊

310000－0241－0009818 908343
明夏赤城先生文集二十三卷 (明)夏塤撰 清光緒夏氏映南軒木活字印本 十二冊

310000－0241－0009819 908347
涇皐藏稿二十二卷 (明)顧憲成撰 清光緒三年(1877)涇里宗祠刻本 六冊

310000－0241－0009820 908348
姚文敏公遺稿九卷奏議補缺一卷 (明)姚夔撰 清光緒二十四年(1898)水明樓刻本 二冊

310000－0241－0009821 908349
味檗齋文集十五卷 (明)趙南星撰 清光緒五年(1879)謙德堂刻本 十冊

310000－0241－0009822 908350
霍文敏公全集十卷補石頭錄前編一卷石頭錄原編六卷續石頭錄後編一卷 (明)霍韜撰 清同治元年(1862)石頭書院刻本 十六冊

310000－0241－0009823 908353
月鹿堂文集八卷 (明)張師繹撰 清道光張湄校刻本 四冊

310000－0241－0009824 908355
餘姚黃忠端公集六卷 (明)黃尊素撰 清光緒十三年(1887)姚江黃氏刻本 三冊

310000－0241－0009825 908357
返生香一卷疏香閣附集一卷窈聞一卷續窈聞一卷 (明)葉小鸞撰 清光緒二十二年(1896)羊城秋夢盦刻本 二冊

310000－0241－0009826 908357:2
返生香一卷疏香閣附集一卷窈聞一卷續窈聞一卷 (明)葉小鸞撰 清光緒二十二年(1896)羊城秋夢盦刻本 一冊

310000－0241－0009827 908359
嗜泉詩存二卷詩說一卷 (明)李璋撰 清乾隆二十八年(1763)李鳳藻刻嘉慶五年(1800)重修本 二冊

310000－0241－0009828 908361
落落齋遺集十卷附錄一卷 (明)李應昇撰 清光緒二十二年(1896)武進盛氏刻本 六冊

310000－0241－0009829 908365
增定徐文定公集五卷首二卷李之藻文稿一卷 (明)徐光啓撰 清宣統元年(1909)上海慈母堂排印本 四冊

310000－0241－0009830 908366
掩關集二卷 (明)劉繼善撰 (明)文震孟選 清道光劉氏世德堂刻初印本 一冊

310000－0241－0009831 908367
柏樓吟二卷 (明)孟蘊撰 清嘉慶十六年(1811)仁壽堂木活字印本 一冊

310000－0241－0009832　908376
奚囊蠹餘二十卷補遺一卷附錄二卷　(明)張瀚撰　清光緒二十一年(1895)錢塘丁氏嘉惠堂刻本　五冊

310000－0241－0009833　908377
春暉堂詩集一卷文集一卷附錄一卷　(明)葉樹人撰　清咸豐葉堯蓂刻本　一冊

310000－0241－0009834　908383
蘆槎詩稿二卷　(明)沈潛撰　清光緒三年(1877)師齋刻本　二冊

310000－0241－0009835　908383:2
蘆槎詩稿二卷　(明)沈潛撰　清光緒三年(1877)師齋刻本　二冊

310000－0241－0009836　908385
松石齋詩集六卷文集二十五卷奏疏五卷　(明)趙用賢撰　清光緒常熟趙氏承啓堂刻本　十冊

310000－0241－0009837　908387
金忠節公文集八卷　(明)金聲撰　清光緒十四年(1888)黟縣李氏刻本　四冊

310000－0241－0009838　908391
湘中草六卷　(明)湯傳楹撰　清康熙二十四年(1685)尤侗刻本　二冊

310000－0241－0009839　908391(2)
湘中草六卷　(明)湯傳楹撰　清重刻康熙二十四年(1685)尤侗刻本　一冊

310000－0241－0009840　908393
桐菴文稿一卷　(清)鄭敷教撰　清光緒十三年(1887)新陽趙氏刻本　一冊

310000－0241－0009841　908395
周文忠公集七卷附錄一卷　(明)周鳳翔撰　(清)周源輯　清嘉慶十八年(1813)周源刻本　四冊

310000－0241－0009842　908396
范文忠公初集十二卷年譜一卷　(明)范景文撰　清康熙四十年(1701)范氏與善堂校刻道光五年(1825)增刻本　六冊

310000－0241－0009843　908400
觀復堂稿畧不分卷　(明)朱集璜撰　清光緒二十六年(1900)玉山書院刻本　一冊

310000－0241－0009844　908401
倪文貞公文集十二卷首一卷　(明)倪元璐撰　清乾隆三十七年(1772)倪安世校刻本　八冊

310000－0241－0009845　908402
明大司馬盧公奏議十卷文集一卷詩集一卷首一卷　(明)盧象昇撰　清光緒二年(1876)宜興會稽施惠刻本　十冊

310000－0241－0009846　908402:2
明大司馬盧公奏議十卷文集一卷詩集一卷首一卷　(明)盧象昇撰　清光緒二年(1876)宜興會稽施惠刻本　八冊

310000－0241－0009847　908403
陶元暉中丞遺集二卷首一卷　(明)陶朗先撰　(清)陶玉珂輯　清光緒二十四年(1898)蘭州書局排印本　一冊

310000－0241－0009848　908405
熊襄愍公集十卷首一卷末一卷　(明)熊廷弼撰　(清)徐文檢輯　清嘉慶十八年(1813)退補齋刻本　十冊

310000－0241－0009849　908407
素蘭集二卷補遺一卷　(明)翁孺安撰　清光緒三十三年(1907)排印本　一冊

310000－0241－0009850　908409
螢芝全集十八卷　(明)張明弼著　(清)于文熚校讐　清光緒二十四年(1898)金沙于氏杏林書屋刻本　十四冊

310000－0241－0009851　909001
獨善堂文集八卷　(清)王大經撰　清嘉慶二十二年(1817)春暉堂刻本　四冊

310000－0241－0009852　909005
亭林文集六卷詩集五卷餘集一卷軼詩一卷救文格論一卷亭林雜錄一卷　(清)顧炎武撰　**年譜一卷**　(清)吳映奎輯　清嘉慶蓬瀛閣刻

光緒十一年(1885)吳縣孫谿槐廬家塾補刻上海掃葉山房彙印本　六冊

310000－0241－0009853　909006
亭林文集六卷詩集五卷　(清)顧炎武著　清宣統元年(1909)上海埽葉山房石印本　四冊

310000－0241－0009854　909007
亭林詩集五卷　(清)顧炎武著　清光緒二年(1876)湖南書局刻本　一冊

310000－0241－0009855　909009
亭林餘集一卷　(清)顧炎武著　清光緒二年(1876)誦芬樓刻本　一冊

310000－0241－0009856　909010
薑齋文集十卷　(清)王夫之撰　清同治四年(1865)金陵湘鄉曾國荃刻本　一冊

310000－0241－0009857　909011
霜紅龕集四十卷　(清)傅山撰　清宣統三年(1911)山陽丁氏刻本　三冊

310000－0241－0009858　909012
傅徵君霜紅龕詩鈔不分卷附錄一卷　(清)傅山撰　(清)蘇爾詒參定　清宣統三年(1911)上海國學扶輪社排印本　一冊

310000－0241－0009859　909013
傅徵君霜紅龕詩鈔八卷附錄一卷　(清)傅山撰　(清)蘇爾詒參訂　清乾隆三十二年(1767)刻本　二冊

310000－0241－0009860　909014
魏叔子文集外編二十二卷詩集八卷　(清)魏禧撰　清道光二十五年(1845)寧都謝庭綬紱園書塾刻本　二十二冊

310000－0241－0009861　909015
魏叔子日錄三卷詩集八卷　(清)魏禧撰　清康熙初魏氏易堂刻本　四冊

310000－0241－0009862　909016
魏叔子文集外編二十二卷　(清)魏禧撰　清康熙初魏氏易堂刻本　十二冊

310000－0241－0009863　909017
壯悔堂文集十卷　(清)侯方域撰　清光緒四年(1878)紅杏山房刻本　五冊

310000－0241－0009864　909018
壯悔堂文集十卷遺稿一卷四憶堂詩集六卷遺稿一卷　(清)侯方域撰　清乾隆侯必昌等刻本　六冊

310000－0241－0009865　909020
墨井集五卷　(清)吳歷撰　清宣統元年(1909)徐家匯印書館排印本　一冊

310000－0241－0009866　909020(2)
墨井集五卷　(清)吳歷撰　清宣統元年(1909)土山灣印書館排印本　一冊

310000－0241－0009867　909023
聊齋先生遺集不分卷　(清)蒲松齡撰　(清)叢芸閣輯　清光緒二十年(1894)上海袖海山房石印本　一冊

310000－0241－0009868　909025
聊齋先生文集二卷　(清)蒲松齡撰　清宣統元年(1909)國學扶輪社排印本　二冊

310000－0241－0009869　909027
陋軒詩十二卷續二卷　(清)吳嘉紀撰　清嘉慶繆中刻道光二十年(1840)泰州夏氏重修續刻本　五冊

310000－0241－0009870　909028
徧行堂集十六卷　(清)釋今釋撰　清宣統三年(1911)上海國學扶輪社排印本　八冊

310000－0241－0009871　909028:2
徧行堂集十六卷　(清)釋今釋撰　清宣統三年(1911)上海國學扶輪社排印本　八冊

310000－0241－0009872　909029
四照堂文集五卷　(清)王猷定撰　(清)王玥校　清康熙二十二年(1683)王玥刻本　六冊

310000－0241－0009873　909030
樸巢詩選二卷　(清)冒襄撰　(清)張明弼評選　清光緒二十年(1894)冒廣生粵東刻本　一冊

310000－0241－0009874　909035
南田詩五卷　(清)惲格撰　清道光十年

(1830)信芳閣木活字印本　二冊

310000－0241－0009875　909036

甌香館集十二卷補遺詩一卷補遺畫跋一卷附錄一卷　(清)惲格撰　清道光十八年(1838)海昌蔣氏刻本　十冊

310000－0241－0009876　909036(2)

甌香館集十二卷補遺詩一卷補遺畫跋一卷附錄一卷　(清)惲格撰　清道光十八年(1838)蔣氏別下齋刻光緒七年(1881)印本　四冊

310000－0241－0009877　909040

桴亭先生文集六卷補遺一卷論學酬答四卷　(清)陸世儀撰　清光緒二十五年(1899)京師太倉唐受祺刻本　四冊

310000－0241－0009878　909041

鳴鶴堂文集十卷詩集十一卷　(清)任源祥撰　(清)瞿源洙集評　清光緒十五年(1889)刻本　六冊

310000－0241－0009879　909041:2

鳴鶴堂文集十卷詩集十一卷　(清)任源祥撰　(清)瞿源洙集評　清光緒十五年(1889)刻本　六冊

310000－0241－0009880　909041:3

鳴鶴堂文集十卷詩集十一卷　(清)任源祥撰　(清)瞿源洙集評　清光緒十五年(1889)刻本　六冊

310000－0241－0009881　909043

呂用晦文集八卷續集四卷附錄一卷　(清)呂留良撰　清光緒三十四年(1908)國學保存會排印本　二冊

310000－0241－0009882　909044

呂晚邨東莊詩存七卷　(清)呂留良撰　清宣統三年(1911)順德鄧氏排印本　一冊

310000－0241－0009883　909046

笠翁一家言全集十六卷　(清)李漁撰　清末芥子園刻本　四冊

310000－0241－0009884　909053

吴赤溟先生文集一卷附錄一卷　(清)吴炎撰　清光緒三十二年(1906)國學保存會排印本　一冊

310000－0241－0009885　909057

用六集十二卷附錄一卷　(清)刁包撰　清康熙三年(1664)熊仲熊刻道光二十三年(1843)順積樓、同治八年(1869)刁懷瑾遞修補刻本　八冊

310000－0241－0009886　909059

投筆集箋注二卷　(清)錢謙益撰　(清)錢曾箋注　清宣統二年(1910)順德鄧氏風雨樓排印本　一冊

310000－0241－0009887　909061

錢牧齋文鈔不分卷　(清)錢謙益撰　清宣統元年(1909)上海國學扶輪社排印本　四冊

310000－0241－0009888　909062

初學集二十卷　(清)錢謙益撰　(清)錢曾箋注　清宣統三年(1911)國學扶輪社石印本　十二冊

310000－0241－0009889　909062:2

初學集二十卷　(清)錢謙益撰　(清)錢曾箋注　清宣統三年(1911)國學扶輪社石印本　十一冊

310000－0241－0009890　909063

牧齋初學集詩注二十卷　(清)錢謙益撰　(清)錢曾注　清宣統二年(1910)吳仲校刻本　一冊

310000－0241－0009891　909064

有學集五十卷補遺二卷投筆集一卷　(清)錢謙益撰　(清)錢曾箋注　清宣統二年(1910)邃漢齋排印本　十六冊

310000－0241－0009892　909066

牧齋集外詩一卷補一卷　(清)錢謙益撰　**柳如是詩一卷**　(清)柳如是撰　清光緒三十三年(1907)張氏排印本　一冊

310000－0241－0009893　909066:2

牧齋集外詩一卷補一卷　(清)錢謙益撰　**柳如是詩一卷**　(清)柳如是撰　清光緒三十三

年(1907)張氏排印本　一冊

310000－0241－0009894　909072

潛虛先生文集十四卷遺集一卷　(清)戴名世撰　清光緒十八年(1892)木活字印本　八冊

310000－0241－0009895　909073

醉白堂文集四卷文續集一卷　(清)謝良琦撰　清光緒十九年(1893)王鵬運刻本　四冊

310000－0241－0009896　909075

六是堂詩選一卷文稿畧編一卷附錄一卷　(清)顧如華撰　(清)劉洪烈輯　清光緒十八年(1892)漢川甑山書院增刻順治本　一冊

310000－0241－0009897　909077

吴詩集覽二十卷補注二十卷談藪二卷談藪拾遺一卷　(清)吳偉業撰　(清)靳榮藩輯注　清乾隆末翻刻乾隆四十年(1775)凌雲亭本　十六冊

310000－0241－0009898　909077(2)

吴詩集覽二十卷談藪一卷　(清)吳偉業撰　(清)靳榮藩輯注　清翻刻乾隆四十年(1775)凌雲亭本　二十冊

310000－0241－0009899　909081

梅邨詩集箋注十八卷　(清)吳偉業撰　(清)吳翌鳳箋注　清嘉慶十九年(1814)滄浪吟榭刻本　四冊

310000－0241－0009900　909081(2)

梅邨詩集箋注十八卷　(清)吳偉業撰　(清)吳翌鳳箋注　清光緒十年(1884)湖北省官書處刻本　十二冊

310000－0241－0009901　909081(2):2

梅邨詩集箋注十八卷　(清)吳偉業撰　(清)吳翌鳳箋注　清光緒十年(1884)湖北省官書處刻本　十二冊

310000－0241－0009902　909083

梅邨集(文)二十卷　(清)吳偉業撰　(清)周肇訂　清宣統二年(1910)上海國學昌明社石印本　六冊

310000－0241－0009903　909085

梅邨家藏稿五十八卷補遺二卷　(清)吳偉業撰　清宣統三年(1911)武進董氏誦芬室刻本　八冊

310000－0241－0009904　909085:2

梅邨家藏稿五十八卷補遺二卷　(清)吳偉業撰　清宣統三年(1911)武進董氏誦芬室刻本　八冊

310000－0241－0009905　909086

梅邨集四十卷　(清)吳偉業撰　清康熙七年(1668)顧湄等刻後印本　十冊

310000－0241－0009906　909087

定山堂詩集四十三卷詩餘四卷古文小品二卷小品續集一卷古文補遺三卷龔端毅公奏疏八卷附一卷淯川政譜二卷　(清)龔鼎孳撰　清光緒九年(1883)合肥龔氏聽彝書屋刻本　二十七冊

310000－0241－0009907　909087:2

定山堂詩集四十三卷詩餘四卷古文小品二卷小品續集一卷古文補遺三卷龔端毅公奏疏八卷附一卷淯川政譜二卷　(清)龔鼎孳撰　清光緒九年(1883)合肥龔氏聽彝書屋刻本　二十七冊

310000－0241－0009908　909087:3

定山堂詩集四十三卷詩餘四卷古文小品二卷小品續集一卷古文補遺三卷龔端毅公奏疏八卷附一卷淯川政譜二卷　(清)龔鼎孳撰　清光緒九年(1883)合肥龔氏聽彝書屋刻本　十六冊

310000－0241－0009909　909088

定山堂古文小品二卷續集一卷詩餘四卷　(清)龔鼎孳撰　清光緒合肥龔照瑗等刻本　四冊

310000－0241－0009910　909094

考功集選四卷　(清)王士祿撰　(清)王士禛批點　清康熙四十年(1701)新城王氏刻本　一冊

310000－0241－0009911　909095

藏山閣文存六卷詩存十四卷尺牘四卷　(清)

錢秉鐙撰　清光緒三十四年(1908)龍潭室排印本　四冊

310000－0241－0009912　909095:2

藏山閣文存六卷詩存十四卷尺牘四卷　(清)錢秉鐙撰　清光緒三十四年(1908)龍潭室排印本　四冊

310000－0241－0009913　909096

顧亭林先生詩箋注十七卷首一卷顧詩箋注校補一卷　(清)徐嘉輯　李詳校補　清光緒二十三年(1897)徐氏味靜齋刻二十七年(1901)印本　六冊

310000－0241－0009914　909097

二曲集錄要四卷首一卷　(清)李顒撰　(清)倪元坦輯　清嘉慶十三年(1808)倪氏讀易樓刻本　二冊

310000－0241－0009915　909097:2

二曲集錄要四卷首一卷　(清)李顒撰　(清)倪元坦輯　清嘉慶十三年(1808)倪氏讀易樓刻本　二冊

310000－0241－0009916　909099

二曲集二十六卷　(清)李顒撰　清道光七年至八年(1827－1828)大梁惲氏雲蔭堂刻本　八冊

310000－0241－0009917　909099(2)

二曲集二十八卷　(清)李顒撰　清光緒九年(1883)劉大來盩厔縣刻本　七冊

310000－0241－0009918　909099(3)

二曲集二十八卷　(清)李顒撰　清光緒二十六年(1900)小嫏嬛山館湖南荷華池刻本　六冊

310000－0241－0009919　909099(5)

二曲集□□卷　(清)李顒撰　清末刻本　一冊

310000－0241－0009920　909099:2

二曲集二十六卷　(清)李顒撰　清道光七年至八年(1827－1828)大梁惲氏雲蔭堂刻本　八冊

310000－0241－0009921　909104

漁洋山人精華錄選錄一卷　(清)王士禛撰　(清)查慎行評　清道光十四年(1834)山右郭汝驄校刻本　一冊

310000－0241－0009922　909108

湖海樓文集六卷儷體文集十二卷詩集十二卷補遺一卷詞集二十卷　(清)陳維崧撰　清光緒十七年(1891)弇山鐸署刻本　十八冊

310000－0241－0009923　909108:3

湖海樓文集六卷儷體文集十二卷詩集十二卷補遺一卷詞集二十卷　(清)陳維崧撰　清光緒十七年(1891)弇山鐸署刻本　二冊

310000－0241－0009924　909113

朱杜溪先生集七卷遊歷記存一卷　(清)朱書撰　清光緒十九年(1893)黃修礽刻本　四冊

310000－0241－0009925　909113:2

朱杜溪先生集七卷遊歷記存一卷　(清)朱書撰　清光緒十九年(1893)黃修礽刻本　四冊

310000－0241－0009926　909114

變雅堂文集四卷詩集十卷附錄一卷　(清)杜濬撰　清同治九年(1870)鄂垣刻本　八冊

310000－0241－0009927　909114:2

變雅堂文集四卷詩集十卷附錄一卷　(清)杜濬撰　清同治九年(1870)鄂垣刻本　七冊

310000－0241－0009928　909115

里居雜詩一卷　(清)朱樟撰　清光緒七年(1881)錢唐丁氏刻本　一冊

310000－0241－0009929　909116

武林草一卷附刻一卷　(清)趙士麟撰　清光緒八年(1882)武林丁氏刻本　一冊

310000－0241－0009930　909118

秋笳集八卷補遺一卷　(清)吳兆騫撰　清嘉慶知止草堂刻本　四冊

310000－0241－0009931　909119

秋笳集八卷　(清)吳兆騫撰　清康熙初徐乾學刻雍正四年(1726)吳棖臣增刻本　二冊

310000－0241－0009932　909119(2)

秋笳集八卷　(清)吳兆騫撰　清宣統三年(1911)順德鄧氏風雨樓校印本　一册

310000－0241－0009933　909122

兼濟堂文集選二十卷　(清)魏裔介撰　(清)魏荔彤編輯　清康熙五十年(1711)龍江書院刻光緒十年(1884)魏肇元重修本　二十册

310000－0241－0009934　909123

江泠閣文集正編四卷續編二卷詩集十二卷首一卷詩餘小令一卷　(清)冷士嵋撰　**冷秋江先生外集一卷**　(清)冷懋森編　清道光二十四年至二十六年(1844－1846)華峯麟經堂刻本　八册

310000－0241－0009935　909124

問山文集八卷詩集十卷　(清)丁煒撰　清咸豐四年(1854)丁拱辰刻本　四册

310000－0241－0009936　909126

午亭文編五十卷　(清)陳廷敬撰　(清)林佶編錄　清康熙四十七年(1708)林佶寫刻乾隆四十三年(1778)澤州印本　十六册

310000－0241－0009937　909126:2

午亭文編五十卷　(清)陳廷敬撰　(清)林佶編錄　清康熙四十七年(1708)林佶寫刻乾隆四十三年(1778)澤州印本　十六册

310000－0241－0009938　909130

堯峯文鈔詩十卷文四十卷　(清)汪琬撰　(清)林佶編　清康熙三十二年(1693)林佶寫刻本　六册

310000－0241－0009939　909130:2

堯峯文鈔詩十卷文四十卷　(清)汪琬撰　(清)林佶編　清康熙三十二年(1693)林佶寫刻本　八册

310000－0241－0009940　909132

日知堂集四卷　(清)鄭端撰　清同治十三年(1874)保定蓮華池刻本　二册

310000－0241－0009941　909133

憺園全集三十六卷　(清)徐乾學撰　清光緒九年(1883)嘉興金吳瀾刻本　十二册

310000－0241－0009942　909133:2

憺園全集三十六卷　(清)徐乾學撰　清光緒九年(1883)嘉興金吳瀾刻本　十六册

310000－0241－0009943　909135

葉忠節公遺稿十二卷　(清)葉映榴撰　(清)葉芳輯　清乾隆十年(1745)刻宣統元年(1909)葉秉權重印本　四册

310000－0241－0009944　909136

湛園未定稿六卷　(清)姜宸英撰　清康熙二老閣刻本　四册

310000－0241－0009945　909140

葦間詩集五卷　(清)姜宸英撰　清道光四年(1824)慈溪葉元堦木活字印本　二册

310000－0241－0009946　909142

容齋千首詩八卷　(清)李天馥撰　(清)毛奇齡等選　清光緒十二年(1886)合肥蒯氏排印本　六册

310000－0241－0009947　909145

松桂堂全集三十七卷南湼集三卷延露詞三卷　(清)彭孫遹撰　清宣統三年(1911)掃葉山房石印本　十二册

310000－0241－0009948　909148

西堂集詳注四卷　(清)尤侗撰　(清)尤世綸注　清乾隆四十五年(1780)鶴棲堂刻本　六册

310000－0241－0009949　909151

四此堂稿十卷　(清)魏際瑞撰　清光緒黔南邵氏刻本　四册

310000－0241－0009950　909152

篤素堂集鈔三卷　(清)張英撰　清光緒十四年(1888)湘潭蔣氏求實齋龍安郡署刻本　一册

310000－0241－0009951　909153

篤素堂文集十六卷　(清)張英著　清桐城張紹文刻本　一册　存一卷

310000－0241－0009952　909155

邵子湘全集三十卷　(清)邵長蘅撰　(清)顧

景星批點　清光緒二十二年(1896)重印康熙遞刻青門草堂彙印本　十二册

310000－0241－0009953　909156

放鸝亭稿二卷　(清)李延昰撰　清宣統三年(1911)華雲閣排印本　一册

310000－0241－0009954　909158

遂初堂文集二十卷別集四卷　(清)潘耒撰　清康熙刻續刻本　三十二册

310000－0241－0009955　909160

曝書亭集箋注二十三卷　(清)朱彝尊撰　(清)孫銀槎輯注　清嘉慶五年(1800)三有堂刻本　十册

310000－0241－0009956　909160:2

曝書亭集箋注二十三卷　(清)朱彝尊撰　(清)孫銀槎輯注　清嘉慶五年(1800)三有堂刻本　八册

310000－0241－0009957　909164

曝書亭集外稿六卷附蕃錦集拾遺一卷　(清)朱彝尊撰　(清)馮登府輯　清嘉慶二十二年(1817)潛采堂刻本　二册

310000－0241－0009958　909166

望山堂文集四卷　(清)張扶翼撰　清光緒十二年(1886)湖南黄忠浩刻本　二册

310000－0241－0009959　909167

施愚山先生全集九十七卷　(清)施閏章撰　清康熙四十七年(1708)曹氏楝亭刻乾隆施企曾等續刻彙印本　十九册

310000－0241－0009960　909167(2)

施愚山先生全集九十七卷　(清)施閏章撰　清宣統二年(1910)上海國學扶輪社石印本　十九册

310000－0241－0009961　909169

隨村先生遺集六卷　(清)施瑮撰　(清)杭世駿訂　清乾隆四年(1739)施氏刻本　一册

310000－0241－0009962　909170

施愚山先生外集二卷　(清)施閏章撰　清乾隆三十年(1765)劉琦刻本　一册

310000－0241－0009963　909172

安雅堂詩不分卷文集二卷重刻文集二卷未刻稿八卷入蜀集二卷書啓一卷二鄉亭詞三卷　(清)宋琬撰　清順治至乾隆間刻本　十二册

310000－0241－0009964　909173

漁洋山人精華錄十卷　(清)王士禛撰　(清)林佶編　清康熙三十九年(1700)林佶寫刻本　四册

310000－0241－0009965　909174

南海集二卷　(清)王士禛撰　清康熙二十四年(1685)刻本　一册

310000－0241－0009966　909176

蠶尾集十卷　(清)王士禛撰　清康熙三十五年(1696)宋犖刻本　三册

310000－0241－0009967　909177

漁洋山人文畧十四卷　(清)王士禛撰　清康熙三十四年(1695)刻本　四册

310000－0241－0009968　909177:2

漁洋山人文畧十四卷　(清)王士禛撰　清康熙三十四年(1695)刻本　八册

310000－0241－0009969　909179

漁洋山人精華錄訓纂十卷年譜二卷總目二卷附録一卷　(清)王士禛撰　(清)惠棟訓纂　清乾隆惠氏紅豆齋刻本　二十四册

310000－0241－0009970　909179:2

漁洋山人精華錄訓纂十卷年譜二卷總目二卷附録一卷　(清)王士禛撰　(清)惠棟訓纂　清乾隆惠氏紅豆齋刻本　十二册

310000－0241－0009971　909179:3

漁洋山人精華錄訓纂十卷年譜二卷總目二卷附録一卷　(清)王士禛撰　(清)惠棟訓纂　清乾隆惠氏紅豆齋刻本　十二册

310000－0241－0009972　909182

漁洋山人詩續集十六卷　(清)王士禛撰　清康熙二十三年(1684)刻本　四册

310000－0241－0009973　909184

王氏漁洋詩鈔十二卷　(清)王士禛撰　(清)

邵長蘅選　清宣統二年(1910)上海時中書局石印康熙三十四年(1695)刻本　八冊

310000-0241-0009974　909185
傅青主先生詩卷一卷　(清)傅山撰並書　清宣統元年(1909)國學保存會石印本　一冊

310000-0241-0009975　909187
漁洋秋柳詩釋一卷　(清)王士禛撰　(清)高丙謀釋　清光緒十四年(1888)古鄮王氏刻本　一冊

310000-0241-0009976　909190
蠶尾詩二卷蠶尾續詩十卷　(清)王士禛撰　(清)程哲校編　清康熙五十年(1711)程氏七略書堂刻本　六冊

310000-0241-0009977　909191
文貞公集十二卷　(清)張玉書撰　清乾隆五十七年(1792)張氏松蔭堂刻本　六冊

310000-0241-0009978　909195
獨漉堂稿六卷　(清)陳恭尹撰　清康熙刻本　一冊

310000-0241-0009979　909197
綿津山人詩集二十七卷　(清)宋犖撰　清康熙刻本　一冊

310000-0241-0009980　909199
綿津山人詩集二十九卷楓香詞一卷　(清)宋犖撰　清康熙寫刻本　十冊

310000-0241-0009981　909202
寒松堂全集十二卷　(清)魏象樞撰　清康熙刻本　十冊

310000-0241-0009982　909202(2)
寒松堂全集十二卷年譜十二卷　(清)魏象樞撰　清嘉慶十五年(1810)魏煜重刻康熙刻本　十三冊

310000-0241-0009983　909203
朱秋厓詩集四卷　(清)朱克生撰　清同治五年(1866)朱氏刻本　二冊

310000-0241-0009984　909204
石間集一卷　(清)蔣易撰　清宣統元年(1909)吳仲校刻本　一冊

310000-0241-0009985　909205
嚴太僕先生集十二卷　(清)嚴虞惇撰　清乾隆元年(1736)嚴有禧刻本　四冊

310000-0241-0009986　909206
亭皋詩鈔四卷　(清)吳綺撰　(清)吳琥繡校　清乾隆四十一年(1776)衷白堂刻本　一冊

310000-0241-0009987　909209
解舂集文鈔十二卷補遺二卷詩鈔三卷　(清)馮景撰　清乾隆五十七年(1792)盧氏抱經堂刻本　四冊

310000-0241-0009988　909210
尋壑外言五卷　(清)李繩遠撰　清乾隆初嘉興李氏刻本　二冊

310000-0241-0009989　909211
寒支二集六卷　(清)李世熊撰　清同治十三年(1874)刻本　三冊

310000-0241-0009990　909212
寒支初集十卷　(清)李世熊撰　清道光木活字印本　十冊

310000-0241-0009991　909215
北廬詩鈔二卷　(清)陸毅撰　清末貴巳堂石印本　二冊

310000-0241-0009992　909217
夢月巖詩集二十卷詩餘一卷　(清)呂履恒撰　清乾隆初刻本　四冊

310000-0241-0009993　909219
穆堂別稿五十卷　(清)李紱撰　清道光十一年(1831)奉國堂刻本　一冊

310000-0241-0009994　909228
貫華堂才子書彙稿　(清)金人瑞撰　清宣統二年(1910)順德鄧氏排印本　四冊

310000-0241-0009995　909229
徐烈婦詩鈔六宜樓稿一卷綠華草稿一卷　(清)吳宗愛撰　清同治、光緒間雲鶴仙館刻本　一冊

310000－0241－0009996　909229(2)

徐烈婦詩鈔六宜樓稿一卷綠華草稿一卷　(清)吳宗愛撰　清光緒石印本　一册

310000－0241－0009997　909230

三魚堂文集十二卷外集六卷附錄一卷賸言十二卷　(清)陸隴其撰　清同治七年(1868)楊昌濬武林薇署刻本　六册

310000－0241－0009998　909230:2

三魚堂文集十二卷外集六卷附錄一卷賸言十二卷　(清)陸隴其撰　清同治七年(1868)楊昌濬武林薇署刻本　四册

310000－0241－0009999　909232

三魚堂文集十二卷外集六卷附錄一卷　(清)陸隴其撰　清末掃葉山房刻本　八册

310000－0241－0010000　909239

南山集十四卷補遺三卷年譜一卷　(清)戴名世撰　清光緒二十六年(1900)桐城張仲沅木活字印本　八册

310000－0241－0010001　909241

樹廬文鈔十卷　(清)彭士望撰　清道光四年(1824)寧都彭氏刻本　六册

310000－0241－0010002　909242

白茅堂集四十六卷耳提錄一卷　(清)顧景星撰　清康熙至乾隆間遞刻本　十六册

310000－0241－0010003　909246

石堂集十卷近稿一卷岱嶽祖珍禪師金臺隨筆一卷　(清)釋元玉撰　(清)釋佛光錄　清康熙刻光緒七年(1881)重修本　四册

310000－0241－0010004　909252

南雷文定前集十一卷後集四卷三集二卷附錄一卷　(清)黄宗羲撰　清宣統二年(1910)時中書局排印梨洲遺箸彙刻本　三册

310000－0241－0010005　909252:2

南雷文定前集十一卷後集四卷三集二卷附錄一卷　(清)黄宗羲撰　清宣統二年(1910)時中書局排印梨洲遺箸彙刻本　二册

310000－0241－0010006　909253

南雷文約四卷　(清)黄宗羲撰　清宣統二年(1910)時中書局排印梨洲遺箸彙刻本　四册

310000－0241－0010007　909253:2

南雷文約四卷　(清)黄宗羲撰　清宣統二年(1910)時中書局排印梨洲遺箸彙刻本　二册

310000－0241－0010008　909254

居易堂集二十卷　(清)徐枋撰　清康熙潘耒刻嘉慶趙筠重修本　六册

310000－0241－0010009　909259

白雲集十七卷　(清)張賁撰　清乾隆十七年(1752)錢塘張氏刻不惑堂印本　五册

310000－0241－0010010　909260

勞勞語一卷　(清)錢燁撰　清光緒三十四年(1908)錢溯耆聽邠館刻本　一册

310000－0241－0010011　909263

道援堂詩集十二卷詞一卷　(清)屈大均撰　清道光粵東刻本　十册

310000－0241－0010012　909264

翁山詩外十九卷　(清)屈大均撰　(清)屈明洪編　清宣統二年(1910)國學扶輪社排印本　十二册

310000－0241－0010013　909265

翁山詩外十八卷　(清)屈大均撰　清抄本　四册

310000－0241－0010014　909266

耐俗軒詩鈔五卷　(清)申頲撰　(清)夏詒鈺編錄　清光緒七年(1881)刻本　一册

310000－0241－0010015　909268

邱邦士文集十八卷　(清)邱維屏撰　清道光十七年(1837)邱瀛刻本　八册

310000－0241－0010016　909271

榆墩集詩選二卷文三卷榆溪詩鈔二卷逸詩二卷逸稿八卷　(清)徐世溥撰　清康熙至嘉慶間徐氏遞刻彙印本　七册

310000－0241－0010017　909271:2

榆墩集詩選二卷文三卷榆溪詩鈔二卷逸詩二卷逸稿八卷　(清)徐世溥撰　清康熙至嘉慶

間徐氏遞刻彙印本　四册

310000－0241－0010018　909273

賴古堂集二十四卷附賴古堂藏書甲集十種不分卷　(清)周亮工撰　清道光祥符周氏刻本　十二册

310000－0241－0010019　909273(2)

賴古堂集二十四卷附錄一卷　(清)周亮工撰　清道光祥符周氏刻本　五册

310000－0241－0010020　909273(2):2

賴古堂集二十四卷附錄一卷　(清)周亮工撰　清道光祥符周氏刻本　五册

310000－0241－0010021　909273(2):3

賴古堂集二十四卷附錄一卷　(清)周亮工撰　清道光祥符周氏刻本　五册

310000－0241－0010022　909276

七頌堂詩集十卷文集二卷　(清)劉體仁撰　清同治六年至七年(1867－1868)劉濱刻本　四册

310000－0241－0010023　909280

確菴先生文鈔六卷　(清)陳瑚撰　清同治九年(1870)合肥蒯氏刻本　一册

310000－0241－0010024　909292

林屋詩集九卷　(清)鄧旭撰　清道光三年(1823)鄧廷楨重刻康熙刻本　四册

310000－0241－0010025　909302

虛直軒文集十卷首一卷　(清)姚文然撰　清光緒天津津河廣仁堂刻本　四册

310000－0241－0010026　909320

牧齋晚年家乘文一卷　(清)錢謙益撰　清宣統三年(1911)上海國學扶輪社排印本　一册

310000－0241－0010027　909320:2

牧齋晚年家乘文一卷　(清)錢謙益撰　清宣統三年(1911)上海國學扶輪社排印本　一册

310000－0241－0010028　909348

託素齋文集六卷詩集四卷　(清)黎士弘撰　清道光二十五年(1845)刻本　十册

310000－0241－0010029　909349

託素齋文集六卷詩集四卷仁恕堂筆記一卷　(清)黎士弘撰　清光緒二十五年(1899)汀州東壁軒活字印書局木活字印本　十一册

310000－0241－0010030　909360

且亭詩鈔八卷　(清)楊思聖撰　清康熙刻本　二册

310000－0241－0010031　909371

乾初先生文鈔二卷遺詩鈔一卷　(清)陳確撰　清光緒十三年(1887)海昌羊復禮粵東刻本　一册

310000－0241－0010032　909378

陸密菴全集三十四卷　(清)陸求可撰　清康熙二十年(1681)思過堂刻本　六册

310000－0241－0010033　909383

蘭雪堂詩稿七卷　(清)王廣心撰　清道光二十七年(1847)刻本　四册

310000－0241－0010034　909386

澹餘詩集四卷　(清)曹申吉撰　清乾隆刻本　二册

310000－0241－0010035　909389

茨菴集詩抄六卷　(清)王炘撰　清康熙六十年(1721)刻本　一册

310000－0241－0010036　909394

李文襄公奏議二卷奏疏十卷別集六卷年譜一卷　(清)李之芳撰　清康熙刻本　十册

310000－0241－0010037　909408

居業堂文集二十卷　(清)王源撰　清道光十一年(1831)讀雪山房刻本　八册

310000－0241－0010038　909409

居業堂文集二十卷　(清)王源撰　清光緒五年(1879)刻畿輔叢書本　六册

310000－0241－0010039　909414

南谿偶刊四卷　(清)鄭性撰　清乾隆七年(1742)刻本　四册

310000－0241－0010040　909426

蘭雪堂詩稿七卷　(清)王廣心撰　清道光二

十七年(1847)刻本　二冊

310000－0241－0010041　909428

太白山人槲葉集五卷南遊草一卷　(清)李柏撰　清宣統三年(1911)刻本　六冊

310000－0241－0010042　909430

楊長公文集六卷　(清)楊履吉撰　(清)劉元琬選　清康熙十二年(1673)刻本　二冊

310000－0241－0010043　909439

拙政園詩餘三卷詩集二卷　(清)徐燦撰　清嘉慶八年(1803)刻本　一冊

310000－0241－0010044　909442

西河文選十一卷　(清)汪彩等選評　清康熙五十五年(1716)刻本　四冊

310000－0241－0010045　909445

扊扅詩續集二卷　(清)李確撰　清康熙初廣州陸樵刻嘉慶十九年(1814)錢椒數峯草堂補刻本　一冊

310000－0241－0010046　909448

直木齋全集詩七卷詞三卷　(清)任繩隗撰　清同治十三年(1874)影刻康熙本　二冊

310000－0241－0010047　909450

黃葉邨莊詩集八卷續集一卷後集一卷　(清)吳之振撰　清光緒四年(1878)州泉吳氏刻本　四冊

310000－0241－0010048　909454

定峯文選二卷　(清)沙張白撰　清光緒二十四年(1898)江陰王氏重思齋刻本　二冊

310000－0241－0010049　909455

棗林詩集不分卷　(清)談遷撰　清宣統三年(1911)國學扶輪社排印本　一冊

310000－0241－0010050　909455:2

棗林詩集不分卷　(清)談遷撰　清宣統三年(1911)國學扶輪社排印本　一冊

310000－0241－0010051　909456

朱止泉外集五卷　(清)朱澤澐撰　清道光三年(1823)刻本　一冊

310000－0241－0010052　909457

歸宮詹集四卷　(清)歸允肅撰　(清)歸朝煦校訂　清光緒十三年(1887)常熟劉光德刻本　四冊

310000－0241－0010053　909459

海日堂集七卷補遺一卷　(清)程可則撰　清道光五年(1825)程氏金山縣署刻本　四冊

310000－0241－0010054　909460

西廬文集四卷　(清)張雋撰　清宣統二年(1910)上海國學扶輪社排印本　二冊

310000－0241－0010055　910001

秋影樓詩集九卷　(清)汪繹撰　清康熙五十二年(1713)查慎行刻光緒二十三年(1897)常熟瞿氏補修印本　二冊

310000－0241－0010056　910002

笛漁小稿十卷　(清)朱昆田撰　清康熙五十三年(1714)朱稻孫刻本　四冊

310000－0241－0010057　910002:2

笛漁小稿十卷　(清)朱昆田撰　清康熙五十三年(1714)朱稻孫刻本　一冊

310000－0241－0010058　910004

雙樹軒詩初稿十二卷　(清)儲麟趾撰　清末木活字印本　二冊

310000－0241－0010059　910005

餘慶堂詩集七卷餘慶堂文集一卷　(清)陳美訓撰　清嘉慶二十一年(1816)四明陳氏餘慶堂刻本　六冊

310000－0241－0010060　910007

香草齋詩注六卷　(清)黃任撰　(清)陳應魁注　清嘉慶十九年(1814)陳應魁永陽驤寓刻本　六冊

310000－0241－0010061　910008

秋江集注六卷　(清)黃任撰　(清)王元麟注　清道光二十三年(1843)王元麟東山家塾刻本　六冊

310000－0241－0010062　910008:2

秋江集注六卷　(清)黃任撰　(清)王元麟注

清道光二十三年(1843)王元麟東山家塾刻本　六冊

310000－0241－0010063　910009
餘堂集句二卷續刻一卷　(清)楊兆涑集　清康熙、雍正間寫刻本　二冊

310000－0241－0010064　910010
涵郇詩集十卷　(清)秦文超撰　清光緒六年(1880)秦簧蘭谿縣署刻本　五冊

310000－0241－0010065　910011
得天居士集六卷　(清)張照撰　清道光二十八年(1848)張祥河刻本　一冊

310000－0241－0010066　910013
何端簡公集十二卷　(清)何世璂撰　清道光二十四年(1844)新城何氏澹志堂刻本　六冊

310000－0241－0010067　910015
墨香簡文集十三卷首一卷末一卷　(清)彭維編輯　清道光二年(1822)彭氏刻本　四冊

310000－0241－0010068　910017
遂寧張文端公全集七卷首一卷　(清)張鵬翮撰　清光緒八年(1882)遂寧張氏刻本　八冊

310000－0241－0010069　910019
江宜舫先生詩文存畧六卷　(清)江球撰　清同治十年(1871)趙承恩繡谷麗澤書屋木活字印本　四冊

310000－0241－0010070　910022
交河集六卷　(清)王蘭生撰　清道光十六年(1836)四川大足王松刻本　三冊

310000－0241－0010071　910023
纑塘集一卷　(清)顧貞觀撰　清光緒七年(1881)錫山顧氏枕經葄史齋刻本　一冊

310000－0241－0010072　910024
錫穀堂詩五卷補遺一卷　(清)劉師恕撰　清同治元年(1862)劉瑜刻本　一冊

310000－0241－0010073　910025
淮南詩鈔　(清)張鴻烈撰　清刻本　二冊

310000－0241－0010074　910026
句餘土音三卷全謝山先生遺詩一卷　(清)全祖望撰　清宣統三年(1911)國學扶輪社排印本　一冊

310000－0241－0010075　910026:2
句餘土音三卷全謝山先生遺詩一卷　(清)全祖望撰　清宣統三年(1911)國學扶輪社排印本　一冊

310000－0241－0010076　910029
百尺梧桐閣集　(清)汪懋麟撰　清刻本　八冊

310000－0241－0010077　910029:2
百尺梧桐閣集　(清)汪懋麟撰　清刻本　八冊

310000－0241－0010078　910030
止軒集八卷　(清)陳捷撰　清道光九年(1829)剡東陳氏五馬窗樓刻本　二冊

310000－0241－0010079　910032
隨輦集十卷續集一卷　(清)高士奇撰　清康熙刻本　二冊

310000－0241－0010080　910033
城北集八卷　(清)高士奇撰　清康熙錢塘高氏刻本　一冊

310000－0241－0010081　910034
蓮洋集十二卷補遺一卷　(清)吳雯撰　(清)王士禛評定　清乾隆十五年(1750)劉組曾刻十六年(1751)宋弼增刻五十五年(1790)徐昆等修補印本　十二冊

310000－0241－0010082　910034(2)
蓮洋集二十卷　(清)吳雯撰　(清)翁方綱評校　清抄本　十冊

310000－0241－0010083　910035
高守郇集不分卷　(清)高守郇撰　清乾隆刻本　一冊

310000－0241－0010084　910075
楊氏全書三十六卷　(清)楊名時撰　(清)楊應詢編　清乾隆五十七年至五十八年(1792－1793)江陰葉廷甲水心草堂刻本　六冊

310000－0241－0010085　910080

捫腹齋詩鈔四卷詩餘二卷　(清)張宗松撰　清宣統三年(1911)上海商務印書館排印本　二冊

310000－0241－0010086　910138

忠雅堂詩集　(清)蔣士銓撰　清刻本　十六冊

310000－0241－0010087　910148

樓邨詩集二十五卷　(清)王式丹撰　清雍正四年(1726)王懋訥刻本　四冊

310000－0241－0010088　910149

樓邨詩集二十五卷小樓詩集八卷　(清)王式丹撰　清雍正四年(1726)王懋訥刻道光十六年(1836)王嘉生續刻本　六冊

310000－0241－0010089　910152

凝翠樓集四卷　(清)王慧撰　清康熙四十七年(1708)常熟朱氏銀槎閣刻光緒二十三年(1897)朱壽慈印本　一冊

310000－0241－0010090　910152:2

凝翠樓集四卷　(清)王慧撰　清康熙四十七年(1708)常熟朱氏銀槎閣刻光緒二十三年(1897)朱壽慈印本　一冊

310000－0241－0010091　910185

敬業堂詩集五十卷　(清)查慎行撰　清康熙五十八年(1719)海寧查氏刻雍正元年(1723)續刻本　二十冊

310000－0241－0010092　910185:2

敬業堂詩集五十卷　(清)查慎行撰　清康熙五十八年(1719)海寧查氏刻雍正元年(1723)續刻本　十冊

310000－0241－0010093　910188

正誼堂文集四十卷首二卷　(清)張伯行撰　(清)費元衡校　清光緒二年(1876)刻本　十冊

310000－0241－0010094　910189

望溪先生文集十八卷集外文十卷集外文補遺二卷　(清)方苞撰　清咸豐元年至二年(1851－1852)桐城戴鈞衡校刻本　十四冊

310000－0241－0010095　910189(2)

望溪先生文集十八卷集外文十卷集外文補遺二卷　(清)方苞撰　清末翻刻咸豐元年至二年(1851－1852)桐城戴鈞衡校刻本　十六冊

310000－0241－0010096　910189:2

望溪先生文集十八卷集外文十卷集外文補遺二卷　(清)方苞撰　清咸豐元年至二年(1851－1852)桐城戴鈞衡校刻本　六冊

310000－0241－0010097　910194

方望溪文鈔六卷　(清)方苞撰　清宣統二年(1910)國學扶輪社排印本　五冊

310000－0241－0010098　910197

天鑒堂一集二卷首一卷　(清)沈近思撰　(清)朱珪手訂　清光緒二十五年(1899)惲氏刻本　一冊

310000－0241－0010099　910197:2

天鑒堂一集二卷首一卷　(清)沈近思撰　(清)朱珪手訂　清光緒二十五年(1899)惲氏刻本　一冊

310000－0241－0010100　910198

雪牀遺詩一卷續刻雪牀遺詩一卷　(清)釋德亮撰　清嘉慶二十四年(1819)柳樹芳養餘齋刻道光元年(1821)續刻印本　一冊

310000－0241－0010101　910201

有懷堂文稿二十二卷　(清)韓菼撰　清康熙四十二年(1703)有懷堂刻本　六冊

310000－0241－0010102　910202

有懷堂詩稿六卷補遺一卷文稿二十二卷補遺一卷　(清)韓菼撰　清康熙四十二年(1703)刻乾隆、嘉慶重修印本　六冊

310000－0241－0010103　910203

清溪草堂文二卷　(清)蔣錫震撰　(清)任光奇校訂　清光緒九年(1883)太倉任光奇刻本　一冊

310000－0241－0010104　910208

四焉齋文集八卷詩集六卷　(清)曹一士撰

趙詒琛校字　清宣統二年(1910)新陽趙氏刻本　六冊

310000－0241－0010105　910208:2

四焉齋文集八卷詩集六卷　(清)曹一士撰　趙詒琛校字　清宣統二年(1910)新陽趙氏刻本　六冊

310000－0241－0010106　910211

阮齋詩鈔六卷　(清)勞孝輿撰　(清)馮公侯編次　清乾隆二十八年(1763)南海勞氏刻本　二冊

310000－0241－0010107　910215

味和堂詩集六卷　(清)高其倬撰　(清)高恪編　清乾隆初高氏刻本　一冊

310000－0241－0010108　910217

甘莊恪公全集十六卷　(清)甘汝來撰　(清)甘禾輯　清乾隆五十六年(1791)奉新甘氏賜福堂刻本　四冊

310000－0241－0010109　910219

切問齋集十二卷首一卷　(清)陸燿撰　清光緒十八年(1892)江蘇書局刻本　四冊

310000－0241－0010110　910221

存硯樓文集十六卷　(清)儲大文撰　(清)儲廷棻重校　清光緒元年(1875)儲氏靜遠堂刻本　八冊

310000－0241－0010111　910221:2

存硯樓文集十六卷　(清)儲大文撰　(清)儲廷棻重校　清光緒元年(1875)儲氏靜遠堂刻本　八冊

310000－0241－0010112　910221:3

存硯樓文集十六卷　(清)儲大文撰　(清)儲廷棻重校　清光緒元年(1875)儲氏靜遠堂刻本　九冊

310000－0241－0010113　910221:4

存硯樓文集十六卷　(清)儲大文撰　(清)儲廷棻重校　清光緒元年(1875)儲氏靜遠堂刻本　七冊

310000－0241－0010114　910223

存硯樓文集十六卷　(清)儲大文撰　清乾隆九年(1744)宜興儲氏刻本　七冊

310000－0241－0010115　910230

飴山詩集二十卷　(清)趙執信撰　清乾隆十七年(1752)因園刻本　一冊

310000－0241－0010116　910233

清芬樓遺稿四卷　(清)任啓運撰　清光緒十四年(1888)任道鎔刻本　二冊

310000－0241－0010117　910235

唐堂集續八卷　(清)黄之雋撰　清乾隆華亭黄氏刻本　四冊

310000－0241－0010118　910237

香屑集十八卷首一卷末一卷　(清)黄之雋撰　(清)陳邦直校注　清同治十年(1871)近文堂刻本　六冊

310000－0241－0010119　910242

樊榭山房全集四十二卷　(清)厲鶚撰　清光緒十一年(1885)錢塘汪氏振綺堂刻本　七冊

310000－0241－0010120　910242:2

樊榭山房全集四十二卷　(清)厲鶚撰　清光緒十一年(1885)錢塘汪氏振綺堂刻本　九冊

310000－0241－0010121　910243

樊榭遊仙詩三卷　(清)厲鶚撰　清光緒二十二年(1896)□鏡川寫刻本　一冊

310000－0241－0010122　910247

澄懷園文存十五卷　(清)張廷玉撰　清光緒十七年(1891)張紹文雲間官舍刻本　八冊

310000－0241－0010123　910247:2

澄懷園文存十五卷　(清)張廷玉撰　清光緒十七年(1891)張紹文雲間官舍刻本　八冊

310000－0241－0010124　910248

澄懷園詩選十二卷　(清)張廷玉撰　清光緒十八年(1892)張紹棠金陵刻本　四冊

310000－0241－0010125　910250

沙河逸老小稿六卷嶰谷詞一卷　(清)馬曰琯撰　(清)譚瑩校　清咸豐元年(1851)南海伍崇曜刻本　二冊

310000－0241－0010126　910253

鮚埼亭集三十八卷首一卷經史問答十卷　(清)全祖望撰　清嘉慶餘姚史夢蛟等遞刻同治十一年(1872)史氏借樹山房印本　十六册

310000－0241－0010127　910254

鮚埼亭集三十八卷首一卷經史問答十卷外編五十卷　(清)全祖望撰　清嘉慶餘姚史夢蛟等遞刻同治十一年(1872)史氏借樹山房印本　二十四册

310000－0241－0010128　910254:2

鮚埼亭集三十八卷首一卷經史問答十卷外編五十卷　(清)全祖望撰　清嘉慶餘姚史夢蛟等遞刻同治十一年(1872)史氏借樹山房印本　二十四册

310000－0241－0010129　910254:3

鮚埼亭集三十八卷首一卷經史問答十卷外編五十卷　(清)全祖望撰　清嘉慶餘姚史夢蛟等遞刻同治十一年(1872)史氏借樹山房印本　二十三册

310000－0241－0010130　910255

鮚埼亭詩集十卷　(清)全祖望撰　清光緒十六年(1890)慈谿童氏大鄮山館刻本　一册

310000－0241－0010131　910256

鮚埼亭集外編五十卷　(清)全祖望撰　清嘉慶十六年(1811)刻本　十二册

310000－0241－0010132　910257

全謝山文鈔十六卷　(清)全祖望撰　清宣統二年(1910)國學扶輪社排印本　八册

310000－0241－0010133　910259

離垢集　(清)華嵒撰　清刻本　四册

310000－0241－0010134　910260

在山堂集三十卷　(清)程大中撰　清道光十四年(1834)楊國棟、王澤春刻咸豐九年(1859)楊國棟續刻光緒九年(1883)王曉蘭等補刻印本　六册

310000－0241－0010135　910260:2

在山堂集三十卷　(清)程大中撰　清道光十四年(1834)楊國棟、王澤春刻咸豐九年(1859)楊國棟續刻光緒九年(1883)王曉蘭等補刻印本　八册

310000－0241－0010136　910262

錢莊文集八卷疏快軒詩二卷疏快軒詩餘一卷　(清)陸楣撰　清光緒二十一年(1895)曹氏樂善堂木活字印本　四册

310000－0241－0010137　910263

石笥山房文集六卷文集補遺一卷詩集十一卷詩餘一卷詩集補遺二卷續補遺二卷　(清)胡天游撰　清咸豐二年(1852)胡學醇刻本　十册

310000－0241－0010138　910263(2)

石笥山房文集六卷文集補遺一卷詩集十一卷詩餘一卷詩集補遺二卷續補遺二卷　(清)胡天游撰　清宣統二年(1910)上海國學扶輪社石印本　十册

310000－0241－0010139　910263:2

石笥山房文集六卷文集補遺一卷詩集十一卷詩餘一卷詩集補遺二卷續補遺二卷　(清)胡天游撰　清咸豐二年(1852)胡學醇刻本　十册

310000－0241－0010140　910265

石笥山房文集五卷補遺一卷　(清)胡天游撰　清宣統元年(1909)上海國學扶輪社排印本　四册

310000－0241－0010141　910265:2

石笥山房文集五卷補遺一卷　(清)胡天游撰　清宣統元年(1909)上海國學扶輪社排印本　四册

310000－0241－0010142　910269

春草堂文約一卷　(清)謝爲雯撰　清道光三年(1823)江丙刻本　一册

310000－0241－0010143　910277

板橋詩鈔三卷詞鈔一卷道情十首板橋題畫一卷板橋家書一卷　(清)鄭燮撰　清宣統元年(1909)掃葉山房石印本　四册

310000－0241－0010144　910279

板橋詩鈔三卷詞鈔一卷道情十首板橋題畫一卷板橋家書一卷　(清)鄭燮撰　清乾隆四十八年(1783)清暉書屋刻本　四册

310000－0241－0010145　910279(3)

板橋詩鈔三卷詞鈔一卷道情十首板橋題畫一卷板橋家書一卷　(清)鄭燮撰　清翻刻乾隆清暉書屋本　二册

310000－0241－0010146　910282

寶綸堂文鈔八卷詩鈔六卷　(清)齊召南撰　(清)秦瀛校　清嘉慶二年(1797)秦瀛刻十三年(1808)戴殿海續刻印本　六册

310000－0241－0010147　910282(2)

寶綸堂文鈔八卷詩鈔六卷　(清)齊召南撰　清光緒十三年(1887)郭傳璞刻本　五册

310000－0241－0010148　910284

寶綸堂集古録十一卷附録一卷　(清)齊召南撰　(清)齊毓川輯　清光緒十四年(1888)齊氏揅古齋木活字印本　二册

310000－0241－0010149　910288

培遠堂偶存稿十卷手札節要三卷補編一卷　(清)陳弘謀著　清乾隆吳門穆大展局刻本　十四册

310000－0241－0010150　910289

培遠堂手札節要　(清)陳宏謀著　(清)劉樹堂批　清光緒十七年(1891)福建藩署刻本　一册　存三卷

310000－0241－0010151　910290

紫竹山房詩集十二卷文集二十卷　(清)陳兆崙撰　清乾隆末錢塘陳氏刻本　十册

310000－0241－0010152　910291

緪菴内外集二十四卷　(清)劉綸撰　清乾隆武進劉氏用拙堂刻本　十二册

310000－0241－0010153　910293

香樹齋詩集十八卷續集三十六卷文集二十八卷續鈔五卷　(清)錢陳羣撰　清乾隆嘉興錢氏刻嘉慶十五年(1810)補刻印本　二十四册

310000－0241－0010154　910294

香樹齋詩集十八卷詩續集三十六卷文集二十八卷　(清)錢陳羣撰　清乾隆嘉興錢氏刻本　十五册

310000－0241－0010155　910296

海峯詩集古體詩五卷今體詩六卷　(清)劉大櫆撰　清乾隆敦本堂刻本　六册

310000－0241－0010156　910297

海峯先生集文十卷詩六卷　(清)劉大櫆撰　(清)徐宗亮編校　清同治十三年(1874)刻本　六册

310000－0241－0010157　910297(2)

海峯先生集文十卷詩六卷　(清)劉大櫆撰　(清)徐宗亮重編校　清時還書屋刻本　八册

310000－0241－0010158　910299

海峯先生詩集十卷　(清)劉大櫆撰　(清)姚鼐校定　清光緒二十五年(1899)蕭穆刻本　二册

310000－0241－0010159　910300

葛城陳醇叔先生詩稿二卷附録一卷補遺一卷　(清)陳悳正撰　(清)吳人驥參訂　清嘉慶十四年(1809)江寧陳秩文刻本　一册

310000－0241－0010160　910302

上湖紀歲詩編四卷續編一卷　(清)汪師韓撰　清光緒十二年(1886)錢塘汪氏長沙刻本　二册

310000－0241－0010161　910303

上湖分類文編十卷上湖文編補鈔二卷　(清)汪師韓撰　清光緒十二年(1886)長沙錢塘汪氏刻本　二册

310000－0241－0010162　910309

銅鼓書堂遺稿三十二卷　(清)查禮撰　清乾隆五十七年(1792)查淳刻本　六册

310000－0241－0010163　910310

兩當軒集二十卷考異二卷附録六卷　(清)黄景仁撰　清咸豐八年(1858)黄氏家塾刻本　四册

310000－0241－0010164　910312
兩當軒集　（清）黄景仁撰　清光緒二年（1876）家塾校刻本　六冊

310000－0241－0010165　910312：2
兩當軒集　（清）黄景仁撰　清光緒二年（1876）家塾校刻本　八冊

310000－0241－0010166　910315
勉行堂詩集二十四卷首一卷　（清）程晉芳撰　清嘉慶二十二年（1817）西安鄧廷楨等刻本　八冊

310000－0241－0010167　910317
忠雅堂文集十二卷詩集二十七卷補遺二卷銅絃詞二卷　（清）蔣士銓撰　清嘉慶二十一年（1816）藏園刻本　十六冊

310000－0241－0010168　910318（2）
忠雅堂詩集二十七卷補遺二卷銅絃詞二卷文集十二卷　（清）蔣士銓撰　清道光二十三年（1843）藏園刻同治、光緒間萃文堂印本　十四冊

310000－0241－0010169　910318：2
忠雅堂詩集二十七卷補遺二卷銅絃詞二卷文集十二卷　（清）蔣士銓撰　清道光二十三年（1843）藏園刻本　十三冊

310000－0241－0010170　910323
半舫齋編年詩二十卷　（清）夏之蓉撰　（清）侯學詩評點　清乾隆三十六年（1771）高沙夏氏刻本　六冊

310000－0241－0010171　910328
繪文書屋集畧八卷　（清）潘相撰　清乾隆安鄉潘氏刻後印本　四冊

310000－0241－0010172　910329
述菴詩鈔十二卷　（清）王昶撰　清乾隆五十五年（1790）青浦王氏刻本　十二冊

310000－0241－0010173　910330
春融堂集　（清）王昶撰　清刻本　十七冊

310000－0241－0010174　910330：2
春融堂集　（清）王昶撰　清刻本　二十冊

310000－0241－0010175　910336
韞山堂詩集十六卷文集八卷　（清）管世銘撰　清光緒二十年（1894）讀雪山房刻本　五冊

310000－0241－0010176　910336（2）
韞山堂文集八卷　（清）管世銘撰　清光緒十七年（1891）周光濂存厚堂刻本　四冊

310000－0241－0010177　910337
嘉懿集初鈔四卷附續鈔四卷　（清）高塘撰　清乾隆五十四年（1789）刻本　八冊

310000－0241－0010178　910337：2
嘉懿集初鈔四卷附續鈔四卷　（清）高塘編　清乾隆五十四年（1789）刻本　八冊

310000－0241－0010179　910343
嶺南集八卷　（清）杭世駿撰　清光緒七年（1881）學海堂刻本　四冊

310000－0241－0010180　910354
匪莪堂文集五卷　（清）劉巖撰　清光緒二十年（1894）甘元煥刻本　四冊

310000－0241－0010181　910356
固哉叟詩鈔八卷　（清）高孝本撰　清乾隆三十一年（1766）金永昌凝雪書屋校刻本　四冊

310000－0241－0010182　910363
朱止泉先生文集八卷　（清）朱澤澐撰　（清）朱光進編輯　清乾隆四年（1739）朱氏顧天齋刻本　八冊

310000－0241－0010183　910367
江聲草堂詩集八卷　（清）金志章撰　清乾隆十九年（1754）金志章刻本　二冊

310000－0241－0010184　910369
蘭玉堂詩集十二卷詩續集十一卷文集二十卷　（清）張雲錦撰　清乾隆滿洲舒瞻刻平湖張氏續刻本　十二冊

310000－0241－0010185　910374
貞一齋集十卷詩說一卷　（清）李重華撰　清乾隆吴江李氏刻本　四冊

310000－0241－0010186　910383
道腴堂詩編二十卷　（清）鮑鉁撰　清乾隆初

刻本　四册

310000－0241－0010187　910385
二希堂文集十一卷首一卷　(清)蔡世遠撰　清乾隆二十二年(1757)漳浦蔡氏刻本　六册

310000－0241－0010188　910388
青溪文集十二卷續編八卷　(清)程廷祚撰　(清)唐大沛等校　清道光十七年至十八年(1837－1838)東山草堂刻本　八册

310000－0241－0010189　910392
剩圃詩集八卷首一卷　(清)施瑮撰　清乾隆四年(1739)宣城施氏刻本　二册

310000－0241－0010190　910395
趙裘萼公賸稾四卷　(清)趙熊詔撰　清光緒浙江書局刻本　二册

310000－0241－0010191　910396
南畇詩稿二十七卷南畇老人自訂年譜一卷　(清)彭定求撰　清光緒七年(1881)長洲彭氏刻本　六册

310000－0241－0010192　910397
圖東學詩八卷　(清)張學林撰　清乾隆食舊堂寫刻本　四册

310000－0241－0010193　910408
恒齋文集十二卷　(清)李文炤撰　(清)李芳華評選　清乾隆三年(1738)善化李氏四爲堂刻本　四册

310000－0241－0010194　910417
後洋書屋詩鈔二卷補遺一卷　(清)梁文濂撰　清乾隆十三年(1748)錢唐梁氏刻本　二册

310000－0241－0010195　910425
潘孝子鐵廬先生遺集三卷外集二卷後錄一卷　(清)潘天成撰　清乾隆二十四年(1759)璞堂刻本　三册

310000－0241－0010196　910437
陳清端文集十卷　(清)陳瑸撰　清同治七年(1868)羊城富文齋刻本　四册

310000－0241－0010197　910447
據梧詩集三十四卷　(清)管棆撰　清乾隆刻本　六册

310000－0241－0010198　910447:2
據梧詩集三十四卷　(清)管棆撰　清乾隆刻本　四册

310000－0241－0010199　910447:3
據梧詩集三十四卷　(清)管棆撰　清乾隆刻本　四册

310000－0241－0010200　910455
松泉詩集二十六卷文集二十二卷　(清)汪由敦撰　清乾隆刻本　八册

310000－0241－0010201　910455:2
松泉詩集二十六卷文集二十二卷　(清)汪由敦撰　清乾隆刻本　八册

310000－0241－0010202　910458
米堆山人詩鈔八卷文鈔十六卷　(清)張揆方撰　清乾隆嘉定張氏刻本　四册

310000－0241－0010203　910459
丁辛老屋集十二卷　(清)王又曾撰　清乾隆五十二年(1787)王復鄢陵官舍刻本　四册

310000－0241－0010204　910482
孱守齋遺稿四卷　(清)姚世鈺撰　清乾隆刻本　四册

310000－0241－0010205　910487
芝庭先生集十八卷附錄一卷　(清)彭啓豐撰　清光緒二年(1876)長洲彭氏刻本　六册

310000－0241－0010206　910498
笏山詩集十卷　(清)申甫撰　清乾隆末江都申氏刻本　四册

310000－0241－0010207　910538
陳司業文集　(清)陳祖范撰　清刻本　一册

310000－0241－0010208　910543
雲海詩集不分卷　(清)趙廷珂撰　清光緒九年(1883)木活字印本　一册

310000－0241－0010209　910548:2
延綠閣集十二卷　(清)華希閔著　清光緒二十二年(1896)刻本　六册

310000－0241－0010210　910566
塔射圖遺藳六卷　（清）張夢喈著　清嘉慶七年（1802）華亭張氏刻本　二冊

310000－0241－0010211　910570
盤西紀遊集一卷　（清）汪沆撰　清乾隆刻本　一冊

310000－0241－0010212　910572
慶芝堂詩集　（清）戴震撰　清乾隆二十三年（1758）刻本　四冊

310000－0241－0010213　910573
青嶁遺稿二卷　（清）盛錦撰　（清）沈德潛評　清乾隆刻同治十一年（1872）重修本　一冊

310000－0241－0010214　910575
百聲詩一卷物幻百律二卷落花百首一卷　（清）黄祖顓撰　清康熙刻本　一冊

310000－0241－0010215　910575：2
百聲詩一卷物幻百律二卷落花百首一卷　（清）黄祖顓撰　清康熙刻本　二冊

310000－0241－0010216　910587
頤志堂詩四卷　（清）胡承諾著　清末民國初刻本　一冊

310000－0241－0010217　910588
南湖草一卷庚臺詩草偶存一卷再來集一卷　（清）李徵熊撰　清道光德州李氏刻本　一冊

310000－0241－0010218　911000
雪杖山人詩集八卷　（清）鄭炎撰　清嘉慶七年（1802）刻本　八冊

310000－0241－0010219　911001
嘉樹山房文集六卷詩集二十卷　（清）李中簡撰　清嘉慶六年（1801）嘉樹山房刻本　八冊

310000－0241－0010220　911002
騰嘯軒詩鈔三十八卷首一卷　（清）陳熙撰　清道光二年（1822）騰嘯軒增修本　八冊

310000－0241－0010221　911003
樂善堂全集定本三十卷　（清）高宗弘曆撰　清乾隆二十四年（1759）武英殿刻本　六冊

310000－0241－0010222　911004
省吾齋詩賦集十二卷　（清）竇光鼐撰　清嘉慶六年（1801）慎德堂刻本　四冊

310000－0241－0010223　911005
柏香書屋詩鈔二十四卷　（清）張鳳孫撰　清道光二十年（1840）廣州刻本　六冊

310000－0241－0010224　911006
心止居詩集四卷文集二卷　（清）楊夢符著　清嘉慶十五年（1810）楊紹恭、楊紹文刻本　四冊

310000－0241－0010225　911007
測海集六卷　（清）彭紹升撰　清嘉慶二十四年（1819）彭氏刻本　六冊

310000－0241－0010226　911008
霽春堂集十四卷　（清）吳樹萱撰　清道光八年（1828）重修嘉慶刻本　四冊

310000－0241－0010227　911009
集虛齋全稿不分卷　（清）方棨如撰　清光緒二十年（1894）浙江書局刻本　八冊

310000－0241－0010228　911010
笥河詩集二十卷　（清）朱筠撰　清嘉慶八年（1803）椒華吟舫刻本　八冊

310000－0241－0010229　911011
御製詩三集一百卷目錄十二卷　（清）高宗弘曆撰　（清）于敏中編　清乾隆四十三年（1778）浙江學政王傑刻本　三十冊

310000－0241－0010230　911012
綠蘿山莊文集二十四卷　（清）胡浚撰注　清嘉慶胡氏刻本　十二冊

310000－0241－0010231　911013
東皋詩存四十八卷東皋詩餘四卷　（清）汪之珩編　清嘉慶八年（1803）金陵汪氏刻本　二十冊

310000－0241－0010232　911014
紉蓄謀齋詩稿二卷　（清）譚尚忠撰　清嘉慶十七年（1812）四川通志局刻本　一冊

310000－0241－0010233　911015

振綺堂詩存不分卷　(清)汪憲撰　清光緒十五年(1889)錢塘汪氏刻本　一冊

310000－0241－0010234　911015:2
振綺堂詩存不分卷　(清)汪憲撰　清光緒十五年(1889)錢塘汪氏刻本　一冊

310000－0241－0010235　911015:3
振綺堂詩存不分卷　(清)汪憲撰　清光緒十五年(1889)錢塘汪氏刻本　一冊

310000－0241－0010236　911016
侯鯖集十卷　(清)李友棠撰　清繡谷趙氏刻本　四冊

310000－0241－0010237　911017
百一草堂附刻二編二卷　(清)柴傑撰　清乾隆三十二年(1767)百一草堂刻本　二冊

310000－0241－0010238　911018
高東井先生詩選四卷附蕢香詞一卷　(清)高文照著　(清)徐熊飛錄　清道光十二年(1832)武康徐氏刻本　二冊

310000－0241－0010239　911019
雅雨堂詩集二卷文集四卷出塞集一卷　(清)盧見曾撰　(清)金在恒編　清道光二十年(1840)盧樞清雅堂刻本　四冊

310000－0241－0010240　911020
北溪詩集二十卷文集二卷附集一卷　(清)王元文撰　清嘉慶刻本　六冊

310000－0241－0010241　911023
笥河文集十六卷首一卷　(清)朱筠撰　清嘉慶二十年(1815)椒華吟舫刻本　六冊

310000－0241－0010242　911023(2)
笥河文集十六卷首一卷　(清)朱筠撰　清光緒五年(1879)謙德堂刻本　六冊

310000－0241－0010243　911026
誠正堂稿八卷詞稿一卷時藝一卷　(清)永恩撰　清乾隆刻本　六冊

310000－0241－0010244　911029
來鶴堂全集十三卷　(清)于宗瑛撰　清嘉慶二年(1797)刻本　六冊

310000－0241－0010245　911030
立厓詩鈔七卷　(清)蔣業晉撰　清嘉慶四年(1799)金陵長洲蔣氏交翠堂刻本　三冊

310000－0241－0010246　911031
李恭毅公詩遺稿一卷補一卷　(清)李湖撰　清嘉慶二十二年(1817)李蘭刻本　一冊

310000－0241－0010247　911032
青虛山房集十一卷　(清)王太岳撰　清光緒十九年(1893)定興鹿氏刻本　三冊

310000－0241－0010248　911033
遯齋偶筆二卷晝溪詩集一卷家傳一卷附小有齋自娛集一卷　(清)徐崑撰　清光緒六年(1880)刻本　四冊

310000－0241－0010249　911035
聽秋軒詩集四卷　(清)駱綺蘭撰　清乾隆刻本　二冊

310000－0241－0010250　911037
秋藥庵詩集八卷　(清)馬履泰撰　清乾隆五十九年(1794)仁和馬氏刻本　二冊

310000－0241－0010251　911039
白鶴堂文稿不分卷晚年自訂詩稿二卷晚年詩續刻一卷戊戌草一卷雪夜詩談三卷明人詩話補一卷國朝詩話補一卷　(清)彭端淑撰　清同治刻本　六冊

310000－0241－0010252　911040
浣玉軒集四卷　(清)夏敬渠撰　清光緒十六年(1890)刻本　一冊

310000－0241－0010253　911040:2
浣玉軒集四卷　(清)夏敬渠撰　清光緒十六年(1890)刻本　二冊

310000－0241－0010254　911042
海門詩鈔外集四卷補錄附錄一卷　(清)鮑皋撰　清宣統三年(1911)南徐鮑氏刻本　二冊

310000－0241－0010255　911042:2
海門詩鈔外集四卷補錄附錄一卷　(清)鮑皋撰　清宣統三年(1911)南徐鮑氏刻本　四冊

310000－0241－0010256　911043

劉文清公遺集十七卷應制詩集三卷　(清)劉墉撰　清道光六年(1826)東武劉氏味經書屋刻本　四冊

310000－0241－0010257　911044
錫慶堂詩集八卷　(清)嵇璜撰　清咸豐九年(1859)嵇氏刻本　二冊

310000－0241－0010258　911044:2
錫慶堂詩集八卷　(清)嵇璜撰　清咸豐九年(1859)嵇氏刻本　二冊

310000－0241－0010259　911046
耨業齋詩稿一卷　(清)朱麟應撰　清乾隆九年(1744)朱氏刻本　一冊

310000－0241－0010260　911049
潡潭山房古文存稿四卷　(清)程襄龍撰　清嘉慶刻本　一冊

310000－0241－0010261　911050
弇山詩鈔歸田集二卷　(清)王霖撰　清道光八年(1828)山陰王氏刻本　二冊

310000－0241－0010262　911053
瓦卮集六卷　(清)彭坊撰　清乾隆四十年(1775)彭仍璞刻本　二冊

310000－0241－0010263　911054
汪容甫交遊詩錄　(清)□□輯　清末民國初石印本　一冊

310000－0241－0010264　911061
敬思堂詩集六卷　(清)梁國治撰　清乾隆末會稽梁氏刻本　三冊

310000－0241－0010265　911064
筱飲齋稿四卷　(清)陸飛撰　清乾隆四十一年(1776)刻本　四冊

310000－0241－0010266　911065
篁村集十二卷　(清)陸錫熊撰　清道光二十九年(1849)陸成沅刻本　四冊

310000－0241－0010267　911068
真率齋初稾詩十卷詞二卷　(清)楊芳燦撰　清乾隆四十四年(1779)金匱楊氏刻道光十八年(1838)補刻印本　六冊

310000－0241－0010268　911069
崇雅堂詩抄五卷　(清)楊汝諧撰　清乾隆刻本　二冊

310000－0241－0010269　911070
嗚春小草七卷茶山詩抄十一卷茶山文抄十二卷　(清)錢維城撰　清乾隆刻本　十六冊

310000－0241－0010270　911074
十誦齋集六卷　(清)周天度撰　清乾隆二十九年(1764)刻本　五冊

310000－0241－0010271　911074:2
十誦齋集六卷　(清)周天度撰　清乾隆二十九年(1764)刻本　一冊

310000－0241－0010272　911076
桐石草堂集九卷　(清)汪仲鈖撰　清乾隆二十年(1755)刻本　四冊

310000－0241－0010273　911078
桐岡存稿八卷　(清)張遠覽撰　清光緒十六年(1890)刻本　四冊

310000－0241－0010274　911080
白蕗詩集十七卷　(清)張開東撰　清乾隆五十三年(1788)刻本　八冊

310000－0241－0010275　911081
石帆詩集八卷　(清)張曾撰　清乾隆刻本　四冊

310000－0241－0010276　911087
梅崖居士文集三十卷外集六卷　(清)朱仕琇撰　清乾隆刻本　十二冊

310000－0241－0010277　911094
五硯齋詩鈔二十卷文鈔十一卷　(清)沈赤然撰　清嘉慶三年(1798)刻本　三冊

310000－0241－0010278　911098
會心草堂集六卷　(清)吳培源撰　清乾隆刻本　二冊

310000－0241－0010279　911101
苦雨堂集八卷　(清)顧列星撰　清嘉慶十二年(1807)刻本　六冊

310000－0241－0010280　911103

滑疑集八卷　(清)韓錫胙撰　清嘉慶、道光間刻咸豐五年(1855)石門山房續刻光緒十六年(1890)修補本　四冊

310000－0241－0010281　911104

蘭韻堂詩集十二卷　(清)沈初撰　清乾隆刻本　四冊

310000－0241－0010282　911106

退白居士詩草一卷　(清)范永澄撰　清光緒十年(1884)甬上范氏刻本　一冊

310000－0241－0010283　911110

行餘草堂集詩抄四卷文抄一卷　(清)趙瓊撰　清嘉慶刻本　四冊

310000－0241－0010284　911111

華海堂詩八卷　(清)張熙純撰　清乾隆、嘉慶間刻本　二冊

310000－0241－0010285　911112

釋耒集四卷　(清)施元孚撰　清光緒四年(1878)刻本　二冊

310000－0241－0010286　911114

藝芸館詩鈔十三卷環翠樓詩鈔不分卷培荆室詩草不分卷　(清)王世錦著　(清)王芑孫選　清嘉慶二年(1797)、十三年(1808)、道光二十三年(1843)刻本　三冊

310000－0241－0010287　911114:2

藝芸館詩鈔十三卷環翠樓詩鈔不分卷培荆室詩草不分卷　(清)王世錦著　(清)王芑孫選　清嘉慶二年(1797)、十三年(1808)、道光二十三年(1843)刻本　一冊

310000－0241－0010288　911114:3

藝芸館詩鈔十三卷環翠樓詩鈔不分卷培荆室詩草不分卷　(清)王世錦著　(清)王芑孫選　清嘉慶二年(1797)、十三年(1808)、道光二十三年(1843)刻本　二冊

310000－0241－0010289　911123

弱水詩八卷　(清)屈復撰　清道光十年(1830)信芳閣木活字印本　四冊

310000－0241－0010290　911125

御製詩二集　(清)高宗弘曆撰　清乾隆内府刻本　二十三冊　存八十四卷

310000－0241－0010291　911126

戴東原集十二卷　(清)戴震撰　清光緒十年(1884)家塾刻本　一冊

310000－0241－0010292　911127

戴東原集十二卷附年譜一卷札記一卷　(清)戴震著　(清)段玉裁札記並撰年譜　清宣統二年(1910)成都刻本　六冊

310000－0241－0010293　911129

隨園文集二卷　(清)袁枚撰　清宣統二年(1910)上海國學扶輪社石印本　一冊

310000－0241－0010294　911130

玉芝堂文集六卷　(清)邵齊燾撰　清光緒八年(1882)寧波羣玉山房刻本　二冊

310000－0241－0010295　911132

靈巖山人詩集四十卷　(清)畢沅撰　(清)邵晉涵等編校　清嘉慶四年(1799)畢氏經訓堂刻本　八冊

310000－0241－0010296　911134

小樓詩集八卷　(清)王嵩高撰　清道光十六年(1836)刻本　一冊

310000－0241－0010297　911135

裘文達公文集六卷補遺一卷奏議一卷詩集十八卷　(清)裘曰修撰　清同治十一年(1872)刻本　六冊

310000－0241－0010298　911136

裘文達公詩集六卷　(清)裘曰修撰　清嘉慶刻本　一冊

310000－0241－0010299　911137

裘文達公文集六卷補遺一卷奏議一卷詩集十八卷　(清)裘曰修撰　清嘉慶刻本　十六冊

310000－0241－0010300　911138

樹經堂詩初集十五卷續集八卷　(清)謝啓昆撰　清嘉慶刻本　四冊

310000－0241－0010301　911139

字雲巢文稿二十卷　(清)盛大謨撰　清同治二年(1863)刻本　四冊

310000－0241－0010302　911142
閏榻先生集三十卷　(清)張望撰　清嘉慶十六年(1811)刻本　十冊

310000－0241－0010303　911143
閏榻先生集三十卷外集八卷鼻臭花岡集八卷　(清)張望撰　清同治三年(1864)刻本　十六冊

310000－0241－0010304　911143:2
閏榻先生集三十卷外集八卷鼻臭花岡集八卷　(清)張望撰　清同治三年(1864)刻本　十四冊

310000－0241－0010305　911145
紀文達公遺集文十六卷詩十六卷　(清)紀昀撰　清嘉慶十七年(1812)刻本　十二冊

310000－0241－0010306　911145:2
紀文達公遺集文十六卷詩十六卷　(清)紀昀撰　清嘉慶十七年(1812)刻本　八冊

310000－0241－0010307　911146
紀文達公遺集文十六卷　(清)紀昀撰　清嘉慶十七年(1812)刻本　十冊

310000－0241－0010308　911147
紀文達公遺集文十六卷詩十六卷　(清)紀昀撰　清嘉慶十七年(1812)刻本　十二冊

310000－0241－0010309　911147:2
紀文達公遺集文十六卷詩十六卷　(清)紀昀撰　清嘉慶十七年(1812)刻本　十二冊

310000－0241－0010310　911148
紀文達公遺集詩十六卷　(清)紀昀撰　清嘉慶十七年(1812)刻本　六冊

310000－0241－0010311　911150
知足齋詩集二十卷詩續集四卷文集六卷進呈文稿二卷　(清)朱珪撰　清嘉慶十年(1805)刻本　十四冊

310000－0241－0010312　911150:2
知足齋詩集二十卷詩續集四卷文集六卷進呈文稿二卷　(清)朱珪撰　清嘉慶十年(1805)刻本　十四冊

310000－0241－0010313　911151
蓮塘詩鈔五卷詞鈔一卷雨田詩草一卷　(清)陳世熙撰　清光緒四年(1878)倚東園刻本　一冊

310000－0241－0010314　911152
易安齋詩集六卷　(清)邱孫梧著　清嘉慶十四年(1809)刻本　一冊

310000－0241－0010315　911155
愚谷文存十四卷　(清)吳騫撰　清嘉慶刻本　八冊

310000－0241－0010316　911156
甌北集五十卷續集三卷　(清)趙翼撰　清嘉慶十七年(1812)壽考堂刻本　十六冊

310000－0241－0010317　911158
甌北詩鈔十九卷詩話十二卷　(清)趙翼撰　清同治十三年(1874)舊學山房刻本　十冊

310000－0241－0010318　911158:2
甌北詩鈔十九卷詩話十二卷　(清)趙翼撰　清同治十三年(1874)舊學山房刻本　六冊

310000－0241－0010319　911159
八松庵詩集九卷　(清)李御撰　清光緒二十五年(1899)刻本　二冊

310000－0241－0010320　911159:2
八松庵詩集九卷　(清)李御撰　清光緒二十五年(1899)刻本　二冊

310000－0241－0010321　911159:3
八松庵詩集九卷　(清)李御撰　清光緒二十五年(1899)刻本　一冊

310000－0241－0010322　911160
謙受堂集十五卷　(清)邵大業撰　清嘉慶二年(1797)刻本　四冊

310000－0241－0010323　911162
雲樵先生詩集四卷　(清)吳芳培著　清同治四年(1865)茂林吳氏刻本　二冊

310000－0241－0010324　911163
惜抱軒文集　(清)姚鼐撰　清刻本　二册

310000－0241－0010325　911163:2
惜抱軒文集　(清)姚鼐撰　清刻本　四册

310000－0241－0010326　911165
惜抱軒詩集　(清)姚鼐撰　清刻本　二册

310000－0241－0010327　911165(2)
惜抱軒詩鈔解　(清)姚鼐撰　清刻本　二册

310000－0241－0010328　911166
惜抱軒全集　(清)姚鼐撰　清刻本　十二册

310000－0241－0010329　911169
大雲山房文稿初集四卷二集四卷言事二卷　(清)惲敬撰　清同治二年(1863)惲世臨楚南節署刻本　十册

310000－0241－0010330　911170
大雲山房文稿初集四卷二集四卷　(清)惲敬撰　清光緒十四年(1888)刻本　二册

310000－0241－0010331　911170:2
大雲山房文稿初集四卷二集四卷　(清)惲敬撰　清光緒十四年(1888)刻本　二册

310000－0241－0010332　911171
大雲山房文稿初集四卷二集四卷　(清)惲敬撰　清嘉慶二十年(1815)刻本　八册

310000－0241－0010333　911172
惲子居文鈔四卷　(清)惲敬著　清宣統二年(1910)國學扶輪社石印本　四册

310000－0241－0010334　911173
大雲山房文稿初集四卷二集四卷　(清)惲敬撰　清嘉慶二十年(1815)刻本　八册

310000－0241－0010335　911174
揅經室一集十四卷二集八卷三集五卷四集十一卷續集九卷再續集六卷外集五卷　(清)阮元撰　清道光三年(1823)文選樓刻本　二十三册

310000－0241－0010336　911175
揅經室一集十四卷二集八卷三集五卷四集十一卷續集九卷外集五卷　(清)阮元撰　清道光三年(1823)文選樓刻本　十六册

310000－0241－0010337　911176
揅經室一集十四卷二集八卷三集五卷四集十一卷續集九卷再續集六卷外集五卷　(清)阮元撰　清道光三年(1823)文選樓刻本　二十四册

310000－0241－0010338　911177
揅經室集七卷　(清)阮元撰　清刻學海堂經解本　三册

310000－0241－0010339　911178
揅經室一集十四卷二集八卷三集五卷四集十一卷續集九卷再續集六卷外集五卷　(清)阮元撰　清道光三年(1823)文選樓刻本　二十四册

310000－0241－0010340　911179:2
夢樓詩集二十二卷　(清)王文治撰　清乾隆六十年(1795)刻本　四册

310000－0241－0010341　911180
夢樓詩集　(清)王文治撰　清乾隆六十年(1795)刻本　四册　存十九卷

310000－0241－0010342　911181
雨堂詩鈔二十卷文鈔四卷榷史一卷　(清)郁長裕撰　清嘉慶河干草堂刻本　二十册

310000－0241－0010343　911182
南澗文集二卷　(清)李文藻撰　清光緒吳縣潘氏刻功順堂叢書本　一册

310000－0241－0010344　911184
容甫先生遺詩五卷補遺一卷　(清)汪中撰　清光緒十一年(1885)汪祖同述古齋木活字印本　二册

310000－0241－0010345　911184(2)
容甫先生遺詩五卷補遺一卷附錄一卷　(清)汪中撰　清宣統二年(1910)順德鄧氏排印本　一册

310000－0241－0010346　911184(2):2
容甫先生遺詩五卷補遺一卷附錄一卷　(清)

汪中撰　清宣統二年(1910)順德鄧氏排印本　一册

310000－0241－0010347　911186
雕菰集二十四卷　(清)焦循撰　**密梅花館詩録一卷文録一卷**　(清)焦廷琥撰　清道光刻本　六册

310000－0241－0010348　911187
嬰山小園晚年手定稿五卷　(清)張誠撰　清光緒元年(1875)刻本　一册

310000－0241－0010349　911188
養一齋文集二十卷　(清)李兆洛撰　清光緒四年(1878)刻本　八册

310000－0241－0010350　911188:2
養一齋文集二十卷　(清)李兆洛撰　清光緒四年(1878)刻本　八册

310000－0241－0010351　911188:3
養一齋文集二十卷　(清)李兆洛撰　清光緒四年(1878)刻本　七册

310000－0241－0010352　911189
孟亭居士詩稿四卷經進稾一卷　(清)馮浩撰　清嘉慶六年至七年(1801－1802)桐鄉馮氏刻本　二册

310000－0241－0010353　911191
錢南園遺集五卷　(清)錢灃著　清光緒十九年(1893)浙江書局刻本　二册

310000－0241－0010354　911192
錢南園先生遺集五卷　(清)錢灃著　清光緒十九年(1893)浙江書局刻本　二册

310000－0241－0010355　911194
鑑止水齋集二十卷　(清)許宗彦撰　清咸豐八年(1858)德清許延穀刻本　六册

310000－0241－0010356　911195
恩餘堂經進初稿十二卷續稿二十二卷三稿十一卷存課二卷　(清)彭元瑞撰　清嘉慶刻本　二十册

310000－0241－0010357　911196
茗柯文初編一卷二編二卷三編一卷四編一卷　(清)張惠言撰　清光緒七年(1881)刻本　二册

310000－0241－0010358　911197
茗柯文初編一卷二編二卷三編一卷四編一卷　(清)張惠言撰　清宣統三年(1911)掃葉山房石印本　二册

310000－0241－0010359　911198
茗柯文初編一卷二編二卷三編一卷四編一卷　(清)張惠言撰　清光緒七年(1881)刻本　二册

310000－0241－0010360　911199
小峴山人詩集二十六卷文集五卷文續集二卷　(清)秦瀛撰　清嘉慶二十二年(1817)城西草堂刻本　十二册

310000－0241－0010361　911199:2
小峴山人詩集二十六卷文集五卷文續集二卷　(清)秦瀛撰　清嘉慶二十二年(1817)城西草堂刻本　二十四册

310000－0241－0010362　911200
陶山詩録十二卷前録二卷露蟬吟詞鈔一卷詞續鈔一卷　(清)唐仲冕撰　清嘉慶十六年(1811)南通州善化唐氏刻本　四册

310000－0241－0010363　911202
抱沖齋詩集三十六卷詞一卷　(清)斌良撰　清光緒五年(1879)湖南刻本　十二册

310000－0241－0010364　911203
畬香草存六卷續一卷　(清)倪元坦撰　清讀易樓刻本　三册

310000－0241－0010365　911205
龍泓館詩集三卷　(清)丁敬撰　清同治八年(1869)廣州新會盧氏刻本　一册

310000－0241－0010366　911206
邃雅堂集十卷續編一卷　(清)姚文田撰　清道光元年(1821)江陰刻本　六册

310000－0241－0010367　911207
邃雅堂集十一卷　(清)姚文田撰　清道光元年(1821)江陰刻本　十册

310000－0241－0010368　911208
楓南山館遺集七卷末一卷　（清）莊受祺撰　清光緒刻本　二册

310000－0241－0010369　911209
楓南山館遺集七卷末一卷　（清）莊受祺撰　清光緒刻本　二册

310000－0241－0010370　911210
清獻堂集二卷　（清）趙佑撰　清嘉慶刻本　二册

310000－0241－0010371　911213
聽雲僊館詩集二卷　（清）湯成彦撰　清咸豐刻本　一册

310000－0241－0010372　911215
聽雲僊館儷體文集七卷　（清）湯成彦撰　清咸豐刻本　三册

310000－0241－0010373　911217
煙霞萬古樓文集六卷　（清）王曇撰　清道光二十年(1840)刻本　二册

310000－0241－0010374　911219
煙霞萬古樓詩選二卷仲瞿詩錄一卷　（清）王曇撰　清咸豐元年(1851)上海徐渭仁刻本　一册

310000－0241－0010375　911224
香亭文稿十二卷　（清）吴玉綸撰　清乾隆六十年(1795)刻本　四册

310000－0241－0010376　911225
思補齋文集四卷　（清）劉星煒撰　清光緒二十年(1894)刻本　四册

310000－0241－0010377　911226
思補齋文集四卷　（清）劉星煒撰　清光緒二十年(1894)刻本　一册

310000－0241－0010378　911227
思補齋文集四卷　（清）劉星煒撰　清乾隆刻本　四册

310000－0241－0010379　911228
有正味齋全集六十四卷　（清）吴錫麒撰　清五鳳樓刻本　二十册

310000－0241－0010380　911229
有正味齋駢文十六卷　（清）吴錫麒撰　（清）葉聯芬注　清同治七年(1868)葉氏刻本　八册

310000－0241－0010381　911229:2
有正味齋駢文十六卷　（清）吴錫麒撰　（清）葉聯芬注　清同治七年(1868)葉氏刻本　六册

310000－0241－0010382　911229:3
有正味齋駢文十六卷　（清）吴錫麒撰　（清）葉聯芬注　清同治七年(1868)葉氏刻本　八册

310000－0241－0010383　911230
儀鄭堂駢儷文三卷　（清）孔廣森撰　清光緒二十一年(1895)刻本　一册

310000－0241－0010384　911230:2
儀鄭堂駢儷文三卷　（清）孔廣森撰　清光緒二十一年(1895)刻本　一册

310000－0241－0010385　911231
孫淵如先生全集二十一卷附贈言一卷　（清）孫星衍撰　清光緒十一年(1885)刻槐廬叢書本　十二册

310000－0241－0010386　911232
問字堂集六卷　（清）孫星衍撰　清光緒二十年(1894)是六軒刻本　一册

310000－0241－0010387　911233
孫淵如先生全集二十二卷附贈言一卷　（清）孫星衍撰　清光緒二十年(1894)湖南思賢書局刻本　十册

310000－0241－0010388　911233:2
孫淵如先生全集二十二卷附贈言一卷　（清）孫星衍撰　清光緒二十年(1894)湖南思賢書局刻本　十册

310000－0241－0010389　911234
芳茂山人詩集十卷附一卷　（清）孫星衍撰　清光緒十一年(1885)刻槐廬叢書本　四册

310000－0241－0010390　911235

五松園文稿一卷嘉穀堂集一卷　(清)孫星衍撰　清槐廬叢書本　一冊

310000－0241－0010391　911236
讀選樓詩稿十卷　(清)王采蘋撰　清光緒二十年(1894)刻本　二冊

310000－0241－0010392　911238
更生齋詩八卷續集十卷結軒詩集八卷　(清)洪亮吉撰　清光緒三年(1877)授經堂刻本　十一冊

310000－0241－0010393　911238:2
更生齋詩八卷續集十卷結軒詩集八卷　(清)洪亮吉撰　清光緒三年(1877)授經堂刻本　二冊

310000－0241－0010394　911240
更生齋文甲集四卷　(清)洪亮吉撰　清光緒三年(1877)授經堂刻本　一冊

310000－0241－0010395　911241
更生齋文續集二卷　(清)洪亮吉撰　清光緒四年(1878)授經堂刻本　一冊

310000－0241－0010396　911241:2
更生齋文續集二卷　(清)洪亮吉撰　清光緒四年(1878)授經堂刻本　一冊

310000－0241－0010397　911242
卷施閣詩二十卷　(清)洪亮吉撰　清光緒三年(1877)授經堂刻本　七冊

310000－0241－0010398　911243
洪北江遺集十九種九十一卷　(清)洪亮吉撰　清光緒三年(1877)授經堂刻本　二十八冊

310000－0241－0010399　911247
賞雨茅屋詩集二十二卷外集一卷　(清)曾燠撰　清道光刻本　七冊

310000－0241－0010400　911247:2
賞雨茅屋詩集二十二卷外集一卷　(清)曾燠撰　清道光刻本　六冊

310000－0241－0010401　911248
賞雨茅屋詩集八卷　(清)曾燠撰　清嘉慶九年(1804)刻本　二冊

310000－0241－0010402　911250
遊道堂集四卷　(清)朱彬撰　清光緒二年(1876)刻本　二冊

310000－0241－0010403　911250:2
遊道堂集四卷　(清)朱彬撰　清光緒二年(1876)刻本　二冊

310000－0241－0010404　911251
游道堂集四卷　(清)朱彬撰　清光緒二年(1876)刻本　二冊

310000－0241－0010405　911252
盤窩文集八卷　(清)胡思謙著　清嘉慶蘄州胡氏刻本　二冊

310000－0241－0010406　911253
樹蕙軒詩鈔二卷　(清)虞友蘭撰　清道光三年(1823)常州劉氏刻本　二冊

310000－0241－0010407　911254
粵東皇華集四卷　(清)李調元撰　清乾隆四十一年(1776)刻本　一冊

310000－0241－0010408　911255
羅臺山文鈔四卷　(清)羅有高撰　清光緒七年(1881)排印本　一冊

310000－0241－0010409　911256
睫巢詩鈔二卷　(清)吳顥撰　清嘉慶錢塘吳氏刻本　一冊

310000－0241－0010410　911257
思不辱齋全集十五卷　(清)萬承風撰　清嘉慶二十一年(1816)古瓦山房刻本　十二冊

310000－0241－0010411　911258
韋廬詩内集四卷首一卷末一卷外集四卷首一卷末一卷　(清)李秉禮撰　清道光十年(1830)知稼堂刻本　四冊

310000－0241－0010412　911259
面城樓集鈔四卷　(清)曾釗著　(清)陳璞編　清刻學海堂叢刻本　二冊

310000－0241－0010413　911260
寫韻樓詩集五卷首一卷末一卷　(清)吳瓊仙撰　清嘉慶黎里徐氏刻光緒二十二年(1896)

烏程龐氏重印本　二冊

310000－0241－0010414　911261
嫽雅堂詩集八卷　(清)趙文喆撰　清宣統三年(1911)江浦陳氏房山山房刻本　二冊

310000－0241－0010415　911262
芝泉集概八卷　(清)淩霄撰　(清)孫星衍選　清刻本　四冊

310000－0241－0010416　911263
復初齋文集三十五卷　(清)翁方綱撰　清道光十六年(1836)李彦章校刻光緒三年(1877)李以烜重校印本　十冊

310000－0241－0010417　911263(2)
復初齋文集三十五卷　(清)翁方綱撰　清道光十六年(1836)李彦章校刻光緒四年(1878)李以烜重校翁氏手稿本　八冊

310000－0241－0010418　911264
復初齋詩集六十六卷　(清)翁方綱撰　清嘉慶刻本　十六冊

310000－0241－0010419　911269
謝梅莊先生遺集八卷　(清)謝濟世撰　清末趙炳麟排印本　二冊

310000－0241－0010420　911270
淵雅堂全集六十二卷　(清)王芑孫撰　清嘉慶淵雅堂刻本　四十冊

310000－0241－0010421　911270:2
淵雅堂全集六十二卷　(清)王芑孫撰　清嘉慶淵雅堂刻本　一冊

310000－0241－0010422　911271
沈歸愚詩文全集十四種　(清)沈德潛撰　清乾隆教忠堂刻彙印本　二十四冊

310000－0241－0010423　911274
述學二卷　(清)汪中撰　(清)阮元敘錄　清道光阮氏刻本　一冊

310000－0241－0010424　911275
述學内篇三卷外篇一卷補遺一卷别錄一卷　(清)汪中撰　清同治八年(1869)揚州書局刻本　二冊

310000－0241－0010425　911275:2
述學内篇三卷外篇一卷補遺一卷别錄一卷　(清)汪中撰　清同治八年(1869)揚州書局刻本　二冊

310000－0241－0010426　911277
詩概六卷　(清)陳毅撰　清光緒二十四年(1898)舒紹基木活字印本　一冊

310000－0241－0010427　911278
蓼蟲吟藁十六卷　(清)蘇加玉撰　清嘉慶太倉蘇氏刻本　二冊

310000－0241－0010428　911279
秋盦詩草一卷詞草一卷題跋一卷　(清)黄易著　清宣統二年(1910)李汝謙石印本　一冊

310000－0241－0010429　911280
空石齋詩文合刻不分卷　(清)汪國撰　清道光二年(1822)少白山房刻本　五冊

310000－0241－0010430　911281
香葉草堂詩存不分卷　(清)羅聘撰　清嘉慶刻道光十四年(1834)印本　一冊

310000－0241－0010431　911282
虞東先生文錄八卷　(清)顧鎮撰　清道光十七年(1837)刻本　四冊

310000－0241－0010432　911283
陶園全集三十六卷　(清)張九鉞撰　清道光刻本　二十四冊

310000－0241－0010433　911285
小言集二十五卷　(清)王敬元撰　清道光刻本　八冊

310000－0241－0010434　911285:2
小言集二十五卷　(清)王敬元撰　清道光刻本　一冊

310000－0241－0010435　911286
大滌山房詩錄八卷試帖一卷　(清)張吉安撰　清道光十四年(1834)刻本　四冊

310000－0241－0010436　911287
獨學廬初稿詩雲留舊草一卷江湖集三卷玉堂集一卷劍浦歸槎錄一卷湘中吟二卷文三卷

(清)石韞玉撰　清乾隆六十年(1795)吳縣石氏長沙官舍刻嘉慶、道光間印本　六冊

310000－0241－0010437　911287:2
獨學廬初稿詩雲留舊草一卷江湖集三卷玉堂集一卷劍浦歸槎錄一卷湘中吟二卷文三卷　(清)石韞玉撰　清乾隆六十年(1795)吳縣石氏長沙官舍刻嘉慶、道光間印本　一冊

310000－0241－0010438　911288
獨學廬二稿詩玉堂後集一卷鵑聲一卷學易齋吟草一卷　(清)石韞玉撰　清嘉慶十年(1805)吳中石氏重慶官舍刻本　二冊

310000－0241－0010439　911289
三松堂集詩二十卷文四卷詩續集六卷　(清)潘奕雋撰　清同治九年至十一年(1870－1872)潘氏刻本　十冊

310000－0241－0010440　911290
秋水亭詩四卷補一卷　(清)王祖昌著　(清)劉大紳選　清嘉慶七年(1802)邱縣劉大觀刻本　四冊

310000－0241－0010441　911291
嘉樹山房集二十卷外集二卷續集二卷　(清)張士元著　(清)施國祁校　清嘉慶二十四年(1819)震澤張氏一硯樓刻本　四冊

310000－0241－0010442　911292
芙蓉山館詩鈔八卷詩補鈔一卷詞鈔二卷文鈔一卷　(清)楊芳燦撰　清嘉慶刻本　一冊

310000－0241－0010443　911292(2)
伏羌紀事詩附和作一卷　(清)楊芳燦撰　清光緒十六年(1890)刻本　一冊

310000－0241－0010444　911292(3)
芙蓉山館文鈔存殘卷一卷　(清)楊芳燦撰　清嘉慶刻本　一冊

310000－0241－0010445　911294
傳書樓詩稿一卷　(清)金順撰　清光緒四年(1878)汪曰楨會稽學署重校刻本　一冊

310000－0241－0010446　911295
袁文箋正十六卷　(清)袁枚撰　(清)石韞玉箋　清光緒八年(1882)汗青簃刻本　六冊

310000－0241－0010447　911297
古香樓遺稾十卷　(清)沈長春撰　清嘉慶二十五年(1820)刻本　四冊

310000－0241－0010448　911298
童山詩集四十二卷文集二十卷　(清)李調元撰　清嘉慶綿州李氏萬卷樓刻本　十二冊

310000－0241－0010449　911300
船山詩草二十卷　(清)張問陶撰　清嘉慶二十年(1815)吳縣石韞玉刻本　八冊

310000－0241－0010450　911300(2)
船山詩草二十卷　(清)張問陶撰　清覆嘉慶二十年(1815)石韞玉刻本　八冊

310000－0241－0010451　911300(3)
船山詩草二十卷　(清)張問陶撰　清覆嘉慶二十年(1815)石韞玉刻本　八冊

310000－0241－0010452　911300(4)
船山詩草二十卷補遺六卷　(清)張問陶撰　清同治十三年(1874)味經堂刻本　十冊

310000－0241－0010453　911301
船山詩草補遺六卷　(清)張問陶撰　清道光二十九年(1849)張氏刻本　二冊

310000－0241－0010454　911302
長真閣集七卷詩餘一卷　(清)席佩蘭撰　清嘉慶十七年(1812)刻本　一冊

310000－0241－0010455　911303
餘事集六卷　(清)史培著　(清)史長森等校　清嘉慶二十一年(1816)皖桐史氏刻本　一冊

310000－0241－0010456　911304
遂高堂詩集十卷　(清)陳懋著　清嘉慶二十一年(1816)吳江陳氏刻本　一冊

310000－0241－0010457　911305
香雪山莊詩初集九卷中集十一卷　(清)吳文炳撰　清咸豐元年(1851)毓文書院刻本　二冊

310000－0241－0010458　911308

澹靜齋文鈔八卷詩鈔六卷　(清)龔景瀚撰　清同治八年(1869)龔氏濟南郡署刻本　八册

310000－0241－0010459　911309

畫石軒詩集四卷　(清)朱逢泰撰　清嘉慶四年(1799)松陵朱氏刻本　二册

310000－0241－0010460　911310

梅花三百首五卷　(清)程思樂撰　清乾隆五十九年(1794)程氏對山堂刻本　一册

310000－0241－0010461　911311

禺山雜著四卷　(清)李暘著　清嘉慶二十五年(1820)衡陽李氏刻同治元年(1862)印本　一册

310000－0241－0010462　911318

碧腴齋詩存八卷　(清)胡德琳撰　清刻隨園三十種本　一册

310000－0241－0010463　911319

悦親樓詩集三十卷詩外集二卷　(清)祝德麟撰　清嘉慶二年(1797)刻本　八册

310000－0241－0010464　911321

試畯堂詩集十二卷　(清)王蘇撰　清道光二年(1822)季芝昌刻本　四册

310000－0241－0010465　911322

崇百藥齋集四十九卷　(清)陸繼輅撰　清嘉慶、道光間刻彙印本　十册

310000－0241－0010466　911323

白華前稿六十卷　(清)吳省欽撰　清乾隆四十八年(1783)刻本　十册

310000－0241－0010467　911326

缾水齋詩集十七卷别集二卷詩話一卷　(清)舒位撰　清光緒十二年(1886)刻十七年(1891)續刻本　八册

310000－0241－0010468　911326:2

缾水齋詩集十七卷别集二卷詩話一卷　(清)舒位撰　清光緒十二年(1886)刻十七年(1891)續刻本　四册

310000－0241－0010469　911327

吉石齋集不分卷　(清)汪彝銘撰　清嘉慶九年(1804)秀水汪氏刻本　二册

310000－0241－0010470　911328

二林居士集二十四卷附秋士先生遺集六卷姚江釋毁録一卷　(清)彭紹升撰　清光緒七年(1881)刻本　九册

310000－0241－0010471　911328(2)

一行居集八卷附一卷　(清)彭紹升撰　清道光五年(1825)葆素堂刻本　四册

310000－0241－0010472　911328(3)

觀河集四卷　(清)彭紹升撰　清道光三年(1823)刻同治元年(1862)印本　一册

310000－0241－0010473　911329

清娱閣詩鈔六卷　(清)鮑之蕙著　清光緒八年(1882)丹徒戴氏刻本　二册

310000－0241－0010474　911330

還讀齋詩稿二十卷續刻六卷　(清)韓對撰　清道光七年(1827)刻十二年(1832)續刻本　九册

310000－0241－0010475　911332

綠秋書屋遺稿一卷　(清)張因撰　清嘉慶十三年(1808)刻本　一册

310000－0241－0010476　911334

宜雅堂遺集四卷　(清)曹洪梁撰　清道光二十七年(1847)上海曹氏刻同治四年(1865)印本　二册

310000－0241－0010477　911335

陳一齋先生詩集不分卷　(清)陳梓撰　清宣統三年(1911)上海國學扶輪社排印本　一册

310000－0241－0010478　911335:2

陳一齋先生詩集不分卷　(清)陳梓撰　清宣統三年(1911)上海國學扶輪社排印本　一册

310000－0241－0010479　911337

自怡軒遺稿不分卷　(清)朱清撰　清光緒二十二年(1896)刻本　一册

310000－0241－0010480　911338

晴嵐詩存瞻岵集一卷買閒集一卷半舫集一卷

(清)張若靄撰 (清)張紹華編定 清末桐城張氏刻本 一册

310000－0241－0010481 911340
一勺集一卷補遺一卷 (清)施朝幹撰 清嘉慶二年(1797)儀徵施氏刻道光二十六年(1846)汪廷儒補刻印本 一册

310000－0241－0010482 911341
錦峯詩稿五卷 (清)聞益撰 清同治九年(1870)聞維堉刻本 一册

310000－0241－0010483 911342
虛一齋集五卷 (清)莊培因撰 清光緒九年(1883)刻本 二册

310000－0241－0010484 911343
遠郉唫稿一卷 (清)陳鑑撰 清同治十三年(1874)陳行端刻本 一册

310000－0241－0010485 911343:2
遠郉唫稿一卷 (清)陳鑑撰 清同治十三年(1874)陳行端刻本 一册

310000－0241－0010486 911344
小有齋自娛集一卷 (清)徐鈞撰 清光緒六年(1880)濟上刻本 一册

310000－0241－0010487 911345
甲六集初刻不分卷 (清)徐文心撰 清光緒三年(1877)羊城刻本 一册

310000－0241－0010488 911345:2
甲六集初刻不分卷 (清)徐文心撰 清光緒三年(1877)羊城刻本 一册

310000－0241－0010489 911347
秋士先生遺集六卷 (清)彭績撰 清光緒七年(1881)刻本 二册

310000－0241－0010490 911347:2
秋士先生遺集六卷 (清)彭績撰 清光緒七年(1881)刻本 一册

310000－0241－0010491 911348
香聞遺集四卷 (清)薛起鳳著 (清)汪縉錄 清光緒十一年(1885)彭祖賢湖北撫署刻本 一册

310000－0241－0010492 911349
怡情集四卷 (清)頡煥章撰 (清)李雲龍批釋 清光緒三十三年(1907)石印本 一册

310000－0241－0010493 911351
畹香樓詩稿二卷 (清)梁蘭漪撰 清光緒二十一年(1895)上洋飛鴻閣書林石印本 一册

310000－0241－0010494 911353
古春堂詩存二卷 (清)徐是傚撰 清光緒二十二年(1896)木活字印本 一册

310000－0241－0010495 911355
秋奩遺稿三種 (清)黃易撰 清宣統二年(1910)濟寧李汝謙影印嘉慶間錢塘黃氏寫本 一册

310000－0241－0010496 911356
小羅浮草堂詩集四十卷 (清)馮敏昌著 清嘉慶十六年(1811)欽州馮氏刻本 八册

310000－0241－0010497 911357
白華前稿六十卷白華後稿四十卷年譜一卷 (清)吳省欽撰 清乾隆四十八年至嘉慶十五年(1783－1810)石經堂刻本 十六册

310000－0241－0010498 911358
謝梅莊先生雜著十二卷 (清)謝濟世撰 (清)梁家鈺校 清光緒十年(1884)寄生草堂刻本 一册

310000－0241－0010499 911360
賜書堂詩稿不分卷 (清)翁照撰 清光緒二十六年(1900)龍砂王氏重思齋刻本 一册

310000－0241－0010500 911361
松風老屋續稿四卷 (清)錢清履撰 清嘉慶刻本 一册

310000－0241－0010501 911362
雲逗樓集二卷 (清)楊度汪撰 清乾隆刻光緒六年(1880)補刻本 二册

310000－0241－0010502 911363
桂舟遊草二卷 (清)王站柱撰 清光緒七年(1881)刻本 二册

310000－0241－0010503 911364

素修堂詩集二十四卷 （清）吳蔚光撰　清嘉慶十八年(1813)古金石齋刻本　八册

310000－0241－0010504　911365

瓊樓吟稿一卷後錄一卷 （清）陶善撰　清道光元年(1821)刻本　一册

310000－0241－0010505　911366

芸暉小閣吟草一卷 （清）顧韞玉撰　清乾隆末刻清末印本　一册

310000－0241－0010506　911367

蕉亭閒詠不分卷 （清）芮熊占撰　清道光刻本　一册

310000－0241－0010507　911368

二亭詩鈔六卷 （清）朱筤撰　清嘉慶十三年(1808)刻本　一册

310000－0241－0010508　911369

餘蔭堂詩稿二卷 （清）玉德撰　清嘉慶四年(1799)江德地刻本　二册

310000－0241－0010509　911370

海門詩鈔二卷文鈔不分卷 （清）李符清撰　清嘉慶初鏡古堂刻本　二册

310000－0241－0010510　911371

響琴齋詩集六卷詩餘二卷詞餘一卷 （清）陳聲和撰　清嘉慶三年(1798)聽訓堂刻本　一册

310000－0241－0010511　911372

道古堂文集四十八卷詩集二十六卷集外文一卷集外詩一卷軼事一卷 （清）杭世駿撰　（清）汪曾唯補輯　清乾隆四十一年(1776)汪氏振綺堂刻光緒十四年(1888)補刻本　十六册

310000－0241－0010512　911372：2

道古堂文集四十八卷詩集二十六卷集外文一卷集外詩一卷軼事一卷 （清）杭世駿撰　（清）汪曾唯補輯　清乾隆四十一年(1776)汪氏振綺堂刻光緒十四年(1888)補刻本　十六册

310000－0241－0010513　911373

道古堂詩集二十六卷文集四十六卷 （清）杭世駿撰　清乾隆五十五年至五十七年(1790－1792)杭氏刻本　十六册

310000－0241－0010514　911374

孟亭詩集四卷 （清）王箴輿撰　清同治十二年(1873)福建撫署刻本　二册

310000－0241－0010515　911375

響泉集二十卷 （清）顧光旭撰　清宣統二年(1910)無錫顧氏木活字印本　四册

310000－0241－0010516　911376

淩滄詩鈔四卷 （清）孫廷颺撰　清嘉慶十六年(1811)孫氏刻本　二册

310000－0241－0010517　911377

太平堂詩草一卷補遺一卷 （清）單楷著　清乾隆末刻本　一册

310000－0241－0010518　911378

道古堂集外詩二卷附錄一卷 （清）杭世駿撰　清光緒十三年(1887)錢唐丁氏當歸草堂刻本　一册

310000－0241－0010519　911378：2

道古堂集外詩二卷附錄一卷 （清）杭世駿撰　清光緒十三年(1887)錢唐丁氏當歸草堂刻本　一册

310000－0241－0010520　911378：3

道古堂集外詩二卷附錄一卷 （清）杭世駿撰　清光緒十三年(1887)錢唐丁氏當歸草堂刻本　一册

310000－0241－0010521　911379

五百四峯堂詩鈔二十五卷 （清）黎簡撰　清嘉慶元年(1796)黎氏刻本　八册

310000－0241－0010522　911381

刪後詩存十卷刪後文集十六卷 （清）陳梓撰　清嘉慶二十年(1815)胡氏敬義堂刻本　十二册

310000－0241－0010523　911383

聽雨齋詩集二十卷補編一卷別集一卷 （清）吳照撰　清嘉慶刻本　六册

310000－0241－0010524　911384
潭影軒詩鈔二卷　(清)王恭撰　清乾隆王氏家刻本　二册

310000－0241－0010525　911385
正聲集四卷　(清)施朝幹撰　清嘉慶五年(1800)刻本　一册

310000－0241－0010526　911386
迂齋學古編四卷　(清)法坤宏撰　清乾隆三十九年(1774)海上廬刻本　一册

310000－0241－0010527　911387
松桂讀書堂詩集八卷　(清)姚培謙撰　清乾隆五年至六年(1740－1741)刻本　一册

310000－0241－0010528　912002
太鶴山人集　(清)端木國瑚撰　清刻本　四册

310000－0241－0010529　912003
常惺惺齋文集　(清)錢世瑞撰　清道光刻本　十册

310000－0241－0010530　912004
禮耕堂叢説　(清)施國祁撰　清刻本　一册

310000－0241－0010531　912004(2)
禮耕堂叢説　(清)施國祁撰　清刻本　一册

310000－0241－0010532　912004:2
禮耕堂叢説　(清)施國祁撰　清刻本　一册

310000－0241－0010533　912006
存悔齋集　(清)劉鳳誥撰　清道光刻本　十册

310000－0241－0010534　912006:2
存悔齋集　(清)劉鳳誥撰　清道光刻本　八册

310000－0241－0010535　912007
尚絅堂集　(清)劉嗣綰撰　清刻本　十册

310000－0241－0010536　912008
尚絅堂集　(清)劉嗣綰撰　清刻本　十册

310000－0241－0010537　912009
尚絅堂集　(清)劉嗣綰撰　清刻本　十册

310000－0241－0010538　912010
尚絅堂集　(清)劉嗣綰撰　清刻本　八册

310000－0241－0010539　912011
白圭堂詩鈔續鈔　(清)江之紀撰　清婺源江氏刻本　四册

310000－0241－0010540　912012
籀經堂類稿　(清)陳慶鏞撰　清光緒九年(1883)晉江陳氏刻本　十二册

310000－0241－0010541　912012:2
籀經堂類稿　(清)陳慶鏞撰　清光緒九年(1883)晉江陳氏刻本　十二册

310000－0241－0010542　912014
吳學士文集詩集　(清)吳鼒撰　清光緒刻本　六册

310000－0241－0010543　912014:2
吳學士文集詩集　(清)吳鼒撰　清光緒刻本　六册

310000－0241－0010544　912015
吳學士文集詩集　(清)吳鼒撰　清刻本　六册

310000－0241－0010545　912016
吳學士文集詩集　(清)吳鼒撰　清刻本　六册

310000－0241－0010546　912017
吳學士文集詩集　(清)吳鼒撰　清刻本　六册

310000－0241－0010547　912022
劉孟塗集　(清)劉開撰　清道光六年(1826)檗山草堂刻本　八册

310000－0241－0010548　912022:2
劉孟塗集　(清)劉開撰　清道光六年(1826)檗山草堂刻本　八册

310000－0241－0010549　912023
孟塗先生遺詩二卷　(清)劉開撰　清光緒十二年(1886)刻本　一册

310000－0241－0010550　912023:2

孟塗先生遺詩二卷　(清)劉開撰　清光緒十二年(1886)刻本　一册

310000－0241－0010551　912024
孟塗文集十卷詩前集十卷後集二十二卷駢體文二卷　(清)劉開撰　清道光六年(1826)桐城姚氏檗山草堂刻本　八册

310000－0241－0010552　912026
易簡齋詩鈔四卷　(蒙古)額爾德特和瑛撰　清道光初刻本　二册

310000－0241－0010553　912026:2
易簡齋詩鈔四卷　(蒙古)額爾德特和瑛撰　清道光初刻本　二册

310000－0241－0010554　912028
校經廎文稾十八卷　(清)李富孫撰　清道光元年(1821)刻本　十册

310000－0241－0010555　912029
校經廎文稿十八卷　(清)李富孫撰　清道光元年(1821)刻本　六册

310000－0241－0010556　912030
示樸齋駢體文六卷　(清)錢振倫撰　清同治六年(1867)袁浦崇實書院刻本　二册

310000－0241－0010557　912031
鶴半巢詩存十卷　(清)馮培撰　清嘉慶初刻本　二册

310000－0241－0010558　912032
壺山自吟藁三卷　(清)朱休度撰　清嘉慶四年(1799)刻本　三册

310000－0241－0010559　912033
草堂詩集六卷詞集一卷　(清)徐珠撰　清嘉慶二十四年(1819)杏雨樓刻本　一册

310000－0241－0010560　912034
鴝鵒集四卷　(清)楊卓著　清嘉慶刻本　二册

310000－0241－0010561　912037
滄靜齋集二卷　(清)吳傑著　清道光十年(1830)刻本　二册

310000－0241－0010562　912038
復莊詩問三十四卷駢文八卷　(清)姚燮撰　清道光二十六年(1846)大梅山館刻本　十九册

310000－0241－0010563　912038:2
復莊詩問三十四卷駢文八卷　(清)姚燮撰　清道光二十六年(1846)大梅山館刻本　八册

310000－0241－0010564　912040
養一齋集二十六卷　(清)潘德輿撰　清同治刻本　八册

310000－0241－0010565　912040(2)
養一齋集二十六卷劄記九卷詞三卷詩話十卷李杜詩話三卷　(清)潘德輿撰　清道光至同治間刻本　十六册

310000－0241－0010566　912041
養一齋集二十六卷　(清)潘德輿撰　清同治刻本　八册

310000－0241－0010567　912042
養一齋試帖一卷　(清)潘德輿撰　清同治刻本　一册

310000－0241－0010568　912043
養一齋四書文不分卷試帖一卷詞三卷詩話十卷李杜詩話三卷　(清)潘德輿撰　清同治刻本　十册

310000－0241－0010569　912044
養一齋集二十六卷　(清)潘德輿撰　清同治刻本　八册

310000－0241－0010570　912045
養一齋四書文不分卷　(清)潘德輿撰　清同治刻本　六册

310000－0241－0010571　912048
小東山草堂駢體文鈔十卷　(清)張泰青撰　清道光十五年(1835)溫州刻本　四册

310000－0241－0010572　912049
青埵山人詩十卷　(清)洪飴孫著　清光緒十年(1884)閩縣陳寶琛江西使院刻本　二册

310000－0241－0010573　912050

尺雲軒全集詩集四卷文集二卷續編一卷尺牘一卷秋窗疊韻詩一卷 （清）朱實發撰　清光緒十三年(1887)朱端陽湖學署木活字印本　四冊

310000－0241－0010574　912052
夢陔堂詩集三十五卷 （清）黄承吉撰　清道光十二年(1832)江都黄氏刻本　八冊

310000－0241－0010575　912053
天真閣集五十四卷外集六卷 （清）孫原湘撰　**長真閣詩集七卷** （清）席佩蘭撰　清光緒十七年(1891)刻本　十二冊

310000－0241－0010576　912053:2
天真閣集五十四卷外集六卷 （清）孫原湘撰　**長真閣詩集七卷** （清）席佩蘭撰　清光緒十七年(1891)刻本　十四冊

310000－0241－0010577　912054
天真閣集五十四卷外集六卷 （清）孫原湘撰　清光緒十七年(1891)刻本　十八冊

310000－0241－0010578　912055
碧蘿吟館詩集九卷詩餘一卷 （清）馬錦撰　清道光刻本　四冊

310000－0241－0010579　912056
林屋樵歌二卷 （清）沈敬莊撰　清嘉慶十六年(1811)五峯書屋刻本　一冊

310000－0241－0010580　912057
覺生詩續鈔四卷 （清）鮑桂星撰　清同治三年(1864)退一步齋刻本　四冊

310000－0241－0010581　912058
後湘詩集九卷二集五卷 （清）姚瑩撰　清道光十三年(1833)刻本　四冊

310000－0241－0010582　912058:2
後湘詩集九卷二集五卷 （清）姚瑩撰　清道光十三年(1833)刻本　一冊

310000－0241－0010583　912060
楓江草堂詩文集十四卷 （清）朱紫貴撰　清道光七年(1827)刻本　四冊

310000－0241－0010584　912061
石柏山房詩存八卷首一卷 （清）趙文楷著　清咸豐七年(1857)趙畇惠潮嘉道署刻本　三冊

310000－0241－0010585　912062
靈芬館雜著二卷 （清）郭麐著　清嘉慶吳江郭氏刻本　一冊

310000－0241－0010586　912063
靈芬館詩初集四卷詩二集十卷詩三集四卷 （清）郭麐撰　清嘉慶九年至十二年(1804－1807)刻本　四冊

310000－0241－0010587　912063:2
靈芬館詩初集四卷詩二集十卷詩三集四卷 （清）郭麐撰　清嘉慶九年至十二年(1804－1807)刻本　一冊

310000－0241－0010588　912064
幼學堂文稿一卷 （清）沈欽韓撰　清末廣雅書局刻本　一冊

310000－0241－0010589　912065
筠心堂存稿八卷 （清）張孝時著　清光緒五年(1879)刻本　四冊

310000－0241－0010590　912066
陶文毅公全集六十四卷首一卷末一卷 （清）陶澍撰　清道光二十年(1840)刻本　四十冊

310000－0241－0010591　912067
陶文毅公全集六十四卷首一卷末一卷 （清）陶澍撰　清道光二十年(1840)淮北士民公刻本　二十四冊

310000－0241－0010592　912068
張亨甫全集詩二十七卷文六卷 （清）張際亮撰　清同治六年(1867)刻本　十冊

310000－0241－0010593　912068:2
張亨甫全集詩二十七卷文六卷 （清）張際亮撰　清同治六年(1867)刻本　十冊

310000－0241－0010594　912069
習苦齋古文四卷 （清）戴熙撰　清同治六年(1867)刻本　一冊

310000－0241－0010595　912069:2

習苦齋古文四卷　(清)戴熙撰　清同治六年(1867)刻本　五册

310000－0241－0010596　912070
綘跗草堂詩集六卷　(清)陳壽祺撰　清道光福州刻本　二册

310000－0241－0010597　912071
健修堂詩集二十二卷詞稿三卷　(清)邊浴禮撰　清咸豐十一年(1861)木活字印本　八册

310000－0241－0010598　912072
蝸吟集一卷　(清)吉爾湛泰撰　清道光九年(1829)碧琳琅山館刻本　一册

310000－0241－0010599　912073
愛日軒集五卷　(清)陳大睔著　清道光五年(1825)刻本　一册

310000－0241－0010600　912074
介石堂文鈔八卷附編一卷　(清)林芳春著　清道光五年(1825)刻本　四册

310000－0241－0010601　912075
綠野齋文集四卷　(清)劉鴻翺著　清道光七年(1827)刻本　八册

310000－0241－0010602　912076
續東軒遺集　(清)高均儒著　清光緒八年(1882)刻本　一册

310000－0241－0010603　912077
重訂厲廉州先生詩全集七卷　(清)厲同勳撰　清同治刻本　六册

310000－0241－0010604　912078
德輿集不分卷　(清)淩堃著　清道光二年(1822)傳經堂刻本　四册

310000－0241－0010605　912079
學讀書齋詩三卷　(清)喬載繇撰　清道光刻本　一册

310000－0241－0010606　912080
留春山房集古詩鈔二集三卷三集三卷四集二卷　(清)龔璁撰　清道光龔氏刻本　四册

310000－0241－0010607　912081
遜學齋詩鈔十卷文鈔十卷　(清)孫衣言著　清同治三年(1864)刻本　六册

310000－0241－0010608　912082
通父詩存四卷詩存之餘二卷通甫類稿四卷類稿續編二卷　(清)魯一同撰　清同治刻本　六册

310000－0241－0010609　912082(2)
魯通甫先生集外文二卷　(清)魯一同撰　清江陰徐氏刻本　二册

310000－0241－0010610　912083
遜學齋文鈔十二卷續鈔五卷詩鈔十卷續鈔五卷　(清)孫衣言著　清同治十二年(1873)刻本　十二册

310000－0241－0010611　912084
遜學齋文集不分卷　(清)孫衣言著　清同治刻本　一册

310000－0241－0010612　912086
頤道堂詩選二十五卷　(清)陳文述撰　清道光蘇州刻本　十册

310000－0241－0010613　912087
選樓集句二卷首一卷　(清)許祥光撰　清道光二十年(1840)刻本　二册

310000－0241－0010614　912087:2
選樓集句二卷首一卷　(清)許祥光撰　清道光二十年(1840)刻本　一册

310000－0241－0010615　912088
繼雅堂詩集三十四卷　(清)陳謹撰　清道光二十七年(1847)刻本　六册

310000－0241－0010616　912089
絳雪山房詩鈔二十卷　(清)楊慶琛撰　清道光二十八年(1848)刻本　六册

310000－0241－0010617　912090
讀白華草堂詩集初集九卷二集十二卷苜蓿集八卷　(清)黄釗撰　清道光刻本　八册

310000－0241－0010618　912091
香草軒詩存二卷　(清)夏蘭撰　清嘉慶刻本　一册

中華古籍保護計劃

ZHONG HUA GU JI BAO HU JI HUA CHENG GUO

·成 果·

復旦大學圖書館古籍普查登記目録

（下）

索引

全國古籍普查登記目録

國家圖書館出版社
National Library of China Publishing House

書名筆畫字頭索引

一畫

二畫

三畫

四畫

五畫

六畫

七畫

八畫

九畫

十畫

十一畫

十二畫

十三畫

十四畫

十五畫

十六畫

十七畫

十八畫

十九畫

二十畫

二十一畫

二十二畫

二十三畫

二十四畫

二十五畫

二十六畫

二十七畫

二十八畫

二十九畫

其他

書名筆畫索引

一畫

二畫

三畫

四畫

五畫

六畫

七畫

八畫

九畫

十畫

十一畫

十二畫

十三畫

十四畫

十五畫

十六畫

十七畫

十八畫

十九畫

二十畫

二十一畫

二十二畫

二十三畫

二十四畫

二十五畫

二十六畫

二十七畫

二十八畫

二十九畫

其他

中華古籍保護計劃

ZHONG HUA GU JI BAO HU JI HUA CHENG GUO

·成果·

復旦大學圖書館古籍普查登記目録

（中）

全國古籍普查登記目録

國家圖書館出版社
National Library of China Publishing House

310000－0241－0010619　912092

初月樓文鈔十卷詩鈔四卷初月樓聞見錄十卷　(清)吳德旋著　(清)康兆晉等校　清道光三年(1823)康兆晉刻本　六冊

310000－0241－0010620　912093

適齋居士集四卷　(清)舒敏撰　清道光二十二年(1842)吳門臬署刻本　二冊

310000－0241－0010621　912093:2

適齋居士集四卷　(清)舒敏撰　清道光二十二年(1842)吳門臬署刻本　一冊

310000－0241－0010622　912094

睦堂先生文集六十卷　(清)徐湘潭撰　清道光二十四年(1844)刻本　九冊

310000－0241－0010623　912095

尊生閣集十二卷　(清)胡增瑞著　清道光二十三年(1843)刻本　四冊

310000－0241－0010624　912096

綠雲館吟草一卷賦鈔一卷寄青齋詞稿一卷　(清)程芙亭撰　清道光二十六年(1846)刻光緒八年(1882)續刻本　一冊

310000－0241－0010625　912097

韻山堂詩集七卷補遺一卷　(清)王文誥撰　清光緒十四年(1888)浙江書局刻本　一冊

310000－0241－0010626　912097:2

韻山堂詩集七卷補遺一卷　(清)王文誥撰　清光緒十四年(1888)浙江書局刻本　一冊

310000－0241－0010627　912098

因寄軒文初集十卷二集六卷補遺一卷附小異遺文一卷　(清)管同著　(清)鄧嘉緝校　清光緒五年(1879)張士珩等刻本　四冊

310000－0241－0010628　912098(2)

因寄軒文初集十卷二集六卷補遺一卷附小異遺文一卷　(清)管同撰　清刻本　二冊

310000－0241－0010629　912098:2

因寄軒文初集十卷二集六卷補遺一卷附小異遺文一卷　(清)管同著　(清)鄧嘉緝校　清光緒五年(1879)張士珩等刻本　五冊

310000－0241－0010630　912100

萬善花室詩集四卷文藁一卷詞藁一卷　(清)方履籛撰　清道光十二年(1832)刻本　一冊

310000－0241－0010631　912104

移華館駢體文甲集二卷乙集二卷　(清)董基誠　(清)董祐誠撰　清光緒木活字印本　一冊

310000－0241－0010632　912105

移華館駢體文甲集二卷乙集二卷　(清)董基誠　(清)董祐誠撰　清咸豐九年(1859)蓉城刻本　二冊

310000－0241－0010633　912106

郭大理遺稿八卷　(清)郭尚光撰　清道光二十四年(1844)刻本　二冊

310000－0241－0010634　912107

菽原堂初集十卷　(清)查初揆撰　清嘉慶八年(1803)刻同治七年(1868)重修本　四冊

310000－0241－0010635　912107:2

篔谷詩鈔二十卷文鈔十二卷　(清)查揆著　清道光十五年(1835)菽原堂刻本　十冊

310000－0241－0010636　912108

思適齋集十八卷　(清)顧廣圻撰　清道光二十九年(1849)上海徐氏刻本　四冊

310000－0241－0010637　912108:2

思適齋集十八卷　(清)顧廣圻撰　清道光二十九年(1849)上海徐氏刻本　四冊

310000－0241－0010638　912109

秋室集五卷　(清)楊鳳苞著　清光緒九年(1883)湖州陸氏刻本　二冊

310000－0241－0010639　912110

借間生詩三卷詞一卷　(清)汪遠孫撰　清道光二十年(1840)錢塘汪氏寫刻本　四冊

310000－0241－0010640　912111

芬響閣初藁十卷　(清)王褧之著　清咸豐九年(1859)刻本　二冊

310000－0241－0010641　912112

琴東野屋集十二卷　(清)蔣寶齡撰　清咸豐

二年(1852)刻本　二册

310000－0241－0010642　912113

介存齋文稿二卷　(清)周濟著　清光緒三年(1877)刻本　一册

310000－0241－0010643　912114

止庵文一卷　(清)周濟撰　清道光刻本　二册

310000－0241－0010644　912115

願學堂詩鈔二十八卷　(清)王宗燿撰　清咸豐十年(1860)王氏刻本　一册

310000－0241－0010645　912115:2

願學堂詩鈔二十八卷　(清)王宗燿撰　清咸豐十年(1860)王氏刻本　六册

310000－0241－0010646　912116

精刊龔定盦文集二十六卷附龔先生年譜一卷　(清)龔自珍撰　清宣統元年(1909)上海國學扶輪社排印本　二十二册

310000－0241－0010647　912116:2

精刊龔定盦文集二十六卷附龔先生年譜一卷　(清)龔自珍撰　清宣統元年(1909)上海國學扶輪社排印本　七册

310000－0241－0010648　912116:3

精刊龔定盦文集二十六卷附龔先生年譜一卷　(清)龔自珍撰　清宣統元年(1909)上海國學扶輪社排印本　七册

310000－0241－0010649　912117

定盦文集十七卷　(清)龔自珍撰　清同治七年(1868)杭州吴煦刻本　三册

310000－0241－0010650　912117:2

定盦文集十七卷　(清)龔自珍撰　清同治七年(1868)杭州吴煦刻本　四册

310000－0241－0010651　912118

定盦文集補編四卷　(清)龔自珍撰　(清)傅灌園勘刻　清光緒十二年(1886)朱之榛刻本　三册

310000－0241－0010652　912120

校正定盦全集十六卷　(清)龔自珍撰　清光緒二十九年(1903)上海文瑞樓石印本　四册

310000－0241－0010653　912121

龔定盦全集十七卷　(清)龔自珍撰　清光緒二十三年(1897)粤東萬木書堂刻本　六册

310000－0241－0010654　912121:2

龔定盦全集十七卷　(清)龔自珍撰　清光緒二十三年(1897)粤東萬木書堂刻本　六册

310000－0241－0010655　912122

校訂定盦全集十卷附年譜一卷　(清)龔自珍撰　(清)黄守恒撰年譜　清宣統元年(1909)上海時中書局排印本　三册

310000－0241－0010656　912123

有獲齋文集六卷附録一卷　(清)李道平著　清同治十三年(1874)陳氏念園刻本　二册

310000－0241－0010657　912124

許玉峯先生集三卷　(清)許鼎撰　(清)劉元佐等輯　清同治五年(1866)刻本　一册

310000－0241－0010658　912125

古微堂内集三卷外集七卷　(清)魏源撰　清宣統元年(1909)國學扶輪社排印本　六册

310000－0241－0010659　912126:2

古微堂内集三卷外集七卷　(清)魏源撰　清光緒四年(1878)淮南書局刻本　四册

310000－0241－0010660　912126:3

古微堂内集三卷外集七卷　(清)魏源撰　清光緒四年(1878)淮南書局刻本　四册

310000－0241－0010661　912127

古微堂内集三卷外集七卷　(清)魏源撰　清光緒四年(1878)淮南書局刻本　四册

310000－0241－0010662　912128

鐵橋漫稿八卷　(清)嚴可均撰　清光緒十一年(1885)蔣氏刻本　四册

310000－0241－0010663　912129

鐵橋漫稿八卷　(清)嚴可均撰　清光緒十一年(1885)蔣氏刻本　四册

310000－0241－0010664　912130

秣陵集六卷　(清)陳文述撰　清光緒十年(1884)淮南書局刻本　三冊

310000－0241－0010665　912130:2
秣陵集六卷　(清)陳文述撰　清光緒十年(1884)淮南書局刻本　三冊

310000－0241－0010666　912130:3
秣陵集六卷　(清)陳文述撰　清光緒十年(1884)淮南書局刻本　四冊

310000－0241－0010667　912131
吟秋樓詩鈔十二卷附味堂詩鈔一卷　(清)鄔鶴舟撰　清道光二十四年(1844)刻本　十二冊

310000－0241－0010668　912132
歗夫文稿四卷時體詩七卷冊子四卷粵東雜詩五卷　(清)李夢松撰　清嘉慶初寫刻本　六冊

310000－0241－0010669　912133
杏本堂詩古文學制二卷　(清)陳之綱撰　清嘉慶刻本　一冊

310000－0241－0010670　912134
雲左山房詩鈔九卷詩餘一卷試帖一卷　(清)林則徐撰　清光緒十二年(1886)刻本　二冊

310000－0241－0010671　912134:2
雲左山房詩鈔九卷詩餘一卷試帖一卷　(清)林則徐撰　清光緒十二年(1886)刻本　二冊

310000－0241－0010672　912134:3
雲左山房詩鈔九卷詩餘一卷試帖一卷　(清)林則徐撰　清光緒十二年(1886)刻本　二冊

310000－0241－0010673　912134:4
雲左山房詩鈔九卷詩餘一卷試帖一卷　(清)林則徐撰　清光緒十二年(1886)刻本　四冊

310000－0241－0010674　912137
中復堂五種三十七卷　(清)姚瑩撰　清道光二十九年(1849)刻本　十六冊

310000－0241－0010675　912137:2
中復堂五種三十七卷　(清)姚瑩撰　清道光二十九年(1849)刻本　二十四冊

310000－0241－0010676　912138
來雨軒存稿四卷　(清)莫晉撰　清道光十六年(1836)莫鍾琪刻本　四冊

310000－0241－0010677　912139
芙蓉池館詩草一卷賦草一卷　(清)羅辰撰　清道光十一年(1831)刻本　一冊

310000－0241－0010678　912140
易園文集四卷詩集二卷詞集一卷星土釋三卷首一卷　(清)李林松撰　清道光十七年(1837)吳悌濟寧州署刻光緒十年(1884)李邦黻補刻二十九年(1903)重印本　八冊

310000－0241－0010679　912141
小琅玕山館詩鈔十卷詞一卷　(清)嚴廷珏撰　清同治十二年(1873)刻本　四冊

310000－0241－0010680　912142
新阪土風一卷　(清)陳鱣著　清光緒十八年(1892)刻本　一冊

310000－0241－0010681　912144
棣懷堂隨筆十一卷首一卷末一卷賦鈔二卷　(清)李象鵾撰　清同治十三年(1874)刻本　八冊

310000－0241－0010682　912145
棣懷堂隨筆十一卷首一卷末一卷賦鈔二卷　(清)李象鵾撰　清同治十三年(1874)刻本　八冊

310000－0241－0010683　912146
澄懷書屋詩鈔四卷　(清)穆彰阿著　清道光刻本　一冊

310000－0241－0010684　912147
綠蕉館詩鈔四卷繡鐙問字圖一卷　(清)陳景高著　清同治十三年(1874)刻本　三冊

310000－0241－0010685　912148
小萬卷齋全集七十二卷　(清)朱琦撰　清光緒十一年(1885)嘉樹山房刻本　二十四冊

310000－0241－0010686　912148:2
小萬卷齋全集七十二卷　(清)朱琦撰　清光緒十一年(1885)嘉樹山房刻本　十二冊

310000－0241－0010687　912149
集益齋稿三卷末一卷　(清)王廣蔭撰　清咸豐刻本　二册

310000－0241－0010688　912150
王文直公遺集六卷首一卷　(清)王東槐撰　清光緒七年(1881)刻本　六册

310000－0241－0010689　912150:2
王文直公遺集六卷首一卷　(清)王東槐撰　清光緒七年(1881)刻本　四册

310000－0241－0010690　912151
攀古小廬文一卷補遺一卷　(清)許瀚撰　清光緒元年(1875)刻本　一册

310000－0241－0010691　912152
怡志堂詩集八卷文初集六卷　(清)朱琦撰　清光緒十八年(1892)刻本　四册

310000－0241－0010692　912153
晝延年室詩稿六卷詩餘三卷　(清)袁起撰　清同治三年(1864)刻本　三册

310000－0241－0010693　912155
夢衲盦詩偶存　(清)汪昉撰　清光緒十年(1884)刻本　一册

310000－0241－0010694　912156
借庵詩鈔十卷　(清)釋巨超撰　清道光六年(1826)刻本　四册

310000－0241－0010695　912156(2)
借庵詩文遺稿三卷　(清)釋清恒撰　清道光十九年(1839)刻本　一册

310000－0241－0010696　912157
天遊閣集五卷　(清)顧春撰　清宣統二年(1910)風雨樓排印本　一册

310000－0241－0010697　912158
天遊閣集五卷　(清)顧春撰　清宣統二年(1910)風雨樓排印本　一册

310000－0241－0010698　912159
擇雅堂二集八卷續一卷　(清)許惠撰　清光緒十三年(1887)鴻德堂刻本　二册

310000－0241－0010699　912160
尚絅廬詩存二卷　(清)呂嘉賓撰　清同治五年(1866)廣州刻本　一册

310000－0241－0010700　912161
禮觚亭集三十二卷後集十二卷　(清)祁寯藻撰　清咸豐七年(1857)勤學齋刻本　十二册

310000－0241－0010701　912161:2
禮觚亭集三十二卷後集十二卷　(清)祁寯藻撰　清咸豐七年(1857)勤學齋刻本　六册

310000－0241－0010702　912162
幸草廬詩鈔一卷　(清)程蓮撰　清咸豐刻本　一册

310000－0241－0010703　912163
歸樸龕叢稿十二卷　(清)彭藴章撰　清道光二十八年(1848)刻本　三册

310000－0241－0010704　912164
欽齋詩稿二卷文稿一卷　(清)蘇惇元撰　清道光刻初印本　一册

310000－0241－0010705　912165
倚晴樓詩集十二卷續集四卷詩餘四卷韻珊外集(倚晴樓七種曲)十二卷　(清)黃燮清撰　清道光至同治間海鹽黃氏刻本　十二册

310000－0241－0010706　912165:2
倚晴樓詩集十二卷續集四卷詩餘四卷韻珊外集(倚晴樓七種曲)十二卷　(清)黃燮清撰　清道光至同治間海鹽黃氏刻本　六册

310000－0241－0010707　912165:3
倚晴樓詩集十二卷續集四卷詩餘四卷韻珊外集(倚晴樓七種曲)十二卷　(清)黃燮清撰　清道光至同治間海鹽黃氏刻本　二册

310000－0241－0010708　912166
萸江古文存四卷詩存三卷附錄一卷　(清)陶必銓撰　清嘉慶二十一年(1816)刻本　六册

310000－0241－0010709　912167
潘少白文集八卷常語二卷詩集五卷　(清)潘諮撰　(清)陳繼昌訂　清道光二十四年(1844)瞻園刻本　六册

310000－0241－0010710　912168
齊莊中正堂詩鈔十七卷首一卷　(清)殷兆鏞撰　清光緒五年(1879)鴛湖世翰林家刻本　四冊

310000－0241－0010711　912171
鷗園詩集十二卷　(清)吳覲撰　清道光二年(1822)刻本　二冊

310000－0241－0010712　912172
榁華館文集六卷駢文一卷詩集四卷雜錄一卷　(清)路德撰　清光緒七年(1881)刻本　十冊

310000－0241－0010713　912172:2
榁華館文集六卷駢文一卷詩集四卷雜錄一卷　(清)路德撰　清光緒七年(1881)刻本　十冊

310000－0241－0010714　912172:3
榁華館文集六卷駢文一卷詩集四卷雜錄一卷　(清)路德撰　清光緒七年(1881)刻本　五冊

310000－0241－0010715　912173
延桂山房全集十一卷　(清)王惟成撰　清光緒二十六年(1900)刻本　四冊

310000－0241－0010716　912175
自然好學齋詩鈔七卷　(清)汪端撰　清同治十三年(1874)刻本　二冊

310000－0241－0010717　912175(2)
自然好學齋詩鈔　(清)汪端撰　清同治十三年(1874)刻後印本　一冊

310000－0241－0010718　912177
雲寥山人詩鈔四卷　(清)蔣蘅撰　清咸豐元年(1851)刻本　二冊

310000－0241－0010719　912178
寸草堂詩鈔十二卷　(清)胡式鈺撰　清道光刻本　一冊

310000－0241－0010720　912179
哀弦集一卷附珠來閣遺詩一卷　(清)徐錫第撰　清道光刻本　二冊

310000－0241－0010721　912181
凝香閣詩集二卷　(清)馮蘭貞撰　清道光十三年(1833)刻本　一冊

310000－0241－0010722　912182
息影庵初存詩八卷　(清)蔣坦撰　清咸豐四年(1854)刻本　二冊

310000－0241－0010723　912183
集益齋稿三卷末一卷　(清)王廣蔭撰　清咸豐刻本　二冊

310000－0241－0010724　912184
壺園詩鈔十卷外集六卷什著一卷　(清)徐寶善撰　清刻本　五冊

310000－0241－0010725　912185
復素堂詩集四卷文集五卷　(清)周沐潤撰　清咸豐元年(1851)刻本　五冊

310000－0241－0010726　912187
細雲吟草二卷　(清)吳芳堪撰　清道光二十八年(1848)守樸齋寫刻本　二冊

310000－0241－0010727　912187:2
細雲吟草二卷　(清)吳芳堪撰　清道光二十八年(1848)守樸齋寫刻本　一冊

310000－0241－0010728　912187:3
細雲吟草二卷　(清)吳芳堪撰　清道光二十八年(1848)守樸齋寫刻本　一冊

310000－0241－0010729　912188
柯家山館遺詩六卷詞三卷　(清)嚴元照撰　清嘉慶十九年至二十二年(1814－1817)德清徐球刻本　二冊

310000－0241－0010730　912188:2
柯家山館遺詩六卷詞三卷　(清)嚴元照撰　清嘉慶十九年至二十二年(1814－1817)德清徐球刻本　三冊

310000－0241－0010731　912189
塵海勞人草十八卷詞一卷　(清)夏尚志撰　清刻本　四冊

310000－0241－0010732　912190
白石山館詩一卷清夜齋詩稿一卷　(清)陳沆

（清）魏源撰並書　清宣統三年（1911）蘄水陳氏石印本　一冊

310000－0241－0010733　912190：2
白石山館詩一卷清夜齋詩稿一卷　（清）陳沆（清）魏源撰並書　清宣統三年（1911）蘄水陳氏石印本　一冊

310000－0241－0010734　912191
慎其餘齋文集二十卷　（清）王贈芳撰　清咸豐四年（1854）留香書屋刻本　六冊

310000－0241－0010735　912192
嗚曉堂詩集八卷　（清）王鳳翽著　清刻本二冊

310000－0241－0010736　912193
留春草堂詩鈔七卷　（清）伊秉綬撰　清嘉慶十九年（1814）廣州秋水園刻本　四冊

310000－0241－0010737　912193（2）
留春草堂詩鈔七卷　（清）伊秉綬撰　清嘉慶十九年（1814）廣州秋水園刻光緒六年（1880）伊清阿補刻印本　二冊

310000－0241－0010738　912193：2
留春草堂詩鈔七卷　（清）伊秉綬撰　清嘉慶十九年（1814）廣州秋水園刻本　二冊

310000－0241－0010739　912194
貞定先生遺集四卷　（清）莫與儔撰　清末獨山莫氏刻本　二冊

310000－0241－0010740　912194：2
貞定先生遺集四卷　（清）莫與儔撰　清末獨山莫氏刻本　一冊

310000－0241－0010741　912195
李文清公遺書八卷　（清）李棠階書　清光緒八年（1882）刻本　四冊

310000－0241－0010742　912196
樂園文鈔八卷首一卷　（清）嚴如熤撰　清道光刻本　四冊

310000－0241－0010743　912198：2
壹齋集四十卷奏御集二卷兩朝恩賚記一卷賦一卷二十四畫品一卷畫友錄一卷黃山遊記一卷泛槳錄二卷蕭湯二老遺詩合編二卷　（清）黃鉞撰　清咸豐九年（1859）廣東刻本　十冊

310000－0241－0010744　912199
七經樓文鈔六卷　（清）蔣湘南撰　清同治八年（1869）刻本　四冊

310000－0241－0010745　912199（2）
七經樓文鈔六卷　（清）蔣湘南撰　清道光二十七年（1847）刻本　四冊

310000－0241－0010746　912200
青溪舊屋文集十一卷　（清）劉文淇撰　清光緒九年（1883）刻本　二冊

310000－0241－0010747　912201
藹唐詩集十四卷　（清）王瑋慶撰　清嘉慶二十五年（1820）蕉葉山房刻本　四冊

310000－0241－0010748　912202
松籟閣詩鈔十一卷　（清）陳均撰　清嘉慶二十四年（1819）粵東刻本　二冊

310000－0241－0010749　912203
小鷗波館詩鈔十卷詞鈔一卷　（清）潘曾瑩撰　清道光二十五年（1845）刻本　二冊

310000－0241－0010750　912203（2）
小鷗波館詩鈔十二卷　（清）潘曾瑩撰　清咸豐刻本　一冊

310000－0241－0010751　912204
易園文集四卷　（清）李林松著　清道光十七年（1837）濟寧州署刻本　四冊

310000－0241－0010752　912205
留邨文集四卷　（清）黃瑞著　清光緒十一年（1885）虞山黃氏刻本　四冊

310000－0241－0010753　912206
泰雲堂文集二卷駢體文集二卷詩集十八卷詞集三卷　（清）孫爾準撰　清同治九年（1870）閩中吳大廷刻本　四冊

310000－0241－0010754　912207
刻楮集四卷旅逸小稿二卷　（清）錢儀吉撰　清道光十四年（1834）廣州錢氏刻本　一冊

310000－0241－0010755 912207(2)
衎石齋記事稾十卷續稾十卷刻楮集四卷旅逸小稾二卷 (清)錢儀吉撰 清光緒六年(1880)錢彝甫刻本 十二册

310000－0241－0010756 912208
程侍郎遺集十卷 (清)程恩澤著 清道光二十六年(1846)刻本 四册

310000－0241－0010757 912210
劍光樓詩鈔四卷文鈔一卷劍光樓詞一卷 (清)儀克中撰 清光緒八年(1882)學海堂刻本 二册

310000－0241－0010758 912211
積石文稾十八卷 (清)張履著 清光緒二十年(1894)刻本 六册

310000－0241－0010759 912212
荃石居類鈔九卷 (清)吳頡鴻撰 清光緒刻本 二册

310000－0241－0010760 912213
閩遊集二卷 (清)高頌禾著 清道光二十八年(1848)刻本 一册

310000－0241－0010761 912215
春陵吟草偶存一卷 (清)鄧蘭薰撰 清道光二十二年(1842)刻本 一册

310000－0241－0010762 912216
使黔草三卷 (清)何紹基撰 清道光二十五年(1845)刻本 二册

310000－0241－0010763 912218
琴隱園詩集三十六卷 (清)湯貽汾撰 清光緒元年(1875)刻本 六册

310000－0241－0010764 912219
寸心知室詩文存六卷附隨筆一卷 (清)湯金釗撰 清咸豐元年(1851)刻本 四册

310000－0241－0010765 912220
好深湛思室詩存二十二卷 (清)孫義鈞撰 清同治十二年(1873)孫憙刻本 四册

310000－0241－0010766 912222
曬書堂集三十卷 (清)郝懿行著 清光緒十年(1884)刻本 十二册

310000－0241－0010767 912223
多歲堂詩集四卷載賡集二卷試律詩集一卷賦集一卷 (清)成書撰 清道光原刻本 四册

310000－0241－0010768 912225
容山教事錄一卷 (清)張履撰 清道光十八年(1838)華陽精舍刻本 一册

310000－0241－0010769 912226
南村草堂詩鈔二十二卷 (清)鄧顯鶴撰 清道光九年(1829)刻本 六册

310000－0241－0010770 912227
南村草堂詩鈔二十卷 (清)鄧顯鶴撰 清咸豐元年(1851)刻本 十二册

310000－0241－0010771 912228
節庵先生遺詩六卷 梁鼎芬撰 清光緒末慎始基齋刻本 二册

310000－0241－0010772 912229
白華山人詩鈔四卷 (清)厲志撰 (清)姚燮輯 清道光刻本 一册

310000－0241－0010773 912230
宧拾錄十九卷 (清)王子音撰 清嘉慶十一年(1806)京師文會堂刻本 八册

310000－0241－0010774 912231
詩娛室詩集二十四卷 (清)黃安濤撰 清道光十四年(1834)刻本 六册

310000－0241－0010775 912232
陸次山集二卷 (清)陸璣撰 清道光刻本 一册

310000－0241－0010776 912234
守經堂詩集十卷 (清)沈筠撰 清光緒九年(1883)刻本 四册

310000－0241－0010777 912235
慧文閣詩集二卷 (清)畢熙曾撰 清宣統三年(1911)木活字印本 一册

310000－0241－0010778 912236
通德堂詩存四卷 (清)張京度撰 清同治六

年(1867)百花草堂刻本　一册

310000－0241－0010779　912237
天繪閣詩藁八卷　(清)王仲溎著　清道光二年(1822)震澤王氏刻本　四册

310000－0241－0010780　912238
擁書堂詩集四卷　(清)張璿華撰　**傳硯堂詩存一卷**　(清)張允垂撰　清光緒二十四年(1898)刻本　一册

310000－0241－0010781　912238：2
擁書堂詩集四卷　(清)張璿華撰　**傳硯堂詩存一卷**　(清)張允垂撰　清光緒二十四年(1898)刻本　一册

310000－0241－0010782　912239
冬巢詩集四卷詞集四卷　(清)汪潮生撰　清道光十八年(1838)慎言堂刻本　二册

310000－0241－0010783　912240
吟紅閣詩鈔五卷　(清)夏伊蘭撰　清道光刻本　一册

310000－0241－0010784　912241
紅棠閣詩鈔七卷文鈔六卷　(清)王芝林撰　清光緒十三年(1887)金匱王氏木活字印本　四册

310000－0241－0010785　912242
東里生燼餘集三卷　(清)汪家禧撰　清嘉慶二十五年(1820)刻本　一册

310000－0241－0010786　912244
岑華居士蘭鯨錄八卷　(清)吳慈鶴撰　清嘉慶吳氏刻本　二册

310000－0241－0010787　912245
城北草堂詩鈔四卷詩餘二卷詞餘一卷附小鄉嬛室詩餘殘稿一卷　(清)顧夔撰　清光緒十四年(1888)刻本　二册

310000－0241－0010788　912245：2
城北草堂詩鈔四卷詩餘二卷詞餘一卷附小鄉嬛室詩餘殘稿一卷　(清)顧夔撰　清光緒十四年(1888)刻本　二册

310000－0241－0010789　912246
五是堂詩集八卷　(清)顧王霖撰　清光緒八年(1882)刻本　二册

310000－0241－0010790　912247
詒安堂詩初稿八卷二集八卷詩餘三卷試帖詩鈔一卷　(清)王慶勳撰　清咸豐三年至五年(1853－1855)刻本　三册

310000－0241－0010791　912248
雙藤書屋詩集十二卷　(清)何道生撰　清道光元年(1821)雕藻齋刻本　三册

310000－0241－0010792　912249
梅雪堂詩集十卷　(清)曹應樞撰　清咸豐三年(1853)錄古齋刻本　二册

310000－0241－0010793　912250
述古堂文集十二卷　(清)錢兆鵬撰　清光緒七年(1881)刻本　四册

310000－0241－0010794　912251
心知堂詩稿十八卷　(清)汪仲洋撰　清道光六年(1826)成都汪氏刻本　八册

310000－0241－0010795　912252
小重山房詩詞全集三十二卷　(清)張祥河撰　(清)耿道沖重編　清道光、咸豐間刻民國八年(1919)補刻本　十二册

310000－0241－0010796　912254
太乙舟詩集十三卷　(清)陳用光撰　清咸豐四年(1854)孝友堂刻本　六册

310000－0241－0010797　912254(2)
太乙舟文集八卷　(清)陳用光著　清道光二十三年(1843)陳大煥孝友堂刻本　九册

310000－0241－0010798　912256
蘊愫閣別集四卷　(清)盛大士撰　清道光五年(1825)刻本　一册

310000－0241－0010799　912257
崇雅堂文鈔二卷應制存稿一卷定鄉雜著二卷　(清)胡敬撰　清道光二十六年(1846)刻本　一册

310000－0241－0010800　912258
儆居内集十四卷　(清)黃式三撰　清光緒二年(1876)刻本　四册

310000－0241－0010801　912258：2
儆居内集十四卷　(清)黃式三撰　清光緒二年(1876)刻本　八冊

310000－0241－0010802　912259
小松石齋詩集五卷文集存二卷　(清)趙允懷撰　清光緒十五年(1889)刻本　三冊

310000－0241－0010803　912259：2
小松石齋詩集五卷文集存二卷　(清)趙允懷撰　清光緒十五年(1889)刻本　四冊

310000－0241－0010804　912261
二垞詩稿四卷詞稿一卷　(清)朱棟撰　清嘉慶十一年(1806)踵息山莊刻本　二冊

310000－0241－0010805　912262
樂潛堂詩初集二卷　(清)趙函撰　清咸豐七年(1857)刻本　一冊

310000－0241－0010806　912263
晚甘堂詩鈔一卷　(清)朱澍撰　清光緒十三年(1887)金山錢氏刻本　一冊

310000－0241－0010807　912264
茗香堂集四卷　(清)王家相撰　清嘉慶刻本　一冊

310000－0241－0010808　912265
夢魚書屋詩草不分卷　(清)張蘭撰　清咸豐十一年(1861)在我軒刻本　一冊

310000－0241－0010809　912266
繡屏風館詩集十卷　(清)方熊撰　清道光常熟張氏文華齋刻本　四冊

310000－0241－0010810　912267
介存齋詩四卷文稿二卷淮鹺問答一卷　(清)周濟撰　清光緒周佐臣刻本　二冊

310000－0241－0010811　912268
布帆無恙草三卷忍冬小草二卷　(清)湯儲璠撰　清道光陳慶齡刻本　一冊

310000－0241－0010812　912272
僊屏書屋初集詩録十六卷後録二卷　(清)黃爵滋撰　清道光二十九年(1849)刻本　五冊

310000－0241－0010813　912272(2)
己酉北行草不分卷　(清)黃爵滋撰　清道光刻本　一冊

310000－0241－0010814　912272(2)：2
己酉北行草不分卷　(清)黃爵滋撰　清道光刻本　一冊

310000－0241－0010815　912275
雙白燕堂文集二卷　(清)陸耀遹撰　清光緒四年(1878)興國州署刻本　一冊

310000－0241－0010816　912279
春暉草堂詩存四卷　(清)費履堅撰　清同治三年(1864)刻本　二冊

310000－0241－0010817　912279：2
春暉草堂詩存四卷　(清)費履堅撰　清同治三年(1864)刻本　二冊

310000－0241－0010818　912279：3
春暉草堂詩存四卷　(清)費履堅撰　清同治三年(1864)刻本　一冊

310000－0241－0010819　912280
聲玉山齋詩集十卷　(清)鄒熊撰　清嘉慶十五年(1810)刻本　四冊

310000－0241－0010820　912282
漁瀾山人集十二卷　(清)彭鼇撰　清嘉慶十五年(1810)存心堂刻本　八冊

310000－0241－0010821　912283
存希閣詩録一卷夢蟾樓詩録一卷　(清)繆徵甲撰　清光緒金陵刻本　一冊

310000－0241－0010822　912284(2)
簡莊文鈔六卷續編二卷河莊詩鈔一卷　(清)陳鱣撰　清光緒十四年(1888)海昌羊復禮粵東刻本　二冊

310000－0241－0010823　912284(2)：2
簡莊文鈔六卷續編二卷河莊詩鈔一卷　(清)陳鱣撰　清光緒十四年(1888)海昌羊復禮粵東刻本　二冊

310000－0241－0010824　912285
起雲閣詩鈔四卷　(清)鮑之蘭撰　清光緒八

年(1882)丹徒戴燮元刻本　二冊

310000－0241－0010825　912288
孟晉齋詩集四卷首一卷　(清)言朝標著　清光緒九年至十年(1883－1884)常熟言良鑫刻本　一冊

310000－0241－0010826　912289
陔南池館遺集二卷　(清)喬重禧撰　清咸豐刻本　一冊

310000－0241－0010827　912291
石園遺詩一卷石園附編一卷　(清)朱溶撰　清光緒二十一年(1895)臨海葉氏排印蔭玉閣叢書本　一冊

310000－0241－0010828　912293
烏目山房詩存六卷　(清)蔣因培著　清道光二十三年(1843)海寧楊文蓀述鄭齋校刻本　二冊

310000－0241－0010829　912294
復齋詩鈔一卷　(清)高登奎撰　清光緒二十九年(1903)華雲閣校印木活字印本　一冊

310000－0241－0010830　912295
秋潭相國詩存一卷　(清)文孚撰　清道光張祥河刻本　一冊

310000－0241－0010831　912296
詒硯齋詩存不分卷　(清)楊景仁撰　清末刻本　一冊

310000－0241－0010832　912297
攬青閣詩鈔二卷　(清)李貽德撰　清同治五年(1866)刻本　一冊

310000－0241－0010833　912297:2
攬青閣詩鈔二卷　(清)李貽德撰　清同治五年(1866)刻本　一冊

310000－0241－0010834　912298
綠雲山房詩草二卷附題辭一卷　(清)勞蓉君撰　清光緒四年(1878)橋蔭軒刻本　二冊

310000－0241－0010835　912299
白鶴山房詩鈔　(清)葉紹本撰　清道光七年(1827)桂林使廨刻本　二冊　存七卷

310000－0241－0010836　912300
蘭圃詩鈔八卷續鈔一卷　(清)武廷選撰　清道光刻本　二冊

310000－0241－0010837　912302
小瓊海詩　(清)陳赫撰　清嘉慶、道光間刻本　二冊　存四卷

310000－0241－0010838　912304
梅麓詩鈔十八卷　(清)齊彥槐撰　清光緒二年(1876)婺源齊學裘刻本　六冊

310000－0241－0010839　912305
寶鐵齋詩錄不分卷　(清)韓崇撰　清道光二十九年(1849)顏氏潯江郡舍刻本　一冊

310000－0241－0010840　912306
遂園詩鈔六卷　(清)夏味堂著　清咸豐元年(1851)夏承勳刻本　二冊

310000－0241－0010841　912306:2
遂園詩鈔六卷　(清)夏味堂著　清咸豐元年(1851)夏承勳刻本　二冊

310000－0241－0010842　912307
一溉亭詩鈔一卷附怡園詩鈔一卷　(清)田鋭撰　清同治十年(1871)太原田氏刻本　一冊

310000－0241－0010843　912308
悔生詩鈔六卷文集八卷附詩鈔評跋一卷　(清)王灼撰　清嘉慶刻本　四冊

310000－0241－0010844　912309
疏野堂集十卷　(清)歸令瑜撰　清咸豐六年(1856)刻本　一冊

310000－0241－0010845　912310
藕頤外集　(清)熊寶泰撰　清嘉慶、道光間刻本　一冊　存三卷

310000－0241－0010846　912311
綠天書舍存草六卷　(清)錢楷撰　清嘉慶二十三年(1818)廣州阮元刻本　二冊

310000－0241－0010847　912313
對山樓詩稿十二卷　(清)王燾撰　清道光刻本　三冊

310000－0241－0010848　912314
枕經堂詩鈔　(清)方朔撰　清道光、咸豐間刻本　一册　存二卷(金臺游學草二卷)

310000－0241－0010849　912314:2
枕經堂詩鈔　(清)方朔撰　清道光、咸豐間刻本　一册　存二卷(金臺游學草二卷)

310000－0241－0010850　912315
城西草堂詩集四卷　(清)秦緗武撰　清咸豐錫山秦氏刻本　一册

310000－0241－0010851　912316:2
長谿草堂文鈔　(清)潘允喆撰　清刻本　一册

310000－0241－0010852　912317
枕善堂詩鈔一卷　(清)陳大榕撰　(清)聶銑敏選　清道光六年(1826)松江陳氏刻本　一册

310000－0241－0010853　912319
九芝草堂詩存八卷　(清)朱依真撰　清道光二年(1822)刻本　二册

310000－0241－0010854　912320
春華集二卷　(清)龍元任撰　清光緒十九年(1893)順德龍氏刻本　一册

310000－0241－0010855　912321
閩歸詩集二卷　(清)曹文漢撰　清光緒石印本　二册

310000－0241－0010856　912322
紉香草堂詩集十卷　(清)李廷棨撰　清咸豐刻本　四册

310000－0241－0010857　912323
秋水池堂詩集五卷洮瓊館詞一卷　(清)袁棠撰　清嘉慶刻本　一册

310000－0241－0010858　912324
雨十詩鈔四卷　(清)居瑾撰　清光緒刻本　二册

310000－0241－0010859　912325
萬綠草堂詩集二十卷　(清)管繩萊撰　清光緒十二年(1886)徑北書屋刻本　四册

310000－0241－0010860　912326
醉吟草六卷　(清)劉大容撰　清咸豐、同治間刻本　一册

310000－0241－0010861　912326:2
醉吟草六卷　(清)劉大容撰　清咸豐、同治間刻本　一册

310000－0241－0010862　912328
耐菴詩存三卷文存六卷　(清)賀長齡撰　清咸豐十一年(1861)刻本　四册

310000－0241－0010863　912329
綠杉野屋詩集四卷　(清)蕭元吉撰　清光緒十八年(1892)石印本　二册

310000－0241－0010864　912330
拈花唫館詩鈔二卷　(清)蔡載樾撰　清道光刻本　一册

310000－0241－0010865　912331
迂存遺文二卷附年譜二卷　(清)倪模撰　(清)朱德根編　清光緒四年(1878)荆州府署刻本　二册

310000－0241－0010866　912332
挹清堂詩選七卷附退學詩選三卷　(清)竇國華撰　(清)蕭景雲錄　清嘉慶二十五年(1820)留餘堂刻本　二册

310000－0241－0010867　912333
燕香居詩稿七卷　(清)葉恕撰　清末排印本　一册

310000－0241－0010868　912334
麋園詩鈔八卷　(清)毛國翰撰　清道光二十六年(1846)刻本　二册

310000－0241－0010869　912335
磵東詩鈔十卷　(清)歐陽輅撰　清道光六年(1826)陶氏淮陽刻本　三册

310000－0241－0010870　912335(2)
磵東詩鈔二卷　(清)歐陽輅撰　清光緒十五年(1889)長沙王氏刻本　一册

310000－0241－0010871　912335(3)
磵東詩鈔十卷　(清)歐陽輅撰　清傳抄道光

十年(1830)鄧氏刻本　四册

310000－0241－0010872　912336
嗣雅堂詩存五卷　(清)王嘉禄撰　清道光二十六年(1846)彭藴章刻本　一册

310000－0241－0010873　912338
此君書樓詩鈔九卷　(清)夏際唐撰　清道光刻本　四册

310000－0241－0010874　912340
海紅華館詩鈔十卷詞鈔二卷　(清)鄭璜撰　清道光十五年(1835)自刻本　二册

310000－0241－0010875　912341
滋德堂集不分卷　(清)徐元第撰　清宣統三年(1911)木活字印本　一册

310000－0241－0010876　912342
鷗汀漁隱詩續集　(清)陳偕燦撰　清咸豐刻本　一册　存一卷(春雨樓近詩一卷)

310000－0241－0010877　912343
頤綵堂詩鈔十卷　(清)沈叔埏撰　清道光二十八年(1848)秀水沈維鐈刻本　四册

310000－0241－0010878　912344
榕園詩鈔十六卷江南催耕課稻編一卷　(清)李彦章撰　清道光二十年(1840)李以烜刻本　八册

310000－0241－0010879　912345
紫石泉山房文集十二卷　(清)吴定撰　清光緒十三年(1887)黟縣李氏刻本　四册

310000－0241－0010880　912347
燕名詩鈔四卷續刻一卷附録一卷　(清)虞書撰　(清)虞孝諧重輯　清光緒十九年(1893)木活字印本　二册

310000－0241－0010881　912348
古春軒詩鈔二卷　(清)梁德繩撰　清道光末刻本　二册

310000－0241－0010882　912348(2)
古春軒詩鈔二卷　(清)梁德繩撰　清咸豐二年(1852)鳳城刻本　二册

310000－0241－0010883　912351
琴隱園詩集三十六卷詞集四卷　(清)湯貽汾撰　清光緒元年(1875)武進曹氏刻本　八册

310000－0241－0010884　912352
小隱山樵文存二卷　(清)王義祖撰　清光緒二十七年(1901)富陽王氏刻本　二册

310000－0241－0010885　912354
瑞芍軒詩鈔四卷詞稿一卷　(清)許乃穀撰　清同治七年(1868)許道身刻本　四册

310000－0241－0010886　912354:2
瑞芍軒詩鈔四卷詞稿一卷　(清)許乃穀撰　清同治七年(1868)許道身刻本　四册

310000－0241－0010887　912355
觀象居詩鈔二卷　(清)陳蘭瑞撰　清道光二十三年(1843)新城陳氏刻本　二册

310000－0241－0010888　912356
梅隱詩鈔三卷詠史詩鈔二卷　(清)車林撰　清咸豐元年(1851)刻本　一册

310000－0241－0010889　912358
篔山堂詩鈔課餘集一卷鶴廳集一卷　(清)王賡言撰　清嘉慶十六年(1811)刻本　二册

310000－0241－0010890　912359
五石瓠齋遺稿二卷　(清)胡世敦撰　清同治十一年(1872)丹谿胡氏刻本　一册

310000－0241－0010891　912359:2
五石瓠齋遺稿二卷　(清)胡世敦撰　清同治十一年(1872)丹谿胡氏刻本　一册

310000－0241－0010892　912360
對山古近體詩鈔三卷　(清)張兆安撰　清光緒六年(1880)龍川寄館刻本　二册

310000－0241－0010893　912361
養默山房詩録九卷　(清)謝元淮撰　清道光十九年(1839)知足之足齋刻本　四册

310000－0241－0010894　912362
雙佩齋詩集八卷金陵雜詠一卷雙佩齋文集四卷駢體文一卷　(清)王友亭撰　清嘉慶刻本　五册

310000－0241－0010895　912363

清味齋存稿二卷　(清)陳晉元著　清道光二十八年(1848)陳步蕃刻本　二册

310000－0241－0010896　912364

養餘齋初集四卷二集四卷三集六卷　(清)柳樹芳著　清道光二十七年(1847)柳氏勝谿草堂刻本　四册

310000－0241－0010897　912365

稼翁詩鈔六卷　(清)張灝撰　清咸豐元年(1851)自刻本　二册

310000－0241－0010898　912366

大小雅堂詩鈔十卷　(清)邵堂撰　清道光十年(1830)鄒鳴鶴浚儀官署刻本　五册

310000－0241－0010899　912366：2

大小雅堂詩鈔十卷　(清)邵堂撰　清道光十年(1830)鄒鳴鶴浚儀官署刻本　五册

310000－0241－0010900　912367

賦燕樓吟草不分卷　(清)陳珍瑤撰　清道光刻本　一册

310000－0241－0010901　912368

楳坪詩鈔六卷詠物詩鈔一卷　(清)周思兼撰　清道光五年(1825)我娛齋刻本　二册

310000－0241－0010902　912369

洞庭集二十六卷　(清)王慶麟撰　清道光華亭王氏刻本　四册

310000－0241－0010903　912371

希齋詩存四卷文鈔二卷　(清)高學濂撰　清道光二十二年(1842)思誠齋刻本　六册

310000－0241－0010904　912372

靜厓詩後稿十二卷　(清)汪學金撰　清嘉慶井福堂刻本　三册

310000－0241－0010905　912373

知止堂詩錄十二卷　(清)朱綬撰　清道光二十年(1840)刻本　四册

310000－0241－0010906　912373：2

知止堂詩錄十二卷　(清)朱綬撰　清道光二十年(1840)刻本　四册

310000－0241－0010907　912374

養拙居詩稿二十四卷　(清)張朝桂撰　清道光三十年(1850)刻本　四册

310000－0241－0010908　912375

賜綺堂集十五卷續集四卷　(清)詹應甲撰　清嘉慶十年(1805)讀我書齋刻十九年(1814)續刻本　五册

310000－0241－0010909　912376

秋蟬吟偶存一卷　(清)帶髮僧自在撰　清道光二十七年(1847)雲谿草廬寫刻本　一册

310000－0241－0010910　912377

鐵簫庵文集四卷附獨笑軒文稿一卷　(清)朱春生撰　清道光五年(1825)刻本　一册

310000－0241－0010911　912378

藘庵文鈔一卷　(清)費蘭墀撰　清同治十二年(1873)刻本　一册

310000－0241－0010912　912382

浣月山房詩集四卷　(清)龍啓瑞撰　清光緒四年(1878)北京刻本　二册

310000－0241－0010913　912383

西舍詩鈔　(清)況澄撰　清同治十三年(1874)登善堂刻本　四册　存八卷(一至四、九至十二)

310000－0241－0010914　912384

研六室文鈔十卷補遺一卷　(清)胡培翬撰　清光緒四年(1878)世澤樓刻本　四册

310000－0241－0010915　912386

抱山堂集十四卷　(清)朱彭撰　清道光三十年(1850)刻本　四册

310000－0241－0010916　912390

東海半人詩鈔二十四卷　(清)鍾大源撰　清嘉慶刻本　八册

310000－0241－0010917　912391

頤綵堂文集十六卷劍舟律賦二卷經進文稿一卷駢體文鈔二卷頤綵堂詩鈔十卷　(清)沈叔埏撰　清光緒九年(1883)刻本　十册

310000－0241－0010918　912392

遂初草廬詩集十卷　(清)杜堮撰　清同治九年(1870)杜氏刻本　四冊

310000－0241－0010919　912393
聽松濤館詩鈔十一卷　(清)阮文藻撰　清道光刻本　八冊

310000－0241－0010920　912394
泊鷗山房集三十八卷　(清)陶元藻撰　清嘉慶衡河草堂刻本　八冊

310000－0241－0010921　912395
堅白石齋詩集十六卷　(清)李鑾宣撰　清嘉慶二十四年(1819)成都廉讓堂刻本　四冊

310000－0241－0010922　912397
簪花閣集一卷遺稿一卷　(清)郭潤玉撰　清道光刻本　一冊

310000－0241－0010923　912397:2
簪花閣集一卷遺稿一卷　(清)郭潤玉撰　清道光刻本　一冊

310000－0241－0010924　912398
疏影樓詞四種五卷　(清)姚燮撰　清咸豐四年(1854)刻同治十一年(1872)印本　一冊

310000－0241－0010925　912399
琴海集二卷琴海集正字一卷　(清)陳玉鄰撰　(清)宗德懋正字　清光緒二十一年(1895)刻本　一冊

310000－0241－0010926　912400
濾月軒詩集二卷詩續集二卷文集一卷文續集一卷詩餘一卷　(清)趙棻撰　清同治十二年(1873)烏程汪氏刻本　二冊

310000－0241－0010927　912400:2
濾月軒詩集二卷詩續集二卷文集一卷文續集一卷詩餘一卷　(清)趙棻撰　清同治十二年(1873)烏程汪氏刻本　一冊

310000－0241－0010928　912401
古雪詩鈔一卷詩續鈔二卷詩餘一卷　(清)楊繼端撰　清嘉慶十年至二十一年(1805－1816)遂寧張氏刻本　二冊

310000－0241－0010929　912402
繞竹山房詩稿十卷詩餘一卷　(清)朱文治撰　清嘉慶二十三年(1818)餘姚朱氏刻本　四冊

310000－0241－0010930　912404
儀衛軒文集十二卷文外集一卷詩五卷附年譜一卷　(清)方東樹撰　清同治七年(1868)刻本　六冊

310000－0241－0010931　912405
九水山房文存二卷　(清)畢亨撰　清咸豐二年(1852)海源閣刻本　二冊

310000－0241－0010932　912410
寄園詩存不分卷　(清)夏震撰　清道光九年(1829)金陵劉文奎刻本　一冊

310000－0241－0010933　912411
流觴小榭遺稿不分卷　(清)金錫齡撰　清道光十年(1830)刻本　一冊

310000－0241－0010934　912412
紅棉館詩鈔賸二卷　(清)賴洪禧撰　清咸豐十年(1860)莞城刻本　一冊

310000－0241－0010935　912415
小草庵詩鈔不分卷　(清)屠蘇撰　清光緒十年(1884)滂喜齋刻本　一冊

310000－0241－0010936　912416
戴簡恪公遺集八卷　(清)戴敦元撰　清同治十一年(1872)刻本　四冊

310000－0241－0010937　912421
蒔古齋吟稿三卷遺言一卷　(清)楊城書撰　清道光十三年(1833)刻本　一冊

310000－0241－0010938　912422
三餘堂館課偶存不分卷　(清)胡長齡撰　清嘉慶刻本　一冊

310000－0241－0010939　912423
青藜精舍詩鈔一卷話雨齋詩鈔一卷　(清)張應鼎撰　清同治二年(1863)西昌旅舍刻增修本　一冊

310000－0241－0010940　912424
吴諺集一卷　(清)黄安濤撰　清末排印本

一冊

310000－0241－0010941　912426
六觀樓文集拾遺一卷　（清）許鴻磐撰　（清）李福泰編　清同治九年(1870)粵東節署刻本　一冊

310000－0241－0010942　912427
續刻見笑集□卷　（清）朱克家撰　清刻本　一冊

310000－0241－0010943　912431
鐵簫詩藁二卷　（清）譚光祜撰　清同治十三年(1874)南豐譚祖同刻本　一冊

310000－0241－0010944　912432
栽物象齋詩鈔不分卷湘雨齋詞草不分卷　（清）管貽菲撰　清光緒刻本　二冊

310000－0241－0010945　912433
確山駢體文四卷　（清）宋世犖撰　清光緒九年(1883)張氏花雨樓刻本　一冊

310000－0241－0010946　912434
石雲山人詩集二十三卷　（清）吳榮光撰　清道光二十一年(1841)筠清館刻本　六冊

310000－0241－0010947　912435
養默山房詩稿二十九卷　（清）謝元淮撰　清道光增修嘉慶刻本　六冊

310000－0241－0010948　912436
飲綠山堂詩集十四卷　（清）張鉉撰　清嘉慶刻本　四冊

310000－0241－0010949　912437
諸華香處詩集十三卷　（清）邱璋撰　清嘉慶十九年(1814)至道光初刻本　八冊

310000－0241－0010950　912438
心安隱室詩集九卷詞集四卷　（清）詹肇堂撰　清光緒十年(1884)成德堂刻本　四冊

310000－0241－0010951　912438:2
心安隱室詩集九卷詞集四卷　（清）詹肇堂撰　清光緒十年(1884)成德堂刻本　四冊

310000－0241－0010952　912439
教經堂詩集十四卷　（清）徐書受撰　清嘉慶刻本　四冊

310000－0241－0010953　912440
香草堂集十卷香草堂試帖一卷香草堂詞一卷　（清）陳廷桂撰　清嘉慶刻本　六冊

310000－0241－0010954　912441
小羅浮山館詩鈔十五卷　（清）吳昇撰　清道光初刻錢塘吳氏合集本　四冊

310000－0241－0010955　912442
種蕉館詩集六卷　（清）郭堃撰　清嘉慶舫樓刻本　二冊

310000－0241－0010956　912443
求當集十二卷　（清）張鏐撰　清嘉慶刻本　一冊

310000－0241－0010957　912444
聽鐘樓詩稿十卷　（清）韓是升撰　清嘉慶刻本　五冊

310000－0241－0010958　912445
味燈書屋詩集八卷　（清）沈業富撰　清道光九年(1829)思貽堂刻本　二冊

310000－0241－0010959　912446
未谷詩集四卷　（清）桂馥撰　清道光二十一年(1841)曲阜孔氏刻本　一冊

310000－0241－0010960　912447
蘊真居詩集六卷詩餘一卷　（清）陸學欽撰　清光緒十三年(1887)長沙刻本　一冊

310000－0241－0010961　912448
退庵詩存二十五卷　（清）梁章鉅撰　清道光刻本　八冊

310000－0241－0010962　912449
繞竹山房續詩稿十四卷　（清）朱文治撰　清咸豐五年(1855)刻本　四冊

310000－0241－0010963　912450
竹初詩鈔十六卷文鈔六卷　（清）錢維喬撰　清嘉慶刻本　八冊

310000－0241－0010964　912451

謙受堂全集三十卷　(清)陳廷慶撰　清道光十年(1830)一邱園刻本　八册

310000－0241－0010965　912451:2
謙受堂全集三十卷　(清)陳廷慶撰　清道光十年(1830)一邱園刻本　七册

310000－0241－0010966　912452
養素堂文集三十五卷首一卷　(清)張澍撰　清道光十七年(1837)棗華書屋刻本　十六册

310000－0241－0010967　912452:2
養素堂文集三十五卷首一卷　(清)張澍撰　清道光十七年(1837)棗華書屋刻本　十六册

310000－0241－0010968　912452:3
養素堂文集三十五卷首一卷　(清)張澍撰　清道光十七年(1837)棗華書屋刻本　十二册

310000－0241－0010969　912452:4
養素堂文集三十五卷首一卷　(清)張澍撰　清道光十七年(1837)棗華書屋刻本　八册

310000－0241－0010970　912453
養素堂詩集二十六卷　(清)張澍撰　清道光二十二年(1842)棗華書屋刻本　十四册

310000－0241－0010971　912454(2)
寫韻軒小藁二卷　(清)曹貞秀撰　清嘉慶九年(1804)刻本　一册

310000－0241－0010972　912457
常惺惺齋文集十卷　(清)李炳奎撰　清末排印本　二册

310000－0241－0010973　912460
津雲小草二卷　(清)何佩珠撰　清道光二十年(1840)刻本　一册

310000－0241－0010974　912461
學蚓集一卷　(清)雷學濤撰　清同治元年(1862)揅經室刻本　一册

310000－0241－0010975　912463
常惺惺齋詩集十一卷　(清)李炳奎撰　陳偉勳選　清末排印本　二册

310000－0241－0010976　912464
玉山草堂集三十卷　(清)錢林撰　清道光程芝雲刻本　四册

310000－0241－0010977　912465
聖禾鄉農詩鈔四卷　(清)沈珏撰　清光緒九年(1883)梧州沈宗濟刻本　一册

310000－0241－0010978　912466
鶴舫詩鈔二卷　(清)張映宿撰　清道光刻本　一册

310000－0241－0010979　912467
深柳書堂賸稿一卷撫皖奏議一卷　(清)王植撰　清光緒二十四年(1898)保陽正和堂刻本　二册

310000－0241－0010980　912468
澤古齋文鈔補遺一卷　(清)吴士模撰　(清)吴涵一編　清道光二十年(1840)刻本　一册

310000－0241－0010981　912469
輟耕吟稾詩存五卷　(清)倪偉人撰　清光緒十六年(1890)章安官舍刻本　二册

310000－0241－0010982　912470
鐵硯山房稿一卷鄧氏詩畧一卷　(清)鄧石如等撰　清同治木活字印本　一册

310000－0241－0010983　912471
春草軒詩存芙蓉湖櫂歌一卷　(清)楊掄撰　清光緒十年(1884)萱蔭堂刻本　一册

310000－0241－0010984　912473
小滄溟館初集六卷　(清)朱瀚撰　清道光十三年(1833)建昌刻本　三册

310000－0241－0010985　912474
鳳研齋存稿二卷　(清)陳乙撰　清道光刻本　一册

310000－0241－0010986　912475
篆枚堂詩存五卷詞存一卷　(清)夏塽撰　清同治七年(1868)刻本　二册

310000－0241－0010987　912476
秀鍾堂詩鈔一卷拾遺一卷　(清)寅保撰　清嘉慶五年(1800)寧遠堂刻本　一册

310000－0241－0010988　912477
隨吟小草一卷　(清)沈鋐撰　清光緒二十年(1894)刻本　一册

310000－0241－0010989　912478
蟫廬詩鈔十卷　(清)王蔭槐撰　清光緒七年(1881)盱眙王氏紫藤花館刻本　二册

310000－0241－0010990　912479
養默山房詩錄續存三卷　(清)謝元淮撰　清道光二十八年(1848)知足之足齋刻本　一册

310000－0241－0010991　912480
悔廬詩鈔四卷　(清)張崇蘭撰　清咸豐八年(1858)蘭臺書屋刻本　四册

310000－0241－0010992　912482
憶園詩鈔六卷　(清)陳爕撰　清嘉慶三年(1798)聽雨樓刻本　二册

310000－0241－0010993　912483
南廬詩鈔六卷　(清)查世官撰　清道光十九年(1839)退學詩齋刻本　一册

310000－0241－0010994　912484
西泠懷古集十卷　(清)陳文述撰　(清)朱綬等編　清光緒九年(1883)越中刻本　四册

310000－0241－0010995　912485
竹房遺詩不分卷　(清)錢福胙撰　清道光二十二年(1842)錢儀吉校刻本　一册

310000－0241－0010996　912486
燼餘存稿五卷　(清)俞汝本撰　清道光二十七年(1847)鄭珍校刻本　一册

310000－0241－0010997　912487
怡山館詩鈔瞻雲草二卷　(清)朱錫穀撰　清道光刻本　一册

310000－0241－0010998　912488
簡學齋詩存四卷詩删四卷　(清)陳沆撰　清咸豐刻本　二册

310000－0241－0010999　912488：2
簡學齋詩存四卷詩删四卷　(清)陳沆撰　清咸豐刻本　一册

310000－0241－0011000　912489
高山堂詩文鈔四卷詩續鈔一卷　(清)周琳撰　清嘉慶刻本　一册

310000－0241－0011001　912491
銅梁山人詩集二十五卷詞四卷芸麓偶存二卷　(清)王汝璧撰　清末刻本　六册

310000－0241－0011002　912492
抱簫山道人遺稿二卷　(清)陳鴻墀撰　清同治十二年(1873)刻本　二册

310000－0241－0011003　912494
楊徵君自攜前集一卷後集一卷續集一卷　(清)楊陳復撰　清光緒十一年(1885)、二十年(1894)屯溪茹古堂刻本　二册

310000－0241－0011004　912494：2
楊徵君自攜前集一卷後集一卷續集一卷　(清)楊陳復撰　清光緒十一年(1885)、二十年(1894)屯溪茹古堂刻本　二册

310000－0241－0011005　912496
止吉祥居詩稾三卷　(清)金國瑩撰　清同治十年(1871)金氏刻本　一册

310000－0241－0011006　912496：2
止吉祥居詩稾三卷　(清)金國瑩撰　清同治十年(1871)金氏刻本　一册

310000－0241－0011007　912497
涵性堂詩鈔六卷　(清)宋慶常撰　清咸豐元年(1851)鐵嶺宋氏刻本　二册

310000－0241－0011008　912498
木雞書屋文鈔四卷二集六卷　(清)黄金臺撰　清道光刻本　二册

310000－0241－0011009　912499
玉蘭山房詩鈔四卷　(清)朱臨撰　清光緒三年(1877)汪堃刻本　一册

310000－0241－0011010　912500
萬善花室文稿續編一卷附錄一卷　(清)方履籛撰　清光緒十二年(1886)溧陽繆氏小岯山館刻本　一册

310000－0241－0011011　912501

竹廬詩草二卷　(清)鍾汪埏撰　清道光刻本　一册

310000－0241－0011012　912502
思貽堂詩集六卷　(清)金衍宗撰　清末排印本　二册

310000－0241－0011013　912502:2
思貽堂詩集六卷　(清)金衍宗撰　清末排印本　二册

310000－0241－0011014　912503
鵠山小隱詩集十六卷補遺一卷　(清)熊士鵬撰　清嘉慶十六年(1811)武昌刻本　四册

310000－0241－0011015　912504
紅杏山房詩鈔六卷　(清)宋湘撰　清嘉慶二十五年(1820)刻同治八年(1869)續刻印本　二册

310000－0241－0011016　912505
孤鴻編四卷首二卷　(清)殷增撰　清同治十年(1871)齊莊中正堂刻本　一册

310000－0241－0011017　912506
鐙味齋詩存五卷　(清)曹宗瀚撰　清咸豐七年(1857)刻本　一册

310000－0241－0011018　912507
等閒集詩鈔一卷　(清)張敬謂撰　清光緒六年(1880)鄂州張預刻本　一册

310000－0241－0011019　912508
味鐙聽葉廬詩草二卷　(清)李振鈞撰　清光緒十五年(1889)刻本　二册

310000－0241－0011020　912509
知畏齋文稿不分卷續編不分卷　(清)查人漢撰　清道光十八年(1838)刻本　二册

310000－0241－0011021　912510
拙存居詩稾不分卷　(清)金聞鶴撰　清同治十年(1871)金氏刻本　一册

310000－0241－0011022　912513
冬榮草堂詩集六卷　(清)汪隆燿撰　清道光十七年(1837)恬古唫館刻本　一册

310000－0241－0011023　912514
鉏梅山館詩鈔不分卷　(清)唐履旋撰　清道光刻本　一册

310000－0241－0011024　912515
綠梅影樓詩存一卷詞存一卷　(清)顧翎撰　清光緒十四年(1888)刻本　一册

310000－0241－0011025　912517
鞠花百詠一卷　(清)陸曰壽撰　清道光書菊山房刻本　一册

310000－0241－0011026　912518
池上老人遺稿不分卷　(清)吴廷琛撰　清光緒二年(1876)吴氏刻本　一册

310000－0241－0011027　912519
二如居贈答詩二卷詞一卷　(清)汪鉽撰　清光緒十七年(1891)振綺堂刻本　一册

310000－0241－0011028　912520
青雲閣詩賸一卷　(清)于洪撰　清道光十五年(1835)刻本　一册

310000－0241－0011029　912521
雙白燕堂詩八卷　(清)陸耀遹集句　清道光二十二年(1842)周儀暐刻本　一册

310000－0241－0011030　912521(2)
雙白燕堂詩八卷　(清)陸耀遹撰　清同治六年(1867)刻本　四册

310000－0241－0011031　912521:2
雙白燕堂詩八卷　(清)陸耀遹集句　清道光二十二年(1842)周儀暐刻本　一册

310000－0241－0011032　912522
金畦詩鈔不分卷續刻一卷　(清)王雲台撰　清道光刻本　一册

310000－0241－0011033　912524
石蘿山房詩鈔八卷　(清)張維楨撰　清道光十年(1830)刻本　四册

310000－0241－0011034　912526
留雲閣存稿一卷　(清)彭壽山撰　清道光刻本　一册

310000－0241－0011035　912527
拙宦詩存　(清)史復善撰　清同治五年(1866)史致焯刻本　一冊

310000－0241－0011036　912528
抑庵遺詩八卷　(清)吳肅撰　清同治九年(1870)鮑康、方濬師合刻本　二冊

310000－0241－0011037　912529
石林詩稿二卷　(清)李闊撰　清刻本　二冊

310000－0241－0011038　912530
頤素堂詩鈔八卷　(清)顧祿撰　清道光六年(1826)刻本　一冊

310000－0241－0011039　912531
楚中文筆二卷附錄一卷　(清)阮元撰　(清)阮福錄　清同治四年(1865)鄂渚刻本　一冊

310000－0241－0011040　912532
真息齋詩鈔四卷續鈔一卷　(清)陸費瑔撰　清同治九年(1870)履厚堂陸費瑔刻本　二冊

310000－0241－0011041　912532:2
真息齋詩鈔四卷續鈔一卷　(清)陸費瑔撰　清同治九年(1870)履厚堂陸費瑔刻本　二冊

310000－0241－0011042　912533
硯隱詩存四卷　(清)楊羲撰　清道光二十五年(1845)刻本　二冊

310000－0241－0011043　912534
草草書屋賸稿一卷　(清)陳樸撰　清光緒十一年(1885)刻本　一冊

310000－0241－0011044　912535
煮淩霄榭詩集六卷　(清)陳烱撰　清道光二十一年(1841)刻本　一冊

310000－0241－0011045　912537
通藝閣詩錄八卷　(清)姚椿撰　清道光十三年(1833)嘉定胡瀓刻本　一冊

310000－0241－0011046　912538
通藝閣詩遺編一卷　(清)姚椿撰　清光緒十年(1884)婁縣姚氏木活字印本　一冊

310000－0241－0011047　912539
晚學齋文集十二卷　(清)姚椿撰　清咸豐二年(1852)刻本　三冊

310000－0241－0011048　912541
濱湖軒遺詩稿一卷　(清)徐時楷撰　清光緒七年(1881)煙嶼樓刻本　一冊

310000－0241－0011049　912543
竹生吟館墨竹詩草二卷　(清)周師濂撰　清光緒十一年(1885)刻本　一冊

310000－0241－0011050　912545
東蘿遺稿三卷　(清)陸損之撰　清道光二十五年(1845)刻本　一冊

310000－0241－0011051　912546
疏影山莊吟稿一卷　(清)徐人傑撰　清咸豐九年(1859)海鹽徐氏刻本　一冊

310000－0241－0011052　912547
足雨宧詩鈔二卷　(清)王溱撰　清咸豐四年至五年(1854－1855)西安長樂王氏刻本　一冊

310000－0241－0011053　912549
玉尺山樓遺稿四卷　(清)齊祥棣撰　清光緒九年(1883)陳氏排印本　一冊

310000－0241－0011054　912550
繭齋詩稿六卷賦稿二卷　(清)林大謌撰　清道光五年(1825)藜照樓刻本　四冊

310000－0241－0011055　912551
香雪詩存六卷　(清)劉侃撰　清光緒四年(1878)蘇州劉氏刻本　一冊

310000－0241－0011056　912552
坐花書屋詩錄二卷　(清)諸鎮撰　清光緒十六年(1890)諸氏刻本　一冊

310000－0241－0011057　912553
岱遊集一卷　(清)陳文述撰　清宣統元年(1909)江浦陳氏刻本　一冊

310000－0241－0011058　912554
信芳閣詩草五卷詩餘一卷　(清)陳蘊蓮撰　清咸豐元年(1851)刻光緒二十六年(1900)重修本　二冊

310000－0241－0011059　912555
琅嬛仙館詩畧八卷　(清)阮元撰　清嘉慶十三年(1808)揚州阮氏文選樓刻本　二册

310000－0241－0011060　912556
黹餘續草一卷　(清)許燕珍撰　清嘉慶九年(1804)刻本　一册

310000－0241－0011061　912557
囊翠樓詩稿二卷　(清)陳鴻逵撰　清光緒二十一年(1895)陳氏刻本　一册

310000－0241－0011062　912558
雲中集文一卷　(清)劉淳撰　清光緒劉氏刻本　一册

310000－0241－0011063　912559
翏莫子集二卷　(清)俞興瑞撰　清咸豐六年(1856)平江三德堂刻本　一册

310000－0241－0011064　912560
西垣詩鈔二卷西垣黔苗竹枝詞一卷　(清)毛貴銘撰　清光緒十年(1884)長沙王氏刻本　一册

310000－0241－0011065　912560:2
西垣詩鈔二卷西垣黔苗竹枝詞一卷　(清)毛貴銘撰　清光緒十年(1884)長沙王氏刻本　一册

310000－0241－0011066　912561
退一步山房賦稿二卷　(清)史評撰　清道光刻本　一册

310000－0241－0011067　912563
懶雲樓詩草四卷　(清)釋與宏撰　清道光七年(1827)鄔鶴徵等刻本　二册

310000－0241－0011068　912565
梅菴遺集三卷附錄一卷　(清)王維祺撰　(清)王棻編　清光緒十七年(1891)黄巖王氏木活字印本　一册

310000－0241－0011069　912566
聊自存草四卷劫餘草二卷鄂不書齋文鈔一卷鄂不書齋詞鈔一卷　(清)陸灝撰　清光緒二十一年(1895)刻本　五册

310000－0241－0011070　912567
萍香集二卷　(清)蔣坊撰　清道光蔣氏刻本　一册

310000－0241－0011071　912568
松聲池館詩存四卷　(清)汪璐撰　清光緒十五年(1889)錢唐汪氏振綺堂刻本　一册

310000－0241－0011072　912568:2
松聲池館詩存四卷　(清)汪璐撰　清光緒十五年(1889)錢唐汪氏振綺堂刻本　一册

310000－0241－0011073　912569
夢約軒詩存一卷　(清)何俊撰　清光緒元年(1875)湖北臬署刻本　一册

310000－0241－0011074　912570
粵西集一卷　(清)賈敦臨撰　清宣統二年(1910)高延梅華雲閣刻本　一册

310000－0241－0011075　912571
安蔬草堂賦鈔不分卷　(清)李廷芳撰　清嘉慶十四年(1809)篤敬堂寫刻本　一册

310000－0241－0011076　912572
靜樂軒詩鈔北窗集一卷山池集一卷八景集一卷泛舟集一卷　(清)卞斌撰　清嘉慶卞氏刻本　一册

310000－0241－0011077　912574
李養一先生文集二十四卷石經考一卷端溪研坑記一卷　(清)李兆洛撰　清咸豐元年至三年(1851－1853)維風堂刻本　八册

310000－0241－0011078　912575
李養一先生詩集四卷附錄一卷　(清)李兆洛撰　清光緒八年(1882)江陰曹佳校刻本　二册

310000－0241－0011079　912576
舊香居文稿十卷續稿四卷　(清)王寶仁撰　清道光二十一年(1841)、二十九年(1849)六安學舍刻本　六册

310000－0241－0011080　912577
陔蘭書屋文集一卷　(清)潘曾綬撰　清道光刻本　一册

310000－0241－0011081　912579
秋籟山房詩草不分卷　(清)金世綬自訂　清嘉慶十三年(1808)刻本　一册

310000－0241－0011082　912582
修慧齋詩草一卷　(清)伊湄撰　清道光二十五年(1845)裕貴刻本　一册

310000－0241－0011083　912583
齊雲山人儷體文鈔不分卷　(清)洪符孫撰　清末抄本　一册

310000－0241－0011084　912587
竹亭詩續鈔一卷附立亭詩一卷　(清)吳壽民撰　清咸豐元年(1851)刻本　一册

310000－0241－0011085　912588
苕溪漁隱詩藁感逝吟一卷　(清)范鍇撰　清道光刻本　一册

310000－0241－0011086　912589
續尤西堂擬明史樂府一卷附倣元遺山論詩絕句一卷　(清)張晉撰　清嘉慶十七年(1812)寧武試院刻本　一册

310000－0241－0011087　912590
釣魚篷山館集六卷附錄一卷寓杭日記一卷瞻雲錄一卷　(清)劉佳撰　清同治十三年(1874)蘇州劉氏刻本　三册

310000－0241－0011088　912592
養靈根堂遺集詩五卷補遺一卷詞鈔一卷雜文一卷　(清)蔡鴻燮撰　清咸豐十年(1860)陳汝龍刻本　一册

310000－0241－0011089　912593
曇閣詩集八卷附錄二卷外集一卷補遺一卷　(清)曹楙堅撰　清光緒三年(1877)曼陀羅館刻本　五册

310000－0241－0011090　912594
黃山遊草一卷　(清)舒道觀著　清道光十二年(1832)吉陽書屋刻本　一册

310000－0241－0011091　913000
翠螺閣詩稿四卷詞稿一卷　(清)淩祉媛撰　清咸豐四年(1854)丁氏延慶堂刻本　一册

310000－0241－0011092　913000:2
翠螺閣詩稿四卷詞稿一卷　(清)淩祉媛撰　清咸豐四年(1854)丁氏延慶堂刻本　二册

310000－0241－0011093　913000:3
翠螺閣詩稿四卷詞稿一卷　(清)淩祉媛撰　清咸豐四年(1854)丁氏延慶堂刻本　一册

310000－0241－0011094　913001
繪殘雜鈔鱠殘集詩鈔不分卷文鈔不分卷　(清)袁秉亮撰　清同治三年(1864)秋蓮軒刻本　二册

310000－0241－0011095　913002
柳堂師友詩錄緣芸吟館詩鈔一卷摘句圖一卷　(清)朱爾田撰　(清)李長榮輯　清咸豐十一年(1861)羊城富文齋刻本　一册

310000－0241－0011096　913004
有真意齋文集一卷　(清)潘世恩撰　清同治十二年(1873)刻本　二册

310000－0241－0011097　913004:2
有真意齋文集一卷　(清)潘世恩撰　清同治十二年(1873)刻本　二册

310000－0241－0011098　913006
唐確慎公集十卷　(清)唐鑑撰　清光緒元年(1875)刻本　六册

310000－0241－0011099　913007
唐確慎公集十卷　(清)唐鑑撰　清光緒元年(1875)刻本　四册

310000－0241－0011100　913008
唐確慎公集十卷　(清)唐鑑撰　清光緒元年(1875)刻本　六册

310000－0241－0011101　913010
曾文正公詩集四卷　(清)曾國藩撰　(清)李瀚章編　清光緒二年(1876)傳忠書局刻本　一册

310000－0241－0011102　913011
曾文正公文集四卷詩集四卷　(清)曾國藩撰　(清)李瀚章編　清光緒二年(1876)傳忠書局刻本　五册

310000－0241－0011103　913012

曾文正公文鈔四卷　(清)曾國藩撰　(清)張瑛編　清同治十一年(1872)蘇郡刻本　四册

310000－0241－0011104　913013

曾方正公文集四卷　(清)曾國藩撰　(清)李瀚章編　清光緒二年(1876)傳忠書局刻本　四册

310000－0241－0011105　913013:2

曾方正公文集四卷　(清)曾國藩撰　(清)李瀚章編　清光緒二年(1876)傳忠書局刻本　三册

310000－0241－0011106　913014

求闕齋文鈔八卷　(清)曾國藩撰　(清)李鴻章編　清同治十二年(1873)刻本　二册

310000－0241－0011107　913015

曾文正公雜著四卷　(清)曾國藩撰　(清)李瀚章編　清光緒四年(1878)醉六堂刻本　四册

310000－0241－0011108　913016

曾文正公雜著四卷　(清)曾國藩撰　(清)李瀚章編　清光緒四年(1878)醉六堂刻本　四册

310000－0241－0011109　913017

曾文正公詩鈔四卷　(清)曾國藩撰　(清)楊書霖編　清光緒二年(1876)醉六堂刻本　二册

310000－0241－0011110　913018

曾文正公奏疏二卷文鈔四卷　(清)曾國藩撰　(清)張瑛編　清同治十二年(1873)金陵書局刻本　四册

310000－0241－0011111　913019

曾文正公四種十七卷　(清)曾國藩撰　清光緒三十三年(1907)上海商務印書館排印本　八册

310000－0241－0011112　913020

拙修集十卷　(清)吴廷楝撰　清同治十年(1871)六安求我齋刻本　四册

310000－0241－0011113　913021

蕙西先生遺稿　(清)邵懿辰撰　清同治吳縣潘氏刻滂喜齋叢書本　一册

310000－0241－0011114　913022

倭文端公遺書八卷末一卷附啓心金鑑二卷　(清)倭仁撰　清光緒元年(1875)六安求我齋刻本　四册

310000－0241－0011115　913023

恪靖侯盾鼻餘瀋　(清)左宗棠撰　(清)柳葆元錄　清光緒七年(1881)刻本　一册

310000－0241－0011116　913024

恪靖侯盾鼻餘瀋　(清)左宗棠撰　(清)柳葆元錄　清光緒七年(1881)刻本　一册

310000－0241－0011117　913024:2

恪靖侯盾鼻餘瀋　(清)左宗棠撰　(清)柳葆元錄　清光緒七年(1881)刻本　一册

310000－0241－0011118　913025

四持軒詩鈔二卷　(清)方士鼐撰　清同治八年(1869)退一步齋刻本　二册

310000－0241－0011119　913026

李忠武公遺書三種四卷　(清)李續賓撰　清光緒十七年(1891)甌江巡署刻本　四册

310000－0241－0011120　913026:2

李忠武公遺書三種四卷　(清)李續賓撰　清光緒十七年(1891)甌江巡署刻本　四册

310000－0241－0011121　913027

崔翰林遺集二卷　(清)崔舜球撰　清光緒十四年(1888)刻本　一册

310000－0241－0011122　913029

胡文忠公遺集十卷　(清)胡林翼撰　清同治五年(1866)山左刻本　八册

310000－0241－0011123　913030

胡文忠公遺集八十六卷首一卷　(清)胡林翼撰　(清)鄭敦謹等編　清同治六年(1867)刻本　三十二册

310000－0241－0011124　913030(2)

胡文忠公遺集八十六卷首一卷　(清)胡林翼撰　(清)胡鳳丹重編　清光緒元年(1875)湖

北崇文書局刻本　三十冊

310000－0241－0011125　913030(2):2
胡文忠公遺集八十六卷首一卷　(清)胡林翼撰　(清)胡鳳丹重編　清光緒元年(1875)湖北崇文書局刻本　三十二冊

310000－0241－0011126　913030(3)
胡文忠公遺集八十六卷　(清)胡林翼撰　(清)胡鳳丹重編　清光緒十四年(1888)上海著易堂刻本　八冊

310000－0241－0011127　913032
江忠烈公遺集二卷附錄一卷　(清)江忠源撰　清同治三年(1864)刻本　二冊

310000－0241－0011128　913033
彭剛直公詩集八卷　(清)彭玉麟撰　清光緒十七年(1891)蘇州謝氏刻本　二冊

310000－0241－0011129　913033:2
彭剛直公詩集八卷　(清)彭玉麟撰　清光緒十七年(1891)蘇州謝氏刻本　二冊

310000－0241－0011130　913034
李文忠公全集一百六十五卷　(清)李鴻章撰　(清)吳汝綸編　清光緒三十一年至三十四年(1905－1908)金陵刻本　一百冊

310000－0241－0011131　913034:3
李文忠公全集一百六十五卷　(清)李鴻章撰　(清)吳汝綸編　清光緒三十一年至三十四年(1905－1908)金陵刻本　二百冊

310000－0241－0011132　913034:4
李文忠公全集一百六十五卷　(清)李鴻章撰　(清)吳汝綸編　清光緒三十一年至三十四年(1905－1908)金陵刻本　四十冊

310000－0241－0011133　913035
龠翁詩鈔四卷　(清)錢辰撰　清光緒八年(1882)南錢草堂刻本　一冊

310000－0241－0011134　913036
東塾集六卷　(清)陳澧撰　清光緒十八年(1892)菊坡精舍刻本　三冊

310000－0241－0011135　913037
舊雨軒賸稿不分卷　(清)于昌進撰　清光緒四年(1878)于氏刻本　一冊

310000－0241－0011136　913037:2
舊雨軒賸稿不分卷　(清)于昌進撰　清光緒四年(1878)于氏刻本　一冊

310000－0241－0011137　913038
存吾春齋文鈔十二卷詩鈔十三卷　(清)劉繹撰　清光緒六年(1880)刻本　八冊

310000－0241－0011138　913039
庸盦文編四卷　(清)薛福成撰　清光緒十三年(1887)無錫薛氏刻本　四冊

310000－0241－0011139　913040
寄青齋詩稿一卷詞稿一卷綠雲館吟草一卷　(清)徐虔復撰　(清)徐煥章校　清光緒十三年(1887)徐氏留餘堂刻本　二冊

310000－0241－0011140　913040:2
寄青齋詩稿一卷詞稿一卷綠雲館吟草一卷　(清)徐虔復撰　(清)徐煥章校　清光緒十三年(1887)徐氏留餘堂刻本　一冊

310000－0241－0011141　913042
天岳山館文鈔四十卷　(清)李元度撰　清光緒六年(1880)爽谿精舍刻本　二十冊

310000－0241－0011142　913043
天岳山館文鈔　(清)李元度撰　清光緒六年(1880)爽谿精舍刻本　十九冊　存三十八卷

310000－0241－0011143　913044
憩亭賦藁一卷使粵詩草二卷忘餘詩草一卷　(清)黃恩彤撰　清道光二十八年(1848)廣東刻本　一冊

310000－0241－0011144　913045
天岳山館文鈔四十卷　(清)李元度撰　清光緒六年(1880)爽谿精舍刻本　十六冊

310000－0241－0011145　913047
汪梅邨先生集十二卷文外集一卷　(清)汪士鐸撰　清光緒七年(1881)刻本　四冊

310000－0241－0011146　913050
悔翁詩鈔十五卷補遺一卷詩餘五卷筆記六卷

(清)汪士鐸撰　清光緒九年至十年(1883－1884)合肥張氏味古齋刻本　四冊

310000－0241－0011147　913050:2
悔翁詩鈔十五卷補遺一卷詩餘五卷筆記六卷　(清)汪士鐸撰　清光緒九年至十年(1883－1884)合肥張氏味古齋刻本　三冊

310000－0241－0011148　913051
馬徵君遺集六卷　(清)馬三俊撰　清同治三年(1864)刻本　一冊

310000－0241－0011149　913051:2
馬徵君遺集六卷　(清)馬三俊撰　清同治三年(1864)刻本　二冊

310000－0241－0011150　913052
茶磨山人詩鈔八卷　(清)汪芑撰　清光緒十年(1884)刻本　六冊

310000－0241－0011151　913053
柏硯山房集三十一卷　(清)梅曾亮撰　清咸豐六年(1856)刻本　六冊

310000－0241－0011152　913054
柏梘山房文集十九卷　(清)梅曾亮撰　清咸豐刻本　四冊

310000－0241－0011153　913055
柏梘山房集三十一卷　(清)梅曾亮撰　清咸豐六年(1856)刻本　六冊

310000－0241－0011154　913057
第六絃溪文鈔四卷　(清)黄廷鑑撰　清光緒十年(1884)虞山後知不足齋刻本　四冊

310000－0241－0011155　913058
記過齋文稿二卷　(清)蘇源生撰　清咸豐三年(1853)刻本　二冊

310000－0241－0011156　913059
蒼莨初集二十一卷　(清)孫鼎臣撰　清咸豐五年(1855)刻本　六冊

310000－0241－0011157　913060
躬恥齋詩鈔殘存二卷文鈔殘存一卷　(清)宗稷辰撰　清秋杜軒刻本　二冊

310000－0241－0011158　913060:2
躬恥齋詩鈔殘存二卷文鈔殘存一卷　(清)宗稷辰撰　清秋杜軒刻本　三冊

310000－0241－0011159　913061
拙尊園叢稿六卷　(清)黎庶昌撰　清光緒十九年(1893)上海醉六堂石印本　二冊

310000－0241－0011160　913061:2
拙尊園叢稿六卷　(清)黎庶昌撰　清光緒十九年(1893)上海醉六堂石印本　四冊

310000－0241－0011161　913062
拙尊園叢稿六卷　(清)黎庶昌撰　清光緒十九年(1893)上海醉六堂石印本　八冊

310000－0241－0011162　913062:2
拙尊園叢稿六卷　(清)黎庶昌撰　清光緒十九年(1893)上海醉六堂石印本　二冊

310000－0241－0011163　913062:3
拙尊園叢稿六卷　(清)黎庶昌撰　清光緒十九年(1893)上海醉六堂石印本　二冊

310000－0241－0011164　913063:2
曾惠敏公全集十七卷　(清)曾紀澤撰　清光緒二十年(1894)排印本　八冊

310000－0241－0011165　913063:3
曾惠敏公全集十七卷　(清)曾紀澤撰　清光緒二十年(1894)排印本　八冊

310000－0241－0011166　913063:4
曾惠敏公全集十七卷　(清)曾紀澤撰　清光緒二十年(1894)排印本　四冊

310000－0241－0011167　913064
歸樸齋詩鈔戊集二卷　(清)曾紀澤撰　清光緒十九年(1893)江南製造局排印本　一冊

310000－0241－0011168　913065
伏敔堂詩錄十五卷續錄四卷首一卷　(清)江湜撰　清同治元年(1862)江湜刻五年(1866)江澄續刻本　四冊

310000－0241－0011169　913065:2
伏敔堂詩錄十五卷續錄四卷首一卷　(清)江湜撰　清同治元年(1862)江湜刻五年(1866)

江澄續刻本　一册

310000－0241－0011170　913067
藤香館詩鈔四卷詞(江舟欸乃)一卷　(清)薛時雨撰　清同治五年(1866)、七年(1868)刻本　五册

310000－0241－0011171　913067(2)
藤香館詩刪存四卷　(清)薛時雨撰　清光緒刻本　二册

310000－0241－0011172　913068
度嶺草一卷　(清)許振禕撰　清光緒二十三年(1897)廣州節署刻本　一册

310000－0241－0011173　913069
經德堂全集二十四卷　(清)龍啓瑞撰　清光緒四年(1878)經德堂刻本　十册

310000－0241－0011174　913070(2)
拜石山房集四卷　(清)顧翰撰　清道光九年(1829)刻本　二册

310000－0241－0011175　913071(2)
微尚齋詩集初編　(清)馮志沂撰　清同治三年(1864)廬州郡齋刻本　一册　存三卷

310000－0241－0011176　913072
有恒心齋前集一卷文十一卷詩七卷駢體文六卷外集二卷詩餘二卷詞餘一卷　(清)程鴻詔撰　清同治刻本　九册

310000－0241－0011177　913073
有恒心齋集六種　(清)程鴻詔撰　清同治刻本　十册

310000－0241－0011178　913074
有恒心齋駢體文六卷　(清)程鴻詔撰　清同治十二年(1873)休寧吴文楷校刻本　一册

310000－0241－0011179　913074：2
有恒心齋駢體文六卷　(清)程鴻詔撰　清同治十二年(1873)休寧吴文楷校刻本　一册

310000－0241－0011180　913075
緑雪堂遺集二十卷　(清)王衍梅撰　清道光二十年(1840)刻本　六册

310000－0241－0011181　913075：2
緑雪堂遺集二十卷　(清)王衍梅撰　清道光二十年(1840)刻本　八册

310000－0241－0011182　913076
緑雪堂遺集二十卷　(清)王衍梅撰　清光緒十年(1884)刻本　二册

310000－0241－0011183　913077
緑雪堂遺集二十卷　(清)王衍梅撰　清光緒十年(1884)刻本　四册

310000－0241－0011184　913079
樂志堂詩集十二卷文集十八卷　(清)譚瑩撰　清咸豐十年(1860)隱園刻本　十册

310000－0241－0011185　913080
沈四山人詩録五卷補遺一卷附録一卷　(清)沈謹學撰　清光緒三年(1877)八囍齋刻本　一册

310000－0241－0011186　913082
蓮因室詩集二卷詞集一卷　(清)鄭蘭孫撰　清光緒元年(1875)仁和徐琪刻本　二册

310000－0241－0011187　913082：2
蓮因室詩集二卷詞集一卷　(清)鄭蘭孫撰　清光緒元年(1875)仁和徐琪刻本　一册

310000－0241－0011188　913083
筠心閣集二卷　(清)劉汝藻著　清咸豐六年(1856)刻本　一册

310000－0241－0011189　913084
潛園文稿一卷剩稿一卷制文一卷大學中庸義疏二卷　(清)曾錫華著　清咸豐十年(1860)家塾刻本　五册

310000－0241－0011190　913085
碧梧山館詩草四卷　(清)董大選撰　清咸豐八年(1858)守拙軒刻本　二册

310000－0241－0011191　913086
屏珊吟草不分卷　(清)羅藩撰　清咸豐七年(1857)刻本　一册

310000－0241－0011192　913087
四水子遺著一卷　(清)錢友泗撰　**邠農偶吟**

稿一卷　（清）錢炳森撰　清同治十一年(1872)刻本　一册

310000－0241－0011193　913088
對嶽樓詩錄二卷　（清）孔憲彝撰　清道光刻本　一册

310000－0241－0011194　913089
退一步齋文集四卷詩集十六卷　（清）方濬師撰　（清）呂景端編　清光緒十八年(1892)排印本　十册

310000－0241－0011195　913090
退一步齋文集四卷詩集十六卷附蕉軒續錄二卷　（清）方濬師撰　（清）呂景端編　清光緒十八年(1892)排印本　十二册

310000－0241－0011196　913091
悔餘菴詩稿十三卷樂府四卷文稿九卷餘辛集三卷衲蘇集二卷　（清）何栻撰　清同治元年(1862)、四年(1865)章門鳩江戎幄刻本　十二册

310000－0241－0011197　913091：2
悔餘菴詩稿十三卷樂府四卷文稿九卷餘辛集三卷衲蘇集二卷　（清）何栻撰　清同治元年(1862)、四年(1865)章門鳩江戎幄刻本　三册

310000－0241－0011198　913091：3
悔餘菴詩稿十三卷樂府四卷文稿九卷餘辛集三卷衲蘇集二卷　（清）何栻撰　清同治元年(1862)、四年(1865)章門鳩江戎幄刻本　二册

310000－0241－0011199　913092
是汝師齋遺詩　（清）朱次琦撰　清光緒十一年(1885)學海堂刻本　一册

310000－0241－0011200　913093
朱九江先生集十卷附年譜一卷　（清）朱次琦撰　清光緒二十三年(1897)讀書草堂校刻本　四册

310000－0241－0011201　913093：2
朱九江先生集十卷附年譜一卷　（清）朱次琦撰　清光緒二十三年(1897)讀書草堂校刻本　四册

310000－0241－0011202　913094
顯志堂稿十二卷　（清）馮桂芬撰　清光緒二年(1876)校邠廬刻本　四册

310000－0241－0011203　913095
顯志堂稿十二卷　（清）馮桂芬撰　清光緒二年(1876)校邠廬刻本　四册

310000－0241－0011204　913096
梧生文鈔十卷　（清）傅桐撰　清同治三年(1864)刻本　三册

310000－0241－0011205　913097
退補齋詩存十六卷文存十二卷　（清）胡鳳丹撰　清同治十二年(1873)退補齋刻本　八册

310000－0241－0011206　913097：2
退補齋詩存十六卷文存十二卷　（清）胡鳳丹撰　清同治十二年(1873)退補齋刻本　四册

310000－0241－0011207　913098
賜龍堂詩稿八卷　（清）彭瑞毓撰　清同治十年(1871)戎州刻本　四册

310000－0241－0011208　913099
伯山文鈔不分卷　（清）康發祥撰　清同治元年(1862)泰州康氏刻本　一册

310000－0241－0011209　913100
衲蘇集二卷　（清）何栻纂　清同治元年(1862)刻本　二册

310000－0241－0011210　913101
衲蘇集二卷　（清）何栻纂　清同治元年(1862)刻本　二册

310000－0241－0011211　913102
冷紅軒詩集二卷詞一卷　（清）百保撰　清光緒八年(1882)葆真齋刻本　一册

310000－0241－0011212　913103
煙嶼樓詩集十八卷　（清）徐時棟撰　清同治六年(1867)葉氏刻本　四册

310000－0241－0011213　913104

煙嶼樓文集四十卷詩集十八卷附遊杭合集一卷　(清)徐時棟撰　清光緒三年(1877)松竹居葛氏刻本　十二册

310000－0241－0011214　913105
煙嶼樓詩集十八卷附遊杭合集一卷　(清)徐時棟撰　清同治六年(1867)葉氏刻本　四册

310000－0241－0011215　913106
李文恭公遺集四十六卷　(清)李星沅撰　清同治四年(1865)芋香山館刻本　三十四册

310000－0241－0011216　913107
沈端恪公遺書二卷年譜二卷　(清)沈近思撰　清同治浙江書局刻本　二册

310000－0241－0011217　913107:2
沈端恪公遺書二卷年譜二卷　(清)沈近思撰　清同治浙江書局刻本　二册

310000－0241－0011218　913108
藻川堂文集二卷　(清)鄧繹撰　清光緒刻本　一册

310000－0241－0011219　913112
龍壁山房詩草十七卷　(清)王拯著　清咸豐九年(1859)刻本　六册

310000－0241－0011220　913113
龍壁山房文集五卷　(清)王拯著　清光緒九年(1883)善化向氏刻本　四册

310000－0241－0011221　913114
西雲詩鈔四卷文鈔二卷　(清)李枝青撰　清咸豐元年(1851)刻本　三册

310000－0241－0011222　913115
賡緩堂矢音集文集二卷詩集四卷　(清)何丹雲撰　清咸豐九年(1859)緑天蘭若刻本　二册

310000－0241－0011223　913116
澹菴文存二卷　(清)朱蔭培撰　清同治八年(1869)芸香閣刻本　一册

310000－0241－0011224　913117
集義軒詠史詩鈔六十卷　(清)羅惇衍著　清光緒刻本　十二册

310000－0241－0011225　913118
誦清閣集四卷　(清)石景芬著　清同治刻本　四册

310000－0241－0011226　913119
不可無竹居詩草四卷　(清)汪世澤撰　清同治四年(1865)刻本　二册

310000－0241－0011227　913120
慎盦文鈔二卷詩鈔二卷　(清)左宗植著　清光緒七年(1881)刻本　四册

310000－0241－0011228　913121
悔過齋文集七卷劄記一卷續集七卷補遺一卷　(清)顧廣譽撰　清光緒三年(1877)顧鴻昇刻本　四册

310000－0241－0011229　913121:2
悔過齋文集七卷劄記一卷續集七卷補遺一卷　(清)顧廣譽撰　清光緒三年(1877)顧鴻昇刻本　二册

310000－0241－0011230　913122
蕓香書屋詩草二卷　(清)董文燦撰　清光緒十三年(1887)刻本　一册

310000－0241－0011231　913123
漢南春柳詞鈔一卷附梅神吟館詩鈔一卷　(清)龍啓瑞撰　清光緒五年(1879)刻本　一册

310000－0241－0011232　913124
緑漪草堂全集五十三卷　(清)羅汝懷撰　清咸豐刻本　十六册

310000－0241－0011233　913125
通義堂集　(清)劉毓崧撰　清光緒十四年(1888)刻本　一册　存二卷

310000－0241－0011234　913126
通義堂集　(清)劉毓崧撰　清光緒十四年(1888)刻本　六册　存七卷

310000－0241－0011235　913126:2
通義堂集　(清)劉毓崧撰　清光緒十四年(1888)刻本　四册　存五卷

310000－0241－0011236　913127

補讀書齋遺稿十卷外集一卷　(清)沈維鐈撰　清光緒元年(1875)刻本　六册

310000-0241-0011237　913128
補讀書齋遺稿十卷　(清)沈維鐈撰　清光緒元年(1875)刻本　四册

310000-0241-0011238　913129
補讀書齋遺稿十卷　(清)沈維鐈撰　清光緒元年(1875)刻本　四册

310000-0241-0011239　913130
綠漪草堂文集三十卷　(清)羅汝懷撰　清咸豐刻本　十册

310000-0241-0011240　913131
嘯古堂文集八卷　(清)蔣敦復撰　清同治七年(1868)刻本　二册

310000-0241-0011241　913132
仲實詩存二卷類稿一卷　(清)魯蕡撰　清光緒刻本　二册

310000-0241-0011242　913132:2
仲實詩存二卷類稿一卷　(清)魯蕡撰　清光緒刻本　一册

310000-0241-0011243　913133
冬暄草堂遺詩二卷　(清)陳豪撰　清宣統三年(1911)刻本　二册

310000-0241-0011244　913134
四松草堂詩畧四卷　(清)哲爾德宗韶撰　清光緒三十年(1904)排印本　四册

310000-0241-0011245　913135
生齋詩稿九卷　(清)方垌撰　清道光十九年(1839)樹玉堂刻本　四册

310000-0241-0011246　913136
壓線錄二卷　(清)龔禮撰　清咸豐五年(1855)刻本　二册

310000-0241-0011247　913137
況梅詩草一卷附京江遊草一卷　(清)楊紹基著　清咸豐四年(1854)刻本　一册

310000-0241-0011248　913138
味經山房文鈔四卷　(清)戴鈞衡著　清咸豐三年(1853)刻本　二册

310000-0241-0011249　913139
韞山詩稿六卷　(清)朱鳳森撰　清咸豐七年(1857)代州刻本　二册

310000-0241-0011250　913140
趣園合集六卷　(清)沈炳然撰　清光緒十八年(1892)刻本　二册

310000-0241-0011251　913141
樂餘靜廉齋文稿一卷　(清)顧復初著　清同治六年(1867)刻本　一册

310000-0241-0011252　913141:2
樂餘靜廉齋文稿一卷　(清)顧復初著　清同治六年(1867)刻本　六册

310000-0241-0011253　913142
樂志堂文畧四卷　(清)譚瑩撰　清光緒元年(1875)刻本　二册

310000-0241-0011254　913143
樂志堂集六卷　(清)譚瑩撰　清光緒元年(1875)刻本　三册

310000-0241-0011255　913144
蓮溪吟稿十一卷試帖一卷　(清)沈濂撰　清咸豐四年(1854)刻本　四册

310000-0241-0011256　913145
蓮溪唫稿續刻三卷　(清)沈濂撰　清咸豐六年(1856)刻本　一册

310000-0241-0011257　913146
移芝室詩古文十三卷　(清)楊彝珍撰　清光緒刻本　三册

310000-0241-0011258　913146(2)
移芝室古文讀本十三卷詩鈔三卷尺牘二卷思舊集一卷時文二卷　(清)楊彝珍撰　(清)閻鎮珩輯　清光緒刻本　十册

310000-0241-0011259　913147
西遊吟草一卷　(清)湯成彥撰　清咸豐刻本　一册

310000－0241－0011260　913148
文集二卷　(清)婁昶撰　清同治三年(1864)幽篁書館刻本　一册

310000－0241－0011261　913149
也居山房詩集十卷補錄一卷文集八卷　(清)魏承柷撰　清同治九年(1870)慶錄堂刻本　四册

310000－0241－0011262　913150
庸盦文别集六卷　(清)薛福成撰　清光緒二十九年(1903)石印本　六册

310000－0241－0011263　913150:2
庸盦文别集六卷　(清)薛福成撰　清光緒二十九年(1903)石印本　六册

310000－0241－0011264　913151
庸書内外篇四卷　(清)陳熾撰　清光緒排印本　一册

310000－0241－0011265　913153
鶴天鯨海焚餘稿六卷　(清)朱昌頤著　清同治五年(1866)德馨堂刻本　四册

310000－0241－0011266　913154
讀有用書齋雜著二卷　(清)韓應陛著　清同治九年(1870)韓氏刻本　一册

310000－0241－0011267　913156
棣萼山房試帖四卷　(清)王葆修撰　清同治十二年(1873)刻本　二册

310000－0241－0011268　913157
雲屩山房詩稿六卷附刊一卷　(清)黎光地撰　清同治十二年(1873)刻本　二册

310000－0241－0011269　913158
寄鴻堂文集四卷　(清)李宗傳撰　清同治三年(1864)刻本　二册

310000－0241－0011270　913159
月塘書屋詩存十一卷　(清)楊延亮著　清同治十二年(1873)鄉嬛别館刻本　二册

310000－0241－0011271　913160
中隱堂詩八卷　(清)方炳奎著　清同治五年(1866)刻本　二册

310000－0241－0011272　913161
蕉影齋詩集四卷附補遺一卷　(清)謝照著　清同治十一年(1872)山陰謝氏刻本　四册

310000－0241－0011273　913162
讀秋水齋詩十六卷　(清)陸皺恩撰　清同治七年(1868)刻本　四册

310000－0241－0011274　913163
讀秋水齋詩十六卷　(清)陸皺恩撰　清同治七年(1868)刻本　四册

310000－0241－0011275　913164
讀秋水齋文六卷　(清)陸皺恩撰　清同治七年(1868)刻本　一册

310000－0241－0011276　913165
郘亭詩鈔六卷　(清)莫友芝撰　(清)鄭珍選　清同治五年(1866)刻本　一册

310000－0241－0011277　913165:2
郘亭詩鈔六卷　(清)莫友芝撰　(清)鄭珍選　清同治五年(1866)刻本　一册

310000－0241－0011278　913167
郘亭遺詩八卷　(清)莫友芝撰　清光緒刻本　一册

310000－0241－0011279　913168
郘亭遺文八卷　(清)莫友芝撰　清光緒刻本　一册

310000－0241－0011280　913169
巢經巢詩鈔九卷詩後集四卷　(清)鄭珍撰　清光緒二十三年(1897)遵義黎氏廣州刻本　三册

310000－0241－0011281　913170
家珍集文鈔　(清)董思盤撰　清同治九年(1870)刻本　一册

310000－0241－0011282　913171
性怡齋詩草不分卷　(清)王□□撰　清同治十三年(1874)刻本　一册

310000－0241－0011283　913172
懷古田詩節鈔六卷　(清)徐榮撰　清同治三年(1864)錦城刻光緒十四年(1888)補修本

六冊

310000－0241－0011284　913173
十國宮詞一卷　(清)吳省蘭撰　清同治十二年(1873)淮南書局刻本　一冊

310000－0241－0011285　913173:2
十國宮詞一卷　(清)吳省蘭撰　清同治十二年(1873)淮南書局刻本　一冊

310000－0241－0011286　913174
全史宮辭二十卷　(清)史夢蘭撰　清咸豐六年(1856)家刻本　四冊

310000－0241－0011287　913175
望三益齋燼餘吟草二卷詞草一卷公餘吟草二卷歸田詩草一卷雜體文四卷謝恩摺子一卷讀詩一得一卷　(清)吳棠撰　清同治、光緒間刻本　五冊

310000－0241－0011288　913175:2
望三益齋燼餘吟草二卷詞草一卷公餘吟草二卷歸田詩草一卷雜體文四卷謝恩摺子一卷讀詩一得一卷　(清)吳棠撰　清同治、光緒間刻本　一冊

310000－0241－0011289　913176
澤雅堂詩集六卷二集十八卷　(清)施補華撰　清同治十三年(1874)、光緒十六年(1890)兩研齋刻本　六冊

310000－0241－0011290　913176:2
澤雅堂詩集六卷二集十八卷　(清)施補華撰　清同治十三年(1874)、光緒十六年(1890)兩研齋刻本　二冊

310000－0241－0011291　913177
芝隱室詩存七卷續存一卷附存一卷　(清)長善撰　清同治十年(1871)廣州刻本　六冊

310000－0241－0011292　913179
坡硯山房詩文稿十二卷　(清)鄒嶧賢著　清同治元年(1862)刻本　四冊

310000－0241－0011293　913180
春在堂雜文二卷續編五卷三編四卷四編八卷五編八卷六編十卷　(清)俞樾撰　清光緒三十一年(1905)刻本　二十二冊

310000－0241－0011294　913181
春在堂雜文二卷續編五卷三編四卷四編八卷五編八卷六編十卷　(清)俞樾撰　清光緒三十一年(1905)刻本　二十二冊

310000－0241－0011295　913182
春在堂雜文二卷續編存三卷三編四卷四編存六卷五編八卷六編存七卷　(清)俞樾撰　清光緒三十一年(1905)刻本　十七冊

310000－0241－0011296　913183
春在堂雜文二卷續編存二卷三編存一卷　(清)俞樾撰　清光緒三十一年(1905)刻本　三冊

310000－0241－0011297　913184
春在堂詩編十卷雜文二卷詞錄二卷小蓬萊謠一卷　(清)俞樾撰　清光緒十二年(1886)刻本　五冊

310000－0241－0011298　913184:2
春在堂詩編十卷雜文二卷詞錄二卷小蓬萊謠一卷　(清)俞樾撰　清光緒十二年(1886)刻本　二冊

310000－0241－0011299　913185
賓萌集五卷外集四卷　(清)俞樾撰　清光緒刻本　二冊

310000－0241－0011300　913185:2
賓萌集五卷外集四卷　(清)俞樾撰　清光緒刻本　二冊

310000－0241－0011301　913185:3
賓萌集五卷外集四卷　(清)俞樾撰　清光緒刻本　二冊

310000－0241－0011302　913186
盋山詩錄二卷文錄三卷　(清)顧雲撰　清光緒刻本　二冊

310000－0241－0011303　913189
霞清閣袖中詩本二卷擁翠詞稿一卷　(清)朱福清撰　清光緒十九年(1893)刻本　一冊

310000－0241－0011304　913190

湘綺樓文集八卷詩集十四卷箋啓八卷 王闓運撰 清光緒二十六年至三十三年(1900－1907)刻本 十六冊

310000－0241－0011305 913191

湘綺樓文集八卷詩集十四卷箋啓八卷 王闓運撰 清宣統二年(1910)上海國學扶輪社石印本 十二冊

310000－0241－0011306 913193

龍岡山人文鈔十四卷詩集二十卷 (清)洪良品撰 清光緒九年(1883)刻本 十冊

310000－0241－0011307 913194

龍岡山人詩鈔十五卷 (清)洪良品撰 清光緒五年(1879)刻本 四冊

310000－0241－0011308 913199

舊學四種八卷 (清)譚嗣同撰 清光緒二十三年(1897)刻本 四冊

310000－0241－0011309 913199(2)

遠遺堂集外文初稿一卷續編一卷 (清)譚嗣同撰 清光緒二十八年(1902)上海石印本 一冊

310000－0241－0011310 913199:2

舊學四種八卷 (清)譚嗣同撰 清光緒二十三年(1897)刻本 一冊

310000－0241－0011311 913200

石樵先生遺詩晚翠軒集二卷 (清)張安保撰 清光緒二十五年(1899)刻本 四冊

310000－0241－0011312 913201

月齋文集八卷詩集四卷 (清)張穆撰 清咸豐八年(1858)刻本 四冊

310000－0241－0011313 913206

夢痕仙館詩鈔十卷 張其淦撰 清光緒三十一年(1905)刻本 五冊

310000－0241－0011314 913209

漸西邨人詩集 (清)袁昶撰 清光緒刻本 四冊 存九卷

310000－0241－0011315 913210

漸西邨人初集十三卷 (清)袁昶撰 清光緒二十年(1894)刻本 三冊

310000－0241－0011316 913211

漸西邨人初集十三卷 (清)袁昶撰 清光緒二十年(1894)刻本 三冊

310000－0241－0011317 913212

于湖小集四卷 (清)袁昶撰 清光緒二十年(1894)刻本 二冊

310000－0241－0011318 913212:2

于湖小集四卷 (清)袁昶撰 清光緒二十年(1894)刻本 二冊

310000－0241－0011319 913213

于湖小集四卷 (清)袁昶撰 清光緒二十年(1894)刻本 一冊

310000－0241－0011320 913215

水明樓集三卷 (清)袁昶撰 清宣統元年(1909)排印本 一冊

310000－0241－0011321 913215:2

水明樓集三卷 (清)袁昶撰 清宣統元年(1909)排印本 一冊

310000－0241－0011322 913218

小雅樓詩集八卷文二卷 (清)鄧方撰 清光緒二十六年(1900)廣州刻本 五冊

310000－0241－0011323 913218:2

小雅樓詩集八卷文二卷 (清)鄧方撰 清光緒二十六年(1900)廣州刻本 五冊

310000－0241－0011324 913218:3

小雅樓詩集八卷文二卷 (清)鄧方撰 清光緒二十六年(1900)廣州刻本 五冊

310000－0241－0011325 913220

樂志簃集十七卷 (清)沈祥龍撰 清光緒二十六年(1900)文墨齋刻本 四冊

310000－0241－0011326 913222

豸華堂文鈔二十卷 (清)金應麟撰 清光緒元年(1875)刻本 四冊

310000－0241－0011327 913223

思誠堂集六卷 (清)張鏞撰 清光緒十三年

(1887)刻本　三册

310000－0241－0011328　913225

青欞山房詩鈔十一卷　(清)馬士龍撰　清光緒元年(1875)刻本　一册

310000－0241－0011329　913226

復城紀詠不分卷　(清)謝金元撰　清光緒二十七年(1901)刻本　一册

310000－0241－0011330　913227

靈芝仙館詩鈔十二卷詞鈔二卷　(清)胡念修撰　清光緒二十七年(1901)刻本　四册

310000－0241－0011331　913229

儀宋堂文二集十卷　(清)吳嘉淦撰　清光緒五年(1879)刻本　二册

310000－0241－0011332　913229:2

儀宋堂文二集十卷　(清)吳嘉淦撰　清光緒五年(1879)刻本　二册

310000－0241－0011333　913230

青萍軒文録二卷　(清)薛福保撰　清光緒八年(1882)刻本　一册

310000－0241－0011334　913231

龍川先生詩鈔不分卷　(清)李光炘撰　清光緒十四年(1888)刻本　一册

310000－0241－0011335　913231(2)

龍川先生詩鈔不分卷　(清)李光炘撰　清光緒三十三年(1907)排印本　一册

310000－0241－0011336　913232

啖蔗軒詩存三卷　(清)方士淦撰　清同治十一年(1872)刻本　二册

310000－0241－0011337　913233

莘齋全集十二卷　(清)宦懋庸撰　清光緒二十年(1894)刻本　三册

310000－0241－0011338　913235

誰與庵文鈔二卷　(清)孫世均著　清光緒十五年(1889)刻本　一册

310000－0241－0011339　913235:2

誰與庵文鈔二卷　(清)孫世均著　清光緒十五年(1889)刻本　一册

310000－0241－0011340　913236

小雲廬晚學文稿八卷　(清)朱壬林撰　清光緒二十六年(1900)刻本　四册

310000－0241－0011341　913237

小雲廬晚學文稿八卷　(清)朱壬林撰　清光緒二十六年(1900)刻本　二册

310000－0241－0011342　913238

疏蘭僊館詩集四卷　(清)朱錫綬撰　清光緒十六年(1890)刻本　三册

310000－0241－0011343　913239

絮春榭詩存一卷　(清)戴烜似撰　清光緒二十一年(1895)刻本　一册

310000－0241－0011344　913240

罘罳草堂詩集四卷　(清)隆觀易撰　清光緒五年(1879)長沙刻本　二册

310000－0241－0011345　913241

復盦文集二十二卷　(清)曹允源撰　清光緒三十年(1904)刻本　六册

310000－0241－0011346　913241:2

復盦文集二十二卷　(清)曹允源撰　清光緒三十年(1904)刻本　四册

310000－0241－0011347　913242

濱竹遺稿七卷　(清)鄒漢池撰　清光緒元年(1875)刻本　三册

310000－0241－0011348　913243

止齋遺書十六卷　(清)黄俊苑著　清光緒元年(1875)福州刻本　四册

310000－0241－0011349　913244

復堂文續五卷　(清)譚獻撰　清光緒二十七年(1901)胡念修刻本　四册

310000－0241－0011350　913244:2

復堂文續五卷　(清)譚獻撰　清光緒二十七年(1901)胡念修刻本　四册

310000－0241－0011351　913245

復堂詩三卷詞一卷　(清)譚獻撰　清咸豐九

年(1859)福建刻本　一冊

310000－0241－0011352　913245(2)
復堂詩三卷詞一卷　(清)譚獻撰　清咸豐九年(1859)、同治四年(1865)福建刻本　一冊

310000－0241－0011353　913245(2):2
復堂詩三卷詞一卷　(清)譚獻撰　清咸豐九年(1859)、同治四年(1865)福建刻本　一冊

310000－0241－0011354　913246
復堂類集文四卷詩十一卷詞三卷日記八卷　(清)譚獻撰　清同治、光緒間仁和譚氏遞刻本　八冊

310000－0241－0011355　913246:2
復堂類集文四卷詩十一卷詞三卷日記八卷　(清)譚獻撰　清同治、光緒間仁和譚氏遞刻本　一冊

310000－0241－0011356　913246:3
復堂類集文四卷詩十一卷詞三卷日記八卷　(清)譚獻撰　清同治、光緒間仁和譚氏遞刻本　二冊

310000－0241－0011357　913248
餐霞集不分卷　(清)郭綏之撰　清同治四年(1865)刻本　一冊

310000－0241－0011358　913248(2)
滄江詩集十卷　(清)郭綏之撰　清木活字印本　四冊

310000－0241－0011359　913249
思益堂集二十卷　(清)周壽昌撰　清光緒十四年(1888)長沙王氏刻本　六冊

310000－0241－0011360　913250
思益堂詩鈔六卷詞鈔一卷　(清)周壽昌撰　清光緒十四年(1888)刻本　二冊

310000－0241－0011361　913252
吴摯甫文集四卷附鈔一卷詩集一卷　(清)吴汝綸撰　清宣統元年(1909)國學扶輪社石印本　六冊

310000－0241－0011362　913252:2
吴摯甫文集四卷附鈔一卷詩集一卷　(清)吴汝綸撰　清宣統元年(1909)國學扶輪社石印本　五冊

310000－0241－0011363　913252:3
吴摯甫文集四卷附鈔一卷詩集一卷　(清)吴汝綸撰　清宣統元年(1909)國學扶輪社石印本　一冊

310000－0241－0011364　913255
曼陀羅花室文二卷詩三卷詞十卷　(清)吴翊寅撰　清光緒十九年至二十年(1893－1894)廣州廣雅書局刻本　二冊

310000－0241－0011365　913256
墨花香館詩存八卷　(清)慶康撰　清光緒二十一年(1895)刻本　二冊

310000－0241－0011366　913257
晚晴堂稿八卷　(清)喻震孟撰　清光緒十五年(1889)刻本　四冊

310000－0241－0011367　913258
寄愚室文鈔一卷　(清)黃錫燾撰　清光緒十一年(1885)刻本　一冊

310000－0241－0011368　913259
漱馨草堂文集不分卷　(清)周仕駿著　清光緒二十五年(1899)刻本　一冊

310000－0241－0011369　913260
佩弦齋雜存二卷　(清)朱一新著　清光緒二十二年(1896)刻本　一冊

310000－0241－0011370　913261
添丁小酉之廬詩草一卷　(清)董良玉撰　清光緒三十三年(1907)刻本　一冊

310000－0241－0011371　913262
白圭榭古文遺稿一卷　(清)張璐著　清光緒二十五年(1899)刻本　一冊

310000－0241－0011372　913263
勿待軒文集存稿十卷　(清)馬先登著　清光緒二年(1876)敦倫堂刻本　十冊

310000－0241－0011373　913264
小初詩藁三十卷　(清)王之藩撰　清光緒十四年(1888)續刻本　五冊

310000－0241－0011374　913265

小初詩稿九卷　(清)王之藩撰　清同治元年(1862)初刻本　一册

310000－0241－0011375　913266

損窦詩鈔二卷補遺一卷　(清)淩焕撰　清光緒十八年(1892)鎮洋顧氏清馨榭校刻本　一册

310000－0241－0011376　913266:2

損窦詩鈔二卷補遺一卷　(清)淩焕撰　清光緒十八年(1892)鎮洋顧氏清馨榭校刻本　一册

310000－0241－0011377　913266:3

損窦詩鈔二卷補遺一卷　(清)淩焕撰　清光緒十八年(1892)鎮洋顧氏清馨榭校刻本　一册

310000－0241－0011378　913266:4

損窦詩鈔二卷補遺一卷　(清)淩焕撰　清光緒十八年(1892)鎮洋顧氏清馨榭校刻本　一册

310000－0241－0011379　913267

玉壺冰館分韻試帖一卷　(清)王貽清著　清光緒十八年(1892)刻本　一册

310000－0241－0011380　913268

八指詩存二卷　(清)□□撰　清光緒三十四年(1908)刻本　二册

310000－0241－0011381　913270

八指頭陀詩集十卷詩集補遺一卷詞存一卷　(清)釋敬安撰　清光緒二十四年(1898)刻本　二册

310000－0241－0011382　913271

復丁老人詩紀不分卷　(清)劉炳照撰　清光緒三十四年(1908)刻本　一册

310000－0241－0011383　913274

頤園詩存二卷　(清)徐焕藻著　清光緒二十五年(1899)刻本　一册

310000－0241－0011384　913275

問琴閣詩錄一卷　(清)宋育仁撰　清刻本　一册

310000－0241－0011385　913276

芷香閣詩鈔一卷　(清)謝□□撰　清光緒二十五年(1899)刻本　一册

310000－0241－0011386　913277

雨峯詩鈔七卷文鈔一卷　(清)齊翀著　清光緒二年(1876)刻本　四册

310000－0241－0011387　913277:2

雨峯詩鈔七卷文鈔一卷　(清)齊翀著　清光緒二年(1876)刻本　一册

310000－0241－0011388　913278

抱鄰山房詩稿九卷駢體文二卷　(清)尹恭保著　清光緒六年(1880)刻本　十一册

310000－0241－0011389　913279

鍾山草堂遺稿九卷　(清)温肇江著　清光緒元年(1875)刻本　五册

310000－0241－0011390　913280

碧琉璃館遺稿二卷　(清)周樹馨撰　清光緒六年(1880)刻本　一册

310000－0241－0011391　913282

述聞齋詩草十七卷附刊六卷　(清)宋家燕撰　清光緒二十九年(1903)石印本　六册

310000－0241－0011392　913282:2

述聞齋詩草十七卷附刊六卷　(清)宋家燕撰　清光緒二十九年(1903)石印本　六册

310000－0241－0011393　913283

修立齋遺稿不分卷　(清)張承寬著　清光緒五年(1879)刻本　一册

310000－0241－0011394　913284

哀忠集三卷　(清)邃懷居士編輯　清光緒十三年(1887)刻本　二册

310000－0241－0011395　913285

飛素閣遺詩不分卷　(清)梁靄撰　清光緒二十六年(1900)刻本　一册

310000－0241－0011396　913286

建陵山房詩鈔續集七卷　(清)王子揚撰　清

光緒二十二年(1896)刻本　二册

310000－0241－0011397　913287

留有餘齋遺稿不分卷附錄存五卷　(清)董學履著　清光緒十二年(1886)刻本　二册

310000－0241－0011398　913289

東窗存稿七卷　(清)黄穆清撰　清光緒三十年(1904)排印本　二册

310000－0241－0011399　913291

梓園詩鈔六卷附古今列女題辭一卷　(清)釋江叡撰　清光緒二十九年(1903)刻本　四册

310000－0241－0011400　913292

南湖詩集十一卷冰壺詞六卷芙蓉碣傳奇二卷　(清)張雲驤撰　清光緒刻本　五册

310000－0241－0011401　913293

堅白齋集詩存三卷駢文一卷雜稿存四卷　(清)龍汝霖撰　清光緒七年(1881)刻本　四册

310000－0241－0011402　913295

補勤詩存二十四卷　(清)陳錦撰　清光緒三年(1877)橘蔭軒刻本　八册

310000－0241－0011403　913296

小隱山樵詩草不分卷　(清)王義祖著　清光緒二年(1876)刻本　二册

310000－0241－0011404　913297

誠求齋詩存二卷　(清)陳星煥撰　清光緒元年(1875)刻本　二册

310000－0241－0011405　913298

蘅華館詩錄六卷　(清)王韜撰　清光緒十六年(1890)排印本　二册

310000－0241－0011406　913300

蕭然自得齋詩集八卷詩餘一卷隨筆一卷　(清)徐漢蒼著　清光緒二年(1876)刻本　五册

310000－0241－0011407　913302

隨山館叢稿四卷　(清)汪瑔撰　清光緒七年(1881)刻本　三册

310000－0241－0011408　913305

仰嘯樓文集不分卷國朝經學名儒記一卷　(清)張星鑑著　清光緒九年(1883)刻本　一册

310000－0241－0011409　913306

自怡吟草不分卷　(清)戈培撰　清光緒二十年(1894)刻本　一册

310000－0241－0011410　913307

安般簃詩續鈔十卷　(清)袁昶撰　清光緒十八年(1892)刻本　三册

310000－0241－0011411　913307:2

安般簃詩續鈔十卷　(清)袁昶撰　清光緒十八年(1892)刻本　四册

310000－0241－0011412　913307:3

安般簃詩續鈔十卷　(清)袁昶撰　清光緒十八年(1892)刻本　四册

310000－0241－0011413　913308

重闐齋文集二卷　(清)汪德容撰　清光緒十二年(1886)刻本　一册

310000－0241－0011414　913309

哀生閣集四卷續稿三卷　(清)王大經撰　清光緒十一年(1885)刻本　六册

310000－0241－0011415　913310

高陶堂遺集八卷　(清)高心夔著　清光緒八年(1882)平湖朱氏刻本　四册

310000－0241－0011416　913311

容膝軒文稿七卷　(清)王棻商撰　清光緒二十一年(1895)刻本　一册

310000－0241－0011417　913312

眠琴閣詩鈔十二卷續編三卷末一卷　(清)呂廷煇撰　清同治二年(1863)刻本　六册

310000－0241－0011418　913313

烏石山房詩存六卷　(清)龔易圖撰　清光緒九年(1883)刻本　二册

310000－0241－0011419　913313:2

烏石山房詩存六卷　(清)龔易圖撰　清光緒九年(1883)刻本　四册

310000－0241－0011420　913314
舫廬文存四卷外集一卷餘集一卷　(清)張壽榮撰　清光緒九年(1883)刻本　四冊

310000－0241－0011421　913315
酌雅堂駢文二卷　(清)徐壽基撰　清光緒刻本　二冊

310000－0241－0011422　913316
蘋香書屋文鈔三卷　(清)鄒文柏撰　清光緒三十四年(1908)刻本　一冊

310000－0241－0011423　913317
蘇門山人登嘯集詩鈔一卷續鈔一卷　(清)吳昌榮撰　清光緒二十年(1894)刻本　一冊

310000－0241－0011424　913318
陳比部遺集三卷王孟調明經西梟草一卷　(清)陳壽祺撰　清同治十一年(1872)潘氏滂喜齋刻本　一冊

310000－0241－0011425　913319
嫻藝軒襍著三卷　(清)黃家岱撰　清光緒十九年(1893)南菁講舍刻本　一冊

310000－0241－0011426　913319:2
嫻藝軒襍著三卷　(清)黃家岱撰　清光緒十九年(1893)南菁講舍刻本　一冊

310000－0241－0011427　913320
南岡草堂文存二卷　(清)秦際唐撰　清光緒二十七年(1901)刻本　二冊

310000－0241－0011428　913321
南岡草堂詩選二卷　(清)秦際唐撰　清光緒二十七年(1901)刻本　二冊

310000－0241－0011429　913322
宛湄書屋文鈔十一卷　(清)李光廷撰　清光緒四年(1878)端溪書院刻本　四冊

310000－0241－0011430　913323
兩彊勉齋文存二卷詩存四卷館課賦存二卷　(清)倪文蔚著　清光緒十一年(1885)桂林節署刻本　五冊

310000－0241－0011431　913324
優盔羅室詩稿一卷　(清)李尚暲撰　(清)達錫純選　**附月來軒詩稿一卷**　(清)錢韞素撰　清宣統元年(1909)排印本　一冊

310000－0241－0011432　913325
姚正父文集五卷　(清)姚興撰　清末刻本　四冊

310000－0241－0011433　913326
也儂遺稿四卷詩草十卷　(清)王慶善著　清光緒二十八年(1902)木活字印本　八冊

310000－0241－0011434　913330
來雲閣詩稿六卷　(清)金和撰　清光緒二十一年(1895)刻本　四冊

310000－0241－0011435　913331
來雲閣詩稿六卷　(清)金和撰　清光緒二十一年(1895)刻本　二冊

310000－0241－0011436　913332
夢奈詩稿一卷　(清)馮桂芬撰　清光緒二年(1876)吳縣馮氏刻本　一冊

310000－0241－0011437　913333
安遇齋古近體詩二卷　(清)李德儀撰　清光緒二年(1876)新陽李氏刻本　一冊

310000－0241－0011438　913334
宛羽堂詩鈔三卷賦鈔一卷　(清)徐一鶚撰　清光緒二年(1876)刻本　二冊

310000－0241－0011439　913335
白華絳柎閣詩集十卷　(清)李慈銘撰　清光緒十六年(1890)刻本　六冊

310000－0241－0011440　913335:2
白華絳柎閣詩集十卷　(清)李慈銘撰　清光緒十六年(1890)刻本　二冊

310000－0241－0011441　913336
湖唐林館駢體文二卷　(清)李慈銘撰　清光緒十年(1884)刻本　二冊

310000－0241－0011442　913338
緩雅堂駢文八卷　(清)王詒壽著　清光緒六年(1880)刻本　二冊

310000－0241－0011443　913338:2

緩雅堂駢文八卷　(清)王詒壽著　清光緒六年(1880)刻本　二册

310000－0241－0011444　913338：3
緩雅堂駢文八卷　(清)王詒壽著　清光緒六年(1880)刻本　一册

310000－0241－0011445　913339
緩雅堂駢文八卷　(清)王詒壽著　清光緒六年(1880)刻本　四册

310000－0241－0011446　913340
緩雅堂駢文八卷　(清)王詒壽著　清光緒六年(1880)刻本　二册

310000－0241－0011447　913341
悲盦居士詩賸一卷文存一卷　(清)趙之謙撰　清光緒十六年(1890)刻本　二册

310000－0241－0011448　913342
王孟調明經西黽草三種不分卷　(清)王星諴撰　清刻本　一册

310000－0241－0011449　913343
心嚮往齋詩集用陶韻詩二卷　(清)孔繼鑅撰　清道光二十九年(1849)緗水王氏寫刻本　一册

310000－0241－0011450　913343(2)
心嚮往齋詩集于南詩錄二卷　(清)孔繼鑅撰　清咸豐六年(1856)孔氏刻本　二册

310000－0241－0011451　913343(3)
心嚮往齋詩集壬癸詩錄二卷　(清)孔繼鑅撰　清咸豐李肇增刻本　一册

310000－0241－0011452　913344
吳文節公遺集八十卷　(清)吳文鎔著　(清)吳養原編　清咸豐七年(1857)刻本　十六册

310000－0241－0011453　913345
盟蘭山館遺稿二卷　(清)朱蔚著　清咸豐六年(1856)刻本　一册

310000－0241－0011454　913346
雙梧山館文鈔二十四卷　(清)鄭瑤撰　清咸豐十年(1860)南郭草堂刻本　六册

310000－0241－0011455　913347
復莊駢儷文榷八卷　(清)姚燮撰　清咸豐四年(1854)刻本　二册

310000－0241－0011456　913348
復莊詩問三十四卷駢文八卷　(清)姚燮撰　清道光二十六年(1846)大梅山館刻本　三册

310000－0241－0011457　913349
靈石山房詩草一卷續草一卷　(清)貴成撰　清同治七年(1868)刻本　一册

310000－0241－0011458　913350
靈州山人詩錄六卷　(清)徐灝撰　清同治三年(1864)刻本　一册

310000－0241－0011459　913351
謫麐堂遺集文二卷詩二卷　(清)戴望撰　清宣統風雨樓排印本　一册

310000－0241－0011460　913351：2
謫麐堂遺集文二卷詩二卷　(清)戴望撰　清宣統風雨樓排印本　一册

310000－0241－0011461　913353
繆武烈公遺集六卷首一卷　(清)繆梓撰　清光緒七年(1881)刻本　四册

310000－0241－0011462　913354
二知軒詩鈔十六卷　(清)方濬頤撰　清同治五年(1866)刻本　十二册

310000－0241－0011463　913355
二知軒詩存十四卷　(清)方濬頤撰　清同治五年(1866)刻本　六册

310000－0241－0011464　913356
二知軒詩存三十四卷　(清)方濬頤撰　清光緒四年(1878)刻本　十二册

310000－0241－0011465　913357
二知軒詩續鈔二十二卷　(清)方濬頤撰　清光緒刻本　十册

310000－0241－0011466　913358
古紅某閣遺集八卷附錄一卷附刊一卷　(清)劉履芬撰　清光緒六年(1880)蘇州刻本　二册

310000－0241－0011467　913359
躬厚堂詩集十四卷　(清)金鏞撰　清同治刻本　四册

310000－0241－0011468　913361
沈槐卿遺稿六卷附錄一卷政蹟六卷　(清)沈衍慶撰　清同治元年(1862)刻本　四册

310000－0241－0011469　913362
桂樓雜錄一卷　蔣德鈞撰　清刻本　六册

310000－0241－0011470　913364
榴實山莊詩鈔六卷詞鈔一卷試律二卷文稿一卷　(清)吳存義撰　清同治刻本　六册

310000－0241－0011471　913364:2
榴實山莊詩鈔六卷詞鈔一卷試律二卷文稿一卷　(清)吳存義撰　清同治刻本　四册

310000－0241－0011472　913365
紅薔吟館詩稿一卷　(清)鎖瑞芝撰　清光緒六年(1880)刻本　一册

310000－0241－0011473　913366
遣愁山房遺稿一卷　(清)顧匡籌撰　清同治七年(1868)刻本　一册

310000－0241－0011474　913367
餘辛集三卷　(清)何栻撰　清同治元年(1862)刻本　一册

310000－0241－0011475　913369
如舟唫館詩鈔不分卷　(清)瑞常撰　清光緒刻本　一册

310000－0241－0011476　913371
旅窗懷舊詩一卷漚夢詞一卷附錄一卷感藤花龤詞一卷　(清)劉履芬撰　清同治刻本　一册

310000－0241－0011477　913372
敦教堂詩鈔六卷續刻二卷　(清)官文秀撰　清同治二年(1863)刻本　一册

310000－0241－0011478　913373
子良詩錄二卷附摘句一卷　(清)馮詢撰　清同治二年(1863)廣州城西寶華坊刻本　一册

310000－0241－0011479　913373:2
子良詩錄二卷附摘句一卷　(清)馮詢撰　清同治二年(1863)廣州城西寶華坊刻本　二册

310000－0241－0011480　913374
粲花佩葉山房詩稿六集　(清)陳鼎雯著　清光緒十七年(1891)刻本　四册

310000－0241－0011481　913375
澤雅堂文集八卷　(清)施補華撰　清光緒刻本　四册

310000－0241－0011482　913376
詩舫存鈔六卷　(清)劉文藻著　清同治排印本　四册

310000－0241－0011483　913377
嚼梅吟二卷　(清)釋敬安撰　清光緒七年(1881)刻本　一册

310000－0241－0011484　913377:3
嚼梅吟二卷　(清)釋敬安撰　清光緒七年(1881)刻本　一册

310000－0241－0011485　913378
梓園山房又次稿七卷續刊二卷　(清)釋江叡撰　清光緒三十四年(1908)刻本　四册

310000－0241－0011486　913380
結一廬遺文二卷　(清)朱學勤撰　清光緒三十四年(1908)刻本　一册

310000－0241－0011487　913381
聊復集二卷　(清)郭綏之撰　清同治六年(1867)刻本　一册

310000－0241－0011488　913382
靈素堂駢體文一卷詩鈔四卷　(清)徐錦撰　清光緒刻本　一册

310000－0241－0011489　913383
江忠烈公後集二卷　(清)江忠源撰　清光緒三十一年(1905)刻本　一册

310000－0241－0011490　913384
澗于集詩四卷奏議六卷　(清)張佩綸撰　清澗于草堂刻本　八册

310000－0241－0011491　913384：2

澗于集詩四卷奏議六卷　(清)張佩綸撰　清澗于草堂刻本　二册

310000－0241－0011492　913384：3

澗于集詩四卷奏議六卷　(清)張佩綸撰　清澗于草堂刻本　十二册

310000－0241－0011493　913385

心白日齋集六卷　(清)尹耕雲著　清光緒十年(1884)刻本　三册

310000－0241－0011494　913386

有不爲齋集六卷　(清)端木埰著　清光緒三十四年(1908)刻本　二册

310000－0241－0011495　913387

敬孚類藁十六卷　(清)蕭穆撰　清光緒三十二年(1906)刻本　四册

310000－0241－0011496　913388

静怡軒詩鈔五卷附録一卷繡蛙龕詞鈔五卷附録一卷　(清)汪藻撰　清光緒四年(1878)蘇州吴縣汪氏刻本　二册

310000－0241－0011497　913389

彭文敬公全集歸樸龕叢稿十二卷續編四卷松風閣詩鈔二十六卷詒齋老人手訂年譜一卷　(清)彭藴章撰　清同治長洲彭氏刻本　十四册

310000－0241－0011498　913390

西圃集詩十卷　(清)潘遵祁撰　清光緒刻本　二册

310000－0241－0011499　913390：2

西圃集詩十卷　(清)潘遵祁撰　清光緒刻本　八册

310000－0241－0011500　913391

海國勝遊草不分卷　(清)斌椿撰　清同治七年(1868)刻本　一册

310000－0241－0011501　913394

蛙庵詩鈔八卷賦鈔二卷　(清)楊棨撰　清同治刻本　四册

310000－0241－0011502　913396

張文節公遺集二卷　(清)張洵撰　清同治十一年(1872)滂喜齋刻本　一册

310000－0241－0011503　913397

景詹閣遺文不分卷附遺詩一卷　(清)姚諶撰　清光緒刻本　一册

310000－0241－0011504　913400

志遠堂文集十卷　(清)鄒鍾著　清光緒刻本　六册

310000－0241－0011505　913401

梂花龕詩二卷外集一卷附録一卷　(清)葉廷琯撰　清同治元年(1862)刻本　二册

310000－0241－0011506　913404

雙谿文鈔一卷　(清)吴翰章撰　清光緒十一年(1885)經心書院刻本　一册

310000－0241－0011507　913407

時習編六卷　(清)周炳祺撰　清光緒十六年(1890)詒經堂刻本　二册

310000－0241－0011508　913408

茶夢龕劫後詩稿十二卷　(清)高望曾撰　清光緒十六年(1890)刻本　四册

310000－0241－0011509　913409

薦香遺稾三卷　(清)秦代馨撰　清光緒四年(1878)彊學簃刻本　一册

310000－0241－0011510　913410

大小雅堂詩集四卷附冰蠶詞一卷　(清)承齡撰　清光緒十八年(1892)刻本　二册

310000－0241－0011511　913411

綠天蘭若詩鈔一卷續一卷續續一卷補遺一卷潛西精舍詩稿一卷鉢囊遊草一卷鉢囊草一卷　(清)釋含澈撰　清光緒潛西精舍刻本　五册

310000－0241－0011512　913412

曼志堂遺稿二卷　(清)曹壽銘撰　清同治九年(1870)鐵耕齋刻本　一册

310000－0241－0011513　913413

敉壽廬遺集十卷　(清)吴恩熙撰　清光緒二十六年(1900)刻本　二册

310000－0241－0011514　913414
佩秋閣詩槀二卷詞稿一卷駢文稿一卷　（清）吳茝撰　清光緒元年（1875）刻本　一册

310000－0241－0011515　913414：2
佩秋閣詩槀二卷詞稿一卷駢文稿一卷　（清）吳茝撰　清光緒元年（1875）刻本　一册

310000－0241－0011516　913415
伯山詩鈔愛日集一卷望雲集四卷由庚集一卷詩鈔（辛酉）一卷　（清）康發祥撰　清咸豐十年至十一年（1860－1861）泰州康氏刻本　二册

310000－0241－0011517　913416
石室秘藏詩一卷　（清）徐康撰　清光緒十五年（1889）徐氏家刻本　一册

310000－0241－0011518　913418
梧竹軒詩鈔十卷　（清）徐兆英撰　清光緒二十七年（1901）愛虞堂刻本　四册

310000－0241－0011519　913419
柈湖文錄八卷　（清）吳敏樹撰　清同治、光緒間岳陽陳集賢刻本　四册

310000－0241－0011520　913419（2）
柈湖文集十二卷　（清）吳敏樹撰　清光緒十九年（1893）思賢講舍刻本　四册

310000－0241－0011521　913420
通齋文集二卷　（清）蔣超伯撰　清同治三年（1864）高郡刻本　一册

310000－0241－0011522　913421
蘋溪詩草二卷　（清）夏昌祺撰　清咸豐、同治間刻本　一册

310000－0241－0011523　913422
含清堂詩存十卷　（清）徐光第撰　清同治三年（1864）刻本　四册

310000－0241－0011524　913423
意茗山館詩稿十六卷　（清）陸嵩撰　清光緒十八年（1892）刻本　四册

310000－0241－0011525　913424
瓶山草堂集六卷　（清）姚光晉撰　清同治十年（1871）刻本　二册

310000－0241－0011526　913425
丹魁堂外集四卷　（清）季芝昌撰　清咸豐十年（1860）崇川寓館刻本　二册

310000－0241－0011527　913425：2
丹魁堂外集四卷　（清）季芝昌撰　清咸豐十年（1860）崇川寓館刻本　二册

310000－0241－0011528　913427
寶德堂詩鈔十卷附存二卷　（清）周衡撰　清光緒二年（1876）刻本　三册

310000－0241－0011529　913430
舒嘯樓詩稿四卷詞稿一卷　（清）李曾裕撰　清同治九年（1870）、十二年（1873）刻本　三册

310000－0241－0011530　913431
六半樓詩鈔四卷　（清）蔡鵬飛撰　清光緒十年（1884）蔡氏刻本　一册

310000－0241－0011531　913432
槐軒雜著四卷　（清）劉沅撰　清咸豐十一年（1861）虛受齋刻本　四册

310000－0241－0011532　913433
小睡足寮詩錄四卷續錄四卷補錄二卷附二友詩錄一卷　（清）秦敏樹撰　清光緒十三年（1887）刻二十三年（1897）、三十年（1904）、三十四年（1908）續刻本　二册

310000－0241－0011533　913434
養知書屋詩集十五卷文集二十八卷　（清）郭嵩燾撰　清光緒十八年（1892）刻本　十六册

310000－0241－0011534　913435
孟晉齋文集五卷周列士傳一卷　（清）顧壽楨撰　清同治五年（1866）見素抱樸齋校刻本　四册

310000－0241－0011535　913436
邁堂文畧四卷　（清）李祖陶撰　清同治刻本　四册

310000－0241－0011536　913437
藏齋詩鈔六卷　（清）何其超撰　清同治七年

(1868)刻本　二册

310000－0241－0011537　913439
傳忠堂學古文一卷　(清)周星譽撰　清光緒刻本　一册

310000－0241－0011538　913440
黄葉山樵詩草四卷　(清)江璧撰　清咸豐、同治間刻本　一册

310000－0241－0011539　913441
春蠶集二卷　(清)釋覺岸撰　清光緒刻本　二册

310000－0241－0011540　913444
舒蓺室詩存七卷索笑詞二卷　(清)張文虎撰　清光緒七年(1881)刻本　二册

310000－0241－0011541　913445
小匏庵詩存六卷集杜詩附存一卷詩話十卷　(清)吴仰賢撰　清光緒四年(1878)刻本　六册

310000－0241－0011542　913446
笠東草堂遺稿二卷文集補遺一卷　(清)俞岳撰　清光緒十七年(1891)刻本　二册

310000－0241－0011543　913447
東洲草堂詩鈔三卷使黔草殘存二卷　(清)何紹基撰　清同治六年(1867)長沙無園刻本　三册

310000－0241－0011544　913447(2)
峨眉瓦屋遊草二卷　(清)何紹基撰　清咸豐五年(1855)刻本　一册

310000－0241－0011545　913448
梵隱堂詩存十卷　(清)釋祖觀撰　清同治五年(1866)通滂盦刻本　二册

310000－0241－0011546　913449
劍懷堂詩草　(清)宋謙撰　清宣統二年(1910)刻本　二册

310000－0241－0011547　913449:2
劍懷堂詩草　(清)宋謙撰　清宣統二年(1910)刻本　二册

310000－0241－0011548　913452
題江南曾文正公祠百詠一卷　朱孔彰撰　清光緒十三年(1887)刻本　一册

310000－0241－0011549　913454
小醉經室詩集六卷　(清)徐廷珍撰　清光緒十年(1884)江都徐氏刻本　二册

310000－0241－0011550　913455
綠蔭軒遺集六卷　(清)胡佩芳撰　清光緒二十三年(1897)金陵刻本　四册

310000－0241－0011551　913456
靜觀書屋詩集七卷　(清)章鶴齡撰　清同治十三年(1874)皖城刻本　二册

310000－0241－0011552　913457
聽月樓遺稿二卷　(清)嚴恒撰　清光緒二十八年(1902)上海石印本　二册

310000－0241－0011553　913457:2
聽月樓遺稿二卷　(清)嚴恒撰　清光緒二十八年(1902)上海石印本　一册

310000－0241－0011554　913458
羼提精舍詩稿　(清)于昌遂撰　清同治五年(1866)亨帚齋木活字印本　一册　存七卷

310000－0241－0011555　913459
純甫古文鈔六卷　(清)戴楫撰　清同治九年(1870)刻本　一册

310000－0241－0011556　913460
小迦陵館文集　(清)陳寶撰　清宣統二年(1910)排印本　一册

310000－0241－0011557　913461
窳翁文鈔四卷　(清)陸懋修撰　清光緒元和陸氏刻本　一册

310000－0241－0011558　913462
古均閣遺著三種三卷　(清)許槤撰　清光緒十四年(1888)刻本　一册

310000－0241－0011559　913463
西澗舊廬詩稿四卷　(清)劉樞撰　清同治十一年(1872)刻本　一册

310000－0241－0011560　913465
梅花山館詩鈔一卷　(清)徐光發撰　清光緒三十一年(1905)怡安堂石印本　二冊

310000－0241－0011561　913466
東齋就正草五卷　(清)馬毓華撰　清光緒刻本　二冊

310000－0241－0011562　913467
聽香室詩鈔不分卷　(清)黄德珪撰　清同治八年(1869)刻本　一冊

310000－0241－0011563　913468
微雲樓詩集五卷　(清)秦昌焯撰　清光緒刻本　一冊

310000－0241－0011564　913469
自鳴稿二卷詩餘一卷　(清)王壽康撰　清咸豐八年(1858)槎東別墅刻本　一冊

310000－0241－0011565　913470
香雪齋詩鈔四卷　(清)嚴鈖撰　清光緒十九年(1893)桐谿嚴氏刻本　二冊

310000－0241－0011566　913471
憧橋詩稿十卷　(清)徐時樑撰　清光緒十三年(1887)刻本　二冊

310000－0241－0011567　913472
餐花室詩稿十卷詩餘一卷　(清)嚴錫康撰　清咸豐、同治間刻本　二冊

310000－0241－0011568　913473
蘊萮山莊駢散芟存一卷　(清)吳修祜撰　清嘉善吳氏木活字印本　一冊

310000－0241－0011569　913474
彝壽軒詩鈔十二卷　(清)張應昌撰　清同治二年(1863)張氏西昌旅舍刻增修本　二冊

310000－0241－0011570　913475
息笠庵詩集六卷　(清)楊韻撰　清光緒八年(1882)上海刻本　二冊

310000－0241－0011571　913475：2
息笠庵詩集六卷　(清)楊韻撰　清光緒八年(1882)上海刻本　二冊

310000－0241－0011572　913476
石龕詩卷十九卷詩餘偶存一卷　(清)劉楚英撰　清同治九年(1870)粵西鹺署刻本　二冊

310000－0241－0011573　913477
小石詩鈔六卷補編一卷(附詩餘)鹹鷴山館詩草一卷　(清)曾譜撰　(清)葉璋編次　清同治十年(1871)葉琮刻本　二冊

310000－0241－0011574　913478
船庵集十二卷船庵詞一卷　(清)潘曾沂撰　清光緒五年(1879)潘氏八囍齋刻本　二冊

310000－0241－0011575　913479
湖東集四卷　(清)范湲霙撰　清咸豐十一年(1861)刻本　二冊

310000－0241－0011576　913481
紫滄遺稿不分卷　(清)段廣瀛撰　清宣統二年(1910)排印本　一冊

310000－0241－0011577　913483
觀古閣叢稿二卷　(清)鮑康撰　清同治十二年(1873)刻本　一冊

310000－0241－0011578　913484
留香閣遺稿一卷　(清)沈際昌撰　(清)沈炳奎編　清光緒十二年(1886)刻本　一冊

310000－0241－0011579　913486
清抱居賸稿一卷　(清)畢庭傑撰　清光緒十三年(1887)繆朝荃刻本　一冊

310000－0241－0011580　913487
水流雲在館詩鈔六卷　(清)宋晉撰　清光緒十二年(1886)刻本　二冊

310000－0241－0011581　913488
歸盦文稿八卷　(清)葉裕仁撰　清光緒八年(1882)蔣銘勳刻本　四冊

310000－0241－0011582　913489
澹香閣詩鈔一卷附紅薬吟館詩鈔一卷幽篁吟館詩鈔一卷小紅薬館附刻一卷小幽篁館附刻一卷　(清)李星池撰　清光緒刻本　一冊

310000－0241－0011583　913490
薝蔔花館詩集二卷詩補遺一卷詞集一卷

（清）徐鴻謨撰　清光緒刻本　一冊

310000－0241－0011584　913491
懷白軒詩鈔十卷駢體一卷賦鈔一卷文鈔二卷詞鈔二卷南北曲一卷　（清）陸初望撰　清同治五年（1866）皖城刻本　四冊

310000－0241－0011585　913491：2
懷白軒文鈔二卷駢體一卷賦鈔一卷詞鈔一卷南北曲一卷　（清）陸初望撰　清同治刻本　一冊

310000－0241－0011586　913492
味外味軒吟草四卷　（清）米倬撰　清同治刻本　一冊

310000－0241－0011587　913493
籀書内篇二卷外篇二卷續篇四卷詩篇四卷詞集一卷　（清）曹金籀纂　清同治八年至十二年（1869－1873）名山堂刻本　六冊

310000－0241－0011588　913494
夢綠草堂詩钞十二卷詩餘鈔二卷　（清）蔡壽祺撰　清光緒八年（1882）張毓美抄本　六冊

310000－0241－0011589　913495
寶文堂遺稿二卷附篠盦書跋一卷　（清）陸修潔撰　清光緒十五年（1889）許文勳刻本　一冊

310000－0241－0011590　913496
東埭詩鈔　（清）郭肇撰　清光緒二十年（1894）郭氏東埭草堂刻本　一冊　存五卷

310000－0241－0011591　913498
琴語堂雜體文續不分卷　（清）李肇增撰　清同治三年（1864）刻本　一冊

310000－0241－0011592　913501
蘭馨堂詩存二卷　（清）楊希鈺撰　清同治、光緒間楊沂孫校刻本　一冊

310000－0241－0011593　913502
灌香草堂初稿不分卷　（清）吳蘭畹撰　清同治五年（1866）刻本　一冊

310000－0241－0011594　913503
自知齋詩集十卷　（清）黃長森撰　清同治十二年（1873）刻本　二冊

310000－0241－0011595　913505
蟄廬遺稿不分卷　（清）王涂庠撰　清光緒刻本　一冊

310000－0241－0011596　913506
餘園詩稿四卷詞稿四卷　（清）陸文鍵撰　清光緒十四年（1888）樂志堂刻本　二冊

310000－0241－0011597　913509
池陽吟草二卷　（清）余庚陽撰　清同治十年（1871）劉氏傳經堂刻本　二冊

310000－0241－0011598　913512
籥雲書屋詩鈔六卷紅蕉詞鈔二卷　（清）鍾景撰　清咸豐刻本　三冊

310000－0241－0011599　913513
壯學堂詩稿六卷　（清）許亦崧撰　清光緒二十一年（1895）北京刻本　二冊

310000－0241－0011600　913514
笛倚樓詩草二卷　（清）吳元鏡撰　清咸豐四年（1854）刻本　一冊

310000－0241－0011601　913514（2）
笛倚樓詩一卷　（清）吳元鏡撰　清咸豐四年（1854）刻本　一冊

310000－0241－0011602　913515
種藍室詩鈔一卷　（清）李昌熾撰　清光緒十四年（1888）琳琅新館刻本　一冊

310000－0241－0011603　913516
翠巖室詩鈔二卷　（清）韓弼元撰　清咸豐、同治間刻本　一冊

310000－0241－0011604　913517
靈素堂駢體文一卷詩鈔四卷　（清）徐錦撰　清光緒許景澄刻本　一冊

310000－0241－0011605　913518
知悔齋詩稿八卷續稿一卷　（清）張士寬撰　清同治三年（1864）廣州刻本　一冊

310000－0241－0011606　913518（2）
知悔齋詩稿八卷續稿二卷　（清）張士寬撰

清同治三年(1864)刻十三年(1874)續刻本 二册

310000－0241－0011607 913520
三十二蘭亭室詩存八卷 (清)劉淮年撰 清同治十二年(1873)刻本 二册

310000－0241－0011608 913520(2)
三十二蘭亭室詩存八卷續刻二卷 (清)劉淮年撰 清光緒元年(1875)羊城富文齋刻五年(1879)續刻本 二册

310000－0241－0011609 913521
繡佛樓詩鈔一卷 (清)金蘭貞撰 清光緒九年(1883)蘇銘草堂刻本 一册

310000－0241－0011610 913522
疏蘭僊館詩集四卷續集六卷 (清)朱錫綬撰 清光緒十六年(1890)刻本 二册

310000－0241－0011611 913523
曠觀樓詩存八卷 (清)朱霖撰 清光緒六年(1880)刻本 四册

310000－0241－0011612 913524
真意齋詩存一卷詩外一卷 (清)許棡撰 清同治五年(1866)刻本 一册

310000－0241－0011613 913525
味某華館詩初集六卷 (清)陳鴻誥撰 清咸豐元年(1851)自刻本 一册

310000－0241－0011614 913526
漆室吟八卷 (清)王柏心撰 清同治刻本 二册

310000－0241－0011615 913528
耻白集一卷附錄摘句圖一卷 (清)周光祖撰 清光緒五年(1879)古虞連氏刻本 一册

310000－0241－0011616 913529
荻華堂詩存二卷附錄一卷 (清)蔡琳撰 清光緒十八年(1892)丹陽束氏刻本 一册

310000－0241－0011617 913530
綠雪館詩鈔一卷 (清)張鴻卓撰 清同治八年(1869)錢培名刻本 一册

310000－0241－0011618 913532
蓬萊閣詩錄四卷 (清)陳克家撰 清同治二年(1863)刻本 二册

310000－0241－0011619 913535
聽泉山房詩鈔一卷 (清)顧楨撰 清刻本 一册

310000－0241－0011620 913536
孟晉齋詩鈔一卷 (清)顧植撰 清刻本 一册

310000－0241－0011621 913537
求是室詩存十一卷 (清)蔣兆鯢撰 清光緒古豐蔣氏刻本 二册

310000－0241－0011622 913540
琴舫詩草一卷 (清)湯籲撰 清同治八年(1869)刻本 一册

310000－0241－0011623 913541
圃珖巖館詩鈔四卷 (清)蔣超伯撰 清光緒刻本 一册

310000－0241－0011624 913542
七峯齋文稿二卷 (清)劉桂榮撰 清光緒十一年(1885)刻本 一册

310000－0241－0011625 913543
廣經室文鈔不分卷 (清)劉恭冕撰 清光緒十五年(1889)廣雅書局刻本 一册

310000－0241－0011626 913543:2
廣經室文鈔不分卷 (清)劉恭冕撰 清光緒十五年(1889)廣雅書局刻本 一册

310000－0241－0011627 913544
雪門詩草十四卷 (清)許瑤光撰 清同治十三年(1874)刻本 六册

310000－0241－0011628 913545
澹勤室詩六卷 (清)傅壽彤撰 清光緒三年(1877)武昌刻本 一册

310000－0241－0011629 913547
慈暉館詩草一卷詞草一卷 (清)阮恩灤撰 清咸豐四年(1854)武林沈氏刻本 一册

310000－0241－0011630　913548

擇雅堂初集駢體文一卷　(清)許惠撰　清同治刻本　一册

310000－0241－0011631　913550

杉蔭橋邊舊草堂詩鈔二卷　(清)翁壽麐撰　清咸豐三年(1853)精刻本　二册

310000－0241－0011632　913551

補學軒文集四卷駢體二卷續刻駢體二卷續刻散體四卷　(清)鄭獻甫撰　清咸豐十一年(1861)菽園刻本　七册

310000－0241－0011633　913551(2)

補學軒詩集十二卷文集外集四卷　(清)鄭獻甫撰　清光緒五年至八年(1879－1882)黔南節署刻本　八册

310000－0241－0011634　913551(2):2

補學軒詩集十二卷文集外集四卷　(清)鄭獻甫撰　清光緒五年至八年(1879－1882)黔南節署刻本　四册

310000－0241－0011635　913552

春艸堂遺稿一卷　(清)姚陽元撰　清光緒九年(1883)歸安姚氏刻本　一册

310000－0241－0011636　913552:2

春艸堂遺稿一卷　(清)姚陽元撰　清光緒九年(1883)歸安姚氏刻本　一册

310000－0241－0011637　913553

壺舟文存二卷　(清)黄濬撰　林丙恭校訂　清宣統太平林氏木活字印本　二册

310000－0241－0011638　913554

敦夙好齋詩初編十二卷首一卷詩續編十一卷首一卷　葉名澧撰　清光緒十六年(1890)漢陽葉氏刻本　六册

310000－0241－0011639　913555

燹餘吟草十二卷　(清)張經贊撰　清光緒武岡張氏守丹山房刻本　六册

310000－0241－0011640　913556

韻篁樓吟稾二卷詩餘一卷　(清)王文瑞撰　清同治十二年(1873)刻本　二册

310000－0241－0011641　913557

文靖公詩集四卷吟梅閣試帖詩存二卷自怡悦齋試帖詩存二卷　(清)索綽絡寶鋆撰　清光緒三十四年(1908)甘藝苑樓刻本　四册

310000－0241－0011642　913558

萍蹤集六卷　(清)吳蘭森撰　清咸豐刻本　一册

310000－0241－0011643　913560

庸盦海外文編四卷　(清)薛福成撰　清光緒二十一年(1895)無錫薛氏刻本　四册

310000－0241－0011644　913560:2

庸盦海外文編四卷　(清)薛福成撰　清光緒二十一年(1895)無錫薛氏刻本　一册

310000－0241－0011645　913561

求自得之室文鈔十二卷　(清)吳嘉賓撰　清同治五年(1866)廣州刻本　五册

310000－0241－0011646　913562

遐憩山房八韻詩存不分卷　(清)楊希閔撰　清抄本　一册

310000－0241－0011647　913562:2

遐憩山房八韻詩存不分卷　(清)楊希閔撰　清抄本　一册

310000－0241－0011648　913564

空青水碧齋詩集　(清)蔣琦齡撰　清光緒刻本　一册　存三卷補遺一卷

310000－0241－0011649　913571

鐵瓶詩鈔五卷懷人三十六首一鄭鐵瓶雜存二卷　(清)張岳齡撰　清光緒初平江張氏刻本　四册

310000－0241－0011650　913571(3)

鐵瓶詩鈔八卷　(清)張岳齡撰　清光緒平江張氏刻本　二册

310000－0241－0011651　913573

天遊閣詩集二卷　(清)顧春撰　清宣統元年(1909)徐乃昌刻本　一册

310000－0241－0011652　913574

昨非集四卷　(清)劉熙載撰　清光緒刻本

二册

310000－0241－0011653　913576

訥庵詩存不分卷　(清)楊繩武撰　清光緒二十年(1894)刻本　一册

310000－0241－0011654　913577

夢餘草一卷　(清)勒元俠撰　清光緒三十一年(1905)復果齋刻本　一册

310000－0241－0011655　913578

慊齋詩鈔二卷文鈔不分卷　(清)劉廷枚撰　清光緒十八年(1892)京師刻本　一册

310000－0241－0011656　913579

葵青居詩録勵存集不分卷夢蜨草一卷　(清)石渠撰　清光緒吳縣潘氏刻滂喜齋叢書本　一册

310000－0241－0011657　913580

倦繡吟草不分卷詩餘一卷　(清)繆寶娟撰　清光緒四年(1878)排印本　一册

310000－0241－0011658　913581

怡雲閣詩六卷　(清)趙齡撰　清光緒二十四年(1898)刻本　一册

310000－0241－0011659　913586

比玉樓遺稿四卷　(清)黄振鈞撰　清光緒二十年(1894)甬江刻本　一册

310000－0241－0011660　913586:2

比玉樓遺稿四卷　(清)黄振鈞撰　清光緒二十年(1894)甬江刻本　一册

310000－0241－0011661　913588

玉笙樓詩録十二卷　(清)沈壽榕撰　清光緒九年(1883)刻本　三册

310000－0241－0011662　913589

問園遺集一卷空山夢一卷　(清)范元亨撰　清光緒十七年(1891)九江范氏良鄉刻本　三册

310000－0241－0011663　913595

澂觀齋詩不分卷　(清)莊元植撰　清光緒元年(1875)朱應銓等刻本　一册

310000－0241－0011664　913598

壬癸詩存一卷　(清)張丙瑩撰　清光緒二十一年(1895)張氏清暉草堂刻本　一册

310000－0241－0011665　913599

敦實堂新樂府一卷　(清)汪之旭撰　清同治刻本　一册

310000－0241－0011666　913600

止泊齋詩存三卷　(清)管蘭滋撰　清光緒十二年(1886)江氏冬榮書屋刻本　一册

310000－0241－0011667　913601

春星草堂集文二卷詩五卷讀吳詩隨筆二卷　(清)沈丙瑩撰　清光緒十九年(1893)、三十二年(1906)沈家本刻本　四册

310000－0241－0011668　913602

餐芍華館詩集八卷蕉心詞一卷　(清)周騰虎撰　清光緒十九年(1893)木活字印本　二册

310000－0241－0011669　913603

伊園文鈔四卷詩鈔三卷　(清)王景賢撰　清同治十三年(1874)三山王氏刻本　三册

310000－0241－0011670　913604

葉香書屋文賸一卷詩賸一卷　(清)宋體淳撰　清咸豐三年(1853)刻本　一册

310000－0241－0011671　913605

北樓集一卷　(清)徐元潤撰　清咸豐、同治間刻本　一册

310000－0241－0011672　913606

榕坡存稿不分卷　(清)勞光泰撰　清咸豐刻本　一册

310000－0241－0011673　913607

小林壑詩鈔荻塘櫂歌一卷　(清)鍾鼎撰　清同治刻本　一册

310000－0241－0011674　913608

吳徵士遺詩一卷遺文一卷　(清)吳廷香撰　清同治二年(1863)刻本　一册

310000－0241－0011675　913609

半巖廬遺集不分卷　(清)邵懿辰撰　清光緒三十四年(1908)刻本　一册

310000－0241－0011676　913610
樂道堂古近體詩二卷　(清)奕訢撰　清同治刻本　二冊

310000－0241－0011677　913611
雪蕉齋詩鈔二卷補編一卷附録一卷　(清)王德馨撰　清光緒二十六年(1900)刻本　二冊

310000－0241－0011678　913613
亦吾廬詩草八卷　(清)歐陽雲撰　清光緒刻本　二冊

310000－0241－0011679　913614
谿北詩稿四卷　(清)戎金銘撰　清光緒十二年(1886)慈谿陳氏古西草堂刻本　二冊

310000－0241－0011680　913615
芸香館遺詩二卷　(清)那遜蘭保撰　清同治十三年(1874)寫刻本　一冊

310000－0241－0011681　913616
蜀槎小草二卷　(清)羅繞典撰　清道光二十一年(1841)思補山房刻本　一冊

310000－0241－0011682　913617
江風集五卷　(清)何栻撰　(清)袁翼穀評　清咸豐刻本　二冊

310000－0241－0011683　913618
介軒文鈔八卷外集二卷　(清)張振夔撰　清同治九年(1870)張氏刻本　四冊

310000－0241－0011684　913618:2
介軒文鈔八卷外集二卷　(清)張振夔撰　清同治九年(1870)張氏刻本　一冊

310000－0241－0011685　913619
海鶴翁賸稿二卷　(清)方壯猷撰　清同治方炳奎刻本　一冊

310000－0241－0011686　913620
都梁草二卷和竹如意齋唱和集一卷　(清)于養源撰　清光緒十九年(1893)刻本　一冊

310000－0241－0011687　913621
翠筠館詩存二卷　(清)魁玉撰　清同治七年至十年(1868－1871)刻本　二冊

310000－0241－0011688　913622
石琴詩鈔十二卷　(清)李映棻撰　清同治三年(1864)天香堂刻本　六冊

310000－0241－0011689　913623
玉井山館詩十五卷詩餘一卷文畧五卷文續二卷西行日記一卷　(清)許宗衡撰　清同治四年至九年(1865－1870)刻本　五冊

310000－0241－0011690　913624
鐵笛仙館從戎草二卷後從戎草二卷宦遊草六卷　(清)柏春撰　清咸豐、同治間刻本　四冊

310000－0241－0011691　913624:2
鐵笛仙館從戎草二卷後從戎草二卷宦遊草六卷　(清)柏春撰　清咸豐、同治間刻本　二冊

310000－0241－0011692　913626
養晦堂詩集二卷文集十卷　(清)劉蓉撰　清光緒三年(1877)思賢講舍校刻本　六冊

310000－0241－0011693　913626:2
養晦堂詩集二卷文集十卷　(清)劉蓉撰　清光緒三年(1877)思賢講舍校刻本　五冊

310000－0241－0011694　913626:3
養晦堂詩集二卷文集十卷　(清)劉蓉撰　清光緒三年(1877)思賢講舍校刻本　六冊

310000－0241－0011695　913628
鶴巢詩存不分卷　(清)顧淳慶撰　清光緒十二年(1886)西江刻本　一冊

310000－0241－0011696　913629
綠槐書屋詩稿三卷　(清)張綸英撰　清同治七年(1868)刻本　一冊

310000－0241－0011697　913629:2
綠槐書屋詩稿三卷　(清)張綸英撰　清同治七年(1868)刻本　一冊

310000－0241－0011698　913630
紅杏樓詩賸稿一卷梅笛庵詞賸稿一卷　(清)宋志沂撰　清同治十二年(1873)刻本　一冊

310000－0241－0011699　913632

鄒壯節公寶素齋詩鈔九卷　(清)鄒鳴鶴撰　清末鄒觀皋刻本　一册

310000－0241－0011700　913633
鏡海樓詩集二卷　(清)楊鳳翰撰　清光緒十一年(1885)瀘州鹽局刻本　一册

310000－0241－0011701　913635
擥茝書屋詩詞遺稿二卷　(清)王謙撰　清光緒三十三年(1907)刻本　一册

310000－0241－0011702　913636
知非齋詩鈔不分卷　(清)陳鍾英撰　清同治十一年(1872)杭州刻本　二册

310000－0241－0011703　913637
退庵賸稿一卷隨筆一卷　(清)沈映鈐撰　清光緒刻本　一册

310000－0241－0011704　913638
菘耘文鈔四卷　(清)季錫疇撰　清光緒五年(1879)裒弁閣刻本　一册

310000－0241－0011705　913638:2
菘耘文鈔四卷　(清)季錫疇撰　清光緒五年(1879)裒弁閣刻本　一册

310000－0241－0011706　913640
寄生山館詩賸不分卷瘦玉詞鈔一卷　(清)徐士怡撰　清光緒十二年(1886)徐士愷刻本　一册

310000－0241－0011707　913641
勿憚改齋續草四卷　(清)顧師軾撰　清光緒十三年(1887)太倉繆氏刻本　一册

310000－0241－0011708　913643
錦瑟歌一卷錦瑟辭一卷　(清)周連權集句　清同治十年(1871)刻本　一册

310000－0241－0011709　913644
醉墨詩錄一卷　(清)王汝金撰　清同治刻本　一册

310000－0241－0011710　913645
狄雲行館偶刊一卷　(清)王家璧撰　清光緒王氏刻本　一册

310000－0241－0011711　913646
太倉孫子福先生遺草二卷　(清)孫壽祺撰　清光緒十九年(1893)海陽刻本　一册

310000－0241－0011712　913647
東夫山堂詩選八卷　(清)許棫撰　清光緒木活字印本　一册

310000－0241－0011713　913648
道腴室遺稿二卷　(清)江懷廷撰　清光緒二十一年(1895)重慶刻本　一册

310000－0241－0011714　913649
澥餘集詩鈔一卷詞鈔一卷　(清)周佩蓀撰　清同治刻本　一册

310000－0241－0011715　913650
覆瓿雜著不分卷　(清)陳本直撰　清光緒元年(1875)廣州陳光照刻本　一册

310000－0241－0011716　913651
聘棠山館詩鈔二卷　(清)朱梓撰　清同治八年(1869)刻本　二册

310000－0241－0011717　913652
聽香室遺稿詩鈔一卷筠紅詞一卷賦鈔一卷　(清)潘誠貴撰　清光緒五年(1879)刻本　一册

310000－0241－0011718　913653
漁浦草堂詩集四卷補遺一卷　(清)張道撰　清同治六年(1867)刻本　二册

310000－0241－0011719　913654
詒清堂稿一卷梅臣詩存二卷　(清)譚祖同撰　清咸豐刻本　一册

310000－0241－0011720　913655
覺華龕詩存一卷　(清)王蔭祜撰　清光緒二十年(1894)王氏刻本　一册

310000－0241－0011721　913657
冷吟仙館詩稿八卷詩餘一卷文存一卷附錄一卷　(清)左錫嘉撰　清光緒十七年(1891)曾光煦定襄官署刻本　六册

310000－0241－0011722　913657:2
冷吟仙館詩稿八卷詩餘一卷文存一卷附錄一

卷 (清)左錫嘉撰 清光緒十七年(1891)曾光煦定襄官署刻本 一册

310000－0241－0011723 913658
吟雲仙館詩稿一卷 (清)曾詠撰 清光緒十七年(1891)曾光煦定襄官署刻本 一册

310000－0241－0011724 913658:2
吟雲仙館詩稿一卷 (清)曾詠撰 清光緒十七年(1891)曾光煦定襄官署刻本 一册

310000－0241－0011725 913660
蘿藦亭文鈔一卷 (清)喬松年撰 清光緒十一年(1885)大梁阮恩霖刻本 一册

310000－0241－0011726 913663
一經堂賦錄一卷詩錄(癸丑年存稿)一卷 (清)楊廷撰撰 清道光、咸豐間刻本 三册

310000－0241－0011727 913664
紅薇吟榭詩鈔八卷 (清)魏堃撰 清同治四年(1865)刻本 二册

310000－0241－0011728 913665
天風佩韻軒草二卷詩餘一卷 (清)許嘉儀撰 (清)湯東暉校 清光緒十三年(1887)木活字印本 一册

310000－0241－0011729 913665:2
天風佩韻軒草二卷詩餘一卷 (清)許嘉儀撰 (清)湯東暉校 清光緒十三年(1887)木活字印本 一册

310000－0241－0011730 913666
誦芬詩畧三卷八旬自述百韻詩一卷 (清)黄炳垕撰 清同治九年(1870)餘姚黄氏留書種閣刻光緒間黄維瀚補刻本 一册

310000－0241－0011731 913667
藹園文鈔一卷 (清)楊金監撰 清光緒十六年(1890)毗陵楊氏世承堂刻本 一册

310000－0241－0011732 913668
花宜館詩鈔十六卷無腔村笛二卷 (清)吴振棫撰 清咸豐十一年(1861)長安刻本 一册

310000－0241－0011733 913668(2)
花宜館詩鈔十六卷續存一卷無腔村笛二卷 (清)吴振棫撰 清同治四年(1865)京師吴文塄刻本 六册

310000－0241－0011734 913670
花宜館文畧一卷 (清)吴振棫撰 清光緒二十六年(1900)吴慶坻刻本 一册

310000－0241－0011735 913670:2
花宜館文畧一卷 (清)吴振棫撰 清光緒二十六年(1900)吴慶坻刻本 一册

310000－0241－0011736 913671
耕巖書屋試帖詩鈔二卷 (清)劉堃撰 清光緒十四年(1888)劉葆宸校刻本 一册

310000－0241－0011737 913672
銀月山房詩草二卷 (清)李傳煃撰 清同治二年(1863)刻本 一册

310000－0241－0011738 913674
求補拙齋外集四卷 (清)黎培敬撰 清光緒十七年(1891)湘潭黎氏刻本 一册

310000－0241－0011739 913675
皇湖山人詩鈔六卷 (清)宋傑撰 清同治刻本 一册

310000－0241－0011740 913676
天韻堂詩存八卷 (清)徐維城撰 清光緒四年(1878)貴陽刻本 二册

310000－0241－0011741 913678
杏香廬詩稿二卷 (清)繆兆禧撰 清光緒六年(1880)刻本 一册

310000－0241－0011742 913679
夢蘐樓詩草一卷詩餘一卷 (清)傅霖撰 清咸豐末年刻本 一册

310000－0241－0011743 913680
通甫類藁四卷續編二卷通父詩存四卷詩存之餘二卷 (清)魯一同撰 清咸豐九年(1859)山陽魯氏刻本 四册

310000－0241－0011744 913681
江上仙琴舫詩選一卷 (清)謝承恩撰 清同治元年(1862)刻本 一册

310000－0241－0011745　913685

倚紅樓詩草一卷　(清)潘淑正撰　清光緒十七年(1891)上虞連氏枕湖樓刻二十七年(1901)補刻本　一冊

310000－0241－0011746　913685:2

倚紅樓詩草一卷　(清)潘淑正撰　清光緒十七年(1891)上虞連氏枕湖樓刻二十七年(1901)補刻本　一冊

310000－0241－0011747　913686

田硯齋詩集五卷附文一卷　(清)褚榮槐撰　清宣統二年(1910)褚覺鈴排印本　二冊

310000－0241－0011748　913695

澄清堂詩存二卷　(清)范祝崧撰　清咸豐十年(1860)刻本　一冊

310000－0241－0011749　913696

玉笙樓集古詩鈔一卷　(清)沈壽榕撰　清光緒十九年(1893)潘祖同刻本　一冊

310000－0241－0011750　913697

吟翠樓詩稿一卷附刻一卷　(清)孫佩蘭撰　清光緒十四年至十五年(1888－1889)胡氏刻本　一冊

310000－0241－0011751　913698

課華仙琯試帖一卷　(清)汝文熙撰　清光緒十四年(1888)汝氏刻本　一冊

310000－0241－0011752　913699

冬榮室詩鈔一卷　(清)王煥崧撰　清光緒三十二年(1906)王增禧刻本　一冊

310000－0241－0011753　913701

忘憂草一卷　(清)李鶴生撰　清光緒八年(1882)月初書屋刻本　一冊

310000－0241－0011754　913702

爪印軒詩存一卷　(清)吳慶鴻撰　清光緒三十一年(1905)唐如峒校刻本　一冊

310000－0241－0011755　913703

茹芝山館詩鈔一卷長春花館試帖一卷　(清)徐鼎勳撰　清光緒十四年(1888)刻本　一冊

310000－0241－0011756　913704

半巖廬遺詩二卷　(清)邵懿辰撰　清同治十年(1871)潘祖蔭刻本　一冊

310000－0241－0011757　913705

半巖廬遺文不分卷　(清)邵懿辰撰　清光緒三十四年(1908)刻本　一冊

310000－0241－0011758　913707

芸薌閣詩草二卷　(清)海禹禎撰　清同治五年(1866)廣州成文堂刻本　二冊

310000－0241－0011759　913708

小西腴山館詩鈔二卷補錄一卷　(清)吳大廷撰　清同治刻本　一冊

310000－0241－0011760　913709

勝蓮花室詩鈔六卷　(清)陳翰芬撰　清光緒十八年(1892)陳祖惠刻本　一冊

310000－0241－0011761　913709:2

勝蓮花室詩鈔六卷　(清)陳翰芬撰　清光緒十八年(1892)陳祖惠刻本　一冊

310000－0241－0011762　913711

寫韻樓詩鈔一卷　(清)王瑤芬撰　清同治十年(1871)京江榷署刻本　一冊

310000－0241－0011763　913712

募梅精舍詩存三卷　(清)釋徹凡撰　清咸豐七年(1857)南湖興教禪院刻本　一冊

310000－0241－0011764　913714

耕煙草堂詩鈔二卷　(清)平疇撰　清同治十年(1871)山陰平氏安越堂刻本　一冊

310000－0241－0011765　913716

清潤淵源集澹遠堂賸稿一卷半清閣賸稿二卷挑燈遺稿二卷　(清)陸師游撰　清光緒初刻本　一冊

310000－0241－0011766　913717

且甌集九卷　(清)項霽撰　清咸豐瑞安項氏刻本　一冊

310000－0241－0011767　913718

扶雅堂詩集十卷　(清)楊炳春撰　清道光刻本　二冊

310000－0241－0011768　913719
寶日軒詩帖一卷　(清)王元基撰　(清)趙曾望評　清同治十三年(1874)錢唐王氏刻本　一册

310000－0241－0011769　913720
半行庵詩存稿八卷　(清)貝青喬撰　清同治五年(1866)葉廷琯刻本　二册

310000－0241－0011770　913721
濂亭文集八卷　(清)張裕釗撰　清光緒八年(1882)蘇州查氏木漸齋刻本　四册

310000－0241－0011771　913722
濂亭遺文五卷遺詩二卷　(清)張裕釗撰　清光緒二十一年(1895)遵義黎氏刻本　二册

310000－0241－0011772　913722:2
濂亭遺文五卷遺詩二卷　(清)張裕釗撰　清光緒二十一年(1895)遵義黎氏刻本　一册

310000－0241－0011773　913723
注韓室詩存不分卷　(清)梅調鼎著　(清)張頤校刊　清末民國初排印本　一册

310000－0241－0011774　913724
古藤書屋詩鈔不分卷　(清)劉肇堂撰　清刻本　一册

310000－0241－0011775　913725
亦佳室詩鈔四卷　(清)蘇廷玉撰　清咸豐六年(1856)刻本　一册

310000－0241－0011776　913726
寄雲館詩鈔二卷　(清)史策先撰　清咸豐四年(1854)正定府刻本　一册

310000－0241－0011777　913727
味蔗軒詩鈔不分卷雙桐書屋賸稿二卷　(清)顧巺世撰　清光緒十二年(1886)西安李嘉績刻本　一册

310000－0241－0011778　913728
笠江詩鈔不分卷　(清)吳岷源撰　清光緒五年(1879)衛作宫刻本　一册

310000－0241－0011779　913729
蘭根草舍詩鈔二卷附客旋草不分卷　(清)王國均撰　清咸豐九年(1859)刻本　一册

310000－0241－0011780　914000
靈峯草堂集四卷　(清)陳矩撰　清光緒貴陽陳氏刻本　一册

310000－0241－0011781　914001
俞俞齋文稿初集四卷詩稿初集詩餘一卷　(清)史念祖撰　清光緒三十二年(1906)廣陵史氏校刻本　六册

310000－0241－0011782　914002
斆蓺齋文存六卷詩存二卷　(清)鄒漢勳撰　清光緒鄒氏刻本　四册

310000－0241－0011783　914004
擕雪堂文集一卷詩集一卷對聯一卷罔極編一卷家訓一卷時文一卷試帖一卷　(清)吳可讀撰　清光緒十九年(1893)刻本　五册

310000－0241－0011784　914004(2)
擕雪堂文集四卷　(清)吳可讀撰　(清)郭嵐編　清光緒二十六年(1900)浙江書局刻本　四册

310000－0241－0011785　914004(2):2
擕雪堂文集四卷　(清)吳可讀撰　(清)郭嵐編　清光緒二十六年(1900)浙江書局刻本　一册

310000－0241－0011786　914004:2
擕雪堂文集一卷詩集一卷對聯一卷罔極編一卷家訓一卷時文一卷試帖一卷　(清)吳可讀撰　清光緒十九年(1893)刻本　三册

310000－0241－0011787　914005
學稼草堂詩草十卷　(清)陳嗣良撰　清光緒八年(1882)刻本　四册

310000－0241－0011788　914006
希古堂文甲集二卷乙集六卷　(清)譚宗浚撰　清光緒十六年(1890)廣州刻本　四册

310000－0241－0011789　914009
廣雅堂詩集不分卷　(清)張之洞撰　清末石印本　二册

310000－0241－0011790　914009(2)

廣雅堂詩集不分卷 (清)張之洞撰 清宣統二年(1910)四川官印刷局排印本 二册

310000－0241－0011791 914010

張文襄公詩集四卷 (清)張之洞撰 (清)張檢校補 清宣統二年(1910)南昌張檢排印本 四册

310000－0241－0011792 914010:2

張文襄公詩集四卷 (清)張之洞撰 (清)張檢校補 清宣統二年(1910)南昌張檢排印本 二册

310000－0241－0011793 914012

張文襄公手劄一卷 (清)張之洞撰 清宣統二年(1910)斆藝廬石印本 一册

310000－0241－0011794 914013

廣雅碎金四卷附錄一卷 (清)張之洞撰 清光緒二十三年(1897)袁氏水明樓刻本 二册

310000－0241－0011795 914013:2

廣雅碎金四卷附錄一卷 (清)張之洞撰 清光緒二十三年(1897)袁氏水明樓刻本 一册

310000－0241－0011796 914013:3

廣雅碎金四卷附錄一卷 (清)張之洞撰 清光緒二十三年(1897)袁氏水明樓刻本 二册

310000－0241－0011797 914015

青琅玕館詩鈔一卷 (清)何之鼎撰 清宣統三年(1911)華雲閣排印本 一册

310000－0241－0011798 914016

鬱華閣遺集四卷 (清)盛昱撰 清光緒末寫刻本 一册

310000－0241－0011799 914016(2)

鬱華閣遺集四卷 (清)盛昱撰 清光緒末有正書局石印本 一册

310000－0241－0011800 914019

汲庵文存六卷 (清)楊象濟撰 清光緒七年(1881)杭州刻本 三册

310000－0241－0011801 914020

植庵集十卷 (清)李慎傳撰 清光緒十年(1884)刻本 十册

310000－0241－0011802 914022

愛經居襍著四卷 (清)黄以恭撰 清光緒十九年(1893)刻本 二册

310000－0241－0011803 914023

好雲樓初集二十八卷二集十六卷臨川答問一卷 (清)李聯琇撰 清咸豐十一年(1861)恩養堂刻本 十二册

310000－0241－0011804 914024

賭棋山莊續集二卷 (清)謝章鋌撰 清光緒十八年(1892)福州刻本 一册

310000－0241－0011805 914025

意園文畧二卷 (清)盛昱撰 清宣統二年(1910)江寧刻本 一册

310000－0241－0011806 914026

經訓書院自課文三卷 (清)皮錫瑞撰 清光緒十九年(1893)師伏堂刻本 三册

310000－0241－0011807 914027

槃薖文甲集三卷乙集二卷 (清)湯紀尚撰 清光緒十八年(1892)刻本 二册

310000－0241－0011808 914028

感知集二卷 (清)劉炳照撰 清光緒三十一年(1905)溽溪劉氏刻本 一册

310000－0241－0011809 914028:2

感知集二卷 (清)劉炳照撰 清光緒三十一年(1905)溽溪劉氏刻本 一册

310000－0241－0011810 914029

試帖存稿四卷 (清)丁午撰 清光緒七年(1881)錢塘丁氏刻本 四册

310000－0241－0011811 914029:2

試帖存稿四卷 (清)丁午撰 清光緒七年(1881)錢塘丁氏刻本 一册

310000－0241－0011812 914029:3

試帖存稿四卷 (清)丁午撰 清光緒七年(1881)錢塘丁氏刻本 一册

310000－0241－0011813 914030

銅井山房類稿二卷 (清)袁蘭升撰 清光緒二十一年(1895)刻本 二册

310000－0241－0011814　914036
湘麋閣遺詩四卷蘭當詞二卷　(清)陶方琦撰　清光緒十六年(1890)鄂局刻本　二册

310000－0241－0011815　914037
菽蘭山館詩存一卷詩餘一卷附錄一卷　(清)黃家鼐撰　清光緒二十二年(1896)刻本　一册

310000－0241－0011816　914039
小蟛蜞軒駢文内篇一卷　(清)晏蜚聲撰　清光緒二十七年(1901)山東刻本　一册

310000－0241－0011817　914040
餘蔭軒詩鈔四卷續集一卷　(清)匡良杞撰　清光緒刻本　一册

310000－0241－0011818　914041
慎節齋文存二卷　(清)陳代卿撰　清光緒三十一年(1905)濟南曹倜排印本　二册

310000－0241－0011819　914044
退遂齋詩鈔八卷　(清)倪鴻撰　清光緒七年(1881)泉州刻本　四册

310000－0241－0011820　914045
才菽文四卷　(清)王兆芳撰　清光緒二十四年(1898)刻本　二册

310000－0241－0011821　914049
榆園雜興詩一卷　(清)袁振業撰　清光緒桐廬袁氏刻本　一册

310000－0241－0011822　914049:2
榆園雜興詩一卷　(清)袁振業撰　清光緒桐廬袁氏刻本　一册

310000－0241－0011823　914050
檗隖詩存別集鮫拾集五卷　(清)王以敏集句　清光緒三十一年(1905)刻本　一册

310000－0241－0011824　914050(2)
檗隖詩存別集鮫拾集一卷　(清)王以敏集句　清光緒三十三年(1907)排印本　一册

310000－0241－0011825　914050(2):2
檗隖詩存別集鮫拾集一卷　(清)王以敏集句　清光緒三十三年(1907)排印本　一册

310000－0241－0011826　914050(3)
檗隖詩存別集鮫拾集一卷　(清)王以敏集句　清光緒三十四年(1908)刻本　一册

310000－0241－0011827　914050(4)
檗隖詩存別集二卷　(清)王以敏集句　清光緒二十九年(1903)江西官書局石印本　一册

310000－0241－0011828　914051
張都護詩存一卷　(清)張錫鑾撰　清宣統二年(1910)排印本　一册

310000－0241－0011829　914052
奉使車臣漢記程詩二卷　(清)延清撰　清宣統元年(1909)排印本　三册

310000－0241－0011830　914053
訥盦駢體文存二卷　(清)李恩綬著　清光緒二十四年(1898)刻本　二册

310000－0241－0011831　914056
敦艮吉齋詩存二卷文存四卷附劫餘小錄一卷　(清)徐子苓著　清同治五年(1866)刻本　六册

310000－0241－0011832　914057
結一宧駢體文二卷詩三卷　屠寄撰　清光緒十六年(1890)廣州刻本　一册

310000－0241－0011833　914060
人境結廬詩稿十二卷　(清)褚維塏撰　清光緒二十年(1894)刻本　六册

310000－0241－0011834　914061
湧翠山房文集四卷詩集四卷　(清)高延第撰　清光緒十四年(1888)刻本　二册

310000－0241－0011835　914061:2
湧翠山房文集四卷詩集四卷　(清)高延第撰　清光緒十四年(1888)刻本　四册

310000－0241－0011836　914062
鐵花山館詩稿八卷首一卷試帖一卷　(清)吳兆麟撰　清光緒六年至八年(1880－1882)刻本　四册

310000－0241－0011837　914062:2
鐵花山館詩稿八卷首一卷試帖一卷　(清)吳

兆麟撰　清光緒六年至八年(1880-1882)刻本　三冊

310000-0241-0011838　914063

蘆盦詩鈔七卷文鈔不分卷　(清)柳商賢著　清光緒十五年(1889)刻閑存小舍叢書本　四冊

310000-0241-0011839　914064

寶韋齋類稿　(清)李桓撰　清光緒六年(1880)刻十四年(1888)續刻本　三十七冊　存九十八卷

310000-0241-0011840　914065

寶韋齋類稿八十八卷　(清)李桓撰　清光緒六年(1880)刻本　十八冊

310000-0241-0011841　914068

問湘樓駢文初稿四卷　(清)胡念修撰　清光緒二十四年(1898)杭州胡氏刻鵠齋刻本　一冊

310000-0241-0011842　914068(2)

問湘樓駢文初稿二卷　(清)胡念修撰　清光緒二十四年(1898)杭州胡氏刻鵠齋刻本　一冊

310000-0241-0011843　914068:2

問湘樓駢文初稿四卷　(清)胡念修撰　清光緒二十四年(1898)杭州胡氏刻鵠齋刻本　二冊

310000-0241-0011844　914069

問湘樓駢文初稿六卷　(清)胡念修撰　清光緒二十四年(1898)、二十九年(1903)胡氏刻鵠齋遞刻本　四冊

310000-0241-0011845　914069:2

問湘樓駢文初稿六卷　(清)胡念修撰　清光緒二十四年(1898)、二十九年(1903)胡氏刻鵠齋遞刻本　四冊

310000-0241-0011846　914070

蕉雪廬遺稿三卷　(清)孫慶曾撰　清光緒三十二年(1906)會稽孫氏刻本　一冊

310000-0241-0011847　914071

抱山草堂遺稿詩一卷文存一卷　(清)楊寶彝撰　清光緒二年(1876)刻本　一冊

310000-0241-0011848　914072

遲鴻軒詩棄四卷文棄二卷詩續一卷文續一卷　(清)楊峴撰　清光緒十一年(1885)、十九年(1893)刻本　三冊

310000-0241-0011849　914073

遲鴻軒詩存一卷文存一卷　(清)楊峴撰　清光緒二年(1876)吴門刻本　一冊

310000-0241-0011850　914073:2

遲鴻軒詩存一卷文存一卷　(清)楊峴撰　清光緒二年(1876)吴門刻本　一冊

310000-0241-0011851　914074

遲鴻軒詩續一卷文續一卷　(清)楊峴撰　清光緒十九年(1893)汪煦刻本　一冊

310000-0241-0011852　914074:2

遲鴻軒詩續一卷文續一卷　(清)楊峴撰　清光緒十九年(1893)汪煦刻本　一冊

310000-0241-0011853　914076

抱翺山房駢體文二卷　(清)尹恭保著　清光緒木活字印本　一冊

310000-0241-0011854　914077

小雅樓詩集八卷文二卷　(清)鄧方撰　清光緒二十六年(1900)廣州刻本　五冊

310000-0241-0011855　914077:2

小雅樓詩集八卷文二卷　(清)鄧方撰　清光緒二十六年(1900)廣州刻本　五冊

310000-0241-0011856　914079

六一山房詩集十卷　(清)董沛撰　清同治十三年(1874)二百八十峯草堂蔡氏刻本　二冊

310000-0241-0011857　914081

靈芝仙館詩鈔十二卷詞鈔二卷　(清)胡念修撰　清光緒二十七年(1901)刻本　四冊

310000-0241-0011858　914082

雲臥山莊別集五卷　(清)郭崑燾撰　清光緒十年(1884)刻本　二冊

310000－0241－0011859　914082(2)
雲臥山莊詩集八卷首一卷末一卷家訓二卷　(清)郭崑燾撰　清光緒十一年(1885)湘陰郭氏岵瞻堂刻本　四册

310000－0241－0011860　914083
玉屏山館詩草四卷　(清)彭祖潤撰　清光緒十三年(1887)刻本　一册

310000－0241－0011861　914084
虹橋老屋遺稿文四卷詩五卷　(清)秦緗業撰　清光緒十五年(1889)刻本　二册

310000－0241－0011862　914088
恥不逮齋文集三卷首一卷附錄一卷補遺一卷　(清)熊其英撰　清光緒十六年(1890)蘇州五畝園刻本　四册

310000－0241－0011863　914089
萃錦唫七卷　(清)奕訢撰　清光緒十一年(1885)刻本　七册

310000－0241－0011864　914099
蕉雪詩鈔二卷　(清)陳錦撰　清光緒五年(1879)刻本　一册

310000－0241－0011865　914100
自鏡齋詩鈔一卷文鈔一卷雜錄一卷　(清)潘曾瑋撰　清光緒十三年(1887)刻本　一册

310000－0241－0011866　914101
嘯古堂詩集八卷　(清)蔣敦復撰　(清)王韜編　清光緒十一年(1885)刻本　一册

310000－0241－0011867　914103
艾廬遺稿六卷　(清)邵曾鑑撰　清光緒二十三年(1897)刻本　二册

310000－0241－0011868　914103:2
艾廬遺稿六卷　(清)邵曾鑑撰　清光緒二十三年(1897)刻本　二册

310000－0241－0011869　914104
小芋香館遺集十二卷　(清)李杭撰　清刻本　六册

310000－0241－0011870　914105
今白華堂詩錄八卷補八卷首二卷　(清)童槐撰　清光緒三年(1877)刻本　五册

310000－0241－0011871　914106
紅豆樹館詩稿十四卷逸稿一卷詞八卷　(清)陶樑撰　清道光二十三年(1843)、咸豐七年(1857)、光緒六年(1880)遞刻印本　四册

310000－0241－0011872　914106(2)
紅豆樹館詩稿十四卷詞八卷詞補遺一卷　(清)陶樑撰　清道光二十三年(1843)、咸豐七年(1857)遞刻印本　四册

310000－0241－0011873　914107
金陵舉義文存　(清)張繼庚撰　(清)張承豫輯　清光緒五年(1879)刻本　一册

310000－0241－0011874　914108
可園詩鈔外四卷　三多撰　清光緒末刻本　一册

310000－0241－0011875　914108(2)
可園詩鈔一卷　三多撰　清光緒末石印本　一册

310000－0241－0011876　914109
祝大宗伯疏稿一卷　(清)祝慶蕃撰　清光緒五年(1879)家刻本　一册

310000－0241－0011877　914110
撼山草堂遺稿三卷　(清)陳起書撰　清同治五年(1866)刻本　一册

310000－0241－0011878　914111
半螺龕詩存前後編不分卷附試帖一卷　(清)吳文錫撰　清同治刻本　一册

310000－0241－0011879　914113
存素堂詩稿十四卷文稿四卷補遺一卷年譜二卷奏疏四卷　(清)錢寶琛撰　清同治、光緒間存素堂刻本　九册

310000－0241－0011880　914113:2
存素堂詩稿十四卷文稿四卷補遺一卷年譜二卷奏疏四卷　(清)錢寶琛撰　清同治、光緒間存素堂刻本　十二册

310000－0241－0011881　914115
味無味齋駢文二卷　(清)董兆熊撰　清同治

十三年(1874)刻本　一册

310000－0241－0011882　914116

受恒受漸齋集十二卷　(清)沈曰富撰　清光緒十三年(1887)刻本　四册

310000－0241－0011883　914117

佩蘅詩鈔八卷　(清)寶鋆撰　清咸豐九年(1859)刻本　四册

310000－0241－0011884　914118

重桂堂集十一卷　(清)許正綬撰　清光緒十年(1884)刻本　二册

310000－0241－0011885　914120

平湖横橋堰圖説一卷寄廬詩賸一卷新溪櫂歌一卷　(清)余楙撰　(清)余俊光校　清光緒刻本　一册

310000－0241－0011886　914121

知止齋詩集十六卷　(清)翁心存撰　清光緒三年(1877)刻本　四册

310000－0241－0011887　914122

印雪軒詩鈔十六卷　(清)俞鴻漸撰　(清)俞樾校　清道光二十七年(1847)刻本　一册

310000－0241－0011888　914123

邃懷堂文集四卷詩集前編六卷後編六卷小清容山館詞鈔二卷駢文箋注十六卷補箋一卷哀忠集三編　(清)袁翼撰　清光緒十三年至十四年(1887－1888)寶山袁氏刻本　二十册

310000－0241－0011889　914123:2

邃懷堂文集四卷詩集前編六卷後編六卷小清容山館詞鈔二卷駢文箋注十六卷補箋一卷哀忠集三編　(清)袁翼撰　清光緒十三年至十四年(1887－1888)寶山袁氏刻本　六册

310000－0241－0011890　914123:3

邃懷堂文集四卷詩集前編六卷後編六卷小清容山館詞鈔二卷駢文箋注十六卷補箋一卷哀忠集三編　(清)袁翼撰　清光緒十三年至十四年(1887－1888)寶山袁氏刻本　二册

310000－0241－0011891　914124

邃懷堂文集箋注十六卷　(清)袁翼撰　(清)朱舲箋注　清咸豐八年(1858)刻本　六册

310000－0241－0011892　914124(2)

邃懷堂文集箋注十六卷補箋一卷　(清)袁翼撰　(清)朱舲箋注　清光緒十四年(1888)寶山袁氏重校刻本　八册

310000－0241－0011893　914125

大能寒軒詩鈔八卷試帖詩鈔二卷譚孫詩鈔一卷　(清)吴爲楫撰　清同治四年(1865)刻本　五册

310000－0241－0011894　914126

實其文齋文鈔十卷詩鈔二卷　(清)黄雲鵠著　清同治十一年(1872)刻本　十二册

310000－0241－0011895　914126:2

實其文齋文鈔十卷詩鈔二卷　(清)黄雲鵠著　清同治十一年(1872)刻本　七册

310000－0241－0011896　914127

羅文恪公遺集三卷　(清)羅惇衍著　清光緒刻本　三册

310000－0241－0011897　914128

松齋憶存草一卷　(清)王誠撰　清光緒十二年(1886)刻本　一册

310000－0241－0011898　914129

學詁齋文集二卷　(清)薛壽撰　清光緒十五年(1889)廣雅書局刻本　一册

310000－0241－0011899　914129:2

學詁齋文集二卷　(清)薛壽撰　清光緒十五年(1889)廣雅書局刻本　一册

310000－0241－0011900　914130

三耻齋初稿六卷　(清)吴坤修撰　清同治四年(1865)半畝園刻本　二册

310000－0241－0011901　914133

復見心齋詩草六卷　(清)孫人鳳撰　清光緒四年(1878)刻本　一册

310000－0241－0011902　914134

悔初廬詩稿十一卷别集一卷明史雜詠二卷　(清)柴文傑撰　清光緒刻本　一册

310000－0241－0011903　914134:2
悔初廬詩稿十一卷別集一卷明史雜詠二卷　(清)柴文傑撰　清光緒刻本　四册

310000－0241－0011904　914135
句溪雜著六卷　(清)陳立撰　清光緒十四年(1888)廣雅書局刻本　一册

310000－0241－0011905　914137
睦州存藁八卷首一卷　(清)丁壽昌著　清同治五年(1866)刻本　四册

310000－0241－0011906　914138
斯未信齋全集二十六卷　(清)徐宗幹撰　(清)江湜校　清咸豐、同治間刻本　十二册

310000－0241－0011907　914138(2)
斯未信齋文編藝文類四卷　(清)徐宗幹撰　(清)□□抄　清末民國初紅格抄本　一册

310000－0241－0011908　914139
虛受堂文集十六卷　王先謙撰　清宣統二年(1910)國學書社石印本　六册

310000－0241－0011909　914140
補松廬詩錄六卷　(清)吳慶坻撰　清宣統三年(1911)湖南學備公所排印本　二册

310000－0241－0011910　914140:2
補松廬詩錄六卷　(清)吳慶坻撰　清宣統三年(1911)湖南學備公所排印本　二册

310000－0241－0011911　914141
怡秋軒初稿一卷　(清)李掌珠撰　清光緒三十年(1904)淮陰耕蘭室刻本　一册

310000－0241－0011912　914144
友琴山房文草八卷　(清)龍學泰著　清光緒三十一年(1905)石印本　六册

310000－0241－0011913　914145
友琴山房文草八卷　(清)龍學泰著　清光緒三十一年(1905)石印本　六册

310000－0241－0011914　914146
蘇盦集文錄二卷駢文錄五卷詩錄八卷詞錄一卷　(清)楊葆光撰　清光緒九年(1883)刻本　五册

310000－0241－0011915　914147
蘇盦集文錄二卷駢文錄五卷詩錄存六卷　(清)楊葆光撰　清光緒九年(1883)刻本　四册

310000－0241－0011916　914148
香豔集三卷　(清)臥雲山人撰　清光緒九年(1883)刻本　一册

310000－0241－0011917　914150
小不其山房集十卷　(清)徐有珂著　清光緒七年(1881)刻本　六册

310000－0241－0011918　914156
心潛書屋詩存一卷　(清)陳亮疇撰　**附蘭墅詩存二卷**　(清)陳允頤撰　清光緒三十二年(1906)刻本　一册

310000－0241－0011919　914158
不慊齋漫存十二卷　(清)徐賡陛撰　清光緒三十一年(1905)大通鹺廨刻本　十二册

310000－0241－0011920　914158:2
不慊齋漫存十二卷　(清)徐賡陛撰　清光緒三十一年(1905)大通鹺廨刻本　十册

310000－0241－0011921　914158:3
不慊齋漫存十二卷　(清)徐賡陛撰　清光緒三十一年(1905)大通鹺廨刻本　十二册

310000－0241－0011922　914159
鄭齋漢學文編六卷　(清)孫雄撰　清光緒三十四年(1908)排印本　二册

310000－0241－0011923　914160
鄭齋漢學文編六卷　(清)孫雄撰　清光緒三十四年(1908)排印本　一册

310000－0241－0011924　914160:2
鄭齋漢學文編六卷　(清)孫雄撰　清光緒三十四年(1908)排印本　一册

310000－0241－0011925　914162
任午橋存稿三卷　(清)任朝楨著　清光緒十年(1884)刻本　一册

310000－0241－0011926　914163
退思軒詩集六卷補遺一卷　(清)張百熙撰

清宣統三年(1911)排印本　一冊

310000－0241－0011927　914163:2
退思軒詩集六卷補遺一卷　(清)張百熙撰　清宣統三年(1911)排印本　一冊

310000－0241－0011928　914163:3
退思軒詩集六卷補遺一卷　(清)張百熙撰　清宣統三年(1911)排印本　一冊

310000－0241－0011929　914163:4
退思軒詩集六卷補遺一卷　(清)張百熙撰　清宣統三年(1911)排印本　一冊

310000－0241－0011930　914163:5
退思軒詩集六卷補遺一卷　(清)張百熙撰　清宣統三年(1911)排印本　一冊

310000－0241－0011931　914166
重思齋遺著二卷　(清)王家枚著　清宣統元年(1909)木活字印本　二冊

310000－0241－0011932　914167
菊邊吟一卷　(清)丁丙撰　清光緒二十五年(1899)刻本　一冊

310000－0241－0011933　914167:2
菊邊吟一卷　(清)丁丙撰　清光緒二十五年(1899)刻本　一冊

310000－0241－0011934　914168
寶笏樓詩集二卷　(清)徐敦穆撰　清宣統三年(1911)刻本　一冊

310000－0241－0011935　914174(2)
桐城吳先生詩集不分卷　(清)吳汝綸撰　清光緒三十年(1904)刻本　一冊

310000－0241－0011936　914175
南洋勸業會雜詠二卷　(清)王葆楨撰　清宣統二年(1910)排印本　二冊

310000－0241－0011937　914177
韻香閣詩草一卷　(清)孔祥淑撰　清光緒十三年(1887)刻本　一冊

310000－0241－0011938　914177:2
韻香閣詩草一卷　(清)孔祥淑撰　清光緒十三年(1887)刻本　一冊

310000－0241－0011939　914181
待輶集紀壽詩一卷且甌歌一卷桃塢百絕二卷楠溪竹枝詞一卷　(清)石方洛撰　清光緒三十年(1904)吳縣石氏刻本　二冊

310000－0241－0011940　914181:2
待輶集紀壽詩一卷且甌歌一卷桃塢百絕二卷楠溪竹枝詞一卷　(清)石方洛撰　清光緒三十年(1904)吳縣石氏刻本　一冊

310000－0241－0011941　914184
槃薖紀事初稿四卷　(清)湯紀尚撰　清光緒十一年(1885)蘇州刻本　二冊

310000－0241－0011942　914186
悔齋詩稿四卷　(清)畢應辰撰　清光緒元年(1875)刻本　二冊

310000－0241－0011943　914187
進呈三編二十卷　(清)夏炘撰　清同治七年(1868)刻本　六冊

310000－0241－0011944　914191
玉鑑堂詩稿　(清)汪曰楨撰　清光緒十六年(1890)刻本　一冊

310000－0241－0011945　914192
偕園吟草五卷雜詠一卷　(清)許禧身撰　清宣統元年(1909)排印本　一冊

310000－0241－0011946　914193
止塵廬詩鈔三卷　(清)許劍青撰　清光緒十九年(1893)刻本　一冊

310000－0241－0011947　914194
繡詩樓詩五卷　(清)陳步墀撰　清宣統元年(1909)廣州刻本　一冊

310000－0241－0011948　914195
尺岡草堂遺集詩八卷文四卷　(清)陳璞撰　清光緒十三年(1887)刻本　六冊

310000－0241－0011949　914196
味靈華館詩六卷　(清)商廷煥撰　清宣統二年(1910)刻本　一冊

310000－0241－0011950　914196:2
味靈華館詩六卷　(清)商廷焕撰　清宣統二年(1910)刻本　一冊

310000－0241－0011951　914197
洗齋病學草二卷　(清)踵息道人著　清光緒十年(1884)刻本　二冊

310000－0241－0011952　914198
訒齋遺稿文鈔二卷詩鈔一卷手札四卷　(清)褚維垕撰　清光緒二十七年(1901)刻本　二冊

310000－0241－0011953　914199
補天樓詩集二卷　(清)譚定澍撰　清光緒刻本　二冊

310000－0241－0011954　914200
可青山館詩存二卷　(清)雷維翰撰　清光緒十二年(1886)刻本　二冊

310000－0241－0011955　914201
日損益齋詩鈔十卷　(清)俞樾撰　清咸豐八年(1858)刻本　二冊

310000－0241－0011956　914202
惺諟齋初稿文鈔四卷賦鈔一卷詩鈔一卷經義駢枝二卷慎思日錄二卷　(清)喻長霖撰　清宣統元年(1909)排印本　六冊

310000－0241－0011957　914202:2
惺諟齋初稿文鈔四卷賦鈔一卷詩鈔一卷經義駢枝二卷慎思日錄二卷　(清)喻長霖撰　清宣統元年(1909)排印本　五冊

310000－0241－0011958　914203
雲海樓詩稿四卷　(清)王治模撰　清光緒元年(1875)刻本　一冊

310000－0241－0011959　914204
黃鵠山人詩鈔　(清)林壽圖撰　清光緒刻本　二冊　存十六卷

310000－0241－0011960　914205
振素盦詩鈔九卷　(清)趙藩撰　(清)蔣士超撰　清宣統元年(1909)排印本　一冊

310000－0241－0011961　914206
晚香亭詩鈔四卷　(清)蔡邦甸撰　清光緒十八年(1892)天津石印本　一冊

310000－0241－0011962　914207
便宜小效畧存二卷　(清)賀宗章撰　清光緒二十七年(1901)雲南書局刻本　二冊

310000－0241－0011963　914208
消愁集二卷　(清)沈蔣英撰　清光緒三十四年(1908)刻本　一冊

310000－0241－0011964　914210
代耕堂稿五卷　(清)李嘉績撰　清光緒二十七年(1901)刻本　一冊

310000－0241－0011965　914212
飲雪齋詩集四卷　(清)楊泰亨撰　清宣統二年(1910)刻本　二冊

310000－0241－0011966　914213
韓隱廬詩鈔五卷　(清)黃瑞蓮撰　清光緒三十四年(1908)刻本　一冊

310000－0241－0011967　914217
問青園集十二種十三卷　(清)王晉之撰　清光緒二十二年(1896)刻本　二冊

310000－0241－0011968　914218
龍泉園集八種十二卷　(清)李江撰　清光緒二十年(1894)刻本　四冊

310000－0241－0011969　914220
寄影軒詩鈔四卷　(清)穆志潤撰　清光緒三十年(1904)新昌書局排印本　四冊

310000－0241－0011970　914220:2
寄影軒詩鈔四卷　(清)穆志潤撰　清光緒三十年(1904)新昌書局排印本　四冊

310000－0241－0011971　914221
澤山詩鈔　(清)王再咸撰　清光緒排印本　一冊　存一卷

310000－0241－0011972　914222
振素盦詩鈔九卷　(清)蔣士超撰　清宣統元年(1909)排印本　一冊

310000－0241－0011973　914226

染香精舍詩鈔二卷　(清)張文元撰　清光緒三十二年(1906)蘇州沈焜刻本　一册

310000－0241－0011974　914227
鞠隱山莊遺詩一卷　(清)吳寶三撰　清光緒十八年(1892)刻本　一册

310000－0241－0011975　914228
青溪詩選二卷　(清)蔣師轍撰　清光緒十六年(1890)刻本　一册

310000－0241－0011976　914233
古歡室詩詞集二卷　(清)曾懿撰　清光緒三十年(1904)刻本　一册

310000－0241－0011977　914234
受庵文鈔一卷詩鈔一卷　(清)嚴咸著　清光緒十三年(1887)湘綺樓刻本　一册

310000－0241－0011978　914235
繪詩齋集二卷　(清)姚協贊撰　清光緒二十八年(1902)刻本　一册

310000－0241－0011979　914239
鶴儕詩存三卷　(清)柳恂撰　清光緒三十二年(1906)刻本　一册

310000－0241－0011980　914241
梅庵詩草一卷　(清)釋月谷撰　清宣統元年(1909)昆明妙高寺刻本　一册

310000－0241－0011981　914243
天補樓行記一卷　(清)李士棻撰　清光緒十一年(1885)木活字印本　一册

310000－0241－0011982　914244
乖庵文錄不分卷　(清)秦樹聲撰　清光緒三十四年(1908)刻本　二册

310000－0241－0011983　914245
刖足集三卷　(清)鍾天緯撰　清光緒二十七年(1901)排印本　二册

310000－0241－0011984　914246
潛莊文鈔六卷　(清)卜起元撰　清光緒五年(1879)刻本　二册

310000－0241－0011985　914247
夷牢溪廬文鈔六卷　(清)黎汝謙撰　清光緒二十七年(1901)羊城刻本　二册

310000－0241－0011986　914251
覺顛冥齋内言四卷　(清)唐才常撰　清光緒二十八年(1902)排印本　四册

310000－0241－0011987　914252
馬巷集不分卷　(清)黃家鼎撰　清光緒二十一年(1895)福州刻本　四册

310000－0241－0011988　914254
畫膚吟一卷附縲煙詞一卷　(清)劉詒恂撰　清光緒二十六年(1900)刻本　一册

310000－0241－0011989　914254:2
畫膚吟一卷附縲煙詞一卷　(清)劉詒恂撰　清光緒二十六年(1900)刻本　一册

310000－0241－0011990　914255
洞石老人遺稿六卷　(清)沈鏗撰　清光緒三十二年(1906)刻本　二册

310000－0241－0011991　914258
友竹草堂詩文集七卷　(清)蔣慶第著　清光緒十九年(1893)刻本　三册

310000－0241－0011992　914259
弢園文錄外編六卷　(清)王韜撰　清光緒二十三年(1897)滬上弢園老民排印本　三册

310000－0241－0011993　914261
崇蘭堂詩初存十卷　(清)張預撰　清光緒二十年(1894)刻本　二册

310000－0241－0011994　914263
寓齋偶筆文稿五卷　(清)盧以恕著　清宣統二年(1910)木活字印本　二册

310000－0241－0011995　914264
朗圃吟草不分卷　(清)周炳城撰　清光緒二十四年(1898)稿本　四册

310000－0241－0011996　914268
月華山館本事詩　(清)華諟撰　清光緒三十一年(1905)石印本　一册

310000－0241－0011997　914271

介石山房遺文二卷遺詩一卷　(清)朱培源著　清宣統二年(1910)刻本　二冊

310000－0241－0011998　914273
藕香館文錄不分卷　(清)竇鎮山撰　清光緒三十年(1904)刻本　三冊

310000－0241－0011999　914274
掔雅堂詩八卷文集二卷駢體文集二卷　(清)張景祁撰　清光緒二十三年至二十七年(1897－1901)福州吳玉田刻本　十四冊

310000－0241－0012000　914274:2
掔雅堂詩八卷文集二卷駢體文集二卷　(清)張景祁撰　清光緒二十三年至二十七年(1897－1901)福州吳玉田刻本　一冊

310000－0241－0012001　914277
合淝相國壽言不分卷香嚴老人壽言一卷　(清)袁昶撰　清末漸西村舍刻本　一冊

310000－0241－0012002　914278
扁善齋詩文存三卷　(清)鄧嘉緝撰　清光緒二十七年(1901)刻本　三冊

310000－0241－0012003　914278:2
扁善齋詩文存三卷　(清)鄧嘉緝撰　清光緒二十七年(1901)刻本　二冊

310000－0241－0012004　914279
麟洲雜著四卷　(清)錢贊黃撰　清光緒二十四年(1898)刻本　四冊

310000－0241－0012005　914282
桐鳳集二卷　(清)曾彥撰　清光緒十五年(1889)受經堂刻本　一冊

310000－0241－0012006　914283
小隱山房詩鈔十九卷續鈔三卷駢體文鈔二卷續鈔一卷新樂府一卷　(清)劉溱撰　清光緒十三年(1887)刻本　八冊

310000－0241－0012007　914285
讀海外奇書室雜著一卷　姚文棟著　清光緒十四年(1888)刻本　一冊

310000－0241－0012008　914292
裒碧齋詩五卷詞一卷雜文一卷　(清)陳鋭撰　清光緒二十一年(1895)揚州刻本　二冊

310000－0241－0012009　914293
蘭福堂詩集一卷　(清)胡延撰　清光緒刻本　一冊

310000－0241－0012010　914294
碧城雜著三卷　(清)俞功懋撰　清光緒十三年(1887)刻本　一冊

310000－0241－0012011　914295
新安遊草二卷　(清)戴啓文撰　清光緒二十一年(1895)刻本　一冊

310000－0241－0012012　914296
才叔遺詩三卷　(清)管樂撰　清光緒讀雪山房刻本　一冊

310000－0241－0012013　914301
晚華居遺集七卷　(清)周恩煦撰　清宣統元年(1909)排印本　二冊

310000－0241－0012014　914302
陶堂志微錄四卷形景盦續錄一卷陶堂遺文二卷形景室三漢碑紈一卷　(清)高心夔撰　清光緒八年(1882)經注經齋刻本　四冊

310000－0241－0012015　914310
息盦賸稿四卷　(清)陳觀圻撰　清宣統三年(1911)公益書局排印本　四冊

310000－0241－0012016　914311
璞齋集六卷捶琴詞一卷　(清)諸可寶撰　清光緒二十二年(1896)諸氏玉峯官舍刻本　三冊

310000－0241－0012017　914311:2
璞齋集六卷捶琴詞一卷　(清)諸可寶撰　清光緒二十二年(1896)諸氏玉峯官舍刻本　二冊

310000－0241－0012018　914318
桂之華軒詩集四卷　(清)朱銘盤撰　清光緒三十四年(1908)翰墨林書局排印本　一冊

310000－0241－0012019　914318:2
桂之華軒詩集四卷　(清)朱銘盤撰　清光緒三十四年(1908)翰墨林書局排印本　一冊

310000－0241－0012020　914318:3

桂之華軒詩集四卷　(清)朱銘盤撰　清光緒三十四年(1908)翰墨林書局排印本　一冊

310000－0241－0012021　914320

宜雅堂詩錄六卷　(清)顧翰撰　清光緒二十八年(1902)顧氏義莊刻本　一冊

310000－0241－0012022　914320:2

宜雅堂詩錄六卷　(清)顧翰撰　清光緒二十八年(1902)顧氏義莊刻本　一冊

310000－0241－0012023　914324

荔村草堂詩志鈔不分卷　(清)譚宗浚撰　清宣統二年(1910)刻本　一冊

310000－0241－0012024　914324:2

荔村草堂詩志鈔不分卷　(清)譚宗浚撰　清宣統二年(1910)刻本　一冊

310000－0241－0012025　914326

久芬室詩集六卷　(清)鄭襄撰　清光緒二十一年(1895)石門官廨刻本　二冊

310000－0241－0012026　914328

墨花吟館感舊集一卷懷人集一卷　(清)嚴辰撰　清光緒刻本　一冊

310000－0241－0012027　914329

固庵自定草二卷　(清)舒紹基撰　清宣統元年(1909)曼陀羅花室排印本　一冊

310000－0241－0012028　914331

守拙子詩一卷詞一卷　(清)秦涵章撰　清光緒二十五年(1899)蔡元影刻本　一冊

310000－0241－0012029　914332

飄香室文詩遺稿一卷　(清)駱樹英撰　清光緒末排印本　一冊

310000－0241－0012030　914332:2

飄香室文詩遺稿一卷　(清)駱樹英撰　清光緒末排印本　一冊

310000－0241－0012031　914332:3

飄香室文詩遺稿一卷　(清)駱樹英撰　清光緒末排印本　一冊

310000－0241－0012032　914333

霜傑齋詩二卷補遺一卷　(清)秦寶璣撰　清光緒十二年(1886)刻本　一冊

310000－0241－0012033　914333(2)

竢實齋文稿二卷　(清)秦寶璣撰　清光緒張雲霖刻本　一冊

310000－0241－0012034　914337

函雅堂集二十四卷　(清)王詠霓撰　清光緒二十年(1894)王氏刻硃印本　二冊

310000－0241－0012035　914337:2

函雅堂集二十四卷　(清)王詠霓撰　清光緒二十年(1894)王氏刻硃印本　一冊

310000－0241－0012036　914338

鷗堂詩三卷遺稿三卷　(清)馬賡良撰　清光緒五年(1879)刻十五年(1889)續刻本　二冊

310000－0241－0012037　914340

思闕山館詩存二卷文存附存一卷　(清)魏炳蔚撰　清光緒二十一年(1895)刻本　二冊

310000－0241－0012038　914346

隨扈紀行詩存二卷麻鞋紀行詩存一卷　(清)蔣廷黻撰　清光緒刻本　一冊

310000－0241－0012039　914347

綺窗吟草一卷　(清)申志廉撰　清光緒刻本　一冊

310000－0241－0012040　914348

偶山遺稿一卷　(清)錢唐撰　清光緒二十五年(1899)刻本　一冊

310000－0241－0012041　914350

古幹室詩集二卷　(清)魏芝書撰　清光緒二十三年(1897)刻本　二冊

310000－0241－0012042　914353

耐軒古近體詩存二卷附詩餘一卷　(清)張守誠撰　清光緒、宣統間排印本　二冊

310000－0241－0012043　914355

歸來軒遺稿四卷　(清)邱心坦撰　清光緒三十年(1904)排印本　一冊

310000－0241－0012044　914356
莫宧詩草一卷文草一卷附侗子隊言一卷　黄壽衮撰　清光緒二十五年(1899)山陰黄思永刻本　二册

310000－0241－0012045　914356(2)
莫宧詩草一卷文草一卷　黄壽衮撰　清光緒三十四年(1908)石印本　二册

310000－0241－0012046　914358
潛廬文鈔不分卷　金蓉鏡撰　清光緒三十四年(1908)刻本　一册

310000－0241－0012047　914359
荔雨軒文集六卷　(清)華翼綸撰　清光緒九年(1883)梁溪華氏刻本　二册

310000－0241－0012048　914361
大篪吟草六卷　(清)陳昌沂撰　清光緒六年(1880)刻本　二册

310000－0241－0012049　914368
日長山静草堂詩存二卷補遺一卷　(清)汪達鈞撰　清末排印本　二册

310000－0241－0012050　914368:2
日長山静草堂詩存二卷補遺一卷　(清)汪達鈞撰　清末排印本　二册

310000－0241－0012051　914369
天韻閣詩存一卷　(清)黄箴撰　清光緒三十一年(1905)謝文漪書畫室排印本　一册

310000－0241－0012052　914370
匏隱廬文稿存殘卷一卷詩稿一卷　(清)沈毓桂撰　清光緒二十二年(1896)排印本　一册

310000－0241－0012053　914371
餘生集一卷　(清)山鳳輝撰　清光緒十五年(1889)書忍字齋張氏刻本　一册

310000－0241－0012054　914373
伏鸞堂詩賸四卷裁雲閣詞鈔六卷裁雲閣曲一卷　(清)秦雲撰　清同治七年至光緒四年(1868－1878)長洲秦氏刻本　二册

310000－0241－0012055　914375
映紅樓詩稿四卷　(清)王定祥撰　清光緒二十二年(1896)慈谿童氏刻本　一册

310000－0241－0012056　914377
清吟齋遺詩一卷　(清)莊其坤撰　清光緒二十四年(1898)壽愷堂刻本　一册

310000－0241－0012057　914377:2
清吟齋遺詩一卷　(清)莊其坤撰　清光緒二十四年(1898)壽愷堂刻本　一册

310000－0241－0012058　914377:3
清吟齋遺詩一卷　(清)莊其坤撰　清光緒二十四年(1898)壽愷堂刻本　一册

310000－0241－0012059　914383
翠巖室詩鈔四卷　(清)韓弼元撰　清咸豐、同治間刻光緒續刻本　二册

310000－0241－0012060　914384
十二硯齋文錄一卷　(清)汪鋆撰　清同治、光緒間刻本　一册

310000－0241－0012061　914385
浩山詩鈔五卷詩補錄五卷　(清)歐陽述撰　清光緒刻本　一册

310000－0241－0012062　914386
顧鳳翔遺集不分卷　(清)顧騄撰　清光緒三十二年(1906)刻本　一册

310000－0241－0012063　914386:2
顧鳳翔遺集不分卷　(清)顧騄撰　清光緒三十二年(1906)刻本　一册

310000－0241－0012064　914387
北遊潭影集一卷　徐琪撰　清光緒刻本　一册

310000－0241－0012065　914390
綠滿廬詩存一卷　(清)徐士琛撰　清光緒刻本　一册

310000－0241－0012066　914393
適園文錄一卷　(清)朱振鏞撰　清光緒刻本　一册

310000－0241－0012067　914394
吟香室詩草二卷續刻一卷　(清)楊蘊輝撰

清光緒二十三年(1897)南海縣署校刻本　二冊

310000－0241－0012068　914395

墖印樓詩存一卷　(清)章士珠撰　清光緒刻本　一冊

310000－0241－0012069　914396

匏齋遺稿五卷　(清)李齡壽撰　清光緒二十二年(1896)刻本　二冊

310000－0241－0012070　914401

一經軒詩存不分卷　(清)徐鳳鳴撰　清光緒二十四年(1898)松江集字板印本　一冊

310000－0241－0012071　914403

大野草堂詩八卷白癡詞二卷　(清)張邁撰　清光緒三十年(1904)刻本　一冊

310000－0241－0012072　914404

醉月居詩鈔一卷詞鈔一卷　(清)葉世熊撰　清光緒刻本　一冊

310000－0241－0012073　914408

青萍軒文錄二卷詩錄一卷　(清)薛福保撰　清光緒刻本　一冊

310000－0241－0012074　914408:2

青萍軒文錄二卷詩錄一卷　(清)薛福保撰　清光緒刻本　一冊

310000－0241－0012075　914410

留讀齋詩集六卷　(清)宣昌緒撰　清宣統元年(1909)木活字印本　二冊

310000－0241－0012076　914413

沈觀齋詩不分卷　(清)周樹模撰　清宣統二年(1910)龍江節署石印本　一冊

310000－0241－0012077　914415

富春山館遺集詩鈔一卷賦鈔一卷　(清)嚴京治撰　清光緒二十四年(1898)刻本　一冊

310000－0241－0012078　914416

後樂堂文鈔續編九卷　(清)陳玉澍撰　清光緒二十七年(1901)石印本　六冊

310000－0241－0012079　914419

枯生松齋集詩存四卷附瑣尾集一卷　(清)倪在田撰　清宣統二年(1910)刻本　四冊

310000－0241－0012080　914419:2

枯生松齋集詩存四卷附瑣尾集一卷　(清)倪在田撰　清宣統二年(1910)刻本　四冊

310000－0241－0012081　914420

石船居古今體詩賸稿十六卷　(清)李超瓊撰　清光緒二十二年(1896)自刻本　五冊

310000－0241－0012082　914421

一漚吟館選集二卷　(清)陳崇光撰　清宣統二年(1910)懷荃室刻本　一冊

310000－0241－0012083　914428

白香亭和陶詩一卷　(清)鄧輔綸撰　清光緒十四年(1888)景雲書屋刻本　一冊

310000－0241－0012084　914428(2)

白香亭詩三卷　(清)鄧輔綸撰　清光緒十九年(1893)東河督署刻本　二冊

310000－0241－0012085　914428(2):2

白香亭詩三卷　(清)鄧輔綸撰　清光緒十九年(1893)東河督署刻本　二冊

310000－0241－0012086　914429

補讀齋詩二卷　(清)許愛堂撰　清光緒三十年(1904)刻本　二冊

310000－0241－0012087　914433

支那砰湃潮不分卷　(清)張麟年撰　清光緒三十二年(1906)蕭山鍾駿文刻本　一冊

310000－0241－0012088　914435

問學堂詩五卷　(清)俞思穆撰　清光緒刻本　一冊

310000－0241－0012089　914436

佩珊珊室詩存一卷附輓聯一卷悼亡詩一卷　(清)王紉佩撰　清光緒二十年(1894)刻本　一冊

310000－0241－0012090　914437

道福堂詩集四卷　(清)雷浚撰　清光緒二十年(1894)刻本　一冊

310000－0241－0012091　914438

大野草堂詩一卷螟巢詞一卷白癡詞餘一卷　(清)張文田撰　清光緒刻本　一册

310000－0241－0012092　914440

介白堂詩集二卷　(清)劉光第撰　清光緒二十九年(1903)排印本　一册

310000－0241－0012093　914440：2

介白堂詩集二卷　(清)劉光第撰　清光緒二十九年(1903)排印本　一册

310000－0241－0012094　914443

正始堂詩鈔不分卷　(清)翁時農撰　清光緒三十三年(1907)南洋官報局刻本　一册

310000－0241－0012095　914444

三徑草堂詩鈔四卷　(清)蔣師軾撰　(清)蔣師轍編　清光緒十六年(1890)刻本　一册

310000－0241－0012096　914444：2

三徑草堂詩鈔四卷　(清)蔣師軾撰　(清)蔣師轍編　清光緒十六年(1890)刻本　一册

310000－0241－0012097　914446

一葉草堂詩鈔二卷　(清)濮嵩慶撰　清光緒十二年(1886)刻本　一册

310000－0241－0012098　914447

嘯雲軒詩集四卷　(清)程琬撰　清光緒刻本　一册

310000－0241－0012099　914447(2)

嘯雲軒文集六卷附録一卷附避寇記畧一卷　(清)程琬撰　清光緒十三年(1887)刻本　二册

310000－0241－0012100　914447：2

嘯雲軒詩集四卷　(清)程琬撰　清光緒刻本　二册

310000－0241－0012101　914448

滄粟庵詩存一卷附録一卷　(清)任劭僔撰　清光緒刻本　一册

310000－0241－0012102　914456

四百三十二峯草堂詩存黎陽集一卷　(清)黄璟撰　清光緒刻本　一册

310000－0241－0012103　914458

天弢閣詩鈔四卷　(清)李寶翰撰　清光緒木活字印本　二册

310000－0241－0012104　914458：2

天弢閣詩鈔四卷　(清)李寶翰撰　清光緒木活字印本　二册

310000－0241－0012105　914459

古歡室詩詞集四種四卷　(清)曾懿撰　清光緒刻本　二册

310000－0241－0012106　914461

紅樹山莊詩草四卷黔遊草一卷　(清)劉家逵撰　清光緒刻本　二册

310000－0241－0012107　914463

味雪堂遺文二卷　(清)林賀峒撰　清宣統元年(1909)古閩林氏刻本　一册

310000－0241－0012108　914465

率觚録　(清)□□撰　清光緒木活字印本　一册　存一卷

310000－0241－0012109　914469

十華小築詩鈔四卷　(清)余本愚撰　清光緒十一年(1885)刻本　二册

310000－0241－0012110　914469：2

十華小築詩鈔四卷　(清)余本愚撰　清光緒十一年(1885)刻本　二册

310000－0241－0012111　914469：3

十華小築詩鈔四卷　(清)余本愚撰　清光緒十一年(1885)刻本　一册

310000－0241－0012112　914470

隨山館詩簡編四卷　(清)汪瑔撰　清光緒十八年(1892)刻本　二册

310000－0241－0012113　914472

補籬遺稿八卷　(清)姚福均撰　清光緒三十一年(1905)木活字印本　三册

310000－0241－0012114　914473

駕雲螭室詩録六卷　(清)周文禾撰　清光緒十四年(1888)刻本　一册

310000－0241－0012115　914474
三硯齋詩賸不分卷　(清)趙彦修撰　清光緒八年(1882)自刻本　一册

310000－0241－0012116　914475
食古齋詩録四卷詩餘一卷文録不分卷　(清)柳以蕃撰　清光緒十九年(1893)謝家福刻本　四册

310000－0241－0012117　914476
師矩齋詩録三卷附寫韻樓詩草一卷詞草一卷意蘭吟賸一卷　(清)彭翰孫撰　清光緒十七年(1891)長洲彭氏刻本　二册

310000－0241－0012118　914477
旅遊小草四卷附燹餘剩草一卷　(清)華振撰　清光緒二年(1876)自刻本　二册

310000－0241－0012119　914480
篁韻盦詩鈔六卷　(清)顧森書撰　清光緒三十二年(1906)刻本　二册

310000－0241－0012120　914481
風雨對吟齋詩鈔四卷詩餘一卷　(清)任端良撰　清光緒十八年(1892)海鹽任氏刻本　二册

310000－0241－0012121　914482
函樓詩鈔八卷因遇詩一卷詞鈔一卷　(清)易佩紳撰　清光緒八年(1882)自刻本　二册

310000－0241－0012122　914483
退宜堂詩集六卷　(清)孫垓撰　清光緒十五年(1889)刻本　二册

310000－0241－0012123　914484
慕陔堂乙藁鴻爪集二卷　(清)王麟書撰　清光緒十二年(1886)江西刻本　一册

310000－0241－0012124　914485
甥自寬齋外集四卷　(清)金石撰　清光緒刻本　一册

310000－0241－0012125　914487
蒙廬詩存四卷外集一卷　(清)沈景修撰　清光緒二十一年(1895)杭州刻本　二册

310000－0241－0012126　914488
鎮亭山房詩集　(清)陸廷黻撰　清光緒刻本　一册　存四卷

310000－0241－0012127　914489
韓隱廬詩鈔殘存四卷樂府集一卷　(清)黄瑞蓮撰　清光緒三十四年(1908)刻本　一册

310000－0241－0012128　914491
三人不妄室詩存一卷　(清)倪文英撰　清光緒二十七年(1901)木活字印本　一册

310000－0241－0012129　914492
策軒文編六卷　(清)蔣寶誠撰　清宣統元年(1909)木活字印本　二册

310000－0241－0012130　914493
雪青閣詩集四卷　(清)謝維藩撰　清光緒九年(1883)開封官廨刻本　四册

310000－0241－0012131　914494
及時山房詩草十二卷續詩草一卷　(清)王熙章撰　清光緒二十九年(1903)刻本　四册

310000－0241－0012132　914495
綠卿簃詩初稿一卷續稿一卷　(清)李京廱撰　清光緒二十六年(1900)刻本　一册

310000－0241－0012133　914495:2
綠卿簃詩初稿一卷續稿一卷　(清)李京廱撰　清光緒二十六年(1900)刻本　一册

310000－0241－0012134　914496
緗芸詩續鈔四卷　(清)闕名撰　清光緒刻本　一册

310000－0241－0012135　914497
何子清先生遺文二卷附録一卷　(清)何忠萬撰　清光緒八年(1882)金陵翁氏茹古閣刻本　二册

310000－0241－0012136　914498
三弓園詩編三卷　(清)金秉彝撰　清光緒九年(1883)刻本　一册

310000－0241－0012137　914499
蠡園詩　(清)范啓璋撰　清光緒建業范氏刻本　一册　存一卷(二)

310000－0241－0012138　914500
潛園詩存四卷附春仙樓遺稿一卷刻翠集一卷　(清)張天翔撰　清光緒二十五年(1899)刻本　二册

310000－0241－0012139　914501
紉佩僊館唫鈔一卷文鈔一卷　(清)趙瀛撰　清光緒十三年(1887)木活字印本　二册

310000－0241－0012140　914503(2)
澹園文集二卷　(清)虞景璜撰　清宣統三年(1911)鎮海虞氏刻本　一册

310000－0241－0012141　914503(2):2
澹園文集二卷　(清)虞景璜撰　清宣統三年(1911)鎮海虞氏刻本　一册

310000－0241－0012142　914504
李舍人遺集不分卷　(清)李結撰　清光緒二十二年(1896)宗鄴堂刻本　一册

310000－0241－0012143　914505
執硯山館詩集二卷　(清)陳芾撰　清光緒二十二年(1896)自刻本　二册

310000－0241－0012144　914506
話夢集二卷　(清)何剛德撰　清光緒刻本　一册

310000－0241－0012145　914507
雙謈館詩存二卷　(清)洪錫爵撰　清宣統元年(1909)成都洪氏刻本　二册

310000－0241－0012146　914509
正誼堂文集二十四卷　(清)董沛撰　清光緒二十七年(1901)刻本　六册

310000－0241－0012147　914510
松夢寮詩稿六卷　(清)丁丙撰　清光緒二十五年(1899)刻本　三册

310000－0241－0012148　914511
達齋遺文不分卷　(清)王廷材撰　清光緒二十九年(1903)刻本　一册

310000－0241－0012149　914512
晉專宋瓦室類稿五卷　(清)桂坫撰　清光緒二十四年(1898)刻本　一册

310000－0241－0012150　914513
茶夢盦劫後詩稿十二卷　(清)高望曾撰　清同治九年(1870)刻光緒十六年(1890)補刻本　四册

310000－0241－0012151　914514
清足居集不分卷蕉窗詞一卷　(清)鄧瑜撰　清光緒二十二年(1896)泉唐諸氏刻本　一册

310000－0241－0012152　914515
傳樸堂詩稿四卷附弢華館詩稿一卷　(清)葛金烺撰　清光緒二十一年(1895)刻本　二册

310000－0241－0012153　914516
實學文導二卷　(清)傅雲龍撰　清光緒二十一年(1895)石印本　二册

310000－0241－0012154　914517
紫薇華館九十春吟藁一卷　(清)朱裕庭撰　清光緒二年(1876)寄萍小寓廬刻本　一册

310000－0241－0012155　914518
今雨樓詩存不分卷　(清)于寶之撰　清光緒四年(1878)刻本　一册

310000－0241－0012156　914518:2
今雨樓詩存不分卷　(清)于寶之撰　清光緒四年(1878)刻本　一册

310000－0241－0012157　914519
晚晴軒儷體文存二卷　(清)陳文田撰　清光緒刻本　一册

310000－0241－0012158　914520
補竹軒詩草三卷　(清)鮑源深撰　清末寫本　一册

310000－0241－0012159　914521
大潛山房詩鈔不分卷　(清)劉銘傳撰　清同治七年(1868)刻本　一册

310000－0241－0012160　914522
知退齋稿七卷　(清)張瑛撰　清光緒刻本　三册

310000－0241－0012161　914523
希陶軒詩鈔二卷詩餘一卷文存一卷附黄氏家乘一卷石梓埠竹枝詞一卷黄氏譜系表一卷

（清）黃圖成撰　清宣統元年（1909）排印本　一册

310000－0241－0012162　914526
退盦詩集　（清）何福海撰　清宣統元年（1909）排印本　一册　存一卷（上）

310000－0241－0012163　914528
紅韻閣遺稿不分卷　（清）闞壽坤撰　（清）方承霖編　清光緒五年（1879）金閶刻本　一册

310000－0241－0012164　914529
退一步草堂詩鈔二卷　（清）王玉驥撰　清光緒刻本　一册

310000－0241－0012165　914530
筆花齋詩鈔十卷　（清）崔崙撰　清光緒二十年（1894）刻本　二册

310000－0241－0012166　914532
撰異遺文一卷　（清）田曾撰　清光緒三十一年（1905）雙榴軒排印本　一册

310000－0241－0012167　914533
師竹軒詩集四卷　（清）劉樹堂撰　清光緒十五年（1889）刻本　一册

310000－0241－0012168　914533（2）
師竹軒詩集四卷　（清）劉樹堂撰　清光緒十五年（1889）天津書局石印本　一册

310000－0241－0012169　914535
晚香堂賦集初編二卷二編一卷試帖一卷詩鈔五卷文鈔一卷駢文一卷　（清）劉鳳苞撰　清光緒二十五年至二十七年（1899－1901）刻本　八册

310000－0241－0012170　914541
小游船詩一卷　（清）辛漢清撰　清光緒二十八年（1902）刻本　一册

310000－0241－0012171　914541：2
小游船詩一卷　（清）辛漢清撰　清光緒二十八年（1902）刻本　一册

310000－0241－0012172　914542
媿不學齋詩四卷　（清）朱羅撰　清光緒三十一年（1905）刻本　一册

310000－0241－0012173　914543
幼林遺稿一卷　（清）蔣家騏撰　清光緒二十二年（1896）刻本　一册

310000－0241－0012174　914544
堇廬遺稿四卷　（清）王賓基撰　清宣統二年（1910）排印本　二册

310000－0241－0012175　914545
絳雪絃詞一卷附悼洞庭囈仙詩　（清）岳障東撰　清光緒三十四年（1908）排印本　一册

310000－0241－0012176　914546
西行紀遊草一卷　（清）朱錕撰　清宣統元年（1909）石印本　一册

310000－0241－0012177　914547
寄龕文存四卷　（清）孫德祖撰　清光緒十年（1884）鄞縣翰墨林刻本　四册

310000－0241－0012178　914548
導古堂文集二卷　（清）胡薇元撰　清光緒二十九年（1903）成都排印本　二册

310000－0241－0012179　914550
學聚堂初稿六卷　（清）姚祖泰撰　清光緒二十四年（1898）木活字印本　二册

310000－0241－0012180　914551
味靜齋詩存八卷　（清）徐嘉撰　清光緒十三年（1887）刻本　二册

310000－0241－0012181　914553
市隱書屋詩藁五卷市隱卮言二卷市隱書屋文藁十一卷隨安廬詩集六卷補遺一卷隨安廬詩集畫意百絕二卷隨安廬文集六卷　（清）亢樹滋撰　清光緒二年至十六年（1876－1890）遞刻本　八册

310000－0241－0012182　914554
柏堂集前編十四卷次編十三卷續編二十二卷後編二十二卷餘編八卷補存三卷外編十二卷附存五卷　（清）方宗誠撰　清光緒六年至十二年（1880－1886）桐城方氏刻本　二十四册

310000－0241－0012183　914554：2
柏堂集前編十四卷次編十三卷續編二十二卷

後編二十二卷餘編八卷補存三卷外編十二卷附存五卷　(清)方宗誠撰　清光緒六年至十二年(1880－1886)桐城方氏刻本　四册

310000－0241－0012184　914555
蒿庵遺集十二卷　(清)莊棫撰　清光緒十二年(1886)錢塘許氏刻本　二册

310000－0241－0012185　914556
寫趣軒舊稿三卷寫趣軒集陸别編一卷　(清)譚國恩撰　清光緒排印本　一册

310000－0241－0012186　914557
志學齋類稿不分卷　(清)張通典撰　清末排印本　一册

310000－0241－0012187　914559
寫經齋初稿五卷　(清)葉大莊撰　清光緒刻本　二册

310000－0241－0012188　914577
羅浮偫鶴山人詩草二卷外集一卷　鄭觀應撰　清宣統元年(1909)上海城北著易堂排印本　二册

310000－0241－0012189　914593
古香凹詩餘二卷　(清)方濬頤撰　清光緒十年(1884)揚州刻本　二册

310000－0241－0012190　914594
袁忠節公遺詩三卷　(清)袁昶撰　清宣統元年(1909)上海時中書局排印本　一册

310000－0241－0012191　914597
鏡水堂詩五卷　(清)王定洋撰　清光緒二十年(1894)四明王氏刻本　二册

310000－0241－0012192　914600
綺雲樓雜著詩草二卷楹聯一卷詞集一卷　(清)竇士鏞撰　清宣統排印本　一册

310000－0241－0012193　914602
劍霜龕吟稿四卷詩餘一卷詩詞補遺一卷　(清)秦寶鑑撰　清宣統元年(1909)排印本　一册

310000－0241－0012194　914602:2
劍霜龕吟稿四卷詩餘一卷詩詞補遺一卷　(清)秦寶鑑撰　清宣統元年(1909)排印本　一册

310000－0241－0012195　914603
次園詩存六卷　(清)蔣彬若撰　清光緒排印本　一册

310000－0241－0012196　914603:2
次園詩存六卷　(清)蔣彬若撰　清光緒排印本　一册

310000－0241－0012197　914606
白梅小集一卷　(清)釋敬安撰　清光緒三十年(1904)排印本　一册

310000－0241－0012198　914607
桂晋紀程詩二卷西泠紀事集一卷　(清)曹福元撰　清末刻本　一册

310000－0241－0012199　914608
叔苴吟不分卷　(清)張之純撰　清光緒三十二年(1906)刻本　一册

310000－0241－0012200　914609
瞎牛菴題畫詩不分卷　(清)金彰撰　清光緒二十五年(1899)刻本　一册

310000－0241－0012201　914610
退思草堂詩鈔二卷　(清)李懋勳撰　清光緒三十二年(1906)永嘉李氏刻本　一册

310000－0241－0012202　914617
策軒文編六卷　(清)蔣寶誠撰　清宣統元年(1909)木活字印本　二册

310000－0241－0012203　914618
佩弦齋文存二卷首一卷駢文存一卷詩存一卷試帖存一卷律賦存一卷雜存二卷　(清)朱一新撰　清光緒二十二年(1896)順德龍氏葆真堂刻本　五册

310000－0241－0012204　914618:2
佩弦齋文存二卷首一卷駢文存一卷詩存一卷試帖存一卷律賦存一卷雜存二卷　(清)朱一新撰　清光緒二十二年(1896)順德龍氏葆真堂刻本　四册

310000－0241－0012205　914618:3

佩弦齋文存二卷首一卷駢文存一卷詩存一卷試帖存一卷律賦存一卷雜存二卷　(清)朱一新撰　清光緒二十二年(1896)順德龍氏葆真堂刻本　一册

310000－0241－0012206　914619
來鷺草堂隨筆不分卷　(清)吴滔撰　清末西泠印社活字印本　一册

310000－0241－0012207　914620
雞肋拾遺不分卷　(清)楊炳勳撰　清光緒二十六年(1900)刻本　一册

310000－0241－0012208　914622
鐵畫樓詩續鈔二卷　(清)張蔭桓撰　清末觀復齋刻本　一册

310000－0241－0012209　914624
效學樓述文三卷　(清)馬絅章撰　清光緒三十四年(1908)北京排印本　一册

310000－0241－0012210　914624:2
效學樓述文三卷　(清)馬絅章撰　清光緒三十四年(1908)北京排印本　一册

310000－0241－0012211　914627
據梧集一卷　(清)陳詩撰　清光緒二十九年(1903)上海商務印書館排印本　一册

310000－0241－0012212　914629
慧福樓幸草一卷　(清)俞繡孫撰　清光緒九年(1883)德清俞氏刻本　一册

310000－0241－0012213　914631
緗芸館詩鈔一卷　(清)許之雯撰　清光緒二十五年(1899)吴下刻本　一册

310000－0241－0012214　914631:2
緗芸館詩鈔一卷　(清)許之雯撰　清光緒二十五年(1899)吴下刻本　一册

310000－0241－0012215　914635
餘癡初稿一卷　(清)余慶生撰　清宣統三年(1911)京師京華書局排印本　一册

310000－0241－0012216　914642
桃花潭館詩存一卷　(清)汪鎮撰　清光緒三十三年(1907)汪氏刻本　一册

310000－0241－0012217　914643
苷園詩錄四卷　(清)程霱撰　清宣統元年(1909)京師集成圖書公司排印本　一册

310000－0241－0012218　914643:2
苷園詩錄四卷　(清)程霱撰　清宣統元年(1909)京師集成圖書公司排印本　一册

310000－0241－0012219　914644
周莘仲廣文遺詩一卷　(清)周長庚撰　清末榕城排印本　一册

310000－0241－0012220　914646
汴遊冰玉稿十三卷　(清)朱儁瀛撰　清光緒三十三年至宣統元年(1907－1909)排印本　三册

310000－0241－0012221　914647
梅心續集一卷梅心集一卷　(清)董毓撰　清末石印本　一册

310000－0241－0012222　914648
嚴叔敏遺文一卷　(清)嚴智庸撰　清光緒二十八年(1902)天津開文書局石印本　一册

310000－0241－0012223　914650(2)
午陰清舍詩草續編八卷　(清)何福堃撰　清末排印本　二册

310000－0241－0012224　914653
遼夢草續(徵兆日記詩)一卷　(清)雷飛鵬撰　清宣統二年(1910)排印本　一册

310000－0241－0012225　914654
岱源詩稿一卷　(清)陳衍洙撰　清光緒三十年(1904)通州翰墨林書局排印本　一册

310000－0241－0012226　914657
知白齋詩鈔四卷　(清)江人鏡撰　清光緒二十年(1894)鏟障山房刻本　二册

310000－0241－0012227　914660
天根詩錄不分卷　(清)何家琪撰　清光緒三十二年(1906)奉化舒氏雪甌草堂刻本　一册

310000－0241－0012228　914661
池州聽碧山房方夢蘭芝蓀氏吟草一卷　(清)方夢蘭撰　清光緒末刻本　一册

310000－0241－0012229　914662
太僕生文鈔一卷　(清)傅以成撰　清光緒刻本　一册

310000－0241－0012230　914663
冬心居士吟草一卷　(清)黄春齡撰　清光緒刻本　一册

310000－0241－0012231　914664
澹盦自娱草二卷詞賸一卷附録一卷　(清)金應澍撰　清光緒十九年(1893)刻本　一册

310000－0241－0012232　914666
爾爾書屋詩草四卷文鈔二卷　(清)史夢蘭撰　清光緒元年(1875)、十七年(1891)止園刻本　三册

310000－0241－0012233　914668
石溪詩存二卷　(清)馮銈撰　清光緒二十九年(1903)惲氏刻本　一册

310000－0241－0012234　914670
天根文鈔七卷　(清)何家琪撰　清光緒末汝寧刻本　二册

310000－0241－0012235　914671
留硯山房遺草一卷斷句一卷　(清)王朝清撰　清光緒二十八年(1902)刻本　一册

310000－0241－0012236　914672
庚星文稿録存一卷詩稿録存一卷　(清)陸咸清撰　清光緒末刻本　一册

310000－0241－0012237　914673
貽硯堂詩集二卷　(清)高光煦撰　清光緒十五年(1889)刻本　一册

310000－0241－0012238　914674
金粟山房詩鈔十卷　(清)朱寯瀛撰　清光緒二十七年(1901)刻本　一册

310000－0241－0012239　914675
方宧酬世文不分卷　(清)顧曾烜撰　清光緒二十三年(1897)九峻官廨刻本　四册

310000－0241－0012240　914676
銅劍堂存稿一卷續稿一卷斑箱唱和詩一卷　(清)王佑曾撰　清光緒二十八年至三十四年(1902－1908)刻本　二册

310000－0241－0012241　914677
艮居詩括二卷　(清)蔡壽臻撰　清光緒三十一年(1905)刻本　一册

310000－0241－0012242　914678
聽香禪室詩集八卷　(清)釋芳圃撰　清光緒刻本　二册

310000－0241－0012243　914679
春闈雜詠一卷　(清)袁昶撰　清光緒小漚巢刻本　一册

310000－0241－0012244　914680
正香簃吟草四卷　(清)康奉珏撰　清光緒二十六年(1900)山西萬泉縣署刻本　一册

310000－0241－0012245　914681
雲水集不分卷　(清)高仁峒撰　清光緒十一年(1885)京師白雲觀刻本　一册

310000－0241－0012246　914682
雲水前集一卷後集一卷　(清)劉元機撰　(清)王廉選　清光緒十一年(1885)刻本　二册

310000－0241－0012247　914684
懺花盦詩鈔十卷　(清)宋澤元撰　清光緒八年(1882)刻本　二册

310000－0241－0012248　914685
鐵梅花館懷古集一卷　(清)慶珍撰　清光緒二十三年(1897)貴陽刻本　一册

310000－0241－0012249　914686
靈樵仙館詩草二卷　(清)何乃瑩撰　清光緒刻本　二册

310000－0241－0012250　914687
天外歸帆草一卷　(清)斌椿撰　清同治刻本　一册

310000－0241－0012251　914688
巴里客餘生詩草六卷　(清)延清撰　清光緒二十七年(1901)石印本　二册

310000－0241－0012252　914691

麻園遺集楚遊草不分卷　(清)謝焜樞撰　清宣統元年(1909)集成圖書公司排印本　一冊

310000－0241－0012253　914691:2
麻園遺集楚遊草不分卷　(清)謝焜樞撰　清宣統元年(1909)集成圖書公司排印本　一冊

310000－0241－0012254　914692
萃堂詩錄不分卷詞錄不分卷　(清)潘鴻撰　清末刻本　一冊

310000－0241－0012255　914692:2
萃堂詩錄不分卷詞錄不分卷　(清)潘鴻撰　清末刻本　一冊

310000－0241－0012256　914692:3
萃堂詩錄不分卷詞錄不分卷　(清)潘鴻撰　清末刻本　一冊

310000－0241－0012257　914692:4
萃堂詩錄不分卷詞錄不分卷　(清)潘鴻撰　清末刻本　一冊

310000－0241－0012258　914694
自怡吟初稿四卷　(清)謝元壽撰　清宣統三年(1911)石印本　二冊

310000－0241－0012259　914694:2
自怡吟初稿四卷　(清)謝元壽撰　清宣統三年(1911)石印本　二冊

310000－0241－0012260　914695
怡廬詩鈔二卷　(清)吴炳祥撰　清光緒二十六年(1900)刻本　二冊

310000－0241－0012261　914696
賦梅書屋詩初集三卷　(清)宋廷樑撰　清光緒十七年(1891)西江刻本　一冊

310000－0241－0012262　914697
晚香齋續吟草一卷詞鈔一卷　(清)陳泗撰　清宣統三年(1911)排印本　一冊

310000－0241－0012263　914698
冬日百詠一卷　徐琪撰　清光緒元年(1875)刻本　一冊

310000－0241－0012264　914698:2
冬日百詠一卷　徐琪撰　清光緒元年(1875)刻本　一冊

310000－0241－0012265　914699
倚梅閣詩集四卷集唐一卷詞鈔一卷　(清)沈韻蘭撰　清宣統元年(1909)木活字印本　一冊

310000－0241－0012266　914701
醒栩草堂遺稿一卷　(清)蔣炳章撰　清宣統三年(1911)木活字印本　一冊

310000－0241－0012267　914702
江滬雜詠一卷　(清)劉夢音撰　清光緒十五年(1889)金陵書局刻本　一冊

310000－0241－0012268　914703
病榻懷人詩賸稿一卷　(清)陳如升撰　清光緒三十年(1904)刻本　一冊

310000－0241－0012269　914704
隨安廬詩集二卷　(清)亢樹滋撰　清光緒刻本　一冊

310000－0241－0012270　914706
吟秋館詩存四卷　(清)江澄撰　清光緒刻本　一冊

310000－0241－0012271　914708
大瓠山房詩集二卷　(清)葉道源撰　清宣統三年(1911)排印本　二冊

310000－0241－0012272　914709
苕華閣詩稿一卷　(清)李淑撰　清光緒二十二年(1896)刻本　一冊

310000－0241－0012273　914710
拙娱軒詩鈔二卷　(清)盛朝彥撰　清宣統元年(1909)奉天太古山房排印本　一冊

310000－0241－0012274　914713
冷齋彙集遣愁集一卷冷吟集一卷癡言夢語一卷詞稿一卷　(清)吳韶生撰　清末排印本　一冊

310000－0241－0012275　914716
餐鞠軒詩草一卷　(清)伍淡如撰　清光緒刻本　一冊

310000－0241－0012276　914717
蝸隱廬詩鈔二卷　(清)汪頁撰　清宣統三年(1911)排印本　一册

310000－0241－0012277　914718
寄鷗館梅花百詠一卷　(清)任道鎔撰　清光緒刻本　一册

310000－0241－0012278　914719
萬山草堂詩集六卷　(清)李登雲撰　清光緒三十三年(1907)武林刻本　二册

310000－0241－0012279　914719:2
萬山草堂詩集六卷　(清)李登雲撰　清光緒三十三年(1907)武林刻本　二册

310000－0241－0012280　914720
寒松晚翠堂初集不分卷　(清)張元度撰　清光緒十七年(1891)陽湖千秋里刻本　一册

310000－0241－0012281　914721
孫思奮遺詩不分卷　(清)孫思奮撰　清光緒二十六年(1900)章門刻本　一册

310000－0241－0012282　914722
省心齋詩鈔百首一卷　(清)胡璋撰　清光緒五年(1879)蘇州刻本　一册

310000－0241－0012283　914723
梅影廬遺詩四卷憶梅詞存一卷　(清)陳錫祺撰　清光緒十二年(1886)新城官署刻本　一册

310000－0241－0012284　914724
寒松閣詩一卷　(清)張鳴珂撰　清光緒三十二年(1906)刻本　一册

310000－0241－0012285　914724(2)
寒松閣詩一卷　(清)張鳴珂撰　清光緒三十年(1904)石印本　一册

310000－0241－0012286　914724(2):2
寒松閣詩一卷　(清)張鳴珂撰　清光緒三十年(1904)石印本　一册

310000－0241－0012287　914725
寒松閣詩八卷駢體文一卷續一卷詞四卷　(清)張鳴珂撰　清光緒十年至三十二年(1884－1906)刻本　四册

310000－0241－0012288　914726
晚香館遺詩一卷　(清)陳菊貞撰　(清)蔣宗城輯　清光緒吳縣蔣氏刻本　一册

310000－0241－0012289　914727
補園賸稿二卷　(清)包履吉撰　清光緒三十一年(1905)讀我書廬校刻本　二册

310000－0241－0012290　914730
小松鱗書屋詩賦偶存不分卷　(清)潘遵祁撰　清光緒刻本　一册

310000－0241－0012291　914731
那處詩鈔四卷　(清)蔣楷撰　清宣統三年(1911)濟南刻本　一册

310000－0241－0012292　914732
息養廬文集十一卷　(清)徐錦華撰　清光緒二十五年(1899)徐氏寶善堂刻本　四册

310000－0241－0012293　914735
延秋吟館詩鈔四卷　(清)張聯桂撰　清光緒十一年(1885)刻本　一册

310000－0241－0012294　914736
延秋吟館詩續鈔四卷　(清)張聯桂撰　清光緒十八年(1892)粵西節署刻本　一册

310000－0241－0012295　914737
莪園吟稿二卷　(清)張金錄撰　清光緒二十年(1894)問心堂木活字印本　一册

310000－0241－0012296　914738
一葉秋奩外集扶頭別唱一卷饞愁子一卷送酒鉤一卷掃愁帚一卷　(清)華諟撰　清光緒二十六年(1900)刻本　一册

310000－0241－0012297　914738:2
一葉秋奩外集扶頭別唱一卷饞愁子一卷送酒鉤一卷掃愁帚一卷　(清)華諟撰　清光緒二十六年(1900)刻本　一册

310000－0241－0012298　914739
巘景留吟館贅草一卷　(清)許巨楫撰　清光緒三十一年(1905)排印本　一册

310000－0241－0012299　914741

竹泉生初芽集不分卷　(清)彭俞撰　(清)狄壽頤評注　清光緒二十二年(1896)木活字印本　一册

310000－0241－0012300　914742

少室山房吟草一卷　(清)蔡嵩年撰　清光緒七年(1881)刻本　一册

310000－0241－0012301　914743

蜺樵詩鈔一卷　(清)趙鴻書撰　(清)顧騄選　清光緒末刻本　一册

310000－0241－0012302　914744

佩蘭室詩集一卷　(清)杭佩蘭撰　清宣統二年(1910)排印本　一册

310000－0241－0012303　914745

灌亭詩鈔一卷　(清)李毓林撰　清光緒末刻本　一册

310000－0241－0012304　914748

雲石軒求是草四卷　(清)趙時桐撰　清光緒十八年(1892)四明雲石軒刻本　二册

310000－0241－0012305　914751

師伏堂詠史一卷詞一卷　(清)皮錫瑞撰　清光緒三十年(1904)善化皮氏刻本　一册

310000－0241－0012306　914753

春星草堂詩集二卷　(清)唐際虞撰　清光緒二十一年(1895)刻本　一册

310000－0241－0012307　914754

洮湖漁隱詞鈔二卷　(清)彭君穀撰　清光緒排印本　一册

310000－0241－0012308　914755

程一夔文乙集四卷　程先甲撰　清宣統二年(1910)千一齋刻本　二册

310000－0241－0012309　914756

知止盦詩録六卷補遺一卷續補遺一卷詩餘一卷聯語一卷　(清)黄宗起撰　清宣統二年(1910)嘉定黄氏刻本　一册

310000－0241－0012310　914756:2

知止盦詩録六卷補遺一卷續補遺一卷詩餘一卷聯語一卷　(清)黄宗起撰　清宣統二年(1910)嘉定黄氏刻本　二册

310000－0241－0012311　914759

賓萌外集四卷　(清)俞樾撰　清同治五年(1866)秀水社文瀾刻本　一册

310000－0241－0012312　914763

眠琴閣詩鈔七卷詞餘一卷　(清)史悠咸撰　清光緒二十年(1894)廣雅書局刻本　二册

310000－0241－0012313　914764

塞垣集六卷　(清)王定安撰　清宣統三年(1911)京師書局排印本　一册

310000－0241－0012314　914764:2

塞垣集六卷　(清)王定安撰　清宣統三年(1911)京師書局排印本　一册

310000－0241－0012315　914769

養源山房詩鈔六卷補一卷詩餘一卷　(清)徐士霖撰　清光緒三十四年(1908)刻本　二册

310000－0241－0012316　914770

錦霞閣詩集五卷詞集一卷　(清)包蘭瑛撰　清宣統二年(1910)杭州如皋朱氏刻本　二册

310000－0241－0012317　914771

白雨湖莊詩鈔四卷　(清)余雲煥撰　清光緒元年(1875)余氏刻本　二册

310000－0241－0012318　914772

寓廬日記十卷　(清)張景燾撰　清宣統三年(1911)會稽張氏排印本　二册

310000－0241－0012319　914774

長生籙詞一卷　徐琪撰　清光緒三十一年(1905)徐氏刻本　一册

310000－0241－0012320　914775

桐華舸詩續鈔八卷　(清)鮑瑞駿撰　清光緒三年(1877)湖北鮑氏刻本　四册

310000－0241－0012321　914777

適安廬詩鈔二卷詞鈔一卷　(清)王汝鼎撰　清光緒二十三年(1897)武林山陰王氏刻本　一册

310000－0241－0012322　914778
味菜堂詩集四卷　(清)汪淵撰　清光緒二十三年(1897)汪氏刻本　一册

310000－0241－0012323　914780
萬物炊累室駢文一卷　(清)沈同芳撰　清光緒十九年(1893)木活字印本　一册

310000－0241－0012324　914781
萬物炊累室乙集二卷　(清)沈同芳撰　清光緒二十二年(1896)廣州刻本　一册

310000－0241－0012325　914782
刻鵠集二卷　(清)沈同芳撰　清宣統三年(1911)上海圖書公司排印本　一册

310000－0241－0012326　914782:2
刻鵠集二卷　(清)沈同芳撰　清宣統三年(1911)上海圖書公司排印本　一册

310000－0241－0012327　914783
公言集三卷　(清)沈同芳撰　清光緒三十四年(1908)中國圖書公司排印本　一册

310000－0241－0012328　914784
秘書集十卷　(清)沈同芳撰　清宣統三年(1911)上海中國圖書公司排印本　二冊

310000－0241－0012329　914789
知非齋駢文録一卷　(清)沈湛鈞撰　清光緒三十一年(1905)劉明祺木活字印本　一册

310000－0241－0012330　914790
葭洲書屋遺稿一卷　(清)劉安瀾撰　清光緒二十六年(1900)劉氏葭洲書屋刻本　一册

310000－0241－0012331　914792
海琴仙館詩鈔六卷　(清)成占春撰　清光緒刻本　二册

310000－0241－0012332　914794
飯顆山房詩選一卷　(清)杜求煃撰　清光緒三年(1877)刻本　一册

310000－0241－0012333　914798
松節堂詩草二卷　(清)劉靜宜撰　清宣統元年(1909)潘氏湖南刻本　二册

310000－0241－0012334　914799
繡墨軒詩稿一卷詞稿一卷　(清)俞慶曾撰　清光緒二十三年(1897)俞氏刻本　二册

310000－0241－0012335　914799:2
繡墨軒詩稿一卷詞稿一卷　(清)俞慶曾撰　清光緒二十三年(1897)俞氏刻本　一册

310000－0241－0012336　914799:3
繡墨軒詩稿一卷詞稿一卷　(清)俞慶曾撰　清光緒二十三年(1897)俞氏刻本　一册

310000－0241－0012337　914800
如不及齋詩鈔一卷詠史詩一卷寒碧軒詩存一卷　(清)陳坤撰　(清)陳鉦撰　清同治十一年(1872)、十三年(1874)廣州錢唐陳氏刻本　二册

310000－0241－0012338　914801
逸園初集三卷　(清)完顏守典撰　清光緒十八年(1892)刻本　一册

310000－0241－0012339　914805
焚餘草存一卷後刻一卷附題詠一卷　(清)范薇撰　清光緒十八年(1892)杭州武昌黄大華刻二十年(1894)續刻本　一册

310000－0241－0012340　914806
如何是可齋外集二卷　(清)龔丞撰　清光緒二十二年(1896)沈祖洛刻本　二册

310000－0241－0012341　914808
晦明軒稿二卷　(清)楊守敬撰　清光緒二十七年至三十三年(1901－1907)楊氏鄰蘇園刻本　二册

310000－0241－0012342　914811
六齋詩存二卷　(清)丁善寶著　(清)張昭潛選　清光緒九年(1883)刻本　一册

310000－0241－0012343　914812
玉塘集選二卷附録一卷　(清)孫璧文撰　清光緒十三年(1887)刻本　一册

310000－0241－0012344　914815
黎陽雜記不分卷　(清)杜俞撰　(清)丹邱生輯　清光緒三十三年(1907)排印本　一册

310000－0241－0012345　914816

夏伯定集二卷　(清)黄璟撰　清光緒十一年(1885)刻本　一册

310000－0241－0012346　914817

惲子雜篇不分卷　(清)夏震川撰　清光緒二年(1876)刻本　一册

310000－0241－0012347　914820

哀怨集不分卷附城南詞一卷　(清)宋育仁著　(清)秦嵩年編　清宣統二年(1910)排印本　一册

310000－0241－0012348　914823

鶴磵詩龕集　(清)萬釗撰　清末民國初紅格抄本　一册　存一卷

310000－0241－0012349　914824

信芳書屋詩集不分卷　(清)□□撰　清抄本　一册

310000－0241－0012350　914825

東園詩存一卷附補遺一卷　(清)鐵齡撰　(清)成昌輯　清光緒三十一年(1905)北京北新書局排印本　一册

310000－0241－0012351　914827

閑邪齋雜録不分卷　(清)陳明撰　(清)□□抄　清末民國初抄本　一册

310000－0241－0012352　914829

鴻遠書屋詩鈔不分卷　(清)□□撰　(清)儓兒録　清末紅格抄本　一册

310000－0241－0012353　914830

愛吾廬詩鈔五編二卷　(清)張洵佳著　清末排印本　一册

310000－0241－0012354　914832

灌園未定稿二卷　(清)傅懷祖著　清光緒十三年(1887)山陰傅氏刻本　四册

310000－0241－0012355　914835

笠雲槐里遺文一卷附一卷　(清)王權撰　清末尊經堂刻本　一册

310000－0241－0012356　915002

湘綺樓文集八卷詩集十四卷箋啓八卷　王闓運撰　清光緒三十三年(1907)刻本　十六册

310000－0241－0012357　915003

湘綺樓文集八卷　王闓運撰　清光緒二十六年(1900)烝陽刻本　四册

310000－0241－0012358　915004

湘綺樓文集八卷夜雪集一卷　王闓運撰　清光緒十六年(1890)東州講舍刻本　四册

310000－0241－0012359　915004:2

湘綺樓文集八卷夜雪集一卷　王闓運撰　清光緒十六年(1890)東州講舍刻本　四册

310000－0241－0012360　915006

湘綺樓詩十四卷　王闓運撰　清末廣益書局排印本　三册

310000－0241－0012361　915009

湘綺樓箋啓六卷　王闓運撰　清光緒二十六年(1900)刻本　四册

310000－0241－0012362　915010

湘綺樓文集八卷　王闓運撰　清光緒三十四年(1908)刻本　一册

310000－0241－0012363　915011

夜雪集一卷　王闓運撰　清光緒十九年(1893)刻本　一册

310000－0241－0012364　915011:2

夜雪集一卷　王闓運撰　清光緒十九年(1893)刻本　一册

310000－0241－0012365　915012

夜雪集一卷　王闓運撰　清光緒十九年(1893)刻本　一册

310000－0241－0012366　915013

藝風堂文集八卷續集八卷　繆荃孫撰　清光緒二十七年(1901)刻本　九册

310000－0241－0012367　915014

藝風堂文集八卷續集八卷漫存十二卷藏書紀八卷　繆荃孫撰　清光緒二十七年(1901)刻本　十九册

310000－0241－0012368　915015

藝風堂文集八卷續集八卷　繆荃孫撰　清光緒二十七年(1901)刻本　八册

310000－0241－0012369　915016

藝風堂文續集八卷外集一卷　繆荃孫撰　清宣統二年(1910)刻本　四册

310000－0241－0012370　915016:2

藝風堂文續集八卷外集一卷　繆荃孫撰　清宣統二年(1910)刻本　一册

310000－0241－0012371　915016:3

藝風堂文續集八卷外集一卷　繆荃孫撰　清宣統二年(1910)刻本　一册

310000－0241－0012372　915018

藝風堂文集八卷續集八卷外集一卷　繆荃孫撰　清光緒二十七年(1901)刻本　八册

310000－0241－0012373　915020

圭盦詩錄不分卷　(清)吴觀禮撰　清光緒五年(1879)蕡齋校刻本　一册

310000－0241－0012374　915020:2

圭盦詩錄不分卷　(清)吴觀禮撰　清光緒五年(1879)蕡齋校刻本　一册

310000－0241－0012375　915051

潤州雜詠一卷　(清)□□撰　清同治、光緒間寫刻本　一册

310000－0241－0012376　915059

無長物齋詩存四卷　(清)劉炳照著　清光緒三十四年(1908)刻本　二册

310000－0241－0012377　915059:2

無長物齋詩存四卷　(清)劉炳照著　清光緒三十四年(1908)刻本　一册

310000－0241－0012378　915063

丁戊之間行卷九卷附湘弘詞一卷　易順鼎撰　清光緒五年(1879)刻本　二册

310000－0241－0012379　915064

江壇集二卷　易順鼎撰　清光緒二十五年(1899)長沙刻本　一册

310000－0241－0012380　915064:2

江壇集二卷　易順鼎撰　清光緒二十五年(1899)長沙刻本　二册

310000－0241－0012381　915065

抱潤軒文集十卷　馬其昶撰　清宣統元年(1909)石印本　一册

310000－0241－0012382　915065:2

抱潤軒文集十卷　馬其昶撰　清宣統元年(1909)石印本　一册

310000－0241－0012383　915067

詞苑珠塵　(清)何震彝撰　清光緒三十三年(1907)排印本　一册

310000－0241－0012384　915067(3)

鞮芬定近詩一卷　(清)何震彝撰　清宣統元年(1909)排印本　一册

310000－0241－0012385　915077

閩中新樂府一卷　林紓撰　清光緒排印本　一册

310000－0241－0012386　915082

樊山時文一卷　樊增祥撰　清光緒二十年(1894)刻本　一册

310000－0241－0012387　915083

閑樂集一卷　樊增祥撰　清光緒三十三年(1907)刻本　一册

310000－0241－0012388　915084

樊山續集五十三卷　樊增祥撰　清光緒二十八年(1902)刻本　十七册

310000－0241－0012389　915085

樊山集二十八卷續集五十三卷　樊增祥撰　清光緒二十八年(1902)刻本　二十四册

310000－0241－0012390　915090

缶廬詩四卷別存一卷　吴俊卿撰　清光緒十九年(1893)刻本　一册

310000－0241－0012391　915090:2

缶廬詩四卷別存一卷　吴俊卿撰　清光緒十九年(1893)刻本　一册

310000－0241－0012392　915091

漪香山館文集一卷　吳曾祺撰　清宣統二年(1910)上海商務印書館排印本　一冊

310000－0241－0012393　915097
玉津閣文畧九卷　(清)胡薇元撰　清光緒十四年(1888)刻本　二冊

310000－0241－0012394　915105
楚望閣詩集六卷　程頌萬撰　清光緒二十一年(1895)刻本　一冊

310000－0241－0012395　915106
居東集二卷　(清)蔣智由撰　清宣統二年(1910)排印本　一冊

310000－0241－0012396　915112
微尚齋詩二卷雨屋深鐙詞一卷　汪兆鏞撰　清宣統三年(1911)排印本　一冊

310000－0241－0012397　915118
李審言詩一卷　李詳撰　清光緒三十二年(1906)刻本　一冊

310000－0241－0012398　915128
松柏山房駢體文鈔二卷　張其淦著　清宣統二年(1910)排印本　一冊

310000－0241－0012399　915132
劉葆真太史遺稿二卷　(清)劉可毅撰　清宣統二年(1910)刻本　二冊

310000－0241－0012400　915132:2
劉葆真太史遺稿二卷　(清)劉可毅撰　清宣統二年(1910)刻本　一冊

310000－0241－0012401　915133
平養堂文編十卷　(清)王龍文撰　清宣統二年(1910)思賢書局刻本　四冊

310000－0241－0012402　915134
平養堂文編十卷　(清)王龍文撰　清宣統二年(1910)思賢書局刻本　六冊

310000－0241－0012403　915150
中國魂二卷　梁啓超編輯　清光緒二十八年(1902)廣智書局排印本　二冊

310000－0241－0012404　915181
環天室古近體詩類選五卷後集一卷　(清)曾廣鈞撰　清宣統刻本　一冊

310000－0241－0012405　915181:2
環天室古近體詩類選五卷後集一卷　(清)曾廣鈞撰　清宣統刻本　一冊

310000－0241－0012406　915235
小三吾亭文甲集不分卷詩四卷　冒廣生撰　清宣統三年(1911)刻本　二冊

310000－0241－0012407　915237
師鄭堂集六卷　(清)孫雄撰　清光緒十七年(1891)木活字印本　六冊

310000－0241－0012408　915245
石遺室詩集十卷　陳衍撰　清光緒三十一年(1905)刻本　三冊

310000－0241－0012409　915258
說劍堂集不分卷　潘飛聲撰　清光緒二十四年(1898)刻本　六冊

310000－0241－0012410　915259
綴學堂初稿四卷　陳漢章撰　清光緒十九年(1893)刻本　一冊

310000－0241－0012411　915259:2
綴學堂初稿四卷　陳漢章撰　清光緒十九年(1893)刻本　二冊

310000－0241－0012412　915265(2)
散原精舍詩二卷　陳三立撰　清宣統元年(1909)排印本　一冊

310000－0241－0012413　915308
養心光室詩稿八卷　(清)顧福仁撰　清光緒十四年(1888)刻本　二冊

310000－0241－0012414　915367
兼善堂文鈔一卷　(清)席聘臣撰　清宣統三年(1911)排印本　一冊

310000－0241－0012415　915440
絢華室詩憶一卷　(清)俞陛雲撰　清光緒二十年(1894)俞氏吳下刻本　一冊

310000－0241－0012416　915450

征鴻集一卷　陳夔龍撰　清末排印本　一冊

310000－0241－0012417　915458

遯庵詩稿三卷團綠山房詩餘一卷附雙桂園遺稿二卷　(清)曹希璨撰　清宣統三年(1911)木活字印本　一冊

310000－0241－0012418　915505

戊丁詩存不分卷　陳霞章撰　清宣統元年(1909)京師排印本　一冊

310000－0241－0012419　915505:2

戊丁詩存不分卷　陳霞章撰　清宣統元年(1909)京師排印本　一冊

310000－0241－0012420　915505:3

戊丁詩存不分卷　陳霞章撰　清宣統元年(1909)京師排印本　一冊

310000－0241－0012421　915825

慎宜軒文五卷　姚永概撰　清光緒三十四年(1908)靈蘐室排印本　一冊

310000－0241－0012422　915833

鰈硯廬詩鈔二卷　(清)嚴永華撰　清光緒刻本　一冊

310000－0241－0012423　915843

天韻閣詩草一卷　(清)□□撰　清末稿本　一冊

310000－0241－0012424　916039

寄簃文存八卷　沈家本撰　清末修訂法律館排印本　二冊

310000－0241－0012425　916061

聽濤書屋詩鈔不分卷　(清)趙祉皆撰　清末稿本　一冊

310000－0241－0012426　916082

文莫室詩八卷　王樹柟撰　清光緒十三年(1887)新城王氏刻本　二冊

310000－0241－0012427　916090

東歸集一卷　易順鼎撰　清光緒刻本　一冊

310000－0241－0012428　916104

眉韻樓詩三卷　(清)孫雄撰　清光緒三十年(1904)京師刻本　一冊

310000－0241－0012429　916126

可園文存十六卷　陳作霖撰　清宣統元年(1909)刻本　四冊

310000－0241－0012430　916143

胡蝶詩不分卷　(清)金文樑撰　清光緒末刻本　一冊

310000－0241－0012431　916154

松壽堂詩鈔十卷　陳夔龍撰　清宣統三年(1911)京師刻本　四冊

310000－0241－0012432　916159

蘇臺集二卷　陳夔龍撰　清光緒末排印本　一冊

310000－0241－0012433　916172

蒙香室賦錄二卷　馮煦撰　清光緒十一年(1885)刻本　二冊

310000－0241－0012434　916189

書古詩存後一卷　(清)黃葆年撰　清末抄本　一冊

310000－0241－0012435　916203

四魂外集魂海集三卷四魂集歸魂集一卷　易順鼎撰　清末刻本　一冊

310000－0241－0012436　916220

十友草堂詩集四卷　(清)劉永湞撰　清光緒三十三年(1907)劉永濟刻本　二冊

310000－0241－0012437　916224

爲山廬悼亡百感錄一卷　陳慶均撰　清宣統三年(1911)紹興陳氏緬德堂刻初印校改本　一冊

310000－0241－0012438　916236

禮闕郵齋詩鈔二卷　(清)袁思永撰　清光緒三十三年(1907)杭州袁氏石印本　一冊

310000－0241－0012439　916261

寄簃文存二編二卷　沈家本撰　清宣統三年(1911)排印本　一冊

310000－0241－0012440　916291

靈峯存稿不分卷　(清)夏震武撰　清宣統京師京華印書局排印本　一冊

310000－0241－0012441　919012

瓛齋先生集十一卷　(朝鮮)朴珪壽撰　(朝鮮)金允植輯　清末雲養山房排印本　五冊

310000－0241－0012442　919024

貞蕤稿畧文一卷詩一卷　(朝鮮)朴齊家撰　清嘉慶南匯吳氏聽彝堂刻本　一冊

310000－0241－0012443　919032

滄江稿十四卷　(朝鮮)金澤榮撰　清宣統三年(1911)南通排印本　六冊

310000－0241－0012444　919041

二十一都懷古詩一卷　(朝鮮)柳得恭撰　清光緒會稽趙氏刻本　一冊

310000－0241－0012445　930000

形景盦三漢碑執四卷　(清)高心夔撰　清光緒刻本　一冊

310000－0241－0012446　930004

榕園楹帖一卷附慶江楹帖附鈔　(清)李彥章撰　清道光八年(1828)陽明西邕慶江書院諸弟子校刻本　一冊

310000－0241－0012447　930005

楹聯錄存三卷　(清)俞樾撰　清光緒二十年(1894)刻本　一冊

310000－0241－0012448　930005:2

楹聯錄存三卷　(清)俞樾撰　清光緒二十年(1894)刻本　一冊

310000－0241－0012449　930010

衲蘇集二卷　(清)何栻纂　清同治刻本　二冊

310000－0241－0012450　930019

雙魚罌齋錄何子貞紹基集爭坐位稿字聯一卷　(清)何紹基集　清刻本　一冊

310000－0241－0012451　930023

梡鞠錄二卷　(清)朱祖謀編　清宣統元年(1909)排印本　一冊

310000－0241－0012452　930024

求闕齋聯語四卷盾鼻餘瀋聯語四卷　(清)曾國藩撰　清同治十二年(1873)長沙謙善書局刻本　一冊

310000－0241－0012453　930025

愚園楹聯一卷續編一卷　(清)胡光國輯　清末刻本　一冊

310000－0241－0012454　930026

聯珠集二卷　(清)管斯駿撰　清光緒十年(1884)管可壽齋刻本　二冊

310000－0241－0012455　930028

百衲琴二卷　(清)秦雲撰　清光緒十二年(1886)管可壽齋刻本　一冊

310000－0241－0012456　930030

運甓編不分卷　(清)吳受福撰　清光緒二十六年(1900)刻本　一冊

310000－0241－0012457　930033

綺霞江館聯語偶存續存再續存不分卷　(清)吳熙撰　(清)彭闓巽等校刊　清宣統二年至三年(1910－1911)長沙刻本　二冊

310000－0241－0012458　935001

天開圖畫樓試帖二卷　(清)郭伯蔭撰　清同治刻本　一冊

310000－0241－0012459　935002

遂園試律詩鈔　(清)趙畇撰　清刻本　一冊　存三卷

310000－0241－0012460　935003

四書文一卷𢌿太上感應篇纘義二卷金剛般若波羅密經注不分卷　(清)俞樾撰　清刻本　一冊

310000－0241－0012461　935004

存誠堂試藝不分卷　(清)沈希椿撰　清光緒三年(1877)刻本　一冊

310000－0241－0012462　935005

書帶草堂試藝不分卷　(清)鄭元炳撰　清光緒六年(1880)刻本　一冊

310000－0241－0012463　935006

青藜書屋試藝不分卷　(清)劉榮晉撰　清光緒十八年(1892)刻本　一册

310000－0241－0012464　935007
鉏經書屋試藝一卷　(清)沈登瀛撰　清光緒二十四年(1898)刻本　一册　存一卷(評語及詩)

310000－0241－0012465　935008
守道福至齋試藝一卷　(清)朱有林撰　清光緒十五年(1889)刻本　一册

310000－0241－0012466　935009
眉生試體詩不分卷　(清)劉斯嵋撰　清刻本　一册

310000－0241－0012467　935010
古香亭稿不分卷　(清)張照撰　清雍正刻本　二册

310000－0241－0012468　935011
求志齋時文不分卷　(清)吴兆麟撰　清末刻本　二册

310000－0241－0012469　935012
傅藕舲時文　(清)傅鼎頤撰　清刻本　一册　存一卷

310000－0241－0012470　935013
道生堂小題制藝一卷二集二卷石南書院諫士草一卷　(清)鍾聲撰　清光緒十五年(1889)刻本　六册

310000－0241－0012471　935015
王景曾鄉試硃卷一卷　(清)王景曾撰　清同治六年(1867)刻本　一册

310000－0241－0012472　935016
曹毓俊鄉試硃卷一卷　(清)曹毓俊撰　清同治六年(1867)刻本　一册

310000－0241－0012473　935016:2
曹毓俊鄉試硃卷一卷　(清)曹毓俊撰　清同治六年(1867)刻本　一册

310000－0241－0012474　935017
曹元弼選拔貢卷一卷　曹元弼撰　清光緒十一年(1885)刻本　一册

310000－0241－0012475　935018
曹元弼鄉試硃卷一卷　曹元弼撰　清光緒十一年(1885)刻本　一册

310000－0241－0012476　935019
張錫恭選拔貢卷一卷　(清)張錫恭撰　清光緒十一年(1885)刻本　一册

310000－0241－0012477　935020
學部試卷不分卷　(清)□□書　清宣統寫本　四册

310000－0241－0012478　935021
守身執玉軒遺文一卷　(清)袁世紀撰　清光緒二十年(1894)刻本　一册

310000－0241－0012479　935022
省吾齋稿不分卷　(清)竇光鼐撰　清道光二年(1822)刻光緒十六年(1890)校補本　四册

310000－0241－0012480　935023
存我軒偶錄不分卷　(清)陸鍾渭撰　清光緒二十七年(1901)文彙書局排印本　二册

310000－0241－0012481　935024
徐思曠先生文鈔一卷補編一卷　(明)徐方廣撰　(清)王步青評　清雍正十二年(1734)映旭齋刻本　二册

310000－0241－0012482　935025
壺園試帖課存一卷附七言排律一卷　(清)徐寶善撰　(清)彭春農評選　清光緒十九年(1893)浙江書局刻本　一册

310000－0241－0012483　935026
道生堂全稿三種　(清)鍾聲撰　清光緒十五年(1889)兩儀書局校刻本　八册

310000－0241－0012484　935027
[徐郙]殿試策不分卷　(清)徐郙撰　清末黄格刻本　一册

310000－0241－0012485　935028
治經齋稿不分卷　(清)費庚吉著書　(清)劉毓楠校刊　清同治二年(1863)刻本　一册

310000－0241－0012486　935029
光緒丙子科廣西鄉試硃卷唐保典卷一卷

（清）唐保典撰　清末牟以文堂刻本　一册

310000－0241－0012487　935030
光緒庚寅恩科會試硃卷范迪襄卷一卷　（清）范迪襄撰　清末刻本　一册

310000－0241－0012488　935031
光緒丁酉科廣西鄉試硃卷馮步蟾卷一卷　（清）馮步蟾撰　清末梧州唐氏刻本　一册

310000－0241－0012489　935035
牎課不分卷　（清）□□撰　清末抄本　二册

310000－0241－0012490　935036
館課録不分卷　（清）□□撰　清刻本　四册

310000－0241－0012491　935037
［詹逢光律賦選］不分卷　（清）詹逢光撰　清抄本　一册

310000－0241－0012492　935038
吟薇山館制義不分卷　（清）蔣宸楓撰　清同治七年（1868）蔣銘勳刻本　四册

310000－0241－0012493　938000
臙脂牡丹六卷　（清）韓□□撰　清道光十九年（1839）刻本　六册

310000－0241－0012494　938005
弢園尺牘續鈔六卷　（清）王韜撰　清光緒十五年（1889）弢園排印本　二册

310000－0241－0012495　938005∶2
弢園尺牘續鈔六卷　（清）王韜撰　清光緒十五年（1889）弢園排印本　二册

310000－0241－0012496　938006
周文忠公尺牘二卷雜文附録一卷　（清）周天爵撰　清同治七年（1868）蘇松太道署刻本　一册

310000－0241－0012497　938006∶2
周文忠公尺牘二卷雜文附録一卷　（清）周天爵撰　清同治七年（1868）蘇松太道署刻本　一册

310000－0241－0012498　938006∶3
周文忠公尺牘二卷雜文附録一卷　（清）周天爵撰　清同治七年（1868）蘇松太道署刻本　一册

310000－0241－0012499　938007
書札雜著不分卷　（清）費熙撰　清光緒二十二年（1896）刻本　一册

310000－0241－0012500　938009
春在堂尺牘不分卷　（清）俞樾撰　清光緒三十三年（1907）蘇省刷印局影印手稿本　一册

310000－0241－0012501　938009∶2
春在堂尺牘不分卷　（清）俞樾撰　清光緒三十三年（1907）蘇省刷印局影印手稿本　四册

310000－0241－0012502　938009∶3
春在堂尺牘不分卷　（清）俞樾撰　清光緒三十三年（1907）蘇省刷印局影印手稿本　一册

310000－0241－0012503　938010
黄忠端公明誠堂十四札疏證　（清）黄彭年編録　清同治三年（1864）刻本　一册

310000－0241－0012504　938012
錢牧齋先生尺牘四卷　（清）錢謙益撰　清宣統三年（1911）志古堂刻本　四册

310000－0241－0012505　938012∶2
錢牧齋先生尺牘四卷　（清）錢謙益撰　清宣統三年（1911）志古堂刻本　三册

310000－0241－0012506　938012∶3
錢牧齋先生尺牘四卷　（清）錢謙益撰　清宣統三年（1911）志古堂刻本　三册

310000－0241－0012507　938027
馮用韞先生書牘四卷　（明）馮琦撰　清乾隆刻本　二册

310000－0241－0012508　938029
培遠堂手札二卷　（清）陳宏謀著　清宣統元年（1909）掃葉山房石印本　一册

310000－0241－0012509　938030
有正味齋尺牘二卷　（清）吴錫麒撰　清同治十三年（1874）申報館排印本　二册

310000－0241－0012510　938031

雙魚偶存二卷　(清)朱穎著　清乾隆三十九年(1774)刻本　四冊

310000－0241－0012511　938031:2
雙魚偶存二卷　(清)朱穎著　清乾隆三十九年(1774)刻本　一冊

310000－0241－0012512　938032
惜抱先生尺牘八卷　(清)姚鼐撰　清宣統元年(1909)小萬柳堂重刻海源閣本　四冊

310000－0241－0012513　938033
秋水軒尺牘四卷　(清)許思湄撰　清芸香堂刻本　四冊

310000－0241－0012514　938033:2
秋水軒尺牘四卷　(清)許思湄撰　清芸香堂刻本　二冊

310000－0241－0012515　938033:3
秋水軒尺牘四卷　(清)許思湄撰　清芸香堂刻本　五冊

310000－0241－0012516　938033:4
秋水軒尺牘四卷　(清)許思湄撰　清芸香堂刻本　二冊

310000－0241－0012517　938033:5
秋水軒尺牘四卷　(清)許思湄撰　清芸香堂刻本　一冊

310000－0241－0012518　938034
曾文正公書札二十八卷　(清)曾國藩撰　清光緒二年(1876)刻本　十四冊

310000－0241－0012519　938034:2
曾文正公書札二十八卷　(清)曾國藩撰　清光緒二年(1876)刻本　十六冊

310000－0241－0012520　938034:3
曾文正公書札二十八卷　(清)曾國藩撰　清光緒二年(1876)刻本　二冊

310000－0241－0012521　938034:4
曾文正公書札二十八卷　(清)曾國藩撰　清光緒二年(1876)刻本　二冊

310000－0241－0012522　938034:5
曾文正公書札二十八卷　(清)曾國藩撰　清光緒二年(1876)刻本　四冊

310000－0241－0012523　938035(3)
曾文正公家書十卷　(清)曾國藩撰　清光緒三十一年(1905)上海商務印書館排印本　一冊

310000－0241－0012524　938036
左文襄公書牘二十六卷附家書二卷　(清)左宗棠撰　清刻本　二十八冊

310000－0241－0012525　938036:2
左文襄公書牘二十六卷附家書二卷　(清)左宗棠撰　清刻本　二冊

310000－0241－0012526　938038
李文忠公朋僚函稿二十四卷外部函稿二十八卷海軍函稿四卷　(清)李鴻章撰　(清)吳汝綸編　清光緒二十八年(1902)蓮記書社排印本　二十八冊

310000－0241－0012527　938038:2
李文忠公朋僚函稿二十四卷外部函稿二十八卷海軍函稿四卷　(清)李鴻章撰　(清)吳汝綸編　清光緒二十八年(1902)蓮記書社排印本　五冊

310000－0241－0012528　938040
兩罍軒尺牘十二卷　(清)吳雲撰　清光緒十年(1884)刻本　六冊

310000－0241－0012529　938045
賜福瘦啓事四卷　(清)程德全撰　清末排印本　四冊

310000－0241－0012530　938050(2)
春及草廬藏翁松禪手札不分卷　(清)翁同龢書　(清)譚鍾麟輯　清光緒三十四年(1908)石印本　一冊

310000－0241－0012531　938058
嚶求集四卷　(清)繆艮撰　清刻本　二冊

310000－0241－0012532　938060
尺雲軒尺牘一卷　(清)朱實發撰　清道光十四年(1834)刻本　一冊

310000－0241－0012533　938071
徐文定公墨蹟不分卷附題詠一卷　(明)徐光啓撰並書　清光緒二十九年(1903)鴻寶齋石印本　一册

310000－0241－0012534　938073
閻學公書札四卷書札錄遺一卷　(清)袁寶齡撰　清宣統三年(1911)清芬閣排印本　四册

310000－0241－0012535　938080
光緒三十二年賀年稿　(清)□□撰　清光緒紅樹山莊稿本　一册

310000－0241－0012536　938083
廣靈縣任内函稿不分卷　(清)丁惟晉撰　清光緒稿本　一册

310000－0241－0012537　938084
謀野集刪二卷　(明)王穉登撰　沈宗畸等校　清宣統元年(1909)國學萃編社排印本　一册

310000－0241－0012538　938088
蘚花崖館家書二卷附錄三卷　(清)梅鍾澍撰　清宣統三年(1911)寧鄉梅氏莓田古屋刻本　二册

310000－0241－0012539　938089
陳文恭公手札節要培遠堂偶存稿三卷　(清)陳弘謀撰　清道光二十六年(1846)徐澤醇刻本　一册

310000－0241－0012540　938091
培遠堂偶存稿手札節要三卷　(清)陳弘謀撰　清道光八年(1828)開封栗敏美刻本　一册

310000－0241－0012541　938094
致山東兗沂道書牘不分卷　(清)□□撰　清末民國初紅格抄本　一册

310000－0241－0012542　938095
書牘稿存不分卷　(清)□□抄　清末民國初抄本　一册

310000－0241－0012543　938096
芸香閣尺一書不分卷　(清)朱蔭培撰　(清)葛廷鑄錄　清同治、光緒間葛氏内自訟齋抄本　二册

310000－0241－0012544　940003
楚辭十七卷　(漢)王逸章句　(宋)洪興祖補注　清同治十一年(1872)金陵書局重刻清初毛氏汲古閣刻本　四册

310000－0241－0012545　940003:2
楚辭十七卷　(漢)王逸章句　(宋)洪興祖補注　清同治十一年(1872)金陵書局重刻清初毛氏汲古閣刻本　四册

310000－0241－0012546　940008
楚辭補注十七卷　(漢)王逸章句　(宋)洪興祖補注　清道光二十六年(1846)宏道書院刻本　六册

310000－0241－0012547　940008:2
楚辭補注十七卷　(漢)王逸章句　(宋)洪興祖補注　清道光二十六年(1846)宏道書院刻本　四册

310000－0241－0012548　940015
楚辭集注八卷後語六卷辯證二卷　(宋)朱熹撰　清宣統三年(1911)掃葉山房石印本　四册

310000－0241－0012549　940017
楚辭十七卷　(宋)朱熹集注　清光緒三年(1877)湖北崇文書局刻本　二册

310000－0241－0012550　940017:2
楚辭十七卷　(宋)朱熹集注　清光緒三年(1877)湖北崇文書局刻本　一册

310000－0241－0012551　940017:3
楚辭十七卷　(宋)朱熹集注　清光緒三年(1877)湖北崇文書局刻本　二册

310000－0241－0012552　940017:4
楚辭十七卷　(宋)朱熹集注　清光緒三年(1877)湖北崇文書局刻本　二册

310000－0241－0012553　940027
楚辭天問箋不分卷　(清)丁晏撰　清末廣雅書局刻本　一册

310000－0241－0012554　940028

楚辭辯證二卷　(宋)朱熹撰　清光緒三年(1877)湖北崇文書局刻本　一冊

310000－0241－0012555　940028:2
楚辭辯證二卷　(宋)朱熹撰　清光緒三年(1877)湖北崇文書局刻本　一冊

310000－0241－0012556　940028:3
楚辭辯證二卷　(宋)朱熹撰　清光緒三年(1877)湖北崇文書局刻本　一冊

310000－0241－0012557　941001
歷代賦彙一百四十卷外集二十二卷補遺二十二卷　(清)陳元龍敕編　清康熙内府刻本　五十八冊

310000－0241－0012558　941004
歷代賦彙一百四十卷外集二十二卷補遺二十二卷　(清)陳元龍敕編　清康熙内府刻本　六十四冊

310000－0241－0012559　941005
歷代賦彙一百八卷　(清)陳元龍敕編　清康熙内府刻本　四十冊

310000－0241－0012560　941006
歷代賦彙一百四十卷外集二十二卷補遺二十二卷　(清)陳元龍敕編　清康熙内府刻本　十六冊

310000－0241－0012561　941007
七十家賦鈔六卷　(清)張惠言輯　清光緒四年(1878)刻本　五冊　存五卷

310000－0241－0012562　941007:2
七十家賦鈔六卷　(清)張惠言輯　清光緒四年(1878)刻本　四冊

310000－0241－0012563　941011
賦海大觀　(清)鴻寶齋主人編　清光緒二十年(1894)鴻寶齋石印本　二十七冊　存三十卷

310000－0241－0012564　941012
分類賦學雞蹠集三十卷　(清)張維城輯　清光緒八年(1882)淞隱閣排印本　八冊

310000－0241－0012565　941013
得月樓賦鈔四卷　(清)張元灝選評　(清)耿覲文箋注　清光緒十五年(1889)積山書局石印本　四冊

310000－0241－0012566　941014
賦學正鵠十卷　(清)李元度編　清光緒十七年(1891)益元書局刻本　八冊

310000－0241－0012567　941015
賦則四卷　(清)鮑桂星評選　清道光二十六年(1846)鄧廷楨關中書院刻本　二冊

310000－0241－0012568　942001
雞蹠賦續集二卷　(清)馮一梅編　清光緒十二年(1886)同文書局石印本　二冊

310000－0241－0012569　942002
賦鈔箋畧十五卷　(清)雷琳　(清)張杏濱箋　清乾隆三十一年(1766)刻本　八冊

310000－0241－0012570　942002:2
賦鈔箋畧十五卷　(清)雷琳　(清)張杏濱箋　清乾隆三十一年(1766)刻本　八冊

310000－0241－0012571　942003
玉堂集不分卷　(清)鍾仲恒輯　清刻本　六冊

310000－0241－0012572　942004
國朝試賦匯海前集十卷後集二卷補遺一卷　(清)黄爵滋編輯　清道光仙屏書屋刻本　五冊

310000－0241－0012573　942005
國朝律賦揀金錄注釋四卷　(清)朱一飛輯　清乾隆末刻後印本　四冊

310000－0241－0012574　942006
敬脩堂詞賦課鈔十六卷附金臺課藝　(清)胡敬輯　清同治十一年(1872)山陰俞麟年刻本　十冊

310000－0241－0012575　942006:2
敬脩堂詞賦課鈔十六卷附金臺課藝　(清)胡敬輯　清同治十一年(1872)山陰俞麟年刻本　六冊

310000－0241－0012576　950001

漢詩音注十卷 (清)李因篤評注 (清)李顒閱 清光緒六年(1880)刻本 四冊

310000－0241－0012577 950003
漢鐃歌釋文箋正不分卷 王先謙撰 清同治十一年(1872)刻本 一冊

310000－0241－0012578 950004
漢詩統箋三卷 (清)陳本禮撰 清嘉慶裛露軒刻本 一冊

310000－0241－0012579 950501
欽定全唐詩三十二卷 (清)聖祖玄燁敕編 清光緒十三年(1887)同文書局石印本 三十二冊

310000－0241－0012580 950501:2
欽定全唐詩三十二卷 (清)聖祖玄燁敕編 清光緒十三年(1887)同文書局石印本 三十二冊

310000－0241－0012581 950502
全唐詩三十二卷 (清)聖祖玄燁等編 清光緒十三年(1887)同文書局石印本 三十二冊

310000－0241－0012582 950503
欽定全唐詩三十二卷 (清)聖祖玄燁敕編 清光緒十三年(1887)同文書局石印本 三十冊 存三十卷

310000－0241－0012583 950503:2
欽定全唐詩三十二卷 (清)聖祖玄燁敕編 清光緒十三年(1887)同文書局石印本 三十一冊

310000－0241－0012584 950506
欽定全唐詩三十二卷 (清)聖祖玄燁敕編 清光緒十三年(1887)同文書局石印本 三十二冊

310000－0241－0012585 950508
欽定全唐詩三十二卷 (清)聖祖玄燁敕編 清光緒十三年(1887)同文書局石印本 七冊 存二十八卷

310000－0241－0012586 950509:2
全唐詩鈔八十卷補遺十六卷 (清)吳成儀選 清乾隆二十四年(1759)刻本 十六冊

310000－0241－0012587 950510
御定唐詩錄一百卷附全唐詩人年表一卷 (清)徐倬 (清)徐元正編 清康熙四十五年(1706)刻本 二十四冊

310000－0241－0012588 950511
御定全唐詩錄一百卷 (清)徐倬 (清)徐元正編 清康熙四十五年(1706)刻本 二十四冊

310000－0241－0012589 950513
唐詩解五十卷 (明)唐汝詢選釋 清順治刻本 十六冊 存四十九卷

310000－0241－0012590 950515
唐詩百名家全集 (清)席啓寓編 清康熙南沙席氏刻本 二冊 存十一卷

310000－0241－0012591 950516
唐詩百名家全集 (清)席啓寓編錄 清康熙南沙席氏刻光緒修補印本 六十三冊 存二百八十九卷

310000－0241－0012592 950519
唐詩百名家全集 (清)席啓寓輯 清康熙南沙席氏刻光緒修補印本 六十三冊

310000－0241－0012593 950521
唐人五十家小集六十七卷 (清)江標彙刊 清末靈鶼閣影宋刻本 二十八冊

310000－0241－0012594 950521:2
唐人五十家小集六十七卷 (清)江標彙刊 清末靈鶼閣影宋刻本 二十八冊

310000－0241－0012595 950522
唐人五十家小集六十七卷 (清)江標彙刊 清末靈鶼閣影宋刻本 十六冊

310000－0241－0012596 950523
唐人五十家小集六十七卷 (清)江標彙刊 清末靈鶼閣影宋刻本 十六冊

310000－0241－0012597 950524
唐詩百名家全集(唐人十二家集) (清)席啓寓編錄 清康熙南沙席氏刻本 六冊 存十

九卷

310000－0241－0012598　950525

唐音戊籤二百六十五卷　(明)胡震亨編　清康熙刻本　八十册

310000－0241－0012599　950527

初唐四傑集三十七卷　(清)項家達輯　清乾隆四十六年(1781)星渚項氏刻本同治鄒氏叢雅居刻本　十二册

310000－0241－0012600　950530

唐四家詩八卷　(清)汪立名輯訂　清康熙刻本　四册

310000－0241－0012601　950530:2

唐四家詩八卷　(清)汪立名輯訂　清康熙刻本　二册

310000－0241－0012602　950534(2)

唐四家詩集四種二十卷　(清)胡鳳丹輯　清光緒三十四年(1908)排印本　六册

310000－0241－0012603　950547

才調集十卷　(五代)韋縠集　清康熙四十三年(1704)垂雲堂刻本　四册

310000－0241－0012604　950548

玉堂才調集三十一卷　(清)于彭舉編　清康熙二十九年(1690)金壇于氏刻本　二册

310000－0241－0012605　950549

才調集補注十卷　(五代)韋縠編　(清)殷元勳箋注　清光緒二十年(1894)江蘇書局刻本　四册

310000－0241－0012606　950551

中晚唐詩叩彈集十二卷續集三卷　(清)杜詔　(清)杜庭珠集　清康熙四十三年(1704)采山亭刻本　五册

310000－0241－0012607　950551:2

中晚唐詩叩彈集十二卷續集三卷　(清)杜詔　(清)杜庭珠集　清康熙四十三年(1704)采山亭刻本　六册

310000－0241－0012608　950551:3

中晚唐詩叩彈集十二卷續集三卷　(清)杜詔　(清)杜庭珠集　清康熙四十三年(1704)采山亭刻本　五册

310000－0241－0012609　950553

中晚唐詩叩彈集十二卷續集三卷　(清)杜詔　(清)杜庭珠集　清康熙四十三年(1704)采山亭刻本　六册

310000－0241－0012610　950555

十種唐詩選十種十七卷　(清)王士禛選　清刻本　六册

310000－0241－0012611　950556

十種唐詩選十種十七卷　(清)王士禛選　清康熙刻本　六册　存七種十二卷

310000－0241－0012612　950556:2

十種唐詩選十種十七卷　(清)王士禛選　清康熙刻本　五册

310000－0241－0012613　950557

東嵒草堂評訂唐詩鼓吹十卷　(金)元好問編　(元)郝天挺注　清康熙刻本　五册

310000－0241－0012614　950558

唐詩鼓吹十卷　(金)元好問選　(元)郝天挺注　清乾隆十一年(1746)懷德堂刻本　四册

310000－0241－0012615　950559

東嵒草堂評訂唐詩鼓吹十卷　(金)元好問編　(清)朱三錫評訂　清康熙刻本　五册

310000－0241－0012616　950560

東嵒草堂評訂唐詩鼓吹十卷　(金)元好問編　(清)朱三錫評訂　清康熙刻本　五册

310000－0241－0012617　950560:2

東嵒草堂評訂唐詩鼓吹十卷　(金)元好問編　(清)朱三錫評訂　清康熙刻本　五册

310000－0241－0012618　950560:3

東嵒草堂評訂唐詩鼓吹十卷　(金)元好問編　(清)朱三錫評訂　清康熙刻本　五册

310000－0241－0012619　950561

唐賢三昧集三卷　(清)王士禛編　清康熙新城王氏刻本　一册

310000－0241－0012620　950561(2)
唐賢三昧集三卷　(清)王士禛編　清翻刻康熙新城王氏本　一冊

310000－0241－0012621　950564
唐賢三昧集箋注三卷　(清)王士禛選錄　(清)吳煊等輯注　清光緒羊城翰墨園重刻套印本　三冊

310000－0241－0012622　950564:2
唐賢三昧集箋注三卷　(清)王士禛選錄　(清)吳煊等輯注　清光緒羊城翰墨園重刻套印本　三冊

310000－0241－0012623　950565
唐詩別裁集引典備注二十卷　(清)沈德潛選　(清)俞汝昌注　清道光刻本　十二冊

310000－0241－0012624　950565:2
唐詩別裁集引典備注二十卷　(清)沈德潛選　(清)俞汝昌注　清道光刻本　十二冊

310000－0241－0012625　950565:3
唐詩別裁集引典備注二十卷　(清)沈德潛選　(清)俞汝昌注　清道光刻本　七冊

310000－0241－0012626　950565:4
唐詩別裁集引典備注二十卷　(清)沈德潛選　(清)俞汝昌注　清道光刻本　一冊

310000－0241－0012627　950566
唐詩別裁集引典備注二十卷　(清)沈德潛選　(清)俞汝昌注　清道光刻本　十冊

310000－0241－0012628　950566:2
唐詩別裁集引典備注二十卷　(清)沈德潛選　(清)俞汝昌注　清道光刻本　十二冊

310000－0241－0012629　950567(3)
唐詩別裁集十卷　(清)沈德潛　(清)陳培脈選並評　清刻本　四冊

310000－0241－0012630　950569
讀雪山房唐詩鈔三十四卷　(清)管世銘選　清光緒湖北官書處刻本　十二冊

310000－0241－0012631　950570
讀雪山房唐詩鈔三十四卷　(清)管世銘選　清光緒湖北官書處刻本　六冊

310000－0241－0012632　950570:2
讀雪山房唐詩鈔三十四卷　(清)管世銘選　清光緒湖北官書處刻本　十二冊

310000－0241－0012633　950571
唐詩韶音箋注六卷　(清)沈廷芳錄　清乾隆刻本　二冊

310000－0241－0012634　950572
湘綺樓唐詩選六卷　王闓運選　清光緒成都尊經書局刻本　六冊

310000－0241－0012635　950573
湘綺樓唐詩選六卷　王闓運選　清光緒成都尊經書局刻本　六冊

310000－0241－0012636　950574
唐詩選七卷　(明)李攀龍選　(清)吳儀一附注　清康熙刻本　四冊

310000－0241－0012637　950576
刪補唐詩選脈箋釋會通評林六十卷　(明)周珽輯注　(明)陳繼儒批點　明崇禎刻本　二冊

310000－0241－0012638　950577:2
而菴說唐詩二十二卷　(清)徐增述　清康熙九誥堂刻本　八冊

310000－0241－0012639　950579
唐人五言排律詩論三卷　(清)蔣鵬翮撰　(清)蔣維梅校字　清康熙五十四年(1715)寒三草堂刻乾隆二十二年(1757)印本　三冊

310000－0241－0012640　950579(2)
唐人五言排律詩論三卷　(清)蔣鵬翮編釋　清乾隆翻刻康熙五十四年(1715)蔣氏本　二冊

310000－0241－0012641　950580
唐詩三百首六卷　(清)蘅塘退士編　清同治九年(1870)常熟黃氏藝文堂刻本　一冊

310000－0241－0012642　950580(2)
唐詩三百首六卷　(清)蘅塘退士編　清光緒六年(1880)常熟夏氏漱芳齋刻本　二冊

310000－0241－0012643　950580(3)

唐詩三百首六卷　(清)蘅塘退士編　清光緒十二年(1886)蘇州掃葉山房刻本　二冊

310000－0241－0012644　950580(4)

唐詩三百首六卷　(清)蘅塘退士編　清末刻本　二冊

310000－0241－0012645　950580(5)

唐詩三百首六卷　(清)孫洙輯　清末南京李光明莊刻本　二冊

310000－0241－0012646　950580(5):2

唐詩三百首六卷　(清)孫洙輯　清末南京李光明莊刻本　二冊

310000－0241－0012647　950580(5):3

唐詩三百首六卷　(清)孫洙輯　清末南京李光明莊刻本　二冊

310000－0241－0012648　950581

唐詩三百首續選不分卷　(清)于慶元選　清道光刻本　一冊

310000－0241－0012649　950582

唐詩三百首續選不分卷　(清)于慶元選　清道光刻本　二冊

310000－0241－0012650　950584

唐詩三百首注釋六卷續編不分卷　(清)孫洙選　(清)于慶元續選　清光緒十年(1884)刻本　八冊

310000－0241－0012651　950585

唐七律選四卷　(清)毛奇齡論定　(清)王錫等輯　清翻刻康熙本　二冊

310000－0241－0012652　950588

唐詩三百首注疏六卷　(清)蘅塘退士編　(清)章燮注　清末刻本　一冊

310000－0241－0012653　950588(2)

唐詩三百首注疏六卷　(清)蘅塘退士編　(清)章燮注　清末上海鴻寶書局石印本　五冊

310000－0241－0012654　950588(3)

唐詩三百首注疏六卷　(清)蘅塘退士編　(清)章燮注　清末上海羣學社石印本　五冊

310000－0241－0012655　950594

唐詩向榮集三卷　(清)陶元藻評選　清乾隆衡河草堂刻本　四冊

310000－0241－0012656　950596

唐詩錄　(清)楊逢春輯　清乾隆刻本　八冊　存二十五卷

310000－0241－0012657　950597

唐詩合選詳解十二卷　(清)劉文蔚注釋　清同治刻本　六冊

310000－0241－0012658　950597:2

唐詩合選詳解十二卷　(清)劉文蔚注釋　清同治刻本　五冊

310000－0241－0012659　950601

唐音審體二十卷　(清)錢良擇編　清道光刻本　六冊

310000－0241－0012660　950602

唐詩觀瀾集二十四卷　(清)李因培選評　清乾隆刻本　六冊

310000－0241－0012661　950605

湘綺樓唐七言詩選一卷　王闓運選　清光緒刻本　四冊

310000－0241－0012662　950608

唐詩排律箋注七卷　(清)牟欽元選輯　(清)牟瀜箋注　清乾隆二十三年(1758)紫蘭書屋刻本　六冊

310000－0241－0012663　950610

全唐近體詩鈔五卷　(清)沈裳錦選　清道光二年(1822)刻本　三冊

310000－0241－0012664　950611

唐律清麗集六卷　(清)徐曰璉等輯　清乾隆刻本　二冊

310000－0241－0012665　950615

唐人萬首絕句選七卷　(清)王士禛選　清雍正刻本　二冊

310000－0241－0012666　950615:2

唐人萬首絶句選七卷 （清）王士禛選 清雍正刻本 二冊

310000－0241－0012667 950618
唐人萬首絶句選七卷 （清）王士禛選 清光緒金陵書局刻本 二冊

310000－0241－0012668 950618：2
唐人萬首絶句選七卷 （清）王士禛選 清光緒金陵書局刻本 二冊

310000－0241－0012669 950619
唐人千首絶句四卷 （清）許之先選輯 （清）蘇世禧編 清康熙刻本 四冊

310000－0241－0012670 950620
唐人試帖四卷 （清）毛奇齡論定 （清）王錫參繹 清康熙翻刻蕭山毛氏本 一冊

310000－0241－0012671 950627：2
增訂唐詩摘鈔四卷附閑園摘鈔詩十卷 （明）黄生選評 （清）朱之荆增訂 清乾隆三年（1738）南屏草堂刻本 十二冊

310000－0241－0012672 950628
全五代詩九十卷補遺一卷 （清）李調元編 清乾隆刻本 十冊

310000－0241－0012673 950628（2）
全五代詩一百卷 （清）李調元編 清光緒刻函海本 一冊

310000－0241－0012674 950631
疊山先生注解章泉澗泉二先生選唐詩五卷 （宋）趙蕃選 （宋）謝枋得注 清光緒八年（1882）京都豫章别業刻本 一冊

310000－0241－0012675 950634
姚姬傳先生唐人五言七言絶句詩鈔二卷 （清）姚鼐選 清光緒十七年（1891）朱寬石印本 一冊

310000－0241－0012676 950635
唐詩便蒙二卷 （清）□□輯 清末石印本 二冊

310000－0241－0012677 951002
宋詩鈔初集九十四卷 （清）吴之振 （清）呂留良選 清康熙洲錢吴氏鑑古堂刻本 六冊

310000－0241－0012678 951003
宋詩鈔初集九十四卷 （清）吴之振 （清）呂留良選 清康熙洲錢吴氏鑑古堂刻本 二十冊

310000－0241－0012679 951005
宋詩鈔初集九十四卷 （清）吴之振選 （清）呂留良選 清康熙刻本 十六冊

310000－0241－0012680 951012
江湖後集二十四卷 （宋）陳起輯 清讀畫齋刻本 八冊

310000－0241－0012681 951017
重刊江西詩派韓饒二集六卷 （宋）韓駒撰 沈曾植輯 清宣統二年（1910）姚埭沈氏刻本 二冊

310000－0241－0012682 951017：2
重刊江西詩派韓饒二集六卷 （宋）韓駒撰 沈曾植輯 清宣統二年（1910）姚埭沈氏刻本 二冊

310000－0241－0012683 951024
濂洛風雅九卷 （清）張伯行編 清正誼堂刻本 二冊

310000－0241－0012684 951024：2
濂洛風雅九卷 （清）張伯行編 清正誼堂刻本 三冊

310000－0241－0012685 951030
南宋羣賢小集八十種一百二十七卷 （宋）陳起輯 清讀畫齋刻本 三十二冊

310000－0241－0012686 951032（2）
二李倡和集一卷 （宋）李昉撰 清末影印貴陽陳氏影北宋刻本 一冊

310000－0241－0012687 951038
今體詩鈔注畧宋詩三卷首一卷 （清）姚鼐選 （清）趙彦傳注 清同治八年（1869）補讀齋刻本 二冊

310000－0241－0012688 951204
金詩選四卷 （清）顧奎光選 （清）陶玉禾評

清乾隆刻本　二冊

310000－0241－0012689　951301
元詩選初集一百十四卷首一卷二集一百三卷三集一百三卷　（清）顧嗣立輯　清康熙三十三年至五十九年（1694－1720）長洲顧氏秀野草堂刻修補彙印本　四十冊

310000－0241－0012690　951303
元詩選二集一百三卷　（清）顧嗣立集　清康熙四十一年（1702）長洲顧氏秀野草堂刻本　十二冊

310000－0241－0012691　951304
元詩選三集一百三卷　（清）顧嗣立集　清康熙五十九年（1720）長洲顧氏秀野草堂刻本　八冊

310000－0241－0012692　951305
元詩選六卷補遺一卷　（清）顧奎光選輯　清乾隆十六年（1751）刻本　七冊

310000－0241－0012693　951305:2
元詩選六卷補遺一卷　（清）顧奎光選輯　清乾隆十六年（1751）刻本　一冊

310000－0241－0012694　951311
谷音二卷　（元）杜本輯　清咸豐元年（1851）南海伍氏刻本　一冊

310000－0241－0012695　951401
明詩綜一百卷　（清）朱彝尊編　清康熙四十四年（1705）秀水朱氏六峯閣刻乾隆末印本　三十二冊

310000－0241－0012696　951401:2
明詩綜一百卷　（清）朱彝尊編　清康熙四十四年（1705）秀水朱氏六峯閣刻乾隆末印本　四十八冊

310000－0241－0012697　951402
明詩綜一百卷　（清）朱彝尊編　清康熙四十四年（1705）秀水朱氏六峯閣刻乾隆吳清來堂印本　三十二冊

310000－0241－0012698　951402:2
明詩綜一百卷　（清）朱彝尊編　清康熙四十四年（1705）秀水朱氏六峯閣刻乾隆吳清來堂印本　三十二冊

310000－0241－0012699　951402:3
明詩綜一百卷　（清）朱彝尊編　清康熙四十四年（1705）秀水朱氏六峯閣刻乾隆吳清來堂印本　三十二冊

310000－0241－0012700　951404(2)
明詩別裁集十二卷　（清）沈德潛輯　（清）周準輯　清刻本　六冊

310000－0241－0012701　951407
明三十家詩選初集八卷二集八卷　（清）汪端輯　清同治蘊蘭吟館刻本　八冊

310000－0241－0012702　951408
明三十家詩選初集八卷二集八卷　（清）汪端輯　清同治蘊蘭吟館刻本　二冊

310000－0241－0012703　951413
弘正四傑詩集七十四卷　（清）張祖同輯　清光緒二十一年（1895）張氏湘雨樓刻本　十六冊

310000－0241－0012704　951501
列朝詩文集一千一百三十四卷　（清）載湉敕編　清光緒五年（1879）排印本　五百四十二冊

310000－0241－0012705　951502
蔗根集十七卷　（清）汪端光等撰　（清）黃錫麟輯　清道光十五年（1835）揚州清美堂刻本　四冊

310000－0241－0012706　951503
本朝五言近體瓣香集十六卷　（清）許英編注　清乾隆二十八年（1763）心逸堂刻本　四冊

310000－0241－0012707　951504
篋衍集十二卷　（清）陳維崧輯　清乾隆二十六年（1761）華綺刻本　十二冊

310000－0241－0012708　951506
國朝正雅集一百卷首一卷　（清）符葆森編輯　清咸豐刻本　三十二冊

310000－0241－0012709　951506:2

國朝正雅集一百卷首一卷　(清)符葆森編輯　清咸豐刻本　三十一册

310000－0241－0012710　951507
國朝六家詩鈔八卷　(清)劉執玉選　清宣統二年(1910)澄衷學堂排印本　六册

310000－0241－0012711　951507:2
國朝六家詩鈔八卷　(清)劉執玉選　清宣統二年(1910)澄衷學堂排印本　四册

310000－0241－0012712　951508
國朝六家詩鈔八卷　(清)劉執玉選　清光緒九年(1883)汗青簃刻本　六册

310000－0241－0012713　951509
國朝六家詩鈔八卷　(清)劉執玉選　清光緒九年(1883)汗青簃刻本　八册

310000－0241－0012714　951510
國朝六家詩鈔八卷　(清)劉執玉選　清光緒九年(1883)汗青簃刻本　八册

310000－0241－0012715　951511
國朝詩十卷外編一卷補六卷　(清)吳翌鳳選　清同治十一年(1872)新陽趙元益刻本　十册

310000－0241－0012716　951512
國朝詩別裁集　(清)沈德潛纂評　清刻本　十四册　存二十八卷

310000－0241－0012717　951513
國朝詩別裁集三十二卷　(清)沈德潛纂評　清乾隆刻本　十二册

310000－0241－0012718　951514
國朝詩別裁集三十二卷　(清)沈德潛纂評　清乾隆刻本　十六册

310000－0241－0012719　951515
國朝詩別裁集三十二卷　(清)沈德潛纂評　清乾隆刻本　十六册

310000－0241－0012720　951516
國朝詩別裁集三十六卷　(清)沈德潛纂評　清乾隆刻本　十二册

310000－0241－0012721　951520
庚辰集五卷唐人試律說一卷　(清)紀昀編　清山淵堂刻本　六册

310000－0241－0012722　951520(2)
庚辰集五卷　(清)紀昀編　清坊刻本　五册

310000－0241－0012723　951521
懷舊集十二卷續集六卷又續集二卷女士詩錄一卷　(清)吳翌鳳輯　清嘉慶刻本　十册

310000－0241－0012724　951522
同聲詩鈔一卷　(清)李樹瀛等撰　清同治五年(1866)刻本　一册

310000－0241－0012725　951524
試帖玉芙蓉集四卷　(清)同文書局主人選輯　清光緒十年(1884)上海同文書局石印本　四册

310000－0241－0012726　951525
國初十家詩鈔七十五卷　(清)王相輯　清道光十年(1830)信芳閣木活字印本　二十二册

310000－0241－0012727　951527
湖海詩傳四十六卷　(清)王昶輯　清同治四年(1865)綠蔭堂刻本　十六册

310000－0241－0012728　951528
湖海詩傳四十六卷　(清)王昶輯　清同治四年(1865)綠蔭堂刻本　十六册

310000－0241－0012729　951531
詩緣前編四卷正編十卷　(清)蜀西樵也輯　清光緒刻本　四册

310000－0241－0012730　951532
欽定熙朝雅頌集首集二十六卷正集一百六卷餘集二卷　(清)鐵保等奉敕編　清嘉慶九年(1804)刻本　二十四册

310000－0241－0012731　951533
欽定熙朝雅頌集首集二十六卷正集一百六卷餘集二卷　(清)鐵保等奉敕編　清嘉慶九年(1804)刻本　二十四册

310000－0241－0012732　951534
道咸同光四朝詩史甲集八卷首一卷乙集八卷

（清）孫雄輯　清宣統刻本　十八册

310000－0241－0012733　951534：2
道咸同光四朝詩史甲集八卷首一卷乙集八卷　（清）孫雄輯　清宣統刻本　十册

310000－0241－0012734　951537
感逝集四卷　（清）葉廷琯輯選　清光緒六年（1880）潘氏滂喜齋刻本　四册

310000－0241－0012735　951540
宋百家詩存二十卷　（清）曹庭棟輯　（清）于蓮客補　清乾隆初嘉善曹氏二六書堂刻本（于蓮客抄補）　一册

310000－0241－0012736　951545
二黄合稿二卷　（清）廷愷編　清光緒八年（1882）刻本　一册

310000－0241－0012737　951546
二家詠古詩一卷附二家試帖二卷　（清）張之洞　樊增祥撰　清光緒二十七年（1901）刻本　一册

310000－0241－0012738　951548
七家詩輯注彙鈔九卷　（清）張熙宇輯評（清）王植桂輯注　清同治刻本　八册

310000－0241－0012739　951550
菊花分韻詩四卷　（清）程思樂編著　清嘉慶對山堂刻本　一册

310000－0241－0012740　951551
國朝詩鐸二十六卷首一卷　（清）張應昌選輯　清同治八年（1869）永康應氏秀芝堂刻本　十四册

310000－0241－0012741　951551：2
國朝詩鐸二十六卷首一卷　（清）張應昌選輯　清同治八年（1869）永康應氏秀芝堂刻本　十六册

310000－0241－0012742　951552
合肥三家詩錄二卷　（清）徐子苓撰　（清）譚獻選　清光緒十二年（1886）安慶刻本　一册

310000－0241－0012743　951556
清人試帖詩不分卷　（清）□□編　清刻本（配抄本、石印本）　一册

310000－0241－0012744　951557
五家試帖輯注五種六卷　（清）王植桂輯注（清）張熙宇輯評　清刻本　六册

310000－0241－0012745　951558
試帖扶輪集八卷　（清）吳烺輯注　（清）程夢元輯注　清乾隆二十五年（1760）五雲堂刻本　二册

310000－0241－0012746　951559
近科館課分韻詩初集二集不分卷　王先謙編　清光緒十三年（1887）排印本　六册

310000－0241－0012747　951560
青雲集分韻試帖詳注四卷　（清）楊逢春輯（清）沈品金等注　清道光大道堂刻本　三册

310000－0241－0012748　951561
同人詩錄十種十卷　（清）王慶勳輯　清咸豐八年（1858）刻本　四册

310000－0241－0012749　951563
一微塵集五卷　（清）何震彝校錄　清宣統元年（1909）江陰何氏靚芬室寫定排印本　一册

310000－0241－0012750　951564
共賞集初編不分卷二編不分卷　（清）錢辰錄（清）錢國祥補注　清光緒三十三年（1907）刻本　二册

310000－0241－0012751　951567
國朝有韻文鈔不分卷　（清）孫基編注　（清）孫逵編注　清乾隆末西齋刻本　一册

310000－0241－0012752　951568
二鐵齋詩鐵笙庵詩集一卷鐵梅花館懷古詩一卷　（清）張翰　（清）慶珍撰　清光緒二十三年（1897）貴陽刻本　一册

310000－0241－0012753　951569
日下聯吟集四卷　（清）寶賢等撰　（清）簡南坪選　清同治五年（1866）借綠軒刻本　二册

310000－0241－0012754　951570
知止齋外編不分卷　（清）李聯繡等撰　（清）任重光輯　清光緒十八年（1892）刻本　一册

310000－0241－0012755　951571
神交集懺雲館詩選一卷茶醉軒詩選一卷花笑盦詩選一卷　(清)趙潤撰　清光緒三十三年(1907)金陵湯明林印書局木活字印本　一册

310000－0241－0012756　951571：2
神交集懺雲館詩選一卷茶醉軒詩選一卷花笑盦詩選一卷　(清)趙潤撰　清光緒三十三年(1907)金陵湯明林印書局木活字印本　一册

310000－0241－0012757　951574
蘭言集二種四卷　(唐)李商隱撰　(清)胡欽集　清光緒末刻朱印本　一册

310000－0241－0012758　951575
焦桐集四卷附集一卷　(清)徐石麒等撰　(清)張元吉輯　清光緒十九年(1893)無錫文苑閣木活字印本　一册

310000－0241－0012759　951576
試帖仙樣集裁詩十法三卷　(清)麓峯居士輯評　清光緒二十三年(1897)湖南書局重刻道光二十一年(1841)刻本　三册

310000－0241－0012760　951577
懷舊集二卷　(清)馮舒輯　清光緒三年(1877)吳縣潘氏京師刻本　一册

310000－0241－0012761　951578
柳洲遺稿二卷冬花庵爐餘稿三卷　(清)魏之琇　(清)奚岡撰　清同治十一年(1872)丁氏當歸草堂刻本　一册

310000－0241－0012762　951579
仲瞿詩錄一卷　(清)王曇撰　**秋紅丈室遺詩一卷**　(清)金禮嬴撰　**雙樹生詩草一卷**　(清)林鎬撰　清咸豐、同治間上海徐氏刻本　一册

310000－0241－0012763　951581
詩萃初集十卷二集十四卷　(清)潘瑛輯　清嘉慶九年(1804)皖城晉希堂刻本　二十二册

310000－0241－0012764　952002
永明石屋幻居詩慧日永明智覺壽禪師山居詩一卷福源石屋珙禪師山居詩一卷幻居詩一卷　(宋)釋永明撰　清光緒十一年(1885)江北刻經處刻印本　一册

310000－0241－0012765　952003
新刻續千家詩二卷　(清)晦齋學人編　清光緒三年(1877)杭州同善齋善書局刻本　一册

310000－0241－0012766　952006：2
玉臺新詠十卷　(南朝陳)徐陵編　清康熙四十六年(1707)刻本　六册

310000－0241－0012767　952007
玉臺新詠十卷　(南朝陳)徐陵編　清光緒宏遠堂刻本　四册

310000－0241－0012768　952010
樂府詩集一百卷　(宋)郭茂倩編　清同治十三年(1874)湖北崇文書局刻本　十六册

310000－0241－0012769　952010：2
樂府詩集一百卷　(宋)郭茂倩編　清同治十三年(1874)湖北崇文書局刻本　十六册

310000－0241－0012770　952010：3
樂府詩集一百卷　(宋)郭茂倩編　清同治十三年(1874)湖北崇文書局刻本　二十四册

310000－0241－0012771　952013
樂府詩集一百卷　(宋)郭茂倩編　清同治十三年(1874)湖北崇文書局刻本　十六册

310000－0241－0012772　952019
古詩選三十二卷　(清)王士禛選　清同治金陵書局刻本　三册

310000－0241－0012773　952020
宛鄰書屋古詩錄十二卷　(清)張琦錄　清同治刻本　四册

310000－0241－0012774　952021
宛鄰書屋古詩錄十二卷　(清)張琦錄　清同治刻本　一册

310000－0241－0012775　952023
古詩選三十二卷附今體詩鈔十八卷　(清)王士禛選　清同治金陵書局刻本　十册

310000－0241－0012776　952025

古詩選三十二卷附今體詩鈔十八卷　(清)王士禛選　清同治金陵書局刻本　十册

310000－0241－0012777　952025:2
古詩選三十二卷附今體詩鈔十八卷　(清)王士禛選　清同治金陵書局刻本　八册

310000－0241－0012778　952025:3
古詩選三十二卷附今體詩鈔十八卷　(清)王士禛選　清同治金陵書局刻本　十册

310000－0241－0012779　952026
古詩箋三十二卷　(清)王士禛選　(清)聞人倓箋　清乾隆三十一年(1766)芷蘭堂刻本　十二册

310000－0241－0012780　952027
古詩箋五言詩十七卷七言詩歌行鈔十五卷　(清)王士禛選　(清)聞人倓箋　清乾隆三十一年(1766)芷蘭堂刻本　二十册

310000－0241－0012781　952028
古詩箋五言詩十七卷七言詩歌行鈔十五卷　(清)王士禛選　(清)聞人倓箋　清仿芷蘭堂刻本　十四册

310000－0241－0012782　952030
古詩箋　(清)王士禛選　(清)聞人倓箋　清乾隆芷蘭堂刻本　六册　存十五卷

310000－0241－0012783　952031
唐宋五家宮詞五卷　(明)毛晉輯　清初春星草堂校刻本　二册

310000－0241－0012784　952041
古詩源十四卷　(清)沈德潛選輯　清康熙竹嘯軒刻本　四册

310000－0241－0012785　952041:2
古詩源十四卷　(清)沈德潛選輯　清康熙竹嘯軒刻本　四册

310000－0241－0012786　952044
采菽堂古詩選三十八卷補遺四卷　(清)陳祚明評選　清乾隆十三年(1748)刻本　十六册

310000－0241－0012787　952055
榕村詩選八卷首一卷　(清)李光地編　清雍正八年(1730)刻本　四册

310000－0241－0012788　952055:2
榕村詩選八卷首一卷　(清)李光地編　清雍正八年(1730)刻本　四册

310000－0241－0012789　952056
今體詩鈔十八卷古詩選　(清)姚鼐選　清同治七年(1868)湘鄉曾氏刻本　六册　存六卷

310000－0241－0012790　952058:2
列朝詩集八十一卷　(清)錢謙益編　清宣統二年(1910)排印本　五十三册

310000－0241－0012791　952061
新鐫五言千家詩箋注二卷增補重訂千家詩注解二卷　(宋)謝枋得選　(清)王相注　清坊刻本　二册

310000－0241－0012792　952061(2)
新鐫五言千家詩箋注一卷增補重訂千家詩注解二卷　(宋)謝枋得選　(清)王相注　清末坊刻本　一册

310000－0241－0012793　952064
增補重訂千家詩注解二卷　(清)王相選注　清同治姑蘇裕文祥刻本　一册

310000－0241－0012794　952064(2)
增補重訂千家詩注解二卷　(宋)謝枋得選　(清)王相注　清海陵懷德堂刻本　一册

310000－0241－0012795　952064:2
增補重訂千家詩注解二卷　(清)王相選注　清同治姑蘇裕文祥刻本　二册

310000－0241－0012796　952067
十八家詩鈔二十八卷　(清)曾國藩編纂　清同治十三年(1874)傳忠書局刻本　十四册

310000－0241－0012797　952068
十八家詩鈔二十八卷　(清)曾國藩編纂　清同治十三年(1874)傳忠書局刻本　二十八册

310000－0241－0012798　952068:2
十八家詩鈔二十八卷　(清)曾國藩編纂　清同治十三年(1874)傳忠書局刻本　六册

310000－0241－0012799　952072
三十家詩鈔六卷　(清)曾國藩編纂　清同治十三年(1874)傳忠書局刻本　六冊

310000－0241－0012800　952072(2)
三十家詩鈔六卷末一卷　(清)曾國藩纂　(清)王定安增輯　清宣統元年(1909)崇善堂石印本　六冊

310000－0241－0012801　952072：2
三十家詩鈔六卷　(清)曾國藩編纂　清同治十三年(1874)傳忠書局刻本　六冊

310000－0241－0012802　952072：3
三十家詩鈔六卷　(清)曾國藩編纂　清同治十三年(1874)傳忠書局刻本　七冊

310000－0241－0012803　952072：4
三十家詩鈔六卷　(清)曾國藩編纂　清同治十三年(1874)傳忠書局刻本　六冊

310000－0241－0012804　952072：5
三十家詩鈔六卷　(清)曾國藩編纂　清同治十三年(1874)傳忠書局刻本　六冊

310000－0241－0012805　952073
歷代詩家二集八十六卷　(清)戴明說等編　清順治十四年(1657)定園刻本　十冊

310000－0241－0012806　952074
歷朝二十五家詩錄三十七卷首一卷　(清)鄒湘倜編輯　清光緒二年(1876)刻本　三十冊

310000－0241－0012807　952078
六朝四家集四種六卷　(清)□□輯　清光緒二十年(1894)章氏經濟堂刻本　八冊

310000－0241－0012808　952079
八代詩選二十卷　王闓運選　清光緒十六年(1890)江蘇書局刻本　八冊

310000－0241－0012809　952080
八代詩選二十卷　王闓運選　清光緒十六年(1890)江蘇書局刻本　八冊

310000－0241－0012810　952081
八代詩選二十卷　王闓運選　清光緒十六年(1890)江蘇書局刻本　六冊

310000－0241－0012811　952081(2)
八代詩選二十卷　王闓運撰　清光緒七年(1881)四川尊經書局刻本　六冊

310000－0241－0012812　952081：2
八代詩選二十卷　王闓運選　清光緒十六年(1890)江蘇書局刻本　六冊

310000－0241－0012813　952087
古唐詩選四卷　(明)李攀龍選　清刻本　一冊

310000－0241－0012814　952088
唐宋詩本七十六卷目錄八卷　(清)戴第元輯　清光緒刻本　四十二冊

310000－0241－0012815　952090
唐宋詩醇　(清)高宗弘曆編　清刻本　十九冊　存四十五卷

310000－0241－0012816　952091：2
唐宋詩醇　(清)高宗弘曆編　清乾隆刻朱墨套印本　二十三冊　存四十五卷目錄二卷

310000－0241－0012817　952092
唐宋詩醇四十七卷目錄二卷　(清)高宗弘曆編　清宣統二年(1910)上海書局石印本　十冊

310000－0241－0012818　952092：2
唐宋詩醇四十七卷目錄二卷　(清)高宗弘曆編　清宣統二年(1910)上海書局石印本　二十冊

310000－0241－0012819　952093
御選唐宋詩醇四十七卷目錄二卷　(清)高宗弘曆編　清末浙江書局刻本　二十冊

310000－0241－0012820　952099
五朝詩別裁集　(清)沈德潛等輯　清小西山房刻本　十四冊　存三種二十六卷

310000－0241－0012821　952101
宋元明詩三百首六卷附錄二卷　(清)朱梓編輯　清咸豐三年(1853)虞山顧氏小石山房刻本　二冊

310000－0241－0012822　952105

瀛奎律髓四十九卷重刻律髓記言一卷　(宋)方回選　(清)吳之振閲　清康熙五十年至五十一年(1711－1712)石門吳氏黄葉邨莊刻本　十二冊

310000－0241－0012823　952106
瀛奎律髓刊誤四十九卷重刻律髓記言一卷　(宋)方回選　(清)紀昀批點　清嘉慶五年(1800)侯官李氏刻本　八冊

310000－0241－0012824　952107
詩林韶濩二十卷　(清)顧嗣立類選　清康熙四十四年(1705)長洲顧氏秀野草堂刻本　八冊

310000－0241－0012825　952108:2
本事詩前集六卷後集六卷　(清)徐釚輯　清雍正刻本　四冊

310000－0241－0012826　952108:3
本事詩前集六卷後集六卷　(清)徐釚輯　清雍正刻本　四冊

310000－0241－0012827　952108:4
本事詩前集六卷後集六卷　(清)徐釚輯　清雍正刻本　四冊

310000－0241－0012828　952110
小石帆亭五言詩續鈔　(清)翁方綱録　清末刻粤雅堂叢書本　一冊　存六卷

310000－0241－0012829　952113
小學弦歌八卷　(清)李元度編　清光緒八年(1882)文昌書局刻本　五冊

310000－0241－0012830　952114
小學弦歌八卷　(清)李元度編　清光緒八年(1882)文昌書局刻本　四冊

310000－0241－0012831　952115
小學弦歌八卷　(清)李元度編　清光緒八年(1882)文昌書局刻本　二冊

310000－0241－0012832　952117
佩文齋詠物詩選四百八十六卷　(清)張玉書等輯　清康熙四十五年(1706)刻本　四十冊

310000－0241－0012833　952119
佩文齋詠物詩選四百八十六卷　(清)聖祖玄燁敕編　清乾隆清吟堂刻本　六十四冊

310000－0241－0012834　952119:2
佩文齋詠物詩選四百八十六卷　(清)聖祖玄燁敕編　清乾隆清吟堂刻本　二十四冊

310000－0241－0012835　952124
百老吟一卷後編一卷三編一卷　(清)錢溯耆輯　清宣統二年(1910)太倉錢氏聽邠館刻本　一冊

310000－0241－0012836　952124:2
百老吟一卷後編一卷三編一卷　(清)錢溯耆輯　清宣統二年(1910)太倉錢氏聽邠館刻本　一冊

310000－0241－0012837　952135
吾炙集不分卷　(清)錢謙益輯　清光緒三十三年(1907)張氏排印本　一冊

310000－0241－0012838　952135:2
吾炙集不分卷　(清)錢謙益輯　清光緒三十三年(1907)張氏排印本　一冊

310000－0241－0012839　952137
詩倫二卷　(清)汪薇輯　清光緒刻本　二冊

310000－0241－0012840　952137:2
詩倫二卷　(清)汪薇輯　清光緒刻本　二冊

310000－0241－0012841　952143
詩比興箋四卷　(清)陳沆撰　清咸豐四年(1854)刻本　二冊

310000－0241－0012842　952144
歷朝七言排律遠春集三卷　(清)汪賢衢編　(清)王世儁訂　清乾隆五十二年(1787)錢塘汪氏刻本　一冊

310000－0241－0012843　952145
慕畬治心詩鈔不分卷慕畬治心韻語一卷　(清)劉名譽輯評　清光緒二十二年(1896)吳雲記書莊排印本　一冊

310000－0241－0012844　953001(2)
河嶽英靈集二卷　(唐)殷璠輯　清光緒四年(1878)秀水高行篤仿宋刻本　二冊

310000－0241－0012845　953004
國朝松江詩鈔六十四卷　(清)姜兆翀輯　清嘉慶十四年(1809)松江刻本　八册

310000－0241－0012846　953005
河汾諸老詩集八卷　(元)房祺編　清末刻粤雅堂叢書本　一册

310000－0241－0012847　953005:2
河汾諸老詩集八卷　(元)房祺編　清末刻粤雅堂叢書本　一册

310000－0241－0012848　953007
國朝湖州詩録三十四卷　(清)陳焯編　(清)鄭佶訂　清道光十年(1830)刻本　十二册

310000－0241－0012849　953008
國朝湖州詩録三十四卷　(清)陳焯編　清道光刻本　十二册

310000－0241－0012850　953009
兩浙輶軒録四十卷補遺十卷　(清)阮元輯　清光緒十六年(1890)浙江書局刻本　三十二册

310000－0241－0012851　953010
兩浙輶軒録四十卷補遺十卷　(清)阮元輯　清嘉慶六年(1801)仁和朱氏碧溪草堂、錢唐陳氏種榆僊館合刻本　五十二册

310000－0241－0012852　953011
兩浙輶軒續録五十四卷補遺六卷　(清)潘衍桐輯　清光緒十七年(1891)浙江書局刻本　四十册

310000－0241－0012853　953012
國朝杭郡詩輯三十二卷續輯四十六卷　(清)吴顥原輯　(清)吴振棫重編　清同治十三年(1874)丁氏刻本　二十八册

310000－0241－0012854　953012:2
國朝杭郡詩輯三十二卷續輯四十六卷　(清)吴顥原輯　(清)吴振棫重編　清同治十三年(1874)丁氏刻本　二十八册

310000－0241－0012855　953013
國朝杭郡詩輯三十二卷　(清)吴顥原輯　(清)吴振棫重編　清同治十三年(1874)丁氏刻本　十六册

310000－0241－0012856　953014
國朝杭郡詩續輯四十六卷　(清)吴振棫編　清光緒二年(1876)丁氏刻本　二十册

310000－0241－0012857　953015
國朝杭郡詩三輯一百卷　(清)丁丙編　清同治錢塘丁氏刻本　四十册

310000－0241－0012858　953016
武林怡老會詩集一卷　(明)張瀚輯　清光緒刻本　一册

310000－0241－0012859　953017
浙江詩課八卷　(清)阮元手訂　清嘉慶刻本　一册

310000－0241－0012860　953018
浙西六家詩鈔　(清)吴應和選　(清)馬洵選　清刻本　三册

310000－0241－0012861　953020
南宋雜事詩七卷　(清)沈嘉轍等撰　清雍正武林芹香齋刻本　二册

310000－0241－0012862　953020(2)
南宋雜事詩七卷　(清)沈嘉轍等撰　清雍正武林芹香齋刻乾隆暨陽味經堂印本　四册

310000－0241－0012863　953021
國朝上虞詩集十二卷　(清)謝聘輯　清道光吟香館刻本　四册

310000－0241－0012864　953022
上虞詩選四卷　(清)徐幹輯　清光緒八年(1882)刻本　二册

310000－0241－0012865　953031
甬上高僧詩二卷　(清)李鄴嗣選評　清康熙敬義堂刻本　一册

310000－0241－0012866　953033
國朝浙人詩存十六卷　(清)柴傑編　清乾隆三十三年(1768)刻本　四册

310000－0241－0012867　953034

國朝畿輔詩傳六十卷　(清)陶樑輯　清道光十九年(1839)紅豆樹館刻本　十六册

310000－0241－0012868　953036
津門徵獻詩八卷　(清)華鼎元著　清光緒刻本　四册

310000－0241－0012869　953039
永平詩存二十四卷　(清)史夢蘭輯　(清)郭長清訂　清同治刻本　六册

310000－0241－0012870　953040
蜀詩十五卷　(明)費經虞輯　(清)孫澍校訂　清道光十三年(1833)鵝溪孫氏古棠書屋刻本　三册

310000－0241－0012871　953041
吴會英才集二十四卷　(清)畢沅輯　清嘉慶初鎮洋畢氏刻本　四册

310000－0241－0012872　953042
江蘇詩徵一百八十三卷　(清)王豫輯　清道光元年(1821)王氏焦山詩徵閣刻本　四十册

310000－0241－0012873　953042:2
江蘇詩徵一百八十三卷　(清)王豫輯　清道光元年(1821)王氏焦山詩徵閣刻本　四十册

310000－0241－0012874　953043
江蘇詩徵　(清)王豫輯　清道光元年(1821)阮元刻本　四十册

310000－0241－0012875　953044
江左三大家詩鈔九卷　(清)顧有孝輯　(清)趙澐輯　清康熙七年(1668)綠蔭堂刻同治、光緒間廣雅堂補刻本　六册

310000－0241－0012876　953047
江左十子詩鈔二十卷　(清)王鳴盛採録　清刻本　六册

310000－0241－0012877　953048
廣陵詩事十卷　(清)阮元記　清光緒刻本　二册

310000－0241－0012878　953049
廣陵詩事十卷　(清)阮元記　清光緒刻本　四册

310000－0241－0012879　953051
梁溪詩鈔五十八卷　(清)顧光旭編集　清嘉慶元年(1796)雙橋草堂刻本　二十八册

310000－0241－0012880　953051:2
梁溪詩鈔五十八卷　(清)顧光旭編集　清嘉慶元年(1796)雙橋草堂刻本　八册

310000－0241－0012881　953054
石城七子詩鈔十四卷　(清)翁長森輯　清光緒十六年(1890)刻本　一册

310000－0241－0012882　953054:2
石城七子詩鈔十四卷　(清)翁長森輯　清光緒十六年(1890)刻本　一册

310000－0241－0012883　953054:3
石城七子詩鈔十四卷　(清)翁長森輯　清光緒十六年(1890)刻本　三册

310000－0241－0012884　953055
金陵詩徵四十四卷　(清)朱緒曾編　清光緒十八年(1892)刻本　十册

310000－0241－0012885　953056
國朝金陵詩徵四十八卷　(清)朱緒曾編　清光緒十三年(1887)刻本　十六册

310000－0241－0012886　953057
續金陵詩徵六卷　(清)朱紹亭編　陳作霖編　清光緒二十年(1894)刻本　六册

310000－0241－0012887　953059
海虞詩苑十六卷　(清)王應奎編輯　清乾隆刻本　八册

310000－0241－0012888　953060
蓮因集八卷　(清)錢士杓選　(清)釋能啓編　清光緒十六年(1890)釋能啓刻本　四册

310000－0241－0012889　953061
京江耆舊集十三卷　(清)張學仁　(清)王豫輯　清宣統元年(1909)保定重刻嘉慶本　八册

310000－0241－0012890　953064
貴池唐人集十六卷　劉世珩輯　清光緒三十年(1904)貴池劉氏刻本　三册

310000－0241－0012891　953064：2
貴池唐人集十六卷　劉世珩輯　清光緒三十年(1904)貴池劉氏刻本　四册

310000－0241－0012892　953065
貴池二妙集五十一卷　劉世珩編　清光緒二十五年(1899)貴池劉氏刻本　十二册

310000－0241－0012893　953065(2)
青山詩選六卷　(清)姚瀚等撰　(清)桂超萬編　清同治三年(1864)皖城刻本　二册

310000－0241－0012894　953066
皖江同聲集十卷鄂渚同聲集初編七卷二編二十卷三編八卷　(清)胡鳳丹編　清同治九年(1870)退補齋刻本　六册

310000－0241－0012895　953067
涇川詩鈔二十卷　(清)顧翰編輯　(清)潘陸才校　清道光十九年(1839)涇川書院刻本　八册

310000－0241－0012896　953070
滇南集古一卷明滇南詩畧十卷　(清)袁文典　(清)袁文揆輯　清嘉慶四年(1799)肆雅堂刻本　十册

310000－0241－0012897　953071
滇南詩畧四十七卷　(清)袁文典　(清)袁文揆輯　清光緒二十六年(1900)刻本　二十二册

310000－0241－0012898　953072
粤東三子詩鈔十四卷首一卷　(清)黄玉階編　清道光二十二年(1842)番禺黄氏刻本　四册

310000－0241－0012899　953073
國朝江右八家詩八卷　(清)曾燠輯　清嘉慶邗上題襟館刻本　四册

310000－0241－0012900　953074
江西詩徵九十四卷附刻一卷補遺一卷　(清)曾燠輯　清嘉慶九年(1804)賞雨茅屋刻本　六十四册

310000－0241－0012901　953076
嶺南三大家詩選二十四卷　(清)王隼選　清康熙刻本　六册

310000－0241－0012902　953077
嶺南三大家詩選二十四卷　(清)王隼選　清康熙刻本　六册

310000－0241－0012903　953078
嶺南三大家詩選二十四卷　(清)王隼選　清同治七年(1868)南海陳氏刻本　二册

310000－0241－0012904　953078：2
嶺南三大家詩選二十四卷　(清)王隼選　清同治七年(1868)南海陳氏刻本　二册

310000－0241－0012905　953079
嶺表明詩傳六卷國朝嶺表詩傳十卷　(清)梁九圖　(清)吴炳南輯　清道光刻本　五册

310000－0241－0012906　953082
廣東文獻初集十八卷二集九卷三集十七卷四集二十六卷　(清)羅學鵬輯　清嘉慶春暉堂刻本　二十六册

310000－0241－0012907　953084
津門詩鈔三十卷　(清)梅成棟纂　清康簡書齋刻本　十册

310000－0241－0012908　953085
國朝山左詩鈔六十卷　(清)盧見曾編纂　清乾隆二十三年(1758)雅雨堂刻本　三十二册

310000－0241－0012909　953086
國朝山左詩鈔六十卷　(清)盧見曾纂　清乾隆二十三年(1758)雅雨堂刻本　二十册

310000－0241－0012910　953087
武定詩續鈔二十四卷　(清)李佐賢輯　清同治利津李氏刻本　八册

310000－0241－0012911　953088
即墨詩乘十二卷　(清)周翕鐄纂輯　清道光小峴山房刻本　六册

310000－0241－0012912　953089
重訂昭陽扶雅集六卷　(清)徐幹編訂　清光緒八年(1882)邵武徐氏刻本　六册

310000－0241－0012913　953091
句餘嗣響不分卷　(清)李槑輯　清宣統二年(1910)木活字印本　一冊

310000－0241－0012914　953092
學耕堂詩鈔一卷看雲軒詩鈔一卷　(清)汪魁儒　(清)陳百行撰　清光緒十九年(1893)房縣鳳陽書院刻本　一冊

310000－0241－0012915　953094
蜀秀集九卷　(清)譚宗浚編定　清光緒五年(1879)成都試院刻本　八冊

310000－0241－0012916　953097
江漢炳靈集二卷　(清)張之洞輯　清同治九年(1870)刻本　六冊

310000－0241－0012917　953098
羅陽詩始四卷　(清)董斿輯編　(清)董暲參定　清同治五年(1866)董盼校刻本　二冊

310000－0241－0012918　953099
苔岑集二卷　(清)徐佐治輯　清道光二十五年(1845)徐氏薝蔔花莽刻本　二冊

310000－0241－0012919　953100
黔風舊聞錄六卷　(清)傅玉書選輯　清道光九年(1829)文經堂刻本　三冊

310000－0241－0012920　953101
黔詩紀畧三十三卷　(清)黎兆勳等輯　(清)唐樹義訂　清同治十二年(1873)唐氏夢研齋刻本　八冊

310000－0241－0012921　953102
黔詩紀畧後編三十卷紀畧補三卷　(清)莫友芝採詩　(清)黎汝謙採詩　清宣統三年(1911)刻本　八冊

310000－0241－0012922　953103
崇川列朝詩選彙存二卷崇川各家詩鈔彙存五十二卷補遺六十一卷　(清)王藻輯　清咸豐七年(1857)有嘉樹軒刻本　二十冊

310000－0241－0012923　953104
國朝中州詩鈔三十二卷　(清)楊淮輯　清道光二十三年(1843)刻本　十二冊

310000－0241－0012924　953107
國朝山右詩存二十四卷附集八卷　(清)李錫麟等輯　清嘉慶六年(1801)山西刻本　十六冊

310000－0241－0012925　953113
三山同聲集四卷續編一卷　(清)王凱泰輯　清同治儉明簡齋刻本　二冊

310000－0241－0012926　953114
淮海英靈續集三集十二卷　(清)阮亨輯　清道光六年(1826)刻本　二冊

310000－0241－0012927　953116
曲阜詩鈔八卷　(清)孔憲彝輯　清道光二十三年(1843)刻本　二冊

310000－0241－0012928　953118
青南輿頌六卷附圖一冊　(清)南匯芸香草堂諸子編輯　清咸豐刻本　七冊

310000－0241－0012929　953121
嚴陵集九卷　(宋)董棻編集　清光緒二十二年(1896)刻本　一冊

310000－0241－0012930　953127
青浦續詩傳八卷　(清)何其超輯　清光緒三十一年(1905)青浦熊祖詒木活字印本　八冊

310000－0241－0012931　953128
淮海英靈集甲集四卷乙集四卷丙集四卷丁集四卷戊集四卷壬集一卷癸集一卷　(清)阮元輯　清嘉慶三年(1798)儀徵阮氏刻本　十二冊

310000－0241－0012932　953129
三台詩錄三十二卷三台詩續錄四卷三台詞錄二卷　(清)戚學標輯　清嘉慶元年(1796)刻本　十二冊

310000－0241－0012933　953130
徐州二遺民集二種十卷　馮煦編　清光緒十九年(1893)刻本　五冊

310000－0241－0012934　953130：2
徐州二遺民集二種十卷　馮煦編　清光緒十九年(1893)刻本　四冊

310000－0241－0012935　953131
滇詩拾遺六卷　(清)陳榮昌輯　清宣統元年(1909)刻本　六冊

310000－0241－0012936　953134
水程求劍集　(清)馬士榮等撰　清光緒二十一年(1895)抄本　一冊

310000－0241－0012937　953135
峯泖去思集不分卷　(清)姚瑩編　清光緒二十六年(1900)刻本　一冊

310000－0241－0012938　953136
聞湖詩三鈔八卷　(清)李道悠輯　清光緒十九年(1893)刻本　二冊

310000－0241－0012939　953141
白田風雅二十四卷　(清)朱彬輯　清光緒十二年(1886)金陵刻本　四冊

310000－0241－0012940　953143
缶鉢吟偶存二卷　(清)曾元海匯選　清道光二十五年(1845)刻本　二冊

310000－0241－0012941　953143(2)
缶鉢吟二集二卷　(清)郭柏蔭匯選　清道光二十五年(1845)刻本　一冊

310000－0241－0012942　953143(3)
缶鉢吟三集二卷　(清)許冠瀛匯選　清道光二十五年(1845)刻本　二冊

310000－0241－0012943　953143(4)
缶鉢吟四集二卷　(清)郭彬圖等匯選　清道光二十八年(1848)刻本　二冊

310000－0241－0012944　953143(5)
缶鉢吟五集二卷　(清)林丞英等匯選　清道光三十年(1850)刻本　一冊

310000－0241－0012945　953143(6)
缶鉢吟六集二卷　(清)郭柏蔭匯選　清同治八年(1869)刻本　二冊

310000－0241－0012946　953143(7)
缶鉢吟七集二卷　(清)郭柏蔭匯選　清同治九年(1870)刻本　二冊

310000－0241－0012947　953147
越風三十卷　(清)商盤輯　清乾隆三十七年(1772)山陰王氏刻嘉慶十六年(1811)山陰徐氏釐正重印本　二十八冊

310000－0241－0012948　953148
梅里詩輯二十八卷　(清)許燦編　清道光三十年(1850)嘉興縣齋刻本　六冊

310000－0241－0012949　953150
貞豐詩萃五卷　(清)陶煦輯　清咸豐十一年至同治三年(1861－1864)蘇城徐元圃刻本　二冊

310000－0241－0012950　953151
楚庭耆舊遺詩前集二十一卷續集三十二卷後集二十一卷　(清)伍崇曜輯　清道光二十三年至三十年(1843－1850)南海伍氏刻本　十三冊

310000－0241－0012951　953152
閩詩錄甲集六卷乙集四卷丙集二十三卷丁集一卷戊集七卷　(清)鄭傑原輯　陳衍補訂　清宣統三年(1911)刻本　十冊

310000－0241－0012952　953153
國朝嶺海詩鈔二十四卷　(清)淩楊藻輯　清道光六年(1826)狎鷗亭刻本　八冊

310000－0241－0012953　953154
越輶采風錄四卷　清光緒十四年(1888)刻本　四冊

310000－0241－0012954　953155
國朝天台詩存十四卷補遺一卷　(清)金文田編輯　清光緒三十四年(1908)木活字印本　四冊

310000－0241－0012955　953156
播雅二十四卷　(清)鄭珍輯　清宣統三年(1911)貴州文通書局排印本　八冊

310000－0241－0012956　953157
宛雅二編八卷　(清)施閏章編　(清)施念曾補輯　清乾隆十四年(1749)西阪草堂刻本　二冊

310000－0241－0012957　953158
泖溪詩存三卷　(清)馮景元編　(清)徐家駒參訂　清光緒二十五年(1899)刻本　二册

310000－0241－0012958　953161
師山詩存十卷首一卷　(清)茅炳文輯　清咸豐十年(1860)茅齋刻本　二册

310000－0241－0012959　953161:2
師山詩存十卷首一卷　(清)茅炳文輯　清咸豐十年(1860)茅齋刻本　一册

310000－0241－0012960　953162
硤川詩鈔二十卷首一卷詞鈔一卷詩續鈔十六卷詞續鈔一卷　(清)曹宗載輯　(清)許仁沐續輯　清光緒十八年(1892)刻二十一年(1895)續刻本　十册

310000－0241－0012961　953163
遵化詩存十卷補遺一卷　(清)孫贊元編輯　清光緒刻本　四册

310000－0241－0012962　953169
桐溪耆隱集一卷耆隱集補一卷附榆園雜興詩一卷　(清)袁烔輯　清光緒桐廬袁氏刻本　一册

310000－0241－0012963　953174
滄州明詩鈔一卷國朝滄州詩鈔十二卷　(清)王國均纂輯　(清)葉圭書編次　清道光二十六年(1846)刻本　五册

310000－0241－0012964　953176
東武詩存十卷　(清)王賡言纂　清嘉慶二十五年(1820)化香閣刻本　十册

310000－0241－0012965　953177
山陽詩徵二十六卷　(清)丁晏輯　(清)王錫祺重編　清光緒清河王氏小方壺齋排印本　十一册

310000－0241－0012966　953178
山陽詩徵續編四十四卷　(清)王錫祺輯　清光緒清河王氏小方壺齋排印本　十六册

310000－0241－0012967　953179
五山耆舊集二十卷　(清)楊廷編輯　清道光四年(1824)一經堂刻本　十二册

310000－0241－0012968　953181
松陵詩徵前編六卷　(清)殷增編　清光緒九年(1883)刻本　二册

310000－0241－0012969　953183
全蜀藝文志六十四卷　(明)楊慎輯　清光緒十五年(1889)雨餘山房刻本　十二册

310000－0241－0012970　953184
雲間詩鈔第一集十種十卷　(清)章耒選　清光緒刻本　一册

310000－0241－0012971　953185
江西四子詩錄四卷　(清)陶福祖輯　清光緒刻本　一册

310000－0241－0012972　953186
國朝莆陽詩輯四卷　(清)涂慶瀾編　清光緒二十七年(1901)莆田荔隱山房刻本　二册

310000－0241－0012973　953191
樵川二家詩二種　(清)徐榦編輯　清光緒七年(1881)邵武徐氏刻本　二册

310000－0241－0012974　953191:2
樵川二家詩二種　(清)徐榦編輯　清光緒七年(1881)邵武徐氏刻本　二册

310000－0241－0012975　953191:3
樵川二家詩二種　(清)徐榦編輯　清光緒七年(1881)邵武徐氏刻本　二册

310000－0241－0012976　953191:4
樵川二家詩二種　(清)徐榦編輯　清光緒七年(1881)邵武徐氏刻本　二册

310000－0241－0012977　953191:5
樵川二家詩二種　(清)徐榦編輯　清光緒七年(1881)邵武徐氏刻本　一册

310000－0241－0012978　953192
海陵竹枝詞六卷附一卷　(清)王廣業等撰　清同治三年(1864)刻本　六册

310000－0241－0012979　953193
問梅詩社詩鈔存三卷　(清)尤興詩等撰　清

道光刻本　三册

310000－0241－0012980　953194
采若編八卷　(清)魏星杓輯　清道光九年(1829)雲住山房刻本　四册

310000－0241－0012981　954001
新安先集二十卷附崇祀錄一卷　(清)朱之榛重輯　清同治十三年(1874)蘇州刻本　七册

310000－0241－0012982　954002
瑞芝山房文鈔八卷詩鈔八卷　(清)戴燮元編　清光緒三年(1877)廣陵愚齋刻本　十册

310000－0241－0012983　954003
辟疆園遺集十卷　(清)楊芳燦輯　清光緒十八年(1892)木活字印本　四册

310000－0241－0012984　954024
春星堂詩集十卷續卷十卷　(清)汪師韓編　(清)汪簠續編　清光緒十二年(1886)刻本　六册

310000－0241－0012985　954028
三盛詩鈔四卷　(清)盛研家輯　清同治五年(1866)刻本　四册

310000－0241－0012986　954029
上元李氏家集五卷　(清)李景福等著　清光緒二十二年(1896)梓文閣刻本　六册

310000－0241－0012987　954030
舊德集十四卷　繆荃孫編　清光緒二十二年(1896)江陰繆氏刻本　四册

310000－0241－0012988　954033
金山姚氏二先生集四卷　(清)姚前樞　(清)姚前機撰　(清)張文虎輯　清光緒二年(1876)松韻草堂刻本　一册

310000－0241－0012989　954033:2
金山姚氏二先生集四卷　(清)姚前樞　(清)姚前機撰　(清)張文虎輯　清光緒二年(1876)松韻草堂刻本　一册

310000－0241－0012990　954036
祝氏華鄂集十五卷　(清)祝登墀輯　清道光十年(1830)刻本　二册

310000－0241－0012991　954037
浚儀世集六卷外集一卷　(清)趙希文編輯　清光緒二十四年(1898)常熟趙氏承啓堂刻本　四册

310000－0241－0012992　954038
三朱遺編三卷　(清)楊伯潤輯　清光緒十五年(1889)嘉興楊氏刻本　一册

310000－0241－0012993　954039
高氏斸存詩鈔二卷　(清)高崇珩輯　清光緒刻本　一册

310000－0241－0012994　954043
壎篪集十卷　(清)劉沅集　清咸豐二年(1852)豫誠堂刻本　四册

310000－0241－0012995　954044
箎兹堂叢集四種四卷　(清)楊馥輯　清光緒二十一年(1895)箎兹堂刻本　一册

310000－0241－0012996　954045
吴越錢氏傳芳集一卷　(清)錢泳輯　清光緒二十三年(1897)山陰錢德培重刻嘉慶十五年(1810)本　一册

310000－0241－0012997　954047:2
李氏倡隨集四卷　(清)李嶽生撰　清光緒三十一年(1905)文寶書局石印本　三册

310000－0241－0012998　954049
傳芳錄三卷　(清)曹希璨輯　清宣統元年(1909)木活字印本　一册

310000－0241－0012999　954052
青嶁遺稿二卷璞完詩草一卷　(清)盛錦撰　清同治重修本　一册

310000－0241－0013000　954053
吴氏千文樓彙存詩鈔一卷　(明)吴瓚等撰　(清)吴殿鏞等輯　清同治十二年(1873)敬義堂刻本　一册

310000－0241－0013001　954054
棠華書屋詩集三卷詩餘三卷　(清)管森郁撰　清嘉慶十二年(1807)棠華書屋刻本　二册

310000－0241－0013002　954057

慈雲閣詩鈔十二卷 (清)王慈雲等撰 (清)左宗棠輯 清同治十二年(1873)刻本 一册

310000－0241－0013003 954059
中林徐氏先世詩選續刻不分卷 (清)徐士琛彙輯 清光緒排印本 一册

310000－0241－0013004 954060
還金堂詩萃二卷 (清)湯廷頌等撰 (清)湯士瀛輯 清道光刻本 一册

310000－0241－0013005 954063
謝氏清芬詩錄十六卷首一卷 (清)謝蘭生輯 清光緒十二年(1886)武進謝氏木活字印本 二册

310000－0241－0013006 954066
真州汪氏家集四種十卷 (清)梁蘭漪等撰 清光緒二十一年(1895)上洋飛鴻閣書林石印本 七册

310000－0241－0013007 954067
課選樓合稿四種 (清)戴燮元輯 清光緒八年(1882)丹徒戴氏刻本 六册

310000－0241－0013008 954067:2
課選樓合稿四種 (清)戴燮元輯 清光緒八年(1882)丹徒戴氏刻本 一册

310000－0241－0013009 954070
太谷遺箸三種 (清)溫文禾撰 清光緒十三年(1887)歸安溫氏上海刻本 二册

310000－0241－0013010 954071
一家詩詞鈔三種 (清)滕檀賡輯 清光緒二十六年(1900)金匱滕氏刻本 一册

310000－0241－0013011 954073
餘園叢稿四種 (清)汪述祖輯 清末休寧汪氏刻本 二册

310000－0241－0013012 954074
袁氏家集八種 (清)袁鎮嵩輯 清光緒十四年至十六年(1888－1890)寶山袁氏刻本 三册

310000－0241－0013013 954077
屏山詩乘二集不分卷 (清)朱紘等撰 清末傳抄道光刻本 一册

310000－0241－0013014 955000
袁家三妹合稿四卷 (清)袁枚輯 清乾隆、嘉慶間小倉山房刻本 一册

310000－0241－0013015 955005
名媛詩歸三十六卷 (明)鍾惺編 明崇禎刻清修補印本 十册

310000－0241－0013016 955010
國朝閨閣詩鈔一百卷 (清)蔡殿齊編次 清道光二十四年(1844)嫏嬛別館刻本 十册

310000－0241－0013017 955011
閨秀詩選六卷 (清)王慧秋選輯 清光緒二十年(1894)排印本 二册

310000－0241－0013018 955013
本朝名媛詩鈔六卷 (清)胡孝思輯 (清)沈英校訂 清康熙五十五年(1716)刻乾隆三十一年(1766)淩雲閣印本 四册

310000－0241－0013019 955015
豫章閨秀詩鈔二十六卷 (清)蔡壽祺選輯 (清)魯世保編次 清道光嫏嬛別館刻同治十三年(1874)續刻印本 三册

310000－0241－0013020 955016
國朝閨秀正始集二十卷附錄一卷補遺一卷 (清)完顏惲珠輯 清道光十一年(1831)紅香館刻本 六册

310000－0241－0013021 955017
閩川閨秀詩話四卷 (清)梁章鉅撰 清道光二十九年(1849)甌郡師古齋刻本 二册

310000－0241－0013022 955903
琉球詩錄二卷詩課二卷 (清)徐榦評定 清同治十二年(1873)刻本 一册

310000－0241－0013023 955903:2
琉球詩錄二卷詩課二卷 (清)徐榦評定 清同治十二年(1873)刻本 二册

310000－0241－0013024 955908
日本同人詩選四卷 (清)陳鴻誥編輯 清光緒刻本 四册

310000－0241－0013025　956003

西崑詶唱集二卷　（宋）楊億編　清咸豐四年（1854）南海伍氏刻本　一冊

310000－0241－0013026　956003（2）

西崑詶唱集二卷　（宋）楊億編　清光緒邵武徐氏校刻本　一冊

310000－0241－0013027　956006

月泉吟社一卷回送詩賞劄一卷　（宋）吳渭輯　清咸豐元年（1851）南海伍氏刻本　一冊

310000－0241－0013028　956007

歷朝應制詩不分卷　（清）□□選　清刻本　一冊

310000－0241－0013029　956009

花甲閒談十六卷　（清）張維屏等撰　（清）葉夢草繪　清道光番禺張氏刻本　四冊

310000－0241－0013030　956012

紅葉館話別圖題詞一卷附留別詩一卷　（清）陳明遠編輯　清光緒十八年（1892）刻本　一冊

310000－0241－0013031　956013

紅犀館詩課八集八卷附海山小集分韻詩一卷丹山倡和詩一卷　（清）王蒔蘭等撰　（清）姚燮鑒定　清同治四年（1865）董沛刻本　一冊

310000－0241－0013032　956014

五湖漁莊圖題詞四卷　（清）葉承桂手錄　清咸豐石林園刻本　二冊

310000－0241－0013033　956017

淮海同聲集二十卷　（清）汪之選輯　清嘉慶二十二年（1817）汪氏刻本　四冊

310000－0241－0013034　956017：2

淮海同聲集二十卷　（清）汪之選輯　清嘉慶二十二年（1817）汪氏刻本　四冊

310000－0241－0013035　956019

晴窗鑑古圖不分卷　（清）朱養儒輯　清光緒涇川朱氏刻本　一冊

310000－0241－0013036　956020

養素園詩四卷　（清）王鈞輯　清光緒七年（1881）竹書堂刻本　一冊

310000－0241－0013037　956020：2

養素園詩四卷　（清）王鈞輯　清光緒七年（1881）竹書堂刻本　二冊

310000－0241－0013038　956022

且園賡唱集三卷　（清）且園主人手訂　清同治十三年（1874）且園刻本　一冊

310000－0241－0013039　956023

晚香唱和集四卷附詩集六種六卷　（清）陶樑彙錄　清道光二十三年（1843）刻本　四冊

310000－0241－0013040　956024

湘管聯吟一卷續集二卷　（清）陳焯編　清乾隆末刻本　四冊

310000－0241－0013041　956026

友聲集二十八種四十五卷　（清）王相輯　清咸豐八年（1858）信芳閣刻本　六冊

310000－0241－0013042　956027

續友聲集六種十卷　（清）王棨之輯　清咸豐刻本　二冊

310000－0241－0013043　956028

鴛鴦湖櫂歌五卷　（清）朱彝尊撰　（清）朱芳衡輯　清乾隆四十年（1775）寫刻本　四冊

310000－0241－0013044　956028（2）

鴛鴦湖櫂歌五卷　（清）朱彝尊撰　（清）朱芳衡輯　清乾隆四十年（1775）寫刻本　一冊

310000－0241－0013045　956028（2）：2

鴛鴦湖櫂歌五卷　（清）朱彝尊撰　（清）朱芳衡輯　清乾隆四十年（1775）寫刻本　一冊

310000－0241－0013046　956029

詩畸八卷外編二卷　（清）唐南注輯　清光緒刻本　三冊　存六卷

310000－0241－0013047　956030

衡山九老會詩稿四卷　（清）吳獬編　清光緒刻本　二冊

310000－0241－0013048　956033

杏莊題詠四卷　（清）鄧大林輯　清道光二十

六年(1846)香山鄧氏刻本　二册

310000－0241－0013049　956034

清尊集十六卷　(清)汪遠孫輯　清道光振綺堂刻本　一册

310000－0241－0013050　956035

靈芝唱答集四卷　(清)戴肇辰撰　清同治七年(1868)刻本　一册

310000－0241－0013051　956038

是程堂倡和投贈集二十五卷　(清)屠倬輯　(清)屠秉編校　清道光五年(1825)錢塘屠氏刻本　六册

310000－0241－0013052　956039

冰泉唱和集一卷續一卷再續一卷閨集一卷　金武祥輯　清光緒刻本　一册

310000－0241－0013053　956044

四友遺詩四種十二卷　(清)黎庶昌輯　清光緒二十年(1894)遵義黎氏刻本　四册

310000－0241－0013054　956045

詩義標準一百十四卷　(清)王錫光撰集　清宣統三年(1911)虚受堂刻本　三十册

310000－0241－0013055　956050

寒山拾得中峯三大士詩不分卷　(清)揚州藏經院合刻　清光緒二年(1876)刻本　一册

310000－0241－0013056　956050:2

寒山拾得中峯三大士詩不分卷　(清)揚州藏經院合刻　清光緒二年(1876)刻本　一册

310000－0241－0013057　956051

續同人集十四類十七卷　(清)袁枚輯　清乾隆五十五年(1790)隨園刻本　四册

310000－0241－0013058　956052

海外同人集二卷補遺一卷　(日本)星野恒等撰　(日本)河田小桃編　清光緒刻本　一册

310000－0241－0013059　956056

狂瀾砥柱集一卷　(清)退省軒主人編輯　清光緒二十六年(1900)南昌善書處刻本　一册

310000－0241－0013060　956061

鄧林唱和集不分卷　(清)陳仲明輯　清宣統元年(1909)江浦陳氏刻本　一册

310000－0241－0013061　956063

南園賡社詩一卷　(清)錢溯耆輯　清宣統元年(1909)聽豳館刻本　一册

310000－0241－0013062　956065

倡和新月詩不分卷　(清)程思樂編　清乾隆對山堂刻本　一册

310000－0241－0013063　956067

可作集八卷　(清)王慶勳輯　清道光二十八年(1848)上海王氏刻本　四册

310000－0241－0013064　956068

金蘭集存一卷首一卷續集一卷　(明)徐達左輯　清乾隆二十五年(1760)徐堅刻本　二册

310000－0241－0013065　956072

陶氏五宴詩集二卷　(清)陶煦輯　清光緒木活字印本　一册

310000－0241－0013066　956074

二柳邨莊吟社詩選不分卷　(清)陳蔭庭等撰　(清)張立本選　清道光元年(1821)鵝湖小綠天刻本　一册

310000－0241－0013067　956078

三廉贈别錄不分卷　(清)林昌彝纂輯　清同治六年(1867)海門書院刻本　一册

310000－0241－0013068　956079

于湖題襟集八卷　(清)袁昶輯　清光緒二十一年(1895)刻本　四册

310000－0241－0013069　956083

版輿贈言不分卷　(清)曾興仁輯　清道光十八年(1838)瓣香書屋刻本　一册

310000－0241－0013070　956095

蝴蝶疊韻詩一卷前川詩鈔一卷夢花詩草一卷　(清)程思樂彙訂　清對山堂刻本　一册

310000－0241－0013071　956097

湖山詩選一卷　(清)□□選　清咸豐三年(1853)抄本　一册

310000－0241－0013072　956102
庚子紀念圖一卷　釋宗仰作　清光緒排印本　一冊

310000－0241－0013073　956104
虹橋秋禊圖題詞一卷　(清)朱銘輯　清光緒三年(1877)刻本　一冊

310000－0241－0013074　956105
落花酬唱集不分卷　沈宗畸輯　清光緒二十四年(1898)刻本　一冊

310000－0241－0013075　956106
息園吟社詩存二卷　(清)金啓輯　清咸豐刻本　一冊

310000－0241－0013076　956108
雪鴻偶鈔四卷　(清)倪世珍錄　清光緒四年(1878)刻本　一冊

310000－0241－0013077　956109
石筍山房圖題詠集六卷　(清)吳德襄編　清光緒二十年(1894)刻本　二冊

310000－0241－0013078　956112
題圖詩文選錄不分卷　(清)蔣樹本編　清光緒三十三年(1907)刻本　一冊

310000－0241－0013079　956117
莫愁湖楹聯便覽一卷　(清)釋壽安輯錄　清光緒刻本　一冊

310000－0241－0013080　956125
庚寅讌集三編不分卷　(清)孫點君輯　清光緒刻本　三冊

310000－0241－0013081　956130
萍因蕉夢十二圖題辭二卷附松陰詩逸圖題辭一卷　(清)金鰲廷輯　清光緒刻本　一冊

310000－0241－0013082　956133
生日倡和詩鈔一卷　(清)陳晉元撰　清道光十六年(1836)刻本　一冊

310000－0241－0013083　956136
嶺南倡和詩一卷　(清)方濬頤集錄　清同治三年(1864)羊城刻本　一冊

310000－0241－0013084　956140
杖鄉吟一卷　(清)盛景曾輯　清光緒三十四年(1908)木活字印本　一冊

310000－0241－0013085　956144
自怡園屏錦詩集二卷詞集二卷　(清)葉珪輯　清咸豐六年(1856)自怡園刻本　二冊

310000－0241－0013086　956148
碧聲吟館倡酬錄二卷惕齋遺翰一卷　(清)許善長纂　清光緒四年(1878)許氏碧聲吟館刻本　一冊

310000－0241－0013087　956152
湘社集四卷　易順鼎編　程頌萬編　清光緒十七年(1891)長沙刻本　二冊

310000－0241－0013088　956156
四白齋唱和集一卷平山堂唱和集一卷　(清)朱銘輯　清同治十三年(1874)刻本　一冊

310000－0241－0013089　956157
冰梅詞一卷　(清)夏文蓺輯　清光緒二十九年(1903)夏慎本刻本　一冊

310000－0241－0013090　956158
圭塘倡和詩一卷　袁世凱等撰　袁克文輯　清宣統二年(1910)排印本　一冊

310000－0241－0013091　956163
所至錄一卷又八卷　(清)盧戊原編次　(清)吳寅邦編次　清光緒刻本　八冊

310000－0241－0013092　956203
觀劇絕句三卷　(清)金德瑛撰　王先謙等和　清光緒三十四年(1908)葉氏觀古堂刻本　一冊

310000－0241－0013093　956203：2
觀劇絕句三卷　(清)金德瑛撰　王先謙等和　清光緒三十四年(1908)葉氏觀古堂刻本　一冊

310000－0241－0013094　956205
花隖聯吟四卷詞一卷　(清)唐仲冕編　清嘉慶果克山房刻本　一冊

310000－0241－0013095　956209

白下愚園集八卷 （清）胡光國纂輯　清光緒二十年(1894)刻本　六册

310000－0241－0013096　956217

題筱莊撫松圖各家詩一卷 （清）顧金標等撰　清咸豐刻本　一册

310000－0241－0013097　956218

越臺輿頌不分卷 （清）耆英等撰　清道光二十八年(1848)寫刻本　一册

310000－0241－0013098　956219

宣南夢憶二卷 （清）甘溪瘦腰生撰　清光緒刻本　二册

310000－0241－0013099　956221

練浦攀轅圖詩一卷 （清）朱寵等撰　（清）王國佐編　清道光十九年(1839)刻本　一册

310000－0241－0013100　956222

梧笙唱和初集二卷 （清）李星沅撰　清道光十七年(1837)刻本　二册

310000－0241－0013101　956222:2

梧笙唱和初集二卷 （清）李星沅撰　清道光十七年(1837)刻本　二册

310000－0241－0013102　956223

黄海看雲第一圖題辭二卷 （清）達昌等撰（清）汪廷棟輯　清光緒二十年(1894)刻本　一册

310000－0241－0013103　956224

黄蓼花唱和詞一卷 （清）潘曾綬等撰　清道光刻本　一册

310000－0241－0013104　956225

雜詩漫録不分卷 （清）□□輯　清抄本　一册

310000－0241－0013105　956226

滇海雪鴻集七卷 （清）林則徐等輯　（清）嚴錫康編　清同治刻本　一册

310000－0241－0013106　956233

寶印集六卷閨秀一卷方外一卷 （清）王之佐輯　清道光十一年(1831)刻本　二册

310000－0241－0013107　956234

二柳邨莊酬唱詩選不分卷 （清）華文模等輯（清）韋光黻選　清道光鵝湖小緑天刻本　一册

310000－0241－0013108　956237

清華唱和集不分卷 （清）許應鑅等撰　清光緒九年(1883)刻本　一册

310000－0241－0013109　956239

湘煙閣詩鐘彙鈔初集一卷二集一卷 （清）王以敏編　清光緒十八年(1892)排印本　一册

310000－0241－0013110　956241

石洞貽芳集二卷補遺一卷考異一卷 （宋）葉適等撰　（明）郭鈇輯　清光緒三年(1877)永康胡氏退補齋刻本　二册

310000－0241－0013111　956243

采百集二卷 （清）戴藝郛撰　清光緒刻本　二册

310000－0241－0013112　956246

聽秋軒贈言二卷 （清）袁枚等撰　（清）駱綺蘭録　清嘉慶初句曲駱氏刻本　一册

310000－0241－0013113　956249

茂苑吟秋集不分卷 （清）羅長裿等撰　清光緒三十二年(1906)刻本　一册

310000－0241－0013114　956254

怡園紀事唱和詩卷 （清）湯兆福等撰　清道光刻本　一册

310000－0241－0013115　956255

八甎吟館刻燭集三卷 （清）阮元輯　清嘉慶儀徵阮氏刻本　一册

310000－0241－0013116　956260

桃花村盍簪録一卷 （清）江峯青等撰　清光緒三十四年(1908)石印本　一册

310000－0241－0013117　956261

西泠酬唱集五卷二集五卷 （清）秦緗業等撰　清光緒五年(1879)刻本　四册

310000－0241－0013118　956262

邗上題襟續集一卷 （清）曾燠輯　清嘉慶二

年(1797)兩淮官署刻本　一冊

310000－0241－0013119　956263
扶桑驪唱集不分卷　(清)葉煒等撰　清光緒十七年(1891)白下刻本　一冊

310000－0241－0013120　956264
春柳唱和詩一卷　(清)張鳴珂等撰　清光緒嘉興張氏刻本　一冊

310000－0241－0013121　956265
宣南鴻雪集二卷　(清)廉兆綸等撰　清同治三年(1864)大魁堂刻本　二冊

310000－0241－0013122　956267
繡鐙問字圖題詞一卷　(清)任沛霖等輯　清同治十二年(1873)海鹽陳方瀛刻本　一冊

310000－0241－0013123　956269
稀齡祝雅四卷附自述百韻詩一卷　(清)黄炳垕倡　(清)高桐等和　清光緒十年(1884)餘姚黄氏刻本　一冊

310000－0241－0013124　956270
白燕倡和集六卷　(清)王之佐等撰　清嘉慶二十年(1815)王氏青來草堂刻本　二冊

310000－0241－0013125　956270:2
白燕倡和集六卷　(清)王之佐等撰　清嘉慶二十年(1815)王氏青來草堂刻本　二冊

310000－0241－0013126　956277
貞静錄一卷　(清)郭嵩燾等撰　清光緒十五年(1889)長沙柳氏古榴山莊刻本　一冊

310000－0241－0013127　956278
香痕奩影集題辭一卷補一卷　(清)袁祖光等撰　(清)吳夢蘭輯　清宣統元年(1909)排印本　一冊

310000－0241－0013128　956278:2
香痕奩影集題辭一卷補一卷　(清)袁祖光等撰　(清)吳夢蘭輯　清宣統元年(1909)排印本　一冊

310000－0241－0013129　956280
洞庭遊草三卷洞庭遊記一卷　(清)淩鳳超等撰　清道光刻本　一冊

310000－0241－0013130　956282
凝碧軒投贈集一卷　(清)戴光曾等撰　(清)徐熊飛選　清道光六年(1826)凝碧軒刻本　一冊

310000－0241－0013131　956283
耆齡酬倡集一卷　(清)忻繼述倡　(清)吳呂諧等和　清宣統元年(1909)忻受豫木活字印本　一冊

310000－0241－0013132　956285
浙闈聚奎堂唱和詩一卷　(清)徐樹銘等撰　清光緒浙江刻本　一冊

310000－0241－0013133　956286
小桃源室聯吟詩存一卷　(清)陸齊壽等撰　(清)徐元章輯　清同治五年(1866)徐氏刻本　一冊

310000－0241－0013134　956288
復園紅板橋詩一卷附錄題詠一卷　(清)吳修輯　清光緒錢塘丁氏刻本　一冊

310000－0241－0013135　956290
可以興錄不分卷　(清)道傳學等撰　清同治丹徒道氏刻本　一冊

310000－0241－0013136　956292
曇陽遺韻六卷　(清)梁煥奎編輯　清光緒十七年(1891)刻本　二冊

310000－0241－0013137　956293
觀水倡和詩一卷　(清)郁載瑛倡　(清)高三祝等和　清道光末遞刻本　一冊

310000－0241－0013138　956296
蘇海餘波一卷　徐琪輯　清光緒七年(1881)仁和徐氏刻本　一冊

310000－0241－0013139　956297
樊公祠錄二卷風木盦圖題詠一卷　(清)孫樹禮撰　(清)丁丙輯　清光緒二十六年(1900)錢塘丁氏刻本　一冊

310000－0241－0013140　956298
庚仙艾年雅頌一卷　(清)姚典揆等撰　清光緒二十五年(1899)石印本　一冊

310000－0241－0013141　956299
清谿惆悵集二卷　(清)吴翊寅等撰　清光緒二十一年(1895)陽湖吴氏廣雅書局刻本　一册

310000－0241－0013142　956300
古井遺忠集一卷　(清)王覺民等撰　(清)陳坤輯　清同治八年(1869)刻本　一册

310000－0241－0013143　956304
集稧帖字詩二卷　(清)陳栻原倡　(清)阮學濬等和　清乾隆末刻本　一册

310000－0241－0013144　956307
俗雅史文二種　(清)黄寶棠撰　清光緒十六年(1890)黄氏枕湖樓刻本　一册

310000－0241－0013145　956308
俗雅史文二種　(清)黄寶棠撰　清光緒十六年(1890)黄氏枕湖樓刻本　一册

310000－0241－0013146　956311
徐宗永七十壽言不分卷　(清)王以銜等撰　(清)徐朗輯　清刻本　一册

310000－0241－0013147　956312
詩鐘錄不分卷　(清)陳灌蓀輯　清光緒十一年(1885)刻本　一册

310000－0241－0013148　956315
引年珠玉編不分卷　(清)王振聲輯　清宣統三年(1911)京師京華書局排印本　一册

310000－0241－0013149　956321
龍湖檇李題詞一卷續刻一卷　(清)李培增輯　清光緒二十八年至二十九年(1902－1903)刻本　二册

310000－0241－0013150　956322
負親避火圖題詞不分卷　(清)沈家騏編　(清)沈家傑校　清嘉慶十一年(1806)蘇州閶門外上塘街青蓮齋江孚吉刻本　一册

310000－0241－0013151　956325
粵闈唱和集一卷附刻秋闈試題擬作一卷　(清)方濬師等撰　清同治十二年(1873)刻本　一册

310000－0241－0013152　956326
馮母俞太恭人七十壽言四卷　馮恕輯　清光緒三十四年(1908)北京京華書局排印本　一册

310000－0241－0013153　956327
夢驅閣題詞　(清)許銓輯　清道光許銓刻本　一册

310000－0241－0013154　956328
長溪社詩存　(清)潘允喆輯　清光緒十二年(1886)春暉堂刻本　二册

310000－0241－0013155　956329
閨情宫詞雜鈔　(清)□□輯　清抄本　一册

310000－0241－0013156　956330
題畫詩鈔　(清)□□輯　清抄本　一册

310000－0241－0013157　956331
窗課詩一卷　(清)方本智録　清末抄本　一册

310000－0241－0013158　956332
酒詩不分卷　(清)□□輯　清刻本　一册

310000－0241－0013159　956333
守恒主人甲戌乙亥丙子窗課詩不分卷　(清)守恒主人撰　清抄本　二册

310000－0241－0013160　956334
詠物詩選註釋八卷　(清)易開縉註　清道光元年(1821)昭德堂刻本　十四册

310000－0241－0013161　956335
清遠文木圖不分卷　(清)葉志詵等撰　清道光刻本　二册

310000－0241－0013162　960002
欽定全唐文一千卷　(清)董誥等奉敕編　清光緒十七年(1891)廣雅書局刻本　二百册

310000－0241－0013163　960003
欽定全唐文　(清)董誥等奉敕編輯　清嘉慶十二年(1807)刻本　三百十六册　存九百八十八卷

310000－0241－0013164　960005

唐文粹一百卷補遺二十六卷　(宋)姚鉉編　清光緒九年至十一年(1883－1885)江蘇書局刻本　二十册

310000－0241－0013165　960005:2
唐文粹一百卷補遺二十六卷　(宋)姚鉉編　清光緒九年至十一年(1883－1885)江蘇書局刻本　二十册

310000－0241－0013166　960005:3
唐文粹一百卷補遺二十六卷　(宋)姚鉉編　清光緒九年至十一年(1883－1885)江蘇書局刻本　二十册

310000－0241－0013167　960006
唐文粹一百卷補遺二十六卷　(宋)姚鉉撰　清光緒十六年(1890)杭州許氏校刻本　二十四册

310000－0241－0013168　960006:2
唐文粹一百卷補遺二十六卷　(宋)姚鉉撰　清光緒十六年(1890)杭州許氏校刻本　二十册

310000－0241－0013169　960006:3
唐文粹一百卷補遺二十六卷　(宋)姚鉉撰　清光緒十六年(1890)杭州許氏校刻本　二十册

310000－0241－0013170　960007
唐文粹一百卷　(宋)姚鉉編　清光緒九年至十一年(1883－1885)江蘇書局刻本　十六册

310000－0241－0013171　960008
唐文粹補遺二十六卷　(清)郭麐纂　清光緒十一年(1885)江蘇書局刻本　四册

310000－0241－0013172　960009
唐文粹一百卷補遺二十六卷　(宋)姚鉉編　清光緒九年至十一年(1883－1885)江蘇書局刻本　二十册

310000－0241－0013173　960012(2)
初唐四傑文集二十一卷　(清)□□輯　清光緒五年(1879)淮南書局刻本　四册

310000－0241－0013174　960013
唐人三家集二十六卷　(清)顧廣圻輯　清道光刻本　四册

310000－0241－0013175　960014
三唐人集三十二卷　(明)毛晉輯　清光緒讀有用書齋刻本　六册

310000－0241－0013176　960017
唐文拾遺七十二卷目録八卷　(清)陸心源輯　清光緒刻本　二十册

310000－0241－0013177　960018
唐文拾遺七十二卷目録八卷　(清)陸心源輯　清光緒刻本　二十册

310000－0241－0013178　960019
唐駢體文鈔十七卷　(清)陳均輯　清同治十二年(1873)萃文堂刻本　四册

310000－0241－0013179　960020
宋文鑑一百五十卷目録三卷　(宋)吕祖謙編　清光緒十二年(1886)江蘇書局刻本　二十四册

310000－0241－0013180　960020:2
宋文鑑一百五十卷目録三卷　(宋)吕祖謙編　清光緒十二年(1886)江蘇書局刻本　二十四册

310000－0241－0013181　960020:3
宋文鑑一百五十卷目録三卷　(宋)吕祖謙編　清光緒十二年(1886)江蘇書局刻本　二十四册

310000－0241－0013182　960021
宋文鑑一百五十卷目録三卷　(宋)吕祖謙編　清光緒十二年(1886)江蘇書局刻本　二十四册

310000－0241－0013183　960021:2
宋文鑑一百五十卷目録三卷　(宋)吕祖謙編　清光緒十二年(1886)江蘇書局刻本　二十册

310000－0241－0013184　960027
三蘇全集　(清)弓翊清重訂　清道光十三年(1833)刻本　六十三册　存一百八十四卷

310000－0241－0013185　960029
三蘇策論十二卷　(宋)蘇洵撰　(清)張紹齡編　清光緒二十七年(1901)上海漢讀樓書局石印本　六冊

310000－0241－0013186　960029(2)
三蘇策論十二卷　(宋)蘇洵撰　(清)馬毓文等編校　清光緒二十八年(1902)上海書局石印本　一冊

310000－0241－0013187　960030
合諸名家評注三蘇文選十八卷　(明)楊慎原選　(明)李維楨評注　清康熙二十七年(1688)製錦堂刻本　十冊

310000－0241－0013188　960034
南宋文範七十卷外編四卷　(清)莊仲方編　清光緒十四年(1888)江蘇書局刻本　十六冊

310000－0241－0013189　960035
南宋文範七十卷外編四卷　(清)莊仲方編　清光緒十四年(1888)江蘇書局刻本　四冊

310000－0241－0013190　960038
遼文萃七卷藝文志補證一卷　王仁俊編　清光緒三十年(1904)刻本　一冊

310000－0241－0013191　960038:2
遼文萃七卷藝文志補證一卷　王仁俊編　清光緒三十年(1904)刻本　一冊

310000－0241－0013192　960038:3
遼文萃七卷藝文志補證一卷　王仁俊編　清光緒三十年(1904)刻本　一冊

310000－0241－0013193　960038:4
遼文萃七卷藝文志補證一卷　王仁俊編　清光緒三十年(1904)刻本　一冊

310000－0241－0013194　960041
金文雅十六卷　(清)莊仲方編　清道光二十一年(1841)刻本　八冊

310000－0241－0013195　960041:2
金文雅十六卷　(清)莊仲方編　清道光二十一年(1841)刻本　一冊

310000－0241－0013196　960041:3
金文雅十六卷　(清)莊仲方編　清道光二十一年(1841)刻本　四冊

310000－0241－0013197　960042
金文最六十卷　(清)張金吾輯　清光緒二十一年(1895)江蘇書局刻本　十六冊

310000－0241－0013198　960042:2
金文最六十卷　(清)張金吾輯　清光緒二十一年(1895)江蘇書局刻本　八冊

310000－0241－0013199　960042:3
金文最六十卷　(清)張金吾輯　清光緒二十一年(1895)江蘇書局刻本　八冊

310000－0241－0013200　960042:4
金文最六十卷　(清)張金吾輯　清光緒二十一年(1895)江蘇書局刻本　三十六冊

310000－0241－0013201　960045
元文類七十卷目錄三卷　(元)蘇天爵編　清光緒十五年(1889)江蘇書局刻本　十冊

310000－0241－0013202　960045:2
元文類七十卷目錄三卷　(元)蘇天爵編　清光緒十五年(1889)江蘇書局刻本　三冊

310000－0241－0013203　960045:3
元文類七十卷目錄三卷　(元)蘇天爵編　清光緒十五年(1889)江蘇書局刻本　十冊

310000－0241－0013204　960048
明文在一百卷　(清)薛熙編　清光緒十五年(1889)江蘇書局刻本　十冊

310000－0241－0013205　960048:2
明文在一百卷　(清)薛熙編　清光緒十五年(1889)江蘇書局刻本　十冊

310000－0241－0013206　960048:3
明文在一百卷　(清)薛熙編　清光緒十五年(1889)江蘇書局刻本　十冊

310000－0241－0013207　960049
讀書堂綵衣全集四十六卷　(清)趙士麟撰　**趙恭毅公賸稿八卷**　(清)趙申喬撰　清光緒十八年至十九年(1892－1893)浙江書局刻本　十六冊

310000－0241－0013208　960050
明文在一百卷　(清)薛熙編　清光緒十五年(1889)江蘇書局刻本　七册

310000－0241－0013209　960054
切問齋文鈔三十卷　(清)陸燿輯　清道光五年(1825)長白誠端刻本　五册

310000－0241－0013210　960055
憑山閣彙輯四六留青采珍集六卷　(清)陳枚選　清康熙金閶寶翰樓刻本　六册

310000－0241－0013211　960056
國朝文錄　(清)姚椿輯　清光緒二十六年(1900)埽葉山房石印本　十二册　存五十五卷

310000－0241－0013212　960057
國朝文錄八十二卷　(清)姚椿輯　清光緒二十六年(1900)埽葉山房石印本　十六册

310000－0241－0013213　960058
國朝文錄八十二卷　(清)姚椿輯　清咸豐元年(1851)終南山館校刻本　二十四册

310000－0241－0013214　960058:2
國朝文錄八十二卷　(清)姚椿輯　清咸豐元年(1851)終南山館校刻本　三十二册

310000－0241－0013215　960059
國朝文錄八十二卷文錄續編六十六卷　(清)李祖陶選輯　清道光十九年(1839)瑞州鳳儀書院刻同治七年(1868)敖陽李氏尚友樓續刻本　八十一册

310000－0241－0013216　960059:2
國朝文錄八十二卷文錄續編六十六卷　(清)李祖陶選輯　清道光十九年(1839)瑞州鳳儀書院刻同治七年(1868)敖陽李氏尚友樓續刻本　七十八册

310000－0241－0013217　960062
國朝文匯甲前集二十卷甲集六十卷乙集七十卷丙集三十卷丁集二十卷姓氏目錄一卷　(清)沈粹芬等輯　清宣統元年(1909)上海國學扶輪社石印本　一百一册

310000－0241－0013218　960062:2
國朝文匯甲前集二十卷甲集六十卷乙集七十卷丙集三十卷丁集二十卷姓氏目錄一卷　(清)沈粹芬等輯　清宣統元年(1909)上海國學扶輪社石印本　九十八册

310000－0241－0013219　960064
國朝文徵四十卷　(清)吴翌鳳選輯　(清)沈林惪校刊　清咸豐元年(1851)吴江沈氏世美堂刻本　四十一册

310000－0241－0013220　960064:2
國朝文徵四十卷　(清)吴翌鳳選輯　(清)沈林惪校刊　清咸豐元年(1851)吴江沈氏世美堂刻本　二十册

310000－0241－0013221　960065
國朝駢體正宗十二卷　(清)曾燠輯　清同治十三年(1874)聚賢堂刻本　八册

310000－0241－0013222　960066
八家四六文鈔九卷　(清)吳鼒輯　清嘉慶三年(1798)較經堂刻本　四册

310000－0241－0013223　960066:2
八家四六文鈔九卷　(清)吳鼒輯　清嘉慶三年(1798)較經堂刻本　八册

310000－0241－0013224　960066:3
八家四六文鈔九卷　(清)吳鼒輯　清嘉慶三年(1798)較經堂刻本　四册

310000－0241－0013225　960066:4
八家四六文鈔九卷　(清)吳鼒輯　清嘉慶三年(1798)較經堂刻本　八册

310000－0241－0013226　960067
後八家四六文鈔八卷　(清)□□輯　清光緒七年(1881)刻本　六册

310000－0241－0013227　960068
國朝十家四六文鈔十一卷　王先謙輯　清光緒十五年(1889)長沙王氏刻本　四册

310000－0241－0013228　960069
國朝二十四家文鈔二十四卷　(清)徐斐然輯評　清嘉慶元年(1796)刻本　六册

310000－0241－0013229　960070

國朝二十四家文鈔二十四卷　(清)徐斐然輯評　清嘉慶元年(1796)刻本　四册

310000－0241－0013230　960071

國朝二十四家文鈔二十四卷　(清)徐斐然輯評　清嘉慶元年(1796)刻本　十册

310000－0241－0013231　960073

湖海文傳七十五卷　(清)王昶輯　清道光十七年(1837)經訓堂刻同治五年(1866)印本　十六册

310000－0241－0013232　960073:2

湖海文傳七十五卷　(清)王昶輯　清道光十七年(1837)經訓堂刻同治五年(1866)印本　二十册

310000－0241－0013233　960079

今文偶見四十八卷　(清)徐斐然輯評　(清)徐以坤等參訂　清嘉慶四年(1799)刻本　十册

310000－0241－0013234　960081

篷窗隨錄十四卷附錄二卷續錄二卷　(清)沈兆澐撰　清咸豐七年至九年(1857－1859)刻光緒十八年(1892)補印本　十四册

310000－0241－0013235　960081:2

篷窗隨錄十四卷附錄二卷續錄二卷　(清)沈兆澐撰　清咸豐七年至九年(1857－1859)刻光緒十八年(1892)補印本　十二册

310000－0241－0013236　960082

林嚴合鈔四卷　皞皞子合抄　清宣統元年(1909)國學扶輪社排印本　四册

310000－0241－0013237　960083

林嚴合鈔四卷　皞皞子合抄　清宣統元年(1909)國學扶輪社排印本　四册

310000－0241－0013238　960083:2

林嚴合鈔四卷　皞皞子合抄　清宣統元年(1909)國學扶輪社排印本　二册

310000－0241－0013239　960084

章譚合鈔六卷　(清)國學扶輪社選輯　清宣統元年(1909)國學扶輪社排印本　五册

310000－0241－0013240　960084:2

章譚合鈔六卷　(清)國學扶輪社選輯　清宣統元年(1909)國學扶輪社排印本　六册

310000－0241－0013241　960084:3

章譚合鈔六卷　(清)國學扶輪社選輯　清宣統元年(1909)國學扶輪社排印本　五册

310000－0241－0013242　960089

三宋人集四十八卷　(清)方功惠校輯　清光緒七年(1881)碧琳琅館校刻本　六册

310000－0241－0013243　960089:2

三宋人集四十八卷　(清)方功惠校輯　清光緒七年(1881)碧琳琅館校刻本　六册

310000－0241－0013244　960090

國朝文述七卷　(清)王鎏輯　清道光二十二年(1842)藝海堂刻本　六册

310000－0241－0013245　960091

國朝文雅正所見集十六卷　(清)林有席評輯　清道光十年(1830)菜根樂刻本　十二册

310000－0241－0013246　960093

南宋文錄錄二十四卷　(清)董兆熊輯　清光緒十七年(1891)蘇州書局刻本　二册

310000－0241－0013247　960093:2

南宋文錄錄二十四卷　(清)董兆熊輯　清光緒十七年(1891)蘇州書局刻本　六册

310000－0241－0013248　960094

皇朝駢文類苑十五卷　(清)姚燮選　清光緒刻本　二十四册

310000－0241－0013249　960094:2

皇朝駢文類苑十五卷　(清)姚燮選　清光緒刻本　二十册

310000－0241－0013250　960094:3

皇朝駢文類苑十五卷　(清)姚燮選　清光緒刻本　二十四册

310000－0241－0013251　960096

國朝文警初編四卷　(清)西湖寄生選　清咸

豐元年(1851)木活字印本　四册

310000－0241－0013252　960102
國朝文棟八卷　(清)胡嘉銓輯　清光緒十二年(1886)刻本　一册

310000－0241－0013253　960104
南北朝文鈔二卷　(清)彭兆蓀輯　(清)徐達源校　清光緒八年(1882)紫雲室刻本　二册

310000－0241－0013254　960110
錸庵駢體文選四卷　沈宗畸輯　清末番禺沈氏刻晨風閣叢書本　一册

310000－0241－0013255　960111
國朝文粹不分卷　(清)錢祥保輯　清宣統元年(1909)排印本　一册

310000－0241－0013256　960119
國朝駢體正宗續編八卷　(清)張鳴珂輯　清光緒十四年(1888)寒松閣刻本　四册

310000－0241－0013257　960120
文變三卷　蔡元培選　清光緒二十八年(1902)上海商務印書館排印本　二册

310000－0241－0013258　960121
孔顨軒洪北江兩先生駢體文合刻本十一卷　(清)孔廣森　(清)洪亮吉撰　清光緒二十一年(1895)湖南善化章氏經濟堂刻本　六册

310000－0241－0013259　961001
全上古三代秦漢三國六朝文七百四十一卷　(清)嚴可均校輯　清光緒二十年(1894)黄岡王氏刻本　七十册

310000－0241－0013260　961004
全上古三代秦漢三國六朝文　(清)嚴可均校輯　清光緒二十年(1894)黄岡王氏刻本　九十三册　存六百九十四卷

310000－0241－0013261　961007
全上古三代秦漢三國六朝文七百四十一卷　(清)嚴可均編　清光緒十三年(1887)廣雅書局刻本　一百册

310000－0241－0013262　961011
文選六十卷　(南朝梁)蕭統選　(唐)李善注　清光緒元年(1875)尊德書院刻本　十册

310000－0241－0013263　961012
文選六十卷　(南朝梁)蕭統選　(唐)李善注　清光緒十六年(1890)鴻文書局影印清胡克家刻本　六册

310000－0241－0013264　961016
仿宋胡刻文選六十卷附考異十卷　(南朝梁)蕭統選　(唐)李善注　清宣統三年(1911)上海會文堂石印本　十六册

310000－0241－0013265　961016:2
仿宋胡刻文選六十卷附考異十卷　(南朝梁)蕭統選　(唐)李善注　清宣統三年(1911)上海會文堂石印本　十六册

310000－0241－0013266　961017
文選六十卷　(南朝梁)蕭統選　(唐)李善注　清宣統三年(1911)上海會文堂石印本　十四册

310000－0241－0013267　961018:2
昭明文選六十卷　(南朝梁)蕭統選　(唐)李善注　清乾隆三十七年(1772)海録軒刻本　十六册

310000－0241－0013268　961018:3
昭明文選六十卷　(南朝梁)蕭統選　(唐)李善注　清乾隆三十七年(1772)海録軒刻本　十六册

310000－0241－0013269　961021
文選六十卷附考異十卷　(南朝梁)蕭統選　(唐)李善注　清光緒十六年(1890)鴻文書局石印本　六册

310000－0241－0013270　961021(2)
文選六十卷　(南朝梁)蕭統選　(唐)李善注　清同治八年(1869)金陵書局刻本　十册

310000－0241－0013271　961021:2
文選六十卷附考異十卷　(南朝梁)蕭統選　(唐)李善注　清光緒十六年(1890)鴻文書局石印本　二十四册

310000－0241－0013272　961022

文選六十卷　(南朝梁)蕭統選　(唐)李善注　清乾隆三十四年至三十七年(1769－1772)長洲葉氏海錄軒刻朱墨套印本　十冊

310000－0241－0013273　961023
文選六十卷　(南朝梁)蕭統選　(唐)李善注　清光緒十一年(1885)上海同文書局石印本　十冊

310000－0241－0013274　961026
文選六十卷附考異十卷　(南朝梁)蕭統選　(唐)李善注　清宣統三年(1911)會文堂石印本　十六冊

310000－0241－0013275　961026:2
文選六十卷附考異十卷　(南朝梁)蕭統選　(唐)李善注　清宣統三年(1911)會文堂石印本　十六冊

310000－0241－0013276　961031
文選考異十卷　(清)胡克家撰　清四明林氏仿胡氏刻本　四冊

310000－0241－0013277　961032
文選注考異一卷　(宋)尤袤撰　清光緒武進盛氏刻本　一冊

310000－0241－0013278　961033
文選旁證四十六卷　(清)梁章鉅撰　清道光刻本　十二冊

310000－0241－0013279　961033(2)
文選旁證四十六卷　(清)梁章鉅撰　清光緒八年(1882)吳下刻本　十二冊

310000－0241－0013280　961034
重訂文選集評十五卷首一卷末一卷　(清)于光華編次　清乾隆四十三年(1778)錫山啓秀堂刻本　十六冊

310000－0241－0013281　961035
重訂文選集評十五卷首一卷末一卷　(清)于光華編次　清乾隆四十三年(1778)錫山啓秀堂刻本　三十二冊

310000－0241－0013282　961038
文選補遺四十卷　(宋)陳仁子輯　清乾隆刻本　十二冊

310000－0241－0013283　961039
文選通假字會四卷　(清)杜宗玉撰　清光緒二十二年(1896)孝感學署刻本　四冊

310000－0241－0013284　961040
文選理學權輿八卷附補一卷　(清)汪師韓撰　清光緒十二年(1886)刻本　三冊

310000－0241－0013285　961041
文選理學權輿八卷附補一卷考異四卷李注補正四卷　(清)汪師韓撰　清光緒十五年(1889)重栞讀畫齋本　八冊

310000－0241－0013286　961041:2
文選理學權輿八卷附補一卷考異四卷李注補正四卷　(清)汪師韓撰　清光緒十五年(1889)重栞讀畫齋本　八冊

310000－0241－0013287　961042
文選筆記八卷　(清)許巽行撰　清光緒五年至十年(1879－1884)杭州任有容齋刻本　十冊

310000－0241－0013288　961042:2
文選筆記八卷　(清)許巽行撰　清光緒五年至十年(1879－1884)杭州任有容齋刻本　六冊

310000－0241－0013289　961043
文選音義八卷　(清)余蕭客撰　清乾隆靜勝堂刻本　二冊

310000－0241－0013290　961043(2)
文選音義八卷　(清)余蕭客撰　清光緒二十一年(1895)上海鴻寶齋石印本　一冊

310000－0241－0013291　961043(2):2
文選音義八卷　(清)余蕭客撰　清光緒二十一年(1895)上海鴻寶齋石印本　一冊

310000－0241－0013292　961043:2
文選音義八卷　(清)余蕭客撰　清乾隆靜勝堂刻本　二冊

310000－0241－0013293　961048
漢魏六朝百三家名家集一百三種一百十八卷

(明)張溥輯　清翻刻明張溥本　一百冊

310000－0241－0013294　961050

漢魏六朝百三名家集一百三種一百十八卷　(明)張溥輯　清光緒善化章氏刻本　一百冊

310000－0241－0013295　961051

漢魏六朝百三名家集　(明)張溥輯　清光緒三年(1877)滇南王氏刻本　十二冊　存十三種十三卷

310000－0241－0013296　961053

漢魏六朝名家集四十家一百七十六卷　丁福保編　清宣統三年(1911)文明書局排印本　三十冊

310000－0241－0013297　961054

漢魏六朝名家集　丁福保編　清宣統三年(1911)文明書局排印本　二十九冊　存三十九家一百七十一卷

310000－0241－0013298　961055

漢魏六朝名家集四十家一百七十六卷　丁福保編　清宣統三年(1911)文明書局排印本　六冊

310000－0241－0013299　961056

漢魏六朝名家集四十家一百七十六卷　丁福保編　清宣統三年(1911)文明書局排印本　三十冊

310000－0241－0013300　961057

漢魏六朝文繡四卷續鈔一卷　(清)淩德編次　清光緒八年(1882)刻本　一冊

310000－0241－0013301　961058

漢魏六朝女子文選二卷　張維選　清宣統三年(1911)海鹽朱氏刻本　一冊

310000－0241－0013302　961060

八代文粹二百二十卷目録十八卷　(清)簡燊編　清光緒十一年(1885)考雋堂刻本　三十六冊

310000－0241－0013303　961062

文苑英華選六十卷　(清)宮夢仁訂　清康熙四十三年(1704)刻本　三十二冊

310000－0241－0013304　961063

文苑英華選六十卷　(清)宮夢仁訂　清康熙四十三年(1704)刻本　十四冊

310000－0241－0013305　961064

古文苑二十一卷　(宋)章樵注　清光緒十二年(1886)江蘇書局刻本　四冊

310000－0241－0013306　961064(3)

古文苑九卷　(宋)韓元吉編次　清嘉慶十四年(1809)蘭陵孫氏刻本　四冊

310000－0241－0013307　961064:2

古文苑二十一卷　(宋)章樵注　清光緒十二年(1886)江蘇書局刻本　四冊

310000－0241－0013308　961065

古文苑九卷　(宋)韓元吉編次　清光緒五年(1879)飛青閣重刻宋淳熙本　三冊

310000－0241－0013309　961065:2

古文苑九卷　(宋)韓元吉編次　清光緒五年(1879)飛青閣重刻宋淳熙本　四冊

310000－0241－0013310　961065:3

古文苑九卷　(宋)韓元吉編次　清光緒五年(1879)飛青閣重刻宋淳熙本　二冊

310000－0241－0013311　961066

古文關鍵二卷　(宋)呂祖謙輯評　清初刻本　二冊

310000－0241－0013312　961066:2

古文關鍵二卷　(宋)呂祖謙輯評　清初刻本　二冊

310000－0241－0013313　961067

古文關鍵二卷　(宋)呂祖謙輯　清光緒十四年(1888)江蘇書局刻本　一冊

310000－0241－0013314　961072

古文辭類纂七十四卷　(清)姚鼐纂輯　清同治八年(1869)江蘇書局刻本　十二冊

310000－0241－0013315　961074:2

古文辭類纂　(清)姚鼐纂輯　清嘉慶、道光間合河康氏刻本　八冊　存五卷

310000－0241－0013316　961076
古文辭類纂七十四卷　(清)姚鼐纂輯　清向竹軒刻本　十六册

310000－0241－0013317　961078
古文辭類纂七十五卷附校勘記一卷　(清)姚鼐纂輯　清光緒二十七年(1901)李氏求要堂刻本　十二册

310000－0241－0013318　961081
古文辭類纂七十四卷　(清)姚鼐纂輯　清同治八年(1869)江蘇書局刻本　十二册

310000－0241－0013319　961083
古文辭類纂七十四卷　(清)姚鼐纂輯　清同治八年(1869)江蘇書局刻本　十二册

310000－0241－0013320　961085
古文辭類纂七十四卷　(清)姚鼐纂輯　清同治八年(1869)江蘇書局刻本　十二册

310000－0241－0013321　961086
古文辭類纂七十四卷　(清)姚鼐纂輯　清光緒十九年(1893)思賢講舍刻本　十二册

310000－0241－0013322　961086:2
古文辭類纂七十四卷　(清)姚鼐纂輯　清光緒十九年(1893)思賢講舍刻本　十二册

310000－0241－0013323　961094
古文辭類纂七十四卷　(清)姚鼐纂輯　清光緒十九年(1893)思賢講舍刻本　十四册

310000－0241－0013324　961097
續古文辭類纂三十四卷　王先謙輯　清光緒八年(1882)長沙王氏虛受堂刻本　八册

310000－0241－0013325　961097:2
續古文辭類纂三十四卷　王先謙輯　清光緒八年(1882)長沙王氏虛受堂刻本　十册

310000－0241－0013326　961097:3
續古文辭類纂三十四卷　王先謙輯　清光緒八年(1882)長沙王氏虛受堂刻本　八册

310000－0241－0013327　961098
續古文辭類纂二十八卷　(清)黎庶昌輯　清光緒二十一年(1895)金陵狀元閣刻本　十二册

310000－0241－0013328　961098:2
續古文辭類纂二十八卷　(清)黎庶昌輯　清光緒二十一年(1895)金陵狀元閣刻本　十二册

310000－0241－0013329　961099
續古文辭類纂　(清)黎庶昌纂　清光緒二十一年(1895)金陵狀元閣刻本　十一册　存二十五卷

310000－0241－0013330　961116
經史百家雜鈔二十六卷附求闕齋日記類鈔二卷　(清)曾國藩纂　(清)李鴻章校刊　清光緒二年(1876)傳忠書局刻曾文正公全集本　二十二册

310000－0241－0013331　961116:2
經史百家雜鈔二十六卷附求闕齋日記類鈔二卷　(清)曾國藩纂　(清)李鴻章校刊　清光緒二年(1876)傳忠書局刻曾文正公全集本　十八册

310000－0241－0013332　961126
御選古文淵鑑六十四卷　(清)聖祖玄燁選　(清)徐乾學等輯注　清刻五色套印本　四十册

310000－0241－0013333　961128
古文淵鑑六十四卷　(清)徐乾學奉敕編注　清同治十二年(1873)浙江書局刻本　三十二册

310000－0241－0013334　961129
古文淵鑑六十四卷　(清)徐乾學編注　清宣統二年(1910)學部圖書館石印本　二十四册

310000－0241－0013335　961129:2
古文淵鑑六十四卷　(清)徐乾學編注　清宣統二年(1910)學部圖書館石印本　二十四册

310000－0241－0013336　961131
增訂古文集解八卷　(清)程潤德選評　清嘉慶元年(1796)致和堂刻本　八册

310000－0241－0013337　961133

古文近道集八卷 （清）王贊元編 清同治七年(1868)王氏培槐軒刻本 二册

310000－0241－0013338 961134

古文舉例不分卷 （明）歸有光輯 （清）鄒奪祺重輯 清光緒三十一年(1905)刻本 五册

310000－0241－0013339 961135

古文彙編十二卷 （清）馮敬直評注 清康熙四十四年(1705)刻本 八册

310000－0241－0013340 961136

古文彙鈔十卷 （清）蔣銘輯 清康熙五年(1666)卓觀堂刻本 十册

310000－0241－0013341 961137

古文彙鈔 （清）蔣銘輯 清康熙五年(1666)卓觀堂刻本 十五册 存九卷

310000－0241－0013342 961138

古近詩賦文鈔不分卷 （清）□少棠錄 清末抄本 二册

310000－0241－0013343 961139

古文賞音十二卷 （清）謝有煇編 清康熙五十四年(1715)粵東刻本 六册

310000－0241－0013344 961141

古文眉詮七十九卷首一卷 （清）浦起龍論次（清）程鍾彙 清乾隆九年(1744)三吴書院刻本 三十二册

310000－0241－0013345 961143

唐宋八家文讀本三十卷 （清）沈德潛編次評點 清乾隆刻本 十六册

310000－0241－0013346 961146

桐城吴氏古文讀本十三卷 （清）吳汝綸評選（清）常堉璋編校 清光緒三十四年(1908)文明書局排印本 四册

310000－0241－0013347 961148

桐城吴氏古文讀本十三卷 （清）吳汝綸評選（清）常堉璋編校 清光緒三十四年(1908)文明書局排印本 四册

310000－0241－0013348 961153

古文拾級八卷 （清）李枤纂 清宣統元年(1909)排印本 二册

310000－0241－0013349 961154

東萊集注類編觀瀾文甲集二十五卷乙集二十五卷丙集二十卷 （宋）林之奇編 清光緒二十年(1894)仿宋刻本 十二册

310000－0241－0013350 961157

續古文苑二十卷 （清）孫星衍撰 清光緒九年(1883)江蘇書局刻本 六册

310000－0241－0013351 961157:2

續古文苑二十卷 （清）孫星衍撰 清光緒九年(1883)江蘇書局刻本 六册

310000－0241－0013352 961158

續古文苑二十卷 （清）孫星衍輯 清光緒十一年(1885)吳縣朱氏槐廬家塾刻本 八册

310000－0241－0013353 961159

涵芬樓古今文鈔存九十八卷文體芻言一卷 吳曾祺纂錄 清宣統二年(1910)上海商務印書館排印本 九十八册

310000－0241－0013354 961159:2

涵芬樓古今文鈔存九十八卷文體芻言一卷 吳曾祺纂錄 清宣統二年(1910)上海商務印書館排印本 一百册

310000－0241－0013355 961169(2)

古文析義十六卷 （清）林雲銘評注 清光緒二十七年(1901)聯墨堂刻本 十六册

310000－0241－0013356 961170

郁郁齋古文析義詳解 （清）林雲銘評注 清光緒二十三年(1897)樂園刻本 八册 存八卷

310000－0241－0013357 961174:2

文章軌範七卷 （宋）謝枋得編 清刻本 二册

310000－0241－0013358 961184

六朝文絜四卷 （清）許槤評選 （清）朱鈞参校 清光緒三年(1877)讀有用書齋刻本 二册

310000－0241－0013359 961186

六朝文絜箋注十二卷　(清)許槤評選　(清)黎經誥箋注　清光緒十五年(1889)枕溢書屋刻本　二冊

310000-0241-0013360　961190
唐宋八大家文鈔一百四十四卷　(明)茅坤評選　清聚文堂刻本　四十冊

310000-0241-0013361　961191
御選唐宋文醇五十八卷　(清)高宗弘曆編　清光緒三年(1877)浙江書局刻本　二十冊

310000-0241-0013362　961191:2
御選唐宋文醇五十八卷　(清)高宗弘曆編　清光緒三年(1877)浙江書局刻本　二十冊

310000-0241-0013363　961191:3
御選唐宋文醇五十八卷　(清)高宗弘曆編　清光緒三年(1877)浙江書局刻本　八冊

310000-0241-0013364　961191:4
御選唐宋文醇五十八卷　(清)高宗弘曆編　清光緒三年(1877)浙江書局刻本　十六冊

310000-0241-0013365　961192
陳太僕批選八家文鈔不分卷　(清)陳兆崙輯　清光緒二十六年(1900)天津文美齋石印紫竹山房家塾刻本　一冊

310000-0241-0013366　961192:2
陳太僕批選八家文鈔不分卷　(清)陳兆崙輯　清光緒二十六年(1900)天津文美齋石印紫竹山房家塾刻本　六冊

310000-0241-0013367　961192:3
陳太僕批選八家文鈔不分卷　(清)陳兆崙輯　清光緒二十六年(1900)天津文美齋石印紫竹山房家塾刻本　六冊

310000-0241-0013368　961192:4
陳太僕批選八家文鈔不分卷　(清)陳兆崙輯　清光緒二十六年(1900)天津文美齋石印紫竹山房家塾刻本　六冊

310000-0241-0013369　961192:5
陳太僕批選八家文鈔不分卷　(清)陳兆崙輯　清光緒二十六年(1900)天津文美齋石印紫竹山房家塾刻本　六冊

310000-0241-0013370　961197
唐宋八家古文精選讀本不分卷　(清)吕留良選　(清)吕葆中點勘　清乾隆、嘉慶間重刻康熙吕氏家塾本　五冊

310000-0241-0013371　961198
唐宋十大家全集錄五十一卷　(清)儲欣輯　清光緒八年(1882)江蘇書局刻本　三十二冊

310000-0241-0013372　961199
唐宋八大家類選十四卷　(清)儲欣評選　清光緒九年(1883)靜遠堂刻本　十冊

310000-0241-0013373　961200
金元明八大家古文選五十三卷　(清)李祖陶評選　清道光二十五年(1845)刻本　二十四冊

310000-0241-0013374　961203
忠雅堂評選四六法海八卷　(清)蔣士銓評選　清同治十年(1871)藏園刻套印本　八冊

310000-0241-0013375　961204
忠雅堂評選四六法海八卷　(清)蔣士銓評選　清同治十年(1871)藏園刻套印本　八冊

310000-0241-0013376　961204:2
忠雅堂評選四六法海八卷　(清)蔣士銓評選　清同治十年(1871)藏園刻套印本　八冊

310000-0241-0013377　961204:3
忠雅堂評選四六法海八卷　(清)蔣士銓評選　清同治十年(1871)藏園刻套印本　八冊

310000-0241-0013378　961205
忠雅堂評選四六法海八卷　(清)蔣士銓評選　清光緒八年(1882)刻本　八冊

310000-0241-0013379　961206
駢體文鈔三十一卷　(清)李兆洛編　清同治六年(1867)婁江徐氏刻本　十冊

310000-0241-0013380　961206:2
駢體文鈔三十一卷　(清)李兆洛編　清同治六年(1867)婁江徐氏刻本　八冊

310000－0241－0013381　961208
駢體文鈔三十一卷　(清)李兆洛編　清光緒七年(1881)四川存古書局刻本　十册

310000－0241－0013382　961209
駢文類纂四十六卷　王先謙纂集　清光緒二十八年(1902)思賢書局刻本　二十四册

310000－0241－0013383　961211
悦心集五卷　(清)世宗胤禛編　清翻刻武英殿聚珍版書本　一册

310000－0241－0013384　961212
悦心集五卷　(清)世宗胤禛編　清翻刻武英殿聚珍版書本　二册

310000－0241－0013385　961213
重訂古文雅正十四卷　(清)蔡世遠編　(清)李立侯等參訂　清乾隆四十二年(1777)石竹山房刻本　六册

310000－0241－0013386　961216
時文近道集不分卷　(清)王贇元輯　清同治八年(1869)培槐軒刻本　四册

310000－0241－0013387　961218
中學堂第一年國文教科書　(清)徐炯選　清光緒三十三年(1907)排印本　一册　存一卷(上篇一)

310000－0241－0013388　961223
古文舉例初二三四五集不分卷附論文要言一卷　(清)鄒壽祺編　清光緒二十一年(1895)刻本　六册

310000－0241－0013389　961229
硃批四大家古文不分卷　(清)唐尊瑋節錄　清宣統元年(1909)唐尊瑋手錄本　一册

310000－0241－0013390　961230
古文詞畧二十四卷　(清)梅曾亮編　清同治六年(1867)合肥李氏刻本　十二册

310000－0241－0013391　961230:2
古文詞畧二十四卷　(清)梅曾亮編　清同治六年(1867)合肥李氏刻本　五册

310000－0241－0013392　961231
文苑珠林四卷　(清)蔣超伯輯　清咸豐、同治間雩樂山房刻本　二册

310000－0241－0013393　961232
高等學堂國文講義四卷　唐文治編纂　清宣統元年(1909)文明書局排印本　二册

310000－0241－0013394　962002
八旗文經六十卷　(清)盛昱輯　清光緒二十八年(1902)刻本　六册

310000－0241－0013395　962002:2
八旗文經六十卷　(清)盛昱輯　清光緒二十八年(1902)刻本　十册

310000－0241－0013396　962002:3
八旗文經六十卷　(清)盛昱輯　清光緒二十八年(1902)刻本　十二册

310000－0241－0013397　962004
國朝嶺南文鈔十八卷　(清)陳在謙評輯　清道光十二年(1832)七十二峯堂刻本　六册

310000－0241－0013398　962008
蛟川先正文存二十卷　(清)陳繼聰等編　清光緒八年(1882)鎮海縣志局刻本　十册

310000－0241－0013399　962008:2
蛟川先正文存二十卷　(清)陳繼聰等編　清光緒八年(1882)鎮海縣志局刻本　十册

310000－0241－0013400　962010
西泠五布衣遺著十五種三十二卷　(清)丁丙輯　清同治、光緒間錢塘丁氏刻本　八册

310000－0241－0013401　962010:2
西泠五布衣遺著十五種三十二卷　(清)丁丙輯　清同治、光緒間錢塘丁氏刻本　八册

310000－0241－0013402　962011
海虞文徵三十卷　邵松年編　清光緒三十一年(1905)鴻文書局石印本　十六册

310000－0241－0013403　962014
南邦黎獻集十六卷　(清)鄂爾泰編　清雍正刻本　六册

310000－0241－0013404　962018

國朝常州駢體文錄三十一卷結一宧駢體文一卷　屠寄編　清光緒十六年(1890)廣州屠氏刻本　六冊

310000－0241－0013405　962022
松陵文錄二十四卷　(清)淩淦輯　清同治十三年(1874)刻本　十二冊

310000－0241－0013406　962024
湖南文徵一百九十卷姓名傳四卷目錄六卷　(清)羅汝懷輯　清同治十年(1871)長沙荷花池館刻本　一百冊

310000－0241－0013407　962026
滇秀集初集四卷附雜文一卷　(清)許印芳編次　清光緒二十三年(1897)刻本　二冊

310000－0241－0013408　962027
蜀古文詞舉隅不分卷　孫鏘輯　清光緒二十九年(1903)七千卷樓刻本　一冊

310000－0241－0013409　962029
粵十三家集十三種　(清)伍元薇輯　清道光二十年(1840)南海伍氏詩雪軒刻本　三十九冊

310000－0241－0013410　962031
赤城集十八卷　(宋)林表民輯　清臨海宋氏刻台州叢書本　四冊

310000－0241－0013411　962039
瓊臺記事錄一卷　(清)雲茂濟編　清同治刻本　一冊

310000－0241－0013412　962044
原獻文錄四卷詩錄三卷原故文錄一卷　(清)賀瑞麟編輯　清光緒五年(1879)刻本　八冊

310000－0241－0013413　962046
當湖文繫初編二十八卷　(清)朱壬林纂輯　清光緒十五年(1889)刻本　十二冊

310000－0241－0013414　962048
津門古文所見錄四卷　(清)郭師泰編　清光緒十八年(1892)天津華氏刻本　四冊

310000－0241－0013415　962050
淮安藝文志十卷　(清)何紹基撰　清同治十二年(1873)刻本　八冊

310000－0241－0013416　962050:2
淮安藝文志十卷　(清)何紹基撰　清同治十二年(1873)刻本　八冊

310000－0241－0013417　962051
莆陽文輯五卷　(清)涂慶瀾編　清光緒二十五年(1899)莆田荔隱山房刻本　五冊

310000－0241－0013418　962053
潮州耆舊集三十七卷　(清)馮奉初輯　清光緒三十四年(1908)潮州王有文樓刻本　十六冊

310000－0241－0013419　962053:2
潮州耆舊集三十七卷　(清)馮奉初輯　清光緒三十四年(1908)潮州王有文樓刻本　十六冊

310000－0241－0013420　963005
秀水王氏家藏集十二種二十六卷附六種二十七卷　(清)王相輯　清咸豐刻本　十二冊

310000－0241－0013421　963009
移華館駢體文四卷　(清)董基誠輯錄　清道光六年(1826)刻本　二冊

310000－0241－0013422　963010
查氏文鈔四卷　(清)查世佑輯　清道光七年(1827)刻本　四冊

310000－0241－0013423　963013
寧都三魏全集八十三卷首一卷　(清)魏際瑞等撰　(清)林時益輯　清康熙魏氏易堂刻本　四十二冊

310000－0241－0013424　963013(2)
寧都三魏全集八十三卷首一卷　(清)魏際瑞等撰　(清)林時益輯　清道光二十五年(1845)寧都謝庭綬紱園書塾刻本　五十冊

310000－0241－0013425　963013(2):2
寧都三魏全集八十三卷首一卷　(清)魏際瑞等撰　(清)林時益輯　清道光二十五年(1845)寧都謝庭綬紱園書塾刻本　四十九冊

310000－0241－0013426　963014

沈氏三先生集三十九卷 (宋)高布編集 清光緒二十二年(1896)浙江書局刻本 十册

310000－0241－0013427 963015

合肥李氏三世遺集二十四卷 (清)李國傑編輯 清光緒三十年(1904)李氏刻本 十二册

310000－0241－0013428 963019

曾樂軒稿一卷安陸集一卷 (宋)張維撰 (清)葛鳴陽輯 清乾隆四十六年(1781)安邑葛氏刻本 一册

310000－0241－0013429 963019(2)

安陸集一卷曾樂軒稿一卷 (宋)張先撰 清光緒八年(1882)淮南書局刻本 一册

310000－0241－0013430 963022

曹氏傳芳錄五種 (元)曹淇等撰 清宣統元年(1909)台州曹氏木活字印本 二册

310000－0241－0013431 964000

明文百家萃不分卷 (清)王介錫選 清順治刻本 十八册

310000－0241－0013432 964001

欽定四書文四十一卷 (清)方苞奉敕編 清光緒二年(1876)湖北崇文書局刻本 十六册

310000－0241－0013433 964002

句東試帖注釋八卷 (清)周世緒輯 清道光五年(1825)刻本 四册

310000－0241－0013434 964003

中峯制藝一卷 (清)董金鑑編集 清光緒三十二年(1906)刻本 一册

310000－0241－0013435 964004

增補分類試策問對八卷 (清)王統纂 (清)徐樹菱續纂 清光緒五年(1879)排印本 十册

310000－0241－0013436 964005

沅湘通藝錄八卷 (清)江標編校 清光緒二十三年(1897)刻本 九册

310000－0241－0013437 964010

仁在堂全集十四集不分卷 (清)路德評選 清道光十五年(1835)刻本 三十二册

310000－0241－0013438 964010:2

仁在堂全集十四集不分卷 (清)路德評選 清道光十五年(1835)刻本 八册

310000－0241－0013439 964011

同治癸酉科補行甲子科貴州鄉試硃卷一卷 (清)□□輯 清同治十二年(1873)刻本 一册

310000－0241－0013440 964012

光緒丙子科貴州鄉試硃卷一卷 (清)□□輯 清光緒二年(1876)刻本 一册

310000－0241－0013441 964014

江南闈墨不分卷 (清)□□輯 清光緒十九年(1893)刻本 一册

310000－0241－0013442 964015

元墨文統不分卷 (清)趙國麟評選 清康熙刻本 一册

310000－0241－0013443 964017

大題文淵不分卷 (清)耕九堂主人精選 清光緒十六年(1890)積山書局石印本 二十册

310000－0241－0013444 964018

小題正鵠初集二集三集不分卷附訓蒙草一卷養正草一卷 (清)李元度編 清光緒八年(1882)湖南書局刻本 八册

310000－0241－0013445 964020

經心書院續集十二卷 (清)譚仲修輯 清光緒二十一年(1895)刻本 六册

310000－0241－0013446 964021

正誼書院課選不分卷 (清)馮景亭編 清光緒二年(1876)正誼書院刻本 四册

310000－0241－0013447 964023

匯學讀本二卷 (清)鄭之琮輯 清光緒四年(1878)排印本 二册

310000－0241－0013448 964024

增訂匯學讀本二卷 (清)徐匯公塾輯 清光緒十四年(1888)排印本 二册

310000－0241－0013449 964025

小題指南二集不分卷 (清)次歐居士編 清

刻本　一册

310000－0241－0013450　964027
沅湘通藝錄八卷　(清)江標編校　清光緒二十三年(1897)刻本　八册

310000－0241－0013451　964027:2
沅湘通藝錄八卷　(清)江標編校　清光緒二十三年(1897)刻本　八册

310000－0241－0013452　964028
同治朝朝考卷四卷　(清)□□輯　清同治刻本　一册

310000－0241－0013453　964029
光緒朝朝考卷十三卷　(清)□□輯　清光緒刻本　一册

310000－0241－0013454　964030
道光庚戌科會試硃卷一卷　(清)鄒石麟撰　清道光三十年(1850)刻本　一册

310000－0241－0013455　964031
咸豐癸丑科會試硃卷一卷　(清)□□輯　清咸豐三年(1853)刻本　一册

310000－0241－0013456　964032
同治戊辰科會試硃卷一卷　(清)□□輯　清同治七年(1868)刻本　一册

310000－0241－0013457　964033
同治辛未科會試硃卷三卷　(清)□□輯　清同治十年(1871)刻本　一册

310000－0241－0013458　964034
同治甲戌科會試硃卷三卷　(清)□□輯　清同治十三年(1874)刻本　一册

310000－0241－0013459　964036
光緒丁丑科會試硃卷四卷　(清)□□輯　清光緒三年(1877)刻本　一册

310000－0241－0013460　964037
光緒庚辰科會試硃卷二十二卷　(清)□□輯　清光緒六年(1880)刻本　四册

310000－0241－0013461　964038
光緒癸未科會試硃卷二卷　(清)□□輯　清光緒九年(1883)刻本　一册

310000－0241－0013462　964039
光緒丙戌科會試硃卷四卷　(清)□□輯　清光緒十二年(1886)刻本　一册

310000－0241－0013463　964040
光緒己丑科會試硃卷一卷　(清)□□輯　清光緒十五年(1889)刻本　一册

310000－0241－0013464　964041
光緒庚寅恩科會試硃卷二卷　(清)□□輯　清光緒十六年(1890)刻本　一册

310000－0241－0013465　964043
光緒乙未科會試硃卷十六卷　(清)□□輯　清光緒二十一年(1895)刻本　二册

310000－0241－0013466　964044
光緒戊戌科會試硃卷三卷　(清)□□輯　清光緒二十四年(1898)刻本　一册

310000－0241－0013467　964045
光緒辛丑壬寅恩正併科會試墨卷一卷　(清)□□輯　清光緒二十八年(1902)刻本　一册

310000－0241－0013468　964046
道光丁酉科順天鄉試硃卷一卷　(清)□□輯　清道光十七年(1837)刻本　一册

310000－0241－0013469　964047
同治壬戌恩科順天鄉試硃卷一卷　(清)□□輯　清同治元年(1862)刻本　一册

310000－0241－0013470　964048
同治甲子科順天鄉試硃卷二卷　(清)□□輯　清同治三年(1864)刻本　一册

310000－0241－0013471　964049
光緒壬午科順天鄉試硃卷九卷　(清)□□輯　清光緒八年(1882)刻本　二册

310000－0241－0013472　964050
光緒乙酉科順天鄉試硃卷七卷　(清)□□輯　清光緒十一年(1885)刻本　一册

310000－0241－0013473　964051
光緒己丑恩科順天鄉試硃卷三卷　(清)□□

輯　清光緒十五年(1889)刻本　一冊

310000－0241－0013474　964052
光緒辛卯科順天鄉試硃卷五卷　(清)□□輯　清光緒十七年(1891)刻本　一冊

310000－0241－0013475　964053
光緒癸巳恩科順天鄉試硃卷四卷　(清)□□輯　清光緒十九年(1893)刻本　一冊

310000－0241－0013476　964055
光緒丁酉科順天鄉試硃卷六卷　(清)□□輯　清光緒二十三年(1897)刻本　一冊

310000－0241－0013477　964056
道光辛巳恩科江南鄉試硃卷一卷　(清)□□輯　清道光元年(1821)刻本　一冊

310000－0241－0013478　964057
道光乙酉科江南鄉試硃卷一卷　(清)□□輯　清道光五年(1825)刻本　一冊

310000－0241－0013479　964058
咸豐壬子科江南鄉試硃卷一卷　(清)□□輯　清咸豐二年(1852)刻本　一冊

310000－0241－0013480　964059
同治丁卯科並補行辛酉科江南鄉試二卷　(清)□□輯　清同治六年(1867)刻本　一冊

310000－0241－0013481　964060
同治庚午科並補行壬戌恩科江南鄉試硃卷四卷　(清)□□輯　清同治九年(1870)刻本　一冊

310000－0241－0013482　964061
同治癸酉科江南鄉試硃卷二卷　(清)□□輯　清同治十二年(1873)刻本　一冊

310000－0241－0013483　964062
光緒丙子科江南鄉試硃卷二卷　(清)□□輯　清光緒二年(1876)刻本　一冊

310000－0241－0013484　964063
光緒壬午科江南鄉試硃卷一卷　(清)□□輯　清光緒八年(1882)刻本　一冊

310000－0241－0013485　964064
光緒乙酉科江南鄉試硃卷三卷　(清)□□輯　清光緒十一年(1885)刻本　一冊

310000－0241－0013486　964065
光緒戊子科江南鄉試硃卷一卷　(清)□□輯　清光緒十四年(1888)刻本　一冊

310000－0241－0013487　964066
光緒己丑恩科江南鄉試硃卷六卷　(清)□□輯　清光緒十五年(1889)刻本　一冊

310000－0241－0013488　964067
光緒辛卯科江南鄉試硃卷二十八卷　(清)□□輯　清光緒十七年(1891)刻本　四冊

310000－0241－0013489　964068
光緒癸巳恩科江南鄉試硃卷四卷　(清)□□輯　清光緒十九年(1893)刻本　一冊

310000－0241－0013490　964069
光緒甲午科江南鄉試硃卷三卷　(清)□□輯　清光緒二十年(1894)刻本　一冊

310000－0241－0013491　964069(2)
光緒甲午科江南鄉試硃卷一卷　(清)□□編　清光緒刻本　一冊

310000－0241－0013492　964070
光緒丁酉科江南鄉試硃卷二卷　(清)□□輯　清光緒二十三年(1897)刻本　一冊

310000－0241－0013493　964070(2)
光緒丁酉科江南鄉試硃卷一卷　(清)□□編　清光緒刻本　一冊

310000－0241－0013494　964071
咸豐辛酉恩科竝同治壬戌恩科浙江鄉試硃卷九卷　(清)□□輯　清同治元年(1862)刻本　一冊

310000－0241－0013495　964072
同治庚午科浙江鄉試硃卷八卷　(清)□□輯　清同治九年(1870)刻本　一冊

310000－0241－0013496　964073
光緒乙亥恩科浙江鄉試硃卷十一卷　(清)□□輯　清光緒元年(1875)刻本　二冊

310000－0241－0013497　964074
光緒己卯科浙江鄉試硃卷八卷　(清)□□輯　清光緒五年(1879)刻本　一册

310000－0241－0013498　964075
光緒壬午科浙江鄉試硃卷十四卷　(清)□□輯　清光緒八年(1882)刻本　二册

310000－0241－0013499　964076
光緒戊子科浙江鄉試硃卷二卷　(清)□□輯　清光緒十四年(1888)刻本　一册

310000－0241－0013500　964077
光緒己丑恩科浙江鄉試硃卷二十四卷　(清)□□輯　清光緒十五年(1889)刻本　四册

310000－0241－0013501　964078
光緒辛卯科浙江鄉試硃卷三十五卷　(清)□□輯　清光緒二十七年(1901)刻本　五册

310000－0241－0013502　964079
光緒癸巳恩科浙江鄉試硃卷一百十四卷　(清)□□輯　清光緒十九年(1893)刻本　十六册

310000－0241－0013503　964080
光緒壬午科江西鄉試硃卷不分卷　(清)陳朝柱等撰　清末刻本　一册

310000－0241－0013504　964080(2)
光緒壬午科江西鄉試硃卷江德宣卷一卷　(清)江德宣撰　清末京都琉璃廠龍雲齋刻本　一册

310000－0241－0013505　964081
光緒乙酉科江西鄉試硃卷六卷　(清)□□輯　清光緒十一年(1885)刻本　一册

310000－0241－0013506　964082
光緒戊子科江西鄉試硃卷六卷　(清)□□輯　清光緒十四年(1888)刻本　一册

310000－0241－0013507　964083
光緒己丑恩科江西鄉試硃卷一卷　(清)□□輯　清光緒十五年(1889)刻本　一册

310000－0241－0013508　964084
光緒癸巳恩科江西鄉試硃卷三卷　(清)□□輯　清光緒十九年(1893)刻本　一册

310000－0241－0013509　964085
光緒丁酉科江西鄉試硃卷一卷　(清)□□輯　清光緒二十三年(1897)刻本　一册

310000－0241－0013510　964086
光緒乙酉科湖北鄉試硃卷一卷　(清)□□輯　清光緒十一年(1885)刻本　一册

310000－0241－0013511　964087
光緒癸卯恩科湖北鄉試硃卷一卷　(清)□□輯　清光緒十九年(1893)刻本　一册

310000－0241－0013512　964088
光緒己丑恩科湖北鄉試硃卷二卷　(清)□□輯　清光緒十五年(1889)刻本　一册

310000－0241－0013513　964089
光緒辛卯科湖南鄉試硃卷二卷　(清)□□輯　清光緒十七年(1891)刻本　一册

310000－0241－0013514　964090
光緒癸巳恩科湖南鄉試硃卷六卷　(清)□□輯　清光緒十九年(1893)刻本　一册

310000－0241－0013515　964091
光緒甲午科湖南鄉試硃卷十五卷　(清)□□輯　清光緒二十年(1894)刻本　二册

310000－0241－0013516　964092
光緒己丑恩科四川鄉試硃卷三卷　(清)□□輯　清光緒十五年(1889)刻本　一册

310000－0241－0013517　964093
光緒戊子科福建鄉試硃卷八卷　(清)□□輯　清光緒十四年(1888)刻本　一册

310000－0241－0013518　964094
光緒己丑恩科福建鄉試硃卷七卷　(清)□□輯　清光緒十五年(1889)刻本　一册

310000－0241－0013519　964095
光緒辛卯科福建鄉試硃卷二卷　(清)□□輯　清光緒十七年(1891)刻本　一册

310000－0241－0013520　964096
光緒甲午科福建鄉試硃卷六卷　(清)□□輯

清光緒二十年(1894)刻本　一册

310000－0241－0013521　964097

咸豐辛酉科並補行戊午科同治壬戌恩科並補行己未恩科廣東鄉試硃卷二卷　(清)□□輯　清同治元年(1862)刻本　一册

310000－0241－0013522　964098

光緒丙子科廣東鄉試硃卷四卷　(清)□□輯　清光緒二年(1876)刻本　一册

310000－0241－0013523　964099

光緒乙酉科廣東鄉試硃卷三卷　(清)□□輯　清光緒十一年(1885)刻本　一册

310000－0241－0013524　964100

光緒辛卯科廣東鄉試硃卷六卷　(清)□□輯　清光緒十七年(1891)刻本　一册

310000－0241－0013525　964101

光緒癸巳恩科廣東鄉試硃卷四卷　(清)□□輯　清光緒十九年(1893)刻本　一册

310000－0241－0013526　964102

光緒丁酉科廣東鄉試硃卷二卷　(清)□□輯　清光緒二十三年(1897)刻本　一册

310000－0241－0013527　964103

光緒癸卯恩科廣東鄉試墨卷一卷　(清)□□輯　清光緒九年(1883)刻本　一册

310000－0241－0013528　964104

道光癸卯科廣東鄉試硃卷一卷　(清)□□輯　清道光二十九年(1849)刻本　一册

310000－0241－0013529　964105

清光緒乙酉科江蘇選拔貢卷三卷　(清)□□輯　清光緒十一年(1885)刻本　一册

310000－0241－0013530　964106

光緒壬辰科江蘇選拔貢卷一卷　(清)□□輯　清光緒十八年(1892)刻本　一册

310000－0241－0013531　964107

光緒甲午科江蘇選拔貢卷一卷　(清)□□輯　清光緒二十年(1894)刻本　一册

310000－0241－0013532　964108

光緒乙未補行壬辰科江蘇選拔貢卷一卷　(清)□□輯　清光緒二十一年(1895)刻本　一册

310000－0241－0013533　964109

光緒丁酉科江蘇選拔貢卷四卷　(清)□□輯　清光緒二十三年(1897)刻本　一册

310000－0241－0013534　964109(2)

光緒丁酉科江蘇選拔貢卷　(清)□□輯　清光緒刻本　二册　存二卷

310000－0241－0013535　964110

光緒乙酉科安徽選拔貢卷一卷　(清)□□輯　清光緒十一年(1885)刻本　一册

310000－0241－0013536　964111

光緒壬辰科安徽選拔貢卷一卷　(清)□□輯　清光緒十八年(1892)刻本　一册

310000－0241－0013537　964112

光緒丁酉科安徽選拔貢卷三卷　(清)□□輯　清光緒二十三年(1897)刻本　一册

310000－0241－0013538　964113

同治癸酉科浙江選拔貢卷一卷　(清)□□輯　清同治十二年(1873)刻本　一册

310000－0241－0013539　964114

光緒辛卯科浙江選拔貢卷一卷　(清)□□輯　清光緒十七年(1891)刻本　一册

310000－0241－0013540　964115

光緒乙未補考庚寅科浙江恩貢卷一卷　(清)□□輯　清光緒二十一年(1895)刻本　一册

310000－0241－0013541　964116

光緒丁酉科浙江選拔貢卷四卷　(清)□□輯　清光緒二十三年(1897)刻本　一册

310000－0241－0013542　964117

宣統己酉科浙江選拔貢卷一卷　(清)□□輯　清宣統元年(1909)刻本　一册

310000－0241－0013543　964118

光緒庚辰科江西部卷一卷　(清)□□輯　清光緒六年(1880)刻本　一册

310000－0241－0013544　964119
光緒乙酉科湖北選拔貢卷一卷　(清)□□輯　清光緒十一年(1885)刻本　一册

310000－0241－0013545　964120
光緒丁酉科湖北選拔貢卷一卷　(清)□□輯　清光緒二十三年(1897)刻本　一册

310000－0241－0013546　964121
光緒丁酉科四川選拔貢卷一卷　(清)□□輯　清光緒二十三年(1897)刻本　一册

310000－0241－0013547　964122
光緒丁酉科福建選拔貢卷　(清)□□輯　清光緒二十三年(1897)刻本　一册

310000－0241－0013548　964123
同治癸酉科廣東選拔貢卷一卷　(清)□□輯　清同治十二年(1873)刻本　一册

310000－0241－0013549　964124
棣萼山房同懷試藝一卷　(清)王斯樸撰　清光緒七年(1881)刻本　一册

310000－0241－0013550　964127
初學入門一卷　(清)劉東方輯　(清)王焕林評　清同治七年(1868)軔初書屋刻本　一册

310000－0241－0013551　964128
最新兩浙課士錄初集　(清)浙報館編選　清光緒二十八年(1902)浙報館石印本　二册

310000－0241－0013552　964129
光緒丙子科山西鄉試第二房同門硃卷一卷　(清)□□輯　清光緒刻本　一册

310000－0241－0013553　964130
光緒乙亥恩科江南鄉試硃卷一卷　(清)□□輯　清光緒刻本　一册

310000－0241－0013554　964131
歷科朝元卷不分卷　(清)□□輯　清光緒刻本　二册

310000－0241－0013555　964133
研經書院課集不分卷　(清)胡元玉訂　清光緒二十一年(1895)益智書局刻本　二册

310000－0241－0013556　964133:2
研經書院課集不分卷　(清)胡元玉訂　清光緒二十一年(1895)益智書局刻本　二册

310000－0241－0013557　964134
山左考卷不分卷　(清)牟廷相等撰　(清)阮元訂　清乾隆末濟南刻本　一册

310000－0241－0013558　964135
癸卯恩科浙江鄉試闈藝不分卷　(清)吳敦義等撰　清光緒末上海著易堂書局排印本　一册

310000－0241－0013559　964136
四書五經義策論初編不分卷　(清)杭州崇實學社編輯　清光緒二十七年(1901)文彙書局排印本　六册

310000－0241－0013560　964137
[浙江鄉試硃卷]不分卷　(清)姚詩志等撰　清光緒刻本　四册

310000－0241－0013561　964139
浙江試帖張懋建卷不分卷雍正乙卯科鄉試硃卷張懋建卷不分卷師學臺考試寧郡古學卷不分卷　(清)張懋建撰　清刻本　一册

310000－0241－0013562　964140
光緒庚辰科至庚寅科會試硃卷選不分卷　(清)□□輯　清末刻本　一册

310000－0241－0013563　964141
光緒癸未科會試第二房同門硃卷不分卷　(清)□□輯　清末刻本　一册

310000－0241－0013564　964142
江南鄉試中式卷(光緒壬寅補行庚子辛丑恩正科)　(清)單鎮撰　清光緒二十八年(1902)蘇州毛上珍刻本　一册

310000－0241－0013565　964144
能與集不分卷　(清)李秬香評　清道光二十一年(1841)茹古堂刻本　三册

310000－0241－0013566　964145
國朝歷科元墨正宗不分卷　(清)胡先琅論次　清三多齋刻本　十二册

310000－0241－0013567　964146
近科墨卷一隅不分卷　(清)吳懋政選　(清)周肇附錄　清嘉慶四年(1799)刻本　八册

310000－0241－0013568　964147
小題尖鋒不分卷　(清)雲溪居士選　清同治九年(1870)英德堂刻本　二册

310000－0241－0013569　964148
分法小題拆字新本不分卷　(清)張錚評定　(清)陳方平增選　清文光堂刻本　四册

310000－0241－0013570　964149
理明詞達不分卷　(清)潘恒俊輯　清抄本　一册

310000－0241－0013571　964150
青雲集不分卷　(清)潘恒俊錄　清末抄本　四册

310000－0241－0013572　964151
啓悟集不分卷　(清)潘恒俊錄　清末抄本　一册

310000－0241－0013573　964152
藝林珠玉十卷續編三編　(清)□□編　清同治六年(1867)刻本　二十册

310000－0241－0013574　964153
時藝引階合編不分卷　(清)路德等撰　(清)葉錫鳳編　清光緒十二年(1886)書業德刻本　六册

310000－0241－0013575　964154
增訂初學起講祕訣不分卷　(清)盛元均輯　(清)沈廷鏞校　清光緒八年(1882)江曲書莊刻本　三册

310000－0241－0013576　964155
昭代名人論策讀本十三卷　(清)王長纂集　清光緒二十八年(1902)古吳袁氏傳經塾石印本　十册

310000－0241－0013577　965001
宋孫仲益内簡尺牘十卷　(宋)孫覿撰　(宋)李祖堯編注　清光緒武進盛氏刻本　二册

310000－0241－0013578　965003
宋孫仲益内簡尺牘十卷　(宋)孫覿撰　(宋)李祖堯編注　清乾隆刻本　八册

310000－0241－0013579　965004
明人尺牘選四卷　(清)王元勳　(清)程化騄輯　清康熙四十四年(1705)碧雲樓刻本　四册

310000－0241－0013580　965004(2)
明賢尺牘四卷　(清)王元勳　(清)程化騄輯　清光緒二十六年(1900)許氏榆園校刻本　二册

310000－0241－0013581　965007
尺牘初桄二卷附二卷　(清)南窗侍者子虚氏輯　清光緒十年(1884)排印本　二册

310000－0241－0013582　965012
賴古堂名賢尺牘新鈔十二卷　(清)周亮工輯　清宣統元年(1909)賴古堂排印本　六册

310000－0241－0013583　965013
重刻賴古堂尺牘新鈔三選結隣集十六卷　(清)周亮工輯　清道光雷氏重刻康熙本　六册

310000－0241－0013584　965013:2
重刻賴古堂尺牘新鈔三選結隣集十六卷　(清)周亮工輯　清道光雷氏重刻康熙本　十六册

310000－0241－0013585　965014
名賢手札八卷　(清)郭慶藩輯　清光緒十年(1884)湘陰郭氏岵瞻堂刻本　四册

310000－0241－0013586　965014(2)
名賢手札八卷　(清)郭慶藩輯　清光緒二十五年(1899)上海文盛書局石印光緒十年(1884)湘陰郭氏岵瞻堂刻本　四册

310000－0241－0013587　965015
潛園友朋書問十二卷　(清)陸心源輯　清光緒醉二室石印本　六册

310000－0241－0013588　965019
袖中書二卷　(清)俞樾撰　清光緒刻本　一册

310000－0241－0013589　965019:2

袖中書二卷　(清)俞樾撰　清光緒刻本　一冊

310000－0241－0013590　965029

咀華錄四卷　(清)凝瑞堂主人輯　清道光二十年(1840)山陰凝瑞堂刻本　四冊

310000－0241－0013591　965041

明賢遺翰二卷　(清)謝若農輯　清光緒十三年(1887)裴惠丹排印本　四冊

310000－0241－0013592　965047

昭代名人尺牘續集二十四卷　陶湘輯　清宣統三年(1911)石印本　十二冊

310000－0241－0013593　965047:2

昭代名人尺牘續集二十四卷　陶湘輯　清宣統三年(1911)石印本　十二冊

310000－0241－0013594　965047:3

昭代名人尺牘續集二十四卷　陶湘輯　清宣統三年(1911)石印本　一冊

310000－0241－0013595　965051

顏氏家藏尺牘四卷　(清)顏光敏編輯　清海山仙館刻本　四冊

310000－0241－0013596　965052

顏氏家藏尺牘四卷附姓氏考一卷　(清)顏光敏編輯　清海山仙館刻本　五冊

310000－0241－0013597　965053

翰海十二卷　(明)沈佳胤輯　清末排印申報館叢書本　一冊　存二卷(五至六)

310000－0241－0013598　965061

師友札記四卷　(清)蘇源生輯　清咸豐三年(1853)刻本　二冊

310000－0241－0013599　965062

浮寄室觀感尺牘摘存不分卷　(清)盧毅輯　清宣統二年(1910)排印本　一冊

310000－0241－0013600　965063

憑山閣增輯留青新集三十卷　(清)陳枚選　清紫文閣刻本　二十四冊

310000－0241－0013601　965064

重編留青新集二十四卷　(清)陳枚選　(清)伊□重編　清光緒十六年(1890)排印本　四冊

310000－0241－0013602　965066

明十五完人手帖不分卷　(清)朱彝尊鑒定　清光緒三十四年(1908)國學保存會石印本　一冊

310000－0241－0013603　965067

明賢名翰合冊　(明)祝允明等書　(清)鄧實輯　清光緒三十四年(1908)上海國學保存會影印本　一冊

310000－0241－0013604　965106

賴古堂名賢尺牘十二卷尺牘新鈔二選藏弆集十六卷重刻賴古堂尺牘新鈔三選結隣集十五卷　(清)周亮工撰　清宣統三年(1911)上海國學扶輪社石印本　十六冊

310000－0241－0013605　965107

芙蓉山館師友尺牘一卷附縵雅堂尺牘一卷　(清)上海文明書局編輯　清宣統三年(1911)排印本　一冊

310000－0241－0013606　965117

惠翰鈔存二卷　(清)倪元坦輯　清道光十一年(1831)刻本　一冊

310000－0241－0013607　965117:2

惠翰鈔存二卷　(清)倪元坦輯　清道光十一年(1831)刻本　一冊

310000－0241－0013608　965117:3

惠翰鈔存二卷　(清)倪元坦輯　清道光十一年(1831)刻本　一冊

310000－0241－0013609　965128

尺牘叢刻　(清)上海文明書局編輯　清宣統三年(1911)上海文明書局排印本　九冊　存十四種十四卷

310000－0241－0013610　965145

清暉堂同人尺牘匯存四卷　(清)惲壽平輯　清咸豐七年(1857)來青閣刻本　四冊

310000－0241－0013611　965155

名人書札六種　(清)顧莼等撰並書　清光緒摹刻本　一册

310000－0241－0013612　965156

瑶華集不分卷　(清)張邁輯　清光緒二十八年(1902)張氏傳是樓木活字印本　一册

310000－0241－0013613　965159

書契便蒙不分卷　(清)南窗侍者輯　清光緒二十年至二十一年(1894－1895)上海土山灣慈母堂排印本　二册

310000－0241－0013614　965161

詳注三百六十行尺牘六卷　(清)□□編　清光緒二十年(1894)上海書局石印本　六册

310000－0241－0013615　965162

欣賞齋尺牘六卷　(清)曹仁鏡輯　(清)蔡文照校字　清光緒十三年(1887)蘇州掃葉山房刻本　七册

310000－0241－0013616　965168

增廣寫信不求人四卷　(清)□□輯　清光緒二十六年(1900)上海上海書局石印本　四册

310000－0241－0013617　965170

增廣尺牘句解二卷　(清)□□編　清光緒二十四年(1898)上海上海書局石印本　二册

310000－0241－0013618　965171

增廣尺牘句解初集二卷續集二卷　(清)□□編　清末石印本　二册

310000－0241－0013619　965173

增廣尺牘句解初集二卷續集二卷　(清)桃花館主編　清光緒三十年(1904)屯溪三元書局刻本　四册

310000－0241－0013620　965175

繪圖商務尺牘問答教科書二卷　(清)陳端清撰　清光緒三十三年(1907)陶林記書莊石印本　一册

310000－0241－0013621　966002

易堂十三子文選四卷　(清)王泉之編　清道光八年(1828)政餘書屋刻本　四册

310000－0241－0013622　966004

歷代名稿彙選　(清)慈水古草堂主人編　清光緒十四年(1888)鴻寶齋石印本　十五册　存十五册(一至三、五至十六)

310000－0241－0013623　966006

合肥相國七十賜壽圖附壽言不分卷　(清)羅豐禄　(清)楊宗濂等輯　清光緒十八年(1892)石印本　一册

310000－0241－0013624　966006:2

合肥相國七十賜壽圖附壽言不分卷　(清)羅豐禄　(清)楊宗濂等輯　清光緒十八年(1892)石印本　一册

310000－0241－0013625　966008

貞壽堂贈言二卷　(清)蘇源生錄　清同治刻本　一册

310000－0241－0013626　966009

贈言不分卷　(清)黄□(子文)輯　清康熙休寧黄氏刻本　二册

310000－0241－0013627　966010

經史辨體不分卷　(清)徐與喬評輯　清康熙十七年(1678)敦化堂刻本　十六册

310000－0241－0013628　966011

狀元策不分卷　(清)嚴我斯等撰　清康熙六十年至乾隆二十二年(1721－1757)京都琉璃廠榮錦堂遞刻彙印本　十二册

310000－0241－0013629　966013

松風草堂謝琴文鈔一卷詩鈔八卷聯吟二卷　(清)吳景潮編　清嘉慶二十年(1815)松風草堂刻本　四册

310000－0241－0013630　966017

校經堂二集　(清)陸寶忠編訂　清光緒十二年(1886)刻本　三册　存八卷

310000－0241－0013631　966029

菊坡精舍集不分卷　(清)陳澧輯　清末刻本　三册

310000－0241－0013632　966041

中學國文讀本初集不分卷　(清)徐匯公學編

清宣統三年(1911)排印本　一册

310000－0241－0013633　966045

國民必讀課本不分卷　高步瀛編　清光緒三十一年(1905)直隸學務處石印本　一册

310000－0241－0013634　966046

叢報彙選不分卷　梁啓超等撰　清末刻本　一册　存一册(三)

310000－0241－0013635　966048

中國腦不分卷　(清)杭州味新學社編　清光緒二十八年(1902)杭州味新學社刻本　一册

310000－0241－0013636　966055

求志集四卷　(清)陳鼒輯　清光緒刻本　二册

310000－0241－0013637　966056

南菁講舍文集六卷　(清)黄以周選輯　繆荃孫選輯　清光緒十五年(1889)刻本　四册

310000－0241－0013638　966056(2)

南菁文鈔二集六卷　(清)黄以周鑒定　(清)顧鴻闓等校刊　清光緒二十年(1894)刻本　四册

310000－0241－0013639　966056:2

南菁講舍文集六卷　(清)黄以周選輯　繆荃孫選輯　清光緒十五年(1889)刻本　四册

310000－0241－0013640　966056:3

南菁講舍文集六卷　(清)黄以周選輯　繆荃孫選輯　清光緒十五年(1889)刻本　四册

310000－0241－0013641　966057

建德尚書七十賜壽圖附壽言一卷　(清)劉文鳳　(清)羅慶昌選輯　清光緒石印本　二册

310000－0241－0013642　966061

詁經精舍課藝六集十二卷　(清)俞樾編次　清光緒十一年(1885)刻本　四册

310000－0241－0013643　966061:2

詁經精舍課藝六集十二卷　(清)俞樾編次　清光緒十一年(1885)刻本　四册

310000－0241－0013644　966065

詁經精舍文續集八卷　(清)羅文俊訂　清同治十二年(1873)刻本　四册

310000－0241－0013645　966065(2)

詁經精舍文集十四卷　(清)阮元訂　清阮氏琅嬛仙館刻本　八册

310000－0241－0013646　966074

樂天園山池記一卷　(清)冀以龢等撰　清光緒二十年(1894)石印本　一册

310000－0241－0013647　966076

古文摘句不分卷　(清)□□輯　清末抄本　一册

310000－0241－0013648　966077

竹居錄存一卷　(清)汪士鐸等撰　清光緒二十三年(1897)冶山竹居刻本　一册

310000－0241－0013649　966081

還樂軒雜著不分卷　(清)范鑄撰輯　清末木活字印本　一册

310000－0241－0013650　966084

尊經書院課藝三集八卷　(清)胡念祖等撰　(清)劉佛卿編選　清光緒二十三年(1897)尊經書院刻本　六册

310000－0241－0013651　966085

龍城書院課藝(光緒二十二年至二十七年)　(清)劉念詒等撰　(清)龍城書院編　清光緒二十七年(1901)龍城書院刻本　九册

310000－0241－0013652　966086

兩浙校士錄不分卷　(清)潘衍桐編　清末刻本　四册

310000－0241－0013653　966087

詁經精舍三集四卷　(清)俞樾編次　清同治八年至九年(1869－1870)陳殿英等校刻本　四册

310000－0241－0013654　966088

詁經精舍課藝五集八卷　(清)俞樾編次　清光緒九年(1883)刻本　四册

310000－0241－0013655　966090

劉忠宣公遺集附錄文二卷詩一卷　(明)李東

陽等撰　(清)劉乙燃輯　清光緒元年(1875)劉氏長沙刻本　二冊

310000－0241－0013656　966092

嫛學治事文編二卷　湯壽潛點定　繼良匯編　清光緒二十四年(1898)金華府署刻本　二冊

310000－0241－0013657　966092(2)

嫛學治事文編五卷　湯壽潛點定　繼良匯編　清光緒二十七年(1901)目巧室石印本　二冊

310000－0241－0013658　966092(3)

治事文編二卷　湯壽潛鑒定　繼良匯編　清光緒二十八年(1902)振新學社石印本　二冊

310000－0241－0013659　966094

循陔贈言不分卷　謝殿俊等撰　王人文編校　清末民國初刻本　一冊

310000－0241－0013660　966097

青雲策不分卷　(清)□□撰　清末抄本　二冊

310000－0241－0013661　966098

繆文溶朋舊贈言不分卷　(清)錢襄等撰　清末藍格抄本　一冊

310000－0241－0013662　966099

致用書院文集光緒戊子年一卷　(清)□□輯　清光緒福州致用堂刻本　一冊

310000－0241－0013663　966106

黃州課士錄七卷　(清)周錫恩編定　清光緒十七年(1891)黃州楊壽昌等刻本　五冊

310000－0241－0013664　920001

陽春集一卷　(五代)馮延巳撰　清光緒二十年(1894)刻本　一冊

310000－0241－0013665　920106

樂章集不分卷　(宋)柳永撰　清翻刻明末汲古閣本　二冊

310000－0241－0013666　920109

賀方回詞二卷東山詞一卷　(宋)賀鑄撰　清末仁和吳氏雙照樓傳抄勞氏丹鉛精舍影抄鮑氏知不足齋校本　二冊

310000－0241－0013667　920126(2)

清真集二卷補遺一卷　(宋)周邦彥撰　清光緒刻本　二冊

310000－0241－0013668　920135

白石道人歌曲四卷別集一卷附錄一卷　(宋)姜夔撰　(清)許增校刊　清光緒十年(1884)許氏榆園刻本　一冊

310000－0241－0013669　920135:2

白石道人歌曲四卷別集一卷附錄一卷　(宋)姜夔撰　(清)許增校刊　清光緒十年(1884)許氏榆園刻本　一冊

310000－0241－0013670　920135:3

白石道人歌曲四卷別集一卷附錄一卷　(宋)姜夔撰　(清)許增校刊　清光緒十年(1884)許氏榆園刻本　一冊

310000－0241－0013671　920136:2

梅溪詞一卷　(宋)史達祖撰　清光緒十五年(1889)刻本　一冊

310000－0241－0013672　920140

夢窗丙稿一卷丁稿一卷絕筆一卷補遺一卷　(宋)吳文英撰　清光緒十四年(1888)錢塘汪氏振綺堂重刻明毛氏刻本　一冊

310000－0241－0013673　920145

日湖漁唱不分卷　(宋)陳允平撰　清刻本　一冊

310000－0241－0013674　920148

山中白雲詞八卷　(宋)張炎撰　清宣統三年(1911)石印本　四冊

310000－0241－0013675　920149

山中白雲詞八卷　(宋)張炎撰　清光緒八年(1882)娛園刻本　一冊

310000－0241－0013676　920149:2

山中白雲詞八卷　(宋)張炎撰　清光緒八年(1882)娛園刻本　二冊

310000－0241－0013677　920149:3

山中白雲詞八卷　(宋)張炎撰　清光緒八年

(1882)娱園刻本　二册

310000－0241－0013678　920151(2)
草窗詞二卷草窗詞補二卷　(宋)周密撰　(清)朱祖謀輯校　清光緒二十六年(1900)朱氏無著書盦刻本　一册

310000－0241－0013679　920154
漱玉詞彙鈔一卷　(宋)李清照撰　(清)汪玢箋　清末況維琦傳抄皕宋樓抄本　一册

310000－0241－0013680　920156
花外集不分卷　(宋)王沂孫撰　清乾隆長塘鮑氏知不足齋刻本　一册

310000－0241－0013681　920158
酒邊集江南新詞一卷江北舊詞一卷　(宋)向子諲撰　清宣統吳氏雙照樓影宋刻朱印本　二册

310000－0241－0013682　920202
水雲邨吟稿詩餘一卷考證一卷　(元)劉壎撰　(清)劉斯嵋校刊　清南豐劉氏刻本　一册

310000－0241－0013683　920203
蘇隄漁唱一卷附錄一卷　(元)張可久撰　清光緒錢塘丁氏嘉惠堂刻本　一册

310000－0241－0013684　920203:2
蘇隄漁唱一卷附錄一卷　(元)張可久撰　清光緒錢塘丁氏嘉惠堂刻本　一册

310000－0241－0013685　920204
鳴鶴餘音一卷附錄一卷　(元)虞集撰　清刻本　一册

310000－0241－0013686　920500
詠花詞不分卷　(清)潘曾瑋撰　清光緒十三年(1887)刻本　一册

310000－0241－0013687　920501
轉蕙軒詞不分卷　(清)九日山人撰　清光緒元年(1875)刻本　一册

310000－0241－0013688　920503
詩契齋詞鈔六卷　(清)許玉瑑撰　清光緒末刻本　一册

310000－0241－0013689　920504
百末詞五卷詞餘一卷　(清)尤侗撰　清末翻刻康熙刻本　二册

310000－0241－0013690　920506
茶夢盦燼餘詞一卷茶夢盦詞後藁一卷　(清)高望曾撰　清同治九年(1870)刻本　一册

310000－0241－0013691　920507
鬘雲軒詞二卷　(清)汪士進撰　清同治十一年(1872)刻本　一册

310000－0241－0013692　920508
夢玉詞一卷　(清)陳裴之撰　清道光九年(1829)漢上題襟館刻本　一册

310000－0241－0013693　920509
蘊蘭吟館詩餘靈巖樵唱一卷　(清)恩錫撰　清光緒初刻本　一册

310000－0241－0013694　920510
滄江虹月詞三卷　(清)汪初撰　清嘉慶九年(1804)汪氏振綺堂刻光緒十五年(1889)汪曾唯補刻印本　一册

310000－0241－0013695　920510:2
滄江虹月詞三卷　(清)汪初撰　清嘉慶九年(1804)汪氏振綺堂刻光緒十五年(1889)汪曾唯補刻印本　一册

310000－0241－0013696　920510:3
滄江虹月詞三卷　(清)汪初撰　清嘉慶九年(1804)汪氏振綺堂刻光緒十五年(1889)汪曾唯補刻印本　一册

310000－0241－0013697　920511
拜石山房詞鈔四卷　(清)顧翰撰　清光緒十五年(1889)仁和許氏榆園刻本　一册

310000－0241－0013698　920511:2
拜石山房詞鈔四卷　(清)顧翰撰　清光緒十五年(1889)仁和許氏榆園刻本　一册

310000－0241－0013699　920511:3
拜石山房詞鈔四卷　(清)顧翰撰　清光緒十五年(1889)仁和許氏榆園刻本　二册

310000－0241－0013700　920512

寄龕詞四卷　(清)孫德祖撰　清同治九年(1870)會稽孫氏刻本　一册

310000－0241－0013701　920512:2
寄龕詞四卷　(清)孫德祖撰　清同治九年(1870)會稽孫氏刻本　一册

310000－0241－0013702　920513
紫荃山館詩餘偶存一卷　(清)石贊清撰　清光緒九年(1883)上海鮑源深刻本　一册

310000－0241－0013703　920514
心安隱室詞集四卷　(清)詹肇堂撰　清光緒十年(1884)儀徵詹氏刻本　一册

310000－0241－0013704　920515
荔牆詞一卷　(清)汪曰楨撰　清同治、光緒間烏程汪氏刻本　一册

310000－0241－0013705　920515:2
荔牆詞一卷　(清)汪曰楨撰　清同治、光緒間烏程汪氏刻本　一册

310000－0241－0013706　920516
聽秋聲館詞不分卷　(清)吳恩埰撰　清光緒三十四年(1908)長沙吳氏排印本　一册

310000－0241－0013707　920516:2
聽秋聲館詞不分卷　(清)吳恩埰撰　清光緒三十四年(1908)長沙吳氏排印本　一册

310000－0241－0013708　920517
橘亭詞一卷　(清)朱珩撰　清光緒二十三年(1897)吳氏刻本　一册

310000－0241－0013709　920518
聞妙香室詞鈔四卷　(清)錢錫寀撰　(清)張壽斠　清宣統二年(1910)天津醒華報館石印本　一册

310000－0241－0013710　920519
湖海樓詞集二十卷　(清)陳維崧撰　清乾隆刻本　一册

310000－0241－0013711　920601
吳梅邨詞不分卷　(清)吳偉業撰　清光緒十六年(1890)刻本　一册

310000－0241－0013712　920602
曝書亭詞注七卷　(清)朱彝尊撰　(清)李富孫注　清嘉慶李氏校經廎刻本　一册

310000－0241－0013713　920602:2
曝書亭詞注七卷　(清)朱彝尊撰　(清)李富孫注　清嘉慶李氏校經廎刻本　三册

310000－0241－0013714　920602:3
曝書亭詞注七卷　(清)朱彝尊撰　(清)李富孫注　清嘉慶李氏校經廎刻本　四册

310000－0241－0013715　920603
曝書亭詞拾遺三卷　(清)朱彝尊撰　翁之潤輯錄　清光緒二十二年(1896)常熟翁氏刻本　一册

310000－0241－0013716　920603:2
曝書亭詞拾遺三卷　(清)朱彝尊撰　翁之潤輯錄　清光緒二十二年(1896)常熟翁氏刻本　一册

310000－0241－0013717　920604
飲水詞集一卷　(清)納蘭性德撰　清刻本　一册

310000－0241－0013718　920607
納蘭詞五卷　(清)納蘭性德撰　清光緒六年(1880)娱園刻本　一册

310000－0241－0013719　920607:2
納蘭詞五卷　(清)納蘭性德撰　清光緒六年(1880)娱園刻本　一册

310000－0241－0013720　920607:3
納蘭詞五卷　(清)納蘭性德撰　清光緒六年(1880)娱園刻本　二册

310000－0241－0013721　920609
半篋秋詞不分卷　(清)張祥齡撰　清末石印本　二册

310000－0241－0013722　920610
鶴緣詞一卷　(清)呂耀斗撰　清光緒二十六年(1900)呂氏敬止堂刻本　一册

310000－0241－0013723　920611
憶雲詞甲乙丙丁稿四卷　(清)項鴻祚撰　清

光緒十九年(1893)榆園刻本　一册

310000－0241－0013724　920612
憶雲詞甲乙丙丁稿四卷　(清)項鴻祚撰　清光緒十九年(1893)榆園刻本　一册

310000－0241－0013725　920614
靈芬館詞蘅夢詞二卷浮眉樓詞二卷　(清)郭麐撰　清嘉慶八年(1803)刻本　一册

310000－0241－0013726　920614(2)
靈芬館詞蘅夢詞二卷浮眉樓詞二卷懺餘綺語二卷爨餘詞一卷　(清)郭麐撰　清光緒五年(1879)許增娛園刻本　二册

310000－0241－0013727　920614(2):2
靈芬館詞蘅夢詞二卷浮眉樓詞二卷懺餘綺語二卷爨餘詞一卷　(清)郭麐撰　清光緒五年(1879)許增娛園刻本　三册

310000－0241－0013728　920614(2):3
靈芬館詞蘅夢詞二卷浮眉樓詞二卷懺餘綺語二卷爨餘詞一卷　(清)郭麐撰　清光緒五年(1879)許增娛園刻本　一册

310000－0241－0013729　920614(2):4
靈芬館詞蘅夢詞二卷浮眉樓詞二卷懺餘綺語二卷爨餘詞一卷　(清)郭麐撰　清光緒五年(1879)許增娛園刻本　四册

310000－0241－0013730　920619
水雲樓詞續不分卷　(清)蔣春霖撰　清刻本　一册

310000－0241－0013731　920621
梅清閣詞選四卷　(清)石鈞著　清嘉慶刻本　一册

310000－0241－0013732　920622
養一齋詞三卷　(清)潘德輿撰　清咸豐刻本　一册

310000－0241－0013733　920623
紅豆樹館詞八卷　(清)陶樑撰　清道光刻本　二册

310000－0241－0013734　920624
紅豆樹館詞八卷　(清)陶樑撰　清道光刻本　二册

310000－0241－0013735　920625
海南歸櫂詞二卷　(清)劉燿椿撰　(清)花壽山輯　清咸豐五年(1855)刻本　一册

310000－0241－0013736　920626
濯絳宧存稿噙椒詞一卷　(清)劉毓盤撰　清宣統刻本　一册

310000－0241－0013737　920626:2
濯絳宧存稿噙椒詞一卷　(清)劉毓盤撰　清宣統刻本　一册

310000－0241－0013738　920626:3
濯絳宧存稿噙椒詞一卷　(清)劉毓盤撰　清宣統刻本　一册

310000－0241－0013739　920627
遊吳草不分卷附新安消夏唱酬草一卷牌舞燈詞一卷　(清)袁起撰　清刻本　一册

310000－0241－0013740　920628
春在堂詞錄二卷　(清)俞樾撰　清同治刻本　一册

310000－0241－0013741　920629
雙橋小築詞　(清)江人鏡撰　清刻本　二册　存六卷

310000－0241－0013742　920634
夢影詞二卷　(清)陸烜撰　清乾隆三十二年(1767)慶雲待史寫刻本　一册

310000－0241－0013743　920635
竹簾館詞不分卷　(清)王樹藩撰　清宣統元年(1909)刻本　一册

310000－0241－0013744　920636
斷水詞三卷　(清)欒鈞撰　清嘉慶刻本　一册

310000－0241－0013745　920639
還初堂詞鈔一卷　(清)姚斌桐撰　清光緒二十五年(1899)刻留垞叢刻本　一册

310000－0241－0013746　920640
雙辛夷樓詞二卷　(清)李宗褘撰　(清)李宣

璋校　清光緒二十四年(1898)滕王閣刻本　一册

310000－0241－0013747　920641
影吹笙室詞鈔二卷附小遜仙詞一卷　(清)葉英華撰　清光緒三年(1877)廣州刻本　一册

310000－0241－0013748　920644
槃隝詞存十二卷别集五卷　(清)王以敏撰　清光緒刻本　一册

310000－0241－0013749　920645
花簾詞一卷香南雪北詞一卷　(清)吳藻撰　清道光十年(1830)、二十四年(1844)刻本　二册

310000－0241－0013750　920645:2
花簾詞一卷香南雪北詞一卷　(清)吳藻撰　清道光十年(1830)、二十四年(1844)刻本　一册

310000－0241－0013751　920647
冬巢居士詞五卷　(清)汪潮生撰　清刻本　二册

310000－0241－0013752　920648
夢春廬詞一卷附草花集一卷　(清)李貽德撰　清刻本　一册

310000－0241－0013753　920649
横經堂詩餘二卷　(清)張泰初撰　清咸豐安清刻本　一册

310000－0241－0013754　920651
半塘塡詞定稿二卷賸稿一卷　(清)王鵬運撰　清刻本　一册

310000－0241－0013755　920652
瘦碧詞二卷　鄭文焯撰　清刻本　一册

310000－0241－0013756　920652:2
瘦碧詞二卷　鄭文焯撰　清刻本　一册

310000－0241－0013757　920653
冷紅詞四卷　鄭文焯撰　清光緒刻本　一册

310000－0241－0013758　920657
藕湖詞不分卷　(清)蔣學沂撰　清刻本　一册

310000－0241－0013759　920658
瓶隱山房詞　(清)黄曾撰　清刻本　一册　存二卷

310000－0241－0013760　920660
紅蕪詞鈔二卷　(清)鍾景撰　清咸豐刻本　一册

310000－0241－0013761　920661
煙波漁唱一卷　(清)張應昌撰　清道光錢塘張氏刻本　一册

310000－0241－0013762　920661(2)
煙波漁唱四卷　(清)張應昌撰　清同治二年(1863)西昌旅舍刻本　一册

310000－0241－0013763　920662
有正味齋詞集八卷　(清)吳錫麒撰　清宣統元年(1909)石印本　一册

310000－0241－0013764　920666
瘦鶴軒詞一卷詞續一卷　(清)趙彦俞撰　清同治十二年(1873)刻本　一册

310000－0241－0013765　920668
清夢盦二白詞　(清)沈傳桂撰　清道光二十五年(1845)刻本　一册

310000－0241－0013766　920668:2
清夢盦二白詞　(清)沈傳桂撰　清道光二十五年(1845)刻本　一册

310000－0241－0013767　920669
微波詞一卷　(清)錢枚撰　清光緒十五年(1889)榆園刻本　一册

310000－0241－0013768　920674
紅牙吟館詩餘删存二卷　(清)方燕昭撰　清同治十三年(1874)揚州刻本　一册

310000－0241－0013769　920674:2
紅牙吟館詩餘删存二卷　(清)方燕昭撰　清同治十三年(1874)揚州刻本　一册

310000－0241－0013770　920676
聊齋詞一卷　(清)蒲松齡撰　清宣統二年

(1910)國學扶輪社排印本　一册

310000－0241－0013771　920676:2

聊齋詞一卷　(清)蒲松齡撰　清宣統二年(1910)國學扶輪社排印本　一册

310000－0241－0013772　920677

美人長壽庵詞集六卷　程頌萬撰　清光緒二十六年(1900)武昌刻本　二册

310000－0241－0013773　920678

蓱緑詞三卷續三卷　(清)丁至和撰　清咸豐刻本　四册

310000－0241－0013774　920679

蝸寄廬詩餘六卷　(清)沈鍠著　清刻本　三册

310000－0241－0013775　920681

城南樵唱不分卷　(清)顧福仁撰　清光緒十七年(1891)刻本　一册

310000－0241－0013776　920682

鶴茗詞鈔(鶴茗堂百二詞鈔)不分卷　(清)吳敏樹撰　清同治十一年(1872)刻本　一册

310000－0241－0013777　920685

曉夢春紅詞不分卷　潘介蘩撰　清同治八年(1869)刻本　一册

310000－0241－0013778　920686

笙月詞五卷花影詞一卷　(清)王詒壽撰　清同治十一年(1872)杭州刻本　一册

310000－0241－0013779　920686:2

笙月詞五卷花影詞一卷　(清)王詒壽撰　清同治十一年(1872)杭州刻本　一册

310000－0241－0013780　920686:3

笙月詞五卷花影詞一卷　(清)王詒壽撰　清同治十一年(1872)杭州刻本　一册

310000－0241－0013781　920687

迦厂詞鈔不分卷　(清)左運奎撰　清宣統二年(1910)刻本　一册

310000－0241－0013782　920688

留雲借月盦詞五卷　(清)劉炳照撰　清光緒十九年(1893)刻本　二册

310000－0241－0013783　920689

留雲借月盦詞六卷　(清)劉炳照撰　清光緒十九年(1893)刻本　二册

310000－0241－0013784　920692

碧雲秋露詞二卷　(清)黄衡著　清光緒二年(1876)木活字印本　一册

310000－0241－0013785　920692:2

碧雲秋露詞二卷　(清)黄衡著　清光緒二年(1876)木活字印本　一册

310000－0241－0013786　920693

百萼紅詞二卷　(清)吳肅撰　清光緒五年(1879)刻本　一册

310000－0241－0013787　920694

百萼紅詞二卷　(清)吳肅撰　清光緒五年(1879)刻本　一册

310000－0241－0013788　920695

眉緑樓詞八種　(清)顧文彬撰　清光緒十年(1884)吳下顧氏刻本　四册

310000－0241－0013789　920695:2

眉緑樓詞八種　(清)顧文彬撰　清光緒十年(1884)吳下顧氏刻本　一册

310000－0241－0013790　920695:3

眉緑樓詞八種　(清)顧文彬撰　清光緒十年(1884)吳下顧氏刻本　一册

310000－0241－0013791　920695:4

眉緑樓詞八種　(清)顧文彬撰　清光緒十年(1884)吳下顧氏刻本　一册

310000－0241－0013792　920696

願爲明鏡室詞稿二卷　(清)江順詒撰　清同治八年(1869)武林刻十二年(1873)重校印本　一册

310000－0241－0013793　920696:2

願爲明鏡室詞稿二卷　(清)江順詒撰　清同治八年(1869)武林刻十二年(1873)重校印本　一册

310000－0241－0013794　920696:3
願爲明鏡室詞稿二卷　(清)江順詒撰　清同治八年(1869)武林刻十二年(1873)重校印本　一冊

310000－0241－0013795　920698
竹石居詞草川雲集不分卷　(清)童華撰　清刻本　一冊

310000－0241－0013796　920699
竹石居詞草不分卷　(清)童華撰　清刻本　一冊

310000－0241－0013797　920700
懺餘綺語二卷爨餘詞一卷　(清)郭麐撰　清光緒刻本　一冊

310000－0241－0013798　920701
聽雲僊館詞不分卷　(清)湯成彥撰　清咸豐三年(1853)成都刻本　一冊

310000－0241－0013799　920702
暗香踈影齋詞抄一卷　(清)志潤(白石)撰　清光緒三十年(1904)排印本　一冊

310000－0241－0013800　920705
芬陀利室詞一卷　(清)蔣敦復撰　清光緒二十四年(1898)刻本　一冊

310000－0241－0013801　920705:2
芬陀利室詞一卷　(清)蔣敦復撰　清光緒二十四年(1898)刻本　一冊

310000－0241－0013802　920707
玉涂詞一卷　(清)潘曾瑋撰　清咸豐四年(1854)刻本　一冊

310000－0241－0013803　920709
鬘天影事譜四卷　易順鼎著　清光緒三年(1877)上海機器印書局排印本　一冊

310000－0241－0013804　920711
二波軒詞選二卷　(清)王嘉福著　清道光十四年(1834)長洲王氏刻本　一冊

310000－0241－0013805　920712
新蘅詞六卷外集一卷　(清)張景祈撰　清光緒九年(1883)百億梅花館刻本　二冊

310000－0241－0013806　920713
以恬養智齋詞錄絁秋詞一卷　(清)程庭鷺撰　清咸豐八年(1858)刻本　一冊

310000－0241－0013807　920714
尺雲樓詞鈔不分卷　(清)陳升撰　清刻本　一冊

310000－0241－0013808　920715
棲雲山館詞存不分卷　(清)黄錫禧撰　清同治六年(1867)刻本　一冊

310000－0241－0013809　920715:2
棲雲山館詞存不分卷　(清)黄錫禧撰　清同治六年(1867)刻本　一冊

310000－0241－0013810　920716
夢影詞六卷　(清)王錫元撰　清光緒刻本　一冊

310000－0241－0013811　920717
香南雪北詞不分卷　(清)吳藻撰　清道光二十四年(1844)精刻本　一冊

310000－0241－0013812　920717:2
香南雪北詞不分卷　(清)吳藻撰　清道光二十四年(1844)精刻本　一冊

310000－0241－0013813　920718
玉藤仙館詞　(清)余焜譜　清光緒刻本　一冊　存一卷

310000－0241－0013814　920719
苾芻館詞集六卷　(清)胡延撰　清光緒二十九年(1903)金陵糧儲道廨刻本　四冊

310000－0241－0013815　920720
約園詞二卷　(清)劉溎年撰　清光緒十年(1884)刻本　一冊

310000－0241－0013816　920720(2)
約園詞四卷　(清)劉溎年撰　清光緒十二年(1886)揚州刻本　二冊

310000－0241－0013817　920721
迦陵詞全集三十卷　(清)陳維崧撰　清康熙患立堂刻本　六冊

310000－0241－0013818　920722

香銷酒醒詞一卷曲一卷　(清)趙慶熺撰　清同治七年(1868)西泠王氏刻本　二册

310000－0241－0013819　920722：2

香銷酒醒詞一卷曲一卷　(清)趙慶熺撰　清同治七年(1868)西泠王氏刻本　一册

310000－0241－0013820　920722：3

香銷酒醒詞一卷曲一卷　(清)趙慶熺撰　清同治七年(1868)西泠王氏刻本　一册

310000－0241－0013821　920722：4

香銷酒醒詞一卷曲一卷　(清)趙慶熺撰　清同治七年(1868)西泠王氏刻本　一册

310000－0241－0013822　920722：5

香銷酒醒詞一卷曲一卷　(清)趙慶熺撰　清同治七年(1868)西泠王氏刻本　一册

310000－0241－0013823　920722：6

香銷酒醒詞一卷曲一卷　(清)趙慶熺撰　清同治七年(1868)西泠王氏刻本　一册

310000－0241－0013824　920723

太素齋詞鈔二卷　(清)勒方錡撰　清光緒刻本　一册

310000－0241－0013825　920723(2)

榑洲詞二卷　(清)勒方錡撰　清同治四年(1865)刻本　二册

310000－0241－0013826　920724

知止堂詞錄三卷　(清)朱綬撰　清光緒二十年(1894)湖南思賢書局刻本　二册

310000－0241－0013827　920725

一粟盦詞集二種二卷　(清)蔡寶善撰　清宣統元年(1909)西安圖書館排印本　一册

310000－0241－0013828　920726

雨花盦詩餘一卷詞話一卷　(清)錢聚瀛撰　清同治刻本　一册

310000－0241－0013829　920727

吉雨詞稿二卷　(清)朱聲希撰　清道光二十一年(1841)木活字印本　一册

310000－0241－0013830　920728

補恨樓詞二卷　(清)徐佑成撰　清光緒刻本　一册

310000－0241－0013831　920730

夢緣山莊集四卷　(清)沈星煒撰　清道光刻本　一册

310000－0241－0013832　920731

俞俞齋詩餘一卷　(清)史念祖撰　清刻本　一册

310000－0241－0013833　920732

五十絃綿瑟樓詞三卷　題(清)百癡生編　清光緒三十一年(1905)排印本　一册

310000－0241－0013834　920733

紅雪詞甲集二卷乙集二卷　(清)馮雲鵬撰　清乾隆五十四年至嘉慶十二年(1789－1807)掃紅亭精刻本　四册

310000－0241－0013835　920735

漱泉詞一卷　(清)成肇麐撰　清末刻本　一册

310000－0241－0013836　920736

雙柏詞一卷　(清)金鴻佺撰　清宣統元年(1909)排印本　一册

310000－0241－0013837　920737

寒松閣詞四卷　(清)張鳴珂撰　清光緒十年(1884)江西書局刻本　一册

310000－0241－0013838　920738

鴛鴦宜福館吹月詞二卷　(清)陳元鼎撰　清同治元年(1862)錢唐陳氏自刻光緒十六年(1890)小羽琌山館補修本　一册

310000－0241－0013839　920740

藤香館詞江舟欸乃一卷　(清)薛時雨撰　清同治五年(1866)刻本　一册

310000－0241－0013840　920741

比竹餘音四卷　鄭文焯撰　清光緒刻本　一册

310000－0241－0013841　920742

三影閣箏語三卷　(清)張雲璈撰　清嘉慶、

道光間刻本　一册

310000－0241－0013842　920743
喝月樓詩餘一卷　(清)王鴻撰　清寫刻本　一册

310000－0241－0013843　920744
眠綠詞一卷　(清)楊紹烔撰　清咸豐刻本　一册

310000－0241－0013844　920745
湖天曉角詞二卷　(清)程霖壽撰　清光緒二十七年(1901)沁園刻本　一册

310000－0241－0013845　920746
紉香草堂詩餘一卷　(清)李廷棨撰　清道光刻本　一册

310000－0241－0013846　920747
蓱綠詞三卷續編一卷再續編一卷補遺一卷　(清)丁至和撰　清咸豐十一年(1861)曼陀羅華閣刻本　一册

310000－0241－0013847　920748
采香詞二卷　(清)杜文瀾撰　清咸豐杜氏曼陀羅華閣刻本　一册

310000－0241－0013848　920748(2)
采香詞四卷　(清)杜文瀾撰　清咸豐、同治間杜氏曼陀羅華閣刻本　二册

310000－0241－0013849　920748:2
采香詞二卷　(清)杜文瀾撰　清咸豐杜氏曼陀羅華閣刻本　一册

310000－0241－0013850　920750
北海漁唱一卷　(清)王寅撰　清光緒十五年(1889)刻本　一册

310000－0241－0013851　920751
受辛詞二卷　(清)王荄撰　清光緒刻本　一册

310000－0241－0013852　920752
懷荃室詩餘二卷　(清)王鑒撰　清光緒三十一年(1905)懷荃室油印本　一册

310000－0241－0013853　920754
紅豆詞四卷　(清)李日華撰　清道光十六年(1836)嘉興李氏刻本　二册

310000－0241－0013854　920755
麝塵蓮寸集四卷補遺一卷　(清)汪淵集詞　(清)程淑校注　清光緒十六年(1890)染翰齋刻本　二册

310000－0241－0013855　920755:2
麝塵蓮寸集四卷補遺一卷　(清)汪淵集詞　(清)程淑校注　清光緒十六年(1890)染翰齋刻本　二册

310000－0241－0013856　920763
捧月樓綺語八卷　(清)袁通撰　清嘉慶二十年(1815)江寧顧晴崖局寫刻本　一册

310000－0241－0013857　920766
江山風月譜二卷有聲畫一卷　(清)許光治撰　清咸豐六年(1856)刻本　一册

310000－0241－0013858　920767
蓮漪詞二卷　(清)鄭由熙撰　清光緒十六年(1890)江右書局刻本　一册

310000－0241－0013859　920769
秋夢盦詞鈔二卷續一卷　(清)葉衍蘭撰　清光緒十六年(1890)羊城刻本　一册

310000－0241－0013860　920772
棲香閣詞二卷　(清)顧貞立撰　清宣統二年(1910)木活字印本　一册

310000－0241－0013861　920774
燈昏鏡曉詞四卷　(清)宋謙撰　清末排印本　二册

310000－0241－0013862　920775
心日齋詞集六卷　(清)周之琦撰　清道光刻本　二册

310000－0241－0013863　920778
海棠巢詞稿一卷　(清)李若虛撰　清咸豐十一年(1861)刻本　一册

310000－0241－0013864　920778:2
海棠巢詞稿一卷　(清)李若虛撰　清咸豐十一年(1861)刻本　一册

310000－0241－0013865　920779
題紅閣詞鈔一卷語兒村籛　(清)于源撰　清咸豐刻本　一册

310000－0241－0013866　920781
真松閣詞六卷　(清)楊夔生撰　清道光十四年(1834)刻本　二册

310000－0241－0013867　920782
心盦詞存四卷　(清)何光瀛撰　清同治十二年(1873)武林刻本　二册

310000－0241－0013868　920783
晚香居詞二卷　(清)張玉珍撰　清嘉慶八年(1803)刻本　一册

310000－0241－0013869　920784
翠浮閣詞不分卷　(清)魏謙升撰　清道光十六年(1836)武林愛日軒刻本　一册

310000－0241－0013870　920785
倚晴樓詩餘四卷　(清)黄燮清撰　清同治六年(1867)黄鶴樓刻本　一册

310000－0241－0013871　920786
水仙亭詞集二卷　(清)項瓆撰　清光緒刻本　一册

310000－0241－0013872　920787
玉壺山房詞選二卷　(清)改琦撰　清道光仁和高雨刻本　一册

310000－0241－0013873　920788
翠薇雅詞不分卷　(清)戈載撰　清道光二年(1822)刻本　一册

310000－0241－0013874　920790
留漚唫館詞存不分卷　(清)沈鍌撰　清光緒八年(1882)江氏師鄦室刻本　一册

310000－0241－0013875　920791
雲起樓詞蕉窗詞存一卷賣魚灣詞二卷　(清)齊學裘撰　清同治十年(1871)天空海闊之居刻本　一册

310000－0241－0013876　920792
水雲欸乃一卷泥爪詞一卷竹窗秋籟一卷悔餘詞一卷　(清)周天麟撰　清光緒十七年(1891)石印本　一册

310000－0241－0013877　920793
桃花春水詞不分卷　翁之潤撰　清光緒刻本　一册

310000－0241－0013878　920794
扁舟載酒詞一卷　(清)江藩撰　清光緒刻本　一册

310000－0241－0013879　920796
一萼紅詞一卷附錄一卷　(清)洪梧撰　清嘉慶二十年(1815)洪氏刻本　一册

310000－0241－0013880　920797
藝香詞鈔四卷　(清)吳綺撰　(清)吳琥繡校　清乾隆四十一年(1776)衷白堂刻本　一册

310000－0241－0013881　920798
寄龕詞問六卷　(清)孫德祖撰　清光緒二十六年(1900)古綏盧王氏刻本　一册

310000－0241－0013882　920799
香草詞五卷鴻爪詞一卷哀絲豪竹詞一卷菊花詞一卷集牡丹亭詞一卷香草詞補遺一卷香草詞附錄一卷　(清)陳鍾祥撰　清咸豐十年(1860)刻本　二册

310000－0241－0013883　920799:2
香草詞五卷鴻爪詞一卷哀絲豪竹詞一卷菊花詞一卷集牡丹亭詞一卷香草詞補遺一卷香草詞附錄一卷　(清)陳鍾祥撰　清咸豐十年(1860)刻本　二册

310000－0241－0013884　920806
映盦詞不分卷　夏敬觀撰　清光緒刻本　一册

310000－0241－0013885　920806:2
映盦詞不分卷　夏敬觀撰　清光緒刻本　一册

310000－0241－0013886　920814
紅杏詞二卷附天台紀遊一篇　(清)李方湛撰　清嘉慶仁和李氏小石梁山館刻本　一册

310000－0241－0013887　920832
第一生修楳花館詞四卷　(清)況周頤撰　清

光緒十八年(1892)刻本　一册

310000－0241－0013888　920881

存悔詞一卷　(清)況周儀撰　清光緒刻本　一册

310000－0241－0013889　970003(2)

宋六十一家詞選十二卷　馮煦輯　清光緒十三年(1887)刻本　一册　存三卷(三至五)

310000－0241－0013890　970005

宋六十名家詞　(明)毛晉輯　清刻本　十六册　存三十一種五十卷

310000－0241－0013891　970005(3)

宋六十名家詞六十一種九十一卷　(明)毛晉輯　明末虞山毛氏汲古閣刻本　四册

310000－0241－0013892　970005：2

宋六十名家詞　(明)毛晉輯　清刻本　二十二册　存五十二種七十二卷

310000－0241－0013893　970007

絕妙好詞箋七卷續鈔二卷附詞選三卷　(宋)周密輯　(清)余集續抄　清同治十一年(1872)會稽章氏刻本　四册

310000－0241－0013894　970007：2

絕妙好詞箋七卷續鈔二卷附詞選三卷　(宋)周密輯　(清)余集續抄　清同治十一年(1872)會稽章氏刻本　四册

310000－0241－0013895　970007：3

絕妙好詞箋七卷續鈔二卷附詞選三卷　(宋)周密輯　(清)余集續抄　清同治十一年(1872)會稽章氏刻本　四册

310000－0241－0013896　970011

宋七家詞七卷　(清)戈載輯　清光緒十一年(1885)刻本　四册

310000－0241－0013897　970011：2

宋七家詞七卷　(清)戈載輯　清光緒十一年(1885)刻本　三册

310000－0241－0013898　970011：3

宋七家詞七卷　(清)戈載輯　清光緒十一年(1885)刻本　一册

310000－0241－0013899　970011：4

宋七家詞七卷　(清)戈載輯　清光緒十一年(1885)刻本　三册

310000－0241－0013900　970011：5

宋七家詞七卷　(清)戈載輯　清光緒十一年(1885)刻本　三册

310000－0241－0013901　970014

宋四家詞選一卷　(清)周濟輯　清道光刻本　一册

310000－0241－0013902　970015

精選名儒草堂詩餘三卷　(元)廬陵鳳林書院輯　清嘉慶江都秦氏享帚精舍刻本　一册

310000－0241－0013903　970017

今詞初集二卷　(清)顧貞觀選　清光緒二十三年(1897)雪浪山房刻本　二册

310000－0241－0013904　970017：2

今詞初集二卷　(清)顧貞觀選　清光緒二十三年(1897)雪浪山房刻本　四册

310000－0241－0013905　970019

國朝詞綜續編二十四卷　(清)黄燮清編　清同治十一年(1872)刻本　八册

310000－0241－0013906　970019：2

國朝詞綜續編二十四卷　(清)黄燮清編　清同治十一年(1872)刻本　八册

310000－0241－0013907　970020

同聲集七卷　(清)張曜孫輯　清道光二十四年至同治元年(1844－1862)遞刻本　一册

310000－0241－0013908　970026

侯鯖詞五種五卷　(清)吴唐林輯　清光緒十一年(1885)杭州刻本　四册

310000－0241－0013909　970026：2

侯鯖詞五種五卷　(清)吴唐林輯　清光緒十一年(1885)杭州刻本　二册

310000－0241－0013910　970026：3

侯鯖詞五種五卷　(清)吴唐林輯　清光緒十一年(1885)杭州刻本　二册

310000－0241－0013911　970028
明詞綜十二卷　(清)王昶編　清嘉慶刻本　二册

310000－0241－0013912　970029
國朝詞綜四十八卷二集八卷　(清)王昶編纂　清嘉慶刻本　十二册

310000－0241－0013913　970029:2
國朝詞綜四十八卷二集八卷　(清)王昶編纂　清嘉慶刻本　六册

310000－0241－0013914　970032
篋中詞六卷　(清)譚獻纂録　清光緒八年(1882)刻本　二册

310000－0241－0013915　970032:2
篋中詞六卷　(清)譚獻纂録　清光緒八年(1882)刻本　十册

310000－0241－0013916　970032:3
篋中詞六卷　(清)譚獻纂録　清光緒八年(1882)刻本　三册

310000－0241－0013917　970032:4
篋中詞六卷　(清)譚獻纂録　清光緒八年(1882)刻本　二册

310000－0241－0013918　970036
同人詞選九種九卷　(清)孫瀜輯　清咸豐三年(1853)刻本　二册

310000－0241－0013919　970037
詞壇妙品□卷　(清)張淵懿選　(清)田茂遇評　清末民國初石印本　三册

310000－0241－0013920　970042
薇省詞鈔十一卷　(清)況周儀輯　清光緒二十四年(1898)廣陵刻本　四册

310000－0241－0013921　970043
題襟集八種　(清)□□輯　清光緒二十四年(1898)宣南刻本　一册

310000－0241－0013922　971001
尊前集二卷　(明)顧梧芳採録　明末清初虞山毛氏汲古閣刻本　一册

310000－0241－0013923　971003
御選歷代詩餘一百二十卷　(清)沈辰垣　(清)王奕清等奉敕纂　清康熙刻本　六十四册

310000－0241－0013924　971008
詞林萬選四卷　(明)楊慎編　清初虞山毛氏汲古閣刻乾隆十七年(1752)洪振珂修補印本　二册

310000－0241－0013925　971011
唐五代詞選三卷　(清)成肇麐選　清光緒十三年(1887)刻本　一册

310000－0241－0013926　971016
唐五代詞選三卷　(清)成肇麐選　清光緒十三年(1887)刻本　一册

310000－0241－0013927　971018
詞選二卷續詞選二卷附録一卷　(清)張惠言　(清)董毅録　清道光湖南思賢書局刻本　一册

310000－0241－0013928　971021
詞選二卷　(清)董毅輯　**附録一卷**　(清)鄭善長輯　(清)張惠言録　**附續詞選二卷**　清同治刻本　二册

310000－0241－0013929　971022
詞選七種十三卷　(清)□□輯　清長沙刻本　七册

310000－0241－0013930　971024
花庵絶妙詞選十卷　(宋)黄昇編集　清乾隆十七年(1752)刻本　二册

310000－0241－0013931　971025
宋元名家詞十五種十七卷　(清)江標輯　清光緒二十一年(1895)湖南思賢書局刻本　四册

310000－0241－0013932　971025:2
宋元名家詞十五種十七卷　(清)江標輯　清光緒二十一年(1895)湖南思賢書局刻本　四册

310000－0241－0013933　971029

歷朝詞綜四種一百八卷　（清）朱彝尊　（清）王昶輯　清光緒二十八年（1902）金匱浦氏刻本　五冊

310000－0241－0013934　971030
詞綜　（清）朱彝尊輯　清刻本　八冊　存十八卷

310000－0241－0013935　971031
歷朝詞綜四種一百八卷　（清）朱彝尊　（清）王昶輯　清光緒刻本　二十四冊

310000－0241－0013936　971032：2
詞綜三十八卷　（清）朱彝尊輯　清光緒刻本　十冊

310000－0241－0013937　971037
歷代詞腴二卷附眠鷗館遺詞一卷　（明）黃承勳輯　清光緒十四年（1888）刻本　一冊

310000－0241－0013938　971038
宋元三十一家詞三十一卷　（清）王鵬運輯　清光緒石印本　四冊

310000－0241－0013939　971038：2
宋元三十一家詞三十一卷　（清）王鵬運輯　清光緒石印本　四冊

310000－0241－0013940　971040
三李詞三卷　（清）楊文斌輯錄　清光緒十六年（1890）刻本　一冊

310000－0241－0013941　971042
微雲榭詞選五卷　樊增祥輯　清光緒三十四年（1908）望江涵清閣排印本　二冊

310000－0241－0013942　971046
歷朝名媛詩詞十二卷　（清）陸昶輯　清乾隆三十八年（1773）紅樹樓刻本　五冊

310000－0241－0013943　971051
清綺軒詞選十二卷　（清）夏秉衡選　清光緒二十一年（1895）榮勳刻本　四冊

310000－0241－0013944　971052
詞綜補遺二十卷　（清）陶樑輯　清道光十四年（1834）紅豆樹館刻本　四冊

310000－0241－0013945　972000
國朝金陵詞鈔八卷附閨秀一卷　陳作霖輯　清光緒二十八年（1902）刻本　四冊

310000－0241－0013946　972000：2
國朝金陵詞鈔八卷附閨秀一卷　陳作霖輯　清光緒二十八年（1902）刻本　四冊

310000－0241－0013947　972001
國朝常州詞錄三十一卷　繆荃孫輯　清光緒二十二年（1896）刻本　十二冊

310000－0241－0013948　972001：2
國朝常州詞錄三十一卷　繆荃孫輯　清光緒二十二年（1896）刻本　八冊

310000－0241－0013949　972004
西泠詞萃六種九卷　（清）丁丙輯　清光緒十一年（1885）錢塘丁氏刻本　二冊

310000－0241－0013950　972007
國朝常州詞錄三十一卷　繆荃孫輯　清光緒二十二年（1896）刻本　十冊

310000－0241－0013951　972008
粵東三家詞鈔三卷　（清）譚獻輯　清光緒二十一年（1895）刻本　一冊

310000－0241－0013952　972011
國朝金陵詞鈔八卷　陳作霖輯　清光緒二十八年（1902）刻本　四冊

310000－0241－0013953　972012
吳氏石蓮庵刻山左人詞　（清）吳重熹輯　清光緒二十七年（1901）海豐吳氏刻本　一冊　存二種五卷

310000－0241－0013954　972013
粵西詞見二卷　（清）況周儀撰　清光緒二十三年（1897）聚文齋刻本　一冊

310000－0241－0013955　972014
詩餘偶鈔六卷　（清）孫鼎臣等撰　王先謙選　清光緒十六年（1890）長沙王氏刻本　一冊

310000－0241－0013956　972014：2
詩餘偶鈔六卷　（清）孫鼎臣等撰　王先謙選　清光緒十六年（1890）長沙王氏刻本　一冊

310000－0241－0013957　972014：3
詩餘偶鈔六卷　(清)孫鼎臣等撰　王先謙選　清光緒十六年(1890)長沙王氏刻本　一冊

310000－0241－0013958　972020
白山詞介五卷　(清)蘊端等撰　(清)楊鍾羲錄　清宣統二年(1910)刻本　二冊

310000－0241－0013959　973004
小檀欒室彙刻閨秀詞初集十種十卷　徐乃昌編　清光緒南陵徐氏刻本　一冊　存五種七卷

310000－0241－0013960　973005：2－3
小檀欒室彙刻閨秀詞三十種三十三卷　徐乃昌編　清光緒二十一年至二十二年(1895－1896)南陵徐氏刻本　三冊

310000－0241－0013961　973006
小檀欒室彙刻閨秀詞八集八十種八十九卷　徐乃昌編　清光緒南陵徐氏刻本　十六冊

310000－0241－0013962　973007
閨秀詞鈔十六卷　徐乃昌撰錄　清宣統三年(1911)小檀欒室刻本　六冊

310000－0241－0013963　973007：2
閨秀詞鈔十六卷　徐乃昌撰錄　清宣統三年(1911)小檀欒室刻本　十冊

310000－0241－0013964　973011
江南春詞集不分卷　(明)袁邦正輯　清道光精刻本　一冊

310000－0241－0013965　973017
同人詞選六種六卷　(清)孫瀜輯　清咸豐二年(1852)刻本　一冊

310000－0241－0013966　973026
薇省同聲集五卷　(清)彭鑾輯　清光緒十六年(1890)刻本　一冊

310000－0241－0013967　973026：2
薇省同聲集五卷　(清)彭鑾輯　清光緒十六年(1890)刻本　一冊

310000－0241－0013968　973028
朗照秋痕一卷　(清)李濱等撰　清宣統元年(1909)排印本　一冊

310000－0241－0013969　924009
秋羅曲一卷　(清)華諟撰　清末石印本　一冊

310000－0241－0013970　924014
陶情樂府四卷　(明)楊慎撰　清宣統三年(1911)峪陽精舍刻本　一冊

310000－0241－0013971　924022
芙蓉仙館詞選不分卷　(清)□□選　清末芙蓉仙館紅格抄本　二冊

310000－0241－0013972　925001
董解元西廂四卷　(金)董解元撰　(明)顧渚山樵定　清末劉氏暖紅室刻本　二冊

310000－0241－0013973　925001(2)
董解元西廂四卷　(金)董解元撰　(明)顧渚山樵定　清宣統元年(1909)劉氏暖紅室刻本　二冊

310000－0241－0013974　925001(2)：2
董解元西廂四卷　(金)董解元撰　(明)顧渚山樵定　清宣統元年(1909)劉氏暖紅室刻本　二冊

310000－0241－0013975　925004
繪像第六才子書五卷首一卷　(清)金人瑞評點　清光緒十五年(1889)石印本　六冊

310000－0241－0013976　925004(2)
繪像第六才子書八卷附錄一卷　(元)王實甫撰　(清)金人瑞批點　清光緒十六年(1890)石印本　一冊

310000－0241－0013977　925004(6)
繪像第六才子書五卷首一卷　(元)王實甫撰　(清)金人瑞批點　清光緒石印本　三冊

310000－0241－0013978　925006
增補箋注繪像第六才子西廂釋解八卷末一卷　(元)王實甫撰　(清)金人瑞批點　(清)鄧汝寧音義　清善美堂刻本　六冊

310000－0241－0013979　925006(2)
此宜閣增訂金批西廂記四卷首一卷末一卷

(元)王實甫撰　(清)金人瑞批點　清乾隆六十年(1795)昭文此宜閣刻朱墨套印本　四冊

310000－0241－0013980　925006:2

增補箋注繪像第六才子西厢釋解八卷末一卷　(元)王實甫撰　(清)金人瑞批點　(清)鄧汝寧音義　清善美堂刻本　六冊

310000－0241－0013981　925006:3

增補箋注繪像第六才子西厢釋解八卷末一卷　(元)王實甫撰　(清)金人瑞評　(清)鄧汝寧音義　清善美堂刻本　六冊

310000－0241－0013982　925007(10)

西厢記後傳四卷十六章　(清)梅齋逸叟撰　清光緒三十三年(1907)上海書局石印本　一冊

310000－0241－0013983　925007(7)

箋注繪像第六才子書八卷末一卷　(元)王實甫撰　(清)金聖歎批點　清乾隆致和堂刻本　六冊

310000－0241－0013984　925007(7):2

箋注繪像第六才子書八卷末一卷　(元)王實甫撰　(清)金聖歎批點　清乾隆致和堂刻本　一冊

310000－0241－0013985　925007(9)

雲林别墅繪像妥注第六才子書五卷醉心篇一卷　(清)金人瑞評　(清)鄒聖脈注　清刻本　五冊

310000－0241－0013986　925011

白兔記二卷　(清)□□撰　清宣統元年(1909)暖紅室刻本　二冊

310000－0241－0013987　925011:4

白兔記二卷　(清)□□撰　清宣統元年(1909)暖紅室刻本　二冊

310000－0241－0013988　925012

拜月亭記音釋二卷四十齣　(元)施惠撰　(明)羅懋登釋　清末暖紅室刻本　二冊

310000－0241－0013989　925012(4)

幽閨記二卷四十齣　(元)施惠撰　明末虞山毛氏汲古閣刻本　四冊

310000－0241－0013990　925012:3

拜月亭記音釋二卷四十齣　(元)施惠撰　(明)羅懋登釋　清末暖紅室刻本　二冊

310000－0241－0013991　925013

霞箋記二卷　(清)□□撰　明末虞山毛氏汲古閣刻六十種曲本　二冊

310000－0241－0013992　925016(2)

牡丹亭還魂記二卷五十五齣　(明)湯顯祖撰　清光緒十二年(1886)同文書局石印本　四冊

310000－0241－0013993　925016(2):2

牡丹亭還魂記二卷五十五齣　(明)湯顯祖撰　清光緒十二年(1886)同文書局石印本　二冊

310000－0241－0013994　925017

玉茗堂還魂記(牡丹亭)二卷　(明)湯顯祖撰　清宣統元年(1909)暖紅室刻本　四冊

310000－0241－0013995　925020

邯鄲夢二卷　(明)湯顯祖撰　清刻本　二冊

310000－0241－0013996　925022

春燈謎二卷　(明)阮大鋮撰　清宣統元年(1909)暖紅室刻本　二冊

310000－0241－0013997　925023

燕子箋二卷　(明)阮大鋮撰　清宣統元年(1909)暖紅室刻本　二冊

310000－0241－0013998　925023:2

燕子箋二卷　(明)阮大鋮撰　清宣統元年(1909)暖紅室刻本　二冊

310000－0241－0013999　925023:3

燕子箋二卷　(明)阮大鋮撰　清宣統元年(1909)暖紅室刻本　二冊

310000－0241－0014000　925023:4

燕子箋二卷　(明)阮大鋮撰　清宣統元年(1909)暖紅室刻本　二冊

310000－0241－0014001　925026

李笠翁十種曲 (清)李漁撰 清刻本 十九冊 存十九卷

310000－0241－0014002 925026(2)
蜃中樓傳奇二卷 (清)李漁撰 清刻本 四冊

310000－0241－0014003 925026(3):2
風箏誤傳奇不分卷 (清)湖上笠翁編 清末石印本 二冊

310000－0241－0014004 925026(4)
玉搔頭傳奇二卷二十齣 (清)湖上笠翁撰 (清)睡鄉祭酒評 清康熙世德堂刻本 一冊

310000－0241－0014005 925029
鈞天樂二卷 (清)尤侗撰 清光緒十九年(1893)上海飛影閣石印本 二冊

310000－0241－0014006 925029(2)
鈞天樂二卷三十二齣 (清)尤侗撰 清康熙刻本 四冊

310000－0241－0014007 925029(2):2
鈞天樂二卷三十二齣 (清)尤侗撰 清康熙刻本 二冊

310000－0241－0014008 925030(2):3
西堂樂府六種七卷 (清)尤侗撰 清康熙刻本 二冊

310000－0241－0014009 925033(3)
長生殿傳奇四卷 (清)洪昇撰 (清)吳人評 清同仁堂刻本 四冊

310000－0241－0014010 925033(4)
長生殿傳奇四卷 (清)洪昇撰 (清)吳人評 清光緒十三年(1887)蜚英館石印本 二冊

310000－0241－0014011 925033(5)
長生殿傳奇四卷 (清)洪昇撰 (清)吳舒鳧評 清小嫏嬛山館刻本 四冊

310000－0241－0014012 925036(2):2
桃花扇傳奇四卷四十出 (清)雲亭山人(孔尚任)撰 清光緒二十一年(1895)蘭雪堂刻本 五冊

310000－0241－0014013 925037(2)
桃花扇傳奇後序詳注四卷 (清)吳穆撰 (清)花庭閒客注 清嘉慶刻本 四冊

310000－0241－0014014 925039(2)
小忽雷二卷大忽雷二卷 (清)夢鶴居士撰 (清)岸堂主人鑒定 清宣統元年(1909)劉氏暖紅室刻本 二冊

310000－0241－0014015 925042
玉燕堂傳奇四種十卷 (清)張堅撰 清乾隆二十三年(1758)刻本 十冊

310000－0241－0014016 925042:2
玉燕堂傳奇四種十卷 (清)張堅撰 清乾隆二十三年(1758)刻本 十冊

310000－0241－0014017 925043(3)
紅樓夢傳奇二卷 (清)仲振奎填詞 清光緒八年(1882)常熟抱芳閣刻本 五冊

310000－0241－0014018 925045
春在堂傳奇二種驪山傳一卷梓潼傳一卷 (清)俞樾撰 清光緒二十五年(1899)德清俞氏刻本 一冊

310000－0241－0014019 925049
藏園九種曲十三卷 (清)蔣士銓撰 清乾隆經綸堂刻本 三冊

310000－0241－0014020 925049(2)
紅雪樓九種曲十三卷 (清)蔣士銓撰 清乾隆紅雪樓刻同治、光緒間萃文堂印本 十冊

310000－0241－0014021 925049(2):2
紅雪樓九種曲十三卷 (清)蔣士銓撰 清乾隆紅雪樓刻同治、光緒間萃文堂印本 十二冊

310000－0241－0014022 925054
坦園傳奇六種不分卷 (清)楊恩壽撰 清同治九年(1870)、光緒元年(1875)長沙楊氏坦園刻本 六冊

310000－0241－0014023 925055
石榴記四卷 (清)黃振撰 清乾隆三十七年(1772)柴灣村舍刻本 五冊

310000－0241－0014024 925055:2

石榴記四卷　(清)黄振撰　清乾隆三十七年(1772)柴灣村舍刻本　四册

310000－0241－0014025　925056
荷花蕩二卷　(清)擷芳主人編　清宣統元年(1909)暖紅室刻本　二册

310000－0241－0014026　925056:2
荷花蕩二卷　(清)擷芳主人編　清宣統元年(1909)暖紅室刻本　二册

310000－0241－0014027　925058
玉獅堂傳奇十種十五卷　(清)陳大烺撰　清光緒十一年(1885)武林刻本　十册

310000－0241－0014028　925060
瑞筠圖傳奇二卷　(清)夏綸撰　清乾隆刻本　二册

310000－0241－0014029　925060(2)
杏花村傳奇二卷三十二出　(清)夏綸撰　(清)徐夢元評　清乾隆十六年(1751)世光堂刻本　一册

310000－0241－0014030　925060(3)
花萼吟傳奇二卷三十二齣　(清)夏綸撰　(清)徐夢元評　清乾隆十六年(1751)世光堂刻本　一册

310000－0241－0014031　925061
梅花夢二卷　(清)張道撰　清光緒二十年(1894)刻本　二册

310000－0241－0014032　925061(2)
梅花夢二卷三十二折　(清)張道撰　清末刻朱印本　二册

310000－0241－0014033　925061:2
梅花夢二卷　(清)張道撰　清光緒二十年(1894)刻本　二册

310000－0241－0014034　925064
誦荻齋曲二種不分卷　(清)徐鄂撰　清光緒二年(1876)大同書局石印本　三册

310000－0241－0014035　925065
西廂記二本不分卷　(清)□□輯　清光緒十四年(1888)成都古臥橋刻毛裝本　二册

310000－0241－0014036　925066
百寶箱二卷三十二齣　(清)梅窗主人撰　清光緒二十年(1894)袖海山房石印本　四册

310000－0241－0014037　925066:2
百寶箱二卷三十二齣　(清)梅窗主人撰　清光緒二十年(1894)袖海山房石印本　四册

310000－0241－0014038　925067
滄桑豔二卷　丁傳靖撰　清光緒三十四年(1908)豹隱廬刻本　一册

310000－0241－0014039　925068
滄桑豔二卷　丁傳靖撰　清光緒三十四年(1908)豹隱廬刻本　一册

310000－0241－0014040　925069
庶幾堂今樂序及引古答問不分卷　(清)俞樾等撰　清刻本　一册

310000－0241－0014041　925070
庶幾堂今樂初二集二十八種不分卷　(清)余治撰　清光緒六年(1880)蘇州得見齋刻本　十册

310000－0241－0014042　925070:2
庶幾堂今樂初二集二十八種不分卷　(清)余治撰　清光緒六年(1880)蘇州得見齋刻本　十册

310000－0241－0014043　925070:3
庶幾堂今樂初二集二十八種不分卷　(清)余治撰　清光緒六年(1880)蘇州得見齋刻本　十册

310000－0241－0014044　925072
緋笙館修簫譜一卷　(清)舒位撰　清道光十三年(1833)振綺堂刻本　一册

310000－0241－0014045　925072:2
緋笙館修簫譜一卷　(清)舒位撰　清道光十三年(1833)振綺堂刻本　一册

310000－0241－0014046　925072:3
緋笙館修簫譜一卷　(清)舒位撰　清道光十三年(1833)振綺堂刻本　二册

310000－0241－0014047　925072:4

絣笙館修簫譜一卷　(清)舒位撰　清道光十三年(1833)振綺堂刻本　一冊

310000－0241－0014048　925072:6
絣笙館修簫譜一卷　(清)舒位撰　清道光十三年(1833)振綺堂刻本　一冊

310000－0241－0014049　925076
納書楹曲譜全集二十二卷　(清)葉堂訂譜　清道光二十八年(1848)刻本　二十冊

310000－0241－0014050　925081
雙忽雷本事一卷　劉世珩輯　清宣統三年(1911)天津石印本　一冊

310000－0241－0014051　925081:2
雙忽雷本事一卷　劉世珩輯　清宣統三年(1911)天津石印本　一冊

310000－0241－0014052　925082
梨花雪不分卷白頭新一卷　(清)徐鄂撰　清光緒十二年至十三年(1886－1887)大同書局石印本　四冊

310000－0241－0014053　925082(2)
梨花雪十四折　(清)徐鄂撰　(清)秦本楨評　清光緒三十二年(1906)上海煥文書局石印本　三冊

310000－0241－0014054　925083
五代興隆傳四卷七十三齣　(清)□□撰　清光緒二十一年(1895)上海書局石印本　四冊

310000－0241－0014055　925083:2
五代興隆傳四卷七十三齣　(清)□□撰　清光緒二十一年(1895)上海書局石印本　四冊

310000－0241－0014056　925089
閨媛小樂府不分卷　(清)許敦彝著　清同治十年(1871)刻本　一冊

310000－0241－0014057　925091(4)
繪像第七才子書琵琶記六卷　(元)高明撰　(清)毛宗崗評　清末石印本　一冊

310000－0241－0014058　925096
儒酸福傳奇二卷十六出　(清)魏熙元填詞　(清)倪星垣評　清光緒十年(1884)玉玲瓏館刻本　一冊

310000－0241－0014059　925096:3
儒酸福傳奇二卷十六出　(清)魏熙元填詞　(清)倪星垣評　清光緒十年(1884)玉玲瓏館刻本　四冊

310000－0241－0014060　925099
揚州夢不分卷　(清)嵇永仁撰　清同治十一年(1872)永州刻本　二冊

310000－0241－0014061　925100
乘龍佳話一卷八齣　(清)高昌寒食生撰　清光緒十七年(1891)石印本　一冊

310000－0241－0014062　925102
理靈坡不分卷　(清)楊恩壽撰　清刻本　一冊

310000－0241－0014063　925103
鳳飛樓傳奇二卷　(清)李文瀚撰　清道光二十七年(1847)刻本　二冊

310000－0241－0014064　925108(2)
夢中緣四卷四十齣　(清)邯鄲夢醒人撰　清光緒十一年(1885)刻本　四冊

310000－0241－0014065　925108(2):2
夢中緣四卷四十齣　(清)邯鄲夢醒人撰　清光緒十一年(1885)刻本　四冊

310000－0241－0014066　925109
影梅庵傳奇二卷二十八齣　(清)彭劍南撰　清道光六年(1826)彭氏茗雪山房刻本　二冊

310000－0241－0014067　925110
鶴歸來傳奇二卷三十六齣　(清)瞿頡撰　(清)周昂評　清末湖北官書處刻本　二冊

310000－0241－0014068　925110:2
鶴歸來傳奇二卷三十六齣　(清)瞿頡撰　(清)周昂評　清末湖北官書處刻本　二冊

310000－0241－0014069　925110:3
鶴歸來傳奇二卷三十六齣　(清)瞿頡撰　(清)周昂評　清末湖北官書處刻本　二冊

310000－0241－0014070　925112

芙蓉碣傳奇二卷十四出　(清)張雲驤撰　(清)王以慜評點　清光緒刻本　二册

310000－0241－0014071　925112:2
芙蓉碣傳奇二卷十四出　(清)張雲驤撰　(清)王以慜評點　清光緒刻本　二册

310000－0241－0014072　925113
香畹樓二卷三十二齣　(清)彭劍南撰　清道光六年(1826)茗雪山房刻本　二册

310000－0241－0014073　925114
空山夢二卷　(清)范元亨撰　清光緒十七年(1891)刻本　一册

310000－0241－0014074　925115
紀貞詩存一卷不垂楊傳奇一卷　(清)楊兆李撰　(清)汪應培撰　清光緒十八年(1892)楊氏益清堂刻本　一册

310000－0241－0014075　925115:2
紀貞詩存一卷不垂楊傳奇一卷　(清)楊兆李撰　(清)汪應培撰　清光緒十八年(1892)楊氏益清堂刻本　一册

310000－0241－0014076　925116
倚晴樓七種曲十二卷　(清)黄燮清撰　清同治重刻道光刻本　五册

310000－0241－0014077　925116(2)
桃溪雪二卷二十齣　(清)黄燮清撰　(清)李光溥評　清光緒元年(1875)陳盛治刻本　二册

310000－0241－0014078　925116(2):2
桃溪雪二卷二十齣　(清)黄燮清撰　(清)李光溥評　清光緒元年(1875)陳盛治刻本　一册

310000－0241－0014079　925118
金石錄傳奇不分卷　(清)朱鳳森撰　清刻本　一册

310000－0241－0014080　925120
小蓬萊傳奇十種　(清)劉清韻撰　清光緒二十六年(1900)上海藻文堂石印本　六册

310000－0241－0014081　925120:2
小蓬萊傳奇十種　(清)劉清韻撰　清光緒二十六年(1900)上海藻文堂石印本　六册

310000－0241－0014082　925131
香雪亭新編耆英會記二卷　(清)畫川逸叟撰　清康熙刻後印本　二册

310000－0241－0014083　925131:2
香雪亭新編耆英會記二卷　(清)畫川逸叟撰　清康熙刻後印本　二册

310000－0241－0014084　925134
後緹縈南曲十齣　(清)汪宗沂編　(清)夏嘉穀評　清光緒十一年(1885)泰州夏氏刻本　一册

310000－0241－0014085　925134:2
後緹縈南曲十齣　(清)汪宗沂編　(清)夏嘉穀評　清光緒十一年(1885)泰州夏氏刻本　一册

310000－0241－0014086　925135
義貞記二卷三十二齣　(清)郁州山人撰　清光緒五年(1879)文奎堂刻本　二册

310000－0241－0014087　925135:2
義貞記二卷三十二齣　(清)郁州山人撰　清光緒五年(1879)文奎堂刻本　二册

310000－0241－0014088　925139
洞庭緣傳奇不分卷　(清)陸繼輅撰　清光緒六年(1880)嘉興刻本　二册

310000－0241－0014089　925142
維新夢傳奇十三卷　(清)惜秋撰　(清)旅生續　清末上海商務印書館排印本　一册

310000－0241－0014090　925144
繪圖佛門緣不分卷　(清)方濬聰正譜　(清)楊組榮編　清光緒二十年(1894)上海寶文書局石印本　一册

310000－0241－0014091　925146
童子軍傳奇一卷二十四齣　(清)遯廬撰　清末上海商務印書館排印本　一册

310000－0241－0014092　925147
白頭新六折　(清)徐鄂撰　(清)楊彥深評點

清光緒石印本　一冊

310000－0241－0014093　925148
桃花夢傳奇四卷十六齣　(清)陳蝶仙撰　(清)華癡石評　清光緒二十六年(1900)杭州大觀報館排印本　四冊

310000－0241－0014094　925149
生佛碑傳奇十二齣　(清)陳學震撰　清末刻本　一冊

310000－0241－0014095　925153
禱河冰譜十二齣　(清)羅小隱填詞　(清)汪少海正拍　清道光刻本　二冊

310000－0241－0014096　925157
重刊芝龕記樂府六卷六十齣　(清)繁露樓居士撰　清光緒十五年(1889)江夏董氏湖南道州刻本　四冊

310000－0241－0014097　925158
桂花塔二卷十齣　(清)古塘樵子撰　清嘉慶十七年(1812)天香館刻本　二冊

310000－0241－0014098　925159
雙珠記二卷　(明)沈鯨撰　明末虞山毛氏汲古閣刻本　一冊

310000－0241－0014099　925160
雙旌忠節記二卷三十二齣　(清)陳學震撰　清同治刻本　一冊

310000－0241－0014100　925161
瞿園雜劇五種五卷　(清)瞿園撰　清光緒三十四年(1908)排印本　一冊

310000－0241－0014101　925161(2)
瞿園雜劇五種五卷　(清)瞿園撰　清宣統元年(1909)排印本　一冊

310000－0241－0014102　925163
桃花聖解盦樂府二種二卷　(清)李慈銘撰　清末蕭山鍾駿文崇實齋刻本　一冊

310000－0241－0014103　925163：2
桃花聖解盦樂府二種二卷　(清)李慈銘撰　清末蕭山鍾駿文崇實齋刻本　一冊

310000－0241－0014104　925163：3
桃花聖解盦樂府二種二卷　(清)李慈銘撰　清末蕭山鍾駿文崇實齋刻本　一冊

310000－0241－0014105　925164
太守桑傳奇一卷　(清)吳寶鎔撰　清光緒二十二年(1896)李瀚昌澧陽刻本　一冊

310000－0241－0014106　925168
新製探驪記二卷　(清)鏡亭山人撰　清咸豐四年(1854)鏡亭書屋刻本　二冊

310000－0241－0014107　925169
運甓記二卷　(明)吾丘瑞撰　明末虞山毛氏汲古閣刻本　一冊

310000－0241－0014108　925170
漁邨記二卷　(清)妙有山人撰　(清)湘巖居士評　清咸豐五年(1855)石門山房印乾隆三十四年(1769)妙有山房刻本　二冊

310000－0241－0014109　925171
繪圖後西廂記四卷首一卷　(清)湯世瀠撰　(清)胡來照評點　清光緒二十年(1894)上海奎光閣石印本　四冊

310000－0241－0014110　925172
東海記十六齣　(清)王曦撰　清道光十一年(1831)宛鄰書屋刻本　二冊

310000－0241－0014111　925173
東廂記四卷首一卷　(清)湯世瀠撰　(清)胡來照評　清光緒上海申報館排印本　四冊

310000－0241－0014112　925175
極樂世界傳奇十三卷　(清)惰園主人撰　(清)試香女史評　清末安雅書局排印本　二冊

310000－0241－0014113　925177
最新楊白花一卷六齣　(清)鄒銓撰　清末石印本　一冊

310000－0241－0014114　925178
賢賢堂芙蓉樓傳奇二卷五十齣　(清)張衢撰　清咸豐元年(1851)刻本　一冊

310000－0241－0014115　925179

補天石傳奇八種八卷　（清）鍊情子填詞　（清）吹鐵簫人正譜　清道光十年（1830）静遠草堂刻本　八册

310000－0241－0014116　925181

六如亭二卷　（清）羅浮花農撰　（清）吹鐵簫人正譜　清光緒重刻道光賜錦樓本　二册

310000－0241－0014117　925182

圓香夢雜劇一卷　（清）藤花主人撰　清道光刻本　一册

310000－0241－0014118　925182（2）

江梅夢雜劇一卷　（清）藤花主人撰　清道光刻本　一册

310000－0241－0014119　925186

邯鄲道省悟黄粱夢雜劇一卷　（元）馬致遠撰　明萬曆吳興臧氏刻本　一册

310000－0241－0014120　925187

杜牧之詩酒揚州夢雜劇一卷　（元）喬吉撰　明萬曆吳興臧氏刻本　一册

310000－0241－0014121　925188

梓潼傳不分卷　（清）俞樾撰　清末刻本　一册

310000－0241－0014122　925190

返魂香傳奇四卷　（清）香雪道人撰　清光緒三年（1877）申報館排印本　四册

310000－0241－0014123　925191

防城血傳奇二卷二十齣　（清）太瘦生撰　清光緒三十四年（1908）安雅報局排印本　一册

310000－0241－0014124　925192

寒香亭傳奇四卷　（清）李凱撰　（清）范梧評　清嘉慶二年（1797）裒古堂刻本　四册

310000－0241－0014125　925193

六觀樓北曲六種六卷　（清）許鴻磐撰　清道光二十六年（1846）刻本　六册

310000－0241－0014126　925195

青燈淚二卷三十六齣　（清）梅水道人撰　清光緒十六年（1890）刻本　一册

310000－0241－0014127　925196

綵毫記二卷　（明）屠隆撰　明末虞山毛氏汲古閣刻本　四册

310000－0241－0014128　925197

玉鏡臺記二卷　（明）朱鼎撰　明末虞山毛氏汲古閣刻本　四册

310000－0241－0014129　925198

明珠記二卷　（明）陸采撰　明末虞山毛氏汲古閣刻本　四册

310000－0241－0014130　925199

四喜記二卷　（明）謝讜撰　明末虞山毛氏汲古閣刻本　四册

310000－0241－0014131　925200

驪山傳一卷　（清）俞樾撰　清光緒二十五年（1899）德清俞氏刻本　一册

310000－0241－0014132　925204

擬進呈楊忠愍蚺蛇膽表忠記二卷　（清）丁耀亢撰　清同治十一年（1872）永康胡氏刻本　二册

310000－0241－0014133　925205

霧中人不分卷　（清）歗嵐道人撰　（清）志道人評訂　清光緒十六年（1890）暗香樓刻本　一册

310000－0241－0014134　925209

雁鳴霜不分卷　（清）歗嵐道人撰　（清）心香居士評　清光緒十六年（1890）暗香樓刻本　一册

310000－0241－0014135　925211

新刻出相音注勸善目連救母行孝戲文三卷　（明）鄭之珍編　清金陵富春堂刻維新書局印本　三册

310000－0241－0014136　925213

木樨香不分卷　（清）歗嵐道人撰　（清）湖上醉漁評　清光緒十六年（1890）暗香樓刻本　一册

310000－0241－0014137　925214

雙忠廟傳奇二卷　（清）可笑人撰　清康熙書

帶草堂刻本　一册

310000－0241－0014138　925215
繡帕記二卷　(清)謝堃撰　清道光二十年(1840)刻本　二册

310000－0241－0014139　925216
傅青主先生驕其妻妾曲一卷　(清)傅山撰　清末抄本　一册

310000－0241－0014140　925222
梨花夢五卷　(清)何佩珠撰　清道光二十年(1840)刻本　一册

310000－0241－0014141　925223
神山引八齣　(清)玉泉樵子填詞　清光緒十一年(1885)刻本　一册

310000－0241－0014142　925808
新出繡像青雲劍八卷三十二回　(清)□□撰　清宣統元年(1909)三元堂石印本　八册

310000－0241－0014143　724001
廿一史彈詞注十卷附明史彈詞注二卷　(明)楊慎撰　(清)張三異增定　清刻本　二册

310000－0241－0014144　724002
廿一史彈詞注十卷附明史彈詞注二卷　(明)楊慎撰　(清)張三異增定　清張任佐校刻視履堂印本　八册

310000－0241－0014145　724002：3
廿一史彈詞注十卷附明史彈詞注二卷　(明)楊慎撰　(清)張三異增定　清張任佐校刻視履堂印本　七册

310000－0241－0014146　724005(2)
新譜東調雙剪髮傳四卷十八回　(清)月湖居士鼇正　清光緒五年(1879)刻本　四册

310000－0241－0014147　724006(2)
玉如意全傳六卷十六回　(清)羅太史編　清同治刻本　十六册

310000－0241－0014148　724007
雙珠球十二卷四十九回　(清)黃子貞撰　清光緒二十五年(1899)石印本　六册

310000－0241－0014149　724007(2)
繡像繪圖雙珠球六卷四十九回　(清)黃子貞撰　清末簡青齋石印本　二册

310000－0241－0014150　724007：2
雙珠球十二卷四十九回　(清)黃子貞撰　清光緒二十五年(1899)石印本　十二册

310000－0241－0014151　724007：3
雙珠球十二卷四十九回　(清)黃子貞撰　清光緒二十五年(1899)石印本　十二册

310000－0241－0014152　724008
庚子國變彈詞四十回　(清)上海世界繁華報館編刊　清光緒二十八年(1902)上海世界繁華報館石印本　六册

310000－0241－0014153　724008：2
庚子國變彈詞四十回　(清)上海世界繁華報館編刊　清光緒二十八年(1902)上海世界繁華報館石印本　六册

310000－0241－0014154　724009
玉釧緣全傳三十二卷　(清)西湖居士撰　清道光二十二年(1842)學庫山房刻本　六十四册

310000－0241－0014155　724009(2)
新刻玉釧緣全傳三十二卷二百三十四回　(清)西湖居士序　清道光二十二年(1842)靜觀齋刻本配石印本　五十八册

310000－0241－0014156　724010
果報錄(倭袍傳)十二卷一百回　(清)海芝濤撰　清末木活字印本　二十四册

310000－0241－0014157　724010(3)
重刻雅調唱本倭袍記　(□)□□撰　清刻本　四册　存十七卷

310000－0241－0014158　724010(4)
精繪全圖果報錄一百回　(清)海芝濤撰　清末香港賞奇書局石印本　八册

310000－0241－0014159　724010(5)
開篇倭袍唐詩開篇唐詩不分卷　(清)□□撰　清末抄本　一册

310000－0241－0014160　724010:2

果報録(倭袍傳)十二卷一百回　(清)海芝濤撰　清末木活字印本　四册

310000－0241－0014161　724011

金閨傑十六回　(清)侯□(香葉)改編　清道光四年(1824)刻本　十六册

310000－0241－0014162　724012

鳳凰圖六卷三十六回　(清)□□撰　清同治三年(1864)味蘭軒刻本　六册

310000－0241－0014163　724012:2

鳳凰圖六卷三十六回　(清)□□撰　清同治三年(1864)味蘭軒刻本　六册

310000－0241－0014164　724012:3

鳳凰圖六卷三十六回　(清)□□撰　清同治三年(1864)味蘭軒刻本　六册

310000－0241－0014165　724012:4

鳳凰圖六卷三十六回　(清)□□撰　清同治三年(1864)味蘭軒刻本　五册

310000－0241－0014166　724013

繡像還金鐲傳八卷五十四回　(清)夏斐文撰　清道光元年(1821)吾馨軒刻本　八册

310000－0241－0014167　724014

來生福彈詞三十六回　(清)橘中逸叟撰　清刻本　二十八册

310000－0241－0014168　724014:2

來生福彈詞三十六回　(清)橘中逸叟撰　清刻本　二十四册

310000－0241－0014169　724015

黄金印六卷　(清)餐花館主人撰　清同治十二年(1873)集古山房刻本　六册

310000－0241－0014170　724015:2

黄金印六卷　(清)餐花館主人撰　清同治十二年(1873)集古山房刻本　六册

310000－0241－0014171　724016(2)

繪圖安邦志八卷　(清)□□撰　清宣統二年(1910)章福記書局石印本　八册

310000－0241－0014172　724016(2):2

繪圖安邦志八卷　(清)□□撰　清宣統二年(1910)章福記書局石印本　八册

310000－0241－0014173　724017(2)

繪圖定國志八卷　(清)□□撰　清宣統二年(1910)章福記書局石印本　八册

310000－0241－0014174　724017(3)

定國志安邦中集二十卷　(清)□□撰　清刻本　二十四册

310000－0241－0014175　724018(2)

新刻秦雪梅三元記全部十二卷　(清)□□撰　清末石印本　一册

310000－0241－0014176　724018(3)

新刻秦雪梅三元記全部十二卷　(清)□□撰　清末石印本　一册

310000－0241－0014177　724019

再造天十六回　(清)侯□(香葉)手訂　清同治八年(1869)香葉閣刻本　八册

310000－0241－0014178　724019:2

再造天十六回　(清)侯□(香葉)手訂　清同治八年(1869)香葉閣刻本　八册

310000－0241－0014179　724020

繡像風箏誤八卷　(清)竹齋主人重録　清嘉慶十五年(1810)潄芳閣刻本　六册

310000－0241－0014180　724020:2

繡像風箏誤八卷　(清)竹齋主人重録　清嘉慶十五年(1810)潄芳閣刻本　六册

310000－0241－0014181　724020:3

繡像風箏誤八卷　(清)竹齋主人重録　清嘉慶十五年(1810)潄芳閣刻本　六册

310000－0241－0014182　724021(2)

繪圖一捧雪八卷三十二回　(清)□□撰　清光緒二十一年(1895)文海雨記書局石印本　四册

310000－0241－0014183　724023

新編玉鴛鴦全傳八卷三十六回　(清)裕德里居士編訂　清道光二十一年(1841)維揚寶翰

樓刻本　八册

310000－0241－0014184　724024

再生緣二十卷　（清）陳端生撰　清光緒十七年（1891）學庫山房刻本　二十册

310000－0241－0014185　724024（2）

再生緣全傳二十卷八十回　（清）陳端生撰　清道光刻本　二十册

310000－0241－0014186　724025

十美圖四十卷　（清）□□撰　清同治七年（1868）海陵軒刻本　四册

310000－0241－0014187　724026

燈月緣二十回　（清）戴定相編　清刻本　四册

310000－0241－0014188　724026（2）

燈月緣二十回　（清）戴定相編　清道光二年（1822）維揚二酉堂刻本　六册

310000－0241－0014189　724027

百花臺四卷十一回　（清）鴛水主人編　清光緒刻本　四册

310000－0241－0014190　724027：2

百花臺四卷十一回　（清）鴛水主人編　清光緒刻本　四册

310000－0241－0014191　724027：3

百花臺四卷十一回　（清）鴛水主人編　清光緒刻本　二册

310000－0241－0014192　724027：4

百花臺四卷十一回　（清）鴛水主人編　清光緒刻本　四册

310000－0241－0014193　724027：5

百花臺四卷十一回　（清）鴛水主人編　清光緒刻本　四册

310000－0241－0014194　724027：6

百花臺四卷十一回　（清）鴛水主人編　清光緒刻本　一册

310000－0241－0014195　724028

繡像義妖傳二十八卷五十四回　（清）陳遇乾撰　清刻本　六册

310000－0241－0014196　724028：2

繡像義妖傳二十八卷五十四回　（清）陳遇乾撰　清刻本　四册

310000－0241－0014197　724028：3

繡像義妖傳二十八卷五十四回　（清）陳遇乾撰　清刻本　十二册

310000－0241－0014198　724028：4

繡像義妖傳二十八卷五十四回　（清）陳遇乾撰　清刻本　二册

310000－0241－0014199　724029

八美圖五卷二十二回　（清）□□撰　清刻本　四册

310000－0241－0014200　724029（2）

新刻秘本唱口金如意全傳七卷報登科全傳七卷花燈樂全傳七卷臥雲峯全傳七卷換玉蟾全傳七卷金桂圖全傳七卷八美團圓全傳七卷　（清）□□撰　清嘉慶環春閣刻本　十四册

310000－0241－0014201　724029：2

八美圖五卷二十二回　（清）□□撰　清刻本　四册

310000－0241－0014202　724031

繡像義俠九絲縧全傳十二卷　（清）□□撰　清光緒二十三年（1897）上海書局石印本　八册

310000－0241－0014203　724032

水怪貪歡緣八卷　（清）徐品南纂輯　清光緒二十三年（1897）文宜書局石印本　二册

310000－0241－0014204　724032：2

水怪貪歡緣八卷　（清）徐品南纂輯　清光緒二十三年（1897）文宜書局石印本　二册

310000－0241－0014205　724032：4

水怪貪歡緣八卷　（清）徐品南纂輯　清光緒二十三年（1897）文宜書局石印本　二册

310000－0241－0014206　724033

鳳凰山全傳十卷七十二回　（清）□□撰　清宣統二年（1910）上海章福記書局石印本

十册

310000－0241－0014207　724033：2

鳳凰山全傳十卷七十二回　（清）□□撰　清宣統二年（1910）上海章福記書局石印本　十册

310000－0241－0014208　724034

鳳凰山七十二卷七十二回　（清）□□撰　清同治十三年（1874）青雲樓刻本　二十册

310000－0241－0014209　724035

梅花韻（真金扇）十卷　（清）□□撰　清道光元年（1821）鴛湖刻本　十册

310000－0241－0014210　724036

六月雪全傳二十卷一百十三回　（清）□□撰　清光緒三十三年（1907）上海鍊石書局石印本　八册

310000－0241－0014211　724036：2

六月雪全傳二十卷一百十三回　（清）□□撰　清光緒三十三年（1907）上海鍊石書局石印本　二册

310000－0241－0014212　724036：3

六月雪全傳二十卷一百十三回　（清）□□撰　清光緒三十三年（1907）上海鍊石書局石印本　二册

310000－0241－0014213　724037

新刊繡像花月夢八卷五十八回　（清）香雪山樵撰　清光緒三十年（1904）奇書小説報館石印本　六册

310000－0241－0014214　724037：2

新刊繡像花月夢八卷五十八回　（清）香雪山樵撰　清光緒三十年（1904）奇書小説報館石印本　十二册

310000－0241－0014215　724039

鳳雙飛前後傳四十二回　（清）程蕙英撰　清光緒二十四年（1898）怡怡軒石印本　二十册

310000－0241－0014216　724040

繡像十五貫十六卷十六回　（清）鴛湖逸史改　清同治十一年（1872）廢閑堂刻本　二册

310000－0241－0014217　724040：2

繡像十五貫十六卷十六回　（清）鴛湖逸史改　清同治十一年（1872）廢閑堂刻本　二册

310000－0241－0014218　724040：3

繡像十五貫十六卷十六回　（清）鴛湖逸史改　清同治十一年（1872）廢閑堂刻本　四册

310000－0241－0014219　724040：4

繡像十五貫十六卷十六回　（清）鴛湖逸史改　清同治十一年（1872）廢閑堂刻本　一册

310000－0241－0014220　724041

文武香球十二卷七十二回　（清）鴛湖逸史重編　清道光元年（1821）醉墨軒刻本　十二册

310000－0241－0014221　724041（2）

繡像文武香球十二卷七十二回　（清）二樂軒主人撰　清同治刻本　十二册

310000－0241－0014222　724042

錦上花四十八回　（清）修目閣主人撰　清嘉慶刻本　十二册

310000－0241－0014223　724042：2

錦上花四十八回　（清）修目閣主人撰　清嘉慶刻本　十二册

310000－0241－0014224　724042：4

錦上花四十八回　（清）修目閣主人撰　清嘉慶刻本　八册

310000－0241－0014225　724044

繪真記四十卷　（清）邀月樓主人編　清嘉慶十七年（1812）刻本　六册

310000－0241－0014226　724044：2

繪真記四十卷　（清）邀月樓主人編　清嘉慶十七年（1812）刻本　四册

310000－0241－0014227　724045

娱萱草彈詞三十二卷　（清）橘道人撰　清光緒二十年（1894）木活字印本　六册

310000－0241－0014228　724046

四雲亭二十四卷　（清）彭靚娟撰　清光緒二十五年（1899）排印本　八册

310000－0241－0014229　724046:2

四雲亭二十四卷　(清)彭靚娟撰　清光緒二十五年(1899)排印本　八冊

310000－0241－0014230　724047

夢影緣四十八回　(清)苕溪嬰下生撰　清光緒二十一年(1895)竹簡齋石印本　十六冊

310000－0241－0014231　724047:2

夢影緣四十八回　(清)苕溪嬰下生撰　清光緒二十一年(1895)竹簡齋石印本　十六冊

310000－0241－0014232　724047:3

夢影緣四十八回　(清)苕溪嬰下生撰　清光緒二十一年(1895)竹簡齋石印本　十六冊

310000－0241－0014233　724048

換空箱二十一卷　(清)曹春江撰　清光緒十三年(1887)瑞錦樓刻本　六冊

310000－0241－0014234　724048(2)

續刻笑中緣圖說四卷二十四回　(清)曹春江撰　清光緒十九年(1893)上海書局石印本　四冊

310000－0241－0014235　724049

合歡圖十二卷　(清)曹春江撰　清光緒二十九年(1903)四友軒刻本　十二冊

310000－0241－0014236　724049(2)

新刻說唱唐伯虎三笑姻緣記三卷　(□)□□撰　清三元堂書坊刻本　一冊

310000－0241－0014237　724049(4)

笑中緣圖說六卷　(清)曹春江撰　清宣統二年(1910)上海廣記書局石印本　二冊

310000－0241－0014238　724049:2

合歡圖十二卷　(清)曹春江撰　清光緒二十九年(1903)四友軒刻本　六冊

310000－0241－0014239　724049:3

合歡圖十二卷　(清)曹春江撰　清光緒二十九年(1903)四友軒刻本　四冊

310000－0241－0014240　724049:4

合歡圖十二卷　(清)曹春江撰　清光緒二十九年(1903)四友軒刻本　十二冊

310000－0241－0014241　724050

繡像桃柳爭春全傳八卷三十二回　(清)野園居士撰　清道光四年(1824)一枝山房刻本　八冊

310000－0241－0014242　724051

落金扇八卷　(清)吹竽先生重編　清同治十二年(1873)刻本　八冊

310000－0241－0014243　724051:2

落金扇八卷　(清)吹竽先生重編　清同治十二年(1873)刻本　八冊

310000－0241－0014244　724052(2)

新刻東調珍珠塔四卷　(清)□□著　清刻本　一冊

310000－0241－0014245　724052(3)

繪圖孝義真蹟珠塔緣四卷二十四回　(清)馬如飛撰　清光緒二十年(1894)上海書局石印本　四冊

310000－0241－0014246　724052(5)

孝義真跡珍珠塔二十四回　(清)周殊士增補　清道光二十七年(1847)恒德堂刻本　四冊

310000－0241－0014247　724053

繡像說唱麒麟豹傳十卷六十回　(清)陸士珍原稿　(清)鴛湖逸史改編　清光緒元年(1875)玉積山房石印本　十冊

310000－0241－0014248　724053(2)

新增全圖珍珠塔後傳麒麟豹三十卷六十回　(清)陸士珍撰　清光緒十七年(1891)上海書局石印友樂軒本　四冊

310000－0241－0014249　724054

蜻蜓奇緣(芙蓉洞)十卷四十回　(清)陳遇乾撰　清光緒二十一年(1895)上海書局石印本　四冊

310000－0241－0014250　724054(2)

新刻時調玉蜻蜓初集二卷二集二卷三集二卷四集二卷五集二卷六集二卷七集二卷八集二卷九集二卷十集二卷　(□)□□撰　清琴天閣刻本　四冊

310000－0241－0014251　724054(3)
新刻玉蜻蜓全本八卷　(清)□□改編　清鄧氏開益堂刻姑蘇原本　一册

310000－0241－0014252　724054(4)
繡像玉蜻蜓前傳六卷二十八回後傳六卷三十二回　(清)□□撰　清宣統二年(1910)上海書局石印本　六册

310000－0241－0014253　724054(5)
繡像後玉蜻蜓(探河源傳)五十九卷　(□)□□撰　清嘉慶十八年(1813)環秀閣刻本　十册

310000－0241－0014254　724054:2
蜻蜓奇緣(芙蓉洞)十卷四十回　(清)陳遇乾撰　清光緒二十一年(1895)上海書局石印本　十册

310000－0241－0014255　724054:3
蜻蜓奇緣(芙蓉洞)十卷四十回　(清)陳遇乾撰　清光緒二十一年(1895)上海書局石印本　十册

310000－0241－0014256　724054:4
蜻蜓奇緣(芙蓉洞)十卷四十回　(清)陳遇乾撰　清光緒二十一年(1895)上海書局石印本　一册

310000－0241－0014257　724054:5
蜻蜓奇緣(芙蓉洞)十卷四十回　(清)陳遇乾撰　清光緒二十一年(1895)上海書局石印本　五册

310000－0241－0014258　724055
天雨花三十回　(清)陶貞懷撰　清刻本　三十册

310000－0241－0014259　724055:2
天雨花三十回　(清)陶貞懷撰　清刻本　十九册

310000－0241－0014260　724056
新刻珠玉圓四卷四十八回　(清)駱慶生編輯　清同治十一年(1872)樂善堂刻本　四册

310000－0241－0014261　724056(2)
新刻俠女捨身珠玉圓四卷四十八回　(清)柳浦散人編　清末石印本　一册

310000－0241－0014262　724056:2
新刻珠玉圓四卷四十八回　(清)駱慶生編輯　清同治十一年(1872)樂善堂刻本　四册

310000－0241－0014263　724057
繪圖筆生花十六卷三十二回　(清)邱心如撰　清光緒二十年(1894)上海書局石印本　十六册

310000－0241－0014264　724057(3)
繪圖筆生花八卷三十二回　(清)心如女史(邱心如)撰　清光緒二十年(1894)申江袖海山房石印本　八册

310000－0241－0014265　724058
繡像雙珠鳳十二卷八十回　(清)□□撰　清刻本　十二册

310000－0241－0014266　724058:2
繡像雙珠鳳十二卷八十回　(清)□□撰　清刻本　十二册

310000－0241－0014267　724058:3
繡像雙珠鳳十二卷八十回　(清)□□撰　清刻本　十二册

310000－0241－0014268　724059
繡像珍珠鳳十五卷十六回　(清)□□撰　清光緒刻本　四册

310000－0241－0014269　724060
八美圖初集二十卷二十回後集二十九卷二十九回　(清)□□撰　清光緒四年(1878)芸香閣刻本　十二册

310000－0241－0014270　724061
雙玉鐲前傳十三卷後傳十卷　(清)□□撰　清刻本　十册

310000－0241－0014271　724062
夢白新翻錦香亭全傳三十二卷　(清)徐品南纂輯　清嘉慶十三年(1808)刻本　八册

310000－0241－0014272　724062:2
夢白新翻錦香亭全傳三十二卷　(清)徐品南

纂輯　清嘉慶十三年(1808)刻本　四冊

310000－0241－0014273　724063
新編雙玉盃全傳三十六卷三十六回　(清)醉墨軒主人撰　清上洋恒德堂刻本　八冊

310000－0241－0014274　724064
繡像玉連環八卷七十六回　(清)朱素仙撰　清道光三年(1823)亦芸書屋刻本　八冊

310000－0241－0014275　724065
新刻雅調唱口平陽傳金臺全集　(清)□□撰　清光緒三年(1877)靈蘭堂刻本　十一冊　存十一卷(一至五、七至十二)

310000－0241－0014276　724066
金臺全傳十卷六十回　(清)□□撰　清刻本　十二冊

310000－0241－0014277　724066:2
金臺全傳十卷六十回　(清)□□撰　清刻本　六冊

310000－0241－0014278　724067
新刻古本劉成美忠節全傳二十五卷　(清)□□撰　清道光二十二年(1842)友于堂刻本　十二冊

310000－0241－0014279　724068
新刻古本劉成美忠節全傳二十五卷二十五回　(清)□□撰　清光緒四年(1878)維揚友于堂刻本　八冊

310000－0241－0014280　724068(2)
新刻古本劉成美忠節全傳八卷二十五回後集六卷三十二回　(清)□□撰　清光緒二十五年至二十六年(1899－1900)香雪主人上海書局石印本　十二冊

310000－0241－0014281　724068:2
新刻古本劉成美忠節全傳二十五卷二十五回　(清)□□撰　清光緒四年(1878)維揚友于堂刻本　十二冊

310000－0241－0014282　724069
四香緣六卷三十二回　(清)朱鏡江撰　清末石印本　六冊

310000－0241－0014283　724069:2
四香緣六卷三十二回　(清)朱鏡江撰　清末石印本　六冊

310000－0241－0014284　724069:3
四香緣六卷三十二回　(清)朱鏡江撰　清末石印本　二冊

310000－0241－0014285　724070
十二金錢全傳十卷十回二集十卷十回三集十卷十回　(清)□□撰　清刻本　十二冊

310000－0241－0014286　724071
繡像萬花樓全傳六卷　(清)□□撰　清光緒二年(1876)王蘭軒刻本　十二冊

310000－0241－0014287　724071:2
繡像萬花樓全傳六卷　(清)□□撰　清光緒二年(1876)王蘭軒刻本　四冊

310000－0241－0014288　724071:3
繡像萬花樓全傳六卷　(清)□□撰　清光緒二年(1876)王蘭軒刻本　六冊

310000－0241－0014289　724071:4
繡像萬花樓全傳六卷　(清)□□撰　清光緒二年(1876)王蘭軒刻本　四冊

310000－0241－0014290　724072
繡像巧合三緣四卷十六回　(清)□□撰　清光緒二十一年(1895)石印本　四冊

310000－0241－0014291　724072(2)
巧合三緣(金桂樓)四卷十六回　(清)□□撰　清道光二十九年(1849)上洋文海堂刻本　四冊

310000－0241－0014292　724072:2
繡像巧合三緣四卷十六回　(清)□□撰　清光緒二十一年(1895)石印本　四冊

310000－0241－0014293　724081
拱璧緣傳奇二十四回　(清)陸怡安編　(清)王柱臣評　清道光八年(1828)雲秀軒刻本　六冊

310000－0241－0014294　724082
馬如飛先生南詞小引初集二卷　(清)馬如飛

撰　清刻本　二冊

310000－0241－0014295　724082(2)

新增馬如飛時調開篇一卷　(清)馬如飛撰　清光緒二十年(1894)上海書局石印本　一冊

310000－0241－0014296　724082:2

馬如飛先生南詞小引初集二卷　(清)馬如飛撰　清刻本　二冊

310000－0241－0014297　724083

繡像宋史奇書(十粒金丹)十二卷六十六回　(清)□□撰　清光緒十九年(1893)上海書局石印本　六冊

310000－0241－0014298　724083:2

繡像宋史奇書(十粒金丹)十二卷六十六回　(清)□□撰　清光緒十九年(1893)上海書局石印本　二冊

310000－0241－0014299　724083:3

繡像宋史奇書(十粒金丹)十二卷六十六回　(清)□□撰　清光緒十九年(1893)上海書局石印本　六冊

310000－0241－0014300　724083:4

繡像宋史奇書(十粒金丹)十二卷六十六回　(清)□□撰　清光緒十九年(1893)上海書局石印本　六冊

310000－0241－0014301　724083:5

繡像宋史奇書(十粒金丹)十二卷六十六回　(清)□□撰　清光緒十九年(1893)上海書局石印本　六冊

310000－0241－0014302　724084

繡像福壽大紅袍十四卷一百回　(清)癈閑主人撰　清光緒八年(1882)刻本　二十八冊

310000－0241－0014303　724085

繡像秘本唱口一頂巾全傳七卷　(清)□□撰　清刻本　二冊

310000－0241－0014304　724085(2)

繡像説唱海公奇案玉夔龍全傳七卷白梅亭七卷一頂巾全傳七卷金蘭會全傳七卷美人坊全傳七卷忠孝緣全傳七卷滿堂榮七卷　(清)□□撰　清光緒十八年(1892)紫雲軒刻本　八冊

310000－0241－0014305　724085(3)

繡像玉夔龍全傳六卷五十七回　(清)□□撰　清末石印本　四冊

310000－0241－0014306　724086

新刻繡像秘本滿堂榮七卷　(清)□□撰　清刻本　二冊

310000－0241－0014307　724087

新刻繡像秘本美人坊全傳七卷　(清)□□撰　清刻本　二冊

310000－0241－0014308　724088

繡像秘本金蘭會七卷　(清)□□撰　清刻本　二冊

310000－0241－0014309　724089

繪圖新編時調大雙蝴蝶四卷三十回　(清)杏橋主人編寫　清末石印本　四冊

310000－0241－0014310　724089(2)

繡像梁祝因緣大雙蝴蝶全傳二卷三十回　(清)杏橋主人編　清光緒二十六年(1900)上海書局石印本　一冊

310000－0241－0014311　724089:2

繪圖新編時調大雙蝴蝶四卷三十回　(清)杏橋主人編寫　清末石印本　四冊

310000－0241－0014312　724090(3)

新刻梁祝同窗記不分卷　(清)□□改編　清光緒五年(1879)義興堂刻本　一冊

310000－0241－0014313　724090(4)

新刻梁山伯祝英台夫婦攻書還魂團圓記十六卷　(清)□□撰　清末刻本　三冊

310000－0241－0014314　724091

繡像九美奪夫四卷二十六回　(清)□□撰　清光緒三十一年(1905)上海書局石印本　四冊

310000－0241－0014315　724091:3

繡像九美奪夫四卷二十六回　(清)□□撰　清光緒三十一年(1905)上海書局石印本

一册

310000－0241－0014316　724092(4)

新刻琵琶記十四卷　(清)□□撰　清末永吉堂石印本　一册

310000－0241－0014317　724095

九品蓮臺記二卷九回　(清)釋法彙記述　(清)范珍較集　清乾隆刻本　四册

310000－0241－0014318　724096

新刻瓦車蓬血書牙痕記三十卷　(清)□□撰　清刻本　二册

310000－0241－0014319　724096(3)

新刻瓦車蓬天賜雙生牙痕記四卷三十回　(清)□□撰　清光緒三十二年(1906)裕記書莊石印本　一册

310000－0241－0014320　724097

風亭趕子一卷　(清)□□撰　清刻本　一册

310000－0241－0014321　724107

美人詩一卷　(清)□□撰　清揚州聚盛堂刻本　一册

310000－0241－0014322　724111

新刻小六子(掛名牌)一卷　(清)□□撰　清書坊明記刻本　一册　存一卷(上)

310000－0241－0014323　724113(3)

新刻孟姜女尋夫真本一卷　(清)□□撰　清末松野堂石印本　一册

310000－0241－0014324　724117

貨郎相思三十六方二卷　(清)□□撰　清末刻本　一册

310000－0241－0014325　724120

新刻打牙牌一卷　(□)□□撰　清書坊明記刻本　一册

310000－0241－0014326　724122

梳粧台一卷　(清)□□撰　清末刻本　一册

310000－0241－0014327　724129

煙花女子歎十聲二卷　(清)□□撰　清末刻本　一册

310000－0241－0014328　724131

新調妓女從良滿江紅一卷　(清)□□撰　清末刻本　一册

310000－0241－0014329　724135

時十盃酒一卷　(清)□□撰　清末刻本　一册

310000－0241－0014330　724146

香山記不分卷　(清)□□撰　清宣統元年(1909)黃三元堂刻本　四册

310000－0241－0014331　724154

鬧花燈全本不分卷　(清)□□撰　清末坤記書局刻本　一册

310000－0241－0014332　724157

五子行孝一卷　(清)□□撰　清光緒二十年(1894)徐綿芳堂刻本　一册

310000－0241－0014333　724215

繡像水晶球三十八卷　(清)鴛湖悦成主人釐正　清嘉慶刻本　八册

310000－0241－0014334　724216

繡像一箭緣全傳八卷三十二回　(清)環秀主人撰　清嘉慶二十三年(1818)環秀閣刻本　八册

310000－0241－0014335　724217

中秋記六卷　(清)□□撰　清抄本　六册

310000－0241－0014336　724222

新刻東調雷峯塔白蛇傳六卷　(清)□□撰　清刻本　一册

310000－0241－0014337　724223

繡像詩髮緣四卷十二回　(清)潤齋氏撰　清同治五年(1866)蛟川書屋刻本　四册

310000－0241－0014338　724224

繡像六美圖三十卷三十回雙帥印十四卷十四回鬧盧莊十六卷十六回九龍陣十六卷十六回　(清)務本堂書坊輯　清同治九年(1870)務本堂刻本　十二册

310000－0241－0014339　724224(2)

繡像中外緣初集四卷三十回二集二卷十四回

三集三卷十六回四集三卷十六回　(清)務本堂書坊輯　清光緒二十一年(1895)上海書局石印本　四册

310000－0241－0014340　724225
繡像百鳥圖十八回　(清)□□撰　清同治二年(1863)刻本　四册

310000－0241－0014341　724226
新刻時調說唱八仙緣四卷十二回　(清)朱梅庭編　清同治十一年(1872)耕本堂刻本　四册

310000－0241－0014342　724226:2
新刻時調說唱八仙緣四卷十二回　(清)朱梅庭編　清同治十一年(1872)耕本堂刻本　四册

310000－0241－0014343　724227
繡像鸞鳳雙簫十八回　(清)□□撰　清同治四年(1865)蛟川書屋刻本　四册

310000－0241－0014344　724228
繡像荆釵全傳六卷二十回荆釵新詠一卷　(清)黄彦撰　清光緒二年(1876)古虞喜雨山房刻本　八册

310000－0241－0014345　724229
繡像雙冠誥全傳四卷十二回　(清)□□撰　清光緒四年(1878)玉積山房刻本　四册

310000－0241－0014346　724230
千秋恨初集十二卷十二回　(清)頑石子撰　清光緒八年(1882)頑石山房刻本　四册

310000－0241－0014347　724231
新增繡像玉連環二十卷四十回　(清)□□撰　清光緒二十二年(1896)上海書局石印本　六册

310000－0241－0014348　724231:2
新增繡像玉連環二十卷四十回　(清)□□撰　清光緒二十二年(1896)上海書局石印本　四册

310000－0241－0014349　724232
子虛記　(清)胡藕裳撰　清光緒二十七年(1901)世界繁華報館排印本　八册　存八卷

310000－0241－0014350　724233
繪圖小金錢全傳二十四卷　(清)□□撰　清光緒二十六年(1900)上海書局石印本　一册

310000－0241－0014351　724234
新刻繡像雙金錠全傳二卷六回　(清)陳遇乾編　清光緒二十一年(1895)上海書局石印本　二册

310000－0241－0014352　724234:2
新刻繡像雙金錠全傳二卷六回　(清)陳遇乾編　清光緒二十一年(1895)上海書局石印本　一册

310000－0241－0014353　724236
新刻秘本雲中落繡鞋九卷　(清)□□撰　清光緒二十年(1894)上海書局排印本　二册

310000－0241－0014354　724236(2)
新刻秘本雲中落繡鞋九卷九回　(清)雲間居士撰　清末石印本　二册

310000－0241－0014355　724237
金魚緣二十卷　(清)孫德英撰　清光緒二十九年(1903)上海書局石印本　十册

310000－0241－0014356　724238
繪像繡香囊十四卷九十八回　(清)陸士珍撰　清光緒三十一年(1905)上海書局石印本　十四册

310000－0241－0014357　724239
繪圖碧玉環　(清)俞正峯編　清光緒二十一年(1895)上海書局石印本　六册　存六卷三十四回

310000－0241－0014358　724240
新增繪圖雨雪亭傳二十四回　(清)程桂寶編　清光緒二十四年(1898)石印本　四册

310000－0241－0014359　724240(2)
新增繪圖雨雪亭傳二十四回　(清)程桂寶撰　清光緒二十四年(1898)石印本　一册

310000－0241－0014360　724241
繡像採金桃全傳十二卷四十八回　(清)□□

撰　清光緒二十一年(1895)中西書局石印本　六冊

310000-0241-0014361　724242
繡像蘊香丸全傳四卷二十回　(清)□□撰　清光緒二十一年(1895)上海書局石印本　四冊

310000-0241-0014362　724242:2
繡像蘊香丸全傳四卷二十回　(清)□□撰　清光緒二十一年(1895)上海書局石印本　一冊

310000-0241-0014363　724243
新編彈詞醒世緣二卷六回　(清)李伯元撰　清光緒二十九年(1903)上海商務印書館排印本　一冊

310000-0241-0014364　724244
繡像香蓮帕四卷續香蓮帕四卷　(清)□□撰　清光緒三十四年(1908)上海書局石印本　八冊

310000-0241-0014365　724245
繪圖巧奇冤全傳十卷　(清)□□撰　清光緒二十年(1894)珍藝書局石印本　六冊

310000-0241-0014366　724246
新出繡像五峯會第一集四卷第二集四卷第三集四卷　(清)□□撰　清光緒三十四年(1908)錦府天祿閣書局石印本　六冊

310000-0241-0014367　724247
俠女羣英史十卷四十回　(清)湘州詠蘭女史等撰　清光緒三十一年(1905)排印本　十冊

310000-0241-0014368　724252(2)
新出繪圖韓湘子傳四卷二十一回　(清)□□撰　清末上海鍊石書局石印本　一冊

310000-0241-0014369　724258
新刻繡像說唱九美圖二十六回　(清)□□撰　清咸豐、同治間刻本　六冊

310000-0241-0014370　724259
增廣繪像蜃樓傳六卷三十二回　(清)讀畫樓主人撰　清光緒二十一年(1895)上海書局石印本　二冊

310000-0241-0014371　724259(2)
增廣繪像蜃樓傳六卷三十二回　(清)讀畫樓主人撰　清光緒二十三年(1897)萬選樓排印本　四冊

310000-0241-0014372　724260
新刊繡像節義奇情全傳四卷四十回　(清)□□撰　清光緒二十七年(1901)上海書局石印本　四冊

310000-0241-0014373　724267
新輯繪圖太極陣二卷太極圖二卷　(清)□□撰　清宣統二年(1910)上海茂記書莊石印本　四冊

310000-0241-0014374　724294
繪圖說唱破肚記全本一卷新刻繪圖包文正鍘侄一卷　(清)□□撰　清末上海鍊石書局石印本　一冊

310000-0241-0014375　724301
新刻大宋紅燈會四卷　(清)□□撰　清末刻本　一冊

310000-0241-0014376　724304
新刻八仙全圖二卷　(清)□□撰　清末義盛堂刻本　一冊

310000-0241-0014377　724305
新編螳螂傳不分卷　(清)□□撰　清光緒十六年(1890)抄本　一冊

310000-0241-0014378　724305(2)
新編螳螂串親說唱全傳不分卷　(清)□□撰　清末抄本　一冊

310000-0241-0014379　724306
新刻情女哭沉香一卷　(清)□□撰　清末刻本　一冊

310000-0241-0014380　724309
繡像全尋親四卷　(清)□□撰　清宣統元年(1909)上海茂記書莊石印本　一冊

310000-0241-0014381　724310
繪圖歡喜冤佳四卷十六回　(清)□□撰　清

光緒二十一年(1895)上海書局石印本　一册

310000－0241－0014382　724311
俠女羣英史十卷四十回　(清)湘州詠蘭女史等撰　清末排印本　十册

310000－0241－0014383　724402
新刻唱折時調沉香閣二十四集二十四回　(清)松筠氏撰　清合州閔忠恕堂刻本　四册

310000－0241－0014384　724403
柳蔭記三本不分卷　(清)□□輯　清末和記書莊刻本　三册

310000－0241－0014385　724415
新刻搖錢樹全本一卷　(清)□□撰　清光緒二十七年(1901)大生堂刻本　一册

310000－0241－0014386　724535(2)
新造玉如意六卷　(清)□□撰　清末潮安生記刻本　一册

310000－0241－0014387　724690
碧容祭監二卷　(清)□□撰　清末成文堂刻本　一册

310000－0241－0014388　724691
姊妹拜七夕二卷　(清)萃香堂撰　清末丹桂堂刻本　一册

310000－0241－0014389　724692
新編全本雙鳳裙五卷　(清)□□撰　清末五桂堂刻本　一册

310000－0241－0014390　724693
新緝七國孫臏全本四卷　(清)□□輯　清末佛山芹香閣刻本　一册

310000－0241－0014391　724703
新刻第十才子金鎖鴛鴦四卷　(清)鍾壁蒼校訂　清刻本　一册

310000－0241－0014392　724705
新選五色荷花全本六卷　(清)□□撰　清光緒二十九年(1903)翰文堂刻本　一册

310000－0241－0014393　724706(2)
新刻雁翎扇墜節義奇緣四卷　(清)□□撰　清末右經堂刻本　一册

310000－0241－0014394　724709
新刻正字陰陽扇四卷　(清)□□撰　清末省港五桂堂排印本　一册

310000－0241－0014395　724709(2)
新刻全本陰陽扇三卷　(清)□□撰　清末廣州以文堂木活字印本　一册

310000－0241－0014396　724710(2)
新刻奕朋種花全本四卷　(清)□□撰　清末英桂堂刻本　一册

310000－0241－0014397　724714
全套賽韓湘趙昂九嫂看燈龍頭金鈪金釵記四卷　(□)□□撰　清末近文堂刻本　一册

310000－0241－0014398　724723(2)
新選全本葵花記四卷　(清)閒情居士訂　清末佛山芹香閣刻本　一册

310000－0241－0014399　724726
新選香寶海棠全本四卷　(清)□□撰　清光緒十三年(1887)莞城萃英樓刻本　一册

310000－0241－0014400　724736
新刻琥珀鳳釵柳希雲全本南音六卷後續琥珀鳳釵柳希雲全本南音六卷　(清)□□撰　清末廣州坊刻本　二册

310000－0241－0014401　724740
新選梅李爭花全本四卷　(清)□□撰　清末廣州五桂堂石印本　一册

310000－0241－0014402　724743(2)
全本梁山伯即係牡丹記南音二卷　(清)□□撰　清末佛山芹香閣石印本　一册

310000－0241－0014403　724749(3)
新選洛陽橋記全本三卷　(清)□□撰　清末廣州五桂堂刻本　一册

310000－0241－0014404　724752
新選全本銀合太子走國十卷二集十卷三集十卷五集十卷　(清)閒情居士撰　清末佛山近文堂刻本　四册

310000－0241－0014405　724753

新刻陰陽寶扇初集至八集八十卷　(清)梁紹仁訂　清末佛山近文堂刻本　十六册

310000－0241－0014406　724753：2

新刻陰陽寶扇初集至八集八十卷　(清)梁紹仁訂　清末佛山近文堂刻本　三册

310000－0241－0014407　724753：3

新刻陰陽寶扇初集至八集八十卷　(清)梁紹仁訂　清末佛山近文堂刻本　八册

310000－0241－0014408　724759

三國志全書初集四卷二集四卷三集四卷　(清)□□撰　清末莞城富文堂刻本　三册

310000－0241－0014409　724760

新刻仁貴征東紅衣記全本四卷　(清)□□撰　清坊刻廣州醉經堂印本　一册

310000－0241－0014410　724768

新刻大宋七續金刀記文門出身全本四卷　(清)□□撰　清末莞城明秀堂刻本　一册

310000－0241－0014411　724769

八續金刀記單陽血鏡全本四卷　(清)□□撰　清末莞城翰文堂刻本　一册

310000－0241－0014412　724770

十續金刀記金刀歸宋全本四卷　(清)□□撰　清末莞城會源堂刻印本　一册

310000－0241－0014413　724771

十一續金刀記清涼救駕全本四卷　(清)□□撰　清末莞城會源堂刻印本　一册

310000－0241－0014414　724772

十二續金刀記復鎮三關全本四卷　(清)□□撰　清末莞城富文堂刻印本　一册

310000－0241－0014415　724773

十三續金刀記大封楊家將全本四卷　(清)□□撰　清末莞城富文堂刻印本　一册

310000－0241－0014416　724774

十四續金刀記西棼芙蓉帕全本四卷　(清)□□撰　清末莞城翰文堂刻印本　一册

310000－0241－0014417　724781

新選全本五虎平西四卷二集四卷三集四卷四集四卷五集四卷　(清)閒情居士訂　清光緒二十七年(1901)脩竹齋刻本　五册

310000－0241－0014418　724783

新刻呼家後代全本南音五卷後續呼家後代全本南音三卷　(□)□□撰　清廣州富桂堂刻清末丹柱堂印本　二册

310000－0241－0014419　724792

新戲橋荼蘼記一卷　(清)□□編　清末廣州五桂堂刻本　一册

310000－0241－0014420　724793

上林御苑題詩一卷　(清)□□撰　清末丹桂堂刻本　一册

310000－0241－0014421　724794

天香館留宿一卷　(清)□□撰　清末丹桂堂刻本　一册

310000－0241－0014422　724795

延師診脈一卷　(清)□□撰　清末丹柱堂刻本　一册

310000－0241－0014423　724796

抱主傷懷一卷　(清)□□撰　清末丹柱堂刻本　一册

310000－0241－0014424　724797

萬壽宮訴恨一卷　(清)□□撰　清末丹柱堂刻本　一册

310000－0241－0014425　724798

金鑾殿輕生一卷　(清)□□撰　清末丹柱堂刻本　一册

310000－0241－0014426　724799

長生殿一卷　(清)洪昇撰　清末丹柱堂刻本　一册

310000－0241－0014427　724800

龍舟歌二種二卷　(清)□□撰　清明德堂刻本　一册

310000－0241－0014428　724815

陰陽雪恨三卷　(清)□□撰　清末五桂堂石

印本　一册

310000－0241－0014429　724815(2)
陰陽雪恨三卷　(清)龍舟松撰　清末廣州以文堂刻本　一册　存一卷(中)

310000－0241－0014430　724815(3)
陰陽雪恨三卷　(清)□□撰　清末藏文堂刻本　一册

310000－0241－0014431　724821
新本龍舟歌徐庶歸家二卷　(清)龍舟松撰　清末廣州同益堂刻本　一册

310000－0241－0014432　724822
杜十娘沉箱全本三卷　(清)□□撰　清末藏文堂刻本　一册

310000－0241－0014433　724823
新本男燒衣祭奠情人一卷　(清)龍舟松撰　清末廣州以文堂刻本　一册

310000－0241－0014434　724824
呆仔成親新出板眼一卷　(清)龍舟松撰　清末廣州以文堂刻本　一册

310000－0241－0014435　724825
新本怨夫立妾歎五更一卷　(清)□□撰　清末近文堂刻本　一册

310000－0241－0014436　724826
陳琳英歎五更全本一卷　(清)□□撰　清末成文堂刻本　一册

310000－0241－0014437　724827
新本五弄琵琶一卷　(清)□□撰　清末三元堂刻本　一册

310000－0241－0014438　724828
十思起解心一卷　(清)龍舟松撰　清末廣州富桂堂刻本　一册

310000－0241－0014439　724829
新本打爛櫃一卷　(清)龍舟松撰　清末廣州以文堂刻本　一册

310000－0241－0014440　724830
大罵梅知府一卷　(清)守經堂龍舟珠訂　清末廣州明德堂刻本　一册

310000－0241－0014441　724831
起解李旦一卷　(清)□□撰　清末廣州五桂堂刻本　一册

310000－0241－0014442　724903
木皮散人鼓詞不分卷　(明)賈鳧西撰　清光緒三十三年(1907)葉氏觀古堂刻本　一册

310000－0241－0014443　724905
四海棠鼓詞二十回　(清)□□撰　清光緒十七年(1891)文和堂刻本　八册

310000－0241－0014444　724906
青龍傳四卷　(清)□□撰　清末文和堂刻本　四册

310000－0241－0014445　724910
新刻張舜卿翠花記八卷　(清)□□撰　清末刻本　一册

310000－0241－0014446　724912
新刻煙雲嶺鼓詞四卷二十回　(清)□□撰　清宣統元年(1909)上海茂記書莊石印本　一册

310000－0241－0014447　724914
繡像三省莊説唱鼓兒詞四卷二十回　(清)□□撰　清宣統元年(1909)上海茂記書莊石印本　四册

310000－0241－0014448　724915
繡像續三省莊説唱鼓兒詞四卷三十六回　(清)□□撰　清光緒九年(1883)石印本　四册

310000－0241－0014449　724916
新刻繡像三續三省莊四卷十七回　(清)□□撰　清宣統元年(1909)上海茂記書莊石印本　一册

310000－0241－0014450　724917
繡像水南寨四卷四十八回　(清)□□撰　清光緒三十四年(1908)上海書局石印本　二册

310000－0241－0014451　724918
繪圖秦英征西四卷四十八回　(清)□□撰

清光緒三十一年(1905)上海煮字山房石印本　四册

310000－0241－0014452　724919

繡像彩雲球十二卷一百六十回　(清)□□撰　清宣統元年(1909)上海章福書局石印本　六册

310000－0241－0014453　724920

繡像續大破孟州混元鉢四卷二十八回　(清)□□撰　清末上海茂記書莊石印本　一册

310000－0241－0014454　724921

新編巧連珠四卷二十四回　(清)□□撰　清末上海鴻文書局石印本　一册

310000－0241－0014455　724922

繡像蝴蝶盃二卷十六回　(清)□□撰　清光緒三十二年(1906)有益齋書局石印本　一册

310000－0241－0014456　724922(2)

蝴蝶盃二卷　(清)□□撰　清光緒三十二年(1906)上海萃文齋石印本　一册

310000－0241－0014457　724925

新刻繡像雙鳳山四卷二十四回　(清)□□撰　清光緒三十二年(1906)上海萃文書局石印本　一册

310000－0241－0014458　724927

繪圖鍘美案二卷　(清)□□撰　清光緒三十四年(1908)上海書局石印本　二册

310000－0241－0014459　724929

新刻繡像南昌衛四卷　(清)□□撰　清光緒三十二年(1906)萃文齋書局石印本　一册

310000－0241－0014460　724931

新刻繡像二度梅鼓詞四卷六十四回　(清)□□撰　清末石印本　四册

310000－0241－0014461　724935

繡像說唱千里駒四卷四十二回　(清)□□撰　清末上海蔣春記書局石印本　一册

310000－0241－0014462　724936

新刻繡像紅土埠四卷三十七回　(清)□□撰　清光緒三十三年(1907)京師書業公司石印本　一册

310000－0241－0014463　724937

新刻繡像揚州府四卷　(清)□□撰　清光緒三十四年(1908)上海書局石印本　一册

310000－0241－0014464　724940

新刻繡像㨹牛陣四卷十四回　(清)□□撰　清宣統二年(1910)上海茂記書莊石印本　一册

310000－0241－0014465　724943

繡像新刻吴越春秋四卷四十八回　(清)□□撰　清光緒三十四年(1908)上海書局石印本　二册

310000－0241－0014466　724944

新刻臥虎山四卷　(清)□□撰　清光緒三十四年(1908)上海書局石印本　一册

310000－0241－0014467　724945

繡像鐵坵墳鼓詞全傳四卷十六回　(清)□□撰　清宣統元年(1909)上海書局石印本　四册

310000－0241－0014468　724953

新刻義俠傳四卷二十回　(清)□□撰　清光緒三十四年(1908)上海書局石印本　二册

310000－0241－0014469　724961

新增繡像二馬投唐全傳四卷　(清)□□撰　清末石印本　一册

310000－0241－0014470　724963(1)

繪圖紅梅閣六卷五十六回　(清)丁靈芝撰　清光緒三十二年(1906)上海書局石印本　六册

310000－0241－0014471　724964

新出繪圖說唱白玉蘭汗衫記鼓詞全傳四卷十六回　(清)□□撰　清末上海鍊石書局石印本　一册

310000－0241－0014472　724966

合鉢子弟書不分回　(清)□□撰　清□文堂刻本　一册

310000－0241－0014473　724968

新刻春梅遊舊院子弟書三卷　(清)韓小窗撰　清京都文萃堂刻本　一册

310000－0241－0014474　724969
拌嘴子弟書二回　(清)□□撰　清經義堂刻本　一册

310000－0241－0014475　724970
戲秀子弟書二本　(清)□□撰　清京都文萃堂刻本　一册

310000－0241－0014476　724971
新刻拷紅子弟書不分回　(清)□□撰　清文萃堂刻本　一册

310000－0241－0014477　724973
歷代史畧鼓詞引不分卷　(明)賈應寵著　(明)之罘山人輯注　清末民國初排印本　一册

310000－0241－0014478　724975
新刻觀音大士化度十二圓覺全本不分卷　(清)□□撰　清末民國初刻本　一册

310000－0241－0014479　725001
達摩祖卷一卷　(清)□□撰　清末杭州瑪瑙經房刻本　一册

310000－0241－0014480　725001(2)
達摩祖卷一卷　(清)□□撰　清末杭州瑪瑙經房刻寧波大酉山房印本　一册

310000－0241－0014481　725002
珠塔寶卷全集一卷　(清)□□撰　清光緒十六年(1890)杭州瑪瑙經房刻本　二册

310000－0241－0014482　725002(3)
珍珠塔寶卷全集一卷　(清)□□撰　清末杭州慧空經房刻本　二册

310000－0241－0014483　725002:2
珠塔寶卷全集一卷　(清)□□撰　清光緒十六年(1890)杭州瑪瑙經房刻本　一册

310000－0241－0014484　725003
呂祖師度何仙姑因果卷二卷　(清)□□撰　清末寫刻本　一册

310000－0241－0014485　725004
真修寶卷一卷　(清)□□撰　清光緒十二年(1886)周樂安刻本　一册

310000－0241－0014486　725004(3)
真修寶卷一卷　(清)□□撰　清同治九年(1870)上海翼化堂刻本　一册

310000－0241－0014487　725005
浙江嘉興府秀水縣刺心寶卷二卷　(清)□□撰　清光緒五年(1879)杭州瑪瑙寺經房刻本　一册

310000－0241－0014488　725005:3
浙江嘉興府秀水縣刺心寶卷二卷　(清)□□撰　清光緒五年(1879)杭州瑪瑙寺經房刻本　一册

310000－0241－0014489　725006
張氏三娘賣花寶卷全集一卷　(清)□□撰　清光緒三十年(1904)祥興齋刻本　一册

310000－0241－0014490　725006(2)
張氏三娘賣花寶卷全集一卷　(清)□□撰　清光緒十九年(1893)蘇州瑪瑙經房刻本　一册

310000－0241－0014491　725006(2):2
張氏三娘賣花寶卷全集一卷　(清)□□撰　清光緒十九年(1893)蘇州瑪瑙經房刻本　一册

310000－0241－0014492　725007
杏花寶卷一卷　(清)□□撰　清光緒五年(1879)常州樂善堂善書局刻本　一册

310000－0241－0014493　725007:2
杏花寶卷一卷　(清)□□撰　清光緒五年(1879)常州樂善堂善書局刻本　一册

310000－0241－0014494　725008
金鎖寶卷一卷　(清)陳潤身編　清光緒二十六年(1900)常州孔湧興刻本　一册

310000－0241－0014495　725008:2
金鎖寶卷一卷　(清)陳潤身編　清光緒二十六年(1900)常州孔湧興刻本　一册

310000－0241－0014496　725009

目連寶卷全集一卷　(清)□□撰　清光緒三年(1877)杭州瑪瑙寺經房刻本　一册

310000－0241－0014497　725009(2)

目連求母幽冥寶傳不分卷　(清)□□撰　清光緒十八年(1892)刻本　一册

310000－0241－0014498　725009:2

目連寶卷全集一卷　(清)□□撰　清光緒三年(1877)杭州瑪瑙寺經房刻本　一册

310000－0241－0014499　725010

龐公寶卷一卷　(清)□□撰　清光緒杭州瑪瑙經房刻本　一册

310000－0241－0014500　725010:3

龐公寶卷一卷　(清)□□撰　清光緒杭州瑪瑙經房刻本　一册

310000－0241－0014501　725011

如如老祖化度衆生指往西方寶卷全集一卷　(清)□□撰　清末杭州瑪瑙寺經房刻本　一册

310000－0241－0014502　725011:4

如如老祖化度衆生指往西方寶卷全集一卷　(清)□□撰　清末杭州瑪瑙寺經房刻本　一册

310000－0241－0014503　725012

江南松江府華亭縣白沙邨孝修回郎寶卷一卷　(清)□□撰　清光緒二十六年(1900)上海翼化堂刻本　一册

310000－0241－0014504　725012(2)

江南松江府華亭縣白沙邨孝修回郎寶卷一卷　(清)□□撰　清末杭州刻本　一册

310000－0241－0014505　725012(2):2

江南松江府華亭縣白沙邨孝修回郎寶卷一卷　(清)□□撰　清末杭州刻本　一册

310000－0241－0014506　725013

希奇寶卷一卷　(清)□□撰　清同治五年(1866)蘇州見得齋刻本　一册

310000－0241－0014507　725013:3

希奇寶卷一卷　(清)□□撰　清同治五年(1866)蘇州見得齋刻本　一册

310000－0241－0014508　725014

五祖黃梅寶卷　(清)□□撰　清光緒元年(1875)杭州瑪瑙寺經房刻本　一册

310000－0241－0014509　725014:3

五祖黃梅寶卷　(清)□□撰　清光緒元年(1875)杭州瑪瑙寺經房刻本　一册

310000－0241－0014510　725015

惜穀免災寶卷一卷　(清)□□撰　清光緒十三年(1887)蘇州得見齋刻本　一册

310000－0241－0014511　725015(2)

惜穀免災寶卷一卷　(清)□□撰　清光緒二年(1876)常州樂善堂刻本　一册

310000－0241－0014512　725015(3)

惜穀免災寶卷一卷　(清)□□撰　清光緒二年(1876)常州培本堂刻本　一册

310000－0241－0014513　725016

河南開封府花枷良願龍圖寶卷全集二卷　(清)□□撰　清光緒杭州瑪瑙經房刻本　二册

310000－0241－0014514　725016(3)

河南開封府花枷良願龍圖寶卷全集二卷　(清)□□撰　清光緒昭慶寺慧空經房刻本　二册

310000－0241－0014515　725018:2

韓湘寶卷二卷十八回　(清)雲山煙波釣徒風月主人撰　清光緒二十年(1894)上海翼化堂刻本　二册

310000－0241－0014516　725018:3

韓湘寶卷二卷十八回　(清)雲山煙波釣徒風月主人撰　清光緒二十年(1894)上海翼化堂刻本　二册

310000－0241－0014517　725019

湖廣荆州府永慶縣修行梅氏花網寶卷　(清)□□撰　清光緒八年(1882)杭州瑪瑙經房刻本　二册

310000－0241－0014518　725019(2)

湖廣荆州府永慶縣修行梅氏花𧜟寶卷　(清)□□撰　清末嵊縣吳筠刻寧波大酉山房印本　二册

310000－0241－0014519　725019(3)

湖廣荆州府永慶縣修行梅氏花𧜟寶卷　(清)□□撰　清光緒三十二年(1906)杭州昭慶寺慧空經房刻本　二册

310000－0241－0014520　725020

妙英寶卷一卷　(清)□□撰　清光緒二十五年(1899)上海翼化堂刻本　一册

310000－0241－0014521　725020(3)

妙英寶卷全集一卷　(清)□□撰　清末杭州昭慶寺慧空經房刻本　一册

310000－0241－0014522　725021

太華山紫金鎮兩世修行劉香寶卷全集三卷　(清)□□撰　清同治九年(1870)上海翼化堂刻本　三册

310000－0241－0014523　725022

雪梅寶卷二卷　(清)□□撰　清光緒十一年(1885)杭州瑪瑙經房刻本　二册

310000－0241－0014524　725022:2

雪梅寶卷二卷　(清)□□撰　清光緒十一年(1885)杭州瑪瑙經房刻本　二十四册

310000－0241－0014525　725024

孚佑帝君純陽祖師三世因果說一卷　(清)□□撰　清光緒三十三年(1907)上海翼化堂刻本　一册

310000－0241－0014526　725024(3)

純陽祖師說三世因果寶卷一卷　(清)□□撰　清咸豐八年(1858)餘姚孝義聖會刻本　一册

310000－0241－0014527　725025

烏窠禪師度白侍郎一卷　(清)柳友賢校　(清)汪金岩校　清光緒十七年(1891)杭州瑪瑙經房刻本　一册

310000－0241－0014528　725025(2)

烏窠禪師度白侍郎一卷　(清)□□撰　清末慧空經房刻本　一册

310000－0241－0014529　725025(3)

烏窠禪師度白侍郎一卷　(清)□□撰　清光緒十八年(1892)普陀山和永記刻本　一册

310000－0241－0014530　725026

梁皇寶卷全集一卷　(清)□□撰　清光緒二年(1876)杭州瑪瑙經房刻本　一册

310000－0241－0014531　725026(2)

梁皇寶卷全集一卷　(清)□□撰　清光緒十四年(1888)慧空經房刻本　一册

310000－0241－0014532　725026:2

梁皇寶卷全集一卷　(清)□□撰　清光緒二年(1876)杭州瑪瑙經房刻本　一册

310000－0241－0014533　725027

普陀觀音寶卷一卷　(清)□□撰　清光緒二十六年(1900)常州彭門徐氏刻本　一册

310000－0241－0014534　725027(2)

普陀觀音寶卷一卷　(清)張德方撰　清光緒二十年(1894)蘇州瑪瑙經房刻本　一册

310000－0241－0014535　725028

鸚哥寶卷一卷　(清)□□撰　清光緒七年(1881)鎮江寶善堂刻本　一册

310000－0241－0014536　725028:2

鸚哥寶卷一卷　(清)□□撰　清光緒七年(1881)鎮江寶善堂刻本　一册

310000－0241－0014537　725029(3)

山西平陽府平陽邨秀女寶卷全集一卷　(清)□□撰　清光緒三十四年(1908)刻本　一册

310000－0241－0014538　725030

延壽寶卷一卷　(清)□□撰　清宣統元年(1909)上海翼化堂善書局刻本　一册

310000－0241－0014539　725031

張氏寶卷一卷　(清)□□撰　清末刻本　一册

310000－0241－0014540　725034

慈悲普濟天醫寶卷全集一卷　(清)□□撰　清光緒二十三年(1897)吳筠清刻本　一册

310000－0241－0014541　725035
觀世音菩薩本行經二卷　(宋)釋普明編　清末刻本　二册

310000－0241－0014542　725035(2)
觀世音菩薩本行經二卷　(宋)釋普明編　清同治十一年(1872)上海翼化堂善書局刻本　二册

310000－0241－0014543　725035(2):2
觀世音菩薩本行經二卷　(宋)釋普明編　清同治十一年(1872)上海翼化堂善書局刻本　二册

310000－0241－0014544　725035:2
觀世音菩薩本行經二卷　(宋)釋普明編　清末刻本　二册

310000－0241－0014545　725036
浙江溫州府平陽縣白梅村七世修行玉英寶卷一卷　(清)□□撰　清光緒三年(1877)越郡剡北刻本　一册

310000－0241－0014546　725036:2
浙江溫州府平陽縣白梅村七世修行玉英寶卷一卷　(清)□□撰　清光緒三年(1877)越郡剡北刻本　一册

310000－0241－0014547　725037
白氏寶卷二卷十二回　(清)風月主人撰　清宣統元年(1909)杭州文寶齋刻本　二册

310000－0241－0014548　725037(2)
浙江杭州府錢塘縣雷峯寶卷　(清)□□撰　清末杭州瑪瑙經房刻本　一册

310000－0241－0014549　725037(2):2
浙江杭州府錢塘縣雷峯寶卷　(清)□□撰　清末杭州瑪瑙經房刻本　二册

310000－0241－0014550　725037(3)
雷峯寶卷不分卷　(清)□□撰　清末恒仁堂許氏抄本　二册

310000－0241－0014551　725037:2
白氏寶卷二卷十二回　(清)風月主人撰　清宣統元年(1909)杭州文寶齋刻本　二册

310000－0241－0014552　725038
三世修行黃氏寶卷二卷　(清)□□撰　清末杭州昭慶寺慧空經房刻本　一册

310000－0241－0014553　725039
趙氏賢孝寶卷　(清)□□撰　清末杭州慧空經房刻本　一册

310000－0241－0014554　725039(2)
趙氏賢孝寶卷　(清)□□撰　清末刻本　二册

310000－0241－0014555　725039(3)
趙氏寶卷不分卷　(清)□□撰　清末抄本　二册

310000－0241－0014556　725040
七真寶卷一卷十回　(清)雲山煙波氏編　清末杭州慧空經房刻本　一册

310000－0241－0014557　725040:2
七真寶卷一卷十回　(清)雲山煙波氏編　清末杭州慧空經房刻本　一册

310000－0241－0014558　725042
竇娥卷一卷　(□)□□撰　清同治八年(1869)抄本　一册

310000－0241－0014559　725043
新編三世化生寶卷二卷　(清)□□撰　清末刻本　一册

310000－0241－0014560　725043:3
新編三世化生寶卷二卷　(清)□□撰　清末刻本　一册

310000－0241－0014561　725044(3)
花名寶卷一卷　(清)□□撰　(清)計亭澹愚子增　清宣統元年(1909)常州寶善書莊刻本　一册

310000－0241－0014562　725044(4)
花名寶卷一卷　(清)□□撰　清末普陀永記經房刻本　一册

310000－0241－0014563　725045(2)
十王寶卷一卷　(清)□□撰　清末金浩生抄本　一册

310000－0241－0014564　725046
活佛寶卷一卷　(清)□□撰　清光緒十七年(1891)抄本　一册

310000－0241－0014565　725052(2)
翠蓮寶卷一卷　(清)□□撰　清光緒三十四年(1908)抄本　一册

310000－0241－0014566　725052(3)
李翠蓮捨金釵大轉皇宫一卷　(清)□□撰　清濬邑復初堂等十二家捐資刻本　一册

310000－0241－0014567　725052(4)
李翠蓮捨金釵大轉皇宫一卷　(清)□□撰　清末鄭州聚文堂刻本　一册

310000－0241－0014568　725056
重刻闢邪歸正消災延壽立願寶卷一卷　(清)□□撰　清同治十三年(1874)湖州最樂齋善書坊刻蘇州得見齋印本　一册

310000－0241－0014569　725056:2
重刻闢邪歸正消災延壽立願寶卷一卷　(清)□□撰　清同治十三年(1874)湖州最樂齋善書坊刻蘇州得見齋印本　一册

310000－0241－0014570　725065(2)
秀英寶卷一卷　(清)□□撰　清光緒十五年(1889)蘇州瑪瑙經房刻本　一册

310000－0241－0014571　725068(2)
江南松江府上海縣太平郇蘭英寶卷　(清)□□纂　清光緒十年(1884)杭州瑪瑙經房刻本　一册

310000－0241－0014572　725069(2)
孺貞寶卷不分卷　(清)□□撰　(清)吴下逸民校正　清末遐齡軒抄本　二册

310000－0241－0014573　725072
錢孝子寶卷一卷　(清)□□撰　清光緒十三年(1887)樂善堂刻本　一册

310000－0241－0014574　725073
悉達太子寶卷全集一卷　(清)□□撰　清末刻本　一册

310000－0241－0014575　725074
歎孤孀卷一卷　(清)□□撰　清光緒二十八年(1902)三餘堂刻本　一册

310000－0241－0014576　725075(3)
受生寶卷一卷　(清)□□撰　清光緒三十四年(1908)安定慕蓮氏抄本　一册

310000－0241－0014577　725080
護福寶卷一卷　(清)□□撰　清同治三年(1864)麟記抄本　一册

310000－0241－0014578　725081
三寶證盟寶卷一卷　(清)□□撰　清光緒十六年(1890)樂善堂善書局刻本　一册

310000－0241－0014579　725091
醒世寶卷一卷　(清)□□撰　清宣統元年(1909)江北桃花渡天復源刻本　一册

310000－0241－0014580　725105
奇冤寶卷一卷　(清)□□撰　清同治四年(1865)畢霽山抄本　一册

310000－0241－0014581　725109
楊公寶卷一卷　(清)葉聯璧錄　清光緒三十三年(1907)蘇州瑪瑙經房刻本　一册

310000－0241－0014582　725110
地藏寶卷一卷　(清)□□撰　清光緒二十七年(1901)常州孔湧興刻本　一册

310000－0241－0014583　725111
明宗孝義達本寶卷二卷　(清)善明居士編　清刻本　一册

310000－0241－0014584　725112
三世姻緣寶卷一卷　(清)□□撰　清光緒二十六年(1900)蘇州瑪瑙經房刻本　一册

310000－0241－0014585　725114
三和寶卷一卷　(清)□□撰　清末王從文抄本　一册

310000－0241－0014586　725116

節義寶卷一卷 (清)□□撰 清末龔尚志抄本 一冊

310000－0241－0014587 725117
結緣寶卷一卷 (清)□□撰 清末金浩生抄本 一冊

310000－0241－0014588 725118
請佛寶卷一卷 (清)□□撰 清光緒十七年(1891)金浩生抄本 一冊

310000－0241－0014589 725119
羣花仙卷一卷 (清)滌慮艸堂撰 清末秀文齋經房刻本 一冊

310000－0241－0014590 725122
捨子取義海歌卷一卷 (清)□□撰 清末刻本 一冊

310000－0241－0014591 725124
真武菩薩得道寶卷一卷 (清)□□撰 清光緒十九年(1893)金陵一得齋善書坊刻本 一冊

310000－0241－0014592 725125
佛説報恩卷一卷 (清)□□撰 清末刻本 一冊

310000－0241－0014593 725127
宋氏女寶卷一卷 (清)□□撰 清光緒八年(1882)鎮江寶善堂刻本 一冊

310000－0241－0014594 725129
梨花寶卷二卷 (清)□□撰 清光緒六年(1880)汝南袁春抄本 一冊

310000－0241－0014595 725130
新刻十月懷胎寶卷一卷 (清)□□撰 清末聚文齋刻本 一冊

310000－0241－0014596 725131
孝子報恩拜燭寶卷一卷 (清)□□撰 清末新市張聚賢刻本 一冊

310000－0241－0014597 725135
新刻忠孝節義王清明投親合同記全部四十卷 (清)□□撰 清末刻本 四冊

310000－0241－0014598 725145
蓮池大師出世修行寶卷一卷 (清)□□撰 清光緒二十七年(1901)江東崇壽經房刻本 一冊

310000－0241－0014599 725153
潘公免災救難寶卷三卷 (清)□□撰 清咸豐八年(1858)金閶刻本 一冊

310000－0241－0014600 725153(2)
潘公免災救難寶卷三卷 (清)淡然生撰 清光緒二年(1876)刻本 一冊

310000－0241－0014601 725153(3)
潘公免災救難寶卷三卷 (清)□□撰 清末刻本 一冊

310000－0241－0014602 725155
協天大帝玉律經寶卷二卷 (清)□□撰 清光緒三十一年(1905)常州寶善書莊刻本 一冊

310000－0241－0014603 725156
新刻玉青蜓後遊庵認母全集不分卷 (清)□□撰 清末刻本 一冊

310000－0241－0014604 725157
玉燕寶卷不分卷 (清)□□撰 清光緒末至宣統初孟慶惠抄本 三冊

310000－0241－0014605 725158
寶卷彙集十六種 (清)□□撰 清末民國初抄本 二十冊

310000－0241－0014606 725525
新刻三十六馬頭一卷 (清)□□撰 清光緒上海活字堂刻本 一冊

310000－0241－0014607 725540
改良唱歌教科書一卷 (清)文明學社編 清光緒三十二年(1906)刻本 一冊

310000－0241－0014608 725549
[俚曲]不分卷 (清)□□輯 清末抄本 一冊

310000－0241－0014609 725550
老鼠告貓狀不分卷 (清)□□撰 清光緒二

十二年(1896)抄本　一册

310000－0241－0014610　725551
時調洋歌五種五卷　(清)聚新堂輯　清末聚新堂書坊刻本　五册

310000－0241－0014611　725552
唱本不分卷　(清)□□輯　清末抄本　二册

310000－0241－0014612　725556
新刻時調四種一卷　(清)□□編　清末坊刻本　一册

310000－0241－0014613　725578
路程歌一卷　(清)□□撰　清末湖南刻本　一册

310000－0241－0014614　725578:2
路程歌一卷　(清)□□撰　清末湖南刻本　一册

310000－0241－0014615　725605
[手棒調]釣蚌圖一卷　(清)□□撰　清末坊刻本　一册

310000－0241－0014616　925901
新編韓湘子九度文公道情四卷　(清)□□撰　清末鴻文書局石印本　一册

310000－0241－0014617　925903
道情一卷　(清)徐大椿撰　清光緒八年(1882)掃葉山房刻本　一册

310000－0241－0014618　926000
崑曲粹存初集不分卷　(清)崑山國樂保存會編校　清宣統三年(1911)石印本　六册

310000－0241－0014619　926000:2
崑曲粹存初集不分卷　(清)崑山國樂保存會編校　清宣統三年(1911)石印本　六册

310000－0241－0014620　926101
繪圖京劇劇本四種　(清)□□輯　清光緒二十年(1894)上海書局石印本　一册

310000－0241－0014621　926102
新刻戰北原一卷　(清)□□編　清末杭州文彙齋刻本　一册

310000－0241－0014622　926103
二進宫一卷　(清)□□編　清光緒上海一元堂刻文益堂印本　一册

310000－0241－0014623　926104
白牡丹至公道蘩全本一卷　(清)□□編　清末杭州聚元堂刻本　一册

310000－0241－0014624　926105
新刻楊六郎公告御狀二本一卷　(清)□□編　清末杭州文彙齋刻本　一册

310000－0241－0014625　926106
新刻薛平貴别窑一卷　(清)□□編　清末杭州文彙齋刻本　一册

310000－0241－0014626　926107
祭塔全本一卷　(清)□□編　清末杭州文彙齋刻本　一册

310000－0241－0014627　926108
小進宫京班抄本一卷　(清)□□編　清末杭州文彙齋刻本　一册

310000－0241－0014628　926109
新刻徐楊結奏抄一卷　(清)□□編　清末杭州文彙齋刻本　一册

310000－0241－0014629　926110
新刻京調楊四郎探母回營一卷　(清)□□編　清末杭州文彙齋刻本　一册

310000－0241－0014630　926111
新刻採桑摘本一卷　(清)□□編　清末紹興善慶堂刻本　一册

310000－0241－0014631　926112
新刻賣胭脂全本一卷　(清)□□編　清末紹興善慶堂刻本　一册

310000－0241－0014632　926113
牧羊卷全本一卷　(清)□□編　清末古香齋刻本　一册

310000－0241－0014633　926114
西蓬擊掌一卷　(清)□□編　清末杭州文彙齋刻本　一册

310000－0241－0014634　926115
新刻走雪抄本一卷　(清)□□編　清末杭州文彙齋刻本　一冊

310000－0241－0014635　926116
觀星斗一卷　(清)□□編　清末杭州文彙齋刻本　一冊

310000－0241－0014636　926117
新刻王大娘補缸真本一卷　(清)□□編　清末寶記書坊刻本　一冊

310000－0241－0014637　926118
校正京調二十八種二十八卷　(清)□□輯　清末刻本　七冊

310000－0241－0014638　926118：2
校正京調二十八種二十八卷　(清)□□輯　清末刻本　二冊

310000－0241－0014639　926119
校正京調六種六卷　(清)□□輯　清末石印本　二冊

310000－0241－0014640　926120
校正京調三十種三十卷　(清)□□輯　清末石印本　十三冊

310000－0241－0014641　926121
繪圖京都三慶班京調十二集十二卷　(清)三慶班編　清末石印本　六冊

310000－0241－0014642　926122
繪圖京都義順和班京調腳本□集　(清)義順和班編　清末上海文宜書局石印本　一冊

310000－0241－0014643　926124
校正京調七十三種七十八卷　(清)□□輯　清末上海文宜書局石印本　九冊

310000－0241－0014644　926125
京都三慶班京調腳本十集十卷　(清)三慶班輯　清末上海文宜書局石印本　四冊

310000－0241－0014645　926129
前龍虎門總講一卷　(清)□□撰　清宣統二年(1910)抄本　一冊

310000－0241－0014646　926131
梳粧台京調一卷　(清)□□撰　清末刻本　一冊

310000－0241－0014647　926134
借茶不分卷　(清)□□撰　清末刻本　一冊

310000－0241－0014648　926400
繪圖山陝梆子調十二集十二卷　(清)□□輯　清末觀瀾閣書局石印本　三冊

310000－0241－0014649　926406
和先生教書不分卷　(□)□□輯　清末民國初致文堂刻本　一冊

310000－0241－0014650　926500
新印灘簧雅集二十六種　(清)蘇申清客撰　清光緒十八年(1892)上海清韻閣排印本　二冊

310000－0241－0014651　926500(2)
新印校正灘簧雅集四卷　(清)韻閣校正　清末石印本　四冊

310000－0241－0014652　926602
新刻東鄉花鼓調陸野臣賣娘子上本一卷下本一卷　(清)□□撰　清末刻本　二冊

310000－0241－0014653　926703
打齋飯灘簧詞新刻時新滿江紅一卷　(清)□□撰　清末聚寶堂刻本　一冊

310000－0241－0014654　926704
灘簧曲三種三卷　(清)張川編訂　清宣統元年(1909)抄本　一冊

310000－0241－0014655　927104(2)
軒轅鏡不分卷　(清)□□編　清光緒二十六年(1900)抄本　一冊

310000－0241－0014656　927105
新刻亂彈調龍虎門前本真本爭朝回府一卷　(清)□□編　清末坊刻本　一冊

310000－0241－0014657　927203
新刻張永林遊庵全本一卷　(清)□□編　清末坊刻本　一冊

310000－0241－0014658　927302
新刻雙落髮上中下本一卷　(清)□□撰　清末琴聲堂刻本　一册

310000－0241－0014659　927303
小姑孀跳米全本一卷　(清)□□撰　清末杭州文彙齋刻本　一册

310000－0241－0014660　927601
新刻徽詞補背褡不分卷　(清)□□撰　清末刻本　一册

310000－0241－0014661　928002
新抄揚州名班花古調不分卷　(清)□□撰　清末刻本　一册

310000－0241－0014662　928002(2)
新抄揚州名班花古調二卷　(清)□□撰　清末刻本　一册

310000－0241－0014663　928525
雙揹鞭一回　(清)□□編　清末永慶堂刻本　一册

310000－0241－0014664　928574
甘露寺一卷走馬分石一卷　(清)□□編　清榮慶堂刻金玉堂印本　一册

310000－0241－0014665　928913
華容擋曹一卷　(清)□□撰　清光緒十七年(1891)黎綿芳堂刻本　一册

310000－0241－0014666　928919
新刻南橋會上本一卷下本一卷　(□)□□撰　清光緒三年(1877)綿芳堂刻本　一册

310000－0241－0014667　929301
正班本寒宫取笑二卷　(清)普天樂班編　清同治六年(1867)丹柱堂刻本　一册

310000－0241－0014668　929302
班本亞爛賣豬一卷　(清)丹山鳳班編　清同治八年(1869)丹柱堂刻本　一册

310000－0241－0014669　929303
[班本]蘇東坡訪友二卷　(清)□□撰　清淩雲閣刻本　一册

310000－0241－0014670　929401
新刻大棚碧容祭監二卷　(清)□□撰　清末丹柱堂刻本　一册

310000－0241－0014671　929950
新編前本經國美談新戲十卷　(清)謳歌變俗人撰　清末上海商務印書館排印本　一册

310000－0241－0014672　929951
時髦現形記八卷　(清)嘯儂撰　清末掃葉山房石印本　四册

310000－0241－0014673　980004(2)
元曲選癸集上五種五卷　(明)臧懋循輯　明萬曆臧氏雕蟲館校刻本　二册

310000－0241－0014674　980012(2)
樂府新編陽春白雪前集五卷後集五卷　(元)楊朝英選　清光緒三十一年(1905)徐乃昌影元刻本　一册

310000－0241－0014675　980028(2)
綴白裘新舊四十八卷　(清)玩花主人編　(清)錢沛恩刪補　清乾隆五十二年(1787)嘉興增利堂刻本　四十六册

310000－0241－0014676　980044
曲雅不分卷　盧前編錄　清末局刻本　一册

310000－0241－0014677　980051
改良戲曲　(清)戲曲改良公會輯　清末刻本　二册　存二種二卷

310000－0241－0014678　980053
崑腔文班不分卷　(清)綠蔭山房輯錄　清光緒二十九年(1903)綠蔭山房抄本　二册

310000－0241－0014679　980074
俳體詞曲四種四卷　(清)王錫祺輯　清末南清河王氏小方壺齋排印本　一册

310000－0241－0014680　980075
三家曲三種十一卷　(清)朱静輯　清末瑤江朱氏刻本　二册

310000－0241－0014681　980075：2
三家曲三種十一卷　(清)朱静輯　清末瑤江朱氏刻本　一册

310000－0241－0014682　980080

奢摩他室曲叢第一集三種三卷　吴梅輯　清宣統二年(1910)長洲吴氏刻本　一册

310000－0241－0014683　981001

居易堂三種三卷　(清)居易堂輯　清光緒二十七年(1901)居易堂刻本　三册

310000－0241－0014684　983001:1

海公奇案傳八種五十七卷　(清)□□輯　清光緒十九年(1893)紫雲軒刻本　十册

310000－0241－0014685　983001:2

海公奇案傳　(清)□□輯　清光緒十九年(1893)紫雲軒刻本　六册　存六種四十二卷

310000－0241－0014686　983002

務本堂四種七十六卷　(清)朱鏡江撰　清嘉慶、道光間刻本　十六册

310000－0241－0014687　985001

越諺三卷　(清)范寅輯　清光緒八年(1882)谷應山房刻本　一册

310000－0241－0014688　985001:2

越諺三卷賸語二卷　(清)范寅輯　清光緒八年(1882)谷應山房刻本　一册

310000－0241－0014689　985002

越諺三卷賸語三卷　(清)范寅輯　清光緒八年(1882)谷應山房刻本　三册

310000－0241－0014690　985004

谷謠諺一百卷　(清)杜文瀾輯　清咸豐十一年(1861)曼陀羅華閣刻本　二十册

310000－0241－0014691　985004:2

谷謠諺一百卷　(清)杜文瀾輯　清咸豐十一年(1861)曼陀羅華閣刻本　二十册

310000－0241－0014692　985008

天籟集不分卷　(清)鄭旭旦輯　(清)許之敍校　清同治元年(1862)刻本　一册

310000－0241－0014693　985031

時調唱歌不分卷　題(清)鲫士等撰　清末上海商務印書館排印本　一册

310000－0241－0014694　985032

粵風四卷　(清)李調元輯解　清綿州李氏刻函海本　一册

310000－0241－0014695　985033

下里歌謠一卷　(清)伍兆鼇編　清光緒三十二年(1906)刻本　一册

310000－0241－0014696　985034

古今風謠一卷　(明)楊慎撰　清綿州李氏刻函海本　一册

310000－0241－0014697　985035

杭諺詩不分卷　(清)邵懿辰撰　清光緒三十四年(1908)文元齋刻本　一册

310000－0241－0014698　985035:2

杭諺詩不分卷　(清)邵懿辰撰　清光緒三十四年(1908)文元齋刻本　一册

310000－0241－0014699　985036

味菜室吴諺詩二卷　(清)王頌清輯　清宣統三年(1911)公益書局排印本　一册

310000－0241－0014700　985037

紹興人謠一卷　(清)周子炎撰　清光緒二十八年(1902)刻本　一册

310000－0241－0014701　985502(2)

粵謳一卷　(清)明珊居士輯　清末以文堂刻本　一册

310000－0241－0014702　990004

文心雕龍十卷　(南朝梁)劉勰撰　(清)黄叔琳輯注　清乾隆養素堂刻本　四册

310000－0241－0014703　990005

文心雕龍十卷　(南朝梁)劉勰撰　清光緒三年(1877)湖北崇文書局刻本　二册

310000－0241－0014704　990007:1

文心雕龍十卷　(南朝梁)劉勰撰　(清)黄叔琳輯注　清道光十三年(1833)廣東翰墨園刻本　四册

310000－0241－0014705　990007:2

文心雕龍十卷　(南朝梁)劉勰撰　(清)黄叔琳輯注　清道光十三年(1833)廣東翰墨園刻

本　八冊

310000－0241－0014706　990007:3
文心雕龍十卷　(南朝梁)劉勰撰　(清)紀昀評　清道光十三年(1833)廣東翰墨園刻本　一冊

310000－0241－0014707　990007:4
文心雕龍十卷　(南朝梁)劉勰撰　(清)黃叔琳輯注　清道光十三年(1833)翰墨園刻套印本　四冊

310000－0241－0014708　990011
文心雕龍十卷　(南朝梁)劉勰撰　(清)黃叔琳輯注　清光緒十四年(1888)刻本　四冊

310000－0241－0014709　990021
藝概六卷　(清)劉熙載撰　清同治十二年(1873)刻本　二冊

310000－0241－0014710　990022
藝苑叢話十六卷　(清)陳琰編輯　清宣統三年(1911)上海六藝書局石印本　四冊

310000－0241－0014711　990022:2
藝苑叢話十六卷　(清)陳琰編輯　清宣統三年(1911)上海六藝書局石印本　四冊

310000－0241－0014712　990029
西山泉二卷　(清)王嘉璧輯　清嘉慶刻本　二冊

310000－0241－0014713　990036
甕牖閑評八卷　(宋)袁文撰　清刻本　一冊

310000－0241－0014714　990041
浩然齋雅談三卷　(宋)周密撰　清翻刻武英殿聚珍版書本　一冊

310000－0241－0014715　990042
樵說十二卷昭如女子詩鈔一卷　(清)王增祺撰　清光緒十八年(1892)刻本　四冊

310000－0241－0014716　990047
國文學四卷　(清)姚永樸編　清宣統二年(1910)京師法政學堂排印本　一冊

310000－0241－0014717　991018
歷朝文學四卷　(日本)笹川神郎撰　(清)上海中西書局翻譯生譯　清光緒二十九年(1903)上海中西書局排印本　四冊

310000－0241－0014718　992003
曲表一卷　(清)支豐宜輯　清末刻本　一冊

310000－0241－0014719　993004
漢文教授法不分卷　(清)戴克敦編　清光緒二十八年(1902)杭州翻譯局排印本　一冊

310000－0241－0014720　993006
虚字淺說一卷　(清)呂堅著　(清)蔣原傳點勘　清光緒九年(1883)石印本　一冊

310000－0241－0014721　993010
虚字會通法初編三卷　題(清)炎炎生撰　清光緒三十年(1904)排印本　三冊

310000－0241－0014722　994004
詞林正韻三卷　(清)戈載輯　清同治十二年(1873)刻本　二冊

310000－0241－0014723　994004(2)
詞林正韻三卷發凡一卷　(清)戈載撰　清光緒十七年(1891)思賢講舍刻本　二冊

310000－0241－0014724　994005
詞林韻釋一卷　(宋)□□撰　清光緒末南陵徐氏刻隨庵徐氏叢書本　一冊

310000－0241－0014725　994011
詞律校勘記二十卷　(清)杜文瀾撰　清咸豐刻本　二冊

310000－0241－0014726　994011(2)
詞律校勘記二卷　(清)杜文瀾撰　清光緒十八年(1892)掃葉山房石印本　二冊

310000－0241－0014727　994012
詞律二十卷　(清)萬樹輯　清光緒二年(1876)吳下刻本　十二冊

310000－0241－0014728　994012:2
詞律二十卷　(清)萬樹輯　清光緒二年(1876)吳下刻本　十六冊

310000－0241－0014729　994012:3

詞律二十卷 （清）萬樹輯 清光緒二年(1876)吳下刻本 十六冊

310000－0241－0014730 994012∶4
詞律二十卷 （清）萬樹輯 清光緒二年(1876)吳下刻本 十二冊

310000－0241－0014731 994013(2)
聲調三譜五種 （清）王祖源輯 清光緒二十二年(1896)宏道堂覆刻天壤閣叢書本 一冊

310000－0241－0014732 994015
詞律拾遺八卷 （清）徐本立纂 清同治十二年(1873)刻本 四冊

310000－0241－0014733 994016
詞律拾遺八卷補遺一卷 （清）徐本立纂 清同治十二年(1873)刻本 四冊

310000－0241－0014734 994018
填詞圖譜六卷續集三卷 （清）賴以邠撰 （清）查繼超輯 清康熙刻修補本 六冊

310000－0241－0014735 994019
水雲笛譜不分卷 （清）水雲漫士撰 （清）潘鍾瑞校 清光緒十三年(1887)刻本 一冊

310000－0241－0014736 994025
白香詞譜箋四卷附楊守齋作詞五要 （清）舒夢蘭原輯 （清）謝朝徵箋 清光緒十一年(1885)刻本 二冊

310000－0241－0014737 994025∶2
白香詞譜箋四卷附楊守齋作詞五要 （清）舒夢蘭原輯 （清）謝朝徵箋 清光緒十一年(1885)刻本 四冊

310000－0241－0014738 994025∶3
白香詞譜箋四卷附楊守齋作詞五要 （清）舒夢蘭原輯 （清）謝朝徵箋 清光緒十一年(1885)刻本 二冊

310000－0241－0014739 994040
填詞名解四卷附古今詞論一卷 （清）毛先舒著 清世德堂刻本 一冊

310000－0241－0014740 994041
碎金詞譜六卷附錄一卷碎金詞一卷 （清）謝元淮輯 清道光二十四年(1844)刻本 五冊

310000－0241－0014741 994042
天籟軒詞譜五卷詞韻一卷 （清）葉申薌編 清道光十七年(1837)刻本 六冊

310000－0241－0014742 994061
遏雲閣曲譜不分卷 （清）王錫純編 （清）李秀雲拍正 清光緒十九年(1893)著易堂排印本 十二冊

310000－0241－0014743 994062
遏雲閣曲譜不分卷 （清）王錫純編 （清）李秀雲拍正 清光緒十九年(1893)著易堂排印本 十二冊

310000－0241－0014744 994062∶2
遏雲閣曲譜不分卷 （清）王錫純編 （清）李秀雲拍正 清光緒十九年(1893)著易堂排印本 十三冊

310000－0241－0014745 994062∶3
遏雲閣曲譜不分卷 （清）王錫純編 （清）李秀雲拍正 清光緒十九年(1893)著易堂排印本 十二冊

310000－0241－0014746 994070
樂府傳聲二卷 （清）吳江撰 清光緒七年(1881)刻本 二冊

310000－0241－0014747 994076
吟香堂曲譜四卷 （清）馮起鳳定 清乾隆馮懋才刻本 二冊

310000－0241－0014748 994082
聲調譜三卷 （清）趙執信撰 清光緒八年(1882)福山王氏刻本 一冊

310000－0241－0014749 994082(2)
聲調譜三卷 （清）趙執信撰 （清）王樸校閱 清乾隆五十六年(1791)汲古閣刻本 一冊

310000－0241－0014750 994082(3)
聲調譜三卷談龍錄一卷 （清）趙執信撰 清翻刻乾隆二十四年(1759)德州盧氏雅雨堂本 一冊

310000－0241－0014751 994087

簫笛合譜一卷 (清)□□輯　清聚盛堂刻本　一冊

310000－0241－0014752　994088
金石例十卷 (元)潘昂霄撰　清乾隆二十年(1755)刻本　一冊

310000－0241－0014753　994091
奏摺譜一卷 (清)饒旬宣纂　清光緒十九年(1893)刻本　一冊

310000－0241－0014754　994109
霓裳文藝全譜四卷 (清)太原氏慶華編校　清光緒二十二年(1896)石印本　四冊

310000－0241－0014755　994110
納書楹曲譜全集二十二卷 (清)葉堂訂譜　清道光二十八年(1848)刻本　二十二冊

310000－0241－0014756　994110(2)
納書楹紫釵記全譜二卷 (清)葉堂訂譜　(清)王文治參訂　清乾隆五十七年(1792)納書楹刻本　二冊

310000－0241－0014757　994117
審音鑑古錄十四卷續選五卷 (清)□□編　清道光十四年(1834)王繼善刻本　八冊

310000－0241－0014758　994130
受福報恩(曲譜)四齣 (清)□□撰　清同治十年(1871)知足齋抄毛裝本　一冊

310000－0241－0014759　995002
古文筆法百篇二十卷首一卷 (清)李扶九輯　(清)黃仁黼纂定　清光緒八年(1882)滇南書局刻本　二冊

310000－0241－0014760　995005
葉氏睿吾樓文話十六卷 (清)葉元塏纂輯　清道光十三年(1833)鶴皋葉氏睿吾樓刻本　四冊

310000－0241－0014761　995006
四六叢話三十三卷選詩叢話一卷 (清)孫梅輯　清嘉慶三年(1798)刻本　十七冊

310000－0241－0014762　995006:2
四六叢話三十三卷選詩叢話一卷 (清)孫梅輯　清嘉慶三年(1798)刻本　一冊

310000－0241－0014763　995006:3
四六叢話三十三卷選詩叢話一卷 (清)孫梅輯　清嘉慶三年(1798)刻本　十二冊

310000－0241－0014764　995007
四六叢話三十三卷選詩叢話一卷 (清)孫梅輯　清光緒七年(1881)刻本　十二冊

310000－0241－0014765　995007:2
四六叢話三十三卷選詩叢話一卷 (清)孫梅輯　清光緒七年(1881)刻本　十二冊

310000－0241－0014766　995007:3
四六叢話三十三卷選詩叢話一卷 (清)孫梅輯　清光緒七年(1881)刻本　十二冊

310000－0241－0014767　995008
四家纂文敘錄彙編四卷附錄一卷 (清)胡念修輯　清光緒二十五年(1899)胡氏刻鵠齋刻本　一冊

310000－0241－0014768　995010
文法心傳二卷初學一隅類編一卷 (清)曹宮紫纂　清咸豐二年(1852)刻本　一冊

310000－0241－0014769　995021
儒林外史評二卷 (清)天目山樵撰　清光緒十一年(1885)刻本　一冊

310000－0241－0014770　995022
盋山談藝錄不分卷 (清)顧石公撰　清宣統二年(1910)兩江法政學堂排印本　一冊

310000－0241－0014771　995026
姚選古文真本五色標記表十五卷首一卷 (清)吳汝綸講授　(清)張剛編纂　清宣統二年(1910)刻本　四冊

310000－0241－0014772　995027
檀弓論文二卷 (清)孫濩孫評訂　(清)林中柟參閱　清光緒七年(1881)武進莊氏刻本　二冊

310000－0241－0014773　995028
歷代大家古文講授談上編一卷下編一卷 尚秉和纂輯　清宣統二年(1910)排印本　二冊

310000－0241－0014774　996006

詩品三卷　(南朝梁)鍾嶸撰　明末清初虞山毛氏汲古閣刻本　一冊

310000－0241－0014775　996008

詩式一卷　(唐)釋皎然撰　清順治三年(1646)李際期宛委山堂刻說郛本　一冊

310000－0241－0014776　996009

風騷旨格一卷　(唐)齊齊已撰　明末清初虞山毛氏汲古閣刻本　一冊

310000－0241－0014777　996010

司空詩品注釋不分卷　(唐)司空圖撰　(清)□□注釋　清以文堂刻本　一冊

310000－0241－0014778　996011

談藝珠叢二十七種四十四卷　(清)王啓原輯　清光緒刻本　十二冊

310000－0241－0014779　996011:2

談藝珠叢二十七種四十四卷　(清)王啓原輯　清光緒刻本　三冊

310000－0241－0014780　996012

詩學指南八卷　(清)顧龍振輯　清乾隆敦本堂刻本　四冊

310000－0241－0014781　996014

古詩評林六卷　(清)趙兆熊輯　清道光木活字印本　二冊

310000－0241－0014782　996015

詩說彙五卷　(清)張象魏輯　清乾隆五十三年(1788)學古堂刻本　十冊

310000－0241－0014783　996028

苕溪漁隱叢話前集六十卷後集四十卷　(宋)胡仔撰　清乾隆耘經樓仿宋刻本　十二冊

310000－0241－0014784　996028:2

苕溪漁隱叢話前集六十卷後集四十卷　(宋)胡仔撰　清乾隆耘經樓仿宋刻本　十冊

310000－0241－0014785　996028:5

苕溪漁隱叢話前集六十卷後集四十卷　(宋)胡仔撰　清乾隆耘經樓仿宋刻本　八冊

310000－0241－0014786　996030

漁隱叢話前集六十卷後集四十卷　(宋)胡仔輯　清道光二十六年至二十九年(1846－1849)刻海山仙館叢書本　二十四冊

310000－0241－0014787　996036

水田居詩騷筏合編不分卷　(清)賀貽孫著　清道光二十六年(1846)敕書樓刻本　二冊

310000－0241－0014788　996037

全唐詩話八卷　(宋)尤袤輯　(清)孫濤續輯　清乾隆三十九年(1774)清芬堂精刻本　二冊

310000－0241－0014789　996038

全唐詩話六卷　(宋)尤袤輯　(清)孫濤重訂　清宣統三年(1911)三樂堂石印本　六冊

310000－0241－0014790　996039

全唐詩話六卷　(宋)尤袤輯　(清)孫濤重訂　清宣統三年(1911)三樂堂石印本　六冊

310000－0241－0014791　996039:2

全唐詩話六卷　(宋)尤袤輯　(清)孫濤重訂　清宣統三年(1911)三樂堂石印本　四冊

310000－0241－0014792　996041

養一齋李杜詩話三卷　(清)潘德輿撰　清刻本　一冊

310000－0241－0014793　996042

養一齋詩話十卷李杜詩話三卷　(清)潘德輿撰　清道光十六年(1836)刻本　五冊

310000－0241－0014794　996043

杜工部詩話不分卷　(清)劉鳳誥著　清宣統三年(1911)掃葉山房石印本　一冊

310000－0241－0014795　996045

杜工部草堂詩話二卷　(宋)蔡夢弼集錄　清光緒元年(1875)巴陵方氏碧琳琅館廣州刻本　一冊

310000－0241－0014796　996046

杜工部草堂詩年譜二卷　(宋)趙子櫟撰　清光緒元年(1875)巴陵方氏碧琳琅館廣州刻本　一冊

310000－0241－0014797　996051
五代詩話十卷　(清)王士禛編　(清)鄭方坤删補　清乾隆十五年(1750)杞菊軒刻本　四冊　存八卷

310000－0241－0014798　996053
六一詩話一卷　(宋)歐陽修撰　(明)毛晉訂　明崇禎虞山毛氏汲古閣刻本　一冊

310000－0241－0014799　996054(2)
司馬溫公詩話一卷　(宋)司馬光撰　清順治三年(1646)李際期宛委山堂刻說郛本　一冊

310000－0241－0014800　996055
滄浪詩話一卷　(宋)嚴羽撰　明崇禎虞山毛氏汲古閣刻本　一冊

310000－0241－0014801　996055(2)
滄浪詩話一卷　(宋)嚴羽撰　(清)徐幹輯　清光緒二十四年(1898)樵川書院刻本　一冊

310000－0241－0014802　996055(3)
滄浪詩話一卷附錄一卷　(宋)嚴羽著　(清)朱霞抄　清康熙刻本　一冊

310000－0241－0014803　996056
滄浪詩話注五卷　(宋)嚴羽撰　(清)胡鑑注　清光緒七年(1881)廣州刻南昌文德堂印本　一冊

310000－0241－0014804　996059
碧溪詩話十卷　(宋)黄徹撰　清光緒十九年(1893)刻本　一冊

310000－0241－0014805　996059：2
碧溪詩話十卷　(宋)黄徹撰　清光緒十九年(1893)刻本　一冊

310000－0241－0014806　996060
詩談一卷　(宋)□□撰　清順治李際期宛委山堂刻說郛本　一冊

310000－0241－0014807　996061
中山詩話一卷　(宋)劉攽撰　明末虞山毛氏汲古閣刻學津討原本　一冊

310000－0241－0014808　996062
竹坡詩話一卷　(宋)周紫芝撰　明末虞山毛氏汲古閣刻學津討原本　一冊

310000－0241－0014809　996062：2
竹坡詩話一卷　(宋)周紫芝撰　明末虞山毛氏汲古閣刻學津討原本　一冊

310000－0241－0014810　996065
二老堂詩話一卷　(宋)周必大撰　明末虞山毛氏汲古閣刻學津討原本　一冊

310000－0241－0014811　996066
風月堂詩話二卷　(宋)朱弁撰　清刻本　一冊

310000－0241－0014812　996067
庚溪詩話一卷　(宋)陳巖肖撰　清順治三年(1646)李際期宛委山堂刻說郛本　一冊

310000－0241－0014813　996068
臨漢隱居詩話一卷　(宋)魏泰撰　清刻知不足齋叢書本　一冊

310000－0241－0014814　996069
遼詩話二卷　(清)周春輯　清藏修書屋刻本　二冊

310000－0241－0014815　996074(2)
秇圃擷餘一卷　(明)王世懋撰　清順治李際期宛委山堂刻說郛續本　一冊

310000－0241－0014816　996076
詩藪内二編六卷外編四卷雜編六卷　(明)胡應麟撰　清末廣雅書局刻本　二冊

310000－0241－0014817　996079
夕堂永日緒論内編一卷外編一卷附南窗漫言一卷　(清)王夫之撰　清同治四年(1865)金陵湘鄉曾國荃刻船山遺書本　一冊

310000－0241－0014818　996090
閨秀詩評不分卷　(清)棣華園主人編輯　清末上海申報館排印本　一冊

310000－0241－0014819　996092
西河詩話一卷詞話一卷雜箋一卷　(清)毛奇齡著　清宣統三年(1911)文瑞樓石印本　二冊

310000－0241－0014820　996092:2
西河詩話一卷詞話一卷雜箋一卷　(清)毛奇齡著　清宣統三年(1911)文瑞樓石印本　二册

310000－0241－0014821　996092:3
西河詩話一卷詞話一卷雜箋一卷　(清)毛奇齡著　清宣統三年(1911)文瑞樓石印本　二册

310000－0241－0014822　996093
西河合集詩話八卷　(清)毛奇齡稿　清康熙刻嘉慶重修印本　四册

310000－0241－0014823　996095
靜志居詩話二十四卷　(清)朱彝尊撰　清嘉慶二十四年(1819)扶荔山房刻本　十六册

310000－0241－0014824　996096
帶經堂詩話三十卷　(清)王士禛撰　清同治十二年(1873)藏修堂刻本　十二册

310000－0241－0014825　996100
蓮坡詩話三卷　(清)查爲仁撰　清乾隆查氏刻本　二册

310000－0241－0014826　996102
射鷹樓詩話二十四卷　(清)林昌彝撰　清咸豐元年(1851)刻本　八册

310000－0241－0014827　996103
全浙詩話五十四卷　(清)陶元藻輯　清嘉慶元年(1796)怡雲閣刻本　二十册

310000－0241－0014828　996104
退庵詩話十二卷　(清)何曰愈撰　清光緒九年(1883)何璟刻本　四册

310000－0241－0014829　996109
南野堂筆記十二卷　(清)吳文溥撰　清嘉慶、道光間刻本　四册

310000－0241－0014830　996110
養一齋詩話十卷李杜詩話三卷　(清)潘德輿撰　清道光十六年(1836)刻本　四册

310000－0241－0014831　996110:2
養一齋詩話十卷李杜詩話三卷　(清)潘德輿撰　清道光十六年(1836)刻本　三册

310000－0241－0014832　996110:3
養一齋詩話十卷李杜詩話三卷　(清)潘德輿撰　清道光十六年(1836)刻本　三册

310000－0241－0014833　996112
停雲閣詩話十六卷　(清)李家瑞纂　清咸豐五年(1855)侯官李氏刻本　四册

310000－0241－0014834　996118
律詩四辨四卷　(清)李宗文撰　清嘉慶十九年(1814)刻本　二册

310000－0241－0014835　996122
靈芬館詩話十二卷　(清)郭麐撰　清抄本　一册

310000－0241－0014836　996124
春草堂詩話八卷　(清)謝堃撰　清道光刻本　二册

310000－0241－0014837　996127
柳亭詩話三十卷　(清)宋長白纂　清康熙天茁園刻本　八册

310000－0241－0014838　996128
柳亭詩話三十卷　(清)宋長白纂　清康熙天茁園刻本　十二册

310000－0241－0014839　996129
筠石山房詩話鈔六卷　(清)楊霈輯　清道光二十七年(1847)粤東糧道署校刻本　六册

310000－0241－0014840　996130
敦園詩談八卷續編二卷　(清)許丙椿撰　清同治五年(1866)吳坤修安徽布政使署刻本　二册

310000－0241－0014841　996130:2
敦園詩談八卷續編二卷　(清)許丙椿撰　清同治五年(1866)吳坤修安徽布政使署刻本　二册

310000－0241－0014842　996133
説詩晬語一卷附文談一卷四書文法摘要一卷　(清)沈德潛撰　清刻青照堂叢書本　一册

310000－0241－0014843　996134

養自然齋詩話十卷　(清)鍾駿聲輯　清同治十三年(1874)刻本　八册

310000－0241－0014844　996135

養自然齋詩話十卷　(清)鍾駿聲輯　清同治十三年(1874)刻本　十册

310000－0241－0014845　996136

雨村詩話　(清)李調元撰　清嘉慶十一年(1806)刻本　四册　存十卷

310000－0241－0014846　996138

臥園詩話八卷　(清)潘焕龍著　清道光羅田潘氏刻本　四册

310000－0241－0014847　996140

北江詩話六卷　(清)洪亮吉撰　清光緒三年(1877)授經堂刻本　二册

310000－0241－0014848　996140(2)

北江詩話六卷　(清)洪亮吉撰　清光緒三十四年(1908)上海掃葉山房石印本　二册

310000－0241－0014849　996142

小滄浪詩話四卷　(清)張燮承纂　清咸豐九年(1859)刻本　二册

310000－0241－0014850　996142:2

小滄浪詩話四卷　(清)張燮承纂　清咸豐九年(1859)刻本　二册

310000－0241－0014851　996143

小滄浪詩話四卷　(清)張燮承纂　清咸豐九年(1859)刻本　二册

310000－0241－0014852　996144

圍爐詩話六卷　(清)吴喬撰　清道光十年(1830)三槐堂刻本　四册

310000－0241－0014853　996145

甌北詩話十二卷　(清)趙翼輯　清壽考堂刻本　一册

310000－0241－0014854　996145(2)

甌北詩話十二卷　(清)趙翼輯　清同治十三年(1874)舊學山房刻本　四册

310000－0241－0014855　996146

甌北詩話十二卷　(清)趙翼輯　清嘉慶七年(1802)刻本　二册

310000－0241－0014856　996147

甌北詩話十卷續二卷　(清)趙翼撰　清嘉慶湛貽堂刻本　二册

310000－0241－0014857　996147:2

甌北詩話十卷續二卷　(清)趙翼撰　清嘉慶湛貽堂刻本　四册

310000－0241－0014858　996149:2

五百石洞天揮麈十二卷　(清)邱煒萲編著　清光緒二十五年(1899)閩漳邱氏刻本　二册

310000－0241－0014859　996152

榕城詩話三卷　(清)杭世駿撰　清乾隆、嘉慶間刻本　一册

310000－0241－0014860　996153

筱園詩話四卷　(清)朱庭珍著　清光緒十年(1884)滇省王務本堂刻本　四册

310000－0241－0014861　996154

達觀堂詩話八卷　(清)張晉本著　清同治芋園校刻本　四册

310000－0241－0014862　996155

達觀堂詩話八卷　(清)張晉本著　清同治芋園校刻本　四册

310000－0241－0014863　996156

蠖齋詩話二卷　(清)施閏章撰　清木活字印本　一册

310000－0241－0014864　996157

菱溪詩話一卷　(清)余宣輯　清同治三年(1864)刻本　一册

310000－0241－0014865　996160

緝雅堂詩話二卷　(清)潘衍桐撰　清光緒十七年(1891)浙江刻本　一册

310000－0241－0014866　996160:2

緝雅堂詩話二卷　(清)潘衍桐撰　清光緒十七年(1891)浙江刻本　一册

310000－0241－0014867　996160∶3
緝雅堂詩話二卷　(清)潘衍桐撰　清光緒十七年(1891)浙江刻本　一册

310000－0241－0014868　996160∶4
緝雅堂詩話二卷　(清)潘衍桐撰　清光緒十七年(1891)浙江刻本　一册

310000－0241－0014869　996160∶5
緝雅堂詩話二卷　(清)潘衍桐撰　清光緒十七年(1891)浙江刻本　一册

310000－0241－0014870　996163
小匏庵詩話十卷　(清)吳仰賢輯　清光緒八年(1882)刻本　三册

310000－0241－0014871　996164
小匏庵詩話十卷　(清)吳仰賢輯　清光緒八年(1882)刻本　二册

310000－0241－0014872　996165
石洲詩話八卷　(清)翁方綱輯　清末刻粤雅堂叢書本　四册

310000－0241－0014873　996169
星湄詩話二卷　(清)徐傳詩撰　清宣統三年(1911)趙詒琛峭帆樓刻本　一册

310000－0241－0014874　996169∶2
星湄詩話二卷　(清)徐傳詩撰　清宣統三年(1911)趙詒琛峭帆樓刻本　一册

310000－0241－0014875　996171
東泉詩話七卷　(清)馬星翼著　清道光二十一年(1841)刻本　七册

310000－0241－0014876　996174
快軒詩則四卷　(清)林滋秀編　清道光八年(1828)蓮湖書室刻本　二册

310000－0241－0014877　996175
詩話新編四卷　(清)倪鴻輯　清光緒十四年(1888)東塾草堂刻本　二册

310000－0241－0014878　996176
詩話新編四卷　(清)倪鴻輯　清光緒十四年(1888)東塾草堂刻本　一册

310000－0241－0014879　996177
分類詩話六卷　(清)喻端士編　清同治十三年(1874)三餘書屋刻本　二册

310000－0241－0014880　996178
淄陽詩話四卷　(清)王雅樹編　清咸豐十年(1860)錦秀堂刻本　四册

310000－0241－0014881　996180
耐冷譚十六卷　(清)宋咸熙撰　清道光九年(1829)武林亦西齋刻本　一册

310000－0241－0014882　996182
詩句題解彙編　(清)檢古齋編輯　清光緒十六年(1890)石印本　四册

310000－0241－0014883　996183
增廣詩句題解彙編　(清)檢古齋編輯　清光緒二十二年(1896)慎記書莊石印本　一册　存一卷

310000－0241－0014884　996202
宋詩紀事一百卷　(清)厲鶚輯　清乾隆十一年(1746)樊榭山房刻本　二十八册

310000－0241－0014885　996203
宋詩紀事一百卷　(清)厲鶚輯　清乾隆十一年(1746)樊榭山房刻本　二十册

310000－0241－0014886　996204
宋詩紀事補遺一百卷　(清)陸心源輯　清光緒十五年(1889)刻本　二十四册

310000－0241－0014887　996212
元詩紀事二十四卷　陳衍輯　清光緒侯官陳氏石遺室排印本　六册

310000－0241－0014888　996214
古今論詩絕句一卷　(清)宗廷輔輯注　清刻本　一册

310000－0241－0014889　996215
花薰閣詩述　(清)雪北山樵纂　清嘉慶刻本　十四册　存九卷

310000－0241－0014890　996216
鄉詩摭譚正集十卷續集十卷　(清)楊希閔撰　清宣統二年(1910)刻本　六册

310000－0241－0014891　996218
東瀛詩記二卷附新定牙牌數一卷　(清)俞樾撰　清光緒刻本　一册

310000－0241－0014892　996219
海天琴思錄八卷　(清)林昌彝輯　清同治三年(1864)刻本　四册

310000－0241－0014893　996219：3
海天琴思錄八卷　(清)林昌彝輯　清同治三年(1864)刻本　一册

310000－0241－0014894　996220
海天琴思錄八卷　(清)林昌彝輯　清同治八年(1869)刻本　四册

310000－0241－0014895　996221
湘上詩緣錄四卷附新安詩萃一卷　(清)張修府輯　清光緒十四年(1888)刻本　四册

310000－0241－0014896　996222(2)
昭昧詹言十卷續錄三卷續昭昧詹言八卷陶詩附考一卷　(清)方東樹撰　清宣統元年(1909)安徽官紙印刷局排印本　四册

310000－0241－0014897　996223
説詩樂趣類編二十卷　(清)伍涵芬定　(清)汪正鈞參訂　清康熙刻本　四册

310000－0241－0014898　996229
白嶽盦詩話二卷　(清)余楙著　清宣統三年(1911)國學扶輪社排印本　一册

310000－0241－0014899　996230
館課我法詩箋四卷　(清)郭斌撰　清嘉慶九年(1804)匯源堂刻本　四册

310000－0241－0014900　996234
伯山詩話後集二卷續集二卷　(清)康發祥編輯　(清)王鴻業校勘　清道光二十九年(1849)泰州康氏刻本　二册

310000－0241－0014901　996238
煮藥漫抄二卷　(清)葉煒撰　清光緒十七年(1891)刻本　一册

310000－0241－0014902　996239
悲歡詩話一卷　(清)静娱氏輯　清抄本　一册

310000－0241－0014903　996244
峴傭說詩一卷　(清)施補華撰　清光緒十三年(1887)濟南朱氏刻本　一册

310000－0241－0014904　996245
陶靖節紀事詩品四卷　(清)鍾秀編　清同治刻本　二册

310000－0241－0014905　996246
快園詩話十六卷　(清)淩霄撰　清嘉慶二十五年(1820)淩氏刻本　四册

310000－0241－0014906　996247
蘇亭詩話六卷　(清)張道撰　清光緒十九年(1893)長沙學院刻本　二册

310000－0241－0014907　996251
應試詩法淺說六卷　(清)葉葆評注　清乾隆末葉氏刻嘉慶悔讀齋重修本　二册

310000－0241－0014908　996252
司空詩品注釋一卷　(唐)司空圖撰　(清)□□注釋　清同治九年(1870)寶文書局刻本　一册

310000－0241－0014909　996253
翁覃溪學士手批漁洋山人精華錄不分卷　(清)翁方綱撰　清光緒二十三年(1897)彊學簃抄本　一册

310000－0241－0014910　996254
眉韻樓詩話續編二卷　(清)孫雄輯　清宣統二年(1910)北洋官報局排印本　一册

310000－0241－0014911　997004
蓮子居詞話四卷　(清)吴衡照輯　清道光十二年(1832)錢塘汪氏振綺堂刻同治六年(1867)重修本　二册

310000－0241－0014912　997004：2
蓮子居詞話四卷　(清)吴衡照輯　清道光十二年(1832)錢塘汪氏振綺堂刻同治六年(1867)重修本　一册

310000－0241－0014913　997006
白雨齋詞話八卷附詞存一卷詩鈔一卷　(清)

陳廷焯撰　清光緒二十年(1894)刻本　四册

310000－0241－0014914　997007
白雨齋詞話八卷附詞存一卷詩鈔一卷　(清)陳廷焯撰　清光緒二十年(1894)刻本　四册

310000－0241－0014915　997007:2
白雨齋詞話八卷附詞存一卷詩鈔一卷　(清)陳廷焯撰　清光緒二十年(1894)刻本　三册

310000－0241－0014916　997007:3
白雨齋詞話八卷附詞存一卷詩鈔一卷　(清)陳廷焯撰　清光緒二十年(1894)刻本　四册

310000－0241－0014917　997008
香研居詞麈五卷　(清)方成培述　清光緒二年(1876)仁和葛氏刻嘯園叢書本　一册

310000－0241－0014918　997008(2)
香研居詞麈五卷　(清)方成培述　清乾隆四十二年(1777)刻本　二册

310000－0241－0014919　997009
香研居詞麈五卷　(清)方成培述　清光緒二年(1876)仁和葛氏刻嘯園叢書本　二册

310000－0241－0014920　997015
周氏詞辨二卷附介存齋論詞襍著一卷　(清)周濟輯錄　清光緒四年(1878)刻本　一册

310000－0241－0014921　997018
周氏止庵詞辯二卷附介存齋論詞襍著一卷　(清)周濟輯錄　(清)譚獻評　清末刻本　一册

310000－0241－0014922　997019
詞源二卷附樂府指迷一卷詞旨一卷　(宋)張炎編　清刻本　一册

310000－0241－0014923　997019:2
詞源二卷附樂府指迷一卷詞旨一卷　(宋)張炎編　清刻本　一册

310000－0241－0014924　997020
詞源二卷附樂府指迷一卷詞旨一卷　(宋)張炎編　清刻本　一册

310000－0241－0014925　997020(2)
詞源三卷　(宋)張炎編　清道光八年(1828)江都秦氏享帚精舍刻本　一册

310000－0241－0014926　997026(2)
詞苑叢談十二卷　(清)徐釚編　清道光二十七年(1847)刻海山仙館叢書本　四册

310000－0241－0014927　997026(2):2
詞苑叢談十二卷　(清)徐釚編　清道光二十七年(1847)刻海山仙館叢書本　四册

310000－0241－0014928　997029
詞學全書五種十四卷　(清)查繼超輯　清乾隆致和堂刻本　八册

310000－0241－0014929　997032
詞學全書六種十四卷　(清)秦恩復輯　清嘉慶秦氏享帚精舍刻本　十册

310000－0241－0014930　997033
詞學全書六種二十三卷　(清)秦恩復輯　清嘉慶江都秦氏享帚精舍刻光緒六年(1880)重修本　二册

310000－0241－0014931　997038
左庵詞話　(清)李佳繼昌撰　清末刻朱印本　一册

310000－0241－0014932　997039
七頌堂詞釋一卷　(清)劉體仁撰　清末民國初張氏冰甌館刻本　一册

310000－0241－0014933　997040
花草蒙拾一卷　(清)王士禛撰　清末民國初張氏冰甌館刻本　一册

310000－0241－0014934　997041
金粟詞話一卷　(清)彭孫遹撰　清末民國初張氏冰甌館刻本　一册

310000－0241－0014935　997042
皺水軒詞筌一卷　(明)賀裳撰　清末民國初張氏冰甌館刻本　一册

310000－0241－0014936　997047
詞名集解六卷續編二卷宋樂類編一卷　(清)汪汲撰　清乾隆、嘉慶間古愚山房刻本　二册

310000－0241－0014937　998029
曲話五卷　(清)梁廷枏撰　清道光刻本　一冊

310000－0241－0014938　998029:2
曲話五卷　(清)梁廷枏撰　清道光刻本　三冊

310000－0241－0014939　998035
詞餘叢話三卷續詞餘叢話三卷　(清)楊恩壽撰　清光緒長沙楊氏刻本　二冊

310000－0241－0014940　999001:1
楹聯叢話十二卷續話四卷　(清)梁章鉅輯　清道光二十二年(1842)刻本　六冊

310000－0241－0014941　999001:3
楹聯叢話十二卷續話四卷　(清)梁章鉅輯　清道光二十二年(1842)刻本　六冊

310000－0241－0014942　100001
十三經古注十三種二百九十卷　(明)金蟠　(明)葛鼒校訂　明崇禎永懷堂刻本　三十二冊

310000－0241－0014943　100002
九經五十卷　(明)秦鏷輯訂　清觀成堂刻本　十冊

310000－0241－0014944　100004
五經合纂大成四十四卷　(清)同文書局主人編　清光緒二十年(1894)文海雨記書局石印本　二十八冊

310000－0241－0014945　100005
仿宋相臺五經五種九十六卷　(宋)岳珂編　清光緒二年(1876)江南書局刻本　三十二冊

310000－0241－0014946　100007
欽定篆文六經四書　(清)李光地等編　清光緒九年(1883)同文書局石印本　十冊

310000－0241－0014947　100007:2
欽定篆文六經四書　(清)李光地等編　清光緒九年(1883)同文書局石印本　十冊

310000－0241－0014948　100012
十一經初學讀本十一種　(清)萬廷蘭編　清光緒二年(1876)四川學院衙門重刻南昌萬氏刻本　十八冊

310000－0241－0014949　100014
開成石經十二種　(唐)鄭覃等校刊　唐開成刻石清康熙補刻拓印本　九十五冊

310000－0241－0014950　100014:2
開成石經十二種　(唐)鄭覃等校刊　唐開成刻石清康熙補刻拓印本　九十六冊

310000－0241－0014951　100016
十三經古注十三種二百九十卷　(明)金蟠　(明)葛鼒校訂　明崇禎永懷堂刻本　四十八冊

310000－0241－0014952　100017
十三經注疏附考證三百四十六卷　(清)張廷玉編校　清乾隆四年(1739)武英殿刻本　一百十五冊

310000－0241－0014953　100017:2
十三經注疏附考證三百四十六卷　(清)張廷玉編校　清乾隆四年(1739)武英殿刻本　八冊

310000－0241－0014954　100018
十三經注疏並校勘記二十種　(清)阮元校勘　(清)盧宣旬摘錄　清光緒十三年(1887)點石齋脈望仙館石印本　十三冊

310000－0241－0014955　100019
十三經注疏並校勘記十三種七十八卷　(清)阮元校勘　(清)盧宣旬摘錄　清光緒十三年(1887)點石齋石印本　七冊

310000－0241－0014956　100020
重刊宋本十三經注疏附校勘記　(清)阮元校勘　(清)盧宣旬摘錄　清光緒二十三年(1897)點石齋石印本　三十冊

310000－0241－0014957　100021
重刊宋本十三經注疏　(清)阮元校勘　(清)盧宣旬摘錄　清光緒十八年(1892)湖南寶慶務本書局刻本　四十九冊

310000－0241－0014958　100022

重刊宋本十三經注疏附校勘記　(清)阮元校勘　(清)盧宣旬摘錄　清光緒十三年(1887)脈望仙館石印本　三十二冊

310000－0241－0014959　100022:2
重刊宋本十三經注疏附校勘記　(清)阮元校勘　(清)盧宣旬摘錄　清光緒十三年(1887)脈望仙館石印本　七冊

310000－0241－0014960　100022:3
重刊宋本十三經注疏附校勘記　(清)阮元校勘　(清)盧宣旬摘錄　清光緒十三年(1887)脈望仙館石印本　四十冊

310000－0241－0014961　100022:4
重刊宋本十三經注疏附校勘記　(清)阮元校勘　(清)盧宣旬摘錄　清光緒十三年(1887)脈望仙館石印本　三十二冊

310000－0241－0014962　100022:5
重刊宋本十三經注疏附校勘記　(清)阮元校勘　(清)盧宣旬摘錄　清光緒十三年(1887)脈望仙館石印本　二十八冊

310000－0241－0014963　100022:6
重刊宋本十三經注疏附校勘記　(清)阮元校勘　(清)盧宣旬摘錄　清光緒十三年(1887)脈望仙館石印本　二十一冊

310000－0241－0014964　100023
十三經注疏十三種　清同治十年(1871)廣東書局刻本　一百十九冊

310000－0241－0014965　100025(2)
重刊宋本十三經注疏附校勘記　(清)阮元校勘　(清)盧宣旬摘錄　清嘉慶二十年(1815)南昌府學刻本　一百四十六冊

310000－0241－0014966　100025(3)
重刊宋本十三經注疏附校勘記　(清)阮元校勘　(清)盧宣旬摘錄　清嘉慶二十年(1815)南昌府學刻本　一百八十二冊

310000－0241－0014967　100028
十三經讀本附校刊記　(清)丁寶楨等校　清同治十一年(1872)山東書局刻本　六十六冊

310000－0241－0014968　100031
古經解彙函三十種三百一卷　(清)鍾謙鈞等輯　清光緒十五年(1889)湘南書局刻本　七十冊

310000－0241－0014969　100032
古經解彙函三十種三百一卷　(清)鍾謙鈞等輯　清同治十二年(1873)粵東書局刻本　八十冊

310000－0241－0014970　100032:2
古經解彙函三十種三百一卷　(清)鍾謙鈞等輯　清光緒十二年(1886)粵東書局刻本　六十八冊

310000－0241－0014971　100032:3
古經解彙函三十種三百一卷　(清)鍾謙鈞等輯　清光緒十二年(1886)粵東書局刻本　三十二冊

310000－0241－0014972　100034
古經解彙函三十種三百一卷　(清)鍾謙鈞等輯　清光緒十四年(1888)蜚英館石印本　二十冊

310000－0241－0014973　100036
五經詳說七種　(清)冉覲祖撰　清光緒七年至八年(1881－1882)大梁書局刻本　五百冊

310000－0241－0014974　100037
通志堂經解一百四十種　(清)納蘭成德輯　清康熙十九年(1680)通志堂刻本　五百冊

310000－0241－0014975　100038
皇清經解續編二百九種一千四百三十卷　王先謙輯　清光緒十四年(1888)江陰南菁書院刻本　三百二十冊

310000－0241－0014976　100038(2)
皇清經解續編二百九種一千四百三十卷　王先謙輯　清光緒十五年(1889)上海蜚英館石印本　三十二冊

310000－0241－0014977　100038(2):2
皇清經解續編二百九種一千四百三十卷　王先謙輯　清光緒十五年(1889)上海蜚英館石

印本　三十三冊

310000－0241－0014978　100039

皇清經解一千四百八卷　(清)阮元編　清光緒十一年(1885)點石齋石印本　三十四冊

310000－0241－0014979　100039:2

皇清經解　(清)阮元編　清光緒十一年(1885)點石齋石印本　十八冊　存一百四十一種一百四十一卷

310000－0241－0014980　100040(2)

皇清經解一百九十種正訛記一卷　(清)阮元輯　清光緒十七年(1891)鴻寶齋石印本　二十四冊

310000－0241－0014981　100041

皇清經解一百九十種一千四百八卷　(清)阮元輯　清咸豐補刻學海堂本　三百六十冊

310000－0241－0014982　100041:3

皇清經解一百九十種一千四百八卷　(清)阮元輯　清道光九年(1829)廣東學海堂刻咸豐十一年(1861)補刻本　三百五十一冊

310000－0241－0014983　100042

皇清經解續編二百九種一千四百三十卷　王先謙輯　清光緒十四年(1888)江陰南菁書院刻本　三百二十冊

310000－0241－0014984　100043

皇清經解續編二百九種　王先謙輯　清光緒十四年(1888)江陰南菁書院刻本　三百十冊

310000－0241－0014985　100045

皇清經解續編二百九種一千四百三十卷　王先謙輯　清光緒十四年(1888)江陰南菁書院刻本　三百二十冊

310000－0241－0014986　100046

皇清經解續編　王先謙輯　清光緒十四年(1888)江陰南菁書院刻本　三百十二冊　存二百四種一千三百七十五卷

310000－0241－0014987　100047

皇清經解分經彙纂十六卷　題(清)船山主人編　清光緒十九年(1893)上海褎海山房石印本　三十二冊

310000－0241－0014988　100048

經苑二十五種二百四十四卷　(清)錢儀吉輯　清咸豐元年(1851)刻本　七十八冊

310000－0241－0014989　100049

經苑二十五種二百四十四卷　(清)錢儀吉輯　清同治七年(1868)大梁書院刻本　七十七冊

310000－0241－0014990　100050

經玩四種二十卷　(清)沈淑著　清雍正三年(1725)刻本　六冊

310000－0241－0014991　100052

石齋先生經傳九種　(明)黄道周撰　清康熙刻本　二十八冊

310000－0241－0014992　100053

萬氏經學五書五種十九卷　(清)萬斯大撰　(清)萬福刊　清嘉慶元年(1796)辨志堂刻本　四冊

310000－0241－0014993　100054

萬氏經學五書五種十九卷　(清)萬斯大撰　(清)萬福刊　清嘉慶元年(1796)辨志堂刻本　八冊

310000－0241－0014994　100054:2

萬充宗先生經學五書十九卷　(清)萬斯大撰　(清)萬福刊　清嘉慶元年(1796)辨志堂刻本　一冊

310000－0241－0014995　100055

孫谿朱氏經學叢書初編十三種三十八卷　(清)朱記榮輯訂　清光緒十三年(1887)孫谿朱氏刻本　十二冊

310000－0241－0014996　100055:2

孫谿朱氏經學叢書初編十三種三十八卷　(清)朱記榮輯訂　清光緒十三年(1887)孫谿朱氏刻本　十二冊

310000－0241－0014997　100056

璜川吴氏經學叢書十四種　(清)吴志忠等輯　清嘉慶、道光間璜川吴氏刻本　四十八冊

310000－0241－0014998　100057

皮氏經學叢書　(清)皮錫瑞撰　清光緒思賢講舍刻本　二册　存六種十二卷

310000－0241－0014999　100058

柏堂遺書　(清)方宗誠撰　清光緒刻本　十六册　存九種三十六卷

310000－0241－0015000　100059

四益館經學叢書　廖平撰　清光緒十二年(1886)刻本　四册　存五種八卷

310000－0241－0015001　100060

希鄭堂叢書七種七卷　潘任撰集　清光緒二十年(1894)木活字印本　二册

310000－0241－0015002　100063

沈穀成易學　(清)沈善登撰　清光緒桐鄉沈氏豫恕堂刻本　十一册　存三種十五卷

310000－0241－0015003　100065

御纂七經七種二百九十四卷　(清)李光地等撰　清光緒十四年(1888)鴻文書局石印本　二十四册

310000－0241－0015004　100067

陳氏毛詩五種　(清)陳奐撰　清末鴻章書局石印本　十二册

310000－0241－0015005　110001

許學叢刻第一集五種五卷二集四種四卷　(清)許頌鼎輯　清光緒十三年(1887)海寧許氏古均閣刻本　四册

310000－0241－0015006　110001:2

許學叢刻第一集五種五卷二集四種四卷　(清)許頌鼎輯　清光緒十三年(1887)海寧許氏古均閣刻本　四册

310000－0241－0015007　110002

小學鉤沈十九卷　(清)任大椿學　(清)王念孫校正　清光緒十年(1884)龍氏刻本　二册

310000－0241－0015008　110002(2)

小學鉤沈續編二十二種八卷　顧震福撰集　清光緒十八年(1892)刻本　四册

310000－0241－0015009　110002(2):2

小學鉤沈續編八卷　顧震福撰集　清光緒十八年(1892)刻本　四册

310000－0241－0015010　110002:2

小學鉤沈十九卷　(清)任大椿學　(清)王念孫校正　清光緒十年(1884)龍氏刻本　二册

310000－0241－0015011　110002:3

小學鉤沈十九卷　(清)任大椿學　(清)王念孫校正　清光緒十年(1884)龍氏刻本　二册

310000－0241－0015012　110002:4

小學鉤沈十九卷　(清)任大椿學　(清)王念孫校正　清光緒十年(1884)龍氏刻本　二册

310000－0241－0015013　110003

苗氏説文四種二十卷　(清)苗夔著　清道光二十一年(1841)刻本　八册

310000－0241－0015014　110004

小學類編　(清)李祖望編　清咸豐三年至光緒三十四年(1853－1908)刻本　六册　存六種二十一卷

310000－0241－0015015　110007

顧氏音學五書三十八卷　(清)顧炎武著　清光緒十六年(1890)思賢講舍刻本　十二册

310000－0241－0015016　110007:2

顧氏音學五書三十八卷　(清)顧炎武著　清光緒十六年(1890)思賢講舍刻本　十二册

310000－0241－0015017　110007:3

顧氏音學五書三十八卷　(清)顧炎武撰　清光緒十一年(1885)岵瞻堂刻本　十二册

310000－0241－0015018　110008

顧氏音學五書三十八卷　(清)顧炎武撰　清光緒十六年(1890)思賢講舍刻本　四册

310000－0241－0015019　110009

顧氏音學五書五種三十八卷　(清)顧炎武撰　清光緒十六年(1890)思賢講舍刻本　十二册

310000－0241－0015020　110012

顧氏音學五書　(清)顧炎武撰　清光緒十一年(1885)四明觀稼樓刻本　十五册　存四種

三十五卷

310000－0241－0015021　110014
雷刻四種二十一卷　(清)雷浚輯　清光緒九年(1883)刻本　八册

310000－0241－0015022　110015
行素草堂金石叢書二十一種一百五十二卷　(清)朱記榮輯　清光緒十四年(1888)朱氏槐廬校刻本　二十册

310000－0241－0015023　110021
寶刻類編八卷　(宋)□□撰　清道光十八年(1838)東武劉氏刻本　八册

310000－0241－0015024　110022
許學叢書十四種六十三卷　(清)張炳翔輯　清光緒長洲張氏儀鄦廬刻本　二十四册

310000－0241－0015025　110023
寶刻叢編二十卷　(宋)陳思纂次　清海豐吳式芬校刻本　八册

310000－0241－0015026　110027
小學彙函十四種一百五十三卷　(清)鍾謙鈞輯　清光緒十五年(1889)湘南書局刻本　八册

310000－0241－0015027　110030
枕漁韻學兩種二卷　(清)沈淳撰　清光緒二十五年(1899)木活字印本　一册

310000－0241－0015028　110031
澤存堂五種　(清)張士俊輯　清光緒十四年(1888)上海蜚英館石印本　八册

310000－0241－0015029　110032
丁西圃叢書　(清)丁顯撰　清光緒刻本　八册　存五種十二卷

310000－0241－0015030　110032:2
丁西圃叢書六種十五卷　(清)丁顯撰　清光緒刻本　八册

310000－0241－0015031　120000
二十四史三千二百四十一卷　(清)□□輯　清末竹簡齋石印本　二百册

310000－0241－0015032　120002
廿一史四譜五十四卷　(清)沈炳震撰　清乾隆刻本　十六册

310000－0241－0015033　120003
廿一史四譜五十四卷　(清)沈炳震撰　清同治十年(1871)武林吳氏重校補刻本　四册

310000－0241－0015034　120004
廿一史四譜五十四卷　(清)沈炳震撰　清同治十年(1871)武林吳氏重校補刻本　十六册

310000－0241－0015035　120010
欽定遼金元三史國語解四十六卷　(清)國史館撰　清光緒四年(1878)江蘇書局刻本　十册

310000－0241－0015036　120011
史學叢書　(清)張之洞注　清光緒二十五年(1899)上海文瀾書局石印本　三十册　存四十二種三百十六卷

310000－0241－0015037　120012
史學叢書　(清)張之洞編　清光緒二十八年(1902)煥文書局石印本　三十二册　存四十三種三百四十六卷

310000－0241－0015038　120014
汲古閣十七史　(明)毛晉輯　明崇禎至清順治間虞山毛氏汲古閣刻本　一百二十三册　存十種六百八十一卷

310000－0241－0015039　120014:2
十七史一千五百九十四卷　(明)毛晉輯　明崇禎至清順治間虞山毛氏汲古閣刻本　七十四册

310000－0241－0015040　120019
明季稗史彙編十六種二十七卷　(清)留雲居士輯　清光緒二十二年(1896)上海圖書集成局排印本　六册

310000－0241－0015041　120020
明季稗史彙編十六種二十七卷　(清)留雲居士輯　清光緒二十二年(1896)上海圖書集成局排印本　六册

310000－0241－0015042　120020:2
明季稗史彙編二十七卷　(清)留雲居士輯　清光緒二十二年(1896)上海圖書集成局排印本　六冊

310000－0241－0015043　120021
明季稗史彙編十六種二十七卷　(清)留雲居士輯　清末刻本　十六冊

310000－0241－0015044　120021(2)
明季稗史彙編十六種二十七卷　(清)留雲居士輯　清末刻本　二冊

310000－0241－0015045　120021(3)
明季稗史彙編十六種二十七卷　(清)留雲居士輯　清末刻本　八冊

310000－0241－0015046　120021(3):2
明季稗史彙編十六種二十七卷　(清)留雲居士輯　清末刻本　十二冊

310000－0241－0015047　120031
荆駝逸史五十一種八十九卷　(清)陳湖逸士輯　清末刻本　三十二冊

310000－0241－0015048　120031:2
荆駝逸史五十一種八十九卷　(清)陳湖逸士輯　清末刻本　三十二冊

310000－0241－0015049　120031:3
荆駝逸史五十一種八十九卷　(清)陳湖逸士輯　清末刻本　二十四冊

310000－0241－0015050　120035
九通分類總纂　(清)汪鍾霖纂校　清光緒二十八年(1902)上海文瀾書局石印本　七十六冊　存二百二十八卷

310000－0241－0015051　120035:2
九通全書九種二百三十四卷　(唐)杜佑等撰　清光緒二十七年(1901)貫吾齋石印本　一百二十七冊

310000－0241－0015052　120036
九通分類總纂二百四十卷　(清)汪鍾霖編　清光緒二十八年(1902)上海文瀾書局石印本　八十冊

310000－0241－0015053　120040
歸顧朱氏三先生年譜合刻三種八卷　(清)金吳瀾輯　清光緒六年(1880)嘉興金氏刻本　六冊

310000－0241－0015054　120044
廣雅書局叢書　徐紹棨編　清光緒廣雅書局刻本　一百三十五冊　存七十四種四百七十五卷

310000－0241－0015055　120044:2
廣雅書局叢書一千七百九十四卷　(清)廣雅書局輯　清光緒廣雅書局刻本　三十四冊　存二十種一百十四卷

310000－0241－0015056　120045
廣雅書局叢書　徐紹棨編　清光緒廣雅書局刻本　二百五十三冊　存九十二種九百七十八卷

310000－0241－0015057　120050
李氏五種合刊　(清)李兆洛輯　清同治九年(1870)合肥李氏刻本　十二冊

310000－0241－0015058　120050:2
李氏五種合刊　(清)李兆洛輯　清同治九年(1870)合肥李氏刻本　九冊

310000－0241－0015059　120053
中外地輿圖説集成一百三十卷首四卷　題(清)同康廬輯　清光緒二十年(1894)浙東同康廬石印本　二十四冊

310000－0241－0015060　120054
小方壺齋輿地叢鈔十二帙一千二百三卷補編十二帙五十五卷再補編十二帙一百八十卷　(清)王錫祺等輯　清光緒十七年至二十三年(1891－1897)著易堂排印本　八十四冊

310000－0241－0015061　120055
小方壺齋輿地叢鈔十二帙一千二百三卷　(清)王錫祺輯　清光緒十七年(1891)上海著易堂排印本　六十四冊

310000－0241－0015062　120055:2
小方壺齋輿地叢鈔十二帙一千二百三卷

(清)王錫祺輯　清光緒十七年(1891)上海著易堂排印本　六十四册

310000－0241－0015063　120056
問影樓輿地叢書第一集四十四卷　胡思敬編　清光緒三十四年(1908)問影樓仿聚珍版印本　十册

310000－0241－0015064　120057
問影樓輿地叢書第一集四十四卷　胡思敬編　清光緒三十四年(1908)問影樓仿聚珍版印本　十册

310000－0241－0015065　120058
皇朝藩屬輿地叢書六集二十八種一百四十一卷　(清)浦氏輯　清光緒二十九年(1903)上海書局石印本　四十八册

310000－0241－0015066　120059
畿輔河道水利叢書九種十四卷　(清)吳邦慶輯　清道光刻本　十册

310000－0241－0015067　120060
畿輔水利初案一卷二案一卷三案一卷四案一卷補一卷附錄一卷　(清)潘錫恩編　清道光三年(1823)刻本　四册

310000－0241－0015068　120061
畿輔水利初案一卷二案一卷三案一卷四案一卷補一卷附錄一卷　(清)潘錫恩編　清道光三年(1823)刻本　六册

310000－0241－0015069　120065
觀古閣叢刻　(清)鮑康撰輯　清同治十二年至光緒二年(1873－1876)刻本　八册　存九種十二卷

310000－0241－0015070　120067
四史四種四百六十五卷　(清)金陵書局合刻　清同治九年(1870)刻本　六十册

310000－0241－0015071　120070
如諫果室叢刻四種　(清)王延釗編纂　清宣統二年(1910)北京益森書館排印本　一册　存三種三卷

310000－0241－0015072　120075
學古齋金石叢書初二三四集十四種七十二卷　(清)葛元煦輯　清光緒崇川葛氏刻本　三十二册

310000－0241－0015073　120076
西政叢書三十二種一百九卷　(清)求自強齋主人編　清光緒二十三年(1897)上海慎記書莊石印本　三十二册

310000－0241－0015074　120080
山水二經合刻二種五十八卷　(清)黃晟重校刊　清乾隆天都黃氏槐蔭草堂刻本　十六册

310000－0241－0015075　120081
中外政學五種(錢氏政學叢書)十四卷　錢恂撰　清光緒二十九年(1903)石印本　七册

310000－0241－0015076　120084
史學小叢書　(清)養浩齋主人輯譯　清光緒二十八年(1902)廣智書局排印本　二册　存二種二卷

310000－0241－0015077　120087
九通通二百四十八卷　(清)劉可毅輯　清光緒二十八年(1902)武進劉氏石印本　六十册

310000－0241－0015078　130000
桐城吳先生點勘諸子七種　(清)吳汝綸評點　清宣統二年(1910)衍星社排印本　十一册　存六種一百卷

310000－0241－0015079　130007
二十二子二十二種三百三十九卷　(清)浙江書局輯　清光緒浙江書局校刻本　八十三册

310000－0241－0015080　130007：2
二十二子二十二種三百三十九卷　(清)浙江書局輯　清光緒浙江書局校刻本　八十三册

310000－0241－0015081　130008
二十二子　(清)浙江書局輯　清光緒浙江書局校刻本　八十册　存二十一種二百九十一卷

310000－0241－0015082　130008：2
二十二子　(清)浙江書局輯　清光緒浙江書局校刻本　三十一册　存十七種

310000－0241－0015083　130009

二十二子二十二種三百三十九卷　(清)浙江書局輯　清光緒浙江書局校刻本　八十三册

310000－0241－0015084　130010

二十五子彙函　(清)鴻文書局輯　清光緒十九年(1893)鴻文書局石印本　十五册　存二十種二百九十一卷

310000－0241－0015085　130010∶2

二十二子三百三十八卷　(清)鴻文書局輯　清光緒十九年(1893)鴻文書局石印本　十六册

310000－0241－0015086　130011

二十二子合刻　(清)□□編　清光緒二十年(1894)上海積山書局石印本　十五册　存二百九十九卷

310000－0241－0015087　130016

子書百家一百種五百二卷　(清)崇文書局輯　清光緒元年(1875)湖北崇文書局刻本　一百十册

310000－0241－0015088　130017

子書百家　(清)崇文書局輯　清光緒元年(1875)湖北崇文書局刻本　二册　存七種十一卷

310000－0241－0015089　130018

子書百家　(清)崇文書局輯　清光緒元年(1875)湖北崇文書局刻本　十四册　存二十三種七十九卷

310000－0241－0015090　130020∶2

子書百家一百種五百二卷　(清)崇文書局輯　清光緒元年(1875)湖北崇文書局刻本　一百十册

310000－0241－0015091　130022

正誼堂叢書六十五種　(清)張伯行編　清道光十九年(1839)正誼堂刻本　三百七十五册

310000－0241－0015092　130024

正誼堂全書　(清)張伯行編　(清)左宗棠增訂　清同治五年(1866)正誼書院刻本　一百七十九册　存六十三種四百七十八卷

310000－0241－0015093　130025

正誼堂全書六十八種五百二十四卷　(清)張伯行編　(清)左宗棠增刻　清同治五年(1866)正誼書院刻本　一百六十册

310000－0241－0015094　130026

正誼堂全書　(清)張伯行編　(清)左宗棠增訂　清同治五年(1866)福州正誼書院刻本　一百五十四册　存六十四種五百九卷

310000－0241－0015095　130027

正誼堂全書　(清)張伯行編　(清)左宗棠增刊　清同治五年(1866)福州正誼書院刻本　二百册　存六十六種五百二十卷

310000－0241－0015096　130028

政藝叢書　鄧實編　清光緒二十九年(1903)上洋書局石印本　十一册　存五十七卷(壬寅全書五十七卷)

310000－0241－0015097　130028∶2

政藝叢書　鄧實編　清光緒二十九年(1903)上洋書局石印本　十册　存一百十五卷(壬寅全書五十六卷、癸卯全書五十九卷)

310000－0241－0015098　130029

集刻三種十二卷　(清)錢葆青校輯　清光緒二十六年(1900)刻本　六册

310000－0241－0015099　130030

牧令全書　(清)丁日昌輯　清同治七年(1868)江蘇書局刻本　十六册　存六種十九卷

310000－0241－0015100　130031

爲政忠告三種四卷　(元)張養浩著　清道光十一年(1831)碧鮮齋刻本　二册

310000－0241－0015101　130032

入幕須知五種九卷　(清)張廷驤輯　清光緒十八年(1892)浙江書局刻本　六册

310000－0241－0015102　130033

入幕須知五種九卷　(清)張廷驤輯　清光緒十八年(1892)浙江書局刻本　六册

310000－0241－0015103　130033：2
入幕須知五種九卷　(清)張廷驤輯　清光緒十八年(1892)浙江書局刻本　六册

310000－0241－0015104　130034
入幕須知五種九卷　(清)張廷驤輯　清光緒刻本　二册　存三種三卷

310000－0241－0015105　130035(2)
五種遺規二十二卷　(清)陳弘謀撰　清光緒十九年(1893)上海洋布公所振華堂刻本　十二册

310000－0241－0015106　130036
五種遺規十七卷　(清)陳宏謀輯　清道光三十年(1850)古歙洪氏刻本　十册

310000－0241－0015107　130039
農學叢書農學叢刻合編一百六十八種　(清)上海農學會輯　清光緒上海農學會石印本　四十册

310000－0241－0015108　130039(2)
農學叢書七集二百三十七種　(清)上海農學會輯　清末石印本　五十册

310000－0241－0015109　130039(2)：2
農學叢書七集二百三十七種　(清)上海農學會輯　清末石印本　十册

310000－0241－0015110　130039(3)
農學叢刻二十三種　(清)上海農學會編　清末石印本　五册

310000－0241－0015111　130040
牖蒙叢編二十四卷首一卷　(清)王錫祺編次　清光緒二十七年(1901)南清河王氏小方壺齋排印本　二十四册

310000－0241－0015112　130042
唐代叢書一百六十四種一百六十八卷　(清)陳世熙輯　清嘉慶十一年(1806)弁山樓刻本　十八册

310000－0241－0015113　130043
唐代叢書一百六十四種一百六十八卷　(清)陳世熙輯　清光緒二十二年(1896)上海賜書堂石印本　十二册

310000－0241－0015114　130044
唐代叢書十二集一百六十四種　(清)陳世熙輯　(清)周克達訂　清同治八年(1869)右文堂刻本　二十册

310000－0241－0015115　130047
説郛一百二十卷　(元)陶宗儀輯　明末刻清初印本　一百八册

310000－0241－0015116　130048
説郛一百二十卷續四十六卷　(元)陶宗儀輯　明末刻清初印本　一百二十册　殘

310000－0241－0015117　130049
説郛續四十六卷　(明)陶珽輯　明末刻清初印本　四十册

310000－0241－0015118　130064
古今説海一百三十五種　(明)陸楫等輯　清道光元年(1821)苕溪邵氏酉山堂刻本　二十册

310000－0241－0015119　130064(2)
古今説海一百三十五種一百四十二卷　(明)陸楫輯　清宣統元年(1909)集成圖書公司排印本　十二册

310000－0241－0015120　130064：2
古今説海一百三十五種　(明)陸楫等輯　清道光元年(1821)苕溪邵氏酉山堂刻本　八册

310000－0241－0015121　130074：2
香豔叢書二十集八十卷　(清)蟲天子輯　清宣統國學扶輪社排印本　四十册

310000－0241－0015122　130074：3
香豔叢書第十九集四卷　(清)蟲天子輯　清宣統國學扶輪社排印本　三册

310000－0241－0015123　130075
兵書三種七卷　(清)王鑫撰　清光緒二十年(1894)湖北書局刻本　一册

310000－0241－0015124　130079
觀象廬叢書二十八種一百十卷　(清)吕調陽輯　清光緒十四年(1888)刻本　六十册

310000－0241－0015125　130081
觀象廬叢書　(清)呂調陽輯　清光緒十四年(1888)刻本　五十二冊　存二十七種一百九卷

310000－0241－0015126　130083
御製數理精蘊五十三卷　(清)聖祖玄燁敕撰　清光緒八年(1882)廣東藩司摹刻本　四十冊

310000－0241－0015127　130084
數理精蘊　(清)聖祖玄燁敕撰　清光緒上海通時書局石印本　二十冊　存三十卷

310000－0241－0015128　130085
御製數理精蘊五十三卷　(清)聖祖玄燁敕撰　清光緒二十二年(1896)上海博文書局石印本　二十一冊

310000－0241－0015129　130086
梅勿庵先生曆算全書二十九種七十四卷　(清)梅文鼎著　(清)魏荔彤輯　清咸豐九年(1859)聞妙香室刻本　二十四冊

310000－0241－0015130　130088
梅氏算學叢書二十九種七十四卷　(清)梅文鼎著　(清)魏荔彤輯　清咸豐九年(1859)刻本　三十二冊

310000－0241－0015131　130089
梅氏叢書輯要六十二卷　(清)梅文鼎著書　(清)梅瑴成重校輯　清末石印本　六冊

310000－0241－0015132　130089：2
梅氏叢書輯要六十二卷　(清)梅文鼎著書　(清)梅瑴成重校輯　清末石印本　一冊

310000－0241－0015133　130090
梅氏叢書輯要六十二卷　(清)梅文鼎撰　(清)梅瑴成校輯　清光緒十四年(1888)龍文書局石印本　六冊

310000－0241－0015134　130091
古今算學叢書　(清)劉鐸編校　清末石印本　三十二冊　存三十種

310000－0241－0015135　130093
董方立遺書　(清)董祐誠著　清同治八年(1869)成都刻本　三冊　存八種十四卷

310000－0241－0015136　130094
董方立遺書九種十六卷　(清)董祐誠撰　清同治八年(1869)董貽清成都刻本　四冊

310000－0241－0015137　130094：2
董方立遺書九種十六卷　(清)董祐誠著　清同治八年(1869)成都刻本　六冊

310000－0241－0015138　130095
李氏遺書十一種十八卷　(清)李銳著　清光緒十五年(1889)刻本　六冊

310000－0241－0015139　130095：2
則古昔齋算學　(清)李善蘭撰　清同治刻本　三冊　存十種十九卷

310000－0241－0015140　130095：3
則古昔齋算學　(清)李善蘭撰　清同治刻本　一冊　存三種六卷

310000－0241－0015141　130095：4
李氏遺書　(清)李銳著　清光緒刻本　六冊　存十種十七卷

310000－0241－0015142　130096
李氏遺書十一種十八卷　(清)李銳著　清光緒十五年(1889)刻本　八冊

310000－0241－0015143　130097
鄒徵君遺書　(清)鄒伯奇撰　清同治十三年(1874)刻本　六冊　存六種九卷附刻七種八卷

310000－0241－0015144　130098
白芙堂算學叢書三十種六十七卷　(清)丁取忠輯　清末石印本　七冊

310000－0241－0015145　130099
白芙堂算學叢書五十一種八十八卷　(清)丁取忠輯　清同治十三年(1874)長沙古荷花池精舍刻本　三十二冊

310000－0241－0015146　130101
白芙堂算學叢書　(清)丁取忠輯　清同治十三年(1874)長沙古荷花池精舍刻本　二十一

册　存三十八種六十五卷

310000－0241－0015147　130102
翠薇山房數學十五種三十八卷　(清)張作南撰　清道光刻本　二十四册

310000－0241－0015148　130102:2
翠薇山房數學十五種三十八卷　(清)張作南撰　清道光刻本　三十册

310000－0241－0015149　130104
中西算學叢書初編四十五種九十二卷　(清)求敏齋輯訂　(清)邵蕙沅輯校　清光緒上海鴻寶齋石印本　三十册

310000－0241－0015150　130107
連筠簃叢書十二種　(清)楊尚文編　清道光靈石楊氏刻本　三十册

310000－0241－0015151　130107:2
連筠簃叢書十二種　(清)楊尚文編　清道光靈石楊氏刻本　三十六册

310000－0241－0015152　130107:3
連筠簃叢書十二種　(清)楊尚文編　清道光靈石楊氏刻本　二十六册

310000－0241－0015153　130110
徐靈胎醫書六畧三十二卷　(清)徐大椿著　清光緒二十九年(1903)上洋趙翰香居排印本　二十册

310000－0241－0015154　130114
沈氏尊生書五種　(清)沈金鰲撰　清同治十三年(1874)湖北崇文書局刻本　二十五册　存六十六卷

310000－0241－0015155　130115
陳修園醫書五十種一百三十卷　(清)陳念祖著　清光緒三十一年(1905)商務印書館石印本　二十八册

310000－0241－0015156　130116
黄氏醫書八種七十七卷　(清)黄元御著　清咸豐十年(1860)燮龢精舍刻本　十四册

310000－0241－0015157　130117
東垣十書　(金)李杲輯　(清)王宇泰訂正　清末文奎堂刻本　十二册　存八種十七卷

310000－0241－0015158　130118
當歸草堂醫學叢書十種四十卷　(清)丁丙輯　清光緒四年(1878)刻本　十册

310000－0241－0015159　130128
蓮池四種　(清)□□輯　清同治、光緒間刻本　四册

310000－0241－0015160　130132
江南製造局叢書一百五十四種八百九十六卷　(清)□□輯　清光緒江南製造局刻本　五百二十九册

310000－0241－0015161　130132:2
江南製造局叢書二十八種一百八十四卷　(清)馮焌光譯刊　清光緒江南製造局刻本　五十九册

310000－0241－0015162　130133(4)
重刊道藏輯要　(清)彭定求輯　(清)閻永和增　清光緒三十二年(1906)成都二仙庵刻本　一册　存一種二卷

310000－0241－0015163　130141
藝苑捃華四十八種　(清)顧之逵編　清顧氏小讀書堆刻清同治七年(1868)務本堂印本　二十四册

310000－0241－0015164　130142
重校中西算學大成　(清)陳維祺纂　清末石印本　五册　存二十五卷

310000－0241－0015165　130144
文林綺繡九種九十六卷　(清)鴻寶齋書局輯　清光緒二十二年(1896)鴻寶齋書局石印本　十一册

310000－0241－0015166　130145
小瑯嬛山館彙刊類書十二種二十三卷　(清)□□輯　清咸豐元年(1851)刻本　十四册

310000－0241－0015167　130145:2
小瑯嬛山館彙刊類書十二種二十三卷　(清)□□輯　清咸豐元年(1851)刻本　十二册

310000－0241－0015168　130147

阮盦筆記五種八卷　(清)況周頤撰　清光緒三十三年(1907)刻本　二冊

310000－0241－0015169　130148
睫巢鏡影十二種十二卷　(清)童葉庚撰　清光緒十六年(1890)武林任有容齋刻本　二冊

310000－0241－0015170　130151
閒情小錄初集八種九卷　(清)葛元煦輯　清光緒刻本　五冊

310000－0241－0015171　140008
四印齋所刻詞二十種六十四卷四印齋彙刻宋元三十一家詞三十一卷　(清)王鵬運輯　清光緒臨桂王氏家塾刻本　十七冊

310000－0241－0015172　140011
墨花仙館合刻　(清)屈頌滿撰　清道光二十七年(1847)刻本　八冊

310000－0241－0015173　140018
拜鴛樓校刻小品四種　沈宗畸編　清光緒二十六年(1900)番禺沈氏刻本　四冊

310000－0241－0015174　140018:2
拜鴛樓校刻小品四種　沈宗畸編　清光緒二十六年(1900)番禺沈氏刻本　四冊

310000－0241－0015175　140027
二希堂緝齋文詩合編三種　(清)蔡世遠撰　清光緒十二年(1886)杜翰生等刻本　十四冊

310000－0241－0015176　140028
劫餘存稿二種二卷　(清)汪曾唯編　清同治七年(1868)錢唐汪氏振綺堂刻本　一冊

310000－0241－0015177　140030
重思齋叢書四種　(清)王家枚輯　清光緒江陰王氏重思齋刻本　四冊

310000－0241－0015178　140038
著作林第六期一卷第十四期一卷　(清)陳栩等編著　清光緒三十二年至三十三年(1906－1907)刻本　二冊

310000－0241－0015179　140039
四忠遺集四種　(清)□□輯　清光緒二十三年(1897)湘南書局刻本　八冊

310000－0241－0015180　140040
思賢書局彙刻詞八種三十三卷　(清)思賢書局輯　清光緒思賢書局刻本　八冊

310000－0241－0015181　140040:2
思賢書局彙刻詞八種三十三卷　(清)思賢書局輯　清光緒思賢書局刻本　八冊

310000－0241－0015182　140041
碧聲吟館叢書十一種十六卷　(清)許善長撰　清光緒三年至十一年(1877－1885)仁和許氏刻本　十二冊

310000－0241－0015183　140045
越三子集　(清)潘祖蔭輯　清同治吳縣潘氏刻本　二冊

310000－0241－0015184　144000
陸氏傳家集十六種四卷　(清)陸迺普輯　清同治十一年(1872)義經堂刻本　四冊

310000－0241－0015185　150001
畿輔叢書　(清)王灝輯　清光緒五年(1879)謙德堂刻本　二百二十二冊　存一百八種八百三十二卷

310000－0241－0015186　150043:2
金華叢書六十九種七百四十一卷附一種二卷　(清)胡鳳丹輯　清同治、光緒間退補齋刻本　三百四十冊

310000－0241－0015187　150001:2
畿輔叢書　(清)王灝輯　清光緒五年(1879)謙德堂刻本　八十五冊　存四十三種二百七十卷

310000－0241－0015188　150006
金陵叢刻　(清)傅春官輯　清光緒三十二年(1906)刻本　十冊　存十三種三十卷

310000－0241－0015189　150013
婁東雜著(棣香齋叢書)八集五十六種　(清)邵廷烈輯　清道光十三年(1833)太倉東陵氏刻本　二十冊

310000－0241－0015190　150015
常州先哲遺書四十三種四百四十三卷　盛宣

懷輯　清光緒武進盛氏刻本　六十四册

310000－0241－0015191　150015:2

常州先哲遺書四十三種四百四十三卷　盛宣懷輯　清光緒武進盛氏刻本　四十册

310000－0241－0015192　150015:3

常州先哲遺書　盛宣懷輯　清光緒武進盛氏刻本　三册　存七種十四卷

310000－0241－0015193　150017

粟香室叢書五十五種八十三卷　金武祥輯　清光緒二十年(1894)江陰金氏刻本　三十二册

310000－0241－0015194　150017:2

粟香室叢書　金武祥輯　清光緒江陰金氏粟香室刻本　一册　存一種一卷

310000－0241－0015195　150018

粟香室叢書五十種七十八卷　金武祥輯　清光緒十五年(1889)刻本　二十八册

310000－0241－0015196　150019

粟香室叢書　金武祥輯　清光緒十五年(1889)刻本　二十一册　存三十五種五十四卷,附錄補遺四卷

310000－0241－0015197　150019:2

粟香室叢書　金武祥輯　清光緒十五年(1889)刻本　十六册　存三十五種五十八卷,附錄補遺六卷

310000－0241－0015198　150020

京口掌故叢編初集六種　(清)陶駿保輯　清光緒三十四年(1908)丹徒陶氏刻本　二册

310000－0241－0015199　150020:2

京口掌故叢編初集六種　(清)陶駿保輯　清光緒三十四年(1908)丹徒陶氏刻本　一册

310000－0241－0015200　150025

秋浦雙忠錄四十卷　劉世珩輯　清光緒二十六年至二十八年(1900－1902)貴州劉氏唐石簃刻本　六册

310000－0241－0015201　150026

貴池先哲遺書　劉世珩輯　清光緒劉氏唐石簃彙刻本　十八册　存二種九十一卷

310000－0241－0015202　150029

武林往哲遺著六十二種四百四十六卷　(清)丁丙輯　清光緒二十三年(1897)錢塘丁氏嘉惠堂刻本　九十六册

310000－0241－0015203　150029:2

武林往哲遺著　(清)丁丙輯　清光緒二十三年(1897)錢塘丁氏嘉惠堂刻本　八十六册　存五十八種四百十一卷

310000－0241－0015204　150029:3

武林往哲遺著五十二種三百十卷後編十種一百三十六卷　(清)丁丙輯　清光緒嘉惠堂刻本　九十六册

310000－0241－0015205　150030

武林掌故叢編　(清)丁丙輯　清光緒十九年(1893)錢塘丁氏嘉惠堂刻本　一百三十六册　存十七集一百三十六種四百三十四卷

310000－0241－0015206　150030:2

武林掌故叢編　(清)丁丙輯　清光緒十九年(1893)錢塘丁氏嘉惠堂刻本　一百三十六册　存十七集一百三十六種四百三十四卷

310000－0241－0015207　150031

武林掌故叢編二十六集一百九十四種六百三十卷　(清)丁丙輯　清光緒九年(1883)錢塘丁氏嘉惠堂刻本　一百五十二册

310000－0241－0015208　150032

武林掌故叢編二十六集一百九十四種六百三十卷　(清)丁丙輯　清光緒九年(1883)錢塘丁氏嘉惠堂刻本　二百八册

310000－0241－0015209　150035

紹興先正遺書　(清)徐友蘭輯　清光緒十三年至十九年(1887－1893)刻本　四十四册　存十一種一百五十五卷

310000－0241－0015210　150036

紹興先正遺書四集十二種一百六十九卷　(清)徐友蘭輯　清光緒會稽徐氏刻本　四十八册

310000－0241－0015211　150043
金華叢書　(清)胡鳳丹輯　清同治、光緒間退補齋刻本　二百三十七册　存五十六種六百五十七卷

310000－0241－0015212　150046
台州叢書(名山堂叢書)　(清)宋世犖輯　清嘉慶、道光間臨海宋氏刻本　二十四册　存七種七十九卷

310000－0241－0015213　150047
東倉書庫叢刻初編十二種　(清)繆朝荃編　清光緒二十九年(1903)太倉繆氏刻本　十二册

310000－0241－0015214　150048
永嘉叢書十二種二百四十七卷　(清)孫衣言輯　清咸豐至光緒間瑞安孫氏詒善祠塾刻本　七十册

310000－0241－0015215　150048:2
永嘉叢書十二種二百四十七卷　(清)孫衣言輯　清咸豐至光緒間瑞安孫氏詒善祠塾刻本　二十册

310000－0241－0015216　150048:3
永嘉叢書十二種二百四十七卷　(清)孫衣言輯　清咸豐至光緒間瑞安孫氏詒善祠塾刻本　四十九册

310000－0241－0015217　150049
廬陽三賢集三種　(清)張樹聲編　清光緒元年(1875)合肥張氏毓秀堂刻本　四册

310000－0241－0015218　150049:2
廬陽三賢集三種　(清)張樹聲編　清光緒元年(1875)合肥張氏毓秀堂刻本　四册

310000－0241－0015219　150055
湖北叢書三十一種二百八十八卷　(清)趙尚輔輯　清光緒十七年(1891)三餘艸堂刻本　一百册

310000－0241－0015220　150056
湖北叢書三十一種二百八十八卷　(清)趙尚輔輯　清光緒十七年(1891)湖北三餘草堂刻本　一百册

310000－0241－0015221　150057
湖北叢書三十一種二百八十八卷　(清)趙尚輔輯　清光緒十七年(1891)湖北三餘草堂刻本　一百册

310000－0241－0015222　150058
湖北叢書三十一種二百八十八卷　(清)趙尚輔輯　清光緒十七年(1891)湖北三餘草堂刻本　一百册

310000－0241－0015223　150060
嶺南遺書六集五十九種三百四十三卷　(清)伍元薇輯　清道光十一年至同治二年(1831－1863)南海伍氏粵雅堂校刻本　八十册

310000－0241－0015224　150061
嶺南遺書五十九種三百四十三卷　(清)伍元薇輯　清道光十一年至同治二年(1831－1863)粵雅堂校刻本　八十六册

310000－0241－0015225　150062
嶺南遺書六集五十九種三百三十八卷　(清)伍元薇輯　清道光十一年(1831)南海伍氏粵雅堂刻本　八十九册

310000－0241－0015226　150063
嶺南遺書六集五十九種三百四十三卷　(清)伍元薇輯　清道光十一年(1831)南海伍氏粵雅堂校刻本　八十九册

310000－0241－0015227　150066
廣東文獻初集十八卷二集九卷三集十七卷四集二十六卷　(清)羅學鵬輯　清同治二年(1863)春暉堂刻本　二十六册

310000－0241－0015228　150081
新刊浦城遺書十三種　(清)祝昌泰等編　清嘉慶浦城祝氏留香室刻本　三十二册

310000－0241－0015229　150084
慈谿文徵　(清)楊泰亨輯　清光緒十八年(1892)赭山楊氏經畲塾刻本　一册　存二種四卷

310000－0241－0015230　150092

趙三子集三種七卷　(清)潘祖蔭輯　清同治十一年(1872)滂喜齋刻本　一册

310000－0241－0015231　150092∶2
趙三子集三種七卷　(清)潘祖蔭輯　清同治十一年(1872)滂喜齋刻本　二册

310000－0241－0015232　160000
晋二俊文集二十卷　(宋)徐民瞻輯　清光緒四年(1878)長沙寄生艸堂校印本　四册

310000－0241－0015233　160002
三蘇全集　(宋)蘇洵撰　清道光十二年(1832)眉州蘇祠刻本　七十二册　存一百九十一卷

310000－0241－0015234　160004
補刻三蘇三集　(清)弓翊清彙刻　清道光十二年(1832)眉州三蘇祠堂刻本　三十八册

310000－0241－0015235　160005
劉氏傳家集　(清)劉青藜輯　清乾隆刻本　七册　存五種二十卷

310000－0241－0015236　160006
海虞三陶先生集合刻　(清)楊沂孫輯　清光緒七年(1881)刻本　八册

310000－0241－0015237　160008
得一山房四種二十五卷　(清)唐景崧撰　清光緒十九年(1893)臺灣布政使署刻本　十二册

310000－0241－0015238　160009
馬氏叢刻　(清)馬先登校刊　清同治十一年(1872)敦倫堂刻本　四十册

310000－0241－0015239　160016
春艸堂集　(清)謝堃著　清光緒六年(1880)刻本　一册　存三種九卷

310000－0241－0015240　160018
吴氏遺箸五卷附録一卷　(清)吴夌雲撰　清光緒十七年(1891)廣雅書局校刻本　二册

310000－0241－0015241　160021
湘潭郭氏閨秀集七種七卷　(清)郭潤玉輯　清道光十七年(1837)刻本　二册

310000－0241－0015242　160022
湘潭郭氏閨秀集九種十卷　(清)郭潤玉輯　清道光十七年(1837)刻本　六册

310000－0241－0015243　160023
如臯冒氏叢書　冒廣生輯　清光緒、宣統間如臯冒氏刻本　二册

310000－0241－0015244　160023∶2
如臯冒氏叢書　冒廣生輯　清光緒、宣統間如臯冒氏刻本　一册

310000－0241－0015245　160025
春雨樓叢書六種　(清)朱士端撰　清同治寶應朱氏刻本　八册

310000－0241－0015246　160026
震澤莊氏校刊書十一種十一卷　(清)莊元植輯著　清光緒震澤莊氏刻本　七册

310000－0241－0015247　160027
叢睦汪氏遺書二十種　(清)汪篯輯　清光緒十二年(1886)錢塘汪氏長沙刻本　三十二册

310000－0241－0015248　160031
史氏叢刻四種　(清)史善長撰　清光緒番禺史氏刻本　十册

310000－0241－0015249　160037
二熊君詩賸三種三卷　(清)諸福坤校釐　清光緒刻本　一册

310000－0241－0015250　160037∶2
二熊君詩賸三種三卷　(清)諸福坤校釐　清光緒刻本　一册

310000－0241－0015251　160038
河南程氏全書六種　(宋)程頤撰　(宋)朱熹輯　清同治十一年(1872)六安求我齋刻本　十六册

310000－0241－0015252　160044
二馮詩集二種九卷　(清)馮舒　(清)馮班撰　胡思敬輯　清光緒三十四年(1908)北京問影樓排印本　二册

310000－0241－0015253　160048
午夢堂集十二種二十一卷　(明)葉紹袁輯

清末民國初葉德輝刻本　七冊

310000－0241－0015254　160049
績溪胡氏叢書四種十八卷　(清)胡培系輯　清同治、光緒間世澤樓刻本　七冊

310000－0241－0015255　160050
養志居僅存藁十種三十六卷　(清)陳宗起等撰　(清)陳克劬輯　清光緒十一年至十九年(1885－1893)丹徒陳氏刻本　十五冊

310000－0241－0015256　160055
安吉施氏遺著五種七卷　(清)戴翊清編校　清光緒十七年(1891)刻本　二冊

310000－0241－0015257　160058
德州田氏叢書十三種　(清)田雯等撰　清康熙至乾隆間德州田氏刻本　二十七冊

310000－0241－0015258　160059
項城袁氏家集六種　丁振鐸輯　清宣統三年(1911)清芬閣排印本　五十六冊

310000－0241－0015259　160059:2
項城袁氏家集六種　丁振鐸輯　清宣統三年(1911)清芬閣排印本　五十六冊

310000－0241－0015260　160059:3
項城袁氏家集六種　丁振鐸輯　清宣統三年(1911)清芬閣排印本　四十四冊

310000－0241－0015261　160060
悔餘庵集五種三十一卷　(清)何栻撰　清同治元年至四年(1862－1865)章門鳩江戎幄刻本　十二冊

310000－0241－0015262　160060:2
悔餘庵集五種三十一卷　(清)何栻撰　清同治元年至四年(1862－1865)章門鳩江戎幄刻本　十一冊

310000－0241－0015263　170001
鄭氏佚書二十三種七十九卷　(漢)鄭玄撰　(清)袁鈞輯　清光緒十四年(1888)浙江書局刻本　十冊

310000－0241－0015264　170001:2
鄭氏佚書二十三種七十九卷　(漢)鄭玄撰　(清)袁鈞輯　清光緒十四年(1888)浙江書局刻本　十冊

310000－0241－0015265　170002
古歡室全集四種　(清)曾懿撰　清光緒長沙刻本　五冊

310000－0241－0015266　170004
石林遺書十三種四十九卷　(宋)葉夢得撰　清宣統三年(1911)葉氏觀古堂校刻本　十四冊

310000－0241－0015267　170005
慕皋廬雜刻六種六卷　易順鼎撰輯　清光緒刻本　三冊

310000－0241－0015268　170006
陸放翁全集五種一百七卷　(宋)陸游撰　明末虞山毛氏汲古閣刻本　四十八冊

310000－0241－0015269　170007
金華唐氏遺書五種十四卷　(宋)唐仲友撰　(清)張作楠編　清宣統三年(1911)金華教育分會石印本　四冊

310000－0241－0015270　170009
晦庵先生朱文公文集一百卷續集五卷别集七卷　(宋)朱熹撰　(清)臧眉錫訂　清康熙二十七年(1688)刻本　三十六冊

310000－0241－0015271　170009:2
晦庵先生朱文公文集一百卷續集五卷别集七卷　(宋)朱熹撰　(清)臧眉錫訂　清康熙二十七年(1688)刻本　三十二冊

310000－0241－0015272　170010
御纂朱子全書六十六卷　(宋)朱熹撰　(清)聖祖玄燁纂　清康熙五十二年(1713)刻本　三十二冊

310000－0241－0015273　170011
御纂朱子全書六十六卷　(宋)朱熹撰　(清)聖祖玄燁纂　清同治八年(1869)摹刻四川官本　三十冊

310000－0241－0015274　170012
朱子集一百四卷　(宋)朱熹著　清同治元年

(1862)紫霞洲祠堂刻本　四十册

310000－0241－0015275　170013

謝疊山先生評註四種合刻十六卷　(宋)謝枋得評註　清光緒九年(1883)北京豫章別業刻本　四册

310000－0241－0015276　170013:2

謝疊山先生評註四種合刊　(宋)謝枋得評註　清光緒九年(1883)刻本　一册　存一種三卷

310000－0241－0015277　170014

草廬吳文正公全集十二種一百六十五卷首一卷　(元)吳澄撰　清乾隆初吳氏家刻乾隆二十一年(1756)萬璜校刻道光間補刻彙印本　七十四册

310000－0241－0015278　170015

率祖堂叢書十四種八十二卷　(宋)金履祥等撰　清雍正、乾隆間金華金氏刻光緒十三年(1887)謝駿德補刻本　二十册

310000－0241－0015279　170015:2

率祖堂叢書十四種八十二卷　(宋)金履祥等撰　清雍正、乾隆間金華金氏刻光緒十三年(1887)謝駿德補刻本　五册

310000－0241－0015280　170016

歸雲別集九種七十四卷　(明)陳士元著　清道光十三年(1833)寶善堂刻本　二十册

310000－0241－0015281　170017

王文成公全書三十八卷　(明)王守仁撰　清同治、光緒間刻本　二十四册

310000－0241－0015282　170017:2

王文成公全書三十八卷　(明)王守仁撰　清同治、光緒間刻本　二十四册

310000－0241－0015283　170019

去僞齋全集十六種四十一卷　(明)呂坤撰　明刻清修本　三十八册

310000－0241－0015284　170019:2

去僞齋集十卷　(明)呂坤撰　清道光二十七年(1847)開封府刻呂子遺書本　十二册

310000－0241－0015285　170019:3

呂子遺書三種二十三卷附四種九卷　(明)呂坤撰　清道光二十七年(1847)開封府刻本　二十四册

310000－0241－0015286　170020

惠氏三種　(清)惠棟撰　清光緒貴池劉世珩刻本　四册

310000－0241－0015287　170021

少室山房筆叢四十八卷　(明)胡應麟撰　清光緒二十二年(1896)廣雅書局校刻本　六册

310000－0241－0015288　170022

來瞿唐先生日錄十三卷　(明)來知德撰　清道光十一年(1831)刻本　十四册

310000－0241－0015289　170026

梨洲遺著彙刊二十九種五十九卷　(清)黃宗羲著　清宣統二年(1910)時中書局排印梨洲遺箸彙刻本　二十册

310000－0241－0015290　170029

梨洲遺著彙刊三十種六十三卷　(清)黃宗羲著　清宣統二年(1910)掃葉山房排印本　二十册

310000－0241－0015291　170030

梨洲遺著彙刊三十二種七十卷　(清)黃宗羲著　清宣統二年(1910)時中書局排印本　二十册

310000－0241－0015292　170032

黃梨洲遺書十種四十卷　(清)黃宗羲著　清光緒三十一年(1905)羣學社石印本　三册

310000－0241－0015293　170033

亭林遺書二十二種附錄三種　(清)顧炎武撰　清光緒十一年(1885)上海文瑞樓石印本　十二册

310000－0241－0015294　170033:2

亭林遺書二十二種附錄三種　(清)顧炎武撰　清光緒十一年(1885)上海文瑞樓石印本　三册

310000－0241－0015295　170033:3

亭林遺書二十二種附錄三種 (清)顧炎武撰 清光緒十一年(1885)上海文瑞樓石印本 二冊

310000－0241－0015296 170034
亭林遺書十種 (清)顧炎武撰 清乾隆蓬瀛閣翻刻康熙吳江潘氏遂初堂本 六冊

310000－0241－0015297 170035
亭林先生遺書彙輯二十三種附錄三種 (清)顧炎武撰 (清)席威輯 清光緒吳縣朱氏槐廬家塾席氏掃葉山房合刻本 十二冊

310000－0241－0015298 170036
船山遺書 (清)王夫之撰 清同治四年(1865)湘鄉曾氏金陵節署刻本 二十冊 存十三種四十三卷

310000－0241－0015299 170036:2
船山遺書 (清)王夫之撰 清同治四年(1865)湘鄉曾氏金陵節署刻本 一百十五冊 存五十五種二百七十四卷

310000－0241－0015300 170038:2
船山遺書 (清)王夫之撰 清同治四年(1865)湘鄉曾氏金陵節署刻本 一百十七冊 存四十五種二百六十九卷

310000－0241－0015301 170038:3
重刊船山遺書二百九十九卷 (清)王夫之撰 清同治四年(1865)湘鄉曾氏金陵節署刻本 一百五冊

310000－0241－0015302 170038:4
船山遺書二百九十九卷 (清)王夫之撰 清同治四年(1865)金陵刻本 一百二十冊

310000－0241－0015303 170039
王船山遺書二百九十九卷 (清)王夫之撰 清同治四年(1865)湘鄉曾氏金陵節署刻本 一百冊

310000－0241－0015304 170040
香禪精舍集八種附三種另附四種 (清)潘鍾瑞撰 清光緒長洲潘氏香禪精舍刻本 十六冊

310000－0241－0015305 170040:2
香禪精舍集八種附三種另附四種 (清)潘鍾瑞撰 清光緒長洲潘氏香禪精舍刻本 三冊

310000－0241－0015306 170041
榕村全書四十六種二百三十二卷 (清)李光地等著 清道光九年(1829)刻本 一百二十冊

310000－0241－0015307 170042
陸子全書九種 (清)陸隴其撰 清光緒刻本 十二冊

310000－0241－0015308 170043
陸子全書六種四十二卷 (清)陸隴其著 清同治七年(1868)武林薇署刻本 十二冊

310000－0241－0015309 170044
三魚堂全集 (清)陸隴其撰 清同治七年(1868)刻本 十冊 存四種四十卷

310000－0241－0015310 170045
張文端集六種 (清)張英撰 清光緒二十三年(1897)桐城張氏刻本 二十冊

310000－0241－0015311 170045/01
易經衷論二卷 (清)張英著 清光緒二十三年(1897)桐城張氏刻本 一冊

310000－0241－0015312 170046
湯文正公全集四種三十九卷 (清)湯斌撰 清同治九年(1870)蘇廷魁刻本 二十四冊

310000－0241－0015313 170046:2
湯文正公全集四種三十九卷 (清)湯斌撰 清同治九年(1870)蘇廷魁刻本 八冊

310000－0241－0015314 170048
毛西河全集一百十九種四百九十三卷 (清)毛奇齡撰 (清)毛覽輝等重輯 清嘉慶元年(1796)刻本 八十冊

310000－0241－0015315 170049
毛西河全集 (清)毛奇齡撰 (清)李塨等編輯 清康熙五十九年(1720)刻本 一百冊

310000－0241－0015316 170050
西河合集經集五十一種文集六十六種四百九

十三卷　(清)毛奇齡撰　(清)李塨等編輯　清康熙刻嘉慶陸凝瑞堂修補本　一百冊

310000－0241－0015317　170052
西堂全集　(清)尤侗撰　清康熙刻本　十八冊　存十八種五十八卷

310000－0241－0015318　170052:2
西堂全集　(清)尤侗撰　清康熙刻本　十八冊　存二十二種六十七卷

310000－0241－0015319　170052:4
西堂全集　(清)尤侗撰　清康熙刻本　二十四冊　存十六種六十二卷

310000－0241－0015320　170052:5
西堂全集十五種一百二十八卷　(清)尤侗撰　湘中草六卷　(清)湯傳楹撰　清康熙刻本　二十四冊

310000－0241－0015321　170053
西堂餘集　(清)尤侗撰　清康熙刻本　二十三冊　存十種四十八卷

310000－0241－0015322　170053:2
西堂餘集　(清)尤侗撰　清康熙刻本　十六冊　存十種三十八卷

310000－0241－0015323　170055
二曲全集二十六卷四書反身錄十七卷　(清)李顒撰　清光緒十七年(1891)廣安鬱文堂刻本　十二冊

310000－0241－0015324　170057
鹿洲全集七種四十二卷　(清)藍鼎元撰　清同治十一年(1872)同文堂刻本　十六冊

310000－0241－0015325　170057(2)
鹿洲全集九種四十四卷　(清)藍鼎元撰　清光緒五年(1879)藍謙修刻本　二十五冊

310000－0241－0015326　170057(2):2
鹿洲全集九種四十四卷　(清)藍鼎元撰　清光緒五年(1879)藍謙修刻本　二十五冊

310000－0241－0015327　170059
朱文端公著述十三種一百七十六卷　(清)朱軾校輯　清乾隆刻本　八十冊

310000－0241－0015328　170059:2
朱文端公著述十三種一百七十六卷　(清)朱軾校輯　清光緒二十三年(1897)刻本　八十冊

310000－0241－0015329　170060
頻羅庵遺集七種十六卷　(清)梁同書著　清光緒十三年(1887)刻本　八冊

310000－0241－0015330　170060:2
頻羅庵遺集七種十六卷　(清)梁同書著　清嘉慶刻本　十一冊

310000－0241－0015331　170062
貞慧三種三卷　(清)陳貞慧撰　清同治、光緒間陳氏清芬草堂刻本　一冊

310000－0241－0015332　170063
惺齋講義五種十二卷論文三卷　(清)王元啓撰　清乾隆四十年(1775)刻本　六冊

310000－0241－0015333　170064(2)
蛾術堂集十四種二十四卷　(清)沈豫撰　清道光十八年(1838)漢讀齋刻本　四冊

310000－0241－0015334　170064(2):2
蛾術堂集十四種二十四卷　(清)沈豫撰　清道光十八年(1838)漢讀齋刻本　八冊

310000－0241－0015335　170065
燕禧堂五種　(清)任大椿撰　清乾隆刻本　八冊

310000－0241－0015336　170066
戴氏遺書殘存七種三十六卷策算一卷句股割圜記三卷　(清)戴震撰　清乾隆曲阜孔氏刻微波榭叢書本　十二冊

310000－0241－0015337　170067
道古堂外集十二種三十三卷　(清)杭世駿撰　清光緒二十二年(1896)錢塘汪大鈞校刻本　八冊

310000－0241－0015338　170069
古愚老人消夏錄十七種六十四卷　(清)汪汲編錄　清嘉慶二年(1797)刻本　四十冊

310000－0241－0015339　170069(2)

古愚叢書十七種六十五卷 (清)汪汲編錄 清乾隆、嘉慶間古愚山房刻同治、光緒間二銘草堂印本 十六冊

310000－0241－0015340 170070
正覺樓叢刻 (清)崇文書局輯 清光緒六年(1880)刻本 八冊 存八種二十一卷

310000－0241－0015341 170071
函海 (清)李調元輯 清光緒七年(1881)刻本 三十七冊 存三十八種二百三卷

310000－0241－0015342 170075
桐城錢欽光先生全書三種 (清)錢澄之撰 清康熙刻重修本 二十冊

310000－0241－0015343 170076
汪龍莊先生遺書四種 (清)汪輝祖撰 清同治十一年(1872)章倬標溫陵刻本 六冊

310000－0241－0015344 170076(2)
龍莊先生遺書四種 (清)汪輝祖撰 清光緒江蘇書局刻本 六冊

310000－0241－0015345 170077
六如居士全集六種二十三卷 (明)唐寅撰 (清)唐仲冕輯 清嘉慶六年(1801)長沙唐仲冕刻本 十冊

310000－0241－0015346 170077:2
六如居士全集六種二十三卷 (明)唐寅撰 (清)唐仲冕輯 清嘉慶六年(1801)長沙唐仲冕刻本 五冊

310000－0241－0015347 170080
楚蒙山房集四種 (清)晏斯盛撰 清乾隆新喻晏氏刻本 三十二冊

310000－0241－0015348 170082
靈芬館集十三種六十七卷 (清)郭麐撰 清嘉慶二十四年(1819)刻本 十四冊

310000－0241－0015349 170082:2
靈芬館集五種二十七卷 (清)郭麐撰 清嘉慶十二年(1807)刻本 十二冊

310000－0241－0015350 170083
學古齋金石叢書 (清)葛元煦輯 清光緒八年(1882)崇川葛氏刻本 二十四冊

310000－0241－0015351 170084
葉氏存古叢書四種四卷 (清)葉銘編訂 清宣統二年(1910)西泠印社排印本 二冊

310000－0241－0015352 170085
西漚全集十卷外集八卷 (清)李惺撰 清同治七年(1868)劉鴻典刻本 十六冊

310000－0241－0015353 170086
潛研堂全書 (清)錢大昕撰 清光緒十年(1884)長沙龍氏刻本 七十二冊 存十六種二百四十六卷

310000－0241－0015354 170086:2
潛研堂全書 (清)錢大昕撰 清光緒十年(1884)長沙龍氏家塾刻本 七十二冊 存二十種二百六十三卷

310000－0241－0015355 170087
槐軒全書 (清)劉沅撰 清光緒三十一年(1905)劉氏家刻本 十二冊 存十種一百二十七卷

310000－0241－0015356 170088
番禺陳氏東塾叢書四種附一種三十四卷 (清)陳澧撰 清咸豐六年(1856)刻同治、光緒間續刻本 九冊

310000－0241－0015357 170088:2
番禺陳氏東塾叢書四種附一種三十四卷 (清)陳澧撰 清咸豐六年(1856)刻同治、光緒間續刻本 八冊

310000－0241－0015358 170088:3
番禺陳氏東塾叢書四種附一種三十四卷 (清)陳澧撰 清咸豐六年(1856)刻同治、光緒間續刻本 八冊

310000－0241－0015359 170090
漁洋山人著述三十八種 (清)王士禎編撰 清康熙刻乾隆彙印本 一百冊

310000－0241－0015360 170092
儆居遺書 (清)黃式三撰 清同治、光緒間刻本 二十八冊

310000－0241－0015361　170094

何宫贊遺書六種十一卷　(清)何若瑤撰　清光緒八年(1882)何雲旭刻本　四冊

310000－0241－0015362　170095

東海褰冥氏三十以前舊學四種　(清)譚嗣同撰　清光緒二十三年(1897)金陵刻本　六冊

310000－0241－0015363　170096

抗希堂十六種一百四十四卷　(清)方苞撰　清嘉慶十七年(1812)刻本　六十四冊

310000－0241－0015364　170097

抗希堂十六種一百四十四卷　(清)方苞撰　清嘉慶十七年(1812)刻本　四十四冊

310000－0241－0015365　170098

空山堂全集九種　(清)牛運震撰　清嘉慶二十三年(1818)空山堂刻本　四十冊

310000－0241－0015366　170099

清白士集六種　(清)梁玉繩撰　清嘉慶、道光間刻本　八冊

310000－0241－0015367　170099:2

清白士集六種　(清)梁玉繩撰　清嘉慶、道光間刻本　三冊

310000－0241－0015368　170100

得一齋雜著書四種　(清)黄楙材撰　清光緒十二年(1886)刻本　二冊

310000－0241－0015369　170101

寒松閣集五種二十卷　(清)張鳴珂撰　清光緒張氏寒松閣刻本　六冊

310000－0241－0015370　170102

竹柏山房十五種七十八卷　(清)林春溥撰　清嘉慶至咸豐間刻本　四十冊

310000－0241－0015371　170102:2

竹柏山房全書　(清)林春溥撰　清咸豐五年(1855)福州刻本　三十七冊　存十四種七十一卷

310000－0241－0015372　170103

澹靜齋全集五種　(清)龔景瀚撰　清道光六年(1826)恩賜堂刻本　十二冊

310000－0241－0015373　170103(2)

澹靜齋全集六卷　(清)龔景瀚撰　清同治八年(1869)恩錫堂刻本　十五冊

310000－0241－0015374　170104

隨園全集　(清)袁枚撰　清乾隆、嘉慶間刻本　八十冊　存二十種二百三十三卷

310000－0241－0015375　170105

隨園全集　(清)袁枚撰　清刻本　七十五冊　存二十八種二百四十一卷

310000－0241－0015376　170105(2)

隨園三十種二百五十四卷　(清)袁枚撰　清刻本　八十冊

310000－0241－0015377　170105:2

隨園全集　(清)袁枚撰　清刻本　三十四冊　存七種一百一卷

310000－0241－0015378　170109

甌北全集七種　(清)趙翼撰　清乾隆、嘉慶間湛貽堂刻本　四十八冊

310000－0241－0015379　170110

甌北全集七種一百七十四卷年譜一卷　(清)趙翼撰　清宣統元年(1909)成都書局刻本　六十冊

310000－0241－0015380　170111

甌北全集七種　(清)趙翼撰　清末翻刻乾隆湛貽堂本　六十四冊

310000－0241－0015381　170112

新化鄒氏斆蓺齋遺書六種十七卷　(清)鄒漢勛撰　清光緒四年(1878)攸縣龍汝霖南昌刻本　六冊

310000－0241－0015382　170114

毋不敬齋全書八種三十五卷　(清)方濬撰　清光緒十五年(1889)濟南臬署刻本　十七冊

310000－0241－0015383　170115

庸盦全集文編四卷文續編二卷文外編四卷海外文編四卷籌洋芻議一卷浙東籌防録四卷出使奏疏二卷出使公牘十卷出使英法義比四國日記六卷出使日記續刻十卷　(清)薛福成撰

清光緒無錫薛氏刻本　四十八册

310000－0241－0015384　170115(2)
庸盦全集文編四卷文續編二卷文外編四卷海外文編四卷籌洋芻議一卷出使英法義比四國日記六卷　(清)薛福成撰　清光緒二十二年(1896)上海醉六堂石印本　二册

310000－0241－0015385　170115(3)
庸盦全集文編四卷文續編二卷文外編四卷海外文編四卷籌洋芻議一卷出使英法義比四國日記六卷　(清)薛福成撰　清光緒二十七年(1901)上海書局石印本　十二册

310000－0241－0015386　170115:2
庸盦全集文編四卷文續編二卷文外編四卷海外文編四卷籌洋芻議一卷浙東籌防錄四卷出使奏疏二卷出使公牘十卷出使英法義比四國日記六卷出使日記續刻十卷　(清)薛福成撰　清光緒無錫薛氏刻本　三十六册

310000－0241－0015387　170115:4
庸盦全集文編四卷文續編二卷文外編四卷海外文編四卷籌洋芻議一卷浙東籌防錄四卷出使奏疏二卷出使公牘十卷出使英法義比四國日記六卷出使日記續刻十卷　(清)薛福成撰　清光緒無錫薛氏刻本　九册

310000－0241－0015388　170116
李文清公遺書十卷　(清)李棠階撰　清光緒八年(1882)河北道署刻本　四册

310000－0241－0015389　170117
授堂遺書八種七十六卷　(清)武億撰　清道光二十三年(1843)刻本　十六册

310000－0241－0015390　170117:2
授堂遺書八種七十六卷　(清)武億撰　清道光二十三年(1843)刻本　十六册

310000－0241－0015391　170117:3
授堂遺書七種七十四卷坿刻二種三卷　(清)武億撰　清道光二十三年(1843)偃師武氏刻本　十六册

310000－0241－0015392　170118
授堂遺書　(清)武億撰　清嘉慶六年(1801)刻本　十四册　存四種四十一卷

310000－0241－0015393　170119
不遠復齋遺書　(清)潘世璜撰　清光緒六年(1880)刻本　五册　存五種十五卷

310000－0241－0015394　170120
不遠復齋遺書六種十九卷　(清)潘世璜撰　清光緒六年(1880)刻本　六册

310000－0241－0015395　170121
儆季雜著四種十五卷　(清)黄以周撰　清光緒刻本　六册

310000－0241－0015396　170121:2
儆季雜著五種二十三卷　(清)黄以周撰　清光緒二十年(1894)南菁講舍刻本　十册

310000－0241－0015397　170122
安吴四種　(清)包世臣撰　清光緒十四年(1888)刻本　十五册　存三十四卷(一至十一、十四至三十六)

310000－0241－0015398　170122:2
安吴四種　(清)包世臣撰　清光緒十四年(1888)刻本　十六册　存三十一卷

310000－0241－0015399　170122:3
安吴四種三十六卷　(清)包世臣撰　清光緒十四年(1888)刻本　十六册

310000－0241－0015400　170122:4
安吴四種三十六卷　(清)包世臣撰　清光緒十四年(1888)刻本　十六册

310000－0241－0015401　170123
安吴四種三十六卷　(清)包世臣撰　清光緒十四年(1888)刻本　十六册

310000－0241－0015402　170126
章氏遺書二種十一卷文史通義八卷校讎通義三卷　(清)章學誠著　清道光十二年(1832)刻本　五册

310000－0241－0015403　170126:2
章氏遺書二種十一卷文史通義八卷校讎通義三卷　(清)章學誠撰　清道光三年(1823)刻

本　一冊

310000－0241－0015404　170130

嚴樂園集五種　(清)嚴如熤撰　清道光刻本　二十冊

310000－0241－0015405　170131

所願學齋書鈔四種　(清)沈夢蘭撰　清嘉慶二十一年至道光元年(1816－1821)菱湖沈氏刻本　七冊

310000－0241－0015406　170135

藤華亭十種六十四卷　(清)梁廷枏纂　清道光刻本　十二冊

310000－0241－0015407　170136

焦氏叢書二十一種一百二十二卷　(清)焦循撰　清道光八年(1828)刻本　五十冊

310000－0241－0015408　170137

焦氏遺書二十二種一百二十四卷　(清)焦循撰　清光緒二年(1876)刻本　四十冊

310000－0241－0015409　170138

焦氏叢書二十一種一百二十二卷　(清)焦循撰　清道光五年(1825)刻本　四十冊

310000－0241－0015410　170139

焦氏遺書二十二種一百二十四卷　(清)焦循撰　清光緒二年(1876)刻本　四十冊

310000－0241－0015411　170140

郝氏遺書　(清)郝懿行撰　清光緒八年(1882)東路廳署刻本　七十四冊　存三十二種一百八十四卷

310000－0241－0015412　170141

郝氏遺書　(清)郝懿行撰　清光緒八年(1882)東路廳署刻本　四十冊　存十八種一百二十三卷

310000－0241－0015413　170143

惜抱軒遺書三種十一卷　(清)姚鼐著　清光緒五年(1879)桐城徐氏刻本　四冊

310000－0241－0015414　170145

頤志齋叢書二十二種四十一卷　(清)丁晏撰　清咸豐至同治元年(1862)山陽丁氏六藝堂彙印本　二十冊

310000－0241－0015415　170145:2

頤志齋叢書二十二種四十一卷　(清)丁晏撰　清咸豐至同治元年(1862)山陽丁氏六藝堂彙印本　十六冊

310000－0241－0015416　170145:3

頤志齋叢書二十二種四十一卷　(清)丁晏撰　清咸豐至同治元年(1862)山陽丁氏六藝堂彙印本　十九冊

310000－0241－0015417　170146

見聞錦官錄五種　(清)李錫書撰　清嘉慶二十一年(1816)李氏藥石山房刻本　四冊

310000－0241－0015418　170147

洪北江全集　(清)洪亮吉撰　清光緒五年(1879)授經堂刻本　七十四冊　存三十二種二百二卷

310000－0241－0015419　170148

洪北江全集三十三種二百二十二卷坿年譜一卷　(清)洪亮吉撰　清光緒三年(1877)刻本　八十四冊

310000－0241－0015420　170148:2

洪北江全集三十三種二百二十卷坿年譜　(清)洪亮吉撰　清光緒三年(1877)刻本　二百四十五冊

310000－0241－0015421　170148:3

洪北江遺集三十三種二百二十二卷坿年譜一卷　(清)洪亮吉撰　清光緒三年(1877)刻本　八十四冊

310000－0241－0015422　170150

期不負齋全集二種　(清)周家楣撰　清光緒二十一年(1895)周氏刻本　八冊

310000－0241－0015423　170154

左海全集十種三十四卷　(清)陳壽祺撰　清道光三年(1823)刻本　三十六冊

310000－0241－0015424　170155

周孟侯先生全書五種三十四卷　(明)周拱辰撰　清道光二十七年(1847)刻光緒元年

(1875)補版本　十二冊

310000－0241－0015425　170157
小瑯環館叢書　(清)陳喬樅撰　清道光刻光緒八年(1882)福州林氏修補本　四十七冊　存九種一百九卷

310000－0241－0015426　170157:2
小瑯環館叢書十種一百十三卷　(清)陳喬樅撰　清道光刻光緒八年(1882)福州林氏修補本　六十冊

310000－0241－0015427　170158
劉氏遺書八種八卷　(清)劉台拱撰　清光緒十五年(1889)廣雅書局刻本　二冊

310000－0241－0015428　170158:2
劉氏遺書八種八卷　(清)劉台拱撰　清光緒十五年(1889)廣雅書局刻本　二冊

310000－0241－0015429　170161
倭文端公遺書　(清)倭仁撰　清光緒六年(1880)六安涂氏求我齋刻本　二冊　存四種

310000－0241－0015430　170162
修本堂叢書十種九十二卷　(清)林伯桐撰　清道光番禺林氏刻本　十二冊

310000－0241－0015431　170163
修本堂叢書十種九十二卷　(清)林伯桐撰　清道光刻本　十四冊

310000－0241－0015432　170164
景紫堂全書十八種八十二卷　(清)夏炘撰　清咸豐、同治間刻同治元年(1862)王光甲等彙印本　二十二冊

310000－0241－0015433　170168
紀慎齋先生全集十四種五十九卷　(清)紀大奎編著　清嘉慶十三年(1808)刻本　三十二冊

310000－0241－0015434　170169
羅忠節公遺集五種七卷　(清)羅澤南著　清咸豐九年(1859)刻本　四冊

310000－0241－0015435　170169:2
羅忠節公遺集六種十五卷　(清)羅澤南著　清咸豐九年(1859)刻本　八冊

310000－0241－0015436　170169:3
羅忠節公遺集七種十七卷　(清)羅澤南著　清同治二年(1863)刻本　八冊

310000－0241－0015437　170171
曾文正公全集　(清)曾國藩撰　(清)李瀚章編輯　清光緒二年(1876)傳忠書局刻本　七十七冊　存九種一百十八卷

310000－0241－0015438　170173
曾文正公全集　(清)曾國藩撰　(清)李瀚章編輯　清光緒二年(1876)傳忠書局刻本　一百冊　存九種一百二十四卷

310000－0241－0015439　170173:2
曾文正公全集十三種一百七十三卷首一卷　(清)曾國藩撰　清同治、光緒間傳忠書局刻本　一百三十冊

310000－0241－0015440　170176
曾忠襄公全集六種六十七卷　(清)曾國荃撰　清光緒二十九年(1903)刻本　六十四冊

310000－0241－0015441　170177
曾惠敏公全集　(清)曾紀澤撰　清光緒二十年(1894)石印本　四冊

310000－0241－0015442　170178
左文襄公全集十二種一百二十四卷　(清)左宗棠撰　清光緒刻本　一百十八冊

310000－0241－0015443　170179
王菉友九種十三卷　(清)王筠撰　清咸豐刻本　八冊

310000－0241－0015444　170179:2
王菉友九種　(清)王筠撰　清道光、咸豐間刻本　二冊　存五種六卷

310000－0241－0015445　170179:3
王菉友九種四十二卷　(清)王筠撰　清道光、咸豐間刻本　四冊　存五種六卷

310000－0241－0015446　170180
魏稼孫先生全集三種　(清)魏錫曾撰　清光緒九年(1883)刻本　十冊

310000－0241－0015447　170180：2

魏稼孫先生全集三種　(清)魏錫曾撰　清光緒九年(1883)刻本　六册

310000－0241－0015448　170182

春在堂全書　(清)俞樾撰　清同治十年(1871)刻本　四十六册　存十九種一百九十一卷

310000－0241－0015449　170183

春在堂全書　(清)俞樾撰　清同治十年(1871)刻本　八册　存十一種七十七卷

310000－0241－0015450　170184

春在堂全書二十八種三百八十九卷　(清)俞樾撰　清光緒十五年(1889)重定本　一百册

310000－0241－0015451　170184(2)

春在堂全書　(清)俞樾撰　清光緒德清俞氏刻本　三十一册

310000－0241－0015452　170184：2

春在堂全書　(清)俞樾撰　清光緒刻本　二十六册　存十種七十二卷

310000－0241－0015453　170185

第一樓叢書九種三十卷　(清)俞樾撰　清同治十年(1871)刻本　十册

310000－0241－0015454　170187

覆瓿集　(清)張文虎撰　清同治、光緒間刻本　十二册　存十四種三十五卷

310000－0241－0015455　170187：2

覆瓿集三種二十四卷　(清)張文虎撰　清同治、光緒間金陵冶城賓館刻本　十一册

310000－0241－0015456　170188

皮氏經學叢書　(清)皮錫瑞撰　清光緒思賢書局刻本　十二册　存八種二十三卷

310000－0241－0015457　170188：2

皮氏經學叢書　(清)皮錫瑞撰　清光緒思賢書局刻本　四册　存四種五卷

310000－0241－0015458　170189

皮氏經學叢書　(清)皮錫瑞撰　清光緒三十二年(1906)刻本　十四册　存九種二十三卷

310000－0241－0015459　170190

師伏堂叢書二十一種八十七卷　(清)皮錫瑞撰　清光緒十九年至三十年(1893－1904)善化皮氏師伏堂刻本　四十册

310000－0241－0015460　170192

求益齋全集五種　(清)強汝詢撰　(清)強汝詢撰　清光緒二十四年(1898)江蘇書局刻本　八册

310000－0241－0015461　170193

柏堂經說存七種二十卷坿讀宋鑑[論]三卷　(清)方宗誠著　清光緒三年(1877)刻本　七册

310000－0241－0015462　170194

柏堂遺書十六種一百七十二卷　(清)方宗誠撰　清光緒六年(1880)刻本　五十册

310000－0241－0015463　170195

方學博全集三十卷　(清)方堈撰　清光緒元年(1875)武昌藩署刻本　六册

310000－0241－0015464　170199

陳司業遺書二種三卷　(清)陳祖范撰　清光緒十七年(1891)廣雅書局刻本　一册

310000－0241－0015465　170200

小謨觴館全集九種二十五卷　(清)彭兆蓀著　清光緒三十二年(1906)刻本　二十册

310000－0241－0015466　170201

平湖顧氏遺書五種　(清)顧廣譽撰　清光緒三年(1877)顧鴻昇刻本　十四册

310000－0241－0015467　170202

白雲山房集　(清)張象津撰　清道光十六年(1836)張氏拜經堂刻本　一册　存三種四卷

310000－0241－0015468　170204

海嶽軒叢刻十種十六卷　(清)杜俞撰　清光緒二十六年(1900)上海排印本　十册

310000－0241－0015469　170205

困學齋集四種　(清)張承華撰　清同治、光緒間河南刻本　六册

310000－0241－0015470　170206

隨山館全集九種三十二卷 （清）汪瑔撰 清光緒刻本 六册

310000－0241－0015471 170209

古桐書屋叢書六種二十一卷 （清）劉熙載撰 清光緒五年（1879）刻本 十二册

310000－0241－0015472 170210

許文正公遺書十二卷首一卷末一卷 （元）許衡撰 清光緒六年（1880）六安求我齋刻本 四册

310000－0241－0015473 170212

廣雅堂四種十三卷 （清）張之洞著 清咸豐十一年（1861）南皮張氏刻本 四册

310000－0241－0015474 170215

可園叢書七種 陳作霖撰 清光緒、宣統間瑞華館刻本 二十六册

310000－0241－0015475 170216

愛梅樓雜著六種 （清）林慶炳撰 清光緒侯官林氏刻本 六册

310000－0241－0015476 170223

大鶴山房遺書十一種二十九卷 鄭文焯撰 清光緒三十年（1904）蘇州□氏刻本 八册

310000－0241－0015477 170223：2

大鶴山房遺書十一種二十九卷 鄭文焯撰 清光緒三十年（1904）蘇州□氏刻本 八册

310000－0241－0015478 170239

正蒙同人集不分卷 （清）任壽華講述 清光緒二十七年（1901）刻本 二册

310000－0241－0015479 170240

武陵山人遺書 （清）顧觀光撰 清光緒二十八年（1902）刻本 四册 存二種八卷

310000－0241－0015480 170241

武陵山人遺書 （清）顧觀光著 清光緒九年（1883）刻本 七册 存九種十三卷

310000－0241－0015481 170241：2

武陵山人遺書十二種十三卷附二種八卷 （清）顧觀光撰 清光緒九年（1883）刻本 十二册

310000－0241－0015482 170249

止園叢書 （清）史夢蘭撰 清道光、同治間刻本 三册 存四種四卷

310000－0241－0015483 170250

邵武徐氏叢書初二集二十二種一百四十七卷 （清）徐榦輯 清光緒十四年（1888）刻本 四十册

310000－0241－0015484 170251

邵武徐氏叢書 （清）徐榦輯 清光緒十四年（1888）刻本 十八册 存十三種七十七卷

310000－0241－0015485 170252

酌古準今 （清）□□纂輯 清道光至光緒間刻本 四册 存四種六卷

310000－0241－0015486 170256

鄒叔子遺書七種 （清）鄒漢勛撰 清光緒九年（1883）鄒氏刻本 十四册

310000－0241－0015487 170256：2

鄒叔子遺書七種 （清）鄒漢勛撰 清光緒九年（1883）鄒氏刻本 十册

310000－0241－0015488 170258

宗月鋤先生遺著 （清）宗廷輔撰 清光緒刻本 三册 存五種五卷

310000－0241－0015489 170258：2

宗月鋤先生遺著八種九卷 （清）宗廷輔撰 清光緒刻本 四册

310000－0241－0015490 170258：3

宗月鋤先生遺著八種九卷 （清）宗廷輔撰 清光緒九年（1883）刻本 四册

310000－0241－0015491 170263

歸查叢刻七種 （清）謝希傅撰 清光緒二十四年（1898）東山草堂排印本 四册

310000－0241－0015492 170270：2

桐城吴先生全書 （清）吳汝綸撰 吳闓生編 清光緒三十年（1904）吴氏家刻本 九册 存四種十一卷

310000－0241－0015493 170271

曾文正公四種 （清）曾國藩撰 清光緒十六

年(1890)鴻寶南局排印本　五冊　存三種十一卷

310000－0241－0015494　170271:2
曾文正公四種十七卷　(清)曾國藩撰　清光緒三十一年(1905)上海商務印書館排印本　八冊

310000－0241－0015495　170271:3
曾文正公四種十七卷　(清)曾國藩撰　清光緒三十一年(1905)上海商務印書館排印本　八冊

310000－0241－0015496　170272
古均閣遺著三種三卷　(清)許槤撰　清光緒十四年(1888)刻本　一冊

310000－0241－0015497　170272:2
古均閣遺著三種三卷　(清)許槤撰　清光緒十四年(1888)刻本　一冊

310000－0241－0015498　170272:3
古均閣遺著三種三卷　(清)許槤撰　清光緒十四年(1888)刻本　一冊

310000－0241－0015499　170280
張敬堂太史遺書五種五卷　(清)張錫嶸撰　清同治九年(1870)望三益齋刻本　四冊

310000－0241－0015500　170283:2?
道安室遺著六種　(清)蕭道管撰　清末蕭閒堂刻本　六冊

310000－0241－0015501　170287
程中丞全集六種二十九卷　(清)程德全撰　清宣統排印本　十九冊

310000－0241－0015502　170289
郭氏佚書六種六卷附錄一卷　(清)郭嵩燾撰　清光緒二十四年(1898)養知書屋刻本　一冊

310000－0241－0015503　170290
許松濱先生全集六種四十三卷坿侍疾日記一卷　(清)許錫祺撰　(清)戴承澍編次　清光緒十七年(1891)刻本　八冊

310000－0241－0015504　170291
荔隱山房集七種十六卷　(清)涂慶瀾撰　清光緒三十一年至三十三年(1905－1907)莆田荔隱山房刻本　五冊

310000－0241－0015505　170292
棣懷堂隨筆五種　(清)李象鵾撰　清道光華亭張祥河校刻本　四冊

310000－0241－0015506　170296
朱氏羣書六種　(清)朱駿聲撰　清光緒八年(1882)臨嘯閣刻本　二冊

310000－0241－0015507　170296:2
朱氏羣書六種　(清)朱駿聲撰　清光緒八年(1882)臨嘯閣刻本　一冊

310000－0241－0015508　170297
鄭東父遺書五種六卷　(清)鄭果撰　清光緒三十年(1904)集虛草堂刻本　四冊

310000－0241－0015509　170314
紫薇花館集　(清)王廷鼎撰　清光緒十七年(1891)刻本　四冊　存八種九卷

310000－0241－0015510　170329(2)
坦園叢稿十一種七十二卷　(清)楊恩壽撰　清同治、光緒間長沙楊氏刻本　十冊

310000－0241－0015511　170329(2):2
坦園叢稿十一種七十二卷　(清)楊恩壽撰　清同治、光緒間長沙楊氏刻本　二十三冊

310000－0241－0015512　170339
遡園全集四種七卷　(清)賈開宗撰　清道光九年(1829)賈洪信刻本　五冊

310000－0241－0015513　170340
楊園先生全集十七種　(清)張履祥撰　(清)祝淦編　清乾隆二十一年(1756)嘉興朱芬刻四十七年(1782)平湖屈橋年修補印本　六冊

310000－0241－0015514　170340(2)
張楊園先生全集十六種　(清)張履祥撰　清同治九年(1870)山東尚志堂刻本　六冊

310000－0241－0015515　170340(3)
楊園先生全集五十四卷年譜一卷　(清)張履祥撰　清同治十年(1871)江蘇書局刻本　十

六册

310000－0241－0015516　170340(3):2

楊園先生全集五十四卷年譜一卷　(清)張履祥撰　清同治十年(1871)江蘇書局刻本　十六册

310000－0241－0015517　170347

倚晴樓集詩十六卷詞四卷傳奇七種十二卷　(清)黄燮清撰　清咸豐、同治間刻本　十册

310000－0241－0015518　170349

元遺山先生全集六種五十四卷　(金)元好問撰　清光緒三年(1877)京都同立堂重印靈石楊氏修刻陽泉山莊本　十六册

310000－0241－0015519　170349(2)

元遺山先生全集五種五十卷　(金)元好問撰　清光緒八年(1882)京都翰文齋重印靈石楊氏修刻陽泉山莊本　十五册

310000－0241－0015520　170350

小酉腴山館全集六種三十一卷　(清)吴大廷撰　清同治刻本　十二册

310000－0241－0015521　170350:2

小酉腴山館全集六種三十一卷　(清)吴大廷撰　清同治刻本　八册

310000－0241－0015522　170350:3

小酉腴山館全集六種三十一卷　(清)吴大廷撰　清同治刻本　七册

310000－0241－0015523　170356

潛園總集　(清)陸心源撰輯　清同治、光緒間吴興陸氏刻本　二百册

310000－0241－0015524　170358

敦復堂三種四卷　(清)倪偉人撰　清末刻本　一册

310000－0241－0015525　170359

陳一齋集七種二十卷　(明)陳第撰　清道光二十八年(1848)陳斗初刻本　十册

310000－0241－0015526　170360

顧端文公遺書十二種　(明)顧憲成撰　清光緒三年(1877)涇里宗祠刻本　六册

310000－0241－0015527　170361

草廬吴文正公全集十二種一百六十五卷首一卷　(元)吴澄撰　清乾隆初吴氏家刻乾隆二十一年(1756)萬璜校刻道光間彙刻補印本　六十册

310000－0241－0015528　170365

春浮園集五種　(明)蕭士瑋撰　清光緒十八年(1892)蕭氏閒餘軒刻本　六册

310000－0241－0015529　180001

八史經籍志八種三十卷　(日本)□□輯　清光緒九年(1883)鎮海張氏刻本　十六册

310000－0241－0015530　180002

八史經籍志　(日本)□□輯　清光緒九年(1883)鎮海張氏刻本　二册　存四種二十卷

310000－0241－0015531　180003

觀古堂書目叢刻十五種四十四卷　葉德輝輯　清光緒二十九年(1903)葉氏刻本　四册

310000－0241－0015532　180003:2

觀古堂書目叢刻十五種四十四卷　葉德輝輯　清光緒二十八年(1902)葉氏刻本　十册

310000－0241－0015533　190001

玉函山房輯佚書存五百三十二種六百四十八卷附目耕帖三十一卷　(清)馬國翰輯　清光緒九年(1883)長沙嫏環館補校刻本　九十四册

310000－0241－0015534　190002

玉函山房輯佚書六百三十四種七百四十九卷附目耕帖三十一卷　(清)馬國翰輯　清同治十年(1871)濟南皇華館書局刻本　八十册

310000－0241－0015535　190003

玉函山房輯佚書六百三十四種七百四十九卷附目耕帖三十一卷　(清)馬國翰輯　清同治十年(1871)濟南皇華館書局刻本　八十册

310000－0241－0015536　190004

玉函山房輯佚書六百三十四種七百四十九卷附目耕帖三十一卷　(清)馬國翰輯　清光緒十年(1884)楚南書局刻本　一百册

310000－0241－0015537　190005

玉函山房輯佚書五百九十二種七百三十六卷　（清）馬國翰輯　清光緒十八年（1892）湖南思賢書局刻本　二十八册

310000－0241－0015538　190005：2

玉函山房輯佚書　（清）馬國翰輯　清光緒九年（1883）嫏環館補校刻本　一册　存九種九卷

310000－0241－0015539　190006

玉函山房輯佚書　（清）馬國翰輯　清光緒九年（1883）長沙嫏環館補校刻本　五十册　存六百二十七種七百四十二卷

310000－0241－0015540　190007

漢學堂叢書存二百十一種二百二十五卷　（清）黄奭輯　清光緒甘泉黄氏刻本　七十九册

310000－0241－0015541　190008

十種古逸書三十卷　（清）茆泮林輯　清道光十四年（1834）梅瑞軒刻本　八册

310000－0241－0015542　190016

二酉堂叢書（張氏叢書）二十一種　（清）張澍輯　清道光元年（1821）武威張氏二酉堂刻清末上海千頃堂印本　十册

310000－0241－0015543　190016：3

二酉堂叢書（張氏叢書）二十一種　（清）張澍輯　清道光元年（1821）武威張氏二酉堂刻清末上海千頃堂印本　十二册

310000－0241－0015544　190016：4

二酉堂叢書（張氏叢書）二十一種　（清）張澍輯　清道光元年（1821）武威張氏二酉堂刻清末上海千頃堂印本　十册

310000－0241－0015545　190018

新增武侯奇書五種不分卷　（清）王進學輯　清光緒刻本　二册

310000－0241－0015546　200012

漢魏叢書八十六種三百五十六卷　（清）王謨輯　清乾隆五十六年（1791）金谿王氏刻本　六十四册

310000－0241－0015547　200014

廣漢魏叢書　（明）何允中編輯　明刻本（配清刻本）　四十六册　存五十九種三百四十七卷

310000－0241－0015548　200015

廣漢魏叢書八十種四百五十七卷　（明）何允中編輯　清嘉慶刻本　八十册

310000－0241－0015549　200019

稗海七十四種四百四十八卷　（明）商濬輯　明刻清補修本　八十册

310000－0241－0015550　200019：2

稗海七十四種四百四十八卷　（明）商濬輯　明越郡半埜堂刻本　一百册

310000－0241－0015551　210001

秘書二十一種九十四卷　（清）汪士漢輯　清康熙八年（1669）刻本　三十二册

310000－0241－0015552　210001：2

秘書二十一種　（清）汪士漢輯　清康熙八年（1669）刻本　十二册　存十六種四十四卷

310000－0241－0015553　210002

秘書廿八種一百二十三卷　（清）汪士漢輯　（清）周光霽增輯　清嘉慶六年（1801）金谿周光霽校刻本　十六册

310000－0241－0015554　210003

檀几叢書三種一百二卷　（清）王晫　（清）張潮輯　清康熙歙縣張氏刻吳門掃葉山房印本　十四册

310000－0241－0015555　210003：2

檀几叢書五十種五十卷二集五十種五十卷餘集五十七種二卷　（清）王晫　（清）張潮輯　清康熙刻本　二十四册

310000－0241－0015556　210004

檀几叢書五十種五十卷　（清）王晫　（清）張潮輯　清康熙三十六年（1697）刻本　六册

310000－0241－0015557　210004：2

檀几叢書二集五十卷　（清）王晫　（清）張潮

輯　清康熙三十六年(1697)刻本　一册

310000－0241－0015558　210005

檀几叢書録要七種　(清)何思鈞輯　清黔築家蔭堂刻本　二册

310000－0241－0015559　210006

昭代叢書五百六十種五百六十卷　(清)張潮輯　清道光世楷堂刻本　一百三十一册

310000－0241－0015560　210007

昭代叢書初二集九十種九十卷　(清)張潮輯　清康熙刻本　三十二册

310000－0241－0015561　210008

昭代叢書十二集九十種九十卷　(清)張潮輯　清吳門埽葉山房刻本　十八册

310000－0241－0015562　210009

昭代叢書五百六十種五百六十卷　(清)張潮輯　清道光世楷堂刻本　一百七十二册

310000－0241－0015563　210010

昭代叢書五百六十種五百六十卷　(清)張潮輯　(清)沈楙悳補輯　清道光二十九年(1849)世楷堂刻本　一百五十六册

310000－0241－0015564　210013

楝亭十二種　(清)曹寅輯　清康熙揚州詩局刻本　六册　存八種二五卷

310000－0241－0015565　210017

說鈴前集三十三種後集十九種　(清)吳震方編　清翻刻康熙本　十四册

310000－0241－0015566　210017(2)

說鈴前集三十九種　(清)吳震方編　清光緒五年(1879)兩儀堂刻本　三册

310000－0241－0015567　210027

武英殿聚珍版叢書一百四十八種　(清)廣雅書局編　清光緒二十五年(1899)廣雅書局刻本　八百六册　存二千八百七十卷

310000－0241－0015568　210028

武英殿聚珍版叢書五十四種四百二十一卷　(清)江西書局編　清同治十三年(1874)江西書局刻本　一百二十八册

310000－0241－0015569　210028:2

武英殿聚珍版叢書　(清)江西書局編　清同治十三年(1874)江西書局刻本　一百四册　存五十三種三百八十一卷

310000－0241－0015570　210029

武英殿聚珍版叢書一百二十四種一千九百八十三卷附刊九種一百六十二卷　(清)福建布政使署編　清同治七年(1868)福建布政使署刻本　七百九十六册

310000－0241－0015571　210031

古香齋袖珍十種　(清)武英殿編　清光緒十年(1884)刻本　一百二十六册　存七種三百六十五卷

310000－0241－0015572　210034

硯雲甲乙編十六種五十卷　(清)金忠淳輯　清乾隆四十年(1775)刻本　十册

310000－0241－0015573　210034:2

硯雲甲乙編甲編八種十六卷殘存十五卷乙編八種三十四卷　(清)金忠淳輯　清乾隆金氏硯雲書屋刻本　二十三册

310000－0241－0015574　210036

知不足齋叢書三十集一百九十七種七百八十一卷　(清)鮑廷博輯　清乾隆、道光間刻本　二百四十册

310000－0241－0015575　210037

知不足齋叢書三十集　(清)鮑廷博輯　清乾隆四十一年(1776)刻本　二百十五册　存一百八十一種七百卷

310000－0241－0015576　210037:2

知不足齋叢書一百九十七種七百八十二卷　(清)鮑廷博輯　清乾隆鮑氏知不足齋刻本配古書流通處影印本　三十八册

310000－0241－0015577　210038:2

知不足齋叢書三十集一百九十七種七百八十一卷　(清)鮑廷博輯　清乾隆四十一年(1776)鮑氏刻本　二百四十册

310000－0241－0015578　210039

知不足齋叢書三十集 (清)鮑廷博輯 清乾隆四十一年(1776)刻本 二百三十七冊 存一百九十五種七百七十一卷

310000－0241－0015579 210040
知不足齋叢書 (清)鮑廷博輯 清乾隆四十一年(1776)刻本 九冊 存十一種三十五卷

310000－0241－0015580 210041
知不足齋叢書第二十三集 (清)鮑廷博輯 清乾隆、嘉慶間刻本 一冊 存二種五卷

310000－0241－0015581 210044
經訓堂叢書二十一種一百六十五卷 (清)畢沅輯 清光緒十三年(1887)大同書局石印本 二十冊

310000－0241－0015582 210045
經訓堂叢書二十一種一百六十五卷 (清)畢沅輯 清光緒十三年(1887)石印本 十六冊

310000－0241－0015583 210048
經訓堂叢書二十三種一百六十八卷 (清)畢沅輯 清乾隆畢氏經訓堂刻本 八十冊

310000－0241－0015584 210048:2
經訓堂叢書二十四種一百六十七卷 (清)畢沅輯 清乾隆畢氏經訓堂刻本 三十二冊

310000－0241－0015585 210049
雅雨堂叢書十三種 (清)盧見曾編 清乾隆二十一年(1756)盧氏雅雨堂刻增修本 二十二冊

310000－0241－0015586 210055
龍威秘書十集一百七十七種三百二十三卷 (清)馬俊良輯 清乾隆五十九年(1794)大酉山房刻本 八十冊

310000－0241－0015587 210056
龍威秘書十集一百七十七種三百二十三卷 (清)馬俊良輯 清乾隆五十九年(1794)石門馬氏大酉山房刻本 八十冊

310000－0241－0015588 210056:2
龍威秘書十集一百七十七種三百二十三卷 (清)馬俊良輯 清乾隆五十九年(1794)大酉山房刻本 八十冊

310000－0241－0015589 210057
藝海珠塵 (清)吴省蘭輯 清乾隆聽彝堂刻本 四十九冊 存一百三十五種二百三十九卷

310000－0241－0015590 210057:2
藝海珠塵 (清)吴省蘭輯 清乾隆聽彝堂刻本 四十冊 存一百四十五種二百六十二卷

310000－0241－0015591 210058
藝海珠塵 (清)吴省蘭輯 清乾隆聽彝堂刻本 五十六冊 存一百四十五種二百六十二卷

310000－0241－0015592 210059
貸園叢書十二種 (清)周永年輯 清乾隆五十四年(1789)刻本 十五冊 存四十三卷

310000－0241－0015593 210062
述記三十四種 (清)任兆麟編 清翻刻乾隆忠敏家塾本 六冊

310000－0241－0015594 220004
平津館叢書十集三十八種 (清)孫星衍編 清嘉慶蘭陵孫氏平津館刻本 四十八冊

310000－0241－0015595 220004:2
平津館叢書四十二種二百五十一卷 (清)孫星衍編 清嘉慶十七年(1812)孫氏平津館刻本 四十八冊

310000－0241－0015596 220007
平津館叢書十集三十八種 (清)孫星衍編 清光緒十一年(1885)吴縣朱氏槐廬家塾刻本 五十冊

310000－0241－0015597 220007:2
平津館叢書十集三十八種 (清)孫星衍編 清光緒十一年(1885)吴縣朱氏槐廬家塾刻本 十三冊

310000－0241－0015598 220007:3
平津館叢書十集三十八種 (清)孫星衍編 清光緒十一年(1885)吴縣朱氏槐廬家塾刻本 四十九冊

310000－0241－0015599　220008
學津討原　(清)張海鵬輯　清嘉慶十年(1805)照曠閣刻本　二百三十三册　存一百七十種九百六十一卷

310000－0241－0015600　220009
斠補隅錄十四種十七卷　(清)蔣光煦輯　清咸豐元年(1851)海昌蔣氏宜年堂刻六年(1856)重編本　二册

310000－0241－0015601　220019
讀畫齋叢書四十六種一百九十五卷　(清)顧修輯　清嘉慶四年(1799)讀畫齋刻本　六十四册

310000－0241－0015602　220019:2
讀畫齋叢書四十六種一百九十五卷　(清)顧修輯　清嘉慶讀畫齋刻本　六十四册

310000－0241－0015603　220020
湖海樓叢書十二種　(清)陳春編　清嘉慶蕭山陳氏刻本　三十二册

310000－0241－0015604　220020(2)
湖海樓叢書十二種　(清)陳春編　清嘉慶蕭山陳氏刻光緒八年(1882)印本　三十二册

310000－0241－0015605　220020:2
湖海樓叢書十二種　(清)陳春編　清嘉慶蕭山陳氏刻本　四十册

310000－0241－0015606　220020:3
湖海樓叢書十二種　(清)陳春編　清嘉慶蕭山陳氏刻本　三十二册

310000－0241－0015607　220023:2
守山閣叢書　(清)錢熙祚輯　清末石印本　二册　存五種十五卷

310000－0241－0015608　220023:3
守山閣叢書一百十二種六百六十五卷　(清)錢熙祚輯　清光緒十五年(1889)鴻文書局石印本　一百册

310000－0241－0015609　220028
惜陰軒叢書三十四種　(清)李錫齡編　清道光二十六年(1846)宏道書院刻本　一百二十册

310000－0241－0015610　220028(2)
惜陰軒叢書三十四種續編一種　(清)李錫齡編　清光緒二十二年(1896)長沙刻本　一百二十四册

310000－0241－0015611　220028:2
惜陰軒叢書三十四種　(清)李錫齡編　清道光二十六年(1846)宏道書院刻本　一百二十四册

310000－0241－0015612　220028:3
惜陰軒叢書三十四種三百二卷　(清)李錫齡編　清道光宏道書院刻本　一百十四册

310000－0241－0015613　220031
三長物齋叢書二十六種　(清)黄本驥輯　清道光湘陰蔣環刻光緒四年(1878)古香書閣印本　八十册

310000－0241－0015614　220032
宜稼堂叢書十二種　(清)郁松年輯　清道光二十二年(1842)刻本　六十三册　存二百五十卷

310000－0241－0015615　220033
宜稼堂叢書十二種二百五十五卷　(清)郁松年輯　清道光二十二年(1842)刻本　六十五册

310000－0241－0015616　220034
宜稼堂叢書十二種二百五十五卷　(清)郁松年輯　清道光二十二年(1842)刻本　五十二册

310000－0241－0015617　220035
遜敏堂叢書五十一種七十四卷　(清)黄秩模輯　清咸豐元年(1851)木活字印本　八册

310000－0241－0015618　220036
遜敏堂叢書三十一種　(清)黄秩模編　清道光、咸豐間宜黄黄氏木活字印本　八册

310000－0241－0015619　220037
海山仙館叢書五十六種四百八十五卷　(清)潘仕成輯　清道光二十九年(1849)刻本　一

百二十四册

310000－0241－0015620　220038

海山仙館叢書五十六種存四百六十七卷　(清)潘仕成輯　清道光二十九年(1849)刻本　一百十三册

310000－0241－0015621　220039

海山仙館叢書　(清)潘仕成輯　清道光二十九年(1849)刻本　一百二十三册　存五十四種四百七十卷

310000－0241－0015622　220040

海山仙館叢書五十六種四百八十五卷　(清)潘仕成輯　清道光二十九年(1849)番禺潘氏刻本　一百二十一册

310000－0241－0015623　220040：2

海山仙館叢書五十六種四百八十五卷　(清)潘仕成輯　清道光二十九年(1849)番禺潘氏刻本　一百二十二册

310000－0241－0015624　220041

三才畧四種四卷　(清)□□輯　清道光刻本　一册

310000－0241－0015625　220041(2)

三才畧四種四卷　(清)□□輯　清道光刻本　一册

310000－0241－0015626　220041(3)

三才畧四種四卷　(清)□□輯　清光緒五年(1879)華陽醉經堂刻本　一册　存二種二卷

310000－0241－0015627　220041(4)

三才畧四種四卷　(清)□□輯　清末李光明莊刻本　二册

310000－0241－0015628　220041(5)

三才紀要四種二卷　(清)□□輯　清末江南機器製造總局刻本　一册

310000－0241－0015629　220043

振綺堂叢書初集十種二集十二種　(清)汪康年編　清光緒、宣統間泉塘汪氏刻本及排印本　十四册

310000－0241－0015630　220043：2

振綺堂叢書初集十種二集十二種　(清)汪康年編　清光緒、宣統間泉塘汪氏刻本及排印本　十四册

310000－0241－0015631　220044

漢魏遺書鈔一百六種　(清)王謨編　清嘉慶三年至十一年(1798－1806)金溪王氏刻本　二十四册

310000－0241－0015632　220044：2

漢魏遺書鈔一百六種　(清)王謨編　清嘉慶三年至十一年(1798－1806)金溪王氏刻本　二十四册

310000－0241－0015633　220044：3

漢魏遺書鈔一百六種　(清)王謨編　清嘉慶三年至十一年(1798－1806)金溪王氏刻本　十三册

310000－0241－0015634　220044：4

漢魏遺書鈔一百六種　(清)王謨編　清嘉慶三年至十一年(1798－1806)金溪王氏刻本　一册

310000－0241－0015635　220047

汗筠齋叢書第一集(蘭芬齋叢書初集)四種　(清)秦鑑編　清嘉慶三年至四年(1798－1799)嘉定秦氏刻本　二十册

310000－0241－0015636　220048

紛欣閣叢書十三種　(清)周心如編　清道光浦江周氏刻本　二十四册

310000－0241－0015637　220049

淩氏傳經堂叢書七種三十五卷　(清)淩鏞等輯　清道光吳興淩氏刻本　十六册

310000－0241－0015638　220049：2

淩氏傳經堂叢書二種二卷　(清)淩鏞等輯　清道光吳興淩氏刻本　一册

310000－0241－0015639　220050

賜硯堂叢書新編四集四十一種　(清)顧沅輯　清道光十年(1830)長洲顧氏刻本　二十二册

310000－0241－0015640　220050：2

賜硯堂叢書新編四集四十一種　(清)顧沅輯　清道光十年(1830)長洲顧氏刻本　六冊

310000 - 0241 - 0015641　220052
小萬卷樓叢書十七種七十一卷　(清)錢培名輯　清咸豐刻本　十六冊

310000 - 0241 - 0015642　220053
拜經樓叢書　(清)吳騫輯　清嘉慶拜經樓刻本　十六冊　存二十三種五十八卷

310000 - 0241 - 0015643　220053:5
重刊拜經樓叢書七種二十三卷　(清)吳騫學　清光緒十一年(1885)會稽章氏刻本　八冊

310000 - 0241 - 0015644　220053:6
重刊拜經樓叢書七種二十三卷　(清)吳騫學　清光緒十一年(1885)會稽章氏刻本　八冊

310000 - 0241 - 0015645　220054
[履園叢刊]三種　(清)錢曰祥輯　清道光二十五年(1845)錢氏刻本　一冊　存(浣香園筆記、勸學巽言、鳳仙花譜)

310000 - 0241 - 0015646　240001
乾坤正氣集一百一種五百七十四卷　(清)姚瑩　(清)顧沅輯　清同治五年(1866)刻本　二百冊

310000 - 0241 - 0015647　240002
乾坤正氣集一百一種五百七十四卷　(清)姚瑩　(清)顧沅輯　清同治五年(1866)刻本　一百冊

310000 - 0241 - 0015648　240003
乾坤正氣集選鈔九十七卷　(清)吳煥采輯　清光緒十三年(1887)刻本　三十二冊

310000 - 0241 - 0015649　240005
春暉堂叢書十二種　(清)徐渭仁編　清道光上海徐氏刻同治補刻印本　十冊

310000 - 0241 - 0015650　240005:2
春暉堂叢書十二種　(清)徐渭仁編　清道光上海徐氏刻同治補刻印本　十二冊

310000 - 0241 - 0015651　240005:3
春暉堂叢書十二種　(清)徐渭仁編　清道光上海徐氏刻同治補刻印本　二冊

310000 - 0241 - 0015652　240007
滂喜齋叢書五十六種八十一卷　(清)潘祖蔭輯　清同治十一年至光緒九年(1872 - 1883)潘氏刻本　三十二冊

310000 - 0241 - 0015653　240007:2
滂喜齋叢書五十六種八十一卷　(清)潘祖蔭輯　清同治十一年至光緒九年(1872 - 1883)潘氏刻本　三十二冊

310000 - 0241 - 0015654　240008
滂喜齋叢書　(清)潘祖蔭輯　清同治十一年至光緒九年(1872 - 1883)潘氏刻本　二十九冊　存五十三種七十三卷

310000 - 0241 - 0015655　240009
滂喜齋叢書　(清)潘祖蔭輯　清同治十一年至光緒九年(1872 - 1883)潘氏刻本　八冊　存八種十一卷

310000 - 0241 - 0015656　240010
滂喜齋叢書　(清)潘祖蔭輯　清同治十一年至光緒九年(1872 - 1883)潘氏刻本　二十七冊　存五十二種七十八卷

310000 - 0241 - 0015657　240010:2
滂喜齋叢書　(清)潘祖蔭輯　清同治十一年至光緒九年(1872 - 1883)潘氏刻本　二十七冊　存四十二種六十六卷

310000 - 0241 - 0015658　240011
瓶華書屋叢書　(清)童和豫輯　清咸豐刻本　二十冊　存十一種五十六卷

310000 - 0241 - 0015659　240012
榕園叢書三集六十三種　(清)李光廷編　清同治、光緒間番禺李氏刻本　四十八冊

310000 - 0241 - 0015660　240013
長恩書室叢書甲集十種四十卷　(清)莊肇麟輯　清咸豐四年(1854)刻本　十冊

310000 - 0241 - 0015661　240014
長恩書室叢書乙集九種十八卷　(清)莊肇麟輯　清咸豐四年(1854)刻本　六冊

310000－0241－0015662　240015
小石山房叢書　(清)顧湘輯　清同治十三年(1874)刻本　六冊　存三十九種五十卷

310000－0241－0015663　240016
小石山房叢書　(清)顧湘輯　清同治十三年(1874)刻本　十一冊　存三十九種五十卷

310000－0241－0015664　240017
當歸草堂叢書八種　(清)丁丙編　清同治錢唐丁氏刻本　八冊

310000－0241－0015665　240017：2
當歸草堂叢書八種　(清)丁丙編　清同治錢唐丁氏刻本　六冊

310000－0241－0015666　240019
曼陀羅華閣叢書　(清)杜文瀾輯　清同治杜氏刻本　十冊　存十一種二十三卷

310000－0241－0015667　240020
粵雅堂叢書三十集二百二十種一千二百六十五卷　(清)伍崇曜輯　清光緒元年(1875)刻本　四百冊

310000－0241－0015668　240020：2
粵雅堂叢書三十集二百二十種一千二百六十五卷　(清)伍崇曜輯　清光緒元年(1875)刻本　三百冊

310000－0241－0015669　240020：3
粵雅堂叢書三十集二百二十種一千二百六十五卷　(清)伍崇曜輯　清道光至光緒間南海伍氏刻本　四十三冊　存一百十九卷

310000－0241－0015670　240021
粵雅堂叢書三十集二百二十種一千二百六十五卷　(清)伍崇曜輯　清光緒元年(1875)刻本　三百二十冊

310000－0241－0015671　240022
粵雅堂叢書三十集二百二十種一千二百六十五卷　(清)伍崇曜輯　清咸豐三年(1853)刻本　三百二十九冊

310000－0241－0015672　240023
粵雅堂叢書　(清)伍崇曜輯　清道光至光緒間刻本　二冊

310000－0241－0015673　240024
粵雅堂叢書三十集二百二十種一千二百六十五卷　(清)伍崇曜輯　清咸豐三年(1853)刻本　三百五十七冊　存一百八十六種一千二百三十四卷

310000－0241－0015674　240025
蕂園叢書十二種　(清)平步青編　清同治、光緒間平氏安越堂刻本　九冊

310000－0241－0015675　240026
荔牆叢刻　(清)汪曰楨輯　清同治、光緒間烏程汪氏刻本　十六冊

310000－0241－0015676　240026：2
荔牆叢刻十六種五十三卷　(清)汪曰楨輯　清同治、光緒間烏程汪氏刻本　二十冊

310000－0241－0015677　250000
洋務叢鈔四種十卷　(清)王鞏之輯　清光緒十一年至十二年(1885－1886)紅杏山房刻本　六冊

310000－0241－0015678　250002
琳琅祕室叢書三十種　(清)胡珽編　清咸豐三年(1853)仁和胡氏木活字印本　二十四冊

310000－0241－0015679　250002(2)
琳琅祕室叢書　(清)胡珽編　清光緒十四年(1888)會稽董氏取斯家塾木活字印本　二十冊　存二十五種

310000－0241－0015680　250003
十萬卷樓叢書初編二編三十七種二百八十八卷　(清)陸心源輯　清光緒五年(1879)刻本　七十五冊

310000－0241－0015681　250004
十萬卷樓叢書初編二編三編　(清)陸心源輯　清光緒五年(1879)陸氏刻本　一百十三冊　存四十六種三百六十八卷

310000－0241－0015682　250004：2
十萬卷樓叢書五十一種三百八十九卷　(清)陸心源輯　清光緒五年(1879)刻本　一百冊

310000－0241－0015683　250006
十萬卷樓叢書初編二編　(清)陸心源輯　清光緒五年(1879)陸氏刻本　六十八冊　存三十三種二百七十三卷

310000－0241－0015684　250006:2
十萬卷樓叢書二編　(清)陸心源輯　清光緒歸安陸氏刻本　一冊　存二種三卷

310000－0241－0015685　250007
式訓堂叢書初集十四種四十二卷二集十二種五十三卷　(清)章壽康輯　清光緒會稽章氏刻本　三十二冊

310000－0241－0015686　250007:2
式訓堂叢書初集十四種四十二卷二集十二種五十三卷　(清)章壽康輯　清光緒四年(1878)會稽章氏刻本　二十四冊

310000－0241－0015687　250008
式訓堂叢書初集十四種四十二卷　(清)章壽康輯　清光緒四年(1878)章氏刻本　十六冊

310000－0241－0015688　250009
式訓堂叢書四十種一百三十七卷　(清)章壽康輯　清光緒四年(1878)章氏刻本　四十八冊

310000－0241－0015689　250010
寶墨齋叢書　(清)余廷誥輯　清光緒二十三年(1897)豐城余氏刻本　九冊　存五種二十二卷

310000－0241－0015690　250011
功順堂叢書十八種七十四卷　(清)潘祖蔭輯　清光緒潘氏刻本　二十八冊

310000－0241－0015691　250012
功順堂叢書　(清)潘祖蔭輯　清光緒潘氏刻本　七冊　存六種二十一卷

310000－0241－0015692　250013
功順堂叢書十種三十七卷　(清)潘祖蔭輯　清光緒潘氏刻本　十二冊

310000－0241－0015693　250014
功順堂叢書十八種七十四卷　(清)潘祖蔭輯　清光緒潘氏刻本　二十八冊

310000－0241－0015694　250014:2
功順堂叢書十八種七十四卷　(清)潘祖蔭輯　清光緒潘氏刻本　三十二冊

310000－0241－0015695　250015
正覺樓叢刻三十種七十八卷　(清)崇文書局編輯　清光緒湖北崇文書局刻本　三十六冊

310000－0241－0015696　250015:2
正覺樓叢刻三十種七十八卷　(清)崇文書局編輯　清光緒湖北崇文書局刻本　三十六冊

310000－0241－0015697　250016
正覺樓叢刻三十種七十八卷　(清)崇文書局編輯　清光緒湖北崇文書局刻本　三十六冊

310000－0241－0015698　250017
木犀軒叢書二十五種一百四十二卷　(清)李盛鐸輯　清光緒李氏刻本　四十三冊

310000－0241－0015699　250019
木犀軒叢書二十五種一百四十二卷　(清)李盛鐸輯　清光緒李氏刻本　四十冊

310000－0241－0015700　250021
天壤閣叢書　(清)王懿榮輯　清同治、光緒間福山王氏刻本　二十一冊

310000－0241－0015701　250021:2
天壤閣叢書　(清)王懿榮輯　清同治、光緒間福山王氏刻本　二十一冊

310000－0241－0015702　250022
心矩齋叢書七種三十卷　(清)蔣鳳藻輯　清光緒十四年(1888)蔣氏刻本　十二冊

310000－0241－0015703　250022:2
心矩齋叢書五種二十八卷　(清)蔣鳳藻輯　清光緒十四年(1888)蔣氏刻本　十四冊

310000－0241－0015704　250023
觀古堂彙刻書二集二十二種　葉德輝編　清光緒長沙葉氏刻彙印本　三冊

310000－0241－0015705　250024:3
觀古堂彙刻書第二集　葉德輝編　清光緒三

十四年(1908)葉氏刻本　一冊　存二種二卷

310000－0241－0015706　250026

觀古堂所著書第一集九種第二集九種三十五卷　葉德輝編　清光緒葉氏刻本　十六冊

310000－0241－0015707　250026:2

觀古堂所著書第一集七種九卷第二集存八種二十八卷　葉德輝編　清光緒三十三年(1907)葉氏刻本　十三冊

310000－0241－0015708　250028

觀古堂所刻書九種　葉德輝編　清光緒長沙葉氏刻本　六冊

310000－0241－0015709　250031

結一廬朱氏賸餘叢書四種　(清)朱學勤編　清光緒三十一年(1905)仁和朱氏刻本　十四冊

310000－0241－0015710　250031:2

結一廬朱氏賸餘叢書四種　(清)朱學勤編　清光緒三十一年(1905)仁和朱氏刻本　二十五冊

310000－0241－0015711　250031:3

結一廬朱氏賸餘叢書四種　(清)朱學勤編　清光緒三十一年(1905)仁和朱氏刻本　三冊

310000－0241－0015712　250032

雙楳景闇叢書十一種二十卷　葉德輝輯　清光緒、宣統間長沙葉氏郎園刻本　四冊

310000－0241－0015713　250032:2

雙楳景闇叢書十一種二十卷　葉德輝輯　清光緒、宣統間長沙葉氏郎園刻本　一冊

310000－0241－0015714　250034

觀自得齋叢書二十九種　(清)徐士愷輯　清光緒石埭徐氏刻本　三十一冊

310000－0241－0015715　250034:2

觀自得齋叢書二十九種　(清)徐士愷輯　清光緒石埭徐氏刻本　二十四冊

310000－0241－0015716　250036

觀自得齋叢書六種六卷　(清)徐士愷輯　清光緒十四年(1888)刻本　二冊

310000－0241－0015717　250037

嘯園叢書五十九種一百八十六卷　(清)葛元煦輯　清光緒九年(1883)刻本　七十二冊

310000－0241－0015718　250038

嘯園叢書　(清)葛元煦輯　清光緒九年(1883)刻本　四十八冊　存五十八種一百六十七卷

310000－0241－0015719　250039

花雨樓叢鈔二十九種　(清)張壽榮輯　清光緒九年(1883)張氏刻本　四十六冊　存八十九卷

310000－0241－0015720　250040

花雨樓叢鈔二十九種　(清)張壽榮輯　清光緒九年(1883)張氏刻本　四十八冊　存八十九卷

310000－0241－0015721　250041

花雨樓叢鈔二十九種　(清)張壽榮輯　清光緒九年(1883)張氏刻本　四十八冊　存八十八卷

310000－0241－0015722　250045

娱園叢刻十種十三卷　(清)許增輯　清光緒十五年(1889)刻本　四冊

310000－0241－0015723　250045:2

娱園叢刻十種十三卷　(清)許增輯　清光緒十五年(1889)刻本　一冊

310000－0241－0015724　250046

便蒙叢書初二集　(清)張一鵬輯　清光緒二十八年(1902)蘇州開智書室刻本　九冊　存十三種二十一卷

310000－0241－0015725　250047

國朝名人著述叢編十三種　(清)□□輯　清光緒五年(1879)上海淞隱閣排印本　六冊

310000－0241－0015726　250048

挹秀山房叢書九種　(清)朱克敬編　清同治、光緒間刻長沙陳挹秀山房彙印本　二十冊

310000－0241－0015727　250049

學海堂叢刻　(清)□□編　清光緒三年(1877)刻本　八冊　存八種十六卷

310000－0241－0015728　250050
崇文書局彙刻書三十三種　(清)崇文書局編　清光緒三年(1877)湖北崇文書局刻本　八十冊

310000－0241－0015729　250050:2
崇文書局彙刻書三十三種　(清)崇文書局編　清光緒三年(1877)湖北崇文書局刻本　十七冊

310000－0241－0015730　250052
津河廣仁堂所刻書　(清)□□編　清光緒津河廣仁堂刻本　八冊　存五種十四卷

310000－0241－0015731　250053
積學齋叢書二十種六十一卷　徐乃昌輯　清光緒十九年(1893)南陵徐氏刻本　十六冊

310000－0241－0015732　250053:2
積學齋叢書二十種六十一卷　徐乃昌輯　清光緒十九年(1893)南陵徐氏刻本　十六冊

310000－0241－0015733　250053:3
積學齋叢書　徐乃昌輯　清光緒南陵徐氏刻本　一冊　存二種四卷

310000－0241－0015734　250053:4
積學齋叢書　徐乃昌輯　清光緒南陵徐氏刻本　十六冊

310000－0241－0015735　250054
積學齋叢書二十種六十一卷　徐乃昌輯　清光緒十九年(1893)徐氏刻本　二十冊

310000－0241－0015736　250055
積學齋叢書二十種六十一卷　徐乃昌輯　清光緒十九年(1893)南陵徐氏刻本　十六冊

310000－0241－0015737　250056
積學齋叢書二十種六十一卷　徐乃昌輯　清光緒十六年(1890)徐氏刻本　八冊

310000－0241－0015738　250059
靈鶼閣叢書六集五十六種　(清)江標編　清光緒元和江氏湖南使院刻本　四十八冊

310000－0241－0015739　250059:2
靈鶼閣叢書六集五十六種　(清)江標編　清光緒元和江氏湖南使院刻本　四十八冊

310000－0241－0015740　250059:3
靈鶼閣叢書六集五十六種　(清)江標編　清光緒元和江氏湖南使院刻本　四十二冊

310000－0241－0015741　250060
長沙王氏刊藏各書十三種四十二卷　王先謙等輯　清光緒十年(1884)刻本　二十冊

310000－0241－0015742　250061
新世界叢書五種五卷　鄧實撰　強學齋校　清光緒二十九年(1903)有益堂刻本　四冊

310000－0241－0015743　250062
雲自在龕叢書五集　繆荃孫輯　清光緒江陰繆氏刻本　八冊

310000－0241－0015744　250062:2
雲自在龕叢書初二集　繆荃孫輯　清光緒江陰繆氏刻本　十二冊

310000－0241－0015745　250062:3
雲自在龕叢書第四集　繆荃孫輯　清光緒江陰繆氏刻本　二冊

310000－0241－0015746　250063
榆園叢刊二十八種七十一卷　(清)許增輯　清光緒十四年(1888)榆園刻本　十七冊

310000－0241－0015747　250064
榆園叢刊　(清)許增輯　清光緒十四年(1888)刻本　十三冊　存十五種五十四卷

310000－0241－0015748　250065
榆園叢刊　(清)許增輯　清光緒十四年(1888)榆園刻本　十六冊　存二十七種六十七卷

310000－0241－0015749　250066
清風室叢刊　(清)錢保塘輯　清同治、光緒間海寧錢氏清風室刻本　一冊　存二種二卷

310000－0241－0015750　250067
益雅堂叢書二十種九十五卷　(清)□□輯　清光緒九年(1883)文選樓刻本　三十二冊

310000－0241－0015751　250068

玲瓏山館叢書九十種一百八十卷　(清)傅世洵輯　清光緒十五年(1889)文選樓刻本　五十册

310000－0241－0015752　250069

玲瓏山館叢書九十種一百八十卷　(清)傅世洵輯　清光緒十五年(1889)文選樓刻本　十五册

310000－0241－0015753　250070

述古堂叢鈔　(清)劉晚榮輯　清同治、光緒間古岡劉氏藏修書屋刻本　四十册

310000－0241－0015754　250070∶3

述古叢鈔初集十種二集三種　(清)劉晚榮輯　清同治、光緒間古岡劉氏藏修書屋刻本　二十册

310000－0241－0015755　250071

述古叢鈔一二三四集二十五種一百五十卷　(清)劉晚榮輯　清同治、光緒間古岡劉氏藏修書屋刻本　四十册

310000－0241－0015756　250074

翠琅玕館叢書四集五十一種　(清)馮兆年編　清光緒羊城馮氏刻本　四十册

310000－0241－0015757　250074∶2

翠琅玕館叢書四集五十一種　(清)馮兆年編　清光緒羊城馮氏刻本　二册

310000－0241－0015758　250075

暢園叢書甲函五種　(清)張邁編　清光緒二十年(1894)始豐張氏四明刻本　一册

310000－0241－0015759　250076

聚學軒叢書　劉世珩輯　清光緒二十九年(1903)刻本　九十九册　存五十九種二百五十三卷

310000－0241－0015760　250077

聚學軒叢書六十一種二百五十五卷　劉世珩輯　清光緒刻本　一百册

310000－0241－0015761　250078

二思堂叢書六種　(清)梁章鉅撰　清光緒元年(1875)福州梁氏刻本　十六册

310000－0241－0015762　250080

半厂叢書十一種八十三卷　(清)譚獻撰輯　清同治、光緒間仁和譚氏初刻本　十八册

310000－0241－0015763　250080(2)

半厂叢書六種三十二卷　(清)譚獻撰輯　清光緒仁和譚氏補刻本　十册

310000－0241－0015764　250083

槐廬叢書五編　(清)朱記榮輯　清光緒吴縣朱氏槐廬家塾刻本　八十册

310000－0241－0015765　250083∶2

槐廬叢書五編　(清)朱記榮輯　清光緒吴縣朱氏槐廬家塾刻本　四十册

310000－0241－0015766　250085

風雨樓叢書　(清)神州國光社編輯　清宣統二年(1910)排印本　三十册　存十五種七十八卷

310000－0241－0015767　250087

懷豳雜俎十二種　徐乃昌編　清光緒、宣統間南陵徐氏刻本　八册

310000－0241－0015768　250087∶2

懷豳雜俎十二種　徐乃昌編　清光緒、宣統間南陵徐氏刻本　八册

310000－0241－0015769　250088∶3

鄦齋叢書　徐乃昌輯　清光緒二十六年(1900)南陵徐氏刻本　十六册

310000－0241－0015770　250089

鄦齋叢書　徐乃昌輯　清光緒二十六年(1900)刻本　十六册

310000－0241－0015771　250090

隨盦徐氏叢書十種　徐乃昌編　清光緒末南陵徐氏影宋刻本　八册

310000－0241－0015772　250090∶2

隨盦徐氏叢書十種　徐乃昌編　清光緒末南陵徐氏影宋刻本　十二册

310000－0241－0015773　250090∶3

隨盦徐氏叢書十種　徐乃昌編　清光緒末南陵徐氏影宋刻本　十二册

310000－0241－0015774　250090:4
隨盦徐氏叢書十種　徐乃昌編　清光緒末南陵徐氏影宋刻本　十一册

310000－0241－0015775　250091
隨盦徐氏叢書正編十卷續編十卷　徐乃昌編　清光緒末南陵徐氏影宋刻本　二十四册

310000－0241－0015776　250091:2
隨盦徐氏叢書正編十卷續編十卷　徐乃昌編　清光緒末南陵徐氏影宋刻本　十二册

310000－0241－0015777　250092
咫進齋叢書三十五種九十卷　(清)姚覲元輯　清光緒九年(1883)刻本　二十四册

310000－0241－0015778　250093
咫進齋叢書　(清)姚覲元輯　清光緒九年(1883)刻本　十八册　存十一種二十五卷

310000－0241－0015779　250094
咫進齋叢書三十五種九十卷　(清)姚覲元輯　清光緒九年(1883)刻本　二十四册

310000－0241－0015780　250095
後知不足齋叢書初編二十五種六十九卷　(清)鮑廷爵編輯　清光緒十年(1884)鮑氏刻本　三十二册

310000－0241－0015781　250095:2
後知不足齋叢書初編二十五種六十九卷　(清)鮑廷爵編輯　清光緒十年(1884)鮑氏刻本　三十二册

310000－0241－0015782　250096
後知不足齋叢書五十六種一百七十七卷　(清)鮑廷爵編輯　清光緒十年(1884)鮑氏刻本　六十四册

310000－0241－0015783　250097
校經山房叢書二十七種　(清)朱記榮編　清光緒三十年(1904)孫谿朱氏槐廬家塾重印式訓堂叢書本　三十二册

310000－0241－0015784　250097:2
校經山房叢書二十七種　(清)朱記榮編　清光緒三十年(1904)孫谿朱氏槐廬家塾重印式訓堂叢書本　三册

310000－0241－0015785　250099
桐華閣叢書六種四十二卷　(清)杜貴墀撰　清光緒刻本　十二册

310000－0241－0015786　250100
桐華閣叢書六種四十二卷　(清)杜貴墀撰　清光緒刻本　十二册

310000－0241－0015787　250101
南菁書院叢書四十一種　王先謙輯　清光緒十四年(1888)刻本　三十一册　存一百十卷

310000－0241－0015788　250102
南菁書院叢書四十一種　王先謙輯　清光緒十四年(1888)刻本　四十册　存一百四十四卷

310000－0241－0015789　250103
集虚草堂叢書甲集九種　李國松編　清光緒合肥李氏刻本　二十四册

310000－0241－0015790　250104
學壽堂叢書　(清)徐灝撰　清光緒番禺徐氏刻本　十册　存六種三十四卷

310000－0241－0015791　250107
晨風閣叢書二十二種四十七卷　沈宗畸輯　清宣統元年(1909)刻本　十二册

310000－0241－0015792　250108
晨風閣叢書二十二種四十七卷　沈宗畸輯　清宣統元年(1909)刻本　十六册

310000－0241－0015793　250109
晨風閣叢書二十二種四十七卷　沈宗畸輯　清宣統元年(1909)刻本　十六册

310000－0241－0015794　250110
晨風閣叢書二十二種四十七卷　沈宗畸輯　清宣統元年(1909)刻本　三册

310000－0241－0015795　250111
晨風閣叢書二十二種四十七卷　沈宗畸輯　清宣統元年(1909)刻本　十六册

310000－0241－0015796　250111：2

晨風閣叢書二十二種四十七卷　沈宗畸輯　清宣統元年(1909)刻本　十六册

310000－0241－0015797　250117

晨風閣叢書甲集四十七種九十一卷　沈宗畸輯　清末番禺沈氏晨風閣排印本　四十七册

310000－0241－0015798　250118

求實齋叢書十五種　蔣德鈞編　清光緒湘鄉蔣氏龍安郡署刻本　十册

310000－0241－0015799　250119

富強齋叢書　(清)袁俊德輯　清光緒二十三年(1897)小倉山房石印本　一百十六册　存一百八十三種六百二十三卷(正集六十六種三百二十四卷、續集一百十七種二百九十九卷)

310000－0241－0015800　250120

富強齋叢書續集　(清)袁俊德輯　清光緒二十七年(1901)小倉山房石印本　五十一册　存一百十六種二百七十三卷

310000－0241－0015801　250121

景袁齋叢書六種二十卷　(清)何其傑輯　清光緒十二年(1886)何氏刻本　六册

310000－0241－0015802　250122

麗廔叢書九種十八卷　葉德輝輯　清光緒三十三年(1907)刻本　六册

310000－0241－0015803　250123

麗廔叢書九種十八卷　葉德輝輯　清光緒刻本　八册

310000－0241－0015804　250123：2

麗廔叢書九種十八卷　葉德輝輯　清光緒三十三年(1907)長沙葉氏刻本　八册

310000－0241－0015805　250124

有福讀書堂叢刻四種　(清)吴引孫編　清光緒二十七年(1901)儀徵吴氏有福讀書堂刻本　二册

310000－0241－0015806　250125

清芬堂叢書四十九種一百八十六卷　(清)梅雨田輯　清光緒刻本　一百册

310000－0241－0015807　250125：2

清芬堂叢書四十九種一百八十六卷　(清)梅雨田輯　清光緒十六年(1890)刻本　六十册

310000－0241－0015808　250129

鐵華館叢書六種四十五卷　(清)蔣鳳藻輯　清光緒九年(1883)刻本　六册

310000－0241－0015809　250129：2

鐵華館叢書六種四十五卷　(清)蔣鳳藻輯　清光緒九年(1883)刻本　十六册

310000－0241－0015810　250129：3

鐵華館叢書六種四十五卷　(清)蔣鳳藻輯　清光緒九年(1883)刻本　六册

310000－0241－0015811　250129：4

鐵華館叢書六種四十五卷　(清)蔣鳳藻輯　清光緒九年(1883)刻本　十册

310000－0241－0015812　250131

國粹叢書第一集　(清)國學保存會輯　清光緒三十一年至三十三年(1905－1907)國學保存會排印石印本　五册　存四種十二卷

310000－0241－0015813　250132

國粹叢書第二集　(清)國學保存會輯　清光緒三十二年至三十四年(1906－1908)國學保存會排印石印本　十五册　存十三種四十四卷

310000－0241－0015814　250133

國粹叢書第三集　(清)國學保存會輯　清光緒三十二年至三十四年(1906－1908)國學保存會排印本　十八册　存十八種四十四卷

310000－0241－0015815　250134

靈峯草堂叢書八種　(清)陳矩編　清光緒貴陽陳氏刻本　五册

310000－0241－0015816　250135

漸學叢書第一集十六種四十五卷　(清)胡祥鑅輯　清光緒二十三年(1897)石印本　十一册

310000－0241－0015817　250135：2

漸學叢書第一集 （清）胡祥鑅輯　清光緒元和胡氏刻本　二册　存七種七卷

310000－0241－0015818　250136

兩湖書院課程六種 （清）兩湖書院輯　清光緒二十四年至二十六年（1898－1900）兩湖書院刻本　十五册

310000－0241－0015819　250137

蟄園叢刻五種七卷 （清）吳丙湘輯　清光緒十一年（1885）儀徵吳氏刻本　二册

310000－0241－0015820　250137：2

蟄園叢刻五種七卷 （清）吳丙湘輯　清光緒十一年（1885）儀徵吳氏刻本　一册

310000－0241－0015821　250137：3

蟄園叢刻五種七卷 （清）吳丙湘輯　清光緒十一年（1885）儀徵吳氏刻本　一册

310000－0241－0015822　250138

花雨樓叢鈔七種十四卷 （清）張壽榮輯　清光緒九年（1883）蛟川張氏花雨樓刻本　八册

310000－0241－0015823　250140

塵海妙品十四卷 （清）陳琰編輯　清宣統三年（1911）上海六藝書局石印本　四册

310000－0241－0015824　250140：2

塵海妙品十四卷 （清）陳琰編輯　清宣統三年（1911）上海六藝書局石印本　一册

310000－0241－0015825　250141

屑玉叢譚初集二十種六卷 （清）錢徵　（清）蔡爾康輯　清末上海申報館排印本　六册

310000－0241－0015826　250142

江蘇存古學堂三種不分卷 （清）江蘇存古學堂輯　清光緒三十四年（1908）江蘇存古學堂木活字印本　四册

310000－0241－0015827　250143

懷潞園叢刊 （清）李嘉績輯　清光緒西安李氏代耕堂刻本　四册　存七種十五卷

310000－0241－0015828　250144

南菁札記 （清）溥良輯　清光緒二十年（1894）江陰使署刻本　四册　存七種十二卷

310000－0241－0015829　250145

華英竹書記書經合編二種十卷 （英國）雷祈師譯　清光緒三十年（1904）上海書局石印本　一册

310000－0241－0015830　250146

大亭山館叢書十種二十二卷 （清）楊葆彝輯　清光緒陽湖楊氏刻本　四册

310000－0241－0015831　250147

申報館叢書正集 （清）尊聞閣主輯　清光緒上海申報館排印本　九十七册　存二十一種二百二十八卷

310000－0241－0015832　250148

申報館叢書續集 （清）蔡爾康輯　清光緒上海申報館排印本　一百四十三册　存二十六種三百七十五卷

310000－0241－0015833　250149：2

申報館叢書餘集 （清）尊聞閣主輯　清光緒上海申報館排印本　二册

310000－0241－0015834　250150

叢報彙選第一至四集不分卷 （清）味新學社輯　清光緒刻本　十六册

310000－0241－0015835　250152

學古堂日記四十種 （清）雷浚輯　（清）汪之昌輯　清光緒十六年至二十二年（1890－1896）學古堂刻本　二十六册

310000－0241－0015836　250152：3

學古堂日記四十種 （清）雷浚輯　（清）汪之昌輯　清光緒十六年至二十二年（1890－1896）學古堂刻本　二十一册

310000－0241－0015837　250153

學古堂日記初編不分卷 （清）雷浚撰　（清）吳履剛編　清光緒十六年（1890）學古堂刻本　一册

310000－0241－0015838　260004

雪堂叢刻五十二種一百十七卷 羅振玉輯　清宣統元年（1909）上虞羅氏排印本　二十册

310000－0241－0015839　260004：2

雪堂叢刻五十二種一百十七卷　羅振玉輯　清宣統元年(1909)上虞羅氏排印本　二十册

310000－0241－0015840　260004：3
雪堂叢刻五十二種一百十七卷　羅振玉輯　清宣統元年(1909)上虞羅氏排印本　二十册

310000－0241－0015841　260007
敦煌石室遺書十二種十二卷　羅振玉輯　清宣統元年(1909)排印本　六册

310000－0241－0015842　260010
玉簡齋叢書　羅振玉輯　清宣統二年(1910)刻本　八册　存十種二十九卷

310000－0241－0015843　260016
寂園叢書　陳瀏輯　清宣統元年(1909)排印本　二十册　存十六種十七卷

310000－0241－0015844　260018
藕香零拾　繆荃孫輯　清宣統二年(1910)刻本　三十册　存三十四種八十五卷

310000－0241－0015845　260018：2
藕香零拾三十九種九十卷　繆荃孫輯　清宣統二年(1910)刻本　三十二册

310000－0241－0015846　260019
張氏適園叢書初集七種　張鈞衡輯　清宣統三年(1911)上海國學扶輪社排印本　十册

310000－0241－0015847　260020
工藝叢書第一集五種　(清)沈紘翻譯　清光緒二十七年(1901)南匯奚氏譯行石印本　四册

310000－0241－0015848　260085
西學啓蒙十六種　(英國)赫德輯　(英國)艾約瑟譯　清光緒二十四年(1898)石印本　六册　存六種二十七卷

310000－0241－0015849　(0001)
南巡盛典一百二十卷　(清)高晉等纂輯　清乾隆三十六年(1771)内府刻本　四十八册

310000－0241－0015850　(0002)
六家文選六十卷　(南朝梁)蕭統編　(唐)李善注　明嘉靖吴郡袁氏仿宋蜀刻大字本　六十册

310000－0241－0015851　(0003)
御纂朱子全書六十六卷　(清)李光地等奉敕纂　清康熙五十二年(1713)内府刻本　二十五册

310000－0241－0015852　(0004)
御定歷代賦彙一百四十卷外集二十卷逸句二卷　(清)陳元龍奉敕編　清康熙四十五年(1706)内府刻初印本　一百二十册

310000－0241－0015853　(0005)
硃批諭旨不分卷　清雍正、乾隆間内府刻本　一百十二册

310000－0241－0015854　(0006)
資治通鑑二百九十四卷　(宋)司馬光撰　(元)胡三省音注　元刻本　二百册

310000－0241－0015855　(0007)
陸放翁全集六種一百五十七卷　(宋)陸游撰　明末虞山毛氏汲古閣刻本　六十一册

310000－0241－0015856　(0008)
新定九宫大成南北詞宫譜八十卷目録三卷　(清)周祥鈺編輯　清乾隆十一年(1746)允禄刻本　五十册

310000－0241－0015857　(0009)
魏書一百十四卷　(北齊)魏收撰　明萬曆二十四年(1596)南監刻本　二十四册

310000－0241－0015858　(0010)
通志二百卷　(宋)鄭樵撰　元大德三山郡庠刻元明遞修本　一百二十册

310000－0241－0015859　(0011)
古香齋袖珍十種　(清)内府輯　清乾隆初武英殿刻本　三百六十九册

310000－0241－0015860　(0012)
御製文初集四十卷　(清)聖祖玄燁撰　清康熙五十三年(1714)武英殿刻本　二十二册

310000－0241－0015861　(0013)
御製文二集五十卷　(清)聖祖玄燁撰　清康熙五十三年(1714)武英殿刻本　二十八册

310000－0241－0015862 (0014)
御製文三集五十卷 (清)聖祖玄燁撰 清康熙五十三年(1714)武英殿刻本 二十八册

310000－0241－0015863 (0015)
御製文四集三十六卷 (清)聖祖玄燁撰 清雍正十年(1732)武英殿刻本 十册

310000－0241－0015864 (0016)
御製文集三十卷 (清)世宗胤禛撰 清内府刻本 十六册

310000－0241－0015865 (0017)
西堂全集四種一百二十六卷 (清)尤侗撰
湘中草六卷 (清)湯傳楹撰 清康熙刻本 六十四册

310000－0241－0015866 (0018)
分類字錦六十四卷 (清)何焯等撰 清康熙六十一年(1722)内府刻本 四十册

310000－0241－0015867 (0019)
御纂朱子全書六十六卷 (清)李光地等奉敕纂 清康熙五十二年(1713)内府刻本 二十八册

310000－0241－0015868 (0021)
東萊先生校正隋書詳節二十卷 (宋)呂祖謙輯 元刻本 五册

310000－0241－0015869 (0022)
東萊校正晉書詳節三十卷 (宋)呂祖謙輯 元刻本 十册

310000－0241－0015870 (0024)
六家文選六十卷 (南朝梁)蕭統編 (唐)李善等注 明嘉靖十三年至二十八年(1534－1549)吴郡袁褧嘉趣堂刻本 六十册

310000－0241－0015871 (0025)
粵海關志三十卷 (清)豫堃纂修 清道光刻本 三十册

310000－0241－0015872 (0026)
御定歷代題畫詩類一百二十卷 (清)陳邦彦奉敕編 清康熙四十六年(1707)内府刻本 二十四册

310000－0241－0015873 (0027)
御選歷代詩餘一百二十卷 (清)沈辰垣 (清)王奕清等奉敕纂 清康熙四十六年(1707)内府刻本 四十册

310000－0241－0015874 (0028)
佩文齋書畫譜一百卷 (清)孫岳頒等奉敕撰 清康熙四十七年(1708)内府刻本 六十四册

310000－0241－0015875 (0029)
文獻通考三百四十八卷 (元)馬端臨撰 元泰定元年(1324)西湖書院刻元明遞修本 八十册

310000－0241－0015876 (0030)
宋文鑑一百五十卷目錄三卷 (宋)呂祖謙奉敕撰 明刻本 六十册

310000－0241－0015877 (0031)
子史精華一百六十卷 (清)聖祖玄燁敕撰 清雍正五年(1727)武英殿刻本 六十四册

310000－0241－0015878 (0032)
皇清文穎一百二十四卷目錄六卷 (清)陳廷敬等奉敕編 清乾隆十二年(1747)武英殿刻本 六十册

310000－0241－0015879 (0033)
中説十卷 (隋)王通撰 (宋)阮逸注 明初刻本 二册

310000－0241－0015880 (0034)
分類補注李太白詩二十五卷 (唐)李白撰 (宋)楊齊賢集注 (元)蕭士贇補註 明初覆刻元至大四年(1311)余氏勤有堂刻本 六册

310000－0241－0015881 (0035)
亭林遺書十種 (清)顧炎武撰 清康熙吳江潘氏遂初堂刻本 八册

310000－0241－0015882 (0036)
匏翁家藏集七十七卷補遺一卷 (明)吳寬撰 明正德三年(1508)吳奭刻本 二十四册

310000－0241－0015883 (0037)
陳書三十六卷 (唐)姚思廉撰 南宋浙江刻

元修本　八册

310000－0241－0015884　(0038)
梁書五十六卷　(唐)姚思廉撰　南宋浙江刻元明遞修本　二十册

310000－0241－0015885　(0039)
明史三百三十二卷目録四卷　(清)張廷玉等撰　清乾隆武英殿刻本　一百十二册

310000－0241－0015886　(0040)
天下郡國利病書一百二十卷　(清)顧炎武編　清抄本　一百二十册

310000－0241－0015887　(0041)
諭摺叢鈔一百三十六卷　(清)□□輯　清抄本　一百三十六册

310000－0241－0015888　(0042)
福州駐防志十六卷　(清)新柱等纂修　清乾隆九年(1744)刻本　四册

310000－0241－0015889　(0043)
南江詩鈔四卷南江文鈔十二卷　(清)邵晉涵撰　清道光十二年(1832)胡敬刻本　九册

310000－0241－0015890　(0044)
南江札記四卷　(清)邵晉涵撰　清嘉慶八年(1803)面水層軒刻本　一册

310000－0241－0015891　(0045)
東漢會要四十卷　(宋)徐天麟撰　清抄本　十六册

310000－0241－0015892　(0046)
十三經注疏十三種三百三十五卷　明萬曆十四年至二十一年(1586－1593)北監刻本　七十四册

310000－0241－0015893　(0047)
佩文齋詠物詩選四百八十六卷　(清)陳邦彦等輯　清康熙武英殿刻本　六十四册

310000－0241－0015894　(0048)
澤存堂五種五十卷　(清)張士俊輯　清康熙吳郡張氏澤存堂刻彙印本　十二册

310000－0241－0015895　(0050)
列女傳十六卷　(漢)劉向撰　(明)仇英繪圖　明萬曆歙縣汪氏刻清乾隆鮑氏知不足齋印本　十六册

310000－0241－0015896　(0051)
荀子二十卷校勘補遺一卷　(戰國)荀況撰　(唐)楊倞注　清乾隆五十一年(1786)嘉善謝氏安雅堂刻本　六册

310000－0241－0015897　(0052)
御纂性理精義十二卷　(清)李光地纂　清康熙五十四年(1715)武英殿刻本　八册

310000－0241－0015898　(0053)
李竹嬾先生説部八種二十五卷　(明)李日華撰　明末刻清康熙四十七年(1708)李瑂等重修本　二十三册

310000－0241－0015899　(0055)
唐詩解五十卷　(明)唐汝詢選輯　清順治十六年(1659)萬笈堂刻本　十册

310000－0241－0015900　(0056)
經韻樓叢書九種一百十二卷　(清)戴震撰　(清)段玉裁撰輯　清乾隆末至道光初金壇段氏刻本　二十四册

310000－0241－0015901　(0057)
古文約選不分卷　(清)允禮輯　清雍正十一年(1733)果親王府刻本　十册

310000－0241－0015902　(0058)
讀書紀數畧五十四卷　(清)宫夢仁編輯　清康熙四十六年(1707)刻本　十六册

310000－0241－0015903　(0059)
牧齋初學集一百十卷目録二卷　(清)錢謙益撰　明崇禎十六年(1643)瞿式耜刻本　二十册

310000－0241－0015904　(0060)
[清名家書札]三十三通　(清)趙之謙　(清)曾國藩等書　清集訂原箋本　三册

310000－0241－0015905　(0061)
儀禮管見三卷附一卷　(清)褚寅亮撰　清乾隆刻本　三册

310000－0241－0015906　(0062)
律吕圖説二卷　(明)王建常編次　(清)王弘撰校訂　清乾隆三十九年(1774)朝坂集義堂刻本　二册

310000－0241－0015907　(0064)
楝亭十二種六十九卷　(清)曹寅輯　清康熙四十五年(1706)揚州詩局刻本　二十册

310000－0241－0015908　(0065)
十三經注疏十三種三百三十三卷　明末虞山毛氏汲古閣刻本　九十册

310000－0241－0015909　(0066)
宗室王公功績表傳五卷　(清)國史館編　清乾隆武英殿刻本　六册

310000－0241－0015910　(0067)
御製避暑山莊圖詠二卷　(清)聖祖玄燁撰　清康熙五十年(1711)武英殿刻本　四册

310000－0241－0015911　(0068)
朱文公校昌黎先生集四十卷外集十卷遺文一卷　(唐)韓愈撰　(宋)朱熹考異　(宋)王伯大音釋　明正統十三年(1448)書林王宗玉刻本　十册

310000－0241－0015912　(0069)
隸續二十一卷　(宋)洪适撰　清康熙揚州詩局刻本　四册

310000－0241－0015913　(0071)
史記索隱三十卷　(唐)司馬貞撰　明末虞山毛氏汲古閣刻本　二册

310000－0241－0015914　(0072)
墨海金壺一百十五種七百三十五卷　(清)張海鵬編　清嘉慶十三年至十六年(1808－1811)海虞張海鵬刻本　一百二十册

310000－0241－0015915　(0073)
元詩選初集一百十四卷首一卷二集一百三卷　(清)顧嗣立輯　清康熙三十三年至四十一年(1694－1702)長洲顧氏秀野草堂刻本　六十四册

310000－0241－0015916　(0074)
神仙傳一卷　(晉)葛洪撰　明周履靖刻本　一册

310000－0241－0015917　(0075)
北齊書五十卷　(唐)李百藥撰　明萬曆十六年(1588)南監本　二册

310000－0241－0015918　(0076)
楊守敬考定吉金文一卷　(清)楊守敬集　清釋達受等人手拓楊守敬集訂本　一册

310000－0241－0015919　(0077)
樂律表微八卷　(清)胡彦昇述　清乾隆二十八年(1763)刻本　四册

310000－0241－0015920　(0078)
汲古閣説文訂一卷　(清)段玉裁撰　清嘉慶二年(1797)五硯樓刻本　一册

310000－0241－0015921　(0079)
元文類七十卷目録三卷　(元)蘇天爵編　明修德堂刻本　四十册

310000－0241－0015922　(0080)
國朝文類七十卷　(元)蘇天爵編　元至正二年(1342)西湖書院刻明遞修本　四十册

310000－0241－0015923　(0081)
十七史詳節二百七十三卷首一卷　(宋)吕祖謙編　明正德十一年(1516)劉氏慎獨齋刻本　六十四册

310000－0241－0015924　(0082)
十七史詳節二百七十三卷首一卷　(宋)吕祖謙編　明正德十一年(1516)劉氏慎獨齋刻十三年(1518)李堅修補印本　四十册

310000－0241－0015925　(0083)
曆算全書二十九種七十四卷　(清)梅文鼎撰　清雍正元年(1723)刻本　三十二册

310000－0241－0015926　(0084)
曆算全書二十九種七十四卷　(清)梅文鼎撰　清雍正元年(1723)刻本　二十四册

310000－0241－0015927　(0097)
古文淵鑑六十四卷　(清)徐乾學等奉敕編　清康熙二十四年(1685)武英殿刻本　二十

四冊

310000－0241－0015928　(0098)
十三經古注十三種二百九十卷　(明)金蟠　(明)葛鼐校訂　明崇禎十二年(1639)永懷堂刻本　四十八冊

310000－0241－0015929　(0099)
列朝詩集八十一卷　(清)錢謙益輯　清順治虞山毛氏汲古閣刻本　三十六冊

310000－0241－0015930　(0100)
尚白齋鐫陳眉公訂正祕笈二十一種四十九卷　(明)陳繼儒編　明萬曆三十四年(1606)沈氏尚白齋刻本　三十二冊

310000－0241－0015931　(0101)
太函集一百二十卷目錄六卷　(明)汪道昆撰　明萬曆十九年(1591)金陵刻本　四十冊

310000－0241－0015932　(0102)
別下齋叢書初集二十四種　(清)蔣光煦編　清道光蔣氏別下齋刻初印本　二十八冊

310000－0241－0015933　(0103)
欽定授時通考七十八卷　(清)鄂爾泰　(清)張廷玉等撰　清內府刻本　三十六冊

310000－0241－0015934　(0104)
古文苑二十一卷　(宋)章樵注　明仿宋刻本　十冊

310000－0241－0015935　(0105)
萬首唐人絕句　(宋)洪邁輯　明嘉靖刻本　十冊　存二十七卷

310000－0241－0015936　(0106)
漁洋山人著述三十八種續刻六種　(清)王士禛撰　清康熙刻乾隆彙印本　一百三十六冊

310000－0241－0015937　(0107)
南巡盛典一百二十卷　(清)高晉等纂輯　清乾隆三十六年(1771)官刻本　四十八冊

310000－0241－0015938　(0108)
四庫全書總目提要二百卷首四卷　(清)紀昀等奉敕撰　清乾隆五十四年(1789)內府刻本　一百四十四冊

310000－0241－0015939　(0109)
文選六十卷　(南朝梁)蕭統編　(唐)李善注　明唐藩重刻元張伯顏本　四十八冊

310000－0241－0015940　(0110)
六臣注文選六十卷　(南朝梁)蕭統編　(唐)李善注　明萬卷堂刻本　三十冊

310000－0241－0015941　(0111)
宋稗類鈔八卷　(清)潘永因編　清康熙八年(1669)刻本　八冊

310000－0241－0015942　(0112)
虞初新志二十卷　(清)張潮輯　清康熙刻本　十冊

310000－0241－0015943　(0113)
拜經樓叢書二十六種　(清)吳騫輯　清乾隆、嘉慶間海昌吳氏刻本　四十一冊

310000－0241－0015944　(0114)
珠叢別錄二十八種　(清)錢熙祚編　清道光金山錢氏重輯印墨海金壺本　四十冊

310000－0241－0015945　(0115)
[雍正]畿輔通志一百二十卷　(清)唐執玉纂修　(清)陳儀等纂　清雍正十三年(1735)刻本　四十八冊

310000－0241－0015946　(0116)
寶顏堂祕笈正集二十種四十七卷續集存三十六種六十五卷眉公雜著十六種四十八卷普集存一種二卷廣集存三種八卷　(明)陳繼儒編　明刻本　三十二冊

310000－0241－0015947　(0117)
抱經堂叢書十八種二百六十三卷　(清)盧文弨輯　清乾隆原刻本　一百十二冊

310000－0241－0015948　(0118)
經韻樓叢書七種一百十卷　(清)段玉裁撰　清道光元年(1821)經韻樓原刻本　四十冊

310000－0241－0015949　(0119)
御訂全金詩增補中州集七十二卷首二卷　(金)元好問原本　(清)郭元釪補輯　清康熙五十年(1711)內府刻本　二十四冊

310000－0241－0015950　(0120)
[雍正]浙江通志二百八十卷首三卷　(清)嵇曾筠纂修　清乾隆元年(1736)刻本　一百册

310000－0241－0015951　(0121)
佩文齋書畫譜一百卷　(清)孫岳頒等奉敕撰　清康熙四十七年(1708)内府刻本　四十册

310000－0241－0015952　(0122)
詩學集成押韻淵海二十卷　(元)嚴毅編輯　明初刻本　二十册

310000－0241－0015953　(0123)
詩雋類函一百五十卷　(明)俞安期彙纂　明萬曆刻本　三十册

310000－0241－0015954　(0124)
從遊集二卷　(清)陳瑚輯　清抄本　四册

310000－0241－0015955　(0125)
文選錦字二十一卷　(明)淩迪知輯　明萬曆吳興淩氏桂芝館刻本　十六册

310000－0241－0015956　(0126)
職官分紀五十卷　(宋)孫逢吉撰　清抄本　三十六册

310000－0241－0015957　(0127)
讀史方輿紀要一百三十卷　(清)顧祖禹撰　清抄本　六十四册

310000－0241－0015958　(0128)
天下郡國利病書一百二十卷　(清)顧炎武編　清末至民國間抄本　六十册

310000－0241－0015959　(0129)
篆雲樓金石稿不分卷　(清)□□纂　清稿本　一百册

310000－0241－0015960　(0130)
晦庵先生朱公文集存八十六卷目錄二集續集存四卷　(宋)朱熹撰　明嘉靖刻本　八十一册

310000－0241－0015961　(0131)
唐文粹一百卷　(宋)姚鉉編　明萬曆四十六年(1618)刻本　四十册

310000－0241－0015962　(0132)
康熙字典四十二卷　(清)張玉書等奉敕撰　清康熙五十五年(1716)武英殿刻本　四十册

310000－0241－0015963　(0133)
滿漢名臣傳一百卷　(清)國史館編　清末民國初抄本　一百二十册

310000－0241－0015964　(0134)
萬壽盛典一百二十卷　(清)王原祁等纂修　清康熙五十六年(1717)武英殿刻本　四十册

310000－0241－0015965　(0135)
弇州史料後集七十卷　(明)王世貞撰　(明)董復表編　明末翻刻萬曆四十二年(1614)本　四十八册

310000－0241－0015966　(0136)
娑羅館清言一卷清言補一卷　(明)屠隆纂　清抄本　一册

310000－0241－0015967　(0137)
新編事文類聚翰墨大全前集十集後集五集一百三十四卷　(元)劉應李編　明刻本　五十六册

310000－0241－0015968　(0138)
唐詩類苑二百卷　(明)張之象纂輯　明刻本　九十六册

310000－0241－0015969　(0139)
[乾隆]欽定熱河志一百二十卷　(清)和珅　(清)梁國治纂修　清乾隆四十六年(1781)刻本　四十八册

310000－0241－0015970　(0141)
續資治通鑑長編五百二十卷目錄二卷　(宋)李燾撰　清抄本　二百册

310000－0241－0015971　(0142)
建炎以來繫年要錄二百卷　(宋)李心傳撰　清抄本　四十一册

310000－0241－0015972　(0144)
初學記三十卷　(唐)徐堅等撰　明九洲書屋刻本　十二册

310000－0241－0015973　(0145)

續資治通鑑長編　(宋)李燾撰　清抄本　三十二册　存一百八卷

310000－0241－0015974　(0146)
西江志二百六卷　(清)白潢纂修　清康熙五十九年(1720)刻本　九十册

310000－0241－0015975　(0147)
岱南閣叢書十九種一百六十五卷　(清)孫星衍編　清乾隆、嘉慶間蘭陵孫氏刻本　五十四册

310000－0241－0015976　(0148)
重刊荆川先生文集十七卷附録一卷　(明)唐順之撰　明萬曆元年(1573)純白齋刻本　十六册

310000－0241－0015977　(0149)
[乾隆]建昌府志一百卷首一卷　(清)姚文光總輯　清乾隆二十一年(1756)刻本　四十册

310000－0241－0015978　(0150)
[康熙]浙江通志五十卷首一卷　(清)施維翰　(清)張衡等修　清康熙二十二年(1683)刻本　四十册

310000－0241－0015979　(0151)
史記一百三十卷　(漢)司馬遷撰　(南朝宋)裴駰集解　(唐)司馬貞索隱　(唐)張守節正義　明嘉靖四年至六年(1525－1527)震澤王延喆刻本　四十册

310000－0241－0015980　(0152)
[雍正]江都縣志　(清)陸朝璣等修　清雍正七年(1729)刻本　七册　存十三卷

310000－0241－0015981　(0153)
明書一百七十一卷　(清)傅維鱗撰　清康熙三十四年(1695)本誠堂刻本　四十八册

310000－0241－0015982　(0154)
水經　(漢)桑欽撰　(北魏)酈道元注　明嘉靖十三年(1534)黄省曾刻本　六册　存十卷

310000－0241－0015983　(0155)
事言要玄集三十二卷　(明)陳懋學纂　明萬曆四十六年(1618)刻本　五十册

310000－0241－0015984　(0157)
小蓬萊閣金石文字不分卷　(清)黄易撰　清末至民國間抄本　五册

310000－0241－0015985　(0158)
羣書考索前集六十六卷後集六十五卷續集五十六卷别集二十五卷　(宋)章如愚輯　明正德三年至十三年(1508－1518)劉洪慎獨齋刻十六年(1521)重修本　六十四册

310000－0241－0015986　(0159)
古文淵鑑六十四卷　(清)徐乾學等奉敕編　清康熙二十四年(1685)武英殿刻本　二十四册

310000－0241－0015987　(0160)
曹元忠江南鄉試硃卷一場一卷三場二卷　曹元忠撰　清光緒江南秋闈朱筆謄寫本　三册

310000－0241－0015988　(0161)
王文恪公集三十六卷　(明)王鏊撰　明萬曆三槐堂刻清乾隆印本　十册

310000－0241－0015989　(0162)
四六法海十二卷　(明)王志堅編　明刻本　十二册

310000－0241－0015990　(0163)
儀禮註疏十七卷　(漢)鄭玄註　(唐)陸德明音義　明萬曆二十一年(1593)北京國子監刻本　十二册

310000－0241－0015991　(0166)
訒菴集古印存三十二卷　(清)汪啓淑集　清乾隆二十五年(1760)鈐本　三十二册

310000－0241－0015992　(0167)
陸放翁全集六種一百四十九卷　(宋)陸游撰　明末虞山毛氏汲古閣刻本　三十二册

310000－0241－0015993　(0168)
東漢會要四十卷　(宋)徐天麟撰　清抄本　十六册

310000－0241－0015994　(0169)
容安齋穌譚十卷　(清)白胤昌著　清康熙元年(1662)刻本　四册

310000－0241－0015995　(0170)

八旗滿洲氏族通譜八十卷目錄二卷　(清)鄂爾泰等纂修　清乾隆九年(1744)內府刻本　二十六冊

310000－0241－0015996　(0171)
太函集一百二十卷目錄六卷　(明)汪道昆撰　明萬曆十九年(1591)金陵刻本　四十冊

310000－0241－0015997　(0172)
續纂河東鹽法備覽十二卷　(清)蔣兆奎輯　清乾隆稿本　十二冊

310000－0241－0015998　(0173)
水經注四十卷　(漢)桑欽撰　(北魏)酈道元注　清康熙歙縣項氏刻本　五冊　存十七卷(四至八、十七至十九、二十四至二十七、三十二至三十六)

310000－0241－0015999　(0174)
[康熙]漢陽府志十六卷首一卷　(清)陳國儒主修　清康熙八年(1669)刻本　二十四冊

310000－0241－0016000　(0175)
史記評林一百三十卷　(明)淩稚隆輯校　明萬曆刻本　三十冊

310000－0241－0016001　(0176)
漢書評林一百卷　(明)淩稚隆輯校　明萬曆刻本　三十冊

310000－0241－0016002　(0177)
崔東壁遺書二十種五十八卷　(清)崔述撰　清道光遺經樓刻本　四十冊

310000－0241－0016003　(0178)
容齋隨筆十六卷續筆十六卷三筆十六卷四筆十六卷五筆十卷　(宋)洪邁撰　明刻本　二十冊

310000－0241－0016004　(0179)
西清古鑑四十卷附錢錄十六卷　(清)梁詩正　(清)蔣溥等撰　清乾隆內府刻本　四十二冊

310000－0241－0016005　(0180)
說文荅問疏證六卷　(清)薛傳均撰　清光緒九年(1883)歸安姚氏刻初印樣本　二冊

310000－0241－0016006　(0182)
孔戴遺書三十四種一百五十一卷附錄三種四卷　(清)孔繼涵輯　清乾隆微波榭刻本　二十一冊

310000－0241－0016007　(0183)
改併五音韻十五卷五音類聚四聲篇海十五卷　(金)韓道昭重編　明萬曆十七年(1589)刻本　十冊

310000－0241－0016008　(0184)
韻書四種三十九卷　(明)釋真空輯　明萬曆十七年(1589)刻本　十二冊

310000－0241－0016009　(0185)
六書統二十卷　(元)楊桓撰　元至大元年(1308)江浙行省儒學刻至正三年(1343)補修印本　十六冊

310000－0241－0016010　(0186)
宋詩鈔一百六卷　(清)吳之振選　清康熙吳氏鑑古堂刻本　二十冊

310000－0241－0016011　(0187)
中州集十卷首一卷中州樂府一卷　(金)元好問集　明末虞山毛氏汲古閣刻本　十冊

310000－0241－0016012　(0188)
吏部銓選滿漢官則例四卷滿漢官品級七卷　(清)□□編　清雍正官刻本　八冊

310000－0241－0016013　(0189)
金史一百三十五卷　(元)脫脫等撰　明萬曆三十四年(1606)北監刻本　四十八冊

310000－0241－0016014　(0190)
元史二百十卷目錄二卷　(明)宋濂等撰　明洪武三年(1370)刻嘉靖九年至十年(1530－1531)遞修本　五十冊

310000－0241－0016015　(0191)
皇朝禮器圖式十八卷　(清)允祿等撰　(清)福隆安等校補　清內府刻本　三十二冊

310000－0241－0016016　(0192)
開元天寶遺事三卷　(五代)王仁裕撰　清末至民國間抄本　一冊

310000－0241－0016017　(0193)
珊瑚網法書題跋二十四卷名畫題跋二十四卷　(明)汪砢玉集録　清抄本　四十冊

310000－0241－0016018　(0194)
大清穆宗毅皇帝本紀五十四卷　(清)國史館編　清内府抄本　五十五冊

310000－0241－0016019　(0195)
東坡先生全集七十五卷　(宋)蘇軾撰　明萬曆三十四年(1606)刻本　二十四冊

310000－0241－0016020　(0196)
袁中郎全集四十卷　(明)袁宏道撰　(明)鍾惺定　明崇禎二年(1629)刻本　二十四冊

310000－0241－0016021　(0197)
歷代職官表七十二卷首一卷　(清)紀昀等奉敕撰　清乾隆四十五年(1780)内府刻本　四十冊

310000－0241－0016022　(0198)
新刊增入諸儒議論杜氏通典詳節四十二卷　(唐)杜佑撰　(宋)□□詳節　明初刻本　六冊

310000－0241－0016023　(0199)
續資治通鑑綱目二十七卷　(明)商輅等撰　(明)周德恭發明　(明)張時泰廣義　明正德元年(1506)清江堂刻本　十六冊

310000－0241－0016024　(0200)
飛鴻堂印人傳八卷　(清)汪啓淑撰　清乾隆末刻本　四冊

310000－0241－0016025　(0201)
吴越所見書畫録六卷書畫説鈴一卷　(清)陸時化撰　清乾隆懷烟閣刻本　十二冊

310000－0241－0016026　(0202)
御製欽若曆書上編十六卷下編十卷表十六卷　(清)聖祖玄燁製　清康熙内府刻本　二十二冊

310000－0241－0016027　(0203)
毛稚黄先生全集十六種　(清)毛先舒撰　清康熙毛氏思古堂刻乾隆五年(1740)彙印本　三十二冊

310000－0241－0016028　(0204)
震澤先生集三十六卷　(明)王鏊撰　明嘉靖刻本　十六冊

310000－0241－0016029　(0205)
四譯館館則十六卷附館考八卷　(明)郭望初編　(清)洪衡繼輯　清乾隆七年(1742)刻本　四冊

310000－0241－0016030　(0206)
萬曆玖年丈量魚鱗清冊不分卷　(明)□□編　明萬曆寫黑格藍格本　五冊

310000－0241－0016031　(0207)
毛詩註疏二十卷　(漢)鄭玄箋　(唐)孔穎達疏　明崇禎三年(1630)虞山毛氏汲古閣刻本　十六冊

310000－0241－0016032　(0208)
永報堂集五種三十三卷　(清)李斗撰　清乾隆、嘉慶間刻本　八冊

310000－0241－0016033　(0209)
國朝詩別裁集三十二卷　(清)沈德潛輯　清乾隆二十五年(1760)教忠堂刻本　十二冊

310000－0241－0016034　(0210)
拜經堂叢書十種五十九卷　(清)臧庸撰　清嘉慶刻本　十六冊

310000－0241－0016035　(0211)
松陵文獻十五卷　(清)潘檉章撰　清康熙三十二年(1693)潘耒刻本　六冊

310000－0241－0016036　(0212)
松陵文獻十五卷　(清)潘檉章撰　清康熙三十二年(1693)刻本　八冊

310000－0241－0016037　(0213)
蘇齋叢書十二種　(清)翁方綱撰　清乾隆、嘉慶間刻本　十六冊

310000－0241－0016038　(0214)
校禮堂全集七種　(清)淩廷堪撰　清嘉慶、道光間刻彙印本　十四冊

310000－0241－0016039　(0215)
吴都文粹十卷　(宋)鄭虎臣編　清乾隆、嘉慶間松陵木活字印本　十册

310000－0241－0016040　(0216)
分類補注李太白詩二十五卷　(唐)李白撰　(宋)楊齊賢集注　(元)蕭士贇補註　明正德十五年(1520)書林劉氏安正堂刻本　二十册

310000－0241－0016041　(0217)
集千家注分類杜工部詩集二十五卷文集二卷　(唐)杜甫撰　(宋)徐居仁編次　(宋)黄鶴補註　元至正七年(1347)潘屏山圭山書院刻廣勤堂印本　二十四册

310000－0241－0016042　(0218)
御製詩集十卷二集十卷　(清)聖祖玄燁撰　清康熙吴門宋氏校刻本　四册

310000－0241－0016043　(0219)
寒邨詩文選二十九卷　(清)鄭梁撰　清康熙紫蟾山房刻本　十一册

310000－0241－0016044　(0220)
青萊續史十八卷　(明)朱里撰　清順治十六年(1659)刻本　十六册

310000－0241－0016045　(0221)
評鑑闡要十二卷　(清)高宗弘曆撰　(清)劉統勳録　清乾隆三十六年(1771)内府刻本　六册

310000－0241－0016046　(0222)
大易存義不分卷　(明)徐宗堯撰　清抄本　三十二册

310000－0241－0016047　(0223)
稗海七十種四百四十七卷　(明)商濬輯　明刻本　九十六册

310000－0241－0016048　(0224)
新纂門目五臣音注揚子法言十卷　(漢)揚雄撰　(唐)李軌注　明嘉靖顧氏世德堂刻本　四册

310000－0241－0016049　(0225)
新刊續補文選纂注十二卷　(明)陳仁編輯　(明)張鳳翼增訂　明萬曆二十二年(1594)刻本　六册

310000－0241－0016050　(0226)
續文選十四卷著作人姓名録一卷　(明)胡震亨輯撰　明刻本　四册

310000－0241－0016051　(0227)
續文選十四卷　(明)胡震亨撰　明刻本　四册

310000－0241－0016052　(0228)
春秋繁露十七卷附録一卷　(漢)董仲舒撰　明天啓花齋刻本　二册

310000－0241－0016053　(0229)
桯史十五卷　(宋)岳珂撰　明成化十一年(1475)江泝刻本　一册

310000－0241－0016054　(0230)
建炎以來繫年要録二百卷　(宋)李心傳撰　清抄本　三十二册

310000－0241－0016055　(0231)
學津討原一百七十二種一千四百十三卷　(清)張海鵬輯　清嘉慶十年(1805)昭文張氏照曠閣刻本　二百册

310000－0241－0016056　(0232)
桯史十五卷　(宋)岳珂撰　宋嘉定七年(1214)刻元明遞修本　二册

310000－0241－0016057　(0233)
劉子威集三十二卷　(明)劉鳳撰　明萬曆四年(1576)吴郡劉氏刻本　八册

310000－0241－0016058　(0234)
平山堂圖志十卷首一卷　(清)趙之璧纂　清乾隆三十年(1765)刻本　四册

310000－0241－0016059　(0235)
鶡林子五卷　(明)趙釴撰　清末至民國間抄本　四册

310000－0241－0016060　(0236)
茶史二卷補一卷　(明)劉源長撰　(清)余懷補　清康熙十七年(1678)墨韻堂刻雍正六年(1728)劉乃大重修本　二册

310000－0241－0016061　(0237)
國學禮樂錄二十卷　(清)李周望　(清)謝履忠同輯　清康熙五十八年(1719)刻本　六册

310000－0241－0016062　(0238)
古今韻畧五卷　(清)邵長蘅纂　清康熙刻本　五册

310000－0241－0016063　(0239)
中興小紀四十卷　(宋)熊克撰　清抄本　二十册

310000－0241－0016064　(0240)
學校人物志十二卷首一卷　(清)董其生編輯　清康熙五十六年(1717)刻本　十册

310000－0241－0016065　(0241)
賊情彙纂十二卷　(清)張德堅等纂　清抄本　十二册

310000－0241－0016066　(0242)
輿圖要覽不分卷　題(清)古吳倚梧陶氏抄錄　清抄本　四册

310000－0241－0016067　(0243)
史記一百三十卷　(漢)司馬遷撰　(南朝宋)裴駰集解　明萬曆二年至三年(1574－1575)南京國子監刻本　二十四册

310000－0241－0016068　(0244)
漢書　(漢)班固撰　明德藩最樂軒刻本　二十八册　存一百七卷

310000－0241－0016069　(0245)
儀禮經注疏正譌十七卷　(清)金曰追撰　清乾隆五十三年(1788)張式慎刻本　十册

310000－0241－0016070　(0246)
十國春秋一百十四卷　(清)吳任臣撰　清抄本　十六册

310000－0241－0016071　(0247)
新疆山脈圖志六卷　王樹枏纂　清抄本　六册

310000－0241－0016072　(0248)
大清一統志　(清)潘錫恩　(清)廖鴻荃等纂修　清嘉慶重修稿本　三十二册　存二十卷

310000－0241－0016073　(0249)
古雋考畧　(明)顧充輯　明萬曆二十七年(1599)刻本　五册　存五卷

310000－0241－0016074　(0250)
通藝錄　(清)程瑤田撰　清嘉慶刻本　六册　存六卷(三、五、七至八、十一、十三)

310000－0241－0016075　(0251)
蘇文忠七律詩鈔不分卷　(宋)蘇軾撰　清抄本　二册

310000－0241－0016076　(0252)
古金錄四卷　(清)萬光煒輯　清乾隆四十九年(1784)藝香齋刻本　一册

310000－0241－0016077　(0254)
伯山詩話三續集二卷四續集二卷　(清)康發祥輯　清咸豐十年(1860)刻初印校改本　二册

310000－0241－0016078　(0255)
春秋注不分卷　(□)□□撰　清寫本　朱峯添注　二册

310000－0241－0016079　(0256)
左國腴詞八卷　(明)淩迪知輯　(清)閔一鶴校　清初抄本　二册

310000－0241－0016080　(0257)
穹隆山譜　(□)□□編　清末至民國間稿本　二册　存二卷

310000－0241－0016081　(0258)
大儒文要□□卷　(明)劉斯原輯譯　明刻本　二册　存四卷

310000－0241－0016082　(0259)
增修互注禮部韻畧五卷　(宋)毛晃增注　(宋)毛居正校勘重增　元刻本　二册　存二卷(一至二)

310000－0241－0016083　(0260)
陰符經　(周)姜尚撰　清抄本　一册

310000－0241－0016084　(0261)
熊士選集一卷附錄一卷　(明)熊卓撰　明嘉靖二十二年(1543)范欽校刻本　一册

310000－0241－0016085　(0262)
金薤琳琅二十卷補遺一卷　(明)郝穆撰　清乾隆四十三年(1778)杭州宋氏刻本　四册

310000－0241－0016086　(0264)
秦漢瓦當文字二卷續一卷　(清)程敦著録　清乾隆五十二年(1787)横渠書院刻本　三册

310000－0241－0016087　(0265)
歲時小令四卷附録清軒文藁一卷　(清)陶越編　清康熙三十八年(1699)刻本　二册

310000－0241－0016088　(0266)
松壺畫贅不分卷　(清)錢杜撰　清抄本　一册

310000－0241－0016089　(0267)
蘭蕙述要不分卷　(清)袁世俊輯　清末民國初抄本　一册

310000－0241－0016090　(0268)
參同契不分卷　(漢)魏伯陽著　清光緒沈鈞胙抄校本　一册

310000－0241－0016091　(0269)
續名醫類案六十卷　(清)魏之琇輯　清抄本　四十册

310000－0241－0016092　(0270)
野叟曝言二十卷一百五十五回　(清)夏敬渠撰　清光緒彙珍樓木活字印本　四十册

310000－0241－0016093　(0271)
[乾隆]高安縣志十二卷首一卷　(清)聶元善纂修　清乾隆十九年(1754)刻本　二十册

310000－0241－0016094　(0272)
[道光]吉水縣志三十二卷首一卷　(清)周樹槐纂修　清道光五年(1825)刻本　二十册

310000－0241－0016095　(0273)
[萬曆]新會縣志七卷　(明)王命璿等修　明萬曆三十七年(1609)刻清順治十六年(1659)重修本　十六册

310000－0241－0016096　(0274)
觀妙齋藏金石文字考畧十六卷　(清)李光暎纂　清雍正七年(1729)寫刻本　三册

310000－0241－0016097　(0275)
[順治]襄陽府志三十四卷　(清)趙兆麟纂修　清順治九年(1652)刻康熙初補修本　十二册

310000－0241－0016098　(0276)
[康熙]均州志四卷末一卷　(清)黨居易纂修　清康熙十二年(1673)刻本　五册

310000－0241－0016099　(0277)
[康熙]河南府志二十八卷　(清)張聖業修　(清)董正纂　清康熙三十四年(1695)刻本　十六册

310000－0241－0016100　(0278)
函史一百三卷　(明)鄧元錫纂　明萬曆刻本　六十册

310000－0241－0016101　(0279)
龍眠風雅六十四卷　(清)潘江輯　清康熙石經齋刻本　二十八册

310000－0241－0016102　(0281)
文公家禮儀節八卷　(宋)朱熹編　(明)丘濬輯　明萬曆三十七年(1609)刻本　六册

310000－0241－0016103　(0282)
粤西詩載二十五卷文載七十五卷叢載三十卷　(清)汪森編輯　清康熙梅雪堂刻本　四十六册

310000－0241－0016104　(0283)
習學記言序目五十卷　(宋)葉適撰　清光緒十年(1884)黄體芳江陰刻本　十册

310000－0241－0016105　(0284)
長蘆義學章程一卷　(清)長蘆批驗所擬訂　清抄稿本　一册

310000－0241－0016106　(0285)
國朝山左詩鈔六十卷　(清)盧見曾纂　清乾隆原刻本　二十册

310000－0241－0016107　(0286)
[道光]雩都縣志三十卷　(清)黄濬纂修　清道光六年(1826)刻本　十册

310000－0241－0016108　(0287)

注釋古周禮六卷 (明)郎兆玉注釋 明天啓六年(1626)堂策檻刻本 四冊

310000－0241－0016109 (0288)

遼史拾遺二十四卷 (清)厲鶚撰 清嗚野山房抄本 十二冊

310000－0241－0016110 (0289)

遼史拾遺續三卷 (清)楊復吉撰 清嗚野山房抄本 六冊

310000－0241－0016111 (0290)

文選纂注十二卷 (明)張鳳翼纂注 明萬曆十年(1582)刻本 六冊

310000－0241－0016112 (0291)

無聲詩史七卷 (清)姜紹書撰 清抄本 一冊

310000－0241－0016113 (0293)

周禮二十卷 明閩刻本 六冊

310000－0241－0016114 (0295)

陸清獻公日記十卷 (清)陸隴其撰 清道光二十一年(1841)勝溪草堂刻本 四冊

310000－0241－0016115 (0297)

全唐詩蟠根集十六卷 (清)全唐詩局編 (清)李長祥輯 清同治二年(1863)抄本 十六冊

310000－0241－0016116 (0298)

宛雅初編八卷二編八卷三編二十四卷首一卷末一卷 (明)梅鼎祚編 (清)施閏章續編 清乾隆十四年(1749)張氏西阪草堂刻本 二十冊

310000－0241－0016117 (0299)

新刊宋學士全集三十二卷附錄一卷 (明)宋濂撰 (明)韓叔陽彙集 明嘉靖三十年(1551)韓叔陽浦江縣刻本 二十冊

310000－0241－0016118 (0300)

孟子注疏解經十四卷 (漢)趙岐注 (宋)孫奭疏 明萬曆十八年(1590)刻本 七冊

310000－0241－0016119 (0301)

周易傳義十卷首一卷 (宋)程頤傳 (宋)朱熹本義 明初經廠刻本 六冊

310000－0241－0016120 (0302)

詞致錄十六卷目錄一卷 (明)李天麟編 明萬曆浙江刻本 一冊 存二卷(一、目錄一卷)

310000－0241－0016121 (0303)

老子道德經一卷 (周)李聃撰 清姚椿抄校本 一冊

310000－0241－0016122 (0304)

史記索隱三十卷 (唐)司馬貞撰 明末虞山毛氏汲古閣刻本 三冊

310000－0241－0016123 (0305)

[康熙]山東通志六十四卷 (清)趙祥星纂修 清康熙十七年(1678)刻本 十六冊

310000－0241－0016124 (0306)

顨軒孔氏所著書七種 (清)孔廣森撰 清嘉慶十七年至二十二年(1812－1817)曲阜孔氏儀鄭堂刻本 十冊

310000－0241－0016125 (0307)

皇輿表十六卷 (清)揆敘等增修 清康熙四十三年(1704)内府刻本 二十四冊

310000－0241－0016126 (0311)

御製文第四集三十六卷 (清)聖祖玄燁撰 清末至民國間抄本 十冊

310000－0241－0016127 (0312)

等韻叢説一卷 (清)江有誥撰 清丁顯抄本 一冊

310000－0241－0016128 (0313)

入聲表一卷 (清)江有誥撰 清丁氏寄綠軒抄本 一冊

310000－0241－0016129 (0314)

石桂記五卷 (清)鄭元慶箋釋 清康熙計亭刻本 二冊

310000－0241－0016130 (0315)

筆精八卷 (明)徐𤊹輯 明崇禎五年(1632)刻本 十二冊

310000－0241－0016131　(0317)
古賦辨體十卷　(元)祝堯編　(明)張鯤校　明嘉靖刻本　四冊

310000－0241－0016132　(0319)
錫山景物畧十卷　(明)王永積輯　清初嘉樂堂刻本　六冊

310000－0241－0016133　(0320)
敕修兩浙鹽法志十六卷首一卷　(清)李衛等修　清雍正五年(1727)刻本　十二冊

310000－0241－0016134　(0321)
兩淮鹽法志四十卷　(清)王世球纂修　清乾隆十三年(1748)刻本　二十冊

310000－0241－0016135　(0322)
季漢五志十二卷　(清)王復禮輯　清康熙四十一年(1702)刻本　八冊

310000－0241－0016136　(0323)
畿輔義倉圖志不分卷　(清)方觀承編　清乾隆十八年(1753)精刻本　六冊

310000－0241－0016137　(0324)
南豐先生元豐類藁五十卷附錄一卷　(宋)曾鞏撰　明萬曆查溪曾氏刻本　佚名據宋本校　四冊　存十一卷

310000－0241－0016138　(0325)
嵐石山房叢書十三種三十九卷　(清)李長祥輯　清同治抄本　十三冊

310000－0241－0016139　(0326)
晉風選十卷　(清)趙瑾評選　清康熙刻本　八冊

310000－0241－0016140　(0327)
觀妙齋藏金石文字考畧十六卷　(清)李光暎纂　清雍正七年(1729)刻本　六冊

310000－0241－0016141　(0328)
南豐先生元豐類稿五十卷集外文二卷附錄一卷　(宋)曾鞏撰　清康熙五十六年(1717)顧崧齡刻本　八冊

310000－0241－0016142　(0329)
春秋胡傳三十卷　(宋)胡安國傳　明正統十二年(1447)北京司禮監刻本　八冊

310000－0241－0016143　(0331)
柔遠全書八種十六卷　(□)□□輯　清抄本　十冊

310000－0241－0016144　(0332)
太白劍不分卷　(明)姚康撰　清抄本　四冊

310000－0241－0016145　(0333)
説文解字十五卷　(漢)許慎撰　(宋)徐鉉等校定　清初虞山毛氏汲古閣仿北宋刻本　十二冊

310000－0241－0016146　(0334)
二續表忠記八卷　(清)盧宜輯　清康熙三十九年(1700)刻本　四冊

310000－0241－0016147　(0335)
平閩紀十三卷　(清)楊捷撰　(清)楊懋緒等纂　清康熙二十二年(1683)楊氏世澤堂刻道光印本　八冊

310000－0241－0016148　(0337)
唐荆川先生文集十二卷　(明)唐順之撰　明嘉靖二十八年(1549)無錫安如石刻本　六冊

310000－0241－0016149　(0338)
新編南詞定律十三卷首一卷　(清)呂士雄等編輯　清康熙五十九年(1720)香芸閣刻本　八冊

310000－0241－0016150　(0339)
春秋胡傳三十卷　(宋)胡安國傳　明初刻本　十二冊

310000－0241－0016151　(0340)
大成通志十八卷首二卷　(清)楊慶編　清康熙十一年(1672)刻本　二十冊

310000－0241－0016152　(0341)
入蜀記四卷　(宋)陸游撰　清抄本　一冊

310000－0241－0016153　(0343)
行朝錄十二卷　(清)黄宗羲撰　清抄本　四冊

310000－0241－0016154　(0344)

[康熙]江南通志七十六卷 (清)于成龍等撰修 (清)張九徵纂 清康熙二十三年(1684)江南通志局刻本 三十六册

310000－0241－0016155 (0345)
錢牧齋先生列朝詩集小傳十卷 (清)錢陸燦彙編 清康熙三十七年(1698)誦芬堂刻本 八册

310000－0241－0016156 (0347)
也是錄一卷 (明)鄧凱述 清抄本 一册

310000－0241－0016157 (0348)
澤存堂五種五十卷 (清)張士俊輯 清康熙吳郡張氏澤存堂刻本 十一册

310000－0241－0016158 (0349)
[雍正]河南府續志四卷 (清)張漢纂修 清雍正六年(1728)刻本 四册

310000－0241－0016159 (0350)
[乾隆]續修光州志十二卷 (清)李訒纂修 清乾隆二十七年(1762)刻本 四册

310000－0241－0016160 (0351)
方氏叢鈔十種十八卷 (清)方絢輯 清稿本 八册

310000－0241－0016161 (0352)
廣韻五卷 (宋)陳彭年等重修 明内府刻遞修本 五册

310000－0241－0016162 (0353)
大廣益會玉篇三十卷 (南朝梁)顧野王撰 明内府刻本 四册

310000－0241－0016163 (0354)
江左十五子詩選十五卷 (清)宋犖選 (清)邵長蘅訂 清康熙四十二年(1703)寫刻本 十四册

310000－0241－0016164 (0355)
史記題評一百三十卷 (漢)司馬遷撰 (南朝宋)裴駰集解 (唐)司馬貞索隱 (唐)張守節正義 (明)李元陽輯訂 明嘉靖十六年(1537)福州府刻本 五十册

310000－0241－0016165 (0356)
御製曆象考成上編十六卷下編十卷後編十卷表十六卷 (清)允祿等撰 清雍正二年至乾隆七年(1724－1742)内府刻本 二十六册

310000－0241－0016166 (0357)
徐文長文集三十卷四聲猿一卷 (明)袁宏道評點 明萬曆四十二年(1614)鍾人傑刻本 八册

310000－0241－0016167 (0358)
曹氏墨林二卷 (清)曹聖臣輯 清康熙二十七年(1688)曹氏刻本 四册

310000－0241－0016168 (0359)
晴川蟹錄四卷 (清)孫之騄輯 清康熙、雍正間刻本 二册

310000－0241－0016169 (0360)
芥子園畫像五卷 (清)王槩編 清康熙刻本 五册

310000－0241－0016170 (0361)
欽定元承華事畧補圖六卷 (元)王惲撰 (清)徐郙等補圖 清内府原刻本 二册

310000－0241－0016171 (0362)
玉谿生詩箋注三卷首一卷樊南文集箋注八卷 (唐)李商隱撰 (清)馮浩編注 清乾隆四十五年(1780)德聚堂刻本 八册

310000－0241－0016172 (0363)
隋經籍志考證十三卷 (清)章宗源撰 清乾隆、嘉慶間抄本 六册

310000－0241－0016173 (0364)
史記鈔評不分卷 (清)鄭珍撰 清遵義鄭氏稿本 四册

310000－0241－0016174 (0365)
杜詩提要十四卷 (清)吳瞻泰評選 清乾隆刻本 四册

310000－0241－0016175 (0367)
石刻鋪敘二卷 (宋)曾宏父撰 清抄本 一册

310000－0241－0016176 (0368)
越中金石錄一卷 沈復粲錄 清末至民國間

抄本　一冊

310000－0241－0016177　(0371)
金石鑒十五卷　(清)遯阿撰　清稿本　二冊

310000－0241－0016178　(0372)
采菽堂古詩選三十八卷補遺四卷　(清)陳祚明評選　清康熙武林翁嵩年刻乾隆十三年(1748)屈以伸印本　二十冊

310000－0241－0016179　(0373)
經籍志鈔三卷　(□)□□撰　清抄本　八冊

310000－0241－0016180　(0375)
周益公全集二百八卷目錄三卷　(宋)周必大撰　清道光十一年(1831)鳴野山房抄本　一百二十冊

310000－0241－0016181　(0377)
綿津山人詩集不分卷　(清)宋犖撰　清康熙商丘宋氏稿本　五冊

310000－0241－0016182　(0378)
性命圭旨四集四卷　(□)□□撰　清康熙四十四年(1705)內府刻本　四冊

310000－0241－0016183　(0379)
石田先生集十一卷　(明)沈周撰　明萬曆四十三年(1615)陳仁錫刻本　一冊　存三卷(七言律三卷)

310000－0241－0016184　(0380)
周易象二卷繫辭一卷　明翻宋刻本　三冊

310000－0241－0016185　(0382)
春秋穀梁傳旁訓四卷　(□)□□撰　清掃葉山房刻本　二冊

310000－0241－0016186　(0383)
漢石例六卷　(清)劉寶楠撰　清抄本　二冊

310000－0241－0016187　(0384)
南工廟祠祀典三卷　(清)李奉翰編　清乾隆四十四年(1779)刻本　八冊

310000－0241－0016188　(0385)
秋風紅豆樓詞一卷　(清)張鳴珂撰　清稿本　一冊

310000－0241－0016189　(0386)
話雨樓碑帖目錄四卷　(清)王鯤編　清抄本　一冊

310000－0241－0016190　(0387)
讀書紀數畧五十四卷　(清)宮夢仁撰　清康熙四十六年(1707)內府刻本　十六冊

310000－0241－0016191　(0388)
朱文公校昌黎先生文集四十卷外集十卷傳一卷遺文一卷　(唐)韓愈撰　(唐)李漢編　(宋)朱熹考異　(宋)王伯大音釋　明初刻本　二十冊

310000－0241－0016192　(0389)
七緯三十七種三十八卷　(清)趙在翰輯　清嘉慶小積石山房刻本　四冊

310000－0241－0016193　(0390)
陳少陽先生盡忠錄　(宋)陳東撰　清仲子文房抄本　四冊　存八卷

310000－0241－0016194　(0391)
爾雅翼三十二卷　(宋)羅願撰　明正德十四年(1519)羅文殊刻本　一冊　存八卷(八至十五)

310000－0241－0016195　(0392)
袁中郎敝篋集二卷華嵩遊草二卷廣莊一卷　(明)袁宏道撰　明刻本　五冊

310000－0241－0016196　(0393)
嶺西水陸兵紀二卷　(明)盛萬年撰　清雍正九年(1731)寶綸堂刻本　一冊

310000－0241－0016197　(0394)
白華樓續稿十五卷　(明)茅坤撰　(明)姚翼編　明萬曆刻本　十冊

310000－0241－0016198　(0396)
毛詩正變指南圖六卷　(宋)□□編　(明)陳重光重訂　明崇禎十一年(1638)陳氏刻本　二冊

310000－0241－0016199　(0397)
博雅備考二十七卷　(清)張彥琦纂述　清雍正四年(1726)裕昆堂刻本　四冊

310000－0241－0016200　(0398)
楚辭辯不分卷　(清)朱冀撰　清康熙四十五年(1706)綠筠堂刻本　二冊

310000－0241－0016201　(0399)
集千家註杜工部文集二卷　(唐)杜甫撰　(元)高楚方編　明嘉靖十五年(1536)玉几山人校刻本　一冊

310000－0241－0016202　(0400)
柳元山水譜二卷　(唐)柳宗元著　(清)黄中通集選　清順治寫刻本　一冊

310000－0241－0016203　(0401)
捷錄法原旁注十二卷　(清)錢炅重輯　清康熙五年(1666)刻本　六冊

310000－0241－0016204　(0402)
捷錄法原旁注十二卷　(清)錢炅重輯　清康熙五年(1666)刻本　六冊

310000－0241－0016205　(0403)
南遊記一卷　(清)孫嘉淦撰　清抄校本　一冊

310000－0241－0016206　(0404)
昌黎先生集四十卷外集十卷遺文一卷　(唐)韓愈撰　(宋)廖瑩中輯注　明東雅堂刻本　十冊

310000－0241－0016207　(0406)
困知記續補一卷外編一卷困知記附錄一卷　(明)羅欽順撰　明嘉靖刻本　四冊

310000－0241－0016208　(0407)
新刊舉業明儒論宗八卷　(明)薛應旂編　明隆慶元年(1567)金陵三山書坊刻本　八冊

310000－0241－0016209　(0408)
四禮疑五卷　(明)呂坤撰　明萬曆四十二年(1614)刻本　一冊

310000－0241－0016210　(0410)
賴古堂文選二十卷　(清)周在浚等選　清康熙初寫刻本　六冊

310000－0241－0016211　(0411)
防河奏議六卷　(清)嵇曾筠撰　清雍正十二年(1734)刻本　二冊

310000－0241－0016212　(0412)
食物本草會纂十卷圖一卷　(清)沈李龍撰　清康熙西湖沈氏刻本　八冊

310000－0241－0016213　(0413)
黄孄餘話六卷　(清)陳錫路撰　清乾隆三十七年(1772)芸香窩刻本　二冊

310000－0241－0016214　(0414)
御製文集二十卷　(明)太祖朱元璋撰　明嘉靖刻本　三冊　存十五卷(一至十五)

310000－0241－0016215　(0415)
高皇帝御製文集二十卷　(明)朱元璋撰　明萬曆謝正蒙、熊尚文刻本　一冊　存六卷(一至六)

310000－0241－0016216　(0416)
六逸詩鈔二十三卷　(清)孫讜編　清康熙刻本　八冊

310000－0241－0016217　(0420)
通鑑直解二十五卷　(明)張居正輯　(明)高兆麟重訂　明崇禎四年(1631)刻本　十六冊

310000－0241－0016218　(0421)
明文奇賞四十卷　(明)陳仁錫評選　明天啓刻本　四十冊

310000－0241－0016219　(0424)
唐詩品彙九十卷拾遺十卷首一卷詩人爵里詳節一卷　(明)高棅編　(明)費懋質校正　明東海屠隆刻本　三十六冊

310000－0241－0016220　(0425)
逸語十卷　(清)曹庭棟輯注　清乾隆十二年(1747)刻本　四冊

310000－0241－0016221　(0427)
乘城日錄不分卷　(明)周宇編次　清康雍山陰朱氏刻本　一冊

310000－0241－0016222　(0428)
偃師金石遺文記二卷　(清)武億撰　(清)武穆淳校　清乾隆五十三年(1788)小石山房刻本　四冊

310000－0241－0016223　(0429)

河東鹽政彙纂六卷　(清)蘇昌臣輯　清康熙二十九年(1690)刻本　六冊

310000－0241－0016224　(0430)

御製全韻詩不分卷　(清)高宗弘曆撰　清乾隆内府刻本　五冊

310000－0241－0016225　(0431)

蜀事紀畧不分卷附明朝紀事本末一卷　(明)朱燮元撰　清康雍山陰朱氏刻本　五冊

310000－0241－0016226　(0432)

唱經堂杜詩解四卷　(唐)杜甫撰　(清)金聖歎解　清康熙十一年(1672)刻本　六冊

310000－0241－0016227　(0433)

遺民詩十二卷附近青堂詩一卷　(清)卓爾堪選輯　清康熙近青堂刻本　十二冊

310000－0241－0016228　(0434)

南遊記一卷　(清)孫嘉淦撰　清抄本　一冊

310000－0241－0016229　(0435)

詩慰不分卷續集一卷　(清)陳允衡選　清順治十三年(1656)刻本　十一冊

310000－0241－0016230　(0436)

古樂苑五十二卷前卷一卷衍錄四卷　(明)梅鼎祚編　明刻本　二十冊

310000－0241－0016231　(0437)

三輔黃圖六卷　(□)□□撰　清抄本　一冊

310000－0241－0016232　(0438)

說詩日記不分卷　(清)遐師撰　清稿本　一冊

310000－0241－0016233　(0440)

[淳祐]臨安志　(宋)施諤撰　清抄本　四冊存六卷

310000－0241－0016234　(0441)

劉雪湖梅譜二卷　(明)王思任編輯　明末墨妙山房刻本　二冊

310000－0241－0016235　(0442)

潛研堂全書二十三種二百五十五卷　(清)錢大昕撰　清乾隆、嘉慶間原刻本　四十八冊

310000－0241－0016236　(0443)

讀書偶記一卷　胡玉縉撰　清稿本　一冊

310000－0241－0016237　(0444)

樂府詩集一百卷　(宋)郭茂倩編　明末虞山毛氏汲古閣刻本　十八冊

310000－0241－0016238　(0445)

[康熙]常州府志三十八卷首一卷　(清)陳玉璂編纂　清康熙三十四年(1695)刻本　二十冊

310000－0241－0016239　(0447)

積古齋鐘鼎彝器款識十卷　(清)阮元編錄　清抄本　四冊

310000－0241－0016240　(0448)

歷代鐘鼎彝器款識法帖二十卷　(宋)薛尚功撰　(清)吟香抄　清抄本　四冊

310000－0241－0016241　(0449)

[康熙]蘇州府志八十二卷首一卷　(清)寧雲鵬等修　(清)沈世奕等纂　清康熙三十年(1691)刻本　四十冊

310000－0241－0016242　(0450)

讀墨子閒詁小記一卷　胡玉縉撰　清稿本　一冊

310000－0241－0016243　(0451)

白華樓藏稿十一卷　(明)茅坤撰　(明)姚翼編　明萬曆刻本　八冊

310000－0241－0016244　(0452)

集古印譜六卷　(明)羅王常編　明萬曆武陵顧氏芸閣刻本　六冊

310000－0241－0016245　(0453)

槐野先生存笥稿三十八卷附錄一卷　(明)王維楨撰　(明)南師仲編　明萬曆三十四年(1606)黃陛、王九敘刻本　二十冊

310000－0241－0016246　(0454)

孔戴遺書三十四種一百五十一卷附錄三種四卷　(清)孔繼涵輯　清乾隆微波榭刻本　八十冊

310000－0241－0016247 （0455）
袁中郎十集十六卷 （明）袁宏道撰 明萬曆繡水周氏刻本 八册

310000－0241－0016248 （0457）
范氏天一閣碑目不分卷天一閣目續增一卷 （清）錢大昕編 清抄本 二册

310000－0241－0016249 （0458）
昭代詞選三十八卷 （清）宋琬等撰 （清）蔣重光輯 清乾隆三十二年（1767）經鉏堂刻本 十二册

310000－0241－0016250 （0460）
大清律七言集成二卷 （清）程熙春重輯 清抄本 一册

310000－0241－0016251 （0461）
邦畿水利集說四卷九十九淀考一卷 （清）沈聯芳編輯 清抄本 六册

310000－0241－0016252 （0462）
五代會要三十卷 （宋）王溥撰 清抄本 八册

310000－0241－0016253 （0464）
宗伯集八十一卷 （明）馮琦撰 明萬曆康氏刻本 三十二册

310000－0241－0016254 （0466）
徐文長文集三十卷補遺一卷 （明）徐渭撰 （明）袁宏道評點 明末讀書坊刻本 五册

310000－0241－0016255 （0467）
方正學先生遜志齋集二十四卷外紀一卷拾補一卷年譜一卷 （明）方孝孺撰 （明）張紹謙纂定 明崇禎十六年（1643）張紹謙刻本 十二册

310000－0241－0016256 （0468）
唐陸宣公翰苑集二十四卷 （唐）陸贄撰 明刻本 十册

310000－0241－0016257 （0470）
周易翼注四卷 （清）□□撰 清嘉慶十六年（1811）抄本 三册

310000－0241－0016258 （0471）
續表忠記八卷 （清）趙吉士纂編 （清）盧宜彙輯 清康熙三十七年（1698）刻本 四册

310000－0241－0016259 （0472）
能改齋漫錄十八卷 （宋）吳曾撰 明抄本 十二册 存十八卷

310000－0241－0016260 （0474）
河套志六卷 （清）陳履中纂 清乾隆七年（1742）寓園刻本 四册

310000－0241－0016261 （0475）
歷代名臣奏議三百五十卷 （明）黄淮編 （明）楊士奇等編 明永樂内府刻本 四册 存十一卷（一至三、十四至十六、二十三至二十七）

310000－0241－0016262 （0476）
皇明大事記五十卷 （明）朱國楨輯 明崇禎刻本 三十六册 存三十六卷（一至三十六）

310000－0241－0016263 （0477）
金石存十五卷 （清）吳玉搢纂 清嘉慶山陽李氏聞妙香室精刻本 八册

310000－0241－0016264 （0478）
曝書亭集八十卷附錄一卷 （清）朱彝尊撰 **笛漁小稾** （清）朱昆田撰 清康熙五十三年（1714）朱稻孫刻本 十二册

310000－0241－0016265 （0479）
類編草堂詩餘四卷 （明）武林逸史編 清何仲子校刻本 四册

310000－0241－0016266 （0480）
詩觀初集十二卷 （清）鄧漢儀評選 清康熙十一年（1672）南陽鄧氏慎墨堂刻本 二十四册

310000－0241－0016267 （0481）
續吳先賢讚十五卷續吳錄二卷 （明）劉鳳撰 明萬曆刻本 三册

310000－0241－0016268 （0482）
先榮禄公遺著一卷附翼辰軒遺詩一卷吳太淑人壽言一卷 （清）陸召南撰 清潛廬抄本 二册

310000－0241－0016269　(0483)
半農春秋説十五卷　(清)惠士奇撰　清乾隆十四年(1749)原刻初印本　六冊

310000－0241－0016270　(0484)
欽定篆文六經四書四十九卷　(清)張照等敕篆文　清康熙内府刻本　十二冊

310000－0241－0016271　(0485)
五經疏義統宗五種十二卷附周禮二卷　(明)陳仁錫校閲　明末吴門大觀堂刻本　十二冊

310000－0241－0016272　(0486)
壇廟祀典三卷　(清)方觀承輯　清乾隆二十三年(1758)精刻本　三冊

310000－0241－0016273　(0487)
樂府廣序三十卷詩集廣序十卷　(清)朱嘉徵撰　清康熙刻本　四冊

310000－0241－0016274　(0488)
粤東金石略十二卷　(清)翁方綱撰　清乾隆三十六年(1771)石洲草堂精刻本　六冊

310000－0241－0016275　(0489)
[乾隆]永昌府志二十六卷首一卷　(清)宣世濤等撰修　清乾隆五十年(1785)刻本　十四冊

310000－0241－0016276　(0490)
增訂二三場羣書備考四卷　(明)袁黄著　明崇禎五年(1632)刻本　八冊

310000－0241－0016277　(0491)
爾雅廣雅異同表一卷　胡玉縉撰　清稿本　一冊

310000－0241－0016278　(0492)
蓉槎蠡説十二卷　(清)程哲撰　清康熙七畧書堂刻本　二冊

310000－0241－0016279　(0493)
辛巳泣蘄録一卷　(宋)趙與褒編　清末至民國間抄本　二冊

310000－0241－0016280　(0494)
建康實録二十卷　(唐)許嵩撰　清末至民國間抄影刻宋紹興本　十四冊

310000－0241－0016281　(0495)
靳兩城先生集二十卷　(明)靳學顔著　明萬曆刻本　十二冊

310000－0241－0016282　(0496)
鄒子願學集八卷　(明)鄒元標撰　(明)龍遇奇編　明萬曆四十七年(1619)刻本　五冊

310000－0241－0016283　(0497)
五代史補五卷　(宋)陶岳撰　**五代史闕文一卷**　(宋)王禹偁撰　明末清初虞山毛氏汲古閣刻本　一冊

310000－0241－0016284　(0498)
翠娱閣評選行笈必攜十種二十一卷　(明)陸雲龍輯　明崇禎武林陸氏峥霄館刻本　二十冊

310000－0241－0016285　(0499)
[康熙]松江府志五十四卷　(清)郭廷弼等修纂　清康熙刻本　四十冊

310000－0241－0016286　(0500)
雲谿友議十二卷　(唐)范攄撰　明嘉靖十四年(1535)王良棟抄本　二冊

310000－0241－0016287　(0502)
張九齡詩集二卷　(唐)張九齡撰　明刻本　二冊

310000－0241－0016288　(0503)
博物典彙二十卷　(明)黄道周纂　明崇禎刻本　十冊

310000－0241－0016289　(0504)
寶前兩溪志畧十二卷　(清)吴玉樹編輯　清嘉慶十二年(1807)卍蕉園刻本　三冊

310000－0241－0016290　(0505)
韓文四十卷外集十卷遺集一卷　(唐)韓愈撰　(唐)李漢編　明嘉靖游居敬校刻本　十二冊

310000－0241－0016291　(0506)
萬文恭公摘集十二卷外集一卷　(明)萬士和撰　明萬曆二十年(1592)萬氏素履齋刻清康熙、雍正間可師堂印本　六冊

310000－0241－0016292　(0507)
仲里志五卷　(清)顧彩重修　清康熙刻本　四冊

310000－0241－0016293　(0508)
粵東金石畧十二卷　(清)翁方綱撰　清乾隆三十六年(1771)石洲草堂精刻本　二冊

310000－0241－0016294　(0509)
干巷志六卷　(清)朱棟撰　清嘉慶六年(1801)丁氏種松山房刻本　二冊

310000－0241－0016295　(0510)
白蓮集十卷附風騷旨格一卷　(唐)釋齊己撰　明天啓七年(1627)曹氏書倉抄本　二冊

310000－0241－0016296　(0511)
筆山崔先生文集十卷　(明)崔涯撰　明萬曆三十六年(1608)崔廷健刻本　八冊

310000－0241－0016297　(0512)
蔡虛齋先生四書蒙引十五卷　(明)蔡清撰　明萬曆刻本　三十四冊

310000－0241－0016298　(0513)
新校經史海篇直音十卷　(明)□□撰　明嘉靖二十三年(1544)勉勤堂刻本　十冊

310000－0241－0016299　(0514)
文體明辨六十一卷首一卷目録六卷附録十四卷附録目録二卷　(明)徐師曾撰　明萬曆吳江壽檜堂刻本　八十冊

310000－0241－0016300　(0515)
藝林彙考四十卷　(清)沈自南輯　清康熙原刻本　十六冊

310000－0241－0016301　(0516)
未軒公文集十二卷附録一卷補遺二卷　(明)黃仲昭撰　明嘉靖三十四年(1555)黃希白刻清遞修印本　六冊

310000－0241－0016302　(0517)
讀易偶存不分卷　(清)華學泉撰　清抄本　五冊

310000－0241－0016303　(0518)
湖海集十三卷　(清)孔尚任著　清康熙二十七年(1688)介安堂原刻本　八冊

310000－0241－0016304　(0519)
馮氏錦囊秘錄四十九卷　(清)馮兆張纂輯　清康熙四十一年(1702)刻本　二十冊

310000－0241－0016305　(0520)
重校全補海篇直音十二卷首三卷　(明)李九我輯　明萬曆二十三年(1595)書林鄭雲竹刻本　六冊

310000－0241－0016306　(0521)
周易本義辨證六卷　(清)惠棟撰　清抄本　五冊

310000－0241－0016307　(0522)
文壇清鑒集四種　(清)屠元淳撰　清乾隆十一年(1746)刻本　八冊

310000－0241－0016308　(0523)
歷代帝王年號考二十卷　(清)劉宗魏編輯　清乾隆二十八年(1763)春山堂刻本　四冊

310000－0241－0016309　(0524)
觀始集十二卷　(清)魏裔介編　清順治十三年(1656)刻本　十六冊

310000－0241－0016310　(0525)
梅谷十種書十七卷　(清)陸烜撰　清乾隆平湖陸氏刻本　十二冊

310000－0241－0016311　(0526)
尊聞居士集八卷遺稿一卷　(清)羅有高著　清光緒七年(1881)刻本　四冊

310000－0241－0016312　(0527)
楚辭十七卷　(戰國)屈原等撰　(漢)劉向集　清康熙初虞山毛氏汲古閣毛表重刻宋本　十二冊

310000－0241－0016313　(0528)
徐文長逸稿二十四卷徐文長自著畸譜一卷　(明)徐渭撰　(明)張汝霖評選　明天啓三年(1623)張維城校刻本　四冊

310000－0241－0016314　(0529)
淩煙閣功臣畫像一卷　(清)劉源繪　清康熙七年(1668)精刻本　二冊

310000－0241－0016315　(0530)
石堂先生集七種八卷　(宋)陳榜著　清武林盧文弨寫本　清盧文弨校　三冊

310000－0241－0016316　(0531)
乾坤清氣十五卷　(元)劉因等撰　(明)偶桓選　清初抄本　六冊

310000－0241－0016317　(0532)
曲譜十二卷首一卷末一卷　(清)王奕清等奉敕撰　清康熙内府刻本　十二冊

310000－0241－0016318　(0533)
本草詩箋十卷　(清)朱鑰著　清乾隆四年(1739)精刻本　六冊

310000－0241－0016319　(0534)
三家宫詞三卷二家宫詞二卷　(明)毛晉輯　明天啓緑君亭刻本　一冊

310000－0241－0016320　(0535)
學士編二卷　(元)吾丘衍撰　(明)何震續　清抄本　一冊

310000－0241－0016321　(0536)
茶具十詠一卷　(明)文徵明撰　清末至民國間傳抄本　一冊

310000－0241－0016322　(0537)
明練音續集十卷首一卷末一卷　(清)王輔銘編　清雍正爾雅堂精刻本　八冊

310000－0241－0016323　(0538)
啗敢覽館稿不分卷　(清)曹應鐘撰　清末正芳齋抄本　一冊

310000－0241－0016324　(0539)
音學五書五種三十八卷　(清)顧炎武著　清初符山堂刻本　十一冊

310000－0241－0016325　(0540)
唐開元占經一百二十卷目錄二卷　(唐)釋瞿曇悉達撰　清抄本　二十四冊

310000－0241－0016326　(0541)
史裁二十六卷　(明)吳士奇著　明萬曆三十年(1602)刻本　二十冊

310000－0241－0016327　(0542)
國朝練音初集十卷首一卷末一卷　(清)王輔銘編　清乾隆八年(1743)飛霞閣刻本　二冊

310000－0241－0016328　(0544)
詩所五十六卷　(明)臧懋循編　明萬曆金陵徐智刻本　四十八冊

310000－0241－0016329　(0545)
霽山先生白石樵唱六卷文集四卷　(宋)林景熙撰　清抄本　一冊

310000－0241－0016330　(0546)
徐錫麟案資料彙錄一卷　(清)□□錄　清光緒三十三年(1907)寫本　一冊

310000－0241－0016331　(0547)
松泉詩集四十八卷　(清)汪由敦撰　清汪氏稿本　十二冊

310000－0241－0016332　(0548)
王文恪公集三十六卷　(明)王鏊撰　**名公筆記**　(明)吳廷舉等撰　**鵑音一卷白社詩草一卷**　(明)王禹聲撰　明萬曆三槐堂刻清印本　八冊

310000－0241－0016333　(0549)
太平樂事不分卷　(清)柳山居士撰　清康熙四十八年(1709)曹寅揚州刻本　一冊

310000－0241－0016334　(0550)
金薤琳琅二十卷補遺一卷　(明)都穆撰　清乾隆四十三年(1778)杭州宋氏刻本　四冊

310000－0241－0016335　(0551)
石林居士建康集八卷　(宋)葉夢得撰　清至民國間傳抄士禮居舊藏吳翌鳳校本　四冊

310000－0241－0016336　(0552)
重校正唐文粹一百卷　(宋)姚鉉纂　明嘉靖十三年(1534)姑蘇徐焴刻本　三十二冊

310000－0241－0016337　(0553)
王文成公全書三十八卷　(明)王守仁撰　明隆慶六年(1572)謝廷傑刻本　三十二冊

310000－0241－0016338　(0554)
校正重刊官板宋朝文鑑　(宋)呂祖謙編　明

金陵唐錦池刻本　三十二册　存一百二十卷目録一卷

310000－0241－0016339　(0555)
石柱記五卷　(清)鄭元慶箋釋　清康熙魚計亭刻本　二册

310000－0241－0016340　(0556)
湝山志八卷　(清)高杲等纂修　清道光十一年(1831)木活字印本　二册

310000－0241－0016341　(0557)
北堂書鈔一百六十卷　(唐)虞世南輯　明萬曆刻本　二十四册

310000－0241－0016342　(0558)
左氏蒙求一卷　(元)吴化龍撰　清抄本　一册

310000－0241－0016343　(0559)
姚江逸詩十五卷　(清)黄宗羲　(清)烏隱從選輯　清乾隆四十一年(1776)楊紹永刻本　六册

310000－0241－0016344　(0560)
西江風雅十二卷　(清)金德瑛選　(清)沈瀾編　清乾隆十八年(1753)刻本　四册

310000－0241－0016345　(0561)
濤音集八卷　(清)王士祿選輯　清乾隆歷城楊龍泉校刻本　四册

310000－0241－0016346　(0562)
石墨鐫華八卷　(明)趙崡撰　明萬曆四十六年(1618)刻後印本　四册

310000－0241－0016347　(0563)
江湖長翁文集四十卷　(宋)陳造撰　明萬曆四十六年(1618)刻本　十六册

310000－0241－0016348　(0564)
高季迪先生大全集十八卷　(明)高啓撰　清康熙長洲許氏竹素園刻本　四册

310000－0241－0016349　(0565)
正韻篆二卷附學古編二卷　(明)沈延銓撰　明天啓刻本　二册

310000－0241－0016350　(0566)
水經注四十卷　(漢)桑欽撰　(北魏)酈道元注　清康熙歙縣項氏羣玉書堂刻本　十册

310000－0241－0016351　(0567)
續資治通鑑長編一百八卷　(宋)李燾撰　清抄本　四十八册

310000－0241－0016352　(0568)
御製律吕正義上編二卷下編二卷續編一卷　(清)允祉等撰　清雍正二年(1724)武英殿刻本　五册

310000－0241－0016353　(0569)
崇禎忠節録三十二卷　(明)高承埏著　清抄本　三十二册

310000－0241－0016354　(0571)
陶情藁六卷　(明)易恒撰　清末至民國間抄本　二册

310000－0241－0016355　(0572)
鄭開陽先生雜著十種十一卷　(明)鄭若曾著　(清)鄭志泓等重訂　清康熙三十年(1691)刻本　十二册

310000－0241－0016356　(0573)
天台山方外志要十卷　(明)釋無盡纂　(清)齊召南删訂　清乾隆三十六年(1771)刻本　四册

310000－0241－0016357　(0574)
嘉興三李合集三十四卷　(清)李菊房編　清乾隆精刻本　十册

310000－0241－0016358　(0575)
湯陰精忠廟志十卷　(明)張應登輯　清乾隆刻本　六册

310000－0241－0016359　(0576)
兼明書五卷　(唐)邱光庭撰　清嘉慶十六年(1811)璜川吴氏木活字印本　一册

310000－0241－0016360　(0577)
南華真經義海纂微一百六卷　(宋)褚伯秀撰　清鳴野山房抄本　四十八册

310000－0241－0016361　(0578)

揚州東園題詠四卷圖一卷 (清)賀君召編錄 清乾隆十一年(1746)刻本 二册

310000－0241－0016362 (0579)
夏桂洲先生文集十八卷首一卷 (明)夏言撰 (明)林日瑞編 明崇禎吳一璘校刻本 二十八册

310000－0241－0016363 (0580)
呂晚邨先生文集八卷續集四卷 (清)呂留良撰 **行述一卷** (清)呂公忠述 清雍正三年(1725)呂氏天蓋樓刻本 五册

310000－0241－0016364 (0581)
御刻三希堂石渠寶笈法帖釋文十六卷 (清)陳焯編 清乾隆六十年(1795)陳氏刻本 六册

310000－0241－0016365 (0582)
淳化秘閣法帖孝正十二卷 (清)王澍詳正 清雍正詩鼎齋刻本 六册

310000－0241－0016366 (0583)
淮鹺本論二卷 (清)胡文學撰 清康熙元年(1662)刻本 六册

310000－0241－0016367 (0584)
鐵網珊瑚書品十卷畫品六卷 (明)朱存理編 清雍正六年(1728)希堯刻本 十册

310000－0241－0016368 (0585)
昭代紀畧 (明)朱懷吳輯 (明)車應泰刪 明天啓刻本 六册 存四卷

310000－0241－0016369 (0586)
唐四家詩四種八卷 (清)汪立名編 清康熙寫刻本 六册

310000－0241－0016370 (0587)
錢牧齋先生列朝詩集小傳十卷 (清)錢陸燦彙編 清康熙三十七年(1698)誦芬堂刻本 八册

310000－0241－0016371 (0588)
汲冢周書十卷 (晉)孔晁注 明吳琯刻祕書廿一種本 一册

310000－0241－0016372 (0589)
蔣氏遊藝秘錄九種二卷 (清)蔣和輯 清乾隆五十九年(1794)刻本 二册

310000－0241－0016373 (0590)
芝菴讀書記不分卷 (清)陸雲錦撰 清乾隆、嘉慶間刻本 四册

310000－0241－0016374 (0591)
[嘉慶]常山縣志十二卷 (清)陳珄修撰 清嘉慶十八年(1813)刻本 八册

310000－0241－0016375 (0592)
閭頌彙編二十卷 (清)閭中子民編 清康熙刻本 二十册

310000－0241－0016376 (0593)
[嘉慶]於潛縣志十六卷首一卷末一卷 (清)蔣光弼等修 (清)張夔等纂 清嘉慶十七年(1812)刻本 十册

310000－0241－0016377 (0594)
[乾隆]諸暨縣志四十四卷首一卷末一卷 (清)沈椿齡修 (清)樓卜瀍等纂 清乾隆三十七年至三十八年(1772－1773)刻本 十四册

310000－0241－0016378 (0595)
七十二峯是徵集八十五卷文集十六卷 (清)吳定璋錄 (清)陳祖范訂 清乾隆依綠園刻本 二十八册

310000－0241－0016379 (0596)
烏衣香牒四卷春駒小譜二卷 (清)陳邦彥撰 清乾隆三年(1738)刻本 六册

310000－0241－0016380 (0597)
蓉槎蠡說十二卷 (清)程哲撰 清康熙七畧書堂刻本 四册

310000－0241－0016381 (0599)
劉向古列女傳七卷續列女傳一卷 (漢)劉向撰 清覆刻明萬曆三十四年(1606)黃嘉育本 八册

310000－0241－0016382 (0600)
孔門兩弟子言詩翼八卷附詩傳孔氏傳一卷 (周)子夏 (周)子貢撰 (明)徐光啓等評

明崇禎三年(1630)夕佳樓刻本　二册

310000－0241－0016383　(0601)
詩經輔註五卷　(明)徐鳳彩撰　(清)徐允貞校　清雍正六年(1728)徐朝俊抄稿本　三册

310000－0241－0016384　(0602)
孔門兩弟子言詩翼不分卷　(周)子夏　(周)子貢撰　清康熙傳抄明崇禎三年(1630)刻本　五册

310000－0241－0016385　(0603)
新鐫張徐兩太史審定葩經摘證八卷　(明)朱輅輯撰　(明)張以誠訂正　明萬曆末刻本　八册

310000－0241－0016386　(0604)
詩經正義二十七卷　(明)許天贈撰　明萬曆二十五年(1597)許裴賢刻清許荼慎餘堂重修本　十二册

310000－0241－0016387　(0605)
毛詩鄭箋二十卷詩譜一卷　(周)卜商敘　(漢)毛萇傳　明萬曆二十二年(1594)玄鑒室刻本　十二册

310000－0241－0016388　(0606)
聖門傳詩嫡冢十六卷　(明)淩濛初輯　**申公詩説一卷**　(漢)申培撰　明崇禎吴興淩氏刻本　五册

310000－0241－0016389　(0607)
毛詩註疏纂八卷　(明)田有年　(明)田逢年纂　明崇禎十六年(1643)怡齋刻本　六册

310000－0241－0016390　(0608)
詩傳大全二十卷圖一卷綱領一卷詩經考異一卷詩序辨説一卷　(明)胡廣等纂修　明崇禎吴郡顧凝遠詩瘦閣刻本　十册

310000－0241－0016391　(0609)
詩經胡傳十二卷言詩一卷　(明)胡紹曾注　明崇禎十六年(1643)春煦堂刻本　八册

310000－0241－0016392　(0610)
詩經偶箋十三卷　(明)萬時華撰　明崇禎刻本　八册

310000－0241－0016393　(0611)
詩學内傳三十一卷首一卷　(明)陸燁撰　清山陰杜氏知聖教齋抄本　九册　存二十六卷(一至五、十一至三十一)

310000－0241－0016394　(0612)
韓詩外傳十卷　(漢)韓嬰撰　明嘉靖十八年(1539)薛來芙蓉泉書屋刻本　六册

310000－0241－0016395　(0613)
韓詩外傳十卷　(漢)韓嬰撰　明嘉靖十八年(1539)芙蓉泉書屋刻本　六册

310000－0241－0016396　(0614)
潁濱先生詩集傳十九卷　(宋)蘇轍撰　明萬曆二十五年(1597)金陵畢氏刻兩蘇經解本　四册

310000－0241－0016397　(0615)
韓詩外傳十卷　(漢)韓嬰撰　(明)唐琳點校　明天啓六年(1626)新都唐氏刻本　四册

310000－0241－0016398　(0616)
韓詩外傳十卷　(漢)韓嬰撰　(明)鍾惺評　明末刻本　四册

310000－0241－0016399　(0617)
詩考一卷　(宋)王應麟撰　元至元六年(1340)慶元路儒學刻明遞修本　一册

310000－0241－0016400　(0618)
韓詩外傳十卷　(漢)韓嬰撰　(明)余寅評　明末刻本　四册

310000－0241－0016401　(0619)
詩考一卷　(宋)王應麟撰　清光緒九年(1883)浙江書局刻玉海本　一册

310000－0241－0016402　(0620)
詩考四卷　(宋)王應麟撰集　(清)盧文弨增校　清嘉慶抄稿本　二册

310000－0241－0016403　(0621)
詩集傳纂疏二十卷　(元)胡一桂撰　明藍格抄本　二册

310000－0241－0016404　(0622)
毛詩註疏二十卷　(漢)鄭玄箋　(唐)孔穎達

疏　明萬曆十七年(1589)北京國子監刻十三經註疏本　二十册

310000－0241－0016405　(0623)
三家詩拾遺十卷源流一卷　(清)范家相輯　清嘉慶十五年(1810)范氏古趣亭刻光緒十三年(1887)墨潤堂重修本　三册

310000－0241－0016406　(0625)
詩經疏義會通二十卷綱領一卷圖一卷　(元)朱公遷疏義　(明)王逢輯錄　(明)何英增釋　明嘉靖二年(1523)書林劉氏安正堂刻本(有抄配)　二十册

310000－0241－0016407　(0626)
讀詩傳謁三十卷　(清)韓怡撰　清嘉慶十六年(1811)木存堂刻本　二十四册

310000－0241－0016408　(0627)
詩經疏義會通二十卷序一卷綱領一卷圖一卷　(元)朱公遷撰　(明)王逢輯　明嘉靖二年(1523)書林劉氏安正堂刻本　十册

310000－0241－0016409　(0628)
韓詩遺説補不分卷　(清)陶方琦撰　清抄稿本　一册

310000－0241－0016410　(0629)
韓詩内傳徵四卷敘錄二卷補遺一卷疑義一卷　(清)宋綿初撰　清乾隆六十年(1795)志學堂刻本　一册

310000－0241－0016411　(0630)
韓詩内傳並薛君章句考四卷敘錄一卷附錄一卷二雨堂筆談一卷附編一卷　(清)錢玫撰　(清)錢世敘編　清道光寫稿本　四册

310000－0241－0016412　(0631)
讀詩辨字畧三卷　(清)韓怡撰　清嘉慶直之堂刻本　三册

310000－0241－0016413　(0632)
三輔黃圖六卷　(□)□□撰　明藍格抄本　一册

310000－0241－0016414　(0633)
詩經小學四卷　(清)段玉裁撰　(清)臧鏞堂錄　清嘉慶二年(1797)武進臧氏拜經堂刻拜經堂叢書本　二册

310000－0241－0016415　(0634)
詩故十卷　(明)朱謀㙔撰　明萬曆刻本　一册

310000－0241－0016416　(0635)
三家詩遺説翼證不分卷　(清)馮登府撰　清道光馮氏稿本　四册

310000－0241－0016417　(0636)
三家詩異文疏證六卷補遺三卷續補遺二卷　(宋)王應麟集考　(清)馮登府補釋　清道光十年(1830)四明學舍刻本　四册

310000－0241－0016418　(0637)
詩經二十卷詩譜一卷　(周)子夏序　(漢)毛公傳　明末永懷堂刻本　四册

310000－0241－0016419　(0638)
毛詩故訓傳三十卷　(漢)毛亨傳　(漢)鄭玄箋　清同治十一年(1872)五雲堂刻本　四册

310000－0241－0016420　(0639)
毛詩七卷　(漢)毛亨傳　(漢)鄭玄箋　(明)馬應龍　(明)孫開校　明嘉靖刻本　六册

310000－0241－0016421　(0640)
詩經廣詁三十卷例言一卷　(清)徐璈輯錄　清道光刻本　六册

310000－0241－0016422　(0641)
鮑氏國策十卷　(宋)鮑彪校注　明嘉靖七年(1528)吳門龔雷刻本　十二册

310000－0241－0016423　(0642)
尚書旁註二卷　(明)朱升撰　明内府刻本　四册

310000－0241－0016424　(0643)
詩經旁訓四卷　(明)□□撰　明萬曆刻本　二册

310000－0241－0016425　(0644)
詩經旁訓四卷　(明)□□撰　明末刻本　二册

310000－0241－0016426　(0645)
周易集解增釋八十卷　(清)張仁浹撰　清惕齋抄稿本　四十册

310000－0241－0016427　(0646)
皇極經世書十二卷外篇二卷　(宋)邵雍撰　清抄本　十册

310000－0241－0016428　(0647)
易義纂釋五卷　(清)陳濬編輯　清咸豐林洄淑校刻本　二册

310000－0241－0016429　(0648)
附釋音禮記注疏六十三卷　(漢)鄭玄注　(唐)孔穎達撰　清乾隆和氏刻本　十六册

310000－0241－0016430　(0649)
御製增訂清文鑑三十二卷補編四卷總綱八卷補編總綱二卷　(清)傅恒等奉敕編　清乾隆内府刻本　四十八册

310000－0241－0016431　(0650)
御製滿洲蒙古漢字三合切音清文鑑三十一卷　(清)阿桂等編　清乾隆内府刻本　三十二册

310000－0241－0016432　(0651)
閔子世譜十二卷　(明)張雲漢撰　清順治宿州刻本　四册

310000－0241－0016433　(0652)
後漢書補逸二十一卷　(清)姚之駰輯　清康熙五十三年(1714)露滌𡍼刻本　六册

310000－0241－0016434　(0653)
遼史拾遺二十四卷遼史拾遺補五卷　(清)厲鶚撰　(清)楊復吉補輯　清道光元年(1821)錢塘汪氏振綺堂刻本　八册

310000－0241－0016435　(0654)
毛詩故訓傳定本三十卷　(清)段玉裁撰　清嘉慶二十一年(1816)段氏七葉衍祥堂校刻本　六册

310000－0241－0016436　(0656)
詩序廣義二十四卷總論一卷　(清)章炳璋輯　清嘉慶二十年(1815)姜氏尊行堂刻本　十六册

310000－0241－0016437　(0657)
毛詩故訓傳定本小箋三十卷　(清)段玉裁撰　清嘉慶二十一年(1816)段氏七葉衍祥堂校刻經韻樓叢書本　三册

310000－0241－0016438　(0658)
詩經傳説取裁十二卷　(清)張能鱗輯　(清)李長科訂　清初刻本　十二册

310000－0241－0016439　(0659)
詩經選註不分卷　(清)□□撰　清繼美堂抄本　一册

310000－0241－0016440　(0660)
詩經纂要補十四卷　(清)楊逢□編纂　清乾隆抄稿本　十四册

310000－0241－0016441　(0661)
毛詩故訓傳定本三十卷　(清)段玉裁撰　清藝海堂翻刻嘉慶間段氏本　四册

310000－0241－0016442　(0662)
毛詩故訓傳三十卷　(漢)毛亨傳　(漢)鄭玄箋　清同治十一年(1872)五雲堂刻本　四册

310000－0241－0016443　(0663)
詩經通義十二卷　(清)朱鶴齡輯　清雍正三年(1725)朱士玉刻本　四册

310000－0241－0016444　(0664)
骨董志十二卷　(清)李調元輯　清抄本　一册

310000－0241－0016445　(0665)
藝文類聚一百卷　(唐)歐陽詢撰　明嘉靖吳郡陸采刻本　三十二册

310000－0241－0016446　(0666)
新鐫全像武穆精忠傳　(□)□□撰　清初映秀堂刻本　七册　存七卷

310000－0241－0016447　(0667)
明紀全載十六卷　(清)朱青巖編　清康熙三十五年(1696)刻本　八册

310000－0241－0016448　(0669)

老老恆言五卷　(清)曹庭棟著　清乾隆、嘉慶間刻本　四冊

310000－0241－0016449　(0670)
[嘉慶]和平縣志八卷首一卷　(清)徐延翰總修　清嘉慶二十四年(1819)刻本　十冊

310000－0241－0016450　(0671)
毛詩集解三十卷學詩總說一卷論詩總說一卷　(宋)段昌武集　清初抄本　八冊

310000－0241－0016451　(0672)
東嵒艸堂評訂唐詩鼓吹十卷　(元)郝天挺註　(元)廖文炳解　清初懷恩刻本　四冊

310000－0241－0016452　(0673)
重訂李義山詩集箋注三卷詩話一卷年譜一卷　(清)朱鶴齡原注　(清)程夢星刪補　清乾隆東柯草堂精刻本　四冊

310000－0241－0016453　(0675)
南州詩說八卷　(明)徐必達撰　明天啓元年(1621)刻本　八冊

310000－0241－0016454　(0676)
毛詩微言二十卷首一卷　(明)唐汝諤輯　明末書林俞秀山刻本　二十冊

310000－0241－0016455　(0677)
詩經說約二十八卷　(明)顧夢麟纂述　(明)楊彝參訂　明崇禎十五年(1642)織簾居刻本　十四冊

310000－0241－0016456　(0678)
詩經逢原十卷　(清)胡文英撰　清乾隆末刻本　四冊

310000－0241－0016457　(0679)
詩經說通十三卷首一卷　(明)沈守正撰　明萬曆四十三年(1615)刻本　四冊

310000－0241－0016458　(0680)
詩說十二卷總說一卷　(宋)劉克撰　清道光八年(1828)汪氏藝芸精舍影宋刻本　五冊

310000－0241－0016459　(0681)
詩疑筆記七卷後說一卷　(清)夏味堂撰　清嘉慶十九年(1814)梅花書屋刻本　四冊

310000－0241－0016460　(0683)
逸周書補注二十二卷首一卷末一卷　(清)陳逢衡補注　清道光五年(1825)江蘇修梅山館刻本　十冊

310000－0241－0016461　(0684)
童子問八卷首一卷末一卷　(宋)輔廣撰　明末虞山毛氏汲古閣刻本　二冊

310000－0241－0016462　(0685)
童子問八卷首一卷末一卷　(宋)輔廣撰　清抄本　四冊

310000－0241－0016463　(0686)
毛詩日箋六卷　(清)秦松齡撰　清康熙三十九年(1700)秦氏挺秀堂刻本　一冊

310000－0241－0016464　(0687)
詩疑義釋二卷　(清)胡文英撰　清乾隆四十九年(1784)留芝堂刻本　二冊

310000－0241－0016465　(0688)
詩經辨要不分卷　(清)楊達撰　清末懷寧楊氏抄本　一冊

310000－0241－0016466　(0689)
詩疑辨證六卷　(清)黃中松輯　清抄本　一冊

310000－0241－0016467　(0690)
毛詩明辨錄十卷　(清)沈青崖撰　清乾隆十三年(1748)古吳毛氏寫刻本　四冊

310000－0241－0016468　(0691)
桂林詩正八卷　(明)顧懋樊編著　明崇禎十三年(1640)顧熼祚刻本　八冊

310000－0241－0016469　(0692)
爾雅堂家藏詩說不分卷　(明)顧起元著　明萬曆三十四年(1606)刻本　四冊

310000－0241－0016470　(0693)
詩經百方家問答四卷　(明)徐奮鵬纂　明末建業書林李潮刻本　六冊

310000－0241－0016471　(0694)
詩經通解二十五卷　(明)黃佐述　(明)張如鏡等校　明嘉靖四十年(1561)黃佐刻本　十

六册

310000－0241－0016472 (0695)
詩說解頤總論二卷正釋三十卷 (明)季本輯抄 (明)馬棫等校正 明嘉靖三十九年(1560)胡宗憲刻本 八册

310000－0241－0016473 (0696)
古名儒毛詩解十六種二十四卷 (明)鍾惺閱 明末擁萬堂刻本 六册

310000－0241－0016474 (0697)
毛詩句解析疑十四卷 (清)方毓辰撰 清抄本 十二册

310000－0241－0016475 (0698)
讀詩質疑三十一卷首十五卷末一卷 (清)嚴虞惇撰 清乾隆初嚴氏繩武堂刻本 十册

310000－0241－0016476 (0699)
重訂詩經疑問十二卷 (明)姚舜牧撰 明萬曆刻清順治十三年(1656)姚淳起校補重訂五經疑問本 十二册

310000－0241－0016477 (0700)
詩深二十六卷首二卷 (清)許伯政撰 清乾隆十九年(1754)許氏事三堂刻本 十六册

310000－0241－0016478 (0701)
詩經朱翼三十卷首一卷 (清)孫承澤撰 清康熙初孫氏刻本 八册

310000－0241－0016479 (0702)
[康熙]河南通志五十卷 (清)顧汧修 (清)張沐纂 清康熙三十四年(1695)刻本 十六册

310000－0241－0016480 (0703)
詩經集思通十二卷 (明)朱道行撰 (清)朱一是校 清初朱氏刻本 三册

310000－0241－0016481 (0704)
詩經主意默雷八卷小序一卷 (明)何大掄撰 (明)李若愚定 明崇禎友石居刻本 八册

310000－0241－0016482 (0705)
新刻楊會元真傳詩經講意懸鑑二十卷 (明)楊守勤纂著 (明)董復亨校閱 明萬曆書林熊沖宇(成治)刻本 三册

310000－0241－0016483 (0706)
詩細十卷首一卷續一卷 (清)趙佑撰 清乾隆末仁和趙氏刻本 四册

310000－0241－0016484 (0707)
詩所八卷 (清)李光地註 清雍正五年(1727)李清植魏君璧刻本 三册

310000－0241－0016485 (0708)
詩經副墨八卷首一卷 (明)陳祖綬纂 **讀詩二十四觀一卷** (明)陳震生輯 明末光啓堂刻本 八册

310000－0241－0016486 (0709)
詩繹四卷 (明)喬時敏撰 (明)張爾賢校 明鼎雲堂刻本 四册

310000－0241－0016487 (0710)
楚辭六卷首一卷餘論二卷說韻一卷 (戰國)屈原等撰 (清)蔣驥註 清雍正五年(1727)山帶閣刻本 四册

310000－0241－0016488 (0711)
詩貫二十六卷 (清)張敘撰 清抄本 六册

310000－0241－0016489 (0712)
詩益二十卷 (清)劉始與集補 清乾隆八年(1743)劉氏刻本 十册

310000－0241－0016490 (0713)
毛詩稽古編三十卷 (清)陳啓源撰 清抄本 十八册

310000－0241－0016491 (0715)
明文在一百卷 (清)薛熙編纂 (清)何絜輯 清康熙三十二年(1693)古淥水園刻本 二十册

310000－0241－0016492 (0716)
禮記集說三十卷 (元)陳澔集說 明嘉靖刻本 十册

310000－0241－0016493 (0717)
詩經集說不分卷 (清)潘曾綬輯 清吳縣潘氏陔蘭書屋抄本 十册

310000－0241－0016494　(0718)
詩經玉屑十八卷　(清)史詮撰　清稿本　四册

310000－0241－0016495　(0719)
毛詩說二卷首一卷夏小正一卷饗禮補亡一卷　(清)諸錦撰　清乾隆刻本　一册

310000－0241－0016496　(0720)
白石詩鈔不分卷詩鈔一卷　(宋)姜夔撰　(清)吳淳還編訂　清初武堂俞氏精刻本　二册

310000－0241－0016497　(0721)
詩經異文別說存什十四卷　(清)淩樹屏撰　沈澄鑑抄本　四册

310000－0241－0016498　(0722)
毛詩稽古編三十卷　(清)陳啓源撰　清康熙四十年(1701)趙嘉稷抄本　四册

310000－0241－0016499　(0723)
詩故考異三十二卷　(清)徐華嶽輯　清道光十二年(1832)愢聞齋刻本　八册

310000－0241－0016500　(0724)
虞東學詩十二卷首一卷　(清)顧鎮述　清乾隆三十三年(1768)顧氏誦芬堂刻後印本　六册

310000－0241－0016501　(0725)
毛詩通說三十卷首二卷補遺一卷　(清)任兆麟撰　清乾隆末經笥堂刻本　六册

310000－0241－0016502　(0726)
毛詩序說三十二卷　(清)龔鑑撰　清嘉慶錢唐龔氏刻本　六册

310000－0241－0016503　(0727)
詩經通論十八卷首一卷　(清)姚際恒撰　(清)王篤校訂　清道光十七年(1837)鐵琴山館刻本　八册

310000－0241－0016504　(0728)
毛詩禮徵十卷　(清)包世榮撰　清道光八年(1828)包氏小倦遊閣刻本　六册

310000－0241－0016505　(0729)
詩經姚氏解□卷　(清)姚亢宗撰　清姚氏紫藤紅樹書堂稿本　四册

310000－0241－0016506　(0730)
鄭忠肅公奏議遺集二卷附年譜一卷　(宋)鄭興裔撰　(清)鄭起泓重輯　清康熙三十八年(1699)鄭氏刻本　四册

310000－0241－0016507　(0731)
禮經會元四卷　(宋)葉時著　明嘉靖五年(1526)蕭梅林刻本　四册

310000－0241－0016508　(0732)
訂補廬中集十卷前集一卷　(清)周籙長輯　(清)周東曉訂補　清乾隆間稿本　九册

310000－0241－0016509　(0733)
三元堂新訂增刪詩經彙纂詳解八卷　(清)呂留良撰　(清)仇兆鰲訂　清康熙坊刻本　八册

310000－0241－0016510　(0734)
二南訓女解四卷　(清)王純撰　清嘉慶二十一年(1816)漱經堂寫刻本　四册

310000－0241－0016511　(0735)
毛詩說三十卷　(清)孫燾撰　清嘉慶二十年(1815)世德堂孫氏刻本　四册

310000－0241－0016512　(0736)
詩經解愚□卷　(清)沈□元纂述　清初抄本　八册

310000－0241－0016513　(0737)
書集傳六卷尚書纂圖一卷朱子說書綱領一卷　(宋)蔡沈集傳　(宋)朱熹訂定　元刻本　三册

310000－0241－0016514　(0738)
太史華句八卷　(明)淩迪知輯　(明)淩稚隆校　明萬曆初吳興淩氏刻本　二册

310000－0241－0016515　(0739)
豐川詩說二十卷統論一卷原詩一卷　(清)王心敬撰　清豐川王氏刻本　十册

310000－0241－0016516　(0740)
說詩循序一卷　(清)許政和撰　清道光三十

年(1850)刻本　一冊

310000－0241－0016517　(0741)
詩經(姚氏)解□卷　(清)姚一夔撰　清姚氏帶經堂稿本　二冊　存二卷(一至二)

310000－0241－0016518　(0742)
東晉南北朝輿地表二十二卷　(清)徐文範撰　清抄稿本　十冊

310000－0241－0016519　(0743)
玉茗堂還魂記二卷　(明)湯顯祖撰　清乾隆五十年(1785)冰絲館刻本　二冊

310000－0241－0016520　(0744)
詩經世本古義二十八卷首一卷末一卷　(明)何楷撰　明崇禎末刻本　十六冊

310000－0241－0016521　(0745)
左潁六卷國潁二卷　(清)高士奇輯註　清康熙二十七年(1688)刻本　四冊

310000－0241－0016522　(0746)
詩集傳二十卷詩序辨說一卷詩圖一卷詩傳綱領一卷　(宋)朱熹撰　明正統十二年(1447)司禮監刻本　十冊

310000－0241－0016523　(0747)
詩序集說不分卷　(清)馬翼贊撰　清雍正馬氏手稿本　二冊

310000－0241－0016524　(0748)
陸堂詩學十二卷讀詩總論一卷　(清)陸奎勳撰　清康熙五十三年(1714)刻本　四冊

310000－0241－0016525　(0749)
田間詩學　(清)錢澄之撰　清康熙二十八年(1689)錢氏斟雉堂刻本　四冊

310000－0241－0016526　(0750)
異方便淨土傳燈歸元鏡三祖實錄二卷　(清)釋智達拈頌　(清)釋德日閱錄　清乾隆刻本　四冊

310000－0241－0016527　(0751)
詩古微二十二卷　(清)魏源撰　清道光二十年(1840)刻本　八冊

310000－0241－0016528　(0752)
崔東洲集二十卷續集十一卷　(明)崔桐撰　明嘉靖刻本　十冊　存八卷(續集一至八)

310000－0241－0016529　(0753)
晦庵先生校正伊川易傳八卷　(宋)程頤撰　(宋)朱熹校正　**周易繫辭精義二卷**　(宋)呂祖謙撰　元刻本　四冊　存四卷(周易上經一至四)

310000－0241－0016530　(0754)
四書按稿三十卷　(清)江永撰　清抄稿本　六冊

310000－0241－0016531　(0755)
閱史約書五卷　(明)王光魯纂著　(明)沈載等參訂　明崇禎七年至十六年(1634－1643)刻本　二冊

310000－0241－0016532　(0756)
大學章句大全一卷　(明)胡廣等奉敕撰　明內府刻本　一冊

310000－0241－0016533　(0757)
詩傳畧考□□卷　(清)馬邦舉撰　清馬氏稿本　一冊

310000－0241－0016534　(0758)
詩考異字箋餘十四卷　(清)周邵蓮撰　清嘉慶刻本　四冊

310000－0241－0016535　(0759)
畫繼十卷　(宋)鄧椿撰　明翻宋刻本　二冊

310000－0241－0016536　(0760)
毛詩異義四卷附詩譜一卷　(清)汪龍撰　清道光五年(1825)絜齋鮑氏刻本　四冊

310000－0241－0016537　(0761)
錦繡萬花谷前集四十卷後集四十卷續集四十卷　(宋)□□輯　明嘉靖十五年(1536)錫山秦汴繡石書屋刻本　四十冊

310000－0241－0016538　(0762)
呂氏家塾讀詩記三十二卷　(宋)呂祖謙撰　明萬曆四十一年(1613)陳龍光、蘇進等刻本　八冊

310000－0241－0016539　(0763)
毛鄭異同考十卷　(清)程晉芳撰　清抄本　十册

310000－0241－0016540　(0764)
呂氏家塾讀詩記三十二卷　(宋)呂祖謙撰　明萬曆四十一年(1613)陳龍光、蘇進等刻本　八册

310000－0241－0016541　(0765)
曹君直課藝四種六十九卷　曹元忠撰　清光緒曹氏稿本　十六册

310000－0241－0016542　(0766)
翠樓集一卷二集一卷新集一卷　(清)劉雲份選訂　清康熙十二年(1673)野香堂精刻本　四册

310000－0241－0016543　(0767)
詩古音二卷　(清)楊峒撰　清乾隆四十八年(1783)程以恬抄本　一册

310000－0241－0016544　(0768)
讀詩劄記四卷　(清)唐應焻撰　清抄本　四册

310000－0241－0016545　(0770)
詩經異同存説不分卷　(清)□□撰　清稿本　二册

310000－0241－0016546　(0771)
毛詩古音考四卷讀詩拙言一卷　(明)陳第編輯　(明)焦竑訂正　明崇禎七年(1634)書林楊祁山刻本　四册

310000－0241－0016547　(0772)
毛詩音韻考四卷畧言一卷　(清)程以恬撰　清道光三年(1823)言經堂刻本　六册

310000－0241－0016548　(0773)
詩經叶音辨譌八卷首一卷　(清)劉維謙編次　(清)張卿雲校　清乾隆三年(1738)壽峯書屋寫刻本　四册

310000－0241－0016549　(0774)
毛詩弋志箋記不分卷　(清)張次仲撰　清康熙十四年(1675)張訒刻本　十六册

310000－0241－0016550　(0775)
毛詩古音考四卷讀詩拙言一卷　(明)陳第編輯　(明)焦竑訂正　明崇禎七年(1634)書林楊祁山刻本　一册

310000－0241－0016551　(0776)
詩音十五卷　(清)高澍然撰　清嘉慶十七年(1812)高氏木活字印本　八册

310000－0241－0016552　(0777)
毛詩周韻誦法十卷　(清)汪灼撰　清嘉慶十九年(1814)不踈園刻本　五册

310000－0241－0016553　(0778)
詩志二十六卷　(明)范王孫撰　明末金聲刻本　二十六册

310000－0241－0016554　(0779)
寧園讀詩管見十四卷　(清)羅典撰　清乾隆末羅氏明德堂刻本　十四册

310000－0241－0016555　(0780)
詩經叶音辨譌八卷首一卷　(清)劉維謙編次　(清)張卿雲校　清乾隆三年(1738)壽峯書屋寫刻本　二册

310000－0241－0016556　(0781)
毛詩古音考四卷　(明)陳第編　(明)焦竑訂　明崇禎末刻本　二册

310000－0241－0016557　(0782)
詩叶考八卷　(清)錢樾鑒定　清嘉慶十二年(1807)貽穀堂刻本　四册

310000－0241－0016558　(0783)
毛詩古音考五卷　(明)陳第撰　清抄本　二册

310000－0241－0016559　(0784)
詩經考十八卷　(明)黄文焕輯著　(明)黄景昉等校閲　明末刻本　六册

310000－0241－0016560　(0785)
詩經類考三十卷　(明)沈萬鈳輯　明萬曆三十七年(1609)刻本　十六册

310000－0241－0016561　(0786)
詩經類考二十五卷　(明)沈萬鈳輯　(明)陳

子龍等校　明萬曆三十七年(1609)刻崇禎印本　十六册

310000－0241－0016562　(0787)
六家詩名物疏五十五卷　(明)馮復京撰　明萬曆刻本　十二册

310000－0241－0016563　(0788)
六家詩名物疏五十五卷　(明)馮復京撰　明萬曆刻本　六册

310000－0241－0016564　(0789)
多識編七卷　(明)林兆珂撰　明刻本　六册

310000－0241－0016565　(0790)
毛詩多識録十六卷　(清)董貴新輯　清董氏稿本　五册

310000－0241－0016566　(0791)
草木疏校正二卷　(清)趙佑撰　清乾隆末白鷺洲書院刻本　二册

310000－0241－0016567　(0792)
草木疏校正二卷　(清)趙佑撰　清乾隆末白鷺洲書院刻清獻堂全編本　二册

310000－0241－0016568　(0793)
毛詩天文考一卷　(清)洪亮吉撰　清道光三十年(1850)懷寧張氏崇素堂校刻本　一册

310000－0241－0016569　(0794)
詩傳名物集覽十二卷　(清)陳大章撰録　清康熙閩中刻本　四册

310000－0241－0016570　(0795)
詩經集傳八卷　(宋)朱熹撰　清同治五年(1866)金陵書局刻十三經讀本　四册

310000－0241－0016571　(0796)
詩經水月備考四卷　(明)薛寀輯　明末嘗郡舒濬溪刻本　三册

310000－0241－0016572　(0799)
詩經八卷　(宋)朱熹集傳　清光緒三年(1877)永康胡氏退補齋刻本　四册

310000－0241－0016573　(0800)
詩集傳八卷　(宋)朱熹集傳　清末李光明莊重刻慎詒堂本　六册

310000－0241－0016574　(0801)
詩批釋四卷　(明)安世鳳撰　明萬曆二十九年(1601)刻本　四册

310000－0241－0016575　(0802)
詩通四卷　(明)陸化熙撰　明末書林童憶泉刻本　四册

310000－0241－0016576　(0803)
讀風臆評一卷　(明)戴君恩撰　明萬曆四十八年(1620)烏程閔齊伋刻本　一册

310000－0241－0016577　(0804)
孫月峯先生批評詩經四卷　(明)孫鑛批評　(明)馮元仲參　明崇禎天益山刻本　三册

310000－0241－0016578　(0805)
清涼山志十卷　(明)釋鎮澄修　清乾隆二十年(1755)刻本　八册

310000－0241－0016579　(0806)
雞峯普濟方三十卷　(宋)張鋭撰　清道光汪氏藝芸精舍仿宋刻本　十册

310000－0241－0016580　(0807)
浣花閣詞鈔二卷　(清)熊德慶撰　清嘉慶、道光間寫刻本　二册

310000－0241－0016581　(0808)
施註蘇詞四十二卷總目二卷王註正譌一卷年譜一卷續補遺二卷　(宋)蘇軾撰　(宋)施元之註　清康熙三十八年(1699)宋犖刻本　十六册

310000－0241－0016582　(0809)
御刻三希堂石渠寶笈法帖釋文十六卷　(清)陳焯編　清乾隆六十年(1795)刻補抄本　四册

310000－0241－0016583　(0810)
赤壁志不分卷　(清)賈鉝撰　清康熙三十七年(1698)刻本　一册

310000－0241－0016584　(0812)
九經五十一卷附四卷　(明)秦鏷輯訂　明崇禎十三年(1640)秦氏求古齋刻本　三十册

310000－0241－0016585　(0813)
毛詩要義二十卷毛詩序譜一卷　(宋)魏了翁撰　清影宋抄本　二十册

310000－0241－0016586　(0814)
四明山志九卷　(清)黄宗羲輯　(清)李暾訂　清康熙四十年至四十二年(1701－1703)黄炳刻本　六册

310000－0241－0016587　(0815)
山志六卷　(清)王弘撰撰　清康熙浙江刻本　三册

310000－0241－0016588　(0816)
虎丘山志十卷　(清)顧湄重修　清康熙十五年(1676)太倉顧氏刻本　三册

310000－0241－0016589　(0817)
峨眉山志十八卷和峨眉山三十景詩一卷　(清)蔣超撰　(清)宋肄樟校訂　清康熙初刻四十二年(1703)增刻本　六册

310000－0241－0016590　(0818)
岱史十八卷　(明)查志隆輯　明萬曆戴相堯刻清初修補本　七册

310000－0241－0016591　(0819)
韋蘇州集十卷　(唐)韋應物撰　明末下邳余氏刻本　二册

310000－0241－0016592　(0820)
羅浮山志會編二十二卷首一卷　(清)宋廣業纂輯　清康熙五十六年(1717)宋志益校刻本　二十册

310000－0241－0016593　(0821)
石室祕籙六卷　題(周)岐伯著　(清)陳士鐸習　清雍正八年(1730)馬弘儒精刻初印本　六册

310000－0241－0016594　(0822)
穹窿山志六卷　(清)向球纂修　(清)李標編輯　清康熙刻本　四册

310000－0241－0016595　(0823)
春秋繁露十七卷　(漢)董仲舒撰　明初刻本　六册

310000－0241－0016596　(0824)
四婦人集四卷　(清)沈慈輯　清嘉慶華亭嘯園沈氏精刻本　四册

310000－0241－0016597　(0825)
醫貫六卷　(明)趙獻可撰　(明)吕留良評　清康熙二十六年(1687)天蓋樓刻本　三册

310000－0241－0016598　(0826)
露香閣二刻一卷　(清)楊錫震撰　清康熙刻本　一册　存五十七頁(六十四至一百二十頁)

310000－0241－0016599　(0827)
筠園全集七種　(清)朱仕玠撰輯　清乾隆寫刻彙印本　十二册

310000－0241－0016600　(0828)
百城煙水九卷　(清)徐崧輯　清康熙二十九年(1690)張氏影翠軒刻本　十册

310000－0241－0016601　(0829)
水曹清暇錄十六卷　(清)汪啓淑撰　清乾隆五十七年(1792)汪氏飛鴻堂刻本　八册

310000－0241－0016602　(0830)
南村隨筆六卷　(清)陸廷燦撰　清雍正十三年(1735)壽椿堂刻本　二册

310000－0241－0016603　(0831)
古香齋鑒賞袖珍春明夢餘錄七十卷　(清)孫承澤撰　清康熙刻本　二十四册

310000－0241－0016604　(0832)
[康熙]具區志十六卷　(清)翁澍撰　清康熙刻本　四册

310000－0241－0016605　(0833)
毛詩註疏二十卷　(漢)鄭玄箋　(唐)孔穎達疏　清翻刻明崇禎三年(1630)虞山毛氏汲古閣本　二十四册

310000－0241－0016606　(0834)
東林書院志二卷續一卷　(明)嚴□輯　清康熙八年(1669)刻本　二册

310000－0241－0016607　(0835)
黄山志定本七卷首一卷　(清)閔麟嗣纂　清

康熙十八年(1679)烏程閔氏刻乾隆三十二年(1767)閔道隆重修印本　七冊

310000－0241－0016608　(0836)
清涼山新志十卷　(清)喇嘛老藏丹巴修　清康熙四十年(1701)內府刻本　四冊

310000－0241－0016609　(0837)
天台山全志十八卷　(清)張聯元輯　清康熙五十六年(1717)刻本　六冊

310000－0241－0016610　(0838)
詩論一卷　(宋)程大昌著　明末毛瑞徵浣花居刻芝園祕錄初刻本　一冊

310000－0241－0016611　(0839)
子貢詩傳一卷古魯詩一卷　(周)端木賜撰　(清)周夢麟校　清抄本　一冊

310000－0241－0016612　(0840)
契丹國志二十七卷　(宋)葉隆禮輯　明數卷齋抄本　六冊

310000－0241－0016613　(0841)
諸家詩浜八卷　(清)祝起壯輯　清抄本　四冊

310000－0241－0016614　(0842)
詩經三卷　(明)鍾惺評點　(明)盧之頤訂正　明末刻本　三冊

310000－0241－0016615　(0844)
書隱叢說十九卷　(清)袁棟撰　清乾隆鋤經樓刻本　八冊

310000－0241－0016616　(0845)
在園雜志四卷　(清)劉廷璣撰　清康熙五十四年(1715)劉氏刻本　四冊

310000－0241－0016617　(0846)
西魏書二十四卷續錄一卷　(清)謝啓昆撰　清乾隆六十年(1795)樹經堂刻本　六冊

310000－0241－0016618　(0848)
儀禮鄭注句讀十七卷附監本正誤一卷唐石經正誤一卷　(清)張爾岐句讀　清抄本　四冊

310000－0241－0016619　(0849)
魯詩世學三十二卷　(宋)豐稷正音　(明)豐熙正說　(明)豐坊考補　(明)邵城續考　清初抄本　二十四冊

310000－0241－0016620　(0850)
詩毛氏傳疏三十卷　(清)陳奐撰　清道光二十七年(1847)吳門南園陳氏掃葉山莊刻本　六冊

310000－0241－0016621　(0851)
滇載記一卷　(明)楊慎撰　明嘉靖二十三年(1544)儼山書院刻本　一冊

310000－0241－0016622　(0852)
西山先生真文忠公文章正宗二十四卷目錄一卷附錄一卷　(宋)真德秀輯　明嘉靖四十三年(1564)山東藩司刻本　二十四冊

310000－0241－0016623　(0853)
西山先生真文忠公文章正宗二十四卷　(宋)真德秀輯　明嘉靖十五年(1536)瑞郡刻本　十四冊

310000－0241－0016624　(0854)
西山先生真文忠公文章正宗二十四卷附錄一卷　(宋)真德秀編撰　明嘉靖十五年(1536)朱鴻漸刻本　十二冊

310000－0241－0016625　(0856)
詩譜補亡後訂一卷拾遺一卷　(清)吳騫撰　清乾隆五十年(1785)海寧吳氏拜經樓刻本　一冊

310000－0241－0016626　(0857)
秦蜀驛程後記二卷　(清)王士禎撰　清抄本　二冊

310000－0241－0016627　(0858)
[乾隆]無錫縣志四十二卷首一卷　(清)王鎬等修　(清)華希閔纂　清乾隆十八年(1753)刻本　十六冊

310000－0241－0016628　(0859)
[康熙]丹徒縣志十卷首一卷　(清)鮑天鍾等纂修　清康熙二十二年(1683)刻本　十四冊

310000－0241－0016629　(0860)

管子二十四卷　(唐)房玄齡註釋　(明)劉績增注　明天啓花齋刻本　六册

310000－0241－0016630　(0861)
弇州山人四部稿選十六卷　(明)王世貞撰　(明)沈一貫選　明刻本　十八册

310000－0241－0016631　(0862)
詩異文釋六卷補遺一卷　(宋)王應麟輯　(清)馮登府釋　清道光馮氏稿本　四册

310000－0241－0016632　(0863)
重刻黃文節山谷先生文集三十卷　(宋)黃庭堅撰　明光啓堂荆岑王鳳翔刻本　二册

310000－0241－0016633　(0864)
元和郡縣志　(唐)李吉甫撰　清乾隆仁和趙氏小山堂抄本　六册　存三十六卷

310000－0241－0016634　(0865)
[崇禎]太倉州志十五卷　(明)錢肅樂修　(明)張采纂　明崇禎十五年(1642)刻清康熙十七年(1678)修補印本　十册

310000－0241－0016635　(0866)
[雍正]淮安府安東縣志十七卷　(清)余光祖修　(清)孫超宗等纂　清抄本　六册

310000－0241－0016636　(0867)
嚴氏詩緝補義八卷　(清)劉燦編　清嘉慶十六年(1811)鎮海劉氏墨莊刻本　四册

310000－0241－0016637　(0868)
詩經集傳八卷　(宋)朱熹撰　清同治五年(1866)金陵書局刻本　四册

310000－0241－0016638　(0870)
毛詩(白文)不分卷　明刻本　四册

310000－0241－0016639　(0871)
詩經四卷　(清)吳汝漸選注　清新安吳氏刻本　一册

310000－0241－0016640　(0872)
[康熙]淮安府志十三卷首一卷　(清)劉光業等修　(清)胡從中等纂　清康熙二十四年(1685)刻本　十二册

310000－0241－0016641　(0873)
[康熙]上元縣志二十四卷圖一卷　(清)唐開陶纂修　清康熙六十年(1721)刻本　十二册

310000－0241－0016642　(0874)
嶠雅二卷　(明)鄺露撰　清翻刻順治海雪堂本　一册　存一卷

310000－0241－0016643　(0875)
[康熙]青浦縣志十卷　(清)魏球修　(清)諸嗣郢纂　清康熙八年(1669)刻本　十六册

310000－0241－0016644　(0876)
尚書今古文注疏三十九卷問字堂集一卷　(清)孫星衍撰　清道光九年(1829)學海堂刻本　五册

310000－0241－0016645　(0877)
詩經對類賦一卷　(清)方菉如撰　清抄稿本　一册

310000－0241－0016646　(0878)
[雍正]昭文縣志十卷首一卷　(清)勞必達纂修　清雍正九年(1731)刻本　六册

310000－0241－0016647　(0879)
北轅錄一卷　(宋)周輝撰　明嘉靖儼山書院刻本　一册

310000－0241－0016648　(0880)
[康熙]曹州志二十卷　(清)佟企聖纂修　清康熙十三年(1674)刻本　十二册

310000－0241－0016649　(0881)
[康熙]常熟縣志二十六卷末一卷　(清)高士鸃修　(清)錢陸燦等纂　清康熙二十六年(1687)刻本　十二册

310000－0241－0016650　(0882)
[嘉慶]儀徵縣續志十卷　(清)顔希源續修　(清)邵光鈖等纂　清抄稿本　四册

310000－0241－0016651　(0883)
爾雅翼三十二卷　(宋)羅願撰　明萬曆重刊新安畢效欽本　五册

310000－0241－0016652　(0884)
[康熙]海寧州志十卷　(清)楊引祚等修　清

康熙十一年(1672)刻本　二册

310000－0241－0016653　(0885)
[康熙]兗州府志續編二十卷　(清)金一鳳纂輯　清康熙五十八年(1719)刻本　十一册

310000－0241－0016654　(0886)
[康熙]兗州府志四十卷首一卷　(清)張鵬翮纂修　清康熙二十五年(1686)刻本　二十一册

310000－0241－0016655　(0887)
[乾隆]金山縣志二十卷首一卷　(清)常琬總裁　(清)焦以敬等纂輯　清乾隆十六年(1751)刻本　八册

310000－0241－0016656　(0888)
詩經四卷　(清)戴焜校　清應竹銘抄本　四册

310000－0241－0016657　(0889)
[康熙]魚臺縣志十八卷　(清)馬得禎纂修　清康熙三十年(1691)刻本　十册

310000－0241－0016658　(0890)
[康熙]寧陽縣志八卷首一卷　(清)李溫皐編纂　清康熙四十一年(1702)刻本　六册

310000－0241－0016659　(0891)
[順治]定陶縣志八卷首一卷末一卷　(清)趙國琳修　(清)張彥士等纂　清順治十二年(1655)刻本　四册

310000－0241－0016660　(0892)
田間詩集二十八卷　(清)錢澄之撰　清康熙斛雉堂刻本　六册　存二十三卷(一至二十三)

310000－0241－0016661　(0893)
[乾隆]武定府志三十八卷首一卷　(清)赫達色主修　(清)莊肇奎等總纂　清乾隆二十四年(1759)刻本　二十册

310000－0241－0016662　(0894)
[康熙]滋陽縣志四卷　(清)李濚主修　(清)仲弘道協修　清康熙十一年(1672)刻本　六册

310000－0241－0016663　(0895)
[淳祐]重修琴川志　(宋)鮑廉修　(宋)鍾秀實輯　清抄本　三册　存八卷

310000－0241－0016664　(0896)
[至正]崑山郡志六卷　(元)楊譓纂　清抄本　二册

310000－0241－0016665　(0897)
[康熙]寶應縣志二十四卷　(清)徐𪖙重纂　(清)喬萊彙編　清康熙二十九年(1690)刻本　四册

310000－0241－0016666　(0898)
[乾隆]清河縣志十四卷　(清)朱元豐纂修　清乾隆十五年(1750)刻本　六册

310000－0241－0016667　(0899)
北江全集八種　(清)洪亮吉撰　清乾隆、嘉慶間刻本　三十六册

310000－0241－0016668　(0900)
北江全集八卷　(清)洪亮吉撰　清乾隆、嘉慶間刻本　四十八册

310000－0241－0016669　(0901)
[弘治]八閩通志八十七卷　(明)陳道修　(明)黄仲昭纂　明弘治刻本　九册　存九卷

310000－0241－0016670　(0902)
[萬曆]新城縣志四卷　(明)方廉修輯　清抄本　四册

310000－0241－0016671　(0903)
皮日休文藪十卷　(唐)皮日休撰　清抄本　六册

310000－0241－0016672　(0904)
[萬曆順治]臨邑縣志十六卷　(明)邢侗纂　(清)邢琮增補　明萬曆刻清順治增補本　八册

310000－0241－0016673　(0905)
[康熙]寧國縣志十卷　(清)陳養元修　(清)王爲壤纂　清康熙五十二年(1713)刻本　八册

310000－0241－0016674　(0907)

[道光]壽州志三十六卷首一卷末一卷 (清)朱士達纂修 清道光九年(1829)刻本 十六册

310000－0241－0016675 (0908)
[康熙]長興縣志八卷 (清)韓應恒修 (清)金鏡等編纂 清康熙十二年(1673)刻本 六册

310000－0241－0016676 (0909)
勅修兩浙海塘通志二十卷首一卷 (清)查祥總修 清乾隆稿本 六册

310000－0241－0016677 (0910)
[康熙]具區志十六卷 (清)翁澍撰 清康熙二十八年(1689)刻本 四册

310000－0241－0016678 (0911)
留溪外傳十八卷 (清)陳鼎撰 清康熙三十七年(1698)刻本 二十四册

310000－0241－0016679 (0912)
[康熙]處州府志十二卷 (清)劉廷璣主編 (清)徐元薦等編纂 清康熙二十九年(1690)刻本 八册

310000－0241－0016680 (0913)
[康熙]安吉州志十卷 (清)曹封祖修 (清)朱進校 清康熙十年(1671)安吉縣刻本 四册

310000－0241－0016681 (0914)
[康熙]義烏縣志二十卷 (清)王廷曾編 清康熙三十一年(1692)金華府義烏縣刻本 十六册

310000－0241－0016682 (0915)
[康熙]浦江縣志十二卷 (清)毛文埜修 (清)張一熚纂 清康熙十二年(1673)刻本 七册

310000－0241－0016683 (0916)
周禮註疏四十二卷 (漢)鄭玄注 (唐)賈公彦等疏 明萬曆二十一年(1593)北監刻本 二十册

310000－0241－0016684 (0917)
[康熙]安慶府志三十二卷 (清)張楷纂訂 清康熙六十一年(1722)刻本 十六册

310000－0241－0016685 (0918)
[康熙]定海縣志八卷 (清)周聖化原修 (清)繆燧重修 清康熙五十四年(1715)刻本 六册

310000－0241－0016686 (0919)
[康熙]西安縣志十二卷首一卷 (清)陳鵬年修 (清)徐之凱纂 清康熙三十九年(1700)刻本 十册

310000－0241－0016687 (0920)
咸同兩朝内閣部院大臣直省總督巡撫年表不分卷 (清)光緒中敕編 清内府抄本 二十册

310000－0241－0016688 (0921)
[順治]潁州志二十卷 (清)王天民主修 (清)江文峙編纂 清順治十一年(1654)刻本 六册

310000－0241－0016689 (0922)
[康熙]泗州[府]志十八卷 (清)莫之翰纂修 清康熙二十七年(1688)刻本 四册

310000－0241－0016690 (0923)
[萬曆]祁門縣志四卷 (明)徐士奇修 (明)謝存仁纂 明萬曆刻本 四册

310000－0241－0016691 (0924)
[康熙]江寧府志三十四卷 (清)陳開虞修 (清)張怡纂 清康熙六年(1667)刻嘉慶七年(1802)補修本 十二册

310000－0241－0016692 (0925)
涇野先生毛詩説序六卷 (明)吕柟撰 (明)王獻芝重校 明建昌府翻刻嘉靖徽州府刻藍印本 四册

310000－0241－0016693 (0926)
敦煌隨筆二卷雜鈔二卷 (清)常鈞纂 清乾隆七年(1742)清潤齋刻本 二册

310000－0241－0016694 (0927)
雲間文獻集部目錄一卷 (清)黄烈撰 清稿

本　一册

310000－0241－0016695　(0929)

鼎鐫鄒臣虎增補仲雪魏先生詩經脈講意八卷首一卷　(明)魏浣初輯著　(明)鄒之麟增　明末閩中刻本　八册

310000－0241－0016696　(0930)

葩苑十二卷　(明)徐奮鵬撰　明末寫刻本　六册

310000－0241－0016697　(0931)

毛詩振雅六卷　(明)張元芳輯　明天啓版築居刻朱墨套印本　六册

310000－0241－0016698　(0932)

詩經提旨一卷禹貢練要一卷尚書提綱一卷周易綱領一卷　(清)□□撰　清抄本　一册

310000－0241－0016699　(0933)

繭秋齋讀詩求古編注十一卷　(清)章壽彝撰　清末抄稿本　四册

310000－0241－0016700　(0934)

自知堂集二十四卷　(明)蔡汝楠撰　(明)朱炳如校　明嘉靖刻本　十六册

310000－0241－0016701　(0935)

詩逆不分卷詩考不分卷　(明)淩濛初輯著　(明)淩瑞森等參訂　明天啓二年(1622)吳興淩氏刻本　四册

310000－0241－0016702　(0936)

周官集傳十六卷　(元)毛應龍撰　清抄本　四册

310000－0241－0016703　(0938)

大戴禮記十三卷　(漢)戴德撰　(北周)盧辯注　清康熙五十七年(1718)朱氏自脩齋刻本　二册

310000－0241－0016704　(0939)

宋百家詩存二十卷　(清)曹庭棟選　清乾隆六年(1741)二六書堂原刻本　二十册

310000－0241－0016705　(0940)

詩學女爲二十六卷　(清)汪梧鳳撰　清乾隆汪氏不疎園刻本　八册

310000－0241－0016706　(0941)

爾雅三卷　(晉)郭璞注　明嘉靖十七年(1538)東海吳元恭刻本　三册

310000－0241－0016707　(0942)

玉華洞志六卷　(明)林熙春輯　(清)廖鶴齡續輯　清康熙六十一年(1722)廖氏刻本　八册

310000－0241－0016708　(0943)

盧抱經與陳立三[以綱]上舍書一卷　(清)盧文弨撰　清盧文弨自留底稿本　一册

310000－0241－0016709　(0944)

洪武正韻十六卷　(明)樂韶鳳等撰　明初刻本　五册

310000－0241－0016710　(0945)

洪武正韻十六卷　(明)樂韶鳳等撰　明刻清印本　八册

310000－0241－0016711　(0946)

詩經八卷　(宋)朱熹集注　**詩經心訣八卷**　(明)何大掄纂著　明天啓七年(1627)周文耀刻本　四册

310000－0241－0016712　(0947)

詩疑義釋二卷　(清)胡文英撰　清乾隆四十九年(1784)留芝堂刻本　二册

310000－0241－0016713　(0948)

新鐫筆洞山房批點詩經捷渡大文四卷　(明)徐奮鵬撰　明天啓金陵王鳳翔荆岑書林刻本　六册

310000－0241－0016714　(0949)

鄉黨圖考十卷　(清)江永撰　清乾隆二十一年(1756)潛德堂刻本　五册

310000－0241－0016715　(0950)

詩經評考二十卷　(明)陶九樂述　清抄本　八册

310000－0241－0016716　(0951)

詩經言志二十六卷　(清)汪灼撰　清嘉慶十九年(1814)汪氏不疏園刻本　五册

310000－0241－0016717　(0952)

北歸志一卷　(清)王士禛撰　清乾隆抄本　一冊

310000－0241－0016718　(0953)
臥龍崗志二卷　(清)羅景纂輯　清抄本　四冊

310000－0241－0016719　(0954)
[萬曆]僊居縣志十二卷　(明)顧震宇纂輯　清木活字印本　五冊

310000－0241－0016720　(0955)
焦山鼎銘考一卷　(清)翁方綱編　清乾隆三十八年(1773)精刻本　一冊

310000－0241－0016721　(0956)
[乾隆]寶慶府志八十四卷首二卷　(清)鄭之僑纂修　清乾隆二十八年(1763)刻本　三十二冊

310000－0241－0016722　(0957)
詩經遵義二十卷　(清)黄元吉釋　清稿本　十三冊

310000－0241－0016723　(0959)
[道光]龍南縣志八卷首一卷　(清)王所舉主修　(清)徐思誎纂　清道光六年(1826)刻本　六冊

310000－0241－0016724　(0960)
新鍥詩經心鉢五卷　(明)方應龍撰　明萬曆三十七年(1609)四明方氏刻本　四冊

310000－0241－0016725　(0961)
禮記集說十卷　(元)陳澔撰　明崇禎十四年(1641)虞山毛氏汲古閣刻本　十冊

310000－0241－0016726　(0962)
[嘉慶]臨武縣志四十七卷首一卷　(清)鄒景文主修　(清)曹家玉纂　清嘉慶二十二年(1817)刻本　十冊

310000－0241－0016727　(0963)
[嘉靖]徽州府志二十二卷首一卷　(明)汪尚寧纂修　明嘉靖四十五年(1566)刻本　二十冊

310000－0241－0016728　(0964)
海東札記四卷　(清)朱景英撰　清乾隆三十八年(1773)精刻本　二冊

310000－0241－0016729　(0965)
瘞鶴銘考一卷　(清)汪士鋐編　清康熙五十三年(1714)松南書屋精刻本　一冊

310000－0241－0016730　(0966)
[道光]安福縣志三十二卷首一卷末一卷　(清)何寅斗主修　(清)潘永盛纂　清道光三年(1823)刻本　六冊

310000－0241－0016731　(0967)
[道光]清江縣志二十八卷首一卷末一卷　(清)張湄總修　(清)楊學光等纂　清道光四年(1824)刻本　十冊

310000－0241－0016732　(0968)
[道光]瀘溪縣志十二卷首一卷　(清)張澍纂修　清道光九年(1829)刻本　六冊

310000－0241－0016733　(0969)
春秋經傳集解三十卷　(晉)杜預集解　明翻宋刻本　十六冊

310000－0241－0016734　(0970)
隸篇十五卷續十五卷再續十五卷　(清)翟云升撰　清道光十七年(1837)許梀刻初印本　十冊

310000－0241－0016735　(0971)
[道光]黎平府志四十一卷首一卷　(清)劉宇昌總修　(清)唐本洪等纂　清道光二十五年(1845)刻本　二十冊

310000－0241－0016736　(0972)
[乾隆]滇黔志畧三十卷　(清)謝聖綸輯　清乾隆二十八年(1763)雙溪山房刻本　二十冊

310000－0241－0016737　(0973)
春秋四傳三十八卷　(□)□□編　明翻元刻本　二十冊

310000－0241－0016738　(0974)
金薤琳琅二十卷　(明)都穆撰　清乾隆三十一年(1766)李文藻抄本　二冊

310000－0241－0016739　(0975)

金石三例三種 (元)潘昂霄等撰 (清)王芑孫批校 清乾隆二十年(1755)德州盧氏雅雨堂刻本 二册

310000－0241－0016740 (0976)
五經纂註五十六卷 (明)夏璋編 明崇禎二乙堂刻本 十二册

310000－0241－0016741 (0977)
月令纂不分卷 (清)□□撰 清咸豐徐兆祥抄本 四册

310000－0241－0016742 (0978)
詩經八卷 (宋)朱熹集傳 明崇禎十四年(1641)虞山毛氏汲古閣刻本 四册

310000－0241－0016743 (0981)
岡州遺稾六卷 (清)顧嗣協等編集 清康熙四十九年(1710)綠屏書屋刻本 六册

310000－0241－0016744 (0982)
儀禮疏 (唐)賈公彥等疏 清道光藝芸精舍影宋刻本 六册 存四十四卷

310000－0241－0016745 (0983)
讀杜心解六卷首二卷 (唐)杜甫撰 (清)浦起龍講解 清雍正二年至三年(1724－1725)浦氏寧我齋刻本 六册

310000－0241－0016746 (0984)
呂子評語正編四十二卷首一卷附刻一卷餘編八卷首一卷附刻一卷 (清)呂留良評 (清)車鼎豐編次 清康熙五十五年(1716)車氏晚聞軒刻本 八册

310000－0241－0016747 (0985)
回溪先生史韻四十九卷 (宋)錢諷編 清抄本 清莫友芝題識 五册

310000－0241－0016748 (0986)
輶軒使者絕代語釋別國方言十三卷校正補遺一卷 (漢)揚雄撰 (晉)郭璞注 清乾隆四十九年(1784)盧氏抱經堂杭州校刻本 四册

310000－0241－0016749 (0987)
硃批諭旨不分卷 清雍正、乾隆間內府刻本 一百十二册

310000－0241－0016750 (0988)
[乾隆]崑山新陽合志三十八卷人物補編一卷 (清)鄒召南修 (清)王峻等纂 清乾隆刻本 十二册

310000－0241－0016751 (0989)
[康熙]延綏鎮志六卷 (清)譚吉璁纂修 清康熙刻本 六册

310000－0241－0016752 (0990)
高文襄公詩集一卷文集四卷 (明)高拱撰 清康熙三十三年(1694)新鄭高有聞籠春堂刻本 四册

310000－0241－0016753 (0991)
[康熙]寧晉縣志十卷 (清)萬任修 (清)張坦纂 清康熙十八年(1679)刻嘉慶重修本 八册

310000－0241－0016754 (0992)
[乾隆]房山縣志一卷 (清)張世法纂修 清乾隆精刻本 一册

310000－0241－0016755 (0993)
[康熙]交河縣志七卷 (清)牆鼎裁定 (清)黃侃纂修 清康熙刻本 二册

310000－0241－0016756 (0994)
[康熙]清河縣志十八卷 (清)盧士傑纂修 (清)錢啓文等續纂修 清康熙刻乾隆增刻本 四册

310000－0241－0016757 (0995)
[乾隆]遷安縣志三十卷 (清)燕臣仁纂修 清乾隆刻本 八册

310000－0241－0016758 (0996)
[乾隆]元氏縣志八卷末一卷 (清)王人雄纂修 清乾隆刻本 四册

310000－0241－0016759 (0997)
[康熙]鉅鹿縣志八卷 (清)王鼐纂修 (清)郎鑑重輯 清康熙刻本 六册

310000－0241－0016760 (0998)
[康熙]滿城縣志十二卷 (清)張煥纂修 (清)賈永宗續增 清康熙刻乾隆增刻本

八册

310000－0241－0016761　(0999)
[乾隆]蔚州志補十二卷首一卷　(清)楊世昌修　(清)吳廷華纂　清乾隆刻本　八册

310000－0241－0016762　(1000)
[康熙]東明縣志八卷　(清)楊日升纂修　(清)儲元升續增　清康熙刻乾隆增刻本　十六册

310000－0241－0016763　(1001)
澳門記畧二卷　(清)印光任纂　清乾隆刻本　四册

310000－0241－0016764　(1002)
[乾隆]昭化縣志六卷　(清)孫文起編纂　清乾隆刻本　六册

310000－0241－0016765　(1003)
[乾隆]滎昌縣志四卷首一卷　(清)許元基纂　清乾隆刻本　二册

310000－0241－0016766　(1004)
[嘉慶]渠縣志五十二卷　(清)王來遴總纂　清嘉慶刻本　八册

310000－0241－0016767　(1005)
烏青文獻十卷末一卷　(清)張園真纂　清康熙春艸堂刻本　六册

310000－0241－0016768　(1006)
賜書堂重訂唐宋元六名家集六種十卷平橋藁十八卷　(清)鄭起泓輯　清康熙鄭定遠刻本　二十二册

310000－0241－0016769　(1007)
雲間二韓詩十八卷　(清)曹炳曾輯　清康熙上海曹氏城書室刻本　六册

310000－0241－0016770　(1008)
蓼齋集四十七卷後集五卷　(清)李雯撰　清順治四年(1647)石維崑刻本　十册

310000－0241－0016771　(1009)
含真堂詩稿七卷　(清)宋徵璧撰　清康熙刻本　四册

310000－0241－0016772　(1010)
湖山靈秀集十六卷　(清)席玗輯　清乾隆二十六年(1761)席氏凝和堂刻本　八册

310000－0241－0016773　(1011)
四明四友詩四卷　(清)鄭梁選　清康熙四十八年(1709)刻本　四册

310000－0241－0016774　(1012)
中州明賢文表三十卷　(明)劉昌輯　清康熙四十五年(1706)錢塘汪立名刻本　十二册

310000－0241－0016775　(1013)
太乙統宗寶鑑二十卷　(元)曉山老人集　明抄本　十二册

310000－0241－0016776　(1014)
開原圖説二卷　(明)馮瑗輯　清抄本　二册

310000－0241－0016777　(1015)
帝鑑直解二卷　(明)張居正撰　明紅格抄本　二册

310000－0241－0016778　(1016)
東宮備覽六卷　(宋)陳模撰　明抄本　二册

310000－0241－0016779　(1017)
九天梵炁雷晶碧潭使者大法一卷　(□)□□録　明抄本　一册

310000－0241－0016780　(1018)
六壬三黔集覽不分卷　(□)□□撰　明抄本　四册

310000－0241－0016781　(1019)
林屋民風十二卷　(清)王維德編　清康熙刻本　十册

310000－0241－0016782　(1020)
吴風二卷　(清)宋犖選評　清康熙刻本　三册

310000－0241－0016783　(1021)
新安二布衣詩八卷　(清)王士禛選　清康熙四十三年(1704)汪洪度等刻本　四册

310000－0241－0016784　(1022)
斜川詩集存五卷　(宋)蘇過撰　清抄本

一册

310000－0241－0016785　(1023)
蘇選古文備要二十卷　(清)蘇積功選評　清蘇氏稿本　十冊

310000－0241－0016786　(1024)
訂正補注太乙淘金歌八卷　(明)丘濬撰　(明)無名氏訂正補注　清抄本　八冊

310000－0241－0016787　(1025)
明人考古要畧九種十一卷　(□)□□輯　清抄本　一冊

310000－0241－0016788　(1027)
蘇州府微顯志八卷　(清)蕭翀輯　清雍正刻本　一冊

310000－0241－0016789　(1028)
文廟靖難記二卷　(明)張禮撰　清抄本　四冊

310000－0241－0016790　(1029)
建文書法儗前編一卷正編二卷附編二卷　(明)朱鷺撰　清四明盧氏抱經樓藏抄本　二冊

310000－0241－0016791　(1031)
鹿樵紀聞十五卷　(清)吳偉業撰　清抄本　十二冊

310000－0241－0016792　(1032)
年譜別記不分卷　(明)葉紹袁撰　清末繆氏藕香簃烏絲欄抄本　一冊

310000－0241－0016793　(1033)
天寥道人年譜二卷　(明)葉紹袁撰　清抄本　一冊

310000－0241－0016794　(1034)
味水軒日記八卷　(明)李日華撰　清抄本　四冊　存四卷

310000－0241－0016795　(1035)
鑑古輯覽不分卷　(清)沈涵輯　(清)諸宗元題記　清抄本　二冊

310000－0241－0016796　(1037)
夢粱錄二十卷　(宋)吳自牧撰　清抄本　二冊

310000－0241－0016797　(1038)
竹垞小志五卷　(清)阮元手訂　清抄本　四冊

310000－0241－0016798　(1039)
蘇松浮糧考一卷　(清)陸世儀撰　清抄本　一冊

310000－0241－0016799　(1040)
曝書亭藏書目不分卷　(清)朱彝尊藏並編　清舊抄本　一冊

310000－0241－0016800　(1043)
海東金石苑八卷　(清)劉喜海撰　清道光劉氏味經書屋稿本　六冊

310000－0241－0016801　(1046)
宋元史鑑甕得編十卷　(清)紫荆書塢主人櫟垣撰　清抄校本　四冊

310000－0241－0016802　(1047)
曹月川先生夜行燭一卷家規輯畧一卷　(明)曹端撰　清抄本　三冊

310000－0241－0016803　(1048)
陸清獻公日記三卷　(清)陸隴其撰　(清)管庭芬校　清抄本　八冊

310000－0241－0016804　(1050)
曆學疑問三卷補二卷曆學答問一卷古算衍畧一卷梅定九文集[鈔]一卷　(清)梅文鼎撰　清康熙、雍正間抄本　二冊

310000－0241－0016805　(1051)
革象新書三卷　(元)趙友欽撰　清抄校本　一冊

310000－0241－0016806　(1052)
乾象通鑑一百卷首一卷　(宋)李季編　清藍格抄本　清孫星衍校跋　清蕉林逸史校　四十冊

310000－0241－0016807　(1053)
譯夬文書不分卷　(明)海達兒等譯　清抄本　十冊

310000－0241－0016808　(1054)

天元祕編不分卷　(清)江永編　清嘉慶繪圖抄本　八册

310000－0241－0016809　(1055)

觀象玩占五十卷　題(唐)李淳風撰　清抄本　二十册

310000－0241－0016810　(1056)

遠西奇器圖說錄最四卷　(瑞士)鄧玉函口授　(明)王徵譯繪　清抄本　四册

310000－0241－0016811　(1057)

樂庵語錄四卷　(宋)李衡撰　清抄本　一册

310000－0241－0016812　(1058)

管窺外編一卷　(元)史伯璿撰　清抄本　一册

310000－0241－0016813　(1059)

無益之言二卷　(清)顧陳垿撰　清末至民國間抄本　一册

310000－0241－0016814　(1060)

十說一卷　(清)范明徵撰　清抄本　一册

310000－0241－0016815　(1061)

史姓分韻紀事十卷　(□)□□編　清石琢堂藏抄本　十册

310000－0241－0016816　(1062)

訂訛類編六卷續補二卷　(清)杭世駿撰　清漢陽葉氏抄本　劉承幹跋　二册

310000－0241－0016817　(1063)

瓣香寸玉三十四卷　(□)□□撰　清薜荔村莊舊抄本　五册

310000－0241－0016818　(1064)

鬢剔雖奇六十四卷　(明)胡敬辰編著　清朱絲欄抄本　十六册

310000－0241－0016819　(1065)

雲谿友議十二卷　(唐)范攄撰　清抄本　褚德彝過錄清勞季言校　二册

310000－0241－0016820　(1066)

三岡識畧十卷　(清)董含撰　清抄本　六册　存六卷(五至十)

310000－0241－0016821　(1067)

玉海不分卷　(宋)王應麟撰　清道光宜稼堂郁氏節抄本　四册

310000－0241－0016822　(1068)

反離騷一卷　(漢)揚雄撰　清抄本　一册

310000－0241－0016823　(1069)

竝載集四卷　(唐)徐惠撰　(唐)武曌撰　清抄本　四册

310000－0241－0016824　(1070)

徐騎省集三十卷　(宋)徐鉉撰　清抄本　六册

310000－0241－0016825　(1071)

古靈先生文集二十五卷附錄一卷　(宋)陳襄撰　清抄本　十六册

310000－0241－0016826　(1072)

[雍正]慈溪縣志十六卷　(清)楊正筍修　(清)馮鴻模纂　清雍正八年(1730)刻乾隆印本　四册

310000－0241－0016827　(1073)

馮安岳集　(宋)馮山撰　清抄本　四册　存十二卷

310000－0241－0016828　(1074)

焕斗集十六卷　(宋)祖無擇撰　清抄本　四册

310000－0241－0016829　(1075)

鄱陽先生文集十二卷　(宋)彭汝礪撰　清抄本　四册

310000－0241－0016830　(1076)

青山集三十卷　(宋)郭祥正撰　清抄本　四册

310000－0241－0016831　(1077)

龍雲先生文集三十二卷　(宋)劉弇撰　清抄本　八册

310000－0241－0016832　(1078)

慶湖遺老詩集九卷　(宋)賀鑄撰　清抄本

四冊

310000－0241－0016833　(1080)
東萊先生詩集二十卷　(宋)呂本中撰　清抄本　二冊

310000－0241－0016834　(1081)
艾軒先生文集十卷　(宋)林光朝撰　清抄本　八冊

310000－0241－0016835　(1082)
蠹齋先生鉛刀編三十二卷　(宋)周孚撰　清抄本　四冊

310000－0241－0016836　(1083)
慈湖先生遺書十八卷　(宋)楊簡撰　清抄本　六冊

310000－0241－0016837　(1084)
金陵雜興一卷附錄一卷　(宋)蘇泂撰　清道光二十年(1840)抄本　一冊

310000－0241－0016838　(1085)
可齋雜稿三十四卷續前稿八卷續後稿十二卷　(宋)李曾伯撰　清抄本　二十四冊

310000－0241－0016839　(1086)
國史秋堂公集二卷　(宋)柴望撰　清抄本　二冊

310000－0241－0016840　(1087)
佩韋齋文集十六卷輯聞四卷　(宋)俞德鄰撰　清抄本　三冊

310000－0241－0016841　(1088)
玉井樵唱三卷　(元)尹廷高撰　清初抄本　一冊

310000－0241－0016842　(1089)
蒲室集八卷　(元)釋大訢撰　清初抄本　四冊

310000－0241－0016843　(1090)
梅花字字香二卷　(元)郭豫亨撰　清初抄本　一冊

310000－0241－0016844　(1091)
勤齋集八卷　(元)蕭𣂏撰　清抄本　四冊

310000－0241－0016845　(1092)
蒲道源先生閒居叢稿二十六卷　(元)蒲道源撰　(元)蒲機編　清康熙抄本　十冊

310000－0241－0016846　(1093)
雲陽李先生文集十卷附錄一卷　(元)李祁撰　清初抄本　四冊

310000－0241－0016847　(1094)
傅與礪詩集八卷　(元)傅若金撰　(元)宋應祥點校　(元)傅若川編刊　清末傳抄明洪武十五年(1382)刻本　許狷叟據金亦陶鈔本校　四冊

310000－0241－0016848　(1095)
友石山人遺稿一卷附錄一卷　(元)王翰撰　清初抄本　一冊

310000－0241－0016849　(1096)
白石山房逸藁二卷附錄一卷　(明)張丁撰　清初抄本　一冊

310000－0241－0016850　(1097)
巢睫集五卷　(明)曾棨著　清金星軺文瑞樓抄本　二冊

310000－0241－0016851　(1098)
石秀齋集二卷　(明)莫是龍撰　清初抄本　十冊

310000－0241－0016852　(1099)
三畏齋集二卷　(明)朱吉撰　清素紙抄本　二冊

310000－0241－0016853　(1100)
有學外集補遺二十卷　(清)錢謙益撰　清抄本　八冊

310000－0241－0016854　(1101)
應潛廬先生文集十卷　(清)應撝謙撰　清讀我書屋抄本　清蘇惇元批校　十二冊

310000－0241－0016855　(1102)
西齋集十五卷　(清)吳暻撰　清抄本　二冊

310000－0241－0016856　(1103)
慈壽堂集不分卷　(清)沈樹德撰　清抄本　八冊

310000－0241－0016857　(1104)
白鶴堂文稿一卷　(清)彭端淑撰　清抄本　一册

310000－0241－0016858　(1105)
全韻梅花詩一卷　(清)杭世駿撰　清抄本　一册

310000－0241－0016859　(1106)
補注句餘土音存二十八卷　(清)全祖望著　(清)陳銘海注　清抄本　張讓三跋　七册

310000－0241－0016860　(1108)
復初齋詩集七十卷　(清)翁方綱撰　清李彦修抄本　十四册

310000－0241－0016861　(1109)
程迓亭家帚集不分卷　(清)程穆衡撰　清抄本　十册

310000－0241－0016862　(1110)
太菴詩稿九集　(清)和寧撰　清抄稿本　九册

310000－0241－0016863　(1111)
證嚮齋詩鈔不分卷　(清)蔡鑾揚撰　清抄本　二册

310000－0241－0016864　(1112)
鏡水集一卷　(清)葉仁圃撰　清抄本　一册

310000－0241－0016865　(1113)
閑偍齋詩文集六卷　(清)蔣節撰　清抄本　一册

310000－0241－0016866　(1114)
藴愫閣詩後集三卷　(清)盛大士撰　清抄本　一册

310000－0241－0016867　(1115)
梅華閣集不分卷　(清)史密撰　清漢陽葉氏抄本　一册

310000－0241－0016868　(1118)
蔭穌軒叢鈔　(清)□□輯　清抄本　一册

310000－0241－0016869　(1119)
宋人百家小説不分卷　(□)□□編　明刻本　十册

310000－0241－0016870　(1120)
古今詩話鈔不分卷　(□)□□撰　清抄本　三册

310000－0241－0016871　(1122)
蘭言萃腋十二卷拾遺二卷　(清)吴展成撰　清嘉慶吴氏手稿本　清沈蓮校並跋　五册

310000－0241－0016872　(1123)
笑蒼排悶一卷前身集搜録一卷前身散見集編年詩續鈔一卷　(清)黄周星撰　(清)楊淩霄輯　清抄本　四册

310000－0241－0016873　(1124)
五浮山人詩集不分卷　(明)鈕仲玉撰　清康熙三十八年(1699)鈕斯來刻本　一册

310000－0241－0016874　(1125)
淄州石刻記畧一卷　(清)高廷謀撰　清抄本　一册

310000－0241－0016875　(1126)
姑蘇四季竹枝詞一卷　(清)□□撰　清抄本　一册

310000－0241－0016876　(1128)
史記　(漢)司馬遷撰　明末虞山毛氏汲古閣刻本　三册　存六十四卷

310000－0241－0016877　(1129)
秦漢瓦圖記四卷補遺一卷　(清)朱楓撰　清乾隆刻本　二册

310000－0241－0016878　(1130)
唐詩四卷　(清)□□選　清抄本　四册

310000－0241－0016879　(1131)
元音十二卷　(明)孫原理採輯　(明)陳孟凝選　(明)張中達校　清初傳抄明建文刻本　佚名校評　六册

310000－0241－0016880　(1132)
望舒樓古詩選不分卷　(清)錢霍批點　(清)朱士曾　(清)駱季盈選　清初清抄本　四册

310000－0241－0016881　(1133)

頤菴居士集二卷　(宋)劉應時撰　清四庫館寫四庫全書原本　一册

310000－0241－0016882　(1137)

別有詩一卷　(明)辛全輯　(清)范鄗評註　清抄本　一册

310000－0241－0016883　(1138)

悅心集四卷　(清)世宗胤禛輯　清抄本　二册

310000－0241－0016884　(1140)

逃禪詞一卷　(宋)楊無咎撰　清四庫館寫本　一册

310000－0241－0016885　(1141)

義豐集一卷　(宋)王阮撰　清四庫全書原本　一册

310000－0241－0016886　(1142)

延露詞三卷　(清)彭孫遹撰　清康熙休寧孫氏留松閣刻本　三册

310000－0241－0016887　(1143)

傷寒六經辯證不分卷　(□)□□撰　清抄本　一册

310000－0241－0016888　(1144)

精選診家正眼不分卷　(明)李中梓撰　(清)周昂選錄　清抄本　一册

310000－0241－0016889　(1145)

溫熱條辨不分卷　(清)薛雪撰　清抄稿本　一册

310000－0241－0016890　(1146)

難經懸解二卷　(清)黄元御撰　清抄本　佚名朱筆校點　二册

310000－0241－0016891　(1147)

傷寒說意十卷首一卷　(清)黄元御撰　清抄稿本　四册

310000－0241－0016892　(1148)

麗農詞二卷　(清)鄒祗謨撰　清康熙休寧孫氏留松閣刻本　一册

310000－0241－0016893　(1149)

聞見偶錄四卷　(清)雷鋐撰　清乾隆、嘉慶刻本　一册

310000－0241－0016894　(1150)

金匱玉函經二註二十二卷　(元)趙良仁衍義　(清)周揚俊補註　清古歙呂日表抄本　八册

310000－0241－0016895　(1151)

寶硯齋詩一卷附錄一卷　(清)商盤等撰　(清)查善和輯　清乾隆寫刻本　一册

310000－0241－0016896　(1152)

鬱華閣遺集四卷　(清)盛昱撰　清光緒二十八年(1902)刻留垞叢刻本　梁鼎芬題識　一册

310000－0241－0016897　(1153)

二家詩抄王氏漁洋詩鈔十二卷宋氏綿津詩鈔八卷　(清)王士禛撰　(清)邵長蘅選　清康熙三十四年(1695)刻本　五册

310000－0241－0016898　(1154)

元詩紀事　陳衍輯　清末石遺室寫樣待刻本　一册

310000－0241－0016899　(1155)

名醫彙粹八卷　(清)羅美輯　清抄稿本　八册

310000－0241－0016900　(1156)

本草乘雅半偈十一卷　(明)盧之頤撰　清四庫全書原本　六册

310000－0241－0016901　(1157)

書錦堂記十六卷　(□)□□撰　清抄本　二十册

310000－0241－0016902　(1158)

安邦傳不分卷　(□)□□撰　清抄本　五册

310000－0241－0016903　(1159)

新編織錦迴文金冠記六卷　(□)□□撰　清抄本　六册

310000－0241－0016904　(1160)

幽閨記二卷　(□)□□撰　清抄本　二册

310000－0241－0016905　(1161)
新編喬太守亂點鴛鴦譜換親記一卷　(□)□□撰　清抄本　四册

310000－0241－0016906　(1162)
增刪十粒金丹六十八回　(清)□□撰　清抄本　十六册

310000－0241－0016907　(1163)
新編斷機教子三元記二卷四十回　(□)□□撰　清抄本　二十册

310000－0241－0016908　(1164)
明史彈詞一卷　(清)龍柏編　清抄本　一册

310000－0241－0016909　(1165)
新編灑雪堂合情緣分絃記二卷　(□)□□撰　清抄本　四册

310000－0241－0016910　(1166)
中秋奇遇記不分卷　(清)□□撰　清抄本　六册

310000－0241－0016911　(1167)
葛仙翁肘後備急方八卷　(晉)葛洪撰　清抄本　六册

310000－0241－0016912　(1170)
大唐開元占經一百二十卷目錄二卷　(唐)釋瞿曇悉達撰　清讀未見書齋抄本　十六册

310000－0241－0016913　(1171)
玉機微義五十卷　(明)徐用誠撰　清抄校本　十六册

310000－0241－0016914　(1173)
冬心先生畫竹題記一卷　(清)金農撰　清乾隆金陵湯鳳池寫刻本　一册

310000－0241－0016915　(1174)
吏治學古編二卷　(清)王士俊輯　清抄稿本　一册

310000－0241－0016916　(1175)
雲谷臥餘二十卷續八卷　(清)張習孔撰　清順治十八年(1661)刻本　十册

310000－0241－0016917　(1177)
讀書堂杜工部詩集註解二十卷文集註解二卷編年史詩譜目一卷　(清)張溍評註　清康熙三十七年(1698)讀書堂刻本　十二册

310000－0241－0016918　(1178)
文房四譜五卷　(宋)蘇易簡輯　清抄本　二册

310000－0241－0016919　(1179)
蒼霞草詩八卷　(明)葉向高撰　明萬曆刻本　四册

310000－0241－0016920　(1181)
古今硯譜六卷　(清)倪椿輯　清乾隆三十九年(1774)稿本　一册

310000－0241－0016921　(1182)
欽定四庫全書簡明目錄二十卷　(清)紀昀等撰　(清)邵懿辰校注　(清)王崇烈校　王蒼虬補注　清抄本　十册

310000－0241－0016922　(1183)
石樓臆編六卷　(清)周綸撰　清康熙五年(1666)刻本　四册

310000－0241－0016923　(1184)
闡義二十二卷　(清)吳肅公輯　清康熙四十六年(1707)刻本　六册

310000－0241－0016924　(1185)
辨名二卷　(日本)物茂卿撰　清刻本　一册

310000－0241－0016925　(1186)
淮南鴻烈解二十一卷　(漢)劉安撰　清光緒元年(1875)湖北崇文書局刻本　四册

310000－0241－0016926　(1187)
楊忠烈公文集六卷　(明)楊漣撰　(清)李贊元校定　清順治十七年(1660)李氏刻本　六册

310000－0241－0016927　(1188)
地理通集山川語二卷　(明)張旦撰　清抄本　二册

310000－0241－0016928　(1189)
知幾集十三卷附貫珠盤都天起例　(清)宣元仁著述　清抄本　二册

310000－0241－0016929　(1190)
水龍經不分卷　(□)□□撰　清抄本　二冊

310000－0241－0016930　(1191)
玉函真義古鏡歌三卷　(清)蔣大鴻撰　(清)尹有本發義　清抄本　一冊

310000－0241－0016931　(1192)
葬書二卷　(晉)郭璞撰　(明)鄭謐註釋　清抄校本　二冊

310000－0241－0016932　(1193)
行兵擇吉備覽二種方道指南九卷宜忌日表一卷　(清)彭定瀾編　清咸豐抄本　五冊

310000－0241－0016933　(1195)
蒔花居詩存一卷　(□)□□撰　稿本　清姚椿跋　一冊

310000－0241－0016934　(1196)
悟香集三十卷　(明)陸寶撰　清初刻本　十六冊

310000－0241－0016935　(1197)
昌黎先生詩集注十一卷　(唐)韓愈撰　(清)顧嗣立集注　清秀野草堂刻本　四冊

310000－0241－0016936　(1198)
聲調譜三卷談龍錄一卷　(清)趙執信撰　清乾隆二十四年(1759)德州盧氏雅雨堂刻本　一冊

310000－0241－0016937　(1199)
全吴籌患預防錄四卷　(明)陳仁錫纂　清初陳本直校錄本　四冊

310000－0241－0016938　(1200)
姚氏百世源流考八卷　(清)姚振宗纂修　清末紹興姚氏快閣綠格稿本　三冊

310000－0241－0016939　(1201)
宣和畫譜二十卷　(宋)□□撰　(明)毛晉訂　清抄本　六冊

310000－0241－0016940　(1202)
寧都曾氏叢鈔三種　(清)曾洲編　清抄本　五冊

310000－0241－0016941　(1205)
獨漉堂詩不分卷　(清)陳恭尹撰　(清)□□抄　清抄本　一冊

310000－0241－0016942　(1207)
戸部則例並附錄不分卷　(□)□□撰　清嘉慶抄本　二冊

310000－0241－0016943　(1208)
甓湖聯吟集七卷　(清)李光國編　清乾隆刻本　四冊

310000－0241－0016944　(1210)
華陽國志不分卷　(晉)常璩撰　清抄本　六冊

310000－0241－0016945　(1211)
姓氏聯珠不分卷　(□)□□撰　清抄本　四冊

310000－0241－0016946　(1212)
姓氏輯畧五卷　楊朝楷輯　清抄本　二冊

310000－0241－0016947　(1215)
資治通鑑釋文三十卷　(宋)史炤釋文　清抄本　過錄清顧廣圻校　十冊

310000－0241－0016948　(1216)
珊瑚木難八卷　(明)朱存理集錄　清郁氏宜稼堂藏抄本　四冊

310000－0241－0016949　(1217)
泰西近代歷戰圖論兵畧類編十卷　(英國)赫諳理撰　(清)盧祖華譯　清光緒清抄本　十冊

310000－0241－0016950　(1218)
演礮圖説輯要四卷　(清)丁拱辰輯　清末抄本　二冊

310000－0241－0016951　(1219)
竹齋詩集一卷　(明)王冕撰　清抄本　一冊

310000－0241－0016952　(1220)
芥舟學畫編四卷　(清)沈宗騫撰　清乾隆四十六年(1781)冰壺閣刻本　二冊

310000－0241－0016953　(1221)

琴學内篇一卷外篇一卷 (清)曹庭棟撰 清乾隆刻本 二册

310000－0241－0016954 (1222)

琴旨二卷 (清)王坦撰 清乾隆素堂刻本 二册

310000－0241－0016955 (1223)

遜國神會錄二卷 (明)黄士良纂 清康熙慈安室刻本 四册

310000－0241－0016956 (1224)

洴澼百金方十四卷 題(清)惠麓酒民編 清抄校本 八册

310000－0241－0016957 (1225)

南部新書八卷 (宋)錢易撰 清抄本 二册

310000－0241－0016958 (1226)

平南王元功垂範二卷續編一卷 (清)尹原進撰 清乾隆刻本 五册

310000－0241－0016959 (1227)

新鐫批評出像通俗奇俠禪真逸史 題(清)溪道人編次 清乾隆五十二年(1787)刻本 十册 存二十回

310000－0241－0016960 (1229)

瀛山筆記二卷 (清)黄士塤撰 清乾隆綉雪堂精刻本 一册

310000－0241－0016961 (1230)

山海題襟集不分卷 (清)錢國祥裒輯 清稿本 一册

310000－0241－0016962 (1231)

琴洲水榭心賞詞選不分卷 題(清)半樵山人手録 清抄本 一册

310000－0241－0016963 (1232)

雕丘雜録十八卷 (清)梁清遠撰 清康熙刻本 六册

310000－0241－0016964 (1233)

瑞園合選詩三卷 (清)佟雅慶復輯 清乾隆初雲南刻本 六册

310000－0241－0016965 (1234)

國朝詩抄不分卷 (□)□□撰 清稿本 八册

310000－0241－0016966 (1235)

後村詩話四卷 (宋)劉克莊撰 清乾隆抄本 一册

310000－0241－0016967 (1236)

兵録十四卷 (明)何汝賓撰 清抄本 十四册

310000－0241－0016968 (1237)

書法離鉤十卷 (明)潘之淙撰 清抄本 四册

310000－0241－0016969 (1238)

浙西名印不分卷 (清)□□輯 清鈐印本 六册

310000－0241－0016970 (1239)

近思續録十四卷 (清)劉源淥編 清抄稿本 十册

310000－0241－0016971 (1241)

泡影圖題辭一卷 (清)高第編 清嘉慶蕭山高氏刻本 一册

310000－0241－0016972 (1242)

國秀集三卷 (唐)芮挺章集 明新安程明恕刻本 一册

310000－0241－0016973 (1243)

搜神記二十卷 (晉)干寶撰 **搜神後記十卷** (晉)陶潛撰 明萬曆刻本 八册

310000－0241－0016974 (1244)

思得録四卷 (清)孫旼撰 清許昌孫氏刻本 四册

310000－0241－0016975 (1245)

紀效新書十八卷 (明)戚繼光撰 清抄本 六册

310000－0241－0016976 (1248)

鳴野山房帖目四卷 (清)沈復粲撰 清光緒味經書屋寫本 八册

310000－0241－0016977 (1249)

海島算經細草圖説一卷 （清）李潢撰　清抄本　一冊

310000－0241－0016978　（1250）
周髀算經注一卷 （清）馮經註　清抄本　一冊

310000－0241－0016979　（1251）
空際格致二卷 （意大利）高一志撰　（清）韓雲訂　清抄本　二冊

310000－0241－0016980　（1252）
汽機發軔九卷表一卷 （清）徐壽筆述　清抄本　四冊

310000－0241－0016981　（1253）
讀畫韻史五卷 （□）□□撰　清抄稿本　十冊

310000－0241－0016982　（1255）
新刻按鑑演義京本三國英雄志傳六卷二百四十則 （晉）陳壽志傳　（元）羅貫志演義　清康熙四十八年（1709）聚賢山房印本　六冊

310000－0241－0016983　（1256）
梅花字字香二卷 （元）郭豫亨撰　清嘉慶、道光間抄本　二冊

310000－0241－0016984　（1257）
癸辛雜識一卷後集一卷 （宋）周密撰　清乾隆海虞張氏照曠閣抄本　清張海鵬校　二冊

310000－0241－0016985　（1258）
鯨背吟集一卷 （元）朱名世撰　清末傳抄文瀾閣四庫全書本　一冊

310000－0241－0016986　（1259）
野趣有聲畫二卷 （元）楊公遠撰　清末補抄文瀾閣四庫全書本　一冊

310000－0241－0016987　（1260）
翠寒集一卷 （元）宋旡撰　清末傳抄四庫全書本　一冊

310000－0241－0016988　（1261）
宋鄭所南先生心史二卷 （宋）鄭思肖撰　清抄本　四冊

310000－0241－0016989　（1262）
三元人集八卷 （元）袁易撰　（元）郭豫亨撰　（元）郭翼撰　清抄本　佚名朱筆墨筆詳校　一冊

310000－0241－0016990　（1263）
傳世樓書目不分卷 （清）徐乾學藏並編　清抄本　六冊

310000－0241－0016991　（1264）
白齋七種十七卷 （清）陸紹曾編　清抄本　清方塘跋　十六冊

310000－0241－0016992　（1267）
垛積籌法二卷 （清）勞乃宣撰　清稿本　二冊

310000－0241－0016993　（1268）
世説新語補二十卷 （南朝宋）劉義慶撰　（南朝梁）劉孝標注　明萬曆八年（1580）刻本　十冊

310000－0241－0016994　（1269）
滹南遺老集四十五卷續一卷 （金）王若虛撰　清抄本　佚名校　十六冊

310000－0241－0016995　（1270）
天元玉冊二十八卷 （□）□□撰　清抄本　六冊

310000－0241－0016996　（1272）
隸辨八卷 （清）顧藹吉撰　清康熙玉淵堂精刻初印本　八冊

310000－0241－0016997　（1273）
都公談纂二卷 （明）都穆撰　（明）陸采編次　清抄本　二冊

310000－0241－0016998　（1274）
都公談纂二卷 （明）都穆撰　（明）陸采編次　清抄本　一冊

310000－0241－0016999　（1275）
朱竹垞先生曝書亭詩集十一卷 （清）朱彝尊撰　（清）范洪鑄箋注　清范氏稿本　六冊

310000－0241－0017000　（1276）
墨緣彙觀四卷 （清）安岐錄　清抄本　十冊

310000－0241－0017001　(1277)
沽上題襟集八卷　(清)查學禮輯　清乾隆初寫刻本　三册　存五卷

310000－0241－0017002　(1278)
海岱聯吟四卷　(清)高孝本等撰　清初精刻本　二册

310000－0241－0017003　(1279)
沈下賢文集十二卷　(唐)沈亞之撰　清抄本　二册

310000－0241－0017004　(1280)
鶴鶉論一卷　(□)□□撰　清抄本　一册

310000－0241－0017005　(1282)
陰騭文圖證不分卷　(清)費丹旭繪圖　(清)許光清集証　清道光海昌蔣氏別下齋精刻本　二册

310000－0241－0017006　(1283)
神機制敵太白陰經十卷　(唐)李筌撰　清抄本　二册

310000－0241－0017007　(1284)
重校鶴山先生大全文集　(宋)魏了翁撰　清抄本　五十册　存一百九卷

310000－0241－0017008　(1286)
高太史鳧藻集五卷附扣舷集一卷　(明)高啓撰　(明)周立編　清傳抄明正統刻本　一册

310000－0241－0017009　(1288)
吴興沈夢麟先生花谿集三卷　(元)沈夢麟撰　(明)陸珩編　(明)吳瓊校正　清山陰沈氏鳴野山房抄本　二册

310000－0241－0017010　(1289)
石初集十卷附錄一卷　(元)周霆震撰　清道光顧氏藝海樓藍格抄本　二册

310000－0241－0017011　(1290)
青門詩集存九卷　(清)邵陵撰　清抄本　二册

310000－0241－0017012　(1291)
雲林集二卷　(明)危素撰　清抄本　一册

310000－0241－0017013　(1292)
不繫舟漁集十六卷　(元)陳高撰　(明)陳一元校　清抄本　二册

310000－0241－0017014　(1293)
蜕菴集五卷　(元)張翥撰　(明)釋大杼編　清山陰沈氏鳴野山房抄本　清沈復粲校　六册

310000－0241－0017015　(1294)
文莊集三十六卷　(宋)夏竦撰　清抄本　四册

310000－0241－0017016　(1298)
詩紀匡謬一卷　(清)馮舒撰　清抄稿本　一册

310000－0241－0017017　(1299)
潛虛先生文集十四卷　(清)戴名世撰　清抄本　六册

310000－0241－0017018　(1300)
昭明文選李善注拾遺二卷拾遺補編一卷文選賸言一卷賸言補編一卷　(清)王煦撰　(清)錢世敍補　清末抄稿本　清錢世敍　羅振玉批校　二册

310000－0241－0017019　(1302)
詩學叢書三十四種　(清)□□輯　清抄稿本　四册

310000－0241－0017020　(1303)
歲時廣記四十卷　(宋)陳元靚編　清光緒十四年(1888)歸安陸氏皕宋樓抄本　八册

310000－0241－0017021　(1304)
蕭茂挺文集一卷　(唐)蕭穎士撰　清同治、光緒間重抄文瀾閣本　一册

310000－0241－0017022　(1305)
李遐叔文集四卷　(唐)李華撰　清光緒重抄四庫全書本　三册

310000－0241－0017023　(1306)
投筆集　(清)錢謙益撰　清抄本　二册

310000－0241－0017024　(1307)
諸葛武侯兵法心要五卷　題(明)劉基纂　清

抄本　五冊

310000－0241－0017025　(1308)
宛鳩居詩十二卷　(清)吳樹誠撰　(清)龔賢重訂　清初刻本　一冊

310000－0241－0017026　(1309)
藥房樵唱三卷附錄一卷　(元)吳景奎撰　清抄本　一冊

310000－0241－0017027　(1310)
整庵存稿二十卷　(明)羅欽順撰　清抄本　六冊

310000－0241－0017028　(1311)
閒情集六卷　(清)顧有孝輯　(清)陸世楷增輯　清康熙刻本　八冊

310000－0241－0017029　(1312)
古靈先生文集二十卷　(宋)陳襄撰　清抄本　四冊

310000－0241－0017030　(1314)
唐皮日休文藪十卷　(唐)皮日休撰　清抄本　四冊

310000－0241－0017031　(1315)
唐歐陽先生文集八卷附錄一卷　(唐)歐陽詹撰　清抄本　二冊

310000－0241－0017032　(1316)
蘆川歸來集十卷　(宋)張元幹撰　清道光元和顧氏藝海樓抄本　二冊

310000－0241－0017033　(1317)
四本堂詩集不分卷　(琉球)蔡文溥撰　清乾隆木活字印本　一冊

310000－0241－0017034　(1318)
竹軒雜著六卷　(宋)林季仲撰　清抄本　三冊

310000－0241－0017035　(1319)
司空表聖文集十卷　(唐)司空圖撰　(清)□□校　清抄本　一冊

310000－0241－0017036　(1320)
余德甫先生集十四卷　(明)余曰德撰　清抄本　四冊

310000－0241－0017037　(1321)
劉海峯先生圈點杜詩不分卷　(清)劉大櫆圈點　(清)葉慕袁臨　清咸豐葉氏傳抄劉大櫆圈點歷朝詩選本　清葉慕袁跋　二冊

310000－0241－0017038　(1322)
秀水吟草不分卷　(清)丘拔生撰　清抄稿本　一冊

310000－0241－0017039　(1323)
鍾情緣傳奇不分卷　(□)□□撰　清抄本　二冊

310000－0241－0017040　(1325)
南江外集十卷　(明)王慎中撰　清馮景抄本　清馮景校記　四冊

310000－0241－0017041　(1327)
王黃州小畜集三十卷　(宋)王禹偁撰　清初抄本　六冊

310000－0241－0017042　(1328)
王黃州小畜集三十卷　(宋)王禹偁撰　清抄校本　四冊

310000－0241－0017043　(1330)
畫史會要五卷　(明)朱謀垔撰　清抄本　八冊

310000－0241－0017044　(1331)
甘人詩草一卷　(清)陳賓霖撰　清抄稿本　一冊

310000－0241－0017045　(1332)
奉檄吟草一卷　(清)陸榮昌撰　清抄稿本　一冊

310000－0241－0017046　(1334)
屈翁山詩集八卷詞一卷　(清)屈大均撰　(清)徐掄之選　清同治四年(1865)林昌彝抄本　四冊

310000－0241－0017047　(1335)
采軒詩稿不分卷　(清)裕承庚撰　清蔭堂抄稿本　一冊

310000－0241－0017048　(1337)

聖湖草堂集一卷滇南草一卷滇行草一卷上谷草粵遊草一卷東粵草一卷大梁草一卷北遊草一卷慶陽草一卷晉遊草一卷台遊草一卷豫遊草一卷塞上草一卷魏塘十詠一卷禾中偶草一卷　(清)朱戴曾撰　清康熙朱氏稿本　一册

310000－0241－0017049　(1338)

西湖懷古詩一卷漫遊草一卷上谷草一卷大梁草一卷豫章草一卷東粵草一卷金臺草一卷渤海草一卷慶陽草一卷晉游草一卷台遊草一卷古北草一卷嘉禾草一卷魏塘草一卷海亹草一卷伴巖草一卷　(清)朱戴曾撰　清雍正朱氏稿本　二册

310000－0241－0017050　(1339)

閒情偶寄十六卷　(清)李漁撰　(清)沈心友等訂　清康熙翼聖堂刻本　八册

310000－0241－0017051　(1340)

古今説海一百三十五種　(明)陸楫等編　明嘉靖二十三年(1544)雲間陸氏儼山書院雲山書院刻本(有配補)　四十册

310000－0241－0017052　(1341)

虞初志七卷　(明)吳□刪定　(明)湯顯祖評　明末烏程閔氏刻本　四册

310000－0241－0017053　(1342)

詩書古訓六卷　(清)阮元輯　(清)畢光琦校補　清道光二十一年(1841)揚州阮氏刻本　六册

310000－0241－0017054　(1343)

易傳八卷王輔嗣論易一卷　(宋)蘇軾傳　(明)楊慎等評　明末烏程閔氏刻本　六册

310000－0241－0017055　(1344)

周易二十四卷　(宋)程頤傳　(宋)朱熹本義　明崇禎四年(1631)汪氏刻本　六册

310000－0241－0017056　(1345)

易象管窺十五卷　(明)黃正憲著　(明)黃承鼎編次　明萬曆刻本　八册

310000－0241－0017057　(1346)

蘇長公易解八卷　(宋)蘇軾撰　(明)吳之鯨校　明萬曆吳氏刻本　四册

310000－0241－0017058　(1347)

[周易六種]三十五卷　(清)□□輯　清舊抄本　四册

310000－0241－0017059　(1348)

讀易傳心十二卷圖説三卷　(清)韓怡撰　清嘉慶二十三年(1818)木存堂刻本　十二册

310000－0241－0017060　(1349)

御纂周易折中二十二卷首一卷　(清)李光地等纂　清康熙武英殿刻本　十册

310000－0241－0017061　(1350)

音韻闡微十八卷　(清)李光地等撰　清雍正武英殿刻本　十六册

310000－0241－0017062　(1351)

説文廣義十二卷　(漢)許慎説文　(清)程德洽纂輯　清康熙五十一年(1712)成裕堂刻本　十二册

310000－0241－0017063　(1352)

説文段注訂八卷　(清)鈕樹玉撰　清道光四年(1824)鈕氏自刻本　二册

310000－0241－0017064　(1353)

發墨守評一卷　(清)桂文燦撰　清末桂坫抄稿本　一册

310000－0241－0017065　(1354)

文心雕龍十卷　(南朝梁)劉勰撰　(清)黃叔琳輯注　清乾隆六年(1741)姚培謙校刻本　四册

310000－0241－0017066　(1355)

壽籐齋詩三十五卷　(清)鮑倚雲撰　清嘉慶十三年(1808)鮑氏精寫刻本　十六册

310000－0241－0017067　(1356)

湖山到處吟二卷　(清)朱棟著　清乾隆五十七年(1792)十三硯齋刻本　二册

310000－0241－0017068　(1358)

説詩補遺八卷　(明)馮復京撰　清寫本　清佚名朱筆刪改　四册

310000－0241－0017069　(1359)
聲調譜二十卷　(清)趙執信撰　(清)□□增輯　清抄稿本　四册

310000－0241－0017070　(1361)
心鐵石齋存稿四卷　(清)宋鳴琦撰　清抄本　四册

310000－0241－0017071　(1362)
四一居士文鈔六卷附錄一卷　(清)汪德鉞撰　(清)臧庸編　清嘉慶木活字印本　六册

310000－0241－0017072　(1363)
玉笥山詩鈔八卷　(清)何嘉珝撰　清乾隆三十四年(1769)刻本　二册

310000－0241－0017073　(1364)
冬心先生續集不分卷　(清)金農撰　(清)羅聘編　清乾隆羅聘刻本　一册

310000－0241－0017074　(1365)
南園詩鈔十卷　(清)尤世求撰　清乾隆刻本　二册

310000－0241－0017075　(1366)
試秦詩紀二卷潞公詩選二卷越唫二卷附[天一閣園唱和詩]一卷重訂閨麗譜一卷　(清)范光文著　(清)何承都等訂　清康熙刻本　二册

310000－0241－0017076　(1367)
劉文烈公全集十二卷　(明)劉理順撰　清順治刻康熙覺于軒重修本　八册

310000－0241－0017077　(1368)
幾亭全書五種附錄一種附錄一卷外集五卷遺文一卷　(明)陳龍正撰　清康熙四年(1665)雲書閣刻本　十六册

310000－0241－0017078　(1369)
徧行堂集四十八卷目錄二卷　(明)今釋撰　清康熙初廣州刻本　十六册

310000－0241－0017079　(1371)
梁園風雅二十七卷　(明)趙彦復撰　(明)汪元範校　清康熙陸廷燦刻本　五册

310000－0241－0017080　(1372)
月壺題畫詩一卷　(清)瞿應紹撰　清道光三十年(1850)精刻本　一册

310000－0241－0017081　(1373)
玉巢詩集四卷　(清)徐紫芝撰　清乾隆刻本　一册

310000－0241－0017082　(1375)
天香樓詩稿不分卷　(清)王望霖撰　清嘉慶王氏稿本　一册

310000－0241－0017083　(1376)
天香別墅學吟稿二卷附冶香六十壽言一卷　(清)王振綱撰　清道光、咸豐間稿本　二册

310000－0241－0017084　(1378)
華及堂視昔編六卷　(清)汪森輯　清康熙四十六年(1707)汪氏刻本　六册

310000－0241－0017085　(1379)
叢碧山房詩初二三四集四十一卷　(清)龐塏撰　清康熙刻本　十六册

310000－0241－0017086　(1380)
學菴類稿三種二十五卷　(清)王原撰　清康熙刻本　四册

310000－0241－0017087　(1381)
洞庭緣傳奇不分卷　(清)陸繼輅撰　清抄本　一册

310000－0241－0017088　(1383)
文獻通考三百四十八卷　(元)馬端臨撰　明嘉靖刻本　一百册

310000－0241－0017089　(1386)
津逮秘書一百四十四種七百五十二卷　(明)毛晉輯　明末清初虞山毛氏汲古閣刻本　二百册

310000－0241－0017090　(1387)
快書五十種五十卷　(明)閔景賢輯　(明)何偉然訂　明天啓刻本　二十四册

310000－0241－0017091　(1388)
三德用訣不分卷　(□)□□輯　清抄本　二册

310000－0241－0017092　(1389)

江止庵遺集七卷首一卷末一卷　(明)江天一撰　(清)洪祚永輯　清康熙祭書艸堂刻嘉慶五年(1800)江士相等重修印本　四册

310000－0241－0017093　(1393)

愚菴小集十五卷　(清)朱鶴齡撰　清康熙十年(1671)金閶童晉之刻本　八册

310000－0241－0017094　(1394)

撫雲集九卷　(清)錢良擇撰　清雍正刻本　四册

310000－0241－0017095　(1395)

離六堂集十二卷近稿一卷　(清)釋大汕撰　清康熙初懷古樓刻本　六册

310000－0241－0017096　(1396)

浩觀堂集六卷　(清)邱謹撰　清乾隆刻本　二册

310000－0241－0017097　(1397)

劉禮部集十二卷　(清)劉逢禄撰　清道光刻本　六册

310000－0241－0017098　(1398)

霞坪詩存二卷　(清)杜鈞撰　清乾隆刻本　一册

310000－0241－0017099　(1399)

木菴詩集一卷　(清)欽棐撰　清康熙刻本　二册

310000－0241－0017100　(1400)

漢學諧聲二十四卷説文備考一卷　(清)戚學標撰　清嘉慶九年(1804)刻本　八册

310000－0241－0017101　(1401)

漢魏叢書三十八種二百五十卷　(明)程榮輯　明新安程氏原刻本　三十二册

310000－0241－0017102　(1402)

海右陳人集二卷　(清)程先貞撰　清康熙初刻本　四册

310000－0241－0017103　(1403)

東觀草一卷使荆草一卷折柳草一卷奚囊草一卷盍簪草一卷西山紀遊一卷南歸草一卷歸雲洞草一卷據梧閣草一卷津逮樓草一卷　(清)周金然著　清康熙三十九年(1700)刻乾隆十二年(1747)重修本　二册

310000－0241－0017104　(1404)

芋香詩鈔四卷　(清)釋宗渭撰　清康熙刻本　四册

310000－0241－0017105　(1406)

會稽謝寶岩上虞王又邨兩先生合稿二卷　(清)謝文連　(清)王濱撰　清抄未刻稿本　清陶濬宣跋　二册

310000－0241－0017106　(1407)

聲調譜一卷後譜一卷續譜一卷　(清)趙執信撰　清抄本　一册

310000－0241－0017107　(1409)

敬天小錄不分卷　(清)問楳居士編　清抄本　四册

310000－0241－0017108　(1410)

易憲四卷　(明)沈泓撰　清乾隆初許王猷張仕遇校刻本　四册

310000－0241－0017109　(1411)

公穀傳合刻三十二卷　(明)□□輯　明隆慶刻本　四册

310000－0241－0017110　(1412)

詩經四卷小序一卷　(明)鍾惺批點　明末淩杜若刻本　五册

310000－0241－0017111　(1413)

一輻集十八卷　(清)項淳撰　清乾隆五十五年(1790)殖陰軒刻本　六册

310000－0241－0017112　(1414)

御製繙譯詩經八卷　(清)高宗弘曆製　清乾隆三十三年(1768)武英殿刻滿漢合璧本　四册

310000－0241－0017113　(1415)

松陰問答一卷山居百二詠一卷　(清)王士端撰　清乾隆五十三年(1788)稿本　二册

310000－0241－0017114　(1416)

安定先生周易繫辭二卷　(宋)胡瑗撰　明山

陰祁氏澹生堂藍格抄本　四冊

310000－0241－0017115　(1417)
春秋左傳十五卷　(明)孫鑛批點　明萬曆烏程閔氏刻本　十二冊

310000－0241－0017116　(1427)
明辨類函　(明)詹景鳳撰　明刻本　十二冊　存三十五卷

310000－0241－0017117　(1429)
四書名物考二十四卷　(明)陳禹謨輯　(明)錢受益補　明崇禎刻本　六冊

310000－0241－0017118　(1430)
四書經學考十卷補遺一卷　(明)徐邦佐採輯　明崇禎刻本　二冊

310000－0241－0017119　(1433)
賜餘堂集十卷　(明)錢士升撰　**年譜一卷**　(清)許重熙撰　清乾隆四年(1739)錢佳刻本　四冊

310000－0241－0017120　(1434)
說文字原考畧六卷　(清)吳照撰　清乾隆五十七年(1792)南昌吳氏刻本　四冊

310000－0241－0017121　(1435)
六書正義十二卷　(明)吳元滿撰　明萬曆三十四年(1606)刻本　六冊

310000－0241－0017122　(1436)
別雅訂五卷附錄一卷　(清)吳玉搢撰　抄本　清翁綬琪校　一冊

310000－0241－0017123　(1437)
蔡虛齋先生四書蒙引十四卷　(明)蔡清撰　明刻本　十四冊

310000－0241－0017124　(1439)
別雅五卷　(清)吳玉搢撰　清抄校本　五冊

310000－0241－0017125　(1440)
常談考誤四卷　(明)周夢暘撰　明萬曆刻本　四冊

310000－0241－0017126　(1441)
一隅草堂稿十七種外集十三種　(清)計楠撰　清嘉慶秀水計氏刻本　十二冊

310000－0241－0017127　(1442)
雪園集十五卷　(清)單隆周撰　清康熙刻本　四冊

310000－0241－0017128　(1443)
御定全唐詩錄一百卷　(清)徐倬等編　清康熙刻初印本　三十二冊

310000－0241－0017129　(1444)
王氏家藏集四十一卷　(明)王廷相撰　明嘉靖刻後印本　三十四冊

310000－0241－0017130　(1445)
退思堂草九卷　(清)朱鳳臺撰　清康熙靖江朱氏刻本　八冊

310000－0241－0017131　(1446)
元曲選一百卷　(明)臧懋循纂輯　明萬曆吳興臧氏刻本　四十冊

310000－0241－0017132　(1447)
里先忠三先生文選十四卷　(宋)胡銓撰　(明)胡接輝輯　明崇禎胡氏刻本　十冊

310000－0241－0017133　(1448)
歷代名臣奏議三百五十卷　(明)黃淮編　(明)楊士奇等編　明崇禎東觀閣刻本　六十四冊

310000－0241－0017134　(1449)
六書統溯源十三卷　(元)楊桓撰　清乾隆抄本　十冊

310000－0241－0017135　(1450)
說文解字(說文解字五音韻譜)十二卷附說文異同一卷　(漢)許慎撰　(宋)李燾重編　明萬曆二十六年(1598)陳大科白狼書社刻本　六冊

310000－0241－0017136　(1451)
四書集注二十四卷　(宋)朱熹撰　清初刻本　十冊

310000－0241－0017137　(1452)
龍龕手鑑四卷　(遼)釋行均撰　清嘉慶袁氏貞節堂抄本　清管禮耕校　三冊

310000－0241－0017138　(1453)
說文解字十五卷　(漢)許慎撰　(宋)徐鉉等校定　清初虞山毛氏汲古閣仿北宋刻本　十二册

310000－0241－0017139　(1454)
欽定同文韻統六卷　(清)允祿等撰　清乾隆武英殿刻初印本　六册

310000－0241－0017140　(1455)
麟書大成不分卷　(□)□□纂輯　清抄本　十六册

310000－0241－0017141　(1456)
新雕宋朝文鑑一百五十卷目錄三卷　(宋)呂祖謙詮次　明天順八年(1464)嚴州府刻本　六十册

310000－0241－0017142　(1457)
唐宋八大家文選五十九卷　(明)歸有光選輯　(明)顧錫疇評　明崇禎四年(1631)刻本　三十四册

310000－0241－0017143　(1458)
唐宋八大家文鈔一百四十四卷　(明)茅坤選評　(明)茅著重訂　明萬曆茅一桂校刻崇禎茅著補刻本　三十四册

310000－0241－0017144　(1459)
元氏長慶集六十卷補遺六卷附録一卷　(唐)元稹撰　**白氏長慶集**　(唐)白居易撰　明萬曆三十二年至四十一年(1604－1613)馬元調刻本　三十二册

310000－0241－0017145　(1460)
地圖綜要三卷　(明)吳學儼等編　明刻本　四册

310000－0241－0017146　(1461)
分類補註李太白詩二十五卷分類編次李太白文五卷　(唐)李白撰　(宋)楊齊賢集注　(元)蕭士贇補註　明嘉靖二十二年(1543)郭雲鵬寶善堂刻本(有抄補)　十册

310000－0241－0017147　(1462)
皇甫司勳集六十卷　(明)皇甫汸撰　明萬曆二年(1574)自刻本　六册

310000－0241－0017148　(1463)
剪綵集二卷　(明)張之象著　明嘉靖二十八年(1549)程衛道校刻本　一册

310000－0241－0017149　(1464)
新刻張太岳先生詩文集四十六卷附録一卷　(明)張居正撰　明萬曆繡谷唐氏廣慶堂刻本　十二册

310000－0241－0017150　(1465)
滄溟先生集三十卷補遺一卷附録一卷附録補遺一卷　(明)李攀龍撰　(明)楊日賓校輯　明萬曆刻本　十六册

310000－0241－0017151　(1466)
滄溟先生集三十卷補遺一卷附録一卷附録補遺一卷　(明)李攀龍撰　(明)楊日賓校輯　明萬曆二十六年(1598)楊日賓刻本　六册

310000－0241－0017152　(1467)
皇明文衡一百卷　(明)程敏政選編　(明)范震校　明嘉靖八年(1529)刻本　三十二册

310000－0241－0017153　(1468)
明文致二十卷　(明)宋濂等撰　(明)蔣如奇等選編　明崇禎詠蘭堂刻本　四册

310000－0241－0017154　(1469)
尺牘清裁六十卷　(明)王世貞編　明崇禎刻本　四册

310000－0241－0017155　(1470)
瀚海十二卷　(明)沈佳胤輯　(明)陳繼儒鑒定　明崇禎寫刻本　十二册

310000－0241－0017156　(1471)
重校正唐文粹一百卷　(宋)姚鉉纂　明嘉靖十三年(1534)徐焴刻本　十六册

310000－0241－0017157　(1472)
唐荆川先生文集十二卷　(明)唐順之撰　明萬曆唐國達刻本　十二册

310000－0241－0017158　(1473)
重刊荆川先生文集十七卷　(明)唐順之撰　明萬曆元年(1573)純白齋刻本　八册

310000－0241－0017159　(1474)
海石先生文集二十八卷目錄二卷　(明)錢薇撰　**侍御公奏疏一卷遺詩一卷**　(明)錢嘉徵撰　明萬曆四十一年至四十二年(1613－1614)錢端映刻清錢燔等增修本　二十冊

310000－0241－0017160　(1475)
啓雋類函一百卷　(明)俞安期彙編　(明)李國祥輯選　明萬曆刻本　三十二冊

310000－0241－0017161　(1476)
弇州山人四部稿選十六卷　(明)王世貞撰　(明)沈一貫選　明刻本　十六冊

310000－0241－0017162　(1477)
新鍥會元湯先生評林弇州文選四卷　(明)王世貞撰　(明)湯賓尹評　明末書林詹聖澤刻本　一冊

310000－0241－0017163　(1478)
浚谷趙先生文粹五卷　(明)趙時春撰　(明)胡直選　明隆慶五年(1571)鄒善刻本　四冊

310000－0241－0017164　(1479)
西郬詩集二卷補遺一卷　(明)朱樸撰　明嘉靖三十一年(1552)刻萬曆二十九年(1601)朱綵續刻本　二冊

310000－0241－0017165　(1480)
古今濡削選章四十卷附增補　(明)李國祥選　(明)李鼎校　明萬曆刻本　二十冊

310000－0241－0017166　(1481)
文苑英華一千卷　(宋)李昉等輯　明隆慶胡維新刻本　一百二十冊

310000－0241－0017167　(1482)
重校正唐文粹一百卷　(宋)姚鉉纂　明嘉靖十三年(1534)徐焴刻本　二十冊

310000－0241－0017168　(1484)
南雷文案十卷外卷一卷子劉子行狀二卷南雷詩曆三卷　(清)黄宗羲撰　清康熙刻本　七冊

310000－0241－0017169　(1485)
咸陟堂文集二十五卷　(清)成鷲撰　清康熙耕樂堂刻本　二十冊

310000－0241－0017170　(1486)
中露集一卷　(清)朱瞻撰　清康熙刻本　一冊

310000－0241－0017171　(1487)
寵壽堂詩集三十卷　(清)張競先撰　清康熙初刻本　八冊

310000－0241－0017172　(1488)
南齋詩集不分卷　(清)丘象升撰　清康熙三十四年(1695)刻本　四冊

310000－0241－0017173　(1489)
水雲集四卷水雲人長短句一卷　(清)王舟瑤撰　清康熙東湖書院刻本　五冊

310000－0241－0017174　(1490)
望舒樓詩集十卷文集一卷　(清)錢霍撰　(清)姚儀選　清康熙二十一年(1682)刻本　二冊

310000－0241－0017175　(1491)
對山樓詩稿十六卷　(清)王燾撰　清乾隆、嘉慶間刻本　六冊

310000－0241－0017176　(1492)
青緗堂詩六卷　(清)陸淹撰　清康熙刻本　四冊

310000－0241－0017177　(1493)
松齋戊辰吟草一卷松齋詩草一卷巘居雜詠一卷　(清)張大純撰　清康熙刻本　三冊

310000－0241－0017178　(1494)
煙舫集四卷　(清)張衍懿撰　清康熙迎瑞堂精刻本　一冊

310000－0241－0017179　(1495)
萬卷山房詩集九卷　(清)王輅撰　(清)笪重光等評選　清乾隆刻本　二冊

310000－0241－0017180　(1496)
雲間皐聲堂詩二卷　(清)楊才瑰撰　清康熙二十年(1681)刻本　四冊

310000－0241－0017181　(1497)

葵村詩集十一卷　(清)黃河澂撰　清康熙刻本　四冊

310000－0241－0017182　(1498)
黃儀逋詩三卷　(清)黃逵撰　清康熙刻本　二冊

310000－0241－0017183　(1499)
次山集不分卷　(清)趙侗斆撰　清乾隆刻本　四冊

310000－0241－0017184　(1500)
半硯冷雲集三卷贈行唱和詩一卷　(清)曹三才撰　清康熙刻本　一冊

310000－0241－0017185　(1501)
栗亭詩集六卷　(清)汪士鋐撰　清康熙刻本　六冊

310000－0241－0017186　(1502)
紉蘭堂集四卷　(清)孫弘鐸撰　清康熙刻本　四冊

310000－0241－0017187　(1503)
看山閣集三十二卷　(清)黃圖珌撰　清乾隆初刻本　九冊

310000－0241－0017188　(1504)
方詹事詩後集何陋居集三卷　(清)方拱乾撰　(清)方孝標編　清康熙方氏刻本　六冊

310000－0241－0017189　(1505)
古雪堂詩集十六卷　(清)金露撰　清康熙嘉蔭堂精刻本　四冊

310000－0241－0017190　(1506)
寄庵詩集十六卷　(清)曹允武撰　清康熙刻本　六冊

310000－0241－0017191　(1507)
畦園詩集四卷　(清)謝良瑜撰　清康熙刻本　四冊

310000－0241－0017192　(1508)
菊隱詩選三卷蔚庭詩選一卷附錄一卷　(清)陸元輔撰　(清)陸振玉編輯　清乾隆九年(1744)陸振玉刻本　一冊

310000－0241－0017193　(1509)
鹿干草堂集十一卷　(清)屠廷楫撰　清康熙刻本　六冊

310000－0241－0017194　(1510)
樂志堂詩集四卷　(清)李明嶅撰　清康熙刻本　四冊

310000－0241－0017195　(1511)
醉鄉廬詩一卷　(清)金允中撰　(清)朱仁澍編　清康熙刻本　一冊

310000－0241－0017196　(1512)
晚雲樓近稿不分卷　(清)釋本晝撰　清康熙刻本　一冊

310000－0241－0017197　(1513)
意園詩集五卷　(清)宗之璠撰　(清)劉崑等校定　清康熙二十三年(1684)廣東刻本　四冊

310000－0241－0017198　(1514)
萬山樓詩集二十四卷　(清)許虬著　(清)陸廷珪輯　清康熙四十九年(1710)刻本　四冊

310000－0241－0017199　(1515)
蕉林詩集十八卷　(清)梁清標撰　清康熙十七年(1678)秋碧堂刻本　十二冊

310000－0241－0017200　(1516)
臥龍山人集十四卷　(清)葛芝撰　清康熙九年(1670)葛氏刻本　六冊

310000－0241－0017201　(1517)
種月軒遺草十四卷　(清)俞得鯉撰　清乾隆十二年(1747)刻本　二冊

310000－0241－0017202　(1518)
青軒彙稿四卷　(清)蔣垣撰　清乾隆刻本　五冊

310000－0241－0017203　(1519)
拜鑒堂詩鈔五卷　(清)吳思九撰　清乾隆刻本　二冊

310000－0241－0017204　(1520)
西莊始存稿四十卷附一卷　(清)王鳴盛撰　清乾隆三十年(1765)刻本　二十四冊

310000－0241－0017205 (1521)
竹素園詩草三卷日下集一卷 (清)王鳴盛撰 清乾隆求野堂精刻本 二冊

310000－0241－0017206 (1522)
笠亭詩集十二卷 (清)朱炎撰 清乾隆刻本 六冊

310000－0241－0017207 (1523)
緺嘯文集二卷詩集十卷 (清)張叔珽撰 清康熙凝和堂精刻本 八冊

310000－0241－0017208 (1524)
二樟詩鈔四卷 (清)劉念拔撰 清乾隆五十二年(1787)雄縣衙署刻本 二冊

310000－0241－0017209 (1525)
世恩堂詩集三卷經進集三卷詞集二卷 (清)王頊齡撰 清康熙刻本 十二冊

310000－0241－0017210 (1526)
小方壺文鈔六卷存稿十八卷 (清)汪森撰 清康熙刻本 八冊

310000－0241－0017211 (1527)
樸村文集二十四卷詩集十三卷冷吟集一卷 (清)張雲章撰 清康熙五十三年(1714)張氏刻本 八冊

310000－0241－0017212 (1528)
石村詩集三卷文集三卷 (明)郭金臺撰 清康熙二十四年(1685)岸花亭刻本 十二冊

310000－0241－0017213 (1529)
息賢堂詩集不分卷 (明)魏畊撰 清順治十四年(1657)刻本 四冊

310000－0241－0017214 (1530)
始讀軒遺集五卷 (清)查旦撰 (清)朱達輯 清康熙刻本 三冊

310000－0241－0017215 (1531)
文嘻堂詩集三卷 (明)朱芾煌撰 清康熙三十七年(1698)朱端紫陽書院刻本 六冊

310000－0241－0017216 (1532)
二十四泉草堂集十二卷 (清)王蘋撰 清康熙刻本 四冊

310000－0241－0017217 (1533)
樸學齋稿十卷 (清)林佶撰 清康熙四十三年(1704)刻本 十冊

310000－0241－0017218 (1534)
空明子全集五十二卷 (清)張榮撰 清康熙謙益堂刻本 十二冊

310000－0241－0017219 (1535)
石園全集三十卷 (清)李元鼎撰 **附白石山房集二十六卷** (清)李振裕撰 清康熙香雪堂精刻本 十二冊

310000－0241－0017220 (1536)
師經堂集十八卷 (清)徐文駒撰 清康熙五十一年(1712)學古樓刻本 六冊

310000－0241－0017221 (1540)
文公家禮儀節八卷 (宋)朱熹編 (明)丘濬輯 明正德十二年(1517)直隸太平府刻本 八冊

310000－0241－0017222 (1542)
禮箋三卷 (清)金榜撰 清嘉慶三年(1798)遊文齋刻本 二冊

310000－0241－0017223 (1543)
洗桐軒文集九卷抱桐軒文集三卷 (清)顧陳垿撰 清乾隆淡成堂寫刻本 四冊

310000－0241－0017224 (1544)
春秋左傳注評測義七十卷 (明)淩稚隆撰 明萬曆刻本 二十冊

310000－0241－0017225 (1545)
詳註東萊先生左氏博議二十五卷 (宋)呂祖謙撰 (宋)張成招註 清鳴野山房藏影宋抄本 十二冊

310000－0241－0017226 (1546)
呂東萊先生左氏博議六卷 (明)陶珽彙輯 明崇禎擁萬堂刻本 二冊

310000－0241－0017227 (1547)
春秋經傳集解考正七卷 (清)陳樹華撰 清抄稿本 十六冊

310000－0241－0017228 (1548)

左粹類纂十二卷 (明)施仁纂輯　明萬曆刻本　八册

310000－0241－0017229　(1549)
茨邨詠史新樂府二卷附錄一卷 (清)胡企祉撰　(清)高雲參訂　清雍正二年(1724)諸暨郭氏學種花莊刻本　四册

310000－0241－0017230　(1550)
己山先生文集十卷別集四卷 (清)王步青撰　清乾隆刻本　四册

310000－0241－0017231　(1551)
迂村文抄二卷詩抄一卷鶴皋集一卷瓢中集一卷迂村社稿一卷楮葉集一卷黃海集一卷幣叟賸稿一卷虛室吟稿一卷 (清)周準撰　清乾隆刻本　五册

310000－0241－0017232　(1552)
吹萬閣文鈔六卷 (清)顧詒祿撰　清乾隆刻本　六册

310000－0241－0017233　(1553)
白沙子全集九卷附錄一卷 (明)陳獻章撰　明萬曆四十年(1612)何上新刻本　十册

310000－0241－0017234　(1555)
石臼前集九卷後集七卷 (明)邢昉撰　清康熙宋至、王孚校刻本　十二册

310000－0241－0017235　(1556)
息齋集十卷 (清)金之俊撰　清康熙刻本　二十四册

310000－0241－0017236　(1557)
存我堂詩五卷文二卷 (明)章熊撰　(清)章石麟校　清初刻本　四册

310000－0241－0017237　(1558)
大愚集二十七卷 (清)王鑨撰　清康熙四年(1665)精刻本　十六册

310000－0241－0017238　(1559)
青箱堂文集十二卷遺稿續刻一卷附年譜一卷 (清)王崇簡撰　清康熙刻本　六册

310000－0241－0017239　(1560)
聖雨齋詩集五卷詩餘二卷賦集二卷文集四卷 (明)周拱辰撰　清初刻本　四册

310000－0241－0017240　(1561)
敬遺堂文集四卷詩集三卷 (清)王紀昭撰　清乾隆四十七年(1782)刻本　二册

310000－0241－0017241　(1562)
豹陵集二十六卷 (明)梁雲構撰　明崇禎刻本　三十六册

310000－0241－0017242　(1563)
姑山遺集三十卷 (明)沈壽民撰　清康熙有本堂刻本　十六册

310000－0241－0017243　(1564)
瀨園詩初集三卷詩後集不分卷文集四卷詩話一卷 (明)嚴首昇撰　(明)薛寀評　清順治刻本　十册

310000－0241－0017244　(1565)
四照堂詩集十一卷 (清)盧紘撰　清順治刻本　六册

310000－0241－0017245　(1566)
馬太史匡菴集十八卷 (清)馬世俊撰　**附硯疇集七卷谷含集六卷** (清)馬宥撰　清康熙刻本　十六册

310000－0241－0017246　(1567)
葉梧叟先生集十八卷首一卷末一卷 (明)葉應震撰　清乾隆二十八年(1763)史珥編刻本　六册

310000－0241－0017247　(1568)
話山先生詩文類稿 (清)陸洽源撰　清康熙四十一年(1702)精刻本　四册　存三十六卷

310000－0241－0017248　(1569)
丘邦士文集十七卷 (清)丘維屏撰　清康熙丘氏易堂刻本　六册

310000－0241－0017249　(1570)
貽安堂詩集六卷外集四卷 (清)金漸臯撰　清康熙五十六年(1717)刻本　一册

310000－0241－0017250　(1571)
靜惕堂詩集四十四卷 (清)曹溶撰　清雍正

三年(1725)刻本　十册

310000－0241－0017251　(1572)
姚端恪公文集十八卷詩集十二卷外集十八卷末一卷　(清)姚文然撰　清康熙二十年(1681)刻本　十册

310000－0241－0017252　(1573)
太乙數不分卷　(□)□□撰　清抄本　二册

310000－0241－0017253　(1575)
[曙樓詩鈔]不分卷　(清)□令輿撰　清道光稿本　一册

310000－0241－0017254　(1576)
指月錄三十二卷　(明)瞿汝稷撰　清抄本　三十二册

310000－0241－0017255　(1577)
學海　(明)饒伸撰　明刻本　二册　存八卷(二至四、十四至十八)

310000－0241－0017256　(1578)
溉堂前集九卷後集六卷文集五卷詩餘二卷續集六卷　(清)孫枝蔚撰　清康熙六十年(1721)刻本　四册

310000－0241－0017257　(1579)
杲堂詩鈔七卷文鈔六卷　(清)李鄴嗣撰　(清)黄宗羲選　清康熙刻本　四册

310000－0241－0017258　(1580)
南疑文集十一卷　(清)王奪標撰　清康熙十二年(1673)刻本　四册

310000－0241－0017259　(1581)
默鏡居文集四卷　(清)范方撰　清康熙刻乾隆二十六年(1761)范旭重修本　二册

310000－0241－0017260　(1582)
砥齋集十二卷　(清)王弘撰撰　清康熙刻乾隆印本　六册

310000－0241－0017261　(1583)
眉三子半農齋集八卷　(清)蔣中和撰　清康熙二十年(1681)蔣氏刻本　八册

310000－0241－0017262　(1584)
巴餘集十卷　(清)李式玉著　清康熙刻本　四册

310000－0241－0017263　(1585)
翠巖偶集六卷　(清)李雍熙撰　(清)王士禛選評　清康熙湛恩堂刻本　二册

310000－0241－0017264　(1586)
山堂肆考二百十八卷補遺二卷　(明)彭大翼編著　明萬曆刻本　五十册

310000－0241－0017265　(1587)
微泉閣文集十六卷詩集十四卷　(清)董文驥撰　清康熙董氏刻本　八册

310000－0241－0017266　(1588)
敬恕堂文集紀年十卷紀事畧一卷　(清)耿介撰　清康熙四十八年(1709)竇容莊、竇容邃刻本　八册

310000－0241－0017267　(1589)
公忠堂文集六卷　(清)張自德撰　清康熙原刻本　四册

310000－0241－0017268　(1590)
燕山草堂集五卷　(清)陳僖撰　(清)陳祈年等編　清康熙二十二年(1683)陳氏刻本　五册

310000－0241－0017269　(1591)
潼水閣文集八卷詩集四卷補遺二卷　(清)楊端本撰　清乾隆二十一年(1756)刻本　十册

310000－0241－0017270　(1592)
王文靖公集二十四卷　(清)王熙撰　清康熙四十五年(1706)刻本　二十四册

310000－0241－0017271　(1593)
蒼峴山人集詩餘一卷　(清)秦松齡撰　清康熙挺秀堂刻本　二册

310000－0241－0017272　(1594)
半蕪園集十五卷附一卷　(清)黄石麟撰　清康熙六十年(1721)黄氏刻本　八册

310000－0241－0017273　(1595)
安静子集十三卷附綺樹閣賦稿一卷詩稿一卷　(清)安致遠撰　清康熙蘭雪堂刻本　六册

310000－0241－0017274　(1596)
欣然堂集十卷附錄一卷　(清)陶孚尹撰　清康熙刻本　四册

310000－0241－0017275　(1597)
讀書堂綵衣全集四十六卷　(清)趙士麟撰　(清)梁永淳輯　清康熙三十五年(1696)趙氏刻本　三十二册

310000－0241－0017276　(1598)
雙雲堂文稿六卷詩稿六卷　(清)范光陽撰　(清)鄭梁選　清康熙刻本　八册

310000－0241－0017277　(1599)
綉虎軒次集十二卷　(清)李煜撰　清康熙刻本　十二册

310000－0241－0017278　(1600)
在陸草堂文集六卷　(清)儲欣撰　(清)吴之彦編　清雍正刻本　二册

310000－0241－0017279　(1601)
礪岩續文部二十卷二集十三卷　(清)周金然撰　清康熙刻本　四册

310000－0241－0017280　(1602)
憺園文集三十六卷　(清)徐乾學撰　清康熙刻本　十册

310000－0241－0017281　(1603)
憺園文集三十六卷　(清)徐乾學撰　清康熙三十六年(1697)冠山堂刻本　十二册

310000－0241－0017282　(1604)
語餘漫録十九卷坿集二卷　(清)汪燧撰　清康熙刻本　二十册

310000－0241－0017283　(1605)
萬青閣全集二十種　(清)趙吉士撰　清康熙二十九年(1690)趙繼抃校刻本　八册

310000－0241－0017284　(1606)
墨麟詩十二卷　(清)馬維翰撰　清乾隆刻本　六册

310000－0241－0017285　(1607)
會侯先生文鈔二十卷　(清)毛際可撰　(清)方婺如輯　清康熙刻本　八册

310000－0241－0017286　(1608)
績學堂文鈔六卷詩鈔四卷　(清)梅文鼎撰　清乾隆刻本　四册

310000－0241－0017287　(1609)
漁洋山人精華錄箋注十二卷補注一卷　(清)王士禛撰　(清)徐淮纂輯　清雍正鳳翽堂刻本　六册

310000－0241－0017288　(1610)
虬峯文集二十卷首一卷　(清)李驎撰　清康熙刻本　十六册

310000－0241－0017289　(1611)
復園文集六卷　(清)董聞京撰　清康熙刻本　六册

310000－0241－0017290　(1612)
觀瀾堂詩集九卷文集八卷　(清)曹章撰　清康熙刻本　八册

310000－0241－0017291　(1613)
秋錦山房集十卷　(清)李良年撰　(清)李繩孫編　清康熙秀水李氏刻本　八册

310000－0241－0017292　(1614)
柳邨詩集十二卷　(清)董訥撰　清康熙刻本　六册

310000－0241－0017293　(1615)
悔齋全集八種十九卷　(清)汪楫撰　清康熙、雍正間刻本　八册

310000－0241－0017294　(1616)
蘆中集十卷　(清)王攄撰　清康熙刻本　四册

310000－0241－0017295　(1617)
也園草不分卷二集不分卷　(清)葉菁撰　清康熙刻本　八册

310000－0241－0017296　(1618)
餘學集十二卷　(清)釋本黄撰　(清)釋元則等編　清康熙刻本　六册

310000－0241－0017297　(1619)
香谷集六卷　(清)釋蔭在撰　清康熙三十九年(1700)湖州刻本　四册

310000－0241－0017298 (1620)
葉忠節公遺稿十二卷 (清)葉映榴撰 清乾隆十年(1745)刻同治五年(1866)印本 四册

310000－0241－0017299 (1621)
依歸集不分卷 (清)薛熙撰 清康熙十六年(1677)刻本 四册

310000－0241－0017300 (1622)
香草居集七卷目錄二卷 (清)李符撰 清乾隆初嘉興李氏寫刻本 四册

310000－0241－0017301 (1623)
午亭文編五十卷 (清)陳廷敬撰 清康熙四十七年(1708)林佶寫刻本 二十册

310000－0241－0017302 (1624)
午亭山人第二集三卷 (清)陳廷敬撰 清乾隆七年(1742)于大梃刻本 三册

310000－0241－0017303 (1625)
簪雲樓集三卷 (清)陳尚古撰 清康熙二十八年(1689)刻本 六册

310000－0241－0017304 (1626)
靜觀堂詩集三十卷 (清)勞之辨撰 清康熙刻本 十册

310000－0241－0017305 (1627)
江辰六文集二十卷詩集二卷政在堂遺集一卷河汾遺集一卷首一卷 (清)江闓撰 清康熙貴陽江氏政在堂刻本 八册

310000－0241－0017306 (1628)
秋水集十卷 (清)嚴繩孫撰 清康熙雨青草堂刻本 四册

310000－0241－0017307 (1629)
尺五樓詩集九卷 (清)杜登春撰 清康熙刻本 六册

310000－0241－0017308 (1630)
東江詩鈔十二卷 (清)唐孫華撰 清康熙刻本 四册

310000－0241－0017309 (1631)
柳塘詩集十二卷 (清)吳祖修撰 清康熙刻本 六册

310000－0241－0017310 (1632)
趙恭毅公剩稿八卷 (清)趙申喬撰 清乾隆初趙侗斆浙江刻本 十册

310000－0241－0017311 (1633)
白漊集十二卷 (清)沈受宏撰 清康熙刻本 六册

310000－0241－0017312 (1634)
鳳池園文集八卷詩集八卷 (清)顧汧撰 清康熙刻本 八册

310000－0241－0017313 (1635)
青岩集十二卷 (清)許楚撰 清康熙刻本 六册

310000－0241－0017314 (1636)
廉立堂文集十二卷附一卷 (清)衛既齊撰 清乾隆四十年(1775)趙熟典刻本 六册

310000－0241－0017315 (1637)
春藹堂集十八卷 (清)陳奕禧撰 清康熙刻本 八册

310000－0241－0017316 (1638)
虞州集十六卷 (清)陳奕禧撰 清康熙刻本 四册

310000－0241－0017317 (1639)
曹江集十卷 (清)曹恒吉撰 清康熙刻本 六册

310000－0241－0017318 (1640)
清芬堂存稿九卷 (清)胡會恩撰 清康熙刻本 五册

310000－0241－0017319 (1641)
醉愚堂詩鈔四卷 (清)朱維熊撰 清雍正刻本 四册

310000－0241－0017320 (1642)
蓄齋集十六卷 (清)黄中堅撰 清康熙刻本 八册

310000－0241－0017321 (1643)
楝亭詩鈔四卷詞鈔一卷 (清)曹寅撰 清康熙刻本 二册

310000－0241－0017322　(1644)
抱犢山房集五卷坿同難二先生文一卷　(清)嵇永仁撰　清康熙刻本　六册

310000－0241－0017323　(1645)
心齋聊復集不分卷　(清)張潮撰　清康熙詒清堂刻本　四册

310000－0241－0017324　(1646)
之溪老生集八卷勸影詞三卷　(清)先著撰　清康熙刻本　八册

310000－0241－0017325　(1647)
查浦詩鈔十二卷　(清)查嗣瑮撰　清康熙刻本　十三册

310000－0241－0017326　(1648)
臨漪園詩集四卷後集四卷偶存一卷文集三卷贅言三卷　(清)湯準撰　清康熙刻本　十册

310000－0241－0017327　(1649)
夢月巖詩集二十卷詩餘一卷　(清)呂履恒撰　清乾隆初刻本　十册

310000－0241－0017328　(1650)
冶古堂文集五卷　(清)呂履恒撰　清雍正刻本　五册

310000－0241－0017329　(1651)
菀青集二十一卷　(清)陳至言撰　清康熙芝泉堂刻本　十册

310000－0241－0017330　(1652)
學耨堂文集六卷　(清)王崇炳撰　清乾隆刻本　二册

310000－0241－0017331　(1653)
後知堂文集四十六卷　(清)蕭正模撰　清康熙刻本　八册

310000－0241－0017332　(1654)
懷清堂集二十卷首一卷　(清)湯右曾撰　清乾隆十一年(1746)仁和湯氏寫刻本　八册

310000－0241－0017333　(1655)
梵夾集八卷　(清)沈名蓀撰　清康熙刻本　四册

310000－0241－0017334　(1656)
研北詩存不分卷　(清)吳宗撰　清乾隆刻本　一册

310000－0241－0017335　(1657)
嘉蔭樓集二卷　(清)孫允膺撰　清康熙刻本　六册

310000－0241－0017336　(1658)
古香樓吟稿三卷詞一卷西山遊記一卷柯庭文藪不分卷　(清)汪文柏撰　清康熙刻本　七册

310000－0241－0017337　(1659)
俞寧世文集四卷　(清)俞長城撰　清康熙刻本　四册

310000－0241－0017338　(1660)
大雅堂詩初集六卷文集初編二卷　(清)孫在中撰　清康熙刻本　八册

310000－0241－0017339　(1661)
意庭先生遺集二卷　(清)周振業撰　清雍正刻本　四册

310000－0241－0017340　(1662)
操齋集文部十六卷詩部詩史一卷　(清)蔡衍鎤撰　清康熙刻本　六册

310000－0241－0017341　(1663)
雄雉齋選集六卷　(清)顧圖河撰　清康熙刻本　一册

310000－0241－0017342　(1664)
埜耕集三卷　(清)許士佐撰　清乾隆初刻本　二册

310000－0241－0017343　(1665)
璇璣碎錦二卷　(清)萬樹撰　清乾隆五年(1740)柏香堂精刻本　二册

310000－0241－0017344　(1666)
嘯竹堂集十六卷　(清)王錫撰　(清)毛奇齡選　清康熙刻本　八册

310000－0241－0017345　(1667)
西齋集十卷　(清)吳暻撰　(清)吳霦編　清乾隆刻本　二册

310000－0241－0017346　(1668)
西澗草堂全集四種　(清)閻循觀撰　清乾隆三十八年(1773)樹滋堂刻本　四册

310000－0241－0017347　(1669)
楚香亭集六卷文一卷　(清)許夢麒撰　清乾隆刻本　六册

310000－0241－0017348　(1670)
雲川閣集十八卷　(清)杜詔撰　清雍正刻本　二册

310000－0241－0017349　(1671)
陸堂詩集十六卷續集六卷　(清)陸奎勳撰　(清)沈鐔等校　清乾隆小瀛山閣寫刻本　十册

310000－0241－0017350　(1672)
蠹窗詩集十四卷文集續刻一卷　(清)張令儀撰　清雍正澄碧樓刻本　八册

310000－0241－0017351　(1673)
白郫詩八卷賦一卷　(清)曹奕霞撰　清雍正刻本　二册

310000－0241－0017352　(1674)
雙清閣詩稿八卷　(清)勵廷儀撰　清乾隆四年(1739)刻本　二册

310000－0241－0017353　(1675)
居易堂浙中新集四卷　(清)袁學謨撰　清乾隆四年(1739)刻本　四册

310000－0241－0017354　(1676)
瓦缶集三卷永懷集一卷　(清)李宗渭撰　清乾隆初刻本　二册

310000－0241－0017355　(1677)
環隅集八卷簡平儀註一卷對河決問一卷禹貢備遺增注或問二卷字學音韻辨一卷　(清)胡宗緒撰　**識學録一卷**　(清)胡虔撰　清乾隆初胡氏萬卷樓刻增修本　八册

310000－0241－0017356　(1678)
回鳴集十卷詩餘一卷補遺一卷　(清)張宗禎撰　(清)方岷評　清康熙刻本　八册

310000－0241－0017357　(1679)
桑雪薌先生文集四卷　(清)桑豸撰　清乾隆刻本　六册

310000－0241－0017358　(1680)
天鑒堂集八卷　(清)沈近思撰　清乾隆刻本　八册

310000－0241－0017359　(1681)
玉池生全集三種十三卷附刻二卷　(清)岳端撰　清康熙啓賢堂精刻初印足本　六册

310000－0241－0017360　(1682)
景蘇閣集句四卷　(清)徐基撰　清乾隆墨花齋精刻本　一册

310000－0241－0017361　(1683)
宛委山人詩集十二卷　(清)劉正誼撰　清乾隆刻初印足本　六册

310000－0241－0017362　(1684)
茶昆賸稿二卷　(清)許大綸撰　清乾隆刻本　一册

310000－0241－0017363　(1685)
思居堂集十三卷　(清)喬于泂撰　清乾隆刻本　六册

310000－0241－0017364　(1686)
在亭叢稿十二卷　(清)李果撰　清乾隆刻本　十册

310000－0241－0017365　(1687)
詠歸亭詩鈔八卷　(清)李果撰　清乾隆十八年(1753)養雲亭精刻本　四册

310000－0241－0017366　(1688)
沙河逸老小稿六卷嶰谷詞一卷　(清)馬曰琯撰　清乾隆刻本　二册

310000－0241－0017367　(1689)
南齋集六卷詞二卷　(清)馬曰璐撰　清乾隆刻本　二册

310000－0241－0017368　(1690)
積山先生遺集十卷　(清)汪維憲撰　清乾隆刻本　四册

310000－0241－0017369　(1691)

多師集八卷　(清)朱厚章撰　清乾隆刻本　四冊

310000－0241－0017370　(1692)
南華山房詩鈔六卷賦一卷南華山人詩鈔十六卷　(清)張鵬翀撰　清乾隆刻本　六冊

310000－0241－0017371　(1693)
望古集六卷　(清)汪有典撰　清乾隆二十七年(1762)修竹廬刻本　二冊

310000－0241－0017372　(1694)
金陀吟稿四卷　(清)汪紹焻撰　清康熙刻本　四冊

310000－0241－0017373　(1695)
睫巢集六卷　(清)李鍇撰　清乾隆刻本　六冊

310000－0241－0017374　(1696)
與我周旋集十六卷寧武府志序一卷坿年譜二卷　(清)魏元樞撰　清乾隆刻本　十冊

310000－0241－0017375　(1697)
雲溪文集五卷　(清)儲掌文撰　清乾隆刻本　五冊

310000－0241－0017376　(1698)
清毖堂集十卷　(清)周宗旦撰　清乾隆刻本　四冊

310000－0241－0017377　(1699)
浩氣集十二卷　(清)王濤撰　清乾隆刻本　四冊

310000－0241－0017378　(1700)
介石堂集三種　(清)郭起元撰　清乾隆十九年(1754)刻本　六冊

310000－0241－0017379　(1701)
半野居士詩集十二卷　(清)毛振翧撰　清乾隆刻本　五冊

310000－0241－0017380　(1702)
蓍老書堂集七卷詞一卷　(清)張世進撰　清乾隆刻本　六冊

310000－0241－0017381　(1703)
舊雨齋集八卷　(清)施安撰　清乾隆刻本　四冊

310000－0241－0017382　(1704)
好山詩四卷　(清)吳修齡撰　清乾隆刻本　一冊

310000－0241－0017383　(1705)
自知集二卷　(清)姚廷謙撰　(清)杜詔選　清雍正刻本　二冊

310000－0241－0017384　(1706)
藹莊文鈔不分卷　(清)史鳳輝撰　清乾隆刻本　二冊

310000－0241－0017385　(1707)
澄秋閣集四卷二集四卷三集四卷　(清)閔華撰　清乾隆刻本　六冊

310000－0241－0017386　(1708)
北田文畧一卷江湖客詞一卷叢殘小語一卷　(清)江浩然撰　清乾隆刻本　二冊

310000－0241－0017387　(1709)
紫松大師山房敝帚錄四卷　(清)釋明彰撰　(清)釋福堅記錄　清乾隆間還照堂刻本　四冊

310000－0241－0017388　(1710)
春鳧小稿十二卷　(清)符曾撰　清乾隆刻本　六冊

310000－0241－0017389　(1711)
瘦暈山房詩鈔十六卷　(清)羅天尺撰　清乾隆刻本　四冊

310000－0241－0017390　(1712)
西原草堂文集　(清)蔣恭棐撰　清乾隆刻本　四冊　存四卷

310000－0241－0017391　(1713)
大明一統志　(明)李賢等修　明萬壽堂刻本　三十二冊　存八十八卷

310000－0241－0017392　(1714)
石壁山房二集十卷　(清)王善橚撰　清乾隆刻本　四冊

310000－0241－0017393　(1715)
大愚稿十卷二集七卷　(清)褚鳳翔撰　清乾隆刻本　四册

310000－0241－0017394　(1716)
鷿䴘湖莊詩集十五卷　(清)王藻撰　清乾隆刻本　八册

310000－0241－0017395　(1717)
補瓢存稿六卷　(清)韓騏撰　清乾隆刻本　四册

310000－0241－0017396　(1718)
木鳶集四卷　(清)朱受新撰　清乾隆初刻本　二册

310000－0241－0017397　(1719)
介石詩鈔(灌花集)二卷　(清)楊宗時撰　清乾隆刻本　二册

310000－0241－0017398　(1720)
[埜柏先生類稿]七種　(清)宋在詩撰　清乾隆刻本　七册

310000－0241－0017399　(1721)
弢甫五嶽集二十卷　(清)桑調元撰　清乾隆刻本　十二册

310000－0241－0017400　(1722)
完璞堂吟稿一卷　(清)馮汝麟撰　清乾隆刻本　一册

310000－0241－0017401　(1723)
柳漁詩鈔十二卷　(清)張湄撰　清乾隆刻本　四册

310000－0241－0017402　(1724)
西垣集二十卷　(清)保培基撰　清乾隆刻本　六册

310000－0241－0017403　(1725)
臥山詩鈔三卷垳伴白草一卷　(清)胡栩然撰　清乾隆刻本　二册

310000－0241－0017404　(1726)
漫恬詩鈔四卷詩餘一卷　(清)袁棟撰　清乾隆刻本　二册

310000－0241－0017405　(1727)
孟晉齋詩集二十四卷　(清)陳章撰　清乾隆刻本　八册

310000－0241－0017406　(1728)
毅堂詩鈔一卷　(清)王槐植撰　清乾隆二十三年(1758)王氏豫章刻本　一册

310000－0241－0017407　(1729)
愚畦詩鈔八卷　(清)吕琳撰　清乾隆刻本　二册

310000－0241－0017408　(1730)
塞外橐中集四卷出塞日記一卷　(清)夏之璜撰　清乾隆刻本　三册

310000－0241－0017409　(1731)
櫟堂詩鈔二卷　(清)萬涵撰　清乾隆刻本　二册

310000－0241－0017410　(1732)
曉堂集十四卷　(清)石文成撰　清乾隆刻本　二册

310000－0241－0017411　(1733)
邱篰村詩全集四十四卷　(清)邱上峯撰　清乾隆曉山草堂精刻本　二十四册

310000－0241－0017412　(1734)
匊芳園詩鈔八卷　(清)何夢瑶撰　清乾隆刻本　六册

310000－0241－0017413　(1735)
鷇音集五卷　(清)黄正維撰　清乾隆刻本　六册

310000－0241－0017414　(1736)
清照堂打包剩語二卷夢覺集一卷除豪集一卷　(清)陳恂撰　清康熙刻本　四册

310000－0241－0017415　(1737)
野菴詩鈔四卷翡翠蘭苕集五卷排悶集四卷　(清)金惟駿撰　清乾隆刻本　四册

310000－0241－0017416　(1738)
深竹映書堂續集三卷　(清)孫汝馨撰　清乾隆刻本　一册

310000－0241－0017417　(1739)
悅亭詩稿二卷　(清)李豫撰　清乾隆刻本　四冊

310000－0241－0017418　(1740)
亦愛堂詩集十二卷　(清)程用昌撰　(清)陳鵬年選　清康熙刻本　四冊

310000－0241－0017419　(1741)
野客齋詩集八卷　(清)毛曙撰　清乾隆刻本　二冊

310000－0241－0017420　(1742)
半溪詩草十二卷附楫秋集詩草一卷曉集詩餘一卷長唫集雜著一卷　(清)錢二白撰　清乾隆刻本　八冊

310000－0241－0017421　(1743)
紫瓊巖詩鈔三卷　(清)覺羅允禧撰　清乾隆二十三年(1758)刻本　二冊

310000－0241－0017422　(1744)
壽籐齋詩三十五卷　(清)鮑倚雲撰　清嘉慶十三年(1808)歙縣鮑氏精刻初印本　八冊

310000－0241－0017423　(1745)
聊一軒遺集一卷　(清)沈蕙玉撰　清乾隆刻本　二冊

310000－0241－0017424　(1746)
大雅堂初稿十四卷　(清)鄒方鍔撰　清乾隆刻本　六冊

310000－0241－0017425　(1747)
晚菘堂吟稿不分卷　(清)常青岳撰　清乾隆刻本　一冊

310000－0241－0017426　(1748)
淩雪軒詩六卷外集一卷　(清)徐夔撰　清乾隆刻本　二冊

310000－0241－0017427　(1749)
澹慮堂遺稿四卷補遺一卷　(清)汪棟撰　清乾隆刻本　二冊

310000－0241－0017428　(1750)
東潛文稿二卷　(清)趙一清撰　清乾隆小山堂刻本　二冊

310000－0241－0017429　(1751)
寶閑堂集十卷　(清)張四科撰　清乾隆刻本　四冊

310000－0241－0017430　(1752)
綠杉野屋集四卷　(清)徐以泰撰　清乾隆刻本　二冊

310000－0241－0017431　(1753)
晦堂詩鈔五卷　(清)許燦撰　清乾隆刻本　二冊

310000－0241－0017432　(1754)
玉汝堂詩二卷附年譜一卷　(清)成文撰　清乾隆成氏玉汝堂刻本　二冊

310000－0241－0017433　(1755)
偕存集不分卷入楚吟箋一卷　(清)戈守智撰　清乾隆刻本　二冊

310000－0241－0017434　(1756)
謙谷集六卷　(清)汪筠撰　清乾隆刻本　二冊

310000－0241－0017435　(1757)
蘭藻堂集十卷　(清)舒瞻撰　清乾隆刻本　四冊

310000－0241－0017436　(1758)
雪莊西湖漁唱七卷　(清)許承祖撰　清乾隆刻本　四冊

310000－0241－0017437　(1759)
喞遠樓詩稿二卷　(清)金廷炳撰　清乾隆刻本　一冊

310000－0241－0017438　(1760)
二曲集二十六卷　(清)李顒撰　(清)王心敬編　清康熙三十年至三十二年(1691－1693)陝西刻本　八冊

310000－0241－0017439　(1761)
鄒荻翁集六卷雅笑編畧一卷　(明)鄒枚撰　清康熙二十六年(1687)鄒氏刻本　六冊

310000－0241－0017440　(1762)
宙亭詩集二十八卷　(清)釋紀蔭撰　清康熙四十七年(1708)刻本　八冊

310000－0241－0017441　(1763)
吾友于齋詩鈔八卷　(清)張錫爵撰　清乾隆寫刻本　二册

310000－0241－0017442　(1764)
灞陵山人詩鈔四卷　(清)梁嘉稷撰　清乾隆刻本　四册

310000－0241－0017443　(1765)
晚樹樓詩稿五卷　(清)吴震方撰　清康熙刻本　四册

310000－0241－0017444　(1766)
霞莊詩集四卷　(清)譚瑞撰　清雍正刻本　四册

310000－0241－0017445　(1767)
亦愛堂詩集十二卷　(清)程用昌撰　清康熙刻本　十二册

310000－0241－0017446　(1768)
海粟集六卷　(清)顧文淵撰　清雍正顧氏刻本　四册

310000－0241－0017447　(1769)
稽古堂詩草六卷　(清)許周仁撰　清雍正刻本　四册

310000－0241－0017448　(1770)
蓮塘詩稿二卷　(清)王贄撰　清康熙刻本　二册

310000－0241－0017449　(1771)
不遮山閣詩鈔十二卷　(清)沈朝初撰　清康熙刻本　四册

310000－0241－0017450　(1772)
東坪詩集八卷　(清)胡慶豫撰　清乾隆刻本　六册

310000－0241－0017451　(1773)
廧東集二卷續集一卷　(清)李瑞和撰　清康熙刻本　六册

310000－0241－0017452　(1774)
受祜堂集十二卷　(清)張泰交撰　清康熙刻本　八册

310000－0241－0017453　(1775)
浪淘集詩鈔一卷　(清)金人望撰　清康熙刻本　二册

310000－0241－0017454　(1776)
畫莊類稿十四卷　(清)朱雲駿撰　清乾隆刻本　三册

310000－0241－0017455　(1777)
芸架詩鈔二十二卷　(清)王緝修撰　清乾隆刻本　二册

310000－0241－0017456　(1778)
水明山樓集四卷　(清)釋實懿撰　清乾隆刻本　二册

310000－0241－0017457　(1779)
香亭文稿十二卷續編一卷　(清)吴玉綸撰　清乾隆刻初印本　六册

310000－0241－0017458　(1780)
芳蓀書屋存稿一卷　(清)吴瑛撰　清乾隆刻本　一册

310000－0241－0017459　(1781)
笠山詩鈔四卷　(清)袁乾撰　清乾隆刻本　四册

310000－0241－0017460　(1782)
御覽集六卷蘭韻堂詩集存四卷經進文稿二卷　(清)沈初撰　清乾隆刻本　七册

310000－0241－0017461　(1783)
春暉集二卷都門集一卷楚南集九卷續集一卷北上集一卷歸田集一卷東川詞一卷　(清)李樹穀撰　清乾隆刻本　五册

310000－0241－0017462　(1784)
秋鶴詩鈔四卷　(清)戴如煌撰　(清)錢大昕訂　清乾隆留餘堂精刻本　四册

310000－0241－0017463　(1785)
北居詩稿二卷　(清)曹錫辰撰　清乾隆刻本　二册

310000－0241－0017464　(1786)
南屏山房集二十四卷　(清)陳昌圖撰　清乾隆刻本　四册

310000－0241－0017465　(1787)
銀花藤館詩集十卷　(清)黄仙根撰　清乾隆刻本　四册

310000－0241－0017466　(1788)
逗雨齋詩草十卷旎香詞一卷　(清)許肇封撰　清乾隆刻嘉慶續刻本　四册

310000－0241－0017467　(1789)
繪聲園詩鈔一卷　(清)郭執桓撰　清乾隆刻本　一册

310000－0241－0017468　(1790)
職思居詩鈔二卷　(清)張佛繡撰　清乾隆三十二年(1767)刻本　二册

310000－0241－0017469　(1791)
匏居小稿一卷有正味齋琴言一卷　(清)吴錫麒撰　清乾隆刻本　二册

310000－0241－0017470　(1792)
卷石山房詩三卷　(清)沈世勛撰　清乾隆刻本　二册

310000－0241－0017471　(1793)
春星草堂詩稿八卷　(清)吴熙撰　清乾隆刻本　四册

310000－0241－0017472　(1794)
春雨樓集十四卷　(清)沈彩撰　清乾隆刻本　四册

310000－0241－0017473　(1795)
茶坪詩鈔十卷　(清)徐永宣撰　清康熙刻本　四册

310000－0241－0017474　(1796)
周松靄先生遺書八種　(清)周春撰　清乾隆、嘉慶間刻彙印本　十册

310000－0241－0017475　(1797)
香草詩一卷　(清)何鼎撰　清乾隆壽山堂刻本　二册

310000－0241－0017476　(1798)
翼堂詩集二卷　(清)邱迥撰　清乾隆刻本　四册

310000－0241－0017477　(1799)
鹿岡詩集四卷　(明)汪後來撰　清乾隆刻本　八册

310000－0241－0017478　(1800)
載石堂詩稿二卷　(清)宋之繩撰　清乾隆刻本　二册

310000－0241－0017479　(1801)
曉亭詩鈔四卷　(清)覺羅塞爾赫撰　清乾隆刻本　六册

310000－0241－0017480　(1802)
稼軒詩稿十二卷　(清)王良穀撰　清乾隆刻本　二册

310000－0241－0017481　(1803)
新編古今事文類聚前集六十卷後集五十卷續集二十八卷别集三十二卷新集三十六卷外集十五卷　(宋)祝穆編　(元)富大用續編　明初刻本　七十册

310000－0241－0017482　(1804)
性理大全書七十卷　(明)胡廣等撰　明永樂十三年(1415)内府刻本　三十册

310000－0241－0017483　(1805)
聖學心法四卷　(明)成祖朱棣撰　明永樂七年(1409)内府刻本　八册

310000－0241－0017484　(1806)
萬姓統譜一百四十六卷帝王姓系六卷氏族博考存八卷　(明)淩迪知撰　明萬曆刻本　二十四册

310000－0241－0017485　(1807)
蓮溪草堂詩集三卷　(清)汪元文撰　清康熙刻本　二册

310000－0241－0017486　(1808)
竹素園詩鈔八卷　(清)許廷鑅撰　清乾隆刻本　四册

310000－0241－0017487　(1809)
石川詩鈔三卷　(清)方覲撰　清乾隆刻本　二册

310000－0241－0017488　(1810)

根味齋詩集十七卷　(清)徐志莘撰　清康熙刻本　四冊

310000－0241－0017489　(1811)
栗山詩存十八卷唱酬紀勝一卷附讀黄合志一卷　(清)方學成撰　清乾隆刻本　五冊

310000－0241－0017490　(1812)
留都詩草一卷　(清)陳治滋撰　清乾隆刻本　二冊

310000－0241－0017491　(1813)
定齋詩鈔不分卷　(清)李光國撰　清乾隆興化李氏師儉堂刻本　二冊

310000－0241－0017492　(1814)
春暉堂詩鈔四卷賦鈔一卷坿存樸齋詩鈔一卷　(清)黄丕烈撰　清乾隆刻本　三冊

310000－0241－0017493　(1815)
亦廬詩二十八卷　(清)湯斯祚撰　清乾隆刻本　八冊

310000－0241－0017494　(1816)
綠筠軒詩草一卷　(清)梅芬撰　清乾隆刻本　一冊

310000－0241－0017495　(1817)
尊德堂詩鈔八卷　(清)胡國楷撰　(清)胡天游訂　清乾隆刻本　四冊

310000－0241－0017496　(1818)
看雲吟稿不分卷　(清)張棟撰　清乾隆刻本　一冊

310000－0241－0017497　(1819)
幽蘭室詩草一卷　(清)趙婉揚撰　清乾隆刻本　一冊

310000－0241－0017498　(1820)
蘭皐詩鈔二十五卷首一卷　(清)宋廣業撰　清康熙刻本　八冊

310000－0241－0017499　(1821)
陶雲詩鈔十四卷　(清)張大緒撰　清康熙刻本　八冊

310000－0241－0017500　(1822)
白侍亭詩鈔一卷語山堂詩鈔一卷嶺外吟一卷　(清)佘錫純撰　清康熙刻本　八冊

310000－0241－0017501　(1823)
甌魯詩草偶存二卷　(清)費俊撰　清康熙刻本　二冊

310000－0241－0017502　(1824)
亦快閣出疆詩集一卷　(清)許田撰　清康熙刻本　一冊

310000－0241－0017503　(1825)
雪巖集八卷　(清)林夢斗撰　清康熙連環閣刻本　四冊

310000－0241－0017504　(1826)
尺一堂詩鈔六卷　(清)王彭澤撰　清雍正刻本　二冊

310000－0241－0017505　(1827)
蓀谿集十三卷　(清)姚炳撰　清康熙刻本　四冊

310000－0241－0017506　(1828)
芝雲堂詩稿四卷　(清)徐賓撰　清康熙刻本　四冊

310000－0241－0017507　(1829)
賦清草堂詩鈔六卷　(清)張棠撰　清乾隆張卿雲刻本　一冊

310000－0241－0017508　(1830)
雪川詩稿十卷　(清)陳萇撰　清康熙刻本　四冊

310000－0241－0017509　(1831)
謹齋詩稿二十卷　(清)許志進撰　清康熙刻本　八冊

310000－0241－0017510　(1832)
七峯艸堂詩稿七卷聖德神功萬壽令節詩一卷　(清)洪釴撰　清康熙刻本　四冊

310000－0241－0017511　(1833)
讓竹亭詩編不分卷　(清)林蕙撰　清康熙刻本　一冊

310000－0241－0017512　(1834)

槐江詩鈔四卷　(清)程瑞祊撰　清乾隆刻本　八册

310000－0241－0017513　(1835)
是山詩草八卷詞三卷　(清)談九敘撰　清康熙刻本　六册

310000－0241－0017514　(1836)
賦春堂叢書二種　(清)舒庭交編　清乾隆三十一年(1766)刻本　十册

310000－0241－0017515　(1837)
黎里前輩同人雜詠不分卷　題(清)花郫手抄　清抄本　一册

310000－0241－0017516　(1838)
性理標題彙要二十二卷　(明)詹淮纂　明刻本　十四册

310000－0241－0017517　(1839)
新刊性理集要八卷　(明)詹淮編輯　(明)李廷鰲校閲　明嘉靖四十年(1561)李廷海校刻本　八册

310000－0241－0017518　(1840)
分類經進近思錄集解十四卷　(宋)葉采集　明刻本　六册

310000－0241－0017519　(1841)
理學類編八卷　(明)張九韶撰　明嘉靖刻本　四册

310000－0241－0017520　(1842)
五子近思錄十四卷　(明)錢士升撰　明崇禎刻本　二册

310000－0241－0017521　(1843)
南野堂全集詩集七卷首一卷筆記十二卷續筆記五種　(清)吳文溥撰　清嘉慶初刻本　十二册

310000－0241－0017522　(1844)
臺海使槎錄八卷　(清)黄叔璥撰　清乾隆元年(1736)刻本　八册

310000－0241－0017523　(1846)
文苑英華一千卷　(宋)李昉等輯　明隆慶元年(1567)胡維新刻本　一百册

310000－0241－0017524　(1847)
青溪遺稿二十八卷　(清)程正揆撰　清初天咫閣刻本　十二册

310000－0241－0017525　(1848)
道山堂前集不分卷後集七卷　(清)陳軾撰　清康熙刻本　十二册

310000－0241－0017526　(1849)
柴省軒先生文鈔十二卷外集一卷　(清)柴紹炳撰　清康熙五十六年(1717)刻本　七册

310000－0241－0017527　(1850)
大觀堂文集二十二卷首一卷　(清)余縉撰　清康熙刻本　六册

310000－0241－0017528　(1851)
退菴詩集十二卷文集九卷　(清)李敬撰　清初刻本　十六册

310000－0241－0017529　(1852)
世德堂文集四卷　(清)王鉞撰　清康熙四十年(1701)刻本　八册

310000－0241－0017530　(1853)
方貞觀詩集六卷輟鍛錄一卷　(清)方貞觀撰　清乾隆刻本　三册

310000－0241－0017531　(1854)
十二子　(明)方疑輯　明刻本　一册　存三種五卷

310000－0241－0017532　(1855)
新刻陳太史經濟言輯要十二卷　(明)陳子壯纂　明刻本　四册

310000－0241－0017533　(1856)
分類補註李太白詩二十五卷唐翰林李太白年譜一卷　(唐)李白撰　(宋)楊齊賢註　明萬曆三十四年(1606)許自昌刻李杜全集本　七册

310000－0241－0017534　(1857)
集千家註杜工部詩集二十卷文集二卷　(唐)杜甫撰　(明)許自昌校　明萬曆三十四年(1606)許自昌刻李杜全集本　七册

310000－0241－0017535　(1858)

查浦詩鈔十二卷 （清）查嗣瑮撰　清康熙刻本　八册

310000－0241－0017536　（1859）

分類補註李太白詩二十五卷分類編次李太白文五卷 （唐）李白撰　（宋）楊齊賢集註　明霏玉齋刻本　十六册

310000－0241－0017537　（1860）

總理各國事務衙門清檔 （清）總理各國事務衙門錄　清同治、光緒間原寫本　七册

310000－0241－0017538　（1861）

逸德軒文集三卷詩集三卷 （清）田蘭芳撰（清）劉榛選　清康熙刻本　四册

310000－0241－0017539　（1862）

葦間詩集五卷 （清）姜宸英撰　清康熙五十二年（1713）唐執玉刻本　六册

310000－0241－0017540　（1863）

南沙文集八卷 （清）洪若皋撰　清康熙十六年（1677）刻本　八册

310000－0241－0017541　（1864）

天下金石志十六卷坿錄一卷 （明）于奕正撰（明）李奭棠修訂　明崇禎刻本　八册

310000－0241－0017542　（1865）

實政錄七卷 （明）呂坤撰　明萬曆刻本　六册

310000－0241－0017543　（1866）

二十家子書二十九卷 （明）謝其盛（汝韶）輯　明萬曆六年（1578）吉藩崇德書院刻本　十三册　存六家十二卷

310000－0241－0017544　（1867）

新纂門目五臣音注揚子法言十卷 （漢）揚雄撰　（唐）李軌注　明嘉靖顧氏世德堂刻本　三册

310000－0241－0017545　（1868）

新纂門目五臣音注揚子法言十卷 （漢）揚雄撰　（唐）李軌注　明覆宋刻本　四册

310000－0241－0017546　（1869）

劉向新序十卷 （漢）劉向撰　明萬曆楊美益刻本　二册

310000－0241－0017547　（1870）

劉向說苑二十卷 （漢）劉向撰　明萬曆楊美益刻本　四册

310000－0241－0017548　（1871）

忠經一卷 （漢）馬融撰　（漢）鄭玄注　明程榮刻漢魏叢書本　一册

310000－0241－0017549　（1872）

欣賞編 （明）沈律編集　明刻本　五册　存十三卷

310000－0241－0017550　（1873）

諸子彙函二十六卷 （明）歸有光輯　（明）文震孟訂　明天啓立達堂刻本　十四册

310000－0241－0017551　（1874）

諸子品節五十卷 （明）陳深撰　明萬曆刻本十册

310000－0241－0017552　（1875）

金薤琳琅二十卷 （明）都穆編　明刻本五册

310000－0241－0017553　（1876）

國史經籍志六卷 （明）焦竑輯　明萬曆徐象樗曼山館刻本　十册

310000－0241－0017554　（1877）

至大重修宣和博古圖錄三十卷 （宋）王黼等撰　明嘉靖七年（1528）蔣暘覆刻元至大重修闕板本　十册

310000－0241－0017555　（1878）

事物紀原集類十卷 （宋）高承撰　（明）閻敬校正　（明）李果批點　明成化八年（1472）李果刻本　四册

310000－0241－0017556　（1879）

遜志齋集二十四卷附錄一卷 （明）方孝孺撰明正德十五年（1520）顧璘刻本　十二册

310000－0241－0017557　（1880）

史通 （唐）劉知幾撰　明嘉靖陸深刻本　一册　存五卷（十一至十三、十九至二十）

310000－0241－0017558　(1881)
陸宣公制誥十卷奏草十四卷　(唐)陸贄撰　(明)陳仁錫評閱　明崇禎刻本　四册

310000－0241－0017559　(1882)
海瓊玉蟾先生文集六卷續集二卷　(宋)葛長庚撰　(明)朱權重編　明刻本　四册

310000－0241－0017560　(1883)
宋史紀事本末一百九卷　(明)馮琦原編　(明)陳邦瞻增訂　明末張溥刻本　十二册

310000－0241－0017561　(1884)
宋史紀事本末十卷　(明)馮琦編　(明)陳邦瞻纂輯　明萬曆三十三年(1605)劉曰梧、徐申刻本　十册

310000－0241－0017562　(1885)
皇明大事記五十卷　(明)朱國楨輯　明崇禎刻本　二十四册

310000－0241－0017563　(1887)
書易精義摘要二卷　(清)黄淦纂　清抄本　一册

310000－0241－0017564　(1888)
文山先生全集十八卷附錄二卷　(宋)文天祥撰　(明)張元諭編　明嘉靖張元諭校刻本　十册

310000－0241－0017565　(1889)
本事詩一卷　(唐)孟棨撰　明顧氏文房小説本　一册

310000－0241－0017566　(1890)
秋水庵花影集五卷　(明)施紹莘撰　明刻本　三册

310000－0241－0017567　(1891)
林石逸興四卷　(明)薛論道撰　明刻本　四册

310000－0241－0017568　(1892)
懷麓堂詩稿二十卷文稿三十卷南行稿一卷北上錄一卷講讀錄一卷東祀錄三卷集句錄一卷集句後錄一卷哭子錄一卷求退錄三卷　(明)李東陽撰　明正德十一年(1516)熊桂刻本　三十二册

310000－0241－0017569　(1893)
齊民要術十卷　(北魏)賈思勰撰　明刻本　二册

310000－0241－0017570　(1894)
白榆集詩八卷文二十卷　(明)屠隆撰　明萬曆龔堯惠刻本　六册

310000－0241－0017571　(1895)
史姓韻編六十四卷　(清)汪輝祖述　清抄本　二十四册

310000－0241－0017572　(1896)
避園擬存詩集一卷　(明)王思任撰　明末刻本　二册

310000－0241－0017573　(1897)
怡寄館詩稿一卷續稿一卷　(明)時致祥撰　明崇禎末刻本　二册

310000－0241－0017574　(1898)
駱太史澹然齋存稿六卷補遺一卷　(明)駱從宇撰　明崇禎刻武康五先生集本　四册

310000－0241－0017575　(1899)
水東日記三十八卷　(明)葉盛撰　明刻本　四册

310000－0241－0017576　(1900)
新鐫批評出相韓湘子三十回　(明)楊爾曾撰　(明)泰和仙客評　明天啓刻本　十六册

310000－0241－0017577　(1901)
剪桐載筆一卷　(明)王象晉纂　明末虞山毛氏汲古閣刻本　二册

310000－0241－0017578　(1902)
小窻清紀五卷艷紀存九卷別紀四卷　(明)吴從先批選　明刻本　十三册

310000－0241－0017579　(1903)
唐盧戶部詩集　(唐)盧綸撰　明刻本　一册　存五卷

310000－0241－0017580　(1904)
晉二俊文集二十卷　(宋)徐民瞻輯　(明)汪

士賢校　明萬曆刻本　二册

310000－0241－0017581　(1905)
唐駱先生文集六卷　(唐)駱賓王撰　明萬曆刻本　六册

310000－0241－0017582　(1906)
歐陽先生文粹二十卷遺粹十卷　(宋)歐陽修撰　明嘉靖二十六年(1547)郭雲鵬寶善堂刻本　八册

310000－0241－0017583　(1907)
龜山先生集三十五卷年譜一卷附録一卷語録二卷　(宋)楊時撰　(明)沈暉輯　明正德十二年(1517)沈暉刻本　六册

310000－0241－0017584　(1908)
唐百家詩存駱沈宋三家七卷　(明)朱警輯　明嘉靖十九年(1540)朱警覆宋刻本　二册

310000－0241－0017585　(1909)
新刻臨川王介甫先生詩集三十七卷文集六十三卷　(宋)王安石撰　明萬曆四十二年(1614)金陵光啓堂刻本　十五册

310000－0241－0017586　(1910)
淮海集四十卷後集六卷長短句三卷　(宋)秦觀撰　明嘉靖十八年(1539)張綖刻二十四年(1545)胡民表刻本　五册

310000－0241－0017587　(1911)
沈詩評二卷補遺一卷　(唐)沈佺期撰　(明)張延登評　明萬曆刻藍印本　二册

310000－0241－0017588　(1912)
王摩詰集十卷　(唐)王維撰　明嘉靖刻本　四册

310000－0241－0017589　(1913)
王摩詰詩集七卷　(唐)王維撰　(宋)劉辰翁評　明刻本　四册

310000－0241－0017590　(1914)
白華莊藏稿鈔文集十六卷詩集六卷　(清)沈寓撰　(清)沈德潛選定　清乾隆十七年至十九年(1752－1754)沈氏刻本　九册

310000－0241－0017591　(1915)
穀城山館詩集二十卷　(明)于慎行撰　(明)邢侗等校　明萬曆刻本　十册

310000－0241－0017592　(1917)
袁中郎十集十種十六卷　(明)袁宏道撰　明刻本　二册

310000－0241－0017593　(1918)
翠娱閣評選皇明十六家小品三十二卷　(明)鍾敬等撰　(明)陸雲龍等評選　明崇禎錢塘陸氏崢霄館刻本　四册　存四家八卷(袁小脩先生小品二卷、張侗初先生小品二卷、黄貞父先生小品二卷、曹能始先生小品二卷)

310000－0241－0017594　(1919)
眉公詩鈔八卷　(明)陳繼儒撰　明崇禎刻本　二册

310000－0241－0017595　(1920)
眉公先生晚香堂小品二十四卷　(明)陳繼儒撰　明崇禎湯大節刻本　十六册

310000－0241－0017596　(1921)
三朝要典二十四卷　(明)顧秉謙等纂修　明天啓刻本　十二册

310000－0241－0017597　(1922)
唐雅同聲五十卷　(明)朱謀垔輯　清順治刻本　三十六册

310000－0241－0017598　(1923)
歇庵集十六卷　(明)陶望齡撰　(明)王應遴校　明萬曆刻本　三十二册

310000－0241－0017599　(1924)
唐宋名賢歷代確論一百卷　(明)□□輯　明弘治十七年(1504)錫山錢孟濬刻本　二十册

310000－0241－0017600　(1925)
仙佛奇蹤　(明)洪應明撰　明萬曆刻本　四册

310000－0241－0017601　(1926)
韓子迂評二十卷　(元)何犿校注　(明)俞□□評　明萬曆六年(1578)吴郡俞氏刻本　四册

310000－0241－0017602　(1927)

注華嚴法界觀門一卷 （唐）釋宗密注 **佛遺教經論疏節要一卷** （後秦）釋鳩摩羅什譯 明萬曆四十年(1612)徑山寂照庵化城接待寺刻徑山藏本 一冊

310000－0241－0017603 (1928)
尹文子一卷 （周）尹文撰 明萬曆四年(1576)刻子彙本 一冊

310000－0241－0017604 (1929)
指月錄 （明）瞿汝稷撰 明刻本 二冊 存六卷

310000－0241－0017605 (1931)
諸佛世尊如來菩薩尊者神僧名經不分卷 （明）成祖朱棣撰 明永樂十五年(1417)內府刻本 一冊

310000－0241－0017606 (1932)
諸佛世尊如來菩薩尊者名稱歌曲不分卷 （明）成祖朱棣撰 明永樂十五年(1417)內府刻本 一冊

310000－0241－0017607 (1934)
金剛般若波羅蜜經集註一卷 （後秦）釋鳩摩羅什譯 （明）成祖朱棣集註 明永樂二十一年(1423)內府刻本 二冊

310000－0241－0017608 (1935)
法苑珠林一百二十卷 （唐）釋道世撰 明萬曆刻本 二十四冊

310000－0241－0017609 (1936)
大乘起信論裂網疏六卷 （明）釋智旭撰 明刻本 八冊

310000－0241－0017610 (1937)
大佛頂如來密因修證了義諸菩薩萬行首楞嚴經文句十卷 （唐）釋般剌密帝譯經 （明）釋智旭文句 明崇禎刻本 十冊

310000－0241－0017611 (1938)
楞伽阿跋多羅寶經參訂疏八卷 （南朝宋）釋求那跋陀羅譯 （明）釋廣莫參訂 明萬曆刻本 八冊

310000－0241－0017612 (1939)
楞伽阿跋多羅寶經四卷 （南朝宋）釋求那跋陀羅譯經 （宋）釋正受集注 明覆宋刻本 八冊

310000－0241－0017613 (1940)
管子二十四卷 （唐）房玄齡注釋 （明）朱長春通演 明天啓五年(1625)花齋刻本 八冊

310000－0241－0017614 (1941)
管韓合刻管子二十四卷韓非子二十卷 （春秋）管仲撰 明萬曆十年(1582)趙用賢刻本 二十冊

310000－0241－0017615 (1942)
韓子二十卷附錄一卷 （戰國）韓非撰 明天啓五年(1625)錢塘趙世楷校刻本 四冊

310000－0241－0017616 (1943)
韓子迂評二十卷 （元）何犿校注 （明）俞□□評 明萬曆六年(1578)吳郡俞氏刻本 七冊

310000－0241－0017617 (1944)
荆川先生右編四十卷 （明）唐順之編纂 （明）劉曰寧補遺 明萬曆刻本 六十四冊

310000－0241－0017618 (1945)
文獻通考纂二十四卷 （明）胡震亨纂 明天啓六年(1626)劉祖錫刻本 六冊

310000－0241－0017619 (1946)
易占經緯四卷附錄一卷 （明）韓邦奇撰 明嘉靖刻本 十冊

310000－0241－0017620 (1947)
薛氏醫案二十四種一百七卷 （明）薛乙撰 （明）吳琯輯 明刻本 四十冊

310000－0241－0017621 (1948)
赤水玄珠三十卷醫旨緒餘二卷 （明）孫一奎輯 明萬曆刻本 二十冊

310000－0241－0017622 (1949)
丹溪心法附餘二十四卷首一卷 （明）方廣輯 明邵武葉觀刻本 十三冊

310000－0241－0017623 (1950)
金聲玉振集四十九種 （明）袁褧輯 明嘉靖

吳郡袁氏嘉趣堂刻本(有抄配)　二十四册

310000－0241－0017624　(1951)
史忠正公集四卷首一卷末一卷　(明)史可法撰　(清)史山清輯　清乾隆末史氏教忠堂活字印本　二册

310000－0241－0017625　(1952)
百川學海　(宋)左圭輯　明弘治十四年(1501)無錫華珵刻本(有抄配)　十一册　存十五種三十三卷

310000－0241－0017626　(1953)
韓柳集選二種八卷　(明)陸雲龍評選　明末刻本　八册

310000－0241－0017627　(1954)
重刊嘉祐集十五卷　(宋)蘇洵撰　明嘉靖十一年(1532)太原府刻本　四册

310000－0241－0017628　(1955)
東坡禪喜集十四卷　(宋)蘇軾撰　(明)馮夢禎批點　明天啓吴興淩氏刻本　六册

310000－0241－0017629　(1956)
東坡文選二十卷　(明)鍾惺選　明萬曆刻本　四册

310000－0241－0017630　(1957)
瓊臺詩文全稿重編二十四卷　(明)丘濬撰　明天啓元年(1621)丘爾穀等刻本　十二册

310000－0241－0017631　(1958)
對類二十卷　(明)朱厚煒撰　明嘉靖刻本　六册

310000－0241－0017632　(1959)
淨戒微言一卷離見衛生錄一卷　題(明)獨齋居士輯　明嘉靖刻本　一册

310000－0241－0017633　(1960)
醉古堂劍掃十二卷　(明)陸紹珩選　(明)汝調鼎參訂　明天啓四年(1624)寫刻本　六册

310000－0241－0017634　(1961)
智囊二十七卷　(明)馮夢龍述　明刻本　八册

310000－0241－0017635　(1962)
花田紀事六卷續紀十卷　(明)李茂春撰　明萬曆刻本　七册

310000－0241－0017636　(1963)
樣上老舌一卷　(明)陳衎撰　明崇禎刻本　二册

310000－0241－0017637　(1964)
新鐫諸子彙奇四卷　(明)阮汝鳴選輯　明刻本　四册

310000－0241－0017638　(1965)
緯畧十二卷　(宋)高似孫輯　明萬曆沈士龍刻本　六册

310000－0241－0017639　(1966)
古言二卷　(明)鄭曉撰　明嘉靖四十四年(1565)項篤壽刻本　二册

310000－0241－0017640　(1967)
少室山房筆叢三十二卷續集十六卷　(明)胡應麟撰　明萬曆四十二年(1614)趙世寵刻本　十六册

310000－0241－0017641　(1968)
小柴桑喃喃錄二卷　(明)陶奭齡撰　明崇禎刻本　二册

310000－0241－0017642　(1969)
正楊四卷　(明)陳耀文撰　明隆慶刻本　四册

310000－0241－0017643　(1970)
濯纓亭筆記十卷禮記集説辨疑一卷　(明)戴冠撰　明嘉靖二十六年(1547)華察刻本　三册

310000－0241－0017644　(1971)
李竹嬾先生説部八種二十五卷　(明)李日華撰　明末刻清印本　十二册

310000－0241－0017645　(1972)
新刻古今玄屑八卷　(明)王家佐輯　明萬曆刻本　六册

310000－0241－0017646　(1973)
論衡三十卷　(漢)王充撰　(明)劉光斗評

明天啓刻本　六册

310000－0241－0017647　(1974)
龍筋鳳髓判注四卷　(唐)張鷟撰　(明)劉允鵬注　明萬曆刻本　四册

310000－0241－0017648　(1975)
丹鉛總録二十七卷　(明)楊慎撰　明嘉靖三十三年(1554)梁佐校刻藍印本　六册

310000－0241－0017649　(1976)
湧幢小品三十二卷　(明)朱國楨撰　明天啓二年(1622)刻本　十二册

310000－0241－0017650　(1977)
藝林伐山二十卷　(明)楊慎撰　明萬曆刻本　四册

310000－0241－0017651　(1978)
對問編四卷　(明)江應曉撰　明萬曆刻本　一册

310000－0241－0017652　(1979)
疑耀七卷　(明)張萱撰　明萬曆刻本　四册

310000－0241－0017653　(1980)
湧幢小品三十二卷　(明)朱國楨撰　明天啓二年(1622)刻本　十二册

310000－0241－0017654　(1981)
石室私抄五卷　(明)魏文焲撰　明崇禎四年(1631)魏賢訓、魏賢訒刻本　四册

310000－0241－0017655　(1982)
呂氏春秋二十六卷　(秦)呂不韋撰　(漢)高誘注　明宋邦義刻本　十册

310000－0241－0017656　(1983)
周易尚占三卷附一卷　(元)李之純撰　明嘉靖刻本　一册

310000－0241－0017657　(1985)
讇語不分卷　(清)王友光撰　清姚鍾塝抄校本　一册

310000－0241－0017658　(1986)
賜硯齋詩存二卷　(清)沈涵撰　清康熙刻本　一册

310000－0241－0017659　(1987)
繪聲園詩鈔一卷　(清)郭執桓撰　清乾隆刻本　一册

310000－0241－0017660　(1988)
草草草不分卷　(清)任自舉撰　清乾隆責字軒刻本　二册

310000－0241－0017661　(1989)
寄心盦詩話不分卷　(清)符葆森撰　清稿本　一册

310000－0241－0017662　(1990)
教諭語四卷　(清)謝金鑾撰　清道光刻本　一册

310000－0241－0017663　(1991)
風滿樓詩稿十二卷　(清)胡道南撰　清乾隆二十六年(1761)風滿樓刻本　五册

310000－0241－0017664　(1992)
渠丘耳夢録四卷　(清)張貞撰　清康熙刻本　二册

310000－0241－0017665　(1993)
長江集十卷　(唐)賈島撰　明末虞山毛氏汲古閣刻本　二册

310000－0241－0017666　(1994)
藜牀囈語六卷　(清)程瑞祊述　清康熙刻本　二册

310000－0241－0017667　(1995)
天元玉曆不分卷　(□)□□撰　清抄本　四册

310000－0241－0017668　(1996)
紺珠集十三卷　(宋)朱勝非編輯　清抄本　三册

310000－0241－0017669　(1997)
江文通集四卷　(南朝梁)江淹撰　清乾隆二十四年(1759)考城安愚堂精刻本　四册

310000－0241－0017670　(1998)
柳柳州文鈔七卷　(唐)柳宗元撰　(明)茅坤評點　明萬曆刻本　十二册

310000－0241－0017671　(1999)
靈棋經二卷　題(漢)東方朔撰　清抄本　四册

310000－0241－0017672　(2000)
見自禪師餘閒草二卷　(清)釋見自撰　(清)釋實葵等編　清康熙五十六年(1717)刻本　四册

310000－0241－0017673　(2001)
陽秋館集二十三卷　(明)帥機撰　(明)湯顯祖等選　清乾隆三年(1738)刻日新堂脩獻堂重修本　八册

310000－0241－0017674　(2002)
邛竹杖七卷　(明)施男撰　(明)徐世溥閲　清初留髡堂刻本　十册

310000－0241－0017675　(2003)
諤崖脞説五卷　(清)章楹撰　清乾隆三十六年(1771)浣雪堂刻本　四册

310000－0241－0017676　(2004)
自知錄二卷　(清)陸毅撰　清康熙四十一年(1702)太倉陸氏刻本　二册

310000－0241－0017677　(2005)
鷹中閫秘錄不分卷　(□)□□撰　清抄本　六册

310000－0241－0017678　(2006)
松濤書屋詩稿六卷　(清)趙大奎撰　清乾隆、嘉慶間刻本　四册

310000－0241－0017679　(2007)
歐陽文忠公文鈔十卷　(宋)歐陽修撰　(明)茅坤評點　明末刻烏程閔氏刻本　五册

310000－0241－0017680　(2009)
秦蜀兼籌集六卷坿贈言一卷　(清)鄂爾泰撰　清乾隆寬恕堂刻本　八册

310000－0241－0017681　(2010)
炳燭齋稿不分卷隨筆不分卷　(明)顧大韶撰　清康熙十年(1671)顧晶、顧森校刻本　八册

310000－0241－0017682　(2012)
江湖夜雨集四卷　(清)郎廷槐撰　(清)王士禛評點　清康熙蘿莚齋刻本　一册

310000－0241－0017683　(2013)
拙政編一卷　(明)盛萬年撰　清雍正刻本　一册

310000－0241－0017684　(2014)
古雪齋詩八卷　(清)曹錫寶撰　清乾隆刻本　四册

310000－0241－0017685　(2015)
革象新書二卷　(元)趙友欽撰　(明)王禕删定　清鳴野山房抄本　二册

310000－0241－0017686　(2017)
唐柳河東集四十五卷　(唐)柳宗元撰　(明)蔣之翹輯注　清乾隆五十三年(1788)楊氏雙梧居刻嘉慶十三年(1808)補刻本　二十册

310000－0241－0017687　(2018)
旗亭記二卷　(清)金兆燕撰　清乾隆六十年(1795)德州盧氏雅雨堂刻本　四册

310000－0241－0017688　(2019)
山曉閣詩十二卷　(清)孫琮撰　清乾隆刻本　三册

310000－0241－0017689　(2020)
書帶草堂詩選十二卷文選二卷　(清)鄭溱撰　清康熙刻本　五册

310000－0241－0017690　(2021)
居易堂詩集五卷　(清)王曾翼撰　清乾隆刻本　一册

310000－0241－0017691　(2022)
蘭皐詩選四卷　(清)丁鶴撰　清雍正刻本　二册

310000－0241－0017692　(2023)
我友合稿三種四卷　(清)蔣登陛等編　清康熙白下刻本　三册

310000－0241－0017693　(2025)
天文秘畧正續編不分卷　(明)劉基撰　(明)胡獻忠重輯　清抄本　六册

310000－0241－0017694 (2026)

增修附注資治通鑑節要續編二十六卷 (明)劉剡輯 (明)張光啓訂正 明宣德九年(1434)朱氏尊德書堂刻本 二十四册

310000－0241－0017695 (2027)

重刻歷朝捷錄四卷 (明)顧充撰 明萬曆刻本 四册

310000－0241－0017696 (2028)

大明成化丁亥重刊改併五音類聚四聲篇十五卷 (金)韓孝彦 (金)韓道昭改併重編 (明)釋文儒 (明)釋思遠 (明)釋文通考訂刪補 明成化三年至七年(1467－1471)刻本 十册

310000－0241－0017697 (2029)

楚辭十七卷楚騷附錄一卷附疑字音義 (戰國)屈原等撰 (漢)王逸敘次 明萬曆吳興淩氏刻本 四册

310000－0241－0017698 (2030)

古詩歸 (明)鍾惺輯 明刻本 七册 存十四卷

310000－0241－0017699 (2031)

楚辭十卷 (漢)劉向輯 (漢)王逸注 明萬曆十四年(1586)俞初刻本 四册

310000－0241－0017700 (2032)

楚辭十七卷 (戰國)屈原等撰 (漢)劉向集 明翻宋刻本 十册

310000－0241－0017701 (2033)

楚辭十七卷附錄一卷 (戰國)屈原等撰 (漢)劉向編集 明萬曆十四年(1586)武林馮紹祖觀妙齋刻本 六册

310000－0241－0017702 (2034)

楚辭集註八卷 (戰國)屈原等撰 (宋)朱熹集註 明萬曆刻本 二册

310000－0241－0017703 (2035)

楚辭集註八卷 (戰國)屈原等撰 (宋)朱熹集註 明萬曆刻本 六册

310000－0241－0017704 (2036)

楚辭五卷附九歌圖一卷 (戰國)屈原等撰 (漢)王逸章句 明崇禎蕭山來氏刻本 四册

310000－0241－0017705 (2037)

選詩續編四卷 (元)劉履校選 明嘉靖養吾堂刻本 二册

310000－0241－0017706 (2038)

漢魏詩集十四卷 (明)劉成德輯 明正德十二年(1517)何景暘刻本 六册

310000－0241－0017707 (2039)

顔氏傳書八種 (明)顔欲章編 明萬曆三十六年(1608)刻本 十册

310000－0241－0017708 (2040)

詩紀一百五十六卷 (明)馮惟訥彙編 (明)吳琯校訂 明萬曆金陵刻本 四十册

310000－0241－0017709 (2042)

新刻校正古本歷史大方通鑑二十卷首一卷 (明)李廷機校正 明周時泰刻本 二十册

310000－0241－0017710 (2043)

昌谷集四卷 (唐)李賀撰 (明)曾益釋 清初刻本 四册

310000－0241－0017711 (2044)

左傳分國紀事本末二十二卷 (明)孫範編輯 明崇禎刻本 八册

310000－0241－0017712 (2045)

重刻黃文節山谷先生正集三十卷外集十四卷别集二十卷 (宋)黄庭堅撰 (明)周希令編 明萬曆三十二年(1604)李友梅刻本 十六册

310000－0241－0017713 (2047)

宋景文公筆記三卷 (宋)宋祁撰 清嘉慶五年(1800)半畝天居抄本 一册

310000－0241－0017714 (2049)

全燬書目並抽燬書目不分卷 (□)□□錄 清抄本 一册

310000－0241－0017715 (2050)

訂訛類編三卷 (清)杭世駿撰 清抄本 六册

310000－0241－0017716　(2051)
岳振堂詮書八種十二卷　(清)朱易撰　清抄本　二册

310000－0241－0017717　(2054)
欽定四庫全書總目二百卷四庫未收書目五卷　(清)紀昀等撰　清抄本　四册

310000－0241－0017718　(2056)
愛日齋叢鈔五卷　(宋)葉寘撰　清抄本　五册

310000－0241－0017719　(2057)
讀書蕞殘二卷　(清)王鉞撰　(清)顧嗣立等編　清康熙六十一年(1722)世德堂刻本　二册

310000－0241－0017720　(2058)
漢紀三十卷　(漢)荀悦撰　**後漢紀三十卷**　(晉)袁宏撰　明萬曆南監刻本　八册

310000－0241－0017721　(2059)
宛陵先生集六十卷附錄一卷　(宋)梅堯臣撰　明萬曆刻本　十册

310000－0241－0017722　(2061)
産鶴亭詩九卷　(清)曹庭棟撰　清乾隆刻本　六册

310000－0241－0017723　(2062)
新刊增補古今名家詩學大成二十四卷　(明)李攀龍編輯　明萬曆刻本　十二册

310000－0241－0017724　(2063)
守山閣叢書　(清)錢熙祚輯　清抄本　九册　存六種二十卷

310000－0241－0017725　(2065)
各省進呈書目十六卷　(清)□□輯錄　清抄本　七册

310000－0241－0017726　(2066)
叢鈔十一種十六卷　(清)□□輯錄　清抄本　十册

310000－0241－0017727　(2067)
歐陽先生文粹二十卷遺粹十卷　(宋)歐陽修撰　明嘉靖郭雲鵬刻本　十六册

310000－0241－0017728　(2068)
高素齋集二十八卷　(明)黄姬水撰　明萬曆刻本　二册　存九卷(一至九)

310000－0241－0017729　(2069)
唐皮從事倡酬詩八卷　(唐)皮日休撰　(明)許自昌校　明萬曆長洲許自昌刻陸魯望皮襲美二先生集合刻本　一册

310000－0241－0017730　(2070)
嶠雅二卷　(明)鄺露撰　清翻刻順治海雪堂本　一册　存一卷

310000－0241－0017731　(2071)
石隱園藏稿八卷首一卷　(明)畢自嚴撰　清康熙二十五年(1686)畢際有刻乾隆印本　十二册

310000－0241－0017732　(2072)
韓魏公集存二十三卷坿忠獻韓魏王别錄一卷遺事一卷忠獻韓魏王家傳存七卷　(宋)韓琦撰　明萬曆康丕揚刻本　十二册

310000－0241－0017733　(2073)
朱文公校昌黎先生文集四十卷外集十卷傳一卷遺文一卷　(唐)韓愈撰　(唐)李漢編　明萬曆刻本　十二册

310000－0241－0017734　(2074)
元氏長慶集六十卷補遺六卷　(唐)元稹著　明萬曆三十二年(1604)刻本　十册

310000－0241－0017735　(2075)
欒城集五十卷應詔集十二卷　(宋)蘇轍撰　(明)王執禮校　明清夢軒刻本　三十册

310000－0241－0017736　(2076)
元氏長慶集六十卷　(唐)元稹撰　明覆宋刻本　四册

310000－0241－0017737　(2077)
李長吉歌詩四卷外卷一卷　(唐)李賀撰　(宋)吴正子箋　明刻本　二册

310000－0241－0017738　(2078)
滄浪先生吟卷二卷　(宋)嚴羽撰　明嘉靖鄭絅刻本　二册

310000－0241－0017739　(2079)
昌黎先生集四十卷外集十卷遺文一卷　(唐)韓愈撰　明崇禎東雅堂刻本　十册

310000－0241－0017740　(2080)
韓魏公集三十八卷　(宋)韓琦撰　明萬曆康丕揚刻本　十六册

310000－0241－0017741　(2081)
南軒先生文集四十四卷　(宋)張栻撰　明刻本　六册

310000－0241－0017742　(2082)
三蘇先生文粹　(□)□□纂輯　明覆宋刻本　十四册　存六十五卷

310000－0241－0017743　(2083)
晦庵先生文抄七卷詩抄一卷　(宋)朱熹撰　(明)吳訥編　明成化十八年(1482)婁謙刻本　六册

310000－0241－0017744　(2084)
季漢書六十卷答問一卷正論一卷　(明)謝陛撰　(明)鍾人傑教　明末刻本　十册

310000－0241－0017745　(2085)
于野集十卷　(清)王原編　清康熙刻本　四册

310000－0241－0017746　(2086)
浮溪文粹十五卷附錄一卷　(宋)汪藻撰　明正德元年(1506)馬金刻本　四册

310000－0241－0017747　(2088)
宋史新編二百卷　(明)柯維騏撰　明嘉靖四十三年(1564)廣東刻本　六十四册

310000－0241－0017748　(2089)
宋史新編二百卷　(明)柯維騏撰　明嘉靖刻本　四十六册　存一百七十七卷

310000－0241－0017749　(2090)
李氏藏書六十八卷　(明)李贄撰　明萬曆刻本　三十册

310000－0241－0017750　(2091)
世經堂初集三十卷　(清)徐旭旦撰　(清)宋實穎選　清康熙刻本　十册

310000－0241－0017751　(2092)
宋學士全集三十二卷附錄一卷　(明)宋濂撰　清康熙四十八年(1709)彭始搏杭州刻本　十二册

310000－0241－0017752　(2093)
桐樹園集六卷　(清)釋超寤撰　(清)林齊鋐等選　清康熙二十八年(1689)刻本　二册

310000－0241－0017753　(2094)
南山堂自訂詩十卷　(清)吳景旭撰　清康熙刻本　四册

310000－0241－0017754　(2095)
道安先生集十卷　(清)何國仁撰　清康熙刻本　四册

310000－0241－0017755　(2096)
竹窗集三卷補遺一卷附諸名公知識倡和題贈一卷西竺堂集一卷　(清)釋語峯撰　(清)嚴明等編　清康熙四十二年(1703)黔中刻本　三册

310000－0241－0017756　(2097)
益戒堂自訂詩八卷後集八卷　(清)納蘭揆敘撰　清雍正謙牧堂刻本　八册

310000－0241－0017757　(2098)
鐵橋集不分卷　(清)張穆撰　清康熙刻本　二册

310000－0241－0017758　(2099)
本事詩十二卷　(清)徐釚編　清乾隆二十二年(1757)汪肯堂刻本　四册

310000－0241－0017759　(2100)
新刊遜志齋文錦六卷　(明)方孝孺撰　(明)宗臣選　明隆慶元年(1567)金陵唐氏刻本　四册

310000－0241－0017760　(2101)
唐音審體二十卷　(清)錢良擇編　清康熙刻本　八册

310000－0241－0017761　(2102)
唐律消夏錄五卷　(清)顧安編　清乾隆何文煥精刻本　四册

310000－0241－0017762　(2103)
文清公薛先生文集二十四卷　(明)薛瑄撰　(明)張鼎校正編輯　清解梁侯腹心刻本　十二册

310000－0241－0017763　(2104)
述本堂三世詩十五卷龍沙紀畧一卷　(清)方觀承編　清乾隆刻本　十六册

310000－0241－0017764　(2105)
屠先生評釋謀野集四卷　(明)王穉登撰　明萬曆東海屠隆刻本　四册

310000－0241－0017765　(2106)
芝菴雜記四卷　(清)陸雲錦撰　清嘉慶八年(1803)刻本　二册

310000－0241－0017766　(2107)
豐川禮記彙編八卷　(清)王心敬撰　清乾隆三年(1738)潯衙刻本　六册

310000－0241－0017767　(2108)
棲碧先生黄楊集三卷補遺一卷附録一卷　(元)華幼武撰　明萬曆四十六年(1618)華五倫刻本　一册　存二卷(補遺一卷、附録一卷)

310000－0241－0017768　(2109)
震川先生集三十卷　(明)歸有光撰　(清)歸莊校　清康熙十年至十四年(1671－1675)崑山歸氏刻本　六册

310000－0241－0017769　(2110)
東里文集二十五卷　(明)楊士奇撰　明正統刻本　十二册

310000－0241－0017770　(2111)
宋文文山先生全集十八卷附録三卷　(宋)文天祥撰　(明)鍾越等評輯　明崇禎二年(1629)鍾越刻本　二十四册

310000－0241－0017771　(2112)
滬白聖諭廣訓直解不分卷　(清)聖祖玄燁諭　(清)世宗胤禛廣訓　(清)□□直解　清抄本　一册

310000－0241－0017772　(2114)
吴江沈氏詩集十二卷　(清)沈所撰彙編　清乾隆刻本　六册

310000－0241－0017773　(2115)
清儀閣古印偶存不分卷　(清)張廷濟編　清道光鈐印本　四册

310000－0241－0017774　(2116)
鄮署雜鈔十二卷首一卷末一卷　(清)汪爲熹輯　清康熙五十八年(1719)刻本　六册

310000－0241－0017775　(2117)
管見編二卷　(清)寇蘭皐撰　清嘉慶十五年(1810)抄本　四册

310000－0241－0017776　(2118)
金石補編目録一卷　(清)黄錫蕃編　清抄本　一册

310000－0241－0017777　(2119)
静修先生丁亥集六卷遺文六卷遺詩六卷詩文拾遺七卷續集三卷附録二卷　(元)劉因撰　明弘治十八年(1505)崔暠刻本　十二册

310000－0241－0017778　(2120)
復古編二卷　(宋)張有撰　清抄本　六册

310000－0241－0017779　(2121)
金石續録四卷　(清)劉青藜撰　清康熙洪氏傳經堂刻本　二册

310000－0241－0017780　(2122)
來齋金石刻考畧三卷　(清)林侗纂輯　清嘉慶二十一年(1816)陶舫刻本　五册

310000－0241－0017781　(2123)
六書通　(明)閔齊伋撰　清道光三年(1823)笠澤席氏春雨樓清抄本　十一册　存九卷、首一卷

310000－0241－0017782　(2124)
新集分類通鑑不分卷　(明)□□撰　明弘治十二年(1499)施槃刻本　一册　存一卷(一)

310000－0241－0017783　(2125)
史要編　(明)梁夢龍選　明隆慶六年(1572)刻本　三册　存七卷

310000－0241－0017784　(2126)
歐陽文忠公五代史抄二十卷　(明)茅坤評選　明末烏程閔氏刻套印本　十册

310000－0241－0017785　(2127)
南史刪三十卷　(明)茅國縉刪次　明刻本　四册

310000－0241－0017786　(2128)
列仙傳二卷續仙傳一卷　(漢)劉向撰　(唐)沈汾續　明嘉靖刻本　二册

310000－0241－0017787　(2129)
列仙傳一卷　(漢)劉向撰　明周履靖刻本　一册

310000－0241－0017788　(2130)
倪文正公遺稿二卷　(明)倪元璐撰　(清)顧予咸選　清順治八年(1651)唐九經刻本　四册

310000－0241－0017789　(2131)
戰國策評苑十卷首一卷　(宋)鮑彪校注　(元)吳師道注　明末翻刻萬曆二十年(1592)書林鄭以厚光裕堂本　二册

310000－0241－0017790　(2132)
新集古文四聲韻五卷附一卷　(宋)夏竦撰　清乾隆汪啓淑刻本　五册

310000－0241－0017791　(2133)
古史談菀三十六卷　(明)錢世揚撰　明天啓刻本　十二册

310000－0241－0017792　(2134)
二十一史論贊輯要三十六卷　(明)彭以明輯　明刻本　十册

310000－0241－0017793　(2135)
海禪詩卷五卷　(清)楊文照撰　清末抄稿本　五册

310000－0241－0017794　(2136)
漢隸字源五卷　(宋)婁彦發輯　明末清初虞山毛氏汲古閣刻本　六册

310000－0241－0017795　(2137)
漢隸字源五卷　(宋)婁彦發輯　明末清初虞山毛氏汲古閣刻本　四册

310000－0241－0017796　(2138)
復古編二卷　(宋)張有撰　清抄本　清陸紹曾跋　二册

310000－0241－0017797　(2139)
百川書志二十卷　(明)高儒輯　清抄本　四册

310000－0241－0017798　(2140)
澄遠堂三世詩存八卷　(清)李繩遠編　清康熙刻本　二册

310000－0241－0017799　(2141)
國朝詞雅二十四卷　(清)姚階編　(清)吳蔚光等訂　清嘉慶三年(1798)汪氏刻本　六册

310000－0241－0017800　(2142)
嘉定金氏五世家集十一卷　(清)金望輯　清康熙詒翼堂刻本　六册

310000－0241－0017801　(2144)
文獻典籍會通盛衰考不分卷　(□)□□撰　清抄本　一册

310000－0241－0017802　(2146)
爾雅郭注補正九卷　(清)戴鎣撰　清光緒十一年(1885)刻本　三册

310000－0241－0017803　(2147)
青雀集二卷　(明)王穉登撰　明隆慶四年(1570)靖江朱宅快閣刻本　二册

310000－0241－0017804　(2148)
唐詩選七卷附統論二卷　(明)李攀龍選訂　(明)王穉登參評　明萬曆烏程閔氏刻本　六册

310000－0241－0017805　(2149)
董氏詩萃二十卷　(清)董熜編　清乾隆刻本　四册

310000－0241－0017806　(2150)
觀復子談易五種六卷　題(清)觀復道人撰　清抄本　四册

310000－0241－0017807　(2151)

張賓王先生批評戰國策抄四卷 （明）張榜評　明崇禎袁樞刻本　四册

310000－0241－0017808　（2152）
廣韻五卷 （宋）陳彭年等重修　清康熙四十三年（1704）吳郡張氏澤存堂刻本　二册

310000－0241－0017809　（2154）
敬軒薛先生文集二十四卷 （明）薛瑄撰　（明）張鼎校正編輯　明弘治十六年（1503）李越河東運司刻曾世亨印本　八册

310000－0241－0017810　（2155）
已吾集十四卷 （明）陳際泰撰　清順治李來泰白下刻本　八册

310000－0241－0017811　（2156）
名媛詩歸三十六卷 （明）鍾惺輯　明刻本　三册

310000－0241－0017812　（2157）
文致不分卷 （明）劉士鏻選　（明）閔無頗集評　明天啓烏程閔氏刻朱墨套印本　八册

310000－0241－0017813　（2158）
唐文粹一百卷 （宋）姚鉉纂　（明）茅坤評點　明刻本　二十册

310000－0241－0017814　（2159）
唐詩拾遺十卷 （明）高棅編　（明）張恂重訂　明刻本　二册

310000－0241－0017815　（2160）
唐詩鏡五十四卷 （明）陸時雍選評　明刻本　六册　存二十八卷（初、盛唐詩二十八卷）

310000－0241－0017816　（2161）
文選十二卷 （南朝梁）蕭統選　（明）張鳳翼纂注　明萬曆刻本　十二册

310000－0241－0017817　（2162）
全唐詩選十八卷 （明）李默編　明嘉靖二十六年（1547）泰和曾才漢武昌校刻閩林應亮後印本　十二册

310000－0241－0017818　（2163）
施氏著書四種 （清）施國祁撰　清嘉慶潯溪吉貝居刻本　二册

310000－0241－0017819　（2164）
孫可之文集十卷 （唐）孫樵撰　明刻本　一册

310000－0241－0017820　（2165）
戰國策十卷 （宋）鮑彪校注　（元）吳師道重校　明末葛氏永懷堂刻本　六册

310000－0241－0017821　（2166）
中唐十二家詩 （明）□□輯錄　（明）朱之蕃校　明王世茂刻本　三册　存三家三卷

310000－0241－0017822　（2167）
唐宫閨詩二卷 （清）劉雲份輯　清康熙夢香閣刻本　四册

310000－0241－0017823　（2168）
批點唐詩始音一卷正音十三卷遺響一卷 （元）楊士弘編　（明）顧璘批點　明嘉靖二十年（1541）刻四十四年（1565）補正本　六册

310000－0241－0017824　（2169）
杜詩詳註二十五卷首一卷 （唐）杜甫撰　（清）仇兆鰲輯註　清康熙四十三年（1704）仇氏刻本　十四册

310000－0241－0017825　（2170）
學史十三卷 （明）邵寶撰　明嘉靖刻本　四册

310000－0241－0017826　（2171）
江文通文集十卷 （南朝梁）江淹撰　（明）汪士賢校　明郭學志寫刻本　四册

310000－0241－0017827　（2172）
三唐人文集三十四卷 （明）毛晉輯　明末清初虞山毛氏汲古閣刻本　四册

310000－0241－0017828　（2173）
整菴續稿十三卷 （明）羅欽順撰　明嘉靖三十一年（1552）羅琰刻本　四册

310000－0241－0017829　（2176）
新刊迂齋先生標注崇古文訣三十五卷 （宋）樓昉撰　明嘉靖刻本　十二册

310000－0241－0017830　（2178）
隸辨八卷 （清）顧藹吉撰　清康熙玉淵堂原

刻初印本　十六册

310000－0241－0017831　(2179)

兩罍軒古泉拓本四卷　(清)吳雲編拓　(清)沈雲考釋　清光緒原拓稿本　四册

310000－0241－0017832　(2180)

古篆韻譜正傳二卷　(明)呂胤基輯　明刻本　二册

310000－0241－0017833　(2181)

古今韻畧五卷　(清)邵長蘅纂　清康熙宋犖刻初印本　五册

310000－0241－0017834　(2183)

金東山文集十二卷　(清)金門詔撰　清乾隆刻本　六册

310000－0241－0017835　(2184)

雜字韻寶五卷　(明)楊慎編　明刻本　一册

310000－0241－0017836　(2185)

新刊前唐十二家詩二十四卷　(明)許自昌編　明萬曆許自昌刻本　十二册

310000－0241－0017837　(2186)

羣書拾唾十二卷　(明)張九韶編集　明刻本　四册

310000－0241－0017838　(2187)

空同集六十四卷　(明)李夢陽撰　明萬曆二十九年(1601)李思孝刻本　十五册

310000－0241－0017839　(2188)

隸辨節鈔六卷　(清)顧藹吉撰　(清)無名氏節抄　清抄本　六册

310000－0241－0017840　(2189)

匏翁家藏集七十七卷補遺一卷　(明)吳寬撰　明正德三年(1508)吳奭刻本　十六册

310000－0241－0017841　(2190)

續問奇類林三十卷　(明)郭良翰編輯　(明)黃吉士校訂　明萬曆刻本　六册

310000－0241－0017842　(2192)

大明一統志九十卷　(明)李賢等修　明萬壽堂刻本　二十册

310000－0241－0017843　(2193)

蓀田里村程氏本宗譜四卷　(明)程天澤纂修　明萬曆六年(1578)休寧程氏刻本　四册

310000－0241－0017844　(2194)

晏子春秋八卷　(戰國)晏嬰撰　明萬曆沈啓南刻本　四册

310000－0241－0017845　(2195)

欽定音韻闡微十八卷　(清)李光地等撰　清雍正武英殿刻本　五册

310000－0241－0017846　(2196)

類音八卷　(清)潘耒撰　清雍正吳江潘氏遂初堂刻本　四册

310000－0241－0017847　(2197)

屈宋古音義三卷　(明)陳第撰　清抄本　三册

310000－0241－0017848　(2198)

蘀石齋詩集五十卷　(清)錢載撰　清乾隆刻本　十册

310000－0241－0017849　(2199)

震澤先生集三十六卷　(明)王鏊撰　明嘉靖刻本　十四册

310000－0241－0017850　(2200)

[康熙]甲子史館新刊古今通韻十二卷　(清)毛奇齡撰　清康熙二十三年(1684)史館刻本　六册

310000－0241－0017851　(2201)

詞匯初編十二卷二編四卷三編存七卷　(清)卓回編輯　清康熙刻本　二十四册

310000－0241－0017852　(2202)

秦漢文鈔六卷　(明)閔邁德等編訂　(明)楊□(融博)批點　明萬曆烏程閔氏刻套印本　十二册

310000－0241－0017853　(2203)

宋朱晦庵先生名臣言行錄十卷後集十四卷續集八卷別集十三卷外集十七卷　(宋)朱熹編輯　(明)張采評點　明崇禎刻本　十二册

310000－0241－0017854　(2204)

誠意伯劉先生文集二十卷　(明)劉基撰　(明)林富重編　明正德十四年(1519)林富刻本　二十冊

310000－0241－0017855　(2205)
新增說文韻府羣玉十二卷　(元)陰時夫編　(元)陰中夫注　明萬曆十八年(1590)金陵刻本　十冊

310000－0241－0017856　(2206)
鄂國金陀續編三十卷　(宋)岳珂編輯　明嘉靖唐一鵬覆宋刻本　十二冊

310000－0241－0017857　(2207)
古逸書三十卷坿語一卷　(明)潘基慶編輯　明萬曆刻本　二十冊

310000－0241－0017858　(2208)
弢甫五嶽集二十卷　(清)桑調元撰　清乾隆二十一年(1756)精刻本　二十冊

310000－0241－0017859　(2209)
笠翁一家言全集文集四卷詩集三卷餘集一卷別集二卷偶集六卷　(清)李漁撰　清雍正八年(1730)芥子園刻本　四十冊

310000－0241－0017860　(2210)
方正學先生遜志齋集外紀二卷　(明)姚履旋編輯　(明)孫如游訂正　明萬曆四十年(1612)刻本　二冊

310000－0241－0017861　(2212)
古今列女名字備考不分卷　(明)張鐮編輯　清抄本　六冊

310000－0241－0017862　(2213)
李老人傳一卷　(清)金銓述　清抄稿本　一冊

310000－0241－0017863　(2214)
建文遜國臣記　(明)鄭曉撰　明刻本　一冊　存一卷

310000－0241－0017864　(2215)
李瀚章列傳一卷　(清)國史館纂　清末紅格抄本　一冊

310000－0241－0017865　(2216)
李鴻章列傳一卷　(清)國史館纂　清末紅格抄本　一冊

310000－0241－0017866　(2217)
黑韃事畧一卷　(宋)徐霆撰　清抄本　一冊

310000－0241－0017867　(2219)
前朱里紀畧不分卷　(清)盛熿輯著　清嘉慶二十四年(1819)涵春居士抄本　二冊

310000－0241－0017868　(2220)
心鐵石齋年譜一卷　(清)宋鳴琦編　清道光宋氏心鐵石齋稿本　一冊

310000－0241－0017869　(2221)
歷代臣鑒三十七卷　(明)宣宗朱瞻基撰　明宣德元年(1426)內府刻本　十冊

310000－0241－0017870　(2222)
石泉先生讖言三卷　(明)王九成撰　明刻本　三冊

310000－0241－0017871　(2223)
養福齋自撰年譜稿二卷　(清)宋延春撰　清稿本　四冊

310000－0241－0017872　(2224)
金丹正理大全十一種　(明)□□輯　明嘉靖十七年(1538)周藩刻本　十八冊

310000－0241－0017873　(2225)
草莽私乘一卷　(元)陶宗儀輯　清抄本　一冊

310000－0241－0017874　(2226)
水利節畧二卷　(明)周大韶撰　清抄本　二冊

310000－0241－0017875　(2227)
莊子南華真經十卷　(晉)郭象注　明刻本　六冊

310000－0241－0017876　(2228)
老子鬳齋口義二卷　(宋)林希逸釋義　明刻本　二冊

310000－0241－0017877　(2229)
莊子郭註十卷　(戰國)莊周撰　(晉)郭象註

明萬曆鄒之嶧校刻本　十冊

310000－0241－0017878　(2230)

南華真經副墨八卷讀南華真經雜說一卷　(明)陸西星撰　明萬曆十三年(1585)孫大綬刻本　八冊

310000－0241－0017879　(2231)

沖虛至德真經八卷　(晉)張湛注　(唐)殷敬順釋文　明嘉靖世德堂刻本　二冊

310000－0241－0017880　(2232)

沖虛至德真經八卷　(晉)張湛注　(唐)殷敬順釋文　明嘉靖世德堂刻本　四冊

310000－0241－0017881　(2233)

陽明先生要書八卷　(明)王守仁撰　(明)陳龍正纂　明崇禎初年刻本　六冊

310000－0241－0017882　(2234)

心學啓蒙　(明)程有本撰　明刻本　一冊　存五卷

310000－0241－0017883　(2235)

續自警編十六卷　(明)黄希憲纂集　明萬曆五年(1577)刻本　十六冊

310000－0241－0017884　(2236)

續纂國朝諸先生諸要六卷　(明)黄一騰輯　明萬曆刻本　六冊

310000－0241－0017885　(2237)

薛文清公讀書全錄類編二十卷　(明)薛瑄撰　(明)侯鶴齡編　明萬曆刻本　十二冊

310000－0241－0017886　(2238)

皇明名臣記三十卷　(明)鄭曉撰　明萬曆刻本　六冊

310000－0241－0017887　(2239)

三輔黄圖六卷　(□)□□撰　明吳琯刻古今逸史本　一冊

310000－0241－0017888　(2240)

傳習錄三卷　(明)王守仁述　(明)錢德洪編次　明嘉靖胡宗憲刻本　三冊

310000－0241－0017889　(2241)

周易參同契解箋三卷　(漢)魏伯陽撰　(明)張文龍解　明萬曆四十年(1612)張惟仁刻本　四冊

310000－0241－0017890　(2242)

抱朴子外篇二卷　(晉)葛洪撰　明吉藩崇德書院刻本　四冊

310000－0241－0017891　(2243)

太上黄庭内景玉經一卷外景玉經坿黄庭内景五臟六腑圖說一卷　(唐)梁丘子解注　明萬曆刻本　三冊

310000－0241－0017892　(2244)

東萊先生音注唐鑑二十四卷　(宋)范祖禹撰　(宋)呂祖謙音注　明弘治十年(1497)武進呂鏜刻本　十二冊

310000－0241－0017893　(2245)

孔子年譜綱目一卷　(明)夏洪基編　明刻本　一冊

310000－0241－0017894　(2246)

唐詩正聲六卷　(明)高棅編選　(明)吳山民評　明天啓六年(1626)海昌陳氏刻本　一冊

310000－0241－0017895　(2247)

曹李尺牘合選二卷　(清)曹溶撰　(清)茅靜安選　清康熙慎餘堂刻本　二冊

310000－0241－0017896　(2248)

先大人大樹公自誌年譜一卷　(清)董用楝撰　清雍正七年(1729)董志義抄稿本　一冊

310000－0241－0017897　(2249)

皇輿考十卷　(明)張天復輯　明朱璉刻本　八冊

310000－0241－0017898　(2250)

集千家註杜工部詩集二十卷文集二卷　(唐)杜甫撰　(元)高楚方編　明嘉靖十五年(1536)玉几山人校刻本　十冊

310000－0241－0017899　(2251)

新刊悟真篇三注　(宋)張伯端撰　(宋)薛道光注　明刻本　三冊

310000－0241－0017900　(2252)

校注古文參同契三卷 （漢）魏伯陽撰 （明）王九靈校注 明萬曆刻本 三冊

310000－0241－0017901 （2253）
水經注箋 （明）朱謀㙔箋 明萬曆刻本 三冊 存十三卷

310000－0241－0017902 （2254）
梁貞白先生陶隱居集二卷 （南朝梁）陶弘景撰 明雲間朱大英刻本 二冊

310000－0241－0017903 （2255）
東萊先生音注唐鑑二十四卷 （宋）范祖禹撰 （宋）呂祖謙音注 明呂鏜刻本 四冊

310000－0241－0017904 （2256）
渠陽讀書雜抄五卷 （宋）魏了翁撰 清抄本 二冊

310000－0241－0017905 （2257）
蔡中郎文集十卷外傳一卷 （漢）蔡邕撰 明萬曆元年(1573)刻本 四冊

310000－0241－0017906 （2258）
明州阿育王山志十六卷 （明）郭子章撰 明萬曆刻本 六冊

310000－0241－0017907 （2259）
阿育王山志畧二卷 （明）陸基志撰 明天啓刻本 一冊

310000－0241－0017908 （2261）
水經注 （北魏）酈道元注 清乾隆黄晟刻本 九冊 存二十卷

310000－0241－0017909 （2262）
中吴紀聞六卷 （宋）龔明之撰 （明）毛晉訂 明末虞山毛氏汲古閣刻本 四冊

310000－0241－0017910 （2263）
謝康樂集四卷 （南朝宋）謝靈運撰 （明）沈啓原輯 明萬曆刻本 一冊

310000－0241－0017911 （2264）
陸士龍文集十卷 （晉）陸雲撰 明新安汪士賢刻本 一冊

310000－0241－0017912 （2265）
帝京景物畧八卷 （明）劉侗撰 明崇禎刻本 八冊

310000－0241－0017913 （2266）
世說新語六卷 （南朝宋）劉義慶撰 （南朝梁）劉孝標注 明嘉靖刻本 六冊

310000－0241－0017914 （2267）
唐朝名畫錄一卷五代名畫補遺一卷 （唐）朱景玄撰 （宋）劉道醇補遺 明翻宋刻本 二冊

310000－0241－0017915 （2268）
小學史斷二卷資治通鑑總要通論一卷 （宋）南宮靖一纂述 （明）晏彥文續纂 明嘉靖刻本 四冊

310000－0241－0017916 （2269）
史懷十七卷 （明）鍾惺述 （明）陶珽評 明刻本 十冊

310000－0241－0017917 （2270）
東坡先生志林集一卷 （宋）蘇軾撰 明弘治無錫華珵刻本 一冊

310000－0241－0017918 （2271）
名蹟錄七卷 （明）朱珪纂輯 清抄本 二冊

310000－0241－0017919 （2272）
新增格古要論十三卷 （明）曹昭撰 （明）舒敏編 明刻本 六冊

310000－0241－0017920 （2273）
古今將畧 （明）馮時寧撰 明刻本 三冊 存三卷

310000－0241－0017921 （2274）
弧矢算術一卷 （明）顧應祥撰 明嘉靖刻本 一冊

310000－0241－0017922 （2275）
武學經傳 （明）翁□輯 明嘉靖三十二年(1553)翁氏刻隆慶元年(1567)耿文光補刻本 八冊

310000－0241－0017923 （2276）
京口三山志十二卷 （明）張萊輯 （明）史魯修 明萬曆刻本 十六冊

310000－0241－0017924　(2277)
籌海圖編十三卷　(明)鄭若曾輯　明嘉靖四十一年(1562)杭州刻本　八冊

310000－0241－0017925　(2278)
方氏墨譜六卷　(明)方于魯撰　明萬曆至泰昌間方氏美蔭堂刻本　八冊

310000－0241－0017926　(2280)
崇禎曆書　(明)徐光啓等撰　明崇禎刻本　二冊　存三種六卷

310000－0241－0017927　(2281)
曝書亭集八十卷附録一卷　(清)朱彝尊撰　清康熙五十三年(1714)朱稻孫刻本　十六冊

310000－0241－0017928　(2283)
鶴林玉露二十四卷　(宋)羅大經撰　(宋)謝天瑞校補　明萬曆刻本　四冊

310000－0241－0017929　(2284)
陳眉公訂正清異録四卷　(宋)陶穀撰　(明)陳繼儒訂正　明隆慶刻本　四冊

310000－0241－0017930　(2285)
卓氏藻林八卷　(明)卓明卿編輯　(明)王世懋校正　明萬曆刻本　八冊

310000－0241－0017931　(2286)
劉氏類山十卷　(明)劉胤昌編纂　明萬曆三十三年(1605)江西刻本　八冊

310000－0241－0017932　(2287)
重廣補注黃帝内經素問二十四卷　(唐)王冰注　(宋)林億等校正　明嘉靖顧從德刻本　八冊

310000－0241－0017933　(2288)
重廣補注黃帝内經素問二十四卷　(唐)王冰注　(宋)林億等校正　明嘉靖顧從德刻本　十冊

310000－0241－0017934　(2289)
南車草一卷薇堂和章一卷　(清)朱彝尊撰　清嘉慶二十三年(1818)蔣楷刻本　一冊

310000－0241－0017935　(2290)
重刊人子須知資孝書三十九卷　(明)徐善繼撰　明萬曆曾璠刻本　八冊

310000－0241－0017936　(2291)
太玄經十卷附陸績述玄一卷說玄五篇釋文一卷　(漢)揚雄撰　(晉)范望解贊　明嘉靖萬玉堂仿宋刻本　六冊

310000－0241－0017937　(2292)
國朝詩六卷　(清)團昇輯　清雍正畫山樓刻本　二冊

310000－0241－0017938　(2293)
三蘇先生文粹七十卷　(□)□□撰　明覆宋刻本　四冊

310000－0241－0017939　(2294)
黃帝素問宣明論方十五卷　(金)劉完素撰集　明萬曆吳諫刻本　四冊

310000－0241－0017940　(2295)
建文書法儗前編一卷正編二卷附編二卷　(明)朱鷺撰　明萬曆刻本　四冊

310000－0241－0017941　(2296)
清涼散一卷　(清)范木公撰　(清)顧宸修評　清順治十三年(1656)刻本　一冊

310000－0241－0017942　(2297)
劉河間傷寒三書三種二十卷　(金)劉完素撰　明懷德堂刻清印本　六冊

310000－0241－0017943　(2298)
柳文四十三卷别集二卷外集二卷附録一卷　(唐)柳宗元撰　明游居敬刻本　六冊

310000－0241－0017944　(2299)
韓江雅集十二卷　(清)全祖望等撰　清乾隆寫刻本　四冊

310000－0241－0017945　(2300)
唐陸宣公奏議七卷奏草七卷　(唐)陸贄撰　明嘉靖二十七年(1548)秀水沈伯咸西清書舍後印本　四冊

310000－0241－0017946　(2301)
鹿忠節公集二十一卷　(明)鹿善繼撰　清初刻本　六冊

310000－0241－0017947　(2302)
弘藝録三十二卷首一卷　(明)邵經邦撰　(清)邵遠平重校　清康熙二十四年(1685)邵遠平刻本　八册

310000－0241－0017948　(2303)
頤菴詩集一卷文集一卷　(清)王弘祚撰　清康熙十年(1671)刻本　二册

310000－0241－0017949　(2304)
世説新語八卷　(南朝宋)劉義慶撰　(南朝梁)劉孝標注　明萬曆吴興淩氏刻本　四册

310000－0241－0017950　(2305)
南村輟耕録三十卷　(元)陶宗儀撰　明玉蘭草堂刻本　八册

310000－0241－0017951　(2306)
鐵堂詩鈔二卷　(清)許珌撰　(清)吳鎮輯　清道光十四年(1834)粵東鄭氏芸香堂刻本　一册

310000－0241－0017952　(2307)
天中記　(明)陳耀文編輯　(明)屠隆校訂　明萬曆刻本　六十三册　存五十九卷

310000－0241－0017953　(2308)
石墨鐫華八卷　(明)趙崡撰　明萬曆四十六年(1618)刻清乾隆補修本　四册

310000－0241－0017954　(2309)
蘇長公集十七卷　(宋)蘇軾撰　明烏程淩氏刻本　八册

310000－0241－0017955　(2310)
眉公書畫史一卷　(明)陳繼儒撰　明刻本　一册

310000－0241－0017956　(2311)
古今醫統正脈全書四十四種二百六卷　(明)王肯堂輯　明萬曆二十六年至二十九年(1598－1601)吳勉學刻本　十八册　存三十卷

310000－0241－0017957　(2313)
山聞詩(悔齋二集)一卷　(清)汪楫撰　清康熙刻本　一册

310000－0241－0017958　(2314)
新編評註通玄先生張果星宗大全十卷　(唐)張果撰　(明)陸位輯　明萬曆刻本　十册

310000－0241－0017959　(2315)
星禽十二卷　(明)□□輯　明嘉靖刻本　十二册

310000－0241－0017960　(2317)
千金翼方三十卷　(唐)孫思邈撰　明萬曆刻本　三十册

310000－0241－0017961　(2318)
醫學正傳八卷　(明)虞摶撰　明萬曆刻本　十六册

310000－0241－0017962　(2319)
籌海圖編十三卷　(明)鄭若曾輯　明天啓四年(1624)胡維極刻本　八册

310000－0241－0017963　(2320)
藝文類聚一百卷　(唐)歐陽詢撰　明嘉靖二十八年(1549)平陽郡刻本　二十八册

310000－0241－0017964　(2321)
司馬溫公文集八十二卷　(宋)司馬光撰　明崇禎吳時亮刻本　二十四册

310000－0241－0017965　(2322)
十六國春秋一百卷　(北魏)崔鴻撰　明萬曆三十七年(1609)蘭暉堂刻本　十六册

310000－0241－0017966　(2323)
十六國春秋一百卷　(北魏)崔鴻撰　明萬曆三十七年(1609)蘭暉堂刻本　十册

310000－0241－0017967　(2324)
古今說海一百三十五種　(明)陸楫等編　明嘉靖二十三年(1544)雲間陸氏儼山書院雲山書院刻本　七册　存十二種

310000－0241－0017968　(2325)
于八先生詩艸一卷　(清)于鴻藻撰　清光緒二十六年(1900)鳳曾敍抄本　一册

310000－0241－0017969　(2326)
玉照集二卷高齋仙韻一卷　(清)胡承祝撰　清乾隆初稿本　一册

310000－0241－0017970 (2327)
新刻何氏類鎔三十五卷 (明)何三畏輯 明萬曆刻本 二十册

310000－0241－0017971 (2328)
王氏書苑十卷補益十二卷畫苑十卷 (明)王世貞輯 明萬曆刻本 三十二册

310000－0241－0017972 (2329)
唐詩所四十七卷 (明)臧懋循輯 明萬曆刻本 五十二册

310000－0241－0017973 (2330)
大方廣佛華嚴經 (唐)釋實義難陀譯 明刻本 三册 存三卷

310000－0241－0017974 (2331)
新選古今類腴十八卷 (明)陳世寶編輯 明萬曆十九年(1591)太末舒氏刻本 十六册

310000－0241－0017975 (2332)
通鑑前編十六卷首一卷舉要二卷 (宋)金履祥撰 (明)吴勉學重訂 明萬曆刻本 八册

310000－0241－0017976 (2333)
通典二百卷 (唐)杜佑撰 明嘉靖刻本 六十册

310000－0241－0017977 (2334)
重刻資治通鑑綱目全書一百十三卷 (宋)朱熹等撰 明萬曆金陵唐翀宇刻本 八十册

310000－0241－0017978 (2335)
資治通鑑二百九十四卷附釋文辨誤十二卷 (宋)司馬光撰 (元)胡三省音注 明天啓五年(1625)刻本 六十三册

310000－0241－0017979 (2336)
通鑑前編十八卷首一卷舉要二卷 (宋)金履祥撰 明萬曆吴氏刻明末路進等補修本 十册

310000－0241－0017980 (2337)
資治通鑑二百九十四卷宋元通鑑一百五十七卷 (宋)司馬光撰 (元)胡三省注 明天啓刻本 一百十册

310000－0241－0017981 (2338)
通典二百卷 (唐)杜佑撰 明嘉靖刻本 五十册

310000－0241－0017982 (2339)
宋元通鑑一百五十七卷 (明)薛應旂編集 明嘉靖四十五年(1566)薛氏自刻本 四十册

310000－0241－0017983 (2340)
通鑑紀事本末四十二卷 (宋)袁樞撰 明萬曆三十四年(1606)黄吉士刻本 四十二册

310000－0241－0017984 (2341)
通鑑紀事本末四十二卷 (宋)袁樞撰 明萬曆三十四年(1606)黄吉士刻本 四十二册

310000－0241－0017985 (2342)
初學記三十卷 (唐)徐堅等撰 明萬曆十五年(1587)徐守銘刻本 二十册

310000－0241－0017986 (2343)
訂正通鑑綱目前編二十五卷 (明)南軒撰 明萬曆二十四年(1596)揚州展卷堂刻本 十册

310000－0241－0017987 (2344)
資治通鑑綱目集説五十九卷 (明)馬安集 (明)晏宏補校 明嘉靖内府刻本 六十四册

310000－0241－0017988 (2345)
歷代通鑑纂要九十二卷 (明)李東陽等編纂 明正德二年(1507)内府刻本 四十八册

310000－0241－0017989 (2346)
拗堂詩集八卷 (清)景星杓撰 清乾隆七年(1742)蘭陔堂刻本 一册

310000－0241－0017990 (2349)
六經圖六卷 (宋)楊甲撰 (明)郭若維補缺正訛 明萬曆四十五年(1617)修吉堂刻本 一册

310000－0241－0017991 (2350)
六經圖六卷 (宋)楊甲撰 (明)郭若維補缺正訛 明萬曆四十五年(1617)修吉堂刻本 六册

310000－0241－0017992 (2351)
唐類函二百卷 (明)俞安期彙纂 (明)徐顯

卿校訂　明萬曆三十一年(1603)俞氏刻後印本　三十九冊　存一百三十六卷

310000－0241－0017993　(2352)
潛確居類書一百二十卷　(明)陳仁錫纂輯　明刻本　六十四冊

310000－0241－0017994　(2353)
新刊唐荆川先生稗編一百二十卷　(明)唐順之撰　明萬曆刻本　三十冊

310000－0241－0017995　(2354)
新刊唐荆川先生稗編一百二十卷　(明)唐順之撰　明萬曆刻本　三十六冊

310000－0241－0017996　(2355)
唐類函二百卷目錄二卷　(明)俞安期彙纂　(明)徐顯卿校訂　明萬曆三十一年(1603)俞氏刻本　四十冊

310000－0241－0017997　(2356)
文獻通考三百四十八卷首一卷　(元)馬端臨撰　明正德十一年至十四年(1516－1519)劉洪慎獨齋刻十六年(1521)重修本　一百冊

310000－0241－0017998　(2357)
娑羅草堂詩三種五卷　(清)吳菘撰　(清)顧嗣立選　清康熙三十七年(1698)刻本　二冊

310000－0241－0017999　(2358)
唐宋白孔六帖一百卷　(唐)白居易輯　明嘉靖刻本　四十冊

310000－0241－0018000　(2359)
崇禎豫事瑣記及序疏錄存□卷　(□)□□撰　清德源齋抄稿本　一冊

310000－0241－0018001　(2376)
唐開成石經十二種一百四十六卷五經文字三卷九經字樣一卷附清刻孟子七卷　(唐)鄭覃等校刊　清初舊拓本　二百四十六冊

310000－0241－0018002　(2377)
東國史畧六卷　(朝鮮)權近等撰　清抄本　六冊

310000－0241－0018003　(2378)
閑存堂文集十四卷詩集九卷　(清)張永銓撰　清康熙刻本　六冊

310000－0241－0018004　(2379)
匠門書屋文集三十卷　(清)張大受撰　清雍正三年至七年(1725－1729)顧詒祿刻本　五冊

310000－0241－0018005　(2380)
高陽山人文集十二卷補遺一卷詩集二十卷補遺一卷附錄一卷　(清)劉青藜撰　清康熙刻本　十四冊

310000－0241－0018006　(2381)
退谷文集十五卷詩集七卷　(清)黄越撰　**行述一卷**　(清)黄白麟撰　清雍正五年(1727)光裕堂刻本　十六冊

310000－0241－0018007　(2382)
刻皆春居士飲食紳言一卷男女紳言一卷　(明)龍遵敍撰　明萬曆亦政堂刻陳眉公家藏廣祕笈本　一冊

310000－0241－0018008　(2383)
鐫彙附百名公帷巾繁論書經講義會編十二卷　(明)申時行撰　(明)蔣芳馨輯　明萬曆四十三年(1615)三衢王應俊刻兩截版本　四冊

310000－0241－0018009　(2384)
書傳疑纂八卷　(清)戴鈞衡撰　清末抄本　清蕭穆批點　三冊

310000－0241－0018010　(2385)
研漁莊詩稿二卷文集二卷　(清)顧汝敬撰　清嘉慶二十一年(1816)刻道光七年(1827)續刻本　二冊

310000－0241－0018011　(2386)
陳士業先生全集　(清)陳弘緒撰　(清)鄭冠等編　明末清初刻清雍正十二年(1734)重修本　十冊

310000－0241－0018012　(2387)
畬經堂文集八卷　(清)朱景英撰　清乾隆四十二年(1777)刻本　四冊

310000－0241－0018013　(2388)
湘帆堂集二十六卷　(明)傅占衡撰　清乾隆

七年(1742)傅欽俞募刻本　四册

310000－0241－0018014　(2389)

新刊翰林考正綱目點音資治通鑑節要會成二十卷　(明)唐順之刪定　(明)張謙鼇正　明嘉靖三十四年(1555)敬賢書堂刻本　三十册

310000－0241－0018015　(2390)

建昭雁足鐙考二卷　(清)徐渭仁錄　清道光十七年(1837)精刻本　一册

310000－0241－0018016　(2391)

洛陽名園記一卷　(宋)李格非撰　明萬曆吳琯刻本　一册

310000－0241－0018017　(2392)

癸巳齒錄二卷首一卷　(□)□□錄　清道光寫樣本　二册

310000－0241－0018018　(2393)

漱芳居文鈔八卷二集八卷　(清)趙青藜撰　清乾隆、嘉慶間趙氏漱芳居精刻本　八册

310000－0241－0018019　(2394)

雅趣藏書不分卷　(清)錢書撰　清康熙刻本　二册

310000－0241－0018020　(2395)

寧都三魏全集八十三卷首一卷　(清)魏際瑞等撰　(清)林時益輯　清康熙魏氏易堂刻本　四十册

310000－0241－0018021　(2396)

前明一統志摘不分卷　(清)張殿策撰　清乾隆三十五年(1770)稿本　一册

310000－0241－0018022　(2397)

東軒劍南詩鈔　(清)華郁文選　清抄本　一册　存二卷(一、四)

310000－0241－0018023　(2398)

如蘭集二十卷　(清)董柴輯　清乾隆二十五年(1760)定陽董氏精刻本　八册

310000－0241－0018024　(2399)

孟東野集殘本抄不分卷孟詩補遺一卷　(唐)孟郊撰　(清)桐華舸主人選並批點　清同治五年(1866)桐華舸稿本　一册

310000－0241－0018025　(2400)

鄉雲軒詩集四卷　(清)胡□□撰　清抄稿本　佚名朱墨校　一册

310000－0241－0018026　(2401)

乞食圖二卷　(清)林棲居士(錢維喬)撰　清乾隆刻本　二册

310000－0241－0018027　(2402)

新刻陳眉公訂正通紀會纂四卷　(明)諸燮纂輯　(明)陳繼儒訂正　清順治十二年(1655)刻本　四册

310000－0241－0018028　(2403)

西行集一卷　(清)汪文煇撰　清乾隆精刻本　一册

310000－0241－0018029　(2404)

三十六湖漁唱三卷漁唱乙稿一卷宜畧識字齋襍著九卷　(清)王敬之撰　清道光高郵王氏刻咸豐續刻本　一册

310000－0241－0018030　(2405)

小爾雅疏　(清)王煦撰集　清嘉慶五年(1800)鑿翠山莊刻本　一册　存三卷

310000－0241－0018031　(2406)

愔愔樓遺稿一卷附綆古集一卷　(清)常孝薉撰　清末楚水靜寄軒主抄本　一册

310000－0241－0018032　(2407)

刪補古今文致十卷　(明)劉士鏻選　(明)王宇增刪　明天啓三年(1623)書林翁少麓刻本　四册

310000－0241－0018033　(2408)

東里文集二十五卷　(明)楊士奇撰　明萬曆四十六年(1618)刻後印本　七册　存二十一卷(一至二十一)

310000－0241－0018034　(2409)

退密刪存稾二卷　(清)趙秉淵撰　清嘉慶刻本　一册

310000－0241－0018035　(2411)

錢譜四卷　(清)□□撰　清抄本　一册

310000－0241－0018036　(2412)

泉志十五卷　（宋）洪遵撰　清同治十三年(1874)隸釋齋刻本　一冊

310000－0241－0018037　(2413)
内外功訣一卷　（□）□□撰　清抄本　一冊

310000－0241－0018038　(2415)
文心雕龍十卷　（南朝梁）劉勰撰　明刻本　四冊

310000－0241－0018039　(2417)
滿漢五倫軌範一卷　（清）□□撰　清寫本　一冊

310000－0241－0018040　(2418)
重刊許氏說文解字五音韻譜十二卷　（漢）許慎撰　（宋）李燾編　明天啓七年(1627)世裕堂刻本　六冊

310000－0241－0018041　(2419)
說文解字十五卷　（漢）許慎記　（宋）徐鉉等校定　清同治十三年(1874)蘇城陶升甫摹刻陽湖孫氏校刻宋本　三冊

310000－0241－0018042　(2420)
五車韻瑞一百六十卷　（明）淩稚隆編輯　明金閶葉瑤池刻本　二十四冊

310000－0241－0018043　(2422)
海潮說一卷　（清）周春撰　清抄本　一冊

310000－0241－0018044　(2425)
耕釣草堂十二卷　（清）程義撰　清康熙刻本　一冊

310000－0241－0018045　(2426)
三餘堂存稿二卷館課偶存一卷經進稿一卷　（清）胡長齡撰　清嘉慶十五年(1810)刻本　二冊

310000－0241－0018046　(2427)
素位堂詩存一卷　（清）許汝衡撰　段朝端輯　清末山陽段氏稿本　一冊

310000－0241－0018047　(2433)
皕宋樓源流考併購獲本末一卷　（日本）島田翰撰　清末綠格抄本　董康跋　一冊

310000－0241－0018048　(2434)
萬曆野獲編　（明）沈德符撰　清抄本　五冊　存十九卷（四至二十二）

310000－0241－0018049　(2437)
古文未曾有集八卷　（清）王復禮選評　清康熙武林尊行齋刻本　四冊

310000－0241－0018050　(2440)
舊制太湖圖說一卷　（清）湖州府署編繪　清湖州府繕呈本　一冊

310000－0241－0018051　(2447)
貴池縣輿地圖　（□）□□繪　清刻本　一冊

310000－0241－0018052　(2449)
讀史方輿紀要序不分卷　（清）顧祖禹撰　清抄本　一冊

310000－0241－0018053　(2450)
四媿居存藁不分卷廬陵黄氏雜稿不分卷　（清）黄紹曾撰　清黄氏抄稿本　二冊

310000－0241－0018054　(2451)
弁江詩鈔七卷　（清）徐錫爵撰　清乾隆三十九年(1774)揖月軒精刻本　一冊

310000－0241－0018055　(2452)
漁璜詩四卷　（清）吾祖望撰　清嘉慶、道光間刻本　一冊

310000－0241－0018056　(2453)
吴江水考五卷　（明）沈啓撰　清雍正沈守義刻本　四冊

310000－0241－0018057　(2454)
郘亭知見傳本書目十六卷　（清）莫友芝撰　清末抄本　張乃熊過錄清周季貺　清王頌蔚批校　十二冊

310000－0241－0018058　(2455)
蘇長公合作八卷補二卷附錄一卷　（宋）蘇軾撰　（明）高啓批點　明萬曆四十八年(1620)烏程淩氏刻本　二十冊

310000－0241－0018059　(2456)
西域聞見錄　（清）七十一撰　清抄本　二冊　存七卷

310000－0241－0018060　（2457）
朱子可聞詩集五卷　（宋）朱熹撰　（清）洪力行釋　清雍正刻本　二册

310000－0241－0018061　（2458）
讀經傳偶記殘本不分卷　（□）□□撰　清抄本　一册

310000－0241－0018062　（2462）
觀我生室賸稿不分卷　（清）羅士琳撰　（清）陳韶編次　清咸豐十一年（1861）陳韶以道光二十九年（1849）刻版錄入文九篇並重爲編次本　一册

310000－0241－0018063　（2463）
龍川詩鈔不分卷　（清）李光炘撰　清抄本　樂嗣炳跋　一册

310000－0241－0018064　（2464）
蘋湘詞一卷　（清）曾行淦撰　清寶應劉氏食舊德齋寫本　一册

310000－0241－0018065　（2465）
香雪亭新編耆英會記二卷　（清）喬萊撰　清康熙刻初印本　一册

310000－0241－0018066　（2467）
樸寰初集十卷　（清）涂州守撰　清乾隆十六年（1751）竹山堂刻本　二册

310000－0241－0018067　（2468）
中山詩文集不分卷　（琉球）尚貞等撰　（清）王登瀛等輯　清康熙刻本　一册

310000－0241－0018068　（2469）
黄道中西合圖　（清）徐朝俊繪　清嘉慶十二年（1807）刻本　四册

310000－0241－0018069　（2470）
新鐫張太史註釋標題綱鑑白眉二十一卷首一卷　（明）張鼐編輯　（明）周宗建參訂　明末金陵李潮刻本　二十四册

310000－0241－0018070　（2471）
編年考十卷　（清）沈球輯　（清）沈麟編次　清康熙懷德堂刻本　四册

310000－0241－0018071　（2472）
嘉府典故纂要八卷　（清）王惟梅輯　清乾隆五十四年（1789）刻本　二册

310000－0241－0018072　（2473）
新刻陳眉公訂正通鑑會纂二十八卷　（明）諸燮纂輯　（明）陳繼儒訂正　明末刻清順治十二年（1655）補刻本　十二册

310000－0241－0018073　（2474）
安溪先生解義三種四卷　（清）李光地撰　清康熙六十一年（1722）安溪李氏刻本　一册

310000－0241－0018074　（2475）
受祺堂詩三十五卷　（清）李因篤撰　清康熙刻本　八册

310000－0241－0018075　（2476）
陔華居三種　（清）秦元文撰　清末稿本　三册

310000－0241－0018076　（2477）
寄閒詩草二卷附文三篇　（清）楊模撰　清乾隆聽松草堂刻本　四册

310000－0241－0018077　（2479）
大清光緒十四年歲次戊子時憲書一卷　（清）欽天監印造　清光緒刻本　一册

310000－0241－0018078　（2480）
二選古文正宗十卷　（明）張鼐評閱　（明）陳繼儒參訂　明刻本　四册

310000－0241－0018079　（2481）
草韻辨體五卷　（明）郭諶輯　（明）閔齊伋摹　明崇禎刻本　六册

310000－0241－0018080　（2485）
尹文端公詩集十卷　（清）尹繼善撰　清乾隆刻本　六册

310000－0241－0018081　（2487）
寄屐草　（清）唐庸撰　清嘉慶、道光間刻本　一册　存二卷（下、續集）

310000－0241－0018082　（2488）
後甲集不分卷　（清）顧之葵撰　清嘉慶刻本　一册

310000－0241－0018083　(2489)
寶硯齋詩集八卷　(清)戚芸生撰　清嘉慶刻本　二册

310000－0241－0018084　(2490)
昌平山水記二卷　(清)顧炎武撰　清抄本　一册

310000－0241－0018085　(2491)
古泉拓本不分卷　(□)□□撰　清拓本　六册

310000－0241－0018086　(2492)
松桂堂集(茗齋百花詩)二卷　(清)彭孫遹撰　清抄本　一册

310000－0241－0018087　(2494)
大清州縣名急就章不分卷　(清)彭翔履述　清嘉慶刻本　一册

310000－0241－0018088　(2495)
吴門畫舫録二卷續録三卷續録投贈三卷　(清)西溪山人編　(清)箇中生續編　清嘉慶十九年(1814)虎邱行館刻本　六册

310000－0241－0018089　(2496)
歷代典制韻語不分卷　(□)□□録　清抄本　四册

310000－0241－0018090　(2497)
孟浩然集二卷　(唐)孟浩然撰　明鄭能刻本　二册

310000－0241－0018091　(2498)
養正圖解二卷　(明)焦竑撰　清董誥寫本　二册

310000－0241－0018092　(2499)
御製養正圖讚一卷　(清)高宗弘曆撰　清董誥寫本　一册

310000－0241－0018093　(2500)
聖製題養正圖詩一卷　(清)高宗弘曆撰　清董誥寫本　一册

310000－0241－0018094　(2502)
雙遂堂遺集四卷　(清)查嗣庭撰　清抄本　一册

310000－0241－0018095　(2503)
姚磬兒傳一卷　(清)沈清瑞撰　清抄本　一册

310000－0241－0018096　(2504)
分類尺牘新語二編二十四卷　(清)汪淇箋定　(清)徐士俊評　清初刻本　四册

310000－0241－0018097　(2505)
韋齋集十二卷　(宋)朱松撰　清抄本　二册

310000－0241－0018098　(2506)
檀弓通二卷　(明)徐昭慶輯注　明刻本　二册

310000－0241－0018099　(2507)
揭曼碩詩三卷　(元)揭傒斯撰　(明)毛晉訂　明末虞山毛氏汲古閣刻本　二册

310000－0241－0018100　(2510)
河海崑崙録四卷　裴景福撰　清抄本　四册

310000－0241－0018101　(2511)
建州八音字義便覽不分卷　(清)林端材彙輯　清乾隆六十年(1795)刻本　一册

310000－0241－0018102　(2514)
[道光]道光雲南志鈔　(清)王崧撰　(清)杜允中注　清道光刻本　二册　存四卷(三至六)

310000－0241－0018103　(2515)
竹窗吟草五卷竹窗詞一卷　(清)趙淇撰　清趙氏稿本　二册

310000－0241－0018104　(2516)
焦玉瞀一卷　(□)□□録　清道光二十六年(1846)王焕藩抄本　一册

310000－0241－0018105　(2517)
記遊吴郡諸名蹟一卷　(□)□□撰　清道光稿本　一册

310000－0241－0018106　(2521)
北泉草堂詩集二卷　(明)藍田撰　清抄本　一册

310000－0241－0018107　(2523)

良貴堂文鈔不分卷　(清)張祖年撰　清雍正刻本　一冊

310000－0241－0018108　(2524)
素蘭集二卷　(明)翁孺安撰　清翁氏抄本　一冊

310000－0241－0018109　(2526)
豆花莊詩鈔十卷首一卷豆花莊詩餘殘卷一卷　(清)馬士圖撰　清嘉慶十五年(1810)顧晴崖家刻本　一冊

310000－0241－0018110　(2531)
叢鈔三種五卷　(清)□□輯　清抄本　四冊

310000－0241－0018111　(2532)
吾炙集一卷　(清)錢謙益輯　清末東越徐氏抄本　一冊

310000－0241－0018112　(2534)
聲韻考四卷　(清)戴震撰　清丁氏寄綠軒抄本　清丁顯跋　一冊

310000－0241－0018113　(2535)
書小史十卷　(宋)陳思纂次　清抄本　四冊

310000－0241－0018114　(2537)
吳氏轂音三卷　(清)吳寧撰　清抄本　一冊

310000－0241－0018115　(2538)
唐嵩少山人詩文集一卷　(清)唐士恂撰　(清)唐尊瑋摘錄　清唐尊瑋手錄本　一冊

310000－0241－0018116　(2539)
角山樓詩鈔十六卷　(清)趙克宜撰　清道光刻本　二冊

310000－0241－0018117　(2540)
朱止泉先生外集五卷　(清)朱澤澐撰　清抄本　二冊

310000－0241－0018118　(2541)
遵巖先生文鈔不分卷　(明)王慎中撰　明藍格抄本　一冊

310000－0241－0018119　(2542)
華國編文選八卷　(清)孫濩孫輯　(清)孫喬年增輯　清乾隆二十四年(1759)高郵孫氏天心閣刻本　四冊

310000－0241－0018120　(2543)
[詩]條對選要不分卷　(□)□□撰　清抄本　二冊

310000－0241－0018121　(2544)
華亭二家詩詞三卷　(清)□□錄　清抄本　一冊

310000－0241－0018122　(2545)
車中唫存草二卷　(清)王賡言撰　清嘉慶十二年(1807)茶半香初之館精刻本　二冊

310000－0241－0018123　(2546)
集韻校勘記十卷　(清)馬釗撰　清同治初年長洲馬氏倩友清繕本　一冊

310000－0241－0018124　(2547)
明名臣三十三人傳合鈔不分卷　(□)□□錄　清抄本　一冊

310000－0241－0018125　(2548)
古文品外錄十二卷　(明)陳繼儒選評　明刻本　四冊

310000－0241－0018126　(2551)
見聞便錄不分卷　(清)菊屏手錄　清道光二十六年(1846)稿本　一冊

310000－0241－0018127　(2552)
紅葉山房學唫藁一卷　(清)張文桂撰　清光緒清抄本　清江衡跋　一冊

310000－0241－0018128　(2553)
生香館詞不分卷　(清)李佩金撰　清寫本　一冊

310000－0241－0018129　(2554)
拾唾自怡集錄不分卷　(清)宋紹濂撰　清道光九年(1829)稿本　一冊

310000－0241－0018130　(2555)
翟青野題畫詩一卷　(清)翟齊撰　清劉鴻賓臨摹本　一冊

310000－0241－0018131　(2558)
石渠閣校刻庭訓閱古隨筆二卷　(明)穆文熙

纂輯　(明)壽國音註　明末石渠閣刻本　一冊

310000－0241－0018132　(2559)
霜哺遺音七卷　(清)袁廷檮輯　清嘉慶袁氏貞節堂刻本　二冊

310000－0241－0018133　(2560)
金文通公外集八卷　(清)金之俊撰　清康熙刻本　一冊

310000－0241－0018134　(2562)
宋元明詩約鈔三百首二卷姓氏小傳一卷　(清)朱梓　(清)冷昌言編輯　(清)華黼臣註　清末抄本　二冊

310000－0241－0018135　(2563)
淩秋渚落葉詩不分卷　(清)淩一飛撰　清初吳興淩氏帶草園刻本　一冊

310000－0241－0018136　(2564)
心齋雜組二卷　(清)張潮撰　清康熙詒清堂刻本　一冊

310000－0241－0018137　(2565)
讀書作文譜父師善誘法合刻二種十四卷　(清)唐彪輯著　清康熙刻本　四冊

310000－0241－0018138　(2566)
杲堂詩鈔七卷文鈔六卷　(清)李鄴嗣撰　(清)鄧漢儀選　清康熙刻本　八冊

310000－0241－0018139　(2567)
續客窗閒話八卷　(清)吳熾昌撰　清道光三十年(1850)刻本　四冊

310000－0241－0018140　(2568)
夢痕錄餘一卷　(清)汪輝祖撰　(清)汪繼坊等續　清嘉慶遞刻本　一冊

310000－0241－0018141　(2569)
水利荒政合刻二種二卷　(清)東臯居士輯　清道光二十五年(1845)東臯草堂刻本　一冊

310000－0241－0018142　(2572)
南樓吟草二卷詩餘一卷　(清)宋璇撰　清道光刻本　一冊

310000－0241－0018143　(2573)
樹萱堂集不分卷　(清)李斐然撰　清末嘉善李氏謄清稿本　一冊

310000－0241－0018144　(2574)
角山樓詩鈔十五卷　(清)趙克宜撰　清道光二十六年(1846)自刻本　四冊

310000－0241－0018145　(2575)
古香堂詩稿十三卷　(清)楊大琛撰　清乾隆精刻本　二冊

310000－0241－0018146　(2576)
儷體文鈔不分卷　(□)□□錄　清寫本　一冊

310000－0241－0018147　(2577)
評月樓遺詩二卷末一卷　(清)陳三陛撰　清嘉慶刻本　一冊

310000－0241－0018148　(2578)
方貞觀詩集二卷方貞觀卷葹集一卷　(清)方貞觀撰　清乾隆刻本　一冊

310000－0241－0018149　(2579)
尺木樓詩集四卷　(清)程世繩撰　清乾隆刻本　二冊

310000－0241－0018150　(2581)
大清光緒五年歲次己卯時憲書一卷　(清)欽天監印造　清光緒刻本　一冊

310000－0241－0018151　(2582)
存友札小引一卷　(清)徐晟撰　清抄本　一冊

310000－0241－0018152　(2584)
適園雜著一卷　(明)陸樹聲撰　清光緒十年(1884)金陵翁氏茹古閣抄本　一冊

310000－0241－0018153　(2585)
紅樹樓續集三卷　(清)陸昶撰　清乾隆五十四年(1789)石鈞刻本　一冊

310000－0241－0018154　(2586)
蠛蠓集五卷　(明)盧柟撰　明萬曆三十年(1602)張其忠濬縣刻本　六冊

310000－0241－0018155　(2587)
太湖詩草不分卷　(清)劉鴻翱撰　清抄本　一册

310000－0241－0018156　(2589)
問琴閣詩錄不分卷　(清)宋育仁撰　清光緒富順宋氏刻本　一册

310000－0241－0018157　(2590)
西山林西山泉合刻二種五卷　(清)王顯曾撰　清嘉慶七年(1802)枕書樓刻本　一册

310000－0241－0018158　(2591)
陶適齋先生詩稿二卷　(清)陶金諧撰　清乾隆五十二年(1787)丁澄刻本　二册

310000－0241－0018159　(2592)
閑吟處詩鈔四卷　(清)華文桂撰　清道光十二年(1832)刻本　一册

310000－0241－0018160　(2594)
果齋公雜文一卷附錄一卷　(清)□□撰　清抄本　一册

310000－0241－0018161　(2595)
説文解字十二卷　(漢)許慎撰　(宋)李燾重編　明萬曆二十六年(1598)陳大科白狼書社刻本　十二册

310000－0241－0018162　(2596)
潛邱雜錄不分卷　(清)閻若璩錄　清抄本　二册

310000－0241－0018163　(2598)
瑯嬛記不分卷　(元)伊世珍輯　清抄本　一册

310000－0241－0018164　(2599)
國朝全閩詩錄初集二十一卷續十一卷　(清)鄭杰輯　清嘉慶刻本　十二册

310000－0241－0018165　(2600)
依舊草堂遺稿二卷　(清)費丹旭撰　(清)汪鉽編　清同治七年(1868)錢唐汪氏振綺堂刻本　佚名抄補並簽校　一册

310000－0241－0018166　(2601)
亦政堂鐫陳眉公普祕笈一集五十種八十八卷　(明)陳繼儒編　明刻本　三册

310000－0241－0018167　(2602)
漢南拙草不分卷　(清)楊名颺撰　清道光刻本　一册

310000－0241－0018168　(2604)
硯隣居士遺稿二卷　(清)任國任撰　清道光十九年(1839)碧山草堂精刻本　一册

310000－0241－0018169　(2605)
書箋一卷辨帖箋一卷畫箋一卷　(明)屠隆撰　明末刻本　一册

310000－0241－0018170　(2606)
紀年類編不分卷　(清)蘇韋輯　清乾隆刻本　一册

310000－0241－0018171　(2607)
劉炫規杜持平六卷　(清)邵瑛撰　清嘉慶二十二年(1817)邵氏桂隱書屋刻本　一册

310000－0241－0018172　(2608)
浣香亭澹香吟集一卷　(清)席夔撰　清乾隆刻本　一册

310000－0241－0018173　(2609)
西澗草堂全集四種　(清)閻循觀撰　清乾隆三十八年(1773)樹滋堂刻本　三册

310000－0241－0018174　(2610)
鈍吟老人遺稿(全集)九種二十三卷　(清)馮班撰　清順治、康熙間虞山毛氏汲古閣陸貽典、馮武等遞刻本　二册

310000－0241－0018175　(2611)
朱柏廬先生愧訥集未刻稿四卷　(清)朱用純撰　清抄本　二册

310000－0241－0018176　(2613)
碧溪詩話十卷　(宋)黄徹撰　清抄本　清沈韻齋以聚珍本校　二册

310000－0241－0018177　(2615)
張制軍[亮基]年譜二卷　(清)林紹年輯　清光緒三十一年(1905)刻本　二册

310000－0241－0018178　(2616)

六逸詩鈔二十三卷　(清)孫讜選　(清)王嗣衍閲定　清抄本　六册

310000－0241－0018179　(2617)
吟風閣四卷　(清)楊潮觀(笠湖)撰　清嘉慶二十五年(1820)屋外山房主人刻本　四册

310000－0241－0018180　(2618)
封氏聞見記　(唐)封演撰　清抄本　佚名校　一册　存五卷

310000－0241－0018181　(2619)
史編補議不分卷　(清)曹周鰲撰　清康熙十七年(1678)謄清稿本　一册

310000－0241－0018182　(2620)
吳徵君蓮洋詩鈔八卷　(清)吳雯撰　(清)蘇爾詒　(清)劉贊參訂　清抄本　八册

310000－0241－0018183　(2621)
平川櫂歌不分卷　(清)陸炳祺撰　清光緒、宣統間寫本　一册

310000－0241－0018184　(2622)
儒林外史五十六回　(清)吳敬梓撰　清同治八年(1869)羣玉齋木活字印本　十二册

310000－0241－0018185　(2623)
迦陵先生填詞圖並題詠一卷　題(清)釋汕繪　(清)李良年等題詠　清道光摹本　一册

310000－0241－0018186　(2624)
寶書堂詩鈔八卷　(清)褚華撰　清嘉慶十六年(1811)上海李氏刻本　二册

310000－0241－0018187　(2625)
七克七卷　(西班牙)龐迪我撰　清嘉慶刻本　三册

310000－0241－0018188　(2626)
南園風雅二卷　(清)王恭編輯　清乾隆刻本　一册

310000－0241－0018189　(2627)
蔗塘未定稿七種外集五種　(清)查爲仁撰　清乾隆初宛平查氏寫刻本　四册

310000－0241－0018190　(2628)
摭古遺文不分卷　(明)李登輯　清抄本　二册

310000－0241－0018191　(2629)
歷代鐘鼎彝器款識法帖二十卷　(宋)薛尚功撰　明崇禎六年(1633)朱謀垔刻本　六册

310000－0241－0018192　(2630)
石刻鋪叙二卷　(宋)曾宏父撰　清抄本　一册

310000－0241－0018193　(2633)
異聞錄十二卷　(清)孫洙輯　清道光十八年(1838)刻本　八册

310000－0241－0018194　(2634)
碧城僊館摘句圖三卷　(清)陳文述摘句　(清)管筠編錄　清道光二十四年(1844)三鶖閣刻本　一册

310000－0241－0018195　(2635)
一粟廬詩一稿四卷二稿四卷鐙窗瑣話十卷柳隱叢譚四卷題紅閣詞鈔一卷語兒村篴一卷　(清)于源撰　清道光二十五年至咸豐五年(1845－1855)遞刻本　六册

310000－0241－0018196　(2636)
梁谿遺稾詩鈔一卷文鈔一卷　(宋)尤袤撰　清道光元年(1821)尤興詩刻本　一册

310000－0241－0018197　(2637)
筠心書屋詩鈔十二卷　(清)褚廷璋撰　清嘉慶十一年(1806)鑑湖亭刻本　四册

310000－0241－0018198　(2638)
震川先生集三十卷別集十卷附錄一卷　(明)歸有光撰　(清)歸莊校　清康熙十年至十四年(1671－1675)崑山歸氏刻虞山景氏印本　八册

310000－0241－0018199　(2639)
山帶閣集三十三卷　(明)朱曰藩撰　明萬曆初刻遞修本　四册

310000－0241－0018200　(2640)
傳音快字一卷　(清)蔡錫勇撰　清光緒二十二年(1896)武昌刻本　一册

310000－0241－0018201　(2643)
款目源流二卷　(□)□□録　清同治、光緒間寫本　二册

310000－0241－0018202　(2644)
振興實業章則文牘彙録一卷　(清)□□録　清光緒三十三年(1907)寫本　一册

310000－0241－0018203　(2645)
揚州畫舫紀遊圖一幅　(清)□□繪　清刻本　一册

310000－0241－0018204　(2646)
樗巢詩選五卷　(清)李必恒撰　清嘉慶半舫齋夏氏刻本　二册

310000－0241－0018205　(2647)
固説二卷　(唐)王績等撰　(清)史流芳選評　清康熙昆陽刻本　二册

310000－0241－0018206　(2648)
文選樓詩存五卷　(清)阮元撰　清嘉慶二十四年(1819)琅嬛僊館刻本　四册

310000－0241－0018207　(2649)
勘繪界圖日記　(清)□之屏撰　清末寫本　一册　存一卷

310000－0241－0018208　(2650)
詩經讀本四卷　(清)周樽訂　清乾隆坊刻本　三册

310000－0241－0018209　(2651)
新刻批評繡像後西遊記四十回　題(明)天花才子評　清金閶書業堂刻本　十册

310000－0241－0018210　(2654)
石雲山人遺詩不分卷　(清)吳榮光撰　清末抄本　一册

310000－0241－0018211　(2655)
漁洋説部精華十二卷書籍跋尾二卷附説鈴一卷　(清)王士禛撰　(清)劉堅類次　清乾隆刻本　四册

310000－0241－0018212　(2656)
汲綆書屋詩鈔不分卷淮黄策畧兼濟運五議一卷　(清)潘慶齡撰　清道光十八年(1838)自刻本　一册

310000－0241－0018213　(2657)
閨秀詩選四卷　(清)王芳與等撰　(清)□□選　清退一步齋抄本　一册

310000－0241－0018214　(2658)
柘溪草堂集一卷　(清)喬萊撰　清康熙刻本　一册

310000－0241－0018215　(2660)
劉端臨先生遺書三卷續刊四卷　(清)劉台拱撰　清嘉慶十一年(1806)揚州阮氏刻十三年(1808)續刻本　二册

310000－0241－0018216　(2661)
壽藤軒吟藁二卷賦藁一卷　(清)朱宗大撰　清乾隆刻本　一册

310000－0241－0018217　(2662)
徐文長文集三十卷補遺一卷　(明)徐渭撰　(明)袁宏道評點　明末刻本　八册

310000－0241－0018218　(2663)
與秋集二卷　(清)丁有煜撰　(清)姚遇奇評點　清乾隆南通丁氏刻本　二册

310000－0241－0018219　(2665)
白華堂詩稿不分卷　(清)葉敬撰　清□薌轂抄本　一册

310000－0241－0018220　(2666)
雄雉齋選集六卷　(清)顧圖河撰　清□薌轂抄本　一册

310000－0241－0018221　(2672)
愚荃敝帚二卷　(清)李文安撰　清光緒九年(1883)同文書局縮刻咸豐元年(1851)刻本　一册

310000－0241－0018222　(2673)
臨野堂文集十卷詩餘二卷尺牘四卷　(清)鈕琇撰　清康熙刻本　八册

310000－0241－0018223　(2674)
百尺梧桐閣集文集三卷詩集十六卷　(清)汪懋麟撰　清康熙十七年(1678)江都汪氏刻本　六册

310000－0241－0018224　(2675)

漁洋山人精華錄會心偶筆六卷　(清)伊應鼎撰　清乾隆刻本　四冊

310000－0241－0018225　(2676)

若菴集五種五卷　(清)程庭撰　清康熙刻本　八冊

310000－0241－0018226　(2677)

鴻濛室叢書　(清)方玉潤撰　清同治刻本　三十四冊　存二種六十卷

310000－0241－0018227　(2678)

二餘堂叢書十二種二十四卷　(清)師範輯　清嘉慶九年(1804)小停雲館刻本　十冊

310000－0241－0018228　(2679)

水經注釋四十卷目錄一卷附錄二卷水經注箋刊誤十二卷　(清)趙一清撰　清乾隆五十一年(1786)趙氏小山堂刻本　二十冊

310000－0241－0018229　(2681)

憑山閣留青集選十卷　(清)陳枚選輯　清康熙刻本　六冊

310000－0241－0018230　(2682)

昌黎全集四十卷外集十卷　(唐)韓愈撰　明葛氏永懷堂刻本　十二冊

310000－0241－0018231　(2683)

四照堂文集五卷詩集二卷　(清)王猷定撰　(清)王玬校　清康熙二十二年(1683)王玬刻本　五冊

310000－0241－0018232　(2684)

青邱高季迪先生詩集十八卷遺詩一卷首一卷扣舷集一卷附錄一卷鳧藻集五卷　(明)高啓撰　(清)金檀輯注　清雍正六年至七年(1728－1729)金氏文瑞樓刻乾隆末印文瑞樓叢刻本　八冊

310000－0241－0018233　(2685)

重訂唐詩別裁集二十卷　(清)沈德潛選　清乾隆抄本　二十冊

310000－0241－0018234　(2686)

御製讀尚書詩一卷　(清)高宗弘曆撰　清乾隆内府刻本　一冊

310000－0241－0018235　(2687)

詩經拾遺十六卷　(清)葉酉撰　清乾隆耕餘堂刻本　二冊

310000－0241－0018236　(2688)

詩考異補二卷　(清)嚴蔚撰　清乾隆四十九年(1784)嚴氏二酉齋刻本　一冊

310000－0241－0018237　(2689)

黃攝六詩選二卷　(明)黃翼聖　(清)錢謙益選　清順治十六年(1659)刻本　二冊

310000－0241－0018238　(2690)

栟櫚先生文集二十五卷　(宋)鄧肅撰　清道光三年(1823)鄧廷楨刻本　四冊

310000－0241－0018239　(2691)

海天秋色譜九卷養菊法一卷　(清)閔廷楷撰　清道光二十四年(1844)自刻本　一冊

310000－0241－0018240　(2692)

印須集八卷續集六卷又續集六卷附女士詩錄一卷　(清)吳翌鳳輯　清嘉慶十九年至二十二年(1814－1817)長洲吳氏刻本　十冊

310000－0241－0018241　(2693)

正音攟言四卷　(明)王荔撰　(明)王允嘉注　明崇禎刻本　四冊

310000－0241－0018242　(2694)

舌華錄九卷　(明)曹臣撰　(明)袁中道批評　明萬曆刻本　二冊

310000－0241－0018243　(2695)

遙擲藁二十卷　(清)馮武撰　清康熙寶稼堂刻本　六冊

310000－0241－0018244　(2696)

河防一覽榷十二卷　(明)潘季馴撰　(明)潘大復榷　明刻本　六冊

310000－0241－0018245　(2697)

檗菴集二卷　(明)汪禔撰　(清)汪懋麟選輯　清康熙十八年(1679)汪宗豫校刻本　一冊

310000－0241－0018246　(2698)

陸學士先生遺稿十六卷　(明)陸可教撰　(明)劉曰寧等校　明萬曆劉曰寧等刻本　六冊

310000－0241－0018247　(2699)
冬花庵燼餘稿三卷　(清)奚岡撰　清嘉慶十年(1805)刻本　一冊

310000－0241－0018248　(2700)
皇明典故紀聞十八卷　(明)余繼登輯　明萬曆王象乾刻本　六冊

310000－0241－0018249　(2701)
浙西六家詞六種十一卷　(清)龔翔麟輯　清康熙龔氏玉玲瓏閣刻本　四冊

310000－0241－0018250　(2702)
周會魁校正四書大全十八卷　(明)胡廣等輯　(明)周士顯校正　明末留耕堂周譽吾刻本　十九冊

310000－0241－0018251　(2703)
獨抱廬叢刻　(清)陳宗彝輯　清道光三山陳氏刻本　三冊　存三種八卷

310000－0241－0018252　(2704)
石經殘字一卷　(清)陳宗彝輯　清道光三年(1823)陳氏石經精舍刻本　一冊

310000－0241－0018253　(2705)
蜀石經殘字一卷　(清)陳宗彝輯　清道光六年(1826)三山陳氏石經精舍刻本　一冊

310000－0241－0018254　(2706)
春秋釋經十二卷　(清)高澍然撰　清道光七年(1827)刻本　四冊

310000－0241－0018255　(2707)
沿海圖一卷　(清)□□繪　清彩繪本　一冊

310000－0241－0018256　(2708)
正字畧一卷　(清)王筠撰　清道光抄本　一冊

310000－0241－0018257　(2709)
湄湖吟十一卷聽松軒遺文一卷　(清)杜溎撰　清康熙刻本　四冊

310000－0241－0018258　(2710)
容居堂三種曲六卷　(清)周稚廉撰　清書帶草堂刻本　六冊

310000－0241－0018259　(2711)
萬青閣自訂詩八卷詩餘殘卷一卷　(清)趙吉士撰　清康熙刻本　二冊

310000－0241－0018260　(2712)
五經文字三卷附九經字樣一卷　(唐)張參撰　清康熙歙縣項絪羣玉書堂刻本　二冊

310000－0241－0018261　(2713)
毛朱詩説一卷　(清)閻若璩撰　清椿花閣抄本　一冊

310000－0241－0018262　(2715)
文苑英華一千卷　(宋)李昉等輯　明隆慶元年(1567)胡維新刻本　一百一冊

310000－0241－0018263　(2716)
維閩源流錄十九卷　(清)張夏纂　(清)黄昌衢等校　清康熙二十一年(1682)黄氏彝敘堂刻本　三冊

310000－0241－0018264　(2717)
公車徵士小錄不分卷　(清)全祖望撰　清乾隆刻本　一冊

310000－0241－0018265　(2719)
嶺南詩集八卷　(清)李文藻撰　清乾隆、嘉慶間刻本　二冊

310000－0241－0018266　(2720)
今雨集二十四卷　(清)顧沅輯　清道光二十九年(1849)長洲顧氏藝海樓刻本　八冊

310000－0241－0018267　(2721)
夏小正戴氏傳四卷　(漢)戴德撰　(宋)傅崧卿編訂　清沈氏授經樓抄本　一冊

310000－0241－0018268　(2722)
夏小正經傳集解四卷　(清)顧鳳藻撰　清沈氏授經樓抄本　一冊

310000－0241－0018269　(2723)
國朝湖州府科第表不分卷　(清)錢振常纂訂　清同治十一年(1872)刻本　二冊

310000－0241－0018270 (2724)
長元鄉賢小志二卷 (清)蔣希賢述 清抄本 清丁士涵校 一册

310000－0241－0018271 (2725)
觀瀾堂詩集九卷文集八卷 (清)曹章撰 清康熙刻光緒虞山曹氏木活字補版印本 四册

310000－0241－0018272 (2726)
欽定遼金元三史國語解四十六卷 (清)國史館撰 清道光四年(1824)内府刻本 十四册

310000－0241－0018273 (2727)
臨野堂詩集十三卷詩餘二卷 (清)鈕琇撰 清康熙刻本 二册

310000－0241－0018274 (2730)
庾開府哀江南賦註一卷 (清)徐樹穀纂輯 (清)徐炯纂輯 清抄本 一册

310000－0241－0018275 (2731)
千文六書統要二卷 (明)胡正言輯篆 明崇禎十竹齋刻本 三册

310000－0241－0018276 (2732)
草聖彙辯四卷草訣百韻一卷 (清)朱宗文摹辯 (清)白芬彙編 清順治白芬刻本 二册

310000－0241－0018277 (2733)
三教正宗五卷 (明)林兆恩撰 明萬曆刻本 一册

310000－0241－0018278 (2734)
國語二十一卷 (三國吳)韋昭解 明新建李克家校刻本 四册

310000－0241－0018279 (2735)
詩經註疏鈔四卷 (明)鍾惺訂 明玉津園刻兩截版十三經註疏抄本 四册

310000－0241－0018280 (2736)
大學明音一卷中庸明音一卷論語明音一卷孟子明音一卷 (明)王覺撰 明嘉靖刻本 二册

310000－0241－0018281 (2737)
詩經八卷詩小序一卷 (宋)朱熹集傳 清八旗官學影刻武英殿本 四册

310000－0241－0018282 (2738)
鮚埼亭碑跋二卷 (清)全祖望撰 清抄本 一册

310000－0241－0018283 (2739)
拾遺記十卷 (晉)王嘉撰 (南朝梁)蕭綺録 明崇禎刻本 四册

310000－0241－0018284 (2740)
浙江郡邑道里圖一卷 (清)伊靖阿輯繪 清乾隆刻本 一册

310000－0241－0018285 (2741)
福建省會城市全圖 (清)□□編繪 清刻本 一册

310000－0241－0018286 (2742)
小木子詩三刻八卷 (清)朱休度撰 清嘉慶三年至十七年(1798－1812)秀水朱氏精刻本 四册

310000－0241－0018287 (2743)
静怡軒詩草一卷詞草一卷 (清)沈允慎撰 清沈氏稿本 清秦緗業 清薛時雨 清潘鍾瑞題詩 清劉履芬跋 一册

310000－0241－0018288 (2744)
收菴居士自敘年譜畧二卷 (清)趙懷玉撰 清道光十二年(1832)趙氏刻本 二册

310000－0241－0018289 (2745)
[咸淳]玉峯續志一卷 (宋)謝公應修 (宋)邊實纂 清抄本 一册

310000－0241－0018290 (2746)
廣漢魏叢書七十六種四百三十九卷 (明)何允中輯 明崇禎刻本 四十五册

310000－0241－0018291 (2747)
本朝名媛詩鈔六卷 (清)胡孝思 (清)朱珖評輯 清乾隆淩雲閣刻本 四册

310000－0241－0018292 (2748)
雞足山志十卷首一卷 (清)范承勳撰 清康熙三十一年(1692)刻本 七册

310000－0241－0018293 (2749)
傳真必要一卷 題(清)石渠敬録 清抄本

一册

310000－0241－0018294 （2750）
悔存詩鈔八卷 （清）黄景仁撰 （清）翁方綱選 清嘉慶元年（1796）丘縣劉大觀刻本 二册

310000－0241－0018295 （2752）
楚辭八卷首一卷末一卷 （戰國）屈原等撰 （清）屈復集註 清乾隆三年（1738）刻本 二册

310000－0241－0018296 （2753）
尚白齋鐫陳眉公訂正祕笈二十種 （明）陳繼儒編 明萬曆沈氏尚白齋刻本 十四册

310000－0241－0018297 （2754）
攄懷藁一卷 （清）席玕撰 清雍正刻本 一册

310000－0241－0018298 （2755）
昌晚集二卷范密居詩餘一卷 （清）范邃撰 清雍正十二年（1734）如皋范氏刻本 一册

310000－0241－0018299 （2757）
詞綜三十六卷 （清）朱彝尊輯 （清）汪森增輯 清康熙十七年（1678）汪氏裘杼樓刻康熙三十年（1691）增刻本 十二册

310000－0241－0018300 （2758）
片石聯吟不分卷 （清）李墀輯 清嘉慶十七年（1812）刻本 一册

310000－0241－0018301 （2759）
詩慰初集 （清）陳允衡編 清順治刻本 五册 存八家八卷

310000－0241－0018302 （2760）
鳴秋閣古樂府二卷 （清）李天垣撰 清刻本 二册

310000－0241－0018303 （2761）
江南經畧八卷 （明）鄭若曾撰 清康熙三十二年（1693）鄭起泓刻本（卷八配抄本） 十册

310000－0241－0018304 （2762）
安陽集五十卷別録三卷遺事一卷家傳十卷 （宋）韓琦撰 清康熙五十六年（1717）崑山徐氏刻本 十册

310000－0241－0018305 （2765）
擷芳集八十卷 （清）顧若璞等撰 （清）汪啓淑選 清乾隆末汪氏飛鴻堂刻本 二十册

310000－0241－0018306 （2766）
詩岑二十二卷 （清）楊梓選輯 （清）蕭殿颺選輯 清康熙積風樓刻本 八册

310000－0241－0018307 （2767）
皇明世説新語 （明）李紹文撰 明刻本 一册 存三卷（三至五）

310000－0241－0018308 （2768）
賞奇軒合編五卷 清賞奇軒精刻本 五册

310000－0241－0018309 （2769）
四六新函 （明）鍾惺選注 明末吴門童湧泉刻本 八册 存十卷（一至七、九至十一）

310000－0241－0018310 （2770）
仙屏書屋初集詩錄十六卷詩後錄二卷 （清）黄爵滋撰 清道光二十七年（1847）涇縣翟金生西園泥活字印本 五册

310000－0241－0018311 （2771）
中江紀年詩集四卷 （清）袁啓旭撰 清乾隆初袁氏刻本 八册

310000－0241－0018312 （2773）
韓緑卿穊梧桐館藏趙醴原古泉搨本題跋一卷 （清）馬昂撰 （清）韓應陛撰 清抄本 一册

310000－0241－0018313 （2774）
古書隱樓藏書 （清）閔一得編訂 清道光十四年（1834）刻本 二十册 存二十三種三十二卷

310000－0241－0018314 （2775）
家語十卷坿集語二卷 （三國魏）王肅注 明鍾人傑刻本 二册

310000－0241－0018315 （2776）
雷峯塔傳奇四卷 （清）方成培撰 清乾隆刻本 四册

310000－0241－0018316　(2777)
六書精藴　(明)魏校撰　清抄本　四冊　存四卷

310000－0241－0018317　(2780)
篆楷考異一卷字式一卷楷書訂譌一卷　(清)徐朝俊輯　清嘉慶十三年(1808)精刻套印本　一冊

310000－0241－0018318　(2781)
倪雲林詩集六卷　(元)倪瓚撰　(明)潘是仁輯校　明萬曆潘氏刻宋元四十三家集本　二冊

310000－0241－0018319　(2783)
鳴野山房彙刻帖目元集一卷亨集一卷利集一卷貞集一卷　(清)沈復粲撰　清末味經書屋寫本　四冊

310000－0241－0018320　(2785)
佩文韻府一百六卷　(清)張玉書等纂　**韻府拾遺一百六卷**　(清)汪灝拾遺　清康熙五十年(1711)内府刻五十九年(1720)續刻拾遺本　一百十五冊

310000－0241－0018321　(2786)
授堂遺書五種五十三卷　(清)武億撰　清乾隆、嘉慶間武穆淳刻本　十四冊

310000－0241－0018322　(2790)
惜抱軒十種七十卷　(清)姚鼐撰　清嘉慶刻道光元年(1821)續刻本　二十二冊

310000－0241－0018323　(2791)
新齊音風淪集二卷　(清)范坰撰　清嘉慶緣督草堂刻本　一冊

310000－0241－0018324　(2792)
香泉志不分卷　(明)胡永成撰　清光緒三年(1877)崑山張星鑑抄本　二冊

310000－0241－0018325　(2793)
香瓦樓市簾集四卷　(清)姜皐撰　清嘉慶、道光間姜氏自刻本　一冊

310000－0241－0018326　(2794)
桐遊小草一卷　(□)□□撰　清乾隆五十八年至嘉慶二年(1793－1797)稿本　一冊

310000－0241－0018327　(2795)
鈍硯巵言不分卷　(清)錢綺撰　清末葉氏五百經幢館抄本　一冊

310000－0241－0018328　(2796)
廣韻五卷　(宋)陳彭年等重修　清康熙六年(1667)陳上年、張弨符山堂刻本　五冊

310000－0241－0018329　(2797)
説文解字注三十二卷　(清)段玉裁撰　清同治六年至十一年(1867－1872)錢唐吳氏補刻本　十六冊

310000－0241－0018330　(2798)
廉吏傳十四卷壼附一卷　(明)黃汝亨輯　明萬曆四十三年(1615)刻本　六冊

310000－0241－0018331　(2800)
歐陽先生文粹二十卷　(宋)歐陽修撰　明嘉靖二十六年(1547)郭雲鵬刻本　十冊

310000－0241－0018332　(2801)
楚辭十七卷附錄一卷　(戰國)屈原等撰　(漢)劉向編集　明末翻刻萬曆十四年(1586)武林馮氏觀妙齋本　四冊

310000－0241－0018333　(2802)
大清同治七年歲次戊辰時憲書一卷　(清)欽天監印造　清同治刻本　一冊

310000－0241－0018334　(2803)
玉劍尊聞十卷　(清)梁維樞撰　清順治刻本　六冊

310000－0241－0018335　(2804)
奚蒙泉詩冊一卷　(清)奚岡撰　清抄本　佚名摹清郭麐　清錢叔美跋　一冊

310000－0241－0018336　(2805)
積古齋鐘鼎彝器款識十卷　(清)阮元編錄　清嘉慶九年(1804)揚州阮氏刻本　四冊

310000－0241－0018337　(2806)
管子二十四卷　(唐)房玄齡注　明萬曆十年(1582)趙用賢刻初印本　六冊

310000－0241－0018338　(2807)
慮得集四卷附錄二卷　(明)華悰韡撰　明萬曆四十二年(1614)華繼祥刻本　一册

310000－0241－0018339　(2808)
董漢陽碧里後集疑存一卷附豢龍子一卷雜存一卷附十五子傳一卷　(明)董穀撰　明嘉靖刻本　二册

310000－0241－0018340　(2810)
重刻山谷先生年譜十五卷　(宋)黄□編　(明)周希令重編　明萬曆三十二年(1604)李友梅刻本　三册

310000－0241－0018341　(2811)
歷代古文選不分卷　(清)□□選並集評　清抄本　二册

310000－0241－0018342　(2812)
大清光緒十九年歲次癸巳時憲書一卷　(清)欽天監印造　清光緒刻本　一册

310000－0241－0018343　(2813)
大清光緒二十一年歲次乙未時憲書一卷　(清)欽天監印造　清光緒刻本　一册

310000－0241－0018344　(2814)
八家詩選八卷　(清)吳之振選　清康熙十一年(1672)石門吳氏鑑古堂刻本　八册

310000－0241－0018345　(2815)
野香亭詩集十三卷　(清)李孚青撰　清康熙刻本　十册

310000－0241－0018346　(2816)
盤隱山樵詩集八卷　(清)李孚青撰　清康熙刻本　四册

310000－0241－0018347　(2817)
識字畧十卷　(清)宋宗元撰　清乾隆三十三年(1768)元和宋氏網師園刻本　三册

310000－0241－0018348　(2818)
月滄文集八卷首一卷　(清)呂璜撰　清抄本　三册

310000－0241－0018349　(2819)
匊芳園詩鈔八卷　(清)何夢瑤撰　清乾隆刻本　二册

310000－0241－0018350　(2820)
賑紀八卷　(清)方觀承輯　清乾隆刻本　八册

310000－0241－0018351　(2821)
說文解字　(漢)許慎撰　(宋)徐鉉等校定　清同治十二年(1873)粵東書局刻古經解彙函本　五册　存十四卷

310000－0241－0018352　(2824)
詩人玉屑二十卷　(宋)魏慶之撰　清初處順堂刻本　十二册

310000－0241－0018353　(2825)
茗雪山房二種曲四卷　(清)彭劍南撰　清道光六年(1826)彭氏茗雪山房刻本　四册

310000－0241－0018354　(2826)
得酒趣齋外編四卷坿編六種六卷　(清)徐錫可撰　(清)吳受福輯　清光緒十六年(1890)吳受福寫本　一册

310000－0241－0018355　(2827)
詩學雜言二卷　(明)冒愈昌撰　明萬曆二十八年至二十九年(1600－1601)刻本　二册

310000－0241－0018356　(2828)
吾與彙編十卷　(清)吳翌鳳輯　清嘉慶二十一年(1816)刻本　四册

310000－0241－0018357　(2829)
唐詩體經四卷　(清)吳廷偉選訂　(清)顧元標註釋　清康熙四十二年(1703)賜蓮堂刻本　二册

310000－0241－0018358　(2830)
篆學三書三種七卷　(清)楊錫觀撰　清乾隆刻本　六册

310000－0241－0018359　(2832)
御選宋金元明四朝詩　(清)聖祖玄燁選　清康熙四十八年(1709)武英殿刻本　一百四十八册　存三百八卷

310000－0241－0018360　(2833)
勵志齋叢書八種三十卷　(清)陸錫熊等輯

清光緒縮刻武英殿聚珍版書本　七冊　存四種二十一卷（禹貢指南四卷、甕牖閒評八卷、澗泉日記三卷、拙軒集六卷）

310000－0241－0018361　（2834）
浙江省十一府賦一卷　（清）□□編　清抄本　一冊

310000－0241－0018362　（2835）
香屑集十八卷首一卷末一卷　（清）黄之雋撰　（清）陳邦直校注　清雍正十二年（1734）海寧陳邦直遂初園刻本　八冊

310000－0241－0018363　（2838）
［嘉慶］海門廳志四卷　（清）章廷楓修　（清）董曰申纂輯　清抄本　四冊

310000－0241－0018364　（2839）
五代詩話十二卷漁陽詩話三卷　（清）王士禛輯撰　清乾隆十三年（1748）養素堂刻本　八冊

310000－0241－0018365　（2842）
漢魏六朝百三名家集　（明）張溥輯　清抄本　吴臧跋　四冊

310000－0241－0018366　（2843）
杏雨樓集唐遊仙詩一卷　（清）黄照撰　清乾隆抄稿本　一冊

310000－0241－0018367　（2844）
舊雨集三卷補遺一卷　（清）沈用濟等撰　（清）周準輯　清抄本　一冊

310000－0241－0018368　（2846）
舊京遺事一卷　（明）史玄撰　清抄本　一冊

310000－0241－0018369　（2849）
日知錄校正一卷　（清）丁晏撰　清光緒二十三年（1897）梁谿鄧志霖抄稿本　一冊

310000－0241－0018370　（2850）
盧忠肅公彭節愍公家書合鈔二卷　（明）盧象昇　（明）彭期生撰　（清）吳昂駒輯　清海昌吳氏竹素山房抄本　清管廷芬　清吳昂駒跋　一冊

310000－0241－0018371　（2852）
南來堂拾遺一卷　（清）釋讀徹撰　清抄稿本　一冊

310000－0241－0018372　（2854）
石墨考異二卷　（清）嚴蔚撰　清抄稿本　一冊

310000－0241－0018373　（2855）
寶雞金石志一卷　（清）鄧夢琴撰　清歸安淩椴癖好堂抄校本　王欣夫跋　一冊

310000－0241－0018374　（2857）
漢書正誤四卷　（清）王峻撰　（清）錢大昕校定　清乾隆六十年（1795）懷息草堂刻本　二冊

310000－0241－0018375　（2860）
默庵安先生文集五卷　（元）安熙撰　清望江倪模經鉏堂傳抄元刻本　一冊

310000－0241－0018376　（2861）
古藤書屋詩稿四卷　（清）湯成烈撰　清古藤書屋抄稿本　一冊

310000－0241－0018377　（2862）
禹貢示掌一卷　（清）尤逢辰輯　（清）尤錫齡校　清也是軒抄本　一冊

310000－0241－0018378　（2863）
國朝名家詩鈔不分卷　潘介繁選　王鴻朗評稿本　清徐鑾跋　十四冊

310000－0241－0018379　（2865）
明史列傳稿二百六十七卷　（清）萬斯同撰　清舊抄稿本　清邵晉涵校　清吳騫跋　六十四冊

310000－0241－0018380　（2868）
葉白泉詩稿三卷　（清）葉國華撰　清新陽潘道根抄稿本　二冊

310000－0241－0018381　（2872）
漁洋山人精華錄箋注十二卷補注一卷　（清）王士禛撰　（清）徐淮纂輯　清乾隆鳳翽堂刻本　七冊

310000－0241－0018382　（2873）
竹雲題跋四卷　（清）王澍撰　清乾隆三十二

年(1767)苕上錢人龍畫雲閣刻本　四册

310000－0241－0018383　(2874)

笠澤叢書四卷補遺一卷續補遺一卷　(唐)陸龜蒙撰　清咸豐長洲許辰焕影寫陸鍾輝水雲漁屋本　清許辰焕從清許虎炳過録清戈載録清黄丕烈臨清吳騫校本□校　清許虎炳臨清戈襄　清戈載校跋　一册

310000－0241－0018384　(2875)

朱門授受録十卷　(清)吳鼒編　清抄稿本　清莫友芝題簽　王欣夫跋　六册

310000－0241－0018385　(2876)

錫山文集錫山古今藝文考一卷　(清)王直撰録　(清)王鑑續輯　清抄稿本　一册

310000－0241－0018386　(2877)

醉經草堂前集二十卷抱山居士集一卷　(清)王鑑撰　清乾隆抄稿本　四册

310000－0241－0018387　(2879)

頤素齋印景不分卷　(清)何慶涵撰　清光緒十六年(1890)鈐印本　四册

310000－0241－0018388　(2880)

五禮通考二百六十二卷目録二卷首五卷　(清)秦蕙田撰　清乾隆初秦氏抄稿付刻本　七十三册

310000－0241－0018389　(2881)

春秋公羊傳注疏二十八卷　(漢)何休注　(唐)陸德明音義　明崇禎七年(1634)虞山毛氏汲古閣刻本　十册

310000－0241－0018390　(2882)

春秋穀梁註疏二十卷　(晉)范甯集解　(唐)楊士勛疏　明崇禎八年(1635)虞山毛氏汲古閣刻十三經註疏本　六册

310000－0241－0018391　(2885)

遼史一百十六卷　(元)脱脱等撰　明嘉靖八年(1529)南監刻本　二十四册

310000－0241－0018392　(2886)

東晉南北朝輿地表年表十卷首一卷末一卷州郡表不分卷郡縣沿革表不分卷　(清)徐文範撰　清稿本　六册

310000－0241－0018393　(2899)

漢書一百卷　(漢)班固撰　(唐)顔師古注　清同治八年(1869)金陵書局刻本　十六册

310000－0241－0018394　(2900)

漢書一百卷　(漢)班固撰　(唐)顔師古注　清同治八年(1869)金陵書局刻本　十六册

310000－0241－0018395　(2901)

讀禮通考一百二十卷　(清)徐乾學撰　清康熙徐氏冠山堂精刻初印本　二十册

310000－0241－0018396　(2902)

三朝北盟會編二百五十卷　(宋)徐夢莘編　清吳縣袁氏貞節堂抄本　清袁廷檮　清錢大昕校　清黄丕烈　清龔橙手識　十七册　存一百七十二卷

310000－0241－0018397　(2903)

五禮通考二百六十二卷目録二卷首四卷　(清)秦蕙田撰　清乾隆十八年(1753)秦氏味經窩刻初印校本　八十册

310000－0241－0018398　(2904)

通志堂集二十卷　(清)納蘭性德撰　清康熙三十年(1691)刻初印本　十册

310000－0241－0018399　(2905)

春秋左傳注疏六十卷　(晉)杜預注　(唐)孔穎達疏　明崇禎十一年(1638)虞山毛氏汲古閣刻本　二十册

310000－0241－0018400　(2906)

日知録三十二卷　(清)顧炎武撰　清康熙三十四年(1695)吳江潘氏遂初堂刻本　十二册

310000－0241－0018401　(2907)

乾隆府廳州縣圖志五十卷　(清)洪亮吉撰　清乾隆五十三年至嘉慶八年(1788－1803)洪氏卷施閣刻本　十六册

310000－0241－0018402　(2908)

春臺贅筆五卷　(清)黄世發撰　清知論物齋抄稿本　徐恕校　一册

310000－0241－0018403　(2912)

津逮秘書第一集　(明)毛晉輯　明崇禎虞山毛氏汲古閣刻本　六冊　存七種二十四卷

310000－0241－0018404　(2913)
儀禮注疏五十卷　(漢)鄭玄注　(唐)賈公彦等疏　清嘉慶十一年(1806)陽城張敦仁刻本　八冊

310000－0241－0018405　(2914)
淮南鴻烈解二十一卷首一卷　(漢)劉安撰　(漢)高誘註　清嘉慶刻廣漢魏叢書本　六冊

310000－0241－0018406　(2915)
儀禮注疏十七卷　(漢)鄭玄注　(唐)賈公彦等疏　明崇禎九年(1636)虞山毛氏汲古閣刻本　十二冊

310000－0241－0018407　(2916)
文選理學權輿八卷補一卷　(清)汪師韓撰　(清)孫志祖補　清嘉慶三年(1798)顧修讀畫齋刻初印本　三冊

310000－0241－0018408　(2917)
文選李注補正四卷　(清)孫志祖撰　清嘉慶三年(1798)桐川顧氏刻讀畫齋叢書甲集本　一冊

310000－0241－0018409　(2918)
論衡三十卷　(漢)王充撰　明萬曆何允中刻廣漢魏叢書本　十冊

310000－0241－0018410　(2919)
管子二十四卷　題(春秋)管仲撰　明萬曆吴勉學刻二十子本　四冊

310000－0241－0018411　(2920)
聖哲文獻考十六卷　(清)張青選輯　清吴縣張氏龍皋書屋清稿本　十六冊

310000－0241－0018412　(2921)
寰宇訪碑錄十二卷　(清)孫星衍撰　清嘉慶七年(1802)平津館刻本　五冊

310000－0241－0018413　(2922)
補寰宇訪碑錄五卷　(清)趙之謙撰　清抄本　葉昌熾校　劉之泗錄　羅振玉刻誤　二冊

310000－0241－0018414　(2923)
遼金正史綱目三十卷　(清)楊陸榮撰　清光緒潘志萬抄稿本　清潘志萬校跋　六冊

310000－0241－0018415　(2925)
漢書一百卷　(漢)班固撰　(唐)顏師古注　清同治八年(1869)金陵書局刻本　二十冊

310000－0241－0018416　(2926)
漢書一百二十卷　(漢)班固撰　(唐)顏師古注　清同治八年(1869)金陵書局刻本　十六冊

310000－0241－0018417　(2927)
天一閣書目十卷　(清)范懋柱編　清嘉慶十三年(1808)揚州阮氏文選樓刻本　十冊

310000－0241－0018418　(2928)
水經注釋四十卷目錄一卷附錄二卷水經注箋刊誤十二卷　(清)趙一清撰　清乾隆五十九年(1794)趙氏小山堂刻本　二十冊

310000－0241－0018419　(2929)
金石錄三十卷　(宋)趙明誠撰　清乾隆二十七年(1762)德州盧氏雅雨堂刻初印本　四冊

310000－0241－0018420　(2930)
說文解字繫傳四十卷附校勘記三卷　(宋)徐鍇傳釋　清道光十九年(1839)壽陽祁寯藻覆刻影宋抄本　清佚名校跋並過錄清孫爾準臨清梁同書　清許宗彦　清錢馥校及梁同書錄清盧文弨　清孫志祖校語　八冊

310000－0241－0018421　(2931)
筠清館金文五卷　(清)吳榮光撰　清光緒宜都楊守敬刻本　五冊

310000－0241－0018422　(2932)
禮記二十卷　(漢)鄭玄箋　清乾隆四十八年(1783)武英殿仿宋刻本　五冊

310000－0241－0018423　(2934)
毛詩證讀五卷　(清)戚學標撰　清嘉慶十年(1805)涉縣署刻戚鶴泉所著書本　三冊

310000－0241－0018424　(2935)
文選理學權輿八卷補一卷文選考異四卷文選李注補正四卷　(清)汪師韓撰　(清)孫志祖

補正　清光緒十五年(1889)廣州鎔經鑄史齋覆刻讀畫齋本　八册

310000－0241－0018425　(2936)

周易虞氏義九卷虞氏消息二卷　(清)張惠言撰　清嘉慶八年(1803)揚州阮氏琅嬛仙館刻張臯文箋易詮全集本　四册

310000－0241－0018426　(2937)

震川先生集三十卷別集十卷補刊震川先生集八卷　(明)歸有光撰　(清)錢謙益選　清康熙十年至十四年(1671－1675)崑山歸氏刻四十三年(1704)王棇補刻本　十六册

310000－0241－0018427　(2938)

焦氏易林四卷　(漢)焦延壽撰　明末虞山毛氏汲古閣刻清初廣文堂印本　三册

310000－0241－0018428　(2939)

法書要錄十卷　(唐)張彥遠集　明末虞山毛氏汲古閣刻本　三册

310000－0241－0018429　(2941)

頑石廬文集十卷　(清)徐養原撰　清抄稿本　四册

310000－0241－0018430　(2942)

華陽國志十二卷坿補三州郡縣目錄　(晉)常璩撰　清嘉慶十九年(1814)鄰水廖寅題襟館刻本　六册

310000－0241－0018431　(2943)

曹子建集輯校十卷敘錄一卷年譜一卷　(清)朱緒曾輯校　清抄稿本　清莫友芝等校　四册

310000－0241－0018432　(2944)

積古齋鐘鼎彝器款識十卷　(清)阮元編錄　清光緒五年(1879)華亭林長慶武昌刻本　六册

310000－0241－0018433　(2945)

管子二十四卷　(唐)房玄齡注　清光緒抱芳閣覆刻張瑛影宋抄本　四册

310000－0241－0018434　(2946)

華陽國志十二卷坿補三州郡縣目錄　(晉)常璩撰　清光緒十六年(1890)鄰水李徵庸悔過齋補刻題襟館本　四册

310000－0241－0018435　(2947)

水經注四十卷　(北魏)酈道元注　清乾隆十八年(1753)歙西黄晟槐蔭草堂刻本　八册

310000－0241－0018436　(2948)

蔡中郎集十卷外紀一卷外集四卷附列傳一卷年表一卷　(漢)蔡邕撰　清光緒十六年(1890)番禺陶氏愛廬覆刻海源閣本　六册

310000－0241－0018437　(2949)

日知錄三十二卷　(清)顧炎武撰　清康熙三十四年(1695)吴江潘氏遂初堂刻本　十册

310000－0241－0018438　(2950)

金石錄三十卷　(宋)趙明誠撰　清乾隆二十七年(1762)德州盧氏雅雨堂刻初印本　四册

310000－0241－0018439　(2951)

韻補五卷　(宋)宋棫撰　清嘉慶二十年(1815)沈炳垣影抄明許宗魯刻本　清沈炳垣校跋　五册

310000－0241－0018440　(2952)

輿地廣記二十八卷附札記二卷　(宋)歐陽忞撰　清光緒六年(1880)金陵書局重刻黄氏士禮居覆宋刻本　四册

310000－0241－0018441　(2953)

輿地廣記二十八卷附札記二卷　(宋)歐陽忞撰　清光緒六年(1880)金陵書局重刻黄氏士禮居覆宋刻本　四册

310000－0241－0018442　(2954)

韓非子二十卷識誤二卷　(戰國)韓非撰　(清)□□注　清光緒元年(1875)浙江書局重刻全椒吴氏影刻宋乾道本　六册

310000－0241－0018443　(2955)

詩經通義十二卷　(清)朱鶴齡輯　清雍正三年(1725)朱士玉刻本　六册

310000－0241－0018444　(2956)

楚辭十七卷疑字直音補一卷　(戰國)屈原撰　(漢)劉向編集　明隆慶五年(1571)豫章夫

容館重刻宋本　四冊

310000－0241－0018445　(2957)
楚辭集註八卷後語六卷辯證二卷　(戰國)屈原撰　(宋)朱熹集註　明刻本　五冊

310000－0241－0018446　(2960)
藏書紀事詩七卷　葉昌熾撰　王欣夫箋正　清宣統二年(1910)長洲葉氏刻本　六冊

310000－0241－0018447　(2961)
大唐六典三十卷　(唐)玄宗李隆基撰　清抄本　清馮浩校　王欣夫跋　十二冊

310000－0241－0018448　(2962)
風懷鏡四卷　(清)俞國琛纂　清嘉慶二十二年(1817)刻本　八冊

310000－0241－0018449　(2963)
蘇文忠公詩合注五十卷　(清)馮應榴撰　清嘉慶二十四年(1819)馮氏踵息齋刻本　二十四冊

310000－0241－0018450　(2965)
石經閣集六種二十二卷　(清)馮登府撰　清道光遞刻本　六冊　存二十卷

310000－0241－0018451　(2966)
世說新語三卷　(南朝宋)劉義慶撰　明萬曆十三年(1585)周氏博古堂重刻袁褧嘉趣堂本　六冊

310000－0241－0018452　(2968)
知希菴稿四卷　(明)惲厥初撰　清抄本　四冊

310000－0241－0018453　(2970)
荀子二十卷校勘補遺一卷　(戰國)荀況撰　(唐)楊倞注　清光緒二年(1876)浙江書局重刻乾隆嘉善謝氏本　六冊

310000－0241－0018454　(2971)
論衡三十卷　(漢)王充撰　明萬曆程榮刻漢魏叢書本　三冊

310000－0241－0018455　(2972)
李氏易傳十七卷易釋文一卷　(唐)李鼎祚輯　清乾隆二十一年(1756)德州盧氏雅雨堂刻本　六冊

310000－0241－0018456　(2973)
周禮學不分卷　胡玉縉撰　清末胡氏手稿本　六冊

310000－0241－0018457　(2974)
駢體文鈔三十一卷　(清)李兆洛選　清同治刻本　十二冊

310000－0241－0018458　(2975)
絕妙好詞箋七卷續鈔一卷詞選二卷續詞選二卷坿錄一卷　(清)查爲仁箋　(清)余集續抄　清同治十一年(1872)會稽章氏刻本　四冊

310000－0241－0018459　(2976)
更定四聲稿不分卷　(清)惠棟撰　清吳縣朱邦衡抄本　任銘善　王欣夫跋　五冊

310000－0241－0018460　(2977)
淮南子二十一卷　(漢)劉安撰　(漢)高誘注　清光緒二年(1876)浙江書局刻本　六冊

310000－0241－0018461　(2978)
文選纂注評林十二卷　(明)張鳳翼撰　明萬曆八年(1580)刻本　十二冊

310000－0241－0018462　(2979)
荀子二十卷　(戰國)荀況撰　明嘉靖許宗魯芸窗書院刻六子書本　四冊

310000－0241－0018463　(2980)
三國志六十五卷　(晉)陳壽撰　清同治九年(1870)金陵書局覆刻汲古閣本　八冊

310000－0241－0018464　(2993)
大戴禮記十三卷　(漢)戴德撰　(北周)盧辯注　清乾隆二十一年(1756)德州盧氏雅雨堂刻本　四冊

310000－0241－0018465　(2994)
尚書孔傳參正三十六卷序例一卷書序百篇異同表一卷　王先謙撰　清光緒三十年(1904)虛受堂刻本　六冊

310000－0241－0018466　(2998)
周易集解十七卷　(唐)李鼎祚撰　清嘉慶十年(1805)張海鵬照曠閣刻本　六冊

310000－0241－0018467　(2999)

李義山詩集箋注三卷集外詩箋注一卷　(清)朱鶴齡箋注　(清)程夢星刪補　清乾隆東柯草堂刻本　三冊

310000－0241－0018468　(3000)

昌黎先生詩集注十一卷年譜一卷　(清)顧嗣立撰　清康熙顧氏秀野草堂刻本　八冊

310000－0241－0018469　(3001)

楚辭十七卷　(戰國)屈原等撰　(漢)劉向集　清康熙初虞山毛氏汲古閣毛表重刻宋本　四冊

310000－0241－0018470　(3002)

吴越春秋十卷　(元)徐天祐音注　明萬曆十四年(1586)武林馮念祖臥龍山房覆刻元大德十年(1306)紹興路儒學刻本　六冊

310000－0241－0018471　(3003)

周易述二十三卷周易述補二卷　(清)惠棟撰　(清)江藩補　清乾隆二十四年(1759)德州盧氏雅雨堂刻本(有抄配)　清王鳴盛　曹元弼校　五冊

310000－0241－0018472　(3004)

[乾隆]循化廳志稿八卷　(清)龔景瀚編纂　清抄稿本　八冊

310000－0241－0018473　(3005)

春秋經傳集解考正七卷　(清)陳樹華撰　清抄稿本　十二冊

310000－0241－0018474　(3006)

漢書　(漢)班固撰　清乾隆武英殿刻本　十八冊　存七十卷(二至十八、四十一至七十、七十六至九十六、九十九至一百)

310000－0241－0018475　(3007)

一經廬叢書　(清)姚配中撰　清道光十五年(1835)汪氏一經廬木活字印本　八冊　存四種二十卷

310000－0241－0018476　(3008)

周易兼義九卷　(三國魏)王弼注　(唐)孔穎達疏　明崇禎四年(1631)虞山毛氏汲古閣刻初印本　三冊

310000－0241－0018477　(3010)

爾雅郭注義疏十九卷　(清)郝懿行撰　清道光三十年(1850)沔陽陸建瀛木犀香館蘇州刻本　八冊

310000－0241－0018478　(3011)

說文解字注三十卷附部目分韻一卷六書音均表五卷　(清)段玉裁撰　清嘉慶十三年(1808)段氏經韻樓刻本　十八冊

310000－0241－0018479　(3012)

纂圖互注荀子二十卷　(唐)楊倞注　元刻本　五冊　存十三卷(三至十、十六至二十)

310000－0241－0018480　(3014)

奕載堂文集不分卷　(清)瞿中溶撰　清道光十一年(1831)原刻樣本　一冊

310000－0241－0018481　(3015)

毛詩名物考不分卷　(□)□□撰　清抄本　李詳　劉之泗跋　四冊

310000－0241－0018482　(3016)

讀韓記疑十卷　(清)王元啓撰　清嘉慶五年(1800)刻本　二冊

310000－0241－0018483　(3017)

讀韓記疑十卷　(清)王元啓撰　清嘉慶二十二年(1817)王尚珏刻本　三冊

310000－0241－0018484　(3018)

倦圃尺牘二卷　(清)曹溶撰　(清)胡泰選　清康雍胡氏含暉閣刻本　二冊

310000－0241－0018485　(3019)

紫藤書屋叢刻　(清)陳□輯　清乾隆五十七年(1792)秀水陳氏刻本　一冊　存四種十卷

310000－0241－0018486　(3020)

香圃詩鈔六卷　(清)張霌撰　清康熙精刻本　一冊

310000－0241－0018487　(3021)

爾雅舊注三卷　(清)陳鱣撰集　清海寧朱元呂抄稿本　清許瀚校補並跋　一冊

310000－0241－0018488　(3022)
廣韻五卷　(宋)陳彭年等重修　清康熙四十三年(1704)吳郡張氏澤存堂刻本　五册

310000－0241－0018489　(3026)
鐵琴銅劍樓藏書目錄二十四卷　(清)瞿鏞編　清光緒二十四年(1898)常熟瞿氏家刻本　十册

310000－0241－0018490　(3027)
淮南鴻烈解二十一卷首一卷　(漢)劉安撰　(漢)高誘注　明萬曆二十年(1592)刻本　三册

310000－0241－0018491　(3028)
說文解字三十卷　(漢)許慎撰　明末虞山毛氏汲古閣刻本　十册

310000－0241－0018492　(3030)
說文解字三十卷　(漢)許慎撰　清光緒十二年(1886)吳縣朱記榮重刻平津館本　三册

310000－0241－0018493　(3031)
管子校正二十四卷　(清)戴望撰　清同治十一年(1872)刻本　六册

310000－0241－0018494　(3033)
定盦文集三卷續集四卷文集補六卷　(清)龔自珍撰　清同治七年(1868)錢塘吳煦刻本　三册

310000－0241－0018495　(3034)
古今僞書考不分卷醲川許氏雜考一卷　(清)陶及申　(清)許尚質撰　清抄稿本　二册

310000－0241－0018496　(3035)
沈下賢文集十二卷　(唐)沈亞之撰　明長樂謝肇淛小草齋抄本　二册

310000－0241－0018497　(3036)
聊寄集八卷　(清)莊復旦撰　清武進莊氏稿本　四册

310000－0241－0018498　(3038)
小谷口著述緣起不分卷　(清)鄭元慶撰　清雍正二年(1724)精刻本　一册

310000－0241－0018499　(3039)
果堂集十二卷　(清)沈彤撰　清乾隆刻初印本　六册

310000－0241－0018500　(3040)
隋書經籍志考證十三卷　(清)章宗源撰　清光緒三年(1877)湖北崇文書局刻本　二册

310000－0241－0018501　(3042)
塔爾巴哈台事宜四卷　(清)永保撰編纂　清抄本　四册

310000－0241－0018502　(3043)
漢書一百卷　(漢)班固撰　(唐)顔師古注　清同治八年(1869)金陵書局刻本　十六册

310000－0241－0018503　(3046)
爾雅郭注義疏二十卷　(晉)郭璞注　(清)郝懿行義疏　清咸豐六年(1856)楊以增、胡珽蘇州刻本　八册

310000－0241－0018504　(3047)
說文段注匡繆十五卷　(清)徐承慶撰　清張鳴珂抄本　清張鳴珂　清潘鍾瑞校跋　清張景祁校　四册

310000－0241－0018505　(3048)
犧經逐句錄不分卷　(清)□□錄　清稿本　八册

310000－0241－0018506　(3049)
四書地理考十五卷　(清)王鎏撰　清道光十五年(1835)王氏壑舟園刻本　四册

310000－0241－0018507　(3050)
說文解字三十卷　(漢)許慎撰　清同治十二年(1873)粵東書局刻小學彙函本　八册

310000－0241－0018508　(3051)
昌谷詩注四卷　(唐)李賀撰　(清)姚文燮注　清康熙五年(1666)刻本　一册

310000－0241－0018509　(3052)
續語堂金石跋不分卷　(清)魏錫曾撰　清抄稿本　一册

310000－0241－0018510　(3056)
大學管窺二卷管窺圖說一卷　(清)封傑撰　稿本　清張文虎序　清張鴻卓跋　二册

310000－0241－0018511　(3057)
班馬字類二卷　(宋)婁機撰　清乾隆馬曰璐叢書樓覆宋刻本　二册

310000－0241－0018512　(3058)
剡源先生文鈔四卷　(元)戴表元撰　(清)黄宗羲點定　清康熙二十七年(1688)海寧馬思贊刻本　一册

310000－0241－0018513　(3072)
金壇公是錄一卷　(清)□□撰　(清)姚文田訂　清抄本　一册

310000－0241－0018514　(3074)
花間集十卷　(五代)趙崇祚編　清光緒十九年(1893)臨桂王氏四印齋覆宋刻本　一册

310000－0241－0018515　(3075)
星軺日記一卷　(清)沈炳垣撰　清咸豐二年(1852)沈氏手稿本　一册

310000－0241－0018516　(3078)
春綠山房詩稿一卷文稿一卷　(清)楊禮榮撰　清抄稿本　一册

310000－0241－0018517　(3079)
白石道人歌曲考證一卷　(清)曹毓秀撰　清末吳縣曹氏謄清稿本　清吳俊卿題贉　一册

310000－0241－0018518　(3080)
林文忠公手札八卷　(清)林則徐撰　清光緒十五年(1889)歸安姚覲元寒秀草堂摹刻墨拓本　八册

310000－0241－0018519　(3083)
鄉黨禮說一卷　(清)李林松撰　清光緒五年(1879)通州劉恕刻本　一册

310000－0241－0018520　(3084)
爾雅義疏十九卷　(清)郝懿行撰　清道光三十年(1850)沔陽陸建瀛木犀香館刻本　六册

310000－0241－0018521　(3087)
韓詩述六卷　(清)徐堂撰　清稿本　一册

310000－0241－0018522　(3092)
十三經異同條辨　(清)魯學孟撰　清抄稿本　三册　存九卷

310000－0241－0018523　(3093)
思適齋集十八卷　(清)顧廣圻撰　清道光二十九年(1849)上海徐渭仁春暉堂刻初印本　四册

310000－0241－0018524　(3094)
春陵館詩話三卷　(清)周昌基撰　清抄稿本　二册

310000－0241－0018525　(3104)
續考古編十卷　(宋)程大昌撰　清常熟瞿氏鐵琴銅劍樓抄本　瞿熙邦校跋　一册

310000－0241－0018526　(3110)
論古閒睟一卷　(明)張韓撰　清無錫孫氏小綠天抄本　一册

310000－0241－0018527　(3114)
金石續編二十一卷　(清)陸耀遹纂　清同治刻本　十六册

310000－0241－0018528　(3115)
重刻黄文節山谷先生文集三十卷　(宋)黄庭堅撰　(明)周希令編　明萬曆三十二年(1604)周希令刻本　六册

310000－0241－0018529　(3116)
陳氏裒露軒叢書三種十五卷　(清)陳本禮撰　清嘉慶陳氏裒露軒刻本　十册

310000－0241－0018530　(3117)
今韻正義十卷　(清)陳倬撰　清抄稿本　十册

310000－0241－0018531　(3118)
畏壘山人文集四卷　(清)徐昂發撰　清常熟周大輔鴿峯草堂抄本　二册

310000－0241－0018532　(3119)
杜詩會稡二十四卷　(唐)杜甫撰　(清)張遠箋注　清康熙蕭山張氏蕉圃刻文蔚堂印本　十册

310000－0241－0018533　(3121)
文邨先生遺稿不分卷　(清)王振聲撰　清抄稿本　一册

310000－0241－0018534　(3122)

寒松閣詞一卷綠蠶詞一卷　(清)張鳴珂撰　清同治張氏寶董室稿本　一冊

310000－0241－0018535　(3125)
星湄詩話二卷　(清)徐傳詩撰　清嘉慶四年(1799)星湄草堂刻本　二冊

310000－0241－0018536　(3126)
管子誤文勘四卷　(清)□□校勘　清抄稿本　二冊

310000－0241－0018537　(3128)
楊升菴先生批點文心雕龍十卷　(南朝梁)劉勰撰　(明)楊慎批點　明萬曆三十七年(1609)刻初印本　六冊

310000－0241－0018538　(3129)
劉子文心雕龍四卷注四卷　(南朝梁)劉勰撰　(明)楊慎評點　明天啓、崇禎間吳興淩雲刻五色套印本　五冊

310000－0241－0018539　(3130)
楊升菴先生批點文心雕龍十卷　(南朝梁)劉勰撰　(明)楊慎批點　明天啓六年(1626)長山姜午生刻本　二冊

310000－0241－0018540　(3131)
廣陽詩集二卷　(清)劉獻廷著　清抄本　二冊

310000－0241－0018541　(3132)
映雪樓文偶鈔一卷　(清)莊仲方撰　清咸豐、同治間木活字印本　一冊

310000－0241－0018542　(3133)
劉炫規杜持平六卷　(清)邵瑛撰　清嘉慶二十年(1815)邵氏桂隱書屋刻本　一冊

310000－0241－0018543　(3134)
廣經室文鈔一卷　(清)劉恭冕撰　清光緒十五年(1889)廣雅書局刻本　一冊

310000－0241－0018544　(3136)
女紅餘志一卷　(宋)龍輔撰　清抄本　一冊

310000－0241－0018545　(3138)
唐宋大家全集　(清)儲欣錄　清康熙四十四年(1705)刻本　十四冊　存五十一卷

310000－0241－0018546　(3139)
金石文字記六卷　(清)顧炎武撰　清吳江潘氏遂初堂刻本　二冊

310000－0241－0018547　(3140)
說文解字三十卷　(漢)許慎撰　清同治十三年(1874)東吳浦氏重刻平津館覆宋刻本　三冊

310000－0241－0018548　(3141)
中吳紀聞六卷　(宋)龔明之撰　明弘治七年(1494)嚴春刻本　一冊

310000－0241－0018549　(3142)
杜詩集解　(清)沈炳巽撰　清沈氏稿本　二冊　存一卷(一)

310000－0241－0018550　(3143)
唐皮日休文藪十卷　(唐)皮日休撰　明萬曆三十六年(1608)許自昌刻本　二冊

310000－0241－0018551　(3144)
商君書五卷　(秦)商鞅撰　清光緒二年(1876)浙江書局刻本　一冊

310000－0241－0018552　(3145)
志雅堂雜抄二卷　(宋)周密撰　清乾隆、嘉慶間仁和余集寫刻本　一冊

310000－0241－0018553　(3146)
文心雕龍十卷　(南朝梁)劉勰撰　明隆慶三年(1569)魯藩三畏堂覆刻弘治馮允中本　二冊

310000－0241－0018554　(3147)
硯谿先生遺稿二卷　(清)惠周惕撰　(清)惠棟編　清元和惠氏紅豆齋抄本　一冊

310000－0241－0018555　(3148)
春秋繁露十七卷　(漢)董仲舒撰　清光緒八年(1882)淮南書局刻本　二冊

310000－0241－0018556　(3150)
詩考異補二卷　(清)嚴蔚撰　清乾隆四十九年(1784)嚴氏二酉齋刻本　一冊

310000－0241－0018557　(3151)
定盦文集三卷餘集附少作一卷　(清)龔自珍

撰　清道光三年(1823)仁和龔氏刻本　一册

310000－0241－0018558　(3152)
沈下賢文集十二卷　(唐)沈亞之撰　清影抄本　清王秉恩題識　王欣夫跋　一册

310000－0241－0018559　(3154)
毛詩學□卷　曹元弼撰　清光緒刻紅印樣本　一册　存四卷(一至二、五、七)

310000－0241－0018560　(3155)
石林居士建康集八卷補遺一卷兩鎮建康紀年畧一卷　(宋)葉夢得撰　(清)葉廷琯輯　清道光二十四年(1844)吴中葉氏刻初印本　二册

310000－0241－0018561　(3158)
大戴禮記十三卷　(漢)戴德撰　(北周)盧辯注　清乾隆二十三年(1758)德州盧氏雅雨堂刻本　二册

310000－0241－0018562　(3159)
佩觿三卷附考證　(宋)郭忠恕撰　清康熙張士俊澤存堂刻本　一册

310000－0241－0018563　(3160)
沈君庸先生集二卷　(明)沈自徵撰　清抄本　二册

310000－0241－0018564　(3161)
鄭志三卷　(三國魏)鄭小同撰　清光緒十年(1884)鮑廷爵後知不足齋重刻嘉定秦鑑汗筠齋本　一册

310000－0241－0018565　(3162)
宋本韓柳二先生年譜八卷　(清)馬曰琯輯　清雍正七年(1729)揚州馬氏小玲瓏山館重刻宋本　二册

310000－0241－0018566　(3163)
冬心先生集四卷　(清)金農撰　清雍正十一年(1733)江蘇廣陵般若庵刻本　一册

310000－0241－0018567　(3166)
素問六氣玄珠密語十七卷　(唐)王冰撰　清吴縣袁廷檮貞節堂抄本　清陳鱣校跋　三册

310000－0241－0018568　(3167)
一老菴文鈔不分卷　(清)徐柯撰　清抄本　一册

310000－0241－0018569　(3168)
孝經注疏九卷坿音義　(唐)玄宗李隆基注　(宋)邢昺疏　清嘉慶、道光間長洲汪士鐘藝芸精舍覆宋刻本　二册

310000－0241－0018570　(3169)
燕閒筆記三卷　(清)顧公燮撰　清吴縣吴翌鳳抄本　一册

310000－0241－0018571　(3172)
詩考箋證六卷　(宋)王應麟輯　(清)葉裕仁箋證　清鎮洋繆氏疑脩堂抄本　二册

310000－0241－0018572　(3173)
家語弟子補注五卷　(清)吕承恩撰　稿本　清邵瑛校　一册

310000－0241－0018573　(3178)
周易漢學通義八卷畧例一卷　(清)黄瓚撰　清同治黄氏稿本　二册

310000－0241－0018574　(3179)
新書十卷　(漢)賈誼撰　清光緒元年(1875)浙江書局刻本　二册

310000－0241－0018575　(3180)
吕氏春秋二十六卷　(秦)吕不韋撰　(漢)高誘注　清光緒六年(1880)浙江書局刻本　六册

310000－0241－0018576　(3181)
司馬法古注三卷附音義一卷　曹元忠撰　清光緒二十年(1894)吴縣曹氏箋經室刻本　一册

310000－0241－0018577　(3182)
墨子十六卷　(周)墨翟撰　(清)畢沅校注　清光緒二年(1876)浙江書局刻本　四册

310000－0241－0018578　(3183)
昆陵集二十卷　(唐)獨孤及撰　清張鳴珂抄本　清張鳴珂　葉德輝跋　四册

310000－0241－0018579　(3184)
劉向古列女傳　(漢)劉向輯　明萬曆三十四

年(1606)新都黄嘉育刻本(抄配一卷) 三册 存五卷(一至三、七至八)

310000－0241－0018580 (3185)
徽欽遺事六卷 (□)□□輯 清乾隆十二年(1747)常熟胡可大抄本 二册

310000－0241－0018581 (3186)
文心雕龍十卷 (南朝梁)劉勰撰 (清)張松孫輯注 清道光二十二年(1842)讀味齋刻本 二册

310000－0241－0018582 (3187)
文心雕龍十卷 (南朝梁)劉勰撰 (清)張松孫輯注 清道光二十二年(1842)讀味齋刻本 二册

310000－0241－0018583 (3188)
論語鄭注二卷 (清)宋翔鳳輯 清嘉慶四年(1799)浮谿精舍刻本 二册

310000－0241－0018584 (3189)
天山集不分卷 (清)歸起先撰 清歸氏抄本 二册

310000－0241－0018585 (3191)
孔子家語十卷 (三國魏)王肅注 明崇禎虞山毛氏汲古閣刻本 王欣夫據明陸治鈔本校並臨清惠棟評校 二册

310000－0241－0018586 (3194)
鄭氏周易注三卷補遺一卷 (宋)王應麟撰集 (清)惠棟增補 清同治十二年(1873)菊坡精舍刻本 一册

310000－0241－0018587 (3196)
周易集解校異二卷 (清)李富孫撰 清道光十年(1830)校經廎刻本 二册

310000－0241－0018588 (3197)
鄧析子二卷 清末影抄馬文藻影宋抄本 王欣夫跋 一册

310000－0241－0018589 (3205)
松雪遺稿一卷 (元)趙孟頫撰 (清)蕭龍江輯 清傳抄清康熙五十七年(1718)輯本 一册

310000－0241－0018590 (3206)
廣卓異記二十卷 (宋)樂史撰 清吴縣戴成抄本 王萶虬據清錢曾述古堂鈔本校 二册

310000－0241－0018591 (3207)
横山志畧六卷 (清)顧嘉譽編 清乾隆十三年(1748)香雪巢刻本 二册

310000－0241－0018592 (3208)
蒙韃備錄校注一卷 曹元忠撰 清光緒吴縣曹氏箋經室刻本 一册

310000－0241－0018593 (3209)
獨斷二卷 (漢)蔡邕撰 清光緒元年(1875)湖北崇文書局刻本 一册

310000－0241－0018594 (3210)
唐寫本説文解字木部箋異一卷 (清)莫友芝撰 清同治刻本 一册

310000－0241－0018595 (3212)
易齋劉先生遺集二卷 (明)劉璟撰 清咸豐八年(1858)劉淮抄明崇禎楊文驄刻本 一册

310000－0241－0018596 (3215)
日知錄三十二卷 (清)顧炎武撰 清康熙三十四年(1695)吴江潘氏遂初堂刻本 八册

310000－0241－0018597 (3216)
後漢書一百卷附續漢志三十卷 (南朝宋)范曄撰 (唐)李賢注 清同治八年(1869)金陵書局刻本 十六册

310000－0241－0018598 (3218)
唐詩鼓吹十卷 (金)元好問選 (元)郝天挺注 清順治十六年(1659)陸貽典、錢朝鼒刻本 五册

310000－0241－0018599 (3219)
爾雅参義六卷 (清)姜兆錫撰 清雍正十一年(1733)姜氏寅清樓刻本 二册

310000－0241－0018600 (3220)
吴中舊事一卷 (元)陸友仁撰 明隆慶元年(1567)吴縣顧德育抄本 一册

310000－0241－0018601 (3221)
集韻十卷附校勘記(浮籤)十卷 (宋)丁度修

定　清同治初影抄虞山毛氏汲古閣影宋抄本　清佚名錄清段玉裁等校　四冊

310000－0241－0018602　(3223)
明延平二王遺集不分卷　(明)鄭成功　(明)鄭經撰　清抄本　一冊

310000－0241－0018603　(3225)
鄉黨正義十四卷　(清)王鎏撰　清道光二十一年(1841)藝海堂刻本　二冊

310000－0241－0018604　(3226)
莊子因六卷　(清)林雲銘撰　清乾隆刻本　四冊

310000－0241－0018605　(3228)
避暑錄話二卷　(宋)葉夢得撰　清道光二十五年(1845)葉鍾重刻葉廷琯校本　四冊

310000－0241－0018606　(3229)
經述四卷　(清)林頤山撰　(清)林兆豐撰　清末抄稿本　四冊

310000－0241－0018607　(3231)
巖下放言三卷　(宋)葉夢得撰　清道光二十六年(1846)葉鍾重刻葉廷琯校本　一冊

310000－0241－0018608　(3232)
鈔幣論一卷　(清)許楣撰　清道光二十六年(1846)許氏古均閣刻本　一冊

310000－0241－0018609　(3234)
片玉齋存藁二卷　(明)丁元復撰　清丁士涵家抄本　一冊

310000－0241－0018610　(3235)
琴清閣書目不分卷　(清)周錫瓚藏並撰　清乾隆周氏香巖書屋稿本　一冊

310000－0241－0018611　(3236)
夏小正小傳一卷　(清)任啓運撰　清抄稿本　一冊

310000－0241－0018612　(3237)
古詩鈔不分卷　(清)□□選評　清抄本　一冊

310000－0241－0018613　(3238)
釋名疏證八卷坿釋名補遺續釋名一卷　(清)畢沅撰　清光緒九年(1883)撫松館刻本　二冊

310000－0241－0018614　(3239)
四史發伏十卷　(清)洪亮吉撰　清咸豐三年(1853)常熟顧氏小石山房刻本　一冊

310000－0241－0018615　(3240)
四史發伏十卷　(清)洪亮吉撰　清光緒刻本　二冊

310000－0241－0018616　(3241)
秋露詞一卷繡鴛詞一卷　(清)孫麟趾撰　清抄稿本　一冊

310000－0241－0018617　(3242)
入蜀記一卷　(清)李保泰撰　清抄稿本　一冊

310000－0241－0018618　(3244)
說文解字注三十卷部目分韻一卷　(清)段玉裁撰　清光緒七年(1881)海寧查燕緒木漸齋刻本　二十一冊

310000－0241－0018619　(3245)
青丘詩鈔五卷補遺一卷　(明)高啓撰　(清)淩周文選　清乾隆四十九年(1784)長洲淩氏手抄本　二冊

310000－0241－0018620　(3249)
尚書質疑三卷　(清)顧棟高撰　清抄本　一冊

310000－0241－0018621　(3250)
紅杏樓詩賸稿一卷梅笛庵詞賸稿一卷　(清)宋志沂撰　清同治刻本　一冊

310000－0241－0018622　(3251)
時人詩鈔一卷　(□)□□撰　清抄本　一冊

310000－0241－0018623　(3252)
十三經音義故總例凡例一卷　(清)孫葆璜撰　清道光歸安孫氏已學齋刻本　一冊

310000－0241－0018624　(3253)
儀禮蠡測十七卷　(清)韋協夢撰　清道光二十五年(1845)帶草軒刻本　二冊

310000－0241－0018625　(3254)
萇生子年譜一卷　(清)瞿中溶撰　清道光二十二年(1842)刻本　一册

310000－0241－0018626　(3255)
壑舟園初稿一卷　(清)王鎏撰　清道光十四年(1834)洞庭王氏刻本　一册

310000－0241－0018627　(3256)
汪胡尺牘二卷　(清)汪喜孫撰　(清)江標輯　清光緒二十五年(1899)元和江氏靈鶼閣校刻朱印樣本　一册

310000－0241－0018628　(3267)
文選李注釋例一卷　劉翰芳撰　吳縣孫氏稿本　孫德謙批並序　一册

310000－0241－0018629　(3268)
確庵尺牘一卷　(清)陳瑚撰　清抄稿本　一册

310000－0241－0018630　(3274)
原侍御先考芳侯陽府君行述一卷　(清)湯騏述　清康熙元年(1662)刻本　一册

310000－0241－0018631　(3275)
五禮通考條辨二卷　(清)秦蕙田撰　清抄稿本　二册

310000－0241－0018632　(3277)
獨斷一卷　(漢)蔡邕撰　清光緒元年(1875)湖北崇文書局刻本　一册

310000－0241－0018633　(3278)
獨斷一卷　(漢)蔡邕撰　清光緒元年(1875)湖北崇文書局刻本　一册

310000－0241－0018634　(3279)
白石道人詩集一卷集外詩諸賢酬贈詩一卷白石道人詩説一卷　(宋)姜夔撰　清乾隆二十四年(1759)□烏山房重刻宋書棚本　一册

310000－0241－0018635　(3280)
遙擲稿不分卷　(清)馮武撰　清抄本　一册

310000－0241－0018636　(3281)
醉墨軒三種三卷　(清)程士櫆撰　清程氏稿本　王欣夫跋　二册

310000－0241－0018637　(3283)
説文解字韻譜十卷　(南唐)徐鍇撰　清同治三年(1864)馮桂芬摹刻宋本　二册

310000－0241－0018638　(3284)
易象附錄不分卷　(清)彭定求撰　清彭氏抄稿本　一册

310000－0241－0018639　(3286)
易傳三卷　(漢)京房撰　(三國吳)陸績注　清元和朱邦衡抄本　一册

310000－0241－0018640　(3287)
新雕校證大字白氏諷諫一卷　(唐)白居易撰　清光緒十九年(1893)武進費念慈影刻宋本　王欣夫據唐寫本、宋刻本校　一册

310000－0241－0018641　(3289)
寫定尚書　(清)吳汝綸寫定　清光緒十八年(1892)吳氏家塾石印本　一册

310000－0241－0018642　(3294)
列代建元表十卷坿建元類聚考二卷　(清)錢東垣撰　清道光七年(1827)嘉定錢氏刻本　八册

310000－0241－0018643　(3297)
汗簡三卷目錄一卷敘畧一卷　(宋)郭忠恕撰　清康熙四十二年(1703)錢唐汪立名一隅草堂刻本　一册

310000－0241－0018644　(3298)
毛詩故訓傳裨二卷補編一卷　(清)朱大韶撰　清稿本　一册

310000－0241－0018645　(3301)
杜詩偶評四卷　(唐)杜甫撰　(清)沈德潛評　(清)潘承松校閱　清翻刻乾隆潘氏賦閒草堂本　二册

310000－0241－0018646　(3302)
今韻正義十卷　(清)陳倬撰　清抄稿本　十册

310000－0241－0018647　(3304)
文華殿檢書分檔不分卷　曹元忠等錄　清宣統元年(1909)吳縣曹氏稿本　二册

310000－0241－0018648　(3305)
文華殿檢書分檔不分卷　曹元忠等錄　清宣統元年(1909)吳縣曹氏稿本　一册

310000－0241－0018649　(3307)
丹邱生集五卷附錄一卷　(元)柯九思撰　繆荃孫輯　清光緒三十四年(1908)柯氏息園刻本　一册

310000－0241－0018650　(3315)
文選考異四卷　(清)孫志祖撰　清漢州張祥齡刻受經堂叢書本　三册

310000－0241－0018651　(3317)
舊圖想像不分卷　(清)尤侗撰　清抄本　一册

310000－0241－0018652　(3318)
説文答問疏證六卷　(清)薛傳均撰　清道光初刻本　二册

310000－0241－0018653　(3320)
詩古音三卷　(清)楊峒撰　清金梅書屋抄本　一册

310000－0241－0018654　(3321)
鄭桐庵先生年譜二卷　(清)徐雲祥　(清)沈明揚編　清康熙初徐枋抄稿本　一册

310000－0241－0018655　(3322)
桐庵文集一卷雲遊詩一卷　(清)鄭敷教撰　清長洲徐枋抄本　一册

310000－0241－0018656　(3324)
白石道人詩集二卷附錄一卷集外詩一卷詩説一卷評論一卷評論補遺一卷逸事一卷集事補遺一卷　(宋)姜夔撰　清同治十年(1871)桂林倪鴻書野水閒鷗館刻本　一册

310000－0241－0018657　(3325)
雲川閣集不分卷　(清)杜詔撰　(清)王孫芸　(清)莫健箋　清抄本　一册

310000－0241－0018658　(3326)
詩經會考一卷　(清)□□撰　清賜硯齋抄本　一册

310000－0241－0018659　(3327)
文選筆記六卷　(清)陳倬撰　清末抄稿本　四册

310000－0241－0018660　(3328)
吳城日記三卷　(清)□□撰　(清)葉廷琯輯　清抄稿本　清馮應圖序　王欣夫跋　一册

310000－0241－0018661　(3330)
切韻指掌圖校勘記一卷　(清)王振聲撰　清抄稿本　一册

310000－0241－0018662　(3332)
箴膏肓評一卷發墨守評一卷　(清)劉逢祿撰　清末南海桂氏謄清稿本　一册

310000－0241－0018663　(3333)
古文辭類纂補編初目不分卷　(清)姚椿選　清抄稿本　一册

310000－0241－0018664　(3334)
意林五卷　(唐)馬總撰　清福建覆刻武英殿聚珍版叢書本　一册

310000－0241－0018665　(3337)
范岐岩先生詩文集不分卷　(清)范鳴鳳撰　(清)李國治輯　清抄稿本　一册

310000－0241－0018666　(3339)
讀書瑣記一卷　(清)鳳應韶撰　清抄本　王欣夫跋　一册

310000－0241－0018667　(3340)
少宗文存不分卷　(清)倪慤撰　清抄稿本　清王鴻朗跋　二册

310000－0241－0018668　(3343)
經史通論隨筆不分卷　(□)□□撰　清抄稿本　一册

310000－0241－0018669　(3346)
綠天吟稿一卷詞一卷　(清)程雲璈撰　清抄稿本　一册

310000－0241－0018670　(3347)
松崖文鈔不分卷　(清)惠棟撰　清抄本　清蕭穆校　一册

310000－0241－0018671　(3348)

求是堂全集六種九十五卷 (清)胡承珙撰 清道光歙縣胡氏刻本 二十八册

310000-0241-0018672 (3349)
畿輔碑目二卷畿輔待訪碑目二卷 (清)樊彬輯 清陽湖趙烈文天放樓抄稿本 一册

310000-0241-0018673 (3351)
顯志堂稿外集四卷 (清)馮桂芬撰 清末抄稿本 王欣夫補第四卷並跋 四册

310000-0241-0018674 (3356)
歷代地理志韻編今釋二十卷皇朝輿地圖一卷皇朝輿地韻編二卷 (清)李兆洛輯 清光緒蜚英館石印本 四册

310000-0241-0018675 (3357)
汲冢周書十卷 (晉)孔晁注 清康熙刻本 一册

310000-0241-0018676 (3358)
淳化閣帖釋文十卷 (清)徐朝弼撰 清嘉慶十七年(1812)徐氏關中書院刻本 一册

310000-0241-0018677 (3359)
南山集讀本不分卷 (清)戴名世撰 (清)蕭穆選抄 清光緒蕭氏抄稿本 二册

310000-0241-0018678 (3360)
惜抱先生尺牘二卷補遺一卷 (清)姚鼐 (清)蕭穆選抄 清同治九年(1870)蕭氏抄稿本 一册

310000-0241-0018679 (3361)
濟陽詩鈔不分卷 (清)蔡湘撰 清抄稿本 一册

310000-0241-0018680 (3362)
周篔谷先生詩文鈔不分卷 (清)周篔撰 清康熙許璠抄本 清沈炳垣 清沈善登跋 一册

310000-0241-0018681 (3364)
三國職官記七卷 (清)易本烺撰 清咸豐元年(1851)老鶴堂清稿本 二册

310000-0241-0018682 (3369)
通甫類稿再續編二卷 (清)魯一同撰 清抄稿本 二册

310000-0241-0018683 (3370)
詩契齋駢體文鈔存一卷駢體文集賸稿六卷 (清)許玉瑑撰 清抄稿本 二册

310000-0241-0018684 (3371)
尚書今古文注疏三十卷 (清)孫星衍撰 清嘉慶二十年(1815)冶城山館刻初印本 六册

310000-0241-0018685 (3374)
竹雲題跋四卷虛舟題跋十卷補原三卷 (清)王澍撰 (清)宋澤元訂 清光緒十年(1884)山陰宋澤元懺花盦刻本 四册

310000-0241-0018686 (3376)
話雨樓碑帖目錄四卷 (清)王鯤編 清道光十五年(1835)王致望刻本 二册

310000-0241-0018687 (3379)
歷代帝王法帖釋文十卷 (宋)劉次莊撰 清道光二十三年(1843)大興劉位坦抄本 清劉位坦跋 一册

310000-0241-0018688 (3380)
元和郡縣圖志闕卷逸文三卷 繆荃孫校輯 清松竹齋抄本 清龐鴻書 清龐樹韡朱墨筆正誤 王欣夫跋 一册

310000-0241-0018689 (3381)
多暇錄二卷 (清)程庭鷺撰 清光緒二十年(1894)觀自得齋刻本 一册

310000-0241-0018690 (3382)
春秋春王正月考二卷 (明)張以寧撰 清道光十二年(1832)吳江陳鍾英抄本 一册

310000-0241-0018691 (3383)
說文解字小箋不分卷 (清)陸元綸撰 清抄稿本 馬敘倫校 一册

310000-0241-0018692 (3384)
葉子譜一卷坿詩牌譜一卷運掌經一卷馬吊牌經一卷吊經集腋二卷 (明)潘之恒撰 清抄本 一册

310000-0241-0018693 (3389)
鄉黨圖考十卷 (清)江永撰 清嘉慶刻本

四册

310000－0241－0018694　(3390)

字附二卷　(清)錢國祥撰　清錢氏稿本　二册

310000－0241－0018695　(3392)

葵園集一卷　(清)呼谷撰　清順治十三年(1656)葉方靄刻本　一册

310000－0241－0018696　(3393)

讀書錄四卷　(清)周亮工撰　(清)周在浚編次　清康熙十二年(1673)周氏煙雲過眼堂刻本　二册

310000－0241－0018697　(3394)

一鐙精舍未定稿一卷　(清)何秋濤撰　清抄稿本　一册

310000－0241－0018698　(3395)

大戴禮記十三卷　(漢)戴德撰　(北周)盧辯注　清乾隆二十一年(1756)德州盧氏雅雨堂刻本　四册

310000－0241－0018699　(3396)

春秋集善十五卷　(宋)胡銓撰　清抄本　清沈善登校　王欣夫跋　二册

310000－0241－0018700　(3398)

說文解字三十卷　(漢)許慎撰　清嘉慶九年(1804)孫氏平津館覆宋刻本　一册

310000－0241－0018701　(3399)

意林五卷　(唐)馬總編　清嘉慶九年(1804)昭文張海鵬照曠閣刻本　二册

310000－0241－0018702　(3400)

文選六十卷　(南朝梁)蕭統選　(唐)李善等註　清光霽堂重刻明末虞山毛氏汲古閣本　十二册

310000－0241－0018703　(3402)

周易四卷　(宋)朱熹本義　清咸豐、同治間坊刻本　一册

310000－0241－0018704　(3403)

春秋繁露十七卷　(漢)董仲舒撰　明天啓五年(1625)王道焜刻本　二册

310000－0241－0018705　(3404)

四禮榷疑八卷　(清)顧廣譽撰　稿本　清陳壽熊校　清姚椿跋　二册

310000－0241－0018706　(3405)

金石錄三十卷　(宋)趙明誠撰　清乾隆二十一年(1756)德州盧氏雅雨堂刻本　六册

310000－0241－0018707　(3406)

說聽四卷　(明)陸延枝撰　明萬曆十九年(1591)刻本　二册

310000－0241－0018708　(3408)

說文解字三十卷　(漢)許慎撰　明末虞山毛氏汲古閣刻本　四册

310000－0241－0018709　(3409)

絳帖平六卷　(宋)姜夔撰　清抄本　清姚衡　清姚晏校跋　一册

310000－0241－0018710　(3410)

西渡詩集一卷坿補遺　(宋)洪炎撰　清抄本　一册

310000－0241－0018711　(3412)

文選六十卷　(南朝梁)蕭統選　(唐)李善等註　清乾隆十一年(1746)懷德堂重刻虞山毛氏汲古閣本　十册

310000－0241－0018712　(3418)

後漢書一百卷續漢志三十卷　(南朝宋)范曄撰　(唐)李賢注　清同治八年(1869)金陵書局刻本　十六册

310000－0241－0018713　(3419)

施注蘇詩四十二卷續補遺二卷　(宋)蘇軾撰　(宋)施元之注　清康熙原刻初印本　十二册

310000－0241－0018714　(3425)

附釋音周禮注疏四十二卷　(漢)鄭玄注　(唐)賈公彥等撰　(唐)陸德明釋文　元刻元明遞修本　二十册

310000－0241－0018715　(3429)

讀書偶筆二十卷　(清)董桂新撰　清同治五年(1866)董氏賜硯堂刻本　八册

310000－0241－0018716 (3431)
春秋内傳古注輯存不分卷 (清)嚴蔚輯 清乾隆五十二年(1787)二酉齋刻本 三冊

310000－0241－0018717 (3432)
古詩源十四卷 (清)沈德潛選 清康熙五十八年(1719)竹嘯軒刻本 四冊

310000－0241－0018718 (3433)
戴氏注論語二十卷 (清)戴望撰 清同治十年(1871)刻本 一冊

310000－0241－0018719 (3434)
石柱記箋釋五卷 (清)鄭元慶撰 清康熙四十一年(1702)刻本 一冊

310000－0241－0018720 (3437)
中論二卷 (三國魏)徐幹撰 明萬曆二十年(1592)何允中刻本 一冊

310000－0241－0018721 (3438)
竹書紀年二卷 (南朝梁)沈約注 明刻本 二冊

310000－0241－0018722 (3440)
映雪樓雜著不分卷 (清)莊仲方撰 清錢塘吳慶坻補松廬抄稿本 一冊

310000－0241－0018723 (3442)
堯峯山志六卷 (明)陳仁錫輯 (明)張封考定 明崇禎十一年(1638)刻本 二冊

310000－0241－0018724 (3444)
尚書大傳考纂三卷附錄一卷補遺一卷源委一卷備考一卷 (清)董豐垣撰 清乾隆初董氏槐古齋刻本 一冊

310000－0241－0018725 (3447)
庚申城陷紀畧一卷 (□)□□撰 清光緒十年(1884)抄本 一冊

310000－0241－0018726 (3448)
艮庭雜著一卷艮庭小慧一卷 (清)江聲撰 清乾隆江氏近市居刻本 一冊

310000－0241－0018727 (3455)
聖祖親征噶爾旦方畧一卷 (清)淩紹雯訂 清寶應劉啓瑞食舊德齋抄本 一冊

310000－0241－0018728 (3459)
[謹齋詩稿]不分卷 (清)許志進撰 清康熙許氏稿本 一冊

310000－0241－0018729 (3460)
歷代紀元表歷代紀元韻覽五卷 (清)馬紹基撰 清抄本 一冊

310000－0241－0018730 (3461)
歷代紀元表歷代紀元韻覽五卷 (清)馬紹基撰 清抄本 一冊

310000－0241－0018731 (3462)
熊氏經說七卷 (宋)熊朋來撰 清康熙通志堂刻本 二冊

310000－0241－0018732 (3465)
禮記熊皇異同一卷 (清)沈垚撰 清桐鄉沈善登豫恕堂抄稿本 清沈善登跋 王欣夫跋 一冊

310000－0241－0018733 (3468)
補注黃帝内經素問校記二十四卷黃帝内經靈樞校記十二卷 (清)丁士涵撰 清吳縣高德馨抄稿本 清陸錦燧校 胡玉縉跋 四冊

310000－0241－0018734 (3469)
章六府君暨傅太君行述一卷 (清)潘體泰述 清康熙刻藍印本 一冊

310000－0241－0018735 (3474)
韓五泉詩集二卷 (明)韓邦靖撰 (清)張我華校 **韓安人遺詩一卷** (明)屈淑撰 清傳抄嘉慶元年(1796)是政堂刻本 王欣夫題識 一冊

310000－0241－0018736 (3475)
翁氏家事畧記不分卷 (清)翁方綱撰 (清)英和校訂 清嘉慶刻本 一冊

310000－0241－0018737 (3476)
清閟閣遺稿十五卷 (元)倪瓚撰 (明)倪理輯 明萬曆梁谿倪氏清閟閣刻重修本 三冊

310000－0241－0018738 (3484)
論語古訓十卷 (清)陳鱣述 清光緒浙江書局刻本 二冊

310000－0241－0018739　(3485)
訂譌雜錄十卷　(清)胡鳴玉撰　清乾隆四年(1739)刻本　二冊

310000－0241－0018740　(3486)
吴郡圖經續記三卷　(宋)朱長文撰　清同治十二年(1873)江蘇書局刻本　一冊

310000－0241－0018741　(3490)
穀梁注疏校勘記十二卷穀梁釋文校勘記一卷　(清)阮元撰　清嘉慶十三年(1808)刻本　清王振聲校　王欣夫跋　一冊

310000－0241－0018742　(3492)
毛詩正義惠氏校本錄存不分卷　(清)惠士奇撰　葉昌熾輯　清葉昌熾抄本　一冊

310000－0241－0018743　(3493)
蘅夢樓詞三卷　(清)郭麐撰　稿本　清徐達源題識　一冊

310000－0241－0018744　(3494)
大金國志四十卷　(宋)宇文懋昭撰　清嘉慶二年(1797)席世臣埽葉山房刻本　三冊

310000－0241－0018745　(3496)
十種古逸書三十卷　(清)茆泮林輯　清道光十四年(1834)梅瑞軒刻本　十二冊

310000－0241－0018746　(3497)
宋遼金元四史朔閏考二卷　(清)錢大昕撰　清嘉慶二十五年(1820)阮福刻本　一冊

310000－0241－0018747　(3498)
龍川先生詩鈔不分卷　(清)李平山撰　清抄本　一冊

310000－0241－0018748　(3500)
說文部首韻語一卷　(清)黄壽鳳編　清抄本　一冊

310000－0241－0018749　(3501)
曹子建集　(三國魏)曹植撰　明嘉靖二十一年(1542)郭雲鵬刻本　二冊　存六卷

310000－0241－0018750　(3503)
春秋(白文)不分卷　清抄本　清鍾□□校　清沈善登據景宋紹熙本校　一冊

310000－0241－0018751　(3507)
大廣益會玉篇三十卷　(南朝梁)顧野王撰　(唐)孫強增字　清康熙四十三年(1704)吴郡張氏澤存堂刻本　三冊

310000－0241－0018752　(3508)
廣韻五卷　(宋)陳彭年等重修　清康熙四十三年(1704)吴郡張氏澤存堂刻本　三冊

310000－0241－0018753　(3518)
揚子法言十三卷附音義一卷　(漢)揚雄撰　清嘉慶二十三年(1818)江都秦恩復石研齋覆刻宋治平監本　二冊

310000－0241－0018754　(3547)
營平二州地名記一卷　(清)顧炎武撰　清求己齋抄本　一冊

310000－0241－0018755　(3548)
山東布政使孟倬府君行述一卷　(清)劉安厚等述　清康熙刻藍印本　一冊

310000－0241－0018756　(3549)
武英殿大學士兼吏部尚書容齋府君行述一卷　(清)李孚青述　清康熙刻藍印本　一冊

310000－0241－0018757　(3550)
孟忠毅公傳一卷坿行述一卷　(清)范光陽撰　清康熙刻本　一冊

310000－0241－0018758　(3551)
淑人王元配李室人行狀一卷　(清)王然述　清康熙三十九年(1700)刻藍印本　一冊

310000－0241－0018759　(3573)
金剛般若波羅蜜經一卷　(後秦)釋鳩摩羅什譯　清康熙四十九年(1710)查慎行泥金寫本　一冊

310000－0241－0018760　(3574)
海寧查昇及子昌洵奏稿底本不分卷　(清)查昇　(清)查昌洵撰　清查昇、查昌洵寫本　一冊

310000－0241－0018761　(3575)
海寧查嗣瑮暨配丁太君墓誌銘一卷　(清)沈珩撰　清陳奕禧寫本　清陳奕禧跋　一冊

310000－0241－0018762　(3576)
覺羅柯爾崑傳一卷　(清)李來章撰　清康熙海寧查昇寫本　一冊

310000－0241－0018763　(3577)
皇清誥授光祿大夫巡撫江西等處地方兼理軍務督察院右副都御史加四級見五馬公墓志銘一卷　(清)張玉書撰　清康熙海寧查昇寫本　一冊

310000－0241－0018764　(3580)
二項先生詩一卷　(清)項廷綬　(清)項廷紀撰　清項氏稿本　一冊

310000－0241－0018765　(3582)
名人尺牘不分卷　(清)滕樂圃輯　清抄本　一冊

310000－0241－0018766　(3584)
附釋音禮記注疏　(漢)鄭玄注　(唐)賈公彥等疏　清乾隆六十年(1795)長白和坤覆宋刻本　二十冊　存四十三卷

310000－0241－0018767　(3593)
蟫廬日記不分卷　(清)王祖詢撰　清末吳縣王氏稿本　四冊

310000－0241－0018768　(3594)
管子二十四卷　(春秋)管仲撰　明正德、嘉靖間刻本　三冊　存二十卷

310000－0241－0018769　(3599)
復古編校勘記一卷　(清)王振聲撰　清稿本　一冊

310000－0241－0018770　(3636)
歸藏一卷諸家論說一卷　(清)馬國翰輯　清抄本　一冊

310000－0241－0018771　(3650)
管子　(唐)房玄齡注　明正德、嘉靖間刻本　二冊　存十卷(七至十三、二十二至二十四)

310000－0241－0018772　(3653)
孔北海陶靖節陸尊道年譜合鈔三卷　(清)□□輯錄　清抄本　三冊

310000－0241－0018773　(3654)
輟鍛錄一卷四十二則　(清)方貞觀撰　清雍正十二年(1734)方氏手寫稿本　一冊

310000－0241－0018774　(3656)
校訂時調崑腔綴白裘初編四卷二編四卷三編四卷四編四卷五編四卷六編四卷七編四卷八編四卷九編四卷十編四卷十一編四卷十二編四卷　題(清)玩花主人編　(清)錢沛思刪補　清乾隆四十七年(1782)金閶學耕堂刻本　四十八冊

310000－0241－0018775　(3673)
鄉黨禮說一卷　(清)李林松撰　清光緒五年(1879)通州劉恕刻本　一冊

310000－0241－0018776　(3684)
餐花館詩草一卷詞鈔一卷　(清)曹毓秀撰　稿本　清潘鍾瑞眉評　一冊

310000－0241－0018777　(3691)
夢湘樓劫餘草一卷　(清)宗婉撰　稿本　清宗廷輔跋　一冊

310000－0241－0018778　(3692)
詩考五卷附錄一卷　(清)黃啓興輯　清黃氏抄本　清董鍊金跋　二冊

310000－0241－0018779　(3694)
南菁札記六種八卷　曹元忠輯　清光緒刻本　一冊

310000－0241－0018780　(3697)
經字異同集證(尚書)八卷　(清)朱大韶撰　清道光朱氏稿本　一冊

310000－0241－0018781　(3698)
尚書字詁一卷　(清)朱大韶撰　清道光朱氏稿本　一冊

310000－0241－0018782　(3699)
毛傳翼一卷　(清)朱大韶撰　清道光朱氏稿本　一冊

310000－0241－0018783　(3702)
鼎雕銅人腧穴鍼灸圖經都數一卷坿避鍼灸訣　(宋)王惟一撰　清吳縣曹氏箋經室抄本

一册

310000－0241－0018784　(3703)
殘宋大字本禮記校勘記一卷　(清)黄丕烈撰　清末吴縣曹元忠抄本　一册

310000－0241－0018785　(3706)
樗寮日記不分卷　(清)姚椿撰　清道光初姚氏稿本　二册

310000－0241－0018786　(3710)
元史地名考五卷　(清)李文田撰　清光緒二十四年(1898)胡玉縉抄本　二册

310000－0241－0018787　(3715)
錢譜一卷　(南朝梁)顧烜撰　清末吴縣曹元忠抄本　一册

310000－0241－0018788　(3721)
元史土地名不分卷　(清)□□撰　清抄本　一册

310000－0241－0018789　(3722)
宋謝察微算經一卷　(宋)謝察微撰　清末吴縣曹元忠抄本　一册

310000－0241－0018790　(3724)
沁芳詞草不分卷　(清)曹毓秀撰　稿本　清潘鍾瑞眉評　一册

310000－0241－0018791　(3730)
一鐙精舍甲部稿八卷　(清)何秋濤撰　清江都李肇偁半畝園抄本　一册

310000－0241－0018792　(3732)
有正味齋朋舊函牘錄存不分卷　(清)吴錫麒輯　清抄本　一册

310000－0241－0018793　(3733)
明人尺牘不分卷　(明)□□輯錄　清抄本　一册

310000－0241－0018794　(3734)
梁山舟學士尺牘不分卷　(清)梁同書撰　清抄本　一册

310000－0241－0018795　(3735)
可廬既勤著述目錄不分卷　(清)錢大昭撰　清道光得自怡齋刻本　二册

310000－0241－0018796　(3740)
白石道人歌曲考証一卷　(清)曹毓秀撰　清末吴縣曹元忠抄本　一册

310000－0241－0018797　(3744)
題圖雜錄不分卷　(清)黄家鼎輯　清抄本　一册

310000－0241－0018798　(3745)
李文忠公尺牘一卷　(清)李鴻章撰　清末貴池劉氏抄本　一册

310000－0241－0018799　(3746)
[歸玄恭先生詩文鈔]一卷　(清)歸莊撰　趙詒琛輯　清抄本　一册

310000－0241－0018800　(3747)
西南備邊後錄　(□)□□撰　清清抄稿本　一册　存一卷

310000－0241－0018801　(3748)
京師大學堂教事錄不分卷　胡玉縉撰　清末胡氏手稿本　一册

310000－0241－0018802　(3750)
論語皇疏考証　(清)桂文燦撰　清南海桂氏謄清稿本　一册　存四卷

310000－0241－0018803　(3753)
公劾李鴻章疏稿一卷　(清)□□撰　清末寫本　一册

310000－0241－0018804　(3754)
小學鉤沈十九卷　(清)任大椿輯　清光緒十年(1884)龍氏刻本　二册

310000－0241－0018805　(3756)
草廬吴先生文粹五卷附錄一卷　(元)吴澄撰　(明)吴訥編校　清潘道根、潘守拙抄本　一册

310000－0241－0018806　(3758)
太原[王氏]家乘一卷　(清)王允震修　清乾隆四十二年(1777)王氏黑格稿本　一册

310000－0241－0018807　(3761)

顯志堂楹聯一卷　(清)馮桂芬集　清抄稿本　一册

310000－0241－0018808　(3763)
文邨先生遺稿不分卷　(清)王振聲撰　清同治六年(1867)抄稿本　一册

310000－0241－0018809　(3775)
王鴻翥堂丸散膏丹集不分卷　(清)王偉楨集　清光緒八年(1882)刻本　一册

310000－0241－0018810　(3777)
楊子日記不分卷　(清)楊賓撰　清嘉慶抄本　一册

310000－0241－0018811　(3778)
說文解字　(漢)許慎撰　清嘉慶九年(1804)孫氏平津館覆宋刻本　一册　存四卷

310000－0241－0018812　(3779)
媿生叢録二卷　李詳撰　清宣統元年(1909)刻本　一册

310000－0241－0018813　(3780)
荀子校語一卷　(清)陳奐撰　清抄稿本　一册

310000－0241－0018814　(3782)
皇朝中興紀事本末七十六卷　(宋)熊克撰　清影宋抄本　鄭翼跋　九册　存三十一卷(三至八、十五至二十九、四十一至五十)

310000－0241－0018815　(3783)
補三國食貨志二卷補三國藝文志二卷　(清)吳卓信撰　清稿本　一册

310000－0241－0018816　(3784)
周易注疏校勘記續四卷周易釋文校勘續記一卷　胡玉縉撰　清光緒二十四年(1898)胡氏稿本　二册

310000－0241－0018817　(3785)
陳碩甫先生所藏親友論學書札不分卷　(清)段玉裁等撰　(清)陳奐藏並選　清陳奐集定原箋本　四册

310000－0241－0018818　(3788)
興化教事錄不分卷　胡玉縉撰　清末胡氏手稿本　二册

310000－0241－0018819　(3789)
能自反齋漫錄不分卷　胡玉縉撰　清光緒九年(1883)胡氏手稿本　一册

310000－0241－0018820　(3790)
幼學堂續稿四卷　(清)沈欽韓撰　清嘉慶、道光間吳縣沈氏織簾居稿本　一册

310000－0241－0018821　(3791)
[王狀元集百家注編年杜陵詩史校勘記]不分卷　劉世珩撰　清末貴池劉氏抄稿本　一册

310000－0241－0018822　(3792)
周易輯注箋疏六卷學易就正草三卷　(清)林兆豐撰　清林氏稿本　九册

310000－0241－0018823　(3807)
淵鑑齋御纂朱子全書六十六卷　(清)李光地等纂　清康熙内府刻本　三十册

310000－0241－0018824　(3817)
雜詠一卷雜文一卷　(清)王師晉撰　清光緒六年(1880)王偉楨抄本　一册

310000－0241－0018825　(3818)
資政公家訓一卷　(清)王師晉撰　清光緒六年(1880)王偉楨抄本　一册

310000－0241－0018826　(3828)
經解雜編不分卷　胡玉縉編　清光緒十八年(1892)胡氏訂稿本　一册

310000－0241－0018827　(3833)
方言存七卷坿校正補遺　(漢)揚雄撰　清同治十二年(1873)刻小學彙函本　一册

310000－0241－0018828　(3837)
貴築公事蹟一卷　(□)□□録　清抄本　一册

310000－0241－0018829　(3838)
許廎集聯一卷　胡玉縉撰　清光緒三十一年(1905)胡氏手稿本　一册

310000－0241－0018830　(3842)
[康熙]上思州志四卷　(清)戴夢熊修

(清)唐靈緒纂　清康熙刻本　一冊　存一卷(四)

310000－0241－0018831　(3847)
鄭文焯順天鄉試硃卷一卷　鄭文焯撰　清同治鄭文焯寫本　一冊

310000－0241－0018832　(3848)
[沈彤博學鴻詞第一場試卷]一卷　(清)沈彤撰　清乾隆元年(1736)沈彤寫本　一冊

310000－0241－0018833　(3849)
[吴溶□□博學鴻詞第二場試卷]一卷　(清)吴溶　(清)□□撰　清乾隆元年(1736)吴溶、□□寫本　二冊

310000－0241－0018834　(3850)
[曹仁虎殿試策]一卷　(清)曹仁虎撰　清乾隆二十六年(1761)曹仁虎寫本　一冊

310000－0241－0018835　(3851)
[戚藩殿試策]一卷　(清)戚藩撰　清順治十二年(1655)戚藩寫本　一冊

310000－0241－0018836　(3852)
鄂敏翰林院庶吉士散館試卷一卷　(清)鄂敏撰　清雍正十一年(1733)鄂敏寫本　一冊

310000－0241－0018837　(3853)
韓彦曾翰林院庶吉士散館試卷一卷　(清)韓彦曾撰　清雍正十一年(1733)韓彦曾寫本　一冊

310000－0241－0018838　(3854)
資治通鑑校述二百九十四卷　(清)王大綸撰　清吴縣王氏初稿本　二十四冊

310000－0241－0018839　(3865)
周禮注引漢制不分卷　(清)許克勤輯　胡玉縉輯　清末胡氏手稿本　二冊

310000－0241－0018840　(3867)
洹詞十二卷　(明)崔銑撰　清乾隆三十六年(1771)黄邦寧續修明嘉靖趙府味經堂刻本　六冊

310000－0241－0018841　(3873)
吴大澂江南鄉試硃卷一卷　(清)吴大澂撰　清同治三年(1864)刻本　一冊

310000－0241－0018842　(3874)
酉陽舌瑣一卷　(明)唐汝詢撰　清咸豐丙辰張爾耆抄本　二冊

310000－0241－0018843　(3877)
誥授通議大夫湖北按察史曾公行狀一卷　(清)莊受祺撰　清光緒十二年(1886)抄本　一冊

310000－0241－0018844　(3881)
說文古本考一卷　(清)沈濤撰　清末吴縣曹元忠抄本　一冊

310000－0241－0018845　(3884)
史記一百三十卷　(漢)司馬遷撰　(南朝宋)裴駰集解　明萬曆六年(1578)山西布政使司刻本　二十一冊　存一百十五卷(六至五十、六十一至一百三十)

310000－0241－0018846　(3885)
三國志　(晉)陳壽撰　(明)馮夢楨校　明萬曆二十四年(1596)南監刻初印本　十二冊　存四十六卷(十五至十七、二十三至六十五)

310000－0241－0018847　(3886)
宋史四百九十六卷　(元)脱脱等撰　明成化七年至十六年(1471－1480)朱英刻本　三十冊　存八十四卷(二十二至四十七、一百一至一百四十、一百六十六至一百八十三)

310000－0241－0018848　(3887)
聖學宗傳十八卷　(明)周汝登編測　(明)陶望齡訂正　明萬曆三十三年(1605)王繼晃刻本　六冊

310000－0241－0018849　(3888)
旅舍備要方一卷　(宋)董汲撰　清沈復粲鳴野山房抄本　一冊

310000－0241－0018850　(3889)
朱文公校昌黎先生文集四十卷外集十卷傳一卷遺文一卷　(唐)韓愈撰　(唐)李漢編　明萬曆三十三年(1605)天德堂刻本　二十冊

310000－0241－0018851　(3890)

嶠西詩鈔　(清)張鵬展纂　清道光刻本　六冊　存十三卷(一至四、九至十二、十五至十六、十九至二十一)

310000－0241－0018852　(3891)
空同先生集六十三卷　(明)李夢陽撰　明嘉靖刻本　十六冊　存二十八卷(一至二十八)

310000－0241－0018853　(3892)
南來志一卷　(清)王士禛撰　清乾隆抄本　一冊

310000－0241－0018854　(3904)
古列女傳七卷續列女傳一卷附列女傳考証一卷　(漢)劉向撰　(清)顧廣圻考證　清嘉慶元年(1796)元和顧氏小讀書堆重刻宋建安余氏勤有堂本　二冊

310000－0241－0018855　(3905)
紀年經緯考六卷　(清)章學誠輯　清嘉慶十二年(1807)憩書樓刻本　二冊

310000－0241－0018856　(3906)
蘇齋筆記八卷　(清)翁方綱撰　清宣統二年(1910)北洋官報印書局影印翁氏手稿本　二冊

310000－0241－0018857　(3907)
藏書六十八卷　(明)李贄撰　(明)陳仁錫評　明天啓刻本　二十冊

310000－0241－0018858　(3908)
詩經圖史合考二十卷　(明)鍾惺纂輯　明末刻本　一冊　存二卷(十三至十四)

310000－0241－0018859　(3909)
韓子六卷坿錄一卷　(戰國)韓非撰　(宋)劉辰翁評　明末刻本　三冊

310000－0241－0018860　(3910)
商子二卷　(秦)商鞅撰　(明)楊慎評　明天啓刻合諸名家批點諸子全書本　一冊

310000－0241－0018861　(3912)
晚邨先生八家古文精選不分卷　(清)呂留良選　(清)呂葆中點勘　清初呂氏家塾原刻本　八冊

310000－0241－0018862　(3913)
荀子二十卷　(戰國)荀況撰　(唐)楊倞注　清乾隆五十一年(1786)嘉善謝氏安雅堂刻本　四冊

310000－0241－0018863　(3914)
吉堂文稿十二卷詩稿八卷　(清)欽善撰　清嘉慶刻本　五冊

310000－0241－0018864　(3915)
韓非子二十卷　(戰國)韓非撰　明萬曆十年(1582)趙用賢刻本　八冊

310000－0241－0018865　(3916)
新書十卷附錄一卷　(漢)賈誼撰　(明)黃甫龍訂　明天啓刻快閣藏書本　二冊

310000－0241－0018866　(3917)
易漢學七卷　(清)惠棟撰　清元和惠氏抄稿本　一冊

310000－0241－0018867　(3918)
春秋繁露十七卷題跋附錄一卷　(漢)董仲舒撰　(明)孫鑛評　明天啓花齋刻本　四冊

310000－0241－0018868　(3919)
尚書集注音疏十二卷補誼一卷續補誼一卷述一卷後述一卷經師系表一卷　(清)江聲撰　清乾隆五十八年(1793)江氏近市居篆字刻後印本　六冊

310000－0241－0018869　(3932)
致一壇乩詩一卷　(清)戴成輯　清稿本　一冊

310000－0241－0018870　(3937)
江氏靈鶼閣藏書殘目一卷　(清)江標藏書　清末香影庵抄本　一冊

310000－0241－0018871　(3938)
葉氏治廧室善本書目一卷　葉昌熾錄　清末香影庵抄本　一冊

310000－0241－0018872　(3939)
四書釋地辨證二卷　(清)宋翔鳳撰　清嘉慶、道光間刻本　一冊

310000－0241－0018873　(3940)

孟子四考四卷　(清)周廣業撰　清乾隆六十年(1795)周氏省吾廬刻本　一册

310000－0241－0018874　(3941)
辨志漢學卷不分卷　胡玉庚撰並輯　清末手稿本　三册

310000－0241－0018875　(3942)
辨志宋學卷不分卷　胡玉縉撰並輯　清末胡氏手稿本　一册

310000－0241－0018876　(3943)
家語疏證六卷　(清)孫志祖撰　清嘉慶刻本　二册

310000－0241－0018877　(3944)
學福齋詩集三十七卷首一卷文集二十卷　(清)沈大成撰　清乾隆沈氏刻本　十册

310000－0241－0018878　(3945)
唐陸宣公集二十二卷　(唐)陸贄撰　清康熙六十一年(1722)年羹堯刻雍正元年(1723)開化紙印本　八册

310000－0241－0018879　(3946)
韓非子二十卷識誤三卷　(戰國)韓非撰　(清)顧廣圻識誤　清光緒元年(1875)浙江書局刻本　六册

310000－0241－0018880　(3947)
覞園煙墨箸録正編一卷坿編一卷　(清)徐堅撰　(清)許兆熊集　清嘉慶十九年(1814)石契齋刻本　一册

310000－0241－0018881　(3948)
紅樓夢傳奇不分卷　題(清)吳門花韻庵主撰　清嘉慶、道光間張門、張遇堯刻本　一册

310000－0241－0018882　(3950)
稼軒集鈔存四卷首一卷末一卷稼軒詞四卷補遺一卷　(宋)辛棄疾撰　(清)辛啓泰校　清嘉慶十二年至十六年(1807－1811)辛啓泰刻本　六册

310000－0241－0018883　(3952)
羣英傳二十八卷　(清)□□撰　清抄本　二十八册

310000－0241－0018884　(3953)
西關集一卷　(□)□□輯録　清抄本　一册

310000－0241－0018885　(3954)
三家宮詞三卷二家宮詞二卷　(明)毛晉輯　明天啓綠君亭刻本　二册

310000－0241－0018886　(3956)
環山閣詩鈔四卷補遺一卷　(清)祝政撰　清道光十一年(1831)刻本　二册

310000－0241－0018887　(3957)
茶坪詩續鈔六卷　(清)徐永宣撰　清康熙、雍正間徐氏稿本　一册

310000－0241－0018888　(3961)
文選六十卷附考異十卷　(南朝梁)蕭統撰　(唐)李善注　清同治八年(1869)湖北崇文書局刻本　二十四册

310000－0241－0018889　(3965)
求闕齋戊辰年函稿不分卷　(清)曾國藩撰　清同治七年(1868)曾國藩就幕僚所起草稿親筆修改本　一册

310000－0241－0018890　(3974)
霓裳歸疊不分卷　(□)□□録　清抄本　二册

310000－0241－0018891　(3975)
元宵會七卷　(清)□□録　清咸豐四年(1854)抄本　六册

310000－0241－0018892　(3976)
百美圖彈詞四十八卷　(□)□□録　清抄本　八册

310000－0241－0018893　(3977)
斷機教子三元全傳二十七卷二十七回　(□)□□録　清抄本　十册

310000－0241－0018894　(3978)
雙玉魚一百二十回　(□)□□録　清抄本　十二册

310000－0241－0018895　(3979)
花鳥緣十六回　(清)□□録　清抄本　四册

310000－0241－0018896 (3981)
秘本芙蓉洞四集宋志十卷 (□)□□錄 清抄本 十冊

310000－0241－0018897 (3982)
文武圖吹篴記 (□)□□錄 清光緒十三年(1887)抄本 五冊 存五卷

310000－0241－0018898 (3983)
白玉簪全本不分卷 (□)□□錄 清道光十九年(1839)夏麟書抄本 一冊

310000－0241－0018899 (3984)
白狐裘不分卷 (□)□□錄 清抄本 一冊

310000－0241－0018900 (3985)
倭袍平胡調不分卷 (□)□□錄 清抄本 一冊

310000－0241－0018901 (3986)
轘龍鏡十七卷 (清)□□錄 清乾隆三十一年(1766)集賢齋刻本 三冊

310000－0241－0018902 (3987)
新刻雙玉鐲十五卷後集十卷 (□)□□錄 清乾隆三十二年(1767)刻本 十二冊

310000－0241－0018903 (3988)
新刻古本大金錢全傳二十五卷二十五回 (□)□□撰 清刻本 二冊

310000－0241－0018904 (3989)
新編儒雅小金錢彈詞二十四回餘文一卷 (□)□□錄 清刻本 二冊

310000－0241－0018905 (3990)
新刻秘本孝義天賜福三十卷 (□)□□撰 清嘉慶元年(1796)刻本 四冊

310000－0241－0018906 (3991)
繡像何必西廂三十七卷三十七回 題(清)心鐵道人編次 清嘉慶刻本 十冊

310000－0241－0018907 (3992)
百花名一卷木魚歌一卷 (□)□□錄 清抄本 一冊

310000－0241－0018908 (3993)
全本梁山伯即係牡丹記南音二卷 (□)□□錄 清乾隆、嘉慶間禪山聖文堂刻本 一冊

310000－0241－0018909 (3994)
新刻五才子書水滸五卷 (□)□□撰 清道光五年(1825)刻清末印本 一冊

310000－0241－0018910 (3995)
九續金刀記兩搜碧桃莊全本四卷 (□)□□錄 清道光十八年(1838)刻清末聚元堂印本 一冊

310000－0241－0018911 (3996)
新訂二度梅全本四卷 題(清)抱芳樓□香居士編輯 清道光二十二年(1842)翰經堂刻清末廣州五桂堂修版印本 一冊

310000－0241－0018912 (3997)
新刻蟾蜍王全本三卷 (□)□□撰 清道光二十九年(1849)刻清末廣州丹柱堂修版印本 一冊

310000－0241－0018913 (3998)
新刻蟾蜍王全本三卷 (□)□□撰 清道光二十九年(1849)刻清末廣州丹柱堂修版印本 一冊

310000－0241－0018914 (4000)
詩經(白文)不分卷 清刻本 二冊

310000－0241－0018915 (4001)
三岡識畧十卷續識畧一卷 (清)董含撰 清抄本 五冊

310000－0241－0018916 (4002)
四明山志九卷 (清)黄宗羲輯 (清)李暾訂 清康熙四十二年(1703)刻本 二冊

310000－0241－0018917 (4003)
紫府奇元 (明)顧元慶輯 明萬曆陽山顧氏大石山房刻本 一冊 存六種六卷

310000－0241－0018918 (4004)
金丹大成集五卷 (元)蕭廷芝述 明嘉靖四十二年(1563)蜀府刻本 一冊

310000－0241－0018919 (4005)
太極枝辭一卷因頌錄一卷 (明)唐樞撰 明

隆慶刻本　一册

310000－0241－0018920　(4006)
臨川先生文集一百卷目錄二卷　(宋)王安石撰　明嘉靖二十五年(1546)刻三十九年(1560)增序印本　二十册

310000－0241－0018921　(4007)
三國志六十五卷　(晉)陳壽撰　(南朝宋)裴松之注　清同治九年(1870)金陵書局刻本　八册

310000－0241－0018922　(4009)
甘白先生張子宜詩集六卷　(明)張適撰　清抄本　一册

310000－0241－0018923　(4010)
枝仁山館詩鈔四卷　(清)陳佐猷撰　稿本　清張澹跋並題詩　二册

310000－0241－0018924　(4012)
玉臺畫史五卷别錄一卷　(清)湯漱玉輯　清道光十一年(1831)錢唐汪氏振綺堂刻本　一册

310000－0241－0018925　(4016)
袁爽秋詩選不分卷　(清)袁昶撰　清末抄本　一册

310000－0241－0018926　(4017)
香雪齋詩鈔四卷　(清)嚴鈖撰　清光緒十八年(1892)刻本　二册

310000－0241－0018927　(4020)
退結廬詩存稿三卷遺稿三卷　(清)蔣清瑞撰　清光緒三十四年(1908)青浦蔣氏刻本　一册

310000－0241－0018928　(4023)
大學意一卷中庸意二卷大學説一卷中庸説一卷語孟説畧二卷　(明)顧憲成撰　清抄本　二册

310000－0241－0018929　(4027)
曉樓詩鈔不分卷　(清)賈成祖撰　清乾隆刻本　一册

310000－0241－0018930　(4029)
留我相庵稿三卷　(清)吕光長撰　清光緒稿本　一册

310000－0241－0018931　(4030)
仙幻二卷　(□)□□撰　清初玉芷齋抄本　一册

310000－0241－0018932　(4032)
韋蘇州集五卷　(唐)韋應物撰　(宋)劉辰翁批點　明刻本　二册

310000－0241－0018933　(4033)
嵇中散集十卷　(三國魏)嵇康撰　明萬曆新安王氏刻漢魏諸名家集本　四册

310000－0241－0018934　(4034)
杜律偶評四卷　(清)沈德潛撰　(清)潘承松校閲　清懷德堂翻刻乾隆賦閒草堂本　二册

310000－0241－0018935　(4036)
俞藝香先生墨蹟不分卷　(清)俞鼇書　清乾隆四十七年(1782)寫本　一册

310000－0241－0018936　(4037)
後漢書九十卷附續漢志三十卷　(南朝宋)范曄撰　(唐)李賢注　清同治八年(1869)金陵書局刻本　十六册

310000－0241－0018937　(4039)
缶林文集　(清)王心湛撰　清抄本　一册　存一卷(上)

310000－0241－0018938　(4040)
張陸二先生批評戰國策抄四卷　(明)陸深評選　明萬曆三十五年(1607)楊廷采刻本　二册

310000－0241－0018939　(4041)
野鴻詩的不分卷　(清)黄子雲撰　清嘉慶三年(1798)洞庭葛祚增抄本　一册

310000－0241－0018940　(4042)
坡仙集十六卷　(宋)蘇軾撰　(明)李贄評　明萬曆二十八年(1600)焦竑刻本　七册

310000－0241－0018941　(4045)
漁邨記二卷　題(清)妙有山人撰　(清)韓錫胙評點　清乾隆三十四年(1769)妙有山房刻

本　四册

310000－0241－0018942　(4050)
春雪集四卷詩餘一卷　(清)李筠嘉編次　清嘉慶帶鋤山館刻本　一册

310000－0241－0018943　(4051)
注釋古周禮五卷考工記一卷　(明)郎兆玉注釋　明天啓六年(1626)郎氏堂策檻刻本　三册

310000－0241－0018944　(4052)
文選六十卷　(南朝梁)蕭統選　(唐)李善等註　清乾隆十一年(1746)懷德堂重刻虞山毛氏汲古閣本　十册

310000－0241－0018945　(4066)
肄柿小憩吟稿九卷　(清)□□撰　清道光六年至十六年(1826－1836)稿本　清孔菊農評　一册

310000－0241－0018946　(4069)
周一畧例韓詩外傳校文一卷　(清)張紹仁撰　清秀水王氏小蟫廬抄本　一册

310000－0241－0018947　(4070)
莊子郭註十卷　(戰國)莊周撰　(晉)郭象註　明萬曆鄒之嶧校刻本　六册

310000－0241－0018948　(4071)
幽夢影二卷　(清)張潮撰　清康熙刻本　二册

310000－0241－0018949　(4072)
弇州先生尺牘三卷　(明)王世貞撰　(明)張所敬輯　明刻本　一册

310000－0241－0018950　(4074)
墨憨齋傳奇十種二十卷　(明)馮夢龍輯　清康熙刻本　十册

310000－0241－0018951　(4083)
梅屋詩鈔四卷　(清)張若采撰　(清)孫撲章等編　清嘉慶七年(1802)甘肅刻本　四册

310000－0241－0018952　(4090)
竹居偶錄不分卷　(清)張士珩輯　清光緒十三年(1887)合肥張氏竹居稿本　一册

310000－0241－0018953　(4092)
憶雲詞甲稾一卷乙稾一卷　(清)項廷紀撰　清末南陵徐氏抄本　清徐乃昌校　一册

310000－0241－0018954　(4093)
程氏家乘經籍志一卷藝文志一卷　(清)□□輯　清末程氏抄本　三册

310000－0241－0018955　(4094)
明遼府左長史程節愍公貞白遺稿十卷首一卷　(明)程通撰　清抄本　一册

310000－0241－0018956　(4095)
牧齋有學集五十卷　(清)錢謙益撰　清重刻康熙十三年(1674)錫山鄒氏刻本　二十册

310000－0241－0018957　(4096)
唫海集五卷　(清)沈祥龍撰　稿本　清張鳴珂　清袁昶跋　一册

310000－0241－0018958　(4097)
飲水詩集二卷詞集三卷　(清)納蘭性德撰　清康熙三十年(1691)張純修刻本　一册

310000－0241－0018959　(4098)
天台山方外志要十卷　(明)釋無盡纂　(清)齊召南刪訂　清乾隆三十二年(1767)刻本　四册

310000－0241－0018960　(4101)
梁昭明文選二十四卷　(宋)劉辰翁　(明)郭正域等評　明崇禎刻本　八册

310000－0241－0018961　(4103)
文選纂註評林十二卷　(明)張鳳翼纂註　明萬曆刻本　十二册

310000－0241－0018962　(4104)
雨蝶痕二卷　題(清)商山浣霞子編次　清康熙刻本　二册

310000－0241－0018963　(4105)
四元記二卷　(□)□□撰　清康熙刻本　四册

310000－0241－0018964　(4106)
梨香館詩一卷　(清)王繹撰　清同治元年(1862)稿本　一册

310000－0241－0018965　(4111)
神機致理兵法心要金集一卷木集一卷火集一卷土集一卷　(明)劉基纂集　清嘉慶、道光間抄本　四册

310000－0241－0018966　(4112)
翠巖室詩鈔二卷　(清)韓弼元撰　清咸豐刻本　一册

310000－0241－0018967　(4113)
施賣癡詩集一卷文集二卷　(清)施涵撰　(清)黄旭編　清末曹炳麟抄本　一册

310000－0241－0018968　(4115)
子彙　(明)周子義等輯　明萬曆刻本　一册　存三種三卷

310000－0241－0018969　(4117)
麝塵蓮寸集四卷補遺一卷　(清)汪淵集詞　(清)程淑校注　清光緒十七年(1891)梁翰齋刻本　一册

310000－0241－0018970　(4122)
石湖詩選不分卷　(宋)范成大撰　舊抄本　清江標圈點並跋　一册

310000－0241－0018971　(4124)
毛詩鄭讀考二卷　(清)徐震熙撰　清南州草堂抄本　一册

310000－0241－0018972　(4125)
[平胡調選]不分卷　(清)□□輯　清末抄本　一册

310000－0241－0018973　(4126)
[平胡調選]不分卷　(清)□□輯　清光緒二十一年(1895)吟秋樓抄本　一册

310000－0241－0018974　(4127)
漢唐三傳　(明)黄魯曾譯　明嘉靖三十二年(1553)吳郡黄氏刻本　一册　存三卷(列仙傳二卷、續仙傳一卷)

310000－0241－0018975　(4129)
懷麓堂全集詩稿二十卷文稿三十卷詩後稿十卷文後稿三十卷文後續稿十卷　(明)李東陽撰　(清)蔣永修校　清康熙二十年(1681)廖方達刻本　四十册

310000－0241－0018976　(4130)
[清初詩鈔]不分卷　(清)允禧等撰　(清)□□選　清抄本　四册

310000－0241－0018977　(4134)
陶靖節集八卷坿陶靖節先生年譜一卷蘇東坡和陶詩二卷　(晉)陶潛撰　明萬曆四十七年(1619)楊時偉刻本　一册

310000－0241－0018978　(4135)
莊子南華真經四卷坿音義四卷　(戰國)莊周撰　明末烏程閔氏刻本　六册　音義存三卷

310000－0241－0018979　(4136)
西青散記四卷　(清)史震林撰　清乾隆三年(1738)刻本　四册

310000－0241－0018980　(4137)
介白山人近體詩鈔不分卷　(清)鄒謌撰　清道光五年(1825)許氏古韻閣刻初印本　二册

310000－0241－0018981　(4138)
箋註陶淵明集六卷　(晉)陶潛撰　(明)張自烈評閲　明崇禎張氏刻本　四册

310000－0241－0018982　(4144)
飴山詩集二十卷　(清)趙執信撰　清乾隆十七年(1752)因園刻本　四册

310000－0241－0018983　(4145)
滌犇日記一卷　(清)夏震武撰　清光緒二十三年至二十四年(1897－1898)稿本　一册

310000－0241－0018984　(4146)
周易旁註前圖二卷　(明)朱升撰　明朱弼校刻本　一册

310000－0241－0018985　(4147)
五燈會元二十卷首一卷　(宋)釋普濟撰　明萬曆四十年(1612)徑山寂照庵刻徑山藏本　十二册

310000－0241－0018986　(4148)
大佛頂如來密因修證了義諸菩薩萬行首楞嚴經十卷　(唐)釋般剌密帝譯　(明)楊起元評釋　明末西吳淩毓枬刻本　十册

310000－0241－0018987　(4149)
陽明先生[王守仁]年譜二卷　(明)李贄撰　明末刻本　一册

310000－0241－0018988　(4150)
子虚記殘存四十九卷附第二卷修改稿一卷　(清)都梁女史撰　清抄本　五十二册

310000－0241－0018989　(4153)
癖談六卷清白士集校補一卷　(清)蔡雲撰　清道光七年(1827)刻本　一册

310000－0241－0018990　(4157)
蓮溪書屋文存不分卷　(清)朱善祥撰　稿本　清許景澄批改　一册

310000－0241－0018991　(4159)
唐詩絶句類選四卷總評一卷坿人物一卷　(明)淩雲選輯　明末吳興淩氏刻三色套印本　四册

310000－0241－0018992　(4160)
梁昭明文選(文選纂註評林)十二卷　(南朝梁)蕭統輯　(明)張鳳翼纂註　明萬曆二十九年(1601)惲紹龍刻本　十二册

310000－0241－0018993　(4161)
畫譜一卷　(清)釋道濟撰　清康熙大滌堂寫刻本　一册

310000－0241－0018994　(4163)
新鐫工師雕斲正式魯班木經匠家鏡三卷坿靈□解法泗明真言秘書一卷　(明)午榮彙編　(明)周言校正　明末刻清印本　一册

310000－0241－0018995　(4164)
後漢書九十卷附續漢志三十卷　(南朝宋)范曄撰　(唐)李賢注　明崇禎十六年(1643)虞山毛氏汲古閣刻本　二十一册

310000－0241－0018996　(4165)
董華亭所見錄不分卷　題(清)青浮山人編輯　清初□逸□抄本　一册

310000－0241－0018997　(4166)
白石道人歌曲四卷歌詞一卷　(宋)姜夔撰　清光緒十年(1884)娱園刻本　一册

310000－0241－0018998　(4168)
德蔭堂集十六卷　(清)阿克敦撰　清嘉慶二十一年(1816)那彦成刻本　四册

310000－0241－0018999　(4170)
二十一史論贊輯要三十六卷　(明)彭以明輯　明刻本　十册

310000－0241－0019000　(4175)
孟子音義二卷　(宋)孫奭撰　清康熙納蘭成德通志堂刻本　一册

310000－0241－0019001　(4189)
十八數卦辭一卷　(□)□□撰　清抄本　一册

310000－0241－0019002　(4190)
經義述聞不分卷　(清)王引之撰　清嘉慶二年(1797)刻本　四册

310000－0241－0019003　(4191)
[至正]重修琴川志十五卷　(元)盧鎮修　清咸豐趙宗德抄本　二册

310000－0241－0019004　(4192)
[乾隆]嘉定縣志十二卷首一卷　(清)程國棟纂修　清乾隆刻本　八册

310000－0241－0019005　(4193)
[乾隆]寶山縣志十卷首一卷　(清)趙酉修　(清)章鑰總輯　清乾隆刻本　五册

310000－0241－0019006　(4195)
漱玉詞一卷　(宋)李清照撰　清莫友芝等抄本　一册

310000－0241－0019007　(4197)
汲冢紀年存真二卷年表一卷　(清)朱右曾撰　清歸硯齋刻本　二册

310000－0241－0019008　(4198)
皇極經世元集□卷亨集一卷利集□卷貞集一卷　(宋)邵雍撰　(明)□□集注　明刻本　二册

310000－0241－0019009　(4202)
景獻初編不分卷　(清)張豸冠撰　清嘉慶刻神羊遺著本　一册

310000－0241－0019010 (4203)
歷朝名媛詩詞十二卷 (清)陸昶輯 清乾隆三十八年(1773)紅樹樓刻本 四冊

310000－0241－0019011 (4204)
蘇米志林三卷 (明)毛晉輯 明崇禎虞山毛氏綠君亭刻清初文粹堂印本 二冊

310000－0241－0019012 (4205)
明人尺牘選四卷 (清)王元勳編 清康熙四十四年(1705)刻本 四冊

310000－0241－0019013 (4208)
文致不分卷 (明)劉士鏻選 (明)閔無頗集評 明天啓烏程閔氏刻本 八冊

310000－0241－0019014 (4209)
字彙十二集十二卷首一卷末一卷 (明)梅膺祚撰 清康熙二十七年(1688)靈隱寺刻本 十四冊

310000－0241－0019015 (4211)
輶軒使者絕代語釋別國方言十三卷 (漢)揚雄撰 (晉)郭璞解 明吳琯刻古今逸史本刻本 二冊

310000－0241－0019016 (4212)
大清全書十四卷 (清)沈啓亮撰 清康熙二十二年(1683)初刻本 十四冊

310000－0241－0019017 (4213)
大清同治八年歲次己巳時憲書一卷 (清)欽天監印造 清同治刻本 一冊 存(一至六月)

310000－0241－0019018 (4214)
牡丹亭還魂記二卷 (明)湯顯祖撰 明末歙縣朱元鎮校刻本 四冊

310000－0241－0019019 (4215)
深衣圖說一卷 (清)許克勤撰 清抄繪本 一冊

310000－0241－0019020 (4216)
爾雅正義二十卷坿釋文三卷 (清)邵晉涵撰 清乾隆五十三年(1788)餘姚邵氏家塾刻本 十冊

310000－0241－0019021 (4217)
儀禮經注疏正譌十七卷 (清)金曰追撰 清乾隆五十三年(1788)張式慎刻本 四冊

310000－0241－0019022 (4218)
周季編畧九卷 (清)黃式三纂 清同治十二年(1873)浙江書局刻本 四冊

310000－0241－0019023 (4219)
春秋世族譜不分卷 (清)陳厚耀撰 清雍正三年(1725)刻本 一冊

310000－0241－0019024 (4220)
隸篇十五卷續十五卷再續十五卷 (清)翟云升撰 清道光十七年(1837)許槤刻初印本 十冊

310000－0241－0019025 (4221)
毛詩稽古編三十卷 (清)陳啓源撰 (清)龐佑清校 清嘉慶十八年(1813)龐氏校刻本 十六冊

310000－0241－0019026 (4224)
大清一統志不分卷 (清)蔣廷錫等纂修 清乾隆八年(1743)內府抄本 章梫跋 四冊

310000－0241－0019027 (4226)
新刻廣雅十卷 (三國魏)張揖撰 (隋)曹憲音解 明萬曆錢塘胡氏文會堂刻格致叢書本 一冊

310000－0241－0019028 (4227)
說郛一百二十卷 (元)陶宗儀輯 (明)陶珽重輯 明末刻清初印本 一百二十冊

310000－0241－0019029 (4228)
說郛續四十六卷 (明)陶珽輯 明末刻清初印本 四十六冊

310000－0241－0019030 (4229)
西河合集一百二十種四百九十七卷 (清)毛奇齡撰 清康熙書留草堂刻本 八十冊

310000－0241－0019031 (4230)
孫文定公全集五種 (清)孫廷銓撰 清康熙十七年(1678)刻本 十二冊

310000－0241－0019032 (4231)

禹貢會箋十二卷　(清)徐文靖箋　(清)趙弁訂　清乾隆十八年(1753)趙氏刻本　二冊

310000－0241－0019033　(4232)
禹貢錐指二十卷畧例一卷圖一卷　(清)胡渭撰　清康熙漱六軒刻本　十六冊

310000－0241－0019034　(4233)
書傳鹽梅二十卷　(清)黄文蓮輯　清乾隆五十二年(1787)刻本　八冊

310000－0241－0019035　(4234)
日講書經解義十三卷　(清)庫勒納等撰　清康熙十九年(1680)内府刻本　十二冊

310000－0241－0019036　(4235)
欽定書經傳説彙纂二十一卷首二卷書序一卷　(清)王頊齡等撰　清雍正八年(1730)内府刻本　二十四冊

310000－0241－0019037　(4236)
尚書古文證疑四卷　(清)孫喬年撰　清嘉慶十五年(1810)孫氏校刻本　二冊

310000－0241－0019038　(4237)
三家詩拾遺十卷源流一卷　(清)范家相輯　清嘉慶十五年(1810)范氏古趣亭刻本　二冊

310000－0241－0019039　(4238)
三百篇原聲七卷　(清)夏味堂撰　清嘉慶十二年(1807)棣華書屋刻本　一冊

310000－0241－0019040　(4239)
欽定詩經傳説彙纂二十一卷首二卷詩序二卷　(清)王鴻緒等纂　清雍正五年(1727)内府刻御纂七經本　二十冊

310000－0241－0019041　(4241)
日講春秋解義六十四卷　(清)庫勒納等編　清乾隆二年(1737)武英殿刻本　十六冊

310000－0241－0019042　(4242)
天蓋樓四書語録四十六卷　(清)吕留良述　(清)周在延編次　清康熙刻本　八冊

310000－0241－0019043　(4243)
日講四書解義二十六卷　(清)喇沙里等撰　清康熙十六年(1677)武英殿刻本　二十六冊

310000－0241－0019044　(4244)
道腴堂詩編二十卷　(清)鮑鉁撰　清乾隆初鮑氏刻本　四冊

310000－0241－0019045　(4266)
萬年統紀十六卷　(清)□□撰　清抄本　三冊

310000－0241－0019046　(4267)
重訂人天眼目二卷　(清)釋淨符編　清順治十二年(1655)刻本　一冊

310000－0241－0019047　(4268)
行水金鑑一百七十五卷首一卷　(清)傅澤洪撰　清雍正淮陽道署刻本　三十六冊

310000－0241－0019048　(4269)
國史館列傳十四卷　(清)國史館編　清素紙抄稿本　一冊

310000－0241－0019049　(4270)
靜學齋詩稿不分卷　(清)徐志□撰　清道光徐氏緑格稿本　清魯一同跋並批點　一冊

310000－0241－0019050　(4271)
清江貝先生詩集十卷文集三十卷　(明)貝瓊撰　(清)金檀編訂　清康熙金氏燕翼堂刻文瑞樓彙刻書本　六冊

310000－0241－0019051　(4272)
方正學集十三卷　(明)方孝孺撰　(清)張汝瑚選　清康熙溫陵書林刻明八大家文集本　八冊

310000－0241－0019052　(4274)
高文襄公集南宫奏牘二卷綸扉稿二卷獻忱集五卷政府書答四卷邊畧五卷　(明)高拱撰　清康熙二十五年至二十八年(1686－1689)新鄭高有聞籠春堂刻本　六冊

310000－0241－0019053　(4275)
[吴復齋友朋書札]　(清)吴□□輯　清光緒吴氏集訂原箋本　一冊

310000－0241－0019054　(4276)
雞肋文鈔不分卷　(清)王秉強撰　清王氏清稿本　二冊

310000－0241－0019055　(4277)
靜齋詩藁不分卷　(清)徐志□撰　清同治三年(1864)徐氏手稿本　清馮詢　清方浚頤　清文星瑞　清吳麟題跋　一册

310000－0241－0019056　(4279)
[隆萬時文鈔]不分卷　(明)姚希孟等撰　(清)莫晉録　清乾隆莫氏寫本　□紹楹題識　一册

310000－0241－0019057　(4280)
八指頭陀語録不分卷　(清)釋敬安述　張伯楨删訂　清末釋悟透等記録稿本　張次溪跋　一册

310000－0241－0019058　(4281)
又來草一卷　(清)□□撰　清道光稿本　清筠潭[葉紹本]題識　一册

310000－0241－0019059　(4282)
香奩新詠十六題一卷　(清)朱芟塘撰　清抄本　一册

310000－0241－0019060　(4283)
鴻泥堂小稾八卷　(明)薛章憲撰　清宣統紅格抄本　一册

310000－0241－0019061　(4288)
[汪友竹詩文鈔]不分卷　(清)汪寶崧撰　清汪氏藍格清稿本　一册

310000－0241－0019062　(4289)
百哀吟不分卷　(清)王蔭齋撰　清末稿本　一册

310000－0241－0019063　(4290)
[裕禄湖廣奏稿]不分卷　(清)裕禄撰　清光緒十四年至十五年(1888－1889)稿本　二册

310000－0241－0019064　(4293)
綠陰盦圖題詠一卷城東八景圖詠一卷聞見詞九十九首　(清)施際雲撰輯　清光緒憫瓜廬清稿本　一册

310000－0241－0019065　(4294)
國史貳臣傳乙不分卷　(清)國史館編　清嘉慶、道光間素紙抄本　二册

310000－0241－0019066　(4296)
清忠堂撫粵奏疏十四卷清忠堂署理總督奏疏一卷清忠堂撫粵文告四卷　(清)朱弘祚撰　清康熙刻本　六册

310000－0241－0019067　(4297)
上諭内閣一百五十九卷　(清)允祿輯　清雍正九年(1731)内府刻乾隆六年(1741)武英殿續刻本　三十七册

310000－0241－0019068　(4298)
大清律集解附例三十卷圖一卷服制一卷附律例總類□卷　(清)朱軾纂修　清雍正刻本　二十册

310000－0241－0019069　(4299)
史通通釋二十卷附録一卷　(清)浦起龍釋　清乾隆十七年(1752)浦氏求放心齋刻本　六册

310000－0241－0019070　(4300)
梅苑十卷　(宋)黄大輿輯　清光緒末高郵宣氏刻本　一册

310000－0241－0019071　(4302)
金粱夢月詞二卷懷夢詞一卷　(清)周之琦撰　清道光刻本　一册

310000－0241－0019072　(4303)
復菴和尚華嚴綸貫一卷　(明)釋復菴撰　明杭州瑪瑙寺刻本　一册

310000－0241－0019073　(4304)
天啓宫詞一卷　(明)秦蘭徵撰　**崇禎宫詞**　(清)王譽昌撰　**宏光宫詞**　(清)□□撰　清抄本　清俞鴻等跋　□運之校　一册

310000－0241－0019074　(4305)
魏塘竹枝詞不分卷　(清)孫燕昌撰　清嘉慶十三年(1808)柳南草堂刻本　一册

310000－0241－0019075　(4306)
扁舟載酒詞一卷　(清)江藩撰　清嘉慶二十年(1815)刻本　一册

310000－0241－0019076　(4307)
宋元名家詞十五種十七卷　(清)江標輯　清

光緒二十一年(1895)湖南思賢書局刻本　一冊　存四種五卷(古山樂府一卷、雲林詞一卷、雪坡詞一卷、演山詞二卷)

310000－0241－0019077　(4308)
樂府雅詞拾遺二卷　(宋)曾□選　清抄本　二冊

310000－0241－0019078　(4309)
國朝三槎風雅十六卷　(清)朱掄英輯選　清嘉慶十六年(1811)刻本　四冊

310000－0241－0019079　(4310)
迦陵先生填詞圖題詞不分卷　(清)陳淮輯　清乾隆刻本　一冊

310000－0241－0019080　(4312)
永樂大典目錄不分卷　(明)姚廣孝等撰　清末抄本　一冊

310000－0241－0019081　(4320)
太平廣記五百卷目錄十卷　(宋)李昉等輯　明嘉靖四十五年(1566)談愷刻本　八十冊

310000－0241－0019082　(4321)
新鍥抱朴子内篇二卷外篇四卷　(晉)葛洪撰　清初抄本　六冊

310000－0241－0019083　(4322)
河南尹先生文集二十七卷附錄一卷　(宋)尹洙撰　清嘉慶十一年(1806)郭麐抄本　清郭麐校並跋　清沈善經　清朱春生補校並跋　十冊

310000－0241－0019084　(4323)
孟子章指一卷孟子音義二卷孟子生卒年月考一卷　(漢)趙岐撰　(宋)孫奭音義　(清)閻若璩撰　清抄本　清朱邦衡校　二冊

310000－0241－0019085　(4324)
河南先生文集二十七卷　(宋)尹洙撰　清人抄趙坦校本　六冊

310000－0241－0019086　(4325)
中都四子集六十四卷　(明)張登雲輯　明萬曆七年(1579)朱東光刻本　三十二冊

310000－0241－0019087　(4329)
皇朝續文獻通考三百二十卷　(清)劉錦藻撰　清光緒三十一年(1905)烏程劉氏堅匏盦排印本　七冊

310000－0241－0019088　(4330)
一切如來心祕全身舍利寶篋印陀羅尼經一卷　(唐)釋不空譯　宋開寶八年(975)吳越國王錢俶刻本　一冊

310000－0241－0019089　(4350)
奉天誥命(錫屠宗基庶母)　(清)□□撰　清光緒四年(1878)頒錫屠氏原本　一冊

310000－0241－0019090　(4351)
淮南鴻烈解二十一卷首一卷　(漢)劉安撰　(漢)高誘注　明末翻刻萬曆八年(1580)西吳茅氏本　十冊

310000－0241－0019091　(4358)
淮南鴻烈解二十八卷　(漢)劉安撰　(漢)許慎　(漢)高誘注　明正統十年(1445)刻道藏本　十九冊　存二十卷(一至七、十至十一、十三至二十三)

310000－0241－0019092　(4359)
淮南鴻烈解二十八卷　(漢)劉安撰　(漢)許慎注　明劉氏安正堂重刻正統十年(1445)刻道藏本　六冊

310000－0241－0019093　(4360)
淮南子二十八卷　(漢)劉安撰　(漢)許慎　(漢)高誘注　(明)王鎣校正　(明)范慶校正　明嘉靖九年(1530)王氏仕學堂刻本　六冊

310000－0241－0019094　(4361)
淮南鴻烈解二十一卷　(漢)劉安撰　(漢)高誘注　明末翻刻萬曆八年(1580)西吳茅氏本　六冊

310000－0241－0019095　(4362)
淮南鴻烈解二十一卷首一卷　(漢)劉安著　(漢)高誘注　明萬曆八年(1580)西吳茅氏刻本　十二冊

310000－0241－0019096　(4363)

淮南鴻烈解二十一卷　(漢)劉安撰　(漢)高誘註　明萬曆十八年(1590)新安汪一鸞刻本　四冊

310000－0241－0019097　(4364)
淮南鴻烈解二十一卷　(漢)劉安撰　(漢)高誘註　明萬曆姑蘇張象賢重刻汪一鸞本　四冊

310000－0241－0019098　(4365)
淮南鴻烈解二十一卷　(漢)劉安撰　(漢)高誘註　明萬曆八年(1580)西吳茅氏刻修補印本　十冊

310000－0241－0019099　(4366)
淮南鴻烈解二十一卷　(漢)劉安撰　(漢)高誘註　明末張烒如刻本　四冊

310000－0241－0019100　(4367)
淮南鴻烈解二十一卷首一卷　(漢)劉安撰　(漢)高誘註　明萬曆二十年(1592)刻漢魏叢書本　二冊

310000－0241－0019101　(4368)
淮南鴻烈解二十一卷　(漢)劉安撰　(漢)高誘註　(明)茅一桂訂　清初傳抄明萬曆西吳茅氏刻本　一冊

310000－0241－0019102　(4369)
申鑒五卷　(漢)荀悦撰　(明)黄省曾注　明正德十六年(1521)黄氏文始堂刻本　三冊

310000－0241－0019103　(4370)
韓非子二十卷　(戰國)韓非撰　明萬曆新安黄之寀刻二十子本　四冊

310000－0241－0019104　(4371)
三子合刊三種十三卷　(明)閔齊伋輯　明末烏程閔氏刻套印本　七冊

310000－0241－0019105　(4372)
老莊翼合刻二種十一卷　(明)焦竑撰　明萬曆陳長卿刻本　四冊

310000－0241－0019106　(4373)
老子道德經二卷　(三國魏)王弼注　清乾隆武英殿聚珍版書本　二冊

310000－0241－0019107　(4374)
老子道德經考異二卷　(清)畢沅撰　清乾隆四十八年(1783)鎮澤畢氏刻經訓堂叢書本　二冊

310000－0241－0019108　(4375)
道德經四卷老子考異一卷　(宋)蘇轍注　(明)淩以棟批點　明末吳興淩氏刻本　四冊

310000－0241－0019109　(4376)
莊子十卷　(戰國)莊周撰　明刻本　四冊

310000－0241－0019110　(4377)
南華真經旁注五卷　(戰國)莊周撰　(明)方虚名輯注　明萬曆二十二年(1594)刻本　四冊

310000－0241－0019111　(4378)
文子十二卷　(唐)徐靈府注　(明)孫鑛評　明天啓梁杰刻泰和堂印本　二冊

310000－0241－0019112　(4379)
子華子十卷　(春秋)程本撰　明崇禎二年(1629)雷鳴時刻本　四冊

310000－0241－0019113　(4380)
石研齋四種二十七卷　(清)秦恩復輯　清乾隆二十四年至道光十年(1759－1830)江都秦氏石研齋刻本　七冊　存三種

310000－0241－0019114　(4381)
千墨菴叢書七種四十四卷　(清)趙光照輯　清嘉慶二十一年(1816)稿本　九冊

310000－0241－0019115　(4387)
樊子一卷　(唐)樊宗師撰　(清)胡世安注輯　清綿絳書屋抄本　一冊

310000－0241－0019116　(4388)
空同子集六十六卷目錄三卷附錄二卷　(明)李夢陽撰　明萬曆三十年至三十一年(1602－1603)鄧雲霄刻本　二十四冊

310000－0241－0019117　(4389)
玉茗堂全集文十六卷詩十八卷賦六卷尺牘六卷　(明)湯顯祖撰　清康熙三十三年(1694)阮峴重刻明天啓韓氏本　二十二冊

310000－0241－0019118　(4391)
六書通十卷　(明)閔齊伋撰　清康熙刻初印本　五册

310000－0241－0019119　(4392)
竹書紀年統箋十二卷附前篇一卷雜述一卷　(南朝梁)沈約注　(清)徐文靖箋　清乾隆刻本　四册

310000－0241－0019120　(4393)
御批資治通鑑綱目全書一百八卷　(清)聖祖玄燁批　清康熙四十六年(1707)内府刻本　八十册

310000－0241－0019121　(4394)
重訂王鳳洲先生綱鑑會纂四十六卷　(明)王世貞纂　(明)陳仁錫訂　明末刻清初印本　三十二册

310000－0241－0019122　(4395)
綱鑑會編九十八卷歷代統系表畧三卷歷代官制考畧二卷歷代郡國考畧三卷　(清)葉雲輯錄　清康熙刻本　三十六册

310000－0241－0019123　(4396)
明朝紀事本末八十卷　(清)谷應泰編　清順治十五年(1658)刻本　二十册

310000－0241－0019124　(4397)
平叛記二卷　(清)毛霦編　清康熙五十五年(1716)刻本　二册

310000－0241－0019125　(4398)
皇朝通志一百二十六卷　(清)嵇璜等奉敕撰　清武英殿刻本　三十册

310000－0241－0019126　(4399)
弘簡錄二百五十四卷首一卷　(明)邵經邦撰　清康熙二十七年(1688)邵遠平刻本　四十九册

310000－0241－0019127　(4400)
續弘簡錄四十二卷　(清)邵遠平輯　清康熙三十八年(1699)繼善堂刻本　十二册

310000－0241－0019128　(4401)
晉記六十八卷首一卷　(清)郭倫撰　清乾隆五十一年(1786)郭氏有斐堂刻本　十六册

310000－0241－0019129　(4402)
尚史七十二卷　(清)李鍇撰　清乾隆悦道樓刻本　二十八册

310000－0241－0019130　(4403)
綏寇紀畧十二卷　(清)吳偉業撰　清康熙十三年(1674)鄒式金刻本　四册

310000－0241－0019131　(4404)
增定二十一史韻四卷首一卷末一卷　(明)趙南星原編　(清)仲弘道增續　清康熙三十五年(1696)蘭雪堂刻本　六册

310000－0241－0019132　(4405)
疑年錄四卷　(清)錢大昕編　清嘉慶十八年(1813)刻本　一册

310000－0241－0019133　(4406)
至聖編年世紀二十六卷　(清)李灼輯　清乾隆十六年(1751)刻本　十二册

310000－0241－0019134　(4407)
阿文成公[桂]年譜三十四卷　(清)那彥成撰　清嘉慶刻本　三十二册

310000－0241－0019135　(4408)
豫章十代文獻畧二十六卷　(清)王謨述　清乾隆三十九年(1774)刻本　八册

310000－0241－0019136　(4409)
安危注四卷　(明)吳甡論輯　清初吳元復刻本　六册

310000－0241－0019137　(4410)
史外三十二卷　(清)汪有典纂　清乾隆十三年(1748)刻本　十册

310000－0241－0019138　(4411)
無聲詩史七卷　(清)姜紹書撰　清康熙五十九年(1720)李光暎刻本　二册

310000－0241－0019139　(4412)
唐才子傳十卷考異一卷　(元)辛文房撰　(清)陸芝榮考異　清嘉慶十年(1805)三間草堂刻本　六册

310000－0241－0019140　(4413)
問水漫錄四卷　(清)盛百二輯　清乾隆四十九年(1784)柚堂刻本　四册

310000－0241－0019141　(4414)
居濟一得八卷　(清)張伯行撰　清康熙刻本　四册

310000－0241－0019142　(4415)
秋吟山館集選句詩不分卷　(清)張灝撰　清道光清刻套印本　一册

310000－0241－0019143　(4416)
南通州五山全志二十卷　(清)劉名芳纂修　清乾隆十四年(1749)徐嶺刻本　五册

310000－0241－0019144　(4417)
廬山紀事十二卷　(明)桑喬纂纂　(清)范□補輯　清順治刻本　四册

310000－0241－0019145　(4418)
欽定清涼山志二十二卷　(清)高宗弘曆敕撰　清嘉慶十六年(1811)武英殿刻本　八册

310000－0241－0019146　(4419)
武夷山志二十八卷首一卷續修二卷　(清)倪煒編次　清康熙四十九年(1710)帶經堂刻本　八册

310000－0241－0019147　(4420)
蘇松太山川考一卷　(清)王廷瑚著　清乾隆三十三年(1768)刻本　一册

310000－0241－0019148　(4421)
茅山志十四卷道秩考一卷　(清)笪蟾光編　清康熙古吳朱茂如刻本　十二册

310000－0241－0019149　(4422)
華嶽志十二卷首一卷　(清)姚遠翿纂修　(清)鄭鴻撰等編輯　清乾隆二十七年(1762)鶴樹軒刻本　十册

310000－0241－0019150　(4423)
華山書六卷　(清)黄昌壽撰述　(清)釋諦信編輯　清乾隆十五年(1750)刻本　二册

310000－0241－0019151　(4424)
揚州休園志八卷　(清)鄭慶祜纂　清乾隆三十八年(1773)鄭氏察視堂刻本　一册　存四卷(三至六)

310000－0241－0019152　(4425)
養餘月令三十卷　(明)戴羲撰　清雍正九年(1731)戴俊刻本　六册

310000－0241－0019153　(4426)
皇朝文獻通考三百卷　(清)永瑢等纂　清乾隆十二年(1747)刻本　一百二十八册

310000－0241－0019154　(4427)
欽定續文獻通考二百五十卷　(清)嵇璜等奉敕撰　清乾隆四十九年(1784)武英殿刻本　一百四册

310000－0241－0019155　(4428)
欽定續通典一百五十卷　(清)嵇璜等奉敕撰　清乾隆三十二年(1767)武英殿刻本　五十六册

310000－0241－0019156　(4429)
皇朝通典一百卷　(清)嵇璜等奉敕撰　清乾隆三十二年(1767)武英殿刻本　三十二册

310000－0241－0019157　(4430)
歷代紀元彙考八卷　(清)萬斯同編　(清)萬世標校　清康熙四十二年(1703)刻本　一册

310000－0241－0019158　(4431)
國朝詞垣考鏡五卷　(清)吳鼎雯撰　清乾隆五十八年(1793)刻本　四册

310000－0241－0019159　(4432)
淮關統志十四卷　(清)伊齡阿纂修　清乾隆四十三年(1778)淮關刻本　六册

310000－0241－0019160　(4433)
刑部比照加減成案三十二卷　(清)許槤訂　清道光十四年(1834)許槤刻本　十六册

310000－0241－0019161　(4434)
清太祖高皇帝聖訓四卷　(清)太祖努爾哈赤撰　清乾隆四年(1739)武英殿刻本　一册

310000－0241－0019162　(4435)
清太宗文皇帝聖訓六卷　(清)太宗皇太極撰　清乾隆四年(1739)武英殿刻本　二册

310000－0241－0019163　(4436)
清世祖章皇帝聖訓六卷　(清)世祖福臨撰　清乾隆四年(1739)武英殿刻本　一冊

310000－0241－0019164　(4437)
清聖祖仁皇帝聖訓六十卷　(清)聖祖玄燁撰　清乾隆六年(1741)武英殿刻本　二十一冊

310000－0241－0019165　(4438)
清世宗憲皇帝聖訓三十六卷　(清)世宗胤禛撰　清乾隆五年(1740)武英殿刻本　十五冊

310000－0241－0019166　(4439)
大義覺迷錄四卷　(清)世宗胤禛撰　清雍正刻本　二冊

310000－0241－0019167　(4440)
健餘奏議十卷　(清)尹會一撰　清乾隆十五年(1750)敦崇堂刻本　八冊

310000－0241－0019168　(4441)
漢魏六朝志墓金石例三卷唐詩歸三十六卷　(清)吳鎬撰　清嘉慶十七年(1812)刻本　二冊

310000－0241－0019169　(4442)
東巡金石錄八卷　(清)崔應階輯　清乾隆刻本　二冊

310000－0241－0019170　(4443)
金石契不分卷　(清)張燕昌錄　清乾隆三十六年(1771)刻四十三年(1778)重定增刻本　四冊

310000－0241－0019171　(4444)
求古精舍金石圖初集四卷　(清)陳經撰　清嘉慶二十一年(1816)說劍樓刻本　四冊

310000－0241－0019172　(4445)
三古圖四十二卷　(清)黃晟輯　清乾隆十七年至二十八年(1752－1763)天都黃氏槐蔭草堂刻本　二十四冊

310000－0241－0019173　(4446)
貨布文字考四卷　(清)馬昂考釋　(清)錢培益校刊　清道光雲間錢氏蘭隱園刻本　一冊

310000－0241－0019174　(4447)
泉史十六卷　(清)盛大士編　清道光十四年(1834)鄧文進齋刻本　四冊

310000－0241－0019175　(4448)
欽定古今儲貳金鑑六卷首一卷　(清)高宗弘曆敕撰　清乾隆五十一年(1786)武英殿刻本　四冊

310000－0241－0019176　(4449)
南宋雜事詩七卷　(清)沈嘉轍等撰　清雍正武林芹香齋刻本　二冊

310000－0241－0019177　(4450)
聖學知統錄二卷翼錄二卷　(清)魏裔介撰　(清)魏荔彤編輯　清康熙七年(1668)龍江書院刻後印本　四冊

310000－0241－0019178　(4451)
鑑語經世編二十七卷　(清)魏裔介輯　清康熙十四年(1675)兼濟堂刻本　十二冊

310000－0241－0019179　(4452)
新製靈臺儀象志十六卷　(比利時)南懷仁撰　清康熙内府刻後印本　十四冊

310000－0241－0019180　(4453)
天元曆理全書十二卷首一卷　(清)徐農撰　清康熙刻本　十二冊

310000－0241－0019181　(4454)
曆學疑問三卷　(清)梅文鼎撰　清康熙刻本　一冊

310000－0241－0019182　(4456)
紉齋畫賸不分卷　(清)陳允升繪　清光緒二年(1876)甬上陳氏得古歡室刻本　四冊

310000－0241－0019183　(4457)
書畫跋跋三卷續三卷　(明)孫鑛撰　(清)孫宗溥校刻　清乾隆孫氏居業堂刻本　二冊

310000－0241－0019184　(4458)
松風閣琴譜二卷抒懷操一卷　(清)程雄撰　清康熙刻本　四冊

310000－0241－0019185　(4459)
琅嬛秘書四卷琅嬛詩集四卷　(清)陳太初錄　清嘉慶八年(1803)抱蘭軒木活字印本

八册

310000－0241－0019186　(4460)
誠一堂琴譜六卷琴讀二卷　(清)程元基撰　清康熙誠一堂刻本　六册

310000－0241－0019187　(4461)
文美齋詩箋譜不分卷　(清)文美齋主人編製　清宣統三年(1911)刻本　一册

310000－0241－0019188　(4462)
浣花拜石軒鏡銘集錄二卷　(清)錢坫撰　清嘉慶嘉定錢氏刻本　一册

310000－0241－0019189　(4463)
錦字箋四卷　(清)黄澐纂　清康熙二十八年(1689)俟文登刻本　一册

310000－0241－0019190　(4464)
古事比五十二卷　(清)方中德輯　清康熙刻本　二十册

310000－0241－0019191　(4465)
淵鑑類函四百五十卷目錄四卷　(清)張英等奉敕撰　清康熙内府刻本　九十二册

310000－0241－0019192　(4466)
類林新詠三十六卷　(清)姚之駰編纂　清康熙刻本　六册

310000－0241－0019193　(4467)
古今疏十五卷　(清)朱虛撰　清順治刻本　十六册

310000－0241－0019194　(4468)
古今類傳四卷　(清)董穀士　(清)董炳文輯　清康熙未學齋刻本　四册

310000－0241－0019195　(4469)
格致鏡原一百卷　(清)陳元龍編　清康熙五十六年(1717)刻雍正十三年(1735)印本　二十四册

310000－0241－0019196　(4470)
屈騷心印五卷　(清)夏大霖疏注　清乾隆三十九年(1774)一本堂刻本　一册

310000－0241－0019197　(4471)
庾子山全集十六卷附年譜一卷總釋一卷　(北周)庾信撰　(清)倪璠註　清康熙二十六年(1687)崇岫堂刻本　十二册

310000－0241－0019198　(4472)
范文正公忠宣公全集七十三卷　(宋)范仲淹撰　清康熙四十六年(1707)范氏歲寒堂刻本　三十册

310000－0241－0019199　(4473)
楚辭燈四卷楚懷襄二王在位事蹟考一卷屈原列傳一卷　(清)林雲銘撰　清康熙三十六年(1697)挹奎樓刻本　二册

310000－0241－0019200　(4474)
全唐詩鈔八十卷補遺十六卷　(清)吳成儀選　清乾隆二十四年(1759)刻本　二十四册

310000－0241－0019201　(4475)
御選唐詩三十二卷目錄三卷　(清)聖祖玄燁選　清康熙武英殿刻套印本　十五册

310000－0241－0019202　(4476)
唐音戊籤二百六十五卷　(明)胡震亨編　清康熙刻本　二十四册

310000－0241－0019203　(4477)
中晚唐詩存二十六卷　(清)劉雲份編　清康熙野香堂刻本　八册

310000－0241－0019204　(4478)
唐詩貫珠六十卷　(清)胡以梅箋　清素心堂刻本　十二册

310000－0241－0019205　(4479)
唐詩观瀾集二十四卷唐人小傳一卷　(清)李因培選評　清乾隆刻本　八册

310000－0241－0019206　(4481)
唐詩快十六卷　(清)黄周星撰　清康熙刻本　四册

310000－0241－0019207　(4482)
宋十五家詩選十六卷　(清)陳訏輯　清康熙三十二年(1693)陳氏師簡堂刻本　八册

310000－0241－0019208　(4483)
濂洛風雅九卷　(清)張伯行編　清康熙張氏

正誼堂刻本　四册

310000－0241－0019209　(4484)

金詩選四卷　(清)顧奎光選輯　清乾隆刻本　二册

310000－0241－0019210　(4485)

元詩選六卷補遺一卷名氏爵里考一卷總論一卷　(清)顧奎光選輯　(清)陶瀚參評　清乾隆十六年(1751)顧氏刻本　四册

310000－0241－0019211　(4486)

國朝詩的六十卷序跋凡例姓氏一卷附石溪詩鈔一卷石漁詩鈔一卷　(清)陶煊　(清)張璨輯　清康熙刻本　二十二册

310000－0241－0019212　(4487)

明詩綜一百卷　(清)朱彝尊編　(清)汪森等緝評　清康熙朱氏六峯閣刻雍正印本　二十四册

310000－0241－0019213　(4488)

明詩別裁集十二卷　(清)沈德潛輯　清乾隆四年(1739)刻本　三册

310000－0241－0019214　(4489)

明詩百卅名家集鈔二十四卷　(清)王企埥集抄　清康熙敬事堂刻本　十二册

310000－0241－0019215　(4490)

明人詩鈔正集十四卷續集十四卷　(清)朱琰編　清乾隆二十五年(1760)刻本　八册

310000－0241－0019216　(4491)

鳳池集十卷　(清)吳陳琰集錄　清康熙四十四年(1705)刻本　八册　存九卷(一至九)

310000－0241－0019217　(4492)

篋衍集十二卷　(清)陳維崧選　清康熙刻本　四册

310000－0241－0019218　(4493)

國朝詩別裁集三十六卷　(清)沈德潛纂輯　清乾隆二十四年(1759)沈氏敬忠堂初刻黑序本　二十册

310000－0241－0019219　(4494)

皇清詩選三十卷　(清)孫鋐輯　清康熙二十七年(1688)鳳嘯軒刻本　十六册

310000－0241－0019220　(4495)

國朝百名家詩選八十九卷　(清)魏憲輯選　清康熙聖益齋刻本　四十册

310000－0241－0019221　(4496)

晚邨天蓋樓偶評補十二科大題觀畧不分卷　(清)吕留良選　清康熙十四年(1675)刻本　四册

310000－0241－0019222　(4497)

七子詩選十四卷　(清)沈德潛選　清乾隆刻本　四册

310000－0241－0019223　(4498)

唐宋八大家詩八種五十二卷　(清)姚培謙選輯　清雍正六年(1728)遂安堂刻本　十二册

310000－0241－0019224　(4499)

詩林韶濩二十卷　(清)顧嗣立類選　清康熙四十四年(1705)長洲顧氏秀野草堂刻本　八册

310000－0241－0019225　(4500)

近光集二十八卷　(清)汪士鋐編纂　(清)徐修仁注　清康熙五十八年(1719)刻本　十册

310000－0241－0019226　(4501)

河汾諸老詩集八卷　(元)房祺編　清乾隆四十三年(1778)敬翼堂刻本　二册

310000－0241－0019227　(4502)

檇李詩繫四十二卷　(清)沈季友輯　清康熙四十九年(1710)敦素堂刻本　二十册

310000－0241－0019228　(4503)

感舊集十六卷　(清)王士禛選　清乾隆德州盧氏雅雨堂刻本　八册

310000－0241－0019229　(4504)

千叟宴詩四卷　(清)聖祖玄燁敕編　清康熙六十一年(1722)内府刻本　三册

310000－0241－0019230　(4505)

千叟宴詩三十四卷首二卷　(清)高宗弘曆敕編　清嘉慶元年(1796)内府木活字印本　三十六册

310000－0241－0019231　(4506)
清尊集十六卷東軒吟社畫像一卷　(清)汪遠孫輯　清道光十九年(1839)振綺堂刻本　五册

310000－0241－0019232　(4507)
同人集十二卷　(清)冒襄輯　清咸豐九年(1859)冒氏水繪庵木活字印本　二十册

310000－0241－0019233　(4508)
欽定全唐文一千卷總目三卷　(清)董誥等敕編　清嘉慶内府刻本　三百二十册

310000－0241－0019234　(4509)
宋四六選二十四卷　(清)曹振鏞編　清乾隆刻本　十册

310000－0241－0019235　(4510)
斯文精萃不分卷　(清)尹繼善輯　清乾隆二十九年(1764)刻三槐堂印本　十二册

310000－0241－0019236　(4511)
國朝三家文鈔三十二卷　(清)宋犖選輯　清康熙三十三年(1694)刻本　十册

310000－0241－0019237　(4512)
南邦黎獻集十六卷　(清)鄂爾泰編　清雍正刻本　八册

310000－0241－0019238　(4513)
欽定四書文四十一卷　(清)方苞輯　清乾隆五年(1740)武英殿刻本　二十册

310000－0241－0019239　(4514)
選學膠言二十卷補遺一卷　(清)張雲璈述　清道光十一年(1831)張氏簡松艸堂刻本　八册

310000－0241－0019240　(4515)
借綠軒删訂湯霍林先生讀書譜四卷　(明)湯霍林輯　(清)周清原删訂　清康熙二十八年(1689)借綠軒刻本　一册

310000－0241－0019241　(4516)
賴古堂集二十四卷　(清)周亮工撰　清乾隆二十一年(1756)懷德堂刻本　十册

310000－0241－0019242　(4517)
紉齋畫賸不分卷　(清)陳允升繪　清光緒二年(1876)陳氏得古歡室刻本　四册

310000－0241－0019243　(4518)
佩文韻府一百六卷　(清)張玉書等纂　清康熙武英殿刻本　九十五册

310000－0241－0019244　(4519)
禮記二十卷禮記釋文二卷撫本禮記鄭注考異二卷　(漢)鄭玄注　(唐)陸德明釋文　清嘉慶十一年(1806)陽城張氏省訓堂影刻宋撫州本　八册

310000－0241－0019245　(4520)
屈翁山詩集八卷詞一卷　(清)屈大均撰　清康熙研露齋刻本　八册

310000－0241－0019246　(4521)
此遊計日二卷　(清)丁一士撰　清雍正二年(1724)刻本　一册

310000－0241－0019247　(4522)
屈翁山詩集八卷詞一卷　(清)屈大均撰　清康熙研露齋刻本　四册

310000－0241－0019248　(4523)
古今釋疑十八卷　(清)方中履撰　清康熙漢青閣刻本　七册　存十四卷(五至十八)

310000－0241－0019249　(4524)
隨軒金石文字不分卷　(清)徐渭仁撰輯　清道光二十三年(1843)刻本　二册

310000－0241－0019250　(4525)
二十四史三千二百五十卷　(清)高宗弘曆定　清乾隆四年(1739)、四十九年(1784)刻本　七百二十一册

310000－0241－0019251　(4526)
欽定春秋傳説彙纂三十八卷首二卷　(清)王掞等撰　清康熙六十年(1721)内府刻本　三十二册

310000－0241－0019252　(4527)
映雪樓藏書目考十卷　(清)莊仲方藏並撰　清抄稿本　佚名朱筆校注　八册

310000－0241－0019253　(4528)

古今類傳四卷 (清)董穀士 (清)董炳文輯 清康熙三十一年(1692)未學齋刻本 四冊

310000－0241－0019254 (4530)
廿一史彈詞注十卷附明紀彈詞註一卷 (明)楊慎撰 (清)張三異增定 清雍正五年(1727)樹玉堂刻本 八冊

310000－0241－0019255 (4531)
惺齋新曲六種十三卷 (清)夏綸撰 清乾隆十八年(1753)世光堂刻本 十二冊

310000－0241－0019256 (4532)
玉燕堂四種曲四種十卷 (清)張堅撰 清乾隆刻本 二十四冊

310000－0241－0019257 (4533)
紅樓夢傳奇八卷 (清)陳鍾麟撰 清道光十五年(1835)刻本 八冊

310000－0241－0019258 (4534)
紅雪樓九種曲十三卷 (清)蔣士銓撰 清乾隆紅雪樓刻本 十二冊

310000－0241－0019259 (4535)
芝龕記六卷 (清)董榕撰 清乾隆十六年(1751)刻本 四冊

310000－0241－0019260 (4536)
石榴記傳奇四卷 (清)黃振撰 清乾隆三十七年(1772)柴灣村舍刻本 四冊

310000－0241－0019261 (4538)
納書楹曲譜全集二十二卷 (清)葉堂訂譜 清乾隆五十七年(1792)納書楹刻本 二十二冊

310000－0241－0019262 (4548)
曹君直策論稿一卷 曹元忠撰 清末吳縣曹氏稿本 一冊

310000－0241－0019263 (4551)
淩波詞不分卷雲瓿詞一卷 曹元忠撰 清末吳縣曹氏清稿本 二冊

310000－0241－0019264 (4561)
張東海文集四卷詩集四卷附錄一卷 (明)張弼撰 **萬里志** (明)張弘至撰 清康熙三十二年(1693)張世綬刻本 十冊

310000－0241－0019265 (4562)
熊峯先生詩集四卷文集六卷 (明)石珤撰 清康熙九年(1670)孫光煬刻本 十冊

310000－0241－0019266 (4563)
峴泉集六卷 (明)張宇初撰 清乾隆十九年(1754)張昭麟刻本 六冊

310000－0241－0019267 (4566)
堅匏盦賦稿一卷 (清)劉錦藻撰 清末謄清稿本 一冊

310000－0241－0019268 (4567)
丘文莊公集十卷 (明)丘濬撰 清康熙四十七年(1708)關中焦氏刻本 十二冊

310000－0241－0019269 (4568)
翠娛閣評選王季重先生小品二卷 (明)王思任撰 (明)馮元仲選 明崇禎錢塘陸氏崢霄館刻本 二冊

310000－0241－0019270 (4569)
翠娛閣評選王季重先生小品二卷 (明)鍾惺撰 (明)陸雲龍評釋 明崇禎錢塘陸氏崢霄館刻本 二冊

310000－0241－0019271 (4572)
江邨銷夏錄三卷 (清)高士奇撰 清康熙三十二年(1693)高氏朗潤堂刻本 三冊

310000－0241－0019272 (4573)
正誼書院會課卷 (清)胡玉庚等撰 胡玉縉輯 清末正誼書院稿本 十冊

310000－0241－0019273 (4574)
西安行宮紀事不分卷 胡玉縉撰 清光緒三十二年(1906)胡氏手稿本 一冊

310000－0241－0019274 (4575)
吳中學術源流考不分卷 胡玉縉撰 清末胡氏手稿本 一冊

310000－0241－0019275 (4576)
清末奏摺彙 (清)□□錄 清末內閣會議政務處抄寫及油印本 一冊 存一卷

310000－0241－0019276 (4581)
正誼書院月課題目一卷 胡玉縉輯 清末胡氏手稿本 一册

310000－0241－0019277 (4583)
文昌帝君開心三咒一卷 (□)□□錄 清光緒二十三年(1897)王鬮庭抄本 清王璞龕跋 徐輔隆跋並題詩 一册

310000－0241－0019278 (4584)
楞嚴咒一卷 (□)□□錄 清抄本 一册

310000－0241－0019279 (4594)
詩瀋二十卷 (清)范家相撰 清乾隆三十九年(1774)范氏古趣亭刻本 四册

310000－0241－0019280 (4600)
己亥壬寅唁函彙錄不分卷 (清)劉錦藻輯 清光緒二十五年至二十八年(1899－1902)吳興劉氏堅匏庵集訂唁函本 四册

310000－0241－0019281 (4606)
中文孝經一卷孝經外傳一卷 (清)周春撰 清乾隆二十五年(1760)寫刻本 一册

310000－0241－0019282 (4609)
毛詩草木今名釋不分卷 (清)曹元達撰 清末正誼書院抄本 一册

310000－0241－0019283 (4613)
性理大中二十八卷 (清)應撝謙撰 清康熙二十五年(1686)刻本 十册

310000－0241－0019284 (4614)
先儒正修錄三卷齊治錄三卷 (清)于準撰 清康熙刻本 九册

310000－0241－0019285 (4617)
燕在閣知新錄三十二卷 (清)王棠著 清康熙五十六年(1717)燕在閣刻本 十二册

310000－0241－0019286 (4618)
二初齋讀書記十卷 (清)倪思寬撰 清嘉慶八年(1803)涵和堂刻本 二册

310000－0241－0019287 (4620)
王右丞集注二十八卷首一卷末一卷 (唐)王維撰 (清)趙殿成箋注 清乾隆趙氏刻本 八册

310000－0241－0019288 (4621)
李太白文集三十二卷 (唐)李白撰 (清)王琦輯注 清乾隆二十三年(1758)寶笏樓刻本 十二册

310000－0241－0019289 (4622)
杜詩會粹二十四卷 (唐)杜甫撰 (清)張遠箋注 清康熙蕭山張氏蕉圃刻本 八册

310000－0241－0019290 (4623)
杜詩論文五十六卷 (清)吳見思注 (清)潘眉評 清康熙十一年(1672)常州岱淵堂刻本 十册

310000－0241－0019291 (4624)
杜工部五言詩選直解三卷七言詩選直解二卷杜工部年譜一卷 (清)范廷謀注釋 清雍正范氏稼石堂刻本 六册

310000－0241－0019292 (4625)
杜詩集說二十卷目錄一卷年譜一卷末一卷 (清)江浩然纂輯 清翻刻乾隆四十三年(1778)本 十二册

310000－0241－0019293 (4626)
唐陸宣公翰苑集二十四卷 (唐)陸贄撰 (清)張佩芳注 清乾隆張氏希音堂刻本 十册

310000－0241－0019294 (4627)
韓文起十二卷韓文公年譜一卷 (清)林雲銘評注 清康熙三十二年(1693)林雲銘刻本 十二册

310000－0241－0019295 (4628)
韓昌黎詩集編年箋注十二卷 (清)方世舉考訂 清乾隆二十三年(1758)德州盧氏雅雨堂刻春及堂印本 六册

310000－0241－0019296 (4629)
李長吉歌詩彙解四卷外集一卷首一卷 (唐)李賀撰 (清)王琦彙解 清乾隆寶笏樓刻本 三册

310000－0241－0019297 (4630)

李義山詩集三卷　(唐)李商隱撰　(清)朱鶴齡箋注　清順治十六年(1659)刻本　六册

310000－0241－0019298　(4631)
李義山詩集十六卷　(唐)李商隱撰　(清)姚培謙箋　清乾隆五年(1740)姚氏松桂讀書堂刻本　四册

310000－0241－0019299　(4632)
全唐詩話八卷　(宋)尤袤輯　(清)孫濤續輯　清乾隆三十九年(1774)孫濤清芬堂刻本　四册

310000－0241－0019300　(4633)
詩人玉屑二十卷　(宋)魏慶之撰　清初處順堂刻本　六册

310000－0241－0019301　(4634)
而菴説唐詩二十二卷首一卷　(清)徐增撰　清康熙九誥堂刻本　四册

310000－0241－0019302　(4635)
本事詩前集六卷後集六卷　(清)徐釚編輯　清乾隆二十二年(1757)汪肯堂半松書屋刻本　四册

310000－0241－0019303　(4636)
本事詩前集六卷後集六卷　(清)徐釚編輯　(清)李本宣增訂　清雍正承芳堂刻本　六册

310000－0241－0019304　(4638)
柳亭詩話三十卷　(清)宋長白纂　清康熙天茁園刻本　八册

310000－0241－0019305　(4639)
一瓢齋詩話一卷　(清)薛雪撰　清乾隆埽葉村莊刻本　二册

310000－0241－0019306　(4640)
春秋詩話五卷　(清)勞孝輿輯　清乾隆十六年(1751)張椬園刻本　二册

310000－0241－0019307　(4641)
彙纂詩法度鍼三十三卷首一卷　(清)徐文弼編輯　清乾隆刻本　八册

310000－0241－0019308　(4642)
古今詩話選雋二卷　(清)盧衍仁輯　清抱青閣刻本　二册

310000－0241－0019309　(4643)
定香亭筆談四卷　(清)阮元撰　清嘉慶五年(1800)揚州阮氏琅嬛僊館刻本　四册

310000－0241－0019310　(4644)
絶妙好詞箋七卷　(清)查爲仁箋　清乾隆十五年(1750)宛平查氏刻本　二册

310000－0241－0019311　(4645)
張氏家譜不分卷　(清)張任在增修　清光緒張氏紅格稿本　一册

310000－0241－0019312　(4646)
申氏譜系畧不分卷　(清)申潧等纂修　清同治十一年(1872)長洲申氏賜閒堂黑格稿本　一册

310000－0241－0019313　(4647)
尚書釋天六卷　(清)盛百二撰　清乾隆三十九年(1774)任城書院刻本　四册

310000－0241－0019314　(4648)
天子肆獻祼饋食禮三卷　(清)任啓運通纂　清乾隆劉珏、耿毓孝校刻本　三册

310000－0241－0019315　(4660)
舜湖王氏族譜稿(墳墓)一卷　(清)□□編繪　清末吳縣王氏稿本　一册

310000－0241－0019316　(4661)
黄山詩留十六卷　(清)法若真撰　清康熙十六年(1677)刻本　八册

310000－0241－0019317　(4662)
熊學士詩文集三卷　(清)熊伯龍撰　清康熙九年(1670)刻乾隆五十年(1785)熊光補修本　六册

310000－0241－0019318　(4663)
范忠貞公文集三卷首一卷　(清)范承謨撰　(清)范時崇編　清康熙四十七年(1708)刻本　四册

310000－0241－0019319　(4664)
范忠貞公集十卷　(清)范承謨撰　(清)劉可書彙編　清康熙范弘遇刻本　四册

310000－0241－0019320　(4665)
湯子遺書十卷　(清)湯斌撰　**年譜一卷**　(清)王廷燦撰　清康熙四十二年(1703)王廷燦刻本　六册

310000－0241－0019321　(4666)
蓮龕集十六卷　(清)李來泰著　清雍正十三年(1735)刻本　四册

310000－0241－0019322　(4667)
翁山詩外十八卷　(清)屈大均撰　(清)陳阿平編　清康熙屈氏刻淩鳳翔補修後印本　八册

310000－0241－0019323　(4668)
于清端公集四卷集後一卷　(清)于成龍撰　**于清端公傳一卷**　(清)陳廷敬撰　清康熙永寧于氏刻本　四册

310000－0241－0019324　(4669)
松桂堂全集三十七卷南溎集三卷延露詞三卷　(清)彭孫遹撰　清乾隆八年(1743)彭景曾刻本　十六册

310000－0241－0019325　(4670)
文貞公集十二卷　(清)張玉書撰　清乾隆五十七年(1792)松蔭堂刻本　四册

310000－0241－0019326　(4671)
槐軒集十卷　(清)王曰高撰　清康熙八年(1669)刻本　六册

310000－0241－0019327　(4672)
庸書二十卷　(清)張貞生撰　清康熙二十七年(1688)講學山房刻本　十册

310000－0241－0019328　(4673)
說安堂集八卷　(清)盧震撰　清康熙刻本　四册

310000－0241－0019329　(4674)
蒿菴集三卷　張爾岐撰　清乾隆三十八年(1773)胡德琳刻本　六册

310000－0241－0019330　(4675)
秋笳集八卷　(清)吳兆騫撰　清康熙初徐乾學刻雍正四年(1726)吳棖臣增刻印本　四册

310000－0241－0019331　(4676)
白茅堂集四十六卷耳提錄一卷　(清)顧景星撰　清康熙至乾隆間遞刻本　二十一册

310000－0241－0019332　(4677)
秋水集四種　(清)馮如京撰　清乾隆五年(1740)清暉堂刻本　六册

310000－0241－0019333　(4678)
繡虎軒尺牘八卷二集八卷三集八卷　(清)曹煜撰　清康熙傳萬堂刻本　十二册

310000－0241－0019334　(4679)
林蕙堂全集二十六卷　(清)吳綺撰　清康熙三十九年(1700)吳壽潛廣州刻本　十六册

310000－0241－0019335　(4680)
柴村文集十二卷蝶庵自藥一卷　(清)邱志廣撰　清雍正刻本　六册

310000－0241－0019336　(4681)
健松齋集二十四卷　(清)方象瑛撰　清康熙世美堂刻本　八册

310000－0241－0019337　(4682)
存誠堂詩集二十五卷講筵應制詩五卷篤素堂詩集七卷文集十六卷　(清)張英撰　清康熙四十三年(1704)張氏刻本　二十六册

310000－0241－0019338　(4683)
直廬集一卷使粵集一卷使粵日記一卷附贈言一卷　(清)喬業撰　清康熙刻本　四册

310000－0241－0019339　(4684)
三魚堂文集十二卷外集六卷附錄一卷　(清)陸隴其撰　清康熙四十年(1701)平湖席氏刻後印本　五册

310000－0241－0019340　(4685)
旭華堂文集十四卷補遺一卷續編一卷　(清)王奐曾撰　清乾隆刻本　十二册

310000－0241－0019341　(4686)
冰庵詩抄八卷　(清)王吉武撰　清乾隆刻本　四册

310000－0241－0019342　(4687)
師善堂詩集十卷　(清)嵇曾筠撰　清雍正十

三年(1735)刻本　二册　存四卷(一至四)

310000－0241－0019343　(4688)
叢碧山房詩抄六卷　(清)龐塏撰　清康熙六十年(1721)刻本　一册

310000－0241－0019344　(4689)
牧齋初學集詩注二十卷　(清)錢謙益撰　(清)錢曾箋注　清刻本　八册

310000－0241－0019345　(4690)
吳詩集覽二十卷談藪一卷　(清)吳偉業撰　(清)靳榮藩輯注　清乾隆四十年(1775)凌雲亭刻本　八册

310000－0241－0019346　(4691)
讀史亭文集二十二卷　(清)彭而述撰　清康熙彭始摶刻本　十二册

310000－0241－0019347　(4692)
棲雲閣詩十六卷拾遺三卷文十五卷　(清)高珩撰　清乾隆三年(1738)、四十四年(1779)刻合印本　十二册

310000－0241－0019348　(4693)
東郛文集十卷附刊一卷　(清)李呈祥撰　清康熙四十三年(1704)刻本　十册

310000－0241－0019349　(4694)
改亭集十六卷　(清)計東撰　清康熙三十二年(1693)宋犖刻本　四册

310000－0241－0019350　(4695)
突星閣詩抄十五卷　(清)王戩撰　清康熙刻本　八册

310000－0241－0019351　(4696)
四照堂文集五卷詩集二卷　(清)王猷定撰　(清)王玑校　清康熙二十二年(1683)王玑刻本　四册

310000－0241－0019352　(4697)
心孺詩選二十四卷　(清)傅仲辰撰　清康熙刻本　四册

310000－0241－0019353　(4698)
壯悔堂文集十卷遺稿一卷四憶堂詩集六卷遺稿一卷　(清)侯方域撰　清侯必昌等重刻順治間刻本　八册

310000－0241－0019354　(4699)
杜茶村詩抄八卷　(清)杜濬撰　清乾隆八年(1743)刻本　八册

310000－0241－0019355　(4700)
虛直堂文集二十四卷　(清)劉榛撰　清康熙刻本　六册

310000－0241－0019356　(4701)
黃梨洲先生南雷文約四卷　(清)黃宗羲撰　(清)鄭性訂　清乾隆鄭性刻本　四册

310000－0241－0019357　(4702)
凝齋先生遺集八卷末一卷　(清)陳道撰　清乾隆刻本　四册

310000－0241－0019358　(4703)
瞎堂詩集二十卷　(清)釋函昰撰　清刻本　四册

310000－0241－0019359　(4704)
寒松堂全集十二卷　(清)魏象樞撰　清康熙刻本　八册

310000－0241－0019360　(4705)
兼濟堂文集二十四卷　(清)魏裔介撰　清康熙三十九年(1700)魏勷等刻本　二十四册

310000－0241－0019361　(4706)
志壑堂詩集十二卷文集十二卷詩後集五卷文後集三卷辛酉同遊倡和詩餘後集二卷阮亭選志壑堂詩十五卷　(清)唐夢賚撰　清康熙二十年至三十年(1681－1691)淄川唐氏刻雍正初印本　十八册

310000－0241－0019362　(4707)
觀樹堂集八種十六卷　(清)朱樟撰　清乾隆刻本　八册　存六種九卷

310000－0241－0019363　(4708)
葆淳閣集二十四卷附易說二卷　(清)王杰撰　**王文瑞公年譜**　(清)阮元編　清嘉慶二十年(1815)刻本　十二册

310000－0241－0019364　(4709)
施愚山先生全集九十六卷　(清)施閏章撰

清康熙四十七年(1708)曹氏楝亭刻乾隆施企曾等續刻彙印本　二十册

310000－0241－0019365　(4710)
北夥山人詩十卷附録一卷　(清)吳苑撰　清康熙刻本　四册

310000－0241－0019366　(4711)
陳檢討集二十卷　(清)陳維崧撰　(清)程師恭注　清康熙刻本　四册

310000－0241－0019367　(4712)
南州草堂三十卷首一卷續集四卷菊莊詞甲集一卷詞話一卷　(清)徐釚撰　清康熙三十四年(1695)菊莊刻四十四年(1705)續刻本　十六册

310000－0241－0019368　(4713)
遂初堂詩集十六卷文集二十卷別集四卷　(清)潘耒撰　清康熙刻續刻本　十二册

310000－0241－0019369　(4714)
飴山文集十二卷附録一卷詩集二十卷禮俗權衡二卷聲調譜三卷　(清)趙執信撰　清乾隆十七年至三十九年(1752－1774)因園刻本　十册

310000－0241－0019370　(4715)
滄湄詩抄六卷　(清)尤珍撰　清康熙刻本　六册

310000－0241－0019371　(4716)
秋泉居士集十七卷　(清)汪士鋐撰　清乾隆清蔭堂刻本　六册

310000－0241－0019372　(4717)
陳恪勤公集三十七卷　(清)陳鵬年撰　清康熙三十七年(1698)湘潭陳氏刻本　八册

310000－0241－0019373　(4718)
使滇集三卷　(清)史申義撰　清康熙四十三年(1704)刻本　一册

310000－0241－0019374　(4719)
紺寒亭文集四卷詩集十卷　(清)趙俞著　清康熙刻本　二册

310000－0241－0019375　(4720)
過江集四卷　(清)史申義撰　清康熙刻本　四册

310000－0241－0019376　(4721)
南崖集四卷　(清)陶元淳撰　清詒清堂刻本　三册

310000－0241－0019377　(4722)
滄州近詩十卷　(清)陳鵬年撰　清乾隆二十七年(1762)湘潭陳氏刻本　六册

310000－0241－0019378　(4723)
湛園未定稿六卷　(清)姜宸英撰　清康熙二老閣刻本　四册

310000－0241－0019379　(4724)
王石和文八卷　(清)王珻撰　清雍正培風齋刻本　四册

310000－0241－0019380　(4725)
嚴太僕先生集十二卷　(清)嚴虞惇撰　清乾隆元年(1736)嚴有禧刻本　四册

310000－0241－0019381　(4726)
思綺堂文集十卷　(清)章藻功撰　清康熙六十一年(1722)錢塘章氏刻本　十册

310000－0241－0019382　(4727)
樓邨詩集二十五卷　(清)王式丹撰　清雍正三年至四年(1725－1726)王懋訥吳興刻本　四册

310000－0241－0019383　(4728)
敬業堂詩集五十卷　(清)查慎行撰　清康熙五十八年(1719)海寧查氏刻雍正元年(1723)續刻本　十册

310000－0241－0019384　(4729)
敬業堂續集六卷　(清)查慎行撰　清乾隆海寧查氏刻本　一册

310000－0241－0019385　(4730)
集壼齋學古文十二卷　(清)方㮚和撰　清乾隆刻本　六册　存十卷(一至十)

310000－0241－0019386　(4731)
恕堂詩七卷　(清)宮鴻曆撰　清康熙四十三年(1704)刻本　二册

310000－0241－0019387 (4732)
青玄軒詩稿八卷 (清)宋華金撰 清乾隆刻本 二册

310000－0241－0019388 (4733)
青要集十二卷 (清)吕謙恒撰 清雍正十三年(1735)刻本 六册

310000－0241－0019389 (4734)
小蘭陔詩集八卷 (清)謝道承撰 清乾隆三十八年(1773)刻本 二册

310000－0241－0019390 (4735)
陳學士文集十八卷 (清)陳儀撰 清乾隆蘭雪齋刻本 十八册

310000－0241－0019391 (4736)
秋塍文鈔十二卷詩鈔四卷 (清)魯曾煜撰 清乾隆刻本 八册

310000－0241－0019392 (4737)
香樹齋詩集十八卷續集三十六卷文集二十八卷續鈔五卷 (清)錢陳羣撰 清乾隆刻本 二十五册

310000－0241－0019393 (4738)
餘園詩鈔六卷 (清)繆沅撰 (清)沈德潛編輯 清乾隆十年(1745)繆氏葆素堂刻本 四册

310000－0241－0019394 (4739)
葆璞堂詩集四卷文集四卷 (清)胡煦撰 清乾隆刻本 八册

310000－0241－0019395 (4740)
敬亭詩稿八卷文稿八卷 (清)沈起元撰 清乾隆刻本 七册

310000－0241－0019396 (4741)
今有堂詩集四卷後集三卷 (清)程夢星撰 清乾隆程氏刻本 四册 存四卷(詩集四卷)

310000－0241－0019397 (4742)
甘莊恪公全集十六卷 (清)甘汝來撰 清乾隆刻本 四册

310000－0241－0019398 (4743)
圭美堂集二十六卷 (清)徐用錫撰 清乾隆十三年(1748)刻本 六册

310000－0241－0019399 (4744)
存硯樓文集十六卷二集二十五卷 (清)儲大文撰 (清)張耀先等編 清乾隆九年(1744)、十九年(1754)宜興儲氏存硯樓刻本 三十二册

310000－0241－0019400 (4745)
改堂先生文抄二卷 (清)唐紹祖撰 清乾隆十八年(1753)刻本 二册

310000－0241－0019401 (4746)
清吟堂全集十四種 (清)高士奇撰 清康熙錢塘高氏刻高廷瑑重校彙印本 三十二册

310000－0241－0019402 (4747)
唐堂集五十卷補遺二卷續八卷冬錄一卷 (清)黄之雋撰 清乾隆華亭黄氏刻本 十二册

310000－0241－0019403 (4748)
昌志三編二卷附錄一卷 (清)王文治撰 清康熙刻本 一册

310000－0241－0019404 (4749)
味和堂詩集六卷 (清)高其倬撰 清乾隆刻本 四册

310000－0241－0019405 (4750)
後村雜著三卷 (清)王文治撰 清康熙刻本 三册

310000－0241－0019406 (4751)
含星別集崇禎宫詞二卷 (清)王譽昌撰 清康熙刻本 一册

310000－0241－0019407 (4752)
夢樓詩集二十四卷 (清)王文治撰 清乾隆六十年(1795)刻本 六册

310000－0241－0019408 (4753)
豐川續集三十四卷 (清)王心敬撰 清乾隆十六年(1751)刻本 十六册

310000－0241－0019409 (4754)
式古堂集詩不分卷文不分卷尺牘不分卷 (清)張雲翼撰 清康熙三十一年(1692)刻本

六册

310000－0241－0019410　(4755)
邵子湘全集三十卷　(清)邵長蘅撰　清康熙遞刻青門艸堂彙印本　十二册

310000－0241－0019411　(4756)
晴江閣集三十卷　(清)何絜撰　清康熙十七年(1678)刻本　十二册

310000－0241－0019412　(4757)
燕堂詩鈔八卷賦稿三卷兖東集二卷小紅詞一卷　(清)朱經撰　清康熙三十九年(1700)刻本　四册

310000－0241－0019413　(4758)
蓮洋集十二卷補遺一卷　(清)吴雯撰　(清)王士禛評定　清乾隆十五年(1750)劉祖曾刻十六年(1751)宋弼增刻本　六册

310000－0241－0019414　(4759)
吴徵君蓮洋詩鈔八卷　(清)吴雯撰　(清)蘇爾詒參訂　清乾隆三十二年(1767)劉贄、蘇爾詒刻本　四册

310000－0241－0019415　(4760)
蓮洋集二十卷附録一卷　(清)吴雯撰　(清)翁方綱校並撰年譜　清乾隆三十九年(1774)張體乾荆圃草堂刻乾隆四十四年(1779)印本　六册

310000－0241－0019416　(4761)
柯庭餘習十二卷　(清)汪文柏撰　清康熙四十四年(1705)汪氏古香樓刻本　四册

310000－0241－0019417　(4762)
倚晴閣詩抄六卷　(清)魏坤撰　清康熙三十四年(1695)刻本　四册

310000－0241－0019418　(4763)
與梅堂遺集十二卷耳書一卷鲊話一卷　(清)佟世思撰　清康熙四十年(1701)佟世集刻本　四册

310000－0241－0019419　(4764)
槐塘詩稿十六卷文稿四卷　(清)汪沆撰　清乾隆五十一年(1786)刻本　六册

310000－0241－0019420　(4765)
寒石詩鈔十二卷　(清)沈紹姬撰　清康熙五十九年(1720)刻本　四册

310000－0241－0019421　(4766)
漁山詩草二卷　(清)邊汝元撰　清乾隆四十年(1775)刻本　四册

310000－0241－0019422　(4767)
寤硯齋集二卷　(清)戴晟撰　清康熙戴有光等刻本　四册

310000－0241－0019423　(4768)
禮山園全集二十四種　(清)李來章撰　清康熙賜書堂刻本　三十二册

310000－0241－0019424　(4769)
芙航詩襭二十九卷　(清)楊士凝撰　清康熙六十一年(1722)刻乾隆四十一年(1776)增修本　十二册

310000－0241－0019425　(4770)
葛莊分體詩抄十二卷補遺一卷　(清)劉廷璣撰　清康熙刻本　十二册

310000－0241－0019426　(4771)
寶菌堂遺詩二卷　(清)趙執端撰　(清)王士禛批　清乾隆初刻本　二册

310000－0241－0019427　(4772)
黄山賦一卷　(清)釋海嶽撰　清康熙刻本　一册

310000－0241－0019428　(4773)
真志堂詩集五卷　(清)仝軌撰　清乾隆刻本　六册

310000－0241－0019429　(4774)
善卷堂四六十卷　(清)陸繁弨撰　(清)吴自高註　清乾隆刻本　六册

310000－0241－0019430　(4775)
蔗尾詩集十五卷　(清)鄭方坤撰　清乾隆刻本　四册

310000－0241－0019431　(4776)
貞一齋集十卷續集一卷詩説一卷　(清)李重華撰　清乾隆吴江李氏刻本　四册

310000－0241－0019432　(4777)
松泉文集二十二卷　(清)汪由敦撰　清乾隆四十三年(1778)刻本　八册

310000－0241－0019433　(4778)
玉山詩抄四卷文抄四卷附刻一卷　(清)項梓撰　清乾隆刻本　四册

310000－0241－0019434　(4779)
玉禾山人詩集十卷　(清)田實發撰　清康熙刻本　四册

310000－0241－0019435　(4780)
半航齋古文八卷編年詩二十卷　(清)夏之蓉撰　(清)戴祖啓評點　清乾隆三十六年(1771)高郵夏氏刻本　八册

310000－0241－0019436　(4781)
四焉齋文集六卷詩集六卷　(清)曹一士撰
梯仙閣餘課一卷　(清)陸鳳池撰　清乾隆十三年至十五年(1748－1750)上海曹錫黼等刻本　八册

310000－0241－0019437　(4782)
矢音集十卷　(清)梁詩正撰　清乾隆刻本　十册

310000－0241－0019438　(4783)
江湖閑吟八卷　(清)王道撰　清乾隆刻本　四册

310000－0241－0019439　(4784)
弢甫集詩十四卷又三十卷旂門錄一卷　(清)桑調元撰　清乾隆蘭陔草堂刻本　十二册

310000－0241－0019440　(4785)
弢甫續集二十卷　(清)桑調元撰　清乾隆修汲堂刻本　四册

310000－0241－0019441　(4786)
春及堂詩集四十三卷　(清)倪國璉撰　清乾隆刻本　八册

310000－0241－0019442　(4787)
秋水齋詩十五卷　(清)張映斗撰　清乾隆十八年(1753)刻本　六册

310000－0241－0019443　(4788)
南皋山人詩集類稿七卷　(清)高鳳翰撰　(清)宋弼選　清乾隆徐元質刻本　一册

310000－0241－0019444　(4789)
南漪先生遺集四卷補一卷附錄一卷　(清)張增撰　清乾隆仁和張埏刻本　一册

310000－0241－0019445　(4790)
雪聲軒詩集十二卷　(清)高綱撰　清雍正刻本　六册

310000－0241－0019446　(4791)
紫竹山房詩集十二卷文集二十卷　(清)陳兆崙撰　清乾隆刻本　十二册

310000－0241－0019447　(4792)
硯林詩集四卷　(清)丁敬撰　清嘉慶十一年(1806)刻本　一册

310000－0241－0019448　(4793)
賜書堂詩鈔八卷　(清)周長發撰　清乾隆刻本　八册

310000－0241－0019449　(4794)
質園詩集三十二卷　(清)商盤撰　清乾隆刻本　十册

310000－0241－0019450　(4795)
式馨堂詩前集十二卷　(清)魯之裕撰　清雍正魯氏刻本　三册

310000－0241－0019451　(4796)
長吟閣詩集十卷　(清)黄子雲撰　清乾隆十二年(1747)刻本　十册

310000－0241－0019452　(4797)
柘坡居士集十二卷　(清)萬光泰撰　清乾隆二十一年(1756)刻本　二册

310000－0241－0019453　(4798)
研堂詩十卷續稿二卷晚稿二卷拾遺一卷花外散吟一卷　(清)楊維坤撰　清刻本　十册

310000－0241－0019454　(4799)
秋江集六卷　(清)黄任撰　清乾隆刻本　六册

310000－0241－0019455　(4800)

海門初集十卷　(清)鮑皐撰　清乾隆四年(1739)刻本　六册　存六卷(文集一至六)

310000－0241－0019456　(4801)
鹿洲初集二十卷　(清)藍鼎元撰　清雍正十一年(1733)刻本　十册

310000－0241－0019457　(4802)
夢堂詩稿十五卷　(清)英廉撰　清乾隆刻本　二册

310000－0241－0019458　(4803)
綠蘿山莊詩集三十三卷文集二十四卷　(清)胡浚撰　清乾隆二十一年(1756)刻本　二十四册

310000－0241－0019459　(4804)
小樹軒詩集八卷　(清)金虞撰　清乾隆五十四年(1789)刻本　二册

310000－0241－0019460　(4805)
玉芝堂詩集三卷文集六卷　(清)邵齊燾撰　清乾隆刻本　四册

310000－0241－0019461　(4806)
南莊類稿八卷靜子日記一卷奉使集一卷　(清)黄永年撰　清乾隆集思堂刻本　四册

310000－0241－0019462　(4807)
南香草堂詩集四卷　(清)梁啓心撰　清乾隆刻本　四册

310000－0241－0019463　(4808)
祗平居士集三十卷　(清)王元啓撰　清嘉慶刻本　六册

310000－0241－0019464　(4809)
袁文箋正十六卷　(清)袁枚撰　(清)石韞玉箋　清嘉慶十七年(1812)石氏鶴壽山堂寫刻本　六册

310000－0241－0019465　(4810)
最樂堂文集六卷　(清)喬光烈撰　清乾隆刻本　四册

310000－0241－0019466　(4811)
詩存四卷鄉賢崇祀錄一卷　(清)金德瑛撰　清乾隆刻本　四册

310000－0241－0019467　(4812)
無悔齋集十五卷附錄一卷　(清)周京撰　清乾隆刻本　四册

310000－0241－0019468　(4813)
李石亭文集六卷萬善堂集十卷　(清)李化楠撰　清乾隆萬卷樓刻本　二册

310000－0241－0019469　(4814)
御製詩初集四十四卷　(清)高宗弘曆撰　(清)蔣溥等編　清乾隆内府刻本　十二册

310000－0241－0019470　(4815)
御製詩二集九十卷　(清)高宗弘曆撰　清乾隆内府刻本　二十八册

310000－0241－0019471　(4816)
御製詩四集一百卷　(清)高宗弘曆撰　清乾隆内府刻本　六十二册

310000－0241－0019472　(4817)
御製詩餘集二十卷　(清)高宗弘曆撰　(清)彭元瑞編　清乾隆内府刻本　六册

310000－0241－0019473　(4818)
御製詩五集一百卷　(清)高宗弘曆撰　清乾隆内府刻本　五十六册

310000－0241－0019474　(4819)
御製文初集三十卷　(清)高宗弘曆撰　(清)于敏中編　清乾隆内府刻本　八册

310000－0241－0019475　(4820)
御製文二集四十四卷　(清)高宗弘曆撰　清乾隆内府刻本　二十四册

310000－0241－0019476　(4821)
樂善堂全集四十卷目錄四卷　(清)高宗弘曆撰　清乾隆二年(1737)刻本　二十四册

310000－0241－0019477　(4822)
樂善堂全集定本三十卷目錄一卷　(清)高宗弘曆撰　清乾隆二十四年(1759)内府刻本　十六册

310000－0241－0019478　(4823)
御製樂善堂集四卷　(清)高宗弘曆撰　(清)姚培謙註　清乾隆六年(1741)刻本　四册

310000－0241－0019479　(4824)
御製古稀說二卷古稀頌一卷　(清)高宗弘曆撰　清乾隆內府刻本　一冊

310000－0241－0019480　(4825)
綠筠書屋詩鈔十八卷　(清)葉觀國撰　清乾隆五十七年(1792)刻本　四冊

310000－0241－0019481　(4826)
樊榭山房集十卷續集十卷文集八卷　(清)厲鶚撰　清乾隆四十三年(1778)汪沆刻本　三冊

310000－0241－0019482　(4827)
賜書堂文稿六卷詩稿四卷　(清)翁照撰　清乾隆刻本　八冊

310000－0241－0019483　(4828)
賜書堂集二卷東巡八賦一卷　(清)曹秀先撰　清乾隆新建曹氏寫刻本　四冊

310000－0241－0019484　(4829)
緝齋文集八卷首一卷詩稿八卷附錄二卷　(清)蔡新撰　清乾隆刻本　七冊

310000－0241－0019485　(4830)
繩菴內外集二十四卷　(清)劉綸撰　清乾隆武進劉氏用拙堂刻本　十六冊

310000－0241－0019486　(4831)
灌園餘事八卷問花樓遺稿三卷悼往詩一卷　(清)崔謨撰　清乾隆刻本　六冊

310000－0241－0019487　(4832)
戴東原集十二卷附覆校札記一卷　(清)戴震撰　(清)段玉裁札記　清經韻樓刻本　四冊

310000－0241－0019488　(4833)
一樓集二十卷　(清)黃達撰　清乾隆黃氏刻本　四冊　存十四卷(一至十四)

310000－0241－0019489　(4834)
雨春軒詩草十卷經進詩一卷　(清)姚頤撰　清乾隆刻本　四冊

310000－0241－0019490　(4835)
春雨詩抄四卷　(清)黃大齡撰　清乾隆三十年(1765)刻本　四冊

310000－0241－0019491　(4836)
居敬堂詩稿十卷　(清)施潤撰　清乾隆刻本　五冊

310000－0241－0019492　(4837)
厚石齋詩集十二卷　(清)汪孟鋗撰　清刻本　一冊

310000－0241－0019493　(4838)
師竹齋集十四卷　(清)李鼎元撰　清嘉慶綿州李氏刻本　四冊

310000－0241－0019494　(4839)
清獻堂集十卷　(清)趙佑撰　清乾隆五十二年(1787)刻嘉慶初增刻本　六冊

310000－0241－0019495　(4840)
執虛詩鈔二卷詞鈔一卷　(清)吳蔚光撰　清乾隆刻本　二冊

310000－0241－0019496　(4841)
無不宜齋未定稿四卷　(清)翟灝撰　清乾隆刻本　二冊

310000－0241－0019497　(4842)
恩餘堂經進初稿十二卷續稿二十二卷三稿十一卷策問存課二卷知聖道齋讀書跋尾二卷　(清)彭元瑞撰　清嘉慶刻本　十八冊

310000－0241－0019498　(4843)
穆堂初稿五十卷　(清)李紱撰　清乾隆五年(1740)王恕無怒軒刻本　十二冊

310000－0241－0019499　(4844)
穆堂別稿五十卷　(清)李紱撰　清乾隆十二年(1747)李氏奉國堂刻本　十冊

310000－0241－0019500　(4845)
饗文書屋集畧八卷　(清)潘相撰　清乾隆安鄉潘氏刻本　四冊

310000－0241－0019501　(4846)
饗泉集二十八卷　(清)顧光旭撰　清乾隆刻本　十二冊

310000－0241－0019502　(4847)
未谷詩集四卷　(清)桂馥撰　清道光二十一年(1841)刻本　一冊

310000－0241－0019503　(4848)
竹葉菴文集三十三卷　(清)張塤撰　清乾隆刻本　十二册

310000－0241－0019504　(4849)
海愚詩抄十二卷　(清)朱孝純撰　清乾隆五十九年(1794)刻本　六册

310000－0241－0019505　(4850)
煙霞萬古樓文集六卷　(清)王曇撰　清道光二十年(1840)刻本　二册

310000－0241－0019506　(4851)
明善堂詩集四十二卷文集四卷詩餘一卷詞餘一卷　(清)弘曉撰　清乾隆刻本　十二册

310000－0241－0019507　(4852)
受宜堂駐淮集十二卷　(清)納蘭常安撰　清乾隆刻本　八册

310000－0241－0019508　(4853)
南坪詩鈔十四卷　(清)張學舉撰　清乾隆二十二年(1757)刻本　六册

310000－0241－0019509　(4854)
荷塘詩集十八卷　(清)張五典撰　清乾隆五十二年(1787)刻本　六册　存十二卷(一至十二)

310000－0241－0019510　(4855)
陶人心語五卷續選十卷　(清)唐英撰　清乾隆刻本　八册

310000－0241－0019511　(4856)
壹齋集詩二十九卷賦一卷二十四畫品一卷遊黄山記一卷畫友録一卷　(清)黄鉞撰　清嘉慶、道光間當塗黄氏刻本　八册

310000－0241－0019512　(4857)
稽古齋全集八卷　(清)覺羅弘晝撰　清乾隆十一年(1746)自刻本　八册

310000－0241－0019513　(4858)
窺園吟稿二卷江上吟一卷　(清)喬億撰　清乾隆刻本　一册

310000－0241－0019514　(4859)
雙薇園集五卷　(清)丁有煜撰　清乾隆十五年(1750)丁氏雙薇園刻本　二册

310000－0241－0019515　(4860)
蘇門山人詩鈔三卷　(清)張符升撰　清乾隆五十六年(1791)刻本　二册

310000－0241－0019516　(4861)
一詠軒詩草二卷附録一卷　(清)吴進撰　清乾隆刻本　二册

310000－0241－0019517　(4862)
山木居士外集四卷　(清)魯仕驥撰　清乾隆四十七年(1782)魯氏刻本　四册

310000－0241－0019518　(4863)
守坡居士詩集十二卷　(清)宫去矜撰　清乾隆頤志堂刻本　二册

310000－0241－0019519　(4864)
迂齋學古編四卷　(清)法坤宏撰　清乾隆三十九年(1774)海上廬刻本　四册

310000－0241－0019520　(4865)
吴氏轂音三卷　(清)吴甯撰　清乾隆四十九年(1784)刻本　一册

310000－0241－0019521　(4866)
容齋詩集二十六卷文鈔八卷古香詞一卷　(清)茹綸常撰　清乾隆三十五年至嘉慶四年(1770－1799)遞刻本　八册

310000－0241－0019522　(4867)
桐石草堂集九卷　(清)汪仲鈖撰　清乾隆刻本　一册

310000－0241－0019523　(4868)
銅鼓書堂遺稿三十二卷　(清)查禮撰　清乾隆五十七年(1792)刻本　四册

310000－0241－0019524　(4869)
臨江鄉人詩四卷　(清)吴穎芳撰　清乾隆三十九年(1774)當歸草堂刻本　二册

310000－0241－0019525　(4870)
隱拙齋集五十卷續集五卷　(清)沈廷芳撰　清乾隆刻本　六册　存二十六卷(一至二十六)

310000－0241－0019526 (4871)
隨園詩草八卷禪家公案頌一卷 (清)邊連寶撰 清乾隆四十年(1775)刻本 八册

310000－0241－0019527 (4872)
九畹古文十卷續集二卷經餘集六卷二南遺音四卷二南遺音續集一卷 (清)劉紹攽撰輯 清乾隆三原劉傳經堂刻本 十九册

310000－0241－0019528 (4873)
切問齋集十六卷 (清)陸燿撰 清乾隆五十七年(1792)陸氏暉吉堂刻本 八册

310000－0241－0019529 (4874)
放鴨亭小稿一卷環溪詞一卷 (清)陸鍾輝撰 清乾隆刻本 二册

310000－0241－0019530 (4875)
播琴堂詩集十二卷文集六卷壤賡集一卷 (清)金學詩撰 清乾隆刻本 六册

310000－0241－0019531 (4876)
浣青詩草八卷續草一卷 (清)錢孟鈿撰 清乾隆刻本 六册

310000－0241－0019532 (4877)
炅虚大師遺集三卷 (清)釋明中撰 (清)釋實蔭等編 清乾隆梁山舟刻本 一册

310000－0241－0019533 (4878)
香葉草堂詩存不分卷 (清)羅聘撰 清嘉慶元年(1796)刻道光十四年(1834)印本 一册

310000－0241－0019534 (4879)
御製詩初集四十八卷目録六卷 (清)高宗弘曆撰 清嘉慶八年(1803)刻本 三十册

310000－0241－0019535 (4880)
御製全史詩六十四卷首二卷 (清)仁宗顒琰撰 (清)張師誠疏 清嘉慶刻本 八册 存十六卷(四十九至六十四)

310000－0241－0019536 (4881)
娵隅集十卷 (清)趙文哲撰 清乾隆五十四年(1789)刻本 四册

310000－0241－0019537 (4882)
話墮集三卷二集三卷三集三卷 (清)釋篆玉撰 清乾隆十三年(1748)刻本 四册

310000－0241－0019538 (4883)
求是堂詩集二十二卷詩餘一卷 (清)胡承珙撰 清道光刻本 六册

310000－0241－0019539 (4884)
研秋齋詩畧一卷文畧一卷筆記二卷 (清)劉彦矩撰 清道光十七年(1837)五之堂刻本 一册

310000－0241－0019540 (4885)
拜石山房詩鈔十六卷補遺一卷 (清)顧翰撰 清道光刻本 十册

310000－0241－0019541 (4886)
香南居士集六卷 (清)覺羅崇恩撰 清道光二十二年(1842)刻本 二册

310000－0241－0019542 (4887)
桂馨堂集十三卷 (清)張廷濟撰 清道光十九年至二十八年(1839－1848)自刻本 一册

310000－0241－0019543 (4888)
詒晉齋集八卷後集一卷隨筆一卷 (清)永瑆撰 清道光二十八年(1848)刻本 四册

310000－0241－0019544 (4889)
細雲吟草二卷續草一卷詩餘一卷 (清)吴芳堪撰 清道光二十八年(1848)守樸齋刻三十年(1850)續刻本 一册

310000－0241－0019545 (4890)
夢陔堂詩集五十卷 (清)張洲撰 清乾隆五十八年至嘉慶二年(1793－1797)香遠堂刻本 六册

310000－0241－0019546 (4891)
聞妙香室詩十二卷詞一卷文十九卷經進集五卷 (清)李宗昉撰 清道光自刻本 四册

310000－0241－0019547 (4892)
愛日堂詩集二卷文集八卷外集一卷 (清)孫宗彝撰 清乾隆三十五年(1770)刻本 六册

310000－0241－0019548 (4893)
千山詩集二十卷首一卷補遺一卷 (明)釋函可撰 (清)釋今羞編 清刻本 一册 存五

卷(一至五)

310000－0241－0019549　(4894)
佳山堂詩集十卷二集九卷　(清)馮溥撰　清康熙古吳朱士儒刻本　八册

310000－0241－0019550　(4895)
倪文貞文公集二十卷首一卷詩集二卷奏疏十二卷講編四卷　(明)倪元璐撰　清乾隆倪氏刻本　十六册

310000－0241－0019551　(4896)
詞學叢書六種二十三卷　(清)秦恩復輯　清嘉慶、道光間江都秦氏享帚精舍刻光緒六年(1880)邗江承啓堂修版印本　十二册

310000－0241－0019552　(4897)
詞綜三十六卷　(清)朱彝尊編輯　(清)汪森增定　清康熙三十年(1691)裘杼樓刻本　六册

310000－0241－0019553　(4898)
鴛鴦湖櫂歌五卷　(清)朱彝尊唱和　(清)陸以誠續和　清乾隆四十年(1775)曝書亭刻本　四册

310000－0241－0019554　(4899)
清綺軒詞選十三卷　(清)夏秉衡選　清乾隆刻本　八册

310000－0241－0019555　(4900)
黄氏家集十二種四十三卷　(清)黄培芳輯　清嘉慶、道光間刻本　十三册

310000－0241－0019556　(4901)
滿漢合璧三字經註解二卷　(清)陶格編譯　(清)傅爾漢參訂　清乾隆六十年(1795)三槐堂刻本　二册

310000－0241－0019557　(4902)
陳檢討詞鈔十二卷　(清)陳維崧撰　清康熙二十三年(1684)蔣氏天藜閣刻本　二册

310000－0241－0019558　(4903)
迦陵詞全集三十卷　(清)陳維崧撰　清康熙二十八年(1689)陳氏患立堂刻本　四册

310000－0241－0019559　(4904)
香研居詞麈五卷　(清)方成培撰　清乾隆刻本　二册

310000－0241－0019560　(4905)
詞律二十卷　(清)萬樹輯　清康熙堆絮園刻本　十二册

310000－0241－0019561　(4906)
榕園詞韻不分卷發凡一卷　(清)吳寧撰　清乾隆四十九年(1784)冬青山館刻本　二册

310000－0241－0019562　(4907)
碎金詞譜十四卷續譜六卷碎金詞韻四卷養默山房詩餘三卷　(清)謝元淮輯　清道光二十四年至二十八年(1844－1848)刻本　十册

310000－0241－0019563　(4908)
詞林正韻三卷　(清)戈載輯　清道光元年(1821)翠微花館刻本　四册

310000－0241－0019564　(4909)
安陽集五十卷別錄三卷遺事一卷家傳十卷　(宋)韓琦撰　清乾隆四年(1739)陳錫輅刻本　二十册

310000－0241－0019565　(4910)
石徂徠先生全集二十卷附錄一卷　(宋)石介撰　(清)萬衛瞻校訂　清康熙五十六年(1717)增刻本　十册

310000－0241－0019566　(4911)
石徂徠先生集二卷　(宋)石介撰　清康熙四十九年(1710)徐氏鍾秀山房刻本　二册

310000－0241－0019567　(4912)
林和靖先生詩集四卷附省心錄二卷林集詩話一卷　(宋)林逋撰　(清)吳調元校　清康熙四十七年(1708)吳調元刻本　四册

310000－0241－0019568　(4913)
司馬文正公傳家集八十卷年譜一卷附錄一卷　(宋)司馬光撰　清乾隆六年(1741)桂林陳氏培遠堂刻初印本　十二册

310000－0241－0019569　(4914)
歐陽文忠公全集一百五十三卷附錄五卷　(宋)歐陽修撰　清乾隆五十七年(1792)惇敘

堂刻本　二十四册

310000－0241－0019570　(4915)

節孝先生文集三十卷節孝先生語一卷節孝集事實一卷　(宋)徐積撰　清初刻本　十二册

310000－0241－0019571　(4916)

王荆文公詩箋注五十卷補遺一卷　(宋)李壁箋注　清乾隆六年(1741)張宗松清綺齋刻本　十二册

310000－0241－0019572　(4917)

南豐先生元豐類稿五十卷集外文二卷附録一卷　(宋)曾鞏撰　清康熙五十六年(1717)顧崧齡校刻本　十册

310000－0241－0019573　(4918)

蘇老泉先生全集二十卷附録二卷　(宋)蘇洵撰　清康熙三十七年(1698)邵氏刻本　二册

310000－0241－0019574　(4919)

蘇文忠詩合注五十卷　(宋)蘇軾撰　(清)馮應榴輯訂　清乾隆五十八年(1793)刻本　三十二册

310000－0241－0019575　(4920)

蘇東坡詩集注三十二卷　(宋)蘇軾撰　(宋)王十朋輯注　清康熙三十七年(1698)朱從延重校文蔚堂刻本　二十册

310000－0241－0019576　(4921)

東坡先生編年詩五十卷　(宋)蘇軾撰　(清)查慎行補注　清乾隆二十七年(1762)香雨齋刻本　十六册

310000－0241－0019577　(4922)

斜川集六卷附録二卷　(宋)蘇過撰　清乾隆五十三年(1788)亦有生齋校刻本　二册

310000－0241－0019578　(4923)

豫章先生遺文十二卷　(宋)黄庭堅撰　清乾隆四十五年(1780)汪大本□峿山房景宋刻本　四册

310000－0241－0019579　(4924)

具茨晁先生詩集一卷　(宋)晁沖之撰　清緑筠堂刻本　一册

310000－0241－0019580　(4925)

宋宗忠簡公集八卷　(宋)宗澤撰　(清)王廷曾重編　清乾隆二十六年(1761)刻本　二册

310000－0241－0019581　(4926)

吴郡樂圃朱先生餘稾十卷附編一卷　(宋)朱長文撰　清康熙五十一年(1712)朱氏刻本　四册

310000－0241－0019582　(4927)

羅鄂州小集六卷首一卷　(宋)羅願撰　(清)程哲輯録　清康熙五十二年(1713)歙縣程哲七畧書堂刻本　四册

310000－0241－0019583　(4928)

竹齋先生詩集四卷　(宋)裘萬頃撰　清康熙四十八年(1709)刻本　二册

310000－0241－0019584　(4929)

范石湖詩集二十卷　(宋)范成大撰　(清)黄昌衢校訂　清康熙二十七年(1688)黄氏刻本　六册

310000－0241－0019585　(4930)

二范集七十三卷　(宋)范仲淹撰　(清)范能濬輯補　清康熙范氏歲寒堂刻本　二十四册

310000－0241－0019586　(4931)

北溪先生全集五十三卷　(宋)陳淳撰　(清)官獻瑶編訂　清乾隆四十八年(1783)陳文芳刻本　八册

310000－0241－0019587　(4932)

劍南詩鈔六卷　(宋)陸游撰　(清)楊大鶴選　清康熙二十四年(1685)愛日堂刻本　八册

310000－0241－0019588　(4933)

南軒先生文集四十四卷　(宋)張栻撰　清康熙錫山華氏劍光書屋刻本　十册

310000－0241－0019589　(4934)

後樂集二十卷　(宋)衛涇撰　清光緒八年(1882)友順堂刻本　十册

310000－0241－0019590　(4935)

陳同甫集三十卷　(宋)陳亮撰　清木活字印本　十二册

310000－0241－0019591 （4936）

白石詩集一卷附詞集一卷諸家評論 （宋）姜夔撰 清雍正歙縣洪氏華蘋書屋刻本 一册

310000－0241－0019592 （4937）

王忠文公文集五十卷目錄四卷 （宋）王十朋撰 **年譜一卷** （清）徐炯文編 清雍正六年（1728）刻本 十册

310000－0241－0019593 （4938）

水心文集二十九卷 （宋）葉適撰 清乾隆二十年（1755）刻本 八册

310000－0241－0019594 （4939）

仁山先生金文安公文集五卷 （宋）金履祥撰 清雍正刻本 二册

310000－0241－0019595 （4940）

廬陵宋丞相信國公文忠先生全集十六卷 （宋）文天祥撰 清雍正三年（1725）刻本 十六册

310000－0241－0019596 （4941）

晞髮集十卷晞髮遺集二卷補一卷天地間集一卷 （宋）謝翱撰 **登西臺慟哭記注一卷冬青樹引注一卷** （宋）謝翱撰 （元）張丁注 清初陸大業刻本 六册

310000－0241－0019597 （4942）

宛陵先生文集六十卷 （宋）梅堯臣撰 清康熙白華書屋刻本 十册

310000－0241－0019598 （4943）

宋孫仲益内簡尺牘十卷 （宋）孫覿撰 （宋）李祖堯編注 清乾隆刻本 四册

310000－0241－0019599 （4944）

遺山先生文集四十卷附錄一卷 （金）元好問撰 （清）華希閔校訂 清康熙四十六年（1707）錫山華氏劍光閣刻本 六册

310000－0241－0019600 （4945）

雁門集六卷 （元）薩都剌撰 清康熙十九年（1680）薩希亮刻本 四册

310000－0241－0019601 （4946）

吳淵穎先生集十二卷 （元）吳萊撰 （清）王邦采箋 清康熙六十年（1721）無錫王氏刻本 四册

310000－0241－0019602 （4947）

陳定宇先生文集十六卷別集一卷 （元）陳櫟撰 （清）陳嘉基訂 清康熙三十三年（1694）休寧陳氏刻本 八册

310000－0241－0019603 （4948）

仇山邨遺集一卷附錄一卷 （元）仇遠撰 清乾隆五年（1740）項夢昶古香書屋武林刻本 一册

310000－0241－0019604 （4949）

郝文忠公陵川文集三十九卷首一卷附錄一卷 （元）郝經撰 （清）王鏐編訂 清乾隆三年（1738）王鏐刻葉氏願學齋印本 十二册

310000－0241－0019605 （4950）

清閟閣全集十二卷 （元）倪瓚撰 （清）曹培廉編 清康熙五十二年（1713）上海曹氏城書室刻本 二册

310000－0241－0019606 （4951）

松雪齋集十卷外集一卷附錄一卷 （元）趙孟頫撰 清康熙清德堂刻本 十二册

310000－0241－0019607 （4952）

白雲先生許文懿公傳集四卷附錄一卷 （元）許謙撰 （清）戴錡編次 清雍正十年（1732）金華金氏刻本 二册

310000－0241－0019608 （4953）

柳待制文集二十卷外編附錄一卷 （元）柳貫撰 （清）范養民輯 清順治十年（1653）刻康熙五十年（1711）傅旭元、六十一年（1722）曾安世遞修本 八册

310000－0241－0019609 （4954）

九靈山房集三十卷補遺二卷年譜一卷 （元）戴良撰 清乾隆三十六年至三十七年（1771－1772）戴氏傳經書院刻本 八册

310000－0241－0019610 （4955）

鐵崖樂府註十卷詠史註八卷逸編註八卷 （元）楊維楨撰 （元）吳復編 清乾隆諸暨樓

氏刻本　十二册

310000－0241－0019611　(4956)
木訥齋文集五卷附錄一卷　(元)王毅撰　清乾隆二十七年至二十九年(1762－1764)蘇遇龍刻本　二册

310000－0241－0019612　(4957)
嶼舫詩集七卷　(清)魏裔介撰　清順治刻本　八册

310000－0241－0019613　(4958)
帶經堂詩話三十卷首一卷　(清)王士禎撰　(清)張宗柟輯　清乾隆二十七年(1762)刻本　八册

310000－0241－0019614　(4959)
忠獻韓魏王君臣相遇傳十卷　(宋)強至撰　明萬曆四十二年(1614)徐縉芳、劉曰淑刻本　三册

310000－0241－0019615　(4960)
蔡忠惠公文集三十六卷別紀補遺二卷　(宋)蔡襄撰　清雍正十二年(1734)遜敏齋刻本　八册

310000－0241－0019616　(4961)
屏山先生文集二十卷　(宋)劉子翬著　(宋)朱熹校編　清初刻本　四册

310000－0241－0019617　(4962)
雙溪集十二卷　(宋)王炎撰　清康熙五十七年(1718)刻本　六册

310000－0241－0019618　(4963)
石湖居士詩集三十四卷　(宋)范成大撰　(清)顧嗣臯重訂　清康熙二十七年(1688)秀野草堂刻本　十册

310000－0241－0019619　(4964)
南軒先生文集四十四卷　(宋)張栻撰　清康熙錫山華氏刻本　六册

310000－0241－0019620　(4965)
元張文忠公歸田類稿二十卷　(元)張養浩撰　(清)周永年校刻　清乾隆五十五年(1790)刻本　八册

310000－0241－0019621　(4966)
勉齋先生文集一卷　(明)朱夏撰　清素紙抄本　一册

310000－0241－0019622　(4967)
王艮齋詩集十卷文集四卷　(清)王峻撰　清乾隆十八年(1753)刻本　六册

310000－0241－0019623　(4968)
尊水園集畧十二卷補遺二卷　(清)盧世㴶撰　(清)程先貞等輯　清順治十七年(1660)盧氏刻見賓堂重修本　六册

310000－0241－0019624　(4969)
陶菴文集七卷詩集八卷吾師錄一卷　(明)黄淳耀撰　**谷簾學吟一卷**　(明)黄淵耀撰　清康熙十五年(1676)張懿實等刻四十二年(1703)陸廷燦補刻本　四册

310000－0241－0019625　(4970)
御製文二集四十四卷　(清)高宗弘曆撰　清乾隆内府刻本　二十四册

310000－0241－0019626　(4976)
選錄粵海青樓詩蘽一卷　(清)□□選　清抄本　一册

310000－0241－0019627　(4978)
白湖吟稿不分卷　(清)葉燕撰　稿本　清陳瑜跋　一册

310000－0241－0019628　(4979)
黔南王氏家傳一卷　(清)王士俊輯　清平越王氏抄稿本　一册

310000－0241－0019629　(4980)
陳厚甫爲黄復翁書扇真蹟一幅　(清)陳鍾麟撰　清陳氏手蹟原本　一册

310000－0241－0019630　(4984)
石鈞爲黄蕘圃書扇真蹟一幅　(清)石鈞書　清石氏手蹟原本　一册

310000－0241－0019631　(4988)
海寧蔣府君寅昉行狀一卷　(清)查燕緒撰　清末抄本　一册

310000－0241－0019632　(4989)

滬南竹枝詞續滬南竹枝詞一卷 （清）葛其龍撰 清抄本 一冊

310000－0241－0019633 （5006）

函史上編八十一卷下編二十一卷 （明）鄧元錫撰 明萬曆刻本 二十冊 存三十四卷（上編十八至五十一）

310000－0241－0019634 （5007）

天皇符秘一卷 （□）□□錄 清百神集應雷壇抄本 一冊

310000－0241－0019635 （5008）

朱公三限符秘一卷 （清）□□錄 清百神集應雷壇抄本 一冊

310000－0241－0019636 （5009）

王殷二公符秘一卷 （□）□□錄 清百神集應雷壇抄本 一冊

310000－0241－0019637 （5010）

太乙秘抄不分卷 （明）喻□撰 清抄本 一冊

310000－0241－0019638 （5011）

符應經咒法一卷 （□）□□錄 清抄本 一冊

310000－0241－0019639 （5012）

九星用一卷八門用一卷三奇尅應一卷三奇靜應一卷三奇會遇一卷四殺沒時尅應一卷四大吉時標星尅應一卷 （□）□□錄 清抄本 一冊

310000－0241－0019640 （5014）

李翰林全集四十二卷 （唐）李白撰 （明）劉世教編 明萬曆四十一年（1613）刻本 六冊

310000－0241－0019641 （5015）

五丈原一卷 （清）□□撰 清末陝西坊刻本 一冊

310000－0241－0019642 （5016）

五朝名臣言行錄前集十卷後集十四卷 （宋）朱熹纂集 明建昌郡齋刻本 十四冊

310000－0241－0019643 （5022）

尚書集注音疏十二卷補誼一卷續補誼一卷述一卷後述一卷經師系表一卷 （清）江聲撰 清乾隆五十八年（1793）江氏近市居篆字刻本 十二冊

310000－0241－0019644 （5023）

顏光祿集一卷 （南朝宋）顏延之撰 明崇禎婁東張氏刻漢魏六朝百三名家集本 一冊

310000－0241－0019645 （5025）

何記室集一卷 （南朝梁）何遜撰 清抄本 一冊

310000－0241－0019646 （5026）

錄異記八卷 （前蜀）杜光庭纂 明抄本 一冊 存三卷（三至五）

310000－0241－0019647 （5027）

洄溪道情不分卷 （清）徐大椿撰 清刻本 一冊

310000－0241－0019648 （5029）

惲氏譜鈔不分卷 （清）惲氏纂 清硯園綠格抄本 一冊

310000－0241－0019649 （5031）

兩河使草一卷 （清）吳應楨撰 清康熙六十一年（1722）刻本 一冊

310000－0241－0019650 （5032）

延暉堂詩草不分卷 （清）許樹榴撰 清乾隆許氏延暉堂刻本 一冊

310000－0241－0019651 （5033）

黃梨洲先生明夷待訪錄不分卷 （清）黃宗羲撰 （清）鄭性訂 清初刻本 一冊

310000－0241－0019652 （5034）

泉志十五卷 （宋）洪遵撰 清抄本 黃裳跋 二冊

310000－0241－0019653 （5035）

洪範統一一卷 （宋）趙善湘撰 清王簡抄本 一冊

310000－0241－0019654 （5036）

書法彙鈔八卷 （清）范承宣輯 清抄本 一冊

310000－0241－0019655　(5037)
關中石刻彙録不分卷　(清)□□録　清抄本　二册

310000－0241－0019656　(5038)
博古鏡四卷　(清)□承祖輯　清抄本　一册

310000－0241－0019657　(5040)
圍爐詩話六卷　(清)吳喬撰　清抄本　二册

310000－0241－0019658　(5041)
陶元亮詩四卷　(明)黄文焕析義　清末抄本　一册

310000－0241－0019659　(5043)
劉端臨先生遺書五種六卷　(清)劉台拱撰　清末强學簃抄本　潘承弼校　一册

310000－0241－0019660　(5044)
新吾奏疏三卷　(明)吕坤撰　明刻本　一册

310000－0241－0019661　(5045)
孔子家語圖十一卷　(明)吳嘉謨集　明刻本　四册

310000－0241－0019662　(5048)
謝亭集四種七卷　(清)謝□撰　清光緒八年(1882)江陰謝氏毓芝堂刻本　三册

310000－0241－0019663　(5049)
隱湖倡和詩二卷　(清)陳瑚選　(清)毛褒訂　清末葉氏五百經幢館抄本　一册　存一卷(上)

310000－0241－0019664　(5050)
水滸後傳八卷四十回　(明)陳忱撰並評　清康熙三年(1664)刻道光、咸豐補修本　八册

310000－0241－0019665　(5051)
于少保萃忠全傳十卷四十傳　(明)孫高亮纂述　清道光十五年(1835)于士俊刻本　六册

310000－0241－0019666　(5053)
□□書目不分卷　(清)□□藏並編　清抄本　一册

310000－0241－0019667　(5055)
梅麓詩鈔十八卷　(清)齊彦槐撰　清抄本　清董鼎元校　四册

310000－0241－0019668　(5056)
繡像玉蟾記金玉緣十四卷一百四十回　(□)□□録　清抄本　十一册　存十一卷(二、四至六、八至十四)

310000－0241－0019669　(5057)
英雄譜二十五回　(清)□□撰　清抄本　二十七册　存二十三回(一至八、十至十七、十九至二十五)

310000－0241－0019670　(5058)
名世文宗三十卷刻名世文宗談藪一卷　(明)胡時化選輯　(明)陳仁錫訂正　明崇禎刻本　十八册

310000－0241－0019671　(5059)
嶠雅二卷　(明)鄺露撰　**嶠雅後一卷**　(清)惠棟輯　清順治海雪堂刻本　四册

310000－0241－0019672　(5061)
名人尺牘墨跡不分卷　陳漢章集　清程恭壽、沈家本等十二人手書墨跡原本　一册

310000－0241－0019673　(5062)
董觀瀛致朱養田書牘不分卷　(清)朱鍾琪集　清光緒朱氏就董氏手書原札集訂本　一册

310000－0241－0019674　(5064)
日知録三十二卷　(清)顧炎武撰　清抄本　清佚名校　一册　存五卷(六至十)

310000－0241－0019675　(5065)
小桃源二卷　(清)□□撰　清嘉慶十一年(1806)抄本　一册

310000－0241－0019676　(5072)
送稚鴻南歸詩册不分卷　(清)洪良品等十八人撰　(清)□稚鴻集　清洪良品等十八人手書墨跡原本　一册

310000－0241－0019677　(5074)
寶章待訪録一卷　(宋)米芾撰　清抄本　一册

310000－0241－0019678　(5076)
廣見聞博物志原始選異不分卷　(清)吕撫撰

清抄本　一冊

310000－0241－0019679　(5077)
董文敏論畫卷一卷　(明)董其昌撰並書　清光緒十八年(1892)徐立善抄本　一冊

310000－0241－0019680　(5078)
西林雜記不分卷　(清)張端木撰　清乾隆刻本　一冊

310000－0241－0019681　(5079)
幽蘭殿(可以觀)二十二卷　(□)□□錄　清末抄本　二冊　存二卷(一至二)

310000－0241－0019682　(5080)
淵源集說一卷　(清)□□輯　清抄本　一冊

310000－0241－0019683　(5081)
逐日偶筆不分卷　(清)□詡甫撰　清□氏稿本　四冊

310000－0241－0019684　(5082)
呆菴莊禪師語錄八卷　(明)釋普莊撰　(明)釋慧啓等編　明崇禎三年(1630)刻本　四冊

310000－0241－0019685　(5083)
遊蜀紀程二卷　(清)王鴻朗撰　清抄本　一冊

310000－0241－0019686　(5084)
閩觀詩畧選鈔七卷　(明)吳夢暘撰　(清)柯煜選　清吳氏抄本　清吳端玉題詩　四冊

310000－0241－0019687　(5085)
鬣音一卷壽壙碑辭一卷　(清)安致遠撰　清康熙安篢刻本　一冊

310000－0241－0019688　(5086)
山右金石錄一卷跋尾一卷　(清)夏寶晉撰　清咸豐四年(1854)木威喜堂刻本　一冊

310000－0241－0019689　(5087)
乾隆四十二年丁酉科河南鄉試錄一卷　(□)□□錄　清乾隆刻本　一冊

310000－0241－0019690　(5088)
蘇文近不分卷　(明)孫俟選評　(明)紀鎬選評　明末共賞齋刻本　四冊

310000－0241－0019691　(5089)
法寶楞嚴約旨不分卷　(明)沈宗沛撰　明萬曆刻本　一冊

310000－0241－0019692　(5090)
金石古文考不分卷　(清)鄭業斆撰　清光緒二十三年(1897)金陵宜春閣石印本　一冊

310000－0241－0019693　(5092)
行朝錄十一卷末一卷　(清)黃宗羲撰　清抄本　二冊

310000－0241－0019694　(5093)
孑遺錄一卷　(清)戴名世撰　清抄本　一冊

310000－0241－0019695　(5094)
褐夫文鈔不分卷　(清)戴名世撰　清抄本　一冊

310000－0241－0019696　(5095)
疑年錄不分卷　(清)錢大昕編　清光緒十八年(1892)徐立善抄本　一冊

310000－0241－0019697　(5096)
金臺紀行不分卷　(清)汪喬年述　清乾隆刻本　一冊

310000－0241－0019698　(5097)
鄂行日記二卷　(清)潘鍾瑞撰　清光緒長洲潘氏刻手校樣本　一冊

310000－0241－0019699　(5098)
漢魏六朝志墓金石例三卷唐人志墓諸例一卷志墓例附論一卷　(清)吳鎬撰　清嘉慶蟾波閣刻本　二冊

310000－0241－0019700　(5099)
國史館現辦畫一列傳凡例一卷附纂輯臣工列傳舊例一卷前辦畫一列傳凡例一卷　(清)蔡宗茂擬　清道光三十年(1850)國史館刻本　一冊

310000－0241－0019701　(5100)
孟子外書四篇四卷　(宋)劉攽注　清乾隆四十五年(1780)吳騫拜經樓刻本　一冊

310000－0241－0019702　(5101)
四生譜四種四卷　(清)金文錦撰　清嘉慶、

道光間經綸堂刻本　四冊

310000－0241－0019703　(5102)
粤西行紀二卷癸卯分校京兆試日記一卷　(清)馮桂芬撰　清抄本　一冊

310000－0241－0019704　(5103)
開有益齋讀書志六卷續志一卷金石文字記一卷　(清)朱緒曾撰　清光緒六年(1880)翁氏茹古閣刻本　四冊

310000－0241－0019705　(5104)
敬齋先生古今黈十二卷逸文二卷附録一卷　(元)李冶撰　清光緒二十八年(1902)繆荃孫刻本　三冊

310000－0241－0019706　(5105)
凴山閣增定留青全集二十四卷　(清)陳枚選輯　清康熙刻本　二十冊

310000－0241－0019707　(5106)
集虚齋學古文十二卷　(清)方椝如撰　清乾隆十九年(1754)佩古堂刻本　四冊

310000－0241－0019708　(5108)
異域風謠不分卷　(清)寥園主人撰　清同治、光緒間刻本　一冊

310000－0241－0019709　(5109)
古今翰苑瓊琚十二卷　(明)楊慎選　(明)孫鑛評　明天啓刻本　四冊

310000－0241－0019710　(5110)
[乾隆]續棗強縣志不分卷　(清)任增纂修　清乾隆四十年(1775)刻本　一冊

310000－0241－0019711　(5111)
[嘉慶]湘陰縣志三十九卷首一卷末一卷　(清)閻肇烺修　(清)黄朝綬纂　清道光四年(1824)校補刻本　十六冊

310000－0241－0019712　(5112)
蓬窗日錄八卷　(明)陳全之撰　明嘉靖四十四年(1565)晉中祁縣刻本　四冊

310000－0241－0019713　(5113)
森玉山房詩稿□卷　(清)汪爕撰　清乾隆刻本　一冊

310000－0241－0019714　(5114)
[嘉慶]邳州志十八卷首一卷　(清)丁觀堂修　(清)陳爕纂　清嘉慶十七年(1812)刻本　四冊

310000－0241－0019715　(5115)
[昏禮司儀辭令]一卷　(清)□□記　清抄本　一冊

310000－0241－0019716　(5116)
疊字編不分卷　(清)汪汲撰　清乾隆古愚山房刻本　一冊

310000－0241－0019717　(5118)
歷代畫像傳四卷　(清)丁善長編繪　清光緒二十二年(1896)濰水丁氏刻本　四冊

310000－0241－0019718　(5119)
吴郡名賢圖傳贊二十卷　(清)顧沅輯　清道光長洲顧氏刻本　八冊

310000－0241－0019719　(5120)
珊影雜識二卷　(清)嚴保庸撰　清道光十九年(1839)金閶刻本　一冊

310000－0241－0019720　(5122)
太湖竹枝詞二卷　(清)葉承桂撰　清咸豐三年(1853)石林園刻本　一冊

310000－0241－0019721　(5123)
唱讚譜不分卷　(□)□□編訂　清抄本　一冊

310000－0241－0019722　(5124)
度曲須知二卷弦索辨訛二卷　(明)沈寵綏撰　明崇禎十二年(1639)刻本　四冊

310000－0241－0019723　(5125)
燕蘭小譜五卷海漚小譜一卷　(清)西湖安樂山樵撰　清乾隆五十年(1785)刻本　二冊

310000－0241－0019724　(5126)
聊齋志異注十六卷　(清)呂湛恩輯　清道光五年(1825)姑蘇步月樓刻本　六冊

310000－0241－0019725　(5127)
花間笑話五卷　(清)釀花使者撰　清嘉慶二十三年(1818)刻本　一冊　存四卷(一至四)

310000－0241－0019726 （5128）
嘻談錄二卷續錄二卷 （清）小石道人輯 清坊刻本 二册

310000－0241－0019727 （5129）
精輯時興雅謎二卷 （明）陳繼儒輯 明遼西青藜閣刻本 一册

310000－0241－0019728 （5131）
弔譜集成六卷首一卷緒餘一卷 （清）退菴居士輯 清乾隆五十八年（1793）刻本 二册

310000－0241－0019729 （5132）
觥律不分卷 （清）江文藻撰 清同治、光緒間寫本 一册

310000－0241－0019730 （5133）
唐詩三百首注疏六卷 （清）蘅塘退士編 （清）章燮註 清道光十四年（1834）刻本 六册

310000－0241－0019731 （5134）
吴江沈氏詩集錄十二卷 （清）沈祖禹編 清乾隆五年（1740）刻本 四册

310000－0241－0019732 （5135）
迦陵先生填詞圖題詞不分卷 （清）陳淮輯 清乾隆刻本 一册

310000－0241－0019733 （5136）
香雪吟一卷伊人思一卷 （明）沈宜修撰 明崇禎刻清修版印本 一册

310000－0241－0019734 （5137）
夏節愍全集十卷首一卷末一卷補遺三卷 （明）夏完淳撰 （清）莊師洛輯 清嘉慶十二年（1807）刻同治八年（1869）補圖印本 二册

310000－0241－0019735 （5138）
抱犢山房集六卷 （清）嵇永仁撰 清雍正刻本 二册

310000－0241－0019736 （5139）
春草堂集三十七卷 （清）謝堃撰 清道光二十年（1840）曲邑奎文齋刻本 二十六册 存二十八卷（一至十八、二十五至三十四）

310000－0241－0019737 （5140）
樵隱昔寱一卷 （清）平步青撰 清光緒八年（1882）安越堂刻本 一册

310000－0241－0019738 （5141）
集杭諺詩二卷 （清）金蓮花室主人撰 清末抄本 一册

310000－0241－0019739 （5142）
吴歈萃雅四卷 （明）周之標輯 明萬曆刻本 四册 存一卷（首一卷）

310000－0241－0019740 （5143）
詞林逸響四卷 （明）許宇輯 明天啓刻本 二册 存一卷（三）

310000－0241－0019741 （5144）
樂府小令五種五卷 （清）□□輯 清乾隆刻本 一册

310000－0241－0019742 （5145）
［戲曲五種選抄］五卷 （清）何滇生選輯 清同治九年（1870）何滇生寫本 一册

310000－0241－0019743 （5146）
戲曲選不分卷 （清）□□選輯 清光緒六年（1880）楊文元等抄本 一册

310000－0241－0019744 （5147）
拈花笑雜劇一卷 （清）徐石麒撰 清抄本 一册

310000－0241－0019745 （5148）
遺真記不分卷 （清）廖景文撰 清乾隆愜心堂刻本 一册

310000－0241－0019746 （5149）
新刻魏仲雪先生批點琵琶記二卷 （元）高明撰 （明）魏浣初評點 明末坊刻本 一册

310000－0241－0019747 （5150）
繪風亭評第七才子書琵琶記一卷才子琵琶寫情篇一卷 （元）高明撰 （清）毛宗崗評 清初映秀堂刻本 八册

310000－0241－0019748 （5151）
金印記不分卷 （明）蘇復之撰 清節抄本 一册

310000－0241－0019749　(5152)
衣珠記一卷　(明)□□撰　清節抄本　一冊

310000－0241－0019750　(5153)
漁家樂二卷　(清)朱佐朝撰　清抄本　二冊

310000－0241－0019751　(5154)
風箏誤傳奇二卷　(清)李漁撰　清道光九年(1829)毛孝杰竹梅書屋抄本　二冊

310000－0241－0019752　(5155)
拜針樓八折不分卷　(清)王墅撰　(清)楊天祚批點　清蕪湖貴德堂刻本　一冊

310000－0241－0019753　(5156)
虎口餘生傳奇四卷　(清)遺民外史撰　清乾隆、嘉慶間耕讀堂刻本　四冊

310000－0241－0019754　(5157)
魚水緣傳奇二卷　(清)澹廬居士撰　(清)竹軒主人評點　清乾隆五十六年(1791)知稼堂刻本　二冊

310000－0241－0019755　(5158)
富貴神仙二卷　(清)影園灌者撰　清乾隆刻本　一冊

310000－0241－0019756　(5159)
雷峯塔傳奇四卷　(清)岫雲詞逸撰　清乾隆三十七年(1772)水竹居刻本　八冊

310000－0241－0019757　(5160)
天雷報一卷六折　(清)□□撰　清抄本　一冊

310000－0241－0019758　(5161)
紅樓夢傳奇二卷　(清)紅豆邨樵撰　清嘉慶四年(1799)綠雲紅雨山房刻本　二冊

310000－0241－0019759　(5162)
邯鄲記二卷　(明)湯顯祖撰　(明)臧懋循訂　明萬曆吳興臧氏刻本　一冊　存一卷(上)

310000－0241－0019760　(5163)
吳吳山三婦合評牡丹亭還魂記二卷　(明)湯顯祖撰　(清)陳同等評點　清康熙夢園刻本　六冊

310000－0241－0019761　(5164)
釵釧記奇傳二卷　(明)月榭主人撰　清道光九年(1829)毛孝杰竹梅書屋抄本　二冊

310000－0241－0019762　(5165)
衣珠記奇傳二卷　(明)□□撰　清道光九年(1829)毛孝杰竹梅書屋抄本　二冊

310000－0241－0019763　(5166)
雙冠誥奇傳二卷　(清)陳二白撰　清道光十年(1830)毛孝杰竹梅書屋抄本　二冊

310000－0241－0019764　(5167)
四才子奇書四種四卷　(清)黄兆森撰　清康熙博古堂刻本　三冊　存三種

310000－0241－0019765　(5168)
擁雙艷三種六卷　(清)萬樹撰　清康熙粲花别墅刻本　十冊

310000－0241－0019766　(5169)
醉高歌傳奇不分卷　(清)張雍敬撰　清乾隆三年(1738)靈雀軒刻本　四冊

310000－0241－0019767　(5170)
惺齋五種十卷續編一種二卷　(清)夏綸撰　清乾隆十七年(1752)世光堂刻本　十二冊

310000－0241－0019768　(5171)
雨花臺傳奇二卷　(清)徐崑撰　(清)崔桂林評點　清乾隆二十八年(1763)劉氏貯書樓刻本　二冊

310000－0241－0019769　(5172)
乞食圖二卷　(清)林棲居士(錢維喬)撰　清乾隆刻本　四冊

310000－0241－0019770　(5173)
阿修羅不分卷　(清)□□撰　清乾隆秋竹山房刻本　一冊

310000－0241－0019771　(5174)
東海傳奇二卷　(清)陳寶撰　清嘉慶刻本　二冊

310000－0241－0019772　(5175)
雙緣帕傳奇二卷　(清)于有聲撰　清道光五年(1825)刻本　二冊

310000－0241－0019773　(5176)
錯中錯四卷　(清)瀛海勉癡子編　清道光九年(1829)懷清堂刻本　四冊

310000－0241－0019774　(5177)
蝶歸樓傳奇二卷　(清)黄治撰　(清)黄濬正譜　清新城沈鱗抄本　二冊

310000－0241－0019775　(5178)
三笑姻緣二卷　(清)朱確睢撰　清節抄本　二冊

310000－0241－0019776　(5179)
新刻出像點板時尚崑腔雜曲醉怡情八卷　(清)菰蘆釣叟點次　清古吳致和堂刻本　八冊

310000－0241－0019777　(5180)
[崑曲舊抄]二卷　(清)□□輯　清抄本　二冊

310000－0241－0019778　(5181)
[崑曲五種]五卷　(清)□□輯　清抄本　一冊

310000－0241－0019779　(5182)
牡丹亭勸農一卷　(明)湯顯祖原詞　(清)馮起鳳製曲　清抄本　一冊

310000－0241－0019780　(5183)
開茶坊一卷　(清)□□撰　清抄本　一冊

310000－0241－0019781　(5184)
[崑劇唐詩唱句]不分卷　(清)□□編次　清抄本　一冊

310000－0241－0019782　(5185)
[調腔五種]五卷　(清)□□輯　清抄本　一冊

310000－0241－0019783　(5186)
[紹興高腔選萃]不分卷　(清)□□選　清抄本　一冊

310000－0241－0019784　(5188)
荆釵記二卷附戒洋煙一卷小進宫一卷節詩十一種一卷四季相思一卷　(清)□□改編　清光緒十年(1884)節抄本　一冊

310000－0241－0019785　(5189)
倭袍傳七卷　(清)□□撰　清節抄本　一冊

310000－0241－0019786　(5190)
[倭袍]五卷　(清)□□撰　清節抄本　一冊

310000－0241－0019787　(5191)
秋江分别二卷　(清)□□撰　清同治五年(1866)陳心齋抄本　一冊

310000－0241－0019788　(5192)
[秦腔戲本]六種七卷　(清)裕興堂編　清龍威閣務成堂裕興堂等刻光緒二十年(1894)裕興堂印本　一冊

310000－0241－0019789　(5193)
[秦腔戲本]四種四卷　(清)德興堂編　清光緒二十五年(1899)西安德興堂刻本　一冊

310000－0241－0019790　(5194)
十王廟二十二回　(清)□□撰　清坊刻本　二冊　存二十回(三至二十二)

310000－0241－0019791　(5195)
[雙花集]不分卷　(清)□□編　清抄本　一冊

310000－0241－0019792　(5196)
[紹劇五種]五卷　(清)□□輯　清抄本　一冊

310000－0241－0019793　(5197)
[紹劇十種]十卷　(清)□□輯　清抄本　一冊

310000－0241－0019794　(5198)
[紹劇十種]十卷　(清)張煥錦輯　清光緒二十二年至二十四年(1896－1898)張氏稿本　一冊

310000－0241－0019795　(5199)
[紹劇七種]七卷　(清)清河氏輯　清光緒清河氏抄本　一冊

310000－0241－0019796　(5200)
[紹劇六種]六卷　(清)□□輯　清宣統二年(1910)抄本　一冊

310000－0241－0019797 (5201)
［紹劇三種］三卷 (清)楊遜夫輯 清末清音軒寫本 一册

310000－0241－0019798 (5202)
［紹劇二種］二卷 (清)□□輯 清抄本 一册

310000－0241－0019799 (5203)
通天宵一卷 (清)□□撰 清抄本 一册

310000－0241－0019800 (5204)
天緣球不分卷 (清)□□撰 清抄本 一册

310000－0241－0019801 (5205)
昭君和番一卷 (清)□□編 清光緒四年(1878)抄本 趙景深校 一册

310000－0241－0019802 (5206)
玉麒麟不分卷 (清)□□撰 清抄本 一册

310000－0241－0019803 (5207)
珍珠塔不分卷 (清)□□撰 清末抄本 一册

310000－0241－0019804 (5208)
妃仙院一卷 (清)□□撰 清末抄本 一册

310000－0241－0019805 (5209)
松鷹圖不分卷 (清)□□撰 清末抄本 趙景深校 一册

310000－0241－0019806 (5210)
救母記二卷 (清)□□撰 清光緒九年(1883)敬義堂抄本 趙景深校 二册

310000－0241－0019807 (5211)
前灘選不分卷 (清)□□選 清抄本 四册

310000－0241－0019808 (5212)
借靴一卷 (清)□□撰 清抄本 一册

310000－0241－0019809 (5213)
賣草囤一卷 (清)□□撰 清抄本 一册

310000－0241－0019810 (5214)
醉二一卷 (清)□□撰 清同治七年(1868)趙雨汀抄本 一册

310000－0241－0019811 (5215)
醉二一卷 (清)□□撰 清抄本 一册

310000－0241－0019812 (5216)
賈志誠嫖院一卷 (清)□□撰 清抄本 一册

310000－0241－0019813 (5217)
羅和發財一卷 (清)□□撰 清抄本 一册

310000－0241－0019814 (5218)
公公偷媳一卷 (清)□□撰 清光緒八年(1882)抄本 一册

310000－0241－0019815 (5219)
［蘇灘七種］不分卷 (清)□□輯 清末抄本 一册

310000－0241－0019816 (5220)
［梨園集成］三十二種三十二卷 (清)王賀成校輯 清懷邑王氏刻本 十一册

310000－0241－0019817 (5222)
［京劇五齣］一卷 (清)□□輯 清抄本 一册

310000－0241－0019818 (5224)
新著剮遏蟒臺全曲不分卷 (清)王賀成校輯 清懷邑王氏刻本 一册

310000－0241－0019819 (5225)
昭君出塞二齣一卷 (清)□□節錄 清末抄本 一册

310000－0241－0019820 (5226)
舊抄俗曲十四種一卷 (清)□□輯 清抄本 一册

310000－0241－0019821 (5227)
小曲選不分卷 (清)□□選 清抄本 趙景深校 一册

310000－0241－0019822 (5228)
［俚曲十九種］一卷 (清)□□輯 清光緒抄本 趙景深校並錄目 一册

310000－0241－0019823 (5229)
［消閒唱本］不分卷 (清)敬臣輯 清光緒三

十二年(1906)抄本　二冊

310000－0241－0019824　(5230)

呂洞賓點藥材一卷節詩十七首禁忌歌二首綉花襖　(清)□□撰　清抄本　一冊

310000－0241－0019825　(5231)

民歌廿二曲一卷　(清)何滇生輯　清同治九年(1870)何滇生抄本　一冊

310000－0241－0019826　(5232)

汝河山歌不分卷　(清)□□輯　清末抄本　趙景深校　一冊

310000－0241－0019827　(5233)

[丐歌]不分卷　(清)□□輯　清抄本　一冊

310000－0241－0019828　(5234)

[楚曲二種]二卷　(清)□□輯　清抄本　一冊

310000－0241－0019829　(5238)

繡鞋記不分卷　(清)□□撰　清末滎陽翼記抄本　二冊

310000－0241－0019830　(5239)

珍珠塔不分卷　(清)□□編次　清末抄本　四冊

310000－0241－0019831　(5240)

新刻珍珠塔九松亭全傳不分卷　(清)□□改編　清末抄本　一冊

310000－0241－0019832　(5241)

忠孝情義關公傳不分卷　(清)□□撰　清末抄本　一冊

310000－0241－0019833　(5242)

新刻綉像荔枝陳三歌全傳一卷　(清)□□撰　清乾隆四十四年(1779)刻本　一冊

310000－0241－0019834　(5243)

新編螳螂傳一卷　(清)□□撰　清末抄本　一冊

310000－0241－0019835　(5244)

新刻長舌婦寫信傳不分卷　(清)□□撰　清末抄本　一冊

310000－0241－0019836　(5245)

歷代史畧十段錦詞話旁註二卷　(明)楊慎纂　(明)程仲秩註　明刻本　一冊

310000－0241－0019837　(5246)

[平胡調選]不分卷　(清)□□輯　清抄本　一冊

310000－0241－0019838　(5247)

[平胡調選]不分卷　(清)□□輯　清抄本　一冊

310000－0241－0019839　(5248)

[平胡調選]不分卷　(清)□□輯　清光緒三十年(1904)彭城南抄本　一冊

310000－0241－0019840　(5249)

[平胡調選]不分卷　(清)□□輯　清抄本　一冊

310000－0241－0019841　(5251)

[平胡調選]不分卷　(清)□□輯　清末抄本　一冊

310000－0241－0019842　(5252)

[平胡調選]不分卷　(清)□□輯　清光緒二十七年(1901)抄本　一冊

310000－0241－0019843　(5253)

折桂亭不分卷　(清)□□撰　清末抄本　一冊

310000－0241－0019844　(5254)

漁家樂不分卷　(清)□□撰　清抄本　一冊

310000－0241－0019845　(5255)

漁家樂不分卷　(清)□□輯　清末抄本　一冊

310000－0241－0019846　(5256)

白狐裘不分卷　(□)□□撰　清抄本　一冊

310000－0241－0019847　(5257)

調唱白狐裘全集四齣　(清)□□撰　清抄本　一冊

310000－0241－0019848　(5258)

倭袍不分卷　(清)□□撰　清抄本　一冊

310000－0241－0019849　(5259)
倭袍(附譜)不分卷　(清)□□撰　清抄本　一册

310000－0241－0019850　(5260)
倭袍全錄二卷　(清)□□撰　清光緒二十四年(1898)抄本　一册

310000－0241－0019851　(5261)
倭袍不分卷　(清)□□撰　清末抄本　一册

310000－0241－0019852　(5262)
三笑緣不分卷　(清)□□撰　清抄本　一册

310000－0241－0019853　(5263)
[平調白蛇傳唱詞]一卷　(清)周敦甫演唱　清光緒三十三年(1907)抄本　一册

310000－0241－0019854　(5264)
仙莊會不分卷　(清)□□撰　清宣統三年(1911)楊文炳抄本　三册

310000－0241－0019855　(5265)
節詩不分卷　(清)□□輯　清抄本　一册

310000－0241－0019856　(5266)
節詩不分卷　(清)□□輯　清抄本　一册

310000－0241－0019857　(5267)
節詩不分卷　(清)□□輯　清光緒二年(1876)存信堂抄本　一册

310000－0241－0019858　(5268)
節詩選不分卷　(清)□□選　清抄本　一册

310000－0241－0019859　(5270)
節詩不分卷　(清)□□輯　清抄本　趙景深校並錄目　一册

310000－0241－0019860　(5271)
節詩不分卷　(清)□□輯　**雜曲**　趙景深校並錄目　清末抄本　一册

310000－0241－0019861　(5272)
節詩不分卷　(清)□□輯　清末抄本　一册

310000－0241－0019862　(5273)
節詩不分卷　(清)□□輯　清末抄本　趙景深校　一册

310000－0241－0019863　(5275)
南樓傳上集一卷下集一卷　(清)□□編　清抄本　一册

310000－0241－0019864　(5276)
道情不分卷　(□)□□撰　清光緒六年(1880)補抄本　一册

310000－0241－0019865　(5277)
新編仙家樂事雲水道情耍孩兒不分卷　(清)□□編　清刻本　一册

310000－0241－0019866　(5278)
[寶卷三種]三卷　(清)□□輯　清抄本　一册

310000－0241－0019867　(5279)
時運寶卷一卷　(清)□□撰　清同治四年(1865)浮悟居士抄本　一册

310000－0241－0019868　(5280)
金開寶卷一卷　(清)□□撰　清道光元年(1821)抄本　一册

310000－0241－0019869　(5281)
淨土實錄寶卷二卷　(清)□□撰　清道光六年(1826)來門孫廣齡刻本　一册　存一卷(上)

310000－0241－0019870　(5282)
竈皇寶卷一卷　(清)□□撰　清抄本　一册

310000－0241－0019871　(5283)
五路寶卷一卷　(清)□□撰　清道光二十六年(1846)畢步江抄本　一册

310000－0241－0019872　(5284)
如如寶卷一卷　(清)□□撰　清抄本　二册

310000－0241－0019873　(5285)
十王寶卷一卷　(清)□□撰　清末吳進康抄本　一册

310000－0241－0019874　(5286)
慈心寶卷一卷　(清)□□撰　清道光二十七年(1847)俞文斌抄本　一册

310000－0241－0019875　(5287)

猢猻寶卷一卷　(清)□□撰　清道光二十七年(1847)畢步江抄本　一册

310000－0241－0019876　(5288)
金牌寶卷一卷　(清)□□撰　清咸豐四年(1854)王沐抄本　一册

310000－0241－0019877　(5289)
妙音寶卷一卷　(清)□□撰　清抄本　一册

310000－0241－0019878　(5290)
黄糠寶卷一卷　(清)□□撰　清抄本　一册

310000－0241－0019879　(5291)
白蛇寶卷不分卷　(清)畢介眉集　清道光七年(1827)抄本　二册

310000－0241－0019880　(5292)
天仙寶卷一卷　(清)□□撰　清抄本　二册

310000－0241－0019881　(5293)
王花寶卷一卷　(清)□□撰　清劉惠甫抄本　一册

310000－0241－0019882　(5294)
胡屠卷一卷　(清)□□撰　清抄本　一册

310000－0241－0019883　(5295)
度人寶卷一卷　(清)□□撰　清抄本　一册

310000－0241－0019884　(5296)
白鶴圖寶卷一卷　(□)□□撰　清同治二年(1863)抄本　二册

310000－0241－0019885　(5297)
西瓜寶卷二卷　(清)□□撰　清□杞華抄本　一册

310000－0241－0019886　(5298)
提茶獻燭寶卷一卷　(清)□□撰　清抄本　一册

310000－0241－0019887　(5299)
白羅三寶卷一卷　(清)□□撰　清同治十二年(1873)浦氏抄本　一册

310000－0241－0019888　(5300)
普陀寶卷一卷　(清)□□撰　清金萃麟抄本　一册

310000－0241－0019889　(5301)
十月懷胎寶卷一卷　(清)□□撰　清瞿培霖抄本　一册

310000－0241－0019890　(5302)
忤逆寶卷一卷　(清)□□撰　清光緒十年(1884)焦垌祥抄本　一册

310000－0241－0019891　(5303)
劉猛將軍寶卷一卷　(清)□□撰　清光緒十年(1884)重抄咸豐十年(1860)本　一册

310000－0241－0019892　(5304)
曲律四卷　(明)王驥德撰　清抄本　二册

310000－0241－0019893　(5305)
新編南詞定律十三卷首一卷　(清)呂士雄等編輯　清康熙五十九年(1720)刻本　二册
存三卷(一、六至七)

310000－0241－0019894　(5306)
九宫譜定六卷　(清)東山釣史輯　清初金閶綠蔭堂刻本　六册

310000－0241－0019895　(5307)
曲本一卷　(清)□□編　清抄本　一册

310000－0241－0019896　(5308)
崑曲身段譜不分卷　(清)□□編　清道光元年(1821)穆茂林安裕堂抄本　十二册

310000－0241－0019897　(5309)
崑曲曲譜秘本四種四卷　(清)□□輯　清抄本　一册

310000－0241－0019898　(5310)
曲譜合鈔五卷　(清)□□輯　清宣統元年(1909)抄本　一册

310000－0241－0019899　(5311)
雁兒落尺字調一卷　(□)□□譜　清咸豐七年(1857)抄本　一册

310000－0241－0019900　(5312)
晚頭散吹打全套一卷　(清)□□編　清抄本　一册

310000－0241－0019901　(5313)

[工尺譜]不分卷　(清)□□編　清末抄本　一册

310000－0241－0019902　(5314)
大紅袍工尺譜一卷　(清)□□編　清光緒二十九年(1903)吴潤芳抄本　一册

310000－0241－0019903　(5315)
繡像漢宋奇書六十卷　(明)熊飛輯　清興賢堂刻本　二十四册

310000－0241－0019904　(5316)
繡像四遊合傳十四卷　(清)尚友堂輯　清嘉慶十六年(1811)尚友堂刻本　八册

310000－0241－0019905　(5317)
新刻京臺公餘勝覽國色天香十卷　(明)吴敬所編　清初周文煒南山堂刻本　四册

310000－0241－0019906　(5318)
醒夢駢言十二回　(清)蒲崖主人輯　清稼史軒刻本　一册　存五回(五至九)

310000－0241－0019907　(5319)
豆棚閒話十二卷十二則　(清)聖水艾衲居士著　(清)吴門百懶道人重訂　清乾隆四十六年(1781)書業堂刻本　一册　存三卷(一至三)

310000－0241－0019908　(5320)
後三國石珠演義三十回　(清)梅溪遇安氏撰　清大字刻本　一册　存十回(二十一至三十)

310000－0241－0019909　(5321)
重刻繡像說唐演義後傳五十五回　(清)鴛湖漁叟校訂　清乾隆崇德書院大字刻本　一册　存五回(一至五)

310000－0241－0019910　(5322)
新刻異說南唐演義全傳十卷一百回　(清)如蓮居士編次　清嘉慶二十一年(1816)似菊別墅刻本　十册

310000－0241－0019911　(5323)
鐫玉茗堂批點殘唐五代史演義傳六卷六十則　(明)羅本編　(明)湯顯祖評　清乾隆四十七年(1782)振賢堂刻粵東三元堂補刻本　六册

310000－0241－0019912　(5324)
新鐫全像武穆精忠傳八卷八十則　(明)熊大木編　清初映秀堂刻本　八册

310000－0241－0019913　(5325)
岳武穆王精忠傳六卷六十八回　(明)鄒元標編訂　清初刻本　一册　存七回(卷一第六至十二回)

310000－0241－0019914　(5326)
續英烈傳五卷三十四回　(明)空谷老人編次　清大字刻本　四册

310000－0241－0019915　(5327)
皋鶴堂批評第一奇書金瓶梅一百回　(明)蘭陵笑笑生撰　(明)□□修改　(清)張道深修改評點　清康熙三十四年(1695)刻影松軒修版印本(有抄配)　二十七册

310000－0241－0019916　(5328)
新鐫秘本玉支磯小傳二十回　(清)天花藏主人述　(清)煙水山人編次　清醉花樓刻本　四册

310000－0241－0019917　(5329)
蝴蝶媒四卷十六回　(清)南岳道人編　(清)青谿醉客評　清積經堂刻本　一册

310000－0241－0019918　(5330)
終須夢四卷十八回　(清)彌堅堂主人編　(清)步月主人訂　清坊刻本　一册　存九回(一至九)

310000－0241－0019919　(5331)
聽月樓二十回　(清)□□撰　清嘉慶二十年(1815)忠恕堂刻本　四册

310000－0241－0019920　(5332)
平妖傳八卷四十回　(明)羅本撰　(明)馮夢龍增補　清嘉慶十七年(1812)講德齋刻本　四册

310000－0241－0019921　(5333)
繡像傳奇後西遊記四十回　(清)梅子和撰

(清)天花才子評　清初刻本　三册　存三十回(十一至四十)

310000－0241－0019922　(5334)
新訂晉代許旌陽得道擒蛟全傳八卷十五回　(明)鄧志謨撰　清嘉慶刻本　四册

310000－0241－0019923　(5335)
新刻三國因一卷　(清)醉月山人編　清光緒三十二年(1906)刻本　一册

310000－0241－0019924　(5336)
水滸後傳十卷四十回　(明)古宋遺民雁宕山樵編　(清)金陵憨客野雲主人評　清大道堂刻本　十册

310000－0241－0019925　(5337)
續俠義傳十六回　(清)□□撰　清刻本　四册

310000－0241－0019926　(5338)
新選全本五虎平西四卷二集四卷三集四卷四集四卷　(清)閒情居士訂　清道光二十八年(1848)璧經堂刻本　四册

310000－0241－0019927　(5339)
十三續金刀記大封楊家將全本四卷　(清)□□撰　清道光二十四年(1844)莞城富文堂刻本　一册

310000－0241－0019928　(5340)
十四續金刀記西棘芙蓉帕全本四卷　(清)□□撰　清道光二十九年(1849)莞城富文堂刻本　一册

310000－0241－0019929　(5341)
新鐫增補重訂解學士詩集一卷　(明)解縉撰　(清)寶文堂校訂　清乾隆十一年(1746)錢氏寶文堂刻本　一册

310000－0241－0019930　(5342)
五朝小說□□種□□卷　(明)桃源溪父輯　明末刻本　四十册

310000－0241－0019931　(5343)
綠窗女史一百六十種一百六十二卷　(明)秦淮寓客輯　明刻本　二册　存十七種十七卷

310000－0241－0019932　(5344)
塵談拾雅十種十一卷　(清)劉節卿輯　清同治八年(1869)藏修書屋刻本　二册

310000－0241－0019933　(5345)
紅樓夢詩詞三種四卷　(清)□□輯　清道光刻本　二册

310000－0241－0019934　(5346)
三星符官三獻一卷　(□)□□編　清光緒七年(1881)抄本　一册

310000－0241－0019935　(5347)
鑾字歌曲備覽不分卷　(清)□□編　清光緒二十一年(1895)戴紹奎抄本　趙景深跋　一册

310000－0241－0019936　(5349)
澄悅堂詩集□卷　(清)國梁撰　清刻本　二册

310000－0241－0019937　(5350)
唐荆川稿不分卷　(明)唐順之撰　明末刻本　一册

310000－0241－0019938　(5351)
芻蕘初稾一卷　(清)陸純錫撰　清康熙寫刻本　一册

310000－0241－0019939　(5352)
聞湖詩鈔十卷　(清)孟彬輯　清嘉慶刻本　一册

310000－0241－0019940　(5353)
海桐書屋詩鈔八卷　(清)岳夢淵撰　清嘉慶二十四年(1819)刻本　四册

310000－0241－0019941　(5354)
竹波軒楳冊不分卷　(清)鄭淳繪　(清)潘恭壽等題詩　清道光十七年(1837)刻本　一册

310000－0241－0019942　(5355)
集梅花詩十八種十九卷　(清)張山農輯　清順治至光緒間上海張氏遞刻本　一册　存十三種十三卷

310000－0241－0019943　(5378)
吳中十女子詩集十種十一卷翡翠林閨秀雅集

一卷簫譜一卷　(清)任兆麟輯撰　清咸豐四年(1854)溪山小農抄本　四冊

310000－0241－0019944　(5379)
國朝三家文鈔三十二卷　(清)宋犖選輯　清康熙三十三年(1694)刻本　六冊

310000－0241－0019945　(5380)
唐詩正音十四卷唐音遺響一卷　(元)楊士弘編　明末烏程閔氏刻本　六冊

310000－0241－0019946　(5381)
國朝詩別裁集三十六卷　(清)沈德潛纂評　清乾隆二十四年(1759)初刻本　十八冊

310000－0241－0019947　(5382)
柳文七卷　(唐)柳宗元撰　(明)茅坤選評　明末烏程閔氏刻本　七冊

310000－0241－0019948　(5383)
韓文公文抄十六卷　(唐)韓愈撰　(明)茅坤選評　明末烏程閔氏刻本　八冊

310000－0241－0019949　(5384)
大復集三十七卷　(明)何景明撰　明嘉靖袁璨刻本　八冊

310000－0241－0019950　(5385)
選詩七卷選賦六卷　(南朝梁)蕭統選　(明)郭正域批點　明末吳興淩氏刻本　十二冊

310000－0241－0019951　(5386)
瑤華集二十二卷　(清)蔣景祁編　清康熙天藜閣刻本　二十三冊

310000－0241－0019952　(5387)
淮海集四十卷　(宋)秦觀撰　(明)徐渭評　明天啓、崇禎間武林讀書坊刻本　八冊

310000－0241－0019953　(5388)
蔡中郎集十卷外紀一卷外集四卷末一卷　(漢)蔡邕撰　(清)高均儒輯　清咸豐二年(1852)楊氏海源閣仿宋刻本　六冊

310000－0241－0019954　(5389)
古今類書纂要增刪十二卷　(明)璩崑玉集纂　明崇禎刻本　八冊

310000－0241－0019955　(5390)
七俠圖全傳四十二回　(清)湖折生校訂　清末綠蔭書屋抄本　八冊

310000－0241－0019956　(5395)
蘿月軒存藁八卷　(清)玉保撰　清嘉慶五年至六年(1800－1801)山西督學使署刻本　四冊

310000－0241－0019957　(5396)
惜分陰齋詩鈔十六卷　(清)李棨撰　清嘉慶寫刻本　六冊

310000－0241－0019958　(5397)
吾以吾鳴集鈔一卷抱殊軒詩存六卷斫桂山房詩存六卷一瓢齋詩存六卷一瓢齋詩話一卷　(清)薛雪撰並輯　清乾隆掃葉村莊刻薛一瓢集本　三冊

310000－0241－0019959　(5398)
道盥齋詩稿二十三卷又一卷　(清)孫灝撰　清末黑格抄本　十冊

310000－0241－0019960　(5399)
粵遊紀程詩不分卷　(清)魏坤撰　清康熙刻本　一冊

310000－0241－0019961　(5400)
吹劍集一卷　(清)吳士玉撰　清康熙寫刻本　一冊

310000－0241－0019962　(5401)
緯堂詩鈔四卷　(清)湯大奎撰　清乾隆寫刻本　一冊

310000－0241－0019963　(5402)
黃湄詩選十卷　(清)王又旦撰　(清)王士禎選　清康熙刻本　二冊

310000－0241－0019964　(5403)
舊雨草堂詩八卷詩餘一卷　(清)董元度撰　清乾隆四十三年(1778)刻本　二冊

310000－0241－0019965　(5404)
練川十二家詩十二卷　(清)林大中等撰　(清)王鳴盛選　清乾隆嘉定王氏刻本　四冊

310000－0241－0019966　(5405)

雲壑詩稿二卷外集一卷　(清)汪如洋撰　清嘉慶刻本　三册

310000－0241－0019967　(5406)
綿津山人詩集二十九卷楓香詞一卷漫堂説詩一卷　(清)宋犖撰　清康熙二十七年(1688)商丘宋氏刻本　九册

310000－0241－0019968　(5407)
玉磐山房詩集六卷文集一卷　(清)劉大觀撰　清嘉慶刻本　三册

310000－0241－0019969　(5408)
畫溪西堂稿四卷　(清)謝芳連撰　(清)王士禎評　清康熙寫刻本　一册

310000－0241－0019970　(5409)
浮家汎宅圖詩不分卷　(清)張貞編　清康熙四十九年(1710)春岑閣刻本　一册

310000－0241－0019971　(5410)
蒙木集不分卷　(清)鍾轅撰　(清)王士禎評　清康熙刻本　一册

310000－0241－0019972　(5411)
韻香廬詩存不分卷　(清)沈國治撰　清同治三年(1864)沈丙瑩抄稿本　一册

310000－0241－0019973　(5412)
寄菴詩鈔十八卷　(清)劉大紳撰　清嘉慶刻本　六册

310000－0241－0019974　(5413)
師善堂詩集十卷　(清)嵇曾筠撰　清雍正十三年(1735)寫刻本　四册

310000－0241－0019975　(5414)
栖雲閣詩十六卷拾遺三卷　(清)高珩撰　(清)趙執信選　清乾隆刻本　六册

310000－0241－0019976　(5415)
木本堂詩四種十九卷　(清)李瀚撰　清康熙滄浪水屋刻本　四册

310000－0241－0019977　(5416)
匡山集六卷　(清)王沛恂撰　清雍正刻本　二册

310000－0241－0019978　(5417)
小匡廬集一卷　(清)王樞撰　清乾隆刻本　一册

310000－0241－0019979　(5418)
擔峯詩四卷　(清)孫洤撰　清康熙刻本　四册

310000－0241－0019980　(5419)
辟疆園遺集十卷　(清)顧敏恒等撰　(清)楊芳燦編　清乾隆六十年(1795)刻本　二册

310000－0241－0019981　(5420)
亦有生齋集文二十卷詞五卷詩三十二卷樂府二卷　(清)趙懷玉撰　清嘉慶、道光間刻本　二十册

310000－0241－0019982　(5421)
樂賢堂詩鈔三卷　(清)德保撰　清乾隆末刻本　三册

310000－0241－0019983　(5422)
江浙十二家詩選二十四卷　(清)王鳴盛選　清乾隆三十年(1765)三槐堂刻本　四册

310000－0241－0019984　(5423)
珠風閣詩草不分卷　(清)查曦撰　清珠風閣清稿本　四册

310000－0241－0019985　(5424)
愛日堂詩二十八卷　(清)陳元龍撰　清雍正刻本　六册

310000－0241－0019986　(5425)
青芝山館詩集二十二卷駢體文集二卷斷水詞三卷　(清)樂鈞撰　清嘉慶二十二年(1817)刻本　八册

310000－0241－0019987　(5426)
白水堂詩集二十六卷　(清)張瓊英撰　清刻本　六册

310000－0241－0019988　(5427)
采山堂近詩選不分卷采山堂二集不分卷　(清)沈胤範撰　清康熙沈氏家刻本　四册

310000－0241－0019989　(5428)
劉薈亭詩選六卷　(清)劉可書撰　清康熙四

十八年(1709)東粵刻本　四冊

310000－0241－0019990　(5429)
調運齋詩文隨刻詩集五卷再生錄一卷文鈔一卷文集二卷圓沙和陶詩一卷　(清)錢陸燦撰　清康熙朱茂初刻本　四冊

310000－0241－0019991　(5430)
詩觀初集十二卷二集十四卷閨秀別卷一卷　(清)鄧漢儀評選　清康熙南陽鄧氏慎墨堂刻本　二十四冊

310000－0241－0019992　(5431)
有竹居集十六卷　(清)任兆麟撰　清嘉慶二十四年(1819)兩廣節署刻道光間增刻本　八冊

310000－0241－0019993　(5432)
天延閣刪後詩十六卷　(清)梅清撰　**天延閣贈言集四卷**　(清)梅清輯　清康熙刻本　六冊

310000－0241－0019994　(5433)
虛白齋存稿九卷　(清)吳壽昌撰　清乾隆五十五年(1790)山陰吳氏貴陽刻本　四冊

310000－0241－0019995　(5434)
傳經堂詩鈔十二卷　(清)韋謙恒撰　清乾隆末刻本　四冊

310000－0241－0019996　(5435)
顧氏七種八卷　(清)顧元凱輯　清道光二十八年(1848)顧氏潯州郡署刻本　八冊

310000－0241－0019997　(5436)
紅蘅館初稿三卷　(清)張孟淦撰　清嘉慶刻本　一冊

310000－0241－0019998　(5437)
知恥齋詩集六卷文集一卷　(清)謝振定著　(清)陶□編次　清道光湘鄉謝氏刻本　四冊

310000－0241－0019999　(5438)
健松齋集二十四卷　(清)方象瑛撰　清康熙世美堂刻本　六冊

310000－0241－0020000　(5439)
馮舍人遺詩六卷　(清)馮廷櫆撰　清雍正十一年(1733)刻本　二冊

310000－0241－0020001　(5440)
白雲邨文集四卷臥象山房詩正集七卷　(清)李澄中撰　清康熙建安刻本　四冊

310000－0241－0020002　(5441)
香草齋詩鈔六卷　(清)黄任撰　(清)桑調元編　清乾隆二十三年(1758)修汲堂刻本　一冊

310000－0241－0020003　(5442)
谷音二卷　(元)杜本編　明末虞山毛氏汲古閣刻本　二冊

310000－0241－0020004　(5443)
是程堂集十四卷二集四卷　(清)屠倬撰　清嘉慶十九年(1814)真州官舍道光元年(1821)潛園刻本　五冊

310000－0241－0020005　(5444)
章北亭全集八卷　(清)章愷撰　清嘉慶五年(1800)螺溪敦艮堂刻本　二冊

310000－0241－0020006　(5445)
存素堂詩初集錄存二十四卷詩稿二卷二集八卷續集一卷　(清)法式善撰　清嘉慶十二年至十八年(1807－1813)王墉湖北德安官署刻本　二冊

310000－0241－0020007　(5446)
蘭雪集八卷　(清)柯振嶽撰　清嘉慶二十三年(1818)藏修齋刻本　六冊

310000－0241－0020008　(5447)
同林倡和不分卷　(清)越信輯　(清)梁詩正書　清乾隆賜錦堂寫刻本　一冊

310000－0241－0020009　(5448)
清芬堂集十六卷續集六卷　(清)潘際雲撰　清嘉慶二十年(1815)、道光六年(1826)載石山房刻本　四冊

310000－0241－0020010　(5458)
孫可之文集十卷　(唐)孫樵撰　清仿宋小字刻本　一冊

310000－0241－0020011　(5464)

樓山堂集二十七卷遺文六卷　(明)吳應箕撰　清黑格抄本　八冊

310000－0241－0020012　(5467)
明室含華主人日記不分卷　(清)□湜卿撰　清道光稿本　一冊

310000－0241－0020013　(5468)
一溉亭老人手鈔古文不分卷　(清)田銳錄　清道光二年(1822)手寫本　一冊

310000－0241－0020014　(5469)
古今方輿書目不分卷　(清)顧祖禹編　清遺一經齋藏抄本　一冊

310000－0241－0020015　(5470)
蕙襟集守雁生詩十卷小秦嘉氏韻文四卷外集二卷微集四卷握月詞人詞六卷　(清)馮秀瑩撰　清末寫稿本　六冊

310000－0241－0020016　(5471)
示樸齋賸稿不分卷　(清)錢振倫撰　清末錢氏抄本　一冊

310000－0241－0020017　(5472)
歸安錢笤仙禮部振常手札一卷　(清)錢振常撰　(清)張鳴珂集　清末寒松閣裝訂原箋本　一冊

310000－0241－0020018　(5475)
制義卮言八卷　(清)錢振倫撰　清末錢氏清稿本　錢恂題識　一冊　存四卷(一至四)

310000－0241－0020019　(5479)
[光緒]慈谿縣志輯稿不分卷　(清)馮可鏞等輯　清末抄本　馮貞羣跋　五冊

310000－0241－0020020　(5480)
一合相二十齣　(清)菜涇居士撰　(清)蔣山樵者評　清稿本　一冊

310000－0241－0020021　(5481)
八角鼓詞集　(清)和衷共濟即吾氏等輯　清末抄本　十五冊　存十五種十五卷

310000－0241－0020022　(5482)
嶺南寫定稿一卷　(清)曹佐熙撰　清宣統三年(1911)曹氏寫本　一冊

310000－0241－0020023　(5483)
煉石齋詩草不分卷　(清)邵福堡撰　清末抄稿本　一冊

310000－0241－0020024　(5485)
耕餘齋詩草不分卷　(清)跛道人撰　清末稿本　一冊

310000－0241－0020025　(5486)
慶林存稿不分卷　(清)慶林撰　清道光清稿本　一冊

310000－0241－0020026　(5493)
清閨吟一卷清閨吟詩餘一卷　(清)曹鑑冰撰　清藍格舊抄本　一冊

310000－0241－0020027　(5496)
話雨軒詩存不分卷　(清)王仁福撰　清末抄本　一冊

310000－0241－0020028　(5499)
三百篇鳥獸草木記一卷　(清)徐士俊撰　(清)潘錫恩釋　清抄本　一冊

310000－0241－0020029　(5500)
重訂三刻吳望江先生地理纂要七卷首一卷　(明)吳天洪輯　(清)余元長訂　清抄本　一冊　存四卷(一至四)

310000－0241－0020030　(5501)
枕雲居雜體詩偶存不分卷　(清)王卓如撰　清末抄本　一冊

310000－0241－0020031　(5502)
實相軒大易標題講錄不分卷　(清)□□撰　清乾隆黑格抄本　一冊

310000－0241－0020032　(5503)
湖北麻局出貨請免稅釐片　(清)張之洞具奏　清光緒三十二年(1906)稿本　一冊

310000－0241－0020033　(5513)
孔子改制考不分卷　康有爲述　張伯楨記　清末張氏手稿本　一冊

310000－0241－0020034　(5514)
康南海先生講學記四卷　康有爲撰　張伯楨錄　清末張氏手稿本　金梁題端　章士釗

孫至誠等題識　三冊

310000－0241－0020035　(5515)

[吴摯甫文鈔]不分卷　(清)吴汝綸撰　(清)□□録　清末抄稿本　佚名朱藍筆批校　一冊

310000－0241－0020036　(5517)

興化文正書院課藝選□卷　胡玉縉選輯　清末胡氏稿本　一冊

310000－0241－0020037　(5523)

讀書記疑三卷　(清)張諧之撰　清光緒張氏清稿本　一冊

310000－0241－0020038　(5525)

喝月樓詩稿□卷　(清)王鴻撰　清道光黑格稿本　一冊　存三卷(辛丑至癸卯)

310000－0241－0020039　(5526)

鐵柱軒詩稿不分卷　(清)張郁庭撰　清末手稿本　一冊

310000－0241－0020040　(5527)

鬱華閣遺集不分卷　(清)盛昱撰　清末抄稿本　佚名過録清陸鍾琦　清程棫林校補　一冊

310000－0241－0020041　(5528)

蔚廬子癸巳年日記不分卷　(清)劉人熙撰　清光緒十九年(1893)手稿本　一冊

310000－0241－0020042　(5529)

日俄軍事去電不分卷　(清)端方撰　清光緒電報稿本(1904 年 2 月 7 日至 6 月 2 日)　一冊

310000－0241－0020043　(5530)

踈菴草稿山親集不分卷　(清)嚴士美撰　清康熙素紙稿本　一冊

310000－0241－0020044　(5531)

硯緣齋劫餘草不分卷　(清)李延祜撰　清末鐵硯山房手稿本　一冊

310000－0241－0020045　(5532)

瑞安陳介石先生講學録不分卷　(清)陳芾講　馬敍倫記　清末抄本　一冊

310000－0241－0020046　(5533)

國朝福建職官録不分卷　(清)□□編　清道光、咸豐間黑格抄本　一冊

310000－0241－0020047　(5534)

山谷詩鈔不分卷　(宋)黄庭堅撰　(清)楊瑛昶選注　清乾隆楊氏手稿本　一冊

310000－0241－0020048　(5537)

遊藝齋詩不分卷　(清)王啓原撰　清末稿本　一冊

310000－0241－0020049　(5538)

雪菴尺牘二卷　(清)蔡元炳撰　清光緒十二年(1886)惠民抄本　一冊

310000－0241－0020050　(5541)

歗天廬搜幽訪奇録不分卷　(清)西泠逸民述　清抄稿本　一冊

310000－0241－0020051　(5542)

湖山侍者遺稿不分卷　(清)蔣崇祐撰　(清)蔣崇禮編　清同治素紙稿本　一冊

310000－0241－0020052　(5543)

書三案始末一卷　(清)包世臣撰　清徐氏味道腴軒藍格抄稿本　一冊

310000－0241－0020053　(5544)

九煙先生遺集五卷　(清)黄周星撰　清末素紙抄稿本　一冊

310000－0241－0020054　(5545)

出塞集不分卷　(清)盧見曾撰　清素紙抄本　一冊

310000－0241－0020055　(5546)

石谿文集外編不分卷　(明)黎堯勳等撰　(□)□□輯　清藍格抄稿本　一冊

310000－0241－0020056　(5548)

紅羊劫傳奇二卷十二齣　(清)劫餘道人撰　清咸豐、同治間可園録本　一冊

310000－0241－0020057　(5549)

憐秋山房詩稿不分卷　(清)狄毓鄉撰　清光緒狄氏素紙稿本　一冊

310000－0241－0020058 (5550)
秋蟪吟館詩鈔不分卷 (清)金和撰 清光緒十六年(1890)陳作霖素紙抄本 一冊

310000－0241－0020059 (5551)
口北使者記不分卷 (清)范弘偲撰 清雍正二年(1724)范氏稿本 一冊

310000－0241－0020060 (5552)
查家樓□部□卷 (清)□□撰 清抄本 四冊 存四部(三至六)

310000－0241－0020061 (5553)
玉鏡臺試帖二卷 (清)溫忠彥撰 清道光稿本 一冊

310000－0241－0020062 (5555)
樊金定罵城不分回 (清)韓小窗撰 清海河堂抄本 一冊

310000－0241－0020063 (5556)
新集時調雅曲初集帶靶馬頭調不分卷 (清)□□編 清坊刻本 一冊

310000－0241－0020064 (5558)
紫曼陀羅室詩詞叢鈔三卷 (清)紫曼陀羅室主人錄 清末抄本 三冊

310000－0241－0020065 (5559)
閩垣尺牘摘存不分卷 (清)鹿學尊撰 清光緒七年(1881)手訂稿本 一冊

310000－0241－0020066 (5560)
養壽室詩鈔不分卷 (清)李思敬撰 清末素紙稿本 一冊

310000－0241－0020067 (5561)
文譜不分卷 (清)包世臣撰 清光緒二十一年(1895)吳慶抄本 一冊

310000－0241－0020068 (5563)
深柳堂詩存四卷 (清)廉兆綸撰 清末稿本 一冊

310000－0241－0020069 (5564)
拙庵詩存不分卷 (清)□有丙撰 清末拙庵稿本 一冊

310000－0241－0020070 (5565)
[興化顧氏詩鈔兩種]二卷 (清)黄仲仙撰 (清)顧繼華撰 清末雲竹齋抄本 一冊

310000－0241－0020071 (5566)
漱六山房詩不分卷 (清)吳昆田撰 清末采蓮堂紅格抄本 一冊

310000－0241－0020072 (5567)
淮陰流寓詩不分卷 (清)高均儒等撰 (清)□□輯 清末采蓮堂抄稿本 一冊

310000－0241－0020073 (5572)
海寧名宦鄉賢存稿錄一卷 (清)許槤編 清古均閣稿本 一冊

310000－0241－0020074 (5573)
五言古詩不分卷 (清)陳懿叔選註 清陳氏抄稿本 一冊

310000－0241－0020075 (5574)
漢書[地理志藝文志]考誤二卷 (清)李賡芸撰 清李氏清稿本 一冊

310000－0241－0020076 (5575)
曲園遺詩不分卷 (清)俞樾撰 (清)□□輯 清末紅格抄本 一冊

310000－0241－0020077 (5576)
同文解字釋例二卷同文字典部首五卷同文字典部首五卷 (清)宋育仁撰 清末稿本 一冊

310000－0241－0020078 (5578)
奉萱草堂手定古文全集不分卷 (清)單爲鏓撰 清咸豐李春熙抄本 一冊

310000－0241－0020079 (5579)
不櫛吟續鈔劫餘吟(癸巳續編)不分卷 (清)潘素心撰 清嘉慶元年(1796)琬卿抄本 一冊

310000－0241－0020080 (5580)
湘江餘瀝詩艸不分卷 (清)顧筠撰 (清)張毓林評 清道光素紙稿本 一冊

310000－0241－0020081 (5581)
獅吼記梳粧跪池二齣 (明)汪廷訥撰 清秋

棠山館抄本　一冊

310000－0241－0020082　(5582)

[萬木草堂講學錄]不分卷　康有爲講　張伯楨記　清末張氏稿本　一冊

310000－0241－0020083　(5583)

湘雨樓詞不分卷　(清)張祖同撰　清末綠格抄本　一冊

310000－0241－0020084　(5584)

懷遠堂批點燕子箋二卷　(明)阮大鋮撰　清友蘇氏抄本　一冊

310000－0241－0020085　(5585)

新刻悲秋子弟書不分回　(清)韓小窗撰　清坊刻本　一冊

310000－0241－0020086　(5592)

牡丹分詠(詩)一卷　(清)陳鱣等撰　(清)□□輯　清藍格抄稿本　一冊

310000－0241－0020087　(5594)

桃谿雪二卷二十齣　(清)黄燮清撰　清末□纘哉抄本　一冊

310000－0241－0020088　(5596)

藤香館小品二卷續二卷　(清)薛時雨撰　清末抄本　一冊

310000－0241－0020089　(5597)

客吳雜記不分卷　(清)徐淇撰　清末徐氏芸蘭閣稿本　清曲園題端　一冊

310000－0241－0020090　(5599)

國史館覆閱文苑傳不分卷　(清)國史館編　清國史館朱格稿本　二冊

310000－0241－0020091　(5600)

懷舊集二卷　(清)馮舒輯　清黑格抄本　一冊

310000－0241－0020092　(5601)

楚四家詞四卷　(清)唐樹義編　清道光十五年(1835)刻本　一冊

310000－0241－0020093　(5602)

棠村詞不分卷　(清)梁清標撰　清康熙十五年(1676)梁允植刻本　二冊

310000－0241－0020094　(5603)

棠村詞一卷　(清)梁清標撰　清康熙二十一年(1682)刻本　一冊

310000－0241－0020095　(5604)

玉几山房吟卷鏞鋏集一卷秋吟一卷擬古一卷　(清)陳撰撰　清康熙寫刻本　二冊

310000－0241－0020096　(5605)

峽流詞二卷　(清)王晫撰　(清)曹爾堪等選　清康熙霞舉堂刻本　二冊

310000－0241－0020097　(5606)

漁洋山人集句梅花詩四卷三百十首　(清)王士禛集句　(清)錢玨訂　清乾隆三十五年(1770)刻本　一冊

310000－0241－0020098　(5607)

浣花閣詞鈔二卷　(清)熊德慶撰　清嘉慶、道光間寫刻本　二冊

310000－0241－0020099　(5608)

窺園草二卷　(清)梅喆撰　清康熙新安汪氏西麓堂刻本　一冊

310000－0241－0020100　(5614)

撫雲集九卷　(清)錢良擇撰　清雍正八年(1730)錢氏刻本　二冊

310000－0241－0020101　(5615)

高季迪先生大全集十八卷　(明)高啓撰　清康熙長洲許氏竹素園刻本　六冊

310000－0241－0020102　(5616)

來鶴堂詩鈔六卷　(清)于宗瑛撰　清乾隆五十二年(1787)奉天于氏刻本　一冊　存二卷(一至二)

310000－0241－0020103　(5618)

大學證文不分卷　(清)毛奇齡撰　清同治十一年(1872)徐琪傳抄遂菴老人校本　一冊

310000－0241－0020104　(5621)

詩觀初集十二卷二集十四卷閨秀別卷一卷三集十三卷閨秀別卷一卷　(清)鄧漢儀評選　清康熙十一年至二十八年(1672－1689)南陽

鄧氏慎墨堂刻本　三十六冊

310000－0241－0020105　(5622)
江蘇全省五里方輿圖並圖說不分卷　(清)江寧輿圖局測繪　清同治刻本　十一冊

310000－0241－0020106　(5623)
蘇松常鎮太二里半方輿圖　(清)蘇省輿圖局測繪　清同治刻本　七冊

310000－0241－0020107　(5625)
函史(定本)一百二卷　(明)鄧元錫撰　明崇禎鄧應瑞等刻本　三十六冊

310000－0241－0020108　(5629)
泊菴先生文集十六卷　(明)梁潛撰　清康熙刻本　二冊　存四卷(一至四)

310000－0241－0020109　(5630)
坦菴先生文集八卷　(明)梁混撰　清康熙刻本　二冊

310000－0241－0020110　(5631)
[浦氏二君詩集]二卷　(清)浦銑輯　清嘉慶浦氏刻本　一冊

310000－0241－0020111　(5632)
三家詩艸合刊三卷　(清)秦嘉樂編　清道光十六年(1836)秦氏刻本　一冊

310000－0241－0020112　(5633)
鷗盟集甲編四卷　(清)孫瀜編　清道光二十九年(1849)刻本　二冊

310000－0241－0020113　(5634)
天愚先生詩集六卷別集四卷　(明)謝泰宗撰　清康熙謝氏刻本　四冊

310000－0241－0020114　(5635)
天愚先生詩鈔八卷文鈔八卷附錄一卷　(明)謝泰宗撰　清康熙謝氏刻本　八冊

310000－0241－0020115　(5636)
寄菴詩存四卷　(明)韓洽撰　清道光二十年(1840)韓崇刻本　一冊

310000－0241－0020116　(5637)
貽安堂詩外集四卷　(清)金漸皐撰　清康熙五十六年(1717)刻本　一冊

310000－0241－0020117　(5638)
天寥遺稿三卷　(清)吳鶡撰　清嘉慶刻本　一冊

310000－0241－0020118　(5639)
草堂詩存八卷　(清)徐珠撰　清稿本　二冊　存四卷(五至八)

310000－0241－0020119　(5640)
漱霞軒詩存不分卷　(清)顧翠雯撰　清稿本　二冊

310000－0241－0020120　(5641)
半江趙先生文集十五卷附錄一卷　(明)趙寬撰　明嘉靖四十年(1561)趙綸刻本　十二冊

310000－0241－0020121　(5642)
古城文集六卷補遺一卷首一卷　(明)張吉撰　(清)楊棆訂　清康熙三十年(1691)刻本　四冊

310000－0241－0020122　(5643)
晚邨天蓋樓小題觀畧不分卷　(清)呂留良評選　清康熙十二年(1673)刻本　二十冊

310000－0241－0020123　(5644)
晚邨天蓋樓偶評程墨觀畧不分卷　(清)呂留良評選　清康熙十七年(1678)刻本　十六冊

310000－0241－0020124　(5645)
三科房書大題述評不分卷　(清)呂葆中選定　清康熙二十二年(1683)刻本　二十六冊

310000－0241－0020125　(5646)
淡軒先生詩集三卷文集九卷補遺一卷　(明)林文撰　明末刻本　六冊

310000－0241－0020126　(5647)
太古堂詩稿一卷遺文一卷遺編一卷　(明)高弘圖撰　清乾隆高敬業得真堂抄稿本　二冊

310000－0241－0020127　(5648)
俞二子集一卷續俞二子集一卷　(明)俞淵撰　(明)俞憲編　明嘉靖末俞氏家塾刻本　一冊

310000－0241－0020128　(5649)
小南邨集六種六卷　(清)金國棟輯　(清)徐昂發選　清康熙刻本　三冊

310000－0241－0020129　(5650)
蓄齋二集十卷　(清)黃中堅撰　清康熙刻本　四冊

310000－0241－0020130　(5651)
古香堂叢書十三種三十六卷　(清)王初桐撰　清乾隆五十八年至嘉慶五年(1793－1800)刻本　八冊

310000－0241－0020131　(5652)
吳中女士詩鈔十二卷翡翠林雅集一卷簫譜一卷　(清)張滋蘭等撰　(清)張滋蘭選　清乾隆五十四年(1789)刻本　二冊

310000－0241－0020132　(5654)
留餘堂文集不分卷詩集一卷墨藝一卷思齋自敘年譜一卷　(清)王清撰　清乾隆、嘉慶間無棣王氏留餘堂校刻本　四冊

310000－0241－0020133　(5655)
覺生詩鈔十九卷時文鈔一卷試律鈔一卷賦鈔一卷進奉文鈔一卷　(清)鮑桂星撰　清嘉慶鮑氏刻本　八冊

310000－0241－0020134　(5656)
知新錄三十二卷　(清)王棠撰　清潭濱黃晟刻本　二十冊

310000－0241－0020135　(5657)
重刻太上感應篇圖說四卷　(清)許鶴沙編　(清)朱之佐重編　清乾隆六十年(1795)徵善堂刻本　四冊

310000－0241－0020136　(5658)
小四書四種五卷　(明)朱升輯　清乾隆二年(1737)蔣泰刻本　二冊

310000－0241－0020137　(5659)
[四家詩刻]四種二十卷　(清)吳芳培等撰　清嘉慶、道光間刻光緒間孫孟合訂本　六冊

310000－0241－0020138　(5660)
尚白齋鐫陳眉公訂正祕笈二十一種四十九卷　(明)陳繼儒編　明萬曆三十四年(1606)沈氏尚白齋刻本　十二冊　存二十種四十三卷

310000－0241－0020139　(5661)
尚白齋鐫陳眉公家藏祕笈續函五十種一百卷　(明)陳繼儒編　明萬曆刻本　二十一冊

310000－0241－0020140　(5662)
尚白齋鐫陳眉公家藏祕笈續函五十種一百卷　(明)陳繼儒編　明萬曆刻本　三十七冊　存三十六種七十卷

310000－0241－0020141　(5663)
大清一統志三百五十六卷　(清)蔣廷錫纂修　清乾隆九年(1744)內府刻本　一百二十冊

310000－0241－0020142　(5664)
古香齋鑒賞袖珍五經四書二十七卷　清康熙內府刻本　十三冊

310000－0241－0020143　(5667)
南雷詩曆四卷　(清)黃宗羲撰　清看雲山房抄本　二冊

310000－0241－0020144　(5668)
亦南廬小稿一卷　(清)鄒若瑗撰　清乾隆、嘉慶間秦瀛寫刻本　一冊

310000－0241－0020145　(5669)
禮堂詩鈔八卷　(清)沈大本撰　清嘉慶刻本　三冊

310000－0241－0020146　(5670)
好雲樓偶存稿一卷好雲樓稿一卷　(清)杜文原撰　清杜氏稿本　一冊

310000－0241－0020147　(5671)
後樂齋雜作不分卷　(清)錢發榮撰　清梅令里胡振翼抄稿本　一冊

310000－0241－0020148　(5673)
[余氏師弟所著書合刻]三種十二卷　(清)余烜輯　清乾隆三十五年至三十八年(1770－1773)余烜刻本　二冊

310000－0241－0020149　(5674)
碧城僊館詩鈔十卷　(清)陳文述撰　清嘉慶十年(1805)北京刻本　二冊

310000－0241－0020150　(5675)
欽定續通志六百四十卷　(清)嵇璜等奉敕撰　清乾隆五十年(1785)武英殿刻本　一百九十二冊

310000－0241－0020151　(5676)
通志畧五十一卷　(宋)鄭樵撰　清乾隆十四年(1749)汪啓淑飛鴻堂刻本　二十四冊

310000－0241－0020152　(5677)
勉齋先生遺稿三卷　(明)鄭滿撰　清康熙刻本　二冊

310000－0241－0020153　(5678)
楊椒山先生集三卷附錄一卷椒山先生自著年譜一卷　(明)楊繼盛撰　清康熙三十七年(1698)胡範刻本　六冊

310000－0241－0020154　(5679)
鯤溟先生詩集四卷　(明)郭諫臣撰　(清)郭世臣編　明末郭紹申刻本　二冊

310000－0241－0020155　(5680)
翁山詩外十八卷　(清)屈大均撰　(清)屈明洪編　清康熙刻本　三十二冊

310000－0241－0020156　(5681)
金石萃編小記不分卷　(清)□□撰　胡玉縉輯　清光緒三十三年(1907)胡玉縉輯錄本　一冊

310000－0241－0020157　(5682)
因話錄六卷　(唐)趙璘撰　明陳汝元校刻本　二冊

310000－0241－0020158　(5683)
欽定執中成憲八卷　(清)世宗胤禛刪定　清乾隆元年(1736)内府刻本　四冊

310000－0241－0020159　(5684)
日知薈説四卷　(清)高宗弘曆敕撰　清乾隆元年(1736)内府刻本　四冊

310000－0241－0020160　(5685)
搜采異聞錄五卷　(宋)永亨撰　明陳汝元校刻本　一冊

310000－0241－0020161　(5686)
左忠毅公集三卷年譜二卷　(明)左光斗撰　(清)左宰編　清乾隆左氏重刻康熙元年(1662)刻本　六冊

310000－0241－0020162　(5688)
海忠介公文集十卷　(明)海瑞撰　明末豫章曾櫻刻本　六冊　存六卷(一至六)

310000－0241－0020163　(5689)
西邨集八卷首一卷　(明)史鑑撰　(清)史濂編　清乾隆十一年(1746)史開基刻本　四冊

310000－0241－0020164　(5690)
張龍湖先生文集十五卷　(明)張治撰　清雍正四年(1726)茶陵彭思眷刻本　八冊

310000－0241－0020165　(5691)
紫峯陳先生文集十三卷首一卷年譜二卷　(明)陳琛撰　(明)張岳選　清乾隆重刻明嘉靖丁自申刻本　四冊

310000－0241－0020166　(5692)
疣贅錄九卷續錄二卷　(明)顧夢圭撰　清雍正十年(1732)崑山顧氏桂雲堂刻本　八冊

310000－0241－0020167　(5693)
同安林次崖先生文集十八卷　(明)林希元撰　(清)陳臚聲編　清乾隆十八年(1753)詒燕堂刻本　八冊

310000－0241－0020168　(5694)
馮少墟集二十二卷續集不分卷　(明)馮從吾撰　清康熙十二年(1673)洪琮刻本　十八冊

310000－0241－0020169　(5695)
慎修堂集二十卷　(明)亢思謙撰　明萬曆三十二年(1604)刻本　二十冊

310000－0241－0020170　(5697)
青霞沈公遺集十六卷　(明)沈鍊撰　(明)沈存德等編　清康熙五十年(1711)沈澄源遠堂刻本　六冊

310000－0241－0020171　(5699)
蔡文莊公集五卷補遺一卷附錄二卷艾庵密箴一卷太極圖説一卷河洛私見一卷　(明)蔡清撰　(清)徐居敬編　清乾隆七年(1742)蔡廷

魁刻本　七册

310000－0241－0020172　(5700)

滸東先生文集十四卷　(明)張鹵撰　(清)曹子和訂　清乾隆七年(1742)張氏孝思堂刻本　八册

310000－0241－0020173　(5701)

董司寇文集二十卷　(明)董裕撰　清乾隆元年(1736)宸翰閣刻本　八册

310000－0241－0020174　(5702)

陸雲士雜著五種二十一卷　(清)陸次雲撰　清康熙二十二年(1683)宛羽齋刻本　八册

310000－0241－0020175　(5703)

瑞陽阿集十卷　(明)江東之撰　清乾隆八年(1743)江氏刻本　四册

310000－0241－0020176　(5704)

明聶雙江先生文集十四卷　(明)聶豹撰　(明)徐階編　清康熙四十年(1701)雲丘書院刻本　十四册

310000－0241－0020177　(5705)

湛甘泉先生文集三十二卷　(明)湛若水撰　清康熙二十年(1681)黄楷刻本　十册

310000－0241－0020178　(5706)

陸文裕公行遠集二十四卷　(明)陸深撰　明末陸起龍刻本　八册

310000－0241－0020179　(5707)

亦玉堂稿十卷　(明)沈鯉撰　清康熙二十九年(1690)劉榛刻本　四册

310000－0241－0020180　(5708)

玉茗堂全集文十六卷詩十八卷賦六卷尺牘六卷　(明)湯顯祖撰　清康熙三十三年(1694)阮岘重刻明天啓韓氏本　十二册

310000－0241－0020181　(5709)

天全堂集四卷附録一卷　(明)安希范撰　(清)安璿輯　清乾隆安吉校刻本　一册

310000－0241－0020182　(5710)

檀園集十二卷　(明)李流芳撰　(明)謝三賓輯　清康熙二十八年(1689)嘉定陸氏重刻明崇禎初謝氏刻本　六册

310000－0241－0020183　(5711)

樂循理齋詩鈔八卷　(清)陶貴鑑撰　清抄稿本　一册

310000－0241－0020184　(5712)

洗桐書屋會心集不分卷　(清)陳玉垣等撰　(清)江上外史編　清道光蔡氏稿本　四册

310000－0241－0020185　(5713)

亂餘雜草不分卷　(清)□□撰　清咸豐、同治間抄稿本　一册

310000－0241－0020186　(5715)

清谿俞氏宗譜一卷　(清)□□撰　清末紅格稿本　一册

310000－0241－0020187　(5717)

瓶山草堂褉著不分卷瑣譚二卷詩鈔一卷　(清)姚光晉撰　清咸豐姚氏手稿本　二册

310000－0241－0020188　(5718)

劍花吟草不分卷　(清)俞鴻漸撰　清嘉慶俞氏手稿本　三册

310000－0241－0020189　(5719)

遄喜堂詩集六卷續鈔二卷　(清)徐兆魁撰　清嘉慶初刻本　三册

310000－0241－0020190　(5720)

樓山詩集六卷　(清)王恕撰　(清)王汝嘉編　清乾隆王氏垂經堂刻本　三册

310000－0241－0020191　(5721)

鴻雪齋儷體六卷　(清)汪卓撰　清康熙刻本　二册

310000－0241－0020192　(5722)

弢甫集三十卷　(清)桑調元撰　清乾隆三十二年(1767)蘭陔草堂刻本　十册

310000－0241－0020193　(5723)

壑舟園初稿不分卷次稿不分卷　(清)王鎏撰　清道光刻本　二册

310000－0241－0020194　(5724)

□□詩稿不分卷　(清)□□撰　清乾隆稿本

二冊

310000－0241－0020195　(5725)
[紫梨老人曲稿]不分卷　(清)紫梨老人撰　清光緒二十三年(1897)紅格手稿本　一冊

310000－0241－0020196　(5726)
瑠溪金氏族譜十八卷　(明)金瑤等纂修　明隆慶二年(1568)瑠溪金氏刻本　三冊

310000－0241－0020197　(5727)
羅浮山志十二卷　(清)李嗣鈺輯　清康熙四十四年(1705)刻本　四冊

310000－0241－0020198　(5728)
李忠簡公文溪集二十卷首一卷末一卷　(宋)李昴英撰　(元)李春叟輯　清康熙七年(1668)李氏刻本　四冊

310000－0241－0020199　(5729)
周易本義十二卷易圖一卷五贊一卷筮儀一卷　(宋)朱熹撰　清康熙内府覆刻宋咸淳元年(1265)吳革本　五冊

310000－0241－0020200　(5730)
易經揆十四卷易學啓蒙補二卷　(清)梁錫璵撰　清乾隆十六年(1751)刻本　十冊

310000－0241－0020201　(5731)
說易十二卷　(明)喬中和撰　明崇禎刻本　五冊

310000－0241－0020202　(5732)
周易正蒙四卷　(明)許廷諫撰　清康熙二十八年(1689)許子尊校刻本　六冊

310000－0241－0020203　(5733)
易說要旨二卷　(清)李寅撰　清康熙四十三年(1704)刻本　四冊

310000－0241－0020204　(5734)
青邱高季迪先生鳧藻集五卷　(明)高啓撰　(清)金檀重輯　清雍正六年(1728)文瑞樓刻本　四冊

310000－0241－0020205　(5735)
詩經廣大全二十卷　(清)王夢白編　(清)陳張曾輯　清康熙吳郡賓翰樓刻本　十一冊

310000－0241－0020206　(5736)
刻精選詩經度針不分卷　(明)錢福等撰　(明)唐儆純選評　明萬曆晉陵唐氏刻本　四冊

310000－0241－0020207　(5737)
詩經正解三十卷首一卷　(清)姜文燦彙輯　清康熙二十三年(1684)深柳堂刻本　十二冊

310000－0241－0020208　(5738)
毛詩草木鳥獸蟲魚疏廣要四卷　(三國吳)陸璣撰　(明)毛晉参　明崇禎虞山毛氏汲古閣刻本　四冊

310000－0241－0020209　(5739)
詩經疏畧八卷　(清)張沐撰　清康熙十四年(1675)蓍蔡張氏刻本　四冊

310000－0241－0020210　(5740)
詩經解註四卷詩通四卷註疏大全名物合考四卷　(明)徐奮鵬撰　(清)歸起先輯　清順治十五年(1658)虞山歸氏刻本　八冊

310000－0241－0020211　(5741)
詩經擬題論旨七卷詩論考畧一卷　(清)周勳撰　(清)朱圻等校訂　清康熙初刻本　四冊

310000－0241－0020212　(5742)
詩義記講四卷　(清)楊名時述　(清)夏宗瀾記　清乾隆初閻茂溶等校刻本　二冊

310000－0241－0020213　(5743)
禹貢譜二卷　(清)王澍考定　清康熙四十六年(1707)積書巖刻本　二冊

310000－0241－0020214　(5744)
尚書古文疏證八卷　(清)閻若璩撰　**朱子古文書疑一卷**　(清)閻詠輯　清乾隆十年(1745)眷西堂刻本　八冊

310000－0241－0020215　(5745)
尚書蒙引句解十卷　(清)夏允懷彙輯　(清)沈廷楨参正　清康熙沈氏刻本　八冊

310000－0241－0020216　(5746)
銅板詩本音十卷　(清)顧炎武撰　清道光福建侯官林氏福田書海銅活字印本　五冊

310000－0241－0020217　(5747)
尚書禹貢説一卷圖一卷　(明)鄭曉撰　清道光元年(1821)海昌馬錦刻本　一册

310000－0241－0020218　(5748)
風雅遺音二卷　(清)史榮輯　清乾隆十四年(1749)一灣齋刻本　二册

310000－0241－0020219　(5749)
詩傳名物集覽十二卷　(清)陳大章撰　清康熙刻本　六册

310000－0241－0020220　(5750)
詩説一卷　(漢)申培撰　明崇禎虞山毛氏汲古閣刻本　一册

310000－0241－0020221　(5751)
詩考一卷　(宋)王應麟撰　明崇禎虞山毛氏汲古閣刻本　一册

310000－0241－0020222　(5752)
詩外傳十卷　(漢)韓嬰撰　清乾隆十七年(1752)張晉康校刻本　二册

310000－0241－0020223　(5753)
多識錄九卷　(清)石韞玉撰　清道光八年(1828)石氏刻本　二册

310000－0241－0020224　(5754)
詩經水月備考四卷　(明)薛寀輯　(清)史三長增註　清康熙四十四年(1705)史氏刻本　八册

310000－0241－0020225　(5755)
詩經集成三十一卷圖考一卷　(清)趙燦英彙輯　清康熙二十九年(1690)金陵陳君美刻本　二十册

310000－0241－0020226　(5756)
詩小序一卷　(周)卜商撰　清順治三年(1646)李際期宛委山堂刻本　一册

310000－0241－0020227　(5757)
詩傳孔氏傳一卷　(周)端木賜撰　明崇禎虞山毛氏汲古閣刻本　一册

310000－0241－0020228　(5758)
宋國錄流塘詹先生集三卷　(宋)詹初撰　清乾隆詹務勇刻本　二册

310000－0241－0020229　(5759)
陸稼書先生四書講義遺編六卷　(清)陸隴其撰　(清)趙鳳翔編次　清康熙四十四年(1705)陸氏三魚堂刻本　六册

310000－0241－0020230　(5760)
四書講義續困勉錄六卷四書講義附錄一卷　(清)陸隴其纂輯　(清)陸公鏐編次　清康熙三十八年(1699)刻本　三册

310000－0241－0020231　(5761)
四書考異總考三十六卷條考三十六卷　(清)翟灝撰　清乾隆三十四年(1769)翟氏無不宜齋刻本　十二册

310000－0241－0020232　(5762)
駁呂留良四書講義八卷　(清)朱軾等撰　清雍正刻本　八册

310000－0241－0020233　(5763)
四書講四十卷　(清)金松論著　清康熙刻本　十册

310000－0241－0020234　(5764)
四書朱子異同條辨四十卷　(清)李沛霖　(清)李禎訂　清康熙近譬堂刻本　四十册

310000－0241－0020235　(5765)
春秋左傳杜注三十卷首一卷　(晉)杜預注　(清)姚培謙補輯　清乾隆十一年(1746)陸氏小鬱林刻本　十二册

310000－0241－0020236　(5766)
春秋傳註三十六卷提綱一卷　(清)嚴啓隆撰　(清)錢謙益定　清康熙五十三年(1714)歸安鄭氏刻本　六册

310000－0241－0020237　(5767)
埤雅二十卷　(宋)陸佃撰　清康熙虞山顧棫如月樓校刻本　十册

310000－0241－0020238　(5768)
春秋經傳闕疑四十五卷　(元)鄭玉纂集　清康熙五十年(1711)鄭氏天遊堂刻本　十册

310000－0241－0020239　(5769)

左傳經世鈔二十三卷 (清)魏禧評點 (清)彭家屏參訂 清乾隆十三年(1748)彭家屏刻本 十册

310000－0241－0020240 (5770)
司馬氏書儀十卷 (宋)司馬光撰 (清)汪郊校訂 清雍正元年(1723)汪氏影宋刻本 二册

310000－0241－0020241 (5771)
松靄初刻六種 (清)周春撰 清乾隆、嘉慶間刻本 二册 存五種五卷(中文孝經一卷、孝經外傳一卷、代北姓譜一卷、遼金元姓譜一卷、遼詩話一卷)

310000－0241－0020242 (5772)
御纂春秋直解十二卷 (清)梁錫璵廣義 清乾隆刻本 八册

310000－0241－0020243 (5773)
左傳折諸二十八卷首二卷 (清)張尚瑗輯撰 清雍正元年(1723)張氏刻本 十册

310000－0241－0020244 (5774)
孝經衍義一百卷首二卷 (清)葉方藹等纂 清康熙二十九年(1690)内府刻本 二十四册

310000－0241－0020245 (5775)
三禮述註七十一卷 (清)李光坡撰 清乾隆八年至三十二年(1743－1767)安溪李氏清白堂刻本 三十二册

310000－0241－0020246 (5776)
廣彙全書四卷 (清)劉順編輯 **聯珠集一卷** (清)張天祈譯 清康熙四十一年(1702)廣寧劉氏聽松樓刻本 五册

310000－0241－0020247 (5777)
增訂金壺字考十九卷金壺字考二集二十一卷補錄一卷補註一卷 (宋)釋適之編 (清)田朝恒增訂續編 清乾隆二十七年(1762)貽安堂刻本 六册

310000－0241－0020248 (5778)
欽定清漢對音字式不分卷 (清)軍機處編 清乾隆武英殿刻本 二册

310000－0241－0020249 (5779)
春秋繁露十七卷附錄一卷 (漢)董仲舒撰 (清)董天工箋註 清乾隆二十六年(1761)覲光樓刻本 四册

310000－0241－0020250 (5780)
御製律呂正義後編一百二十卷上諭奏議二卷 (清)允祿 (清)張照等奉敕撰 清乾隆十一年(1746)武英殿刻本 二十四册

310000－0241－0020251 (5781)
監板四書十九卷字辨一卷疑字辨一卷句辨詳訂一卷 (宋)朱熹集註 (清)顧登校訂 清初玉山顧氏桂雲堂刻本 十四册

310000－0241－0020252 (5782)
四書自課錄三十二卷 (清)任時懋纂 清乾隆四年(1739)吳氏璜川書屋刻本 十四册

310000－0241－0020253 (5783)
方靈皋全稿不分卷 (清)方苞撰 (清)戴田有論次 清康熙書坊刻本 二册

310000－0241－0020254 (5784)
讀史小論二卷 (清)吳成佐撰 (清)吳元泰校字 清乾隆三十九年(1774)璜川吳氏刻本 二册

310000－0241－0020255 (5785)
春秋指掌三十卷前二卷附二卷 (清)儲欣撰輯 清康熙二十七年(1688)天藜閣刻本 八册

310000－0241－0020256 (5786)
御製律呂正義上編二卷下編二卷續編一卷 (清)允祉等撰 清雍正二年(1724)武英殿刻本 五册

310000－0241－0020257 (5787)
御製曆象考成後編十卷首一卷 (清)允祿等編纂 清乾隆七年(1742)武英殿刻本 二十四册

310000－0241－0020258 (5788)
御製數理精藴上編五卷下編四十卷表八卷 (清)允祉等撰 清雍正二年(1724)武英殿刻

本　三十二册

310000－0241－0020259　(5789)
程朱闕里志八卷首一卷彙增一卷　(明)趙滂編集　(明)鮑應鰲等纂次　清雍正三年至六年(1725－1728)紫陽書院刻本　四册

310000－0241－0020260　(5790)
仕學全書上編二十卷下編五十卷　(明)魯論著　清康熙木活字印本　五册

310000－0241－0020261　(5791)
御製數理精蘊表八卷　(清)允祉等撰　清雍正二年(1724)武英殿刻本　八册

310000－0241－0020262　(5792)
蠶尾續集十卷　(清)王士禛撰　清康熙五十年(1711)新城王氏刻本　二册

310000－0241－0020263　(5793)
存誠堂詩集二十五卷　(清)張英撰　清康熙四十三年(1704)張氏刻本　五册

310000－0241－0020264　(5794)
廬山志十五卷　(清)毛德琦重訂　清康熙五十九年(1720)順德堂刻本　十四册

310000－0241－0020265　(5795)
白鹿書院志十九卷　(清)毛德琦原訂　(清)周兆蘭重修　清康熙五十七年(1718)順德堂刻本　八册

310000－0241－0020266　(5796)
朱註發明十九卷　(清)王掞手訂　(清)錢廷獻訂　清康熙五十八年(1719)潮濟堂刻本　十四册

310000－0241－0020267　(5797)
繹史一百六十卷　(清)馬驌撰　清康熙初刻本　四十八册

310000－0241－0020268　(5798)
讀詩遵朱近思錄二卷　(清)宋在詩撰　清乾隆三十年(1765)刻本　一册

310000－0241－0020269　(5799)
詩解正宗五卷　(清)肫圖撰　清乾隆十三年(1748)紫竹齋刻本　五册

310000－0241－0020270　(5800)
紫陽文公先生[朱熹]年譜五卷　(明)李默重訂　(明)朱河重訂　明嘉靖刻本　一册　存一卷(三)

310000－0241－0020271　(5801)
近思錄十四卷　(宋)朱熹原編　(清)張伯行集解　清乾隆元年(1736)安定書院刻本　六册

310000－0241－0020272　(5802)
審定風雅遺音二卷　(清)史榮撰　(清)紀昀審定　清乾隆鏡煙堂刻本　一册

310000－0241－0020273　(5803)
津逮祕書第五集　(明)毛晉輯　明崇禎虞山毛氏汲古閣刻本　一册　存五種五卷

310000－0241－0020274　(5804)
自娱集十卷詩餘一卷　(明)俞琬綸著　清康熙三十八年(1699)俞蕙、俞蓀刻本　八册

310000－0241－0020275　(5805)
聽山詩鈔六卷　(清)申涵光撰　清康熙六十年(1721)刻本　一册

310000－0241－0020276　(5806)
杜詩詳註二十五卷首一卷附編二卷　(唐)杜甫撰　(清)仇兆鰲輯註　清康熙四十三年(1704)刻本　十四册

310000－0241－0020277　(5807)
吴歈小草十卷學古緒言二十五卷　(明)婁堅撰　明崇禎三年(1630)謝三賓刻本　八册

310000－0241－0020278　(5808)
溫飛卿詩集七卷别集一卷集外詩一卷　(唐)溫庭筠撰　(明)曾益注　清康熙三十六年(1697)長洲顧氏秀野草堂刻本　二册

310000－0241－0020279　(5809)
陶菴文集七卷詩集八卷吾師錄一卷谷簾學吟一卷　(明)黄淳耀撰　清康熙十五年(1676)張懿實等刻本　四册

310000－0241－0020280　(5810)
王邁人稿不分卷　(清)王庭撰　(清)張景陽

編　清康熙書坊刻本　一册

310000－0241－0020281　(5811)

集虚齋續稿不分卷　(清)方棨如撰　清康熙書坊刻本　一册

310000－0241－0020282　(5812)

玉茗堂全集文十六卷　(明)湯顯祖撰　明天啓刻本　四册

310000－0241－0020283　(5813)

王遵巖集十卷　(明)王慎中撰　(清)張汝瑚選　清康熙郢雪書林刻本　六册

310000－0241－0020284　(5814)

明小竹山人集三卷　(明)王翹撰　清道光二十二年(1842)友蘭别墅刻本　一册

310000－0241－0020285　(5815)

念初堂集三十卷　(明)王材撰　清乾隆三十八年(1773)刻本　十册

310000－0241－0020286　(5816)

適志齋集十卷修齊要覽一卷許氏惠邑恤宗録一卷　(明)許樂善撰　(清)許以恕編　清乾隆二十四年(1759)許以恕刻本　六册

310000－0241－0020287　(5817)

樂陶吟草三卷　(明)姚舜牧撰　清康熙十二年(1673)姚淳顯刻本　六册

310000－0241－0020288　(5818)

湛甘泉先生文集三十二卷　(明)湛若水撰　清康熙二十年(1681)黄楷刻本　八册

310000－0241－0020289　(5819)

鏡心樓集二卷補遺一卷附録一卷　(明)朱方中撰　清道光二十一年(1841)朱氏校刻本　一册

310000－0241－0020290　(5820)

達觀樓集二十四卷　(明)鄒維璉撰　清乾隆三十一年(1766)鄒懋功刻本　十册

310000－0241－0020291　(5821)

鷺股詩集不分卷　(明)段所撰　清段逢朝校刻本　一册

310000－0241－0020292　(5822)

高忠憲公詩集八卷　(明)高攀龍撰　(清)高廕訂　清雍正十二年(1734)高氏養和堂刻本　二册

310000－0241－0020293　(5823)

胡文穆公文集二十卷　(明)胡廣撰　(明)胡穜等編　清乾隆十五年(1750)胡張書刻本　六册

310000－0241－0020294　(5824)

東都事畧一百三十卷　(宋)王偁撰　清振鷺堂刻本　十二册

310000－0241－0020295　(5825)

覺非集十卷　(明)羅亨信撰　(明)丘濬編　清康熙羅哲刻本　八册

310000－0241－0020296　(5826)

古今説海一百三十五種　(明)陸楫等編　明嘉靖二十三年(1544)雲間陸氏儼山書院雲山書院刻本　九册　存五十七種

310000－0241－0020297　(5827)

古今説海一百三十五種　(明)陸楫等編　明嘉靖二十三年(1544)雲間陸氏儼山書院雲山書院刻本　十一册　存二十一種

310000－0241－0020298　(5828)

二十七松堂集文集十六卷詩集六卷　(清)廖燕撰　(清)魏和公閲　清乾隆三年(1738)刻本　十六册

310000－0241－0020299　(5829)

兩京遺編十二種　(明)胡維新編　明萬曆十年(1582)原一魁刻本　十六册

310000－0241－0020300　(5830)

鹽鐵論十卷　(漢)桓寬撰　明萬曆十年(1582)原一魁刻本　四册

310000－0241－0020301　(5831)

風俗通義十卷　(漢)應劭撰　明萬曆十年(1582)原一魁刻本　四册

310000－0241－0020302　(5832)

文心雕龍十卷　(南朝梁)劉勰撰　明萬曆十

年(1582)原一魁刻本　四冊

310000－0241－0020303　(5833)

雅雨堂叢書十三種　(清)盧見曾編　清乾隆二十一年(1756)德州盧氏雅雨堂刻本　二十冊

310000－0241－0020304　(5834)

雅雨堂叢書十三種　(清)盧見曾編　清乾隆二十一年(1756)德州盧氏雅雨堂刻增修本　二十冊

310000－0241－0020305　(5835)

雅雨堂叢書十三種　(清)盧見曾編　清乾隆二十一年(1756)德州盧氏雅雨堂刻本　二十二冊

310000－0241－0020306　(5836)

南華發覆八卷　(明)釋性涵注　(明)方應祥等校　明末文秀堂刻本　六冊

310000－0241－0020307　(5837)

安雅堂詩不分卷文集二卷重刻文集二卷未刻稿八卷入蜀集二卷書啓一卷二鄉亭詞三卷　(清)宋琬撰　清順治至乾隆間刻本　十二冊

310000－0241－0020308　(5838)

述記三十四種　(清)任兆麟編　清乾隆五十三年(1788)忠敏家塾刻本　六冊

310000－0241－0020309　(5839)

重訂述記八卷　(清)任兆麟編　清嘉慶十五年(1810)金閶濂溪閣刻本　四冊

310000－0241－0020310　(5840)

心齋十種　(清)任兆麟編　清乾隆末震澤任氏忠敏家塾刻本　二冊

310000－0241－0020311　(5841)

竹窗隨筆一卷二筆一卷三筆一卷　(明)釋袾宏撰　清康熙十年(1671)浙江嘉興府楞嚴寺般若堂刻本　三冊

310000－0241－0020312　(5842)

宋大家蘇文忠公文抄二十八卷　(宋)蘇軾撰　(明)茅坤批評　明崇禎元年(1628)刻本　八冊

310000－0241－0020313　(5843)

羅司勳文集八卷外集一卷　(明)羅虞臣撰　清刻本　三冊

310000－0241－0020314　(5844)

古歡堂集三十六卷長河志籍考十卷黔書二卷蒙齋年譜一卷續一卷補一卷年譜補一卷　(清)田雯撰　(清)田肇麗撰年譜補　清康熙德州田氏刻本　十二冊

310000－0241－0020315　(5845)

鬲津草堂詩六卷　(清)田霢撰　**水東草堂詩一卷**　(清)田需撰　清康熙、乾隆間刻本　六冊

310000－0241－0020316　(5846)

野客叢書三十卷　(宋)王楙撰　(明)商維濬校　明萬曆會稽商氏刻稗海本　八冊　存二十卷(一至十四、二十一至二十六)

310000－0241－0020317　(5847)

前漢紀三十卷　(漢)荀悅撰　**後漢紀**　(晉)袁宏撰　清康熙三十五年(1696)襄平蔣氏刻本　十八冊

310000－0241－0020318　(5848)

文房肆考圖說八卷　(清)唐秉鈞撰　(清)康愷繪圖　清乾隆四十三年(1778)竹暎山莊刻本　八冊

310000－0241－0020319　(5849)

寄園寄所寄十二卷　(清)趙吉士輯　清康熙三十五年(1696)漸岸趙氏刻本　六冊

310000－0241－0020320　(5850)

倘湖樵書十二卷　(明)來集之輯　清康熙來氏倘湖小築刻本　十二冊

310000－0241－0020321　(5851)

桃花泉奕譜二卷　(清)范世勳撰　清乾隆三十年(1765)高氏刻本　二冊

310000－0241－0020322　(5852)

國朝畫徵錄二卷續錄二卷首一卷　(清)張庚撰　清乾隆四年(1739)蔣泰、湯之昱刻本　二冊

310000－0241－0020323　(5853)
端溪硯志三卷首一卷　(清)吳繩年撰　清乾隆二十二年(1757)吳氏寧遠堂刻本　一冊

310000－0241－0020324　(5854)
秘傳花鏡六卷圖一卷　(清)陳淏輯　清康熙刻本　六冊

310000－0241－0020325　(5855)
觚賸八卷續編四卷　(清)鈕琇輯　清康熙臨野堂刻本　十二冊

310000－0241－0020326　(5856)
艮齋雜說十卷　(清)尤侗撰　清康熙刻本　二冊

310000－0241－0020327　(5857)
說鈴前集三十三種後集十九種　(清)吳震方編　清康熙刻本　二十六冊

310000－0241－0020328　(5858)
說鈴前集三十三種後集十九種　(清)吳震方編　清康熙刻本　二十冊

310000－0241－0020329　(5859)
說鈴前集三十九種後集十六種　(清)吳震方編　清嘉慶四年(1799)刻本　二十四冊

310000－0241－0020330　(5861)
章式之課藝稿一卷　章鈺撰　清末胡玉縉抄本　一冊

310000－0241－0020331　(5862)
宇宙大文一卷　胡玉縉輯　清末胡玉縉抄稿本　一冊

310000－0241－0020332　(5865)
陔餘叢考四十三卷　(清)趙翼撰　清乾隆五十五年(1790)湛貽堂刻本　十冊

310000－0241－0020333　(5866)
御定歷代紀事年表一百卷　(清)龔士炯撰　(清)周清源纂修　清康熙内府刻本　一百冊

310000－0241－0020334　(5867)
高僧傳十三卷　(南朝梁)釋慧皎撰　明萬曆三十九年(1611)徑山寂照庵刻徑山藏本　三冊

310000－0241－0020335　(5868)
續高僧傳四十卷　(唐)釋道宣撰　明萬曆十九年至三十九年(1591－1611)徑山寂照庵刻徑山藏本　八冊

310000－0241－0020336　(5869)
宋高僧傳三十卷　(宋)釋贊寧等撰　明萬曆三十九年(1611)徑山寂照庵刻徑山藏本　六冊

310000－0241－0020337　(5870)
大明高僧傳八卷　(明)釋如惺撰　明萬曆四十五年(1617)徑山寂照庵刻徑山藏本　一冊

310000－0241－0020338　(5871)
廣韻五卷　(宋)陳彭年等重修　清康熙六年(1667)陳上年、張弨符山堂刻本　五冊

310000－0241－0020339　(5872)
陳司業集四種　(清)陳祖范撰　清乾隆二十九年(1764)陳氏日華堂刻本　四冊　存三種

310000－0241－0020340　(5873)
汪氏傳家集五種　(清)汪琬撰　清康熙十四年至二十四年(1675－1685)汪氏刻本　二十冊

310000－0241－0020341　(5874)
堯峯汪氏傳家集五種　(清)汪琬等撰　(清)汪楝堂重訂　清康熙十四年至二十四年(1675－1685)刻本　十六冊

310000－0241－0020342　(5875)
程書五十一卷　(宋)程顥撰　(宋)朱熹輯　清康熙二十五年(1686)程湛程福亮刻本　十六冊

310000－0241－0020343　(5876)
西魏書二十四卷　(清)謝啓昆撰　清乾隆六十年(1795)樹經堂刻本　四冊

310000－0241－0020344　(5877)
歸愚文鈔二十卷餘集六卷　(清)沈德潛撰　清乾隆二十四年至三十二年(1759－1767)刻本　十三冊

310000－0241－0020345　(5878)

沈歸愚詩文全集十四種 (清)沈德潛撰　清乾隆教忠堂刻彙印本　四十冊

310000－0241－0020346　(5879)
歸愚詩鈔十六卷餘集八卷 (清)沈德潛撰　清乾隆十六年至三十一年(1751－1766)刻本　六冊

310000－0241－0020347　(5880)
沈確士集六種 (清)沈德潛撰　清乾隆刻本　九冊

310000－0241－0020348　(5881)
唐詩百名家全集二百九十七卷 (清)席啓寓輯　清康熙四十一年(1702)席氏琴川書屋刻本　四十八冊

310000－0241－0020349　(5882)
大清會典一百六十二卷 (清)伊桑阿等纂修　清康熙二十九年(1690)刻本　四十冊

310000－0241－0020350　(5883)
欽定周官義疏四十八卷首一卷 (清)鄂爾泰等撰　清乾隆十三年至十九年(1748－1754)内府刻本　三十二冊

310000－0241－0020351　(5884)
欽定禮記義疏八十二卷首一卷 (清)鄂爾泰等撰　清乾隆十三年至十九年(1748－1754)内府刻本　六十冊

310000－0241－0020352　(5885)
玉谿生詩箋注三卷首一卷樊南文集箋注八卷 (唐)李商隱撰　(清)馮浩編訂　清乾隆四十五年(1780)德聚堂刻本　八冊

310000－0241－0020353　(5886)
太師誠意伯劉文成公集二十卷 (明)劉基撰　清康熙四十六年(1707)劉元奇溫州刻本　八冊

310000－0241－0020354　(5887)
河汾諸老詩集八卷 (元)房祺編　明崇禎末虞山毛氏汲古閣刻本　二冊

310000－0241－0020355　(5888)
月泉吟社一卷 (宋)吳渭輯　明末虞山毛氏汲古閣刻本　二冊

310000－0241－0020356　(5889)
衆妙集一卷 (宋)趙師秀輯　**剪綃集二卷** (宋)李龏撰　明末虞山毛氏汲古閣刻本　一冊

310000－0241－0020357　(5890)
三家宮詞三卷二家宮詞二卷 (明)毛晉輯　明天啓五年至七年(1625－1627)虞山毛氏綠君亭刻本　一冊

310000－0241－0020358　(5891)
龍輔女工志二卷 (元)龍輔撰　明末虞山毛氏汲古閣刻本　一冊

310000－0241－0020359　(5892)
明詩綜一百卷 (清)朱彝尊編　清康熙朱氏六峯閣刻本　三十二冊

310000－0241－0020360　(5893)
清素堂詩集九卷詞一卷 (清)石鈞撰　清乾隆六十年(1795)寫刻本　六冊

310000－0241－0020361　(5894)
田間易學五卷圖象一卷 (清)錢澄之撰　清康熙斟雉堂刻本　四冊

310000－0241－0020362　(5895)
繡虎軒尺牘八卷 (清)曹煜撰　清康熙婁東書林許名卿刻本　四冊

310000－0241－0020363　(5896)
三古圖四十二卷 (清)黃晟輯　清乾隆十七年至二十八年(1752－1763)天都黃氏槐蔭草堂刻本　二十四冊

310000－0241－0020364　(5897)
三山論學記不分卷 (意大利)艾儒畧述　(葡萄牙)陽瑪諾等訂　清康熙三十三年(1694)刻本　一冊

310000－0241－0020365　(5898)
通雅五十二卷首三卷 (清)方以智輯著　清康熙五年(1666)方氏浮山此藏軒刻本　十六冊

310000－0241－0020366　(5899)

唐人試帖四卷 （清）毛奇齡論定 （清）王錫參繹 清康熙蕭山毛氏刻本 二册

310000－0241－0020367 （5900）

漁洋山人精華錄十卷 （清）王士禛撰 （清）林佶編 清康熙三十九年（1700）林佶寫刻本 四册

310000－0241－0020368 （5901）

帶經堂集九十二卷 （清）王士禛撰 （清）程哲校編 清康熙五十年（1711）程氏七畧書堂校刻乾隆十二年（1747）黄晟修補印本 十二册

310000－0241－0020369 （5902）

午亭文編五十卷 （清）陳廷敬撰 （清）林佶輯錄 清康熙四十七年（1708）林佶寫刻本 二十八册

310000－0241－0020370 （5903）

白石山房文稿十二卷 （清）李振裕撰 清康熙二十五年（1686）刻本 八册

310000－0241－0020371 （5904）

巽書八卷 （清）毛先舒撰 清康熙刻本 二册

310000－0241－0020372 （5905）

唐賢三昧集三卷 （清）王士禛編 清康熙新城王氏刻本 三册

310000－0241－0020373 （5906）

板橋詩鈔三卷詞鈔一卷道情十首板橋題畫一卷板橋家書一卷 （清）鄭燮撰 清乾隆初司徒文膏寫刻本 四册

310000－0241－0020374 （5907）

高陽集二十卷 （明）孫承宗撰 （明）范景文等校 清順治十二年（1655）孫之澇刻本 十六册

310000－0241－0020375 （5908）

有懷堂文藁二十二卷詩藁六卷 （清）韓菼撰 清康熙四十二年（1703）有懷堂刻本 十二册

310000－0241－0020376 （5909）

候濤山房吟草一卷 （清）謝佑琦撰 清謝氏抄稿本 一册

310000－0241－0020377 （5910）

槐蔭軒偶鈔于雲八札一卷 （清）魏于雲撰 （清）農山錄 清抄本 一册

310000－0241－0020378 （5912）

掣鯨堂詩集十三卷費滋衡詩一卷國朝詩選評一卷 （清）費錫璜撰 清康熙刻本 六册

310000－0241－0020379 （5913）

白石道人詩集二卷集外詩一卷附錄一卷白石道人詩説一卷白石道人歌曲四卷别集一卷白石道人詩詞評論一卷白石道人逸事一卷 （宋）姜夔撰 清乾隆、嘉慶間知不足齋寫刻本 一册

310000－0241－0020380 （5914）

憶嶺南草木詩十四首一卷 （清）張之洞撰 清末清寫本 一册

310000－0241－0020381 （5915）

緑溪全集五種九卷 （清）靳榮藩撰 清乾隆末刻本 十一册

310000－0241－0020382 （5916）

别山詩鈔一卷補遺三首 （明）張同敞撰 **斗樞詩抄一首** （明）張懋修撰 **建初詩抄一首** （明）張允修撰 清道光江陵鄧裕時刻本 一册

310000－0241－0020383 （5917）

羅鄂州小集六卷首一卷 （宋）羅願撰 （清）程哲輯錄 清康熙五十二年（1713）歙縣程哲七畧書堂刻本 四册

310000－0241－0020384 （5918）

飴山全集五種 （清）趙執信撰 清康熙、乾隆間趙氏因園遞刻本 十册

310000－0241－0020385 （5919）

飴山詩集二十卷文集十二卷附錄一卷 （清）趙執信撰 清乾隆十七年至三十九年（1752－1774）益都趙氏因園刻本 九册

310000－0241－0020386 （5920）

道古堂文集四十八卷詩集二十六卷　(清)杭世駿撰　清乾隆四十一年(1776)汪氏振綺堂刻本　十六册

310000－0241－0020387　(5921)
道古堂詩集二十六卷文集四十六卷　(清)杭世駿撰　清乾隆五十五年至五十七年(1790－1792)杭氏刻本　十六册

310000－0241－0020388　(5922)
待月樓詩草不分卷　(清)江清撰　清乾隆末刻本　一册

310000－0241－0020389　(5923)
吟香堂曲譜四卷　(清)馮起鳳定　清乾隆五十四年(1789)馮懋才刻本　四册

310000－0241－0020390　(5924)
清吟堂全集十一種　(清)高士奇撰　清康熙錢塘高氏刻本　十册

310000－0241－0020391　(5925)
自然好學齋詩鈔四卷　(清)汪端撰　清道光六年(1826)刻本　一册

310000－0241－0020392　(5926)
月泉吟社一卷　(宋)吴渭輯　明末虞山毛氏汲古閣刻本　一册

310000－0241－0020393　(5927)
紅樓夢傳奇八卷　(清)陳鍾麟撰　清道光十五年(1835)廣州汗青齋粤東刻本　八册

310000－0241－0020394　(5928)
桂留堂集十卷附童蒙要語一卷　(清)吴之騄撰　清康熙刻本　二册

310000－0241－0020395　(5929)
虛白齋存稿館課詩三卷館課賦一卷　(清)吴壽昌撰　清乾隆五十五年(1790)山陰吴氏貴陽刻本　二册

310000－0241－0020396　(5930)
移晴堂四六不分卷　(清)曹秀先撰　(清)曹循校字　清乾隆新建曹氏寫刻本　四册

310000－0241－0020397　(5931)
西崑詶唱集二卷　(宋)楊億編　(清)周楨注　清康熙寫刻本　四册

310000－0241－0020398　(5932)
張蒼水全集冰槎集四卷　(明)張煌言撰　清抄本　一册

310000－0241－0020399　(5933)
奉禁義和拳彙錄一卷　(清)勞乃宣編　清光緒二十六年(1900)吴橋縣署刻本　一册

310000－0241－0020400　(5934)
鳴鶴堂遺稿不分卷　(清)王之圻撰　(清)魏允柟等選輯　清康熙十六年(1677)王氏刻本　一册

310000－0241－0020401　(5935)
四憶棠詩集六卷遺稿一卷　(清)侯方域撰　清初商丘侯氏刻本　三册

310000－0241－0020402　(5936)
湖海樓詩集八卷迦陵詞全集三十卷　(清)陳維崧撰　清康熙二十五年至二十八年(1686－1689)陳宗石患立堂刻本　六册

310000－0241－0020403　(5937)
陳迦陵文集六卷儷體文集十卷　(清)陳維崧撰　清康熙二十六年至二十七年(1687－1688)陳宗石患立堂刻本　十二册

310000－0241－0020404　(5938)
牧齋有學集五十一卷　(清)錢謙益撰　清康熙十三年(1674)錫山鄒氏刻本　十册

310000－0241－0020405　(5939)
聰山集四種附申鳧盟先生[涵光]年譜畧一卷　(清)申涵光撰　(清)劉□佑選　清康熙二年(1663)申氏刻本　十册

310000－0241－0020406　(5940)
五公山人集十六卷　(清)王餘佑撰　(清)李興祖編　清康熙三十四年(1695)枕釣齋刻本　四册

310000－0241－0020407　(5941)
五公山人集十六卷　(清)王餘佑撰　(清)李興祖編　清康熙三十四年(1695)枕釣齋刻本　四册

310000－0241－0020408　(5942)
聽山集四種附申鳧盟先生[涵光]年譜畧一卷　(清)申涵光撰　清康熙二年(1663)申氏刻本　五册

310000－0241－0020409　(5943)
寒邨詩文選三十六卷　(清)鄭梁撰　清康熙紫蟾山房刻本　二十册

310000－0241－0020410　(5944)
清江碧嶂集一卷　(元)杜本撰　(元)程嗣祖編　明末虞山毛氏汲古閣刻本　一册

310000－0241－0020411　(5945)
湛園未定稿六卷　(清)姜宸英撰　清康熙二老閣刻本　十二册

310000－0241－0020412　(5946)
元詩選六卷補遺一卷名氏爵里考一卷總論一卷　(清)顧奎光選輯　(清)陶瀚參評　清乾隆十六年(1751)顧氏刻本　八册

310000－0241－0020413　(5947)
元史紀事本末四卷　(明)陳邦瞻編　(明)臧懋循補　明萬曆三十四年(1606)徐申、劉曰梧刻本　二册

310000－0241－0020414　(5948)
西陂類稿五十卷　(清)宋犖撰　清康熙宋氏刻本　十五册

310000－0241－0020415　(5949)
元詩選初集一百十四卷　(清)顧嗣立輯　清康熙三十三年(1694)長洲顧氏秀野草堂刻本　十六册

310000－0241－0020416　(5950)
元詩選三集一百三卷　(清)顧嗣立輯　清康熙五十九年(1720)長洲顧氏秀野草堂刻本　四册

310000－0241－0020417　(5951)
香草居集七卷目錄二卷　(清)李符撰　清乾隆初嘉興李氏寫刻本　四册

310000－0241－0020418　(5952)
尋壑外言五卷　(清)李繩遠撰　清乾隆初嘉興李氏刻本　四册

310000－0241－0020419　(5953)
尋壑外言五卷　(清)李繩遠撰　清乾隆初嘉興李氏刻本　四册

310000－0241－0020420　(5954)
陳定宇先生文集十六卷别集一卷　(元)陳櫟撰　(清)陳嘉基訂　清康熙三十三年(1694)休寧陳氏刻本　六册

310000－0241－0020421　(5955)
瀛奎律髓四十九卷重刻律髓記言一卷　(宋)方回選　(清)吳之振閲　清康熙五十年至五十一年(1711－1712)石門吳氏黄葉邨莊刻本　二十册

310000－0241－0020422　(5956)
受祺堂詩三十五卷　(清)李因篤撰　清康熙刻本　十六册

310000－0241－0020423　(5957)
餘山先生遺書十卷附録一卷　(清)勞史撰　(清)桑調元　(清)沈廷芳編　清乾隆二十九年(1764)桑調元須有堂刻本　四册

310000－0241－0020424　(5958)
姜西溟先生文鈔四卷　(清)姜宸英撰　清乾隆四年(1739)南蘭匪懈堂趙侗斆武林刻本　一册

310000－0241－0020425　(5959)
松桂堂全集三十七卷南涟集三卷延露詞三卷　(清)彭孫遹撰　清乾隆八年(1743)彭景曾刻本　四册

310000－0241－0020426　(5960)
松桂堂全集三十七卷南涟集三卷延露詞三卷　(清)彭孫遹撰　清乾隆八年(1743)彭景曾刻本　六册

310000－0241－0020427　(5961)
西堂雜組一集八卷二集八卷三集八卷　(清)尤侗撰　清康熙刻本　六册

310000－0241－0020428　(5962)
遂初堂詩集十六卷文集十八卷别集四卷

(清)潘耒撰　清康熙刻本　二十冊

310000－0241－0020429　(5963)
曝書亭集詩註二十二卷年譜一卷　(清)朱彝尊撰　(清)楊謙註　清乾隆楊氏木山閣刻本　六冊

310000－0241－0020430　(5964)
施愚山先生全集九十四卷　(清)施閏章撰　清康熙四十七年(1708)曹氏楝亭刻本　三十二冊

310000－0241－0020431　(5965)
解舂集文鈔十二卷　(清)馮景撰　清乾隆五十七年(1792)盧氏抱經堂刻本　六冊

310000－0241－0020432　(5966)
解舂集詩鈔三卷　(清)馮景撰　清乾隆五十七年(1792)盧氏抱經堂刻本　二冊

310000－0241－0020433　(5967)
懷清堂集二十卷　(清)湯右曾撰　清乾隆七年(1742)汪臺刻本　四冊

310000－0241－0020434　(5968)
拙存堂文初集八卷　(清)蔣衡撰　清乾隆六年(1741)陳希敬木活字印本　六冊

310000－0241－0020435　(5969)
杞田集十四卷遺稿一卷　(清)張貞撰　清康熙四十九年(1710)春岑閣刻本　四冊

310000－0241－0020436　(5970)
渠亭山人半部稿一卷或語一卷潛州集一卷　(清)張貞撰　清康熙安丘張氏遞刻彙印本　十冊

310000－0241－0020437　(5971)
緯蕭草堂詩三卷　(清)宋至撰　清康熙二十七年(1688)商丘宋氏刻本　四冊

310000－0241－0020438　(5972)
筠廊偶筆二卷怪石贊一卷　(清)宋犖撰　清康熙商丘宋氏刻本　二冊

310000－0241－0020439　(5973)
授研齋詩一卷　(清)宋韋金撰　清康熙商丘宋氏刻本　一冊

310000－0241－0020440　(5974)
瓦缶集十二卷　(清)李宗渭撰　清乾隆十六年(1751)高衡百刻本　六冊

310000－0241－0020441　(5975)
道榮堂文集六卷首一卷滄州近詩十卷　(清)陳鵬年撰　清乾隆二十七年(1762)湘潭陳氏刻本　十四冊

310000－0241－0020442　(5976)
趙恭毅公剩稿八卷　(清)趙申喬撰　清乾隆二年至六年(1737－1741)趙侗斆刻本　十冊

310000－0241－0020443　(5977)
後邨集七卷吴越遊草一卷　(清)王文治撰　清康熙江寧王氏刻本　八冊

310000－0241－0020444　(5978)
學齋詩集四卷　(清)喬崇烈撰　清康熙寶應喬氏刻本　四冊

310000－0241－0020445　(5979)
靜用堂偶編十卷　(清)涂天相撰　(清)魏亦晉等編校　清康熙五十九年(1720)湖北刻本　四冊

310000－0241－0020446　(5980)
柳南詩鈔十卷文鈔六卷　(清)王應奎撰　清乾隆虞山王氏刻本　四冊

310000－0241－0020447　(5981)
亦樂堂詩六卷　(清)陶自悅撰　清乾隆二十八年(1763)陶曾慶刻本　四冊

310000－0241－0020448　(5982)
東征集六卷　(清)藍鼎元撰　(清)王者輔評　清雍正十年(1732)廣州刻本　三冊

310000－0241－0020449　(5983)
學耨堂文集八卷　(清)王崇炳撰　清康熙刻本　四冊

310000－0241－0020450　(5984)
慎獨軒文集八卷　(清)劉青霞撰　(清)劉青芝編　清康熙襄城劉氏刻本　四冊

310000－0241－0020451　(5985)
筠谷詩鈔六卷別集一卷　(清)鄭江撰　清乾

隆初錢唐鄭氏刻本　四冊

310000－0241－0020452　(5986)

定峯樂府十卷　(清)沙張白撰　(清)曹禾評　清康熙陸天濤刻本　二冊

310000－0241－0020453　(5987)

澹初詩稿八卷年譜一卷　(清)沈翼機撰　清乾隆三十四年(1769)沈維基刻本　四冊

310000－0241－0020454　(5988)

經義齋集十八卷　(清)熊賜履撰　清康熙二十九年(1690)孝感熊氏刻本　八冊

310000－0241－0020455　(5989)

南漪先生遺集四集　(清)張熷撰　清乾隆仁和張埏刻本　四冊

310000－0241－0020456　(5990)

確堂集五十卷　(清)黄之雋撰　清乾隆華亭黄氏刻本　十冊

310000－0241－0020457　(5992)

志壑堂詩集十二卷文集十二卷詩後集五卷文後集三卷辛酉同遊倡和詩餘後集二卷阮亭選志壑堂詩十五卷　(清)唐夢賚撰　清康熙、雍正間遞刻本　二十冊

310000－0241－0020458　(5993)

雪鴻堂文集四卷　(清)李鍾壁撰　清康熙通江李氏刻本　一冊

310000－0241－0020459　(5994)

古歡堂集(文)二十二卷蒙齋年譜一卷續一卷補一卷蒙齋年譜補一卷　(清)田雯撰　(清)田肇麗撰年譜補　清康熙德州田氏刻本　六冊

310000－0241－0020460　(5995)

塔影園集不分卷附一卷　(清)顧苓撰　清末劉氏天尺樓抄本　四冊

310000－0241－0020461　(5996)

思綺堂文集十卷　(清)章藻功撰　清康熙六十一年(1722)聚錦堂刻本　十冊

310000－0241－0020462　(5997)

海日堂詩集五卷　(清)程可則撰　(清)翁方綱評　清乾隆三十六年(1771)廣州翁氏石洲艸堂刻本　二冊

310000－0241－0020463　(5998)

南雷文定前集十一卷　(清)黄宗羲撰　清康熙靳治荆刻本　六冊

310000－0241－0020464　(5999)

餘園詩鈔六卷　(清)繆沅撰　(清)沈德潛編輯　清乾隆十年(1745)繆氏葆素堂刻本　四冊

310000－0241－0020465　(6000)

亭皋集六卷　(清)吳綺撰　清康熙刻本　四冊

310000－0241－0020466　(6001)

改亭集十六卷改亭詩集六卷　(清)計東撰　清乾隆十三年(1748)計瑸刻本　六冊

310000－0241－0020467　(6002)

鈍吟老人文稿一卷遊仙詩二卷鈍吟老人雜錄十卷　(清)馮班撰　清康熙陸貽典、馮武等遞刻本　一冊

310000－0241－0020468　(6003)

偶然云十卷首一卷末一卷　(清)湯之錡撰　清乾隆刻本　五冊

310000－0241－0020469　(6004)

佳山堂詩集十卷　(清)馮溥撰　清康熙十九年(1680)古吳朱士儒刻本　四冊

310000－0241－0020470　(6005)

中山集詩鈔六卷　(清)郝浴撰　清康熙郝氏刻本　一冊

310000－0241－0020471　(6006)

學源堂詩鈔六卷　(清)郭棻撰　(清)王企靖選　清康熙六十年(1721)王企靖豫章刻本　二冊

310000－0241－0020472　(6009)

哭廟記畧不分卷　(清)□□撰　清意鞠軒藍格抄本　一冊

310000－0241－0020473　(6019)

燕市集二卷　(明)王穉登撰　明隆慶四年

(1570)靖江朱宅快閣刻本　二冊

310000－0241－0020474　(6020)
青雀集二卷　(明)王穉登撰　明隆慶四年(1570)靖江朱宅快閣刻本　二冊

310000－0241－0020475　(6021)
金昌集四卷　(明)王穉登撰　明刻本　二冊

310000－0241－0020476　(6022)
清苕集二卷　(明)王穉登撰　(明)范汭校　明萬曆三十一年(1603)刻本　二冊

310000－0241－0020477　(6023)
延令纂二卷　(明)王穉登撰　明萬曆刻本　一冊

310000－0241－0020478　(6024)
明月篇二卷　(明)王穉登撰　明萬曆五年(1577)王氏刻本　一冊

310000－0241－0020479　(6027)
已畦集二十一卷　(清)葉燮撰　清康熙吴江葉氏二棄草堂刻本　八冊

310000－0241－0020480　(6028)
已畦詩集十卷　(清)葉燮撰　清康熙吴江葉氏二棄草堂刻本　六冊

310000－0241－0020481　(6031)
慷慨悲歌集不分卷　(清)黄遵憲等撰　(□)□□抄　清末抄稿本　一冊

310000－0241－0020482　(6032)
桐花書屋初稿三卷　(清)張峻撰　清末抄稿本　三冊

310000－0241－0020483　(6033)
省薇居雜體詩文草不分卷　(清)孔繼鎔撰　清末孔氏手稿本　二冊

310000－0241－0020484　(6034)
覆甕剩稿不分卷　(清)袁鍾琳撰　清袁氏手稿本　二冊

310000－0241－0020485　(6035)
印齋詩集二卷　(清)黄宗羲撰　清雍正、乾隆間刻本　二冊　存一卷(上)

310000－0241－0020486　(6036)
秋水集三卷　(清)許旭撰　(清)王瑞系訂　清康熙初王氏刻本　二冊　存二卷

310000－0241－0020487　(6037)
奉常公家訓不分卷　(清)王時敏撰　清乾隆五十七年(1792)王蓼抄本　王蓼識語　二冊

310000－0241－0020488　(6038)
質亡集不分卷　(清)章金牧撰　(清)俞長城録　(清)呂留良輯評　清乾隆抄本　二冊

310000－0241－0020489　(6039)
唐試帖細論六卷　(清)魯之裕評釋　清康熙五十四年(1715)刻本　六冊

310000－0241－0020490　(6040)
花間補讀書室課藝不分卷　(清)朱蘭撰　清嘉慶、道光間朱氏稿本　一冊

310000－0241－0020491　(6041)
留有餘齋歷朝古今體詩讀本十三卷　(清)王治模輯選　清乾隆寫稿本　四冊

310000－0241－0020492　(6042)
冏卿寧侯席公崇祀鄉賢祠一卷附録一卷　(清)陸冕等撰　清順治十七年(1660)吴縣席氏刻本　二冊

310000－0241－0020493　(6043)
淮南鴻烈解二十一卷首一卷　(漢)劉安撰　(漢)高誘註　清嘉慶刻本　十冊

310000－0241－0020494　(6045)
[虞美人花唱和詩]一卷　(清)周山邨唱　(清)倪衡之等和　清乾隆末抄稿本　一冊

310000－0241－0020495　(6046)
巢雪三集四卷　(明)莊世芳撰　清康熙抄稿本　二冊

310000－0241－0020496　(6047)
[忠恕堂傳序稿]不分卷　(清)強雲倬撰　清同治、光緒間強氏手稿本　一冊

310000－0241－0020497　(6048)
白燕倡和集六卷　(清)王之佐倡　(清)淩雲鶴等和　清嘉慶二十年(1815)青來草堂刻本

二册

310000－0241－0020498 (6049)
鶡冠子三卷 (宋)陸佃解 清光緒元年(1875)湖北崇文書局刻本 一册

310000－0241－0020499 (6050)
二程粹言二卷 (宋)楊時編輯 (清)張伯行重訂 清康熙四十七年(1708)張氏正誼堂刻本 四册

310000－0241－0020500 (6051)
西漢會要七十卷目錄二卷 (宋)徐天麟撰 清抄本 二十四册

310000－0241－0020501 (6052)
邵二泉先生分類集註杜詩二十三卷 (唐)杜甫撰 (明)邵寶集註 清康熙繡州沈廷植刻本 二十四册

310000－0241－0020502 (6053)
杜工部詩集二十卷文集二卷年譜一卷杜詩補註一卷集外詩一卷 (唐)杜甫撰 (清)朱鶴齡輯註 清康熙刻本 十二册

310000－0241－0020503 (6054)
[士門集]十六卷 (元)梁寅撰 清初抄本 四册

310000－0241－0020504 (6055)
燎松吟一卷 (明)周履靖撰 明萬曆金陵荆山書林刻本 一册

310000－0241－0020505 (6056)
尋芳詠二卷 (明)周履靖撰 明萬曆金陵荆山書林刻本 一册

310000－0241－0020506 (6057)
願息齋詩集不分卷 (清)徐喈鳳撰 清康熙刻本 二册 存(風雅體、樂府、五言古、七言古、五言律、五言排律)

310000－0241－0020507 (6058)
蛩笙集一卷 (清)費孝端撰 清乾隆手寫稿本 一册

310000－0241－0020508 (6062)
[幸草亭雜詩]不分卷 (清)楊文瑩撰 清光緒楊氏手稿本 一册

310000－0241－0020509 (6063)
識時編一卷 (清)謝家福輯 (清)謝家樹校 清末黑格抄本 一册

310000－0241－0020510 (6064)
巡浙記略不分卷 (清)朱冠瀛輯 清德馨堂黑格抄本 二册

310000－0241－0020511 (6065)
[江南成例稿]不分卷 (□)□□錄 清抄本 二册

310000－0241－0020512 (6066)
小方壺存稾十八卷 (清)汪森撰 清康熙刻本 四册 存十卷(一至十)

310000－0241－0020513 (6068)
新刻註釋故事白眉十卷 (明)許以忠集 (明)鄧志謨校 明書林重溫堂刻本 十册

310000－0241－0020514 (6071)
撫江集[疏稿]十五卷 (清)蔡士英撰 清順治刻本 二册 存三卷(四至六)

310000－0241－0020515 (6072)
詩草雜錄不分卷 (清)□寅叔撰 清光緒八年(1882)稿本 一册

310000－0241－0020516 (6073)
傳真心領二卷 (清)丁臯撰 (清)耿瑋校
退學軒問答八則 (清)于震校 清抄本 二册

310000－0241－0020517 (6074)
盤山語錄不分卷心印註水月宗旨緣起北宗長真譚祖師傳北宗譚祖師靈應記 (金)王志謹述 (清)徐神翁集 清康熙華鄂堂刻本 二册

310000－0241－0020518 (6075)
碧山館詩艸不分卷 (清)李昌燕著 清末藍格抄本 一册

310000－0241－0020519 (6076)
艾園氏古今體詩存草不分卷 (清)宋艾園撰 清末抄本 一册

310000－0241－0020520　(6077)
崇祀鄉賢錄不分卷旌表烈節錄不分卷　(清)李佩五輯　清雍正十二年(1734)刻本　一册

310000－0241－0020521　(6078)
望雲詩藁二集不分卷　(清)姜宸尃撰　清康熙刻本　二册

310000－0241－0020522　(6079)
棧雲集不分卷峽猿集不分卷　(清)毛澂撰　清末民國初抄本　一册

310000－0241－0020523　(6080)
[清初文雜鈔]不分卷　(清)□□輯　清抄本　一册

310000－0241－0020524　(6081)
[梨園戲文雜鈔]不分卷　(清)永慶湯記　清抄本　二册

310000－0241－0020525　(6082)
[尺牘雜鈔]不分卷　(清)□□輯　清抄本　一册

310000－0241－0020526　(6083)
[兩浙輶軒錄摘鈔]不分卷　(清)阮元輯　(清)□□摘抄　清末抄本　一册

310000－0241－0020527　(6084)
[儷白妃畫册]不分卷　(清)董恂輯　清抄本　一册

310000－0241－0020528　(6085)
壓綫賸鈔不分卷　(清)□□輯　清抄本　一册

310000－0241－0020529　(6086)
月離曆指　(意大利)羅雅谷撰　(德國)湯若望訂　清抄本　一册　存一卷(一)

310000－0241－0020530　(6093)
斗泉先生雜稿不分卷　(清)陳栻撰　(清)粵東學院署錄　清嘉慶十四年(1809)抄本　一册

310000－0241－0020531　(6094)
蓮池唱和集不分卷　(清)黄彭年等撰　清末綠格抄本　一册

310000－0241－0020532　(6095)
[歐陽雲文稿]不分卷　(清)歐陽雲撰　清末紅格抄本　一册

310000－0241－0020533　(6097)
呆中福央友代替　(□)□□撰　清抄本　一册

310000－0241－0020534　(6099)
[雜文]不分卷　(清)□□抄　清抄本　一册

310000－0241－0020535　(6101)
醉香樓詩選一卷　(清)張香坪輯　清末張香坪紅格抄本　一册

310000－0241－0020536　(6103)
新刻韓詩外傳十卷　(漢)韓嬰撰　(明)胡文煥校　明萬曆錢塘胡氏文會堂刻格致叢書本　二册

310000－0241－0020537　(6104)
新刻詩傳一卷新刻詩譜一卷新刻詩説一卷　(周)端木賜述詩傳　(明)胡文煥校　明萬曆錢塘胡氏文會堂刻格致叢書本　二册

310000－0241－0020538　(6105)
新刻釋名八卷　(漢)劉熙撰　(明)胡文煥校　明萬曆錢塘胡氏文會堂刻格致叢書本　二册　存四卷(一至四)

310000－0241－0020539　(6106)
新刻譚子化書六卷　(五代)譚峭撰　明萬曆錢塘胡氏文會堂刻格致叢書本　一册

310000－0241－0020540　(6107)
新刻洞天清錄一卷新刻香譜二卷新刻寶貨辨疑一卷　(宋)趙希鵠編　(宋)□□集　明萬曆錢塘胡氏文會堂刻格致叢書本　一册

310000－0241－0020541　(6108)
康熙三十八年乙卯科四川鄉試墨卷不分卷　(清)□□錄　清刻本　一册

310000－0241－0020542　(6110)
左傳精舍錄五卷　(漢)邱堂舊訂　(清)邱玉潔續訂　清乾隆刻本　一册

310000－0241－0020543　(6111)

聖諭廣訓不分卷　(清)聖祖玄燁諭　(清)世宗胤禛廣訓　清雍正二年(1724)刻本　一册

310000－0241－0020544　(6112)
新刻漢書揭要四卷　(明)唐順之選　(明)胡文煥校　明萬曆錢塘胡氏文會堂刻格致叢書本　四册

310000－0241－0020545　(6113)
新刻格古論要五卷　(明)曹昭撰　(明)王佐增　明萬曆錢塘胡氏文會堂刻格致叢書本　四册

310000－0241－0020546　(6114)
新刻古今碑帖考不分卷　(明)朱晨編輯　(明)胡文煥纂校　明萬曆錢塘胡氏文會堂刻格致叢書本　二册

310000－0241－0020547　(6115)
新刻古器物具名二卷附古器總説一卷　(明)胡文煥選輯　明萬曆錢塘胡氏文會堂刻格致叢書本　二册

310000－0241－0020548　(6116)
新刻事物紀原十卷　(明)胡文煥校正　明萬曆錢塘胡氏文會堂刻格致叢書本　五册

310000－0241－0020549　(6117)
新刻四雋考要四卷　(明)胡文煥纂編　明萬曆錢塘胡氏文會堂刻格致叢書本　五册

310000－0241－0020550　(6118)
養知錄八卷　(清)紀昭撰　清乾隆四十九年(1784)樂敍堂刻本　一册

310000－0241－0020551　(6119)
鶴泉集杜前集一卷續集二卷　(清)戚學標集　清嘉慶刻本　一册

310000－0241－0020552　(6120)
芑塘詩鈔不分卷　(清)盧澧撰　清抄本　一册

310000－0241－0020553　(6122)
宮巖詩集四卷　(清)李予望撰　清乾隆三十五年(1770)寶樹堂刻本　二册

310000－0241－0020554　(6123)
海峯詩集十一卷文集八卷　(清)劉大櫆撰　清乾隆桐城劉氏敦本堂刻本　十册

310000－0241－0020555　(6124)
乾隆十年江南徽州府婺源縣貪酷署令郭自成詳文不分卷　(清)□□輯　清乾隆抄本　二册

310000－0241－0020556　(6125)
王太初先生五嶽遊草十二卷　(明)王士性撰　(清)馮甦輯　清康熙三十年(1691)刻本　五册

310000－0241－0020557　(6126)
飴山詩集二十卷　(清)趙執信撰　清乾隆二十七年(1762)因園刻本　六册

310000－0241－0020558　(6127)
順治六年丈量魚鱗清册不分卷　(清)□□編錄　清順治藍格繪圖寫本　五册

310000－0241－0020559　(6128)
上湖紀歲詩編四卷上湖詩紀續編一卷上湖分類文編不分卷　(清)汪師韓撰　清乾隆錢塘汪氏刻本　四册

310000－0241－0020560　(6132)
[朱丹木宦遊稿]不分卷　(清)朱□撰　清抄稿本　二册

310000－0241－0020561　(6133)
[明詩選]八卷　(清)□□編　清初抄本　五册　存四卷(一至二、七至八)

310000－0241－0020562　(6135)
九成宮南北詞宮譜八十二卷目錄三卷　(清)周詳鈺　(清)鄒金生編輯　清乾隆十一年(1746)刻本　九十五册

310000－0241－0020563　(6136)
小鳥鳴草不分卷　(清)張秉衡撰　清光緒十七年(1891)張氏手稿本　一册

310000－0241－0020564　(6137)
蠡遊小草不分卷　(清)張秉衡撰　清光緒十七年(1891)張氏手稿本　一册

310000－0241－0020565　(6138)

震澤編八卷 (明)王鏊修 (明)蔡昇輯 清抄本 五册

310000－0241－0020566 (6139)
大清光緒九年歲次癸未時憲書不分卷 (清)□□輯 清光緒九年(1883)欽天監刻朱墨套印本 一册

310000－0241－0020567 (6140)
大清同治十一年歲次壬申時憲書不分卷 (清)□□輯 清同治十年(1871)欽天監刻朱墨套印本 一册

310000－0241－0020568 (6141)
大清同治十二年歲次癸酉時憲書不分卷 (清)□□輯 清同治十一年(1872)欽天監刻本 一册

310000－0241－0020569 (6142)
環翠軒詩三卷續一卷 (清)方淳著 (清)黄霖等正 清康熙新安方式刻本 二册

310000－0241－0020570 (6143)
奉川條規不分卷 (□)□□錄 清同治三年(1864)孫任、費受抄本 一册

310000－0241－0020571 (6144)
織雲樓詩八卷 (清)莊大中撰 清乾隆元和莊氏刻本 三册 存三卷(一至三)

310000－0241－0020572 (6145)
焦園尺牘不分卷 (清)月樵氏輯 清光緒十四年(1888)手稿本 三册

310000－0241－0020573 (6147)
帝王盛軌不分卷 (清)倭仁輯 (清)歐甫氏錄 清同治二年(1863)孱守齋抄本 一册

310000－0241－0020574 (6148)
蔡氏家傳十二卷後邊二卷 (清)蔡鶴齡輯 清雍正元年(1723)蔡氏親賢堂刻本 八册

310000－0241－0020575 (6150)
謝山存稿十卷 (明)陳吾德著 (明)李以麟校 明末刻古岡陳氏刻本 八册

310000－0241－0020576 (6151)
澄觀堂隨筆四集續集後集附錄金剛經証誤 (清)衍潢撰 清乾隆刻本 十六册

310000－0241－0020577 (6152)
吴邑版底不分卷 (清)□□撰 清末抄本 三册

310000－0241－0020578 (6153)
甫里逸詩不分卷 (清)周秉鑒輯 清乾隆周氏易安書屋稿本 二册

310000－0241－0020579 (6154)
碩山堂詩集十卷 (清)吴泰來著 清乾隆長洲吴氏刻本 二册 存五卷(六至十)

310000－0241－0020580 (6155)
俚言日述不分卷 (清)張文藻撰 清光緒三十一年至三十二年(1905－1906)無錫張氏稿本 四册

310000－0241－0020581 (6156)
辨志堂新輯書經集解六卷 (清)萬經輯 (清)吴本立等参 清康熙二十八年(1689)甬江萬氏刻本 六册

310000－0241－0020582 (6157)
尺牘爭奇八卷 (明)張一中選 (明)王世茂校 明刻本 四册 存四卷(一至四)

310000－0241－0020583 (6158)
南唐書三十卷 (唐)馬令編 (明)陳繼儒訂 明末刻本 八册

310000－0241－0020584 (6159)
[花月痕詩詞摘抄]不分卷 (清)□□抄 清末嘉蓮室紅格抄本 一册

310000－0241－0020585 (6160)
金剛經十七家釋義四卷 (宋)楊圭編 清康熙汝陽周兆呈刻本 四册

310000－0241－0020586 (6162)
[聽雨軒制義鈔]不分卷 (清)檀璣 (清)檀球撰 (清)□□抄 清藍格抄本 一册

310000－0241－0020587 (6235)
留與集十卷首一卷末一卷 (清)史周沅著 (清)許重炎編次 清乾隆二十五年(1760)璞堂刻本 四册

310000－0241－0020588 (6241)
半園詩文遺藳 (清)吳莊撰 清乾隆吳縣吳氏寫刻本 二册 存四種四卷(聊寄集一卷、太湖漁風一卷、問津草一卷、隨寓草一卷)

310000－0241－0020589 (6245)
紅樓酒譜二十四詠不分卷 (清)劉樞撰 清末抄本 一册

310000－0241－0020590 (6248)
娵隅集十卷 (清)趙文哲撰 清乾隆五十四年(1789)刻本 四册

310000－0241－0020591 (6249)
孟子十四卷 (宋)朱熹集註 明初刻本 七册

310000－0241－0020592 (6256)
額粉盦集六卷 (清)高第撰 清嘉慶十七年(1812)刻本 二册

310000－0241－0020593 (6257)
南北七家詞鈔不分卷 (清)顧元熙輯抄 清顧元熙抄本 二册

310000－0241－0020594 (6258)
古今花木詩集一卷 (清)鄧□□輯 清席祐鈜抄本 一册

310000－0241－0020595 (6260)
風懷二百韻不分卷 (清)朱彝尊撰 清末至民國間抄本 一册

310000－0241－0020596 (6261)
吾炙集不分卷 (清)錢謙益選評 清抄本 一册

310000－0241－0020597 (6262)
郭蘭池手抄雜考不分卷 (清)□□撰 清郭琦抄本 四册

310000－0241－0020598 (6263)
亭林詩集校文不分卷附亭林詩外集 (清)孫詒讓校集 清末民國間抄本 二册

310000－0241－0020599 (6264)
上海圖 (清)□□繪 清光緒上海石印本 十二册

310000－0241－0020600 (6265)
詩詞雜抄 (清)金芳荃等撰 (清)夢花閑月仙隱等錄稿 清夢花閑月仙隱等抄本 一册

310000－0241－0020601 (6266)
聽雨樓稿不分卷 (清)沈雄撰 清抄本 一册

310000－0241－0020602 (6299)
[道光]高唐州志 (清)徐宗幹總纂 (清)徐岱校 清道光十六年(1836)高堂州庫刻本 十四册

310000－0241－0020603 (6305)
重刊校正笠澤叢書四卷補遺一卷 (唐)陸龜蒙撰 清乾隆顧氏寫刻本 二册

310000－0241－0020604 (6306)
重刊校正笠澤叢書四卷補遺一卷 (唐)陸龜蒙撰 清大疊山房刻本 五册

310000－0241－0020605 (6307)
詠雪樓詩存四卷詩餘一卷附一卷 (清)甘立媃撰 (清)徐心田校梓 清道光徐氏刻本 五册

310000－0241－0020606 (6350)
水東日記四十卷 (明)葉盛撰 明萬曆刻本 十六册

310000－0241－0020607 (6351)
水東日記三十卷 (明)葉盛撰 明萬曆刻本 六册

310000－0241－0020608 (6354)
歷代名臣奏議三百十九卷 (明)張溥刪正 (清)張永錫重校 明崇禎八年(1635)刻本 六十册

310000－0241－0020609 (6355)
董文敏公畫禪隨筆四卷 (明)董其昌撰 (清)汪汝祿編次 清康熙十七年(1678)汪氏刻本 四册

310000－0241－0020610 (6356)
畫禪室隨筆四卷 (明)董其昌著 (清)董紹敏重校 清乾隆三十三年(1768)戲鴻堂刻本

二冊

310000－0241－0020611　(6357)

靜樂居印娱四卷　(清)汪啓淑鑒藏　清乾隆四十三年(1778)汪啓淑刻鈐印本　四冊

310000－0241－0020612　(6358)

御選語録十九卷　(清)世宗胤禛輯　清雍正十一年(1733)刻本　十四冊

310000－0241－0020613　(6359)

類腋五十卷　(清)姚培謙集　(清)張卿雲同輯　清乾隆七年至三十年(1742－1765)姚氏清妙軒刻本　二十四冊

310000－0241－0020614　(6360)

福嚴五葉聯芬録五卷　(清)釋際嵩集　(清)釋宗尚撰傳　清康熙、雍正間嘉興刻本　三冊　存三卷(三至五)

310000－0241－0020615　(6361)

雲窩道篇不分卷　(明)葆真子斗野陽道生輯　清抄本　三冊

310000－0241－0020616　(6362)

易經體註四卷　(清)來爾繩纂輯　(清)朱采治等編訂　清乾隆二十二年(1757)蘇州三樂齋刻本　六冊

310000－0241－0020617　(6364)

唐詩聯選　(明)吳一桂集　明萬曆刻本　二冊　存六卷(七至十二)

310000－0241－0020618　(6367)

宋齋公抱膝小草一卷　(清)陳訏撰　清咸豐十一年(1861)海寧陳氏抄本　一冊

310000－0241－0020619　(6368)

種書田稿不分卷　(清)陳世佶撰　清咸豐十一年(1861)海寧陳氏抄本　三冊

310000－0241－0020620　(6369)

楊刺史奏稿一卷　(清)楊廷熙撰　清末抄本　一冊

310000－0241－0020621　(6370)

南北朝文鈔二卷　(清)彭兆蓀輯　(清)徐達源校　清抄本　四冊

310000－0241－0020622　(6371)

明文傳薪不分卷　(明)王鏊等撰　清抄本　二冊

310000－0241－0020623　(6373)

千金裘不分卷　(清)驥程手録　清末寫本　二冊

310000－0241－0020624　(6376)

唐詩選不分卷　(清)□□輯　清初抄本　二冊

310000－0241－0020625　(6377)

新刻許會元課兒四書貫珠達觀　(明)許獬著　(明)陳圭校　明末書林葉天熹刻本　四冊　存四卷

310000－0241－0020626　(6378)

國朝府廳州縣新編不分卷　(清)謝鍾英編　唐文治録　清光緒十三年(1887)唐文治抄本　二冊

310000－0241－0020627　(6379)

農業全書不分卷　唐文治編　清末唐文治手稿本　三冊

310000－0241－0020628　(6380)

周易廣義六卷　(清)潘元懋輯　清康熙武林南陔堂刻本　十六冊

310000－0241－0020629　(6381)

傒析録不分卷　(清)俞樾撰　清末稿本　二冊

310000－0241－0020630　(6382)

三傳便覽不分卷　(清)耐道人編　清抄本　六冊

310000－0241－0020631　(6383)

廣東經古試藝録不分卷　(清)佘彬瑚等撰　清末抄本　四冊

310000－0241－0020632　(6384)

[新喻縣稟札稿]不分卷　(清)包世臣輯　清道光抄稿本　六冊

310000－0241－0020633　(6385)

珠光劍氣不分卷　(清)□□集　清抄本

六冊

310000－0241－0020634　(6386)

地學答問不分卷　(清)□□撰　清刻本　三冊

310000－0241－0020635　(6387)

書柬不分卷　(清)□□輯　清抄本　六冊

310000－0241－0020636　(6388)

四書說義十九卷　(清)曹鉉　(清)徐如玉纂　清康熙四十九年(1710)合志堂刻本　十四冊

310000－0241－0020637　(6389)

笠澤詩存不分卷　(清)□□輯　清抄本　四冊

310000－0241－0020638　(6390)

寶稽堂閒居偶錄解人頤　(清)趙恬養涉筆　清初刻本　四冊　存四卷

310000－0241－0020639　(6405)

真隱家乘不分卷　(明)方孝孺等撰　清初刻本　一冊

310000－0241－0020640　(6408)

欽定執中成憲八卷　(清)世宗胤禛刪定　清乾隆元年(1736)内府刻本　八冊

310000－0241－0020641　0001

佩文齋詠物詩選四百八十六卷　(清)聖祖玄燁敕輯　清康熙四十五年至四十六年(1706－1707)内府刻本　六十四冊

310000－0241－0020642　0002

[乾隆]海寧縣志十二卷首一卷　(清)金鰲修　(清)黄簪世續修　清乾隆三十年(1765)刻本　十六冊

310000－0241－0020643　0003

[嘉慶]綿竹縣志四十四卷　(清)沈瓖修　(清)黄步青纂　清嘉慶十八年(1813)刻本　六冊

310000－0241－0020644　0005

屈原賦注七卷通釋二卷音義三卷　(清)戴震注　清乾隆二十五年(1760)汪梧鳳刻本　三冊

310000－0241－0020645　0006

杜工部集二十卷　(唐)杜甫撰　(清)錢謙益箋註　清康熙六年(1667)季氏靜思堂刻本　六冊

310000－0241－0020646　0007

李翰林集三十卷　(唐)李白撰　明正德八年(1513)鮑松覆宋刻本　十二冊

310000－0241－0020647　0009

全唐詩九百卷　(清)曹寅等編　清康熙四十六年(1707)揚州詩局刻本　一百二十冊

310000－0241－0020648　0011

讀史方輿紀要一百三十卷　(清)顧祖禹撰　清初抄本　六十四冊

310000－0241－0020649　0012

御訂全金詩增補中州集七十二卷首二卷　(金)元好問原本　(清)郭元釪補輯　清康熙五十年(1711)内府刻本　二十四冊

310000－0241－0020650　0013

姓氏急就篇二卷　(宋)王應麟撰　元至元三年(1337)慶元路儒學刻本　二冊

310000－0241－0020651　0014

荀子二十卷　(戰國)荀況撰　(唐)楊倞註　明嘉靖九年至十二年(1530－1533)吳郡顧春世德堂刻本　六冊

310000－0241－0020652　0015

大清通禮不分卷　(清)江大復輯錄　清乾隆、嘉慶間抄本　一冊

310000－0241－0020653　0017

訒菴集古印存三十二卷　(清)汪啓淑集　清乾隆二十五年(1760)汪氏鈐印本　十六冊

310000－0241－0020654　0018

夷門廣牘一百八種一百六十卷　(明)周履靖輯　明萬曆金陵荊山書林刻本(有抄補)　六十五冊

310000－0241－0020655　0019

董文友全集三種　(清)董以寧撰　清康熙三

十九年(1700)蘭蓀堂刻本　六冊

310000－0241－0020656　0020

江蘇省重修蘆課全書不分卷　(清)□□編撰　清乾隆末刻本　十冊

310000－0241－0020657　0022

槐蔭堂第六才子書八卷　(元)王實甫撰　(清)金人瑞批點　清康熙刻本　六冊

310000－0241－0020658　0023

蘇藩政要二卷　(清)華琳編　清末抄本　二冊

310000－0241－0020659　0024

歷代鐘鼎彝器款識法帖二十卷　(宋)薛尚功撰　清傳抄清嘉慶揚州阮氏刻本　四冊

310000－0241－0020660　0025

七畧別錄佚文一卷七畧佚文七卷　(漢)劉向　(漢)劉歆撰　(清)姚振宗輯　清姚氏稿本　一冊

310000－0241－0020661　0026

寶刻叢編二十卷　(宋)陳思纂次　清嘉慶元年(1796)後抄本　八冊

310000－0241－0020662　0027

武氏祠碑刻題跋彙鈔一卷　(清)□□輯　清末抄民國十二年(1923)芷湘補抄本　一冊

310000－0241－0020663　0028

擷芳集八十卷　(清)顧若璞等撰　(清)汪啓淑選　清乾隆末汪氏飛鴻堂刻本　十六冊

310000－0241－0020664　0029

宋丞相李忠定公別集三卷　(宋)李綱撰　(明)鄭鄤評點　明崇禎元年(1628)刻本　三冊

310000－0241－0020665　0030

珊瑚木難八卷　(明)朱存理集錄　清翁方綱藏抄本　四冊

310000－0241－0020666　0031

史記　(明)鄒之麐節錄　明萬曆鄒氏手抄本　四冊

310000－0241－0020667　0032

[輿圖要覽]　題(明)□□撰　(明)古吳倚梧陶氏抄錄　明末抄本　二冊

310000－0241－0020668　0034

玉臺新詠十卷　(清)朱存孝輯錄　清康熙五十六年(1717)刻本　四冊

310000－0241－0020669　0035

獺祭錄不分卷　(□)□□撰　清抄本　二冊

310000－0241－0020670　0036

御定歷代題畫詩類一百二十卷　(清)陳邦彥奉敕編　清康熙四十六年(1707)内府刻本　三十冊

310000－0241－0020671　0037

佩文齋廣羣芳譜一百卷　(清)汪灝等奉敕撰　清康熙四十七年(1708)内府刻本　三十二冊

310000－0241－0020672　0038

廣博物志五十卷　(明)董斯張撰　明萬曆三十五年(1607)高暉堂刻本　三十二冊

310000－0241－0020673　0039

顨軒孔氏所著書七種　(清)孔廣森撰　清嘉慶十七年至二十二年(1812－1817)曲阜孔氏儀鄭堂刻本　八冊

310000－0241－0020674　0040

春秋經傳集解三十卷　(晉)杜預集解　明刻本　二十四冊

310000－0241－0020675　0041

四六新函十二卷　(明)鍾惺選註　明末吳門童湧泉刻本　十冊

310000－0241－0020676　0042

楝亭十二種　(清)曹寅輯　清康熙四十五年(1706)揚州詩局刻本　四十冊

310000－0241－0020677　0043

皇朝編年備要　(宋)陳均編　清乾隆錢氏萃古齋抄本　三十冊

310000－0241－0020678　0044

世史正綱三十二卷　(明)丘濬撰　明嘉靖四

十二年(1563)孫應鼇刻本　三十二册

310000－0241－0020679　0045
任彥升集六卷　(南朝梁)任昉撰　明萬曆祝禧刻本　二册

310000－0241－0020680　0046
月令輯要二十四卷首一卷　(清)李光地等奉敕撰　清康熙五十五年(1716)内府刻本　八册

310000－0241－0020681　0047
晦菴先生語録類要十八卷　(宋)朱熹撰　(宋)葉士龍編　明成化六年(1470)韓儼刻本　四册

310000－0241－0020682　0048
薩天錫詩集三卷　(元)薩都剌撰　清傳抄明末虞山毛氏汲古閣刻本　四册

310000－0241－0020683　0049
[嘉靖]寧波府志四十二卷　(明)張時徹纂修　明嘉靖三十九年(1560)刻本　四十八册

310000－0241－0020684　0050
孔子家語二卷　(清)孔毓圻編　清初刻本　二册

310000－0241－0020685　0051
前漢書一百卷　(漢)班固撰　(漢)班昭續成　明末虞山毛氏汲古閣刻本　二十四册

310000－0241－0020686　0052
水經注箋　(明)朱謀㙔箋　明萬曆四十三年(1615)李長庚刻本　十四册

310000－0241－0020687　0053
楊忠愍公集三卷　(明)楊繼盛撰　明隆慶四年(1570)王世貞刻本　四册

310000－0241－0020688　0054
翰苑新書二十七卷　(□)□□撰　明金陵世德堂刻本　十二册

310000－0241－0020689　0055
東西洋考十二卷　(明)張燮撰　明萬曆四十六年(1618)刻本　六册

310000－0241－0020690　0056
于肅愍公集八卷附録一卷　(明)于謙撰　明嘉靖六年(1527)大梁書院刻本　六册

310000－0241－0020691　0057
倪雲林先生詩集六卷附録一卷　(元)倪瓚撰　(明)蹇曦重編　明萬曆十九年(1591)倪珵刻本　八册

310000－0241－0020692　0058
增廣註釋音辯唐柳先生集四十三卷別集二卷外集二卷　(唐)柳宗元撰　(宋)童宗説註釋　明正統十三年(1448)善敬堂刻遞修本　八册

310000－0241－0020693　0059
新雕校證大字白氏諷諫一卷　(唐)白居易撰　清初影宋抄本　一册

310000－0241－0020694　0060
湖山靈秀集十六卷　(清)席玕輯　清乾隆二十六年(1761)席氏凝和堂刻本　八册

310000－0241－0020695　0061
松雪齋集二卷　(元)趙孟頫撰　明萬曆四十二年(1614)江元禧刻本　四册

310000－0241－0020696　0062
元詩自攜十六卷又五卷　(清)姚培謙選輯　(清)張琳參閱　清康熙六十一年(1722)遂安堂刻本　十册

310000－0241－0020697　0063
唐賈浪仙長江集十卷　(唐)賈島撰　明嘉靖刻本　三册

310000－0241－0020698　0065
三國志六十五卷　(晉)陳壽撰　明萬曆二十四年(1596)南監刻本　十二册

310000－0241－0020699　0066
皇清職貢圖九卷　(清)董誥等敕編　清乾隆武英殿刻本　九册

310000－0241－0020700　0067
牡丹亭還魂記二卷　(明)湯顯祖撰　明萬曆二十六年(1598)刻本　二册

310000－0241－0020701　0068
西湖遊覽志二十四卷　(明)田汝成輯撰　(明)商維濬重訂　明萬曆四十七年(1619)商氏刻本　六册

310000－0241－0020702　0069
國朝海上詩鈔　(清)曹錫辰輯錄　清乾隆三十三年(1768)刻本　四册　存六卷

310000－0241－0020703　0070
西漢詔令十二卷東漢詔令十一卷(兩漢詔令)　(宋)林虙纂　(宋)樓昉輯　元至正九年(1349)蘇天爵刻本　十册

310000－0241－0020704　0071
西湖志摘粹補遺奚囊便覽十二卷　(明)高應科輯補　(明)陳有孚校正　明萬曆二十九年(1601)陳氏刻本　一册

310000－0241－0020705　0074
錢幣芻言一卷　(清)王瑬撰　清抄本　二册

310000－0241－0020706　0075
震澤編八卷　(明)蔡昇輯　(明)王鏊重修　明萬曆四十五年(1617)刻本　二册

310000－0241－0020707　0076
陽明先生要書八卷　(明)王守仁撰　(明)葉紹顒纂　明崇禎八年(1635)葉紹顒刻本　十二册

310000－0241－0020708　0077
近思錄集解十四卷　(宋)葉采集解　明刻本　六册

310000－0241－0020709　0078
詩韻輯畧五卷　(明)潘恩編　明隆慶三年(1569)刻本　五册

310000－0241－0020710　0079
考工記解二篇　(明)徐啓撰　清初抄本　一册

310000－0241－0020711　0080
春秋内傳古注輯存三卷　(清)嚴□輯　清二酉齋刻本　三册

310000－0241－0020712　0081
天目中峯和尚廣錄三十卷　(元)釋慈寂撰　明刻本　十二册

310000－0241－0020713　0082
六十種曲　(明)毛晉輯　明末虞山毛氏汲古閣刻本　五十二册　存二十六種

310000－0241－0020714　0083
梁昭明文選十二卷　(明)張鳳翼纂注　明萬曆刻本　六册

310000－0241－0020715　0084
震澤編八卷　(明)蔡昇輯　(明)王鏊重修　明萬曆四十五年(1617)刻本　二册

310000－0241－0020716　0085
古詩箋三十二卷　(清)王士禎選　(清)聞人倓箋　清乾隆芷蘭堂刻本　十二册

310000－0241－0020717　0086
春秋公羊註疏二十八卷　(漢)何休學　(唐)徐彦疏　明崇禎七年(1634)虞山毛氏汲古閣刻本　六册

310000－0241－0020718　0087
集千家註批點杜工部詩集二十卷文集二卷年譜一卷附錄一卷　(唐)杜甫撰　(宋)黄鶴補註　(宋)劉辰翁評點　明洪武元年(1368)會文堂刻本　十册

310000－0241－0020719　0088
集千家註杜工部詩集二十卷文集二卷　(唐)杜甫撰　(元)高楚方編　明嘉靖十五年(1536)玉几山人校刻本　十二册

310000－0241－0020720　0090
[康熙]休寧縣志八卷首一卷　(清)廖勝煃修　(清)汪晉徵纂　清康熙三十二年(1693)刻本　五册

310000－0241－0020721　0091
江南餘載二卷　(□)□□撰　清抄本　二册

310000－0241－0020722　0092
情夢柝四卷二十回　(清)蕙水安陽酒民著　清解頤堂刻本　二册

310000－0241－0020723　0093

第九才子書平鬼傳四卷十回 (清)陽直樵雲山人編 清康熙五十九年(1720)經綸堂刻本 四册

310000－0241－0020724 0094
西湖覽勝詩志八卷 (清)夏基修纂 清順治十二年(1655)刻本 一册

310000－0241－0020725 0095
梅里志四卷 (清)吳存禮編 (清)蔡永清校 清雍正二年(1724)無錫蔡名煊刻本 四册

310000－0241－0020726 0096
尚書副墨不分卷 (明)楊肇芳撰 (明)楊胤奇刪補 明崇禎四年(1631)集虚齋刻本 六册

310000－0241－0020727 0097
衆香詞禮集樂集射集御集書集數集不分卷 (清)徐樹敏 (清)錢嶽選 清康熙二十九年(1690)錦樹堂刻本 十六册

310000－0241－0020728 0098
石田先生集十一卷 (明)沈周撰 (明)錢允治校 清傳抄明萬曆陳仁錫刻本 六册

310000－0241－0020729 0099
列女傳十六卷 (漢)劉向撰 (明)仇英繪圖 明萬曆歙縣汪氏刻本 十六册

310000－0241－0020730 0100
新鐫全補標題音註歷朝捷錄四卷 (明)顧充編著 明刻本 一册

310000－0241－0020731 0101
青耒續史十八卷 (明)朱里撰 清順治十六年(1659)刻本 十六册

310000－0241－0020732 0103
南遊記一卷 (清)孫嘉淦撰 清嘉慶汪庚抄本 一册

310000－0241－0020733 0104
三子金蘭翰墨四卷金蘭翰墨評林續集四卷 (明)王世懋選 (明)郝世科增補 明萬曆安正堂刻本 二册

310000－0241－0020734 0105
春秋五禮例宗十卷 (宋)張大亨撰 清道光顧氏藝海樓抄本 一册

310000－0241－0020735 0107
唐詩別裁集十卷 (清)沈德潛 (清)陳培脈選並評 清康熙刻本 五册

310000－0241－0020736 0108
貞觀政要十卷 (唐)吳兢撰 (元)戈直集論 明成化元年(1465)内府刻本 六册

310000－0241－0020737 0109
地圖綜要 (明)吳學儼等編 明刻本 四册

310000－0241－0020738 0111
舟枕山欣賞古文辭六卷 (明)鄭之惠輯 明刻本 五册

310000－0241－0020739 0112
吳穀人詩鈔四卷 (清)吳錫麒撰 清安閣抄本 一册

310000－0241－0020740 0113
儼山尺牘不分卷 (明)陸深撰 清抄本 一册

310000－0241－0020741 0114
海錄碎事二十二卷 (宋)葉廷珪撰 明萬曆二十六年(1598)劉鳳校刻本 二十册

310000－0241－0020742 0115
國朝名公翰藻五十二卷 (明)宋濂等撰 (明)淩迪知選 明萬曆吳興淩氏刻本 六十四册

310000－0241－0020743 0116
六泉十布室錢錄四卷 (清)吳崇堦編 清抄本 四册

310000－0241－0020744 0117
缶鳴集十二卷 (明)高啓撰 (清)拂雲居士校 清順治十年(1653)張氏介石堂刻本 四册

310000－0241－0020745 0118
新刻都是幻梅魂幻二卷六回寫真幻二卷六回 (清)蕭湘迷津渡者輯 清初刻本 四册

310000－0241－0020746　0119
合浦珠傳四卷　（清）煙水散人編　清初刻本　十一册　存十五回

310000－0241－0020747　0121
釣臺集八卷　（明）吴希孟編　（明）李完校　明嘉靖建德林以良刻本　二册　存四卷（一至四）

310000－0241－0020748　0124
盤洲文集八十卷　（宋）洪适撰　清抄本　四十册

310000－0241－0020749　0125
資治大政綱目上編四十卷下編三十二卷　（明）姜寶編　明刻本　三十六册

310000－0241－0020750　0126
稽古編大政紀綱目八卷　（明）姜寶編　明刻本　四册

310000－0241－0020751　0127
浙江省賦役全書　（清）□□編　清康熙刻本　四十二册　存七十六卷

310000－0241－0020752　0128
白虎通德論二卷　（漢）班固纂集　明嘉靖元年（1522）傅鑰刻本　二册

310000－0241－0020753　0129
韓文不分卷　（唐）韓愈撰　（明）郭正域評選　明閔齊伋刻本　二册

310000－0241－0020754　0130
雪廬讀史快編六十卷　（明）趙維寰編　明刻本　二十册

310000－0241－0020755　0131
于少保詩選二卷　（明）于慎行撰　（明）雷㻫選　明雷㻫寄波館藍格抄本　二册

310000－0241－0020756　0132
晚香堂集十卷　（明）陳繼儒撰　明崇禎刻本　八册

310000－0241－0020757　0133
石柱記五卷　（清）鄭元慶箋釋　清康熙刻本　一册

310000－0241－0020758　0134
唐司空文明詩集三卷　（唐）司空曙撰　清傳抄宋臨安府棚北大街陳宅書籍舖刻本　二册

310000－0241－0020759　0136
詩説一卷　（漢）申培撰　（明）程榮校　明萬曆新安程氏刻本　一册

310000－0241－0020760　0137
元人十集十種六十卷　（明）毛晉輯　明末清初虞山毛氏汲古閣刻本　二十四册

310000－0241－0020761　0138
元人十集十種六十卷　（明）毛晉輯　明末清初虞山毛氏汲古閣刻本　十八册

310000－0241－0020762　0139
忠孝全書二種十二卷　（清）粘本盛輯著　清康熙六年（1667）清源石室刻本　八册

310000－0241－0020763　0140
沈下賢文集十二卷　（唐）沈亞之撰　清抄宋元祐本　清莊冏生校　二册

310000－0241－0020764　0141
新刊合併董解元西廂記二卷　（金）董解元撰　（明）屠隆校正　清傳抄明萬曆二十八年（1600）周居易刻本　二册

310000－0241－0020765　0142
琵琶記三卷四十二齣釋義一卷　（元）高明撰　明萬曆刻本　二册

310000－0241－0020766　0143
雙仙記傳奇二卷　（清）研露樓主人編　清乾隆三十二年（1767）香雪山房刻本　二册

310000－0241－0020767　0144
據梧軒玉環緣二卷　（清）周昂撰　清乾隆五十三年（1788）此宜閣刻本　一册

310000－0241－0020768　0145
西江瑞不分卷　（清）周昂撰　清乾隆此宜閣刻本　一册

310000－0241－0020769　0146
通鑑續編二十四卷　（元）陳桱輯　元至正顧逖松江刻明修本　十二册

310000－0241－0020770　0147

十三經注疏十三種三百三十五卷　明末虞山毛氏汲古閣刻本　一百十八冊

310000－0241－0020771　0148

路史　(宋)羅泌撰　明刻本　九冊　存三十八卷

310000－0241－0020772　0149

鏡塀軒肉譜四卷附外縣交遊一卷　題(清)尚湖狂客撰　清咸豐元年(1851)鏡塀軒稿本　四冊

310000－0241－0020773　0150

徽郡詩八卷　(明)陳有守批評　(明)李敏選輯　(明)汪淮參訂　明嘉靖三十九年(1560)汪氏刻本　三冊

310000－0241－0020774　0151

新編目連救母勸善戲文三卷　(明)鄭之珍編　明萬曆十年(1582)高石山房刻本　三冊

310000－0241－0020775　0152

[康熙]靈壽縣志十卷　(清)陸隴其等纂　清康熙二十四年(1685)刻本　六冊

310000－0241－0020776　0154

逸語十卷　(清)曹庭棟輯注　清乾隆十二年(1747)刻本　二冊

310000－0241－0020777　0155

春秋穀梁傳註疏二十卷　(晉)范甯集解　(唐)楊士勛疏　明嘉靖李元陽福建刻十三經註疏本　清姚椿朱筆批點　四冊

310000－0241－0020778　0157

陶靖節集八卷　(晉)陶潛撰　明萬曆華亭蔡汝賢刻本　六冊

310000－0241－0020779　0158

新鐫漢丞相諸葛孔明異傳奇論註解評林五卷　(三國蜀)諸葛亮撰　(明)章嬰評註　明萬曆二十六年(1598)書林雙峯堂余文臺刻本　二冊

310000－0241－0020780　0159

元詩選癸集十六卷　(清)顧嗣立編　清初秀野草堂刻本　十六冊

310000－0241－0020781　0160

英雲夢傳八卷　(清)震澤九容樓主人松雲氏撰　清嘉慶十年(1805)書業堂刻本　十六冊

310000－0241－0020782　0161

新刻京本列國志傳八卷　(□)□□撰　清刻本　八冊

310000－0241－0020783　0162

莊子翼八卷　(明)焦竑撰　明萬曆十六年(1588)刻本　四冊

310000－0241－0020784　0163

林下詞選十四卷　(清)周銘編　清康熙十年(1671)刻本　六冊

310000－0241－0020785　0164

檮杌閒評五十卷五十回　(□)□□撰　清嘉慶、道光間刻本　十六冊

310000－0241－0020786　0165

六子全書六種六十卷　(明)顧春輯　明嘉靖十二年(1533)吳郡顧氏世德堂刻本　十六冊

310000－0241－0020787　0166

新刻逸田叟女仙外史大奇書一百回　(清)呂熊撰　清康熙釣璜軒刻本　二十冊

310000－0241－0020788　0167

宋史全文續資治通鑑三十六卷增入名儒講義續資治通鑑宋季朝事實二卷　(元)□□撰　元建陽刻本　三十二冊

310000－0241－0020789　0168

貳臣傳十二卷　(清)國史館編　清抄本　六冊

310000－0241－0020790　0170

楚辭十七卷楚騷附錄一卷附疑字音義　(戰國)屈原等撰　(漢)王逸敘次　明萬曆吳興淩氏刻本　四冊

310000－0241－0020791　0171

笠翁十種曲二十卷　(清)李漁撰　清康熙刻本　二十冊

310000－0241－0020792　0172
張文襄公奏摺　(清)張之洞撰　清末胡玉縉抄本　一册　存一卷

310000－0241－0020793　0173
讀書録十一卷續録十二卷　(明)薛瑄撰　明萬曆七年(1579)刻本　八册

310000－0241－0020794　0174
繹史一百六十卷　(清)馬驌撰　清康熙九年(1670)刻本　二十四册

310000－0241－0020795　0175
武英殿聚珍版叢書　(清)内府編　清乾隆武英殿木活字印本　五百八十一册　存七十九種四百六卷

310000－0241－0020796　0176
楚辭疏十九卷讀楚辭語一卷楚辭雜論一卷　(戰國)屈原撰　(明)陸時雍疏　明末緝柳齋刻本　十册

310000－0241－0020797　0177
書法鉤玄四卷　(元)蘇霖編纂　明横野洲草堂抄本　一册　存三卷(一至三)

310000－0241－0020798　0178
墨池編二十卷　(宋)朱長文撰　明横野洲草堂抄本　七册

310000－0241－0020799　0179
三才圖會一百六卷　(明)王圻纂集　明萬曆三十五年(1607)刻本　四十册

310000－0241－0020800　0180
珂雪詞二卷補遺一卷　(清)曹貞吉撰　清康熙刻本　二册

310000－0241－0020801　0181
趙氏叢書七種七十八卷　(清)趙紹祖纂輯　清嘉慶、道光間古墨峜刻本　十六册

310000－0241－0020802　0182
廣輿記二十四卷　(明)陸應陽輯　清初刻本　八册

310000－0241－0020803　0184
皇明職方地圖三卷　(明)陳組綬輯　明刻本　三册

310000－0241－0020804　0185
五代史記七十四卷　(宋)歐陽修撰　(宋)徐無黨註　元覆刻宋慶元間刻元明遞修本　十二册

310000－0241－0020805　0187
葉文莊公全集三十卷　(明)葉盛撰　清康熙葉氏賜書樓刻本　二十四册

310000－0241－0020806　0188
詩品會函四卷　(明)陳仁錫選　明末寫刻本　五册

310000－0241－0020807　0190
西漢文二十卷東漢文二十卷　(明)張采輯　明崇禎六年(1633)刻本　六十册

310000－0241－0020808　0191
秦漢印統八卷　(明)羅王常編　明萬曆三十四年(1606)新都吴氏樹滋堂刻本　八册

310000－0241－0020809　0192
幸魯盛典四十卷　(清)孔毓圻等纂輯　清康熙二十八年(1689)内府刻本　十二册

310000－0241－0020810　0194
滄溟先生集三十卷附録一卷　(明)李攀龍撰　明萬曆刻本　十六册

310000－0241－0020811　0195
欽定詩經傳説彙纂二十一卷首二卷詩序二卷　(清)王鴻緒等纂　清同治刻本　二十四册

310000－0241－0020812　0196
[天啓]海鹽縣圖經十六卷　(明)樊維城修　(明)胡震亨纂　明天啓四年(1624)刻本　十二册

310000－0241－0020813　0197
李卓吾批點世説新語補二十卷　(南朝宋)劉義慶撰　(南朝梁)劉孝標注　明刻本　六册

310000－0241－0020814　0198
新刻彙集完真妙諦捷徑併附經驗奇方三卷　題(明)五龍本一道人冥了彙著　明天啓七年(1627)刻本　三册

310000－0241－0020815　0199

吴歈萃雅四卷　（明）梯月主人選輯　（明）隱之道民校點　明萬曆四十四年（1616）刻本　八册

310000－0241－0020816　0200

華夷譯語不分卷　（明）火源潔撰　**譯文備覽不分卷高昌館來文不分卷**　（明）□□撰　明藍格抄本　九册

310000－0241－0020817　0201

瓶花齋集十卷　（明）袁宏道撰　明萬曆三十六年（1608）句吴袁氏書種堂刻本　一册

310000－0241－0020818　0203

花間集四卷　（五代）趙崇祚集　（明）湯顯祖評　明刻本　四册

310000－0241－0020819　0204

韻補五卷　（宋）吴棫撰　明嘉靖元年（1522）何天衢刻本　二册

310000－0241－0020820　0205

鄉黨正義十四卷　（清）王塗刪補　清道光二十一年（1841）藝海堂刻本　四册

310000－0241－0020821　0206

慈溪黄氏日抄分類九十七卷古今紀要十九卷　（宋）黄震編輯　明正德十三年（1518）龔氏明實堂刻本　三十六册

310000－0241－0020822　0207

唐雅八卷　（明）胡纘宗輯　明嘉靖文斗山堂刻本　四册

310000－0241－0020823　0208

新疆紀實徵信錄二卷　（清）七十一（椿園氏）撰　（清）和邦額（霽園氏）訂　清嘉慶、道光間抄本　一册

310000－0241－0020824　0209

大清律集解八卷　（清）朱軾等纂　清抄本　八册

310000－0241－0020825　0210

劉賓客文集三十卷　（唐）劉禹錫撰　明初刻本　十二册

310000－0241－0020826　0211

是程堂初集四卷　（清）屠倬撰　清嘉慶刻本　一册

310000－0241－0020827　0214

勤補錄一卷客遊筆記一卷篤行錄一卷　（清）姚椿撰　清道光姚氏稿本　三册

310000－0241－0020828　0216

勘書巢未定稿不分卷　（清）邢典撰　稿本　清溫日鑑批　一册

310000－0241－0020829　0217

［嘉靖］山東通志　（明）陸釴纂修　明嘉靖十二年（1533）刻本　五册　存七卷

310000－0241－0020830　0218

續藏書二十七卷　（明）李贄輯著　（明）陳仁錫評正　明天啓三年（1623）陳仁錫刻本　六册

310000－0241－0020831　0219

劉子威集二十八卷　（明）劉鳳撰　清抄本　八册

310000－0241－0020832　0221

弇州山人四部稿一百七十四卷目錄十二卷　（明）王世貞撰　明萬曆王氏世經堂刻本　六十四册

310000－0241－0020833　0223

禁林集八卷　（清）杭世駿蒐緝　清乾隆二十三年（1758）刻本　四册

310000－0241－0020834　0224

讀書隨筆二種十二卷　（清）江永撰　清乾隆五十七年（1792）刻本　二册

310000－0241－0020835　0225

史要聚選九卷　（朝鮮）權以生選輯　清乾隆三十三年（1768）刻本　五册

310000－0241－0020836　0226

李秀成實供不分卷附錄七種　（清）李秀成撰　清抄本　一册

310000－0241－0020837　0227

通鑑紀事本末後論五卷　（明）張溥撰　清道

光婁縣姚氏抄本　清姚椿手校　二册

310000－0241－0020838　0228

左記十二卷　(明)章大吉纂　明崇禎五年(1632)刻本　六册

310000－0241－0020839　0230

傳是樓書目十卷　(清)徐乾學藏並編　清抄本　四册

310000－0241－0020840　0231

皇明大政記三十六卷　(明)朱國楨輯　明崇禎刻本　十册

310000－0241－0020841　0232

弇州史料前集三十卷後集七十卷　(明)王世貞撰　(明)董復表編　明萬曆四十二年(1614)刻本　五十册

310000－0241－0020842　0233

詩紀　(明)甄敬裁正　(明)馮惟訥彙編　明萬曆刻本　三十二册　存一百四十八卷附錄一卷

310000－0241－0020843　0234

大學衍義四十三卷　(宋)真德秀撰　明内府刻本　十六册

310000－0241－0020844　0235

[康熙]續安丘縣志二十五卷　(清)任周鼎修　(清)王訓纂　清康熙刻本　二册

310000－0241－0020845　0239

竇氏聯珠集一卷　(唐)褚藏言編　清抄本　一册

310000－0241－0020846　0240

别號録九卷　(清)葛萬里撰　清抄本　三册

310000－0241－0020847　0242

草堂詩餘五卷　題(明)武林逸史編　(明)楊慎批點　明天啓刻本　四册

310000－0241－0020848　0243

剡源戴先生文集三十卷　(元)戴表元撰　清初抄明萬曆九年(1581)戴洵刻本　佚名録清何焯校跋　五册

310000－0241－0020849　0244

草堂詩餘正集六卷續集二卷别集四卷新集五卷　(明)顧從敬等選　明末刻本　十八册

310000－0241－0020850　0245

水經　(漢)桑欽撰　(北魏)酈道元注　明吴琯刻本　一册　存三卷(十一至十三)

310000－0241－0020851　0246

經濟類編　(明)馮琦編　明叢書堂抄本　三十五册　存三十五卷

310000－0241－0020852　0247

萬首唐人絶句四十卷目録四卷　(宋)洪邁編　(明)趙宧光重訂　明萬曆三十五年(1607)刻本　四十八册

310000－0241－0020853　0248

夏商合傳十卷　(明)鍾惺編輯　清嘉慶十九年(1814)稽古堂刻本　八册

310000－0241－0020854　0249

詩雋類函一百五十卷　(明)俞安期彙纂　明萬曆三十七年(1609)刻本　三十二册

310000－0241－0020855　0250

諸家筆籌三卷　(明)慕鳩山人撰　明末刻本　一册

310000－0241－0020856　0251

司馬溫公經進稽古録二十卷　(宋)司馬光編撰　明弘治十四年(1501)楊璋刻本　五册　存十九卷

310000－0241－0020857　0252

淮南鴻烈解二十一卷　(漢)劉安撰　(明)茅坤等評　明末烏程閔氏刻本　八册

310000－0241－0020858　0253

石湖志畧十卷文畧不分卷　(明)盧襄編著　清影明抄本　一册

310000－0241－0020859　0254

枕流小草不分卷　(清)張嬾生(雲谷)撰　清嘉慶舊稿本　一册

310000－0241－0020860　0255

選青室泉目不分卷　(清)□□編　清稿本

一册

310000－0241－0020861　0256
四明文獻集五卷　(明)鄭真輯　清抄本　二册

310000－0241－0020862　0257
甲子會紀五卷　(明)薛應旂編集　明陳仁錫刻本　四册

310000－0241－0020863　0258
象山先生全集三十六卷　(宋)陸九淵撰　明嘉靖四十年(1561)刻本　八册

310000－0241－0020864　0259
資治通鑑二百九十四卷　(宋)司馬光撰　(元)胡三省音注　元刻明弘治至嘉靖間遞修印本　二百八十册

310000－0241－0020865　0260
雲間據目抄五卷　(明)范濂著　清抄本　一册

310000－0241－0020866　0261
李詩通二十一卷杜詩通四十卷　(明)胡震亨輯　清順治七年(1650)刻本　八册

310000－0241－0020867　0262
墨憨𡊮訂定人獸關傳奇二卷　(清)李玄玉撰　清乾隆刻本　二册

310000－0241－0020868　0264
春秋經傳存一卷首一卷　(晉)杜預集解　明初刻本　二册

310000－0241－0020869　0265
泉志十五卷　(宋)洪遵撰　清抄本　四册

310000－0241－0020870　0266
錢幣考二卷　(□)□□纂　(清)錢熙輔輯　清抄本　四册

310000－0241－0020871　0268
太上老子道經二卷太上老子德經二卷　(元)何道全述註　明弘治十五年(1502)聶富刻本　四册

310000－0241－0020872　0269
詩經廣詁不分卷　(清)徐璈輯錄　清道光刻本　四册

310000－0241－0020873　0270
西湖佳話六卷　題(清)古吳墨浪子撰　清抄本　二册

310000－0241－0020874　0271
楚詞箋註四卷　(清)李陳玉撰　清康熙十一年(1672)魏學渠刻本　四册

310000－0241－0020875　0272
楚辭八卷首一卷末一卷　(戰國)屈原等撰　(清)屈復集註　清乾隆三年(1738)刻本　四册

310000－0241－0020876　0274
由拳集二十三卷　(明)屠隆撰　明萬曆刻本　八册

310000－0241－0020877　0275
苕溪集五十五卷　(宋)劉一止撰　清抄本　八册

310000－0241－0020878　0276
鴿峯草堂叢鈔八卷　(清)周大輔編　清末虞山周氏鴿峯草堂抄本　十册

310000－0241－0020879　0277
國語評苑一卷首一卷　(三國吳)韋昭解　(宋)宋庠補音　明萬曆二十年(1592)書林鄭以厚光裕堂刻本　六册

310000－0241－0020880　0278
戰國策評苑十卷首一卷　(宋)鮑彪校注　(元)吴師道注　明萬曆二十年(1592)書林鄭以厚光裕堂刻本　八册

310000－0241－0020881　0279
泰西水法六卷　(意大利)熊三拔述　(明)徐光啓錄　清抄本　一册

310000－0241－0020882　0280
廣道一錄四卷　(清)沈中達錄　清抄本　八册

310000－0241－0020883　0281
五代史補五卷附五代史闕文一卷　(宋)陶岳

撰　明末清初虞山毛氏汲古閣刻本　一册

310000－0241－0020884　0282
校正重刊單篇批點論學繩尺十卷諸先輩論行文法一卷　(宋)魏天應編選　(宋)林子長箋解　明成化五年(1469)游明福建刻本　十册

310000－0241－0020885　0284
文儷十八卷　(明)陳翼飛輯　明萬曆三十九年(1611)刻本　三十二册

310000－0241－0020886　0285
僑吴集十二卷附録一卷　(元)鄭元祐撰　清章壽康傳抄黄丕烈藏明弘治刻本　四册

310000－0241－0020887　0286
竹爐圖詠四卷　(清)吴鉞輯　清乾隆刻本　二册

310000－0241－0020888　0287
鄰嶼裘書七種三十七種　(清)曾廷枚撰　清嘉慶十三年(1808)刻本　八册

310000－0241－0020889　0288
禮説十四卷　(清)惠士奇撰　清乾隆紅豆齋刻本　六册

310000－0241－0020890　0289
水經注四十卷　(漢)桑欽撰　(北魏)酈道元注　清康熙五十三年(1714)歙縣項氏羣玉書堂刻本　九册

310000－0241－0020891　0290
汪子中詮六卷　(明)汪應蛟撰　明末刻本　六册

310000－0241－0020892　0291
蘇學士集十六卷　(宋)蘇舜欽撰　清康熙三十七年(1698)刻本　二册

310000－0241－0020893　0292
酌中志六卷　(明)劉若愚著　清抄本　六册

310000－0241－0020894　0294
審視瑶函六卷首一卷　(明)傅仁宇纂輯　明崇禎刻本　六册

310000－0241－0020895　0296
楊貞復七種十七卷　(明)楊起元撰輯　明萬曆刻本　二十册

310000－0241－0020896　0297
儼山外集八帙四十卷　(明)陸深撰　(明)陸楫輯　明嘉靖二十四年(1545)陸楫校刻本　十二册

310000－0241－0020897　0298
隱秀軒詩集十卷文集二十二卷　(明)鍾惺撰　(明)沈春澤閲　明天啓二年(1622)刻本　八册

310000－0241－0020898　0299
新刊重訂疊山謝先生文集二卷　(宋)謝枋得撰　(宋)黄溥編輯　明嘉靖林光祖校刻本　二册

310000－0241－0020899　0300
歐陽文忠公全集一百五十三卷附録六卷　(宋)歐陽修撰　明嘉靖三十九年(1560)刻本　二十四册

310000－0241－0020900　0301
柳文二十二卷　(唐)柳宗元撰　明萬曆二十年(1592)刻本　十册

310000－0241－0020901　0302
韓文四十卷外集十卷集傳一卷遺文一卷　(唐)韓愈撰　(唐)李漢編　明嘉靖游居敬刻本　七册

310000－0241－0020902　0303
柳文四十三卷别集二卷外集二卷附録一卷　(唐)柳宗元撰　明嘉靖游居敬刻本　六册

310000－0241－0020903　0304
方山先生孫子説二卷　(明)薛應旂撰　明嘉靖三十五年(1556)吴中刻本　二册

310000－0241－0020904　0305
嶺南羣雅二集六卷　(清)劉彬華輯　清嘉慶十八年(1813)玉壺山房刻本　六册

310000－0241－0020905　0306
重修宣和博古圖録三十卷　(宋)王黼等撰　明萬曆二十七年(1599)于承祖刻本　十六册

310000－0241－0020906　0307

淮南鴻烈解輯畧二卷　(明)張榜芟輯　明刻本　四册

310000－0241－0020907　0308

通鑑紀事本末四十二卷　(宋)袁樞撰　宋寶祐五年(1257)趙與□刻明南監修補印本　八十四册

310000－0241－0020908　0309

楚辭集註不分卷　(戰國)屈原等撰　(宋)朱熹集註　(明)□□集評　清初抄本　二册

310000－0241－0020909　0310

玉篇三卷　(南朝梁)顧野王撰　清康熙四十三年(1704)吴郡張氏澤存堂刻本　二册

310000－0241－0020910　0312

問奇典註六卷　(清)唐英輯釋　清乾隆十一年(1746)古柏堂刻本　六册

310000－0241－0020911　0313

洞庭山禁革現總案不分卷　(清)□□輯　清乾隆刻本　二册

310000－0241－0020912　0314

灼中志六卷　(明)劉時泰撰　清抄本　六册

310000－0241－0020913　0315

羣仙要語纂集一卷　(明)董漢醇校正編集　明成化二十年(1484)刻本　四册

310000－0241－0020914　0316

范忠宣公奏議三卷　(宋)范純仁撰　明嘉靖范維一校刻本　二册

310000－0241－0020915　0317

詩經八卷　(宋)朱熹集傳　清函三堂刻本　六册

310000－0241－0020916　0318

纂評註漢書奇編十四卷　(明)焦竑纂輯　明萬曆建陽萃慶堂刻本　十四册

310000－0241－0020917　0319

唐詩品八十五卷　(清)鮑桂星輯　清抄本　三十册

310000－0241－0020918　0320

詩經八卷　(宋)朱熹集傳　明嘉靖刻本　清丁丙校讀　清許承堯跋　十册

310000－0241－0020919　0321

文章正論十五卷緒論五卷　(明)劉祜選　(明)徐圖校　明萬曆十九年(1591)刻本　二十册

310000－0241－0020920　0322

韻譜本義十卷　(明)茅溱輯　明萬曆三十二年(1604)刻本　五册

310000－0241－0020921　0323

韻經五卷　(南朝梁)沈約撰類　(宋)夏竦集古　明萬曆二十七年(1599)郭正域刻本　二册

310000－0241－0020922　0324

重校經史海篇直音十卷　(清)□□撰　明萬曆刻本　十册

310000－0241－0020923　0325

歷代史纂左編一百四十二卷　(明)唐順之編輯　明嘉靖胡宗憲校刻本　八十册

310000－0241－0020924　0326

濂村詩集六十八卷螢熠齋歲時紀畧一卷　(清)陳豫朋撰　清乾隆寫稿本　二十二册

310000－0241－0020925　0327

夢月巖詩集二十卷詩餘一卷　(清)呂履恒撰　清乾隆刻本　十册

310000－0241－0020926　0328

涵芬樓叢鈔二十種五十五卷附錄一種　孫毓修輯　清光緒、宣統間梁溪孫氏小淥天寫本　三十册

310000－0241－0020927　0329

周易函書約存十五卷首三卷約注十八卷别集十六卷卜法詳考四卷　(清)胡煦撰　清乾隆胡氏葆璞堂刻本　三十册

310000－0241－0020928　0330

聖朝混一方輿勝覽三卷　(元)劉應李編　明初刻本　八册

310000－0241－0020929　0331

皇朝貞孝節烈文編六卷　(清)汪正錄　清嘉慶香溪節烈祠刻本　六冊

310000－0241－0020930　0332

中晚唐詩叩彈集十二卷　(清)杜詔選　清康熙四十三年(1704)采山亭刻本　六冊

310000－0241－0020931　0333

詮敘管子成書十五卷首一卷　(唐)房玄齡注　(明)梅士亨詮敘　明天啓五年(1625)刻本　四冊

310000－0241－0020932　0334

廣快書五十種五十卷　(明)何偉然輯　明崇禎萬卷堂刻本　二十四冊

310000－0241－0020933　0335

唐人選唐詩八種二十三卷　(明)毛晉輯　明崇禎元年(1628)汲古閣刻本　二十冊

310000－0241－0020934　0336

唐人選唐詩六種十二卷　(唐)元結等輯　(明)□□編　明嘉靖刻本　六冊

310000－0241－0020935　0337

崔寔政論不分卷　(漢)崔寔撰　清末姚氏師石山房抄校本　一冊

310000－0241－0020936　0338

先聖大訓六卷　(宋)楊簡輯注　明萬曆刻本　六冊

310000－0241－0020937　0339

訥谿先生文錄十卷雜錄三卷　(明)周怡撰　明萬曆二年(1574)周恪刻本　四冊

310000－0241－0020938　0340

審音鑑古錄六十六折　(清)□□編　清嘉慶王繼善刻本　六冊

310000－0241－0020939　0341

重刊增補燕居筆記十卷　(明)何大掄撰　明金陵書林李澄源刻本　十冊

310000－0241－0020940　0342

[康熙]台州府志十八卷　(清)張聯元輯　清康熙六十一年(1722)刻本　三十二冊

310000－0241－0020941　0343

[康熙]嘉興縣志九卷　(清)何鋕纂修　清康熙二十四年(1685)刻本　二十四冊

310000－0241－0020942　0344

新刻京臺公餘勝覽國色天香十卷　(明)吳敬所編輯　清初光霽堂刻本　十冊

310000－0241－0020943　0345

參同契一卷圖像畧一卷箋注一卷附補遺考異　(漢)魏伯陽著　(漢)徐景休箋注　清康熙朱啓昆刻本　二冊

310000－0241－0020944　0346

古詩歸十五卷　(明)鍾惺選定　明末刻本　三冊

310000－0241－0020945　0347

唐詩歸三十六卷　(明)鍾惺　(明)譚元春選　明末吳興閔氏刻本　九冊

310000－0241－0020946　0348

唐風集三卷　(唐)杜荀鶴著　明末清初虞山毛氏汲古閣刻本　一冊

310000－0241－0020947　0349

重刊古先君臣圖鑑不分卷　(明)潘巒述編　明益藩刻本　四冊

310000－0241－0020948　0350

李文饒文集二十卷別集十卷外集四卷　(唐)李德裕撰　明天啓四年(1624)刻本　四冊

310000－0241－0020949　0351

志怪編四卷　(明)左墉編　清抄本　一冊

310000－0241－0020950　0352

儼山文集一百卷　(明)陸深撰　(明)黃標校編　明嘉靖二十五年(1546)陸楫刻本　二十冊

310000－0241－0020951　0353

儼山外集八帙四十卷　(明)陸深撰　(明)陸楫輯　明嘉靖二十四年(1545)陸楫校刻本　八冊

310000－0241－0020952　0354

南行載筆六卷　(明)來集之撰　(清)來道程

評　清順治倘湖小築刻本　二册

310000－0241－0020953　0356
墨憨齋主人新編十二笑　題（清）亦臥廬生評（清）天許閒人校　清初刻本　六册　存六回

310000－0241－0020954　0357
元音十二卷　（明）孫原理採輯　（明）陳孟凝編選　明建文張中達刻本　六册

310000－0241－0020955　0358
蘭桂仙傳奇二卷　（清）左潢撰　清嘉慶天香館刻本　二册

310000－0241－0020956　0360
假齋文存一卷詩存一卷　（清）杜煥南撰　清稿本　一册

310000－0241－0020957　0361
新編元寶媒傳奇二卷雙忠廟傳奇二卷　（清）周汝濂撰　清康熙刻本　五册

310000－0241－0020958　0362
白雪新聲不分卷　題（清）吳門青蓮道人訂　清抄本　十册

310000－0241－0020959　0363
桂花塔二卷　（清）左潢撰　清嘉慶天香館刻本　一册

310000－0241－0020960　0364
介山記二卷　（清）宋廷魁撰　清乾隆十五年（1750）刻本　四册

310000－0241－0020961　0365
念八翻傳奇二卷空青石傳奇二卷　（清）萬樹撰　清康熙粲花別墅刻本　四册

310000－0241－0020962　0366
周書五十卷　（唐）令狐德棻等奉敕撰　南宋浙江刻元明遞修本　二十二册

310000－0241－0020963　0367
南齊書五十九卷　（南朝梁）蕭子顯撰　明萬曆三十三年（1605）北監刻本　五册

310000－0241－0020964　0368
[嘉慶]東流縣志三十卷　（清）吳篪修（清）李兆洛等纂　清嘉慶二十三年（1818）刻本　八册

310000－0241－0020965　0369
昭代子快一卷　（明）李元珍輯　明刻本　一册

310000－0241－0020966　0370
安雅堂存稿一卷浮青軒稿一卷燕遊草一卷南征草一卷自公堂稿一卷歸田草一卷蒙難草一卷粵遊草一卷歸耒草一卷紀行詩餘一卷文稿不分卷　（清）俞璘撰　清稿本　六册

310000－0241－0020967　0371
經籍籑詁一百六卷　（清）阮元撰　清稿本　四十册

310000－0241－0020968　0372
新安黃氏會通譜十六卷文獻録二卷外集三卷　（明）黄禄會通　（明）黄瓁續成　（明）程天相編輯　明弘治十四年（1501）刻本　四册

310000－0241－0020969　0373
草堂雅集十三卷　（元）顧瑛編　清康熙長洲徐氏抄本　十四册

310000－0241－0020970　0374
焦里堂先生手跡　（清）焦循手書　清嘉慶手稿本　一册

310000－0241－0020971　0375
[乾隆]南昌縣志三十二卷首一卷末一卷　（清）徐午修　（清）萬庭蘭等纂　清乾隆五十九年（1794）南昌刻本　十二册

310000－0241－0020972　0377
味餘山館曲譜不分卷　（清）□□輯　清抄本　四册

310000－0241－0020973　0378
[康熙]陝西通志三十二卷　（清）賈漢復纂修　清康熙六年（1667）刻本　三十册

310000－0241－0020974　0379
前漢紀三十卷　（漢）荀悦撰　明嘉靖刻本　十册

310000－0241－0020975　0380
後漢紀三十卷　(晉)袁宏撰　明嘉靖刻本　十冊

310000－0241－0020976　0381
文體明辯四十八卷總論一卷　(明)徐師曾纂　(明)沈芬箋　明崇禎刻本　十六冊

310000－0241－0020977　0382
[乾隆]贛州府志四十四卷　(清)林有席纂修　清乾隆四十七年(1782)刻本　二十四冊

310000－0241－0020978　0383
智品十三卷　(明)樊玉衝評品　(明)于倫增編　明萬曆刻本　八冊

310000－0241－0020979　0384
艷歌百詠一卷　(清)金居敬撰　清臥雲山房稿本　一冊

310000－0241－0020980　0385
錢牧齋先生集外詩一卷集外文十四卷　(清)錢謙益撰　清康熙抄校本　十二冊

310000－0241－0020981　0387
李于鱗唐詩廣選二卷　(明)李攀龍選　明末吳興淩氏刻本　二冊

310000－0241－0020982　0388
陶靖節集十卷　(晉)陶潛撰　明刻本　六冊

310000－0241－0020983　0389
元史紀事本末二十七卷　(明)陳邦瞻原編　(明)臧懋循補輯　明末張溥刻本　二冊

310000－0241－0020984　0390
聖賢像贊三卷　(明)呂維祺編　明崇禎五年(1632)刻本　四冊

310000－0241－0020985　0391
水經注四十卷　(漢)桑欽撰　(北魏)酈道元注　明崇禎二年(1629)刻本　十冊

310000－0241－0020986　0393
國語鈔評八卷　(明)穆文熙輯　明萬曆十二年(1584)傅光宅刻本　四冊

310000－0241－0020987　0394
史記一百三十卷　(漢)司馬遷撰　(南朝宋)裴駰集解　清羊城駱氏翰墨園刻本　三十冊

310000－0241－0020988　0395
漢書一百卷　(漢)班固撰　(明)葛鼎訂　明崇禎十二年(1639)葛氏刻本　二十四冊

310000－0241－0020989　0396
類編箋釋國朝詩餘　(明)錢允治編　(明)陳仁錫釋　明刻本　一冊　存三卷(三至五)

310000－0241－0020990　0397
[蕭山祇園寺考]不分卷　(清)□□撰　清抄本　一冊

310000－0241－0020991　0398
心史二卷　(宋)鄭思肖撰　明崇禎刻本　三冊

310000－0241－0020992　0399
重刊許氏說文解字五音韻譜十二卷　(宋)李燾重編　明刻本　十二冊

310000－0241－0020993　0400
劉向說苑二十卷　(漢)劉向撰　明內府刻本　八冊

310000－0241－0020994　0401
太師誠意伯劉文成公集十八卷　(明)劉基撰　(明)樊獻科編　明嘉靖三十五年(1556)于德昌真定刻本　十六冊

310000－0241－0020995　0402
中州集十卷首一卷中州樂府一卷　(金)元好問集　明末虞山毛氏汲古閣刻本　二十冊

310000－0241－0020996　0403
周易觀象補義畧不分卷　(清)諸錦撰　(清)范成編　清稿本　十六冊

310000－0241－0020997　0404
牧齋初學集一百十卷目錄二卷　(清)錢謙益撰　明崇禎十六年(1643)瞿式耜刻本　二十四冊

310000－0241－0020998　0405
國語二十一卷　(三國吳)韋昭解　(宋)宋庠補音　明刻本(有抄配)　六冊

310000－0241－0020999　0406

易象管窺十五卷　(明)黄正憲著　(明)黄承鼎編次　明萬曆刻本　四册

310000－0241－0021000　0407

廣緝詞隱先生增訂南九宫詞譜二十六卷　(明)沈自晉重定　清初不殊堂刻本　八册

310000－0241－0021001　0408

論語古訓十卷　(清)陳鱣述　清乾隆六十年(1795)夏簡莊刻本　二册

310000－0241－0021002　0409

承德府屬金銀煤鐵等礦全圖一幅　(清)李士鑑編繪　清光緒二十一年(1895)稿本　一册

310000－0241－0021003　0410

陝西省城地勢全圖一幅　(清)□□編繪　清光緒三十年(1904)稿本　一册

310000－0241－0021004　0411

唐伯虎先生集二卷外編五卷　(明)唐寅撰　(明)何大成輯　明萬曆刻本　一册

310000－0241－0021005　0412

玉笥集四卷　(元)張憲撰　清初抄本　一册

310000－0241－0021006　0413

紅藕花軒泉品不分卷　(清)馬國翰編　清抄稿本　十六册

310000－0241－0021007　0414

雍音四卷　(明)胡纘宗編　明嘉靖二十七年(1548)清渭草堂刻本　八册

310000－0241－0021008　0415

欒城後集二十四卷欒城三集十卷　(宋)蘇轍撰　明木活字印本　八册

310000－0241－0021009　0416

三蘇先生文集七十卷　(宋)蘇洵　(宋)蘇軾　(宋)蘇轍撰　明初刻本　十六册

310000－0241－0021010　0417

重訂博物典彙十六卷　(明)黄道周原纂　(清)蔡方炳刪補　清康熙金閶葉氏刻本　十六册

310000－0241－0021011　0418

沙頭里志十卷　(清)曹一菴輯　(清)陸松齡增訂　清抄校本　三册

310000－0241－0021012　0419

會稽延陵吴氏宗譜二卷　(宋)吴明初纂修　(明)吴欽儀續修　明末苕溪吴氏刻本　二册

310000－0241－0021013　0420

晉二俊文集二十卷　(晉)陸機撰　明新安王士賢校刻本　四册

310000－0241－0021014　0421

古詩類苑一百三十卷　(明)張之象纂輯　明刻本　三十二册

310000－0241－0021015　0422

魯公文集十五卷　(唐)顔真卿撰　明萬曆顔胤祚刻本　六册

310000－0241－0021016　0423

太湖漁風不分卷　(清)吴莊撰　清抄配乾隆本　一册

310000－0241－0021017　0425

唐丞相曲江張先生文集十二卷附錄一卷　(唐)張九齡撰　明萬曆十二年(1584)王民順校刻本　十二册

310000－0241－0021018　0426

夏小正注疏一卷　(清)程穆衡撰　清稿本　一册

310000－0241－0021019　0427

薛考功集十卷　(明)薛蕙撰　明嘉靖刻本　六册

310000－0241－0021020　0428

類箋唐王右丞詩集十卷首一卷外編一卷唐諸家同詠集一卷贈題集一卷　(唐)王維撰　(宋)劉辰翁評　明嘉靖三十四年(1555)奇字齋刻本　八册

310000－0241－0021021　0430

唐陸宣公集二十二卷　(唐)陸贄撰　明刻本　十二册

310000－0241－0021022　0431

[嘉慶]長興縣志二十八卷首一卷　(清)錢大昕總修　(清)沈鑑等彙核　清嘉慶十年(1805)刻本　十六冊

310000－0241－0021023　0432
唐劉蛻集六卷　(唐)劉蛻撰　(明)吳馡編輯　明天啓四年(1624)吳氏向青堂刻本　一冊

310000－0241－0021024　0433
唐孫樵集十卷　(唐)孫樵撰　(明)吳馡編輯　明天啓五年(1625)吳氏石香館刻本　二冊

310000－0241－0021025　0434
[康熙]會稽縣志二十八卷首一卷　(清)王元臣修　清康熙二十二年(1683)刻本　八冊

310000－0241－0021026　0435
[乾隆]永嘉縣志二十六卷　(清)崔錫等編　清乾隆三十年(1765)刻本　十二冊

310000－0241－0021027　0436
雪廬讀史快編六十卷　(明)趙維寰編　明刻本　二十四冊

310000－0241－0021028　0437
[康熙]新昌縣志十八卷　(清)劉作樑纂　清康熙十年(1671)刻本　八冊

310000－0241－0021029　0438
筠溪牧潛集七卷　(元)釋圓至撰　(明)釋明河訂　明崇禎虞山毛氏汲古閣刻本　四冊

310000－0241－0021030　0439
亡友五君傳不分卷附錄一卷　(明)沈自駉撰　清楊鳳苞抄本　清章梫跋　一冊

310000－0241－0021031　0441
說文解字三十卷　(漢)許慎撰　(宋)徐鉉等敕校定　清嘉慶十二年(1807)藤花榭刻本　二冊

310000－0241－0021032　0442
穎濱先生詩集傳十九卷　(宋)蘇轍撰　明萬曆二十五年(1597)金陵畢氏刻本　八冊

310000－0241－0021033　0443
[嘉慶]婺源縣志三十九卷首一卷　(清)趙汝爲纂修　清嘉慶十二年(1807)刻本　十四冊

310000－0241－0021034　0444
史記　(漢)司馬遷撰　(南朝宋)裴駰集解　明末清初虞山毛氏汲古閣刻本　四冊　存六十二卷

310000－0241－0021035　0446
國語二十一卷　(三國吳)韋昭解　(宋)宋庠補音　明末刻本　四冊

310000－0241－0021036　0447
嘉靖以來内閣首輔傳八卷　(明)王世貞著　明刻本　二冊

310000－0241－0021037　0448
類選註釋駱丞集四卷　(唐)駱賓王撰　(明)顧從敬類選　明刻本　四冊

310000－0241－0021038　0449
石經考異二卷　(清)杭世駿撰　清乾隆刻本　二冊

310000－0241－0021039　0451
亢倉子一卷　題(戰國)庚桑楚撰　明刻本　一冊

310000－0241－0021040　0452
无能子三卷　(清)□□撰　明刻本　一冊

310000－0241－0021041　0453
玄真子一卷　(唐)張志和撰　明刻本　一冊

310000－0241－0021042　0454
道樞四十二卷　(宋)曾慥集　明萬曆二十六年(1598)刻本　四十一冊

310000－0241－0021043　0455
周易揭要三卷　(清)□□撰　清抄本　三冊

310000－0241－0021044　0457
蘇文忠詩合註五十卷　(宋)蘇軾撰　(清)馮應榴註　清同治踵息齋刻本　十二冊

310000－0241－0021045　0458
西湖小史四卷十六回　(清)上谷氏蓉江撰　清坊刻本　八冊

310000－0241－0021046　0459
新世鴻勳四卷二十二回　題(清)蓬蒿子編

清嘉慶刻本　四册

310000－0241－0021047　0460
新鎸秘本續英烈傳二十回　題(明)空谷老人編次　清道光十二年(1832)雙桂堂刻本　十册

310000－0241－0021048　0461
易義別錄十四卷　(清)張惠言輯　清道光元年(1821)張成孫抄稿本　二册

310000－0241－0021049　0462
易圖條辨不分卷　(清)張惠言述　清道光元年(1821)張成孫抄稿本　一册

310000－0241－0021050　0463
讀儀禮記二卷　(清)張惠言述　清道光元年(1821)張成孫據手稿繕錄本　一册

310000－0241－0021051　0464
易緯畧義三卷　(清)張惠言述　清嘉慶十九年(1814)張成孫抄校本　一册

310000－0241－0021052　0465
[嘉慶]内江縣志五十四卷　(清)顧文曜編訂　清嘉慶未刻稿本　八册

310000－0241－0021053　0466
兩溪叢語二卷　(宋)姚寬撰　明商濬刻本　一册

310000－0241－0021054　0467
[康熙]嘉興府志十六卷　(清)吳永芳修　(清)錢以塏纂　清康熙六十年(1721)刻本　二十册

310000－0241－0021055　0468
呂氏春秋二十六卷　(秦)呂不韋撰　明錢塘朱夢龍刻本　四册

310000－0241－0021056　0469
甔甀洞藁五十四卷目錄二卷　(明)吳國倫撰　明萬曆興國吳氏刻本　二十册

310000－0241－0021057　0470
箋易注元室文集五卷茗柯詩一卷詞一卷擬名家制義一卷　(清)張惠言撰　清道光張成孫從手稿校錄本　三册

310000－0241－0021058　0471
甔甀洞續稿詩部十二卷文部十五卷目錄二卷　(明)吳國倫撰　(明)馮夢禎等校　明萬曆刻本　十二册

310000－0241－0021059　0472
洞庭紀實不分卷　(明)鄭僎撰　清抄本　一册

310000－0241－0021060　0473
讀禮疑圖六卷　(明)季本撰　明嘉靖刻本　四册

310000－0241－0021061　0474
博物典彙十九卷　(明)黄道周纂　明末刻本　十二册

310000－0241－0021062　0475
坡仙集十六卷　(宋)蘇軾撰　明萬曆二十八年(1600)繼志齋刻本　十六册

310000－0241－0021063　0478
易經訓解四卷　(宋)熊禾訓解　(明)陳子龍訂定　明崇禎十六年(1643)刻本　一册

310000－0241－0021064　0479
戰國策十卷　(宋)鮑彪校注　(元)吳師道重校　清刻本　六册

310000－0241－0021065　0481
[康熙]徽州府志十八卷圖一卷　(清)丁廷楗修　(清)趙吉士纂　清康熙三十八年(1699)刻本　十册

310000－0241－0021066　0482
詩序孔氏傳不分卷　(周)卜商撰　明萬曆郭子章古文刻本　四册

310000－0241－0021067　0483
詩所八卷　(清)李光地撰　清雍正六年(1728)刻本　三册

310000－0241－0021068　0484
毛詩稽古編三十卷附考一卷　(清)陳啓源撰　(清)龐佑清校　清嘉慶十八年(1813)龐氏校刻本　二十册

310000－0241－0021069　0485

新安蘇氏族譜十五卷　(明)蘇大編輯　清康熙休寧蘇氏刻本　一册

310000－0241－0021070　0486
評林新鍥甔甀洞藁二十卷詩集六卷　(明)吳國倫撰　(明)王世貞評　明萬曆十六年(1588)清白堂楊新泉刻本　五册

310000－0241－0021071　0487
天隱子遺稿十七卷　(明)嚴果撰　明崇禎悟濟齋刻本　四册　存十二卷(一至十二)

310000－0241－0021072　0488
治平畧纂　(清)□□撰　清抄本　六册

310000－0241－0021073　0489
中州全韻二十二卷首一卷　(清)周昂輯　清乾隆此宜閣刻本　八册

310000－0241－0021074　0490
高太史鳧藻集五卷附扣舷集一卷　(明)高啓撰　清乾隆顧青抄本　四册

310000－0241－0021075　0491
禮記集說十六卷　(元)陳澔集說　明正統十二年(1447)司禮監刻本　十六册

310000－0241－0021076　0492
青浦詩傳三十四卷　(清)王昶輯　清乾隆五十九年(1794)經訓堂刻本　六册

310000－0241－0021077　0493
明文在一百卷　(清)薛熙編纂　(清)何絜輯　清康熙三十二年(1693)古渌水園刻本　十册

310000－0241－0021078　0495
書經集傳六卷　(宋)蔡沈集傳　清雍正二年(1724)劍溪堂刻本　四册

310000－0241－0021079　0496
林泉老人評唱投子青和尚頌古空谷傳聲集二卷　(元)釋義聰録　明覆元刻本　四册

310000－0241－0021080　0497
史鉞二十卷　(明)晏璧編　明弘治十五年(1502)劉祥刻本　四册

310000－0241－0021081　0498
禮書一百五十卷　(宋)陳祥道撰　元至正七年(1347)福州路儒學刻明修本　十册

310000－0241－0021082　0499
禮書一百五十卷　(宋)陳祥道編　(明)張溥閲　明末張溥刻本　十册

310000－0241－0021083　0500
書經襯解六卷　(清)□□撰　清康熙抄本　六册

310000－0241－0021084　0501
書傳大全十卷圖一卷書說綱領一卷書序一卷　(明)胡廣等纂修　明刻本　十册

310000－0241－0021085　0502
詩說三卷　(清)惠周惕撰　清康熙惠氏紅豆齋刻本　一册

310000－0241－0021086　0503
尚書(白文)不分卷　清抄本　二册

310000－0241－0021087　0504
鹽鐵論十二卷　(漢)桓寬撰　(明)張之象注　明嘉靖三十二年(1553)刻本　六册

310000－0241－0021088　0505
夢草集四卷　(明)王銓輯　清抄校本　一册

310000－0241－0021089　0506
雪香奩詩五卷　(清)徐士睿撰　清抄本　一册

310000－0241－0021090　0507
石墨鐫華八卷　(明)趙崡撰　清抄本　四册

310000－0241－0021091　0508
二如亭羣芳譜二十八卷　(明)王象晉輯　明天啓元年(1621)沙村草堂刻本　二十二册

310000－0241－0021092　0509
新箋決科古今源流至論前集十卷後集十卷續集十卷堦黄復翁古今源流至論别集十卷　(宋)林駉編　明嘉靖刻本　十二册

310000－0241－0021093　0510
錦繡萬花谷前集四十卷後集四十卷續集四十

卷　(宋)□□輯　明嘉靖十五年(1536)錫山秦汴繡石書屋刻本　二十二册

310000－0241－0021094　0511
沈下賢文集十二卷　(唐)沈亞之撰　清抄本　六册

310000－0241－0021095　0512
古今合璧事類備要前集六十九卷後集八十一卷續集五十六卷別集九十四卷外集六十六卷　(宋)謝維新編　明萬曆錫山秦氏刻本　一百二十册

310000－0241－0021096　0513
天下郡國利病書一百二十卷　(清)顧炎武編　清抄本　一百十三册

310000－0241－0021097　0514
袖海樓雜著四種十二卷　(清)黄汝成撰　清道光十八年(1838)西谿草廬刻本　八册

310000－0241－0021098　0515
柳南續筆四卷　(清)王應奎撰　清東埜軒抄本　一册

310000－0241－0021099　0516
七十二鴛鴦詩稿補遺一卷詩餘補遺一卷　(清)梁紹壬撰　清抄本　一冊

310000－0241－0021100　0517
中州集十卷首一卷中州樂府一卷　(金)元好問集　明末虞山毛氏汲古閣刻本　十册

310000－0241－0021101　0518
隋書八十五卷　(唐)魏徵等撰　元大德饒州路儒學刻元明遞修印本　十二册

310000－0241－0021102　0519
晉書一百三十卷　(唐)房玄齡等撰　元刻明天順公文紙印本　十四册

310000－0241－0021103　0520
竹濤先生遺稿四卷　(清)蔡湘撰　(清)陸錫熊選　清乾隆五十七年(1792)蔡氏刻本　一册

310000－0241－0021104　0521
今谷輿地圖説三卷　(明)吴國輔輯　明崇禎十六年(1643)刻本　三册

310000－0241－0021105　0523
濯息亭續草一卷　(明)劉伯淵撰　明萬曆刻本　一册

310000－0241－0021106　0524
叢書十二種二十六卷　(清)葉騰驤輯　清道光二十四年(1844)品石山房木活字印本　十二册

310000－0241－0021107　0525
鐫李卓吾批點殘唐五代史演義傳八卷六十回　(明)羅本編輯　(明)李贄評　明末刻本　八册

310000－0241－0021108　0526
羅浮山志會編二十二卷首一卷　(清)宋廣業纂輯　清康熙五十六年(1717)宋志益校刻本　十册

310000－0241－0021109　0527
古詩歸十五卷　(明)鍾惺選定　明末烏程閔氏刻本　十六册

310000－0241－0021110　0528
草堂詩餘五卷　(□)□□選輯　(明)楊慎批點　明天啓烏程閔氏刻本　十册

310000－0241－0021111　0529
南村輟耕錄三十卷　(元)陶宗儀撰　明萬曆玉蘭草堂刻本　八册

310000－0241－0021112　0531
唐駱先生文集六卷　(唐)駱賓王撰　明萬曆十九年(1591)金繼震等刻本　六册

310000－0241－0021113　0532
禮記(白文)不分卷　明初刻本　四册

310000－0241－0021114　0533
雪韻堂批點燕子箋記二卷　(明)阮大鋮撰　明末刻本　二册

310000－0241－0021115　0534
歷朝經濟考不分卷　(明)王光魯編次　明崇禎武林彙賢齋刻本　二册

310000－0241－0021116　0535
劉子威集三十二卷　(明)劉鳳撰　明萬曆四年(1576)吳郡劉氏刻本　十六册　存十八卷(一至十八)

310000－0241－0021117　0536
吳門補乘十卷首一卷　(清)錢思元輯　清道光刻本　十二册

310000－0241－0021118　0538
樂府詩集一百卷　(宋)郭茂倩編　元刻明遞修本　一册　存二卷

310000－0241－0021119　0540
詩傳孔氏傳不分卷　(周)端木賜撰　明萬曆郭子章古文刻本　四册

310000－0241－0021120　0541
弇州山人續稿選三十八卷　(明)王世貞撰　(明)顧起元選　明萬曆刻本　二十四册

310000－0241－0021121　0542
望雲樓稿二十卷　(明)徐如珂撰　清末至民國間抄本　四册

310000－0241－0021122　0543
荀子二十卷　(戰國)荀況撰　(唐)楊倞註　明末刻本　二册

310000－0241－0021123　0544
鶡冠子三卷　(宋)陸佃解　(明)王宇評　明天啓花齋刻本　一册

310000－0241－0021124　0545
鴻慶居士文集　(宋)孫覿撰　明仿宋刻本　八册　存十二卷

310000－0241－0021125　0546
四川名勝志三十五卷　(明)曹學佺撰　清抄本　十六册

310000－0241－0021126　0547
重刻黃文節山谷先生文集三十卷　(宋)黃庭堅撰　明光啓堂荆岑王鳳翔刻本　十六册

310000－0241－0021127　0549
宋名家詞九十卷　(明)毛晉輯　明崇禎虞山毛氏汲古閣刻本　十五册　存三十三卷

310000－0241－0021128　0550
左傳分國紀事本末二十二卷　(明)孫範編輯　明崇禎十一年(1638)刻本　八册

310000－0241－0021129　0551
唐詩紀一百七十卷　(明)吳琯彙編　(明)方天春等重訂　明萬曆十三年(1585)文樞堂刻本　三十二册

310000－0241－0021130　0552
春秋胡傳三十卷　(宋)胡安國傳　明内府刻本　八册

310000－0241－0021131　0553
穎濱先生春秋集解十二卷　(宋)蘇轍撰　明萬曆二十五年(1597)金陵畢氏刻兩蘇經解本　四册

310000－0241－0021132　0554
禮記注疏六十三卷　(漢)鄭玄注　(唐)孔穎達疏　明崇禎虞山毛氏汲古閣刻本　三十册

310000－0241－0021133　0555
[乾隆]奉賢縣志十卷首一卷　(清)王應奎等編纂　清乾隆二十三年(1758)刻本　四册

310000－0241－0021134　0556
[康熙]兗州府曹縣志十八卷　(清)郭道生纂修　清康熙五十五年(1716)刻本　八册

310000－0241－0021135　0557
爾雅翼三十二卷　(宋)羅願撰　明新安畢效欽刻本　八册

310000－0241－0021136　0558
[康熙]濱州志八卷首一卷　(清)楊容盛重修　(清)杜曮等輯　清康熙刻本　四册

310000－0241－0021137　0559
豫章羅先生文集十七卷年譜一卷　(宋)羅從彦撰　(元)曹道振編　明嘉靖三十三年(1554)謝鸞刻本　一册　存十卷(八至十七)

310000－0241－0021138　0560
[乾隆]淄川縣志八卷首一卷　(清)王康主修　(清)臧岳纂修　清乾隆八年(1743)刻本　十二册

310000－0241－0021139　0561
［康熙］鄒平縣志八卷　（清）程素期修輯（清）程麟德等編　清康熙三十五年（1696）刻本　八冊

310000－0241－0021140　0563
尚白齋鋟讀書十六觀一卷　（明）陳繼儒撰　明萬曆繡水沈氏尚白齋刻本　一冊

310000－0241－0021141　0564
［乾隆］武康縣志八卷　（清）劉守成輯（清）高植等纂　清乾隆十二年（1747）刻本　四冊

310000－0241－0021142　0565
［康熙］仁和縣志二十八卷　（清）趙世安纂修　清康熙二十六年（1687）刻本　十二冊

310000－0241－0021143　0566
［康熙］龍游縣志十二卷　（清）盧燦纂輯　清康熙二十年（1681）刻本　八冊

310000－0241－0021144　0567
廣輿記二十四卷　（明）陸應陽輯　明萬曆二十八年（1600）刻本　十六冊

310000－0241－0021145　0568
大戴禮記補注十三卷　（清）孔廣森補注　清同治淮南書局刻本　四冊

310000－0241－0021146　0569
［至正］崑山郡志六卷　（元）楊譓纂　清抄本　一冊

310000－0241－0021147　0570
［淳祐］玉峯志三卷　（宋）淩萬頃編　**［咸淳］玉峯續志一卷**　（宋）謝公應修　（宋）邊實纂　清抄本　二冊

310000－0241－0021148　0571
雲間志畧不分卷補遺一卷　（清）閔世倩輯錄　清抄本　一冊

310000－0241－0021149　0572
廣州遊覽小志一卷　（清）王士禛撰　清抄本　一冊

310000－0241－0021150　0573
［康熙］青田縣志十二卷　（清）張皇輔修（清）錢喜選輯　清雍正六年（1728）刻本　十冊

310000－0241－0021151　0574
練湖志十卷首一卷　（清）黎世序輯著　清抄本　六冊

310000－0241－0021152　0575
［乾隆］開化縣志存八卷首一卷　（清）范玉衡修　（清）吳淦等纂　清乾隆六十年（1795）刻本　八冊

310000－0241－0021153　0576
唐三體詩六卷　（清）高士奇輯　清抄本　六冊

310000－0241－0021154　0579
［康熙］臨淮縣志八卷　（清）邢仕謙等編纂　清康熙十二年（1673）刻本　八冊

310000－0241－0021155　0580
［康熙］雲南通志三十卷　（清）吳自肅纂修　清康熙三十年（1691）刻本　三十二冊

310000－0241－0021156　0581
［嘉慶］鳳臺縣志　（清）李兆洛纂　清嘉慶十九年（1814）刻本　十冊

310000－0241－0021157　0582
［乾隆］太湖縣志二十卷首一卷　（清）吳易峯主修　（清）徐曰明纂　清乾隆刻本　六冊

310000－0241－0021158　0583
［乾隆］亳州志十六卷　（清）華度主修（清）蔡必達纂修　清乾隆三年（1738）刻本　八冊

310000－0241－0021159　0585
［乾隆］永新縣志　（清）王瀚總修　（清）陳善言等纂　清乾隆十一年（1746）刻本　十冊　存九卷

310000－0241－0021160　0586
［道光］清江縣志二十八卷首一卷末一卷　（清）張湄總修　（清）楊學光等纂　清道光四年（1824）刻本　十冊

310000－0241－0021161　0587
尚書離句六卷　(清)錢在培輯解　(清)程川全訂　清抄本　二册

310000－0241－0021162　0588
長泖陸子日記三卷三魚堂日記不分卷　(清)陸隴其撰　清抄本　五册

310000－0241－0021163　0589
典林合璧不分卷　(清)劉□編　(清)戴伯權註　清抄本　六册

310000－0241－0021164　0590
讀律佩觽四卷　(清)王明德輯　清抄本　四册

310000－0241－0021165　0591
玉堂故事大全八卷巧對二卷　(明)鍾惺演集　明刻本　四册

310000－0241－0021166　0592
閒情小品二十八種二十九卷　(明)華淑輯　明萬曆刻本　四册

310000－0241－0021167　0593
吴中舊事一卷　(元)陸友仁撰　清抄本　一册

310000－0241－0021168　0594
吴中往哲記一卷續記一卷　(明)楊循吉撰　(明)黄魯曾續撰　明嘉靖刻本　二册

310000－0241－0021169　0595
西遼紀事不分卷　(清)阮引傳撰　清稿本　四册

310000－0241－0021170　0596
五湖漫聞二卷　(明)張本撰　清抄本　二册

310000－0241－0021171　0597
皇明續紀三卷　(明)卜大有纂述　明萬曆刻本　六册

310000－0241－0021172　0598
三吴舊語不分卷　(清)顧苓撰　清葉氏五百經幢館抄本　一册

310000－0241－0021173　0599
汴圍濕襟録一卷　(明)白愚述　清抄本　二册

310000－0241－0021174　0600
甲申傳信録八卷　(明)錢□撰　清抄本　二册

310000－0241－0021175　0601
甲乙事案二卷　(明)文秉撰　清抄本　二册

310000－0241－0021176　0602
雲南黑鹽井志八卷　(清)沈懋價纂　清康熙四十九年(1710)刻本　十六册

310000－0241－0021177　0603
遼小史不分卷　(明)楊循吉撰　清抄本　一册

310000－0241－0021178　0604
濰縣全城記不分卷　(清)□□輯録　清抄本　一册

310000－0241－0021179　0605
文章軌範七卷　(宋)謝枋得編　明初劉氏校正刻本　一册

310000－0241－0021180　0606
所知録二卷　(清)錢秉鐙撰　清抄本　二册

310000－0241－0021181　0607
玉臺新詠十卷　(南朝陳)徐陵編　明崇禎吴郡趙氏小宛堂刻本　二册

310000－0241－0021182　0609
焦山鼎銘考一卷　(清)翁方綱編　清抄本　一册

310000－0241－0021183　0610
瘞鶴銘考一卷　(清)汪士鋐編　清抄本　一册

310000－0241－0021184　0611
考工記纂註二卷首一卷附圖一卷　(明)程明哲校纂　明萬曆刻本　二册

310000－0241－0021185　0612
洪武正韻十六卷　(明)樂韶鳳等撰　明肅府刻本　五册

310000－0241－0021186　0613
吴興藝文補六十三卷附錄三卷補遺四卷　(明)閔元衢參輯　(明)韓千秋增定　明崇禎刻本　三十册

310000－0241－0021187　0615
甲行日注八卷　(明)葉紹袁撰　清班香樓抄本　二册

310000－0241－0021188　0616
郝氏九經解　(明)郝敬撰　明萬曆四十三年至四十七年(1615－1619)刻本　三十五册　存四種九十卷(毛詩原解三十六卷、儀禮節解十七卷、禮記通解二十二卷、春秋直解十五卷)

310000－0241－0021189　0617
律吕考一卷還宫説一卷　(清)錢塘撰　清抄本　一册

310000－0241－0021190　0618
五經纂註五十六卷　(明)夏璋編　明崇禎二乙堂刻本　十册

310000－0241－0021191　0620
測天約術一卷　(清)陳昌齊撰　清抄本　一册

310000－0241－0021192　0621
[康熙]常熟縣志二十六卷　(清)楊振藻纂修　(清)錢陸燦等編輯　清康熙二十六年(1687)刻本　十二册

310000－0241－0021193　0622
官話字母義塾叢刊第二期一卷第三期一卷　王照撰　清光緒二十九年(1903)北京官話字母義塾木活字印本　二册

310000－0241－0021194　0623
虞山妖亂志三卷附録一卷　(清)馮舒撰　清同治二年(1863)吴釗森傳抄吴門葉氏藏本　一册

310000－0241－0021195　0625
史記索隱三十卷　(唐)司馬貞撰　明末虞山毛氏汲古閣刻本　二册

310000－0241－0021196　0626
張竹坡評金瓶梅　(明)蘭陵笑笑生撰　(清)張竹坡評　清刻本　二册　存十回(九十一至一百)

310000－0241－0021197　0627
説文解字三十卷　(漢)許慎撰　清同治十三年(1874)東吴浦氏刻本　三册

310000－0241－0021198　0628
説文解字三十卷　(漢)許慎撰　清光緒閩高行篤刻本　五册

310000－0241－0021199　0629
晉史删四十卷　(明)茅國縉删次　明刻本　八册

310000－0241－0021200　0630
晚山堂選七言古詩二卷五言排律二卷五言絶句一卷七言絶句一卷　(清)徐維楨輯　清抄本　十二册

310000－0241－0021201　0631
晚山堂選樂府三卷　(清)徐維楨輯　清抄本　三册

310000－0241－0021202　0632
五言古詩六卷五言律詩四卷七言律詩四卷　(□)孫荃輯　清抄本　十七册

310000－0241－0021203　0633
宋詩紀事摘錄一百卷　(清)翁同書撰　清光緒二年(1876)海虞翁曾源抄稿本　四册

310000－0241－0021204　0634
榕海舊聞不分卷　(清)林正青輯　清抄本　三册

310000－0241－0021205　0635
通志堂經解一千八百三卷　(清)納蘭成德輯　清康熙十九年(1680)通志堂刻本　四百六十七册

310000－0241－0021206　0636
大明會典一百八十卷　(明)李東陽等奉敕撰　明正德六年(1511)司禮監刻本　四十册

310000－0241－0021207　0637

說文句讀三十卷句讀補正三十卷 (清)王筠撰　清咸豐安邱王彥侗刻本　十六冊

310000－0241－0021208　0638
春秋左傳杜注三十卷 (晉)杜預注　(清)姚培謙補注　清乾隆刻本　二十四冊

310000－0241－0021209　0639
出門吟一卷悔齋詩集一卷又新集一卷怡老篇一卷紀年稿一卷集外錄一卷 (清)李贊元撰　清康熙師白堂刻本　十二冊

310000－0241－0021210　0640
心史二卷 (宋)鄭思肖撰　明崇禎刻本　二冊

310000－0241－0021211　0641
南行偶筆九卷博學彙書十二卷 (明)來集之撰　清康熙倘湖小築刻本　十三冊

310000－0241－0021212　0642
杜工部集二十卷 (唐)杜甫撰　(清)錢謙益箋註　清康熙六年(1667)季氏靜思堂刻本　六冊

310000－0241－0021213　0643
春帆吟稿三卷 (清)符曾撰　清稿本　一冊

310000－0241－0021214　0644
春鳧小稿 (清)符曾撰　清稿本　一冊　存二卷

310000－0241－0021215　0645
鄭氏六名家集六種 (清)鄭起泓編　清康熙三十一年至四十年(1692－1701)刻本　六冊

310000－0241－0021216　0646
剡源集三十卷 (元)戴表元撰　**札記一卷** (清)郁松年撰　清道光二十年(1840)上海郁氏刻本　六冊

310000－0241－0021217　0647
壽愷堂九種不分卷 (清)周家祿撰　清稿本　二十三冊

310000－0241－0021218　0648
沖虛至德真經八卷 (戰國)列禦寇撰　(晉)張湛註　(唐)殷敬順釋文　明初刻本　四冊

310000－0241－0021219　0649
[嘉靖]山東通志 (明)陸釴纂修　明嘉靖十二年(1533)刻本　一冊　存一卷

310000－0241－0021220　0650
羣經音辨七卷 (宋)賈昌朝撰　清朱士端抄本　一冊

310000－0241－0021221　0651
歷代詩發四十二卷 (清)范大士評選　清康熙慮白山房刻本　十二冊

310000－0241－0021222　0652
增訂評註唐詩正聲十二卷 (明)高棅編　(明)郭濬點定　明天啓刻本　六冊

310000－0241－0021223　0655
說文解字三十卷 (漢)許慎撰　清刻本　八冊

310000－0241－0021224　0656
寶慶四明志二十一卷 (宋)羅濬等撰　明藍格抄本　四冊　存七卷

310000－0241－0021225　0657
孟襄陽集二卷 (唐)孟浩然撰　(宋)劉辰翁批點　明末刻本　二冊

310000－0241－0021226　0658
墨子十六卷 (周)墨翟撰　清光緒元年(1875)湖北崇文書局刻本　四冊

310000－0241－0021227　0659
[正德]武功縣志三卷 (明)康海纂修　明正德十四年(1519)刻本　三冊

310000－0241－0021228　0660
[乾隆]寶鷄縣志 (清)許起鳳主修　(清)蔣大中等參修　清乾隆刻本　七冊　存九卷(一至四、六至十)

310000－0241－0021229　0661
[道光]藍田縣志十六卷文徵錄四卷附重修輞川志六卷 (清)胡元煐等修　(清)蔣湘南纂　清道光刻本　十二冊

310000－0241－0021230　0662
瀫水志林二十六卷 (清)張尚瑗撰　清康熙

五十年(1711)刻本　六冊

310000－0241－0021231　0663
陳眉公寶顔堂秘笈十九種四十九卷　(明)陳繼儒輯著　明萬曆繡水沈氏刻本　八冊　存十四種四十卷

310000－0241－0021232　0664
尚白齋鐫陳眉公寶顔堂秘笈十九種五十卷　(明)陳繼儒撰　明萬曆沈氏尚白齋刻本　十六冊

310000－0241－0021233　0665
重修滸墅關志十八卷　(清)淩壽祺纂修　清道光七年(1827)刻本　六冊

310000－0241－0021234　0667
[康熙]甌寧縣志十三卷　(清)鄧其文纂修　清康熙三十二年(1693)刻本　十六冊

310000－0241－0021235　0668
[道光]雲南志鈔八卷　(清)王崧撰　(清)杜允中注　清道光刻本　六冊

310000－0241－0021236　0669
[光緒]賀縣志不分卷　(清)全文炳修　清抄本　一冊

310000－0241－0021237　0670
[雍正]高陽縣志六卷　(清)嚴宗嘉重修　(清)李其旋纂修　清雍正刻本　六冊

310000－0241－0021238　0672
蘇學士集十六卷　(宋)蘇舜欽撰　清康熙三十七年(1698)刻本　六冊

310000－0241－0021239　0673
欽旌孝子泊寧趙公傳一卷　(清)胡天游撰　清沈復粲抄本　一冊

310000－0241－0021240　0674
半山詩粹不分卷　(宋)王安石撰　清抄本　一冊

310000－0241－0021241　0675
新廠錢法易知不分卷　(明)魏良佐撰　明抄本　一冊

310000－0241－0021242　0676
鐵網珊瑚二十卷　(明)都穆撰　清抄本　六冊

310000－0241－0021243　0677
古今詞選不分卷　(清)□□選錄　清抄本　一冊

310000－0241－0021244　0678
默庵安先生文集五卷　(元)安熙撰　(元)蘇天爵編　清末傳抄本　一冊

310000－0241－0021245　0679
松陵見聞錄十卷　(清)王鯤輯　清道光七年(1827)話雨樓刻本　四冊

310000－0241－0021246　0680
紺雪齋集印譜不分卷　(清)陳棶淦輯　清嘉慶紺雪齋鈐印本　二冊

310000－0241－0021247　0681
南華山房詩鈔六卷　(清)張鵬翀撰　清抄本　二冊

310000－0241－0021248　0682
蛾子時術小記二卷　(清)董熜撰　清抄本　一冊

310000－0241－0021249　0683
劉翰林先生斐然稿一卷　(明)劉三吾撰　清抄本　一冊

310000－0241－0021250　0684
計文言先生餘力草一卷　(清)計□撰　清稿本　一冊

310000－0241－0021251　0685
八五偶譚一卷　(清)焦循撰　清稿本　一冊

310000－0241－0021252　0686
緯弢二卷　(明)郭增光輯評　明崇禎刻本　二冊

310000－0241－0021253　0688
六九齋饌述稿四卷　(清)陳瑑撰　清抄本　一冊

310000－0241－0021254　0689

新刻逸田叟女仙外史大奇書一百回 (清)呂熊撰 清康熙釣璜軒刻本 三十二冊

310000－0241－0021255 0690
詞壇合璧四種十五卷 (明)朱之蕃輯 明刻本 十六冊

310000－0241－0021256 0691
周官祿田考三卷 (清)沈彤撰 清乾隆十六年(1751)果堂刻本 一冊

310000－0241－0021257 0692
禹貢彙覽四卷總論一卷 (清)夏之芳撰 清乾隆十二年(1747)積翠軒刻本 四冊

310000－0241－0021258 0693
宋戴剡源文鈔四卷 (元)戴表元撰 (清)黃宗羲選 清康熙二十七年(1688)海寧馬思贊刻本 一冊

310000－0241－0021259 0694
半園文稿不分卷 (清)吳莊撰 清抄本 一冊

310000－0241－0021260 0695
西山先生真文忠公文集五十五卷目錄二卷 (宋)真德秀撰 (明)楊鶚等重修 明萬曆二十五年(1597)刻本 十六冊

310000－0241－0021261 0696
春秋經傳類求十二卷 (清)孫從添等撰 清乾隆舊名堂刻本 十二冊

310000－0241－0021262 0697
方舟集二十四卷 (宋)李石撰 清抄本 十四冊

310000－0241－0021263 0698
樂府詩集一百卷目錄二卷 (宋)郭茂倩輯 元至正元年(1341)集慶路儒學刻明初修印本 二十四冊

310000－0241－0021264 0699
讀左日鈔十二卷補二卷 (清)朱鶴齡撰 清康熙刻本 六冊

310000－0241－0021265 0700
鐵崖先生古樂府十六卷 (元)楊維楨撰 明成化五年(1469)劉傚刻本 四冊

310000－0241－0021266 0701
祝由科續書六卷 (明)徐景輝傳 清抄本 四冊

310000－0241－0021267 0702
後漢書一百卷附續漢志三十卷 (南朝宋)范曄撰 (唐)李賢注 清同治八年(1869)金陵書局刻本 二十二冊

310000－0241－0021268 0703
鍾伯敬譚友夏詩集合刻二十卷 (清)李瑞和編訂 清康熙刻本 十冊

310000－0241－0021269 0704
得一山房詩集二卷 (清)唐懋功撰 (清)唐景崧校注 清唐氏謄清稿本 二冊

310000－0241－0021270 0705
杜樊川集十七卷 (唐)杜牧撰 明末刻本 二冊

310000－0241－0021271 0706
何氏語林三十卷 (明)何良俊撰 明刻本 十六冊

310000－0241－0021272 0707
杜意不分卷附錄一卷 (清)陳式箋注 (清)陳肇京編 清乾隆抄本 十六冊

310000－0241－0021273 0708
如面談十六卷 (明)鍾惺輯 (明)馮夢龍訂釋 明刻本 十六冊

310000－0241－0021274 0709
晚邨先生八家古文精選不分卷 (清)呂留良選 清康熙呂氏家塾刻本 六冊

310000－0241－0021275 0710
楚辭五卷附九歌圖一卷 (戰國)屈原等撰 (漢)王逸章句 明末清初蕭山黃氏刻本 二冊

310000－0241－0021276 0713
詩餘花鈿集三卷首一卷末一卷 (清)宗元鼎選 清康熙刻本 一冊

310000－0241－0021277　0714
杜工部詩說十二卷杜詩概說一卷　（清）黃生撰　清乾隆三十二年（1767）一木堂刻本　六冊

310000－0241－0021278　0715
麟經標旨稿不分卷　（清）□□撰　清抄稿本　二冊

310000－0241－0021279　0716
潾闕捍海石塘記事一卷　（明）吳嘉允撰　清道光抄本　一冊

310000－0241－0021280　0717
精選舉業切要書史粹言分類評林諸子狐白四卷　（明）陶望齡選　（明）董其昌評　明末書林余良木刻本　二冊

310000－0241－0021281　0718
掃紅仙館彙刻賦鈔初集一卷二集一卷　（清）封鉞輯　清稿本　二冊

310000－0241－0021282　0719
許君疑年錄一卷　（清）諸可寶輯　清稿本　一冊

310000－0241－0021283　0720
蕋宮瓊冊二卷　題（清）也橋道人輯錄　清抄本　一冊

310000－0241－0021284　0721
寒山金石林部目一卷　（明）趙宧光編　清抄本　一冊

310000－0241－0021285　0722
湖北金石詩一卷　（清）嚴觀撰　清末民國初抄本　一冊

310000－0241－0021286　0723
周易用九用六說一卷　（清）葉佩蓀撰　清錢竹汀抄本　一冊

310000－0241－0021287　0724
公羊傳十二卷　（明）鍾惺評　明末刻本　四冊

310000－0241－0021288　0725
董氏義莊記不分卷　（清）董景賢編訂　清稿本　一冊

310000－0241－0021289　0727
新修攝山志八卷首一卷　（清）陳毅編　（清）汪志伊刪補　清乾隆五十五年（1790）刻本　四冊

310000－0241－0021290　0728
［康熙］延綏鎮志六卷　（清）譚吉璁纂修　清康熙十二年（1673）刻本　二冊　存二卷（一至二）

310000－0241－0021291　0729
退庵遺書不分卷　（清）鳳覲宸撰　清稿本　四冊

310000－0241－0021292　0730
陸士衡文集十卷　（晉）陸機撰　清抄本　二冊

310000－0241－0021293　0731
鉅鹿東觀集十卷　（宋）魏野撰　清環翠山房抄本　四冊

310000－0241－0021294　0732
六有軒集八卷　（清）任瑗撰　（清）阮鍾瑗輯　清阮氏稿本　二冊

310000－0241－0021295　0735
巧姻緣十二卷　（清）□□撰　清抄本　十二冊

310000－0241－0021296　0736
吟餘編四卷後集四卷　（清）王夢蘭撰　清抄本　八冊

310000－0241－0021297　0737
孝義真跡珍珠塔全傳二十四回　（清）□□撰　清抄本　六冊

310000－0241－0021298　0738
元宵會六卷　（清）□□撰　清抄本　十二冊

310000－0241－0021299　0739
新編明珠記二卷　（清）□□撰　清抄本　四冊

310000－0241－0021300　0740

新全套黃飛虎反五關南音二卷坿新刻哪吒收妲己二卷　(清)□□撰　清抄本　一册

310000－0241－0021301　0741
唐賢三昧集三卷　(清)王士禛編　清康熙刻本　三册

310000－0241－0021302　0743
戴東原集十二卷　(清)戴震撰　清乾隆五十七年(1792)段氏經韻樓刻本　二册

310000－0241－0021303　0744
文肅公圭峯羅先生文集三十七卷附録一卷　(明)羅玘撰　明崇禎七年(1634)羅氏代文堂刻本　八册

310000－0241－0021304　0745
杭氏七種　(清)杭世駿撰　清乾隆杭賓仁羊城刻本　六册

310000－0241－0021305　0746
偶存草不分卷　(清)王植撰　清乾隆刻本　一册

310000－0241－0021306　0747
產寶諸方一卷　(□)□□撰　清抄本　一册

310000－0241－0021307　0748
鐵蘭室吉金屑不分卷　題(清)拾古齋主人撰　清抄稿本　八册

310000－0241－0021308　0749
古金待問續録二卷　(清)朱楓輯　清抄本　一册

310000－0241－0021309　0750
錢録補遺十六卷　(清)陳啓運撰　清未刻稿本　十六册

310000－0241－0021310　0751
錢録續編四卷　(清)陳啓運撰　清道光元年(1821)稿本　四册

310000－0241－0021311　0752
泉苑菁華六卷　(清)劉喜海撰　清末至民國間傳抄本　一册

310000－0241－0021312　0753
古錢備要不分卷　(□)□□編輯　清抄本　四册

310000－0241－0021313　0755
古泉苑存目録一卷　(清)劉喜海編　清咸豐抄本　四册

310000－0241－0021314　0756
歷代古錢目不分卷　(清)朱煒輯　清末至民國間抄稿本　四册

310000－0241－0021315　0758
歷代鍾官圖經八卷　(清)陳萊孝撰　清抄本　四册

310000－0241－0021316　0759
龍州道人集十卷　(宋)劉過撰　清抄本　二册

310000－0241－0021317　0760
高東溪文集二卷坿録一卷　(宋)高登撰　清抄本　一册

310000－0241－0021318　0761
公非先生集二卷　(宋)劉攽撰　清抄本　一册

310000－0241－0021319　0762
古今韻會舉要三十卷禮部韻畧七音三十六母通考一卷　(元)熊忠撰　明刻本　二册　存七卷

310000－0241－0021320　0763
吳枚庵懷舊集四卷　(清)吳翌鳳輯　清王安伯抄本　一册

310000－0241－0021321　0764
鴛鴦湖櫂歌五卷　(清)朱彝尊撰　**耘業齋詩稿(續鴛鴦湖櫂歌)一卷**　(清)朱麟應撰　清抄本　二册

310000－0241－0021322　0765
悅心集四卷　(清)世宗胤禛纂輯　清抄本　四册

310000－0241－0021323　0766
元明詩選四卷　(清)蔡振中輯評　清竹林書屋抄本　四册

310000－0241－0021324　0769
水經注不分卷　（北魏）酈道元注　（清）戴震校訂　清乾隆戴震刻本　十四冊

310000－0241－0021325　0770
禹貢譜二卷　（清）王澍考定　清康熙四十六年（1707）積書巖刻本　四冊

310000－0241－0021326　0771
歷代錢法備考八卷　（清）沈學詩撰　清抄本　八冊

310000－0241－0021327　0772
古今四庫全書總鑒不分卷　（清）□□編錄　清抄本　四冊

310000－0241－0021328　0773
丙戌詩稿一卷丁亥詩稿一卷戊子詩稿一卷庚寅詩稿一卷辛卯詩稿一卷　（清）黄盛修撰　清手稿本　一冊

310000－0241－0021329　0774
槲葉山房詩鈔不分卷　（清）卞擴忠撰　清抄本　一冊

310000－0241－0021330　0775
參廖子詩集十二卷　（宋）釋道潛撰　（宋）秦少游集摘　明崇禎八年（1635）汪氏謙刻本　二冊

310000－0241－0021331　0776
紅杏山房詩鈔不分卷　（清）許肇祁著　清抄本　一冊

310000－0241－0021332　0777
青邱高季迪先生扣舷集不分卷　（明）高啓撰　（清）金檀輯注　清抄本　一冊

310000－0241－0021333　0778
雲起軒詞鈔不分卷　（清）文廷式撰　清末南陵徐氏積學齋抄本　一冊

310000－0241－0021334　0779
鷗笑齋詩集不分卷補遺一卷　（清）陳台孫撰　清同治五年（1866）山陽段朝端椿花閣抄本　一冊

310000－0241－0021335　0780
拾香草堂集一卷　（清）溫日鑑撰　清稿本　一冊

310000－0241－0021336　0781
上海鄉土勝境地名集對不分卷　（清）劉汝曾輯　清抄本　一冊

310000－0241－0021337　0782
篆刻鍼度八卷　（清）陳克恕述　清吳興沈氏抄本　二冊

310000－0241－0021338　0783
宋十家小集十三種十七卷　（□）□□輯錄　清抄本　二冊

310000－0241－0021339　0784
浙江金石分地編目四卷　（□）□□編　清末至民國間抄本　二冊

310000－0241－0021340　0786
西遊補十六回　（明）董說撰　清空青室刻本　二冊

310000－0241－0021341　0787
深柳堂文集不分卷　（清）沈登瀛撰　清抄本　一冊

310000－0241－0021342　0788
疊翠居文集一卷詩集一卷　（清）紀慶曾撰　清抄本　一冊

310000－0241－0021343　0789
魚計軒詩話不分卷　（清）計發撰　清抄本　一冊

310000－0241－0021344　0790
嘯雲館詩草不分卷　（清）陸驥撰　清抄本　一冊

310000－0241－0021345　0791
安處廬稿十卷　（清）印銘祚撰　清咸豐七年（1857）印同襄抄稿本　一冊

310000－0241－0021346　0792
飛崖詩刪　（清）方熊撰　清稿本　二冊

310000－0241－0021347　0793
雪巖吟草一卷雪巖詩補遺一卷　（宋）宋伯仁

撰　清抄本　一册

310000－0241－0021348　0794

歷朝應制詩選十卷唐應試詩□卷　(清)吳汶選　(清)欽牧參定　清初吳門文彙堂刻本　三册

310000－0241－0021349　0795

宗子相集八卷　(明)宗臣撰　明嘉靖三十九年(1560)閩中黄中等刻本　四册

310000－0241－0021350　0796

秦邊紀畧五卷　(清)梁份撰　清乾隆十九年至二十年(1754－1755)古鄞廬稿抄本　二册

310000－0241－0021351　0797

秦漢十印齋藏書目四卷　(清)蔣鳳藻編　清抄本　二册

310000－0241－0021352　0799

曹貞吉手書花間詞選不分卷　(清)曹貞吉錄　清稿本　一册

310000－0241－0021353　0800

媚幽閣文娱八卷　(明)鍾惺等撰　(明)鄭元勳選　明崇禎三年(1630)白門刻本　四册

310000－0241－0021354　0802

監徽錄前編一卷　題(明)棠川子輯　明隆慶刻本　三册

310000－0241－0021355　0803

唐人詩集八種十二卷　(清)□□輯錄　清抄本　四册

310000－0241－0021356　0804

釋名疏證八卷篆文釋名疏證八卷　(清)畢沅撰　清乾隆五十四年至五十五年(1789－1790)畢氏靈巖山館刻本　四册

310000－0241－0021357　0805

龍圖剛峯公案合編六卷　題(清)雲崖主人合編　清嘉慶十四年(1809)刻本　六册

310000－0241－0021358　0806

新調陰陽鏡莫奈何全傳二十卷　(清)□□撰　清刻本　二册

310000－0241－0021359　0807

列朝詞續鈔一卷國朝詞鈔一卷　題(清)玉梅花館主人輯　清稿本　二册

310000－0241－0021360　0808

皇清百官題名不分卷　(□)□□撰　清抄本　一册

310000－0241－0021361　0809

阮學臺浙士解經錄不分卷　(清)阮元訂　清抄本　一册

310000－0241－0021362　0810

光緒大事彙鑑不分卷　(□)□□撰　清抄本　一册

310000－0241－0021363　0811

籌球圖說不分卷　(清)邵金撰　清抄本　一册

310000－0241－0021364　0812

明人詩鈔續集選不分卷　(清)朱琰編　清抄本　一册

310000－0241－0021365　0814

姚秋農先生求是齋自訂稿不分卷　(清)姚文田撰　清嘉慶刻本　一册

310000－0241－0021366　0815

寶典福書一卷元韻壽牒一卷　(□)□□輯　清末至民國間鈐印本　二册

310000－0241－0021367　0816

翰林楊仲弘詩集八卷　(元)楊載撰　清初傳抄明嘉靖十五年(1536)刻本　一册

310000－0241－0021368　0817

綠筠書屋詩選不分卷　(清)金衡撰　清稿本　一册

310000－0241－0021369　0818

傭庵北遊集不分卷　(清)孟遠撰　清抄本　四册

310000－0241－0021370　0819

一夢漫言二卷　(清)釋讀體撰　清光緒五年(1879)華山律堂刻本　一册

310000－0241－0021371　0821

儒林外史五十六回　（清）吳敬梓撰　清嘉慶八年（1803）臥閑草堂刻本　十六冊

310000－0241－0021372　0822

新刻出像點板時尚崑腔雜曲醉怡情八卷　題（明）青溪菰蘆釣叟點次　清初古吳致和堂刻本　八冊

310000－0241－0021373　0823

摭古遺文不分卷　（明）李登撰　明萬曆刻本　二冊

310000－0241－0021374　0824

春秋權衡十七卷　（宋）劉敞撰　明影宋抄本　四冊

310000－0241－0021375　0825

點金丹二卷　題（清）馴陽撰　清初刻本　四冊

310000－0241－0021376　0826

讀左傳詩不分卷　（清）王延年撰　清抄本　一冊

310000－0241－0021377　0827

讀明史詩不分卷　（清）王延年撰　清抄本　一冊

310000－0241－0021378　0828

杜詩分類全集五卷　（明）傅振商輯　（清）張縉彥定　清順治十六年（1659）還讀齋刻本　十冊

310000－0241－0021379　0829

法藏碎金錄十卷　（宋）晁迥撰　明嘉靖晁瑮刻本　十冊

310000－0241－0021380　0830

王氏鬮書一卷　（明）王希傑立　明嘉靖寫本　一冊

310000－0241－0021381　0831

王氏鬮書一卷　（明）王五聚立　明天啓四年（1624）寫本　一冊

310000－0241－0021382　0832

順治十五年丈量魚鱗清冊不分卷　（清）□□編　清順治六年（1649）刻十五年（1658）寫本　一冊

310000－0241－0021383　0833

康熙□年丈量魚鱗清冊不分卷　（清）□□編　清康熙寫本　一冊

310000－0241－0021384　0835

休寧縣二十七都三圖丈量保簿　（明）□□錄　明寫本　一冊

310000－0241－0021385　0836

南北沿海全圖一卷　（清）□□輯　清道光二十二年（1842）賜錦堂臨摹本　一冊

310000－0241－0021386　0837

日俄戰餘錄十卷　題（清）東山小隱手輯　清稿本　十冊

310000－0241－0021387　0839

鶴泉集杜［續集］五卷　（清）戚學標集　清嘉慶刻本　一冊

310000－0241－0021388　0840

知不足齋宋元文集書目不分卷　（清）□□編　□公孟錄　清末至民國間抄稿本　一冊

310000－0241－0021389　0841

廣玉壺冰不分卷　（明）張邦侗纂　清末至民國間志學齋抄本　一冊

310000－0241－0021390　0842

安德明詩選遺不分卷　（清）田同之輯　清末至民國間志學齋抄稿本　一冊

310000－0241－0021391　0843

唐求詩一卷坿釣月詞一卷　（唐）唐求撰　清末至民國間志學齋抄本　一冊

310000－0241－0021392　0844

南遷錄不分卷　（金）張師顏撰　清末至民國間志學齋抄校本　一冊

310000－0241－0021393　0845

蕺山遺牘不分卷　（明）劉宗周撰　清末至民國間志學齋抄本　一冊

310000－0241－0021394　0846

海叟詩集四卷集外詩一卷附錄一卷　（明）袁凱撰　（清）曹炳曾輯　清康熙六十一年(1722)上海曹氏城書室刻本　四册

310000－0241－0021395　0847
說呼全傳十二卷　（清）□□撰　清乾隆四十四年(1779)金閶寶仁堂刻本　六册

310000－0241－0021396　0853
新刻精選當代臺閣精華四卷　（明）唐文獻選評　明萬曆刻本　四册

310000－0241－0021397　0854
重訂唐詩別裁集二十卷　（清）沈德潛選　清乾隆二十八年(1763)教忠堂刻本　六册

310000－0241－0021398　0855
松壼集二十卷　（清）程雲撰　清康熙刻本　八册

310000－0241－0021399　0856
高愉堂詩集七卷　（清）懷應聘撰　清康熙刻本　二册

310000－0241－0021400　0857
高雲堂詩集十六卷　（清）釋曉青撰　清康熙刻本　八册

310000－0241－0021401　0858
去來吟一卷詩餘一卷　（清）李時震撰　清康熙刻本　四册

310000－0241－0021402　0859
敬一堂詩抄十六卷　（清）顧八代撰　清乾隆十五年(1750)刻本　四册

310000－0241－0021403　0860
片石齋燼餘詩草五卷　（清）馬士琪撰　清康熙刻本　四册

310000－0241－0021404　0861
靜菴草十二卷　（清）張曾慶撰　清康熙四十年(1701)張氏刻本　十二册

310000－0241－0021405　0862
秀濯堂詩三集　（清）吳啓元撰　清康熙三十四年至五十五年(1695－1716)遞刻本　六册

310000－0241－0021406　0863
藤塢詩集九卷　（清）梁允植撰　清康熙刻本　四册

310000－0241－0021407　0864
滄湄詩稿三十卷補遺三卷別稿二卷　（清）尤珍撰　清康熙刻本　十六册

310000－0241－0021408　0865
雪堂詩集四卷　（清）傅作楫撰　清康熙刻本　一册

310000－0241－0021409　0866
三農外集詩草四卷　（清）朱雝謨撰　清乾隆元年(1736)刻本　二册

310000－0241－0021410　0867
南堂詩抄十卷南堂詞賦一卷　（清）施世綸撰　清康熙二十四年(1685)刻本　六册

310000－0241－0021411　0868
恒齋詩集十六卷　（清）周龍藻撰　清康熙刻本　四册

310000－0241－0021412　0869
浮青水榭詩存四卷　（清）儲雄文撰　清康熙刻本　二册

310000－0241－0021413　0870
間青堂詩集十卷　（清）朱倫瀚撰　清乾隆刻本　六册

310000－0241－0021414　0871
葯房詩集六卷　（清）鄧棐撰　清乾隆初新城鄧氏刻本　四册

310000－0241－0021415　0872
橘巢小稿四卷　（清）王士琛撰　清乾隆二十三年(1758)刻本　二册

310000－0241－0021416　0873
薹觴詩集五卷　（清）成文昭撰　清康熙刻本　二册

310000－0241－0021417　0874
息影齋詩鈔三卷　（清）釋律然撰　清乾隆十年(1745)寸碧樓刻本　一册

310000－0241－0021418　0875
聽濤園詩十八卷　(清)曹耀珩撰　清乾隆刻本　六册

310000－0241－0021419　0876
法苑火齊八卷　(清)何齊聖撰　清乾隆四年(1739)連然書院刻本　八册

310000－0241－0021420　0877
黄岡二家詩鈔三十四卷　(清)陳大章撰　(清)陳師晉輯　清乾隆刻本　十册

310000－0241－0021421　0878
皇明世法錄九十二卷　(明)陳仁錫輯　明刻本　四十八册

310000－0241－0021422　0879
胡道南先生全集五種九卷　(清)胡文學撰　清康熙刻本　六册

310000－0241－0021423　0880
海鹽張氏兩世詩稿二卷　(清)張柯編次　清嘉慶四年(1799)刻本　二册

310000－0241－0021424　0881
含經堂集三十卷別集二卷附錄二卷　(清)徐元文撰　清康熙崑山徐氏刻本　六册

310000－0241－0021425　0882
獨漉堂稿六卷　(清)陳恭尹撰　清康熙刻本　六册

310000－0241－0021426　0883
天愚先生文集八卷別集四卷詩鈔八卷文鈔八卷　(明)謝泰宗撰　清康熙謝氏刻本　四册

310000－0241－0021427　0885
一鶴庵詩十卷　(清)郭元釪撰　清康熙四十年(1701)鄧明璣刻本　六册

310000－0241－0021428　0886
島孫集抄十二卷　(清)陳之駓撰　清乾隆四十一年(1776)刻本　五册

310000－0241－0021429　0887
見復文稿一卷詩稿一卷　(清)陳祖范撰　清雍正刻本　一册

310000－0241－0021430　0888
自怡詩草一卷　(清)石芳撰　清乾隆八年(1743)刻本　一册

310000－0241－0021431　0889
宫巖詩集四卷　(清)李予望撰　清乾隆三十五年(1770)寶樹堂刻本　二册

310000－0241－0021432　0890
斫桂山房詩存六卷　(清)薛雪撰　清雍正十三年(1735)刻本　二册

310000－0241－0021433　0891
夕陽書屋詩初編四卷　(清)程盛修撰　清乾隆三十八年(1773)刻本　四册

310000－0241－0021434　0892
含熏詩草三卷丹橘林詩一卷　(清)吳楷撰　清乾隆刻本　四册

310000－0241－0021435　0893
生香書屋詩集七卷文集四卷恩光集一卷　(清)陳浩撰　清乾隆刻本　六册

310000－0241－0021436　0894
松坪詩草十二卷　(清)呂守曾撰　清乾隆十六年(1751)刻本　四册

310000－0241－0021437　0895
十笏齋詩八卷　(清)沈世楓撰　清乾隆刻本　四册

310000－0241－0021438　0896
尹文端公詩集十卷　(清)尹繼善撰　清乾隆刻本　八册

310000－0241－0021439　0897
戢思堂詩鈔二卷　(清)李宏撰　清乾隆刻本　二册

310000－0241－0021440　0898
綠痕書屋詩稿十卷　(清)鄭方城撰　清乾隆十一年(1746)刻本　四册

310000－0241－0021441　0899
南屏山人詩集九卷賦集一卷　(清)任端書撰　清乾隆刻本　六册

310000－0241－0021442　0900
停雲吟草一卷西塘唱酬集一卷盤溪倡酬集二卷黃葉唱酬集一卷古柏重青詩選一卷　（清）王廷魁撰　清乾隆刻本　八冊

310000－0241－0021443　0901
補刻摘句圖詩一卷　（清）童鈺撰　清乾隆刻本　一冊

310000－0241－0021444　0902
功園詩抄四卷　（清）施鴻勳撰　清乾隆三十四年(1769)刻本　一冊

310000－0241－0021445　0903
青柯館詩集三卷　（清）陳朗撰　清乾隆二十五年(1760)刻本　一冊

310000－0241－0021446　0904
青蓮館集六卷　（清）李旦華撰　清乾隆刻本　一冊

310000－0241－0021447　0905
蔗亭梅花集句不分卷　（清）王麟集句　清乾隆五年(1740)枕善樓刻本　一冊

310000－0241－0021448　0906
真率齋初稾詩十卷詞二卷　（清）楊芳燦撰　清乾隆三十三年(1768)刻本　四冊

310000－0241－0021449　0907
雙樹軒詩初稿十卷　（清）儲麟趾撰　清乾隆刻本　十冊

310000－0241－0021450　0908
秋蟬吟草四卷　（清）朱穎撰　清乾隆刻本　二冊

310000－0241－0021451　0909
養一齋文集二十卷補遺一卷　（清）李兆洛撰　清道光維風堂木活字印本　八冊

310000－0241－0021452　0910
離騷彙訂三卷首一卷屈子雜文二卷　（清）王邦采彙訂　清康熙刻本　六冊

310000－0241－0021453　0911
春秋集傳大全三十七卷　（明）胡廣等纂　明刻本　十冊

310000－0241－0021454　0913
欽定儀象考成三十卷首二卷　（清）允祿等編　清末至民國間抄本　十冊

310000－0241－0021455　0914
玉溪生詩意八卷　（清）屈復撰　清乾隆四年(1739)揚州藝古堂刻本　八冊

310000－0241－0021456　0915
史記一百三十卷　（漢）司馬遷撰　明吳勉學刻本　三十冊

310000－0241－0021457　0916
琉球國志畧十六卷首一卷　（清）周煌輯　清乾隆二十四年(1759)漱潤堂刻本　二冊

310000－0241－0021458　0917
石湖居士詩集三十四卷　（宋）范成大撰　（清）顧嗣皐校訂　清康熙二十七年(1688)吳郡顧氏刻本　四冊

310000－0241－0021459　0918
三藩紀事本末四卷　（清）楊陸榮撰　清康熙刻本　二冊

310000－0241－0021460　0920
山菴雜錄二卷　（明）釋無慍述　明刻本　二冊

310000－0241－0021461　0921
奇晉齋叢書十六種十九卷　（清）陸烜編　清乾隆陸氏奇晉齋刻本　四冊

310000－0241－0021462　0922
閨範四卷　（明）呂坤輯注　清康熙新安吳氏泊如齋刻本　四冊

310000－0241－0021463　0923
横雲山人明史稿三百十卷　（清）王鴻緒撰　清康熙、雍正間敬慎堂刻本　八十冊

310000－0241－0021464　0924
横雲山人集三十二卷　（清）王鴻緒撰　清康熙王氏遞刻本　八冊

310000－0241－0021465　0925
孫子漫記十卷　（清）劉文垕撰　清劉氏稿本　二冊

310000－0241－0021466　0927
國朝山左詩鈔六十卷　(清)盧見曾纂　清乾隆刻本　二十冊

310000－0241－0021467　0928
同音集七卷附清素堂詩集一卷　(清)王昶選定　(清)石嘉吉編次　清乾隆刻本　四冊

310000－0241－0021468　0929
河南二程全書六十七卷　(宋)程顥撰　(清)呂留良輯　清初禦兒呂氏寶誥堂刻本　十冊

310000－0241－0021469　0930
本草綱目五十二卷圖三卷　(明)李時珍撰　明崇禎十三年(1640)錢蔚起刻本　二十九冊

310000－0241－0021470　0931
八家詩選八卷　(清)吳之振選　清康熙十一年(1672)石門吳氏鑑古堂刻本　八冊

310000－0241－0021471　0932
顏氏家訓二卷　(北齊)顏之推撰　(清)朱軾評點　清康熙刻本(有抄補)　佚名朱墨筆批校　四冊

310000－0241－0021472　0933
坤史十六卷　題(清)髮髠乾一撰　清順治守雌堂刻本　八冊

310000－0241－0021473　0940
讀書偶識不分卷　(清)鄒漢勳撰　清道光鄒氏敩藝齋稿本　五冊

310000－0241－0021474　0941
休寧戴氏族譜十五卷　(明)戴堯天纂修　明崇禎五年(1632)休寧戴氏刻本　九冊

310000－0241－0021475　0943
龔芝麓詩鈔不分卷　(清)龔鼎孳撰　清抄本　一冊

310000－0241－0021476　0944
定盦文補遺一卷　(清)龔自珍撰　清末補松廬抄本　一冊

310000－0241－0021477　0948
蓉塘詩話二十卷　(明)姜南撰　清抄本　四冊

310000－0241－0021478　0949
空青水碧齋文集十卷　(清)蔣琦齡撰　清稿本　十冊

310000－0241－0021479　0950
玉笥山詩鈔八卷　(清)何嘉珝撰　清乾隆十年(1745)大觀堂刻本　一冊

310000－0241－0021480　0951
石林居士建康集八卷　(宋)葉夢得撰　清初舊抄本　三冊

310000－0241－0021481　0952
蛩鳴錄一卷　(清)李子金撰　清康熙王澍刻本　一冊

310000－0241－0021482　0953
固哉草亭詩不分卷　(清)高斌撰　清乾隆五年(1740)阮咸寫刻本　二冊

310000－0241－0021483　0954
餘齋存稿一卷　(清)林緒光撰　清乾隆刻本　一冊

310000－0241－0021484　0955
石研齋集十二卷　(清)秦贊撰　清嘉慶十六年(1811)江都秦氏刻本　二冊

310000－0241－0021485　0957
梁園風雅二十七卷　(明)趙彥復選　(明)汪元範校　清康熙陸廷燦刻本　八冊

310000－0241－0021486　0959
五經四書考義不分卷　(清)嚴鼇輯錄　清抄本　十八冊

310000－0241－0021487　0960
拱璧緣二十四卷二十四回　(清)陸怡安撰　清道光稿本　四冊

310000－0241－0021488　0961
詩紀一百四十卷外集四卷別集十二卷　(明)馮惟訥編　明刻本　十六冊

310000－0241－0021489　0962
四體大學一卷　(清)繆嘉玉書　清繆氏清寫本　一冊

310000－0241－0021490　0963
會稽掇英總集二十卷　（宋）孔延之編　清抄本　四冊

310000－0241－0021491　0964
竹里秦漢瓦當文存　（清）王福田編　清咸豐二年（1852）嘉興竹里王氏七橋艸堂刻本　一冊

310000－0241－0021492　0966
周易四卷　（宋）朱熹本義　明崇禎六年（1633）烏程閔齊伋校刻本　五冊

310000－0241－0021493　0967
春秋左傳屬事二十卷　（明）傅遜纂註　明萬曆日殖齋刻本　二十冊

310000－0241－0021494　0968
新刊宋學士全集三十二卷附錄一卷　（明）宋濂撰　（明）韓叔陽彙集　明嘉靖二十九年（1550）韓叔陽浦江縣刻本　十二冊　存三十卷（一至三十）

310000－0241－0021495　0969
埤雅廣要四十二卷　（明）牛衷撰　（明）吳從政音釋　明萬曆刻本　八冊

310000－0241－0021496　0970
文公家禮儀節八卷　（宋）朱熹編　（明）丘濬輯　明刻本　八冊

310000－0241－0021497　0971
大學集解一卷中庸集解一卷論語集解存一卷　（清）□□撰　清謄清稿本　二冊

310000－0241－0021498　0972
蓬軒吳記二卷別記一卷　（明）黃暐撰　清抄本　二冊

310000－0241－0021499　0973
六書泝源直音二卷　（明）吳元滿編　明萬曆刻本　四冊

310000－0241－0021500　0976
大中私存不分卷　（清）徐來復撰　清抄本　六冊

310000－0241－0021501　0977
嘯郇近體詩選三卷　（清）李葂撰　清乾隆二十一年（1756）德州盧氏雅雨堂刻本　二冊

310000－0241－0021502　0983
春秋左傳屬事二十卷　（明）傅遜纂注　明萬曆日殖齋刻本　十二冊

310000－0241－0021503　0988
初唐風緒箋九卷盛唐風緒箋十二卷雅緒箋二卷　（明）程元初箋　明刻本　二冊

310000－0241－0021504　0989
皇明三異人文集二十二卷　（明）李贄評選　明刻本　十二冊

310000－0241－0021505　0992
正續武經總要二十八卷　（宋）曾公亮編次　（明）范景文增續　清寫樣待刻本　二十八冊

310000－0241－0021506　0993
新刻南方草木狀三卷　（晉）嵇含撰　（明）胡文煥校　明萬曆錢塘胡氏文會堂刻格致叢書本　一冊

310000－0241－0021507　0994
范文正公全集十二卷年譜一卷年譜補遺一卷言行拾遺事錄一卷義莊規矩一卷鄱陽遺事錄一卷褒賢祠錄一卷　（宋）范仲淹撰　（明）毛一鷺編　明萬曆刻本　二十冊

310000－0241－0021508　0995
滄溟先生集三十卷附錄一卷　（明）李攀龍撰　（明）張弘道校　明隆慶、萬曆間刻本　十六冊

310000－0241－0021509　0996
江都陳氏叢書　（清）陳本禮撰　清嘉慶、道光間刻本　三十冊　存五種八十五卷（屈辭精義六卷、漢詩統箋不分卷、協律鉤元四卷外集一卷、竹書紀年集證五十卷、逸周書二十二卷末一卷）

310000－0241－0021510　0997
宋文鑑刪十二卷　（明）張溥刪閱　明末刻本　十二冊

310000－0241－0021511　0998

元文類刪四卷 （元）蘇天爵編 （明）張溥刪閱 明末刻本 二冊

310000－0241－0021512 0999
甫田集三十五卷附錄一卷 （明）文徵明撰 明刻本 六冊

310000－0241－0021513 1000
弇州山人續稿二百七卷目錄十卷 （明）王世貞撰 明萬曆刻本 九十冊

310000－0241－0021514 1001
太史升菴全集八十一卷目錄二卷 （明）楊慎撰 明萬曆陳大科刻本 四十冊

310000－0241－0021515 1002
太史升菴文集八十一卷目錄四卷 （明）楊慎撰 （明）楊有仁編輯 明萬曆十年(1582)張士佩刻本 十六冊

310000－0241－0021516 1003
校正重刊官板宋朝文鑑一百五十卷 （宋）呂祖謙編 明刻本 十六冊

310000－0241－0021517 1007
題畫詩鈔不分卷 （清）□□輯 清抄本 一冊

310000－0241－0021518 1008
蓬島樵歌不分卷 （清）錢沃臣撰 清刻本 一冊

310000－0241－0021519 1009
東醫寶鑑二十三卷 （朝鮮）許浚撰 清刻本 十六冊

310000－0241－0021520 1010
唐四家文十三卷 （清）呂留良選 （清）董采評點 清康熙困學閣刻本 四冊

310000－0241－0021521 1011
清承堂印賞初集四卷二集四卷 （清）張孝孚篆刻 清嘉慶鈐印本 八冊

310000－0241－0021522 1012
資治通鑑後編一百八十四卷 （清）徐乾學撰 清南海孔氏嶽雪樓抄本 六十冊

310000－0241－0021523 1013
百家類纂四十卷 （明）沈律纂輯 明隆慶刻本 四十冊

310000－0241－0021524 1014
左傳抄評十二卷 （明）穆文熙批輯 明萬曆十年(1582)劉懷恕刻本 八冊

310000－0241－0021525 1015
東萊呂太史春秋左傳類編不分卷 （宋）呂祖謙類編 清抄本 六冊

310000－0241－0021526 1016
焦山志十二卷宸翰一卷 （清）盧見曾撰 清乾隆二十七年(1762)德州盧氏雅雨堂刻本 四冊

310000－0241－0021527 1017
靜寄軒雜綴六卷 題（清）紫琪選訂 清稿本 六冊

310000－0241－0021528 1018
明季實錄四卷 （清）顧炎武輯 清抄本 二冊

310000－0241－0021529 1019
古文百家簡鈔不分卷 （清）朱本選註 清朱氏稿本 一冊

310000－0241－0021530 1020
二十八宿形圖一卷 （□）□□撰 清抄本 一冊

310000－0241－0021531 1021
赤城集十八卷 （宋）林表民編 清抄本 三冊

310000－0241－0021532 1022
宋季三朝政要六卷 （□）□□撰 清抄本 一冊

310000－0241－0021533 1023
經鋤堂詩稿八卷詩別集一卷詩餘一卷倡和詩一卷文稿六卷樂府四卷 （清）葉奕苞撰 清康熙刻本 六冊

310000－0241－0021534 1024
香域自求膺禪師内外集十四卷紀恩雜詠一卷

（清）釋敏膺撰 （清）釋聖藥等編 清康熙刻本 四冊

310000－0241－0021535 1025
既耕堂詩集二卷 （清）秦嘉銓撰 清乾隆刻本 二冊

310000－0241－0021536 1026
蔗塘未定稿五卷詞一卷外集八卷 （清）查爲仁撰 清乾隆查氏刻本 九冊

310000－0241－0021537 1027
靜廉堂詩鈔六卷文鈔一卷 （清）顧琮撰 清雍正刻本 二冊

310000－0241－0021538 1028
陳懿叔集不分卷 （清）陳學受撰 清抄稿本 六冊

310000－0241－0021539 1029
養一齋集不分卷 （清）潘德輿撰 清稿本 四冊

310000－0241－0021540 1030
抑快軒文集乙編四十九卷丙編十六卷丁編九卷 （清）高澍然撰 清光緒冠悔堂抄本 八冊

310000－0241－0021541 1032
堯峯文鈔五十卷 （清）汪琬撰 清康熙林佶寫刻本 六冊

310000－0241－0021542 1033
渠亭山人半部稿一卷或語一卷濳州集一卷娛老集一卷遺稿一卷 （清）張貞撰 清康熙安丘張氏遞刻彙印本 八冊

310000－0241－0021543 1034
大學衍義四十三卷衍義補一百六十卷 （宋）真德秀撰 （明）丘濬補 明崇禎刻本 三十二冊

310000－0241－0021544 1035
冊府元龜一千卷 （宋）王欽若等輯 （明）李嗣京訂正 明崇禎刻本 二百四十冊

310000－0241－0021545 1036
類編標註文公先生經濟文衡二十五卷後集二十五卷續集二十二卷 （宋）朱熹撰 （宋）馬季機類編 明正德刻本 二十冊

310000－0241－0021546 1037
小山類藁選二十卷附錄一卷 （明）張岳撰 明萬曆吳文華廣東刻遞修本 六冊

310000－0241－0021547 1038
紅樓二百詠二卷 （清）黄昌麟撰 （清）丁日昌評 清末抄本 三冊

310000－0241－0021548 1039
求慊軒雜誌不分卷 （□）□□撰 清抄稿本 二冊

310000－0241－0021549 1040
諸子奇賞 （明）陳仁錫選評 明末刻本 九冊 存三十四卷（一至二十二、二十六至三十七）

310000－0241－0021550 1041
江都汪氏叢書五種 （清）汪中撰 清道光汪喜孫刻本 八冊

310000－0241－0021551 1042
杜工部集五十卷外集一卷文集二卷年譜一卷 （唐）杜甫撰 （宋）蔡夢弼集錄 明正德八年（1513）鮑松刻本 六冊

310000－0241－0021552 1043
[高郵王氏家集]三種 （清）王恩沛輯 清咸豐七年（1857）王氏刻本 四冊

310000－0241－0021553 1044
柚堂全集五種 （清）盛百二撰 清乾隆賓綸堂刻本 四冊 存三種十二卷（柚堂文存四卷、皆山樓吟稿四卷、柚堂筆談四卷）

310000－0241－0021554 1045
重修宣和博古圖錄三十卷 （宋）王黼等撰 明萬曆二十七年（1599）于承祖刻本 十二冊

310000－0241－0021555 1046
泉志十五卷 （宋）洪遵撰 明末虞山毛氏汲古閣刻本 二冊

310000－0241－0021556 1047
明德先生文集二十六卷制藝一卷 （明）呂維

祺撰　清康熙二年(1663)呂氏刻本　二十四册

310000－0241－0021557　1048
吾學編十四種六十九卷　(明)鄭曉撰　明萬曆二十七年(1599)鄭心材刻本　十二册

310000－0241－0021558　1049
震川先生集三十卷　(明)歸有光撰　(清)歸莊校　清光緒元年(1875)常熟歸氏刻本　八册

310000－0241－0021559　1050
今言四卷　(明)鄭曉撰　明萬曆三十二年(1604)刻本　四册

310000－0241－0021560　1051
周髀算經圖注不分卷　(清)吳烺輯　清抄本　一册

310000－0241－0021561　1052
第五才子書施耐菴水滸傳七十五卷七十回　題(元)施耐庵撰　(清)金人瑞删評　明崇禎貫華堂刻本　十六册

310000－0241－0021562　1053
新鐫古今大雅南宫詞紀六卷北宫詞紀六卷　(明)陳所聞選　(明)陳邦泰輯次　明萬曆刻本　八册

310000－0241－0021563　1054
增修詩話總龜四十八卷後集五十卷　(宋)阮閱編　明嘉靖月窻道人刻本　十册

310000－0241－0021564　1055
太乙山房文集十五卷　(明)陳際泰撰　明崇禎六年(1633)李士奇刻本　六册

310000－0241－0021565　1056
五柳庚歌四卷　(晉)陶潛撰　(明)周履靖和韻　明萬曆金陵荆山書林刻本　五册

310000－0241－0021566　1057
七錄齋近集十六卷　(明)張溥撰　明崇禎十五年(1642)張氏刻本　五册

310000－0241－0021567　1058
陳子昂集二卷　(唐)陳子昂撰　(明)張遜業校正　明嘉靖三十一年(1552)江都黄埻東壁圖書府刻本　一册

310000－0241－0021568　1059
楊炯集二卷　(唐)楊炯撰　(明)張遜業校正　明嘉靖三十一年(1552)江都黄埻東壁圖書府刻本　一册

310000－0241－0021569　1060
重刻黄文節山谷先生文集三十卷　(宋)黄庭堅撰　明光啓堂荆岑王鳳翔刻本　十四册

310000－0241－0021570　1061
嘯餘譜十卷　(明)程明善纂輯　明萬曆四十七年(1619)流雲館刻本　十二册

310000－0241－0021571　1062
增定南九宫曲譜二十一卷附錄一卷　(明)沈璟輯　明末刻本　八册

310000－0241－0021572　1064
快雪堂集六十四卷　(明)馮夢禎撰　明萬曆四十四年(1616)黄汝亨、朱之蕃等刻本　十四册

310000－0241－0021573　1065
玉茗堂集選賦四卷詩十三卷文七卷尺牘六卷　(明)湯顯祖撰　(明)沈際飛選　明崇禎九年(1636)刻本　二十四册

310000－0241－0021574　1066
華夷花木考六卷鳥獸考一卷珍玩考一卷續考三卷雜考一卷　(明)慎懋官編集　明萬曆刻本　八册

310000－0241－0021575　1067
吾學編十四種六十九卷　(明)鄭曉撰　明萬曆二十七年(1599)鄭心材刻本　四十六册

310000－0241－0021576　1068
折疑論不分卷　(元)釋子成撰　(元)釋洪智述注　明刻本　一册

310000－0241－0021577　1069
諸佛如來菩薩名稱歌曲不分卷　(明)成祖朱棣集註　明初刻本　四册

310000－0241－0021578　1070

呂真仙文集注釋四卷　(唐)呂嵓著　(明)神宗朱翊鈞注釋　明萬曆刻本　四册

310000－0241－0021579　1071
韓子迂評十四卷　(元)何犿校注　(明)俞□□評　明萬曆十一年(1583)吳興周玲刻本　二册

310000－0241－0021580　1072
證治準繩不分卷　(明)王肯堂撰　明萬曆刻本　九册

310000－0241－0021581　1073
周忠毅公奏議四卷附碑傳一卷　(明)周忠建撰　明崇禎刻本　四册

310000－0241－0021582　1074
諸葛忠武書十卷　(明)楊時偉編　明萬曆刻本　四册

310000－0241－0021583　1075
靜惕堂詩集四十四卷　(清)曹溶撰　清雍正三年(1725)刻本　八册

310000－0241－0021584　1076
獨學廬初稿十二卷二稿十三卷三稿六卷四稿四卷五稿五卷文存四卷　(清)石韞玉撰　清乾隆、嘉慶、道光間遞刻本　十六册

310000－0241－0021585　1077
廣韻藻六卷　(明)方夏撰　明崇禎刻本　六册

310000－0241－0021586　1079
陳眉公先生訂正丹淵集四十卷拾遺二卷附錄一卷　(宋)文同撰　明萬曆刻本　六册

310000－0241－0021587　1080
金罍子三篇四十四卷　(明)陳絳撰　明萬曆三十四年(1606)陳昱刻本　二十四册

310000－0241－0021588　1081
新刊王太史彙選諸子類語四卷　(明)王衡選輯　明末寫刻本　四册

310000－0241－0021589　1082
說儲八卷二集八卷　(明)陳禹謨撰　明末刻本　八册

310000－0241－0021590　1083
昨非菴日纂二集二十卷　(明)鄭瑄撰　明崇禎刻本　六册

310000－0241－0021591　1084
呂氏春秋二十六卷　(漢)高誘注　明張登雲刻本　八册

310000－0241－0021592　1085
福壽全書二十卷　(明)陳繼儒輯　明末刻本　三册

310000－0241－0021593　1086
夢墨軒詩鈔八卷　(清)馮樽撰　清乾隆刻本　二册

310000－0241－0021594　1087
松華館合集十三種　(清)方學成撰　清乾隆松華堂刻本　十册

310000－0241－0021595　1088
竹嘯軒詩鈔十八卷　(清)沈德潛撰　清乾隆刻本　二册

310000－0241－0021596　1089
新刻劍嘯閣批評兩漢演義傳十八卷　(明)鍾惺批定　明末清初劍嘯閣刻本　十二册

310000－0241－0021597　1090
思誠堂文鈔存六卷末一卷詩鈔存五卷冷香吟唱和稿合鈔一卷　(清)張鏞撰　清乾隆稿本　五册

310000－0241－0021598　1091
冰甌館詩存不分卷　(清)嚴良杜撰　清同治三年(1864)王仁福抄稿本　四册

310000－0241－0021599　1092
珠樓餘草一卷附月貞遺草一卷冰心草一卷　(清)翁靜如撰　清乾隆刻本　二册

310000－0241－0021600　1093
鷺洲詩鈔二卷　(清)陸胥撰　清乾隆三十二年(1767)刻本　一册

310000－0241－0021601　1094
半園詩文遺稿八卷　(清)吳莊撰　清乾隆十八年(1753)刻本　二册

310000－0241－0021602　1095

養餘軒吟草一卷　(清)錢嘉謨撰　清稿本　一册

310000－0241－0021603　1096

南江詩抄二卷　(清)邵晉涵撰　清抄本　一册

310000－0241－0021604　1097

晃州探防日錄不分卷　(□)□□撰　清稿本　一册

310000－0241－0021605　1098

引翠軒詩草二卷詞草一卷　(清)朱廷鍾撰　清乾隆刻本　一册

310000－0241－0021606　1099

劍虹齋集十二卷　(清)梁濬撰　清乾隆三十六年(1771)一畝園刻本　六册

310000－0241－0021607　1100

台山詩集不分卷　(清)羅有高撰　清抄本　一册

310000－0241－0021608　1101

進賢堂稿二十八卷　(清)黎元寬撰　清康熙十六年(1677)黎氏刻本　十四册

310000－0241－0021609　1102

飛霞山館存稿一卷　(□)□□撰　清末至民國間稿本　一册

310000－0241－0021610　1103

證山堂詩集八卷　(清)周斯盛撰　清康熙刻本　一册

310000－0241－0021611　1104

青箱堂文集十二卷遺稿續刻一卷附年譜一卷　(清)王崇簡撰　清康熙刻本　六册

310000－0241－0021612　1105

瞻閎集虛一卷　(清)胡元儀撰　清光緒二十四年(1898)胡玉縉抄校本　一册

310000－0241－0021613　1106

林屋集不分卷　(明)蔡羽撰　明崇禎四年(1631)抄本　一册

310000－0241－0021614　1107

葉梅友詩集七卷　(清)葉松撰　清抄本　二册

310000－0241－0021615　1108

壑舟壽言不分卷　(清)王世鈞輯錄　清乾隆抄本　一册

310000－0241－0021616　1109

三上閒吟一卷吟越集一卷　(清)蔡書升撰　清稿本　二册

310000－0241－0021617　1110

近事會元五卷　(宋)李上交撰　清嘉慶十八年(1813)陸奎抄本　二册

310000－0241－0021618　1111

春甸集不分卷　(清)阮葵生撰　清末至民國間七錄齋抄本　一册

310000－0241－0021619　1112

潛確居類書一百二十卷　(明)陳仁錫纂輯　明刻本　五十册

310000－0241－0021620　1113

汰存錄一卷附鄭成功傳一卷　(清)黄宗羲撰　清抄本　一册

310000－0241－0021621　1114

楊太史別集三種十五卷　(明)楊慎撰　明萬曆刻本　六册

310000－0241－0021622　1115

南屏行篋錄不分卷　(清)釋達受記　清抄本　一册

310000－0241－0021623　1116

容膝居雜錄六卷　(清)葛芝撰　清初刻本　二册

310000－0241－0021624　1117

杜曲集十一卷　(明)戴澳撰　明崇禎刻本　十二册

310000－0241－0021625　1118

南爐紀聞錄一卷續錄一卷　(宋)辛棄疾撰　清抄本　三册

310000－0241－0021626　1119
琴學須知一卷　(□)□□撰　清乾隆抄本　一册

310000－0241－0021627　1120
管子二十四卷　(唐)房玄齡注　明萬曆十年(1582)趙用賢刻本　四册

310000－0241－0021628　1121
雙清閣詩稿八卷　(清)勵廷儀撰　清乾隆刻本　四册

310000－0241－0021629　1122
紫鳳圖六卷集抄句六卷　(清)秦子陵譜　清道光二十五年(1845)秦氏稿本　十二册

310000－0241－0021630　1123
靜觀堂詩集十九卷　(清)勞之辨撰　清康熙刻本　四册

310000－0241－0021631　1124
西郇詩草初二三集不分卷　(清)蔡奕璘撰　清乾隆刻本　三册

310000－0241－0021632　1125
晚鋆裒刊八卷　(清)王世鈞撰輯　清乾隆刻本　一册

310000－0241－0021633　1126
尺木樓詩集四卷　(清)程世繩撰　清乾隆刻本　二册

310000－0241－0021634　1127
野獲續編二卷　(明)沈德符撰　清抄本　二册

310000－0241－0021635　1128
楚辭聽直八卷合論一卷　(戰國)屈原等撰　(明)黄文煥撰　明崇禎十六年(1643)刻本　八册

310000－0241－0021636　1129
八十四家評註楚辭評林八卷　(明)沈雲翔集評　明崇禎十年(1637)吴郡八詠樓刻本　八册

310000－0241－0021637　1130
漢魏詩乘前集十卷後集十卷附吴詩一卷總錄一卷　(明)梅鼎祚編　明刻本　九册

310000－0241－0021638　1131
漢魏詩乘前集十卷後集十卷附吴詩一卷總錄一卷　(明)梅鼎祚輯　明萬曆刻本　十二册

310000－0241－0021639　1132
古詩九種二十八卷　(明)楊慎選輯　明萬曆曼山館刻本　八册

310000－0241－0021640　1133
煙霞草堂叢刻不分卷　(清)劉光蕡撰　清末抄稿本　二册　存二種

310000－0241－0021641　1134
持志編五卷首一卷　(清)楊念先　(清)蕭朗峯輯　清抄本　二册

310000－0241－0021642　1135
雅餘八卷　(明)羅白裴編次　明萬曆滋蘭館刻本　八册

310000－0241－0021643　1136
名物類攷四卷　(明)耿隨朝撰　明萬曆刻本　四册

310000－0241－0021644　1137
元史紀事本末二十七卷　(明)陳邦瞻原編　(明)臧懋循補輯　明末張溥刻本　三册

310000－0241－0021645　1138
皇明大政記三十六卷　(明)朱國楨輯　明崇禎刻本　十册

310000－0241－0021646　1139
皇明資治通紀二十四卷續紀六卷　(明)陳建輯　(明)岳元馨續　明末蘇州刻本　十五册

310000－0241－0021647　1140
禁書總目不分卷　(清)覺羅琅輯　清抄本　四册

310000－0241－0021648　1142
定曆玉衡十八卷首一卷　(清)張雍敬撰　清抄本　四册

310000－0241－0021649　1143
包山集節抄本不分卷　(明)蔡雲程集　(明)

□□節録　清抄本　一册

310000－0241－0021650　1144

善後奏案備覽　(□)□□輯録　清抄本　七册　存七卷

310000－0241－0021651　1145

校經草廬文集不分卷　(清)顧曾撰　清道光映雪樓抄稿本　一册

310000－0241－0021652　1151

三岡識畧十卷補遺十卷續識畧二卷　(清)董含撰　清道光抄本　十二册

310000－0241－0021653　1152

抄録奏稿備覽不分卷　(清)□□輯録　清道光抄本　三册

310000－0241－0021654　1153

[道光回疆奏稿]不分卷　(清)壁昌等撰　清道光抄本　四册

310000－0241－0021655　1154

天文指掌圖考十卷　(□)□□撰　清抄本　十册

310000－0241－0021656　1156

元祕史地理今釋十四卷　(清)阮惟和撰　清末抄稿本　一册

310000－0241－0021657　1157

夷氛紀畧一卷　(清)□□撰　清抄本　一册

310000－0241－0021658　1158

抱甕集不分卷　(清)顧潁研撰　清稿本　一册

310000－0241－0021659　1159

龍洲道人詩集十卷　(宋)劉過撰　清磁活字印本　四册

310000－0241－0021660　1160

詩經偶箋十三卷　(明)萬時華撰　明崇禎登龍館李泰刻本　五册　存十卷(一至十)

310000－0241－0021661　1161

詩考補二卷　(宋)王應麟編輯　(清)胡文英增訂　清乾隆留芝堂刻本　二册

310000－0241－0021662　1162

寄漁詞話不分卷　(清)劉湝年撰　清光緒大成劉氏謄清稿本　二册

310000－0241－0021663　1163

胡敬齋先生居業錄八卷　(明)胡居仁撰　清抄本　四册

310000－0241－0021664　1164

格古要論三卷　(明)曹昭撰　清抄本　二册

310000－0241－0021665　1165

默庵遺藁八卷　(清)馮舒撰　清康熙世豸堂寫刻本　一册

310000－0241－0021666　1167

大清雍正朝定例成案合鈔不分卷　(清)□□輯録　清抄本　四册

310000－0241－0021667　1168

備忘録不分卷　(清)周章成撰　清抄稿本　四册

310000－0241－0021668　1170

大夢軒草一卷　(明)潘蕃撰　(明)莫廷韓閱　明謄清稿本　一册

310000－0241－0021669　1171

聽雨吟一卷　(明)潘蕃撰　明稿本　一册

310000－0241－0021670　1172

泛槎圖不分卷　(清)張寶編　清嘉慶、道光間羊城尚古齋刻本　十二册

310000－0241－0021671　1173

籽庵吟草不分卷　(清)祝壽眉撰　清祝氏稿本　一册

310000－0241－0021672　1174

玉臺集紀遊草四卷紀艷草二卷　(清)徐慶齡撰　清稿本　一册

310000－0241－0021673　1176

靳文襄公奏疏八卷　(清)靳輔撰　(清)靳治豫編　清雍正靳治豫刻本　八册

310000－0241－0021674　1177

覆瓿詞一卷　(宋)趙必瑑撰　清抄本　一册

310000－0241－0021675　1178
蘇東坡詩集二十五卷　(宋)蘇東坡撰　(宋)劉辰翁批點　明刻本　十六冊

310000－0241－0021676　1179
謝康樂集四卷　(南朝宋)謝靈運撰　(明)焦竑校　明萬曆刻本　四冊

310000－0241－0021677　1180
高梁生文集六卷詩集四卷　(明)梁綱撰　明末河東梁氏家抄本　八冊

310000－0241－0021678　1181
石屋和尚山居詩一卷石屋和尚住嘉興當湖福源禪寺語錄一卷　(元)釋清珙撰　(元)釋至柔編　明弘治二年(1489)吳興江子匯聖堂釋林竹坡刻本　二冊

310000－0241－0021679　1182
宋丞相崔清獻公全錄十卷　(宋)崔與之撰　(明)崔子璲輯　明嘉靖十三年(1534)唐胄、邵煉刻本　二冊

310000－0241－0021680　1183
豳風廣義三卷　(清)楊屾編輯　清乾隆五年(1740)寧一堂刻本　四冊

310000－0241－0021681　1184
玉茗堂全集詩十六卷賦六卷　(明)湯顯祖撰　明天啓刻本　八冊

310000－0241－0021682　1185
袁魯望集十二卷　(明)袁尊尼撰　明萬曆十二年(1584)袁年刻本　二冊

310000－0241－0021683　1186
袁永之集二十卷　(明)袁袠撰　明嘉靖二十六年(1547)袁尊尼刻本　四冊

310000－0241－0021684　1187
涇野子内編二十七卷　(明)呂柟撰　(明)王光祖等編　明萬曆刻本　十二冊

310000－0241－0021685　1188
元白長慶集二種　(唐)元稹撰　(明)馬元調輯　明萬曆馬氏寶儉堂刻本　十二冊　存八十五卷

310000－0241－0021686　1189
合諸名家評注三蘇文選十八卷　(明)楊慎選評　明崇禎五年(1632)製錦堂刻本　六冊

310000－0241－0021687　1190
珂雪齋近集十卷楚狂之歌小袁幼稿近遊草一卷　(明)袁中道撰　明末書林唐振吾刻本　八冊

310000－0241－0021688　1191
珂雪齋近遊居柿錄十三卷　(明)袁中道撰　明末刻本　八冊

310000－0241－0021689　1192
謝宣城詩集五卷　(南朝齊)謝朓撰　清抄本　二冊

310000－0241－0021690　1193
沈忠敏公龜谿集十二卷　(宋)沈與求撰　清雍正、乾隆間查氏抄本　二冊

310000－0241－0021691　1194
圭齋文集十六卷　(元)歐陽玄撰　明成化七年(1471)刻本　八冊

310000－0241－0021692　1195
淵海摘二十七卷　(清)□□撰　清抄稿本　二十八冊

310000－0241－0021693　1196
杜子美詩集二十卷　(唐)杜甫撰　(宋)劉辰翁評點　明末刻本　十冊

310000－0241－0021694　1197
杜子美七言律一卷　(唐)杜甫撰　(明)郭正域評點　明末烏程閔氏刻本　一冊

310000－0241－0021695　1198
司馬溫公稽古錄二十卷　(宋)司馬光撰　明刻本　六冊

310000－0241－0021696　1199
司馬溫公稽古錄二十卷　(宋)司馬光撰　明刻本　六冊

310000－0241－0021697　1200
存素堂文集四卷續集一卷　(清)法式善撰　清嘉慶十二年(1807)程氏揚州寫刻本　二冊

310000－0241－0021698　1201

遼史一百十六卷　(元)脱脱等撰　明萬曆三十四年(1606)北監刻本　十册

310000－0241－0021699　1202

皇明史惺堂先生遺稿十一卷嘗惺先生書經補説一卷蕩滄人僅存稿二卷僑翁詩鈔一卷　(明)史桂芳撰　清順治十六年(1659)史簡等刻本　七册

310000－0241－0021700　1203

坡仙集十六卷　(宋)蘇軾撰　(明)李贄選　明萬曆四十七年(1619)刻本　八册

310000－0241－0021701　1204

叢鈔三種八卷　(清)□□輯錄　清抄本　四册

310000－0241－0021702　1205

宋元資治通鑑六十四卷　(明)王宗沐編撰　明刻本　十八册

310000－0241－0021703　1206

宋元通鑑一百五十七卷　(明)薛應旂編　明天啓六年(1626)刻本　二十六册

310000－0241－0021704　1207

古泉藪十二卷　(清)楊守敬編　清光緒李寶臺手拓本　二十四册

310000－0241－0021705　1208

午夢堂遺集二卷鸝吹集梅花詩一卷坩伊人思一卷芳雪軒遺集一卷疎香閣遺集一卷鴛鴦夢一卷窈聞一卷續窈聞一卷　(明)沈宜修撰　明崇禎刻本　十册

310000－0241－0021706　1209

午夢堂遺集二卷鸝吹集梅花詩一卷鸝吹附集一卷附芳雪軒遺集一卷附集一卷窈聞一卷續窈聞一卷伊人思一卷疎香閣遺集一卷屺雁哀一卷白旻遺草一卷鴛鴦夢一卷彤奩續些二卷秦齋怨一卷　(明)沈宜修撰　明崇禎刻本　六册

310000－0241－0021707　1210

平定洪楊諭摺錄存不分卷　(□)□□錄　清抄本　一册

310000－0241－0021708　1211

倪雲林詩集六卷　(元)倪瓚撰　(明)潘是仁輯校　明萬曆潘氏刻本　四册

310000－0241－0021709　1212

海虞雜志十三種　(□)□□編　清抄本　二册

310000－0241－0021710　1213

劉青田先生鈴記一卷　題(明)劉基撰　清抄本　一册

310000－0241－0021711　1214

芝菴雜記四卷　(清)陸雲錦撰　清嘉慶八年(1803)刻本　四册

310000－0241－0021712　1215

中興小紀四十卷　(宋)熊克撰　清抄本　八册

310000－0241－0021713　1216

桃花扇傳奇二卷　(清)孔尚任撰　清抄本　六册

310000－0241－0021714　1217

六書精蘊六卷音釋一卷　(明)魏校撰　明嘉靖刻本　六册

310000－0241－0021715　1218

陰晉異函三卷　(清)李汝榛輯　清乾隆稿本　八册

310000－0241－0021716　1219

虛舟題跋十三卷竹雲題跋四卷　(清)王澍撰　清乾隆水壺閣刻本　五册

310000－0241－0021717　1220

楚辭新注求確十卷　(清)胡濬源注　清嘉慶二十一年(1816)務本堂刻本　四册

310000－0241－0021718　1221

舌擊編五卷　(清)沈儲撰　清抄稿本　五册

310000－0241－0021719　1224

攝山紀遊集一卷　(清)厲鶚輯　清乾隆刻本　一册

310000－0241－0021720　1225
隰西草堂詩集五卷文集三卷附遯渚唱和集一卷　(清)萬壽祺撰　(清)孫運錦輯　清末抄本　三册

310000－0241－0021721　1226
封禪書一卷　(漢)司馬遷撰　清抄本　四册

310000－0241－0021722　1227
六書精蘊六卷音釋一卷　(明)魏校撰　明嘉靖刻本　十六册

310000－0241－0021723　1228
廣金石韻府二卷　(清)林尚葵輯　清道光十四年(1834)方柄道人抄本　二册

310000－0241－0021724　1229
王氏家藏集四十一卷　(明)王廷相撰　明嘉靖刻本　三十二册

310000－0241－0021725　1230
漢詔疏六卷　(明)陳衎選輯　明天啓刻本　三册

310000－0241－0021726　1231
史漢方駕三十五卷　(明)許相卿撰輯　明萬曆十三年(1585)徐禾校刻本　十六册

310000－0241－0021727　1232
陸宣公集二十二卷　(唐)陸贄撰　明萬曆九年(1581)刻本　三册

310000－0241－0021728　1233
汗簡三卷目錄一卷敘畧一卷　(宋)郭忠恕撰　清康熙四十二年(1703)一隅草堂刻本　四册

310000－0241－0021729　1234
内閣藏書目錄八卷　(明)張萱等編　清抄本　三册

310000－0241－0021730　1235
困學紀聞二十卷　(宋)王應麟撰　(清)閻若璩箋　清乾隆三年(1738)馬氏叢書樓刻本　八册

310000－0241－0021731　1236
後漢史論四卷　(清)范蘿甲撰　清抄稿本　三册

310000－0241－0021732　1237
讀史論畧一卷　(清)杜詔撰　清雍正抄本　一册

310000－0241－0021733　1238
倪小野先生全集八卷　(明)倪宗正撰　(清)倪繼宗編次　清康熙四十九年(1710)倪繼宗、吴乘權刻本　八册

310000－0241－0021734　1239
祝氏集畧三十卷　(明)祝允明撰　明嘉靖三十六年(1557)張景賢刻本　一册　存一卷(目録)

310000－0241－0021735　1240
春星堂詩稿四卷　(明)杜士全撰　(清)杜廷鯉重訂　清雍正元年(1723)杜廷鯉刻本　二册

310000－0241－0021736　1241
羣玉山房文集七卷　(明)許弘綱撰　清康熙四十一年(1702)許氏百城樓刻本　三册

310000－0241－0021737　1242
侯太史遂園詩集十二卷　(明)侯恪撰　(清)賈開宗閲　清順治侯方岳等校刻本　四册

310000－0241－0021738　1243
簡齊先生詩選十一卷文選四卷　(明)劉榮嗣撰　(清)劉佑編　清康熙元年(1662)劉氏刻本　八册

310000－0241－0021739　1244
淩忠清公詩集四卷文集二卷附淩桐窻遺詩一卷　(明)淩義渠撰　清順治刻本　四册

310000－0241－0021740　1248
古詩歸十五卷唐詩歸三十六卷　(明)鍾惺選訂　(明)王錫琛重訂　明崇禎王氏石友齋刻本　十二册

310000－0241－0021741　1249
名媛詩歸三十六卷　(明)鍾惺輯註　明末刻本　八册

310000－0241－0021742　1251

古詩解二十四卷　（明）唐汝諤選釋　明崇禎刻本　八冊

310000－0241－0021743　1253
唐詩選脈會通六十卷　（明）周敬編　（明）周珽補輯　明崇禎八年（1635）刻本　二十四冊

310000－0241－0021744　1254
古微書三十六卷　（明）孫㲄著錄　明崇禎十年（1637）刻本　十六冊

310000－0241－0021745　1257
修辭指南二十卷　（明）浦南金撰　明嘉靖刻本　十冊

310000－0241－0021746　1258
唐人選唐詩八種二十三卷　（明）毛晉編　明末虞山毛氏汲古閣刻本　十二冊

310000－0241－0021747　1261
恕谷後集十三卷　（清）李塨撰　（清）馮辰校　清雍正刻本　十冊

310000－0241－0021748　1262
武志說畧十二卷　（英國）穆和德口譯　（清）金遺筆述　清抄本　十二冊

310000－0241－0021749　1263
音韻日月燈二十五卷　（明）呂維祺撰　明刻本　五冊

310000－0241－0021750　1264
類音八卷　（清）潘耒撰　清初吳江潘氏遂初堂刻本　四冊

310000－0241－0021751　1265
隸辨八卷　（清）顧藹吉撰　清康熙歙縣項氏玉淵堂刻本　八冊

310000－0241－0021752　1266
重刊併音連聲韻學集成　（明）章黼撰　明萬曆六年（1578）維揚資政左室刻本　十冊　存十卷

310000－0241－0021753　1267
大明成化庚寅重刊改併五音集韻十五卷　（金）韓道昭撰　明成化刻本　五冊

310000－0241－0021754　1268
六十三則四卷　（□）□□撰　清抄本　四冊

310000－0241－0021755　1269
欽定音韻闡微十八卷　（清）李光地等撰　清雍正武英殿刻本　八冊

310000－0241－0021756　1272
集韻新聲不分卷　題（清）朱彝尊撰　清抄本　十二冊

310000－0241－0021757　1273
杜詩評律六卷　（清）洪舫撰　（清）洪力行重訂　清康熙三十六年（1697）刻本　四冊

310000－0241－0021758　1274
四王傳四卷　（清）錢名世編　清抄本　一冊

310000－0241－0021759　1275
雙桂居瘰疬次鈔十三卷　（清）秉璜輯　清嘉慶九年（1804）稿本　十三冊

310000－0241－0021760　1276
靜遠草堂初稿二十一卷坿文章遊戲選鈔四卷　（清）周樂清撰　清稿本　二十五冊

310000－0241－0021761　1277
浯溪程氏族譜六卷　（明）程永寧編次　（明）程相增輯　明嘉靖十八年（1539）休寧程氏刻本　二冊

310000－0241－0021762　1278
刻孫齊之先生松韻堂集十二卷　（明）孫七政撰　明萬曆四十五年（1617）孫朝肅刻本　四冊　存九卷（一至七、十一至十二）

310000－0241－0021763　1279
天原發微　（宋）鮑雲龍撰　明萬曆刻本　十五冊　存十五卷

310000－0241－0021764　1280
精華摘錄二卷續精華錄一卷　（清）王士禎撰　（清）葉鳳毛摘錄　清乾隆十五年（1750）葉鳳毛寫本　八冊

310000－0241－0021765　1281
馬進忠等傳教謀逆一案奏摺叢鈔一卷　（清）□□輯錄　清嘉慶抄本　一冊

310000－0241－0021766　1282
秦邊紀畧二十卷　(清)梁份撰　清抄本　三册

310000－0241－0021767　1283
[光緒]來安縣鄉土志一卷　(清)萬琅修　(清)余培森纂輯　清光緒三十三年(1907)抄稿本　一册

310000－0241－0021768　1284
莊子翼六卷　(明)焦竑撰　明萬曆十六年(1588)王元貞刻本　六册

310000－0241－0021769　1285
四史鴻裁國語八卷　(明)穆文熙批輯　明萬曆十二年(1584)朱朝聘刻本　四册

310000－0241－0021770　1286
讀書録十卷續録十二卷　(明)薛瑄撰　明嘉靖三十四年(1555)沈維藩校刻本　八册

310000－0241－0021771　1287
大學衍義補纂要六卷　(明)徐栻編著　明萬曆元年(1573)刻本　六册

310000－0241－0021772　1288
庾開府集十六卷坿刻一卷　(北周)庾信撰　(明)張燮纂　明天啓元年(1621)張氏刻本　四册

310000－0241－0021773　1289
華嶽全集十三卷　(明)張維新撰　明萬曆二十五年(1597)刻本　四册

310000－0241－0021774　1290
讀畫齋題畫詩不分卷　(清)顧修編　清嘉慶東山草堂刻本　六册

310000－0241－0021775　1291
文獻通考詳節二十四卷　(清)嚴虞惇撰　清稿本　六册

310000－0241－0021776　1292
東周列國志十八卷八十四回首一卷　(明)馮夢龍編　(清)蔡奡評　清乾隆五十年(1785)武林三餘堂刻本　三十八册

310000－0241－0021777　1293
前後七國全志五卷二十四回　(明)馮夢龍編　(清)蔡奡評　清乾隆五十年(1785)武林三餘堂刻本　十册

310000－0241－0021778　1294
閩疆小草四卷　(清)張兆鳳撰　清抄本　四册

310000－0241－0021779　1295
新鐫海内奇觀十卷　(明)楊爾曾撰　明萬曆三十七年(1609)夷白堂刻本　六册

310000－0241－0021780　1296
百家讔語集不分卷　(清)俞培元等撰　(清)□□輯　清末抄本　十册

310000－0241－0021781　1297
皇明詞林人物考十二卷補遺一卷　(明)王兆雲輯　(明)李蔭訂　明萬曆刻本　十二册

310000－0241－0021782　1298
東萊先生音註唐鑑二十四卷　(宋)范祖禹撰　(宋)呂祖謙音註　明呂鏜刻本　八册

310000－0241－0021783　1300
洛陽伽藍記五卷　(北魏)楊衒之撰　明刻本　二册

310000－0241－0021784　1301
帝京景物畧八卷　(明)劉侗撰　明刻本　十六册

310000－0241－0021785　1302
文源宗海四卷　(明)董其昌輯　清雍正六年(1728)顧正音抄本　十二册

310000－0241－0021786　1303
籌海圖編十三卷　(明)鄭若曾輯　明天啓四年(1624)胡維極刻本　八册

310000－0241－0021787　1304
幸存録三卷續幸存録二卷　(明)夏允彝撰　(明)夏復續　清抄本　二册

310000－0241－0021788　1305
初學記三十卷　(唐)徐堅等撰　明嘉靖錫山安國刻本　十二册

310000－0241－0021789　1306
懷舫詩集十二卷別集六卷　(清)魏荔彤撰　清雍正四年(1726)刻本　五冊

310000－0241－0021790　1307
新編博物策會十七卷　(明)戴璟輯　明嘉靖刻本　四冊

310000－0241－0021791　1308
昌黎先生全集錄八卷　(唐)韓愈撰　(清)儲欣選注集評　清康熙刻本　四冊

310000－0241－0021792　1309
唐文粹一百卷　(宋)姚鉉纂　明嘉靖八年(1529)晉藩養德書院刻本　二十冊

310000－0241－0021793　1310
東吴王氏三種三卷　(明)王應電撰　明嘉靖刻本　二冊

310000－0241－0021794　1311
大清三藏聖教目錄五卷　(清)□□錄　清抄本　一冊

310000－0241－0021795　1312
三經音義四卷　(宋)□□撰　清嘉慶士禮居影宋刻本　一冊

310000－0241－0021796　1317
[乾隆]福山縣志　(清)蕭劼纂修　清乾隆二十八年(1763)刻本　七冊　存十一卷

310000－0241－0021797　1318
二鄉亭詞三卷　(清)宋琬撰　清康熙休寧孫氏留松閣刻本　二冊

310000－0241－0021798　1319
南豐先生元豐類藁五十卷附錄一卷　(宋)曾鞏撰　明萬曆查溪曾氏刻本　十冊

310000－0241－0021799　1320
漢隸字源五卷　(宋)婁彦發輯　明末清初虞山毛氏汲古閣刻本　六冊

310000－0241－0021800　1321
士禮居黄氏叢書　(清)黄丕烈編　清嘉慶、道光間吴縣黄氏士禮居刻本　三十三冊　存七種一百三十四卷

310000－0241－0021801　1324
授經圖二十卷　(明)朱睦㮮撰　清孔氏嶽雪樓抄本　二冊

310000－0241－0021802　1325
舊五代史考異五卷　(清)邵晉涵撰　清抄稿本　十一冊

310000－0241－0021803　1326
桂勝　(明)張鳳鳴撰　清南海孔氏嶽雪樓抄本　二冊　存四卷

310000－0241－0021804　1327
龍沙紀畧一卷　(清)方式濟撰　清南海孔氏嶽雪樓抄本　一冊

310000－0241－0021805　1328
廟制圖考四卷　(清)萬斯同撰　清南海孔氏嶽雪樓抄本　二冊

310000－0241－0021806　1329
經幄管見四卷　(宋)曹彦約撰　清南海孔氏嶽雪樓抄本　一冊

310000－0241－0021807　1330
讀書偶記三卷　(清)雷鋐撰　清南海孔氏嶽雪樓抄本　二冊

310000－0241－0021808　1331
靈城精義二卷　題(南唐)何溥撰　清南海孔氏嶽雪樓抄本　一冊

310000－0241－0021809　1332
墨藪二卷　題(唐)韋續撰　清南海孔氏嶽雪樓抄本　一冊

310000－0241－0021810　1333
皇朝類苑七十八卷　(宋)江少虞撰　清南海孔氏嶽雪樓抄本　十六冊

310000－0241－0021811　1337
蒙古各部遊牧地界考一卷附地圖一卷　(清)長庚撰並繪圖　清同治十年(1871)稿本　一冊

310000－0241－0021812　1346
鮚埼亭集外編五十卷　(清)全祖望撰　清華萼居抄本　十二冊

310000－0241－0021813　1347
素修堂集不分卷　(清)吳蔚光撰　清抄本　三册

310000－0241－0021814　1349
水窗餘事一卷西溪樵唱一卷　(清)朱爲楫撰　清稿本　二册

310000－0241－0021815　1350
白田集二卷　(清)王巖撰　清確潛草堂抄本　二册

310000－0241－0021816　1351
八一老人序存不分卷　(清)王念孫撰　清抄稿本　一册

310000－0241－0021817　1353
六銘軒古近體詩存不分卷　(□)□□撰　清至民國間稿本　一册

310000－0241－0021818　1356
秀濯堂詩九卷　(清)吳啓元撰　清抄稿本　一册

310000－0241－0021819　1357
飄風過耳集四卷　(清)程瑞祊撰　清抄稿本　三册

310000－0241－0021820　1358
尺木樓詩稿不分卷　(清)程世繩撰　清抄稿本　一册　存(第三帙)

310000－0241－0021821　1359
心聲稿草四卷銘詞附錄一卷詩餘附錄一卷　(清)趙曾望撰　清稿本　二册

310000－0241－0021822　1360
七錄一卷　(南朝梁)阮孝緒撰　清初抄本　一册

310000－0241－0021823　1364
思綺堂文集不分卷　(清)章藻功撰　清乾隆五十七年(1792)嘉興李遇孫抄本　二册

310000－0241－0021824　1367
御製行狀一卷　(清)世祖福臨撰　清抄本　一册

310000－0241－0021825　1368
桐花館詩草二卷詞草一卷　(清)張鳳鑲撰　清咸豐海虞張氏謄清稿本　一册

310000－0241－0021826　1369
淩寒竹軒泉布錄不分卷　(清)江恂撰　清抄本　二册

310000－0241－0021827　1370
蒼崖先生金石例十卷　(元)潘昂霄撰　清抄元刻本　一册

310000－0241－0021828　1371
廣陵先生文集十四卷　(宋)王令撰　清仁和趙氏小山堂抄本　四册

310000－0241－0021829　1372
江西古蹟詩鈔一卷　(清)劉桂芳輯　清末至民國間抄本　一册

310000－0241－0021830　1374
國朝先正事畧補編二卷　題(清)李元度輯　(清)鄒存淦校錄　清光緒十六年(1890)海寧鄒氏抄校本　一册

310000－0241－0021831　1375
東華錄記不分卷附内苑三海等處畧記一卷諸王監國畧記一卷　(清)蔣良騏撰　清嘉慶中李淡霞抄本　一册

310000－0241－0021832　1377
陳魚門先生事實册　(清)范壽金撰　清稿本　一册

310000－0241－0021833　1378
鬱古精廬詩存不分卷　(清)張定均撰　清道光、咸豐間海虞張氏鬱古精廬謄清稿本　一册

310000－0241－0021834　1379
雙槐歲鈔三卷　(明)黃瑜撰　清抄本　一册

310000－0241－0021835　1380
貽謀須知錄一卷附先大夫照彩公遺事一卷語子常談一卷　(清)袁文燿撰　清道光二十九年(1849)袁青綬抄本　一册

310000－0241－0021836　1381

泉志十五卷 （宋）洪遵撰 清嘉慶十年(1805)滬城梅氏抄本 四册

310000－0241－0021837 1382
錢錄十二卷 （清）張端木撰 （清）姜雋校箋 清嘉慶十年(1805)滬城梅益徵抄本 四册

310000－0241－0021838 1384
雨花盦詩餘一卷 （清）錢聚簋撰 清稿本 一册

310000－0241－0021839 1385
釋儒一卷釋士一卷 （清）顧炎武撰 清稿本 一册

310000－0241－0021840 1387
京師各壇廟舊設扈從站道守護官兵錄一卷 (□)□□錄 清抄本 一册

310000－0241－0021841 1388
一統志案說十六卷 （清）徐乾學纂 （清）吳兆宜抄 清枕經堂方氏抄本 四册

310000－0241－0021842 1389
經畧洪承疇奏對筆記一卷 （清）洪承疇撰 清抄本 一册

310000－0241－0021843 1390
寄巢詩稿不分卷 （清）端木百祿撰 清末至民國間抄稿本 一册

310000－0241－0021844 1391
陳一齋先生集不分卷 （清）陳梓撰 清蒼雨抄本 三册

310000－0241－0021845 1392
四寸學 （清）周震榮撰 清末至民國間抄稿本 二册 存二卷

310000－0241－0021846 1394
重訂香蘇山館詩鈔二卷 （清）吳嵩梁撰 清咸豐琴川邵氏抄本 一册

310000－0241－0021847 1397
奏稿彙抄不分卷 （清）□□輯錄 清抄本 一册

310000－0241－0021848 1398
葛衣集一卷 （明）劉中藻撰 清末至民國間抄本 一册

310000－0241－0021849 1400
稽瑞樓書目三卷 （清）陳揆編 清末民國初藍格抄本 一册

310000－0241－0021850 1401
西河文鈔不分卷 （清）毛奇齡撰 清抄本 一册

310000－0241－0021851 1402
曾襲侯日記不分卷 （清）曾紀澤撰 清末至民國間抄本 一册

310000－0241－0021852 1403
平湖采芹錄不分卷 (□)□□錄 清末至民國間抄稿本 二册

310000－0241－0021853 1404
棗花書屋詩選一卷 （清）朱之璣撰 清道光二十一年(1841)朱士端抄稿本 一册

310000－0241－0021854 1405
賊匪紀畧一卷 （清）□□錄 清抄本 一册

310000－0241－0021855 1406
湖隱外史不分卷 （明）葉紹袁撰 清末至民國間抄本 一册

310000－0241－0021856 1407
京口耆舊傳 （宋）□□撰 清抄本 一册 存三卷

310000－0241－0021857 1408
霧隱山莊詩鈔三卷 （清）黃炘撰 清稿本 一册

310000－0241－0021858 1409
於越歷朝古蹟拾攬不分卷 （清）□□輯 清末桂蔭山房抄本 一册

310000－0241－0021859 1412
浙江全省地圖十七幀 （清）徐吟舫編繪 清稿本 一册

310000－0241－0021860 1413
名將畧拾三卷 (□)□□錄 清抄本 一册

310000－0241－0021861　1414
衍波詞二卷　(清)王士禛撰　清抄本　一册

310000－0241－0021862　1415
憶雲詞甲稾一卷乙稾一卷　(清)項廷紀撰　清娱園抄本　一册

310000－0241－0021863　1418
宋十一家詩集補遺十一卷　(清)鮑廷博輯録　清抄本　一册

310000－0241－0021864　1419
劉湄書畫記二卷附劉鎮詩人徵詩節畧二卷　(清)王禮撰　清稿本　一册

310000－0241－0021865　1420
笠夫韻語不分卷　(清)王禮撰　清稿本　一册

310000－0241－0021866　1421
涵暉書屋詩話不分卷　(清)□□撰　清末至民國間稿本　一册

310000－0241－0021867　1422
朱淑真斷腸詩集十卷補遺一卷新補朱淑真斷腸詞一卷　(宋)朱淑真撰　(清)胡慕椿補輯　清末南陵徐氏積學齋抄本　一册

310000－0241－0021868　1423
孟廬札記四卷　(清)沈銘彝輯録　清道光沈氏稿本　二册

310000－0241－0021869　1424
楚辭後語六卷　(宋)朱熹編　明成化十一年(1475)刻本　四册

310000－0241－0021870　1425
厚所詩稿八卷詩餘草一卷詩餘稿一卷文集四卷雜稿一卷　(清)朱元載撰　清乾隆朱氏稿本　七册

310000－0241－0021871　1426
十三經異同條辨十卷　(清)魯學孟撰　清抄稿本　二册

310000－0241－0021872　1429
大明成化丁亥重刊改併五音類聚四聲篇十五卷　(金)韓孝彦　(金)韓道昭編　明成化刻本　五册

310000－0241－0021873　1432
河南穆公集三卷　(宋)穆修撰　清抄本　一册

310000－0241－0021874　1433
邊疆雜記不分卷　(□)□□録　清至民國間稿本　一册

310000－0241－0021875　1434
涪州石魚題名記不分卷　(清)錢保塘編　清末至民國間抄稿本　一册

310000－0241－0021876　1437
魯齋許先生全書六卷　(元)許衡撰　清抄本　二册

310000－0241－0021877　1439
朱太史詩鈔不分卷　(清)朱彝尊撰　(清)趙北屏箋註　清抄本　二册

310000－0241－0021878　1448
雲林遺事一卷附録一卷　(明)顧元慶編　清初抄本　一册